THE MEDIAEVAL ACADEMY OF AMERICA

PUBLICATION No. 29

A CATALOGUE OF INCIPITS OF
MEDIAEVAL SCIENTIFIC WRITINGS IN LATIN

A CATALOGUE OF INCIPITS

of

MEDIAEVAL SCIENTIFIC WRITINGS
IN LATIN

Revised and Augmented Edition

by

LYNN THORNDIKE, Ph.D., L.H.D., Litt.D.
Professor of History, Emeritus, Columbia University

and

PEARL KIBRE, Ph.D.
Professor of History, Hunter College of the City University of New York

THE MEDIAEVAL ACADEMY OF AMERICA
CAMBRIDGE, MASSACHUSETTS

1963

The publication of this book was made possible by grants of funds to the Mediaeval Academy from the Carnegie Corporation of New York and the American Council of Learned Societies.

*Made and printed in Great Britain by
William Clowes and Sons, Limited, London and Beccles*

PREFACE

THIS catalogue of incipits has developed out of those noted in studying mediaeval manuscripts and filed away for my own use. This private collection was amplified one year by the members of my seminar and has been further enlarged since by myself and Doctor Kibre, who has systematically reviewed various manuscript catalogues and bibliographies or literary histories and contemporary works listing incipits. These have also been sought out or verified in printed editions both here and abroad. Grants from the Columbia University Council on Research in the Humanities and from the American Council of Learned Societies have aided such investigation, and are gratefully acknowledged.

The aim has been in connection with each incipit to indicate as briefly as may be the author and title of the work to which it belongs and either one or more manuscripts or editions where it may be found, or some secondary work giving this information, or some other source for the incipit. The manuscripts listed are likely to be not the earliest or best but those for which catalogues have given the opening words. Where opening words are given both for the preface, prohemium, dedication, or introduction and for the text proper, the reader will normally be referred to the latter for this information unless one of the other forms is better known. It has not been possible to list separately all the variant wordings of a given incipit; rather, the attempt has been made to select the form which is most usual and readily recognizable. Works in medicine and occult science have been covered as well as those in natural and mathematical science because it would be well nigh impossible to separate them and because they went together in the Middle Ages. Some incipits have been included of works which are not strictly either science, medicine, or occult science—usually because they were by authors most of whose writings were in those fields or because they seemed associated in some other way with them. It also has sometimes been difficult to tell from the mere opening words whether, for instance, a work was physical or metaphysical. Usually works known to be composed after 1500 have been omitted, but an exception has been made in the case of works of alchemy ascribed to Raymond Lull, edited by Salzinger, noted in the *Histoire littéraire de la France*, and included in A. G. Little's *Initia operum Latinorum quae saeculis XIII, XIV, XV attribuuntur*, Manchester, 1904—a work now out of print and quoted at high prices in second-hand catalogues. The reader can easily enough find out which of these incipits I regard as prior to 1500 by turning to Appendix 39 in Volume IV of my *History of Magic and Experimental Science*, or merely by noting if a reference thereto is appended here. To save space pseudo-authorship has usually not been indicated in cases where it is apparent, such as the attribution of alchemical works to Thomas Aquinas and Raymond Lull. A few incipits in the vernacular have been allowed to intrude for one reason or another, but these are merely supplementary; the catalogue is primarily and almost exclusively devoted to those of works in Latin. Mediaeval Latin translations of ancient authors in science, medicine, and occult science have been included. It is not proposed to give incipits of texts likely to be found in that form only once, such as detached chapters of longer works,

v

single recipes, charms, and notes, but rather of texts of frequent occurrence so that knowledge of the opening words in one instance may lead to recognition of the work elsewhere.

To economize space a system of abbreviations is employed for manuscript collections and frequently cited authorities: see the list of Abbreviations preceding the alphabetical catalogue of incipits. In arranging the incipits alphabetically the mediaeval spelling—*e* instead of *ae*, *i* rather than *j*, and so forth—has been followed, as that which we have found and which the student is most likely to encounter in manuscripts and incunabula, except that as a matter of convenience *v* has been employed as well as *u* in accordance with the usual spelling in Latin dictionaries. The mediaeval Latin forms have been used for the names of Arabic authors. To facilitate indexing, a certain amount of uniformity has been introduced in the spelling of names of authors outside the incipit. But uniformity is of course lacking in the texts and manuscripts themselves, and I have thought it wise to preserve something of this rich variety so characteristic of the Middle Ages. In the incipits, a single word in parentheses immediately following the preceding word, without an intervening space, is a variant reading for the preceding word; if space intervenes before the parentheses, the word in parentheses is an additional word found in some texts. Where more than one word is given in parentheses, space is left, and the reader will have to judge from the context whether the words are a variant or addition to those preceding. If the wording, pagination, and other information given here concerning a title or manuscript differ from the description of the same in the catalogue of manuscripts concerned, this is normally because the manuscript has been examined directly and the description in the catalogue found faulty.

The system of reference and abbreviation will be more readily understood after a study of the following specimen entry, which is given here first as it appears in the Catalogue and then with references and abbreviations extended:

Dixit Ptolomeus. Iam scripsi tibi Iesure libros de hoc...
    Haly, Comm, Ptolemy, Centiloquium, tr. John of Seville: BMr 12.F.VII, 14c, ff. 242v-(251v); Cues 208, 1310 A.D., ff. 58v-68; ed. Venice, 1484; 1493, ff. 107r-116v. See 'Scientia stellarum...'
Dixit Ptolomeus. Iam scripsi tibi Iesure libros de hoc...
    Haly, Commentary on Ptolemy, Centiloquium, translated into Latin by John of Seville: in manuscripts at the British Museum, Royal collection 12.F.VII, fourteenth-century hand, folios 242 verso to 251 verso; Cues 208, copied 1310 A.D., folios 58 verso to 68 recto; printed at Venice, 1484, and 1493, folios 107 recto to 116 verso. Another version of the text opens, 'Scientia stellarum...'

The Index, which refers to the incipits by the titles of the works under the names of authors and translators, or, where the books are anonymous, under titles or subjects, should be extremely useful for pupouses of reference and should provide a bird's-eye view of the entire field.

Acknowledgment is due to the Librarian and staff of the Columbia University library for offering every possible facility in the use of manuscript catalogues and other reference books, and to the Executive Secretary of the Mediaeval Academy for his efficient, sympathetic, and intelligent cooperation in putting the volume through the press.

It is my earnest hope that this volume may prove to be the prolegomena to that Corpus of mediaeval scientific writings in Latin which should be one of the immediate concerns of both humanistic and scientific historical scholarship.

                                                                          LYNN THORNDIKE

New York City
14 May 1937

PREFACE TO THE REVISED EDITION

THE first edition of 1937 was supplemented by articles in SPECULUM: XIV (1939), 93-105; XVII (1942), 342-66; XXVI (1951), 673-95. Now a complete revision is offered.

The chief divergences from the method outlined in the foregoing preface of 1937 are that the revision is based less upon catalogues, although a number of important and specialized ones have appeared in the interim, such as *Aristoteles Latinus* and Beccaria, and more upon direct examination of a great many manuscripts—too many to include all in this revision—some not covered in existing catalogues, others for particular items omitted there or noted inadequately or incorrectly; that more variant wordings of incipits are given; that more minor texts and fragments are covered. These may prove to be excerpts from longer works, but such incipits should aid in identifying these ultimately. Incipits which, when it was decided at the last moment to issue the original edition in a double column page format, were thereby curtailed, have been restored to their original length or further expanded. The real incipits of commentaries have been sought out in place of the opening catch words of the text commented on, which are so often quoted in the catalogues of MSS. For the reader's convenience, in cases where a single MS is known, it is listed here together with the reference to catalogue or other secondary work, which may not be available to him. But, to save space, the number of cross references has been reduced, and the reader is requested to use the Index for this purpose. Some incipits have been omitted as well as inserted and even shortened as well as expanded. Also the rule against the inclusion of text and MSS after 1500 has been more strictly enforced, except in the case of alchemical works, which were rarely printed until the sixteenth century and for which MSS of that date are given, if there are none earlier. The abbreviation ed. is reserved for critical editions, where MSS are listed and appraised, as against pr for existence in print. Normally the first entry under an incipit, if not itself a MS, may be turned to for a list of them; while any specified thereafter are usually not mentioned in it. Manuscripts are often listed in order of their dates rather than by the places where they are now located.

In the case of texts preserved in early printed versions, an effort has been made, though not wholly achieved, to examine for its incipit at least one such of each, preferably the earliest, referring the reader for further bibliographical detail to the works of Klebs and Stillwell (see Klebs and IAL under Abbreviations) which were published after our first edition and do not give incipits.

We shall not attempt to express our thanks here individually to all those librarians who have facilitated our researches or those scholars who have sent us additional incipits. Some of their names will be found in the list of Abbreviations. But particular mention must be made and gratitude expressed to Mrs. Dorothea Waley Singer for permission to use her unpublished catalogue of medical MSS; to Dr. B. F. C. Atkinson, of the Cambridge University Library, for putting the manuscript of his catalogue of incipits in

Cambridge MSS freely at our disposal; and to Dr. Bernhard Bischoff of the University of Munich for similar action with regard to the Ernst Schulz collection of incipits, which is also still in manuscript.

Three grants from the American Philosophical Society of Philadelphia are also here acknowledged with sincere thanks: one, for clerical assistance; the other two, in 1956 and 1957, for traveling expenses of Dr. Kibre.

Our final expression of gratitude is to the Mediaeval Academy of America and its present Executive Secretary, Mr. Charles R. D. Miller, and Associate Secretary, Mr. Van Courtlandt Elliott.

LYNN THORNDIKE
PEARL KIBRE

New York City
31 *May* 1962

ABBREVIATIONS

*	An asterisk before an incipit indicates that it is noted in A. G. Little, Initia operum latinorum quae saeculis XIII, XIV, XV attribuuntur, Manchester, 1904
†	A dagger or obelisk before a MS indicates that it is destroyed or lost
a.	anno
Ab	Abhandlungen zur Geschichte der Mathematik
Abh	Abhandlungen zur Geschichte der Naturwiss. und der Medizin
Accurti	Thomas Accurti, Editiones saeculi XV pleraeque bibliographis ignotae: Annotationes ad opus quod inscribitur, 'Gesamtkatalog der Wiegendrucke, Voll. I-IV,' Florence, 1930, 170 pp. Aliae editiones. . ., 1936
Affò	Ireneo Affò, Memorie degli scrittori e letterati parmigiani, Parma, 1789, 2 vols. (continued by Angelo Pezzana, 1825-1833).
AFH	Archivum Franciscanum Historicum
AFML	Armed Forces Medical Library (now National Library of Medicine)
AFP	Archivum Fratrum Praedicatorum
AGNT	Archiv für die Geschichte der Naturwissenschaften und der Technik, I, 1909 et seq.; now entitled, Archiv für Geschichte der Mathematik, der Naturwissenschaften und der Technik
AHDL	Archives d'histoire doctrinale et littéraire du moyen âge
AHR	American Historical Review
AIHS	Archives Internationales d'Histoire des Sciences
AL	Aristoteles Latinus, ed. Geo. Lacombe et al., Cambridge University Press, 1939, 1955
AMH	Annals of Medical History
App	Appendix
APS	Proceedings of the American Philosophical Society
Archiv	Archiv für Geschichte der Medizin, now Sudhoffs Archiv für Geschichte der Medizin
Argentré	Charles Du Plessis d'Argentré, Collectio judiciorum de novis erroribus qui ab initio XII saeculi usque ad annum 1713 in ecclesia proscripti sunt et notati, editio nova, Paris, 1755, 3 vols.
Art ancien	L'Art Ancien S. A. Dealers in Rare Books, Zurich, Catalogue XIX (1936)
Articella	Articella. . .Thesaurus operum medicorum antiquorum, Venice, 1487, and other eds.
Artis auriferae	Auriferae artis quam chemiam vocant, Basel I (1593), II (1610)
ASNS	Archiv für das Studium der Neueren Sprachen
Atk	B. F. C. Atkinson, Catalogue of Incipits of texts found in Cambridge Manuscripts dating from before 1500, MS at the Cambridge University Library

Bale	John Bale, Index of British and other Writers, edited by Reginald Lane Poole with the help of Mary Bateson, Oxford, 1920
BB	Boncompagni's Bullettino di bibliografia e di storia delle scienze matematiche e fisiche, Rome, 1868-87, Vols. I-XX
BE	Berlin: Handschriften d. Preuss. Staatsbibliothek
BEC	Bibliothèque de l'École des Chartes
Beccaria	Augusto Beccaria, I codici di medicina del periodo presalernitano, Rome, 1956
Beiträge	Beiträge zur Geschichte der Philosophie des Mittelalters, 1891-; in process
Benjamin	Communicated by Francis S. Benjamin Jr., Emory University, Georgia
Bern	Bern Stadtbibliothek, Handschriften
Berthelot	Marcellin Berthelot, La chimie au moyen âge, Paris, 1893, 3 vols.
BHM	Bulletin of the History of Medicine
BIAC	Bulletin internationale de l'Académie des Sciences de Cracovie. Classe de Philologie. Classe d'Histoire et de Philosophie
Biadego	G. Biadego, Medici Veronesi e una libreria medica del sec. xiv, Atti d. R. Istituto Veneto di Sci. Lett. ed Arti, 75 (1915-1916), 565-85
Bibl. math.	Bibliotheca mathematica
Björnbo (1903) (1905) (1912)	A. A. Björnbo, 'Die mathematischen S. Marcohandschriften in Florenz,' Bibliotheca mathematica, 3rd Series, IV (1903), 238-45; VI (1905), 230-38; XII (1912), 97-132; 193-224
Björnbo (1909)	A. A. Björnbo, 'Die mittelalterlichen Uebersetzungen aus dem Griechischen,' Archiv für Geschichte der Naturwissenschaften und der Technik, I (1909), 385-94
Björnbo Ab (1912)	A. A. Björnbo und Seb. Vogl, 'Alkindi, Tideus und Pseudo-Euklid,' Abhandl. z. Gesch. d. math. Wiss., Heft 26, 3, Leipzig, 1911 or 1912
BL	Bodleian Library, Oxford
BLas	——— Ashmole manuscripts
BLau	——— Auct. MSS
BLb	——— Bodley MSS
BLcl	——— Canonicus Latin MSS
BLcm	——— Canonicus Miscellaneous MSS
BLd	——— Digby MSS
BLe	——— E musaeo MSS
BLf	——— Fairfax MSS
BLh	——— Hatton MSS
BLll	——— Laud. Latin MSS
BLlm	——— Laud. Misc. MSS
BLr	——— Rawlinson MSS
BLsa	——— Savile MSS
BLse	——— Selden MSS
BLt	——— Tanner MSS
BM	British Museum, London

BMad	British Museum, London, Additional manuscripts
BMar	———— Arundel MSS
BMb	———— Burney MSS
BMc	———— Cotton MSS
BMe	———— Egerton MSS
BMh	———— Harley MSS
BMI	Catalogue of Books Printed in the XVth Century now in the British Museum; 8 vols., 1908-1949
BMl	British Museum, London—Lansdowne MSS
BMr	———— Royal MSS
BMsl	———— Sloane MSS
BMst	———— Stowe MSS
BN	Bibliothèque Nationale, Paris, Latin MSS
BN fr	———— fonds français manuscrits
BNna	———— nouvelles acquisitions MSS
BNna fr	———— nouv. acq. fonds français MSS
Boinet	Amédée Boinet, Catalogue des manuscrits de la bibliothèque de la faculté de médecine de Paris, Paris, 1908
Bol	Bologna, Biblioteca Comunale, manoscritti
Bonatti	Guido Bonatti, Decem tractatus astronomie, Venice, 1506
Boncompagni GdC	Baldassare Boncompagni, Della vita e delle opere di Gherardo Cremonese... Atti dell' Accademia Pontificia de' Nuovi Lincei, IV (1850-1851), Rome, 1852, pp. 387-493
Boncompagni PT	———— Delle versioni fatti de Platone Tiburtino, Ibid., IV, 247-286
Boncompagni (1863)	———— Intorno ad un trattato d'arithmetica stampato nel 1478, Ibid., XVI (1862-1863)
Bonilla	Bonilla y San Martin, Historia de la filosofia española..., Madrid, 1908
Borghesi	A. Maier, Codices Burghesiani Bibliothecae Vaticanae, 1952
Borgnet	A. Borgnet, ed. Albertus Magnus, Opera omnia, Paris, 1890-99, 38 vols.
Boston Medic.	Boston (Mass.) Medical Library
BP	———— Public Library
Brux	Brussels, Bibliothèque royale des ducs de Bourgogne, manuscrits
BSFHM	Bulletin de la Société française d'histoire de médecine
BU	Bologna University Library, MSS
Bubnov	N. Bubnov, Gerberti Opera mathematica, Berlin, 1899
Budapest	Catalogus Bibliothecae Musei nationalis Hungarici, Codices Latini medii aevi, recensuit Emma Bartoniek, Budapest, 1940
c	century
c.	circa
Cantor	Moritz Cantor, Die römischen Agrimensoren..., Leipzig, 1875
cap.	capitulum, chapter

Carmody	F. J. Carmody, Arabic Astronomical and Astrological Sciences in Latin Translation, 1956
Carmody (1960)	—— The Astronomical Works of Thabit B. Qurra, 1960
Cassel	Cassel, Landesbibliothek, Handschriften
Catin.	Codices Latinos Catinenses recensuit Marianus Fava, Studi italiani, V (1897), 429-40
Census	S. de Ricci and W. J. Wilson, Census of Medieval and Renaissance MSS in the United States and Canada, New York, 1935, 1937, 1940
Cesena	Cesena, Biblioteca Malatestiana, manoscritti
CFCB	Census of Fifteenth Century Books Owned in America, 1919
CGM	Codex Graecus Monacensis (Bayerische Staats-Bibliothek)
Cgm	Codex Germanicus Monacensis (Bayerische Staats-Bibliothek)
Choulant (1826)	Ludovicus Choulant, Aegidii Corboliensis Carmina medica ad fidem manuscriptorum codicum et veterum editionum recensuit, Leipzig, 1826
Choulant (1832)	—— ed. Macer Floridus de viribus herbarum una cum Walafridi Strabonis, Othonis Cremonensis et Ioannis Folcz carminibus..., 1832
Clagett (1941)	Marshall Clagett, Giovanni Marliani and Late Medieval Physics, New York, 1941
Clagett (1953)	—— A Check List of Microfilm Reproductions, Isis 44 (1953), 371-81
CLM	Codex Latinus Monacensis (Bayerische Staats-Bibliothek, Munich, Handschriften)
CML	Corpus medicorum latinorum, 1915; in process
Codex Fritz Paneth	Karl Sudhoff, 'Codex Fritz Paneth,' Archiv für Gesch. der Mathematik der Naturwissen. und der Technik, Leipzig, 1929, Sonderabdruck aus 12 Band, 1 Heft. The Codex is now in the Medical Library of Yale University, New Haven, Conn.
Col	Columbia University Library
Coll.	Collection, Collectanea
ColR	Columbia University Library, collection of reproductions, made by Lynn Thorndike, now in Special Collections
Comm.	Commentary on, Commentarius
Condeesyanus	Hermannus Condeesyanus, Harmoniae imperscrutabilis Chymico-Philosophicae, 2 pts., Francofurti, 1625
Cop	Copenhagen, Bibliotheca regia Hafniensis, manuscripts
Corbett	James Corbett, Catalogue des manuscrits alchimiques latins, I (1939), for Paris; II (1951), for France outside of Paris
Corner	Geo. W. Corner, Anatomical Texts of the Earlier Middle Ages, Washington, 1927
Corv	Bibliotheca Corvina, Budapest, 1927
Coussemaker	E. de Coussemaker, Scriptorum de musica medii aevi novam seriem a Gerbertina alteram collegit nuncque primum edidit, 4 vols., Paris, 1864
CPh	College of Physicians Library, Philadelphia
Cpl	See Plagens

CR	Reproductions (chiefly microfilms) in office of Marshall Clagett, University of Wisconsin
CSEL	Corpus scriptorum ecclesiasticorum latinorum
CTC	Catalogus Translationum et Commentariorum, ed. P. O. Kristeller, vol. I, Washington, D.C., 1960
CU	Cambridge University Library
CUad	Cambridge University Library, Additional MSS
CUc	Cambridge—Corpus Christi College manuscripts
CUcl	——— Clare College MSS
CUe	——— Emmanuel College MSS
CUg	——— Gonville and Caius College MSS
CUj	——— Jesus College MSS
CUk	——— Kings College MSS
CUma	——— Magdalen College MSS
CUmc	——— McClean Collection MSS, Fitzwilliam Museum
CUpem	——— Pembroke College MSS
CUpet	——— Peterhouse College MSS
CUsj	——— St. John's College MSS
CUss	——— Sidney Sussex College MSS
CUt	——— Trinity College MSS
Darmstadt	Romanische Forschungen VI (1891), 17-31, 239-266, for MSS at Darmstadt
De balneis	De balneis omnia quae extant apud Graecos Latinos et Arabes, Venice, 1553
dedic.	dedicated to
Delatte	Louis Delatte, Textes...relatifs aux Cyranides, Liége, 1942; Bibl. de la Faculté de philosophie et lettres, Fasc. 93
Delisle	Léopold Delisle, Le cabinet des MSS, 3 vols., 1868-1881
DES	David Eugene Smith, Rara arithmetica, 1908
des	desinit
DF	De febribus...collectio, Venice, 1576
Diels	H. Diels, Die Handschriften der antiken Aertze, Philos. und Hist. Abhandlungen d. kgl. Preuss. Akad. d. Wiss., I (1905); II (1906)
Duhem, III (1913)	Pierre Duhem, Études sur Léonard de Vinci, troisième série, Les précurseurs parisiens de Galilée, Paris, 1913
Duhem, III (1915)	——— Le système du monde, Tome III, Paris, 1915
Duhem, IV	——— Tome IV, Paris, 1916
Duhem, V	——— Tome V, Paris, 1917
Durand	Dana B. Durand, The Vienna-Klosterneuburg Map Corpus, Leiden, 1952
DWS	Dorothea Waley Singer, Catalogue of Latin and Vernacular Alchemical Manuscripts in Great Britain and Ireland dating from before the XVI Century, Brussels, 3 vols., 1928-1931; usually cited by number of item rather than page

DWS MS	Dorothea Waley Singer, Handlist of Western Scientific MSS in Great Britain and Ireland, dating from before the XVI Century, compiled by D. W. Singer (in MS form at BM, microfilm at LC)
DWS (1916)	———— 'Some Plague Tractates,' Proceedings of the Royal Society of Medicine, IX (1916), Section of the History of Medicine, 159-212
Ea	Erfurt, Wissenschaftliche Bibliothek, Amplonian Collection, Handschriften
ed.	edition, or edited by
Eins	Einsiedeln (G. Meier, Cat. cod. mss. qui in bibl. monasterii Einsidlensis adservantur, 1899)
Ep.	Epistola
Er	Erlangen, Universitätsbibliothek, Handschriften
Es	Escorial, La Real Biblioteca, manuscritos
Eton	Eton College Library, manuscripts
EU	Edinburgh University Library, manuscripts
f. and ff.	folio and folios
Fabricius	Jo. Alberti Fabricii Bibliotheca latina mediae et infimae aetatis, Hamburg, 6 vols., 1734-1746
Farsetti	Biblioteca manoscritta di Tomaso Giuseppe Farsetti, Venice, 1771
Ferguson	John Ferguson, Bibliotheca Chemica, 1906
Ferrari (1900)	Sante Ferrari, I tempi, la vita, le dottrine di Pietro d'Abano, published in Atti della R. Università di Genova (pubbl. per decreto ed a spese del municipio di Genova), XIV (1900), xvi, 490 pp.
Ferrari (1918)	Sante Ferrari, Per la biografia e per gli scritti di Pietro d'Abano (Note ed aggiunte al volume I tempi, la vita, le dottrine de Pietro d'Abano), in Memorie della R. Accademia dei Lincei, Classe di Scienze Morali Storiche, e Filologiche, Serie Quinta, XV, vii (1918), 629-727
FL	Florence, Laurentian Library, manoscritti
FLa	Florence, Laurentian Library—Ashburnham and Appendix. (Manuscript numbers are usually given as in Indici e Cataloghi, Ministero della pubblica istruzione, but these are not followed at the Laurentian Library itself.)
FLb	———— Biscioniani MSS
FLc	———— S. Crucis MSS
FLg	———— Gaddi MSS
FLgr	———— Gaddi reliq. MSS
FLs	———— Strozzi MSS
FN	Florence, Biblioteca Nazionale Centrale, manoscritti
FNcs	———— conventi soppressi, MSS
FNm	———— Magliabech. MSS
FNpal	———— Palatine Collection MSS
FNpan	———— Panciatichiani MSS
Fournival	Richard de Fournival's catalogue of MSS, in Delisle, Le cabinet des MSS, II (1874)

Fowler	Geo. B. Fowler, Intellectual Interests of Engelbert of Admont, 1947; and other information supplied by him
FR	Florence, Riccardian Library, manoscritti
Fr	Français or French
Fulda	Handschriften des Klosters Fulda
Geneva	Geneva, University Library, MSS
Gerbert	Martin Gerbert, Scriptores ecclesiastici de musica. . ., 3 vols. 1784; reprint Milan, 1931
Ghent	Bibliothèque de la ville et de l'université de Gand, MSS
Giacosa	Pietro Giacosa, Magistri Salernitani nondum editi, Turin, 1901
Girolla	Pia Girolla, 'La biblioteca di Francesco Gonzaga secondo l'inventario del 1407,' Atti e Memorie, Reale Accademia Virgiliana di Mantova, Nuova Ser. XIV-XVI (1923), 30-39, 40-72
Glorieux	P. Glorieux, Répertoire des maîtres en théologie de Paris au XIIIe siècle, 2 vols., Études de philosophie médiévale, 17-18, 1933-1934
Gö	Göttingen University Library, Handschriften
Grabmann (1928)	Martin Grabmann, Mittelalterliche lateinische Aristotelesübersetzungen u. Aristoteleskommentare in HSS spanischer Bibliotheken, 1928, 120 pp.
Grabmann (1929)	———— Mittelalterliche lateinische Uebersetzungen von Schriften der Aristoteles-Kommentatoren Johannes Philoponos, Alexander von Aphrodisias und Themistios, SBM, 1929, Heft 7
Grabmann (1933)	———— Die Aristoteleskommentare des Simon von Faversham, SBM, 1933, Heft 3
Grabmann (1935)	———— Handschriftliche Forschungen u. Mitteilungen zum Schriftum des Wilhelm von Conches. . ., SBM, 1935, Heft 10
Grabmann (1936) (1956)	———— Mittelalterliches Geistesleben, Bd. II, 1936; III, 1956
Graz	Universitätsbibliothek Graz, HSS
Grey Friars	A. G. Little, The Grey Friars in Oxford, 1892
Gro	Groningen University Library, Handschriften
GS	George Sarton, Introduction to the History of Science, 3 vols., Baltimore, 1927, 1931, 1948
GU	Glasgow University, Hunterian Library, manuscripts
Gunther	Robert T. Gunther, Early Science in Oxford, 1921-1945, 14 vols.
GW	Gesamtkatalog der Wiegendrucke, 8 vols., Leipzig, 1925-1940
H	B. Hauréau, Initia operum scriptorum Latinorum medii aevi: MS Bibliothèque Nationale, Paris, nouv. acquis. lat. 2392
Hague	The Hague, Royal Library, manuscripts
Hain	Ludwig Hain, Repertorium bibliographicum, 1826-1838 (reprint in 4 vols., Milan, 1948)
Hamburg	Hamburg, State and University Libraries, Handschriften
Hanover	Hanover, Municipal or Provincial Library, HSS
Hartmann	G. F. Hartmann, Die Literatur von Früh- und Hoch-Salerno, 1919
Haskins	C. H. Haskins, Studies in the History of Medieval Science, 1924 (revised, 1927)

Heeg	J. Heeg, 'Pseudodemokritische Studien,' Abhandlungen der Wissenschaften, Phil.-hist. Classe, Nr. 4, Berlin, 1913
Heiberg	J. L. Heiberg, Theodosius Tripolites, Sphaerica, Abhandl. d. Ges. d. Wiss. zu Göttingen, Phil. Hist. Klasse, XIX, 3 (1927)
Hellmann	G. Hellmann, 'Die Wettervorhersage im ausgehenden Mittelalter,' Beiträge z. Gesch. d. Meteorologie, Berlin, 1917, II, 169-229
HL	Histoire littéraire de la France, Paris; in process
HS HSS	Handschrift Handschriften
IAL	Margaret B. Stillwell, Incunabula in American Libraries, New York, 1940
ICHM	International Congress, History of Medicine
inc	incipit
James	M. R. James, The Ancient Libraries of Canterbury and Dover, 1903
JHM	Journal of the History of Medicine and Allied Sciences
Jones	C. W. Jones, Bedae Pseudepigraphia, Ithaca, 1939
JS	Journal des Savants
JWI	Journal of the Warburg Institute (now, of the Warburg and Courtauld Institutes)
Karpinski (1915)	L. C. Karpinski, Robert of Chester's Latin Translation of the Algebra of Al-Khowarizmi, New York, 1915
Kibre (1941)	Pearl Kibre, A Fourteenth Century Scholastic Miscellany, The New Scholasticism 15 (1941), 261-71
Kibre (1942)	———— Alchemical Writings Ascribed to Albertus Magnus, Speculum 17 (1942), 499-518
Kibre (1945)	———— Hippocratic Writings in the Middle Ages, Bulletin Hist. Medicine, 18 (1945), 371-412
Kibre (1952)	———— Lewis of Caerleon, Isis 43 (1952), 100-108
KlaB	Klagenfurt—Bischöfliche Bibliothek, HSS
KlaS	———— Studienbibl., HSS
Klebs	A. C. Klebs, Incunabula scientifica et medica, Short Title List, Osiris IV (1938)
Klo	Klosterneuburg, HSS
Kühn	C. G. Kühn, Claudii Galeni Opera Omnia, Leipzig, 21 vols., 1821-1833
La Fage	La Fage, Diphtérographie musicale, 1864
Lami	G. Lami, Catalogus codicum manuscriptorum qui in bibliotheca Riccardiana Florentiae adservantur, Leghorn, 1756
Laurent	M. H. Laurent, Fabio Vigilio et les bibliothèques de Bologne . . ., Città del Vaticano, 1943
LC	Library of Congress, Washington, D.C.
Lehigh MS	Lehigh University Library, alchemical manuscript (W. J. Wilson, Osiris II, 1936, pp. 220-405)
Lehmann (1927)	Paul Lehmann, Pseudo-antike Literatur des Mittelalters, 1927
Lehmann (1938-9)	———— Mitteilungen aus HSS, V und VI, SBM, 1938-1939
Leip	Leipzig University Library, Handschriften
Lem	Lemberg, Bibl. Ossolinianae Leopoliensis, HSS

Leyden	Leyden University Library, manuscripts
Little	A. G. Little, Roger Bacon Essays, 1914
Lockwood	Dean Lockwood, Ugo Benzi, 1951
Lo Parco	Lo Parco, Niccolò da Reggio, Naples, 1913
LP	Lambeth Palace MSS (Catalogue by James and Jenkins, 3 vols., 1930-1932)
LR	Lindenius renovatus a Geo. A. Mercklin, Nürnberg, 1686
Lyons	Bibliothèque de Lyon, manuscrits
Lyons pa	Lyons, Palais des Arts, MSS
Ma	Madrid, National Library, manuscripts
Ma Palat.	——— Biblioteca del palacio Nacional
MacKinney	communicated by Professor Loren C. MacKinney, University of North Carolina
mag.	magister, magistri, master
Man	Manchester, John Rylands Library, manuscripts
Manget	Manget, Bibliotheca chemica curiosa, Geneva, 1702, 2 vols.
Manitius	Max Manitius, Geschichte der lateinischen Literatur des Mittelalters, 3 vols., Munich, 1911, 1923, 1939
MC	Monte Cassino, manoscritti
Merrifield	Mrs. Merrifield, Original Treatises Dating from the XIIth to the XVIIIth Centuries on the Arts of Painting in Oil, Miniature, Mosaic, and on Glass, 2 vols., London, 1849
mg	margin, marginal, margins
MG	Monumenta Germaniae historica
MH	Medical History
M-H	Medievalia et Humanistica
Mi	Milan, Bibliotheca Ambrosiana, manoscritti
Mi Trivulz.	Milan, Trivulziana Collection, now at Castello Sforza
Millás (1931)	J. Millás Vallicrosa, Assaig d'història de les idees fisiques i matematiques a la Catalunya medieval, Barcelona, 1931
Millás (1942)	——— Las traducciones orientales en los manuscritos de la Biblioteca Catedral de Toledo, Madrid, 1942
Millás (1943-1950)	——— Estudios sobre Azarquiel, Madrid-Granada, 1943-1950
Millás (1954)	Homenaje a Millás-Vallicrosa, vol. I, Barcelona, 1954
Millás (1956)	Idem, vol. II, 1956
Mitteil.	Mitteilungen zur Geschichte der Medizin und der Naturwissenschaften, Leipzig, 1902-1942
Mo	Modena, Biblioteca Estense, manoscritti
Mon	Montpellier, Bibliothèque de l'École de la Médecine, manuscrits
Moody-Clagett	Ernest A. Moody and Marshall Clagett, The Medieval Science of Weights, 1952
MS	Manuscript, manuscrit, manoscritto, manuscriptum
MU	Munich, Universität Bibliothek, HSS
n.	Note or footnote

Na	Naples, Biblioteca Nazionale, manoscritti
Nallino	C. A. Nallino, Al-Battani sive Albatenii Opus astronomicum, Milan, 1903, 1907
NaO	Naples, Biblioteca Oratoriana, MSS
n.d.	no date of publication given
NE	Notices et extraits des manuscrits de la bibliothèque nationale et autres bibliothèques
no.	number of item, section, etc.
Nu	Nürnberg, Nuremberg
NYAM	New York Academy of Medicine
NYP	New York Public Library
Oa	Oxford—All Souls College manuscripts
Ob	———— Balliol College MSS
Oc	———— Corpus Christi College MSS
Oe	———— Exeter College MSS
Oh	———— Hertford College MSS
OHI	Opera hactenus inedita Rogeri Baconi, ed. Robert Steele, Oxford, 1909-1940
Oj	Oxford—Jesus College MSS
Ol	———— Lincoln College MSS
OLZ	Orientalistische Literaturzeitung
Oma	Oxford—Magdalen College MSS
Ome	———— Merton College MSS
On	———— New College MSS
Oo	———— Oriel College MSS
Op	———— Pembroke College MSS
Oq	———— Queens College MSS
Os	———— St. John's College MSS
Osler	Osler Library, McGill University, Montreal, Canada
Ot	Oxford—Trinity College MSS
Ou	———— University College MSS
Ow	———— Wadham College MSS
PA	Paris, Arsenal, manuscrits
Padua	Padua, Bibliotheca Antoniana, manoscritti
Palermo	Palermo, Biblioteca Comunale, MSS
PAM	Paris, Académie de Médecine, manuscrits (Catalogue général des manuscrits des bibliothèques publiques de France, Paris, Tome I, Paris, 1909, pp. 349-428)
Pansier	P. Pansier, Collectio ophthalmologica veterum auctorum, Paris, 1903-1933
Pastrengo	Gulielmus Pastregicus, De originibus rerum, Venice, 1547
Pavia	Pavia University Library, manoscritti
PdT	Positions des Thèses, Paris, Ecole des Chartes
Pellechet	Pellechet, Catalogue général des incunables des bibliothèques publiques de France, Paris, 1897, 1905, 1909, incomplete

Pez	Pez, Thesaurus anecdotorum novissimus, 1721
PFM	Paris, Faculté de Médecine, manuscrits (Catalogue général des Manuscrits des bibliothèques publiques de France, Paris, Tome I, Paris, 1909, pp. 215-348)
PG	Migne, Patrologiae cursus completus, series graeca
PGe	Paris, Bibliothèque Ste. Geneviève, manuscrits
Phares	Recueil des plus celebres astrologues et quelque hommes doctes faict par Symon de Phares du temps de Charles VIIIe, publié d'après le manuscrit unique de la Bibliothèque Nationale par le Dr Ernest Wickersheimer, Paris, 1929
Pits	John Pits, Relationum historicarum de rebus anglicis tomus primus, Paris, 1619
PL	Migne, Patrologiae cursus completus, series latina
Plagens	G. Vielhaber et G. Indra, Catalogus codicum Plagensium (Cpl.) manuscriptorum, Lincii, 1918
Plimpton	Geo. A. Plimpton Collection, Columbia University
PM	Paris, Bibliothèque Mazarine
PML	Pierpont Morgan Library, New York
Polain	M. L. Polain, Catalogue des livres imprimés au quinzième siècle des bibliothèques de Belgique, Brussels, 1932, 4 vols.
Poulle	Communicated by Emmanuel Poulle, conservateur aux Archives nationales, Paris
pr	printed
Prag	Prague, Public and University Library; catalogue by Truhlar, 1905-6, 2 vols.
Prag cap	Archivio Capituli Metropolitani, catalogue by Podlaha, 1923
pref.	preface
prol.	prologue, or prohemium
ps.	pseudo
PU	Paris, University Library
Puccinotti	Francesco Puccinotti, Storia della medicina, Leghorn, 1850-1870
QE	Quetif et Echard, Scriptores ordinis praedicatorum recensiti, 2 vols., Paris, 1719-1721
Ral	Rome, Bibliotheca Alexandrina, manoscritti
Ran	———— Angelica MSS
Rc	———— Casanatensis MSS
Renzi	Salvatore de Renzi, Collectio Salernitana, Naples, 5 vols., 1852-1859
RG	Robert Garrett MSS, Princeton
Riese (1878)	A. Riese, Geographi latini minores, 1878
Riese (1906)	F. Bücheler and A. Riese, Anthologia latina, 1906
RNS	Revue Néo-Scolastique (later Revue philosophique de Louvain)
Rose (1875)	Valentin Rose, Aristoteles De lapidibus und Arnoldus Saxo, Zeitschrift für deutsches Alterthum, XVII (1875), 321 et seq.
Rose (1894)	———— Theodori Prisciani Euporiston libri III cum physicorum fragmento et additamentis pseudo-Theodoreis, editi a Valentino Rose. Accedunt Vindiciani Afri quae feruntur reliquae, Leipzig, 1894

Rose (19 7)	Valentin Rose, Aegidius Corboliensis, Viaticus de signis et symptomatibus aegritudinum, ed. V. Rose, Leipzig, 1907
Rose II, 1-3	———— Verzeichniss der Lateinischen Handschriften (... der K. Bibliothek zu Berlin), Zweiter Band, Erste-Dritte Abteilung, Berlin, 1901, 1903, 1905
RS	'Rolls Series,' or, Rerum Britannicarum medii aevi scriptores, 1858-1896, 99 works in 244 vols.
Ruska	J. Ruska, Turba philosophorum, Berlin, 1931
Russell	J. C. Russell, Dictionary of Writers of Thirteenth Century England, London, 1936
Rva	Rome, Bibliotheca Vallicelliana, manoscritti
Rve	———— Biblioteca Vittorio Emanuele, MSS
S	Schmeller-Meyer, Initia operum Latinorum: original at Bayerische Staats-Bibliothek, Munich, copy at the Vatican
S	Schmeller-Meyer, Initia operum Latinorum: original at Munich; copy at the Vatican
s.	scilicet
Salamanca	MSS reported by Guy Beaujouan of the Archives nationales, Paris
Salembier	L. Salembier, Petrus ab Alliaco, 1886
Salzinger	Salzinger, Beati Raymundi Lulli opera omnia, Mayence, 1721
San Gimignano	Bibl. dell'Ospedale di Santa Fino
Saxl (1915)	Fritz Saxl, Verzeichnis astrologischer und mythologischer illustrierter Handschriften des lateinischen Mittelalters, I, In Römischen Bibliotheken, Heidelberg, 1915
Saxl (1927)	Fritz Saxl, op. cit., II, Die Handschriften der National-Bibliothek in Wien, Heidelberg, 1927
Saxl (1953)	Fritz Saxl, op. cit., III, Manuscripts in English Libraries, London, 1953
Sbaralea	Sbaralea, Supplementum et castigatio ad Scriptores trium ordinum S. Francisci a Waddingo aliisque descriptos, original edition, 2 vols., Rome, 1806; revised edition, 1908, 1921
SBM	Sitzungsberichte der Bayerischen Akademie der Wissenschaften. Phil.-hist. Abteilung, Munich
Schulz	Ernst Schulz, Collection of Incipits (MS in possession of Dr. Bernhard Bischoff, Munich)
Schwarz	Ignaz Schwarz, Die medizinischen Handschriften d. kgl. Universitäts-Bibliothek in Würzburg, 1907
Seville cap.	Seville, Bibliotheca Capituli
Seville col.	———— Bibliotheca Colombina
SFG	Spanische Forschungen des Görresgesellschaft
SG Stadt	St. Gallen, Stadtbibliothek, HSS
SG Stift	———— Stiftbibliothek, HSS
Sigerist	H. E. Sigerist, Studien und Texte zur frühmittelalterlichen Rezeptliteratur, Leipzig, 1923
Silvestre	Hubert Silvestre, Incipits des traités médiévaux de sciences expérimentales dans les MSS latins de Bruxelles, Scriptorium V (1951), 145-60

Silverstein	Theodore Silverstein, Medieval Latin Scientific Writings in the Barberini Collection, Chicago, 1957
Sitzb.	Sitzungsberichte
Spec. astron.	Albertus Magnus, Speculum astronomiae, ed. Borgnet, X, 629-50, and from MSS
Steinschneider (1905) (1906)	M. Steinschneider, Die Europäischen Übersetzungen aus dem Arabischen bis Mitte des 17 Jahrhunderts, Sitzungsberichte der K. Akademie der Wissenschaften in Wien, Phil. Hist. Kl., 149 (1905); 151 (1906); usually cited by page rather than item; reprinted together, Graz, 1956
Studien	Studien z. Gesch. d. Medizin, Leipzig, ed. Karl Sudhoff, I-XXII, 1907-1934
Suppl. (1581)	Petrus de Abano, Supplementum in secundum librum Johannis Mesues, Venice, 1581
T I-VI	Lynn Thorndike, History of Magic and Experimental Science, Vols. I-II, New York, 1923; III-IV, 1934; V-VI, 1941
T (1929)	——— Science and Thought in the Fifteenth Century, New York, 1929
T (1938)	——— A Study in the Analysis of Complex Scientific Manuscripts, Isis 29 (1938), 377-92
T (1944) aa	——— The Latin Translations of the Astrological Tracts of Abraham Avenezra, Isis 35 (1944), 293-302
T (1944) ab	——— Manuscripts of the writings of Peter of Abano, Bulletin of the History of Medicine, XV (1944), 201-19
T (1945)	——— The Herbal of Rufinus, Chicago, 1945
T (1946)	——— Translations of Works of Galen from the Greek by Niccolò da Reggio, Byzantina Metabyzantina, I, i, 213-35
T (1947)	——— Traditional Medieval Tracts Concerning Engraved Astrological Images, Mélanges Auguste Pelzer, Louvain, 1947, pp. 217-74
T (1949)	——— The Sphere of Sacrobosco and its Commentators, Chicago, 1949
T (1950)	——— Latin Treatises on Comets (A.D. 1238-1368), Chicago, 1950
T (1953)	——— Some Medieval Medical Manuscripts at the Vatican, Journal of the History of Medicine, VIII (1953), 263-83
T (1957)	——— Notes on Some Manuscripts of the Bibliothèque Nationale, Paris, Journal of the Warburg and Courteauld Institutes, XX, 112-172
Tanner	Thomas Tanner, Bibliotheca Britannico-Hibernica, London, 1748
Tannery	Paul Tannery, Mémoires scientifiques...V. Sciences exactes au moyen âge, Toulouse and Paris, 1922
Théry	G. Théry, Autour du décret de 1210: II. Alexandre d'Aphrodise, Bibliothèque thomiste 7 (1926)
Thomson	S. Harrison Thomson, The Writings of Robert Grosseteste, 1940
Thorn R.4°.2	M. Curtze, 'Ueber die Handschrift R.4°.2...d. kgl. Gymnasialbibl. zu Thorn,' Zeitschrift f. Math. u. Physik, 13 (1868) Suppl. 45-104
Toledo cap.	Toledo, Bibl. Capituli (la Biblioteca Catedral)
TR	Lynn Thorndike, Collection of Reproductions of MSS (Photostats, Rotographs, Microfilms)
tr	translated by, translation, translator
tract.	tractatus, or tractatulus

Trithemius	Ioh. Trithemius, De scriptoribus ecclesiasticis, Basel, 1494
UP	University of Pennsylvania, MSS
Va	Valladolid, University Library, manuscripts
VA	Vatican (Bibliotheca Apostolica Vaticana), manoscritti
VAb	———— Barberini MSS
VAc	———— Chigi MSS
Val	J. Valentinelli, Bibliotheca manuscripta ad S. Marci Venetiarum, Vols. I-VI, Venice, 1868-1876
Van de Vyver	A. Van de Vyver, Les premières traductions latines (Xᵉ-XIᵉ siècles) de traités arabes sur l'Astrolabe, Extrait du Ier Congrès International de Géographie Historique, Tome II, Mémoires, Bruxelles, 1931, 266-290, renumbered as 3-27
VAo	Vatican, Ottobon. MSS
VAp	———— Palatine MSS
VAr	———— Regina Sueviae MSS
VAu	———— Urbinas MSS
VE	Venice, Bibliotheca Marciana MSS: the shelf-marks added in parentheses are those of Valentinelli's catalogue
VE fa	Venice, Bibliotheca Marciana MSS, fondo antico
Verae alchemiae	Verae alchemiae artisque metallicae citra aenigmata doctrina certusque modus scriptis tum novis tum veteribus nunc primum et fideliter majori ex parte editis comprehensus (auctore G. Gratarolo), 2 parts, Basel, 1561
VI	Vienna, National-Bibliothek, Handschriften
VI scot	Monasterii B.M.V. ad Scotos Vindobonae
Vivell	Coelestinus Vivell, Initia tractatuum musices, 1912
Wi	Wiesbaden Landesbibliothek, HSS
Wickersheimer	Ernest Wickersheimer, Dictionnaire biographique des médecins en France au moyen âge, Paris, 2 vols., 1936
Wilson	W. J. Wilson, Catalogue of Latin and Vernacular Alchemical Manuscripts in the United States and Canada, Osiris VI (1939), 836 pp.
Wilson (1956)	Curtis Wilson, William Heytesbury, 1956
Wo	Wolfenbüttel Landesbibliothek, HSS
Wu	Würzburg, Universitäts-Bibliothek, HSS
Yale	Yale University (New Haven Conn.) Medical Library, Historical Section: Cushing, Fulton, Klebs Collection
ZB	Zentralblatt für Bibliothekswesen
ZDMG	Zeitschrift der Deutschen-Morgenländischen Gesellschaft
Ze	Zetzner, Theatrum chemicum, 6 vols., Strasburg, 1659-1661
Zi	Ernst Zinner, Verzeichnis der astronomischen Handschriften des deutschen Kulturgebietes, Munich, 1925
Zi (1938)	———— Leben und Wirken des Johannes Müller von Königsberg genannt Regiomontanus, Munich, 1938
ZMP	Zeitschrift für Mathematik und Physik

A CATALOGUE OF INCIPITS
OF MEDIAEVAL SCIENTIFIC WRITINGS
IN LATIN

A

A... See Ab... In...

A a domine deus ecce nescio loqui...
Petrus Berchorius, Repertorium morale: Arras 436, 14c, 2 vols.; GW 3866-67(IAL B296-97)

A Achelous Aetolie primus...
Vibius Sequester, De fluminibus, etc.: ed. Riese (1878), 145-158

A ad pondera et mensuras medicinales. Metrus id est...
De mensuris medicinalibus: Brux 4565, 12c, f. 22v

A autem est mentastrum. Autem est species camphore...
Practica medicinalis: VAp 1292, a.1472, ff. 1r-(248)va

A caput est numeri quingentum iungere...
Versus de aetate mundi secundum literas alphabeti: BLr D.248, 15c, f. 11r-v; BMr 13.E.X, 15c, ff. 19v-(20); Verses on numerical equivalents of letters: CUc 171, 15c, f. 363r; Prag I.E.39(224), 15c, f. 110v(Schulz)

A casu describe diem non solis ab ortu...
CLM 14525, 15c, f. 93(Schulz)

A cibo bis cocto, a servo minus docto...
See 'A medico indocto, a cibo bis cocto...'

A deo dependet celum et tota natura...
Bede(?), Sententiae sive axiomata ex Aristotele et aliis: PL 90, 965-1090; CLM 15613, ff. 53-100; Breslau I.F.97, 15c, ff. 231-(265); Jones 17; pr as Repertorium auctoritatum; GW 3757; Klebs 164.1; IAL B257; *Hain 2733, fols. a2r-kv (Schulz)

A deo imploro auxilium semper laudem et vigorem...
Precedes short extracts on medicine: MU F.576, 14c, ff. 122vb-125r

A divina magnificentia emanavit donum...
Consilium coniugii de massa solis et lune: VAp 1332, 15c, ff. 52r-86v; Berthelot I, 249; Manget II, 235. See 'Non legitur a divina...'

A domino deo nostro res habent initium et ad ipsum revertuntur...
Dietarium Otonis: CUg 407(413), 14c, ff. 1r-28v

A domino Ihesu Christo creatore ac salvatore...
Gerardus de Silteo(Sileto), or Gerard of Feltre, Summa de astris: QE I, 725; Bol A539, ff. 1r-95r(ColR 75); Mi C.245, Inf., 14c; T (1950), 184-95; Grabmann (1956), 254-79

A est chaos sive principium...
Christopher of Paris(?), Alchemical alphabet: CLM 26059, f. 275r

A est unum calidum per totum quod...
Collection of 22 sophisms: BN 16134, ff. 73rb-80vb; VE VI.155 (XI,18), 15c, ff. 65-82(CR B-7(2)); Tract. Joh. Bad.: VA 4447, 15c, ff. 299ra-309vb

A febribus Beneventanis que aut citissime...
VAr 179; 264 (Incipits in VA collection)

A Grecis dicitur arnoglossa, Galli vocant...
Apuleius, Herbarium (Epistola Platonis ad cives suos de herba plantagine): BLd 69, c.1300, ff. 30r-61v

A in primis notare possumus quod ista...
See 'A a domine...'

A luna tertia usque luna XI maris discrescit...
De maris fluxu atque refluxu: BN 4627, 8-9c, 1r(9 lines)

A medico indocto a cibo bis cocto...
Wo 718, 15c, f. 242; pr Oerkbacq, Aus alten Büchen der Hallischen U.B., Halle, 1900, p.38(Schulz)

A meridie veniet homo fortis magnaque. . .
 Antonio de Angleria, Astrol. judgment, a. 1449-
 50: Mi Trivulz. 246 inf., ff. 123v-124v

A morbis universalibus propositi nostri intentio
est inchoare. . .
 Gilbertus Anglicus, Compendium medicine:
 Bruges 469, a.1271, fols. 1r-244v; CUpem 169,
 13-14c, ff. 1r-233v; Cupet 52(I), 13-14c, ff. 1r-
 92v; etc.; pr Lyons, 1510, 362 ff.; T II, 479-85;
 HL 21, 393-400; Delisle III, 91b; Wickersheimer 191-92

A multis et prudentibus viris confirmatum. . .
 Nemesius, Premnon Physicon, tr from Greek by
 Alfanus, archbishop of Salerno: ed. C. Burkhard,
 Leipzig, 1917, 166 pp.; BMh 3969, 12c,
 ff.168r-196r

A multis herbis.   A zedaret scheston. . .
 Synonyms, Arabic and Latin: Reims 1002, 13c,
 f. 200v(MacKinney)

A nona noctis donec sit tertia lucis. . .
 CLM 13066, 13c, f. 82 rb (14 lines of verse)

A nonnullis imperitioris ingenii dubitari solet. . .
 Lapidarium omni voluptate refertum: pr Vienna
 (n.d.); AFML 277; IAL L55. Tract. II, Abescon
 to Zignites

A omnibus rebus agendis est utile. . .
 Lunare di fortuna: BE Phil. 1870, 11-12c, f. 7rb;
 Beccaria p. 204

A parte corporis que patitur passio nomen. . .
 Caelius Aurelianus, De diuturnis libri V: pr Basel,
 1529; Lyons, 1567; ed. I. E. Drabkin, 1950,
 p. 442

A philosophis astronomiam. . .
 Astrolabe: Breslau AcIV.2°.21, a.1438, ff.122-
 146(Zi 861)

A philosophis astronomiam accepimus. . .
 See 'Que in gloriosissimis. . .'

A philosophis astronomiam sic diffinitam accepimus. . .
 Algafalax: VAr 1452, 14c, ff. 87rb-(95)

A philosophis sic diffinitam accipimus astronomiam. . .
 De iudiciis in astrologia: BN 7267, 14c, ff. 6vb-
 7rb. See 'Philosophis astronomiam sic diffinitam
 . . .'; 'Astronomia est astrorum. . .'

A phisicis spera gestibilis ad exemplum composita
est. . .
 De sphaera solida: FNcs J.II.10, late 13c, ff. 57r-
 64r; Björnbo (1912), 196

(A) planetis erraticis que feruntur in signis. . .
 Zael, Introductorium: FL S. Marco 194, 14c,
 ff. 69r-74r; Björnbo(1905), 234.   See 'Omnibus
 planetis. . .'

A prima usque ad coniunctionem sunt xxvii
dies. . .
 CUt O.VII.35, 15c, f. 213(209)

A primo pabulo salis(solis) medicinalis sapientie
. . .
 Prol. Tabulae remediorum Salernitanae: BN
 7030, 12-13c, ff. 50r-51r; Ran 1506(V.3.13),
 13c, ff. 125-129; Worcester Cath. Q.62.III, ff.
 94r-123r(DWS MS); James 482; Giacosa 409 ;
 (solis, Renzi V, 233, n., based on BN 7924)

A quamplurimis dubitari solet an medicina sit
ars liberalis. . .
 Comm. Galen, Tegni: BMsl 1933, 13c, ff. 161ra-
 182va

A quatuor atque decem iuveniles incipe annos. . .
 Versus minutionis: CLM 12392, f. 160; Heitz,
 Kalender Inkunabeln, n.4(Schulz)

A quindecimo Kal. Augusti usque ad nonas
Sept. dies caniculares sunt. . .
 CLM 4622, f. 35(Schulz)

A quodam sapientissimo inventum est et de eius
codice. . .
 De cibis: ed. Sudhoff, Archiv XI(1919), 209–
 210(Schulz)

A sex b quinque c quattuor e dies tres. . .
 Comm. in Computum: CLM 14569, 11c, f.
 17r(Schulz)

A significat deum.   B significat materiam de
qua fit aqua. . .
 Raymond Lull, Interpretatio infrascriptarum
 literarum: Mon 493, (f. 150v)

A significat deum.   B significat quatuor ele-
menta. . .
 Tabula interpretans synonima Raymundi Lullii
 Testamenti: BU 169(181), 15c, p. 136; CUt
 O.VIII.32, 15c, f. 112; CUc 112, 16c, pp. 260,
 367

A significat deum sine quo nihil est.   B signifi-
cat argentum vivum. . .
 Excerpta ex Raymundo de lapidibus preciosis:
 Geneva 82, 16c, f. 32v

A significat potestatem vel dilectionem.   B
victoriam. . .
 Hain 5925, f. 8v; 5927, f. 8r(Schulz)

A significat prosperitatem. . .
 Joseph, Dream Book: T II,295; Ea Q.213, f. 94v

A significat prosperum iter vitam felicem et omnia bona...
Wo 2715, 15c, f. 86v

A solstitio estivo sole progrediente dies...
Theodosius, De diebus et noctibus: ed. R. Fecht (1927), 55

A te et a scientia. Fieri enim nequit ut...
Ptolemy, Centiloquium, tr Pontano: pr with Firmicus Maternus, Basel, 1551, pp. 74-78; 1553, pp. 252-269; with Astrologia aphoristica, Ulm, 1641 and 1674

A tempore magistri Iohannis de Lineriis usque ad annum domini 1428...
De modo verificandi loca stellarum fixarum: BLas 191, 15c, II, ff. 138v-140 (TR 216)

A terra ad lunam tonum esse pronuntiant...
De caelestibus spatiis secundum quosdam: VI 387, 15c, f. 124r; Saxl (1927),81

A terra usque ad lunam sunt triginta tria...
Movement of the planets: CUc 294, c.1400, f. 1r; Zi 7888-94

A tertia die Augusti inclusive usque ad 10 diem inclusive...
Weather notes accompanying astronomical tables for 1269-1270: BMr 7.F.VIII, end 13c, mg 176v-177v

A toto genere nocet quodcumque venenum...
Metrum de nocumentis venenorum: Bern 556, 15c, ff. 172v-176r; AMH 8(1936), 430-31

A trevirensi canonico...
De chronologia: VI 2462, a. 1144, ff. 6r-26v

(A veteribus) difficilis habitus atque existimatus est ad intelligendum...
Chalcidius, Comm. Timaeus: CLM 13021, 13c, ff. 218vb-283vb

Aaron barba aaron iarus pes vituli...
Alphabetum herbarum (table of synonyms): BMr 12.G.IV, 14c, ff. 134r-(136v); BMar 42, c.1400, ff. 92-(98); BMsl 964, ff. 63r-82r; J. L. G. Mowat, Alphita, 1887, p. 21, n. 3

Aaron grece arabice sincantica(siricantica) latine vero barba aaron...
I. Matthaeus Silvaticus, Liber cibalis et medicinalis Pandectarum: Naples, 1474(BM IC.29360); etc. (Klebs 919.1-10; IAL S461-468)
II. Hortus sanitatis, pr Mainz, 1491 (Klebs 509.1; AFML 244). Prol. 'Omnipotentis eternique dei...'

Aaron iarus pes vituli idem...
Alphita: Renzi, III, 272-322; J. L. G. Mowat, Sinonoma Bartholomaei, Oxford, 1882, pp. 9-199

Aaron id est iarus...
Synonyma herbarum, Latine et Germanice: BMar 295, 14c, ff. 125-(135)

Aaron in dyacastore...
Synonyma: VI 5388, a.1444, ff. 109r-122vb

Aaron pes vituli carus(yarus) idem...
Vocabularium medicinale: Boulogne 198, 14c; Synonyma medicine; GU 426, 15c, ff. 54v-66v(DWS MS); Cinonima Nicolai: PA 878, 15c, ff. 32-34

Aaron pes vituli pes iudei idem...
Synonyma herbarum: BMsl 1067, 15c, ff. 280va-288ra

Aaron vel yarus vel pes vituli i. herba iovis...
Synonyma: VI 5388, a.1444, f. 123ra

Ab Adam usque ad diluvium...
Sex aetates mundi (from Eusebius and Jerome): Angers 476, 9c, f. 1; BMr 7.C.VII, 13c, f. 115v; CLM 22292, 12-13c, ff. 54rb-55r.

Ab Adam usque ad nos fuerunt anni...
Aliud iudicium a principio mundi usque ad finem: BMar 88, 15c, f. 16r

Ab antiquis ars medicine duobus modis inventa fuisse...
Comm. Hippocrates, Aphorisms: VAp 1083, a.1448, ff. 41ra-116va

Ab antiquis que sunt simplicia in usu quod apla vocant...
Oribasius, De herbarum virtutibus: BMsl 670(84), 12c, ff. 19r-34r; CLM 23535, 12c, ff. 112v-127r; Rose, Anec. II, 114

Ab aquilone fulgur ab Euro tonitru(?)...
Anon. on universe: CU 2040 (Kk. IV. 25), late 13c, ff. 1-17r, beginning defective

Ab eodem puncto quodlibet simul circulariter moveri incipientibus...
'Inc. Tract. Iordani quem transtulit a Thebit': VA 3096, ff. 143r-144v

Ab epactis presentis anni...
Computus: Leyden B. P. L. 225, 13c, ff. 54-59 (Zi 11986)

Ab Hispania venit littera anno 25...
Astrology: BN 10269, f. 53ra-vb

Ab hoc exemplo antiqui...
Hyginus, De limitibus: Brux 10647, 12c, ff. 47vb-50va

Ab imperatore aliquid in sompnis accipere. . .
　　Comm. Somnia Danielis: Ea Q.186, 14c, ff. 125v-127v; T II, 294

Ab imperatore se videri osculari gaudium significat. . .
　　Daniel, Dreambook: CLM 15613, f. 195v: anon.: BMr 8.E.X, c.1315, ff. 112-114v

Ab iove principium magno deduxit Aratus. . .
　　Germanicus Caesar, tr Aratus, Phaenomena: ed. A. Breysig, Leipzig, 1899; Mon 452, 12-13c, f. 4v; BMar 268, a.1303, ff. 96r-103v; Vab 76, 15c, ff. 4v-41v; pr Bologna, 1474 (Polain 2589; Klebs 661.2; IAL M175); with Rufus Festus Avienus, Venice, 1488(AFML 82; Klebs 137.1; IAL A1277); Poet. Lat. Min. I, 148; Saxl (1953), 52

*Ab isto determinatur de rebus naturalibus. . .
　　Walter Burley, In Arist. Physic.: Ob 91, 14c, ff. 5-246

Ab itianno(sic) opus. . .
　　Chronology: Kön Un 2° 159, a.1437, ff. 121-250v (Zi 11987)

Ab octo idus febr. usque in viii maii. . .
　　Diet for the months: BMe 2852, f. 109

Ab oculo ductas lineas rectas. . .
　　Euclid, Optica et catoptrica: CU Mm III. 11, 15c, f. 181v; anon. VI 5303, 15-16c, ff. 32r-41v. See 'Ponatur ab oculo. . .'

Ab omnipotenti deo thesauro sue sapientie nobis. . .
　　Theosophia palmarum (Alchemy): VAp 1332, ff. 27v-35r; VI 5509, 15c, ff. 278r-294r. See 'Laus omnipotenti deo. . .'

Ab orientali igitur celi tractus plaga. . .
　　Tonitruorum presagia (and other signs): Liége 77, 12c, ff. 62v-70v; AL 177; James 480

Ab oriente tonitrum per annum illum effusionem sanguinis significat. . .
　　Divination from thunder: Basel O.IV.4, a.1429, f. 41r

Ab origine mundi universa naturaliter. . .
　　De mirabilibus aque ardentis rectificate: Boston Medic. 23, 15c, ff. 31v-33r; BMsl 3566, 15c, ff. 60-63; CUg 336(725), 15c, ff. 143v-144v; CUt 1102(O.I.77), 15c, ff. 48r-53v

Ab universalibus incipiendo. . .
　　Dominicus de Ragusia, Recepte super Avicenna, Canon III, fen 1-6; BIHM VII (1939), 993

Abaci tabula diligenter prius undique polita. . .
　　'Inc. lib. abaci quem Iunior Benetinus(Bernelinus) edidit Parisius': Catedral de Burgo de Osma 7, 12c, ff. 32r-51r: Inc. tabula Bernelii Iunioris: Mon 491, 11c, ff. 6v-48v

Abaci tabula diligenter ut liquet prius polita. . .
　　Iunior Bernelinus, Liber abaci: BNna 229, 12c, ff. 41v-64r

Abaci tabula tali linearum distinctione divisa est. . .
　　De multiplicationibus in abaco: KlaB XXIX.d.3, 11-12c, ff. 39r-41r

Abaci tabula undique prius polita. . .
　　Bernelinus, 4th book lacking: BLau F.I.9, 12c, ff. 66-(75)

Abane natura est talis ut dicit Aristoteles. . .
　　Proprietates animalium cum moralitatibus: Breslau I.F.97, 15c, ff. 53-(121)

Abaseph id est puncti III. . .
　　Synonyma Rasis: VA 2416, 14c, ff. 31v-39r; AL 1863.　See 'Alasef. . .'

Abbrevia nobis quod de revelatione occultorum intellexisti. . .
　　Plato, Liber quartus: Carmody 128

Abbreviatio ponderum et mensurarum abbreviatio fili Serapionis excerptum est. . .
　　A collection of recipes: VI 2300, 15c, ff. 74ra-78vb

Abdomen i.e. pinguedo arnium. . .
　　Medical synonyms: Brux 1828-1830, 10c, ff. 68-77(MacKinney)

Abel arabicum nomen est et exponitur in Avena(?) quid est granum iuniperi.　Sed non est verum imo est savina. . .
　　Synonyms: VA 4425, ff. 304ra-326ra. See Abhel. . .

Aben vel alben mellis secundum Serapionem est pondus. . .
　　Dinus de Garbo, De ponderibus et mensuris. See 'Distinctio mensurarum et ponderum. . .'

Abesa(Abela?) idest agrimonia latinus arabicus acacia. . .
　　Vap 1256, ff. 171ra-177rc

Abesto abortiva malva. . .
　　Concordantie: PA 967, 13c, ff. 45-76

Abeston autem lapis est coloris. . .
　　See 'Exponamus autem nunc. . .'

Abeston est coloris ferri et quamplurimum. . .
　　De quorundam lapidum virtutibus: BLas 1388, pp. 305-314

Abhel(abhol, abel, afethel) i.e. savina...
  Synonyma Avicennae: VE VII.1, 14c; VII, 30,
  15c; CLM 205, 15c; 666, ff. 402-409(Mac-
  Kinney)

Abhominatio... See Abominatio

Abicit mundus pauperes et honorat potentes...
  Jacobus de Lausanna, Moralitates ordine alphabetico disposite: Prag 291, 14-15c, ff. 1-60r; also
  in Prag 550, ff. 55r-112v; 831, ff. 182-205;
  1517; 1671, ff. 13-108; 1947 (all 14c); VI 3686,
  15c, ff. 231r-246v, 252r-254r; anon. Liber de
  natura avium et bestiarum: CLM 8484, 15c, ff.
  1r-42r; Liber de naturalibus: Prag 446, 15c, ff.
  99-121

Abies arbor alta robusta levis et candida est...
  Proprietates quarundam rerum: Mon 470; HL
  30, 616(Schulz)

Abies fir tre is calida et sicca...
  Medicinal simples and their properties in alphabetical order: BMar 42, a.1400, ff. 3-(91v), incomplete

Abies in latino sermone...
  'Incipiunt quedam extracta ex libro sexto Aristotelis de vegetabilibus et plantis secundum ordinem
  alphabeti' (really from Albertus Magnus, Borgnet
  X, 160a): BN 7177, 15c, ff. 53r-89r

Abies secundum Isidorum est arbor...
  De arboribus: CU 767(Dd.XII.50), 14c, f. 68r.
  May be part of a work on 'Natural History'

Ablacta est purgamentum simile.   Avellana est
nux minor...
  Synonyma antiqua: Sabbadini, Scoperte I,
  117(Schulz); Synonyma antiqui Plinii: FLs 70,
  15c, ff. 92v-99v(MacKinney)

Ablactare...
  Tabula de iudiciis planetarum: Ea Q.386, ff. 51v-
  52v(Zi 3265)

Ablutio capitalis sive laxativa...
  Alchemical and medical dictionary: FLa 1449,
  15c, f. 23r-(MacKinney)

Abominatio...
  Synonyma Avicennae: VAp 1144, ff. 217r-227v

Abominatio. Castanee abominationem con-
stringunt...
  William Holme, De simplicibus medicinis (1415):
  CUpet 168, 15c, 332 ff.; excerptus a 12 medicine
  doctoribus: BLb 795, a.1435

Abominatio. Contra abominationem et fastidium...
  A medical encyclopedia in alphabetical order:
  BMsl 403, 15c, ff. 5r-33v; CUj 60(Q.G.12),
  15c, ff. 274r-275v; CUk 16, 15c, 146 ff.

Abominatio et eius cura...
  BMsl 418, ff. 183r-189r

Abortivus dicitur natus...
  Registrum super propositiones Almansoris: CLM
  11067, 1445-50, ff. 63rb-64va

Abortus dicitur partus imperfectus...
  CUpem 210, 13c, f. 2

Abortus(Aborta) equa impregnata si odoraverit...
  Tabula super libros Aristotelis de animalibus:
  Bruges 517, 14c, ff. 124v-139r; CUpet 220, 15c,
  ff. 1-40v

Abraham Avenezra in libro de generatione celi
quem Petrus de Padua librum de luminaribus
appellavit...
  Comm. Galen, Tegni: Wi 57, early 15c, ff. 110ra-
  137rb

Abrotani herbe videlicet figuram oportet inscri-
bere...
  Galen, Liber sextus de simplicibus medicinis: BN
  6865, 14c, ff. 17rb-25ra

Abrotano ne viri in eis...
  Synonyms: Tours 789, 12c, ff. 104r-105r
  (MacKinney)

Abrotanum abrauten (avervede, or Bratanum)
...
  Vocabularius latino-germanicus de nominibus
  plantarum ordine alphabetico: VI 3959, 15c, ff.
  174r-263v; 5295, 15c, ff. 38r-42r; BMsl 345,
  15c, ff. 79r-83r.   Cf. Alphita (1887), 1

Abrotanum attavum(?) aurotanium grece Chry-
son calidum est...
  Gallianus de Sancta Sophia, Medicinal simples:
  BMh 5218, 15c, ff. 91v-116v

Abrotanum calidum et siccum in secundo...
  Galeatius de Sancta Sophia, Simplicia sub compendio extracta: BLlm 617, 15c, ff. 332ra-340vb

Abrotanum calidum in primo...
  VI 5239, f. 95r (incomplete)

Abrotanum est planta plures habens ramusculos
...
  Galeatius de Sancta Sophia, Onomasticon de
  simplicibus eorumque virtutibus medicis: VI
  5156, 15c, ff. 1r-180r; 5396, 15c, ff. 1r-182r;
  5400, 15c, ff. 36r-168r; VAp 1279, a.1468, ff.
  10ra-105va; anon. CLM 8238, a.1471, ff.
  134(128)r-252; 14329, a.1464, f. 1; VI 3959,
  15c, ff. 174r-263v

Abrotanum gallice aurone. Apium gallice
ache...
  Synonyma: Brux 5097, 14c, ff. 2-4vb. Cf.
  Alphita (1887), 1

Abrotanum herba est virtutem habens igneam
. . .
    Extract from Passionarius: BMsl 3535, 15c, ff.
    1r-11r

Abrutanum abruttum.   Absinthium warmuet
. . .
    Latin-German vocabulary of herbs: Graz 311,
    15c, ff. 81-84

Absintheum . . .   See 'Absinthium'

Absinthii succus auri infusus vermes excludit. . .
    Precepta medica: Bern A 91,15, 10-11c, f. 6

Absinthium amarum anglice wermod (weremod,
etc.) . . .
    Medical synonyms (Latin and English): BMr
    12.E.1, 14-15c, ff. 69r-(108r)

Absinthium amarum calidum primo gradu. . .
    Herbal (alphabetical and usually one line per
    herb): BMad 15236, ff. 172v-187v

Absinthium amarum deu maners gallice aloyne
anglice wermod. . .
    Synonyma de herbis latine gallice et anglice:
    BMsl 5, 15c, ff. 4r-12v; CUg 200(106), 15c,
    pp. 196-214

Absinthium amarum idem gallice aloyne anglice
wermode. . .
    Nomina synonyma herbarum: BLd 29, 15c, ff.
    38r-(44); BMsl 405, 15c, f. 7r

Absinthium bibere solicitudinem significat. . .
    Somniale ex diversis collectum: VAp 1367, 15c,
    ff. 146ra-149rb

Absinthium calidum est in primo gradu. . .
    (Isaac Judaeus?), De gradibus simplicium, tr
    Constantinus Africanus: Art ancien XIX, item 12,
    13c, ff. 1r-15r; ascribed to Constantinus, CUt
    904, 12c, ff. 109-(165); anon. CLM 19429, 12-
    13c, ff. 1v-44v; CUc 466, 13c, ff. 3-100; CUsj
    99(D.24), 13c, ff. 3v-10v; Metz 381, 14c; Liber
    graduum Heben Mesue, Lincoln Cath. 333(57)
    13c, ff. 31rb-32vb; CUg 95(47), 15c, ff. 42-43;
    etc.

Absinthium calidum in primo. . .
    Incipiunt graduationes secundum Heben
    (Mesue?): VI 5155, ff. 127v-129v

Absinthium est calidum. . .
    Herbal: VI 5512, a.1436, ff. 253r-302r (goes to
    Zucara)

Absinthium est calidum et siccum in tertio
gradu. . .
    Herbal: BMh 2558, 15c, ff. 13r-64v, ending
    with Zinziber caninum

Absinthium est herba amara calida et sicca. . .
    De plantis: BN 6988A, f. 128

Absinthium est herba similis origano in foliis. . .
    De expositionibus simplicium principis Alboali:
    CLM 205, ff. 291va-296ra

Absinthium est prima. . .
    See 'Absinthium calidum est in primo. . .'

Absinthium facit colorem bonum.   Confert
tirie. . .
    Arcola decorationis: CLM 645, 15c, ff. 140r-282r

Absinthium gallice aloine anglice weremod. . .
    Synonyma herbarum: BMsl 284, 14c, ff. 1-48v

Absinthium (herba fortis) gallice aloine anglice
vveremode. . .
    Alphita (medico-botanical glossary): ed. J. L. G.
    Mowat, Oxford, 1887, p. 1

Absinthium id est weremod (wormitta). . .
    Dictionarium herbarum: BLlm 567, late 12c, ff.
    67-73r; VI 9-10, 11-12c, ff. 336ra-339vb;
    Beccaria 2, 9

Absinthium secundum Constantinum calida. . .
    Henrici de viribus herbarum etc. (part of his Col-
    lectorium): Basel D.I.9, 15c, ff. 61v-308v

Absinthium valet dolori capitis humiditate. . .
    Tabulae II de virtutibus medicinarum: Ea F.283,
    a.1417, ff. 94-101v

Absinthium-wermut.   Absinthium est calidum
in primo gradu. . .
    Herbarius (Aggregator, Practicus de simplicibus):
    Passau (1485); etc. (Klebs 506.6; AFML 236);
    other eds., W. L. Schreiber, Die Kräuterbücher
    des XV und XVI Jahrhunderts, 1924, iv-ix;
    Polain 1876-1878.   Pref. 'Rogatu plurimorum
    . . .'

Abstineat hic dominus a cibis grossis quales sunt
panis azimus. . .
    Dino of Florence (Garbo), Consilium, for break-
    ing stone in bladder: CLM 273, fols. 184va-
    186rb

Abstinentia cibi nocet eis que habent strictas
venas. . .
    Johannes de Sancto Amando, Concordantiae seu
    Aggregationes cum tabula: ed. J. L. Pagel, Berlin,
    1894; Brux 9914, 14c, ff. 83vd-184va(Silvestre
    148b); Ea F.245, ff. 1-51v; F.256, ff. 106-169,
    both early 14c; VI 5276, 15c, ff. 123r-240r;
    Tabula librorum Galieni: CUg 98, 14c, ff. 215-
    262; Prag cap. 1314, a.1386, ff. 5-137(Schulz);
    CLM 8742, 14-15c, ff. 1-42v

Abstinentia discreta ciborum quantum sit hominibus utilis...

> Johannes de Sancto Geminiano, Summa de exemplis ac similitudinibus rerum, in ten books: CLM 23432, a.1358, 151 ff.; Na VII.F.5; Avignon 1021 (340), 15c; CLM 14057; 16465, f.122; Leip 36, 15c (Cat. IV, 546; Schulz); pr (Deventer, 1477); Venice, 1497; etc. (Polain 2310-2311; AFML 262-64; Klebs 562.1-5; IAL J384-88); Laurent 106(443)

Abstinentia est medicina perfectissima debemus recommendare...

> Johannes Argentein, *or* Argentine, Loci communes seu Liber de morbis et medicinis ordine alphabetico: BLas 1437, 15c, ff. 11-30v, 1-20v; pp. 21-181; anon. BLd 206, 14c, ff. 96r-(129); combined with list of diseases: BMsl 403, 15c, f. 5v, preceded by 'Abominatio. Contra...'

Abstinentia et ieiunium si moderate fiant non solum...

> Vitalis de Furno, Pro conservanda sanitate: HL 36, 304; pr Mainz, 1531, 271 pp.

Abstinentia. Quare labor et abstinentia sunt salubres...

> Alphabetical summary of Aristotle, Problems: ascribed to Walter Burley: BMr 12.E.XVI, 15c, ff. 67r-(176); Oma 65, 15c, 58 ff.; anon.: BLd 206, 14c, ff. 96ra-129rb; Gray's Inn 2, 15c, ff. 143ra-170va; CUpet 220, 15c, ff. 40v-110v

Abstrahere de libro phisicus quod abstraheri non est mendacium...

> Concordantie super totam philosophiam naturalem: VAp 983, 14c, ff. 39r-129va

Abstrahere. In libro phisicorum quod abstrahentium non est mendacium...

> Tabula philosophiae naturalis: Bruges 517, 14c, ff. 1-124r, BN 14718, 13-14c, ff. 5r-109v; Padua XVIII, 384, 14c; CUpet 184, 15c, ff. 1-101

Abstrahere. Quod abstrahentium non est mendacium...

> 'Tabule super libros naturales' (Aristotelis): Concordantie...edite a Sancto Thoma de Aquino facte per Alfarabium: Beiträge, Suppl.III, 1 (1935), 12; anon. BN 16147, f. 8 (H); Ripoll 128, 13c, ff. 117-225; AL 1172

Acananos anelat(?) habes sunt quam marmoree...

> Haly Abbas, Sinonime: VA 4425, 14c, ff. 252v-255v(MacKinney)

Acatia est sucus alchati...

> Synonyms: VA 2423, f. 95r-(MacKinney)

Accedendo ad intentum pro concludendo mundum...

> Albert of Saxony, Questiones super libro de celo et mundo: Ran 99(A.8.11), a.1388, 100 ff.; Mi Trivulz. N.1730(C.32), 15c, ff. 11-61ra; pr Venice, 1497 (Boston Medic.; GW 797; Klebs 30.3)

Accedens Aaron ad Mariam prophetissam sororem suam...

> Maria prophetissa, De occultis naturae: FNpal 887, 15-16c, ff. 81r-82v; DWS 9, iii

Accedens quicumque cupis cognoscere verba...

> Verses on Prognostications relating to thunder: CU 1687(Hh.VI.11), 13-16c, ff. 68v-69v

Accedunt generalia et principalia et specialia...

> BMr 12.B.XII, 13c, f. 80r, preceding work beginning 'Amicum induit qui iustis...'

Accensus... See 'Ascensus...'

Accepi... See also 'Accipe...'

Accepi ergo cum dei adiutorio pulchri eris...

> Henri Bate, Magistralis compositio astrolabi: G. Wallerand, Les philosophes Belges, XI(1931), 19-20; pr Venice, 1485 (GW 113; Klebs 4.1; IAL A6), ff. 21r-28r; Gunther II, 368-376

Accepi libram lune calcinate albissime...

> Richard de Fournival, Alchemy: Oc 277, 15c, ff. 16-19v(DWS 175)

Accepit enim Ortulanus tres herbas...

> CLM 26059, c.1507, ff. 176r-178r; VAr 1242, 16c, f. 136v

Accepit primo succum lunarie septies distillatum...

> Johannes Rigaudius de Branchis, Arcanum elixiris(a. 1494): FR 984, 16c, ff. 33v-34r

Accepturus horas cum chilindro...

> Canon super chilindrum: BLlm 644, early 14c, f. 7v; BLcm 61, 15c, ff. 23-(24); CLM 10661, 15c, f. 172v; Ea Q.355, 14c, f. 62 (Zi 9227-9228); Mi H.109, sup., f. 17v; H.75 sup., f. 67ra

Accidentale igitur infirmitas vermis...

> Liber marescalchiae: VI 5315, a.1442, ff. 219r-234v

Accidentia a quibus convenientius est cavere...

> Canon quem scripsit Alguazir Abruale Zor(Zoar), De curatione lapidis: FL Plut. 73, cod.23, early 13c, 74 ff.; CUsj 78(D.3), 13c, ff. 27-28v, VI 2296, 13c, f. 99ra-va; VA 2418, early 14c, ff. 83va-84ra; Hain 13893, f. 159r-v(Schulz)

Accidentia bona vel mala quomodo sciuntur...

> Theodoricus Ruffi, O.M., Registrum super suppositiones Hermetis: CLM 11067, a.1445-1450, ff. 59rb-60ra

Accidentia que iter agentibus devotissime domine...
> Medical Consilium: CLM 441, 15c, f. 47v

Accidentia scientie futurorum de significatione...
> Ptolemy, Quadripartitum, tr Toledo, a.1234: BMh 267, 14c, ff. 24r-51r

Accidentia stellarum anno igitur Ihesu 1499 currente...
> VI 5239, f. 125v

Accidentia stellarum nutu dei in hoc mundo inferiori...
> John of Glogau, Prediction for 1480: CLM 648, ff. 115r-134v; T IV, 422, 449

Acciderit cura divino auxilio mediante...
> Beringarius, Alchemy: VAb 273 gives incipit only

Accidit aliquando alia infirmitas equo in ventre eius...
> De infirmitatibus equorum et earum cura: VI 5407, 14c, ff. 190r-201v

Accidit interdum aeri qui est hic apud nos...
> Pest tract: VAp 1205, 15c, ff. 56r-64v

Accidunt igitur ei plurime quidem passiones communes...
> Galen, Liber I, De passionibus uniuscuiusque particule, tr Nicholas de Reggio: BNna 1365, 14c, f. 1. Pref. 'Ecce gloriosissime...'

Accinentum(?) id est vitreum alchali id est calcicuram...
> Incipiunt nomina (et) sinonima in alkimia et primo de nominibus incipientibus per a: CUad 4087, 14c, ff. 275v-278r

Accipe... and see 'Recipe...'

Accipe aceti acerrimi de vino distillato...
> Perfectum magisterium: VAp 1328, ff. 67r-77r; BN 6514, 13-14c, ff. 123v-124; BN 7162, 15c, ff. 49-50(Corbett I, 29, 110)

Accipe acetum acerrimum philosophorum in multa quantitate...
> See 'Deus in adiutorium meum...'

Accipe albumen ovorum gallinarum in quantitate magna...
> Opus ovorum(Alchemy): BMsl 1754, 14c, ff. 137r-142v(DWS 1063, iv, omits albumen); BMad 41486, ff. 40r-41r

Accipe alquibrith et humanum sanguinem de sana vena extracta...
> De Keyne, comm. Roger Bacon, Clavetus: BLd 119, 14c, f. 93r-v (DWS 213)

Accipe altitudinem solis hoc modo per chilindrum...
> De usu chilindri: VAp 1340, 14c, ff. 16v-17v

Accipe alumen iameni et sal...
> Liber aquarum: FNpal 758, 15c, ff. 67r-68v; Ambix V(1956), 103

Accipe aluminis iameni et zucarini et lactis pecorini ana lib. iii...
> Archelaus, De duodecim aquis: VAp 1330, 15c, ff. 23r-26v; anon. alchemical collection, caps. 30-41: Cop S.236, ff. 34vb-35rb(TR 254)

Accipe annos diluvii et pone super eos 279 annos...
> Ad inveniendum dominum orbis: BMar 88, 15c, f. 54r

Accipe aquam mercurii vulgi factam per modum...
> 'Ad componendum margaritas secundum magistrum Raymundum Lull': Mon 493, 15c, ff. 151r-152r(Corbett II,126). See 'Opus namque margaritarum...'

Accipe aque benedicte optime rectificate...
> Christopher of Paris, Lapis vegetabilis ut habetur in Apertorio eius alphabetico: VAb 273, f. 297r; T IV, 350

Accipe argenti vivi libras decem...
> Liber congelationis argenti vivi: VAp 1339, 15c, f. 104v

Accipe argentum vivum commune...
> Processus ad tingendum: BMsl 3457, 15c, f. 412r-v, '...et sic est finis. Sit laus omnipotenti deo' (not to f. 414, as in DWS 694A)

Accipe arsenicum et elegi illud... See 'Dixit Arturus expositor...'

Accipe arsenicum et mortifica ipsum cum rebus...
> Collection of recipes: CUad 4098, 14c, f. 239r

Accipe astrolabii quarta parte et in vi hora...
> Surveying: BN 7377C, 11-12c, f. 13r; Bubnov lvi

Accipe atramenti egyptiaci limature...
> Avicenna(?), Aquae rubeae: Manget I, 650-59

Accipe attramenti egiptiam phauleti...
> Aquae rubeae: Mon 493, ff. 213v-215v

Accipe auripigmenti citrini crudi partem unam...
> De transmutatione metallorum: CLM 405, f. 170r (1r)

Accipe aurum purissimum et fundatur sole intrante arietem...
Arnald of Villanova, Sigilla: HL 28, 81-82; pr 1504, ff. 394vb-395va

Accipe baculum ad longitudinem...
Jacob's staff: St. Flo. XI.619, 15c, ff. 132-134(Zi 5062)

Accipe bufonem et pone in ollam...
Michael Scot, Documentum cuiusdam spiritus: DWS 800

Accipe bufones tres vel quatuor...
Experimenta mirabilia in medicina: FLa 217, early 15c, f. 93ra

Accipe calcem stanni et solve cum...
Archelaus philosophus, De corporibus et spiritibus: CUad 4087, 14c, f. 239v(Atk.)

Accipe ceruse sive albi hispanici...
CUg 178(211), 15c, f. 280v

Accipe corpus quod vis...
Raymond Lull(?), Opus bonum atque perfectum; CUc 396, 15c, pp. 47-50; DWS 251

Accipe cum dei adiutorio de cortice ovorum...
Secretum secretorum de aquis: BN 6749B, ff. 60-61r; Corbett I, 51; II, 91

Accipe dabesi recentem(recentis) cum (toto suo) sanguine et pone...
Liber multiplicationis ponderum: FNpal 887, 15-16c, ff. 101r-113r; FR 119(L.III.13), 15c, f. 4r; Breslau R 454, f. 201r; DWS 27, iii

Accipe de arsenico crudo...
BMad 41486, f. 10v

Accipe de bono vino puro et valde forti...
Modus faciendi aquam vite: Mon 490, ff. 243v-244r

Accipe de felle verris... See 'Ad ancipitris...'

Accipe de gallis tritis uncias tres...
Qualiter confici debeat encaustrum: ed. D. V. Thompson, Mitteil. z. Gesch. d. Med. (1934), 193-95

Accipe de nobilissimo corpore imperfecto scilicet lune...
Regimen et ex quibus componi debet lapis philosophorum ad album et rubeum: Lehigh MS, ff. 17v-18r

Accipe de quocumque eorum volueris bene trito...
Separatio salis communis et gemme (Recipes from Aristotle(?), De perfecto magisterio): BMad 41486, ff. 183v-192; Mon 493, ff. 205v-(213)

Accipe de sale armoniaco...
Aqua preciosissima: Oc 125, f. 100v

Accipe de sanguine puerorum etatis...
Experimenta de sanguine: BMsl 1754, 14c, ff. 80r-82v

Accipe de sulphure libras duas...
Liber pietatis Aristotelis (Alchemy): VE VI.214(XVI,3), a.1472, ff. 282-287; Sermo de arsenico albo: Budapest 272, 15c, ff. 132v-134v

Accipe dimidiam unciam salispetri...
CUad 6860, 14c, f. 85v, 6 lines only

Accipe duas tabulas non unius spissitudinis...
Compositio astrolabii: CLM 26639, 15-16c, f. 119r

Accipe ergo astulaxis...
Rogiel rex: FNpal 758, 15c, ff. 14r-15v. Prol. 'Cum Rogiel rex...'

Accipe ergo de calce solis...
Aliud cap. de regimine solis artificialis: BMad 41486, f. 4r-v

Accipe ergo longitudinem prime fistule...
See 'Incipit mensura ad faciendum...'

*Accipe ergo tabulam eream in qua poterit scribi...
Profatius Judaeus, Ars et operatio novi quadrantis '...postea a Petro de Sancto Ademaro Parisiis diligenter correcti et perfecti': BLb 177, late 14c, f. 57v; CU 1572(Gg.VI.3), 14c, ff. 273r-284r; Ea Q.351, 14c, ff. 51-62; Ea Q.361, f. 135; CLM 588, ff. 131ra-136vb; HL 27, 609; Isis X(1928), 55; Duhem III(1915), 307; Glorieux I, 404-405

Accipe etatem lune in prima linea istius tabule...
Tabula ostendens in quo signo sit luna omni die: BLb 463, 14c, f. 36v (Table at f. 38v)

Accipe flores rosmarini...
Hoc habui ab uno Saraceno (recipe of 17 lines): BU 135(101), 14c, f. 36v; Ambix V(1956), 87

Accipe folia eius in panno lineo et fac bullire...
Virtutes rose(?) marine: BMsl 122, 15c, ff. 161v-162r

Accipe foliorum solis quantum vis...
Alchemy: BN 7156, 14c, ff. 135v-136v

Accipe gallum senem trium annorum...
To make gold or silver: BMar 251, 13-14c, f. 19v

Accipe gummi album et gummi rubeum...
Excerpta ex interlocutione Mariae prophetissae: Ze VI, 479-80

Accipe herbam que vocatur lunatica vel brito...
Practica Hermetis: VAp 1330, 15c, ff. 174v-175r

Accipe hic totam scientiam in paucis...
Alchemy: BMh 3528, 15c, ff. 83v-84r

Accipe hircum rubeum...
To soften gems: BMad 41486, ff. 12v-13r, etc.

Accipe hominem (veterem) et tonde eum et trahe...
Allegorie super Turba philosophorum: Prag 1765(IX.E.9), 14-15c, ff. 11v-14v; ed. Manget I, 494; Artis auriferae I, 139-45; Ruska 72, 328

Accipe iaspidem...
Ptolemy, De xii annulis Veneris: Steinschneider (1906), 45

Accipe iaspidem viridem in die et hora...
Trithemius, Antip. malef., p. 308(Schulz)

Accipe igitur tabulam... See 'Accipe ergo...'

Accipe in dei nomine de celidonia in magna...
Modus extrahendi quatuor elementa de herba celidonia: Mon 493, 15c, ff. 76-78 (Corbett II, 123)

Accipe in dei nomine istud donum et extrahe oleum...
Arnald of Villanova, Secretum: BU 164(153), 15c, ff. 127v-128r(T III,673)

Accipe in nomine domini coms(*sic*) que scis...
John of Bordeaux, Burgundy, or Liége, Opus Burdegalie: CUt 1407, 15c, ff. 9v-10(DWS 295)

Accipe in nomine domini de lapide minerali lb.i. et tere...
Alchemy: Vap 1329, 15c, f. 155r(T IV,63)

Accipe in nomine domini i.lb. corporis...
Senior philosophus, Practica: BMsl 3457, 15c, ff. 402-407(DWS 137)

Accipe in nomine domini nostri I.C. unam vel quamvis volueris de argento...
CUg 413(630), 13c, f. 18r

Accipe ipsam et fac stare quanto diutius tanto melius...
Preparatio urine puerorum: BMsl 3457, 15c, f. 236r; T (1938), n.66

Accipe laminam cuiuscumque metalli...
Compositio horologii in anulo: Melk 367, 15c, ff. 246-252(Zi 9006); now at Yale bound with item 156, copy 2, ff. 246-252

Accipe laminas plumbeas vel stagneas...
De coloribus. De cerusa componenda: CLM 444, 15c, ff. 214va-217va

Accipe lapidem...
Practica brevis et utilis: BU 747(1492), 15c, ff. 74v-76v

Accipe lapidem animalem...
Ricardus de Salopia, comm. Ps. Aristotle, Secreta secretorum: BMsl 3744, 15c, ff. 54-60(DWS 33)

Accipe lapidem benedictum qui non est lapis...
Roger Bacon, Extracts from Secret of Secrets: DWS 31; anon. Cues 201, 15c, f. 26; Cop Gl. kgl. S.1712, 15c, ff. 1-4v; FR 390 (N.III.XI), 15c, ff. 65r-70v

Accipe lapidem (nostrum) benedictum qui non est lapis...
Raymond Lull, Potestas divitiarum: T IV, 645; HL 29, 286; T III, 686-88; ColR 100c; Corbett I, 146, 148; II, 41-42; pr. Manget I, 866; Artis auriferae III(1610), 56-76; FNpal., 887, 15-16c, ff. 50v-54v; 59v-62r, 'Explicit potestas divitiarum ortolani;' Toledo cap. 96-39, 16c, pp. 150-175

Accipe lapidem quem supra diximus...
'Hec est alia dabesi preparatio lapidis': Budapest 272, a.1478, ff. 106-107v

Accipe lapidem qui circuit solem...
See 'Est aqua vitalis...'

Accipe lapidem qui est niger...
Zosimus, Liber divinarum interpretationum: Steinschneider (1906), 58; Artis auriferae I, 36-119

Accipe lapidem qui reperitur in calce...
Petrus Hispanus, Secretum: Wo 2794, a.1432 or 1433, f. 188v

Accipe lapidem ter(?) notum in tempore suo...
Johannes de Portugalia, Opus(Alchemy): Cambrai 920(819), 15c, ff. 238v-239(Corbett II,52)

Accipe lapidem tibi notum id est mercurium et lava...
Senior, Practica: CLM 352, 15c, ff. 303v-(321v?); 455, 15c, ff. 91r-95r

Accipe lapidem vegetabilem mundum et fac...
Opus secundum Thomam de Aquino: BU 169(181), 15c, f. 194r-v

Accipe lignum (maxime) durum scilicet buffum(?) vel aliquod simile...
Compositio chilindri: VAp 1375, a.1395, f. 183r-v; BN 7414, a.1512, ff. 80v-82v

Accipe lignum maxime solidum minimeque porosum...
See 'Tractatus cylindri duas habet...'

Accipe limaturam acuum...
 CLM 197, f. 75v

Accipe limatura(m) argenti eris ferri plumbi...
 Petrus Hispanus, Aqua mirabilis: BLd 147, 14c,
 ff. 104r-105v

Accipe limaturam de Marte...
 To make gold: BMad 41486, f. 3r-v

Accipe limaturam et medietatem sui de sulfure...
 BN 7156, 14c, f. 49v(Corbett I,72)

Accipe limaturam ferri perfecte ablutam...
 Frater Philippus, Experimentum: DWS 335a;
 CU Ii.III.17, 15c, ff. 34r-35v(TR 227)

Accipe limaturam subtilissimam auri...
 Opus ad solem: BMsl 3457, ff. 233v-234r; again
 at f. 279r

Accipe limature que sit purgata...
 Arnald of Villanova, Practica: EU 131, 15c, ff.
 100v-103v(DWS 802)

Accipe linguam cuiusdam avis que vocatur...
 A collection of recipes, mostly magical: CUt
 1082(O.I.58), 15c

Accipe lubrit... See 'De his autem nullus...'

Accipe lune limate in cinericio purgate...
 Arnald of Villanova, Practica, to chancellor of
 University of Paris: Boston Medic. 18, a.1464-
 1468, f. 72r-v; Wilson 78

Accipe lupinos in aqua. Coque donec eorum...
 Experimentum ad lunam: BN 7156, 14c, f. 49vb

Accipe manipulum rute et tere cum oleo...
 Signa morientium: CLM 615, ff. 73v-74r

Accipe marmor album regulam rubeam pumicem...
 Ad dentes dealbandos et mondificandos: VAb
 312, 15c, f. 77v

Accipe materiam...
 Opus conservationis naturae humanae et metallicae: BU 142 (109), I, 15c, ff. 138r-140v

Accipe mediam partem unciam anagatie(?)
sublimate...
 CLM 12026, 15c, f. 88r

Accipe mercurii puri partem unam et fac
amalgama...
 Arnald of Villanova, Opus solis: T III, 663

Accipe mercurii sex partes amixatir sex partes...
 Antiochus, Liber de operationibus: BLd 119,
 14c, ff. 148-157(DWS 62)

Accipe mercurium bene lotum cum aceto et
sale...
 Frater Helias de Almania, Opus (alchemy): T III,
 347

Accipe mercurium et stagnum...
 Experimentum ad elixir: BMad 41486, ff. 139-
 141v

Accipe modicum pulveris de serpente et pone
in vino albo...
 Nicholaus de Bodbys of Montpellier, Experimentum: BMsl 964, 15c, ff. 82r-83r. See 'Accipe
 pulverem...'

Accipe nigrum nigrius nigro...
 Raymond Lull, Ars magica, or, Compendium
 quintae essentiae: HL 29, 377; T IV, 48, 630-
 31; Rosenthal 185, 15c, f. 106r(Schulz)

Accipe oleum antiquum et lateres rubeos quos
non tetigit aqua...
 Oleum benedictum: VI 5371, f. 134r

Accipe ollam semiplenam vini vel cervisie...
 Recipe for spirits of wine: BMr 17.A.III, late
 14c, ff. 87r-88v; CUt 1351(O.VII.23), 15c, f.
 71r(cf. DWS 1068,IV,VIII)

Accipe opium succi more iusquiam...
 H. de Luca, Confectio soporis: Oe 35, early 14c,
 f. 256ra

Accipe ovum cuiusdam galline nigre...
 Charm: BMr 15.A.VIII, 15c, f. 44v

Accipe papirum et applica...
 Sun-dial: Wo 2401, 15c, f. 337r-v(Zi 9229)

Accipe partem mercurii sublimati antimonii
unam partem salis armoniaci...
 Aqua ex mercurio sublimato et antimonio: BMsl
 3457, 15c, f. 197r; T(1938), n. 55

Accipe plumbeas laminas vel stagneas...
 'De cerusa conficienda': which see

Accipe plumbum et extingue...
 Alchemy: VAp 1339, 14c, f. 101r

Accipe pondus xvi denariorum...
 Pulvis ad ignem grecum iactandum: DWS 978

Accipe primo tabulam auream vel argenteam...
 Instrumentum horarum: BN 10266, f. 73v(Poulle)

Accipe pulverem serpentis et pone in vino
modicum...
 Nicholas of Poland, Experimenta: T II, 768-69;
 ed. BSFHM X (1911), 269-90; CLM 534, 14c,
 ff. 75rb-76vb

Accipe purum aurum et fac sigillum vel. . .
Mirabilis cura contra malum calculi quam misit Johannes Hispalensis Gregorio papae: VI 5311, 14-15c, f. 41v; T II, 76; Speculum 34(1959), 27

Accipe quadringenta ova gauline que generata sunt. . .
Artesius(Artefius ?), Alchemy: BE 956(307), 12c, f. 21; T I, 774; ed. Archiv 39(1955), 43-52

Accipe quatuor ollas plenas vino et distilla. . .
Aqua vite Salomonis: Tours 979, 14c, ff. 41-49

Accipe quatuor vel quinque libras. . .
Liber de oleis: Art ancien 15, 15c, pp. 128-32; Darmstaedter, Die Alchemie des Gebers, 1922, p. 128

Accipe quod parvum tibi lector porrigo. . .
Poema anatomicum: ed. Renzi V, 174-98

Accipe radices tormentille. . .
Remedia contra pestilentiam: Brux 2974, 16c, ff. 216-225v

Accipe roris madii collecti de mundissimis herbis. . .
Arnald of Villanova, Recepta electuarii: HL 28, 85; Glorieux, I, 424

Accipe rotulas. . .   See 'Astrolabium ita. . .'

Accipe sal amarum. . .
BMad 41486, ff. 208v-209

Accipe sal armoniacum extractum de minera lb. ix. . .
Incipit capitulum quod si intellexeris est totum capitulum cum completione operis: VAp 1339, ff. 108v-109v

Accipe sal communem albissimum. . .
Operationes salium: VAp 1339, 14c, f. 97v

Accipe sal et carbonem candentem. . .
Aqua que ferrum cavat: BMad 41486, f. 12v,

Accipe sal vermile(?). . .
Oleum ad nexandum(?) and other oils: BMsl 3531, 15c, ff. 20v-24v

Accipe salis armoniaci lb. i et salis nitri lb. i. . .
Aqua solvens aurum et lapides preciosos: BMsl 3457, f. 259v; T (1938), n.69

Accipe salis communis quantum vis. . .
Albert, Practica alchimie: VAp 1339, 14c, f. 146r; Kibre (1942), 509

Accipe salis petre et vitriolli romani. . .
Tinctura data a Germano in agone: BMsl 3457, ff. 279v-280r; T (1938), n.17

Accipe sanguinem draconis et calcem peregrinorum. . .
Roger Bacon, De septem experimentis pro expensis hominum: DWS 205; III, 1138; VAp 1339, ff. 106r-107r; Gö Hist. nat. 75, ff. 16v, 32; Vididenus, Liber septem experimentorum ad imperatorem Fridericum: VI 5492, 15c, ff. 1r-2v

Accipe sanguinem humanum et capillos hominis. . .
BN 7156, f. 145r-v; BN 7158, f. 50v(Corbett I,78,86)

Accipe sanguinem humanum et distilla aquam cola. . .
Alia sublimatio: BMsl 3457, 15c, f. 134r; T (1938), p. 384, n.37

Accipe sanguinis hominis rufi(rubei) et divide per decem cucurbitas. . .
Incipiunt operationes libri maioris tam ad solem quam ad lunam.   Elixir de sanguine humano: VAp 1339, ff. 107v-108v; Cop S.236, f. 36rava(TR 254); BMsl 1754, 14c, f. 81v

Accipe sarricam. . .
Medicine falconum: James, 487

Accipe saturnum et facias stratum calcine vive. . .
Anthonius Francigena, Experiment with lead, 1464: T IV, 347

Accipe scabiosam et. . .
Miscellaneous experiments: BMe 2852, ff. 73v-79v

Accipe sebum hirci thus ceram cum pice navis. . .
Metra de remediis: CLM 17403, 13c, f. 244rb; ed. Pez, Thes. I, xxx

Accipe semen vel summitatem canabi. . .
Potio pro plagis curandis: BMad 15236, 13-14c, f. 30r.   It is the first recipe in Latin of a large collection of charms and recipes in French and Latin at ff. 29-92, with table of contents at ff. 71v-77v

Accipe sextarium unum vini nigri. . .
Aqua ardens: BMad 41486, f. 14r

Accipe sub dei benedictione libram unam. . .
'Incipit liber angelicus revelatus per angelum' (alchemy): BU 164(153), 15c, ff. 124v-125v

Accipe succum flammule vel petroleum. . .
Precepta contra febrem: Ea Q.202, 12c, f. 93v

Accipe sufficientem sanguinis humani quantitatem de illis. . .
Magisterium perfectum sanguinis humani: Ze VI, 286-88; T III, 80

Accipe superficiem planam...
> Sun-dial: CLM 25023, 16c, ff. 1-14(ZI 9689)

Accipe tabulam bene planam...
> Quadrant: CLM 83, 15c, ff. 110-111(Zi 8827)

Accipe tabulam de quacumque...
> Astrolabe: VAp 1392, ff. 14v-19r, mg (ColR 183a); Zi 862

Accipe tabulam planam ligneam aut alterius materie...
> Astronomical instrument: CLM 367, 15c, ff. 1r-6v

Accipe tabulam planam(mundam, rotundam) super cuius extremitatem fac circulum...
> Tract. directionis significatorum: VA 5004, 14c, ff. 21ra-23rb; BLd 48, 15c, ff. 91v-94; VI 5311, 14-15c, ff. 63vb-65rb; Zi 3105-3112; De umbra et luce: FL XXX, 24, 14-15c, ff. 9vb-11b; ascribed to John de Lineriis by Phares 214; T III, 260-61

Accipe tartarum crudum et optime tritum...
> Aqua tartari et oleum ipsius: BMsl 3457, f. 276r-v; T (1938), n.50

Accipe tartarum seu...
> Oleum tartari sic fit: VI 5286, 15c, f. 59vb

*Accipe tartarum utriusque vini tam albi quam rubei...
> Raymond Lull, Experimenta (dated 1330): HL 29, 280; T IV, 60, 636; Corbett II, 110. Prol. 'Ego Raymondus Lullus de insula...'

Accipe terram de terra et fratrem terre...
> George Ripley, Terra terrae philosophicae: Opera, 1649, pp. 314-23

Accipe terram non zabulosam et cave tibi...
> Incipit liber de duobus bituminibus vasorum: VAp 1339, f. 107r-v

Accipe tres lagenas vini...
> Practica ad faciendam aquam vite: BLe 155, f. 569

Accipe unam libram purioris...
> Remedia: VAu 597, 14-15c, f. 86rb

Accipe unum talentum olei olive et lateras...
> De diversis oleis et primo de oleo benedicto: Mi Trivulz. 245 (E.27), f. 104v

Accipe urinam bonam servatam...
> Modus agendi colores et distemperandi: BN 7180, 16c, ff. 27-32v(Corbett I,138)

Accipe urinam duodecim puerorum...post primum somnum...
> Raymond Lull, Practica: BU 270(457), Vol. II, no.1, pp. 122-124; T IV, 9, n.12

Accipe urinam post dormitionem primam hominum colericorum...
> Opus maioris operis (Alchemy): BN 7161, 15c, ff. 82-85; Corbett I,102

Accipe vero cum auxilio dei de mercurio preparato...
> Opus ad Elixir Nicolai: BU 474(830), 15c, ff. 55v-56r

Accipe vinum medii coloris...
> John of Rupescissa, Liber lucis: T III, 369

Accipe vinum nigrum...
> Christopher of Paris, Aurum potabile: VAb 273, f. 248v

Accipe virgam longitudinis...
> Jacob's staff: CLM 19689, 16c, ff. 164v-165v; VI 5228, 16c, ff. 37v-38(Zi 5063-5064)

Accipe virgam visoriam que...
> CLM 14504, 15c, f. 374r, with tables to f. 393v

Accipe virvilem(?) et folia...
> De oleis(Oleum de virvile(?)): VI 2306, 14c, ff. 16v-20v

Accipe vitreoleum et atramentum...
> See 'Ad hoc ut homines...'

Accipe vitriolum album pulverizatum...
> Albertus, Multiplicatio ad solem: Oc 185, ff. 117r-118r

Accipe vitriolum viridem rubificatum...
> Guilelmus, Experimenta (Aqua mirabile super omnes alias aquas ad solem...): VAp 1339, 14c, f. 23v

Accipiantur dentes equini usque ad sex vel plures...
> Experimentum Fratris Egidii de ordine Augustini ad frangendum lapidem in vesice sine incisione: CUt R.XIV.29, early 14c, f. 99v mg

Accipias lunam in aqua forti solutam et mundificatam in aqua calida...
> Recipe (alchemy): Mi Trivulz. 695(E.27), 15c, ff. 142r-143v

Accipiat nomen suum...
> I. Liber Alcandrei: FNm XI, 121, 14c, ff. 193-206; Boncompagni (1863), 757
> II. Petrus Diel, De nativitatibus: VAp 1446, ff. 1-(36)

Accipiatur acetum forte et...
> Medicina contra pestem: BLcm 524, a.1480, f. 102

Accipiatur aurum purissimum et fundatur...
> Ars faciendi sigilla magica: BN 7349, 15c, ff. 127r-129v. See 'Accipe aurum purissimum...'

Accipies tabulam quam volueris et qualis-
cumque quantitatis. . .
>   Tabula que vocatur alantabrit: CUad 6860, 14c,
>   ff. 67v-69v

Accipiunt itaque mulieres mensuram. . .
>   De ligationibus et facinaturis mulierum: Darm-
>   stadt 780, 15c, f. 277v(Bischoff, Auszüge. p. 6:
>   Schulz)

Accorus. . .   See 'Acorus. . .'

Aced genus absinthii. . .
>   Expositiones secundum Arabicos et Almassorem:
>   Ea F.247, 13-14c, ff. 485v, 487

Acetum liquor ex aceto et sanguine hircino. . .
>   'Tabula sententialis super afforismos Ursonis':
>   BMr 5.C.III, 15c, ff. 17v-(22r)

Acetum squilliticum sic fit. . .
>   Confectiones et medicine que non sunt in Anti-
>   dotario Nicolai: BN 6823, 14c, ff. 203vb-214rb

Acetum vini sic preparatur.   Recipe de optimo
aceto vini. . .
>   Hermes, Practica: VE fa 323(XVI,5), 15c, ff.
>   25-26

Achaia, Africa, Albania. . .
>   Ptolomaeus, Provincie secundum ordinem alpha-
>   beti, tr Jacobus Angelus: Brux 3941, 15c, ff.
>   1-8v(fragment)

Acharistum sive munere interpretatum. . .
>   Alvarus de Castro, Antidotarium: Millás (1942),
>   114

Achlel melec dicitur mellilote. . .
>   Arabic synonyms(?): VE VII.1, 14c, ff. 169-175
>   (MacKinney)

Aclipium id est medicus. . .
>   Synonima Avicennae: VE VII.1, 14c, ff. 155-
>   168(MacKinney)

Acorus a. . .
>   Regist. alphabet. medicinarum simplicarum:
>   CLM 694, 14c, ff. 19r-34

Acorus a. (gladiolo) herba venenaria vel afrodisia. . .
>   Diascorides, De simplici medicina: BN 6819, 13c,
>   ff. 1r-70va

Acorus dicitur gladiolus et gelia a quibusdam. . .
>   Peter of Abano, comm. Dioscorides, De materia
>   medica: pr 1478(Klebs 342.1; IAL D217; LC)

Acorus id est gladiolus. . .
>   Rasis, Synonima: VAp 1136, ff. 1r-2v, 'Expli-
>   ciunt sinonima universales'

Acorus id est herba venenaria(venerea) vel
afrodisia(aphrodisia). . .
>   Dioscorides, De materia medica: CUj Q.D.2,
>   12c, f. 18(Atk); with comm. Peter of Abano: pr
>   1478(Klebs 342.1; IAL D217)

Acorus idest veneria vel afrodisia vel piper
appium. . .
>   Dioscoridis. . .de virtutibus herbarum opus (in-
>   terpolatum) iuxta veterem versionem ordine
>   alphabetico: VAu 1383, 12c, ff. 2-116r

Acquirunt letantes pulchra iungunt orientes. . .
>   See 'Figure orientales sunt. . .'

Acquisitio de causa sterilitatis mulorum valde
difficilis. . .
>   BN 16133, f. 83ra-; TR 268

Acquisitio in ariete continetur. . .
>   Geomancy: Ea Q.361, 14c, ff. 68-69; BLb 625,
>   13-14c, ff. 1-(8)

Acquisitio istius antiodoti copiosa est apud te. . .
>   Galen, De tyriaca ad Pamphilum: pr. 1515, II,
>   158v-159v

Act-. . .   See 'Att-. . .'

Acta et ordinata sunt quamplurima et varia. . .
>   Prosdocimo de' Beldomandi, Canones (a.1424):
>   Mi D.28.inf., 15c, ff. 1r-35r

Actor. . .   See 'Auctor. . .'

Acturus auctor de rebus naturalibus. . .
>   Comm. Johannitius, Introductio Galeni libri
>   Tegni: BMr 12.D.XIII, 14c, ff. 106r-(122v)

Acturus consilium pro diminutione coitus in
iuvene. . .
>   Sozzinus Bencius, De coitu: Brux 3207, a.1469,
>   ff. 140ra-141ra

Actus curativus dicitur tibi ab. . .
>   Nicholas of Florence: BN 6982, a.1454, f. 1ra-,
>   ending in Sermo II

Actus curativus pestis est in tribus. . .
>   Petrus de Tusignano, Pest tract: VAp 1225, 15c,
>   ff. 425r-427r

Actus et operationes omnes sunt circa singu-
laria. . .
>   Repertorium dictorum Aristotelis, Averrois alio-
>   rumque philosophorum: GW 2838(Schulz);
>   Klebs 122.1, IAL A1065

Actus medici circa corpus humanum. . .
>   Nicolaus Bertrucius, Regimen sanitatis: VI 5486,
>   15c, ff. 107r-130r

Acus muscata folia habet. . .
>   Catalogus simplicium: CUg 200, 15c, p.214(Atk)

Acutarum alia est tertiana...
>See 'Acutarum egritudinum...'

Acutarum egritudinum alia est tertiana de colera rubra...
>Ricardus Anglicus, Micrologus: H. H. Beusing, Leben und Werke des Richardus Anglicus, Leipzig, 1922, p. 22; BMr 12.B.XII, 13c, ff. 180-198v; CUpet 178, 13c, ff. 150v-193; CUpet 222, 13c, V, ff. 13v-22v; Ob 285, 13c, ff. 47ra-62vb; Wickersheimer 695

Acutarum egritudinum regimen consistit in tribus...
>Regimen acutarum: CLM 4395, 15c, ff. 206r-210v

Acute egritudines etc. Ex presenti amphorismo...
>See 'Ex presenti amphorismo...'

Acute egritudines magne sunt...
>Comm. Prognostica: CUg 98(50), 14c, ff. 263r-270v

Ad... See also 'In...'

Ad acquirendum sensum non cognitum...
>Raymond Lull, De affatu, hoc est sexto sensu: HL 29, 300(Schulz). See 'Ad inquirendum...'

Ad album et ad rubeum. Tractatus lumen...
>See 'Tractatus lumen...'

Ad aliqualem cognitionem...
>De septem artibus liberalibus: BN 15121, 14c, ff. 58ra-63vb

*Ad alleviationem laboris calculantium...
>Simon Bredon, Calculationes chordarum: Tanner

Ad allopiciam euforbium aut sinapis et...
>Portior(?) medicinarum: VA 4462, ff. 33r-54v. See 'Fortior medicinarum...'

Ad allopiciam fortior medicina...
>CUsj D.III. 14c(Atk). See 'Fortior medicinarum...'

Ad almanach componendum...
>Catin. 85, 15c, f. 303r-v

Ad amorem vestre domine A. volo vobis totum magisterium...
>Alfonsus de Ianua, Opus maius: BU 164(153), 15c, ff. 76v-78r

Ad ancipitris tesquam(tesgam). Accipe de felle verris...
>De avibus rapacibus marescallia: VAb 12, 14c, ff. 94v-95(Silverstein); Haskins (1927), p. xvi

Ad anelitum et dipsniam inceditur sic...
>Cauterization: FL Plut. 73, cod. 41, 10c, ff. 122r-129v; Beccaria 89, 10

Ad annos arabum et menses et per consequens etatem lune veram...
>Canones supra tabulas eclipsis: VAp 1414, 14c, ff. 152vb-157va

Ad apostemas quod Greci steotomas appellant...
>Medical recipes: Chartres 70, 9c, ff. 126-135; VAp 1088, 9c, ff. 63v-65r(Beccaria)

Ad apparitionem fantasmatis oculorum primo quidem theorice...
>Consilium: Ea Q.230, a.1395, ff. 140v-143v

Ad artificialem memoriam duo necessaria requiruntur...
>Thomas Bradwardine, De memoria artificiali: BMsl 3744, 15c, ff. 7v-9; CUmc 169, 15c, ff. 254-256v

Ad asma de frigida causa nihil melius est musta...
>BMsl 783b, 15c, f. 144r

Ad asma miserabile cuius cause...
>Lyons pa 46, 14-15c, f. 186

Ad aures obtusas. Recipe succum rute et misce cum sanguine...
>Remedies for various ills: BMsl 345, 15c, f. 102r-v

Ad autem lune defectionem summi celi...
>Admont 318, 14c, f. 61 (Fowler)

Ad bellum fiendum voli(noli?) castra metire in loco vicino monti...
>CLM 671, 15c, ff. 159v-(162r) of which the last part is astrological

Ad bonam pastam utaris aqua farina...
>Gratian, Carmina (alchemy): Wash. LC Ac. 4616(1), 16c, f. 16r; Wilson 555

Ad boree partes arcti vertuntur...
>De duodecim signis, or, Epitome phenomenon Prisciani grammatici: Jones, 32; Zi 8594-8613; BMr 15.B.XIX, f. 125v; CLM 9921, f. 10; 10662, f. 152v; Salzburg St Peter X.VI.20, (Inc 800), f. 64r(Schulz); Stift Reun 21, 12c, f. 185r(Xenia Bernardina, I,2, 1891); Yale MS with item 42, f. 64v; "non Prisciani," VAr 1324, f. 36v; "Ex Ausonii Edyllis," Astron. Vet. Scripta, 1589, p. 164

Ad calculum frangendum in quocumque loco...
>Frater Nicholaus de Polonia, Experimenta de animalibus: T II, 768-769; BSFHM 10(1911), 269-289. See 'Accipe pulverem...'

Ad cancrum in virga virili sive in umbilico (alio loco)...
>Joh. Arderne, Experimenta *or* Liber receptarum ad fistulas: CUg 190(223), 15c, ff. 1-43v; CUt 1153(O.II.49), a.1450, ff. 1-89; Liber medicinarum: BMsl 795, 15c, ff. 20v-96

Ad capiendas aves...
  Recipes in English and Latin: CU 671(Dd.
  XI.45), 15c, ff. 129r-133v

Ad capillorum defluxionem. Cibos accipiant
acros...
  Liber dietarum Alexandri et aliorum: Bruges 471,
  13c, ff. 79v-95v

Ad capitis curationem balsama si geminis...
  Quintus Serenus: CML II(1916), 5-52. Prol.
  'Phoebe salutiferum...'

Ad capitis dolorem...
  See also 'Ad dolorem capitis...'

Ad capitis dolorem absentio ruta aedera...
  Liber medicinalis: BN 11219, 9c, ff. 104r-170r;
  Beccaria 35.29; 83.3

Ad capitis dolorem. Admoniacum tritum...
  See 'Admoniacum tritum...'

Ad capitis dolorem etiam in febre primis diebus
bene facit...
  Scribonius Largus, Compositiones: ed. G. Helm-
  reich, Leipzig, 1887. Prol. 'Inter maximos
  quondam...'

Ad capitis dolorem etiam in febri primis diebus
incommodi...
  Marcellus, De medicamentis, cap. i: CML
  V(1916), 26; BN 6880, 9c, ff. 13v-15v, Beccaria
  13.1; 25

Ad capitis dolorem mentam viridem...
  Pliny Secundus, Medicina: pr Pavia, 1515, ff. iv-
  44r; Torino, 1528; T I, 595-96. Prol. 'Frequenter michi in peregrinationibus...'

Ad capitis dolorem ut in sole non doleat...
  Antidotarium Bruxellense: ed. V. Rose (1894),
  380-96

Ad capitulum octavum huius libri primo venia-
mus...
  Petrus Blanc, from Gerard de Solo, a.1337, Re-
  portationes (on Isaac, Diets): VAp 1261, 15c, ff.
  129ra-214vb

Ad caput purgandum vel vocem exclarandam...
  Medical recipes: CUss 51, 12-13c, item 3

Ad chilindri compositionem (investigandam)
quod dicitur...
  Horologium viatorum: Ea Q.381, 14c, f.
  69v(Zi 9231); Cgm 4545, 15c, ff. 73-77v
  (Zi 9230); CLM 11067, a.1446, ff. 200r-
  201r(Thomson 242); FL Plut.29, cod.43, 15c,
  ff. 63r-64r; Isis 13(1929), 51-52; 50(1959), 36,
  n. 21

Ad clariorem igitur notitiam istorum terminorum...
  Thomas Anglicus, De incipit et desinit: Mi G.71,
  sup., 14c, f. 78ra-rb, incomplete

Ad cognitionem celestium motuum...
  Computus: Münster Q.530, 15c, ff. 86-120v
  (Zi 11990)

Ad cognitionem comete perfecte habendam
septem per ordinem...
  De cometa: VA 721, 14c, f. 59ra-vb

Ad cognitionem cuiuslibet scientie ex duabus
partibus...
  Expositio bona super librum de venerando patre
  (alchemy): CUad 4087, 14c, ff. 169r-172v

Ad cognitionem tabule planetarum habendam...
  CUc 243, 14-15c, II, ff. 1-14v

Ad cognoscendam diversam...
  See 'Ad precognoscendam...'

Ad cognoscendam versutiam...
  Rutgerus Venray, De re mirabili libri duo:
  Trithemius(1494), 137r

Ad cognoscendum gradus caliditatis et sicci-
tatis...
  CUc 243, 14-15c, II, ff. 15-16r

Ad cognoscendum nature humane statum...
  Ome 324, f. 134r

Ad cognoscendum per signum in firmamento
serenitatem vel...
  Weather prediction: BMad 10362, f. 36r-

Ad cognoscendum qualitatem et naturam...
  Segreti per colori: ed. Merrifield, II, 341-

Ad cognoscendum quando est dare...
  Richard Lavenham, De primo instanti: BMsl
  3899, 14c, f. 65v

*Ad cognoscendum quando est vel...
  R. Lavenham, De natura instantium: Tanner

Ad cognoscendum quid eveniet...
  Divination by the numerical equivalents of letters:
  Boston Medic. 20, late 14c, f. 123r-v

Ad cognoscendum ubi est dare...
  Questio geometrica et proportionalis: Ran 1017
  (R.6.32), 14c, ff. 4v-5r

Ad cognoscendum ubi generantur quatuor
humores...
  Oc 226, 15c, ff. 120r-121v

Ad cognoscendum veritatem de quacunque re...
  By means of conjurations: BLr D.252, 15c, f. 1r-

Ad comissandi pudorem et terrorem. . .
KlaS Pap. 113, a. 1431, ff. 122ra-125ra; these fols. are not 'Naturalia,' as catalogued, but against witches' sabbats; 'Corea est circulus cuius centrum est dyabolus'

*Ad completam cognitionem constructionis. . .
Roger Bacon, De constructione partium: Wadding; Little p. 408, n.1

Ad componendam spheram. . .
See 'Ad componendum spheram. . .'

Ad componendum almanach primo scribas ferias totius anni. . .
VI 5337, 14c, f. 125rb-125vb

Ad componendum almanach scribe. . .
De compositione Almanach: VI 5337, a.1395, ff. 115r-116r

Ad componendum astrolabium primo fac quam magnum vis. . .
Prag 433(III.C.2), f. 11r-v; Osiris 8(1949), 54

Ad componendum horarium(horalegium) fac semicirculum. . .
Sun-dial: Cracow 551, a.1388, f. 251(Zi 9233); Ea Q.386, 14c, f. 110; etc. (Zi 9690-93); FL 29, 43, 15c, f. 65r-v; Prag 433(III.C.2), f. 13r; Osiris 8(1949), 54-55. See 'Ad faciendum horologium horarum. . .'

Ad componendum horologium achos(Achab) fiat dimidius circulus. . .
BMad 15107, 15c, ff. 203r-204v; CLM 11067, f. 196rb-v; Saxl (1953), 22

Ad componendum horologium murale fac semicirculum. . .
Sun-dial: Cgm 4545, 15c, f. 71(Zi 9694). See 'Ad faciendum horologium murale. . .'

Ad componendum igitur rectangulum separemus laminarum unam. . .
Richard of Wallingford, De compositione rectanguli et eius utilitatibus: Brux 1039, a.1410, ff. 198v-200; CU 1017(Ee.III.61), 15c, ff. 6-10r(8r-12ra); ed. Gunther II, 337-348. Prol. 'Rectangulum in remedium tediosi. . .'

Ad componendum spheram de mediis et veris motibus solis et lune. . .
Compositio sphere, a.1445-50: CLM 11067, 15c, ff. 196va-197vb(Zi 4476)

Ad compositionem huius opusculi. . .
See 'Ad compositionem uniuscuiusque. . .'

Ad compositionem instrumenti ascensionum et oppositionum mediarum. . .
Yale MS bound with 156, copy 2, pp. 272-274

Ad compositionem tabule principalis Garlandi duo cicli. . .
Comm. Garland, Compotus manualis: BMh 3647, 13c, ff. 2va-10; CU Ii.III.3, a.1276, ff. 11v-12r; Ii.I.15, 14c, f. 58v(Atk); Mon 323, 13-14c, ff. 13v-14r; CLM 5538, 14c, f. 44r-v

Ad compositionem uniuscuiusque opusculi divinum invocandum. . .
I. Prol. Lilium intelligentie *or* Liber Uguictii: DWS 161; T III, 64-5, 662; Ambix V(1956), 94-95; FR 1165, ff. 47r-49v, prol. Liber Ortulani de secretis nature; 2nd Paragraph, Ortulanus, De secretis nature: FNpal 887, ff. 17r-27r; anon., CLM 26059, ff. 260v-266r. See 'In compositione uniuscuiusque compositi (opusculi). . .'
II. Arnald of Villanova, Liber novi testamenti: Wo 3076, 15c, ff. 45-51; 3107, 15c, ff. 24-30(Schulz)

Ad conficiendam virgam visoriam. . .
MU Q.738, a.1448, ff. 130r-140r

Ad conficiendum aquam gloriosam benedictam . . .
Tr 'in Grecia a magistro Clodiane(?) Constantino': CLM 405, 14-15c, ff. 101r-102v

Ad conficiendum baculum geometricum alias baculum Iacob. . .
De baculo geometrico (Jacob's staff): CLM 11067, 15c, f. 207ra-b(Zi 5065)

Ad conficiendum instrumentum. . .
Wu M.ch.Q.132, 15c, ff. 153v-155v(Zi 7472)

Ad coniunctionem solis et lune habendam subtrahe. . .
Table of eclipses, 1322-1333: BN 7416B, f. 115(Poulle)

Ad conservationem sanitatis solum ista observanda. . .
De virtutibus herbarum: Gilhofer and Ranschburg, Catalogue 257, MS 2, 15c, fol. 1

Ad constituendam figuram in qua. . .
De instrumento ad inveniendam veram coniunctionem vel oppositionem solis et lunae: Zi 3022-29

Ad constituendum figuram pro vera coniunctione vel oppositione. . .
MU Q.738, 15c, f. 92v; VI 5258, 15c, ff. 87r-88v; probably same as above

Ad constructionem Navicule de Venetiis tria ad minus. . .
Instrument called Navicula: BLb 68, c.1400, f. 35-; M-H 13(1960), 82

Ad constructionem Navicule tria ad minus. . .
BLd 98, early 15c, ff. 75v-77; M-H 13(1960), 82; ed. Gunther, II, 40-41, 375-79

Ad cordis pulsum. . .
Medical item ending, '. . .herba regis' from a 13c catalogue: Delisle III(1881), 6a, from BN 5926

Ad creticorum dierum evidentiorem notitiam. . .
OHI IX(1928), xxxi, n.1; On 166, ff. 235-239; BLd 161, 14c, ff. 89r-93v. See 'Ad evidentiam dierum creticorum. . .'

Ad cuius artis declarationem. . .
BMh 637, f. 50ra-. See 'Ad huius artificii. . .'

Ad cuius virtutem querimonie. . .
See 'Virtutem querimonie. . .'

Ad cunctipotentis laudem ac novellorum clericorum. . .
Comm. metrical Computus: Bern 483, 15c, ff. 1r-21v; Osiris 8(1949), 52

Ad cylindri compositionem. . .
See 'Ad chilindri. . .'

Ad datum cubum pyramida describere. . .
Euclid, Elementorum XIV liber, tr George Valla: pr Venice, 1498, f. 23v(Polain 2800; Klebs 1012.1; IAL N33)

Ad debilitatem visus. Recipe eufragie. . .
Gentile (da Foligno?), Consilium pro domino Frederico: VI 5358, 15c, f. 151rb

Ad declarandum textum versuum. . .
Alchemical note: BMr 12.G.IV, c. 1300, f. 163v

Ad defensionem veritatis quam quidam. . .
Jean Buridan, Questio de dependentiis et convenientiis et diversitatibus: T III, 375

Ad demonstrandum rerum altitudines. . .
Demonstrationes magistri Petri de Dacia super quadrantem: Darmstadt 780, 15c, f. 247v(see Bischoff, Auszüge, f. 5)(Schulz)

Ad denigrandos capillos et pulchros faciendos. . .
CLM 19901, ff. 241r-243r

Ad denotandum diversam aeris dispositionem futuram. . .
BMh 1612, f. 10r. Probably Robert Grosseteste, De impressionibus aeris; not in Thomson

Ad dentes laxos confirmandos et oculos clarificandos. . .
Cura dentium: CUt O.IX.10, 15c, f. 116ra

Ad deum mi fili et cor et mentem convertito. . .
Alanus, Dicta de lapide philosophico, tr from German: Ze III, 722-29; T III, 140

Ad dies egyptiacos Ianuario intrante die primo . . .
Egyptian days: BMsl 1975, 12c, f. 7rc

Ad discipulum suum Actonem. Longis petitionibus. . .
Constantinus Africanus, tr Hippocrates, Aphorisms, with comm. Galeni: VA 2367, 14c, ff. 1-53v

Ad dissolvendum flemmaticos humores. . .
Libellus experimentorum pro diversis: Ome 324, 15c, ff. 229v-234; T II, 803

(A)d distinctionem multorum quibus. . .
Honorius of Autun, De imagine mundi: Ea Q.15, 14c, ff. 171-80. See 'Ad instructionem. . .'

Ad dolorem capitis erba bettonica ruta plantagine minore. . .
Hippocrates, Medicinalis ars: SG Stift 877, 9c, pp. 33-49; Diels(1905), 48; Beccaria 390.1

Ad dolorem capitis. Accipe balsamum. . .
Macer, Experimenta: VI 2532, 12c, ff. 106r-117r

Ad dolorem capitis et prefocationem eius incenditur sic. . .
See 'Potio enim non valet. . .'

Ad dolorem iuncturarum et specialiter. . .
Experimentum Gentilis: VI 5289, 15c, f. 85r

Ad epactas inveniendas hoc antiquo uti poteris. . .
De epactis: CLM 9921, 12c, ff. 11r-12r

Ad epilepsiam fiat ustio. . .
Cauterization: BMr 12.E.XV, 13-14c, ff. 5v-(6r)

Ad evidentiam dierum creticorum. . .
Roger Bacon, Liber de creticis diebus secundum motum lune et aspectum planetarum: OHI IX(1928), 186-200

Ad evidentiam eorum que dicuntur in divisione . . .
Additiones et suppositiones M. Dudonis (to Ibn Jazla, Tacuinum): BN 15362, 13c, ff. 71v-116r

Ad evidentiam eorum que dicuntur in musica. . .
Analysis Boethii: BLlm 644, ff. 139ra-142rb

Ad evidentiam eorum que in libro declarantur . . .
Comm. Aristotle, Physics: FLgr 153, f. 39

Ad evidentiam eorum que sequuntur queruntur octo questiones. . .
Petrus Hispanus, Comm. Aristotle, De anima: SBM, IX(1936), 103 ff.; VE fa 253(X,67), ff. 54-64

Ad evidentiam eorum que sunt necessaria de calendarii...
> Compendium compoti: Os 200, late 13c, ff. 2-5

Ad evidentiam eorum que tanguntur naturaliter
...
> Bernardus de Trilia, Questiones super tractatu sphere antique (Sacrobosco): Laon 171A, ff. 68r-99v; VE VIII, 9(XI,103), 14c, ff. 1-42; T (1949), 23-26; Glorieux I, 155; Isis 50(1959), 45

Ad evidentiam huius propositionis dubitatur...
> Questiones super De causis reportate a fratre Symone: VI 2303, f. 55rb-va

Ad evidentiam huius propositionis dubitatur utrum de causis primis...
> Comm. De causis: VI 2303, 14c, ff. 55va-61va

Ad evidentiam tam mensurabilis musice...
> Prosdocimo de' Beldomandi, Ars musicae planae: Lucca 359(B.257), 15c, ff. 106-115; BB XVIII (1885), 417

Ad evidentiam trianguli protrahatur linea que dicitur basis...
> Comm. Euclid: VA 2114, 14c(Schulz)

Ad evidentiam valoris notularum sciendum quod...
> De musica antiqua et nova: Coussemaker III, 364-70

Ad evitandum multiplices mercatorum errores
...
> Algorithmus linealis: pr Leipzig, c.1495, etc.: Hain 828-830; GW 1269-71; Klebs 54.1-4; IAL A416-17

Ad exhibenda contra varias infirmitates...
> Pontius de S. Egidio, Modus medendi: BMh 2558, ff. 65r-72r

Ad experientiam pleniorem dicendorum in isto quinto...
> Henri de Mondeville, Antidotarius: CUt 1406 (O.VIII.31), 15c, ff. 65-106. Tract 5 of his Chirurgia

Ad explicandum dissonantium opinionum variarum de compositione annorum a mundi origine...
> Pierre d'Ailly, De concordia astron. cum theologia dated a.1414: CLM 14504, 15c, ff. 332r-339v; Salembier, p. xxiv, no. 117

Ad faciendam aquam comburentem...
> Solomon, Ludi nature: BMh 2378, 15c, p. 353

Ad faciendam aquam grossam accipe unam unciam...
> De aquis: CUt 1109(O.II.5), 14c, ff. 276-277

Ad faciendam aquam que vocatur mater balsami et oleum balsami...
> Mi Trivulz. 758(H.100), 14-15c, ff. 45v-46r

Ad faciendam figuram ad inveniendum coniunctionem veram...
> Canon de compositione equatorii: CLM 11067, 15c, f. 186rb-vb

Ad faciendam figuram celi scias primo gradum in quo...
> On conjunctions: VAp 1380, ff. 26r-30v; Gö theol. 124, a.1355, ff. 139v-141(Zi 3267)

Ad faciendam figuram (in) qua faciliter invenitur...
> De coniunctione solis et lune: VAp 1340, 15c, ff. 267v-(273); VI 5296, 15c, ff. 120r-123r(Zi 12482)

Ad faciendam(*sic*) quadrantem...
> Zi 8828-30

Ad faciendam theoricam solis...
> Zi 3043-44

Ad faciendum ardens vinum in vase et ad faciendum flammam magnam...
> Experimenta Alberti: VAp 1316, 15c, ff. 101v-102v

Ad faciendum argentum ad ligas decem...
> See 'Recipe de calce viva...'

Ad faciendum azuram accipe lapides lazuli...
> CUad 4087, 14c, ff. 33r-36v, the first of a series of recipes

Ad faciendum bitumen optimum...
> BMar 251, 13-14c, f. 14r

Ad faciendum candelam ardentem sub aqua...
> Experimenta varia: CLM 444, 15c, ff. 210va-212va

Ad faciendum chilindrum sumatur lignum...
> Sun-dial: Ea Q.356, 14c, ff. 166-167v(Zi 9234)

Ad faciendum equatorium planetarum de quo primo presumitur...
> Sequitur instrumentum Campani de equationibus planetarum: CLM 11067, 15c, ff. 184rb-186ra

Ad faciendum finissimum azurium. Recipe flores...
> Oa 81, f. 98v; Ambix 7(1959), 40

Ad faciendum fortiter dormire. Recipe cortes radicis fabe...
> CLM 259, f. 195ra

Ad faciendum hominem ire super gladium nudis pedibus...
> BMsl 2479, 14c, f. 9r-v

Ad faciendum horologium...
Cgm 4545, 15c, ff. 71v-72v(Zi 9698)

Ad faciendum horologium horarum...
VI 5418, 15c, ff. 196r-197r; 5303, ff. 263v-268v; Zi 9699-9702. See 'Ad componendum horarium...'

Ad faciendum horologium id est secundum umbras versas...
CLM 27, ff. 128r-130v. See 'Ad faciendum horologium murale secundum...'

Ad faciendum horologium locorum inequalium
...
VI 5303, 15-16c, ff. 263v-264v

Ad faciendum horologium murale...
Arras 688, 15c; VI 5258, 15c, ff. 97-98v: VI 5418, f. 201v

Ad faciendum horologium murale secundum umbras versas...
Jo. Schindel, Compositio chilindri: VI 5303, 15-16c, ff. 268v-269r

Ad faciendum ignem rapacem. Accipe salpetrum...
Ignes artificiales: CUt 1109(O.II.5), 14c, ff. 420-421

Ad faciendum instrumentum...
Sun-dial: BE Oct.44, 14c, ff. 1v, 12; CLM 24809, 15c, ff. 91v-92(Zi 9235, 9705)

Ad faciendum minutionem sanguinis de vena vel ventosis...
Seven chapters on bleeding and astrological medicine: Basel F.II.10, 15c, ff. 166va-168rb

Ad faciendum omnes canes mingere super unum hominem...
Recipes and charms: BLr D.678, 15c, ff. 89-100 (once 68-79 in another MS)

Ad faciendum quadrantem...
See 'Ad faciendam(sic) quadrantem...'

Ad faciendum semitam ad casum spermatis...
BN 10263, f. 51r; and again at f. 65r

Ad faciendum solem bonum...
See 'Dixit Mercher ad Fledium...'

Ad faciendum solem de venere...
Rupert of Constantinople: BMsl 3457, 15c, f. 184r; T (1938), n.15

Ad faciliorem memorie commadationem(sic)...
De conferentibus et nocentibus: VAp 1363, 15c, ff. 151vb-155rb (TR 277h)

Ad facilius philosophorum docmata...
Cosmographia cum figuris: CLM 331, 13c, ff. 2r-9r; Grabmann (1935) 48-52

Ad febres continuas que generantur ex corruptione sanguinis...
Modus medendi in omnibus febribus: Mi Trivulz. 758(H.100), ff. 53r-54r

Ad feriam cuiusque inveniendam hec est facta figura...
Os 17, a.1110, ff. 22r-(29)

Ad Ferrandum Valentinum virum insignem...
See 'Plurimorum virtus...'

Ad fetus expellendum mulier sucum porri bibat...
VI 5371*, 15c, f. 48vb-

Ad ficum cancrum et ad fistulam accipe nigras fabas...
BMh 5294, ff. 58v-59r

Ad fistulam vel crematuram. Accipe mel coctum bene...
Recipes and remedies: CUt 903(R.XIV.30), 14c, f. 143v

Ad flegma incidendum...
Varia remedia: Eins 321, 10c, pp. 25-26

Ad fluxum sanguinis narum...
Thadeus Florentinus, Consilia: BU 720(1418), 14c, 173 ff.; Janus VI(1901), 1-7, 61-67, 117-122, 173-178

Ad formandum horologium pro habendis horis noctis...
Gö Philos. 42m, 15c, f. 55

Ad gloriam et honorem dei altissimi et amorem
...
Jean de Jandun, Expositio super tertio de anima (dated 1321): Ea F.318, 14c, ff. 17-33; VA 760, 15c, ff. 5-84

Ad grossum pannum. Accipe fel leporis...
Series medicamentorum: VI 2505, 14c, ff. 40r-62r

Ad habendam augem alicuius planete sex superiorum...
CLM 24104, f. 94v(Schulz)

Ad habendam notitiam et introitum in tabulas Parisienses...
Dijon 447, a.1480, ff. 63r-70v

Ad habendam notitiam (huius) kalendarii Lincolniensis episcopi...
FLc Plut. 18 sinis., cod. 3, 14c, ff. 51-59; VI 5508, 14-15c, f. 205r; Beiträge IX(1912), 66*. See 'Ad notitiam istius kalendarii...'

Ad habendam notitiam huius calendarii sciendum quod 19 littere...
> CLM 5538, f. 56v, 'Explicit canon Lincolniensis episcopi super quatuor ciclos kalendarii sui.' See 'Ad notitiam huius...'

Ad habendam rithmici dictacionis noticiam...
> De rithmici arte: BLb 832, ff. 102-(107)

Ad habendam scientiam experimentorum quorum effectus...
> Raymond Lull, Secreta totius astrologiae alias Liber experimentorum: HL 29, 383; T IV, 636; VI 12834, ff. 1r-44r(Schulz)

Ad habendas eclipses sic...
> Conjunction: Königsberg Univ. 1781, 15c, no. 20-21(Zi 12483)

Ad habendum aliquam notitiam de longitudine et brevitate vite...
> John de Magistris, Questiones super libro de longitudine et brevitate vite: Hain *10447, f. x3v verso

Ad habendum aliquo anno Christi ciclum solarem...
> BMad 15107, 15c, ff. 191r-192v

Ad habendum (autem) bonum tempus seu malum pro fleubotomia...
> Iohannes de Gmunden, Practica (a.1431); CLM 4382, 15c, f. 158va-b; 5764, 15c, ff. 19r-20

Ad habendum autem etatem lune singulis annis hec est...
> CLM 4394, f. 42v

Ad habendum bonum tempus minutionis...
> Johannes de Gmunden, Proprietates signorum: CLM 8950, 15c, f. 81r(ColR 135b): Isis 34(1943) 201, n.72

Ad habendum ciclum solarem secundum Gerlandum (Gellendum)...
> Johannes de Pulcro Rivo, Compilatio elucidans compotum manualem, composed at Paris, a.1289: BMr 8.A.IX, c. 1305-17, ff. 73-(76); Johannes de Brunswik(?), Computus ecclesiasticus: CLM 5963, 14-15c, ff. 1r-7r; anon. Bruges 528, 13c, ff. 17r-23v; BLd 190, 14c, ff. 69r-(71r); Bern 476, 15c, ff. 5r-10v(Schulz); other MSS in H. See 'Intentionis est in hoc opusculo...'

Ad habendum ciclum solarem secundum scientiam Platonis...
> Comm. on the preceding work composed in 1305: BMr 8.A.IX, ff. 76-81. See 'Secundum scientiam Platonis...'

Ad habendum elevationem poli...
> CLM 27, 15c, f.94r

Ad habendum elevationem solis...
> CLM 27, 15c, f. 94r

Ad habendum in manu prompte in quo die mensis sis...
> Baldwin de Mardochio(Marrocchio), Tract. compoti manualis: BLt 192, 14c, ff. 10v-16v; BN 7298, ff. 9bis,ra-15va; FLc Plut. 18 sin. cod.6, 14c, ff. 11v-17r; anon. CLM 5538, 14c, ff. 44v-45r; BN 7420A, c.1332-1333, f. 30va-vb; Romania, XXVI, 230; comm. on Cisio Ianus; CU Ii.III.3, II, a.1276, ff. 12r-19r

Ad habendum in principio huius libelli...
> Garlandus, Compotus: Bruges 528, 13c, ff. 41r-46r

Ad habendum in quo signo est luna...
> VI 5239, f. 63r-v

Ad habendum meliorem et certiorem inquisitionem...
> Chiromancy: Bern 353, 14-15c, f. 5v

Ad habendum notitiam et introitum in tabulis...
> Canones (completed 1443) super tabulas Parisienses composite anno 1368: BN 7287, 15c, ff. 87rb-92rb(TR 266a)

Ad habendum notitiam et investigationem egritudinum...
> Astrological medicine: CLM 27001, 15c, ff. 64rb-83ra; Zi 4032; Girolla 69; Prag 1298, ff. 87-94(Schulz)

Ad habendum perfectam notitiam artis musice...
> Robert de Burnham, Proportiones musice mensurabilis: CUt 1441 (O.IX.28), 15c, ff. 54-55

Ad habendum practicam in theoricis novellis...
> Astronomical: Plimpton 175, 15c, f. 96r-; BN 10263, 15c, f. 166ra-

*Ad habendum scientiam de computo Quid sit compotus videamus...
> Petrus de Bernia, Computus de arte astronomie: BLcm 71, 13-14c, ff. 5-14v

Ad habendum scientiam experimentorum...
> On astrological images 'Quartum librum Rimarum'(?): cited Prag 1609, 15c, f. 41v

Ad habendum tempus bonum seu malum pro minutione...
> Astrological medicine: BMar 306, 15c, f. 18r

Ad habendum unum gradum ascendentem...
> See 'Primo notandum quod duplex...'

Ad habendum vera loca planetarum in longitudine et latitudine...
> VAp 1413, 15c, ff. 149r-154v

Ad habendum verum locum alicuius planete pro diebus. . .
> CUg 388(608), 14-15c, f. 4r

Ad habendum zenith solis. . .
> On astrological medicine and magic: VAp 1416, 15c, ff. 222r-227r; Osiris 8(1949), 47. Rubric, 'Amice carissime nolite. . .'

Ad hec quod luna eclipsetur oportet quod sit opposita soli. . .
> CU 1684(Hh.VI.8), c.1300, f. 210r

Ad hoc autem ut in hoc instrumento sensibili. . .
> Compositio instrumentorum Campani ad equandum et inveniendum omnium planetarum vera loca: Wo 2816, ff. 145v-(151); part of his Theorica plantarum: BLd 168, f. 40rb

Ad hoc kalendarium intelligendum. . .
> Compositio kalendarii: Brux 14678, 14c, ff. 1r-7v

Ad hoc ut homines videantur nigri ut Ethiopes . . .
> Darmstadt 2777, late 13c, f. 5r; ed. Romanische Forschungen, VI(1891), 459-461(Schulz)

Ad hoc ut possimus pervenire ad perfectam scientiam. . .
> Inspiratio divinitatis: T III, 164, n. 9; Prag 1765(IX.E.9), ff. 69rb-79rb; BU 164(153), 14-15c, ff. 83r-90r, preceded by prol. 'Nunc pater et domine reverende. . .'

Ad hoc ut sciatur dies et hora conceptionis. . .
> De generatione spermatis et conceptione foetus: Col X.510.H.74, a.1476, ff. 195r-199r

Ad honorem cunctipotentis trine in personis simplicis. . .
> Anon. in Alphonsi tabulas expositiones: BLcm 499, 15c, ff. 212-(249); another copy at Lwow

*Ad honorem dei et ad habendum cognitionem iudiciorum. . .
> Introduction ad cognitionem artis astrologicae: BLd 57, 14-15c, ff. 171-(176v); Oc 132, 15c, ff. 89r-96r, 'Explicit astronomia super phisicam'

Ad honorem dei et habendam. . .
> Nicholas of Lynn, De natura zodiaci: Tanner

Ad honorem dei et virginis gloriose hoc kalendarium. . .
> BMsl 282, 14-15c, f. 17r-v; CUt R.XV.21, I, 15c, f. 1r

*Ad honorem dei et virginis gloriose necnon sanctorum confessorum. . .
> John Somour, or Somer, pref. Astronomical calendar for the meridian of Oxford: BLd 5, ff. 73r-86r(TR 336); VAr 155, a.1387, ff. 1r-17v; BMr 2.B.VIII, c. 1463, ff.1-(14v); CUt R.XV.21, 15c, f. 2(Atk). See 'Ad notitiam tabularum. . .'

*Ad honorem dei in tribus personis edidi. . .
> Thomas Norton, Alchimia: Bale

Ad honorem domini nostri. . .
> Johannes de Thermis, De tempore celebrationis paschalis ad Innocentium VI papam: VI 5292, 15c, ff. 231r-242v

Ad honorem et gloriam domini nostri. . .
> Prol. Liber cosmographie. See 'Mundus igitur dicitur quatuor elementa. . . .'

Ad honorem et laudem dei tractetur hoc quod sequitur. . .
> De transmutatione metallorum: Verae alchemiae, II(1561), 175-(180)

Ad honorem et laudem et gloriam Christi. . .
> Henri de Mondeville, pref. to Philip IV of France, a.1306: CUt 1148(O.II.44), IV, 14c, ff. 1r-20r. See 'Quoniam non omnes introducendi . . .'

Ad honorem et laudem nominis domini. . .
> Raymond of Marseilles, Liber cursuum planetarum: Haskins, 96-98; T II, 91-92; Duhem III(1915), 201-16

Ad honorem illius qui numerat multitudinem stellarum. . .
> Astrology: VAp 1401, 15c, ff. 60r-63r

Ad honorem illius sanctissimi astronomi qui solus. . .
> Geoffrey of Meaux, On the Comet of 1337: T III, 715; ColR 72, 12; CUpem 227, pp. 226b-228a(TR 233d); ed. T (1950), 219-225

Ad honorem individue trinitatis etc. Volo aliqua. . .
> See 'Volo aliqua. . .'

Ad honorem laudem et gloriam domini. . .
> Henri de Mondeville, prol. Chirurgia. Text, 'Quoniam non omnes introducendi. . .'

*Ad honorem laudem et gloriam gloriose. . .
> John of Eschenden, De praeservatione a pestilentia: Bale

Ad honorem omnipotentis dei cuius gloriam celi enarrant. . .
> A fragment of text, followed at ff. 78r-87v by astronomical tables (for Paris, 1232?): BN 15171, f. 77rb-. But see 'Ad honorem summi. . .'

Ad honorem proficientium in actibus nature. . .
> Holkot, De serpente alchemico breviloquium: DWS 300; Pope Honorius(?), De lapide animali: BU 142(109), I, 15c, ff. 185r-193v

Ad honorem sancte et individue trinitatis. . .
 Chancellor and masters of Montpellier, De pestilentia: VI 4459, 15c, ff. 187r-189v

Ad honorem sancte et individue trinitatis et de
publice. . .
 De pestilentia: Zurich Car.XV.59, a. 1476, ff.
 41-46

Ad honorem sancte et individue trinitatis et
virginis gloriose et ad utilitatem. . .
 Johannes Jacobi, Pest tract: ed. Archiv, XVII,
 16-32; A. Barbot, 1923, pp. 18-27; Isis 13(1929),
 78; BMar 489, 14c, ff. 1-8v; VAp 1210, f. 8;
 1229, 15c, ff. 73r-77r; pr (Antwerp c. 1484);
 etc. (Polain 2153-57; Klebs 245.3; IAL J3).
 See 'Volo aliqua. . .'; 'Videatur ergo de ea. . .'

Ad honorem sancte et individue trinitatis et
virginis gloriose et beate Katerine. . .
 Michael Guy, Pest tract: BMsl 3124, ff. 66v-70

Ad honorem sancte et individue trinitatis
virginisque. . .
 Petrus de Kothobus, Pest tract: ed. Archiv, XI,
 122-32

Ad honorem sancte Marie virginis causa exer-
citii. . .
 Themo, Alia quaestio astronomica: T III, 588;
 ColR 61

Ad honorem sancte trinitatis ac virginis. . .
 Benedictus Canutus(?), introd. Pest tract. Text,
 'Videatur ergo primo. . .'

Ad honorem sancte trinitatis et gloriam virginis
Marie. . .
 Pest tract: Prag 243(I.F.77), ff. 153r-157v

Ad honorem summe et individue trinitatis et
virginis gloriose et ad utilitatem. . .
 Joh. Jacobi, Pest tract: BMsl 3124, ff. 61r-66v

Ad honorem summi patris et omnipotentis dei
cuius gloriam celi enarrant. . .
 Geoffrey of Meaux, Iudicium de eclypsi solis:
 CUpem 227, 14-15c, pp. 225a-226b(TR 233c);
 ed. T(1950), 215-218

Ad horizontem inclyte civitatis Bononiae erit
solis applicatio. . .
 Dominicus Maria de Novara, Prognostic for
 1490: GW 8664

Ad horologium sciotheriorum accessuro. . .
 KlaB XXX.d.4, 15c, f. 36r-

Ad horologium versus quatuor mundi. . .
 Sun-dial: Zi 9707-9708

Ad Hugonem Eterianum doctorem suum. . .
 See 'Quamquam optime preceptor. . .'

Ad huius artificii declarationem sciendum est
quod licet. . .
 Pierre d'Ailly, De vero ciclo lunari: BMh 3742,
 ff. 211r-213r; IAL A426, ff. h 3r-h (6)r; (Photostat edition, Boston, 1927, f. 63v)

Ad huius artis notitiam integre perveniendam. . .
 Alchymia: VAp 978, 15c, ff. 63-65r (TR 277d),
 mainly a collection of recipes

Ad hunc autem .ix. he figure que hic inscri-
buntur. . .
 Arithmetic (Arabic numerals used): CUt 165
 (B.V.19), 13c, ff. 43v-(44v)

Ad icteri curam primam quidem duo sunt. . .
 Ps. Galen, De cura icteri, tr from Greek, Nicholas
 of Reggio: Chartres 293, 14c, f. 124v; CLM 490,
 ff. 51r-54v; Dresden Db 92-93, 15c, f. 465v; BN
 6865, f. 80rb; pr 1490, I, 166r-167r; 1515, II,
 294v-295r; T(1946), 223, item 13

Ad inceptum Sancta sit Maria mecum. . .
 Tract. alchymicus cui titulus Epiphanya seu
 manifestatio artis: VI 5224, 15c, ff. 1r-12v

Ad infirmitates omnes et singulas curandas. . .
 Tura de Castello, On the baths of Porreta: BNna
 211, a.1469, ff. 77-79; Delisle 230; Klebs 994-
 995, 444.1; 494.1-2; IAL G121, G510-511; De
 balneis (1553), 46r-47r

Ad ingressum cuiuslibet arabici mensis. . .
 Mohammed ben Ahmed el-Biruni, Comm. on al-
 Fargani on the Tables of al-Khwarizmi, tr Hugo
 Sanctallensis: Haskins 72-74; Carmody 155

Ad ingressum istius scientie prima questio. . .
 Henricus de Gandavo, Quaestiones de viii libris
 physicorum Aristotelis: Ea F.349, 14c, ff. 120-
 184; BN 16609, late 13 or 14c, ff. 62ra-108rb,
 has part of Bk 3 and Bks 4-8, 'a magistro
 Henrico de Gandavo edita, a.1278'; Glorieux I,
 388

*Ad inquirendum sensum non cognitum. . .
 Raymond Lull, prol. De olfactu(*sic*), or, Liber de
 affatu hoc est sexto sensu: HL 29, 300

Ad instantiam multorum circa hanc artem
studere volentium. . .
 Alchemical tract: CUg 413(630), III, 14-15c, ff.
 2-21v(DWS 197.i)

Ad instantiam nobilis. . .
 Johannes de Gmunden, Tabulae astronomicae
 breviores cum canonibus: Prag 2581(XIV.F.10),
 15c, ff. 1r-161v

Ad instructionem (et doctrinam) multorum (tractantium) in hac arte (circa hanc nobilem artem) studere...

I. Roger Bacon, Speculum secretorum: DWS 197; Little (1914), 413; VAb 273, f. 223v

II. Albertus Magnus: Kibre (1942), 515; T II, 569; Glorieux I, 76

III. Morigenus, Liber perfectionis: FR 119, ff. 29r-32v

IV. Anon. CLM 405, 14-15c, ff. 63r-65r

*Ad instructionem multorum...

Gregory of Huntingdon, prol. Imago mundi: Tanner; BLb 625, 13c, ff. 127-139; Honorius of Autun(?), Imago mundi: BMr 13.E.IX, c.1400, ff. 22v-(25v)

*Ad instructionem multorum quibus deest copia librorum...

Honorius of Autun, De imagine mundi: VAr 471, 12c, ff. 1v-10rb; ascribed to Anselm: Basel O.IV.35, 13c, ff. 31r-41r; BN 7400A, 13c, ff. 6va-18ra(PL 172, 146); CUg 59, 14c, ff. 1-24; VI 113, 13c, ff. 89r-90v(AL 89); CUad 5358, 15c, ff. 97r-118r; James 464. The above incipit is in the last sentence of the two prefatory letters pr PL 172, 119-20. See 'Mundus dicitur quasi...'

Ad intellectum tabule subscripte sciendum quod brevis...

Nicolaus Bertrucius, Antidotarium: VI 5403, 15c, ff. 210r-215rb

Ad intelligendam practicam de veris locis...

Tables(astron.): VI 5519, 15c, 11 ff. (Zi 11169)

Ad intelligendam tabulam rotundam sunt advertende...

VI 5402, 15c, ff. 82r-83ra

Ad intelligendum canones de practica et utilitatibus...

Prophatius Judaeus, Tract. de utilitate quadrantis: VI 5292, 15c, ff. 243r-265v; VI 5418, 15c, ff. 26r-45r; anon. CLM 10662, 15c, ff. 188r-203v; MU Q.738, 15c, ff. (56?)-76v

Ad intelligendum canones utilitates astrolabii declarantes premittende...

Christianus de Prachatitz, prol. De astrolabio eiusque usu: VI 5160, 16c, ff. 1r-60v; Cgm 739, ff. 80r-100v(Schulz). Text, 'Si per astrolabium volueris scire in quo gradu...'

Ad intelligendum illud quod dicit Alcabitius de directionibus...

Comm. Alcabitius, Isagoge: FL S. Marco 182, 15c, f. 152r-v(Björnbo, 1912, 113)

Ad intelligendum omnes artes et secreta totius mundi...

Ars notoria: Ea O.79, 14c, ff. 63-64; BMsl 513, 15c, f. 192r-

Ad intelligendum tabulam presentem nota quod...

John of Sacrobosco, Kalendarium: CLM 353, ff. 21r-26v

Ad intelligendum tabulas astronomie rectius...

Canon planetarum: CUg 110, 15c, f. 196(Atk); Dijon 447, 15c, ff. 22v-25r; BN 7295A, f. 99r-v

Ad intelligendum(intelligendas) utilitates...

Johannes de Gmundia, Regula de tabulis proportionum: VI 5151, 15c, ff. 156r-159; anon. Catania 85, 15c, ff. 274-276

Ad intimas summe philosophie disciplinas et sublimia...

Fragmentum libelli de astrolabio a quodam(an Lupito Barchinonensi) ex Arabico versi: ed Bubnov, 370-75; Millás (1931), 271-75; T I, 698; Zurich Car.C.172, 11-12c, ff. 38v-42v

Ad intrandum declarationem nostri operis primo ponam...

Conclusiones ex Geberis theorica collecta(alchemy): BU 303(500), 15c, ff. 209v-213v

Ad invenienda planetarum...

Zi 10810-10811

Ad inveniendam cum quadrato astrolabii altitudinem...

See 'Si vis alicuius arboris...'

Ad inveniendam distantiam longitudinis inter Pragam et Toletum et alias civitates sic procede...

Salzburg St. Peter X.VI.70(Inc.800), f. 80v (Schulz)

Ad inveniendam dosim uniuscuiusque medicine composite...

VAp 1234, ff. 140ra-149rb; Danzig Mar.F. 200, ff. 73-75(Schulz). See 'Ad inveniendum dosim...'

Ad inveniendam lineam...

Zi 3005

Ad inveniendam quantitatem anni solaris sic procede...

BMh 3814, 14c, ff. 3v-16r

Ad inveniendum ascendens...

Tract. de nativitate: Cues 211, 14c, ff. 26v-33v

Ad inveniendum cyclum...

See 'Itaque ad inveniendum...'

Ad inveniendum diversum mundi statum sume tabulam...
> De statu mundi (directions for making a tabula, or dial): BMr 15.B.IX, end of 12c, ff. 72v-73r

Ad inveniendum dosim uniuscuiusque medicine composite...
> Mundinus de Lenciis, De dosi medicinae: VI 2320, 14c, ff. 272v-273vb; VAp 1175, ff. 237v-238v; CLM 23912, 15c, f. 276va-; anon. VAp 1234, 15c, ff. 140ra-(141r); pr Montagnana, Consilia, (Padua), 1476 (Klebs 689.1; Yale 4; IAL M700)

Ad inveniendum eclipses sic procedendum est...
> Canon exemplaris: Basel F.II.15, a.1437, ff. 73v-95v; CLM 26667, f. 86-

Ad inveniendum et habendum ciclum...
> See 'Ad habendum ciclum solarem...'

Ad inveniendum figuram celi ad quodcumque tempus...
> Nicolaus Germanus, Tabulae divi Borsii, 1466: VA 3107, f. 1r; VI 2522, ff. 5v-6r(TR 350a); CLM 18192, ff. 114r-117r

Ad inveniendum furtum. Accipe spumam argenti et distempera cum albumine...
> VI 2532, 12c, f. 105v

Ad inveniendum gradum ascendentem tempore nativitatis...
> Misc. astrol. etc.; Gilhofer and Ranschburg Catalog 1/36, ff. 2r-32r(Schulz)

Ad inveniendum horas diei equales vel inequales ...
> CLM 11067, ff. 197rb-198ra

Ad inveniendum horas diei inventum est instrumentum...
> Incipit compositio quadrantis: FL S. Marco 360, 15c, f. 118r-v; Björnbo, (1912), 223

Ad inveniendum introitum solis in Ariete ita procede...
> CLM 26666, 15c, f. 162r-

Ad inveniendum locum lune in quo signo et gradu sit...
> Tables and canons: VI 5512, ff. 315v-317r

Ad inveniendum mediam coniunctionem solis et lune...
> Tabula astronomica: CUt O.VIII.29(III), 15c, (Atk)

Ad inveniendum per tabulas partem aliquarum fractionum...
> Canon for fractions in astrological tables: BMr 12.D.VI, c.1400, ff. 90v-(93v)

Ad inveniendum planetam dominantem vel signum astronomicum in radice...
> Astron. Tables: CLM 27001, 15c, f. 1r-v

Ad inveniendum planetarum media loca...
> Tables for Heidelberg: Mainz Stadtbibl. 530a, 15c, ff. 15v-24v; 562, 15c, ff. 175-182(Zi 10810-11); BMh 3843, f. 56r

Ad inveniendum punctualem solis et lune...
> CUt R.XV.18, IV, a.1501, f. 15v, with tables at 17r-19v

Ad inveniendum significatorem eclipsis...
> Georgius Medicus de Russia, Collecta super iudicium in eclipsibus faciendis, 1490: BN 7443C, ff. 309r-333r; T IV, 453; VI 4782, ff. 58r-95r

Ad inveniendum signum ascendens et planum (planetam?) durantem in radice...
> CLM 27001, 15c, f. 121ra

Ad inveniendum signum nativitatis cuiuslibet hominis respice...
> Astrology: BN 7817, ff. 110v-118r; CUt R.VII.23, c.1400, p. 212(Atk)

Ad inveniendum signum nativitatis tue et quorumlibet hominum...
> VAp 1321, f. 199vb

Ad inveniendum tempus coniunctionis solis et lune per kalendarium precedens...
> CLM 275, 15c, f. 29r, tables to f. 31r

Ad inveniendum tempus reductum...
> Tables for Leipzig: Leip 1476, 15c, ff. 61v-67(Zi 10861)

Ad inveniendum vera loca trium planetarum...
> BMh 3702, 15c, f. 46v

Ad inveniendum verum locum solis...
> Tables: VI 2332, 15c(a.1428), ff. 205r-218v; CLM 10662, 15c, ff. 232v-233; Melk 51, 15c, ff. 279v-282(Zi 11170-71)

Ad inveniendum verum locum trium superiorum planetarum...
> Tables: Ea Q.369, 14c, f. 5(Zi 11172)

Ad inveniendum verum motum lune...
> Astronomical tables (de Reyneriis Bachi): CUt 1404 (O.VIII.29), III, 15c, ff. unnumbered

Ad investigandam generationem et corruptionem...
> Raymond Lull, De generatione et corruptione in universali: HL 29, 384

Ad investigandam quadraturam et triangula-
turam circuli...
    Raymond Lull: HL 29, 305

Ad investigandum breviter ascendens et ceteras
domos...
    'Opus Nicolai Alamanni pro equationibus 12
    domorum celi apud Florentiam': VAb 350,
    a.1464, f. 92va-b; T III, 601; IV, 176, n.105,
    440, n.12

Ad investigandum eclipses solis oportet primo
querere...
    John of Genoa: BN 7281, 15c, ff. 208v-210v
    (Duhem IV,74), 'Explicit doctrina ad invenien-
    dum eclipsim solis a.d. 1337 in (2a?) die Martii
    data a magistro Ioh. de Ianua.'

Ad investigandum eclipsim lune primo oportet
scire...
    Canon de eclipsi lune: CU 1572(Gg.VI.3), 14c,
    ff. 107v-111v

Ad investigandum eclipsim solis proximam
venturam oportet procedere...
    'Calculatio eclipsis solis pro anno Christi 1337 in
    mense Martii secundum tabulas Alfonsi ad meri-
    diem Parisius': CU 1017 (Ee.III.61), 15c, ff.
    75r-81r

Ad investigandum et inveniendum...
    Raymond Lull, De perfecta scientia: HL 29, 305

Ad investigandum loca planetarum qui dicuntur
erratice...
    Geomancy: BLd 104, 14c, ff. 85v-89r

Ad investigandum quadraturam circuli et tri-
angulaturam modum...
    Raymond Lull, De quadrangulatura circuli: CLM
    10543, 15c, ff. 1r-123r

*Ad investigandum quadraturam et triangula-
turam circuli...
    Raymond Lull, De quadrangulatura circuli: Sal-
    zinger I(1721); CLM 10510, 14-15c, ff. 1r-88v

Ad investigationem ergo scientie de gradibus
medicinarum...
    Gentile da Foligno, De gradibus: Chartres
    403(417), 14c, ff. 128-150v; CLM 7609, a.1383,
    ff. 15va-32vb; JHM X(1955), 394; VAp 1180,
    236r-273v

Ad laudem beatissime virginis. Et quia...
    See 'Et quia necesse...'

Ad laudem dei et gloriosissime virginis...
    Picatrix: H. Ritter, Bibl. Warburg, Vorträge
    1921-1922, p. 94

Ad laudem dei omnipotentis profectumque
practicantium...
    Johannes de Gmunden, De instrumento aequa-
    torio eiusque usu: VI 2332, a.1429, ff. 190r-
    205r; 5296, 15c, ff. 158r-167v; 5258, 15c, ff.
    113r-128v; MS bound with Regiomontanus,
    Kalendarium: Yale 156, copy 2, pp. 318-347,
    dated a.1429 at Vienna; copied at Melk a.1489

Ad laudem dignissimi domini nostri...
    Regimen preservande sanitatis cum commento:
    Ea F.263, 14c, ff. 100-107v

Ad laudem et ad gloriam beate et in te Maria...
    Johannes de Linzia, Resolutio quaestionis Utrum
    motus lunae in zodiaco sit causa generationis
    et corruptionis in istis inferioribus: VI 5337,
    a.1395, ff. 177ra-179va; anon. Ea Q.385, 14c,
    f. 117

Ad laudem et gloriam altissime et gloriosissime
trinitatis...
    Raymond of Sebonde, pref. Theologia naturalis.
    See 'Quia homo naturaliter...'

Ad laudem et gloriam altissimi disponentis dei
cuius...
    Picatrix, De magia: T II, 822-23

Ad laudem et gloriam domini nostri...
    Lambertus, prol. Liber floridus: Ghent 92, p. 3;
    NE 38(2), 577-791

Ad laudem et gloriam omnium sanctorum...
    De Mercurio Venere aliisque planetis: Brux
    10125, 14c, f. 147r-v

Ad laudem et honorem dei omnipotentis...
    See 'Circa initium igitur...'

Ad laudem et honorem summe et individue...
    Roger Bacon, Speculum alchimiae. See 'Specu-
    lum alchimie quod in corde...'

Ad laudem et honorem summi creatoris qui
sperarum...
    Henricus Andree de Gislingen, Prediction for
    1405: T IV, 88

Ad laudem et honorem summi (et solius) dei
nostri...
    Speculum astrorum: Ea F.178, 14c, ff. 84-
    87v(Zi 9933); CU 1705 (Ii.I.13), 14c, ff. 29v-
    31v

Ad laudem gloriam et honorem superbenedicte
trinitatis...
    Gerhard von Hardewick, De anima: pr, Cologne
    1497(Hain 1711; not in Klebs)

Ad laudem omnipotentis dei ut intentio correctionis. . .

> Nicholas of Cusa, Reparatio calendarii: (Hain *5893; Klebs 700.1; IAL N80); Opera 1565, pp. 1155-67; (Emendatio calendarii): VI 5266, 15c, ff. 273r-283r; De mathematicis complementis, liber I; BMh 3169, 15c, f. 244-; Trithemius (1494), f. 114r

*Ad laudes sonandum altissimo deo qui est prima. . .

> Judgment for 1455: VAp 1438, f. 105r

Ad liberum cursum planetarum et tabulas astronomie. . .

> Oa 81, ff. 21r-26r; Ambix VII(1959), 35-36

Ad locum etiam lune habendum videas quota est dies. . .

> Explanatory text to 'Tabula Mag. Petri de Dacia dicti philomena': CUc 347, 14c, pp. 159-63; Archeion XVIII(1936), 325

Ad lucidiorem notitiam sequentium habendam. . .

> Introd. Comm. Albertus, De secretis mulierum: VAp 1170, ff. 1r-61; Speculum 30(1955), 430; Editio princeps, (1477); or 1478; Klebs 26.01-26.05; Hain 8434; GW 762-766; IAL A289-291; Wickersheimer, Henri de Saxe et le 'De Secretis Mulierum,' 1923, p. 6

Ad maculam prohibita res. . .

> Ps. Galen, De oculis, tr Constantinus Africanus: Wo 2584, 14c, ff. 17-18v; Steinschneider, (1906), 76

Ad magnificum et ornatissimum. . .

> Saladin of Ascoli, dedic. Consilium. See 'Consulturus pro communi. . .'

Ad maiorem evidentiam eorum. . .

> Utrum in regimine sanitatis competant diversi cibi in eadem refectione: Basel D.II.13, ff. 267r-268v

Ad maiorem intelligenciam dicendorum videmus. . .

> Constantinus Africanus(?), Tract. oculorum: Wo 2584, 14c, ff. 19-24

Ad mamillarum dolorem terram et. . .

> Cleopatra, Cura omnium causarum(casuum?) matricis: Vendôme 175, 11c, ff. 101-104; BHM XIV(1943), 106-107; Beccaria p. 404

Ad mamille nucleolos et ad dolorem. . .

> Paulus (Aegineta): Vendôme 175, 11c, ff. 106v-108v; Diels (1906) 81; BHM XIV(1943), 107-108; Beccaria 47.11

*Ad materiam motus insinuandam. . .

> Jo. Chilmark, De motu: Tanner; BMh 2178, ff. 1-(7) acephalous(?)

*Ad materiam motus intellectui imprimendam. . .

> De motu locali: On 289, 15c, ff. 132-(137); BLb 676, 15c, ff. 11r-38r

Ad mea principia tibi dico salve Maria quod Bokenhamus. . .

> See 'Signum admirabile. . .'

Ad mensurandam rerum altitudinem. . .

> Wo 3112, 15c, ff. 105-106(Schulz)

Ad metienda spacia signorum in zodiaco. . .

> Astronomical treatise: Zurich Car.C.172,11-12c, ff. 66v-67r

Ad ministrationem multorum hoc secretum scire cupientium. . .

> Alchemy: FNpal 758, 15c, ff. 24r-35r; Ambix V(1956), 101

Ad morbum caducum. . .

> Arnald of Villanova, Curae breves: HL 28, 105; Glorieux I, 425

Ad motum et mutationem septem planetarum . . .

> De generibus metallorum: BLb 676, 15c, f. 246r-

Ad multiplicandum numerum integrum. . .

> Regulae ad solvendum aenigmata per arismetriam: Brux 1035, 15c, ff. 159-161

*Ad multorum notitiam volentes pervenire gratiam. . .

> Frater Milo, prol. Opus de chirurgia, a collection of recipes: BLlm 682, 15c, ff. 1r-70v

Ad mundificandum sanguinem et preservationem. . .

> Medical recipes: BMr 12.D.XII, 15c, ff. 94v-(99)

Ad mundificationem sanguinis et ad preservationem ab ydropisi. . .

> Antidotarium Gileberti: CUg 379(599), 13c, ff. 134rb-141rb

Ad musice (incitamenta) initiamenta quemlibet ingredientem. . .

> Hucbaldus, Musica: Brux 10092, 12c, ff. 84v-92v; Cesena sinis. Plut.26, cod.1, no.5; CU Gg.V.35, 10c, f. 263(Atk); PL 132, 905-958; Gerbert I, 103-152(Vivell)

Ad mutandum rose colorem. . .

> Recipes and charms: BMr B.12.XXV, 15c, ff. 251-(254)

Ad naturalis compoti investigationem. . .

> Lincoln Cath. Chap. 238, 14c, f. 28-

Ad nefreticorum causa latini renium dolorem dicunt. . .

> Chartres 70, 9c, f. 135v; Beccaria 11, 4

Ad notandum diversam etheris dispositionem. . .
Liber introductorius in astronomia: Wi 79, 16c,
ff. 47r-49r.   See 'Ad precognoscendam. . .'

Ad notitiam dictorum canonum et. . .
See 'Quia omnes homines. . .'

Ad notitiam huius calendarii habendam sciendum quod 19 littere. . .
CU Ii.III.3, II, a.1276, ff. 1r-11r.   See 'Ad
notitiam istius. . .'

Ad notitiam impressionum habendam quod
oportet premittere. . .
De meteoris: CUg 402(411), 13-14c, ff. 204-
214v; Ome 219, ff. i-ii; 15v

Ad notitiam impressionum humani quidam
oportet premittere. . .
Philip of Cornwall(Cornubiensis), Impressiones
(astrol.): VI 2897, 14-15c, ff. 66vb-75vb

Ad notitiam istius(huius) kalendarii (habendam)
primo sciendum est. . .
Robert Grosseteste, prol. Calendar for the 19 year
cycle: Thomson 106-107; CU 166, late 13c, f.
1-1v; CUad 6860, 14c, f. 86r; repeated ff. 144v;
150r; Tournai Ville 87, 13c, ff. 102r-107v; Mon
323, 13-14c, f. 2v; BN 14070, 15c, ff. 24ra-
25ra

Ad notitiam tabularum et kalendarii sequentium
primo. . .
Canon for John Somer's Kalendarium: BMr
12.E.XVI, 15c, ff. 9v-(11r); BMsl 2250, 14c, f.
1r; anon.: CUt 941 (R.XV.18), V

*Ad notitiam tabularum kalendarii sequentium
. . .
Nicholas of Lynn(?), pref. Tabulae kalendarii:
BLr D.238, 14c, ff. 15-(26)

Ad notitiam tabularum sequentium. . .
Canones equandi planetas cum tabulis suis (London, a.1336): BLb 790, late 14c, ff. 1-(33)

Ad novellorum clericorum. . .
Computus: BE Q.46, a.1436, ff. 213-234; SG
Stift 950, a.1445, ff. 96-145(Zi 11992-93)

Ad oculos clarificandos. . .
BMh 5228, f. 61r

Ad omnem emirrhodeum recipe costa. . .
Fragmentum de medicamentis: BMh 5228, 14c,
f. 130vb

Ad omnia ultima et ad malum mortis. . .
BMsl 418, ff. 342v-352v

Ad opes omnium in arte medicinali studere
volentium. . .
Comm. in tabulam Salerni(?): CUt 1337
(O.VIII.2), 14-15c, ff. 16r-21r

Ad opus eclipsium requiritur notitia quantitatum
diametri. . .
L. Caerleon, Tabulae eclipsium: CU Ee.III.61,
15c, ff. 142r-143v; Isis 43(1952), 105

Ad ornatum faciei.   Savina cerotis. . .
Experimenta Macri collecta sub certis capitulis a
Gotefrido: BMar 295, 14c, ff. 218r-228r; Janus
48(1959), 158-59

Ad ostendendum quid sit diversitas aspectus. . .
Astronomical tables: Björnbo (1905), 232

Ad parvam. . .   See 'Ad pravam. . .'

Ad passionem in angulis oculorum. . .
List of diseases and appropriate remedies: Os 18,
13c, ff. 176v-177v

Ad passiones oculorum et ad vertiginem capitis
. . .
Collectio formularum medicinalium latinarum:
VI 2524, 14c, ff. 44v-51v

Ad pauca inspices. . .
(Guilelmus de Chelveston?), Super De generatione et corruptione: CUpet 192, 14c, f. 123vb

*Ad pauca respicientes de facili enuntiant. . .
Nicole Oresme, De motibus sphaerarum, or, De
proportionalitate motuum celestium: BMsl 2542,
15c, ff. 55v-59r(ColR 175); Ea Q. 385, 14c, ff.
155-158v; BN 7378A, 14c, ff. 14v-17v; as De
magno anno Platonis, VAp 1354, 15c, ff. 233vb-
237rb; Isis 49(1958), 47

Ad perfectam eorum que in hoc. . .
Alkindus, alias Dorochius(Dorotheus?), De aeris
qualitatibus: VI 2436, ff. 141v-142r; Carmody
111, gives it only as part of Liber novem iudicum;
Basel F III.8, f. 78vb; BMsl 636, 15c, f. 81r

*Ad perfectam notitiam iudiciorum artis astro-
logie que. . .
Richard of Wallingford(?), pref. Exafrenon pronosticorum temporis: T III, 119-125; ColR 57,
158; Isis IV(1922), 461

Ad perfectum iudicium scias rem de qua queritur
et in qua. . .
De iudicibus particularibus ad medicum pertinentibus: VI 5511, 15c, ff. 18v-20r (Catalogue
identifies as fragment of Arnald of Villanova)

Ad perficiendum presentes tabulas dignum duxi
dare. . .
Canons to astronomical tables(Alfonsine?): FL San
Marco 193, 14c, ff. 57r-58r; Björnbo (1905),
231

Ad pernotandum divisam. . .   Zi 9934

Ad perpetuam rei memoriam noverint universi
. . .

> Gabriel de Musis de Placentia, Istoria de morbo
> sive mortalitate que fuit de mille CCCXLVIII:
> VAo 1675, ff. 311-38v; ed. Henschel from Bres-
> lau MS in Haeser's Archiv fur gesammte Medizin,
> Jena, II(1842), 25-59

Ad pertrahendum duas lineas. . .

> Fredericus Weis Ratisponensis, Compositiones
> diversorum horologiorum: Brux 2962, 15c, ff.
> 9-26v

Ad pestilentiam que accidit Ianue que venit de
partibus orientalibus. . .

> Gentile da Foligno, Consilia de peste: pr with
> Cermisonus (f. 76ra), Venice (1497) (AFML
> 145; Klebs 266.2). This inc. preliminary to
> 'Doctissimis amicis meis. . .'

*Ad planiorem et pleniorem prescripti. . .

> Robert of Leicester, Commentariolus supra
> tabulas: BLd 212, 14c, f. 8v; Russell, 139

Ad poliendum duras gemmas scilicet saphirum
rubinum. . .

> VI 407, 14c, f. 147ra-b; ed. Ambix 8(1960), 16-
> 17

Ad ponendum aurum in carta et papiro. . .

> Johannes Archerius(Alcherius), De coloribus: ed.
> Merrifield, I, 259; Corbett I, 45, 46

Ad pravam(*sic*) epistolam consilium Gentilis.
Fiat decoctio de qua. . .

> Consilia medica: VI 5358, 15c, ff. 147r-189r

Ad preces quorundam amicorum. . .

> Michael Boetus in Montpellier, Pest tract: ed.
> Archiv XVII, 46-51

*Ad precognoscendam(prenoscendam, proban-
dum, prenotandum) diversam aeris dispositionem. . .

> Robert Grosseteste, De impressionibus aeris:
> Thomson 103-104; ed. Baur, Beiträge (1912),
> 41-51; T II, 445; Hellman (1917), 176;
> ascribed to Haly, Alkindi or Alfraganus in some
> MSS; anon. BU 154(132), 14c, ff. 28v-31r; Isis
> 50(1959), 44; VAp 1340, ff. 207ra-209rb

Ad prescientiam horum que in celo et in terra. . .
Mon 490, ff. 249v-250r

Ad presens dicendum est de figuris et. . .
CUg 203, 15c, p. 306(Atk)

Ad preservandum a morbis contagiosis primo
videndum est. . .
BMsl 568, ff. 217va-218ra

Ad preservandum a pestilentia. . .
See 'Omni mane comedas nuces. . .'

Ad preservandum ab epydimia recipe. . .
Pest tract: Ea Q.194, 14c, f. 68

Ad preservandum hominem a febre pestilentia
oportet. . .
BMsl 351, 15c, ff. 17-19

Ad preservandum se a peste quisque caveat. . .
Johannes de Burgundia, Pest tract: VAp 1225,
15c, ff. 427r-428r

Ad primam nostram questionem nota solus dei
sit creare. . .
Explicatio questionis. An creata creare possint?
VI 2303, 14c, f. 8r-v

Ad probandum quis fecit latronum scribe quot
nomina. . .
BMsl 121, 15c, ff. 36v-37r

Ad probandum quod sit dare quadratum equale
. . .

> On squaring the circle: ed. Curtze, Bibl. math.,
> II(1901), 48-57, from CLM 56, 15c, f. 182-

Ad pronosticandum diversam aeris dispositionem
futuram. . .

> Haly, De impressionibus: BLcm 517, 15c, ff.
> 28vb-31rb; Ea F.394, ff. 147-148; Q.345, ff. 50-
> 52; De iudicio aeris: VAp 1438, a.1469, ff. 29v-
> 34r. See 'Ad precognoscendam. . .'

Ad pronosticandum veram aeris qualitatem dispositionem. . .

> VI 5239, ff. 28v-31v. See 'Ad precognoscen-
> dam. . .'

Ad provocandum sompnum in effimera. . .

> Gerardus de Solo, Regule compilate super 2. fen
> quarti canonis (Avicennae): Ea Q.222, 14-15c,
> ff. 103-116v

Ad pustulas capitis curandas(sanandas?). Lavetur sepe caput. . .

> Thesaurus pauperum: CU Dd.XI.45, 15c, ff. 1r-
> 62v. According to the Catalogue this agrees in
> substance with Petrus Hispanus' work, published
> at Frankfort, 1576. The first two caps. of the
> edition are wanting in the MS, which has some
> matter not in the edition

Ad quadrantem faciendum fiat lamina. . .

> De quadrante: BN 7475, a.1371, f. 60v; Basel
> A.VII.13, 14c, ff. 286v-287v; P. Tannery, NE,
> XXXV(1897), 582

Ad quadrantem faciendum habeas asserem
planum desiccatum. . .

> De quadrante componendo: FL Plut.29, cod.15,
> a.1302, pp. 31-(36)

Ad quam bonitatem sunt necessaria ista. Primo evacuare materiam...
> Arnald of Villanova, De bonitate memorie: CLM 456, 15c, f. 41r-v. See 'Primo sunt necessaria ista...'

Ad quantitatem diei ubi vis agnoscendi...
> Canon for Table: BN 7316A, 14c, f. 139v

Ad quartanam continuam dupplicem...
> Decoctiones secundum magistrum Maurum: CU Dd.III.51, c.1200, f. 114v(Atk)

Ad questiones quas michi fecisti...
> Arnald of Villanova, Questiones. See 'Primo queritur si...'

Ad quid ego tantillus existens sicut stipula ante faciem venti...
> De pestilentia: Archiv XVI, 183

Ad rectificanda horologia in trunco presupponitur...
> Sun-dial: Cgm 4545, 15c, ff. 63-70v(Zi 9709)

*Ad reddendum gratias et laudes supremo creatori...
> Raymond Lull, Magna clavis, seu Magnum apertorium, seu Noli ire sine me: HL 29, 373

Ad rem igitur veniens incubi materiam...
> Gentile da Foligno, De incubo: T III, 250; Wo 2794, a. 1432-33, ff. 279v-281v(ColR 71a)

Ad rem inaccessibilem nobis altioribus...
> CLM 14836, ff. 81v-(83)

Ad removendum antracem de uno loco ad alium. Recipe...
> Constantinus(?), Practica de infirmitatibus corporis humani: BMsl 282, 14-15c, ff. 125r-155r

Ad removendum rubedinem faciei et nasi...
> CLM 13150, f. 263va

Ad reperiendum aureum numerum...
> VA 10213, p. 581b

*Ad requisitionem (medicorum) civitatis...
> Text, 'Figura ista in figuras...'

Ad resistendum oblivionis incommodo quod primus...
> Ugo Benzi, pref. De secretis medicine. See 'Emplastrum mirabile...'

Ad reverendissimum in Christo patrem et dominum...
> Bartholomaeus de Montagnana, Consilium pro accidentibus ex mari: CUt O.IV.8, 15c, f. 92(Atk)

Ad revolutionem ergo presentis anni condescendam...
> Petrus Bonus Advogarius, Prognostication for 1498: GW 253

Ad salutem corporis duo principaliter...
> See 'Salus corporis potissime consistit...'

Ad sanandos omnes morbos exteriores recipe...
> Darmstadt 815, 12-14c, item 1

Ad sanandum omnia...
> See 'Antolla minor...'

Ad sanguinem stringendum a qualibet parte corporis...
> Experimenta archiepiscopi Salernitani (Alfanus?): CUt 1365 (O.VII.37), 12c, ff. 155-162

Ad scabiem coxarum vel aliarum partium...
> Trotula *or* Taddeo, Experimenta: BN 6964, 14c, ff. 135ra-137va

Ad sciendum aliquem compositum(?) quod est oppositum...
> BMh 531, ff. 173ra-179va

Ad sciendum animodar...
> See 'Et hoc est apertius...'

Ad sciendum annos Arabum per annos D. N. J. Christi...
> See 'Omnia tempus habent et suis spatiis...'

Ad sciendum artem ciromanticam...
> See 'Primo oportet scire quantitatem...'

Ad sciendum artem discantus primo est sciendum quod...
> Johannes de Muris, Ars discantus: Coussemaker, III, 68-113

Ad sciendum certissime horas diei sine quadrante et orologio...
> Petrus de Dacia: BN 7420A, a.1332-1333, f. 69va

Ad sciendum certum gradum ascendentis...
> John of Saxony, prol. Comm. Alcabitius, Isagoge: CUpet 250, 15c, f. 130v

Ad sciendum circulum...
> Astrolabe: Zwickau 11.VII.30, 15c, f. 62(Zi 864)

Ad sciendum cuius complexionis sit medicamen compositum...
> Medical tract: CUsj 78(D.3), 13c, ff. 128va-130ra(TR 349)

Ad sciendum doctrinam manuum ista duo sunt necessaria...
> Computus manualis: BLas 361, 14c, ff. 124-125

Ad sciendum eclipsim solis primo quere...
John of Genoa, Canones eclipsium: BMr
12.C.XVII, a.1332, ff. 214r-216v; BN 7322,
14c, ff. 39va-41va(Duhem IV,74); BN 7281,
15c, ff. 206r-208r; FLa 132, 15-16c, ff 73-76;
anon. BLd 97, 15c, ff. 125r-128v

Ad sciendum esse nati in distinctione temporum
...
De iudicio secundum tabulas directionum: VI
4773, 15c, ff. 55r-56v

Ad sciendum horas diei...
Wo 2816, a.1461, f. 144v(Zi 7464)

Ad sciendum longiorem cum...
Lewis of Caerleon, Tabula eclipsis lunaris secun-
dum dyametros Ricardi Abbatis de S. Albano:
BMr 12.G.I, ff. 1-2v; BMsl 1697, ff. 25r-26v;
CUsj 41(B.19), ff. 1r-2v, all 15c: Isis 43(1952),
105

Ad sciendum mutationem lune per dominum
Robertum Grosthed nota...
CU 761(Dd.12.44), 14c, flyleaf, short note of 10
lines

*Ad sciendum naturam loci considerari oportet
quod non...
Thomas Aquinas, De natura loci: Opera
28(1875), 165-69; Opuscula omnia, ed. Mandonnet 1927, V,296-303

Ad sciendum opera scale quadrantis...
Andalò di Negro, De operantibus scale quadrantis
in astrolabio: BB VII (1874), 350; pr Ferrara,
1475, f. 19r (GW 1638; Klebs 63.1; IAL A511,
NYP)

Ad sciendum pluviam futuram quolibet tempore
anni...
De natura lune in significando pluviam: BLb 790,
late 14c, f. 74r-

Ad sciendum quadrantem...
Bamberg Cl.84, 14c, ff. 132v-133; CLM 26666,
15c, f. 217, 217v(Zi 8831-32)

Ad sciendum quando planete sunt debiles...
BLb 790, late 14c, f. 79r-

Ad sciendum quid veritatis et quid dubii tabule
Alphonsi...
Nicholas of Cusa, Correctio tabularum Alphonsi:
Opera, 1514, II, 29v-32v(Schulz); 1565, pp.
1168-73

Ad sciendum quo tempore debet dari medicina
laxativa...
Brux 4867, 14c, ff. 68-70; BMsl 3285, 15c, ff.
71r-73r

Ad sciendum quomodo extra communem modum...
Gentile da Foligno on the meaning of the terms
simpliciter and nunc: CLM 7609, f. 124ra-va;
JHM X(1955), 397, n.41

Ad sciendum quot fuit(fuerunt?)...
Houses (astrological): Zi 3915

Ad sciendum quota sit epacta sequentis anni...
CUad 6860, 14c, f. 97r-v

Ad sciendum rectificatorium...
Sun-dial: Zi 9710

Ad sciendum solutiones quarundam questionum
...
Quaestiones de naturalibus rebus: CLM 19638,
15c, ff. 119r-130v(ColR 152); Michelbeuern 95,
15c, ff. 134r-146r

Ad sciendum tempus planetarum qua hora debet
flebotomari...
BMsl 634, 15c, f. 1

Ad sciendum trahere eram Arabum ab era regis
Petri...
Tables of Barcelona, cap. i: BN 10263, 14c, f.
54v. See 'Dixit dominus Petrus tertius...'

Ad sciendum utrum mundus...
See 'Ad videndum...'

Ad sciendum vel cognoscendum quot hore sunt
de die et de nocte...
Computus: Grenoble 742, c.1400, ff. 41v-52

Ad sciendum verissime(?) horas diei sine
quadrante et orologio...
Modus cognoscendi horas diei, with tables, abbreviated and corrected by Petrus de Dacia: BN
7422, 13c, ff. 69v- (Poulle). See 'Ad sciendum
certissime...'

Ad sciendum verum et certum iudicium secundum scientiam geomantie...
CLM 458, 15c, ff. 38r-96v. See 'Incipit
methodus universalis...'

Ad scientiam extrahendi elevationes...
De ortu signorum: BL Auct.F.5.28, 13c, ff. 56-
(57)

Ad scientiam nativitatum hanelans qui est
omnium...
Oma 182, 15c, ff. 116rb-119ra

Ad sequens itaque capitulum infrascripta...
Johannes Modernior, Lumen animae: Strasburg
86(Lat.83), 13-14c, ff. 49-86; T (1929), 14

Ad serenissimum principem...
Regiomontanus, dedic. king Matthias, Tabulae
primi mobilis. Text, 'Audivi sepenumero...'

Ad signum arietis. . .
  Johannes de Lineriis, Canon on astronomical
  tables: T III, 260

Ad similitudinem quodam modo illius circuli. . .
  De cyclo decemnovenali: Bern 306, 10c, ff. 1r-8v

Ad solvendum dubitationem s. cuius virtutis
visus sit passio. . .
  Dinus de Florentia: CLM 7609, a.1386, f.
  140ra-b

Ad sompnum. . . See 'Ut sompnum. . .'

Ad sublimandum maximam inopiam et paupertatem. . .
  Johannes de Rupescissa, Liber lucis: T III, 352,
  735, 737; ColR 133. See 'Consideravi tribulationes. . .'

Ad talem ac tantam perfectionem pervenitur. . .
  (Guido Montaynor), Scala sapientum (alchemy):
  Bern 630, 16c, ff. 25r-30v; Manget II, 138a

Ad tardum sive inveteratum capitis dolorem
quem Greci cephaleam. . .
  Cassius Felix, (Practica); CU 1497(Gg.III.32),
  15c, ff. 60r-93r; Beccaria 130. See 'Cum diuturno tempore. . .'

Ad te principum ac ducum illustrissime. . .
  Antonius Guaynerius Papiensis, De peste ac
  venenis: VAp 1214, ff. 5r-70r(T IV, 671-72)

Ad tempora Claudii Ptholomei. . .
  Jacobus Angelus, dedic. Alexander V. Text, 'Cosmographia designatrix. . .'

Ad tempus erit corporum sanitas et spirituum
hilaritas. . .
  De eclipsi signa futura: BMsl 783b, 15c, f. 205r-

Ad tempus precisum canonice facte interrogationis. . .
  Lucius Bellantius, Astrology: VAp 1258, 16c, f.
  82r

Ad tertianam removendam detur patienti de
urina sua cum siropo aceto. . .
  Various remedies: BN 6584, 13c, I, ff. 34v-35rb

Ad tineam capillorum decoquantur folia mirice
. . .
  Experimenta cancellarii Montispessulani: Cues
  309, 14c, ff. 60-69v; BN 7091, 14c, ff. 12-47v;
  VAp 1225, 15c, ff. 396r-412r. See 'De capillis.
  Et primo. . .'

Ad tollendas plurimorum ambiguitates et errores
de gemmis. . .
  Arnoldus Saxo, De gemmarum virtutibus: Ea
  O.77, 13-14c, ff. 35-40; E. Stange, Arnoldus
  Saxo, 1885; anon., BN 7475, 13c, ff. 125r-140v

Ad tractatum nostrum de concordia astronomie. . .
  Pierre d'Ailly, prol. Concordantia astronomiae
  cum historica narratione: Hain *834, ff. b6r-
  e r(Schulz); (Klebs 768.1; IAL A422). Text,
  'Astronomice veritatis. . .'

Ad tres aquas que extracte sunt ex dictis Raymundi. . .
  VAp 1251, ff. 217r-(223)

Ad tria omnium egritudinum genera triplex
modus. . . Turin 524 (H)

Ad usum medicine habent colligi flores semina
. . .
  VAb 12, 14c, ff. 139-140v (Silverstein)

Ad utendum speram nocturnam videas horas in
mense. . .
  CLM 11067, f. 198ra

Ad utilitatem communem studentium in astro-
logia. . .
  Speculum planetarum: Wo 2816, ff. 127r-130r.
  See 'Ad utilitatem omnium. . .'

Ad utilitatem discipulorum. . .
  Constellations: Zittau B. 4°. 2. 15c, ff. 1-48(Zi
  10262)

Ad utilitatem omnium studentium in astronomia et specialiter medicorum. . .
  Johannes Simonis de Zelandia, Modus construendi speculum planetarum: VI 5307, a.1417,
  ff. 45r-69v; VAp 1340, 15c, ff. 53v-57r; Yale
  MS with item 42, ff. 84v-91r; Salzburg St Peter
  X.VI.20(Inc. 800), ff. 84v-91r(Schulz)

Ad utrumque dubitare potentes facile specula-
buntur. . .
  Clymeton, Sophismata: BN 16134, c.1381, ff.
  56va-73ra; Duhem III (1913), 408-

Ad variolas herba verbena tantum valde. . .
  BN 7099, 11-12c, ff. 39v-40v

Ad vera loca cuiuslibet planetarum per tabulas
operari. . .
  Canones tabularum Almanach: VI 5145, 15c,
  ff. 1r-5v

Ad veritatem dominicorum annorum pertingere
volente. . .
  Calendar: CUt 1369(O.VII.41), 11c, ff. 38r-
  56v(54v)

Ad vesice autem dolorem facis aquam. . .
  Antidotarium Bruxellense: ed. V. Rose, 1894, pp.
  363-79

Ad veteratum vitium vesice quod diuturno. . .
  Theodorus, De vesice vitiis: ed. V. Rose, 1894,
  pp. 261-67

Ad videndum qualiter definitione diversi...
    Jean Buridan, Comm. Parva naturalia: SG Stift 775, a.1374, ff. 121-253

Ad videndum qualiter in diversis libris...
    Quaestiones circa lib. De Sensu et sensato: Cues 187, 15c, ff. 1-32v

Ad videndum utrum mundus potuerit...
    Hervaeus Natalis Brito, De eternitate mundi: Toulouse 192, 14c, f. 171-; VE VI.105(X,218), 15c, ff. 147-153. According to Valentinelli the text differs from that of Venice, 1513, ff. 24-33

Ad virgam vulneratam. Pulvis aloes temperatus...
    Rouen 979, 13-14c, f. 55

Ad visum clarificandum recipe aquam...
    De aquis mirabilibus: VAp 1264, 15c, f. 178rb-va; Speculum XI(1936), 371

Ad vulnera recentia si fuerint in capite...
    Cyrurgia Salernitana: Ran 1481(V.2.18), 13c, ff. 9r-12r

Adam exulatus expulsus de paradiso...
    Prol. tract. Sextus qui dicitur Samayn: CLM 51, 15c, ff. 111-123v(ColR 150)

Adamans est lapis durior ferro et optimus. Nascitur in India...
    De adamante lapide: Mon 503, 14c, f. 58r- (Beginning of text of Liber lapidum, prefaced by 'Epistole due quas Evax arabie rex misit Tyburio imperatori.')

Adamans igitur est lapis colore ferrugineus...
    Damigeron or prose Evax, Lapidary, cap. 1: ed. Joan Evans, Magical Jewels, 1922, pp. 20-21, 196-213

Adamans lapis ferro durior de quo...
    Excerpta ex antiquissimo libro Physiologo: ed. Mai, Classici auctores, VII(1835), 589-96

Adamantis herba artimisia lucrum dat...
    See 'Ego Diascorides...'

Adamas consecratur semper in principalibus festis... See 'Omnis creatura...'

Adamas est durus cristallo obscurior coloris tamen lucidi...
    Multifarium, Liber VII de lapidibus; Wo 4504, ff. 131rb-132vb; De lapidibus pretiosis et famosis: CLM 18444, 15c, ff. 202r-203ra

Adamas est lapis...
    Virtutes lapidum pretiosorum: CLM 8238, f. 122(Schulz)

Adamas est lapis durissimus parum cristallo obscurior coloris tamen lucidi...
    Lapidarium: VI 2378, c.1400, ff. 49r-50r; Saxl (1927) 103; seems the same as 'Adamas est durus...'

Adamas est lapis indicus...
    De virtutibus lapidum pretiosorum: CU 292 (Dd.V.53), 15c, ff. 128va-137vb

Adamas est lapis preciosus obscurior cristallo...
    VAb 343, 15c, ff. 33r-37v; Silverstein 105; Ambix 8(1960), 17

Adamas est lapis quidam cuius ortus multum est in aqua fluente...
    Virtutes quorundam lapidum preciosorum: CLM 8238, a.1471, ff. 122ra-129vb

Adamas est lapis tam dure nature quod nec ferro...
    Liber de lapidibus, ordine literarum: BMar 342, 14c, ff. 71ra-78vb

Adamas in quodam monte orientis nota...
    Lapidarius: BN 15971, f. 17

Adamas lapis est quamvis(?) adiustare...
    Lapidarius alphab. distrib.: Wo 3107, ff. 113v-191v

Adamas lapis est unciosus et durissimus...
    Lapidarius (Thomas of Cantimpré): Brux 8902, 15c, ff. 209-267

Adamas nec ferro nec igne domatur...
    Apollonius, Verba de proprietatibus rerum: T I, 267, n. 6; T II, 283, n.2

Adasef id est punctura rubea...
    BMsl 284, early 15c, ff. 61v-64r. See 'Alasef...'

Addatur quelibet quantitas inferioris ordinis...
    Algorismus: CLM 26639, f. 26r-v

Adde diem solam bis sex horas super ipsam(illam)...
    CLM 27, 48v; Danzig Mar F.238, f. 175r (Schulz)

Addiderint enim ei pro qua facta est...
    Practica Hermetis de lapide philosophico: FR 390(IV.III.XI), 15c, ff. 154(152)r-165(163)v

Adelardus philosophorum assecla ultimus...
    Adelard of Bath, Regule abaci: ed. BB XIV, 1-134

Adelboldo nunc usque dilecto...
    See 'In his geometricis...'

Adfuerunt mihi omnia bona pariter cum illa sapientia affert...
    Aurora consurgens (Alchemy): Marburg B 18, 14c, ff. 258-318(Schulz)

Adhuc autem antequam in cavillationibus arithmeticorum ludum...
    De praxi geometrorum: CUmc 169, 15c, ff. 260-262v

Adhuc autem quid est somnium et propter...
    Johannes Cronisbenus, De somno et vigilia: VE VI.99(XII, 26), 15c, ff. 100-105

Adhuc omnia alia animalia respirare...
    Johannes Cronisbenus, De respiratione et expiratione: VE VI.99 (XII,26), 15c, ff. 107-108

Adiantus. Sparagus micantinos oleum dulcissimum...
    Medicinarum simplicium proprietates: VI 2425, 13c, ff. 137v-148v; Book III, Oribasius, BN 10233, 7c, f. 54r; CLM 23535, 12c, f. 72-, Euporiston liber II (51 caps.); ff. 75v-87v, liber III

Adiutores omnes audiant...
    See 'Auditores audiant omnes...'

Adiuvante deo in hoc opere tractatur principaliter de septem...
    See 'Quoniam sicut scribitur...'

Adiuvante domino aliquid in abacum...
    Radulfus Laudunensis, Liber de abaco: ed. A. Nagl, Ab V(1890), 96-133

Admirabilis est nimiumque stupenda...
    Erhard Knab, comm. Egidius, De urinis, etc.: VAp 1225, ff. 26-332

Admirabitur et recte maximum tuum...
    Nicholas of Cusa, dedic. De docta ignorantia. Text, 'Divino munere omnibus...'

Admiranti mihi sepenumero vel potius...
    Regiomontanus, dedic. to Cardinal Bessarion. Epitome Almagesti Ptolomaei. Text 'Recte profecto meo iudicio...'

Admiror et commendo sagacitatem tue prudentie...
    Kiranides, prol.: ed. L. Delatte, Liége, 1942

Admoniacum tritum cum calida in fronte inducis...
    Liber fisicum medicinale: Beccaria 49, 4; 131, 3

Adoarde propter tuum amorem...
    Raymond Lull, Investigatio secreti occulti: T IV, 9
9

Adoro te domine deus pater omnipotens...
    Raymond Lull, Angelorum testamentorum experimentorum: Salzinger (1721), Pars IV

Adrianus. Quid erit nobis si cinctum solvas...
    Altercatio Hadriani et Epicteti: CLM 10291, ff. 78va-80rb; ed. Labbe, Paris, 1651, pp. 190-96

Adsit... See 'Assit...'

Adunque volendo imparare a inchannare...
    Sericae artis praecepta: FL Plut.89 sup., cod.117, 15c, 58 ff.

Advenit ad nos... See 'Pervenit ad nos...'

Adversum me loquebantur qui sedebant...
    Arnald of Villanova, De esu carnium pro sustentatione ordinis carturiensis contra iacobitas: Opera, 1520, ff. 317b-318b; 1527, ff. 356vb-358rb; De redargutione illorum qui reprehendunt Carturiensem super administratione carnium in mortis articulo: †Metz 173, 14c, no. 8

Adversus insigne donum nature parentis...
    John of Salisbury, Metalogicus: PL 199, 823-946; ed. C. C. I. Webb, 1929

Adverte carissime quod que sequuntur...
    Rosarii Abbreviati (alchemical) Tract. I: Ze III, 650-53; T III, 56-57

Advertendum (autem) est quod dicte egritudines cordis...
    Francis of Piedmont, Additions to Grabadin of Mesue: in many eds. of Mesue, Venice, 1484, f. 103r; 1497, f. 129 (for 192v); etc. (Klebs 680.8, 11-15; IAL M442-46); ascribed to Johannes de Sancto Amando: CLM 733, 15c, ff. 32ra-238va

Advertendum quod corpus spericum non possit tangere planum...
    Na V.H.190, 15c, f. 36va

Ae... For words beginning with this diphthong see 'E...'

Aer communis sit re radicitus(?) et liber...
    Christophorus de Barziziis, Consilium contra melancholiam: CLM 339, 15c, ff. 97v-103v

Aer cum corrumpitur aut fit pestilentialis obviandum est...
    CLM 694, 14c, f. 35v

Aer est omne quod inani simile...
    BN 3454, f. 10; CUad 6860, f. 7r(in tract, Imago mundi)

Aer est unus de quatuor elementis...
    Liber medicine in practica de sanitate corporis conservanda et de infirmitate et pestilencia fugienda...: BLcm 388, 15c, ff. 1-38. Prol. 'Deus qui summa potestate...'

Aer et ether loft; nubes et nubila wolken...
    Synonyms, Latin and German: VI 901, 12c, ff.
    23v-30v(Schulz)

Aer idem est quod divus. Aaron idem est quod
accedula...
    Sinonima: Reims 1002, 13c, ff. 259-(273); Ea
    Q.185, 13-14c, ff. 104-131; BMsl 348, 13c, ff.
    77r-81r (stops with C); 3550, ff. 41r-76r (to Z);
    Synonima Metani: CLM 3512, ff. 104r-118va

Aer in nimis parva quantitate per anhelitum...
    Albicus, De rectificatione aeris: Prag 243(I.F.77),
    ff. 6v-18v; Archiv VII(1914), 91

Aer liber et communis in quo degit...
    Christophorus de Barziziis, Consilium contra
    dolorem...pedum: CLM 339, 15c, ff. 104r-
    110v

Aer pestilentialis omnino est fugiendus...
    Theoderich Gresmund aus Meschede, Pest
    Tract: Archiv XIV, 15

Aer quem inhabitet in qualitatibus activis...
    CLM 456, 15c, f. 166r

Aer secundum Avicennam est unum ex elementis...
    Petrus de Crescentiis, Liber ruralium com-
    modorum, Book I: Hain *5831(Schulz); Klebs
    310.5; IAL C860

Aer ventus aqua liquor adeps est illud...
    Synonyma alkimie: VA 4092, 15c, ff. 289ra-
    291va

Aere corrupto...
    Prophetia rhythmica anni 1394: VI 3282, 16c,
    ff. 37r-39r

Aerem ex aqua stercorum humanorum et...
    Resumptivum mirabile ad curandum omnes
    ptisicos: Bordeaux 117, 15c, ff. 27-34

Aerem igitur et omnem aliam rem non naturalem
...
    Bartholomaeus de Montagnana, De regimine
    curativo (supplementary to Consilium de ablatione
    visus cretica) (two tractates of 7 caps. each): BMsl
    336, a.1446, ff. 143v-154v(178-189)

Aerem videre serenum lucrum significat...
    Daniel propheta, Somnia: Oa 81, 15-16c, ff. 193-
    (202); T II, 294-96

Aeriocamia idem catabrum...
    Medical vocabulary: Giacosa 379

Aeritus id est lapacum...
    Synonyma: Carpentras 320, 14c, ff. 2-7

Aetites vero lapis maximum nature tutamen-
tum...
    Damigeron, or prose version, Evax, Lapidary:
    BN 7418, f. 116; ed. Pitra, Spicilegium Soles-
    mense, III(1855), 325; Abel, Orphei Lithica
    (1881), p. 163

Affadilus.   Succus eius si bibatur...
    De vii herbis: BMsl 3545, 15c, f. 3r-v

Affectis intense circha nobilia celestium...
    Leonard of Cremona, Ars instrumenti horologici
    pro tempore sereno, a.1433(?): BN 7192, a.1507,
    ff. 83r-96r

Affectus non effectus habet egra senectus...
    (Schulz)

Affirmatur celum rotundum (esse) iuxta Ecclesi-
astem et...
    De sphera celi: CUe I.III.4, 12c, f. 109; CUt
    B.II.34, 12c, f. 179r-v; CUt O.IV.7, 12c, f.
    169v; CU Gg I.5, 13c, f. 50(Atk)

Afforismus...   See Aphorismus

Afroselinum in Egypto...
    Liber Ioannis (alchemy): BN 6514, f. 48

Agarici nigri nocumentum curatur ut nocumentum accidens ex elleboro...
    Ioannes Aegidius Zamorensis, Contra venena et
    animalia venenosa: VAu 1404, 14c, ff. 1-99

Age fili mi ut oportet...
    Isidorus, Sententiae aliquot: KlaS pap. 113,
    a.1431, ff. 117r-121r

Agenda in vere.   Minorativum recipe...
    Antonius Cermisonius, Consilia medicinalia: with
    Bartholomaeus de Montagnana, Consilia, Venice,
    1499(AFML 329; Klebs 689.4; IAL M703);
    Venice, 1514, ff. 355ra-404vb

Agendum est de ethicis diebus...
    De criticis diebus: Wi 57, a.1404, ff. 263v-267

Agens universalis et significatrix...
    Hermes, Flores extracti de libro de speculis et
    luce: VAo 1552, ff. 83r-87v; Isis, 13(1929), 75

Ager arcifinius qui nullam mensura...
    Agrimensura: ed. Millás (1931), 327-35

Ager latine appellari dicitur eo quod...
    De mensuris: CUt R.IV.14, 10c, f. 66r

Aggrediar hiis qui practicam medicine desiderant...
    Christophorus de Honestis, Comm. Antidotarium
    Mesue et Nicolai: CLM 13150, 15c, ff. 122r-
    167r

Aggredientibus artem algorismi primo videndum... VAp 288(H)

Aggresurus materiam urinarum primo quedam
...
> Johannes Matthaeus Ferrarius de Gradibus, Ex-
> positiones super tract. de urinis et 22 Fen III
> Canonis Avicennae: pr Milan, 1494(Hain *7840;
> Klebs 394.1; IAL F94); with Avicenna, 1523,
> Vol. II

Agni folia et flores et semen calida...
> See 'Ab antiquis que sunt simplicia...'

Agnus castus calidus et siccus in quarto...
> Alphabetical Herbal: BLd 95, 14c, ff. 144r-207r

Agnus castus est herba rubea aliqualiter habens
folia...
> Herbarium: BMsl 2948, 15c, ff. 1-19

Agnus castus Platearius est herba communis...
> De medicinis simplicibus ex variis auctoribus:
> BMsl 290, 15c, ff. 1-52

Agnus castus ut dicunt philosophi arbor est
calida...
> De arboribus et herbis et variis specibus: MU
> Q.761, 14c, ff. 3r-15ra. This may be part of
> Thos. de Cantimpré, since it is followed by
> 'Generaliter primo de herbis dicendum...'

Agnus castus ys Anglice herbe that men...
> On the virtues of herbs: BLas 1432, V, 15-16c,
> (ff. 1-15); pp. 81-109; BMar 272, 15c, ff. 34-
> (64)

Agrestis dicitur aliqua herba quandoque cam-
pana...
> Synonyma herbarum: BMsl 420, 14c, ff. 109r-
> 113

Agrimonia calida et sicca in tertio gradu...
> Proprietates herbarum: CUk 21, 14c, II, f. 163
> (Atk)

Agrimonia est lappa assarum...
> Synonima herbarum: CLM 8744, 14c, f. 144vb-,
> incomplete, only through A

Agrimonia similiter lappa inversa...
> Nomina herbarum etc.: Bern 803, 11-12c; Bec-
> caria 124. 3

Agriocanna id est cantabrum vel sisimbrium...
> Synonyma: Tours 789, 12c, ff. 28-32; Beccaria
> 101.11; VA 4418, 11c, ff. 143v-148r. See
> 'Aeriocamia...'

Agrorum qualitates sunt tria. Una agri divisi
...
> Julius Frontinus, De agrorum qualitate: CUt
> R.XV.14, 10c, ff. 71v-79r; Na V.A.13, 11c, f.
> 25r-v

Ait... See also Dicit, Dixit, Inquit, and what
was said

Ait Aristoteles ad Alexandrum Inter ceteras
res una...
> Ps. Aristotle, Phisonomia: CUt 1109(O.II.5),
> 14c, ff. 372-379. See 'Et inter ceteras...' and
> 'Inter ceteras...'

Ait auctor in hoc libro congregavi modos
ciborum...
> Alsaharavius(i.e. Albucasis), De medicina: VAp
> 1233, ff. 278r-(321v?)

Ait Averroes. Cum in cunctis rebus ab
intellectuali virtute...
> Augustinus Nipho, prol. Destructiones destruc-
> tionum Algazelis: HL 31, 440; Klebs 704.1;
> Yale 28; GW 3106

Ait Averroes. Intendimus in hoc tractatu
loqui...
> Aristotle (and Averroes), De generatione et cor-
> ruptione: Steinschneider (1905), 56

Ait Galienus michi accidit prout dicitur...
> Galen, De sententiis: PAM 51, 15c, f. 211v; BN
> 6865, ff. 172r-175rb; Dresden Db 92-93, 15c,
> f. 12v

Ait Galienus primo de ingenio sanitatis circa
finem. Decet nos nil...
> Petrus de Tussignano, De pestilentia: Massini,
> Vita e opera di Maestro Pietro da Tossignano,
> Rome 1929, pp. 84, 133-41; CLM 18782,
> a.1454, ff. 92r-100r; pr (Venice?, 1470-80),
> dated at f. 27v, a.1398 (AFML 366; Hain
> *15750; Klebs 778.1; IAL P491)

Ait Hippocrates in libro quem de pronosticorum
scientia...
> De ornatu mulierum. See 'Ut ait Hippocrates
> ...'

Ait sanctus Augustinus in psalmi decimi
expositione...
> De lumine lune: BMh 3017, 10c, ff. 155v-157v

Ait Solinus in libro de mirabilibus mundi...
> Annotatio temporum pro ratione annorum mundi
> et Christi: CU 1705(Ii.I.13), 14c, ff. 181v-184r

Aiunt Ippallum Pythagoricum philosophum
interrogatum quid ageret...
> Caelius Aurelianus, pref. De acutis passionibus.
> Text, 'Dehinc querendum...'

Aiunt medici et hi qui de arborum et herbarum
...
> De variis morbis et medicamentis: BMsl 213,
> 15c, ff. 38-41

Aiunt naturalium scriptores causarum quod ex elisione...
> De fulminibus: BMh 3017, 9c, f. 150r

Aiunt philosophi quatuor elementa que in confusione erant...
> De morbis: Oc 189, 11-12c, ff. 77v-(80)

Alac id est asa fetida...   See 'Alit id est...'

Alac id est sanguisuga et gluten idem...
> Medical dictionary: VA 4482, 15c, ff. 9r-78r

Alafel...   See 'Alasef...'

Alalef id est puncta rubea...
> Medical synonyms: Giacosa 401. See 'Alasef...'

Alamannia est regio in Europa nobilis...
> De orbe et eius divisione ac universis regionibus totius mundi: Bern 260, 14c, ff. 111-134; ed. Wackernagel, Zeitschrift für deutsches Alterthum, IV(1844), 479-95

Alasef id est puncta rubea que sunt...
> Synonima, variously ascribed: Mesue: VAp 1104, f. 98; VAp 1108, f. 181; VI 5155, 15c, ff. 130r-137v; BMsl 284, 14-15c, ff. 49r-59v; Rasis, Worcester Cath.Q.60, 13c, ff. 1r-10v; Avignon 1019, 13c, ff. 175-179; VA 2416, 14-15c, ff. 31v-39r; Almansoris, tr Gerard, FLgr 14, 13c, f. 75; anon. VA 4425, ff. 74rb-80rc; 245r-255v; BLcm 195, 15c, ff. 80-(91); CUt O.X.21, 14c, f. 132(Atk)

Alasef id est punctarii qui sunt ut pulicis morsus...
> (Rasis), Explicatio vocum Arabicarum: BMar 115, a.1327, ff. 125v-134v(DWS MS)

Alasef id est puncti rubei qui sunt ut pulicis morsus...
> Rasis, Synonyma: CLM 3512, ff. 147ra-157rd; Serapion seu Damascenus, Synonyma, tr Gerard of Cremona: VI 2314, 13c, ff. 72v-75r; anon. Ob 285, 13c, f. 209va-; CLM 13045, ff. 160va-162vb

Alasef id est punctus rubeus qui sit ut pulicis morsus...
> Serapion, Synonyma: CLM 13046, 14c, ff. 139rb-144va

Alasef punctus rubeus ut pulicis morsus...
> Rasis, Synonyma: pr Opera, Milan, 1481, f. 21r; Venice, 1500, f. 100r(Klebs 826.1-3; Hain *13893, ff. 103v-106v(Schulz); IAL R169-171; 1511, ff. 258r-268v

Alasef sunt puncti rubei qui sunt ut pulicis...
> Synonima Almansoris: CLM 759, 14c, ff. 73v-78v

Albahaemi sane et certe sunt hore in quibus...
> Propositio Ptolomei de crisi: CUpem 204, f. 69v; Carmody 21

Albedatus rex intravit cameram suam...venit ad mensam Almansoris...
> Walther, Kl. Dichtunger, Erfurt, p. 315, n. 48 (Schulz)

Albedo est color ex luce clara...
> De coloribus: BMr 12.B.XXV, 15c, ff. 216v-(221); BMsl 282, 14-15c, ff. 161r-163r

Albertus edidit xxvi libros de animalibus. In primis decem...
> Epitome Comm. Albertus, De animalibus: Graz 255, 14c, 201 ff.

Albion ad instar planispere...
> De instrumento astronomico Albion dicto: BN 7378, ff. 40r-57r (28 caps.); VI 5496, 16c, ff. 38r-54v

Albion ad singulos motus...
> Nu Cent.V.58, ff. 110r-121v; CU 1572 (Gg.VI.3), 14c, ff. 288v-293v, followed by tables; BN 7378, f. 57r-

*Albion est geometricum instrumentum Alamanach autem arismetricum...
> Richard of Wallingford, Albion: Isis 4(1922), 461; Zi 11582-99; ed. in part, Gunther, II, 31-32; Saxl (1927), 151

Albion est instrumentum geometrion...
> Incipit tract. de compositione et usus cuiusdam instrumenti quod Albion nuncupatur editus per venerabilem magistrum Johannem de Gmunden: VAp 1369, a.1444, ff. 1r-53v; anon., CU 1572(GG. VI.3), 14c, ff. 300-303v; BMh 80, 14c, f. 34r, as part of a 'Tract. perspective'

Albion est instrumentum inter cetera...
> Richard of Wallingford, Albion, Part II(Schulz), De instrumento albion et de utilitatibus eius: CLM 24105, 15-16c, ff. 1r-52r

Albion insula nunc vero anglia dicitur...
> Tabula, *or* Registrum, Ptolemy, Geographia: Es d.III.5, 15c, f. 96; Ghent 13, pp. 249-316b; pr Ulm 1486, f. 2r(Polain 3283); Rome, 1490 (Klebs 812.6-7; IAL P991-92)

Albion pro(quod) magna sui parte non superficiem spere...
> Richard of Wallingford, Albion, Part IV: BMh 625, ff. 156v-157; Compositio instrumenti eclipsium: CIM 10662, 15c, ff. 157v-165r

Albula argiofera...
> Synonima apotecariorum: CLM 205, 15c, ff. 251r-291ra

Albula argiofera.   Arguofora gemina. . .
　　Vocabularius latino-germano-cechicus de synony-
　　mia plantarum: VI 5154, 14-15c, ff. 56r-80r;
　　VI 5193, 15c, ff. 25r-78v; CLM 1440, ff. 247v-
　　271v

Albula et giofera et gnofora perla gemma
margarita. . .
　　VAp 1256, ff. 178ra-187ra

Album id est argentum perfectum simplex. . .
　　Sinonima vocabulorum alchimie: VI 5286, 15c,
　　ff. 133va-142ra

Album potest esse nigrum. . .
　　CLM 3852, f. 50

Albumasar dist que quant l'astronomien. . .
　　John of Saxony, Abbreviationes Alkabicii: Dijon
　　449, 15c, ff. 63-(97)

Albumasar enim dicit quod cum saturnus. . .
　　Experimenta de impressionibus multis: Prag 433,
　　f. 190r-v

Albumasar in libro de. . .
　　Astrology: Bamberg, Math. 4, 15c, ff. 175-
　　181 (Zi 9935)

Albus aque similis est lacteus utpote serum. . .
　　Carmen de coloribus urinae: VI 5313, f. 142;
　　VAp 1229, ff. 5r-(9r)

Albus est color aliter secundum grecos dicitur
leucos. . .
　　Tabula de vocabulis sinonimis et equivocis
　　colorum: ed. Merrifield, I, 18-39

*Albus ut aqua lacteus ut lac glaucus. . .
　　(Mag. Henricus), De urinis: CUg 117(186), 13c,
　　pp. 221-223v; Russell, 48 (Henry of Winchester)

Albusum est semen feniculi romani. . .
　　See 'Absinthium est herba similis. . .'

Alcamia est planta habens folia similia olive et
reperitur. . .
　　Expositiones terminorum in receptis Mesue: VI
　　5511, 15c, ff. 207r-225v

Alcaris id est cibus melatus, alubari id est
plumbum. . .
　　Rasis, Antidotarium: FLgr 14, 13c, ff. 111v-123

Alcases punctus rubeus ut pulicis morsus. . .
　　See 'Alasef punctus. . .'

Alchasson id est zved. . .
　　Mesue, Synonyma: VI 5337, a.1395, ff. 82vb-
　　85ra

Alchemia. . .   See 'Alchimia. . .'

Alcheria id est matricaria. . .
　　Synonyma: Salins 45, 15c, ff. 116-119

Alchimia ars ab Alchimio eius inventore. . .
　　VI 5224, a.1481, ff. 26r-31r

Alchimia brevis et levis et certa paucis includi-
tur. . .
　　Babus, Alphabetum alchemicum: BMsl 1754,
　　14c, ff. 172v-182v(DWS 332)

Alchimia dicitur duplex secundum Hermetem
. . .
　　Oc 185, 15c, f. 155 (H) (cf. DWS I, p. 176)

Alchimia est ab Alcho inventore. . .
　　Albertus Magnus, Practica (Semita recta).   See
　　'Omnis sapientia a domino deo est. . .'

Alchimia est ars. . .
　　Item commentum cuiusdam philosophi: Palermo
　　4qq. A. 10, 46, 14c, item 12

Alchimia est ars ab Alchimio inventa.   Chima
enim grece latine. . .
　　Albertus Magnus, Semita recta: Corbett II, 120-
　　121; DWS 177, iii

Alchimia est ars artificialis ex naturalibus. . .
　　Raymond Lull, De investigatione secreti occulti:
　　T IV, 639-40; Corbett I, 117; anon. Fla 1451
　　(1374), f. 61v-. Prol. 'Quia homo est magis. . .'

Alchimia est ars artium scientia scientiarum
ab. . .
　　Kalid rex, Liber trium verborum: Ze V, 186-90.
　　See 'Lapis iste de quo fit. . .'

*Alchimia est ars artium scientia scientiarum
domina. . .
　　Albertus Magnus, Semita recta (variant version):
　　DWS 178; Kibre (1942), 513; pr Borgnet 37,
　　547

Alchimia est ars docens reformationem. . .
　　Aristotle, Liber perfecti magisterii: CLM 12026,
　　15c, ff. 46r-87v; T II, 251, n.5

Alchimia est ars ministralis(ministrans) essentiam
septem metallorum. . .
　　Hermes Trismegistus, Liber artis alkymie: DWS
　　38; CU 1255 (Ff. IV.12), a.1528, ff. 197v-200

Alchimia est ars omnibus ministrans et ostendens. . .
　　Opera philosophorum: BU 270(457), XV.3, ff.
　　1r-8v, incomplete

Alchimia est ars regendi bis tres furnos secundum
quod. . .
　　Philippus Elephantis Anglicus, prol.: Cambrai
　　919(918), 15c, ff. 66-75; Corbett II, 35-36
　　Text, 'Prima itaque consideratio. . .'

Alchimia est corporis sulphurei...
    VI 5509, 15c, ff. 324v-325r

Alchimia est pars occulta philosophie naturalis licet...
    Raymond Lull, Practica: FLgr 174, 15c, ff. 47r-65r(T IV,645)

Alchimia est pars occulte philosophie naturalis ...
    Raymond Lull, Pars 2a, Anima artis transmutationis: Mi D.130. inf., ff. 309r-316v

Alchimia est quedam(una) pars(ars) naturalis philosophie celata...
    Raymond Lull, Practica super lapide philosophico: T IV, 645-46; DWS 244; HL 29, 273; Corbett I, 191, 240, 274; Budapest 201, 15-16c, ff. 1-26v; Prag Lobk. early 15c, ff. 49r-95r

Alchimia est quedam substantia terrea ex uno scilicet...
    Definitions of alchemical terms: BN 11202, 15c, ff. 139v-141v (Corbett I, 156)

Alchimia est scientia artificialis ex naturalibus ...
    Raymond Lull, De investigatione secreti occulti: BU 142(109), 16c, ff. 53r-70r; T IV, 639. See 'Non obstante quod...'

*Alchimia est scientia docens transformare...
    I. Ebrardus, Summa aurea: DWS 160
    II. Cap. 1, Speculum alchimiae: BU 303(500), 15c, ff. 157v-163v. See 'Multifariam multisque ...'

Alchimia est substantia corporea ex uno...
    Hermes: BMsl 3744, 15c, ff. 60v-64(DWS 194, xi)

Alchimia est una pars celata...
    See 'Alchimia est quedam pars...'

Alchimia secundum librum philosophorum diffinitur...
    See 'Alchimia est ars omnibus...'

Alchimici medullam operis in hoc brevi...
    Gö Hist. nat. 75, f. 35

Alchimie medullam idcirco superfluo cortice...
    Gö Hist. nat. 75, f. 36v

*Alchimiste moderni temporis sunt plerique delusores et...
    Walter of Odington, Icocedron: T III, 128-32; DWS 289; ColR 122

Alcinoi modo sponte nemus modo stirpe renascens...
    De fructiferis: BLll 86, 13c, f. 52: part of Bernardus Silvestris, De mundi universitate, ed. Barach and Wrobel, 1876, p. 23, line 283 et seq.

Alcit (id) est Asafetida...
    Rasis, Synonima: Reims 2010, 14c, ff. 18-23; T I, 668; CLM 13114, 14c, ff. 285va-291ra. See 'Alit...'

Alcurisu id est cibarium ex lentibus...
    Alphabetical list of simples: VI 2395, 13c, ff. 46ra-53vb

Aldabaron tauro geminis...
    VAr 278, 12-13c, f. 40v

Alectorius lapis ita debet ferri...
    De modo precipuos quosdam lapides consecrandi iuxta eorum virtutes: BLcm 285, 15c, ff. 38-(40)

Alembic superposito foraminoso in capite nullam humiditatem...
    CLM 405, 14-15c, ff. 131r-134r(?)

Alembicus vas vitreum formosam ut galea...
    Alchimice vocabularius: Strasburg 2153, 16c, ff. 193-228 (Corbett II, 164)

Alexander amator veri appellatus discipulus Asclepiadis...
    (Vindicianus, extract), 'Hic de semine dicit quid sit vel unde nascatur': Brux 1345, 12c, ff. 48ra-52vb; V. Rose (1894), 400 note; Beccaria 5.4

Alexander amicus veritatis in tertio libro...
    Passio que dicitur sincopis: Vendôme 109, 11c, ff. 58-66; T I, 578, n.1

Alexander ave et custodi hoc preceptum pretiosissimum...
    Wo 3101, 14c, ff. 63-64

Alexander cum corpus habes corruptibile...
    CU 315(Dd.V.76), 15c, ff. 3r-6r. See 'Alexander cum sit...'

Alexander cum hoc corpus...
    Medical extract from Aristotle, Secretum secretorum: Ea Q.213, 15c, ff. 87-93

Alexander cum sit corpus corruptibile...
    Aristotle, Secretum secretorum, partial tr from Arabic, by John of Seville: CLM 9676, pp. 93-96; Wo 3101, 14c, f. 63; BMar 123, no.6; Rosenthal 107, ff. 3v-16v; pr (Leipzig, 1490-5): GW 2490; Klebs 96.01. Consult Index for other incipits

Alexander cum sit hominis corpus corruptibile ...
    Medical extract from Aristotle, Secretum secretorum: BMh 2558, 14c, ff. 194ra-195v

Alexander cum tuum corpus sit...
    Albertus, comm. Aristotle, Secretum secretorum: Klo 270, 14c, ff. 44v-45

Alexander dicit impossible est morbo. . .
Gilbertus, Comm. Aegidius, De urinis: CLM
11322, ff. 38-49

Alexander ille Macedo cuius ob res preclare. . .
Francesco Giorgio, Introduction to sketch book of
machines, fortifications, etc.: BMh 3281, 15c, ff.
1r-82

Alexander in epistola de arte solis tractans. . .
Alexander of Macedon, Interpretatio epistolae
(alchemy): Artis auriferae, I(1593), 382-88

Alexander in hoc tractatu vult quod corpus sit
corruptibile. . .
Alexander, De divisione et signis temporis: Brunswick 149, 15c, ff. 329a-334b, dated 1400 at the
end. Probably Comm. medical extract from
Aristotle, Secretum secretorum

Alexander magnus rex fertur magistrum ha-
buisse. . .
Propositiones universales (Auctoritates) Aristotelis: GW 2833-37; Klebs 121.1-5; IAL A1060-
64

Alexander scire debes quod sicut in plantis. . .
Aristotle, De lapide. . .ad Alexandrum: BU
138(104), 15c, ff. 104v-108r; AL 1278

Alexandri Aphrodisei philosophi ac medici pre-
stantissimi problemata. . .
George Valla, pref. to Johannes Marlianus, tr
Alexander Aphrodiseus, Problemata. See 'Problematum quedam per se sunt. . .'

Alexandri experimenta de libro eius compendiose. . .
Ea Q.204, 12-13c, ff. 90-95; Diels (1906), 13

Alexius Africus(Africanus) discipulus Belbenis
Claudio Atheniensi. . .
Alexius Africus, prol. De septem herbis et septem
planetis: T II, 233-34; DWS III, 769-71; Mon
490, ff. 49v-54v; anon. Padua Univ. 1380, 15c,
pp. 216-230; VA 6267, f. 48; VAp 1234, ff.
256va-257vb; Text: 'Solsequium herba est. . .'
See 'Flaccus Africus. . .'

Alfachim (id est) medicus.   Arteria sub ethen
. . .
Avicenna, Synonima: EU 165(II)D.6.II.10, 13c,
ff. 407-411; Reims 1005, 14c, ff. 204-214; Ea
F.247, 13-14c, ff. 480-485; BMr 12.G.VI, 14c,
ff. 574r-(582); following the Canon: Basel
D.III.6, ff. 102v-109r; CLM 3512, ff. 157va-
164rb; pr Venice, 1490, following De viribus
cordis, tr Arnald of Villanova: GW 3121-22;
Klebs 131.10-11; IAL A1268-69

Alfachim idem quod medicus.   Arteria. . .
Tabula super synonima Avicenne; CUt 1422
(O.IX.10), 15c, ff. 52-67

Alfano reverendissimo Salernitane ecclesie. . .
Constantinus Africanus, dedic. De stomacho.
Text, 'Oportet nos intelligere. . .'

Alfidius quoque ait.   Unus est lapis una. . .
Alfidius, De spiritu occultato: BMsl 2327, 15c, f.
10r-v(DWS 143, ii): BMsl 2503, 17c, f. 91-

Alfita farina ordei. . .   See 'Alphita farina. . .'

Alfonsius. . .   See 'Alphonsius. . .'

Algazel autem plurimum. . .
Errores Algazelis: Ea Q.151, end 14c, ff. 16r-17r.
See 'Quoniam ex uno. . .'

Algorismum proportionum.   (Reverende) presul Meldensis Phillipe. . .
Nicole Oresme, Algorismus proportionum: Os
188, 14c, ff. 104r-105v (TR 365 has fol. 104r
only); FLa 136(210-142), 15c, ff. 172-173v;
Utrecht 725, 15c, ff. 165r-171v

Algorismus ars presens dicitur in qua. . .
Carmen de algorithmo, imperfect: Borghesi 58,
13c, f. 113v. See 'Hec algorismus ars presens
. . .'

Algorismus dicitur ab Algo(r) inventore istius
libri. . .
VAo 2165, 14c, f. 66r; Ob 230

Algorismus dicitur ab Algor quod est ars. . .
Comm. Alexander de Villa Dei, Algorismus: CUt
1149(O.II.45), 13c, p. 23 mg

Algorismus est ars faciliter docens computare. . .
Glosa in Alexandri de Villa Dei Algorismum
metricum: CUg 136 (76), 14c, p. 87 (Atk)

Algorithmus. . .   See 'Algorismus. . .'

Algus philosophus scientiam numerandi. . .
Algorismus: Lyons pa 45, 14c, ff. 8-14

Alhafef id est punctis rubeis qui sunt ut pulicis
morsus. . .
Avicenna, Synonyms: Basel D.III.6, ff. 103ra-
109rc

Alhaseph. . .   See 'Alasef. . .'

Alia enim bona et vitalis est prognosticatio. . .
De signis sumptis per lunam: CUt 1102(O.I.77),
15c, ff. 94v-95r; BMsl 2320, f. 20r (text with
picture of sign-man)

Alia fit per metathesim. . .
De phlebotomia: BMsl 783b, 15c, f. 57-

Alia sequitur practica desideratissime bene-
dicteque artis...
  De alchimia: VAp 1240, 15c, ff. 116r-119v

Alia species ignis qui comburit inimicos in
montibus...
  VAp 1176, f. 196vb

Aliam quod expedit in emplastris necessitas unde
oportet...
  De medicinarum dosibus: VI 5388, a.1444, ff.
  68r-77r

Aliapiades id est laureola herba...
  Synonima herbarum: BMsl 3545, 15c, ff. 5v-11

Alias composui quendam tractatum de...
  Jean Buridan, Defensiones determinationis de
  diversitate generis ad speciem (composed 1335):
  T III, 375

Alias(Al') dixit Ipocras non est medicus qui
astronomiam ignorat...
  De iudiciis egrorum secundum signa astrologica:
  Mi N.190 sup., 15-16c, ff. 1r-12r, with desinit of
  third anon. tr of ps. Hippocratic astrological medicine according to the movement of the moon
  through the signs of the zodiac. Janus 49(1960),
  112

Aliasef vel alchases idest puncti rubei...
  Synonima Serapionis: Ea F.239, ff. 195-198;
  F.256, ff. 102-105(Schulz); pr with Serapion,
  Venice, 1479; 1497 (Hain *14695, ff. 86v-90r
  (Schulz); Klebs 911.1-2; IAL S420-21, 423);
  Lyons, 1525. See 'Alasef...'

Alimentorum materiam tractaturus...
  Bartolus a Saxoferrato, De alimentis: Oma 144,
  15c, ff. 357v-(359); BMr 10.B.IX, 15c, ff.
  231v-(234); GW 3645, 3538-3545, 3665(Klebs
  155.1)

Alinuri id est genus cibarii...
  Sinonima Almansoris: Giacosa 393; Ran 1400
  (T.6.14), 13c, ff. 70-77; according to Narducci
  this text differs from FL Plut. 73,cod.23 and
  eds.

Aliqua bona pauca restat declarare(dicendum?)
de aquis artificialibus...
  De aquis artificialibus: VAp 1264, ff. 232-242r;
  an extract from Maino de' Maineri, Liber medicinalis

Aliquandiu fateor sensu...
  See 'Congeries informis adhuc...'

Aliquando ex contusionibus diversa loca corporis vulnerantur...
  De contusionibus: CLM 323, f. 95ra

Aliquando movet sicut spera speram appetitus
appetitum...
  Comm. John of Sacrobosco, Sphere: BLcm 105,
  13-15c, ff. 14-35; T(1949), 30, 58

Aliqui addunt huic confectioni ambre margaritarum canfore...
  Mi Trivulz. 758(H.100), f. 46r

Aliqui astrologiam calumpniantur malitiose
moderni...
  BNna 693, 13-14c, ff. 23r-24r, followed by
  astronomical Tables

Aliqui dicunt quod natura materialis se ipsa
individuatur...
  VAr 392, 15c, ff. 280r, 281v

Aliquid de inquisitione capacitatis figurarum...
  ed. M. Curtze, Ab VIII, 36-68, from CLM 56,
  15c, f. 207-

Aliquis est motus uniformis quoad primum...
  Guillelmus Hennestus(Hentisberus), De motu
  locali: VE VIII.38(XI,14), a.1391, ff. 49-51;
  BLcm 376, 15c, ff. 30v-(32); Wilson (1956),
  117-28

Aliquotiens et frequenter mee causa necessitatis...
  Henrici Collectorium de diversis auctoribus de
  simplicibus medicinis: Basel D.I.19, a.1442, ff.
  3r-308v; AMH (1940), 283

Alit(Alith) id est asafetida...
  Rasis, Synonima: BL Lyell empt. 1, 13c, ff. 41v-
  44; BMsl 568, 14c, ff. 121v-126: anon. Giacosa
  401; Yale, Codex Fritz Paneth, 14c, ff. 470-477;
  VA 4425, ff. 126r-128r; FL 73.22, 14c, ff. 145v-
  146v(MacKinney)

Alius est modus pronosticandi de dispositione
aeris. Sciamus...
  Ea Q.345, 14c, ff. 52v, 53

Alius interrogare volo de ratione compoti.
Compotus...
  Computus Merovingian of 727: Bern 611, 8-9c,
  ff. 94r-96v; Bull. Du Cange 17(1943), 59

Alius non sentit de dormitis libro primo...
  Tabula in Aristotelem de Somno: CUpet 208,
  15c, f. 15v(Atk)

Alkaisetan id est bruscus...
  Arabic-Latin alchemical vocabularies: BN 7156,
  14c, ff. 40r-42v(Corbett I,71)

Alkali sic fit Recipe de cineribus...
  KlaB XXX.d.6, ff. 85r-89r

Alkedes philosophus dicit. Accipite res...
  Alkedes, Alchemy: DWS 56

Alkitran est quod remanet in distillatione olei laterini...
> VAp 1176, f. 197rb

Alkymia...
> See Alchimia...

Alkyndus autem in libro de theorica artium...
> Errores Alkindi magice artis: Ea Q.151, late 14c, ff. 17v-19. See 'Quoniam ex uno...'

Alleluia autem woodsour vel cuckoo meat et habet...
> Interpretatio nominum herbarum: CUt O.I.13, 15c, f. 28(Atk)

Alleluia id est panis cuculi...
> CUt 37(B.I.39), 13c, ff. 101v-103rb

Alleluia id est wodesure gustu herba habens tria folia...
> Herbal: BN 7121, 14c, ff. 64r-72v (TR 353, ff. 71v-79r)

Alleluia panis cuculi pain de cuculle(cucuke) woodsour...
> Nomina(Synonyma) herbarum: CUma Pepys 1661, 14c, p. 245; CU 602(Dd.X.44), 15c, ff. 104r-112r; 671(Dd.XI.45), 15c, ff. 145r-153v, incomplete; 'Synonima editus a magister Jo. Bray': BMsl 282, 14-15c, ff. 167v-173v; ed. Alphita, by Mowat, p. 5

Alleluia panis cuculi woodsour chemerck stephan-wort amantilla...
> Nomina herbarum: CUsj E.6, 15c, f. 70(Atk)

Alleluia panis cuclinus et daffodillus...
> De nominibus herbarum: CUt 1109(O.II.5), 14c, ff. 269-272

Alliasef... See 'Alasef...' 'Aliasef...'

Allopicia... See 'Alopicia...'

Almachius magister artium Parisiensis...
> Almachius astrologus, Prognosticon ad a.1484: VI 3193, 16c, f. 51r

Almagesti abbreviatio libro primo capitulo 15mo docetur de instrumento...
> Albategni, De instrumentis observatoriis que in Almagesto ponuntur: VI 5258, ff. 75r-77r

Almanach perpetuum Saturni incipit Cuius revolutio...
> Lyons pa 45, 15c, ff. 14-71

Almantica est angulus latus in medio et...
> Expositio terminorum astrologicorum Adami Estoni: CUc 347, c.1400, p. 163(Atk)

Almathene... See 'Tuum indumentum...'

Almazena primus... See 'Hoc ornamentum...'

Alnach a principio Arietis usque ad 12 gradus...
> Yale, MS bound with item 42, ff. 76v-82r

Alnach(Alnath) est prima mansio lune...
> CUpet 250, 15c, page unnumbered. See 'Prima mansio lune...'

Alnach quoddam caput Arietis...
> Liber ignium de 27 mansionibus lune: Ea Q.316, 13-14c, ff. 24v-26v

Alnahit est prima facies Arietis...
> Alchandrinus, De nativitatibus: BN 10271, ff. 9r-52v (T I, 715)

Aloe... See also 'Aloen...'

Aloe est succus...
> See 'Circa instans negotium...'

Aloe qui a prima littera incipit erit principium...
> On 166, late 13c, ff. 227v-234r

Aloe quia a litera prima incipit(erit) principium...
> Ricardus Anglicus, De repressivis: BMr 12.B.XII, ff. 200-202v; BMsl 3124, f. 96; BLlm 237, 13-14c, f. 194; Basel D.III.6, 13c, ff. 139r-141v; CU 938(Ee.II.20), 14c, ff. 25rb-28vb; H. H. Beusing, Leben und Werke des Richardus Anglicus, Leipzig, 1922, p. 26 Prol. 'Laxativa solent nimium...'

Aloe quidem a prima litera...
> BMsl 1615, 13c, ff. 91ra-94ra

Aloe succus est herbe...
> See 'Circa instans negotium...'

Aloe succus est herbe eodem nomine nominate...
> Index alphabeticus de omnibus metallis, lapidibus, plantis eorumque virtutibus medicis institutus: Ea Q.182, mid 13c, ff. 292-294

Aloen calida et sicca complexionis est...
> De speciebus per ordinem alphabeti: BMsl 2269, 14c, ff. 62ra-65vb

Aloen calidum est et sicce...
> Yale MS, pp. 1203-1317. See 'Circa instans...'

Aloen calidum siccum...
> See 'Circa instans negotium...'

Aloen virtutem habet calidam et confortat et siccat...
> Galen, De simplicium...facultatibus, extract: SG Stift 762, 9c, pp. 138-184 (Beccaria 137.3); ed. Rose (1894), 403-23

Aloes epaticum in colore purpureum colori epatis...
De signis bonitatis medicamentorum: CU Dd.III.51, 12c, f. 81(Atk); Renzi II, 402-6

Aloes est de sublimioribus medicinis et...
Arnaldus de Villa Nova, De simplicibus, ordine alphabetico: BLcm 199, 15c, ff. 1-173v

Aloes est succus herbe et melius est ex eo...
John de St. Amando, Simplicia: VAp 1177, 15c, ff. 198r-200v

Aloes ex succo herbe fit...
See 'Circa instans...'

Aloes scamonea absinthium eupatorium...
Simplices medicine secundum Mesue: BMsl 282, 14-15c, ff. 210v-213

Aloff id est aurum...
Incipit vocabularius terminorum artis feliciter secundum ordinem alphabeticum: FR 1165 (L.III.34), 14c, ff. 1ra-3ra

Alopicia est casus capillorum cum ulceribus...
I. Petrus Hispanus, Thesaurus pauperum, cap. 1: Antwerp, 1497(Klebs 749.1; IAL J212)
II. Wermboldus Oustege de Campis (Padua, a.1441), Secreta extracta de Bernardo de Gordonio (Lilium, part II): Cassel Medic. 4to.2; Boinet, p. 217
III. John Ketham, De diversis infirmitatibus et remediis earumdem secundum alphabetum: BMsl 345, c. 1500, ff. 131r-136v; pr with Ketham, Venice, 1495, f. 18v; 1500, f. 12r (Polain 2411-2412; Klebs 573.2,4; IAL K11-14)
IV. Anon. CLM 4394, 15c, ff. 135r-142v; Basel D.II.13, ff. 10r-16r; Brux 2933, 15c, ff. 38-68; Prag Mus. 426, ff. 20r-28v
V. Descriptiones morborum: pr (Memmingen), 1496(Klebs 330.1; IAL D112)

Alopicia est infirmitas capillorum...
(John Arderne?), Radix medicinarum: CU 292 (Dd.V.53), ff. 10ra-89ra

Alopicia fuit impresentia...
Liber divisionum Almansoris: VA 4425, f. 81r

Alopicia id est depilatio et dicitur ab...
Nomenclatura medica: BMh 5228, 14c, ff. 119ra-129vb

Alopicia id est nuda cutis per partem...
Interpretatio passionum translata de greco: BMar 42, c.1400, ff. 98-(99v)

Alopicia idem est quod subitus casus capillorum
...
(John of Gaddesden), Rosa medicinae (abbrev.): BMsl 134, 15c, ff. 48r-169r(DWS MS)

3

Alopicia si est de sanguine...
VAp 1225, 15c, ff. 412v-413r

Alpetragius opinabatur omnes...
Regiomontanus, Tract. quo errores Alpetragii de motibus coelestibus refutantur: VI 5203, 15c, ff. 45r-47v; Zi (1938), 220

Alphabeta duo etc. Postquam egit...
See 'Postquam egit...'

Alphabeta duo que ter deca quinque figuris...
Calendar tables (of Golden numbers etc.): CUt 902(R.XIV.29), 13c, ff. 122-124v; Ea Q.346, 13c, ff. 12-16; Ea Q.345; Ea Q.374: James 494: part of Massa compoti Alex. de Villa Dei: OHI VI(1926), 284-289; anon. CLM 5538, ff. 73r-74v

Alphachim... See 'Alfachim...'

Alp(h)arabius in De ortu scientiarum sic ait...
De cognitione diei naturalis: Catedral de Burgo de Osma 57, 15c, ff. 113r-115v

Alphathius... See 'Alfachim...'

Alphidius... See 'Alfidius...'

Alphita (et) farina ordei idem...
I. Alphita *or* Synonima herbarum: BLas 1470, late 13c, ff. 262-275; BN 7056, 13c, ff. 109r-119r; Ran 1506(V.3.13), 13c, ff. 25-32; CLM 615, 13-14c, ff. 109-119v; BLd 69, c.1300, ff. 92r-94v; On 168, 14c, f. 53; BN 6988A, 14c, ff. 51r-63rb; BN 6957, 15c, ff. 1ra-17va; 6964, ff. 82-88r; CUg 95(47), 15c, ff. 18-83; VAp 1260, 15c, ff. 317r-327ra; James 481; ed. Mowat, Alphita, (1887), p. 7; Giacosa(1901), 401; Renzi III, 272
II. Breve nominale physicorum: BMsl 521, 14c, ff. 8r-20r
III. Magister Raynaldus, Liber synonymorum: GU 310, 13c(?)

Alphita et signa ordei idem arsenicum...
BMsl 1067, 15c, ff. 289r-303r(DWS MS)

Alphita farina ordei: Arcenicum auripigmentum...
Glossarium medicinale: Bern 295, ff. 68r-73v (Schulz)

Alphonsius Castelle rex illustris florens...
Expositio intentionis regis Alfonsi circa tabulas: BN 7281, ff. 156v-159v

Alsano... See 'Alfano...'

Altea... See 'Althea...'

Altera die proponebatur una questio qua...
Bethinus de Campo, Quaestio disputata: VE fa 534(XIV,59), 14c, ff. 23-24

Altera fert...
> De astronomia: ed. Hagen, Carmina inedita, 1887, p. 34

Alteratio est actio qualitatis sui motus in qualitate...
> Guillelmus Hennestus(Hentisberus), De alteratione: VE VIII.38(XI,14), a.1391, ff. 53-54; Wilson (1956), 139-43

Alteratio est proprii valoris alicuius note duplicatio...
> (John Tinctor), De alterationibus notarum: Ghent 70(421), ff. 168vb-177rb

Altercationes varieque mundanorum mutationes ...
> Conrad Heingarter, Liber de morborum causis: Zurich C.131(App.27), a.1480, ff. 1r-49v; BHM IV(1936), 81-87. Dedic. 'Vellem nunc dux optima...'

Alterius materie sanativorum contemplationum principium in hoc libro...
> Galen, Liber sextus de regimine sanitatis (liber sanativorum), tr de greco...a Burgundione Iudice Pisano: BN 6867, 15c, ff. 115v-140v

Althea, agaricus...
> Gradus medic.: VAp 1234, f. 1-

Althea id est eviscus...
> List of herbs, medical recipes and notes: BMr 7.D.XXV, 12c, ff. 66-91; Mowat, Alphita, p. 4

Altissimi dei nostri Ihesus Christi virtute...
> Johannes Paulus de Fundis, Tacuinus astronomico-medicus: T IV, 232

Altissimus creavit de terra medicinam...
> Oration on conferring the M.D.: Wo 2841, 15c, ff. 234ra-235vb

Altissimus creavit medicinam de terra...
> Johannes Baldus, Disputatio an medicina sit legibus politicis praeferenda vel econtra, a.1415: Flgr 74, a.1488, ff. 102-105v; T (1929), 25

*Altissimus (de terra) creavit medicinam et vir prudens(providens) non abhorrebit eam (illam) ...
> Pet. Quivil. Exon. Constit. synodalis(Tanner) sive Pet.Oxon. de medicina ecclesiastica: Oc 155, 15c, f. 136; anon. CUg 407(413), 14c, f. 28v

Altissimus de terra creavit medicinam Eccles. 38, quod primo et principaliter intelligitur de medicina anime...
> BMh 220, late 15c, f. 4r

Altissimus deus eternus qui sua sapientia trinus ...
> Johannes Paulus de Fundis, De sphaera rotunda (comm.Sacrobosco, Sphere): T IV, 233; T(1949), 40, 49-50

Altissimus deus fecit terram ad similitudinem...
> Messahala, Epistola: BMsl 636, 15c, ff. 74r-76v

Altit... See 'Alcit...'

Altitonantis implorabo auxilium quo sine...
> Leonard of Bertipaglia, dedic. Chirurgia: T (1929), 269. Text, 'Flegmon est apostema...'

Altitudinis firmamentum pulcritudo eius...
> Robert Grosseteste, De operationibus solis(comm. Eccl.xliii,1-5): Ma 3314, 13c, ff. 91b-92d (Thomson 110-111)

Altitudo capitis Arietis in predicta latitudine...
> Lewis of Caerleon, Tabulae et canones eclipsium: CU Ee.III.61, 15c, f. 107; Isis 43(1952), 105

Altitudo climatis est elevatio solis ab orizonte...
> BN 11249, ff. 87v-88

Altitudo simpliciter dicta celum est supremum ...
> Grosseteste, De operationibus solis: Ma 3314, ff. 91-92; ed. Medievalia et Humanistica (1957), 37-43

Alumen antiquum nomen de lumine dictum...
> Ethymologiae metrice: Douai 751, 12c, ff. 173v-178

Alumen de Hispania gummum album et gummum rubeum...
> Alchemy: CUt 1120(O.II.16), 15c, f. 72r-v; DWS III, 1114, corr. 91a

Alumen est minera albi coloris...
> De medicinis: CLM 7755, 15c, ff. 167r-194r

Alvat est caput Arietis habens tres stellas...
> Mansiones lunae secundum Argafalaum: BMr 12.D.VI, 15c, ff. 101v-(104r). See 'Alnach...'

Aly id est aurum...
> Sinonima alkimie artis: FLr 847(L.II.XIII), 15c, ff. 42r(65)-44v(67)

Amabile est a melioribus persuaderi...
> Jacobus de Alexandria, Epitome Aristotelis libri III de coelo et mundo, Auctoritates: VA 901, f. 55v

Amalgama solem cum mercurio sicut scis...
> Jacobus Albinus de Montecalerio, Pro auro potabili: ed. Archiv V(1915), 198-201; anon. Medicus de Montecalerio: BU 138(104), 15c, f. 310r

*Amantissime socie pluries...
> Henricus Daniel, De iudiciis urinarum: Tanner

Amantissime sodalis pluries et instanter...
> F. Henricus Danyell, c.1379, Manipulus florum Gualtero Cateneo medicine doctori nuncupatus: QE I, 676. See 'Dilecto socio in Christo...'

Amantissimo magistro suo R. de Guedingue...
> John of London, De motu octavae spherae: BN 7413,II, 14c, ff. 19v-24; T II, 95-96

Amaracus id est maiorana...
> Nomina plantarum: CUt O.III.42, 15c, f. 99v(Atk); Alphita (1887), p. 7

Amarusca Anglice Mayz(Mayde, maythe)...
> Synonyma herbarum: BMsl 420, 14c, ff. 107r-114r; CUg 95(47), 15c, ff. 1-7; BMsl 3550 ff. 33ra-36rb; Alphita (1887), p. 7

Amarusca mayes...
> Dictionary of herbs, incomplete: CU 671 (Dd.XI.45), ff. 97r-116v

Ambitus totius terre...
> CLM 14836, 11c, ff. 118r-124v(Zi 10326); Ab VII, 130-31

Ambrose idest hynhole idest wild sage...
> Nomina herbarum: BMh 2378, 15c, 213r-221r

Amen dico vobis quod oleum incoxans...
> Tract. Rebis: Breslau R.454, f. 24v

Amesus id est erba foli...
> Bern 337, 11c, ff. 3r-8v

Amethistus est lapis colorem habens ut flores viole...
> Lapidary: BMh 80, 14c, ff. 103ra-105va. Perhaps part of De virtutibus lapidum. See 'Lapidum pretiosorum diversa...'

Amethistus est lapis unus de 12 lapidibus violatii coloris...
> VI 2442, 13c, ff. 1r-4v

Amethistus ut dicit Isidorus etymologiarum sedecimo...
> Expositiones dictionum(medic.): CUt 1422 (O.IX.10), 15c, ff. 121r-137v(DWS MS)

Ametistus lapis est de xii lapidibus preciosis...
> Klas 167, 15c, ff. 157ra-164rb: Ambix 8(1960), 14,19

Amicdale dulces...
> See 'Virtutes autem de quibus...'

Amice accipe artem in brevibus eligas primo...
> Roger Bacon, Compendium alchimae: CU 1255 (Ff.IV.12), a.1528, ff. 315v-317r

Amice carissime fili Iohannes lacrimas...
> Isaac, De febribus: VAp 1142, ff. 1-140v. See 'Quoniam (te) karissime...'

Amice carissime litere domini mei domini Cardinalis...
> Gentile (da Foligno?), Consilium ad sonitum et sibillum aurium: VAp 1260, 15c, f. 15v (in a collection of Consilia)

Amice carissime magister Grissianine(Brusimine, in VAp)...
> Gentile da Foligno, dedic. De gradibus: CLM 7609, 14c, ff. 13va-32vb; JHM X(1955)394; VAp 1180, ff. 236r-273v; 1176, ff. 74ra-85va

Amice carissime magister Theodorus de Aretio sollicitasti me...
> Gentile da Foligno, Questio disputata Octobris 1342: VA 2418, ff. 227ra-232va

Amice carissime magister Thome de Aretio sollicitasti...
> Gentile da Foligno, De reductione medicinarum: VE VII.11(XIV,7), 'Perusii 1342, 17 Aprilis', ff. 44-48; CLM 7609, 14c, ff. 61va-70ra(59-68); JHM X(1955), 395, n.28; Wi 60, 15c, ff. 30va-40va; T III, 235

Amice carissime me pluries requisisti et...
> Opus sive receptarium beati Thome de Aquino: BU 138(104), 15c, ff. 259r-261r. See 'Me pluries...'

Amice carissime nolite declinare a dextris...
> See 'Ad habendum zenith...'

Amice conferat tibi deus mores nobiles...
> Farachius, prol. Galen, De medicinis expertis. Text, 'De serpentibus ad...'

Amice in istis consistit difficultas operis nostri...
> Roger Bacon, Cedula declarativa: CUt 1407, 15c, ff. 10-11v(DWS 198); BLas 1478, 16c, ff. 39-40: Little, p. 413, n.1; CU 1255(Ff.IV.12), a.1528, ff. 317r-320r

Amice karissime... See 'Amice carissime...'

Amici carissimi diuturnitas passionis...
> Medical Consilium: CLM 77, late 14c, f. 18va-b

Amicorum carissime quandam magnetis lapidis occultam naturam...
> Petrus Peregrinus, Tract. de magnete secundus: Ea Q.325, 14c, ff. 184v-187r

Amicorum copiam delectabilem et gloriosam permittit...
> Thadeus Florentinus, comm. Hippocrates, Lib. Pronosticorum: AFML 492.II, 14c, ff. 1r-24vb (incomplete); pr Venice, 1527, ff. 195r-246r

*Amicorum intime quandam magnetis lapidis naturam...
  Petrus Peregrinus de Maricourt, De magnete: ed. Bertelli, BB I(1868), 70; Er. Schlund, AFH IV(1911), 436-55, 633-43; V, 22-40, lists 36 MSS and 6 eds.; S. P. Thompson, Proceedings of the British Academy, II(1905-06), 377-408

Amicorum optime quondam...
  See 'Amicorum intime...'

Amicum induit qui amici precibus...
  Albicus, Collectorium minus: Archiv, IX, 119-37

Amicum induit qui iustis amicorum precibus (peticionibus)...
  I. Johannes Platearius, prol. Practica (Brevis): Admont 802, 13c, ff. 52-74(Schulz); CUt 912 (II), 12-13c, ff. 119r-192v; BMr 12.B.III, 13c, ff. 67-(88); BMsl 420, 13-14c, ff. 126ra-144ra; BLa 428, 13c, ff. 1a, 7b-68d; CUc 511, 13c, ff. 113v-134v; CUg 159(209), 13c, pp. 51-90v; 401, 13c, ff. 63-96; Oa 74, 13c, ff. 195r-220r; Ea Q.176, 13c, ff. 16-44; F.288, 13-14c, ff. 30-44; pr Venice, 1497(Klebs 911.2; IAL S421); Choulant II,295; GS I,770. Text, 'Effimera est febris (illa) que fit...'
  II. Elias, O. M., De secretis nature: BU 138 (140), 15c, ff. 138v-141v; T III, 347
  III. Raymond de Terminis or ab Angelis, Tertia epistola super lapide phisico: BU 164(153), 14-15c, ff. 132r-134r; T IV, 17; Cambrai 919(818), 14-15c, ff. 114-117; Corbett II,38; FR 923 (L.III.28), 16c, ff. 201v-215r. Text, 'Recipe ergo cum dei...'

Amidum ex frumento et aqua...
  Alphabetical tabulation of medicaments: BMsl 3525, 14c, ff. 18r-22r(MacKinney)

Amilium temperate calidum est humidum...
  De simplicibus medicamentis: Rouen 979, 13-14c, ff. 93-100; 980, 13c, ff. 90-101

Ammoniacum est quasi...
  Medicinae simplices ordine alphabetico: VI 2425, 13c, ff. 123v-137v; cf. Rose, Anecdota II, 113(Schulz)

Ammoniacum tritum cum calida in fronte...
  Medical: Bamberg L.iii.6, 9-10c, pp. 63-77

Amor est duarum mentium...
  De amore: BN 7148, ff. 14r-15r

Amor est primum donum...
  Raymundus de Sabunde, Theologia naturalis sive dialogus creaturarum: pr Deventer, (1485): Klebs 824.1-2; IAL R31

Amor et fides nos invicem indissolubiliter...
  De lapide philosophorum: VE VI.214(XVI.3), a.1472, ff. 92-96

Amor me(nos) facit rimare...
  Raymond Lull, Cantilena chymica: DWS 805; T IV, 632; Mi R.94 sup., f. 51r-v; VI 5487, 15c, ff. 134-135(Schulz)

Amor sapientie qui a Grecis philosphia...
  See 'Calculum Victorii dum quondam...'

Amoris tui et vehementia et permanentia magnificata...
  Ars notoria: Ea Q.28a, a.1415, ff. 38-41

Ample essent posteriora membra plus quam necesse...
  Ludovicus Monacensis, De urinis: VAp 1304, ff. 25ra-35va

Amplius autem dixit mihi unus fide dignus...
  Guilhelmus Bernoniensis(?) archidiaconus, Operation for cancer of the breast: Bern 556, f. 260r-v; AMH 8(1936),431

Amplius ipsa frangit lapidem in vesica et renibus...
  Avicenna, Antidotarium describens virtutes multas Tyriace: pr Petrus de Tossignano, De peste, (Venice?, 1470-80), f. 28r (AFML 366; Klebs 778.1; IAL P491)

Amplius signa que infra domum continentur sic...
  Astrology: VI 2378, 14c, ff. 21v-22: Saxl (1927), 101

An... See also 'Utrum...'

An ad notitiam perfectam habendam...
  Walter Burley, Questiones in viii libros Physicorum: LP 143, 15c, ff. 1-53v

An alchymia sit peccatum et ars reprobata...
  Hieronymus de Zanetinis, Conclusio qua disputationi et argumentis Angeli respondetur: Ze IV, 247-48

*An anima humana coniuncta corpori...
  Joh. de Lana: Ob 63, 14c, ff.28-(52)

An anima sit quid sit...
  Quest. de anima, cap.1. See 'Si ignoras te...'

An anticipans partus vel natus decem diebus a nono mense...
  (Gentile da Foligno?): CLM 17609, ff. 144vb-146va

An Aristotiles in eo qui de categoriis...
  Mi H.44.inf., ff. 144ra-145ra. See 'Aristoteles in eo...'

An celo primum determinatum...
  John of Paris, De processu naturae: VI 1328, 15c, ff. 102r-109v

An celum sit animatum Ista questio...
    Nicoletus Theatinus: VE VI.149, 15c, ff. 83v-84v(T IV,461)

An corpora lapsa ut in exemplo...
    Gentile da Foligno, De similibus et contrariis: Wi 60, 15c, ff. 40vb-54ra; T III,235; MH 3(1959), 16; CLM 7609, a.1385, ff. 33ra-45rb; JHM X(1955), 394, n.19

*An de anima possit esse scientia...
    I. Thomas de Willetona, Quaestiones datae super librum de anima: Ob 91, 14c, ff. 248-(282)
    II. Henry de la Vyle, De anima: Tanner

An de eis possit...
    Quaestiones de longitudine et brevitate vite: CUpet 192, 14c, f. 27-

An de febribus de quibus pertractat hec fen prima sit...
    Comm. Avicenna, Prima fen quarti canonis: VAp 1232, ff. 73r-177v

An de generatione et corruptione possit esse scientia et videtur quod non...
    G. de Chaspat(?): On 285, 14c, ff. 38ra-57vb

An de impressionibus metheorologicis habeatur scientia...
    Comm. Metheor.: VAp 1709, 15c, ff. 196v-206v

An dentur universalia realia...
    Urbanus Averroista, Expositio commentarii Averrois super Physica Aristotelis: pr Venice, 1492; Polain 3886; Klebs 1006.1

An ens mobile sit totius naturalis philosophie subiectum...
    Nicoletus Theatinus: pr with Egidius Romanus; Padua, 1480, ff. 125ra-127vb; Venice, 1493; 1500(Hain *1692; GW 7199-7201: Klebs 360.24; IAL A63-65); Opera, Venice, 1520, ff. 119r-120v

An erit bonum ire extra domum...
    Prognostica secundum Basileum Socratem; CUma Pepys 911, later 13c, f. 59r; Saxl (1953), 426

An generatio sit motus quod sic videtur quia...
    (Petrus de Insula), Quaest. De generatione et corruptione: CUg 512(543), 14c, ff. 171ra-177ra

An in (eadem) re sit tantum una forma substantialis...
    Thomas Aquinas(?), De unitate formae: Beiträge 22(1920), 143

An in pleuresi flegmatica competat flebotomia ...
    Gentile da Foligno: VAp 1225, early 15c, f. 456vb

An medicine alterative ducantur...
    Ea F.290, 14c, ff. 1-36

An operatio lapidis possit fieri ex solis luminaribus...
    Arnald of Villanova, Quaestiones cum suis solutionibus: CLM 2848, a.1531, ff. 100v-105v

An quantitas connumeranda sit inter activas...
    Simon Geminius, De virtute quantitiva.

An quelibet pars aucti sit aucta...
    Laurent 30(115)

An quelibet species ydropsis possit fieri solo epate nocito...
    Gentile da Foligno: CLM 7609, a.1385, ff. 59vb-61va; BHM X(1955), 395, n.27

*An scientia...
    Walter Heston, De anima: Tanner

An sensus visus sit nobilissimus...
    Oc 228, 15c, ff. 27-(51)

An sint sicut de naturalibus quod non potest...
    (William Bonkis), Quaestiones super Aristotelis Physica: CUg 344(540), 14c, ff. 106rb-170vb

An sit aliquid secundum ens...
    Quaestiones super librum Physicorum: BN 16096, f. 172(H)

An sit motus primus...
    Quaest. in octav. Phys.: Ome 272, ff. 113-(118)

An sit vir castus vel mulier impudica...
    Astrology in 26 caps.: BLlm 594, 14c, ff. 142ra-144ra; Steinscheider (1906), 5

An somnia habeant aliquid veritatis...
    Campanus, Epistola ad Rodericum Sancium de Arevalo: CUc 166, 15c, f. 138r-v

An sors instabilis melius ferat ars docet eius...
    Bernard Silvester, Verses accompanying Experimentarius: BLd 46, 14c, f. 1v; T II, 111

An supposito quod omnes arterie simultanea dilatione dilatentur...
    Angelus de Senis, Quaestio, at Bologna: CLM 7609, a.1382, ff. 3ra-8rb; JHM X(1955), 393, n.15

An visio compleatur a solo receptione sensibili ...
    Quaestio de visu: VA 6000, 13c, f. 111r-v; AL 1891

An visio fiat per extramissionem...
    Ea Q.369, 14c, f. 4

Anacardina confectio calefaciens et resolvens...
    See 'Ad intellectum tabule subscripte...'

Anacardus dicitur pediculus elephantis...
  Amplonius Ratinck, Expositio quorundam nominum Arabicorum et Latinorum: Ea F.236, 14c, ff. 1-3

Anaseph id est puncti rubei...
  Rasis, Synonyma: VA 2416, 14c, ff. 31vb-39rb

Anastep id est puncta rubea que sunt ut morsus pulicis...
  Vocabularius de synonyma medica ordine alphabetico digestus: VI 5388, a.1444, ff. 84r-108rb. See 'Alasef...'

Anatomia autem sic fit Primo dividitur corpus in ventrem...
  Ea F.282, 14c, ff. 48v-50v

Anatomia est cuiuscumque corporis recta divisio...
  Copho, Anatomia porci. See 'Quoniam interiorum membrorum corporis...'

Anatomia est membrorum...
  Oo 7, 14c, ff. 183v-185v

Anatomia est recta divisio que sic fit...
  On 169, late 14c, ff. 2v-3r

Anatron id est sal nitrum...
  Alchemical synonyms: BN 7161, 15c, ff. 3-7v, 9r-v; Corbett I, 93

Anesus idest herba folia eius coriandro simulant...
  Glossarium medicinale: Beccaria p. 404; Bern 337, 11c, ff. 3r-8v

Anetum in oleo coquere...
  CLM 7999, 13c, f. 143v(Schulz)

Angelica de materia commesta videlicet contr venenum sumptum...
  VI 5511, 15c, f. 226r

Angelus purus natura fidelis custodiendo reconciliator...
  Alphabetical dictionary, based largely on Bartholomaeus Anglicus: HL 30, 384-86

Angelus purus nature...
  Tabula quaedam naturalium: James, 455

Anglicane insule situs et temperies fecunditas et...
  Gervasius Cantuariensis, prol. Mappa mundi: CUc 438, 13c, p. 15(Atk)

Anglorum regi scribit scola...
  Regimen sanitatis Salernitanum: Wilhering 101, 15c, f. 210v

Anglorum regi scripsit(mittit) tota schola Salerni...
  Regimen sanitatis Salernitanum, Schola Salernitana *or* Flos medicinae Scholae Salerni (frequently ascribed to John of Milan): T I,736-37; MSS numerous; ed. Renzi, I,445-516; and in another arrangement, V,1-104; with Eng. tr by F. R. Packard, New York, 1920; London, 1922; pr Paris, (1495), ff. 12v-18v(Klebs 815.5; IAL P999)

Anguli quadripartita natura quadripartitam sibi exigit...
  Liber de angulis: FL S. Marco 206, 13c, ff. 34-39v; CUg 504(271), 13c, ff. 101-108v; Björnbo (1912), 207

Angulo rectilineo dato equum angulum curvilineum...
  Bern A.50, early 15c, ff. 177v-178v

Anima actus primus corporis phisici...
  Summa de anima: Seville col, 7.6.2, 13-15c, ff. 203r-209r

Anima dum vivificat corpus...
  Basel O.IV.35, 13c, ff. 23r-25r

Anima enim ut testatur philosophus...
  See 'Anima ut testatur...'

Anima eo solo philosophice inquisitioni speculationem...
  Urso, Liber de anima: Ea F.335, 13c, ff. 61-73; Kurt Matthaes, Urso und seine beiden Schriften De effectibus qualitatum und De effectibus medicinarum, Leipzig, 1918, p. 13

Anima eo solo phisice inquisitionis specificationem...
  Alfred of Sareshel (Alfredus Anglicus), prol. De motu cordis ad Alexandrum Neckam: Beiträge 17,5-6(1916), 93; AL 277, 544, 1181; ed. Barach, Bibl. philos. II(1878), 81 et seq.; Beiträge 23,1-2(1923),1-96. Text: 'Organum vite...'

*Anima est actus corporis organici...
  Richard Lavenham, Parvus tractatus de anima: BMr 12.B.XIX, f. 1r; BMsl 3899, ff. 64r-65r

Anima est actus corporis phisici organici et cetera...
  Anon. Comm. De anima: Siena L.III.21, 13c, ff. 134r-195r; AL 1568

Anima est actus corporis primus corporis organici physici vitam...
  Part of Epitoma trium librorum Arist. De anima, pr with Gerardus of Hardewyck, Cologne, 1497(Hain 1711; LC, not in Klebs)

Anima est actus primus corporis physici...
    Libellus de anima et potentiis eius: VE VI.164
    (X,179), 14c, ff. 94-98(AL 1623); Ea Q.240,
    a.1404 and 1405, ff. 9-14

Anima est nobilius quo repetitur in homine...
    Guido Bonatti, Liber introductorius ad iudicia
    stellarum: T II, 839-40; Carmody 172; BLsa 15,
    15c, ff. 229-(362); Wo 2734, 14-15c, (Schulz);
    pr Augsburg, 1491(GW 4643; Klebs 195.1;
    IAL B757); Venice, 1506

Anima est prima actio corporis...
    Definitions: VAp 1143, ff. 46ra-47ra

Anima est quedam forma substantialis...
    Joh. Müntzinger, De anima: Beiträge suppl.
    III,2(1935),1216

Anima est substantia quedam rationis particeps
    ...
    De spiritu et anima: T I,658; PL 40, 779-844;
    CLM 17619, 15c, ff. 93r-122v. Pref. 'Quoniam
    dictum est...'

Anima humana coniuncta est corpori ut deum
    ...
    Comm. Albertus Magnus, Summa naturalium,
    tract.1.: Ea Q.305, a.1399, ff. 1-102

Anima igitur hominis proprie dicitur non etiam
    pecudum...
    Cassiodorus, De anima: PL 70, 1279-1308

Anima igitur proprie hominum dicitur non
    etiam pecorum...
    Rabanus Maurus, De anima: PL 110, 1109-20

Anima in communi accepta secundum quod est
    originale...
    Epitoma Aristotelis de anima: pr with Gerard of
    Hardewyck, Comm. De anima: Cologne, 1497
    (Hain 1711; LC)

Anima in se habet tres naturas...
    De anima: Delisle, III, 84b

*Anima intellectiva et corpore...
    Gowsell(?), De anima: Ol 97, 15c, ff. 146-186

Anima mea in angustiis posita est...
    Isidorus: CU Hh.IV.13, 13c, ff. 37v-54v; Mon
    503, 14c, f. 27r. See 'Venit nuper...', which
    precedes the above

Anima mea novi quam(quod) curiosis...
    Henry of Hesse, Speculum animae: ZB, Beiheft
    II(1888), 9-10

*Anima nascitur sicut tabula rasa...
    Petrus Aquilanus sive Scotellus, In lib. Arist. de
    anima: Wadding; anon. De virtutibus secundum
    Aristotelem: Prag 2362, ff. 1-24(Schulz)

Anima non est inquisitionis physice nisi tam
    quod corpori unita...
    De motu cordis: BN 6443, ff. 182v-184v

Anima quidem secundum quod est perfectio
    corporis...
    De natura et origine anime: CUg 507(385), 15c,
    ff. 163-180v

Anima quodam modo est omnia...
    (Walter) Burley, De anima: Ea Q.312, 14c, ff.
    107v-110

Anima scientiam habet honorabilem et...
    Comm. De anima: Beiträge suppl.III,2(1935),
    842-54

Anima sensibilis est prima perfectio corporis
    naturalis...
    Summa de anima: BMr 12.B.XII, 13c, ff. 207-
    (210)

Anima sicut philosophi huius mundi...
    William of St. Thierry, Physica animae: Tissier,
    Bibl. Cisterc., IV, 71; HL XV, 319. Opens
    Liber II of his De natura corporis et animae: PL
    180, 707-26. Liber I: 'Omne corpus animale
    ...'

*Anima ut testatur philosophus est quodam-
    modo...
    Aegidius Romanus, Prol. Comm. De generatione
    et corruptione: Bruges 498, 13-14c, ff. 147-221v;
    Ea F.16, 14c, ff. 91-127; BMh 4870, 14c, ff.
    81ra-89vb; CLM 14246, 13-14c, ff. 141ra-
    182ra; Wo 2613, 15c, ff. 207-215(Schulz); AL
    1209; etc. HL 30,458; Grabmann, Leidinger-
    Festschrift (1930), p. 81; Bruni, Bibliofilia
    35(1933), 302; pr Naples, (1475); etc. GW
    7198-7201(Klebs 360.1-4; IAL A62-65); Ven-
    ice, 1518; 1520, ff. 2r-46v; 1567

Animadvertendum est autem diligenter...
    Jordanus de Bergamo, O.P., Epitome Aristotelis
    de anima: VAu 207, 15c, f. 218v. Dedic. to
    Frederick, duke of Urbino: 'Cum apud te...'

Animadvertendum est quod aspectus accipitur
    in triplici...
    De aspectibus planetarum: CLM 2841, f. 39r-v

*Animadvertendum primo quid sit...
    Albertus Magnus, De nutrimento et nutribili:
    BLd 150, late 13c, ff. 37r-(42r); ed. Borgnet XV,
    175-84

Animadvertenti mihi domine mi...
    Nicolaus de Comitibus, dedic. De triplici motu
    octave spere: FLa 134(208-140), 15c, ff. 407-
    408. Text, 'Tres esse speras...'

Animadvertenti mihi persepe genus ipsum...
    Hermann Schedel, Pest tract, 1494: Archiv, XIV,
    140-42

Animadverti insignes ac litteratissimi...
See 'Sepe animadverti...'

Animadvertite quod medicine in omnibus...
VI 5253, 15c, ff. 225r-259r

Animal dicitur quicquam in tali spiritu...
Girolla 65

Animal huiusmodi schematis prout presenti carticia...
De elephante: CUc 16, 13c, f. 4r(Atk)

Animal id est antropos. Anima dicitur esse in arsenico...
Nomina sinonomia super alkymiam: CUad 4087, 14c, ff. 264r-269r; BMsl 1754, 15c, ff. 208-213r

Animalia aspirant essentialiter nota...
Tabula in Costa ben Luca de differentia spiritus et animae, versione Johannis Hispalensis: CUpet 208, 15c, f. 17v(Atk)

Animalia multum coeuntia cito senescunt...
De secretis mulierum(?): Reims 897, a.1453, ff. 144-168; VAp 1392, ff. 92ra-99rb

Animalia tribus modis dividuntur. Sunt enim terrestria aeria aquatica...
De natura animalium: BN 7029, 13c, ff. 68r-70v

Animalium autem postquam philosophus declaravit...
See 'Postquam philosophus declaravit...'

Animalium autem quoniam hec quidem sunt aquatilia...
Aristotle, De respiratione et inspiratione: pr with comm. Thomas Aquinas: Padua,1493(Hain *1719, ff. K5r-L3r(Schulz); Klebs 92.3; IAL A912)

Animalium et hominum...
Computus: Melk 367, 15c, ff. 137-144(Zi 11995); MS bound with Regiomontanus, Calendarium: Yale 156, copy 2, pp. 137-144

Animalium partes aut incomposite sunt que...
Aristotle, De historia animalium, tr Theodore Gaza: pr Venice, 1476; etc. (GW 2350-53; Klebs 85.1-4; NYAM 9; AFML 47-49; IAL A870-73); Theophilus de Ferrariis, Propositiones de historiis animalium, Venice, 1493, ff. 121r-136r(83r-98r) (Klebs 395.1; IAL F93); Aristotle, Opera, Venice, 1560, VI, 84-197v; etc.

Animalium partes quedam sunt incomposite...
Aristoteles, De animalibus (Hist. Libri I-X), tr Georgius Trapezuntius: VAu 1320(182), 15c, f. 2v; CLM 116, 16c, ff. 1r-155v(Schulz)

Animalium quedam...
See 'Et animalium quedam...'

Animus literarum bonarum...
Iudicium anni 1418: KlaB XXX.d.4, ff. 151r-165r-167v

Anisali i.e. squilla...
Synonyma Hali: BN 6914, a.1485, ff. 147r-157r (MacKinney)

Anisum alio nomine feniculum Romanum vocatur...
'Incipit tractatus VI libri vegetabilium in quo agitur de herbis' (from Albertus Magnus, De veget. et plantis, lib. vi, tract. ii, beginning at cap. 2, Borgnet X, 219-): BN 7177, 15c, ff. 89v-96v

Anisum calidum est in secundo gradu...
Tabula medicinarum: CUpet 95, II, 15c, ff. 100ra-102ra

Anisum calidum est siccum in egritudinibus oculi...
De quibusdam medicinis simplicibus: Ea Q.210, 13-14c, ff. 131-142

Anisum est semen feniculi canan....
Synonyma Abuali: CLM 205, 15c, ff. 291v-296r(MacKinney). But see above 12-2

Anisum expellit ventrositates maxime assarum...
Incipit Algafiq. (*sic*): VI 5504, 15c, ff. 278r-290v

Anisum primo. Calidum est in secundo...
Avicenne ex secundo Canonis excerpta simplicia habentia proprietatem circa renum et vesice lapidem: VAu 1416, 15c, ff. 107-(114)

Anisum quod alio nomine ciminum dulce dicitur...
De aniso Platearii: CLM 4394, f. 160v

Anni Christi I...littere dominicales...
Prosdocimo de' Beldomandi, Tabulae fixarum... nempe stellarum: VAu 268(511), 15c, ff. 29-(34)

Anni collecti incarnationis Christi Alfonsi Alexandri...
Incipiunt Tabule illustris regis Alfonsi: FL S. Marco 195, 14c, ff. 4r-36r; Björnbo (1912), 128

Anni collecti omnium planetarum...
Roger of Hereford, Tables of 1178: BMar 377, ff. 86v-87; Haskins, 125

*Anni collecti tempus communis...
William Reade, Tabulae astron.: Tanner

Anni domini notantur in presenti linea...
Dionysius Exiguus, Versus de annis, pluribus omissis: Ran 123 (B.3.18), 11c, ff. 12v-13r; FLs 46, 14c, ff. 6-9

Anni incarnationis Christi annumerato anno. . .
> Astronomical tables: Ea Q.366, 14c, ff. 24-25v (Zi 11174)

Anni medius motus solis. . .
> Prosdocimo de' Beldomandi, Tabulae mediorum motuum in annis Christi collectis per 28: VAu 268(olim 511), 15c, ff. 13v-(29): Favaro, BB 12(1879), 187-206

Anni revolutionem sic iudicabis. . .
> Albumasar(?), Liber imbrium: Ma 10063, 13c, f. 44r-v(Carmody 100-101)

Anni solaris quantitatem probabis hoc modo(in hunc modum). . .
> Comm. Sacrobosco, Computus: CLM 5640, 14c, ff. 149va-152vb(Zi 11996); BN 16089, 14c, ff. 262ra-269va

Anni ter deni bis centum mille novem. . .
> De quadam eclipsi solis: ed. Ozanam, Doc. pour l'hist. lit. (H)

Annis Arabum 685 perfectis. . .
> Eclipses 1287-1300: FNcs J.II.10, c.1300, ff. 140v-141r; Björnbo (1912), 197

Annis domini propositis adde 12. . .
> In computum ecclesiasticum regulae brevissimae: VE VIII. 34 (XI 80) 16c, ff. 78-81

Annis non paucis quondam(consequenter) facte . . .
> Galen, De euchimia et cacochimia, tr Nicholas of Reggio: T (1946), 224, item 17; Cues 296, 14c, ff. 1-5v; VAp 1211, 15c, ff. 46r-52r; Dresden Db 92-93, 15c, f. 312v; pr Opera, 1490, I, 143v-147r; 1515, I, 206r-209r; Diels 77; ed. Bardeng, 1937

Anno a creatione mundi 1061. . .
> De prophetia Balaam: VI 4941, a.1431, f. 165v

Anno a nativitate domini. . .
> St. Hildegard, Prophecies for 1348: Brux 1549, 14c

Anno ab incarnatione domini MCCXXIII invente fuerunt. . .
> Comm. Blasius, Circius: BN 14070, 15c, ff. 97ra-101r (TR 313); Speculum 29(1954), 229-30

Anno ab incarnatione domini MCCLII mense Ianuarii indictione decima. . .
> Bruno Longoburgensis, prol. (here follows work itself) Chirurgia magna: CUg 105(57), 14c, p. 249(Atk). See 'Postquam posuimus amice. . .'

Anno abhinc proximo pater. . .
> Matteo Palmieri, dedic. to Cardinal Marcus Barba, tr Aristotle, Meteor.: Na VIII.E.18, f. 137r(Schulz). See 'Cum de primis nature causis. . .'

Anno Christi currente 1468 in nocte sequenti diem. . .
> Paul Eck on comet of 1468: CLM 441, ff. 238r-239v; AIHS XI(1958), 233-34

Anno Christi 1325 in civitate Eborum. . .
> Perscrutator, De mirabilibus elementorum: Metz 287, 14-15c, ff. 267ra-274rb; QE I, 626. See 'In anno Christi 1325. . .'

Anno Christi 1361 completo ad meridiem. . .
> Hermannus de Saxonia (Stilus, Saxo de Norchem), Canones tabularum: Bern 454, ff. 89r-93. See 'Anno domini nostri. . .'

Anno Christi 1435 mense Septembri. . .
> Thomas Broun, Astrological judgment: T IV, 96, n.37; ColR 57a

Anno circumcisionis Christi 1398 die dominica . . .
> Johannes Archerius (Jean le Bègere: Corbett I,45), introd. De coloribus diversis modis. Text, 'Ad ponendum aurum. . .'

Anno domini 1273 die Ianuarii super. . .
> Praedictio eclipsis lune: CUc 15, c.1280, f. 173(Atk)

Anno domini 1298 ante finem Ianuarii. . .
> Peter of Limoges on the comet of 1299: CU Ii.III.3, 14c, f. 283r-v(TR 226b); ed. T(1950), 199-201

Anno domini 1301 primo die septembris apparuit cometa. . .
> Iudicium de cometa: CUpem 227, 14-15c, pp. 221a-222b(TR 233a); ed. T(1950), 203-207

Anno domini 1331 post medium Septembris apparuit. . .
> De cursu et virtute comete: Ea Q.366, 14c, f. 81r-v

Anno domini 1342 incepit primus annus Saturni et hoc in mense Septembri. . .
> BN 7349, 15c, f. 86r

Anno domini 1345(?) magna erat pestilentia et duravit. . .
> VAp 1265, 15c, f. 158r-v

Anno domini 1349 secunda die mensis Martis hora tertia post galli cantum. . .
> Prediction for 1349: BMad 24145, ff. 7v-8r

Anno domini nostri Ihesu Christi 1361 completo. . .
> Hermannus de Saxonia, Canones tabularum: Metz 287, ff. 48ra-50vb. See 'Anno Christi 1361. . .'

Anno domini 1366 septima die Augusti hora prima...
> Eclipses predicted for 1366-1386: Utrecht 317, 14c, f. 103v (figures, 105v, 106r, 107r)

Anno domini 1368 a vigilia palmarum...
> Henry of Hesse, Quaestio de cometa: T III, 744, 747; ColR 37c; ed. H. Pruckner (1933), 89-138

Anno domini 1378 mensis Octobris in nobili civitate Mediolano...
> Prescription against pest: CLM 323, ff. 119ra-122vb

Anno domini 1384 ego Leonardus...
> Alchemy: BEC 97(1936), 132-141

Anno domini 1389 ego Iohannes de Hese presbyter...
> Johannes de Hese, *or* Jean de Hees, Itinerarius: Ghent 13(356), 15c, pp. 85-104; CLM 18770, ff. 166r-176r; pr (Cologne, 1500); Hain*8535; Klebs 558.5; IAL H133

Anno domini 1424 in civitate Tiburtina accidit pestis...
> Pestis sine glandula, following the Excerpta ex tract. de peste Theobaldi de Loveti, and may be part of the same: BN 6863, f. 57r-v

Anno domini 1439 primus ciclus communicationum...
> I. Johannes de Gmunden, Kalendarium: KlaB XXX.e.3, 15c, ff. 1v-18v.
>
> II. Nicolaus de Marienwerder, Calendarium cyclicum pro annis 1439-1803: VI 4007, a.1449, ff. 77v-90v; 122v-129v

Anno domini 1439...Si vis scire aureum numerum alicuius anni...
> CLM 14504, 15c, f. 13v

Anno domini 1441 videlicet anno cicli solaris...
> FLa 1172(1101), 15c(?), f. 8v

Anno domini 1443 fluenti sol prima...
> De dispositione aeris: BN 7443, 15c, ff. 118r-120

Anno domini 1449 introitu solis in arietem...
> Catin. 85, 15c, ff. 269v-270v

Anno domini 1456 currente sol...
> De equationibus dierum: VI 5203, 15c, ff. 70r-71v; Zi 11175. Zi(1938), 220, attributes to Regiomontanus

Anno domini 1472 in diebus Ianuarii...
> Astrologus prope Nuernbergam in oppido New-marckt, On comet of 1472: CLM 3586, ff. 255r-256r (T IV, 430); AIHS XI(1958), 236-37

Anno domi 1472 secundum romanos philosophus...
> Jeronimus Herfordie, Prediction for 1472: T IV, 428; VI 4764, f. 186r

Anno dominice incarnationis domini nostri Ihesu 1483...
> John Walter, Canon to astronomical Table: Oma 182, 15c, ff. 45ra-46vb

Anno elapso quonam pacto...
> Gaspar Torrella, Pest tract: Archiv XVI, 181

Anno gratie 1350 fuit questio disputata...
> Themo Erfurtensis, Optima quaestio de uniformi vel difformi motu planetarum: T III, 587-88; ColR 62, 63

Anno igitur ab incarnatione domini 1188...
> Giraldus Cambrensis, Itinerarium Cambriae: RS VI, xvii

Anno igitur M.CCCC.xviii incompleto...
> Petrus de Monte Alcino, Iudicium for 1418, text: VAb 343, 15c, ff. 51-54(Silverstein)

Anno igitur millesimo quadringentesimo non completo tricesimo...
> Petrus de Monte Alcino, Iudicium astrologicum de anno 1430: T IV, 92; ColR 162

Anno incarnationis domini nonagentesimo sexagesimo quinto...
> Guilelmus Cabillonensis, De fulmine quo percussum est S. Petri Cabillonensis monasterium: PL 134, 1017-20

Anno incarnationis domini 1312 12a die Martii...
> Considerationes facte de locis planetarum ad civitatem Parisiorum annis Christi 1312-1315: Oc 144, ff. 97r-98v (TR 222); ed. Isis 38 (1948), 200-205

Anno 1348 die mercurii novembris 26...
> Petrarch, Observationes quaedam super agricultura: VA 2193, a.1348-49, f. 156r-v; ed. Nolhac, Giornale XI(1887), 406

Anno nonagesimo nono Augustus. Coniunctio precedens introitum solis in libram...
> Weather record, 1399-1406: Basel F.III.8, 15c, ff. 116ra-222v (TR 311, 329); Isis 32 (1940-1949), 304-23

Anno primus id est de fg designat quadrangulum horizontalem...
> Celestial sphere: CLM 24105, ff. 53v-57r

Anno 630 et 10 mensibus A.D. 1282 13a die Ianuarii...
> Calendarium eclipsium lunarium, 1282-1300: BMsl 3281, 13-14c, ff. 15, 23

Annorum duo sunt genera...
Summa mag. Wilelmi de compoto: Haskins 86

Annorum et dierum omnium...
Alphonsus rex, Tabulae: Brux 10119, a.1410, ff. 24-80v

Annos ab origine mundi inventurus accipe secundum LXX ordines...
Mon 442, 13c, ff. 58v-60v

Annuli fabricam aggressurus...
Circular sun-dial: Zi 9007-8

Annum discerne per partes suntque quaterne...
BN 8653A, f. 24 (H)

Annum sol duodena means per signa rotundat...
Fulbert, Carmen de signis mensibus et diebus: BN 14167, f. 65; BN 2872, f. 124; PL 141, 347; anon. BN 12117, 11c, f. 127v

Annus bis nonus post centum bis quater annos
...
Dicuil, Epistula census *or* censuum: Revue belge, XIV(1935), 32

Annus dicitur ab anfractu solis.   Peractis enim ccclxv diebus...
De anno eiusque partibus et de earum nominibus: CLM 9920, 12c, ff. 12v-13r

Annus est circuitus solis...
Expositio de annis: Chartres 70, 9c, f. 81v

Annus est circulus qui mensibus in currentibus volvitur...
Notes or tracts on the calendar, meteorology, etc.: BMr 7.D.XXV, 12c, ff. 63-(65); Haskins 31

Annus futurus initium sumet ii. martii hora 15
...
Paul of Middelburg, In iudicium pronosticum circa annum 1482: Perugia, 1481 (Hain *11144). Pref. 'Quantum fatali...'

Annus habet menses bis sex...
Computus manualis, in prose and verse, imperfect: BMsl 3024, 15c, ff. 1-111

Annus igitur Arabum secundum lune...
Mohammed ben Musa al-Khwarizmi, Astronomical tables, revised by Maslama at Cordova, tr Adelard of Bath: Haskins 22; revised by Robert of Chester, Ma 10016; Millás (1942), 249: ed. Björnbo and Besthorn, 1914; Carmody 46-47

Annus iste videtur...
Johannes Laet, Prognosticationes eventuum futurorum: Brux 1109, 15c

Annus itaque solaris vere loquendo temporis spatium est...
Expositio tractatus Thebit ben Chorat de motu octave spere: Utrecht 725, 15c, ff. 193v-199v

Annus lunaris secundum Arabes habet dies 354...
Plimpton 350, 15c, ff. 20r-22r

Annus solaris...   Ars calculatoria: James 452

Annus solaris absque bissexto habet dies...
CUmc 167, 12c, ff. 6-7

Annus solaris habet quatuor tempora menses XII...
Computus: VA 645, 9c, f. 48; Zi 11998-12002; BLau F.5.19, 12c, f. 25-; cap. II, Hyginus, Astronomicon: Mon 334, 9c, f. 38; Bede: Padua, I.27, 9-10c, ff. 92r-93r

Annus solaris habet trecentos dies et...
Excerpts from Bede, De temporibus: Durham, Hunter 100, early 12c. ff. 59r-60v; Saxl(1953), 445

Annus solaris qui magnus sepe vocatur...
Manfredi carmina: Basel F.V.6, ff. 109ra-115vb; VA 1548, 12c, ff. 51r-65r; PL 94, 641-655

Annus solaris ut maiorum constat sollertia investigatum...
Helperic of Grandval, De compoto lunae, cap.1: L. Traube, Vorlesung und Abhandlungen, III (1920), 128-152; ed. Neues Archiv XVIII (1893), 73-105; PL 137, 17-48; BMh 3199, 11c, ff. 31r-55v; BMad 40744, 12c, ff. 1r-10v; BMr 12.D.IV, early 12c, ff. 17r-(36r); 12. F.II, 12c, ff. 2r-(22r); CUsj 22, 12c, ff. 90-111; CUg 136, 14c, p. 109

Annus solis continetur...
Bede, De ratione temporum: Angers 476, 9c, ff. 59-68; BE Phil. 1711, a.1048, ff. 99-100v(Zi 10327); PL 90, 293-94

Annus teste Beda in tricesimo sexto capitulo...
De manuali kalendario: BMc Claudius A.IV, 13c, f. 34va-.   See 'Finito manuali...'

Anser sumatur veteranus qui videatur...
Unguentum (ad podagram): BHM III(1935), 163-164, from 2 Tours MSS; Giacosa (1901), 377 (Schulz); Mon 121(Fonds de Clairvaux), 12c, no. 4; Oma 173, 14c, f. 221; BMsl 352, 15c, f. 30v, Versus 14 de unguento anserino

Ante alium vina...   See 'Ante cibum vina...'

Ante boves aratrum res intendens speculari...
Carmen de mathematica cum comm.: VI 4770, 14c, f. 174r-

Ante cibum vina(vinum) tibi sumas pro medicina...

Versus medicinales: VI 3162, a.1442, f. 143v; Saxl (1927), 127; CLM 5595, f. 49; 8884, f.139; 8953, f. 113; 15716, 15c, f. 1; 15719

Ante exercitationem calefacere moderate corpus oportet...

Oribasius, In medicinae compendium ad Eustathium filium: Beccaria p. 404; pr with Caelius Aurelianus, Basel, 1529; Bussemaker et Daremberg V,799. Pref. 'Ex iussione domini...'

Ante omnem purgationem particula(particularem) est(ex)...

Glossa super Viaticum: CU 1708(Ii.I.16), 14c, ff. 61r-109v; CUg 190, 15c, ff. 102r-109v

Ante omnia primum est oriens...

Zael, De domibus duodecim: Ea Q.372, 14c, ff. 146v-230

Ante philonium...

Medicinale Alexandri: James 480

Ante remedia localia ad fistulam sicut sapientes...

Consilium ad fistulam: VAp 1240, ff. 148r-149v

Ante tamen ista oportet motores...

See 'In anno Christi 1325...'

Ante volumina ad erbas perquirendum arcilleor id est origanum...

Vocabularium medicinae: GU 96(I), 9c, ff. 1r-19(18)r

Antecedit manus evacuationem et exituram in egritudinibus...

Signa critica secundum Galienum: i.e. liber de criticis diebus, cap.1: CUg 181(214), 15c, pp. 443-446

Antemus id est canamillis. Altea. id est wirtmalve...

Nomina herbarum: BMsl 962, ff. 10v-11v

Antequam accedamus ad curam doloris capitis...

I. Baverius de Baveriis Bononiensis, Practica medicinalis: VAp 1282, a.1469, ff. 1r-(208v)

II. Giovanni Garzoni, Practica medicinae: BMh 3747, a.1477, ff. 2ra-206va (This text incipit at fol. 5ra). Prol. 'Sepe et diu...'

Antequam ad cognitionem textus procedamus...

Albert of Saxony, Expositio super textus libri phisicorum: Bruges 477, 14c, ff. 1-60r

Antequam ad explanandas huius artis methodos accedamus...

Antiochus Tibertus, De chiromantia libri III: T V, 54-55, 673, etc.; pr Bologna, 1494(Hain *15519; Klebs 973.1); Mainz 1541; anon. FL Plut. 89, sup., cod. 35, 14-16c, ff. 217-(271). Pref. 'Cum omnis nostre vite...'

Antequam ad littere expositionem procedamus...

Erhard Knab, Comm. liber dietarum Isaac: VAp 1140, a.1472, ff. 1v-225v

Antequam ad positionem dictorum signorum accedam...

Antonius de Scarparia, De signis febrium, cap. i: FR 2153, ff. 61rb-101rb(incomplete)

Antequam ad textum tractatus sphere accedamus...

Wenceslaus Faber de Budweis, Comm. Sacrobosco, Sphera: T(1949), 40-41, n.84; Wi 79, a.1518, ff. 58-77

Antequam beatissime pater...

Constellations: Wo 2637, 15c, ff. 124-127(Zi 3270)

Antequam descendam...

Errores cuiusdam Parisius revocati: Ea Q.151, late 14c, ff. 9v-10

Antequam ergo detur medicina tria sunt notanda...

Graz 311, 15c, ff. 1ra-20ra

Antequam exercere quis incipiat...

Oribasius; BN 10233, 7c, ff. 2r-263r. Pref. 'Ex iussione divi Iuliani...'

Antequam Hippocrates Chous percipiat iuramentum...

De incipiente sectam medicinae: Beccaria 5.1 and 5

Antequam innotescat...Quia canon precedens obligat medicum...

Arnald of Villanova, Tabulae: Glorieux I, 420; HL 28, 59; pr Opera, 1504, ff. 128rb-130rb

Antequam invadam presentem materiam pro mei informatione...

Blasius of Parma, Iudicium revolutionis anni 1405: BN 7443, ff. 11v-17r; T IV, 76-78

Antequam iudicii dies metuenda. Veniat super omnia mundi amonenda...

CLM 22292, 12-13c, f. 56r-v

Antequam modum...

Astrology: Bamberg mat. 4, 15c, ff. 175-181(Zi 9936)

Antequam philosophus accedat. . .
Comm. Aristotle, Physics: Budapest 119, 15c, ff. 2v-81

Antequam principale propositum. . .
Computus: Vorau 33, 12c, ff. 38r-44v; Bern 519, 13c, ff. 208-230(Schulz)

Antequam procedatur ad iudicium. . .
Tabulae Humfridi ducis Glowcestriae in iudiciis artis geomantie: BMar 66, 15c, ff. 277v-(287)

Anticipans natus vel partus decem diebus a nono mense. . .
VA 2484, f. 238rb-vb

Antidotarium probatissimum ad capitis dolorem . . .
BMr 12.B.XII, 13c, ff. 69v-(80r)

Antidotum ad filios procreandos Recipe leuco-piperis. . .
Nicolaus, Experimenta secreta extracta ab Avicenna et aliis: Basel D.III.6, 13c, f. 124r-v; AMH (1940), p. 283 and n.46

Antidotum ad omnes venenatas potiones et ad omnes morsus. . .
CLM 18444, 15c, f. 308r

Antidotum Adriani optimum quod facit ad omnes desperationes mortis. . .
Antidotarium: Beccaria 96, 11; 108, 11

Antidotum atrianion singulare et precipuum. . .
Glasgow Antidotarium: Sigerist 100-160

Antidotum aurea Alexandrina. . . See 'Aurea Alexandrina faciens ad. . .'

Antidotum dinamidium quo utebatur Galienus . . .
Brux 2430, 12c, ff. 117v-120

Antidotum Esdre maius quod prodest multis langoribus. . .
Montecassino, Archivio della Badia V, 225, 11c, pp. 81-128: Beccaria 96, 12

Antidotum gariofilatum ad stomachum. . .
BMr 12.E.XX, 12c, ff. 156r-(162v)

Antidotum gyra Galieni val de bonum. . .
Berlin Antidotarium: Sigerist 67-77; Beccaria 50.6

Antidotum pancristum qui ad omnes fortitudines. . .
Reichenau Antidotarium: Sigerist 40-65

Antidotum pestilentiale est duplex: preservativum et curativum. . .
See 'Salus corporis (potissime) consistit in. . .'

Antidotum pigra magni Alexandri. . .
Oc 189, 11-12c, ff. 1-(5)

Antidotum probatissimum ad capitis dolorem scotomiam. . .
Antidotarium: BMr 12.B.XII, 13c, ff. 70-(80)

Antidotumque salubre diurna glossa fit inde. . .
Poema de variis herbis, gemmis, etc.: BLd 69, 13-14c, ff. 192r-195r

Antimonium. . .
Alphabetical list of medicinal simples: Giacosa 503

Antimonium est de partibus saturni et in omnibus modis. . .
Artephius, Liber secretus: Rome Vit.Em. Gesuitici 2465, ff. 1r-30v; pr Frankfort, 1685, pp. 13-59

Antiqua compositio quadrantis difficilis esse noscitur atque tediosi laboris. . .
George Peurbach, Compositio cithare horarie: Yale MS with item 156, copy 2, pp. 238-245; cf. Zi 7723

Antiqui bifariam intendunt. . .
Antonius de Avisio, De compositione medicinarum: VI 5391, 15c, ff. 218r-222r; Millás (1942), 145. See 'Antiqui medici bifariam. . .'

Antiqui dicunt hii quod generatio simplex. . .
Henry of Avranches, De generatione et corruptione: CU 704(Dd.XI.78), 13c, ff. 156r-165r

Antiqui medici bifariam intendunt medicine compositionem in experimentis. . .
Toledo cap. 98-4, 13c, ff. 1r-46r; Millás (1942), 145

Antiqui medici volentes de peste tractare. . .
Ludovicus Haspis de Nesutiis de Forosempronio, Pest tract: VAu 1430, a.1457, f. 2-

Antiqui philosophi sapientes in septem figuris. . .
De septem figuris planetarum: Ea Q.361, 14c, f. 59r-v

Antiqui philosophi temperamentum ferri sic faciebant. . .
Series of recipes and tricks: BN 7400A, 13c, ff. 50va-56ra; noted only in part, Corbett I, 139

Antiqui quidem philosophorum iuvare studentes. . .
Galen, De causis procatarticis, tr Nicholas of Reggio: T(1946), 221; BN 6865, ff. 6rb-10v; Dresden Db 92-93, 15c, f. 445v; pr Opera, 1490, I, 130r-133r; 1515, II, 15v-18v; K. Bardong, Berlin, 1937; Diels (1905), 144

Antiqui sapientes in iudiciis suis. . .
Albumasar, De partibus et earum causis: Stein-schneider (1906), 36-37; Carmody 98. See 'Sapientes Indi. . .'

Antiqui siquidem medici in causis. . .
Raymond Chalmelli de Vivario, not Chalin, cap.1, De peste: Chartres 403, 14c, ff. 80-127; CLM 18444, a.1448, ff. 220r-266r. Prol. 'Deum posco auxiliatorem. . .'

Antiquiores dissenserunt. . .
Carmody 124. See 'Quia priores. . .'

Antiquissimi philosophorum viderunt hunc lapidem. . .
Alchemy in 6 chapters: BN 14006, ff. 69r-73r; Corbett I, 181

Antiquitus in ecclesia pascha xviiii luna cum Iudeis celebrabatur. . .
Cyril, De pascha: Bern 610, 10c, ff. 69v-71v

Antiquo ac paterno omnium. . .
Gabriel Zerbus, prol Gerontocomia. Text, 'Senectus quam Galienus. . .'

Antiquorum autem quidam. . .
Gerardus de Brolio, Quaestiones de generatione et corruptione: Ran 549(F.3.1), 15c, ff. 77-82

Antiquorum patrum exemplis didici nonnullos
. . .
Arnald of Liége, Alphabetum narrationum: Bor-ghesi 87, 14c, 163 ff.

Antiquorum porro astrologorum peritissimi. . .
De apertione portarum: Ea Q.365, 12-14c, ff. 51-52; Ea Q.374, 14c, f. 86r-v(Zi 9937-38). See 'Apertio portarum. . .'

Antiquorum principum reverendissime. . .
Joh. Jac. Bartolotti of Parma, Opusculum anti-quitatis medicinae ad Nicolaum Mariam Esten. episc. Adriae, a.1498: VA 5376, ff. 1-18v; Isis XIII(1929), 62

Antiquorum secreta rimando(ruminando) philo-sophorum. . .
Ptolemy, Astrological images: 14 lines of text: BN 17178, 15c, f. 33v; cited Prag 1609, 14c, f. 41v

Antiquorum studiis nimium approbandis. . .
Extravagantia et nova experimenta, pref.: BMad 41486, f. 155v; text, 'Salis metallini. . .' See 'Post antiquorum. . .'

Antiquorum toto nisi a me visa et perlecta. . .
Transmutatio metallorum secundum Albertum et Geber: KlaB XXIX.d.24, 15c, ff. 22r-95r; Al-bertus Magnus, De mineralibus, III, 9

Antolla minor. Ad sanandum omnia vulnera
. . .
Herbarium sive herbarum tabulae: BLcm 408, 15c, ff. 1-(116); BN 17844, 15c, ff. 28v-151vb (at ff. 1-28r, only figures and names of herbs)

Antonius Cermisonus nostro tempore. . .
Christophorus de Barziziis, pref. Introductorium: BN 6993, 15c, ff. 1r-31v. Text, 'Circa ergo opus. . .'

Antonius Musa cuius magister Agrippa salu-tem. . .
Epistola missa Caesari Augusto de herba vetonica: BN 6862, 10c, ff. 20r-22v; Mon 277, 15c, ff. 1v-3v; Corbett II, 77. See 'Caesari Augusto. . .'

Antonius Musa Marco Agrippe salutem Cesari Augusto. . .
BLas 1431, c.1100, f. 3. See 'Caesari Augusto . . .'

Antrax id est rubor in superficie cutis. . .
Nomina infirmitatum Graecorum: Bern 337, 11c, ff. 9r-14r; BNna 356, 13c, ff. 46v-53r; VAr 1260, 10c, ff. 177r-178v(MacKinney)

Antrax sic curatur pulvis salis communis. . .
Medical compilation: BMr 12.B.XXV, 15c, ff. 138-201r

Anulum temperate calide et humidum quid. . .
De anulo et aliis speciebus: CU 292(Dd.V.53), 15c, f. 137vb

Aperi quesimus domine in cordibus nostris. . .
Geomantia ducis Austrie antiqui: Cop GL.kgl.S. 3499, 8vo. chart., 15c, ff. 2-50: TR 259a

Aperiam in parabolis os meum. . .
Odo of Cheriton, Exempla de animalibus: BLh 99, 14c, ff. 221-238

Aperiam os meum in parabolis etc. Legitur. . .
Odo of Cheriton, prol. Exempla de animalibus: BMr 7.C.1, 14c, ff. 121v-131; Budapest 230, 15c, ff. 1-21; L. Hervieux, Les fabulistes latin, Paris, 1896, II, 588, IV, 173-248; J. Th. Welter, L'Exemplum, 1927, p. 128

Apertio portarum dicitur cum (coniungitur) planeta. . .
Iudicium de pluviis et ventis: Saxl (1927), 130; Carmody 81; CUcl 15, c.1280, f. 6v(Atk); Bos-ton Medic. 20, 14c, ff. 184r-185v; BN 18504, 14c, ff. 187v-188v

Aperuit thesaurus dominus mirifice caritatis. . .
Albertus, De lapidibus, IV De consecratione: CUc 243, 13-14c, ff. 40v-43; not in BN 7156; VAr 1106, 14c, f. 39v

Apes quam plures videre populum significat. . .
Daniel, Sompnia: VI 5154, 14c, ff. 25v-29r

Apes vel aves videre et cum eis pugnare. . .
Liber de somniorum interpretatione ordine alphabetico: Oa 81, 15-16c, ff. 232-240. See 'Aves cum se pugnare. . .'

Aphacim id est medicus. . .
Avicenna, Synonima: FNcs G.V. 1290, 14c, ff. 102r-106v; AL 1402. See 'Alfachim (id est) medicus. . .'

Aphita est farina ordei. . . See 'Alphita. . .'

Aphorismorum compendiolum mi rex petisti. . .
Almansor, Iudicia seu propositiones, tr Plato of Tivoli: pr with Ptolemy, Venice, 1493, ff. 120va-122rb(Klebs 814.2; IAL P995); with Hermes Trismegistus, Venice (1492)(Klebs 511.1; Hain *8464); with Albubather etc., 1501, ff. 26rb-28rb; with Firmicus Maternus, 1551, pp. 93-100

Aphorismorum Ypocratis huius nove editionis ea causa extitit. . .
Prol. Oribasius, In librum aphorismorum Hippocratis: Admont 254, 13c, ff. 74v-82r(Schulz); BN 7102, 13c, ff. 33r-96v; Ea F.238, 13-14c, ff. 9-19; anon. Edinb.Advoc. 18.3.13(II), 12c, ff. 50r-124v; EU 163(III), 12c, ff. 72v-118v; CUpet 251, 13c, ff. 97v-102v. See 'Temporibus Hippocratis doctissimi. . .'

Aphorismus dicitur sine diffinitione ab(a) quod est. . .
Scholium in Hippocratis Aphorismos: CUc 364, 13c, f. 13v(Atk)

Aphorismus enim dicitur ab a. quod est. . .
Comm. Hippocrates, Aphorisms: Yale, Codex Fritz Paneth, 14c, pp. 14-30

Aphorismus est sermo brevis integrum. . .
Qualis debeat esse phisicus: BLd 69, f. 76ra

Aphorismus est sermo diffinitus ab aliis. . .
Vocabularius(medical): CLM 4622, ff. 50r-53r; ed. Studien (1931), 21-24

Apibus non longe stationem a domiciliis. . .
De regimine apum: KlaB XXX.d.1, a.1419, ff. 36r-40r

Apio et aceto sarpullo minuto. . .
SG Stift 44, 9c, pp. 337-354; Beccaria 129. 26

Apium ache merthe anoncia. . .
Nomina herbarum in lingua latini, italici, anglici: CUg 451a, 14c, ff. 15-16v

Apium commune smalache apium ortolanum. . .
List of herbs in Latin and English: CUt 1337 (O.VIII.2), 14-15c, ff. 6-11, 'Explicit per fratrem Ric.Tenet'

Apium risus or herba scelerata. . .
Herbal, Latin and English: CUt 905(R.XIV.32), 15c, ff. 2r-65r

Apollo. Incisiones flebotomias. . .
Epistola de incisione: BN 11219, 9c, f. 35v

Apollonis. . . See 'Appolonis. . .'

Apollonius sive ille magus ut vulgus loquitur. . .
Legend of Apollonius: BN 13951, 12c, verso of inside cover

Apoplexis est opilatio omnium ventriculorum cerebri. . .
Vocabulary, medical: Breslau 1302, ff. 135v-138v; ed. Studien (1931), 13-20

Apostema est inflatio seu tumor preter naturam . . .
VAp 1260, 15c, ff. 176ra-183vb; CLM 4119, f. 454

Apostema est tumor vel inflammatio membri. . .
Erhard Knab, Chirurgia bona: VAp 1183, a.1466, ff. 277r-363r

Apostema est tumor vel inflatio preter naturam . . .
De apostematibus: CUad 4407, 13c, f. 2v; VAp 1225, ff. 326(345)v-330(349)4; fragment

Apostema (et) tumor idem sunt. . .
Liber medicinalis: Prag 2292, 14-15c, ff. 172r-207v; Dublin, Trinity Coll.1433(E.3.3), 15-16c, pp. 25, 34, and 47, Latin and Irish

Apostema in stomacho et intestino fit ex calidis humoribus. . .
(Johannes de Sancto Paulo): BMsl 418, ff. 327r-328r

Apostemati gutturis et vulve ad omnia genera suffocationum. . .
Jacobus de Partibus, cap.1, Summula. See introd. 'Cum nunc tempestatis. . .'

Apostolatus vestri scripta diacono Panormitanae. . .
Pascasinus, Epistola ad Leonem papam de pascha: Bern 610, 10c, ff. 73v-75v; cf. Leonis Opera, Rome, 1753, II, 18

Apostolicon sic fit litargiri uncias septem cere. . .
Tractatus medicinalis: CUt R.XIV.31, c.1200, f. 66v(Atk)

Apozima ad purgandum. . .
De apostimatibus, cibis, pigmento, emplastris, salsamentis, clisteribus, suppositoriis et pessariis: Ea F.77b, 14c, ff. 146v-147v

Apparatus iste dividitur in quatuor principales. . .
> Raymond Lull, Apparatus, to Edward, king of England: T IV, 628

Apparet egritudinis principium non a sensibili lesione. . .
> Lucius Bellantius, Medical disputation: VAp 1258, 16c, f. 81r

Appellatur libriculus iste Septem Gaudia. . .
> Alchemy: Mi D.130.inf, ff. 321r-326r

Appolonis greci primi medicine repertoris. . .
> Christophorus de Honestis, De venenis: BN 6910, 15c, ff. 87ra-112vb, table of contents to 113ra; T III, 538-40

Apprehende eum vivum et ieiuno ac vivo extrahe dentes. . .
> De taxo: Beccaria 62, 4; 124, 4

Apprehendes serpentem pluvialem. . .
> Alexander (of Tralles?), Ad hydropicos (excerpta): BE Phillipps 1874(121), 12c, f. 39v; Diels (1906), 13

Aptabis globum bene tornatum. . .
> Celestial sphere: Maihingen II,1.2° 110, a.1499, ff. 175v-182 (Zi 4517)

Aptabis instrumentum. . .
> See 'Gnomonem geometricum. . .'

Aptissimam aquam aptissimam esse congruit secundum gustum. . .
> Galen, De aquis, tr Nicholas of Reggio: VAp 1211, 15c, ff. 31vb-32ra; T (1946), 221

Apud antiquos artis nostre tractatores pauca quidem. . .
> Constantinus Africanus, Liber graduum: PA 750, 14c, ff. 92-99; T I, 750-51; anon. BN 6891, ff. 88va-89ra; Renzi V, 117

Apud Chaldeos magi dicti sunt qui apud Grecos. . .
> Jacob Faber Stapulensis, De magia naturali, cap.1: VAr 1115, ff. 1r-96r; anon.: De magia sive de philosophia naturali (especially astrology): BN 7454, 16c, ff. 4r-34v

Apud Euganeos colles agri Patavini sunt fontes. . .
> Johannes de Dondis, De fontibus calidis agri Patavini consideratio ad magistrum Jacobum Vicentinum: Mi H.107 sup., a.1429, ff. 170r-182v; T III, 392-97; pr De balneis, ff. 94r-108v

Apud Grecos ab ornatu appellatur cosmus. . .
> Quedam alia de ratione computi: BMsl 263, 11c, f. 13r-

Apud homines vulgi currit. . .
> De stellarum motibus: KlaB XXX.d.4, f. 139r

Apud latinos artium principiis quedam ars. . .
> Albumasar, Maius introductorium in astronomiam, tr Hermann of Carinthia: Oc 95, 12-13c, ff. 59-108; Björnbo(1912), 195; Haskins 45; Carmody 90; pr Augsburg, 1489; IAL A326, Klebs 38.1, etc. cap. i, 'Prima itaque causa. . .'

Apud longe antiquos non fuit luxuria. . .
> Epistula pepiodeotecon: BN 11218, 9c, ff. 6r-10v: Beccaria 34,2

Apud mulierem in qua adeps emaneat superius . . .
> Galfridus Mydleton, De urinis mulierum: BMsl 1571, 15c, f. 111r-v

Apud naturam duo tantum sunt genera. . .
> 'Tractatus generum secundum magistrum Robertum Allyngtone': BLd 98, early 15c, ff. 4-(7)

Apud omnium medicorum sententiam precipue Galieni. . .
> Michael Savonarola, Practica, cap.1: VAp 1081, 15c, ff. 176r-179r; CLM 12021, a.1447, ff. 14ra-51va

Apud paleon(paloen, pollenarum) nostre artis tractatores. . .
> Magister Zacharias, Tract. de passionibus oculorum qui vocatur sisilacera id est Secreta secretorum compilatus circa annos 1143-80: ed. from 5 MSS, Pansier (1907), 77-92; F. A. Krah, Ein Münchener HS Augentraktat, Diss. Leipzig, 1923(Schulz); Basel D.III.1, 15c, ff. 147ra-150va. Theophilus, De oculis, Bern 216, 13c, ff. 65rb-68. Incorrectly represented as tr Gerard of Cremona: Steinschneider (1906), 51, 85-86; Diels (1906), 105; see CLM 267, 14c, f. 116v.

Apud philosophos quatuor nature. . .
> Glosule Philareti Pulsus: CLM 28219, f. 37 (Schulz)

Apud plurimos medicorum quidem est impossible. . .
> Galen, De pronosticatione, tr Nicholas of Reggio: T (1946), 228; PAM 51, 15c, f. 180; BN 6865, ff. 179v-186r; Dresden Db 92-93, 15c, f. 1; Diels (1905), 100; Opera, 1490, I, 73r; 1515, II, 85r-88v

Apud Syracusas Archimedes Syracusanus sphere inventor. . .
> Jacobus Faber Stapulensis, comm.John of Sacrobosco, Sphaera: T (1949), 40, n.83; pr Paris, 1494; Venice, 1499, f. 70r; Paris, 1500, f. 3v; Polain 2306-2307; Yale 82, 83; Klebs 874.13, 26, 27, 29; IAL J372, 376, 380

Apud Tuanam civitatem Cappadocie...
De mirabilibus rebus, tr from Greek, Raymond
Lull(?): T IV, 62, n.220

Apud Tyanam civitatem que est Cappadocie
metropolis...
Aristotle, Libellus de admirandis in natura auditis,
tr Ant. Beccaria of Verona: pr with Theophilus
de Ferrariis, Venice, 1493, ff. 113r-178v; Klebs
395.1; IAL F93

Apud veteres medicos balneum stupha lavacrum...
Michael Savonarola, De balneis et thermis
naturalibus: T IV, 197-214; pr Ferrara, 1485;
Bologna, 1493; Klebs 884.1-3; IAL 265-67;
885.3; Yale 84, ff. 112v-136v; De balneis, ff. 1-
36v

Apuleius Plato(n) ad concives(cives) suos. Ex
pluribus...
Apuleius, Herbarium: Giacosa 359; BN 6862,
10c, f. 22v-; BLas 1431, c.1100, ff. 5v-31; CUg
345(620), 14c, ff. 94v-98v; Mon 277, 14c, f. 3v;
Corbett II, 77; etc. See 'Ex pluribus paucas...'

Apuleius Platonicus. Ex pluribus paucas vires
...
Herbarium Apulei: pr (Rome, c.1483-84); Klebs
505.2-3(var); GW 2300; IAL H52

Aput... See 'Apud...'

Aqua ad dissolvendum arsenicum. Recipe de
sale arsenico...
See 'Recipe de sale arsenico...'

Aqua ad dissolvendam lunam(?) et mercurium
in aqua...
VI 5491, 15c, f. 12r

Aqua ad dissolvendum mercurium...
Helias frater, Vade mecum: VAb 273, f. 284

Aqua ad faciendum litteras aureas super ferrum
...
FLgr 137, early 15c, f. 22v; ed. Ambix V(1956),
97

Aqua ad scabiem optima et perfectissima. Recipe argenti sublimati...
CLM 4119, f. 722r-v

Aqua ardens facta de vino in quo primis tribus
diebus rosmarinus fuit...
Aliqua experimenta: VAp 1177, 15c, f. 35r-v

Aqua ardens ita fit...
CLM 197, f. 75v

Aqua ardens solet dici...
Virtus ardentis vini: VI 4062, 14-15c, ff. 176v-
177v

Aqua ardens supernatat omnes liquores. Item
aqua...
Aque ardentis virtutes: BMh 5399, 15c, ff. 157v-
159(DWS 1039)

Aqua bona et fortis resolvens omnia corpora...
Guido Montaynor, Alchemical recipes: Oc 136,
15c, ff. 15v-20v (DWS 297)

Aqua calida citius coagulatur quam frigida
quia...
Secreta Galieni, Canones quos misit ad Monteum
regem Assiriorum: BN 7031, 15c, ff. 1r-17v;
T II, 776

Aqua celidonie distillata per triduum est valde
dulce...
CUt O.VII.35, 15c, f. 216r

Aqua composita contra calidas et frigidas
passiones...
Albertus de Alamannia, Tract. aquarum: VA
5377, 14-15c, ff. 137r-138r

Aqua contra tumorem palpebrarum ex frigida
causa...
De aqua que diversas passiones curat: CLM 9901,
f. 249v

Aqua de salgemma ad mundificandum cutem
oculorum a morphea...
Petrus Hispanus, De aquis oculorum: VI 5305, a.
1459, f. 41r-v

Aqua dealbadina cutis et decorans facie...
Medicinalia bona et virtutes pulcherrime (by a
master studying at Cologne): CLM 259, f. 183r

Aqua ergo nostra tribus naturis componitur...
Raymond Lull, Repertorium: CLM 25115, 15c,
ff. 181r-183r; T IV, 648

Aqua est corpus homogeneum (componitur) ex
materia et forma...
Maino de' Maineri, Liber medicinalis octo trac-
tatuum: CUpet 182, 14c, I, ff. 1-108; VAp 1213,
15c, ff. 1ra-94vb; Alvardi (Arnaldi?) de Villa
Nova, Tract. primus de aqua: BN 6972, ff. 3ra-
69vb

Aqua est primum elementorum...
See 'Quia Galienus medicorum eximius...'

Aqua extinctionis auri candentis...per hunc
modum fit...
Maino de' Maineri, De aquis artificialibus: VAp
1229, ff. 279ra-283va; VAp 1205, f. 118; Gö
Meibom. 171, 15c, ff. 23v-(29). A part of
Maino's longer Liber medicinalis: VAp 1213, ff.
12va-25vb; Summa 3, tract. i: MU Q.808,
a.1466, ff. 164r-(177)

Aqua fetida id est aqua vitellorum ovorum...
 Synonyms, A-Z: BNna 1293, 15c, ff. 108-112;
 Corbett I, 218

Aqua fortis et calcinativa...
 VI 5230, 15-16c, ff. 250r-252r

Aqua fortis multum quo calcinat...
 VI 5286, 15c, ff. 155v-159v

Aqua hordei... See 'Aqua ordei...'

Aqua ista sapit et redolet...
 Virtutes aquae vitae: DWS 1040

Aqua lune appropriata fit ex una parte salis nitri...
 FR 847, 15c, f. 49r-v

Aqua magna hec est solvens figens...
 Waters and oils: Mon 474, 16c, ff. 10-20; Corbett II, 97

Aqua mercurii et oleum sulphuris. Opus istud...
 Albertus Magnus(?), Alchemy: CU 220 (Dd.IV.45), 15c, ff. 13r-14v

Aqua mercurii pro illo opere sic fit. Fac...
 VAp 1330, f. 199r

Aqua mercurii secundum Ungarum...
 See 'Recipe stagni partem unam...'

Aqua mercurii sic fit...
 BN 5055, f. 216r

Aqua mirabilis mistica per quam facit medicus mirabilia...
 CLM 259, f. 104ra-v

Aqua mirabilis quam composuit magister Petrus Hispanus...
 See 'Recipe limaturam argenti...'

Aqua mirabilis valet ad visum conservandum...
 Petrus Hispanus, Tractatus mirabilis aquarum: T II, 500-1; Isis XIII(1929), 91

Aqua miraculosa cum qua regina Jezabell septuagenaria...
 Introd., Panacea: BMsl 964, 15c, ff. 93-94(DWS 1105). In Italian: FNpal 857, 15c, 116 ff. Text: 'Recipe aque vite quater...'

Aqua mollificans omnia corpora. Sume libram unam...
 See 'Sume libram unam...'

Aqua mollificatissima et nigrissima...
 Rasis, De aquis xii optimis: Steinschneider (1906), 47; T II, 798, n.2

*Aqua nostra... See 'Aqua ergo nostra...' 'Aqua vero nostra...'

Aqua omnis frigide et humide et dulcis virtutis est...
 Dioscorides, De naturis et virtutibus aquarum, with additions and corrections of Peter of Abano: pr Lyons, 1512, ff. cxix-cxx; T II, 923

Aqua ordei quedam est in qua...
 Canon in dandis ad potandum: VA 4439, f. 83va

Aqua permanens coagulat argentum vivum...
 I. Hermes, Alchemy: DWS 20; CLM 276, 14c, ff. 106-107; VE fa 324(XVI,1), 14c, ff. 6r-; BU 303(500), 15c, ff. 182r-186v; 474(830), 15c, ff. 13r-15v; VAp 1335, 15c, ff. 152v-(153); VI 5509, 15c, f. 268r; Mon 479, 16c, f. 74v (Corbett II,103)
 II. Morienus, De distinctione duodecim aquarum: DWS 69

Aqua permanens congelat...
 Hermes: BMsl 212, 15c, ff. 92-98

Aqua petralis contra lapidem scabiem malum sanguinem...
 Aquae medicinales: BMsl 351, 15c, ff. 23r-24v

Aqua philosophorum sic fit. Recipe hysopi, pulegii, gariofilate...
 Danzig Mar F 229, f. 195(Schulz)

Aqua potabilis sic fit. Recipe seminis pimpinelle...
 VAp 1335, 15c, f. 260r

Aqua prima. Accipe mercurium quantum vis...
 Avicenna, Liber de xii aquis preciosissimis maior omnibus: DWS 127

Aqua prima simplex secunda composita tertia...
 De compositione aquarum medicinalium: BLas 1402, I, c.1400, ff. 2-14v-18

Aqua pro oculis. Recipe rutam...
 See 'Recipe rutam...'

Aqua que dealbat faciem et subtiliat cutem...
 CLM 259, f. 104ra-v

Aqua que ferrum dissolvit et cetera metalla...
 BMsl 75, 15c, ff. 171v-173v(DWS 480)

Aqua que dissoluit solem. Recipe vitrioli solis...
 Johannes Gallicus, Tinctura: VAp 1335, 15c, ff. 162r-163v

Aqua que lucet de nocte ut luna fit...
 CUad 4087, 14c, f. 278r-v

Aqua que tollit omnem maculam et illuminat oculos...
CLM 259, f. 104ra-v

Aqua rosea sic fit. Accipe rosas...
De aqua rosea et de aliis pulveribus necessariis ad modum medendi: CLM 267, ff. 147ra-152v

Aqua rubicunda sic fit. (Ad rubeam noviter faciendum) Recipe ovorum...
(Rasis), Liber de aquis: BMsl 276, 16c, ff. 22r-23v; Geneva 82 (151), 16c, ff. 146r-157v. See 'Recipe vitella ovorum...'

Aqua solis sic fit. Recipe...
See 'Recipe salis armoniaci...'

Aqua solutiva sic fit...
BMr 12.B.XXV, 15c, ff. 230-231r

Aqua vero argenti hic ostendit effectum quem facit...
VI 5371, ff. 133r-138v (Perhaps part of Grabadin)

Aqua vero nostra philosophica(physica) secreta tribus...
Raymond Lull, Repertorium *or* Conclusio summaria: T IV, 51, 647-48; DWS 259; 250, xi; HL 29, 277; BU 270(457), II, no.1, pp. 124-130; pr Ze III, 730-34; Verae alchemiae, II(1561), 185-88

Aqua vite alia similiter est...
CLM 9901, f. 249v

Aqua vite alia simplex alia composita...
BMsl 1754, 14c, ff. 16v-17v, 33r-35r; VAp 1242, 15c, ff. 190r-194v; CLM 444, 15c, f. 217vb-

Aqua vite bona sana et multum utilis que est...
De aque fortis virtutibus: DWS 1042

Aqua vite componitur cum speciebus floribus herbis et radicibus...
De aqua que diversas passiones curat: CLM 9901, f. 249v

Aqua vite confert summe passionibus frigidis et humidis secundum Cristoferum de Honestis...
CLM 363, 15c, ff. 81v-82r

Aqua vite descendens ab aqua vite sic fit. Recipiatur aqua...
'Aurum potabile sic fit secundum Raymondum Lul': T IV, 60

Aqua vite est que sine alicuius re...
Virtutes aque vite secundum Alpheum: Ea Q.193, 13-14c, f. 84r-v

Aqua vite fit in vite et secundum vitem et de vite...
Bern 80, 15c, ff. 130r-134v

Aqua vite ista aqua vocatur aqua perfectissima ...
Aque: BMh 2378, 15c, ff. 221r-223r (after which in French, then English)

Aqua vite philosophorum...
See 'Sume igitur pondus...'

Aqua vite philosophorum sic fit. Recipe ergo mercurium in magna...
Thesaurus mundi: BMad 15549, a. 1474, ff. 42v-91 (DWS 479)

Aqua vite ponitur loco balsami naturalis quoniam omnes...
Albertus Magnus, Aliqua experimenta et primo de aqua vite: FLa 1448, 15c, ff. 157r-158v; VA 5377, f. 137r; Kibre (1942), 508

Aqua vite prima simplex secunda composita tertia perfectissima...
Thepericus(?), bishop of Cervia: BN 7121, 14c, ff. 96v-101r; DWS 1000; anon. Mon 490, 15c, f. 241r-: Oa 81, 15c, ff. 11r-13v; Ambix VII (1959), 34-35

Aqua vite que dicitur perfectissima est que fit...
BMsl 963, 15c, f. 80r-v; DWS 1036

Aqua vite sanitatem conservat et amissam recuperat...
Raymond Lull, Ars operativa (without introd.): VAp 1177, 15c, ff. 34r-35v

Aqua vite sic fit. Recipe euphorbii...
Bern 535, 14c, ff. 48r-49r

Aqua vite sic fit. Recipe vetum vinum purum et pone in vase...
VI 5300, 15c, ff. 142v-153v, possibly from Arnald of Villanova

Aqua vite simplex quando simpliciter...
Notabile de aquae vitae virtute contra varios morbos: VI 5305, a. 1459, ff. 5v-6v

Aqua vite utilis ad infirmitates causatas de frigida...
Mi Trivulz. 758(H.100), f. 47r

Aqua vite valet ad omnes infirmitates causatas de frigida causa...
Petrus Hispanus, De virtutibus aque vite: Mon 490, 15c, f. 59r

Aquam ordeaceam diligenter et commode componere...
Christophorus Georgius de Honestis, De aqua et ptisana ordeacea: VAp 1147, ff. 294v-295v; pr Mesue, Opera, Venice, 1490; 1495; 1497(Klebs 680.13-15; IAL M444-46); Lyons, 1535, f. 85

Aquam purgantem per subductionem sic facies
. . .
> Tract. aquarum laxativarum: CUad 6865, 13c,
> f. 126v(Atk)

Aquam roris madii primo per alembicum. . .
> Ars perfecta et completa (a.1296) apud Renum
> prope Parisius: HL 21, 304; BN 5055, ff. 202r-
> 207v(Corbett I,14)

Aquarius aquosus oritur in primo eius decano. . .
> Liber astronomiae cum variis figuris: BN 7344,
> ff. 1-22(?); JWI XX(1957), 140-41

Aquarius calidum et humidum signum bonum
ungere crura cave cum luna videbit aquosum. . .
> Littere signorum (ff. 2r-11v), preceding text,
> Hortulus animae: pr Strasburg 1498(AFML
> 243; IAL H415). See 'Aquarius. Tangere. . .'

Aquarius signum calidum et humidum masculinum. . .
> De duodecim signis zodiaci: CLM 2841, 15-16c,
> ff. 110r-116v

Aquarius. Tangere crura cave cum luna
videbit aquosum. . .
> De temporibus faustis et infaustis secundum signa
> zodiaci versibus triginta sex heroicis: BLcm 555,
> 14c, ff. 95v-(97)

Aquarum autem triplex. . .
> See 'De aquis sunt nonnulla dicenda. . .'

Aquas plenas amaritudine novi solis nova
dulcedine. . .
> BN 14872, f. 96 (H)

Aquatilia animalia per aquam acquirunt. . .
> Theophilus de Ferrariis, Propositiones ex libro de
> respiratione et inspiratione: pr Venice, 1493, ff.
> 116v-118r(Klebs 395.1; IAL F93)

Aque acute ad album sunt hec. . .
> FNpal 758, 15c, f. 35r-v; Ambix V(1956), p.
> 101, n.89

Aque ad rubedinem malam in facie hominis. . .
> CLM 259, f. 104r-v

Aque ardentis virtutes mirabiles incipiunt. . .
> De aquis(artificialibus): T IV, 16

*Aque medicinales variantur secundum diversi-
tatem egritudinum. . .
> BMr 12.D.XII, late 14c, ff. 73r-(79r)

Aque. . .variantur secundum. . .
> Johannes Gatisdenus: Tanner

Aque vite simplex fit de gallico vino. . .
> Alia medicinalia et naturalia: Ran 1456, 15c, ff.
> 89-94

(A)que vive septemplici fontis rivulo. . .
> Thomas de Novo Mercato, De passione ari-
> th(r)etica: BLas 1481, II, 15c, ff. 50-51, 84-92

Aquila est avis satis nota huius virtus est. . .
> Albertus, De naturis et moribus animalium: Oc
> 125, ff. 117v-118r; first animal, Liber III, Liber
> aggregationis: pr(Cologne, 1485)(Klebs 18.8;
> IAL A231)

Aquila has conditiones seu proprietates habet. . .
> De animalibus: FLgr 109, 13c, ff. 1-(17)

Aquila ponit duos lapides preciosos in nidis. . .
> De avibus: CU 767(Dd.XII.50), 14c, f. 127
> (Atk); part(?) of a 'Natural history of animals
> (from Aristotle, Vincentius, etc)'

Aquila. Prima cura eius est ad suffocationem
oculorum. . .
> Medical properties of birds: BN 6823, 14c, ff.
> 174vb-178va

Aquila pulcher(?) et albus. . .
> De libro Kirannidis regis Persarum: CLM 19428,
> 13-14c, f. 13r

Aquilam super se volare. . .
> Dream Book of Daniel: Budapest 59, 13-14c, ff.
> 40-43v

Aquilam super se volare videre honorem significat. . .
> Expositio somniorum: Prag cap 503, f. 72(Schulz)

Arabes maxime secundum motum lune tempora
distinguentes. . .
> BN 7295A, f. 182ra

Arabie vitrum. . .
> Seville, col. 5.6.14, 13-14c, f. 95v; AL 1181

Arati ea que videntur ostensione. . .
> Aratus(?), liber astrologorum: VAr 1324, 15c, ff.
> 21v-35r

Aratus quidem fuit Athinodori patris filius. . .
> Saxl(1953), 52

Arbitratus sum tam mihi quam cunctis. . .
> Geoffrey of St. Victor, prol. De microcosmo.
> Text, 'Mundi nomine plerumque. . .'

Arbor fertilis a primo(proprio) trunco. . .
> Merlin, Prophetia: CUc 313, 13c, ff. 73r-74r;
> BLd 28, 14c, f. 168; BLd 196, 15c, ff. 18v-(20);
> BMr 15.C.XVI, f. 183v; MSS numerous

Arbor ista dividitur in. . .
> Raymond Lull, Arbor scientiae. See prol. 'In
> desolatione et fletibus. . .'

Arbor paum arbus idem. . .
> Vocabularius herbarum latino-germanicus alpha-
> beticus: VI 5249, 15c, ff. 175r-180v

Arbor philosophica que septem decorabatur ramusculis...

> Galen, Liber secreti super elixir: VAp 1328, 15c, ff. 41r-45v; Speculum XI, 373; Delisle III, 90a, 'Liber Galieni de pomorami congelati'; Diels (1905), 140

Arbor quercus(quercina) dilectissima(dulcissima) fuit ab antiquis...

> Arnald of Villanova, De virtute quercus: HL 28, 114-15; VAp 1180, 15c, ff. 116r-117r; VAp 1205, ff. 145r-146v; BMsl 345, 15c, ff. 15r-16r; CLM 27105, 15c, f. 69r-; pr in Descriptiones morborum, (Memmingen), 1496 (GW 8255; Klebs 330.1; IAL D112)

Arbor ut dicit Isidorus libro sexto decimo (xvi) ab arvo nomen sumpsit...

> De arboribus: CU 1547(Gg.VI.5), 15c, ff. 100r-137v

Arborem videre ascendere honorem significat...

> Sompnia Danielis prophete: BMsl 3281, 13-14c, ff. 40r-47r; pr (Rome, 1480) after 'Dies lunae': Klebs 319.8; IAL D11

Arbores ascendere honorem significat...

> Liber somnialis Danielis prophetae, quem fecit in Babilonia in diebus Nabucodonosor regis: VE VIII. 33(XI,106), 15c, ff. 8-11

Arbores cum fructibus qui viderit...

> Lunationes et somnia (Dictionary of dreams in alphabetical order): BMr 12.C.XII, early 13c, ff. 81v-(86)

Arbores sians(*sic*) videre negotium...

> Alphabetical interpretations of dreams: Art ancien 7, 15c, ff. 61v-63v

Arborum nomen sive herbarum ab arvis inflexum creditur...

> (Hugh of St. Victor?), De arboribus: BMb 327, 12-13c, pp. 75-78; BN 11207, 13c, ff. 39r-42r; CU 2040(Kk.IV.25) 13c, ff. 100v-105; Os 61, 14c, ff. 80v-95; Brux 8341, 14c; Opera, 1588, II, 203

Arcanum omnium arcanorum secretum secretissimum...

> De occulta philosophia, Epistola cuiusdam patris ad filium (alchemy): ZE III, 852-57

Archam quandam a debilibus quesitus nuper dum aperui ab antidotis...

> Johannes Wetslariensis Laurentius, Archa: Art ancien 17, f. 237r

Archimedes Dositheo bene agere. Audiens Kononem...

> Archimedes, Quadratura parabole, tr William of Moerbeke: Isis 43(1952), 240

Archimedes Dositheo bene agere. Mitto tibi...

> Archimedes, De conoydalibus et speroydalibus, tr William of Moerbeke: Isis 43(1952), 241

Archimedes Dositheo gaudere. Prius quidem misi tibi...

> Archimedes, De spera et cylindro, tr William of Moerbeke: Isis 43(1952), 241

Archimedes Dositheo gaudere. Theorematum...

> Archimedes, De quampluribus theorematibus, tr William of Moerbeke: Isis 43(1952), 240

Archimedes Dositheo recte agere. Cum audissem...

> Archimedes, Quadratura parabolae, tr Jacobus Cremonensis: Isis 43(1952), 240

Archimedes Dositheo recte agere. Reliquorum theorematum...

> Archimedes, De conoidalibus et sphaeroidalibus, tr Jacobus Cremonensis: Isis 43(1952), 241

Archimedes Dositheo salutem. Eorum que...

> Archimedes, De lineis spiralibus, tr Jacobus Cremonensis: Isis 43(1952), 240

Archimedes Dositheo salutem. Prius quidem ad te misi...

> Archimedes, De sphaera et cylindro, tr Jacobus Cremonensis: Isis 43(1952), 241

Archimedes ordinem planetarum cum distantia eorum...

> Quedam de astronomia: Ea O.93, 14c, ff. 43v-45

Archimenides Dositheo gaudere. Prius quidem misi tibi...

> Cited, De arte mensurandi, cap. x: Utrecht 725, f. 81r; BN 7216, f. 143v. See 'Prius quidem misi tibi...'

Archimenidis Dorotheo bene agere...

> Archimedes, Liber de conoydalibus et spheroydalibus, cited, De arte mensurandi, cap. x: Utrecht 725, f. 81r; BN 7216, f. 143v

Archita Tarentinus in libro de eventibus in natura...

> Berengarius, archbp. of Compostella, Liber succinctus de eventibus rerum, a part of Lumen animae: pr Augsburg, 1518, 25 ff.; T (1929), 14; T III, 547, n.2; Glorieux I, 209

Architas vero cuncta ratione constituens non modo sensum...

> Excerptiones Hogeri (i.e. Hucbald) Abbatis ex auctoribus musicae artis: CUc 260, 10c, ff. 1-18; Boetii Institutio musicae, Leipzig, 1867, p. 368 (Vivell)

Archontum unico...
  Alexander of Aphrodisias, Problemata, tr Peter of Abano: Es f.I.11, 14c, ff. 31-42; AL 1216

Arctophilax eius manum sinistram...
  Part of Hyginus, De signis: Mi Trivulz. N.690 (E.83), 15c, f. 5r

Arctophilax vel Bootes. Huius manum sinistram...
  Constellations: BE 8° 44, 14c, ff. 4-8(Zi 10263); Lyons pa 45, 14c, ff. 72v-92

Arctos maior habet in capite stellas vii omnes obscuras...
  CLM 10270, 11c, ff. 1v-4r

Arcturus maior habet stellas in capite septem...
  De numero stellarum: Bern 129, a.1312, ff. 119vb-120ra; A. Breyssig, Germanici Aratea, 1867, p. 233 et seq. See 'Helice id est Arcturus...'

Arcum tendere vel sagittas emittere laborem significat...
  Interpretationes diversorum sompniorum, secundum alphabetum digeste: Bern 556, 15c, ff. 129v-133v

Arcus cuius sinus...
  CU 1017(Ee.III.61), 15c, ff. 86v-96r

*Arcus dicitur pars circumferentie circuli...
  Richard of Wallingford, De sinubus et arcubus in circulo cum figuris: BLd 178, 15c, ff. 39r-41v

*Arcus sinus rectus sinus versus...
  Simon Bredon, Tabulae chordarum: Tanner

Ardua conexe libat secraria formae...
  Compotus vulgaris qui dicitur Ephemerida Abbonis: BMc Tiberius C.1, c. 1122, f. 14v; Saxl (1953), 132, 443

Arduum nempe onus princeps...
  Antonius Arquatus, Prognostic: pr Ferrara, 1491 (GW 2553; Klebs 110.2)

Arenam limpidissimam a nemine conculcatam et de profundo ante solis ortum assumptam...
  Hugo Sanctallensis, Super artem geomantie: Haskins 78-79; T II, 86; Carmody 173; CLM 588, 14c, ff. 58va-77vb; BLb 625, 13-14c, f. 54-(imperfect); ed. in part, Tannery IV(1920), 373-402, from BN 7354, ff. 2r-55v

Arenam limpidissimam de profundo aque ante ortum solis...
  See 'Arenam limpidissimam a nemine...'

Arenula nascitur ex humido sive...
  CLM 4374, f.224v(Schulz)

Argenti vivi. D. zayback. mercurius...
  Synonyms, Arabic and Latin, A-Z: Mon 493, 15c, ff. 39v-41v (Corbett II,121)

Argenti vivi materia est humiditas superabundans...
  De occultis naturae: FNpal 887, 15-16c, ff. 83r-85r; FR 1164, ff. 62r-63r

Argentum eodem modo componitur quo et aurum quamvis...
  Recepte Rogerii Baconis: FR 119, ff. 39v-49v; CUad 4087, f. 139v, where it is part of 'Breve breviarium'

Argentum frigidum et humidum est grosse substantie...
  Mesue, Medicine simplices: VI 5371, ff. 153v-165r

Argentum tractare honorem et lucrum significat...
  Daniel, Dream Book: VI 5239, ff. 114r-127r

Argentum vivum aurum vivum aqua...
  Catalogus terminorum chemicorum: CU Ii.III.17, 15c, ff. 110v-111 (DWS 404; Atk)

Argentum vivum disputavit cum auro et conclusit ei...
  Disputatio auri et mercurii: Mi Trivulz. 245 (E.27), 15c, f. 110r-

Argentum vivum eius vapor generat paralisim...
  Areolae variae: Évreux 114, 14c, ff. 39-57

Argentum vivum est frigidum et humidum...
  Albertus Magnus(?), Liber octo capitulorum de lapide philosophorum: Ze IV, 842-62; Kibre (1942), 509; 'Notabilia Orosii'; CLM 26059, ff. 241v-250v; anon. BU 1062(2082), 14c, ff. 43r-45r; DWS 568, 1057,v; ascribed to Avicenna: De alchimia opuscula, 1550, I, 75r-91v; Artis auriferae, I, 405-43; Manget I, 626. Cf. Darmstaedter, Alchem. d.Geber, p. 137(Schulz)

Argentum vivum est humidum et frigidum et debilis...
  Cap.I, De quatuor spiritibus. See 'Septem in sole sunt corporibus...'

Argentum vivum est ut aqua que miscetur cum terra...
  Yale Aristotle MS, 13c, f. 251ra

Argentum vivum id est mercurium sic preparatur...
  Avicenna, De argento vivo: DWS 131

Argentum vivum seu spiritus est duplex...
  Gratian, Epistola secunda de lapide philosophorum: ed. Condeesyanus, (1625), 129-43

Argentum vivum sive mercurium numquam in hac tota operatione...

> De putrefactione... cap. 4 Allegorie Alphidii (part of Ortolanus on Hermes?): BN 11201, 15c, ff. 96v-98: Corbett I, 147; ColR 100

Arguendo a sensu composito ad sensum divisum et econtra...

> William Heytesbury, De sensu composito et sensu diviso: Wilson (1956), p. 206; VA 3038, 14c, ff. 15r-22v; RC 85(D.IV.3), early 15c, ff. 8r-12v

Arguitur quod non quia in columnaribus...

> 'Utrum semper res que videtur in speculo appareat in concursu radii visualis cum katheto': VI 5144, 15c, ff. 139v-143r(TR 319); M-H 13 (1960), 88

Ar(guitur) sic. Et capio unum vas...

> Q(uare) sit dare vacuum: KlaS Pap.168, 15c, f. 85r-v

Argumentum ad annos ad(ab?) initio...

> Computus: SG Stift 397, a.809, ff. 81-83; 184, 10-11c, ff. 241-242(Zi 12003-4)

Argumentum de regularibus cycli decennovenalis...

> Kalendarius per nonas idus et kalendas dispositus: Boulougne 188, 11c

Argumentum est velox approbatio rerum...

> Ps. Bede, De argumentis lunae: PL 90, 701-28; Jones 55

Argumentum Pitagore philosophi de egris...

> The sphere of Pythagoras: T I, 692-94; CUg 225(240), 13c, ff. 143-144

Aries a medio Martii usque ad medium Aprilis...

> De temporibus quibus XII signa zodiaci apparent: Mon 452, 13c, f. 173r; Siena 28(L.VI.25), a.1475, f. 63r-v

Aries a natura di fuoco caldo...

> Paolo Dagomari, Astronomia e astrologia: FN Magl.XI, 121, ff. 155r-165r; T III, 209, n.29

Aries. Bonus est mercantiam et viam versus orientem facere...

> CLM 7755, f. 244v(Schulz)

Aries calidus et siccus...

> CLM 5557, 15c, f. 9r-v; 23454, 15c, f. 47r-v; Leip 1484, 15c, f. 6v(Zi 8001-3)

Aries. Cave ab incisione in capite vel(et) in facie...

> Tabula de signis zodiaci et corpore humano: CUt R.XV.18, c.1400, p. 18(Atk); CLM 8950, 15c, ff. 26v-27r; BMsl 282, 14-15c, f. 6r; ed. Studien (1914), 212

Aries dominatur capiti et in eo non edificabis...

> De virtutibus signorum celestium: CLM 16521, a.1462, f. 7v-

Aries enim est primum in quo mundus creatus...

> De duodecim signis: VI 3528, 15-16c, f. 174r (TR 317); M-H 13(1960), 88

Aries enim est signum in complexione calidum et siccum...

> Signs of the zodiac: BMad 15107, 15c, ff. 232v-233v

Aries ergo est signum masculinum...

> See 'Aries est signum masculinum...'

Aries est bestia...

> Campanus, De signis: Cues 209, 14c, ff. 64-67

Aries est domus Martis mobilis exaltatio solis...

> BMsl 568, late 14c, ff. 13r-14v, through the 12 signs

Aries est domus Martis occasus Veneris...

> Johannes Hispalensis, Isagoge in astrologiam (Part I, Epitome totius astrologiae): T II, 75; pr Nürnberg, 1548. Pref. '(Z)odiacus dividitur...'

Aries est forma recta sine lingua et proprietas eius est...

> De proprietatibus zodiaci signorum ad infirmitates: BLcm 156, 15c, ff. 277r-281r; VE VIII.74(XI,107), ff. 115-117

Aries est igneum temperatum...

> Summa Albumasar: Ea Q.363, 13-14c, ff. 68-75v(Carmody 90)

Aries est masculinus genus calidus et siccus et est cardinalis...

> Interpretatio xii signorum: CU 292(Dd.V.53), 13c, f. 122vb

Aries est pecus laniferum...

> De animalibus agrestibus: Ea F.346, early 14c, ff. 10v-14; Barth. Anglicus, De propr. rerum, book XVIII

Aries est primum et initium signorum declinans...

> FL Plut. 29, cod.7, 15c, ff. 99-(102v)

Aries est primum signum bonum calidum...

> See 'Ad habendum (autem) bonum tempus...'

Aries est primum signum celi quod zodiaci domus divini...

> Kalendarium 'per manus Iohannis de Restail, a.1349': Ea F.263, 14c, ff. 71-74; Q.345, 14c, ff. 55-57; etc. (Zi 11827-48)

Aries est primum signum et est igneus masculinus...
> De natura et ordine xii signorum: FLa 1448, 15c, ff. 136r-137r

Aries est primum signum in ordine et est bonum calidum et siccum...
> De duodecim signis et proprietatibus earum: CLM 5964, ff. 152r-157v

Aries est primum signum zodiaci...
> BLd 92, 14c, ff. 1r-(5); BN 7436, ff. 21r-38 (Poulle)

Aries est signum calide et sicce nature masculinus...
> CLM 19701, 15c, ff. 44ra-47rb

Aries est signum calidum et colericum...
> BMr 12.G.IV, 14c, ff. 183v-185v

Aries est signum calidum et siccum et masculinum. Cave ab incisione...
> ed. Studien (1914), 213; SG Stift 767, 15c, ff. 14-15(Zi 7991)

Aries est signum calidum et siccum et respicit caput...
> De signis: CUt 1102(O.I.77), 15c, ff. 95v-97v

Aries est signum femineum(*sic*) igneum...
> Bernard Gordon, De imaginibus signorum: Wi 79, 15-16c, ff. 54va-56rb

Aries est signum masculinum...
> Liber iudiciorum Messahala: CLM 13021, f. 81va, following 'Scito quod signa sunt 12...'

Aries est signum masculinum et est signum orientale...
> CLM 4119, 14c, ff. 14v-17r

Aries est signum masculinum igneum...
> De ymaginibus duodecim signorum: BMsl 332, 15c, ff. 6r-9v; Maihingen II.1, F.110, a.1452, ff. 62v-63v(Zi 11849)

Aries est signum masculinum igneum incisum membris...
> I. Bernard Gordon: VI 3162, 15c, ff. 239r-241r. See 'Incipiamus cum dei adiutorio...'
> II. Anon.: VI 5239, 14-15c, ff. 3*r-5*v, 'Expliciunt cure egritudinum per impressiones signorum'; VI 5311, 14-15c, ff. 137va-138va; Saxl(1953), 279

Aries est signum mobile calide et sicce nature...
> De complexione signorum: CUc 37, 14c, f. 51; CUad 6860, 14c, ff. 82v-84v; CLM 19414, f. 181r

Aries est signum mobile calidum siccum et colericum...
> CUc 37, 14c, f. 51r-v; CUad 6860, 14c, f. 82v; BLd 88, 15c, ff. 32r-33v

Aries est signum mobile masculinum igneum et siccum colericum...
> VI 5239, 14-15c, ff. 6r-9v

Aries est signum mobile orientale calidum et siccum...
> BN 7348, f. 7ra-vb

Aries est signum mobile orientale diurnum masculinum...
> Codex Rosenthal 126, f. 102(Schulz)

Aries est signum mobile significator capitis et faciei...
> VAu 1398, 15c, f. 19v

Aries est signum (orientale) mobile...
> CLM 17, 14c, ff. 201-202v; 19414, 14c, f. 181; Darmst. 765, 14c, f. 104v; Ea Q.225, 14c, f. 3r-v, etc. (Zi 7992-97, 11850-52). See 'Sciendum est igitur quod Aries...'

Aries est signum primum bonum calidum et siccum igneum...
> VI 4775, a.1480, f. 65r-v

Aries est signum primum celi zodiaci domus...
> CLM 4394, ff. 73-78; (Zi 11827-48, 11853)

Aries est signum primum in omni die...
> Signs of the zodiac: BMar 299, late 15c, ff. 19v-20r

Aries est signum primum in ordine et est signum bonum calidum...
> VI 4985, ff. 182r-185r(?)

Aries est signum primum in ordine signorum et est calidum et siccum...
> Explicatio zodiaci: VI 3011, 15c, ff. 1r-3r

Aries est signum primum mobile orientale calidum et siccum...
> CLM 14504, 15c, ff. 102v-103r

Aries est signum zodiaci domus..
> Lübeck 2° 239, 15c(Zi 11853)

Aries est signum zodiaci mobile...
> BN 7457, ff. 109r-119

Aries (et) forma eius...
> See 'In presenti tractatu...'

Aries facit calorem temperatum...
> VAp 1439, 15c, ff. 202v-203r

Aries generaliter tonitrua et coruscationes
adducit...
  CLM 14504, 15c, ff. 205v-206r(Zi 9939)

Aries habet caput et faciem et pupillam oculi...
  See 'Qui cursum lune...'

Aries habet ex corpore hominis totum caput tam
intus quam extra...
  BN 7328, f. 72ra

Aries habet in se stellas sex fixas...
  BN 7328, f. 73rb

Aries habet stellam in capite unam in nare...
  Verses: BMsl 2506, 10c, f. 38-

Aries habet stellas multas inter quas...
  De xlviii imaginibus zodiaci secundum Michaelem
  Scotum et alios quamplures: VI 3394, 15c, ff.
  214v-238r; Saxl (1927), 83; Zi 9468

Aries hominis caput habet et faciem...
  Saxl (1927), 83; VI 507, 13c, f. 42; BMad
  17987, a.1446, ff. 46-49; etc. (Zi 11854-62)

Aries idem est quam muto...
  Art ancien 17, 15c, f. 122r

Aries in tota Francia...
  Liber similitudinum Albumasaris: Prag 1466,
  15c, ff. 333r-348v(Carmody 100)

Aries informat primi...
  St. Petersburg 4° v.I, no.15, 10c, f. 71v(Zi 11863)

Aries ingreditur xv kal. Aprilis...
  Mon 384, 10-11c, f. 79r

Aries itaque ex proprietate actuali iuxta Aristotelem corpus efficit...
  On the 12 signs: BMsl 3281, 15c, f. 25v

Aries Leo et Sagittarius calidi...
  BLcm 46, 15c, f. 80v; BMr App.6, 13-14c, f. 75r

Aries natura est ignea colerica, gustus eius
amarus...
  Introductio de naturis signorum et esse eorum et
  quae imagines cum suis faciebus oriuntur: VA
  4082, f. 215rb(-219) TR 330b includes only f.
  215rb-vb; BLd 161, 14c, ff. 6r-(10); Isis
  47(1956), 398

Aries natura igneus gustu amarus...
  Princeton, Robert Garrett 95, ff. 135r-140

Aries preest et dominatur capiti...
  CLM 5595, f. 56r; ed. Studien (1914), 210

Aries primum signum et est cavendum capud et
facies...
  Astrology: VAb 196, 15c, ff. 46-57(Silverstein)

Aries qui mundi caput dicitur ideo innumerato
divino auxilio...
  Comm. Bede, De duodecim signis et eorum occultis virtutibus: VI 3241, 15c, 10 ff.

Aries respicit caput hominis et est signum
bonum...
  VI 4985, 15c, ff. 144v-145r

Aries respicit caput primam partem corporis...
  Univ. Marburg 9, f. 64v; Studien (1914), 211

Aries salvia...
  Herbae planetarum et signorum: Ea Q.356,
  a.1400, f. 177v

Aries signum zodiaci primum bonum calidum
et siccum...
  Yale MS (formerly Melk 367) bound with 156,
  15c, ff. 311-316; VI 638, 15c, ff. 16v-19v

Aries vetat, non tangetur capud...
  VA 2411, flyleaf, ed. Studien (1914), 212

Ariete oriente duabus horis occidit libra et
centrum...
  Bede, De sole, luna, stellis: Stift Zwettl 296, 12-
  13c, ff. 78-80(Xenia Bernardina I); VA 643, 12c,
  ff. 70v-71r

Arietem inter signa ideo primum gentiles
posuerunt propter amorem Iovis...
  Mon 384, 10-11c, f. 78r

Arietem primum signum propter amorem Iovis
vocaverunt...
  BN 7028, 10c, ff. 154v-155v

Arietis ex ortu sinistra pars Andromede...
  BMh 625, f. 7v

Arietis pars est tertium clima, habet stellas...
  Ea Q.374, 14c, f. 160r-v

Arietis primum signum Romani...
  Eins 321, 10c, ff. 135-136(Zi 11865)

Arietis sunt...
  Köln Historisches Archiv der Stadt W.f.149*,
  a. 1480, ff. 1-12(Zi 3272)

Arietis vero natura est ignea colerica...
  See 'Aries natura est...'

Arilli vel arillarum semen uve...
  Sinonime universales: Lucca 295(B.196), f. 44v

Arisleus genitus(grecus) Pythagore discipulus ex
discipulis Hermetis...
  Turba philosophorum: ed. Ruska, pp. 69-94,
  109-70; FLa 97(172-104), 15c, 43 ff.; Ze V,
  1-52; BU 270(457), 15-16c, Vol. X, pp. 1-114,
  preceded by 'Initium libri Turbe...'

Arismetica speculatur integritas de proportionibus...
> Comm. Boethius, Arithmetic: BLlm 644, ff. 131-
> 138

Arismetique est une de sept ars liberaulx...
> Jehan Adam: PGe 3143, a.1475, 75 ff.; text
> proper at ff. 4v-66r; T (1929), 151-60

Arismetrica dico... See 'Arithmetica...'

Arista farina ordei idem...
> Synonima: BN 7056, late 13c, ff. 109r-119r.
> See 'Alphita farina...'

Aristolochia rotunda dura...
> Quid pro quo: VAp 1229, 15c, ff. 202va-205vb

Aristolochie rotunde loco longa vel pondus
equale...
> Quid pro quo: ed. Suppl. (1581), 235v

Aristologia id est sarracenica pro rotunda...
> De nominibus herbarum etc.: Breslau 1302, ff.
> 130v-138v; ed. Studien XXI (1931), 3-13

Aristologie species tres dicimus(legimus) esse
longa...
> Verses: BN 8454, f. 1; this is cap.x, Macer, De
> virtutibus herbarum

Aristotelem philosophum ita ab initio...
> Hieronymus Donatus, pref. tr Alexander of
> Aphrodisias, Enarratio de anima: pr Brescia,
> 1495 (Klebs 45.1; IAL A351)

*Aristoteles ait primo metaphysice quod ammi-
rare fuit...
> Ps. Thomas Aquinas, Liber super lapidem philo-
> sophicum: BN 6749B, ff. 52r-58r(Corbett I,49)

Aristoteles Alexandro bene agere misisti mihi...
> Epistola ad Alexandrum: CUpet 90, 13c, f. 141v;
> VE VI.33, 13c, ff. 331-332; Bruges 478, 14c,
> ff. 264r-263r(sic); BN 8247, f. 95; BN 10490,
> f. 238; Budapest 64, 14c, ff. 9v-11; CU Ii.II.10,
> 14c, f. 211(Atk); CUsj 155(F.18), 15c, ff. 1-2;
> tr Joh. Argyropulos, pr Aristotelis Opera, Venice,
> 1496, ff. 2v-3; (GW 2341; Klebs 82.7; IAL
> A865); cf. H. Birkenmayer, Classement des
> ouvrages attribués à Aristote par le moyen âge
> latin, Cracovie, 1932, p. 10; AL 69a

Aristoteles Alexandro bene agere persuadet...
> Auctoritates epistole Aristotelis ad Alexandrum:
> KlaS 113, a.1431, f. 95va

Aristoteles autem scribens Alexandro Magno
ait...
> De regimine sanitatis: CUg 336(725), 15c, ff.
> 140-143v; CUt 1102(O.I.77), 15c, ff. 31r-48r;
> CUmc 261 15c, f. 1(Atk)

*Aristoteles determinaturus(determinans) de rebus
naturalibus...
> Walter Burley, Expositio in Aristotelis Physica:
> Cesena Sinis. Plut. IX, cod.3, 14c; Na V.H.190,
> ff.19ra-30vb; pr Padua, 1476; Pavia 1488, etc.
> (GW 5774-77; Klebs 232.1-4; IAL B1150-53);
> Venice, 1501, ff. 3r-266v

Aristoteles dicit in libro de generatione et corruptione quod...
> Alexander of Aphrodisias, Quod augmentum et
> incrementum fiunt in formatione et non in yle:
> CUg 497(266), 13-14c, ff. 53-54v; Graz 482,
> c.1300, f. 133r; Delisle III, 83b; AL 518, citing
> BN 6443, 13c, f. 194r; ed. Bibl. Thomiste VII
> (1926), 99-100

Aristoteles dicit primo Ethicorum. Omnia
bonum appetunt...
> Comm. John of Paris, Liber complexionum:
> Zurich Car. C.III, a.1445-1449, ff. 200r-207r;
> Isis 49(1958), 399, n.5

Aristoteles docuit nos...
> Comm. Ptolemy, Centiloquium: Ea Q.377, 14c,
> ff. 39r-50v

Aristoteles et alii naturales philosophi dicunt...
> Declaratio arboris quindecim potentiarum anime:
> CLM 15613, ff. 223v-224r(Schulz)

Aristoteles et philosophi ceteri scribentes...
> De constellatione et sperarum natura: CLM
> 4394, ff. 62r-(92)

*Aristoteles experimentia perpendens quod...
> R. Kilwardby(?), Divisiones super Boeth.: Oma
> 38, early 15c, ff. 2-5r

Aristoteles grecorum sapientissimus...
> Albert of Saxony, prol. Quaestiones super libro de
> celo et mundo. See 'Aristoteles in libro de celo
> ...'

*Aristoteles in eo qui de categoriis libro...
> Campanus of Novara, De quadratura circuli: Ea
> F.178, 14c, ff. 138-139v; Q.361; 385; BLd 147,
> 14c, ff. 89r-(92r); BN 7378A, 14c, f. 18r-v; BN
> 16089, 14c, ff. 188r-189r; CU Gg.VI.3, 14c, f.
> 231(Atk); Plimpton 180, ff. 28v-32r; pr with
> Bradwardine, Geometria speculativa, Paris, 1495
> (GW 5002; Klebs 208.1; IAL B954); and Paris,
> 1503. Prima conclusio, 'Lineam orbiculariter
> ...'

Aristoteles in libro de animalibus dicit quod
sanguis in nullo membro reperitur...
> Incipiunt quedam rerum naturalia diversa ser-
> monum applicabilia: CLM 16202, a.1376, ff.
> 216va-229vb, 'quis me scribebat Chunradus
> Suevus'

Aristoteles in libro de celo et mundo...
> Albert of Saxony, Quaestiones in Aristotelis libros de caelo et mundo: VAp 1056, ff. 145r-225v; VI 5446, ff. 1-62(Schulz); pr Pavia 1481; Venice, 1492; 1497(GW 795-97; Klebs 30.1-3; IAL A316-18). Questio I, 'Accedendo ad intentum...'

Aristoteles in libro de generatione...
> Averroes, De generatione animalium: VI 4753, 14c, ff. 141r-143v; AL 295

Aristoteles in libro de problematibus 22a particula...
> Quaestiones de caelo et mundo: VA 721, 14c, ff. 1ra-25r

Aristoteles in libro quem fecit physicorum...
> De fortuna et de casu: Parma 6, 15c, ff. 124r-128r: AL 1500

Aristoteles in Metauris quarto libro loquitur de mineralibus...
> Comm. Avicenna, De mineralibus: BNna 1293, 15c, ff. 1-3v(Corbett I,211)

Aristoteles in plerisque suis libris diffinit elementum...
> Isaac, De elementis: Assisi 663, 13c, ff. 106r-116r; FLc XIII, 12, 13-14c, ff. 72v-84r; AL 1267, 1373; CLM 800, f. 145(Schulz)

Aristoteles in primo metaurorum ait quod...
> Ps. Thomas Aquinas, Liber supra lapide philosophico: FNpal 951, 14-15c, ff. 98r-104v; Ze III, 267-77

Aristoteles in primo philosophie sue supponens causas...
> See 'Aristoteles in secundo...'

Aristoteles in principio celi et mundi...
> Supra primum celi et mundi: BN 16170, 13c, f. 123va-b; TR 364

Aristoteles in principio secundi libri de anima...
> Quedam bona circa libros de anima Aristotelis: Ea Q.15, 13-14c, ff. 182-193

Aristoteles in principio secundi prime...
> See 'Aristoteles in secundo...'

Aristoteles in secundo philosophie prime sue supponens...
> Robert Grosseteste, De statu causarum: Beiträge, IX(1912), 120-26; Thomson 117

Aristoteles incepit hunc librum a causa...
> Averroes in Physica: PM 3469(484), 14c

Aristoteles inquit libro quatuor Metaphysicarum Sciant...
> De lapide philosophorum: ed. Condeesyanus, II(1625), 279-300

Aristoteles intellectum...
> See 'Aristoteles mentem...'

A(ristoteles) intendit per subtilitatem confirmationem demonis...
> Averroes(?), Comm. De anima: VE VI.52 (Val. X.54), 14c, ff. 189-295

Aristoteles interrogatus a Platone de quatuor elementis...
> CU Gg.V.35, 11c, ff. 426v-427v(Beccaria 70.6)

Aristoteles Macedo princeps philosophorum quem deus in esse...
> De qualitatibus hominis: VI 597, 13c, ff. 49ra-58va

Aristoteles mentem tribus modis distinguit...
> Alexander of Aphrodisias, De intellecto et intellectu, 'tr de Greco in Arabicum ab Ysaac filio Johannicii': BLd 217, 14c, f. 177v; VE VI.20 (XII,11), 14c, f. 98; CTC 113-1; pr Aristotle, Secreta secretorum, Bologna, 1516; tr Hieronymus Bagolinus, Verona, 1516. Pref. 'Enarrationem Alexandri...'

Aristoteles octavo physicorum ponit aliquas regulas de primo instanti et ultimo...
> Johannes de Hollandia, De instanti: VE VI.30 (X,219), 15c, ff. 137ra-152ra

*Aristoteles octavo physicorum scribit quod...
> Quaestiones super Meteor.: Oo 33, 14c, ff. 80ra-92rb, 94ra-97va (Book III is not covered)

Aristoteles patrem Nicomachum medicum artis ...
> Propositiones universales (Auctoritatis) Aristotelis: pr Bologna, 1488(GW 2835; Klebs 121.3; IAL A1062)

Aristoteles philosophorum princeps ostendens...
> Prol. Parvulus philosophie naturalis: pr Basel, 1516, f. IIr

Aristoteles philosophus de gente (fuit) quidem Macedo...
> De vita Aristotelis: CUpet 90, 13c, f. 145; Bruges 478, 14c, ff. 263r-265v; VAp 1144, ff. 311v-313r; CU Ii.II.10, 14c, f. 212; Budapest 64, 14c, ff. 11-13v; VE VI.52, 14c, ff. 351ra-352ra; CLM 8003, 14c, f. 37v; Graz 93, c.1300, ff. 257r-258v(Schulz); AL pp. 92, 194; pr Venice, 1496(GW 2341, Klebs 82.7; IAL A865); Birkenmajer, (1932), pp. 17-18

Aristoteles plenior artibus dixit Selene...

Sententia Aristotelis de luna 14 continens capitula de imaginibus fabricandis: Steinschneider (1906), 6; Ma 10053, 13c, f. 32vb; pr Venice, 1509, f. 13; ZMP XVI(1871), 383; T (1947), 255

Aristoteles primo de generatione scribit...

See 'Aristoteles scribit in primo de generatione ...'

*Aristoteles primo metaphysice ait...

See 'Aristoteles ait primo...'

Aristoteles primo politice scribit quod homini...

Comm. De anima: VAp 980, 15c, ff. 60r-62vb, 'Expliciunt reportata primi libri de anima a magistro Dono Parisiensi.'

Aristoteles probat hic tres questiones...

Thos. Bungay, Quaestiones super libros de coelo et mundo: CUg 509(386), 13c, ff. 208-252; Little and Pelster, Oxford Theology and Theologians, 1934, p. 75; Russell 158

Aristoteles quarto de generatione animalium ponens causas masculinitatis...

BMsl 336, 15c, ff. 156r-159r(191-194); similar passages, opening with citation of Aristotle, Hippocrates or Galen, often with marginal indication of tract. and cap. numbers, continue to f. 266v(301) and are described in the Catalogue as 'ex variis Nicolai Florentini capitibus excerptus.'

Aristoteles quarto Ethicorum scribit hanc propositionem...

Comm. de complexionibus: Ea Q.299, ff. 176-183

Aristoteles quatuor methapisice(*sic*) scribit istam propositionem. Oportet philosophum...

Expositio super mineralia Avicennae (dated a.1346): VI 5500, 15c, ff. 39r-46r

Aristoteles rerum nature indagator solertissimus...

Pontano, Prol. Lib. I, De rebus coelestibus: VA 2839, f. 21r

Aristoteles scribit in primo de generatione...

Reportata super Aristotelis librum de mixtione elementorum: VI 5191, 15c, ff. 90r-113v; VI 5500, 15c, ff. 121r-131r

Aristoteles scribit primo Ethicorum...

Johannes Parisiensis, De complexionibus physicis: VI 5500, 15c, ff. 113r-120v; Rose II, 3,1239

Aristoteles scribit secundo de animalibus...

Goszwin, Reportata super Aristotelis tractatum de physiognomia: VI 5500, 15c, ff. 85r-112v

Aristoteles secundo Physicorum supponens esse causas...

Grosseteste, De causis: BLr C.677, ff. 77-78. See 'Aristoteles in secundo...'

Aristoteles suo secundo posteriorum aperte satis...

Michael Savonarola, Summa de pulsibus: pr Bologna, 1487, ff. 2r-29v; Venice, 1497; 1498 (Polain 3468; Klebs 886.1-2; 885.3; IAL S270; S274-75); anon. FR 868, 15c, ff. 132ra-164rb

Aristotelis consuetudo est suis libris proemia...

Comm. De generatione: VA 3070, 13-14c, ff. 1r-5v (expl. ex abrupto); AL 1886

Aristotelis qui legerit philosophiam et geometriam...

Thebit ben Corat, De imaginibus: Carmody 125-26; but of all MSS listed, T (1947), 233-37, only BLb 463, 14c, ff. 75v-77r, has this form of incipit

Aristotiles... See 'Aristoteles...'

Arithmetica dico quod determinatur per numeros ...

Johannes Blanchinus, Flores Almagesti *or* Tract. decem arithmetici algebraici geometrici astronomici: BU 198(293), 15c, 118 ff.; Birkenmajer, Bull. de l'Acad. des Sciences de Cracovie, I(1911), 268-78; Perugia 1004, 15c, 77 ff.; BN 10253, ff. 6r-77r, 84r-138v; Scripta Mathematica XVI(1950), 7-8; 176-180; XIX(1953), 5-6, 10-13

Arithmetica dividitur in duas partes...

Millás (1942), 63; AL 1234

Arithmetica est disciplina numerorum Greci enim numerum...

Bede, De arithmetica: Jones 48; PL 90, 641-48; CUg 151, 13c, f. 146v; Alcuin, VI 2269, 13c, f. 7r-va; anon. BMh 3017, 9c, ff. 172v-(178)

Arithmetica est scientia de numero...

Matheus Moreti, Breve introductorium ad calculum astronomie: London, Univ. College 16, 15c, ff. 127r-133va

Arithmetica practica quam algorithmum dicimus...

De principiis arithmeticae practicae: Wi 79, 16c, ff. 179-189

Arithmetica quid est...

BE Phil. 1831, a.819, ff. 129-134(Zi 12113)

Arithmetica una est ex septem liberalibus artibus...

Isidore, Differentie de tribus artibus: arsmetica, geometria et astronomia: Mon 384, 13c, f. 57r-

Arma in somniis portare honorem significat...
Daniel, De somniis: CU 1396(Gg.I.1), 14c, ff. 394v-397r

Arma in somniis portare securitatem significat
...
Daniel, Interpretatio regulae ad somnia: T II, 294

Arma in somniis videre vel portare honorem significat...
Incipit prologus Danielis prophete quem fecit in Babilonia tempore Nabugodonosor: BMad 15236, 13-14c, ff. 161v-168v

Arma portare honorem signat...
De interpretationibus sompniorum: PA 873, 15c, ff. 181-(194v)

Arma tractare mutationem significat arma portare honorem...
Daniel, De somniis: CUc 481, 13c, p. 405; 301, 14c, p. 198; CU Ii.VI.17, 15c, f. 112

Armatura gravis exultabunda dolenti...
Canon(verse of 32 lines) super tabulam magistri Petri de Dacia: CLM 5538, 14c, f. 56ra-b

Armilla rotunda...
Klo 1238, no. 6, 15c (Zi 4478)

Armoniacum id est res pinguis composita...
Alterquinus(Alfraganus or Farabi?), Synonima: DWS 110

Arnaldus de Nova Villa dicit. Sol et luna et mercurius...
FLa 1451(1374), f. 61v. May be section of work that precedes in the MS

Arnaldus de Villa Nova dicit in suo libro quem Rosarium...
DWS 234

Arnaldus de Villa Nova in Rosario dicit sic quod quando...
(Comm.) 'Verba Arnaldi de Villanova super artem:' Mon 490, 15c, ff. 65-68v(Corbett II,117)

Arnoglossa frigida est et sicca cuius aqua...
Herbarium (alphabetical): Os 113, 14c, ff. 121-(141); BMsl 382, 15c, ff. 188v-199v

Arnoldum Lucam sic intellige...
Arnald of Villanova, De egrotantibus partibus omnium membrorum a capite usque ad pedes: Cop 1655, 4to, 15c, ff. 1-106v

Arnoldum Lucam sic intellige. Completis libris naturalibus...
CLM 249, f. 142

Arnulfus ego nomine Flandrensis...
Arnulf of Flanders, Comm. Antidotarium Nicolai: Wo 3155(18,23 Aug.4to), 14c, ff. 138v-159v

Arrepti laboris seriem quadripartito distinguendam...
De proportionibus: BLd 174, early 13c, f.186

Ars a sapientibus comprobanda que a summo philosopho...
Albertus Magnus, Alchemy: DWS 35

Ars adiuvat ipsam naturam in quantum potest
...
Tract. super memoria artificiali: VE VI.274 (X,226), 15c, ff. 1-5

Ars alchimie constat ex quatuor spiritibus...
FNpal 758, 15c, f. 14v, only eleven lines of text

Ars alchimie duo considerat videlicet corpora metallorum...
Renatus Francigena, De arte maiori: DWS 313; T IV, 334

*Ars alchimie duo principaliter considerat...
Roger Bacon, De naturis metallorum et transformatione ipsorum: DWS 191, v; Little 396; Corbett I, 184; Palermo 4 Qq.A.10, 46-7; VA 4092, 15c, ff. 8r-12r. See 'Ars principaliter ...'

Ars alchimie inventa est ab Alchimio...
Semita recta: FR 1165, 15c, ff. 124r-133v. This is cap.5, Albertus, Semita recta

Ars algoristica licet singulis utilis...
Ars algoristica: VI 3502, 15c, ff. 194r-196v

Ars astronomie et phisice se legentibus parens est...
Conclusio quam fecit Pictagoras in libro turbae philosophorum: VE VI.215(XVI,4), a.1475, ff. 284-293

Ars ceteris ista... See 'Ars ista ceteris...'

Ars commoda nature confirmat et auget...
Baldovinus Sabaudiensis, Ars memoriae: pr (Lyon,1491), etc. (GW 3207-10; Klebs 142.1-4)

Ars communis ad sciendum que sit hora noctis
...
Astron.: CU 1935(Kk.I.1), 13c, ff. 139v-141r

Ars completa ad rubeum data domino cardinali Prenestrium...
Walterus commorans Parisius, introd. Ars completa. Text, 'Recipe in dei nomine...'

Ars confirmat et augmentat utilitates nature...
(Raymond Lull), Ars memorativa: CLM 10552, a.1472, ff. 78r-80r

Ars cum natura primo petit hec sibi...
Johannes Tecenensis, Alchemy(Metra): FR 1165 (L.III.34), 15c, ff. 95r-96v; FNpal 887, ff. 32r-33v

Ars dicta... See 'Ars docet...'

Ars dividitur in septem partes. Prima est
coniunctio...
    Arnald of Villanova, pref. Artis divisio. Text,
    'Denigratio est signum...'

Ars docet per T. quomodo in elementali figura
...
    Raymond Lull, De figura elementali: BU 20
    (12,Busta 1, cod.9), 14c, ff. 1r-9r; 270(457), 15-
    16c, XXXIV, ff. 1-30; BN 14007, 15-16c, ff.
    84v-90(Corbett I,188)

Ars doctrinalis que compotus appellatur...
    Nig(r)ellus, Compotus: Pez II, xxvi; St Florian
    586, ff. 81-88(Schulz)

Ars effugandi mures et rationes a domibus...
    BMr 12.B.XXV, 15c, f. 253r

Ars est facultas que per instrumentum et...
    Artis definitio secundum Ful(gentium): Chartres
    62, 10c, f. 37

Ars et operatio novi quadrantis editi a...
    See 'Accipe ergo tabulam...'

Ars fundamentalis...
    Raymond Lull, Practica sermocinalis: T IV,31

Ars geomantie non habet efficaciam in domibus
...
    BLd 46, 14c, ff. 109v-(110)

Ars geomantie que docet hominem solvere...
    Bartholomeus de Parma, Original Summa of
    1288: T II, 836, n. 1

Ars hec Danielis discussa...
    Abecedarius(Dream Book of Daniel): VE
    VIII.33(XI,106), 15c, ff. 118ra-124vb

*Ars igitur ista non est nisi de occultis...
    Arnald of Villanova, De secretis naturae: T III,
    673; DWS 229; HL 28, 85

Ars igitur procedit ex illis rebus...
    See 'Deus in virtute tue sancte...'

Ars igitur semper procedit...
    Raymond Lull, Codicil. See 'Deus in virtute
    trinitatis qua...'

Ars ista abbreviare secundum modum et
doctrinam artis inventive...
    Raymond Lull, Ars que ad faciendum et ad
    soluendum questiones et ad inquirendum et in-
    veniendum secreta naturalia et rerum proprietates
    pertinet: CLM 10524, 14-15c, f. 1ra

Ars ista apud Hebreos...
    On the calendar, etc.: BMr 13.A.XI, 11-12c, ff.
    13r-(14v)

Ars ista ceteris longe preferenda est...
    William of Pavia, Lilium floris utpote de spinis
    evulsum: T III, 64, 84; Ze IV, 887-911; Cor-
    bett II,34

*Ars ista hac intentione compilata est...
    Raymond Lull, De arte medicina compendium;
    BN 15095, f. 55; PM 1390; Mon 165, f. 212;
    VAu 1394, 15c, ff. 1-(10); Danzig 2224, 15c, ff.
    167-174v(Benjamin); pr Majorca, 1752; HL 29,
    258

Ars ista multotiens reperitur in hoc seculo
secundum dicta...
    Aristoteles, Doctrina ad Alexandrum regem:
    DWS 53

*Ars ista que ab inventore dicitur algorismus...
    Libellus de Algorismo (forsan ex Alexandro de
    Villa Dei): BLcm 71, 13-14c, ff. 17-(21)

Ars ista secundum quosdam vocatur algorismus
ab inventore...
    BN 15129, f. 9

Ars ista vocatur abacus hoc nomen vero Arabicum...
    Regulae abaci: BN 15119, 12c, ff. 31r-40v(Bub-
    nov, lxv); VA 3123, 12c, ff. 35r-40v; Plimpton
    250, 15c, ff. 38r-48v; BB XV(1882), 114

Ars longa vita brevis...
    Hippocrates, Aphorisms: Durham Cath. CIV
    (4°), 4(i), 13c, ff. 1-11r

Ars magica que ex medicina fluxit...
    BMh 3830, 15c, ff. 25r-26v

Ars medici sensus eneruat non verba sophiste...
    Regimen sanitatis: ed. Archiv XII(1920), 177;
    Tract. metricus de arte medica cum commentario:
    VI 5154, 14-15c, ff. 33r-47r

Ars medicinalis partes diffusa per orbis...
    Carmen de calvitio curando: VI 4772, 15c, f.
    291r-v

Ars medicinarum tam simplicium quam compositarum...
    PGe 3102, 14c, ff. 170-173

Ars medicine est ars operativa...
    Averroes, Libri Colliget abbreviati: Ea Q.178,
    14c, ff. 121r-132v

Ars non temptetur natura ni comitetur...
    Versus Rosarii Phebi: CU 1256(Ff.IV.13),
    a.1528-1529, ff. 307v-308v

Ars nostra non ex nobis est sed eam a primo...
    Salomon rex sapientissimus, De lapide minerali:
    ed. Condeesyanus, II, 309-23. Prol. 'Iohannes
    Damascenus Atheniensis...'

Ars operandi per probas in specibus algorismi. . .
> Johannes de Lineriis, Algorismus: CU 1017 (Ee.III.61), 15c, ff. 30r-31v (new numbering)

Ars practice cantus mensurabilis duplex reperitur. . .
> Prosdocimo de' Beldomandi, Tract. practice de musica mensurabili ad modum Italicorum: Coussemaker III, 228-48; Lucca 359, 15c, ff. 34-48; BB XII(1879), 234

Ars principaliter duo continet et considerat. . .
> Roger Bacon, Divinae artis alchimiae liber: VAb 273, f. 224r; Little 396

Ars que modum et qualitatem operationis docet ab antiquis. . .
> Prol. Comm. Hippocrates, De regimine acutorum: BMr 12.D.XIII, 14c, ff. 222r-(243v, incomplete)

Ars quidem sanitatem custodiendi non est. . .
> Arnald of Villanova, Libri septem de regimine sanitatis: Ea Q.194, 14c, ff. 1-64; HL 28, 55-56

Ars sive ludus algebree ad negotiationes. . .
> De signis celestibus: Ea Q.174, 14c, ff. 121v-123; des. '. . . furtum non valet recuperari.'

Arsenici mortificati tartari puri. . .
> Alkymia cognita ex revelatione spirituum: DWS 537

Arsenicum est lapis mineralis. . .
> Regimen arsenici: BMad 41486, f. 10r-v

Arsenicum id est auripigmentum. . .
> Alphabetical table of medical synonyms: BMr 12.E.VIII, 13c, ff. 122v-(124r); BN 11219, 9c, ff. 171r-179r

Arsenius Nepotiano dulcissimo filio salutem. Dilectionis tue. . .
> Arsenius, Epistola de medicina: ed. Archiv XX(1928), 361-63

Arsinicon id est auripigmentum. . .
> Medical Glossary: Beccaria p. 406. See 'Arsenicum id est. . .'

Artem ad cognoscendum in quo signo sit luna. . .
> Os 178, 13c, ff. 141v-142r; TR 312b

Artem artium scilicet(videlicet) astronomiam ingredientibus dicendum est. . .
> Comm. Astronomia of Aristotle or Ptolemy: BMc App VI, ff. 20v-23v; CUmc 165, 12c, ff. 48-49

Artem calendarii ecclesiastici nosse cupientibus utile fore. . .
> Compotus 'attrib. Ranulfo(Higden?) Cicestrensi': CUma 23, 15c, f. 24(Atk); anon. BE Phil. 1805, a.1330, ff. 121-140(Zi 12005)

Artem chiromanticam ab excellentissimo philosophorum. . .
> Andreas Corvus, De chiromantia: n.d. Hain 5776; Venice, 1513; T V, 55-56

Artem geomantie sub brevibus et claris verbis. . .
> Rolandus Scriptoris, prol. Compilatorium artis geomantie: BMsl 3487, 15c; T IV,143; BMr 12.C.XVI, 15c, 138 ff., incomplete; as is BLas 434

Artem metricam seu mensurativam occasione quadam. . .
> Leonard of Cremona, Artis metrice practice compilatio: BN 7192, ff. 29r-53v; anon., VE VIII. 65(XI,43), 15c, 52 ff.

Artemis grece que dicitur undique nomen. . .
> (First herb) Macer, De viribus herbarum: pr Geneva, a.1500(Klebs 637.1-2; IAL M3; AFML)

Artemisia Anglice mogwort. . .
> BNsl 282, 14-15c, ff. 206-210r. See 'Artemisia mogwort. . .'

Artemisia bibor. . .
> Nomina aliquot herbarum(Latin and German): CLM 13057, 13c, f. 105r; CLM 8808, ff. 45ra-49va

Artemisia bibor. buggan. . .
> Basel D.III.2, 15c, 4 ff. unnumbered

Artemisia-biwuos. . .
> Nomina quedam herbarum teutonice et latine: Ea F.303, 14c, ff. 83r-v, 92v, 95v

Artemisia buglose similis. . .
> Vocabularium de herbis: Basel D.II.13, c.1402, ff. 2ra-9ra (old 29-36)

Artemisia calida est et sicca in tertio. . .
> Herbarium, alphabetical and chiefly in English verse: BMsl 1571, 15c, ff. 17r-36v; Synonima herbarum: CU 292(Dd.V.53), 15c, f. 2ra-b

Artemisia cum axungia. . .
> Precepta medica: Eins 29(4, no.8), 14c, pp. 101-102

Artemisia dicitur ab arte quia per eam artes. . .
> VI 5003, 15c, ff. 50r-57r

Artemisia dicitur mater herbarum. . .
> Nomina herbarum: CLM 27006, f. 212(Schulz)

Artemisia dicitur quasi aerem secans. . .
> Gloss on Macer, De viribus herbarum: PA 967, 13c, ff. 1-45

Artemisia dicta est ab Arthemis ipsa est. . .
> Brux 15482, 14c, ff. 146-153. See 'Artemis grece. . .'

Artemisia domestica i.e. febrisfuga nostra i.e. vetonica. . .
> Synonima herbarum: BMh 3388, 15c, ff. 75r-86v

Artemisia. Eius decoctio menstrua deducit in balneo. . .
> BMh 2375, 15c, ff. 48v-54r

Artemisia id est agrestis mater herbarum vel matricalis. . .
> Synonyma: FLs 88, 13-14c, ff. 151r-156v

Artemisia id est mater herbarum. . .
> Dictionarium medicum (ex Mondino) cum praefatione, Italice et Latine: BLcm 114, 15c, 58 ff.

Artemisia id est matricaria. . .
> Synonima Antidotarii Nicolai: BN 7056, late 13c, ff. 119r-120v; CUad 6865, 13c, ff. 79vb-81rb; BLcm 344, 14c, ff. (1)-48v; BMr 12.D.XII, late 14c, ff. 44r-(52r); FLa 149(223-155), 14c, ff. 43-47v; VI 5337, a.1395, ff. 85r-87ra; 3011, 15c, ff. 180r-185r; CLM 3512, ff. 145vc-147rb; Giacosa 497; pr Venice, 1471; etc.(Klebs 703.1; IAL N139). The list of synonyms follows the Antidotarium

Artemisia id est matricaria est mater herbarum cum due sunt species. . .
> Synonima magistri Guilhelmi Martelis(?) que fuerunt scripte per magistrum Petrum Gualengum de Glugia (from explicit): BN 6988A, 14c, ff. 63rb-(71vb)

Artemisia mater herbarum est dicta ab Athenis grece. . .
> See 'Herbarum vires. . .' 'Artemisia id est. . .'

Artemisia mater herbarum matricaria vel. . .
> Synonyma et equivoca diversarum specierum herbarum: BMad 18752, ff. 93r-122r

Artemisia mater herbarum mogwort absinthium wormwood. . .
> Nomina herbarum: CUma Pepys 1307, 15c, f. 51(Atk)

Artemisia mater herbarum mother of herbs. Matricaria. . .
> Synonyma herbarum: CUt R.XIV.52, 15c, f. 175v(Atk)

Artemisia mater herbarum Schofmolten. . .
> Nomenclatura herbarum latina et germanica: VI 3011, 15c, ff. 149r-152v

Artemisia matricaria. . .
> Nicholas, Synonyma: BN 6964, ff. 88v-89r

Artemisia mogwort. . .
> Herbarum nomina Latine Anglice: BMsl 2479, 14c, ff. 90r-107r(?)

Artemisia peypos. . .
> Alphabetical tabula nominum herbarum cum vulgarizatione eorum: CLM 18782, 15c, ff. 127v-132v

Artemisia. Veispas(?). Et est mater omnium herbarum. . .
> Herbal: CLM 22300, 13-14c, ff. 57v-60v

Artemisia vel canaparia. . .
> Petrus Hispanus, Synonyma: VI 2300, 15c, ff. 71r-73v; anon. VI 5370, a.1417, ff. 106v-116v

Artemisia vel matricaria est mater herbarum. . .
> Herbarum nomina (latina et polonica): CLM 615, 13c, ff. 68v-72r

Artemisie tres species sunt. Prima monedes. . .
> Nomina herbarum: BMsl 420, 13-14c, ff. 115r-121r

Artes astronomie et phisice. . .
> Aliud scriptum de alchimia: Ran 1456, 15c, ff. 136r-138r

Artes liberales sunt. . .
> Tadeus de Parma, Expositio theorice planetarum: London, Univ. College 16, 15c, ff. 73ra-100rb

Artetica chaulde. . .
> Table of various ills: Brux 5877, 15c, ff. 158-160

Artetica est iuncturarum dolor cum tumore vel sine. . .
> Antonius Guaynerius, De artetica(iuncturis) et calculosa passione: VE VII.47(XIV,27), a.1468, ff. 210-233; pr Opera medica(Klebs 480.1(f); 480.3-7; AFML 221-223; IAL G475-78)

Artetica sive gutta est dolor iuncturarum. . .
> Guido, De artetica: VAp 1316, 15c, ff. 106r-177

Arthemis. . . See 'Artemis. . .'

Arthemisia. . . See 'Artemisia. . .'

Arthriticas passiones sic utique. . .
> Rufus, De podagra: BN 10233, 7-8c, ff. 261r-268r; Diels(1906), 90

Artibus ex septem res scitur quelibet orbis. . .
> Pulchra metra de artibus et scientiis: Ea Q.151, late 14c, ff. 22v-23

Artifex vero sicut predictum est sit mundus. . .
> De quatuor annulis: FLg Plut.89, sup., cod.38, 15c, f. 186

Artificiosa memoria ex locis et imaginibus constat. . .
> Ars memorativa: CLM 4382, 15c, ff. 162r-173v

Artis astronomice instrumentum. . .
> Astrolabe: BE F. 57, 13c, ff. 115-116(ZI 866)

Artis calculatorie habere cupientes notitiam...
Computus: BMsl 1620, 15c, ff. 61v-64v

Artis cuiuslibet consummatio in duobus consistit...
Geometria: BL Auct.F.5.28, 13c, ff. 133v-(144); Ea O.82, late 13c, ff. 157-169; BN 7420A, 14c, f. 147r; 16198, 14c, ff. 156ra-162v; FL Plut.29, cod.19, 14c, ff. 50v-(56); Delisle III, 90b

Artis extrinsece notitiam interioris cognitionem precedere...
Roger of Hereford, Compotus (5 bks. 26 caps.): BLd 40, 13c, ff. 21r-50v(Haskins 124-5); CU 1935(Kk.I.1), 13c, ff. 222v-239r. Pref. 'Cum non sit humane...'

Artis huius initia et quasi elementa videntur...
Gerbert, Geometria: PL 139, 91-152; Bubnov (1899), 51, as cap. 2. See 'In quatuor matheseos ...'

Artis medicine diversas et compositas...
Bartholomaeus, Comm. in aphorismos Hippocratis: Ea Q.175, 13c, ff. 27-49

Artis preposite brevi notatu...
De geometria: ed. Hagen, Carmina inedita, Bern, 1877, pp. 39-41

Artis sapientibus sermo approbandus... See 'Ars a sapientibus comprobanda...'

Artis scientiam que ex unamquamque herbam colligere debeas...
BN 7028, 11c, f. 138r-140r: Beccaria 29.6. See 'Quoniam quidem O karissime...'

Artium liberalium doctrina aut in sermonum proprietate...
CUt R.XV.16, 12c, ff. 1v-3r, ends incomplete, last is geometry

Artium septem ultima sede posteriori collocata ...
De astronomia quare sit ultima artium: Avranches 235, 12c, ff. 27v-28v

Artophilax sive Boetus. Huius manum sinistram circulus...
See 'Arctophilax vel Bootes...'

Artus activorum est in patiente...
Alchemy: BLas 759, 15c, ff. 63v-64v (DWS 706)

As habet uncias xii scrupulos cclxxxviii...
De ponderibus quantum contineant: Avranches 235, 12c, f. 52v

Asafetida calidus et siccus...
De asafetida: CU 292(Dd.V.53), 15c, f. 138ra

Asahafati accidit pueris...
See 'Assahaphati...'

Asarabacra vulgare nardus agrestis...
Herbal: BMsl 3468, 14c, ff. 105v-116r

Asaru idest baccara sive vulgagine...
Medical glossary: Beccaria p. 406

(A)sbestos est lapis ferrei coloris...
Danzig 1955, 15c, ff. 346v-353 (Benjamin)

Ascendens anni omni anno...
Cues 209, 14c, ff. 54v-57(Zi 11176)

Ascendens anni omni anno secundum quod sors...
De significationibus duodecim signorum: VAp 1368, a.1473, f. 34r-v; VAp 1445, 15c, ff. 147r-151r; Saxl (1915), 12

Ascendens aries signum mobile domus...
BN 10263, ff. 40-45(Poulle)

Ascendens et dominus eius...
Ea D.19, 14c, ff. 25-26(Zi 3273)

Ascendente anni in primis locato...
Alkindus, alias Dorochius (Dorotheus?), De annorum peste et salute: VI 2436, f. 142r; Basel F.III.8, f. 79rb; Carmody 111, lists as a section from Novem iudicum

Ascendentis tres sunt partes...
Albumasar, De xii domibus astrorum: Ea Q.223, 14c, ff. 172v-265v(Carmody 98-99)

Ascendere se videre in arborem honorem significat...
Sompnia Danielis Prophetae: VAp 1321, ff. 160v-163ra

Ascendi in hortum meum...
Rosarius minor, *or*, novus: T III,180. See 'Descendi...'

*Ascensiones equalium portionum...
Simon Bredon, In demonstr. Almagesti, lib. II: Tanner

Ascensus solis dicitur augmentum lucis...
De ascensu et descensu solis: VA 645, 9c, f. 55v

Asclepi omnis humana immortalis est anima...
Trismegistus ad Asclepium: EU 16(VIII), Db.IV.6, 12c, ff. 192r-195r(DWS MS)

Asclepiades ex magna parte usum medicamentorum sustulit...
Table of chapters: BLlm 724, 15c, f. 159va. Text, 'De medicamentis...'

4

Asclepius iste. Pro sole mihi est deus...
  Hermes Trismegistus, Dialogus de natura deorum: Reims 877, 12c, ff. 29-40; FLsm 348, 12-13c, ff. 1r-12r; Ea O.7, 15c, ff. 27v-36; Björnbo (1912), 222; CUmc 169, 13c, ff. 168r-179r(DWS MS); CUg 152, 15c, f. 18; Diels (1906), 46; pr with Hermes Trismegistus, (Venice, 1500?), ff. 20v-31v(Klebs 510.7; IAL H76)

Asclepius puer factus Apollinis ex Coronide...
  Ars medicinae: ed. R. Laux, Kyklos III(1930), 417-34

Asia ex nomine cuiusdam mulieris...
  Geography: BLau F.5.19, 12c, ff. 74v-81

Asia itaque media creditur esse...
  De provinciis et insulis totius orbis, cap.1: Mi A.147 sup., ff. 174vb-201rb. See 'De terre autem partibus...'

Asinus est animal(notum) valde...
  Proprietates animalium...extracte a libro Alberti O.P.: Oc 125, ff. 54r-60r; CUad 4087, 14c, ff. 207v-214v

Asinus rudit leo fremit corvus crocit...
  Tabula de sonitibus animalium: CUsj F.25, 13c, f. 69v(Atk)

Asma(asthma) est difficultas inspirandi...
  Index and explanation of medical terms: Saxl (1927), 103; Orléans 286, 13c; Pansier(1909), 43; BMsl 403, 15c, f. 20r

Asma in macilentibus hominibus non facile solvitur...
  BMh 5228, 14c, f. 113v

Aspaltu idest bitumen...
  Vocabula herbarum: Beccaria 94, 7

Aspaltum est bitumen iudaicum sive congeries terre...
  VAc F.VIII.188, f. 24r(?); BMsl 1128, c.1400, ff. 100v-152v

Aspaltum id est brenno vel furfurum...
  Alchemical vocabulary: Saxl(1927), 102

Aspectus astrologie sunt quatuor...
  CLM 267, 14c, f. 1r(Zi 9940), only one column

Aspectus autem planetarum sic potest inveniri ...
  Thebit ben Chorat, De imaginibus: CLM 14684, 14c, ff. 79-80; T (1947), 236

Aspectus est certa distantia planetarum in certis locis zodiaci...
  VI 4775, a.1480, ff. 58r-61r; CLM 214, 15c, f. 4(Zi 8246)

Aspectus lune et Mercurii sextilis...
  Zechel(Zael), Carmen de planetarum aspectibus: BLcm 255, 15c, ff. 59-63v

Aspectus planetarum sic potest inveniri...
  Isis 50(1959), 43, n.79. See 'Aspectus autem planetarum...'

Aspectuum laudabilium trinus est melior deinde sextilis...
  Almansor, Capitula, tr Plato of Tivoli, extracts: BN 7439, 15c, ff. 125v-129v

Aspeximus hac introductione ascendens et dominum eius...
  Astrol. medicine: Saxl (1953), 279

Aspice diligenter si materia lateat in profundo...
  Johannes Blakeney, Casiale(?) compendium: BMsl 2391, 15c, f. 34r-v

Aspice in occasionibus mortem inferentibus...
  Epistola de discretione mortis: Ea O.84, 14c, ff. 67v-68r

Aspice stellam beibenie que dicitur Hasset...
  Hermes, De stellis beibeniis, tr Salio: Carmody 55. Prol. 'Ego dicam vobis...'

Aspice unamquamque domorum et que fortunarum et que infortunarum sit in ea...
  Compendium Albumasar, *or* Sign. VII planetarum per domos: Karl u. Faber 2/37, ff. 34r-39r(Schulz)

Aspira menti Leopaldi musa volenti...
  Leopoldus, De arithmetica libelli tres, metrice: BMar 339, 14c, ff. 31v-(34)

Assahaphati accidit pueris et forte accidit in facie et capite...
  Rasis, Practica puerorum: BN 6902, 13c, ff. 115rb-117rb, in the midst of Rasis, Experimenta; 6903, 13-14c, ff. 81ra-82va; 6906, 13-14c, ff. 173rb-175va; 7046, 13c, ff. 167ra-169ra; concerning these BN MSS see BHM 32 (1958), 57-67; Danzig Mar. F. 238, ff. 151r-152r; VA 2416, 14c, ff. 23r-24r(AL 1803); Laon 418, 14-15c; CUad 3120, 14c, ff. 111v-113r; BN 6964, ff. 139rb-140v; pr Opera, Milan, 1481(AFML 399; Klebs 826.1; IAL R169)

Assalia fatui accidit pueris et forte accidit in facie...
  'Experimenta Rasis de practica puerorum': VAp 1268, 15c, ff. 267r-270v. See 'Assahaphati ...'; 'Sahafati...'

Assaphati humida id est pustule ad modum favi ...
  See 'Inquit translator. Manus...'

*Asserentium arithmetice artis. . .
Thomas Bradwardine, Arith. practica: Tanner

*Asserit Raymundus de fermento loquens. . .
George Ripley, Concordantia Guidonis et Raymondi: Bale, Pits (Tanner)

Asserit Raymundus de lapidis. . .
See 'Raymundus loquens de lapidis fermento. . .'

*Assiduis petitionibus. . .
Ric. Wallingford(?), De computo: Tanner

Assiduis petitionibus me karissime compendiose morborum. . .
Johannes Dama(*sic*), Breviarius de morborum signis, causis et curis: BMsl 2454, end 13c, ff. 53v-81; Johannes de Sancto Paulo, Breviarium: VE fa 536, 14c, ff. 1-28

Assiduis petitionibus me(mei) karissimi socii. . .
Johannes de Sancto Paulo, prol. Practica *or* Breviarium (de signis, causis, curis morborum, in 5 bks.): Rose (1907), 103; Basel D.III.3, 13c, ff. 86ra-120rb; AFML 511.1, 13c, ff. 1r-121v; BMad 16385, 13c, ff. 4v-78v; CU 938(Ee.II.20), 13c, ff. 219ra-240va; CUad 6865, 13c, ff. 14r-60rb; CLM 3073, 15c, ff. 180ra-246vb. Text, 'Quoniam longitudini in hoc. . .'

Assinicon hoc est auripigmenta. . .
Interpretatio pigmentorum vel verborum a greco in Latino translatorum: BN 6882A, 13c, f. 24v

Assit michi virtus dei. . .
Johannes Tectinensis, prol. Alchemy. Text, 'Hec res prima confricetur. . .'

Assit principio sancta Maria meo. . .
Secrets of medicine (mostly in Italian): Giacosa 498; Chiromancy: BN 7420A, ff. 139ra-142vb

Assum balneum sic facies. . .
Bern A91,17, 11-12c, f. 1r-v

Assumatur numerus quislibet(quilibet) ac tripliciter. . .
Propositiones, *or* Ps. Bede, De arithmeticis propositionibus: Jones, 51-2; PL 90, 665-76; anon. CLM 18765, 10c, f. 1(Schulz)

Assumes capram lactantem. . .
Doctrina mag. Guillelmi: BMad 41486, f. 123v; anon. f. 12v, 46v

Astore falcone e sparaveri. . .
De medicinis avium: Girolla 66

Astra celi dum transcendo. . .
CLM 716, f. 52; 3906, f. 95

Astra docent et fata monent aviumque volatus . . .
Apocryphal interchange of verses between Frederick II and Innocent III: BE 878(Q.4.8), 15c, f. 218v; CLM 4432, f. 69(Schulz)

Astra inclinant sed non necessitant. Quia petisti. . .
Thomas Aquinas, De iudiciis astrorum ad fratrem Reginaldum: VAp 1709, 15c, f. 45v. See 'Quia petisti (a me) ut tibi. . .'

*Astrolabii circulos et membra nominatim. . .
BLd 98, 13-15c, ff. 145v-(148v); 167, 14c, ff. 64r-(67r); BLb 790, ff. 108r-112v; Princeton, Robert Garrett 95, ff. 168v-172; Thomson 243

Astrolabii nomen grecum est. . .
Messahala, De compositione et usu astrolabii: Steinschneider (1906), 34-35. See 'Scito quod astrolabium est nomen. . .'

Astrolabii principales partes sunt mater. . .
BMar 377, 13c, ff. 74-(75v)

Astrolabiorum igitur sex sunt species. . .
FNcs J.II.10, 13c, ff. 167v-168r; Björnbo (1912), 198

Astrolabium armillare quo Ptolomaeus plurimum usus est. . .
Johannes Regiomontanus, Enumeratio super usu et constructione astrolabii armillaris Ptolemei: ed. Jo. Schöner, Scripta. . .Jo. Reg. de Torqueto astrolabio etc., Nuremberg, 1544, ff. 21r-22v; anon. VI 5496, 16c, ff. 35r-36v; BN 5787, ff. 213v-214v

Astrolabium constituitur hoc modo recipe tabulas. . .
Ea F.395, 14c, ff. 121-123

Astrolabium dicitur quasi astrorum labium. . .
Bordeaux 531, 15c, ff. 53-54

Astrolabium dicitur quoddam instrumentum. . .
Compositio astrolabii: VAp 1212, 15c, ff. 87v-102r

Astrolabium est instrumentum astronomicum . . .
CLM 14742, 14c, f. 1(Schulz); Ulm 13269, a.1536(Zi 869)

Astrolabium est instrumentum quo altitudo. . .
Vorau 218, 14c, ff. 373r-377r; Zi 870 is 16-17c

Astrolabium est pars spere depressa. . .
Andalò di Negro, De compositione astrolabii: BB VII(1874), 358-60; FLa 131(205-137), 14c, ff. 73r-103r; 1339(1263), ff. 47ra-69va; VA 5906, 14c(?), ff. 4r-11; T III, 196

Astrolabium est sicut dicit Tholomeus quasi spera...
  CUe 36, 14c, II, ff. 1-14

Astrolabium facere cum volueris...
  Rubric: CLM 27, f. 79r (Zi 871).   For incipit see 'Primo fac tabulam...'

Astrolabium facere (cum) volueris.   Primo et ante omnia...
  Andalò di Negro, Opus preclarissimum astrolabii: BB VII(1874), 339-48

Astrolabium grece acceptatio stellarum latine dicitur...
  KlaB XXX.d.4, 15c, ff. 31v-34v; Zi 872, 873

Astrolabium grece latine dicitur acceptio stellarum...
  ed. from Brux 10122, 14c, ff. 122r-132v: Millás (1956), 49-67

Astrolabium grece vocabulum acceptatio...
  Zi 874

Astrolabium ita(sic) construitur.   Accipe rotulas...
  Messahala: Dresden C. 79m, 14-15c, ff. 1-8; BLb 68, c.1400, ff. 26-34; Zurich C.364, 16c, ff. 2r-4v; Zi 875-883; VAp 1435, ff. 26orb-262rb

Astrolabium ita(sic) construitur.   Recipe tabulas de auricalco...
  BMsl 2479, 14-15c, ff. 1r-7r

Astrolabium sic componas.   Describe...
  Ea F. 38, 13c, ff. 13-15v(Zi 884)

Astrolabium (ut Abraham Iudeus inquit) omnium mathematicalium instrumentorum...
  Faber Barduvicensis, Compositio astrolabii: pr c.1499(Polain 1453; Klebs 386.1)

Astrologi arietem nuncupant primum signum...
  Libellus de futuro hominum vel mulierum per xii signa: FLa 1448, 15c, ff. 190v-193r

Astrologi grecie armenie...
  Prognosticon anni 1329: Ea Q.287, 14c, f. 46; VI 1741, 15c, f. 115v

Astrologia est beneficio deorum nobis revelata...
  VAr 1330, ff. 63r-73v

Astrologia est de magnitudine contracta...
  De astrologia excerptum quoddam: BLd 48, 15c, ff. 114-(116)

Astrologia est multiplex quia aut est...
  CLM 125, a.1486, f. 299v

Astrologia est scientia mutationum...
  Cracow 554, 15c, ff. 1-20(Zi 9941)

Astrologia(aristolochia) rotunda calida et...
  Notes on simple medicines: BMr 12.E.I, 14-15c, ff. 108r-(111)

Astrologiam esse omnium liberalium artium...
  Laurentius Bonincontrius Miniatensis, Super Centiloquio Ptholomei: VA 3379, ff. 62r-114r; T IV, 409, n.78

Astrologice speculationis...
  John of Seville, Astrolabium: BN 7292, ff. 292va-296vb(TR 281).   See 'Astrologie speculationis...'

Astrologie consideratio circa quatuor consistit...
  Summa astrologiae: BLas 361, 14c, ff. 45-56v

Astrologie duo exstiterunt capita...
  Abraham ibn Ezra, Liber de interrogationibus, sermo universalis in doctrina iudiciorum, tr Peter of Abano: BLd 212, 14c, ff. 63r-(64r); VI 3124, ff. 193ra-196ra; BN 10269, 15c, ff. 74va-82rb; Opera, 1507, ff. 60v-67r; T (1944)aa, p. 298b

Astrologie floridos fructus quivis efficaciter...
  Introductio sive canon in Almanach Profacii: BLd 228, 14c, f. 15v

Astrologie partes numerantur.   Prima que introductoria est...
  De principiis astrologie (Dialogue of master and disciple); Wi 79, a.1519, ff. 225v-240r

Astrologie speculationis exercitium habere volentibus...
  Johannes Hispalensis, De constructione astrolabii: Carmody 170; FLa 205, 14c, f. 2rb; Spec. astron. cap. 2; ed. Millás (1942), 316-21

Astrologorum priscorum quamplurimi...
  De compositione astrolabii equatorii: Ea Q.386, 14c, ff. 89-98v

Astrologus non debet dicere rem specialiter...
  Comm. Centiloquium: BN 7282, 15c, ff. 5ra-13vb: BN 7348, ff. 21-26

Astrologus potest errare quatuor modis...
  BLas 191, 15c, f. 159v, incomplete

Astronomia communiter dicta celestium corporum quantitates considerat...
  Expositio terminorum astronomie: BMh 941, 15c, ff. 51r-58r; MU Q.738, 15c, ff. 93r-95v, Henry of Hesse suggested as author in top mg, cap.1 of Pars ii of work opening, 'Dixit Boethius nihil...'

Astronomia est astrorum certa lex alii eam...
  Albumasar, Introductorium in astrologiam: Ea Q.365, 14c, ff. 28-40v(Carmody 99)

Astronomia est astrorum lex que cursus siderum
. . .

 BMh 3017, 9c, ff. 75v-81v; Bern 417, 9c, ff. 34-44; 610, 10c, ff. 1-11(Schulz); VAr 1855, 10-11c, ff. 81r-83v(AL 1800); BN 4281, ff. 85v-94v

Astronomia est certa lex et regula . . .

 CLM 10691, a.1510-20, ff. 49-96(Zi 10350); On 312, 16c, ff. 13-(36); Wi 79, a.1519, ff. 205r-224v

Astronomia est disciplina . . .

 Astronomical tables: CLM 14622, 15c, ff. 45-47v(Zi 11177)

Astronomia est doctrina . . .

 (Comm.?) John of Sacrobosco, Sphera: MU Q.746, f. 1r

Astronomia est scientia ad sciendum deum . . .

 Recommendatio astronomiae: Prag 1609(VIII. G.27), 15c, ff. 40r-43v; MU Q.738, 15c, ff. 37-38(Zi 3276, 10352); Osiris 8(1949), 59-60

Astronomia est scientia ducens nos ad Deum . . .

 Comm. Computus chirometralis: CLM 5595. See 'Cognitio veritatis. . .'

Astronomia est scientia qua duorum luminarium et quinque planetarum . . .

 VAp 1366, 16c, 1r-79r; Zi 10354 citing CLM 8292, 17c, ff. 1-22; it seems a paraphrase of Ptolemy's Quadripartitum

Astronomia est scientia solis et . . .

 Cracow 1839, 15-16c, ff. 152-159(Zi 10355)

Astronomia et astrologia in hoc differre videntur . . .

 De astron., astrol., et cyromantia: VI 5203, 15c, ff. 133-134v; Zi (1938), 221, assigns to Regiomontanus

Astronomia ex quatuor precipue est extollenda. Ideoque . . .

 Tract. introductorius in totam astronomiam speculativam: VI 5247, 15c, ff. 1r-47v(Zi 10357)

Astronomia propter arduas quas annexas habet difficultates . . .

 Astrolabium: VE VIII.34(XI,80), 16c, ff. 53-77

Astronomia secundum intentionem Ptolomei primo quadripartiti . . .

 VI 5275, ff. 35v-42r

Astronomia secundum Lynconiensem in libro . . .

 Theoria nova planetarum: VI 5268, 15c, ff. 1v-139r

Astronomice considerationis . . .

 Joannes Gebir(?) Hispalensis astrologus: cited Pastrengo (1547), f. 38r

Astronomice veritatis viam sequentes quam sapientes . . .

 Pierre d'Ailly, De concordantia astronomice veritatis et narrationis hystorice: Salembier, xxiv; Saxl (1927), 139-40; Cambrai 929, 15c, ff. 26-55v; BMad 29969, ff. 16v-35v; BMh 637, ff. 75vb-92va; BMh 3742, ff. 162-181; pr 1483: IAL A426, ff. bb(7)r-dd(8)r (Photostat ed. 1927, ff. 104-121r)

Astronomie iudiciorum fructus ceteris omnibus invenitur celebrior . . .

 Liber novem iudicum: BMar 268, 14c, ff. 75ra-84vb

Astronomie iudiciorum omnium bipertita est via . . .

 Hermann of Carinthia(?), De occultis: Dijon 1045, 15c, ff. 148r-172r(Haskins 51)

Astronomie materia subicitur tripartita, scilicet corpus, motus et significatio . . .

 Ea D.19, 14c, ff. 1v-52v(Zi 9942)

Astronomie moderata lectio negari non debet . . .

 Commendatio astronomie: CLM 275, 15c, f. 1r

Astronomie modus multifarie consistit . . .

 Extract from Isidore of Seville, Origines: Avranches 235, 12c, ff. 28v-40; anon. VA 3101, a.1077, f. 6r; BN 11248, 11c, f. 24v; CLM 14689, 12c, f. 72v

Astronomorum priscorum eximii qui prestantibus . . .

 Johannes de Dondis, pref. Planetarium: T III, 741; Mi C.221. inf., 14c, ff. 1-100v; Archeion 18(1936), 308-17. Text, 'Per casamentum operis. . .'

Astrorum diversi motus indigent expositione nominum . . .

 Rinuby(Al Biruni?), Prol. De motibus astrorum: BLd 93, 14c, ff. 27v-33v(Carmody 154). Text, 'Centrum mundi. . .'

Astrorum iudices qui super comate stelle . . .

 Johannes Widman, Regimen generale ab aere corrupto preservativum: CLM 441, ff. 58r-61r; Archiv XVI, 5-10

Astrorum lapsus est utilis ut metra dicunt . . .

 De utilitate astrolabii: FL Plut.29, cod.3, 15c, f. 22

Astrorum observatores studiosi experti . . .

 Albertus de Brudzewo, Comm. in theoricas planetarum Georgii Purbachii: pr Milan, 1494, 1495(GW 5576-77; Klebs 12.1-2; IAL B1080); L. A. Birkenmajer, Munera s. universit. Cracoviensis, IV(1900), 169 pp.

Astrorum quidem sapientes experti sunt . . .

 Critical days: BE 963, 14c, ff. 76vb-79rb

Astrorum sapientes de pluviis necnon de...
Nicolaus de Comitibus, Tract. astronomiae: T
IV, 681; anon. VI 5215, 15c, 63 ff.

Astrorum sapientes ingentem celi...
Ephemerides astronomicae ad meridianum
Cracoviensem ab anno 1428 ad annum 1485: VI
5227, 15c, 183 ff.; Computum astronomiae:
CLM 51, late 15c, ff. 49ra-50vb

Astrorum scientia de te et de illis...
Ptolemy, Centiloquium, preceded by prologue of
Hugh of Santalla, its translator (Inc. 'De his
que...') and accompanied by a Comm. (Inc.
'Hoc in sermone...'): Haskins 69; Millás
(1942), 174; Carmody 16

Astrorum speculi generalis sunt principia et
communia Ptolomei...
See 'Ad laudem et honorem summi dei...'

Astutia veterum in opusculis librorum...
Soranus of Ephesus, Isagoge: pr Torinus, De re
medica, Basel, 1528. Pref. 'Medicinam quidem
invenit...'

At illa que est ad populares sicut dicunt astrologi...
On a comet: Michelbeuern 42, f. 216r

(A)t in hoc septimo primo probat quod omne...
Thomas Anglicus, Quaestiones de Aristotelis
Physicorum libris VII et VIII: Ea F.178, 14c,
ff. 57-73v

At in hoc tractatu perscrutandum est...
Averroes (comm.?), De causis longitudinis et
brevitatis vitae: BN 6446, f. 320

Atanasia id est immortale proprie valet contra
fluxus...
Receptarium *or* Antidotarium: Giacosa 453

Athanasia id est immortalis non quia servat...
Nicolaus, Antidotarius, abbreviated: BMr 12.E.
XXII, 15c, ff. 106r-121v

Athene Antiochia—Yerusalem Zenzar...
Longitudo et latitudo locorum infrascriptorum:
VAu 268, 15c, f. 34

Athlantidum his diebus me crebro murmure...
Hermann of Carinthia, pref. De essentiis (com-
pleted at Beziers, a.1143): ed. Haskins 48-49.
Text, 'Esse quidem ea dicimus...'

Atomus dicitur sine incisione...
Bern AA.90.29, 10-11c, f. 6r-v

Atque hic ut certis possimus discere signis...
Weather prediction, in verse: BN 18081, 13c, ff.
238v-239v

Atramentum calcantum vitreolum...
De simplicibus medicinis secundum ordinem
alphabeti: Ea Q.215, early 14c, ff. 142-148v

Atramentum id est vitreolum. alchali id est
calcicuram...
Synonima in alchimia: BMsl 1754, 14c, ff. 218v-
220(DWS 389)

Atria saturni firmis fundata columpnis...
Simon de Covino, De iudicio solis in convivio
saturni (an astrological poem on the Black Death):
CUt 881, 15c, ff. 48r-65v; HL 37, 372-382;
BEC II(1840-1841), 206-43. Prol. 'Postquam
materias plures...'

Atriplicis olera bona sunt sanis et infirmis...
De virtutibus herbarum: BMad 24068, 13c(?),
ff.84-(92)

Attende ergo ad hoc quod(ea que) dicam...
Messahala, Liber super annona, *or*, De mercibus:
Osiris XII(1956), 68-69; Carmody 36

Attende O doctrine(doctissime) fili ad eloquia...
See 'Attendite...'

Attende quod canon Arabice latine dicitur
norma vel regula...
Jacobus de Partibus, Comm. Avicenna, Canon
medicinae: pr Lyon, 1498(Klebs 131.13, IAL
A1273; Yale 9)

Attende quod in omni opere(operatione) medicus
debet...
Lanfranc, Cyrurgia parva, Cap. 1. See 'Intendens venerabilis...'

Attendens venerabilis amice Bernarde...
See 'Intendens venerabilis...'

Attendentes nonnulli philosophie professores...
De memoria artificiali secundum Parisienses:
AFML 516, 15c, ff. 1r-5v; TR 250; CLM 5964,
15c, ff. 86r-95r

Attendite a falsis prophetis qui veniunt...
Prol. Liber de physionomia in honorem Wen-
ceslai II regis Bohemorum: Bern 513, 15c, 58 ff.;
BMsl 323, 14-15c, ff. 180v-188r, 'Hic explicit
physonomya Aristotelis et omnium philosophorum'; pr as Aristotle, Lapidarius et liber de
physionomia, Merseburg, 1473(GW 2389;
Klebs 89.1; IAL A892); Ambix 8(1960), 21-23

Attendite doctrine filii (ad) eloquia mea auribus...
Petrus de Zelento(Silento), De occultis naturae:
T III, 639, 771; DWS 351; ColR 9b; Geneva
82, 16c, ff. 1r-8r

Attentionem habemus. . .
> See 'Intentionem habemus. . .'

Attractive necessario debent esse. . .
> De virtutibus variarum medicinarum: VI 5155,
> 15c, ff. 90r-96v

Attramentum. . .
> See 'Atramentum. . .'

Auctor apud Grecos medicine primus Apollo. . .
> 15 lines of verse: FLa 130(204-136), f. 27ra

Auctor atque repertor medicinae artis perhibetur Apollo. . .
> Epistula quantis annis latuit medicina: Beccaria 6,
> 10

Auctor de proportionibus motuum. . .
> Ea Q.352, ff. 134v-148v. See 'Omnes propor-
> tiones equalitatis. . .'

Auctor docet eligere ilegh(hileg). . .
> Extract from John of Saxony's comm. on Alcabi-
> tius: FL Plut.29, cod.3, 15c, ff. 123v-(131)

Auctor huic libro premittit quandam propositionem. . .
> Aegidius Romanus, Expositio in librum de
> causis: VA 831, 14c, ff. 1r-94r; pr Venice, 1550,
> ff. c6r-c8r, 1r-112r

Auctor huius operis principali proposito. . .
> Expositio in tract. Sacrobosco de sphaera: BN
> 7196, 13-14c, f. 18rb mg; T(1949), 33

Auctor iste determinans de passionibus oculorum. . .
> CUj 43(Q.D.1), 15c, ff. 52v-61r

Auctor iste principali suo proposito prohemium
promittat. . .
> Super speram glosule (on Sphere of Sacrobosco):
> Mon 323, 13-14c, ff. 238r-(244v)

Auctor iste sibi abscribit(!) hoc opus. . .
> Geraldus (Bituricensis), comm. Viaticum Con-
> stantini: Ea Q.180, 13-14c, ff. 6-152v. See
> 'Cum omnia ex quatuor. . .'

Auctor librum suum in sex partes dividit. . .
> 'Extracta de quodam tractatu qui intitulatur
> Codex Veritatis Inferioris Astronomie': Cambrai
> 919(818), 15c, ff. 46v-63(Corbett II, 35)

Auctor more recte scribentis operi suo. . .
> Gentile da Foligno, Comm. Aegidius Cor-
> boliensis, De pulsibus: pr Padua, 1484; Venice,
> 1494; (Hain *103; AFML 212, 214;
> Klebs 465.1; 466.1; GW 268, 270; IAL
> A83, 85; etc.); anon. Basel D.III.9, 14c,
> f. 2ra-

Auctores artis compoti priores fuerunt gentiles
. . .
> Divisio temporum: BMh 321, 14-15c, f. 16r

Auctores calendarii nostri duo principaliter. . .
> Johannes de Muris, On the calendar and finding
> the date of Easter: T III, 296-97; ColR 77; VI
> 5292, 15c, ff. 199r-209v

Auctores perhibent mundum constare localem
. . .
> Descriptio mundi secundum Hyginum: NA
> IV(1879), 368(Schulz)

Auctores scientie naturalis dicunt quod chymus
qui primam digestionem. . .
> NYAM 6, 14c, ff. 39v-41r; Kibre (1941), 269,
> n.32

Auctoritas operationis divine que secula creavit
et gubernat. . .
> De natura rerum: BN 11130, f. 69(H). See
> 'Operatio divina. . .'

Auctoritas Ypocratis quales esse debeant discipuli. Sex sunt(esse). . .
> Rasis, Comm. in Hippocratis aphorismos: Bern
> 430, 13c, 46 ff. (incomplete); anon. Edinburgh
> Advocates 18.2.5, 14c, ff. 123r-226r

Auctoritate Alfragani differentia 21. . .
> De altitudine planetarum: VAp 1354, f. 166va-b

Auctoritate freti Augustina quatuor dicitur in
domo dei esse necessaria. . .
> Comm. Alexander of Villa Dei, Massa computi:
> Utrecht 722, 14c, ff. 1ra-20va

Audax est cuius capilli sunt fortes et asperi. . .
> Rasis, De signis audacie: Florence, Marucelliana
> G.223, a.1451, ff. 27r-28v: AL 1391

Audax urbanus malus anticus fur. . .
> 13 astrological verses with prose commentary:
> VAb 196, 15c, f. 58r(Silverstein)

Aude aliquid mea musa novi proscribe timorem
. . .
> Aegidius of Corbeil, Viaticus de signis et sympto-
> matibus aegritudinum: ed. Rose (1907), pp. 3-98

Audi aure cordis que dico. . .
> Aristotle, Alchemy: Steinschneider (1906), 8;
> Palermo 4 Qq. A.10, sect. 46, item 56; anon.
> VA 4092, ff. 191r-197ra; BMsl 692, 15c, ff. 79v-
> 84(DWS 675)

Audi cum auribus. . .
> Alchemy: BU 1062(2082), 14c, ff. 43-45; BU
> 270(475), 15-16c, vol. XVI, 4

Audi disce modum cenandi si tibi fausto. . .
> Regulae diateticae versibus 285: BMar 52, 13-
> 14c, ff. 66v-(68)

Audiant dilectissimi verba oris mei...
    De dono celi, *or*, Rosarium celi: BMsl 1091, 15c,
    ff. 71-72v (DWS corr.199)

Audiant secreti et electi verba oris mei...
    De ovo humano: Basel D.III.23, 15c, ff. 67v-69v

Audiant secreti que loquor et dilecti verba...
    Roger Bacon(?), Alchemy: DWS 199, ii,v; anon.
    Cellidonia: VA 4462, f. 32r; Recipes: Art Ancien
    15, 14c, pp. 132-134; De herba incognita Orto-
    lani: BN 14006, 15c, ff. 63v-64r; De opera-
    tionibus elementorum: Palermo 4 Qq. A.10, 46-
    65; Epistola de virtutibus lapidis vitae humanae:
    VI 5491, 15c, ff. 25r-26r. See 'Secretum se-
    cretorum nature audiant...'

Audiens Cononem quidem mortuum esse...
    Archimedes, Quadratura parabolae, tr William of
    Moerbeke; Björnbo (1909), 388; CR B-70(2)

Audientes omnes...
    See 'Auditores audiant omnes...'

Audita quacumque re a quocunque...
    An verum sit quod dicitur an non: BLcm 517, 15c,
    f. 20rb

Audite hec fili priscorum philosophorum...
    George Anrach *or* Aurach de Argentina, Pretio-
    sissimum donum dei, a.1473: PA 975, ff. 1-33

Audite secreta...   See 'Audiant secreti...'

Auditores audiant omnes circumstantes qui
cupiant audire...
    I. Benevenutus Grapheus *or* Grassus of Jerusalem,
    De oculis: pr (Ferrara), 1474(AFML 216; Klebs
    472.1; IAL G312); ed. Chas. Laborde, 1901,
    76 pp.; Berger et Auracher, Munich, 1884, 1886;
    Albertotti, Reale accad. di Scienze, Modena,
    Mem. ser. 3, VI(1906), 23-82; Isis 13(1929),
    65; Eng. tr Casey A. Wood, 1929

    II. Jesus, De occulis abbreviato compositus: BMsl
    284, 15c, ff. 77r-81v

Auditores omnes...
    See 'Auditores audiant...'

Auditum audivi a deo(domino)...
    Franciscus de Mayronis, De primo principio:
    VAr 373, ff. 1-5; pr with Antonius Andreae,
    Tria principia, Ferrara, 1490(Klebs 66.2; IAL
    A527)

Audivi Albumazar dicentem...
    See 'Dixit Sadan. Audivi...'

Audivi de Yppocrate quod conservabat dietas...
    Extract from Aristotle, Secretum secretorum
    (OHI V,66): Strasburg 98, 15c, ff. 137v-138r

Audivi ergo domine dilectissime Dungalus...
    Dungalus, Epistola ad Carolum Magnum de
    duplici solis eclipsi anno 810: BMr 13.A.XI, 11-
    12c, ff. 120r-(126v); PL 105, 447-58

Audivi sepenumero viros graves...
    Regiomontanus, Tabula primi mobilis: Zi(1938),
    235; Canones LXIII in tabulam primi mobili
    cum tabula: Budapest 412, 15c, membr.

Augem eccentrici et oppositum augis...
    Prag 811, 15c, ff. 210-216(Zi 7800)

Augem planetarum communem invenire...
    Canones breviales in tabulas Joh. de Blanchinis:
    Nu Cent.V.59, ff. 5r-9v, in the hand of Regio-
    montanus, Zi(1938), 223; CLM 14504, a. 1440,
    ff. 246r-252v

Augibus planetarum ad eram Christi adde
motum octave spere...
    Joh. de Sancto Archangelo, Canones: Mi D.28.
    inf., a.1470, ff. 86r-97r; Osiris 8(1949), 50

Augmentatio communiter dicta vocatur rarefactio...
    De velocitate motus augmentationis: VE VI.160
    (X.220), a.1443, ff. 241-246

Augmentatio dicitur dupliciter scilicet communiter et proprie...
    Guillelmus Hennestus(Hentisberus), De augmen-
    tatione: VE VIII.38(XI,14), a.1391, ff. 51-53;
    Wilson (1956), 128-39

Auguria est scientia docens presagia...
    Almadel, Auguria: FLg Plut.89 sup., cod.34, 15-
    16c, ff. 4v-(6); Speculum II(1927), 326-31

Augustini auctoritate freti in domo dei...
    Matthaeus, Compotus: Pez II, xxvi. See
    'Auctoritate freti...'

Augustinus dixit de quatuor divisionibus...
    Bede, De computo dialogus: PL 90, 647-52;
    Jones 48

Augustinus in libro de civitate dei xviii capitulo...
    Dialogus inter magistrum Nemroth et discipulum
    suum Ioathon de astronomia, de computo, de
    temporibus: VAp 1417, 15c, ff. 1r-19v; Haskins
    339; Saxl(1915), 30

Aurach idest omne genus salis...
    Comm. on Almansor: Giacosa 401.   See
    'Baurach...'

Aurea ab auro...
    CLM 9901, f. 265v. See 'Aurea Alexandrina
    dicta est aurea ab auro...'

Aurea Alexandrina ab Alexandro peritissimo...
Nicolaus, Antidotarium: BMr 17.A.III, 14c, ff. 24v-(30r)

Aurea Alexandrina ab auro dicta...
Fragmentum de herbis etc.: BMh 5228, 14c, f. 94r

Aurea Alexandrina antidotum...
See 'Aurea Alexandrina faciens...'

Aurea Alexandrina conducibilis est...
Nicolaus Myrepsus, Liber de compositione medicamentorum secundum loca, tr Nicolaus de Reggio: pr Ingolstadt, 1541; Lo Parco(1913), 302, citing ed. of 1537 only

Aurea Alexandrina dicitur ab auro per excellentiam...
BMsl 3012, 14c, f. 69v, incomplete

Aurea Alexandrina dicta est ab Alexandra alius ab Alexandria...
VAp 1234, 15c, ff. 263va-268ra

Aurea Alexandrina dicta est (aurea) ab auro...
I. Nicolaus, Antidotarium: BMsl 1124, 12-13c, ff. 58-; CUt R.XIV. 29, 13c, ff. 127(125)r-131(129)v; CUad 6865, 13c, ff. 60v-79vb; BNna 1485, ff. 129r-139r; BN 6988A, 14c, ff. 19r-48v; CLM 3512, ff. 119ra-145ra; CLM 4119, ff. 60r-93v; pr Venice, 1471, etc. (Klebs 703.1-6; AFML 334; IAL N139); anon. CLM 22300, 13c, ff. 175v-178v. See 'Ego Nicolaus rogatus...'

II. Christian of Prachaticz, Antidotarium: BN 11231, ff. 70v-106v

Aurea Alexandrina faciens(faciemus) ad rheuma...
Extracts from antidotaries: Bern A.51, 11-12c; CUg 366(588), 12c, 92 ff.; CUsj 172, 12c, ff. 1-156v; BMr 12.E.VIII, 13c, ff. 110r-(122r); FNpal 747, 13c; Giacosa 375. See 'Antidotum probatissimum...'

Aurea Alexandrina opilata servatur per...
Hec sunt etates medicinarum: VI 5371, 15c, f. 121rb

Aurea Alexandrina proprie valet ad omnem vitium capitis...
De electuariis: CLM 18783, f. 79r-

Aurea Alexandrina R. asari...
VI 5276, 15c, ff. 1r-21v

Aurea Alexandrina valet ad omnem vitium capitis...
Giacosa 496

Aurea Alexandrina ut supradicta est. Aurea rubea...
Herbarium: CUsj 37(B.15), III, 13c, f.41r-

Aurea dicitur ab auro quia sicut aurea precellit metalla...
FLa 1915(1818), 13-14c, ff. 46ra-50vb

Aurea dicta est ab auro. Alexandrina ab Alexandro peritissimo...
VI 5155, ff. 126v-127v. See 'Aurea Alexandrina dicta est...'

Aurea proprie facit ad omnia vitia capitis...
BMad 28,555, early 14c, f. 35; CLM 9901, ff. 246r-249

Aurea proprie valet ad omne vitium capitis...
BLr C.328, 15c, ff. 126r-147r

Aurea quando datur capud a languore(dolore) levatur(curatur, sanatur) (*or*, capud ex humore levatur)...
Versus de antidotario: VI 2525, 13c, f. 64r; Ea F.238, 13-14c, ff. 79-80: BMr 12.E.V, f. 185v; VI 5371, 15c, f. 121ra-b; CUg 84(166), 13-15c, ff. 378-392; CLM 683, f. 127r-v

Aurea que datur capitis dolor alleviatur...
Renzi I, 472; V, 35

Aurea. Renes et reuma caput lapis et latus...
Tract. electuariorum syruporum et unguentorum: CUt 1377(O.VIII.2), 14-15c, ff. 11-14

Aurea rosa secundum philosophos patet...
VE VI.214(XVI,3), a.1472, ff. 168-173. See 'Secundum philosophos patet...'

Aurea spiritus sancti verba ex ore...
Guido de Monte, pref. De Adrop philosophico. Text, 'Omnium veterum philosophorum...'

Aureola, vergis mein nit...
Vocabularius latino-germanicus de herbis et radicibus: VI 5155, 15c, ff. 120v-126r

Aures vestras ergo inclinate...
Epistola alchymica ad Innocentium papam: VI 5509, 15c, ff. 326v-329v

Aureum numerum cuiusvis anni sic invenies...
Regiomontanus, Calendarium: Zi(1938), 253-4, 256; Klebs 836.1-9; IAL R87-95

Aureus hac arte numerus formatur aperte(a parte?)...
BMad 40744, 12c, f. 15v; Mon 322, 12c, ff. 19-(22); Graz 455, f. 1v(Schulz); cf. R. Grosseteste, Compotus, cap.IX, OHI, VI, 257

Aureus hic liber est non est otiosior(preciosior) ulla gemma...
Regiomontanus, Calendarium: Brux 2968, a.1503, ff. 126-156v; anon. CLM 4394, 15c, f. 1v-; ed. Wattenbach, Anzeiger f. Kunde d. deutschen Vorzeit (1879), 97(Schulz)

*Aureus in Iano numerus clavesque novantur (nominantur)...
　　Alexander de Villa Dei, Massa compoti: ed. OHI VI(1926), xxv, 268-89; Zi 11401-82; Budapest 1, 12c, ff. 1v-; 29, 14c, ff. 39v-44v; Bern 377, 13c, ff. 152v-159v; 512, 13c, f. 143r; etc.(Schulz); CUc 37(I.2), 14c, ff. 46r-48r; Utrecht 722, 14c, ff. 25v-32r; BLd 104, 14c, ff. 61r-68r. Many MSS alter the original text. Pref. 'Licet modo in fine...'

Aureus numerus isto modo corrigitur...
　　Basel A.IX.27, 15c, f. 328v

Aureus numerus 16. quadragesima 8 Februarii
...
　　Opusculum retrogradationum planetarum et eclipsium(1478-1506): FR 868, a.1510, ff. 78r-81r; Isis 43(1952), 252-56

Auri crisolito calor cum sintillat ut ignis.....
　　De xii lapidibus pretiosis: BLcm 71, 13-14c, f. 18v

Auri dragmam unam...
　　Ut stagnum durum fiat et sine stridore: BMad 41486, f. 27v

Auribus aut oculis non totus sufficit orbis...
　　Thierry de Saint Trond, prol. Excerpta Solini: Brux 10712, 12c, ff. 179ra-183va(Silvestre 149); Mommsen, Solinus 2, p. liii(Schulz)

Aurificum antracem...
　　Concordantie: PA 967, 13c, ff. 78-98

Auris est instrumentum auditus et est dictus auris...
　　Albertus, Dicta: Bern 260, 13-15c, ff. 155r-162v

*Aurium passio decimo septimo...
　　Richard Kunetius, De virtutibus aquarum: Tanner; Pits, 1679, p. 554

Aurotano abrotanum—Aquisimum sihum...
　　Stephanus Antiochenus, Medicaminum index: VAu 234, 15c, ff. 371-(375v). Prol. 'Ad umbilicum per dei gratiam...'

Aurum est preciosius metallorum et in tinctura rubedinis...
　　Palmarum Philosophie(sic): FR 390(N.III.XI), 15c, ff. 112r-125v; Ambix V(1956), 108-9

Aurum fit(sit) ex argento vivo claro mixto cum sulfure...
　　De origine metallorum: Oc 185, 15c, ff. 124-(128v); HL 28, 109

Aurum itaque aureum generat colorem...
　　I. Liber sacerdotum: DWS 499; BMad 41486, ff. 39v-40.
　　II. Morienus, De compositione alkimie: VAp 1339, 15c, f. 2r. Prol. 'Ut ait Alquindus...'

Aurum margarita capillos veneris borax radix lilii...
　　De gradibus medicinarum simplicium et modo dosandi: VAp 1175, ff. 238vb-246ra; pr Montagnana, Consilia medica, 1476(Klebs 689.1; Yale 4; IAL M700)

Aurum naturale componitur sub terra ex duobus spiritibus...
　　Bonaventura de Yseo, O.M. et dicitur Compostella, Tract. omnium metallorum: FR 940, 16c, ff. 44v-68r

Aurum pensat uncias novem argentum pensat ter...
　　Solutions of problems that precede: Mon 491, 11c, ff. 100r-111v

Aurum philosophicum est tactu rarius...
　　Raymond Lull, Aphorismi: T IV, 628

Aurum philosophorum est lapis tactu rarus...
　　Raymond Lull, Aphorismi: DWS 262

Aurum philosophorum lapis est tactu(cautus) rarus...
　　Raymond Lull, Aphorismi: BN fr 2019, 15c, ff. 240-243; anon. Nantes 38, 15c, ff. 76v-79v(Corbett I, 242; II, 135); Prag Lobk 249, early 15c, ff. 96r-99r

Aurum potabile...
　　Formule medicinales: VI 5315, 15c, ff. 99r-108r

Aurum potabile sic fit secundum Raymundum
...
　　Raymond Lull, Aurum potabile: T IV, 632

Aurum purum...
　　Ars alchimie: ZB 4(1889), 514

Aurum temperatum est quolibet metallo quod alio nomine...
　　Rodericus Fonseca Lusitanus, Herbal: Rc 459, 14c, ff. 1ra-298rb

Aurum temperantius est ceteris metallis...
　　De speciebus medicinalibus earumque virtutibus, ordine alphabetico: Ran 1481(V.2.18), ff. 46-63r. Pref. 'Quoniam disputationem...'

Aurum tractare vel videre expeditionem significat...
　　Commentarius alphabeticus somniorum Danielis: Ea Q.21, 14c, ff. 136-139v

Auruspicia est scientia docens prognosticationes...
　　Almadel, Auruspicia: FLg Plut.89 sup., cod.34, 15-16c, ff. 2r-(3v); Speculum II(1927), 326-31; XX(1945), 90-91

Auselli(Aselli?) in sompnio contra si...
    Dream Book: Girolla 68

Autenticus protus constat ex prima...
    Johannes Cotto, Tonarius: Saxl (1927), 73; PL
    142, 1115-30; Gerbert II, 79

Autenticus protus cum plage suo finem habet...
    Berno, Musica: Saxl (1927), 72

Autenticus protus in introitis duobus modis
variatur...
    CUt R.XV.14, II, 10c, ff. 1r-8v

Autor... See Auctor

Aux et oppositum augis centrum terre et centrum ecentrici...
    Demonstrationes super theorica planetarum: Ea
    F.375, 14c, ff. 131-134(Zi 7801)

Aux lune movetur contra motum lune...
    Wo 2816, ff. 154v-167r

Auxiliante deo aliqua sunt dicenda de hiis que
sunt...
    De infirmitatibus hominum: CLM 5964, ff.
    258-292v

Auxiliante deo paro tempora scribere metro...
    Carmen de compotu: †Metz 258, 13c, item 6;
    Ea Q. 345, 14c, ff. 33v-37(Zi 12006); CLM
    5538, ff. 68ra-72va

Auxiliante divina clementia a qua cuncta procedunt...
    Paulus Venetus de Comitibus de Burano, Prac-
    tica medicine: BN 6995, a.1408, ff. 1r-123ra

Auxiliante divina philosophia...
    Comm. Physics: KlaB XXIX.e.27, a.1428, ff. 1-
    60v

Auxiliatorem invoco deum...
    Silanus de Nigris, Expositio super decem Alman-
    soris de febribus: Vendôme 245, a.1440, ff. 4-(69)

Auxilium meum a domino qui causa est eorum
...
    Matheolus de Perusio, De laudibus medicine in
    principio sue lectionis ordinarie: VI 3494, 15c,
    ff.34r-35r

Ave gratia plena...
    John, monk of Chartres, Ars notoria: T IV, 279

Ave Maria gratia plena dominus tecum benedicta...
    Ars notoria, 1304-1307: CLM 276, 14c, ff.
    48ra-49rb

Avecha rex et dux magnus apparet...
    Magical invocations: FL 89 sup., 38, a.1494, f.
    263

Avelane assate et trite date cum multa anti-
quissime pectoris...
    Experimenta: VI 2317, 14c, f. 35rb-va

Averroes in commento xv de animalibus sicut
illa...
    VA 4454, ff. 109rb-110vb

Aves apprehendere in somnis lucrum significat
...
    Somniale Danielis: CUc 466, 13c, ff. 228-231

Aves considerantur primo circa vocabulum...
    Lexicon rerum naturalium, cap. 3 inc (1, De
    mundo, and part of 2, De celo, are missing):
    Besançon 439, 15c, ff. 3-121

Aves cum se pugnare videre...
    Daniel, Dream book: T II, 295

Aves in somnis qui contra se pugnare viderit...
    Daniel, Dream book: ed. ASNS (1911), 53-83

Aves in somnis videre (et) cum ipsis(eis) pugnare
lucrum significat...
    De significatione somniorum: BMsl 475, 10-11c,
    ff. 217v-218r; Ma 10063, 13c, ff. 24v-25ra

Aves in somnis videre seu portare honorem
significat...
    Sompniarius Danielis prophete: PM 3599, f.
    69va-c

Aves qui habent uncos ungues...
    De naturis animalium: Plagens 15, 15c, ff. 238r-
    246v; AL 273

Aves qui viderit contra se pugnare...
    Expositio Danielis prophetae super somnia: BMr
    13.D.I, c.1385, f. 247v

Aves secundum Isidorem dicte sunt...
    Avium et animalium moralizatio: Basel F.II.10,
    15c, ff. 1r-67r

Avicebron libri fontis vite.   In altiori inter-
stitio aeris...
    See 'In altiori interstitio...'

Avicenna.   Accipe lapidem philosophorum...
    Avicenna, libro 17° capitulum i: CUt 1363
    (O.VII.35), 15c, ff. 166v-167(DWS 132)

Avicenna autem similiter...
    Errores ascripti Avicenne: EA Q.151, end 14c,
    ff. 14v-16r. See 'Quoniam ex uno...'

Avicenna dicit lapis intra aquam veniens
quatuor in ea efficit...
    Proprietates rerum naturalium adaptatae ser-
    monibus de tempore per totius anni circulum:
    CLM 18141, 15c, ff. 148-(208); Medievalia et
    Humanistica XII(1958), 78-83

Avicenna dicit quod mors naturalis est. . .
Medical: BMr 12.C.XII, 14c, ff. 7v-8r

Avicenna fen prima huius quarti canonis determinavit. . .
Nicholas of Bologna, Super Fen tertia et quarta Canonis quarti Avicenne: CLM 13054, 14c, ff. 111ra-142vb

Avicenna in hoc capitulo tractatus de modo generationis. . .
Jacobus de Forlivio, Expositio Avicennae de generatione embryonis: VI 5312, 15c, ff. 245ra-254vb

Avicenna in hoc paragrapho premittit dispositionem materie. . .
Dino del Garbo, Comm. de generatione embrionis: VAp 1246, f. 113r

Avicenna in secunda canone medicine. Ferrum tres habet species. . .
De virtute ferri in medicina: CLM 4394, ff. 131r-(132r)

Avicenna. Medicina est scientia qua humani corporis dispositiones. . .
Liber introductorius in opere medicinae: Tours 795, 14c, ff. 113-120(H); Basel D.II.13, ff. 251ra-262vb. See 'Medicina est scientia qua. . .'

Avicenna. Noster lapis est lapis et non lapis. . .
Dicta philosophorum: BMsl 3744, 15c, ff. 41-43(DWS 24)

Avicenna prima fen de dolore capitis. . .
Canones Avicenne tertii libri cum certissimis curis experimentatis modernorum doctorum: VAp 1177, 15c, ff. 52r-109v

Avicenna primi Canonis fen prima primo capitulo subiectis. . .
VA 4450, 14c, f. 95ra-va

Avicenna quarto canonis fen prima. . .
Magister Primus de Gorllicio(Corpusllirio), Pest tract: Archiv XVII, 77-91; Wickersheimer 670

Avicenna secundo canonis capitulo de ossibus. . .
Remedies, chiefly from animals: VI 5371, 15c, ff. 148r-153v

Avis est magna magnitudine. . .
De Herodio: BMr 6.A.XI, 12c, f. 146v

Avis f. g. ab a quod est sine et via quare certam in volando. . .
De rebus volatilium et primo de avibus: BLcl 58, 15c, ff. 61v-62v

Avis hec magna. Ad astra tendit. . .
De accipitre et pavone: ed. Hagen, Carmina inedita, 1877, pp. 75-79

Avisamentum de correctione kalendarii. . .
VI 5266, 15c, ff. 283v-284r

Axar id est plumbum frigidum et siccum. . .
Synonima Ihesu de oculis: Pansier (1903), 367-71

Ayerem videre. . . See 'Aerem. . .'

Ays planete est ut sit masculinus in die. . .
Astrological dictionary: Wo 3778, 15c, ff. 14-30

Azorium color est optimus ac pulcherrimus. . .
De distemperatione azoris: BNna 693, 13-14c, ff. 189ra-191rb; Ambix VII(1959), 6

Azurum aliud naturale aliud artificiale. . .
De azuro: CUg 413(630), 14-15c, III, ff. 22-28(DWS 889)

Bacchum poete summum antistitem...
Marsilio Ficino, prol. De triplici vita. See Liber
I, de vita sana, 'Quicumque iter illud asperum...'

Baculus Iakob (est) instrumentum...
Leip 1469, 14-15c, ff. 207v-208; Melk 367, 15c,
f.460(Yale 156, copy 2); Zi 5066-67

Balduino principe inclyto regni Constantinopolitani...
Marco Polo, Itinerarium seu de rebus orientalibus
libri tres: pr with Hetoum, Hystoire d'Orient,
1585, ff. 58r-132v

Balnea Petriuoli in comitatu Senarum...
Francis of Siena, De natura balneorum ad d.
Malatestam de Pensauro (a much briefer tract
than that opening, 'Dux illustrissime...' addressed to the duke of Milan): NYAM 4, 15c,
ff. 271r-272v

Balnea Sancti Cassiani multa sunt...
NYAM 4, 15c, ff. 275r-(292r)

Balneatio resolutionem faciens non est necessaria homini...
CLM 206, 15c, ff. 8rb-9rb

Balneum de scappo sive de buretis bonum est...
Virtutes balneorum Viterbiensium: CLM 339,
15c, f. 222v-

Balneum Marie sic fit. Recipe ollam quasi
plenam...
Mi Trivulz. 245(E.27), 15c, f. 37r-v

Balneum Marie sic fit: super liquidum sint...
BMsl 1091, 15c, f. 84; 161r-v(DWS 140)

Balneum quod est apud ipsum vocatur...
Gentile da Foligno: NYAM 4, 15c, f. 271r

Balsama si geminis instillans auribus addas...
Quintus Serenus, Liber medicinalis: Beccaria
p. 406; Silvestre 149b; ed. CML II(1916), 5-52;
cap.2, of ed. Venice, 1488(AFML 82; Klebs
137.1; IAL A1277). See 'Phoebe salutiferum
...'

Balsamus et munda cera cum crismatis unda...
Urban V, Agni dei: BMsl 2401, 15c, f. 3; anon.
CLM 3131, f. 168; cf. GW 3761; Renzi I, 505;
BHM, XV, 2(1944), 222(Schulz)

Balsamus qui in omnibus prevalet et...
Alchemy: Toledo Cap. 96-32, 15c, ff. 77r-78r

Basilides Tyrius O Protarche...
Hypsicles, Interpretatio (Quarti decimi elementorum) Euclidi, tr George Valla: pr with Nicephorus, Logica, Venice, 1498, f. 20r-(Polain
2800; Klebs 1012.1; IAL N33)

Baurach id est omne genus salis...
Expositiones libri Almansoris et libri divisionum
(Rasis): VAb 216, 14c, ff. 174-179v(Silverstein)

Beati oculi qui vident...
De quinque sensibus: CLM 8388, f. 109; 8392,
f. 43(Schulz)

Beatissime...
Martin of Siena, Letter to pope Felix V contain-
ing astrological predictions: Phares 252

Beatissime pater clementissime...
Tract. de investigatione auri potabilis editus a
quodam solemni medico: BU 138(104), 15c, ff.
271r-283v

Beatissime pater cum circa descriptionem...
Geography: BN 5787, ff. 218r-227v, 401r-
409r(?)

Beatissimo (atque dulcissimo) fratri Michaeli
Guido. Per anfractus multos...
Guido of Arezzo, Epistola de ignoto cantu: CLM
14523, 10c, ff. 129r-132r; VI 51, 12c, ff. 44r-
45r; Saxl (1927), 71; CLM 13021, 13c, ff.
160va-163vb; Recapitulatio totius operis eiusdem
Guidonis ad monachum: VI 2503, 13c, ff. 25v-
32r; PL 141, 423-32; Gerbert, Scriptores, II, 43

Beatissimo patri Alexandro quinto...
Jacobus Angelus, dedic. tr Ptolemy's Geography.
Text, 'Cosmographia designatrix imitatio...'

Beatissimus deus sempiternus...
Raymond Lull, Liber ad serenissimam reginam
Eleonoram uxorem serenissimi regis Anglorum
Eduardi: Salzinger (1721), Pars IV

Beatus est qui cognoscit quod videt et quod
audit intelligit...
Hermes, On fifteen stars: VAp 1354, 15c, ff.
57r-58v; T (1947), 226; Delatte 242

Beberti Faaschenez id est titulus...
See 'Iste titulus est quomodo...'

Beda dixit quod tres sunt dies in mense Februarii...
BMh 978, f. 15(13)v

Belio regi... See 'Delio regi...'

Belua nuncupari potest quicquid in terris...
　　Liber secundus de beluis: Wo 4452, 10c, ff. 116v-
　　121v; ed. Berger de Xivrey, Traditions térato-
　　logiques, 1836, p. 216

Ben che molti habieno esposita larte metricha
　　overo...
　　Leonardo of Cremona, Practica geometriae: ed.
　　M. Curtze, Ab XIII(1902), 342-433

Benche a tutti mortali il voler sapere...
　　Michael Savonarola, De rebus sex non naturali-
　　bus: FNpal 693, 15c, 140 ff.; Bol A.370, early
　　16c, 143 ff.

Bene cuncta regens...
　　Hermann of Münster, De calendarii emenda-
　　tione, cap.1 Pref. 'Gaude et letare...'

Bene de infra aquis scriptis et distillationibus...
　　Johannes Gallacius, Aqua solis or Liber aureus:
　　BLas 1448, 15c, pp. 33-39(DWS 343)

Bene etiam dilecte frater rogas quia huius...
　　Rabanus de compoto vel numeris—De
　　numerorum potentia: Fulda 499. See 'Quia te
　　venerande...'

Benedicat me imperialis maiestas protegat me
　　regalis divinitas...
　　Contra magicas artes: BLc 226, f. 133r-

Benedicere alicui rei est bona in ipsa vel sibi
　　multiplicare...
　　'Dicta magistri Henrici de Hassia': CLM 4721,
　　f. 202; 17545, 15c, f. 141(Schulz)

Benedicere rei alicui est bona in ipsa...
　　Nicolaus Gawir, De superstitionibus: VI scot. 30,
　　15c, ff. 331r-364r; T IV, 279. See 'Quoniam
　　lumbi...'

Benedictio ad catarticum sive antidotum...
　　Incipit liber dinamidii id est farmaceuticon diver-
　　sis auctoribus coartatum singula antidota: Ven-
　　dôme 109, 11c, ff. 98-134

Benedictum enim sit nomen domini qui dat
　　sapientiam...
　　Philip, count of Burgundy and Flanders, Liber
　　montis: Lehigh MS, ff. 175v-182v

Benedictus deus et mater eius...
　　Conjunctions: Bamberg Mat. Q.4, a.1366-1406,
　　ff. 55-80; Königsberg Univ. 1781, 15c, nos. 20-
　　21; Maihingen II, 1.Q.61, a.1421, ff. 27-39v(Zi
　　12486-88)

Benedictus deus omnipotens qui machinam
　　mundanam...
　　Johannes, Summa chiromantie: BLas 1471, 14c,
　　ff. 121-124v; Oc 190, 15c, ff. 55-62; BLb 607,
　　early 15c, ff. 1-2 (incomplete); anon. BMh 3353,
　　c. 1300, ff. 58r-66v; BLr D.1362, 14c, ff. 1-8v;
　　BMh 866, 14c, f. 48v (fragment); Mon. 490, ff.
　　253r-254r

Benedictus deus optimus(?) qui machinam
　　mundanam...
　　Ricardus, Opus cyromantie compilatum Florencia
　　a.d. 1407: BMsl 513, ff. 100r-131r

Benedictus deus qui machinam mundanam...
　　Chiromancy: VI 5239, f. 96r, incomplete

Benedictus deus qui solus...
　　See 'Alopicia est casus capillorum...'

Benedictus dominus deus Israel qui iam cuncta
　　...
　　Petrus de Tussignano, Liber de balneis Burmi
　　1396 (not 1336): pr De Balneis, ff. 193va-194va;
　　Mazzini, Vita e opera di Maestro Pietro da
　　Tossignano, Rome, 1929, p. 104; BNna 211,
　　a.1469, ff. 88-(89); Delisle 230; Sudhoff,
　　Beiträge zur Geschichte der Chirurgie im Mit-
　　telalter, 11, 12(1918), 411

Benedictus sit deus pater unigenitusque...
　　Philomena (medical): BMsl 2272, 14c, ff. 14v-
　　375v

Benedictus sit deus qui concessit...
　　Geomancy as to journeys: VI 4773, 15c, ff. 51r-
　　54v

Benevolentiam arguit opificis communicare que
　　novit...
　　Blasius Barscionensis(Barcelonensis), medicus
　　regis Aragoniae, De pestilentia: BMsl 428, ff.
　　145-155v; Archiv XVII, 103-19

Bestiarium vocabulum proprie convenit...
　　Bestiary: BMr 12.C.XIX, 12c, ff. 6r-94r;
　　12.F.XIII, 13c, ff. 3r-140r; BMb 327, 12-13c,
　　ff. 23-(75); CUg 384(604), 13c, ff. 167-200v;
　　CUc 53, 14c, ff. 189-210. In The Bestiary, ed.
　　M. R. James, 1928, this is the second line, follow-
　　ing 'Leo fortissimus...' It is a quotation from
　　Isidore, Etymologiae, according to M. F. Mann,
　　Rom. Forsch. VI(1891), 400

Bestiarum seu animalium regis: etenim...
　　See 'Etenim Iacob...'

Bestiarum vocabulum proprie convenit leonibus
　　pardis et tigribus...
　　Bestiarium: BMsl 3544, 14c, ff. 1-44; BLb 533,
　　14c, ff. 1-29

Bestiola est quadrupes quam nos taxonem appellamus...
> Esculapius: Oc 125, ff. 68v-69v; Giacosa 359. See 'Regi Egiptiorum...'

Bethonia valet ad magnam medicinam corporis ...
> Bern 803, 11-12c; Beccaria 124,4

Betonica a Grecis dicitur cestros...
> (Antonius Musa): BN 13955, 9c, ff. 137v-138r; Beccaria 39, 1

Betonica agrestis dicitur brionices...
> (Antonius Musa): CUg 345(620), 14c, f. 93vb

Betonica animas custodit et corpora...
> BMsl 282, 14-15c, f. 106r-v; CUt 1081(O.I.57), 15c, ff. 71v-76v; T (1945), 368b

Betonica idest prionites. Leges eam ante solis ortum...
> Beccaria 93, 6

Betonica vel pandonia .i. betania plantago vel arnoglossa...
> Nomina herbarum: VI 2532, 12c, ff. 130v-132v

Bezoar anthonomastice dicitur a quodam lapide ...
> FR 1246, 15c, f. 65r-

Binos equales trigonales tetragonalis...
> Algorismus in novis numeris: CUg 141(191), 14c, ff. 29-34

Bipartita erit igitur hec institutio nobis...
> (Johannes Martinus ex Ferrariis), De vitandis venenis: AFML, late 15c; T III, 541, n.62

Bis decem numeris totidem mercare volucres...
> CUt 1149(O.II.45), 13c, p. 32

Bis deni binique dies scribuntur in anno...
> Bede(?), De diebus aegyptiacis: ed. Mangeart, Cat. MSS. Valenciennes, p. 665; Jones 88; Beccaria p. 406

Bis senos menses tenet annus nomina quorum...
> Versus de mensibus: CLM 275, a.1469-75, f. 14a; 8884, 15c, ff. 135-137; Diels (1905), 60; Darmstadt 76, 14c

Bis unum sive semel duo sunt duo...
> VA 3101, a.1077, f. 1r-v

Bissena mensis vertigine volvitur annus...
> Dijon 448(269), 10-12c, f. 193v; BMad 40744, 12c, f. 13v; BMc Vitellius A.xii, f. 42; PL 94, 603; Riese (1906), no. 680; Zi 12187, 12222, 12223, 12232; Scherrer, St Gallen, p. 532 (Schulz)

Bissenis Aprilis habes vernale calendis...
> Walafrid Strabo: ed. Dümmler, 1875; Bulletin Du Cange 17(1942), 67

Bissenos menses tenet annus nomina quorum...
> Conciliator(?): CLM 275, 15c, f. 14r; 4394, f. 45v; 8884, f. 135(Schulz)

Bletas non edas assidua labora acrimonia et pisis utere in Ianuario...
> Hippocrates, Dieta: BN 7418, f. 284

Boetius de disciplina scolarium...
> Comm. in septem aenigmata Aristotelis (sive symbola Pythagorica): BLd 190, 13c, f. 88r

Boetius dicit in libro de consol. phil. ignorare...
> Circa compotum manualem: Ea O.62b, 14c, ff. 178-182v; perhaps same as work of Chunrad (de) Derrerio. See 'Boetius scribit...'

Boetius in arithmetica principio libri sui...
> Comm. In Boetii Arithmeticam: CLM 18764, 11c, ff. 2ra-77vb; Pisa Conv. S. Cath. 27, 12c, f. 1r

Boetius in commento libri predicamentorum...
> De quadratura circuli secundum Boetium: pr L. Gauricus, 1505, ff. 31r-32r

Boetius scribit in libro de consolatione philosophie...ignorare...
> Chunrad (de) Derrerio, Reportata super compotum manualem (a.1343): CLM 4388, 14c, ff. 59r-69rb

Boetius tertio de consolatione philosophye loquens de felicitate...
> Gulielmus de Mirica, In Aristotelis de physiognomia librum comm.: BLcm 350, 15c, 217 ff.; T III, 527

Boglossos herba agrestis dicta eo quod folia asperrima admodum linguae bovis habeat...
> VAb 160, 11c, f. 276ra-b; Beccaria 108, 34

Bolus frigidus est et siccus in primo gradu...
> De simplicibus medicinis: BMsl 420, 14c, ff. 231ra-237v

Boni primum medici est preter ea que religioni ...
> Alexander Benedictus, Collectiones medicine: Bordeaux 117-118, 15c, ff. 142-164; pr Venice, 1493(AFML 96; GW 862; Klebs 171.1; IAL A354)

*Bonorum et honorabilium dicitur esse scientia de anima...
> R. de Stanington, Comm. Aristotle, De anima: BLd 204, f. 121-(Russell, 121)

Bonorum et honorabilium opinantes notitiam. . .
  Aristotle, De anima: BMr 12.G.II, late 13c, ff.
  316r-(355r); Yale Astron. and Physics MS,
  a.1291, ff. 1r-26; Aristotle MS, 13c, ff. 151va-
  177rb; CLM 162, 14c, ff. 189ra-209rb; 2604,
  14c, ff. 131r-153r; 9560, 14c, ff. 34r-62r; 13056,
  14c, ff. 29va-39vb

Bonorum honorabilium esse scientiam opinamur. . .
  Theophilus de Ferrariis, Propositiones ex libris de
  anima Aristotelis: pr Venice, 1493, ff. 84v-(96r);
  Klebs 395.1; IAL F93

Bonorum honorabilium et vite nostre oportunum adinventa est. . .
  Johannes Alexandrinus, Pest tract: Turin F.V.25,
  14c, ff. 259v-276r; BHM III(1935), 410

Bonorum honorabilium.　In hoc libro intentio
  . . .
  See 'In hoc libro est intentio. . .'

*Bonorum honorabilium notitiam opinantes. . .
  Aristotle, De anima, tr William of Moerbeke:
  Beiträge, XVII(1916), 197; Glorieux I, 120;
  AL pp. 58, 136; Padua, XX.N.428, 13c, ff. 70r-
  89v; pr with Averroes comm. GW 2337, II.2
  (Hain *1660); GW 2339, II, f. 87r; GW 2349
  (Schulz; Klebs 82.2, 3; 84.1; IAL A861, 863)

Bonorum omnium formam et scientiam. . .
  Canones tabularum: CLM 18927, ff. 33v-(45r)

Bonum aliquid divitiarum et oportunum vite
nostre inventa est ars medicine. . .
  Comm. Galen, De sectis: Karlsruhe 120, 9c, ff.
  185v-187v, incomplete (Beccaria 56.11); Mi
  G.108.inf., 9c, ff. 22r-48r(Beccaria 92.4); pref.
  Joh. Alexandrini, Comm.: Diels (1905), 60;
  Opera, 1490, I.1-8r; 1515, I.6r-12v

Bonum domine fuit quod sapientibus non
deviantibus visum est. . .
  Ptolemy, Almagest: VE VIII, 10(Val.XI,62),
  13c; Millás (1942), 150

Bonum enim(omne) quanto communius tanto
melius. . .
  Prosdocimo de' Beldomandi, prol. Comm. super
  tractatu sphaerae Ioannis de Sacrobosco. Comm.
  'Quibusdam prolixitatibus. . .'

Bonum ergo aliquid divitiarum et nostre vite. . .
  Dinus de Florentia, Lect. in artem parvam Galeni:
  BN 6872, 15c, ff. 1r-(58v)

Bonum est invenire egrum iacentem in dextro
latere. . .
  Hippocrates, Prognostica: ed. from RC C.VI.9,
  15c, Philologus 42(1884), 124-127; Cap.3,
  Prognostica: Mon 182(bis), f. 22r; BN 7102,
  13c, ff. 102r-141v; 'facies Hippocratica', Kibre
  (1945), 391

Bonum est mercantiam et viam versus orientem
facere. . .
  Astrology (Aries to Pisces): CLM 7755, ff. 244v-
  247r

Bonum est per singulos dies et menses. . .
  Antidotarium: BMr 12.B.XII, 13c, f. 144v-

Bonum est per singulos menses studium. . .
  Conservatio or Observatio flebotomie et dierum
  canicularum: Archiv XI, 211; Beccaria, pp.
  406-7

Bonum est querere negocia a regibus. . .
  Albumasar, Flores de electionibus: Ghent 5(416),
  15c, ff. 136r-140v; CLM 267, ff. 95va-99vb

Bonum fuit scire. . .　See 'Bonum scire fuit. . .'

Bonum mihi quidem videtur omnibus nobis
astrorum. . .
  Johannes de Muris, Contra tabulatores tabularum
  Alfonsi, dated 1348: CUt 1418(O.IX.6), 15c, ff.
  55r-57v; anon. De correctione motuum celestium, 3 caps., 1347: BLb 790, 14-15c, ff. 53r-
  59v; Expositio tabularum Alfonsii vel motiva
  probantia falsitatem earum, dated 1347: BN
  7281, ff. 172v-175v; Duhem IV, 70-72; Wo
  2816, ff. 9-12; pr Nicholas of Cusa, Opera, 1547,
  III, 1168-73

Bonum o Syre, fuit quod sapientibus non
fallacibus. . .
  Ptolemy, Almagest: Cambrai 953, 14-15c, ff.
  329-30

Bonum omne. . .　See 'Bonum enim. . .'

Bonum quidem fecerunt illi qui. . .
  Ptolemy, prol. Almagest: Haskins 106

Bonum quidem fecerunt in eo quod video. . .
  Ptolemy, cap.i, Almagest: Millás (1942), 149

Bonum quidem mihi. . .
  See 'Bonum mihi quidem. . .'

Bonum scire fuit quod sapientibus non deviantibus. . .
  Ptolemy, Almagest, tr Gerard of Cremona: Haskins 105; BMb 275, 14c, pp. 776-(1118);
  Pastrengo (1547), 55v; Carmody 15

*Bonum ut(sicut) habetur primo Ethicorum
quanto est. . .
  Jean Buridan, prol. Quaestiones in libros physicorum Aristotelis: Cop. Ny kgl. S.1801, fol.
  chart., 14c, ff. 1-167; Ob 97, a.1402; HL 38,
  507; pr Johannes Dullaert de Gandavo, Paris,
  1509

Breve breviarium breviter abbreviatum sufficit
  . . .
  Roger Bacon, Breve breviarum de dono dei:
  Little 396-97; DWS 191; anon. CUad 4087,
  14c, ff. 132v-155r

Brevem intendo hic collectionem...
> Burley, Comm. De coelo et mundo: Ea Q.316, 14c, ff. 1-23v

Brevem summulam sed utilem...
> On fevers: VA 4440, 15c, ff. 90ra-107vb

Brevis expositio summe totius libri mineralis...
> Archelaus, De corporibus et spiritibus(comm. Hermes, Tabula smaragdina): DWS 27; CUad 4087, 14c, ff. 215r-216r; 230r; VAp 1339, 14c, f. 96r; VAp 1330, 15c, ff. 8v-(14v); VE VI.214 (XVI,3), a.1472, ff. 223-249; Steinschneider (1906), 66; Galienus (*sic*), FNpal 981, 15c, ff. 26v-46r

Brevis quod per se est vita nostra brevis et ad huius artis comparationem...
> (Comm.) Hippocrates, Aphorisms: CLM 409, 12c, ff. 1r-(30v)

Brevis sermo de quatuor primis speciebus algorismi sufficiet...
> John Chillingworth, Algorismus: CU 1017 (Ee.III.61), ff. 28v-39(31v-42v); Eng. Hist. Rev. (1914), 707-17

Brevissima epistola Ypocratis de signis egritudinis...
> VAp 1363, ff. 148va-149va(TR 277h)

Bruma senectutis vernacula totius anni...
> Walafrid Strabo, Hortulus: PL 114, 1121-1130; ed. Sudhoff, 1926. Pref. 'Plurima tranquille ...'

Brunus qui satis discrete dicta Galieni et Avicenne...
> Prol. Tract. medicinae: Amiens 421, 14c, ff. 1-148; Guy de Chauliac's Surgery with part of the opening missing (Nicaise, p. cix)

Bubula fortissima est et vix egeritur(eieritur)...
> Hippocrates, Liber dietarum de diversis cibis: SG Stift 762, 9c, pp. 187-216(Beccaria 137.4); BMsl 84(670), 12c, f. 40r-v

Buccine clangor de lapide philosophico...
> Clangor buccine (alchemy): CLM 25115, ff. 102r-132r

Buffonum si quis virtutem nosceret unam...
> Alii versus artis (alchimiae): FNpal 758, 15c, f. 77v

Bufo gradiens per terram...
> Michael Scot, introd. Documenta cuiusdam spiritus. Text, 'Sum mirus et novus...'

Buglossos ex eo dicta quod folia aspera in modum lingue bubule habeat...
> Dioscorides, Liber medicinae ex herbis feminis: BLb 130, 11-12c, ff. 57r-67r(Beccaria 86.3); Cap. ii: Hermes 31 (1896), 591. See 'Boglossos ...'

Butirum et mel comedit puer ut sciat...
> "Glosa notabilis secunde partis Alexandri" de Villa-Dei, Doctrinale: Hain 696-722; GW 1086, 1089, 1092, 1094, 1096, 1103(Schulz)

Caesari Augusto praestantissimo omnium mortalium...
Antonius Musa, De herba vettonica, Epistula ad M. Agrippam: Beccaria p. 407; CML IV(1927), 1-11

Calcem arefactam in pulverem redactam...
Psilotrum ad noxios quosque humores extrinsecus dissicandos: Avranches 235, 12c, f. 51

Calcinatio est per ignem rei pulverizatio ex privatione humiditatis...
Geber, Summa, fragment, Bk. II, caps 13-19: BN 7161, 15c, ff. 59r-67v (Corbett I,99)

Calcine vive mensure 2 s. luminis catine...
Ad faciendum saponem absque igne: Mi H.107. sup., f. 134r

Calcucecaumenum quomodo facis...
Beccaria 117,8; 129, 15

Calculum Victorii dum quondam...
Abbo, pref. In calculum Victorii comm.: Cues 206, 11c; Brux 10094, 12c; ed. in part PL 139, 569; Bubnov (1899), 197-203. Text, 'Amor sapientie...'

Calculus est ciceris grana duo...
De mensuris: VAr 1260, 9c, ff. 174vc-175ra (Beccaria 107, 4); Os 17, 12c, f. 2v

Calculus est minimus omnium ponderum...
De ponderibus: Durham, Hunter 100, early 12c, ff. 81v-82r; Saxl (1953), 447

Calculus est quarta pars oboli constans gravis...
De ponderibus, de mensuris, de libra et eius partibus: CLM 19429, 12-13c, ff. 46r-47r

Calculus minima pars est ponderum...
De nominibus ponderum: Mon 384, 12c, ff. 60v-62 (from Isidore of Seville, XVI, cap. 25, 8)

Calefiat cristallus in sartagine...
Albertus de Bononia, De pulcra forma margaritarum seu preciosorum lapidum: Man 65, 15c, ff. 125v-127(DWS 221)

Calendarum nonarum iduum dierum mensiumque...
Amadeus Derthonensis, Ratio dierum et mensium: pr Milan, 1475 (GW 1594; Klebs 62.1; IAL A487)

Calices hoc modo commode et sine iactura auri argentive lavari possunt...
CLM 1101, a. 1459, f. 165(Schulz)

Calida in primo gradu sunt...
De gradibus complexionum: BMsl 1754, 14c, ff. 23v-27r; CUsj B.15, 15c, f. 31(Atk)

Calide in primo gradu: altea, agaricus...
Incipiunt gradus medicinarum simplicium: VAp 1234, 14-15c, ff. 1r-11v

Calistenus(Calixtenes) unus de antiquioribus...
Albertus Magnus, Alchimia: ed. P. Kibre, Isis 34(1944), 309-316

Callixtenes unus philosophus cuius capitulum...
Albertus Magnus, Alchimia: BU 270(457), III, 15-16c, pp. 77-97

Calor et frigiditas faciunt in urina colores...
VA 10239, 14c, ff. 55-59

Calor qualitas sensibilis passio est et accidens...
Grosseteste, Questio de calore: Ma 3314, 13c, ff. 89-90; Thomson 92-93; M-H (1957), 34-35

Calorem naturalem(vitalem) qui est in corde dicit Aristoteles...
Galen, De iuvamento anhelitus: BN 11860, ff. 217ra-219ra; 15456, 13c, ff. 147va-151rb; BN 6865, ff. 118v-121r; VAp 1097, ff. 114r-116v; Dresden Db 92-93, 15c, f. 26v; Diels (1905), 137; Opera, 1490, I, 32r-33v; 1515, I, 159v-161r

Cambria que adulterino vocabulo...
Giraldus Cambrensis, Descriptio Cambriae: ed. Dimock, RS 21(1868)

Campanus Novariensis in capitulo decimo conpoti sui sic diffinit annum...
Sententiae de quantitate anni: BLd 178, 14c, ff. 9r-10v

Campester scribit cometas...
Schaffhausen Ministerialbibl. 61, 10-11c, ff. 15-19v(Zi 10264)

Cancer est signum humidum et frigidum...
De signis zodiaci: VI 4314, 15c, ff. 33v-35v(Zi 11868)

Candelam que non extinguatur pluvia aut vento fac hoc modo...
CLM 14689, 12c, f. 22r

Candida mulier si rubeo sit nupta marito...
Alchemical verses, variously ascribed: DWS II, pp. 515-16, notes; 521; Corbett I, 61, 156-157

Canes ut dicit Iacobus docibiles bestie sunt ad omnem ludum. . .
> Thomas of Cantimpré, De natura rerum, bks. IV-XIX: Oc 274, 15c, ff. 6-(127v)

Canis animal notum est de cuius diversitate multum. . .
> 'Hic ponimus capituluum de cane et de equo multum et de aquila et falconibus que priusquam fuerint obmissa': VAp 1326, a. 1346, ff. 1ra-19va; and ff. 19rb-200va, libri 22-26 of Albertus Magnus, De animalibus

Canis animal notum est fidele domino. . .
> Albertus Magnus(?), De canis: Mi B 91 sup., 13-14c, ff. 108ra-109va; cf. Beiträge XVI, 1362-68

Canon arabice latine norma seu regula dicitur. . .
> Johannes de Porta, Comm. Avicenna, Canon: BN 6925, a.1405; ff. 1ra-258va

Canon huius operis est ab annis Christi perfectis. . .
> Ioh. de Muris: VAp 446, f. 218r

Canon huius operis talis est.   Ab annis domini perfectis. . .
> John de Muris, a.1320, Canon super tabulas revolventes: VAo 1826, f. 156ra-va

Canon libri iocunditatis quem Socrates Basileus composuit. . .
> Divination: Saxl (1927), 148; T II, 115-17

Canon philosophorum. . .
> Amphorismi super alkymia: BU 270(457), 15-16c, XXXIII, 3, pp. 69-72

Canon quem scripsit Alguacir Abualezor(Albuleizor). . .
> Avenzoar, De curatione lapidis: CUsj 78(111), 13c, ff. 27r-28v; pr with Aphorismi Rabbi Moysi Maimonides, 1497, f. 47va-b; Opera Galieni, 1490, I, 165v-166r; 1515, II, 295r-296r; Opera Rasis, (Venice), 1497, f. 159r(IAL M65; G36; R170; Polain 3350); Klebs p. 67; Diels(1905), 142, cites no MSS

Canones de dosis medicinarum alterativarum. . .
> VAp 1279, 15c, ff. 119va-120rb

Canones in febre pestilentiali sunt ordinatio diete. . .
> VAp 1193, 15-16c, f. 21r

Canones quibus noscuntur nature ciborum. . .
> See 'Prima sanitatis cura. . .'

Canonico monachus sancto sancti gregis. . .
> Guido Augensis(Ambianensis), prol. De musica: BLlm 398, 12-13c, f. 22ra-va

Cantabo domino in vita mea pro huius opusculi mei. . .
> Pref. Expositio Ioh. de Muris: BN 7369, ff. 9r-10r.   Text, 'Cum multi antiqui. . .'

Cantreus grece que germandela latine. . .
> Carmen de virtutibus herbae germandelae dictae: BLd 129, 15c, f. 29r

Cantum a beato papa Gregorio editum quelibet se habere. . .
> Guido in Caroli-loco abbas, Regulae de arte musica: Coussemaker II, 150-92

Cantus lux cultus laudetur laurea tonus. . .
> Compendium totius kalendarii: CUt 1149 (O.II.45), 13c, ff. 186v-188v

Cantus perfectus perfectus sic figuratur. . .
> Words set to music following John de Muris, De musica: CUt 899 (R.XIV.26), 15c, ff. 119r-121r

Cantus tuus firmus sit ut possis pervenire. . .
> Sortilegia: CLM 14846, 10c, ff. 106v-121v

Capilli autem plurimi significant. . .
> Hippocrates, Phisonomia: Douai 715, a.1338, ff.1-4r; Diels (1905) 56; BHM 18(1945), 402, n.199

Capilli dicuntur quasi capitis pilus. . .
> De membris humani corporis: Ea F.346, early 14c, ff. 14-15v.   See 'Capillus dicitur. . .'

Capilli hominis combusti. . .
> Geden, Experimenta: Ea F.236, 14c, f. 11

Capilli lenes timoris sunt significativi crispi autem audaciam. . .
> Rasis, Ad regem Mansorem de re medicina liber II tr ex Arabico in Latinum a Gerardo Cremonensi: ed. R. Foerster, Scriptores physiognomonici, II(1893), 163-79; Albertus, VA 2388, f. 86

Capillis ex raritate cadentibus. . .
> Constantinus Africanus(?), Liber pauperum: Oc 189, 11-12c, ff. 72v-77v; Ea F.286, 13-14c, ff. 244v-250; anon. PA 867, 13c, ff. 236-240

Capillorum defluxio contingit ex debilitate corporis aut. . .
> Tereoperica, liber medicinalis: BN 11219, 9c, ff. 42r-103r; BMsl 2839, 11c, f. 8r-; Beccaria p. 407

Capillorum ortus ab evaporatione fumosorum et biliosorum. . .
> Commeatus Peregrinantium editus ab Ebrubat Zafar filio Elbazar, interpretatus in linguam grecam a Constantino primo a secretis Regis, et a greca in latinam per Antonium Eparchum: Es &.II.9, 16c, f. I; T I, 745

Capillos igitur reducunt(?) frequens capitis inunctio. . .
> Eight books of medicine and surgery: BMsl 981, 15c, ff. 1-82. Prol. 'Cum sit pium. . .'

Capillus dicitur quasi capitis pilus. . .
> Magister Salernus, Catholica: Ran 1506(V.3.13), 13c, ff. 71-80v; Giacosa 71-162. See 'Capilli dicuntur. . .'

Capillus est fumus siccus ex toto corpore. . .
> De tinctura capillorum: VAp 1225, 15c, f. 428v

Capillus ex fumo grosso(sicco) et callido. . .
> Constantinus Africanus, Viaticum, cap.1: BMeg 2900, 12c, f. 2v-; Avranches 234, 13c, 46 ff.; BMr 12.D.IX, late 13c, f. 4r-; Basel D.III.3, 13c, ff. 1ra-35va; BN 6951, 13c, ff. 105r-177v; BN 7038, 13c, ff. 271-58r; CUsj D.24, 13c, f. 115v; Soissons 49, 13c, 78 ff.; CLM 13086, 14c, ff. 1ra-56vb; pr Lyons 1510, ff. 1r-102v; Isaac, Opera, 1515; Basel 1536, pp. 1-167; T I, 749; GS I, 769. Prol. 'Quoniam quidem ut in rhetoricis. . .'

Capillus nascitur ex vapore fumoso. . .
> Avicenna, IV Canon, Fen VII, Tract I: Klebs 131.12(AFML 79); Basel, 1556, pp. 940-50

Capillus nascitur ex vapore fumoso terrestri et viscoso. . .
> Johannes de Concoregio, Lucidarium medicinae: Mi A.104 inf., 15c, ff. 1ra-2ra-105va; pr Pavia, 1485(GW 7291; AFML 155; Klebs 299.1; IAL C726; Hain *5615); Venice, 1501, 1509, 1515, 1521, 1587

Capillus sumit generationem a fumosa materia . . .
> Practica Iohannis Lamyers(?), Liber quartus de decoratione, cap. i: BLlm 617, 15c, f. 202-

Capita astronomie fuerunt duo unum Ptholomeus et aliud Doronius (Dorothius?). . .
> Abraham Iudeus, De questionibus, tr Arnulphus de Quinquempoit: Ghent 5(416), 15c, ff. 85r-91v; T (1944),aa, p. 298b

Capita sapientum signorum fuerunt. . .
> Abraham ibn Ezra, Liber de interrogationibus: Ea Oct.89, 14c, ff. 20-39v; VI 5442, 15c, ff. 186rb-192vb; Saxl (1927), 157. See 'Astrologie duo exstiterunt. . .'

Capitis cutis conservabitur si cum balneari debueris primum cum melle inunxeris. . .
> Avenzoar, De regimine sanitatis, tr Profachus de arabico a.d. 1299: Bern 428, early 14c, ff. 1r-14r; anon. BMsl 59, 15c, ff.21v-35; in other MSS the wording varies after the first three words; the title is sometimes given as De conservatione corporis humani, and Arnald of Villanova is sometimes named as tr; HL 28, 108

Capitis dolor duobus modis fit videlicet a calore extrinseca. . .
> CLM 615, ff. 65r-68r

Capitis dolor levatur si de porri sectivi succo. . .
> Plinius Secundus, Cap.I, Medicina: SG Stift 752, end 9c, pp. 6-80 (Beccaria 134.2); CUpet 222, 13c, III(Atk). Prol. 'Frequenter michi. . .'

Capitis dolorem habens (sine tumore), si tumorem in facie habuerit sine ullo dolore. . .
> Democritus, Prognostica: Beccaria 407 lists 5 MSS

Capitis passio est cephalea sive gallea. . .
> CLM 18782, 15c, f. 1r-

Capitula de quibus convocati compotiste. . .
> Adalart de Corbie, Pro ratione lunae pascalis (809): ed Dümmler, MGH, Epistolae III(1934), 569-72

Capitula geomancie in 12 inquisitionibus. . .
> CLM 276, 14c, f. 73rb-vc

*Capitula stellarum. . .
> Almansor in Astron.: BLb 874. See 'Signorum dispositio est. . .'

Capitulo primo et est. . .
> Comm. De somno et vigilia: On 285, 14c, f. 26r(a fragment only)

Capitulo viginti uno secundi libri musicae institutionis. . .
> Gerbert, Scholium ad Boethii Mus. Inst.: Bubnov(1899), 30-31

Capitulum ad sciendum voluntatem et intentionem. . .
> Astrological interrogations: BNna 625, 14-15c, ff. 46vb-49vb

Capitulum aquarum valde acutarum et calidarum. . .
> Liber xii aquarum: Steinschneider (1906), 47

Capitulum Burgarii ad diffinitionem. . .
> Burgarius, Astrol. images: cited Prag 1609, f. 41v

Capitulum de apoplexia. . .
> Petrus de Tussignano, Recepta: Wi 61, a.1412, ff. 135vb-167. See 'In descriptione receptarum . . .'

Capitulum de curatione cuiuslibet talis. . .
> Five waters (from Bernard Gordon?): Oc 125, ff. 14r-15v; Isis, 13(1929), 91

Capitulum de diluviis dictis in Thymeo Platonis. Et est diluvium. . .
> Avicenna, Libellus de diluviis: Ea Q.15, 13-14c, f. 49r-v; Isis, 13(1929), 61; VA 725, 13-14c, f. 36; AL 267, 1497. See 'Et est diluvium. . .'; 'Dicitur autem diluvium. . .'

Capitulum de nigratione capillorum Dyas. dixit Papaver...
Gulielmus de Variano, Liber de morbis evitandis (sive, ut videtur, opus experimentorum medicinalium ex Gulielmo de Varignana confectum): BLcm 480, 15c, ff. 63-83

Capitulum febrium putridarum...
Marsilius de Sancta Sophia, Liber de receptis (on the first Fen of the 4th Canon of Avicenna): Wi 61, 15c, ff. 121-124; BN 6941, 15c, ff. 1-61. See 'Supra capitulum...'

Capitulum generale admonitorium in quo...
Expositiones seu definitiones aegritudinum a capite usque ad pedes praevia introductione de prudentia medici: VI 5511, 15c, ff. 201r-206v

Capitulum in figura Almandel...
Liber de figura Almandel: Spec. astron. cap. xi; cited by Thadeus of Parma, FLa 131(205-137), 14c, f. 3v; Speculum, II (1927), 326-31

Capitulum in his quorum scientia est necessaria...
Arzachel, Regula de astrolabio: Wo 3301, 15c, ff. 43-68(Schulz)

Capitulum in nativitate hoc est ad sciendum nativitatem...
BN 7324, ff. 86v-88

Capitulum in potentiis corporum simplicium...
Avicenna, De celo et mundo: Delisle, III, 83a

Capitulum in scientia locorum si aliquid...
Capitulum utrum occulta fuerunt in loco in quo dicuntur esse: BLd 149, 13c, f. 202v

Capitulum istud continet decem tabulas...
Geomancy, with revolutions for the years 1474-1475: BMsl 1437, 16c, ff. 1-112

Capitulum primum de causa bissexti...
See 'Computus est scientia numerationis...'

Capitulum primum de causa universali...
Berchtoldus, Tract. de pestilentia: Archiv XVI, 79-95

Capitulum primum de fantasia seu ymaginatione...
See 'Scias quod istud est...'

Capitulum primum et est pars proemialis...
Simon of Faversham, In Aristotelis libellos de somno et vigilia: BLt 116, 14c, ff. 98-(100v)

Capitulum primum et primo ponit...
Simon of Faversham, comm. Ps. Aristotle, De plantis: BLt 116, 14c, ff. 89-90

Capitulum primum extractum de libro septimo Serapionis...
Roger Bacon, De compositione medicinarum: BLcm 480, 15c; OHI IX(1928), xvii

Capitulum primum huius libri...
Jacobus de Alexandria, Epitome librorum de generatione et corruptione (cum auctoritatibus): VA 901, 14c, ff. (61v)-72. Auctoritates, 'Elementa activa...'

Capitulum primum huius summe diffinitionem astronomie...
John of Glogau, Summa astrologiae: BN 7443C, fols, 126v-132v; VAp 1439, 15c, ff. 211r-(308v); T IV, 452-53; anon. VI 10584, 15c, ff. 11-22v

Capitulum primum in declaratione quod a communibus...
Simon of Faversham, Comm. In Arist. Physic.: BLt 116, 14c, ff. 100v-107; On 285, 14c, ff. 11a-20ra

Capitulum primum in quo primo dicit intentionem...
Simon of Faversham, Comm. Aristotle, various works: BLt 116, 14c, ff. 87ra-109va

Capitulum primum libri de anima declarat nobilitatem...
Jacobus de Alexandria, Epitome librorum Aristotelis de anima (cum auctoritatibus): VA 901, 14c, f. 46v-

Capitulum primum Martis quod tendit ad...
Konrad Kyeser, Bellifortis: VAp 1986, 15c, ff. 2r-195r; Gö Philos. 63, 15c, f. 4v(Zi 8248)

Capitulum quid significent stelle fixe...
Guido Bonatti(?), De stellis fixis et planetis annos regentibus: VI 3124, 15c, ff. 163r-173v

Capitulum Saturni quod ex mutatione sua a signo in signo...
BN 7418, f. 282ra-vb

Capitulum sigilli gendel(gaudach) et tanchil...
Caudas astrologus, Liber de figura Almandal: cited by Spec. astron. cap. xi; Thadeus of Parma, Fla 131(205-137), 14c, f. 3v; Pastrengo (1547), f. 17r

Capitulum significationum trium superiorum singulariter...
De virtutibus septem planetarum: BN 7282, ff. 35va-36va

Capiuntur fere omnes hac ipsa mortales pestilentia...
Rasis, De ratione curandi pestilentiam, tr George Valla, Venice, 1493: pr with Nicephorus, Logica, Venice, 1498, f. 150r(Polain 2800; Klebs 1012.1; IAL N33); Paris, 1528, ff. 2r-18v

Capricornus Ianuarius.　Anni per totum. . .
　Regulae metricae sanitatis singulis mensibus ob-
　servandae: Ea F.77b, 14c, f. 145v

Caput cum aliquanto maius est. . .
　Excerpta phisiognomie: VI 2532, 12c, ff. 101r-
　105v

Caput dicitur totum illud quod collo. . .
　Galeottus Martius, De homine: pr (Bologna,
　1471); etc. (Hain *7433; Polain 2629; Klebs
　670.1-3; IAL G38-40)

Caput diversis modis vulnerari contingit. . .
　Roland of Parma, De cyrurgia: CLM 13057, 13c,
　ff. 62ra-104vb; Farsetti 33, 14c; anon. VE
　VII.13(XIV,60), 14c, ff. 1-11

Caput diversis modis vulneratur aliquando. . .
　Renaldus, Cirurgia: BMsl 521, 14c, ff. 160r-
　188v

Caput draconis est masculinus. . .
　BMsl 702, late 15c, f. 26v

Caput draconis est unum. . .
　Astrology: Cues 209, 14c, ff. 40v-44(Zi 9943)

Caput haupt.　Est membrum animalis in quo
omnium sensuum. . .
　Vocabularius rerum, Latin and German: pr
　(Augsburg, 1473-74); 1478(Klebs 1044.01-02;
　AFML)

Caput in figura Almandal. . .
　See 'Capitulum in figura. . .'

Caput multis passionibus diversisque humoribus
vel in existentibus. . .
　Nicolaus de Hostresham(?), De passionibus: CUad
　6865, c.1200, ff. 81v-103v

Caput nostrum commissuras habet. . .
　Aliud documentum de complexione humana (fol-
　lowing Ps. Arist. Sec. Sec.): CUc 407, 14c, ff.
　176v-178v

Caput prohemiale in quo excusat. . .
　(Comm.?) Galenus de pharmaciis: CLM 5, 14c,
　ff. 9-11; Diels (1905), 133

Caput sigilli. . .　See 'Capitulum sigilli. . .'

Caput soda migranea allopicia capillus lacrima
obtalmea. . .
　Index of diseases: CUj Q.G.12, 15c, f. 1(Atk)

Caput vulnerari diversis modis contingit. . .
　I. Roger of Parma, Chirurgia: Vendôme 206, 13c,
　ff. 49-54 incomplete; CUt 1044(O.I.20), 13c,
　ff. 297(298)r-322(323)va, incomplete; 913
　(R.XIV.41), 14c, ff. 51-86;
　II. Alexander Iohannitius, De curis morborum:
　Ea O.62b, 13c, ff. 91-123v

Caput vulnerari duobus modis contingit. . .
　Gloss, Roger: CLM 614, 12c, ff. 2r-9r; Studien
　XI, 97; 268

Caput vulturis rumpe hora illa qua capitur. . .
　Arnald of Villanova, Experimenta: VAp 1144,
　15c, ff. 71v-74r

Caracteres duodecim signorum et septem planetarum. . .
　VI 4773, 15c, ff. 2r-11v(Zi 11869)

Carbunculus dicitur quum sit ignitus ut carbo. . .
　Descriptio lapidum animalium et plantarum: VI
　1049, 12c, ff. 139v-144r; BN 1726, f. 50;
　Epistolae, PL XVI, 904, nos.7, 65, 67

Cardinales numeri hi sunt unus due tres. . .
　De numeris: CUg 151(201), 13c, f. 146v(Atk)

Cardinales sunt numeri ut i ii iii iiii v. . .
　De generibus numerorum in ratiocinatione: VAr
　309, 9c, f. 63r-v; VA 645, 9c, f. 35r; Florilegium
　Casinense, I, 89

Cardine pondere distribuens. . .
　GW 2663.　See 'Dictionum numeros impor-
　tantium. . .'

Care fili necesse est ut tu intelligas. . .
　Raymond Lull, Mercuria: Bern A 78, 15c, ff.
　170r-173r(T IV,644).　See 'Fili oportet quod
　. . .'

Carior hoc tibi sit fen nulla magis. . .
　Carmen in Fen I, Libri IV Canonis Avicenne:
　pr Lyon, 1498(Klebs 131.13; IAL A1273)

Carissime amice rogasti me Montane ut describerem. . .
　Liber secretorum Galieni: CLM 12021, a.1441,
　ff. 1-13v.　See 'Rogasti me amice Montee. . .'

Carissime et reverendissime quoniam fide cuius-
dam. . .
　John of Eschenden, De tribus coniunctionibus:
　T III, 343, 721; ColR 79, 80

Carissime fili instruam te in hac benedicta
scientia. . .
　George Ripley, Tertia rota, liber de mercurio et
　lapide philosophorum: BN 14012, 16c, ff. 126-
　128 incomplete; Ze III, 821-28; Opera, Cassel,
　1649, pp. 101-23

Carissime fili postquam diu multumque. . .
　See 'Sciendum est mi fili. . .'

Carissime frater volo te in tribus habere. . .
　Thomas Aquinas, Alchemy: VAp 1332, 15c, ff.
　13r-14v

Carissime magister Antoni de Abscisio(Abstilio) credebam prolixe...
> Gentile da Foligno, De causis dolorum: CLM 7609, a.1387, ff. 148vb-153va; JHM X(1955), 397, n.45

Carissime magister quem habeo amantissimum ...
> Epistola Alexandri ad Aristotelem: Bamberg E.III.14, 11c, ff. 228r-235v; ed. Romanische Forschungen, VI(1891), 224-237

Carissime nepos.　Licet...
> Arnald of Villanova, Liber brevis tractatus super arte medicine: VE VII.40(XIV,24), 15c, ff. 38-51.　See 'In dolore capitis...'

Carissime non abhorreas supra nomine lapidis (si) tibi...
> Johannes Tecenensis, Alchemy: T III, 642-43; BN 14006, 15c, ff. 53v-63r; FR 923(L.III.28), 16c, ff. 269r(262)-277r(270)

Carissime pater et bone magister preco...
> Alchemy: VAp 1339, 15c, f. 53r

Carissimi domini quia huiusmodi...
> Guy de Chauliac, Cyrurgia, introductory cap. See 'Postquam prius gratias...' and 'Quoniam secundum Galienum...'

Carissimi filli amici et domini... *or* Carissimis filiis...
> See 'Carissimis suis(sociis)...'

Carissimis nostris amicis de Ianua ubi prius manifesta fuit ista pestilentia...
> Gentile da Foligno, Consilium de pestilentia: Basel A.VI.6, 15c, ff. 296va-298rb

Carissimis suis(sociis) amicis et dominis...
> Gerard de Solo (Cremonensis), Directorium *or* Introductio iuvenum: Halberstadt 22, 14-15c; CLM 265, a.1441, ff. 100r-116r; BLcm 566, a.1443, ff. 165v-(186v); Basel D.III.19, ff. 11-56v; VAp 1229, 15c, ff. 17ra-49rb; Danzig 2312, ff. 24-39; Ea Q.225, ff. 106-120; pr Venice (Locatellus, for Scotus), 1505(Schulz); Declaratio libri noni Rasis ad Almansorem: PU 1034, 15c, ff. 1-(31); Oa 80, 15c, ff. 27-(47); VAp 1134, a.1400, ff. 195ra-214vb

Carissimo figlivolo.　Addi ultimo de giugno...
> Christopher of Paris, Lettera ad Andrea Ognibene sopra la vera arte e pratica dell'Alchimia: FNpal 913, 16c, 47 ff; Va 9925, 16c, f.1.　See 'Fiolo carissimo...'

Carissimo figlivolo...Angelo viro et nostro amico...
> Christopher of Paris, Alphabetum apertoriale: Mi P.265 sup., a.1476, ff. 1-28r

Carissimo fiolo respondo a vestre lettere...
> Christopher of Paris, Alffabeto apertoriale: VAb 273, f. 262r; T IV, 350.　See 'Fiolo carissimo ...'

Carissimo sibi in Christo patri fratri Symoni Taddeus...
> See 'Cogit me ad...'

Caritas studio de vulneribus et incisionibus...
> BMsl 2995, 15c, f. 206va-

Caritas tua amice cordialis cogit et compressit...
> Alchimia: VAp 1240, 15c, ff. 111v-116r

Caritatem virtutem omnium esse principalissimam...
> Franciscus Florentinus, Breviloquium de epidemia: T IV, 315

Caritatis studio et brevitatis causa et amore pauperum...
> Ricardus Anglicus, Compendium, Practica sive medicamenta: Wickersheimer 697.　Cap. 1, 'Pustule capitis...'

Carmen iam dictus...
> See 'Carmine iam dictis...'

Carmine divinas artes et conscia fati...
> Marcus Manilius, Astronomica: ed. T. Breiter, Leipzig, 1908; MSS of 11-12c; editio princeps by Regiomontanus, Nürnberg, c.1473 (GS I,237); etc. (Klebs 661.1-6; IAL M174-178; AFML 303)

Carmine iam dictis aliquibus(aliquot) vulgaribus herbis...
> Herbal: CLM 18782, 15c, ff. 173r-179r; VI 4772, 15c, ff. 349r-358r; De speciebus duodecim (unfinished): BN 8654B, f. 45va-b

Carmine prima novo mundi simulacra iacentis ...
> Laurentius Miniatensis Bonincontri, Rerum naturalium et divinarum libri 1-3 ad Laurentium Medicem: T IV,406

Carminis inceptor mihi iupiter auspice terras...
> Rufus Festus Avienus, Arati phaenomena versa carmine heroico: pr Venice, 1488(AFML 82; Klebs 137.1; IAL A1277); Astron. veterum script. 1589, pp. 21-64

Carnes capitum multi sunt nutrimenti addentes ...
> De nutrimentis carnium: VI 5514, f. 228r-

Caro eius frigida et sicca fetida grossa...
> De carne quarundam animalium, de lupo: Ob 285, 13c, ff. 41ra-vb; 66va-vb

Carolus.   Cur huc tu Landine et unde...
> Christophorus Landinus De anima: VAu 1370, 15c

Carpobalsami...
> See 'Quia sufficienter de dispensatione...'

Cartulus sexdecim angulorum describit dies creticos...
> VAp 1116, 15c, ff. 125v-126v

Caseus vacinus mollis minuatim...
> Recipes for painting: Brux 10152, 13c, ff. 24-26v

Cassia fistula...
> Tabule magistri Richardi cum commento magistri Iohannis de Sancto Paulo: CUpet 178, I, ff. 1r-(9r); Prima tabula, Tabulae Salerni: Renzi V, 234

Cassia fistula est de medicinis in quibus fiducia
...
> Materia medica: Basel D.III.19, ff. 57r-95r; (Mundificantes sanguinis): Ea Q.185, 13-14c, ff. 133v-134

Cassie s. manna pruna et thamarindus...
> Opusculum medicinae practicae: Ran 1456 (V.I.11), 15c, ff. 3-13

Castor est bestia mirabilis...
> Treatise chiefly excerpted from Isidore's Origines and Pliny on materia medica: CUj 43(Q.D.1), 15c, ff. 5v-10r

Castrensis iugerus...
> Bubnov (1899), xc.   See 'Kastrense...'

Casu evenerat ut in saturni sacello deambularemus...
> Celestial table: GW 2763, ff. 9r-15v, tr Lodovicus Codaxius of Padua(Schulz)

Cataplasma aptum est quibus est ex tumore duritia...
> BMh 5294, late 13c, ff. 60v-67v

Catholicam sancti Paschae observantiam...
> Ceolfrid of Yarrow, Only in Bede, Hist. Eccles. V.21: ed. Plummer I(1896), 333-45

Causa antecedens flegmonis est intrinseca ex repletione humorum...
> Petrus de Tussignano, Practica: VAp 1098, ff. 369r-423va; Studien II, 423; anon. VA 2482, 15c, ff. 221ra-262vb(TR 325); BHM 27(1953), 125-27

Causa antecedens intrinseca flegmonis est ex repletione...
> Johannes de Tracia, Ptraccia, *or*, Braccia, Practica cirurgie: T (1929), 81-108; BHM IV (1936), 259-60, ColR 4, 6, 24

Causa efficiens dicitur esse mag. Joh. Parisiensis...
> Comm. Joh. Parisiensis, De Complexionibus: Zurich Car.C.111, 15c, ff. 200r-207r; J. Werner, Aus Zuricher HSS, VII(1919), 60(Schulz)

Causa efficiens dicitur fuisse quidam mag. nomine Thadeus Florentinus...
> sed secundum alios...quidam doctor Parisiensis nomine Johannes...Comm. Joh. Parisiensis, De complexionibus: Danzig Mar Q.25, ff. 213-229; Ea Q.205, c.1400, ff. 109-27; Prag cap.1655, 15c, ff. 137r-141v(Schulz)

Causa egritudinis huius ut placuit Avicenne...
> De catarro: VAp 1319, ff. 176r-184v

Causa enim que me...
> Johannes de Ponte, prol. Abbrev. Eschenden, Summa iudicialis.   Text, 'Convenerunt astrologi ...'

Causa epydimie et preservatio eiusdem...
> Ea Q.194, 14c, f. 68r-v

Causa igitur gravis et levis...
> Averroes, Cap. de motu gravis et levis: AL pp. 105, 216

Causa in libris medicorum est ea que primo est...
> (On parts of Avicenna, Canon?): BN 7047A, 15c, ff. 1r-

Causa intentionis nostre in hoc opusculo...
> Johannes de Pulchro Rivo, Computus: Prag 1771, 14c, ff. 1-3

Causa pestilentiarum plurimum est **mutatio et corruptio aeris**...
> Constantinus in Ysaac de febribus quinta particula: VAp 1205, ff. 65r-67v

Causa pestilentie est aer putridus et corruptus...
> Pest tract: BMr 12.G.IV, 14c, ff. 157v-158

Causa que me provocavit ut ediderem librum...
> Prol. Albumasar, Introductorius, tr John of Seville: Carmody 89

Cause difficultatis scientie pulsuum sunt...
> Marginal glosses, Aegidius, De pulsibus: VA 2460, ff. 5v-10v

Cause in omni oculo fiunt hec...
> Beccaria 3,4; 56,4

Cause quidem febris ephemere sunt quatuor...
> Serapion, De febribus: pr De Febribus, 1576, ff. 153r-164v

Cause solutionis continuitatis sive vulnerum generales. . .
> Theodoric of Cervia, Cyrurgia: pr with Guy de Chauliac, Venice, 1498, ff. 106r-146v; 1499, ff. 97ra-134vb; AFML 227, 228; Klebs 494.1-2; IAL G510-511; BSFHM 23(1929), 140

Cause sterilitatis ex parte medicorum sunt due. Prima. . .
> De sterilitate: CLM 655, ff. 178r-179r

Causon est febris continua de causa. . .
> VAp 1225, a.1486, ff. 417r-423r

Cautele medicorum in iudicando urinas. . .
> VAp 1228, ff. 40v-41v, 'Explicit libellus magistri Bartholomaei de Montagnana. Alias inscribitur magistro Zachario de Feltre.' TR 374

Cauteria et secones multa corpori procreant beneficia. . .
> Practica cyrurgice(?): Ea Q.185, 13-14c, ff. 244, 246v-249v; pr Studien I, 79

Cave ne imitari velis. . .
> Dionysius the Carthusian, Contra magos et Valden. liber I: Trithemius, f. 117v

Caveas nimium et frequenter comedere. . .
> Petrus Fagarola, Medical advice: Speculum VI(1931), 110-14; ColR 47a

Caveatis loca pestilentia balnea sermones. . .
> Pest tract: Prag X.H.16, f. 227v; Archiv VII, 73-4

Caveatis primo in sumendo cibaria ne cibus. . .
> De venenis: VAp 1177, 15c, f. 201r-

Cavendum est a malis statubus lune. . .
> CUpet 250, 15c, (f. 197r)

Cavendum est ne aliquis in subnotatis diebus. . .
> Unlucky days: CLM 7755, f. 235r-v

Cefa. . . See 'Cepha. . .'

Celesti semper instinctu felicis reipublicae. . .
> De rebus bellicis: BLcm 378, ff. 67r-77v; FL 89 sup.68, ff. 1-12; CLM 10291, ff. 66va-77va; pr Scriptores rei militaris, 1607, pp. 83-102; ed. from BN 9661, Revue archéol. XVI(1922), 255-65

Celestis circuli forma sperica idem cum terra. . .
> Liber novem judicum quem misit Soldanus Babilonie imperatori Frederico: CUcl 15(Kk 4.2), c.1280, ff. 69-144; BN 7344A, 13-14c, ff. 1r-52r(AL 529); BN 7440, 14c, ff. 137ra-144rb, 125ra-136vb, 115ra-124vb, 107ra-114vb, 79ra-106vb, 66ra-78vb, 58ra-65vb, 48ra-57vb, 41ra-43rb; Carmody 105; pr Venice, 1509, with the first part omitted

Celestium siderum varios multiplicesque. . .
> Johannes de Dondis, Astrarium (differing from usual text of his Planetarium): Mi C.139, inf., 15c, ff. 2r-70r; Archeion 18(1936), 308-17

Celi enarrant gloriam dei et opera manuum eius. . .
> I. Comm. Sacrobosco de sphaera: BMar 11, 15c, ff. 183ra-197rb(TR 284); Oh 4, 15c, ff. 17-38

> II. Work translated into Latin in 1334 at Seville by Alfonsus Dyonisus: BN 7316A, ff. 179va-180rb(TR 335)

> III. Bonetus de Latis, Prognostication for 1499/1500: GW 4845; Klebs 198.4; IAL L62

Celi enarrant gloriam dei. Triplici via aq modo mirabili celi. . .
> Joh. Ganivetus, Opusculum 'Caeli enarrant': VA 4478, f. 116- (T IV, 135, n.10, 139); Hain 7467; Lyon, Clein, 1508(Schulz)

Celi gyrum circuivi sola. . .
> See 'Girum celi. . .'

Celio regi Persarum. . .
> See 'Delio regi Persarum. . .'

Celorum regina potens terreque marisque. . .
> CLM 9809, f. 384(Schulz)

Celsitudo vestra precepit ut de conservanda sanitatis. . .
> Epistola Theodori ad imperatorem Fridericum: Archiv IX(1915), 4-9; AL 1004

Celum a deo glorioso libere contingenter. . .
> Jean Gerson, Trilogium astrologie theologisate: BN 2692, f. 148r; Opera, 1494-1502, I, f.xx.D; Klebs 462.1; IAL G255

Celum aereum vocatur medium aeris interstitium. . .
> Excerpta ex libro proprietatum: CLM 5964, ff. 158r-257v

Celum circulis quinque distinguitur quorum duo extremi. . .
> Hyginus, De astronomia (Germanici ex Arato Ciceronis tr): Mon 452, 12-13c, f. 1r; FLc 27 sinis., 8, 13c, ff. 230v-244; 'Phenomena Arati': BMar 13-14c, ff. 85ra-92rb; Arati fragmenta a Germanico in latinum versibus exametris cum commento in Sicilia reperto: pr with Rufus Festus Avienus, Venice, 1488, f. 59v(AFML 82; Klebs 137.1; IAL A1277); anon. Isis 50(1959), 35, n.11; Saxl (1953), 52

*Celum empyreum locus (est) et regio angelorum et beatorum...
> Liber septiformis de moralitatibus (rerum nature): T (1929), 14-15; BU 1099(2231), 14c, 158 ff.; Zi 8249-50

Celum firmamentum polus Olympus ether...
> Wencelaus Brack, Vocabularius rerum: GW 4984 et seq.(Schulz)

Celum greco vocabulo Uranus dicitur. Aput Latinos...
> Locutio Ambrosii de celo: Mon 384, 10-11c, ff. 110r-112r

Celum id est continens et contentum scilicet empyricum...
> De creatione mundi *or* Scala mundi: CUc 194, 14c, ff. 4v-79v; CUt R.4.XII, 15c, f. 1v-(Atk)

Celum igitur inclinatum volvitur a meridiano...
> Nimrod, Astronomia: Haskins 338-40; T II, 322, n.1. See 'Sphera celi quater...'

Celum omni hora in duodecim...
> De significatione duodecim domorum: Ea Q.372, 14c, ff. 103v-107v(Zi 3916)

Celum quid est...
> Computus: Köln Dombibl. XV, 11c, ff. 92, 100 (Zi 12114)

Celum rotundum volubile philosophi esse dixerunt...
> Effectus lunae secundum signa: VI 5486, 15c, ff. 39v-43r(Zi 8007)

Celum subiciens hoc secundum opus in quatuor libros divido...
> Alexander Achillinus, De orbibus: pr Bologna, 1498(GW 191; Klebs 7.1; IAL A30)

Celum sydereum id est firmamentum ubi spera...
> Astrology: Prag 433(III.C.2), ff. 148va-155ra

Celum tripliciter influit motu lumine et influentia...
> Astrological medicine: BSFHM IX(1910), 245-51

Centaurea valet ad regenerationem carnis...
> Recipes: BMsl 3550, ff. 37vb-40v

Centesimus et sexagesimus et trigesimus fructus...
> De computatione per manum: BMr 15.B.IX, late 12c, f. 73r

Centro vero epicicli exeunte...
> De theorica lune et vi planetarum: †Metz 286, 14c, item 3(Zi 7802)

Centrum est cuius ab initio circumductio...
> Ioh. de Troyes(?), c.1420: BN 7281, 15c, ff. 235r-241r

Centrum mundi est punctus in universo...
> Al-Biruni, Astronomy: Carmody 154

Centrum solis equaliter distat a centro eccentri ...
> Blasius of Parma, Demonstrationes geometrie in theorica planetarum: VA 3379, 15c, ff. 52r-61r (T IV,662); anon. VI 5303, 15-16c, ff. 51r-83v; pr Sphaera (1518), ff. 143ra-152vb; Isis 47 (1956), 400-401

Centrum vocamus punctum medietatis uniuscuiusque rotundi...
> BMe 843, 13c, f. 29v

Centum subterranei vermes centum folia salvie ...
> Ad paralysim: VAr 291, 11c, f. 163v

Cephalalgia est passio capitis...
> Nomina aegritudinum cum regulis urinae: Gö Hist. nat. 40, 15c, ff. 5-11

Cephalea est dolor capitis qui multum tempus tenet...
> Galen, Liber tertius: Beccaria p. 407, lists eleven MSS before 1100, of which several antedate Gariopontus (fl. 1050), the first chapter of whose compilation, Passionarius Galeni, opens similarly: Ran 1496(V.3.3.), 11c, 143 ff.; BMr 12.B.IX, 13c, 129 ff.; BLcm 366, 12-15c, ff. 47-(104v); BN 6951, 13c, ff. 1r-105r; BMh 1685, 13c, ff. 1-143v; Mi C.70 sup., 13c, ff. 1r-114r; D.2 inf. ff. 16r-(incomplete); anon. CUt 920(R.XIV.50), 11-12c, ff. 1r-120v(cap.xiii), incomplete; pr Lyons 1526, ff. 1r-108rb; Basel, 1531, ff. 1-162v (without prol.)

Cephalia id est capitis dolor commoto cerebro (commoti cum cerebro)...
> Esculapius: Beccaria 3.3; 5.7; pr Experimentarius medicinae, III(1545), 1-79

Cephalica est dolor capitis que multum tempus tenet...
> Oxea et chronica passiones Yppocratis, Gallieni et Urani: SG Stift 752, 10c, pp. 178-326(Beccaria 134.8). See 'Cephalea est dolor...'

Cephaloponia id est capitis dolor commoto cerebro...
> Liber Esculapii: Beccaria p. 408. See 'Cephalia id est...'

Cerebri creatio(complexio?) frigida est secundum Aristotelem...
> On parts of the human body: VI 2378, c.1400, ff. 50r-57v; Saxl (1927), 103

Cerebro conferunt...
See 'Conferunt cerebro...'

Cerebro infantis fit apostema...
See 'Prima egritudo...'

Cerebrum est membrum parvule spongiosum albe...
Avicenna, De cerebro: VI 5300, 15c, f. 145v

Cerebrum est natura frigidum...
See 'Cerebrum natura...'

Cerebrum est pars corporis solidi ex pura...
Henri de Mondeville, Anatomia: Bern 227, 15c, ff. 53r-74r

Cerebrum natura frigidum est et humidum...
Constantinus Africanus, De natura humana: Ea F.286, 13-14c, ff. 258v-261; ascribed to Hippocrates, CUg 95(47), 15c, ff. 10-12; to Arnald of Villanova, Ea Q.178, 14c, ff. 173-174v; to Galen, Diels (1905), 142; anon. Ome 278, 14c, f. 180v; BMsl 2454, late 13c, ff. 84vb-86rb; pr Galeni Opera, 1515, I, 40v-41v; with Albucasis, Basel 1541

Cerebrum secundum longitudinem in duas partes divisum...
Medicine practica: Dresden C.276, 15c

Cerebrum ut dicitur...
Compilatio alia (than that of Bartholomeus Anglicus which precedes it) de proprietatibus rerum: Harvard, Riant 89, 13-14c, ff. 25r-142v

Cerotum in principio floris...
Recepte extracte ex practica L. de Bertapalia de Padua: FLa 143 (217-149), 15c, ff. 95-99

Certe medicine immensa est profunditas...
Aphorismi seu axiomata medica: VI 5300, 15c, ff. 22v-23v. See 'Ecce in medicina...'

Certificatur quandoque totum per partes...
Ars algorismi de fractionibus: BMh 1, 14c, ff. 85vb-86vb

Certis speciorum(signorum?) dimensionibus auctore Pytagora repertum est...
De distantiis signorum coelestium: Budapest 26, 12c, f. 11

Certissima cosa he secundo l 'opinione de philosophi...
Delle pianeti e segni (Astrology): Goldschmidt list 33, item 24, 15c

Certitudo gradus ascendentis...
De nativitatibus: FL Plut.29, cod.3, 15c, pp. 106-122

Certum est in medicina immensa est profunditas...
See 'Liberet te deus fili...'

Cervinum cornu habet vim omnes humores siccandi...
Sextus Placitus, Liber medicinae ex animalibus: BMh 4986, 11-12c, f. 45r(Beccaria 77.5)

Cervinum cornu habet vires ad exsiccandos omnes humores...
Sextus Papirius Placidus Actor, De medicinis ex animalibus: BMh 1585, ff. 62va-78vb; BMsl 1975, 12c, ff. 74ra-77ra-91ra

Cesari... See 'Caesari...'

Ceterum in...
Computus: VI 5148, 15c, ff. 299-302(Zi 12007)

Chael unus ex filiis filiorum Israel...
BMsl 3663, 17c, ff. 3r-4v. See 'Ego Thetel...'

Charissime... See 'Carissime...'

Chilindri circularis quantitatem concludere...
VA 9410, 14-15c, f. 77v

Chilindri non visi visa portione basim extrahere...
VA 9410, 14-15c, f. 77v

Chilindrus... See 'Cilindrus...'

Chiromantia... See 'Ciromantia...'

Cholera... See 'Colera...'

Chrisolitus... See 'Crisolitus...'

Christi nomine invocato ad honorem proficientium in actibus...
See 'Ad honorem proficientium...'

Christi nomine invocato consideravi quod in actibus...
Ps. Aristotle, Tract. ad Alexandrum Magnum de lapide philosophico: Ze V, 787-98; Steinschneider (1906), 7-8. See 'Ad honorem proficientium...'

Christianissimo imperatori Frederico tertio Romanorum regi...
Johannes Blanchinus, Epistola, preceding Canons and Tables addressed to Frederick III: BN 7271, f. 8ra; BN 16212, f. 1r; BLcm 454; Bibliofilia IX(1908), 450; Scripta mathematica XVI (1950), 1-13. See 'Cum nuper maiestas...'

Christo prestante parvis conscribere tendo...
Treatise on the calendar: Brux 968, a.1439, ff. 185-199v

Cibi et morbi...
Lilium medicine J. Wottone med. prioris: James 48

Cibi generantes bonos humores sunt cibi...
>De cibis et medicamentis: VI 2426, 14c, ff. 141r-142r

Cibi vaporosi fumosi et valuitur(?) particulariter...
>Notabile de debilitate visus: VI 5504, a.1464, f. 168r

Cibi vero qui generant bonos humores...
>De cibis: Basel D.III.19, 14-15c, f. 92-

Cibos accipiunt acres qui magis aperiant poros...
>Dieta id est regula vel vita infirmorum: Archiv X(1917), 296; Beccaria p. 408

Ciclus... See 'Cyclus...'

Cilindrum quod et...
>Leip 1475, 15c, ff. 237v-243v(Zi 9237)

Cilindrum quod (et) horologium viatorum dicitur...
>Johannes Schindel, Compositio chilindri: VI 5303, 15-16c, ff. 269r-273v; VI 5418, a.1433, ff. 202r-204v; Salzburg, St. Peter X.VI.20(Inc. 800), ff. 115r-116r(Schulz); anon. Yale MS bound with item 42, ff. 115r-116r

Cilindrum sic constituitur...
>Rostock Q.1, 15c, ff. 187-190v(Zi 9238)

Cilindrus est quoddam instrumentum oblongum et...
>Mi N.9.sup., 15c, ff. 1r-4r; 164v-167v; Osiris 8(1949), 51

Ciminum pulver infusu in aceto...
>Bamberg Antidotarium: Sigerist 22-39

Cinctura firmamenti in duodecim equales distribuitur partes...
>Johannes Hispalensis, Epitome totius astrologie: Spec. astron. cap.6; BMr. 12.C.XI, 14c, ff. 30ra-55vb; anon. BLd 38, 14c, f. 84(TR 213); VI 5453, 15c, ff. 148-179; pr Nürnberg, 1548, a somewhat different text

Circa acutas acutissimas attentior sollicitudo...
>De febribus acutis: BLd 79, 13c, ff. 146r-(175v); CU Dd.III.51, 13c, f. 84-(Atk)

Circa algorismum est primum enigma...
>VI 4987, a.1359, ff. 93v-96v

Circa algorismum primo docendum procedere secundo addere...
>De algorismo: CUt 1149(O.II.45), 13c, ff. 37r-41v, incomplete

Circa alopiciam duo sunt inquirenda(duo queruntur) primum est...
>Petrus Hispanus, Comm. Viaticum Constantini: VAp 1085, ff. 68r-153v; Grabmann(1928), 101

Circa antidotarium incidunt dubitationes...
>Comm. in antidotarium Nicolai: Ea Q.222, 13-15c, ff. 45-62v; Soissons 48, 13c, ff. 109-122

Circa artem prognosticationis quatuor sunt notanda...
>I. Bernardus Pictaviensis, De crisi et creticis diebus: Wickersheimer 77-78
>
>II. Bartholomaeus (not de Bruges as in Wickersheimer 60), Dicta super prognostica: VI 2520, 14c, ff. 50v-68r(ColR 42b); Aberdeen 256, 15c, ff. 212-224; VAp 1192, 15c, ff. 1-14r
>
>III. B., De crisi et creticis diebus et de prognosticatione: Oa 69, end 13c, ff. 105r-113v; CUg 84(166), end 13c(?), ff. 1ra-23rb
>
>IV. Matheus et Bartholomaeus: VAp 1229, 15c ff. 348vb-364ra

Circa calculationem eclipsis ista sunt primitus recognoscenda...
>BMsl 1697, 15c, ff. 31r-32r

Circa canonem de inventione augium sunt tria...
>Iohannes de Spira, Expositio canonum Iohannis de Lineriis: BN 10263, 15c, ff. 78r-86v; anon. Ea Q.366, 14c, ff. 33r-37v

Circa canonem de inventione locorum planetarum...
>Declarationes canonum Johannis de Lineriis: Ea Q.349, 14c, ff. 1-7

Circa capitulum de directione intelligendum est primo...
>De directionibus cum exemplis: CUg 110(179), 15c, pp. 33-38

Circa capitulum de remediatione fluxus superflui sanguinis quod Avicenna docet...
>Jordanus de Turre: BNna 1391, 14c, ff. 68v-71v

Circa causam generationis lapidis non est nobis...
>Experimenta medica: VI 1634, 13c, ff. 100v-102v

Circa causam huius pestilentie variatur consideratio...
>Considerationes aliorum medicorum circa easdem pestilentias in Grecia et in aliis partibus commorantium: Archiv V(1912), 83-86. The title is misleading. The text says, 'Istud prohemium habuit dominus Iohannes de Mediolano in libro suo et non plus. Sed aliud quod sequitur est de libro dicto Con(sili)orum de Sancto A.' Actually it is the greater part of the pest consilium by Gentile da Foligno which opens, 'Nulla videtur precessisse...'

Circa chilindrum duo...
CLM 24804, 15c, ff. 92v-93v(Zi 9239)

Circa combustionem mundi primo quesitum est
utrum quatuor elementa...
BN 15652, f. 26v

*Circa compositionem tabularum elevationum
signorum...
Lud. Kaerleon (Tanner), De arte compositionis
tabularum astronomie: CU 1017(Ee.III.61),
15c, ff. 3r-7v; Isis 43(1952), 104

Circa considerationem de mensuris durationis...
Dietrich von Freiberg, De mensuris durationis:
Ea F.72, 14c, ff. 114v-117; VA 2188, f. 61;
Beiträge V, 5-6(1906), 98*-103*; XX, 5(1922),
75

*Circa considerationem quare sensus...
Rich. Lavenham, De scientia et sensu(Tanner)

*Circa considerationem sensus quare sit singu-
larium et intellectus...
Thomas Aquinas, De sensu respectu singularium
et intellectu respectu universalium: VA 806, 15c,
f. 11; Opera, 1570, XVII, 35; 1875, XXVIII,
159-60; Opuscula omnia (ed. Mandonet, Paris,
1927), V, 381

Circa creationem octo queruntur...
Albertus Magnus, De creaturis: FLc 16 sinis., 1,
15c, f. 146-; Borgnet 34, 307

Circa curam alopicie sic est procedendum...
Robert de Cisternia, Curae super Viaticum, libri
VII: BMsl 418, 15c, ff. 189r-317r

Circa dictum Campani in quo dicitur quod
magnitudo...
Nicole Oresme, Comm. Euclid: VA 2225, 15c,
ff. 90r-98v; Speculum XVI(1941), 173

Circa dies criticos querebantur quatuor...
CUg 86, (168), 13c, pp. 433-435a

Circa digestionem malitie morbi vel egritudinis
...
Joh. de S. Amando, De modo medendi: Cracow
779, 15c, ff. 190-213 (Archiv, XIV, 113, n.1)
Schulz

Circa divisionem continui proponuntur quatuor
questiones...
Johannes de Gedeo, De continuo: VA 3092, ff.
113v-124r

Circa ea que determinantur in scientia de anima
dubitantur...
Cf. Grabmann, Forsch. zu Petrus Hispanus,
ZB(1936), IX, 108(Schulz)

Circa ea que sunt utilia in curationibus...
Quid pro quo: BMsl 213, 15c, f. 134v-

Circa ergo opus practicum sic...
Christophorus de Barziziis, Introductorium sive
Ianua ad omne opus practicum medicine: CLM
182, 15c, ff. 300r-330v; CLM 184, a.1440, ff.
211r-247r; BHM XI(1942), 390; pr Pavia,
1494; GW 3672; Klebs 159.1; IAL B224.
Pref. 'Antonius Cermisonus nostro...'

Circa examen leprosorum oportet medicum...
Basel D.III.1, 15c, f. 127ra. See 'Oportet
medicum providere...'

Circa exhibitionem medicine laxative quatuor
sunt consideranda...
BMsl 342, ff. 102ra-103rb

Circa expositionem libelli de sensu composito et
diviso Hentisberi...
Bernardinus Petri de Senis de Landuciis, comm.
William of Heytesbury, De sensu composito et
diviso: pr Venice, 1500(Hain 9875; LC); Wil-
son(1956), 171-72

Circa finem seu terminum tam active potentie
quam passive...
William Heytesbury, De maximo et minimo:
Tanner; Wilson(1956), 69-87, 206; pr Venice,
1491, ff. 14r-16va(AFML 240; Klebs 514.1;
IAL H50)

Circa flebotomiam septem sunt consideranda...
De minutione pulchra: VAp 1205, ff. 71r-83v

Circa hanc artem(scientiam) que compotus
dicitur...
PM 774(495), 13c, ff. 138-(140); FLc Plut.22
dext., cod.13, 13c, ff. 28-35v; Wo 1050, 13-14c,
ff. 1v-31(Zi 12009-11); VAu 102, 15c, f. 202v;
Basel O.IV.37, a. 1424, no.3; VI 1711, 15c, ff.
71-94

Circa hanc artem sicut et circa alias quedam
extrinseca...
Math.: VI 2486, 13c, f. 7r-v; Curtze, ZB
XVI(1899), 284, 303

Circa hanc fen primam quarti canonis...
See 'An de febribus de quibus...'

Circa huius tractatus initium cuiusque verba...
Comm. Albertus Magnus, Summa naturalium:
VAb 461, 15c, ff. 169-177(Silverstein)

Circa huiusmodi scientiam...
Comm. Alexander de Villa Dei, Massa compoti:
BN 7420A, ff. 2ra-21ra

Circa hunc librum algorismum quatuor sunt
inquirenda...
Comm. Sacrobosco, Algorismus: VI 5166, 15c,
ff. 12r-22r

Circa hunc librum quatuor sunt inquirenda scilicet libri materia...
>In algorismum; BN 15120, ff. 93r-99v(Benjamin)

*Circa influentiam agentis...
>Roger Bacon, De multiplicatione specierum: BN 16621, ff. 1r-(92v?); Ou 48, 17c, ff. 62-112. See 'Primum igitur capitulum circa influentiam agentis...'

Circa ingressum scientie dietarum particularium septem sunt determinanda...
>Petrus Hispanus, Comm. Isaac, De dietis particularibus: Grabmann(1928), 102; Oa 68, 14-15c, ff. 225ra-294rb

Circa initium Alberti Magni notandum est...
>Comm. Summula (in 5 books): Basel F.II.6, a.1473, ff. 2r-126va

Circa initium Alberti primo est notandum utrum divisio...
>Comm. in Alberti Magni libros iii de philosophia naturali: Ea Q.317, 15c, ff. 113-154

Circa initium algorismi nota ex quo presens scientia est mathematicalis...
>VAp 1397, a.1446, ff. 173r-187

Circa initium astrolabii est...
>Christianus de Prachatiz, De compositione astrolabii: Zi 8851-89; anon. Cracow 3224, 15c, f. 459(Zi 885)

Circa initium canonum...
>Canons for Astronomical Tables: Cracow 1917, 15c, ff. 157-167 (Zi 10849)

Circa initium computi cyrometralis...
>Comm. Computus cirometralis: Basel F.VIII.16, a.1436, ff. 57v-87v(Zi 12011a); KlaS 75, ff. 284-296(Schulz)

Circa initium computi manualis...
>VI 4507, 15c, ff. 187-199v; Cracow 1838, a.1485, ff. 117-138(Zi 12012-13)

Circa initium divine alchimie queritur utrum...
>CLM 27105, 15c, f. 47r-v. See 'Utrum alchimia sit licita...'

Circa initium huius libelli sunt investiganda...
>Comm. Physiologus of Theobald: BE 919, 15c, ff. 175-182

Circa initium huius libri videndum est de tytulo...
>Comm. Avicenna, De mineralibus: VAb 462, 15c, ff. 136-169v(Silverstein)

Circa initium huius phisiologi...
>Comm. Physiologus: BMad 50935, 15c, ff. 332r-343. Text: 'Tres leo naturas...'

Circa initium igitur dicti libelli propono propositionem...
>Expositio theorice planetarum: Salamanca 1693, ff. 61v-110v

Circa initium istius libri duo sunt...
>De longitudine vet. tr cum comm.: AL 787

Circa initium istius libri principaliter...
>De sompno nova tr cum comm.: AL 787

Circa initium istius libri videndum...
>Prol. Comm. Avicenna, De mineralibus: BN 14005, 14-15c, f. 144(Corbett I, 175)

Circa initium libri de anima queritur...
>Comm. Arist. de anima. See 'Utrum de anima sit scientia...' 'Utrum inter partes...'

Circa initium libri de celo et mundo...
>VAp 1050, 15c, ff. 179-220v

Circa initium libri de generatione queritur utrum de generationibus...
>VAp 1050, ff. 221r-255r

Circa initium libri de somno et vigilia. Queritur utrum convenienti ordine somnus...
>Expositiones textuales...in Aristotelis libros de somno et vigilia: pr Cologne, 1497, ff. 29v-43r (Klebs 82.8; IAL A866)

Circa initium librorum de generatione et corruptione...
>Johannes Versor, Quaestiones super duos libros Aristotelis de generatione et corruptione: pr Cologne, 1485(Polain, 3933 bis; Klebs 1030.1; IAL V226). See 'Utrum de corpore mobili ...'

Circa initium librorum totius naturalis philosophie. Queritur...
>Gerardus de Hardewyck, Epitomata sive Reparationes totius naturalis philosophie: pr Cologne 1496; (Hain *8362; Klebs 457.1; IAL G153; AFML 208); anon. pr Cologne, 1494: Hain *13872

Circa initium metheororum queritur utrum...
>VAp 1050, 15c, ff. 255r-292v

Circa initium musice Muris. Nota musica est scientia...
>VI 4784, 15c, ff. 241r-244r

Circa initium parvorum naturalium Aristotelis est primo videndum...
>Comm. Parva Naturalia: CLM 26929, 15c, ff. 194ra-251va

Circa initium parvorum naturalium ponatur thema...
> Comm. Parva Naturalia: Graz 966, 15c, ff. 227-273v

Circa initium parvorum naturalium primus liber vocatur de sensu...
> VI 4777, ff. 89r-118v; AL 787, De sensu, nova tr cum Comm. Joh. Versor. See 'Utrum corpus sensitivum sit...'

Circa initium parvorum naturalium videndum est quid sit subiectum...
> Magister Parisiensis: Basel F.II.6, a.1473, ff. 128ra-188va

Circa initium parvorum naturalium queritur primo...
> John Versor: pr Cologne, 1485(Hain *16045, f. 55r; Klebs 1030.1; IAL V226)

Circa initium parvuli philosophie naturalis ante textus exordium...
> Bartholomaeus de Usingen, Parvulus philosophie naturalis: pr Leipzig, 1499(Hain *2534; GW 3465; Klebs 148.1; IAL B161)

Circa initium parvuli philosophie queritur utrum corpus mobile...
> VAp 1050, a.1471, ff. 96r-173v; CLM 8301, 15c, ff. 169-(228)

Circa initium phisicorum...
> Lambertus de Monte, Copulata...super octo libros phys. Aristotelis. See 'Utrum necesse sit hominem...' and 'Utrum de rebus naturalibus possit esse scientia...'

Circa initium presentis computi Norenbergensis...
> Comm. Computus Norimbergensis: CLM 26791, a.1471, ff. 1r-18v

Circa initium presentis libelli videndum est...
> Comm. Computus Norimbergensis: CLM 14622, a.1434, ff. 2r-28r

Circa initium presentis libri est notandum...
> Avicenna, De mineralibus cum comm.: AL 787

Circa initium primi libri de anima...
> See 'Utrum inter partes...'

Circa initium primi libri de celo et mundo nota textum. De natura autem...
> Johannes Versor, Quaestiones super Aristotelis libros de celo et mundo et metheororum: pr Cologne, 1485; Hain *16045; Klebs 1030.1; IAL V226

Circa initium primi libri de generatione et corruptione. Queritur primo...
> John Versor, Gloss, Aristotle, De generatione. See 'Utrum (de) corpore mobili...'

Circa initium primi libri metheororum Aristotelis...
> Joh. Versor, Questiones: pr Cologne, 1485(Hain *16045; Klebs 1030.1; IAL V226)

Circa initium primi libri phisicorum...
> I. Nicolaus Stoyczin, Lectura super questiones Ioannis Versoris in Aristotelis philosophie naturalis libros: Plagens 119, 15c, ff. 1-281
> II. Libri octo phisicorum: Stift Zwettl, 418, Pp. 15c(Xenia Bernardina I,427)
> III. Opens several Questiones in libros phys. Aristotelis, by: Johannes de Dunkelspuhl; Johannes Magister; Johannes Versor; etc.

Circa initium primi physicorum nota...
> Cursus quaestionum (sometimes attributed to Duns Scotus): pr (Cologne 1489-94); Hain *13642; Klebs 317.1; IAL Q6

Circa initium primi physicorum queritur primo quare...
> Johannes de Dunkelspuhl, Commentarii scholastici in libros physicorum Aristotelis: VI 4950, a.1439, 391 ff.

Circa initium quatuor metheororum...
> See 'An de impressionibus...'

Circa initium regiminis principum qualis scientie...
> Comm. Regimen principum (Aristotle, Secretum secretorum?): Basel A.IV.14, ff. 119ra-129va

Circa initium scientie presentis libri sciendum...
> Comm. Magister Alexander, Massa computus: VI 4008, 15-16c, ff. 269r-277v

Circa initium sexti libri philosophie naturalis in quo...
> Lambertus de Monte, Expositio circa Aristotelis libros tres de anima: pr Cologne, 1498(Hain *11585; Klebs 582.5; AFML)

Circa initium spere materialis...
> Comm. Sacrobosco, Sphera: Ea Q.241, a.1420, ff.199-200v; VI 5242, 15c, ff. 250r-286v

Circa initium totius philosophie naturalis queritur primo...
> Petrus, Tract. in physicam, pr a.1503 (H)

Circa initium tractatuli philosophie...
> Collecta in parvulum philosophiae: VI 5242, 15c, ff. 5r-46v

Circa initium tractatus de pestilentia primo...
  CLM 372, ff. 5v-8v

Circa initium trium librorum de anima queritur
primo utrum de anima...
  See 'Utrum de anima sit scientia tamquam...'

*Circa instans negotium de(in) simplicibus medicinis nostrum...
  Platearius(?), prol. De simplicibus *or* Circa instans: BMsl 209, 13c, ff. 3-40, very well written;
  Mi H.59 inf., ff. 70r-99v; Reims 1022, 13c, ff.
  217v-(250); Ea F.275, 13-14c, ff. 46v-81; BLd
  197, 13c, ff. 4v-(33v); Metz 178, 14c, ff. 22ra-
  34va, 71ra-75rb; Millás (1942), 115; pr with
  Serapion, Venice, 1497(Klebs 911.2; IAL
  S421); Practica, Lyons, 1525; Venice, 1530;
  Renzi II, 18; embodied in T(1945). Text,
  'Aloen calidum...' 'Aloes ex succo herbe...' etc.

Circa intellectum huius libri nota illum textum:
natura...
  Comm. Aristotle, Physics, lib. i: Ea Q.291a, 15c,
  66 ff.

Circa intellectum huius questionis varie sunt
opiniones...
  Comm. Questio Hentisberi: Na V.H.190, 15c,
  ff. 99ra-105rb

Circa introitum huius libri qui de causis intitulatur...
  Petrus de Alvernia, Questiones de causis: VI
  2330, 14c, ff. 107ra-110vb

Circa istam materiam est intelligendum quod
natura...
  Guy de Chauliac, Astrology: ed. Comptes rendus
  du deuxième congrès international d'histoire de
  la médecine, Évreux, 1922, pp. 168-76

Circa istam ordinationem...
  Quaestiones de regimine sanitatis: Ea Q.222, 14c,
  ff. 155v-158

Circa istam partem quarti libri Avicenne
(quam) intendimus exponere gratia operis
cyrurgie...
  Dinus de Garbo, Expositio super 3a, 4a, et parte
  5a Fen IV libri Avicenne: pr Ferrara, 1489, ff.
  2r-147r; etc. (AFML 163, 164; Klebs 336.1-3;
  IAL D152-155)

Circa istam primam partem philosophie naturalis
que traditur...
  Jean de Jandun, Quaestions on the Physics of
  Aristotle: pr Venice, 1488, ff. 1-147; (Klebs
  553.5; AFML 260; IAL J316); 1520, ff. 59r-
  118v; 1561, ff. 1-129v. Prol. 'Sicut vita sine
  ...'

Circa istam rubricam sunt duo notanda...
  Comm. Rasis, Nonus Almansoris: Bern A 38, 15c,
  ff. 162ra-209rb

Circa istam scientiam...
  Aegidius Romanus, Comm. De anima. See 'Ex
  Romanorum spectabili ac illustri...'

Circa istam scientiam queruntur quedam et
primo queritur utrum...
  Comm. De anima: Bordeaux 415, 13-14c, ff. 136-
  175

Circa istud negotium in simplicibus medicinis
nostrum...
  De simplici medicina: CU 1133(Ee.VI.41), 14c,
  ff.123v-237r. See 'Circa instans...'

Circa istum librum...
  Jacobus de Duaco, Sententia super de sompno et
  vigilia: Bruges 513, 13-14c, ff. 151-167r

Circa istum librum de anima primo queritur
utrum de anima...
  Jean de Jandun, Quaestiones super tres libros
  Aristotelis de anima: HL 33, 547, briefer, earlier,
  unprinted version. See 'Utrum de anima possit
  esse scientia...'

Circa istum librum methaurorum id est entium
generatorum in alto...
  Comm. I, II, IV Meteorologica: VA 721, 14c,
  ff. 25va-58va

Circa istum librum primo queratur utrum
scientia de memoria...
  Quaestiones de memoria et reminiscentia: Oo 33,
  14c, ff. 184ra-187rb

Circa istum librum primo queritur utrum sit de
animalibus...
  Johannes de Tydenshale, Quaestiones super Aristotelis libros de animalibus: Oo 33, 14c, ff. 273ra-
  323vb

Circa istum librum queritur et est questio circa
expositionem...
  Quaestiones super (de sompno et vigilia) Aristotelis: Ea Q.188, 13-14c, ff. 79-81v

Circa istum librum queritur et primo...
  Petrus de Alvernia, Quaestiones et sententia super
  II libris de sompno et vigilia Aristotelis: Ea F.356,
  early 14c, ff. 63-80; Glorieux I, 414

Circa istum librum sex inquiruntur que intentio
...
  Aegidius Romanus, Comm. Aristotle, Physiognomia: Ea Q.316, 13-14c, ff. 55v-68; Bibliofilia
  35(1933), 305, n.13

Circa istum tractatum de urinis quatuor sunt determinanda...
> Bertholdus de Suevia, De urinis morbum significantibus: VI 5306, 15c, ff. 135r-144r; anon. Prag 243(I.F.77), ff. 158r-172r

Circa iudicia leprosorum 16 sunt notanda...
> Guido: Basel D.II.13, f. 29ra-va

Circa iudicium urinarum quedam sunt...
> Walter Agilon: BN 6976, ff. 66-67; Wickersheimer 171

Circa libellum Egidii de urinis...primo dubitatur utrum ad medicinam spectat...
> VI 5155, 15c, ff. 7r-61v

Circa libros de celo et mundo in quibus Aristoteles...
> Comm. De caelo et mundo: CLM 26929, 15c, ff. 252ra-263vb

Circa libros Galieni de interioribus nota primo quid sit eius subiectum...
> VAp 1207, ff. 122r-131r

Circa libros metheororum queritur utrum de impressionibus...
> Henricus de Gorrichem: Brux 963, a.1439, ff. 111-132v

Circa libros parvorum naturalium sit hec prima questio. Utrum ponenda sit...
> Marsilius de Inghen, Quaestiones de parvorum naturalium libris Aristotelis: Ea F.334, a.1421, ff. 1-61

Circa libros tegni Galieni...
> Jacobus de Forlivio, Quaestiones in primum et secundum librum Galieni: Budapest 52, a.1472, ff. 1r-225r

Circa librum aphorismorum...
> Comm. Hippocrates, Aphorisms: Vendôme 170, 15c, ff. 1-30

Circa librum de anima aliqua queruntur et primo utrum lumen sit...
> Duns Scotus, Comm. De anima: Avignon 328, 15c, ff. 33-(98)

Circa librum de anima Aristotelis...
> Gualterus de Vernia, In libros Aristotelis de anima secundum mentem Scoti: Ran 127(B.4.4), 15c, ff. 252-342r

Circa librum de anima notandum est quod est scientia...
> Comm. De anima: CLM 26929, 15c, ff. 275ra-298va

5

Circa librum de anima primo erit talis...
> Alanus, Comm. in tres libros Arist. de anima: Ran 593, a.1358, ff. 1-17

Circa librum de celo...
> Dominicus de Clavasio *or* Chivasso, Quaestiones de coelo et mundo: VA 2185; Isis, 13(1929), 69

Circa librum de celo et mundo movebuntur alique...
> Albert of Saxony, Quaestiones de coelo et mundo: Ea F.353, a.1399, 77 ff.

Circa librum de generatione et corruptione Aristotelis primo queritur...
> See 'Utrum ens mobile generabile...'

Circa librum de generatione et corruptione primo potest queri...
> Aegidius Aurelianensis, Comm.: VAp 1059, ff. 36r-49r; anon. PM 3493(364), 14c, ff. 217-(241); Quaest.: Stift Zwettl 292, 14-15c, ff. 38-66(Xenia Bernardina I,398)

Circa librum de longitudine et brevitate vite sit prima questio...
> Mi G.70. sup., a.1358, ff. 1ra-4ra

Circa librum de memoria et reminiscentia. Utrum obiectum...
> Quaestiones in Aristotelis librum de memoria et reminiscentia: VI 5454, 15c, ff. 73r-89r. See 'Utrum obiectum memorie...'

Circa librum de morte et vita primo queritur utrum...
> Mi G.70.sup., a.1358, ff. 4ra-13rb. See 'Utrum aliqua mors sit naturalis...'

Circa librum de motibus animalium et de...
> See 'Utrum de motibus animalium...'

Circa librum de physionomia...
> See 'Utrum per signa corporum...'

Circa librum de sensu et sensato...
> See 'Utrum corpus animatum...' 'Utrum de communibus passionibus...' 'Utrum sensus tactus...'

Circa librum istum querenda sunt quedam extrinseca...
> In librum primum de anima: Ome 275, 14c, ff. 98-(108)

Circa librum meteororum est notandum quod scientia...
> VI 5242, 15c, ff. 248r-249r; CLM 655, 15c, ff 31r-35r

Circa librum meteororum qui est quartus naturalium...
> See 'Utrum possible sit de impressionibus...'

Circa librum primi canonis Avicenne...
> Jacobus de Forlivio, Quaestiones disputatae super primo canone Avicennae: pr Venice, 1479(Hain *7242; Klebs 548.2; IAL J46); anon. Bern 227, f. 157(95)

Circa librum primum queruntur ad presens duo...
> Comm. De generatione et corruptione: Paris Sorbonne 1802

Circa librum proportionum...
> Fridericus Stoezlin, Quaestiones in librum proportionum(of Bradwardine): VI 5222, 14c, ff. 1r-47v; CR B-69

Circa librum pulsuum Egidii alique sunt...
> VAp 1319, ff. 187r-200v

Circa librum Regimen acutarum quinque sunt considerationes...
> Bernard Gordon, Compendium regiminis acutorum: VAp 1229, 15c, ff. 251ra-252vb. See 'Regimen acutarum egritudinum...'

Circa librum Tacuini sciendum quod hic in isto primo...
> Liber Tacuini de curis morborum cum additionibus Johannis de Sancto Amando: VI 2426, 14c, ff. 1r-91r; Ea F.199, 14c, ff. 13-57; F.41, 14c, ff. 106-151; FLa 147(221-153), a.1454, ff. 1v-46

Circa locos sit prima questio utrum quatuor sint...
> Blasius of Parma, Quaestiones undecim de locis: T IV, 661

Circa materiam apparentie multa concurrunt dubia...
> De apparentia: Blb 676, 15c, ff. 164r-169r

Circa materiam de conceptu quero primo utrum conceptus sit...
> William of Ockham, Quaestiones super libro physicorum: VA 956, 14c, ff. 32v-59v; BN 17841, ff. 1r-26ra

Circa materiam de epydemia possunt moveri aliqua dubia...
> Pest tract: ed. Archiv XVII, 40-43

Circa materiam de fato queruntur 5. Primo an sit...
> Tractatus de fato 'a fratre Alberto de ordine predicatorum editus': BN 14579, ff. 312r(old 339)-316

Circa materiam de intensione et remissione formarum...
> Blasius of Parma, De intensione et remissione: T IV, 655

Circa materiam de motu primo queritur utrum motus sit...
> Antonius Trispignaga, Collectanea de motu superficiali: VE VI, 149(XI,23), a.1469, ff. 50-62

Circa materiam de predestinatione et scientia...
> William of Ockham, De futuris contingentibus et predestinatione divina: Basel F.II.28, ff.17ra-21ra

Circa materiam habituum primo queritur utrum habitibus indigeamus...
> Durandus de S. Porciano, De habitibus: Beiträge XXVI(1927), 130; Glorieux I, 216

Circa materiam istius libri...
> Aristotle, De memoria, veteris tr: AL 787

Circa materiam manus notandum...
> De cantu chorali: VI 12811, 15c, ff. 95r-138r

*Circa materiam parvorum primo circa librum de sensu...
> (Blasius?) Comm. Aristotle, Parva naturalia: BLcm 422, 15c, ff. 53-(111)

Circa medicamenta laxativa sunt aliqua consideranda. Et sunt sex...
> Antidotarium: VI 5300, 15c, ff. 106r-124r

Circa medicinarum inquisitionem nostra versatur intentio...
> CLM 19426, 15c, ff. 1-73r

Circa melancholicam...
> See 'Contra melancolicam...'

Circa motum corporum est notandum...
> De ordinatione corporum celestium: Wo 3112, 15c, ff. 52v-55(Schulz)

Circa multiplicem rerum varietatem...
> Pref. Gloss on Johannitius, Isagoge to Liber Tegni of Galen: BMr 12.D.XIII, 14c, ff. 106r-(122v)

Circa nonum Almansoris dubitatur primo...
> Giraldus de Solo, Comm. super librum nonum Almansoris: VI 5480, 15c, ff. 1r-103r

Circa omnem speculationem et artem similiter humiliorem...
> Aristotle, De partibus animalium, anon. tr: sole MS, Padua Anton. XVII, 370; AL pp. 84, 179

*Circa omnem theoriam et methodum similiter humiliorem...
> Aristotle, De partibus animalium, tr William of Moerbeke: Bruges 476, 13c, ff. 47r-67r; FLc XIII.9, a.1266, ff. 89-; AL pp. 82, 83-84, 179; Beiträge XVII(1916), 190

Circa omnes scientias queritur si principium(?) et cause...
> J. de Wakefield(?), Quaestiones in Aristotelis Physica: CU 344, (540), 14c, f. 266(264)(Atk). MS is in very bad shape

Circa omnium egritudinum genera triplex...
> Liber medicinae secundum Petrum de Musandia: EU 164(D.6.V.20), 12c, ff. 1r-58v(DWS MS); Er 429, 13c, ff. 75-123(Benjamin); Bernard Gordon, Codicillus: Osj 197, 14-15c, ff. 127r-255v; James 344, 345

Circa operationem intellige sic nutrimentum ex quatuor est elementis...
> Bernabus, Capitulum de operatione naturae in digestione nutrimenti: BLd 95, 14c, ff. 140v-141v

Circa perspectivam communem queritur...
> See 'Utrum lux (lumen) multiplicetur...'

Circa physicorum initium dubitatur...
> See 'Dubitatur utrum physica...'

Circa predictam tabulam de minutiis proportionalibus...
> Canon super tabulam de minutiis proportionalibus: CU 1719(Ii.I.27), a.1424, f. 7

Circa presentem hunc libellum tria sunt notanda...
> Ulrich of Vienna, Super Mineralia Avicennae: Admont 367, 14c, ff. 61va-63va

Circa presentem intentionem queritur utrum forma intenditur...
> De causa intrinseca susceptionis magis et minus formati: CLM 4377, ff. 153v-160v

Circa presentem tabulam et int. eiusdem...
> Computus chirometralis: BMad 15107, 15c, ff. 40v-42v

Circa primam lectionem sciendum primo quod iste liber...
> Christophorus de Recaneto, Recollectae super calculationes: VE VI,149, ff. 31r-49(CR C-7) (T IV, 351); ff. 37r-v, 38v are blank

Circa primum Aristotelis prima questio est...
> Hermannus de Curis, Comm. in quaestiones a Johanne Buridano de libris physicorum Aristotelis: Ea F.300, a.1385, ff. 166-285

Circa primum articulum sic est procedendum primo...
> Rosetus, De maximo et minimo: VE VIII.38 (XI,14), a.1391, ff. 55-66. See 'Utrum aliquis in causa...'

Circa primum de generatione et corruptione...
> See 'Utrum ens mobile ad formam...'

Circa primum de virtutibus eius sciendum quod arbor quercus...
> Arnold of Villanova, De laudibus et virtutibus querci. See 'Arbor quercus dilectissima...'

Circa primum itaque huius prime differentie...
> Johannes Ganivetus, Amicus medicorum: T IV, 134-

Circa primum librum canonis Avicenne movetur prima questio...
> Jacobus Foroliviensis, Quaestiones super duas primas fen primi canonis: pr Venice, 1495(Klebs 548. 4; Yale 8a; IAL J49); 1518, ff. 200r-235v

Circa primum librum de anima primo queritur utrum subiectum...
> Jean Buridan, Comm. De anima: Ran 592, 14c, ff. 113-187; Ran 593, late 14c, ff. 93-148

Circa primum librum de celo et mundo queritur primo...
> See 'Utrum omnis quantitas...'

Circa primum librum de celo queritur primo utrum corpus...
> See 'Utrum corpus mobile ad ubi...'

Circa primum librum de generatione et corruptione notandum...
> VA 3097, 15c, ff. 103ra-146rb

Circa primum librum de generatione queritur utrum...
> See 'Utrum corpus mobile ad formam sit...'

Circa primum librum methaurorum Aristotelis primo queritur...
> Blasius of Parma, Quaestiones in libros metheororum: T IV, 653; Univ. Chicago 10, 15c, 39 ff.

Circa primum librum metheorum queritur primo utrum...
> See 'Utrum corpus mobile ad formam mixti...'

Circa primum librum phisicorum Aristotelis queritur...
> Quaestiones super Naturalia: St. Omer 586, a.1444

Circa primum librum phisicorum primo queritur utrum scientia...
> See 'Utrum scientia naturalis sit de omnibus...'

Circa primum librum Tegni queritur...
> Jacobus Foroliviensis, Quaestiones in Tegni Galeni: Vendôme 231, 15c, ff. 105-(201)

Circa primum metaphysice queritur an sensus visus sit nobilissimus...
> Determinationes physicae(?): Oc 228, 15c, ff. 27-(51)

Circa primum metheororum queritur primo utrum possible...
> See 'Utrum possibile sit de impressionibus...'

*Circa primum notandum quod...
> Joh. Wallensis, Floriloquium: Grey Friars

Circa primum physicorum Aristotelis...
> Amiens 402, 15c, ff. 1-(118)

Circa primum physicorum movetur prima questio...
> Fridericus de Norimberga, Quaestiones omnium librorum physicorum: VAp 1037, 15c, ff. 1r-87r

Circa primum physicorum queritur utrum in omni scientia...
> VI 5190, 15c, 292 ff.

Circa primum principium complexionem negotiando...
> Ran 953, 14c, ff. 1r-27r; AL 1543

Circa primum sciendum quod nomen anime debemus intelligere...
> Siger de Brabant, Quaestiones de anima intellectiva: ed. Mandonnet, Les philosophes Belges, VI-VII(1911), 10-171. Prol. 'Cum anima sit aliorum cognoscitiva...'

Circa primum videnda sunt principaliter duo...
> Comm. De anima: BN 16222, 13c, f. 1

Circa principium alchimie...
> See 'Omnis scientia a deo est...'

Circa principium cuiusque artis...
> Medical: BMad 24068, 13c, ff. 35v-40r

Circa principium huius libri antequam procedes...
> Comm. Physica, nove tr: AL 869

Circa principium primi libri de anima Aristotelis questio...
> VAp 1040, a.1479, ff. 176r-214v

Circa principium primi libri Physicorum primo queritur...
> See 'Utrum scientia naturalis sit scientia de omnibus rebus...'

Circa processum philosophi in De sensu et sensato duo sunt...
> Comm. Aristotle, De anima: CUg 512(543), 14c, ff. 158v-170vb

*Circa processum philosophi in libro metheororum tria sunt...
> Alexander of Aphrodisias, Comm. in libros Meteorologicorum Aristotelis, tr William of Moerbeke, a.1260: BLd 153, 14c, ff. 28r-(67r); anon. (Felmingham?): CUg 512(543), 14c, ff. 134v-158va; AL pp. 57, 96

Circa pronostica Arnoldi de nova villa primo est notandum...
> Comm. Arnald of Villanova, Prognostica: Ea Q.368, 14c, ff. 93-98; VI 5488, 15c, ff. 1r-17v

Circa prohemium huius libri est notandum alchimie artis...
> Aureus tract.: Mon 485, a.1557, ff. 25r-48r (Corbett II,111-12)

Circa proportiones duo sunt investiganda...
> BLd 174, 13c, f. 182

Circa propositam questionem et cetera dubia disputanda...
> Utrum in generatione formarum sit certa ponenda velocitas: VE VI.30(X,219), 15c, ff. 134-136

Circa quadraginta duas mansiones...
> Ioh. Michael, O.M. of Provence, De Judeorum mansionibus in deserto: Padua Anton. XX, 465, 15c; T (1929), 198-99

Circa quod est faciendum quod corpora...
> Doctors of Montpellier, Pest tract: Archiv XVII, 12-15

Circa quod tempus medii coniunctionis iudeorum positum est...
> CLM 14504, 15c, ff. 170rb-172rb

Circa regimen sanitatis cadunt septem considerationes. Prima...
> BMsl 420, 14c, ff. 99v-101r

Circa reliquam partem huius methodi...
> Expositiones textuales in Arist. lib. metheor.: pr Cologne, 1493, ff. 1r-55v(GW 2342; Klebs 82.8; IAL A866)

Circa rubricam est notandum primo quod egritudo est duplex...
> Silanus, Comm. Nono Almansoris: Venice, 1483 (Klebs 946.2; IAL R176)

Circa rubricam nota quod sex sunt nomina...
> See 'Locus qui speculatoribus est dignior...'

Circa rubricam notantur duo. Primo est notandum...
> Gerardus de Solo, Comm. super nono Almansoris: Ran 562, 15c, ff. 1-28r; VI 5358, a.1412, ff. 1r-121rb; pr Venice, 1505, ff. 13v-88r, but in variant version

Circa saporem sanguinis nota quod sapor...
> De iudicio sanguinis: Wi 56, 15c, ff. 40va-41rb

Circa scientiam libri pulsuum...
> Comm. Philaretus: CUg 86, 13c, pp. 201-236

Circa scientiam nativitatum que docet quid cuilibet homini...
> Opusculum de astrologia in viginti duos canones divisum: VI 4773, 15c, ff. 15v-44v(Zi 3279)

Circa scientiam que compotus dicitur primo querendum est...
> Hugo, prol. Computus: Troyes 1959, 13-14c, ff. 129r-131v. Text, 'Tempus est mora et motus ...'

Circa scientiam que dicitur alchimia est determinatio...
> Liber lumen luminum:VAp 1339, 14c, ff. 17r-23v

Circa secundum partem huius distinctionis...
> Gregorius de Arimino, De intensione et remissione formarum: BLcm 177, a.1392, ff. 109-(136v); VE VI.160(X,220), a.1443, ff. 79-108

Circa signa distributiva non terrestris complexionis...
> Anon. and a somewhat different text from 'Circa signa universalia...': BMsl 3281, 13-14c, ff. 56vb-62ra

Circa signa universalia et distributiva...
> Arnald of Villanova, Introd. ad judicia astrologiae quantum pertinet ad medicum: CLM 125, a.1486, ff. 289ra-292ra; Opera, 1504, ff. 383v-386v; HL 28, 77; Glorieux I, 423; as Albumasar, Parva introductio *or* Flores, Cues 208, a.1310, ff. 28-31v; BN 7337, pp. 9b-18a; Alkindi: CLM 267, ff. 80ra-88r; Carmody 84

Circa situationem stellarum...
> Tables: BE F.192, 15c, f. 9r, 9v(Zi 11178)

Circa solem sunt quinque...
> Planets, movement of the: Wo 2816, a.1461, ff. 164-167(Zi 7804)

Circa sortes considerandum in quibus...
> Thomas Aquinas, De sortibus (opusculum 25): Graz 137, 14c, ff. 120vb-121vb; anon. BNna 1242, 13c, ff. 39r-(40r). See 'Postulavit a me...'

Circa syrupos in generali tam sunt nominanda ...
> Arnald of Villanova, Tabula syruporum, clisteriorum et suppositorum(et electuariorum): BN 6988A, 14c, ff. 79va-80va (HL 28,104); Glorieux I, 425

Circa theoricam lune est sciendum quod epiciclum...
> Oc 132, 15c, ff. 33v-54v, 'Explicit theorica planetarum secundum Bredon.'

Circa theoricam trium superiorum est sciendum ...
> CUc 456, 14c, ff. 97-127

Circa theoricas planetarum. Nota...
> See 'Nota quod scientia presentis libri subordinatur...'

Circa tractatum de instantibus intendo primo per ordinem ponere...
> Usually ascribed to Oresme, but probably by John of Holland (see Index); PA 522, ff. 169r-187v; AIHS 45(1958), 377-78

Circa tractatum de latitudinibus formarum quero primo...
> Blasius of Parma, Quaestiones super tractatu de latitudinibus formarum: Mi F.145 sup., 15c, ff. 1ra-5ra. See 'Utrum cuiuslibet forme latitudo ...'

Circa tractatum de spera (primo) queritur utrum diffinitio spere...
> Anon. Comm. Sacrobosco, Sphera: Ea F.380, ff. 122-129; T IV, 661; T(1949), 37 n.65

Circa tractatum de spera queritur utrum definitio spere sit bona...
> Blasius of Parma, Quaestiones super tractatum sperae Johannis de Sacrobosco: Parma 984 cartaceo, 15c, ff. 56-81(BB, XVII, 3 note; T IV, 661); T(1949), 38

Circa tractatum de urinis seu de inspectione urine. Plura sunt...
> VI 14892, 15c, ff. 119r-124r

Circa unionem(unitatem) numeralem substantiarum duo queruntur...
> Frater Aegidius, Quaestiones de universalibus: VAo 2165, 14c, ff. 81r-83r; AL 1766; VA 828, 15c, ff. 127-128; Bibliofilia 35(1933), 286 (Schulz)

Circa unitatem numeralem substantiarum...
> Er Ac.IV.16(Fisher 213), ff. 81r-82v(Schulz)

Circa universalia distributiva non termini communis sed influentie celestis...
> De diebus criticis: Delisle, III, 88b

Circa unumquemque librum hec ab omnibus solent considerari...
> Joh. Argyropulus, Praefatio in libro Mechanicorum(Meteor.), Nov.21, 1462; pr Müllner, Reden u. Briefe, Vienna, 1899, 53-56(Schulz)

Circa urina quinque principaliter...
> Magister Henricus, De urinis: CUg 117(186), 13c, pp. 223b-232b. This may be part of tract that precedes in the MS. See 'Albus ut aqua...'

Circa urinam quinque requiruntur principaliter. Attenduntur...
> Danzig Mar.F.238, f. 153r(Schulz)

*Circa urinas quinque attenduntur generalia et principalia...
  Ricardus Anglicus, De urinis: On 167, 13c, f. 6v; Oe 35, 14c, ff. 249v-254; CUk 21, 14c, p.177-(Atk); CUg 95(47), 15c, ff. 38-42; Archiv II(1909), 38

Circa urinas quinque sunt pensanda generalia...
  Ricardi de urinis: On 167, 13c, f. 6v-

Circa urine inspectionem...
  Urine Mauricii: James 482. See 'Circa tractatum de urinis...'

Circa usum astrolabii notandum quod corpus...
  VAp 1053, 15c, ff. 87r-88v

Circulo dato possibile est accipere...
  Circuli quadratura: BN 7381, ff. 121-132 (Poulle)

Circulum pro exitu geniture ab utero...
  Astrology: BNna 208, 15c, 21 ff.; CLM 51, f. 69 (Schulz)

Circulum quadrare est possibile. Ponatur circulus...
  Bern A.50, early 15c, ff. 168r-169r. See 'Ponatur circulus...'

Circulus ampulla granum nubecula(molescula?) spuma...
  Versus de urinis: FLa 143(217-149), 15c, f. 28; secundum Aegidium, Vap 1229, 15c, ff. 247vb-250v

Circulus eccentricus egresse cuspidis et circulus egredientis centri sunt idem...
  Walter Brit(?), Theorica planetarum, longer unprinted Oxford text: Bibl. math. VI(1905), 113. Also ascribed to Simon Bredon

Circulus eccentricus vel egresse cuspidis vel egredientis centri dicitur...
  Gerard of Cremona(Sabbionetta?), Theorica planetarum, short printed text: many MSS and eds. Carmody lists 44 MSS. Also attributed to John of Seville, Sacrobosco, Grosseteste, Theorica planetarum correcta: Thomson 238-39; John Peckham, British Society of Franciscan Studies II, Aberdeen (1910), 2; pr (Venice, 1472); 1478 (Klebs 874.2, 6; IAL J359, 361; Yale 163-164); ed. Carmody, 1942

Circulus est figura plana...
  Jacobus Faber Stapulensis, Comm. Sacrobosco, Sphera mundi: pr with Sacrobosco; Paris, 1494 etc. (Yale 82-83; Klebs 874.18, 26-27; IAL J372, 376)

Circulus est suprema regio universalis...
  CLM 3875, 15c, ff. 167-172

Circulus excentricus dicitur...
  Ptolemy, Medius motus planetarum: Brux 10120, 14c; CLM 5640, ff. 158-164

Circulus exterior ciclum lunarem comprehendit...
  Computus Norimbergensis: GW 7277-7279; Klebs 296.1-3

Circulus fabricu' horarum...
  Sun-dial: CLM 24103, 15-16c, ff. 112-117, 135-140(Zi 9717)

Circulus figuratio in omni hora tali figura...
  CLM 24865, f. 32r(Schulz)

Circulus igitur in trecentos sexaginta gradus...
  Albumasar, Isagoga minor, tr Adelard of Bath: BLd 68, 14c, ff. 116ra-124rb (TR 279); Carmody 98, Haskins 30

Circulus in urina...
  Jordanus de Turre, De urina: Lübeck, med. fol.3, f. 207(Wickersheimer 514)

Circulus itaque spericus cuius atque terre centrum est...
  Alkindi, Iudicia, tr Robert of Chester: Carmody 78

Circulus primus a terra lune est...
  De circulis signorum planetarum: BLcm 560, 11c, f. 28v

Circulus quilibet potest dividi in 360 partes...
  Canons for the tables of Toledo: VI 5311, 14-15c, ff. 53ra-61r

Circulus quindecim(sexdecim) angulorum describit dies creticos periodos...
  De diebus creticis: VAp 1116, f. 125v; CLM 244, f. 140v

Circulus quintus libri...
  Astrology: Görlitz 18, 14c, ff. 65-68(Zi 9944)

Circulus quippe lunaris dicitur qui naturaliter in anno cicli decennovenalis...
  CUt 1149(O.II.45), 13c, ff. 180v-(182)

Circulus solis dicitur esse eccentricus non quia centrum...
  Theorica planetarum: CU 1935(Kk.I.1), 13c, ff. 192r-211v

Circulus zodiacus qui xii signa...
  De absidibus planetarum: BMh 3091, 9c, f. 17r

Circumcisus Adam facit Epiphania feritur...
  Mnemonic Calendar verses: BMr 12.E.XIV, 14-15c, f. 92; 12.F.XIX, 14c, f. 182r

Circum illam scientiam apud veteros caldeos persas et egyptios...
Comm. John of Sacrobosco, Computus: CLM 10273, 13c, ff. 158ra-(168v)

Circumducto quantolibet circulo...
De quadratura circuli: BN 10444, ff. 60v-61v; Tannery, pp. 294-296

Circumspicienti mihi quanta sit in humanis studiis...
De diversitate naturae: CU 1824(Ii.IV.27), 13c, ff. 129-176; pref. ed. Haskins 210-211

Ciromantia est ars cognoscendi inclinationes...
Ea D.19, late 13c, ff. 53r-62v

Ciromantia est ars demonstrans mores et inclinationes...
Aristotle, Chiromancy, tr John of Seville(?): KlaB XXX.d.4, 15c, ff. 235r-262; T II, 77; Bern 353, 14c, ff. 6r-9r; CLM 125, a.1486, ff. 303va-307rb; anon. Ea F.178, 14c, ff. 44v-47; VE VIII.44, 14c, ff. 54-61; BMar 88, a.1485, ff. 59r-66r; BMsl 513, 15c, f. 84v; pr Ulm 1490(GW 2358; Klebs 86.1; IAL A877; Pellechet 1264, f. 8v)

Ciromantia est scientia docens predicere...
Almadel, De firmitate sex scientiarum: FLg Plut. 89 sup., cod.34, 15-16c, pp. 7-(11); Speculum II(1927), 326-31

Ciromantie requiritur cognitio in lune cognitione...
Rodericus de Majoricis, Ciromantia: Es p.III.8, 14c, ff. 19-51r; BMsl 513, 15c, ff. 84v-96r

Cirurgia dicitur a cyros quod est manus et agya(?) grece...
Marginal gloss to Roger, Chirurgia: CUt (R.XIV.29), 14c, f. 1r

Cirurgia dicitur a cyros quod est manus et urgia quod est actio...
Glossule super Cyrurgia IV magistrorum (Rolandi): CLM 13057, 13c, f. 62ra

Cirurgia dicitur manus operatio...
Epistola de flebotomia: BN 11219, 9c, f. 34v; Beccaria p. 408

Cirurgia est scientia docens...
Guilelmus Placentinus, Chirurgia (cap.1): CLM 259, 14c, ff. 1r-103ra

Cirurgia operationem inmittit cum incisionibus sic genera septem...
Cirurgia Eliodori: ed. Archiv XII, 3-5; BN 11219, 9c, ff. 36v-38r; Diels(1906), 41; Beccaria 35.22

Cisio g e Janus epi sibi...
Anianus, Cisiojanus sive Compotus manualis: ed. D. E. Smith, pp. 41-42

Cisio Janus epi erat vendicat...
CLM 5964, 15c, f. 56r-v

Cisio Janus epi erhart vendicat...
Augsburger Cisiojanus: CLM 4382, f. 178r (Schulz)

Cisio Janus epi hic Ianus et...
CU 1705(Ii.I.13), 14c, f. 25v

Cisio Janus epi sibi vendicat...
Versus memoriales docentes quo mense quaevis festa per totum annum contingunt series binae: CLM 11336, 12-13c, f. 44v; 5538, 14c, ff. 45r-48v; BLd 190 14c, ff. 71v, 72; Cop GL.kgl. 1656, 4to, 14-15c, ff. 171v-172v; BMr 12.E.VI, c.1400, ff. 28, 52; BLd 29, 15c, ff. 9r-v, 37v; CU Ii.III.3, f. 12v, with comm. 'Ad habendum in manu...'; VI 5166, 15c, ff. 136r-137r; pr Sacrobosco, Sphaera, 1564, ff. 49v-50v

Cisio Janus prisca fab. Nota quod in Ianuario...
De conservatione sanitatis per duodecim menses: BMar 251, 14c, ff. 50-53

Cissos id est edere multe sunt species...
Medicinal simples: CUt 904(viii), 12c, ff. 165r-244r

Cives celestis patrie...
Marbod(?), De duodecim lapidibus preciosis: Scriptorium IV(1950), 111-12; several CU MSS(Atk); Ambix 8(1960), 10

Clara dies Pauli bona tempora denotat anni...
Weather prediction: Boston Medical 20, flyleaf; VI 3011, 15c, f. 15v

Clara dies Pauli designat fertilitatem...
CLM 16521, a.1462, f. 9v

Clara dies Pauli largus fructus...
CLM 5964, 15c, f. 1r

Clari viri et prudentis...
Hermannus, De physiognomia: Trithemius 321

Claritatis studio et brevitatis causa...
Ricardus Anglicus, De re medica: BMsl 351, end 13c, ff. 95r-156v

Claro medicine artis doctori magis...
Dominicus de Carpanis, Comm. Aristotle, De memoria et reminiscentia, pr (Naples, 1492); Klebs 251.1; not in IAL

Claruit augurium...
De cometis, quid sint et quid significent secundum varias opiniones: Ran 76(A.7.15), 14c, ff. 21v-22r

Claudii Ptolomei de corporum celestium motu libros...
 Ioh. Rasel (George of Trebizond?), Comm. Almagest, dedic.: BLll 111, 15c, f. 11; T IV, 395, n.19

Clauditur in septem figuris musica tota...
 See 'Divina auxiliante gratia...'

Claves terminorum currunt per 19 annos...
 Calendar and Computus: BN 15461, 13c, ff. 15ra-25ra

Claves terminorum servandorum argumento...
 Computus: BMad 40744, 12c, ff. 10v-12r

Clavis nostre initium est timere...
 Toz Graecus, Expositio super secreta secretorum claviculae Salomonis: T II, 227-28; T(1947), 249

Clementi patri... See 'Clementissimo patri...'

Clementissime pater litteras vestras...
 Arnald of Villanova, Epistola ad Papam Bonifacium: T III, 657-58

Clementissime princeps cum diu mecum...
 See 'Quid populo ignotus...'

*Clementissimo patri et piissimo domino unico mundane pressure solatio domino Urbano quarto...
 Campanus of Novara, dedic. Theorica planetarum: VI 5311, a.1356, ff. 81ra-100rb; BLd 168, 14c, ff. 40ra-81va; On 293, 14c, ff. 1r-24v; Clementi patri...: VE VIII.17(Val.XI.85), 14c, ff. 87-169; VA 2225, 15c, ff. 71ra-83ra; ed. princeps by Francis S. Benjamin Jr. (Col. diss.). Text: 'Primus philosophie...'

Climata Latini taliter disponunt...
 De septem climatibus: BMr 15.B.IX, late 12c, ff. 74v-(75) and marginal note on 58v

Clinicum pharmacandi modum...
 See 'Mos erat antiquis...'

Clistere commune lenitivum. Recipe malve matrum violarum...
 Antonius Guaynerius, Antidotarium: pr Opera medica(Klebs 480.1(h); 3, 5-7; AFML Reel 11, 221-223; IAL G475-78)

Clistere et non cristere...
 Vocabularius medicus praecipue de nominibus instrumentorum: VI 5307, 15c, f. 70r(only 1 page)

Clistere qui usus est...
 Johannes Jacobi, Recepta ex quarto canonis Avicennae collecta: Ea F.236, 14c, ff. 171-172

Clisteribus et pessariis et suppositoriis multum indiget ars medicinalis...
 Roger of Parma, Summa parva: BMh 3542, 14c, ff. 115v-116v; anon. Lyons pa 46, 14-15c, f. 155

Clisterium quatuor sunt genera mollificativum...
 Gerard of Cremona, De clisteribus suppositoriis syringis et pessariis: Ea F.77b, 14c, f. 78; Petrus de Mussandal (Mussandinus?): BMh 3719, 14c, ff. 18va-27; anon. Giacosa 293-326; Renzi II, 33; BLlm 237, 13-14c, ff. 195-; CUad 6865, 13c, ff. 130r-133r

Coclear extremum est scrupulique...
 Versus de mensuris et ponderibus: FLg Plut.90 sup., cod.8, 15c, p. 176

Cocodrillus a croceo colore dictus...
 See 'Crocodilus a croceo...'

Coctila est pondus unciarum octo...
 De ponderibus et mensuris: Salins 45, 15c

Codicis huius quam exposituri gratia creatoris...
 George of Trebizond, Comm. in C. Ptolemaei Magnae Constructionis sive Almagesti libros tredecim: BLll 111, 15c, 153 ff.; T IV, 395, n.19. Introd. 'Quoniam libros Ptolomei...'

Coegit antiquos disputare de naturis ciborum...
 Four books on foods: Wo 3155, 14c, ff. 1v-61v

Cogis me dilectissime scire quod nescio...
 Issac Abbas de Stella, Epistola ad quemdam familiarem (Alcherum suum) de anima: CU 1954 (Kk.I.20), 13c, ff. 1-5; PL 194, 1875-90

Cogis me frater carissime ut ea que...
 Hugo, De medicina anime et corporis: CLM 18647, 15c, f. 190; VI scot. 257, ff. 1-15(Schulz); Laurent 102(419)

Cogis me frater Ludovice contra omnium philosophorum precepta militare...
 Odomarus ad discipulum, Practica: Ze III, 166-72; Verae alchemiae, II, 249-50; T III, 135-36

Cogis me O frater ultra omni(a or um) philosophorum precata militare...
 Adomarus: Cambrai 920(819), 15c, ff. 128-129v (Corbett II,45)

Cogit me ad vestras aures fatigandas...
 Thadeus de Florentia, Epistola ad fratrem Simonem de Cassia: VE III.107(VII,29), 14c, ff. 69-(80); G. Pinto (1888), 24-25; Puccinotti, II, i, Appendix pp. xxix-xxx

Cogit me charitas...
 Petrus de Castrovol, Comm. De coelo et mundo: pr 1488(Hain 4649)

Cogit me karissimi vestra dilectio immo karitas
Christi me compellit...
 Modus medendi: BMh 5228, 14c, ff. 38v-44r

Cogitantem me pater beatissime ex studiorum
meorum...
 Alphonsus de Corduba, dedic. Lumen caeli.
 Text 'Ut melius intelligantur ea...'

Cogitanti mihi beatissime pater dum...
 Jacobinus de Confluentia, Praecepta Sixto IV
 data ad dolores iuncturarum et praecipue in
 pedibus leniendos: VE VII.43(XIV,33), 15c

Cogitanti mihi de magisterio philosophorum...
 (Raymund Lull?), Magisterium philosophorum:
 Cues 299, ff. 76r-84v; Wo 3282, 15c, ff. 147v-
 176; T IV, 18, n.57

Cogitanti mihi de simplicium medicinarum
virtutibus...
 Found in numerous MSS, this work is variously
 ascribed to Galen: Brux 14325, 13c, ff. 20ra-
 24va; Isaac, tr Constantinus Africanus: Isis
 24(1936), 412, n.47; pr Isaac, Opera 1515, II,
 186v-189v; Platearius: James 480, 483; CUg
 379(599), 13c, ff. 1-18; Basel D.II.17, 13c, ff.
 1ra-11va; Ioh. de Sancto Proiecto: BMh 2375,
 ff. 76r-83r; John of St. Paul; Rose 907, 5; CLM
 7653, 14c, f. 1r; anon.: Bern 702, ff. 101r-104v;
 BMsl 109, early 14c, ff. 1-9; CU 938(Ee.II.20),
 14c, ff. 60ra-74rb; VAp 1144, ff. 37r-64v; VI
 5358, 14c, ff. 125r-138vb; James 482. It is
 probably the same as 'Cogitanti mihi sepe...'

Cogitanti mihi e multis philosophie sectatori-
bus...
 Laurentius Bonincontrius, dedic. comm. Manilius,
 Astronomicon: pr Rome, 1484(Klebs 661.4;
 IAL M176; Polain 2590)

Cogitanti mihi ipsi quid memoria dignum mea
hac iuvenali etate...
 Quiricus de Augustis, Lumen apothecariorum: pr
 Turin, 1492, (ColR 74); BMad 27582, 15c, f.
 82(pr 1494); GW 3063-67; (Klebs 123.1-5;
 IAL A1221-1225; AFML 66, 67)

Cogitanti mihi nil iocundius apud nostram hanc
humanam...
 Medical treatise: Giacosa 391

Cogitanti mihi nostram vocationem...
 De pulsibus: CU 938(Ee.II.20), 14c, ff. 55va-
 59vb. See 'Cogitanti mihi votum...'

Cogitanti mihi quanta facilitate per inconsul-
tam...
 Franciscus Florentinus, De quorundam astrologorum parvipendendis iudiciis pariter et de in-
 cantatoribus et divinatoribus nullo modo ferendis:
 CLM 23593, ff. 1r-50v(T IV,317)

Cogitanti mihi (sepe) de simplicium medicinarum virtutibus...
 Johannes de Sancto Paulo, De simplicium medicinarum virtutibus: BMh 5228, ff. 49v-58v;
 BMr 16.B.XXV; BMsl 282, 14-15c, ff. 173v-
 181r; etc.; ed. G. H. Kroemer, Leipzig, 1920

*Cogitanti mihi votum vestrum votum bonum
suborta...
 Practica Archimatthaei: BLd 79, 13c, ff. 119v-
 130r; CUg 117(186), 13c, pp. 272-278; anon.
 Oma 164, 15c, ff. 1-(9); VAp 1165, ff. 110r-
 115rb; James 482. See 'Cum opus quodlibet...'

Cogitanti presentem hominis vitam quam labi-
lem...
 Antonius Zeno, De natura humana libri II: pr
 Venice, 1491/92 (Polain 4066; Klebs 1055.1;
 IAL Z22)

Cogitatio fuit res que me ad hoc opusculum...
 Girgith filia artis(Circes?), Theorica artium
 magicarum: Ea Q.354, 14c, ff. 60v-62v; T II,
 718-19; James 375; Carmody 73

Cogitavi aliqua de quinque sensibus...
 Thomas Ebendorfer de Haselbach, Tract. de
 quinque sensibus: VI 4419, 15c, ff. 291r-314v

Cogitavi autem sepius de simplicium sepe medicorum virtutibus...
 Johannes de S. Paulo, De virtutibus simplicium
 medicinarum: CLM 251, ff. 62ra-70rc

Cogitavi exponere difficiliora huius libri...
 Ventrega, introd. Comm. Avicenna, De anima
 (alchemical). Text, 'Est autem prima clavis...'

*Cogito et cogitavi...
 Roger Bacon, De conservatione sensuum sive de
 sanitate. See 'Mundo senescente...'

Cogitur exire spiritus de corpore Iovis...
 Conradus de Hildensee(Hilsenser?), Versus (de
 secretis alchemiae): BLas 1423.V, 16c, p. 58; VI,
 f. 1v; anon. DWS 801; Corbett II, 149; Mon
 490, 15c, f. 102v

Cognita modulatione melorum secundum viam
octo...
 Musica: BMc Tiberius B.IX.5

Cognita non plena medicine nomina rerum...
 Simon of Genoa, Clavis sanationis: BN 6959, 15c

Cognita omni consonantia fistularum in organis
. . .
 De mensura fistularum: CUt R.XV.22, 12c, ff.
 127v-129r, probably part of Guido of Arezzo,
 Micrologus

Cognita res est quod opus...
 De natura stellarum: BLas 191, 15c, ff. 128v-
 135v

Cognita vocabitur quantitas quam mensura famosa...
>   Regiomontanus, De triangulis: pr Nürnberg, 1533; Basel, 1561, ff. 1-129

Cognitio anatomie membrorum non minoris utilitatis...
>   Mi T.91.sup., 14c, ff. 116rb-117va

Cognitio urine est duplex quedam que habetur per substantiam...
>   De cautelis observandis in urina: Bern A 38, 15c, f. 33ra-va

Cognitio veritatis de pausis temporum...
>   John of Erfurt: Prag Lobk. 460, a.1427, ff. 89r-109r; (Magister de Erfordia), Computus chirometralis: CLM 5595, 15c, ff. 1-35, with gloss; Ea Q.375, 15c, f. 115v, fragment; VI 3846, 15c, ff. 133r-148r; 5003, 15c, ff. 1r-43r; VI scot. 225, a.1421, ff. 13r-20v; Compotus cirometralis minor: Basel A.VI.37, 15c, ff. 101v-105r; F.VIII.16, ff. 31r-35v; VI 4987, ff. 127r-138r; BMad 15107, 15c, ff. 256r-269r; anon. Salzburg St Peter b.VI.35, 15c, ff. 2-23(Schulz); pr (Cologne,1484)(Klebs 294.1; GW 7280)

Cognitione virtutum medicinarum et ciborum existit sanitatis...
>   Gentile da Foligno, Super secundo canonis Avicennae expositio: pr(Pavia, 1488?): (Hain *7561; Klebs 451.1; AFML Reel 11; IAL G132); 'Papie per Iacob de Burgofranco' 1510, ff. 1ra-73vb(NYAM); with Avicenna 1523, II

Cognitis unciarum minutiarumque nominibus figuris...
>   Treatise on mathematics: Bubnov (1899), xxxiv

Cognito gradu solis in quocumque signo...
>   John Styke of Norwich, Tables with Canon: BLas 340, a.1501, ff. 78v-82v

Cognito sinu recto alicuius portionis...
>   Propositiones tredecim de doctrina sinuum: VI 5303, 15-16c, ff. 27r-31r. The first proposition at least is also the first of Richard of Wallingford, Quadripartitum. See 'Quia canones...'

Cognitum est corpus solare habere magnitudinem et secundum eam omnia vincere corpora...
>   Abraham Avenezra(?), Astronomy: Ma 10053, 13c, ff. 67ra-76va: extracts by Millás(1942), 191-94, who in Isis 40(1949), 32-33, defends Avenezra's authorship

Cognitum est corpus solare magnitudine omnia corpora vincere...
>   T(1944)aa, 301

Cognitum est solare corpus magnitudine cetera corpora planetarum vincere...
>   BN 16659, ff. 72r-101

Cognoscitur magnes quatuor differentiis colore vigore...
>   De virtute magnetis: Prag 433(III.C.2), ff. 121-131r; Osiris 8(1949), 54

Cognoscuntur leprosi a quinque signis(modis)...
>   Arnald of Villanova, Signa leprosorum: HL 28, 67; CLM 77, late 14c, ff. 159vb-160vb; Osj 197, 14c, ff. 284r-291r; VAp 1175, ff. 279v-280r; VAp 1331, 15c, f. 145r; Glorieux I, 421; Opera, 1504, f. 254v. Ascribed to Jordanus de Turre: Ea Q.320, ff. 212v-217; VAp 1100, ff. 281v-283r; Wickersheimer 514, (5)

Cognoscuntur signa leprosorum...
>   See 'Cognoscuntur leprosi...'

Cognovimus sollicitam esse prudentiam vestram...
>   S. Agobard, Epistola ad Bartholomaeum episcopum Narbonensem, De quorumdam inclusione signorum: PL 104, 179-86

Cogor a te ut tibi Dardane de aliis generibus musicorum...
>   'Incipit epistola Sancti Hieronymi de carminibus': CLM 14523, 10c, ff. 49v-50v; Brux 10085, 12c, ff. 43-45; CUt(B.II.34), 12c, ff. 168v-169v; PL 30, 213-15; Silvestre 149

Cogor ego qualiscunque monachus...
>   Johannes de Spira, De licito esu carnium cuidam monacho qui hydropisim patitur: Pez, Thesaurus, II, ii(1721), 567-608

Cogor respondere his qui me inaniter hunc...
>   Defense of medicine (c.750-850): Archiv VII (1913), 224-33; Beccaria 48.1

Coitus corpus repletum alleviat et naturam...
>   De iuvamentis coitus...secundum Rasim: VAp 1229, ff. 49va-50ra

Cola totum in crucibolo et desuper prohice sulphur...
>   Ad separandum aurum de argento: BMsl 1754, 15c, ff. 205r-208v

Colera aut putrefit extra vasa et tunc facit tertianam...
>   BMsl 2527, 15c, ff. 153v-161r. See 'Colera vel ...'

Colera enim que in corde et capite malignam...
>   Bonn Univ. 218, 11c, f. 49r; Beccaria 52, 2

Colera est humor calidus et siccus sicut ignis...
>   VI 5388, 15c, ff. 260r-288r

Colera est humor in complexione calidus...
>   Receptarum quae in libro Abubecri Rasis ad Almansorem nono habentur, descriptio cum praefatione: BLcm 28, 15c, 111 ff.; Art ancien 17, 15c, f. 61r, 'secundum magistrum Petrum de Thosignano'

Colera rub(ea) sine febri et cum febri...
De sirupis secundum magistrum Pontium et secundum Galterum et secundum P. Lucratoris cancellarium in Montepessulano: Ea Q.229, 14c, ff. 8-10

Colera vel putrefit(putrescit) extra vasa et tunc tertianam facit...
Gerardus de Solo, De febribus: FLa 1448, ff. 117r-124r; Danzig 2312, ff. 19-24; Ea Q.222, ff. 181-191; Wo 464, ff. 16-19(Schulz); Janus, IX(1904), 545; pr Lyons, 1504; Venice, 1505, ff. 11rb-13rb; Venice, 1535; ascribed to Jordanus de Turre: Wickersheimer 514. See 'Colera aut...'

Colerica autem est putrefacta...
Medicines and prescriptions: CLM 8742, ff. 97r-108r

Collaudanti mihi nuper ut mos habet...
Jean Gerson, De erroribus circa artem magicam: T IV, 125; BN 2831, a.1396, ff. 139r-146v; Brux 2253

Collecta ex secretis secretorum Galieni...
Wi 61, 15c, ff. 185-190r

Collectio verborum in iudiciis est ut aspicias...
Significationes planetarum: BLcm 517, 15c, ff. 35ra-36vb

Collectionem etiam consideratam et scientiam medicine...
CU Ll.I.18, 15c, ff. (66)-68v

Collectiones ex antiquorum...
See 'Collectiones expositionum...'

Collectiones ex dictis philosophorum de differentia...
Isaac, prol. Liber diffinitionum: CUk 21, 13c, f. 169; Bruges 472, 15c, ff. 156ra-160va; Budapest Univ. 91, a.1483, ff. 110r-116v; CUmc 169, 15c, f. 234v(Atk); AL 123, 640; pr Opera 1515, ff. 2r-4r. Text, 'Plures eorum qui...'

Collectiones expositionum ab antiquis...
Avicenna, Tract. super librum Aristotelis de coelo et mundo: Ob 173 A, 12-13c, ff. 40v-(50); 284, 14c, ff. 20-(27); BN 16082, f. 337; AL 371, 395, 482, 658, 867, 1476

Collectis dictis philosophorum de differentiis...
Isaac, pref. De definitionibus, tr Constantinus Africanus: Oa 69, 13c, ff. 91r-94v(DWS MS). See 'Collectiones ex dictis...'

Collectis ex dictis philosophorum...
Isaac, Liber diffinitionum: Ea F.286, 13-14c, ff. 174-178v

Collective legatur...
Comm. Galen, Liber Tegni: BMr 12.D.XIII, 14c, ff. 123r-(145r)

Collecturus aggregaturusque medicinarum simplicium virtutes...
Matthaeus de Bolderiis of Verona, Aggregatio simplicium medicinarum: CLM 13, 15c, ff. 18ra-129v; Forschungen z. Deutsch. Gesch. XI, 366

Collige in Martio violas et de recentibus fac trociscos...
BMad 28555, early 14c, f. 44va

Collige per numerum(numeros) quicquid cupis esse probandum...
Sphaera Pythagorae: BMr 12.G.IV, 14c, f. 160r; CUg 225, 14c, p. 144(Atk); BLd 29, 15c, f. 193r-v

Collige triticeis(tertices) medicine pondera granis ...
Versus (Nicolai) de ponderibus medicinarum: CUsj E.29, 13c, flyleaf; CUpet 178, 13c, p. 202r; BMsl 3468, 14c, f. 145; BN 6988A, 14c, f. 50v; CUg 147, 14c, p. 62; VE VII.27(XIV,41), 14c, ff. 61-62; BLas 191, 15c, f. 193r; Wo 3175; VI 5313, f. 142v; 5358, 15c, f. 124v, etc.; Hain 6167 (GW 8342, f. 158); 11763; Renzi V, 44, 1585-99

Collige urinam virgineam in vase...
Alchemical recipe: BMsl 3457, 15c, f. 234v; T (1938), n.66

Collirium diatamata optimum ad omne vitium oculorum...
VAu 1362, 14c, f. 131v

Collum est membrum intraiacens inter faciem ...
Anatomia stomachi: VAp 1302, ff. 93v-134v, 'Explicit excerptum tredecime fen 3 de stomacho et eius egritudinibus'

Colon(on)ia est initium ab Antimolina...
De mirabilibus mundi: BLb 614, late 12c, ff. 20-(53); Saxl(1953), 128

Coloquintida flegma purgat et maxime coleram ...
BMar 295, 14c, f. 256v

Color albus ut aqua purissima...
De urinis: BMsl 280, 15c, ff. 262-266r

*Color est lux incorporata perspicuo...
Robert Grosseteste, De colore: Beiträge IX(1912), 85*-86*, 78-79; Thomson, 93

Color et substantia urine quandoque...
Albert of Montpellier, De urinis et earum contentis: VAp 1177, 15c, ff. 7v-10r; Contenta magistri Galteri, Prag 1534(VIII.E.9), 15c, ff. 127r-131r; Fla 143, ff. 25-28; AMH 8(1936), 146

Color qui dicitur membrana quo pinguntur facies...
> Theophilus, Schedula diversarum artium: D. V. Thompson, Speculum VII(1932), 199-220; DWS 873; 918; Corbett I, 43-44, 219-20; ed. R. E. Raspe, London, 1781, pp. 75-97; R. Hendrie, 1847; Albert Ilg, 1874, 1888

Color rubeus est quasi flamma ignis...
> Expositiones colorum urinarum in ordine: CUg 336(725), 15c, ff. 139v-140; CUt 1102(O.I.77), 15c, f. 30r-v; Boston Medical 23, 15c, ff. 19v-20r

Color urinarum albus ut nix vel cristallus...
> VI 5522, 15c, f. 51rb-vb

Color urine quidem est qui signat temperamentum...
> Arnald of Villanova, De urina: HL 28, 105; Glorieux I, 425

Colorem lux...
> De coloribus: Ea Q.349, 14c, f. 55v

Colorem viridem sic prepara. Recipe favum mellis...
> John of Bologna, Colores et temperature: Cop GL.kgl.S.1656, 14-15c, ff. 170rb-171rb; ColR 167, TR 256; ed. Ambix VII(1959), 15-21

Coloribus et liquoribus urine et ypostasis...
> Isaac, De significationibus colorum urine: VI 5522, 15c, ff. 32va-36vb

Colorum alii extremi alii medii...
> (Heraclius?): Ea F.346, 14c, ff. 16-17

Colorum alii sunt albi, alii nigri, alii medii...
> Heraclius, Fragment: Avranches 235, 12c, f. 48; ed. Ilg, Quellenschriften, IV(1873), 85-87; Laon 403, 12c, ff. 164v-165v(Corbett II,66)

Colorum urine plures sunt species...
> Bartholomaeus(?), Iudicia urine: Wo 3650, 14-15c, ff. 125r-126r

Colorum urine quid est qui signat temperamentis color...
> BN 6972, f. 90ra-b

Columna prima de emagoga...
> Ricardus, Tabule cum commento Johannis de S. Paulo: CUpet 178, 13c, ff. 1-9v

Combure venerem cum sulfure...
> Aliud cap. de regimine solis et vocatur a philosophis Regimen leonum: BMad 41486, f. 3v

Combustus dicitur planeta...
> Tabula de fortitudinibus planetarum adjecta expositione: VI 5296, 15c, ff. 123v-124v(Zi 8251)

Cometa apparuit anno domini 1402 in occidente in fine...Februarii et in principio Martii...
> VI 4777, 15c, ff. 37r-38v(TR 378); VI scot. 290, 15c, ff. 105r-106r

Cometa apparuit anno domini 1472 nono die mensis Ianuarii...
> Iudicium de cometa: VI 4777, 15c, ff. 27v-36v; TR 378, AIHS 44(1958), 248

Cometa est exalatio calida et sicca...
> De cometis: Strasburg 111(108), 15c, ff. 9r-15v (147-153)

Cometa est exalatio elementaris ignita...
> Petrus Bonus Avogarius, De cometa: VAu 1392, a.1468 (Oct. 8), ff. 67-68r, 70r-71r; TR 376

Cometa est quedam stella crinita et emittens de se radios flammarum...
> Cometa secundum Ianuensem Papiam et Albertum in summa: BLas 393.I, 15c, f. 77r

Cometa est stella crinita emittens de se flammarum radios...
> CUg 59(153), 14c, f. 56

Cometa est stella velut discursus sideris habens in ipso...
> Martin of Buda to Matthias Corvinus on comet of 1472, cap. i: CLM 18770, ff. 184r-187v; VI 4777, ff. 7r-17r(TR 378); AIHS 44 (1958), 235-236, 248

Cometa est vapor terreus grossus et viscosus...
> Udalric Binder, On the comet of 1472: CLM 18770, ff. 177r-183r; AIHS 44(1958), 235

Cometa est vapor terreus habens partes grossas ...
> VE VIII.33(XI,106), 15c, ff. 2vb-4ra; Prag 433, f. 190v; BN 7316, fol. 84r-v(JWI XX,131); Gö Luneb 33, 15c, f. 76; Salzburg St. Peter-Stiftsbibl. a.VI.17, 15c, ff. 168-169v(Zi 6203-4)

Cometes apperto celo quasi facula ardens...
> Fulbert of Chartres: Phares 171

Cometes licet appareat quasi stella...
> De impressionibus aeris: McGill Univ. 134, 14c, ff. 24v-25r

Commendatissimus adolescens Ubertinus de Marino...
> (Bartholomaeus de Montagnana?), Consilium: VA 4440, 15c, ff. 35vb-46va; T (1953), 277

Commemoratio historiarum...
> Gez(Toz?) Grecus, Libri imaginum de stationibus ad cultum Veneris: T II, 226, n.2; T (1947), 247, n.40, 248; Pastrengo (1547), 32r; ZMP 16(1871), 388. See 'Cogitatio fuit...'

Commentator in prologo 8 Phisicorum. . .
> Questions on the Metaphysics: Oo 33, 14c, ff.
> 199ra-268ra

*Commentator super secundum de anima. . .
> Comm. in lib. I de generatione: Oo 33, 14c, ff.
> 98ra-114vb

Commercia rerum permutando cuique superflua et necessaria. . .
> Leonardus de Portis, De sestersio pecunis ponderi-
> bus et mensuris antiquis libri duo: (Venice, 1500):
> Klebs 802.1; IAL P862

Commotum cerebrum totum caput dolet per
multo tempore. . .
> Liber Esculapii: Beccaria p. 408

Communes animi conceptiones. . .
> Extracts from Euclid: VAp 1354, 15c, ff. 98vb-
> 99va

Communi utilitati affectans. . .
> Alardus de Dist, Kalendarium: Ea Q.370, 14c,
> ff. 1-7v

*Communia corporis et anime sunt sensus. . .
> Theophilus de Ferrariis, Propositiones ex libro de
> sensu et sensato: pr Propositiones ex omnibus
> Arist. libris collectae, Venice, 1493, ff. 96r-100r
> (incorrectly numbered 68v-72r) (Klebs 395.1;
> IAL F93)

Communis est causa congregationis lapidis in
renibus vel vesica. . .
> Avicenna, De morbo lapidis: CLM 570, 15c, f.
> 7v-

Communis est querela purgantium quod in
principio conceptionis. . .
> Antidotarium: BMr 12B.XII, 13c, f. 163v

Communis et consuetus rerum cursus. . .
> Jordanus Nemorarius, Algorismus: ed. G. Ene-
> ström, Bibl. Math., VIII(1907-1908), 137-39

Communis omnium phisicorum sententia. . .
> Medical work: VAp 1304, ff. 65v-67v

Compendiosum de musica breviarium collec-
turi. . .
> Frutolf von Michelsberg: CLM 14965b, ff. 3-29;
> Manitius III, 359-61

Compendium abstractum a textu alkimie videlicet studio florenti una cum intentione testamenti et codicilli R. L.. . .
> BN 14008, a.1449, ff. 104r-123r(T IV,335)

*Compendium artis magice secundum cursum
nature. . .
> Raymond Lull, Ars magica: T IV, 46, 630-31;
> Bern B 44, 15c, ff. 74r-79r

Compendium computi manualis si nosse desideras. . .
> Basel O IV.4, a.1429, ff. 33r-35r (Zi 12016)

Compendium Lucidii collectum est de dictis
Aristotelis, Hermetis et aliorum. . .
> Man 65, 15c, ff. 87-98v(DWS 347)

Compendium summarium et copiosum quod in
presenti. . .
> Lullian art: Mi D.248.inf., ff. 1ra-8rb

Compertum est ab antiquis qui non. . .
> On lunations: FLa 130(204-136), a.1248, ff. 17-
> 20; Isis 50(1959), 34

Compestiva namque imbrium ventorum caloris
et frigoris. . .
> Aomar, De hora pluvie, etc.: BMsl 636, 15c, f.
> 79v

Compilatacinus anima sua duo principaliter
considerat. . .
> BMsl 2479, ff. 77r-80v(DWS 226,ii) should read
> 'Compilata cuius' and is not an incipit but con-
> tinues the titulus, 'Incipit theorica alkanamie a
> magistro Arnaldo de Villanova compilata, cuius
> anima sua duo principaliter considerat. . .'

Compilatio de libris naturalibus Aristotelis. . .
> Pierre d'Ailly(?), Compendium philosophiae:
> Salembier xliv

Compilationem significat extensionem et in qua
non. . .
> Incipit practica fratris (medical): Ome 229, 14c,
> ff. 284-(325)

Compilator huius libelli dixit. Codex iste
ponitur. . .
> De chronologia: VI 2462, 12c, ff. 27r-72v

Compilavi hunc librum secundum quod sapientes Indorum. . .
> Abraham ibn Ezra(?), Liber augmenti et diminu-
> tionis: CU 2313(Mm.II.18), 14c, ff. 77v-82v;
> ed. Libri, 1865, I, 304-69, from BN 7377A, ff.
> 58v-(70v?), and 9335, ff. 126vb-133va

Complementum operis ex uno est eo quod. . .
> Arisleus, Alchemy: Na XV.F.54, ff. 84v-88r

Complentes deo auspice scolia de perihereseon
nunc initium artis. . .
> Scholia on Ars Galeni: Mi G. 108. inf., 9c, ff.
> 48v-91r; Beccaria 92, 5

Complere posuimus in libro primo universales
. . .
> Isaac, Dietae particulares: CLM 13086, 14c, ff.
> 113rb-114vb

Completa prima liquefactione ut dictum est...
Raymond Lull, Apertorium: BN 14007, ff. 81-82v; Corbett I, 187

Completis libris naturalibus...
CLM 249, f. 142(Schulz)

Completo prohemio in quo manifesta est intentio translationis...
(Mag. Benedict?), Expositiones et questiones super librum urinarum Ysaac: CUg 111(180), 13c, pp. 121a-171b, incomplete

Completus sermo in expulsionibus epaticis est sermo Avicenne...
Gentile da Foligno, De exeuntibus epaticis: CLM 77, a.1386, ff. 151ra-156va

Complevimus in libro primo universalem...
Isaac, Dietae Particulares, tr Constantinus Africanus: Brux 2422, 12c, ff. 39v-71; BMsl 3282, 13c, ff. 47r-89r; CUsj 99 (D.24), 13c, ff. 235r-275v; CLM 13066, 13c, ff. 43ra-82ra; Rouen 982, 13c, ff. 97-118; BN 6871A, 13-14c, ff. 81ra-(116ra); 7653, ff. 111-141; Cambrai 914, 13-14c, ff. 44-82; 'a Gerardo translatus:' Ea F.286, 13-14c, ff. 61-96v; Opera, Lyons, 1515, I, ff. 103-156, with comm. Petrus Hispanus; ascribed to Galen, Vendôme 206, 13c, ff. 5v-31r

Complexio autem medicine laxative est duplex ...
Gentile da Foligno, De complexione compositione proportione et dosi invenienda medicinarum solutivarum, cap.i: BLcm 455, 15c, ff. 208ra-212rb; Ea F.269, a.1457, ff. 285v-289v; V ᶩ 225, 15c, ff. 101vb-107rb; Giacosa 495; pr (Padua, c.1486)(AFML 207; Klebs 450.2; IAL G130); Questiones et tractatus extravagantes, Venice, 1520, ff. 82ra-84rb; Mesue, Opera, 1535, f. 338; Suppl. (1581), 232v; etc.

Complexio autem sic diffinitur ab Avicenna...
Graz 311, 15c, ff. 21ra-26vb

Complexio est prima in unocumque elementorum coniunctio...
John of Paris(?), Liber complexionum: BN 7121, 14c, ff. 73r-80r(TR 353); Isis 49(1958), 401-2; anon. CUt 912(R.XIV.40), 12-13c, ff. 173-176; CUg 379(599), 13c, ff. 103v-105v

Complexio est qualitas in commixtis corporibus...
Ioannis Iacobi Bartolotti, Tractatus complexionum: VA 5376, a.1520, ff. 61-88

Complexionis malitia...
See 'Malitia complexionis...'

Complexio signorum dividitur in quatuor...
BMsl 636, 15c, ff. 84v-86r

Complexionum varietas sequitur varietatem...
Johannes Parisiensis, De complexionibus: ed. Archiv XX, 286-99, 372-89; Isis 49(1958), 398-99; Ea Q.15, 14c, pp. 58-60; Basel F.III.18, 14c, ff. 7r-8vb; F.II.6, ff. 195ra-207rb; Prag 1640, 14c, ff. 151-156; Basel A.V.14, 15c, ff. 101rb-108vb; VI 5001, 15c, f. 228ra-b; VI 5315, 15c, ff. 206v-208v; Prag 920, 15c, ff. 35-39; John de Nova domo: pr Hain 11912 (Leipzig, 1495); Klebs 560.1; VI 5157, 16c, ff. 116r-128r; Joh. Quidort, Dubia: Glorieux I, 192

Complura animo volutanti...
Rutgerus Venray, De rebus novis libri ii: Trithemius f. 137r

Componas circulum equinoctialem ad arbitrium...
Ascelinus(?), Compositio astrolabii: Avranches 235, 12c, ff. 71v-73v

Compone quadratum ligneum ex ligno solido...
Darmstadt 780, 15c, f. 308v(Bischoff, Auszüge, p. 6)

Componitur horologium cum astrolabii...
VA 3101, f. 7r-v(Zi 9718); ed. Millás (1931), 304-308

Componitur quoddam simplex et parvulum...
Hermannus Contractus, Horologium viatorum (cylindrical sun-dial): Zi 4198-4207; Isis 14(1930), 385; T III, 211; Avranches 235, 12c, ff. 73v-74r; BMr 15.B.IX, end 12c, ff. 58v-(60v); BN 16201, end 12c, ff. 4r-6r; CLM 13021, 12c, ff. 79va-81rb; ed. Pez, Thes. anecd. 3.2, 131-139, De utilitatibus astrolabii, liber secundus; NE XXXV, ii, 26(586)

Composita est illa que sic componitur. Recipe radicis...
See 'Recipe radicis...'

Compositio aceti...
Expositio aut explanatio Raymundi in capitulo de compositione aceti nostri: BU 270(457), 15-16c, XXXII, 1

Compositio aque vite prima. Accipe...
Practica de compositione lapidis philosophorum: Cop Gl.kgl.S. 3498, 15c, ff. 78-82; T IV, 48, 630-31. See 'Accipe nigrum nigrius...'

Compositio chilindri quod dicitur horologium ...
Cracow 715, 14c, f. 77; 709, a.1408, f.180(Zi 9240-41)

Compositio cuiusdam instrumenti...
Zi 3046-47

Compositio cuiusdam instrumenti quod theorica nova cum rectilineis nuncupatur...
CLM 367, 15c, ff. 47v-50r

Compositio duorum instrumentorum...
Ant. Frank 93-108, 15c(Zi 3035); CLM 367, 15c, ff. 32r-47r. See 'Pro faciliori modo...'

Compositio huius olei talis est...
See 'Recipe tegulas...'

Compositio rote in qua sine difficultate invenitur vera coniunctio...
CLM 267, 15c, ff. 58r-59r

Compositores tabularum super Arim dicuntur fuisse Nembroth...
BU 154(132), 14c, ff. 26v-27r; pr as conclusion of Gerard of Cremona, Theorica planetarum: Venice, Renner, 1478, (F9)r-(F10)v; Klebs 874.6; IAL J361; Isis 50(1959), 43

Compositurus ergo hoc instrumentum...
See 'Ad utilitatem omnium studentium in astronomia...'

Compositurus horalogium noctis...
VAp 1439, 15c, ff. 75v-76r; BN 7350, ff. 196-201

Compositurus novum quadrantem accipe tabulam planam...
Profatius Judaeus, Compositio novi quadrantis: VI Domin. 66, a.1291(?), no.4(Schulz); VI 4987, a.1359, ff. 84v-93r; VI 5337, a.1395, ff. 120r-125r; Ea Q.386, 14c, ff. 102v-105v; Catin. 85, 15c, ff. 184v-189v; VI 5296, 15c, ff. 134r-140r; anon. CLM 11067, a.1447, ff. 188ra-193va

Composui hanc tabulam ad inveniendum diem . . .
Campanus of Novara: Astronomical tables: CLM 17703, 13c, ff. 27v-31; (Zi 10869); BMr 12.C.IX, early 14c, f. 60r; Yale MS, ff. 124vb-126ra

Composui tabulam hanc ad inveniendum diem . . .
Table for Novara: BN 16655, late 13c, ff. 87-88

Composui tabulam que sequitur ad inveniendum...
Ea Q.379, ff. 101v-102r; same desinit as in the foregoing

Compotus... See 'Computus...'

Comprehensum intus omnium figurarum prima iudicatur...
Geomancy 'a duobus translationibus extracta diversimode' (Hugh of Santalla and Gerard of Cremona): Upsala c.619, 13c, 120 ff.

Computa a primo anno cicli decemnovenalis...
Alius computus nuper inventus: BMh 3199, ff. 22r-30v

Computa nomen cuiusvis hominis et matris...
Divination from numerical equivalents of letters in names: VAp 1321, f. 199va

Computa quot dies sunt...
See 'Hec est sphera...'

Computi scientiam habere volentibus brevem tractatum...
Leonardus de Pistorio, Computus lune secundum doctores ecclesie: FNcs J.V.7, 15c, ff. 137r-145r; Björnbo(1912), 223

Computista determinat partes temporis die maiores sunt...
BMc Cleop. B.IX, 14c, ff. 26r-44r

Computum de duo fratribus...
Computus de vii astris: CUt 1364(O.VII.36), now BMe 82, 12-13c, f.17r-v

Computum ecclesiasticum per...
CLM 26291, a.1494, ff. 42-59(Zi 12017)

Computum ingredientes de eius materia et intentione...
VA 1548, 12c, ff. 65r-67v

Computus est certa ratione scientia...
Compotus metricus: Zurich Car.C.169c, 13c, ff. 7v-10v

Computus est computatio temporum secundum cursum solis et lune...
Ysagoge in computum lune: Mon 322, 12c, fol.(3v)-(18v). Prol. 'Quoniam ut Platonis sonat sententia...'

Computus est ordinata distinctio temporum ad ecclesiasticorum...
De computo ecclesiastico: Ea D.16, 13c, ff. 1-15; BMar 343, 14c, ff. 51-(55v); Karl u. Faber Cat.2/37, ff. 62r-72r, 'Misc. computist. 14c, aus Erfurt' (Schulz)

Computus est scientia capta ex solis et lune motibus...
Utrecht Univ. 722, 14c, ff. 74-89(Zi 12019)

Computus est scientia certificandi tempus...
Bonus de Lucca, Computus lunaris: Art ancien 5, a.1322, ff. 1-9v; VA 6253, early 14c, ff. 7r-14v; FLa 204, 14c, ff. 2r-14v; VI 2510, a.1438, ff. 11-21r; Duhem IV(1916), 46-47; Speculum 29 (1954), 232-33; Isis 50(1959), 33-34

Computus est scientia considerans tempora distincta...
Oc 293B, 13-15c, ff. 215r-223r

Computus est scientia considerans tempora ex solis et lune motibus...

 Sacrobosco, Computus, c.1235-1244: T (1949), 6-10; TR 237, 247; Lugano Cat. XXI, 20, a.1281, ff. 21v-44r; BN 7475, 13c, ff. 10r-55r; CLM 353, 13c, ff. 8r-20v; Mi H.75.sup.II, a.1284, ff. 16ra-34ra; PGe 1043, f. 12; etc.; pr Paris, 1543, Wittemberg, 1545, Sphaera emendata, 1564, ff. 2r-49v; Laurent 139(16)

Computus est scientia. Cum inter...

 Fredericus Aroldishusanus: VI 2389, 13c, ff. 61r-70v. See 'Cum inter seculi sapientes ...'

Computus est scientia distinguendi tempus certa ratione...

 Conrad of Strasburg, Compotus: Bruges 528, 13c, ff. 1r-6v

Computus est scientia distinguens variationes...

 BMr 11.B.III, early 14c, ff. 329-(334)

Computus est scientia inveniendi quibus...

 Reinher von Paderborn(?). Computus emendatus: BLcm 561, 15c, ff. 82-95; ed. Van Wijk (1951). Prol. 'Qui fidem catholicam...'

Computus est scientia mutationis...

 Campanus, Compotus: Brux 1032, 15c; part of Compotus Gordiani: VI 5239, (ff. 35r-52v), f. 36r. See 'Ut testatur Augustinus quatuor...'

*Computus est scientia numerationis et divisionis temporum...

 Robert Grosseteste, Tract. de compoto, duodecim capitulis: OHI VI(1926), 212-67; Thomson 95-96; ascribed to Campanus: BMad 38688, early 14c, ff. 1-41; Bruges 523, 13c, ff. 91r-110r; CUad 6860, 14c, ff. 102r-118r; anon. CUt 1149, 13c, f. 125; Yale MS, ff. 106r-124v

Computus est scientia per quam secundum cursum solis...

 BN 2572, 13c, ff. 259va-266vb

Computus est scientia rationis temporum...

 BE F.307, 12c, ff. 8v-10v; Wo 4656, 14c, ff. 1v-23(Zi 12020-21)

Computus est scientia variationis et divisionis temporum...

 Grosseteste, Computus: FR 885, ff. 224ra-248rb (Thomson 96); Isis 50(1959), 39, n.44

Computus est talis proprie dictus manualis...

 Anianus, Compotus manualis: ed. D. E. Smith, Paris, 1928; (Lyons, 1492); Klebs 71.07; AFML 41; IAL A649; anon. BN 14579, 15c, ff. 288r-290v; Brux 10877, 15c, ff. 103, 100-137v

Computus granatus dea pater atque...

 Cracow 1860, 15c, ff. 441-472(Zi 12022)

Computus Hebreorum huiusmodi est...

 Pisa Conv. S. Cath. 69, 14c, f. 415r

Computus hic alphabeto confectus...

 Agius de Corvey, Computus: Bull. Du Cange, 17(1942), 53; ed. MGH, Poetae Latini, IV(1914), 937-43; Versus de ciclo Pasche magno: BMr 13.A.XI, 11-12c, f. 145

Computus iste dividitur in quinque partes...

 (Thomas de Novomercato?), Compotus manualis: BLd 81, 15c, ff. 8r-(11)

Computus iste dividitur in sex partes...

 Comm. opus metricum de compoto manuali: CUc 456, 14c, ff. 27-46; BLd 48, 15c, ff. 21-(28v); BMr 12.E.XVI, 15c, ff. 58r-(66v); CUt O.II.53, 15c, f. 42; O.V.4, 15c, f. 285. Text, 'Filius esto dei...'

Computus novellus totius astronomie...

 CLM 13182, 15c, ff. 59-65 etc.(Zi 12023-25)

Computus sancti Augustini...

 CLM 14456, a.689, 817-24, ff. 8-47v(Zi 12026)

Computus secundum quod apud nos...

 Campanus of Novara, Computus abbreviatus, praevio kalendario: Brux 5272, 14c, ff. 69bis-82v; BLcm 561, 15c, ff. 44-(54)

Conatus ego tractare de secretis chemie...

 George Ripley, Medulla phil. chemicae: BN 14012, 16c, ff. 94r-107v; BU 142(109)II, 16c, ff. 191r-206r; pr Opera, Cassel, 1649, pp. 123-79

Conceptum et semen...

 See 'Susceptum semen sex primis...'

Conclusio prima oportet multa ponere per...

 Utrum anima coniuncta corpori possit per artem magicam aliqua mira ostendere: VAp 1445, 15c, ff. 189r-197r

Conclusio prima solem in suo eccentrico...

 Conclusiones theoricae planetarum: BLd 104, 14c, ff. 84v-(85r)

Concordati sunt omnes magistri medici quod melior...

 De virtutibus cibariorum usitatorum: Basel D.III.2, ff. 147r-154v

Concordati sunt philosophi sapientes et dixerunt ...

 De oleis philosophorum: BLd 119, 14c, ff. 133v-134v(DWS 471)

Concordaverunt universi medici quod...

 Avenzoar, Teisir: Colin, Avenzoar, 1911, pp. 83-84

Concurrentes autem decem dies...

 Fragmentum computi ecclesiastici: Ea Q.375, 15c, ff. 1-18v(Zi 12027)

Concurrentes sunt qui cum regularibus mensium...
> De computo: CU Kk.V.32, 11-12c, ff. 45r-48r

Concussio sive extensio immo potius...
> Messahala, De proiectione sperae in planum: Zi 4482-88; CU Ii.III.3, 14c, ff. 68v-71r; CUg 174, 14c, p. 41; CLM 10662, 15c, ff. 154r-157r; VAp 1391, 15c, ff. 195v-198r; VE VIII. 33(XI,106), 15c, ff. 96-97; Carmody 24-25; ed. Gunther V(1929), 211-16, as caps. 17-22, De compositione astrolabii. See 'Scito quod astrolabium...'

Conditi paradoxi compositio.   Mellis partes...
> Apicius, In re coquinaria: pr Milan, 1498; Venice, c.1500(GW 2267-68; Klebs 75.1-2; IAL A822-23)

Conditor omnium visibilium et invisibilium cuius verbo...
> Lapidarius: CUmc 379, 14c, f. 31(Atk)

Condolas grece nodus...
> Expositio vocabularum in medicina occurentium: VI 3207, a.1478, ff. 74r-76v

Confectio aque mirabilis in tribus diebus curans scrophulas...
> Petrus Hispanus, De aqua mirabili alio modo: Mon 490, 15c, f. 58r

Confectio balsami artificialis...
> Galeatius de Sancta Sophia: CLM 205, 15c, f. 298r

Confectio Hadriani notus omnibus qui...
> London Antidotarium: Sigerist 17-21

Confectio horologii contra murum...
> VI 5303, 15-16c, ff. 247v-250(Zi 9720); VI 5418, 15c, f. 173r

Confectio horologii in plano isto modo...
> VI 5418, 15c, f. 176r

Confectio medicinalis ad capillos cadentes confortans eos...
> Incipit antidotarium Rasis: CLM 372, ff. 31v-36v

Confectio secunda(?) rosarum ventris lenitiva...
> Nicolaus de Sancta Sophia, Syrups, electuaries etc.: CLM 12021, ff. 61ra-66rb

Confectio soporis ad cyrurgiam faciendam...
> Dormitoria chirurgica: Oe 35, early 14c, f. 256ra

Confectio tincture denigrantis capillos...
> Rasis, Verba sive Antidotarium: Ran 1400 (T.6.14), 13c, ff. 62v-69; CLM 759, 14c, ff. 103rb-111v; 13045, 14c, ff. 133vb-143rb; pr Opera parva, Lyons, 1511; part of Liber divisionum: Yale Fritz Paneth, 14c, p. 438

Confectio valens ad omnes egritudines stomaci...
> Medical Excerpta: CLM 708, a.1471, ff. 108ra-116vb

Confectum(?) purgaturium lenissimum qui sine molestia...
> Medical recipes: Bern 178, 9-10c, ff. 1v-2r

Conferat tibi deus mores nobiles...
> I. Prol. ps. Plato, Liber vaccae: ColR 168, 169, 170; T II, 779-82, 809-10; DWS 1062; CLM 615, 13-14c, ff. 103r-108v. Text, 'Galienus cum preparavit...'
>
> II. Epistola Ameti filii Abrae nominati filius Macellaris: Mon 277, 15c, ff. 65v-78v(Corbett II,80); Archiv II(1908), 5

Conferentia cerebro sunt hec ut...
> De conferentibus et nocentibus: BMsl 521, 14c, ff. 124r-159v; pr Arnald of Villanova, Opera, 1585, col. 613

Conferentibus cerebro in gravi eius oppressione...
> De conferentibus et nocentibus: CLM 3512, ff. 168va-169vb

Conferunt cerebro aloe sciat...
> CLM 204, ff. 103vb-106rb

Conferunt cerebro fetida de gummi in opilatione cerebri...
> Joh. de S. Amando, Areolae de conferentibus et nocentibus: ed. J. L. Pagel, 1893; Hans Ehlers, Zur pharmakologie des Mittelalters unter besonderer Berücksichtigung der Areolae des Johann von St. Amand, (Diss., Berlin, 1895)

Conferunt cerebro fetida (ut) in gravi...
> De conferentibus et nocentibus, variously ascribed: Arnald of Villanova: HL 28, 56. See 'Est sciendum breviter...' Bernard Gordon: CUpet 178, 13c, ff. 202v-207v; BLcm 455, 15c, ff. 226-(237); Galen: Prag 498(III.E.23), 14c, ff. 213r-216r; Gualterus Agilon: Reims 1004, 13c, ff. 22v-25; Ea F.289, 14c, ff. 47v-48v (Wickersheimer 172); Joh. Platearius: CUpet 247, 13c, II, f. 76; GU 341, 13c(DWS MS); Joh. de Toleto, De virtutibus herbarum: BMr 12.B.XXV, 15c, ff. 24-(31); Master Richard: Table of contents of BMsl 420, 14c, ff. 79r-82v; anon.: CUsj 99, 13c, ff. 349r-352r; Bruges 470, a.1275, ff. 109va-113ra; 468, 14c, ff. 2rb-3vb; BMsl 284, 14-15c, ff. 66r-70r; 3550, ff. 225v-229v; PM 3599, ff. 68va-69rb; VA 2416, 14c, ff. 45vb-47vb; AL 1863; VAp 1316, 15c, ff. 105v-107v; James 481, 482

Conferunt cerebro fetida ut in gravi compressione cerebri...
> Ob 285, 13c, ff. 219rb-220vb

Conferunt cerebro in gravi eius oppressione ut epilensia...
> De conferentibus et nocentibus: CLM 3073, 15c, ff. 288vb-292va; Dresden Db. 91, 15c, ff. 18va-21

Confirmet te deus ad tuam salutem...
> Ps. Aristotle, Summa consilii de sanitate servanda ad Alexandrum: BLcm auct. class. 271, 15c, ff. 249v-(251). Extract from Secret of Secrets

Confortant cerebro odorifera...
> Tract. istum collegi de multis libris phisicalibus, viz. Aristotelis, Galieni, Ypocratis, etc.: BMr 17.A.III, late 14c, ff. 183v-185

Confortant ciborum cotum(?) omne stipticum sive amarum...
> Tract. de iis quae conducent et nocent singulis humani corporis membris: VI 5371, 15c, ff. 104r-113r

Confortant medici...
> Guglielmo Parroni of Piacenza to Henry VII of England, De astrorum...vi fatali: BLse supra 77, late 15c

Confortantiva sunt: zinziber; cinamonum etc. ...
> (Egidius Portugalensis?): VAp 1229, 15c, ff. 200rb-202rb

Confortatum confectio utilis tenebrositati oculorum. Oculos confortat et humiditatem dessicat...
> Medicine oculorum...secundum Aliabas (Haly Abbas): CLM 16, ff. 147vb-149rb

Confricando punctum acus ad pontem...
> Rules to find noon by the magnetic compass: BMr 12.E.XXV, c.1300, f. 148v

Congelatio argenti vivi sic fit...
> Extractus de libro Archilai: BU 138(104), 15c, ff. 328r-333r

Congeries informis adhuc cum silva...
> Bernard Silvester, De mundi universitate libri duo sive Megacosmus et Microcosmus: ed. C. S. Barach et Wrobel, Innsb. 1876, 71 pp.; T II, 100-101; Bern 710, 12c, ff. 96v-109r; BMr 15.A. XXXII, 13c, ff. 2r-(42v); CU Kk.IV.25, 13c, f. 73ra; CUt O.VII.7, 13c, ff. 1r-25v; VAr 218, 13c, ff. 9-27; VI 283, 13c, ff. 5v-32v; CLM 23434, ff. 58r-76r(Schulz); Delisle III, 98b

Congregatio a se ipsa(ipsis) geminata procedens ...
> De arte divinandi ex congregatione 24 globulorum *or* Geomantia de triplicitatibus: Prag 2362, 14c, ff, 91v-100r; CUma 27, 14c, ff. 89-107

Congregatio unitatis vel ab uno pergrediens multitudo...
> Isidorus Hispalensis, De numeris: CLM 14334, a.1442, ff. 261ra-270vb

Congregatis denuo philosophorum...
> Aenigma ex visione Arislei: Steinschneider (1906), 66; pr Artis auriferae, I(1593), 146-54

Congregatis xxiv philosophis...
> Hermes, Liber XXIV philosophorum: BN 6319, end 13c, ff. 206v-208r(AL 566, also 482, 995); Laurent 118(96)

Congregavi effectum planetarum in diebus atque noctibus...
> Belemith de imaginibus septem planetarum: Carmody 61

Congregavi in divisionibus egritudinum et ostendi curas...
> Rasis, prol. De secretis in medicina 'quod transtulit magister Egidius': BN 17847, 14-15c, ff. 29ra- 41rb; VAp 1298, 15c, ff. 165r-172v; pr (Venice), 1497, ff. 93v-98v; (Klebs 826.2; IAL R170); Opera parva, Lyons, 1511, ff. 239v-257v. Text, 'Inquit Rasis Cum in civitate...'

Coniunctio anni domini 1345 facta in...
> De causis naturalibus quorundam eventuum futurorum: Tours 520, 15c, ff. 97-104v(ColR 84); T III, 311-12

Coniunctio est aspectus perfecte amicitie...
> Astronomia Ypocratis: VAu 1398, 15c, f. 17v

Coniunctio est quando duo planete sunt in duobus signis...
> BLd 97, ff. 104v-109r

Coniunctio lune cum planeta signat quod futurum est...
> Iudicia planetarum: CLM 2841, 15-16c, ff. 117r-120v

Coniunctio saturni cum cancro utrum illa constellatio sit causa ventorum...
> De questionibus cancri: BLd 185, 15c, f. 147r

Coniunctio ut hic sumitur nihil aliud...
> Ea Q.387, 14c, ff. 65v-67v(Zi 12490)

Coniunctiones atque oppositiones luminarium vero haud...
> CLM 4394, 15c, ff. 22v-(28v?); with Regiomontanus, Calendarium: pr (Nuremberg, 1474); etc. (Klebs 836.1, 4; Yale 152, copy 2; 157; IAL R87, 90)

Coniunctiones et oppositiones solis et...
> (Iohannes de Gmunden), Expositio calendarii: KlaB XXX.c.10, 15c, ff. 3r-22v

Coniunctionis vel oppositionis medie luminarium...
> Geo. Peurbach, Canones tabularum de coniunctionibus, oppositionibus, et eclipsibus (17 propositiones): VI 5299, 15c, ff. 112-117, 124-125v: Zi 7732(Schulz)

Coniuro te herbam vincham per dominum...
> Perugia 736, f. 267

Conputus numera litterarum que in nomine eius...
> Divination of life or death: Beccaria 50, 10

Conquesta est nobis mulier de sterilitate...
> Thadeus of Florence, Experimenta: BN 6964, 14c, ff. 100ra-117ra

Conquestus est mecum nobilis et generosus vir...
> Matheolus Perusinus, Consilium pro...D. Martino de Alamania: CLM 363, a.1464, ff. 187r-190v

Conquestus est mihi quidam eximius scolaris...
> Matheolus Perusinus, Consilium medic.: CLM 339, 15c, ff. 66r-69r

Conquestus est vir nobilis et doctor insignis...
> Matheolus Perusinus, Consilium medic.: CLM 339, 15c, ff. 61r-65v

Conquista est mihi mulier de sterilitate...
> Experimenta Thadei: PU 128, 14-15c, ff. 147-155. See 'Conquesta est nobis...'

Conr. qui circa librum de motibus...
> De motu animalium: Ran 549, 15c, ff. 112-128

Conscriptum vocabulorum hinc inde in medicinis reperibilium...
> CLM 7755, ff. 153r-159r

Consedit Morienus cum rege Calippo...
> Dialogus Morieni cum rege Calippo de arte secreta solius Dei et paucorum: Mon 479, 16c, ff. 18v-30(Corbett II, 99-100)

Consequens est scire tabulas...
> Canones super tabulas de ascensionibus signorum in circulis directis et in circulis declivibus: BLd 57, 14-15c, ff. 133(137)r-137(141)r

Consequens utique fuerit mihi intentum...
> Eutocius Ascalonita, Comm. in circuli mensurationem Archimedis: VE fa 327(XI,1), 15c, ff. 48-53

Consequenter circa istum librum primo...
> Jean de Jandun, Quaestiones super libros Aristotelis de caelo et mundo: HL 33, 541-42; pr Venice, 1552, ff. 2-38v; 1564. Prol. 'Ptolomeus scribit in principio...'

Consequenter circa ultimum capitulum...
> Questio de proportionibus velocitatum in motibus: Ea F.380, 14c, ff. 84-92

Consequenter de proprietatibus signorum duodecim est ex...
> VI 5166, 15c, ff. 138r-(142r)

Consequenter dicendum est de loco quem...
> William of Occam, De loco: Basel F.II.24, fol. 6ra

Consequenter dicendum est de mensurationibus rerum inferiorum...
> BMsl 514, 14c, ff. 46v-48; Bern 157, 15c, f. 29r-v(Zi 7293); BN 10263, ff. 131r-136r; CLM 10662, 15c, ff. 212v-217r

Consequenter dicendum est de simplicibus speciebus...
> De contentis urinae: VAp 1226, ff. 158r-163

Consequenter dictis queritur circa spheram...
> Raoul de Hotot(?), Comm. Spherae: Glorieux 1, 456

Consequenter exponenda sunt passionum nomina vel iudicia. Frenesis...
> See 'In Christi nomine incipit codex medicinalis ...'

Consequenter iuxta ordinem in principio...
> Jacobus de Forlivio, De intensione et remissione formarum: VE VI.155(XI,18), 15c, ff. 149-156. See 'Utrum intensio forme...'

Consequenter ostendemus propriam naturam uniuscuiusque planetarum...
> Cap. de natura et influentia planetarum: Basel F.II.10, 15c, ff. 175ra-180rb (TR 396)

Consequenter queritur circa tractatum de spera ...
> See 'Utrum spera diffinitive...'

Consequenter queritur utrum...
> See 'Utrum elementa sint...' 'Utrum medicina...' 'Utrum natura cometarum...' 'Utrum tres dimensiones...'

Consequenter quesitus est de divinatione...
> BU 1158(2312), 14c, ff. 47r-49v; BN 16406, ff. 81-83

Consequenter quesitus est de sortibus...
>BU 1158(2312), 14c, ff. 49v-52v; T II, 607, 613

Consequenter questiones circa tractatum...
>Comm. Sphera: BMar 11, 15c, ff. 198-(205)

Consequenter quia virtus attenditur ex...
>Questio de virtutibus et operationibus: FNpan 132, 15c, ff. 53r-54r

Consequenter scias quod sunt tres species numerorum inter se distincte et diverse...
>Algorismus cum comm. Saxton., Prol.: BMsl 513, 15c, ff. 26r-43r

Consequenter tibi conscribemus aliqua...
>De pestilentia: Archiv XIII, 1-4

Consequenter transeundum est ad querendum de homine...
>Albertus Magnus, Summa de anima: Madrid, Palat. 187, 13-14c, ff. 1r-9rv; AL 1209; Summa de creaturis, pars II: CLM 15764, a.1422; Rosenthal 103; anon. Questiones super libris Aristotelis de anima: VE VI.14(X,63), 13c, 69 ff.

Consequenter videndum est aliqua que magis...
>(Astrol.?): BLd 97, ff. 97vb-103r

Consequenter videndum est de formis et figuris ...
>De astrologia: Cues 207, a.1334, ff. 88v-107v; VI 2378, c.1400, ff. 15r-21r; Saxl(1927), 101

Consequenter videndum est de homine...
>Albertus Magnus, Questiones de homine: FLc XVI sinis, cod.7, 15c, f. 1

Consequenter videndum est de quarto...
>De embolismo: Defectus lune: Zurich Car.C.172, 13-14c, ff. 1r-3r

Consequitur et specialiter accedamus ad syrupos speciales...
>Excerpta Johannis de St. Amando super Antidotario Nicolai: CLM 18444, 15c, ff. 203rb-219rb

Conservare fleotomia et dies caniculares bonum est...
>BMsl 2839, 11-12c, ff. 108v, 107r; Beccaria 81,8. See 'Bonum est per singulos...'

Conservatio fleubotomie et dies caniculares...
>Studien X, 168, n.2(Schulz)

Conservatio sanitatis in lapsis corporibus...
>Arnald of Villanova, Regimen de doloribus iuncturarum per modum canonum *or* Canones de podagra: Ea Q.222, 13-15c, f. 128; VE fa 538 (XIV,23), 14c, f. 3; NYAM 3, 15c, f. 12r; HL 28, 59-60, part of Aphorismi. See 'Egritudines capitis...'

Conservatio sanitatis melior est omni medicina ...
>Conservatio sanitatis: BMsl 2995, 15c, ff. 114ra-125va

Conservet deus statum tuum...
>Alpetragi: Millás(1942), 207. See 'Prolonget ...'

Considera avem nobilem a sapientibus...
>Hermes, Secreta: BN 7156, 14c, f. 196v; T II, 218-19; III, 654; BN 7158, 14-15c, ff. 53v-54v; Corbett I, 81, 86

Considera primo si rubrica est venarum lune...
>Antimonium artificiale: BMsl 3457, 15c, f. 434r; T (1938), n.63

Considera signum ascendens et eius naturam...
>Iudicium particulare de aeris mutatione in coniunctione solis et lune: CUpem 204, 15c, fol. 74r-v

Consideramus consideratione non fantastica...
>Geber, prol. Liber fornacum. Text, 'Fiat furnus calcinatorius...' See also 'Consideravimus consideratione...'

Consideramus in nostris voluminibus ex secretis ...
>Geber, De veritatis investigatione: VI 5286, ff. 50ra-53va; Marburg B 18, 14c, ff. 333v-345v (Schulz)

Consideranda sunt alia que sunt ex elementis...
>Sententia de naturis elementorum: CUt O.II.16, 15c, f. 27(Atk)

Consideranda sunt tria diversa in urina videlicet color substantia et sedimen...
>CUt 1365(O.VII.37), 13c, ff. 140r-141v

Considerandum de vocatis elementis in quantum invenitur...
>Dietrich von Freiberg, De natura contrariorum: Beiträge V(1906), 40*-45*

*Considerandum est de natura luminis et...
>Thomas Aquinas(?), De natura luminis: VA 806, 15c, ff. 28v-29r; VAu 215, 15c, f.210; pr Opera, 1570, XVII, 36r; 1875, XXVIII, 163-64; Beiträge XXII, 2nd ed. (1931), 346; Opuscula, ed. Mandonnet, Paris, 1927, V, 304-307. Grabmann identifies with comm. De anima, II, 19

*Considerandum est in hoc de somno...
>John Baconthorpe, De somno et vigilia: Tanner

Considerandum est primo in quo signo...
>Notabilia de luna: Ea Q.374, 14c, ff. 86v-87

Considerandum est quod signum et qui...
>Johannes Hispalensis, Libri quatuor de iudiciis astrologicis: pr Isagoge in astrologiam, Nürnberg, 1548, ff. F verso-T 3 verso(Schulz)

Considerandum est utrum corpus sit purgandum...
  BMh 2375, ff. 94v-108r

Considerandum igitur est in primis utrum corpus purgandum sit...
  De signis humorum secundum Gerardum Cremonensem: Wo 3175, 15c, ff. 276r-281v

Considerandum prima de natura et proprietate
...
  Dietrich von Frieberg, Quod substantia spiritualis non sit composita ex materia et forma: Beiträge V(1906), 103*-104*

Considerandum primo quod si urina sit hominis
...
  Cautelae de urinis: VI 5155, 15c, f. 62r-v

Considerandum primum in omni coniunctione
...
  Catin. 85, 15c, ff. 316-318

*Considerandum quippe est...
  Grosseteste(?), De natura luminis: Tanner. Thomson 256, identifies with Thomas Aquinas, Comm. De anima, II, 19. See 'Considerandum est de natura...'

Considerans verbum Galieni septimo Terapeutice Methodi...
  Dinus de Garbo, prol. Super Quarta Fen Primi cum tabula *or* Dilucidatorium totius practicae medicinalis scientiae: CLM 13020, a.1319, ff. 95ra-186ra. Text, 'Supra Avicenna determinavit...'

Considerantem de natura oportet considerare de motu...
  Comm. Aristotle, De motu animalium: Oo 33, 14c, ff. 323vb-329vb

Consideranti mihi dive(dux) Leonelle et principatum tuum...
  Giovanni Bianchini, Canons and Tables addressed to Lionello d'Este: BN 7269, ff. 1ra-8ra, Tables at ff. 11r-128; Mi C inf. 207, ff. 1ra-20rb; VAp 1375, ff. 1ra-8vb, Tables at 185r-262v; RC 1673; Na VIII.C.34, ff. 1ra-12ra; Bibliofilia IX(1908), 454-56; pr Venice, 1495(Klebs188.1; IAL B627; LC); Scripta mathematica, XVI (1950), 5-12, 169-80; XIX(1953), 5-18

Consideranti mihi et diligentius intuenti...
  Apuleius, De mundo: Brux 10056, 9c; Graz 482, c.1300, ff. 14r-16v; pr Opera, Rome, 1469; etc.: GW 2301-; IAL A833-36; Cosmographia: BLcm 46, 15c, ff. 145r-156r; pr 1497; Opera III(1825), 1195-1297

Consideranti mihi O Syre angulorum...
  Ptolemy, Liber de analemmate, tr William of Moerbeke: Björnbo I(1909), 391; ed. Cl. Ptolemaei Opera, II(1907), 189-223

Consideranti mihi quam brevis...
  Giraldus Cambrensis, pref. Topographia Hibernica. Text, 'Hibernia post Britanniam...'

Consideranti mihi vir magnanime simul et doctissime...
  Iohannes Calora, of Modena, Compendium febrium, dedic. Lorenzo de'Medici: FL 73, 17, 15c

Consideranti mihi votum bonum...
  Hippocrates, Regimen medicorum: FL Plut. 73, cod. 23, 13c, ff. 85-(91); BHM 18(1945), 405-6, note 219

Considerantibus verum et certum...
  Peter of Abano, Modus iudicandi questiones geomantie: T II, 120, 925; Ferrari(1918), 661-65; Ferrari(1900), 147-48; 160

Considerare animam est dupliciter...
  De anima: BMr 12.C.XV, 13c, ff. 236r-240v

Considerate animam quoniam est dupliciter aut secundum quod est separata...
  Laon 412, 13-14c, ff. 1r-3r

Consideratio autem...Supposito ut...
  See 'Supposito ut vult Avicenna...'

Consideratio comete anno domini 1472 currente...
  Iudicium de cometa anni 1472: VI 4777, 15c, ff. 1r-17r; TR 378; AIHS 44(1958), 247-48

Consideratio de veritate difficilis est uno modo
...
  Paraphr. Metaphisica: CLM 2604, ff. 227r-279v. See 'Consideratio quidem in...'

Consideratio elementorum ab elementis habet ortum...
  Pontius de S. Egidio, Curae: CUg 379(599), 12-13c, ff. 108r-134r

*Consideratio philosophi in hoc...
  Jo. Polestede, In Arist. Physic.: Tanner

Consideratio quidem de tempore et motu...
  Zacharias de Parma, Editio secunda de tempore et motu contra Averroym: BN 16682, 14c, ff. 17ra-20vb; TR 269; CR C-3

Consideratio quidem in veritate difficilis est uno...
  Aristotle, Metaphysica: Versio Arabico-Latina: Grabmann, Beiträge XVII, 5-6(1916), 106; AL pp. 64, 110, 152, 230; Yale Arist. MS, 13c, f. 361ra

Consideratio secundum quantitatem...
  Theophilus, Liber pulsuum (Excerpt?): VI 1365, 14c, f. 85v(Schulz)

Consideratio stellarum fixarum et locorum eorum in zodiaco...
  Relation of signs of zodiac and medicine: VI 5311, 14-15c, ff. 128vb-129rb, may be a continuation of 'Consideratio tropici...'

Consideratio tropici estivi diversis temporis ita fuit...
  Memoriale considerationum...de locis stellarum et equalitatum: VI 5311, 14-15c, f. 128ra-va

Consideratis ad plenam hiis quibus...
  Arnald of Villanova, De graduationibus: CLM 205, 15c, ff. 247v-249v

Consideratis et cognitis principiis de vacuo...
  De aquarum ductibus et motibus rotarum cum figuris: BLcm 521, a.1505, ff. 29-36

Consideratis istis gradibus rerum...
  Raymond of Sebonde, Theologia naturalis: tit. 2, Prol. 'Ad laudem et gloriam altissime...'

Consideratis omnibus regulis michi notis...
  Astrological discussion of position of moon at times of conception and birth: BN 7280, a.1409. ff. 61r-73v; T IV, 100

Considerato nobili et studioso Juliano...
  Filippo Calandri, Arithmetica: pr Florence, 1491 (GW 5884; Klebs 236.1-2; IAL C30)

Consideratur primo quod iste liber vocatur Almansoris...
  Gerardus de Solo, prol. Super nono libro Almansoris. Text, 'Locus qui speculatoribus...'

Consideravi ergo quod tempus expensum...
  John of Rupescissa, prol. De quinta essentia: CUt O.VIII. 32, 15c, f. 45(Atk)

Consideravi res ex quatuor naturis et inveni...
  Fragment of Plato, Liber quartus: BN 5055, 15c, f. 177r(Corbett I,13)

Consideravi(consideramus) tribulationes electorum...
  John of Rupescissa, prol. Liber lucis: T III, 369, 734-38; IV, 645; ColR 90, 91, 95; DWS 293. Text, 'Materia lapidis est (una) res vilis...'

Consideravimus consideratione non fantastica...
  Geber, Liber fornacum, pref., tr Rodericus Hispalensis: Text 'Fiat furnus...'

Consideravimus ex multis (in nostris) voluminibus...
  Geber, De inventione (veritatis seu) perfectionis: DWS 73; UP 1, 14c, ff. 23r-34r; BU 138(104), 15c, ff. 299v-300v; 270(457), 15 or 16c, V, 6; VE VI.215(XVI,4), a.1475, ff. 112-123; pr Nuremberg, 1541, pp. 206-228(Schulz); Bern, 1545, 165-183; Verae alchemiae, I(1593), 184-92; Ze III, 525-26; Plessner, OLZ 33, 10, 725

Consideravimus magnas tribulationes...
  See 'Consideravi tribulationes...'

Consilio adhibendo primo oportet duo...
  Nota de pestilentia: Archiv VI, 333-38

Consilium celebrant humani corporis...
  Ps. Ovid, Libellus de ventre: Ea Q.388, 13-14c, ff. 60-64; Bern 506; BN 11345, f. 182; CLM 5594, ff. 327-333; 6722, 15c, ff. 72v-(75v); VI 3122, 15c, ff. 209v-211r

Consilium de mollificatione manuum ambarum...
  Christophorus de Barziziis: CLM 12021, a.1440-47, ff. 112va-117ra. See 'Contra mollificationem'

Consilium magistri Gentilis primum in...
  Pest tract: Archiv V, 332

Consilium pro cura generationis lapidis...
  VAp 1260, 15c, ff. 269r-272r

Consilium pro magistro curie...
  Middinus(Mundinus?), Compilatio de morbis: Arras 597, 14c, ff. 1-34

Consilium quoddam...
  Antonius Cermisonus et M. Gerardus, Consilia: Vendôme 245, 15c, ff. 183v-(194); pr Brescia, 1476, Venice(1497) (GW 6514-15; Klebs 266.1-2; IAL C362-63); with Franc. Caballus, 1514

Consimili modo et tubarum soni perficiuntur...
  De sono tubarum: BLcm 521, 15-16c, f. 37-

Consonantia interpretatur sonus cum alio...
  BN 7369, f. 28r-v

Consonantie contrapuncti demonstrativi...
  Regulae de contrapuncto: Coussemaker III, 409-11

Conspiciens sepe quosdam moderniores medicine auctores sibi ipsis...
  Pref. Galen, Opera lat., studio Diom. Bonardi: pr Venice, 1490, f. 6v(Hain *7427; Klebs 432.1; IAL G36)

Constantine ego dedi presentem ediculum examini...
  Nicolaus, De oculo: Nu Cent.V.21, 14c, f. 184r-v; anon. VA 4425, ff. 260va-261rb

Constantine ego N. presentem ediculum examini tuo destino...
> (Tideus), cap. de visu: Seville col. 5.6.14, 13-14c, ff. 93v-94v; AL 1181; Graz 482, c.1300, ff. 229-230

Constantinopolis est civitas pulchra...
> See 'Cum multi de partibus ultramarinis...'

Constantinus Africanus Montis Cassinensis monachus scribens Alphano...dicit quod stomacus est cella in medio corporis...
> CUt O.V.32(II), 15c, f. 13r

Constantinus dicit. Omne studium phisicum (philosophicum?) fuit...
> Thema sapientum (alchemy): FR 1165, 15c, ff. 88-92v; BMsl 3457, 15c, ff. 139-149v(DWS 17)

Constantinus. Humores exeuntes temperamentum faciunt causas morborum...
> Roger of Parma, Cirurgie commentum. See 'Deus semper idem...'

Constantinus in quinto theorice...
> Comm. Galen(?), De rebus non naturalibus: Oma 164, 15c, ff. 90r?-94v(DWS MS)

Constantinus iste Affricanus qui tempore quo Robertus...
> Petrus Hispanus, prol. comm. Constantinus Africanus, Viaticum. CUsj 99(D.24), 13c, f. 113r

Constat apud philosophos...
> Expositio Johannitii Isagoge: Prag 495, ff. 73-104(Schulz)

Constat apud veteres tria esse ex quibus...
> De urinis: CUt 918(R.XIV.48), 15c, ff. 94v-96

Constat ex quinque capitibus id est ex annis...
> Preparatio gnomonis Themelios: Oc 283, 13c, ff. 66v-(81v)

Constat Hippocratem medicum per tempora sua...
> See 'Lucas Christi servus et medicus omnibus...'

Constat hominem ex anima intelligibili...
> William, Microcosmographia: Isis 22(1934), 106-35; Trier 1041

Constat homo ex rebus quattuordecim...
> (Vindicianus, Epitome altera): BN 7028, 11c, ff. 4r-11r; Beccaria 29.2

Constellatio Urse minoris...
> See 'Illa que est super...'

Constituas astronomiam per instrumentum...
> See 'Precipit Messahala ut constituas...'

Constitue ascendens hora introitus solis...
> Messahala, Epistola de rebus eclipsium et coniunctionibus, caps. 4-12: BN 7316A, ff. 51ra-52vb; Carmody 31-32

Constitue ascensis(ascendens?) ut melius potieris...
> Ut rem perditam invenias: BMh 941, 15c, f. 58r

Constitue igitur bene Alchahale...
> Messahala, De mercibus: Steinschneider(1906), 35; Osiris 12(1956), 68-69; Carmody 36

Constituentia corporis humani tria sunt...
> Liber anathomiae: BLe 219, 13c, ff. 145v-147r

Constituentia corpus humanum...
> Anathomia: Ea Q.179, 13c, ff. 67v-69v

Constitui(namque) pater reverendissime Iordane cardinalis...
> Christophorus de Buondelmontibus, pref. Liber insularum archipelagi: VAu 458, 15-16c, 48 ff. Text, 'Insula hec que prius ostendetur...'

Constitutionum formas breviter aperiam...
> Music: BMh 3199, ff. 55v-70v

Constitutas sunt venas in corpore...
> Hippocrates, Epistola: VAr 1143, 9c, ff. 140r-141r; Beccaria 106, 8

Constitutus a sanctis patribus in quo...
> Dionysius Exiguus, Cyclus, Text: BN 5239, ff. 6r-21r

Consuetudo est philosophi premittere suis libris prooemia...
> See 'Consuetudo philosophi...'

Consuetudo philosophi est suis libris...
> Aegidius Romanus, Comm. De generatione et corruptione. See 'Anima ut testatur...'

Consuetum autem est dilectissimi sicut scitis in principiis...
> Commendatio astronomiae: VAp 1340, 14c, ff. 82v-84r

*Consuetum et ordinatum rerum naturalium processum...
> Urso, Liber aphorismorum: BLd 153, 14c, ff. 67v-(99r); Bruges 486, 14c, ff. 135v-158v; CUt 1154, 15c, ff. 148v-151; Curt Matthaes, (Diss., Leipzig, 1918); anon. CUt 912(R.XIV.40), 12-13c, ff. 286-295; ed. Gebhard v. Jagow, Leipzig, 1924; Rudolf Creutz, Quellen und Studien der Gesch. der Naturw. und der Medizin, V (1936), 10-18

Consueverunt fere omnes inclyte dux...
> Bartholomaeus Sibylla, Speculum peregrinarum questionum: pr Rome, 1493, etc. (GW 3459-60; Klebs 917.1-2; IAL S444-45)

Consueverunt omnes ferme legentes...
> Jo. Argyropulus, Pref. in libro de anima, Nov. 5, 1460: ed Müllner, Reden u. Briefe, Vienna, 1899, pp. 43-48(Schulz)

Consuevit dubitari de titulo huius libri...
> Dino del Garbo, Comm. Galen, De malitia complexionis diverse: VA 4464, ff. 74-82; ed. Puccinotti II, ii, cvii-cxii

Consulo vobis ut stomachum vis...
> Albicius, Institutio: GU 414, 14-15c, ff. 172v-173r(DWS MS)

Consulturus in re ardua et dispositionis non multum explicata...
> Gratiadei Spata phisicus, Medical: CLM 456, ff. 32r-33v

Consulturus pro communi omnium utilitate...
> Saladin of Ascoli, Consilium circa praeservationem metuendae pestis 1448: Archiv XVI, 169-72. Dedic. 'Ad magnificum et ornatissimum Ierosolomitanum...'

Contemplantes aciem fulgoremque eorum quibus rebus status celi futurus ostenditur...
> BMh 3017, 9c(Fleury), f. 82v

Contemplatio conditoris in suis operibus...
> Pierre d'Ailly, prol. De legibus et sectis contra superstitiosos astronomos: BMh 637, 15c, ff. 52va-64va; Cambrai 927, 15c, ff. 67v-91v; Salembier xxiii; BMr 6.E.III, late 15c, ff. 31v-(38v); (IAL A426, ff. e(7)r-g4v; Photostat ed. Boston, 1927, ff. 44r-57v)

Contemplatio est rationis investigatio...
> Tract. philos-medic.: BMh 5228, 14c, ff. 102r-104v

Contemplavimus in libro particularium...
> Ea Q.199, ff. 49-68. See 'Complevimus in libro...'

Contigit hec duplex... See 'Contingit...'

Continet duos tractatus primus tractatus...
> De sompno et vigilia (comm.?): Bruges 489, 13c, ff. 37v-42v

Contingit aliquando...
> Trotula, De passionibus mulierum: CU 671 (Dd.XI.45), 15c, ff. 62v-80v

Contingit hec duplex passio cadentibus...
> Alexander of Tralles, Therapeutic or Practica: Beccaria p. 409; T I, 566-67, 576-77; BLd 524, 12c; GU 435(III), 12-13c; †Metz 278, beg. 13c; pr Lyons, 1504; B. Nosske, Leipzig, 1919

Contingit interdum invenire nonnullos adeo sensibus...
> Raphael de Pornasio, Liber de arte magica: T IV, 308

Continua serie non paucis annis...
> See 'Annis non paucis...'

Continua sunt quorum termini unum...
> Proclus, De motu, Elementatio philosophica or physica: Haskins 179-81

Continue alterantur (res) sicut resolvuntur (resolvimur)...
> Tract on appetite: BMr 12.C.XV, 13c, f.251r; AL 123, 235, 270, 309, 333, 343, 347, 587, 1001, 1814

Continuet(Continua) deus conservationem tuam ...
> Thebit ben Corat, Liber Karastonis de ponderibus: Moody-Clagett 79-86, 88-117

Continuitas est indiscretio termini cum...
> Jordanus Nemorarius, De triangulis: ed. M. Curtze, Thorn, 1887; Björnbo(1912), 202, 209-10,219; Bruges 530, 13c, ff. 1v-8v (CR B-58(2)); BN 7378A, 14c, ff. 29r-36r; BMh 625, ff. 123r-130r (CR A-16(4)); Basel F.II.33, 14c, ff. 146r-150v; Mi A.183.inf., 14c, ff. 7v-13v; Clagett has microfilms of two other MSS

Continuo Hippocras in initio locutionis sue...
> Ps. Oribasius, comm. Hippocrates, Aphorisms: BMr. 12.E.XX, 12c, ff. 114r-(116v); anon. BN 7021, 10c, ff. 19r-118v

Continuum est quantum cuius partes...
> Thomas Bradwardine, De continuo: Thorn R.4°.2, 14c, ff. 153-192 (CR B-86); Ea Q.385, 14c, ff. 17-48 (CR B-87); BNna 625, 14c, 71va-b; Wisconsin diss. by John E. Murdoch, 1957

Contra allopiciam et casum capillorum...
> Practica: CUg 105, 13-14c, pp. 251-302

Contra coleram rubeam...
> Johannes Stephanus, De febribus: Ome 230, 14c, ff. 21v-(23v)

Contra colericam discursiam sirupus...
> Philip of Winchester, Medical recipes: BMr 12.B.XII, fol. 115

Contra cronicum dolorem capitis per essentiam ...
> Consilia medicinalia ex Antonii Cermisoni, Bartholomaei Montagnanae, aliorumque medicorum operibus collecta: BLlm 617, 15c, ff. 1-190; BN 1395, a.1400, ff. 1-538; inc coincides with rubric, Consilia II, Cermisonus, pr Venice (1497), f. 5va(Klebs 266.2; IAL C363)

Contra diabeticam passionem fiat clistere...
> VAp 1264, 15c, ff. 245r-246r

Contra diversas passiones spiritualium ad munditionem pectoris...
> Experimenta dietarum particularium: CUpet 222(V), 13c, f. 12(Atk)

Contra dolorem capitis accipe semen porri et pone in acetum...
Remedia dolorum capitis et oculorum: VI 2442, 13c, ff. 9v-10v

Contra dolorem capitis per essentiam et colligantiam...
Ant. Cremonensis(Cermisonus?): VAp 1251, ff. 255r-262r

Contra dolorem capitis vehementissimum...
Quedam emperica(*sic*) experimenta medica: Ea Q.235, 14c, ff. 94v-95v

Contra emulos et invidos detractores...
Jacobus de Dondis, De causa salsedinis aquarum et modo conficiendi salis ex eis: pr De balneis, f. 109r-v. See 'Secundum Aristotelem primo Metheororum...'

Contra epilepsiam experimentum probatum...
VAp 1229, 15c, f. 49rb

Contra febrem de colera rubea...
Joh. Stephanus, Cura febrium: BMsl 420, 14c, ff. 263r-265r

Contra febrem effimeram et ethicam...
CLM 19901, ff. 166v-187r

Contra fistulam sive sit in pectore...
Petrus de Dya, Recepte in cyrurgia: Ea F.236, 14c, ff. 167-171

Contra fleuma dulce vel intepidum recipe...
Thomas de Monte Avium, Gemma experimentorum: BLb 682, 15c, ff. 197-255

Contra fluxum menstruorum valet acacia...
De passionibus mulierum: Basel D.II.21, 13-14c, ff. 1ra-3rb

Contra fluxum ventris aptum ad potum...
VAp 1225, ff. 358v-366r

Contra fracturam vene in pulmone...
Christophorus de Barziziis, Collectum: CLM 182, 15c, ff. 334r-339v

Contra frigiditatem in stomacho...
BMsl 420, 14c, ff. 239r-247v

Contra hanc propositionem arguitur...
Gaetanus de Thienis, Super tract. Hentisberi de motu locali: pr Tract. Hentisberi, Venice, 1494, ff. 62v-64r(Klebs 514.2; IAL H51)

Contra inflationem quamcumque cere(bri)...
Contra morbos varios: Oma 173, 14c, ff. 227-232

Contra lacrimas oculorum. Recipe ovum...
Receptae medicae: BMad 22668, 14c, ff. 89v-94v

Contra melancolicam passionem in primis digeratur materia...
Pontius de Sancto Egidio, (Practica et) Cure: BN 6988, 14c, ff. 51r-70v; Pansier(1907), 61; BN 6976, 14c, ff. 1ra-10vb(incomplete?); 111ra-128vb; VI 5305, a.1459, ff. 50r-58r; AMH (1936), 155; Wickersheimer 669

Contra mollificationem manuum ambarum...
Christophorus de Barziziis, Consilium pro Conrado Conhofer de Alamania: CLM 205, 15c, ff. 179r-193r

Contra offensionem sanguinis que multipliciter fit...
See 'Offensio capitis multipliciter fit...'

Contra omnes sordes faciei et ut mulier appareat iuvencula...
Gotefridus medicus Germanicus, Flores sive prescriptionum medicinalium libri 7: BMar 295, early 14c, ff. 1-19, 24r-117

Contra opinionem ponentem quadratum continuum componi...
BLd 98, early 15c, ff. 107-108

Contra paralisim et obtusionem membrorum...
Johannes Stephanus, Curae cardinales: Brux 14330, 13c, f. 83rb-vb; anon. Ea Q.229, 14c, ff. 10v-12v; CUsj D.4, 14c, f. 100v

Contra pestem expertum. Primo fiat fleubotomia infra spatium...
Consilium (Stephani de Doctoribus): CLM 13, 15c, f. 214va-b

Contra pravam raucedinem vocis que accidit...
Consilia et recepta ad egritudinem pulmonis et pectoris et dyafragmatis secundum Gentilem Fulgineum: VAp 1260, 15c, ff. 19vb-24vb

Contra questionem Aristotelis sic in corporibus celestibus...non est musica modulatio...
Questiones de musica: CUt R.XIV.26, 15c, ff. 6r-9r

Contra saphati antiquum et magis adusto...
VAp 1251, ff. 262v-

Contra se de concussive(?) sit causon...
Iohannes Hugo de Heydelberga, Compendium medicinale: Boston Medical 10, a.1491, ff. 2r-745v

*Contra sonitum aurium...
Gul. Dalton, Medic.: Bale

Contra stipticitatem ventris potio levis lenitiva...
Antonio Cermisone, Consilium: VAu 1416, 15c, f. 97; pr Consilia, Lyon, 1525, f. 508

Contra stomachum frigidum et dolorem...
Joh. de S. Sophia, Aliud consilium de debilitate stomachi: Ea Q.230, a.1395, f. 146r-v

Contra tussim inveteratam comedantur tria grana...
Ad vitia pulmonis: BMsl 420, ff. 83r-84r

Contra ventositates remedium speciale uti pigra Galieni...
De qualitatibus ciborum: CLM 16521, a.1462, f. 21r

Contra vitium pectoris...
See 'De aquis sunt nonnulla dicenda...'

Contracto orbe...
Henri d'Estampes, Prediction of an eclipse: Phares 183

Contradicit scrutari viscera. Expositio...
Vindicianus, Gynaecia: Mon 185, late 11c, ff. 102v-105r; Archiv II(1909), 45; Beccaria 16.8; 95.7

Contrariorum contrarii sunt effectus...
Definitiones aliae de re physica: BMar 333, 13-14c, ff. 34r-35v

Contristatus erat Raymundus et non modica...
Raymond Lull, Dialogus Monaldi monachi ac Raymundi: T IV, 39, 648; DWS 255; ColR 111a; VI 5509, ff. 75r-(150r)

Convenerunt antiqui quod spiritus est...
Notabilia ex libro, De differentia spiritus et animae: VE VI.164 (X,179), 14c, ff. 57-59, 83. See 'Spiritus est quoddam...'

Convenerunt astrologi quod initium orbis...
Johannes de Ponte, Abbreviatio of Eschenden, Summa iudicialis de accidentibus mundi: BN 7335, ff. 1r-100; T III, 719

Convenerunt in hoc antiqui...
Petrus Hispanus, Super dietis Isaac: VA 4455, ff. 65ra-(96ra)

Convenerunt omnes medici quod...
Avenzohar, Teisir: CUg 178(211), 14-15c, ff. 1-119v; paragraph 3 of ed. See 'Deum testor...'

Convenerunt quidam modernorum...
Regimen epidemiae tempore observandum: VI 4753, 14c, ff. 117r-122r

Conveniens est intelligenti...
See 'Bonum quidem fecerunt...'

Conveniens est intelligenti pro deo...
De disciplinis et sapientiis Ptolomei ex Almagesto (Ars dictaminis): CLM 9683, 13-14c, ff.62 ra-65rb

Conveniens est nunc scire dominum vel...
De domino anni: FLa 128(202-134), 15-16c, ff. 68v-73

Conveniens et necessarium est homini volenti audire...
Galen, De clisteribus: BN 6865, ff. 175rb-178ra; BN 6867, 14-15c, ff. 1r-10v; Dresden Db 92-93, 15c, f. 392v; Diels(1905), 138; T (1946), 9

Convenit Aaron cum Maria prophetissa sorore Moysi...
Liber Marie (alchemy): Aaros, DWS 9; Arez, SG Stadt 300, 14c, ff. 97va-98rb; Aram, FR 1165, 15c, ff. 145v-146v; Aros philosophus, Steinschneider(1906), 34; VI 5509, ff. 251v-253v; 331v-334v; Artis auriferae, I(1593), 319-24

Convenit in hoc ut sit...
Haly Abenragel, Electio in addiscendis scientiis: VI 3124, f. 15v

Convenit pauper quidam...
Nicholas of Cusa, Idiotae libri quatuor: Cues 218, 15c, ff. 106-137v; T IV, 388-93; Hain *5896; Klebs 700.1; Opera, 1514, ff. 75-98v; 1565, pp. 137-80

Convenit te regum peritissimum esse et longam etatem...
Epistola Ypocratis ad Antigonum: BMsl 2839, 11c, ff. 111v-112v(Beccaria 81.13)

Convenit tres philosophus...
Alchemy(?): BU 1062, 14c, ff. 81r-87v

Conveniunt subito cuncti de montibus altis...
I. Milo, monk of St. Amand, Carmen de conflictu veris et hiemis: PL 121, 983-84
II. Ps. Ovid, De cuculo: Cracow 2115, 15c; Lehmann(1927), 4-6, 89
III. anon. VA 645, 9c, ff. 35r-36v; Budapest 173, 15c, ff. 25v-27

Coque rosas in aceto...
'Ad dolorem dentium': Os 178, 13c, f. 145v

Cor accipientis letificat calorem...
Virtutes roris collecti in mense Maii: BMsl 3545, 15c, f. 5v

Cor est animatorum omnium membrorum...
John of Arezzo, De procuratione cordis: T(1929), 109, 284-85; ColR 33b. Dedic 'Cum sepenumero mecum agerem...'

Cor est creatum ex carne dura et forti ut magis ...
Anatomia cordis: VAp 1302, ff. 67r-72v

Cor quidem.   Quibus conditionibus. . .
> Gentile da Foligno, Expositio super fen xiᵃ tertii canonis Avicennae: FLa 145(219-251), 15c, ff. 80-109. See 'Quibus conditionibus. . .'

Cor sapit, pelvis loquitur, fel commovet. . .
> CLM 28333, 15c, f. 179r

Cor vero centrum et origo totius humani corporis. . .
> Aegidius Romanus, De formatione humani corporis: VI 2303, 14c, ff. 1r-8r

Coralumen(Horalumen?)   est   instrumentum motus celi. . .
> Prag 433(III.C.2), ff. 199ra-200vb; Osiris 8(1949), 58

Cordis egritudines sunt debilitas cordis et pulsus. . .
> Additiones libri Mesue 'ut communiter traditur Francisci Pedemontium imo sunt Conciliatoris' (i.e. Peter of Abano?): CLM 8, 15c, ff. 120ra-138ra

Coriandri preparatio post prandium. . .
> Arnald of Villanova(?), Canones de confortatione memoriae: Wi 56, 15c, f. 46ra-va

Coriandrum bullitum in aceto et exsiccatum. . .
> Arnaldus (de Villanova?), Caudes coriandri: VAp 1240, f. 82v

Coriandrum preparatum id est in aceto. . .
> Arnald of Villanova, De coriandro, to Clement VI(V?): Bordeaux 531, 15c, ff. 81v; HL 28, p. 65, no.18

Corniger in primis aries et corniger alter. . .
> Verses on 12 signs: Grand Calendrier de Bergers, 1497, p. 31(Schulz)

Cornu combure. . .
> De colorando ferrum colore solis: Corbett I, 300; BMad 41486, ff. 27, 138v; CU Ii.III.17, f. 92

Cornua Arietis il nathay et alio nomine il fatayni due stelle. . .
> Imagines mansionum lune secundum Ali ibn il Haytin: VA 4085, 15c, ff. 82v-84v; TR 373; VAu 1384, ff. 6v-26r (with preceding text at 3v-6r) TR 375. See 'Scito deum excelsum. . .'

Cornus cervi habet virtutes ad omnes humores exsiccandos. . .
> Sextus Placitus, Liber medicinae ex animalibus: Beccaria p. 409; BLr C.328, ff. 120v-125v

Cornus cervinus habet vim omnes humores siccandi. . .
> Idem: CML IV(1927), 235-86

Corpora animalium sunt instrumenta animarum . . .
> Galen, De iuvamentis membrorum (vulgo, De usu partium): BN 15455, 13c, ff. 72rb-94rb; Mon 18, 13c ff. 100v-121v; CUpet 33, 13-14c, ff. 222v-241v; VAu 247, 14c, f. 88; tr Burgundio of Pisa; Ea F.249, 13-14c, ff. 259-284; VAp 1099, a.1475, ff. 1r-37r; Diels (1905), 69; Steinschneider(1906), 19; pr Opera, 1490, I, 16r-32r; 1515, I, 52r-67r

Corpora equalia in magnitudine sunt que. . .
> Ps. Euclid, De ponderoso et levi: Björnbo(1912), 208; ed. and tr Moody-Clagett, pp. 26-31

Corpora hominum sunt in continua dissolutione. . .
> Galen, De virtutibus cibariorum, tr Accursius, Aresinus, *or* Attralfo(Attalius) of Pistoia, at Bologna, a.1200: Ea F.236, late 14c, ff. 7v-11; BN 6865, ff. 194r-198r; CLM 490, ff. 30b-50v; Metz 178, 14c, ff. 12vb-15rb; Ome 218, 14c, ff. 206-209; Prag 498, 14c, ff. 208r-213r; Mitteil. XVI(1917), 24-27; Diels (1905), 28, 76-77; pr as De dissolutione continua, 1490, I, 162v-165v; 1515, II, 211v-214r; 1566, ff. 71-75: Spurii Galeno Ascripti Libri; and in 1586 reprint

Corpora humana continua resolutione. . .
> Magister Cardinalis, Glosule super Afforismos Hippocratis: Basel D.I.16, 13-14c, ff. 1ra-8rb; BN 6847, 14cm ff. 1ra-79rb; BLas 1475, 15c, ff. 113-181; Rose (1907), 108; Wickersheimer 94

Corpora imperfecta ut stannum plumbum cuprum. . .
> Comm. Geber, De perfectionis investigatione: VI 5286, ff. 58va-59rb (a fragment)

Corpora in quantum habent potentias non intelliguntur nisi. . .
> (Avicenna), De caelo et mundo, tr a Ioanne Gunsalvo de Burgis et a Salomone: VAu 186, 15c, ff. 83-(102)

Corpora mineralia in quatuor dividuntur. . .
> Avicenna, De generatione corporum mineralium: VA 4428, f. 115ra-b; Isis 13(1929), 61; anon. VI 234, 13c, ff. 85v-86r; Yale, Cushing 12, 13c, f. 250va; Toledo cap. 96-32, 15c, f. 87v; Tract. II, Corbett I, 176. Tract. I, 'Terra pura. . .'

Corpora mortalium cum ex quatuor composita sint elementis. . .
> De distillatione philosophica contra vulgarem modum: Wo 3284, 15c, ff. 23r-31v(T III,643)

Corpora omnia ex quatuor elementis generata. . .
> Magister G. Cremonensis, Glose super Viaticum Constantini Africani: CLM 13033, 13c, ff. 70r-145ra

Corpora vel putrefacit extra vasa...
De febribus cum interpositione bonarum receptarum: Ea F.236, 14c, ff. 183v-184

Corpora vero Adde et Eve post peccatum...
Roger Bacon, Opus maius, Pars VI, on experimental science: Little 384-85. See 'Positis radicibus sapientie Latinorum...'

Corporalis mundi machina tota consistit in...
Graz 209(42/12), 13c, f. 76v; CU 1572 (Gg.VI.3), 14c, ff. 284va-287r; Montreal McGill Univ. 134, 14c, ff. 27v-30r; CLM 17225, 15c, ff. 281-283; T (1949), 63

Corpore formosum sol...
Planets: SG Stift 827, 15c, f. 269(Zi 7916)

Corpore formosum sol profert et generosum...
Proprietates et conditiones septem planetarum... Sol i.aureum xxiiii(apparently part of tract on 'De aquis'): MU Q.808, 15c, ff. 177v-179v. See 'Aqua extinctionis...'

Corporibus et maxime purgandis variis sepe molestamur incommodis...
Gerardus, De modo medendi: BMsl 420, 13c, ff. 26r-40. See 'In medendis corporibus...'

Corporis animalis machinam et compaginem...
The second Salernitan Demonstration: ed. Renzi, II, 391-401; K. H. Benedict, 1920; Corner (1927), 21-22, 28-29, 44; Pagel-Sudhoff, Handbuch(1922), 181

Corporis complexio...
Physionomia e Secreto Secretorum: Toledo cap. 47.15, 13c, ff. 101r-103r; AL 1234

Corporis complexio ex colore et corporis habitudine...
Rasis, Phisonomia: BL Auct.F.5.28, late 13c, ff. 209v-(213); VI 4753, a.1315, ff. 149r-157r; BMsl 342, 13-14c, ff. 85r-87v; Metz 178, 14c, f. 17va-; Upsala C.650, 14-15c, ff. 19-30; Prag cap. 1256, ff. 131-135; 1366, ff. 52-63(Schulz); Tract.II, Lib. Almansoris: T I, 668, n.2; Hain *13893 f. F2; Klebs 826.1-3, IAL R169-171

Corporis humani cognitio in duobus est in materia et in forma...
(Helinandus); BN 6755, 13-14c, ff. 42ra-45rb; cap. viii, 'De cognitione sui', PL 212, 729-30 (Part of 'Flores' collected by Vincent of Beauvais)

Corporis humani machina...
PA 1024, 14c, ff. 18-20, 'Expliciunt signa magistri Richardi de pulsibus'

Corporis humani machina licet ex variis...
Matthaeus Salernus(?), pref. De pulsibus: Admont 802, 13c, ff. 47v-51v; BMr 12.D.IX, late 13c, ff. 95r-96r; Prag 2364, 13-14c, ff. 33-36; FLa 143(217-149), 15c, ff. 28vb-31va; anon. BLd 79, 13c, ff. 34r-(39); BMad 22636, f. 79; BMh 3719, f. 275v(Schulz); VAp 1226, ff. 175r-179r; Salernus: Art Ancien XIX, 20, ff. 4v-8v. Text, 'Pulsus ut dicit...'

Corporis humani passibilitas et corruptibilitas...
VI scot. 257, 15c, ff. 83r-96r

Corporis humores congrua resolutione...
G. de Monte Pessulano, Glose supra afforismos Yyocratis: Metz 1205, 14c(Wickersheimer, 160)

*Corporum principalium mundanorum numerum figuram et motus...
John Peckham, De sphaera: T (1949) 445-50; Ea F.376, 14c, ff. 21-27; FL Plut. 29, cod.15, 14c, p. 41; VI 5239, ff. 72r-82v

Corpulentia sive embadum sphere...
De modo comprehendendi corpulentiam sphaerae: VI 5203, 15c, f. 134v, apparently only an extract

Corpus ergo hominum de quatuor humoribus constat...
BN 11218, 9c, ff. 30r-32v. See 'Corpus hominis ex quatuor...'

Corpus est quod longitudinem et latitudinem et altitudinem habet...
Euclid, Elements, XI-XV, tr Adelard of Bath: Björnbo Ab(1912), 133; Oc 283, 13c, f. 65r-v; Cracow 569, early 14c, pp. 80-99; Hain *6693; Klebs 383.1; IAL E86

Corpus hominis constat ex quatuor humoribus...
Arnald of Villanova, Flores dietarum: BMr 12.B.III, 13c, f. 88-(93); Ea F.237, 14c, ff. 73v-74v; F. 275, 13-14c, ff. 91-94v; anon. BN 7121, 14c, ff. 1r-28; BMsl 420, ff. 265rb-268rb

Corpus hominis dividitur in quatuor...
Os 17, 12c, f.175v. See 'Corpus humanum in quatuor...'

Corpus hominis est compositus ex quatuor que sunt elementativa...
See 'Cum sit conveniens quod homo...'

Corpus hominis est de quatuor que sunt substantiva vegetativa...
(Raymond Lull?), cap.1, Liber de homine: BN 3446A, late 15c, ff. 1r-60v. Prol. 'Cum sit conveniens...'

Corpus hominis ex quatuor constat humoribus
. . .

I. Johannes de Sancto Paulo, Flores dietarum: ed.
H. J. Ostermuth, Leipzig, 1919; desinit, '. . .et
omnem putredinem mundificat et ventrem solvit:'
BMh 5228, 13-14c, ff. 46r-49v; CLM 267, ff.
145r-147rb; BMsl 568, end 14c, ff. 219ra-229ra

II. Epistola Vindiciani ad Pintadium Gadum
nepotem suum: CUc 466, 13c, ff. 213-228; BN
6837, 14c, ff. 40v-42r; Archiv, XII, 118

III. Anon. De complexione corporis: Bern 702,
12-14c, ff. 56r-68v; desinit, '. . .maximeque
capud et loro collo,' differs from I and II; BLd
197, 13c, ff. 1-(4r); BN 7099, 13c, ff. 22r-24v;
CUc 441, 13c, pp. 529b-530b; BMsl 382, 15c,
ff. 14v-17v; 420, 14c, ff. 265r-268b; VI 2524,
13-14c, ff. 52r-60v; James 480, 482; etc.

Corpus hominis ex quatuor humoribus constat

De formatione hominis et morbis quibus obnoxius
est: BMar 323, 13c, ff. 98v-103; desinit, '. . .ad
astrorum scientiam suam mentem transferat':
BMad 30338, 15c, ff. 208v-211v

Corpus hominis ita natura composuit. . .
Recipes of Mappae Clavicula: Corbett II, 162

Corpus humanum dividitur in stipitem et. . .
VAp 1225, f. 10r

Corpus humanum duplici subiacet. . .
Petrus Hispanus, Scriptum super dietis particularibus Isaac per totum: Ea F.172, early 14c,
ff. 108-149; T II, 502.   See 'Sicut testatur Plato
in Timeo. . .'

Corpus humanum ex quatuor constat humoribus. . .
Tract. de complectionibus secundum Alpheum
(*sic*): Ea Q.193, 13-14c, f. 85v; PA 1024, 14c,
ff. 203-204, Alphani(*sic*) tractatus de complexionibus: Pansier, Archiv II(1909), 4.
Wickersheimer, Atti dell'VIII° Congresso Inter-
nazionale di Storia della Medicina (1931), 108-
111, holds that above is not by Alfanus,
archbishop of Salerno in 11th century

Corpus humanum in quatuor dividitur. . .
Oc 189, 11-12c, f. 7

Corpus humanum in quatuor humoribus con-
stat. . .
Isidorus Episcopus, De medicina: Durham Cath.
App. Hunt. 100 F.1, 11c(DWS MS)

Corpus humanum patitur cotidie duo detri-
menta. . .
Hippocrates, De urinis: BLe 219, 13c, ff. 127r-
129r

Corpus humanum planetis et signis naturaliter
et originaliter subiacet. . .
Petrus Hispanus, De morbis oculorum. . .   See
'In nomine summi pontificis. . .'

Corpus humanum sanabile egrotabile a. . .
Bertrucius, prol. Collectorium artis medicinae.
Text, 'Medicina artium preclarissima hec verba
. . .'

Corpus igitur hominis dividitur in quatuor
partes. . .
Diocles, Epistola ad Antiochum: Diels(1906), 28;
Dogma Ypocratis (fragment of letter to Antiochus): Beccaria p. 409; anon. Osj XVII(XI),
12c, ff. 175v-176r

Corpus igitur hominis ex iiii humoribus constat. . .
Epistola philosophorum de natura et ordine
uniuscuiusque corporis, Vindicianus Pentadio
nepoti suo salutem: ed. from VI 10, R. Peiper,
Philologus, 33, 561-64; desinit, '. . .et eger ad
sanitatem cito reducitur. Hec tibi pro nostra
memoria religiose nepos dedi maiora postea
nosciturus.'

Corpus igitur quod est nostra materia dividitur
. . .
VA 4087, ff. 93v-97v

Corpus mobile abstractum ab omni(bus). . .
Albertus Magnus, Sententia super librum Phisi-
corum: Bruges 496, 13-14c, ff. 48-78; P. Fr.
Pelster, Scholastik, VIII(1933), 99-101

Corpus namque humanum ex quatuor. . .
Adversaria medica: in quibus, liber Rasis nonus
ad Almansorem regem, previis quibusdam de
morbis eorundemque curationibus: BLcm 488,
15c, ff. 4-(56v)

Corpus proprie loquendo est substantia materialis et corruptibilis. . .
De anatomia: VI 3207, a.1478, ff. 64r-67v

Corpus rotundum sempiterni motus. . .
Magister Salernus, De metheoris: BN 6552, 13c,
f. 42ra-b(Corbett I,38)

Corpus simplex sive elementum. . .
Libri Galieni de complexionibus abbreviati: Ea
Q.178, 13c, ff. 158-159v(Diels 1905, 65)

Corpus sphericum est capacius omni corpore. . .
I. Blasius of Parma, Demonstrationes: VA 3379,
ff. 31r-39v(T IV,655)

II. Rainerius Tudertinus: QE

III. Anon. FNcs J.X.40, 15c, ff. 11-14v; Björnbo
(1912), 201

Corpus superceleste est corpus gloriosissimum. . .
(Dicta super metheor.): VA 721, 14c, ff. 1r-53ra.
See 'Aristoteles in libro de problematibus. . .'

*Corruptio calendarii horribilis est. . .
John Somer, Calendarii castigationes: Wadding;
Gunther II(1923), 62

*Corruptio et depuratio fiunt simul. . .
Raymond Lull, Practica artis intellectivae: HL
29, 286; T IV, 630; Verae alchemiae, II(1561),
127-39

Cortices ovorum calcinatas coque in aceto. . .
Optimum album grecum: BMsl 3457, 15c, f.
388r; T (1938), n.79

Corus 38 modios continet. . .
De mensuris: BMsl 513, 15c, f. 25v

Cosmographia designatrix imitatio est. . .
Ptolemy, Geography, tr. Jacobus Angelus:
Joseph Fischer, Claudii Ptolemaei Geographiae
Codex Urbinas Graecus 82, Leipzig, 1932, 2 vols.
in 4; T IV, 81-82; pr Vicenza, 1475, etc. Hain
*13540; Polain 3281-82; Klebs 812.1-7; IAL
P987-992

Cosmographia est designatio totius orbis cum
hiis que fere. . .
VI 5258, 15c, ff. 161r-175r

Cosmographia ut dictio ipsa indicat significat. . .
Cosmographiae Ptolomaei breviarium: Budapest
245, 15-16c, ff. 1-26

Cosmographie notitiam ne quis fortasse. . .
Epitome geographica passim refecta, quae ab
Actio Sincero Sannazario (1458-1530) scripta
videtur: VI 9477, 15c, ff. 53r-70v

Cosmos grece in latinum dicitur cosmus. . .
Michael Scot, De notitia coniunctionis mundi
terrestris cum celesti: BN 14070, ff. 112r-115r;
extract from his Liber introductorius: Haskins
287

Costus radix est herbe nascitur enim in India. . .
Origo pimentorum: Bamberg cod. med.1, 9c, f.
54r; Beccaria 48, 14

Cotidiana febris quatuor modis solet evenire. . .
Graz 216, c.1400, ff. 46-47; CLM 265, a.1439,
f. 164r-v; VI 4978, f. 75r-

Cotidianos rursum imbres lunaris per singula. . .
Alkindus alias Dorochius, De quotidianis imbribus: VI 2436, 14c, f. 143r-v; Carmody 111-
112

Cotidie ablue oculos cum aqua calida. . .
Capitula de oculis: VE fa 535(XIV,13), 14c, f.
52

Creatio rerum fuit ita mirabilis. . .
Nicolaus de Hanapis (patriarch of Jerusalem, d.
1291), De exemplis sacre scripture: PA 392, 14c;
Tours 43 and 44

Creationem rerum insinuans scriptura deum
esse creatorem. . .
Liber de rerum creatione et formatione corporalium et spiritualium et aliis pluribus eis pertinentibus: CLM 2596, 13c, 52 ff.

Creator arcanorum deus tot mineralia condidit
. . .
Scientia magisterii aquae fortissimae: BMsl 3457,
ff. 232v-233r; T (1938), n.49

Creator creavit terram ad modum rote. . .
Messahalla, Epistola (different translation from
that by John of Seville?): BN 7316, 14-15c, f.
181; Osiris XII(1956), 64

Creator et gubernator omnium deus. . .
John Stendal of Prag, Iudicium anni: Argentré,
I, ii, 327

Creator mundi deus. . .
Astronomy: Leip 1487, 14c, ff. 146-152v(Zi
10361)

Creator omnium deus a quo omne bonum. . .
Secreta practicae Ypocratis: Prag 498(III.E.23),
14c, ff. 216r-217r

Creator omnium deus in secula benedictus. . .
Arnald of Villanova, De venenis: HL 28, 69-70;
Opera, 1504, ff. 258ra-264va; 'Explicit Cyro-
thenus de tyriacha,' VAp 1100, ff. 267ra-280va;
Glorieux I, 422

Creator omnium deus ossa primo condidit. . .
Rasis, Liber Almansoris (in ten books), tr Gerard
of Cremona: BHM 32(1958), 54-67; BMsl
1933, 13c, f. 3r; BN 10234, 13c, f. 1r-; Ob 285,
13c, ff. 69r-142v; PM 3599, 13c, ff. 62-65, only
1st tract; Worcester Cath. Q.60, 13c, ff. 11r-80r;
CUpet 101, c.1300, (Atk); VA 4425, 13-14c,
ff. 1r-74ra; BMsl 282, 14-15c, ff. 58r-80v; CLM
13114, 14c, ff. 3va-(166rb); Ea F.244, ff. 7-132,
book I(Schulz); VAu 246, 14c, ff. 128-186; pr
Milan, 1481(Polain 3347; Klebs 826.1; IAL
R169; AFML 399); Carmody 135.   Pref. 'In
hoc meo libro. . .'

Creator omnium deus volens animalium genus
firmiter ac stabiliter. . .
Arnald of Villanova, De coitu: HL 28, 75;
Glorieux I,422; Opera, 1504, ff. 300r-302r;
anon. Mon 318; Constantinus Africanus: Wo
2584, 14c, ff. 29-33.   See 'Creator volens. . .'

Creator omnium rerum deus omnipotens sua sapientia...
Johannes Damascenus, Tract. elixiris vitae: BU 138(104), ff. 284r-286v

Creator omnium rerum omnipotens...
Novum testamentum (Alchemy): VAp 1332, 15c, ff. 20r-21v

Creator volens animalium genus firmiter ac stabiliter...
Constantinus Africanus, Liber maior de coitu: CUg 379(599), 12-13c, ff. 49v-54v; 411(415), 13c, ff. 103v-(113r); Ea F.286, 13-14c, ff. 237-241v; BN 6988, 14c, ff. 75va-77va; CUt R.XIV.29, 14c, f. 138r-v; Ome 219, ff. 227r-230r; Opera, Basel, 1536, 299-307; anon. James 482. See 'Creator omnium deus...'

Creator volens humanum genus...
Constantinus Africanus, De coitu: VI 5398, a.1423, ff. 193v-196v; CLM 13027, ff. 35rb-39ra

Creator volens omne genus firmiter ac stabiliter permanere...
Alexander, De coitu (20 caps.): BLe 219, 13c, ff. 105r-110r; Ome 324, 15c, f. 113v

Creatura omnis alterari habet qualitate...
De proportione naturarum et numerorum: BN 10633, f. 141(H)

Creavit altissimus cuius imperio cuncta...
Guilielmus de Varignana, Practica medicinalis: Engelberg 307, a.1430, ff. 279-375; Ran 562, 15c, ff. 41-67; VAp 1234, ff. 272ra-321va; CLM 41, f. 7(Schulz); VE VII.3(XIV,26), 15c, ff. 1-48; Farsetti 34, 15c; pr as Secreta medicinae, Pavia, 1519; Lyons, 1533

Creavit deus ex concomitantibus sinistram cordis auriculam...
Avicenna, De viribus cordis, tr Arnoldus Barchionis: VAp 1099, ff. 74vb-86vb; VI 298, ff. 53-59; 300, 14c, ff. 25-29

Creavit deus ex concavitatibus cordis sinistram...
Avicenna, De viribus cordis, tr Arnald of Villanova: HL 28, 98; Glorieux I, 418; BN 15362, 13c, ff. 191ra-200ra; PA 866, 13c, in Pansier, Archiv II(1909), 9; Ea F.271, 13-14c, ff. 1-10; CLM 3520, ff. 44vb-48vb; VA 2416, 14c, ff. 19r-22v(AL 1863); VA 2417, ff. 1r-11vb; CUg 178(211), 15c, ff. 230r-(251v); pr Venice, 1489; etc.(Klebs 131.10; IAL A1268)

Crebo karissime a te et multis...
Galen, De ingenio sanitatis, tr Gerard of Cremona: CUpet 33, 13-14c, ff. 241v-258. See 'Nero karissime...'

Credens nil melius posse...
Bernard Gordon, prol. De urinis: Giacosa 471. Text, 'Urina est colamentum sanguinis...'

Creditur a novo.   In ista parte auctor...
Computus: CUg 137(17), 13-14c, ff. 94-95

Credo equidem nec sum nescius dux...
Robertus Valturius, pref. De re militari: Text, 'Cum inter omnes priscae...'

Credo quod causa huius presentis pestis...
Joh. de Sancta Sophia, Pest tract: Rivista di Storia d. sci. med. e nat., XIV, 5-6(1923), 97.   See 'Venerandi domini hec pestis...'

Credo quod ignorat medicorum consio bruta...
Verses on relation of medicine and astrology: CLM 27001, 15c, f. 9v

Crescente luna crescit omnem humidum sui animatum...
(Medical astrol.): CLM 18782, 15c, f. 100v

Creticorum vero dierum Ypocras duas rationes adinvenit...
Richardus: CUpet 178, 13c, ff. 193r-194r

Crisis bona est quando post...
De cognoscendis speciebus evacuationis: Ea F.240, early 14c, f. 182

Crisis est subitus motus in quo infirmus...
Galen, Super illum Afforismorum acute egritudinis: CUg 95(47), 15c, ff. 7-9

Crisis est vehemens velox et ultimus...
De crisi secundum magistros: Oma 173, 14c, ff. 219v-220

Crisis grece latine iudicium accomodata...
Cesarus Optatus Citrareus Neapolitanus, Opus de crisi: VA 1258, ff. 17r-61v; AMH VIII(1936), 151

Crisis intentio est separatio in locutionibus et ipsius expositio est...
VI 2897, 14-15c, ff. 76ra-92rb

Crisis non fit nisi in egritudinibus velocis motus...
Ricardus, De crisi: CUpet 178, 13c, ff. 37-40

Crisolitus lapis quasi aurum fulget scintillas habens...
De gemmis: BMc Titus D.XXIV, ff. 132v-134v; Orléans 307, 11c, pp. 121-123; Ambix 8(1960), 9-10

Crisoranus dicit istam scientiam...
Glose afforismorum Ypocratis: Metz †282, 15c, item 8

Cristallinus elixir perfecte retinens...
    Fragmentum libri de lapide philosophorum: Cop
    gl. kgl. S.1714, 15c, ff. 72-81

Critici dies a luna non esse videntur...
    Lucius Bellantius, On critical days: VAp 1258,
    16c, ff. 63r-79r

Crocodilus a croceo colore dictus...
    Hugh of St. Victor, De naturis bestiarum et
    avium: CLM 16127, 12c, ff. 1-10; De bestiis,
    beginning at II, 8: PL 177, 60

Crocum est humidum et siccum omnibus
horis...
    Versus de virtutibus medicinalibus variarum her-
    barum: Graz 751, 15c, ff. 177v-178r

*Cronica Grece Latine dicitur series ut...
    Michael Scot, Liber particularis: Haskins 290-
    91; T II, 308; Isis IV(1922), 266; BLcm 555,
    14c, ff. 1-(59); FR 921(L.III.16), ff. 1r-10v;
    Budapest 157, 15c, ff. 1-66(83). Prol. 'Cum ars
    astronomie...'

Cucurbite cum alembico iuncturam cum recep-
toriis...
    Raymond Lull, De clausuris vasorum: CUc 396,
    15c, pp. 27-29; DWS 266

Cucxos nomen quod habitum significet...
    Galen, De cucxia (euechia), tr. Nicholas of Reg-
    gio: VAp 1211, 15c, ff. 33vb-34rb; T (1946),
    224; Diels 71

Cuditur artifici circumspectoque politu...
    De fabrica protoplasti: BLlm 707, 15c, ff. 104r-
    105v

Cui dedit nomen volu...
    Conrad Celtes, Peregrinatio farmatica: Trithe-
    mius (1494), f. 134r

Cuilibet planete assignatur triplex locus...
    De motu planetarum: Basel F.III.25, 14c, ff. 17r-
    26r; Prag 1552, 14c, ff. 36v-40v; Catin. 85, 15c,
    ff. 319-326; VI 5296, 15c, ff. 112r-119r

Cuilibet populo et climati pertinet unus...
    Ps. Aristotle, Liber spiritualium operum sive liber
    Antimaquis qui est liber secretorum Hermetis:
    BMsl 3854, ff. 105v-110

Cuilibet recte linee aliquam curvam esse...
    Archimedes, De mensura circuli, tr Gerard of
    Cremona; CUg 504(271), 13c, ff. 108v-109v
    (CR B-57(10)); FN J.V.30, f. 92r (CR B-78(5))

Cuius artis instrumentum est astrolabium...
    Ea Q.352, 13-14c, ff. 110-112

Cuius(Huius?) autem egritudinis que est contra
...
    Thadeus, Curae: VAp 1363, 15c, ff. 234ra-247v

Cuius est imago hec et superscriptio...
    Jean Gerson, Adversus doctrinam medici Monte-
    pessulani sculpentis figuram leonis cum certis
    karacteribus: Brux 1471, 15c, ff. 165-166v;
    Brux 2257; BN 7292, ff. 356r-357r; CLM 3102,
    a.1483, f. 187rb-vb; T IV, 122-25, 131, n.34;
    Opera, I(1494), (ee7)v-(ee8)v; IAL A426, ff.
    (kk6)v-(kk8)r; Hain 7624, I, f.(T2,3), 3
    (Schulz)

Cuius est potentia eius...
    See 'Huius libri primum capitulum continet...'

Cuius nutu sermo recipit et doctrine perfectionem...
    Bartholomaeus de Sancta Sophia, Receptarium:
    VAp 1134, 15c, ff. 114r-126r

Cuiuscumque circuli descripti subduplum...
    FL Plut.29, cod.43, 15c, ff. 46v-52

Cuiuscumque circuli si vis diametrum invenire
...
    Bern 299, 10c, f. 41r

Cuiuscumque trianguli rectilinei quelibet tria...
    De triangulis *or* De tribus notis: Basel F.II.33,
    14c, ff. 129r-130r; Ab(1912), 127; ed. Bibl.
    Math. I(1900), 265, 380-90

Cuiuslibet arcus propositi sinum rectum invenire...
    Johannes de Lineriis, Canon on primum mobile:
    ed. Bibl. math. I(1900), 390-413; T III, 255;
    BN 7378A, 14c, ff. 46ra-52rb; VAo 1826, 14c,
    ff. 51ra-61va; VI 5337, ff. 169-170; etc.

Cuiuslibet arcus zodiaci ab initio arietis...
    Geo. Peurbach(?), Canones tabularum: Misc.
    astron.(Lambach), f. 31r(Schulz)

Cuiuslibet divisibilis extensi...
    Comm. de generatione et corruptione: Ome 272,
    13c, ff. 175-(191)

Cuiuslibet latitudinis incepte ab aliquo gradu
quocumque...
    (Johannes de Casali?), Quaestio de latitudinibus:
    VI 4217, 15c, ff. 154r-172r, 231-235v

Cuiuslibet planete assignatur triplex locus...
    Alkindi(?), Theorica planetarum: BMc App. VI,
    13c, ff. 63vb-70rb. See 'Cuilibet planete...'

*Cuiuslibet rei creabilis idea...
    Jo. Langton, Quaestiones: Tanner

Cuiuslibet rei doctrina tribus modis...
    De re medica: VI 5207, 15c, ff. 1r-103r

Cuiuslibet rotunde pyramidis curva superficies
equalis...
　　Archimedes, De curvis superficiebus (Joh. de
　　Tinemue, comm. Bk. I of De sphaera et cylindro):
　　ed. Osiris XI(1954), 295-358; Basel F.II.33, 14c,
　　ff. 151r-153v; Björnbo Ab(1912), 128

Cuiuslibet trianguli rectilinei quelibet...
　　See 'Cuiuscumque trianguli...'

Cuiusmodi medicus est qui ignorat astronomiam...
　　Ps. Hippocrates, Astrol. medic.: pr with Ganivet,
　　Amicus medicorum, 1550, p. 551; 1614, pp. 582-
　　617

Culmine honoris spreto...
　　Itinerarium Symeonis Semeonis et Hugonis
　　illuminatoris: CUe 407, 14c, ff. 1r-33v; ed
　　Nasmith, with William of Worcester, Cambridge,
　　1778

Culpat apostolus eos qui dies observabant...
　　Jean Gerson, Opusculum contra superstitiosam
　　dierum observationem: BN 7292, ff. 354r-356r;
　　Brux 1470; 2256; pr (Coloniae, c.1470); Opera
　　I (1489); Hain *7624; Pellechet 5230

Culta mihi nullas mea vinea protulit...
　　Marbod, De sterilitate vinae: ed. Endlicher,
　　Cod. philol. Vindob., p. 176(H)

Cum...
　　See also 'Dum...' 'Quia...' 'Quoniam...'

Cum a capite morbus oritur solet capud dolere
...
　　BN 11218, 8-10c, f. 50r(Beccaria 34,17); BMsl
　　783b, 15c, f. 92r-

Cum a communioribus inchoanda...
　　Laurentius de Laurentiis, Canones in motibus
　　planetarum Alphonsico ordine constituti: BLcm
　　357, 15c, ff. 1-(18); Björnbo (1912), 130-131

Cum a diluvio ad Christum sunt 3101 et dies
318...
　　Loca verificata pro anno 1340: Utrecht 725, 15c,
　　f. 200r-v

Cum a me claritas tua poposcerit...
　　Dominicus de Carpanis, Expositio preceptorum
　　Aristotelis de memoria et reminiscentia: GW
　　6138; Klebs 251.1

Cum a me de urinis satisfactum esse...
　　Michael Savonarola, De egestionibus: FR 868,
　　15c, ff. 195ra-208ra; pr Venice, 1498(Klebs
　　885.3; Yale 84; IAL S270)

Cum a nobis postulaverit dominatio tua...
　　Dominicus de Carpanis, De nutrienda memoria:
　　(Naples, 1476): AFML 138; GW 6139; Klebs
　　250.1; IAL C196

6

Cum a philosophis iam sit disputatum...
　　Marcus Scribanarius, Prediction for 1480: CLM
　　648, ff. 98r-114r; T IV, 451, 480

Cum a plurimis(pluribus) sepe amicis rogarer...
　　Hermannus Contractus, Compositio astrolabii:
　　CLM 14836, 11c, ff. 16v-24r; Avranches 235,
　　12c, ff. 54-58; BNna 229, 12c, p. 269; PL 143,
　　381-90; Isis 16(1931), 203-212; De mensura
　　astrolabii: Ome 259, 13c, ff. 42-(48); Gunther
　　II(1932), 404-408.　Text, 'In metienda igitur
　　...'

Cum a primo tanquam ab optimo...
　　On spirits distilled from wine ('extracta de libris
　　Hermetis'): BMr 17.A.III, late 14c, ff. 80v-81r
　　(DWS 41, 1000, vii); VAr 198, 14c, ff. 189v-
　　192v.　See 'Hec sunt verba que...'

Cum a principio optimo omnia consistant...
　　Raymond Gaufredi, De virtutibus aquae vitae *or*
　　Ars operationis: T IV, 16; anon. VAp 1144, ff.
　　145r-151r

Cum a teneris annis magnificentiam...
　　Nicoletus Vernia(Theatinus), Dedic. Comm.
　　Physics.　Text, 'Expositurus hoc anno...'

*Cum accesseris ad infirmum...
　　John Mirfeld, De signis malis (medical): ed.
　　P. H-S. Hartley and H. R. Aldridge, Johannes de
　　Mirfeld, 1936, 54-73

Cum accesserit ad regem et luna in Aquario...
　　Astrology: BN 7443, 15c, ff. 234v-248r

Cum accessisses nudius tertius ad...
　　Paolo Orlandini, Liber satyricus de notitia
　　futurorum contra astrologos: FLa 1875, 16c, 104
　　ff.; T IV, 702-703

Cum accidentia que ad se vertunt(convertunt,
pervertunt) curam...
　　Mundinus, De accidentibus: CLM 23912, ff.
　　263ra-(266); Ran 1283 (T.2.9), 15c, ff. 54-63r;
　　VA 10213, 15c, pp. 1-4; Lucca 421(B.305), 15c,
　　170v-173; ascribed to Mundinus de Lentiis: VA
　　2418, 14c, ff. 145ra-148rb; to Mundinus de
　　Forolivio: VA 10213, 15c, pp. 1-4, in 8 caps.;
　　to John of Paris: Prag 920, 15c, ff. 39r-44v;
　　anon. VI 5207, 15c, ff. 145r-149v

Cum acciderit hoc.　Accipe mel...
　　De libro falconarie de apparentibus egritudinibus:
　　Mi Trivulz. 695, 15c, ff. 42r-47v

Cum ad astronomie iudicia pervenire...
　　Guido Bonatti, Introd. sub breviloquio: BN
　　7327, f. 43-; VI 2359, ff. 51ra-52vb; Saxl(1927),
　　92; tract VI, Part I Liber introductorius, pr
　　Augsburg, 1491, f. 101v(IAL B757); Venice,
　　1506, (h 6)v-

Cum ad balnea veneris dimitte turbationes et iras animi...
> Prop.1, on baths of De mirabilibus et balneis Puteolorum, pr Naples, 1475, by Arnald of Brussels: Klebs 819.1; AFML 380

Cum ad corporis humani constitutionem...
> Super complexiones Galieni: CUg 111(180), 13-14c, pp. 172a-229b

Cum ad egros veneris et tumentem...
> Hippocrates, Prognostication from the blood: Berlin 165, 9-10c, f. 47v; Diels(1905), 53; Beccaria 6.31; 50.16

Cum ad egrotum accesseris...
> BMad 24068, 13c, ff. 53v-61r. See 'Cum accesseris ad infirmum...'

Cum ad egrum vocaberis adiutorium tuum sit...
> Quomodo medicus se gerere debeat: BMsl 7836, 15c, ff. 139r-146r

Cum ad locum unde flumina exeunt...
> Arnald of Villanova, Epistola ad regem francorum: †Metz 173, 14c, no.7, 17 nov. 1301(HL 28, 123-24)

Cum ad lune observationes necnon stellarum...
> Proclus Diadochus, De fabrica usuque astrolabi(i), tr George Valla: pr Venice, 1498, f. 30v(Polain 2800; Klebs 1012.1; IAL N33); Paris, 1546, ff. 54r-58v; etc.

Cum ad nos Paule epistola tua nuper ex Zelandia...
> Thomas Basin (1412-1491), Liber contra errores Pauli de Middelburgo: BN 4567, 15c, f. 1r-, Tabula capitulorum: f. 3r-, incipit as above

Cum ad nos pervenerint...
> Liber de secretis secretorum Galeni secundum sententiam Hippocratis: VI 5504, a.1464, ff. 147v-148v

Cum ad nos venisti dilectissime fili ac princeps...
> Raymond Lull, Ultimum testamentum ad serenissimum Carolum Regem: Artis auriferae, III (1610), 1-55; T IV, 26; FR 923(L.III.28), 15c, ff. 278r-293v, incomplete

*Cum ad notitiam impressionum habendum...
> Roger Bacon(?), In Meteora: BLd 190, 14c, ff. 38r-(43v); Little 408

Cum ad notitiam omnium artium...
> John of Lincoln(?), De septem floribus artis: BN 14005, 15c, ff. 107v-112v; Corbett I, 172

Cum ad sanctam fidem catholicam...
> Raymond Lull, Ars mistica: HL 29, 310

Cum ad sancti Marci bibliothecam pergerem...
> William de Bechis, De cometa: T IV, 417-18; TR 367; AIHS XI(1958), 230, n.20

Cum ad studiorum pristinam institutionem...
> (John) Argyropylos, tr Aristotle, Physics: FL LXXXIV, 1, 15c, f. 1-

Cum ad theologicam sapientiam firmiter...
> Nicolaus de Orbellis, pref. Compendium considerationis mathematice. Text, 'Sicut dicit philosophus sexto Metaphisice...'

Cum adverterem...
> See 'Cum animadverterem...'

Cum agendi modus et operandi necnon...
> Rolandus Scriptoris, Reductorium phisionomiae: T IV, 143

*Cum aggredi sufficienter determinare...
> Raymond Lull, Physica nova: Salzinger

Cum agitur de numeris aut igitur de eis...
> Tract. arithmeticus: BLd 190, 14c, ff. 66v-(69)

Cum aliquem pestis rapit eum talis(taliter) alterat...
> Antonius Guaynerius, De peste et venenis: BLcm 451, 15c, ff. 127-159; T IV, 670-74; pr Opera medica(Klebs 480.3-7; AFML 221-223; IAL G475-78); separately, IAL G482

Cum aliquid eorum que accidunt corporibus...
> Galen, De tumoribus preter naturam, tr Nicholas of Reggio: Opera, 1490, I, ff. 153v-155r. See 'Utrum aliquid eorum...'

Cum aliquid vis emere partem future adiunge...
> Astrology: VE fa 344(Val XI,104), 14c, ff. 63rb-65

Cum aliquis longa egritudine fuerit detentus...
> pr from BMar 295, 13c, f. 255r: Zeitsch. f.d.A., XV(1872), 454(Schulz)

Cum aliquis occultaverit tibi annulum vel quodlibet aliud...
> Dorotheus, Capitulum de occultatione annuli: Carmody 34-35

Cum aliquis semicirculus dividitur in duos arcus...
> I. Campanus of Novara, De figura sectoris: FLsm 216, 14c, ff. 33v-34r, in Björnbo(1912), 220; Thorn R.4°.2, 14c, ff. 36-39; VA 3098, 14c, f. 109ra-va; Isis 47(1956), 392
>
> II. Richard of Wallingford, Tractatus IV, 'De corda recta et versa', of the Quadripartitum: BMe 889, ff. 127v-133r; BN 7378, ff. 15r-25r

Cum aliquis tibi dixerit est quadratum equilaterum...
> Abubacer, De mensuratione terrarum, tr Gerard
> of Cremona: BN 7266, 14c, ff. 117ra-135rb;
> 7377A, ff. 43-58; Dresden C.80, 15c, ff. 385-
> 397v; Carmody 137

Cum aliquorum ignorantiam viderim...
> Albertus Magnus, Ars ciromancie: BN 7420A,
> 14-15c, ff. 130ra-131vb; T V, 674

Cum alopicia nomen sumat...
> De aegritudinibus particularibus: VAp 1234, 14-
> 15c, ff. 23r-42vb; BMr 12.G.XII, 15c, ff. 103r-
> 189v, 'pars ii-pars v', of 'Introductorius medi-
> cinalis Arnaldi de Villa Nova,' 'pars i, cap.5-pars
> vi, cap.8': but not found in his Opera (Catal.
> Royal MSS II,73)

Cum anima sit aliorum cognoscitiva...
> Siger de Brabant, prol. Quaestiones de anima
> intellectiva. Quaestio I, 'Circa primum sciendum
> ...'

Cum animadverterem colendissimi...
> Paulus Suardus, Thesaurus aromatariorum: pr
> Milan, 1496; with J. J. de Manliis de Bosco,
> Luminare maius, 1528, ff. 1r-30r

Cum animadverterem modernorum figmenta...
> Heymericus de Campo (Aimeric de Campen,
> rector Louvain 1435, died 1460), Problemata
> inter Albertum Magnum et Sanctum Thomam
> ad utriusque opinionis intelligentiam: Hain
> *4302; anon. Quaestiones de Aristotelis Pro-
> blematibus: Prag 914, ff. 98r-165v, dated 1465;
> Prag. cap. M.LV.v.J.1455, ff. 18r-87v(Podlana
> n.1411; II,302) (Schulz)

Cum animadverterem nobilem scientiam apud
homines...
> Liber de pratiqua aquarum Roris madii datus
> pape Bonifacio VIII a domino Johanne, his
> nephew: T III, 53, n. 6, from BU 168(180),
> 15c, ff. 5r-11; ascribed to Gulielmus Parisiensis:
> BLas 1450, 15c, ff. 14-18(DWS 153, iii)

Cum animadverterem nobilem scientiam apud
Latinos...
> Michael Scot, Ars alchemie: Isis X(1928), 350-
> 59; XIII(1929), 5-15; DWS 153; ed. Osiris
> V(1938), 523-559

Cum animadverterem plures medicorum in
exhibitione medicinarum...
> Gerardus Hispanus, Flores astronomiae (astro-
> logical medicine): BLd 29, 15c, ff. 162r-167r;
> TR 219

Cum animadverterem quam violenter quam
inprovide...
> (Ant. de Guayneriis), Tractatus in duas partes
> divisus de peste et de venenis ad Philippum ducem
> Mediol.: VAp 1098, 289va-338v. Text, 'Cum
> aliquem pestis rapit eum...'

Cum animadverterem quamplurimos de infirmitatibus oculorum...
> Delisle III, 91b

*Cum animadverterem quamplurimos magistros
et scholares...
> John Danco of Saxony, Almanach secundum
> tabulas Alfonsinas compositum et annis 1336-
> 1380 meridianoque Parisiensi accomodatum: T
> III, 264-65; Ea F.386, 14c, ff. 62r-108(ColR 72,
> 15); CUg 110(179), 14c, pp. 199-201; CUg
> 174(95), 14-17c, ff. 93-95; Girolla 67

Cum animadverterem quamplurimos medicorum
non solum iuniores...
> Speculum medicorum: Prag 2673, 13c, ff. 27r-
> 50r; FL 73, 19, 13c, f. 35; Bruges 471, 13c, ff.
> 53r-70v; VE VII.17(XII, 4), 14c, ff. 122-123;
> BLr C.235, (11), 13c, ff. 9r-31v; BMsl 420, 13-
> 14c, ff. 269r-276r; BMr 12.E.XXII, early 15c,
> ff. 18r-(103v); etc. Catal. Royal MSS, II, 58.
> AL 1546. Prol. 'Ne tibi displiceat...'

Cum animadverterem quod quamplures medici
cirurgici...
> See 'Sublimis creator...'

Cum animadverterem quoniam(?) creature essent
in contemplationem...
> BN 7377B, f. 127v. See 'Hoc novum opus-
> culum...'

Cum animadvertissem quoddam...
> Georgius Peurbach, Fabrica et usus instrumenti
> pro veris coniunctionibus et oppositionibus solis
> et lunae: VI 5203, a.1456, ff. 67r-69v; anon. VI
> 5303, 15c, f. 99

Cum animum antea applicuerim ad te...
> John of Arezzo, pref. De medicine et legum pre-
> stantia: T (1929), 28. Text, 'Sepenumero con-
> fabulari...'

Cum annis plurimis super secretorum nature
indagine...
> Pref. Dialogus inter naturam et filium philo-
> sophiae: BMst 1070, 15c, ff. 65-74v(DWS 704);
> Ze II, 86-109

Cum anno currente millesimo trecentesimo
trigesimoquinto passagium...
> Guido de Vigevano, Texaurus regis Franciae
> acquisitionis terrae sanctae de ultra mare necnon
> sanitatis corporis eius et vitae ipsius prolongationis
> ac etiam cum custodia propter venenum: BN
> 11015, ff. 32ra-53va(T III, 26; Archiv VII, 2-4)

Cum anno elapso 1496 morbus quidam sevissimus mortales. . .
Coradinus Gilinus, De morbo gallico: CPh; (Klebs 463.1; IAL G284)

Cum anno superiori tempore quo literarum studiis. . .
Paul of Middelburg, Prediction for 1480 (with criticism of Bianchini): CLM 648, ff. 33r-75r; T IV, 451, 479-80, 560-61

Cum annos arabum et menses et per consequens. . .
De eclipsi solis et lune: FNcs J.II.10, late 13c, ff. 209r-214r, Björnbo(1912), 199

Cum antimelon(*sic*) libros. . .
Liber quid pro quo *or* Liber Rogerine: Prag 2614, 13-14c, ff. 64v-66r. See 'Quoniam Antibalomenon. . .'

Cum antiqui seculi homines viderent. . .
Theorica solis et lunae: VE VIII.34(XI,80), 16c, ff.1-51

Cum apparuerint ab omni re. . .
Regimen infantium secundum Avicennam: CLM 363, 15c, ff. 104-105v

Cum apud cossnos(?) aliosque peritos mathematice discipline. . .
Algorismus, prol.: CLM 26639, f. 8r

Cum apud gentes diversas. . .
Quid pro quo: Basel D.I.18, 14c, f. 104rb-va

Cum apud te detentus. . .
See 'Animadvertendum est autem. . .'

Cum argueret rector studii in circulis. . .
Ioannes Marlianus and Ioannes Arnulfus de Arculis, Argumenta de reductione aquae calidae ad frigiditatem, de spasmo et de evacuatione: VE VI.105(X,218), 15c, ff. 12ra-23ra (ColR 26); T IV, 207-08; Clagett(1941), 28, 33, 65-78; Klebs 666.1(CR C-5)

Cum arismetrica videlicet ars numerandi. . .
BN 7437, 15c, ff. 101v-119r

Cum Aristotelice iam ad populum predicanti. . .
Auctoritates philosophi, prol.: Ghent 13(356), 15c, ff. 1r-27v

*Cum ars astronomie sit grandis. . .
Michael Scot, prol. Liber particularis. Text, 'Cronica Grece Latine dicitur series. . .'

Cum ars venandi cum avibus. . .
See 'Intentio vera nostra. . .'

Cum artifex medicine intendit aliquid. . .
Arnald of Villanova, De consideratione medicine: BN 17847, 14c, ff. 57ra-81va; VAp 1180, 15c, ff. 118r-146r; VAp 1229, 15c, ff. 81ra-136va; CLM 14245, a.1474, ff. 40v-77r; HL 28, 57; Opera, 1504, ff. 90ra-103vb

Cum artis medicinalis due partes dicuntur. . .
BMsl 418, ff. 322r-325r, 'Explicit parva summa magistri Rogeri de dosi.'

Cum artis medicinalis due (sint) partes. . .
Roger Baron, Rogerina minor aut parva: Bruges 470, 13c, ff. 95ra-104vb; Carpentras 318, 13c, ff. 77-79; Practica Rogerina: CUg 117 (186), 13c, pp. 190a-199b; Wi 57, 15c, ff. 317va-321ra; HL 21, 530; Catal. Royal MSS, II, 21, identifies as caps. 1-3 of tract IV, in Practica medicinae, printed in Cyrurgia Guidonis de Cauliaco, Venice, 1498(Klebs 494.1; IAL G510)

Cum ascendit planeta. . .
Danzig F.238, 15c, ff. 178-179(Zi 8252)

Cum ascensiones signorum. . .
Ea Q.374, 14c, ff. 168v-169(Zi 11872); CLM 29081, 14c, nos.6, 7; Melk 51, 15c, ff. 9-16v(Zi 545, 888); VI 5228, ff. 103-105(Schulz)

Cum aspicerem Aldebaran vidi eum in 15° Arietis. . .
Hermes, On fifteen stars: BE 963, 15c, ff. 105ra-106va; T (1947), 224-25; Delatte 239

Cum astrolabium componere velis accipe. . .
CLM 27001, 15c, ff. 2r-7r; Wo 3778, 15c, ff. 33-37v

Cum astronomia sit grandis. . .
See 'Cum ars astronomie. . .'

*Cum astrorum scientia difficilis(difficilius). . .
Messahala, Libellus de intentionibus secretorum astronomiae *or* De cogitationibus ab intentione, 12 caps.: ed. Osiris XII(1956), 56-62; Carmody 28-29

Cum auctor universitatis deus in prima mundi origine. . .
Trotula, prol. De passionibus mulierum: Ea Q.204, 12-13c, ff. 95v-97v; Q.15, 13-14c, ff. 61-71v; Basel D.II.17, 13c, ff. 24ra-52rb; BN 7056, 13c, ff. 77rb-84va; Cambrai 916, 13c, ff. 214-224; CUg 84(166), 13c, ff. 227ra-241ra; Rouen 981, 13c, ff. 125-138; BMr 12.B.XII, ff. 88-(93); FL Plut.73, cod.37, 13c, f. 1. Other MSS and eds. listed Catal. Royal MSS II, 13-14; AL 688; James 481, 482; pr Experimentarius medicinae, 1544; Medici antiqui, Venice, 1547, f. 71; C. Wolphius, Basel, I(1586), 89-127; Spach, 1597, p. 42; Pagel-Sudhoff, Handbuch, III (1922), 186. Text, 'Si igitur deficiunt menstrua. . .'

Cum audissem Cononem mortuum esse...
　　Archimedes, De quadratura parabolae: tr Jacobus
　　Cremonensis: VAu 261, 15c, f. 115v; VE fa 327
　　(XI,1), 15c, ff. 184-193

Cum autem... turn to the next word of the
incipit under Cum...

Cum Boetius Rome degeret Pythagoras...
　　Libellus artis musicae: VE VIII.6(XX,4), 14c

Cum bonorum atque honorabilium cognitionem
esse arbitremur...
　　Aristotle, De anima, tr Geo. Trapezuntius: CUad
　　6190, 15c, ff. 111r-126r; CLM 177, ff. 60v-67v
　　(Schulz)

Cum breviter contra quasdam conclusiones a
Iohanne Mirandulano...
　　Bernard Tornius, Quaestio de reduplicatione cor-
　　porum: T (1929), 295

Cum calcem feceris pone...
　　De decem gradibus: VAp 1332, 15c, ff. 11v-12r

Cum calcem solis vel lune que remanet...
　　Leonardus, Doctrina de reductionibus corporum
　　calcinatis: VA 4092, ff. 80ra-94ra

Cum causa esset veritatis achimi scire magisterium Ego Alanus...
　　Alanus, Liber alchemisticus: CLM 455, 15c, ff.
　　119v-122v; T III, 140; IV, 338

Cum causa urget dignitatis...
　　John Baldus, De electione medici: T (1929), 27;
　　ColR 18

Cum causam signum et curam secundum...
　　Hermannus, Practica in medicina: Art ancien 17,
　　15c, ff. 1r-23r

Cum Cechin venissem et more solito...
　　Liber astrologiae Georgii Zothori Zapari Fenduli,
　　Prol.　Text, 'Inter omnes antique...'

Cum celestium sperarum diversam positionem
...
　　Rudolf of Bruges, Astronomical instrument of
　　Maslama, dedic. John David: Haskins 56; BMc
　　Vespasian A.II, 12-13c, ff. 35rb-37va; BLd 51,
　　13c, ff. 26-(28); BN 16652, f. 24r; Bubnov 114-
　　15; Speculum 34(1959), 22

Cum celum sphericum esse...
　　Celestial sphere: Mainz D.593, a.1477, ff. 2-8v
　　(Zi 4489)

Cum cernens planetarum cursus libris perlectis
...
　　Thebit ben Corat, Images, tr prol.?: Mi A.183,
　　inf., 14c, ff. 73vb-74ra; T (1947), 231-32.　See
　　'Cum ceteris...'

Cum ceteris astronomie libris perlectis veluti
cursuum planetarum...
　　Thebit, De imaginibus, tr prol.?: Ea F.380, 14c,
　　ff. 139v-140; BN 7282, ff. 29ra-31va; Carmody
　　125-26

Cum cibaria in sua substantia diversis...
　　Isaac, Dietae particulares, tr Constantinus Afri-
　　canus: BMsl 3282, 13-14c, ff. 47ra-89ra; Brux
　　14309, 14c

Cum circa introductiones multa...
　　Petrus Hispanus, Comm. Galen, Microtegni: Ma
　　1877, ff. 48r-109r; Grabmann(1928), 101

Cum circa medicinas laxativas tam simplices...
　　De dosibus medicinarum: Ea Q.193, 13-14c, f. 1

Cum circa omnes doctrinas quarum sunt
principia...
　　Aristotle, Physics, tr Joh. Argyropulos: VAu 184,
　　15c; 210, 15c, f. 2; FL 84, 1, item 7; 89 sup.47,
　　72(Bandini III,234, 313, 335(Schulz); Opera,
　　Venice, 1496; ff. 4r-61v(Schulz); (GW 2341;
　　Klebs 82.7; IAL A865); Venice 1505; 1507; De
　　naturali auscultatione libri VIII, Paris, 1548;
　　Aquinas, Opera, 1660, II

Cum ciromancia sit effectus scientie alicuius...
　　BN 7420A, 14-15c, ff. 136r-138v

Cum clausa esset via veritatis alchymistici...
　　George Ripley, Clavis aureae portae: Opera,
　　1649, pp. 226-95; Alanus: Breslau R454

*Cum clausa esset via veritatis sapientibus...
　　Ps. Aristotle, De pomo, tr from Arabic: BMr
　　12.C.XX, 15c, ff. 114-(121); T II, 254; CUmc
　　154, 13c, f. 241v; AL 196; Wo 525, 14c, ff. 176-
　　177; Opera, 1496, ff. 370r-373v; (GW 2341;
　　Klebs 82.7); and separately, (Cologne, 1474)
　　etc.; GW 2450/51(Schulz); Klebs 94.1-2.
　　Pref. 'Cum homo creaturarum...'

Cum cognitio habeatur de re...
　　Remigio Girolami, of Florence, Divisio scientiae:
　　FN 910.c.4, ff. 1-7

Cum cognovimus qualiter Hippocrates de
augmento...
　　Galen, De catarticis: Ran 1481(V.2.18), ff. 127v-
　　145r; Opera, 1490, I, 167r-v; 1515, II, 157-
　　158r

Cum cognovissem meos et alienos errores...
　　Liber alchimiae ab amore charitateque editus:
　　FNpal 945, 16c, ff. 186r-206v; Ambix V(1956),
　　105

Cum communis usus medicorum...
　　Gentile da Foligno, De syrupis acetosis: Danzig
　　Mar F. 200, ff. 131-134(Schulz)

Cum congregati essent philosophi coram...
　　Haly, Liber de lapidibus animalium: Liége 77,
　　14c, ff. 152v-154r; AL 177; Rose(1875), 382-83

Cum coniuncta fuerit luna alicui planete...
　　Capitulum Zaelis in interrogationibus: BLcm
　　517, 15c, f. 27va-b

Cum considerarem optica Tholomei necessaria
　　...
　　Ptolemy, Optics, tr Eugene of Palermo: ed. G.
　　Govi, Turin, 1885; A. Lejeune, Louvain, 1956

Cum consonantia plurimorum philosophorum de
naturali philosophia...
　　Arnald of Villanova, Verba commentatoria (al-
　　chemy): VE VI, 214(XVI,3), a.1472, ff. 60v-
　　91r(T III,675)

Cum constet hominem cunctis sibi...
　　Nemesius, prol. Premnon Physicon, tr Alfanus.
　　Text, 'A multis et prudentibus viris...'

Cum continuatur inter punctum aliquod et
lineam...
　　Apollonius of Perga, De conicis, fragment, tr
　　Gerard of Cremona: BMc Vespasian A.II, 12-
　　13c, ff. 139ra-vb, 144v-145v; VAr 1253, 14c, ff.
　　62r-63r(CR B-65 (3); BN 9335, ff. 85v-86r
　　(CR B-71 (24)

Cum convenissent maligni spiritus...
　　Honorius magister Thebarum, liber Juratus:
　　T II, 281, 283-89

Cum cor et epar tante principatus...
　　BLb 608, 15c, ff. 412v-416v

Cum cor humanum ex illis...
　　See 'Cunctis presentem cedulam...'

Cum coram maiestate vestra gloriosissime...
　　Leonardo Pisano, Flos super solutionibus quarun-
　　dam questionum ad numerum et ad geometriam:
　　ed. Boncompagni, Scritti di Leonardo Pisano,
　　II(1862), 227-52

Cum corporee substantie deo condite in tria...
　　Galen, Opes alkymie: BN 7162, 15c, ff. 15r-19r
　　(Corbett I,109)

Cum corporis cognitio ex partium notitia...
　　Petrus Hispanus, Anathomia: Giacosa 492

*Cum corpus curas studeas subducere curas...
　　Alexander Neckam, De commendatione vini: BN
　　11867, 13-14c, ff. 214va-218va; CU 1611
　　(Gg.VI.42), 14c, ff. 224v-232r

Cum corpus habes corruptibile...
　　See 'Alexander Cum corpus...'

Cum corpus humanum corrumpatur propter...
　　Medical extracts from Aristotle, Secretum se-
　　cretorum: BNna 711, 15c, ff. 2r-(25v); CU
　　Ee.III.58, 15c, f.99(Atk); Documenta de con-
　　servatione sanitatis: pr (Antverp, 1491): GW
　　2485; Klebs 96.5

Cum corpus humanum de variabili...
　　Ricardus Anglicus, Quaestiones in aphorismos
　　Hippocratis: Wu M. p.med. Q.1, 13c, ff. 67r-
　　108r

Cum corpus humanum debili coagulatione...
　　Cardinalis, Glose supra amphorismos Ypocratis:
　　Cues 222, 15c, ff. 107-143v

Cum corpus in natura(?) sit mobile est subiectum
philosophie naturalis...
　　William Dalling, Quaestiones in Aristotelem de
　　generatione et corruptione: CUg 512(543), 14c,
　　ff. 183ra-192ra(195).　MS is in very bad state

Cum crisis morbi pestilentialis plus attinet morti
quam saluti...
　　Albertus, Consilium ad pestilentiam a.1348:
　　Archiv VI, 316-17

Cum cuiuslibet gradus scire volueris sinum...
　　(Arzachel), De inventione sinus et declinationis
　　per kardagas: BN 7266, f. 137va; CU 1935
　　(Kk.I.1), ff. 118ra-119rb; Ea Q.376, c.1349,
　　ff. 116r-117v; BN 7290A, ff. 62-63

Cum cuiuslibet planete...
　　Er 917, 15c, ff. 178-180(Zi 9945)

Cum cuiuslibet planete medium cursum...
　　VI 2406, 15c, ff. 1-102v(Zi 5000)

Cum cuiuslibet scientie tria sunt...
　　(Petrus Hispanus), Quaestiones super libro de
　　crisi et super libro de diebus decretoriis (Galeni):
　　Grabmann(1928), 102

Cum cuiusque planete medium cursum libuerit
invenire...
　　BNna 1404, early 14c, f. 3r-.

Cum cunctarum rerum in primordio creationis
　　...
　　Phylippus Peregrinus, De cometa qui anno 1472
　　apparuit: VAp 1438, f. 42r-v; AIHS XI(1958),
　　241

Cum cupivi veritatem et disciplinam...
　　De fractura cranei: FLa 143(217-149), 15c, ff.
　　99v-106v.　This is from Leonard of Bertipaglia,
　　Chirurgia, 'Concupivi veritatem...': T (1929),
　　72, n.25

Cum curialibus laboribus et negotiis...
　　Conrad Heingarter, Iudicium anni 1476: T IV,
　　360-61

Cum cursum lune scire volueris...
    BLd 147, 14c, f. 124v; Boston Medical 20, f. 48r; Carmody 65

Cum de arte musice tractare debeamus...
    Johannes Verulus de Anania: Coussemaker III, 129-177

Cum de ceteris animalium partibus tum summatim tum singulatim...
    Aristotle, De generatione animalium, tr Theodore Gaza: pr Venice, 1476, etc.(Klebs 85.1-4; AFML 47-49; IAL A870-73); Opera, Greek-Latin, Lyons, 1590, I, 640-702(Schultz)

Cum de cibis et potibus...   James 481

*Cum de compositione machine mundane...
    Grosseteste, De sphera, abbrev.: BLd 98, 13-15c, ff. 168-(171); Beiträge IX(1912), 60*, n.3; Thomson 119. See 'Intentio nostra in hoc tractatu...'

Cum de constellationibus Egyptios imitantes nativitates satis dilucide...
    Aristotle or Ptolemy, De electionibus (and interrogations) alius liber: BMc App. VI, c.1300, ff. 13rb-20va; T II, 256, n.1

Cum de coquina atque diversitate ciborum...
    Halberstadt 97, 14c, (a)(Schulz)

Cum de corpore mobili simpliciter...
    Robert of Abberwick, De generatione et corruptione: Ob 313, 13c, ff. 158-(163v); Russell 127

Cum de egritudinibus singularum partium corporis...
    Curae magistrorum Salernitanorum: BMsl 430, 14c, ff. 61r-63v, unfinished

Cum de egrotantium accidentibus...
    Galen, (comm. Hipp. de acut. victu): Upsala C 661, 13c, f. 273; Diels(1905), 103; Hippocrates, Liber regiminis acutorum: BLcl auct. cl. 272, late 14c, ff. 93r-96r

Cum de figura maris aenei inter barbaros...
    Johannes de Muris, Demonstratio quantitatis et figurae maris aenei Salomonis(Dec. 1324): T III, 301

Cum de generatione et corruptione sit eorum pertractandum...
    Aristotle, De generatione et corruptione, tr Andronico Calixto Byzantino: Na VIII.E.18, ff. 115v-135v(Schulz)

Cum de infrascriptis aquis distillationibus...
    Frater Elias, De elixir ad album et rubeum: T III, 347; DWS 172; III, 1131; BU 138(104), 15c, ff. 241v-244v, 'explicit ars maior et minor philosophorum'; Vade mecum: VA 4092, ff. 183v-191r

Cum de latinis nullum invenire possem...
    Salomon amico Saphiro, Opus dissolutionis omnium corporum metallorum: BMad 10764, 15c, ff. 169-174v(DWS 148)

Cum de medicorum variis ingeniis...
    Fernandus Cordubensis, De secretis humane dispositionis per urinam dignoscendis ad...Guidonem Barbuti: VAr 1773, ff. 49r-61r; T IV, 487; BEC 62(1901), 537-42

Cum de natura humana opus nuper a me...
    Antonius Zeno, dedic. to Victorius Pisanus: Venice, 1491-1492. Text, 'Cogitanti presentem ...'

Cum de naturis et stellarum proprietatibus...
    Johannes de Bossis, On comet of 1472: CLM 23883, ff. 1r-7r; T IV, 422-24

Cum de naturis stellarum fixarum...
    Astrology: Millás(1942), 220; Toledo Cath. 98-27, 15c, f.128r

Cum de plana musica quidam philosophi...
    Johannes Hanboys, prol. Super musicam continuam et discretam. Text, 'Mensurabilis musica est cantus...'

Cum de ponderibus utilis sit distinctio...
    Roger Bacon, Epist. III ad Ioh. Parisiensem: DWS 192; Little, 398; anon. CUad 4087, 14c, ff. 218v-230r

Cum de primis nature causis atque omni...
    Aristotle, Meteorologica, tr Matteo Palmieri: VAu 184, 15c, f. 388; Na VIII.E.18, ff. 137r-173v(Schulz)

Cum de quibusdam fratribus...
    See 'Cum fratribus adolescentioribus...'

Cum de quovis planeta utrum stationarius sit...
    BN 7432, 15c, ff. 237r-238r; 7197, 15c, f. 68v (5 lines only)

Cum de simplicium farmacorum specie et virtute scribere cepimus...
    Galen, Sex particulae ultimae libri (*or* Sex libri posteriores) De simplici medicina, tr Nicholas of Reggio: BN 6865, 14c, ff. 15-53; T (1946), 40

Cum de sole ignem volumus habere...
    Douai 882, 12c

*Cum de sublimi(sublimiori) atque precipuo rerum effectu...
    Ps. Aristotle or Rasis, Lumen luminum: Steinschneider(1906), 8; T III, 651, 653; DWS 113; Corbett I, 28, 72, 89, 168; Osiris VII(1939), 61-65; tr Raymond of Marseilles, Theorica occultorum: Cues 299, 14c, ff. 85-96v; T IV, 17-18

Cum de urinis agere debe(a)mus videndum est
. . .
>Johannes Platearius, Regulae urinarum: VI 96,
>14c, ff. 20v-22v; VI 5305, a.1459, ff. 21v-22v;
>ascribed to Maurus: Delisle III, 91a; Renzi IV,
>409-12; anon. BLd 79, 13c, ff. 26v-(34); CUk
>21, 13c, f. 45(Atk); CUt 918 (R.XIV.48), 15c,
>ff. 90r-94r

Cum de utilitate corporis hominis olim tractaremus. . .
>Medical extract from Aristotle, Secretum se-
>cretum. Prol. of John of Seville: Speculum
>34(1959), 24-27; Revue d'histoire ecclésiastique,
>LV (1960), 500-501

Cum debeamus apes imitari que. . .
>John of Wales, prol. Floriloquium: HL 25,183.
>Text, 'Cum ex vita honesta. . .'

Cum debeamus non inmerito apes imitari. . .
>De philosophia et philosophis: KlaS Pap.171,
>15c, ff. 201r-267r; St Florian 105, a.1460, ff.
>275-354; CLM 18464, a.1465, f. 63(Schulz)

Cum decem sint genera pulsuum. . .
>Walter Agilon, Liber de pulsibus: Wickersheimer
>172; CUt 1153, a.1450, f. 99r-v; HL 21, 411-15;
>KlaS Pap.167, 15c, ff. 123v-125v

Cum decertarent inter se aliquando superiora
simul atque inferiora. . .
>Mapheus Vegius, Disceptatio inter terram solem
>et aurum: Metz 482, 15c, ff. 147r-167v

Cum dei benedictione sumo de succo mali-
granati. . .
>Medicina Aristotelis ad Alexandrum(?): BMsl 59,
>15c, ff. 203-206; OHI V, 99

Cum delectabile sit homini pluriumque. . .
>'Equatorie': BN 10266, f. 50

Cum deo adiuvante et de ipso certamen. . .
>Epistola. . .quantis annis latuit medicina: BN
>11219, 9c, ff. 43rb-45ra(Beccaria 35, 27)

Cum deo date usi. . .
>Geraldus Linc., Speculum orbis: VAp 1399, 15-
>16c, ff. 15r-16v

Cum desiderabili prosperitis. . .
>CUc 335, 15c, f. 123r

Cum determinare velim de ciromantica dicam
primo quid sit. . .
>Chiromancy: T V, 674-75; Ea D.17, 13-14c,
>ff. 17-27; VI 4007, 15c, ff. 73-77

Cum determinare velim de duodecim. . .
>De duodecim signis ad membra hominis: Ea
>Q.369, a.1326, ff. 14-15(Zi 11871)

Cum determinatum sit superius de anima. . .
>Super librum de differentia spiritus et animae:
>CUpet 143, c.1400, ff. 43-44

Cum deus et natura pro communi hominum
utilitate. . .
>Georgius Franciottus, De balneo Villensi in agro
>Lucensi posito, a.1471: De balneis ff. 157v-180v

Cum deus in prima. . . See 'Cum auctor. . .'

Cum deus ineffabili misericordia corpus perfectum. . .
>Rufinus, De virtutibus herbarum: ed. T (1945)
>from FLa 116(189-121), 14c (unique MS)

Cum deus sit altitudo et profunditas. . .
>Tractatus artis inferioris astronomiae: Budapest
>272, 15c, ff. 2-76. See 'Sphera inferioris. . .'

Cum deus universi conditor orbis hominibus
subtiliter rerum naturas. . .
>Venancius de Moerbeke, De presagiis futurorum:
>Ghent 5, a.1479, ff. 109r-125r; AL 176

Cum devotione presens scriptum tam vestre
petitioni. . .
>Peter of Abano, prol. De venenis. Text, 'Quia
>venenum oppositum. . .'

Cum diatessaron consonantia constet sesqui-
tertia. . .
>De ratione proportionis minoris semitoni: Brux
>4503, 10c, ff. 41v-43; 10162-66, 15c, ff. 97-98v
>(Silvestre 150)

Cum dicis unum minimum in leva digitum. . .
>Computus digitorum; Catedral de Burgo de
>Osma 7, 12c, ff. 57r-60r; a chapter from Bede,
>De temporum ratione: VAb 92, 12c, ff. 47v-48v
>(Silverstein, 28); PL 90, 689-92; Jones 21-22

Cum dictum sit de virtutibus quarundam
herbarum. . .
>De lapidibus experimenta: Wo 3650(60.15.Aug.
>4to), 14-15c, ff. 207v-210. This is Book II, of
>the Experimenta or Secreta ascribed to Albertus
>Magnus

Cum dictum sit in superioribus quod omni
ingenio. . .
>Antonius Gazius, De somno ac eius necessitate
>quidque faciat ad bonam digestionem: pr Con-
>stantinus Africanus, Operum reliqua, Basel, 1539,
>pp. 347-361(Schulz)

Cum dictum sit musicam in numero. . .
>De musica mensurabili: Coussemaker III, 398-
>403

Cum dieta et medicina...
    Libellus de modo medendi: James 428

*Cum dignum sit dignis...
    John Dastin, Practica alchem.: Tanner, DWS
    281,iv(ColR 131)

Cum diis parentibus et magistris pretium...
    Dominicus de Ragusia, extract from Peter of
    Abano, De venenis: BHM VII(1939), 992

Cum diligentissimi nature rerum indagatores
maiores nostri...
    Carolus Bovillus, De const. et utilitate artium
    humanarum: GW 4975

Cum directiones seu notitia directionum sit
utilis...
    De directionibus per instrumentum quod dicitur
    directorium planetarum: CUg 110(179), 14c,
    pp. 39-40

Cum dispositionem aeris ad aliquod certum
tempus...
    Grosseteste(?), Weather prediction: CUc 424,
    14c, ff. 20v-21r; BLas 191.I, f. 55v; BN 7443,
    f. 7; Beiträge XI, 49; Thomson 104

Cum dispositionem aeris ad certum...
    Campanus of Novara: BMsl 332, 15c, f. 16r-v
    (ColR 70)

Cum dispositionem pronosticare volueris...
    'Pronosticatio Campani': BLas 345, 14c, ff. 23v-
    24r

Cum dispositionem temporis ad quemlibet...
    VAp 1416, 15c, f. 72r

Cum disputationem simplicis medicine liber
prout ratio...
    Constantinus Africanus, De gradibus simplicium:
    Opera, Basel, 1536, pp. 342-387(Schulz). See
    'Quoniam simplicis medicine...'

Cum diu sepe dubitarem an tabella que solis
altitudines...
    Georgius Peurbach, Compositio tabulae altitu-
    dinis solis ad omnes horas: VI 5203, 15c, ff. 54r-
    58v

Cum diutissime Federicus imperator Rome et
semper Augustus...
    Michael Scot, De mundi mirabilibus: Budapest
    157, 15c, ff. 66-83; is closing part of Liber parti-
    cularis, Haskins 292-98

Cum diuturno tempore sedulus mecum...
    Cassius Felix, De medicina: ed. V. Rose, Leipzig,
    1879; Beccaria 130; CU 1497(Gg.III.32), 15c,
    ff. 61r-94r

Cum diversa diversi scripserunt de arte ciromantie...
    VI 5307, 15c, ff. 121r-139r. See 'Cum diversi
    diversa...'

Cum diverse sint egritudines corporis humani...
    De morbis: BLas 1391(g), 15c, ff. 1-7

Cum diversi diversa (loquuntur) de arte chiromantie...
    Chiromancy: T V, 674; CLM 125, a.1486, ff.
    301ra-303va; 657, f. 160r; BE Fol.60, 15c, ff.
    232r-237v(Schulz); pr Ulm, 1490 as Cyromancia
    Aristotelis, GW 2358; Klebs 86.1; IAL A877

Cum diversi diversas opiniones et operationes
posuerunt in arte...
    Liber Ebubacre, Alchemy: BU 139(105), 14c,
    pp. 149-234; Ambix V(1956), 91

Cum diversi planete diversos humores aspiciant
oportet attendere...
    CLM 11067, 15c, f. 72ra-b(Zi 8253)

Cum divina providentia mundus constet ex
quatuor elementis...
    Birds, augury, planets: BN 7337, pp. 181-196

Cum divina (ut par est) providentia universum
...
    Proclus Diadochus, Hypotyposis astronomicarum
    positionum, tr George Valla: Opera, Basel, 1541,
    pp. 377-428

Cum diviseris circulum signorum certissime
oportet (debet te postea)...
    Inscriptio stellarum per distantiam ab ecliptica:
    CLM 353, 13c, f. 54ra-v; part(?) of Messahala,
    On the Astrolabe: CU Ii.III.3, 14c, f. 65; f. 73

Cum divisoris circulum...
    On the astrolabe: Melk 51, 15c, f. 17v(Zi 889)

Cum dixissem in hiis que de anima...
    Aristotle, De sensu et sensato: Millás(1942), 54

Cum dixisset de vegetativa anima...
    Joh. Grammaticus(Philoponus), In III lib. de
    anima: AL pp. 97-98, 202-203, cod. 1242

Cum dixisset in hiis que de anima...
    Alexander of Aphrodisias, Comm. De sensu et
    sensato: AL pp. 97, 200

*Cum doctor sive predicator evangelicus...
    John of Wales, prol. Collationes sive Communilo-
    quium de regimine vitae humanae. Text, 'Et
    quoniam respublica...'

Cum dudum ab Anglia me causa studii...
    Daniel of Morley, Philosophia: T II, 171-73;
    ed. Archiv für Naturwiss., VIII(1918), 6-40

*Cum due sint considerationes de mobili simplici...

Albertus Magnus, De generatione et corruptione: Oma 174, end 13c, ff. 61ra-76va; VE VI.20 (XII,11), 14c, ff. 55-62; Brux 1200, a.1417, ff. 101va-149ra; VAu 194, 15c, f. 55; AL 331, 1301, 1303; BN 4846, f. 289; CLM 2984, 15c, (Schulz); anon. BN 6510, 14c, ff. 129v-158r; BN 6530, 15c, ff. 289vb-319vb; pr Venice, 1495 (GW 613; Klebs 16.1; IAL A222); Borgnet IV, 345-476

Cum ea diurna legendi consuetudine ac studio ...

Comm. Aristotle Meteor.: BN 6548(de Marinis II,16)

Cum ea que in oculis alba sunt in rubeda mutata fuerint...

Note following Gerard of Cremona, tr Avicenna, Canon: Mi C.292 inf., ff. 308va-309va

Cum ea que sunt in tractatione...

Hippocrates: Zurich B.245(790), 15c, ff. 76r-80v

Cum ea que sunt utilia in curatione inveniri non possunt...

Quid pro quo: BLd 69, c. 1300, ff. 172va-173vb

Cum eclipsim lune et eius quantitatem...

Peter of St. Omer, On eclipses: FN II.iii.24, 14c, ff. 206rb-208rb; Isis 50(1959), 37, n.32; anon. Delisle, III, 89a

Cum ego de voluntate divina de regione...

Arnald of Villanova, dedic. Perfectum magisterium; *or* Secretum ad Regem Aragonum: BU 138(104), 15c, ff. 129v-134; Corbett I, 107. Text, 'Scias carissime quod...'

Cum ego frater Albertus...

Albertus Magnus, Semita recta: VE fa 323, 15c, f. 243r; Speculum 17(1942), 514

Cum ego Gaufridus Leonardi magister in sacra pagina...

Vaticinia tr from Hebrew for years 1329-1469: VAr 1770, 15c, ff. 178r-180v

Cum ego (Iohannes) Paulinus essem in Alexandria...

Johannes Paulinus, De corio serpentis (Experimenta): ed. J. W. S. Johnsson, BSFHM, XII (1913), 257-67; T II, 794-96; many other MSS

Cum ego Manfredus de Monte Imperiali in artis speciarie...

De simplicibus medicinis: BN 6823, 14c, ff. 3ra-170va

Cum ego multas regiones...

See 'Cum multas regiones...'

Cum ego peragrassem Germaniam Pannoniam Superiorem...

Declaratio de proprietate tyriace et compositione lapidis Bezoar qui est contra...venenum: Cod.F.Ros.160, ff. 22r-24v(Schulz)

Cum ego Raymundus de insula Maioricarum iam...

Raymond Lull, Epistola accurtationis: T IV, 24, 623, 625; DWS 250; Corbett I, 190, 270; HL 29, 280, n.112; T. Rosenthal 185, f. 102r (Schulz); FR 390(N.III.XI), 15c, ff. 45r-48r

Cum ego Raymundus dudum Ylerde...

Raymond Lull, Ars operativa: T IV, 22, 631; DWS 1004; Budapest 202, a.1467, ff. 43-61v; Corbett I,118; Millás(1942),83. Prol. 'Domine Iesu Christe qui es vera...'

Cum ego Rogerus rogatus a pluribus sapientibus...

Roger Bacon, Epist. I, of Epistolae tres *or* Tractatus trium verborum: DWS 192; Little(1914), 398; CUad 4087, 14c, ff. 215r-216r

Cum ego sepenumero fili mi Ioannes Aureli libros Aristotelis...

Franciscus Caballus of Brescia, De numero et ordine partium et librorum physicae doctrinae Aristotelis: pr(Venice, 1490) (AFML 135; GW 5832; Klebs 235.1; IAL C1)

Cum ego sim rogatus a quibusdam...

Chiromantia: Halberstadt 22, 15c, f. 6ba(?) Schulz

Cum ego Theobaldus(Tabaldus) Leoneti...

Pest tract: ed. Archiv XVII, 53-64

Cum egrotasset infirmitate Aristoteles qua mortuus extitit...

Aristotle, De pomo: Florence, Marucelliana G.223, a.1451, ff. 29r-31v; AL 1391

Cum electi duorum philosophi Platone et Aristotilis...

Disputatio de anima: SG Stift 751, 9c, pp. 361-362(Beccaria 133,24)

Cum electio et optatio signorum et...

Liber electionum: Prag 433(III.C.2), ff. 45r-49r

Cum enim... turn to the next word of the incipit under Cum

Cum epidemia a duplici causa...

See 'Quoniam in hoc compendio longitudini...'

Cum equatorium tibi formare volueris...

Wo 2401, 15c, ff. 351-354(Zi 3037)

Cum erecta fueris a prandio sede supra stramenta mollia...
> De ornatu mulierum: BMh 3388, 15c, ff. 56ra-74ra

Cum ergo... See 'Cum' and word after 'ergo'

Cum erit saturnus...
> Hanover IV, 339, 14-15c, f. 315v(Zi 8254)

Cum es nostrum ex tribus constet...
> Lilium abbreviatum (alchemy): Lehigh MS, 15c, ff. 213v-216

Cum essem in Grecia pervenit(venit) ad manus meas...
> David de Dinant, Problemata: Ghent 5, a.1479, ff. 158v-183r(AL 176); BLd 67, 14c, ff. 96v-97; RNS X(1933), 220-29

Cum essemus super quodam fluvio(quoddam flumen)...
> Dicta Bellini (alchemy): FR 1165, 15c, ff. 146v-147v; VI 5509, a.1459, ff. 253v-254v; VE VI.215(XVI,4), a.1475, ff. 233-235; Ran 1456, 15c, f. 135; DWS 10; pr Manget I, 478

Cum essemus supra...
> See 'Cum essemus super...'

Cum esset clausa via veritatis...
> See 'Cum clausa esset...'

Cum est luna in aliqua 28 suarum mansionum ...
> Electiones Indorum et Doronii: Ma 10063, 13c, ff. 11r-12r;...Dorothii: BLcm 517, 15c, ff. 9ra-10rb

Cum et aurium clementia et optimarum...
> Solinus, prol. De situ orbis *or* De mirabilibus mundi: ed. Th. Mommsen, C. Iulii Solini Collectanea rerum memorabilium..., Berlin, 1895, listing 153 MSS as well as previous eds.

Cum etatum diversitas multa ab Hippocrate et aliis physicis...
> Danzig 2314, 15c, ff. 21-52(Schulz)

Cum evenire uspiam posse putas...
> Leo Baptista Albertus, pref. Elementa picturae ad Theodorum. Text, 'Quo scribendo sim...'

Cum ex diuturna legendi consuetudine ac...
> Gaietanus de Thienis, comm. Aristotle, Meteorologica: pr Padua, 1476 (GW 2421-2422; Klebs 426.1, paragraph 2-3; IAL G29); Venice, 1507, etc.

Cum ex motibus solis et lune tanta in priori libro...
> CLM 14504, 15c, f. 412r

Cum ex motu lune quemadmodum et solis plures...
> John of Sacrobosco, Compotus(Extract De illuminatione lune): CU Ii.I.15, 14c, ff. 32r-38r; BMar 88, 15c, ff. 38r-39r; anon. CLM 4394, 15c, ff. 40v-42v

Cum ex parte vestra nobis relatum sit...
> Epistola presbiteri Iohannis: Es l.III.22, 14c, ff. 28-36

Cum ex signis et planetis sint multa...
> Michael Scot, De praesagiis stellarum: BN 14070, ff. 115r-117r; identified by Haskins 277, as an extract from Liber introductorius

Cum ex sperma hominis conceptio...
> De creatione formatione nativitate hominis: Graz 216, c.1400, ff. 47r-56v

Cum ex vestro balneo ville magnifici...
> Menghus Blanchellus of Faenza, Consilium de balneo villae: pr De balneis, ff. 86v-89v; Lucca 509, 16c

Cum ex virtute prudentie que inter bonum...
> Petrus de Crescentiis, prol. Liber ruralium commodorum: Hain *5831; Klebs 310.5; IAL C860. See 'Quoniam cultus ruris...'

Cum ex vita honesta gentilium...
> John of Wales, Floriloquium *or* Centiloquium: BMr 6.B.XI, 14c, ff. 126-(152v); CUc 307, 14c, f. 1v(Atk); pr Venice, 1496, pp. 167-732 (Hain *7446; IAL J296); Lyons, 1511, ff. 140r-194r, etc.

Cum expertum per astrolabium...
> De iride et halone: Delisle, III, 88b

Cum fames causetur ex consumptione humidi...
> Marsilius: VAp 1140, f. 229ra-vb

Cum favente domino volueris hoc instrumentum...
> De sphera solida. See 'Totius astrologice...'

Cum febres pestilentiales qui hactenus...
> Johannes de Tornamira, Pest tract: Archiv XVII, 32; V, 48

Cum febris supervenerit equo et his signis...
> Hierocles, De curatione equorum, tr Bartholomaeus de Messana: BU 1383(2634); Haskins 269, n.134

Cum feces indurate fuerint...
> Anon. consilium: VAu 1416, 15c, f. 104v

Cum fere tota intentio astrologie principaliter...
> Guido Bonatti, Liber introductorius, Tract. de nativitatibus: Augsburg, 1491(Klebs 195.1; IAL B757), fol. 320; Venice, 1506, f. 289v

Cum fiat naturarum corruptio et mutatio. . .
Magisterium astrorum: BNna 693, 13-14c, ff.
16ra-21ra

Cum forte superioribus diebus. . .
See 'Igitur libro aperto is mihi. . .'

Cum fratribus adolescentioribus nostris. . .
Helperic of Grandval, prol. De computo lunae:
Bull. Du Cange, XVII(1943), 62-63

Cum frequentius nobis in muliebribus causis
obstetrix. . .
I. Soranus, prol. Gynaeciorum vetus translatio
Latina: ed. V. Rose, 1882; VI 3244, ff. 6-58
(Schulz)
II. Muscio, prol. De morbis mulierum: Beccaria
p. 409; Diels(1906), 66

Cum fruente domino volueris. . .
See 'Totius astrologice speculationis. . .'

Cum fueris interrogatus de aliqua re. . .
De interrogationibus: VAb 227, 15c, ff. 1r-114v;
115r, De nativitatibus; 212v, De revolutionibus
nativitatum. . .

Cum fueris interrogatus de thesauro. . .
See 'Cum interrogatus fueris de thesauro. . .'

Cum fueris rogatus de aliqua re. . .
De interrogationibus (astrological): McGill
Univ., Osler 7513, 15c, 158 ff.

Cum fuerit apostemata cum febre. . .
Pest tract: Archiv IX, 54

Cum fuerit centrum planete. . .
Regula, 'Utrum planeta sit ascendens vel descendens': BLcm 179, 15c, f. 36

Cum fuerit hora saturni bonum est. . .
Bethen, De horis planetarum: VI 2378, 14c, ff.
23v-27r; Zi 7917; Saxl(1927), 101; FLa 129
(203-135), 16c, ff. 72v-75v; pr as Albategni,
1484; with Ptolemy, 1493: *Hain 13544; IAL
P995, f. 120ra-b; with Abraham Avenezra,
Opera, Venice 1507, ff. AA3v-4r; with Firmicus
Maternus, 1551, pp. 100-102; Nallino(1903),
xxviii-ix; G. Wallerand, Les philosophes Belges,
XI(1931), 21

Cum fuerit in hora revolutionis Mars in domibus suis. . .
John of Seville, De mutatione aeris: VI 2436, 14c,
ff. 136v-138r; Hellmann(1917), 175

Cum fuerit luna cum capite vel cauda in uno
signo. . .
Lune dispositio in electionibus: BN 7337, pp.
56b-75; BMr 12.E.XXV, c.1300, f. 165v; FL
Plut.29, cod.3, 15c, f. 21v; Mi M.28 sup., 13-
14c, ff. 71v-72v

Cum fuerit luna in Alnath id est in prima
mansione. . .
Hermes, Liber lune: T (1947), 238-40; Carmody
65

Cum fuerit luna in sextili aspectu. . .
De electionibus: PA 699, 15c, f. 49v

Cum fuerit luna plena in aumento(*sic*) in primo
gradu arietis. . .
De pelle serpentis XII experimenta: BMsl 1754,
14c, f. 30r-v

Cum fuerit residuum. . .
Planets: Leip 1484, 15c, f. 225v(Zi 8255)

Cum fuerit Saturnus in revolutione vel in
nativitate. . .
Messahalla, De significationibus planetarum: VI
10656, 16c, ff. 46v-95v(Carmody 28). See
'Cum Saturnus fuerit. . .'

Cum gaudeant uti brevitate moderni. . .
John Dastin, Verbum abbreviatum: T III, 95;
DWS 284, corr.191.iii; ColR 127; BLas 1467,
16c, ff. 62-92

Cum generalis temporis permutatio precipue a
sole fiat. . .
De quatuor temporibus anni: CLM 4394, ff.
108v-(128r)

Cum generosum animum tuum quem. . .
Michael Savonarola, dedic. De balneis et termis
naturalibus: BNna 211, a.1469, ff. 1-(51); Hain
14492; Klebs 885.3; Yale 84, ff. 112v-136v.
Text, 'Apud veteres medicos. . .'

Cum genitor meus a patria publicus scriba. . .
Leonardo Pisano, Liber Abbaci: partial ed. from
FNm XI, 21, Libri II(1838), 287-479

Cum geographia istiusmodi telluris ratio. . .
Laurentius Corvinus, Cosmographia: GW 7799;
Klebs 308.1; IAL C836

Cum gradum ascendentem et figuram 12
domorum. . .
VI 5307, 15c, f. 78ra-va

Cum grammatica tres gradus comparationis
novit unde. . .
Conflictus inter ducem et philosophum de natura
hominis: CUc 441, 13c, p. 531(Atk). Is probably a bit from Dragmaticon of William of
Conches

Cum grammatici tres gradus in comparatione
ponant medici quartum addunt. . .
Macer, prol. De virtutibus herbarum: BMsl
84(670), 12-13c, f. 1; CU Ee.VI.39(2), 13c, f.
1(Atk)

Cum habueris clenodia argentea deaurata. . .
Alchemy: Gilhofer and Ranschburg, Cat. 257,
Ms 7, late 15c, ff. 67r-69r

Cum habueris tabulam stellarum fixarum factam
ad longitudinem. . .
De astrolabii confectione: BLas 1796, 14-15c, ff.
165v-167v

Cum hac elegiaca lamentabili epilatione. . .
Alanus de Insulis, De planctu naturae: CU Ff.
VI.12, 14c, f. 6; CUsj E.XII, 15c, f. 140; GW
512; IAL A167; PL 210, 431-82; anon. Ome
113, 14c, ff. 117-(129)

Cum hanc elegiam lamentabili. . .
See 'Cum hac elegiaca. . .'

Cum hec avidissima lues quicquid rapuerit. . .
Hermann Schedel, cap.i, Pest tract: Archiv XIV,
90-98

Cum hec ipsa epistola Bartholomei. . .
Michael Zoys, Impugnatio prognostici a Bartholo-
maeo Frisone publicati: VI 5238, 15c, ff. 160r-
169r

Cum hec pestis huius temporis admirabilis. . .
Ambrosius Jung, prol. Pest tract. Text, 'Propter
evidentiam. . .'

Cum hec scientia de numeris que. . .
BMar 332, 13c, ff. 68-(74); Algorismus de in-
tegris abbreviatus: Ea Q.357, 14c, ff. 30-32v;
Boston Medic. 20, late 14c, ff. 8v-15

Cum hec scientia que algorismus vocatur. . .
BLb 679(2596), late 13c, ff. 51v-56; Delisle, III,
88a

Cum hesterna die, charissime frater, antiquorum philosophorum documenta. . .
Valerand du Bus Robert, M.D. Montpellier,
(alchemical) Epistola of March 2, 1507: BN
7178, pp. 1-33; Wickersheimer 771

Cum Hippocrates autor medicine per varias. . .
De secretis naturae: VAp 1205, 15c, ff. 39v-43r

Cum Hippocrates more sapientum in primo. . .
Arnald of Villanova, Tabula super Vita brevis (of
Hippocrates): HL 28, 76; Opera, 1504, ff. 344r-
348r; Glorieux I, 420; †Metz 173, 14c, item 5;
VAp 1180, 15c, ff. 149r-154v

Cum Hippocrates morti appropinquat precepit
. . .
Hippocrates, Secreta: Basel D.I.11, f. 130ra-b;
CLM 615, 13c, ff. 49v-50v. See 'Pervenit ad
nos quod. . .'

*Cum his diebus in circulis hec duo. . .
Bernard Tornius, Epistola super quibusdam
dubiis circa motum: FR 930, 15c, f. 20r;
T (1929), 295

Cum his diebus tecum verba facerem de nostro
. . .
Laurentius Florentinus dedic. to Franciscus
Pandulphus, of his tr Galen, Ars parva: CLM
465, a.1503, f. 2r-

Cum his itaque novem figuris. . .
Leonardo Pisano, Liber abbaci: ed. Boncompagni, Scritti di Leonardo Pisano, I(1857), 459
pp. Dedic. 'Scripsistis mihi domine mi. . .'

Cum his signum regule et signum domus. . .
CU Mm.IV.43, 14c, f. 273va-b, possibly extract
from Alkindi, De pluviis

Cum hoc instrumentum componere intendas. . .
Petrus de S. Audomaro, Compositio semissis: CU
Gg. VI.3, 14c, ff. 322r-330rb

Cum hoc instrumentum volueris componere
primo facias. . .
Joh. Campanus, De sphera(?) pars I: De Arte 32,
41 ff.(Schulz)

Cum hoc scientia de numeris que algorismus. . .
BN 7416B, ff. 59v-61v

Cum hoc scire placuerit a sole quidem incipiendum est. . .
Oma 182, 15c, ff. 36ra-37va; Delisle III, 88a

Cum hoc volueris accipe altitudinem solis. . .
Cap. de occultis: BLd 149, 13c, f. 202v(Carmody
34-35)

Cum hominem in terra(m) positum. . .
John Baptista Abiosus, Epistola verarum scien-
tiarum speculatoribus: pr Venice, 1496, with
Regiomontanus(Klebs 841.1; IAL R106)

Cum hominum habitationes equales sibi. . .
On the astrolabe: Millás(1931) 308-315

Cum homo creaturarum dignissima similitudo
. . .
Manfred, pref. tr Ps. Aristotle, De pomo or De
morte: Beiträge 17, 5-6(1916), 249; AL pp. 94,
196, 607; VAp 1144, ff. 313r-316v. Text,
'Cum clausa esset via veritatis sapientibus. . .'

Cum homo sit finis. . .
Cardinalis, Glose super Tegni Galieni: Ea Q.181,
14c, ff. 69-91; Cues 222, 15c, ff. 49-88v

Cum horam coniunctionis duorum . . .
VAp 1414, 14c, ff. 166r-167v

Cum horas diei naturalis per quadrantem novum scire volueris...
BN 7437, f. 164r-v

Cum huius diei magni et horrendi comete recens...
(Nicholas Hartmann?), On the comet of 1472: T IV, 429; VAp 1438, ff. 2r-8r (TR 354a); pr Rome 1472 (Hain *9468; Klebs 564; IAL J446)

*Cum humana corpora sicut(sint) omnia...
William of England or Marseilles, De qualitatibus et proprietatibus astrorum: Bale 114; Bamberg mat.4, 15c, ff. 137-141(Zi 4034)

Cum humana natura naturaliter...
Nicolaus de Capua, Compendium musicale: VE VIII.82(XX,8), 15c, ff. 1-29; ed. La Fage, Paris, 1853

Cum humana natura non minus indiget aquis...
De aquarum medicinalium confectione: BMh 3719, 14-15c, ff. 51-58r

Cum humana natura non minus indiget oleis...
De oleis; de syrupis(Summa parva M. Rogeri): BMh 3542, 14c, ff. 113r-114v

Cum humana scientia in multis versetur...
Rex Artus (alchemical): BMsl 3008, 15c, ff. 1-68 (DWS 65). Introd. 'Magister expertivus...'

Cum humane nature sane disposite...
'Ciromantia Aristotelis': BN 7420A, 14-15c, ff. 132va-135va

Cum humanum corpus sit corruptibile...
Epistola Aristotelis ad Magnum Alexandrum: PA 708, 14c, f. 231; OHI V,68; FLg 90,5, 14-15c, ff. 79r-v; AL 1342

Cum iam annuente deo sit in his...
Guido Bonatti, De proiectione partium et earum significatione: CUpet 86, 15c, ff. 241ra-253rb. See 'Quoniam annuente...'

Cum iam in arte medicine studerem...
Marcus of Toledo, tr Galen, De tactu pulsus, from Johannitius: Ea F.249, 13-14c, ff. 287v-292; Mon 18, 13c, ff. 38v-41v; BN 15455, 13c, ff. 165ra-169ra; 11860, ff. 222va-225vb; PU 125, 13c, ff. 121v-(126); Bourges 299(242), 14c, ff. 131v-137; Dresden Db 92-93, 15c, f. 34r; Diels(1905), 86-87; Archiv II(1909), 16; Hermes VIII, 338

Cum iam suscepti operis optato fine...
Cassiodorus, pref. De anima. Text, 'Anima igitur hominis proprie...'

Cum igitur...   See 'Cum...' and next word

Cum illi qui a principio...
Galen, Historia philosophorum, tr Nicholas of Reggio, April 9, 1341: CLM 465, 15-16c, ff. 53r-80r; pr Opera, 1515, I, 4r; T (1946), item 24

Cum illis que(sic) habent fracturam cranei...
Heading, 'Summa magistri W. de Congis.' but 'Explicit summa M. R. Baron' (Roger Baron): Bern 429, 13-14c, ff. 63r-67v; Wickersheimer 235

Cum imaginationem meam de uniformitate et difformitate...
Nicole Oresme, Introd. De configuratione qualitatum: T III, 425-26; Björnbo(1912), 98; VA 3097, 14-15c, ff. 1r-22v; CR B-20, B-22, B-28, B-44, B-55, B-59, B-65(4), B-66(6), B-67, B-77(6); ed. in part, Bibl. math. XIV(1914), 200-38. Text, 'Omnis res mensurabilis...'

Cum imaginibus motus terre...
Utrecht 722, 14c, ff. 66v-67(Zeitrechnung, Zi 12029)

Cum in Africam venissem Anicio Mallio consule ad quartam legionem...
Cosmology, with interlinear gloss, marginal captions and notes: VA 1548, 12c, ff. 1r-24v; In somnium Scipionis expositio. Saturnalia, pr Venice, 1492(Klebs 638.4). Bk. I, 'Inter Platonis Ciceronisque libros...'

Cum in Alexandria sum certatus cum auctoribus...
Vindicianus, Gynaecia: BN 11218 8-9c, f. 16; Rose, Theo. Priscianus, Leipzig, 1894, p. 427

Cum in aliquo mense anni an possit fieri eclipsis...
Canones Luce de utraque eclipsi solis et lune: BMh 13, 13c, ff. 23va-27va; BMr 12.C.IX, early 14c, ff. 172v-(179); Pisa Conv. S. Cath. 69, 14c, ff. 126r-136v

Cum in Angliam nuper redierim Henrico...
Adelard of Bath, Quaestiones naturales, dedic. Richard, bp. of Bayeux: T II, 19-20, n.1; Haskins 26; ed. Müller, Beiträge XXXI, 2(1934); AL 640; pr (Louvain, 1475): Klebs 8.1-2; IAL A40-41

*Cum in anima humana supra sensum...
Robert Kilwardby, De animae facultatibus: Ob 3, 13c, ff. 18-(47)

Cum in Archimedis libro quem de sphera...
Eutocius Ascalonita, Comm. in libros duos Archimedis de sphaera et cylindro: VE fa 327(XI,1), 15c, ff. 2-148; tr Jacobus Cremonensis: Isis 43 (1952), 241

Cum in celo secundum mathematicorum sententiam 48 imagines figurentur...
> Bernardinus Bonamoneta, Prognosticon in annum 1500: GW 4642

Cum in civitate fuerit multitudo...
> Rasis, De secretis *or* experimentis in medicina, tr Aegidius: BMad 17847, 14c, ff. 29rb-41rb

*Cum in collectionis huius que potest dici...
> John of Wales, Communiloquium: Ol 67, ff. 9-(143)

Cum in Cynosargem proficisceres...
> Xenocrates, De morte (ps. Plato, Axiochus) tr Marsilio Ficino: VI 3192, 15c, ff. 7r-10r(TR 316); Kristeller, Suppl. Ficinianum II, 369

Cum in diversis doctrinis...
> See 'Cum in universis doctrinis...'

Cum in diversis regionibus constiterit...
> Georgius Zothorus Zaparus, prol. Liber Albumaza(r?): Argentré, I, ii, 326a; JWI XX(1957), 140, n.80

Cum in eo essem Pontifex Maxime ut in...
> Hermolaus Barbarus, Castigationes Plinianae: pr Rome, 1493; etc.: (GW 3340-3342; Klebs 143.1-3; IAL B88-B90)

Cum in eo libro qui de celo et mundo est...
> Arnoldus de Saxonia, De virtute universali (part of his natural encyclopedia): Ea O.77, c.1300, ff. 29r-34v; anon. CLM 19901, ff. 89r-98r

Cum in generatione omnium febrium...
> Renzi, II, 8

Cum in hac secunda philosophia plurimi...
> Theorica in lapide philosophico quae intitulatur Mare magnum: VE fa 326(XVI,2), 14c, ff. 1-43; Padua Univ. 1110, 15c

Cum (in) hoc substantialiter differant calor et frigus...
> Rasis, Lumen luminum: DWS 113; Corbett I, 28. Prol. 'Cum de sublimi...'

Cum in humanis corporibus natura subtiliter operetur...
> De inspectione sanguinis: VAp 1363, 15c, f. 148ra-rb(TR 277h)

Cum in humanis corporibus sint...
> De quatuor qualitatibus: Basel D.II.13, f. 59rb-vb

Cum in humano corpore sciendum amare medicine...
> Summula Antidotarii Nicolai: CU 938(Ee.II.20), 14c, ff. 171ra-176rb

Cum in humano corpore sint quatuor qualitates...
> CUt 1377(O.VIII.2), 14-15c, ff. 69-71

Cum in lectione sacre scripture...
> Aegidius de Lessinis, De temporibus: BU 957 (1845), 14c, ff. 1r-88v; Grabmann (1936), 526

Cum in libro de anima determinat sic de sensu...
> Comm. Aristotle, De sensu et sensato: Ea Q.312, 14c, ff. 69v-73v

Cum in libro phisicorum determinatum...
> Galfridus de Aspal sive de Haspal, Comm. in Aristotelis libros I-II de generatione et corruptione: VA 817A, 13-14c, ff. (54v)-62v; Adam of Bochfeld, CUg 367(589), 13c, ff. 102v-111v; Scholastik XI, 206; anon. Bruges 513, 13-14c, ff. 130-137r

Cum in mathematica eadem nobis et nature sint nota...
> Algorismus: Wi 79, 16c, ff. 27-33

Cum in multis et diversis modis...
> Raymond Lull, Anima artis abbreviata: DWS 253, xvii-xviii

Cum in multis voluminibus sapientes antiqui...
> Firminus de Bellavalle, Repertorium prognosticum de mutatione aeris: T III, 271-79; CUpem 227, 15c, ff. 5-107; VAp 1416, 15c, ff. 1r-48r; pr Venice, 1485, ff. 1-45v; (Polain 2917; Klebs 406.1; IAL P920); Paris 1539

Cum in naturali scientia ab universalibus...
> Expositiones textuales Aristotelis, De sensu et sensato: pr Cologne, 1497, ff. 1r-22r(GW 2342; Klebs 82.8; IAL A866); Hain *6813, f. 153r (Schulz)

Cum in omni clerico hec tria requirenda...
> Computus: CLM 13182, ff. 59-65; Gö Luneb. I, ff. 91-(100)

Cum in omni disputatione quedam...
> Bernolinus, Liber III Abaci: BNna 229, 12c, ff. 50r-57v

Cum in omni iudicio precipue sit necessaria...
> Astrology: BLd 58, 14c, ff. 30r-32r

Cum in omni natura...
> John de Siccavilla, De excellentia philosophiae: Ome 292, ff. 85-89(Russell 76)

Cum in omni scientia debeat adesse suppositum...
> Comm. Aristotle, Metaphysics II-VII: CUpet 152, 14c, f. 51(Atk)

Cum in omni scientia modus procedendi...
> Comm. Hippocrates, Aphorisms: VAp 1085, f. 1

Cum in omni specie entis sit aliquod summum bonum homini. . .
> Vita philosophorum: CLM 317, ff. 294rb-295va

Cum in omnibus docendi viis et rationibus. . .
> Aristotle, Physica, tr Joh. Argyropulos: (Rome, c.1481); GW 2442; BMI IV, 130(Schulz)

Cum in omnibus libris libro de anima subalternatis. . .
> Comm. Aristotle, De morte et vita: Ea Q.312, 14c, ff. 77-78

Cum in opere speculorum. . .
> De sectione(speculo?) mulrefi(*sic*): Lincoln Cath. Chap. 238, 14c, ff. 13-17

Cum in plerisque(plurimisque) dubiis. . .
> Calendar: BMsl 3443, 15c, ff. 5v-6v

Cum in primis coegit antiquos disputare. . .
> Isaac, Dietae universales: VAp 1196, 15c, ff. 85v-127v. See 'Quod in primis. . .'

Cum in primo lune ascendit gladiator. . .
> Albumasar, De ascensionibus imaginum (Extract?): Steinschneider (1906), 36

Cum in quacunque scientia oportet scire. . .
> Medicine: CUk 16, (2), 15c, 32 ff. (Johannes Cokkis is named on f. 8aa)

Cum in questione infirmi forme fuerint. . .
> De aspectibus: Ea F.383, c.1363, ff. 124-131

Cum in quolibet mense cuiuslibet anni an possit fieri eclipsis. . .
> CLM 234, 15c, ff. 79ra-82ra

Cum in quolibet mense (cuiuslibet) anni coniunctionem vel. . .
> CU Ii.III.3, 13c, ff. 137r-140, 'Canones eclipsium solis et lune,' dated at end 8 December 1276; Ea Q.379, 13c, ff. 111v-114v, fragment(Zi 12030); VI 5371*, 15c, f. 13r, 'Canones cum capitulo de coloribus lunae in eclipsibus'(Zi 12491-92)

Cum in regno Francie apparuit quedam stella comata. . .
> Iudicium de cometa, a.1338: CUpem 227, 14-15c, pp. 222-225a(TR 233b); ed. T (1950), 228-33

Cum in secretariis philosophie natura. . .
> (Arnald of Villanova?), Specularium: VI 4751, ff. 262r-274v; T III, 674

*Cum in singulis scientiis secundum. . .
> Richard Suiseth, Tract. obligationum: VE fa 301 (XI,12), 14c, ff. 41-44; VA 2130, f. 152 (CR B-47(2); VA 2154, f. 1-(CR B-46(1); 2185, f. 78ra-vb (CR G-7(8); Bruges 500, ff. 143vb-150rb; BN 14715, f. 86v-(CR B-29(2)

Cum in singulis studiis et precipue mathematicis. . .
> Super canones Tholesanos secundum Cremonensem: Mon 323, 13-14c, ff. 276v-295r

Cum in somnis apparet apostema. . .
> Hippocrates, Secreta(Signs of life and death): Avignon 1019, 13c, f. 174r-v; Ea Q.178, 14c, f. 98; pr Rasis, Opera, Milan, 1481; Venice, 1497, f. 39va-b(BM IB.23388); Klebs 826.1-2; IAL R169-170; Kibre (1945), 391-93; 'somnis' appears to be a misreading. See 'Quando apparet in septima. . .'; 'Quando in die sexta. . .'; etc.

Cum in tanta eramus perplexitate et prolixitate . . .
> Hermes, De sapientia: Cambrai 919(818), 15c, ff. 32-37v; Corbett II, 33

Cum in tanta etatis prolixitate. . .
> Septem tractatus Hermetis: BE Q.584, 13c, ff. 24-27; Ruska 72; DWS 39

Cum in tanta etatis prolixitate experiri non desisterem. . .
> Hermes, Septem tractatus in operatione solis et lune: BU 139(105), 14c, pp. 281-299; 168(180), 15c, ff. 45r-49r; 474(830), 15c, f. 13r-; VE VI.33, 14c, ff. 3r-6r; FR 1165, ff. 134r-136v; Palermo 4 Qq A 10, item 3

Cum in tota mathematica. . .
> Mathias Rem, De arte visorandi: MU Q.738, 15c, ff. 141r-(148r), 'compilatus a.d. 1452'

Cum in toto corpore humorum fuerit abundantia. . .
> Constantinus, De regimine sanitatis: BN 6957, 15c, ff. 22v-25v

Cum in universis(diversis) doctrinis quarum sunt principia. . .
> Aristotle, Physica, tr. Joh. Argyropulus: Gö 36; FL 84, 8; 84, 7(Schulz)

Cum in veteribus ystoriis legamus. . .
> Frater Boccardus, Descriptio terrae sanctae: VAb 1952, 15c, ff. 146-169v(Silverstein)

Cum in virtute. . .
> Practica que dicitur secunda pars apertorii (alchemy?): BU 270(457), 15-16c, XXXIII, 2, pp. 71-86; Graz 976, 15c, ff. 47v-49

Cum in virtute(virtutibus) superiorum et incorruptibilium. . .
> Aegidius, De physionomia: CLM 16456, 15c, ff. 142vb-144ra; anon. VI 5239*, 14-15c, f. 71r-v(Zi 8256); FNpan 132, 15c, f. 54

Cum inceperit in sublimitate nimia dabo. . .
> Senior, Epistola solis ad lunam crescentem: DWS 136; Ruska, 1935, p. 9, item 53. Pref. 'Dixit Senior Caled filius Hahmil. . .'

Cum infans precepto dei a vulva egreditur...
> Paolo Bagellardi, De infantium egritudinibus:
> Sudhoff, Erstlinge der pädiatrischen Literatur,
> 1925. See 'Quantum domui tue...'

Cum inferiorum cognitio ad celestium con-
ducat(ducat) inquisitionem...
> Henry of Hesse, De reprobatione eccentricorum
> et epiciclorum: BN 16401, late 14c, ff. 55r-
> 67v(55r-56r in TR 282); VA 4082, a.1401, ff.
> 87ra-97rb(TR 276); Princeton, Garrett 95,
> early 15c, ff. 146r-167v(TR 274); Utrecht 725,
> 15c, ff. 218r-246r(TR 324); VAb 350, ff. 61ra-
> (76), incorrectly entitled by a later hand, 'Libellus
> de speculo mikesi magistri Iohannis Fontana
> Venetus;' T IV, 175-77; Isis 47(1956), 397,
> n.30

Cum inferiorum consideratio ad celestem ducat
inquisitionem...
> This form of the preceding incipit is given by
> Hubert Pruckner, Studien zu den astrologischen
> Schriften des Heinrich von Langenstein, 1933,
> pp. 8-9, who mentions Metropolitankapitel Prag
> 1272, a.1374-1376, ff. 45r-54r, and 2 other MSS

Cum infirmitas corporalis nonnumquam ex
peccato proveniat...
> CLM 13, 15c, f. 1: ed. Studien I, 102, n.

Cum infirmitas cuiusquam accidit quum(quando)
luna est in ariete...
> De egritudinibus cognoscendis secundum Ypo-
> cratem: VI 5239, ff. 32r-35r; cap. 1, Astrol.
> medic.: BN 7443, 15c, ff. 133r-137r; De decu-
> bitu: Catin. 85, 15c, ff. 258v-261v

Cum infra scriptis aquis distillationibus...
> See 'Cum de infrascriptis...'

Cum ingrederis ad infirmum interroga eum si...
> Visitatio infirmorum: CUsj D.4, 14c, f. 22v(Atk)

Cum ingressus fueris ad egrotum vestimenta
alba...
> Visitatio infirmorum: CUg 345(620), 14c, f. 38v

Cum initium sapientie dei...
> See 'Cum initium sapientie timor...'

Cum initium sapientie prophetarum universale
ipsius Abrahe...
> Limoges 9, 15c, ff. 84v-114.

Cum initium sapientie timor dei(domini)...
> Abraham ibn Ezra, Liber introductorius in
> iudicia astrorum qui dicitur Principium sapientiae,
> tr Peter of Abano: T (1944),aa, 295-96; Opera
> (1507), ff. 2r-31v; anon. Ea Q.223, ff. 12-57

Cum inquiunt de plana musica quidam...
> Franco de Colonia, Ars cantus mensurabilis:
> Coussemaker I, 117-36

Cum inspicerem fragilitatem humane...
> Pantaleo de Confluentia, Pillularium: BN 6971,
> ff. 119v-142r bis; pr (Pavia, 1484)(Klebs 720.1;
> IAL P68; Reichling 1601); (Pavia, 1508), ff. 1-
> 11v; Lyons, 1525, 1528, ff. 2r-28r

Cum instat tempus in quo medicinalia...
> Arnald of Villanova, De vinis: DWS 1002, ii, vi;
> BNna 1536, 14c, ff. 136r-142v; 6948, 14c, ff.
> 103ra-110r; VAp 1177, 15c, ff. 29r-33v; pr
> (Paris and Leipzig, 1500): Klebs 102.1-2; IAL
> A962-63; with Magninus Mediolanensis, Regi-
> men sanitatis, (Lyon and Paris, 1500), ff. 105v-
> 114r(AFML 294.II; Klebs 640.5-6; IAL M45-
> 46. This is merely a differently arranged version
> of text, 'Laudamus inquit...'

Cum instrumentorum motus secundum...
> De modo componendi sex instrumenta ex rotulis
> et rotis materialibus: VI 5290, a.1436, 64 ff.
> (Zi 3048)

Cum intendimus in hoc nostro volumine...
> Geber(?), Liber fornacum, Recapitulatio: DWS
> 72; ed. Verae alchemiae I, 193-201

Cum intentio in hoc libro meo sit non...
> Galen, De crisi: VAp 1095, ff. 132rb-147ra.
> See 'Ego non intendo...'

Cum intentio mea sit componere Almanach...
> William of St. Cloud, Almanach planetarum: HL
> 25, 64; Cues 215, 14c, ff. 24v-84v; BN 7281,
> 15c, f. 141r-; Utrecht 725, 15c, ff. 201v-204r
> (TR 324); anon. BNna 1242, ff. 41v-44v(Delisle
> 641)

Cum intentio nostra sit de calore...
> Grabmann (1928), 63. See 'Cum principalis
> intentio...'

Cum intentio physici(philosophi) secundum quod
philosophus(phisicus) est...
> A. de Bocfelde, De sensu et sensato: Ob 313,
> 13c, ff. 130-(143); Adam de Bockinfeld, Comm.
> De sensu et sensato: Grabmann, (1936), 166;
> Pelster, Scholastik XI(1936), 204; prol. pr p.
> 208

Cum inter cetera animalia a summo rerum
opifice...
> Jordanus Rufus de Calabria, Veterinary medicine:
> VE VII.24(XV,1), 13c, ff. 54-71; Mi D.331.
> inf., 15c, ff. 1ra-18ra; anon.: BN 6584, II, 13c,
> ff. 48r-66vb; CLM 23646, 13c, ff. 1r-72r; VI
> 5407, ff. 130-178; BU 1462, 14c, ff. 13-50v;
> Codex Fritz Paneth, 14c, ff. 1330-73; Haskins
> 256, note 77; ed. Molin, Padua, 1818

Cum inter cetera animalia equus sit...
    Theodoric of Cervia; Practica equorum: VE
    VII.25(XV,2), 14c, ff. 1-30

Cum inter cetera animalia usui hominis deputata
equus sit nobilius...
    Anon. Lucensis: Ome 230, 14c, ff. 1-(11); Ome
    1234, 15c, owned by Lewis Caerlyon; Regimen
    equorum: VI 5219, 15c, ff. 10r-36r

Cum inter cetera bonarum artium studia...
    Raggius Florentinus, dedic. De astrologia: FL
    Plut. 30, cod.22, 16c, ff. 1r-20; T IV, 453

Cum inter cetera elementa aque multas...
    Aleardus de Indemontibus, De balneis Calderii:
    De balneis, ff. 141v-143r

Cum inter cetera phisice(philosophiae?) documenta...
    John of Sicily, Expositio supra canonem Ar-
    zachelis: BN 7281, ff. 46r-(138r); BN 7406, 14c,
    ff. 1ra-30ra; Phares 169; Duhem IV(1916), 6-10.
    See 'Inter cetera veritatis...'

Cum inter cetera scolaris discipline studia...
    Libellus de computo ecclesiastico: Man 193, 13c;
    Neues Archiv 48(1930), 450, 452(Schulz)

Cum inter omnes cogitationes...
    Questio de apprehensione rerum per visum dis-
    putata Erfordie: Prag 1552, 14c, ff. 1r-3v

Cum inter omnes homines societatem...
    Guido, Geographica: Brux 3901, 12c, ff. 2-36v;
    ed. Ravennatis anon. Cosmographia, Berlin, 1860,
    pp. 449-556; J. Schnetz, Itin. Rom. II, Leipzig,
    1940

Cum inter omnes priscae auctoritatis viros...
    Robert Valturius, De re militari: VAu 281,
    a.1462, f. 8v; BN 7236, a.1463, f. 5r; Cesena
    sinis. Plut.21, cod.1; pr (Verona), 1472, 1483
    (Klebs 1014.1-2; IAL V80-81); Paris, 1534

Cum inter omnia animalia homo rationalis...
    Pathology: Giacosa 385

Cum inter omnia animalia humanum corpus...
    Glose super Johannitium in Ysagogis: BLd 108,
    12c, ff. 4r-(26); Diels (1906), 51; Bern A 52,
    12c, ff. 1r-20v; James 481; CUpet 251, 13c,
    ff. 49v-80v; BMad 18210, 13-14c, f. 107; BLas
    1475, 15c, ff. 83-111(DWS MS)

Cum inter omnia curationis genera medendi
modus...
    De modis medendi: Renzi II, 727-736

Cum inter omnia instrumentorum genera...
    Arialdus, De compositione astrolabii: BN 16652,
    ff. 28r-37v; BEC 112(1955), 87-88

Cum inter seculi sapientes antiquitus(antiqui-
tates)...
    Comm. Sacrobosco, Computus: PGe 3141, 13c,
    f. 97-; Mon 323, 13-14c, ff. 244v-262v; BLd
    193, 14c, f. 27; VAu 1428, 14c, ff. 115v-(117);
    Fredericus Aroldishusanus: VI 2389, 13c, ff.
    61r-70v

Cum inter universa doctorum instrumenta...
    Plato of Tivoli tr Maslama on the astrolabe:
    Boncompagni, PT (1851), 39; Carmody 143

Cum inter virtutes sensitivas virtus...
    Arnald of Villanova, De regimine virtutis visive:
    VAp 1180, 15c, ff. 180r-181v

Cum interdum cogitarem si opusculum...
    Pantaleone Confienza di Vercelli, Summa lacti-
    cinorum: pr Turin (1477); Hain 12372 (BMI
    VII, 1053); Klebs 719.1; Pavia, 1517; and with
    his Pillularium, (Pavia, 1508), f.12r-v, incom-
    plete (Yale); Lyons, 1528, ff. 28v-54v

Cum interrogatus fueris de aliqua...
    Zael, De interrogationibus: BN 7413-II, 13c, ff.
    34va-35va; BN 16208, 13c, ff. 33vb-41rb; CLM
    13021, 13c, ff. 87rb-96rb; BMh 80, 14c, ff.
    58r-68r; BLcm 517, 15c, ff. 13vb-16rb;
    Björnbo(1905), 235; Spec. astron. cap.9; pr
    with Ptolemy, Quadripartitum, Venice, 1484,
    1493; (Hain *13544; Klebs 814.12; IAL P994-
    995); 1519; Basel, 1533; Carmody 41; Mi I.65,
    inf. ff. 17r-(20); CLM 23651, ff. 20v-76r; VI
    5414, ff. 109-132

Cum interrogatus fueris de epistola...
    Zael, De interrogationibus, last part: Ea Q.223,
    14c, ff. 156v-161v; Hain *13544, ff. 136v-138r
    (Schulz); Mi I.65 inf. f. 65r

Cum interrogatus fueris de homine...
    Haly Abenragel, Liber de astrologia excerptus:
    VI 5395, 15c, 28 ff.

Cum interrogatus fueris de substantia...
    Douai 715, 14c, ff. 53v-55r; Ea Q.386, 14c, ff.
    157-159; Mi I.65 inf. f. 20v(part of Zael)

Cum interrogatus fueris de thesauro...
    Dorotheus, De occultis, generally found as a
    chapter of Messahala, De occultis: CUcl
    15(Kk.4.2), c.1280, ff. 47v-48; Ma 10053, 13c,
    f. 85va(Millás 1942, 195); BLd 51, 13c, f. 135;
    149, 13c, f. 202r; 194, 15c, f. 139; BN 16208,
    13c, f. 52vb; 7282, f. 42va-b; 7316, f. 83r-v;
    Carmody 34-35

Cum inveniendum in aliquo loco aliquo tempore...
    Astronomical tract: BMr 15.B.IX, 12c, ff. 74v,
    76v

Cum invenire volueris tempus quarti aspectus solis et lune...
>Basel F.II.10, 14-15c, ff. 162vb-163rb(Zi 7807)

Cum istam partem quarti libri Avicenne...
>Comm. Avicenna, Chirurgia: FLa 157(231-163), 15c, ff. 1-77. See 'Cum primam partem...'

Cum isti morbi pestilenciales qui iam hactenus ...
>Johannes de Tornamira, Pestilential Apostemata: BN 6957, f. 123v; Ea Q.194, 14c, ff. 68v-69v; anon. PA 3174, f. 69 (HL 37, 368)

*Cum ita sit quod natura per suum continuum cursum...
>Raymond Lull, Summaria lapidis consideratio et eius abbreviationes; HL 29, 285, n.118

Cum ita sit quod terra ultramarina...
>Johannes de Mandeville, Itinerarium: J. Vogels, Die ungedruckten lateinischen Versionen Mandeville's, Crefeld, 1886; J. Bennett (1954), 298

Cum itaque ex motibus solis et lune...
>See 'Cum ex motibus...'

Cum itaque grandis hec solis eclipsis cumque totalis...
>Johann Stüncz of Cologne, On eclipse of March 16, 1485: Strasburg 111, 15c, ff. 30r-32v(184-186)

Cum itaque in celo... See 'Cum in celo...'

Cum itaque inter omnes priscae...
>See 'Cum inter omnes priscae...'

Cum iurista et medicus debeant investigare...
>Raymond Lull, De modo applicandi novam logicam ad scientiam iuris et medicine: HL 29, 307, n.167(Schulz)

Cum iurista et medicus debent applicare...
>'Hic datur doctrina et modus applicandum loycam novam ad scientiam iuris et medicine': BLd 185, 15c, ff. 84r-89r

Cum iuxta Averrois et Senece sententiam...
>De transmutatione metallorum: Pavia Univ. 74, 15c

Cum iuxta philosophorum eulogium omnia mundana...
>Regimen sanitatis (Montpellier, a.1281): BMsl 3160, 15c, f. 126

Cum iuxta philosophorum sententiam mundus iste constet...
>De elementis et complexionibus: CU 1352 (Ff.VI.13), f. 66v. This may be part of the preceding tract (ff. 64-66r), of which the beginning is lacking

Cum iuxta physicorum sententiam...
>De convenientia mundi et hominis: Prag 2673, 13c, ff. 54-56(Schulz)

Cum iuxta sententiam Aboaly tertia...
>Bernard Tornius, dedic. De tuenda sanitate. Text, 'Galienus in libro de regimine...'

Cum la gratia de lo omnipotente dio...
>Liber de nominibus et coloribus lapidum: Padua I.24, 15c, item 2

Cum legerem libros Hippocratis medicorum optimi...
>Ps. Hippocrates, De medicorum astrologia, tr Peter of Abano: T (1944)ab, 217-18; Janus 49(1960), 103-29; Diels(1905), 50; Saxl(1953), 79; pr with (Firmicus de Bellavalle), Venice, 1485, f. 45(Polain 2917; Klebs 406.1; IAL P920)

Cum libellum a physico quodam editum...
>P. Candidus to D. Borso of Modena, dedic. De balneis: De balneis, f. 47. Text, 'Diu est quod a...'

Cum licet secundum doctrinam sapientie...
>Thebit ben Corat, De imaginibus astronomicis: pref. Ea Q.174, 14c, ff. 120v-121v; T (1947), 229-38, especially 235; Carmody 126

Cum loca planetarum quesivisti inter tabulas singulorum...
>Almanach, 1301: CU 1705(Ii.I.13), 14c, ff. 160r-179v

*Cum longi temporis participatione...
>Raymond Lull, Ars compendiosa: BU 888, 14c, 57 ff.; HL 29, 75

Cum luna a malo separata et fortune iuncta...
>De diebus bonis et malis: VE fa 344(Val XI.104), 14c, f. 61vb

Cum luna comburitur vide si prospicit...
>De planetis: CUt 1406, 15c, ff. 173v-174v

Cum luna dividua nobis apparuerit vergere...
>Georgius Valla, tr Aristarchos of Samos, De magnitudinibus et distantiis solis et lunae: CTC I(1960), 165

Cum luna est in alnath id est in capite arietis...
>De mansionibus lunae: VI 3394, 15c, ff. 238r-242v: Saxl(1927), 132. See 'Cum fuerit luna in Alnath...'

Cum luna est in ariete bonum est minuere...
>VI 407, f. 145va; BN 7416B, f. 118r-v

Cum luna est(sit) inferior planeta omnibus planetis...
>Secreta mulierum minor liber: CUt 1109 (O.II.5), 14c, ff. 261-(265); (R.XIV.45), 14c, ff. 24r-27v

Cum luna fuerit in ariete...
 Experimenta: FL Plut.89.sup., cod.35, f. 77; Argentré, I, ii, 327b

Cum luna fuerit in ariete bonum est iter incipere...
 De proprietatibus lune in signis: BLcm 517, 15c, ff. 15vb-16rb

Cum luna fuerit in ariete bonum est minuere sanguinem...
 Rve 301, 14c, ff. 77r-80v(AL 1555). See 'Cum luna est in ariete...'

Cum luna fuerit in ariete et tonitruum auditur
 ...
 On divination from thunder: VAp 1416, 15c, ff. ff. 171v-172r; Osiris 8(1949), 46

Cum luna fuerit in ariete signo orientali calido et sicco...
 BMsl 702, c.1482, ff. 23v-24r

Cum luna fuerit in ariete signum est igneum...
 Ea O.62b, 13c, ff. 76-77

Cum luna fuerit in augmento et primo gradu arietis...
 See 'Cum ego Iohannes Paulinus...'

Cum luna fuerit in Augusto in primo gradu arietis...
 De corio serpentis: BLas 1437, 15c, ff. 3v-4; CLM 206, 15c, f. 350r

Cum luna fuerit in domo saturni...
 Paucula quaedam de nativitatibus: BLd 51, 13c, f. 130; 47, 14c, ff. 183-184r

Cum luna fuerit in prima domo...
 'Hali de proprietatibus lune in qualibet domo': BMad 15107, 15c, f. 62v

Cum luna fuerit in prima mansione bonum...
 Albumasar (Hamel Abu Iafar), De pluviis, appendix; CUcl 15, c.1280, f. 6v(Atk)

Cum luna intraverit cancrum hora solis...
 Prediction: BN 7443, 15c, f. 4r

Cum luna sit in signo arietis...
 Signs of life and death: BMsl 783b, 15c, f.217r

Cum luna sit inferior planeta...
 See 'Cum luna est inferior...'

Cum luna sit solis...
 Leip 1484, 15c, ff. 147-148v(Zi 8223)

Cum lune cursum recte scire volueris scito primo...
 CUt 1081(O.I.57), 15c, ff. 90v-95r

Cum lune statum tam non omnino quam solo motu...
 De aspectu lune ad planetas: VE fa 344(Val XI.104), 14c, ff. 60va-61rb

Cum magister Dominicus pedibus celsitudinis vestre...
 Leonardo Pisano, Liber quadratorum: Boncompagni, Scritti di Leonardo Pisano, II(1862), 253-83

Cum magnanime impulsarer...
 De creatione et de annis ab origine mundi: BLd 63, 9c, f. 81

Cum Mars solus est almutaz...
 CUmc 165, 12c, ff. 47-48

*Cum materia de alteratione que est una species
 ...
 John Dumbleton et Jo. Chylmerk, De actione elementorum: BLd 77, 15c, ff. 153v-(166)

Cum materialis(naturalis?) scientia ceteris elegantior...
 Urso, prol. De commixtionibus elementorum: CUt 1154(O.II.50), 14-15c, ff. 61(62)-148v. See 'Quoniam naturalis scientia...'

Cum matrix colligitur super sperma...
 Avicenna, Canon, III, fen 21, cap. de generatione embrionis. This chapter was the frequent theme of commentators: see Garbo, Dino del, Tommaso del; Jacobus Foroliviensis, etc.; anon.(Comm.), a.1347: CLM 527, ff. 42r-49v

Cum me et naturalis conditio et bonorum...
 Guido of Arezzo, prol. Micrologus. See 'Gymnasio musas...', and 'Igitur qui nostram ...'

Cum me iamdudum de planetis libellum...
 De planetis: VI 2378, c.1400, ff. 27r-32r; Saxl (1927), 102; Zi 9946

Cum me plurima atque diversa videres...
 See 'Primum hoc illi qui...'

Cum mecum diu ipse hesitans(hesitarem) inter tot...
 Ludov. Lazarelus, Crater Hermetis (occult philosophy, not alchemy): Mi D.389.inf.(T VI,438, n.1); pr with Hermes Trismegistus, (Venice, 1500?), ff. 32r-42r(AFML 239; Klebs 510.7; IAL H76)

Cum mecum ipse considerarem quod...
 Menghus Blanchellus, prol. De aqua Porretae. See 'Dubitatur circa balneum...'

Cum mecum ipse duram humani generis sortem...
> Burchardus Hornack, De senectute conservanda: AFML 500, c.1464, ff. 24r-94v

Cum medici antiqui circa artem medicine fundaverunt...
> De conscientia medici: CLM 18444, ff. 266v-267v

Cum medicina et dieta maxime corpori proficiunt...
> CUpet 222, VII, 13-14c, ff. 2v-3v

Cum medicina recentius mandet...
> De anatomia: VAu 246, 14c, f. 191

Cum medicina sive medicinalis operatio...
> Aliqua experimenta levia in opere cyrugiae: ed. Studien, (1918), 385-87

*Cum medicinalis artis(scientie) due sint partes ...
> Roger Baron, Rogerina minor: Pansier II(1909), 39; BN 7056, 13c, ff. 75rb-77rb; Ea F.275, c.1300, ff. 40-46v; Wickersheimer 720b; anon. CU 1884(Ii.VI.5), 13c, ff. 97ra-100vb. Apparently same as 'Cum artis medicinalis...'

Cum medicinalis artis summa...
> Petrus Hispanus, Comm. Hippocrates, Aphorisms: Ea O.62, 14c, 136 ff.

Cum medicinalis scientia ceteris elegantior...
> Urso, prol. De commixtione elementorum: Ran 242, early 14c, ff. 54-77; VAb 302, 14c, ff. 20-39v(Silverstein)

Cum medicinalis scientie due partes integrales ...
> Roger, Parva summa: BMh 3719, 14c, ff. 214v-218ra

Cum medicinam sic de homine tanquam...
> Glosula, Versus Egidii de urinis: Mon 317, 13-14c, ff. 44-50

Cum medicine simplices que in curatione...
> Antibalomenon or Quid pro quo: BN 6891, f. 89ra-vc

Cum medicine triplex sit quasi integralis pars...
> VAp 1143, ff. 73ra-78vb

Cum medicine triumphalis gloria revera nomen ...
> Pref. list of medicinal simples: VAp 1234, 14-15c, f. 1r-11r

Cum medicus...
> Ad quartanam consilium: VI 2317, 14c, ff. 35v-36r

Cum medicus non semper...
> Aegidius, De signis distractivis: BN 6988a, f. 121v

Cum medicus secundum auctores duobus utitur instrumentis...
> Ars cognoscendi in quo signo sit luna: BLd 147, 14c, f. 68

Cum medicus ut plurimum a principio egritudinis...
> Bernard Gordon, De modo medendi in egritudinibus pristinibus cum medicus nescit causam: VAp 1083, f. 322r-v

Cum mee sit intentionis hoc in summario febrium...
> Ant. Guaynerius, Summarium de febribus: T IV, 674; CUpet 87, a.1400, ff. 41-(79v); BU 657 (1222), 15c, 163 ff.; Ea Q.218, 15c, ff. 540-588; CLM 205, a.1442, ff. 11rb-59r; VE VII.47 (XIV,27), a.1468, ff. 46-82; VI 5289, 15c, ff. 172ra-207vb; pr Opera medica, (Padua) and Paderborn, 1473-74; Pavia, 1481; etc. (Klebs 480.1(g); 3, 5-7; AFML 221-223; IAL G475, 476-78); separately IAL G479

Cum meum posco auxiliatorem...
> Raymond Chalin de Vivario, De peste(completed at Avignon, a.1372): Chartres 403, 14c, ff. 80-128. See 'Deum posco...'

Cum mihi proposuisses carissime Paterniane...
> Galen, pref. Alphabetum ad Paternianum: MSS numerous, Beccaria 108, 18; Diels(1905), 142; Opera, 1490, II, 301r-309; 1515, II, 148r-156r; Spuria Galeni, Venice, 1609; Isis 24(1936), 411, n.44. Text, 'Es ustum...'

Cum mihi videatur in hiis que precesserunt...
> Guido Bonatti, De imbribus et de aeris mutationibus: VI 2359, 14c, ff. 201r-210v; Saxl (1927), 96; BN 7443, a.1437, ff. 1r-4r; CUpem 227, 15c, ff. 116v-132v; Argentré, I, ii, 327b. It is Pars VI of Liber Introductorius: pr Augsburg, 1491, f. 400(Klebs 195.1; IAL B757); Venice, 1506, HH 2ra-

Cum minor quantitas aliquotiens sumpta...
> Algorismus minutiarum or Brevis ars minutiarum: Mon 323, 13-14c, ff. 263r-276v; VI 5311, 14-15c, ff. 73va-80va; BMh 531, 15c, ff. 33r-47v

Cum modernorum scientia...
> Vididenus, Summa clavium totius alchymiae artis: VI 5492, 15c, ff. 2v-8r; Viderius or Vididerius: Jos. Martini, Cat. 28, MS 4, 15c, ff. 93-101r

Cum modum tempus introitus solis...
> Prosdocimo de' Beldomandi, Canon ad inveniendum tempus introitus solis in quodcumque duodecim signorum: Favaro, BB XII(1879), 171-215

Cum morbi pestilentiales qui hactenus. . .
Johannes de Tornamira, Preservatio et cura apostematum antrosorum pestilentialium: Archiv V(1912), 48-53; BNna 1391, 14c, ff. 82r-83r; Basel D.III.2

Cum mos sit quasi quiddam debitum. . .
Petrus Marangus Salernitanus, Tables(medical): VA 4440, 15c, ff. 128ra-134rd; ed. Renzi IV, 558-65: T (1953), 278, n.107. See 'Cum omnibus mos. . .'

Cum motus planetarum possit salvari absque eccentricis. . .
Theorica planetarum: CU 1705(Ii.I.13), 14c, f. 181v

Cum multa et varia apud philosophos. . .
Johannes Marlianus, De reactione, 1448: Clagett (1941), 22; VE VI.105(X,218), ff. 23ra-41vb (ColR 26); Klebs 666.1, ff. 25-51(CR C-5)

Cum multa et varia de imbrium(nubium) cognitione(congregatione). . .
Liber imbrium, tr Hermann of Carinthia: Haskins 49; T I, 652; II, 84; III, 273; Hellmann (1917), 199; Prag 433(III.C.2), ff. 54v-57v, 184v-188v; BMr 12.E.XXV, c.1300, ff. 170r-(172); VI 2436, 14c, ff. 134v-136va; BLr D.1227, late 14c, ff. 106ra-108rb; Carmody 85-87

Cum multa secundum verbum Sapientis. . .
Aegidius de Lessinis, De crepusculis: Grabmann (1936), 529; BU 957(1845), 14c, ff. 89r-100v

Cum multas provincias. . .
Alkimia: Delisle, III, 90a

Cum multas regiones et plurimas causa huius scientie. . .
Albertus Magnus, Semita recta: VAp 978, 13-14c, ff. 33r-46v; Speculum 34(1959), 239

Cum multi antiqui modernique cantores. . .
Ars cantus mensurabilis: Coussemaker III, 379-398; BN 7369, ff. 10r-25v

Cum multi de partibus ultramarinis seu terra sancta. . .
Ludolph of Suchen, De terra sancta et itinere Ierosolomitano (1336 and 1350): Ghent 13, 15c, pp. 121-163a; pr (Gouda, 1483); etc.(Klebs 624.3; IAL L328)

Cum multi etiam Grecorum nominant. . .
Georgius Trapezuntius, De antisciis: Birkenmajer, Bull. Acad. des sciences de Cracovie I(1912), 341. See 'Nunc quoniam rationem antisciorum. . .'

Cum multi homines astrologie scientiam desiderent. . .
Argentré, I, ii, 327b

Cum multi velut umbra declinavere anni. . .
Nicolaus Burtius, Opusculum musices: pr Bologna, 1487 (GW 5796; Klebs 234.1; IAL B1179)

Cum multifaria habeatur siruporum divisio. . .
De syrupis alterativis constrictoriis et laxativis: BLd 79, 13c, ff. 40r-(58v); CUad 6865, c.1200, ff. 116ra-130ra; BMr 12.D.XII, 14c, ff. 91-(94v)

Cum multis et diversis modis hoc magisterium (regimine). . .
Raymond Lull, Anima artis abbreviata: DWS 253, v, vii, xiv, xvii, xviii; VA 5847, a.1510, ff. 83r-93v(T IV,626)

Cum multorum desideremus habere. . .
Arnald of Villanova, pref. Libri septem de regimine sanitatis. Text, 'Ars quidem sanitatem . . .'

Cum multos de numeris tractatus vidisses. . .
Algorismus minutiarum, prol.: Princeton RG 99, 13c, ff. 137ra-138vb (TR 247); BMsl 3281, 13-14c, ff. 2r-6r; BLas 1522, 14c, ff. 40c-42d; BLd 28, 14c, ff. 133v-(136); BLlm 644, early 14c, ff. 124ra-125ra; BNna 1893, 14c, ff. 23r-24r; PU 595, 14c, f. 28v-. Text, 'Opus numeri. . .'

Cum multos errores iam pluribus annis. . .
Dominicus Maria de Novaria, Prognosticon for 1487: GW 8661; Klebs 705.4

Cum multos indorum seu caldeorum. . .
Raymond of Marseilles, introd. Liber cursuum planetarum: Haskins 96-98; T II, 91-92

Cum multos latinorum scriptores. . .
Astronomy: Dresden Dc 171a, 13c, ff. 115-120

Cum multos mente intuear non solum indoctos . . .
(Honorius of Autun), pref. Clavis physicae: BN 6734, 12c, ff. 4r-252r; Cues 202, 15c, 202 ff.; Manitius II, 803, citing Grabmann and Endres, 'Die Disputatio Johannis cum Theodoro Greco ist die Clavis physicae des Honorius' of Autun

Cum multos rerum novitate. . .
(Alanus Magnus), Explanatio prophetiae Merlini: BN 7481, f. 1r

Cum multos tractatus de numeris. . .
De minutiis: Ea Q.369, 14c, ff. 181v-182v. See 'Cum multos de numeris. . .'

Cum multos viderim de epidemia tractatus...
  Costofforus, Pest tract: Archiv XVII, 121-24;
  VAp 1205, ff. 53r-55r; FR 1219, ff. 10v-15r

Cum mundus multis dicatur modis...
  Cleomedes, De mundo, tr George Valla: pr
  Venice, 1498, f. 49r(Polain 2800; Klebs 1012.1;
  IAL N33)

Cum musica est...
  Johannes de Muris, Musica: VI 2433, 14c, ff.
  43r-46v

Cum nasus incidatur ad ipsas aures tunc debet...
  Johannes Ketham, Chirurgia parva: BMsl 345,
  15c, ff. 118v-127v; pr Fasc. medicinae, Venice,
  1495(Klebs 573.2; IAL K12; AFML 269)

Cum nativitatum revolutiones per ascendens
nati...
  Albubather, tr Plato of Tivoli: BN 7439, 15c,
  ff. 107v-125r; Boncompagni PT, p. 284; Carmody 137

*Cum natura ita effectus...
  John Dastin, Visio: Tanner.   See 'Cum omnium
  in natura...'

Cum natura non minus indigeat aquis fisicali-
bus...
  De ornatu faciei: VA 4422, 14c, ff. 89r-95r.
  May be part of preceding Compilatio brevis of
  John of Parma: T (1953), 276

Cum natura sit omnium operationum medicus
...
  Albertus Bononiensis, Consilium ad paralisim: VI
  5207, 15c, ff. 175r-178v

Cum natura sit principium motus et quietis...
  Thomas de Wylton(?), Comm. Physics: Glorieux,
  I, 460-461

*Cum natura sit valde generalis...
  Raymond Lull, De natura: HL 29, 247-48;
  Reims 881, 15c, ff. 176-182

Cum natura sublimis qui omnibus tribuit esse...
  De mirabilibus mundi: VA 1770, 15c, ff. 129r-
  135v

Cum Neapoli otiosus degere...
  Pier Candido Decembrio, prol. De omnium
  animalium naturis. See 'Omne animal quod
  duos...'

Cum necessarium sit unicuique semper et
ubique...
  Adam of Cremona on hygiene to Frederick II,
  a.1227: ed. F. Hönger, 1913

Cum necessitas cogit fleobotomare...
  Phlebotomy: BMr 17.A.III, 14c, ff. 11v-(13)

Cum nihil aliud sit febris...
  Electuarium filii Zachariae: DF

Cum nihil antea pretermiserim pater...
  Guiscardus de Bazzis, De remedio incommo-
  dorum itineris, to Jacobus Borrhomeus, bp. of
  Pavia (1446-1453): Gray 6, a.1467, ff. 58-85

Cum nimium propter instans tempus epidimiale
...
  John of Burgundy, Pest tract: D. W. Singer
  (1916), 18; Archiv V(1912), 59

Cum nobilitatis vestre...
  See 'Anima igitur proprie...'

Cum nobis sepius mi Lucreti de medicina fuit
sermo...
  Fragment of Caelius Aurelianus, De salutaribus
  praeceptis: Beccaria 56.6; 79.1; ed. V. Rose,
  Anecdota Graeca: II, 169, 193-196

Cum non ostendendo...
  De venenorum specie, de morsu tyrie et scorpionis: BMsl 420, 14c, f. 124v-

*Cum non sit humane benevolentie rem pluri-
bus...
  Roger (of Hereford), pref. Compotus: Isis 18
  (1932), 20-21; Haskins 124-25

Cum non sit medicus (et medicina) nisi adminis-
trator...
  Arnald of Villanova, De medicinis simplicibus
  (Aureole): HL 28, 72; Glorieux I, 422; CUpet
  182, II, 14c, ff. 1-17r; BLb 682, 15c, ff. 40-(75);
  BMh 3372, 15c, ff. 39r-59r; CLM 205, 15c, ff.
  221r-237v; VAp 1180, 15c, ff. 202r-230v;
  Opera, 1504, ff. 285v-298r

Cum non solum sufficiat ad hoc...
  Comm. De memoria et reminiscentia: Ea Q.312,
  14c, ff. 68-69v

*Cum nos inveniemus lucem lumen...
  Bartholomaeus Bonon., De luce: BLcl Eccl. 52

Cum nostra compilatio ex prolixitate pauperibus
videatur honerosa...
  Medicina: CUpet 247(IX.11), 12-13c, ff. 3r-
  4r(DWS MS)

Cum nostra corpora diversis et occultis...
  Thadeus Bononiensis, Tables of drugs (in 6 cols.):
  VAp 1363, 15c, ff. 168ra-172rd

Cum nostra intentio principalis sit de calore
solis...
  See 'Cum principalis...'

Cum nostra versetur cognitio ut mentio...
  Johannes Lauratius de Fundis, De sphaera:
  T IV, 232-33; ColR 145b

Cum nulla ars vel scientia possit haberi...
　　Sententia super tegni (of Galen): PA 753, f. 77;
　　VAp 1085, ff. 172v-178v

Cum nullius...
　　Panfisaticon philantropos: Perugia 736, 13c, ff.
　　1-131; Hermes 52(1917), 112-124

Cum Numa divisione anni...
　　VI 2245, 12c, ff. 54v-59(Zi 4035)

Cum numerus...
　　Doctrina de algorismo: James 486

Cum nunc tempestatis hominum gaudent intel-
lectus...
　　Jacobus de Partibus, introd. Summula super
　　plurimis remediis ex Mesue: pr Lyons, (c.1500)
　　(AFML 161; Klebs 331.2; IAL P112); Mesue,
　　Opera, 1523; Articella, 1534

Cum nuper ab officio quod in curia...
　　Conrad Heingarter, On the nativity of Jehan de
　　la Gutte: BN 7446, a.1469, ff. 1r-14r(T IV, 358
　　etc.; ColR 109)

Cum nuper et iussu et ordinatione decani
medice facultatis...
　　Simon Pistoris, Positio de malo franco: pr (Leip-
　　zig, 1500); (AFML 367; Klebs 781.1; IAL
　　P596)

Cum nuper maiestas tua serenissime Caesar
proprio ore...
　　Giovanni Bianchini, Canons and Tables addressed
　　to Frederick III: BLcm 454; BN 7270, ff. 1ra-
　　25ra, tables, 27r-142r; BN 7271; 16212; pr
　　Venice, 1495 (GW 4410; Hain *3233; Klebs
　　188.1; IAL B627); Scripta mathematica, XVI
　　(1950), 5-12, 169-180; XIX(1953), 5-18

Cum O medice ad egrum vocaberis...
　　Renzi II, 34, 74-80; BN 15373, 14c, ff. 163ra-
　　166rb; Op 21, 14c, ff. 189-192

Cum omne animal per instinctum nature...
　　Petrus de Tussignano, Consilium pro peste
　　evitanda: BN 7080; pr with Ketham, Fasciculus
　　medicinae; Venice, 1491; etc., (Polain 2411-12;
　　Klebs 573.1-4; AFML 269, 270; IAL K11-14)

Cum omne corpus animatum...
　　Maurus, Glossulae aphorismorum Hippocratis:
　　VI 2410, 13c, 49 ff.; Renzi, IV(1856), 513-57;
　　anon. VA 4477, ff. 1ra-36vb

Cum omne corpus secundum philosophum...
　　Aristotle, De practica lapidis philosophici: Stein-
　　schneider (1906), 8; pr De alchimia opuscula,
　　I(1550), 162r-168r; Artis auriferae, I(1593),
　　361-73; Manget I, 659-62

*Cum omne desiderii compos et maxime...
　　Compendium philosophie *or* Compilatio de libris
　　naturalibus: Beiträge 17, 5-6(1916), 74-86; BN
　　15879, a.1320, ff. 125ra-176va; ed. Michel de
　　Bouard, Paris, 1936; BE O.142, a.1325, ff. 1-
　　130; CUe 247(3.III.14), 15c, ff. 6va-89rb;
　　Comm. Meteor.: Ob 146, early 15c, ff. 169-180;
　　etc.

*Cum omne elementum et ex elementis com-
positum...
　　Geraldus Bituricensis, Comm. Constantinus Afri-
　　canus, Viaticum: Basel D.III.6, a.1236, ff. 1r-
　　18; BMsl 342, 13c, ff. 1r-85r; Bruges 359, 13-
　　14c, ff. 246ra-277va; 467, 13c, ff. 1ra-49vb;
　　Bern 332, 14c, ff. 1ra-86rb; Ea F.266, 14c, 129
　　ff.; James 482; anon. CUg 97(49), 13c, ff. 1r-
　　136v

Cum omne elementum et ex elementis corpus
generatum...
　　Gerardus, Glossule, Constantinus Africanus,
　　Viaticum: CLM 3512, ff. 170ra-288rb; Cues
　　303, 14c, ff. 1-169; 307, ff. 99-160(Schulz);
　　VAp 1165, 14c, ff. 41ra-82rb

Cum omne movens nostrum appetitum...
　　Prol. Auctoritates diversorum philosophorum:
　　BMr 8.A.XVIII, 14c, ff. 12-48v; KlaS Pap.
　　113, a.1431, ff. 48r-116v.　Text, 'Scire et intel-
　　ligere...'

Cum omne quod experitur sit experiendum
(expetendum)...
　　Alkardianus *or* Alchandiandus, Geomancy: T I,
　　716; II, 115; CLM 677, 13c, ff. 1-18r

Cum omne quod expetitur sit petendum propter
se vel aliud...
　　BMad 15236, 13-14c, ff. 130v-153

Cum omne quod quis querit et experitur...
　　Altradenus: Ea Q.21, 14c, ff. 82-91

Cum omnem appetitum moveat bonum...
　　Sufficientia omnium scientiarum naturalium: CUt
　　1377(O.VIII.2), 14-15c, ff. 4-5v

Cum omnem nostrum...
　　See 'Cum omne movens...'

Cum omnem scientiam rem esse bonam...
　　Aristotle, De anima, tr Joh. Argyropulos: VAu
　　184, 15c, f. 171v; 210, 15c, f. 124; VA 2989;
　　Turin E.III.27; VE VI.146(X.24), ff. 35-47;
　　pr Venice, 1495-96; etc. (GW 2340, I, f. 279;
　　2341, ff. 150r-170v; 2346; Klebs 82.4, 7; 84.7;
　　IAL A864-865)

Cum omnem urinam inspexeris diu attendas
colorem substantiam...
　　Archimatheus, De instructione medici: Renzi V,
　　333

Cum omnes effectus naturales per motus...
Suiseth(?), De motu et de causis rerum: BLd 154,
13-14c, ff. 42r-46v

Cum omnes homines constent ex corpore...
Avicenna, De anima *or* Sextus naturalium. See
'Iam explevimus in primo libro...'

Cum omnes homines eque constent ex anima et
corpore...
Gundissalinus, De anima: ed. J. T. Muckle,
Medieval Studies, II(1940), 23-103; AL 1249;
Delisle III, 85b. As Gundisalvus, De anima,
VA 2186, ff. 104r-119v; ed. in part, A. Loew-
enthal, Pseudo—Aristoteles über die Seele,
1891, pp. 79-131

Cum omnes se habeant...
Gulielmus Bonkis, Questiones in Aristotelis Metaphysica: CUg 344, 14c, f. 28(Atk)

Cum omni corpori locus determinetur a forma
essentiali...
Frater Daniel, Quare terra non sit tota cooperata
aquis: VA 754, 15c, f. 149va-150rb

Cum omni humane creature sane disposite...
Johannes, Chiromancy: CUt 1081(O.I.57), 15c,
ff. 110v-118v

Cum omni natura constantium...
See 'Cum omnium in natura...'

Cum omnia elementa sunt(*sic*) diaphana...
De coloribus: Graz 482, c.1300, f. 180v; AL 57;
Ambix 8(1960), 54, n.2

Cum omnia entia ab universorum initio pro-
creata numerorum distinctione...
BMad 15107, 15c, ff. 72r-73r (*or*, 74v)

*Cum omnia ex quatuor elementis generata...
Geraldus Bituricensis, Comm. in Isaaci Judaei
Viatici partes septem, tr Constantinus Africanus:
Wickersheimer 203; Art ancien 8, 13c, 67 ff.;
Admont 386, 13c(Schulz); CUg 117(186), 13c,
ff. 2-135; Oe 35, 14c, ff. 135v-(206); Giraudus
Parisiensis, Gloss on the Viaticum: BMsl 3096,
13-14c, ff. 70v-220; etc.; anon.: CU 938
(Ee.II.20), 14c, ff. 2ra-13vb; pr Venice, 1505,
ff. 89r-192

Cum omnia que colorum...
Bonfinus, De philosophorum lapide ac tertii
ordinis medicine excellentia ac ratione ex poetarum
solum scriptis comprobata: VAb 273

Cum omnia que in curatione sunt utilia haberi
non possint...
Quid pro quo: BMsl 2391, 15c, ff. 128-(130)

Cum omnibus directe intuentibus constat...
Liber figure Ptholomei: VAp 1414, 14c, ff. 27ra-
29vb

Cum omnibus mos sit et quasi quidam(*sic*)
debitum...
Petrus Marachus, Tabulae: Toledo cap. 97-27,
a.1400, ff. 66r-78v; Millás(1942), 122; Renzi
IV, 559-. See 'Cum mos...'

Cum omnis actio sit ab aliqua virtute...
Boetius Dacus, De sompniis sive de sompniorum
divinatione: ed. AHDL, VI(1931), 307-17;
Grabmann(1936), 216-24; AL 34; Graz 1385,
14c, ff. 3v-7r; Ps. Aquinas, Beiträge XXII
(1920), 16

Cum omnis ars ex suo fine laudabilis...
Practica Girardi: Wickersheimer 697; Ricardus,
Modus medendi: CUg 401, 13c, ff. 96-115

Cum omnis ars vel scientia...
Gerard of Cremona *or* Montpellier, Summa de
modo medendi: Wickersheimer 204-5

Cum omnis creatio sit ex spermate ab ipsa sit
locutio...
BNna 693, 13-14c, ff. 183r-186r; des, '...mor-
tem significat'

Cum omnis creatura generis limitibus...
Thomas Aquinas, De genere: CU Dd.XII.46,
14c, ff. 31-59v; CU Mm.II.7, 15c, ff. 20ra-33r

Cum omnis effectus naturalis per motum
adesse...
De motu (forsitan Rogeri seu Richardi Swyns-
head): CUg 499(268), 14c, ff. 212ra-213rb

Cum omnis hodieque liberalium artium...
Prol. Arithmetic. Text, 'Grece arithmetica...'

Cum omnis medicina...
See 'Cum omnis scientia ex (suo)...'

Cum omnis nostra felicitas in speculando consistat...
De physicis et meteorologicis ex Aristotelis libris
excerptis: CLM 3587, 15c, ff. 3-(25)

Cum omnis nostre vite perfectio in...
Antiochus Tibertus, pref. De chiromantia. Text,
'Antequam ad explanandas...'

Cum omnis operatio medicine...
De dieta: Oe 35, 14c, ff. 107-108

Cum omnis philosophia sive scientia inutilis...
Comm. in Mercheris (Hermes?) librum de
Rebis: DWS 28; BU 474(830), 15c, f. 23r-v;
Mon 448, 15-16c, ff. 2-3v(Corbett II.90);
anon. Prag 1984(X.H.6), f. 14r-. Text, 'Dixit
Mercher ad Fledium...'

Cum omnis prescientia et sapientia...
Thomas Hibernigena, Preceptum algoristicum de preveniendis malis: Ea Q.368, 14c, ff. 162-165

Cum omnis prolixitas sit noverca veritatis...
Comm. Regimen acutorum: BN 15373, 14c, f. 162ra-vb

Cum omnis rationalis creatura...
Nicolaus (Frater), Lapis lapidum et ultimum... epistola ad magistrum Albertum Magnum: VAb 273, f. 304r

*Cum omnis rerum emendatio...
Robert of York(?), Correctorium alchymiae: QE I, 625-26.   See 'Cum omnium rerum emendatio ...'

Cum omnis res desiderii...
See 'Cum omne desiderii...'

Cum omnis sapientia scientie...
See 'Cum omnis scientia ex...'

*Cum omnis scientia causas habens...
Richard Lavenham, Speculum vel philosophia naturalis vel phisica libris octo: Durham C.IV.22, a.1449, 50 ff.; T. Walden in Physic., Tanner

Cum omnis scientia et omnis ars propter utilitatem suam...
From Haly and Zael on astrological elections especially: BMsl 332, 15c, ff. 59r-70v

Cum omnis scientia ex fine ac eius utilitate naturaliter...
Iohannes de Concoregio, De aegritudinibus particularibus (Lucidarium *or* Flos florum): Cues 309, ff. 22-36; Prag Cap. 1352, ff. 1-19(Schulz); Hain *5615; Wickersheimer 205, n.1.   But in Mi A.104 inf., 15c, it opens the second paragraph on fol. 1ra

Cum omnis scientia ex fine (et) utilitate sua naturaliter...
Laus phisicorum: BLd 69, f. 84vb

*Cum omnis scientia ex (suo) fine et utilitate...
Gerard(Giraldus) of Montpellier *or* of Cremona, Summa de modo medendi: Wickersheimer 204-5; Giacosa 411; James 480; BLe 3541, 13c, ff. 149v-176; BMh 5228, 13c, ff. 2r-36v; CU 938(Ee.II.20), 13c, ff. 211ra-217vb; CUg 379 (599), 13c, ff. 167r-195r, imperf.; Admont 762, 13c, f. 54v, etc.(Schulz); PM 3599(482), ff. 54ra-61vb; VAp 1165, 14c, ff. 82va-94va; BMsl 3012, 14c, ff. 107rb-151vb; anon. CUt 1131, 13c, ff. 85r-100v; CLM 13124, ff. 308r-336v; CLM 264, ff. 92rc-103va; as De dandis catharticis: BMsl 420, 13c, ff. 2v-25va

Cum omnis scientia naturalis...
Gerhardus, Summa de dandis catarticis: Prag 498, 14c, ff. 182va-204r

Cum omnis scientia naturaliter (sit) ex fine et utilitate...
I. John of Parma, pref. De medicinis libellus: BLcm 564, 15c, ff. 1-(23); Affò, Scrittori Parmigiani, 1789, II, 49.   Text, 'Quid sit faciendum ante purgationem...'
II. 'Practica magistri Girardi circa morborum curationem': Carpentras 318(314), 13c, ff. 3-32. See 'Cum omnis scientia ex (suo) fine...'

Cum omnis superficies medicine artis duabus sit...
Herbarium: BMr 8.C.IX, 13c, ff. 107v-(109v)

Cum omnium animatorum principium formale sit anima...
Albertus Magnus, De anima: Basel F.IV.34, 13-14c, ff. 50ra-96va

*Cum omnium artium inventores necnon...
Thomas de Novomercato, Comm. in carmen (Alexandri de Villa Dei) de algorismo: BLd 81, 15c, ff. 11r-(35)

Cum omnium fere...
De effectibus qualitatum: James 481

*Cum omnium in natura constantium certus sit effectus generationis...
John Dastin, Visio (alchemy): T III, 100; DWS 282; ColR 129a, 130

Cum omnium in natura sit effectus...
See 'Cum omnium in natura constantium...'

Cum omnium philosophorum documenta...
John Bombelen *or* Bumbeles, Stella alchimiae compositus a.1384: T III, 770; ColR 104

Cum omnium rerum emendatio illius rei virtute...
Bernard (of Treves?), Correctorium fatuorum: T III, 106-7; BN 14006, 15c, ff. 35v-40v(Corbett I,179); pr with Geber, Bern, (1545), 220-249; Artis auriferae, I(1572), 582-613, I(1593), 545-75

Cum omnium rerum in primordio creationis...
De cometa qui anno 1472 apparuit: T IV, 429

Cum omnium rerum natura...
See 'Cum omnium in natura...'

Cum operari volueris fiat anulus...
See 'Signum admirabile...'

Cum oporteat medicum rationalem...
> Michael Savonarola, Practica de egritudinibus a capite usque ad pedes: T IV, 185-86; CLM 12, ff. 1-276; pr 1486; Venice, 1497 (Polain 3467); with Klebs 573.1; Yale 7; Klebs 882.1-3; IAL S271-273

Cum oporteat unumquemque artificem...
> Matthaeus Bendinellus, De balneo Ville Lucensae, a.1483: pr Pescia, 1489 (GW 3812; BMI VII, 1109); De balneis, ff. 145rb-155va

Cum optas amice...
> Alchemy: DWS III, 1161

Cum opus quodlibet suo artifici habeat...
> Archimatthaeus, prol. Practica: Ea Q.204, 12-13c, ff. 80-81v; BLd 79, 13c, ff. 130-(142); BMr 12.E.VIII(XIII), 13c, ff. 160r-177v; CU 938 (Ee.II.20), 13c, ff. 177ra-181rb; Renzi V, 350-76, in different order. Text, 'Dissenteria est fluxus ventris...'

Cum parentum preceptis et amicorum...
> Antonio Benivieni, dedic. to Lorenzo de'Medici, De regimine sanitatis. Text, 'Cum statuissem...'

Cum parvus error in principio magnus in fine...
> Thomas Aquinas, De essentia et quidditate: CLM 317, ff. 287va-291vb

Cum passione contraria id est augmentatione et(vel) diminutione...
> Prol. De minutiis: ed. Bubnov 225-28-44; De ponderibus et mensuris: CLM 14498, 11-12c, f. 14(Schulz)

Cum Paulina datur ptisicis bona non...
> Versus, Vendôme 206, 13c, f. 37

Cum per diversas locorum distantias...
> Astrological tract on Signs and Prognostics: CUt 1418, 15c, ff. 108-118v

*Cum per Galyeni sententiam...
> G. Kymer, Dietarium: Tanner

Cum per hoc opus verum locum solis scire...
> Basel F.11.7, f. 80r

Cum per hos dies mecum animo volverem...
> Regulae technicae contra pestilentiam: Archiv IV, 419-22

Cum per instrumentum equatorii vera loca planetarum...
> Practica equatorii: CLM 11067, ff. 183ra-184rb

Cum per naturam mundi noscas genituram...
> Verses prefixed to various alchemical works: DWS 796; Steinschneider (1905), 29; Condeesyanus I, 93-106

Cum per quadrangulum seu quadrantem altitudinem...
> De quadrante: BMc App. VI, ff. 74rb-76vb. See 'Cum volueris scire per quadrantem...'

Cum per tabulam quantitatis...
> Canones tabularum kalendarii: James, 480

Cum pervidissem eos qui prius conscripserunt...
> Hippocrates, Liber Peri Diates: BN 7027, 10c, ff. 55r-67r; Diels (1905), 45, 46, 261; Kibre (1945), 405; Beccaria 28.5

Cum philosophia sit cognitio sui ipsius...
> Thomas Aquinas, De primo anime, quid sit: Ea F.346, 14c, ff. 70-73

Cum philosophorum plurima...
> FR 1164, 15c, ff. 63v-77v. See 'Cum turba philosophorum...'

Cum phisicalis scientie inventores aut negligentia tediosi...
> Urso. Aphorismi cum glosulis: VAb 302, 14c, ff. 1-19v(Silverstein)

Cum pleraque in medicorum antidotis...
> Johannes Jacobus Manlius, dedic. Luminare maius. Text, 'Interpretaturi in presentiarum...'

Cum plures essent olim philosophi inter omnes...
> Robert Kilwardby, (De ortu sive) de divisione scientiarum: T II, 81-82; Ome 230, 14c, ff. 29-(33); CUf 169, 15c, f. 240(Atk); ascribed to Alfarabi: RNP XLI(1938), 86; AL 82, 394

Cum plures et varie tabule ad celestes motus...
> Comm. Jacobus de Dondis, Planetarium: BLcm 436, a.1468, ff. 13ra-24v(T III, 199, 389); Es e.III.23, ff. 55-(65)

Cum plures olim essent...
> Alpharabius, De ortu scientiarum: VI 2473, 14c, ff. 1-29(Schulz). See 'Cum plures essent olim...'

*Cum plures sint homines qui scire desiderunt...
> Raymond Lull, Astronomia, a.1297: HL 29, 309; T II, 868-69; CU Mm.IV.43, a.1298, ff. 282ra-308rb; BE 963, 15c, f. 33

Cum plures superioribus annis tractatulos plurimos...
> (Matthias Kemnatensis), Computus: VAp 1370, 15c, ff. 31v-36v; Saxl (1915), 22

Cum pluribus libris nobilibus magne auctoritatis...
> Zael, Liber sigillorum filiorum Israel quem fecerunt in deserto: T II, 389-90, 399

Cum pluries a confratribus plurimis...
Petrus de Iovenetis of Bologna, De modo exibendi farmaca canonice per viam astrologiae: FLa 1448, a.1404 *or* 1414, ff. 125r-127v(T IV, 148); VI 5307, a.1413, ff. 56ra-58ra

Cum pluries apud te vir inclite pluribus...
Georgius Anselmus, Astronomia *or* Theoremata radicalia: T IV, 245; ColR 36b

Cum pluries mecum revo...
De insulis etc.: ZB IV, 147

Cum plurimi ob nimiam quamque accurationem (quandoque auctoritatem)...
Robert of Chester, De astrolabio canones: Haskins 122; Steinschneider(1905), 73; VE VIII.86 (XI,95), 15c, ff. 1-37; Mi M.35.sup., ff. 43r-60v; pr (Ulysses Lanciarinus, Perugia, c.1477): Klebs 850.1; IAL R197; Yale 160; Robertus Anglicus: GW 2759(BMI V,458; VI, 879)

Cum plurimi ob nimiam quandoque accumulationem...
Prosdocimo de' Beldomandi, Compositio et operatio astrolabii: BB XVIII(1885), 412; FLa 134(208-140), 15c, pp. 217-255; anon. BLcm 436, 15c, ff. 50ra-(57), f. 50ra-b, TR 347

Cum post iudicia pre ceteris astronomie partibus...
Guido Bonatti, Liber introductorius, Pars III de electionibus: Venice, 1506, ff. P.va-(S.5)rb

Cum post tempora Ypocratis plurimi auctores...
Alexander of Tralles, Prol.: BN 6881, 13c, ff. 1r-110. Text, 'Continget hec...'

*Cum potentia cuiuscumque rei...
R. Lavenham, De potentiis: Tanner; BMsl 3899, 14c, ff. 68v-73v

Cum presens libellus sit de rebus naturalibus...
Joh. Bischoffwerder, Notata parvuli philosophie: Gilhofer and Ranschburg, Cat. 257(1936), MS 1, a.1466, ff. 1r-79v

Cum presentem librum ruralium...
Petrus de Crescentiis, Prol. Ruralium commodorum libri duodecim: BLcm 497, 15c, 218 ff. See, 'Cum ex virtute...'

Cum presenti anno aut siderum adversa fortuna...
Jacobus Soldus, Pest tract: pr Bologna, 1478; Antwerp, 1490; Polain, 3558-3559; Klebs 921.1-2; IAL S548

Cum prima causa et summa ex altitudine...
Thomas capellanus, dedic. De essentiis essentiarum: Cambrai 919, 14-15c, ff. 1-32

Cum prima facie Arietis ascendit forma hominis nigri...
Astrological images: BN 7316A, f. 50ra-b

Cum primum a gama quod est in parte sinistra usque ad finem...
Brevis mensura monochordi: CLM 18478, 11c, f. 60v

Cum primam partem quarti libri Avicenne intendimus exponere...
Dinus de Garbo, Comm. surgery of Avicenna: Tours 798, 15c, ff. 1-205. See 'Circa istam partem quarti...'

Cum primeve et principales cause alterationis...
Bellantius, De iudicio urine ratione astrologica: VAp 1258, 16c, ff. 100r-104v

*Cum principalis intentio nostra sit de calore solis...
Robert Grosseteste, De calore solis: Beiträge IX(1912), 79-84; Thomson 93

Cum principium huius libri qui de...
Ricardus Anglicus, Quaestiones supra libros Ysaac: Wu M.p.med. Q.1, 13c, ff. 138r-149r

Cum proiectionem radiorum stellarum scire volueris...
'Liber proiectionis radiorum Ptholomei': Ma 10063, 13c, f. 22rb(Millás 1942, 159); anon. BNna 693, 13-14c, ff. 89r-(94); CU 1935 (Kk.I.1), 13c, f. 96rb-va; FL S. Marco 180, 14c, f. 19r; Breslau Rehd. 172, 14c, f. 46r; Zi 3282-84; pr Ptolemy, Quadripartitum, Venice, 1484, f. 46r; 1493, f. 104vb-105ra; Hain *13543; *13544; (Polain 3284; Klebs 814.1-2; IAL P994-95); Carmody 21

Cum proiectiones radiorum cuiuslibet planete scire desideras...
Canon and astronomical tables: BLlm 674, 15c, ff. 28r-29r; BN 10263, ff. 65v-68; Oma 182, 15c, ff. 52ra-56va

Cum promisi tibi mittere duas cedulas subsequentes...
Roger Bacon, Secunda epistola ad Jo. Parisiensem: DWS 192; Little 398; CUad 4087, 14c, ff. 216r-218v

*Cum proprietates rerum sequantur substantias secundum distinctionem...
Bartholomew of England, prol. De proprietatibus rerum. Text, 'De proprietatibus...'

Cum Ptolomeus in Almagesti editerat quod bonum fuit...
Liber theoreumancie, *or* Theorems on the Quadrivium: CLM 56, 13c, ff. 123r-153v; 14684, 14c, ff. 52r-70r; VAp 1376, 15c, ff. 308r-324r

Cum quacumque scire volueris vel consulere. . .
Ratio spere Pythagore: Bern 425, 9-10c, f. 78r-v

Cum quadam die gloriosus Iohannes dominus meus me interrogasset. . .
De lapidibus pretiosis: BE Fol. 523, 15c

Cum quadrantem componere volueris accipe tabulam. . .
De quadrantis compositione et usu: Björnbo (1912), 129; Tannery NE XXXV(1897), 582; Thomson 261; BN 7416B, ff. 62-63v; BMe 843, 13c, ff. 43r-47r, tables at 47v-48v, and MS ends

Cum quantitates ad invicem comparantur ab earum. . .
De numeris et lineis, tr Gerard of Cremona: Steinschneider(1905) 31; Bibl. math. II(1901), 46; ed. M. Curtze, Suppl. Heiberg ed. Euclid, 1899, 252-386; CU 2313(Mm.II.18), 14c, ff. 49-65

Cum quatuor apud philosophos. . .
Comm. Philaretus, De pulsibus: Prag 495, 13-14c, ff. 104-115

Cum quatuor sint libri meteor. compositi ab Aristotele. . .
Comm. in IV meteor.: Ma Palat. 150, 13c, ff. 204r-208r; AL 1207

Cum quatuor sint nature astrologorum. . .
Antonius Maimer de Francia, Tract. astronomicus vel astrologicus, dedic. Georgio Regi Boeme: VI 5508, 14-15c, ff. 147r-157v

Cum que ad alterutram argumentationem optimam esse. . .
Galen, De optima doctrinatione, tr Nicholas of Reggio: Opera, 1515, I, 13v-14r. See 'Unumquodque medicinalium theorematum. . .'

Cum quelibet doctrina vel scientia humane utilitati deserviat. . .
Maurus, Glosule super Johannitium: Bruges 474, 13c, ff. 116ra-139v; Borghesi 196, 14c, f. 1r-v; VE fa 321(XIV,12), 14c, ff. 180-187

Cum quelibet doctrinalis scientia humane utilitati. . .
Petrus Hispanus, Comm. Ioannitius, Isagoge: BN 6956, 14c, ff. 3r-40r; anon. Metz 380, 13c. Apparently same as preceding

Cum queretur utrum die mensis lunaris. . .
De apparitione lune, cum tabula: BMar 377, 13c, f. 6v-(7)

Cum querimus equum habilem. . .
Dispositio boni equi: Wo 978, f. 55(Schulz)

Cum queris partem proportionalem ex equationibus. . .
Canon to astrol. tables: BMe 889, 15c, f. 119v-120v

Cum queris quid est opus occultatum in sulphure. . .
De spiritu occultato alkimie: CUad 4087, 14c, ff. 155r-156r, apparently same as the following

Cum queris quid sit spiritus occultatus. . .
Interrogationes Uthesie ad Mariam: DWS 142

Cum queritur quid est(sit) lapis philsophorum. Respondeo. . .
Senior Mireris: DWS 134; Plessner, OLZ 33, 10, 727

Cum quesitus fueris de re absconsa. . .
'Albert de Saxonia, second de ce nom': Phares 216

*Cum questionum (naturalium) fere omnium solutiones. . .
Urso, Liber de effectibus qualitatum: Ea Q.204, 12-13c, ff. 52v-55; 215, ff. 99-102; Admont 496, 13c, ff. 1r-6r; BMar 295, 14c, ff. 243-(253v); On 171, 13-14c, ff. 18v-(21); FLa 143(217-149), 15c, ff. 31-34v; BLd 71, 14-16c, ff. 27r-35r; VI 5207, 15c, ff. 103v-112r; NYAM 55, ff. 1r-12v, incomplete; pr Oxford, 1590; Curt Matthaes, Leipzig, 1918, pp. 16-37; Archiv XII, 117-18; Delisle III, 91b

Cum quibusdam (e) fratribus nostris adolescentioribus(adolescentulis). . .
Helperic of Grandval prol. Computus: Os 17, a.1110, ff. 123-135; Auxerre 14, 12c, ff. 84v-100v; Dijon 448, 12c, ff. 94-107r; BMr 13.A.XI, 11-12c, ff. 1r-(12v); comm. CUt(R.XV.32), 11c, pp. 166-200(ff. 85v-102v). See 'Annus solaris ut . . .' for eds. and other MSS

Cum quidam ex carioribus amicis meis. . .
See 'Fideli servo Christi. . .'

Cum quidam mihi carus. . .
Prosdocimo de' Beldomandi, Tractatus musice speculative: Lucca, 359, 15c, ff. 79-105

Cum quidem iam pervenimus ad expositionem egritudinum. . .
De egritudinibus: VA 2449, 14c, ff. 115rb-(122rb), incomplete

Cum quidem intelligere et scire. . .
Comm. Physics: On 285, 14c, ff. 13-(19)

Cum quidem ut in Rethoricis Tullius. . .
Constantinus Africanus, pref. Viaticum: Yale Cushing Medic. MS, 12c

Cum quilibet secundum gratiam. . .
See 'Florenti studio Parisiensi. . .'

Cum quinta essentia celi nostri evangelicorum
. . .

> John of Rupescissa, De quinta essentia commentum primum: VAb 273, f. 291; FR 923 (L.III.28), 16c, ff. 181r(178)-186(183)r

Cum quis conceptus vel natus fuerit. . .

> De nativitatibus: BN 7328, f. 73va-vb

Cum quis voluerit amici alicuius predicere res. . .

> Chiromancy: Arthur Spaeth MS, first half 15c, ff. 9r-10r

Cum quodque medicinalium. . .

> See 'Unumquodque medicinalium. . .'

Cum quodlibet opus suo. . .

> See 'Cum opus quodlibet. . .'

Cum Rasis multiloquium et brevitas Avicenne (ad invicem). . .

> Liber philosophorum (alchemical): VAp 978, 14c, ff. 25r-32v; BLd 119, 14c, ff. 188-193v (DWS 546); Palermo 4 Qq. A.10, 46-72; BN 14007, 15-16c, ff. 92-101v(Stella noctis); Corbett 188

Cum reciprocorum medicaminum notum sit. . .

> Galen, Succidanea, tr George Valla: pr Venice, 1498, f. 137v (Polain 2800); Klebs 1012.1; IAL N33

Cum regerit pestilentia. . .

> Pest tract: Archiv XIV, 146

Cum reges antiquos quorum peritia. . .

> Messahala, De coniunctione et receptione: VAb 303, 13c(?), ff. 72-79v(Silverstein); not the usual incipit; 'alius prologus,' BMh 5402, f. 81

Cum regiones multas plurimas. . .

> See 'Omnis sapientia a domino deo est. . .'

Cum regnarem regno carnis Sibilie visa. . .

> Alchemy: Oc 125, 14c, ff. 168-172(DWS 552)

Cum removet causa secunda universalis virtutem suam. . .

> Comm. De causis: VE VI.52, 14c, ff. 344vb-351ra

Cum removetur causa secundaria(secunda causa). . .

> Comm. De causis (Proclus): VAb 165, late 13c, ff. 379ra-382ra; ascribed to Johannes Cronisbenus: VE VI.99(XII,26), 15c, ff. 111-120; anon.: VE VI.33, 13c, ff. 283v-293r; Ome 140, 14c, ff. 1-3r

Cum rerum motu et varietate sideree. . .

> Nativity of Henry VI: CU 1017(Ee.III.61), 15c, ff. 155-171

*Cum rerum notitiam precedit notitia earum causarum. . .

> Comm. Alexander Neckham, de utensilibus: Bale; CUt 895(R.XIV.22), 13c, f. 1v(Atk)

Cum rerum phisicarum principia sufficienter. . .

> Raymond Lull, Liber de natura or Liber novus physicarum: VE fa 298(X.192), 15c, ff. 37-45; Cues 88, 15c, ff. 59-63v. See 'Cum natura sit valde. . .'

Cum rerum quidem omnium esse secundum primum est. . .

> Aristotle, De intelligentia or prol. De mundo: AL pp. 93, 194, cod.1595, 1599, 1717; Ea Q.295, 13-14c, ff. 41v-43v; CU 1743 (Ii.II.10), 14c, f. 218; BMr 12.C.XX, 15c, ff. 121r-124; Delisle III(1881), 83a; GW 2341, ff. 273v-275r (Schulz)

Cum res ex eodem genere sint radices. . .

> Plato, Liber quartus (alchemical): DWS 63; T II, 782; Corbett I, 14, 25; II, 146; BU 303 (500), 15c, ff. 305r-308r; Ze V, 101-85

Cum res huius mundi inferioris a celestium. . .

> Albert de Brudzewo, Astrology: VAp 1439, a.1487, ff. 41r-49v; Gilhofer and Ranschburg Cat. 257(1936), ff. 35r-44r

Cum res medicationis tres sunt. . .

> Arnald of Villanova, De epilepsia: Wo 4393, 15c, ff. 235v-237r(Schulz)

*Cum res successiva res divisibiles. . .

> Jo. Chilmark: Tanner

Cum respexerim varietatem hominum in scientiis pronosticationum. . .

> Geomancy (not astronomy, as Zi 3285): CLM 844, early 16c, ff. 1-38

Cum reverendissime domine regimen in generali stet in. . .

> Regimen quod dictaverunt quatuor magistri in medicina in Monte Pessulano: Archiv XIV, 185-86

Cum rimarer et inquirerem secreta nature. . .

> Lumen luminum tr Michael Scot: FR 119, ff. 35v-37r; ed. James Wood Brown, Life and Legend of Michael Scot, 1897, pp. 240-68; ascribed to Dedalus Grecus tr Michael Scotus: Rc 1477, ff. 84r-96r; Lumen luminum minus Dedali, no tr named: BU 164, 14c, ff. 144r-147v; Averroes, De salibus et aluminibus, BU 270, 15-16c, XXVII, 2

Cum Rogiel rex magistri Hermetis discipulus. . .

> Alchemy: FNpal 758, 15c, ff. 14r-15v; Ambix V(1956), 101

Cum rude nostrum ingenium in re presertim honesta...
> Tract. de febribus universis dictus dei donum: pr (Rome, 1490); Hain *6948; GW 9044; Klebs 390.1; Bertruccius, Collectorium medicine, Lyons, 1518, 198 ff.(Schulz)

Cum Rugiel rex et philosophus primum aureum palatium...
> Alchemy: CLM 405, 14-15c, ff. 165r-166v

Cum sapiens indagator veritatis...
> Hermes, Liber lune: T (1947), 238-41; TR 264a; Carmody 63-64; cited: Prag 1609, f. 41v

Cum sapientis astronomi verba ad notitiam...
> Leo de Balneolis *or* Levi ben Gerson, De sinibus chordis et arcubus, item instrumento revelatore secretorum: Curtze, Bibl. math. (1898), 97-112; VI 5277, 16c, ff. 38r-90v; HL 31, 622

Cum sapientum priscorum libros diligenter...
> Franciscus Caballus, prol. De animali theriaca: pr Venice ,(1497); 1499, ff. 407r-414r(Klebs 266.2; 689.4; IAL C363; M703)

Cum Saturnus fuerit in domo sua...
> Messahala, Super significationes planetarum in nativitatibus: Carmody 27-28; Osiris XII (1956), 69-70

Cum sciam me multum nostre R. P. debere...
> Angelo Cato, Liber de epidemia ad consules Beneventanos: Ran 1371(T.5.9), 15c, ff. 37-39, 1-69r(T IV,425-26)

Cum scientia artis astronomie non...
> Profatius Judaeus, Tract. super quadrantem, tr Armengaud Blasius: HL 27, 609.   See 'Quoniam scientia artis...'

Cum scientia astrologie est multum utilis ad perfectionem...
> Johannes de Rubeis, Judgment for 1421: CUe 70, 15c, ff. 14v-22

Cum scientia astronomie de nobiliori...
> Robertus Anglicus, De doctrina sphaerae: Argentré, I, ii, 326; Melk 367, 15c, ff. 221-330(Zi 891); T (1949), 62. See 'Una scientia est nobilior...'

Cum scientia astronomie non compleatur sine debitis instrumentis...
> Yale MS with item 156, copy 2, pp. 221-230

Cum scientia astronomie sit altissima contingentia futura...
> Johannes de Rubeis, Judgment for the year 1420: Oh 4, 15c, ff. 172r-183v(T IV,94)

Cum scientia astrorum sine tabulis minime...
> John (Danco) of Saxony, Canones super tabulas Alfoncii: Ea F. 389, 14c, ff. 1-55

Cum scientia computi et aliis sit...
> Conrad Fach: Budapest 159, 15c, ff. 1-15v

Cum scientia de ponderibus sit subalternata...
> Jordanus, De ponderibus: ed. Moody and Clagett, 1952, 150-164; MU Q.738, 15c, ff. 98r-107r; Ea Q.385, f. 92; 376, f. 143

Cum scire desideras ubi sit mars...
> Tables: CLM 18927, 13c, ff. 70-76(Zi 11181)

*Cum scire et intelligere adquirantur ex principiis...
> Robert Grosseteste, Super libros physicorum Aristotelis: Beiträge IX(1912), 21*; Isis 22 (1934), 12; Thomson 82

Cum scire volueris coniunctionem...
> Liber astronomicus vel astrologicus: Wo 3683, 15-16c, ff. 1-30

Cum scire volueris in quo signo...
> De cursu lune et de natura planetarum: Ea Q.379, 14c, ff. 37v-41v; etc.(Zi 8010-13); J. Rosenthal, Fol. 43108 LB 98074, 14c, ff. 101r-104r(Schulz)

Cum scire volueris latitudinem trium...
> Excerpta de canonibus de tabulis Friburgensibus: Ea Q.367, 14c, ff. 108-121

Cum scire volueris quo humore peccante infirmitas procedat...
> BN 7337, p. 102a

Cum sciveris mensem romanum et diem eius...
> Profatius Judaeus, Quadrans novus: Bruges 523, 14c, ff. 53v-(64r); anon. BN 10263, ff. 125bisr-131r; James, 479

Cum scriptum est Sit primo celi nos...
> Oliverius medicus, De potentia activa et passiva: pr Siena, 1491, ff. 62r-109va(Hain *12007; Klebs 708.1)

Cum secundum Aristotilem proprium elementum omnium ductibilium...
> Johannes de Sancto Dono Dei, Liber paritatis: BMad 10764, 15c, ff. 245v-246v(DWS corr. 346A)

Cum secundum astronomos anno domini 1433, 17 die Iunii...
> De eclipsi solis: BMsl 428, ff. 139r-141r

Cum secundum auctores viginti sunt urinarum colores...
> Walter Agilon, Compendium urinarum: HL 21, 411-12; Wickersheimer 171; ascribed to Aegidius, CUg 373(593), 14c, ff. 90-92v; to Ricardus, BN 7030A, 14c, ff. 204vb-208ra; CUg 84(166), 13-14c, ff. 23rb-31ra; BMsl 282, 14-15c, ff. 47r-51r; BMad 30338, 15c, ff. 198-208r; anon. BLr D.238, 14c, ff.29-40r; CU 1738(Ii.II.5), f. 62r

Cum secundum doctrinam Aristotelis in pluribus(plerisque) locis. . .
> Antonius Andreae, De tribus principiis naturae: Ran 831, 14c, ff. 1-41; 1004, 15c, ff. 77; Oc 227, 15c, ff. 46-(118); pr Padua 1475, etc. GW 1667-68; Klebs 66.1-2; IAL A526-27; anon. CLM 8872, f. 89(Schulz)

Cum secundum Galienum. . .
> Guilielmus de Varignana, De venenis (Tract. I, Sermo 4 of his Practica): FLa 143(217-149), 15c, ff. 40r-43

Cum secundum magistrorum sententias corpus mobile. . .
> Anon. Quaestiones Meteor.: Siena L.III.21, 13c, ff. 196r-234v; AL 1568

*Cum secundum philosophum Aristotelem aliosque. . .
> Robert Kilwardby, De divisione scientiarum: BLd 220, 15c, ff. 183v-(186)

Cum secundum philosophum in primo posteriorum. . .
> Engelbert of Admont, prol. De fascinatione: T III, 433; Fowler 191

Cum secundum philosophum in VI Meth. . . .
> Comm. Sacrobosco, Sphera: McGill Univ. 134, 14c, ff. 1-20v; T (1949), 62

Cum secundum philosophum primo de anima omnium. . .
> Ludovicus de Angulo, De figura seu imagine mundi (Dec. 18, 1456, at Lyons): BN 6561, ff. 1r-152r; SG Stadt 427, 15c, ff. 1ra-122rb

Cum secundum quod dicit Boetius nihil est. . .
> Musica de perfecto cantu: Ea O.94, 14c, ff. 87-97

Cum secundum sententiam philosophi prohemio de anima. . .
> Commentum proprii auctoris super tractatu de spera, sc. magistri Iohannis de Sacrobosco: Ea Q.188, 13-14c, ff. 35-56v; dated a.1267, in the explicit; T (1949), 34

Cum secundum varietates temporum natura quandoque. . .
> Albandinus, Divination from month and day of birth and of the moon: CLM 527, ff. 36r-41r (ColR 151); anon. BN 7292, 15c, ff. 268ra-272vb

Cum semper creaturarum dignissima similitudo sit. . .
> Aristotle, De pomo: Delisle, III, 83a. See 'Cum homo. . .'

Cum sensim reptantis aque persensit odorem. . .
> De proprietate herbarum (extract from Bernard Silvestris, De mundi universitate, ed. Barach and Wrobel, 1876, p. 25, line 359 et seq.): BLlm 86, 13c, f. 52

Cum sepe et sepius alloquti recolimus multis et diversis. . .
> Raymond Lull, Anima artis: T IV, 626

Cum sepe me exhortatus et deprecatus. . .
> Sigismundus de Polcastris, dedic. to Laurentius Roverellus, Quaestio de actuatione medicinarum: VA 2225, a.1444, ff. 146-176r; VE VI.96 (XI,17), 15c, ff. 57-81

Cum sepe mecum animo cogitarem illustrissime princeps. . .
> Johannes Matthaeus ex Ferrariis de Gradibus, dedic. to Francisco Sfortia, Expositiones super vigessimam secundam Fen tertii canonis: pr Milan, 1494; (fen 22 only; Klebs 394.1; IAL F94; AFML 183). Cap. 1, 'Ista est quinta. . .'

Cum sepe mecum animo revolverem illustrissime Marchio. . .
> Michael Savonarola, pref. Speculum physionomiae: T IV, 192

Cum sepe sacratissime imperator humani generis fragilitas. . .
> Epistula Vindiciani comitis archiatrorum ad Valentinianum imperatorem: Beccaria 13.1; 25; 83.1; CML V(1916), 22-25; Medici antiqui, Venice, 1547, ff. 85-87v

Cum sepenumero cogitarem non. . .
> Paulus Pergulensis, dedic. Comm. William of Heytesbury, De sensu composito et diviso: Wilson(1956), p. 176, n.85; BLcm 458, a.1469, ff. 72-(76); Vendôme 205, 15c, ff. 57-60v; VE fa 278 (X,211), a.1449-1450, ff. 67-73; Rc 98(C.V.18), 15c, ff. 112r-118v; pr Pavia, 1488; Venice, 1500 (LC; Klebs 584.1; 722.1; IAL L41; P163-65; 169)

Cum sepenumero crudeles futuras epidimias. . .
> Hieronymus Manfredi, prol. De peste. Text, 'Describit Isidorus. . .'

Cum sepenumero illustrissime princeps mecum . . .
> See 'Antiqui medici volentes. . .'

Cum sepenumero mecum agerem Petre vir. . .
> John of Arezzo, dedic. De procuratione cordis. Text, 'Cor est animatorum. . .'

Cum sepenumero mecum ipse repeterem. . .
> Computus ecclesiasticus, capitula sex: VE XIV. 190(XI,98), 14c, ff. 10-17; Zi 11180; 12033

Cum sermo de inventione graduum medicinarum compositarum...
> Laurentius Maiolus (of Genoa), De gradibus medicinarum: pr Venice, 1497(Polain 2574; Klebs 646.1; AFML 299; IAL M70)

Cum sicco ligneo quousque firmat et hoc erit per spacium unius Credo...
> Liber secretorum: FR 1246, f. 1r-

Cum signa celi sint duodecim et sita in circulo...
> Zael, Introductorium; CLM 25005, 14c, ff. 46va-50r. See 'Scito quod signa...'

Cum signa sint duodecim firmamentis illorum ...
> Zael, De iudiciis astrorum: VI 5414, 15c, ff. 99r-132v, a different text from the printed versions

Cum simplicium farmacorum speciebus et virtutibus...
> Galen, De simplici medicina: Dresden Db 92-93, 15c, f. 397r

Cum sint due signorum distinctiones...
> VAp 1414, 13c, ff. 157va-159rb

Cum sint in mathematicis res multe...
> Geo. Valla, Dedic. tr Aristarchus: CTC I, 165. See 'Lunam a sole...'

Cum sint multe et varie in questione propositiones...
> Priscianus Lydus, Questions of Chosroes: VAu 1412, 15c, ff. 1-71; ed. Bywater, 1886, pp. 41-104

Cum sint oculi corporis lucerna(lucerne)...
> Zacharias of Salerno, Liber de oculo: VI 5305, a.1459, ff. 32v-35r; Liber Cardinalis: CUg 379 (599), 13c, ff. 149ra-152rb; Cambrai 916, 13c, ff. 224-228; Constantinus: Basel D.III.23, 15c, ff. 23v-34r; anon. Basel D.III.10, 15c, ff. 19r-22r; Graz 595, ff. 105-109. See 'Apud paloen ...'

Cum sint perpauci qui nolint flebotomari...
> Johannes de Aquila, Liber Reginaldus de phlebotomia: Renzi III, 256-270; Arthur Morgenstern, Leipzig, 1917

Cum sint planete septem Saturnus...
> Albumazar abbreviatus: Ea Q.361, 14c, ff. 22v-23v

*Cum sint plures homines...
> See 'Cum plures sint...'

Cum sint quatuor significationes cognitionum interiorum...
> Summa urinarum secundum Galenum: BMh 3719, 14-15c, ff. 258r-267; anon. Wo 3101, 14c, ff. 121-126(Schulz)

7

Cum sint viginti octo mansiones lune secundum duodecim signa...
> Alkandrinus, De iudiciis: Oa 81, a.1474, ff. 145v-163v(T I,715, n.3)

Cum sit contraria progressio terminus impar...
> Versus xiv de progressione in algorismo cum commento: BLd 98, early 15c, f. 31r

*Cum sit conveniens quod homo sciat quid sit homo...
> Raymond Lull, prol. De homine: Salzinger; anon. BN 3446A, late 15c, ff. 1r-60v, 'Factus est iste liber...a.d....1300'; PM 1517

Cum sit corpus corruptibile eique accidat corruptio...
> Medical portion, Ps. Aristotle, Secretum secretorum, tr John of Seville: CUpet 222, 13c, V, ff. 10v-12r; BMsl 282, 14-15c, f. 123r; 403, 15c, f. 23v; CLM 5942, a.1475, ff. 383-394; Part II, Chap.4, in tr Philip of Tripoli: OHI V, 1920, 68 et seq.

*Cum sit decens... See 'Cum sit conveniens ...'

Cum sit determinatum in libro phisicorum...
> Adam de Bocfelde, Comm. De generatione et corruptione: Grabmann (1936), 174; anon.: VAu 206, 13c, mg 184r-209r; AL 1810

Cum sit divisa in quatuor partes...
> Galen, De dignotione pulsuum liber primus: Vendôme 240, 16c, ff. 1-39; Diels(1905), 87-88

Cum sit duplex intellectus...
> Comm. De intellectu et intelligibili: Ome 272, 13c, ff. 242-(254)

Cum sit homo animal rationale...
> Disputatio inter ducem et philosophum de hominis conceptione: Oxford, Christchurch 99, 14c, ff. 134-135. Presumably a fragment from the last part of the Dragmaticon of William of Conches

Cum sit homo corpus corruptibile eique accidit corruptio...
> Aristotle, Secreta secretorum, medical caps.: BMsl 420, 14c, ff. 180r-183; 405, 15c, ff. 23v-25v; 1610, 14c, ff. 42vb-43va. See 'Cum sit corpus ...'

Cum sit intentio ostendere falsitatem kalendarii nostri...
> 'Explicit compotus novus phylozophycus compositus per fratrem Iohannem de S.': VI 5239, 14-15c, ff. 10r-28v; anon. Hanover F.389, a.1342, ff. 1-16v(Zi 12034)

Cum sit luna recto modo sub sole. . .
> Figure eclipsis solis et lune: CUt 1109(O.II.5), 14c, p. 391a-b

Cum sit necessarium opifici astronomo. . .
> Pref. Treatise on astronomy. Text 'Omnis autem loci longitudo. . .'

Cum sit necessarium prius morborum causas. . .
> De urinis capillis dentibus cibis et potibus pro infirmis et convalescentibus: BLd 69, 13-14c, ff. 81v-89

Cum sit pium ac fructuosum morbis compati pauperum. . .
> Prol. Eight books of medicine and surgery: BMsl 981, 15c, ff. 1-82. Text 'Capillos igitur. . .'

Cum sit possibile Iesure et plerumque necessarium. . .
> Ptolemy, Planispherium, tr Hermann of Carinthia: Haskins 47; Spec. astron. cap. 2; BN 7214, 13c, ff. 211ra-217vb; VA 3096, ff. 3r-11v; Osiris 8(1949), 48; ed. J. Heiberg, C. Ptolemaei opera, II(1907), 227-59; as tr Rudolf of Bruges, ed. Sphaerae atque astrorum coelestium ratio, 1536, pp. 277-74; Carmody 18. Pref. 'Quemadmodum Ptolemeus. . .'

Cum sit quippe nature curare medici vero illi auxilium. . .
> VA 2418, f. 145ra

Cum sit stomachus pro nature necessitate. . .
> VI 2392, 13c, ff. 1r-13r; BMad 22668, 14c, ff. 98r-(122v); BMh 3849, 2. This is a chapter in De passionibus: CUad 6865, 13c, ff. 107vb-108rb. See 'Cum stomachus pro. . .'

Cum sol est in illis duobus punctis. . .
> Tractatus 'Cavete medici': BLlm 497, 15c, f. 296r

Cum sol fuerit in arietis. . .
> Opus in coniunctione solis et lune: Wo 3076 (16.5 Aug. 4to), ff. 165v-167v

Cum sol revertitur ad gradum et ad minutum. . .
> Abraham ibn Ezra, De revolutionibus: Ea Q.89, 14c, ff. 69-72; VI 5442, 15c, ff. 218r-220v; T(1944)aa, 298; Saxl(1927), 158

Cum sol sit lumen et candela celi et gubernator mundi. . .
> CLM 4394, 15c, ff. 48-(56v); Zi 12028. See 'Omnia cum inferiora motibus. . .'

Cum solerti indagine universarum. . .
> See 'Cum studii solertis. . .'

Cum solis et lune coniunctionis horam. . .
> Arzachel, De eclipsibus: BMc App. VI, 13c, ff. 70ra-77vb; Millás Vallicrosa(1943-1950), does not index this MS

Cum solis et lune vel cuiuslibet planete. . .
> Arzachel, De equationibus planetarum: BMc App. VI, 13c, ff. 77vb-78va

Cum solitus studerem et anxia mente. . .
> Collectum de peste, Lübeck, a.1411: Archiv XI(1919), 144-163

Cum solus in cella sederem et aliquod. . .
> Petrus Berchorius, prol. Summa de exemplis naturalibus. Text, 'Occurit discutere. . .'

*Cum sonativum percutitur violenter partes. . .
> Robert Grosseteste, De generatione sonorum: Beiträge IX(1912), 7-10; Thomson 99

Cum speras finem. . . See 'De vita quid. . .'

Cum spirituale negotium studio dignatum sit. . .
> Hero of Alexandria, Pneumatica: BN 7226B, early 16c, ff. 1-43 (Haskins 182)

Cum statuissem aliquid in hoc tempore. . .
> Antonio Benivieni, De regimine sanitatis: VE VII.29(XIV,54), 15c, 30 ff.(T IV,591, n.29)

*Cum stellarum (fixarum) scientia sine congruis instrumentis. . .
> Profatius Judaeus, Canons on the new quadrant, composed a.1288 and corrected 1301: Ea Q.355, c.1300, ff. 38-44; Yale astron. MS, early 14c, ff. 155v-162r; Ou 41, 14c, ff. 10-15; ed. Boffito et Melzi d'Eril, Florence 1922

Cum stomachus pro nature necessitate. . .
> Marcus, Physica: Bamberg, 884, 14c; Bern 109, 9-10c, f. 136; Prag cap. 1355, ff. 169-180 (Schulz); 'a magistro Tadeo et a magistro Marco approbate': Studien(1918), 104

Cum stomachus pro necessitate sui et humani corporis. . .
> Petrus de Musaria: BMsl 1124, 13c, ff. 147-171

Cum studere et perficere in suprema parte philosophie. . .
> Bona operatio alchymica: VI 5510, 15-16c, ff. 80r-81r; 119r-121r

Cum studia secularium litterarum. . .
> Cassiodorus, Institutiones divinarum et humanarum litterarum: PL 70, 1105-1220; tr L. W. Jones, 1946, MSS at p. 58-; also Mon 334, 9c, ff. 53r-56r

Cum studii solertis indagine universarum. . .
> Rasis *or* Aristotle, Lumen luminum perfecti magisterii: DWS 114; Corbett I, 28, 97, 109; II, 100; T III, 651; BU 1062(2082), 14c, ff. 60v-65v (AL 1281); Delisle III, 90a; BMsl 2135, 14c, ff. 53r-69r; as Geber, Summa minor, Lehigh MS, ff. 49v-64v; anon. CLM 405, 14-15c, ff. 67v-73r; FNpal 981, 15c, ff. 211-36; Gö 75, f. 21v (Schulz); Geneva 82, 16c, ff. 134r-144v

Cum sublimiori atque precipuo. . .
> Rasis, Lumen luminum: BN 7156, 15c, ff. 52vb-64v. See 'Cum de sublimi. . .'

Cum sublimis natura que omnibus tribuit esse. . .
> Mirabilia mundi: Bourges 367, 13c, ff. 33-34; Prag 1144(VI.F.7), ff. 164r-167r; BLr A.273, 14c, ff. 61r-64v

Cum substantia veneris sit pluvialis. . .
> Weather prediction: BN 7316A, ff. 68ra-69va; T (1957), 134

Cum substantialiter differant calor et frigus. . .
> Rasis, Lumen luminum: Corbett, I, 28; DWS 113

Cum sufficienter expositum sit de egritudinibus que membris. . .
> De febribus: VE VII.41(XIV,25), 14c, ff. 26-47

Cum sulfur iactando narrarem et qualiter. . .
> Hermes, Liber quartus de descriptione sulfuris et bonitate eius: Na XV.F.54, a.1462, f. 99; Liber quintus: Cambrai 919(818), 15c, f. 37(Corbett II,34). Prol. 'Hermes philosophus de sapientia . . .'

Cum summa cognitionis nature et scientie. . .
> Quaest. super duos libros de sompno et vigilia cum expositione textus: CUpet 157, 14c, ff. 156-165

Cum summa humane speciei perfectio in intelligendo consistat. . .
> Hieronymus Alexander de Appellatis, foreword to Astronomia Hippocratis: pr Padua 1483; Hain *13893, f. 151r(Schulz); BM IB.23388; Klebs 518.1; IAL H251(CPh)

Cum summo et diligentissimo studio se conviene. . .
> Hugh of Sienna, Circa la conservazione della sanità: Lockwood 78; pr Milan, 1481 (AFML 111; Klebs 1000.1; IAL H476); caps. 1-3 ed. A. Castiglioni, Rivista stor. sc. med. e nat., XII(1921), 85-95

Cum summos atque optimos in unaquaque scientia imitari decet. . .
> Consilia (following Avicenna's order): CLM 77, late 14c, f. vii,r

Cum summum in vita solacium sit sapientie studium. . .
> Robert Kilwardby, De divisione philosophiae: Ome 261, 13c, ff. 67-(72). See 'Cum plures essent. . .'

Cum superioribus annis presentique precipuo gravide et pregnantis. . .
> Hieronimus Monetgrii(?) de Felkrechen, prol. De natura vini et viniis factiis: CLM 456, a.1479, ff. 139r-148r

Cum superioribus diebus incidisset in manus meas. . .
> Hermolaus Barbarus, Epistola ad Iacobum Antiquatum qua notat errores quosdam ad medicinam spectantes eosque comperies in Cornucopia Nicolai Perotti: VA 3424, ff. 1-10

Cum superioribus diebus nonnihil de Christi. . .
> Conrad Wimpina, De nobilitate coelestis corporis: T IV, 268; Hain *16207; Klebs 1052.1; IAL W49

Cum superioribus diebus R. d. tuam visitassem tanta. . .
> Marianus Sozinus, prol. De sortibus: T IV, 296; anon. CLM 9363, f. 40(Schulz)

Cum superioris etatis excellentes viros qui sese doctrine. . .
> Zacharias Lilius, De origine et laudibus scientiarum: pr Florence, 1496; Klebs 608.1; AFML 283; IAL L193

Cum superiorum motus a quo omnia in infimis . . .
> Computus orbicularis: BMad 15107, 15c, ff. 194r-202r; BMh 3843, 15c, ff. 13r-25v

Cum superiorum motus omnia. . .
> Computus orbicularis: Zi 12035-53; BLcm 248, 14-16c, ff. 35v-(40)

Cum superius dictum sit de quibusdam effectibus. . .
> De animalibus: CUt 1109(O.II.5), 14c, ff. 361-367; is third book of Albertus Magnus, Liber aggregationis seu Secreta

Cum suscepti operis optato fine gauderem. . .
> Cassiodorus, pref. De anima. See 'Anima igitur hominis. . .'

Cum tabellam perfectionum formare cupis. . .
> Canon de perfectionibus ad astrologiam divinatricem spectans: VI 5216, 15c, ff. 45r-47r(Zi 9947)

Cum tam excelso loco sita sit virtus tua. . .
> Johannes Martinus ex Ferrariis de Parma, De vitandis venenis: dedic. to Francesco Sforza, T III, 541; Rc 125; VAu 1434

Cum tanta dierum prolixitate absque divortio. . .
> Phoenix, addressed to king Martin of Aragon, a.1399: T III, 637; HL 28, 110; Lehigh MS, ff. 164r-170v; BU 270(457), II, 3, pp. 101-131

Cum tante reverentie dignitas...
　　Roger Bacon, Epistola ad Clementem: Venice, S.
　　Mich. de Muriano 32, 15c; Little 390

*Cum tantum tria sunt intrinseca...
　　Joh. Sharpe, Quaestiones super octo libros Physic.:
　　Ob 93, 15c, ff. 25v-(91). See 'Utrum tantum
　　tria...'

Cum te ab ineunte etate fili carissime...
　　Nicolaus de Comitibus, dedic. Opus astrono-
　　micum: T IV, 681-82; VI 5215, 15c, 63 ff.

Cum te aurium clementia...
　　See 'Cum et aurium...'

Cum te interrogavit quis de amissione seu
occultatione...
　　Astrological interrogation: BMh 637, 15c, f. 149v

Cum te pene omnium bonarum artium...
　　Epistola a Marcellino: BMh 4986, f. 44v;
　　Hermes, VIII, 38A; Lucca 296, 9c, f. 18v; Bec-
　　caria 77.3; 91.3

Cum te videam ad sedem retractum forte
fatigatum...
　　Nicholas of Cusa, Dialogi de ludo globi: Cues 219,
　　15c, ff. 138-162; Opera, 1565, pp. 208-39;
　　Trithemius f. 114r

Cum Techin venissem...
　　See 'Inter omnes antique...'

Cum tecum venissem et more solito sidereos
aspicerem...
　　Argentré, I, ii, 325-26. See 'Inter omnes
　　antique...'

Cum temporum scriptores diversi quamvis
diverse...
　　Liber decennalis in modum dialogi compositus
　　(chronology): Ran 1413(T.6.27), 12c, ff. 1-24
　　(Haskins 84, n.10; OHI VI (1906), xvii)

Cum tempus revolutionis breve...
　　Albumasar, Sententie de revolutione annorum:
　　Ea Q.365, 12c, ff. 18v-27v(T I,650)

Cum tempus vere coniunctionis vel oppositionis
...
　　De eclipsibus, 5 caps.: CLM 28229, ff. 1v-8v

Cum terminorum multorum sensuum vere significatione...
　　Isagoge in Johannitium: Ome 268, a.1458, ff. 1-
　　(190)

*Cum terra Iherosolimitana promissionis filiorum
dei...
　　Johannes de Monte Villa(Mandeville), Itinera-
　　rius: Brux 1165, 15c, ff. 65-144v; pr Zwolle,
　　1483 etc. with Marco Polo, 1485: Bennett
　　(1954), 302-3; Klebs 799.1; IAL P822

Cum terra sit rotunda dividitur in quatuor...
　　De eclipsibus: BLd 40, 12-13c, f. 113v-115v

Cum terra sit sperica ut Ptolomeus in prologo
dictionis prime...
　　Dijon 441, c.1400, ff. 224r-233v. 'Et sic est
　　expleta dictio 2a Almagesti.'

Cum terra ultramarina viz. terra sancta...
　　Joh. de Mandeville, Itinerarium de mirabilibus
　　mundi: CUc 275, 15c, ff. 69-146

Cum testante(teste) Galieno septimo tera-
peutice...
　　Galeatius de Sancta Sophia, De febribus: VI
　　5298, 15c, 209 ff.; CLM 10, 15c, ff. 1-152vb;
　　AFML 504, 15c, ff. 2r-125va, 129v-144v; pr
　　Venice, 1514; Lyon, 1517

Cum teste Ypocratis medicorum principe...
　　Ars memor., Freiburg Univ. 168, 15c, f. 197
　　(Schulz)

Cum Thesides Syrus perrexisset Alexandriam
...
　　Euclid, Pars xiv quam edidit Afsicolaus: BN 7216,
　　ff. 101r-106r

Cum tibi satis constaret doctor egregie...
　　Avarus de Castro of Toledo, Ianua vitae: Millás
　　(1942), 111

Cum totius generalitas tres principales...
　　See 'Cum totius scientie...'

Cum totius medicine artis due partes...
　　See 'Cum artis medicinalis...'

Cum totius pater scientie generalitas...
　　Constantinus Africanus, prol. Pantegni: BNna
　　1485, ff. 1-84v. See 'Cum totius scientie...'

Cum totius scientie generalitas tres principales
partes...
　　Constantinus Africanus, prol. (Libri x Theorici)
　　Pantegni: Giacosa 395; Ea Q.184, a.1147, 150
　　ff.; CUt 906(R.XIV.34), 12c, ff. 1-141v;
　　Chartes 160, 12-13c, ff. 34-160; BMr 12C.XV,
　　13c, ff. 2r-81v; BN 6886, 13c, ff. 11a-87va; Ea
　　Q.177, 13c, ff. 1-87v; James 481; pr Opera;
　　also Isaac, Opera, Lyons 1515, II, ff. 1r-57v;
　　Basel, 1539; Galen, Ars parva; Metz †279

Cum transiret Caesar per viam vidit monu-
mentum...
　　Hippocrates, Pronostica: CUpet 247(v), 12-13c,
　　ff. 1v-9v. See 'Peritissimum omnium rerum
　　esse...'

Cum tria sint in scientia medicine...
　　Joh. de Ptraccia, Cirurgia, cap. 1: VI 4751, 15c,
　　f. 6r

Cum tua favorabilitas...
See 'Dilectissimo in Christo socio...'

Cum tuam noverim maiestatem serenissime princeps...
Martin, archdeacon of Sora, canon of Zagreb, On the comet of 1468: CLM 18782, ff. 208r-215r(T IV,420); Salzburg S. Pet. a.VI, 17, 15c, f. 60r; Strasburg 111, 15c, ff. 17r-27v(155-165); AIHS XI(1958), p. 234, n.36

Cum tuorum in me beneficiorum generose...
Thomas Murner, dedic. Tract. de phitonico contractu. Text, 'In nomine ergo summi Iovis...'

Cum turba philosophorum plurima de multis regionibus...
Turba philosophorum: DWS 1, v and vi; BN 7156, 14c, ff. 127r-137v; Prag 1765(IX.E.9), 14-15c, 1r-11v; Ruska(1931), 83, 86; BU 139 (105), 14c, pp. 389-433; Corbett I, 76; II, 87, 111

Cum ultra summam numerorum solidorum...
De novem limitibus: CLM 14684, 14c, ff. 98v-99v

Cum una sola sit via et unus processus...
Alchemy: Palermo 4 Qq.A.10, 46-7

Cum uniuscuiusque humani corporis natura quatuor...
I. Copho, Practicae libri II: Wu M.p.Med. Q.2, 13c, ff. 85r-103r; Schwarz(1907), 20; Renzi IV, 439-505; Creutz, Archiv 33(1940-41), 249-338, from above MS; VI 2477, 13c, ff. 13-30(Schulz) II. Alfacius(Afradisius de Monte Pessulano), Collecta: CUpet 251, 13c, ff. 27-48r, 'Explicit liber magistri Maritii (*or* Aflaticii) feliciter.'

Cum uniuscuiusque rei...
Tract. alchimiae, cap.i: Ran 314(C.7.15), 15c, 58 ff. Prol. 'Studio namque florenti...'

Cum universa astronomie iudicia...
See 'Universa astronomie iudicia...'

Cum universa philosophorum volumina tamquam vagabundus...
Philosophia naturalis de aquis et salibus: KlaB XXIX.d.24, a.1421, ff. 1r-21v; Osiris XI, 25, no.10

Cum universalia accidentia fortiora sint...
Johannes Basilius Augustonus, Prognosticon in annum 1496: GW 3074

Cum universis in arte peritis notum sit...
Epistola Haimonis de quatuor lapidibus philosophicis materiam suam ex minori mundo desumentibus: Ze VI, 497-501

Cum unumquam(?) vere cyrurgicorum mei temporis...
Theodoric of Cervia, Cirurgia, prol.: Salz. Stud. M.II.189, a.1433, ff. 69ra-148vb

Cum unumquodque individuum sua certa...
Pedro Pinter, prol. (De morbo gallico): pr Rome 1500(Klebs 780.1; CPh)

Cum urina tibi ad iudicandum fuerit presentata pete cuius est...
Bernard Gordon, De cautelis urinarum: pr Ferrara, 1487(GW 4087; Klebs 180.1; IAL B392); with Lilium, Venice, 1498(AFML 115; Klebs 177.5; IAL B389)

Cum urine corporum neutrorum...
Johannes de Tornamira, Introductorium *or* Modus medendi: VAp 1229, 15c, ff. 53ra-61vb; BMsl 59, 15c, ff. 100r-105v; pr with Valescus de Taranta, (Lyon), 1500(Hain *15252, ff. 361v-364r; Klebs 1010.1, IAL V10); Venice, 1502, ff. 208ra-209vb

Cum ut legitur Peripateticorum in libris...
Almadel, De firmitate sex scientiarum: FL Plut, 89 sup., cod.34, 15-16c, ff. 1r-9v; Speculum II(1927), 326-31; XX(1945), 90-91

Cum ut quidam ait sapiens ideo sit in dei ecclesia ...
Conradus de Zabernia, (De musica): BN 16664, f. 27(H); De monochordo: pr (Mainz,1474) (GW 7430; Klebs 301.1)

Cum uti volueris hoc instrumento prius...
De utilitatibus Turketi: VAp 1340, 14c, ff. 29r-30v

Cum utilitate corporis humani olim...
See 'Cum de utilitate...'

Cum varia mundus significatione...
Cleomedes, De contemplatione orbium excelsorum; tr Carolo Valgulio of Brescia: pr Brescia, 1497(GW 7122; Klebs 280.1; IAL C676)

Cum velim determinare...
Albertus, Chiromancy: CLM 916, 15c, ff. 25r-30v. See 'Cum determinare velim...'

Cum velis segetum prenoscere eventum in singulis annis...
Pronostica segetum: Prag 433(III.C.2), ff. 188vb-190ra

Cum venissem in Affricam...
Somnium Scipionis: BN 6415, 14c, ff. 41v-(48r); Macrobius, comm.: BN 6570, 12-13c, ff. 60r-96v

Cum vero apparent interiora...
De febribus: Orléans 282, 13-14c, ff. 65-81

Cum vero astrolabium facere seu componere...
SG Stadt 412, 15c, ff. 89-98(Zi 892)

Cum vero nullatenus ex Affrica ad partem meri-
dianam iuxta oceanum...
Cosmographia Lygidiote de Ravenna: Basel
F.V.6, early 15c, ff. 85r-108v

Cum vero sit medicina nec medicus...
Tract. tabularis in medicinam(*sic*): KlaS Pap.92,
a.1454, ff. 202rb-233vb

Cum verum locum saturni...
Ea Q.379, f. 100(Schulz). See 'Quamquam
multi...'

Cum vestra favorabilitas...
See 'Dilectissimo in Christo socio...'

Cum vestra paternitas...
Astrology: Darmstadt 2226, 14c, ff. 5-34v(Zi
9948)

Cum veterum traditionibus acceperim gentiles
vana...
Expositiones in libros de caelo et mundo: pr
Aristotle, Opera, Cologne, 1497, ff. 1r-51v(GW
2342; Klebs 82.8; IAL A866)

Cum vetustati sicut moderne novitati...
Parvus micrologus: Op 13, 14c, ff. 177v-195

Cum videris hominem in te visum frequentare
...
Practica in studio Parisiensi per astrologos: VAb
186, 15c, ff. 43v-45v(Silverstein 61)

Cum vidissem conventum quorundam antiquorum...
(John of Saxony), (Comm.) Alcabitius, Liber
introductorius de iudiciis astrorum: Er 434, 13-
14c, f. 265; CLM 660, 15c, ff. 480-490(Zi
3286); BNna 625, 14c, ff. 20ra-34ra; paragraph
2, comm. pr(Venice), 1485 (Klebs 874.10; IAL
J365; Yale 166)

Cum vir gravissimus Antonius Rosellus utriusque iuris...
Michael Savonarola, De aqua ardenti: T IV, 188

Cum virtus visiva sit delectabilissima omnium
virtutum animalium...
Regimen pro oculis: VAp 1268, 15c, f. 315r, incomplete

Cum virtutes aquarum naturaliter calidarum...
Hieronymus of Viterbo, De balneis Viterbien-
sibus: NYAM 4, 15c, ff. 272v-275r

Cum vis aliquid impetrare elige ut ascendens sit
vacuum...
Zael, Liber imaginum: BMsl 312, 15c, ff. 136v-
147

Cum vis componere talem quadrantem...
(John of Gmunden), On the quadrant, cap. i;
anon.: CLM 10662, 15c, f. 166r; MU Q.378,
15c, ff. 39v-47r; VI 5418, ff. 128r-131v; 132r-
137v. See 'Tractatus quadrantis de horis...'

Cum vis dirigere significatorem...
Astrology: VA 3379, ff. 114v-116v

Cum vis operari de hac arte habeas mercurium
...
Alchemy: BMh 1602, 13c, ff. 3v-4v(DWS 653)

Cum visum fuerit tibi formare equatorium...
Modus fabricandi equatorium: VI 5296, 15c, ff.
152r-154v; CLM 11067, ff. 180va-181vb(Zi
3050-54); Catin. 85, 15c, ff. 300-302v

Cum vita sine litteris mors est...
De principiis nature: Delisle, III, 85b

Cum volueris aliquem humorem in membro
aliquo...
Matheus de Verona, Cures for various ills: CLM
363, a.1464, ff. 63v-71r

Cum volueris almanac facere ad futurum...
Björnbo(1912), 221

Cum volueris annos arabum invenire...
Tabula: VAp 1414, 14c, f. 85v

Cum volueris certissime scire ascensiones si-
gnorum...
John Holbrook, Canon to astronomical tables:
BMe 889, 15c, f. 120r

Cum volueris chilindrum figurare qui dicitur
orologium viatorum...
CU Hh.VI.8, c.1300, f. 198v; tables, 199r

Cum volueris componere astrolabium accipe
laminam eris...
MU Q.738, 15c, ff. 1r-(36r)

Cum volueris componere novam quadrantem
accipe tabulam planam...
Profatius Judaeus, De quadrante(cap.1): CLM
10662, ff. 175r-186r(Schulz); anon.: CLM
14504, a.1445, ff. 173r-191v; VAp 1376, ff.
343ra-345vb; MU Q.738, 15c, f. 56r-

Cum volueris conficere medicinam prius considerande sunt...
(Bernard Gordon?), De medicinis conficiendis:
BLd 79, 13c, ff. 58v-(82); CUg 411, 13c, f.
120v; Oo 4, 14c, f.216

Cum volueris dare medicinam vide in quo signo
sit sol...
BMsl 568, 14c, f. 14v

Cum volueris de imaginibus aliquid operari...
  Thebit ben Corat, De imaginibus, Pars prima: T (1947), 229-38; Carmody 125

Cum volueris dominum anni aspice quem planetarum...
  Hermes, Astrology: VAp 1438, a.1469, ff. 20r-24r

Cum volueris eligere horam in acceptione...
  John of Seville, Iudicia: Ea Q.377, 14c, ff. 7-11v; Carmody, 170

Cum volueris equare solem...
  Campanus, Utilitates instrumentorum: Wo 2816, ff. 151-152r

Cum volueris ex prima linea...
  Frankfort am Main Q.134, 15c, f. 163v(Zi 547)

Cum volueris facere almandel sculpes eum...
  Engraved magic images: FN II.iii.214, 15c, ff. 74-77; T (1947), 251-52

Cum volueris facere astrolabium, accipe auricalcum...
  John of Seville, De astrolabio: VI 2452, 13c, ff. 1r-10r; BN 7293A, 13-14c, ff. 1-25, profusely illustrated; Toledo Catedral 98-27, 15c, ff. 35r-49v; BLcm 340, 14-16c, ff. 49-(59); ed. in small part, Millás(1942), 322-27; Carmody 169

Cum volueris facere astrolabium ad cuiuscunque latitudinem...
  Messahala, Part I, De compositione astrolabii: Carmody 24-25; Mon 323, 13-14c, ff. 74r-90r, with very fine figures. Prol. 'Scito quod astrolabium...'

Cum volueris facere astrolabium, fac tabulam planam...
  Maslama, De astrolabio: Carmody 142. See 'Primum horum est armilla...'

Cum volueris facere azurium accipe ollam novam...
  Ome 324, f.231r; Ambix VII(1959), 6

Cum volueris facere capitum(?) fortissimum. Recipe...
  Magister Bernardus, Alchemy(Preparatio sulphuris): CU Ii.III, 17, 15c, ff. 41v-42v(DWS 318)

Cum volueris facere equatorium...
  CLM 125, a.1486, ff. 287rb-288vb(Zi 3049)

Cum volueris figurare chilindrum qui dicitur horologium viatorum...
  BMe 843, 13c, f. 47r; CU 1707(Ii.I.15), 14c, f. 17v

Cum volueris formare equatorium notabis quod ad eius practicam...
  Compositio equatorii: VI 4146, 15c, ff. 200ra-201rb, figures, 201v-202r

Cum volueris fugare scorpiones...
  Thebit ben Corat, De imaginibus: VA 4085, ff. 101r-103r; T (1947), 236; Carmody 127

Cum volueris gradum medium celi...
  BN 7289, 15c, f. 113ra-vb

Cum volueris hoc magisterium...
  Haly, Practica (alchemy): Na V.H.134, ff. 32r-(33r); BLas 1416, 15c, ff. 21v-22v(DWS 122)

Cum volueris in hac arte operari tempore illo...
  Quod mulier concipiat: BN 7156, 14c, ff. 48vb-49rb; BN 7158, 14-15c, ff. 49v-50r; Corbett I, 72, 86

Cum volueris in hoc instrumento ponere...
  See 'Ad laudem dei omnipotentis profectumque...'

Cum volueris invenire coniunctionem...
  Ea Q.355, f. 35v(Schulz)

Cum volueris invenire locum solis...
  BN 16028, 12c, ff. 2ra-12v, with tables

Cum volueris invenire tempus medie coniunctionis solis et lune...
  BN 7316A, 14c, fol. 187ra-va; T (1957), 137

Cum volueris ligare latronem(latrones) ut non intret(intrent)...
  Ptolemy, Images: FL XXX, 29, 13c, f. 60-; BLd 37, 14c, ff. 43-45; BMh 80, 14c, ff. 76r-77v; Ghent 5(416), ff. 22r-24r; Incipit of the first image (in aries): BN 7282, f. 31va; T (1947), 258; CU 1572(Gg.VI.3), 14c, f. 213r-v, tables, 214r-217r

Cum volueris mensurare altitudinem alicuius rei non habentis basem...
  Salzburg, St Peter X.VI.20(Inc.800), f. 80v (Schulz)

Cum volueris mensurare longitudinem alicuius plane...
  VI 5206, 15c, f. 40v

Cum volueris operari de imaginibus...
  Thebit, De imaginibus: T (1947), 234, 236; Carmody 126

Cum volueris operari fac tibi preparari feces...
  Ricardus de Salopia, Elixir de lapide humano: BMsl 3744, 15c, ff. 9v-10, 10v-11(DWS 223)

Cum volueris operari in tabulis primum debes scire quot anni...
  De equationibus planetarum secundum meridiem Pissanorum: BE 956, f. 27

Cum volueris operari per tabulam revolutionum annorum...
> Ea Q.379, f. 102v

Cum volueris planetas equare...
> See 'Qui voluerit planetas equare...'

Cum volueris ponere quadrantem umbre iuge...
> Opus quadrantis umbre: CUad 6860, 14c, f. 66v, only a paragraph

Cum volueris prohicere radios...
> VI 3124, 15c, ff. 149r-152r; Carmody 21

Cum volueris proiectionem...
> Ea Q.355, 14c, f. 45v

*Cum volueris scire...
> Profatius Hebraeus, Almanach: Tanner

Cum volueris scire altitudinem alicuius rei accessibilis...
> Practica geometriae: CLM 10662, 15c, ff. 217v-223v(Zi 7299); Cod. F. Rosenthal 161(Schulz)

Cum volueris scire altitudinem solis...
> Practica de quadrante novo: CLM 14504, a.1446, f. 191r-v; 10662, 15c, f. 189r(Schulz)

Cum volueris scire applicationem alicuius magne revolutionis...
> Astrology: Gilhofer and Ranschburg, Cat. 257, MS 7, late 15c, ff. 138v-141r

Cum volueris scire ascendens alicuius nativitatis...
> Liber filiorum Ade: CLM 27001, ff. 31vb-38r

Cum volueris scire ascendentia...
> Astrology: BMc App. 6, 14c, f. 75v

Cum volueris scire colorem eclipsis...
> FL S. Marco 163, c.1400, ff. 18r-19r; Björnbo (1912), 103

Cum volueris scire colores eclipsis aspice latitudinem...
> Canones de lunae eclipsi: CU 1935(Kk.I.1), 13c, f. 139r

Cum volueris scire colores varios ipsius eclipsis...
> Canones de lunae eclipsi: BLcm 499, 15c, ff. 187v-(188)

Cum volueris scire declinationem solis et stellarum...
> VAp 1376, ff. 346ra-(349rb). This may be part of preceding tract in the MS on Quadrans novus

Cum volueris scire diem et horam...
> Tabula Campani: BN 11252, ff. 140v-143

Cum volueris scire distantiam duarum civitatum...
> BMr 12.D.VI, c.1400, f. 107v; CLM 125, f. 293vb(ed. Durand 368-70)

Cum volueris scire diversitatem aspectus lune...
> BMar 377, 13c, ff. 85va-86rb

Cum volueris scire gradum solis...
> Messahala, on the astrolabe, part ii, De utilitate astrolabii *or* Practica: Mon 323, 13-14c, ff. 90v-98v; CUad 6860, 14c, f. 71v; Ea Q.351, 14c, ff. 34-36v; Gö Theol. 124, 14c, f. 146v; Salzburg St Peter X.VI.20(Inc.800), f. 109v(Schulz); VAp 1416, 15c, f. 214r; BMsl 513, 15c, ff. 16r-19v; VA 1108, f. 162v

Cum volueris scire horas diei et noctis accipe horas...
> Canon on calendar: CUc 37, 14c, ff. 36v-44v

Cum volueris scire horas diei verte stilum...
> Iohannes de Hoveden, Practica chilindri: BMsl 1620, 14c, ff. 2-4; ed. E. Block, Essays on Chaucer (Russell 68)

Cum volueris scire horas, quacumque diei volueris, verte notherum sive stilum...
> Compositio chilindri cum sua arte operandi: Yale astron. MS, f. 137r

Cum volueris scire in quanto tempore...
> Astrology: BMc App. VI, f. 29rb

Cum volueris scire in quo signo luna sit accipe etatem lune...
> Tabula fortunae: CU Mm.IV.43, a.1293, f. 271v

Cum volueris scire in quo signo sit sol...
> Messahala, Practica astrolabii: Ea Q.385, 14c, ff. 147-151; anon. Os 188, 13c, ff. (92-97)

Cum volueris scire loca trium superiorum...
> De locis planetarum: Ea Q.351, 12-14c, ff. 93v-95

Cum volueris scire locum solis...
> Novem capitula: BLas 361, 14c, ff. 63-66

Cum volueris scire longitudinem capitis arietis et libre...
> (Thebit?): CU Ii.III.3, a.1276, ff. 88r-89r

Cum volueris scire longitudinem que fuerit...
> Nota in Messahalla sive Andalò di Negro, Tract. astrolabii: CU 1684(Hh.VI.8), c.1300, f. 197r

Cum volueris scire medium...
> Tables for Leipzig(?): Wo 3112, 15c, ff. 49-52v (Zi 10859)

Cum volueris scire mutationem aeris a calido in frigidum...
   De mutatione aeris: VI 5206, 15c, ff. 45r-53r

Cum volueris scire qua feria sol ingrediatur...
   Andalò di Negro, Text accompanying astronomical tables: FLa 131.Fasc.C., 14c, f. 131r

Cum volueris scire quantitatem...
   Thebit, De equationibus: Ea Q.348, 14c, f. 114; cap.4 of his De motu octave spere; Carmody 117

Cum volueris scire quo die vel qua hora et hore minuto...
   Expositio tabule astron.: CUg 456(394), III, p. 137(Atk)

Cum volueris scire quot gradus...
   CU 1719(Ii.I.27), a.1424, f. 160v, 'Canon super tabulam precedentem Calculatam a fratre Thoma de Wyndele'; tables at 149r-160v; 161r-170v

Cum volueris scire varios colores eclipsis aspice longitudinem lune...
   BN 7295A, f. 181ra.   See 'Cum volueris scire colores...'

Cum volueris scire verum locum alicuius...
   Johannes de Lineriis, Comm. in tabulas praecedentes(which are his own) motuum verorum et mediorum planetarum: Ea F.388, late 15c, ff. 36v-38v

Cum volueris scire verum locum planetarum per instrumentum equatorii...
   Practica equatorii: VI 4146, 15c, ff. 202r-203ra

Cum volueris scire vitam nati...
   Maihungen Suff. 1.Q.47a, 15c, no.3(Zi 3288); BLlm 674, 15c, ff. 24v, 28r-29r

Cum volueris scribere epistolam sit...
   Zael, Perhaps selection from Liber de electionibus: BMh 80, 14c, f. 74r

Cum volueris significatorem dirigere...
   Ea Q.349, 14c, ff. 156-159v(Zi 3115)

Cum voluerit aliquis eligere horam alicui volenti...
   Regulae de medicina: BLcm 46, 15c, ff. 81v-(87)

Cum voluerit aliquis in communi horologio ordinare motus...
   Berto de Padua, Ordinatio pro communi horologio: Mi C.221.inf., 14c, f. 101r-v; BLlm 620, a.1461, ff. 101va-102rb

Cum voluntas conditoris cuiuscumque rei...
   Hugo de Folieto, De bestiis, Compendium: BLe 136, 13c, ii, 49 ff.

Cum vos candidissimos scholares ingeniis optime ...
   J. Peyligk Czitzensis, dedic. Philosophiae naturalis compendium. Text, 'Quia secundum philosophum primo...'

Cum vos in audiendis magice artis disceptationibus...
   Bernard Basin, De magicis artibus et magorum maleficiis: T IV, 488-89; GW 3719-20; Klebs 160.1-2; IAL B244

Cum ymaginationem...
   See 'Cum imaginationem...'

Cum Ypocras...   See 'Cum Hippocrates...'

Cum Zenonem et Crispum...
   See 'Zenonem et Crisippum...'

Cumque Hermetem primum omnium philosophorum atque magistrum...
   Expositio Summae Gebri: CLM 610, a.1438, ff. 2r-85r

Cumque hiis que introducuntur dilectissime...
   Galen, De introducendis(differentia, in explicit) pulsuum, tr Burgundio of Pisa: BN 11860, ff. 228rb-231rb

Cumque hoc facere volueris pone regulam...
   De altitudine turrium: Basel F.II.10, 15c, ff. 148va-149ra

Cumque multis annis cuidam regi terreno fuissem(?) et tempus iuventutis...
   Parabolae in alchimia: Fla 1451(1374), f.(58)r-v

Cumque Raymundus librum super quod rogatus fuit...
   Raymond Lull, De disputatione monachi super veritate alchimiae: T IV, 648; DWS 255; ColR 97b; Corbett I, 120

Cumque stellarum opus sit opus intelligentie...
   Nativity of Johannes Fraweschuch, a.1435: VI 4773, 15c, 62r-69v

Cumveniente regum omnium peritissimum...
   Hippocrates, Epistola ad Antiochum et Antonium de quatuor membris: BN 11219, 9c, f. 41r-v (Beccaria 35, 26).   See 'Convenit te regum...'

Cuncta comprehendens solus re ipsa infinitus...
   George Valla, De expetendis et fugiendis rebus opus: pr Venice, Aldus, 1501, 2 vols

Cuncta pene omnium bonarum artium...
   See 'Cum te pene...'

Cuncta signa ultima distributiva...
   Astrology: BMsl 3281, 15c, ff. 56v-65r

Cunctis militaribus accincto virtutibus nec minus...
> Guilelmus de Varignana, prol. Practica medicinae, to Paul Mladinus, ban of Croatia and Bosnia (1302-1322): CLM 41, 14c, ff. 1-71. Text 'Creavit altissimus...'

Cunctis motionibus...
> Theodosius et Archadius, De mensuris agrorum: Brux 10630, 12c, f. 36ra

Cunctis presentem cedulam videre volentibus...
> Petrus de Amousis(Pierre de Damouzy), Tract. de epidemia: BN 11227, 14c, ff. 212ra-214vb; HL 37, 327-335; Archiv XVII, 76; Wickersheimer 629

*Cunctis quorum interest astronomie scire nova ...
> Gaufredus de Meldis, prol. De coniunctione Saturni et Iovis. Text, 'Rogatus a quibusdam amicis...'

Cunctis rebus natura suum dedit pondus...
> Johannes Aquilanus, Directorium iuvenum in arte medica nondum in practica exercitatorum: McGill Univ., Osler 7600, ff. 1r-27r

Cunctis solis et lune scire desiderantibus vera loca...
> Gaufredus de Meldis, Kalendarium (a.1320) cum canone et tabulis: T III, 717

Cunctis virtutibus militaribus...
> See 'Cunctis militaribus accincto...'

Cupiens canones conservandi sanitatem atque evitandi nocumenta...
> Bartholomaeus Montagnana, Consilia medica: pr Venice, 1497, 1499(Polain 2782; Klebs 689.3-4; IAL M702-703); Venice, 1514; Frankfort 1652

*Cupiens te et alios sapientia dignos excitare...
> Roger Bacon, Perspectiva: Little 382-84; Thomas Bradwardine: Mi S.76.sup., 16c, ff. 125v-201r

Cupientes in studio et contemplatione...
> Physical treatise: BN 16297, c.1303, ff. 117-131; Hauréau, Notices, V(1892), 102

Cupientes multiplicem planetarum cursum cognoscere...
> CUsj 162(F.25), 13-14c, ff. 86r-93v

Cupientes scire mysticas et multiplices potentias numerorum...
> BN 14880, 13c, pp. 15-80

Cupientes spheram materialem...
> Celestial sphere: Zi 4490-91

Cupientibus fructum planetarum primum scire oportet...
> FL 30.29, 13c, f. 32rb-vb

Cupientibus habere fructum planetarum primo scire oportet quis sit...
> De fructibus planetarum: CLM 615, 13c, ff. 75r-81r; VAp 1414, 13c, ff. 213ra-215rb; BLd 228, 14c, ff. 39r-(40); BLlm 644, ff. 224ra-226vb; Zi 8257-61

Cupientibus inquam vobis venerabilibus studentibus...
> Jacobus de Neapoli, De perfectione specierum: Ea Q.387, 14c, ff. 79-85v; CLM 4377, 15c, ff. 143r-148v

Cuprum purissimum tundendo ad summam tenuitatem...
> De fistulis organicis: Bern 56B, 11c, ff. 2v-3r; Avranches 235, 12c, ff. 47v-48; 78v (Corbett II, 10, 12-13)

Cur est cum oculus...
> Problemata, 'scriptum per Johannem Pencz,' a.1427: Wilhering (Xenia Bernardina II, 2, 44)

Cur exsuperantiae nimiae committendi morbi vim habeant...
> Aristotle, Problemata, nova translatio(Theodorus Gaza): VAu 1323, 15c, Partes I-XX; BMad 21978, a.1477, ff. 2ra-110ra, together with two other trs; pr Mantua, (1473); Rome, 1475; with tr George Valla, Alexander Aphrodiseus, Problemata, Venice, 1488; (1495) (GW 860-861; 2452-2453; Klebs 44.1-2; 95.1-2; IAL A352-353; A921-922); Paris, 1520; Venice, 1560

Cur faciem tuam abscondis...
> De insolubilibus questionibus (alchemy): BN 14005, 15c, ff. 143ra-144ra(Corbett, I,175)

Cur marina non alit arbores...
> George Valla, De physicis quaestionibus: pr Strasburg, Henricus Sybold, n.d.

Cur pueri plures coitu generantur in uno...
> BN 14193, f. 8(H); Danzig Mar. F.292, f. 197v(Schulz)

Cur unus mensis habeat lunam xxviiii alius xxx...
> CLM 9921, 12c, f. 7v

Cura abscissionis vocis eius ut si fuerit propter malitiam complexionis...
> De raucedine vocis secundum Avicennam: Basel D.II.21, 13-14c, ff. 77ra-79va

Cura ad cataractas...
> GU T.4.13, 10c, f. 52v; Diels(1905), 53

Cura crepatorum magni Tadei. In primis virilis purgatio...
> Brunus (Lasca), Practica: Ran 1489, late 14c, ff. 160-177

Cura effimere ex oppillatione...
> Philippus Alanfrancius Anglicus, Practica (a collection of recipes): BMsl 3124, 15c, ff. 196v-220

Cura epilepsie habita a magistro...
Arnald of Villanova, Cura epileusie(*sic*): Ea
F.303, 14c, ff. 88v-89

Cura est duplex...
Curae lesionum ab aliquibus brutis(secundum
Henr. de Mundavilla): Ea Q.230, a.1395, ff.
166-170v

Cura fluxus ventris cum tribus perficitur...
VI 2296, 13c, ff. 66v-67r

Cura huius egritudinis est tres res...
John Mesue, Practica *or* Grabadin medicinarum
particularium (cap.1): BNna 1536, 13c, ff. 61r-
115v; CLM 13150, 15c, ff. 1-121rb, with fine
illuminations; pr(Venice, c.1471), ff. 97r-202v
(Klebs 680.1; IAL M437)

Cura istius egritudinis duobus perficitur instru-
mentis...
Cura lapidis vel arenae aliorumque morborum:
VI 2306, 14c, ff. 42r-73r

Cura istius egritudinis in duabus consistit in
dieta et in medicinis...
Consilia medica: VI 2317, 14c, ff. 1r-34v

Cura omnium egritudinum que accidunt a
sumitate capitis...
Magister Pontius, Practica seu curae in partes V:
VA 2459, ff. 33ra-46ra

Cura per potionem in fracturis cranei...
VE VII.3(XIV,26), 15c, ff. 126-134

Cura podagricis fisica unde curatus est...
Grabadin(?) ex alio auctore ad podagra: BN
10233, 7c, f. 268r-v

Cura talis est et(?) dieta debet esse...
Magister Cardinalis, Cura pro leprosis: BLe 19,
14c, f. 116va-b

Cura tertiane pure existit in duobus...
Matheus de Verona: VAp 1251, 15c, ff. 144r-
153v

Curare medico egritudines...
Jordanus de Turre, Ad curam hydropisis: Leip
1183, f. 80(Wickersheimer 514)

Curare mox igitur in accessione...
Alexander of Tralles, De secundo libro de cura
nefreticorum: Vendôme 109, 11c, ff. 71-75

Curatio doloris febrium putridarum frigida et
humida competent...
Joh. de Sancto Amando, Comm. Avicenna 'Febris
est...': VI 2426, 14c, ff. 92r-123v

Curatio egritudinum earumque divisio aput
peritissimum...
Rasis, De divisione egritudinum et earum curatione: BNna 344, 13c, ff. 15ra-44va

Curativarum intentionum unam ab assuetu-
dinibus...
Galen, De asuetudinibus, tr Nicolaus de Reggio:
T (1946), 221; VAp 1298, 15c, ff. 214r-215v
(TR 277g); CLM 490, ff. 69v-78r; pr 1490, I,
140v-141v; 1515, I, 210r-211r

Cure omnium egritudinum que possunt accidere...
Petrus de S. Egidio, Practica: BLb 361, 15c, pp.
335-393

Cure quidem spectabilis denuo mihi obtulit...
Consilium: CLM 339, 15c, ff. 54r-59r

Curribus ethereis dum sol conscenderat arces...
GW 4528, f. 137v, 16 verses(Schulz)

Curruum rote aliquando circulares apparent
aliquotiens...
Collectio propositionum opticarum: Ea Q.385,
14c, ff. 217-222v

Cursor quem tabule quamvis...
Quaedam de quadrante: Ea O.88, 14c, f. 13

Cursus lunares si quis dignoscere querit...
(Hermannus Contractus?), prol. Liber manualis
de compotu lunae: Mon 442, 13c, ff. 25r-42v

Custode caput tuum et sufficiet tibi...
Alchemy: CLM 455, 15c, ff. 111-115v

Custodia sanitatis stat in debita administratione
sex rerum...
Galen(fragment?): CUg 407(413), 14c, Pt.II

Custodiat te deus...
Sardus de Libia, Treatise on interrogations:
Phares 43

Custodiat te deus et augeat tibi vitam...
Messahala, De revolutionibus annorum mundi:
Osiris XII(1956), 66-67; BN 7324, 15c, ff. 52r-
58v(TR 352c); Dijon 1045, 15c, f. 71v-; Lyons
329, 15c, ff. 167-172v; Carmody 25-26; CLM
27, ff. 59r-68r; pr Ptolemy, Venice, 1493, ff.
148ra-152rb; Klebs 814.2; IAL P995; Nuremberg, 1549 (with Yale 158)

Custodit vitam quis custodit sanitatem...
See 'Sanitatis conservator debet...'

Cy lensupervene iugemens et plusieurs prenosticationes...
Jehan de Bruges, Le livre des grandes conjonc-
tions: T IV, 146-47

Cyclus quid est. Grecum nomen...
Dialogus de ratione cycli: CUmc 167, 12c, ff.
7v-9

Cyclus solaris annos tenet octo viginti...
Computus: Bamberg Theol. 210, 15c, f. 182-
(with comm.); CLM 21107, f. 13; Wo 592, 15c,
ff. 2-20; 4553, 15c, ff. 28r-58r

Da sancta tellus rerum nature parens...
    BMh 1585, 12c, ff. 12v-13r. See 'Dea...'

Daniel propheta petebatur a principiis civitatis
...
    Daniel, Regulae ad somnia interpretanda: BLd
    86, 13c, ff. 34v-40v(T II,294)

Danielem prophetam cum esset in Babilonia...
    Daniel, Dream book: T II, 294-95

Daricus rex stabat in suo palatio (et) ante eum...
    Brux 8489, 13c, ff. 25ra-26va(Silvestre 150).
    See 'Daucus rex...'

Data circuli diametro latera decagoni...
    Ptolemy, Textus duarum dictionum Almagesti
    cum commento: Ea F.375, 14c, ff. 85-88, 93-
    112v; F.393, late 14c, ff. 63-80; Theorem i: see
    'Omnium recte philosophantium...'

Data iam prima undecimam pede septima sextam...
    Versus de diebus Aegypt.: Trier 142, 12c
    (Schulz)

Data magnitudine dicuntur et spatia et linee...
    Euclid, Liber de datis magnitudinibus: Björnbo
    (1909), 390; CR B-72(14); 74(5)

Data nunc qualicunque opportunitate de coniecturis...
    Nicholas of Cusa, De coniecturis: Opera, 1565,
    pp. 75-118

Data recta linea...
    Sun-dial: MU Q.743, 15c, ff. 143-154(Zi 9722)

Data recta linea ei alia in proportione statuta
subiungere...
    De datis proportionibus quantitatum: VA 9410,
    14-15c, ff. 72v-79v; BN 7216, ff. 151r-155r

Datis duabus lineis inequalibus quibuscumque...
    To find means between any two lines: Bern 50A,
    early 15c, ff. 176v-177r; PA 763, 15c, f. 292

Datis extremis duobus...
    De proportionibus: VI 5203, 15c, ff. 136r-137r

Dato angulo rectilineo equum angulum curvis
lineis...
    Propositiones stereometricae: Ea Q.385, 14c, ff.
    208-209v

Dato quod diffinitiones...
    See 'Scito quod diffinitiones...'

Datorum triangulorum maior angulus maiori
lateri opponitur...
    CLM 23511, f. 28(Schulz)

Daucus re si stava in suo pallacio...
    Falconry (Ital. tr): Mi A.43. Inf. ff. 90r-105r

Daucus rex stabat in suo palatio et ante...
    Daucus, Ysagoge de falconibus: Yale, Codex
    Fritz Paneth, 14c, ff. 1319-1325. See 'Daricus
    rex...'

De agnoscendas febres omnes superius scriptum
est...
    De pulsibus et urinis: MC 97, 10c, p. 26(Bec-
    caria 95.18)

De alopicia et ophyasi. Contingit hec...
    See 'Contingit hec duplex...'

De alopicia et tixia(tyria, tinea?) videnda sunt
quatuor...
    William of Brescia, Practica: Opera 1508, ff. 2r-
    144r; anon. 139 caps. BLcm 441, 15c, 296 ff.;
    Pansier(1904), 595

De alopicia et tyria. Ex eis itaque...
    Rasis, Liber divisionum, cap. 1: VAp 1134, f. 1;
    1135, f. 3, 139 caps.; VAu 246, 14c, f. 96, tr
    Gerard of Cremona; pr Venice, 1508, ff. 59v-78.
    Prol. 'Ventilata fuit...'

De altitudine turrium atque arborum cognoscenda...
    See 'Cumque hoc facere...'

De amfemerino vero qui cottidiae solet sine
frigus fieri...
    Democritus, Liber medicinalis: Eins 356, 11c,
    pp. 66-117; Beccaria 127

De anima quecumque(quodcumque?) est possibile scientia comprehendere...
    Themistius, Comm. De anima: CLM 317, 13c,
    ff. 86ra-128ra; AL 99; Millás(1942), 54

De anima quid sit...
    See 'De anima quidem secundum...'

*De anima quidem secundum quod est perfectio
corporis...
    Albertus Magnus, De natura et origine animae:
    Analecta Hollandiana, XXI; Toledo cap. 94.20,
    13c, ff. 22v-54v(AL 1240); BN 6512, 14c, ff.
    155r-(168v); AL 82; Brux 1195, a.1417, ff.
    11ra-24vb(Silvestre 150); Prag 398, ff. 20-34
    (Schulz); anon. VE VI.82(XII,9), 15c, ff. 177-
    195; GW 702; Borgnet IX, 375-436

De anima secundum ipsam dictum est in. . .
>De nutrimento et nutrito: BN 6512, 14c, ff. 151r-155r

*De anima secundum seipsam in precedenti libro. . .
>Albertus Magnus, De nutrimento et nutribili: BLd 55, late 13c, ff. 193-(198v); Ea F.328, 13-14c, ff. 146-148v; CUpet 161, 15c, ff. 23v-30; AL 130, 1472, 1556; Oma 174, ff. 212ra-214ra; BN 6530, 15c, ff. 278ra-289va; CLM 8001, f. 134v; Glorieux I, 68; Borgnet IX, 323-41

De animalibus que cito senescunt et cito moriuntur. . .
>See 'Animalia multum coeuntia. . .'

De annis igitur Christi vel latinorum quia maxime. . .
>John, O.M., Summa de astrologia, cap. 1: BN 7293A, 14c, ff. 48r-69r(T III, 219); De concordia et adequatione annorum Christi et hebreorum et arabum et aliorum: VAu 1399, ff. 29rb-34rb

De apprehensione ac apprehensionis modis seu diversitatibus. . .
>Albertus Magnus(?), Liber de apprehensione: Borgnet V, 555-728

De Aprile et Ariete. . .
>Versus de singulis mensibus sive signis, praevio prologo: BLcm 560, 11c, 25-28v. See 'Signa duodecim vel a causis. . .'

De aptatione(aptitudine) medicinarum ut sine horribilitate possint. . .
>Capitulum Rasis de aptatione medicinarum laxativarum: BN 7046, 13c, f. 169ra-va; Pillule mirabiles; Os 85, 13c, f. 172v-; BMar 115, a.1327, f. 121r-; Rasis, Antidotarium: pr 1497, f. 98v; Venice, 1500, ff. 95vb-98v(Klebs 826.2-3; IAL R170-171); Opera parva, Lyons, 1511, 268v-278r

De aqua congregata(aggregata) in capitibus puerorum. . .
>William of Saliceto, Chirurgia: ed. F. O. Schaarschmidt, 1919 (Anatomical section). This is actually the heading of first cap. in preliminary table of contents. Prol. 'Propositum est Bone . . .'

De aqua rubicunda. Ovorum vitella. . .
>See 'Ovorum vitella. . .'

De aqua vite facienda. . .
>CUt 1109(O.II.5), 14c, pp. 265-268(DWS 1000, ii)

De aquaticis notandum est in speciali. . .
>Super antidotarium Nicolai: CLM 251, ff. 45rb-61vb

De aquis sunt nonnulla dicenda. Aquarum autem triplex est. . .
>Arnald of Villanova, De aquis: MU Q.808, a.1466, ff. 159r-163v

De arte eutonica et ideica. . .
>Salomon, De quatuor annulis: cited Spec. astron., Borgnet, X, 642a

De artemisia id est moderwort vel mogwort. . .
>De simplicibus: CUt 1398(O.VIII.23), III, a.1300, pp. 1-12

De artemisia que vulgo dicitur matricaria. . .
>Comm. Macer, De virtutibus herbarum: Yale, Codex Fritz Paneth, 14c, ff. 1171-1197

De astrolabio multi tum veteres tum recentiores scripsere. . .
>FNm XI, 55(II, iv, 352), 16c, ff. 14r-23v; Ab 26(1912), 147, 'sonst unbekannt'

De augmentatione calcinationis solis. . .
>BU 135(101), 14c, f. 24r; Ambix V(1956), n.6

De auro potabili est fama grandis. . .
>Guillermus Fabri de Dya, De auro potabili: BU 138(104), 15c, ff. 250v-253. Part of his De lapide philos.

De bissexto primum nobis interrogandum est quare dicitur bissextus?. . .
>Alcuin: PL 101,993; Bull. Du Cange, 17(1942), 52

De calidis herbis in primo gradu absinthium. . .
>Classificatio materiae medicae: CU Magdalen Pepys 878, 15c, p. 127(Atk)

De caloribus excellentissimis indicia. . .
>Argentré, I, ii, 327a

De canonibus Arzachel tractaturus. . .
>Opusculum doctoris subtilis: CU 1017 (Ee.III.61), 15c, ff. 14-15 (old 16r-17v), incomplete

De capillis cadentibus cibos. . .
>Alexander, Liber dietarum diversarum: Vendôme 109, 11c, ff. 134v-143; VI 2425, ff. 151r-160v; Diels (1906), 10

De capillis. Et primo de tinea(tinctea capillorum) Decoquantur folia. . .
>Angelus Plannens, Cancellarius, Experimenta ad varios morbos capitis: VAp 1199, 14-15c, ff. 1r-6v(TR 277f); Cancellarius, Experimenta: Ea F.288, 13-14c, ff. 15-21v; anon. CU 938 (Ee.II.20), 14c, ff. 28vb-41rb; Experimenta Petri Montis: James 483

De capite puerorum tractando...
  (Rasis), Practica puerorum: Wi 56, 15c, ff. 49vb-50va

De casu et fortuna quare agendum in naturis...
  Index rerum quae in Alberti Magni commentario in Aristotelis libros I-VIII physicorum continentur: VA 718, 13-14c, ff. 1r-4v

De cefalea hoc est capitis dolore commoto cerebro...
  Gariopontus vel Galienus, Liber medicinalis de dolore totius corporis: Vendôme 175, 11c, ff. 1-46; 47-94. See 'Cephalea...'

*De celo (autem) et mundo in hoc libro nostrarum naturarum...
  Albertus Magnus, De coelo et mundo libri IV: VE VI.22(X.62), 14c, ff. 167-232; BN 6510, 14c, ff. 1r-94r; pr Venice, 1490, 1495(Klebs 15.1-2; GW 594-95; IAL A205-206); Borgnet IV, 1-343

De centro et concentrico et excentrico...Punctus centrum...
  See 'Punctus centrum cuspis...'

De cerusa conficienda. Accipe plumbeas laminas...
  Colors: Isis 22(1935), 467; 24(1936), 383

De cibis et potibus infirmorum preparandis...
  Petrus de Musanda: BLb 361, a.1453, pp. 444-458

*De cibis et potibus preparandis infirmis videamus...
  Variously ascribed: Nicolaus Salernus, Ea Q.176, 13c, ff. 76-82; Petrus Musandinus, De cibariis: VA 2392, f. 72rb-vb; Summula...secundum Musandinum: MU F.576, ff. (114rb)-(117ra); Ome 230, 14c, ff. 53-55; PA 708, 14c, ff. 153-156; HL 28,65; Renzi V, 254-268; II, 407-410, fragment; John Gaddesden: Little on authority of Tanner; (Gaddesden), Rosa Anglica medicinarum, Pavia, 1492, f. 87v(Klebs 424.1; IAL J289); Petrus de Marrano, De dietis: VI 5313, ff. 142-146(Schulz); anon. FL Plut.73, cod.33, 13c, pp. 92-(95); pr Arnald of Villanova, Opera, 1504, ff. 245r-246r, incomplete; Lyons 1520, ff. 207va-208rb; Basel, 1585, pp. 1457-1462

De cibo et potu sufficientissime dictum est primus...
  Antonio Cermisone, Consilium in peste: VI 4956, 15c, f. 153r

De ciborum igitur virtutem et naturam singulorum...
  Dynamidia: SG Stift 137, 9c, p. 28-; Beccaria 137

De cinere silicis aut areni minutissime maxime...
  De vitreis operibus: BN 7161, 15c, f. 28r

De circulis et motibus lune dicendum. Quilibet planeta...
  VE VIII.33(XI,106), 15c, ff. 45-48

De circulo animalium sive zodiaco...
  Arnald of Villanova, Opusculum de astrologia eiusque usu medico: Ea F.267, early 14c, ff. 190v-193v

De clisteribus utimur in hac arte quandoque laxativis...
  BMsl 783b, 15c, ff. 133r-134v

De cogitationibus ab intentione refertur...
  De cogitationibus secundum Messahalam: pr Messahala, Libri tres, ed. Joachim Heller, Nuremberg, 1549, ff. 2r-3v(Schulz)

De cognitione virtutum...
  Gentile da Foligno, Comm. in secundum Avicinnae canonem: VI 5391, 15c, ff. 224v-238r

De coitu quinque possunt notari. Primum est quid sit...
  BLd 150, 13c, f. 101r; BN 16195, end 13c, ff. 23vb-25rb; Laurent 46(194)

De colore nigro secundum G. Urina nigra...
  Comm. Aegidius de urinarum iudiciis: BMsl 568, 14c, ff. 201-214

De colorum diversitate tractare animante divino favore...
  Prag 1765, 14-15c, ff. 37v-40r; Speculum XI(1936), 380

De colorum diversitate tractaturi adiuvante divine bonitatis favore...
  FL Plut. 30, cod.29, 13c, ff. 71ra-73rb; ed. Ambix 8(1960), 58-65

De colorum diversitate tractatus incipit quomodo quilibet color...
  VAp 1339, 14c, ff. 141r-143v; TR 377; Ambix 7(1959), 21-24

De cometis dico inprimis quod hii qui considerant...
  Ma 3314, f. 90r; Grabmann(1928), 63

*De commixtione et coagulatione similiter et congelatione et liquefactione...
  Albertus Magnus, De mineralibus et lapidibus, libri V: T II, 524, n.3; Oma 174, ff. 49vb-60vb; VE VI.20(XII.11), 14c, ff. 47-53; VI.22, ff. 1r-31v; pr(Padua), 1476; etc.(GW 686-89; Klebs 21.1-4; IAL A251-253); Borgnet V, 1-103

De compaginationibus corporis. . .
See 'In sanguinem. . .'

De complexione aliquid dicturi. . .
BLb 679(2596), late 13c, ff. 97v-(104)

De complexionibus hominum in mundo viventium. . .
Alexander (Hispanus?), De quatuor complexionibus: CLM 4784, 15c, ff. 144v-149r; Isis
49(1958), 404, n.46. See 'Hic tractandum est
de complexionibus. . .'

De compositione almanac id est tacuinum. . .
VA 3099, a.1473, ff. 9v-10v

De compositione lapidum philosophorum recipe
de amalgama. . .
Alchemy: VE VI.214(XVI,3), a.1472, ff. 192-
195

De computo manuali artem ostendere intendimus. . .
CLM 3220, 14c, ff. 177-181r

De concordantia discordantium astronomorum
super significationibus triplicitatum. . .
Pierre d'Ailly, De concordantia discordantium
astronomorum: Salembier, 1886, p. xxv; Saxl
(1927), 141; Zi 402; BMad 29969, 15c, ff. 72r-
80r; BMh 637, ff. 121rb-129rb; BMh 3742, ff.
214r-222v; IAL A426

De concordia theologie et astronomie aliquid
scribere. . .
Pierre d'Ailly, Vigintiloquium de concordia
astronomicae veritatis cum theologia: Salembier
xxiv; Saxl(1927), 139; Zi 345; BMad 29969,
ff. 1r-16v; BMh 637, ff. 64va-75vb; BMh 3742,
ff. 150r-161v; IAL A426, ff. aa, v-bb(6)r(Photostat ed. 1927, ff. 90r-103r)

De congelatione autem elementorum aut commixtione. . .
Liber de mineralibus et metallis: Vendôme 170,
15c, ff. 81-122

De coniunctione duorum ponderosorum. . .
Nicolaus de Comitibus, Opus astronomicum:
T IV, 681

De consuetudine egritudinum qui quiescunt. . .
Aggregatio de crisi et criticis diebus secundum
magistrum Matheum: VAp 1229, ff. 338ra-348vb

De convalescentia et debilitate infirmorum
paucas interrogationes astronomicas. . .
Tract. physicae astronomicae: BMh 3542, 14c,
ff. 103r-(110)r

De creticis diebus in continuis febribus. . .
Tholomeus (i.e. Ptolemy) de diebus creticis: BN
7316A, ff. 50rb-51ra; T (1957), 133

De criticis diebus tractaturi videamus quid sit
crisis. . .
BMsl 4, 15c, ff. 29-30

De cura febris effimere ex angustia. . .
Jacobus Phasianus, Recepte circa primam quarti
canonis: Ea F.236, a.1361, ff. 172-176

De cura paralysis. . .
See 'Cura huius egritudinis. . .'

De cura puerorum tractaturi primo videamus
utrum. . .
Cura puerorum: CUg 84, 15c, p. 370

De curationes mulierum dicam prius tamen. . .
Beccaria 145.4; Abh XI(1936), 5-59

De curis mulierum compendiosa nobis fiat. . .
Trotula minor: BMr 12.E.XV, 13c, ff. 6r-(11r).
See 'Cum auctor. . .'

De cursu septem planetarum sub zodiaco(per
zodiacum). . .
Incipiunt capitula in Heremannum: CUt
R.XV.32, 11c, p. 7(5r)-; VA 3101, f. 10r

De decem speciebus medicamentorum. Haec
sunt decocti. . .
Hermeneumata, tr from Greek: BN 11219, 9c,
ff. 179v-190v

De definitione medicine ac primarum eius
partium. . .
VE fa 364(XIV,22), 14c, ff. 1-71; first chapter
heading, Arnald of Villanova, Medicinalium
introductionum speculum

De denigratione capillorum. Recipe cineris
ceri solidi. . .
Julianus sive Tatianus (i.e. Silanus) de Nigris,
Liber de morbis variis et eorundem curis, 537
caps.: BLcm 113, a.1475, ff. 12 et 139

De diebus criticis periodorumque causa(causis)
aliquid summatim colligere. . .
Henri Bate of Malines, De diebus criticis: VAp
1211, 14c, ff. 89ra-99rb; VAp 1116, 15c, ff.
118ra-125ra; Hugh of Lucca: Limoges 9, 15c,
ff. 51v-66; anon. VI 5337, a.1375, ff. 185ra-
193va (TR 321)

De dietis aliquantulum tangam. . .
BMsl 783b, 15c, ff. 203v-204r

De differentia etc. Differentiam appellat. . .
Comm. Stephanus, Liber de urinarum differentia a voce Theophili: BMr 12.D.XIII, 14c,
ff. 170r-(178)

De differentia seu diversitate nativitatum. . .
Argentré, I, ii, 327a

De differentiis urinarum negocium multi...
   Theophilus, Liber urinarum: CUsj 99(D.24), 13c, ff. 59v-66v; BN 6871, 13-14c, ff. 7vb-13vb; BN 7030A, 13-14c, ff. 7va-15vb. See 'De urinarum differentia...'

De difficillimis scripturus tam excellenti quam sapienti viro...
   John of Salisbury, De septem septenis: BMh 3969, ff. 206v-216v

De dispensantibus(dispensantibus) corpus nostrum virtutibus...
   Galen, De dispensantibus corpus nostrum virtutibus, tr Nicholas of Reggio: T (1946), 223; Chartres 293, 14c, f. 125; CLM 490, 15c, ff. 20r-21r; Opera, 1490, I, 46r; 1515, I, 141v-142r; Diels(1905), 140

De dispositione aeris et eius accidentibus...
   Basel F.III.8, 15c, ff. 92r-103r

De distinctione febris et divisione eius...
   Boinet, pp. 217-18

De diversis diffinitionibus circa rationes(?) potentie active...
   Quaestiones: FNcs J.X.19, c.1400, ff. 96-112r

De divina Virgini(?) inspiranti clementia quoddam opusculum...
   Comm. Physics: Basel F.V.10, ff. 1ra-39vb

De divinatione dicturi significamus quod de ea est difficile...
   Albertus Magnus super tractatum de divinatione (De somno et vigilia, liber III): Oc 243, 15c, ff. 28va-37r

De divinatione tractare quod difficile sit...
   Albertus Magnus, De somno et vigilia, liber tertius: CLM 453, a.1494, f. 230bis

De divinatione (vero) que in somnis fit...
   Aristoteles, De divinatione per somnum, tr from Greek: VA 718, 13-14c, ff. 241v-248r; Yale Astron. MS, 13c, ff. 35r-39r

De divisione et compositione continui...
   Marcus Trevisanus, De microcosmo: L'Art Ancien, Cat. 37, MS 10, end 14c

De divisione igitur climatum que fit per almucantarath...
   On the astrolabe: Millás(1931), 320-22

De divisione mundi. Septiformi spiritu...
   See 'Septiformi spiritu...'

De dolore capitis in generali scilicet cephalea et est...
   VI 4769, 15c, f. 2r-, a series of medical selections

De domino anni due sunt opiniones sapientium...
   VA 2487, 14c, ff. 227v-228ra

De duplici ortu signorum dubitantes...
   Abbo of Fleury: Rev. Bénéd.(1935), 140; Saxl (1953), 445

De effectis solis et aliorum planetarum differentium in prima nocte...
   FL Plut. 30, cod.24, ff. 125va-126rb

De effimera febre notanda sunt novem primum de diffinitione...
   William of Brescia, De febribus: Opera, Venice, 1508, ff. 144v-157

De egris numerando per novem et novem...
   Forma divinationis: CUsj B.15, 15c, f. 52(Atk)

De egritudinibus communibus et primo de febribus aliquid sumarie...
   Antonius de Gradis, De febribus: pr with Clemente Clementino, Lucubrationes, 1535, pp. 201-251

De egro r. numerum diei et lune qua decubuit...
   De egritudinum pronosticis et quaedam astrologica: Ran 1481(V.2.18), 13c, ff. 7v-8

De ente in communi et de his...
   Hieron. Savonarola, Compendium philosophiae naturalis ad Aristotelis et S. Thome mentem: FL LXXI, 24, f. 85

*De eo autem...Principium vite...
   See 'Principium vite in omni...'

De eo autem quod est alia esse longe vite...
   De morte et vita *or* De longitudine et brevitate vitae: Yale Aristotle MS, 13c, ff. 198ra-200ra

De eo(autem) quod est esse alia quidem...
   Aristotle, De morte et vita *or* De longitudine et brevitate vitae Mi E.71 Sup., 13-14c, ff. 154vb-156ra; CLM 2604, ff. 215r-217r; AL pp. 59, 142

*De eo autem quod est esse longe vite...
   Aristotle, De longitudine et brevitate vitae, tr from Greek: Beiträge XVII 5-6(1916), 200; VA 718, 13-14c, ff. 136v-141v; pr Parva naturalia, Venice, 1551, ff. 50-54

De eo (autem) quod est hoc quidem esse longe...
   Aristotle, De longitudine et brevitate vitae, tr from Greek: VE VI.33, 13c, ff. 252v-254rb; Graz 93, c.1300, ff. 210v-212r; Grabmann, Beiträge XVII, 5-6(1916), 200; nova tr, AL pp. 60, 142; pr Epitomata, Cologne, 1496(GW 2341, ff. 333v-335r; Hain *1719; BM IA 46410)

De eo quidem quod est...
> De morte et vita: Yale Arist. MS, 13c, f. 66v

De eo quod est alia quidem longe vite...
> Aristotle, De longitudine, vet. tr: AL p. 59

De eo quod est hec quidem animalia esse acuti visus hec autem non...
> Quaestiones breves de animalibus: Na VIII.C.23, 15c, f. 76v

De eo quod multiplicatur in eo de febre...
> Ibn Jazla, Tacuinum sive de morbis variis eorumdemque curatione, tr Feragius(Farachi, Faragut): T II, 756-57; Oma 152, 14c, 50 ff; pr Strasburg, 1532

De eo quod non sit in duodecim signis et (de) electionibus...
> Zael, Liber temporum: BMsl 2030, 13c, ff. 73r-; BLcm 396, 14c, ff. 83v-(88); Carmody 44. See 'Scito quod mutatio...'

De eodem autem quid est esse alia quid longe vite animalium...
> De causa longitudinis et brevitatis vitae animalium: Basel F.IV.23, 13c, ff. 41r-42v

De epidemia dico primo de medicinalibus(?) cuiuscunque etatis...
> Matthaeus, Secreta: Archiv, XVI, 67-69

De equinoctio varia non priscorum tantum...
> Bern 250, 10c, ff. 27v-28v

De eruptione diluvii ita refertur Rupti sunt omnes fontes...
> De diluvio Noe: BMb 357, 12-13c, pp. 25-(30)

De etate lune...
> Eins 321, 10c, f. 126(Zi 12054)

De evidentia eorum que dicuntur...
> Brevis expositio musicae: BLd 191, 13-14c, ff. 68v-(70v)

De farmaciis...   See 'De pharmaciis...'

De fato etiam(autem) dignum est considerare quid est...
> Aristotle, De fato: Es V.III.6, late 13c, f. 229; BN 16096, ff. 138r-139v; Oc 243, a.1423, ff. 62-64r; Grabmann(1929), 48-61. This is a cap. of Alexander of Aphrodisias, De anima II; CTC I, 84

De febre ef(f)imera causata ex angustia...
> Gerardus de Solo, Recepte de febribus: Giacosa 485

De febre venit effimera ethica putrida interpolata...
> Descriptio multarum egritudinum: BMar 251, 13-14c, f. 54v

De febribus nota...
> VI 3011, 15c, ff. 153r-155v

De figuratione vel depictione figure...
> Notabilia de eclipsibus: VI 5371*, 15c, ff. 16v-17v

De figuris geometricis mandasti...
> Gerbert to Adelbold: VAb 92, 12c, f. 31v-. See 'In his geometricis figuris...'

De flebotomia confert sanis calidis natura...
> Liber de flebotomia: CUg 407(413), 14c, ff. 70v-72v

De flebotomia dicit. Quibus convenit sanguinem...
> Epistola Eliodori: BN 11218, 9c, f. 35r(Beccaria 34.12)

De formatis attendendum(attende)...
> Avicenna, De vi informativa: BN 16159, 13c, ff.368r-369v; anon. BMr 12, C.XV, 13c, f. 258v

De fortitudinibus planetarum que accidunt ex diversitate locorum...
> BMsl 636, 15c, f. 87v-

De gemmarum formatione nunc est aliquid pertractandum...
> Blas 1448, 15c, pp. 82-83(DWS 966)

De generatione comete in mense Ianuarii...
> Anon. on comet of 1472: CLM 18770, ff. 190r-191v; AIHS XI(1958), 236

*De generatione et corruptione et (de) natura generatorum...
> Aristotle, De generatione et corruptione, libri duo, tr from Greek: Bol. A.127, 13c, f. 141; BMr 12.b.II, late 13c, ff. 280r-(311v); Graz 93, c.1300, ff. 131r-146v; Yale: Cushing 11, 13c, ff. 40r-55v; Cushing 12, late 13c, ff. 131vb-151vb; Beiträge XVII, 5-6(1916), 96, 177, 262; BLd 55; Mi E.71.sup., 13-14c, ff. 84v-97v; Ea F. 21, 14c, ff. 71-90; pr with Averroes Comm. Venice, 1483; etc.: (GW 2337, II.1; 2340.1; 2388; Klebs 82.2, 4; 88.1; IAL A861, 864; 891); GW 2387; as 'antiqua tr', with Thomas Aquinas, Comm. Venice, 1555; pr Leipzig(1498)Klebs 88.2

De generatione et corruptione et de natura...
> William Bonkis, Quaestiones in Aristotelem de generatione et corruptione: CUg 344, 14c, f. 93(Atk)

*De generatione et corruptione in naturali primo...
> Aristotle, Excerpts by R. de Stanington: BLd 204, 14c, ff. 111v-(114r)

De generatione vero atque corruptione eorum
...
　　Aristotle, De generatione et corruptione, tr Geo.
　　Trapezuntius: VAu 211, 15c, f. 179; CLM 177,
　　122v-135(Schulz)

De geometrice artis meditatoribus quid et
qualiter eam debeant...
　　VI 51, 12c, ff. 136r-145v; Saxl(1927), 74

De gradibus primo quid sint secundo quot sint
...
　　Basel D.III.3, 13c, ff. 49rb-53rb

De habitibus sive scientialibus seu quaruncunque
virtutum...
　　Dietrich von Freiberg, Tract. de habitibus:
　　Beiträge V(1906), 207*-215*

De harmonica consideratione Boethius...
　　CLM 14272, 10-11c, f. 175(Schulz)

De his autem nullus philosophicus liber mentionem...
　　De doctrina compositionis medicinae ad rubeum
　　super argentum praeparatum: Lehigh MS, ff.
　　120v-126r

De his particularibus que sunt circa medicinalia
probata...
　　Petrus de Tussignano, Repertorium in comm.
　　Peter of Abano, Probelmata Aristotelis: pr Venice,
　　Locatellus, 1501(BM 520.l.8); Mazzini 155-57

De his que ad iudiciorum veritatem...
　　Hugo Sanctallensis, pref. tr Ptolemy, Centilo-
　　quium, Haskins 69-70

De his que per astrolabium...
　　Raymond of Marseilles, On uses of the Astrolabe:
　　BN 10266, ff. 113v-120v(Poulle). See 'Vite
　　presentis...'

De his que ad(a) me de humane vite cautelam...
　　See 'Petosiris Nechepso regi salutem...'

De his que comeduntur et bibuntur et primo de
pane...
　　De cibo et potu qualis debeat esse: CLM 18444,
　　15c, ff. 308v-315r

De his que cuilibet homini...　Zi 3292

De his que in alimenti virtutibus non pauci
medicorum...
　　Galen, Liber alimentorum, tr William of Moer-
　　beke, 1277: BN 6865, ff. 93r-117r; FL 73, XI,
　　early 14c, ff. 1-30; CLM 35, 13-14c, f. 38;
　　VAp 1093, ff. 126vb-127rb; VAu 247, 14c,
　　f.1; VE fa 317 (XIV,5), 14c, ff. 25-49; pr 1490,
　　II, 312r-329v; 1515, I, 188r-204v; Diels(1905),
　　76. Dedic. 'Viro provido...'

De his que tam querenti quam iudiciorum
fructus...
　　Summa (astrologiae)...secundum...iudices
　　Arabicos: BLb 430, 13c, ff. 50-(106? incomplete)

De his qui inchoant imbuere artem medicine...
　　BN 11219, 9c, ff. 13v-14

De his simul dicendum quoniam complexio in
natura commixtionis...
　　De commixtionibus et complexionibus: Oc 293B,
　　13-15c, ff. 106r(235)-178v

De homine querendum est primo secundum
statum...
　　De homine et primo de anima et diversis diffi-
　　nitionibus eius: Oma 174, 13c, ff. 110-(183)

De horologiis in truncis...
　　Sun-dial: Leip 1469, 14-15c, ff. 189-193(Zi
　　9724); Plimpton 175, 15c, ff. 130r-132r

De humani itaque corporis et partium eius
proprietatibus...
　　De quatuor elementis et de quatuor complexioni-
　　bus: Bern 260, ff. 120ra-129rb(old cii-cxi); TR
　　346

De humoribus tractatum instituere intendentes...
　　CUg 407(413), 14c, III, ff. 78v-79v

De imagine mundi et eius descriptione tractatum
unum...
　　See 'Tractatus sequens viginti duo...'

De imaginibus secunda facie cancri existente...
　　Abel, De imaginibus: VAp 1116, 14-15c, f. 127r-
　　v; T (1947), 262-63

De inchoatione sanguinis dum fuerit corpus...
　　VA 4418, 11c, ff. 149v-150ra

De infectionibus capillorum ut nigri...
　　See 'Si medicinam minus eruditi...'

De influentiis planetarum...
　　Zittau B.2, 15c, f. 227(Zi 8263)

De inspectione sanguinis restat dicendum et
nota...
　　Reginaldus de Monte Pessulano, Summa de fle-
　　botomia: CUg 407(413), III, 14c, ff. 72v-78v

De instantibus quinque(?) cuiuslibet rei...
　　De instantibus: Padua XVII, 378, 15c, ff. 146r-
　　148v; AL 1504

De instrumenti nominibus quod turketum dicitur.　Et primo de eius partibus...
　　CLM 125, a.1486, ff. 286ra-287ra.　See 'De
　　nominibus...'

De intelligentia et specie urinarum...
See 'Omnium causarum dum...'

De intentione nostra...
De 4 temporibus anni: BMh 3353, 14c, ff. 67r-70v

De inveniendo significatorem infirmi secundum diversas...
Argentré I, ii, 327a

De inventione azimuth. Possunt(*sic*) autem azimuth hoc modo fieri...
De astrolabio: VAp 1414, 13c, f. 23rb-; Isis 49(1958), 40

De inventoribus astronomie sciendum reffert dominus Albertus Magnus...
VAp 1451, ff. 25r-26v

De iove quem Romani depingebant cum tribus alis...
De imaginibus: KlaB XXXI.b.14, a.1395, ff. 161rb-164vb; T (1947), 265

De ista materia tractat Thomas in prima parte summe...
Qualiter caput hominis situatur: CU 1396 (Gg.I.1), 14c, ff. 490ra-491r

De isto libro intendit determinare...
Comm. De iuventute et senectute: Oo 33, 14c, ff. 327-(336)

De iudiciis medicine particulariter notandum...
VI 5154, 14-15c, ff. 135r-136r

De iudiciis particularibus ad medicinam pertinentibus...
Frater Theodoricus Ruffi: CLM 11067, a.1447, ff. 64va-66va(based on Arnald of Villanova)

De iudiciis particulariter notandum secundum quod...
Astrological medicine: VI 5307, 15c, ff. 144r-148v(incomplete)

De iudicio sanguinis iam emissi...
BMar 251, 13c, f. 49v

De iudicio secundum tabulas...
VI 4773, 15c, ff. 55-57(Zi 3293)

De iudicio urinarum et pulsuum...
VI 517, 14c, ff. 98r-99r

De iuventute (autem) et senectute et vita et morte...
Aristotle, De iuventute et senectute, tr from Greek: Toulouse 733, 13c, f. 231; Beiträge XVII, 5-6(1916), 200; AL pp. 59, 60, 144; VE VI.33, 13c, ff. 254va-264rb; Graz 93, c.1300, ff. 212v-213v; Opera, Venice, 1496(GW 2341, ff. 335r-336v; Klebs 82.5; IAL A865)

De kalendis nonis et idibus ac diebus duodecim mensium...
De terminis capitula: VA 3101, 11c, ff. 63r-66r (Zi 12056)

De lapide de quo Arcelphulus ait...
Rasis, Comm. I, Hermes, Tabula smaragdina: DWS 26

De lapide pretioso qui est aureum...
Opus mirabile trium verborum: VI 5510, 15c, ff. 256r-263r

De lapide qui generatur in renibus...
CLM 570, ff. 33v-42v

De lapide qui in renibus vel vesica...
Rasis, De preservatione de egritudine lapidis: pr Venice, 1497, ff. 101vb-102ra(Hain *13893; Klebs 826.2; IAL R170)

De lapide saphiro qui et syren appellatur...
Lapidarius: BU 135(101), 14c, ff. 14v-20v; Ambix V(1956), 85-86

De libro claritatis totius artis alchimie...
Roger Bacon, Liber claritatis: VAb 273, f. 224; Little 413

De libro signorum dixit squivros(?) est apostema inflatum et durum...
Anatomia de malis corporis et de vulneribus: VAp 1300, 15c, ff. 1r-136. A compendium

De locis ac temporibus...
Nicolaus Donis Germanus: Budapest 164, a.1482, ff. 2-24; pr Ulm, 1486 (Hain 13540)

De longitudine et brevitate morbi. Quoniam quedam...
Ricardus Anglicus, De signis febrium: Ea F.303, 14c, ff. 77v-79

De luce et visibili re una ut arbitror subiecto ratione...
Bartholomaeus Benevolentius, De luce et visibili paradoxo: GW 3839

De luna primo tractat quia rubeum
Summa super Lilio(alchemical): Budapest 272, a.1487, ff. 117-132v

De lunari mutatione dicturo non aliunde...
Columban, De saltu lunae: ed. G. Meier, Die sieben freien Kunste im MA, 1886, p. 30; CLM 10270, 11c, ff. 12v-13r; 14569, 11c, f. 262

De lune apparitione competens est notare...
Notes on Tables: CU 1684(Hh.VI.8), c.1300, f. 205v(Atk)

De magicis autem artibus atque incantationibus...
Rabanus Maurus, De magicis artibus: PL 110, 1095-1110

De malo mortuo dicit Bertrandus quod multi auctores...
　　BMar 295, 14c, f. 102r

De manieriebus tredecim exponam significationem cuiuslibet planetarum...
　　Abraham Ibn Ezra, Liber servorum (id est VII planetarum), tr Peter of Padua(Abano): Opera, Venice, 1507, ff. 87v-89v(Schulz). See 'Et manieriebus...'

De matrice est sermo et positione et magnitudine et figura eius...
　　Galen, De anatomia matricis, tr Nicholas of Reggio: T (1946), 220; pr 1490, I, 161v-162v; 1515, I, 51r

De medendis corporibus et maxime purgandis...
　　BMsl 390, 15c, ff.1-12v, 38

De medicamentis conferentibus cerebro...
　　Laon 414,13c

De medicamentis et simplicibus et compositis...
　　Medical: BLlm 724, 15c, f. 162ra-

De medicinali scientia tractaturi ab eius divisione incipiamus...
　　On 171, 13c, ff. 89-(100)

De medicinis repressivis dicit Galenus particula quinta...
　　VA 4425, ff. 261v-263r

De memoria autem et memorari (dicendum) quid sit(est)...
　　Aristotle, De memoria, nova tr: Rennes 149, 13c, ff. 155v-157; AL pp. 60, 139; several 13c CU MSS(Atk); CLM 162, ff. 217ra-219vb; Opera, Venice, 1496(GW 2341, ff. 323r-324v; Hain *1659; Klebs 82.7; IAL A865); Parva naturalia, Padua, 1493(GW 2430; Hain *1719; Klebs 92.3 IAL A912)

*De memoria (autem) et reminiscentia dicendum...
　　Aristotle, De memoria et reminiscentia, tr from Greek: Toulouse 733, 13c, f. 222r-v; Beiträge XVII, 5-6(1916), 199 as Joh. Cronisbeni, Compendium: VE VI, 99(Val IV,26), ff. 70rb-72vb

De memoria dicendum quid sit et propter quam causam...
　　Jacobus de Alexandria, Epitome libri de memoria et reminiscentia: VA 901, 14c, ff. (81r)-84r

De mensura et concordia mensium. jan. aug. et dec....
　　Bede, Compotus: Ran(B.3.18), 11c, ff. 5-16, said to differ from eds.(Narducci). See 'Ianuarius Augustus...'

De metallorum origine sive generatione et loco...
　　Albertus Magnus: VI 5509, 15c, ff. 264r-267v

De mitigativis et de inflantibus...
　　Roger of Parma, Cyrurgia: Auxerre 241, 14c, ff. 1-37; pr Guy de Chauliac, 1546, etc.; HL 21, 518-22

De mixtione et coagulatione...
　　See 'De commixtione et coagulatione...'

De mixtione sicut in physicis habet locum et...
　　Dietrich von Freiberg, prol. De miscibilibus in mixto: Beiträge V(1906), 45*-51*

De modis medendi...
　　Galen, De modo medendi. See 'In medendis corporibus...'

De modo conficiendi scalam altimetram et eius practica usuali...
　　Compositio scale altimetre: CLM 11067, 15c, ff. 206va-207ra(Zi 7296)

De modo curationis apoplexie...
　　A quodam Cardinali: CLM 267, 14c, ff. 102-116

De modo generationis mixtorum ex elementis...
　　Hugh of Siena, 'Questio Bononie disputata': VE VI.72(XII,20), a.1439, ff. 153rb-155ra(ColR 51c); T IV, 342; Lockwood 230

De modo legendi secundum quod uno...
　　De algorismo: BLd 190, 14c, ff. 175r-(181v), incomplete

De modo plantationis arborum...
　　VI 5295, 15c, ff. 69v-73r

De modo scrutandi sanguinem sumas vas quod...
　　De iudicio sanguinis: CLM 363, 15c, ff. 90v-91r

De monstris hominum naturis atque ferarum...
　　VI 507, 13c, ff. 42v-44r; Saxl(1927), 84

De morbis pronosticare...
　　See 'In morbis pronosticare...'

*De morbis universalibus propositi nostri intentio...
　　Gilbert of England, Compendium medicinae: BLb 720, early 14c, ff. 1-156; FR 731, 14c, ff. 1ra-231va(Index, ff. 233ra-240vb)

De motibus planetarum que stelle errantes dicuntur...
　　Astronomical and astrological miscellany: VI 3528, ff. 171r-180v (with figures); TR 317; M-H 13(1960), 88

De motu animalium autem eo que animalium
quecumque...
　　Aristotle, De motu animalium: CLM 162, 14c,
　　ff. 251rb-254vb

*De motu autem eo qui(quidem) est animalium
quecumque...
　　Aristotle, De motu animalium, tr William of
　　Moerbeke: Rennes 149, 13c, ff. 157-159;
　　Toulouse 733, 13c, ff. 228-229; VE VI.33, 13c,
　　ff. 262v-266v; Ea F.30, early 14c, ff. 154-158;
　　Beiträge XVII, 5-6 (1916)190; AL pp. 82, 177;
　　pr Opera, Venice, 1496(GW 2341, ff. 330r-
　　333v; Klebs 82.7; IAL A865); Parva naturalia,
　　Padua, 1493(Hain *1719; GW 2430; Klebs
　　92.3; IAL A912)

De motu autem eo qui est animalium sicut...
　　Petrus de Alvernia, Sententia de motibus: CLM
　　317, ff. 199r-208vb

De mundi principio quomodo factus est...
　　VAr 141, 9c, ff. 157v-158r

De musica intervallosa quoad voces primi
ordinis...
　　(Guido Aretinus?): FL Plut.29, cod.48, 15c, ff.
　　1-8

De mutatione aeris prescire intendens multa...
　　Leopold of Austria, Compilatio de astrorum
　　scientia, tract. 6: Wo 2816, ff. 178r-181v; anon.
　　Prag 433, ff. 191vb-198va.　See 'Gloriosus deus
　　et sublimis qui omnia verbo...'

De nativitatibus prophetarum a coniunctione
Saturni et Iovis...
　　John de Ponte, Abbreviation of Eschenden's
　　Summa iudicialis: Lyons 329(Delandine 262),
　　a.1488, ff. 80-164(T III,719-20)

De natura anime rationalis est naturaliter
intelligere...
　　(Raymond Lull?), Fundamentum artis generalis:
　　FR 386, 16c, ff. 40r-108r(49-117); Ambix
　　V(1956), 107

De nature autem.　Hic incipit liber...
　　Comm. De caelo et mundo: Bruges 489, 13c, ff.
　　20-29

De natura communi signorum...
　　Haomar(Omar), De pluviis: VI 2436, 14c, f.
　　139; Carmody 111, item 482

De natura leonis...Iacob Benedicti...
　　Bestiary; VAp 1074, 12c, ff. 1r-(24r?)

De natura locorum que provenit ex altitudine...
　　(Albertus Magnus), De natura locorum: Na VIII.
　　C.37, 13c, ff. 1r-10v; AL 1472; Brux 1199,
　　a.1417

*De natura locorum (tractaturi) que provenit ex
habitudine loci...
　　Albertus Magnus, De natura locorum: Borgnet
　　IX, 527-84; anon. Corbett II, 53

De natura pingues isti sunt atque iocantes...
　　Carmen de temperamentis: VAb 178, 14c, f.
　　92r-v(Silverstein)

De natura rerum et ratione temporum...
　　Bede, prol. De temporum ratione: ed. C. W.
　　Jones, 1943, pp. 175-76; Saxl(1927), 163; Bul-
　　letin Du Cange, XVII(1942), 55-56.　Text, 'De
　　temporum ratione domino iuvante...'

De natura salium et quot sunt...
　　Liber Dedali in arte alchimie: FR 119, 196ra-
　　198rb; ed. James Wood Brown, Life and Legend
　　of Michael Scot, 1897, 241-65

*De natura scientia fere plurima videtur circa
corpora...
　　Aristotle, De coelo et mundo, tr William of Moer-
　　beke: Basel F. IV.23, 13c, ff. 57r-101v; Rennes,
　　149, 13c, ff. 119-136v; Toulouse 733, 13c, ff.
　　245-267; VAb 165, 13c, ff. 190ra-233ra; Graz
　　93, c.1300, ff. 104-131r(Schulz); CLM 162, 14c,
　　ff. 116r-142v; AL pp. 54, 130; Beiträge XVII,
　　5-6(1916), 96, 175; pr Venice, 1483, 1495-96;
　　1497(GW 2337; 2340; 2342; Klebs 82.2, 4, 8;
　　IAL A861, 864, 866); D. J. Allan has examined
　　more than 50 of 162 MSS.

De natura scientia plurima est circa corpora et
magnitudines...
　　Theophilus de Ferrariis, Propositiones ex libro de
　　coelo et mundo: pr Venice, 1493, ff. 52r-64r
　　(Polain 1475; Klebs 395.1; IAL F93)

De natura scientia videtur fere quam plurima
esse...
　　Jacobus de Alexandria, Epitome librorum de
　　coelo et mundo, cum auctoritatibus: VA 901,
　　14c, ff. 46v-61v

De naturali scientia fere plurima (est)...
　　Blasius of Parma, In Aristotelis de coelo et mundo
　　libros I, II, IV.　See 'Omissis causis aliis...'

De naturis animalium multi non solum variis
modis...
　　Engelbert of Admont, prol. De naturis animalium:
　　Osiris XI, 467; Fowler 197, item 19.　Text
　　'Sicut Democritus...'

De naturis ciborum custodientium...
　　See 'Quod in primis coegit...'

De naturis et complectionibus ciborum dicit
Ysaac in dietis...
　　Arnald of Villanova, Tabula medico multum
　　necessaria: BN 7063, 15c, ff. 237r-240r

De nemori vero minori sciendum est quod non est nobis necessarie ipsum...
'Liber anaguenis(anguemis) Platonis i. liber vace(vaccae)': Oc 125, ff. 156v-160r; T II, 1022(Index)

De nigra quippe colera quidem in amplius...
Galen, De colera nigra, tr Petrus de Abano: Isis 33(1942), 649, n.3; 650, n.12; Diels (1905), 138; Opera, 1490, I, 136r-138v; 1515, II, 20r-22r

De nimia caliditate etc....
See 'Contingit aliquando...'

De nominibus arborum nota quod vita activa...
De arboribus: Graz 742, 15c, f. 175

De nominibus partium instrumenti quod turketum dicitur...
Franco de Polonia, Modus construendi torquetum: Isis 36(1945), 6-7; Mi H.75, sup. II, a.1284, ff. 65ra-66vb; anon. ff. 70ra-73rb; BLd 167, 14c, ff. 62r-(63v); BMr 12.C.XVII, 14c, ff. 88v-(91v); BN 7197, 15c, ff. 15r-16r; 7295; 7333; 14068, 15c, ff. 2r-5r; ed. Gunther II (1923), 370-75

De nostra fere scientia plurimum videtur...
Comm. Aristotle, Meteorologica: ZB XLIX (1932), 8; Leningrad Erm. Lat. 34, 15c, ff. 161-231(Schulz)

*De numero annorum ab incarnatione Domini quidam calculator...
Circa calculationes: Bale

De numero dicturi necessarium diximus quibusdam utilissimum...
Bede, De compotu manuali: CUc 313, 13c, II, f. 2ra-vb

De numero igitur fratres dilectissimi deo adiuvante pauca...
Divisiones numeri: Bern 336, 9c, ff. 46r-47v; St. Augustini et Isidori de laude compoti: Bulletin Du Cange, XVII(1943), 66; Codices Casinenses, Spicilegium Rom. V(1841), 222; Computatio graecorum sive latinorum edita a sancto Dionisio graeco episcopo et meturio(?) equitano invitato ab Hylario urbis Romae Episcopo: Mon 384, 12c, ff. 64v-74r; Karlsruhe 442, 10-11c, ff. 36-84v (Zi 12057)

De observatione flebotomie...
BN 11118, 13c, f. 60v

De observatione sanitatis et diverse medicine...
Alchemy: ZB IV(1889), 514

De occulto orbis situ rogasti et si tanta...
See 'Primo namque...'

De omnibus ingeniis augendi...
See 'Memoria inter divina...'

De omnibus partibus instrumenti quod torquetum...
Mi C.299.inf., ff. 183va-184vb. See 'De nominibus partium...'

De onerosa mihi...
Alchemy: Delisle, III, 90a

De onice lapide sculpto ex natura si...
De sigillis: BLcm 285, 15c, ff. 40-(49). See 'Si inveneris lapidem...'

De operatione huius lapidis benedicti vel elixiri dicitur...
Galiatus, Operatio elixiri: KlaB XXIX.d.24, a.1423, ff. 105r-122r; anon. FLa 1448, ff. 53-56r

De operatione manuali librum componerem...
Bruno, Chirurgia: Bern 252, 15c, f. 137va. See 'Primus canon seu regula...'

De operatione planetarum in conceptu...
Iudicia Ptolomei: Cues 209, f. 1r-26r

De opere smaragdi pretiosissimo...
BMad 41486, ff. 159v-160; BN 7400A, f. 39v

De ordinatione mundi sic tenendum est quod totus mundus...
CUg 184(217), 15c, f. 487, a series of short paragraphs

De ordine et proprietatibus planetarum sciendum est...
Albumasar(?): Ea Q.345, 14c, ff. 59v-61r; Carmody 100

De parte autem anime. Iste liber tertius...
Jean Buridan, In III de anima: BN 16130, f. 35(H)

De parte autem anime perscrutandum est per quam...
Averroes, Comm. in III de anima: Ea.F.337, 14c, ff. 36-44v; Aristotle, Opera, Padua, 1472-74; etc. GW 2337, 2339, 2349; AL p. 59; Klebs 82.2-3; IAL A861-863

De parte autem anime qua cognoscit et sapit...
I. Siger de Brabant, Comm. in librum tertium de anima: Ome 292, 14c, ff. 357-364; F. Van Steenberghen, Les philosophes Belges, XII (1931), 164
II. Ioannes Grammaticus(Philoponus), In tertium de anima, tr William of Moerbeke, Dec. 17, 1268: AL pp. 97-98, 202; cod.1242

De parte autem anime volo congregare...
Jean de Jandun, Comm. De anima, liber III: Tournai Ville 75, 15c, ff. 71va-145

De partibus artis medicative Iuste dilectissime
. . .
> Galen, De partibus artis medicative, tr Nicolaus
> de Regio: Diels (1905), 137; ed. H. Schöne,
> 1911; T (1946), 227-228

*De partibus autem opportunis. . .
> Aristotle, De progressu animalium, tr William of
> Moerbeke: Bruges 476, 13c, ff. 42-47; Beiträge
> XVII, 5-6(1916), 190; AL pp. 82, 176

De partibus medicative. . .
> See 'De partibus artis medicative. . .'

De particularibus iudiciis. . .
> Astrological medicine: CLM 125, a.1486, ff.
> 296-297(Zi 4036)

De passionibus in libro metheororum iam
dictum. . .
> 'Albertus Magnus de mineralibus': CLM 16129,
> ff. 42r-74

De passionibus mulierum et matricis utile
previdi vobis scribere. . .
> (Muscio?)lib. IV: CUsj 79(D.4), 11-12c, ff. 173-
> 175r(Beccaria 71.5)

De passionibus mulierum et matricum utile
previdi. . .
> Galen, De gyneceis, tr Nicholas of Reggio:
> T(1946), 228; Opera, 1490, I, 160v-161r; 1515,
> II, 294r; Constantinus Africanus, Opera, Basel,
> 1536, pp. 321-324

De passionibus mulierum utile previdi vero. . .
> Trotula sive cura mulierum: CUt 903
> (R.XIV.30), 13-14c, ff. 214v-220r

De pestilentia guerra submersione atque terre
motu. . .
> Guilelmus Dorochius, De pestilentia: Archiv
> XVI, 104

De pharmaciis autem cause non ut existimatur
. . .
> Hippocrates, De pharmaciis: BN 6865, f. 179;
> CLM 31, 14c, f. 46; 640, ff. 10r-11v; VE
> VII.11(XIV,7), 14c, f. 38; Ran 1338 (T.4.3),
> 14c, f. 37; Diels(1905), 49; Kibre(1945), 410-
> 411; VAp 1068, 14c, f. 84r(AL 1794)

*De philosophia inquirenda quedam continet
necessaria. . .
> Roger Bourth sive Robert Russel de Merstone,
> Philosophia Aristotelis: BLd 2, end 13c, ff. 141-
> 147

De phisica tractat Ypocras, docet, instruit,
aptat. . .
> 'Quod in quo mense fieri debeat': BLd 53
> (LXIII), late 12c, f. 67v

De pictura his brevissimis commentariis con-
scriptavi. . .
> Leo Baptista Albertus, De pictura: BLcm 121,
> 15c, ff. 1-47(DWS 911)

De plantarum et vegetabilium nomine. . .
> VA 9414, f. 96

De plantationibus pomorum et prunorum. . .
> See 'Modus incisionis. . .'

De ponderibus et mensuris dicturo medicinalis
operationis modum. . .
> Oc 189, 11-12c, f. 1

De preceptis et enigmatibus Pictagore. . .
> Enigmata Aristotelis moralizata: Graz 836, 14c,
> ff. 18r-20v

De preceptis rei rusticae prima pars est prima
prudentie. . .
> Rutilius Aemilianus Palladius, De agricultura: Ea
> Q.15, 13-14c, ff. 92-166v; VAp 1176, ff. 158ra-
> 196ra

De presagiis tempestatum tractaturi. . .
> (Plinius): AL 34.   See 'De tempestatum presa-
> giis. . .'

De presagitura hinc loqui constituamus. . .
> Galen, De presagitura, tr Geo. Valla; pr Venice,
> 1498, f. 134r(Polain 2800; Klebs 1012.1; IAL
> N33)

De primis causis rerum naturalium et de motu
. . .
> Epitome Meteorologicorum Aristotelis ex graeco
> tr: VA 901, 14c, ff. (93r)-99r

De primis ergo causis.   In primo. . .
> See 'In primo libro qui. . .'

De primis incipit liber. . .
> Nicolaus de Orbellis, Comm. Meteor.:Trithemius
> f. 116r

*De primis quidem igitur causis nature et. . .
> Aristotle, De meteoris, tr William of Moerbeke:
> Beiträge XVII, 5-6 (1916), 182; Classical
> Philology, X(1915), 297; Glorieux I,119; AL
> pp. 57, 96, 135, 199; cod.190, 1293; Grab-
> mann(1928), 12-20; Conclusiones metheororum:
> James 480

De primo decano dicit Ptolomeus. . .
> CUt 1144(O.II.40), 15c, f. 104v

De primo dico quod ad intelligendum quid sit
cyrurgia. . .
> Dinus de Florentia, Expositio super 3a, 4a Fen
> quarti Canonis Avicennae.   Prol. 'Circa istam
> partem quarti. . .'

De primo modo et prius secundum locum in quo continetur...
> Quot et quibus modis medemur: VI 2523, 13c, ff. 34r-43r

De primo sciendum quod...
> Thomas Anglicus, cap.1, De productione forme substantialis in esse: CU 1246, 14c, f. 217(Atk); Thomas Aquinas: CU Dd.XII.46, 14c, ff. 21r-30v

De principiis substantie corporis celestis...
> Dietrich von Frieberg, De intelligentiis et motoribus celorum: Beiträge V, 5-6(1906), 56*-62*

De principio mundi usque ad diluvium quot anni fuerunt...
> Quaestiones variae: FLc Plut.18 dext., cod.10, 10c, pp. 160-(161)

*De problematibus que sunt circa medicinalia...
> Aristotle, Problemata: Es f.I.11, 14c, ff. 1-30, antiq. tr; Bruges 476, 13c, ff. 92-129v, nova tr; Ome 270, 14c, ff. 131-183; AL p. 181

De productione forme substantialis...
> See 'De primo sciendum quod...'

De proprietate numerorum secundum Boetium...
> CU 1705(Ii.I.13), ff. 51v-55v

De proprietatibus et naturis rerum tam spiritualium quam corporalium...
> Bartholomaeus Anglicus, De proprietatibus rerum: T II, 401-4; DWS 1059; Isis 13(1929), 62; GS II, 587; GW 3402-14; Klebs 149.1-12; IAL B115-126

De proprietatibus numerorum secundum Boetium et Euclidem...
> Walter of Odington *or* Evesham, Ars metrica (arithmetic): CU 1705(Ii.I.13), 14c, ff. 51v-55v(T III,127)

De proprietatibus rerum et naturis rerum...
> De proprietatibus rerum: Girolla 67. See 'De proprietatibus et naturis...'

De proprietatibus rerum tam spiritualium quam corporalium...
> Compilatio de proprietatibus rerum Alberti Magni(really Bartholomaeus Anglicus)...extractus (in 20 books like the original): Mi A. 147 sup., 14c, f. 1r-; Basel D. III. 2, a.1420. See 'Proprietates divine essentie...'

*De quadam operatione in numeris que algorismus...
> BLcm 71, 13-14c, f. 27

De quadragenario numero utrumne ad placitum...
> Guillaume d'Auberive, Epistola ad Stephanum monachum: BN 2583, 14c, ff. 17v-19v

De quadruplici via speculationis astrologie...
> William of England(Guilelmus Anglicus), De urina non visa: BLcm 46, 15c, ff. 61-(68). Pref. 'Ne ignorantie vel potius...'

De qualitatibus proprietatibus et virtutibus quarundam herbarum...
> Aristotle, Secretum secretorum, pars III: FNpal 951, 14-15c, ff. 64r-67r; CUt 1122(O.II.18), 15c, ff. 118v-120r(Atk); DWS 29; OHI V(1920), 114

De qualitatibus quarundam herbarum...
> Aristotle, Ad Alexandrum de arte alchimie: VAb 273, f. 246r; OHI V(1920), xlvii, section O

De quantitate anni arabum qui est annus lunaris...
> See 'Scito quod annus lunaris...'

De quatuor elementis...
> Claretus de Solentia, De circulatione IV elementorum: Prag cap. 1468, 14c, ff. 72-81; 1296, 15c, ff. 170-175

De quatuor locis in quibus homini precipue cavendum est...
> De nativitate: Zurich C.145(474), 13-15c, ff. 198v-200r

De quibus locis flebothomamus hominem...
> Galen, Flebotomia: BN 7416, ff. 54r-55r; anon.: BN 18081, ff. 233va-238ra

De quibus locis flebotomari debent homines...
> CLM 7999, f. 146v

De quidditate rei febris ethice...
> Prol. de febribus etc.: Lyons pa 46, 14-15c, ff. 22-107

De quinquaginta preceptis...
> Notabilia astrologica: VI 5414, 15c, ff. 163v-165v

De quo tractet auctor iste...
> Comm. Martianus Capella: BE 25, a.1483, ff. 1-85

De ratione inquirendi et modo Mesehella Rerum omnium...
> Astrologia iudiciaria ex dictis variorum astrologorum praecipue Arabum collecta: VI 2428, 12c, 160 ff.(Zi 3295); Millás(1942), 178. See 'Rerum omnium que...'

De ratione ordinationis temporum...
> Anatolus of Laodicea: ed. Krusch I(1880), 311-28

De ratione temporum...
> See 'De temporum ratione...'

De rebus mirabilibus...
> Petrus Francho de Zelandia, Compendium de viribus cordis: Brux 10870, a.1471, ff. 3-56

De reductione aque calide ad suam frigiditatem fuerunt quatuor opiniones...
> BU 520(921), 15c, ff. 41r-42r

De regulis computistarum queritur(quia)...
> Johannes de Muris, Sermo de regulis computistarum: Ea Q.360, a.1360, f. 51v; Q.371, 14c, f. 44v(ColR 142, 143); Brux 1026, a.1410, f. 40ra-vb; Mi H.109.sup., ff. 119r-120r

De respiratione enim aliqui(d) quidem pauci priorum...
> Aristotle, De spiritu et respiratione: Rennes 149, 13c, ff. 161-164; Beiträge XVII, 5-6(1916), 200; De respiratione, nove tr: AL p. 145; pr Opera, Venice, 1496(GW 2341, ff. 336v-340v; Klebs 82.7; IAL A865)

De respiratione pauci quidem enim aliqui...
> Aristotle, De respiratione, vet. tr: AL p. 145

De respiratione quidem pauci phisicorum aliqui dixerunt...
> CLM 9676, 14-15c, pp. 69-73

De saldaturis pro solidando canales fenestras...
> De fenestris: BLcm 128, 15c, ff. 107-111v(DWS 962)

De sanguinea habitudine capitis...
> See 'Repletio capitis...'

De sanitate autem et egritudine non solum...
> AL p. 60

De saporibus tractaturi videamus quid sit sapor...
> Urso, De saporibus et odoribus: Prag 2614, 13-14c, ff. 74v-79r; Curt Matthaes, 1918, pp. 13-14; ed. Hartmann, pp. 55-57

De Saturno dicendum est cum volueris aliquem abominabilem facere...
> Astrological images: FL 89 sup., 35, 15c, f. 243

De scamonea quidem que apud modernos...
> Medical: PM 3599, f. 68r

De scientia angulorum et laterum trianguli rectanguli...
> Leo de Balneolis: HL 31, 622. See 'Cum sapientis...'

De scientia et utilitate...
> Metheororum compendium: VAp 1055, 15c, ff. 71-(109)

*De scientia que et(est) de anima presens tractatus...
> Gul. Hothum, De anima: Tanner; Gulielmus Hedonensis, CUg 342(538), 13c, ff. 1-199v; Oc 107, 14c, 148 ff.; Glorieux I, 145

De scientia urinarum...
> See 'De urinarum scientia...'

De scientiarum omnium divisione...
> M. Savonarola, De disciplinis et de divisione scientiarum: QE I, 890(Schulz)

De sensibus et sensibilibus est questio et specialiter...
> Questions mainly on Aristotelian physics, written at different times: BMr 12.E.XXV, c.1300, ff. 4r-(25)

De septem diebus et sex operum distinctionibus...
> Thierry de Chartres, De sex dierum operibus: ed AHDL(1955), 181-82, 184-200; NE I(1890), 51-68

De septem miraculis mundi manu hominum factis...
> Bede(?), De septem mundi miraculis: PL 90, 961-62; Jones 89-90

De septem planetis nota quod omnes stelle que...
> CLM 125, a.1486, ff. 295vb-296ra(Zi 7895)

De serpentibus ad circulum convocandum. Accipe pottum...
> Galen, or Rasis, Experimenta naturalia, tr Ferrarius or Farachius: T II, 756, 784, n.2

De sexaginta lapidibus et nominibus et coloribus et regionibus...
> Liber de lapidibus pretiosis Alberti Magni: Mi P.21.sup., 15c, ff. 207v-217v

De significatione eclipsium...
> Jena El F.70, 15c, ff. 27-31(Zi 12493)

De signis accidentalibus in singulis membris corporis...
> See 'Passiones cutis capitis...'

De signis causis et curis egritudinum particulariter tractaturi...
> De febribus: FL Plut.73, cod.33, 13c, ff. 59-(77); Liber Ferrarii: James 482; Danzig Mar. F.238, ff. 47-62(Schulz)

De signis et curatione fistule et de fistula per similitudinem...
Aegidius, Experimenta: BN 6988A, f. 91-

De signis lune et de craneo. Nota quod in augmento lune...
Liber chirurgicus: Oa 76, 15c, ff. 109-(166)

De signis que sunt circa complexionem et replecionem...
De signis complexionis: On 169, 14c, f. 62-88

De simplicibus medicinis que faciunt...
Albusach: VI scot 257, 15c, ff. 250r-329r

De singularum egritudinum significationibus que per urinas...
BMh 2558, ff. 161r-166r

De situs locorum vel elementa omnium...
Dynamidia, prol.; SG Stift 762, 9c, pp. 25-71; Beccaria 137.1; pr Rose, Anecdota II, 131-

De sole primo ideo dicendum est. Quia eius theorica...
Comm. Georgius Peurbach, Theorica planetarum: VI 5303, 15-16c, ff. 107r-127v

De sole sic procede...
Almanach tr from Arabic a.1307: BN 7403, ff. 1r-39v. See 'Subtrahe igitur ab annis domini...'

De solis et lune motu...
Computus: Brux 10117, 15c, ff. 1-13(Silvestre 151)

De solis et lune motu et ad sui motum requisita...
Computus cyrometralis maior: Basel A.VI.37, 15c, ff. 105r-110r

*De somno autem et vigilia considerandum est quid sint et utrum...
Aristotle, De somno et vigilia: Basel F.IV.23, 13c, ff. 35v-41r; BMr 12.G.II, late 13c, ff. 368r-(382); Toulouse 733, 13c, ff. 223-227; VE VI.33, 13c, ff. 245v-252r; Yale MS, late 13c, ff. 26v-35r; Yale Arist. MS 13c, ff. 189rb-198ra; AL pp. 59, 60, 141; CLM 162, ff. 219vb-226va; 9560, 14c, ff. 62r-71v; Graz 93, c.1300, ff. 205r-210v; Beiträge XVII, 5-6(196), 200; pr Epitomata, Cologne, 1496 (Klebs 457.1; IAL G153); Opera, Venice, 1496(GW 2341; Klebs 82.5; IAL A865); Parva naturalia, Padua, 1493(Klebs 92.3; IAL A912)

*De somno et vigilia pertractantes...
(Roger Bacon?), De somno et vigilia: Little 408

De speculis orbis...
See 'Cum deo date usi...'

De speculo ustorio...
See 'De subtiliori quod geometre...'

De speculorum miraculis noster tractatus...
(Henry of Southwark?), pref. De visu et speculis. Text, 'Nihil ab oculo...'

De sphera solis et lune...
Instrument: Leip 1469, 14-15c, ff. 130-135(Zi 3013)

De stat(u) corp(oris) questio proponatur utrum debeat meliorari...
Geomantia secundum situs domorum: Ea Q.361, 14c, ff. 62-68

De statu temporum et de cursu...
Note prefixed to Bede, De temporum ratione: BMr 15.B.XIX, 10c, f. 37; Jones 123

De stellis ergo que vocantur planete...
VA 643, 12c, f. 95v; appears to be part of tract beginning at fol. 82v

De stomachi compositione et utilitate...
Constantinus Africanus, De stomacho: See 'Oportet nos intelligere...'

De sublimiori atque principio rerum...
See 'Cum de sublimimi...'

De subtiliori(sublimiori) quod geometre invenerunt...
Ibn al Haitam(Al Hazen), De speculis comburentibus: ed. Bibl. math., X(1909-10), 218-33, from 7 MSS, listing 8 others, but not Lyons pa 45, 13c, ff. 157-170; VI 5258, 15c, ff. 39r-48v; Carmody 141

De summa refectione karissime refert Macrobius primo libro...
Incipit opus quod intitulatur sententia recreatoriva (medical): VI 5371, 15c, ff. 185ra-274rb

De superis et principalibus sapientibus signorum et planetarum...
Abraham, Liber quaestionum: BLd 212, 14c, ff. 67vb-71vb; anon., BMsl 332, 71v-72r

De supp(ositoriis) de syr(ingis) de pess(ariis)...
See 'Clisterium quatuor sunt genera...'

De Syriaca lingua in Graecam Rhaze de pestilentia...
George Valla, dedic. Paul Pisanus. Text, 'Capiuntur fere omnes...'

De tempestatum presagiis tractaturi a sole...
De presagiis temporum (Pliny, NH, XVIII, 35 or 78-90): VI 2436, 14c, ff. 138ra-139rb; VAp 1377, ff. 10ra-11ra; Hellman II(1917), 194; AL 175, 583, 1211, 1234. See 'Purus oriens...'

De tempore retentionis fetus in matrice...
> Gentile da Foligno, Tract. compositus ad petitionem d. Cini de Pistorio: CLM 13150, ff. 211rb-212rb; T III, 237-8

De temporibus vero annorum dico quod in hieme cibum comedat multe...
> CLM 19901, f. 142r

De temporum ratione domino iuvante dicturi...
> Bede, De temporum ratione: ed. C. W. Jones, 1943, 179-291; Bern 110, 10c, f. 1r(Schulz); Mon 384, 10-11c, f. 106v-; VA 643, 12c, ff. 15v-70r; Jones 20-21; Bull. Du Cange, XVII (1942), 54; PL 90, 291-578

De terre (autem) partibus et diversis provinciis...
> CUc 407, 14c, ff. 93r-128v; Namur 50, 15c, ff. 194r-218v; Mi A. 147 sup., ff. 174vb-201ra

De tertiana pura interpollata...
> See 'In colerica interpolata...'

De tota summa cuiusque rei quam assim...
> Demetrius Alabaldus(Albaldus), De minutiis liber: BMb 213, 15c, pp. 349-(369); CLM 755, fols. 40-43.   See 'E tota...'

De tribus articulis de numero difficilium questionum importunitate...
> Dietrich von Freiberg, De tribus difficilibus articulis or De animatione coeli: Beiträge V, 5-6 (1906), 62*-70*; XX, 5(1922), 74, 81

De tyriaca de terra sigillata sumetis ante comestionem...
> Gallus de Praga, Pest tract: Archiv VII(1914), 71

De ulceribus seu putredine...
> Expositio vocabulorum in medicina occurentium continuata: VI 3207, a.1478, f. 79r-

De uniformitate et difformitate qualitatum est sciendum quod quelibet...
> Nicole Oresme, De uniformitate et difformitate qualitatum: Bruges 466, 14c, ff. 131-139v

De urina alba...   VI 2426, 14c, ff. 135v-137r

De urinarum differentia negotium multi veterum ...
> Theophilus, prol. Liber de urinis: VA 10281, 12c, ff. 20-30; VAp 1215, 12c, ff. 52v-63r; CUt 1083(O.I.59), 12-13c, ff. 35r-40v; CUpet 251, 13c; Mon 182, 12-13c, ff. 10r-16v; BN 7029, early 13c, ff. 49r-56v; BN 7102, 13c, ff. 141r-203r; Ea F.264, a.1288, ff. 5v-8v; F.238, 13-14c, ff. 27-35; F.255, early 14c, ff. 6-9; BMsl 1610, 14c, ff. 29va-34ra; CLM 8808, ff. 35ra-41ra; pr Articella, (Padua, 1476); etc.(Klebs 116.1; IAL A1011-15)

De urinarum scientia tractaturi earum notitiam ...
> Maurus or Platearius Junior, De urinis: Ea Q.182, 13c, ff. 285-289; BMr 12.D.XIII, 14c, ff. 215r-(218r); BMsl 420, 14c, ff. 59r-68r; anon. BLd 79, 13c, ff. 18r-(26v); Ran 1339, late 13c, ff. 47-49

De urinis igitur tractatio...
> De urinis: James 481

De urinis tractaturi quid sit urina...
> Maurus, De urinis: Breslau Stadtbibl. 1302, f. 156r; Archiv XII, 108(Schulz); pr Albert Kadner, (Leipzig Diss., 1919), pp. 4-41; Renzi II, 13

De urinis tractaturi videamus quid sit urina...
> Ferrarius, Regule urinarii: BMad 16385, 13c, ff. 121v-129v

De urtica. Radix...   See 'Radix urtice...'

De utilitate arismetice potest sumi per(quod) infrascripta...
> Roger Bacon, De utilitate arithmeticae in astronomia: CUpet 277, a.1407, ff. 185v-188r; Little 382; anon. VI 5145, 15c, ff. 41v-47r

De velocitate motus augmentationis(alterationis) tres sunt...
> De motu augmentationis et diminutionis: BLcm 177, a.1392, ff. 104v-(109); VE VI.160(X,220), a.1443, ff. 246-248

De venenis quedam sunt que dantur occulte...
> De venenis...et diversis generibus serpentium: PA 873, 15c, ff. 138-181; BN 11230, 15c, ff. 33r-70v

De venenis timens caveat sibi de manu cuius...
> Arnald of Villanova, De arte cognoscendi venena: pr Arcana medicinae(Geneva,1500): (Klebs 78.1; GW 2315; IAL A846; Yale 94; Klebs 774.7). See 'Timens de venenis...'

De venenorum specie de morsu tyrie et scorpionis...
> BMsl 420, 14c, ff. 124v-126

De Venere cum eius latitudinem habere volueris...
> Canon latitudinis planetarum: CU Ii.I.27, a.1424, f. 16(Atk)

De ventis agitur iam...
> Comm. Meteorologica: BLb 844, 15c, f. 187-

De viginta et una venis(?) flebothomamus hominem...
> Epistola Hippocratis de flebotomia: BN 7418, 14c, ff. 94vb-95va

De vino et eius proprietatibus tractare proponens...
> Bern 556, 15c, ff. 110v-117v, 167v-170r; AMH
> 8(1936), 429-30

De virtute animalis(?) tria possunt notari...
> De virtutibus: BN 16195, ff. 22-23

De virtute pigmentorum...
> GU 404(VI), 9c (DWS MS)

De virtutibus arthemisie. Sucus arthemisie
copiose...
> See 'Succus...'

De virtutibus que sunt in animali quod dicitur
taxus...
> Eberi de virtutibus animalibus: VE XIV, 45(Val.
> V,119), a.1467, ff. 1-56(T II,763, n.5)

De visu et alteratione eius et quomodo suscipiat
et quando agat...
> (Tideus), De imaginatione speculi: BN 16082,
> f. 326(H); AL 658, 1023

De vita eius. Vita huius nati...
> Zwickau 11, VII, 30, 15c, ff. 38-46(Zi 3296)

De vita quid erit dic quere a sedente super
orientali...
> De sortilegiis algorismi(table prefixed to Bernard
> Silvester, Liber experimentarius): BMr 12.C.XII,
> 14c, f. 108; Ea O.84, 14c, f. 69

De vite tota longitudine et brevitate considerandum est...
> Aristotle, Liber de causa longitudinis et brevitatis
> vite: Clermont-Ferrand 168, 13c, ff. 215v-218

De vulnere capitis. Si caput...
> See 'Si caput vulneretur...'

De vulneribus et apostematibus virge notanda
sunt tria...
> FLa 217(143-149), 15c, ff. 22vb-24ra

Dea sancta Tellus rerum naturae parens...
> Precatio terrae: Beccaria 89.3, 116.2

Debemus loqui de visu sed ad loquendum de eo
necesse est...
> Aristotle, De visu: VE fa 321(XIV,12), 14c, ff.
> 101v-105r; AL 1649

Debes considerare dominum ascendentis in quo
loco duodecim domorum sit...
> Abraham Ibn Ezra, De occultis, tr Arnulphus de
> Quinquenpoit: Ghent 5(416), 15c, ff. 96v-99r

Debes considerare planetas (in) hora revolutionis...
> Tract. in partibus latitudinis planetarum in signis
> xii et eorum ortu atque occasu: BMr 12.E.XXV,
> c.1300, ff. 156v-(160v); Ome 259, 13c, ff. 98-
> 99; BN 16208, 13c, ff. 57rb-59ra; Ea O.374,
> 14c, ff. 68-71v(Zi 9950); VAp 1188, 15c, ff.
> 137r-140r; CUpet 250, 14c, part of Flores of
> Albumasar

*Debes mundare manus et pedes...
> Roger Bacon(?), De nigromantia: Little 415

Debes quoque aspicere dominum ascendentis...
> Abraham Ibn Ezra, Quidam tract. particulares,
> tr Peter of Abano: T (1944), aa, 300b; CU
> Ii.I.17, 14c, f. 57; VI 3124, ff. 196rb-198ra;
> Opera, Venice, 1507, ff. 85r-89v

Debes scire quod circulus solis duas habet
medietates...
> (Campanus), Practica *or* Tractatus quadrantis:
> CLM 17703, 13c, ff. 31v-37v(Zi 8833); BMr
> 12.C.IX, early 14c, ff. 35r-(37v); Verdun 25,
> 13-15c; BLlm 644, ff. 211ra-213rb; CLM 5538,
> ff. 65r-67; ascribed to Sacrobosco: FNpal 639,
> 13c, ff. 46r-47v; Yale Cushing 11, 13c, ff. 127r-
> 130rb; CU Ii.I.17, 14c, f. 72(Atk); Taylor MS
> ff. 18r-21v; T (1949), 34; FL 89 sup.55, f. 196;
> Millás(1942), 215. See 'Scire debes quod...'

Debes scire quod non debemus dubitare...
> Comm. Aristotle, IV Meteor.: AL p.106

Debet etiam vos sollicite...
> Regimen quatuor temporum anni: Ea O.324, 15c,
> ff. 160v-161v

Debet indicis declinatio equalis esse ad utramque
extremitatem...
> PA 1024, 14c, f. 16

Debilitas planetarum fit decem modis...
> BMsl 332, 15c, ff. 11v-12r; BE 964, 15c, ff. 208-
> 213, extract from Arzachel?

Debitum existimavi meum esse...
> Greg. de Bridlington, De arte musicae: Tanner

Debitum servitutis nostre qui ad ministerium
laudationis domini...
> De tonis et psalmis modulandis: CUc 260, 10c,
> ff. 51v-53v; ed. Gerbert I, 213-39(Vivell)

Decem autem alii... Astronomy: Zi 10365

Decem sunt articuli mensure terrarum...
> Mi Trivulz. N.90(F.40), 13c, ff. 78r-86v

Decemnovennalis subiecte huius rotule cyclus
...
> BNna 2169, 9c, ff. 2v-4v. See 'Ergo decem...'

Decennovennalis cycli firma constat ratio...
Computus: Laon 38 bis, 13c, (H); Jones 33

Decent confectis pellibus ac bene purgans debes ipsas...
De omnibus tincturis pro coriis: BLcm 128, 15c, ff. 137-138v(DWS 971)

Decertatur de natura et proprietate...
Comm. Isaac, Liber urinarum: CUsj D.24, 13c, f.103(Atk)

Decet calidum virum(vivum) ubi considerat bonam valitudinem...
Hippocrates, De passionibus, tr Franciscus philosophus, ad Philippum Mariam Anglum: BN 7023, a.1444, f. 24v. Pref. 'Librum qui de flatibus...'

Decet igitur nos nihil negligentie habere...
Nicolaus Bononiensis, Comm. Galen, De ingenio sanitatis: CLM 13054, 14c, ff. 77ra-110va

Decet omni (enim) qui vult oculum decenti...
Epistola Ihesu Haly...in cura morborum oculi Tract. I: Ea Q.210, 13-14c, ff. 116v-130v; ed. Pansier(1903), 195-350. Prol. 'Destinata est ad me...'

Decet te primo scire dominum anni...
Albumasar, Flores: FL Plut. XXX.cod.29, 13c, ff. 42v-(50)

Declarare volo qualiter faciam supra punctum datum...
Menelaos *or* Mileus, Libri de figuris spericis, tr Gerard of Cremona: BN 9335, 14c, ff. 32v-54v; Bibl. math. III(1902), 69; IV(1903), 329-330; Delisle III, 88; PA 1035, 14c, f. 81; VE VIII, 32, 14c, ff. 35r-84v; BLd 178, 15c, ff. 111(112)v-118r; Utrecht 725, 15c, ff. 111r-164v; VA 457, 14c, ff. 1ra-(20v); Wo 3301, 15c, ff. 13-36 (Schulz); Carmody 22

Declaratio speculi orbis composita a Geraldo Linc. Cum deo...
See 'Cum deo date usi...'

Declaratorium instrumentorum astronomicorum editorum in cenobio...
Engelhard, abbot of Reichenbach, abridged: CLM 83, f. 124r; ed. Durand 334

Declaraturus quedam circa verba Hentisberi...
Bernard Tornius, Comm. De motu locali Hentisberi: pr Pisa, 1484 (Klebs 978.1; IAL T352); Venice, 1494, f. 73v(Polain 1804; Klebs 514.1; IAL H50)

Declinat autem vestigium...
VI 5258, 15c, f. 86r-v

Declinatio prima stellarum scilicet Nautice per sinum...
Henry Selder, Nomina stellarum verificatarum ad annum...1340: BN 7277, f. 2r-v

Declinationem planete locum habentis...
Regiomontanus, Tabulae directionum: Zi(1938), 246-47; pr Venice, Ratdolt, 1490(Polain 2793; Klebs 834.1; IAL R107)

Declinationem solis invenire scias primo utrum locum solis...
CLM 8950, 15c, f. 396r

Decoctio pro sy.(?) indispositionibus capitis...
List of remedies: VAp 1251, ff. 1r-33v

Decollatus eo novit qui spicula mitit...
Twelve verses on the constellations: VI 5415, 15c, ff. 251v-252r; Saxl(1927), 154; Salzburg St Peter(Inc.800), f. 64v(Schulz)

Decoquantur folia mirte et sallitriti et politriti...
Experimenta Cancellarii: VAp 1199, 14-15c, ff. 1-6(TR 277f)

Decreveram maiestas invictissima totius orbis decus...
Joh. Abiosus, dedic. to Alfonso, Astrologiae defensio: T (1929) 144; pr Venice, 1494(Klebs 1.1; IAL A7)

Dedimus superioribus diebus dimidium incepti nostri operis...
Epitome medicinae: St. Petersburg VIII.3.33 (sig.A1-N4)(Schulz)

Dehinc querendum utrumne sint signa phrenitice...
Caelius Aurelianus, De acutis passionibus: pr Paris, 1533, 131 pp.; Lyons, 1567, pp. 1-239; ed. I. E. Drabkin, Chicago, 1950

Dei donum magnum angelorum...
See 'Eruditissimo domino...'

Dei omnipotentis gloriosi et sublimis spiritu sancto invocato...
Jordanus, De minutiis: Dresden C.80, 15c, ff. 177-185v. See 'Minutiarum tractatum inchoantes...'

Dei qui nos creavit hymnum verum compono...
Gentile da Foligno, prol. Expositio super primam primi Avicennae: CLM 254, 14c, ff. 1ra-112v; pr 'Papie per Iacob de Burgofranco', 1510, ff. 2ra-192vb(NYAM); Avicenna, Canon, 1523, I; anon. Chartres 406, 15c. See 'Deo qui nos...'

Dei secretissimum lapis est vere philosophorum...
Alchemical verses: Palermo 4 Qq.A.10, 46, item 48

Deinceps ad minutias procedat negotium...
> Gernardus, Algorismus de minutiis, Part II of Algorithmus demonstratus: Basel F.II.33, 14c, ff. 87r-95r; Björnbo(1912), 125; pr Joh. Schöner, Nürnberg, 1534, ff. Dv-Hv

Deinceps dicendum est de causis duodecim...
> Liber primus (de) causis: BLd 50, 12-13c, ff. 78-(88)

Deinceps erit nostra intentio tangere causas impressionum...
> CLM 4394, f. 86v (perhaps not an independent tract)

Deinceps igitur ab hoc introitu...
> Liber novem iudicum (in part): BLd 47, 14c, ff. 104r-127v

Deinceps superest rememorationem fieri singularem...
> Arnald of Villanova, Tractatus medicinae regales, sive descriptio receptarum: HL 28, 87; ed. Praxis medicinalis, I(1586), 81-87; Glorieux I, 422

Deinde cum dicit utrum autem inquirit...
> Peter of Auvergne, Continuation of Aquinas, Comm. De celo et mundo: Glorieux, I, 416

Deinde queritur an aliquod agens...
> Roger Bacon, Fragment (on the comet of 1264): BMr 7.F.VIII, 13c, f. 11; Little 387

Deinde queritur de hoc quod dicit ibi...
> Albertus Magnus(?), De situ paradisi: Basel F.IV.8, 14c, ff. 37va-38vb(TR 295); T (1949), 61

Delatus est ad me casus cuiusdam excellentis militis qui...
> Hieronymus Vallensis *or* de Vallibus, of Padua, (Consilium pro Fred. Palatino): CLM 441, ff. 83r-85v; CLM 456, ff. 132r-136r

Deliciam non exiguam paucis ante diebus...
> Medical consilium: Oa 75, 15c, ff. 47vb-51ra

Delio regi Persarum vates suus Albedatus salutem...
> Albedatus, Geomancy: T II, 119; FL 89 sup., 34, 15-16c, ff. 21r-26

Deliquium solis contigisse fertur ab incarnatione domini DCCCVII...
> VAr 309, f. 3r

Delucidatis causis recurrendum est ad formam tractatus...
> Cecco d'Ascoli, comm. Sacrobosco, Sphera: pr Venice, 1499, ff. (1-26r); Klebs 874.26; IAL J376; Yale 83

Democritus Abderitas inter philosophos sui temporis clarissimus...
> Hippocrates, Epistola ad Damagetum: BN 8729, 15c, f. 47r-v

Democritus ait qui albificaverit animam et exaltaverit eam...
> Democritus, Secretum super corpus spiritum et animam(alchemy): CU 1388(Ff.VI.50), ff. 39v-44v. See 'Scito fili quod qui...'

Democritus moriens posuit in locello diptica...
> Democritus, Prognostica: BMsl 475, 12c, ff. 77v-80r; Beccaria 78.16

Demones quos Graeci honoris gratia deos...
> Ioannis Iacobi Bartolotti Parmensis, De natura demonum: VA 5376, a. 1498, ff. 20r-22v

Demonibus non tam scientia quam potestas data est...
> De somniorum interpretatione: VI 2185, 14c, ff. 197r-198v

Demonstrare volumus qualiter protrahamus duas lineas...
> Short Arabic tract on the hyperbola, tr John of Palermo: Clagett in Osiris XI(1954), 359-64, 366-82

Demonstratio componendi cum...
> See 'Componitur quoddam simplex...'

Demonstratio geometrica eclipsis solis...
> Lewis of Caerleon: CU 1017(Ee.III.61), 15c, f. 15r-v; Kibre(1952), 105, item 6

*Demonstratio practice huius operis perficiendi...
> Raymond Lull, De septem aquis ad componendum omnes lapides preciosos: HL 29, 376; Salzinger, Pars IV

Demonstrationes a me scribuntur...
> Geometry: Lyons pa 45, 13c, ff. 161-170. Part of Alhazen, De speculis comburentibus tr 1269(?)

Demum ordinem Rasis nono Almansoris insequendo...
> Bartholomaeus de Sancta Sophia, Comm. Rasis, Nono Almansoris: VI 5289, a.1465, ff. 112ra-169rb

Denigratio est signum solutionis...
> Arnald of Villanova, Artis divisio: BN 7161, a.1407, f. 24v(T III,656); HL 28, 109; Corbett I, 95

Denique lune totius...
> See 'De cursu septem planetarum...'

Denique ut dicit Plinius inter omnia sunt...
> Excerptio Abbonis ex Hygino de figuratione signorum: CU t(R.XV.32), 11c, pp. 200-212

Denotatio quindecim graduum primus itaque gradus est...
> De horologio Achaz: CUsj E.10, c.1300, f. 135v(Atk)

Dens equinus vel engibar...
> Notabile de virtutibus dentis equini: VI 5156, 15c, f. 180v

Dens hominis mortui ligetur in collo dolentis...
> Liber medicinalis de secretis Galieni: T II, 761-62; BLr C.328, 15c, ff. 147r-154v; VI scot 257, ff. 212-226(Schulz)

Dentes sic cura porrorum collige...
> Ea F.236, 14c, ff. 4-6

Deo opitulante cuius sunt omnia que bona sunt...
> Petrus de S. Audemaro(Audomaro?), De coloribus faciendis: Corbett I, 44; ed. Merrifield, I, 117-65

Deo qui nos creavit hymnum verum compono...
> Gentile da Foligno, comm. Avicenna, Canon I: pr Venice, 1490-93 (GW 3124; Klebs 131.12; IAL A1272). See 'Dei qui nos...'

Depressus usquequaque heu grave per entos verba...
> Poem based on Scotus Erigena, De universo: BMad 11035, 10c, ff. 104-120

Derandus(Ferandus) nostra etate chirurgus insignis cum nuper Venetiis...
> Nicolaus Leonicenus, De tiro seu vipera ad praestantem medicum Alexandrum Agathimerum Venetum epistula: pr (Venice, 1498)(Klebs 600.1; IAL L147); 1518; Basel, 1529, pp. 309-18; 1532

Descendamus ad perfectionem medicine...
> De mercurio: Boston Medical 18, a.1464-1468, ff. 202v-204v

Descendi(Ascendi) in hortum meum ut viderem plantas...
> Rosarius minor *or* novus: T III, 180, 190; DWS 166; Corbett I, 170; FLa 1451(1374), ff. (44r)-(50v); FR 390(N.III.XI), 15c, ff. 1r-18r; FR 1165(L.III.34), 14c, ff. 40r-44v; pr Nuremberg (1541), pp. 309-337; with Geber, Bern(1545), 250-273

Describe quartem partem circuli more vulgato cuiusque arcum...
> Regiomontanus, Compositio quadrantis: Yale MS with item 156, copy 2, pp. 255-258

Describe circulum ad...
> Compositio organi Ptolomei: Brux 2963, 15c, f. 29r-v(Silvestre 151)

Describe circulum in aliqua plana superficie...
> BMad 15107, 15c, f. 76v

Describebo(*sic*) passionem magnam et continuam...
> De priapismo: KlaS Pap.95, a.1457, ff. 264v-267v

Describemus circulum abed...
> Quadrant: Ea Q.369, 14c, f. 173r-v; Leip 1469, 14c, ff. 216-220v(Zi 8834-35); BN 10266, ff. 62-63

Describere circulum abcd super centrum...
> Profatius Judaeus, Compositio novi quadrantis. See 'Quoniam scientia astronomie...'

Describimus circulum abcd super centrum...
> Notae astronomicae: CU 1684(Hh.VI.8), c.1300, ff. 145r-147v

Describit Isidorus in septimo Ethimologiarum pestilentiam...
> Hieronymus Manfredi, De peste(tr by author from Ital.): (Bologna, 1479)(Klebs 656.1; AFML302; IAL M169)

Describitur supra centrum...
> Celestial sphere: Wo 2637, 15c, ff. 143-151v(Zi 4492)

Describo circulum signorum infra quem deferentem...
> BLd 97, f. 149

Describo figuras octo circulares(circulorum) et dividam...
> Astrological meteorology: Nu Cent. V.64; 15c, ff. 175v-176va; Ab 26(1911-1912), 147; Zi (1938), 219

Describo quartam partem circuli...
> George Peurbach, Compositio quadrantis: KlaB XXX.d.4, ff. 80v-(86)

Descriptio lapidis breviter ex quo...
> Ebubacer(Rasis), Super xii questionibus de secretis philosophiae: FNpal, 981, 15c, ff. 141r-149v

Descriptio urbis Rome et structionis inchoatio...
> (Aethicus?), Epitomae quaedam geographiae: Na 72 bis, 15c. See 'Philosophorum cedulas...'

Descriptiones (eorum) que sunt in equatorio...
> Johannes de Lineriis, De utilitatibus equatorii planetarum: T III, 261; BB 17(1888), 777

Descriptiones que sunt in facie instrumenti...
  Johannes de Lineriis, Saphea: Ea Q.355, 14c, ff.
  73-81v; Q.366, 14c, ff. 40-49(T III, 260)

Descriptionum que sunt in facie tabule prima
earum est...
  Al Zarkali *or* Arzachel, Saphea *or* Safiha, Part II
  (61 caps.) on its use, tr Profatius Judaeus and
  Johannes Brixiensis at Montpellier, a.1263: ed.
  J. Millás Vallicrosa, Barcelona, 1933, 114-52;
  anon. VI 5311, 14-15c, ff. 34v-35r

*Descriptis his figuris circa...
  Walter Burley(?), De fluxu et refluxu maris
  anglici: Little 419

Desenteria colera si ceperint moriuntur...
  BN 11218, 8-10c, ff. 24r-25v; Beccaria 34.3b

Desiderabile desiderium impretiabile pretium...
  John Dastin, Rosarius philosophorum: T III, 86,
  634-35, 676; ColR 9a, 119; (Arnald of Villanova): DWS 231; Corbett I, 127; II, 50; Ze
  III, 663-97

Desiderans scire si quis debeat mori...
  Sphere of life and death: Bruges, 260, 14c, ff.
  233v-235r

Desiderantem te Alexander scire quid sit per-
fecta sapientia...
  Prima responsio Dindimi: Oc 82, 12c, f. 83va-;
  Mon 384, 13c, ff. 43r-48v

Desideranti tibi filia karissima et habere volenti
...
  Cleopatra, prol. Gynaecia: Beccaria p. 411, for 4
  MSS before 1100; BLlm 567, late 12c, f. 58v;
  CUsj D.4, 12c, f.171(Atk); BLb 219 (3541),
  13c, f. 87a-(87b); BN 7056, late 13c, ff. 86r-
  92v; etc.; pr Wolphius, Basel, 1566, 1586; Israel
  Spach, Strasburg, 1597

Desideranti tibi scribi a me mysteria lapidum
omnium...
  Evax, Epistola (prima) de gemmis: Bern 416,
  12c, f. 5v; BNna 625, 13c, f. 3vb; Ambix
  8(1960), 8-9; Mon 503, 14c, f. 57v(Corbett II,
  133); VA 2403, f. 87; T I, 777; ed. Joan Evans,
  Magical Jewels, 1922, p. 195

Desiderantibus (mihi) filia karissima...
  Cleopatra, Genesia: Giacosa 378, 381. See
  'Desideranti tibi filia...'

Desiderantibus verum et certum dare iudicium
...
  Ars geomantiae: BLd 46, 14c, ff. 93-(106v); VI
  5508, 14-15c, ff. 126v-137r. See 'Considerantibus...'

Desideravi de longo desiderio cordis mei...
  Raymond(?), De vinis: FLa 1448, a.1434, ff.
  142r-155v; anon. Lyons pa 46, 14-15c, ff. 172-
  177(incomplete)

Desideravi tibi scribi...
  See 'Desideranti tibi scribi...'

Desideravi verum et certum...
  See 'Considerantibus...'; 'Desiderantibus...'

*Desiderii nostri sagacitati...
  Joh. Dastin, De compositione lapidis pretiosissimi:
  Tanner; Book II of Dastin's Speculum philo-
  sophiae

Desiderii tui karissime petitionibus...
  Hugo de Folieto, pref. De bestiis et aliis rebus *or*
  Columba deargentata: T II, 17-18; CUc 164,
  13c, ff. 1v-8v; VAr 221, 13c, ff. 18-33; 290, early
  14c, ff. 11-34v; Brux 1489, 1491; Douai 370;
  PM 740; Troyes 177; Art Ancien II, 14c, ff. 2r-
  16r; PL 177, 1. Text, 'Si dormiatis inter
  medios...'

Desiderio desideravi inapreciabile...
  See 'Desiderabile desiderium...'

Desiderio reverentissimo patri...
  See 'Cum totius scientie...'

Desiderium multorum cupientium scire proprietates...
  Xenocrates, prol. 'Liber secundus ex influentia
  septem planetarum in corporibus cum iunctione
  cuiuslibet ipsorum in quolibet signo': VI 3124,
  15c, ff. 53r-57v. Text, 'Si quis natus fuerit...'

Desiderium sciendi mentibus humanis naturaliter insitum...
  Medicinal simples: Basel D.III.3, 13c, ff. 74va-
  76rb

Designa ista vasa in terra sicut videtis...
  Fra Hectoris contra tempestates: VI 5336, 15c,
  f. 30v

Destinata est ad me pagina tua frater benigne...
  'Responsum epistole'...Ihesu Haly...in cura
  morborum oculi: BNna 1399, c.1438, ff. 182r-
  218v; ed. Pansier(1903), 195-350; Ea Q.197,
  14c, ff. 1-61; anon. Ea F.237, 14c, ff. 1-24. See
  'Iam pervenit...'; 'Decet omni...'

Destinet aliquis super denarium...
  Cautelae algorismi: BMr 12.C.XII, 14c, ff. 8r-
  (11r)

Destitutio qua conquerentis natura opprimitur
secundum...
  Johannes Chanczelperger, Medicamina: ed.
  Wickersheimer, Janus XXV, 245-50

Destrue rem captam primo per rem satis aptam
. . .
> Opus maioris operis (Alchemy): BN 7161, 15c,
> f. 99v (Corbett I, 104)

Detegam tibi secretum pectoris mei. . .
> Alpetragius, Liber in astrologia: cited Pastrengo
> (1547), 51; Spec. astron. cap.2; ed. Carmody,
> 1952, from 10 MSS

Determinare aliquid de eo quod pertinet ad
pregnantem. . .
> William of Saliceto, Cap. 1, Practica *or* Summa
> conservationis et curationis. See 'Eorum autem
> que fiunt. . .'

Determinata digestione et modo membrorum. . .
> Quaedam de dictis Alberti super 9° de animalibus:
> Ea F.339, 14c, ff. 1-8v

Determinata quarta parte philosophie moralis
addidi de quinta. . .
> Roger Bacon, De expositionibus enigmatum
> alkimiae: CU 1255(Ff.IV.12), a.1528-29, f.
> 336r(310); Little 303

Determinatio a principio totius libri de his que
sunt in alto. . .
> 'Expositio abreviata super 4 libros Metheororum
> secundum antiquam translationem': BLd 98,
> early 15c, ff. 61v-(71)

Determinato de membris generaliter in capitulo
precedenti. Consequenter in summa hac. . .
> Comm. Avicenna, Anatomia: BN 6936, 15c, ff.
> 1ra-148ra

*Determinato de somno in hac parte determinare
intendit. . .
> Thomas Aquinas, (Comm.?) De somniis: Opera
> XXIV (1875), 312-23

Determinato modo operandi generaliter cuique
astrorum scientie. . .
> CLM 51, c.1487, ff. 50vb-60rb

*Determinato prius de somnio et quibusdam
proprietatibus eius. . .
> Thomas Aquinas, De divinatione per somnium:
> Opera XXIV(1875), 326-31

Determinavit Avicenna de dispositionibus membrorum. . .
> Gentile da Foligno, Super fen 9ª tertii canonis
> Avicennae: FLa 145 (219-151), 15c, ff. 13-28v

Determinavit Avicenna de membris. . .
> Gerard Bernerius de Alexandria, Scriptum super
> 18a fen tertii Canonis Avicennae: Vendôme 245,
> 15c, ff. 136-175

8

Determinavit de apparatibus etc. hic de lepra et
primo. . .
> Gentile da Foligno, Super tractatu (Avicennae)
> de lepra: pr Venice, 1499, ff. 55v-59v

Deum omnium bonorum causam. . .
> Stephanus Alexandrinus, Alchemy: pr 1573, ff.
> 23r-65r

Deum posco auxiliatorem ad quem cuncta
respirant. . .
> Raymundus (Chalin de Vivario), De peste: GU
> 35(T.I.3, R.II.4, R.II.13), item 1; VAp 1229,
> a.1382, ff. 284r-317vb; CLM 18444, 15c, f.
> 220r-; R. Hoeniger, Der Schwarze Tod, 1882,
> pp. 159-77; Archiv XVII, 35-39; Janus XI
> (1909), 428-30

Deum testor quod non compilavi hunc librum
nisi vi et conamine. . .
> Avenzoar, prol. Liber Teisir, sive Rectificatio
> medicationis et regiminis: tr from Hebrew, at
> Venice, August 21, 1286 by a master of Padua
> aided by Jacobus Hebreus: Isis 26(1936), 33-36;
> pr Venice 1490, with Averroes, Colliget; etc.
> AFML 69, 70, 71(GW 3103-3105; Klebs
> 127.1-3; IAL A1253-55)

Deum timete mandata eius observate. . .
> Pref. Receptarum quae in libro Abubecri Rasis ad
> Almansorem nono habentur descriptio. Text
> 'Colera est humor in complexione. . .'

Deus ad laudem tui honorem. . .
> Valescus de Taranta, prol. Practica. Text,
> 'Primo nota quod multa. . .'

Deus ad te cognoscendum et amandum. . .
> Raymond Lull, rubric, De natura. Text, 'Cum
> natura sit valde generalis. . .'

Deus ante creationem mundi absque initio fuit
. . .
> St. Hildegard, Causae et curae: Cop Ny kgl.
> S.90b.F., 13c, ff. 1-183; T II, 125; ed. P. Kaiser,
> 1903

Deus celi ipse testis est que(quod?) nunquam ego
tantum. . .
> Scientia ad extrahendam quintam essentiam de
> antimonio id est marcasita plumbea: CU 2110
> (Kk.VI.30), 15c, f. 62r-v(DWS 589); really an
> extract from John of Rupescissa, De considera-
> tione quintae essentiae, T III, 731

Deus creavit hominem ad ipsius imaginem. . .
> Carmen de potentiis animae: VA 901, 14c, f. 168

Deus cui(cuius) ab hominibus. . .
> Raymond Lull, Experimenta: T IV, 60

Deus cum tua benedictione(beatitudine...)
Raymond Lull, Ars conversionis: T IV, 629, 650.
See 'Reverendo patri salutem...'

Deus cum tua gratia...
See 'Finis medicine est sanitas...'

Deus cum tua magnitudine et affluente largitate...
Raymond Lull, Tertia distinctio libri de secretis naturae: HL 29, 282, 287; T IV, 648, 650; ColR 97a

Deus cum tua veritate...
See 'Primum vel primum...'

Deus cum tue sublimis bonitatis ac infinite potestatis virtute...
Raymond Lull, prol. De secretis naturae: T IV, 648-49; Corbett I, 119; DWS 255. Text, 'Ordimur namque...'

Deus cum virtute tua et ad honorem. Cum plures sint...
See 'Cum plures sint homines...'

Deus cum virtute tue dominationis...
See 'Protinus ut ars...'

Deus dedit michi horum (que sunt) scientiam veram...
John of Rupecissa, De quinta essentia (combined with Raymond Lull, Tertia distinctio): Wo 3284, 15c, ff. 34r-129r(T III,728)

Deus dedit nobis lapidem album et rubeum...
Hortulanus (extract): BMsl 976, 15c, f. 109 (DWS 168)

Deus deorum dominus qui simpliciter et absolute omnium entium...
John of Burgundy, De causis et natura corrupti aeris: Archiv V (1912), 59; DWS(1916), 18

*Deus (enim) et natura nichil operantur...
See 'Deus et natura nichil...'

Deus est bonitas bonifica. Colligitur a Proculo Diacliano...
Gentile da Foligno, Expositio et quaestiones subtilissimae super primo libro microtechni Galeni: pr with Turisanus, Plusquam commentum, Venice, 1557, ff. 221v-240v

Deus et natura nihil operantur frustra...
Richard Lavenham, De causis naturalibus *or* Solutiones sexdecim questionum: BMsl 3899, 14c, ff. 59v-64; BMr 12.E.XVI, 15c, ff. 5r-(9v); CU Hh. IV.13, 13c, ff. 55r-58r(TR 224); anon. Oc 132, 15c, ff. 84v-88r; Ambix 7(1959), 36-37. See 'Hinc est quod...' for the same text without this introduction

Deus eternus et omnipotens ut voluit ordinavit ...
Astrology: BN 7328, ff. 70va-71vb

Deus eternus in principio omnia ex nihilo...
George Ripley, Axiomata philosophiae: Ze II, 110-23; DWS 810, ii-iii

*Deus gloriose ad amandum te...
Raymond Lull, Applicatio artis generalis ad varias scientias.

Deus gloriose ad tuum honorem et cum tua veritate...
Raymond Lull, On squaring the circle: ZB XVI (1899), 268. See 'Ad investigandum quadraturam...'

*Deus gloriose cum (virtute) tue sublimis bonitatis...
Raymond Lull, Liber secretorum naturae, seu quintae essentiae: HL 29, 282, 287; T IV, 39, 649; Corbett I, 136. Prol. 'Contristatus erat...'

*Deus gloriosissimus deus altissimus deus magnus...
Raymond Lull, Liber angelorum de conservatione vitae humanae: Salzinger(1721), Pars IV: HL 29, 378-79

Deus gloriosus omnium rerum factor cuius spiritus...
John Bombelen, Stella alchimiae, cap.1. Extract: BU 303(500), 15c, f. 201r-v. See 'Cum omnium philosophorum...'

Deus gloriosus ut probetur...
See 'Cum deus universi conditor...'

Deus igitur gloriosus cui sit laus gloria virtusque...
John Dastin, De arte alchemica: BMsl 2476, 15c, f. 3r-v(DWS 287; T III, 100; ColR 129b)

Deus igitur gloriosus duos lapides preciosos ex una...
BMad 10764, 15c, ff. 246v-247(DWS 649)

Deus illum vere diligit in quo posuit...
Conrad Heingarter, pref. Commentary on Ptolemy, Quadripartitum: BN 7432, f. 3v(T IV, 363; ColR 82)

Deus immensus cuius sapientie non est numerus ...
Albertus Magnus, De separatione elementorum: Boston Medical 18, a.1467, ff. 132v-134r. A variant recension, with different introd. paragraph, of Epistola de sanguine humano(T III,671). See 'Magister Iacobe...'

Deus in adiutorium meum intende et aperi...
I. John de Lasnioro(von Laaz), Tract. secundus aureus de lapide philosophorum: Ze IV, 579-84; T IV, 341; ascribed to Gratian as 'liber secundus qui Lilium dicitur;' Art Ancien XIX, 3, 15c, 37v; Ferguson II, 264(Schulz)
II. Nicolaus Falcutius, Sermo secundus. See 'Nomen nature est nomen...'

Deus in veritate tua incipio imprimis tractare...
Raymond Lull, Lapidarium: T IV, 45. See 'Deus in virtute tue...'

Deus in virtute trinitatis qua(que) unitas divinitatis(divinitas)...
Raymond Lull, Codicillus: T IV, 633; DWS 252; HL 29, 273; ColR 99

Deus in virtute tue sancte trinitatis in qua unitas
...
(Raymond Lull), Vade mecum de numero philosophorum: Mi R.94 sup., 16c, ff. 188r-230r

*Deus in virtute tue sancte trinitatis incipio tractare generationem lapidum...
Raymond Lull, dedic. Lapidarium: T IV, 45, 640, 642; BU 20, 14c, ff. 10r-11v

Deus me parvulum ab errore eximat...
Johannes de Tornamira, Clarificatorium super nono Almansoris cum textu ipsius Rasis: pr Lyons, 1490, 169 ff.; (Klebs 984.1; IAL T351); Venice, 1507. See 'Ego Iohannes de Tornamira...'

Deus me parvulum perficere permittat...
Jacobus Bogaert, Collectorium medicinale: Antwerp 10, a.1475-1480, ff. 2r-349v, and 4 other vols.

*Deus misericors...
Raymond Lull, Liber naturae et lumen nostri lapidis: Salzinger (1721)

Deus misericors et humilis qui omne...
Raymond Lull, Tract. medicus, rubric. Text, 'Figura ista...'

*Deus multipliciter dicitur in sacra scriptura...
Petrus Canonicus, Pantheologia (I de personis, II de animalibus, III de animalium partibus): Ob 82, 14c; Petrus 'a fano Servatoris', canonicus et archdiaconus Londoniensis, pars IVa; Os 31, c.1200, f. 176

Deus noster et natura...
See 'Deus et natura...'

Deus omnipotens cum tua gratia et benedictione facimus...
Raymond Lull, Ad declarandum artem generalem, Genoa, 1303: VAo 31, f. 84r(old 86); HL 29, 236

Deus omnipotens custodiat regem nostram gloriam...
Prol. of a certain doctor in commendation of Aristotle, Secreta secretorum: T II, 269; OHI V, 36; DWS 29; GW 2486-87; Klebs 96.7; IAL A935; AFML 52; BE 968, 14c, f. 2v

Deus omnipotens eternus immensus sublimis gloriosus creavit...
Meteorology and astronomy: NaO XI.6, 14c, (Mand. XXV), 16 ff.

Deus per quem omnia que per se non essent...
Liber de anima: Fulda 237

Deus qui es suprema virtus de qua omnes...
Raymond Lull, Liber principorum medicinae: ed. Salzinger, Mainz, 1721. See 'Quoniam omnis ars...'

Deus qui es unus in essentia...
Iohannes Ros de Valencia, Artificium arismetre: Plimpton 187, Padua 1452, ff. 49(24, 457)r-62(37, 470)r; not ff. 50-86, as in Census

Deus qui gloriose(gloriosus) omnipotens existis
...
Raymond Lull, Testamentum, theorica: T IV, 651-52; DWS 244; HL 29, 273; Corbett I, 191, 240

Deus qui in mundi primordio...
Oratio dicenda super herbas collectas: BMsl 783b, 15c, f. 214v

*Deus qui in trinitate semper gaudes misericordia...
Raymond Lull, Opus abbreviatum super solem et lunam: HL 29, 381

Deus qui liberasti Susannah...
Pro migranea: BMsl 122, 15c, f. 162v

Deus qui mirabiliter...
See 'Benedictio ad catarticum...'

Deus qui mirabiliter creasti et mirabilius reformasti...
Antidotarium: Danzig Mar. F 238, f.14(pr Catalogue p.253)

Deus qui mirabiliter hominem...
Notae de lepra eiusque curatione: Ea Q.15, 13-14c, f. 181v

Deus qui sanat omnes egritudines...
Introd. Pest tract. Text, 'Et primo ordine Gal. in libro...'

*Deus qui summa potestate mundum...
See 'Aer est unus...'

Deus quia proprie speculationis est de rebus subiective et materialiter loqui...

Petrus Berchorius, Reductorium morale: Basel D.II.2, a.1430, fols. unnumbered; Clermont-Ferrand 101, 15c, 233 ff.; pr Paris, 1521; Antwerp, 1609

Deus scientiarum dominus a quo omne datum optimum...

Geraldus de Morangia Aquitanus, Epistola (Alchemy): BN 11202, 15c, ff. 163r-170r(T IV, 334; Corbett I, 158)

Deus semper idem utinam noverim te noverim me...

Comm. Roger (of Parma), Chirurgia: CUt 1365 (O.VII.37), 13c, ff. 1-74r

Deus sicut dicit Ecclesiastes X fecit hominem rectum...

De gradibus (formarum) notata (per fratrem) Johannem Fa(brum?) *or* ('Faventinum'?): Grabmann(1928), 81-82

Deus summe bonus et incommutabiliter...

Richard of St. Victor, Liber exceptionum: VI 2442, 12c, ff. 13r-168r; Quatuor libri de discretione artium rerum partium mundi et regnorum: Ea Q.168, late 14c, ff. 149-163

Deus unicuique homini unum certum terminum mortis prefixit...

De conservatione sanitatis usque ad annum 120: CLM 8184, 15c, ff. 179-(184)

Deus unus est contra apostolus ait...

Guil. Leicester de Montibus, Numerale; CUt 24, c. 1300, f. 103(Atk)

*Deus unus est et contra in prin....

Gul. Leic. de Montibus, Summa numerorum: Bale

*Deus unus est et hoc natura...

Gul. Leic. de Montibus, Summa numeroum: Tanner

Deus unus est omnium creator misericors et iustus...

Arnoldus Saxo, De finibus(facultatibus) rerum naturalium (an encyclopedia): ed. Rose (1875); GS II, 592; Liber de coelo et mundo (its first book): Ea O.77, 13-14c, ff. 1-17v

Deus utitur corporibus celestibus sicut artifex...

Albertus Magnus, De natura signorum: CU 1705 (Ii.I.13), 14c, ff. 184v-186v; T II, 578

Devant les proffis devant dis faut il...

Pelerinus de Prussia, De usu astrolabii: Os 164, 14c, ff. 111-119 (T III,587)

Devenit ad nos quod cum Ypocras morti...

Secreta Ypocratis: PA 1024, 14c, f. 164r-v; Archiv II(1909), 24; CLM 683, ff. 52v-55v. See 'Pervenit ad nos quod cum Ypocras...'

Diabolus habet magnam potestatem et potentiam...

De illusionibus et vaticiniis diaboli: Melk 208, 14c, f. 189

Diamargariton...

Electuaria: BMsl 282, 14-15c, f. 188r-v; 284, 14-15c, ff. 60r-61v; Basel D.III.23, 15c, ff. 38v-44vb. See 'Electuaria calefacientia (calida)...'

Diameros ubi incipit primum clima et dicitur a dia...

De septem climatibus expositio: CUsj 105, 14c, ff. 1-2

Diameter dicitur a dya quod est duo metro...

Marginal gloss on John of Sacrobosco, Sphera: BN 7197, 15c, ff. 39r-50r, with the note at the end, 'per manum Conradi Heingarter'

Diameter epicicli ipsius longitudinis longioris...

Questiones de V Almagesti: BMh 625, 14c, ff. 132r-137r

Diameter terre est 6500 miliaria...

Distances of planets, in prose and verse: BMc Vesp. E.VII, 14-15c(?), ff. 2r-3v

Diametron dicitur linea recta transiens per medium...

Comm. Sphera: FL 90 sup., 5, f. 59-

Diametrum dicitur esse linea recta transiens per medium...

Expositio vocabulorum obscurorum tractatus de sphera: VAb 473, 13c, f. 89v(Silverstein)

Diantos manna cassia fistula pruna tamarindi cerasa...

Master Valeuve, Tabula aromaticorum: CUt R.XIV.52, 15c, ff. 201r-212ra

Diascoridis noscitur fecisse hunc librum quem misit avunculo suo...

Quid pro quo: BMh 2378, ff. 208-212

Dic duo que faciunt pronomina nomina cunctis...

Metrical Greek-latin medical glossary: CU Gg.V.35, 11c, f. 422v; Beccaria 70.1

Dicam autem in hiis qui sequuntur de lxx hic vero...

See 'Dico ergo postquam separaverint aquam...'

Dicam ergo secundum vestigia venerabilium predecessorum...
> Guido Bonatti, Liber introductorius, Pars I, tract. ii: Venice, 1506, f. (a 6)r

Dicam in hoc libro quod quicquid...
> Geber, Liber preparationis spirituum: BMar 164, 15c, ff. 157v-158(DWS 85,iv)

Dicamus cum Boetio in tertio de consolatione...
> Antonius Gazius, Corona florida medicinae: Venice, 1491(Klebs 439.1; AFML 201; IAL G101)

Dicamus ergo de plantationibus pomorum...
> Albertus Magnus *or* Geoffroy de Vinsauf, De plantationibus: BLas 1471, 14c, ff. 137-143; BMar 251, 14c, ff. 1-(12); Oc 125, 15c, ff. 16-28

Dicamus ergo primo et principaliter quod natura...
> Alchemy: CLM 26059, ff. 155v-164r

Dicamus et narremus esse planetarum...
> Basel F.III.8, 15c, f. 76ra-va

Dicamus igitur naturaliter...
> See 'Dicemus naturaliter...'

Dicamus igitur quod concessum est hec esse...
> Averroes, Super Aristotelem de morte et vita: CUg 486(482), 14c, ff. 493ra-494ra

Dicamus igitur quod nemo est qui aliquam rem...
> See 'Felix prior aetas...'

Dicamus igitur quod opinio fuit quorundam...
> Arnaldus de Villanova, De humido radicali: VAp 1180, 15c, ff. 1r-12v

Dicamus itaque significationes planetarum septem...
> Albumasar: VE VIII.74, f. 107v

Dicamus que sunt signa generalia...
> Signa morborum acutorum: Carpentras 318, 13c, ff. 164-165

Dicas mihi tu spiritus Potest fieri lapis...
> Petitiones Abgadini philosophi a spiritu super lapidem magnum philosophicum: VE VI.214 (XVI,3), a.1472, ff. 91-92; Lehigh MS, ff. 24v-25r

Dicebatur quod motus sit posterior...
> Quaestiones duo de motu: VA 869, 14c, ff. 220v-221r

Dicemus enim que ex necessitate accidunt...
> Alchemy: BMsl 2327, ff. 25-26r; DWS 192, vii

Dicemus ergo primo quod humor corporis...
> De humoribus: VI 5511, 15c, ff. 228r-235r

Dicemus itaque quod circa memoriam...
> Matheolus of Perugia, De memoria. Prol. 'Iam diu·Brocarde...'

Dicemus naturaliter loquentes primo quod sola forma...
> Petrus de Mantua, De instanti: FLa 1348, a.1410, ff. 2ra-10va; VE VI.128(XI,16), a.1424, ff. 81-93; Col X.570, P.44, a.1458; BNna 573, 15c, ff. 145r-172v: FR L.1.VI, a.1473(Lami, p. 319)

Dicemus quod causa in libris medicorum...
> Marsilius de Sancta Sophia, Lectura super fen secunda libri primi Avicennae canonis: Ea F.251, a.1391-94, ff. 99-124v; Opera, Venice, 1523, vol. I

Dicemus quod ossium que sunt in corpore...
> Avicenna, Anatomia(cap.1, of text commented upon). See 'Determinato de membris...'

Dicemus quod res medicationis(medicinales) (ex) una trium rerum...
> Avicenna, Fen 4, Canon I

Dicendum de iudicio sanguinis amissi et est triplex modus iudicandi...
> CLM 16521, a.1462, ff. 9v-10r

Dicendum est communiter de lapidibus et eorum virtutibus...
> CUt 1109(O.II.5), 14c, ff. 357-361

Dicendum est de magnete quod inter omnes lapides et res inferiores...
> De magnete: Brux 2964, 15c, ff. 37r-39v(Silvestre)

Dicendum est de mensurationibus...
> De altimetria: Part of 'Quadrant ancien' ed. NE XXXV, pp. 617-632

Dicendum est de sompno et vigilia primo utrum apparatur anime aut corpori...
> Averroes, Comm. De sompno et vigilia: CUg 486(483), 14c, ff. 491rb-493ra; CUpet 126(II), 14c, f. 4vb (excerpt); VI 5163, 15c, ff. 92ra-95rb

Dicendum est de utilitatibus et operantibus quadrantis...
> CU Ii.III.3, 14c, ff. 59r-(60v)

Dicendum est hic de compositis medicinis quibus magis utimur...
> VI 5403, 15c, ff. 239va-243ra

Dicendum est in hoc volumine de preparatione spirituum...
> Incipit liber Tankardi Yspani: London, Royal Coll. of Physicians 33, 14c, ff. 77-84(DWS corr. 164A)

Dicendum primo quid sit urina...
VI 5193, 15c, ff. 13r-23r

Dicendum primo quod hoc est exemplum vel quod camomila...
Gentile da Foligno, Super quinto canonis Avicennae. See 'Dubitatur de cammomila...'

Dicendum quod propter inobedientiam primi parentis fragilitas...
Medical tract: VAp 1260, 15c, ff. 261v-265r

Dicens adde super locum propriorem gradui...
Messahala, Precepta de interrogationibus: CUcl 15, c.1280, f. 64v(Atk); anon. BLd 194, item 10

Dicente Boecio in principio arismetrice sue omnia que a primeva...
Comm. Alexander de Villa Dei, Algorismus metricus: CU 1705(Ii.I.13), 14c, ff. 11v-13v; Oc 293B, ff. 212ra(322)-214vb; Thomson 234

Dicente virgine ut sit casta...
Hippocrates, Epistola de virginibus: BE Phillipps, 165(1790), 9-10c, f. 32v(Beccaria 50.3)

Dicet tabule arsa...
Doctrina tabule coniunctionum: James, 491

Dicimus autem quod subiectum est corpus...
See 'De celo autem et mundo...'

Dicimus ergo quod opinio fuit quo...
Arnald of Villanova, De humido radicali: BN 17847, 14c, ff. 89ra-106va; Opera, 1504, ff. 45v-50v; Glorieux I, 420

Dicimus quod est tinctura sine spiritibus...
De mundificatione: BNna 1293, 15c, ff. 107-108 (Corbett I,218)

Dicimus quod medicina laxativa non est a re complexionali sic sed quia talis...
Mesue, Cap.1, De consolatione medicinarum, Antidotarium *or* De simplicibus medicinis: BNna 1536, a.1281, ff. 2r-35v; CUg 84, 13c, ff. 80-; Lincoln Cath. 333, vol. 57, 13c, ff. 3ra-31rb; CLM 3512, a.1300, f. 61ra-; BLcm 195, 15c, ff. 1-80; Ea F. 77b, 14c, ff. 80-87; VAu 246, 14c, ff. 1-95; etc.; pr Opera (Venice, before 1471), pp. 1-55v; (AFML 314; Klebs 680.1-15; IAL M437-46); AFML Reel 11-2(Klebs 680.5)

Dicimus quod vena est composita ex tunica una et...
Differentia inter venam et arteriam: Na VIII.F.35, 13c, f. 5r; AL 1487

Dicis te in opere quodam Platonis philosophi...
Epistola Argafalau ad Alexandrum: Osiris I(1936), 674, n.72a

Dicit... See also 'Ait...' 'Dixit...' 'Inquit...' and what was said

Dicit Abraham Avenragel in primo evo annorum mundi...
De coniunctionibus celestibus, de motibus siderum et introitu annorum (an extract?): Wo 2505, 15c, ff. 215va-220rb

Dicit aggregator huius operis Postquam ego collegi...
BMsl 252, 15c, ff. 137r-168v. See 'Postquam ego...'

Dicit Alexander iatros sophista Calidam distemperantiam...
Medical recipes: Basel D.III.16, 15c, f. 72r-

Dicit Alexander in decimo philosophie proprie deus...
De naturis rerum: CUe 247, 15c, 89 ff. Prol. 'Cum omne desiderii compos...'

Dicit Alexander Philosophus in libro de intellectu...
Albertus Magnus, De intellectu et intelligibili: VI 2283, 15c, ff. 37r-38r. This is Questio 54, De divisione intellectus, Liber II, De creaturis: Borgnet XXXV, 448

Dicit Aristoteles in principio Metaphisice...
Tract. de arithmetica (sc. analysis tractatus Boethii de eadem): BLd 191, 13-14c, ff. 66v-(68v)

Dicit Aristoteles in principio veteris metaphisice...
Oc 283, 13c, ff. 146v-149r

Dicit Aristoteles libro (decimo) Ethicorum quod homo sapiens...
Jacobus Magnus, Sophologium: T IV, 278; Douai 693, 15c, 124 ff.; PA 722, 15c; Hain 10467-80; Polain 2458-65; AFML 278; Klebs 595.1-14; IAL M29-40

Dicit Aristoteles quod ars imitatur naturam...
De operibus artis et naturae: Graz 482, 13c, f. 18or

Dicit Aristoteles secundo celi forte quidem igitur...
Agostino Nifo, De sensu agente: pr Venice, 1497, ff. 124ra-129rb (GW 3106; Klebs 704.1; Yale Medic. 28; CPh)

Dicit Augustinus primo (libro) de libero arbitrio quod docti...
(John Peckham?), De perspectivis: VA 5963, 13c, ff. 117r-156r AFH 45(1952), pp. 4, 11-13; Ea Q.330, 13-14c, ff. 50-57; VI 5300, 14-15c, ff. 114ra-123va; BN 8817, ff. 101r-111r

Dicit Augustinus quod quatuor sunt in domo dei necessaria...
> See 'Aureus hac arte numerus...'

Dicit autem Hermes et ponitur...
> De cognitione domini sive dominorum anni, extracts from Haly, Ptolemy, and Albumasar: BMr 12.D.VI, early 15c, ff. 94r-(95)

Dicit Avicenna. Materia potest dividere...
> See 'Ad omnia ultima...'

Dicit Avicenna quod ventosi in aliquibus...
> De ventosis: CLM 5964, ff. 294r-296r

Dicit Boetius nihil novum...
> Gordanus(Jordanus), Compilatio quorundam canonum in practicis astronomiae et geometriae: VAp 1389, f. 194; Jordanus, Astronomia: Mittelalt. Bibl. Kat. I(1915), 414

Dicit Campanus in theorica sua...
> De motibus planetarum: VAp 446, ff. 169r-189v

Dicit commentator in Almagesti libro 3 in principio...
> De eclipsibus: BN 7378, ff. 33r-37r. A slightly different text with the same incipit follows at ff. 38r-39v

Dicit de lapidibus quod primus lapis est animalis ...
> Galienus(Balienus, Apollonius), Ex libro florum et est liber Galieni: BMad 10764, 15c, ff. 237v-238(DWS 155); Plessner, OLZ 33, 10, p. 727

Dicit dominus Renatus quod oportet calcinare aurum...
> Alchemy: BU 142(109), I, 16c, ff. 211r-214bis, v(T IV,334); Ambix V(1956), 94

Dicit enim Hermes. Calcinate corpora et sublimate spiritus...
> Hermes, De calcinationibus: VI 5509, ff. 235r-240r

Dicit enim ipse in prima parte...
> Scriptum in lib. de differentia febrium: VA 4455, ff. 44ra-64vb

Dicit enim Parisiensis quod quatuor errores...
> Against divination and superstition: BMh 275, 15c, ff. 149r-153r

Dicit enim philosophus in sedecimo de animalibus...
> Gloss on Textus alchimiae: BU 142(109), 16c, II, f. 2r-

Dicit enim philosophus. Verum id est verum est...
> Ortulanus, comm. Hermes: Corbett I,146, 149; II,42

Dicit enim sic magister quod in Ianuario debet homo comedere...
> Alexander Hispanus, Mellum liquor phisicae artis: Archiv 29(1936-37),289-312; 30(1937-38),1-25

Dicit ergo Aristoteles primo libro primo folio methaurorum...
> Raymundus de Beders of Montpellier, comm. Meteor.: Cesena, sinis. VI, 5, 14c, ff. 137r-161v

Dicit ergo Hermes pater philosophorum. Verum sine mendacio...
> Ortulanus, comm. Hermes: Corbett II,144

Dicit ergo philosophus. Verum sine mendacio ...
> Ortulanus, comm. Hermes, Emerald tablet: FR 390, 16c, ff. 59v-65v; Ambix V(1956), 108

Dicit Galienus in humano corpore quae signa mortifera...
> Galen, Prognostica: CU Gg.V.35, 11c, f. 246r; Beccaria 70.4

Dicit Galienus primo...
> See 'Sicut Galienus primo...'

Dicit Galienus (quod, quoniam)...   See 'Corpora hominum...' 'Ex nulla patitur...'

Dicit Galienus quod ignis qui descendit super altare comburit libros...
> Rasis, Liber experimentorum: CLM 3520, 14c, ff. 61vb-63vb. See Ignis qui descendit de celo ...'

Dicit Galienus super ultimo aphorismo...
> Antidotarium: Delisle, III, 91a

Dicit Haly in suo secreto quicumque ad nostrum voluerit...
> De vase philosophico: DWS 495

Dicit Haly quod caro tiri comesta...
> Roger Bacon, De retardatione senectutis: CU 292(Dd.V.53), 15c, ff. 125vb-128va. See 'Mundo senescente...'

Dicit Hermes in libro secretorum corpora soluta...
> Dicta philosophorum: CU Ii.III.17, 15c, ff. 39-41(DWS Corr.24B)

Dicit Hippocrates Habebam qui conquerebatur de fluxu...
> De signis mortalibus: BN 7046, 13c, ff. 170vb-171ra

Dicit Hippocrates in anno tres dies in quibus mulier numquam...
> Materia pro sermonibus de naturis rerum: CUg 441(636), 14c, ff. 33v-(36v)

Dicit Hippocrates in disputatione de vulneribus...
> (Albucasis?), De cibis vulneratorum: CLM 161,
> 13c, f. 40v

Dicit Hippocrates in libro quem de pronosticorum scientia composuit...
> Minor Trotula: BN 7056, ff. 84va-86va

Dicit Hippocrates quod medicus primo aspiciat
(inspiciat) lunam quando est plena...
> Hippocrates, Astrological medicine, third tr: BN
> 7348, ff. 8rb-9vb; CUc 37, 14c, ff. 61r-65r;
> Kibre(1945), 399

Dicit Iacob Alkindi in libro revolutionum...
> De pluviis: Gilhofer and Ranschburg, cat.257,
> MS, 7, late 15c, ff. 134r-138r

Dicit Iben filius Aboli in quodam secreto suo
quod grana iuniperi super omnes fructus...
> De iunipero et fructu suo: Hoepli Auktion 3.XII.
> 1929, Katalog, p. 36, MS 14c, f. 88v(Schulz)

Dicit Iulius Firmicus libro tertio in principio et
Hermes...
> John of Eschenden, Summa iudicialis de accidenti-
> bus mundi: T III, 718-19

Dicit Lincolniensis in tractatu suo de cometis...
> See 'Nota secundum sententiam Aristotelis...'

Dicit magister Vienc' qui vult esse perfectus...
> See 'Qui vult esse...'

Dicit Messahala quod deus altissimus...
> BN 7416, ff. 127-129v. See 'Quia dominus
> altissimus...'

Dicit Messahala Si luna se prius coniungit
Iovi...
> De pronosticatione frumenti seu bladi: BMsl 702,
> 15c, f. 10v

Dicit Noffil qui didicit hoc in causa capti:
quando fuerit ascendens aries vel scorpio...
> FNcs J.III.28, 14c, f.102v(76v, Carmody 71)

Dicit Ortolanus aquas minerales in hoc opere...
> John Dastin(?), Opus de elixir aquarum ad album:
> DWS 288; T III, 102

Dicit Ortulanus super epistola Hermetis quod
solum...
> Dicta varia de lapide philosophorum: VE
> VI.214(XVI,3), a.1472, ff. 190-192

Dicit philosophus de animalibus. Cunctis quidem mortuis pectus altius solito elevatur...
> Lumen animae: Ea Q.156, ff. 60-105; Brunswick
> 164, ff. 46-84; Prag cap. ff. 68-74(Schulz)

Dicit philosophus in pluribus locis. Omnis
scientia...
> Albertus Colonensis, Secretum secretorum: BU
> 135(101), 14c, ff. 25r-31r; Ambix V(1956), 87.
> See 'Sicut dicit...'

Dicit philosophus quod si sulphur...
> Gratianus, Comm. super Turbam et quam-
> plurima dicta philosophorum: T III, 45

Dicit philosophus. Sume lapidem...
> Lull, Potestas divitiarum: Manget I, 866

Dicit Plenius. Scito fili quod lapis albus...
> Plinius philosophus, Secretum secretorum: BMsl
> 692, 15c, f. 102(DWS 157,iv)

Dicit Ptolomeus(?) facit...
> Instrument (astron.): Mainz 562, 15c, ff. 155v-
> 160(Zi 3057)

Dicit Ptolomeus huius rei causa maxime proprie...
> Responsum Ptolomei ad sciendum utrum nativitas
> fuerit masculina aut femina: BLas 345, 14c, ff.
> 3v-5r; CUpem 204, 15c, ff. 68r-69r

Dicit Ptolomeus in suo Centilogio et suus commentator Haly...
> Astrological medicine: BMsl 636, 15c, f. 14-

Dicit qui frontem corrugat iracundus est...
> Polemonis cod. Gothani arab. A.85, Physiogno-
> monia ex arabico in latinum tr: ed. Foerster,
> Scriptores physiognomonici, II(1893), 149-60

Dicit qui tenet septem stellas in dextra sua...
> Dalmatius, Introd. to astronomical tables: Bern
> 227, 15c, ff. 40r-43r(ColR 180); ed. Isis 26
> (1937), 310-20

Dicit quidam astronomus et expertum est...
> Astrological: BMsl 702, 15c, f. 10r

Dicit quod sol et luna...
> Propositiones Boetii: BN 6552, 14c, ff. 69v-70v;
> AL 589

Dicit quod subiectum contrahitur a cahoa quod
fuit prima materia...
> Dicta domini Rauerii Angli de lapide philoso-
> phorum: BU 142(109), I, 16c, ff. 208r-210v
> (T IV,334); Ambix V(1956), 94

Dicit Rasis et iam diximus in hoc libro...
> De medicinis altariorum *or* Liber experimen-
> torum: VAp 1144, ff. 282v-293r; latter part of
> Experimenta ascribed to Rasis or Galen: BHM
> 32(1958), 58

Dicit Rasis iam diximus in hoc libro nostro...
> Rasis, Experimenta: VA 2416, 14c, ff. 27vb-
> 31vb

Dicit Rasis.   Volo in hoc (meo) capitulo...
See 'Volo in hoc...'

Dicit Salomon sapientie 7.   Deus dedit...
See 'Dixit Salomon Sapientie cap.7...'

Dicit Salomon sapientissimus in omnibus scientiis quod spiritus...
Magisterium artis magicae: FL Plut.89.sup., cod.38, 15c, ff. 227-230; T(1947), 249

Dicit Ypocras...   See 'Dicit Hippocrates...'

Dicitur a philosophis quod omnis res...
Dicta (alchemy): FR 923(L.III.28), ff. 191 (188)r-194(191)r

*Dicitur accipiter...
Gualt. Margam. abbas, De avibus et animalibus: Tanner

Dicitur aggregator huius operis.   Postquam collegi librum hunc...
Serapion, Liber Servitoris, De aptatione et repressione medicinarum, tr Simone Ianuensi, interpretatione Abraham Iudei: PM 3579(482), ff. 47ra-53va

Dicitur arsmetrica de ars artis et metros...
Tractatus arsmetrice sive de arte mensurandi, cum figuris bene descriptis: BLd 147, 14c, ff. 57-62r

Dicitur autem diluvium unius victoria elementi super quartam habitabilem...
De natura diluvii: Palermo Qq.G.31, 15c, ff. 199v-201r; AL 1497

Dicitur autem sensibile tripliciter quorum duo quidem...
On the relation of color to sense and light: VA 4425, ff. 258va-26orb; excerpts from Aristotle, De anima, II, 6-7, De sensu, mid cap.i-opening words of cap.iv.; TR 385; Ambix 8(1960), 53

Dicitur emplastrum quevis confectio dura...
VI 2320, 14c; Renzi I, 471; V, 34; Fasc. medic. (Halle Mun. Kat. 75, 1934, 178), f. 97r(Schulz)

Dicitur enim viaticum pauperum quia cum parvis...
Viaticum pauperum (Alchemy): GU 253, 13-14c, ff. 177v-180v (DWS 503)

Dicitur hoc opus magnum...
Introd. Dicta philosophorum: Text, 'Hermes philosophus dicit quod una re...'

Dicitur igitur quod ignis descendit super altare
...
Experimenta: Bern 570, 15c, ff. 6r-41r.   See 'Ignis qui descendit...'

Dicitur occipicium et quatuor digitis ab aure...
Sectio artiriorum: BM 6882A, 9c, ff. 19v-21r; Beccaria 26.3

Dicitur quia formaliter ibi generatur...
Gilbert, Comm. Aegidius, De urinis: CLM 267, f. 3r (in table of contents in the MS, the comm. is indicated as 'comm. Ricardi')

Dicitur quod hec ars derivata sit ex creatione...
Alexander *or* Aristotle, Liber in scientia secretorum nature (alchemy): FR 1165, 15c, ff. 161r-163r(T II,253); BU 168(180), 15c, ff. 70r-72r

Dicitur quod rete posuit...
Varia prognostica ex signis coelestibus et de qualitatibus primis: BMc Iulius D.viii, ff. 131r-133; ColR 48b

Dicitur urina cum sit in renibus una...
Aegidius of Corbeil, De urinis, in verse: MSS numerous: C. Vieillard, Gilles de Corbeil, Paris, 1903, pp. 267-301; BEC 65 (1904), 618-20; GW 269-273; Klebs 464.1; 466.1-4; NYAM 2; AFML 213, 214; IAL A84, 85-87

Dicitur urina quia formatur generatur et discernitur...
Tract. urinarum: CUpet 251, III, 13c, ff. 12-26r

Dicitur urina quod fit in renibus una...
Census 859

Dicitur urina quoniam sit(fit) renibus una...
Metz 178, 14c, ff. 52va-53va; CUt 938 (Ee.II.20), 14c, ff. 77ra-90v; VAp 1260, 15c, ff. 255r-261r.   Same text as 'Dicitur urina cum...'

Dicitur urina s. quod vult...
Super urinas: BNna 1486, ff. 59r-65v

Dico conservationem sanitatis necessariam...
Guido Paratus, De conservanda sanitate: Brux 10861, 15c, ff. 1-69(Silvestre 150); BSFHM XII(1913), 82-95

Dico de egritudinibus capitis...
See 'Deum testor...'

Dico enim quod de oriente...
In libro magistri Nemroth ad discipulum Ioaton: BLas 191, 15c, f. 46r; Haskins 339

Dico ergo postquam separaverint aquam...
Geber, Liber radicum, qui est IIa de LXX: DWS 75, ii, iv

Dico ergo quod cognitio eius quod accidit...
See 'Tu cui Deus occultorum veritates...'

Dico (ergo) quod medicina est scientia...
I. Galen, Tract. I, Liber Tegni.   See 'Intendimus edere sermonem...'
II. Avicenna, Canon, tr Gerard of Cremona: pr (Strasburg, 1473); etc. GW 3114; Klebs 131.3; IAL A1262

Dico ergo quod (sicut dicit p. Abolai) hypostasis apud medicos...
> Turisanus de Turisanis, De Hypostasi: pr with Plusquam commentum, Venice, 1557, ff. 170-174v

Dico ergo quod signum digestionis non est possible...
> CUg 181(214), 15c, p. 449

Dico ergo universaliter...
> Conrad Heingarter, Pars I, Tract. de cometis: Zurich C 140a, 15-16c, ff. 1-14r

Dico igitur primo quod aurum potabile...
> Raymond Lull, Modus accipiendi aurum potabile: HL 29, 288; Toledo cap.96-39, a.1553, pp. 176-184; pr Ars aurifera, 1572; 1593; 1610, III

Dico igitur quod aer ipsius debet esse subtilis...
> Thadeus de Florentia, De regimine sanitatis: Ran 1506(V.3.13), 13c, ff. 46r-47v; different from text printed with Benedict de Nursia, Bologna, 1477(Klebs 174.2; IAL B276); Giacosa 403

Dico in primis quod medicina est scientia qua...
> Avicenna, Canon abbreviated(cap.1); Basel D.III.1, 15c, ff. 77vb-109va; VAp 1123, 16c, ff. 1-111r

Dico in principio in hoc capitulo primo...
> Jacobus de Partibus, Expositio Fen I, Canonis I, Avicenne: CUpet 145, 15c, ff. 1-360v

Dico itaque ego Constantinus quoniam maxime...
> Constantinus Africanus, De oblivione. See 'Pervenit ad nos epistola...'

Dico itaque quod signa celi sunt...
> Nicolaus de Comitibus, Tract. astronomiae: T IV, 682. Pref. 'Astrorum sapientes de pluviis...'

Dico quod ars graduandi secundum opinionem Alkindi...
> De gradibus: BMh 5218, 15c, ff. 85v-89r

Dico quod astrolabium est nomen grecum cuius interpretatio...
> Astrolabium Iohannis de Sacrobusto: CLM 28229, ff. 70r-75r

Dico (quod) de egritudinibus capitis est hec...
> Avenzoar, cap.1, Teisir. Prol. 'Deum testor...'

Dico quod locus lune tempore casus spermatis...
> Jacobus de Dondis, Ad inveniendum verum ascendens nativitatis: BLcm 436, 15c, f. 48v (T III,389); TR 347; JWI XX(1957), 129

Dico quod medicina est scientia qua humani corporis...
> Avicenna, Canon medicinae, tr Gerard of Cremona: Mi C.292, inf., 13c, ff. 1r-305ra; etc. Basel D.I.3, c.1300, 442 ff., a huge, fine MS with book indicated top mg, fen side mg of verso, its number in side mg of recto; Bk. I thus opens at f. 2va, after pref. at 1ra, contents 1v-2va; pr (Strasburg, 1473); etc. GW 3114-24; Klebs 131. 3-5, 9-14; IAL A1262-73; 1523, I; Basel, 1556. Prol. 'In primis deo...'

Dico quod medicina est scientia rerum pertinentium...
> See 'In omnibus doctrinis que secundum ordinem...'

Dico quod non oportet cum non videtur in urina signum...
> CLM 363, 15c, ff. 99r-100r

Dico quod omne apostema et pustulla...
> Dino de Florentia, cap.1, Comm. Avicenna, Cyrurgia: BMh 4087, 15c, ff. 39r-108v

Dico quod postquam separaverint aquam...
> See 'Dico ergo postquam...'

Dico quod quicquid egressum est de speciebus animati...
> Geber(?), Liber donationis qui est XXIII de LXX: DWS 85

Dico quod sol apparet...
> Guilhelmus Anglus(William Grisaunt), De magnitudine solis: Bale, 114

Dico quod superius celum quando movetur...
> Ex libro Alpetragi: Mi H.109.sup., 15c, ff. 18r-21r

Dico vobis quod oportet primum corpora...
> Arnald of Villanova, dedic. Practica roris madii. Text, 'Ergo in nomine domini...'

Dicta Beleni secundum figuram...
> Alchemy: Oc 185, 15c, f. 157

Dicta philosophorum...
> Prol. Tract. de infirmitatibus earumque remediis: Ran 1497(V.3.4), 15c, ff. 106-136v. Text, 'Si capilli capitis...'

Dicta prius dico...
> Computus ecclesiasticus: CLM 17703, 13c, f. 37(Schulz)

Dicta prius dico breviter collecta novello...
> Computus metrice cum comm.: Voynich Estate, New York, MS 10, 14c, ff. 40r-79r

Dictata illa tua Nicolae quibus...
> See 'Gaudeo plurimum Angele...'

Dictaturi de rationibus algorismi...
    Brux 5273, 14c, ff. 83-117(Silvestre 151)

(D)ictionum numeros importantium quidam dicunter cardinales...
    Ars numerandi: DES(1908), 23-24; pr(Cologne, c.1482); (GW 2663; Klebs 112.1; IAL A1005). See 'Quoniam rogatus a pluribus compendium ...'

Dictis aliquibus circa planum cantum...
    De musica antiqua et nova: Coussemaker III, 334-64

Dictis autem prout potuimus his quibus ostendendum...
    Hucbaldus, Quaedam e musica enchiriade inedita: Coussemaker II, 74-78

Dicto de compositione quadrantis dicendum est de operantibus et utilitatibus...
    Salzburg St Peter X.VI.20(Inc.800), f. 106 (Schulz)

Dicto de compositione quadrantis dicendum est de utilitatibus...
    De utilitatibus et operantionibus quadrantis: CUe 166,13c,f.5(Atk); Ea Q.386, 14c, ff. 153v-156v; Part II, Tractatus Quadrantis...Johannis de Montepessulano: VI 5418, ff. 111r-124r; Explicit utilitas quadrantis Iohannis de Sacrobusto: CLM 28229, ff. 75r-78r

Dicto de corpore mobili generabili et corruptibili...
    Philosophia pauperum, pars IV(Schulz)

Dicto de corpore mobili generabili simplici...
    Pars iv de meteoris, Extract from Albertus Magnus, Summa naturalium *or* Philosophia pauperum: Bol. A.207, 14c, ff. 1ra-6va(AL 1277); Graz 1385, 14c, ff. 9r-26v; VA 725, 13-14c, f. 8r-; pr Borgnet V, 578; Klebs 23.4-6; AFML

Dicto de digestivis et evacuativis cuiuslibet humorum...
    John of Parma, Practicella ex dictis Heben Mesue principaliter abbreviata: CLM 3512, ff. 166va-167vb

Dicto de locis habitabilibus restat dicendum de temporibus...
    De temporibus: Boulogne-sur-Mer 134, 13c, 31 ff.

Dicto de medicinis dicendum est...
    See 'Opiata ergo...'

Dicto de medicinis laxativis dicendum est de compositis...
    BMsl 3531, 15c, f. 1v-

Dicto quod medicina est scientia...
    See 'Dico quod medicina...'

Dictum ergo primo fuit ab illo quod Aristoteles ...
    Raymond of Beziers, Super librum de causis longitudinis et brevitatis vitae: Cesena Plut.VI Sin.5, 14c, ff. 161v-163r; AL 1293

Dictum est igitur et primum...
    Appendix ad Tegni Galeni, tr Burgundio of Pisa: VI 2504, 13c, ff. 39v-40v

Dictum est igitur quidem et prius quoniam...
    De medicina: BN 14700, 13c, ff. 160v-161v(AL 640)

Dictum est in libro de anima quid sit...
    Comm. De sensu et sensato: BLd 55, 13c, ff. 22r-(25r)

Dictum est prius de proportione simplici...
    De commutato proportione: Plimpton 180, f. 14r-v

Dictum est sufficienter de oleis sed quoniam aquarum nonnullis...
    Aquae: CUad 6865, c.1200, ff. 123v-130r

Dicturi de tonis. Primo videndum est quid sit...
    Petrus de Cruce, Tract. de tonis: Coussemaker I, 282-92

Dicunt aliqui quod prima dosis medicine...
    De dosibus: BMh 5218, 15c, ff. 83v-85v

Dicunt itaque philosophi quod septem sunt res...
    Compendium secretorum naturae (alchemical) from Vincent of Beauvais, Avicenna et al.: FR 1165(L.III.34), 15c, ff. 105r-119r

Dicunt philosophi quod argentum vivum est instrumentum omnium liquabilium...
    De argento vivo et sulfure: CLM 26059, ff. 209v-214v; perhaps part of text at ff. 202v-214v. See 'Dixit Matheus ad Fladium...'

Dicunt (philosophi) quod ars derivata sit(est) ex creatione...
    Alexander, Epistola (alchemy): BLas 1384, 14c, ff. 91v-93(DWS 64, ii; T II,253); Brux 4266, 14c, ff. 59v-63v(Silvestre); Ran 1456(V.I.11), 15c, ff. 132v-134r

Dicunt quidam quod hec ars derivata sit ex creatione...
    Liber Alexandri in scientia secretorum naturae: CLM 2848, a.1531, f. 109v

Dicunt quidam quod in ventro zaphiri nascitur carbunculus sicut stella...
    CLM 18444, 15c, f. 203ra

Dicunt quod hec ars sit derivata...
    Alexander (Narducci suggests 'Excerptum ex Alexandri Neckam, De naturis rerum'): Ran 1456(V.1.11), 15c, ff. 132v-134r

Die dominica hora prima utilis est...
    VAu 1398, 15c, f. 24v

Die dominica puer natus amicabilis erit bonus...
    De puero nato die dominica: CUt 1055(O.I.31), a.1419, f. 22r

Die dominica si fuerint kalende Ianuarii...
    Esdras, Signa: Budapest 59, 13-14c, f. 21r-v

Die dominica si nativitas evenerit hyems bona...
    Weather prediction from Christmas day: BMh 2558, 14c, f. 191ra

Die et hora planete ipso planeta existente in domo...
    De spiritibus inclusis: VAp 1375, late 15c, ff. 269v-270r; Isis 25(1936), 365

Die secunda(?) iungetur luna Saturno...
    CLM 667, ff. 1r-3r

Diebus hisce superioribus mi Nicolae...
    Niccolò da Foligno, introd. De ideis: VA 3897, ff. 79r-86r; ed. T (1929), 309-31; ColR 2

Diebus transactis humanissime doctor cum parum otii...
    Johannes Widman, De pustulis et morbo gallico: BN 7065, 15c, ff. 32r-47r; Hain 16160; Klebs 1048.1-2; IAL W14

Dierum alius naturalis alius est artificialis...
    CLM 4394, ff. 34r-(38r), may be part of preceding tract in the MS

Dierum omnium et horarum Arabum omnis eadem est ratio...
    BMh 531, f. 117r

Dies dicitur dupliciter...
    Astronomy in 8 caps.: VA 4082, f. 252ra-(TR 330d)

Dies dominica dies solis dicitur...
    BN 7457, f. 96r-v

Dies dominicus dies electus in quo...
    Days, lucky and unlucky: BMar 52, 13-14c, f. 63

Dies egyptiaci in quibus nullisque modis...
    BMad 22398, 10c, f. 104ra

Dies est aer a sole illustratus...
    CLM 210, f. 85r (probably part of Bede, De temporum ratione)

Dies est aer sole illustratus...
    Bede, Super compotum: Avranches 236, 11c, ff. 88v-95; BLau F.3.15, 12c, f. 21-

Dies est solis orientis presentia...
    Isidore, De natura rerum: Brux 9313, 10c, ff. 67-89v; Mi C.10 sup., a.1342, f. 100r; CLM 275, 15c, f. 159r; Bern 610, 10c, f. 11v

Dies infortuna et omnibus(?) fugienda...
    CLM 667, ff. 4r-8r

Dies naturales in quatuor distinguuntur partes...
    Frater Willelmus Wamyudus, Comm. Joh. of Sacrobosco, Compotus, a.1483: CUt 1144(O.II.40), 15c, ff. 51v-(61)

Dies naturalis est duplex...
    De equatione dierum mediorum: BMr 12.D.VI, early 15c, f. 106

Dies Sabati...
    Hermes, De caracteribus et sigillis: cited Prag 1609, f. 41v

Dies solis. Carpe...
    CLM 21590, 15c, f. 27v(Zi 7981)

Dieta eius sit talis Primo enim caveat...
    Thadeus de Bononia, Consilia: BMh 5286, 15c, ff. 68va-87vb

Dieta id est regula... See 'Cibos accipiunt...'

Dieta in febri pestilentiali...
    Brux 1086, 15c, ff. 3-4v(Silvestre 151)

Dieta nefreticorum non sit nimis diuretica...
    Consilium ad nefresim et ceteras passiones renales: BMsl 420, 14c, ff. 248r-253v

Dieta prout hic sumitur est debita...
    Stephanus Arlandi(or, Arnaldi), Dietarium: BLb 361, a.1459, pp. 1-111; BMsl 1100, 15c, ff. 122-163v; VAp 1331, 15c, ff. 182ra-197va; Wickersheimer 135-36; Rinteln Gymn. cod.2, 15c, ff. 59-88(Schulz)

Dieta quotidiana panis temperatus olera...
    Constantinus Africanus, De victus ratione variorum morborum: Opera, Basel, 1536, pp. 275-80

Dieta sit mica panis ter loti...
    Practica: Basel D.I.11, 14c, f. 89ra. Perhaps by Berengarius de Thumba

Dieta sit ptisana conditum violatum fabe...
    Cura tussis calidi secundum Rasim, Haly: VAp 1302, ff. 73r-75v

Dieta sit talis. In primis in capite dierum quindecim...
    Collectio formularum medicinalium latinarum et germanicarum, partim artis superstitiosae medendi: VI 2531, 14c, ff. 12v-77r

Dietarium istud tres continebit tractatus...
  Stephanus Arlandi, Prol. Dietarium. Text.
  'Dieta prout...'

Differentia est inter effimeram febrem sicut
putridam qui notatur per pulsum...
  De pulsibus: CLM 8742, ff. 147v-149r

Differentia in qua fiunt(fuerunt) imagines
magne...
  Belenus, De quatuor imaginibus ab aliis separatis:
  Steinschneider (1906), 16; T II, 234-35;
  T (1947), 242

Differentia inter corpus et quamlibet aliam
magnitudinem...
  Avicenna, De coelo et mundo: BLse supra 24,
  13c, f. 64-; Ea F.31, late 13c, ff. 130-147; PM
  3473(506), 14c, ff. 170v-174; AL 340, 371, 395,
  658, 1207; RNS 41(1938), 384; Opera, Venice,
  1508, ff. 37-42v, beginning at cap.2

Differentia prima (consistit) in annis Arabum et
Latinorum...
  Alfraganus, Table of contents, Liber differentiarum, tr John of Seville: Ea Q.351, end 12c, ff.
  103-130; F.378, 13-14c, ff. 1-18v; AL 521;
  Björnbo XII(1912), 198; CUpet 250, 14c, ff.
  15r-30v; pr Ferrara, 1493(GW 1268; Klebs
  51.1; IAL A414; Hain *822); anon. CU 1705
  (Ii.I.13), 14c, ff. 100r-109v; BN 7434, ff. 52-
  71v(Poulle). Text, 'Numerus mensium Arabum
  ...'

Differentia regnorum...
  Alphonsus rex, Tabulae. See 'Incipiunt tabule
  illustrissimi...'

*Differentiarum idem genus condividentium...
  Robert Grosseteste, De sex differentiis: Thomson
  97; ed. De differentiis localibus, Beiträge
  IX(1912), 84-87

Differentie febrium maxime quidem proprie ac
maxime...
  Galen, De differentiis febrium, tr. Laurentius
  Laurentianus (a.1500): pr Galen, De affectorum
  locorum notitia, Paris (1514)

Differentie febrium que quidem maxime proprie
...
  Galienus, De febribus, tr Burgundio of Pisa: BN
  15455, 13c, ff. 148ra-158vb; Mon 18, 13c, ff.
  194r-202r; CUpet 33, c.1300, ff. 176v-184; Ea
  F.249, c.1300, ff. 126v-137v; Chartres 293, 14c,
  ff. 86v-94; VE fa 531(XIV.6), a.1305, ff. 1-9;
  CLM 11, 15c, ff. 35vb-45ra; etc. Diels(1905),
  80-81; Opera 1490, II, 437v-445r; 1515, II, ff.
  165r-172r

Differunt quidem horologium et rotalegum...
  Tract. de horologiis conficiendis et in genere de
  machinis cuiuscunque generis motricibus cum
  rotariis: VI 5153*, 15c, 11 ff.

Difficilis habitus atque existimatus est...
  See 'A veteribus difficilis...'

Difficilis investigatio est an febris putrida...
  Gentile da Foligno, Questions on fevers: VA
  2418, f. 193r

Difficultas parturiendi fit aut propter parturi-
entem...
  'Ex Paulo': CUsj D.4, 11-12c, f. 170r-v; Beccaria 71.2

*Difficultates que sunt circa totius entis...
  Albertus Magnus, Liber de causis et processu
  universitatis: BLd 84, 15c, 165 ff.; VA 717, I;
  VAu 24, 15c, f. 241; Borgnet X, 362-619

*Diffinitiones.   Intervallum est soni gravis...
  John of Tewkesbury (musician at Oxford, 1388),
  Quatuor libri elementorum musices: BLd 17,
  late 15c, ff. 91-(110r)

Digerit endivia coleram portu via lacta...
  Verses on medicinal simples: BMsl 58, 15c, ff.
  34-43

Digestio est perfectio a naturali...
  Bern 556, 15c, ff. 80v-87v

Digestio triplex est et tria loca in corpore
optinet...
  De digestione: Bern 80, 15c, ff. 182r-183v

Digestiva colere naturalis viola rosa...
  Simplicia usualia et domestica: VI 5504, ff. 291r-
  313r

Digestivum humoris flegmatici in capite non
multum...
  Marsilius de Sancta Sophia, De digestivis e
  evacuativis: VAp 1268, 15c, ff. 226r-230v

Digestivum in passionibus superioris capitis.
Recipe utriusque salvie...
  De medicaminibus: BMsl 2527, 15c, ff. 146v-
  153v

Digestivum materie et scabiei cum corrup-
tione...
  Bartholomaeus alias Guilelmus de Varignana,
  Consilia: VI 2300, 15c, ff. 51ra-67ra

Digiti autem vocantur minores...
  Comm. in Gerberti regulas II: ed. Bubnov 269-
  73

Digiti nuncupati quod decem sunt...
  De nominibus digitorum: Padua 3, 27, 9-10c,
  f. 115v-

Digitus est minima pars agrestium mensurarum...

    Particula metrologica: CLM 683, 15c, f. 1v

Digitus est omnis numerus minor decem...

    Gernardus(?), Algorismus: ed. Johann Schöner, 1534, as Jordanus Nemorarius; G. Eneström, Bibl. Math. XIII(1913), 289-332; Björnbo, Ab(1912), 126; Algorismus demonstratus Part I: Basel F.II.33, ff. 99r-105r; BLd 61, 13c, ff. 1-20; CUad 6866, c.1300, ff. 161ra-184ra; VI 5203, 15c, ff. 148r-168r; Boncompagni, GdC, 421; Delisle III, 88a; GS II, 616

Digitus pars minima (agrestium) mensurarum quod tria...

    De ponderibus et mensuris: VAb 92, 12c, f. 46r; CUc 301, 14c, p. 153(Atk); CUc 101, p. 299

Dignior et fortior omnibus locis circuli est ascendens...

    Astrol.: BNna 693, 13-14c, f. 93v

Digniora omnibus circuli locis atque laudabiliora...

    I. cap. Jergis de angulis: Basel F.III.8, 15c, ff. 69va-71v

    II. part of Arzachel: Basel F.II.10, 15c, ff. 146vb-147rb

Dignissime vir domine Hartmanne...

    Erhardus Windsperg, Epistola astrologica ad Hartmannum de Eptingen canonicum Basiliensem: VI 3116, a.1498, ff. 19r-21r(TR 303); Wickersheimer 132; M-H 13(1960), 82-83

Digressio declarans differentiam humorum naturalium...

    De humoribus: VI 5511, 15c, ff. 228r-277v

Dilectione mei cordis tuis petitionibus inclina...

    Mariae sororis Moysis liber (alchemy): BU 270 (457), 15-16c, X.3, pp. 1-(40); BN fr 1330, 16c, f. 100(Corbett I,228)

Dilectionem petere a mulieribus...

    Astrology: VAp 1409, ff. 82rb-83vb

Dilectionis tuae cultum quae nostris amiculis referatis...

    Arsenius, Epistola ad Nepotianum: Beccaria 411

Dilectissime frater ut intellexi(mus) multum times...

    John of Burgundy, prol. Pest tract: BMsl 1124, 13c, ff. 68r-70r; BMsl 3285, 15c, ff. 68r-70r; BMsl 393, ff. 67v-69v; BMr 9.A.XIV, 14c, f. 276; 17.A. XXXII, 15c, f. 112v; BLd 196, 15c, ff. 94v-(95r); ed. Archiv V(1912), 77-80. Text, 'In primis caveas...'

Dilectissimi filii quod magister Francisce magister Philippe...

    Gentile da Foligno, De expulsionibus epaticis: FLa 145(219-151), 15c, ff. 2-10; pr Questiones extravagantes, 1520, ff. 84va-88rb

Dilectissimo in Christo N. fratri ordinis Predicatorum...

    Albertus Magnus, Alkymia minor: ed. Kibre, Isis 32(1940-1949), 267-300

Dilectissimo in Christo socio et amico...

    Albertus Magnus, prol. Secreta mulierum: T II, 749-50; Wickersheimer, Henri de Saxe et le 'De Secretis Mulierum', Antwerp, 1923, lists 55 MSS, 6 eds. and 8 forms of incipit: Speculum XXX(1955), 427-43; GW 719-766; Klebs 26.01-50; IAL 273-292

Dilectissimo in vinculo caritatis amico Harrando...

    Hermannus (Contractus), De mense lunari: BNna 229, 12c, ff. 17r-19r; Bubnov cviii-cix

Dilectissimo sibi in Christo socio et amico Gerlaco...

    Albertus Magnus, (Secreta mulierum), here entitled: Epistola de generatione animalium, a.1366: VI 5001, 15c, ff. 167r-224vb; Excerpta: VI 5371*, 15c, ff. 33r-36ra

Dilecto fratri Mathurio monacho...

    Prol. Rabanus, Computus: FR 885, f. 312r-(Isis 50(1959), p. 40, n.56)

Dilecto fratri Rabano monacho Gildas peccator...

    Gildas(?), Prol. Computus: BMc Vitellius A.XII, 11c, ff. 10v-11r. See 'Quia te venerande...'

Dilecto meo et dei servo Braulio episcopo...

    Epistola in caput libri (Isidore of Seville) Ethimologie: Valencia 230, 12c, f. 1

Dilecto nobilissime(*sic*) imperatori Rome et Constantinopolis...

    Aristotle, Alchemical letter: Mon 490, 15c, ff. 68v-69v(Corbett II,117-118)

Dilecto sibi in Christo fratri (G.) frater Aegidius...

    Aegidius Romanus, De gradibus formarum accidentalium: VA 773, 13-14c, ff. 95r-96r; CLM 317, ff. 197rb-(199); pr 1493: PML E.12. A, ff. (A 6)r-(A 8)v

Dilecto sibi in Christo magistro Ade Rufo Robertus...

    Robert Grosseteste, dedic. De unica forma omnium: Thomson 98-99; Beiträge IX (1912), 106-12

Dilecto sibi in Christo socio Johanni Henricus de Saxonia...
> False ascription to Henry of Saxony, of Albertus Magnus, Secreta mulierum: Hain 8434; GW 762-766; Klebs 26.01-05; IAL A289-291; A293; Wickersheimer, Henri de Saxe et le 'De secretis mulierum', Antwerp, 1923, pp. 6-7

Dilecto socio in Christo magistro Waltero de Ketene...
> Fr. Henricus Daniellis, Libri tres uricrisiarum (in old English): CU 1173(Ff.II.6), 15c, ff. 1-128

Dilecto suo Alchero... Cogis me...
> See 'Cogis me dilectissime...'

Dilectus meus descendit in ortum suum ad areolam...
> Comm. in librum de partu hominis cuius auctor Albertus Magnus perhibetur: VI 4987, a.1359, ff. 1r-76r

Dilexi eos qui...
> Recommendatio medicinae: Ea F.235, 14c, ff. 97-106

Dilexi scientiam veritatis(investigare) credens nullo melius posse...
> Bernard Gordon, De urinis: BMsl 512, 14c, ff. 345va-372va; BMsl 334, 15c, ff. 268v-287va

Dilexi veritatis scientiam investigare credens nullum...
> Bernard Gordon, Particula 2, on urines, Liber de conservatione vitae humanae: CUg 373(593), 14c, ff. 57ra-72v; PA 708, 14c, ff. 134v-(149); VAp 1174, ff. 26v-51r; pref. De cautelis urinarum: ed. Archiv X, 177-179

Diligens dominus stabulum frequenter intrabit...
> De arte veterinaria: BLcm 500, 15-16c, ff. 118-(136)

Diligens igitur lector attende...
> De aqua vitae: BMb 186, 15c, f. 128r-v(DWS 1034)

Diligerem insignis doctor egritudinem huius honeste domine...
> Bartholomaeus de Montagnana, Consilium de ablatione visus: BMsl 336, 15c, ff. 140v-143v; Oa 75, 15c, ff. 105rb-108rb(Padua, 1426, 28 Jan.)

Dimidium proslambanomenos est Mese huius autem dimidium...
> Bernelinus, Cita et vera divisio monochordi in diatonico genere: PL 151, 653-74; Gerbert I, 313

Diminutio lune...
> Hermes, De septem annulis planetarum: cited Pastrengo(1547), 36v. See 'Divisio lune...'

Dimissis causis et modo generationis comete...
> See 'Cometa apparuit anno domini 1402...'

Dimissis puerilibus consuetis circa principia librorum venio...
> Christophorus de Barziziis, Lectura super nono Almansoris: BN 6993, 15c, ff. 32-258; CLM 182, 15c, f. 17r

Dimissis que in principio librorum solent adduci...
> Angelus de Pergula, Expositio super particula prima et secunda aphorismorum recollecta per Melchiorem Iohannem de Eugubio anno 1397: VA 9420, 14c, 193 ff.

Dimittam causas et essentiam egritudinis solum veniam ad actum curativum...
> Basel D.III.2, 15c, ff. 143v-145v

Dimitte hortor confusam pluralitatem...
> Alchemy: BLas 1448, 15c, p. 128(DWS 714)

Dinanzi se dito dele mutazione a presso...
> Antonius de Leno, Regulae de contrapunto: Coussemaker III, 307-28; Vivell

Dinoscitur autem rerum consecutio tribus modis...
> Roger of Hereford, De iudiciis astronomiae: CU Ii.I.1, 14c, f. 51(Atk); anon. BNna 693, 13-14c, ff. 135va-138vb

Diocles Pamperio unanimi suo salutem...
> Diocles, De inspectione infirmorum: Brux 3712, 10c, f. 12. See 'Hec oportet medicum...'

Dionysii Alexandrini philosophi cum nuper in libellum...
> Antonius Beccaria, pref. Dionysius Periegetes, Orbis descriptio. Text, 'Terra omnis cum...'

Dionysius abbas genere Romanus paschales circulos...
> In circulos Beati Cyrilli et Dionysii Romani ac Bedae studiosi cuiusdam praefatio: PL 90, 823-78; Abbo: Chartres 75, 9-10c, ff. 123-124 (PL 139, 573)

Dionysius quondam urbis Rome scientissimus...
> Felix Cyrillitanus, Prol.: Bulletin Du Cange, 17(1943), 61-62

Dionysius venerabilis Abbas cuiusdam monasterii urbis Rome...
> Computus: VA 1548, 12c, ff. 68r-75v

Directas ductas lineas...
> De speculis: Nu Cent.V.64, ff. 164r-170v, 172r-174v; Zi(1938), 219

Directio est arcus equatoris revolutus...
 FL 29,14, 14c, ff. 1-21

Directio est revolutio none spere donec...
 VI 5258, 15c, f. 55r

Directorium instrumentum compositurus...
 VI 5258, 15c, ff. 54r-55r

Dirige cogitationes tuas in bonum...
 Johannes de Polonia, Computus manualis comm.:
 Prag cap.1296, 15c, ff. 126-131(Schulz)

Dirige nato gradum...
 De directionibus: Ea Q.223, 14c, ff. 163v-170v

*Dirigit epistolam suam pape et primo ponit...
 Frater Ferrarius, Epistola pape (super arte
 alkymie): BLd 164, 15c, ff. 17-20v(DWS 309)

Dis buch heisset Lucidarius...
 Lucidarius; ed. G. Hellmann, XV(1904), 77-87;
 GS II, 386

Disce diem lune in qua quis decubuit...
 De divinando exitu morborum e positionibus lune
 et de sphera Pythagore: VI 2532, 13c, f. 1r-v

Disce prius etatem lune diei in qua quis decubuit...
 BN 14068, f. 39(H)

Disciplina a discendo nomen accepit...
 Isidore of Seville, Etymologiarum libri xx: ed.
 W. M. Lindsay, Oxford, 1911, 2 vols.; PL 82,
 74-728; DWS 1056; pr (Augsburg), 1472
 (AFML 250; Klebs 536.2; IAL I153)

Disciplina medici exaltabit caput... Inter
figuras animalium...
 Nich. de Gorran, Postilla in Lucam: QE I, 439;
 Graz 364, f. 1(Schulz)

Disciplina numerorum arithmetica est Greci
enim numerum arithmon vocant...
 Algorismus novus de integris: Mi A. inf. 203, 15-
 16c, f. 10r-; Wi 79, 15-16c, ff. 167r-170v; pr
 (Cologne 1500); GW 1276-78; Klebs 58.1-3;
 IAL A420

Disciplinam artis medicinae incipiam...
 Hippocrates, Epistola: Beccaria 411

Discipuli Ipocratis sapientis depinxerunt formam eius...
 Extract from Secretum Secretorum: BMad
 32622, 14c, f. 102r-v; BMar 88, 15c, ff. 57-(59);
 BN 7416B, f. 110v-; OHI V(1920), 165

Discipuli quasi quidem Ypocratis viri peritissimi...
 (De physionomia): BN 7349, 15c, ff. 51v-54v

Discipuli quidam Socratis sapientis depinxerunt
formam eius...
 Secreti Secretorum fragmentum: Padua cap.
 B.62, 15c, ff. 96r-99v; AL 1513

Discipuli siquidem Socratis sapientis pinxerunt
formam eius...
 Hippocrates, Physionomia: Strasburg 98, 15c,
 ff. 138v-140r; Saxl(1953), 19

Discipuli quidem Ysocratis...
 Physionomia. Tabula: Wilhering 68, 13-14c, ff.
 128-129v(Xenia Bernardina, II, 2, 1891, 29)

Discipulus. Divisiones temporis quot sunt?
Magister...
 Bede, De divisionibus temporum: PL 90, 653-
 64; anon. Laon 140, f. 31(H). See 'Divisiones
 temporum quot...'

Discipulus dixit Magister si vobis placeat...
 Alchemical dialogue: BLa 1450, 15c, f. 6(DWS
 383); cf. Arnald of Villanova, De secretis naturae,
 Cap.3

Discipulus. Quid est musica...
 See 'Quid est musica? Veraciter...'

Discite que faciem commendent cura puelle...
 Ovid: Paul Lehmann, Pseudoantike Literatur des
 Mittelalters, Studien der Bibliothek Warburg,
 fasc. 13, 1927, p. 90

Discretio inspectionis sanguinis triplex est
modus...
 BN 7038, 13c, f. 58r-v

Discretionis in inspectione sanguinis...
 BN 8654B, 14c, ff. 28va-29rb

Discretionis inspiciendi(inspexionis) sanguinem
triplex est modus...
 De phlebotomia: BMad 15236, 13-14c, f. 26r;
 BLd 150, 14c, ff. 105-(106)

Discretis et sapientibus viris prelatis seculari-
bus...
 Beringarius, Epistola (alchemy): VE VI.215
 (XVI,4), a.1475, ff. 261-262; VAb 273

Dislocatio est egressio ossis ex loco suo...
 Avicenna, Liber IV Canonis, Fen 5, Tract. I

Dispensatio fiet in lento igne per fixationem...
 Alchemy: BMsl 2327, ff. 30-33; DWS 123, vi,
 vii

Disponatur Almanach modo solito cum aspectibus divisis...
 Astronomical and astrological: CLM 367, 15c,
 ff. 11r-19v

Disponatur quadratum aeneum vel ligneum ligni solidi...
> Dispositio geometrici quadrantis: FL Plut.XXIX. cod.43, 15c, f. 1r; Zi 8818-23

Dispono capitulum de iuncturarum doloribus facere speciale...
> Lanfranc: Bordeaux 117-118, 15c, ff. 232-242; Archiv, II(1909), 29

Disposita figura quadrantis...
> Leip 1469, 14-15c, f. 281r-v(Zi 8837)

Dispositio Christoferi mei et dilectissimi est vertigo...
> Bartholomaeus de Montagnana, Consilium medicum: CUt 1239(O.IV.8), 15c, ff. 61v-63v

Dispositio cognitionis nature et scientie...
> Aristotle, De coelo et mundo, tr Gerard of Cremona: Toulouse 734, 14c, ff. 63-83

Dispositio corporum celestium continetur hic...
> John Vimundus: BN 7286, ff. 1r-8v

Dispositio et forma natorum sub quolibet planeta...
> Dijon 449, 15c, ff. 1v-16

Dispositio huius doctrine est monstratio...
> Quaedam de suffocatione matricis, cum aliis receptis: BLcm 156, a.1500, ff. 83-(92)

Dispositio huius magnifici viri domini Cunradi de Marchionibus...
> (Antonius Guainerius?), Consilium: CLM 174, ff. 246ra-249

Dispositio huius nobilis adolescentule ut ex informatis...
> Medical consilium: Oa 75, 15c, ff. 30vb-31rb

Dispositio huius viri est melancholia multa...
> FR 868, 15c, ff. 190ra-194vb

Dispositio humani masculio(*sic*) et femino(*sic*) corporis...
> Sandbergs Bokhandel Cat.10, no.76, ff. 7v-13

Dispositio itaque naturalis in habitudine...
> Bartholus of Siena, Consilium pro Pii secundi dispositione: VA 4440, 15c, ff. 1ra-5va

Dispositio magistri Iohannis de Vico alme urbis Rome prefecti...
> Gentile da Foligno, Recepta et consilia ad egritudines et passiones stomachi: VAp 1260, 15c, f.29ra-

Dispositio nobilis viri (circa) annorum 35 est epilepsia...
> Hugo, Consilium: Bern A.38, 15c, ff. 75va-77ra; Lockwood(1951), 249-251

Dispositio notabilis domine uxoris domini Anthonii...
> (Bartholomaeus Montagnana, Consilia): Pro dispositione fluxus medicinarum: CUt 1239 (O.IV.8), 15c, ff. 119r-130va

Dispositio reverendi patris et domini episcopi Salamantini...
> Medical consilium: Salamanca 2306, f. 5r-

Dispositio sapientum est naturarum mutatio...
> Alphidius, Dicta philosophorum: BMad 10764, 15c, ff. 139-140(DWS 16); Morienus, Alchemy(?): Cues 201, 15c, ff. 33v-43v(?)

Dispositio venerabilis patris et domini domini Francisci episcopi Olmensis...
> Gentile da Foligno, Consilia: Wo 2794, a.1432-33, ff. 189ra-229va (T III,243-44, 247, n.40); VAp 1260, 15c, ff. 1r-11r; MH 3(1959), 8, 16, n.5

*Dispositiones corporis (per)mutabilis sunt tres...
> Raymond Lull, Theorica testamenti: HL 29, 382

Disputaturi de anima primo queritur utrum sit ponere aliquem spiritum...
> Matthew of Aquasparta, De anima quest. 6 disp. Roma, 1281: Glorieux, II, 105

Dissenteria est fluxus ventris...
> Archimatthaeus, Practica: BMr 12.E.VIII, 13c, ff. 160r-177v; Renzi V, 350-76. Pref. 'Cum opus quodlibet...'

Dissolvit leviat depurat rem sibi iunctam...
> Verses preceding, Urso, De effectibus qualitatum: FLa 143(217-149), 15c, ff. 31-34v

Distantiam igitur centri eccentrici solis a centro terre...
> Petrus de Juliaco(Alliaco?), Opus astronomicum: Brux 1031, 15c, ff. 89va-98vb(Silvestre)

Distantie comete a terra investigande preambula...
> Probl. I, Joh. Regiomontanus, De cometae magnitudine longitudineque ac de loco eius vero problemata XVI; pr Joh. Schöner, Scripta de Torquato, etc., Nuremberg, 1544, f. 75r-(Schulz); Zi(1938), 156-57, 252

Distemperantia inequalis fit aliquando...
> Galen, De inequali distemperantia, tr Geo. Valla: pr 1498, f. 131r; (Polain 2800; Klebs 1012.1; IAL N33)

Distemperationes colorum quatuor sunt cum quibus...
> (De coloribus, in Latin and English): BMsl 962, 15c, ff. 140v-141v; 141v-142(DWS 936)

Distillationis philosophice antequam procedatur
ad practicam...
> Wo 3284, ff. 25r-31v

Distillatur quidem tam de argento quam de
rubeo...
> Istud est capitulum illius aque preciosissime que
> de vino distillatur: BMsl 352, 15c, ff. 33-42
> (DWS 1038)

Distinctio mensurarum et ponderum diversificatur secundum Avicennam et Serapionem
dupliciter...
> Dino del Garbo, De ponderibus et mensuris: pr
> Venice, 1496; 1499; f. 152r-v(Klebs 336.2-3;
> IAL D154-55); Venice, 1544, ff. 147va-148vb

Distinctio mensurarum et ponderum diversificatur tribus modis...
> Distinctio mensurarum et ponderum secundum
> Avicennam et Serapionem: BLcm 430, 15c, f. 152

Distinctio mensurarum et ponderum secundum
Serapionem Avicennam...
> CLM 251, ff. 40va-41rb

Distinctio mensurarum et ponderum tribus
modis secundum Avicennam et Serapionem
uno modo diversificatur...
> VI 5338, 15c, f. 190r-v

Distinctio(nes) secretorum sapientum in...
> Morienus, introd. De distinctione duodecim
> aquarum: DWS 69. Text, 'Aqua permanens...'

Distinctiones eius instrumenti primo in corpore...
> Arzachel, Astrolabium universale, tr William of
> England, 1231: BLd 167, 14c, ff. 67v-71v

Distinguit primo...
> Omar, Nativitates: VI 10745, ff. 3v-8v; Zi
> (1938), 224

Distrahentia humiditatis a capite et excitantia
virtutis...
> Petrus de Tussignano, Recepte: Wi 61, a.1412,
> ff. 135vb-167ra

Distrahit et dubiam reddit confusio mentem...
> Aegidius of Corbeil, Hierapigra ad purgandos pre-
> latos: Vieillard, Gilles de Corbeil, 1909, p. 360

Distributio mensurarum verba a febri...
> Tract. medicus: VI 2300, 15c, ff. 73v-74ra

Ditavit me dominus ille venerabilis amicus
vester...
> Epistola cuiusdam philosophi (alchemy): VE
> VI.215(XVI,4), a.1475, ff. 250-252

Diu dubitavi fateor clarissime vir...
> Andronicus Calixtus Byzantius, dedic. prol. to
> Lorenzo de'Medici, tr De generatione et corrup-
> tione: Na VIII.E.18, ff. 115v-135v(Schulz)

Diu est quod a quamplurimis scolaribus meis...
> Eugubinus de Montecatino, De balneis: VA
> 2482, 15c, ff. 73ra-84vb; (incorrectly) De bal-
> neis, ff. 47va-57vb

Diu mecum ipse agitari deberem ne maledictis
...
> Galeottus Martius, Refutatio obiectorum in
> librum de homine a Georgio Merula: pr Bologna,
> Venice, 1476 etc.(Klebs 671.1-2; 670.3; IAL
> G40-42)

Diuturni studii lectione deprehendi...
> Franchinus Gafurius, Theorica musicae: pr
> Naples, 1479(1480); Milan, 1492(Polain 1527-
> 28; Klebs 430.1-2; IAL G5-6)

Diva ego sum phenix profecto foret...
> Phoenix(alchemical?): BU 143(110), 16c, ff.
> 81r-100r(T III,637)

Diversa legens (hec) collegi labore nimio...
> De certis gemmis: Ea Q.368, 14c, ff. 71v-74;
> Basel F.II.15, ff. 107v-110r; Ambix 8(1960), 10-
> 11

Diverse diversorum opiniones sunt de anima...
> BLd 158, late 12c, f. 109

Diverse membrorum dispositiones secundum
artem physionomie...
> Albertus, Physionomia: CLM 16456, a.1414, ff.
> 144ra-146rb; BNna 401, 15c, ff. 138-154; Graz
> 976, 15c, ff. 49-(53); FL XXIX, 3, f. 59v; Turin
> 523(H); Borgnet 34, 79-82; Physonomia Thome
> Anglici: BMad 15107, 15c, ff. 43v-44v; Saxl
> (1953), 19

Diverse membrorum species secundum artem...
> Thomas Aquinas(?), Liber physonomie: VAu
> 230, 15c, f. 200v

Diverse sunt in oculis passiones ut picta dolor
oculorum...
> De oculorum passionibus: Oc 132, 15c, ff. 139r-
> 142r

*Diversi astrologi secundum diversos annos...
> Roger of Hereford, Theorica planetarum: Has-
> kins 125; anon. Ea Q.352, 13-14c, ff. 94-96

Diversimodi potest dividi liber iste deinceps...
> Gentile da Foligno, Comm. Avicenna, Canon:
> pr Avicenna, 1523, I. Prol. 'Dei qui nos...'

Diversitas coloris in corpore egri...
> (Rasis?), Signa pronostica: CUk 21, 14c, p. 84
> (Atk)

Diversitas solis sumitur in directo...
De oppositione solis et lune invenienda: VAo 1825, f. 156va

Diversitatem aspectus...
Johannes de Lineriis, Canons of Eclipses: T III, 256-57

Diversitates aspectus ad eclipsim solis si cupis invenire...
Mi M.28 sup., f. 12v-

Diversitates duodecim lapidum...
Orléans 343, 10c, p. 141

Diversitates humorum exsequamur vel infectiones comixtiones...
De humoribus corporis humani: VI 253, 14c, f. 1ra-b

Diversitates nativitatis sunt quatuor prima est abortivorum...
Nativities: Oma 182, ff. 74vb-76v, 79ra

Diversitatum tritici ex regionum natura...
De nutrimentis: VI 2523, 13c, ff. 44r-58r

Dividantur duo latera quodlibet in 12...
Gnomon: BN 7414, ff. 55r-58r

Dividetur circulus in xxiv equalia...
Sun-dial: Zi 9730

Dividitur autem...
Arnald of Villanova, De investigatione lapidis (*or* Testamentum): BU 270(457), II, 3, f. 1r(T III,675)

Dividitur autem hic liber secundum quosdam in tres partes...
Petrus de Abano, Comm. Problems of Aristotle; BN 6540, 14c, 1va-236va; 6541, 14c, f. 1va (fols. unnumbered). Prol. 'Iuxta sententiam Aristotelis secundo Celi...'

Dividitur autem in quinque tractatus...
Avencebrol, Fons vitae. Text, 'Magister. Postquam ex bonitate...'

Dividitur autem liber iste in tria capitula...
Artephius *or* Alphidius, introd. Clavis sapientiae: Ze IV, 198-213. Text, 'Laudemus in principio...'

Dividitur autem (tota) ista scientia (in) prima...
Rosarius, Liber veridicus *or* Totum continens: T III,56; IV,336; Corbett I,117, 194; II,40. See 'Omnia liquabilia...'

Dividitur capud secundum primam divisionem...
Astrological: Prag 433(III.C.2), f. 44r-v

Dividitur in duas partes id est theoricam et...
See 'Medicina dividitur in duas...'

Dividitur iste liber in duas partes in...
Comm. Viaticum: Ea Q.221, early 14c, ff. 25-66

Dividitur itaque(utique) maior per minorem...
Herigerus, Regulae in abacum, Part II: ed. Bubnov 210-21. Part I: 'Multiplicatio singularium...'

Dividitur medicina in duo alia simplex...
Bartolomaeus Salernitanus, Practica, cap. 1. See 'Practica dividitur in duo...'

Dividitur orbis signorum in duodecim partes...
Introd. Almagesti: Cues 208, a.1310, ff. 42v-53v; BN 16198, 14c, ff. 166r-177v; (Sperica Ptolomei): PM 3635, 14c, ff. 123-137; Carmody (MS) identifies as Geminus Rhodius, De apparentibus caelestibus; Manitius(1898), tr from Arabic, by Gerard of Cremona

Dividitur pondus 40 unciarum in quatuor partes...
CUt 1149(O.II.45), 13c, p. 21

Dividitur tractatus iste in duas dictiones...
Canones super tabulas Boneti: BN 7287, 15c, ff. 108rb-112va; Dijon 447, a.1480, ff. 71r-81v

Dividuntur anni domini nostri Ihesu Christi per decem et novem...
Calendar: VA 4437, 14c, f. 8r-v

Dividuntur autem numeri diverso modo...
Comm. in Gerberti regulas de numerorum abaci rationibus, Primus, III: ed. Bubnov, 262-69

Divina auxiliante gratia brevem(breve) tractatum compilare...
Marchetus de Padua, De arte musicali: Pisa Univ. 10, 15c, ff. 111-131; anon. FL Plut.29, cod.48, 15c, f. 93; ed. La Fage, Diphtérographie musicale, Paris(1864), p. 385

Divina favente misericordia (dei) prima abbreviationum parte minus male...
Marsilius (de Inghen), Abbreviata super octo libris phisicorum: Ea O.78, a.1346, ff. 41-132; Ea Q.314, a.1394, 106 ff.; pr(Pavia, c.1480) (Polain 2617; Klebs 667.1; AFML 306; IAL M244); anon. VI 5112, 15c, ff. 181r-283v. See 'Prima abbreviationum...'

Divina potentia(providentia) composuit mundum...
Arnald of Villanova, Rosa Novella: T III, 59-60, 668-69; UP 1, 15c, ff. 10r-14. See 'Non negligas...'

*Divina potentia insuperabilis...
(Ray. Lull?), Testamentum primum Arnaldi de Villanova Catalani: Salzinger; Graz 42, 18c, ff. 1-8(Schulz)

Divina quedam ac beata res philosophia esse...
Aristotle, De mundo ad Alexandrum, tr Rinutio: BE 651, ff. 1-13; VA 305, ff. 122r-131r; Lorimer, Text tradition, Oxford, 1924, p. 28, n.5 (Schulz). See 'Mundus est ex celo et terra...'

Divinandi artes plurimas fuisse quis nescit...
Galeottus Martius, Chiromantia: T IV, 400, n.38

Divinas artes et conscia sidera rerum...
Epigram preceding Robertus Anglicus, De astrolabio canones: VE VIII.86(XI,95), 15c, ff. 1-37. Text, 'Cum plurimi ob nimiam...'

Divini operis quadam die completa...
Wilhelmus, abbas Hirsaugiensis (William of Conches), pref. Astronomia. Text, 'Igitur a solstitiis...'

Divini timoris totiusque prudentie...
Guido of Arezzo, dedic.Micrologus, 'ad Teudaldum episcopum': CLM 14523, 10c, f. 118r

Divino favente et disponente auxilio...
See 'Utrum sententie...'

Divino munere omnibus in rebus...
Nicholas of Cusa, De docta ignorantia: pr (Strasburg, 1500): Hain *5893; Klebs 700.1; IAL N80; Opera, 1565, pp. 1-62

Divisa quarta parte circuli in 90 gradus...
BN 7414, c. 1512, ff. 60r-62r

Divisio libri aphorismorum satis patet...
John of St. Amand, Divisiones et summarie sententie: Ea Q.227, f. 32

Divisio lune quando impleta fuerit...
Hermes, De septem annulis septem planetarum: cited Spec. astron.(Borgnet, X, 641); T (1947), 247

Divisio scientie ut accipiatur illa pars...
Robert Kilwardby, De ortu *or* De divisione scientiarum: QE I, 376; Bruges 424(H); VA 9414, 15c, ff. 1-63v; Prag 786, ff. 114-193 (Schulz). See 'Scientiarum alia...'

Divisiones temporum quatuordecim sunt, id est athomus...
Computus: Jones 51

Divisiones temporum que sunt? Quatuordecim...
Var 1855, 10-11c, ff. 84r-85v; AL 1800

Divisiones temporum quindecim sanctus Anthonius...
Probus, De divisione temporum: VA 3101, f. 9v; Saxl(1915), 84

Divisiones temporum quindecim sunt athomus ostentum momentum pars minutum...
BN 15170, 12c, f. 146r; Mon 322, 12c, f. 41v

Divisiones temporum quot sunt...
Bede(?): Bern 417, 9c, ff. 47-161v; Mon 384, 9-10c, ff. 74r-78r. See 'Discipulus. Divisiones...'

Divisiones temporum sedecim sunt...
BMsl 263, 11c, ff. 16-18

Diviso zodiaco restat inscriptio stellarum fixarum...
De novo quadrante componendo: Ea F.395, c.1373, f. 123(Zi 8839)

Divisum autem ab huiusmodi divisionis sapientibus...
Directions for finding latitude with the quadrant: BMr 15.B.IX, late 12c, f. 71r

Divum Platonem (pater optime) eum qui primus...
Conrad Heingarter, Medical advice to Jehan de la Gutte: BN 7446, ff. 15r-33v(T IV,359)

Divus Iulius Caesar vir acerrimus et multarum gentium dominator...
Solinus, De itineribus: CUt 939, 10c, f. 2v-

Dixerunt Alfonsiste sicut patet in tabulis...
BLd 97, ff. 122r-124v, 'Explicit ars brevis de equatione eclipsis solis'

Dixerunt fugientem a suo domino sic posse inveniri...
Astrology: NaO XV.xi, f. 173vb

Dixerunt Hester Ptolemeus et Hermes...
Andalò di Negro, De infusione spermatis: VI 5503, f. 115r-v(TR 310). See 'Hester Ptolemeus...'

Dixerunt in principio huius intentionis quoniam omnia...
Nabal et Philetus, Liber super intentionem Tullii in quolibet capitulo(Alchemy): BLd 119, 14c, ff. 131-133(DWS 59)

Dixerunt philosophi quod lapis eorum fit ex corpore anima...
BMsl 212, 15c, f. 21(DWS 564)

Dixerunt Ptholomeus et Hermes quod locus lune in quo erat luna...
John Holbrook(?), Ars inveniendi figuram conceptionis nati: BMe 889, 15c, ff. 109r-110r

Dixerunt Ptolomeus et Hermes quod locus lune in hora...

> De hora conceptionis et nativitatis: Ma 10015, 13c, f. 19va; BN 7307, 13-14c, f. 1r; BN 7316, f. 145r; ed. T(1957), 129; VI 5239, 14-15c, f. 128ra-b

Dixerunt sapientes primi qui fuerunt sani intellectus...

> Albubather, De nativitatibus, cap.1. See 'Primum quod facere...'

Dixi de his vitiis que per totum corpus orientia...

> Medical: BLlm 724, 15c, ff. 187va-202vb

Dixi eo quod ars medicinae multas artes precurrens sit...

> Comm. in Hippocratis aphorismos(mutil. a fine): Bern 232, 10c, f. 38 (preceded by Hippocrates text: 'Vita brevis ars autem prolixa...'); Beccaria cod.122

Dixi ergo tibi pater clementissime quod oportet...

> Arnald of Villanova, Ad papam(Bonifacium): KlaB XXIX, d.24, a.1421-1423, ff. 191r-197r (T III,658)

Dixi in hoc meo libro medicinas quarum necessitas...

> Rasis, prol. Antidotarium; tr Gerard of Cremona at Toledo: BHM 32(1958), 57-67; Avignon 1019, 13c, ff. 139-151(Pansier II(1909), 36); BMsl 1933, 13c, ff. 99r-105vb; CUsj 78(D.3), 13c, ff. 18r-27r; CUpet 101, c.1300, f. 116(Atk); Prag 491, 13-14c, ff. 116v-127v; CLM 13045, 14c, ff. 133-143; CLM 13114, ff. 227-245; Yale, Fritz Paneth, 14c, pp. 437-438; VAp 1144, ff. 252-272r

Dixi tibi pater beatissime (clementissime, sanctissime) quod...

> Arnald of Villanova, Epistola ad Bonifacium VIII: T III, 658; DWS 226, viii; Corbett I,93

Diximus de compositione septem arborum...

> Fragment, Liber Yrbonis et Jalsini: Corbett I,132, 153

Diximus de iis febribus in putride materie genere...

> Alexander Benedictus, De observatione in pestilentia: pr Venice, 1493(AFML 98; GW 864; Klebs 172.1; IAL A356); (De febribus liber quintus), Collectiones medicinae, (Venice, 1493): (GW 862; Klebs 171.1; IAL A354); Rasis, 1528, ff. xix-xlii

Diximus de infirmitates(*sic*) hominum nunc de ipso homine...

> Vindicianus, Epitome altera: Uppsala C.664, 9c, pp. 14-22; Beccaria 117.6

Diximus de rebus fletui et risui pertinentibus...

> Liber Nicolai: BN 6988, ff. 1ra-3va

Diximus diversitates vulnerum...

> Elucidatio artis cyrurgie: Prol. 'Quoniam quidem de cyrurgia...'

Dixisti domine Iesu Christe dei virtus et dei sapientia...

> Aegidius Romanus, Contra gradus et pluralitatem formarum: HL 30, 479; Bibliofilia 35(1933), 311, no.19; Hain 132; GW 7204; Beiträge XX, 5(1922), 48, n.3

Dixit... See also 'Ait...' 'Dicit...' 'Inquit' and what was said

Dixit Aali filius Achemet...

> See 'Rogasti me (carissime)...'

Dixit Ableta filius Zael...

> Planets: Leip 1484, 15c, ff. 239v-242(Zi 7918)

Dixit Abraham (Iudeus). Cognitum est corpus...

> Abraham ibn Ezra, De astronomia: BLd 40, 12-13c, ff. 52-89r; BMar 377; BN 7374A, ff. 102-115; 16648, 13c, ff. 106-146; Ma 10053, 13c, ff. 67ra-76va; T II, 292, n.6; Millás(1942), 181-184

Dixit Abraham Iudeus. Optimum instrumentum ad inveniendum...

> Abraham ibn Ezra, De revolutionibus nativitatum: VAp 1340, 15c, ff. 389ra-403ra

Dixit Abualy iben Avicenna. Explanabo...

> See 'Explanabo...'

Dixit Abualy. Qui sunt philosophi dicunt...

> Avicenna, De anima (alchemical): DWS 123; Steinschneider(1906), 12

Dixit Abubetir Mauymi filius Alkassibbi Altirfi primo quod pertinet...

> VE VI.108(XI,110), 15c, ff. 40-111. See 'Primo quod pertinet...'

Dixit aggregator huius operis. Postquam ego collegi...

> Serapion (in most MSS) *or* Albucasis (in most eds.), Liber servitoris, tr Simon a Cordo et Abraham Judaeus Tortuosensis: Ea F. 245, early 14c, ff. 94v-107; Basel D.I.10, 14c, ff. 33va-43va; BLcm 250, 14c, ff. 193ra-208ra; BMsl 252, 15c, ff. 137r-168v; Danzig Mar. F.238, ff. 185-208; CLM 14329, f. 23v; VAp 1331, ff. 313ra-325rb; Lyons pa 46, 14-15c, ff. 1-21v; Giacosa 470; Klebs 5.1-2; 680, 8, 10-15; 703, 1, 4, 6; IAL M441-446; N140, 142; Mesue, Opera, 1535, f. 307-; etc.

Dixit Albebah Alfarat. Iste liber scientie
iudiciorum stellarum...
> CLM 2841, 16c, ff. 121r-131r. See 'Iste est
> liber scientie...'

Dixit Albertus in mineralibus...
> Liber de transmutatione: VI 5477, 15c, ff. 38r-
> 61r

Dixit Albertus. Talentum mihi in traditum...
> See 'Talentum mihi...'

Dixit Alboaldus In hoc capitulo dicam...
> Alboaldus, De diversis solutionibus: Brux 4272,
> 14c, ff. 103v-106(Silvestre)

Dixit Alboali Avicenne...
> Alchemy: Cues 201, 15c, ff. 50-54

Dixit Albohali(Abhaly). Iste est liber...
> See 'Iste est liber in quo exposui...'

Dixit Albubather magni Alchasili...
> See 'Primum quod facere oportet...'

Dixit Albubather (id est Almansor) magni
filius Alkabisi...
> BN 7336, 15c, ff. 117r-184r; VI 3124, 15c, ff.
> 96r-125v. See 'Primo quidem(quod) pertinet
> ...'

Dixit Albuçabeth ben Felix quia(quod) omnes
orientales...
> Ptolemy, De imaginibus super facies signorum.
> See 'Omnes orientales...'

Dixit Albumasar...
> See 'Oportet te primum scire...' 'Placuit mihi
> inter cetera...' 'Scito horam introitus...'

Dixit Albumasar Dario regi Indie de domino
anni...
> De significationibus planetarum: Cues 209, 14c,
> ff. 26v-40; VI 5438, 15c, ff. 128v-150v; Car-
> mody 95-96; CLM 25005, 15c, ff. 28v-46r

Dixit Albumasar. Dato horam...
> Albumasar, De revolutionibus annorum mundi:
> CUg 141(191), 14c, ff. 610-637. See 'Scito
> horam introitus...'

Dixit Albunbeth ben Selim quia omnes orientales...
> BN 7282, f. 31. See 'Omnes orientales...'

Dixit Alburabeth ben Felim quia omnes orientales...
> Cop Gl. Kgl. S. 3499, 15c, f. 96r

Dixit Albuzaben quia omnes originales(*sic*)
operabantur...
> FL Plut. 89, cod. 38, 15c, ff. 19r-27r

Dixit Alexander, Apud Aristotelem tribus
modis...
> AL 1540. See 'Dixit Alexander quod...'

Dixit Alexander quod intellectus apud Aristotelem est tribus modis...
> Alexander of Aphrodisias, De intellectu et intel-
> lecto: CUg 497(266), 13-14c, ff. 54v-57; BLd
> 217, 14c, ff. 116r-(117v); Vendôme 105, 14c,
> f. 109-; VA 2186, 15c, ff. 76v-78v; AL 572, 583,
> 1647; Delisle III, 83b; ed. Bibl. thomiste, VII,
> 74-82; CTC I, 111

Dixit Alfadel filius Ablezehelis quando a te
quo...
> Björnbo(1912), 109

Dixit Alfodhol de Merengi quum ego...
> Alfodhol de Merengi, prol. Liber iudiciorum et
> consiliorum. Text, 'Postquam ego Alfodhol...'

Dixit algorismi laudes deo rectori nostro atque
defensori...
> Algorismi de numeris Indorum: CU 1884
> (Ii.VI.5), 13c, ff. 102r-109v; ed. B. Boncom-
> pagni, Trattati d'aritmetica, Rome, 1857, 1-23

Dixit Alhasen filius Achasith...
> See 'Cum nativitatum revolutiones...'

Dixit Ali filius Ilhasan filius Ilaytim, Scito
deum...
> See 'Scito deum excelsum...'

Dixit Alkyndus. Quando vis scire cogita-
tionem querentis...
> De meditatione(intentione) cordis: BMsl 332,
> 15c, ff. 88r-90v; BMsl 636, 15c, ff. 122v-127v

Dixit Alphadon de Marengo...
> Girolla 67. See 'Dixit Alfohol de Merengi...'

Dixit Alpharabius. Nomen intellectus...
> Brux 877, a.1283, ff. 141ra-143vb; CLM 317,
> ff. 169vb-(173vb); VA 4426, ff. 1va-4ra; AL 34,
> 572, 583, 613, 735, 874, 1484. See 'Nomen
> intellectus...'

Dixit Aomar(Omar) ben Alfragani Tyberiadis
...
> See 'Scito quod diffinitiones...'

Dixit Apollo(Apollonius) philosophus, Planetarum quidam sunt diurni...
> De sigillis planetarum: Ea Q.386, 14c, ff. 169v-
> 172; Cop S.1712, 15c, ff. 165r-166r, 168v-
> 177r(TR 257)

Dixit apostema appellatum squivros...
> See 'De libro signorum dixit...'

Dixit Argophalus sapientissimus astronomus que solis. . .
> BLf 22, f. 38v

Dixit Aristoas, Vidistine Hermetem(?) hec animalia. . .
> Hermes, De quatuor confectionibus ad omnia genera animalium capienda: Mon 277, 14-15c, ff. 64-65(Corbett II,80); Diels(1906), 46. See 'Dixit Aristoteles, Vidistine. . .'

Dixit Aristoteles Alexandro regi. Si vis percipere. . .
> Mors animae: cited Thadeus of Parma, Expositio theoricae planetarum: FLa 131, 14c, f. 3v; Spec. astron. cap.i, Borgnet X, 641

Dixit Aristoteles. Intentio nostra est in hoc libro. . .
> Averroes, Comm. super librum de generatione et corruptione: CLM 8001, 14c, ff. 11-13. See 'Intentio nostra in hoc libro est. . .'

Dixit Aristoteles. Lapidum quos dicturi sumus in hoc. . .
> Aristotle, Lapidarius, not Gerard of Cremona's tr(from Hebrew?): Mon 277, 15c, ff. 127rb-135rb; Corbett II, 84; ed. Rose(1875), 384-97

Dixit Aristoteles. Nemo eorum que ignorat bonus. . .
> Thuricensis phisicus, De cometis: AIHS 44 (1958), 243-46; T IV, 359-60; 692-94; Zi 9427-28; CLM 285, pr a.1472, ff. 180r-192; GW 7252-53; Klebs 972.1-2; IAL C713-14; Hain 15512

Dixit Aristoteles. Qui philosophiam et geometriam. . .
> Thebit ben Chorat, De imaginibus: T (1947), 233-37; Carmody 124-25; ed. Carmody(1960), 180-97

Dixit Aristoteles. Quoniam de rebus honorabilibus est scire. . .
> Averroes, Comm. in libros tres de anima: VE fa 249(X.64), 14c, 79 ff.

Dixit Aristoteles Quoniam quidem intelligere . . .
> Comm. Physics: Graz 482, c.1300, ff. 200r-213v

Dixit Aristoteles Vidistine O Hermes. . .
> Hermes, De quatuor confectionibus ad capiendum animalia silvatica: Spec. astron. cap.xi; T (1947), 247-48

Dixit Aron(Aaron). Radix huius artis fuit visio. . .
> Aaron, Alchemy: FR 1165, 15c, ff. 170v-181r

Dixit Arturus Accepi arsenicum. . .
> Mi Trivulz. 245(E.27), 15c, ff. 126v-131r

Dixit Arturus expositor(explicator) huius operis . . .
> Richard de Fournival, De arte alchemica: DWS 174; CUad 4087, 14c, ff. 54r-61r; Atornus, Lumen luminis: KlaB XXIX.d.24, a.1421-1423, ff. 278r-291r; Liber Artusi qui dicitur filia regis: Palermo 4.Qq.A.10, 46-34; anon. FL Plut. 30, cod.29, 13c, ff. 73-(79); Ambix 8(1960), 57

Dixit auctor super tertio Hippocratis lib. epidimie. . .
> Consilium pro peste: VAp 1260, 14-15c, ff. 105rb-107v

Dixit autem Alexander. . .
> AL 1267; see 'Dixit Alexander. . .'

Dixit Avicenna primo can. fen (2?) cap. iii in causis egritudinum et sanitatum. . .
> CLM 19901, ff. 138v-142r

Dixit Balemiz(Balemus, Balenus, Belemich, etc.)
> See 'Dixit Belenus qui. . .'

Dixit Balenus. Fit in prima hora diei ad ligandas. . .
> VAp 1116, 13c, f. 115vb: T (1947), 242

Dixit Batolomeus. Rerum iesure in quibus. . .
> Ptolemy, Opus quadripartitum, tr Plato of Tivoli: BLd 51, 13c, ff. 79-(114v). See 'Rerum Iesure. . .'

Dixit Belemich qui vocatus est Apollo. . .
> T (1947), 243

Dixit Belenus qui Apollo dicitur imago prima . . .
> Belenus, De imaginibus: T (1947), 242

Dixit Boethius nihil novum imaginamur novas tamen positiones. . .
> Astronomy in 4 parts: VAp 1212, ff. 14r-81r

Dixit Cahel(Chel) Bembic(Benbisr). . .
> See 'Scito quod signa. . .'

Dixit Castrensis. Legimus in historiis veterum . . .
> See 'Legimus in historiis. . .'

Dixit compositor huius libri oportet querentem . . .
> Belenus, De imaginibus 'ex iudiciis Hermetis': VAp 1116, f. 117r-v; T (1947), 243

Dixit congregator huius operis. . .
> Serapion: Delisle, III, 91a

Dixit dominus Petrus tertius nomine regum
Aragonum. . .
  Canons on the Barcelona Tables of Peter III of
  Aragon: BN 10263, 15c, ff. 54r-63v; Isis
  41(1950), 283-85

Dixit Dorotheus. Cum interrogatus fueris. . .
  See 'Cum interrogatus fueris de thesauro. . .'

Dixit editor huius libri. Lustravi. . .
  See 'Lustravi plures imaginum scientias. . .'

Dixit Egidius de Thebaldis longobardus de
civitate Parmensi. . .
  See 'Scire et intelligere gloriosum. . .'

Dixit Emanides Platoni Consideravi. . .
  See 'Consideravi res ex. . .'

Dixit Emanuel filius Iacob conditor alarum.
Ego diligentes. . .
  Immanuel ben Jacob, Tabulae de coniunctionibus
  et oppositionibus luminarium, with Canons: Es
  e.III.23, 13-16c, ff. 35-(55)

Dixit Emanuel filius Iacob qui fecit alas. . .
  Immanuel ben Jacob(Bonfils), Canones Tabularum: FNcs J.IV.20; Björnbo(1912), 113

Dixit enim Morienus: Omnes philosophie
partes mens. . .
  Historia Morieni Romani, senis heremite: Corbett I, 165, 171

Dixit Enoch quod quindecim sunt stelle. . .
  'Ex tractatu Heremeth et Enoch compilatum': VI
  5216, 15c, ff. 63r-66v; T I, 340; T (1947), 223

Dixit ergo philosophus. Verum sine. . .
  See 'Verum sine mendacio. . .'

Dixit Euclides. Punctum est cuius pars non
est. . .
  Anaritius, Expositio X primorum librorum geometrie Euclidis: M. Curtze, Euclidis Opera omnia, ed. Heiberg et Mange; Supplementum,
  Leipzig, 1899(Schulz)

Dixit Euclides. Punctum est quod partem
non habet. . .
  Al-Narizi(Anaritius), Comm. super x primos
  libros Euclidis: Cracow 569, 14c, pp. 7-80
  (Björnbo, Ab(1912), 132); Ma 10010, 14c, f.
  13v-(Millás(1942), 209)

Dixit expositor huius. . . See 'Dixit Arturus
  . . .'

Dixit expositor huius libri. Oportet querentem. . .
  Hermes, Liber imaginum Mercurii, book iv on
  seals: Spec. astron., cap. xi(Borgnet, X,641); T
  (1947), 244

Dixit famulus Abdalla filius Aly filii. . .
  Abdalla, prol Geomantia: Ea Q.380, 13-14c, ff.
  1-47v; Ea F.389, 14c, ff. 56-99; Cassel Astron.
  4to.16, 14-15c, f. 53; VAu 263, 14-15c, f. 2;
  Delisle III, 90a; Steinschneider(1906), 1; T II,
  119; PdT(1934), 168

Dixit fidelis Abluali sutor et astrologus. Firmavi hunc. . .
  See 'Firmavi hunc. . .'

Dixit fidelis ille Abuhali astrologus: Constitui
hunc librum. . .
  Albohali, De nativitatibus: Zi 191-197(Schulz)

Dixit Gafar qui vocatur Albumasar fuit causa. . .
  See 'Laus deo qui creavit. . .'

Dixit Galienus. . .
  See 'Corpora animalium. . .' 'Iam scripsimus. . .'
  'Ignis qui descendit. . .' 'Oportet nos inspicere
  . . .' 'Si nervis qui. . .'

Dixit Gatrip Persicus (quod) Multi Persarum et
Grecorum. . .
  Gatrip(Tariph, Yatrib), De doctrina avium et de
  medicaminibus earundem: VE VIII.24(XV,1),
  13c, ff. 72r-80v; Ran 1461(V.1.16), 15c, ff. 50-
  73r; Mi Trivulz 695(E.27), 15c, ff. 4r-19v;
  Haskins 319-20, 350-51

Dixit Gillibertus. Nunquam inveni meliorem
medicinam. . .
  See 'Numquam inveni. . .'

Dixit Gintillus. O mi frater karissime. . .
  See 'O mi frater. . .'

Dixit grandevus princeps Abualy. . .
  Avicenna, Liber sufficientiae: RNS XXXV
  (1934), 317

Dixit Halid. . .
  Alchemy: BU 747(1492), 15c, ff. 84r-85v

Dixit Haly filius Abenragel Carcani notarii. . .
  See 'Gratias deo univictori. . .'

Dixit Haly filius Abenragel Gratias. . .
  See 'Gratias uni deo . . .'

Dixit Haly(filius) Abenragel. Laudatus sit. . .
  See 'Laudatus sit. . .'

Dixit Haly (ibn Ridwan), Verba. . .
  See 'Verba que dixit. . .'

Dixit Hermes. . .
  See 'Beatus est. . .' 'Cum aspicerem. . .' 'Cum
  volueris dominum. . .' 'Dominum hore. . .' 'Ego
  dicam vobis. . .' 'Lustravi plures. . .' 'Non est
  medicus sapiens. . .' 'Ordina significatores. . .'
  'Probavi omnes. . .' 'Quando volueris. . .' 'Sol et
  luna. . .'

Dixit Hermes Abidimon quia dum sciemus. . .
> Cited by Albumasar, Introd. Maius: CLM 374,
> 13c, f. 17vb

Dixit Hermes in initio huius libri voluntas
nostra et intentio fuit. . .
> De lapidibus preciosis: CUt 1082(O.I.58), II,
> f. 113v

Dixit Hermes pater philosophorum. Non est
medicus. . .
> Hermes, De iudicio urine: Wi 2841, ff. 380vb-
> 382r; VI 5307, f. 150r-v

Dixit Hermes patri suo. Pater timeo ab
inimico. . .
> Hermes, Liber de lapide philosophico: DWS 48

Dixit Hermes quod sol et luna post deum. . .
> Hermes, Centiloquium, tr Stephen of Messina:
> T II, 221, n.2; Haskins 270; Steinschneider
> (1905), 78; VAp 1414, 14c, ff. 41v-43v; BN
> 7316, ff. 152v-154r; pr Venice, 1493, ff. 117ra-
> 118ra(Klebs 814.2; IAL P995; LC); with
> Albubather, Venice, 1501, ff. 24rb-26rb; with
> Firmicus Maternus, 1551, pp. 85-89; etc.; ColR
> 72, 6

Dixit Hippocrates. . .
> See 'Cum in somnis. . .' 'Non est medicus. . .'
> 'Quando iam. . .' 'Quando in die. . .' 'Quando
> in septima. . .'

Dixit Hippocrates in ista afforismorum secunda
particula. . .
> Gentile, Comm. Hippocrates, De acutis morbis:
> CLM 244, f. 120r-v

Dixit Hippocrates in secunda particula Amphorismorum. . .
> VA 2418, f. 212ra

Dixit Hippocrates medicorum optimus cuiusmodi. . .
> Pseudo-Hippocrates, Astrological medicine, 3rd
> version: many MSS and variants: T (1944)ab,
> 219; BN 7443, 15c, ff. 133r-37r; Kibre(1945),
> 399-400; Janus 49(1960), 111-15, 118, 121-23,
> 127-28

Dixit Hippocrates medicorum optimus quod
medicus primo aspiciat lunam. . .
> Haly, prol. De esse aegrorum(Prognostico):
> BLas 345, 14c, ff. 6r-12v(DWS MS); CLM
> 182, 15c, ff. 331r-333r; Glorieux I, 122; pr
> Padua, 1483(Klebs 518.1); Opera Rasis (Ven-
> ice), 1497, f. 151v(Polain 3350; Klebs 826.2;
> IAL R170).   See 'Dixit Hippocrates qui fuit. . .'

Dixit Hippocrates qui fuit (summus) medicus et
magister optimus. . .
> Ps. Hippocrates, Astrological medicine: T II,
> 924-25; T (1944)ab, 219; Ghent 5(416), 15c,
> ff. 154v-(157v); pr with Magninus, (Lyons,
> 1500), ff. 89v-93v(AFML; Klebs 640.5, 6)

Dixit Hippocrates secunda particula aforismorum quod. . .
> Gentile da Foligno, De doctrina pronosticationis
> in morbis chronicis et acutis: pr Questiones et
> tractatus extravagantes, Venice, 1520, ff. 97rb-
> 98rb. See 'Dixit Hippocrates in ista. . .'

Dixit Hunein. Velle Galeni in hoc libro est
repetere. . .
> Hunain ibn Ishak, Gloss on Galen on plants, tr
> Marsilie per dominum Grumerium iudicem de
> Placentia et magistrum Abraham: FLa 1448, ff.
> 109v-116v; T II, 763-64

Dixit Iacob filius David viri dei(Bonediei). . .
> Jacob Poel, Prol. and Canons to Tables of Per-
> pignan(1361): BN 7287, 15c, ff. 158v-166r; Rc
> 1673, 15c, ff. 97ra-99rb; Isis 34 (1942), 6-7;
> 35(1943), 410; 41(1950), 285

Dixit Iergis. Saturnus cum fuerit in ascendente. . .
> Jergis, Liber de significationibus vii planetarum
> in xii domibus: CUe 70, 15c, ff. 69r-70v

Dixit inspector. Cogitavi exponere difficiliora
. . .
> Ventraga super librum Avicenne de anima: GU
> 253, 13c, ff. 166-174v(DWS 125)

Dixit inspector. In hoc libro propter magnum
studium. . .
> Roger Bacon(?), comm. De anima (alchemical):
> GU 253, 13c, ff. 28r-42r; Little, 396(DWS
> 124)

Dixit Iohannes. Cum volueris facere astrolabium, accipe auricalcum. . .
> John of Seville(?), De astrolabio: BN 7293A, 13-
> 14c, ff. 1-25, profusely illustrated; T (1957), 125-
> 26; BLcm 340, 14c, f. 49ra-58v; Toledo cap.
> 98-27, 15c, ff. 35r-49v; ed. in small part, Millás
> (1942), 322-27; 'Incipit liber astrolabii editus a
> magistro Iohanne quem translavit de arabico in
> latinum': VI 2452, 13c, ff. 1r-10r; VA 4087, ff.
> 86v-93v

Dixit Kembris Israelita. Scito. . .
> See 'Scito quod signa. . .'

Dixit magister Abraham Bendeur(Ibendeut,
Isbendeuth). Gradus. . .
> Incipit of 2nd paragraph in 'Dixerunt Ptolomeus
> . . .': Isis 47 (1956), 395, n.27

Dixit Mahomet. Laus deo creatori qui homini contulit scientiam. . .

Al-Khowarizmi, Liber restaurationis et oppositionis *or* Liber algebrae et almucabola, tr Robert of Chester: Carmody 47; ed. L. C. Karpinski, New York, 1915. Cap.1, 'Substantie que radices. . .'

Dixit Maslem etsi intenderet Ptolomeus in hac questione. . .

Comm. prol. Planisphere: VA 3096, ff. 11v-14r

Dixit Matheus ad Fladium. Sume ex lapide ubique reperto. . .

CLM 26059, f. 202v-. See 'Dixit Mercher. . .'

Dixit medicus Democritus. . . Qui albificaverit. . .

Democritus Abderitas et alii, Dicta: Ran 1456 (V.1.11), 15c, ff. 140r-143r; Diels(1906), 27

Dixit Mercher ad Fledium Serva quid dicam tibi et scribe. . .

Mercher (Hermes?) ad Fledium, Liber de lapide qui vocatur Rebis: DWS 28; Steinschneider (1906), 24; Corbett I, 25; CUad 4087, 14c, ff. 129r-130v. Comm. 'Cum omnis philosophia . . .'

Dixit Messahalla. . .

See 'Constitue ascendens. . .' 'Inspice planetas . . .' 'Quia deus fecit. . .' 'Quia dominus altissimus. . .' 'Scito quod. . .'

Dixit Messahalla quod inter omnes libros astronomie. . .

Messahalla, De nativitatibus: BN 7324, 15c, ff. 73r-75v; Carmody 36

Dixit Morienus id (est) translator. Legimus in historiis. . .

Prol. Morienus: VAp 1338, 14c, f. 1v-. See 'Legimus in historiis veterum. . .'

Dixit Morienus Quoniam elixir nisi a corpore bene mundificato. . .

FL 30.29, ff. 77va-78rb

Dixit Moyssalha (i.e. Messahalla). Creator creavit. . .

See 'Creator creavit. . .'

Dixit Omar ben Alfargani Tyberiadis scito quod. . .

See 'Scito quod diffinitiones nativitatum. . .'

Dixit perscrutator anno Christi 1325 in civitate. . .

Perscrutator, De impressionibus aeris: T III, 678-79; ColR 44, 64; VAp 1416, 15c, ff. 139r-155v; PA 880, 15c, ff. 18-(33); in anno Christi 1337: CLM 11067, 15c, ff. 73ra-81va. See 'In anno Christi 1325. . .'

Dixit Petrus Anfulsus servus Ihesu Christi translatorque. . .

See 'Gratias deo omnipotenti. . .'

Dixit Philonius donec aqua. . .

Philo, De ductu aquarum sive De ingeniis subtilibus (spiritualibus): FLa 136(210-142), 15c, ff. 141v-144v

Dixit philosophus. Accipe (ergo) lapidem benedictum. . .

I. Ortolanus, On the Emerald Tablet of Hermes: T III, 686-88; FR 390, 16c, ff. 65r-70v; Ambix V(1956), 108; DWS 32; ColR 100c; Corbett I, 122, 146; II, 41

II. Raymond Lull, Potestas divitiarum. See 'Accipe lapidem nostrum benedictum. . .'

Dixit philosophus in libro de morte et vita. . .

Cues 201, 15c, f. 22v

Dixit philosophus quod si sulphur et mercurius talia. . .

VI 5509, ff. 206r-230r

Dixit Plato. Cum res ex eodem genere. . .

See 'Cum res ex eodem. . .'

Dixit Plato. Et corpus cum separaveris ipsum . . .

Plato, Liber quartus: BU 138(104), 15c, ff. 216v-221v. See 'Cum res ex eodem. . .'

Dixit Plato in Timeo omnes quippe. . .

Augustinus Nifo, Comm. Destructio destructionum Averrois: pr Venice, 1497(GW 3106; Klebs 704.1; Yale 28; CPh, ff. 2v-123vb)

Dixit Plato. Opus dicitur. . .

Alchemy: Budapest 272, a.1487, ff. 135-138

Dixit princeps philosophorum Arabis. . .

Avicenna, prol. Collectio secunda libri sufficientiae (Physica): Ob 284, 14c, ff. 1-(20); Beiträge, Suppl. III, 1(1935), Bd.1, 16. Text, 'Postquam expedivimus. . .'

Dixit Ptolomeus. . .

See 'Edidi hunc librum. . .' 'Iam scripsi tibi Iesure. . .' 'Mundanorum ad hoc. . .' 'Premittens quasi. . .' 'Si aspexerit significator. . .'

Dixit Ptolomeus et Hermes quod locus lune in hora. . .

BN 7413-II, 13c, f. 30rb-; Ea Q.377, 14c, f. 50v; RG 95, f. 137r; VE fa 344(XI,104), 14c, ff. 155-173; BN 7443, 15c, ff. 138v-147r; VI 5289, f. 73r(Schulz). See 'Dixerunt Ptolomeus et Hermes quod locus lune. . .'

Dixit Ptolomeus in 99° verbo in libello. . .

De significatione cometarum. See 'In isto libro continentur dicta. . .'

Dixit Ptolomeus quod ad ea que accidunt in qualibet die...

'Experimenta de aeris mutatione': CLM 2841, 15-16c, f. 52r-v

Dixit Ptolomeus quod secundum(?) triplicitates(?) solis...

Haly, De qualitate nati *or* De 12 domibus: BN 7324, ff. 76r-86r

Dixit Ptolomeus. Scientia stellarum...

Comm. Centiloquium Ptolomei: BN 7416, ff. 87r-92r

Dixit Ptolomeus. Stelle cum caudis sunt novem...

See 'Ptolomeus dixit...'

Dixit Quasti filius Luce. Augeat deus valorem principis...

(Costa ben Luca), Tract. spere volubilis: VI 5415, a.1435, ff. 192r-210v; Saxl(1927), 152; CLM 10662, 15c, ff. 118r-127v; Zi 6758-61

Dixit qui compilavit librum istum. Ista est reformatio libri Gebir...

(Revision?)Geber, prol. Liber misericordiae. Text, 'Scias quod res dividitur...'

Dixit quia tuum... See 'Quia tuum...'

Dixit quoque Abraham Iudeus. Optimum...

See 'Optimum instrumentorum...'

Dixit Rachaidibi... See 'Sperma lapidis est...'

Dixit Rasis... See 'Etiam diximus in hoc ...' 'Volo in hoc (meo) capitulo...'

Dixit Rasis. De lapide qui in renibus vel vesica generatur...

Rasis, De preservatione ab egritudine lapidis: Ob 285, 13c, f. 207vb; VI 2306, 14c, f. 20r-vb; VA 2418, f. 79ra-83; BMsl 3531, 15c, ff. 27v-29r; pr Opera (Venice), 1497, f. 101v(Polain 3350); Venice, 1500, f. 98v(Klebs 826.2-3; IAL R170-171); Opera parva, Lyons, 1511, ff. 278r-279v

Dixit Robertus Castriensis. Legimus...

See 'Legimus in historiis...'

Dixit Sadan. Audivi Albumasar dicentem quod omnis vita...

Albumasar in Sadan (astrological): T I, 651; Carmody 101-102; NaO XV, xi, ff. 176va-182rb; CLM 125, a.1486, ff. 281ra-284va(incomplete); free tr: Isis 45(1954), 22-32

Dixit Salomon: Gloris laus cum...

Opus vii librorum quod nuncupatur Sepher Razielis: Trith. Antip. malef. p. 294(Schulz)

*Dixit Salomon Sapientie capitulo septimo. Deus dedit...

John of Rupescissa, De consideratione quinte essentie: DWS 292; T III, 725-30; anon. BE 966, n.2; Bern 480, 15c; CLM 4162, f. 83 (Schulz); CLM 8951, 15c, ff. 50r-94r; VAp 1177, a.1441, ff. 14r-28v; 1268, 15c, ff. 231r-266v; VI 5207, 15c, ff. 223r-259v

Dixit sapientissimus Ypocras omnium medicorum peritissimus...

Hippocrates, Astrol. medicine, tr Wm. of Moerbeke: Janus 49(1960), 105

Dixit senior Caled(Sahid) filius Hahmil. Intravi ego...

Senior, introd. Epistola solis ad lunam: VI 5477, 15c, ff. 171-37v; Ze V, 193-239; Isis 24(1936), 310-42; DWS 136

Dixit senior Plato in dyalogo suo tractatu septimo. Nichil deceptionis...

Plato, De quartis seu extractus de quartis Platonis: BLas 1416, 15c, ff. 109-113(DWS 63,iii)

Dixit servus regis scilicet Abumaraan (Abhomeron) Avenzoar. Deum testor...

See 'Deum testor...'

Dixit Socrates Platoni. Scire te velim...

Dicta Socratis ad Platonem (from, Allegoriae sapientum super librum Turbae): DWS 6,ii. See 'Inquit sapiens Socrates...'

Dixit Sortes quod nos melius intelligimus...

Raymond Lull, Dialogus super opiniones damnatas: VE fa 299(X.191), 15c, ff. 27-30

Dixit Thebeth Hames filio Hasom...

See 'Dixit Thebit dixit Eubohabes...'

Dixit Thebit ben Corat. Cum volueris operari ...

Thebit ben Corat, Liber imaginum: KlaB XXXI.b.7, 14-15c, ff. 28r-30r. See 'Cum volueris de...'

Dixit Thebit ben Corat (et) dixit Aristoteles. Qui philosophiam...

See 'Dixit Aristoteles Qui...'

Dixit Thebit ben Corat. Qui legerit philosophiam et geometriam...

Thebit ben Corat, On images: VAp 1401, ff. 103v-106r

Dixit Thebit dixit Eubohabes Hames...

Plato, Liber quartus (alchemy): BN 6514, ff. 88ra-101rb; pr Ze V, 101-85

Dixit Theizelius. Hic incipio dicere de angelis quatuor partium mundi...

Clavicula Salomonis: FLg Plut.89.sup., cod.38, 15c, ff. 200-201

Dixit Toc Grecus. Observa Venerem cum pervenerit...
Toz Grecus, Liber Toc et vocatur liber veneni (*sic*) et liber de lapidibus Veneris: T II, 225; T (1947), 248-49

Dixit Toc Grecus. Probavi omnia huius operis capitula...
Toz Grecus, De virtutibus nonnullorum lapidum: Mon 490, ff. 206-208

Dixit Tullius. Tantum debes confricare spiritus...
Tullius Grecus, De alchemia: BLd 119, 14c, ff. 128-131(DWS 58); Brux 4264, 14c, ff. 1-8

Dixit Ypocras... See 'Dixit Hippocrates...'

Dixit Ypus aquam. Tricias putat esse ceronem...
First of ten verses de anima: VE fa 520, early 15c, f.100r; AL 1651

Dixit Zehel Benbris israelita. Scito quod signa sunt duodecim...
Zehel, De interrogationibus: CU Mm.IV.43, a.1298, f. 248v(Atk). See 'Scito quod signa sunt...'

Docentur quo die sol intret quodlibet signum...
Calendar with verses: CLM 16447, 15c, f. 1r

*Docet hic liber...
Jo. Baconthorpe, comm. Aristotle, Meteorology: Tanner

Docet ratio et veritatis indagine rei...
De anathomia: VAp 1143, ff. 95ra-97vb

Doctissimis amicis meis de Ianua ubi prior manifesta...
Gentile da Foligno, Consilium primum de pestilentia: Archiv V(1912) 332-35; pr Gentile, Consilia, Pavia, 1488?(Klebs 453.1; IAL G122); with Cermisonus, Consilia, Venice (1497), fol. 76va(AFML 145; Klebs 266.2; IAL C363). For MSS see 'Carissimis...' 'Illustrissimis...' 'Scripsimus...'

Doctor apud Grecos medicine primus Apollo...
Ovidius(?), De quatuor complexionibus hominum: FL Plut.36, cod.27, 14c, 69 ff.(H); De quatuor humoribus corporis (48 verses): pr Sedlinager, Wiener Studien VI(1884), 149; Pascal. Poes. Lat. Medieval, Catania 1907, 107 seq, (Schulz)

Doctor immobilis simpliciter primus...
Nicolaus Bonetus, Theologiae naturalis libri septem: VE fa 303 (X,203), a.1469-1470, ff. 113-259. See 'Primum autem in hac natura...'

Doctor unus venerabilis obviavit quibusdam dictis meis...
Buridan, De puncto: BN 2831, a.1396, ff. 123r-129v; 16621, 14c, ff. 196r-203v

Doctores artis medicine quam plurimi gratia preservationis...
De peste: VA 1043, II, 14-15c, ff. 366r-374r

Doctoribus Parisiensis studii...
Scripta super Tertium Meteor., Prohemium: Delisle, III, 85a

Doctrina est actio doctoris in discipulum...
Haly ibn Rodhan, (2nd paragraph) Comm. Galen Microtegni: Tours 791, 13-14c, ff. 103-110; Yale MS 13c, f. 83va; pr Articella, Venice, 1487, f. 155ra; etc. Dedic. 'Intendimus edere...'

Doctrina generalis in curis cirurgie hoc est...
De curis cirurgiae et qualiter te habebis in illis secundum Raymundum: BLas 1437, 15c, ff. 5-6

Doctrina prima est de regulis preparantibus...
Arnaldus de Villanova, Aphorismi *or* Parabolae: BMsl 420, ff. 255ra-259rb

Doctrina prima tradens canones egritudinum...
Aphorismi de ingeniis noctivis curativis et preservativis: CLM 8742, ff. 129r-139v

Doctrina stellarum ex te et (ex) illis...
BMsl 2030, 13c, ff. 83r-(88); additio, Centiloquium Ptolemy, with Comm. Haly, pr with Quadripartitum, Venice, 1493, ff. 107ra-116vb (Klebs 814.1; IAL P995; LC). See 'Scientia stellarum ex...'

Doctrinales scripturi libros...
Ars astrologie tr de greco secundum Phtolomeum: FLs 61, 12c(Haskins 222)

*Doctrinam de gradibus intendimus triplicem (tripliciter)...
Bernard Gordon, De gradibus: Ea F.236, 14c, ff. 50v-52; 237, 14c, ff. 86-87; CUg 373(593), 14c, ff. 103-104v, incomplete; CU 1693(Ii.I.1), 14c, ff. 1-12; Ome 225, 14c, ff. 90v-102r; BLcm 411, 14-15c, ff. 180v-(187); 455, 15c, ff. 188-192; Cues 308, ff. 108v-116; VAp 1083, 15c, ff. 273v-278v

Doctrinam de gradibus ordinare triplicem intendo...
Bernard Gordon, De gradibus: VAp 1115, a.1430, ff. 168r-175v

Doctrinam sanam tibi porrigo binam...
Geber, Liber metricus: Palermo 4 Qq.A.10, 46-47

*Doctrinis variis et peregrinis nolite abduci...
  Jacobus de Clusa, De potestate demonum: T IV,
  285; Beiträge 37, 5(1955), 19-20, lists 33 MSS

Doctus Aristoteles fertur scripsisse potenti...
  Nicolaus, Secretum secretorum metrice: PA 873,
  15c, ff. 213v-(218) (H)

Docui lapidem et operationem ipsius nam
dicam...
  De proiectione elixir: VE VI.215(XVI,4),
  a.1475, ff. 254-255

Dolor capitis ab Avicenna communi nomine
soda dicitur...
  Bertrucius, Collectorium artis medicinae. See
  'Medicina artium preclarissima. Hec...'

Dolor capitis aut est de causa calida...
  De particularibus egritudinibus singulatorum
  membrorum: Basel D.III.1, 15c, ff. 50vb-77va

Dolor capitis est noctivi aut in panniculis
cerebri...
  Antonio Guainerio, De egritudinibus capitis: pr
  Opera medica, 1473-74; Pavia, 1481 etc.(Klebs
  480.1a; 480.3-7; AFML 221, 222, 223; IAL
  G475-478)

Dolor capitis fit imo per viam directionis...
  De dolore capitis: VA 1115, 15c, f. 175r

Dolor capitis invenitur item si fuerit...
  Ea F.260, 13-14c, ff. 338-339

Dolor capitis multa habet nomina sicut scribit
Haly...
  John of Gaddesden, Rosa anglica: pr 1595

Dolor capitis quandoque fit a cerebro quandoque
a stomacho...
  Cura diversarum infirmitatum: BMad 22668,
  14c, ff. 124r-136v

Dolor capitis quandoque fit de flegmate...
  Medical: Oma 173, 14c, ff. 125v-140v

Dolor ex percussione vel vulnere superveniens
...
  Various medical prescriptions: BMsl 420, 14c, f.
  78v

Dolor igitur capitis et cetere...
  Medical: EU 167, 13c, ff. 45-55v(DWS MS)

Dolor sinistri lateris et ipso latere ascendit...
  'De signa matricis quando in loco suo non est':
  FL 73,1, 9-10c, ff. 177ra-188rb; Beccaria 88.8

Dolore invadente sic procedatur...
  Ad calculum renalem: VAu 1416, 15c, ff. 141-
  (146)

Dolores oculorum inquid Y. potus vini balneatio...
  VI 5522, 15c, ff. 101vb-110v

Dolores quos passa fuit ista generosa...
  Bartholomaeus de Montagnana, Consilium: VAu
  1416, 15c, f. 94v-

Domicilia quoque corpus humanum sic distri-
buunt...
  Abraham Avenezra(really by William of England), De urina non visa: Basel F.II.15, 15c, ff.
  111r-112v

*Domine deus noster Moysi servo tuo de tuo
nomine...
  Duns Scotus, De primo principio: Opera,
  IV(1891), 712-99

Domine deus omnipotens sancta trinitas...
  De duodecim zodiaci aliisque quibusdam signis:
  BMh 2506, ff. 34-37

Domine gloriose(gratiose) ex relationibus multorum...
  On the plague in Bohemia: CLM 19901, 15c, f.
  61v; Archiv III(1910), 149 et seq.; IV, 195;
  VII, 57-61

Domine Iacobe dilectissime petis a me ut
nomina instrumentorum...
  Matheolus Perusinus: CLM 339, 15c, ff. 131r-
  132r

Domine Iesu Christe qui es vera salus omnium
...
  Raymund Lull, Ars operativa: DWS 1004.
  Prol. 'Cum ego Raymundus dudum...'

Domine Iesu Christe redemptor te deprecor...
  Geomantia nova: CLM 24940, 15c, ff. 1r-25v

Domine illustrissime cui deus adaugeat men-
tem...
  Liber philosophie (largely astrological), dated 15
  Oct. 1200: FLa 204, ff. 50ra-78rb

Domine Ispan(Ispanorum) regine Iohannes
Yspanus salutem...
  VI 2442, 13c, ff. 7r-9v; BMsl 420, early 14c, ff.
  180r-183v. See 'Domine T. gratia...'

Domine labia mea aperies...
  Nicolaus Falcutius, prol. Sermones medicinales
  VII. See 'Nomen nature est nomen...'

Domine meus generose ex colationibus multorum...
  Plague in Bohemia: BMad 30935, 15c, ff. 329-
  331; Archiv IV(1911), 390. See 'Domine
  gloriose...'

Domine mi (cum correctione premissa).   Videtur mihi...
Epistola responsiva cuiusdam Parisiensis, De ovo philosophico: BU 168(180), 15c, ff. 173-183; dated Aug. 20, 1476, BU 138(104), ff. 41r-48v; BU 270, 15-16c, xxix, 4; ascribed to William, (Baufet? d.1319), bishop of Paris: BN 7147, 16c, ff. 35r-43v; Corbett I, 58; HL 32, 469-74

Domine (mi) gratiose(generose)...
See 'Domine gloriose...'

*Domine mundi qui ex bina nobili(nobilissima) stirpe originem...
Arnald of Villanova(?), De accidentibus senectutis et senii: HL 28, 94; T III, 668; pr anon. with Magninus Mediolanensis, Regimen sanitatis (1500), ff. 114r-128r(GW 2533; AFML 294.II; Klebs 640.5; IAL A960; M46)

Domine mundi qui ex nobili bina stirpe originem...
VI 4772, 15c, ff. 243r-288v

*Domine mundi (qui) ex nobilissima stirpe...
Roger Bacon, prol. De retardandis senectutis accidentibus. Text, 'Mundo senescente senescunt...'

Domine quinque talenta tradisti mihi...
Theobaldus Lingonensis, Significationes numerorum, prol.: BN 2583, 14c, f. 25r; HL 14, 204

*Domine Raymunde quia ex nobilissima...
See 'Domine mundi qui ex...'

Domine T. gratia dei Yspanorum regine...
Aristotle, Secret of Secrets, medical portion tr Johannes Hispalensis: Speculum 34(1959), 24-27; ed. Suchier, Denkmäler Provenzalischer Lit. u. Sprache, 1883, pp. 473-80; ZB VI(1889), 71-75; OHI, V(1920), xvii-xviii; Baltimore, Walters Art 428, 13c, ff. 145r-147v; VI 2303, 14c, ff. 61vb-62rb; AL 1502

Domine T. Hispanorum regine Iohannes Ispanus...
See 'Domine T. gratia...'

Domine ut videatis clare et aperte veritatem...
Epistola missa Philippo regi Francorum illustrissimo (alchemy): T III, 173, n.38

Domini creatoris celi et terre coniuro...
Jacobus Albensis, Receptarium: Lübeck med. F.4; Wickersheimer 320

Dominica favente clementia...
See 'Divina favente...'

Dominis a me plurimum venerandis...
Dionysius Exiguus, Epistola de ordine paschali: Durham Hunter 100, early 12c, ff. 22v-24v; Saxl(1953), 443-44

Domino ab Albaldo Gerbertus vite...
Adelboldus, Epistola ad Silvestrum II papam: Bubnov li, 300

Domino Amelio Bernolinus suus eterne felicitatis munus...
Pref. Abaci quem Iunior Bernolinus edidit Parisius: BNna 229, 12c, ff. 40v-41v (Bubnov lxxi)

Domino beatissimo animum(et nimium) desiderantissimo...
Dionysius Exiguus, Pref. Cyclus Paschalis: BN 5239, ff. 3r-20v; Ep. ad Petronium: Durham Hunter 100, early 12c, ff. 24v-27r; Saxl(1953), 444

Domino D. Philippo...
Gerardus Marionis, De generatione solis et lune: VAb 273, f. 282r(T III,174, n.41)

Domino deoque dilecto archipresuli...
Berno, Musica seu prologus in Tonarium: Saxl (1927), 72; Leip 1493, ff. 47r-61v; pr PL 142, 1097-1116; Gerbert II,61-79(Vivell). Text, 'Omnis igitur regularis...'

Domino et filio Sisebuto Isidorus.   En tibi...
See 'Dum te prestantem...'

Domino et fratri suo magistro Ludovico...
Witelo, De natura demonum: BMsl 2156, 15c, ff. 148-154; ed. A. Birkenmajer, Studja nad Witelonem, Cracow, 1921; T V, 86-89

Dom(i)no et glorioso Ottoni Caesari semper augusto...
Gerbert, De rationali et ratione uti: PL 139, 159-68

Domino et patri suo venerabili Anglorum antisti Fulgentio...
(Johannes Affligemensis), prol. De musica: Ea O. 93, 14c, ff. 9-27; O. 94, 14c, ff. 2-29v. Text, 'Primum hoc illi...'

Domino excellentissimo et omni honore...
Rabanus Maurus, pref. De universo. Text, 'Primum apud Hebreos...'

Domino fratri Sisebuto Hysidorus...
See 'Dum te prestantem...'

Domino Guidoni Hannoniae pariter...
Henri Bate, dedic. Speculum divinorum et quorundam naturalium. See 'Honorabilium bonorum preclariorem...'

Domino iuvante dicturi...
See 'De temporum ratione...'

Domino magistro Campano...
Budapest 28, 15c, ff. 1r-217v. See 'Opusculum iamdudum...'

Domino meo B. salus et vita...
  Astrology: SG Stift 831, 11c, ff. 175-181(Zi 9953)

Domino meo excellentissimo...
  Aristotle, Ad interrogationes Alexandri: James 457

Domino Parisiensi stelle philosophorum quedam scintilla minima...
  On comets, prol.: BMh 4350, 13c, ff. 25v-29v; Delisle, III, 90a. Text, 'Scrutator in scientia...'

Domino patri sanctissimo nomine quidem Aspro...
  Helperic of Grandval, pref. De compoto lune: VAr 1855, 10-11c, ff. 35-44v; AL 1800. Text, 'Annus solaris ut maiorem...'

Domino patri Simaco Boecius...
  Boethius, libri duo de institutione arithmetica, prol.: VAr 72, 12c, ff. 1-56v

Domino patritio Simmacho Boetius...
  Boethius, Arithmetic, prol.: Cambrai 928, 9c, 57 ff.

Domino prestantissimo et pre ceteris regalium dignitatum...
  Aldhelmus, De calculatoria et metrica arte: Fulda 496; PL 89, 161; MG Auct. ant. XV, 61-204

Domino Raynerio de Paliarensibus de Senis...
  See 'Quoniam promissum est...'

Domino reverendissimo et cum...
  See 'Primum apud Hebreos...'

Domino Silvestro summo et pontifici et philosopho...
  Adelbold, Epistola ad Silvestrum II papam de quadratura circuli: ed. Bubnov lxxii, 302-309; T I, 706

Domino suo Amylio Bernhelmus suus...
  Bernelinus, On the abacus: BLau F.I.9, 12c, ff. 41v-66

Domino suo carissimo servus inutilis...quia consanguineus vester...
  Arnald of Villanova, Letter to Jayme II of Aragon, 1308(Interpretatio de visionibus in somnis): Glorieux I, 432

Domino suo excellentissimo(dilectissimo) in cultu religionis Christiane serenissimo Guidoni...
  Aristotle, dedic. Secreta secretorum, tr Philip of Tripoli: ZB VI(1889), 1-22, 57-76; OHI V(1920), 25; DWS 29; Os 178, 13c, ff. 220v-265r(TR 312d); BN 6755, 13c, ff. 1r-34vb; AL pp. 93, 195; cod. 1737, 1755; pr (Cologne, 1472); etc. (GW 2481-84, 2486-87; Klebs 96.1-4; 96.6-7; IAL A934-37; AFML 52, 53)

Domino suo Montis Cassianensis abbati Desiderio...
  Constantinus Africanus, dedic. Liber Pantegni. See 'Cum totius...'

Domino suo patricio Symmacho Boetius...
  Dedic. Boethius, Arithmetic. See 'Inter omnes priscae...'

Domino suo phil...
  Incipit liber P.R.(alchemy): BU 270(457), 15-16c, XXXVI, 4

Domino suo precipuo domino magistro...
  Simon of Genoa, pref. Synonyma medicinae s. Clavis sanationis: pr Milan, 1473(Klebs 720.2; IAL S475; AFML; LC)

Domino suo summo pontifici...
  See 'Domino Silvestro summo...'

Dominum deum meum oro quamdiu est in me anima...
  Abraham ibn Ezra, De luminaribus et diebus criticis: pr (Padua), 1482(Klebs 3.1; IAL A5)

Dominum deum nostrum(meum) suppliciter oro quamdiu est in me anima mea...
  Abraham ibn Ezra, De luminaribus, tr Henri Bate of Malines: G. Wallerand, Les philosophes Belges, XI(1931), 17; Isis 35(1944), 300; BN 16195, late 13c, f. 5; Glorieux I, 410

Dominum deum oro quamdiu est anima mea...
  Abbreviatio quedam libri Abrahe Avenezre de luminaribus et diebus criticis: with Ganivetus, pr Lyons, 1496(Hain *7467; Klebs 436.1; IAL G63); Lyons 1508, ff. Lr-3r; 1614, p. 530

Dominum deum tuum adorabis(timebis)...
  Dionysius Rikel, alias de Leeuwis, Contra superstitiones: T IV, 291-94; Trithemius f. 117v

Dominum hore in omnibus nativitatibus...
  Hermes, De domino horae: Carmody 50

Dominus altissimus fecit terram ad similitudinem...
  See 'Quia dominus altissimus...'

Dominus anni cum anno inter planetas levatur in signo Arietis...
  BN 7328, f. 58vb-

Dominus illuminatio mea et salus mea...
  Johannes Baptista Abiosus, dedic. Trutina rerum caelestium et terrestrium: pr (Venice, 1498) (GW 7; Klebs 2.1; IAL A8); T V, Index

Dominus rex Hamel filius Haly minuit se in autumpno...
  Rasis, Cap. de medicinis: Ob 285, 13c, f. 208va

Domorum duodecim...
Cues 207, 14c, ff. 138-149v; Tambach Gräfliche
Bibl.E.355, 15c, ff. 119-130v(Zi 3917-18)

Domos per tabulas sic invenies...
To find astrological houses: BLas 361, 14c, ff. 41-
44

Domus planetarum per astrolabium sic invenies
...
Oma 182, 15c, ff. 109rb-110rb

Domus prima ad sciendum modum anime nati
...
John of Seville, Liber nativitatum: Carmody 170

Domus prima est domus et angulus orientalis...
Significationes 12 domorum: BMsl 332, 15c, ff.
89r-90v

Domus prima quia vero Mercurius est...
Excerpta quaedam ex libro Iudiciorum Abraham:
T(1944)aa, 298a

Domus regimen perficitur quatuor rebus...
Galen, Yconomica, tr Armengaudus Blasius:
PAM 51, 15c, f. 223; Th. Trotz, Leipzig diss.,
1921; Diels(1905), 45; Misc. Ehrle(1924), 431

Donec erit celum lune Phebique labores...
Guillelmus Raymundus de Moncata, Tabulae
astronomicae et quarumdam urbium longitudines
et latitudines: VAu 1384, 14c, f. 30-

Donec rorem celi bibat et seipsam suo...
Johannes Maranensis, Versus de arte: BMad
10764, 15c, f. 75v(DWS 820)

Donum aliquod... See 'Bonum aliquid...'

Donum dei altissimi et veri luminis...
John of Rupecissa: Corbett II, 109. See 'Con-
sideravi(consideramus) tribulationes...'

Dorsum astrolabii hoc modo figurabis super...
On construction and use of the astrolabe: Yale
MS (formerly Melk) bound with Regiomontanus, Calendar(1474): Yale 156, copy 2, bound
with Robertus Anglicus, Astrolabe, (1477)(Klebs
850.1): Yale 160, a.1464, f. 37v

Dorsum vero astrolabii ita perficias...
BMsl 2479, 14c, ff. 6r-7r

Dosis medicine ex loco membri diversificatur...
Iohannes Stephani: Metz 178, 14c, ff. 35ra-36vb

Dragma b perisum denariorum argenta...
Pondera medicinalia: CU Mm.IV.41, 14c, ff.
136va-137r

Dragma pondus est denarii argenti...
Medicinal weights: BMad 17512, 11c, f. 106r-v;
BMh 1585, 12c, f. 14rb; Beccaria 48.12; 113.3

Duabus rebus existentibus in duabus manibus ut
sciatur...
Cautelae super algorismum: Os 178, 13c, ff. 139-
141r

Duarum regionum longitudinem mensurare
utrasque differentias...
De virga visoria: VI 5258, 15c, ff. 84v-85r

Dubios motus vocant qui vacant...
Galen, De motibus dubiis, tr Nicholas of Reggio:
VAp 1211, 15c, ff. 57vb-61vb; T (1946), 226

Dubitabit autem aliquis...
Quaestiones tres de anima: Rve 828, 14c, ff. 51v-
53v; AL 1557

Dubitabitur utrum ad sensationem...
See 'Dubitatur utrum ad...'

Dubitant nonnulli utrum forma speciei...
Siger of Brabant, Quaestiones naturales: ed. Mandonnet, Les philosophes Belges, VI-VII(1911),
97-107; AL 672

Dubitat trociscos conveniri huic febri...
BN 6941, ff. 105ra-106ra (103rb-104 blank,
then a different hand from text on 103ra)

Dubitatio apud multos esse solet...
See 'Dubium (autem) apud multos...'

Dubitatio et ambiguitas apud(inter) quosdam...
Benedictum lilium inter spinas sive opus alchy-
micum: VI 5286, 15c, ff. 107v-112r; T III, 64,
n.43-44, for other incipits

Dubitatio prima est super hoc quod dicit...
Comm. De differentia spiritus et animae: BLau
F.5.25, 13c, ff. 157r-167v

Dubitatur an actus sit prioritas...
John Chilmark: On 289, 15c, f. 162-

Dubitatur an aliqua...
See 'Dubitatur an actus...'

Dubitatur an febris de solo fleumate sit prolixior
...
Questio Gentilis de prolongatione febris: CLM
7609, a.1385, ff. 74va-79rb; JHM X(1955), 396

Dubitatur an fetus in octavo mense sit vitalis...
Thomas del Garbo: VA 2484, 14c, ff. 211ra-
212ra

Dubitatur circa balneum aque Porecte...
Menghus Blanchellus, Questio de aqua Porretae:
pr (Florence, 1487) (GW 4403; Klebs 186.1)

Dubitatur circa primam particulam aphorismorum...
Comm. in Hippocratis aphorismos: VI 5260,
a.1461, ff. 82r-175v

Dubitatur de camomila quia si virtus resolutionis...
> Gentile da Foligno, Super quinto canonis Avicenne: pr (Pavia, 1488?): (Hain *7568; AFML Reel 11; Klebs 452.1; IAL G131); Avicenna, Canon, 1523, II

Dubitatur hic si scientia...
> (Walter) Burley, Notule super de celo et mundo (Aristotelis): Ea Q.312, 14c, ff. 87-90v

Dubitatur pro quo sumatur doctrina...
> Gentile da Foligno, Questio I, Expositio questiones...super primo libro microtechni Galeni. See 'Deus est bonitas bonificia...'

Dubitatur quare filius vidue immatura morte...
> Medical consilium: Graz 951, 15c, ff. 215-217

Dubitatur utrum... See also under 'Utrum ...'

Dubitatur utrum ad sensationem requiratur productio specierum...
> Marsilius de Sancta Sophia, Questio de multiplicatione specierum: BLcm 177, late 14c, ff. 42-(55); Questio de sensatione: VE VI.96 (XI,17), 15c, ff. 37-45

Dubitatur utrum caliditas in iuvene et puero sint equales...
> Amicus de Sulmona: VA 2469, a.1395, ff. 170va-177rb

Dubitatur utrum corpus mobile sit subiectum in scientia...
> Gaietanus de Thienis, Questio I, Recollecte super octo libros physicorum: Ran 554, 15c, 91 ff.; pr (Treviso,1476); etc.: Klebs 427.1-5; IAL G32-34

Dubitatur utrum evacuatio possit fieri ante digestionem...
> Questiones medicinales: BLcm 427, ff. 120v-132

Dubitatur utrum physica sit...
> Rudigerus de Roermundia, Quaestiones de Aristotelis libris octo physicorum Viennae anno 1395 propositae: Ea Q.302, 181 ff.

Dubitatur utrum ypostasis apparens in urina...
> Gentile da Foligno, Questio de hypostasi: VA 2225, ff. 99r-101v

Dubitaveram semper senator optime in his medicine preceptis...
> Alexander Benedictus, dedic. Collectiones medicine. See 'Boni primum...'

Dubitavit rex Manfridus et quesivit a magistris...
> Petrus de Ybernia, Glose circa ysagogas Johannitii: Ea F.335, late 13c, ff. 119v-160; Haskins 270; ed. Baeumker, Petrus de Hibernia, p. 41 seq.

Dubium an corpora lapsa ut in exemplo...
> Gentile da Foligno, Questio de conservatione sanitatis: CLM 7609, a.1385, ff. 31ra-43rb(33-45); JHM X(1955), 394, n.19

*Dubium (autem) apud multos solet esse quomodo elementa sunt...
> Thomas Aquinas, De mixtione elementorum: Beiträge XXII(1931), 305-306; BN 6443, f. 180; BN 16195, f. 29; VAp 1059, f. 49; Graz 1385, 14c, ff. 7v-8v; etc.; Opera, XVI(1869), 353; Opuscula (ed. Mandonet, 1927), I, 19-21

*Dubium est utrum aliquod est aggregatum...
> Jo. Chilmark, De aggregatis et successivis: On 289, 15c, ff. 168-(174)

Dubium est utrum omnis motus...
> Messinus, De tribus predicamentis motus Hentisberi: VE VI, 105, ff. 47r-65r; pr Venice, 1494, ff. 52v-64r(Klebs 514.2; IAL H51)

Dubium solet esse apud multos...
> Thomas Aquinas, De mixtione elementorum: Graz 137, 14c, ff. 121v-122ra

Dubium utrum spiritus sit formaliter animatus ...
> Franciscus de Zanellis: CLM 7609, a.1383, ff. 11va-13rb; JHM X(1955), 393-94, n.17

Duc nutrimentum limpmandi septem horarum ...
> Raymond Lull, Part of Testamentum maius: DWS 805A

Ducatur linea ab angulo f. quadrati exterioris...
> BN 7378A, 14c, ff. 18v-19v(incomplete)

Dudum animo volueram invictissime...
> Apollinaris Offredi of Cremona, prol. Expositio in libros de anima. Text, 'Omissis multis que ...'

Dudum me Brissiamine movit oratio tua...
> Gentile da Foligno, De ernea: CLM 77, a.1386, ff. 141ra-142rb. See 'Quia me diu...'

Dudum me rogasti ut vobis...
> Arnald of Villanova, De sanguine humano. See 'Magister Iacobe amice...'

Dudum pater carissime Rome pariter existens ...
> dedic. Theodorus Catalanus, Chirurgia: Inst. f. Rom. Philol., 49(1929), 265 seq.(Schulz)

Due esse entium in celi...
> De scientiis: CLM 317, ff. 295va-296va

Due precipue res sunt...
> Hugh of St. Victor, 3rd pref. Didascalicon. Text, 'Omnium expetendorum prima est sapientia...

Due principales institutiones matheseos...
 Quaedam brevia incompleta de arte arithmetica:
 BLd 67, 12c, ff. 55v-(57)

Due stelle sphere longitudinis...
 Celestial sphere: CLM 24105, 15-16c, ff. 52v-
 53v(Zi 4493)

Due sunt vene que dicuntur salientes...
 Studien X, 181

Due vene putense sunt...
 De splene et epate et eorum passionibus: BLb 361,
 a.1453-1459, pp. 424-(432)

Dulce calidum est licet violente non fit(sit)
caliditatis...
 Rasis, De simplicibus ad Almansorem, Tract. III,
 Liber Almansoris: pr Strasburg, 1531, pp. 373-97

Dulce ingenium musice quamvis instrumentis
plurimis...
 Designatio monocordi: Bubnov lviii

Dulcem quem utebar(sic) Aristolapius rex...
 Recepta: Laon 426bis, 9c, ff. 116v-117r; Beccaria 15.1

Dulcis amice tibi iam scribo commoda vite...
 Carmen de epidemia: Ea Q.192, 14c, f. 138

Dulcis amice veni noctis solacia prestans...
 Ps. Ovid, De philomena: Lehmann(1927), 3-4;
 GW 3401

Dulcis et eloquio brevis est Solinus aperto...
 Antonius, pref. comm. Solinus: pr with De mirabilibus mundi, (Milan, 1475): (Hain *14873;
 LC; Klebs 922.5; IAL S553). Comm. 'Quoniam
 quidam impatientius...'

Dum... See also 'Cum...'

Dum cognovimus qualiter Ypocras de augmento humorum locutus est...
 De virtute catarticorum: Vendôme 109, 11c, ff.
 94va-16va(Beccaria 45.10); Ran 1481(V.2.18),
 12c, ff. 127v-145r

Dum ego minimus in ordine predicatorum
recogitarem...
 Ricoldus de Monte Crucis, Itinerarium: VAb
 2687, 15c, ff. 1-12v(Silverstein)

Dum eram iuvenis ibam per mundum universum secreta...
 Visio: CUc 395, 15c, pp. 262-265(DWS 619)

Dum esset(esse) difficilis ratio nonnullis...
 Galen, Liber tertius Proslaucon(i.e. to Glaucon):
 Chartres 62, 10c, ff. 28-54; H. Pohl, Leipzig diss.,
 1922; Kylos III(1930), 409; anon. De pulsibus
 et urinis in five other MSS before 1100(Beccaria
 p. 412)

Dum fuerint tonitrua in uno quoque mense...
 Archiv X(1917), 311

Dum Hippocratis(Ypocratis) hora mortis appro-
pinquaret...
 Secretum Ypocratis de pronosticatione infirmorum: BMad 15107, a.1422, ff. 63v-64r;
 Saxl(1953), 20

Dum in te prestante ingenio...
 See 'Dum te...'

*Dum infra(intra) me tacitus cogitarem...
 Aegidius Romanus, De anima: Ob 119, 13c, ff.
 112-(185); pr 1501. See 'Ex Romanorum spectabili...'

Dum me et natalis(naturalis) conditio et
bonorum...
 Guido Aretinus, prol. Micrologus: CUt O.IX.29,
 15c, f. 57v(Atk); Ghent 70(421), a.1503, ff.
 50ra-55rb

Dum opus de homine his diebus proxime...
 Galeottus Martius, dedic. De homine. Text,
 'Caput dicitur totum...'

Dum paternitatis vestre iussionibus libens...
 Helperic, Epistola ad Asprum: Bull. Du Cange,
 XVII(1943), 62; ed. Dümmler, MGH Epi-
 stolae, IV(1920), 117-120

Dum philosophus...
 See 'Dixit philosophus. Accipe...'

Dum priscorum virorum scripta famosa non
omnia...
 Adelard of Bath, dedic. De eodem et diverso:
 Beiträge IV(1906), 3-34. Text, 'Sepenumero
 admirari soles nepos...'

Dum proprietatem rerum sequantur...
 Barth. Anglicus, De proprietatibus rerum:
 Valencia 49, 14c, ff. 1-219. See 'De pro-
 prietatibus et naturis...'

Dum quidam mihi carus ac uti frater intimus
Lucas nomine...
 Prosdocimo de' Beldomandi, Opusculum contra
 theoricam partem sive speculativam Lucidarii
 Marchetti Patavini: Favaro, BB XII(1879), 244

Dum Raymundus librum composuit...
 Raymond Lull, Disputatio monachi: T IV, 634;
 Corbett I, 160-61. See 'Contristatus erat...'

Dum rerum quidem...
 (Alpharabi?), De intelligentia et de ortu scientiarum: Ob 232A, 14c, ff. 288v-(292)

Dum senex moritur iuvenis fit et coronatur...
 Secretum philosophorum: FLa 1451(1374),
 f. (58r)

*Dum sol in ariete et Phoebus...
 George Ripley, De putrefactionibus: Bale

Dum solitarie vite...
    Guido, Ep. de musica: Ob 173(a), 13c, ff. 82-(92). Text, 'Igitur qui nostram...'

Dum te prestantem ingenio facundia...
    Isidore of Seville, pref. De natura rerum: Dijon 448, 10-12c, ff. 37v-47; Verdun 26, 10c; 27, 11c; pr Augsburg, 1472, with title, 'De responsione mundi et de astrorum ordinatione' (Polain 2141; Klebs 537.1; IAL I163); PL 83, 965-1018; ed. Gust. Becker, Berlin, 1857. Text, 'Dies est solis...'

Duo calci faciunt unum ceratem duo cerates obolum...
    De multiplicatione et divisione (scilicet mensurarum): Art ancien 10, 11c, ff. 1v-5r; CLM 14272, 10-11c, f. 153

Duo et duo esse super clausula ignis aeris...
    De quantitate aeris: CLM 14334, a.1442, ff. 270vb-271rb

Duo magna incommoda...
    Nicolaus Jacquerius, De calcatione malignorum spirituum: QE I, 847-48; St. Omer 295, 15c, item 2; pr Frankfort, 1581

Duo pondera de igne...
    De ponderibus elixerii: BLas 1423, V, 16c, pp. 63-64

Duo quidam novi et inusitati serenissime princeps...
    Jannotius Manettus(Giannozzo Manetti), De terrae motu: BN 6748, a.1458(T IV,415, n.11); Es g.III.23, 15c; Karlsruhe 380, 15c, ff. 286-287v; VAp 1076 and 1077

Duo semispheria quas magadas vocant concavo instrumento...
    Musica: PL 151, 673-82

Duo sulphura sunt que ex lapide unico sublimantur...
    Philip I of Burgundy, Lapis montis (extract): Naples V.H.134, ff. 39v-43r

Duo sunt corpora lucentia...
    See 'Dixit Arturus...'

Duo sunt extremi vertices mundi quos appellant polos...
    Aratus(?), *or* Hyginus: Mon 334, 9c, f. 43(Excerptum de astrologia, in cap.3); BLcm 353, 9c, item b; Zurich Car.C.176, 10-11c, V, 4, ff. 212r-213v; CUt 945(R.XV.32), 11c, ff. 2r-3r; BN 12117, 11c, ff. 129-130; Dijon 448, 10-12c, ff. 71v-80r; ascribed to Hyginus, Brux 2195, 12c, f. 49r; anon.: Bern 129, a.1312, f. 119; BLd 193, 14c, ff. 35-(36); Yale MS bound with item 42, a.1433, ff. 67v-68r; PL 90, 368 seq.; Saxl (1915) 64; (1927), 80, 154, 163; ed. Ern. Maass, Commentariorum in Aratum reliquiae, 1898, pp. 309-12; A. Boutemay, Latomus, III(1939), 128-37

Duo sunt in universum in quibus totius huius consilii...
    Consilium (medical in 3 caps.): VAp 1892, ff. 241r-251v

Duo sunt opera anime prout elicitur ex I, II, et VI ethicorum...
    Johannes Damascenus, Liber aphorismorum: Wi 56, 15c, ff. 83va-119, incomplete; pr Venice, 1514-1515

Duo sunt principia huius artis. Est ergo primo...
    Efferarius, De lapide philosophorum: Ze III, 143-51; Verae alchemiae, 1561, II, 232-37

Duo sunt scientie logica et mathematica...
    De abaco: BN 15119, 12c, ff. 27-31r; Bubnov lxv

Duo sunt vertices mundi...
    See 'Duo sunt extremi vertices...'

Duo tractatus sequentes anno domini 1456...
    Judicium astronomorum factum Bononie a.1456: VI 4756, ff. 10r-19v

Duobus me libris dieticarum partem traditurum...
    Caelius Aurelianus, De diaeticis passionibus: Karlsruhe, cod. Reichenau CXX, 9c, ff. 107r-115r; Beccaria 56.7

Duobus sensibus existentibus per quos sit via...
    Hero of Alexandria, Catoptrica, tr William of Moerbeke, long known as Ptolemy, De speculis: Björnbo(1909), 391; Opera, II, 1(1901), 317-64; Sphaera cum commentis, Venice, 1518, ff. 250vb-252vb; T I, 189; Rose, Anecdota II, 217-330(Schulz)

Duodecim cardinales ventorum spiritus sunt...
    Basel F.I.23, fol. 6v

Duodecim domos celi secundum modum commodiorem...
    Canon de domibus coeli fabricandis: Hain *4334, f. 1r

Duodecim esse herbas sapientes dixerunt specialibus signis...
    De herbis xii signorum et vii planetarum: BLas 1471, 15c, ff. 117-118(DWS III, 766, n.1)

Duodecim lapides positi sunt in fundamento civitatis celestis...
    VAr 258, 13c, ff. 42v-44r; Ambix 8(1960), 12-13

Duodecim lulle faciunt unum momentum. Duodecim momenta faciunt unum attamum...
    Measures: Mi Trivulz. N 90(F.40), ff. (78r)-(86r)

Duodecim signa sunt in celo similia membris corporis...
> Haly Abenragel, De iudiciis, cap. i. See 'Duo-decim sunt signa in celo similia...'; 'Gratias uni deo...'

Duodecim signa zodiaci in numero...
> BMh 3843, 15c, ff. 63r-66r; a paragraph on each sign

Duodecim sunt lapides qui continentur in duo-decim signis celestibus...
> Alius lapidarius: BLlm 203, 13-15c, f. 107r-v

Duodecim sunt signa celi...
> I. Fabulae duodecim signorum secundum Isi-dorum: BLcm 572, 15c, ff. 65v-(68)
> II. Arnald of Villanova, De regimento acutorum: Ea Q.368, 14c, ff. 83-87v. See 'Nota quod quinque sunt...'

Duodecim sunt signa in celo quorum primum...
> De nativitatibus: Ea Q.377, 14c, ff. 2-5v; Car-mody 100

Duodecim sunt signa in celo similia membris corporis...
> Albohazen Haly filius Abenragel, cap.1, In iudiciis astrorum: pr Venice, 1485, 152 ff. (Polain 1845; Klebs 35.1; IAL H3)

Duodecim sunt signa quare quorum qualitates...
> (Firminus de Bellavalle), Repertorium de muta-tione aeris (cap.I): Ea F.395, c.1373, ff. 139-141v; CLM 59, 15c, ff. 237-238v(Zi 11874-75); pr Venice, 1485(Klebs 406.1; IAL P920). See 'Cum in multis...'

Duodecim sunt signa scilicet Aries Taurus...
> De virtutibus xii signorum: Studien(1914), 211; Ea Q.395, 13-14c, f. 105; Zi 11874-11875; 12134

Duodecim sunt signa signorum duodecim primo est Aries...
> VI 5442, 15c, ff. 122r-126r: Saxl(1927), 156

Duorum librorum hominis maxime...
> See 'Iam declaravimus in libro...'

*Duos tactus possidens...
> Rob. Handlo, Regulae musicae: Tanner

Duplex autem est et hoc generis unum...
> Peter of Abano, Additio to Bk. xiv of Galen, Therapeutic Method, completing tr of Burgundio of Pisa: VAp 1093, ff. 105-107vb; Isis 33(1942), 651-52

Duplex est animalium causa...
> Bartholomaeus (de Brugis), Comm. in artem Galieni: Ea Q.175, early 13c, ff. 65-96v

Duplex est animalium regnum anima scilicet et natura...
> Petrus Hispanus, Super libris Tegni Galieni: Ea Q.294, 13-14c, 98 ff.

Duplex est coniunctio planetarum scilicet superior...
> BN 7457, ff. 101r-102v; CLM 458, 15c, ff. 121v-137v

*Duplex est potentia scilicet activa et passiva...
> W. Burley, Comm. De sensu et sensato: Oma 146, 14c, ff. 99-(104)

Duplex est potentia scilicet creata et increata...
> Ps. Aquinas, De potentiis anime: Beiträge 22(1920), 167

Duplex ordo doctrine rebus tractandis...
> M.B., Glose super Ysagogas Iohannitii: Basel D.III.3, 13c, ff. 54ra-74rb

Duplex passio cadentibus capillis...
> Alexander, De egritudinibus libri tres: VAp 1209, 13c, ff. 2r-92r

Duplici causa me cogente socii dilectissimi hoc...
> I. Compendium Salerni. See 'Duplici me causa cogente...'
> II. Joh. Skelton, De medicina: CUg 451(392), 15c, pp. 1-17

Duplici de causa me cogente totum...
> Compendium Salerniae: BMh 3719, 14c, ff. 6vb-14

Duplici enim me cogente socii dilectissimi...
> Ricardus, De laxativis: Ob 285, 13c, ff. 226ra-232rb

Duplici me causa cogente socii dilectissimi...
> Compendium Salerni: CUg 379(599), 12-13c, ff. 21r-35v; FLgr 201, 13c, ff. 85-(92); San Gemignano 92(Puccinotti II,i,lviii-lxv); Admont 254, 13c, ff. 112v-116v(Schulz); CUcl 12, 13c, ff. 228r-229v; BMad 28555, early 14c, ff. 39-(44); BMar 295, early 14c, ff. 234v-(243); BN 6988, 14c, ff. 72vb-75rb; Cracow 788, ff. 86r-90v (Archiv XIV,113, n.1); Renzi V, 201-32 (Supplanting III,52-65); R. Creutz, Quellen V.iv 1936, pp. 9-37; Giacosa 409

Duplici medicina cogente socii dilectissimi hoc opus instruere...
> Prol. Receptarium: VA 4422, ff. 25-57v. Ap-parently same as above

Duplici modo potest contingere successio in acquisitione...
> De latitudinibus: VA 3097, 14c, ff. 19va-22va

Duplicis ea generis que sunt animalia cernis...
    CLM 17212, 13c, f.51r(10 verses)(Schulz)

Duplicis portionis sinu cognito eius portionis...
    De sinu demonstrato: FNcs 216, 14c, ff. 30r-
    32r; Björnbo (1912), 219

Dupliciter legitur hoc...
    Comm. Hippocrates, Aphorisms: BMr 12.D.
    XIII, 14c, ff. 145v-(163r)

Dux illustrissime potentia magna sed virtutibus
magis...
    Francis of Siena, De balneis (to Duke of Milan):
    BN 6979, c. 1399, ff. 1r-19v(T III,537)

Dux normannorum...
    See 'Queris venerande...'

Dyamargariton...   See 'Diamargariton...'

Dyonisius abbas...   See 'Dionysius abbas...'

E contrario erit nato in climate septimo...
BN 10269, f. 52va, 'Hoc in fine istius libri positum inveni et est principium super nativitatibus ...'

E rerum summa quarum scientiae non indigeas ...
Secretum secretorum, cap. on Physiognomy: ed. Foerster, Scriptores physiognomonici, II(1893), 183-222

E tota summa cuiusque rei quam assim...
Albaedus, De minutiis: VA 3166, 11c, ff. 1r-13r; Bubnov lxxvii. See 'De tota...'

Ea a quibus procedit scientia ex qua res...
Euclid, tr Gerard of Cremona, prol. Elementorum libri tredecim: Isis 44(1953), 28-29

Ea in excelsitudinem vestram devotio...
Joh. de Concoregio, pref. Lucidarium medicinae: Mi A 104, inf. 15c, ff. 1ra-105v

Ea que circa corpus hominis arte una existente ...
Galen, I-V Sanativorum nova tr Niccolò da Reggio: Ea F.278, early 14c(?), ff. 29-55; BN 6867, ff. 111-115r: T (1946), 229, no.38

Ea que est de natura scientia quum per se...
Hermolaus Barbarus, Compendium scientiae naturalis ex Aristotele: pr Venice, 1544(1545?), ff. 4r-75r; 1547

Ea que sunt iam diximus quod dividuntur in substantiam...
Algazel, Physica: BN 16096, f. 108(H). See 'Iam (autem) diximus quod ea que sunt...'

Ea que traduntur diffusius...
Antonius Ricardi, Compendium de arte graduandi medicinas compositas: Ma 3366(San Candido C.VIII.14), fols. 5-39

Ea quorum doctrinam artem extrinsecus maiores nostri...
Comm. Boethius, Arithmetic: Bern 633, 12c, ff. 19r-31r

Eam fauste gubernari rem publicam inclite dux...
Conrad Heingarter, pref. Comm. Ptolemy, Quadripartitum: BN 7305, f. 4; T IV, 362-64

Eam pingendi gratias antiqui feruntur...
Pref. tr Ptolemy, Almagest, from the Greek: Haskins 157, 191-93

Eam que ad alterutram argumentationem...
Galen, De optima doctrinatione, tr Niccolò da Reggio: Opera I, 1490, 127r-v. See 'Unumquodque medicinalium theorematum...'

Eam te in hoc regnandi munere...
Hippocrates, Epistola medicinae Antiocho regi: Laon 420, 9c, ff. 1r-4r; BN 6880, 9c, ff. 4v-6r (Beccaria 13.1, 25); CML V(1916), 10-13; Kibre, (1945), 403-404

Earum autem que in humoribus putrescentibus accenduntur febrium...
Galen, Liber VI(?) de ingenio sanitatis, tr Burgundio of Pisa: Mon 18, 13c, ff. 203r-207v

Earum enim alie sunt qui bibuntur ad sanitatem conservandam...
Comm. tr Andromacus medicus in arte tyriace: VAp 1234, ff. 235ra-252vb

Earum que alterant pulsus causarum...
Galen, 'Liber IV de causis pulsuum,' tr Burgundio of Pisa: BN 15455, late 13-early 14c, ff. 173va-178ra

*Earum que sunt in animalibus partium...
Aristotle, De historiis animalium; Greek-Latin tr of William of Moerbeke: Beiträge, XVII, 5-6 (1916), 189; AL pp. 81, 175; CUpet 121, 13c, f. 1; Ea F.26, late 13c, ff. 1-126; Vendôme III, 14c, 391 ff.

Eas que secundum cor considerationes necessarias esse (fore) Avicenna nos docet...
Gentile da Foligno, De corde: CLM 77, a.1386, ff. 145va-150va; Ea F.261, late 14c, ff. 164-170v; VA 4445, f. 195; pr Questiones et tractatus extravagantes, Venice, 1520, ff. 98rb-103va

Eas quidem que a primis et (a) principalibus causis sunt alterationes...
Galen, De causis pulsus, tr Burgundio of Pisa: VE fa 531(XIV,6), 14c, ff. 59-65; BN 6865, ff. 130rb-138va; VAu 247, 14c, f. 244; PAM 51, 15c, f. 144; pr Opera, 1490, I, 67r-73r; 1515, I, 167; Lib.III: Diels(1905), 88. See 'Hec quidem que...'

Ebdomada est quarta pars lunaris mensis...
CUt O.II.40, 15c, f.132

Ecce camelus desertus...
Natural history of animals (from Aristotle, Vincentius, etc.): CU 767(Dd.XII.50), 14c, ff. 3-39v

Ecce est pentagonus qui unumquodque latus. . .
Geometriae incerti auctoris iv cap.: Bubnov xliii, xlviii

Ecce gloriosissime Hierusalemi et Cicilie rex Roberte. . .
Niccolò da Reggio, prol. tr Galen, De passionibus *or* Myramir: BN na 1365, a.1336, f. 1r-; Vendôme 108, 15c, ff. 1-110; Diels (1906), 92; Lo Parco 264, 290-91, 297; T (1946), 228, nos.34-35; pr 1490, I, 182r-216; 1515, II, 240. Galen, prol. 'Quoniam quidem non solum que curatur . . .'

Ecce habere(habes?) quod queris de temporibus partus. . .
Gentile da Foligno, Libellus ad Cinum Pistoriensem de partu hominis: Na IV.D.13, 16c, 12 pp. (T III,236-38)

Ecce in medicina immensa est profunditas. . .
Johannes filius Mesue (Damascenus), Aphorisms: BN 7377B, 15c, ff. 122r-125v; pr Articella, Lyons, 1519, etc.; anon.: CUg 178(211), 15c, ff. 251v-254v

Ecce liber. . . See 'Est liber. . .'

Ecce nomen domini venit. . .
Regino, De tonis musice artis: Brux 2752, 10c, ff. 46-63(Silvestre 151); Coussemaker II, 4-73

Ecce prehonoratio ecce sanum consilium. . .
Liber de summis pontificibus super lapide philosophali: BN 11202, 15c, ff. 91-97(Corbett I,154)

Ecce quid adnecto operi ymaginum quarum alias. . .
Antonius de Monte Ulmi, Glosa super ymagines duodecim signorum Hermetis: BN 7337, 15c, p. 26, a-b(T III,609)

Ecce quid in medicina immensa. . .
See 'Ecce in medicina immensa. . .'

Ecce quod queris. Recipe mercurii optime purgati. . .
BMh 1747, 14c, f. 20r-v(DWS 517)

Ecce quod queritis de temporibus partus. . .
Gentile da Foligno to Cino da Pistoia, De partu: ed. K. Leonhardt, Leipzig Diss., 1917, pp. 12-20

Ecce stilo digno referam campestria ligna. . .
Versus memoriales de nominibus arborum piscium volucrum et ferarum: VI 3213, a.1458, ff. 116r-117r

Ecce sub immunda viridi latet anguis in unda. . .
Rasis, Carmina alchemica: CUt 1400(V), 15c, ff. 161v-162v(DWS 796, ii)

Ecce tibi scribo et narro. . .
Thadeus Florentinus, Libellus medicinalis ad conservationem sanitatis: Ran 1376(T.5.14), 13c, ff. 32v-36; Mi I.108 sup., 14c, f. 32

Ecclesiastice institutionis disciplina non adeo multis est nota. . .
Computus: BMad 40744, 12c, f. 14v

Eclipsim aliter lune si tibi placuit geometria figura huiusmodi. . .
De geometrica expositione figure eclipsis lune: VI 5371*, 15c, f. 19ra-va

Eclipsim solarem supputare. . .
VAp 446, 15c, ff. 84v-85r

Eclipsim solis et lune in quocumque anno. . .
Joh. de Lineriis, Canones de calculatione eclipsium, rearranged by Louis of Kaerlyon so that of 69 canons 60-61-62-63 come first: CU 1017 (Ee.III.61), late 15c, ff. 78-92r; Isis 43(1952), 107

*Eclipsim solis quantitatem et durationem. . .
See 'Eclipsis solis quantitatem. . .'

Eclipsim solis vel eclipsim lune volens figurare . . .
CLM 10661, 15c, f. 170r-v

Eclipsis luminarium in angulis ascendentium. . .
BNna 693, c.1300, f. 15v

Eclipsis lune quantitatem. . .
Cracow 575, 15c, ff. 411-13, 417-34(Zi 12496)

Eclipsis possibilitatem in sole. . .
Prag 1832, 15c, ff. 139v-144v(Zi 12497)

Eclipsis solis aut lune omni eo anno futura est. . .
De eclipsibus luminarium: CLM 4394, 15c, f. 24r

Eclipsis solis est cum inter nos et ipsum. . .
Eclipsis solis: CUad 5943, 15c, ff. 176r-178, with figures for years 1415 etc.

Eclipsis solis est quotiens luna. . .
VAr 72, 12-13c, f. 99v; BMe 843, 13c, f. 11v-

Eclipsis solis et lune in quocumque anno volueris possibilitatem invenire. . .
Johannes de Lineriis, Canones. . .eclipsium(excerpt?): CU 1017(Ee.III.61), 15c, ff. (82)r-(86)v; Kibre(1952), 107, item 31, iii

Eclipsis solis non erit nisi in puncto coniunctionis. . .
Opus eclipsis solis: CU 1935(Kk.I.1), 13c, ff. 138r-139r

Eclipsis(eclipsim) solis quantitatem et durationem per tabulas invenire. . .

> (John of Saxony), Canones super tabulas eclipsium: CLM 18912, ff. 18r-22v; 19550, ff. 236r-239v(Schulz); anon. Ea Q.298, 14c, ff. 111v-112r; CLM 8950, 15c, f. 370v; CLM 26666, 15c, f. 207ra-; BMh 531, f. 59r; VAp 1412, 15c, ff. 25r-29v; VAp 1435, 15c, ff. 255ra-259vb; Prag 1832, ff. 30r-33v(Schulz); Isis 43(1952), 101, n.12

Eclipsis solis quantitatem per tabulas. . .

> John of Saxony(Danco): Prag 2293, a.1387, ff. 129-132(Zi 2165)

Edera terrestris.   Ferventis febris. . .

> See 'Ferventis febris. . .'

Edere decrevi tractatum crimine levi. . .

> Treatise on diet in 116 leonine hexameters: BMr 8.E.XVII, ff. 110-(111)

Edere succum partem unam folii partes tres simul. . .

> SG Stift 44, 9c, pp. 354-368; ed. J. Jörimann, Frühmittelalt. Rezeptarien I(1925), 37-61; Beccaria 129.27

Edidi hunc librum de imaginibus super facies signorum. . .

> Ptolemy on images: T (1947), 257-58

Edificiorum muri et parietes cum sint ad omnes partem. . .

> Ad omnem positionem murorum: Yale MS with item 156, copy 2, pp. 265-267

Editor huius tractatus suo premisit compendiosum. . .

> Comm. Alexander de Villa Dei, Massa compoti: CLM 5640, 14c, f. 88r-v

Edre succus parte una oleo partes iii simul miscetur. . .

> Liber medicinalis Ypocratis, Ad capitis dolorem: Fulda 419; i.e. Marcellus, De medicamentis, I, 98, Caput si quis. . .hederae contusae sucum . . .; ed. M. Niedermann, CML V(1916), 34

Efemeras dicitur eo quod unius diei. . .

> Galen ad Glauconem: Mi G 108 inf., 9c, ff. 114v-130r; Beccaria 92.7

Effectus herbarum cirurgie. . .

> CUt 1422, 15c, ff. 49v-50

Effectus planetarum presentes preteritos et futuros pronosticare volentibus. . .

> Prol. Tables of Duke Humphrey of Gloucester: CU 1017(Ee.III.61), 15c, ff. 108-116r

Effemerum febrium pulsos est simplex. . .

> Beccaria 412

Effimera est febris ex distemperantia spirituum procedens. . .

> Cap.1 Thesaurus Pauperum: pr with Petrus Hispanus, Antwerp, 1497(Klebs 749.1; IAL J212)

Effimera est febris (illa) que fit. . .

> Johannes Platearius, Practica brevis: Oma 173, 14c, ff. 33r-79r; BMsl 1124, ff. 74r-111r; CUt 918(R.XIV.48), 15c, ff. 21r-89v; pr with Serapion, Venice, 1530, ff. 169r-185v. Prol. 'Amicum induit. . .'

Effimera est febris proveniens ex distemperantia spirituum. . .

> De egritudinibus (in 12 caps.): VAp 1234, 14c, ff. 12ra-23ra

Effimera febris est. . .

> Amicum induit abbreviatum: James 483.   See 'Amicum induit. . .'

Effimera morbus intemperatus ab. . .

> Vocabula morborum: BMsl 345, 15c, f. 83va

Effimeram generat frigus calor ira lavacrum. . .

> Aegidius (Corboliensis), De signis et causis febrium poema: BLcm 455, 15c, ff. 264-(266v)

Effimere febres que tamen in spiritu. . .

> Alexander Iatrosophistus, De effimeris febribus: BN 6881, 13c, ff. 110v-121r.   Prol. 'Petisti a me Kosme. . .'

Efflagitasti a me rex inclite. . .

> Abamarvan, Liber medicine ad regem Abenzoar de melle et saccharo interprete Jacobo Hebreo Coanso: VI 5195, 16c, ff. 45v-60v

Egestio aliis melior que mollis et continua. . .

> BMsl 783b, 15c, ff. 195v-196v

Egestio itaque naturalis est prime digestionis. . .

> See 'Cum a me de urinis. . .'

Egidius facit de urinis metricum tractatum ut. . .

> Gloss on Aegidius of Corbeil, De urinis: CUc 511, c.1300, f. 75r

Egidius transiturus ad indaginem. . .

> Aegidius Romanus, Versus pauci de phisonomia: Ea F.236, 14c, ff. 17v-20

Egiptii autem ex initio noctis sequentis diei originem. . .

> CUj 25(Q.B.8), 12c, ff. 1-18r

Egiptii non sunt barbari quos insolenter. . .

> Supplementum Cosmographiae Pompeii Asiae particularis descriptio: VI 5509, 15c, f. 34r

Egiptii sapientes sati genere divino. . .

> Julius Valerius, Epitome de gestis Alexandri, tr from Ps. Callisthenes: ed. Zacher, Halle, 1867; T I, 551-555

Egiptii scientes mensuram terre undaque maris
. . .
> Vita Alexandri Magni: VI 2432, 14c, ff. 1-15
> (Schulz). See 'Sapientissimi Egyptii scientes
> mensuram...'; 'Quippe Egyptii scientes men-
> suram...'

Egiptus aeris colore semper solem habet...
> De Nilo: BMh 3017, 9c(Fleury), f. 151r

Ego Accanamosali sustinui maximum laborem
. . .
> David Armenicus tr Accanamosali, De oculis: ed.
> Pansier II(1904), 9-48; GS I, 729; Bern 216,
> 13c, ff. 52va-65ra; Ran 1497, a.1480, ff. 34-72;
> pr Venice, 1499; 1500(Klebs 494.2; 497.1; IAL
> G511-512). Cap.1, 'Si vultis scire quot sunt...'

Ego aggregavi in hoc libro multa et satis...
> Circa motus planetarum: Utrecht 725, c.1500,
> ff. 212r-213r(TR 324)

Ego Albertus commentator in omni experientia
expertus...
> Albertus Magnus, Secretum de sigillo leonis:
> Prag 1832, 15c, f. 15v; VI 5315, 15c, ff. 75v-76r

Ego Albertus de Herbipoli salubri meditatione
premeditans...
> Medical: Archiv XXX(1937-38), 295-300

Ego Albertus quamvis minimus inter socios...
> Albertus de Augusta, De quatuor humoribus:
> Basel D.III.9, 13-14c, ff. 38vb-40ra; AMH
> (1940), 280, 287, n.4

Ego Alcherius inter multa prodigia...
> Alcherius, Geomantia: VI 5508, 14-15c, ff. 200-
> 201v; T II, 119

Ego Alcoatin qui vidi multorum antiquorum...
> Alcoatin, Congregatio sive Liber de oculis: ed. P.
> Pansier(1903), 87-179; Hermes VIII(1874),
> 337, n.1

Ego Alkaidus (Edwardus)...
> See 'Ego Edwardus fessus...'

Ego Alphontius Cordubensis magister artium
liberalium...
> Alphonso of Cordova, Pest tract: Archiv III,
> 222-26; written at Montpellier (HL 37, 367-
> 368)

Ego Antonius de Scarparia cum artium et
medicine doctor...
> Quaestio medicinae: VA 4447, a.1386, ff. 1r-24vb

Ego Apollonius magister artium merito nuncupatus...
> Apollonius, Ars notoria: Ea Q.380, 13c, ff. 49-
> 64v; Cues 216, 14c, ff. 1-30(T II,282)

Ego Arnaldus de Novavilla domini pape physicus...
> Arnald of Villanova, Breviarium sive Practica:
> CLM 3074, 15c, ff. 1ra-126v; 18444, 15c, ff.
> 4ra-194va

Ego Arnaldus de Villanova incipio istum librum
. . .
> Arnald of Villanova, Novum testamentum: HL
> 28, 89; T III, 81, 674; Glorieux I, 424

Ego autem a die qua aperti sunt oculi mei...
> See 'Dixit Jacob filius David...'

Ego autem Arnaldus de Villanova multas partes
mundi...
> Arnald of Villanova, prol. Rosa novella. Text,
> 'Divina potentia composuit...'

Ego autem dictus... Ortulanus ab ortis Martinus nuncupatus...
> Ortulanus, Comm. Hermes, Emerald Tablet:
> SG Stadt 300, 13-14c (said to be the oldest MS),
> ff. 91va-93va. See 'Ego dictus...'

Ego autem rogo altissimum creatorem quod iste
noster...
> De virtute imaginum coelestium: Prag 1832
> (X.B.3), 15c, ff. 13ra-14ra

Ego B. querens veritatem infallibilem in opere
alkymie...
> CUt 1363, 15c, ff. 36-40(DWS 375B)

Ego Campanus composui hanc presentem
tabulam...
> Tables for Novara: Björnbo(1905), 233

Ego Canamusali de Baldach sustinui...
> Pref. De oculis. See 'Ego Accanamosali...'

Ego Clemens in urbe Roma natus ex prima etate
pudicitie...
> Clemens Romanus, Libri XVI recognitionum:
> E. C. Richardson in Harnack's Gesch. d. altchr.
> Lit., I, 229-30; PG vol. I

Ego de ipso homine tibi daturus...
> Interrogatio Platonis ad Aristotelem magistrum de
> quatuor elementis temporum: Brux 2425, 12c,
> f. 84r(Silvestre 151)

Ego Diascorides herbarum potentias in aliud
nutrimentum cognoscens...
> Diascorides, De herbis propriis lapidibus assignatis
> et de potentiis et virtutibus eorum: Mon 490,
> 208r-211r. Cap.1, 'Adamantis herba...'

Ego dicam vobis de rebus fortune...
> Hermes, prol. De stellis beibeniis, tr Salio: ed.
> Ptolemy, Venice, 1493, ff. 118rb-119ra(Hain
> *13544; Klebs 814.2; IAL P995); Carmody 55.
> Cap.1, 'Aspice stellam beibenie...'

Ego dictus Ortolanus (ab orto) Martinus(maritimo) nuncupatus...
  Ortolanus *or* Hortulanus, Comm. Hermes, Emerald Tablet: T III, 686-88; Cop S.337, 15c, ff. 18v-21r(ColR 98); FR 1165, ff. 49v-51r; VAp 1332, 15c, ff. 37r-40r; pr with Geber, Bern (1545), 294-302

Ego Edwardus discipulusque philosophie secretarius...
  See 'Ego Edwardus fessus...'

Ego Edwardus fessus studendo et practizando in secretis...
  Edwardus de Parvo Monte, Visio: DWS 334; ColR 113, 121a; BU 1062(2082), 14c, ff. 58r-60v

Ego enim intendo in hoc meo libro...
  Galen, De crisi 3 libri: Basel D.III.6, 13c, ff. 152r-196r. See 'Ego non intendo...'

Ego enim Samuel de genere Helye prophete cum perciperem...
  Liber de virtuosissimis nominibus que sculptuntur in lapidibus preciosis: Mon 490, ff. 211v-214v

Ego explanabo tibi significationem septem planetarum 13 modis...
  Abraham ibn Ezra, De significationibus 7 planetarum quem tr Arnulphus de Quinquempoit: Ghent 5(416), 15c, ff. 99r-101r

Ego facio cadere deprecationem meam ante deum meum...
  Abraham ibn Ezra, Liber luminarium *or* De crisi et diebus creticis, tr Peter of Abano: T II, 927, n.2; T (1944) aa, 299-300; BN 10269, ff. 111ra-116ra; pr separately, Ratdolt, Venice, 1482 (Klebs 3.1; IAL A5); Opera, Venice, 1507, ff. 71v-75v

*Ego fili carissime tuis acquiescens precibus...
  (Bernard Gordon?), Modus medendi(practicandi): Oo 4, 14c, ff. 229-(230); BMsl 134, 15c, ff. 170r-172ra

Ego Franco de Colonia utilitatem iuvenum cupiens...
  Compendium (music): BLb 842, early 15c, ff. 60-62

Ego frater Iohannes de Rupescissa consideravi
  See 'Consideravi tribulationes...'

Ego frater Iohannes Monachus has orationes composui a.1304-1307...
  Ars notoria (Orationes beate Marie virginis de ademptione omnium scientiarum): CLM 276, 14c, ff. 49rb-65ra

Ego frater Iohannes predictis universis beatis(?) pauperibus...
  Practica operandi (by the foregoing orationes): CLM 276, 14c, ff. 65ra-67ra

Ego fui natus in tertio climate...
  Argentré, I, ii, 326a

Ego Galienus dico me invenisse in corpore humano...
  Galen, Flebothomia, tr Benevenuto, de arabico in latinum: Mi C.59 sup., 13c, ff. 81ra-84va

Ego Galienus in tegni atestor quod quicunque interiorum...
  Anatomy: Codex Fritz Paneth, 14c, ff. 91-104

Ego Haly dico in hoc capitulo...
  Extractiones de libro H. Abenragel: Ea O.83, 14c, ff. 1-52

Ego Hermes dicam vobis de rebus fortune ex quibus...
  VI 4773, 15c, ff. 12r-13v. See 'Ego dicam vobis...'

Ego Hermes qui exaltatus sum...
  Prol. Hermes, Tabula smaragdina: BN 6514, 13-14c, f. 86r(Corbett I, 24)

Ego Iacobus Sarracenus parum in medicina eruditus...
  De virtutibus simplicium et compositarum: CLM 444, 15c, ff. 221ra-224ra

Ego in isto meo tractatu nihil scripsi...
  (Ugolino de Monte Catino?), Balnea Puteolana: BNna 211, a.1469, ff. 67-70

Ego in presente opusculo intendo ponere medicinas...
  Lyons pa 46, 14-15c, ff. 149-155

Ego incipiam exponere quid hoc et ex hoc est necessarium...
  Opening only, Liber octo dierum: FNpal 887, 15-16c, f. 114r-v

Ego indignus peccator ante omnia requiro...
  Alchemy: CLM 405, ff. 215r-224v

Ego iniuro quod volo facere omnem diligentiam ...
  Tenor iuramenti dominorum doctorum phisicorum, a. 1469: CLM 13, f. 222ra-b

Ego Iohannes Damascenus...
  Damascenus, Elixir vitae: BU 270(457), 15 *or* 16c, X, 2, f. 166r

Ego Iohannes de Burgundia divino auxilio invocato...
  John of Burgundy, Pest tract: Archiv V(1912), 62-69

Ego Iohannes de Peyne canonicus Ratisponensis
. . .
    Pest tract: VAp 1367, 15c, ff. 169rb-171vb

Ego Iohannes de Tholeto doctor utriusque iuris. . .
    Medical advice: Basel A.V.14, 15c, f. 71ra-b

Ego Iohannes de Tornamira Nonum Almansoris tibi expono. . .
    Johannes de Tornamira, Clarificatio partis practice medicine: PA 1026, 15c, ff. 1-80; pr Lyons, 1490, 169 ff.; 1501(Klebs 984.1-2; IAL T351)

Ego Iohannes Paulus cum essem in. . .
    See 'Cum ego Iohannes Paulinus. . .'

Ego Iohannes Pontanus multas perlustravi regiones. . .
    Epistola de lapide philosophorum: BN fr 19969, a.1559, ff. 353v-354r (Corbett I, 276); Ze III, 734-36; VI 487-89; Artephius, Liber secretus, 1685, pp. 7-12

*Ego Iohannes predictus a prima pestilentia. . .
    John Arderne of Newark, Practica chirurgiae: BMsl 795, 15c, ff. 96v-163; CUg 190(223), 15c, ff. 48-100; Os 132, 15c, 68 ff.; Eng. tr D'Arcy Power, 1910, 1922

Ego Iohannes Stephani hoc opusculum. . .
    Johannes Stephanus, Liber febrium: Wickersheimer 794; Renzi V, 121

Ego iuro per deum. . .
    Archelaus, De corporibus et spiritibus et alkimia: Delisle, III, 90a

Ego magister artium merito nuncupatus. . .
    Apollonius, Flores aurei: CLM 276, 14c, ff. 1ra-25ra

Ego magister Hermes omnium artium et omnium scientiarum perfectus. . .
    Magic images: VAp 1375, late 15c, f. 272r-

Ego magister Hippocrates qui feci et compilavi aquam istam. . .
    VAp 1264, 15c, f. 179v-

Ego magister Rudolfus de Novacivitate. . .
    Alchemy: KlaB XXIX.d.24, 15c, ff. 273-278r

Ego Nicholaus. . .
    Practica Nicholai: James 483

Ego Nicolaus a quibusdam in practica medicine studere. . .
    Antidotarium Nicolai, 'cum adiunctis Arnoldi de Villanova': CLM 4119, ff. 605-692v

Ego Nicolaus Anglicus volo propalare et manifestare. . .
    Nicolaus (Treveth?), Alchemy: VAb 273, f. 304r; FR 390(N.III.xi), 16c, ff. 126r-129v(or 131r?); Ambix V(1956), 109

*Ego Nicolaus rogatus a quibusdam in practica medicine. . .
    Nicolaus, Antidotarium: many MSS: Wo 3175, 12c, ff. 1-32v; BN 7038, 13c, ff. 71r-101r; CUad 6865, 13c, f. 61r; CUcl 12(Kk.3.13), 13c, ff. 177-213r; Rouen 981, 13c, ff. 41-54v; FLa 1915 (1818), 13-14c, ff. 28ra-44vb; CLM 3512, ff. 119ra-145ra; Ea F.238, 13-14c, ff. 62v-78v; Nicolaus de Hostresham: BMar 115, a.1327, ff. 134v-(143); Nicolaus Myrepsus: VI 96, 14c, ff. 1r-9r; GS II, 239-40; pr with Mesue et alia, Venice, 1484, f. 263r; 1497, f. 265v(Polain 2678-79); etc.(Klebs 680.8, 10-15; 703.1-6; IAL M442-46; N139-142; AFML 317-19)

Ego Nicolaus rogatus a quibusdam in practica studere volentibus. . .
    Nicolaus, Antidotarium: pr Milan, 1479(Klebs 703.5; IAL M141; LC)

Ego Nicolaus rogatus (sum) a quibusdam de virtutibus herbarum. . .
    Prol. Quid pro quo: VAp 1229, 15c, ff. 202va-205vb; BN 16193, f. 118

Ego Nicolaus Yspanus natione dico et affirmo dicta. . .
    Nicolaus Hispanus, Brevis tractatus alkimie: T IV, 333, n.15

Ego nolens in practica studere volentibus generare fastidium. . .
    Compendium Salerni: VAp 1363, 15c, ff. 149vb-151vb(TR 277h); AMH 8(1936), 304

Ego non intendo in hoc meo libro determinare
. . .
    Galen, De crisibus libri III: Mon 18, 13c, ff. 60r-79r; PU 125, 13c, ff. 266-292v; CUpet 33, 13-14c, ff. 41-59; Chartres 293, 14c, ff. 17-34v; Metz 178, 14c, ff. 37ra-48ra; VAu 247, 14c, f. 282-; tr William of Moerbeke: Ome 218, 14c, ff. 129-154r; Ome 219, early 14c, f. 115; Oa 68, 14-15c, ff. 183r-216r; tr Peter of Abano(?): VAp 1093, ff. 49r-70v; Isis 33(1942), p. 650, n.8; pr 1490, I, 78r-95v; 1515, II, 56r-73r; Diels(1905), 90

Ego omnium artium magister merito nuncupatus. . .
    Apollonius, Flores aurei: BN 7152, 14c, 22 ff.; CLM 268, 14c, 16 ff. See 'Ego Apollonius. . .'

Ego Ortolanus. . .
    See 'Ego dictus Ortolanus. . .'

Ego Petrus Yspanus considerans diversas egritudinum passiones. . .

    Petrus Hispanus, De regimine sanitatis: CLM 615, 13c, ff. 41r-49v; VI 3011, 15c, ff. 127r-147r

Ego Petrus Yspanus parve scientie. . .

    Regimen salutis per omnes menses: BMh 2558, ff. 224va-225(T II,501, n.5)

Ego pono istum casum quod hec sint tria animalia. . .

    Problemata Aristotelis: CUt 1081(O.I.57), 15c, ff. 19v-20r

Ego quidem Hortulanus ab horto. . .

    See 'Ego dictus Ortolanus. . .'

Ego quidem in hoc tractato. . .primo incipiam de nobilitate aquarum. . .

    VI 5307, 15c, ff. 9r-16v

Ego quidem ponam inventionem eius. . .

    Galen, Liber cathagenarum: Dresden Db 92-93, 15c, f. 181v; anon. BN 6865, 14c, ff. 138-146; Diels(1905), 138

*Ego Raymundus. . .

    Raymond Lull, De aquis et oleis: Salzinger

Ego Raymundus Lullus. . .

    Historia quando Raymundus Lullus scientiam transmutationis didicerit: HL 29, 271; Salzinger

Ego Raymundus Lullus de insula Maiorica natus. . .

    'Experimentorum liber Raymundi Lullii et sociorum suorum': Mon 482, 16-17c, ff. 1-36 (Corbett II,110); Mi D.130.inf., ff. 230r-247r. Experiment I: 'Accipe tartarum utriusque. . .'

Ego Raymundus Lullus societates ut evangelicos viros. . .

    Raymond Lull, Liber experimentorum: BU 142 (109), 16c, ff. 1r-52v; T IV, 60-61, 636

Ego Raymundus miser peccator. . .

    Raymond Lull, Apertorium animae et Clavis totius scientiae occultae (alchemy): HL 29, 373 (T IV,51, n.183). See 'In nomine patris et filii et spiritus sancti. . .'

Ego rogatus. . . See 'Ego Nicolaus rogatus. . .'

Ego sicut noscitis et iam factas allopicias sanam . . .

    Exempla ex operibus Galieni, Avicenne, Averrois, Arnaldi de Villanova extracta: Ea F.259, a.1408, ff. 63-88

Ego sum Daniel propheta (unus) de Israhelitis (filiis Israel). . .

    Somnia Danielis: T II, 294; VI 2245, 12c, ff. 69v-75r; Mi T.81.sup., 14c, pp. 147-51; Accurti, 47; Klebs 319.23; IAL D6-7

Ego sum Daniel quem dominus misit ad vos. . .

    Sompniarius Danielis prophete: PM 3599, f. 69va-c

Ego sum narrans. . .

    Galen, De diebus decretoriis(criticis) liber tertius: Mon 18, 13c, f. 91r; Ran 242(C.4.10), 14c, ff. 50-53bis. See 'Ut egritudinum que non. . .'

Ego sum qui abhorreo omnia corpora. . .

    Disputatio auri et mercurii. See 'Argentum vivum disputavit cum auro. . .'

Ego supplico deo substantie de substantie. . .

    See 'Sapientissimus Hippocrates medicus Indie . . .'

Ego Theel unus ex filiis filiorum Israel. . .

    Thetel on seals: BN 16204, 13c, pp. 500a-507a; T (1947), 261-2; Delisle III, 89b

Ego tibi aperire conabor optatum quod ad veterum. . .

    Epistola de metallorum materia: Ze III, 187-88; Verae alchemiae, Basel, 1561, II, 263-64

Ego Urso in naturalibus exercitatus. . .

    Urso, In Avicennae Canonis lib. secundum index: CLM 15763, 15c, f. 1

Ego veritatem dico vobis quoniam nil aliud est . . .

    Morienus, Extracts: BLas 1448, 15c, pp. 169-187(DWS 70,ii)

Ego vero. . .

    Opus perfectum ad lapidem philosophorum: BU 303(500), 15c, ff. 186v-190v

Ego vero intendo in hoc determinare. . .

    Galienus, De crisi: Mon 18, 13c, ff. 60-79. See 'Ego non intendo. . .'

Ego vidi frater mi Papia sicut Themistius famosus magister. . .

    Galen, De virtute centauree, tr Nicholas of Reggio: T (1946), 233, no.56; VAp 1211, ff. 34rb-35rb; BU 977(1885), 15c, 136v-140r, tr a.1341; pr with Serapion, 1473, ff. 185rb-187rb; 1479, f. 134(Klebs 913.1-2; IAL S422-423); 1530, f. 168r; with Galen, (1490), I, 159r-160r(Klebs 432.1; IAL G36); (1515), II, 158r-v

Ego vidi sicut Themison famosus magister de arnoglossa narrabat. . .

    Galen, De virtutibus centauree: Oa 75, 15c, ff. 39va-40vb

Ego viso(Urso?) sociorum meorum. . .
 Urso, Repressiones: Cues 307, 14c, ff. 242-244v

Ego volo exponere virtutem formarum superiorum signorum. . .
 Liber formarum duodecim signorum *or* Liber electionum secretorum superiorum (Peter of Abano): BN 7337, 15c, pp. 138a-140b

Ego Winandus medicus minimus philosophorum dictus de Ruffo clipeo. . .
 Winandus, version of Rasis, Lumen luminum: EU 121, ff. 73-94 (DWS 114; p. 105); CLM 455, 15c, f. 98r-; T III, 69, n.59

Egritudines capitis vel in cerebro sunt vel in tegumentis. . .
 Arnald of Villanova, Amphorismi: PU 125, 13c, ff. 266-(292v); Ea Q.178, 14c, ff. 46-49v; BU 977(1853), 15c, ff. 187r-198r; HL 28,59; Opera, Lyons, 1504, ff. 130v-133v; 1509, ff. 120v-123r; Medicationis parabolae, 1534

Egritudines cordis sunt debilitas. . .
 Francis of Piedmont, Traditiones Ioh. Mesue: BN 4498, f. 63-

Egritudines erunt febres continue. . .
 Gentile da Foligno, Prognosticatio in quadam pestilentia: VAp 1264, a.1455, f. 303r; MH 3(1959), 14

Egritudines ex calida materia et colerica purgat electuarium. . .
 Jacobus de Partibus, Summula ordine alphabeti, ex libris Mesue excerpta: pr with Petrus de Tussignano, Lyons, 1587(BM 546.a.23), pp. 251-309

Egritudines iste a duabis eveniunt causis. . .
 Serapion, cap.1, Practica tr Gerard of Cremona: VA 4439, ff. 63ra-81rb. See 'Incipiamus cum auxilio. . .'

Egritudines que accidunt ex venenis. . .
 De venenis: BMar 295, 14c, ff. 252(255)v-255r

Egritudinum quedum sunt acute quedam diuturne teste G. . . .
 BN 6976, 14c, ff. 128vb-129vb

Egritudinum quedam (sunt) diuturne. . .
 I. Gualterius Agilon, De febribus: Wickersheimer 172, 698
 II. Richard of England, De febribus: Pansier, Janus IX(1904), 509; Ea F.303, 14c, ff. 75-77; Glossae super septimo Viatici Constantini: CLM 40, f. 108; anon., CUsj D.4, 14c, f. 39(Atk)

Egritudo domini plebani est una dispositio ad ydropisim. . .
 Consilium (for nephritis, dropsy): Archiv III (1910), 79-80

Egritudo in homine semper sumo qui fere. . .
 'Hec Arnaldus de Nova Villa in suis afforismis': CLM 635, 15c, f. 4r

Egritudo morbus seu infirmitas est mala qualitas preter naturam. . .
 Bernard Gordon, Tract. qui dicitur Arbor egritudinis: VAp 1083, a.1458, ff. 308v-319r

Egrotans quod ad diffinitionem quatuor requiruntur. Primum est. . .
 VAp 1144, ff. 303v-304v

Egyptii. . . See 'Egiptii. . .'

Eh sunt questiones logicales de bestiis. . .
 CXXVII questiones secundum magistrum de Ispania: Toulouse 220, 14c, ff. 237-245. See 'Queritur quare omne. . .'

Ei qui de pulsibus impossible est. . .
 Galen, De compendiositate pulsuum, tr Burgundio of Pisa: BN 15460, 13-14c, ff. 110-111; BN 15455, 13-14c, f. 178ra-vb; VAp 1099, ff. 60rb-61vb; AL 553

Ei qui vult tacuinum annuarium seu almanak de electionibus componere. . .
 BMar 88, 15c, f. 35v

Eisagoga. Cassia fistula. . .
 Tabulae remediorum Salernitanae. Prol. 'A primo pabulo salis. . .'

Eiusdem scientie est cognoscere(?). . .
 Reportata super De longitudine et brevitate vitae: Basel F.V.10, ff. 95rb-98vb

El cinabro si vuole temperare. . .
 Ricepte daffare piu colori: ed. D. V. Thompson, Archeion XV(1933), 342-47

El me dilecta de dir brevemente. . .
 Daniel Amatutes, Praticha de lapide philosophico (in verse): FNpal 758, ff. 70r-75r; Ambix V(1956), 103, n.102

El si di sapere chel mondo. . .
 Honorius Solitarius, De imagine mundi, Ital. tr.: BN 7239, 15c, ff. 131ra-153

Electio est aptatio signorum. . .
 Leopold of Austria, Compilatio de astrorum scientia, tract. 9: anon. Zi 3298. See 'Gloriosus deus et sublimis. . .'

Electio est duobus modis uno cum scitur natalis alio cum nescitur. . .
 'Albumazar', De modo eligendi: Ma 10063, 13c, ff. 10v-11rb(Millás 1942, p. 157); anon. BE 963(F.192), 15c, f. 85(Zi 3299); Carmody 96

Electio stagni fit quinque modis. . .
Turba philosophorum (Extracts by John of Salerno?): BLas 1451, 14c, pp. 41-44, 44-48; CU 1388(Ff.VI.50), 15c, ff. 98r-110v; CUg 181, c.1500, p. 425(DWS I,ix, x, xi)

Electio temporum multum confert. . .
Electio temporum in medela corporum humanorum: BLas 191, 15c, ff. 35v-36v

Electiones veraciores et validiores sunt. . .
Astrol.: BNna 693, 13-14c, f. 94r-

Electuaria calefacientia(calida). Diamargariton. . .
VI 2306, 14c, f. 79va; BMr 12.B.XXV, 15c, ff. 55-57; BMr 12.E.VII, 15c, 25r-(26); BMsl 294, 15c, ff. 60r-61v. See 'Diamargariton. . .'

Electuaria frigida ad caliditatem curandum competentia. . .
Liber de necessariis differendum in practica secundum magistrum R.: CU 671(Dd.XI.45), 15c, ff. 80v-82r

Electuarium ad omnia vitia stomachi quo utebatur Karolus rex. . .
VAr 208, 11c, f. 24v

Electuarium calefaciens Dyamargariton. . .
See 'Electuaria calefacientia. . .'

Electuarium de aromatibus quod scripsit Galenus. . .
Johannes Mesue, Grabadin: BNna 1536, 13c, ff. 36r-60v; anon. Budapest 109, 15c, f. 12; pr Opera (Venice, before 1471), ff. 55v-96v; etc. (AFML 314; 335; Klebs 680.1; 680.10; 703.6; IAL M437; LC; M142)

Electuarium de nucibus amarum. . .
Vienna pest tract: Archiv XIV, 166-68

Electuarium letitie Galeni quod describit in Almaycanir. . .
Experimenta: VA 4422, ff. 7r-9r; T (1953), 275

Electuarium optimum in retentione urine. . .
Electuaria pro urinis et contra lapidem: Ran 1489(V.2.26), 14c, ff. 221v-222r

Electuarium. Recipe mala citronorum. . .
Thesaurus pauperum: FLa 149(223-155), 14c, ff. 48-52

Elegans est nature cognitio que per exteriores formas. . .
Aristotle, Physionomia: CUc 481, 13c, ff. 385-404; CUg 487(483), 14c, ff. 1-3r; BMc Julius D.VIII., 14c, ff. 126v-131r; Es p.III.8, 14c, f. 7v; BMsl 513, 15c, ff. 77v-83; BMsl 3124, 15c, ff. 84-90; James 489; anon. Ghent 5(416), a.1479, ff. 67v-71r(AL 176); Averroes *or* Avicenna, ed. V. Rose, Anecdota, I, 175

Elegimus apud finem libri Estolica. . .
Plato, Liber quartus: BN 6514, 13-14c, f. 88r-(Corbett I, 25; Carmody 128)

Elementa activa et passiva. . .
See 'Capitulum primum huius libri. . .'

Elementa: aer humidus, ignis calidus. . .
Capitulum de elementis: BMh 3528, 15c, ff. 65v-66r

Elementa dicuntur quasi yle ligamenta. Yle autem est materia prima. . .
De quatuor elementis: BN 14005, 15c, ff. 66r-70r(Corbett I, 169)

*Elementa sunt corpora et prime partes corporis
. . .
Marsilius de Sancta Sophia, Quaestio utrum elementorum definitio sit bona *or* De intensione et remissione: BLcm 177, a.1396, ff. 1-(5)

*Elementa sunt quatuor rerum naturalium principia. . .
Raymond Lull, Super figuram elementalem: Bourges 82, 15c, ff. 12-95r; HL 29, 133

*Elementalis enim figura quatuor in partes. . .
Raymond Lull(?), De elementis: BLb 465, 15c, ff. 417v-419v(DWS 255,xvi); BLd 85, 15c, ff. 187r-(189), imperf.

Elementalis figura in duas figuras dividitur. . .
Raymond Lull, De figura elementali: Mi N.184.sup., 16c, f. 37r

Elementum est in mundo totius corporis minima pars. . .
CLM 23535, 12c, ff. 27r-28v; same text as 'Elementum in mundo. . .'

Elementum est simpla et minima pars corporis compositi. . .
Aristotle(?), De quatuor humoribus(elementis): Os 178, 13c, ff. 39-41v(TR 312A); Oxford, Christchurch 94, 14c, f. 136; anon. BMsl 3468, 14c, ff. 145-149; BLb 514(c.III), (2184), f. 63

Elementum in mundo totius est corporis minima pars. . .
De elementis: BMc Galba E.IV, 13c, ff. 200va-201va(Haskins 94)

Elementum primum a id est alpha hoc. . .
Kiranides, Pars I: DWS App.I.K.I. See 'Eruditissimo domino. . .'

Elephantia quem(*sic*) vulgus lepram. . .
VI 5371, 15c, ff. 124v-126r

Elicitus ad annum et mensem. . .
Eclipsim solarem supputare: VAp 446, 15c, ff. 84v-85r

Elicycorum id est ovorum vitella equaliter teres
...

    Rasis, Liber 12 aquarum: Lehigh MS, a.1473-
1489, ff. 73v-74v(Osiris VI,485). See 'Ovorum
vitella equaliter...'

Eligitur tempus et hora...
    Bartholomaeus de Parma, De electionibus
horarum et ascendentium: Cues 209, 14c, ff. 46v-
54v

Eliotropia cuius interpretatio dicitur ab elyos
quod est sol...
    Albertus Magnus, Liber aggregationis seu liber
secretorum: pr (Speyer, 1483): Klebs 18.6;
AFML. This is the second line of cap.1, in
(Cologne, 1485): Klebs 18.8; IAL A230-231

Eliotropia herba est et dicitur ab eli quod est
sol...
    De virtutibus duodecim herbarum: BMsl 3545,
15c, ff. 1-2

Elixir autem in hac scientia dupliciter consideratur...
    Johannes de Mehun (Clopinel): DWS 301

Elixir ex mineralibus requirit quindecim operationes...
    Albertus Magnus(?), Compositio elixiris mineralis:
BMsl 3457, 15c, ff. 109-113v(DWS 181); corrected T (1938), 389, n.80

Elixir philosophorum generatur ex patre et
matre...
    In camera parlamenti Hermetis filii Hamel: BLd
164, 15c, f. 70v (DWS 14); Ruska, OLZ(1928),
665, suggests as author Sadig Ibn Umail

Elixir sive medicina vera que pro thesauro
extitit...
    Opus ad elixir faciendum: VI 5510, 14-15c, ff.
81v-84v

Elixir vini sic fit. Extrahe elementa a vino...
    Cattelanus(Catalanus): BMsl 976, 15c, f. 22v
(DWS 1005)

Elixir vite inestimabilis glorie...
    Philippus Culmacher, Pest tract: GW 7844;
Klebs 316.1; IAL C871(GW 7845)

Elleborus(?) albus purgat flegma a...cerebri...
    De purgantibus secundum Dioscoridem: BLcl
Auct. classici 272, 14c, ff. 55v-57: Diels(1906),
34

Elleborus nigrus est aliquando venenosus et erit
...
    Simplicia quedam: CLM 265, a.1439, ff. 160r-
163v

Ellectuarium...   See 'Electuarium...'

Eloquio dulci vernans et voce serena...
    Robertus de Bellafago, Versus de commendatione
cervisiae: CU 1611(Gg.VI.42), 14c, f. 223r

Elye est civitas illa ubi presides philosophi
fuerunt...
    Comm. Sacrobosco, Sphera: VI 5145, 15c, ff.
12r-28r

Emagoga cassia fistula manna pruna tamarindi
...
    Tabulae Salernitanae: Oma 173, 14c, ff. 239-
(246); Bern 80, 15c, ff. 152-160r

Embroca que concussiones sine vulnere sanat...
    Johannes Jamarius, Cyrurgia: ed. Pansier, Janus
IX(1903), 304-309, 359-62, 426-31

Emendatio theoricae cum...
    Astron. instrument: Meiningen Pd 32, 15c, ff.
16v-22v(Zi 3059)

Emergentis et inexcogitati considerantes eventus
periculum...
    Gentile da Foligno, Consilium super pestilentiam:
VI 2317, 14c, ff. 34vb-35rb; Archiv V(1912),
337-39

Empiicus si in mentu macula nata fuerit...
    Medical extracts: Rouen O.55, 11c, f. 183v-;
Beccaria 44.2

Emplastrum ad emigraneum...
    Collectio medicamentorum, latine et italice: VI
2505, 14c, ff. 65r-75r

Emplastrum contra glandulas et apostemata et
inflationem testiculorum...
    Graz 594, 15c, ff. 91v-94r

Emplastrum est dura confectio...
    'Descriptiones terminorum in fisica': BMsl 783b,
15c, f. 18v

Emplastrum mirabile in vulneribus capitis et
fractione cranei...
    Ugo Benzi, De secretis medicinae: Rc 87
(D.V.20), a.1477, ff. 47r-95r

Emplastrum Petri et Pauli ad omnem plagam et
ad pectoris dolorem...
    Receptaria: Vendôme 174, 12c, fl. 109-120

Empyreum celum non reddit sonum...
    VI 362, 14c, f. 239r

En brevis interius datur ars nova multiplicandi
...
    Versus: BLd 98, early 15c, f. 31v

En lapis noster pulcher triplici fultus acie...
John Tecenensis, Alchemy: FR 1165(L.III.34),
15c, f. 95, followed by verses: 'Ars cum natura
primo petit...'

En lastrolabe sont diverses choses...
De utilitate astrolabii: Dijon 447, a.1480, ff. 82r-
96r

En philosophantium hac in cantilena...
George Ripley, Cantilena: DWS 811; Opera,
1649, pp. 421-27

En pulchra lapis multiplici fulcitus acie...
Johannes Tecenensis, Super lapidem philosophorum: VAb 273, f. 292r; T III, 643, n.63

Enarrationem Alexandri Aphrodisei...
See 'Aristoteles mentem...'

Enchiridion dictum quod manu astringitur...
Vocabula utensilium: BLd 69, f. 76ra-b

Enoch tamquam unus ex philosophis(prophetis)
...
Enoch, De xv stellis de xv herbis de xv lapidibus:
ed. L. Delatte (1942), 27b-88; Mon 490, 15c,
ff. (143r)-201r; BMh 1612, ff. 15r-17v;
T (1947), 221-23

Ens dives certe sic astra mutant aperte...
Argarga Ianuar. xxviii: BMad 10362, f. 71r

Ens in quantum ens manifestum est...
Antonius Andreas, Formalitates...secundum
viam doctoris subtilis: GW 1667; Klebs 66.1;
IAL A526

Entia realia stantia in primordialibus...
Raymund Lull, Testamentum, Theorica: HL 29,
273; DWS 244; T IV, 32, 651

Entia realia sunt in triplici gradu...
Petrus Bonus, Pretiosa novella margarita: T III,
147-62; DWS 276; Corbett II,136

Eo quod senserunt alii diverse...
Morinus of Alexandria, De ratione paschali: Bull.
Du Cange XVII (1942), 64

Eorum autem que fiunt et possunt sciri et habent
causas determinatas...
William of Saliceto, pref. Practica *or* Summa conservationis sanitatis: Basel D.I.18, 14c, ff. 15ra-
97vb; CUt 1202(O.III.30), a.1326 (entire vol.);
Ea F.240 14c, ff. 1-182; F.242, 14c, 111 ff.;
F.274, a.1434, ff.1-370; PM 3600(1282), 15c,
ff. 1ra-283vb; VI 5289, 15c, ff. 22r-110v; pr
Piacenza, 1476, etc. (AFML 418-19; Klebs
487.1-3; IAL S30-32)

Eorum que ad Cononem missa fuerant theore-
matum...
Archimedes, De lineis spiralibus, tr Jacobus de
Cremona(?): VE fa 327(XI,1), 15c, ff. 145-168;
VAu 261, 15c, f. 80; VAr 1253, ff. 14r-33r
(CR B-65(2))

Eorum que fiunt quedam fiunt a natura...
P. de Capite-Stangno, prol. Quaestiones super
librum Hippocratis appellatum de regiminibus
acutorum. Text, 'Ptisana vero ordeacea...'

Eorum que generantur quedam in sublimi...
De impressionibus aeris secundum sententiam
Aristotelis: Es o.II.9, 15c, ff. 57v-61; VAo 1814,
ff. 5r-10r; Philos. Jahrbuch, 36(1923), 155

Eorum que secundum nullam complexionem
dicuntur singulum...
Johannes Dacus, De gradibus formarum: ed. A.
Otto(1955), xli-xliii, 515-70; 'Un maigre fragment de ce grand ouvrage nous est seul transmis
dans trois MSS'; a fourth MS is Basel F.IV.18,
14c, ff. (61r)61v-68r(TR 351); Lychnos(1957-
1958), 262-64

Eorum que sunt alia quidem sunt nature...
Na V.H.190, 15c, ff. 56ra-65vb, incomplete

Eorum que sunt aliud continuum aliud discre-
tum...
Arsmetrica: BMh 3353, c.1300, ff. 87r-114r;
BLd 190, 14c, ff. 184r-(197), incomplete. See
'Horum que sunt...'

Eorum qui sunt sub circulo lune...
John Lichtenberger, Prognostication from conjunction of 1473: T IV, 475-76, n.144

Epelemsiae genera sunt duo...
BN 11218, 9-10c, f. 49r-v(Beccaria 34.3c)

Ephemera... See also 'Effimera...'

Ephemera est febris que fit...
Platearius, Practica. See 'Amicum induit qui
iustis...'

Ephemera febris a calore nascitur simplici et
spiritus...
Constantinus Africanus, De febribus: DF(H);
Corresponds to Lib. VI, Viaticum, pr with Rasis,
Opera parva, Lyons, 1511, ff. 85v-102v

Ephemera febris in calore solis signa sunt hec...
Wo 3101, 14c, ff. 34-63(Schulz)

Epilempticorum genera sunt tria...
Mi G.108 inf., 11c, f. 130v; Beccaria 92.8

Epilempticus meenditur(?) sic retro in occipitio
. . .
> BLd 69, c.1300, ff. 26r-27r.   See 'Epilentici . . .'

Epilemsia est exuberatio humorum . . .
> De morborum curationibus: Ran 1408(T.6.22),
> 12c, ff.20-59; Giacosa 177-277; Joannes Damas-
> cenus, pr Basel, 1543

Epilencia dicitur egritudo prohibens animata
membra . . .
> BMsl 3550, f. 242r-

Epilentici incenduntur sic.   Retro in occipitio
. . .
> Cauterization: Mi D.2.inf., 11c, ff. 2r-3v (with
> figures).   Sudhoff found 20 other MSS(BHM
> II,40), Studien X, 81-82

Epilenticus incenditur sic . . .
> Methodus varias egritudines cauterii curandi:
> CLM 13002, a.1158, f. 1v(Studien X, 81-82)

Epistola Alexandri quedam brevitas dicit quod
ars derivata sit . . .
> Alexander, Epistola: DWS 64; Artis auriferae, I,
> 409-15

Epistola medicinalis ad Mecenatem de quo
vitandum sit . . .
> †Metz 1261, 14c, f. 9-

Epistola parva quam primo sibi scripsit . . .
> Magister Bernard, Consilium pro infirmitate
> Guidonis domini Thomae quae colica nuncupatur
> ex ventositate: VE VII.3(XIV,26), 15c, ff. 109-
> 112

Epistole due sub nomine Celsi . . .
> Scribonius Largus, Epistola filiis suis de medicina:
> Laon 420, 14c; pr Paris, 1529

Epithia per soda callida facta evacuatione . . .
> Medical recipes: VAb 216, 14c, ff. 1-2v(Silver-
> stein)

Epizonium Ypocratis de infirmis . . .
> Douai 715, 14c, ff. 4v-8v

*Equa impregnata si odoraverit . . .
> Rob. Rose, De animalibus: Tanner

Equalia corpora in magnitudine sunt . . .
> Ps. Euclid *or* Jordanus, De ponderibus: Björnbo,
> Ab(1912), 139, n.5.   See 'Corpora equalia . . .'

Equatio dierum planetarum hoc est ad sciendum
motum . . .
> VE fa 343(Val XI.102), 14c, ff. 130r-131r

Equator circuli diei est circulus maior . . .
> BLau F.5.28, 13c, ff. 96v-99

Equator diei(dierum) est circulus maior qui
describitur . . .
> Thebit ben Corat, Tract. de iis quae indigent ex-
> positione antequam legitur Almagestum: CU
> 1767(Ii.III.3), a.1276, ff. 90-93r; BMh 1, 12-
> 13c, f. 16r; BLd 168, 14c, ff.68r-(69v); BLt
> 192, 14c, ff. 106v-108; BN 9335, 14c, ff. 23v-
> 25r; Mon 323, 14c, ff. 112v-117v; BNna 1893,
> 14c, ff. 74rb-76vb; VI 5145, ff. 47r-51v; BN
> 7416B, ff. 86v-89v; Bibl. math. III(1902), 67;
> Steinschneider, Zeitschrift XVIII, 335; Zi 8660-
> 70; called De diffinitionibus, Spec. astron. cap.2;
> ed. from Princeton, Garrett 99, by Carmody
> (1941), 14-19; from other MSS, Carmody
> (1960), 131-39

Equator maior in cuius superficie graditur sol . . .
> Ou 41, 14c, ff. 26-27.   See 'Equator diei . . .'

Equatorium astronomicale . . .   Zi 3030-34

Equatorium hoc in sex partitur partes principales . . .
> Guillermus Aegidii, Super coelestium motuum
> indagatione sine calculo: GW 263-264(IAL
> A51-52; Willem Gillizoon Egidii de Wissekerke:
> Klebs 1050.1-2)

Equatorium planetarum facilis compositionis
parvarum expensarum . . .
> SG Stadt 412, 15c, ff. 62-65(Zi 3045); BN 7443,
> 15c, ff. 243v-247v, incomplete

Equi dicuntur ab equalitate sive paritate . . .
> Albertus Magnus, Liber marescalciae: FL Plut
> 89.inf., cod.44, ff. 107-133; De animalibus,
> lib.22, ed. Stadler, 1921, pp. 1377-1400

Equi salivam si biberit sanus efficietur . . .
> (Sextus Placitus, Liber Medicinae ex animalibus):
> BLb 130, c.1100, ff. 76-101; Beccaria 86.5

Equus calide nature consideratur(iudicatur) . . .
> Laurentius Rusius, cap.1 Hippiatria sive Mare-
> scalia: VAb 277, 15c, ff. 1-100(Silverstein); pr
> (Speyer, 1489); (Hain *14047; Klebs 869.1;
> IAL R346)

Equus habens garretam amplam et extensam et
falces . . .
> Regule cognitionum omnium equorum: Yale,
> Codex Fritz Paneth, 14c, ff. 1375-77

Erat quidam pater unicum habens filium . . .
> Problema Iohannis(Tecenensis?): BN 14006,
> ff. 99v-100r; anon. BN 14005, 14-15c, ff. 106v-
> 107(Corbett I,172, 183)

Erat quidam rex volens alios (super)arare potentes . . .
> Operationes quatuor: DWS 603.   See 'Quidam
> rex volens . . .'

Erat quidem mihi desiderio maximi imperatores Severe et Antonine...
> Alexander of Aphrodisias, De fato: BN 16096, 13c, ff. 139v-149r; Es v.III.6, late 13c, f. 230v; Oc 243, a.1423, ff.64va-77va; Grabmann(1929), 48-61; pr 1549, 1555, etc.; CTC I, 107

Eratostenes attribuit uni gradui in circulo maiori 700 stadia...
> VI 5303, 15-16c, f. 98v

Eratostenes philosophus (idemque) geometraque ...
> Hermannus Contractus, De utilitatibus astrolabii, II,3(Benjamin); ascribed to Felix Capella: Mon 334, 9c, ff. 52v-53r; anon. BMar 270, 12c, f. 40; BN 7377c, f. 46v(24v)-; BN 16208, 12c, f. 1ra-v; VI 12600, 12-13c, f. 31r; Saxl(1927), 162

Eratostenes philosophus mathematicis rationibus et geometricis...
> De ventis: Avranches 235, 12c, f. 50(Corbett II,12)

Eratosthenes regi Ptolemaeo salutem. Tragicus quidam...
> Varii modi inveniendi duas lineas medias proportionales; VE VIII.34, 16c, ff. 115-121

Erecta nativitatis figura et per anni modos...
> Antonius Gazius, Opus astrologicum: BLcm 23, 16c, 310 ff; Valentinelli IV, 290, attributes to John of Glogau: VE VIII, 89 (XI,112), a.1511, ff. 1-22

Ergo decem ille novennalis sic ordine cyclus...
> Walafrid Strabo, Poems: ed. Dümmler, MGH Poetae Latini II(1884), 422-23. Cf. 'Decemnovennalis...'

Ergo in nomine domini dei omnipotentis...
> Arnald of Villanova, Practica roris madii: T III, 665-66

Ergo in nomine domini dei propria cuncta...
> Versus(alchemy): BU 270(457), ff. 185r-187r

Ergo proposito numero tibi scribere primo...
> Algorism in verse: BMsl 513, 15c, ff. 26-43

Ergo sales omnes et alumina separa cuncta...
> BMsl 976, 15c, ff. 78v-79(DWS 847)

Ergo sideribus levis ether sidera celo...
> Bernard Silvester, Megacosmos: Auxerre 243 (206), a.1358, ff. 1-(18v). See 'Congeries informis adhuc...'

Ergo talibus rationum...
> SG Stift 459, 10c, ff. 92-97; Eins 263, 10c, ff. 147-151(Zi 12060-61)

Ergo ut dictum est corpora mundi...
> De camera obscura: Duhem, III(1915), 524-529

Erigatur quarta pars circuli...
> Ratio semidiametrum horologii aequinoctialis horizontalis et muralis constituendi: VI 5296, 15c, ff. 141r-142v; Catin. 85, 15c, ff. 209-210

Erige Clio stylum cultum sermonis...
> Hildebertus, De ornatu mundi: PL 171, 1235-38

Erit igitur huius anni que est ab incarnatione...
> Rodericus Vassurtus(Bassurtus), Praxis prenosticandi: Salamanca, 10 March, 1497(Klebs 1017.1; IAL V92)

Erit igitur ut astrolabium quale sit prius constituam...
> Adelard of Bath, Liber de astrolabio cum tabulis. Pref. 'Quod regalis generis nobilitas...'

Erit(?) sanguis iuvenum hominum virorum colericorum...
> Separatio elementorum sanguinis humani: VAp 1116, 15c, ff. 114rb-115rb

Erubescant Iudei conturbantur(confundantur) Sarraceni...
> I. Petrus Hispanus, De conservanda sanitate: T II, 499; VAp 1251, 15c, ff. 92r-98r; Vorau 190, 13c, ff. 74-98(Schulz)
> II. De regimine sanitatis, editus a magistro Bartholomeo Varignana: CLM 363, 15c, ff. 75r-77r

Eructavit cor meum verbum bonum...
> Antonius Ricardi, preface to 'Ea que traduntur ...' and 'Quoniam in lectura...'

Eruditissimo domino magistro Rainaldo Parisiensi infimus clericus...
> Kiranides: Haskins 219; DWS III, 762-63; Revue du moyen âge latin, IX(1953), 261-66; ed. L. Delatte(1942), 1-206

Es concipit luce decoquitur luce...
> Lilium: VAp 1332, f. 8r. See 'Tres concipit luces...'

Es ustum fit maxime de clavis cupreis...
> Galen, Alphabetum ad Paternum: Lucca 296, 9c, f. 81v; Pansier II, 15; Beccaria p. 404

Es ustum quod aliqui calence...
> Alphabetum Galieni ad Paternum: BN 6837, 14c, ff. 1r-37v

Escia calida sunt hec: Dyadragagandum...
> Tabula antidotarii: CLM 3512, ff. 164ra-165vd

Esse in cyrurgiis debet adolescens aut certe proprie...
> Hippocrates, Liber cyrurgie: BN 7028, 11c, ff. 170r-177v, Introd. taken from Celsus, VII, pref. (Beccaria 29.13)

Esse necesse modo simili semper variantur...
Versus de uniformi generatione: FLg 89 sup.76, 13c, f. 228v; AL 1341

Esse putant medici siccum calidumque cinnamum...
Versus de virtutibus cinnamomi: CUg 328, 15c, f. iiiv

Esse quidem ea dicimus que simplici...
Hermann of Carinthia, De essentiis: ed. P. Manuel Alonso, 1946

Esse suppositi metallorum educitur...
Excerpta ex diversis libris (alchemy): Cues 204, 15c, ff. 1-51

Essentia simplicitur vidimus tribus...
Questiones super librum I Aristotelis Metheororum: CUpet 157, 15c, ff. 23v-34v

Essentiam chaos in quatuor partes divisam esse intelligimus...
Raymond Lull, Liber chaos: HL 29, 124-27; Cues 87, 15c, ff. 100-121; Mi N.184, sup., 16c, ff. 37r-83v

Est aloes lignum preciosum sit tibi signum...
Otto de Cremona(Janua), Hexametri leonini de plantis: CUsj E.29, 13c, (Atk); VI 3058, 15-16c, f. 112; VI 5371, 15c, ff. 118va-121ra; anon. BN 6930, 15c, ff. 69r-79r. See 'Res aloes lignum...'

Est animal quod Grece dicitur elephas...
Selections from moralized bestiary: BMr 10.A.VII, 13c, ff. 215-(218)

Est animal quod Taxo vocatur...
De proprietatibus animalium: BMsl 342, 13c, f. 131v (part of the Philosophia pauperum)

Est aqua vitalis mortifera mercurialis...
Varokotus Grecus (Maria Prophetissa?), Alchemy: BLas 1448, 15c, pp. 25-30(DWS 61)

Est Aries minuendo bonus sic Libra(unda) Sagitta...
Verses on phlebotomy: BMar 251, 13-14c, f. 36v; Yale MS (formerly Melk), pp. 316-317, bound with Regiomontanus, Calendarium(1474): Yale 156, copy 2; pr Studien X, 158(Schulz)

Est Aries Taurus Gemini Cancer Leo Virgo...
Versus in signa zodiaci: VAr 344, 13c, f. 37vb; CU 1947(Ee.II.29), 15c, f. 218r

Est Ariesque Leo calidum siccumque Sagittans...
62 hexameters on the signs of the zodiac: BE 959 (Q.23), 15c, f. 222v

Est arithmetica non infima nata sophie...
CLM 18460, 15c, f. 90(Schulz)

Est ars artificialis ex naturalibus principiis procedens...
Alchimia: quid sit ut quidam dicunt: FLa 1451 (1374), f. 61v

Est aurum quod dicitur Hyspanicum...
BN 7400A, f. 37ra

Est autem alius modus nobilior transmutandi argentum vivum...
Raymond Lull, Liber de secreto secundo: FN II.iii, 28, 16c, ff. 126r-127v(T IV,10)

Est autem alius novus modus curationis ramicis vel ernie...
Learned from John of Verona in 1373: FNpal 811, 14c, f. 69v

Est autem alius quadrans antiquus...
Heiligenkreuz 302, 15c, ff. 142v-144(Zi 8841)

Est autem anatomia recta divisio...
Copho, Anatomia porci. See 'Quoniam interiorum membrorum corporis...'

Est autem aquila rex omnium avium...
See 'Est enim aquila...'

Est autem baculus dictus...
Jacob's staff: Zi 5068

Est autem calcinatio cuiuslibet rei per ignem...
Alchemy: FLa 1451(1374), f. 62v

Est autem crystalloydos humor albus et lucidus
...
Constantinus Africanus, De oculis: Isaac, Opera, 1515, ff. 172r-178r

Est autem deus omni imitationis genere immutabilis...
Divisio scientiarum: CUt 1054(O.I.30), c.1300, ff. 1v-(29r)

Est autem facilis pro via discretionis coniungere
...
On combining gems of like virtue: BN 7156, 14c, f. 181rb

Est autem febris que dicitur empialia...
On fevers (cites Galen, Hippocrates, Gordon and Mesue): BN 7124, ff. 95v-(195)

Est autem istarum regularum de algorismo proportionum...
(Oresme?), Utilitates regularum algorismi proportionum in practica ostenduntur: BN 7368, ff. 4v-(13v); FLa 136(210-142), ff. 173-177v; PA 522, ff. 122v-(126). See 'Est igitur istarum ...'

Est autem mors et corruptio omnibus propter calidi alicuius...
> Johannes Cronisbenus, De morte et vita: VE VI.99(XII,26), 15c, f. 108

Est autem prima clavis de calore qui fit post primam ablutionem...
> Ventrega, Comm. Avicenna de anima (alchemical): DWS 125

Est autem questio Supposito quod coelum empyreum sit corpus...
> Berthaud de Saint-Denys, Questio disputata de motu coeli: Glorieux I, 393

Est autem revolutio anni circularis cursus solis...
> Guido Bonatti, De revolutionibus annorum mundi: BN 7327, f. 121v; CUt 1418(O.IX.6), 15c, ff. 196-235v; anon. Bern 483, 15c, ff. 116v-121v; pr Venice, 1506, ff. (S 5)va-T 2v

Est autem sciendum quod in facie istius instrumenti...
> (Profatius Judaeus), cap.1, Compositio novi quadrantis: VAp 1340, 14c, ff. 1r-15va. Prol. 'Quoniam scientia artis...'

Est autem scientia phisonomie non necessitatem imponens...
> VI 2514, 13c, ff. 32r-72r

Est autem solutio in hoc alchemico opere...
> Theophilus: BMsl 3457, f. 348r; T (1938), n.28

Est calx ovorum deceptrix philosophorum...
> Versus alchem.: BMh 3542, 15c, f. 55v(DWS 836)

Est de terra dispezzata da noi le quali...
> Christopher of Paris, Epitoma violettae: FNpal 887, 15-16c, ff. 129r-162r

Est difficilis dubitatio in quo tempore morbus...
> Gentile da Foligno, Questio de maioritate morbi: pr Augsburg, 1479(Hain *7573; Klebs 449.1; IAL G126); Comm. In 1 fen IV Can. Avicenne: Padua, 1476; etc. (AFML 205-206; Klebs 446.1-3; IAL G127-129); with Avicenna, Venice, 1494(Hain *2210; Klebs 131.12; IAL A1272); Venice, 1523, vol.II

Est discus qui pensat libras XXX sive solidos DC...
> De coniecturis diligentibus oppositis (a series of math. problems): Mon 491, 11c, f. 94r (At top mg, 'Opus Bede To.I, p. 13c'). Solutions to above: 'Aurum pensat...'

Est distinctio temporum circa motum solis...
> Circa initium compoti solis et lune subiectum: Budapest 410, 15c, ff. 14-18

Est dolor capitis per communitatem non absolutam...
> Antonius Cermisonius, Contra omnes fere aegritudines a capite usque ad pedes consilia: Venice, (c.1497), ff. 3ra-52vb (GW 6515; Klebs 266.2; IAL C363). In this version the 'Consilia de aegritudinibus cutis' come at the end, not at the beginning as in the editions which open, 'Agenda (Fienda, Moliendum) in vere...'

*Est dubitatio utrum lineam componam ex punctis...
> Gul. (de Mara?), Quaestiones tres philos.: BLcm 226, 15c, ff. 76-81; anon. VI scot 225, 15c, ff. 1r-6v

Est duplex autem et precantationes et colli suspensiones...
> Gentile da Foligno, Utrum incantationes et karateres valeant: VAp 1125, early 15c, f. 456ra-vb

Est duplex ciclus lunaris...
> John of Poland, Computus manualis cum comm.: Prag cap. 1296, 15c, ff. 126-131(Schulz); anon. CLM 4377, f. 229; cum commento: CLM 14529, f. 183; Zi 8501-8519

Est enim... See also next word after enim

Est enim aquila rex omnium avium...
> Secretissimum regis Cateni Persarum de virtute aquilae, tr William of England: T II, 93, n.1; Steinschneider(1905), 80

Est enim aurum vivum lapis philosophorum...
> DWS 134

Est enim Iacob benedicens filium suum ait...
> Physiologus: Bern 233, 9c, 13 ff. See 'Etenim Iacob...'

Est enim istorum temporum observanda ratio...
> De diebus canicularibus: BMh 3271, 10c, f. 122v; Beccaria 76.3

Est enim materia lapidis res vilis...
> Paul Romanus de Vesinis, comm. Arnald of Villanova: VAp 1332, 15c, ff. 46r-48r; anon. MU F.673, 15c, ff. 155r-159v. See 'Materia est res...'

Est enim medicine nostre initium ut solvatur corpus...
> Secretum meum mihi: DWS 527

Est enim quadrantis inst. ...
> Quadrantis descriptio ac eius officium: CUpet 184, 15c, ff. 223vb-225rb

Est enim quedam herba que tanium appellatur et cicuta...
> De herbis secundum xii signa: VAu 246, 14c, f. 189v

Est enim quoddam horologium (viatorum) quod vocatur chilindrus...
> John of Gmunden, De compositione chylindri: VI 5418, 15c, ff. 146r-164v; anon.: VAp 1411, 15c, ff. 120r-129r; CLM 10662, a.1430, ff. 233v-240v; cap.1, CLM 11067, ff. 200ra-201ra; 14504, a.1446, ff. 192r-196va; MU Q.738, 15c, ff. 47v-52v. See 'Ad chilindri compositionem quod...'

Est enim sapientia rerum que sunt...
> Thadeus of Parma, Expositio theorice planetarum: T III, 649

Est ergo terra elementum in medio mundi positum...
> Quedam de terra, sole, hominum creatione, temperamentis, etc.: BMb 216, 13c, ff. 99-(100v)

Est et aliud instrumentum...
> Heiligenkreuz 302, 15c, ff. 144-145(Zi 9242)

Est firma tinctura latens in igne permansura...
> Alchemical verses: DWS 832

Est fons in limis cuius(huius) latet anguis in imis...
> Hermes *or* Geber, De opere lapidis: DWS 791; Rasis: Jos. Martin, Cat.28, MS 4, 15c, ff. 91v-92v; CLM 2848, a.1531, ff. 97v-98r; anon. FNpal 758, 15c, f. 77v; FR 1164(L.III.32), 15c, f. 55r-v; Budapest 272, 15c, ff. 107v-108; Corbett I, 156; II, 88; Geneva 82, 16c, ff. 131r-133r

Est fons sublimis cuius latet ignis in ymis...
> 16 alchemical verses: VAp 1328, f. 39v

Est generaliter intelligendum quod animalia habentia motum...
> De motu processivo: Mi H.129 inf., ff. 33va-41va

Est geometria assecutiva arismetrice...
> Plimpton 195, 15c, ff. 162r-169v

Est hec duplex passio cadentibus capillis...
> Inc. Alexander Yatros sophista: CUg 400(729), 13c, ff. 5v-83v. See 'Contingit hec...'

Est herba que vocatur pervinka(?) que inplicata cum vermibus...
> CUg 451a, 14c, ff. 17-18v

Est Ianus in nona et quarta scorpius...
> Verses accompanying a calendar: ed. Valentinelli, III, 117-18

Est igitur inter elementa infimum terra et gravissimum frigidum...
> Johannes Cronisbenus, De proprietatibus elementorum: VE VI.99 (XII,26), 15c, ff. 92-95

Est igitur istarum regularum de algorismo proportionum...
> De proportionibus irrationalibus: Bern A.50, early 15c, ff. 193v-198v

Est igitur modus illius ut tollatur...
> De cinericio: Cambrai 919, 14-15c, ff. 99v-103

Est igitur morbus quem corpus patitur...
> Constantinus Africanus, De melancholia: BLlm 567, late 12c, ff. 51v-57v; CUg 411(415), 12-13c, ff. 69r-77v; Ome 219, ff. 222v-227. This version seems to vary from that printed in 1536. Pref. 'Etsi ego Constantinus...'

Est igitur motus solis...
> Comm. Computus of Sacrobosco: BN 16089, 13-14c, ff. 262ra-269va

Est igitur mundus constitutio ex coelo et terra
> ...
> Johannes Cronisbenus, De mundo: Budapest 64, 14c, ff. 1-9v; VE VI.99(XII,26), 15c, ff. 109-110. Text, 'Multotiens mihi divina...'

Est igitur notandum quod secundum Iohannem de Sancto Amando operatio medicine...
> VI 5155, 15c, ff. 97v-113v

Est igitur quadrans quoddam instrumentum quartam...
> Cap.1, Quadrans: Yale astron. MS, 14c, ff. 132v-134. Pref. 'Geometrie due sunt species...'

Est igitur ut dicit Innocentius tertius...
> Bartholomaeus Anglicus, De proprietatibus naturae: DWS 1059. See 'De proprietatibus et naturis...'

Est in hac scientia elixir considerandum dupliciter...
> B. de Florentia, Liber alchimie: Bern B.54, 15c, ff. 1r-16v

Est itaque astronomia astrorum lex que cursus
> ...
> Collecta in astronomia precipue Alkabitii: CLM 2841, 15-16c, ff. 37r-51v

Est itaque crisis repugnantia nature et morbi...
> Lucius Bellantius, De crisibus: VAp 1258, ff. 69r-79r

Est lapis in mundo qui non reperitur eundo...
> Prologus super declarationem lapidis philosophorum: BMh 3528, 15c, ff. 67r-68v(DWS 793, xvii)

Est lapis occultus secrete valle sepultus...
> Alchemical verses: DWS 796, iv; pr Condeesyanus I(1625), 107-24

Est lapis occultus secreto fonte sepultus...
    Alchemical verses: DWS 793; Corbett II, 87;
    CLM 26059, ff. 271r-273v

Est lapis unus medicina una in quo magisterium
consistit...
    Raymond Lull, De mercurio solo: Naples
    VIII.D.17, 16c(T IV,644); HL 29, 279; DWS
    508

Est leo regalis omnium animalium et bestiarum
. . .
    Physiologus: Bern 318, 9c, ff. 7r-22v

Est liber cuius extraxi significationes et medullas
. . .
    Viridarium (from Rasis): FR 1165, 15c, ff. 167r-
    170v; Palermo 4.Qq.A.10, 46-45; Osiris VII,
    35-39

Est locus in primis(primo) felix oriente remotus
. . .
    Lactantius Firmianus(?), De natura phoenicis:
    CU Gg.V.35, 10c, f. 167(Atk); Ran 146
    (B.5.19), 15c, ff. 132-135v; anon.: CU 1256
    (Ff.IV.13), a.1528-29, ff. 309r-322v; Opera,
    Hain *9807, f. 215r; *9823-24(Schulz); Augs-
    burg, 1652

Est locus in primo...
    Aegidius de Vadis(?), Comm. Lactantius de
    phoenice: CUt 1399, 15c, f. 3v(DWS 329)

Est medicinalis medicis data ratio talis...
    Ea F.263, 14c, f. 3

Est notus primus est pars sua nota secundus...
    Versus de regulis proportionum: Ea Q.382,
    c.1322, f. 18v; VI 5311, 14-15c, f. 80v

Est oleum pingue calidum nitidum...
    Verses: PM 593, f. 23(H)

Est omnibus animalibus communis secundum
genus vita...
    Theophilus de Ferrariis, Propositiones ex libro
    de morte et vita Aristotelis: pr Venice, 1493, f.
    119(Klebs 395.1; IAL F93)

Est planetarum similis concordia vocum...
    21 versus: BN 7203, 11c, ff. 2v-3r; pr Inst. f.
    Musik IX(1927), 193 seq.(Schulz)

Est post tractatum specialem de necessitate compositionis medicine...
    'Hec est tiriaca': Mi H.107 sup., f. 159v

Est preterea ex egritudinibus egritudo secunda
. . .
    Vincentius Swofheym, Regimen preservativam
    ab epidimia: Studien (1909), 185-89; Archiv IV,
    204

Est prima questio quinti si fiant...
    Walter of Odington, Liber quintus geometrie
    (Euclidis) per numeros loco quantitatum: CU
    1705(Ii.I.13), 14c, ff. 52v-53(55v-56v)

Est primo videndum...
    Paul of Venice, De compositione mundi. See
    'Et primo videndum...'

Est quedam ars nobilis dicta alchemia...
    Ze III, 736-43

*Est quedam celestis machina spera omnium...
    Liber omnium sperarum celi et compositionis
    tabularum, tr Gerard of Cremona: Steinschneider
    (1905), 32; CUmc 165, 12c, ff. 49-50; BLd 47,
    14c, ff. 2-10; Boncompagni GdC, 444

Est quedam herba apud Caldeos que vocatur...
    Jocalia Salomonis: BMsl 3556, 14-15c, ff. 34-38

Est quedam herba que apud Calidos(Caldeos?)
vocatur yreos...
    Hec sunt virtutes betonice: CUt 1081(O.I.57),
    15c, ff. 71v-76v

Est quedam quadripartita figura a modernis...
    Varia de musica: Brux 10166, ff. 93v-96(Sil-
    vestre 151) ed. Gerbert II, 197-230(Vivell)

Est questio generalis utrum omnis notitia dicatur
. . .
    Antonius de Conegliano, De intentione scientie:
    BLcm 177, late 14c, ff. 18-21vb

Est questio in quo tempore morbi sit maior...
    Gentile da Foligno: CLM 7609, a.1385, ff. 46ra-
    55ra; JHM X(1955), 395, n.23

Est questio utrum... See also 'Utrum...'

Est questio utrum cuiuslibet rei permanentis...
    Bartholomaeus de Mantua, Questio de instanti
    et de tempore: VE VI.62(Val.XI,20), before
    1490, ff. 19-29

Est questio utrum fuerit possibile entia successiva ut tempus...
    Jean de Jandun, Questio disputata super libro
    Physicorum: HL 33, 541

Est questio utrum medicine que dicuntur tales
in potentia...
    Gentile da Foligno, Questio de actuatione medi-
    cinarum: pr Padua, 1486(VAp 1147, f. 209r)
    (Klebs 448.2; IAL G125); with Avicenna,
    Canon, 1523, vol. II

Est quidam lapis mineralis a quo educitur
(ducitur) hec virtus...
    Ps. Thomas Aquinas, Liber de essentiis(?): KlaB
    XXX.d.6, 15c, ff. 69r-73v; anon. BU 303(500),
    15c, ff. 141v-142r

Est quidem Guazal Cora(Wazalcora) tabula...
  Hermannus Contractus, De utilitatibus astrolabii,
  I,2(Benjamin): anon. CU 1884(Ii.VI.5), 13c,
  ff. 110-125

Est quidem hic ordo et (ex)positio siderum que
fixa...
  Part of Hyginus, Astron.: Mon 334, 9c, f. 44;
  anon. VI 21600, 12c, ff. 23r-26r; Saxl(1927),
  161; CLM 210, ff. 115r-121r

Est quidem igitur omnibus animalibus commune
generatio et mors...
  Aristotle, Liber de morte et vita: Basel F.IV.23,
  13-14c, ff. 41rmg-42vmg; Bruges 478, 14c, ff.
  245r-246r; AL 147, 272; Opera, Venice, 1496
  (GW 2341, f. 341r; Klebs 82.7; IAL A865);
  Lyons, 1590, I, 452-454A(Schulz)

Est quidem omnibus...
  De morte et vita scripta: Delisle, III, 85

Est quidem omnibus. Postquam philosophus
determinavit...
  Petrus de Alvernia, Expositio in (Aristotelis)
  librum de morte: VA 864, 14c, ff. (52r)-54v; pr
  Venice, 1551, ff. 69v-72v. See 'Postquam
  philosophus determinavit de infrigidatione...'

Est quoddam horologium quod vocatur chilindrus...
  CLM 10662, 15c, f. 233v. Prol. 'Tractatus
  cilindri duas habet partes...' (Schulz)

Est res effrenis nec pascitur absque rapinis...
  Verses on fire: Alençon 2, 12c, f. 116(H)

Est sciendum...
  Joannes Getir(Geber?) Hispalensis astrologus:
  cited Pastrengo (1547), f. 38r

Est sciendum breviter quod conferunt capiti seu
cerebro fetida...
  Arnald of Villanova, De conferentibus et nocentibus: HL 28, 75; Opera 1504, ff. 302rb-313vb;
  Lyons, 1586; Glorieux I, 423

Est sciendum breviter quod lac et caseus sunt
capiti nociva...
  Arnald of Villanova, De conferentibus et nocentibus: †Metz 173, 14c, item 4; VI 5315, a.1436-
  1444, ff. 87r-90r; Wi 56, 15c, ff. 254-255; CLM
  456, a.1472, ff. 14r-(20r)

Est sciendum quod additio est aggregatio unius
numeri ad alium...
  Notandum ad habendam notitiam additionis
  secundum artem algoristicam: CLM 588, ff.
  122ra-129vb

Est scitum a te et idem a est tibi dubium...
  William Heytesbury, De scire et dubitare 21 con-
  clusiones: VE VIII.38(XI,14), a.1391, ff. 40-42.
  See 'Scire multis modis dicitur...'

Est secundum verum intellectum et imaginationem rectam...
  De spera abreviatus: Dijon 447, 15c, ff. 1r-7v

Est species hominum portans caput ipsa cani-
num...
  De monstris hominum naturis atque ferarum
  (verses): BN 6560, 12c, ff. 83rb-84rb

Est spiritualis prelatus annorum quinquaginta
complexionis...
  Consilium medic.: VAp 1175, ff. 267r-270

Est tibi Saturni domus Eglocerontis...
  BN 8005, f. 152; 7337, 15c, f. 140b(13 lines);
  VAr 344, f. 37; Leip 1472, 15c, ff. 143-145(Zi
  7921); CLM 27, f. 48v; Walther, Beiträge p. 278
  (Schulz)

Est tractatus de imagine mundi et res ipsa velut
in speculo...
  Pierre d'Ailly, De mappa mundi: Salembier
  (1886), xxiii

Est triplex cyclus solaris sit tibi primus...
  Computus cirobraxis: Wo 3112, ff. 216-238v

Est tua, Saturne, domus hec Therontis(Eglocerontis?)...
  Versus sex de mansionibus septem planetarum:
  BLd 190, 13c, f. 87v; CUsj 18(6); CUsj 155,
  15c, ff. 43-49

Est unum calidum per totum quod per horam
alterabitur...
  Johannes Marlianus: VE VI.30(X.219), 15c, ff.
  113-133

Est vir annorum xl complexionis valde lapse...
  Consilia varia: CLM 441, ff. 77r-79v

Est virtute(?) mirabili...
  See 'Ex doctrina mirabili...'

Estas per ianum calidas est sumere sanum...
  Versus de modo vivendi in singulis mensibus: VI
  2467, f. 107v; VI 3162, 15c, f. 143r-v; CLM
  15720, 15c; 23525, 15c; cf. Walther, Kl. Dicht.,
  Erfurt, p. 309, n.33(Schulz)

Estas quod ianum calidas(?) est sumere sanum...
  De mensibus: Bern 556, ff. 74-76v

Estas si fuerit prope sint spectacula limphe...
  Aristotle, Epistola ad Alexandrum, metrice: Hanover IV.524, 13c, f. 4(Schulz)

Estas sicca calens autumnus siccus et algens...
    2 versus: with Hortulus animae: Hain 8936
    (Schulz); Complexiones IV partium anni: with
    Hortulus anime, Koburger, 1519, f.17r(Schulz)

Estas ver dextras autumnus hiemsque sinistras...
    De temporibus minutionum (only a paragraph):
    BN 3718, 13c, I, f. 18v

Ester Ptholomeus et Hermes dixerunt...
    Andalò di Negro, De infusione spermatis: VA
    4082, f. 209va-b (TR 330). See 'Hester Ptolo-
    meus...'

Estimaverunt Indi quod quando linee lineantur
    ...
    Liber geomantiae, tr Hugh of Santalla: T II, 86;
    III, 16; FR 829, ff. 43ra-76rb; FL Plut 30,
    cod.29, 13c, ff. 1ra-25vb; Girolla 68; ed. in part,
    Paul Tannery, Memoires scientifiques, IV(1920),
    405-409

Estne musica genus an species?
    Henricus Augustensis, Musica: Saxl(1927), 74

Esto ut aliqua plana superficies spheram secat...
    Campanus, comm. Theodosius de spheris: VE
    VIII.32, 14c, ff. 1r-35r

Et...   See also 'Ut...'

*Et alia plura...
    John Peckham, Theorica planetarum: Wadding

*Et animalium quedam communicant(conve-
    niunt, existunt) in membris...
    Michael Scot, Abbreviatio Avicenne de animali-
    bus: FLc XIII, 9, a.1266, f. 57-; PA 705, 13c,
    ff. 1-(52); AL pp. 81, 175, cod.1306; VAu 187,
    15c, f. 169; Haskins 279; Grabmann(1928), 38-
    40; Pelzer, Miscellanea Ehrle I, 415; Beiträge
    XVII, 5-6(1916), 186; pr (Venice, c.1500):
    (AFML 74; GW 3112; Klebs 136.1; IAL
    A1261); Venice, 1508, ff. 29r-64r. Dedic.
    'Frederice...'

Et ante quod(quidem) quam rememorer opera-
    tionis cum eo...
    Albucasis, Cyrurgia, tr Gerard of Cremona: BLr
    C328, ff. 111r-113r. See 'Postquam complevi
    vobis...'

Et aspice malum...
    Astrology: Er 917, 15c, ff. 169-172(Zi 9955)

Et continet iste liber quatuor capitula...
    Questiones libri de longitudine et brevitate vite:
    Bruges 489, 13c, ff. 42-46

Et cristata cave tua septa perambulet ales...
    Ludovicus Lazarellus, De bombyce: Polain,
    2447; Klebs 197; IAL L93

Et cuius(cursu) luna XXI...
    De etate lune: CUg 151(201), 12-13c, f. 147v

Et cum brevis sit expositio summe totius libri...
    Alchemical collection (191 caps. including 69,
    Mappa Archelai): Cop S. 236, 15c, ff. 29vb-
    51vb-52vb; TR 254

Et cum(iam) diximus de hac virtute...
    Averroes, Super librum Aristotelis de somno et
    vigilia: VE VI.52 (Val.X.54), 14c, ff. 302-306;
    BLd 104, 14c, ff. 121v-(124), inperf.; Brux 827,
    a.1439, ff. 102vb-105rb(Silvestre 151); Padua
    XVII, 378, 15c, f. 159r; AL pp. 107, 223

Et cupientes habere fructum planetarum primo
    ...
    De naturis planetarum: Ea F.386, c.1359, ff.
    55v-58; ColR 72, 11

Et de causis et curis mulierum compendiosa
    fiat...
    (Trotula minor): Reims 1002, 13c, f. 253v-; pr
    with Medici antiqui, Venice, 1547

Et de operatione manuali librum componens...
    Bruno, Chirurgia minor: Ea F.250, 14c, ff. 213-
    220. See 'Primus canon...'

Et debes scire quod non debes dubitare...
    Averroes super IV Meteor.: Cesena XXII dext. 6,
    a.1321, ff. 39v-42r; AL 1303; Delisle, III, 83

Et dicit philosophus secundo de anima...
    Walter Burley, De potentiis animae: VE VI.160
    (X,220), a.1443, ff. 67-73; VAu 218, 15c, f. 246

Et dicit primo quod nulla fit generatio...
    Johannes Ascanus, prol. Versus super lapidem
    philosophorum: BN 11202, 15c, ff. 141v-144
    (Corbett I,156-157). Versus: 'Candida mulier
    si rubeo sit nupta marito...'

Et dixit Aristoteles quod cerebrum non est...
    Capitulum de cerebro: AL 227

Et dixit: Intentio Aristotelis in hoc libro...
    Averroes, De partibus animalium, tr Petrus Gal-
    legus: AL pp. 108, 227

Et ego dico quoniam nascitur (cum nascuntur?)
    duo nati...
    Utrum infans complebit annos nutritionis, et hoc
    secundum Haly Habenragel: VI 3124, 15c, f.
    68r-(Carmody 153)

Et enim Iacob...   See 'Etenim Iacob...'

Et es si forte volueris affinare...
    Metal refining: BMad 41486, f. 212v-

Et est diluvium victoria unius elementorum...
　　Avicenna, De diluviis: Nürnberg Cent. V.21,
　　14c, f. 181v-; AL 1089

Et est Gremmgi Indyana que vocatur filia
astronomie...
　　Geomancy: BMsl 314, 15c, ff. 2-64

Et est intelligendum quod ista radix...
　　Ioh. Vimundi, De dispositione planetarum: BN
　　7286C, ff. 1ra-8vb

Et est sciendum breviter quod lac...
　　See 'Est sciendum breviter...'

Et est sciendum domos...
　　John of Seville, Tertia pars artis: Spec. astron.,
　　cap.9

Et est sciendum sine hesitatione aliqua...
　　William of Moerbeke, Prol. Geomancy: FLg
　　Plut.89.sup., cod.34, 15-16c, ff. 27-(47)

Et fili primo indiges(tibi dicemus *or* dicimus)
quod necessarium est...
　　Raymond Lull, Lapidarius: T IV, 640-42

Et habeatur notitia generalis eorum que...
　　Expositiones textuales...in Aristotelis Lib. de
　　memoria et reminiscentia: pr Cologne, 1497, ff.
　　22r-29v(Klebs 82.8; IAL A866)

Et has quidem virtutes habent ipse septem
herbe...
　　Ps. Aristotle, Virtutes septem herbarum: BLas
　　1471, late 14c, f. 143(T II,259)

Et hec est quarta particula...
　　Comm. ten astronomical verses: BLd 193, 14c,
　　ff. 15v-(16v)

Et hec tria verba sunt de lapide precioso...
　　Rudianus, Liber trium verborum: DWS 44, ii

Et hee quidem herbe virtutem...
　　Alexander, De septem herbis (and seven planets):
　　VI 3124, 15c, f. 49r-v

Et hoc est apertius quod invenerunt ad sciendum
moram foetus...
　　Ad sciendum animodar secundum ordinem anti-
　　quorum de Tholeto: CLM 2841, ff. 31r-33r

Et hoc tue opus providentie...
　　Psellus, De victus ratione, tr Geo. Valla: pr
　　Venice, 1498, f. 124v(Polain 2800; Klebs
　　1012.1; IAL N33)

Et iam... See 'Etiam...'

Et idcirco ego Iohannes de Burgundia...
　　See 'In primis igitur ad preservationem...'

Et in hoc tractatu perscrutatur de causis...
　　Averroes, Comm. Aristotle, De longitudine et
　　brevitate vitae: CLM 374, 13c, f. 1va-b, incom-
　　plete; AL 224; BN 14385, ff. 47va-48ra; VA
　　2416, 14-15c, f. 48ra-va; VE VI.52, ff. 306rb-
　　307vb

Et in isto libro non nisi duo capitula secundum
auctores...
　　Questiones de memoria et reminiscentia: Bruges
　　489, 13c, ff. 35v-37v

Et incipiamus exponere intentiones...
　　Geber, Flores ex Almagesti: Carmody 163-64;
　　CU Mm.II.18, 14c, f. 1v(Atk).　Prol. 'Scientia
　　species habet...'

Et incipio dicere artificium maius...
　　Khalid ibn Jazid, Liber secretorum alchemiae:
　　Steinschneider(1906), 29; pr with Geber, Bern
　　(1545), 274-93; Verae Alchemiae, I(1561), 233-
　　42

Et incipit de regimine radicis...
　　Archelaus, Liber de corporibus et spiritibus (al-
　　chemy): VAp 1330, a.1463, f. 8v

Et initio(merito) a leone incipitur...
　　Comm. Theobaldus, Physiologus: Gö Theol.
　　a.1368, ff. 144v-47v

Et inter ceteras res est illa quam te non oportet
ignorare...
　　See 'Inter ceteras res...'

Et intitulatur dyadema philosophorum et secreta
secretorum...
　　Floranus, Alchemy: VE fa 323(XVI,5), 15c, ff.
　　145-149(T IV,339)

Et ipsique idem non sunt sicut accidentia...
　　Zoar, De curatione lapidis.　See 'Canon quem
　　scripsit...'

Et istud principium non est aliud.　Hermes(?)
dicit...
　　'Genesis', compared with Alchemy: PA 2890,
　　16c, f. 378r-v(Corbett I,283)

Et lac qui facit ad tussim...
　　Receptarium: Mon 185, 11c, ff. 154-165

Et licet iam cum magistro Bartholomeo de
Valencia...
　　Jacobus Galesse Polonius, Rationes contra posi-
　　tiones falsas magistri Bartholomei de Valencia de
　　dierum equationibus et earum causis: FLa
　　214(246), a.1467, ff. 13-20r(T IV,444)

Et licet perdidi(?) rationem de regimine sanitatis
...
　　Compendium de regimine sanitatis secundum
　　auctorem Lilii (Bernard Gordon): Basel D.I.18,
　　14c, ff. 104va-107rb

Et manieribus tredecim exponam...
> Abraham ibn Ezra, Liber significationum septem planetarum et earum generibus vel· manieribus, tr Petrus de Abano (one of the Tractatus particulares), T (1944)aa, 300-301; BN 7336, ff. 111v-114v; Basel F.II.10, ff. 123ra-125ra; BLd 212, f. 54ra

Et nos dicimus in hoc secundum nostrum posse ...
> Averroes, Epistola super questione de creatione et generatione: BN 6510, 14c, ff. 290v-291r; VE VI.53(X,176), 15c, ff. 69r-70r(AL 1611); Delisle III(1881), 83b

Et nota quod aliqui non faciunt nisi unum librum...
> Questiones libri de morte et vita: Bruges 489, 13c, ff. 46-50

Et nota quod ea que dicta sunt de fleobotomia...
> Astrol. medicine: CLM 5964, 15c, f. 21r

Et nota quod triginta minuta faciunt unum gradum...
> Tabula collata Oxonie de ascensione solis ad omnes horas diei in crescentia dierum et in initio signorum: CLM 11067, 15c, f. 201rb

Et notato quod hic agitur de motu...
> Glossa brevis super Sacrobosco de sphaera: BLd 228, 14c, f.1r-v; CUt 1109(O.II.5), 14c, pp. 16-18

Et omnis actio ex intentione est recta...
> Averroes, Super librum de anima: CUpet 126, 14c, II, ff. 1r-60vb

Et partium corporum animalium quedam sunt ...
> Petrus Gallegus, Epitome Aristotelis de animalibus: AL pp. 108, 226

Et pater noster Hermogenes triplex...
> Ortolanus, Comm. Hermes, Tabula smaragdina: DWS 32, p. 40; T II, 219, n.4; 253, n.4

Et patet quod dicit...
> Comm. Galen, De iuvamentis membrorum: Perugia A44, 15c, ff. 45-51; Diels(1905), 69

Et per peritos astrologos calculatum erat a.d. 1467 pro futuro anno...
> Prognosticum pro anno 1468: CUg 249(277), 15c, f. 218va

*Et perspectivi et philosophi est speculatio...
> Robert Grosseteste, De iride: ed. Beiträge IX(1912), 72-78; Thomson 105-106; AL 1717

Et post hoc determinandum de natura somniorum...
> Averroes, Paraphrasis in librum Aristotelis de somniis: pr Franzosius, Expositio, Verona, 1646, p. 5-

Et primo circa curam...
> Gerardus de Solo, Recepte super primam fen quarti canonis Avicenne de febribus: BN na 1391, 14c, ff. 67r-68v; Cop Gl. kgl. S. 3480, 16c, ff. 110-130

Et primo de allopicia est...
> Termini medicinales...secundum magistrum Gordonium: Wilhering 71, 15c, ff. 272-279 (Xenia Bernardina II,2, p. 34)

Et primo de allopicia et toffia...
> Paul of Aegina: Diels(1906), 78

Et primo de aqua ad visum conservandum et contra omnem...
> Petrus Hispanus, Tract. mirabilis de aquis: Na VIII.D.35, ff. 61r-(66r). See 'Aqua mirabilis valet...'

Et primo de aqua rubea...
> Tract. Virgilii de pictorialibus aquis pro depingendo super linteamina vel pannos: BN 7105, 15c, ff. 132-138(Corbett I,54); Ambix 8(1960), 54, n.5

Et primo de Brugis usque ad Lubecke...
> See 'Via prima que est...'

Et primo de imagine solis...
> Liber imaginum: KlaB XXXI.b.7, 14-15c, ff. 44v-49v; T (1947), 245-46

Et primo de Saturno...
> See 'Cum Saturnus fuerit...'

Et primo de scabie quia hec fuit ex corruptis humoribus...
> De diversis generibus infectionum: VI 3207, 15c, ff. 58r-62r

Et primo de solsequio que est herba satis omnibus...
> De septem herbis et planetis. See 'Solsequium herba est...'

Et primo de vermilione. Recipe sulphuris...
> Tract. alius de coloribus depingentibus et depingendis: BN 7105, 15c, ff. 138-155(Corbett I,54)

Et primo dicendum est de septem regionibus aeris...
> Thomas of Cantimpré, Sermo generalis de septem regionibus, introducing what is usually Book 16 but in some MSS Bk. I of his De natura rerum: T II, 396; Stift-Heiligenkreuz 180, 14c, ff. 167-168(Xenia Bernardina II,1); FLa 115(188-120), 15c, ff. 1-54; anon. Harvard, Riant 19, 14c, 98 ff.; TR 391 is ff. 1r-2v

Et primo dicendum est quid sit medicina...
  John de Protsschida(Procida), Compendium de
  occultis nature: CLM 27006, 126r-231r(ColR
  38); Prag 1148(VI.F.11), 14-15c, ff. 82r-84r

Et primo dicit Hermes. Sciatis domini quod
lapis noster...
  Auctoritates antiquorum super lapide magno
  philosophorum: Lehigh MS, ff. 127v-128v

Et primo est incipiendum a circulo...
  Aegidius, Regule de urinis: BN 6957, ff. 134v-
  139v

Et primo est sciendum quod eadem sunt principia...
  Extracta ex libro Textus alchimie: VA 5846, late
  15c, f. 4v

Et primo fili tibi dicemus...
  See 'Et fili primo...'

Et primo in prima parte sui libri loquitur de
inventoribus...
  Aliqua de lapide philosophorum, extracted from
  Bernard of Treves: Corbett I, 135

Et primo incipit ad primam materiam qui dicitur
chaos...
  Jacobus de Garandia (alchemy): BN 11202, 15c,
  ff. 69v-70v (T IV,334, n.21)

Et primo notandum est quod primum ver...
  De quatuor temporibus anni et sua loca et eorum
  natura: BN 6975, 15c, f. 171r

Et primo ordine Gal. in libro de febribus ex
nulla...
  Pest tract: BLas 1391, 15c, pp. 37-42; Archiv
  XVII, 133-36

Et primo ponam pronosticum Gordonii cuius
verba...
  Nicolaus Falcutius, Pest tract: BMh 3747, 15c,
  ff. 229v-230; Archiv VI, 338

Et primo pro preservatione dicenda sunt aliqua
que legenti...
  Johannes Jacobi, Pest tract: ed. Archeion
  VI(1925), 110-111

Et primo queritur que sit causa naturalis tonitrui...
  See 'Felix qui poterit rerum etc. Hinc est quia
  ...'

Et primo queritur utrum per scientiam regi-
minis...
  Questiones super tertiam fen primi Canonis:
  Basel D.I.11, 14c, ff. 145vb-196ra

Et primo queritur utrum sit...
  Thomas Aquinas, De fato: T II, 575, 612-15;
  Toulouse 872(III,140), 13c, ff. 44-49

Et primo quo ad mensem ianuarii uti zinzibere
...
  Joannes de Zantuliete, De dietis totius anni: pr
  with Magninus Mediolanensis, Regimen sanitatis
  (1500), ff. 93v-94r(Klebs 640.5; AFML 294.II;
  IAL M45); Lyons 1517, f. 74

Et primo quoad quassaturas et inflaturas...
  Jordanus de Turre in Monte Pessulano, Receptae
  factae a.1318: Oa 80, 15c, ff. 47r-52r; Pansier,
  Janus X(1905), 3

Et primo tibi fili dicimus...
  See 'Et fili primo...'

Et primo utrum approprientur anime aut corpori...
  Averroes, Paraphrasis de somno et vigilia: Graz
  482, c.1300, f. 220r-v

Et primo videndum quibus circulis celum componitur...
  (Paulus Venetus), De compositione mundi: BN
  6531, ff. 132ra-145vb; T (1929), 199, n.18

Et primum de cibis qui generant humores...
  Tabula de cibis: Wilhering 71, 14c, f. 79(Zenia
  Bernardina II,2, p. 34)

Et pro minutione vel ventosas ponere optimum
est...
  Cap. on phlebotomy from Haly Habenragel:
  VAr 1452, f. 81rb

Et quia anni distinguntur in quatuor partes...
  Melletus de Russis of Forli, Iudicium super anno
  1405: BN 7443, ff. 23r-32v; T IV, 88-89

Et quia astrorum domini et magistri de pluviis...
  De aeris dispositione secundum diversitatem temporum (6 caps.): CLM 2841, ff. 197r-222v; VI
  5307, 15c, ff. 202r-211r; Osiris 8 (1949), 64

Et quia causa calida tardius accidit...
  Johannes de Saxonia episcopus Frisingensis, De
  sterilitate: VI 5480, 15c, ff. 103v-106v

Et quia cause sterilitatis accidunt...
  De sterilitate: Ea F.236, a.1361, ff. 223-224

Et quia de aquis nonnullus...
  See 'Sed quoniam aquarum...'

Et quia deveniendum in hoc instrumento...
  Ad figendum loca stellarum fixarum (part of a
  work on the quadrant?): BLd 28, early 14c, ff.
  120-128

Et quia in bona ordinatione civi...
 Regimen sanitatis: BLsl 3124, 15c, ff. 323r-331v

Et quia necesse est quod lapis philosophorum...
 Speculum maius alchymie: BU 164(153), 15c, ff. 59r-67r(T III,174)

Et quia prima et principalis...
 William of Moerbeke, Ars geomantie: Ea Q.384, 14c, 82 ff.; VI 3058, 15-16c, ff. 93r-105r; ff. 136r-172v

Et quia quandoque contigit aerem corrumpi et morbos pestilentiales...
 Pest Tract: VAp 1205, 15c, ff. 67v-71r

Et quia signa lune medicinis necessaria...
 BMh 2558, f. 224ra-va

Et quia sufficienter de disputatione confectionum...
 Pondera medicinalia secundum Nicolaum: VI 5358, 15c, f. 191va-vb

*Et quies ab actu sentiendi...
 Hen. Renham, De somno et vigilia: Tanner

Et quod primum dicam loquar super unamquamque dictionem...
 Inspector, pref. Comm. Avicenna, De anima (alchemy): DWS 124

Et quoniam de morbis que in corporibus fiunt...
 Mesue, Chirurgia, Liber quartus: ed. F. A. Sternberg, 1893

Et quoniam de oleo tartari in ea...
 Practica alchymiae: Art ancien 15, 14c, pp. 168-71

Et quoniam plures sunt vie et plures modi ad unum finem...
 Methodus transmutandi metalla: Art ancien 15, 14c, pp. 151-68

Et quoniam principalis intentio...
 Tract. astrol. secundum Galienum et Hippocratem: Avignon 1022, 15c, f. 12; Diels(1905), 138

Et quoniam respublica ut dictum est...
 John of Wales, Communiloquium: BMr 6.B.XI, 15c, ff. 155r-(227); Hain 7440-7446; Lyons 1511, ff. 1-139v

Et scias quod in prima facie Arietis ascendit...
 VI 2378, 15c, f. 32r-v; Zi 8207; Saxl(1927), 102

Et scias quod ista distinctio mensurarum et ponderum...
 BLcm 430, 15c, f. 152v

Et scias quod triplex est aqua vite, prima simplex...
 Raymond Lull, Ars operativa: DWS 1004. See 'Aqua vite prima simplex...'

Et sciendum est breviter quod lac et caseus...
 Arnald of Villanova, De rebus nocentibus et conferentibus membris: VAp 1205, 15c, ff. 13v-18r

Et sciendum est veraciter quod somnia fiunt...
 Daniel, introd. Somnia que exposuit Babiloniae, ordine alphabetico. Text, 'Aerem videre serenum...'

Et sciendum per quadrantem novum declinationem...
 Practica novi quadrantis: Ea Q.316, 13-14c, ff. 34-36(Zi 8844)

Et scito quod tempora contingunt ex motibus...
 Zael, Liber mutationum temporum: VE VIII.74 (XI,107), 15c, ff. 108-113; apparently same as next item

Et scito quod tempora excitat motus...
 Zahel, De significatore temporis: cited Spec. astron., Borgnet X, 639; BMsl 2030, 13c, ff. 73r-76v; VAr 1452, 14c, ff. 101vb-104; pr Venice, 1493(Klebs 814.2; IAL P995). See 'Scito quod tempora...'

Et secundum quod Guido de Cauliaco...
 Pest tract: BMad 4897, 14c, ff. 9-10

Et si... And see 'Etsi...'

Et si ars numerandi sufficienter algorismo veteri...
 (G. Peurbach), Algorismus: Yale MS (formerly Melk) bound with item 156, copy 2, pp. 393-407. Cf. Hain 13598-13599; Klebs 753.1-4; IAL P1028

Et si complures excellenti ingenio viri Observandissime pater...
 Zacharias Lilius Vicentinus, dedic. De situ orbis: pr Naples, 1496(Klebs 607.2; IAL L191)

Et si fuerit ascendens...
 De ascendentibus signis eorumque effectibus in horoscopiis: VI 5414, 15c, ff. 166v-167r(Zi 3303)

Et si harmonicam scientiam plerique...
 Franchinus Gafurius, Practica musicae: Polain, 1529-1530; Klebs 431.1-2; IAL G3-4

Et si ingenioli mei imbecillitatem recte cognoscam...
 Marcus Gualterius, Pronosticon pro anno 1484: Accurti 74; Klebs 481.1

Et si interrogatus fueris de fugitivo aut de substantia...
    De iudiciis astrorum: Ea Q.377, 14c, ff. 19-24

Et si longior mos et iam consuetudo per multos annos...
    Nicoletus Theatinus, Questio de gravibus et levibus: pr with Gaetano de Thiene, De coelo et mundo Arist.; Klebs 428.1

Et si luna non fuerit in parte superiori...
    John (Danck) of Saxony, Notes on the use of the Alphonsine Tables: BMr 12.C.XVII, c.1330-1340, ff. 217r-(218)

Et si omnium accidentium que in hoc...
    Abiosus, Trutina rerum. See 'Dominus illuminatio...'

Et si per tabulas invenire...
    Canones tabularum latitudinum Arzachelis: Oh 4, 15c, ff. 57-58v

Et si vis scire quolibet anno gradum rectitudinis...
    VI 5442, 15c, ff. 217vb-218ra; Zi 3304

Et sicut naturaliter per constellationes planetarum...
    Johannes Paulinus, De spolio serpentis: Oa 81, ff. 47v-50r; Ambix 7(1959), 38. See 'Cum ego Iohannes Paulinus...'

Et somnium (quod) nobis indicat dispositiones corporis...
    Galen, De somniis: Cues 296, 14c, f. 143; Dresden Db 92-93, 15c, f. 42v-; anon. CLM 239, f. 182ra; pr 1490, I, 77v

Et summa regiminis (senum) universalis est hec ut dicit...
    Roger Bacon, De universali regimine senum et seniorum: OHI IX (1928), 90-95

Et sunt necessaria ista. Primo evacuare materiam...
    Arnald of Villanova, De bonitate memorie: VI 5315, a.1436-1444, f. 81r-v; anon. Salzburg St Peter b.III.31, 15c, ff. 159r-168r

Et (Ut?) testatur Boetius omne bonum deductum in commune...
    Prol. Nicolaus, De doctrina humorum purgantium: BMsl 3171, 15c, ff. 116v-134. Text, 'Sciendum est quod in capite...'

Et tibi sit flegma faciens in corpore hernia...
    Versus (5 lines): BMsl 418, f. 333v

Et ut de curis mulierum compendiosa fiat traditio...
    Trotula minor, De ornatu mulierum: BMr 12.B.XII, 13c, ff. 93-96

Et ut elegantius...
    Nomina membrorum hominis: James 493

Et ut intelligere possis artem maiorem veram secundum intentionem...
    Ps. Albertus Magnus, Secretorum tractatus (alchemy): VE VI.215 (XVI,4), a.1475, ff. 19-26; Artis uriferae, III(1610), 121-31

Et ut melius intelligamur qualiter coniunctionibus...
    De magnis coniunctionibus planetarum: Ea F.375, 14c, ff. 136-137

Et venit Aaron cum Maria...
    Liber chemicus de interrogationibus Aaron et responsionibus Mariae: VI 5477, 15c, ff. 61v-62v

Et videntes non videant et audientes non intelligant...
    Liber xii conclusionum de secretis secretorum lapidis philosophorum: Wo 3076, 15c, ff. 2-4

Et videtur quod sic. Illa scientia est nobilior...
    Johannes Antonius of Imola, Questio utrum scientia civilis vel canonica sit nobilior medicinali: T (1929), 261-62

Etates hominis sex signes versibus istis: Infans est septem...
    Six verses: pr Walther, Kl. Dicht., Erfurt, p. 305, n.10(Schulz)

Etenim Iacob benedicens filium suum...
    Opens various versions of Physiologus ascribed to Hugo prior Sancti Laurentii, John Chrysostom, etc.: T I, 498; The Bestiary, ed. M. R. James, 1928; F. J. Carmody, 1939

Etenim predictis difficilioribus transire convenit...
    De praesagiis tempestatum, part of Hyginus, Astron.: Mon 334, 9c, ff. 47-48v

Eterna dei principis omnipotentia...
    Joh. Tecinensis, Tract. metrice super totam artem (alchemy). See 'O eterna...'

Eterne prime cause universalis...
    Leonardus Qualea, Astrological medicine. See 'Lux nature...'

Eterne sapientie(sempiterne) lumen defluat in cor tuum...
    Arnald of Villanova, Liber de intentione medicorum: Ea F.237, 14c, ff. 40v-44v; BMsl 2156, 15c, ff. 96v-102v; BN 6971, ff. 53r-64v; VAp 1180, 15c, ff. 167r-174v; Glorieux I, 420; HL 28, 52; pr Opera, 1504, ff. 51r-54v

Eternitas de se non est mensura determinata...
    FL 84,10, 14c, ff. 216v-217r; AL 1323

Eternus etas equitas evum equus est iustus. . .
Dictionarium per alphabeti ordinem: BLcl Auct.
classici 279, 11c, ff. 42v-(53v).   See 'Me legat
. . .'

Ethera principio deus edidit. . .
Opus VI dierum, Hex.: VI 388, 12c, ff. 75v-76r
(Schulz)

Etherios orbes subiectaque templa deorum
(marmora celi). . .
Basinius Parmensis, Astronomicon: CU 239
(Dd.IV.64), 15c, 54 ff.; Bol. A.173; Affò II, 233;
CLM 15743, 15-16c, ff. 87r-113r(Zi 7647); Rc
4059, 15c, ff. 1r-37r; BLb 646; Transactions
Bibliographical Society, n.s., XVII, 1(1937), 75;
Soldati, La poesia astrologica nel quattrocento.
1906, cap.i(pp. 74-104)

Ethica est febris continua et uniformis. . .
BN 7124, ff. 215r-221r

Ethica est scientia secundum quam in presenti
vita. . .
Speculum universale in xiv libris: Tours 739 and
740, 15c

Ethica secundum Gordonium in libro medicine
est febris continua et uniformis. . .
De febre ethica: VAp 1177, f. 189rb

Etiam diximus in hoc libro modo quod. . .
Rasis, Liber experimentorum: CLM 3520, 14c,
ff. 64rb-65 (incomplete)

Etiam nostram sententiam. . .
See 'Totam nostram scientiam. . .'

Etiam numero in duo. . .
Königsberg Univ. 1781, 15c, no.11(Zi 12062)

Etsi. . .   And see 'Et si. . .'

Etsi admodum difficile sit futuros effectos
primarum ac secundarum. . .
Albertinus Polonus, Iudicium de cometa anni
1456: VI 4756, 15-16c, ff. 35v-42v(TR 366e)

*Etsi apud plurimos nostrorum fratres dilectissimi. . .
Epistola ad fratres de contemnenda peste et
morte: Ou 53, 15c, pp. 27-43

Etsi bestialium voluptatum per quas gustus. . .
Johannes de Muris, Tract. de musica: Ea F.395,
a.1373, ff. 207-214; Mi C.241.inf., a.1401, ff.
126ra-130va; ed. Gerbert III, 255(Vivell)

Etsi compertum habeo illustris princeps Paule. . .
Ludovicus de Guastis, Epitome Plinii Secundi in
historia naturali: Es g.III.2, 15c, ff. 53-120; Isis
26(1936), 39.   See 'Mundum sive coelum. . .'

Etsi cuique vel docto (inquirere) licet Laurenti
. . .
Niccolò da Foligno, introd. Opusculum de ideis,
to Lorenzo de' Medici.   Text, 'Scientiam esse
perpetuam. . .'

Etsi digne commendabilesque virtutes sunt. . .
Carolus Susenna, Iudicium anni 1491: FR 1210,
15c, ff. 102-109; T IV, 455; Hellmann(1917),
p. 219; GW 3389; Klebs 942.1

Etsi ego Constantinus Africanus monasterii
Cassianensis. . .
Constantinus Africanus, pref. De melancholia:
BLlm 567, late 12c, f. 51v; CUg 411(415), 12-
13c, ff. 69-77v; Ea F.286, 13-14c, ff. 187v-
195v; BN 6988, 14c, ff. 163(209)vb-166ra

Etsi facile sit inventis addere addenda tamen
negligenda. . .
Prosdocimo de' Beldomandi, Libellus monocordi:
Coussemaker, III, 248-58; BB XII(1879), 236;
Lucca 359, 15c, ff. 72-78

Etsi iamdiu ab huiusmodi me provincie exercitatione. . .
De nova ac spirituali quadam artificialis arte
memoriae: VE VI.238(X,255), 15c, ff. 30-43

Etsi in omni scientia excellenti sunt habenda. . .
Comm. Physics I-IV: VAu 1403, 15c, ff. 1-330

Etsi multi musici his tribus vocabulis tropus
modus et tonus. . .
Quidam Carthusiensis, De musica plana: Coussemaker, II, 434-83

Etsi multos super Platonem commentatos esse
. . .
William of Conches, Comm. Plato, Timaeus:
Grabmann(1935), 20

Etsi negotiis non paucis cum infirmorum tum
languidorum. . .
De 108 lapidibus pretiosis: BLas 1475, 15c, pp.
519-540

Etsi negotiis reverendissimi domini mei cardinalis Melfitensis. . .
Alhazen, De imaginibus celestibus, tr Guilelmus
Raymundus de Moncada, for Frederic, duke of
Urbino: VAu 1384, ff. 1ra-26ra; BB IV(1871),
138

Etsi non me latet quampiam Iohannes Stephane
. . .
Johannes Basilius Augustonus, Prognostic for
1493: T IV, 462-63; GW 3070; Klebs 125.3;
IAL A1227

Etsi omni tempore excellentissima regina ac nostri seculi...
G. Ayora Cordubensi, pref. tr Petrus Montis, De dinoscendis hominibus, to Elizabeth, Queen of Spain. Text, 'Prima aliarum omnium causa...'

Etsi plurima astrologie divini numinis conscie...
Johannes Angelus, Introd. Astrolabium planum: GW 1900-1901(Hain 1100; AFML; LC; Klebs 375.1-2; IAL A624-25)

Etsi pretium facit raritas prout...
Felix Hemmerlin, De balneis naturalibus: CLM 339, 15c, ff. 153r-176v; Salzburg St Peter b.XII.15, a.1468-69, ff. 164-182(Schulz)

Etsi sepenumero cogitarem...
See 'Usum ephemeridis...'

Etsi te studio grammatice artis inductum...
Hyginus, prol. or dedic. Poeticon astronomicon: Mon 334, 9c, f.1r-; CUmc 165, 12c, ff. 17-38r; VI 2269, 13c, f. 208r-; Saxl(1927), 74; BLcm 46, ff. 93r-139r; Saxl(1953), 339; BMh 2506, c.1000, ff. 1r-30r; Björnbo, Ab(1912), 125; ed. B. Bunte, Leipzig, 1875; E. Chatelain et P. Legendre, 1909; pr (Ferrara), 1475; etc.(Klebs 527.1-4; IAL H486-489). Text 'Mundus appellatur...'

Etsi venenum multipliciter accipi possit hic...
Antonius Guaynerius, De venenis (part 2, De peste et venenis): CLM 184, a.1440, ff. 191r-207v; 205, 15c, ff. 105-123; VAp 1098, ff. 339v-368ra; pr Opera medica(Klebs 480.3-7; AFML 221-223; IAL G475-78; separately: G482); T IV, 216, n.7

Etsi veteres magno ingenio prediti sedula indagatione...
Nicolas of Cusa, De geometricis transmutationibus: Opera (1565), pp. 939-91; anon. Namur 77, 15c, ff. 1r-8v

Etsi videam illustrissime princeps...
Ugo Benzi, pref. Expositio super Tegni Galieni: Lockwood(1951), 210

Euclydes in greco Boetius transtulit in latinum ...
Plimpton 250, f. 98r. See 'Via vero mi Patriti ...'

Euforbium cum oleo et cera confectum...
Salernus, Compendium: BLb 567, 13c, ff. 1-34

Euforbium est calidum et siccum in quarto gradu...
Albuzali, De simplicibus medicinis: VAp 1268, 15c, ff. 271r-286v; ascribed to Albumasar, Ea F. 273, 14c. ff. 55-56

Evax Arabie rex Tiberio imperatori salutem...
Evax, Epistola secunda: Joan Evans, Magical Jewels, 1922, p. 195-: Bern 416, 12c, f. 5v; BNna 625, 13-14c, f. 3vb; Mon 503, 14c, f. 57v(Corbett II,133)

Evax rex Arabie(Arabum) scripsit (hunc) librum lapidum preciosorum Neroni...
Marbod, Liber lapidum: Mon 277, 15c, ff. 112r-116 (Corbett II,83); FR 847(L.II.XIII), 15c, ff. 44v-45v; Mi P 21 sup., 15c, f. 217v, excerpt

Evax rex Arabum legitur scripsisse Neroni...
Marbod, Liber lapidum seu de gemmis: T I, 775-76; James 480; Corbett I, 18-19; II, 85; CU Kk.IV.25, 13c, ff. 60ra-66vb; PL 171, 1737-70

Evum vel eternitatem...
Horapollo, Hieroglyphica: T I, 331-32; VA 6887, 17c, ff. 1-24; Isis XIII(1929), 75-76

Ex antiquis auctoribus quorum libros...
Michael Scot, Physiognomia: Cues 205, 13-14c, ff. 39v-40; AL 843

Ex antiquorum libris hunc aggregavi librum in virtutibus medicinarum...
(Albegnefit), Liber de simplici medicina, tr Gerard of Cremona: Metz 380, 13c; Basel D.III.6, 13c, ff. 120r-124r; Basel D.III.1, 15c, ff. 36ra-45vb; Steinschneider(1905), 18; pr Tacuinus sanitatis, Strasburg, 1531, pp. 119-39; Suppl.(1581), 264v; GS I, 728; Millás (1942), 131

Ex antiquorum scientia philosophorum percipitur quod omne genus colorum...
Liber communicationum (On the preparation of colors): Art ancien 15, 14c, pp. 7-12; BLd 219, f. 111; apparently identical with the next item

Ex antiquorum scientia philosophorum precepta esse colorum genus...
Alquinus, Liber coniunctionum: DWS III, corr.110A

Ex Aristotelis auctoritate expressum habemus medicinam esse scientiam...
'Anathomia de homine' in 5 caps.: BLd 29, 15c, ff. 121r-125r

Ex calida dieta calidi generantur humores...
BMr 12.F.XV, early 14c, f. 22vb-; what follows is chiefly from the Canon of Avicenna

*Ex concavis speculis ad solem positis ignis accenditur...
Roger Bacon, De speculis: Little 394; De multiplicatione lucis: VI 5300, ff. 108r-113r

Ex consensu itaque omnes descripserunt medicinam. . .
> See 'In Christi nomine incipit codex medicinalis
> . . .'

Ex conventu itaque vel oppositione. . .
> Liber novem iudicum: Aomar(Omar), De quali-
> tate aeris et temporum: Ea O.82, ff. 173v-176v;
> Hellmann II(1917), 197; CUpem 227, 14-15c,
> ff. 107-116; VI 2436, 14c, ff. 139vb-140rb;
> Carmody 111

Ex corrupto aere et ex corporibus superioribus
. . .
> Rolandus Capellutus of Parma, De curatione
> pestiferorum apostematum: pr Rome, (1475),
> etc.(Klebs 248.1-4; GW 6017-20; IAL C107-
> 8; AFML 136); Frankfurt, 1642, pp. 7-29;
> Sudhoff, Archiv XVI, 122-23; Giacosa 492;
> Klebs-Sudhoff, Pestschriften (1926), pp. 27-28;
> fasc. XVIII

Ex cunctis nostre scientie libris. . .
> See 'Dilectissimo in Christo N. fratri. . .'

Ex debito regimine cibi. . .
> Hugh of Siena, De putrefactione: Lockwood
> (1951), 236

Ex dictis apparet que sit causa materialis. . .
> Bartholomeus de Varignana, comm. Galen, De
> interioribus: VA 4454, ff. 85ra-106va

Ex dictis Burlei quatuor dicta elicio. . .
> Na V.H.190, 15c, f. 31ra-

Ex discordia sapientum. . .
> Disquisitio super propositionem Galeni de pulsu
> cordis: VI 5312, 14-15c, ff. 233r-241r

Ex diversis libris puta Turba philosophorum
Rosario. . .
> Dicta philosophorum: DWS 19; corr. 11.A

Ex diversis questionibus quas pre manum habui
Loxi medici. . .
> Physiognomy: BMsl 3469, 14c, ff. 25r-34r

Ex divina philosophorum academia secundum
nature vires. . .
> (Michael Scot?), Chiromantia: T II, 331, n.2;
> GW 6633-42(Klebs 272.1-10; IAL C417-21).
> See 'Philosophus in libro. . .'

Ex divisione naturalis philosophie quam recipit
. . .
> Comm. De vegetabilibus et plantis: CUpet 157,
> 15c, ff. 165r-174r

Ex divisione naturalis philosophie patet. . .
> Comm. in libros Meteororum: Ome 272, 13c,
> ff. 64-71v; BN 16149, f. 51; Pelzer AFH
> XII(1919), 65-; Grabmann (1936), 142

Ex doctrina mirabili sapientum. . .
> Johannes de Muris, Prognosticatio super magna
> coniunctione a.1345 facta: T III, 307-308;
> ColR 72, 76

Ex dono celi quatuor virtutes elementorum
exprimuntur. . .
> De dono celi *or* Rosarium celi: BMsl 1091, 15c,
> ff. 71-72v; DWS corr. 199.ii.a

Ex duabus substantiis constat homo ex anima et
carne. . .
> Ps. Augustinus, De anima et spiritu: GW 2936;
> IAL 1083; this opening corresponds to cap.3
> of text in PL 40, 779-831. Pref. 'Quoniam
> dictum est. . .'

Ex eis itaque est capitulum de allopicia. . .
> Rasis, Liber divisionum, tr Gerard of Cremona,
> cap.1: BMsl 568, 15c, ff. 19r-121va. See 'De
> alopicia et tyria. . .'

Ex eis itaque quod(?) filius Mesue dixit. . .
> De naturis animalium: BLd 69, c.1300, ff. 23v-
> 25v

Ex eis nomen quod habitum. . .
> Galen, De bono habitu: Chartres 293, 14c, f. 125;
> Diels(1905), 71. See 'Exeos nomen. . .'

Ex Grecorum translationem medicine seriem
placet in latino. . .
> Praxagoras, Epistola de medicina: Brux 3710, 11-
> 12c, f. 10r-v (Silvestre 151); Beccaria 6.21; Diels
> (1906), 86

Ex hiis. . . See 'Ex his. . .'

Ex his autem (que) ad iudicia spectant. . .
> Guido Bonatti, De iudiciis astrorum: Brux 1462,
> 15c, ff. 32-57(Silvestre 151); CUt O.IX.6, 15c,
> f. 185(Atk); tract 5, Part I, Liber introductorius,
> Venice, 1506, f. (f.6)v-

Ex his nunc circa cordas et arcus scientia
perfecta. . .
> Nicholas of Cusa, De sinibus et cordis: Yale MS
> (formerly Melk 367), bound with item 156,
> copy 2

Ex his quatuor igitur elementis et tribus eorum
interstitiis. . .
> Macrobius de numero septenario: Metz 482,
> a.1460, ff. 183r-227r. ('Macrobii. . .commenta
> in Sompnium Scipionis expliciunt')

Ex his que dicta. . .
> Bongianus de Orto, Chirurgia: FL Plut.73,
> cod.26, 14c, ff.1-74. Pref. 'Quoniam quidem
> soluta. . .'

Ex his que mihi per literam...
    Bartholomaeus de Montagnana, Consilia: Buda-
    pest 223, a.1472-73, ff. 23-470; Oa 75, 15c, f.
    41ra-; BMsl 336, 15c, f. 4r-

Ex his que seriose et diligenter narrata sunt in
casu...
    Consilium pro balneis de Corsena in comitatu
    Luchano pro domino Lanzaloto de Crotis: ed.
    Sudhoff, Archiv XVI, 74-76

Ex his vel ex eis itaque primum...
    See 'Ex eis itaque est...'; 'Primum ex eis...'

Ex hora qua adprehenditur tollis os capitae(!)
eius...
    De vulturio: SG Stift 751, 9c, pp. 408-9; Bec-
    caria 133.32

Ex illustri ac generosa prosapia...
    Aegidius Romanus, dedic. Expositio in librum
    de causis. Text, 'Auctor huic libro...'

Ex innumera varietate numerorum pauci...
    Extract on music from Macrobius: BLll 168,
    c.1000, f. 80r-

Ex insomniis ea nobis bona sunt que ad ultimam
noctis partem...
    Hippocrates, De insomniis: tr Andreas Brentius,
    pr Rome, 1481(Klebs 517.1; IAL H253);
    with Rasis, Opera, 1497, f. 157r(Polain 3350;
    Hain 13893; Klebs 826.2-3; IAL R170-171);
    and with Maimonides, 1500: (Klebs 644.2; IAL
    M64); Kibre(1945)410

Ex ipsis duodecim signis ut astrologorum testatur auctoritas...
    De divisione signorum: VE VIII.33(XI,106),
    15c, f. 4ra-va; VAp 1409, f. 63v, where it seems
    part of a longer text, ff. 60ra-72v

Ex iussione divi Iuliani Imperatoris collecti
sumus...
    Oribasius, pref. to his son, Eustachius, Synopseos
    (unedit. version): BN 10233, 7c, f. 2r-; Beccaria
    6.16; 137.8. Text, 'Antequam exercere quis
    incipiat...'

Ex iussione domini Iuliani divi Augusti...
    Oribasius, pref. In medicinae compendium.
    Text, 'Ante exercitationem calefacere...'

Ex iussione Iuliani divini Augusti collecti sunt
...
    Oribasius, Prol.: 4 MSS before 1100(Beccaria
    p. 413); CLM 23535, 12c, f. 89v

Ex leone enim viridi fit opus verissimum...
    Raymondus Gauffredus, Leo viridis: Cambrai
    920(819), 15c, ff. 115-119(Corbett II,44)

10

Ex libris alkimie liber de 112 nominatur...
    Occult bibliography: BN 16089, 13-14c, f.
    270ra-b; ZB 55(1938), 357-60

Ex libro Almagesti Ptolemei...
    Jean Fusoris, De motibus planetarum: BN 7295,
    ff. 21v-46v, 59v-72; 7300A, ff. 45v-74v

Ex libro de natura rerum...
    Collecta ex libro de natura rerum: CLM 18782,
    15c, f. (182r)

Ex libro qui dicitur Imago mundi...
    Vincent of Beauvais, Liber I, Speculum naturale:
    DWS 1057. Prol. 'Quoniam multitudo libro-
    rum...'

Ex libro septuaginta librorum. De primo
libro...
    Geber(?), Liber divinitatis (abbreviated): DWS
    74, iv. See 'Laudes sint deo habenti...'

Ex medicinis attractivis possunt fieri aque artificiales...
    De variis aquis: VAp 1260, 15c, ff. 225r-230vb

Ex medullis evangelice caritatis predilecto...
    John of Rupescissa, Vade mecum: T III, 354;
    Tours 520, 15c, ff. 32r-47v

Ex multiplici questionum genere et ex intimis...
    Ps. Aristotle, prol. Generale commentum in
    astrologiam, tr Hugh of Santalla: Haskins 74-76;
    T II, 256-257

Ex notitia eorum que sunt in aere...
    De aerimantia: BLcm 517, 15c, ff. 38va-39ra

Ex nulla patitur corpus corruptione...
    BN 6871A, 14c, f. 220r

Ex numeris sese respicientibus...
    Arithmetic: BL Auct.F.5.28, 13c, ff. 15b-(16)

Ex omni re semper dicebat et notabit quintam...
    Jacobus Comes, Alchemy: BMad 10765, 15c, f.
    242r-v(DWS 359)

Ex omnibus rebus etiam ex animalibus piscibus...
    (Geber), Testamentum (alchemy): BN 14005,
    14-15c, ff. 50v-53(Corbett I, 168); Marburg B
    206, 14c(?), f. 42(Schulz); Prag 1765, 14-15c,
    ff. 83r-85v; BU 168(180), 15c, ff. 203r-207v;
    VE VI.215(XVI,4), a.1475, ff. 135-140; Wo
    3076, 15c, ff. 51v-52v; Manget, I, 562-64

Ex omnibus rebus herbis plantis lapidibus...
    Geber, Testamentum: Mon 493, 15c, ff. 70r-
    74r(Corbett II,123)

Ex operatione docti auctoris est iudicare...
    De naturis animalium: BMc Vespasian E.X. ff.
    59v-85r(inc. at fol. 61r)

Ex parte femine impeditur conceptus...
Arnaldus de Villanova, De causa sterilitatis:
Wickersheimer 677-78; Archiv VI, 380-91; Ea
F.236, ff. 65v-66v

Ex pauperie mei ingenioli de humano corpore
aliqua problemata collecturus...
Brunswick 32, 15c, ff. 166-182(Schulz); by same
author as 'Et si ingenioli...'?

Ex phisicis quiddam...
CLM 19413, f. 109(Schulz)

Ex pluribus paucas herbarum vires et curationes
...
Ps. Apuleius, Herbarius: Beccaria p. 413, for 8
MSS of 9-11c; CML IV(1927), 225

Ex predeterminatis patuit notitia(nobilis) sub-
jecti...
Comm. Aristotle, De anima.   See 'Ad evidentiam
eorum que sequuntur...'

Ex presenti amphorismo...
Aggregatio de crisi et criticis diebus secundum
magistrum Matthaeum: Ea F.253, late 13c, ff.
199-201v

Ex primis legum cunabulis imperitie mee...
Practica avium, composed for Enzio: CUcl
15(Kk.4.2), c.1280, ff. 185-187(Haskins 351);
KlaB XXX.d.1, a.1419, ff. 26v-29r; Halberstadt 97, 14c(Schulz)

Ex qualitate corporis anime proprietates...
Polemon, Phisionomia: BLd 28, 14c, ff. 150-
(162); Aristotle, BMsl 2030, 13c, ff. 95r-103

Ex quanto tempore et labore...
De motibus solis et lunae: Salzburg P.B.IX, 14c,
15c, ff. 46-47; VI 5166, 15c, ff. 28v-32(Zi 7809-
10)

Ex quatuor disciplinis universaliter consistit
philosophie celestis...
Astronomy: VI 5311, 14-15c, ff. 67ra-72vb

Ex quinquaginta principalibus indicibus primo
nota...
Astrology: CLM 588, 14c, ff. 233rb-237vb

Ex quo alchymia recte insequutrix est nature...
De principiis naturae et arte alchymica: ed. Condeesyanus I, 7-48

Ex quo enim scolasticum gradum...
Joh. de Muris, Scientia musicalis (Excerpta):
CLM 4387, 15c, ff. 39-79(S)

Ex quo ille tractatus est de musica...
De musica: CLM 5963, 14-15c, ff. 131v-(146).
See 'Quoniam experientia...'

Ex quo medicinalis ars omnium artium preclarissima...
Laur. de Norimberga, Regimen contra morbum
epidimialem: Basel D. III.16, ff. 145r-146v

Ex quo mi papa presulum decus corona...
Franco of Liége, prol. De quadratura circuli.
Text, 'Quadratura circuli inter occultas...'

Ex quo notitia presentis libri est mathematicalis
...
Comm. Sacrobosco, Sphera: Danzig Mar. F. 244,
15c, ff. 75-90(Benjamin)

Ex quo omnes universasque regulas ipsius
musice...
Musica: CLM 4382, a.1405 (or 1451?), ff. 179r-
198r

Ex quo petisti me si ea ut...
Thomas Aquinas, De iudiciis astrorum: T II,
609, n.6; Opera(1871-1880), 27, 449

Ex quo presens intentio est de philosophia
naturali...
Comm. in Parvulum philosophiae: Ea D.15,
a.1432, ff. 59-169v

Ex quo presens liber est medicinalis...
Expositio super Antidotarium Nicolai: Graz 476,
15c, ff. 243ra-326rb

Ex quo presens liber tractat de astronomia item
est sciendum...
CLM 4382, f. 129r(Schulz)

Ex quo presens tractatulus est philosophicalis
tum videndum est...
Comm. Parvulus philosophie naturalis: Danzig
Mar. Q.11, a.1423?, ff. 180-226; Wo 649, 15c,
ff. 169-205(Schulz)

Ex quo presens tractatus cuius naturam investigare...
Comm. Parvulus philos. naturalis: Leip 1084,
15c, ff. 133v-173v(Schulz); Beiträge, XX,
2(1918), 31

Ex quo tractatulus presens cuius notitiam...
Vincentius Varnholte de Spandau, Comm. Parvulus philosophie naturalis: Graz 966, 15c, ff.
137-176v

Ex quo vita hominis est corruptibilis et homo
propter...
Extracts from Ps. Aristotle, Secret of Secrets:
CLM 17296, 14-15c, ff. 92rb-93va, 'Et sic
finiuntur notabilia de regimine principum'

Ex quolibet non fit quodlibet sed determinatum ex determinato...
> Rosa aurea: T III, 668; *or* Raymond Lull, De gradibus magne medicine: T IV, 637; FR 1165 (L.III.34), 14-15c, ff. 80r-86r, 'Incipit liber Hermetis qui dicitur Ile'

Ex quoque vegetabili et animali a quo possit...
> Alchemy: BN 11201, ff. 98r-101v; ColR 100e

Ex re nomen habet...
> Bolei poetae descriptio metrica aliquorum balneorum: BN 8161, 15c, ff. 1v-23v

Ex re nomen habet lavacrum que subvenit egris...
> Alcadinus, De balneis, poem to Henry VI: Mi I.6.inf., 15c, ff. 2v-24v, profusely illuminated with pictures of bathers

Ex Romanorum spectabili ac illustri prosapia...
> Aegidius Romanus, dedic. Comm. in Aristotelis librum de anima: Bruges 513, 13-14c, ff. 1-75r; Ea F.332, 14c, ff. 34-106v; CUc 234, 15c, ff. 110r-(240), incomplete; HL 30, 461; GW 7202-7204; Klebs 362.1-3; IAL A60-61

Ex sanctissima et regia prosapia oriundo...
> Aegidius Romanus, Hexaemeron: Glorieux, II, 303

Ex sanguine humano philosophicam...
> (Arnald of Villanova), De humano sanguine: DWS 1099. See 'Magister Iacobe...'

Ex scientia omnium causarum...
> Johannes Andronicus, De tiriaca: VA 2416, ff. 61r-71ra; Diels(1906), 14

Ex stagno laminas subtiles...
> Ad faciendum vasa fusilia: BMad 41486, f. 29v. See Corbett I, 300-301

Ex stellarum habitudine prescientie perfectio consecuta...
> Ptolemy, Quadripartitum, tr of 1206: Haskins 110; Carmody 18. Prol. 'Prolixitatis exosa...'

Ex stirpe nobili atque regalibus...
> Guido Terrenus, prol. Comm. Aristotle, Physics: HL 36, 448

Ex studiorum meorum laboribus...
> See 'Cogitantem me pater...'

Ex tenebrarum devio Iudaice pravitatis eductus in splendoris serenitatem Catholice fidei...
> John of Capua, prol. tr Maimonides, De regimine sanitatis: Virchow's Archiv 57, 66-120; Steinschneider, Hebr. Übs.(1893), 772 seq.(Schulz)

Ex terra autem homo factus est...
> Beccaria 40, 3; 83, 13

Ex tribus auctoribus quorum libros pre manu (manibus) habui...
> De physionomia: ed. R. Foerster, Scriptores physiognomonici, II (1893), 3-145; ed. V. Rose, Anecdota I, 59-169(Schulz); Ot 17, 11c, ff. 142-(155); BLd 11, 13c, f. 97r; BN 11867, 13-14c, ff. 241rb-243vb; Curt Matthaes, Urso, p. 13; AL 1004

Ex tribus auctoritatibus quas pre manu habui...
> Physiognomia (same text as preceding): BMsl 434, 13c, ff. 1-10; AL 177

Ex tunc et nunc et usque in aeternum confitebimur...
> Introd. Tereoperica: BN 11219, 9c, f. 42r-

Ex umbilico pendet infans in utero matris...
> De conceptione (secundum dictum Isidorii): CUg 91(173), 13c, pp. 200b-201a

Ex universalibus in quibus consistit ars medicinalis...
> Ricardus, Tract. febrium: CUpet 178, 13c, ff. 82v-129v(Wickersheimer 697)

Ex vitio iecoris trahitur unctura cruoris...
> Bern A38, 14-15c, f. 60v mg

Ex vocum constat armonica prima...
> De III partibus musice: CLM 14781, 12c

Exalationis quam seniores nostri cometam dicunt...
> Comete et descriptio et significatio: VAp 1438, ff. 38v-39v(TR 354b); AIHS 44(1958), 239

Examinando leprosos ordo hic observandus est...
> VAp 1225, early 15c, f. 17r

Excellentissime doctor summa cum diligentia ad nos scripsisti...
> Consilium for Ursula, wife of Melchior of Nordlingen: CLM 339, 15c, ff. 82r-84v; 441, 15c, ff. 144r-147r

Excellentissime domine multa turpia seu vilia...
> Dudo, comm. Ibn Jazla, pref. Tacuinum: BN 15362, f. 7ra; Suppositiones et additiones magistri Dudonis super Tacuinum: PA 708, 14c, ff. 157-216; Delisle III, 91a; Oma 152, 14c, ff. 1r-50v, tr from Arabic, Faragius 'ad opus regis... Karoli.'

Excellentissime dux austrie domine Alberte cum aliquotiens(?)...
> Gregorius medicus Alberti Austriae ducis, De evitanda ex venenis morte: Prag 243(I.F.77), 15c, ff. 206r-207v; T III, 239

Excellentissime princeps et domine archidux...
> Ulric Molitor, De lamiis et phitonicis mulieribus: Cologne, 1489; Polain 2763-66; Klebs 686.1-13; IAL M682-693; facsimile, Paris, 1926

Excellentissimo divine munificientie dono ab antiquis philosophia nominato...
>Huguitius: Oc 125, 14c, ff. 150-157v(DWS 162). See 'Excellentissimum divine...'

Excellentissimo domino et christianissimo Lodovico dei...
>William of Rubruk, Itinerarium: BMr 14.C.XIII, 14c, ff. 225r-(236); ed. Hakluyt, I(1903), 179-228

Excellentissimo domino inclito regi Iacopo regni Trinaclie...
>Petrus Ursetus, Speculum enigmatum (alchemy): Palermo 4 Qq.A.10, 46-68

Excellentissimo domino Rathbodo...
>See 'Ecce nomen domini...'

Excellentissimo principi ac nobilissimo philosopho...
>Arnald of Villanova, Novum testamentum: T III, 663; Palermo 4 Qq. A.10, 46-4

Excellentissimum divine munificentie donum est philosophia...
>In V Physicorum libros priores: Ome 272, 13c, ff. 136-(175). See 'Excellentissimo divine...'

Excelsus deus et sublimis vite expiravit...
>Christophorus de Honestis, Problemata de venenis: BMh 3659, a.1412, ff. 16rb-68va

Excelsus deus mentem inspiravit Apollonis greci...
>See 'Appolonis greci...'

Excentricus est egresse cuspidis...
>Theorica planetarum: BNna 625, a.1348, ff. 10ra-(13va). See 'Circulus eccentricus...'

Exclusis prorsus omnium vanis et variis philosophorum erroribus...
>Rasis, prol. Liber Elhavi(Elhawi) id est Continens artem medicinae, tr from Arabic, Faragius: BN 6912, f. 1v-; VAu 237, 14c, bks i-xi; 239, bks xiv-xxv; VAp 1151, f.1; anon. PA 753, 14c, ff. 1-55; pr Brescia, 1486, ending at bk xii(AFML 401; Klebs 827.1; IAL R172)

Excusati ab his que in (nostrorum) librorum principiis...
>Gentile da Foligno, De febribus, Lectura supra prima fen quarti canonis Avicenne: Ea F.292, early 15c; VAp 1127, ff. 1-140; CLM 264, a.1380, ff. 1ra-83ra; GW 3124; Pellechet 5025-26 (Klebs 131.12; 448.1-2; IAL A1272; G125); Venice, 1514, 1520; T III, 235; Giacosa 487

Excusati sumus ab hiis que in principio librorum...
>Dinus, Expositio super prima fen quarti libri Avicenne: CUg 79, 15c, ff. 1r-254v(DWS MS)

Executo modo medendi agendum est de modo conficiendi...
>Copho(?), De conficiendis medicinis: CUpet 178, I, 13c, ff. 221v-224v, 'Explicit modus medendi Cophonis'; Rouen 979, 13-14c, ff. 101-108; BMh 5228, 13-14c, ff. 44v-46r; BMsl 2426, 14c, ff. 108r-121r; James, 482

Executo sufficienter tractatu tam febrium...
>De apostematibus: CUg 84(166), 13-14c, ff. 308v-313

Executo tractatu febrium de reliquis passionibus...
>Na VIII.D.51, 15c, ff. 25v-34

Exemplum ponam de anno domini 1345 in quo anno convenerunt tres planete...
>De constellatione anni 1345: VI 3124, 15c, f. 42r

Exemplum scientie nostre senex supra montem...
>Arnald of Villanova *or* Rasis, Flos lilii: DWS 120, 227; Steinschneider(1906), 47; T III, 660; ColR 137; Epistola Rasis: Palermo 4 Qq.A10, 46-32

Exe(o)s nomen quod habitum significat...
>Galen, De euexia: BN 6865, 14c, ff. 79v-80ra; T (1946), 224; Opera, 1490, I, 46r-v; 1515, I, 39v

Exequuto modo... See 'Executo modo...'

Exercitio est corpus calefaciendum si exercere corpus...
>George Valla, De universi corporis purgatione: ed. Strasburg, 1528

Exercitium omne vel labor naturaliter corpora siccat...
>Dietetica: Mon 185, 11c, ff. 159v-160r; Beccaria 16.20a

Exercitium prohibet ne repletionis nimia congregat...
>De regimine sanitatis: Prag 433(III.C.2), ff. 144va-148rb

Exercitus debet castra metari ad longam stationem...
>Arnald of Villanova, De regimine sanitatis regis Aragonie et exercitus eius: VAp 1180, ff. 184-185r; CLM 456, f. 36r-v; Opera, 1504, f. 143ra-b; 1505, f. 149(H); Praxis medicinae, 1545, p. 87; Glorieux I, 421

Exes nomen quelibet herbarum significatio. . .
VAp 1079, f. 175v

Exigis a me karissime frater N. . .
De abaco: Os 17, c.1110, ff. 49r-50r(Bubnov liii)

Exigit vir amplissime ut plus ad exprimendum . . .
Laurentius Bonincontri Miniatensis, Institutiones astronomiae ad exprimendam nativitatem et aliarum astrologiae partium substantiam: T IV, 409, n.80

Eximedrus incipiens ait. . .
Turba philosophorum.   See 'Arisleus genitus. . .'

Eximides philosophus scribit in libro qui vocatur lilium. . .
Dicta philosophorum: BMsl 692, 15c, ff. 108, 109v, 113(DWS corr. 16.A)

Eximidius ait.   Omnium rerum initium esse natura. . .
Turba philosophorum in secunda philosophia: Artis auriferae, III (1610), 1-139

Eximie doctor tanquam filii carissime non parum admiratus sum. . .
Joh. de Arculis, Responsiones ad argumentationes Joh. de Marliano: VE VI, 105(X,218), 15c, ff. 17ra-18vb, 22rb-23ra

Exis nomen quod habitum significat. . .
Galen, De euexia idest de bona habitudine: CLM 490, late 15c, ff. 26r-29v.   See 'Exeos nomen. . .'

Existimant quidam, rex Gelon, arenam esse multitudinem. . .
Archimedes, Tract. de arenae numero sive ratio de arenae dimensione: VE fa 327(XI,1), 15c, ff. 193-202; tr Jacobus de Cremona: VAu 261, 15c, f. 123v; Isis 43(1952), 241

Existimes ait Scitote omnes operantes. . .
Alchemy (seems an imitation of rather than an extract from Turba philosophorum): VAp 1328, ff. 5r-11v

Exitus rerum prudentia metitur.   Si prudens. . .
Rolandus Capellutus, dedic. to Petrus de Gnalandris, surgeon of Parma, De curatione pestiferorum apostematum: Klebs-Sudhoff, Pestschriften (1926), facs. XVIII.   Text, 'Ex corrupto aere . . .'

Exordiar igitur ab elucidatione eorum que scripsi. . .
Petrus de Alliaco, Elucidarium, cap.i: BMad 29969, 15c, ff. 37r-57v; IAL A426, ff. ee, r-gg (6)r

Exordium artis medicine post diluvium. . .
Notabile de exordio artis medicae et eiusdem progressu usque ad Hippocratem: VI 5337, 15c, f. 235

*Exordium hic coepit alchymiae. . .
George Ripley, Compendium alchymiae: Tanner

Exordium huius opuscoli discere volentes. . .
Computus manualis: Karlsruhe Reich 93, a. 1451-1455, ff. 209v-211(Benjamin)

Exordium philosophus in libro. . .
See 'Ex divina philosophorum. . .'

Exordium sume a deo in agendo. . .
Comm. (Galen?), De interioribus: VA 4452, 14c, ff. 83ra-102rb; T (1953), 271

Expediamus breviter de communibus sirupis. Siruporum. . .
De sirupis (in tract, De oleis; de sirupis).   See 'Cum humana natura non minus. . .'

Expedit ei qui sapiens omnino et consummatus futurus est. . .
Gabriel Zerbus, De cautelis medicorum: pr (Venice, not before 1495) (Klebs 1058.1; AFML 489; IAL Z25); with Panthaleon de Confluentia, Pillularium, 1528, ff. 54v-73v

Expedit et consonum est rationi. . .
Monastic music: BMar 299, late 15c, ff. 32-(74)

Expedit nobis ut sumamus prius salem armoniacum. . .
Geber, Liber ludorum qui est lib. XXIV de LXX: DWS 86

Expedita prima parte. . .
Nicolaus de Orbellis, In li. Physicorum Aristotelis: Trithemius (1494), f. 116r; VAp 1051, f. 1; Plimpton 200, f. 139r; pr Cursus librorum philosophie naturalis secundum viam Scoti: Basel, 1494(Polain 2921; Klebs 712.1; IAL O67)

Expeditis igitur de duobus necessariis iam premissis. . .
Gentile da Foligno, In tertium canonem Avicenne expositio: pr Avicenna, Venice, 1523, Vols. III-V.   Prol. 'Inquit Galienus, Intentio in creando . . .'

Expeditis passionibus capitalibus. . .
Raynerius de Belforte, Florigerum in scientia medicine oculorum: Ran 1489(V.2.26), late 14c, ff. 120-138r

Expeditis prohemiis primi libri musice Boecii. . .
Comm. Boethius, De musica: Oa 90, 15c, 100 ff.

Expeditis virtutibus medicinarum compositarum. . .
Practica: BLb 682, 15c, ff. 255-(319); BMh 3372, 15c, first item

Expedito tractatu de qualitatum effectibus. . .
Albertus Magnus(?), De elementis: Cava dei Tirreni 31, 14c, f. 151; AL 1313, p. 909

Expeditus est Avicenna a narratione. . .
Gentile da Foligno, Super decima fen tertii canonis Avicennae: FLa 145(219-151), 15c, ff. 28v-80

Expedivimus nos dei auxilio ab eo quod opus fuit. . .
Avicenna, Physics: Delisle, III, 83a

Experimenta fratris Nicholai medici de Polonia . . .
See 'Accipe pulverem. . .'

Experimenta multa hic ponuntur contra varias passiones. . .
Experimenta in medicina: Argentré, I, ii, 326a

Experimenta notes minime reprobanda. . .
Philippus Tripolitanus, Contra infirmitates corporis (Latin verse): Brux 11855, 14c, ff. 43-50v (Silvestre 151); anon. VI 5300, 15c, ff. 28v-35v; Archiv XIII, 64

Experimentaria que dicitur capitula draconis. . .
VI 2306, 14c, ff. 28rb-29ra

Experimentum contra cancrum et fistulam. . .
Medical: Troyes 873, 15c, item 6

Experimentum contra lapidem. . .
Guido de Rezio, Consilium contra lapidem: VI 1634, 13c, f. 103r

Experimentum contra tertianam. Recipe melliloti. . .
Pontius de S. Egidio, Curae: Wickersheimer 669; HL 32, 594-95; Pansier, Janus IX(1904), 508

Experimentum contra vertiginosos. Ille due vene. . .
15 Experimenta Minerve: BLb 361, a.1453-1459, p. 394

Experimentum mirabile verum et approbatum . . .
Experiment for rejuvenation: BMsl 3124, ff. 108r-112r

Experimentum naturale verum et ineffabile ad expellandum inimicum. . .
BN 7337, 15c, pp. 45a-46b(T II,801-802). See 'Ponam ergo practicam. . .'

Experimentum probatissimum ad dolorem flanquorum. . .
Prescriptiones medicae variae contra vulnera, ulcera, morbos oculorum: VE VII.13(XIV,60), 14c, ff. 12-22

Experimentum probatum contra habundantiam lactis recipe. . .
CUt 903(R.XIV.30), 13-14c, f. 228r-v

Expertissimam huius questionis veritatem. . .
Questiones naturales. See 'Utrum somniorum simulacra. . .'

Expertum est ab antiquis quod inventum est animodar. . .
Canon tabularum Animodar secundum antiquos astronomos Toletanos: BLcm 499, 15c, f. 190r

Explanabo tibi fili mi quot capitula. . .
Avicenna, De anima (alchemical): GU 253, 13c, ff. 1-42(DWS 123.1); Little 396; Osler 480, 14c, f. v recto. Prol. 'In illius nomine qui maior est. . .'

Explanaturus hoc anno (1449) primum magni canonis principis Avicenne. . .
Matheolus Perusinus, Preambula super Avicennam: CLM 350, ff. 79v-81

*Expleta expositione Levitici. . .
Nicholas Trivet, De computo Hebraeorum: Bale; Ome 188, 14c, ff. 212v-(215v)

Expletis autem specierum que ad omnium. . .
Nicolaus, prol. Synonima. Text, 'Artemisia id est matricaria. . .'

Expletis igitur in precedentibus duobus libris membrorum. . .
Mesue, Chirurgia, Liber quintus: ed. Hans Brockelmann, 1895

*Expletis quatuor partibus tertii libri. . .
Roger Bacon, Leges multiplicationum: Little 388, n.1 (part of De multiplicatione specierum). . .

Expleto tractatu de laxativis simplicibus. . .
De medicinis laxativis compositis: BMh 2375, 15c, ff. 44v-48v

Expleto tractatu medicinarum. . .
De apporimatibus medicinarum: James 456

Explicitis autem specierum. . .
See 'Expletis autem specierum. . .'

Exponamus autem nunc nomina precipuorum lapidum. . .
De lapidibus secundum ordinem alphabeti: VI 2303, 14c, ff. 62rb-64v, beginning with 'Abeston . . .'; Ambix 8(1960), 16, 18-20

Expone igitur mihi. . .
See 'Inquit Euthesia Iam Rosine. . .'

Exponimus atque ordinamus qualiter per unumquemque mensem. . .
> Calendarium dieteticum: Beccaria 413 lists 5 MSS; CPh 10a.159, 15c, f. 35ra

*Expositio capituli de gradibus ut vera cognitio. . .
> Comm. on Roger Bacon, De graduatione medicinarum compositarum: OHI IX(1928), x; BLcm 334, 15c, ff. 33v-(42); 480, 15c, ff. 24v-(30)

Expositio istius problematis Hermetis in quo vere tota ars. . .
> Comm. Hermes, Emerald Tablet: VAp 1328, ff. 1r-5r

Expositio membrorum quo ordine (nervis) vel quibus iuncturis. . .
> BMsl 282, 14-15c, ff. 52r-53v; V. Rose, Vindic. Gynaecia, p. 429

Expositio membrorum quo ordine vel quibus nervis. . .
> Vindicianus, Gynaecia: Beccaria 413 for 4 MSS, 9-11c. See 'Contradicit scrutari. . .'

Expositionem intendimus ad presens. . .
> Bartholomew of Bruges, Comm. De inundatione Nili: BN 16089, ff. 152, 154

Expositores Dinus et Gentilis non posuerunt. . .
> Jacobus de Prato, Reply to Nero of Siena in defense of Dino del Garbo and Gentile da Foligno, interpreters of Avicenna: FNpal 811, 14c, ff. 25v-26v

Expositurus deo duce afforismos Hippocratis. . .
> Matheolus Perusinus, Prol.: CLM 350, 15c, ff. 69r-72v

Expositurus hoc anno librum de phisico auditu . . .
> Nicoletus Theatinus, On Aristotle's Physics: pr with Burley: Hain *4139, f. a v(Schulz); Klebs 232.4; IAL B1153; Venice, 1501, ff. 2ra-4vb

Expositurus librum de anima Aristotelis. . .
> Gerard, Comm. in libros Aristotelis de anima: Ran 198(B.8.2), a. 1424, 173 ff.

Expositurus nonum Almansoris ex antiquato optimo more. . .
> Joh. Mattheus de Gradi, Comm. Nonus Almansoris: pr Venice, 1502 (AFML 44). See 'Ne medendi doctrine. . .'

Expositurus nonum Almansoris reiectis superfluis. . .
> Johannes Arculanus, Comm. Rasis, Nonus Almansoris: pr (Verona *or* Padua, 1480); Venice, 1493; 1497(Klebs 79.1-3; IAL R173-175); anon. VI scot 272, 15c(Schulz)

Expositurus primam quarti canonis Avicenne obmissis plurimis. . .
> Johannes Arculanus, Expositio in primam fen quarti canonis Avicennae (De febribus): pr Ferrara, 1489; Venice, 1496 (GW 2316 17; Klebs 80.1-2; IAL A847-848)

Expositurus tractatum de pulsibus et de urinis. . .
> Pietro Vermiglioli, Comm. Avicenna: pr (Perugia, a.1480) (Klebs 1026.1; IAL V209)

Exquiritis me o illustrissima turba Danaum. . .
> Vaticinium Sibyllae Erythreae et Babylonicae, tr Eugenius, admiral of Sicily, from Greek: Haskins 173-74; FLc XV sin 9, 13c, ff. 28v-30v(AL 1377); VI 3400, 15c, ff. 151r-153v; VA 3424, late 15c, ff. 10v-18v; pr Lazarus de Sourdis, Venice, 1516, ff. 52v-54v(Schulz)

Exsurge domine deus meus in dextra tua forti et infinita. . .
> Guilielmus de Varignana, Practica: Siena, Bibl. Comm. L.VII,5, 14-15c, ff. 1-319vb, unfinished; Part I: VAp 1285, 15c, ff. 14-372v; Part II: VAp 1286, mutil.; BLcm 198, 15c, 319 ff.

Extat physicorum usus rem quamlibet divisibilem integram. . .
> Cgm 739, f. 46r(Schulz)

Exterior excedens frigiditas ledit. . .
> Arnaldus de Villanova, Regimen conferens memorie: FLa 146(220-152), 15c, ff. 80-82v; anon. PA 972, 15c, ff. 96-98; VI 5315, 15c, ff. 95v-96r

Extractio florum de omnibus rosperibus(?) metallorum est duplex. . .
> VI 5307, 15c, ff. 36v-40v

Extrahatur aqua de floribus ysopi lenistici(*sic*). . .
> Ad dissolvendum fleumaticos humores circa spiritualia: Ome 324, f. 229v

Extrahatur lapis noster benedictus a vera minera tempore. . .
> Emericus de Monteforto, Secret of Secrets and Tabula Smaragdina: BU 474(830), 15c, ff. 53r-55r; DWS 34

Exultarem non minori gaudio quam tu Augustine suavissime. . .
> Joh. Lucilius Santritter, introd. Alfonso X, Tabulae astron.: pr Venice, 1492(Klebs 50.2; IAL A474). Canon sive prop.I, 'Tempus quodlibet et eram. . .'

Exultent et letentur iam divina consortia. . .
> Gulielmus de Marra, Sertum papale de venenis: VAb 306, pp. 1-157; ascribed to Gasparus de Sarnana: Metz 282, 15c; T III, 526-34

Exurge. . . See 'Exsurge. . .'

Fabrica est continuata rerum trita. . .
Vitruvius: VAr 786, 15c, ff. 110r-128r

Fabro quodam erario existente in terra (Maurorum) Saracenorum. . .
Medicina reperta in quodam libro vetustissimo ad
convertendum lunam in verum solem: Lehigh
MS, ff. 21v-22r; BN 7156, f. 196r (Corbett I,81;
I,105); DWS III, 1162; BMad 41486, ff. 14v-
15; Experimenta: BU 474(830), 15c, ff. 63v-
64r; so-called Historia antiqua: Ze III, 170

Fabro quodam erario in terra Maurorum existente in thelonio suo. . .
Hermes ad solem verissimum experimentum: Mi
Trivulz. 245, 15c, f. 37v. Probably same as
preceding

Fac amalgama ex una parte. . .
Arbor crescens (Alchemy): Breslau R 454, f. 282r

Fac aquam acutam ut scis et ibi dissolve. . .
'Incipit compositio lapidis quam faciebat magister
Arnoldus de Villanova': VI 5286, f. 168r

Fac aquam fortem de vitriolo romano. . .
Prima operatio ad componendum opus phisicum:
Mon 493, 15c, ff. 152v-153r(six operations);
Corbett II, 126

Fac aquam fortem taliter. . .
See 'Recipe vitriolum Romanum . . .'

Fac aquam vegetabilem bene. . .
Alchemy (French and Latin): Corbett I, 237

Fac bulire tartarum. . .
Rupertus de Constantinopoli, Ad faciendum solem
de venere: BMsl 3457, 15c, f. 184; T (1938),
n.15(DWS corr. 385c)

Fac circulum in tabula plana et solida ad placitum. . .
Canon pro horologiis in plano vel in pariete: CLM
11067, 15c, ff. 176v-180(Zi 9734)

Fac circulum involutum. . .
Instrument: Melk 367, 15c, ff. 272-274(Zi 3014)

Fac circulum magnum ut. . .
Quadrant: VI 5296, 15c, ff. 142-145(Zi 8845)

Fac fieri vas forte ferreum. . .
Opus facile ad lunam: BMsl 692, 15c, ff. 108v-
109(DWS 592A)

Fac igitur matrimonium inter virum. . .
De matrimonio aut coniunctione: Corbett I, 60

Fac malgamam sicut scis et pone. . .
Gasparrus, Congelatio: VA 4092, ff. 103v-110r

Fac medium satiris quem post per singula
demis. . .
Astrological verse with gloss: VI 2378, 14c, f.
21r-v; Saxl(1927), 101; Zi 11183

Fac puncta ad placitum. . .
Geomancy: VI 2352, 14c, ff. 83v-95r; Saxl
(1927), 88

Fac semicirculum a.b.c. super centrum d. . . .
Ad faciendum horologium id est secundum umbras versas: CLM 27, ff. 128r-130v

Fac tabulam magnam quadrilateram. . .
Astrolabii brevissima compositio: BN 10266,
f. 103

Fac tres planas regulas de ligno vel de ferro. . .
Aliud instrumentum (astronomical): VAp 1340,
ff. 36v-37r

Facias de festuca nodata in fronte. . .
Panacea: CU Ii.III.17, 15c, f. 38v(DWS 1102)

Faciei decor et venustas(vetustas) non tantum
(tamen). . .
(Richard of England?), De decoratione: BMr
12.B.XII, 13c, f. 199; Oc 125, 13-15c, f. 52r-v;
Oma 164, 15c, ff. 46v-(49); Arnaldus de Villanova, Opera, 1504, ff. 298va-299ra; HL 28,
73; Wickersheimer 697

Faciem ergo celi diiudicare noscis. . .
Gerson, Letter urging calendar reform: Basel
A.VIII.32, 15c, towards end of MS(fols. unnum-
bered)

Facies celi septentrionales constellationes formarum. . .
Alfonsine Tables verified 1449 by astrologer of
duke Humphrey of Gloucester: BMar 66,
c.1490, ff. 33r-47r; Saxl(1953), 90

Facies deturpatur sepe ex lentiginibus. . .
De ornatu faciei: Boston Medical 15, 13c, f. 113r

Facies quinque capitula Primo solis colligis
partes. . .
BMh 2506, 10c, ff. 68ra-70vb

Facies sic potest ornari...
  See 'In primis optime...'

Facit casus ducem operis Augustinus igitur
letus...
  Domenicus de Aretio, Fons memorabilium
  universi, generale prohemium: Ob 238A, 15c,
  ff. 1v-4r

Facit unam rationem probande quod unusquisque...
  Comm. Hippocrates, Prognostica, Lib.I, Partic.
  2: VI 5289, 15c, ff. 1r-5v

Facta et ordinata sunt quam plurima et varia...
  Prosdocimo de' Beldomandi, Canones de motibus
  corporum supercoelestium, dated a.1424: BLcm
  554, 15c, ff. 73v-93v; BB XII (1879), 155, 187;
  T IV, 79

Facta quarta parte circuli...
  Quadrant: Eins 773, 15c, ff. 30-32(Zi 8846)

Factum est hoc strumentum in conventum multorum...
  Hippocrates, Epistola: BMad 8928, 10c, ff. 17r-
  18v; Beccaria 84.18

Facturus quadrantem primo faciat circulum ad
libitum...
  De compositione novi quadrantis: CUad 6860,
  14c, ff. 33r-34r

Fagia stellarum...
  Reginald of Canterbury: CLM 18580, 12c, f.
  56(Schulz)

Fahaphati accidit pueris et forte...
  De aegritudinibus puerorum: VI 5269, 15c, f.
  82va. See 'Assaphati...'; 'Sahafati accidit
  pueris...'

Falconum genera septem sunt sicut dicunt
Aquila et Symmachus et Theodorion...
  Epistola (De falconibus) fuit directa a Ptolomeo
  ad regem Egipti: Oc 274, 15c, ff. 127v-(130);
  BMad 18752, 15c, ff. 212r-216r; Diels(1906),
  87 (H); HL 30, 369-70; Werth, Altfranzö.
  Jagdlehrbücher, p. 16 seq.(Schulz)

Falconum naturam quam multi scire cupiunt...
  De scientia falconum: Oo 28; VI 5315, 15c, ff.
  257r-272; extract from Albertus Magnus, De
  animalibus, ed. J. G. Schneider, Reliqua librorum
  Friderici II, 1788, pp. 175-98; Stadler, De
  animalibus, (1921), (Lib. XXIII), pp. 1453-
  1514

Fallit amor cautos errant grave...
  Versus calendarii: Os 188, 13c, f. 21v-(23)

Falsa autem et vulgaris opinio est stellas...
  Sententia de lapsu stellarum: CUe I.II.8, 12c, f.
  164(Atk)

Fames et sitis sunt dispositiones satis sensate...
  Gentile da Foligno, De fame et siti: CLM 7609,
  a.1385, ff. 84ra-88vb(JHM X(1955), 396,
  n.35); VA 2418, f. 212vb; 4445, f. 206; pr
  Questiones extravagantes, 1520, ff. 92vb-95rb

Farinaceum regale sublime in quo agregavit...
  Mi D.2.inf., f. 8r

Farinacum(*sic*) Galieni principis medicorum...
  Mi D.2.inf., f. 3v

Farmacia bona tantum libra scorpio...
  Versus et sententiae memoriales de pharmacia et
  astrologia: VI 4769, 15c, f. 1r-v

Fausta duos fratres genuit...
  Thierry de Saint-Trond, Excerpta Solini metrice:
  Brux 10713, 12c, ff. 179ra-183va(Silvestre 151-
  52)

Febrem igitur ut huic traditioni nostrae suma-
mus exordium...
  Alexander of Aphrodisias, De febribus, tr Geo.
  Valla: pr Venice, 1498, f. 143(Klebs 1012.1;
  IAL N33)

Febres colerice sunt tres.   Hec pars que est...
  See 'Hec pars que est...'

Febres pestilentiales sunt ille que adveniunt...
  Regimen tempore pestilentiae: CLM 4119, 15c,
  ff. 443v-453; GU 323 (U.7.17), a.1452, 2, f. 1v

Febres quam quidem multae sunt distantiae...
  Quomodo febrientem curare debeas: Beccaria
  p. 413 lists 3 MSS

*Febribus infectus requies fuerat mihi lectus...
  Robertus Brydlyngton, Carmina vaticinalia:
  BMar 66 (de luxe for Henry VII), 15c, ff. 288-
  290vb

Febris acuta, ptisis, scabies, pedicon, sacer ignis
...
  Bernard Gordon, Morbi contagiosi: Pagel-Sudhoff, Handbuch d. Gesch. d. Mediz., III-IV
  (1922), 207

Febris autem diffinitionem brevitatis causa...
  I. Petrus de Musaria, Cap.1, Praxis medica. Prol.
  'Cum sit stomachus pro nature necessitate...'
  II. anon. De febribus: CUad 6865, c.1200, ff.
  108r-115vb

Febris autem effimera secundum Avicennam est
facilis...
  Collecta pronosticorum Ypocratis: VI 5155, 15c,
  ff. 63r-71r; Wo 2794, ff. 161r-169v

Febris ceteris morbis est molestior. . .
De febribus: BU 1224, 14c, 47 ff.

Febris cottidiana quatuor modis solet evenire. . .
Ea F.334, 15c, f. 205v

Febris effimera est difficilis cognitionis ut dicit Galienus. . .
Richard of Paris (not in Wickersheimer), De signis febrium: pr Venice, 1514, ff. 1-13v; and with Clementinus Clemente, Lucubrationes, 1535, pp. 188-200

Febris effimera prenotatis et cognitis signis pulsu. . .
Dominicus de Ragusia, Introductorium breve et utile ad curandos febres: BMh 4087, 15c, ff. 11r-22v

Febris est calor additus calori naturali. . .
Michael Savonarola, Canonica de febribus: CLM 184, a.1439-1444, f. 9r-; pr Bologna, 1487; Venice, 1496, 1498(Klebs 885.1-3; IAL S268-70)

Febris est calor extraneus accensus in corde. . .
I. Avicenna, Canonis liber IV, tr Gerard of Cremona: CLM 16, 13c, ff. 1r-123; PA 706, 13c, ff. 4-97; CLM 13026, 14c, ff. 94r-157v; 13034, 14c, ff. 123r-152; Ea F.243, 14c, 103 ff; pr (Strasburg, 1473); (Klebs 131.3; IAL A1262); Basel 1556, pp. 753-971; anon. FL Plut. 73, cod.33, 13c, ff. 59-76; VAp 1081, 14c, ff. 25r-117v; FLa 132, 15-16c, ff. 23-40v
II. Reportata ex lectionibus magistri Albici: Prag 243(I.F.77), ff. 18v-(54v); Archiv 7(1914), 91; 17, 162-163
III. Valescus de Taranta, Philonium (in part) de febribus: DF ff. 254r-284v
IV. William of Saliceto, Practica, Liber secundus (De febribus). See 'Eorum autem que fiunt. . .'

Febris est calor extraneus in corde per venas. . .
Regimen curativum et preservativum febris pestilentialis: Fritzlar 99(Tr 1/34), ff. 69v-80v (Schulz)

Febris est calor extraneus innaturalis. . .
See 'Excusati ab his. . .'

Febris est calor innaturalis etc. ut testatur(ait) Iohannitius. . .
Curae magistri Ferrarii: CUg 178(211), 14-15c, ff. 188-211v; Giacosa 1-64. See 'Febris ut testatur Iohannitius. . .'

Febris est calor innaturalis(naturalis) mutatus in igneum. . .
Bernard Gordon, cap.1, Practica seu Lilium medicinae. See 'Interrogatus a quibusdam Socrates. . .'

Febris est calor innaturalis pretergradiens naturam cordis. . .
Gariopontus, Liber febrium (the last two books of the Passionarius): pr Lyons, 1526, ff. 80v-108r; Basel, 1531, ff. 121v-162v; DF ff. 187r-201r; ascribed to Galen: Dresden Db 92-93, 15c, f. 550v

Febris est calor naturalis alterabilis in corde. .
Liber secundus de febribus, *or*, Gemma medicine secundum modernos: Basel D.I.18, 14c, ff. 109ra-130va; AMH(1940), 282-83; William of Saliceto, Practica, Liber II. See 'Eorum autem que fiunt. . .'

Febris est calor preter naturam. . .
Isaac, De febribus, tr Constantinus Africanus: CUg 411(415), 13c, ff. 122r-168r

Febris est mala compositio calida et sicca. . .
J. Wakefield, De febribus: CUg 407(413), III, 14c, ff. 82v-91v

Febris est morbus qui de mala et calida nascitur complexione. . .
Isaac, De febribus: Omnia opera, 1515, I, f. 203-; also in DF

Febris ethica est calor extraneus. . .
De quiditate rei febris ethice: Lyons pa 46(Delandine 244), 14-15c, ff. 22-107

Febris in duo dividitur genera. . .
Marginal gloss to Rasis, Liber Almansoris, Book X: BN 7046, 13c, ff. 101ra-102va, 104r-107r, 109r, 110va, 114ra

Febris nihil aliud est nisi calor naturalis mutatus . . .
Johannes de Gaddesden, Rosa medicine: CUc 69, 14c, ff. 1r-191v; pr Pavia, 1492(Klebs 424.1; AFML 266; IAL J289); Venice, 1522, ff. 3r-135v, etc.

Febris obmissis queri solitis in librorum exordiis. . .
Liber canonis quartus: VAp 1298, 15c, ff. 16ra-67va

Febris pestilentialis causatur ex mala. . .
BMsl 2527, 15c, ff. 159v-161

Febris pestilentialis secundum Almansorem. . .
Thomas, bishop of Sarepta, Pest tract: Archiv IX, 56-59

Febris quasi calor incommensuratus. . .
VAp 1207, 15c, f. 60r-

Febris quatuor modis solet venire. Primo ex frigore magno. . .
De febribus: VI 3011, 15c, ff. 153r-155r

Febris ut ait Avicenna quarto primi est calor extraneus...
> Nicolaus Falcutius, De febribus: DF ff. 285r-314v

Febris ut dicit Iohannitius est calor innaturalis
...
> CU 292(Dd.V.53), 15c, f. 69ra

Febris ut testatur(ait) Ioannitius est calor innaturalis...
> Ferrarius(?), De febribus: BMad 16385, 13c, ff. 91v-121v; BLd 197, 13c, ff. 57r-(68v); Oa 74, 13c, ff. 146-(158v); CU 938(Ee. II.20), 13c, ff. 159va-169vb, 'Explicit liber magistri Ferrarii de febribus'; ascribed to Gilbertus Anglicus, PA 1028, 14c, 197 ff. (H); Geneva 78(Petau 165), 13c, ff. 123-141, incomplete

Febrium diversitas est trifaria...
> Oma 173, 14c, f. 96-

Febrium doctrine que quidem maxime proprie sunt...
> Nicolaus Leonicenus, Interpretatio Galeni de differentiis febrium: pr with Thomas de Garbo, Expositio, Venice, 1521, f. 2r

Febrium putridarum Avic. levem solutionem esse fiendam...
> VA 4440, 15c, ff. 88ra-89ra

Febrium species discernere nemo potest...
> Galen, Ad Glauconem de medendi methodo: Beccaria 100.1; 101.1; 108.6, all 11c

Febrium species nemo discernere potest...
> Gariopontus, Passionarius (rearranged): BMr 12.E.XX, 12c, ff. 33r-(111v), imperf.

Febrium species non nisi doctissimorum...
> Galen, Ad Glauconem de medendi methodo: MC V.97, early 10c, pp. 35a-67b(Beccaria 95.20)

Febrium tres sunt species. Una que fit vitio spiritus...
> Renzi II, 81. See 'Quatuor sunt elementa ex quibus...'

Fecere maiores nostri sinuum et chordarum tabulas...
> Regiomontanus, Compositio tabularum sinuum rectorum: pr Basel, 1561, pp. 140-46; anon. VI 5203, 15c, ff. 28r-32v; ZB 16(1899), 289, 304, n.73; Zi (1938), 220

Feci preterea hanc tabulam communem...
> Astronomical table for 1294: Basel F.II.10, f. 204

Fecit deus duo luminaria magna...
> CLM 4382, a.1384, ff. 106r-127r, 'explicit opus computi ecclesiastici' (Schulz)

Federice Romanorum imperator...
> See 'Frederice Romanorum...'

Felices sunt beatissime pater qui ex ultimis terrarum partibus...
> Pantaleo Guaianus, Libellus de dentibus: VA 3682, a.1470, ff. 1r-9r

Felicitas Aristotelis (autem *or* quandoque) sive beatitudo est summum bonum...
> Prol. for two different comms. *or* summaries of Aristotle, Problems: one following the order of the Greek text; the other alphabetical. See 'Abstinentia. Quare...'; 'Quare egritudines...'

Felix arcturus maior habet in capite stellas...
> Astronomical: Catedral de Burgo de Osma 7, 12c, ff. 85r-89v

Felix et gloriosa est pubertas studentium...
> Avicenna, Amphorismi: PA 1024, 14c, f. 15

Felix inquam nimium prior etas in qua...
> Evno of Würzburg, Iudicia de impressionibus in aere: Nürnberg Cent. V.64, heft.1, ff. 92v-102r (T III,145; ColR 153)

*Felix prior aetas que tot sapientes protulit quibus velut...
> Gundissalinus, De divisione philosophiae: Beiträge IV(1906), 1-144; AL 544; Thomson 245

*Felix qui poterit rerum cognoscere causas...
> This hexameter from Vergil in different forms (poscit, potuit, causas cognoscere rerum) was used to introduce different texts. See 'Felicitas Aristotelis (autem *or* quandoque)...'; 'Hinc est quod iste...'

(F)elye est civitas illa ubi presides philosophi...
> Comm. Sacrobosco, Sphera: VI 5145, 15c, ff. 12r-28r

Feniculum verbena rosa celidonia ruta...
> Wo 759, f. 65v(Schulz)

Fenix arcturus maior habet autem in capite...
> Constellations (with pictures): BN 5239, 10-11c, ff. 215r-224v. See 'Felix arcturus...'

Ferandus nostra etate...
> See 'Derandus nostra...'

Ferrum situ rubiginem ducit...
> Alexander Neckam, Isagoge ad artes: BMr 2.D.VIII, 13c, ff. 16-(45)

Fert ea dux cor amat(amans) gens factor eum coluit bis. . .
> Verses on the calendar: BMr 8.C.IV, 13-14c, f. 36; 17.B.XLVIII, 15c, f. 1v; CUsj D.13, 15c, f. 69v(Atk); Tabulae Frugonis: CLM 5538, 14c, ff. 50r-51r

Fert scabiosa pilos verbena non habet illos. . .
> Versus de virtutibus scabiose: CUpet 222, 13c, f. 30v; CU Ll.I.15, 14c, f. 183v; CUg 328, 15c, f. iii verso(Atk); BLd 86, f. 201v(Schulz)

Fertur celebre apud Grecos Delphici Apollinis responsum. . .
> William of St. Thierry, prol. De natura corporis et animae. Text, 'Omne corpus animale. . .'

Fertur circa Tiana agnum(aquam) esse iovis qui respicit. . .
> Ps. Aristotle, De mirabilibus auscultationibus (auditionibus), tr Bartholomeus de Messana: Beiträge XVII, 5-6(1916), 202; AL pp. 87, 184

Ferventis febris frigus letale recedit. . .
> Verses De virtutibus herbarum: BMsl 146, 13c, ff. 73-74

Fesicam. . .mollifica in aqua donec eam inter manus. . .
> (De coloribus): BMh 3915, 13c, ff. 114-119v (DWS 875); ed. R. Hendrie, Theophilus de diversis artibus, 1847, pp. 406-23

Festum Clementis hyemis caput est orientis. . .
> De quatuor temporibus anni (secundum Ecclesiam): Budapest 339, 15c, f. 93v; quoted by Michael Scot, Liber introductorius: CLM 10268, 14c, ff. 68ra

Festum de iano dictus Ianuarius olim. . .
> Idioma mensium singulorum: CLM 14743, 9c, ff. 161r-164v

Fetor oris est odor horribilis. . .
> Michael Savonarola, De fetore oris et morbis linguae: Prag 918, a.1434, ff. 269r-278v; part of Practica, cap. vi, rubr.xv, pr Venice, 1497, f. 102ra(Klebs 882.3; IAL S273)

Fiant quinque rotulae. . .
> Instrument: Meiningen Pd 32, a.1479, ff. 13v-16 (Zi 3015)

Fiat amalgama ex argento et sole. . .
> Frater Johannes de Aquilino: CLM 455, 15c, f. 110v

Fiat aqua vite. . .
> Opus medicinarum secundum mag. Thadeum: Toledo cap.96-32, 15c, ff. 46r-54v

Fiat aqua vite dupplex uno modo ex vino solo. . .
> Alchemical recipes: Mon 490, 15c, ff. 54v-57v (Corbett II,117; and cf. ibid., II,76). See 'Fiet aqua vite. . .'

Fiat carmen vel breve. . .
> Pro spasmo, using sign of the cross and names of angels: Oa 81, f. 99v; Ambix VII(1959), 40

Fiat circulus in aliquo plano et dividatur per duas. . .
> Canon horologii nocturnalis: Yale MS bound with item 156, copy 2; pp. 215-220

Fiat circulus qui dividitur in quatuor. . .
> De horologio: Bern 157, 15c, ff. 30r-31v(Zi 9736)

Fiat circulus signorum cuius semidiametrum. . .
> Theorica planetarum: BLd 97, 15c, ff. 145r-156r(TR 272)

Fiat columpna et locetur in congrua basi. . .
> Planetary clock: BLcm 61, 15c, ff. 11-(12); Mi M.35 sup., 15c, f. 42r-v; Isis 50(1959), 42-43; Mi H 75 sup., ff. 68rb-69ra

Fiat de masculo et(?) femina circulus rotundus . . .
> Helias(?), Figura (Rotunda delineata): VAb 273, f. 287v

Fiat de oculo ellebori magna cum aqua dulci. . .
> Arnald of Villanova, Experimentum contra quartanam: VI 5239, 14-15c, f. 3*r

Fiat ergo circulus. . .
> Quadrant: VAp 1354, 15c, ff. 181v-182v

Fiat extractio sanguinis cum dolor inveteratus sit. . .
> De phlebotomia: Bern 556, ff. 70r-73v

Fiat furnus calcinatorius quadratus in longitudine. . .
> Geber, Liber fornacum, tr Rodericus Hispalensis: DWS 72; Plessner, OLZ, 33,10,725; VE VI.215(XVI,4), a.1475, ff. 123-135; BU 138 (104), 15c, ff. 291v-299r; pr Tractatus de alchemia, Nürnberg(1541), 229-257, Bern(1545), 184-207; Verae alchemiae, I, 193-201

Fiat in laminam circulus a.b.c.d cuius centrum e qui. . .
> Organum Ptolomei ita fit: VI 5418, ff. 180r-189v; Yale MS bound with item 42, ff. 92r-93v

Fiat lapis de calce plumbi. . .
> Alchemy: BLas 1423, V, 16c, pp. 56-57

Fiat ordinata parato quo facile amplectamur. . .
Hermann of Carinthia, De essentiis, acephalous text: BMc Titus D.iv, ff. 75-138v; T II, 41-43; Haskins 48

Fiat primo circulus magnus. . .
Astronomical instrument: FLa 134, 15c, pp. 177-82; 308(140), a.1465, pp. 177a-182b

Fiat primo dissolutio femine in aqua que dicitur urina puellarum. . .
Practica magni philosophi: UP Lea 1, late 15c, ff. 34r-44r

Fiat primo instrumentum. . .
Sun-dial: Zi 9737

Fiat una tabula de cupro sive latone. . .
Compositio astrolabii cum figuris: Wo 2816, ff. 132-139v(Zi 899)

Ficus sunt nature callide et humide. . .
Albucasis, Herbarius: Plagens 102, 15c, ff. 181-194

Fide pariter et ratione naturali coacti credimus et confitemur. . .
(Geomantia magis parata): CUma 27(F.4.27), 14c, ff. 128-161v

Fideli servo Christi morum scientie honestat titulo. . .
Stephanus Aldebaldi, Cirurgia: Janus 33, 192-94

Fienda in vere minorativum. . .
Antonius Cermisonus, Consilia medica: pr Brescia, 1476(GW 6514; Klebs 266.1; IAL C362); Venice(1497), f. 51ra(Klebs 266.2; IAL C363); with Bart. Montagnana, Consilia, 1514

Fient in rebus quindenis signa diebus. . .
De signis ante iudicium: CLM 7734, f. 144 (Schulz)

Fiet aqua vite dupplex. . .
Medical recipes: Corbett II, 76; Mi Trivulz. N.758(H.100), 14-15c, 41r(new 1r)-43v. See 'Fiat aqua vite. . .'

Fiet primo circulus equinoctialis divisus. . .
De compositione astrolabii: CLM 27, 15c, ff. 95v-96r

Figura Arietis est ita sine lingua. . .
Ea Q.368, 14c, ff. 70v-71v; ColR 60 includes f. 70v

Figura Arietis sua forma. . .
De pactis secundum astrologiam: Ea F.37, 13-14c, f. 52(Zi 11877); Catin. 85, 15c, ff. 329-333v, 'et hec Zael philosophus.' See 'Signum Arietis . . .'

Figura celi que fuit ante Christum 5328 annis et 243 diebus. . .
Petrus de Alliaco, Figurae quarundam coniunctionum: BMh 637, 15c, ff. 117ra-118rb; BMh 3742, 15c, ff. 226v-228; VI 5318, 15c, ff. 92r-97; Saxl (1927), 141; Salembier xxv gives the wrong title for this incipit

Figura constellationis Saturni et Iovis. . .
De motibus stellarum ab a.1365 ad a.1385: Cremona Bibl. Gov. 7, 15c, ff. 111r-112r

Figura ista in figuras quatuor. . .
Raymond Lull, De levitate et ponderositate principiorum or Tract. medicus: BN 17829, f. 480; BLcm 546, 14-15c, ff. 133v-137, 128 imperf.

Figura per quam monstratur quod omnis trianguli. . .
BN 9335, 14c, f. 23r-v

Figura planetarum est super. . .
Leip 1472, 15c, ff. 140v-142v(Zi 8271)

Figura prima dicitur domus vite corporis. . .
Geomancy: CUcl 15(Kk.4.2), c.1280, ff. 174-184

Figure igitur huius gloriosissimi artis quinque sunt. . .
Corona regum(alchemy): Budapest 202, a.1467, ff. 2-27

Figure monochordi vel note sunt iste. . .
Modus de monochordo componendo: VI 5239, 14-15c, f. 70r-v

Figure numerorum sunt ix scilicet 1. 2. 3. 4. 5. 6. 7. 8. 9. . . .
Jordanus Nemorarius, Algorismus: Björnbo (1912), 209; BLsa 21, a.1215-16, ff. 143r-146v; Thomson 30-31; CUpet 277, a.1407, ff. 219r-224v; CUma Pepys 2329, c.1407, f. 219(Atk); VA 4275, ff. 52v-59v

Figure orientales sunt aeree calide et humide. . .
Geomancy: BLcm 569, 15c, ff. 18r-98r; preceded by a Tetrastichon, 'Acquirunt letantes. . .'

Figure quas alii karacteres appellant. . .
De abaco: Bubnov liii; Univ. Rochester Acc. 149667, 11c, pp. 40-49

Figure sequentes ad declarationem et intelligentiam ymaginis mundi. . .
Petrus de Alliaco, Imago mundi, pr 1483(IAL A426), f. (1)v, eight figs. follow on as many pp., then, after 3 blank pp., a Table of Contents of the entire vol. on f. a verso

Fili accipe in nomine domini de tartaro crudo. . .
Hermes (Trismegistus), Liber thesauri sui: FNpal 758, 15c, ff. 4r-6v; Ambix V(1956), 100

Fili accipe vinum rubeum et melius quam poteris
...

 Johannes de Rupecissa, Five Canons from De quinta essentia(?): FNpal 758, 15c, ff. 199r-201v; Ambix V(1956), 105

*Fili ad componendum dictam(summam) medicinam...

 Raymond Lull, Practica de furnis: HL 29,385; T IV,31,637; DWS 248; Mi R.94.sup., 16c, ff. 27r-51r, with the date 1332 in the explicit

Fili antequam manus tuas operi imponas...

 Montenus philosophus, Differentia prima: CU 1255(Ff.4.12), a.1528, ff. 108v-112r. See 'Fili manus tuas...'

Fili carissime et amantissime gloriosus...

 Raymond Lull, Liber de secreto occulto naturae: T IV, 12; HL 29, 379; Graz 42, f. 39 (Schulz)

Fili carissime imperator celi et terre dominus potens...

 Raymond Lull, Apertorium: T IV, 628

Fili carissime scias (quod) spiritus domini qui ferebatur...

 Alchemical treatise variously ascribed to John Damascenus, Uguictius, and Arisleus: T III, 64; DWS 161; VI 5509, a.1459, ff. 201r-205r

Fili carissime sequens vas...

 Raymond Lull, De vasis: HL 29, 381

Fili cum in opere fueris distilletur materia...

 (Collectanea alchemica): BLas 759, 15c, f. 78v (DWS 707)

Fili damus tibi doctrinam per questiones...

 Raymond Lull, Questionarium: T IV, 646

Fili doctrinam sanam tibi porrigo binam...

 Alchemy in 100 verses: Prag 1984, 14c, ff. 71v-73v; DWS 824; Lehigh MS, f. 106; BU 270 (457), x.3, p. 1-; FLa 1451(1374), ff. 58v-61r; VA 4091, 15c, ff. 48v-49r; Wo 676, ff. 135v-137r(Schulz)

Fili doctrine postquam ego Raymundus...

 Raymond Lull, Aurum potabile: T IV, 57, 632; HL 29, 374

*Fili due sunt aque extracte ab una parte nature
...

 Raymond Lull, Compendium artis magice: T IV, 48, 51, 628; DWS 257; HL 29, 288; Corbett I, 187; II, 109

Fili gloriosissime iustissime imperator...

 Ps. Aristotle, Secreta secretorum: AFML 52 (Klebs 96.7; IAL A935)

Fili Herme, scias quod spiritus dei ferebatur super aquas...

 Epistola Hermetis per magistrum(?) Diafagium: BN 11201, 15c, ff. 31r-35v(Corbett I,150)

*Fili iamdudum me rogasti...

 Raymond Lull, Secunda magia naturalis: HL 29, 383; Graz 42, f. 17(Schulz)

Fili in tua infirmitate non despicies...

 Experimenta (medical): VAp 1177, 15c, ff. 39r-51v

Fili incipio dicere artificium quod vocatur...

 Haly, Secreta alchimiae: Steinschneider(1906), 3

Fili karissime... See 'Fili carissime...'

Fili manus tuas in opere ponens dic...

 Montenus, Precepta (Dist. 3, Allegoriae sapientum): FR 1165, 15c, f. 139r. See 'Fili antequam manus...'

Fili mi Aboali(Abluali) intellige quod dico...

 Ps. Avicenna, Declaratio lapidis filio suo Aboali: Ze IV, 875-82; DWS 128, ii, v: steinschneider (1906), 15

Fili mi cum philosophi dicunt in libris suis...

 DWS 128, iv, vi

Fili mi eaque tibi in hoc libro...

 Opus ad transmutandum argentum: VI 5509, 15c, ff. 60v-63v

Fili necesse est (tibi) ut intelligas...

 Raymond Lull, prol. De mercuriis: BMsl 419, 15c, ff. 33-40(DWS 246). See 'Fili oportet quod...'

Fili omnes sapientes occultaverunt secreta...

 Raymond Lull, Liber sponsalitii: HL 29, 380; Salzinger 67; Graz 42, f. 53

*Fili oportet quod intelligas operationes...

 Raymond Lull, Liber mercuriorum: T IV, 643-44; Bern B.44, 15c, ff. 69r-73v; pr Verae alchemiae, Basel, 1561, II, 183-84

Fili opus est tibi ut intelligas...
 See 'Fili oportet...'

Fili opus est ut intelligas...

 Wo 3076, 14c, ff. 82-124(Schulz)

Fili postquam ego...
 See 'Fili doctrine postquam...'

Fili sapientia thesaurus est et cor tuum archa...

 Incipit liber de tribus maximis circumstanciis gestorum id est personis locis temporibus: Plimpton 251, 12c, ff. 75v-95v(?)

Fili scias quod deus Moysen legem docuit. . .
Distinctio in artificio forni (Moysi Dist. 2, Allegoriae sapientum): FR 1165, 15c, f. 138v

Fili si tu volueris facere vel scire artem. . .
Alique brance de tinctura (extract from Raymond Lull, Theorica): CUc 396, 15c, pp. 19-27; DWS 253, xx; III, 1150

Fili siquidem carissime ne archanum hoc. . .
Claves preciosissimi (alchemy): Bern B.44, 15c, ff. 246v-247v, mutilus

Fili sume laminas tenues. . .
Arnald of Villanova(?), Lumen novum: T III, 69, n.62

Fili sunt due aque. . . See 'Fili due. . .'

Fili tu debes intelligere quod omnia elementa. . .
Raymond Lull, Practica de furnis. See 'Fili ad componendum. . .'

Filia sum solis et sum cum luce creata. . .
Verses: BMsl 513, 15c, f. 57v

Filii philosophorum id quod. . .
Liber ex diversis collectus (alchemy): Cues 201, 14-15c, ff. 62-64v

Filius esto dei celum bonus accipe grates. . .
Compotus manualis (Johannis de Garlandia): Ea O.88, 14c, ff. 15-21v; anon. BMr 8.A.IX, c.1305-1317, ff. 73, 76; 12.E.XVI, 15c, ff. 58r-(67r); BLb 607, 15c, ff. 19-(24); BLd 48, 15c, ff. 21-28v; BMe 2622, 15c, ff. 2r-12v; BMh 2369, ff. 24-43; CUg 217, c.1400; CUt 1081, 15c, ff. 21r-31v; Henry Bradshaw Society, XXII, 60, 8 (Schulz)

Filius meus duntaxat in laudabilibus. . .
Richardus, Summa de signis morborum: CUt 938(Ee.II.20), 14c, ff. 42va-55rb. See 'Finis medicine laudabilis. . .'

Finis medicine est sanitas et ad hoc. . .
Raymond Lull, De xvi electuariis: BMsl 75, 15c, f. 183r-v(DWS MS)

Finis medicine ita dumtaxat laudabilis. . .
Richardus, Signa pronostica: VAp 1165, ff. 105ra-109rb

Finis medicine laudabilis (que) (ita duntaxat) existit. . .
I. Ricardus Anglicus, Signa: Wickersheimer 696; CUsj 99(D.24), 13c, ff. 352r-353v; Brux 14346, 14c, ff. 92ra-108va(Silvestre 152a); VAp 1256, 15c, ff. 95r-127v; VI 5317*, 15c, ff. 176r-190v; ed. H. H. Beusing, Leben und Werke des Richardus Anglicus, Leipzig, 1922, pp. 32-42
II. Bartholomaeus de Brugis, Collecta super prognostica Ypocratis: VI 2520, 14c, ff. 68r-87v

Finita parte (prima) in qua de motu agitur in communi. . .
Paul of Venice, prol. De coelo et mundo: VE VI.127(XII,21), a.1451, ff. 39-60; part II, Summa nat. (De coelo): pr Milan(sic), 1476 (Klebs 732.2; LC; IAL P182)

Finita prima fen in qua princeps Aboali tractavit de febribus. . .
Thadeus Florentinus, Expositio in hanc secundam Fen quarti canonis Avicenne: pr Avicenna, Venice, 1523, Vol. V

Finito manuali abaco restat adhuc manuale kalendarium. . .
Prol.: BMc Claudius A.IV, 13c, f. 34ra

Finito totius creationis primordio duodecim signa. . .
De signis celestibus et eorum proprietatibus: BMr 12.E.XIII, 15c, ff. 2r-(40r)

Fiolo carissimo adi ultimo settis (de septenbrio) . . .
Christopher of Paris, La somma minore: VAb 273, f. 262r(T IV,350); Osler 7529, 15c, ff. 1r-24v

Firma memoria fit metris quia plurima paucis. . .
Aegidius(?), Versus de simplicibus compositisque: Rose(1907), xi

Firmamenti celi est quidam circulus. . .
VAp 1370, f. 78r (in German but has above rubric in Latin) (Saxl I,24)

Firmamentum est creatum et gubernatum et rotundum. . .
De naturis signorum superiorum et inferiorum: FNcs J.I.32, 13c, ff.1r-17v; Björnbo(1912), 206; ascribed to Alcantarus Caldeorum philosophus: Plimpton 161, 13c, 30 ff.

Firmavi hunc librum significatore nativitatum . . .
Albuhali, De iudiciis nativitatum, tr Plato of Tivoli: Carmody 49-50

Fistula est ulcus profundum. . .
De fistula: CUg 407, 13c, ff. 73v-76v

Fistularum mensuram ut a quibusdam musice artis peritis. . .
De mensura fistularum: CLM 13021, 12-13c, f. 163rb-vb; BMar 339, 14c, ff. 108v-(109)

Fistule mensurentur a plecteo usque. . .
De fistulis: VA 3101, f. 5r-v

Fit armilla parve quidem profunditatis. . .
'Organum Ptolomei': BN 5787, ff. 215r-216r

Fixatio cinabrii et aliorum spirituum...
  Cited as the Incipit of a Practica: Boston Medical 18, a.1464-1468, f. 206v

Flaccus Africus discipulus Belbenis Claudio Atheniensi...
  De septem herbis septem planetis attributis: ed. L. Delatte(1942), 207-33, from 6 MSS; VI scot. 257, 15c, ff. 237r-242v. See 'Alexius Africus...'; 'Solsequium herba est...'

Flebotomati nec lac nec caseum commendant...
  'Alexandri de flebotomia': VAp 1367, 15c, ff. 175v-176va

Flebotomia continet cirurgiam quod est initium sanitatis...
  Hippocrates, Epistola: BN 14935, 11-12c, ff. 114r-115v; Beccaria 40.7

Flebotomia est artificialis venarum incisio...
  Christianus de Prachatiz, De sanguinis evacuatione: VI 5512, a.1436, ff. 1r-8v, 146r-147r

Flebotomia est evacuatio universalior(utilior?) pharmacia. Pueri non...
  Danzig Mar.F.238, f. 181(Schulz)

Flebotomia est evacuatio utilis(universalis)...
  I. Avicenna: Reims 1004, 13c, ff. 62-(64); BN 6988, 14c, ff. 32ra-37rb; Marburg Univ. 9B*, 14-15c, ff. 58v-63r(AL 1004)
  II. Bernard Gordon: BMsl 512, 14c, ff. 270ra-293rb; CUg 373, 15c, f. 46v(Atk)
  III. Anon. VI 2296, 13c, ff. 125v-126v; Prag 243(I.F.77), 15c, f. 229r; VI 5511, 15c, ff. 3v-7r

Flebotomia est incisio vene evacuans sanguinem et humores...
  CLM 4119, ff. 581r-594v

Flebotomia est incisio vene omnes humores evacuans...
  Arnald of Villanova(?), De phlebotomia: HL 28, 93; pr Lyons, 1517; with Magninus Mediolanensis, Regimen sanitatis, 1500, ff. 86v-89v(Klebs 640.5-6; AFML 295, Yale 140; IAL M45-46); ascribed to Guy de Chauliac, Vap 1116, 15c, ff. 173r-175r. See 'Omni tempore si necessitas...'

Flebotomia est initium sanitatis...
  BMh 3719, 14c, ff. 147v-148v; BMar 306, 15c, ff. 30r-36r

Flebotomia est multum iuvativa in...
  Os 172, 15c, ff. 264v-(270)

Flebotomia est purgatio universalis...
  Mi C.59.sup., 81vb-82rb

Flebotomia est recta incisio vene...
  De flebothomia, variously ascribed: Hippocrates: Diels(1905), 52, with several 10c, and one 9c MSS; H. Sigerist, BHM XIV(1943), 92-3; Galen: BN 7416, ff. 54-55; Diels(1905), 135; CUk 21, 14c, p. 75(Atk); VAp 1093, ff. 126v-127r; Budapest 134, 15c, ff. 19v-20; CLM 640, ff. 123r-127r; Constantinus Africanus: R. Czarnacki, Ein Aderlasstraktat angeblich des Roger von Salerno, (Diss. 1919); Beccaria, 16.3; 73.9; 95.8; Roger of Parma: HL 21, 522; anon. Ea F.275, 13-14c, f. 88v; Giacosa 381; CLM 276, 14c, f. 75ra-v; James 481. See 'Quid est flebothomia...'

Flebotomia est recta vene incisio...
  CLM 19428, 13-14c, ff. 25r-26v; BMar 251, n.7; Halberstadt 22, 14c; Studien I, 169

Flebotomia est universalior farmacia...
  VAp 1354, 15c, f. 121ra

Flebotomia est universalis evacuatio humorum ...
  Rasis, Avicenna, Ypocr., De flebotomia speculum: Brux 4865, 14c, ff. 54v-63v(Silvestre 152a)

Flebotomia est universalis purgatio multitudinem solvens...
  Phlebotomy: Yale Codex Fritz Paneth, 140, f. 108

Flebotomia (est) utilior farmacia quia evacuat humores...
  Comm. in Speculum flebotomie: CLM 13076, ff. 15r-19va; VI 5317*, 15c, ff. 256r-258r; 5522, 15c, ff. 26r-32ra

Flebotomia est vene recta...
  See 'Flebotomia est recta...'

Flebotomia initium est sanitatis...
  Danzig Stadtbibl. 2315, f. 155v(Schulz). See 'Flebotomia est initium...'

Flebotomia que est in capite valet ad antiquum dolorem...
  Studien X, 174(Schulz)

Flebotomia secundum Avicennam cap.(?) primum est evacuatio universalis...
  Extracts, from, Bernard Gordon, Practica dicta Flores Lilii, 'compilatus Monte Pessulano a.1307': VAp 1083, ff. 217ra-221r

Flebotomia secundum Avicennam est evacuatio ...
  CLM 615, 13c, f. 74r

Flebotomia utilior est...
  See 'Flebotomia est utilior...'

Flebotomia vene cephalice confert...
Studien I, 113

Flebotomie electiones duplices sunt...
BMar 88, 15c, f. 36r-v

Flebotomus quoque non sit eruginosus non asper...
BMsl 430, early 14c, ff. 32r-33r

Flegma et sanguis dominantur ab ineunte etate ...
De quatuor elementis: BMsl 475, 12c, ff. 83r-85v; Beccaria 78.21

Flegma natura est salsa et dulcis...
BN 6862, 9-10c, f. 12v; Beccaria 24.6

Flegma supergrediens proprias in corpore leges ...
De symptomatibus humorum singulorum superabundantium (in part from Schola Salerni): BMr 12.D.XIII, 14c, ff. 209r-(210); CUg 373(593), 14c, ff. 78v-79; FLs 88, f. 157

Flegmon apoplexis et reuma liturgia spasmis...
Versus: Orléans 184, 10c, f. 186

Flegmon capitur duobus modis uno modo communiter...
I. Petrus de Argellata, cap.1, Chirurgia. See 'Rogaverunt me socii...'
II. Anon. Comm. Avicenna, Surgical Fen: VA 2482, 15c, ff. 263ra-300vb
III. Bonaventurinus de Striis: FR 2153, a.1446, ff. 1ra-56vb

Flegmon est apostema ex sanguine adusto grosso...
CLM 252, ff. 88r-151r

Flegmon est apostema sanguineum rubei coloris ...
Leonard of Bertipaglia, Chirurgia _or_ Recollectae super quarto canonis Avicenne: T (1929), 59-77; BHM IV(1936), 257-60; 27(1953), 124-25; pr with Guy de Chauliac, Venice, 1498, ff. 217r-246v; 1499, ff. 233r-267v; AFML 227-28; Klebs 494.1-2

Flegmon est collectio quod(ex) sanguine...
CLM 615, ff. 124r-125r

Flegmon omnis ex rupibus currit...
Curatio flegmonis: BN 10233, 7c, f. 270v

Fleotomorum incisiones cum cautela fieri oportet...
'Dicta Aristotelis': Bonn 218, 11c, f. 81va; Beccaria 52.5

Fleubothomia... See 'Flebotomia...'

Fleuma supergrediens proprias in corpore leges ...
72 verses on humors: BMsl 783b, 15c, ff. 179-180. See 'Flegma supergrediens...'

Fleuma vero omnibus aliis humoribus...
BMsl 783b, 15c, f. 180v

Florens virgo virgulata quam vetus materies generavit...
Alchemy: Cambrai 920(819), 15c, ff. 114v-115; BN 14010, a.1512, f. 117r-v(Corbett II, 44; I, 198)

Florent rose nivee sanguineeque rutilant...
Rosarius Angli: BU 138(104), 15c, ff. 301r-308r (T III,57, n.17)

Florenti studio Parisiensi ac toti universitati eiusdem...
De epidemia compositus a quodam practico de Montepessulano, anno 1349: Archiv XVII, 15; BN 11227, 14c, ff. 209ra-211rb; HL 37, 359-62; Chart. univ. Paris., II, 623

Florentis quondam vetustatis traditio...
Nicolaus de Dacis, prol. Liber anaglypharum: T IV, 681; ed. QE I, 866-87. Text, 'Rerum opifex (et siderum) universiorum...'

Flores eius in panno linteo...
(Thadeus Florentinus), On rosemary and aqua vitae: BMr 12.G.IV, 14c, f. 185v

Flores in varios qui vult mutare colores...
Eraclius, De coloribus: Corbett I, 44. Prol. 'Ut potui levius...'

Flores secretorum sapientium ex quibus sigillavi opus meum...
Dicta philosophorum (alchemy): DWS 20

Flori rosarum lilio convallium...
John of Rupescissa, Vade mecum(?): Tours 520, 15c, ff. 47-48

Floridas olim legere doctrinas quas edidere vetustatis viri...
(Nicolaus de Dacia), Prol. Anagliffarum liber primus: CLM 10661, 15c, ff. 64ra-70vb; a variant version from 'Florentis quondam...'

Fluvius egrediebatur de loco voluptatis...
Quaestiones de Aristotelis meteorologicis: Ea Q.300, 15c, ff. 90-138

Fluxus ventris est motus ad expellendas res naturales...
Giacosa 500

Folia habet oblonga angusta...
Curae herbarum ex Dioscoride et Apuleio: Leyden 1283, 15c, ff. 36v-50v

Fons Anthenorum vitam qui porrigis urbi...
Claudian, Carmina de fontibus Aponi: Mi H.107 sup., f. 182va-vb

Fons aque vive ut altius appluat...
Ser Mariano di Giacomo (Taccola), Liber tertius de ingeneis ac edificiis non usitatis: FNpal 766, 15c, 48 ff.; at f. 2v

Fons montium aquarum puteus vocatus est hic liber roridus...
Aquae: BU 139(105), 14c, pp. 235a-280b; Ambix V(1956), 91-93

Forma arietis est recta sine...
Signs of the zodiac: BMsl 636, 15c, ff. 149v-152v. See 'Figura Arietis est...'

Forma color vires mos etas gressus equorum...
Chirurgia equorum: CU 525(Dd.IX.38), 14c, ff. 259r-266vb

Forma cylindri hec est. Describe quartam partem circuli...
Os 178, 13c, f. 42-(43v)

Forma de novo instrumento que vocatur Navicula...
BLr D.248, ff. 2r-4r; TR 301; M-H 13(1960), 81-82; BLb 607, early 15c, ff. 16-(19)

*Forma decens admiratione digna nature munificie dotata...
Alexander Neckham, De naturis rerum: CUt 952, 12c, 240 ff.; 951 (R.XVI.3), 13c, 154 ff.; BMr 12.F.XIV, 13c, 135 ff.; T II, 193; Bks. 1 and 2 ed. T. Wright, RS 34

Forma lapidis benedicti cum urina...
Wo 3076 ff. 150r-151v

Forma multiplex habet esse...
De distinctione formarum: BN 6569, 12-13c, f. 125r(AL 60, 591)

Forma spherica...
Johannes Getir(Geber?) Hispalensis astrologus: cited Pastrengo (1547), f. 38r

Forma substantialiter perficit materiam ipsius...
Quest. de anima: CUg 460(397), 14c, ff. 23ra-32vb, incomplete

Formalis mundi machina consistit in duodecim scilicet...
Astron.: CUg 336(725), 15c, f. 131v(Atk). See 'Corporalis mundi machina...'

Formam habet rotundum(*sic*) ut melius...
Principia scientiae medicae: BMar 333, 13-15c, ff. 31v-34r

*Formam primam corporalem quam quidam corporeitatem vocant...
Robert Grosseteste, De luce seu de inchoatione formarum: Beiträge IX(1912), 51-59; Thomson 108-109

Formantur primo duo circuli...
Pro figuratione spere materialis: VI 3528, 15-16c, f. 178v('TR 317); M-H 13 (1960), 88

*Formarum primam quam quamdam...
See 'Formam primam corporalem...'

Formarum quia latitudines multipliciter variantur...
Nicole Oresme, De latitudinibus formarum. See 'Quia formarum latitudines...'

Forme stellate in 3 per cuncta(?) divisiones...
On the fixed stars: BMh 625, 14c, ff. 1r-6v

Formica est animal parvissimum maximi provisionis...
Moral bestiary: CLM 16482, a.1457, ff. 123ra-206va

Fornacem facias de glebo...
VI 5510, a.1438, ff. 253r-255v, 'Explicit prima pars tractatus consilium coniugii de massa planetarum et post hec espositio epistole(?) sol.'

Fornaces autem sunt quatuor. Prima est rotunda...
VAp 1339, 14c, f. 5r; Archelleus(Archelaus?): Corbett I, 112-113

Fortior medicinarum ad allopiciam est euforbium...
Galen, Brux 14328, 13c, ff. 58ra-75vb(Silvestre 152a); anon. Renzi II, 69. See 'Potio medicinarum...'

Fortior omnibus locis circuli...
Zael, Introductorium: Ea Q.363, 13-14c, ff. 75v-84(Carmody 45). See 'Scito quod signa sunt duodecim...'

Fortiores coniunctiones in arte geomantie...
Astrological geomancy: CU 1705(Ii.I.13), 14c, ff. 187-200

Fortissimus occultus iuvans...
De proprietatibus stellarum fixarum: BN 7202, 15c, f. 43r-v; T (1957), 123

Fortuna Arietis est in militia qui in servicio...
CLM 615, 13c, f. 39v; CLM 2574, 13c, ff. 72v, 75v-76(Zi 11878); VI 407, f. 145va-b

Fortuna minor in prima domo...
Alpharinus filius Abrahe Judeus, Geomancy, tr Plato of Tivoli: T II, 119, n.5

Fortuna minor monstrat mediocre lucrum...
De geomantia: VI 5508, 14-15c, ff. 209r-210r

Fortunata dies ad agenda negotia regum...
Profacius Judaeus, De aspectibus lunae, in hexameters, tr from Hebrew, Montpellier, 1312: BNna 625, 14c, ff. 14va-15va; Cues 211, 14c, ff. 34-35; Wiesbaden 24, 14c, f. 131ra-vb; anon. FLa 132(206-138), 15c, ff. 63rb-64ra; Ghent 5(416), ff. 152ra-154rb; CLM 7755, 15c, f. 247 (Schulz)

Fortunata dies in ea senibus...
Versus de electionibus horarum, which follow 'Cum fuerit luna in sextili aspectu. Saturni': PA 699, f. 49v

Fortunata dies operum disponere formas...
Versus de aspectibus planetarum: FL Plut.30, cod.24, f. 124v; CLM 25009, 15-16c, f. 7(Zi 8270)

Fortune pro posse meo cursum reserabo...
De rota fortune: CLM 237, 15c, ff. 128v-(130v)

Fracius Affricus... See 'Flaccus Africus...'

Fractura cranei est omnibus aliis fracturis...
Mag. Cyrurgicus de Fur, Medico-surgical treatise: Lyons pa 46, 14-15c, ff. 107-112(Delandine, I, 234, MS 244, Cyringinus de Fur)

Fragilitati humane nature expedit...
William of Varignana, De morsibus venenatorum: VI 5315, 15c, ff. 111r-127v

Franco scholasticus loadicensis(sic) ad Hermanum archiepiscopum scripsit...
Franco of Liége, De quadratura circuli: CU 1017 (Ee.III.61), 15c, ff. 176v-177v. See 'Quadratura circuli inter occultas...'

Francorum regi scribit(scripsit) scola tota Salerni...
Prol. Schola Salernitana, sive Regimen Salernitanum: BLd 29, 15c, ff. 145v-(153v); BMsl 351, 15c, ff. 42r-92v; Brux 615, 15c; PA 873, 15c. See 'Anglorum regi...'

Frater qui se ipsum vocat Perscrutatorem...
De mutatione aeris: VI 5239, 14-15c, ff. 98r-101v(TR 322); on Perscrutator, T III, 103-18

Frater Vincentius. Si quis a me querit...
Gerlandus, On effects of the planets: BN 15125, 14c, f. 31v

Fratres carissimi si estis filii divine huius artis...
Expositio Morigensis: VE VI.214(XVI,3), a.1472, ff. 211-213; ed. Artis auriferae, II, 7

Fratres dilectissimi qui philosophi doctissimi...
Altercatio philosophorum sive comparatio scientiarum inter se: BLr A.273, 14c, ff. 69v-76r

Fratres (karissimi) scientiam alchemie investigantes nihil...
Hermes, Liber gratie or Aqua vite perhennis: DWS 40

Fratri dilectissimo et in Christi visceribus honorando Pleguinae...
Bede, Epistola ad Pleguinam de aetatibus saeculi: ed. C. W. Jones, 1943, 307-15

*Frederice domine mundi etc....
See 'Frederice Romanorum imperator...'

Frederice Romanorum imperator domine mundi suscipe...
Avicenna, De animalibus, tr Michael Scot: Bruges 464, 13c, ff. 1ra-76rb; 516, 13c, ff. 131-167r; Ea Q.296, a.1258, ff. 85r-144v; VAb 305, 13c, 49 ff.; AL p. 81, cod.1306, 1370, 1612, 1613, 1887; AFML 74(Klebs 136.1; IAL A1261). Text, 'Et animalium quedam...'

Frenesis enim dicitur aligenacio mentis cum acutis febribus...
BN 11218, 8-10c, ff. 52r-55v; Beccaria 34.18

Frenesis si fuerit tempore veris curabitur sic...
MC V.225, 11c, p. 146; Beccaria 96.14

Frenetica autem passio ex quo humore...
Beccaria p. 414, 4 MSS

Frenetica passio alienatio mentis dicitur...
CU Gg.V.35, 11c, f. 446v; Beccaria 70.9

Frequens instantia quorundam fidei...
John Vinetus or Vivetus, Contra demonum invocatores: pr Heidelberg 1495, et al.: Copinger 6273-75; IAL V277-78; extract in Hansen, Quellen, 124-29

Frequentabat consortium idiote orator ille Romanus...
Nicolaus de Cusa, De staticis experimentis (Idiotae liber IV). See 'Convenit pauper

Frequenter michi in peregrinationibus accidit...
Prol. Epistula Plini Secundi ad amicos de medicina: CML V(1916), 17-18; Beccaria p. 414

Fridice domine mundi... See 'Frederice...'

Frigidus et siccus Saturnus Iupiter...
VAp 1409, 15c, ff. 59v-60r

Fronduit in plano platanus convallibus ulnus...
De proprietate arborum: BLll 86, 13c, f. 51v; from Bernard Silvester, De mundi universitate, ed. Barach and Wrobel, 1876, p. 23, line 265 et seq.

Fructiferum medicinis acturus opus non modo rudibus...
> Jacobus de Dondis, prol. Aggregator *or* Promptuarium medicinae. Text, 'Virtutes autem de quibus...'

Fructus artis nostre legitime approbatus...
> Johannes Patarani, Contra difficultatem conceptionis: Metz 282, 15c; Regimen conceptionis: BN 7066, ff. 24r-26v; Wickersheimer 460-61

Fructus Hercules illustris in duo generaliter dividi possint...
> Baptista Massa de Argent(in)a, dedic. to Ercole, duke of Ferrara, Opusculum de fructibus vescendis: CPh 10a.189, 15c, ff. 8r-76v

Frumentum omnibus granis melior est et temperantius...
> BMsl 282, 14-15c, ff. 53v-58r

Frustra genus mortalium moritur eger...
> Epistola(Secreta) Ypocratis: five MSS, 9-11c, Beccaria p. 414; Yale Codex Fritz Paneth, 14c, ff. 175-177

Frustra mortalium genus moritur...
> Hippocrates, De opere medicine: CLM 640, f. 9r-v; anon. CLM 31, a.1320, f. 46va

Fuerunt aliqui de nativitate Christi...
> Petrus de Alliaco, Apologetica defensio prima astronomicae veritatis: VI 5266, 15c, ff. 41r-43r. See 'Petierunt aliqui...'

Fuit concordia sapientum et in suis tractatibus dixerunt...
> De utilitate revolutionum annorum: BN 5055, ff. 195-196v

Fuit domine mi (karissime) vestre postulationis hec sententia...
> Stephanus Arlandi *or* Arnaldi, Dietarium: Ea Q.189, 13-14c, ff. 1-24; CLM 251, 14c, ff. 14ra-35ra; BLb 361, a.1459, pp. 1-111; Serapium (1870), 292 seq.

Fuit enim mulier putana immunda de qua...
> (Rubric) Quis primo invenit noticiam herbarum: CLM 321, 15c, f. 1, preceding work of Albicus: CLM 7755, f. 49r-v

Fuit in illo tempore quidam sapiens...
> Aristotle, Liber de pomo: Ran 76(A.7.15), 14c, ff. 18r-21r; Eisenbibl. in Schaffhausen, 13c, f. 15v(Geyer reprint); VI 362, 14c, ff. 235r-237r (Schulz)

Fuit intentio nobilis precepti...
> Christopher de Honestis, Comm. Aphorisms: Mi B.17 inf., ff. 1ra-231rb

Fuit prima questio quodlibet nostri...
> See 'Utrum sanitas membri consimilis...'

Fuit quidam iuvenis virorum scientie et intelligentie...
> Maimonides, De emorroydibus, tr John of Capua: CLM 77, late 14c, ff. 69vb-71ra; VAp 1147, ff. 117v-121r; VI 2280, ff. 89-99

Fuit quidam monachus in physice peritus...
> CLM 641, f. 23v(Schulz)

Fuit quidam pater unicum habens filium...
> Enigma sive exemplum vie universalis (Alchemy): Breslau R 454, f. 86r

Fuit quidam philosophus nomine Secundus...
> BN 15499, f. 245(H); Danzig Mar. 7253, ff. 209-210(Schulz). See 'Secundus fuit philosophus...'

Fuit unus vir illustris quem in civitate Parisiensi...
> See 'Fuit vir unus...'

Fuit unus vir in omnibus illustris genere...
> See 'Fuit vir unus...'

Fuit vir unus moribus et genere illustris...
> Ademar of Paris, alchemical dialogue with William his brother: T III, 135; FR 1164(L.III.32), 15c, ff. 56r-61v; CLM 26059, a.1507-8, ff. 86v-102v; Mon 485, 16c, ff. 63r-71v; Corbett I, 170; II, 44-45, 112

*Fulgeat regis diadema Roberti regis(regum) illustrissimi...
> Raymond Lull, prol. Anima artis transmutatoriae: T IV, 625-27; HL 29, 373; DWS 253; Corbett I, 121; Mi D.130.inf., ff. 293r-307v; ColR 111b

Fulget honorifico indutus mensis amictu...
> Versus 24 de mensibus: FLs 46, 14c, f. 5; fragment Astron. Vet. Scripta, 1589, p. 161

Fulgur est fulmen ictus celesti iaculi...
> BMh 3017, 9c(Fleury), 98v

Fumo humido ad superiora...
> De tonitruis et fulminibus: Ea Q.345, 14c, f. 28v

Fumus cirrinus(citrinus?) id est arsinicum. Aqua perhenis...
> Expositio quorundam vocabulorum alchimie: BLcl 53, 15c, ff. 129v-130(DWS 403)

Fundamenta Platonis ad ponendas hydeas tria sunt...
> Niccolò da Foligno, De ideis: ed. T (1929), 309-31. Introd. 'Diebus hisce superioribus...'

Fundamentalem cantus choralis. . .
> Joh. de Olomons, 'alias de Castelione Scolastico', Palma choralis. See 'Musica est enim scientia . . .'

Fundamentum compositionis. . .
> Sun-dial: Maihungen II, 1.Q.73, 15c, ff. 166-171v(Zi 9738)

Fundamentum primum iaspis. Iaspidum. . .
> Grosseteste, Dicta (on the twelve stones of the Apocalypse): Thomson 227

Fundamentum quidem volo ponere libro initii sapientie. . .
> Abraham ibn Ezra, Liber rationum sive causarum astronomie, tr Henri Bate: Leip 1466, ff. 49v-73v; Limoges 9(28), ff. 1-(44); Wallerand, Les philosophes Belges, XI(1931), 17; T (1944)aa, 297a. See 'Volo enim nunc. . .'

Fundatur autem argentum vivum in patella vitrea. . .
> Alchemy: Na XII.E.15, 15c, ff. 21v-22r

Fundavit eam altissimus. . .
> Henry of Hesse, Sermon on astrology (cited by Simon de Phares): T III, 502

Funde stagnum decies. . .
> Quomodo stagnum fiat album et durum sine stridore: BMad 41486, f. 12 (see 27v, 29v)

Funem fac de drappo digitorum ii grossitudine. . .
> Magic candle: CLM 14689, 12c, f. 22r

Furfures removentur continue abradendo caput . . .
> Rasis, Liber Almansoris: tract 5

Furfures sunt quedam superfluitates que nascuntur. . .
> (William of Saliceto), Liber tertius, (Practicae) De decoratione: Basel D.I.18, 14c, ff. 131ra-140rb; AMH(1940), 283, 288, n.30

Furfuris tritici et cavendum est ne aliquid. . .
> Medicine: BLb 563(2347), 13c, ff. i-iiv

Furnus magnus Raimondi Lulii cum duobus furnellis. . .
> Raymond Lull, Alchemy: BMad 10764, 15c, ff. 233-235(DWS 268)

*Fusius quidem dictum est de astronomia. . .
> See 'Superius quidem. . .'

Futuri anni exordium erit. . .
> Johannes Canter, Prognostication for the year 1488: GW 5998-99; Klebs 244.2-3; IAL C92

Futurorum significationes valde decorant mentem. . .
> Prol. Lucidarium Almagesti, 17 caps.: CUsj 78, 13c, ff. 116v-125v; VI 2296, 13c, ff. 100r-108r

Galanga est sicca et calida et est radix valde bona et utilis...
>   Collectanea medica or Herbal: VI 4978, 15c, ff. 67r-72v; BL Wood empt. 25, late 15c

Galaxia immediate inveniatur a partibus celi id est ex stellis fixis...
>   Bruges 138, ff. 175r-205v

Galeno... or Galenus... See 'Galieno...' and 'Galienus...'

Galganum calidum siccum et (sic) dicitur esse...
>   Versus memoriales de virtutibus medicinalibus variarum herbarum: VI 4507, 15c, ff. 145v-146r; VI 5219, 15c, ff. 74v-75v

Galganum conditum siccum esse perhibetur. Prodest galganum capiti...
>   VI 3011, 15c, ff. 3r-5r

Galganum est calidum et siccum et radix valde bona...
>   CLM 7744, 15c, ff. 45r-52r

Galganum est siccum et calidum...
>   Prag 1858, 14c, ff. 113r-115v; CLM 7755, ff. 140v-148r; CLM 13076, ff. 20va-23va

Galganum sive(vel) galanga est siccum et calidum et radix bona...
>   Medicinal herbs: CLM 19701, 14-15c, ff. 22r-26v; BMar 334, 15c, ff. 99v-(114v); Prag 2532, 15c, ff. 72r-79; Zurich Car. C. III, 15c, ff. 64r-67v

G(alieni).   Plurimi interpretes huius libri...
>   Aphorismi Hippocratis cum apparatu Galieni: Metz 177, 14c, item 6.   See 'Plurimi interpretes ...'

Galieno summo medico humilis Lucas evangelista Christi salutem.   Noverit tua discretio...
>   Beatus Lucas, Epistola ad Galienum: BN 10630, f. 25r-v

Galieno testante in Tegni quiscumque(quicunque) interiorum membrorum...
>   Anatomia, variously ascribed to Galen, Ricardus Anglicus, Albertus, etc.: Wickersheimer 695; AL 649; Diels(1905), 115; ed. Archiv XIX, 3(1927), 209-39; Schwarz, 1907; Corner(1927), 30-34, 41-44; Beusing, Richardus Anglicus, 1922, 12-17

Galienus attestatur in Tegni...
>   PA 865, 13c, ff. 94-99; Archiv II(1909), 38

Galienus auctor veritatis dixit quod febres...
>   Galen, Epistula de febribus: BMsl 2839, 11-12c, f. 87r-v; Beccaria 81.5

Galienus auctoritate Aristotelis dicit calorem naturalem...
>   Galen, De iuvamento hanelitus: BN 7047, 15c, ff. 108r-109v.   See 'Calorem naturalem(vitalem) qui est in corde...'

Galienus Claudiano Soloni archimedico salutem...
>   See 'Quia petisti ut de facile...'

Galienus cum preparavit(properavit) ut abbreviaret librum...
>   Ps. Plato, Liber vaccae or Johannitius, Liber institutionum activarum Platonis: T II, 809-10; VAp 1892, ff. 103v-119v; Codex Fritz Paneth, 14c, ff. 781-811.   Prol. 'Conferat tibi deus mores...'

Galienus cum propter amatum...
>   BLd 71, 14-16c, ff. 40v-56r.   See 'Galienus cum preparavit...'

Galienus de ingenio sanitatis...omnia...
>   See 'Galienus primo de ingenio...'

Galienus de singulis huius artis partibus...
>   Johannitius, Isagoge in Tegni, tr Marcus Toletanus, Prol.: Millás (1942), 120

Galienus dicit Flebotomia sive minutio est venarum apertio...
>   VI 5512, a.1436, f. 169r

Galienus dicit in libro creticorum ad litteram sic...
>   Comm. Albertus, De secretis mulierum: VAp 1264, 15c, ff. 186r-229r

Galienus dicit in libro de simplici medicina quod quelibet...
>   Henricus Dacus (Henrik Harpestreng), De simplicibus medicinis laxativis: ed. Janus XXII, 32-47

Galienus excellentissimus medicorum princeps Grecorum...
>   Alfonsus Boni Hominis, Libellus Arabicus in malos medicos, tr Ioannes Elisius of Naples: pr (a.1500?) (AFML 121; Klebs 200.1; IAL B903)

Galienus in isto commento quatuor facit. Primo...
> Ugo Benzi, Comm. Galen Comm. Hippocrates, Aphorisms: pr Ferrara, 1493; Venice, 1498 (Klebs 1002.1-2; AFML; IAL H468-69)

Galienus in libro de ingenio sanitatis primo circa finem...
> Petrus de Tussignano, Consilium pro peste... See 'Cum omne animal...'

Galienus in libro de regimine sanitatis divisit dispositionem...
> Bernard Tornius, De tuenda sanitate: FL Plut.73, cod.34, 15c, 30 ff.; ColR 40; T (1929), 109-110; 117-19

Galienus in libro Tegni testatur quod quicumque interiorum membrorum...
> Anathomia: CUg 84(166), 13-14c, ff. 271r-83r

*Galienus in primo de regimine...
> See 'Galienus primo de ingenio...'

Galienus in Tegni attestatur(testatur)...
> See 'Galieno testante...'

Galienus in tertio tractatu secundi libri epidemiarum...
> Guilielmus, De egritudinibus renum et vesice: CLM 77, late 14c, ff. 105r-115v; anon. De morbo lapidis: CLM 570, 14c, ff. 1-7r; VAp 1234, ff. 322ra-329va

Galienus inquit Quoniam illi quorum propositum(proprium?) est secundum anatomiam...
> Galen, Liber de motibus liquidis, tr from Arabic Marcus Toletanus: PU 125, 13c, ff. 129v-(134v); Ea F.249, 13-14c, ff. 189-194; Bruges 299(247), 14c, ff. 45-50; BN 15456, ff. 145va-147va; Dresden Db 92-93, 15c, f. 503v; BN 6865, ff. 148rb-152va; VAp 1099, ff. 67vb-74ra; Steinschneider(1905), 54; GS II, 344; Diels(1905), 143; Opera, 1515, I, 156r-158v

Galienus nominavit hunc librum Tegni...
> Tegni Galieni cum notulis commentorum Haly, Thadei, Bartholomei et Johannis de S. Amando: Ea Q.178, 14c, ff. 6-46v

Galienus primo de ingenio sanitatis (dicit). Non visites nimis curias...
> John of Gaddesden, prol. Rosa medicinae: CLM 17, 14c, ff. 1ra-199va; Ea Q.181, 14c, ff. 123-140v, lib. I only; Ea Q.183, 14c, 394 ff.; EU 168, 14c, ff. 1-305(DWS MS); Exeter Cath. 3506, 14c, ff. 239; BN 16643, a.1356, ff. 1ra-196rb; CUc 261, 15c, 232 ff. Text, 'Febris nihil aliud...'

Ga(lienus) primo premittit quedam necessaria...
> Comm. Galen, De virtutibus naturalibus: VA 4452, 15c, ff. 129va-131rb, incomplete; JHM 8(1953), n.65

Galienus princeps medicorum fuit unus ex octo...
> Mi D.2 inf., ff. 9v-10r

Galienus qui post divinum Hippocratem secundus...
> Alexander Benedictus, introd. De observatione in pestilentia. Text, 'Diximus de iis febribus...'

Galienus summus medicorum et princeps inquit. Febris est...
> Francis of Piedmont, Addit. to Mesue, Sect. II, de medicinis egritudinum universalium (et est de febribus): CLM 13207, a.1419-22, ff. 216-(263); Opera Mesue, Venice, 1508, ff. 243v-271v

Galienus summus medicorum princeps volens dare scientiam...
> Henricus de Bremis *or* de Ribbenicz, Causae, signa et remedia contra pestilentiam: Archiv VII, 82-89; ed. from Prag 243(I.F.77), ff. 138v-143v

Galienus summus medicus petiit a B. Luca evangelista...
> BN 10630, f. 1r-v

Galienus super illum afforismum Acute egritudines...
> De diebus criticis: CUg 95(47), 15c, ff. 7-10

Galienus tertio... See 'Galienus in tertio...'

Galienus testatur in regimine...
> See 'Galieno testante...'

Galienus testatur in Tegni (quod) quicumque cognitor...
> Tract. anatomiae: Mon 182, 14c, ff. 220r-(223r); CUg 95(47), 15c, ff. 12-17. See 'Galieno testante in Tegni...'

Galienus vir mirande laudis natione fuit Grecus...
> Thomas de Garbo, Comm. Galen, De differentiis febrium: CLM 7609, a.1386, ff. 91ra-112rb (JHM X(1955), 397, n.37); Wi 57, 15c, ff. 274-358; pr Lyons, 1514; ascribed to Gentile da Foligno: VA 2418, ff. 201vb-209rb; anon. VA 4455, 15c, ff. 1r-22v

Gallinam sanguine humano pascas...
> Alchemy: CU Ff.IV.12.13, a.1528-29, ff. 193v-194v

Gardaga est portio circuli... See 'Kardaia...'

Gargarismus valde bonus ad dolorem capitis...
VI 3011, 15c, f. 74r-v

Garinpotus Salernitanus collegit et ordinavit Passionarium istum...
BHM II(1934), 42

Gariofilia latina Romane gariofile (anglice est) herbe...
Nomina herbarum et earum virtutes: CUc 388 (R.VIII.T), 14c, ff. 52r-53v; CUt O.III.5, 14c, p. 174

Garrulo quodam forte latratu carus mihi genitor...
Lorenzo Bandini, pref. Domenico Bandini, Fons memorabilium: VA 2028, early 15c, ff. 1ra-557va

Garrus enim quamquam per noctem Tinnipet (trumpet) omnem...
De vocibus avium et quadrupedum: BMh 261, item 6; BN 6816, 14c, ff. 63v-64va

Gaude et letare sacrosancta Basiliens. synode...
Hermann of Münster, pref. De calendarii emendatione: Basel A.V.25, 15c, f. 165r; ed. Wattenbach, Berlin Sitzb., IX(1884), 107

Gaudent brevitate moderni...
Magister Franco, cum additionibus aliorum: Coussemaker I, 383-403; Vivell gives as incipit Johannis Balloce, Abbreviatio Franconis: Coussemaker I, 292-296; Anon. II. Tract. de discantu, Ibid., II, 303-319; Anon. III. Tract. de cantu mensurabili, Ibid., II, 319-327

Gaudent musicorum discipuli quod Henricus...
Henry of Zeeland, Tract. de cantu perfecto et imperfecto: Coussemaker III, 113-15

Gaudeo et exulto plurimum Marchio sapientissime quod meum de futuris...
Johannes Baptista Piasio Cremonensis, Prognosticon de anno 1450: VI 4756, 15-16c, ff. 58r-64v

Gaudeo plurimum Angele vir doctissime studium meum...
Nicolaus Leonicenus, De Plini et plurium aliorum in medicina erroribus: pr Ferrara, 1492(Klebs 598.1; IAL L146; AFML 281); Basel 1529; T IV, 593, n.1, 595, n.6

Gaudet epar spodio mace cor cerebrum quoque misto...
Versus: BLd 29, f. 274r

Geber enim(noster) dicit quod totam operationem...
I. Comm. Geber: BN 7155, 15c, ff. 1-142v; Corbett I, 69
II. Compendium Geberis: BN 7160A, 15c, ff. 1-99v; Corbett I, 92

Geber in libro triginta figurarum ad probationem sui propositi...
Geber, Astronomy: BN 7406, 14c, ff. 114ra-139va(135rb, Explicit tercius liber Geber, Incipit liber quartus eiusdem) incomplete

Geber undecimo capitulo libri sui Totam scientiam sectoris producit ad notitiam...
Astron.: CU 1572(Gg.VI.3), 14c, ff. 72r-80v, incomplete

Gemma dicta est eo quod ad instar gummi transluceat...
De duodecim gemmis: Bern A. 92.27, 11-12c, ff. 1r-3v; cf. Isidore, Etymologiae, PL 82, 570, Lib. XVI, cap. vi, De gemmis, item 3 (Gemmae vocatae, quod instar gumi...); Ambix 8(1960), 7

Gemma fit urina lincis valet et medicina...
BN 3718, I, 13c, f. 16v

Gemma salutaris qui nascitur orbicularis...
Hermes, Merlin *or* Rasis, Laudabile sanctum: DWS 793, i, viii, xvii only. See 'Est lapis occultus secreto fonte sepultus...'

Gemmis a gummis nomen posuere priores...
The first of four or five verses found before the prologue or at the end of Marbod's poem: PL 171, 1758

Genera astrolabiorum duo sunt...
Abraham ibn Ezra, On the astrolabe: Steinschneider(1905), 2; ed. Al-Andalus V(1940), 9-29; but see R. Levy, Speculum XVII(1942), 566-69

Genera autem volucrum rapidarum quibus...
Moamyn, De scientia venandi per aves, tr Theodore: Haskins 318-19. Prol. 'Reges pluribus...'

Genera febrium sunt tria...
Ea Q.222, 13-15c, ff. 117-126

Genera passionum urine ex quibus sumitur eius significatio...
Matthaeus de Verona, Collecta de urinis: CLM 363, 15c, ff. 86r-87v; VAp 1251, 15c, ff. 141v-143r

Genera volatilium aucupantium seu de rapina viventium...
Simon de Herbrad, Practica avium de raptu viventium: VI 2414, 14c, ff. 33r-44r; ed E. K. V. Dombrowski, Vienna 1886(Schulz)

Genera volatilium viventium de rapina...
Moamin, Falconry, tr from Arabic, Theodorus: Ran 1461, 15c, ff. 73r-113; Mi Trivulz. 695 (N.63), 15c, ff. 19v-49v.

Generale documentum est. . .
William of Saliceto, Chirurgia, cap.1. NYAM, MS, f. 3; anon. VI 2354, 14c, ff. 47r-48v

Generalem tabule usum in primis. . .
See 'Audivi sepenumero viros. . .'

Generalis modus inveniendi partem proportionalem. . .
CLM 15, c.1487, f. 46ra

Generaliter autem intelligendum est. . .
See 'Generaliter intelligendum. . .'

Generaliter causa morbi est duplex. . .
De morbis: McGill Univ. Osler 7590, 14c, ff. 3-101

Generaliter de arboribus herbis fructibus et plantis. . .
Thomas of Cantimpré, De natura rerum, bks. X-XII: Brux 8901, 15c, ff. 126-208va

Generaliter de naturis avium. . .
Thomas of Cantimpré, Bk. V: Brux 8899, 15c, ff. 58-89

Generaliter dicentes de lapidibus pretiosis. . .
PA 1080, a.1343, ff. 206v-(217). Concerning the scribe, Jean de Berblengheem, Wickersheimer 360-61

Generaliter igitur intelligendum quod animalia . . .
Albertus Magnus, De principiis motus processivi: ed. B. Geyer, Alberti Magni Opera omnia, XII (1955), xxiii-xxxi, 47-76

*Generaliter intelligendum est quod animalia habentia motum. . .
Albertus Magnus, De motibus progressivis: Borgnet X(1891), 321-60; H. Stadler, Programm des Kgl. Maximilians-Gymnasiums, 1908, 1909, pp. 7-56

Generaliter omne animal aut movetur corpore tentu ut reptilia. . .
De proprietatibus animalium in genere: Mi A.147 sup., 14c, ff. 114r-170rb

Generaliter primo demonstrandum est de spera et de motu eius. . .
Quedam de astris et de planetis: Ea Q.15, 13-14c, ff. 180-181v

Generaliter primo dicendum est de animalibus quadrupedibus. . .
Thomas of Cantimpré, De natura rerum, libri 3-9: BMar 298, 13c, 83 ff.; T II, 397

Generaliter primo dicendum est de arboribus communibus. . .
Petrus de Crescentiis, Libri de arboribus et herbis (libri X-XII Ruralium commodorum): Tournai Ville 78, 15c, ff. 1r-38r

Generaliter primo dicendum est de arboribus quibus quidem. . .
VAp 1248, 15c, ff. 11r-46r

Generaliter primo dicendum est de lapidibus preciosis. . .
De lapidibus preciosis: BMsl 2428, 13c, 9 ff. imperfect; BLr C.545, 14c, f. 8, incomplete; Cassel Medic. 4to 2, 14-15c, 70 caps.; ed. Joan Evans, Magical Jewels, 1922, pp. 223-34, from BLr D.358, 15c, pp. 81-91. This and the following items are books of Thomas of Cantimpré, De natura rerum, T II, 376-77, 396-98

Generaliter primo dicendum est de septem planetis. . .
Astrology: VI 5371*, 15c, ff. 61rb-64rb(Zi 9956); really Bk. 17, 'De sphera et de septem planetis', of Thomas of Cantimpré, De natura rerum, preceded at ff. 60r-61r by Bk. 16, and followed by bks. 18 and 19 at ff. 63-65-66ra

Generaliter primo videndum (est) de quadrupedum naturis. . .
Thomas of Cantimpré, De natura rerum, Bk. IV, 'De quadrupedibus': CLM 6908, 13c, f. 1; VI 2317, f. 49(Schulz); Brux 8898, 15c, ff. 14-58

Generaliter quidem dicendum de reptilibus. . .
Thomas of Cantimpré, Bk. VIII De reptilibus: Brux 8900, 15c, ff. 109-125v

Generaliter ut includit quamlibet scientiam. . .
Comm. (Parvulus philosophie naturalis): Ea O.69, 15c, ff. 94-160

Generaliter videndum est de quadrupedum natura. . .
De naturis animalium: Budapest 58, 13-14c, ff. 1-24v. See 'Generaliter primo videndum. . .'

Generatio ulterior fit ex humore acuto. . .
CLM 570, 15c, ff. 67r-69v

Generatio unius est corruptio alterius. . .
Book of dissolutions: PA 2872, 14c, ff. 462v-472v(Corbett I, 281)

Generosa domina et prudentissima consors nobilis viri domini Nicolai de Comitibus. . .
Barth. Montagnana, Consilia: CUt 1239 (O.IV.8), 15c, ff. 130va-132ra

Generosus quidam vir colendissima fama. . .
Barth. Montagnana, Consilia: CUt 1239 (O.IV.8), 15c, ff. 95r-99r

Gentiana calida est et sicca in tertio gradu. . .
De gentiana: Basel D.III.2, f. 139v

Genus hominum hac nostra etate. . .
See 'Primo nota de. . .'

Geographia designatrix...
  Ptolomey, Geographia: pr Rome, 1490(Klebs 812.7; IAL P992; LC). See 'Cosmographia designatrix...'

Geomantia dicitur a geos grece quod latine interpretatur terra...
  Martin of Spain, Geomancy: T II, 121

Geomantia dicitur a geos quod est terra...
  Bartholomeus Parisiensis(Parmensis), Compendium geomantiae: BB XVII(1884), 23, n.3

Geomantia dicitur ars iudicandi per terram...
  Michael Scot, Liber Geomantiae: CLM 489, 16c, ff. 174-216v; T II, 119

Geomantia dicitur ex terra quae divinationem praebet...
  Geomantiae opusculum: FNpal 945, 16c, ff. 148r-166v

Geomantia est ars punctorum...
  Ea O.88,14c, ff. 5v-10v

Geomantia est ars punctorum et(vel) linearum loco stellarum...
  Bartholomaeus de Parma, Geomantia: BB XVII (1884), 19-20, 22; VI 2469, 13c, ff. 1r-40v

Geomantia est ars punctorum loco stellarum...
  Ea Q.374, 14c, ff. 1-60

*Geomantia est ars punctorum qui sorte...
  Bartholomaeus de Parma: BB XVII(1884), 22; T II, 836

Geomantia est scientia docens divinare ex innovatione...
  Almadel, Geomantia: Speculum II(1927), 326-31

Geomantia est vaticinatio eventorum ex stellarum conditione...
  Descriptio geomantie: VI 5508, 14-15c, f. 210r

Geomantia est vaticinatio terrenorum et astrorum...
  Geomancy: CLM 276, 14c, ff. 93ra-99rb

Geometra partitione magnitudinem investigare...
  BN 7368, f. 28r-

Geometre eos esse arcus similes...
  Ahmad ibn Yusuf, De similibus arcubus, tr Gerard of Cremona: ed. M. Curtze, Mitteilungen des Copernikus-Vereins, VI(1887), 48-50; Steinschneider(1905), 20; GS I, 598; Bibl. math. (1899), 15-16; (1902), 69; Carmody 131; BLau F.5.28, 13c, ff. 103v-(105)

Geometria assecutiva est arismetice. Nam et posterioris ordinis est...
  Thomas Bradwardine, Geometria, in 4 parts: Basel F.IV.30, ff. 58v-96r; Prag Cap. 1272, 14c, ff. 1-17; Ea Q.343, ff. 1-38(Schulz)

Geometria columnarum hoc modo debet ab artifice fieri...
  Tannery 74-78; CLM 14836, 11c, ff. 90-(92r)

*Geometria est arismetrice assecutiva quodam modo...
  Thomas Bradwardine, prol. Geometria: Ea F.375, 14c, ff. 1-15; Lyons pa 45, 15c, ff. 173-203; Björnbo XII(1912), 215; Joannis Almani: Es o.II.9, 15c, ff. 39-61; pr Petrus Cirvelo, Paris, 1495(Klebs 208.1; IAL B954); 1503, ff. 12r-30v. Text, 'Suppono igitur principia...'

Geometria est disciplina magnitudinis immobilis et formarum...
  Euclid, Geometry, tr Boethius: Isis 44(1953), 376; BN 13020, 9c, ff. 59v-83r; CUt 939 (R.XV.14), 10c, ff. 1r-43; Eins 358, 10c, pp. 1-16; Bern 87, 11c, ff. 1r-18r; CLM 560, 12c, ff. 122-149; PL 63, 1352

Geometria id est mensura terre et triplex...
  BN 10266, ff. 69v-73. See 'Geometrica est...'

Geometria practica qui in finibus practicarum astrolabii...
  CLM 27, f. 93r-v

Geometria quemadmodum et alie scientie...
  Wigandus Durnheimer, Geometria elementaris: VI 5257, 15c, ff. 1r-89v

Geometria sicut et relique discipline prius precessit...
  I. Prol. Euclid, Geometriae libri quindecim (Adelard of Bath, tr?): VE fa 332(XI,6), 13c, ff. 86-233; Boston Medical 25, 13-14c, ff. 110v-147r, 'Explicit liber nonus Euclidis'
  II. Regiomontanus, Oratio introductoria in omnes scientias mathematicas: pr Alfragani Rudimenta astronomica, Nürnberg, 1537

Geometrica est que terre mensuram...
  From Martianus Capella: VAr 1762, 9c, ff. 218r-224; BB XV(1882), 514

Geometricales tractanti diversitates praemonstrandum est...
  Geometria incerti auctoris: Bubnov lxxii, 310-17, 336-64; Oj 4, 12c, ff. 80-96

Geometrice artis peritiam qui ad integrum...
  See 'Igitur geometrie artis...'

Geometrice due sunt partes theorica et practica...

> De compositione quadrantis: CLM 27105, 15c, ff. 36r-(45v). See 'Geometrie due sunt partes...'

Geometrie disciplina primum ab Egiptiis reperta...

> BMh 3017, 9c(Fleury), f. 178v; Bern 87, a.1004, f. 8v(Schulz)

Geometrie due sunt partes formales...

> Practica geometrie: CU 1705(Ii.I.13), 14c, ff. 38, 39; James 479

Geometrie due sunt partes principales (scilicet) theorica et practica...

> Practica geometrie: BMr 12.E.XXV, c.1300, ff. 152r-(155v); BLd 147, 14c, ff. 35r-39r; Yale MS bound with item 42, ff. 102v-107r; BN 7196, ff. 32vb-35vb; 7377B, 14-15c, ff. 83r-89r; CLM 27105, 15c, ff. 36r-46r. The opening paragraph of this work on measurement is practically identical with that of Quadrans vetus, which then turns to the construction and then to uses of the quadrant, where again there are similar passages

Geometrie due sunt partes theorica et practica...

> Quadrans vetus, variously ascribed to Johannes Anglicus *or* John of Montpellier and to Robertus Anglicus: Isis 37(1947), 150-153; Mi H.75 sup. II, a.1284, ff. 52ra-56vb, with tables at 56ra-59vb; CU Ii.III.3, 14c, ff. 56r-60v(TR 226a); Ii.I.15, 14c, ff. 10r-14r(TR 225b); BN 7267, ff. 15rb-17rb(TR 226a); BLt 192, 14c, ff. 67-74; BMr 12.C.IX, c.1300, ff.23-(28); 12.C.XVII, 14c, ff. 61-(71v); NaO XI.6(Mand. XXV), 5 ff.; ed. Paul Tannery, NE 35(1897), 561-640; Gunther II(1923), 162; HL 28, 117

Geometrie due sunt species licet partes...

> VI 5184, ff. 55-60; Goldschmidt, Cat. XVIII, n.1(16)(Schulz)

Geometrie due sunt species theorica et practica...

> Incipit Quadrans: Princeton Garrett 99, c.1300, ff. 162va-168va (TR 247); Quadrans modernus, BU 154(132), 14c, ff. 120r-125r

Geometrie due sunt species vel partes theorica et practica...

> John of London, Comm. Quadrans vetus: Phares 188; anon. Yale astron. MS, 14c, f. 132v

Geometrie elementa et principia abunde tradidit...

> De elementis geometrie: Wi 79, a.1518, ff. 189v-204r

Geometrie enim practicam postulantibus...

> Leonard of Pistoia, Libellus geometriae practicae: On 162, 15c, ff. 65-(69). It is Bk. II of his Mathematica in FNcs J.V.7; Björnbo(1912), 224

Geometrie principales due sunt species...

> CLM 25004, a.1480, ff. 131-137(Zi 7306)

Geometrie sicut et reliquarum facultatum...

> Prol. Euclid, Elementa geometricae lib. I-IX: BLd 174, 12c, ff. 99r-(132v?); version III of Adelard of Bath, Isis, 44(1953), 25. See 'Geometria sicut et relique...'

Georgius Anselmus salutem... See 'Cum pluries apud te...'

Gerardus nostri fons lux et gloria cleri...

> On Gerard of Cremona: pr Wüstenfeld, p. 77 seq.(Schulz)

Gerbertus Latio numeros abacique figuras...

> Figura abaci: Bern 250, 10c, f. 1r; Bubnov xxii

Gignitur tiriaca ut pessimum quiddam...

> Galen, De commoditatibus tyriace, tr Nicholas of Reggio: VAp 1211, ff. 27vb-29rb; Lo Parco 297; T (1946), 222, item 11

Ginasio... See 'Gymnasio...'

Girum celi circuivi sola...

> I. Duns Scotus, prol. Expositio...Metaphysicorum Aristotelis...Text, 'Iuxta consuetudinem...'
>
> II. Antonius Andreae, Questiones super XII libros Metaphysicae Arist.: Budapest 114, a.1429, ff. 1-100; pr Naples 1475; etc.(Klebs 64.1-11; IAL A518-525). Comm. 'Secundum Aristotelis doctrinam...'

Girum celi fecit deus et terram posuit...

> Barnabas de Regio, prol. De conservanda oculorum sanitate. Text, 'Presentis libelli sunt...'

Girum recensendo zodiaci inter marginalia astronomie...

> Petrus de Teyn, Canones tabularum resolutarum de ascensione signorum: VI 5240, 15c, ff. 66r-76r; VI 5245, 15c, ff. 27r-61v; ascribed to Andreas von Posen, Canons on Tables of Cracow: Zi 8541-48

Gliscunt corda meis hominum mollita canemus...

> Guido of Arezzo, prol. Regule rithmice: CUt R.XV.22, 12c, f. 117(Atk); VI 51, 12c, ff. 41v-43r; Saxl(1927), 71; VI 2503, 13c, ff. 17r-23r; Bern 91A; BN 16664, f. 45; CUt 1441, 15c, ff. 67-72; PL 141, 405; Gerbert II, 25(Vivell). Text, 'Musicorum et cantorum...'

Gloria deo principio sine principio fine...
  Prol. Text, 'Firmamentum est creatum...'

Gloria est frequens fama...
  Comm. pronosticorum Ypocratis: BMr
  12.D.XIII, 14c, ff. 163v-(169v). Prol. 'Librum
  hunc prognosticorum...'

Gloria Iesu filii Haly respondendo de hoc quod
quesivit unus...
  On eye diseases: BN 17847, 14c, ff. 1ra-28ra

Gloria laudis resonet in ore omnium...
  Ortolanus, Comm. Tabula Smaragdina: DWS 32

Gloria laus et honor prohemio omnipotenti
deo...
  Johannes Viennensis, prol. Speculum elementorum. Text, 'Scientiam honorabilem omnium
  ...'

Gloria laus honor virtus fortitudo...
  Michael Scot, Liber introductorius, text: CLM
  10268, 14c, ff. 20ra-146vb; BLb 266, 15c, f.
  25v-218v

Gloria maiestas deitas sapientia virtus...
  Alexander Neckham, De laudibus divinae sapientiae (a metrical paraphrase of De naturis rerum):
  ed. RS 34(1863), 358

Gloriosissimi reverendissimi illustrissimi katho-
lice religionis defensores...
  Dedic. Text, 'Eorum qui sunt sub...'

Gloriosissimo principi ac illustrissimo domino
Francisco...
  Iohannes de Wesalia, dedic (to Francesco Sforza),
  Pest tract: VAr 1450, f. 1

Gloriosissimus et subtilissimus deus, creator
omnium...
  See 'Gloriosus deus et sublimis creator...'

*Gloriosus atque sublimis deus a rerum exordio
...
  Jo. Holbroke, Canones et tabula astron.: Tanner;
  Bale; CU 1017 (Ee.III.61), 15c, f. 61(63)-69v;
  BMe 889, 15c, ff. 152v-160v

Gloriosus deus et excelsus qui dat cuncta
affluenter...
  'De Zabrokrek Italicus,' Alchemy: BMsl 3157,
  15c, ff. 427-433v(DWS 350)

Gloriosus deus et sublimis creator omnium
rerum...
  De septem planetis et de duodecim signis et de
  xxviii mansionibus lune et de xxviii constellationibus: BLd 147, 14c, ff. 119r-(124v); BLd 228,
  14c, ff. 74-(75); Boston Medic. 20, late
  14c, ff. 41r-47v(TR 248); CUt O.II.5, 14c,
  p.370(Atk.); BMr 12.B.XXV, 15c, ff. 254-(256);
  Carmody 65

Gloriosus deus et sublimis qui omnia verbo
creavit...
  Leopold of Austria, introd. Compilatio de
  astrorum scientia: Ea F.391, 14c, 69 ff.; BMad
  23770, ff. 47r-90va; KlaB XXIX.e.12, 15c, ff.
  1r-115r; CLM 11067, 14-15c; CLM 275, 15c,
  ff. 62-132; VAp 1340, 15c, ff. 94r-160v; Metz
  287, ff. 353r-361vb (incomplete); pr Augsburg,
  1489(Polain 2485; Klebs 601.1; IAL L161);
  Venice, 1520; GS II, 996; Carmody 171

Gloriosus deus in omnibus rebus creandis
ordinavit...
  Capitulum de septem planetis: Oa 81, 15-16c,
  ff. 74r-77v; Ambix 7(1959), 40

Gloriosus deus qui et excelsus deus qui cuncta
dat...
  Benedictum Lilium: Mi Trivulz. 245, 15c, ff.
  34r-37r. See 'Gloriosus deus et excelsus...'

Gloriosus dictus et excelsus qui cuncta dat...
  Lilius(sic) benedictus inter spinas: VAp 1332,
  15c, ff. 1r-8r

Gloriosus et benedictus deus conditor omnium
...
  Summarium astrologiae: Catin. 85, 15c, ff. 1-4v

Gloriosus et benedictus deus omni(potens) qui
orbes celorum...
  Prognosticon de anno 1458: VI 4756, 15-16c,
  ff. 46r-56v

Gloriosus et eternus deus qui facit mirabilia et
magna solus...
  VI 3129, 15c, ff. 10v-11v

Gloriosus et excelsus deus qui cunctis dat et
imperat...
  Lilium benedictum inter spinas: Marburg B 18
  (Hermann I,33), 15c, ff. 162-189(Schulz). See
  'Gloriosus dictus et excelsus...'

Gloriosus et excelsus(eternus) deus qui fecit
mirabilia...
  Bartholomaeus de Parma, Breviloquium de fructu
  totius astronomie, a.1286; CUe 70, 15c, ff. 80-
  81-118v; Metz 287, ff. 279ra-316v; BB XVII
  (1884), 17-19, 32-36; T II, 836-37. Prol.
  'Scribit philosophus in primo...'

Gloriosus et sublimus deus creator omnium
rerum...
  See 'Gloriosus deus et sublimis creator...'

Gloriosus peripatheticorum dux philosophorum-
que iubar...
  Comm. Parvulus philosophie: VAp 1055, 15c,
  ff. 109r-130v; BE 983, ff. 62-106; 984, f. 3
  (Schulz)

Gnomonem (geometricum) quem dudum fieri postulabas optime...
> Georgius Peurbach, Canones pro compositione et usu gnomonis geometrici: pr Nürnberg, 1516; ascribed to Regiomontanus: VI 5292, 15c, ff. 86v-93v; dedic. to Jo. archbp. Strigon., Schöner pr 1544, ff. 61r-74v(Schulz)

Gradum ascendentem ad reliquarum domorum initia...
> CU 1693(Ii.I.1), 14c, f. 126va-b

Gradus habet pedes duas...
> (Balbus?), Definitiones geometriae et de mensuris: Chartres 498, 13c, ff. 150v-153; Bubnov xxvii

Gradus in zodiaco seu ecliptica sic imponuntur...
> CLM 27, f. 85v-

Grana iuniperi pectus(?) comesta reformant...
> Hexametri de virtutibus quarundam plantarum: VI 3859, 15c, ff. 92v-93r

Grana iuniperi secundum Hippocratem mane sumpta...
> Ea Q.330, f. 109; BE 989, f. 327; Bern 205, 15c, item 13(Schulz); VAp 1316, 15c, ff. 102v-104r

Grana quatuor(quater) quinque scrupuli pro pondere...
> Versus de ponderibus: Laon 416, 13c; CLM 19108, 13c, f. 49v(Schulz); Carpentras 323, 14c, f. 55r; CU Dd. IX, 38, 14c, f. 147(Atk); BN 6954, f. 88r; BLd 29, ff. 37r, 129

Grande bonum tribus cuius formam placat aurum...
> Bede, Verses to find Easter: BLd 88, 15c, ff. 84r-88r

Grande onus humeris meis...
> Epistola ad quandam imperatricem iudicium astrologicum de eiusdem filio continens: VI 5179, 15c, 19 ff.(Zi 3307)

Grates...
> Summa rerum naturalium: VAp 1080, f. 197-; MS not available in 1951 or 1957 or 1959

Gratia dei omnipotentis adeo sum amori scientie deditus...
> Mercatus de Eugubio, Antidotarium: CLM 77, late 14c, ff. 81ra-86rb

Gratia deo primo sine principio...
> Cosmology (25 of 40 caps.): BN 15015, early 13c, ff. 200-223v(Haskins 95)

Gratia est deo altissimo sua potentia solitarius...
> De xii locutionibus (Alchemy): BN 7161, 15c, ff. 91-94v(Corbett I,103)

Gratia lucidioris habitus quem Mesue denotat in modis...
> Gentile da Foligno, prol. De proportionibus medicinarum. Text, 'Complexio autem medicine...'

Gratia regis celorum qui totius orbis elementalis...
> Blasius of Parma, Quaestiones aliae in octo libros physicorum: VA 2159, a.1397(Affò IV,V); T IV, 654

Gratia spiritus sancti iuvante de differentiis tonorum...
> CLM 8951, f. 120(Schulz)

Gratiarum actio et lex laudis...
> Haly, Secretum secretorum omnium philosophorum (alchemy): Cues 201, 14-15c, ff. 54-61v; Palermo 4 Qq.A.10, 46-26

Gratias ago gratie largitori quia...
> Johannes de Mirfeld, Florarium Bartholomei, prol.: ed. Hartley and Aldridge, 1936, p. 114; Oc 226, 15c, f. 140r

Gratias deo omnipotenti et domino nostro...
> Petrus Alfonsus, Tables, chronological and astronomical: Haskins 117; T II, 69; James 478, 480

Gratias deo univictori...
> Variant tr by Alvarus: Carmody 152. See 'Gratias uni...'

Gratias sint uni deo glorioso...
> Haly Abenragel. See 'Gratias uni deo...'

Gratias uni deo victorioso honorato potenti...
> Haly Abenragel, 'Prohemium interpretum', Invocation, or second translators' preface, De iudiciis astrorum, tr Aegidius de Tebaldis and Petrus de Regio: Carmody 151-52; CU Mm IV.43, a. 1298, f. 3(Atk); Ea F.390, early 14c, 123 ff.; F.395, a.1373, ff. 150-185; BMr 12.F.XVII, 14c, 181 ff., imperfect; Cambrai 923, 15c, ff. 1-95; Metz 287, 14-15c, ff. 87ra-265vb; Ghent 2(417), a.1486, ff. 1r-166r; pr Venice, 1485(Klebs 35.1; IAL H3)

Gratie sint deo omnium creatori qui nos conduxit...
> Khalid ibn Jazid, prol. Liber secretorum alchemiae: CUt 1122(O.II.16), 15c, ff. 33v-36v (DWS 111,i); etc.; pr with Geber, 1541, pp. 338-362(Schulz). See 'Et incipio dicere...'

Gratiose domine ego percepi quod heu...
> Plague in Moravia: BLcl Auct. Class. 232, 15c, f. 55v; Archiv IV (1911), 195-97

Gratulanti michi dudum in quem christiani sanctissimum...
> Guilielmus Fabri(or Guglielmo de Dya), De lapide philosophorum: BU 138(104), 15c, ff. 245r-250v(T IV,342-43)

Grave onus non minusque laboriosum...
Michael Savonarola, dedic. Practica. Text, 'Cum oporteat medicum...'

Grave simpliciter ergo gravius bene sequitur...
Index rerum quae in Alberti Magni commentario in Aristotelis libros I-IV de caelo et mundo continentur: VA 718, 13-14c, f. 9rb-9va

*Gravissime vir Roberte...
Raymond Lull, De secreto secundo: HL 29, 371; T IV, 9

Grece arithmetica Latine dicitur numerorum scientia...
Arithmetic: Bubnov xlv; ed. BB X, 607-29

Greci artium inventores deorum infantibus attribuunt...
Galen, De introductione medicorum: BN 6865, 14c, f.11-; CLM 490, 15c, ff. 8-16v; PAM 51, 15c, f. 203; pr 1490, I, 10r; 1515, I, 19v-21r; Lo Parco 282; T (1946), 226

Greci enim vertices extremos circa quos spere celi volvuntur...
De 36 imaginibus: VI 2359, f. 119v. See 'Greci virtutes(*sic*)...'

Greci primi medicine...
See 'Appolonis greci...'

Greci virtutes(*sic*) extremos circa quos...
Haly ibn Ridwan, De constellationibus: Ea F.394, 14c, ff. 90-91v; Steinschneider(1906), 3; Carmody 155

Grecorum alii arnoglosson aliqui...
Apuleius, Herbarium: pr Torinus, 1528

Grossities frigus congestio copia virus nobile...
Isaac, De dietis universalibus: Archiv VIII, 357-73

Grues et apes habent regem...
Quedam excerpta de libris animalium: Ea F.335, 13c, ff. 108-115v

Guido probavit contra lapidem vel arenas...
De morbis et remediis: VI 1634, 13c, ff. 103rb-104rb

Guido xxi monocordo ponit notas que omnes in figura...
Guido (of Arezzo), Musica: Fulda 504; PL 141, 382; Christ(1933), 243-44

Guidonis duodecimo omnis namque ordinata generatio est...
Bernard Gordon(?), De lapide philosophico: CUt 1120(III), 15c, ff. 23v-26v(DWS 278); BLas 1420, 16c, ff. 71-80

Guron lapis est; invenitur in nido upupe...
VI scot 257, 15c, ff. 243r-250r

Gutta a qua curavi me existentem in curia iuvenem...
Arnald de Villanova, 70 consilia: Salamanca 2089, ff. 122-132v

Gymnasio musas placuit revocare solutas...
Guido of Arezzo, Micrologus: CLM 14523, 10c, f. 118r; 9921, 12c, f. 18r-; VI 51, 12c, ff. 36r-41v; Saxl(1927), 70-71; Brux 10159, 12c, ff. 1v-127v; VI 2503, 13c, ff. 1r-17r; CLM 13021, 13c, ff. 150va-157vb; BMar 339, 14c, f. 98r-; CUt 1441, 15c, ff. 57-67; PL 141, 379-406; Gerbert II, 2-30; Vivell

Gyrum... See 'Girum...'

Habeas bonam terram cum stercore equino...
Furnus philosophicus: BMsl, 759, 15c, ff. 55v-56(DWS 494)

Habeas igitur primo armillam...
Brux 10123, 15c, ff. 139-142(Silvestre)

Habeas tabellas vel caldariam...
De temperando vitro quod non frangatur: BMad 41486, f. 12r-v(also 123v)

Habeat argentarius sive aurifaber utensilia...
DWS 952

Habeatur de limatura eris lb. 6 vel plus...
Liber a.b.c. dictus: Oc 125, 14c, ff. 47v-51v (DWS 551B); CUad 4087, 14c, ff. 44r-46v; 193v-195v

Habeatur duorum(?) regimen...
Consilium de preservatione a peste: VAp 1260, 14-15c, ff. 104vb-105rb

Habeatur libra una florum peroptime mundatorum...
Practica rorismarini: Bordeaux 531, 15c, f. 75 (Corbett II,21)

Habebat autem primus Kyrani liber sic...
Kiranides: ed. Delatte, 1942, p. 13. See 'Eruditissimo domino...'

Habemus ab antiquis autoribus...
Ricardus Anglicus, Practica: CU 1708(Ii.I.16), 14c, ff. 3r-53v. See 'Sicut ab antiquis...'

Habere primum verbum huius operis...
Opus domini Bonafacii pape quarti in arte alkimia: CUg 181(214), 14c, pp. 141-147(DWS 797,i)

Habes nunc Gupalatine Hippocratem de insomniis a me expressum...
Andreas Brentius, Letter to Nic. Gupalatinus on tr Hippocrates, De insomniis: Hain 13893, f. 158r, v(Schulz); Klebs 826.2; IAL R170; BM IA.19257 (Rome, 1483?), f. 10v

Habet argentum venarum...
Chemical: Laon 275, 14c, item 6

Habet argentum venarum suarum principia...
Liber de exemplis et similitudinibus omnium rerum naturalium: Prag 1892, a.1444, ff. 1r-212v; BE 484, ff. 1-125(Schulz)

Habete celi silentium et ingratitudinis immane scelus...
Ps. Albertus, Lapidarium: CUc 243, 13-15c, ff. 1-58v; BN 7156, ff. 175ra-192rb; Kibre(1942), 505-506, item 5

Habita aliqua coniunctione sub certis feria hora et minutis...
Basel A.IX.27, 15c, ff. 327-328r(Zi 8049)

Habita autem debita...
Quadrant: Wo 2401, 15c, ff. 354v-356v(Zi 8848)

Habita coniunctione media solis et lune et habitis mediis...
(Joh. de Gamundia), Tabulae astronomicae cum explicationibus: VI 2332, 15c, ff. 222r-232v

Habita rota certi numeri dentium...
CUg 230, 15c, pp. 30-36

Habita rota circuli...
Fredericus Weis Ratisponensis, De rotis horologiorum: Brux 2967, 15c, f. 90r-v(Silvestre 152a)

Habitabilis zona...
Descriptio mundi: CLM 14583, 15c, f. 496 (Schulz)

Habitam nuper Ferrariae de morbo...
Nicolaus Leonicenus, pref. De morbo gallico. See 'Novos Italiae advenisse morbos...'

*Habito de corporibus mundi prout mundum...
Roger Bacon, De corporibus coelestibus: OHI IV(1913); Little 406

Habito de ipsa plana musica que immensurabilis...
Johannes de Garlandia, De musica mensurabili: Coussemaker I, 175-82

Habito de morbis consimilibus...
De solutione continuitatis: Ea Q.185, 13-14c, f. 238

Habito horologio in plano...
Sun-dial: Melk 51, 15c, ff. 36v-38; VI 5228, 16c, f. 36(Zi 9741-9742)

Habito inquit Johannes de cognitione plane musice...
Johannes de Garlandia, De musica mensurabili: Coussemaker I, 97-117

Habito vase interius rotundo fac...
    Sun-dial: VI 5303, 15-16c, f. 246r-v(Zi 9743)

Habunda oculorum rubor vena...
    De minutione equi: BN 6584, II, 13c, ff. 67ra-69va (possibly related to tract, 'Cum inter cetera animalia...')

Hac itaque ratione morborum causas in primo ponimus...
    Medical: Ran 1506(V.3.13), 13c, ff. 96v-98; Giacosa 169-74

Hactenus de circuli partitionibus stellisque...
    Zael, De 50 preceptis: BLd 47, 14c, ff. 100r-104r; Ea Q.372, 14c, ff. 135v-139v; Carmody, 43-44

Hactenus omnem horarum computum retulimus...
    De horis temporabilibus: CLM 4394, 15c, f. 30r

Hae... See 'He...'

Hanc epistolam disponere ex libris Grecis...
    Vindicianus, Gynaecia: BN 4883, 9-10c, ff. 5va-6vb; Beccaria 21.2

Hanc ergo triplicem divine philosophie formam...
    Solomon, Philosophia: BMr 7.D.11, late 12c, ff. 3-10(T II,283, n.4)

Hanc figuram describit Apuleius de quacunque re...
    Divining sphere: Gö Hist. nat. 40, 14c, f. 169

Hanc igitur in nomine Christi et in opere nostro primo disponemus...
    Aristoteles, Phisionomia: CUt 1081(O.I.57), 15c, ff. 106-110v

Hanc orationem sive unus sit aphorismus sive plures...
    Galen, In Aphorismos Hippocratis, tr Nicolaus Leonicenus: pr Venice, 1524, ff. 1-92

Hanc preparationem sulphuris misit magister Bernardus...
    DWS 318

Hanc propositionem scribit Salomon in libro sapientie...
    Quaestiones naturales (De generatione et corruptione, Meteorologica, and Physica): VAp 1049, 14c, ff. 1r-32r

Hanc receptam probavi et veram per omnia inveni...
    Introd. Recepta alchemica. Text, 'Recipe veneris...'

Hanc scientiam iudicare per manus lineas naturales...
    Chiromancy: VAb 56, 14c, ff. 43-50

Hanc stellam Electram dicunt cum qua Iupiter...
    De differentia cometarum: BN 5239, 11c, f. 22r

Hanc tabulam collegit magister Philippus Januensis...
    Horoscope of Frederick, son of Barbarossa: Cop Gl.kgl.S.277, 13c, f. 183; AHR 64(1959), 319-22

Harmonica est facultas differentiarum que in sonis...
    Ptolemy, Harmonica, tr Leonicenus: BMh 3306, a.1499, ff. 2v-46v

Harmonica scientia est inspectiva...
    Cleonidas, Harmonicum introductorium, tr Geo. Valla: pr Venice, 1498(Klebs 1012.1; IAL N33)

Haud ab te fore arbitror si praeter maiorum consuetudinem...
    Jacobus Publicus, prol. In Arte memoriae. See 'Qualitas est conditio certa...'

Haut immerito presentis opusculi traditionem facio...
    De commendatione naturae in creaturis: Art ancien XIX, 6, 13c, ff. 1r-7v

He fisice partes que astronomia et astrologia dicuntur...
    De astronomia more christiano: Zurich Car. C.176, 10-11c, ff. 217r-221v; E. Maass, Comm. in Aratum reliquiae, 1898, p. 601

He igitur sunt herbe contra discrasion capitis...
    Medical: BN 6891, ff. 80va-82ra

He sunt herbe contra frigidam discrasiam capitis...
    BMr 12.B.XXV, 15c, ff. 17-(21); BMsl 783b, 15c, ff. 51v-(57)

He sunt medicine secure approbate ab antiquis...
    Willelmus de Provincia: BMr 12.B.XXV, 15c, f.31-; BMsl 282, 15c, f. 185r-

He sunt passiones que vos molestant...
    Remedia ad passiones urinae: VAu 643, a.1461, f. 143

He valitudines infrascripte nullum habent remedium...
    Democritus, Prognostica: Beccaria p. 414

Hebdomada apud Grecos...
    Computus: Brux 8671, 9c, ff. 203v-206(Zi 10264)

Hebdomada septem diebus constat. . .
　　CLM 14746, 9c, f. 99(Schulz)

Hebdomadas sex extra levus iudex quinque dat
　　. . .
　　Danzig Mar. F.238, f. 175r(Schulz)

Hebrearum litterarum. . .
　　Computus: Eins 321, 10c, ff. 82-125(Zi 12063)

Hec ait Leo de Balneolis habitator Auraice. . .
　　Leo de Balneolis(Levi ben Gerson), De astro-
　　nomia: HL 31, 632-42; Lyons 326(259), 16c,
　　243 ff.; Isis 47(1956), 391-92

Hec algorismus ars presens dicitur esse. . .
　　VAr 150, 13c, ff. 164r-168v.　See next item

*Hec algorismus ars presens dicitur in qua. . .
　　Alexander de Villa Dei, Carmen de algorismo *or*
　　Algorismus metricus: MSS numerous: ed. Halli-
　　well, Rara mathematica(1841), p. 73; R. Steele,
　　The earliest arithmetics in English, London,
　　1922, pp. 3, 72-80

Hec Ambrosinus ars presens dicitur in qua. . .
　　BLd 104, 14c, ff. 68r-74v.　See 'Hec algorismus
　　. . .'

Hec aqua vite dupliciter uno modo ex vino solo
　　dicitur. . .
　　Mon 260, 14c, f. 81r

Hec arbor duos habet ramos. . .
　　Graz 117, ff. 209-211(Schulz)

Hec ars docet artem multiplicandi. . .
　　CU 1572(Gg.VI.3), 14c, f. 233r-v

Hec ars est compilatio temporis. . .
　　Calendar: Ob 228, ff. 3-10

Hec ars medicinarum simplicium et composi-
　　tarum. . .
　　CUg 451, 15c, ff. 17-19(DWS MS).　See 'Hec
　　est ars medicinarum. . .'

Hec autem compositio que dicitur matrimo-
　　nium. . .
　　Collectanea alchemica (Latin and English): BMsl
　　3747, 15c, f. 101r-v(DWS 737)

Hec autem herba facit ad emptoycos et ad
　　cyliacos. . .
　　Dioscorides, De herbis femineis, table of contents
　　(63 herbs): BMsl 1975, 12c, ff. 49va-(53);
　　BMh 1585, 12c, ff. 79ra-92va (rubric of both
　　MSS says 61 herbs)

Hec autem herba hecinum nascitur in mon-
　　tuosis. . .
　　Dioscorides, De herbis femineis, text: BMsl 1975,
　　12c, ff. 53ra-71va

Hec conferunt cerebro in gravi eius. . .
　　Arnald of Villanova, De conferentibus et nocenti-
　　bus medicine: VI 5512, ff. 207r-208v; anon.
　　Brux 14353, 14c, ff. 208ra-210rb(Silvestre
　　152a).　See 'Conferunt cerebro. . .'

Hec de lapidibus probata scio dyamas inter
　　alias. . .
　　De lapidibus preciosis: Ea F.303, 14c, f. 93

Hec descriptio demonstrat qualiter fornax. . .
　　Preparatio ignis inextinguibilis: Oc 125, ff. 142r
　　(161)-143r(163)

Hec dies omnibus egrotantibus utilis est in lecto
　　qui inciderit. . .
　　Astrol. medic. (Luna I): VI 2532, 12c, f. 55r

Hec dies valet ad agendum negotia regum. . .
　　BLcm 517, 11c, ff. 24rb-25va

Hec dinamidis et demonstratio omnium medi-
　　camentorum que. . .
　　Incipit dogma Galieni ad Paternum: CLM
　　11343, 13c, ff. 4r-5r

Hec domus significat infirmitates. . .
　　De sexta domo et suis quaestionibus: Ea Q.361,
　　14c, ff. 121-123v(Zi 3920); CLM 588, 14-15c,
　　ff. 83r-87v

Hec duo capitula subsequentia excerpta sunt
　　ex opere. . .
　　George Ripley, Introd. Text, 'Sunt quidem qui
　　se. . .'

Hec eclipsis incipiet anno domini 1384. . .
　　'Hic incipit circulus primus eclipsis solis': BLf
　　22, 15c, ff. 10v-11r

Hec eclipsis solis anno domini 1330 incipiet
　　post meridiem. . .
　　Eclipsis solis cum canone: CUt 1109(O.II.5),
　　14c, ff. 84-90.　Tables, 'Ista tabula docet. . .'

Hec egritudo accidit semper ex fumo vel materia
　　venenosa. . .
　　Venereal disease: BN 7066, f. 74r

Hec enim medicina dicitur de corporibus aut de
　　speciebus(spiritibus?). . .
　　Tractatus ex turma(Turba?) philosophorum:
　　CLM 26059, ff. 122v-128v

Hec enim medicina virtutem omnem sanandi. . .
　　Antidotum philosophorum: BU 303(500), 15c,
　　ff. 224v-226v

Hec enim summa nostra est que de instrumen-
　　torum. . .
　　Geber, Summa instrumentorum(Liber for-
　　nacum): Chantilly 327(642), 14-15c, pp. 199-
　　202(Corbett II,59)

Hec enim tria verba sunt de lapide pretioso...
   Liber trium verborum qui dicitur liber trinitatis:
   BU 303(500), 15c, ff. 285r-290v

Hec est ars consilii sexdecim iudicum...
   Modus quo quis per artem geomantiae scire
   poterit utrum aeger ab infirmitate liberetur:
   BLcm 46, 15c, ff. 87r-90r

Hec est ars medicinarum laxativarum tam
simplicium...
   Johannes Stephanus, De dosibus medicinarum:
   Reims 1004, 13c, ff. 18-22v; Ea Q.185, 13-14c,
   ff. 44v-45; 395, f. 112; MU F.576, 14c, f.
   117rb-; BLcm 455, 15c, 223-(226); CU 671
   (Dd.XI.45), 15c, f. 84v, incomplete; VA 2459,
   f. 50rb-va; VAp 1229, f. 261ra-va; Diels(1906),
   98; Wickersheimer 793; John of Montpellier:
   BMsl 1080a, 15c, ff. 1-5v; Stephanus Arnoldi:
   Wi 56, 15c, f. 41va-b; anon. Ea F.275, 13-14c,
   f. 86: ed. Archiv XI(1919), 212(Schulz); VI
   5488, 15c, f. 71

Hec est ars tota sed stultis valde remota...
   Receptum Alberti: CUt 1363, 15c, ff. 192v-195v
   (DWS 28,iv). See 'Dixit Mercher ad Fledium
   ...'

Hec est canon prima in suo equalitati...
   Richard of Wallingford *or* Simon of Tunstede,
   Canones in Albion: CU Mm.III.11, 15c, ff.
   26ra-37ra

Hec est causa quare mulieres...
   Secretorum mulierum appendix: CUt 1109
   (O.II.5), 14c, pp. 423b-424b

Hec est certissima salus corporis...
   Trier 40, 10c, f. 9v; ed. Archiv VII(1913), 129-
   43

Hec est de avibus sanandis...
   See 'Quoniam in causis disserendis...'

Hec est de signis egritudinum et intelligentie
vite ac mortis...
   Hippocrates, Prognostica: Archiv IX, 87, n.1,
   203-204; Kibre(1945), 390-91

Hec est diffinitio substantialis medicine quod
est...
   Hali ibn Ridwan, Comm. Tract I, Galen, Ars
   Parva: pr Venice, 1557, ff. 175r-217v, with
   Turisanus, Plusquam commentum

Hec est duplex passio cadentibus capillis...
   Alexander Yatros sophista: Brux 10869, 14c, f.
   143vb(Silvestre 152a). See 'Contingit hec duplex
   ...'

Hec est dynamis et monstratio omnium medicamentorum...
   Galen, De dinamidiis: Beccaria p. 414

Hec est expositio prime digressionis longe...
   Averroes, Expositio digressionis commentatoris
   tertii de anima: Ea F.297, 14c, ff. 194-196

Hec est fen sexta quarti canonis in qua...
   Gentile da Foligno, comm. Avicenna: Mi
   C.115.inf., a.1451, ff. 80ra-96rb

Hec est figura coeli que spera nuncupatur...
   Aristotle, Spera octo figurarum de lapide philo-
   sophico: VE VI.215(XIV,4), a. 1475, ff. 262-
   267; pr as Scriptum Alberti super arborem
   Aristotelis, Verae alchemiae, 1561, II, 102-103;
   Ze(1613), II, 495-98; Borgnet 37, 574-76

Hec est figura extractationis occultorum secun-
dum regulam hyles...
   Liber de occultis: BLau F.5.28, 13c, ff. 72v-(73);
   BMh 941, 15c, f. 58v; BN 7282, f. 42ra-va.
   This is cap. 7 of Messahala, De intentionibus

Hec est figura inceptionis mundi correspondens
numero annorum...
   Pierre d'Ailly, De figura inceptionis mundi et
   coniunctionibus sequentibus: VI 5266, 15c, ff.
   46r-50v; BMh 3742, 15c, ff. 228v-231r; Salembier xxv gives the wrong incipit for this title

Hec est figura initii huius translationis...
   Horoscope marking beginning of tr (in 1253?)
   by Jehuda ben Moses Cohen and Aegidius de
   Tebaldis of Haly Abenragel, De iudiciis astrologie: Modern Language Review (1951), 517

Hec est figura interpretationis verborum Arabicorum...
   Diagram and explanations of the astrolabe: BMr
   15.B.IX, late 12c, f. 71

Hec est figura Ptol. quam Haly suus commen-
tator...
   De cognitionibus morborum per horoscopum: Ea
   Q.215, 14c, ff. 88v-89v

Hec est geomantia Indiana que vocatur...
   T II, 120, n.5

Hec est laus aque ardentis. Primo omnes
virtutes herbarum...
   Aliquot formulae medicamentorum et 'Laus aque
   ardentis': VI 2306, 14c, f. 37va

Hec est medicina de pilis innaturalibus in oculis
crescentibus...
   De pilis superadditis etc.: CLM 615, 13c, ff.
   50vb-51vb

Hec est nativitates(*sic*) quedam ad instruendum
...et est de iudiciis Abraham. .
   VI 5442, 15c, ff. 221r-223va

Hec est natura salis alobrot videlicet quia quatuor...
> Sal alobrot: BN 6514, 14c, f. 52vb(Berthelot I,5, 22)

Hec est operatio verissimi elixeris que primo fit per decoctionem...
> BMsl 3457, 15c, ff. 252v-254v, again at ff. 418v-420v; DWS 691; T (1938), n.27

Hec est particula antidotarii Abumeronis Avenzoar...
> Avenzoar, Antidotarium: GW 3103-05; Klebs 127.1-3; IAL A1253-1255

Hec est porta lapidis et operationis eius...
> Ultimum philosophiae secretum: BU 139(105), 14c, pp. 55-66; Ambix V(1956), 89-90

Hec est porta occulti lapidis et ultimum philosophie secretum...
> Same text as preceding: Mon 493, 15c, ff. 226r-230v(Corbett II,130)

Hec est positio generalis multiplicationis per artem...
> Septem conditiones que requiruntur ad magisterium philosophorum: BMh 3528, 14c, ff. 39v-40v(in the hand of Egidius de Vadis) (DWS 328)

Hec est prima clavis que tractat de calce...
> Inspector, Alchemy: DWS 124. See 'Dixit Inspector. In hoc...'

Hec est quarta fen que sic continuatur Postquam in prima Fen...
> Gentile da Foligno, Comm. fen 4, IV Avicennae: pr Avicenna, Canon, vol. II, Venice, 1523

Hec est scripta quam dedit Laurentius Luti...
> Laurentius Luti, introd. Alchemy: EU 131, 15c, ff. 75-82; BMsl 3457, 15c, ff. 351v-354(DWS 307); DWS corrigenda III, 1160, with different inc. 'Recipe quatuor libras de vitriollo...'

Hec est sphera cuiusdam peritissimi philosophi. Computa quot dies sunt...
> Notabilia astrologica: VI 3276, 14-16c, ff. 237r-239v

Hec est summa et collectio...
> See 'Intelligendum est quod Rosa...'

Hec est summa secunda doctrine tertie dictionis ...
> Antonius Cermisonus, Recollectae de urinis: GW 6516; Klebs 265.1; IAL C364; with Jacopo da Forlì, In I Can. Avic.: Klebs 548.1-2; AFML 258: IAL J45-46

Hec est tabula Aristoboli in quo primo...
> Divination: VAp 1367, ff. 149vb-152va

Hec est tabula lune ad inveniendum in quo signo sit luna...
> Petrus de Dacia, 'dictus Philomena', Tabula: CLM 5538, 14c, f. 55r

*Hec est tertia distinctio huius libri...
> Raymond Lull, Tertia distinctio: T IV, 648-50

Hec est tiriaca... See 'Est post tractatum...'

Hec est utilitas Psalmorum. Ad aborsum...
> Use of Psalms for magical purposes: FL Plut.89, sup., cod.41, 15c, ff. 146r-174r

Hec est vena... See 'Hoc est vena...'

Hec febris quantum est de se...
> Bernardus Alberti, cap.I, Recepte super primam fen quarti canonis Avicenne: VAp 1331, ff. 130v-139v

Hec figura que sequitur ostendit in quo signo sit luna...
> CLM 10270, 11c, f. 131r-v

Hec generosa domina egrotat ulceribus in vesica...
> Bartholomaeus de Montagnana, Consilium: VAu 1416, 15c, f. 92v-

Hec herba becinum nascitur in montuosis et lapidosis locis...
> Dioscorides, De herbis femineis: PA 1031, 14c, f. 48. See 'Hec autem herba hecinum...'

Hec herba facit ad hemptoycos... See 'Hec autem herba facit...'

Hec herba potest colligi in mense Augusti...
> Panacea: BMsl 1091, 15c, f. 72(DWS 1108A)

Hec igitur sunt herbe contra discrasiam...
> Wickersheimer 172. See 'Hec sunt herbe contra...'

Hec mala deponis ad buccam si tibi ponis...
> De iunipero (9 verses): BE 221, 14-15c, f. 196v; Walther, Beiträge 282(Schulz)

Hec manus indicat quatuor triplicitates...
> Figure of hand with 3 signs of zodiac on each of four fingers: CLM 2841, 15-16c, f. 38r-v

Hec mea...
> George Ripley, Medulla alkimie: BLas 1490, a.1593, ff. 66r-74v

Hec non displiceant quia sit sine corpore parvus ...
> Ps. Ovid, De medicamine aurium: Bern 505, 13c, f. 38v. See 'Ne tibi displiceat...'

Hec oportet medicum sic visitare infirmum...
Diocles, Epistola ad Pamperium de inspectione
infirmorum: Brux 3701-15, 10c, f. 12; Beccaria
6.27

Hec pars que est de febribus colericis dividitur...
Anon. comm.: CLM 174, ff. 1ra-9rb

Hec partitio sive distributio climatum...
Geographical text: BN 11248, ff. 30v-31v

Hec passio quam vulgo malum francie...
Johann Widman, 'dictus Meichinger', De pus-
tulis: Hain *16160; Klebs 1048; IAL W14

Hec pertracta sunt...
Avicenna, Epistola ad Hasen: DWS 126, iv. See
'Pertractata sunt...'

Hec prenostica de qualitate annorum ostendit
deus sacerdoti...
Esdras, Kalends of Jan.: CLM 677, 13c, ff. 18v-
19r; T I, 678

Hec presens ars dicitur algorismus ab Algore
rege...
Saxton, Gloss to Alexander de Villa Dei, Algorismus metricus: BMr 12.E.I, 14-15c, ff. 1r-(24v)

Hec questio presupponit unum et aliud querit...
'Utrum omnis forma habeat latitudinem nobis
presentabilem per figuras geometricas': VE VI,
62(Valentinelli, XI,20), 15c, ff. 63-68

Hec quidem de pulsibus impossibile est competentem modum...
De compendio pulsus: BN 6865, 14c, ff. 138va-
139ra

Hec quidem que a primis et principalibus
causis sunt...
Galen, De causis pulsuum: CLM 5, 14c, ff. 243-
263; BN 11860, ff. 231rb-238va; Liber III
(Diels 1905, 88)

Hec ratio vera ad initium septuagesime...
Tabulae ad inveniendum Pascha etc.: BLcm 560,
11c, ff. 52v-(60)

Hec res prima confricetur confricata humectetur
aqua...
Johannes Tectinensis, Alchemy: DWS 816; CU
1256(Ff.IV.13), a.1528-29, ff. 297r-(308v),
without prol.

Hec scientia dicere oportet ad unamquam
passionem competentia adjutoria...
Alexander Trallianus, Medic.: Durham Cath.
C.IV.11(octavo), 13c (DWS MS)

Hec scientia incipit a potentia et pervenit ad
actum...
Commentum tertiae partis quarti de quartis
Platonis: VE XVI, 3, a.1472, ff. 291-303(T II,
782, n.9)

Hec scientur ex gradu coniunctionis...
De quatuor temporibus anni et de mutatione
aeris: Ea Q.386, 14c, f. 11r-v

Hec sigilla et annuli vocantur septem planetarum...
Astrological seals and rings: Basel F.II.10, 15c,
ff. 181vb-182va

Hec signa vel ab annalibus(animalibus?) causis
...
De duodecim signis zodiaci: VAu 674, 15c, ff. 2v-
(5)

Hec sit hereditas tua...
Astrological: Rubio y Lluch, Documents per
l'historia de la cultura catalana migeval, I(1908),
343-344

Hec stella in septentrione oritur...
Stellarum cursus: VAr 1324, 15c, ff. 35r-36r

Hec stella mulieribus iuventutem in aspectu
conciliat...
Stella mauritania (different from Stella alchemia):
Ze VI, 284-85

Hec sunt breviter et summatim collecta...
Magister Cerdo de Mediolano, Regimen in
pestilentia a.1378(1388?): CLM 323, ff. 119ra-
122vb

Hec sunt capitula probatissima secundum quosdam composita...
Unguentum pro caligine; part of(?) 'Practica
oculorum magistri Benevenuti': CLM 259, f.
112ra-v

Hec sunt consideranda ad hoc...
William Merle, Regulae ad futuram aeris tem-
periem praenosticandam: T III, 145; Hellmann
II(1917), 185

Hec sunt contenta in urina...
Theophilus(?): Sandbergs Bok-Handel Stock-
holm, Catal. 10, no. 76, ff. 3-7r

Hec sunt duodecim signa celestia aries taurus...
FLa 132(206-138), 15-16c, ff. 76-79

Hec sunt experimenta fratris Nicolai...
Nicolaus Polonus, Experimenta de serpentibus:
T II, 768, n.2; ed. BSFHM X(1911), 269-
90

Hec sunt frater(pater) carissime Paterniane...
> Galen, Alphabetum ad Paternum, prol.: Beccaria p. 414

Hec sunt genera metallorum. Primum argentum vivum...
> CUj 72, 15c, ff. 167-168(DWS 429)

Hec sunt herbe contra discrasiam capitis...
> Wickersheimer 172; VI 2531, 14c, ff. 77r-79r; CUt O.VIII.2, 15c, f. 77r-v; Danzig, Stadtbibl. 2314, f. 83v(Schulz); CU 1896(Ii.VI.17), 16c, ff. 30-41

Hec sunt ille dies infelices etiam quibus nullum opus nec medicinam sumere...
> VI 5307, f. 213ra

Hec sunt infirmitates animi...
> De passionibus animi: EU 175, 15c, ff. 171v-173v(DWS MS)

Hec sunt longitudines civitatum hic nominatarum ab occidente...
> VI 2332, 15c, f. 140v

Hec sunt medicine...
> See 'He sunt medicine...'

Hec sunt mundificantes sanguinem. Cassia fistula...
> Tabula medicinarum simplicium: Ea Q.185, 13-14c, ff. 133v-134

Hec sunt nomina corporum adinvicem...
> De tribus dimensionibus corporum s. altitudo, latitudo, et profunditas...: BLas 1485, 15-16c, p. 132

Hec sunt nomina diversorum medicaminum...
> BMsl 282, 14-15c, f. 52r

Hec sunt nomina duodecim horarum diei...
> Balenus, De xxiv horis: VAp 1116, 15c, f. 115v; T (1947), 242

Hec sunt nomina karacterum cum figuris...
> Gerlandus Vesontinus, Nomina characterum: VI 2503, 13c, f. 48v

Hec sunt nomina librorum quos transtulit...
> Index librorum quos Girardus in latinum vertit: Ea F.266a, late 13c, f. 126v; Haskins 14

Hec sunt nomina philosophorum in magisteriis suis...
> Alchemy: Mi Trivul. 245(E.27), 15c, ff. 103r-104r

Hec sunt nomina secreta...
> Liber quindecim nominum: cited Spec. astron., Borgnet X, 641; T (1947), 253

Hec sunt quindecim nomina...
> T (1947), 253, n.61

Hec sunt practicata...
> Astrology: BN suppl. fr. 3337, a.1458, ff. 42-54 (Zi 3308)

Hec sunt que subtili ingenio ac solerti studio summaque diligentia...
> Medical: CUsj 37(B.15), 13c, part 3, f. 40r-

Hec sunt questiones in sede draconis...
> Johannes Parisiensis in Erfordia: KlaS 21, a.1464, ff. 201v-213r

Hec sunt recepte date per magistrum Leonardum...
> Pref. Leonard of Bertipaglia, Chirurgia: T (1929), 59-60. Text 'Flegmon est apostema...'

Hec sunt recollecte reverendi doctoris...
> Albertino da Salsomaggiore, Recollectiones medicinae: Giacosa 414

Hec sunt secreta quibus gaudebis sine meta...
> Monk of Cirencester, Alchemy: DWS 821

Hec sunt signa poli que semper sunt via soli...
> De xii signis zodiaci: Troyes 1326, 15c, item 1(H). See 'Est Aries Taurus...'

Hec sunt speciales significationes lune in esse ac negotiis...
> 'Doratius(Dorotheus?) in luna dixit': FNcs J.III.28, 14c, f. 76v(Carmody 71)

Hec sunt testimonia que planete accipiunt a signis...
> De aspectibus planetarum: BLr D.238, 14c, ff. 26r-28v; BN 7443, 15c, ff. 145r-147r

Hec sunt verba que retulit quidam senex...
> Theodoric (Borgognoni), bishop of Cervia, 1270-1298; De aqua vitae: DWS 1000, vii; BMsl 981, 15c, ff. 83r-85; E. P. Goldschmidt, Catal. 56, MS 5, ff. 25-33; anon., Nantes 98, 14-15c, ff. 1-47v; VAr 198, 14c, ff. 189v-192v; Trismegistus: VI 2466, 14c, ff. 85r-88v

Hec sunt virtutes aque ardentis secundum magistrum Arnaldum...
> De proprietatibus aquae vitae: DWS 1003, iii

Hec sunt virtutes aque balsami. Ista aqua secure...
> Mon 490, ff. 240r-241r

Hec sunt virtutes aque vite. Ardet sine dampnatione...
> BMe 2340, 14c, ff. 102r-113v

Hec sunt virtutes aque vite et quomodo fit...
> VI 2466, 14c, ff. 88v-90r

Hec sunt virtutes aque vite nam ipsa primo curat...
CLM 363, c.1464, f. 82r-v

Hec sunt virtutes aque vite perfecte et modus agendi...
Nantes 98, 14-15c, f. 47r-v(Pansier)

Hec sunt virtutes aque vite primo quod omnes
. . .
Thadeus Florentinus (Taddeo Alderotti), De virtutibus aquae vitae: CLM 363, c.1464, ff. 78r-81v; CLM 666, ff. 129r-140v. This is inc. of concluding section of Consilia of Thadeus Florentinus(Taddeo Alderotti): Archiv VII, 381-89; anon. VI 2466, 14c, ff. 88v-90r; VAp 1240, ff. 97v-100r; FLgr 137, early 15c, f. 1r(Ambix V, 95-96)

Hec sunt virtutes aque vite quas ego sepe probavi...
CUt R.XIV.29, 13c, f. 121r(120)-v

Hec sunt virtutes et efficacie aque pretiosissime idest aque vite...
Hoepli Auktion 3.XII.1929, Catal. L.36, n.IV, ff. 89v-91r(Schulz)

Hec sunt virtutes rosmarini 25 numero...
FLgr 137, early 15c, f. 2v; Ambix V(1956), 96

Hec sunt vocabula que in hoc libro obscura esse videntur...
Gloss on Galen, (De acutis febribus): Eins 304, 9c, pp.1-2

Hec tabula dicitur tabula terminorum quoniam in illa...
Expositio kalendarii: CUad 6860, 14c, f. 96v

Hec tabula docet in quo signo sit...
Tabula astronomica: CUg 373, 14c, f. 115v; CUsj 162 (F.25), 13-14c, f. 44r; Archeion, 18(1936), 325; Salzburg Studien. V, H. 149, 15c, ff. 32v-38(Zi 11879)

Hec tabula docet in quo signo sit luna secundum...
See 'Hec est tabula lune ad inveniendum...'

Hec tabula docet solis declinationem in qualibet die anni in civitate Parisius...
BLlm 644, later 13c, f. 13r; Saxl(1953), 388

Hec tabula prima tabula terminorum dicitur...
Expositio calendarii: Os 188, 13c, ff. 40-(49)

Hec tabula principalis Gerlandi dicitur cuius...
Canones de tabulis Iohannis de Garlandia: Ea D.16, 13c, ff. 69-71

Hec tabula sequens docet invenire horas diei...
Tabula horarum per umbram hominis: CLM 10273, ff. 171ra-172r

Hec tabula subscripta docet invenire diem Pasche...
Calendar: BN 15121, f. 13(H)

Hec tantum diligentius est attendendum...
Bethem, De horis planetarum: pr with Ptolemy, Venice, 1493, f. 120rb; Klebs 814.2; IAL P995; BM IB.22900

Hedere... See 'Edere succum...'

Hee... See 'He...'

Helice arcturus maior habet stellas...
VA 645, 9c, f. 56r

Helice id est arcturus maior habet in capite stellas obscuras...
Bede, De signis coeli: Padua I,27, 9-10c, f. 130v; ed. E. Maass, Commentariorum in Aratum reliquiae, Berlin, 1898, pp. 582-94; PL 90, 945-50; Jones 87

Heliotropia... See 'Eliotropia...'

Helix arctus maior habet autem in capite stellas obscuras...
Constellations (with figures): BLlm 644, c.1300, ff. 8r-10v; Saxl(1953), 387. See 'Helice...'

Hellilotus calidus in primo siccus in eodem...
CLM 645, 15c, ff. 84r-139v

Hemispherium nullus videt quia si visus...
Honorius of Autun(?), De solis affectis: PL 172, 101-116

Henrico septiformi spiritu in trina fide illustrato...
Henry of Huntington(?), Imago mundi: BMc Vespasian E.X, 13c, ff. 86r-119r; Henry, canon of Mainz, CUc 66, 13c, ff. 5-58, again, 116-127; anon., BMsl 2479, 14c, ff. 46-57

Heptomada apud Grecos...
See 'Hebdomada...'

Herba argimonia corona in capite facta statim sanat...
Ad dolorem capitis; and other recipes: Bern 803, 11-12c; Beccaria 124,1

Herba betonica contusa et capite imposita...
'Virtus vel curatio herbe betonice que habet medicamina quadraginta': BLd 29, 15c, ff. 44v-(45). See 'Herba vettonica contusa...'

Herba ecinum facit ad emptoicos. . .
Dioscorides, Liber medicinae ex herbis femininis numero LXXI: BMad 8928, 11c, ff. 62v-69ra; Diels 1906, 31; Beccaria 108, 5

Herba mormodica que oritur in montibus. . .
De virtute herbe mormodice id est carance: Mon 277, 14-15c, ff. 118v-119r(Corbett II,84); ed. Sigerist, BHM IV(1936), 57-60

Herba plantago a Grecis dicitur arnoglossa. . .
Apuleius, Herbarium: Beccaria p. 415

Herba poligono coronatus quam quis luna decrescente sustulerit. . .
Theodorus Priscianus, Physica: Beccaria 5.2

Herba prima attributa soli est solsequium. . .
Alexius Affricus (Flaccus Africanus etc.), De septem herbis septem planetis attributis: T II, 233-34; DWS III, 769-71

Herba prima saturni qui dicitur asfodillus (affodillus?). . .
De virtutibus herbarum et septem planetarum faciendum ad preparationem metallorum: BN 7161, 15c, f. 78v(Corbett I,101)

Herba que vocatur mormodica nascitur in montibus. . .
BU 977(1885), 15c, ff. 98r-99r

Herba vettonica contusa et super capitis. . .
Antonius Musa, Cap. 1, De herba vettonica: CML IV(1927), 1-11; BMsl 1975, 12c, ff. 11-13v. Dedic. 'Caesari Augusto. . .'

Herba vettonica que prima inventa es ab. . .
Precatio herbe vettonice: CML IV(1927), 11

Herbarum conditor omnipotens rex eternus. . .
De herbis: CUt O.II.18, 15c, ff. 162r-163r

Herbarum dicam vires in carmine quasdam. . .
VI scot 257, ff. 122-180. See 'Herbarum quasdam. . .'

Herbarum et simplicium virtutes que in usu sunt. . .
See 'Herbe priapisci. . .'

Herbarum matrem te primo limite ponit. . .
Herbarium metrice: Prag cap. M.VI(1359), 15c, ff. 1r-47v(Schulz)

Herbarum nomen ab arbore inflexum. . .
Liber de simplicibus medicinis secundum ordinem alphabeti ('vel Herbarius Theophili,' added in a late hand): Ea Q.198, a.1347, ff. 105-184v; Diels(1906), 105

Herbarum quasdam dicturus carmine vires. . .
Macer Floridus (Odo of Meung), De viribus herbarum: ed. L. Choulant, 1832, pp. 28-123; T I, 612-15; GS I, 765-66; VI 134, 11-12c, ff. 3r-29r(Beccaria 4); Lincoln Cath. 333, 10-11c, ff. 62r-88r; Bern 519, 12c, ff. 39v-59r(Schulz); VAu 746, 12c, ff. 1-36; CLM 4583, 12c, ff. 47v-71; ascribed to Hugh of Lyons, Tours 789, 12c, ff. 59v-101r; many later MSS; pr Naples, 1477; Milan, 1482(Klebs 636.1-2; IAL M1-2; AFML 288-290)

Herbarum species pulchros cum germine flores . . .
Jacobus, Prol. Quintus Serenus, Liber medicinalis: Zurich C.78, 93, f. 57v; Beccaria 141

Herbarum varias que vis cognoscere vires. . .
Macer Floridus: Hain *10417 seq.(Schulz); Klebs 617.1-6; IAL M3

Herbarum vires dicturus carmine. . .
See 'Herbarum quasdam dicturus. . .'

Herbas dum vivent summant que sumere debent. . .
Medical verses: VI 3011, 15c, f. 74r

Herbas ut flores tellus fert multicolores. . .
VAp 1123, 16c, ff. 146v-147v

Herbe contra frigidam discrasiam capitis. . .
BMsl 568, end 14c, ff. 229rb-231vb; Oc 135, ff. 78r-103

Herbe generaliter in duo dividuntur aut enim silvestres. . .
De natura herbarum: BN 7029, 13c, ff. 71r-72r

Herbe plantaginis radix in collo suspensa capitis dolorem. . .
Apuleius, Herbarius, cap. 1

Herbe plantaginis vel arnoglosse. . .
'Que habet medicamina viginti quatuor': BLd 29, 15c, ff. 45v-(50)

Herbe priapisci radices tunse. . .
Oribasius, De herbarum et simplicium quae et medicis in usu sunt virtutibus: pr Experimentarius medicinae, Strasburg, 1544

Herbe(?) vero calidis et humidis assuefaciant. . .
BMsl 670(84), 12c, ff. 11r-(17v)

Herbe vetonice dragma i cum aqua tepida. . .
Antonius Musa: BLb 130, 11-12c, ff. 34r-48v, 1r-33v, 49r-56r; Beccaria 86.1

Hercules diminuta vel ut expedit. . .
Prol. Tract. ad sciendum ubi lapides inveniuntur (Ps. Albertus de lapidibus, lib. II): BN 7156, 13-14c, f. 181r(Corbett I,80)

Hercules rex ex Stephano interrogatus voluit et scitum...
> Stephanus Alexandrinus et Hercules rex, Dialogus (from Allegoriae sapientium super librum Turbae): BLas 1416, 15c, f. 146v(DWS 4); pr as Distinctio V, Turba, Ze V, 69

Herculeus innactus est in 22° Scorp....
> Mi M.28 sup., 14c, f. 18v

Hereses vero in medicina fuerunt tres logica empirica et methodica...
> Galen(?): VAp 1298, 15c, ff. 215vb-218vb

*Hermannus Christi pauperum peripsima...
> Hermannus Contractus, pref. De mensura sive De compositione astrolabii: T I, 701-702; Haskins 51-52; Bubnov 109; ed. Isis XVI(1931), 203-212; BN 16201, end 12c, ff. 1r-4r; BNna 229, 12c, ff. 19r-25v; CUg 413, 13c, f. 9(Atk); CLM 13021, ff. 69ra-72rb

Hermes. Corpus solutum et aqua perhennis congelant...
> Conclusiones quorundam philosophorum de lapide roarhadumico seu indico: BLe 63, 15c, ff. 74v-76(DWS 13)

Hermes dicit ex quatuor elementis metalla constitui...
> Circular generation of metals: CLM 26059, ff. 207v-209v; perhaps part of preceding, 'Dixit Matheus(Mercher?) ad Fladium...'

Hermes dicit inprimis corpus solutum in aquam vocatur aqua...
> Liber secretus de floribus philosophorum: VI 509, 15c, ff. 268v-270r

Hermes dicit quod Elixerium sine mercurio stare non potest...
> CU 220(Dd.IV.45), 15c, ff. 15r-16v, 'expliciunt Dicta Hermetis' (not indicated in DWS)

Hermes dixit filio suo O fili quando sciveris...
> Libellus apocrofus salis alcali: BN 7161, 15c, ff. 23v-24(Corbett I,95)

Hermes dixit quod sol et luna post deum omnium viventium vita sunt...
> Centiloquium Hermetis: CLM 453, 15c, ff. 56r-60r; Hain *8463; Klebs 511.2; IAL H69. See 'Sol et luna post deum omnium...'

Hermes enim operis sui efficatiam ostendere volens inquid: Verum sine mendatio...
> Comm. Hermes, Emerald Tablet, 'secundum opinionem Raazi' and 'iuxta rationem Massiliensium': BN 6514, 13-14c, f. 86v(Corbett I, 24-25)

Hermes in Egipto natus fuerat et dicitur Grece Mercurius...
> De Hermete: BN 7432, 15c, f. 1r

Hermes in hac scientia sic ait, Alchimia...
> See 'Alchimia est substantia...'

Hermes pater omnium philosophorum...
> See 'Verum sine mendacio...'

Hermes pater philosophorum dixit in primis pone corpus...
> Ruecherus de Ummelberg: BMh 5403, 15c, ff. 82v-89(DWS 356); anon. Dicta philosophorum: VA 4092, ff. 230v-231r

Hermes philosophus de sapientia quam videlicet omnibus...
> Hermes, Super opere philosophico: Cambrai 919, 15c, ff. 32-38 (Corbett II,33-34)

Hermes philosophus dicit inprimis. Corpus solutum in aquam...
> Liber secretus de floribus philosophorum: Mi Trivulz. 245(E.24), 15c, ff. 106v-108r. See 'Hermes dicit inprimis...'

Hermes philosophus dicit quod una re scilicet nostro lapide...
> Dicta philosophorum: BMad 10764, 15c, ff. 191v-243v, mgs(DWS 12)

Hermes Plato Aristoteles et ceteri philosophi per tempora...
> Apocalypsis spiritus secreti: BLas 1490, 16c, ff. 15r-17r

Hermes Plato Aristoteles reliquique antiquiores philosophi...
> Apocalypsis Hermetis: FL 89 sup., 26, 15-17c, pp. 223-(226)

Hermes qui vocatus est Apollo Congregavi...
> See 'Congregavi effectum...'

Hermes theologorum magorum alchimistarumque pater...
> Lazarellus, Vademecum (alchemy): FR 984, c.1500, ff. 1r-8r

Herniarum plures sunt species...
> 'De hernia secundum Guordonium' (mg): BMh 4087, 15c, ff. 23r-26r

Heroicus ille divine legis predicator...
> Cirvelo, Comm. Sphere, pref. See 'Iste est tractatus...'

Heros est morbus quem patitur cerebrum...
> Borghesi 86, 12c, f. 62r-v

Hesiodus(Herodius) dicit(dixit) Elicen Licaonis fuisse filiam que a Iove...
> Anon. Sangallensis de astronomia Arati: ed. E. Maass, Commentariorum in Aratum reliquiae, Berlin, 1898, pp. 595-601; Zi 9959-61; Saxl (1927), 163

Hester Ptolomeus et Hermes dixerunt quod locus...
> Andalò di Negro, De infusione spermatis: VA 4085, f. 28r-v(TR 330); BB VII(1874), 360-62; T III, 194; ed. Isis 47(1956), 395-97

(H)eterios orbes subiectaque templa dierum...
> See 'Etherios orbes...'

*Heu quia per crebras humus...
> Jo. Gower, Scrutinium lucis: Tanner

(H)eu quia tepent doctrinarum studia...
> Gosswin Kempchin, Computus casualis: BMad 15107, a.1459 (at Erfurt); Zi 5739; Saxl(1953), 21

Hi fervore vigeant tres salsus amarum acutus...
> CLM 7755, f. 42r(Schulz)

Hi lapides cari dicuntur...
> Significatio xii lapidum: Lincoln Cath. 226, 15c, f. 25v

Hi quatuor humores dominantur in suis locis...
> Os 17, c.1110, f. 1v

Hi sunt aspectus planetarum...
> CUt O.II.40, 15c, f. 140v

Hi sunt canones et regule de modo componendi receptas...
> Bartholomeus de Montagnana: CLM 339, 15c, ff. 178r-182r; anon. BMad 39175, late 15c, ff. 57r-(60r); CUt 1239(O.IV.8), 15c, ff. 56r-57r

Hi sunt sirupi approbatiores in diversis passionibus...
> Gentile da Foligno, Nicolaus de Sancta Sophia, et al.: CLM 77, late 14c, ff. 87ra-90va

Hi tres dies plus sunt observandi...
> Observance of days: Os 17, f. 3va

Hibernia dividitur in quatuor...
> Mirabilia Hiberniae: BMr 13.D.I., c.1385, ff. 243v-(245)

Hibernia post Britanniam insularum maxima...
> Giraldus Cambrensis, Topographia Hibernica: BMr 13.B.VIII, 12-13c, ff. 1r-34v; 13.A.XIV, 13-14c, ff. 10v-158v; ed. J. F. Dimock, RS V(1867), 1-202

Hic ad evidentiam textus declaranda sunt quatuor...
> Comm. Aegidius Romanus, Quaestiones de generatione: Wi 24, 14c, ff. 132ra-159rb

Hic Albertus ostendit formationem fetus...
> Comm. (De secretis mulierum): VI 3287, 15c, ff. 77r-83v(or 87v?)

Hic algorismus ars presens dicitur in qua...
> See 'Hec algorismus...'

Hic alia sequuntur nota digna...
> De compositione quadrantis: Wi 79, 15-16c, ff. 37v-47v

Hic aliqua dicenda sunt de perspectiva...
> Roger Bacon, Tractatus perspectivae: Little 382-84; ed. Bridges, Opus maius, II, 1-166; Millás (1942), 212

Hic aphorismus particula tertia sic continuatur...
> Marsilio of Sancta Sophia, comm. Hippocrates, Aphorisms, Particula III; pr with Jacopo da Forlì, comm. Aphorisms: Venice, 1495(Klebs 546.6; AFML 257; IAL J44)

Hic arguitur Theophilus...
> Comm. Isaac, De urinis: VI 5317*, ff. 239-51 (Schulz)

Hic autem liber de essentiis intitulatus duos libros...
> Thomas capellanus, introd. Epistola de essentiis essentiarum. Text, 'Sunt inesse corporibus...'

Hic bene quadrifera distinguitur anathomia que singula membra...
> Liber anathomiae: BLe 219, 13c, f. 145v. See 'Constituentia corporis...'

Hic cautelarum doctrina datur variarum...
> Cautelae diversorum numerorum, in verse and prose: BN 14070, ff. 92r-96r

Hic continentur epistole due quas Evax...
> See 'Evax Arabie rex...'

Hic danda est ratio...
> De discretione climatum: Zurich Car.C.172, 11-12c, ff. 74v-76r

Hic dat intentionem suam...
> Reportata super De respiratione et inspiratione: Basel F.V.10, ff. 101rb-102vb

Hic de lepra et primo ostendit quod sit et suas causas et divisionem...
> Gentile da Folgino, comm. Avicenna, (liber IV), Fen 3, Tract.iii, De lepra: AFML 79(Klebs 131.12; IAL A1272)

Hic determinat de decoratione quando coagulatur...
> Gentile da Folgino, comm. Avicenna, IV Canonis, Fen 7, tract.I: AFML 79(Klebs 131.12)

Hic determinavit(determinat) Avicenna de venenis. Causa est quia in hoc quarto libro...
> Gentile da Foligno, comm. Avicenna, Fen 6, Canon IV: CLM 204, 14c, ff. 108va-114va; AFML 79(Klebs 131.12)

Hic docet astrorum leges loca...
> Dominicus Bandinus of Arezzo, On the planets, Book VIII of the Fons memorabilium universi: VA 3121, 14-15c, ff. 23v-54r(T III,760)

Hic dubitatur primum an desiderium scientie sit naturale...
> Quaestio: Rve 828, 14c, f. 52; AL 1557

Hic est capitulum Avicenne de venenis pro sciendum...
> Wi 61, 15c, ff. 190v-194v

Hic est dispositio substantialis et perfectio anime...
> Comm. in VI libros priores fragmentumque septimi physicorum Aristotelis: Ea F.341, late 14c, 105 ff.

Hic est ergo liber trium verborum...
> See 'Lapis iste de quo...'

Hic est liber Albumasar quem collegit de floribus...
> See 'Hic est liber quem collegit Albumazar...'

Hic est liber coquinarum bonarum pro conservatione corporis...
> N. medicus de Assisio: Châlons-sur-Marne 319, a.1481; Archiv II(1909), 32

Hic est liber de veritate Ypocratis qui intitulatur...
> Hippocrates, Liber praescientiae (Capsula eburnea): Kibre(1945), n.130; BN 6893, 13c, ff. 293vb-295va; 7406, 13c, ff. 178vb-179rb. See 'Pervenit ad nos...'

Hic est liber in quo continentur plura collecta...
> Albumasar, De magnis coniunctionibus: CLM 125, ff. 223ra-276vb-277vb

Hic est liber in summa de significationibus individuorum superiorum...
> Albumasar, De magnis coniunctionibus: BN 16204, 13c, pp. 183-302; Arras 47; 844, 14c. See 'Scientia individuorum...'

Hic est liber individuorum superiorum...
> Albumasar, De magnis coniunctionibus, tr John of Seville, prol. Text, 'Scientia individuorum...'

Hic est liber Iovis quem tractat...
> Hermes: VA 10803, ff. 61v-62v; T (1947), 246

Hic est liber magnus et completus quem Haly Abenragel...
> First translator's pref. See 'Gratias uni deo...'

Hic est liber Martis...
> Hermes, De imaginibus Martis: cited Pastrengo (1547), f. 36r

Hic est liber Martis quem tractat...
> Hermes: VA 10803, ff. 60r-61r; T (1947), 246

Hic est liber naturalis de rebus...
> See 'In nomine summi et altissimi...'

Hic est liber preciosus magnus atque secretus sigillorum...
> Zael(?) (Cehel, Ethel, Techel, Thetel), On seals or sculptured gems: T II, 390, 399-400; ed. from BLd 79 by Joan Evans, Magical Jewels, 1922, 235-238; Ea Q.295, 13c, ff. 37v-41r

Hic est liber quem collegit Albumazar de floribus...
> Albumasar, De floribus astrorum: BN 16208, 12-13c, ff. 53vb-57ra; BMh 1, 13-14c, ff. 24r-30v; FLa 208(140), pp. 297a-336b. See 'Oportet te primum scire...'

Hic est liber Racaidibi...
> Racaydyby, Liber trium verborum: BU 270 (457), 15 or 16c, VI, 5. See 'Sperma lapidis est ...'

Hic est liber Saturni...
> Alchemy: Palermo 4 Qq.A.10, 46

Hic est liber Saturni quem tractat Hermes triplex...
> Hermes, De imaginibus Saturni: cited Spec. astron.cap. xi(Borgnet X,641); Pastrengo(1547), f. 36r; T (1947), 246

Hic est liber similitudinum omnium (fortuniorum ac infortuniorum) filiorum Adae...
> Albandinus, Divination: T I, 716; Osiris I(1936), 684, n.128; Er 434, 13-14c, ff. 257v-265v; BN 7349, 15c, ff. 56r-58v; BN 7457, ff. 73v-80v; CLM 275, 15c, f. 132r-v; VI 4603, 15c, ff. 203r-209r(Zi 11880); VI 5307, 15c, ff. 85ra-107v(Zi 9962-63); ascribed to Pythagoras, VAp 1367, 15c, f. 114v; anon. CLM 458, 15c, ff. 97v-116r; CUt B.1.58, a.1496(Atk)

Hic est liber summe operationis...
> See 'Liber trium verborum...'

Hic est liber trium verborum.   Lapis...
> See 'Lapis iste de quo...'

Hic est liber trium verborum liber lapidis pretiosi...
> Liber trium verborum: FNpal 887, 15-16c, ff. 94v-96r; FR 119, ff. 32v-33r. See 'Lapis iste de quo...'

Hic est magnus liber...
> See 'Gratias uni deo...'

Hic est modus iudicandi urinas et que dicta sunt...
> Gualterus Agilon, Contenta urinarum: Cambrai 916, 13-14c, ff. 183-185(Pansier II,18)

*Hic est necessarium...
> Raymond Lull, Ars memorativa. See 'Ars confirmat et augmentat utilitates...'

Hic est preciosus liber magnus atque secretus sigillorum...
> BN 8454, f. 65(H). See 'Hic est liber preciosus ...'

Hic est quadraturam circuli...
> Admont 461, 14c, ff. 5r-20r

Hic est secundum naturam primus partus et melior ab omnibus...
> Gynecologia: Mon 277, 14-15c, ff. 162-163; VAp 1304, ff. 83r-84vb; Archiv II(1909), 22; Janus XIV(1909), 217-20, from Mon 597, 15c

Hic est stellarum ordo utrorumque circulorum ...
> Brux 5421, 9c, ff. 117-124v; Brux 10698, 12c, ff. 99ra-104ra(Silvestre 152b); Mon 452, 12-13c, ff. 3r-4r; part of Aratus, tr Germanicus: pr Venice, 1488, f. 60r(Klebs 137.1; IAL 1277). See 'Ab iove...'

Hic est tractatus pulcherrimus assummas (?) receptas bonas...
> See 'In dispositione medicinarum seu receptarum ...'

Hic est veritas et medula totius astrologie...
> Rubric. See 'Quoniam ut dicit beatus...'

Hic Geber aperte exponit septem qui sunt necessaria operi...
> Geber, introd.(Tres ordines): London, Royal Coll. of Physicians 33, 14c, ff. 71v-72(DWS corr. 107A). Text, 'Sublimetur lapis...'

Hic habentur quot gradibus omni die sol distat ...
> VI 5155, ff. 2r-4r

Hic iacent contrarie operationes...
> George Ripley, Aurea ars: BLas 1459.II(3), late 16c, pp. 1-7

Hic Iani mensis sacer est En aspice ut aris...
> Brithferth(?), Kalendarium: Os 17, c.1110, f. 16

Hic incipiam a dispositionibus aquarum et virtutibus...
> Bordeaux 117-118, 15c, ff. 19-24v

Hic incipio dicere de ventis et nomina sunt ista...
> FLg Plut.89.sup., cod.38, 15c, ff. 201-204

Hic incipit alia ordo planetarum...
> CU 1705(Ii.I.13), 14c, ff. 4r-(6r). See 'Luna est prima planetarum...'

Hic incipit aliam materiam...
> See 'Agendum est...'

Hic incipit ars notoria...
> See 'Ad intelligendum omnes artes...'

Hic incipit brevis...
> Epistola Albrici de herbis: James, 481

Hic incipit cognitio venarum aperiendarum...
> Phlebotomy (text in English): BMsl 442, 15c, ff. 35-36

Hic incipit compendium alchymiae...
> George Ripley, introd. Liber duodecim portarum: Opera omnia chemica, Cassel, 1649, pp. 1-101; DWS 810 (in English). See 'O lumen incomprehensibile...'

Hic incipit dispositiones humorum et formarum filiorum Ade et vite et mortis...
> Astrology *or* Astrological medicine: CUt 1330 (O.VII.2d), 15c, ff. 15v-20v

Hic incipit experimentum magistri Nicholai de Bodbys...
> BMsl 964, ff. 82r-83r

Hic incipit liber Abrahe Iudei de nativitate...
> See 'Optimum instrumentorum...'

Hic incipit liber Aldaraia secundum hoc quod nobis...
> Astrology and spirits: BLb 908, 16c, ff. 1-104; BMsl 8, 16c, ff. 3r-102v

Hic incipit liber Archilai philosophi de corporibus et spiritibus...
> See 'Brevis expositio summe totius libri...'

Hic incipit liber de aggregationibus...
> Alfraganus, Liber de aggregationibus scientiae stellarum et principiis celestium motuum: Bubnov p. xxii; FNm XXXIX, 74, 12-15c, ff. 14-25. See 'Numerus mensium...'

Hic incipit liber de anima...
> Nicolaus de Orbellis, Commentarii in lib. Arist. de Anima: Ran 127(B.4.4), 15c, ff. 101-114; pr Basel, 1503

Hic incipit liber de flebotomia quos et qualiter...
> Giacosa 434

Hic incipit liber docens qualiter fieri possent diversi lapides...
> De compositione lapidis: CUg 178, 15c, ff. 281r-282r

Hic incipit liber filiorum Ade omnium...
> See 'Cum volueris scire ascendens...'

Hic incipit liber ignium...
> See 'Recipe sandarace pure lib....'

Hic incipit liber Iovis...
> Hermes, De imaginibus Iovis: Pastrengo(1547), f. 36r

Hic incipit liber maiorum operum qui...
> Saphirus, Liber maiorum operum (alchemy): DWS 149; Prag 1984(X.H.6), 14c, ff. 75v-78v; 1765(IX.E.9), 14-15c, ff. 29r-37v. Text, 'Primus modus operandi...'

Hic incipit liber sigillorum filiorum Israel quem fecerunt in deserto...
> Zael (Cehel, Ethel, Techel, Thetel), On seals or engraved gems: BE 956, 12c, f. 22; T II, 399

*Hic incipit liber tertius apud Grecos et satis rationabiliter...
> Thomas Aquinas, In Arist. de anima III: QE

Hic incipit liber tertius de crisi Galieni...
> (Peter of Auvergne), Comm.: Reims 1014, 14c, ff. 65-89

Hic incipit nobilis tractatus editus per bonum phisicum...
> Jean de Bordeaux, Pest tract: CUc 171(F.9), 15c, ff. 363v-364; ed. David Murray, Paisley, 1885

Hic incipit operatio veri et perfecti lapidis...
> Winandus de Rupho Clipeo, Gloria mundi: T IV, 691

Hic incipit opus quod ut Socrates philosophus dixit...
> Alchemy: CLM 352, 15c, ff. 322r-324v

Hic incipit opus Theodorici qui ait istud...
> Pref. Theodoric, Alchemy. Text, 'Recipe calcis unam partem et...'

Hic incipit Palma...
> See 'Secundum Augustinum...'

Hic incipit preparatio medicine secundum Arnaldum de Nova Villa...
> See 'In principio omnium operationum...'

Hic incipit prima computatio. VI nonas Aprilis signat...
> (Bernard Gordon?), Ratio computandi per digitos: CU Mm.IV.41, 14c, f. 100r

Hic incipit primo de mense qui Ianuarius appellatur...
> Alexander physicus de Hispania, Liquor or honeyed liquor: VAp 1367, ff. 174va-175vb

Hic incipit secretum totius artis perfecte...
> Lapis philosophorum: KlaB XXIX.d.24, a.1421-1423, ff. 270v-273v

Hic incipit tractatus de septem herbis...
> Alexius Africus, Introd. See 'Prima autem herba est...'

Hic incipit tractatus optimus in quo exponit et aperte declarat...
> Ps. Pliny, Secretum secretorum (alchemy): CU Kk.VI.30, 15c, ff. 129v-131v(DWS III, p. 1129, corrig. 157,i); CUt 1120(O.II.16), I, 15c, ff. 46r-47r; CU 220(Dd.IV.45), 15c, ff. 6v-12r

Hic incipit volumen vere mathematice habens sex libros...
> Roger Bacon, Communia math.: Little 403

Hic incipiunt aliqua ex Mesue et Nicolao compilata...
> CLM 7, 15c, f. 263vb

Hic incipiunt aque perficientes omnia corpora...
> Na XV.F.54, ff. 106v-(107v)

Hic incipiunt compositiones omnium rerum mineralium...
> Hermes(?): VAp 1329, 15c, ff. 10r-19r

Hic incipiunt diversi modi congelandi mercurium...
> VAp 1328, 15c, ff. 49v-55r

Hic incipiunt expositiones rerum mineralium...
> Hermes(?), VAp 1329, 15c, ff. 6r-9r

Hic incipiunt nomina herbarum (cum?) qualitatibus earundem...
> Oc 129, 14c, ff. 21v-41v

Hic incipiunt nomina herbarum primo de arthemesia...
> See 'Artemisie tres species...'

Hic incipiunt operationes vere(rare) et perfecte lapidis Rebis...
> See 'Hic incipit operatio...'

Hic incipiunt pondera medicinalia.   Dragma ...
> CU Mm.IV.41, 14c, ff. 136v-137r

Hic incipiunt proportiones etc.   Omnem motum...
> See 'Omnem motum...'

Hic incipiunt proprietates et virtutes singulorum mensium...
> De mensium influxibus: VI 3011, 15c, ff. 6v-15v

Hic incipiunt quedam regule...
> Richard Suiseth, De motu locali et aliis physicis (tract. xiv of Calculationes): T III, 377, n.22

Hic incipiunt recepte magistri Giraldi de Solo...
> See 'Nota primo quod virtus...'

Hic incipiunt secreta Hermetis inventoris metallorum...
> Text, 'Primo sciendum est quod septem...'

Hic incipiunt sompnia Danielis...
> CUt 1081(O.I.57), f. 119r.   See 'Arma in somniis...'

Hic incipiunt vera recepta ad congelandum et fixandum mercurium...
> BU 168(180), 15c, ff. 50r-55v

Hic incipiunt verissima experimenta certissimorum medicine doctorum...
> Godefridus de Moscendis (copyist?): VAp 1177, ff. 39r-51v

Hic incipiunt vocabula et sinonima que attribuuntur metallis...
> Synonima alchimistarum: VAp 1330, 15c, ff. 2r-7v

Hic inferius continentur et fiuntur forme metallorum...
> Ot 9, 15c, ff. 47v-49(DWS 725A)

Hic inferius continetur modus faciendi...
> Ot 9, 15c, f. 105v(DWS 1104)

Hic inferius describitur ut fiunt colores et primo...
> Ot 9, 15c, ff. 75v-100(DWS 917)

Hic inferius ponenda sunt aliqua dubia...
> Dubia in superiorem tractatum de pestilentia: Ran 1371(T.5.9), 15c, ff. 71-90

Hic intendo originaliter et succincte tamen conclusive describere singulas etates mundi...
> BMad 41600, c.1455, ff. 74v-83v

Hic investigantur conditiones et proprietates...
> Walter of Evesham, De multiplicatione specierum in visu secundum omnem modum: CU 1705 (Ii.I.13), ff. 41v-48v(44v-51r) (T III,128)

Hic kalendarii nostri clauderemus usum nisi quorumdam...
> On celebration of Easter: CLM 4394, 15c, f. 32r

Hic lapidum varius color est et mistica virtus...
> Carmen de xii lapidibus pretiosis versuum 123: Bern A 92.26, 11-12c, f. 1r-v; Ambix 8(1960), 6; Zurich, Rhenum 62, 11c; VI 2245, 12c, ff. 79-87v; Grenoble 235

Hic lapidum vires Marbodi dogmata disces...
> Douai 217, 13c, f. 120v-

Hic libellus edatur nomenque ei mundi...
> Mappa mundi: Besançon 660, 15c, ff. 61-73

Hic libellus(liber) qui de anima inscribitur est sextus in ordine...
> Gaietanus de Thienis, Expositio librorum Aristotelis de anima: BN 6445, a.1446; FLa 100(175-107), 15c, no.1; Ran 553, 15c, 117 ff.; pr Padua, 1475; Venice, 1481; Vicenza, 1486; Venice, 1493 (Klebs 425.1-4; IAL G24-26)

Hic liber carissime Iohannes est liber Neapoleonis...
> Incipit expositor super Racaydibic: BU 139(105), 14c, pp. 84a-105a; Ambix V(1956), 90

Hic liber compilatus fuit ex diversis voluminibus...
> David of Armenia, prol. Super librum Accanamosali.   See 'Ego Accanamosali...'

Hic liber compositus...
> See 'Ita infit Binjamin...'

Hic liber continet in se multas questiones positas mihi...
> Marianus Jacobus Taccola, De edificiis et ingeneis: FNpal 766, 15c, ff. 1r-45v, addressed to Sigismund, King of the Romans, in 1433; AIHS 30(1955), 21, 24-25

Hic liber dicitur...
> See 'Intelligas me sane quia...'

Hic liber dicitur Regni quia regnum(?) sponderet...
> Hyeberis, Liber regni quem fecit ad filium suum: FR 923(L.III.28), 16c, ff. 47(46)r-48(47)r

Hic liber est Rudiani liber divinitatis et est liber trinitatis...
> Jacobus de Senis, Liber sub trinitate trium verborum et sub verbis lapidis preciosi: BU 168 (180), 15c, ff. 15r-24v

Hic liber Hippocratis idcirco regimen acutorum appellatur...
>   Arnald of Villanova, Lectura super Reg. Acut.: PA 709, 15c, ff. 2-10(H)

Hic liber intitulatur afforismorum...
>   Christopher de Honestis, Comm. Aphorisms of Hippocrates: Mi B.17 inf., ff. 1ra-231rb

Hic liber maioris in astronomiam commenti Albumayar...
>   Hermann of Carinthia(?), Liber quadrifariam partitus, de indagatione cordis: BLlm 594, 14c, ff. 144rb-153ra; Carmody 101

Hic liber moralium nominatur secretum secretorum...
>   Secretum secretorum, tr Philip of Tripoli: Bern 260, 14c, ff. 61va-74rb; VI 407, ff. 137ra-145ra

Hic liber noster(meus liber)...
>   Geber, Liber septuaginta: DWS 97, 100, 101c, 101e

Hic liber quem collegit...
>   See 'Hic est liber quem...'

Hic liber qui de anima inscribitur est sextus in ordine...
>   See 'Hic libellus(liber) qui...'

Hic liber trium verborum Hermetis...
>   See 'Lapis iste de quo...'

Hic locus quem quidam...
>   Gerbert, Scholium ad (Boethii) Arithmeticam Institutionem: ed. Bubnov(1899), 32-35; Brux 10075, 10c, f. 157(Silvestre)

Hic moriens certis signis cognoscitur eger...
>   BMsl 568, f. 217ra-b

Hic narrat de mense primo...
>   Alexander Hispanus: MU O.347, ff. 238-75

Hic narrat primo de mense Ianuario. Est enim Ianuarius...
>   Que faciundum seu vitandum sit in quolibet mense: CLM 7744, 15c, ff. 52-55v

Hic noster liber est de luna et de eo quod...
>   Liber ludi (alchemy): BN 5055, f. 214r-v

Hic nota diligenter declarabo tibi per quem...
>   Alchemy: VAp 1329, 15c, ff. 136v-138r

Hic nota primo quid est allopicia...
>   Bona Fortuna, Comm. Constantinus Africanus, Viaticum: BN 15373, 13-14c, ff. 44ra-136vb, 146ra-162ra (old foliation, 1-92, 93-101); Rouen, 983, 14c, ff. 1-72

Hic notande sunt alique cautele circa urinas...
>   De cautelis urinae: FLa 143(217-149), 15c, f. 44

Hic notandum est de virtute nobilitate et effectu...
>   (Aurora que dicitur aurea mora): VAp 1329, 15c, ff. 88r-90v

Hic oriuntur plura dubia circa mulierum secreta...
>   Cleopatra (but 13c authors are cited), De secretis mulierum: BN 7106, 15c, ff, 1r-30v

Hic parvulus introductorius in totam philosophiam naturalem...
>   Johannes Peyligk, Comm. Parvulus philosophie naturalis: Hain *12861(Schulz)

Hic paululum queso siste gradum...
>   Gerung et Bern, De observandis quatuor temporibus: VA 3101, 11c, ff. 32r-33r

Hic ponuntur termini qui videntur difficultatem habere...
>   Aquinas(?), De esse et essentia: Beiträge 22 (1920), 164

Hic ponuntur glose que invente fuerunt per volumina...
>   Bernardus, Gloss on Raymond Lull, Anima artis: Corbett I, 122

Hic post laudem dei et ipsius exaltationem inquit.   Postquam illud...
>   Al-Khowarizmi, Algebra, tr Gerard of Cremona(?): but in VA 5733, ff. 275r-287r, tr Simon of Cremona; in FNcs J.V.18, 14c, ff. 80r-86r, tr William de Lunis; ed. Libri I(1838), 253-89, (1865), 263-97; Carmody 47

Hic post laudem dei inquit.   Compilavi...
>   See 'Compilavi hunc librum...'

Hic postquam optavit ei bona evenire...
>   Ahmad ibn Yusuf, Epistola de arcubus similibus: BN 9335, 14c, ff. 30r-31v; Carmody 131.   See 'Geometre eos esse...'

Hic primo de tincturis pannorum monarchorum...
>   DWS 895

Hic primo queri posset quare scientia dicatur...
>   Gratiadei Esculanus, Questiones in libros Aristotelis de anima: VE fa 261(X.77), 14c, ff. 1-28

Hic primo queritur utrum de corpore mobili...
>   Roger Bacon, Quaestiones supra libros quatuor Physicorum Aristotelis: OHI VIII(1928)

Hic septem herbas et ipsarum septem virtutes...
>   Alexander Magnus: Mon 277, 15c, f. 36r-v(Corbett II,78); Archiv II(1907), 11

Hic sequitur ordo vivendi philosophice secundum Aristotelem...
> Secretum secretorum, medical portion, tr John of Seville: BMsl 405, ff. 23v-25v

Hic sequuntur dicta philosophorum per que compositio sit...
> (Alchemy): VAp 1329, ff. 38r-39r

Hic sequuntur optima notabilia ad hanc artem spectantia...
> Introd. Alchemy: DWS 621. Text, 'Lapis noster philosophicus non...'

Hic sequuntur quedam bona notabilia que reperi...
> Aquae vitae recognitio: Cambrai 920(819), 15c, ff. 196-197v(Corbett II,49-50)

Hic serpens ventis pernicior...
> Ovidius, De mirabilibus mundi: Lincoln Cath. 132, 13-14c, f. 78-

Hic sunt aspectus planetarum s. coniunctio sextilis aspectus...
> Jerchel, De aspectibus: FL Plut. 30, cod.24, ff. 126va-128rb

Hic suppono quod in uno corpore est una anima...
> Quaestiones de anima: Oc 228, 15c, ff. 51-(61)

Hic tractandum est de complexionibus...
> Alexander, De quattuor complexionibus hominum: Cop. Gl.kgl.S.1656, 14-15c, ff. 168ra-170rb(TR 256); anon. BLcm 480, 15c, f. 91rb-vb(TR 348); Isis 49(1958), 404-405

Hic tractandum est de dispositione omnium hominum...
> See 'Qui habet verticem...'

Hic tractandum est de duodecim mensibus...
> CLM 7755, ff. 240r-244r

Hic tractandum est de fluxu sanguinis quibus modis...
> Graz 216, c.1400, ff. 65v-69

Hic tractatus de venenis continuat partem prohemialem...
> Christoforus de Honestis, Problemata de venenis: BMh 3659, a.1412, ff. 13va-68va

Hic tractatus qui liber metheororum inscribitur secundum...
> Super primum Meth. cum expositione textus: CUpet 157, 14c, ff. 148r-155v

Hic vero de corporibus inferioribus est tractandum...
> Thomas Aquinas, pref. De esse et essentia mineralium: Corbett II, 101. Text, 'Materia lapidis est...'

Hic videndum est de signis pestilentie pro quo sciendum...
> De signis pestilentie: CUc 521(N.23), 14c, ff. 175v-176

Hic volucres celi referam sermone fideli...
> De nominibus volucrum, item ferrum: verses accompanying Hippocrates, Regimen breve ad Antigonum regem: CLM 614, 13c, f. 31; 4350, 14c, f. 3; 12665, 13-14c, f. 142; 4146, a.1436, f. 20; Vienne 75(H). This is the second of the verses, ed. Zeitschrift für deut. Altertum, IX, 390; etc.; Huemer, Iter Austr. I, 66(Schulz)

Hiemale circulum maximum...
> Notae de mensurationibus astrolabio faciendis: Ea Q.357, 13-14c, ff. 113v-114r(Zi 900)

Hiena lapis invenitur in oculis hiene bestie...
> De lapidibus: VAr 258, f. 4r

Hilardus. Utrum potest fieri...
> See 'Utrum potest fieri lapis...'

Hinc est nostre intentionis, O Alexander, quod de qualitatibus...
> Epistola Aristotelis missa Alexandro (part of Secretum Secretorum): BU 139(105), 14c, pp. 139a-148b; Ambix V(1956), n.17

Hinc est quod ego Venantius de Moerbeke communi utilitate...
> Prol. Venantius de Moerbeke, De presagiis futurorum: Ghent 5(416), 15c, ff. 109r-125r

Hinc est quod iste libellus tractat de causis naturalibus...
> Quaestiones de Meteor. liber I: Oa 81, 15c, ff. 26r-38v; Oma 38, 15c, ff. 9-10v; Ambix 7(1959), 36-37

Hinc incipiam dicere qualem disciplinam medicina desideret...
> BMad 8928, 10c, ff. 10v-11r; Beccaria 84.11; Osiris X(1952), 204

Hippocras... See also 'Hippocrates...'

Hippocras Chous...
> Glossae super Theophilum de urinis: BMr 8.C.IV, 13-14c, ff. 177v-(186r)

Hippocras dicit quod sanitas...
> De regimine sanitatis: Wilhering 83, 15c, ff. 165-166(Xenia Bernardina II,2, p. 44)

Hippocras dicit sic. Vita brevis ars vero longa...
> De sanitate corporis secundum Ypocratem: BMsl 963, 15c, ff. 80v-85r

Hippocras dixit quod primum aspice lunam quando est...
> Hippocrates, Liber pronosticationum secundum lunam in signis: pr Rasis, Opera(Venice), 1497, ff. 151v-152r(Klebs 826.2; IAL R170)

Hippocras eximius medicorum dicit naturam...
> Hippocrates, On the four infirmities: GU 323 (U.7.17), 15c, f. 56r

Hippocras fuit discipulus Esculabii physici secundi et fuit de genere Esculabii primi...
> Mi D.2 inf., ff. 4r-(7v?)

Hippocras fuit discipulus Esculapii physici...
> VAp 1451, 15c, f. 194v

Hippocras hortatur nos ad ea sine quibus effectum...
> 'Explicit tabula super afforismos Vita brevis extracte ex Arnaldo de Villanova:'

Hippocras in epidimia...
> De urinis: Ran 1456(V.I.11), 15c, ff. 122v-123r

Hippocras legitur quod habebat quemdam nepotem...
> Enarratio de Ypocrate et eius nepote: FNpan 132, 15c, f. 33v

Hippocras libro primo regiminis acutarum vinum est...
> Arnaldus de Villanova, Praecepta ad roborandam memoriam: VI 5315, 15c, ff. 96r-99r

Hippocras tractaturus de signis pronosticis...
> See 'Materia Hippocratis in hoc...'

Hippocrates archiater Antigono regi scribens per anni spatia...
> Bede, De temporum ratione, cap. 30: 3 MSS, 9-12c, Beccaria p. 437; as Diocles, De conservanda sanitate: Wu M.p.med.Q.2, 13c, ff. 32v-33r

Hippocrates et Nectanabus philosophus necnon et Plato...
> Sententia philosophorum de horis in quibus debent fieri prestigia: BLd 67, 13c, f. 78r-v

Hippocrates fuit genere Cous...
> Brux 1342-50, 11c, ff. 52vb-53va(Beccaria 5.5)

Hippocrates Mecenati suo salutem libellum quem...
> Ps. Hippocrates, Letter to Maecenas: Giacosa 358; ed. Ruellius, with Scribonius Largus, Paris, 1529(T I,600). See 'Libellum quem...'

Hippocrates optimus medentium dixit. Cuiusmodi...
> See 'Cuiusmodi medicus est...'

Hippocrates vero fuit CXLVI annis post Abucadenazor...
> Mi D.2, inf., ff. 5r-6v

His certis de signis moriens cognoscitur eger...
> Versus medici: VI 2418, 14c, f. 106v. See 'His moriens...'

His circa effimeram prenotatis et cognitis signis...
> Dominicus de Raygola(Ragusa?), Introductorium ad curandas febres: BMh 4087, 15c, ff. 11r-22v

*His ergo radicibus et fundamentis datis...
> Robert Grosseteste, De natura locorum: VE VI.163(X,185), 15c, ff. 101-102. See 'His igitur regulis...'

His habitis accedendum est ad Iohannitium et tegni...
> Comm. in libros Hippocratis, Galieni, etc.: Ea Q.173, 13c, ff. 84-145v

His habitis volo descendere ad ea que pertinent...
> De rerum naturalium generatione: BN 10264, ff. 225-226, incomplete

His igitur dispositis tamquam utilis...
> Aomar, De eligendo querentis et questionis duce: Ea Q.372, 14c, ff. 141v-146v (from Liber novem iudicum, Carmody 106)

His igitur regulis et radicibus et fundamentis...
> Robert Grosseteste, De natura locorum: Beiträge IX(1912), 65-72; Thomson 110

His igitur taliter executis...
> Alkindi, De accidentali stellarum proprietate: Ea Q.372, 14c, ff. 139v-141v; Carmody 82-83, 106

His itaque compositis ubi linea k.d. intersecat latus quadrantis...
> Melk 367, 15c, ff. 258-267(Zi 9745); Yale MS bound with 156, copy 2, p. 258

His laudem prebe que frangunt leve cubebe...
> Versus pharmacologici: VI 5522, 15c, f. 1

His magis partium cipere(?) est videri sapientes quam esse et non videri...
> Sdezlaus de Bohemia, Compendium practicae: VI 2483, 14c, 38 ff.

His moriens signis certis cognoscitur eger...
> Verses on signs of death: BMsl 568, late 14c, f. 217r. See 'His signis...'

His prelibatis incipio divino auxilio...
> Gentile da Foligno, cap. i Contra pestilentiam consilium. See 'Quoniam gloriosus et excelsus...'

His premissis igitur...
  Sun-dial: Wo 3749, 15c, ff. 82-94v(Zi 9746)

His qui de flebotomia considerant unum quidem...
  Nicholas of Reggio, tr Galen, De flebotomia: Lo Parco(1913), p. 287; BN 6865, ff. 166v-172r; T (1946), 225, no.21

His qui instituunt per astronomiam pronosticum finem, O Sire...
  Ptolemy, Quadripartitum, anon. tr from Greek: Björnbo I(1909), 391; Haskins 111-112; BLd 179, 14c, ff. 171-208

His signis moriens certis cognoscitur horis...
  Versus (varying from 6 to 10): BLe 219, 13c, f. 81r; BLr C.504, end 13c, f. 46v; CUg 117(186), 13c, ff. 219v-220; CUc 441, 13c, p. 529; Vendôme 206, 13c, f. 5v; BMr 12.G.IV, 14c, ff. 185v, 214v; BMsl 420, 14c, f. 58v; 568, 14c, f. 215r-v; CUg 136, 14c, f. 68; CUt O.IX.10, f. 108(Atk); ed. NE 31, i, 139 et seq.; Romania IV, 384; for related English versions, Carleton Brown, English Lyrics, 71 and notes

His superioribus diebus...
  Nicolaus de Rainaldis de Sulmona, Pillulae et consilium pro peste: VA 5373, ff. 57v-59r

His visis sciendum est quod liber iste...
  Petrus de Hibernia, Comm. De longitudine et brevitate vite: VA 825, 14c, f. 92v

Histrignos hoc est carion frigida est...
  De herbis: MC V.97, 10c, pp. 475b-476a; Beccaria 95.29

Hitropis autem qui ex acutis causis omnes maligni...
  De itropici: BN 11218, 8-9c, ff. 55v-56r; Beccaria 34.3c

Hoc anno in principio martii pestis erit maxima in tota Italia...
  Aquilinius de Aquila, Iudicium anni 1479: BU AV.KK.VIII.29, ff. 141r-143v(T IV,454)

Hoc aurificum opus...
  Artephius(?), Speculum speculorum: Steinschneider(1906), 10

Hoc aurum a(aut?) golde copulatur Iovi...
  CUg 203, 14c, p. 117(DWS 420)

Hoc cure mee experimentum ex omnium medicorum disciplina...
  Antonius Musa, pref. Liber de herba betonica (*or* Vettonica?). Text, 'Nomen herbe Betonica...'

Hoc diligente facto. Quattuor partium primam a dextra...
  Mensura monochordi: CLM 14836, ff. 125-(128)

Hoc enim patet protenta perpendiculari a puncto...
  Expositio Campani in figura sectore: VA 3098, 14c, f. 109ra-va

Hoc enim(ei) quod de pulsibus possibile est...
  Galen, prol. Compendium pulsuum, tr Nicolaus de Regio de Calabria, a.1345: Opera, 1490, I, 73r-v; 1515, I, 177v-181r; Diels(1905), 145. cap.1, 'Pulsus igitur est dyastole...'

Hoc est collectum ex libris multis...
  Liber medicinalis de omni corpore hominis terapeutica: BN 11219, 9c, f. 104ra(168vb); BMar 166(VIII), 9c, ff. 14r-74v; Beccaria 35.29; 83.3

Hoc est emplastrum sive unguentum dignum laude...
  Gentile da Foligno, De vulneribus: BLcm 116, 15c, ff. 270-(272)

Hoc est in quo laborant(laboraverunt) omnes...
  John of Rupescissa, De quinta essentia, Canon I: T III, 730; CLM 8951, 15c, ff. 50r-95ra

Hoc est oleum rubeum fisicum...
  Collectanea alchemica, in Latin and English: London Public Record Office S.P. Misc. Bundle 37 IIIb, 15c, ff. 1-2v(DWS 738)

Hoc est proemium in quo probare...
  See 'Nomen nature...'

Hoc est quod sapientes laudant...
  Super de causis: VI 5500, 15c, ff. 47r-63r

Hoc est quoddam bonum notabile. Probaverunt antiqui...
  De praecognoscendo hiemis habitu: Ea Q.21, 14c, ff. 115-116

Hoc est quomodo incepimus a translatione huius libri quem composuit Andromachus...
  Andromacus(Andronicus?), De tyriaca: VA 2416, 14c, ff. 61ra-71ra; AL 1863; VA 2459, 15c, ff. 65ra-74rb

Hoc est regimen pro sanitate servanda...
  Bartholomaeus de Ferraria, Pest tract: Archiv XVI, 126-31

Hoc est remedium contra aeris corruptionem...
  PA 3173, 15c, ff. 69-70

Hoc est sciendum quod quotiens articulis dividit...
  Arithmetic: CUt 1369(O.VII.41), 11c, ff. 60r-62v

*Hoc est secretum secretorum impretiabile pretium...
John Dastin, Epistola ad Johannem XXII de alchimia: T III, 85-86; DWS 280; ColR 120; CU 1256(Ff.IV.13), a.1528-29, ff. 274v-279v

Hoc est speculum fleobothomie...
John Arderne, Libri Sirurgie: BMsl 56, 14c, ff. 1-99

Hoc est vena cefalica quia a capite habet principatum...
Hippocrates, Epistola de incisione venarum: BN 11219, 9c, ff. 34vb-35rb; Brux 3701-15, 9c, f. 111r-v; Beccaria 35.17; 6.23

Hoc est verbum abbreviatum verissimum...
Raymond Gaufridi, Verbum abbreviatum: VE VI.214(Nani 55; Val.XVI.3), a.1472, ff. 287v-291v(T IV,15)

Hoc idem de pulsu impossibile est competentem modum...
Sylva eorum quae a Galeno disputata sunt in quatuor de pulsuum differentiis libris: VE fa 531 (XIV,6), f. 66; Liber parvus de pulsibus: VAu 247, 14c, f. 252v; pr Venice, 1528, f. 102

Hoc idem opus quod de pulsibus traditum est impossibile est competentem habere modum nominis...
Galen, prol. De compendiositate ipsius pulsus, tr de Greco, Burgundione Iudice cive Pysano: CLM 490, a.1490, ff. 129r-131r. Text, 'Pulsus igitur est dyastole...'

Hoc in sermone de te et de illis videtur velle Ptolomeus...
Comm. Ptolemy, Centiloquium: Haskins 69; Mélanges Halphen(1951), 698

Hoc instrumento sic uteris quando altitudinem solis...
Sun-dial: VI 5418, 15c, ff. 205v-207r; 5303, 15-16c, ff. 271v-273v(Zi 9747-48)

Hoc instrumentum factum est pro inveniendo gradum ascendentem...
Canones horoscopi instrumenti: BLcm 517, 15c, f. 1ra-va

Hoc leve florigerum plantat...
Rainaldus, Florigerum ex philosophorum dictis: Prag 1507, 14-15c, 73 ff.

Hoc medicamen non inutile exponam repertum in Aegyptia...
Oribasius, Medicaminum liber: pr Basel, 1529; pp. 337-45

Hoc medicamentum surdis est auribus aptum...
Recipe ascribed to Ovid: FLa 130(204-136), 15c, f. 27rb

Hoc mense bibe iii gulpos vini ieiunus...
'Observatio mensium secundum Bedam': BMsl 475, 12c, ff. 4v-6r; Beccaria 78.2

Hoc nomen meteororum dicitur a meta...
Notabilia super libros Meteor. Aristotelis: CUpet 208, 15c, ff. 7r-8r

Hoc novum opusculum seu naturalis theologie compendium...
Curatus de Ziessele iuxta Brugas, Compendium theologiae naturalis ex astrologica veritate sumptum: BN 7377B, 14-15c, ff. 126r-140v(T IV, 257-263). The text of the first chapter is lacking. Following this introduction and a table of contents, cap.2 opens at fol. 127v

Hoc oportet sciri generaliter quod non intendimus...
'Confectio Metridati': Mi H.107 sup., f. 163r

Hoc opus aggredior auxilio dei et probitate ac constantia viri...
Joh. Rosenpusch, Regimen pro sanitate decani in Undensdorf a.1434: CLM 7744, 15c, ff. 1r-4r

Hoc opus aptatur quod flos medicine vocatur...
Flos medicinae, versibus rithmicis: CUc 177, 16c, ff. 265v-269v

Hoc opus est scientie geomantie...
Ea Q.373, 14c, ff. 39-118

Hoc opus excellentissimum est auri potabilis...
Raymond Lull, Ars operativa: BU 142(109), 16c, ff. 116r-118r(T IV,632)

Hoc opus exiguum regi princeps medicorum...
Aristotle, Epistola ad Alexandrum. Pref. Versus: CUc 481, 13c, p. 371(Atk)

Hoc opus geomantie aggredior scientie...
William of Moerbeke, prol. Geomancy: Ea Q.377, 14c, ff. 62-67; Cassel Astron. Q.16, 14c, ff. 1-52r; CLM 588, 14c, ff. 6ra-57vb; FLg Plut.89 sup., cod34, 15-16c, ff. 27-(47)

Hoc opus igitur fastidire non audeant...
Alanus, De planctu naturae: FLg Plut.90 sup., cod.21, 13c, 24 ff.

Hoc opus promittit nobis...
Galen, De differentia pulsuum liber secundus: Vendôme 240, 15c, ff. 40-77; pr Galeni Opera de pulsibus, tr Hermannus Cruserius, Paris, 1532; Paris, 1538; Tiguri, 1555

Hoc opus quatuor modis adimpletur...
  Dicta Hermetis: BN 14005, 15c, ff. 70v-80r
  (Corbett I,169); anon. Alchemy: Prag 1984, 14c,
  ff. 46r-54v

Hoc opus utile prosiliendo aggrediar...
  Christophorus de Honestis, Expositio super Antidotario Mesue: T III, 538; CLM 708, ff. 41ra-
  107rb; 13150, 15c, ff. 122-167; VAp 1147, ff.
  249ra-294vb; pr Ferrara, and Bologna, 1488
  (Klebs 709.1-2; IAL H288); Mesue, Opera,
  Venice, 1490-97(Klebs 680.13-15; IAL M444-
  46); Lyons, 1535, f. 42

Hoc opusculum geomantie in prohemio dicam
  ...
  William of Moerbeke, Ars geomantiae: VI 3058,
  15-16c, ff. 93r-105r. See 'Hoc opus geomantie
  ...'

Hoc ornamentum...
  Pronostica Roberti grosteste: James 489

Hoc ornamentum decus est et fama ferentum...
  Bernard Silvester, Version II, Experimentarius:
  T II, 114

Hoc parvum primis inceptum forte sub annis...
  Johannes Derrames, introd. Carmina de conditionibus medicinarum solutivarum. Text, 'Hunc
  te me pigeat...'

Hoc phisicus phisici debet per robora...
  Versus: CUt R.III.29, 13c(Atk)

Hoc quod composuit incepimus a translatione
  huius libri...
  Prol. Andromachus, Theriaca: VAp 1234, ff.
  235ra-252vb; Kibre(1941), 270, n.36; Diels
  (1906), 14. See 'Tria sunt omnium...'

Hoc quod fuit (nostre) intentionis nature (et
  omnino)...
  Gratian, Epistola prima de lapide philosophorum:
  T III, 45; Geneva 82, 16c, ff. 8v-13r

Hoc scire volentibus primo ipsos scire oportet...
  Regulae ad sciendum de diversis ad aegrotantes
  spectantibus secundum Guidonem Bonatum
  aliosque: BLcm 46, 15c, ff. 68-(79)

Hoc tibi promittit philosophia ut parem te deo
  faciat...
  Expositio dictorum Aristotelis et Hermetis supra
  secreta secretorum de mutatione naturae: VE
  VI.215(XVI,4), a.1475, ff. 275-284

Hoc usi sermonis grave sancti et catholici...
  Walter of Odington, Objections of modern theologians to astronomy answered: Tanner

Hoc verbum est sexti initio huius Aforismi
  secundum translationem grecam...
  Comm. Hippocrates, Aphorisms: VA 4464, ff.
  125ra-142ra

Hoc verbum intitulatur ab Avicenna sex princi-
  piorum...
  Comm. Aristotle, Physiognomy: CUt 1081
  (O.I.57), 15c, ff. 95v-106r

Hoc videndum est de signis pestilentie pro quo
  ...
  CUc 521, 15c, f. 175v(Atk)

Hodie quod in tractatu de concordia...
  See 'Mihi diligentius perscrutanti...'

Homeri propositi representationem cognoscere
  numerum...
  George Peurbach, Opus algorismi: pr Vienna,
  (1495); etc.(Klebs 753.1-4; IAL P1028; n.d.;
  BM IA.51577)

Homerus atque Cecilius antiquissimi vates...
  Pico della Mirandola, Disputationes adversus
  astrologiam: pr Bologna, 1496, etc.(Klebs 764.1-
  2; IAL P579-81, 587)

Homerus atque Cecilius pessimos inimicos esse
  predicant...
  Lucius Bellantius, prol. Responsiones in disputationes Joannis Pici Mirandolae adversus astrologos: pr Florence, 1498(GW 3802, ff. 95-127;
  Klebs 168.1; IAL B263)

Hominem ex anima intellectuali et corpore
  optime...
  Nemesius Emesenus, De natura hominis liber, a
  Burgundione iudice Pisano translatus, a.1159:
  Diels, Berlin Abhandlungen, 1906, p. 67; ed. C. I.
  Burkhard, 1902; Laurent 2(4)

Hominem ut te non preterit magnifice atque
  honoratissime Cosma...
  Jo. Argyropulos, to Cosimo de'Medici, dedic. tr
  Aristotle, De anima: pr Venice, 1496; Hain
  *1659; GW 2341, f. 149r-v(Schulz); Klebs
  82.7; IAL A865

Homines continue usque ad senectutem possunt
  augeri...
  Hugh of Siena, Questio de etate consistendi:
  Lockwood (1951), 236

Homines et iumenta salvabis domine...
  De infirmitatibus equorum: Arthur Spaeth Cat.,
  I, 203, 15c, ff. 66r-75v

Homines ratione et intellectu vigentes...
  Comm. medical portion of Secretum secretorum:
  Ea Q.213, 15c, ff. 87r-93r

Homines sunt in quibusdam partibus...
See 'Quoniam de monstruosis...'

Homo ab humo dictus est...
Walafridus Strabus, B. Rabani Glossae Latino-Barbaricae de partibus humani corporis: PL 112, 1575-78

Homo ab humo dictus quia de terra humida factus est...
Epistola de homine et voce: Beccaria 6.8

Homo apud omnes philosophos in omnibus...
Cap.I, Tacuinum sanitatis. See 'Tacuinum sanitatis de sex rebus...'

Homo apud omnes philosophos in omnibus vel pluribus modis...
Albucasem, De conservanda sanitate: Admont 371, 14c, f. 41-(Schulz)

Homo cum sit altissimus et nobilissimus...
De moribus naturalibus hominum: Ea Q.15, 13-14c, ff. 83v-84; VAp 310, 14c, ff. 148va-149rb

Homo de humo factus est constat ex (quatuor) humoribus...
Tract on the human body: CUt 1402, (3), 13c, ff. 6-19; CU 671(Dd.XI.45), 15c, f. 92r-v, imperfect; GU 259, a.1432; Kibre(1945), 397, n.161

Homo dicitur antropos ergo minor mundus...
Tract. phisionomie: CUt 1109(O.II.5), 14c, ff. 252-256. See 'Homo Grece antropos...'

Homo enim princeps...
See 'Homo princeps...'

Homo est animal rationale mortale ex corpore et anima constans...
Dialogus de generatione humana: BN 14809, f. 298; CUt 1109, 14c, pp. 150a-171b

Homo est optimum eorum que in mundo sunt...
Comm. super librum Alberti de secretis mulierum: Angers 448, a.1406, ff. 17-68

Homo est princeps et rex omnium animalium...
See 'Homo princeps...'

Homo est princeps omnium animalium et rex...
Bernard Gordon, Phlebotomy: BLcm 455, 15c, ff. 196ra-207va, a good copy

Homo est rationale et mortale animal ex corpore...
See 'Homo est animal rationale...'

Homo est rex et princeps...
Bernard Gordon, De epidemia: Metz 282, 15c. See 'Homo princeps...'

Homo ex quatuor complexionibus componitur...
De physica et cyrurgia (incomplete): BMsl 2269, 14c, ff. 39r-40v

Homo ex quatuor elementis et humoribus componitur...
BLd 95, 14c, f. 6v; BMad 27582, 15-16c, f. 216r-v

Homo (ex) quatuor elementis quinque sensus habet, visum ab igne...
'Expositio membrorum': BMsl 284, 15c, ff. 64r-70r(?)

Homo generat hominem et sol in qua propositione...
Comm. Albertus Magnus, De secretis mulierum: VAp 1242, a.1369, ff. 13ra-56va; Zurich Car.C.III, a.1445-49, ff. 144r-199vb; KlaS pap. 113, a.1431, ff. 125rb-181va (catalogue to be corrected)

Homo generat hominem et sol. Ista propositio scribitur in secundo physicorum...
Expositio super (De) secretis mulierum: VI 5371*, 15c, ff. 19ra-32va

Homo Grece antropos dicitur...
Descriptio nature corporis humani: CLM 22300, 13c, ff. 25r-32v; Stift Heiligenkreuz 331, 15c, ff. 146bis-155 (Xenia Bernardina I,2). See 'Homo dicitur antropos...'; 'Homo ut dicit Aristoteles...'

Homo habet ossa ducenta et decem...
De corporis humani partibus: Bern 80, 15c, ff. 135r-151r

Homo iacens vultu erecto tenens...
Ad cognoscendam altitudinem rerum: CUt 1081 (O.I.57), 15c, ff. 84v-90v

Homo igitur animal...
See 'Homo est animal...'

Homo inter omnia animalia precipue est multi seminis...
Notabilia nature: VI 2378, c.1400, ff. 57v-63v; Saxl(1927), 103; BN 16490, f. 257(H)

Homo microcosmus...
Medical: Tours 395, 13c, ff. 32v-35v

Homo microcosmus et angelorum (*or* idest minor) mundus ab antiquis...
Hugo de Folietis *or* Hugutius, De medicina anime: CLM 9627, 14c, ff. 25-36; Ran 6(A.I.13), 15c, ff. 32v-39v; PL 176, 1183-1202. Prol. 'Rogas(Cogis) me frater charissime...'

Homo naturaliter animal civile (est) et politicum teste philosopho...
> Pest tract: Archiv XVI, 60-66

Homo natus in signo arietis...
> Cues 207, 14c, ff. 122-124(Zi 3313)

Homo non potest vice aliqua animum movere...
> Horae planetarum: BN 7328, ff. 69va-70ra

Homo nosce tuam vitam...
> Benedictus Icenus Nordovolgicus (d.1340), Alphabetium Aristotelicum: Gandolfo, De SS. Augustinianis, 1704, pp. 97-98

Homo princeps est et rex omnium animalium...
> Bernard Gordon, De flebotomia *or* part i, De conservatione vitae humanae, in four parts, often found separately: all 4 parts in VAp 1174, 14c, ff. 9vb-73va; BN 6971, 15c, ff. 143-(182); CLM 3073, 15c, ff. 50ra-179va; Giacosa 390; Archiv X(1917), 162-88; H. I. Bell in XVIIth Int. Congress of Medicine, 1913, sect. 23, pp. 325-37

Homo quatuor...
> See 'Homo (ex) quatuor...'

Homo quoniam sit secundum Ysidorum animal...
> De homine: VAp 1892, 15c, ff. 79r-98v. See 'Homo secundum Isidorum...'

Homo rationalis principaliter est dominus suorum actuum...
> De libero arbitrio(Notabilia astrologica): VI 3124, 15c, f. 205v

Homo sapiens et maxime felix...
> Theobaldus, prol. De naturis duodecim animalium: T I, 498

Homo secundum Isidorum est animal dei forme...
> Liber medicinalis: CLM 22413, 14c, f. 157 (Schulz); VI 1629, 14c, ff. 1r-98r(H); VAp 1190, f. 1; 1290, a.1420, ff. 1ra-84rb

Homo si vis te preservare...
> Epistle of consolation and counsel against the plague (in verse): CUt 1422(O.IX.10), 15c, ff. iii-iv

Homo unde dictus est? Homo enim ab humo appellatus est...
> Bern A92, 34C(Schulz). See 'Homo de humo ...'

Homo ut dicit Aristoteles dicitur anthropos grece...
> (Thomas of Cantimpré), De natura rerum: BLcm 356, a.1311, 116 ff. (T II,397)

Honestum quod prologus...
> Directorium medicorum sive tractatus de crisibus: VI 5216, 15c, ff. 55r-58v

Honestum quoque est huic salutem promittere...
> Tract. astronomicus de pronosticatione egritudinum: FLa 134(208-140), 15c, pp. 211b-216b; 289b-296b(T IV, 148, n.64); VI 5307, 15c, ff. 200-201v(Zi 4037)

Honora deum et honorabit te...
> Sernando de Pyonia, Authentica urinarum: VA 4440, 15c, ff. 134va-140ra

Honora medicum propter necessitatem etenim creavit eum...
> BMsl 282, 14c, ff. 189v-192r; BMr 12.B.XXV, 15c, ff. 57r-59r(DWS MS)

Honorabili circumspectoque viro magistro Henrico de Noviomago...
> Bartholomaeus Friso, Prognosticon: VI 5238, 15c, ff. 155r-159r

Honorabili et sapienti viro...
> Litterae cuiusdam episcopi Luthomuslensis ad Petrum Lunensem de peste: VI 3143, 14c, ff. 166r-167r

Honorabili viro domino G(?) amico suo karissimo...
> Consilium ad tussim catarralem ex flegmate salso: VAp 1240, a.1404, ff. 157r-170v

Honorabilium bonorum preclariorem partem opinantes divinorum...
> Henri Bate, prol. Speculum divinorum et quorundam naturalium: ed. E. Van de Vyver, I (1960); G. Wallerand, Les philosophes Belges, XI(1931); Glorieux I, 411; AIHS 27(1954), 133-40

Honorande consilium vobis concedere quo preservari possitis...
> Bartholomaeus Montagnana, Consilia: BN 6975, a.1439, ff. 1ra-290vb

Honorande rex...
> George Ripley, Epistola ad regem Edoardum: BU 142(109), 15c, ff. 122r-126v

Honorius papa dicit Audi fili mi disciplinam Aristotelis...
> Honorius Papa, Alchemy: BMsl 3747, 15c, ff. 73-79v(DWS 36)

Honorius papa dicit in mappa mundi Miserium in res...
> Prol. De potentiis animae: VI 597, 13c, ff. 1r-6v

Honourable chose est et moult aprisier aux princes...
>La pratique de l'astrolabe, 3 pts., tr from Latin by Jean Fusoris for his lord, Pierre de Navarre, comte de Mortain: Geneva 80(Petau 53), 15-16c, ff. 46v-59v; FNpal 705, f. 22r-v; Metz 606, 15c, item 2

Hora est iam nos de somno surgere...
>William de Bechis, De potestate spirituum: VA 4593, ff. 1r-44(T IV,298)

Hora est spatium temporis decurrentis secundum motus solis...
>Liber horarum et de eorum(*sic*) significatione secundum planetam: FR 905, ff. 37r-38v

Hora prior ianum dat sextaque fine profanum...
>De virtutibus mensium: Charleville 31, 14c, item 3(H)

Hora Saturni bona est ad emendum ferrum plumbum...
>BMh 5402, 14c, ff. 103v-104v

Hora Saturni bonum est emere res graves...
>BLcm 569, 15c, ff. 9v-14

Hora Saturni non bibas...
>CLM 8950, 15c, f. 149r-v(Zi 7923)

Hora solis dura et gravis...
>BMr 17.A.III, late 14c, f. 73v

Hora solis infortunata est in omni re...
>I. Dorotheus, De electionibus: CUpem 204, 15c, ff. 76v-77r; CLM 59, 15c, f. 277v(Zi 7294); Carmody 71
>
>II. Haly Aben Ragel, Astrology: VI 3124, 15c, ff. 180r-192v; Carmody 153, identifies with bk. 7, cap. 100, p. 341 (ed. 1503, f. 80v) of Haly's De iudiciis

Horalegium aqueum quod celeberrimus...
>Johannes Fontana, Water clock: BU 1426 (2705), a.1418(?), ff. 53-75; Isis 17 (1932), 37-38, 49; T IV, 156, n.23

Horalumen multa utilitate...
>Meiningen Pd 32, 15c, ff. 16v-71v(Zi 3061)

Horalumen sic fit: primo...
>Wo 3112, a.1420, ff. 61-71v; etc. (Zi 3062-65)

Horar(i)um quadratum pro multis regionibus...
>FL 29, 43, 15c, f. 59r-; Isis 50(1959), 36, n.19

Horas diei tam equales... Sun-dial: Zi 9750

Hordei natura humida est et frigidum...
>Dynamidia: Beccaria 101.15; 103.8

Hordeum natura frigidum est et humectum...
>Theodorus, Dietae: 8 MSS, 9-11c, Beccaria pp. 415, 426; pr Experimentarius medicinae, Venice, 1502; Strasburg, 1544; Archiv VIII, 381-403

Hore intra diem et noctem sunt numero xxiv ...
>FL Plut.89.sup., cod.35, ff. 174-(96)

(H)orizon rectus est circulus magnus...
>Roger of Hereford, De ortu et occasu signorum: BLb 300, ff. 84-90 (Haskins 125)

Horologium Achab(Acham) collocare sicut Almagesti primi libri capitulo primo...
>CLM 14684, 14c, ff. 65-70v; etc.(Zi 8849-52) CLM 56, f. 145r

Horologium ad sextam ternam et nonam diei horam...
>Tables: Boston Medical 20(7), ff. 98v-105r

Horologium concavum (et) in dimidia...
>VI 5258, 15c, ff. 8-12; 5418, 15c, f. 165r; etc. (Zi 9755-57)

Horologium horizontale est duplex videlicet in muro et in plano...
>Wo 3749, 15c, f. 52r-v(Zi 9559); Cgm 4545, c.1500, f. 67v; apparently part of 'Ad rectificanda horologia...'

Horologium horizontale in quavis habitatione ...
>CLM 4394, 15c, ff. 28v-37v; Yale MS bound with item 156, copy 2 (formerly Melk 367), pp. 53r-55r; Regiomontanus, Calendarium, Venice, 1485, f. 24r: Hain *13779; De horologio horizontale (Polain 2792) Klebs 836.5; IAL R91; Yale 157-158

Horologium in ariete...
>Heiligenkreuz Stiftsbibl. 302, 15c, ff. 69-70v (Zi 9760)

Horologium orientale aliud occidentale poteris ...
>De mutatione horologii in aliam speciem: Yale MS with item 156, copy 2, p. 262

Horoscopus in omni genitura maximam habet potestatem...
>CLM 25004, a.1480, ff. 89r-92v (incomplete); Zi 3315

Horribili atque tremendo bello quod inter...
>Dominicus Bandinus, prol. Liber de mundo. Text, 'Mundi essentiam atque originem...'

Hortor te o medice et hortando moneo...
>Galienus, Epistola de instructione medici: BN 15456, 13c, f. 186; CLM 658, 15c, f. 1r; VA 2417, 14c, f. 275ra; Osiris X(1952), 203. See 'Interea moneo te...'

Hortorum quoque te cultus...
>Columella, De cultura hortorum: VI 4772, 15c,
>ff. 184r-(194)v

Hortulus o Kyrie placeat tibi...
>Claretus de Solentia, Hortulus physiologie: Prag
>cap.1468, 14c, ff. 1-20; ed. Flajšhans, Corp.
>glossar. Bohem. I, 2, 7-60(Schulz)

Hortus feniculum lactuca menta papaver...
>CLM 19871, f. 60(Schulz)

Horum autem que fiunt et possunt sciri...
>See 'Eorum autem que...'

Horum autem que sunt. Postquam in primo
libro determinatum est...
>Comm. Aristotle, lib. secundum Physicorum: VI
>2319, ff. 111r-114r

Horum librorum quos de medicina specifica-
vimus...
>I. Avicenna, Secundus liber Canonis: CLM 15,
>f. 1r; pr (Rusch, 1473); GW 3114 seq.; Klebs
>131.3; IAL A1262; Venice, 1523, II
>II. Dinus de Garbo, De virtutibus medicamen-
>torum: Chartres 403, 14c, ff. 1-74v

Horum primum dic mihi idem quid est atomus
...
>CUt 1149(O.II.45), 13c, ff. 182v-(186)

Horum que sunt aliud est continuum...
>Thomas Bradwardine, Arithmetic: Ea F.375,
>14c, ff. 15v-17v, 88v-92v

Hos de pictura libros...
>Leo Baptista Albertus, pref. De pictura. Text,
>'De pictura his brevissimis...'

Hos Giliberto doctrine fonte referto...
>Invectio in anguillis Aluredi medici Mulitei: BLd
>65, 13c, f. 68v

Huc usque de animalium membris et generatione...
>Albertus Magnus, Liber XX de animalibus: ed.
>as De natura et origine animae by B. Geyer,
>Alberti Magni Opera omnia, XII(1955), vii-xx,
>1-46

Huc usque de duodecim partibus celi compendiose...
>BLcm 517, 15c, ff. 8va-9ra. See 'Nunc autem
>de septem planetarum naturis...'

Huc usque de duodecim signis partibus compendiose...
>De proprietatibus et complexionibus planetarum:
>VE VIII.33(XI,106), 15c, ff. 5rb-6ra

Huic intentio nobilis precepti compilare verba
pauci numeri plurimi...
>Christophorus de Honestis, Comm. Hippocrates
>Aphorisms: Mi B.17 inf., 15c, ff. 1ra-231rb

Huic operi vero ad honorem dei...ego...
Stephanus...
>Stephanus Arnaldi (Arlandi?) Barchinonensi, tr
>pref., Costa ben Luca, De sphera solida: BLcm
>340, 15c, ff. 25r-43r (in 63 caps). Cap.1,
>'Sphera est corpus rotundum...'

Huius autem artis novem sunt species...
>Iacopo da Fiorenza, Tractatus algorismi, a.1307:
>Mi Trivulz. N. 90 (F.40), 14c, ff. 1r-48v

Huius duo sunt species equales vel principales
multe vero...
>De transformatione metallorum: VE fa 323
>(XVI,5), 15c, ff. 215-234

Huius eclipsis lune anno Domini 1330 incipiet
...
>Eclipsis lunae cum canone: CUt O.II.5, 14c, f.
>86(Atk)

Huius fabulae auctorem Marcianum comperimus...
>John Scot Erigena, Comm. Capella: BN 12960,
>ff. 47r-115v; BB XV (1882), 527; ed. Cora E.
>Lutz, 1939

Huius libri de sensu...
>Jacobus de Alexandria, Epitome libri de sensu et
>sensato (cum auctoritatibus): VA 901, 14c, ff.
>(72v)-81r

Huius libri primum capitulum continet intentionem actoris...
>Jacobus de Alexandria, Epitome libri de sompno
>et vigilia: VA 901, 14c, ff. (84r)-91v

Huius libri quinque sunt tractatus...
>(Joh. Mesue), Additiones de aegritudinibus
>universalibus 'Incipit sectio 2nda huius operis':
>CLM 13150, 15c, ff. 213ra-243ra

Huius manum sinistram circulus arcticus...
>See 'Arctophilax vel Bootes...'

Huius mercurialis sublimatio requirit scientiam
...
>Bernardus (de Grana, Gravia, Grava, Gama?),
>Comm. or Exposition of certain passages in
>Arnald of Villanova's Opera: FR 386, ff. 1r-39v
>(9r-47v); Ambix v(1956), 106

Huius mihi egritudinis species sunt quatuor
generales...
>De lepra: PFM 273, 15c, ff. 45-51

Huius negotii due sunt species...
>Lumen luminum abbreviatum (alchemy): CUt
>1122, 14c, ff. 128-129v (DWS 113,iv; ColR
>121b)

Huius operis non minima...
>See 'Prima huius operis et non minima parte...'

Huius operis seu artis operatores ex dictis. . .
> Liber utilitatis: VE VI.215(XVI,4), a.1475, ff.
> 101-112. See 'Liber iste qui merito. . .'

Huius opusculi series circa quedam membrorum remedia. . .
> Will. de Sumereye, Experimenta: CUc 297, 15c,
> ff. 127v-135v

Huius rei causa maxime proprie. . .
> Responsum Ptolomei ad sciendum utrum nativitas
> fuerit masculina aut femina: CUpem 204, 15c, ff.
> 68r-69r

Huius semper fui instituti ut in edendis vaticiniis. . .
> Johannes Basilius Augustonus, Prognostication for
> 1495: GW 3072(Klebs 125.5)

Huius tractatus conditor operi suo compendiosum. . .
> Gloss on Computus Alexandri de Villadei: Bern
> 512, 13c, f. 143r(Schulz)

Huius tractatus editor duos premittit. . .
> Prol. (and Comm.?), Alexander de Villa Dei,
> Massa compoti: Toledo, Bibl. Capituli 47.15,
> 13c, ff. 147r-157r; AL 1234

Huiusmodi medicine confectio. Recipe auri purissimi. . .
> Additio nova, to Mesue, Grabadin: Borghesi 353,
> 14c, ff. 66v-70v

Humana anima non minus indiget. . .
> See 'Humana natura non minus. . .'

Humana corpora non minus indigent aquis phisicalibus. . .
> De aquis salubribus: VI 2466, 14c, ff. 90r-91r

Humana corpora tribus subiacent. . .
> Pref. Comm. super Philaretum de pulsibus: BMr
> 8.C.IV, 13-14c, ff. 166-(168v)

Humana fabrica corporis ab elementis. . .
> CU 1705(Ii.I.13), 14c, f. 201

Humana natura est grandis etc. Ista propositio scripta est a Platone. . .
> William of Wheatley, De signis prognosticis
> futurae sterilitatis: On 264, 14c, ff. 250-(257);
> Fabricius III, 510

Humana natura multipliciter est ancilla ut scribitur primo metaphysice. . .
> Johannes Dacus, Divisio scientiae: ed. from 8
> MSS, Alfredus Otto (1955), xxxvi-xl, 3-44; another MS is VAp 1144, 15c, ff. 304vb-311vb,
> 'Expliciunt communia ad omnem materiam data
> a magistro Iohanne Daco Parisius.'

*Humana natura non minus indiget aquis phisicalibus. . .
> I. De aquis phisicalibus: DWS 1079; BMsl 146,
> late 13c, ff. 75v-79; BLd 69, c.1300, f. 2v; BMh
> 2558, 14c, ff. 189r-190v; Ea Q.196, early 14c,
> ff. 76-91v; CUg 451, 15c, p. 91(Atk); VI 5193;
> 15c, ff. 1r-9v; VAp 1242, 15c, f. 195r-v; Wi 57,
> 15c, ff. 312ra-317va
>
> II. Rogerina media: BN 7056, 13c, ff. 71vb-75rb; 7051, 13-14c, ff. 51va-55vb; Rogerina
> minor: CLM 251, ff. 77rb-82rb
>
> III. Roger de Baron: BMad 28555, 14c, ff. 36r-39r

Humana scientia cum sit res fragilis nec turbe rerum. . .
> Roger de Baron, Quaestiones: Basel D.III.6, 13c,
> ff. 126v-139v; anon. EU 174(VI)(D.b.VI.2),
> 14c, ff. 109r-132r(DWS MS); VAp 1085, ff.
> 156r-165rb; VAp 1143, ff. 87ra-94vb, De
> digestione

Humanam preter naturam sensi(bi)lis mundi. . .
> Alanus de Insulis, prol. De planctu nature: CUsj
> E.12, 15c, f. 140(Atk)

Humanarum divinarumque notitiam rerum. . .
> Paul of Venice, prol. comm. De generatione et
> corruptione: BN 6531, 15c, ff. 1-131va; Trithemius f. 99v; pr Venice, 1498(Klebs 734.1; IAL
> P180)

*Humane conditio nature iam senescente. . .
> Jo. de Burgo, Pupilla oculi: Tanner; GE I, 741;
> Ob 220; BMh 5435, 14c; CU 1938(Kk.I.4),
> 14c; CUc 211, 15c, ff. 1-152; CUg 112(181),
> 15c, ff. 1-189; etc.

Humane menti impresso(sic) ad. . .
> De computo ecclesiastico: VI 5166, 15c, ff. 63r-81r(Zi 12065)

Humane nature dinoscitur gloriosum cum se scire scit. . .
> De febribus, variously ascribed: Johannes de
> Sancta Sophia: FLa 143(217-149), a.1412, ff.
> 132v-156v; Bartholomaeus de Sancta Sophia:
> BLcm 116, 15c, ff. 213-(270); CLM 13, 15c, ff.
> 187ra-214ra; Galeateus de S. Sophia: Prag 1998,
> 15c, ff. 117r-145v; anon.: Mi C.115, inf., ff.
> 74rb-77va

Humane sapientie prima utilitas est. . .
> John Peckham: Brit. Soc. Franciscan Studies,
> II(1910), 5(Schulz)

Humani corporis gratia totam phisice artis facultatem temptatam esse. . .
> Johannes de Sancto Paulo, Diete particulares:
> VAp 1304, f. 60ra-65vb

Humani fabrica corporis ab elementis (disponente Deo) sumit originem...
> Aristotle, Physionomia: CUc 481, 13c, p. 386 (Atk); CU 1705(Ii.I.13), 14-16c, ff. 201r-202r. This is the second paragraph of the Physionomia: Ghent 5(416), 15c, ff. 67v-71r. See 'Elegans est nature cognitio...'

Humanum corpus cum sit compositum...
> Arnald of Villanova, De aqua vitae: VA 5377, 15-16c, ff. 84r-103r (T III,656); VI 5300, 15c, ff. 140v-142v; HL 28, 95; DWS 1003; GW 2520 (Klebs 100.1; not in IAL)

Humanum corpus ex humoribus consistit et speciebus...
> De humani corporis partibus: FNpal 639, 13c, ff. 75v-76v

Humanum genus duobus modis regitur...
> De dosibus super antidota: CLM 8742, 14-15c, ff. 60v-70v

Humanum genus ignorat quantam vim virtutis vultur...
> Epistola de vulture: Bonn 218, 11c, f. 83rb-va; Beccaria 52.9; ed. Heim, Incantamenta magica, 552-53

Humanus animus fragilis res est...
> Quaestiones de anima: Oc 243, 15c, ff. 83vb-90vb

Humerose matricis signa sunt hec...
> Trotula minor(?), De morbis mulierum: BLe 219(3541), 13c, f. 87av

Humili sermone doctorum tractando dictamina...
> Astrology: BN 7336, 15c, ff. 186ra-190rb

Humor est corpus humidum liquidum in quo...
> Ex doctrina quarta fen prime primi Canonis (Avicenne): MU Q.692, a.1503, f. 186(184)r

Humores autem humani corporibus...
> Johannes de Vitadono Papiensis, De digestivis omnium humorum: BLcm 156, a.1500, ff. 22-(32v)

Humores purgantia generaliter mensuri...
> Ferrarius, Summa de purgatione quattuor humorum: CLM 251, ff. 43v-45; G. Augelluzzi, Intorno ad alcuni maestri della scuola Salernitana del XII e XIII secolo, Naples, 1863

Humores purgare(purgantia) generaliter...
> De medicamentis: CUg 401(623), 13c, ff. 201-214; BMr 12.D.XII, late 14c, ff. 79v-82v

Hunc de scorpione scilicet de lapide videlicet...
> Receptum Alberti (Alchem.): CUt O.VII.35, 15c, f. 188v(Atk)

Hunc inchoabo librum de consuetudinibus...
> See 'Nunc inchoabo...'

Hunc librum de regimine sanitatis ego Guido...
> Guy de Vigevano: VAp 1251, 15c, f. 72r

Hunc librum intellexerunt Romani...
> Albumasar, Flores super Saturno: Carmody 97; CLM 615, 13c, ff. 81r-82v; CUpem 227, 14-15c, ff. 178v-180v; ascribed to Sem filius Haym: BLd 93, end 13c, ff. 1-2; Ghent 5(416), 15c, ff. 58r-59v

Hunc librum nominavit Abuali de anima...
> Pref. Avicenna, De anima (alchem.): BMsl 1754, 14c, ff. 186v-193r(DWS 123,ii)

Hunc librum quo carebant latini eo quod apud paucissimos...
> Philip, pref. Ps. Aristotle, Secret of Secrets: BN 6584, f. 1r-v; T II, 268-78

Hunc librum scripsit Mesalla(Messahala) propter unum ex amicis suis...
> Messahala, De abundantia et charistia rerum: BLcm 517, 15c, ff. 17vb-20ra; De quantitate et levitate annone: Wo 2841, 14c, ff. 378-380vb; Osiris XII(1956), 68-69

Hunc librum separavimus ab aliis libris ut puta utiliorem...
> Liber Regis: CUt 1400(I), 15c, ff. 24-25v(DWS 645); Na XII, E.15, 15c, ff. 23r-24r

Hunc meum librum ignaro...
> Haly: Cop Gl.kgl.S.236, 15c, ff. 88v-91

Hunc modum qui in iudiciis 12 domorum...
> Astrology: Ea O.84, 14c, f. 68v(Zi 3316)

Hunc te me pigeat parvum legisse libellum...
> Johannes Derrames, Carmina...de conditionibus medicinarum solutivarum: pr (Padua, 1487); GW 8252; Klebs 329.1; IAL D111; Turin, 1619, pp. 65-72

Hybernia...   See 'Hibernia...'

Hydrofobia est passio...
> Bartholomaeus, Cura: Ran 1502(V.3.9), 13c, ff. 23v-32r

Hydromantia est scientia praesagia et futura predicens...
> Almadel, Hydromantia; Speculum II(1927), 326-31

Hydropisin ternam cellam splenem...
> Versus boni super antidotario: Ea Q.185, 13-14c, ff. 132-133

Hydrops quidem qui sit ex egritudinibus acutis...
> Tract. secundus expositionis Galieni in libro Ypocratis de prognosticatione: Metz 177, 14c, item 7; Diels(1905), 107; VAp 1079, 14c, f. 186v. See 'Manifestum est quod...'

Hypostasis consideratur aut secundum locum in quo est...
> BMsl 430, early 14c, f. 311r; 431, 13-14c, f. 68; a part of Constantinus Africanus, De urinis

Iacob benedicens Iudam filium suum ait(dicebat) Catulus leonis...

> Physiologus Latinus Versio Y: ed. F. J. Carmody, 1941; Gottweig 113(Pfrau 59), 11c, Part III, 96 seq.; CLM 2655, 13c, f. 95; 16189, f. 100; 23787, 15c, f. 12(Schulz)

Iam... See also 'Nam...'

Iam antecessit nobis autem hunc meum librum ...

> Geber(?), Liber capituli qui est tertius de LXX: DWS 76

Iam autem diximus de ea que igitur dividuntur ...

> Algazel, Physica: BN 6443, end 13c, ff. 157v-165v; AL 583

Iam complevimus cognitionem rerum naturalium...

> Avicenna, De actionibus et passionibus: RNS, 41(1938), 386

Iam complevimus computare ac facere...

> Avicenna, De generatione et corruptione: RNS 41(1938), 386; Delisle, III, 83

Iam complevimus in primo libro...

> See 'Iam explevimus in...'

Iam cum videris parvulis cornibus esse lunam...

> De pluviis: VA 643, 12c, f. 99r-v

Iam declaravimus in libro...

> Hermes: Lille 388, 15c, ff. 187-229, mutilatus; Pansier II(1909), 23. Introd. 'Duorum librorum...'

Iam declaravimus in libro primo intentionem...

> Avicenna, Liber canonis secundi de medicinis simplicibus: Ea Q.215, 14c, ff. 104v-141; pr (Strasburg, 1473); etc. (GW 3114 seq.; Klebs 131.3-; IAL A1262); Basel, 1556, p. 164

Iam diu Brocarde et Bonaventura viri dignissimi...

> Matheolus of Perugia, prol. De memoria: CLM 339, 15c, ff. 4r-7v; pr (Rome, c.1474); etc. (Klebs 674.1-16; AFML 308-311; IAL M309-19)

Iam divino auxilio monstrare totam operationem completam...

> Liber Saturni qui est septimus de 70: CU 1255 (Ff.IV.12), a.1528, ff. 125v-128. See 'Iam intendo...'

Iam divulgatum est in tempore nostro...

> Maimonides, De venenis: CLM 77, late 14c, ff. 66vb-69vb

Iam diximus de ea que igitur dividuntur...

> Algazel, Physica: Admont 487, 13-14c, ff. 84v-98v; AL 34

Iam diximus quod ea que sunt dividuntur in substantiam...

> Algazel, Physica: BN 14700, 13c, ff. 39v-61r; AL 640; VA Borghesi 37, 14c, ff. 317r-324v; AL 640, 1721; Delisle III, 83b

*Iam dudum rex serenissime...

> Raymond Lull, Lux mercuriorum: T IV, 642; HL 29, 284, Padua Univ. 1380, 16c, pp. 1-26

Iam ergo domina postquam deo meo...

> Dialogus inter naturam et filium philosophiae: Ze II, 85-109

Iam et si compertum habemus aput veteres...

> Conrad Heingarter, Astrologie defensio: Zurich B.244(769), 15c, ff. 1r-4r. Dedic. 'In gubernandis rebus...'

Iam et si plurimos...

> See 'Tametsi plurimos...'

Iam explevimus in primo libro verbum de his que sunt communia naturalibus...

> Avicenna, De anima or Liber sextus naturalium, tr Gundissalinus and Avendeuth: some 45 MSS; AL Index; pr Pavia, (1484): Klebs 134.1; IAL A1260; Venice, 1508. See 'Reverendissimo Toletane...'

Iam explevimus omnia que de operibus...

> Aristotle, De iuventute et senectute: Mi N.9.sup., 14c, ff. 32va-38vb; Ran 508, 14c, ff. 145r-149r; AL 1541; Oma 174, ff. 104va-105va

Iam explevimus omnia que de passionibus et operibus anime...

> Albertus Magnus, De aetate, sive de iuventute et senectute: Borgnet, IX(1890), 305-19; CLM 8001, 13c, f. 91(Schulz); CUg 507(385), 15c, ff. 123v-127; CUpet 161, 15c, f. 74v(Atk); VAu 194, 15c, f. 19; Delisle III, 84a

Iam in precedentibus sermonibus vidimus quomodo sit corpus...

> De calculo vesicae (from Avicenna): VAp 1242, ff. 196r-198v

Iam intendo auxilio divino monstrare complete totam operationem...

> Geber(?), Liber Saturni et qui est septimus de lib. LXX: DWS 79; Plessner, OLZ 33, 10, 726

Iam locuti fuimus(sumus) in libro primo de apostematibus...

> Avicenna, Canon IV, Fen 3: BLe 19, 14c, ff. 87-(111); BMh 4087, a.1445, ff. 39-108v; etc. These are the catch words for comms. on the surgical section of Avicenna's Canon by Dino del Garbo and others

Iam nihil est in aqua...

> See 'Tam nihil est in aquis...'

Iam paulo ante querelam hic fecit de diversibus
...

> Barth. Montagnana, Consilia: CUt 1239 (O.IV.8), 15c, f. 67r-

Iam pervenit ad me carta tua mi frater...

> Ihesu Haly, Epistola...de cognitione infirmitatum oculorum et curatione eorum: BN 17847, ff. 1ra-28ra; VAu 1417; pr with Guy de Chauliac, Chirurgia Parva, Venice, 1500, ff. (43r)-59v (Klebs 497.1; IAL G512)

Iam precesserunt (premissi sunt) (nobis) libri...

> Geber, Several books of the LXX: DWS 77, 81, 88

Iam preterierunt (nostri) libri apud nos ad appropinquandum...

> (Geber), Liber fiducie (qui est 9(14,29) de 70): DWS 80, 91; 'secundum Rasim': VAp 1339, 14c, ff. 131r-133v; VA 4091, f. 126v

Iam pridem a pluribus scholaribus...

> See 'Diu est...'

Iam pridem perutiles ad previdendum operationes stellarum...

> Ptolemy, Centiloquium tr George of Trebizond(?): VI 4782, ff. 1r-13r; pr Basel, 1550, with commentary

Iam prima dies et septima fine...

> Calendar with verses: BN 3454, f. 44; etc.; (H). See 'Iani prima dies...'

Iam prohibui ea que opus corrumpunt...

> BLd 164, 15c, ff. 62v-64(DWS 720)

Iam quanta nostris temporibus...

> Dominicus Maria de Novaria: Prognostic for 1489: GW 8662-63

Iam quidem(quod) perveni(e)mus ad explanationem relationis...

> Rasis, Antidotarium, prologus alter, tr Gerard of Cremona: Zurich C.72(App.13), 13-14c, ff. 26r-34v; BN 14024, 14c, ff. 167ra-180vb; Bruges 463, 14c, ff. 137rc-149ra; VA 4425, ff. 115r-126r

Iam quidem pervenimus ad expositionem relationis egritudinum...

> Rasis, Antidotarium(cap.1): CLM 4119, f. 693r-; 13114, 14c, ff. 227ra-245rb; BN 6893, 13c, f. 326rb; as second pref.: BN 6906, 13-14c, f. 151va(BHM 32(1958), 57, 60)

Iam respondidi tibi ut scias quod quesivisti...

> Ahmad ibn Yusuf, Epistola de proportione et proportionalitate, tr Gerard of Cremona: Carmody 130-131; Wo 3301, 15c, ff. 1-12(Schulz)

Iam restat dicere de diversis coloribus...

> De coloribus: CUt O.I.57, 15c, f. 124v(Atk)

Iam restat dicere et declarare de quod multis diebus...

> Alchemy: CUt 1151, 15c, ff. 9-10v(DWS 626)

Iam Rosine in doctrinis...

> See 'Inquit Euthesia...'

Iam scis tu qui hanc queris doctrinam...

> (Geber?), De triginta verbis: Darmstaedter Geber-Codex, pp. 30-34; (Schulz)

Iam scis tu qui queris doctrinam...

> Triginta verba(alchemy): VAp 1328, ff. 25r-28r

Iam scis(scito) tu quod per hanc artis doctrinam
...

> Argenteus, Geber, *or* Aristotle, Liber XXX verborum: BU 474(830), 15c, ff. 57r-59r; Oc 125, ff. 88r-89v(DWS 84, ix); Steinschneider (1906), 22-23. See 'Iam scito qui...'; 'Iam tu scis...'

Iam scito qui hanc queris doctrinam...

> Aristotle, Liber XXX verborum de lapide philosophorum: BU 303(500), ff. 163v-168v; AL 1279

Iam scripsi tibi Iesure libros de hoc...

> Ptolemy, Centiloquium, tr John of Seville (Ptolemy's introd. preceding verbum primum): CU Ii.III.3, a.1276, ff. 220ra-239va; BN 7307, 13c, ff. 1vb-17v; BNna 1893, 14c, ff. 109r-138v, tr 'anno arabo 530' (a.d. 1136); BMr 12.F.VII, 14c, ff. 242v-(251v); Cues 208, a.1310, ff. 58v-68; CU 1705(Ii.I.13), 109v-120v; Ghent 5(416), 15c, ff. 27r-41v; VI 5209, f. 2r; etc.; pr Venice, 1484, ff. 46v-68r(Polain 3284); 1493, ff. 107r-116v(Klebs 814.1-2; IAL P994-95); Carmody 16

Iam scripsimus...

> Galen, De medicamentis: VI 2306, 14c, ff. 15r-16v

Iam sepe et sepius allocuti(attoniti)...

> Raymond Lull, Anima artis: T IV, 626-27; DWS 253, xi, xii; HL 29, 283; Corbett I, 186

Iam sepe hunc nobilem libellum qui dicitur de substantia orbis...
>   Helias (del Medigo), Expositio in librum Averrois de substantia orbis: VA 4553, a.1486, ff. 1r-51r

Iam sepius...
>   See 'Iam sepe et sepius...'

Iam siquidem in prima parte huius nostri operis...
>   Paulus de Tarento, Practica(alchemy): BN 14005, ff. 167r-172r(Corbett I,177); Palermo 4 Qq.A.10, 46-6

Iam sterilem cultum Philareti nominis horret...
>   Medical verses: BN 6988, 14c, f. 166va; Pansier (1907), 62

Iam tibi respondi ut scias...
>   See 'Iam respondidi tibi...'

Iam tres armonias perfectas esse sonantes...
>   De sonis musicis: VI 5203, 15c, ff. 129r-133r

Iam tu scis qui adquiris(hanc queris) scientiam (doctrinam)...
>   Geber *or* anon. Liber triginta verborum: BN 7156, 14c, ff. 143v-147r; 7158, 14-15c, ff. 99-101v(Corbett I,77, 87); DWS 84; VAp 1328, 15c, f. 25; FNpal 887, 15-16c, ff. 96r-99v; Hermes: BU 139(105), 14c, pp. 299a-309b; BU 474(830), 15c, ff. 57r-59r; FR 119, f. 46v; Lehigh MS, ff. 68r-71r. See 'Iam scis tu...'

Iam tu scis qui in hanc queris doctrinam...
>   Liber de triginta verbis: CUad 4087, 14c, ff. 40v-44r

*Iam ultimo restat videre quid...
>   Wyclif, De velocitate motus localis (Tract.III de logica)

Iam(?) unge febricitantes adipe...
>   Experimenta: BN 16130, 14c, ff. 76v-79vb

Iam vobis filii scientiae e scaturigine universalis...
>   Aenigma philosophicum: FN 867, 15-16c, ff. 24r-29v

Iamque explevimus... See 'Iam complevimus...' and 'Iam explevimus...'

Iani prima dies et septima fine timetur...
>   Verses on unlucky days: Jones 73; BMh 3271, 10c, f. 122r-v(Beccaria 76.2); Bern 441, 9c, f. 2r; CUt R.XV.32, 11c, p. 37(Atk); SG Stift. 338, 10-11c, p. 3; CLM 9921, 12c, ff. 1r-6v; BLau F.3.10, 13c, f. 161v; VI 1118, 14c, f. 79r-v; BN 3454, f. 44; On 'dies aegyptiaci': GW 5186, I, f. 2r-; 5208, f. 1r-(Schulz)

Ianuarii tonitruum sonuerit ventos validos et fortes...
>   Bede, Presagium tonitruorum in quolibet mense: BN 7349, 15c, f. 13r

Ianuario ieiunus bibe bis vel ter de bono vino dulci...
>   De regimine mensium: CLM 16521, a.1462, f. 7r

Ianuario intrante die primo et exeunte die vii...
>   De diebus egyptiacis: VA 3101, a.1077, ff. 28r *or* 17-14v(?)(Zi 12067); BMsl 1975, 12c, f. 7(8)rc; cf. Jones 88(PL 90, 955-56); T I, 685-688, 693-96

Ianuarius. Anno domini nostri Ihesu Christi 1402...
>   Tabulae astronomicae: VI 2406, 15c, ff. 1r-102v

Ianuarius Augustus et December iiii nonas habent...
>   Computus: Bern 441, 9c, ff. 1v-19v; BN 15170, 12c, ff. 126v-140v; Evreux 60, 12c, f. 29; Mi A.3.sup., 12c, ff. 23r-25r; etc.; Zi 12068-90; Ps. Bede, Jones 74-75 (PL 90, 799-802; PL 129, 1281C); Compotus Gregorii: Mon 384, 10-11c, f. 82v; Bull. Du Cange 17(1942), 59; Saxl(1953), 120

Ianuarius circumcisio (domini)...
>   Nicholas de Lunica(Lynn?), Canones super calendarium: Brux 4862, 14c, ff. 1-27(Silvestre); anon. James 490

Ianuarius. Cisio Ianus epi sibi vendicat...
>   See 'Cisio Ianus epi...'

Ianuarius dicit magister de temporibus sanguinem minuere non proficit...
>   BMad 15107, 15c, ff. 237r-238v (stopping with September); Saxl(1953), 24

Ianuarius. Dies XXXI. Lun. XXX...
>   Kalendarium: VAu 585, 12c, f. 14; Cisioianus: Budapest 339, 15c, f. 93r-v. See 'Ianuarius habet dies XXXI...'

Ianuarius est enim primus mensis anni...
>   VAp 1376, 15c, ff. 293v-296rb

Ianuarius est primus anni mensis...
>   Alexander, Proprietates mensium: VAp 1115, ff. 167vb-168vb; CLM 321, ff. 47v-49v; anon. CLM 4394, ff. 102r-(106v)

Ianuarius est primus mensis et dicitur...
>   CLM 5964, ff. 148r-151v

Ianuarius et December hora prima et XI pedes...
>   Horologium: Mon 384, 10-11c, f. 100r-v

Ianuarius et December hora tertia et nona...
  Horologium horarum: CUt R.XV.32, 11c, f. 13(Atk)

Ianuarius et Octobris... Zi 12231(Schulz)

Ianuarius habet dies xxxi...
  Köln Dom. XV, 11c, f. 99r-v(Zi 12066); CLM 13067, 11-12c, ff. 1v-5r; 8849, a.1399, ff. 4r-13v; 692, a.1463, ff. 4r-15v; 14504, 15c, ff. 11-13r; cf. Calendarium, Geneva, 1479(Polain 2407; Klebs 239.1-2). See 'Ianuarius. Dies...'

Ianuarius habet sex dies...
  BMar 306, 15c, ff. 26v-27v

Ianuarius. In hoc mense non minuas sanguinem...
  BN 6957, ff. 131v-132v. See 'Mense Ianuario sanguinem non minuas...'

Ianuarius. In hoc mense si audita fuerint tonitrua...
  CLM 24865, f. 1r(Schulz)

Ianuarius. Mane claris validisque a bis...
  Versus de regimine mensium: CLM 683, f. 126r-v; Zi 4043

Ianuarius mensis habet dies XXXI...
  Compotus Grecorum de ordine XII mensium: Mon 384, 10-11c, f. 79v

Ianuarius. Optimus phisicorum qui fuit in mundo dictus fuit Ypocras...
  (goes through 12 months): VAp 1226, ff. 225r-227r

Ianuarius prima dies mensis et septima truncat ut ensis...
  Verses on Egyptian days: CUsj A.22, 12c, f. 118v(Atk)

Ianuarius. Sanguinem per ianum non sudas...
  Versus Ypocrati: CLM 683, ff. 126v-127r

Ianuarius. Si fuerit die dominica hiemps erit calida...
  Observationes mensium: VI 2532, 12c, ff. 130v-132v

Ianuarius si fuerit in die dominico facit yemen...
  Divination from the Calends of January: FLa 130(204-136), 13-15c, f. 32ra-va

Ianuarius. Sol elevari incipit longiusculi fiunt dies...
  Ptolemy, Inerrantium stellarum significationes, tr Nicolaus Leonicenus: pr Basel, 1551, pp. 79-84

Ianue lune sunt...
  CLM 125, a.1486, ff. 220va-222vb

Ianus et Apollo dum sibi invicem (pariter)...
  De horologio secundum Alkoran, id est spera rotunda: Bubnov xix, xli; Zi 4494-4500; astrolabe, BLau F.3.14, 12c, ff. 156-(161)

Ianus et Octimbris binis regulantur...
  Versus, De regularibus solis et lune, preceding, Bede, De natura rerum: SG Stift 250, 9c, ff. 121-145; Brux 9837, 13c, f. 1ra(Silvestre); Jones 2

Iaspis contra fulgura et tonitrua....
  Marbod, De lapidum naturis, second prose version: PL 171, 1773-38; anon. BN 14470, f. 38(H)

Iaspis est primum fundamentum ecclesie...
  De duodecim lapidibus: PL 171, 1771-74. Text almost identical with 'Iaspis primus ponitur...'

Iaspis fundatur primus viridanti colore...
  Versus de lapidibus pretiosis: Brux 8887, 12c, ff. 25v-26(Silvestre); Scriptorium IV(1930), 113-114

Iaspis habet viridem veluti plantago colorem...
  Prag Strakov Dg.111.16, 12-13c, f. 115(Schulz)

Iaspis primus ponitur in fundamento civitatis dei...
  De duodecim lapidibus: Bern 416, 12c, ff. 4v-5v; Oc 137, late 12c, f. 80; Ob 285, 13c, ff. 38vb-39vb; CUc 335, 15c, ff. 133v-135v; Ambix 8(1960), 8

Iaspis qui primus in ordine ponitur...
  Aimé du Mont. Cassin.(12c): PL 40, 1229; Scriptorium IV,113b

Iaspis semper virens et visum confortat id est fides...
  Lapidum et gemmarum significatio mystica et allegorica: VI 4694, 15c, f. 122v(Ambix 8(1960), 9)

Iaspis virentis coloris est quem qui super se...
  De lapidibus: VI 2504, 13c, f. 51rb

Iaspis viridis ac pressi coloris est...
  De naturis xii lapidibus: Bern A.91.11, 12c, f. 1v; Ambix 8(1960), 6

Iaspis viridis et crassi coloris...
  Colores XII lapidum seu virtutes eorum: Brux 14746,15c, ff. 6-7v; T II, 799; Silvestre 152; Scriptorium IV(1950), 113, note 9-10

Iaspis viridis super quem fuerit nulla phantasmata...
  (Hildebert and Marbod?), De lapidibus: Durham B.II.11, 11c, f. 160v; CUt B.II.34, 12c, ff. 127v-180r; CU Kk.IV.6, 12c, f. 21v(Atk)

Iaspis viridis virorem fidei immarcescibilem significat...

'Ce petit traité est une partie de la glose ordinaire de l'Apocalypse' (Revelations, XXI, 19-20) 'qui, dans les MSS est ordinairement rejetée à la fin': Troyes 1552, 12c, item 2

Ibernia insula mari oceano circumquaque alluitur...

Cosmographia: BLcm 39, 15c, ff. 1-(39)

Id quod modo ex se compositum est ex duabus naturis...

A., De substantia orbis (extract): KlaS 113, a.1431, f. 85rb-vb

Idem nunc vero de corporibus inferioribus est tractandum...

Thomas Aquinas, De mineralibus (Excerpt from Lib. de essentiis essentiarum): BNna 1273, 15-16c, ff. 3v-8v

Ideo autem sic vocatur quia per ordinatam...

Oddo abbas, Intonarium: Coussemaker II, 117-49(Vivell)

Ideo causa stomachi nomen excepit proprium...

De stomacho: Upsala C.664, 9c, pp. 113-126; Beccaria 117.15

Ideo hortatur nos suis doctrinalibus dicens...

Johannes de Teschin, Alchemy: Geneva 82(151), ff. 49v-55v

*Ideo qui creavit celum et terram cum...

Albumasar, Introductorium maius, tr John of Seville(?): BLd 194, 15c, ff. 3-(84v). See 'Laus deo...'

Ideo sunt tantum...   See 'Sanbelichius...'

Ideo superscribendum est de cibis et potibus...

BMsl 3149, 15c, ff. 34-39

Idest de arteribus duabus in occipio...

Phlebotomy: BMsl 475, 12c, f. 6r-v; Beccaria 78.3

Ierapigra caput sanat qui gutta laborat...

Versus Salernitani: Puccinotti, II, i, pp. lxxix-lxxxi

Ieronimus fecit istam Karacterem contra demones...

BMsl 122, 15c, ff. 164v-165r

Iesu Christi gratia preveniente ac subsequente...

Gerard of Feltre, Summa de astris: Mi C.Inf.245, 14c, ff. 1rb-45rb; T (1950), 185-90

Iesus dei filius auctor amator...

Opus perfectum ad lapidem philosophorum: BU 303(500), 15c, ff. 186v-190v

Iesus michi adiutor in omnibus...

See 'Mirant natura...'

Igitur a multis philosophorum describitur...

De urinis secundum magistrum Alexandrum: BLe 219, 13c, f. 122v-

Igitur a solstitiis et equinoctiis ordo...

William of Hirsau (really of Conches), Astronomia: fragment, pr Pez, V, i, 259

Igitur ad practicam descendemus et clare...

Arnaldus de Villanova, Pars I, Tractatus notabilis in arte maiori: DWS 228

Igitur geometrie artis peritiam qui ad integrum...

CLM 13047, 9-10c, ff. 48v-69v; 6406, 10-11c, ff. 62-68; 14936, ff. 96r-107; Manitius II, 741 (Schulz)

Igitur Iacob benedicens filium suum dicebat...

Physiologus: CLM 536, 12c, f. 66; Zurich C.145(474), 13-15c, ff. 111r-171r; Budapest 63, 14c, ff. 1-5; 'Dicta Ioh. Crisotomii de naturis bestiarum': pr G. Heider, 1851(Schulz). See 'Iacob benedicens...'

Igitur in revolutione firmamenti xvi figure nobis formantur...

Geomancy: CLM 24940, 15c, ff. 168r-189v(or to 204v?)

Igitur incipiens a polo boreo protinus dicere...

Hyginus, Astronomica, lib.III: Mon 452, 13c, f. 132; CUmc 260, 15c, f. 1v(Atk); CLM 10662, 15c, ff. 149r-161v; Bede, De constellationibus: VI 5415, 15c, ff. 246r-259v; Saxl(1927), 154; (1953), 439; Yale MS bound with item 42, a.1433, ff. 68v-71r, 'Explicit Beda de planetis alias de ymaginibus celi.'

Igitur libro aperto is mihi primus locus...

Geo. Merula (Alexandrinus), Emendations of Pliny (or Querela in quemdam Plinii editorem): pr (Venice, 1474); Polain 2674; Klebs 678.1; Yale 143, ff. 63r-68v; IAL M433. Dedic. 'Cum forte superioribus...'

Igitur notandum est primo regimen absolute consideratum non esse aliud...

Ulricus Eberhardus, Question on diet: VI 5225, a.1482, ff. 34r-39r

Igitur perfectis omnibus que ad compositionem...

Usages of the astrolabe accompanying the work of Hermann: BN 10266, ff. 98-102v

Igitur qui nostram disciplinam petit. . .
Guido Aretinus, cap.1, Micrologus: CLM
14523, 10c, f. 118r; 9921, 11c, ff. 14r-17v; CUt
944(R.XV.22), 12c, ff. 103v-140r, (incomplete);
Ea O.93, 14c, ff. 48-78; ed. Gerbert II, 1-24
(Vivell). See 'Gymnasio musas. . .'

Igitur quoniam in hac arte utilissimum. . .
Alhandreus: VA 4084, ff. 1r-14v(ColR 14); VAr
1324, 15c, ff. 58r-61v; Isis XIII(1929), 58, n.20

Igitur si urina apparuerit rubea et spissa. . .
De urina: Bern A. 92.26, 11-12c, ff. 1v-9r

Igitur viri quidem mulieribus quam multum
maiorem. . .
Galen, De causis pulsuum, prima particula. See
'Eas quidem que. . .'

Igitur virtutem et naturam singulorum ita
debemus agnoscere. . .
Dynamidia; prol.: Beccaria p. 416

Ignatius Antiochie Syrie tertius post apostolum
. . .
Regino Prumiensis, Preface preceding the Tonarius: Coussemaker II, 1-2

Ignea vis terre connectitur ariditateis. . .
CLM 11336, 12-13c, ff. 42r-43; Durham
C.IV.7, f. 68v; BE 921, 13c, f. 5(Schulz)

Ignem Democritus animam fecit atque calorem
. . .
VI 195, f. 127v; CLM 26838, 15c, f. 172v
(Schulz)

Ignem grecum sic conficies. Accipe glassam
et galbanum. . .
Marcus Grecus, Liber ignium: VA 5377, ff.
125v-129v; VAp 1176, f. 196ra-va

Ignis ad inluminandum de quodam picto in
pariete. . .
Quedam conclusiones de igne: CUt 1109(O.II.5),
14c, f. 149

Ignis carbonum perficit totum opus. . .
Alchemy: Breslau R 454, f. 254r

Ignis consumit et incinerat. . .
De quatuor elementis: BMsl 702, c.1482, f. 16v

Ignis est corpus simplum in ultimo calidum et
siccum. . .
De proprietatibus ignis: BLb 676, 15c, ff. 131v-
133v

Ignis est triplex vitalis et hic est communis. . .
Roger Bacon, De diverso modo ignium: BMsl
2327, 15c, f. 35r-v(DWS 209B)

Ignis et adok(Adzoc) (et leo viridis) tibi sufficiunt. . .
Roger Bacon, Alchemy: DWS 208; III, 1138,
corr.208, iv, v

Ignis et Azola tibi sufficiunt si fueris medicus. . .
Ars Jacobi le Garber: Wo 2076(16.5), ff. 153v-
154r, probably same as preceding

Ignis grecus fit de oleo tegularum et oleo terebentine. . .
BLr C.212, 15c, f. 13r-v(DWS 984)

Ignis igitur est elementum calidum et siccum
iuxta speram. . .
See 'Scripturus tractatum de proprietatibus. . .'

Ignis inextinguibilis facilis est experta. . .
CUsj 177, 14c, ff. 14v-15(DWS 981)

Ignis natura proprias quasdam ex simplicibus
potestates habet. . .
(Theophrastus), De natura ignis, tr Greg. Tifernas: VAu 208, 15c, f. 127; ed. Wimmer 3, fragment 3

*Ignis purus est summe calidus. . .
Rich. Billingham, Termini naturales: Tanner

Ignis qui de celo descendit super altare. . .
Galen, Experimenta: FLa 1448(1371), 15c, ff.
90r-104. See next item

Ignis qui descendit de celo super altare. . .
Ps. Galen, Medical experiments: T II, 752-58,
24 MSS, 771-74 (fols. of BN 7046 are now numbered 171ra-178rb); Isis 13(1929), 71; AL
1863; BHM 32(1958), 56-67; anon. Codex
Fritz Paneth, 14c, ff. 121-140; Diels(1905), 142,
145; pr with Rasis, 1481; (AFML 399; Klebs
826.1; IAL R169); Galen, Opera medica,
Venice, 1490, I, 177r-181v(Klebs 432.1; IAL
G36); 1515, II, 286v

Ignis qui quartam partem. . .
Astrology: Darmstadt 2827, 14c, ff. 57-62(Zi
9965)

Ignis sensibilis quidem sic dicendum in omnibus
. . .
Proprietates ignis: CUt 1337(O.VII.9), 13c, ff.
150r-157v

Ignis septem habet operationes. . .
Notabilia in fine libri qui vocatur Lilium floris:
Cues 201, 15c, ff. 111-112

Ignis solus aurum conculcat. . .
Ps. Aristotle, De naturis corporum (Alchemy):
FNpal 981, 15c, ff. 125v-135

Ignobilis muliercula...
Michel, arcevesque de Paris, Astrological prediction: Phares 184

Ignorans numerum qui lune predicat ortum...
Versus de luna: Cesena XX.dext.6, 14c, f. 233v;
AL 1298

Ignorans numerum quo lune...
Wo 760, 15c, ff. 1-27v(Zi 12092)

Ignorantia minutiarum sive fractionis quamplures a cognitione quadrivii retraxit...
Algorismus de minutiis vulgaribus: Wi 79, 15-16c, ff. 170v-172r

Ignorantie nostre signa sunt et cause...
Epistola cuiusdam de signis et causis modernorum:
BN 7413, II, 14c, ff. 9vb-11ra

Ignorato motu necesse est...
Astronomical tables for Hildesheim: Mainz 562,
15c, ff. 175-182v(Zi 10812); BMh 3843, 15c,
ff. 46v-58v

Ihesus... See 'Iesus...'

Iis... See 'His...'

Illa que est super extremitate(m) caude...
Prosdocimo de' Beldomandi, Tabulae: BLcm
554, a.1435, ff. 144v-194r; Northern and southern constellations: BN 7292, ff. 30r-42r

Illas longitudines et latitudines civitatum et insularum inveni...
Magister Reinhardus: CLM 14583, 15c, f. 216
(Schulz)

Ille liber compilatus fuit ex diversis voluminibus...
David Armenicus tr Accanomosali, De oculis:
Bern 216, 13c, ff. 52va-65ra. See 'Ego Accanomosali...'

Ille qui medicinas chirurgicas addiscere cupit...
De medicinis chirurgicis: BMsl 352, 15c, ff. 43-68

Ille qui vadit per mare in hora Saturni morietur
...
BMar 88, 15c, f. 106r-v

Ille reverendissimus philosophus qui naturali calle in suis iudiciis...
Antonius de Montulmo, De iudiciis nativitatum:
T III, 602-3

Illi de afflictis qui sententias illas relatas...
Galen, Comm. Hippocrates, Regimen acutorum:
CLM 31, 14c, f. 80

Illi qui sententias de assidiis(?) relatas...
Hippocrates, De regimine acutarum cum comm.
Galieni, tr Gerard of Cremona: many MSS;
Pansier II (1909), 25; Giacosa 422. For other
tr without comm. of Galen see 'Qui de
egrotantium...'

Illi quorum proprium est anatomiam...
See 'Galienus inquit quoniam illi...'

Illis quorum habitationis loca sub polo...
Theodosius, De habitationibus, tr Gerard of Cremona: BL Auct.F.5.28, 13c, ff. 52-53; Nürnberg
V.64, 14c, ff. 171r-172r; Bibl. math. 3(1902),
68; Carmody 22

Illorum qui infra scribuntur quinque graduum
...
De natura rerum: Bern 178, 9-10c, ff. 90va-108ra

Illum clementissimum deum...
See 'Hoc est in quo laborant(laboraverunt)...'

Illum qui vult esse magister et artifex...
William of Brescia, Introd. Practica *or* Aggregator
Brixiensis. Text, 'De alopicia et tixia...'

Illumina corpus (tuum) antequam imponas...
Arnald of Villanova, Fixatio elixiris: Na
VIII.D.17, 17c(T III,660); anon. CUt 1120
(O.II.16), 15c, ff. 44r-45v

Illustri ac excelso domino Dominico de Malatestis...
Dedic. Sphere: Arras 748(688), a.1450, item 5

Illustri domino et filio Sisebuto Ysidorus.   Dum
te...
Isidore, De natura rerum: BN 15171, 13c, f.
200ra-.   Illustri is omitted in PL 83, 965

Illustri principi domino Roberto...
Nicholas of Reggio, prol. tr Galen de flebotomia.
See 'His qui de flebotomia...'

Illustrissima domina Margarita de Gonzaga
afflicitur...
Baverius de Baveriis, Consilia medica: pr Bologna,
1489(AFML 95; Klebs 163.1; GW 3739; IAL
B247); Pavia, 1521

Illustrissime princeps ac serenissime iustitia que pollitica...
Bartholomaeus de Sancta Sophia, Consilium
contra pestiferum morbum ad ducem Venetorum:
CLM 13, 15c, f. 214rb-vb; Archiv VI, 349-50

Illustrissime princeps et excellentissime iusto me tempore solicitavit...
Ioh. de Concoregio, Lucidarium: Mi A. 104 inf.
ff. 11a-105va. Text, 'Capillus nascitur...'

Illustrissime princeps Karole septime Francorum rex, cum ad aciem intellectus. . .
    Fusoris, Tables of sines and chords: BN 7290, 15c, ff. 31r-34v, preceded and followed by Tables, at ff. 1-30v, 35r-38v; BEC 112 (1954), 98

Illustrissime princeps mihi dum. . .
    BMr 12.G.XII, f. 10. See 'Inclitissime princeps. . .'

Illustrissimi principis regis francorum. . .
    Jacobus Magnus, dedic. Sopholegium. Text, 'Dicit Aristoteles libro (decimo) Ethicorum. . .'

Illustrissimis amicis nostris de Ianua ubi prius manifesta fuit hec pestilentia. . .
    Gentile da Foligno, Consilium in pestilentia que accidit Ianue: VAp 1264, a.1455, f. 301r-v

Illustrissimo principi Karolo dei gratia Francorum. . .
    Radulphus de Praellis(Raoul de Presles), Epistola *or* Musa ad Carolum V: Ob 274, a.1409, ff. 238-255v(T III, 439)

Imaginabor speram equatoris diei et tres circulos. . .
    Thebit ben Corat, De motu octave spere, tr undetermined: Carmody 117; BLsa 21, a.1215-16, ff. 153v-155v(Thomson, 31); Mon 323, 13-14c, ff. 108r-112r; Breslau Rehd. 172, 14c, ff. 69-77 (Schulz); ed. Carmody(1960), 102-8

Imaginabor speram equinoctii. . .
    See 'Imaginabor speram equatoris. . .'; ed. Carmody(1960), 109-13

Imaginamur idcirco vas vitreum continens de aere. . .
    Perpetua annexio anime et corporis: BLr A.273, 14c, ff. 76v-77(DWS 507)

Imaginationes iste suspicionem(?) inducunt aque . . .
    Consilia et recepte ad egritudines oculorum. . . secundum Gentilem de Fulgineo: VAp 1260, 15c, ff. 11r-15r

Imaginatur quod archa sit (quasi) corpus solidum regulare. . .
    BN 5055, ff. 199r-200v

Imagines huius mundi imaginibus celestibus obediunt. . .
    CLM 19668, 15c, ff. 3r-21r

Imagines huius seculi subiciuntur imaginibus supercelestibus. . .
    Coeli imagines depicti (no text): Basel, F.II.33, 14c, ff. 37v-41r; Ab(1912), 125

Imagines lapidum fiunt per artem duobus modis . . .
    De imaginibus lapidum: CLM 22300, 13-14c, ff. 76rb-77ra

Imagines quidem sub astronomi consideratione cadentes. . .
    De situ imaginum celestium: Utrecht 725, c.1500, ff. 214r-217v; TR 324

Imaginetur linea exiens a polo artico terram transiens per centrum. . .
    Tractatus super opus novi quadrantis (of Profatius Judaeus). . .per suos discipulos. . .anno 1324 (in 34 caps.): BN 7437, ff. 166r-183v

Imago mundi seu eius imaginaria descriptio ipsum velut in materiali quodam speculo. . .
    Pierre d'Ailly, Imaginaria descriptio mundi: Brux 3593, a.1410, ff. 191rb, 191ra-213vb(Silvestre); Salembier(1886), xxiii; IAL A 426, ff. a 2 r-e 2 r

Imago prima fit in prima hora diei. . .
    Belenus, Astrological images: T(1947), 242-43

Immensas omnipotenti deo gratiarum actiones refero. . .
    Johannes Sawtre, prol. Radix mundi *or* De occulta philosophia. Text, 'Omnium igitur corporum in. . .'

Impedimenta conceptionis ex parte viri. . .
    Raymondus de Moleriis, De impedimentis conceptionis: Janus, VIII(1903), 530-37

Imperas preceptisque mihi. . .
    Leo Hispanus, Compotus Pascalis a.627: ed. Krusch I(1880), 298-302

Imperator inter cetera quibus te oportet. . .
    Michael Scot, prol. De secretis naturae. Text, 'Nobilis imperator vir. . .'

Impero tibi in nomine domini nostri. . .
    Orationes contra spiritus malos: Ea O.41, 12c, ff. 52v-55

Implastrum Adfroditis facit ad capitis dolorem et temporum. . .
    Praescripta medicinalia varia: BMar 166, 9c, ff. 75-(79)

Impleat ipse dei qui vult sua nota venire. . .
    Versus (prognostical?): VAr 1324, f. 64r-v

Importunis et instantiis multis fratrum. . .
    Remigio Girolami of Florence, De mixtione elementorum: FNm 910.c.4, ff. 11v-17

Impossibile est competentem modum. . .
    A compendium from works of Galen on the pulse. See 'Hec quidem de pulsibus. . .'

Impossibile est corpus non habere motum naturalem...
Avicenna, De celo et mundo abbreviatio, tr John of Seville: Toledo cap. 47.15, 13c, ff. 91v-92r; AL 1234; Millás(1942), 59-60

Impossibile est eundem incipere et finire...
Quest. in Hipp. aphoris; VA 4451, 14c, ff. 8-30

Impossibile est ut ex omni lapide...
Capitulum mirabile: BLas 1451, 15c, f. 20v (DWS 380)

Impressionum que fiunt in alto huius elementaris regionis...
Dietrich von Freiberg, De iride et radialibus impressionibus: ed. Würschmidt, Beiträge XII, 5-6 (1914), 33-204; its value reestimated, Isis 49 (1958), 378-90; C. Boyer, The Rainbow, 1959, pp. 110 et seq.

Imprimis intellige quomodo philosophus Avicenna...
George Ripley, Prefatiuncula canonici in Pupillam oculi cum ipso opusculo: BLas 1406, I, 16c, pp. 85-89, 91-102

In additis et diminutis utimur his quinque...
Arithmetic: CLM 26639, ff. 14r-18v

In aeris mutatione est in primis ingressum solis...
De mutatione aeris: VA 6280, ff. 147r-148v

In aliis siquidem libris nostris...
De proprietatibus et qualitatibus et virtutibus quarundam herbarum (Part 3 of the Secret of Secrets): Toledo cap. 96-32, 15c, ff. 86-87v

In almanac componendo sic procede...
BN 7281, 15c, f. 274r

In altiori interstio aeris est sempiternum frigus...
Abbreviation of Altitudo mundane glorie (Lumen animae?): Prag 1144 (VI.F.7), a.1446, ff. 53r-98v; Osiris 8(1949), 59

In altissimis laudibus micat amicitia...
Thomas of Bologna, Epistola ad Bernardum Trevirensem de lapide philosophico: BN 11201, ff. 1r-13v(ColR 100a); T III, 613; CUc 99, 15c, p. 208(DWS 317); CU 1255(Ff.IV.12), a.1528, ff. 28v-38r

In ambitu quippe septem celestium orbium...
BMh 3017, 9c(Fleury), ff. 92v-94; Os XVII, c.1100, f. 37v. Isidore: CUc 291, 11-12c, f. 132r-v (Benjamin)

In annali sequente sunt ordines novem qui alfabeto constat...
Moon-book: Bern 250, 10c, ff. 21r-22v(H)

In anno ab nativitate domini 816...
Maihingen I, 2, Q.14, 11c, 41-43v(Zi 12093)

*In anno Christi 1325 in civitate eborum anglie...
Perscrutator (Robert of York?), De mutabilibus (mirabilibus?) elementorum: T III, 678-79; Mi D.331.inf., 15c, ff. 38ra-45rb

In antecedente predicto dubitaverunt priores...
Continuation of Jean de Jandun, Sophisma de sensu agente: BN 16089, 14c, ff. 167-170; HL 33, 545

In antiquis philosophorum libris satis...
Roger Bacon, or Simon of Cologne: Speculum alkymie. See 'Multifariam(Multipharie) multisque...'

In aphorismo presenti comparat litteraliter...
Arnald of Villanova, Expositio super isto aphorismo Hippocratis, In morbis minus: HL 28, 76; Opera, 1504, ff. 348r-351v; Glorieux I, 420

In Arabia multi reges habuerunt scientiam...
Edinb. 20.8.1, 14c, ff. 42-44(DWS 523). See 'Qui querit in merdis...'

In arboribus consistit naturaliter plantandi diversitas...
De plantandis arboribus: VA 5377, ff. 123r-125v

In arboribus quedam naturaliter stiptice...
De virtutibus arborum: VAb 12, 14c, ff. 130-132v(Silverstein)

In arcanis antiquorum philosophorum...
Hermes, (Alchemy?): Girolla 64

In ariete est unum de sideribus primi honoris...
John of Seville(1146): BN 7316A, ff. 52vb-53rb; T (1957), 133

In ariete masculus...
Ea Q.223, 14c, ff. 170v-172v(Zi 11884)

In ariete signo...
Danzig F.238, 15c, ff. 174v-178v(Zi 8274)

In arte astronomica modus equandi planetas...
Canones super Almanach (of Profatius?): BN 10263, ff. 95r-120v

In artificialibus...
John Dastin, Secretum secretorum: BU 271(458), 2(T III,101)

In artifico auri(?) id est operis solaris de quo...
(Alchemical): CLM 352, 15c, ff. 322r-324v

In ascendenti debet esse humilis. . .
Liber Salcharie (Falcharie) Albassarith (astrological geomancy) tr from Hebrew by Salio, canon of Padua, at Toledo, Feb. 27, 1218: BN 10270, 15c, ff. 83v-84r, opening in cap. 8; Speculum 32 (1957), 116-17

In aspectibus consistit. . .
Ea D.19, 14c, ff. 26v-34v(Zi 3318)

In aspectu fortune. . .
VI 5503, a.1506, ff. 20-28v(Zi 8275)

In astrolabii compositione sic. . .
Wo 2401, 15c, ff. 338-363v(Zi 901)

In astrolabio pro equatore solis dividendo tracta linea subtili. . .
De astrolabio: VI 5258, 15c, ff. 61v-65r(Zi 902)

In astrorum scientia difficile fuit. . .
'Schema nativitatis regis Henrici VI a.1421': BMe 889, f. 5r

In bona significatione cedrus et lybanus. . .
Hugh of St. Victor, De avium significatione: Brux 2142, 14c, ff. 215rb-222ra(Silvestre); De bestiis et aliis rebus: PL 177, 26-55. Prol. I, 'Desiderii tui. . .' Prol. II, 'Cum scribere illiterato. . .'

In bono quod deus operatur bonitatem largidatoris debemus. . .
De nobilitate astronomie: CLM 14401, 14c, ff. 180ra-(182vb, incomplete)

In brachio incidimus per venas. . .
Phlebotomy: CUe 36, 14c, ff. 36v-41

In brevitate quidem sermonis. . .
Comm. Hippocrates, Aphorisms: Ea Q.232, 14c, ff. 2-109

In calculatione coniunctionum et oppositionum volentibus. . .
Canon to astronomical tables: Oma 182, 15c, ff. 57r-59r

In calido et humido pone me et ex illis pasce me. . .
Johannes de Vasconia, Septem operationes lapidis philosophorum maiores: BU 303(500), 15c, ff. 218v-219v; Cambrai 920, 15c, ff. 28v-29v(Corbett II,42); VAb 273, ff. 290v-293r

In capiendis altitudinibus si perpendiculum cadat. . .
Canones kalendarii planetarum: BMsl 513, 15c, f. 19v

In capite istius tabule sunt anni domini. . .
Canon supra kalendarium novum magistri Petri de Dacia: BN 14068, ff. 34v-38r

In capiti facies aries cum luna refulget. . .
(37 hexameters on) Signs of the zodiac and parts of the body: FNpal 763, 15c, ff. 4r-5r

In caput dolorem habentis siccum tumores. . .
Prognostica Democriti: Archiv XIII(1921), 157-59; Pronostica Hippocratis: Archiv IX, 81

In casu egritudinis sue mihi narrate. . .
Blasius Astarius of Pavia, Consilia: pr Venice, 1521, ff. 116r-121v

In casu isto duplex debet esse intentio. . .
Barnabas de Riatinis, Consilia: EU 175, 15c, ff. 121-139r

In Christi Ihesu nomine amen dei misericordis . . .
Bartholomaeus de S. Sophia, Recepte super nono Almansoris: CLM 13, ff. 131ra-186ra

In Christi incarnacionis anno 1343. . .
See 'Omnium numerorum armonicorum. . .'

In Christi nomine amen anno nativitatis eiusdem 1457. . .
Giovanni Bianchini, Astronomical Tables to Frederick III: Ferrara Communale I, 147, late 15c, ff. 138-141; Scripta math., XVI(1950), 8

In Christi nomine habeas acetum purissimum in magna quantitate. . .
De antimonio: CLM 653, 15c, ff. 33r-37v

In Christi nomine incipit calculatio Grecorum quam. . .
(De computo, ex Pandulpho de Monte Cassino?): Zurich Car.C.180, 12c, ff. 1r-109v(Zi 12091)

In Christi nomine incipit codex medicinalis de lectionibus Heliodori. . .
Heliodorus: Archiv XIII, 148-56; GU 96(III), 9c, ff. 49(48)4-53(52)r

In Christi nomine universorum ducis fiat aqua fortis. . .
Io. Dumbelius, Via universalis: pr Condeesyanus, II(1625), 102-120

In Christo domino nostro deo. . .
Raymund Lull, Questiones m. Thomae Attrebatensis: T IV, 5-7. See 'Vidi domine. . .'

In cibum vina tibi sumas pro medicina. . .
CGM 723, f. 34v(Schulz)

In cirurgia sunt ista necessaria emplastra pulveres. . .
Varia de arte medendi: CLM 19901, ff. 98v-104v

In colerica interpolata pura sunt intentiones. . .
Christophorus Barzizius, Isagoge ad curam
febrium ex mente Avicenne: BN 6993, 15c, ff.
260-269r; VI 5269, 15c, ff. 87r-99r; De intentionibus habendis in febribus: CLM 205, a.1430,
ff. 129r-141v; 184, a.1440, ff. 150v-161v; pr
1535, with Clementino Clemente, Lucubrationes, p. 251-; BHM XI(1942), 397-98, n.42-
43

In collo leonis non est aliquid. . .
See 'Verbum Aristotelis et Diascoridis est. . .'

In componendo almanach sic procede Ordina
medios cursus. . .
BLcm 499, 15c, ff. 60-62

In componendo almanach sic procede Primo de
sole. . .
BN 14006, ff. 64r-69r; CUe 70, 15c, f. 136r-v

In composita divisione primo denominatione per
priorem characterem. . .
On compound division: CUt 1369(O.VII.41),
11c, f. 37r-v

In compositione. . .
Hugo Pisanus, Potestas divitiarum: BU 747
(1492), 15c, ff. 76v-81r(T IV,61,645)

In compositione almanach consueverunt. . .
Ea Q.381, ff. 28v-34

In compositione almanach sic procede. . .
BN 7333, ff. 52v-54v(Poulle); CLM 27, ff. 69r-
70v; BMh 531, f. 132

In compositione astrolabii physici. . .
CLM 92, 15c, ff. 233v-262(Zi 903)

In compositione astrolabii tres(primum) circuli
. . .
Ps. Bede, Libellus de astrolabio, PL 90, 955-60;
Jones 88; anon. CLM 14763, 12c, ff. 204-206r;
Zurich Car.C.172, 11-12c, ff. 65v-66v

In compositione chilindri quod vocatur horo-
logium viatorum. . .
FLa 208(140), a.1465, pp. 193a-196b. See
'Accipe lignum maxime (durum). . .'

In compositione chilindri sic procede. Accipe
unam columillam. . .
Sun-dial: Ea Q.386, 14c, ff. 107v-109v(Zi
9243); FLa 134, 15c, pp. 193-96; BN 7350, ff.
57r-60v

In compositione horologii premittenda sunt. . .
Salzburg St Peter X.V.20(Schulz); Yale MS
bound with item 42, ff. 120r-125r

In compositione uniuscuiusque compositi(opusculi) divinum implorandum est auxilium. . .
Dialogus *or* Collatio magistri cum discipulo: BN
14006, 15c, ff. 64r-69r(Corbett I,181); Liber
Iacobi sive liber intelligentis: Breslau R 454, f.
76v. See 'Ad compositionem uniuscuiusque. . .'

In computo Gerlandi unde agatur et qualiter. . .
Comm. super primum librum compoti Gerlandi:
BLd 56, 12c, ff. 196-(212v)

In coniunctione lapidis attende tres. . .
Arnald of Villanova, Quomodo elementa sunt
corrigenda: Na VIII.D.17, 17c(T III,667)

In coniunctione solis et lune considera. . .
Bartholomaeus de Parma, Iudicium particulare
de mutationibus aeris: VI 5438, 15c, ff. 116v-
128r(T II,837); Zi 7639-40

In consideranda monochordi positione ea prima
speculatio. . .
Hermann Contractus, Opuscula musica: PL 143,
413

In consideratione chilindri duo considerantur. . .
De compositione chilindri et de usu eius: VE
VIII.69(XI,86), 15c, ff. 245-246v; Isis 50
(1959), 48, n.117

In consideratione chilindri quod ante meridiem
crevit. . .
Prag 970, 14c, ff. 21v-23; Prag cap. 1272, 14c,
ff. 58-63(Schulz)

In continenti cum miscueritis has res. . .
Gratian, Disputatio de commixtione rerum
lapidis: LC ac.4616(1), 16c, ff. 15v-16r

In contrahendo Mercurii et philologie matri-
monio. . .
Comm. Capella, lib. VIII de astronomia: BMc
Vesp.A.II, 14c, ff. 75ra-122vb

In corde autem fuit (secundum Aristotelem). . .
Averroes, De concordia inter Aristotelem et
Galienum de generatione sanguinis: AL pp. 108,
227, cod.57, 952; GW 3109; Klebs 130.1

In corde autem sint(?) secundum Aristotelem
nutrimenti cibalis et spiritus et venarum
principium. . .
BN 14385, f. 167rb

In corde fit secundum Aristotelem. . .
Averroes: Steinschneider(1906), 10. See 'In
corde autem fuit. . .'

In corporibus rotundis mobilibus. . .
Sententie libri meteororum Aristotelis: CUg 181
(214), 14c, pp. 9-18. Preceded by a paragraph
beginning, 'Sol est maior. . .'

In creatione hominis de terra alia terra sumpta
est...
> St. Hildegard, pref. Diversarum naturarum
> creaturarum: anon. PL 197, 1125; HL 30, 387

In creticis diebus in septimo...
> Ghent 5(416), 15c, f. 157v (a short note)

In cuiusque scientie sedulus auditor...
> Summa de gradibus: Ea Q.204, 12-13c, ff. 57-60

In cunctorum operum initiis...
> Albategni (Al-Battani), De scientia astrorum:
> Carmody 129-30. Pref. tr 'Inter universa...'

In cura epilensie primo ponatur dieta...
> Arnoldus, De epilensia: CLM 77, late 14c, f.
> 161ra-vb

In cura febris putredinis generaliter considerandum sit septem...
> Galeacius medicus praeclarus: VAp 1268, 15c,
> ff. 81v-(218v)

In cura huius dispositionis scilicet ardoris
urine...
> Johannes de Capitaneis, Consilium: BLcm 111,
> c.1400, ff. 38-(49)

In cura hydropisis asclitis a(in) causa calida...
> Gentile da Foligno, Tract. de ydropisi ulceribus
> pulmonum ac de ulceribus renum et vesicae:
> CLM 339, a.1466, ff. 147r-149r; VE VI.149
> (XI,23), c.1469, ff. 27ra-28ra; anon. VE VII.3
> (XIV,26), 15c, f. 150

In cura lapidis huius iuvenis talis ordo...
> Jacobus de Regio, Consilium: BN 6941, f. 103ra

In cura stomachi frigidi...
> Nicolaus de Rido, Recepte super dispositionibus
> stomachi: Vendôme 245, a.1440, ff. 69-76; VA
> 4440, 15c, ff. 118ra-126vb

In cura tertiane vere fiat...
> Ordinatio febrium super quartum canonis Avi-
> cennae: Ea Q.222, 13-15c, ff. 192-199v

In curriculo xii menses. In medio partito...
> Regula de quarta parte astrolabii: Isis 17(1933),
> 229

In cyclo decennovali sunt anni lunares...
> Brux 5420, 9c, ff. 107v-116v

In dandis accipiendisque muneribus...
> Boethius, prol. Arithmetice. Text, 'Inter omnes
> priscae auctoritatis...'

In dandis laxativis inter cetera consideranda
sunt...
> VAp 1123, 16c, ff. 130r-146r

In dandis medicinis talis sit ordo mane damus
unam...
> CUg 379(599), 13c, ff. 35v-49r

In de sol re primus tonus pensat...
> Music: CLM 16520, f. 99v(Schulz)

*In debito regimine corporis et prolongatione
vite...
> Roger Bacon, In lib. sex scient.: Little 403

In declarandis conditionibus generationis et
corruptionis...
> Simon de Faversham(?), In Aristotelis libros duo
> de generatione et corruptione: BLt 116, 13c, ff.
> 107-(111); On 285, 14c, ff. 20ra-22ra

In dei nomine Amen et cum adiutorio reducamus primo...
> See 'Reducamus primo corpora...'

In dei nomine Amen. Iam restat dicere et
declarare...
> See 'Iam restat dicere et...'

In dei nomine Amen. In magna quantitate
recipe aceti distillati...
> Opus leonis: BU 164(153), 14-15c, ff. 74v-75r

In dei nomine Amen. Scito fili quod sapientes
in hoc opere...
> See 'Scito fili quod sapientes...'

In dei nomine dixit Tullius...
> See 'Dixit Tullius Tantum debes...'

In dei nomine et domini nostri Ihesu Christi...
> See 'Subtrahe sexaginta...'

In dei nomine pauca incipiunt de temporibus...
> Bede, De tempore, caps. 2-12, 'with a question-
> and-answer passage substituted for cap. 1': Jones
> 39

In dei nomine verba Abicrasar...
> See 'Non inveni aliquem...'

In deiectione seminis humani ex septem stellis
radii...
> Hermes Trismegistus, De decubitu infirmorum:
> pr Paris, 1555, ff. 52r-56v

In descriptione receptarum convenientium con-
grue...
> Petrus de Tussignano, Recepte super Nono Al-
> mansoris: Bern 38A, ff. 37-65; BLas 1827, 15c,
> ff. 65-198; Brux 3208, a.1469, ff. 143ra-177va;
> CLM 75, f. 118; 13150, ff. 244ra-263rb; KlaS
> Pap.97; Prag cap. 1360, ff. 146-214; VAp 1175,
> ff. 213r-236; VI 2426, ff. 124-127; pr with
> Sillanus de Nigris, Venice, 1483, ff. 113r-136r
> (Polain 3348; Hain *13895-97; Klebs 946.2-4;
> IAL R176-78); with Aegidius Corboliensis, Sala-
> manca(1496?): (GW 271; Klebs 466.2; IAL
> A86); Lyons, 1587(Compositiones et remedia);
> G. Mazzini, Vita e opera di maestro Pietro da
> Tossignano, 1929, pp. 142-53; Giacosa 485

*In desolatione et fletibus stans Raymundus sub quadam arbore...
  Raymond Lull, prol. Arbor scientie: VA 3468, a.1428, f. 1r-; Saxl (1915), 94; pr Barcelona, 1482(Klebs 629.1; AFML 287; IAL L344); 1515, etc.

In diebus illis Nabuchodonosor regis (Babilonie) quando petebatur(petebant)...
  Somnia Danielis: Vienna 271, 10c, ff. 76v-77v; Budapest 405, 14c, ff. 119v-122v; Brux 2367, 15c, ff. 71-80v; GW 7936; Klebs 319.25

In dislocatione membrorum ita opera feliciter. Reducto membro dislocato...
  Quedam experta in cyrurgia: CLM 658, 15c, ff. 44r-(72r)

In disponendis stellarum radicibus...
  Albumasar, De meditationibus cordis: Boston Public 1488, 14c, ff. 1v-6v; ZB 4(1889), 528; Carmody 99

In dispositione ardoris urine pendente a mala complexione...
  Johannes Matthaeus, Consilia medicinae: VAp 1261, a.1476, ff. 1r-108r

In dispositione medicinarum seu receptarum convenientium...
  Petrus de Tussignano, Receptarium, compilatum Bologna, 1385: VAp 1134, 15c, ff. 2r-8v. See 'In descriptione receptarum...'

In disputatione de quolibet in medicina (a.1346)...
  Bertuccius of Bologna: VA 2418, ff. 223vb-225vb

In distillatione lapidis hec evenerunt. Primo distillata est...
  De separatione elementorum: GU 253, 13c, ff. 175-177v(DWS 502)

In diversis linguis diversos huius artis...
  Matthaeus F., Comm. Isaac, Dietae universales: Ea O.62a, 13c, ff. 49-83v; anon. BMsl 1933, 13c, ff. 139-160

In dolore capitis de causa calida...
  Concordantia authorum: BN 6891, ff. 92ra-113rb

In dolore capitis si venter fuerit constipatus...
  Arnald of Villanova, Practica summaria a capite usque ad pedes: Ea F.236, a.1361, ff. 224v-227v; VAr 198, 14c, ff. 193-204; BMsl 3124, f. 167 (Secreta); VAp 1180, ff. 187v-194r; 1240, ff. 74r-82v; CLM 14245, a.1474, ff. 77r-84r; HL 28, 65; Opera, 1504, ff. 242v-245r

In duodecim aquarum investigando (libro)...
  Ps. Aristotle, De duodecim aquis secreti fluminis: Steinschneider(1906), 8; BLd 162, 13c, ff. 10v-11v(DWS 1063,ii)

In ea que de spera...
  Eutokii Ascalonite remoracio in librum Archimedis de spera et cylindro: Isis 43(1952), 241

In ecclesia militante secundum beatum Augustinum quatuor...
  Computus: BLcm 561, 15c, ff. 95-(106)

In Egipto est civitas quedam Babilonie et Cayre...
  Distinctio mundi secundum magistri Asaph Hebreum: BN 6556, ff. 7va-10ra; BEC 54 (1893), 406-11, 587-88. On Asaph, who is cited and not the author, see Venetianer (1916-17) and I. Simon (1933)

In Egipto reperiuntur optimi astronomi propter aeris...
  De vita et gestis Neptanabi astronomi Aegyptii: Ea Q.12, a.1447-1467, ff. 200-201. See 'Egiptii sapientes...'

In emptione causa revendendi sit luna...
  Commercial astrology: BMsl 332, 15c, ff. 12v-13r

In eo primo libro phisicorum cuius subiectum...
  Lincolniensis(Grosseteste?) super libris phisicorum: AL 1022. See 'In primo libro phisicorum...'

In equinoctio Martii in prima parte noctis...
  Experimentum in dubiis: Ea O.32, early 13c, f. 89

In equis generosis ut aiunt veteres quatuor sunt spectanda...
  De cura equorum: VI 5315, 15c, ff. 209r-218v

In exordio dictionis accidentium futuri anni 1445 imperfecti...
  Nicolaus Karlo, Prediction for 1445: T IV, 256

In exordio omnis creature herus...
  I. Alexander, Mathematica: T I, 714; II, 259; anon. Kremsmünster XXX, 12c, ff. 1-71v(Zi 8276); Osiris I(1936), 678-79
  II. Messahala, Liber iudiciorum: BMar 339, 14c, ff. 36v-(41); Carmody 37

In exordio Ptolemeus contra eos disputat qui astrologiam...
  Comm. Ptolemaei Quadripartitum: pr Basel, 1559, pp. 1-180

In facie infirmi si fuerat apostema cui non invenitur...
> Hippocrates, Secreta de iudicandis indiciis mortis: BN 6988A, ff. 14v-15v

In faciendo almanach sunt primo extrahendi...
> BLd 168, 14c, f. 98ra-vb; BN 7413, II, 14c, ff. 48rb-50ra

In febre causonica optimum est consilium...
> Medical recipes: BMr 12.B.XII, 13c, ff. 105-(179v)

In febribus acutissimis oleum habens freneticum significat...
> Uroscopy: SG Stift 751, 9c, p. 397; Beccaria 133.31

In firmamenti medio sunt duodecim signa per transversum disposita...
> CLM 10662, a.1436, ff. 152r, 152v(Zi 11886); VI 5415, 15c, ff. 263v-264v; Saxl(1927), 155

In firmamento celi...
> Prag 1966, 15c, ff. 33-37(Zi 7811)

In firmamento celi sunt sol et luna...
> Seven Canons at Magdeburg, 1414; VAp 1354, 15c, ff. 246va-248vb

In flebotomia facienda sunt quinque considerata...
> VI 2426, 14c, ff. 145v-146r

In fleubotomationibus considerandum est si multa...
> Phlebotomy: Bern 80, 15c, ff. 125v-127r

In foliando tingetur et humectetur in quinta essentia...
> BMh 5399, 15c, f.12(DWS 664)

In foris autem corporis descripte in antiquis...
> Nomenclatura medica: Karlsruhe cod. Reichenau CXX, 9c, ff. 98r-102r; Beccaria 56.5

In forma arietis sunt stelle 13...
> Constellations: Mi M.28 sup., f. 17r

In fundendis operibus cuiusque(cuiuscumque) ponderis metallorum...
> De mensura cerae et metallorum fusilis operis *or* in operibus fusilibus: Corbett II,10,68,89; CLM 9560, 12-14c, f. 33r-v

In generali innuit Avicenna levem solutionem esse fiendam...
> Marsilius de Sancta Sophia, Receptae supra prima fen quarti Canonis: Bern A.38, 15c, ff. 79r-157r; BLcm 481, 15c, 144 ff.; Wi 61, 15c, ff. 121ra-124vb, incomplete

In globoso corpore...
> Astron.: MU Q.746, 15c, ff. 171-189(Zi 4520)

In gubernandis rebus publicis soliti sunt veteres...
> Conrad Heingarter, dedic. Defensio astronomica: Zurich B.244(769), 15c, ff. 1r-4r; BHM IV(1936), 87. Text, 'Iam et si compertum habemus...'

In hac arte...
> Raymond Lull, Magia naturalis: BU 169(181), item 11

In hac compositione multa sint videnda...
> Quiricus de Augustis, Cap.1, Lumen apothecariorum. See 'Cogitanti mihi ipsi...'

In hac cura ex dictis...
> Marcus de Gattinaria (d.1496), Recollecta super commenta Almansoris (rubric, De cura sodae sanguineae): Engelberg 307, 16c, ff. 157r-247v

In hac figura descriptus est numerus infinitus...
> Abbo of Fleury, Abacus: Os 17, a.1110, f. 35; ed. Bubnov 203-4

In hac nostra habitacula sunt montes...
> BN 14068, f. 171r-; JWI XX(1957), 147

In hac parte generalis philosophie...
> Thomas Aquinas, Comm. de generatione et corruptione: Ea F.318, 14c, ff. 92-109. See 'In hoc igitur libro...'

In hac parte magister docet invenire declinationem...
> Comm. on Astron. Canons (of John de Lineriis): BN 7281, 15c, ff. 224r-232r

In hac propositione contradicit...
> Comm. Hippocrates, De regimine acutorum. See 'Ars que modum...'

In hac questione quatuor videntur contineri difficultates...
> John Bromyard, On musical instruments and demoniacs: Ome 318, 15c, f. 156v

In hac sicut in qualibet disciplina considerandum est quid in ea...
> Computus: BN 18108, f. 130(H)

In hac summa afferemus de medicinis compositis illas...
> Avicenna, Summa secunda Antidotaria: BN 7046, 13c, ff. 55ra-63vb

In hac tabula potest inveniri in quo signo luna sit...
> Tabula lune: CUt 1109, 14c, ff. 97-98

In hac tabula signorum potest invenire in quo sit luna...
CU 1705(Ii.I.13), 14c, f. 40r-v

In hac tabula sunt sex spere depicte...
Joseph, Clavis minoris sapientiae portae: DWS 139

In hanc tabulam planetarum intrandum est cum die in capite...
Tabula docens quis planeta regnat in qua hora: BMsl 282, 14-15c, ff. 13r-15r; BMsl 2465, 14c, f. 9rb; CUg 336(725), 15c, f. 132r; CUt R.XV.18, V, c.1400, pp. 16-(19)

In hebdomada priori ante initium quadragene...
Corrector (written 1354): Brunswick CLXXXI, 14c, ff. 11vb-16ra

In his forte elixeris qui in corporibus...
Dicta: BNna 1293, 15c, ff. 68r-69v(Corbett I, 216)

In his geometricis figuris quas a nobis...
Gerbert, Epistola ad Abelboldum, De area trig. aequilateri: Bubnov 43-45; Zurich Car. C. 172, 11-12c, ff. 87v-89r; PL 139, 151-54

In his regionibus pene omnes homines nobiles...
St. Agobard, Liber contra insulsam vulgi opinionem de grandine et tonitruis: PL 104, 147-158

In historiis divinarum rerum tres preclaros viros philosophos...
Hermes, Septem tractatus, tr pref.: Archiv für Naturwiss. XI(1928-1929), 28-37

In hoc autem capite revelabo modum componendi rotam...
Device for perpetual motion: BN 7414, f. 54r-v

In hoc(autem, meo, nostro) libro dicam(dicemus) ...
Opens several parts of the Liber LXX ascribed to Geber: DWS 78, 82, 83, 87, 88, iii, 89, 92-99, 100A-B, 101, 101A-B-D, F, 102

In hoc autem opusculo quatuor sunt...
See 'In hoc opusculo quatuor...'

In hoc calendario ad meridiem universitatis Oxonie composito anno domini 1380...
John Somur: BMsl 282, 14-15c, ff. 5r-12v

In hoc calendario decemnovenali servunt...
Roger Bacon, Kalendarium: OHI VI, 199-211

In hoc capitulo describit primo princeps...
Jacobus de Partibus, Expositio super fen secunda libri primi canonis: pr Avicenna, Canon, Venice, 1523, Vol. I

In hoc capitulo dividitur primo modum medicationis...
Jacobus de Partibus, Annotationes super quarta primi Avicenne: ed. Avicenna, 1523, Vol. II

In hoc capitulo primo agitur de causa creationis capitis...
Jacobus de Partibus, In tertium canonem Avicenne expositio: pr Avicenna, 1523, III, IV, V

In hoc capitulo primo dicit intentionem...
Simon of Faversham, Expositio in libellum de longitudine et brevitate vitae: BLt 116, late 13c, ff. 90v-(91); 2 CU MSS(Atk)

In hoc capitulo primo diffinit febrem...
Jacobus de Partibus, Comm. Avicenna Canon IV, Fen 1: GW 3127(Klebs 131.13; IAL A1273; Yale 9)

In hoc capitulo tractaturus de modo generationis et formatione...
Jacobus Forliviensis, Super capitulo Avicenne De generatione embrionis: pr Pavia, 1479; Siena, 1485; Venice, 1489(Klebs 550.1-3; AFML 255; IAL J39-40); 1502, ff. 2r-17v

In hoc compendio intellectum sex conclusionum quarti capituli...
Dumbleton, Comm. Bradwardine, De proportionibus: BNna 625, 14c, ff. 70vb-71va

In hoc continentur libri quatuor medicine Ypocratis Platonis Apoliensis...
Ps. Apuleius, Herbarium: T I, 596-97; BMh 1585(i and ii), 11-12c, ff. 1v-6v(DWS MS)

In hoc conveniunt omnes anime quod omnis anima nutrit...
'Anon. (an Avicenna) de Anima (extracta?)': Toledo cap. 47.15, 13c, f. 98v; AL 1234, not listed by Millás(1942), 61

In hoc conveniunt omnes antiqui medici...
Comm. Hippocrates, Aphorisms: BMr 12.D. XIII, 14c, ff. 244r-(259v). Prol. 'Legitur in Megatechni...'

In hoc contagio morbido cursu secundum solidos phisicos...
Regimen preservativum in hac pestifera infectione epidimali: VI 5300, 15c, ff. 124r-127

In hoc corpore continetur cosmographia...
Anon. Ravennatis cosmographia: VAu 961, 14c, f. 1; ed. Pinder et Parthey, Berlin, 1860, pp. 1-445

In hoc enim naturalia audiunt...
Aristotle, Physica; Millás(1942), 60

In hoc enim opere precelsa veritas. . .
Bractawel Hermetis: VAp 1332, 15c, ff. 9r-11r

In hoc ergo libro sunt quinque requirenda. . .
Constantinus, Secreta alchimie: BN 14006, 15c, ff. 30r-35r(Corbett I,179)

In hoc igitur libro philosophus primo ponit prooemium. . .
Thomas Aquinas, Expositio in libros de generatione et corruptione. Prol. 'Sicut tradit philosophus in tertio de anima. . .'

In hoc instrumento due figure zodiaci necessarie sunt. . .
See 'Forma de novo. . .'

In hoc libro aggregabo regi cui benedicat deus . . .
Rasis, prol. Liber Almansoris: BHM 32(1958), 54-67; Carmody 134-35; CLM 13114, 13-14c, ff. 3va-166rb, tr Gerard of Cremona. See 'In hoc meo libro agregabo. . .'

In hoc libro aggregationes necessarias et conceptiones. . .
Rasis, Almansor, tr Gerard of Cremona: VE fa 535(XIV,13), 14c, ff. 1-44

In hoc libro Aristotelis qui intitulatur. . .
Questions on the Physics: Ea Q.301, 15c, ff. 1-42

In hoc libro cronicorum hoc est tardarum passionum. . .
Liber Esculapii, prol.: Vendôme 175, late 11c, f. 47r(Beccaria 47.5); James 480

In hoc libro determinat Aristoteles de corpore mobili. . .
Comm. De celo et mundo: BLb 675, early 15c, f. 55-

In hoc libro dicam capitula composita ex elementis. . .
Rasis, Liber experimentorum (alchemical): Steinschneider(1906), 47; Verae alchemiae, II, 174-75

In hoc libro dicam expositiones dictarum preparationum. . .
Geber, Liber septuagesimus qui est postremus de Lib. LXX: DWS 102; VAp 1339, 14c, ff. 140r-141

In hoc libro dicam mercurium et causam eius. . .
Liber utilitatis qui est XXXVII de LXX: DWS 99; Corbett I, 15; qui est tertia de 70: VA 4091, ff. 106r-116va; in DWS 117, iv, fols. 167v-175v, are (Rasis) de aluminibus et salibus; and Steele used this very MS to supplement BN 6514 in his ed. of the Rasis (Isis XII, 14-42) pp. 34-36 for 173v

In hoc libro dicam propinquitatem(proprietatem?) preparationum. . .
Preparatio argenti vivi: BMar 164, ff. 175v-176r (DWS 88,iii)

In hoc libro Dioscoridis continentur herbe femine numero lxxi. . .
Ps. Dioscorides, De herbis femininis: T I, 609; ed. Hermes 31(1896), 578-636

In hoc libro est intentio de anima. . .
Comm. Aristotle, De anima: BLcm 322, 14c, 64 ff.; assigned to Adam de Bouchermefort: Grabmann (1936), 175; RNS 42(1939), 433-38

In hoc libro est intentio de corpore mobili contracto. . .
Adam de Bocfeld, Comm. Meteor. (old tr): FLc XIII, sin.7, 13c, ff. 194r-247r; AL 1368; Grabmann (1936), 150-53

In hoc libro intentio. . .
Comm. De anima: VAu 206, a.1253, f. 258v. See 'In hoc libro est intentio de anima. . .'

In hoc libro loquar de secretis nature et primo. . .
(Arnald of Villanova), De secretis nature *or* Dialogus inter magistrum et discipulum: BMh 3528, 15c, ff. 93v-98r(DWS 229 iv). See 'Scito fili quod in hoc libro. . .'

In hoc libro meo dicam argentum vivum et argentum. . .
Alchemy: FL 30.29, f. 78rb-vb; Ambix 8(1960), 58

In hoc libro naturarum loqui cupientes. . .
Comm. De celo: Na VIII.C.37, 13c, ff. 16r-79v; AL 1472

*In hoc libro qui dicitur de celo et mundo sunt quedam. . .
W. Burley, Comm. De coelo et mundo: Oma 63, early 15c, ff. 2-(58) imperfect; anon. Os 113, 14c, ff. 62-119v

*In hoc libro qui intitulatur de sensu et sensato intendit Aristoteles describere. . .
Comm. De sensu et sensato: Ome 272, 13c, ff. 254-(274); CUg 509(386), 14c, ff. 287ra-302ra; On 285, 14c, ff. 164ra-189rb

In hoc libro recito continentias equorum a parvitate eorum. . .
Liber mariscaltie equorum et cure eorum: ed. Pietro Delprato, Collezione di opere inedite, Bologna, XII(1865), 143

In hoc libro summa efficationis. . .
Alchemy: FNpal 981, 15c, f. 71v-125v

In hoc libro triplicem invenies artem. . .
Winandus de Rupheo Clipeo, prol. Clavis celestis et Gloria mundi: Steinschneider(1906), 62; CUt 1384(O.VIII.9), 15c, ff. 38r-43v

*In hoc magisterio tres fornaces. . .
Raymond Lull, Pars prima practicae de furnis: HL 29, 385

In hoc meo libro agregabo regi cui benedicat deus. . .
Rasis, prol. Liber Almansoris, tr Gerard of Cremona: CLM 13045, 14c, ff. 1ra-98rb. This seems the best wording, though variants are found in later MSS and printed editions. Text, 'Creator omnium deus. . .'

In hoc meo libro dicam quomodo abluuntur lapides. . .
(Geber), Liber ablutionum (De lib.LXX): DWS 78; Aristotle: VI 5389, 15c, ff. 58r-(62v)

In hoc meo libro regi cuius vitam prolonget dominus(deus). . .
Rasis, pref. Liber Almansoris, tr Gerard of Cremona: BMsl 1933, 13c, ff. 3r-64v; VA 4425, 13c, ff. 1r-74ra; CLM 759, 14c, ff. 2r-73ra; Graz 203, a.1331; etc.; pr Venice, 1497(Hain 13893, f. a2r; Klebs 826.2; IAL R170)

In hoc omnes sapientes conveniunt quod medicus. . .
Guilelmus de Saliceto, (cap. generale) Practica *or* Summa conservationis sanitatis: CUt 1202 (O.III.30), a.1326; PM 2600(1282), 15c, f. 1ra-; VI 5289, 15c, ff. 22r-110v

In hoc opere in quo deo auxiliante tractare intendimus de locis mediis. . .
Canons to Tables of 1330: Ea Q.365, 14c, ff. 129v-130(Tables at ff. 123-131v)

In hoc opere laboravit quidam magister xv annis. . .
Thomas of Cantimpré, De natura rerum, in a partial and confused version: Budapest 58, 13-14c, ff. 1-24v; VI 2378, 14c, ff. 46vb-63vb; CLM 18460, 15c, f. 6(Schulz)

In hoc opus(sic) de domino meo cui benedicat deus. . .
Wilhelmus de Congenis, Modus et consuetudo operandi a quodam discipulo eius descripti: Ea F.267, late 14c, ff. 151-162; ed. Pagel, Die Chirurgie des Wilhelm von Congeinna(Congenis), Berlin, 1891, 86 pp. See 'In hoc opusculo domino. . .'

In hoc opusculo declarabitur qualiter instrumentum adequationis. . .
Campanus of Novara, Equatorium planetarum: BLcm 501, 15c, ff. 15r-54r

In hoc opusculo domino meo O. duci. . .
William de Congenis, Cyrurgia, by a pupil: BLb 553, 13c, iii, 44 ff.; Leipzig 399, 14c, ff. 55-85; ed. Studien(1918), 297-311-384

In hoc opusculo Ioh. de Tholeto primo habentur coniunctiones. . .
Johannes Toletanus, Tabulae de coniunctionibus solis et lunae a.1346-1365 commentario illustratae: Ea O.79, ff. 66v-69(T II,76,n.)

*In hoc opusculo quatuor sunt tractatus. . .
Johannes de Lineriis(Muris) et Firminus de Bellavalle, De correctione kalendarii: T III, 269, n.3

In hoc opusculo sunt auctoritates philosophi declarate per exempla. . .
Excerpta aristotelica: Mo Campori 22, 14c, 158 ff.; AL 1465; ed. Franceschini, Studi e note di filol. lat. medievale, 1938

*In hoc opusculum tertii. . .
Jo. Somer, Tertium Kalend.: Wadding

In hoc(?) parte describentur omnia simplicia. . .
Tract. de medicinis ad dispositionem quinte essentie: CUt 1348, 14-16c, ff. 180-196

In hoc primationum ciclo quatuor linee. . .
Petrus Dacus, Kalendarium: BLas 1522, ff. 9-15; BMr 12.C.XVII, 14c, ff. 1r-(7r); CUc 347, 14c, f. 146(Atk); FN II.iii 24, 14c, ff. 232vb-241v; Isis 50(1959), 37, n.35

In hoc proemio primitus aguntur deo gratie secundo. . .
Jacobus de Partibus, in primum librum Avicenne Expositiones: pr Avicenna, Canon, Venice, I, 1523

In hoc quarto docuerat Aristoteles de gravi et levi. . .
Quaestiones super quartum de celo et mundo: CUpet 157, 14c, ff. 35-42v

In hoc quinto libro philosophus intendit distinguere nomina. . .
Alexander de Alexandria, Comm. lib. V (*sic*) Meteor.: FL LXXXIV, 15, early 14c

In hoc secundo libro naturarum nostrarum. . .
Albertus Magnus, De caelo et mundo, libri I-IV: VAu 193, 15c. See 'De celo (autem) et mundo . . .'

In hoc secundo tractatu perscrutandum est de memoria et reminiscentia. . .
Averroes, De memoria: AL pp. 107, n.1; 221

In hoc tractatu auctor determinat de arte numerandi. . .
Comm. Sacrobosco, Algorismus: VI 3816, ff. 109vb-127vb. See 'In hoc tractatu determinatur. . .'

In hoc tractatu brevi et utili dicetur primo de concordia...
> Frater Johannes, O.M., Summa astrologiae: BN 7293A, 15c, ff. 48r-69r; Boncompagni(1863), 772; T(1957), 127; ascribed to Albertus Magnus, VI 5309, 15c, ff. 127r-155v(T II,529, n.5)

In hoc tractatu colligere de nativitatibus intendo...
> CLM 27001, 15c, ff. 123r-142rb(Zi 3321)

In hoc tractatu de aquarum distillationibus...
> Plagens 102, 15c, ff. 171-174v

In hoc tractatu determinatur de arte...
> Petrus Philomenus de Dacia, Comm. Sacrobosco, Algorismus: ed. M. Curtze(1897), from CLM 11067, 13c; 14401, 14c; 'Expositio magistri Petri de Dacia super algorismum prosaicum': BLd 166, late 13c, ff. 13r-(20v): anon. Ea Q.234, 14c, ff. 123-137; Q.369, 14c, ff. 152-163

*In hoc tractatu est determinare de...
> Walter Burley, comm. De longitudine et brevitate vitae: Oma 146

In hoc tractatu igitur incipit tractare...
> Averroes, Paraphrasis de memoria et reminiscentia: Graz 482, c.1300, ff. 218v-220r

*In hoc tractatu intendimus perscrutari de rebus ex quibus componitur corpus celeste...
> Averroes, De substantia orbis: BMr 12.C.XV, 13c, ff. 251v-254; VAb 165, 13-14c, ff. 399ra-402ra; CUpet 126(IV), 14c, ff. 1r-3va; CLM 317, ff. 226ra-231ra; 22297, 14c, f. 51-; Oma 112, early 15c, ff. 241ra-243va; etc., AL pp. 111, 233; Zi 9968-70; GW 2336-39; 2427; Klebs 82.1-3; 82.6; IAL A860-64; Opera Aristotelis, 9(1550), f. 3; 1552, ff. 3r-6r; etc. VE VI. 52(X.54), 14c, ff. 315ra-321ra, according to Valentinelli tr Abraham de Balneis from Hebrew, a. 1178, Marochii

In hoc tractatu intendo perscrutari de causa intrinseca...
> Walter Burley, De intensione et remissione formarum: VA 2184, ff. 57r-70v; 2185, ff. 21r-23r; 3026; 4417, ff. 304ra-308v; Michalski (1927-28), 99; GW 5780(Klebs 233.1; IAL B1162); 1505, ff. 1-15v

*In hoc tractatu perscrutatur de causis longitudinis...
> Averroes, Tract. super librum de causis longitudinis et brevitatis vite: BLau F.5.28, late 13c, ff. 223vb-224va; 486(483), 14c, f. 493ra; VE VI.52(Val.X.54), 14c, ff. 306-307; BN 6530, 15c, f. 320ra-b; Oma 112, early 15c, ff. 240va-241ra; VAu 220, 15c, f. 198; VI 5163, 15c, f. 95rb-; AL p. 107

In hoc tractatu presens intentio est...
> Henri de Mondeville, Anatomia: Prag 1643, 14c, ff. 122v-144r

In hoc tractatu querimus an celo...
> See 'An celo primum determinatum...'

In hoc tractatu qui de generatione et corruptione...
> CUpet 157, 14c, ff. 133r-147v

In hoc tractatu septimo(volo?) colligere de nativitatibus...
> BMsl 312, 15c, ff. 183-214. See 'In hoc tractatu colligere...'

In hoc tractatu vult declarare de instrumentis corporum sensibilium...
> Comm. Physics: MC 8.VV. mg pp. 1-142, 270-297; AL 1308

In hoc tractatulo intendo perquirere...
> Petrus de Aretio, De corporibus secundum technam Galieni: Ea F.261, 14c, ff. 94-96v

In hoc triplicem invenis...
> See 'In hoc libro triplicem...'

*In homine sunt quinque sensus interiores...
> Walter Burley, De sensibus: LP 70, 14c, ff. 306-(310); BMr 12.B.XIX, 15c, ff. 301v-(304v); CU 1669(Hh.IV.13), 15c, ff. 58v-60v (incomplete); CUt 899(R.XIV.26), 15c, ff. 33r-37r; Oo 12, 15c, ff. 97v-(99)

In honorem laudem et gloriam Ihesu Christi...
> Henri de Mondeville, Practica chirurgiae theorice roborata: VI 2466, 14c, ff. 1r-24v

In honorem sancte trinitatis...
> De regimine pestilentie: Budapest Univ. 73, 15c, ff. 392r-400r

In hora Saturni non bibas medicinam non inscindas...
> Versus de motibus IV humorum in horis: CLM 4119, 14c, f. 17r

In horrende mortalitatis discriminibus constitui quam iuxta...
> Regimen bonum in epidemia: Archiv V(1912), 81-82

In huius etiam operis principio...
> Comm. Egidius de pulsu: Basel D.III.9, 13-14c, f. 1v-

In huius libri principio tria considerantur...
> A brief summary of the preceding Arithmetic of Boethius, and not (William of Conches?), Astronomia: CLM 13021, 13c, f. 31va

In huius mei opusculi scientie cyrurgie (initio?) invoco illum...
> John de Ptraccia(?), Cyrurgia, prol.: anon. VI 4751, a.1424, ff. 5v-212r; ColR 7; T (1929), 83-84

In huius operis exordio quatuor commoda...
> Comm. Joh. Affligemensis, De musica: BMc Vespasian A.II., 12-13c, f. 131r-

In huius operis primo libro qui Megacosmus...
> Bernard Silvester, Breviarium, preceding De mundi universitate. Text, 'Congeries informis adhuc...'

In huius operis principio volumus breviter...
> Geomantia: FNpal 945, 13-16c, ff. 253ra-258va

In huius voluminis serie eam principaliter tractatus sum...
> Apollonius, De secretis naturae et occultis rerum causis, tr Hugo Sanctallensis: BN 13951, late 12c, ff. 1-31(Haskins 79-80); AHDL(1955), 219

In humano corpore quatuor sunt regiones...
> CLM 683, 15c, ff. 67r-73r

In hydropsi tisi apoplexia epilentia...
> Ps. Galen, De urinis: BMsl 13, item 3; Kyklos III(1930), 409. See 'Inter cetera que scripta sunt...'

In Ianio claris candidis cibis potiaris...
> Regimen by months: BMar 306, 15c, ff. 28r-29v

In Iano(Ianua) claris calidisque cibis potiaris...
> Kalendarium sanitatis: VAp 1226, 13c, f. 224v; Art ancien 7, 15c, f. 56; BMar 334, 15c, ff. 114v-116r; BMsl 345, 15c, ff. 144v-145v; 1584, 15c, f. 42v-; VI 4978, ff. 83r-87r; VI 5522, 15c, ff. 63r-64r; pr as Regimen sanitatis per circulum anni: with Joh. Jacobi, Regimen pestilentiae: Hain *9755-*9757; Polain 2156-57; Klebs 245.12-23; AFML 252; IAL J6-11; with Liber aggregationis: (Antwerp, 1491) (Klebs 18.47; IAL A233; AFML 13); Ketham, Fasc. medicinae, Venice, 1495, etc.(Klebs 573.2-4; AFML 269, 270; IAL K11-14)

In ianuario de optimo vino ieiunus bibe...
> Regimen by months: VI 3207, a.1478, ff. 69r-71r; VI 4558, 15c, ff. 6v-7v(Zi 4038). See 'Ianuario ieiunus...'

In ianuario de vino optimo ieiunus bibe...
> Graz 1609, 15c, ff. 148v-149v

In ianuario debet homo commedere calidos cibos...
> Regulae diaeteticae (Magister Bonifacius dicit, precedes inc.): VI 5511, 15c, ff. 226v-227v

In ianuario sanguinem non minuas...
> Rules for the months: CLM 23479, 11-12c, ff. 3v-4r; Beccaria 62.6

In ianuario versus mane meri(?) duplios...
> Regimen sanitatis per totum annum: VI 5219, 15c, f. 42r-v

In ianuario vinum album ieiunus bibe cotidie...
> Qualiter homo se debet regere in omnibus mensibus per annum: BLd 88, 15c, f. 14r; BMar 334, 15c, ff. 114v-(116v)

In illis quorum habitationis loca...
> Theodosius, De habitationibus: Ab 26(1912), 127

In illis sicut in unciis regula prima...
> De minutiis fragmentum: VA 3123, 12c, f. 42r

*In illius nomine qui maior est dominus totius mundi...
> Avicenna, De anima (alchemical): for MSS see 'Istum librum feci in anima...'; Roger Bacon, Excerpta: Little 396

In illo tempore convenerunt chymiste et consilium fecerunt...
> Dialogus mercurii alchymistae et naturae: Ze IV, 449-56

In ingressu domus dicas ista nomina pantasseron
...
> Parva pyromantia: Ea D.17, 13-14c, f. 38v

In initio huius libri diffiniri morbum oportet...
> Galen, De accidenti et morbo: BN 15455, 13c, ff. 3ra-22; Mon 18, 13c, ff. 42r-59r; CUpet 33(III), 13c, ff. 2v-41r; Vendôme 234, 14c, ff. 1-20; etc.; Diels(1905), 136-137; pr Opera, 1490, II, 355r-369r; 1515, II, 2r-15v

In ipso est capitulum de censibus...
> Abraham, Liber augmenti et diminutionis. See 'Compilavi hunc librum...'

In ipso pectore plurimas...
> Hippocrates, Epistola: SG Stift 751, 9c, p. 317; Diels(1905), 53

In ista nona particula Almansoris...
> Halberstadt 22, 14c (b) (Schulz)

In ista parte actor prosequitur de sua intentione
...
> Comm. Computus Aniani: GW 1951(Klebs 71.3; IAL A644)

In ista parte Albertus infert aliquas conclusiones...
> Comm. Albertus Magnus, Philosophia pauperum: Graz 966, 15c, ff. 87r-124vb

In ista parva tabula sunt quatuor...
> Canon super kalendarium Petri de Dacia: Ea
> F.267, 14c, ff. 197-199v; anon. Basel F.I.23, f. 4r

In ista peste sive pestilentia...
> Christiannus von Prachatiz, Remedium reporta-
> tum: Archiv VII, 100-101

In ista pestilentia ante omnia summe pre-
cavendum est...
> CLM 259, f. 179r

In ista propositione tria tanguntur...
> John of Glogau, Pest tract: Archiv IX, 68-78

In ista tabula sequente docetur qualiter omnis
planeta...
> Tabula planetarum: Boston Medical 20, late 14c,
> f. 70r; CUg 117, 14c, p. 233; CUt O.II.5, 14c,
> p. 387; CU 1705(Ii.I.13), 14c, ff. 3r-9v

In ista tabula sunt quatuor circuli sive linee...
> Tabula primationum (lunae): CLM 3512, ff.
> 289ra-296rb

In istis tabulis intratur cum gradu ascendente...
> David of Cremona(?), Canon to Tables: BLcm
> 517, 15c, ff. 59vb-60ra

In isto capitulo tractandum est de itineribus que
quottidie...
> Astrological elections: VI 4773, 15c, ff. 51v-54v

In isto instrumento velut in speculo...
> Joh. Simon de Zelandia, Speculum planetarum:
> Darmstadt 780, f. 204r

In isto libello continentur remedia...
> Vitalis de Furno, Libellus pro pauperibus: Basel
> D.II.13, ff. 115r-238r; pr Mainz, 1531, from a
> corrupt MS; Introd. first ed. AMH (1940), 285-
> 86

In isto libro continentur dicta sapientum...
> Liber de significatione cometarum (composed in
> Spain c.1238): ed. T (1950), 16-61; TR 233e,
> 246, 299, 300

In isto libro cuius subiectum est corpus mobile
...
> Robert Grosseteste(?), Summa in VIII libros
> Physicorum: Isis, XXII (1934), 12, 15. See 'In
> primo libro physicorum cuius subiectum...'

In isto libro de sensu et sensato determinavit
Aristoteles...
> Albertus Magnus, Paucula quaedam compendii
> modo in De sensu et sensato: VE.VI.23b(XII,8),
> 14c, ff. 79vb-80vb

In isto libro describat Aristoteles de causis
longitudinis et brevitatis vite...
> CUg 50(386), 14c, ff. 276ra-286rb

In isto libro determinat Aristoteles de causis...
> Comm. De morte et vita: Ome 272, 13c, ff. 282-
> (295)

In isto libro determinat de complexionibus...
> Johannes de Sancto Amando, Comm. Galen, De
> complexionibus: Brux 9909, 14c, ff. 51vb-56va

In isto libro est intentio Ypocratis...
> Joh. de St. Amando, Sententia libri pronosticorum
> (Hippocratis): BN 14725, 14c, ff. 68r-80v(AL
> 646)

In isto libro inquit Galienus corpora...
> Johannes de Sancto Amando, On Galen, De
> iuvamentis membrorum: Brux 9910, 14c, ff.
> 56va-58rb

In isto libro intendit Aristoteles determinare de
corpore...
> Adam de Bouchermefort, Comm. De generatione
> et corruptione: Grabmann (1936), 177; Scholas-
> tik XI, 207

In isto libro intendit determinare de vita...
> Comm. Aristotle, De iuventute et senectute: Oo
> 33, 14c, ff. 330ra-335vb

In isto libro meteororum determinat Aristoteles
de impressionibus...
> VE VI.23b(XII,8), 14c, ff. 31vb-39rb

In isto libro primo queritur an possit esse scientia
de celo in sua totalitate...
> Comm. De celo (old tr): Siena L.III.21, 13c, ff.
> 93r-133r; AL 1568

*In isto libro qui liber Metheororum intitulatur
Aristoteles dat...
> W. Burley, Super meteor.: BLd 98, 14-15c, ff.
> 49-(61v); CUt 1109 (O.II.5), 14c, ff. 395-405;
> anon. CUg 117(186), 14c, pp. 235a-238b; Bos-
> ton Medical 20, ff. 72v-87r; London, Gray's Inn
> 2, f. 172ra

In isto libro sunt tria ut...
> Dicta super De sensu et sensato: VA 721, 14c, ff.
> 53ra-58va

In isto libro vult determinare de tribus partibus
aeris...
> Super quatuor libros Metheororum: BMe 2622,
> 15c, ff. 117v-134v

In isto opusculo loquitur de secretis nature...
> (Arnaldus de Villanova), introd. De secretis
> naturae: CUt 916(R.XIV.45), ff. 34v-42r
> (DWS 229 ii)

In isto primo capitulo agendum est de hiis que pertinent...
> Summa in astrologia, in 12 books: Ea Q.383, 14c, 134 ff. The text appears to correspond to Guido Bonatti, Liber introductorius, Venice, 1506, fols. I 2rb-P rb

In isto primo libro G. ait quid sit essentia egritudinis...
> See 'Librum de sanitatis ingenio...'

In isto primo libro intendentes ea que circa res...
> Thomas de Garbo, Summa medicinalis scientiae. See 'Quoniam sublimis deus omnium...'

In isto prohemio ponit propositum philosophus...
> Comm. Aristotle, Physiognomia: BMr 12.C.VI, 13c, ff. 43-49

In isto prologo tria Boecius specialiter manifestat...
> Comm. in prooem. Boethius, De musica: Oa 90, 15c

In isto tractatu incipit perscrutari...
> Comm. De memoria et reminiscentia: PM 3473 (506), 14c, f. 123v

In isto tractatu qui intitulatur de regimine sanitatis...
> Prol. Regimen sanitatis: CUc 177, 15c, ff. 254ra-259rb; CUg 140, 15c, f. 85. See 'Oportet ipsum qui vult esse longevus...'

In isto versu ponit philosophus intentionem suam...
> Alchemy: VAp 1329, 15c, f. 117r; VI 5510, 15c, ff. 264r-269r. See 'Mer fugi dum bibat...'

In isto volumine continentur tabule quibus potest sciri...
> Tables of longitude and latitude, etc.: BMad 10362, f. 3r-

In iudiciis est primum ducatus speculatio...
> Proverbia Zaelis quinquaginta (astrological): Ghent 5(416), 15c, ff. 65r(67)-67v(AL 176)

In iudicio geomantie novem sunt consideranda...
> CLM 24940, 15c, ff. 98r-102v

In lacrymas risus in flectum(luctus) gaudia...
> Alanus ab Insulis, Verses, De planctu nature: CLM 5415, f. 218; Graz 664, 14c, ff. 2-62; etc.; GW 512; Hain 392; IAL A167; PL 210, 431-482; Wright II, 429-522. Prose, 'Cum hac elegiaca...'

In lapide isto sunt quatuor elementa prima est aqua...
> Rodianus *or* Rudianus, Liber trium verborum: T III, 44; Corbett I, 31-32

In latinis quidem libris nullum...
> Constantinus, pref. to his tr Isaac, Liber urinarum. Text, 'Urina est colamentum sanguinis...'

In latinis quidem voluminibus...
> A variant of the preceding: Prag 1998, a.1452, ff. 146r-213r

In laude dei pii et misericordissimi incipiunt...
> Hermannus Stilus (Saxo de Norchem), Tabulae de motibus stellarum: Bern 454, a.1359-1361, ff. 65r-93v; Metz 287, ff. 51r-69v

In lazuli lapide spem non dubiam tibi fide...
> CLM 13071, 14c, ff. 35va-36rb

In lectione novissima vestris me obligari dilectionibus...
> Henry de Gorichem, De superstitiosis quibusdam casibus, c. 1425: T IV, 305-6; IAL H21-22-23

In leuga una sunt mille quingenti passus septem milia...
> Praedictarum solutiones propositionum: BMb 59, 11c, pp. 15-(19)

In Libra conveniunt omnes planete...
> Jeronimus Herfordie, Prediction for 1472: BMh 220, f. 74v(T IV, 428)

In libro Aristotelis qui dicitur secretum secretorum...
> De separatione elementorum: CUt 1122, 14c, ff. 97-105(DWS I, p. 39)

*In libro de celo et mundo qui est secundus in ordine...
> BLcm 219, 14c, f. 139

In libro de celo et mundo secundum novam translationem...
> De natura stellarum et de motibus astrorum: Basel O.IV.4, a.1429, ff. 10v-11v(Zi 9971)

In libro de celo et mundo secundum veterem translationem...
> Arnaldus Lucus, De rerum naturis: BL lat. misc. e.34, 13c, ff. 1-32v(DWS 1060)

In libro de criticis diebus...
> Johannes de Sancto Amando, Comm. Galen, De criticis diebus: Brux 9907, 14c, ff. 23rb-29ra

In libro de dieta ea que post sermonem de balneis dicta sunt...
> Galen, Comm. super quarta particula reg. acutorum: CLM 640, 13c, f. 35(bis)v

In libro de naturalibus Zenon. virtus est. . .
　Arnoldus Saxo, De virtute universali: ed. Rose
　(1875), 424-47

In libro de probleumatibus Aristotelis sunt
quatuor partes. . .
　Epitome Problematum Aristotelis: VA 901, 14c,
　ff. 122v-135v

In libro de regimine acutorum. . .
　John of St. Amand, Comm. *or* Abbrev. Galen,
　Regimen acutorum: HL 21, 257

In libro ecclesiastico. . .
　De monomachia et sortibus: Brux 5578, 11c, f.
　47v(Silvestre 153)

In libro epidimie continetur quod quemadmodum ignis non ardens. . .
　Costoffor, Pest tract: FR 1219(L.III.24), 14c, ff.
　10v-15r; Archiv XVI, 112 (ed. from Siena L.VI,
　5, ff. 41v-43r)

In libro Florum Almagesti per (me) Ioannem
Blanchinum. . .
　Bianchini, Canones tabularum de eclypsibus: BN
　7270, ff. 167ra-181ra; 7271, ff. 169ra-180ra;
　10267, ff. 89-114v(Poulle); VA 2228, ff. 1-16r;
　Bol.B.1601, ff. 17v-30r; BLcm 517, ff. 99va-
　111ra; ed. selection from, Scripta math. XVI
　(1950), 175-76; see also ibid., p. 7, n.14; and
　XIX(1953), p.14, n.58

In libro isto autor ille intendens doctrinam
tradere de urinis. . .
　Gentile da Foligno, Comm. on Aegidius of Cor-
　beil, De urinis: HL 21, 412; pr Padua, 1483;
　(GW 269-70; Klebs 464.1; AFML 213; IAL
　A84); Venice 1494/95(Klebs 466.1; AFML
　214; IAL A85)

In libro isto continentur tria. . .
　Liber Abubather (alchemy): BN 14005, 15c, ff.
　187v-194r; Liber Rachelis, Palermo 4 Qq.A.10,
　46-53

In libro isto est intentio Ypocratis ponere
signa. . .
　Johannes de Sancto Amando, Comm. Hippo-
　crates, Liber prognosticorum: Brux 9911, 14c,
　ff. 58va-64vb; HL 21, 257

In libro meteorum agendum est de his que sunt
. . .
　Notabilia meteorum: Oc 230, 15c, ff. 67-(73)

In libro precedenti qui intitulatur de naturali
(physico) auditu. . .
　Adam de Bocfeld, Comm. De celo et mundo:
　VAu 206, before 1253, ff. 104r-183r mg; FLc
　XIII, 7, late 13c, ff. 1r-74r; AL 1368, 1810;
　Grabmann(1928), 48; Scholastik XI, 204, item 2

In libro primo complevimus naturalem significationem. . .
　(Isaac), Dietae particulares: Reims 1006, 13c, ff.
　116-150. See 'Complevimus in libro primo. . .'

In libro super urinas magistri Bernardi de
Gordonio. . .
　Oa 80, 15c, f. 22r-v

In librorum initiis(principiis) septem solent
inqueri. . .
　Introd. comm. Ovid, De vetula: Mon 366, 13c,
　ff. 53r-59r. Text, 'O quam carus. . .'

In limbo evenienti ponas singulas divisiones. . .
　Compositio astrolabii: CLM 27, ff. 97r-98r(Zi
　904)

In limbo prime faciei matris. . .
　Regiomontanus, Canones Albionis: VI 5292, 15c,
　ff. 69r-77r; Zi (1938), 260

In lineis contineri scientiam uni prophetarum a
deo. . .
　Alfarinus Abizarch, Liber arenalis scientiae
　(Geomancy), tr Plato of Tivoli: CUma 27
　(F.4.27), 14c, ff. 120-125v

In ludendo ad taxillos quando volueris. . .
　CLM 59, 15c, f. 281ra-vb

In maneriebus 13 exponam significationem. . .
　Abraham Ibn Ezra, Tractatus particulares, ii, De
　tredecim maneriebus planetarum (tr Peter of
　Abano): BN 10269, ff. 102-104v; Isis 35(1944),
　300b-301a

In manus meas incidit liber quidam tuus quem
de arte. . .
　Johannes Ottobi(Hotby), De musica: FNpal
　472, 15c, ff. 16r-21r

In materia augmentationis est notandum. . .
　(John Chilmark): On 289, 15c, ff. 157-(162)

In materia de eventu futurorum. . .
　Richard Lavenham: BMsl 3899, 14c, f. 68r;
　Tanner

*In materia de generatione. . .
　Io. Chilmark: Tanner

In materia de reactione tam a veteribus quam a
modernis. . .
　Gaietanus de Thienis, Tract. de reactione in de-
　fensionem alias ab eo dictorum: VE VI.105, f.
　42r; Padua XVI, N.362, 15c; pr Venice, 1491
　(GW 2421-22; Klebs 91.2-3; IAL A901); 1507,
　ff. 65r-68v; Modena, 1522, ff. 81r-84v(Col R26)

In medendis corporibus et maxime purgandis variis sepe molestamur impedimentis...
(Archimatheus), Modus medendi: CUt 904 (R.XIV.31), 12c, ff. 37v-66v; CUpet 178, 13c, ff. 207v-221v; Metz 1261, 13c, f. 84-; BMsl 2426, 14c, ff. 98-108; etc.; Erchenbrecher, Der salernitanische Arzt Archimatthaeus, Leipzig, 1919; pr Mesue, Opera, 1523; 1535, fol. 334; Suppl. (1581), 273r; Renzi IV, 416-38; ascribed to John de Sancto Paulo, BMad 16385, 13c, ff. 79r-91v; to Gerardus, BMr 12.E.V, 14c, ff. 162r-(191v); to Matthaeus Ferrarius, Cues 309, 14c, ff. 38-47v; anon. CLM 615, 13c, ff. 53ra-64vb; CU 938 (E.II.20), 14c, ff. 14r-18va

In medendis corporibus variis sepe molestamur...
BMsl 1612, 14-15c, ff. 398-410

In medicina ad narrandum sex res necessarias...
Ibn Botlan *or* Elluchasem Elimithar, Tacuinum sanitatis: Caen 99, 14c. Is part of rubric in BN 15362, 13c, f. 128r. See 'Prima sanitatis cura...'

In medicinis per artem compositis considerans...
Arnald of Villanova, De gradibus *or* De proportionibus qualitatum medicinalium: Opera, 1504, ff. 266v-280r; HL 28, 71-72; as Alkindi cum comm. Arnaldi de Villanova: VAp 1122, f. 56; Glorieux I, 419; anon. CLM 3520, 14c, ff. 49ra-56vb

In medio itaque cartilaginis foramen...
Hugo Sanctallensis, On spatulamancy: Haskins 79

In mense Ianuarii de vino optimo bibe...
Borghesi 200, 13c, ff. 28v, 30r. See 'In Ianuario de...'

In mense Ianuarii isti sunt dies infelices...
VAu 1398, 15c, ff. 9v-10r

In mense Ianuario ieiunus bibe cotidie...
'Dicta Ypocratis per singulos menses': CLM 14506, 12c, f. 68r

In mense Ianuario luna i, iiii, v, viii, xv...
Unlucky days: Bamberg cod. med. 1, 9c, f. 8r; Beccaria 48.6

In mense Ianuario sanguinem non minuas...
De flebotomia: Budapest 58, 13-14c, ff. 31v-32

In mense Ianuario sol dicitur in Aquario quia tunc maxime...
BMsl 282, 14-15c, ff. 85v-86r

In mensuratione terre (arabilis) sive prati ut habeamus principium...
CUad 6860, 14c, f. 19r-v; 94v; BLd 97, early 15c, ff. 143v-144v(TR 272)

In mensuris fistularum iste sunt voces...
De fistulis: VI 2503, 13c, ff. 42v-43r

In metienda igitur subtilissime inventionis Ptolemei...
Hermannus Contractus, De mensura astrolabii: Gunther II(1932), 404-408. See 'Hermannus Christi pauperum...'

In minimis implorandum est divinum auxilium...
Petrus de Duns(?), Liber maximi secreti: BU 271(458), 16c; 270(457), 15-16c, XXX.3, XXXIII.4; Ze III, 774-81

In minuendo sanguinem...
Haly Habenragel, Horoscopus medicorum: Ea F.236, 14c, ff. 199-200

In minutione qualitas temporis est observanda...
Basel A.IX.27, 15c, f. 330v

In modis proportionum(et proportionibus) medicinarum...
Gentile da Foligno, prol. De dosibus(proportionibus) medicinarum: BLcm 566, a.1443, ff. 186v-(193v); CLM 205, 15c, ff. 238r-241v. Text, 'Complexio autem medicine laxative...'

In morbis minus periclitantur egrotantes...
See 'In aphorismo presenti...'

In morbis pestilentialibus qui iam accensis...
Tract. de pestilentia edita a magistro Joh. de Tornamira: VAp 1229, ff. 77ra-79rb

In morbis pronosticare non possumus nisi morbum cognoscamus...
Bernard Gordon, De pronosticis: HL 25, 335; VAp 1083, 15c, ff. 285v-308r; 1098, ff. 187v-224r; pr with Lilium, Ferrara 1486(AFML 112; Klebs 177.2; IAL B386); IAL B389, ff. 5rb-19rb; Venice, 1521, ff. 97r-110v

In morbis universalibus propositi nostri intentio...
See 'Morbis...'

In morborum curatione triplici medicina...
Ea Q.204, 12-13c, f. 89

In motibus planetarum(cometarum?) magna exsurgit difficultas...
De cometa: CLM 51, a.1487, ff. 30ra-33vb; TR 360a

In multiplicatione numerorum abaci quemcumque multiplicaveris...
FL Plut.47, cod.28, 12c, f. 51v

In mundane compositionis ordinatione summus opifex...
> John of Seville, prol. tr Messahala, De coniunctione et receptione: BMh 5402, f. 81r. Not in Carmody

In mutue allocutionis tractatu rogasti me...
> Albertus Magnus, De occultis naturae (alchemical): T II, 570; BMar 164, a.1422, ff. 127r-131r(DWS 182, TR 285); VAp 1330, a.1463, ff. 92r-101v; Kibre (1954), 23; ed. Osiris 13 (1959)

In nativitate Christi fuit cyclus xix penultimus ...
> Evreux 60, 12c, f. 139v

In naturali enim philosophia Aristoteles tractat ...
> Comm. De coelo: Naples VIII.F.35, 15c, ff. 88r-99v; AL 1487

In naturali repletione corporum ex sanguine...
> BMsl 75, ff. 147v-148r; BMsl 2948, f. 34

In naturali scientia est satisfacere pro nostra possibilitate fratribus...
> Paul of Venice, Comm. Physics: BN 6530, 15c, ff. 1ra-189ra

In neutralitate...
> Petrus Albi de Monte Pessulano, Recepta super quarto canone Avicenne de febribus: Cop S.3480, 16c, ff. 74-99

In neutralitate decidentium consideranda est urina...
> Iohannes de Tornamina, Parva practica: BN 7061, ff. 1r-5v

In nomine beatissime et individue trinitatis patris et spiriti sancti amen. In primo et principaliter...
> See 'In primo et principaliter...'

In nomine celestis agni medicinalium considerationum speculum incipit...
> Arnald of Villanova, Speculum: VAp 1211, f. 100ra. This sentence precedes the usual introductory incipit 'Introductiones appellantur...'

In nomine dei...etc....
> (Usually listed under the following words, if known)

In nomine dei manentis in excelsis incipiam...
> Abraham ibn Ezra, Liber rationum, tr Henri Bate: Glorieux I, 410; Isis 35(1944), 297a. See 'Fundamentum quidem volo...'

In nomine dei misericordis cuius nutu sermo...
> Mesue, Pref. De consolatione medicinarum, Antidotarium *or* De simplicibus medicinis. See 'Verbum cecidit...'

In nomine dei misericordis et miseratoris...
> Rasis, Elhavi sive Continens: pr Brescia, 1486 (Hain *13901; Klebs 827.1; IAL R172); 1506, 1509. See 'Exclusus prorsus...'

In nomine dei misericordis et pii...
> I. Albucasis *or* Ibn Jazla, Prol. Tacuinum corporum, tr Ferraguth, a.1296: BN 15362, f. 128; PA 708, 14c, ff. 157-216; CLM 28, 15c, ff. 21va-70v; JS Sept. 1896. See 'De eo quod multiplicatur...'
> II. Albumasar, Experimenta. See 'Scito horam ...'

In nomine dei misericordis et sublimis cuius nutu...
> Martinus de Berris, Pest tract: Lyons pa 46, 14-15c, ff. 177-183v

In nomine dei omnipotentis creatoris...
> Astronomy and astrology: VAr 1324, 15c, ff. 43r-49r

In nomine dei omnipotentis et moventis...
> Excerpta theoricae Campani: Cues 212, 15c, ff. 131-141v

In nomine dei omnipotentis qui iuxta testimonium peripateticorum principis...
> Medical tract: VAp 1264, 15c, ff. 18r-23v

In nomine dei pigliati tanto B che fia fatto ad modo de Raymondo...
> De modo calcinandi solem et lunam: FNpal 758, 15c, f. 196r; Ambix V(1956), 104

In nomine dei pii et misericordis cui sit honor et gloria...
> Philo, Liber ingeniorum: CUpem 169, c.1400, f. 1(Atk)

In nomine dei pii et misericordis cum...
> Rabbi Moses Maimonides, pref. Aphorismi. Text, 'Nervus qui lacerto...'

In nomine dei pii et misericordis. Res que accidit filio...
> Interrogationes regis Calith et responsiones Morieni: VI 5477, 15c, ff. 63v-72v

In nomine dei salvatoris omnium et totius curie...
> Thomas de Garbo, Pest tract: Archiv XVI, 134-35

In nomine domini...etc.
> (Usually listed under the following words, if known)

In nomine domini cuius bonitate vobis karissimis
sociis. . .
    Avicenna, Canon, abbreviated: Basel D.III.1,
    15c, ff. 77vb-109va; Budapest 90, 15c, ff. 192-
    245va; VAp 1123, 16c, ff. 1-111r

In nomine domini eterni dei Ista praticha
dividitur in quinque partes. . .
    Practica (alchemy): FNpal 758, 15c, ff. 189r-
    195v; Ambix V(1956), 104

In nomine domini Iesu Christi. . .
    Geomancy: Oh 4, f. 197.   See 'Incipit nobilis
    . . .'

In nomine domini incipit liber preciosus. .
    De sigillis liber quem filii Israelis in deserto
    fecerunt: BMar 295, 14c, ff. 265-(267).   See
    'Cum pluribus libris. . .'

In nomine domini incipiunt sermones. . .
    Rasis, Secreta: BN 17847, ff. 29ra-41rb.   See
    'Congregavi in divisionibus. . .'

In nomine domini nostri Iesu Christi ac eius. . .
    Prol. De interrogationibus (Silverstein 68 gives
    only the first four words of the titulus: Quedam
    summa iudicialis astronomie super quartam specu-
    lationem scientie iudiciorum qui intitulatur De
    interrogationibus que quotidie fiunt): VAb 227,
    15c, f. 1r.   Text, 'Cum fueris interrogatus de
    aliqua re. . .'

In nomine domini nostri Iesu Christi eiusque
gloriose. . .
    John of Rupescissa, Tractatus quintae essentiae:
    Cop Gl.kgl.S.1712, 4to, 15c, ff. 5-38v

In nomine domini nostri Iesu Christi et eius
virginis Marie. . .
    See 'Eorum autem que fiunt. . .'

In nomine domini nostri Iesu Christi et per
virtutem eius. . .
    Winandus, introd. Gloria Mundi.   Text, 'Lapis
    noster quem. . .'

In nomine domini nostri Iesu Christi filii dei. . .
    Christopher of Paris, pref. Elucidarius.   Text,
    'Sub initium sermonis nostri. . .'

In nomine domini nostri Iesu Christi incipit
compendium. . .
    See 'Compendium abstractum. . .'

In nomine domini nostri Iesu Christi misericordis. . .
    Guido Bonatti, prol. Decem libri in astrologia *or*
    Liber introductorius.   Text, 'Anima est nobilius
    . . .'

In nomine domini nostri Iesu Christi omnipotentis misericordis et pii Prolonget. . .
    Alpetragius, De motibus planetarum, tr Michael
    Scot a.1217: T II,310; Haskins 273-74, 277;
    Grabmann(1928), 37-38; Millás(1942), 201;
    Ea F.177, a.1434, ff. 1-20.   See 'Prolonget tibi
    . . .'

In nomine domini pii misericordissimi(et misericordis). . .
    Philo, Liber ingeniorum: VAp 1369, a.1444, ff.
    140r-141v; Ab(1912), 144; De spiritualibus in-
    geniis: CLM 444, 15c, ff. 213ra-214ra

In nomine domini qui est alpha et omega incipit
compositio. . .
    De sanguine humano (Alchemy): Breslau R 454,
    f. 149v

In nomine domini qui est alpha et omega liber
mappe. . .
    Archelaus, Liber mappe (Alchemy): FR 119, ff.
    185vb-190rb

In nomine domini salutem incipit. . .
    Epistola Messehalach in eclipsibus lune: CU
    1705(Ii.I.13), 14c, ff. 128r-129r.   See 'Quia
    dominus altissimus. . .'

In nomine domini Scito quod annus lunaris. . .
    See 'Scito quod annus lunaris. . .'

In nomine domini vel summi pontificis vel
opificis. . .
    Petrus Hispanus, De morbis oculorum: BMsl
    1214, 15c, ff. 38-46.   See 'In nomine summi
    (pontificis vel). . .'

In nomine ergo dei excelsi quem utique posco
auxiliatorem. . .
    (Michael Valkonis), De secretis medicine: Breslau
    Univ. IV.Q.24, 15c, f. 180v-(Schulz)

In nomine ergo summi Iovis exordiamur. . .
    Thomas Murner, De phitonico contractu: pr
    (Strasburg, 1499)(Klebs 695.1; IAL M752)

In nomine et honore domini nostri Ihesu
Christi. . .
    Orationes contra morbos: BMsl 783b, 15c, f.
    215r-

In nomine Iesu in quo omne genu. . .
    Raymond Lull, Ianua artis: VAb 273, f. 291v

In nomine illius cuius nomen est admirabile. . .
    Abraham ibn Ezra, Liber de revolutionibus.   See
    'Cum sol revertitur. . .'

In nomine illius qui est principium et finis. . .
    William of Moerbeke, Geomancy: CLM 588,
    14c, ff. 6-54v; Ea Q.377, 14c, ff. 62r-67v; CLM
    905, 15c, ff. 1-64; FL Plut. 89 sup., cod.34, f. 27r

In nomine illius qui maior est incipit geomantia
. . .
> Gerard of Cremona, Geomancy: CLM 677, 13c,
> ff. 19v-97v; BMsl 310, 15c, ff. 1-66

In nomine illius qui scit abscondita. . .
> Abraham ibn Ezra, De interrogationibus: Ea
> O.89, 14c, ff. 19v-30; VI 5442, 15c, ff. 180r-
> 186r; Isis 35(1944), 298

In nomine illius qui scit res futuras. . .
> Abraham Additor, Liber de nativitatibus (glossula
> Franco-gallica adauctus): Ea O.89, 14c, ff. 52v-
> 68: VI 5442, 15c, ff. 203va-217vb; Saxl(1927),
> 158; Isis 35(1944), 298

In nomine misericordis et pii dei. . .
> Prol. De aspectibus lune cum planetis: VAb 303,
> 13c, ff. 83v-87.   See 'In nomine pii. . .'

In nomine misericordis et pii tacuinum corporum. . .
> Tacuinus cum suppositionibus et additionibus
> mag. Dudonis: PA 708, 14c, ff. 157-230

In nomine patris et filii et spiritus sancti. . .
> I. Raymond Lull, Apertorium animae: HL 29,
> 373; T IV, 51, n.183.   See 'Ego Raymundus,
> miser. . .'
> II. Coniuratio contra vermen luponem: VA
> 10507, 14c, f. 99v; Contra vexationes dormiendo:
> BMe 2852, 14c, f. 18v; pro febribus: BMsl 122,
> 15c, f. 163r

In nomine pii et comisericordis soli deo. . .
> Hermes, Liber lune: BLd 228, 14c, ff. 54v-55v;
> a portion of the work: T (1947), 239

In nomine sancte crucis et summi pontificis a
quo. . .
> John Molinerius, De visus debilitate: VAr 1847,
> ff. 128r-135v; Isis XIII(1929), 79; Wickers-
> heimer 452

In nomine sancte et individue trinitatis ego
Iohannes Stephani. . .
> Iohannes Stephani, De febribus: BN 6988, ff.
> 96(103)rb-98(105)rb

In nomine sancte et individue trinitatis patris et
filii. . .
> Hermes, Alchemy: VAp 1330, f. 102r

In nomine sancte et individue trinitatis patris et
filii et spiritus sancte maiorum nunc. . .
> Medical tract, addressed to Joh. de Selignstat(?):
> VAp 1240, 15c, ff. 11r-14r

In nomine sancte et individue trinitatis quamquam. . .
> See 'Quamquam ad aliquam. . .'

In nomine sancte et individue trinitatis que
omnia creavit. . .
> Petrus Hispanus, pref. Thesaurus pauperum:
> T II, 514-16, for 28 MSS; Basel D.II.21, ff.
> 80va-95vb, is another early one; many others;
> Klebs 749.1; IAL J212; other eds., T II,490,
> n.3.   Cap.i, 'Si capilli. . .'

In nomine sancte trinitatis ac eterne. . .
> Raymond Lull, Anima transmutatorie artis metal-
> lorum: VI 2474, 14-15c, ff. 1-20r

In nomine sancte trinitatis et ad utilitatem
hominum. . .
> Tract. de peste: VI 4978, 15c, ff. 89r-95r

In nomine sancte trinitatis sciendum est quod
nomina 12 mensium. . .
> Compotus manualis: BLt 116, 13-14c, ff. 82rb-
> 85vb

In nomine summi et altissimi protectoris qui
est altitudo. . .
> Petrus Hispanus, Liber naturalis de rebus prin-
> cipalibus naturarum (incomplete): VI 4751, 15c,
> ff. 274r-280v (T II,501)

In nomine summi medici Iesu Christi et domini
nostri. . .
> Pest tract: Archiv VI, 313-16

In nomine summi (pontificis vel) opificis a quo
omnes cause. . .
> Petrus Hispanus, De morbis oculorum: Basel
> D.II.17, 13c, ff. 12ra-23vb; CLM 161, 13c, ff.
> 55va-56vb; FLgr 14, 13c, f. 123; †Metz 379,
> 13c, item 3; Liber Cardinalis de oculis: CUg 379
> (599), 13c, ff. 142ra-149rb; Secreta. . .contra
> egritudinem oculorum: BN 7521, 13-14c, ff.
> 50ra-58ra; Graz 594, ff. 96-105; VI 5305,
> a.1459, ff. 35r-41r; Wo 2794, 15c, ff. 183-188;
> T II, 489, 490, n.8; 498, n.2; ed. A. M. Berger,
> Munich, 1899(Schulz). Text, 'Corpus humanum
> planetis. . .'

In nomine veritatis eterne.   Librum. . .
> See 'Librum secretorum scribere. . .'

In nostri tractatus prologo dictum recolimus. . .
> Cirurgia: Er 429, 13c, ff. 143-156v, incomplete
> (Benjamin)

In nova fert animus mutandas dicere formas. . .
> Johannes de Muris, Prognosticationes metricae:
> Ea F.377, 14-15c, f. 36v

In nova tentantem deducere carmina musas. . .
> Laurentius Bonincontri Miniatensis, Rerum
> naturalium et divinarum liber: T IV, 406, n.63

In octavo anno gubernationis felicis Honorii
tertii interrogasti. . .
> Maimonides summarized, tr Michael Scot: PU
> 601, 13c, ff. 1-(21); Haskins 282

In omni arte plurima sunt valde que mediantibus ratione...
> Denis Lewis de Ryckel de Liége, prol. De arte musicali: Ghent 70(421), 15c, ff. 77vb-123v

In omni arte tam mathematica quam mechanica necesse est fundamentum...
> De elementis: FLs 88, 13-14c, f. 84

In omni artium ac doctrinarum genere illustris Nicolae...
> Pandulphus Collenucius, Libellus de vipera: pr Venice, 1506(T IV,605)

In omni contemplandi genere omnique tum nobiliori tum ignobiliori...
> Aristotle, De partibus animalium, tr Theodore Gaza: pr Venice, 1476; etc.(Klebs 85.1-4; AFML 47-49; IAL A870-73); Lyons 1590, I, 592-640

In omni die vel tempore fleotomus adhibere potest...
> Phlebotomy: Beccaria p. 416

In omni dolore capitis generaliter et precipue prodest...
> Practice of medicine in 75 caps., part Latin, part English: BMsl 634, 15c, ff. 17-92

In omni genere est unum quod est...
> Sufficientia omnium scientiarum naturalium: CUt 1377(O.VIII.2), 15c, f. 5v

In omni illo opere quod igne et...
> Opera metallorum sive alchemie: BLas 1450, 15c, ff. 54-58(DWS 40,vii)

In omni motu gravis continui deorsum plus est de innaturalitate...
> Archimedes, De incidentibus in humidum: Utrecht 725, late 15c, ff. 108r-110v

In omni orbe vel sphera medietas...
> Ambrosii Macrobii (Theodosii), De mensura et magnitudine terre: CLM 13084, 9-10c, ff. 68r-69r(caps. 31-32); TR 362; Mon 334, 9c; VA 645, 9c, ff. 78v-81v

In omni predicamento(predicta) potest esse mutatio...
> I. Comm. Heytesbury, Regule: FR 821, 15c, ff. 31r-49v(CR B-68(3))
>
> II. Angelus de Fossambruno, De velocitate motus: GW 1947; with Hentisbery, Venice, 1494, ff. 64-73r(Hain *8437; Klebs 70.1; 514.2; IAL H51)
>
> III. Blasius of Parma, De motu iuxta mentem Aristotelis: VAb 357, 15c, ff. 1-16v(T IV,654)

In omni revolutione sic iudicabis...
> Astrological: BMar 88, 15c, ff. 93v-94r

In omni scientia est presupponendum quid est subiectum...
> Philosophia naturalis: Seitenstetten 281, Q., 15c

In omni scientia ex cognitione principiorum ut scribitur primo phisicorum...
> Comm. Physics: CU Dd.XII.46, 14c, ff. 169r-209

In omni theoria et methodo tam humiliore...
> Aristotle, De partibus animalium libri i-iv, tr Geo. Trapezuntius: VAu 1320(182), 15c, f. 121

In omni triangulo...
> Jordanus Nemorarius: Bibl. Math., XIII(1913), 85

In omni ut spera medietas centron vocatur...
> BMh 2506, 10c, ff. 53ra-57

In omnibus arteriis fit pulsus...
> De pulsibus: BMr 12.B.XX, 15-16c, ff. 5-(10v)

In omnibus artibus et doctrinis necesse est considerare...
> Siger de Brabant, Quaestiones in libro Aristotelis de anima: ed. F. Van Steenberghen, Les philosophes Belges, XII(1931), 21-159

In omnibus curiosus existis...
> William of Ockham, Dialogus: PA 517, 15c, f. 17-, incomplete

In omnibus diei horas fleotomus adhibere potest...
> Beccaria 6.25

In omnibus doctrinis que secundum ordinem...
> Haly, comm. Galen, Tegni: Admont 254, 13c, ff. 105r-112r; BNna 1481, 13c, ff. 101r-159v; Tours 791, 13-14c, ff. 10r-110; CU 1708 (Ii.I.16), 14c, ff. 196r-220v; etc.; pr Articella, Venice, 1483, ff. 157-210 (Hain *1869; GW 2679; Klebs 116.2; IAL A1011)

In omnibus istis infirmitatibus scilicet ptisica...
> De urinis significantibus mortem: CUsj 99, 13c, f. 344; CUg 59, 15c, p. 56(Atk); CLM 13066, f. 168rb

In omnibus libris latinorum nullus invenitur authenticus...
> Isaac, De urinis: CUt 1377, 14-15c, ff. 34-68. For version of Constantinus Africanus, see 'In latinis quidem...'

In omnibus quidem sanis urina mane alba est...
> BN 18081, ff. 232va-233rb

In omnibus rebus et habitudinibus que incipiuntur...
> Thomas del Garbo, Comm. Mesue De consolatione medicinarum: VA 2484, 14c, ff. 212rb-214rb

In omnibus viris studiosis et attente meditanti-
bus...
   De stomacho: PGe 3124, 15c, ff. 4-28

In operibus humanis triplici de causa ingerit se
error...
   Grosseteste, De artibus liberalibus(De utilitate
   artium): Thomson 91-92

In opinione magna fuere viri qui sidera credi-
derunt...
   BNna 625, ff. 172va-181ra

*In oppositione habenda aliud nos non oportet
scire...
   Johannes de Muris, Canones de eclipsi lunae
   (a.1339): BLd 97, 15c, ff. 124v-125 (T III, 301-
   303)

In oppositione(opinione?) ista Ptolomeus tria
tangit...
   Hispalensis (John of Seville?), Glossa super 60
   propositionem Centilogii Ptolomei: BMh 13, ff.
   232ra-233rb. See 'In propositione...'

In ordine medicandi causas morborum...
   VAp 1242, ff. 199r-209r

In ordine septem librorum planetarum liber
solis secundus...
   Hermes, Liber solis: FN II.iii.214, f. 20v; T
   (1947), 245; Carmody 60

In ortum meum ut viderem plantas...
   Rosarius minor: FR 944, ff. 1r-12r. See 'Descendi in hortum...'

In parte secunda huius tractatus dicendum est
de dispositione mundi...
   Basel F.II.10, 15c, ff. 182vb-196ra

In patris natique sui sed flaminis almi...
   Precatio christiana: BMh 2506, 10c, f. 1ra; Saxl
   (1953), 157

In perscrutando ergo numerorum misteria...
   BNna 625, ff. 72ra-76ra

In perturbationibus ventris et vomitibus...
   Hippocrates, Lib. I Aphorismorum: BN 7104, ff.
   137r-157ra; CUt 1083(O.I.59), 13c, ff. 1r-26r.
   Pref. 'Vita brevis ars vero longa...'

In philosophia singulari et excellentissimo...
   Petrus de Guclina(Mutina?), Theorica planetarum: VI 4987, 14c, ff. 110r-118v; M. Curtze,
   ZfMP 13 Suppl.(1868), 79; Björnbo Ab(1912),
   129. Both have misread the abbreviation for
   'philosophia' as 'phisica'. See 'Sit zodiacus...'

In philosophicis disciplinis et...
   Magister Salernus, prol. Catholica. Text, 'Capillus dicitur quasi...'

In planis speculis a pluribus oculis res...
   Propositiones de continuatione libri de speculis:
   VE fa 332(XI,6), 13c, ff. 233-234

In planis speculis rei vise quantitatem veram...
   On perspective: VA 3102, ff. 54r-60v

In plano describere quadrantem...
   CLM 24103, 15-16c, ff. 43-44(Zi 8854)

In pluribus antiquis codicibus...
   See 'Quid sit alchimia...'

In pluribus antiquorum (philosophorum) satis
aperte...
   Roger Bacon, cap.1, Speculum alchemiae: Corbett II, 108; CUt 915 (R.XIV.44), 15c, ff. 117r-
   130v (incomplete). See 'Multifariam (multipharie) multisque modis...'

In pluribus autem satis apertis codicibus...
   See 'Multifariam (Multipharie) multisque modis
   ...'

In precedenti libro determinavit auctor de
quibusdam proprietatibus...
   Adam, Comm. De sompno: Er 197, 13c, ff. 146r-
   152v; anon. Grabmann (1928), 64

In precedenti libro determinavit de cognitione
temporis morbi...
   Nicholas of Bologna, Super libro II de crisi (of
   Galen): CLM 13054, 14c, ff. 164ra-174ra

In precedenti libro qui est...
   Adam de Bouchermefort(?), Comm. De memoria
   et reminiscentia: Grabmann (1936), 177

In precedentibus Avicenna determinavit de
pulsu...
   Marsilius de Sancta Sophia, Summa de pulsibus:
   Ea F.251, a.1393/4, ff. 125-149; VAp 1240, 15c,
   ff. 171r-235r

In precedentibus determinavit Aristoteles...
   See 'Utrum necesse sit hunc...'

In precedentibus enim ponit notitiam pulsuum
...
   Marsilius de Sancta Sophia, Dicta super De
   urinis: VAp 1240, 15c, ff. 236r-296v

In precedentibus libris subalternatis libro de
anima...
   Adam, Comm. De morte et vita: Er 197, 13c, ff.
   152v-154r; anon.: Grabmann(1928), 64

In prelibatis ostensum est intelligenti ex sacre
pagine...
   Aurora consurgens: Artis auriferae, I(1593), 185,
   246; prol. Tract. II: Corbett I, 178. Tract I-
   'Venerunt mihi omnia bona...'

In presenti negotio circa simplices medicinas...
   Platearius, prol. De medicinis: CUg 379(599),
   12-13c, ff. 57-99. Text, 'Aloen calide...'

In presenti tractatu exponere volumus virtutem
formarum duodecim signorum...
   Imagines signorum contra infirmitatem: VI
   5311, 14-15c, ff. 40va-41vb

In preservatione universali adversum maleficia
venenosa...
   Petrus Thomasius, Consilium contra venena pro
   Eugenio IV: VAu 1425, a,1437, ff. 3v-52.
   Prol. f. 1, 'Quamquam beatissime...'

In prima disputatione de quolibet...
   Aegidius Romanus: Laurent 160(18)

In prima distillatione ardet et non comburit...
   Virtutes aque vite: BMsl 75, 15c, f. 171r-v
   (DWS 1043)

In prima facie arietis ascendit forma hominis
nigri...
   Imagines mansionum (lune) secundum Zaelem:
   VA 4085, 15c, f. 82v; TR 373

In prima huius capituli dicitur quod duo sunt
sapores...
   Glosule de saporibus: VAb 283, 15c, ff. 106v-
   110(Silverstein)

In prima huius instrumenti parte...
   Zwickau XXII, VIII, 10, 15c, ff. 119v-121v(Zi
   2994)

In prima huius proemii parte...
   Tazael, Liber magnus de institutionibus: Pastrengo (1547), f. 71r

In prima il piu sicuro rimedio...
   Thomas de Garbo, Consilium de modo vivendi in
   tempore pestilentiae: (Ital.) ed. Ferrato, Scelta di
   curiosità letterarie inedite, LXXIV (1866)

In prima lectione Tegni circa scriptum...
   Johannes Matheus de Ferrariis de Gradibus, Recollectiones super primum Tegni: VAp 1140,
   15c, ff. 230ra-252ra

In prima mansione quando luna fuerit in ea
bonum est bibere medicinas...
   Mansiones lune: VI 3124, 15c, ff. 181r-182v

In prima nocte natalis domini sit magnus
ventus...
   De significatione ventorum: CUt 759(R.VII.23),
   14c, p. 261

In prima operis parte intentio nostra est...
   Cato, Astrological geomancy: Oa 96, 14c, ff.
   16-41(T III,35, n.59)

*In prima parte Aristoteles intendit...
   Jacobus de Sicilia, In Arist. De anima: BLcm 424,
   15c, ff. 1-84

In prima parte dicit predictus clericus...
   John of Burgundy, Pest tract: BMr 13.E.X.,
   c.1442, f. 24v; CUc 171, 15c, ff. 363va-364r

In prima parte incipit autor dare tres expositiones...
   Comm. Aegidius, De urinis: CU 1569(Gg.V.37),
   15c, ff. 107-160

In prima parte loquitur de lapide quem nobis
deus...
   Arnald of Villanova, Novem testamentum: T III,
   64, 81, 662-63, 674-75

In prima parte narrat quod homines...
   John of Bordeaux(Burgundy?), Introd. Pest
   tract: BMsl 405, 15c, ff. 41v-43r. Text,
   'Propter defectum boni regiminis...'

In prima questione quarti (Sent.) dixi quedam...
   Walter Burley, De naturalibus or Quodlibeta de
   speciebus or De augmentatione formarum: Bull.
   int. de l'Acad. des Sciences de Cracovie, Cl. de
   Philol., Cl., d'hist. et de philos., 1927-28, pp. 100-
   101

In primis ad inchoandum...
   See 'Concordati sunt omnes...'

In primis ad lunam faciendam recipe somarie
partem unam...
   Malcus de Artifiodoro, Tractatus alkimie: Mi
   Trivulz. 245(E.27), 15c, ff. 25r-(34)

In primis ad preservationes pestilentie vitanda
est nimia repletio cibi...
   Joh. de Burgundia 'aliter dicti cum barba,' Tract.
   epidimie: Fritzlar 99(IR 10/34), ff. 128-129v
   (Schulz)

In primis almucantarat id sunt circuli...
   De nominibus laborum laboratorum in astrolapsu:
   Avranches 235, 12c, ff. 26v-27v; Haskins 9, n.21;
   Bubnov, xix; Oc 283, 13c, ff. 98v-99v; ed.
   Millás(1931), 276-79

In primis antidotum gera(sic) Gallieni...
   See 'Recipit autem...'

In primis caveas omnem nimiam...
   John of Burgundy, Pest tract: Archiv V(1912),
   77-80

In primis cognitio humanae naturae Galieni...
   Dynamidia: SG Stift 751, 9c, p. 379; Beccaria
   133.25b

In primis considerandum est de natura acciden-
tium...
   Basel F.III.18, 14c, ff. 24ra-25vb; AL 1144;
   Beiträge XX, 5(1922), 77(Schulz)

In primis consideratur quod iste liber vocatur Almansor...
  See 'Locus qui speculationibus...'

In primis creatori celi et detectori...
  Bonetus de Latis, Prognostication for 1493-1494: GW 4842; Klebs 198.1

In primis cum illam infirmitatem cognoveris...
  BN 11218, 9-10c, f. 115v; Beccaria 34.3g

In primis curat omnes frigidas passiones...
  Virtutes aquae vitae: VAu 1415, 12c, f. 43

In primis de mense Ianuarii. Nolli sanguinem minuere...
  Petrus de Abano, De sanitate tuenda: VA 4439, f. 9r (only 1 fol.)

In primis deo gratias agamus prout(sicut) sui ordinis celsitudo...
  I. Avicenna, prol. Canon medicinae, tr Gerard of Cremona: CLM 14, 13c, f. 1; 13014, a.1246; CU Mm.III.16, 13c, f. 2-; CUg 480, 13c, ff. 1r-304v; PM 137, 13c, f. 1; BMr 12.G.6, 14c, ff. 1-472; VAp 1115, 14c, ff. 1r-76ra; etc.; eds. (AFML 77-80; Klebs 131.8, 9, 12, 14; IAL A1262-70)
  II. Antidotarium: Giacosa 461
  III. Johannes de Albertis, Pest tract: Archiv XIV, 168; XVI, 76
  IV. Canonis Flores: BN 7046, 13c, ff. 1-48, a fuller text than 7047, 15c, ff. 1r-70v

In primis deo gratias agamus qui naturam omnium ordinavit...
  Medical including various 'aque': VI 5307, 15c, ff. 9r-15v

In primis deum testor cuius nomen sit benedictum...
  Maino de' Maineri, pref. Regimen sanitatis. See 'Quod regimen sanitatis...'

In primis die dominico in aurora...
  Unguentum optimum: FL 89 sup., 38, 15c, f. 281

In primis enim diebus oportet mane surgere et videre...
  Thomas Aquinas(?), Opus (alchemical): BU 138(104), 15c, ff. 257r-259r

In primis ergo adiuvante Iesu Christo...
  Johannes de Rupella, Summa de anima: VA 848, 13c, ff. (14v)-50v; BLcm 402, a.1442, ff. 90-(111); ed. Prato 1882. Prol. 'Si ignoras te O pulcherrima...'

In primis ergo disputationis causa...
  Geronimo Torrella, De imaginibus astrologicis, Dec. 1, 1496: (AFML; Klebs 981.1); T IV, 574-85

In primis ergo quicumque sit passio...
  See 'Passiones (et morbos) puerorum...'

In primis et ante omnia dicit Albertus in Mineralibus suis...
  De mutationibus et multiplicationibus metallorum: Orléans 290(244), 15-16c, ff. 165-185 (Corbett II,143)

In primis fac elexivam...
  Formulae colorum: VAb 12, 14c, ff. 135-136 (Silverstein)

In primis fiat virilis purgatio...
  See 'Cura crepatorum...'

In primis fundatur una libra stagni...
  Ad faciendum oleum argenti vivi: Boston Medical 18, 15c, ff. 171r-172r; BN 7169, 16c, ff. 24v-26r

In primis habeas de urina canis...
  Roger Bacon, De philosophorum lapide: VAb 273, f. 225v; not in Little

In primis hec experimenta debent fieri quando luna...
  Experimenta invisibilitatis: VAp 1394, ff. 67r-70

In primis Iesu nomine invocato. Recipe sulphur vivi...
  Feovernus de Arragonia, Processus ad aurum faciendum quem habuit de patriarcha Constantinopolitano: DWS 352. See 'Recipe sulphuris vivi mundi rubei...'

In primis igitur ad preservationem vitet unusquisque nimiam...
  Johannes de Burgunda, Pest tract: Archiv V, 61

In primis igitur pro declaratione...
  See 'Inclinatus favore...'

In primis in domina de Ponynges qui habuit frenesim...
  Medical consilium: BMh 2558, 14c, f. 9r

In primis intellige quando(quomodo) Avicenna inquit quod in plumbo...
  George Ripley, Pupilla alchimiae, Pref.: BU 142(109), 15c, II, ff. 207r-212v; BN 14012, 16c, ff. 91r-96r(Corbett I,205); BLas 1406.I, pp. 85-89, 91-102; Opera, 1649, pp. 295-314. Text, 'Nunc igitur ipsam practicam...'

In primis nota quod philosophia dividitur in tres...
  (Albertus de Saxonia?), Questiones in libros Physicorum: CLM 26838, ff. 125r-158r

In primis O Alexander tradere volo...
  Ps. Aristotle, Secretum secretorum, alchemical section (Pars III): DWS 29; FNm XXI, 56, 15c, f. 62r-v; AL 1416; ed. OHI v(1920), 114-

In primis omnes frigidas passiones. . .
De virtutibus aque vite Aristotelis: VI 2395, 13c, f. 43va

In primis omnino aufer omnem terrorem gravedinem. . .
Henricus Horne, Pest tract: BLas 393, 15c, f. 43; Archiv XVII, 125-26

In primis oportet vos ipsum(*sic*) Iustine rei sapientum. . .
Medical: BNna 1536, 13c(?), ff. 123r-129v

In primis optime eam cum sapone Gallico et aqua tepida laves. . .
Facies sic potest ornari: BMsl 420, 13c, ff. 77-78

In primis ordinanda est dieta. . .
BN 6988A, f. 94rb-

In primis plumbum ustum p. iiii petre pulveris . . .
Flores de coloribus, tr Rusticus: FNpal 951, 14-15c, ff. 40v-(44r)

In primis pondus humi quod e limo factum est . . .
De octo pondera(*sic*) unde factus est homo: VE II.46(III,69), a.1270, ff. 135-136

In primis pone super drachmas(uncias?) plumbi preparati. . .
Incipit liber duplicationis libri ponderum: VAp 1339, ff. 109r-114r

In primis quidem sciendum est quod mercurius est frigidus. . .
Aristotle, De conversione corporum, a fragment: BLb 607, early 15c, f. 72

In primus refero deo omnipotenti gratias. . .
Tract on cures: CUg 379(599), 13c, ff. 152v-157vb

In primis scias in qua mense. . .
Quadrant: Leiden 46, 15c, f. 10r-v(Zi 8853)

In primis sciendum est quod mercurius est frigidus et humidus. . .
Aristotle, Liber de conversione corporum: DWS 54

In primis sciendum quid sit cibus. . .
Averroes, Quintus liber Colliget: Ea F.273, 14c, ff. 41-55

In primis sublima antimonium ex seipso. . .
Tinctura ex solo antimonio: BMsl 3457, 15c, f, 196r; T (1938), n.53

In primis tractatibus unius(?) notavimus. . .
Comm. Ptolemy, De electionibus: BN 7302, ff. 133v-144v(Carmody 20)

In primis unguentum faciens ad combustionem ignis. . .
Liber unguentorum: VAp 1225, early 15c, ff. 463vb-471ra

In primis unus eorum dixit, qui scit mortificare et post mortem. . .
Dicta philosophorum(alchem.): Orléans 290 (244), 15-16c, ff. 194-196; Corbett II, 145

In primis unus eorum dixit quod nichil ingreditur metallum nisi. . .
Dicta philosophorum: CLM 26059, f. 250v-

In primis utatur hoc sirupo. . .
Pontius de S. Egidio, Cure: BLb 786(2626), 13c, ff. 161-169(DWS MS); Wickersheimer 669; anon. BN 7035, f. 107

In primis vitet unusquisque nimiam. . .
See 'In primis igitur ad. . .'

In primo anno igitur embolismi hoc est. . .
Ps. Bede, Manfredi embolismorum ratio: PL 90, 821-24; Jones 33, 79-80

In primo capite monocordi ad punctum quem diximus. . .
Ghent 70(421), a.1503-1504, ff. 51ra-55rb

In primo capitulo affirmat scientiam. . .
Comm. John Dastin, Rosarius philosophorum: CUg 181(214), c. 1500, pp. 437-442 (incomplete)

In primo capitulo ponit prohemium. . .
Expositiones super Alcabitium: Ea Q.379, 13-14c, ff. 42-54

In primo climate debes prescire. . .
Zurich Car.C.172, 11-12c, ff. 70r-71r

In primo cyrurgia est(oportet) considerare et inquirere. . .
Cirurgia: CUt 1404(O.VIII.31), 15c, ff. 134-159

In primo de celo philosophus in capitulo. . .
Suiseth, De celo et mundo: CUg 499(268), 14c, ff. 204-211v

In primo de mercurium preparando. . .
Elias: RC 1477, 15c, f. 187r-(180r)

In primo die mensis si sanguinem minues. . .
VA 4439, 14c, f. 8r-v

In primo et principaliter convenit philosophorum solatio. . .
Vergilius, De lapide philosophico: DWS 330

In primo igitur numero minimum in leva digitum...
> Ordo Romane computationis: ZB 10(1893), 79. See 'Cum dicis unum minimum...'

In primo libro determinavit...
> See 'In priori libro...'

In primo libro membrorum dolentium reperitur...
> Rasis, cap.1, Liber Elhavi id est Continens artem medicinae. See 'Exclusis prorsus omnium vanis...'

In primo libro phisicorum cuius subiectum est...
> Grosseteste, Summa in VIII libros phisicorum: Thomson 83; VA 10787, 15c, ff. 66-(82)

In primo libro phisicorum determinat philosophus de principiis nature...
> De principiis naturalis philosophie: CLM 8950, 15c, ff. 328r-330v. May be by Wilhelmus Zesbini, by whom another work precedes

In primo libro quem ex Platone descripsit sunt herbe pro medicina numero 132...
> BMsl 1975, ff. 3r-8r, incomplete

*In primo libro qui liber meteororum intitulatur...
> Walter Burley, Questiones super Meteororum libros quatuor brevissime: Ob 93, 15c, ff. 91v-(96)

In primo mee suppositionis...
> Medic.: EU 169(VI), a.1481, ff. 111-139(DWS MS)

In primo mense puer in utero matris sue est quasi quidam...
> De creatione humana: AFML 491, a.1459, f. 33r-v

In primo omnium elementorum vel humorum...
> Hippocrates: MC 97, 10c, pp. 23a-24a; Mon 185, 10c, ff. 115v-116v; Diels(1905), 53; Beccaria 16.11; 95.14

In primo orbes celestium corporum...
> HL 31, 632. See 'Hec ait Leo de Balneolis...'

In primo pabulo salis medicinalis...
> Quid pro quo: Basel D.III.3, 13c, ff. 120v-121v

In primo profiteor Ptolemeum...
> CLM 2666, 15c, f. 166r-

In primo require horas tuas cum minutis...
> Regula ad domificandum per tabulas Walteri (for Oxford): BMsl 636, 15c, ff. 43v-45v

In primo sublima(sublimetur) mercurium...
> Geber, Liber claritatis alchimie: BU 164(153), 15c, ff. 101r-118r; anon. Univ. Penn. Lea 1, late 15c, ff. 44r-47r. See 'Incipit liber claritatis...'

In primo sume quod dicitur ciromancia que considerat lineas...
> BLd 95, 14c, f. 8r-v

In primo tractatu istius libri continentur decem summe...
> Averroes, comm. Aristotle, De caelo et mundo, tr Michael Scot: AL 105; pp. 53, 215; BLcl 287, 14c, 147 ff.; pr Venice, 1483; etc.(Hain *1660; GW 2337, II, 1; 2339, II; 2357; Klebs 82.2, 3; 87.1; IAL A861, 863; 874)

In primordio cunctorum elementorum omnipotens deus...
> Exercitium de horis mathematicorum(divination): CLM 458, 15c, ff. 1r-36r

In primordio omnis creature herus uranicus...
> Interrogations (astrological): BMsl 2030, 13c, ff. 88r-94v

In primum oportet egrotum habitare loca sicca...
> Francinus, Consultatio medica: Giacosa 497

In primum vir ista potio usidandum est...
> Dietetic calendar: VAr 1143, 9c, f. 107r-v, 153r-v; Beccaria 106.5

In principiis deo gratias agamus. Verba proposita sunt...
> Johannes de Valle Eni, Lectura super prima primi canonis Avicennae: KlaS Pap. 92, a.1454, ff. 2r-200v(?)

In principio apostematis flegmonis quando...
> Johannes de Sancta Sophia, Compendium in arte cyrurgica: VAp 1251, 15c, f. 214r

In principio corporis ad clavicordium dispositi secundum tuum placitum...
> De compositione clavicordii: Yale MS(42), f. 127r-v

In principio creavit...
> Zeitrechnung: Wo 4175, 9c, ff. 89v-103(Zi 12095)

In principio creavit deus celum. Celum id est continens...
> See 'Celum id est...'

*In principio creavit deus celum et terram...
> See the next words of the incipit: 'Consuetum autem est...'; 'Et istud principium...'; 'Ex terra autem...'; 'Forma decens admiratione...'

In principio cum omnipotentis dei auxilio compono...
  Albucasis, Tacuinum sanitatis in medicina: BN 10264, f. 108.   See 'Incipio cum dei auxilio...'

In principio de animalibus.   Prima animalia que emitunt vocem sunt...
  Quedam propositiones de animalibus: CU 103 (Dd. III. 16), 14c, ff. 73r-76rb, incomplete

In principio deus creavit mundum...
  Ps. Hippocrates, Epistola de microcosmo ad regem Ptolomeum: VI 4772, f. 77r

In principio dicamus de dissolutione ferri. Recipe vitrioli...
  Roger Bacon, Alchemy: Oc 277, 15c, ff. 20-22v (DWS 201); CU 1255 (Ff.IV.12), a.1528-29, ff. 336r-342r

In principio expositionis libri illa octo preambula...
  Peter of Abano, Comm. Aristotle, Problems: Cesena Plut. VI sin.2-3, 14c, 202 ff.; AL 1291-1292

In principio fecit deus celum et terram.   Conveniens exordium...
  Basil, Hexaemeron, tr Eustathius: PG 30, 869-968; Budapest 426, 15c, 42 ff.

In principio huius ardui operis Alphontii erunt(?) que sunt diligenter...
  Later prol. to John Danco, Canons on Alfonsine Tables: Prag 1832 (X.B.31), 15c, f. 1r-v; Osiris 8(1949), 61

In principio huius artis requiruntur ea...
  Horologii regis Ptolomei: Oc 283, 13c, ff. 81v-98r

In principio huius compilationis sicut in...
  Johannes de Mirfeld, pref. Breviarium Bartholomei: ed. P. H-S. Hartley and H. R. Aldridge, 1936, p. 46

In principio huius libri...episcopus Thebaldus composuit hunc librum...
  Comm. Physiologus: Budapest 27, 13c, ff. 1-8

In principio huius libri possit queri primo que sit intentio...
  CUpet 250, 15c, ff. 136r-194v, 'Expliciunt scripta super Alkabitium deo gratias.' See 'In principio huius libri septem possunt...'

In principio huius libri quatuor inquirantur. Primum que et quot...
  Silanus de Nigris, Expositio noni libri Almansoris (Rasis): G. Mazzini, 1929, pp. 142-44; pr (Padua), 1476; etc.(Klebs 946.1-4; AFML 402; IAL R176-178); Venice, 1518

In principio huius libri queritur primo an possit esse scientia...
  Questiones super tres libros De celo et mundo: CUpet 157, 14c, ff. 1r-22v

In principio huius(istius) libri septem possunt queri...
  Johannes Danck de Saxonia, Comm. super Isagogen Alchabitii: BLd 48, 15c, ff. 243-301v; pr Venice, 1491(Klebs 41.4; AFML 33, f. 81v); Carmody 145.   Pref. 'Vir sapiens...'

In principio huius operis sex requiruntur...
  Comm. in librum urinarum Theophili: Chartres 171, 12c, ff. 49-58

In principio huius tractatus est sciendum quod quecumque astrologica impressio...
  Duodecim signorum imagines medicinales: BN 7337, p. 53a-b; VA 4085, f. 98v

In principio istius libri septem possunt queri. Primo que sit intentio...
  John of Saxony, Comm. super textu Alchabitii: pr Venice, 1485(Klebs 874.10; Yale 166)

In principio istius libri sicut in principio aliorum ...
  Comm. Galen, De accidenti et morbo: VA 4466, ff. 157ra-169va; CLM 13020, a. 1319, ff. 88vb-94ra

In principio lectionis presentis necnon et aliorum librorum...
  Super prima fen Canonis Avicenne: VA 2487, 14c, ff. 1r-154ra.   See 'In principio presentis...'

In principio libri physicorum cuius subiectum est corpus mobile...
  Comm. Aristotle, Physics: CLM 2548, ff. 88r-92r(Schulz)

In principio Metaphisice quam pre manibus habemus...
  Duns Scotus, Super libros Metaphisice: Padua X, 186

In principio narrare in nomine domini...
  John of Parma, De variis febribus: BN 8160, f. 44

In principio nostri opusculi primo et principaliter...
  De musica: VI 4774, 15c, ff. 12r-33r

In principio nostri tractatus est sciendum quod ars alkimie...
  BLas 1451, 14c, pp. 37-38 (DWS 540)

In principio omnem illum qui hanc scientiam...
  Liber radicum (alchemy): Palermo 4 Qq.A.10, 46-2.   See 'In principio oportet...'

In principio omnium operationum dicam viam summi philosophi...
Arnald of Villanova, Medicina Hermetis(cap.V): BMh 3542, 15c, f. 57r-v(DWS 241)

In principio operationis...
Gloss on Appollonius, Ars notoria: Cues 216, 14c, ff. 1-30

In principio oportet illum qui studet in hac scientia...
Rasis, Liber radicum de alkimia: CU 1388 (Ff.VI.50), 15c, ff. 16r-39r, 'Explicit liber radicum compilationis patris Moysis Iac. filii Hayn philos.' (DWS 103)

In principio ponemus aliquos versus in quibus tota patebit...
Arnald of Villanova, pref. Tractatus notabilis in arte maiori (Practica?): DWS 228. See 'Qui querit in merdis...'

In principio presentis lectionis necnon et aliorum librorum...
Marsilius de Sancta Sophia, Recollecte super prima fen primi canonis Avicenne: BN 6933, a.1427, ff. 1r-(196rb)

In principio verbo apresso adio...
Giuliano Dati, Calculazione delle ecclisse (1494-1523): GW 7993(Klebs 324.1)

*In priori(primo) libro determinavit auctor de quibusdam proprietatibus...
Thomas Aquinas(?), Comm. De somno et vigilia: Ea F.318, 14c, ff. 161-169v; Hain *1719; Opera 24(1875), 294-310; QE I, 285; Glorieux I, 101; Adam of Bocfeld, Grabmann(1939), 32; anon. VE VI.105(X,218), 15c, ff. 179-187

In prohemio huius libri proponit philosophus...
Walter Burley, Comm. De generatione et corruptione: LP 74, late 14c, f. 9-

In prohemio huius libri qui durat usque...
W. Burley, Comm. De memoria et reminiscentia: LP 74, 14c, f. 185-; Oma 80, 14c, ff. 63va-67va; 146, 14c, ff. 112v-(117v)

In prohemio huius proponit intentionem suam dicens quod...
(Burley?), Comm. De generatione et corruptione: CUg 448(409), 14c, p. 544a-b

In prohemio primo probat necessitatem sciencie
...
Burley, Comm. De anima: Ea Q.312, 14c, ff. 20v-28v

In prohibitione generationis pilorum a Gerhardi...
Recepta egritudinum quarundum: VAp 1134, 15c, ff. 8v-16r

In prolibatis pro sensui...
Secundus tractatus (alchemy): VAb 273, f. 258r

In prologo theorice Ptolomei qui dicitur Almagesti...
Haly Abenragel, De iudiciis nativitatum: Carmody 154

In pronostica Socratis...
James 490. See 'Pronosticis Socratis...'

In propositione ista Ptholomeus tria tangit...
Hispalensis, Glosa super 60 prop. Centiloquii Ptol.: BMh 13, ff. 232ra-233rb

In prosequendo regimen medicinale nonnulli a principio...
(Vincentius Swofheym), Regimen medicinale: Studien(1909), 189-91

In qua feria fuerunt kalende Ianuarii hoc anno? In tertio...
CLM 14070, 10c, f. 62v(Schulz)

In quadam silva iuxta Parisius stabat Raymundus...
Raymond Lull, Declaratio per modum dialogi edita: Beiträge VII, 4-5(1909), 94-221

In qualibet enim scientia cognitio principiorum est valde necessaria...
Richard Lavenham, De tribus principiis: BMsl 3899, 14c, ff. 91-94; anon. VI 4878, 15c, ff. 38r-40v

In quarta est sol qui est calidus et siccus...
BMsl 568, 15c, f. 16r

In quarto Metheororum determinatum est de mixto...
Albertus Magnus, unfinished Questiones de anima: VA 869, f. 200ra

In quatuor lune lotionibus adde viginti...
Operatio perfecta in albo et rubeo(alchemy): BMsl 3457, 15c, ff. 382-83(DWS 838)

In quatuor matheseos ordine disciplinarum...
Gerbert, Isagoge geometriae: ed. Bubnov 46-97

In questione de gradibus quod erat secundum investigabile...
Thomas de Garbo, De gradibus medicinarum: Opuscula illustrium medicorum de dosibus, 1585, pp. 208-32

In questione illa utrum similia communia sint
...
Contra Iohannem de Ianduno: KlaS Pap. 168, 15c, ff. 84v-87r

In questione qua queritur an sit licitum...
> Gentile da Foligno, Questio an sit licitum provocare aborsum: VA 2470, 15c, f. 240; ed. Schaefer, Archiv f. Naturwiss. VI(1915), 321-28

In quibus consistit ars medicinalis et finita eliciuntur particularia...
> Gilbertus Anglicus, Practica: VI 1634, 13c, ff. 35v-55ra

In quo corrumpatur ultima pars motus...
> BLcm 226, 15c, ff. 76vb-77va

In quo humoris volvantur ipse spiritus et anima...
> Disputatio Platonis et Aristotelis de anima hominis: BN 11218, 8-9c, ff. 33r-34v; Beccaria 34.11

In quo signo luna fuerit...
> De mutatione planetarum: Basel D.I.10, 14c, f. 30vb; Zi 8053

In quo tempore febris putrida salubris sit maior
...
> Bertutius Bonon., Questio disputata: PU 128, 14-15c, f. 121

In quocunque lapide inveneris Arietem Leonem
...
> Marbod, Liber de sculptura gemmarum: Bern 410, 14c, ff. 72r-74v; BLd 193, 14c, ff. 28r-(29v); Prag 629(IV.C.2), f. 22v; anon. VI 3408, ff. 4-5(Schulz); BN 6755, 15c, ff. 34v-36va (Delisle)

In quocunque lapide sculptum inveneris Arietem Leonem aut Sagittarium...
> VI 5442, 15c, f. 132va-b

In quocunque lapide sculptum inveneris Geminos vel Aquarium sanat....
> Thetel, De lapidibus (from Thomas of Cantimpré): VI 2442, 13c, ff. 4v-5v

In quocunque signo fit tonitrum sive in die sive in nocte...
> Hermes Trismegistus excerptus: BLcm 517, 13c, f. 20ra-b

In quodam tractatu qui incipit Omne donum optimum sic...
> Merlin, Liber de expositione lapidis philosophici: DWS 373

In quolibet opere sunt prius universaliter consideranda...
> Augustinus de Ancona, De cognitione animae et de eius potentiis: pr Bologna, 1503

In quolibet siquidem triangulo...
> De tribus notis: ed. Bibl. math. I(1900), 380-90. See 'Cuiuscumque trianguli...'

In quot partes dividitur in prima sui divisione...
> Liber quaestionum medicinalium vel Iohannitii Isagogae in quaestiones redactae, tr Rufinus of Alexandria in Murcia: Ea F.271, 13-14c, ff. 11-25

In quot vel quas partes dividere oportet...
> Soranus: ed. V. Rose, 1882. Prol. 'Cum frequentius nobis...'

In rebus humanis nil fere sic arbitror...
> John of Salisbury, prol. Metalogicus. Text, 'Adversus insigne donum...'

In re terrena nihil est aliud nisi pena...
> Renzi I, 444; VI 3214, ff. 93-100; Bern 434, 15c, ff. 22-31(Schulz)

In receptione receptarum convenentium...
> Petrus Tussignano, Practica: Wo 2797, 15c, ff. 272-296

In receptis ac in earum descriptione...
> Petrus de Tussignano, Recepte circa nonum Almansoris: VAp 1268, 15c, ff. 1r-218v

In regionibus quibus accidit diversitas...
> De eclipsibus: BN 7281, 15c, ff. 43r-45r

In respondendo ad argumentum quod...
> Johannes de Marliano, Argumentationes aliae (in reply to Johannes de Arculis): VE VI.105 (X.218), 15c, ff. 18-23; Clagett(1941), 65-78

In responsionem tibi volentis facere...
> Astrology: Ea Q.368, 14c, ff. 119-123v(Zi 3324)

In revolutioni anni multa habemus considerare
...
> Astrology (John of Seville, lib. II?): Ma 10009, 13c, ff. 44va-46vb

In revolutionibus anni multa habemus considerare...
> Zahel in revolutionibus nativitatum: Misc. astrol. Karl u. Faber 2/37, 15c, ff. 40r-46v (Schulz)

In revolutionibus annorum ingressus planetarum...
> Astrology: BN 7443, ff. 35-42v

In rotunda et plana equaliter petra circulos eque...
> Sun-dial: ed. Millás (1931), 318-20

In sanguinem germinium indicat generare...
> De conpaginationibus corporis vel quomodo infans generatur in vulva mulieris: Brux 3705, 9c, ff. 4v-5r(Silvestre; Beccaria 6.7)

In scibilibus minimum est quod creature infime speculantur...
> Antonius de Monte Ulmi, Liber de occultis et manifestis artium: BN 7337, 15c, pp. 1-9(T III, 604-10)

In scientia nativitatum mortalium hominum introductorium...
> Joh. de Glogau: VAr 1115, a.1495, ff. 208r-222

*In scientia (vero) naturali corpus mobile subiectum est...
> Albertus Magnus, Comm. super libris metheororum: Corbett I, 16, 17, 18, 37; DWS 1001; Basel F.IV.34, 13-14c, ff. 1ra-49ra; Ea F.378, 13-14c, ff. 51-134; Padua XIX, h.125, 13c, f. 1r; BU 1112(2244), 14c, ff. 1r-25r; AL 1282; pr GW 684-85; Klebs 20.1-2; IAL A249-250; Borgnet IV, 477-835

In scriptis que transtulit Isaac hoc quod sequitur invenitur post figuram vicessimam primam...
> Notes on Euclid: BN 7377B, f. 1r-; Quedam theoremata; Boulogne 196, 14c, item 3

In scriptura sacra super tres columbas...
> Moralitates de animalibus et lapidibus: Reims 880, 15c, ff. 29-50

In secunda revolutione inveniens alios annos...
> Almanach: CUg 110(179), 15c, p. 99(Atk)

In secundo tractatu huius tractatus...
> Averroes, Compendium de memoria: AL p. 107; VE VI.52(Val.X.54), 14c, ff. 300rb-302rb

In sequenti tabula docetur operari de nocte...
> Canones supra tabulam: BLas 191, II, ff. 135v-136; BMe 881, 15c, f. 19r-v

In sermone nostro de elementis...
> Utrum elementa sint creata aut generata?: Graz 482, 13c, ff. 179v-180r; Laon 411, 13-14c, ff. 14v-15r

In signo Arietis puella que nata fuerit...
> VAu 1398, 15c, ff. 29r-31r

In signo Arietis quo...   Zi 11888

In sinonomis habenti apoth. capitulo de A. Saffodillus albutinum...
> Quedam expositiones nominum herbarum (in upper mg. 'Jacobo Lumbardo habui ista que secuntur'): BMsl 342, f. 133v

In spera noctis est...
> See 'Supra hoc menses...'

In speris celestibus esse duos modos motuum...
> BMr 12.C.XVIII, 14c, ff. 22r-25v; incomplete

In stomacho generant autem apostemata...
> Extracts from Petrus de Argellata: BNna 1536, 13c(?), ff. 143r-146r

In sulphure tanta est pretiositas quod non solum in lunari...
> Roger Bacon, Notabile de practica et primo est de sulphure: BLcl (Script. Eccles.) 53, 15c, ff. 112-115v, 115v-116, 116-117(DWS 203)

In Tegni Galienus testatur...
> Galen, Anatomia: Delisle, III, 90a

In temone maioris plaustri...
> Astron.: BE Q.23, 15c, f. 152(Zi 10270)

In terminis relativis sophismata multa currunt ...
> William of Heytesbury, Regule solvendi sophismata, cap.3 De relativis: Wilson(1956), 206; pr Venice, 1491, ff. 10rb-11va(AFML 240; Klebs 514.1; IAL H50)

In terra sunt signa duodecim...
> Astrology: BN 6957, ff. 144v-158r

In tertio de Anima dicit Aristoteles...
> De loco in elementis: Graz 482, c.1300, f. 180v; AL 57

In tonendis capillis...
> De signis celestibus observandis: VA 3126, ff. 52-71

In tota rerum varietate excellentissimum...
> C. Derrerius, Reportata super De generatione et corruptione, a.1343: Basel F.V.10, ff. 28r-55vb

In tractatu isto de urinis quatuor principaliter sunt...
> Bertholdus de Suevia, De urinis: KlaS Pap.167, 15c, ff. 2r-25v; VI 5300, 15c, ff. 37r-60v; 5305, a.1459, ff. 6v-21r; Graz 410, ff. 32-49(Schulz); anon. Renzi IV, 407-408

In tractatu isto intendimus scrutari de rebus...
> Averroes, De substantia orbis; Pisa Conv. S. Cath. 18, 13c, ff. 80r-82v; FL 84, 12, 14c, ff. 25-32; BN 14385, ff. 48rb-50rb; Avicenna: Angers 450, 13c, ff. 56v-62

In tractatu isto qui intitulatur (De) regimine sanitatis...
> CUg 140(80), 15c, ff. 85-89

In tractatu perscrutamur de causis longitudinis et brevitatis...
> Albertus Magnus, comm. Aristotle, De morte et vita ac de longitudine et brevitate vitae: VE VI.17(X.68), 15c, f. 130

In tractatu primo videndum quid sit urina...
> On 171, 13c, ff. 82-(89)

In tractatu pulsuum per capitula ista primo. . .
(Matheus Salernus?) pref. De pulsibus: BMh
3719, 14c, ff. 267v-273; CUt O.VIII.2, 15c, ff.
78r-82r

In tractatu pulsuum primo videndum est quid
sit. . .
Philaretus, Liber de pulsibus: Ea Q.175, 13c, ff.
44v-46v

In tractatu qui de essentiis essentiarum intitu-
latur. . .
'Sanctus Thomas (Aquinas?), De elementis':
Mon 479, 16c, ff. 96v-97(Corbett II,106)

In tractatu qui vocatur Planta arborem com-
memorat. . .
Lumen intelligentie: BMsl 1091, 15c, ff. 166-
170(DWS 530)

In tractatu qui vocatur Rosarius philosophorum
. . .
Arnald of Villanova, Novum Lumen: BMsl 1091,
15c, ff. 162-164(DWS I,214-15)

In tractatu urinarum et primo videndum est
quid sit urina. . .
BN 7061, 15c, ff. 128v-132v. See 'In tractatu
primo. . .'

In tractatu urinarum primo videamus quid sit
urina. . .
Brux 4567, 13c, ff. 27ra-33rb(Silvestre); ascribed
to Constantinus Africanus: Oma 173, 14c, ff.
141-163

*In tristitia et languore. . .
Raymond Lull, De mirabilibus orbis

In umbra invenitur diversitas quia alia est
umbra recta. . .
Bradwardine, Perspectiva, reduced to 4 questions
relating to 'umbrae': VA 3102, 14c, ff. 112v-
113v

In universa rerum cognitione est ars numerandi. . .
Arithmeticae encomium: Bruges 398, 14c, ff.
22v-(23v); 85r-86v(H)

In universalibus farmacie electionibus sciendum
. . .
Electio pro pharmaciis recipiendis: BMar 88,
15c, f. 37r

*In universalibus principiis vivorum omnium et
eorum operibus. . .
Albertus Magnus, De vegetabilibus et plantis:
CLM 8001, 13c, ff. 168r-270r(Schulz); Clermont-Ferrand 171(151), 13c, ff. 29v-116; Delisle
III, 84a; Mi H.129.inf., ff. 74vb-108vb, incomplete; Borgnet XI, 1-320

In unoquoque genere est dare unum principium
. . .
Thomas Aquinas, De ente et essentia: MU 49, f.
204r; Grabmann, (1936), p. 319(Schulz)

In unum collecta que ad idem pertinent. . .
John Walter (of Winchester), Tabula equationum
duodecim domorum cum canonibus: BLr D.238,
14c, ff. 2r-9r-13v; BLd 97, ff. 50v-53v; Oma
182, 15c, ff. 47ra-51rb

In urina attenditur color substantia et odor. . .
De urinis et pulsibus: VI 5300, 15c, ff. 61r-71v

In urina sunt quatuor regiones considerande. . .
CUt 1377, 14-15c, ff. 28-34

In urinis mulierum spermaticum contentum. . .
Gualterus Agilon, De contentis urinarum: VAp
1304, ff. 36ra-37vb; anon. Brux 14335, 13c, ff.
185va-186va(Silvestre 153)

In usu chilindri. . .
Horologium viatorum: St Paul 26.4.21, ff. 64v-
66r; Zi 9245(Schulz)

In usu chilindri primum capitulum est ad
sciendum que sit altitudo solis. . .
Salzburg St Peter X.V.20(Inc.800), f. 116r
(Schulz)

In utilibus principiis. . .
Delisle III, 84a. See 'In universalibus principiis. . .'

In verbis et rebus collocandis inferioris regule
plurimum adiumenta afferunt. . .
Leonardus Justinianus, Regulae artificialis
memoriae: VE XXI, 155 (Val.V,338), ff. 54-57
(Schulz)

In vere et in autumno. . .
De flebotomia: BN 7381, f. 233r-v(Poulle)

In vere omnia innovantur et crescunt ex calore et
humore. . .
Rules of health: BMar 251, 13-14c, f. 53v; CLM
13076, 15c, ff. 26va-28ra

In vere temperativis cibis et potibus. . .
Extracta ex dictis magistri Bernardi Arelatensis
Peripatetici: VAp 1116, 14-15c, ff. 57v-59v;
Medic. Hist. NS VIII, (1936), 149(Schulz)

In vernali tempore et autumnali tempestates. . .
Virgilius de tempestatum presagiis: VAb 12, 14c,
ff. 115v-116(Silverstein)

In vestibulo itaque orationis. . .
Julius Firmicus Maternus, Matheseos libri VIII.
See 'Olim tibi hos libellos. . .'

In vigilia beati Iohannis Baptiste post occasum solis. . .

> Recipes 'Ad epilentiam': CUt 903(R.XIV.30), 13-14c, ff. 221v-228r

In vigilia sancti Iohannis exeat aliquis sacerdos . . .

> Recepta: Vendôme 206, 13c, f. 32r

In viridario voluptatis et iocunditatis in mense . . .

> John of Gaddesden, Rosa Anglica: VAp 1289, a.1368, ff. 1ra-142rb; 1290, a.1365, ff. 1ra-219ra

In virtute de A accipe B album et odoriferum. . .

> Raymond Lull, Lux mercuriorum: T IV, 642

In virtute de A principum serenissime accipe aurum et proice. . .

> Raymond Lull, Anima artis (part II, Practica): BN 7164, 15c, ff. 109-114v; BN 14007, 15-16c, ff. 73v-78v; 14008, 15-16c, ff. 5-18(Corbett I, 121, 186, 189)

In virtute sancte trinitatis accipe de aqua menstrui. . .

> Raymundus de Insula, De generatione lapidum: FNpal 933, 16c, ff. 88v-91v

In virtute sancte trinitatis etc.   Cum ego. . .

> See 'Cum ego Raymundus. . .'

In visceribus terre. . .

> De natura de pedras e de matalls: Tract in library of king Martin of Aragon(1410), Revue hispanique, XII(1905), 450

In ydropsi tisi. . .

> See 'In hydropsi. . .'

In zaphea precedenti circuli qui paralelli nuncupati sunt. . .

> Supplementum Sapheae fabricae: VI 5258, 15c, ff. 65v-71v

Incepit hunc librum a causa propter quam fuit consideratio. . .

> Averroes, Comm. Physics: Millás(1942), 106-107; CUg 485, 14c, f. 1; 486, 15c, f. 2(Atk); Padua Scaff. XVII, N.378, 15c, ff. 3r-78r

Inchoationi enim huius operis toni divisonem preponam. . .

> De diversis monochordis (and other instruments): Ghent 70(421), ff. 63ra-70r

Incipe dulci sonos iam mecum fistula versus. . .

> CLM 18628, 10c(?), f. 94v(Schulz)

Incipere ab eo quod est bonum. . .

> Valescus de Taranta, pref. Philonium: BLb 869 (2754), 15c(DWS MS); Chartres 405, 15c, 256 ff.

Incipere dupliciter solet exponi videlicet per positionem. . .

> William of Heytesbury, Regule solvendi sophismata, cap. iv, De incipit et desinit: Wilson(1956), pp. 41-56, 206; pr Venice, 1491, ff. 11va-14rb (AFML 240); 1494, ff. 23va-27ra(Klebs 514.1, 2; IAL H50-51)

Incipiam adiutorio dei de ratione spatule. . .

> Rememoratio spatulae et expositio eius: BLcm 396, 14c, ff. 108ra-109vb

Incipiam compositionem declarationem instrumenti theorice. . .

> Compositio instrumentorum tabularum: Prag 433(III.C.2), ff. 14r-18r; Osiris 8(1949), 55

Incipiam cum dei adiutorio scribere experta opera vera. . .

> Quomodo fiant transmutationes: CLM 405, 14-15c, f. 168v-; Clavis scientie minoris: CUg 200 (106), 15c, pp. 190-195

Incipiam describere cum adiutorio ipsius vera opera. . .

> DWS 531; CUt 1120(O.II.16), III, ff. 46r(48)-51v(53). See 'Incipiam scribere vera opera. . .'

Incipiam ergo. . .

> Cardo de Spango, Extractio ex dicitis sapientum: BU 270(457), XIV, 1

Incipiam et dicam quod orbis est prescitus spericus. . .

> Messahala, De orbe, tr Gerard of Cremona(?): BMh 13, 13c, ff. 231(234)r-241(244)vb; BU 154(132), 14c, ff. 31v-40v; Carmody 32-33; NaO XV, xi, f. 182rb; Spec. astron. cap.2 (not in Borgnet)

Incipiam librum electionum.   Conclusiones sunt super(semper) gradatim succedentes. . .

> Abraham Additor, Liber electionum: Ea O.89, 14c, ff. 39v-46v; VI 5442, 15c, ff. 192v-198v; Saxl(1927), 158

Incipiam nunc febrium dicere diversitates. . .

> Galen, Ad Glauconem de medendi methodo. Liber 1, De diversitate febrium: Chartres 62, 10c, f. 36v; Mon 185, 11c, ff. 119v-130r; Beccaria p. 417

Incipiam ponere in hoc libro exempla. . .

> Rasis, De mirabilibus que ei acciderunt in medicina: ed. Temkin, BHM XII(1942), 105-17

Incipiam ponere quasdam receptas. . .

> Nicolaus et Johannes de Sancta Sophia, Recepte: CLM 23912, a. 1394, ff. 173rb-(207); CLM 12021, a.1447, ff. 51vb-61ra; VI 3959, 15c, f. 1r-

Incipiam scribere auctoritates et operationes meliores...
Alchemical tract: BMad 41486, f. 1

Incipiam scribere et componere librum...
Georgius Aurach de Argentina, Hortus divitiarum: Wo 3284, ff. 139r-142v; Harvard 24226, 298.18, 15c, ff. 1-49; anon. BU 143(110), 16c, f. 121r

Incipiam scribere secreta secretorum multis incognita...
Albertus Magnus, prol. Semita recta: VE fa 323 (XVI,5), 15c, ff. 241-272; DWS 178; Kibre (1942), 513

Incipiam scribere vera opera et probata de arte alchimica...
De arte alchimica: Cop GL.Kgl.S.236, F., 15c, ff. 162v-163v

Incipiamus a colera. Medicine simpliciter digestive...
Petrus de Tussignano, Receptarium 'compilatus,' Bologna, a.1385: VAp 1134, 15c, ff. 2r-8v

Incipiamus admonitiones Ypocratis exponere...
Epistola de disciplina artis medicinae: BN 11219, 9c, ff. 12va-14rb(Beccaria 35.4)

Incipiamus amodo et primo verificemus modum ...
Avicenna, Meteor.: RNS 41(1938), 386-387; Delisle, III, 83a; Avicenna, Physica, tr a Ioanne Gunsalvi de Burgis et a Salomone, pars quinta naturalium: VAu 186, 15c, ff. 150v-173

Incipiamus cum auxilio dei et bonitate...
Serapion, pref. Practica cum antidotario, tr Gerard of Cremona: BN 6893, 13c, ff. 1ra-129ra; CUg 78, 13c, ff. 1r-161r; Mon 45, a.1231, ff. 3-83; CLM 13033, 13-14c, 1ra-69vb; BLcm 250, 14c, ff. 80ra-185rb; Ea F.256, 14c, ff. 1-102v; EU 170, 13-14c, ff. 1-181(DWS MS); etc., pr Venice, 1479; 1497, ff. 1r-86v(Klebs 911.1-2; IAL S420-21, 423); Lyons, 1525

Incipiamus cum dei adiutorio de his que possunt ...
Bernard Gordon, Sigilla et ymagines contra infirmitates: VI 3162, 15c, ff. 239r-241r(TR 315); Saxl(1927), 130; Wiesbaden 79, 15c, ff. 54va-56rb

Incipiamus cum dei auxilio de aquis artificialibus...
Magnus Mediolanensis (Maino de' Maineri), Practica rorismarini or De aquis artificialibus: Bordeaux 531, 15c, ff. 76-82(Corbett II,22); Wickersheimer 533b

Incipiamus cum dei auxilio de hiis tractare...
Signs of the zodiac: VI 5239-5239*, 14-15c, f. 3*r; 5311, 14-15c, ff. 137v-138v; etc.(Zi 11889-91). See 'Aries est signum masculinum...'

Incipiamus de flegmone dicere id est de fervore ...
Galen, Liber cirurgiae or Gar. Passionarii de flegmone: VAu 236, 14c, ff. 91ra-96rb; Diels(1905), 127; pr Lyons, 1526

Incipiamus ergo a dolore capitis. Deinde ad passiones interiorum...
Roger de Baron, Practica: Mon 161, 13c, ff. 35-51; Vendôme 246, 14c, ff. 1-37; BN 7056, f. 38v; Brux 14345, 15c, ff. 32rb-91vb(Silvestre); pr with Guy de Chauliac, Chirurgia, Venice, 1498, ff. 211r-232v; 1499, ff. 147r-170v(Klebs 494.1-2; AFML 227-228; IAL G510, 511, 513). See 'Sicut ab antiquis habemus...'

Incipiamus ergo ab aqua vite tamquam a digniori aqua...
Dominicus Bonifacius, De aquis: BMad 15097, 15c, ff. 104v-108v(DWS 1073)

Incipiamus ergo in nomine domini...
Leonard of Bertipaglia, prol. Practica chirurgie: T (1929), 269, but correct VE VII, LI *to* VE VII, 28. Text, 'Flegmon est apostema...'

Incipiamus ergo primo a colore albo quia a causis...
Gualterus Agilon, Practica or Summa medicinalis: ed. P. Diepgen, 1911, pp. 84-228. Prol. 'Sicut ait Galienus...'

Incipiamus ergo primum ypostaseos bone expositionem. Melius...
De bona ypostaseo: MU Q.690, 13c, ff. 29v-32v

Incipiamus exempla in arte philosophorum...
Arnald of Villanova, Liber parabolarum *or* Exempla: T III, 77, 660

Incipiamus exponere...
See 'Et incipiamus...' and 'Scientia species...'

Incipiamus expositionem...
Astrological names: BN 7292, ff. 49r-51r

Incipiamus igitur a galaxia quoniam fit in loco alto...
Adam de Bocfelde, Notabilia super libros Meteor.: BLlm 527, 14c, ff. 115ra-123rb; Isis 46(1955), 359-60

Incipiamus igitur in nomine domine...
See 'Cum sol fuerit in arietis...'

Incipiamus in hoc ab universa substantia...
'Liber complexionum Galieni' (finis libri III): VA 2416, 14c, ff. 56r-58r; AL 1863

Incipiamus in nomine domini(divini) excelsi
medicinas...
> Roger Bacon, De compositione quarundam medi-
> cinarum: OHI IX(1928), 98-102

Incipiamus in nomine domini nostri Iesu
Christi...
> Leonard of Bertipaglia, pref. Chirurgia: BHM
> IV(1936), 257-59

Incipiamus in nomine domini qui est sine
principio...
> Aristotle, De lapidibus, tr Gerard of Cremona: ed.
> V. Rose, (1875), 349-82; J. Ruska, Das Steinbuch
> des Aristoteles, 1912, pp. 183-208; both from
> Liége 77, 14c, ff. 146v-152v

Incipiamus narrare naturas stellarum fixarum
...
> PA 1036, 14c, ff. 71-(104)

Incipiamus nunc et dicamus...
> Aristotle, Meteor. (old tr), Excerpta: Upsala
> 1712, 14-15c, ff. 1-9; AL 1712

Incipiamus nunc febrium dicere diversitates...
> Galen to Glauco on fevers. See 'Incipiam nunc
> ...'

Incipiamus nunc iuxta iudicia librorum Ptholomei ac Haly et quorundam aliorum...
> Sydrac, De nativitatibus: Ghent 5(416), ff. 145r-
> 152v

Incipiamus primo a colera. Medicine simplices digestive...
> Petrus de Tussignano, Recepta super Nono Al-
> mansoris: VI 5269, 15c, ff. 44va-79rb

Incipiamus tractare de compositione...
> Ptolemy(?), De annulis et sigillis duodecim sig-
> norum: Steinschneider (1906), 45

*Incipiendum est a primis (nature) cum minimus
error...
> John Dumbleton, Summa de logicis et naturali-
> bus: CUg 499(268), 14c, ff. 1r-163va; Oma 32,
> 14c, 292 ff.; Ome 279, 14c, 179 ff.; CUpet 272,
> a.1400, ff. 1ra-111vb. Prol. 'Plurimorum
> scribentium grati...'

Incipiendum est a scrupulo Scrupulus est pondus
sex granorum...
> De ponderibus secundum Nicolaum in Anti-
> dotario: VI 2395, 15c, f. 45va

Incipiens in opere maiori dic: In nomine patris
et filii et...
> Arnald of Villanova, Opus maius: Mon 493, 15c,
> ff. 47v-49v(Corbett II, 121-122)

13

Incipiens Metheorologica primo nobis in (*or* ad)
memoriam...
> Alexander of Aphrodisias, Comm. Meteor. tr
> Moerbeke, a.1260: Glorieux I, 119; AL p. 199;
> BN 16097, early 14c, ff. 72ra-107va; CTC
> 96-97

Incipiente ortu Canis vel Arcturi atque Siri
stellae...
> Phlebotomy: BMh 3271, 10c, ff. 123v-124r;
> Beccaria 76.6

Incipientibus Thimeum Platonis inquirendum
est que compositionis...
> (William of Conches), Comm. Plato, Timaeus:
> BN 14065, 12-13c, ff. 53ra-60vb; Grabmann
> (1935), 18

Incipimus loqui de leone primum rege omnium
bestiarum. Iacob benedicens...
> Joh. Chrysostom, De naturis animalium et lapi-
> dum: CLM 19417, 9c, ff. 29v-70v, list of caps.
> precedes at ff. 28v-29r

Incipimus loqui de leone rege bestiarum...
> Tract. episcopi orthodoxi de natura animalium:
> Bern 611, 8-9c, ff. 116v-138v; BN 11280, f. 124;
> BNna 455, 10-11c, f. 3; ed. Carmody, Physio-
> logus Latinus Versio Y, 1941

Incipio cum dei auxilio et compono tabulas...
> Albucasis, Tacuinum sanitatis in medicina: BN
> 6977A, f. 1; 6977, f. 1; 15362, f. 128; CLM 28,
> 15c, ff. 72r-112v; pr 1531, p. 6

Incipio nunc modum compositionis chilindri...
> VAp 1340, ff. 15v-17(T III,211)

Incipio primo tractatum de diffinitionibus
oculi...
> Iesu Haly, De infirmitatibus oculorum: VAu
> 1417, 15c. Prol. 'Pervenit ad me carta...'

Incipio primum tractatum cum adiutorio dei.
Oportet autem illum qui vult medicari...
> Iesu Haly, De infirmitatibus oculorum: BN
> 17847, 14c, ff. 1ra-28ra

Incipio principium tractatus primi cum adiutorio
deo et est hoc...
> Iesu filius Hali, Epistola de oculis: pr without pre-
> fatory paragraph, with Guy de Chauliac, Venice,
> 1499, ff. 247r-262v(AFML 228; Klebs 494.2;
> IAL G511)

Incipit a triangulo quia triangulus...
> Adelard of Bath(?), On Euclid's Elements: BMr
> 15.A.XXVII, 12c, 47 ff.; T II, 22; Haskins 24-
> 25; CR B-73(10) ff. 1r-7v (Bk. I only)

Incipit affinatio azuri secundum...
  Ps. Albertus Magnus, Liber de coloribus: Wo
  676, a.1444, ff. 37-60

Incipit anni ordo apud Egyptios...
  Köln Dom. 83, II, a.805, ff. 204-205v (Zi 12096)

Incipit arcanum magni dei revelatum Tholo-
meo regi Arabum...
  De reductione geomantie ad orbem, tr Bernard
  Gordon, 22 Dec. 1295: PdT(1934), 167. See
  'Per hoc presens...'

Incipit ars artium et nobilissima scientia scientiarum...
  Ars artium (Alchemy): FR 119(L.III.13), ff.
  16rb-19va

Incipit ars computi...
  Köln Dom. 83.II, a.805, ff. 45-58v(Zi 12097)

Incipit ars magica alias magica naturalis continens sua instrumentalia...
  Raymond Lull, Ars magica naturalis: Art ancien
  14, 15c, ff. 15-17

Incipit ars solis et lune et auri et argenti verissima...
  Art ancien 15, 14c, pp. 127-28

Incipit autem idem calculus...
  See 'Unitas illa unde...'

Incipit Beroist super cantica Bencine...
  Avicenna, Cantica cum Averrois commento, tr
  Armengaudus Blasius: Os 72, 14c, ff. 177-221.
  See 'Postquam prius gratias egero...'

Incipit breviloquium artis geomantie noviter...
  Bartholomaeus de Parma, prol. Geomantia, as
  abbreviated in 1294: T II, 836, n.3

Incipit brevis tractatus et utilis medicinarum
omnium membrorum...
  See 'Hec sunt herbe contra...'

Incipit calculatio quomodo...
  Karlsruhe 167, a.836-848, f. 6; SG Stift 397, 9c,
  ff. 94-110(Zi 12098-99). See 'Incipit de calculo
  ...'

Incipit capitulum de venis aperiendis...
  Johannes de Sancto Amando, De fleubothomia:
  Ea F.288, a. 1320, f. 81r-v; K. Gunther, Leipzig
  Diss., 1922

Incipit causa pluraliter in diluviis...
  Avicenna, De diluviis: Seville col. 5.6.14, 13-14c,
  ff. 92v-93r

Incipit ciclus et cursus lune...
  Köln Dom. 83.II, a.805, f. 211v(Zi 12100)

Incipit cirurgia que distinguitur(dividitur) in
tres...
  William of Brescia, Practica in cyrurgia: CLM
  273, 15c, ff. 147ra-158va; Studien(1918), pp.
  419-421; Theodoricus: VI 5306, 15c, ff. 32r-40

Incipit compendium abstractum a textu alkimie
...
  See 'Compendium abstractum...'

Incipit compendium artis magice secundum
cursum...nature reformatum...
  Raymond Lull, introd. Ars magica: T IV,
  47, 630-31; FR 390(N.III.XI), 15c, ff. 50r(49)-
  58v(57); Mi D.130.inf., f. 255r-.

Incipit compendium Turbe philosophorum...
  See 'Lapis est res una...'

Incipit compilatio nova ex veteri ad...
  See 'Que quidem compendiosius...'

Incipit compositio mirabilis aque vite que
reddit hominem letum...
  BMsl 1754, ff. 44r-45r

Incipit compotus Latinorum ac Grecorum
Hebreorumque...
  Brithferth, Computus: BLas 328, 11c; ed. Craw-
  ford, Byrhtferth's Manual, 1929; Bull. Du Cange
  17(1942), 56

Incipit compotus tam Grecorum quam Latinorum et Egyptiorum...
  Os 17, a.1110, f. 13v, mainly a table

Incipit Daniel de sompniis secundum alphabetum. Aquilam...
  See 'Aquilam super se...'

Incipit de arte medica ad stomachum...
  Bern 611, 8-9c, ff. 146r-153v; not in Beccaria

Incipit de calculo quomodo...
  SG Stift 184, 10-11c, ff. 210-211(Zi 12101).
  See 'Incipit calculatio...'

Incipit de computo lune...
  Köln Dom. 83.II, a.805, ff. 24r-36v, 70r-85v(Zi
  12102)

Incipit de fructibus planetarum et de effectibus
...
  Albedatus: T II, 119, n.2; FL Plut.89.sup.,
  cod.34, f. 24v

Incipit de horologio secundum alchoran id est
speram rotundam...
  Capitula libri horologii regis Ptolomei: Bubnov
  cv; Van de Vyver(1931), 18

Incipit de operibus sex dierum quando creavit deus coelum et terram. . .
   CLM 6302, 9c, f. 49

Incipit de planetarum coniunctione. . .
   See 'Si Saturnus. . .'

Incipit de ratione pasche. . .
   SG Stift 250, 9c, ff. 42v-44v(Zi 12013)

Incipit de sigillo facto sub Mercurio. Si inveneris. . .
   Thetel *or* Zahel Israelita, Liber sigillorum: BLd 79, 13c, ff. 178v-179v; ed. Joan Evans, Magical Jewels, 1927, pp. 235-238

Incipit distinctio secretorum in quo sigillabo librum meum. . .
   Distinctio secretorum sapientum (alchemy): BU 303(500), 15c, ff. 182r-186v. See 'Aqua permanens. . .'

Incipit doctrina trivii et quadrivii, initiatur dogma artis notoriae. . .
   Ars notoria: CLM 276, 14c, ff. 39va-47va

Incipit epistola Antonii Muse ad Agrippam. . .
   Musa on the herb betonica: Giacosa 358

Incipit epistola Messalach in rebus(rationibus) eclipsis lune. . .
   CUcl 15, c.1280, f. 48v(Atk); Ea F.395, a.1373, ff. 126v-127; tr Joh. Hispalensis, Mi A.183.inf., 14c, ff. 68va-71ra; CU 1705(Ii.1.13), 14c, ff. 128r-129r. See 'Quia dominus altissimus. . .'

Incipit epistola quedam brevis Ascaritani philosophi. . .
   Trotula, De passionibus mulierum, appendix: CUt 903(R.XIV.30), 14c, ff. 211r-220r

Incipit epistola verissima composita per me. . .
   Antonius de Abbatia, Alchemy: Geneva 82, 16c, ff. 35r-37v(T IV,333)

Incipit ermimoteta grece quod latine interpretatio erbarum. . .
   Herbarium: VI 2523, 13c, ff. 60r-73r

Incipit expositio omnium rerum operationum alchimie. . .
   Alchemy: Cop Gl. Kgl. S.236.F., 15c, ff. 29vb-51va, contents 51vb-52vb(TR 254)

Incipit expositio septem dierum septimane. . .
   BN 6957, f. 161v

Incipit florigerum etc. ex philosophorum. . .
   Rainaldus: Prag 1507, 14-15c, 73 ff. See 'Hoc leve florigerum plantat. . .'

Incipit glossa facta per magistrum Iohannem. . .
   Excerpts from John of Saxony, Comm. Alchabitius: BN 7324, ff. 59r-68v

Incipit graduarium medicinarum simplicium etiam. . .
   Maimonides, Graduarium medicinarum simplicium: Giacosa 504

Incipit hermeguma id est interpretatio pigmentorum vel herbarum diversarum. Arricon. Auripigmentum. . .
   BN 11218, 9c, ff. 39v-42r

Incipit hic incisionis sicut Galienus incidit et descripsit. . .
   Anatomia: CUg 190(223), I, 13c, ff. 1r-6v

Incipit historia incisionis sicut Galienus incidit peritissimus medicorum. . .
   Anatomy: Archiv III, 361-66

Incipit hunc librum a causa. . .
   Averroes, Comm. Aristotle Physics. tr Michael Scot(?): Yale Medic. 23.28

Incipit in nomine domini brevis expositio. . .
   See 'Brevis expositio summe totius. . .'

Incipit in nomine domini quod est alpha et omega. . .
   Mappa Archelai: CLM 405, 14-15c, ff. 55r-56r

Incipit interpres motus. . .
   VI 5166, 15c, ff. 32v-36v(Zi 7812)

Incipit interrogatio sive responsio. . .
   BE Philipps 1831, 8-9c, f. 142v; Köln Dom. 83.II, a.805, ff. 205v-211v(Zi 12104-5)

Incipit lectura geomancie secundum Hermetem . . .
   BN 7349, 15c, ff. 130v-138r

Incipit liber. . .
   (Usually listed under words that follow, or under true incipit for which consult index)

Incipit liber Albedachi vatis Arabici. . .
   See 'Delio regi. . .'

Incipit liber Alphidii. . .
   De lapide philosophorum: BU 143(110), 16c, ff. 101r-118r

Incipit liber angelicus revelatus. . .
   See 'Accipe sub dei benedictione. . .'

Incipit liber Archilai philosophi de. . .
   VE VI.214(XVI,3), a.1472, ff. 223-249. See 'Brevis expositio summe. . .'

Incipit liber Belemich de ymaginibus septem planetarum. Dixit Belemich...
VAp 1375, late 15c, f. 270r; T (1947), 243

Incipit liber canonis primus quod princeps Abohali...
Avicenna, Liber canonis de medicina. See 'In primis deo gratias...'

Incipit liber claritatis totius alkimice artis philosophorum...
Geber, Liber claritatis: ed. Darmstaedter, Archeion VI, 319-30; VII, 257-65; VIII, 95-103, 214-19; IX, 191-208, 462-79

Incipit liber compilationis phys(i)onomie...
Peter of Abano, Physiognomy. See 'Nobilitate generis...'

Incipit liber de aggregationibus scientie...
See 'Hic incipit liber de aggregationibus...'

Incipit liber de coloribus et virtutibus...
Albertus Magnus: CUc 243, 13-14c, ff. 1-58v (T II,567, n.2); Ps. Albertus, Lapidarium: Kibre (1942), 505-506. See 'Habete celi silentium...'

Incipit liber de ingenio de nova translatione...
Galen, De regimine sanitatis: Metz 178, 14c, ff. 53vb-70vb; Isis 33(1942), 649-53. See 'Terapeuticam methodum Eugeniane...'

Incipit liber de modo ignis...
See 'Modus et pondus in omnibus...'

Incipit liber de moralitatibus corporum...
See 'Celum empyreum locus...'

Incipit liber de motibus animalium qui prima sui divisione...
Johannes de Mechlinia, comm. Aristotle, De motu animalium: pr Cologne, 1491(Parva naturalia, Klebs 92.2; IAL A910)

Incipit liber de regimine sanitatis in quo continentur...
Bachelor of Montpellier: VAp 1213, 15c, f. 97ra

Incipit liber de septem figuris septem planetarum...
With magic squares: BMh 2404, 14c, ff. 60v-64

Incipit liber Ethici translatus...
See 'Philosophorum cedulas...'

Incipit liber Galeni de plantis translatus...
Galen, tr Aimericus *or* Grumerus of Piacenza: VAp 1100, ff. 1-3v; Diels(1905), 144; T II, 763-64

Incipit liber ignium a Marcho Greco...
See 'Recipe sandarace pure...'

Incipit liber magistri Rainaldi de Villanova dictus liber deflorationis philosophorum...
See 'Potest dici etiam...'

Incipit liber maiorum operum...
See 'Primus modus operandi...'

Incipit liber medicinalis de omni corpore...
See 'Hoc est collectum...'

Incipit liber medicinalis. Superiore de acutis passionibus iam...
GU 96(V), 9c, ff. 55; 67-96, 98r(DWS MS)

Incipit liber mundane felicitatis sive operis...
See 'In lapide isto sunt...'

Incipit liber pigmentorum...
Ps. Galen, De simplicibus medicamentis ad Paternianum: Lucca 236, 9-10c, ff. 79v-105v; Giacosa, 352

Incipit liber quartus qui per quendam socium ex diversis...
Liber quartus ex diversis doctoribus collectus (alchemy): Art ancien 15, 14c, pp. 171-74

Incipit liber qui Lumen luminum dicitur ex libris...
(Comm.) Lumen luminum: BU 138(104), 15c, ff. 310v-315v

Incipit liber secretorum de voce...
Rasis, introd. Liber secretorum. Text, 'Liber iste dividitur in tres partes...'

Incipit liber secretus de floribus philosophorum in quo quilibet...
See 'Hermes (philosophus) dicit in primis. Corpus solutum...'

Incipit liber signorum in egritudinibus que bona que non...
On symptoms of diseases: Giacosa 435

Incipit liber simplicis etc. Non est...
Johannes de Sancto Amando, Comm. Galen, De simplici medicina: Brux 9908, 14c, ff. 37vb-51vb (Silvestre 160a)

Incipit liber simplicium medicinarum in quo determinare intendit...
Johannes de Sancto Amando: R. Reichel, Diss. Berlin, 1894

Incipit liber utilitatis nature secreta floridis verisque tectoriis...
BN 7156, 13-14c, ff. 1r-8v; T III, 652; Corbett I, 70

Incipit liber utilitatis sume secretorum floridis verisque rectoris quem composuit Rasis...
BU 670(1259), 14c, ff. 1r-21v

Incipit liber Winandi medici ex minimis...
Winandus, introd. Rasis, Lumen luminum: DWS
114. Text, 'Ego Winandus medicus...'

Incipit Lumen lucernarum ubi ex pluribus
argumentis...
Mon 493, 15c, ff. 263v-266v(Corbett II,132)

Incipit Lumen luminum abbreviatum huius
negotii due...
See 'Huius negotii due...'

Incipit mensura ad faciendum opus organicum
...
Ea F.395, 14c, f. 30v; Salzburg St Peter X.VI.20
(Schulz); Yale MS (42), ff. 126r-127r

Incipit methodus universalis archani...
Geomancy: Nu Math 2° 3, Nr.11. See 'Ad
sciendum verum...'

Incipit mors anime et desperatio vite...
Necromancy: Bern 260, f. 227vb

Incipit Nicolaus Bolardus de Venezia(?)...
See 'Vidi enim in secretis...'

Incipit nobilis ars que geomantia nuncupatur...
Oh 4, 15c, ff. 197r-207r, 210r-245

Incipit nominatio maternalis...
Divination from numerical value of letters: VI
5327, 15c, ff. 51r-52v; Saxl(1927), 142

Incipit operatio et divisio lapidis rubei animalis
...
FR 390, 16c, ff. 74r-76v

Incipit opus Bonifacii IX cum sequentibus
capitulis albi et rubei...
CUt 915(R.XIV.44), 15c, ff. 176v-177r; part of
Collectanea de alchimia, in the same MS, ff. 151-
184: DWS 726

Incipit opus operum et scientia scientiarum...
Ars notoria: CLM 276, 14c, ff. 26ra-39ra

Incipit opus philosophorum ad eligendum bonum
a malo...
Astrological elections: VE fa 344, 14c, ff. 76-78

Incipit opus quadrantis secundum quod mathematice operationes demonstrantur...
CLM 588, 14c, ff. 96va-100va

Incipit opusculum abbreviatum a quodam libro
...
Johannes de Ponte, introd. Abbrev. Joh. of
Eschenden, Summa astrologiae: Text, 'Con-
venerunt astrologi...'

Incipit ordo mensuum...
De computo ad normam concilii Nicaeni: VAr
1855, 10-11c, ff. 47-68r; AL 1800

Incipit ordo solaris anni...
Bern 441, 9c, ff. 2-16v(Zi 12106)

Incipit pars 7 libri completi in iudiciis
astrorum...
Haly Abenragel, De electionibus(103 caps.): VA
4082, ff. 161ra-184ra

Incipit parva et generalis introductio ad iudicia
astronomie (medical)...
KlaB XXX.d.25, a.1463, ff. 1r-11r (at fol. 11v,
Secreta Hippocratis). See 'Circa signa universalia...'

Incipit practica que dicitur secunda pars secunde
partis Apertorii...
Raymond Lull, Apertorium(Pars II?): BU 169
(181), 9, 15c(T IV,52)

Incipit preceptum Canonis Ptolomei...
See 'Intellectus climatum...'

Incipit preciosum dei donum quod est super
omne mundi scientiarum archanum...
Alchemy: Bern 630, early 15c, ff. 4v-19r

Incipit primus liber Physicorum cuius subiectum
est ens...
Hugh of Saxony, Synopsis Physicorum Aristotelis: BN 6749C, 15c, ff. 96v-110v

Incipit prohemium in exempla de...
See 'Aperiam os meum...'

Incipit prohemium quod debet precedere narra-
tiones...
Narrationes egritudinum intrinsicarum: Milan,
Trivulz. 695, 15c, ff. 29r-42r

Incipit prologus Danielis prophete quem fecit in
Babilonia...
Daniel, Dream-book: BMad 15236, 13-14c, ff.
161v-168v

Incipit prologus de bifolio regis Salomonis...
VI 5491, 15c, f. 1r-v

Incipit prologus in quo assignatur ratio...
Gerardus de Silteo *or* Feltre, prol. Summa de
astris. See 'A domino Iesu Christo...'

Incipit prologus istius libri Aforismi. Medicina partitur...
Eins 313, 10c, pp. 1-217. See 'Medicina partitur...'

Incipit prologus pasche...
Köln Dom. 83.II, a.395-805, ff. 193v-197(Zi
12107)

Incipit prologus quarti libri de exemplis et similitudinibus...

> Exempla et similitudines rerum, libri 4 et 5: KlaS Pap.110, a.1424, ff. 92r-247r

Incipit quadrans in exordio omnis...

> VI 4985, 15c, ff. 154v-(156r?)

Incipit quidam brevis tractatus ad dirigendum phisicos...

> Johannes Ganivetus, prol. Amicus medicorum: T IV, 134-136. Text, 'Circa primum itaque ...'

Incipit quidam liber (Rosarius) abreviatus verissimus approbatus...

> Arnald of Villanova, Rosarius: DWS 233; T III, 57, 669-70; Corbett II, 37; Prag 1765(IX.E.9), ff. 40rb-58va

Incipit quidam tractatus brevis et utilis...

> Roger Bacon, prol. Comm. Secreta Secretorum. Text, 'Propter multa in hoc libro...'

Incipit ratio qualiter Gaius Iulius...

> Eins 116, 12c, ff. 173-184(Zi 12108)

Incipit regimen bonum et utile singulis dedicatum...

> John Muglie, Compendium bonum et utile pro regimine sanitatis, a.1454: VAp 1134, ff. 133v-134v

Incipit scientia multiplicandi augendi minuendi et dividendi...

> Arithmetic: CUt 165(B.V.19), 13c, f.44(Atk). See 'Ad hunc autem...'

Incipit sermo generalis de septem regionibus...

> See 'Et primo dicendum est de septem regionibus ...'

Incipit Somniale Danielis prophete quod fecit in Babylonis...

> Somniale Danielis: CUc 466, 12c, p. 131, 13c, p. 228; CUpem 103, c.1200, f. 75; CUt O.I.57, 15c, f. 119(Atk)

Incipit Summa Rosarii. Serum minimum fugitativum tere...

> Rosarius, Practica: KlaB XXIX.d.24, 15c, ff. 122r-157v; pr as Arnald of Villanova: Manget I, 662-76

Incipit super secundo tractatu de regimine doloris stomachi...

> Gentile da Foligno, Lectura super secundo tractatu fen 13, III Canonis Avicennae: Ea F.235, 14c, ff. 15-54

Incipit tabula Antidotarii secundum magistrum Ermogaldum Blasii...

> Armengaud Blasius: Basel D.I.11, f. 76r

Incipit tabula flebotomie secundum Avicennam ut dicit quod...

> Petrus Hispanus, Flebotomia: BMsl 3124, ff. 220v-222r

Incipit tabula flebotomie tradita per Rasim septimo Almansoris...

> Johannes de Myapice, Flebotomia: Studien X, 183(Schulz)

Incipit tractatus avium de doctrina earum et de medicaminibus...

> Liber translatus de Persico in latinum: Milan, Trivulz. 695, 15c, ff. 4-19

Incipit tractatus brevis et utilis Bernabi medicinarum omnium membrorum...

> BLd 95, 14c, ff. 142v-(144). See 'Primo de herbis...'

Incipit tractatus brevis et utilis Bernardi de Gordonio omnium membrorum...

> CUj Qq.12, 15c, f. 281(Atk). Probably same as preceding. See 'Primo de herbis...'

Incipit tractatus de anatomia humani corporis et dicitur anatomia ab ana...

> BLb 606, 15c, 67 ff.

Incipit tractatus de duodecim aquis melioribus ad istam artem pertinentibus...

> Alchemical: CLM 405, f. 160r

Incipit tractatus de duodecim signis et eorum occultis virtutibus...

> Prol. Comm. on Bede: VI 3241, late 15c, ff. 1r-8v. Text, 'Aries qui mundi caput...'

Incipit tractatus de leprosis...

> Wilhering 71, 15c, ff. 312-323v(Xenia Bernardina)

Incipit tractatus de natura materie in quo ostenditur per motum quid...

> VI 4007, ff. 299v-301v

Incipit tractatus de preservatione a pestilentia secundum...

> Benedictus de Nursia, De pestilentia: GW 3825; Klebs 175.1-2; IAL B282

Incipit tractatus de septem herbis septem planetis attributis...

> Flaccus Africanus, De septem herbis: Ea Q.217, 14c, ff. 51-54v. See 'Prima autem herba est...'

Incipit tractatus optimus in quo exponit et aperte declarat...

> See 'Hic incipit tractatus optimus...'

Incipit tractatus optimus in quo Plinius philosophus(physicus) ait quid sit lapis...

Ps. Pliny, Secretum secretorum et aromatum ac thesaurum omnium philosophorum (alchemy): DWS 157; anon. Mon 448, 15-16c, ff. 13-17 (Corbett II,92). See 'Hic incipit tractatus optimus...'

Incipit vera recepta ad congelandum et fixandum mercurium...

Alchemy: BU 138(104), 15c, ff. 222r-225r

Incipit viaticum vere scientie astronomie...

VAp 1404, ff. 3va-101vb

Incipit vocabularius terminorum artis...

Alchemical vocabularies: FR 1165, 15c, ff. 1ra-3va. See 'Aloff id est aurum...'

Incipiti admodum mente fui superioribus diebus
...

Angelo Cato, Liber de cometa: T IV, 425-28; pr Naples, 1472, Hain *4706; GW 6385; Klebs 256.1

Incipiunt aliqua dieta in libro De febribus G....

See 'Dicit enim ipse...'

Incipiunt argumenta de titulis pascalis...

Dionysius Exiguus: ed. Krusch I(1880), 337-43

Incipiunt auctoritates de animalibus. Vene...

See 'Vene transeunt...'

Incipiunt clausule diverse spazsnai(?) abstracte de libro nove compilationis...

Frater Willelmus Wamyudus, comm. Sacrobosco, Computus: CUt 1144(O.II.40), a.1483, ff. 51v-(61). See 'Dies naturales...'

Incipiunt collectiones ad virgas planam et scriptam...

De arte visoria: KlaB XXX.b.7, 15-16c, ff. 11r-15v, 16v-20r

Incipiunt conclusiones de Secretis secretorum Aristotelis...

CU 103(Dd.III.16), 14c, ff. 69ra-73ra (inc. is so faded it cannot be read, hence titulus is included here)

Incipiunt conclusiones libri De anima qui habet duas partes...

Ea F.303, a.1328-1341, ff. 196v-204

Incipiunt curae ad talpas...

GU 96(XIII), 9c, ff. 184v-192v(DWS MS)

Incipiunt detractiones quomodo theorice planetarum per modum geometrice...

Extracts from Peter Musandi's Detractiones: CU Gg.VI.3, 14c, ff. 260r-270r, 'Scribente easdem detractiones magistro Iohanno de Janduno'

Incipiunt electiones quas Albumasar compilavit de confusionibus antiquorum...

Flores de electionibus: CUcl 15, c.1280, ff. 170-172v; Basel D.I.10, 14c, ff. 31va-32ra; VAp 1401, 15c, ff. 53r-59v; ColR 196; Ghent 5, a.1479, ff. 136r-144r(AL 176)

Incipiunt exceptiones Phisiologi...

Abridged Physiologus; BMr 6.A.XI, 12c, ff. 141-(146)

Incipiunt experimenta Alberti...

CUt 1351, late 15c, ff. 33-39 (incomplete; DWS 1069,xi). See 'Sicut dicit philosophus...'

Incipiunt experimenta fratris Nicolai de Polonia qui fuit in Monte Pessulano...

CLM 19901, ff. 187r-(195). See 'Hec sunt experimenta...'

Incipiunt expositiones nominum Arabicorum secundum Almansorem...

Besançon 457, early 13c, ff. (392)-397

Incipiunt figure septem planetarum et scias quod in istis...

De modo fabricandi figuras seu sigilla unicuique planetae proprias et conformes: Oc 125, ff. 76-78 ('TR 264b); CUad 4087, 14c, ff. 38r-40v; VI 5231; 5239, ff. 147v-149ra

Incipiunt flores electionum quos Albumasar...

CLM 267, ff. 95va-99vb. See 'Incipiunt electiones...'

Incipiunt impressiones...

Signs of the zodiac: BE F.192, 16c, f. 86r-v(Zi 11893)

Incipiunt Isagoge Iohannitii ad Tegni Galieni
...

BLll 106, 13c, ff. 1-5 (with marginal glosses). See 'Medicina dividitur in duas...'

Incipiunt lectiones sive...

(Zeitrechnung): Köln Dom. 83.II, a.805, ff. 59-69, 176v-178(Zi 12109)

Incipiunt medicationis parabole secundum instinctum veritatis...

Arnaldus de Villanova, Parabolae medicationis: CLM 666, ff. 15r-81r; T III, 663; Wu M.ch.q.1, 15c, ff. 136r-141v. See 'Omnis medela...'

*Incipiunt medicine simplices ex diversis doctoribus...

Gul. Holme (Grey Friars). See 'Medicine simplices a(ex)...'

Incipiunt nomina mansionum et...Prima...

See 'Prima mansio lune caput...'

Incipiunt notabilia supra primum librum Metheororum...
Bruges 482, 13c, ff. 111-139

Incipiunt operationes vere et perfecte... See 'Hic incipit operatio...'

Incipiunt prognostica...
De quatuor temporibus anni: VAp 1367, f. 172r

Incipiunt prognosticationes et fortuna cuiuscumque persone...
See 'Qui natus fuerit sub signo arietis...'

Incipiunt proportiones competentes in astrorum industria...
BN 17868, 10c, f. 17r(T I,715). See 'In exordio omnis creature...'

Incipiunt propositiones Boetii. Dicit quod sol et luna...
Propositiones supra libros naturales: BN 6552, 14c, ff. 69v-70v(AL 589)

Incipiunt qualitates temporum secundum Esdram...
See 'Si kalende Ianuarii...'

Incipiunt quedam accessaria...
(Computus?): CLM 14725, 9c, ff. 22-23v(Zi 12110)

Incipiunt quedam consilia Gentilis de Fulgineo...
Gentile da Foligno, Consilia: KlaB XXX.d.25, a.1463, ff. 53r-120r; Wi 61, 15c, ff. 55-105r; VAp 1264, ff. 247r-306v

Incipiunt quedam experimenta que Salomon rex composuit...
BMsl 121, 15-16c, ff. 90v-91v(T II,792)

Incipiunt quedam ordinationes receptarum...
See 'Incipiamus primo a colera...'

Incipiunt quedam ordinationes receptarum conferentium...
FR 2153, 15c, f. 136ra-

Incipiunt questiones super tractatu de latitudinibus...
See 'Utrum cuiuslibet forme latitudo...'

Incipiunt recepte magistri Gerardi de Solo supra primam Fen quatuor canonis Avicenne...
VAp 1175, f. 273; VI 5371, f. 138v

Incipiunt recepte ordinate secundum experientias...
Dominicus de Ragusia, Comm. Rasis, Nonus Almansoris: BHM VII(1939), 992, 994

Incipiunt regulares ad...
Computus?: SG Stift 450, a.1017, ff. 20-30(Zi 12111)

Incipiunt secreta Hermetis philosophi inventoris metallorum...
See 'Primo sciendum est quod septem sunt...'

Incipiunt secreta secretorum multis incognita...
Promptissimus huius artis philosophus, De arte alchimie: CLM 405, 14-15c, f. 51-

Incipiunt secreta secretorum multis philosophis incognita vera et certa et probata experimenta...
Prag 1984(X.H.6), ff. 63r-71r

Incipiunt secreta secretorum que nulli sunt revelanda...
Alchemy: BMad 41486, f. 6r-v

Incipiunt sententie de diversis libris excerpte...
John of Seville on astronomical tables: Osiris, I(1936), 451-476. See 'Qui ad astronomie...'

Incipiunt septem Hermetis tractatus...
See 'Cum in tanta etatis prolixitate...'

Incipiunt septem operationes lapidis...
See 'In calido et humido...'

Incipiunt sermones...
Rasis, Secreta: BN 17847, ff. 29ra-41rb

Incipiunt signa distinctiva urinarum manifestantia super quibus...
Oc 132, 15c, ff. 118r-134r

Incipiunt sinonima Almansoris. Alinuri id est genus...
Giacosa 393. See 'Alinuri id est genus...'

Incipiunt sinonima de a Alaseb id est puncti...
Serapion seu Damascenus, Synonyma, tr Gerard of Cremona: VI 2314, 13c, ff. 72v-75r. See 'Alasef id est puncti...'

Incipiunt somnia que composuit Joseph dum captus erat...
T II, 294, n.5

Incipiunt tabule auree et primo medii motus Saturni...
CLM 367, a.1474, ff. 20r-27v

Incipiunt tabule (illustrissimi) regis Alphonsi et primo tabule differentiarum...
Alfonsine Tables: Prag 1826, 14c, ff. 1r-22r; Ea F.395, a.1373, ff. 6v-30; Brux 933, 15c, ff. 165-186; 1024, 15c, ff. 17-28v; 10119, a.1410, ff. 24-80v

Incipiunt verba commentaria primi libri Arnaldi de Villanova...
  Arnald of Villanova, Commentarium in libros suos et in libros aliorum philosophorum: DWS 243. See 'Cum consonantia...'

Incipiunt versus quos musica servet in usus...
  Guido Augensis, De musica: BLlm 398, 12-13c, f. 22

Incipiunt virtutes aque (ardentis vel) vite que sunt...
  BMsl 1754, 14c, ff. 19v-20v; DWS 1040; Wo 4504, f. 136r. See 'Aqua ardens supernatat...', and 'Aque ardentis virtutes...'

Incipiunt virtutes mirabiles aque ardentis...
  Johannes de Sancto Amando, De aqua vitae: CLM 18444, a.1448, ff. 268r-273v; VI 5305, 15c, ff. 1r-5v

Incisio(nes) fleotomum hismilim strumas...
  Apollo, Epistola de incisione: Beccaria p. 418

Inclinatus favore illustris ac generosi domini...
  Pest tract: Archiv VIII, 256-60; XVI, 139

Inclinatus multorum vocibus(precibus) ut super primam...
  (Bernardus Alberti, dean of Montpellier), Recepta super primam fen quarti canonis Avicenne: Ea F.236, 14c, ff. 154-166; VAp 1331, 15c, ff. 130v-139v; anon. Ran 562, 15c, ff. 28v-32; ascribed to Gentile da Foligno, VAp 1265, 15c, ff. 1-9; pr with Cermisonus, Consilia, Venice, (1497), ff. 79-86vb(AFML 145; Klebs 266.2; IAL C363); Venice, 1521, ff. 1r-28r

Inclitissime princeps mihi dum mandatum daretis...
  Rolandus Scriptoris, pref. to John, duke of Bedford, Reductorium physiognomiae: Os 18. Text, 'Cum agendi modus et...'

Incontinenter... See 'In continenti...'

Indagatio celestis nostri seu quinte...
  John of Rupescissa, De consideratione quinte essentie: VE fa 323, 15c, ff. 124r-130r

Indagatio celi nostri corporis in quinte essentie...
  John of Rupescissa, De consideratione quinte essentie: CUt 1102(O.I.77), 15c, ff. 173r-199v (DWS 292,v)

Inde(?) est quia altissimus creavit masculinum et feminam...
  Petrus de Nadillis, De impregnatione: BN 7066, ff. 13r-20v; Wickersheimer 652

Inde terrestre molendum est cum aqua sicut ceteri colores...
  De coloribus pictorum: Oc 125, ff. 34-(39). See 'Viride terrestre...'

Indi dixerunt annum solarem esse...
  Abraham ibn Ezra, De revolutionibus nativitatum, tr Petrus de Abano, Tract. secundus: BN 10269, ff. 71ra-74rb. See 'Inquit magister noster Abraham...'

Indi dixerunt quod in quarundarum sanguisugarum...
  De sanguisugis: VI 2296, 13c, f. 127ra-b

India ulterior finitur ab oriente oceano...
  Hieronymus presbyter, Mensuratio provinciarum (tr Cosmography of Aethicus Istricus?): VAp 1357, 14c, ff. 137ra-138ra; BMar 5, 15c, ff. 113-114v; pr Riese, Geographi latini minores(1878), pp. 9-14

Indictio est spacium quindecim annorum...
  CLM 4394, f. 56r

Indigestionem abstinentia...
  Galen to Glauco, De medendi methodo libri ii: Ea Q.215, 14c, f. 102;

Indivinationes(?) sive bona sive mala...
  Multe experientie in alchimia: Girolla 64

Ineffabilis(Inephabilis) clementie creator excelsus ad imaginem...
  Sante Ardoino, prol. De venenis. Text, 'Tractaturus in presenti libro...'

Inequalis discrasia fit secundum totum animalis corpus...
  Galen, De inequali discrasia, tr Nicholas of Reggio: Metz 178, 14c, ff. 15va-16va; T (1946), 226; Diels(1905), 84; CLM 490, ff. 83v-92v; PAM 51, 15c, f. 172; VAp 1211, ff. 53r-55r; pr 1515, I, ff. 34v-39v

Inest autem investigare volentibus...
  Magister Julmann, Tract. de reprobationibus epicyclorum et eccentricorum: VI 5292, 15c, ff. 180r-197v; CLM 26667, ff. 109va-116ra

Inest enim mentibus hominum veri boni...
  Jean de Jandum, prol. Questiones de anima: HL 33, 546; Tournai Ville 75, 15c, 145 ff. Text, 'Omissis autem omnibus...'

Infans cum primo nascitur toto corpore...
  Conradus Monopp de Rüdlingen, Compendium de regimine sanitatis: Zurich Car.C.III, a.1445-1449, ff. 2v-61v

Infans inde puer adolescens inde iuventus. . .
De VI etatibus: a couplet quoted by Roger Bacon,
Computus I, i (OHI VI,7)

Infans natus omnium animalium nascentium
excedit. . .
De septem etatibus: BMsl 405, 15c, ff. 36v-37v

Infectos fuge et hos omnes qui pestilenticis locis
fecerunt. . .
'Canones de peste': CLM 441, 15c, ff. 41r-44r

Inferioris mundi corporum quatuor sunt. . .
Alfred of England, Comm. Ps. Aristotle, De
plantis: A. Peltzer, AFH 12(1919), 22; AL p.
545; VI 5163, ff. 96va-99rb

Infigit pungat extendit et aggravat. . .
De apostematibus: BLd 69, f. 212

*Infinita bonitas dei benigni sit. . .
Raymond Lull, Liber lapidarius abbreviatus: HL
29, 388

Infinite sunt partes sibi equales non communicantes. . .
William Heytesbury, De relat(vi)is septem conclusiones: VE VIII.38 (XI,14), a.1391, ff. 42-43;
pr Venice, 1494: Hain *8437, ff. 188v-203v
(Schulz); Klebs 514.2; IAL H51. See 'In
terminis relativis. . .'

Infirmitatem potione et dieta. . .
De flebothomia: Brux 2423, 12c, ff. 71v, 71-77;
secunda pars practice de manuali operatione
(frag. Constantinus Africanus, Liber Pantegni);
J. L. Pagel, Eine bisher unveröffent. latein.
Version d. Chirurgie d. Pantegni, Archiv f. klin.
Chirurgie, 81, i

Infirmus candelam ad longitudinem sui ipsius
faciet. . .
Ad morbum caducum: BMsl 783b, 15c, f. 124r

Infirmus utrum sanatur vel moriatur. . .
BN 7348, f. 22ra

*Infra annum certe mundi potentior etatis 22. . .
Johannes de Muris, Prediction: BMc Vesp.
E.VII, f. 104(107v); Tanner

Ingenia curationis(curandi) morborum(morbos)
quantum est. . .
Bernard Gordon, De decem ingeniis curandorum
morborum: CUg 373, 14c, f. 85; Ea F.237, 14c,
ff. 75-86; CLM 8808, a.1426, ff. 19r-22r; HL
25, 323; pr with Lilium medicinae: Ferrara,
1486(AFML 112; Klebs 177.2; IAL B386);
Venice, 1521, ff. 93v-95r; Frankfurt, 1617, pp.
843-57; anon.: BMsl 3532, ff. 33-35

Ingenia sanitatis seu curationis morborum
quantum. . .
Bernard Gordon, Tabula ingeniorum: BMsl 334,
15c, ff. 297va-301ra

Ingenii vires.   Autor more. . .
See 'Auctor more recte. . .'

Ingenii vires modicis conatibus impar. . .
Aegidius Corboliensis, De pulsibus: BN 6882A,
13c, ff. 28v-(34)v; BMr 12.D.XIII, 14c, ff.
205r-208v; CUpet 140, 14c, f. 197(Atk); CLM
4395, 15c, ff. 35r-45v; Mi C.115.inf., a.1451,
ff. 33ra-35vb; etc.; pr Padua, 1484; Venice,
1494; etc.(GW 268, 270; Klebs 465.1; 466.1-4;
AFML 212, 214; IAL A83, 85-87); Basel, 1529;
Choulant 28

Ingenio facilis pateant ut lumina cantus. . .
(Introd.?) Ioh. de Olomons, Palma choralis: Mi
I.20 inf., ff. 1r-24v

Ingenio huius mercurialis sublimationis. . .
See 'Huius mercurialis. . .'

*Ingenium creationis morborum. . .
See 'Ingenia curationis. . .'

Ingenium curandi morbos dividitur in decem
particulas. . .
BMsl 2391, 15c, ff. 124r-125v

Ingenium curationis morborum quantum est
depincti sunt decem. . .
Bernard Gordon, De ingenio sanitatis: VAp 1083,
15c, ff. 283r-285v

Ingenium ergo remotionis superflue ipsius
terree. . .
Not a true incipit, opening 3 lines of 'textus
Arnaldi' in the midst of Bernard's commentary on
various passages from Arnald of Villanova's
works: FR 386, fol. 10r(18r); BU 303(500), f.
14v

Ingenium extractionis aque vite sit duobus
modis.   Unus communis. . .
VAp 1207, 15c, f. 17r

Ingenium igitur remotionis superflue. . .
Guido de Montano, De arte chymica: Condeesyanus, I, 125-152

Ingentem nunc aggredimur pugnam litterarum
observandi. . .
Zacharias Lilius Vicentinus, Contra Antipodes:
pr Florence, 1496, Tract II(Klebs 608.1; AFML
283; IAL L193)

Ingredere in medio rotarum que sunt subter
cherubyn. . .
Bertrand de la Tour, Principium ad philosophiam:
VA 1288, ff. 199-200v

Initio huius libri diffiniri morbum oportet...
Galen, De accidenti et morbo: Boulogne-sur-Mer
197, 13c; Ea F.249, 13c, ff. 90-109; Metz 380,
13c; PU 125, 13c, ff. 150v-(173); VAp 1093,
ff. 32r-48r; Diels(1905), 136; Danzig Mar
F.415, ff. 170-191(Schulz)

Initium climatis primi est...
(Hermann Contractus): Zurich Car.C.172, 11-
12c, ff. 76v-78r. See 'Initium primi climatis...'

Initium continet sanitas mentem sincerat...
Phlebotomy: BNna 229, 11-12c, f. 3r-v

Initium libri Turbe (philosophorum) qui dicitur
(est) Codex veritatis...
Prol. Turba philosophorum: GU 253, 13c, ff.
72-89v; etc.(DWS 1); BN 6514, 13-14c, ff. 187-
191v(Corbett I,35); SG Stadt 300, 13-14c, ff.
56va-91va. See 'Arisleus genitus(grecus) Pythagore...'

Initium primi climatis est ex parte orientali...
Tractatus geographiae et cosmographiae: Lyons
328, 14c, ff. 74-78; BN 7420A, f. 100vc. See
'Initium climatis primi...'

Initium sapientie timor domini est et amor
sapientie...
I. Abraham ibn Ezra, Liber introductorius ad
astronomiam, tr Henri Bate: G. Wallerand, Les
philosophes Belges, XI(1931), 17; Glorieux I,
410. See 'Isagoge magistri...'
II. Stephanus, De transmutatione: BLas 1416,
15c, ff. 145-146(DWS 3); FR 1165, 15c, f.
147; VE VI.215(XVI,4), a.1475, ff. 230-233;
VI 5509, 15c, ff. 255r-256r; Ze V, 88-89

Iniunctio circa spinam dorsi post exitum de
balneo...
Recepte decimi libri Almansoris: Bern A.38, 15c,
f. 36r

Iniunge febricitantes adipe aduxungia taxionis
...
BN 16130, 14c, ff. 76va-78vb

Innata est nobis materia cognoscendi...
Reportata super librum De iuventute et senectute:
Basel F.V.10, ff. 98vb-101rb

Innata est nobis via...
Theses physicae et medicae necnon aphorismi: VI
2306, 14c, ff. 74r-77va

Innovationes seu coniunctiones lune cum sole...
Raimond Bancal, Coniunctiones solis cum luna
secundum motus medios eorum: BN 7420A,
c.1333, f. 71-; HL 35, 627-28; Romania
26(1897), 233-34

Innuit Iohannes. Incipiamus cum...
See 'Incipiamus cum...'

Inponamus nomina principorum lapidum et
virtutes...
Albertus, Lapidarium: VAp 1363, 14c, ff. (1)-
115r

Inprimis...
See 'In primis...'

Inquam magister ego volo exponere...
Astrological images: CLM 59, 15c, ff. 243ra-
244vb

Inquid...
See 'Inquit...'

Inquirens istam scientiam inveni eam in
sapientibus...
Singularis tract. inveniendi lucidum et preclarum:
FR 923(L.III.28), 16c, ff. 216(213)-226(223)r

Inquirentes primum quid sit medicina...
Borghesi 86, 13-14c, ff. 16r-18r. Prol. 'Meo
dispar proposito...'

Inquisitio de causa sterilitatis mulorum valde
difficilis...
Paulus, De sterilitate mulorum: BN 16133, 14c,
ff. 83r-86r(f. 83r in TR 268); AL 672; Ea F.178,
14c, ff. 43-44

Inquisitiones venarum sunt multe...
Phlebotomy: Trier 40, 10c, ff. 21v-24r; Beccaria
67.4; Studien(1914), 170; BMsl 2527, 12-13c,
f. 22; BLd 197, 13c, f. 84ra-va

Inquisiturus de Dici de omni secundum intentionem Aristotelis...
Henry of Hesse, Dici de omni: PA 522, 15c, ff.
106-(110) (T III,747); BN 14580, ff. 82vb-86ra

Inquit...
See also 'Ait...' 'Dicit...' 'Dixit...' and what
was said

Inquit a Rasi...
See 'Inquit Rasis...'

Inquit Abuberi. Congregavi in divisionibus...
See 'Congregavi...'

Inquit ait Galienus princeps medicorum...
Mi D.2 inf., 15c, f. 10v

Inquit Albucasim in cibariis ex quibus...
Albucassim Aharam (Albucasis *or* Alsaharavius?),
Dictio de cibariis infirmorum, tr Berengarius
Eymericus de Valentia: VI 5434, 15c, ff. 283-
321

Inquit Alphidius scientia nostra honorabilis per quam...

> Ex quadam epistola Alfidii: Na XV.F.54, a.1462, ff. 97r-99r(T III,43-44)

Inquit Aristotiles philosophus, Quoniam dispositio...

> Averroes, Comm. Physics: Millás(1942), 105-106. See 'Quoniam dispositio...'

Inquit Arturus. Duo sunt corpora lucentia quibus sunt radii...

> Arturus: FL Plut.30, cod.29, 13c, ff. 51va-52ra (T III,97)

Inquit Auctor libri qui Rosarius dicitur...

> See 'Descendi in hortum meum...'

Inquit Berozias caput sapientum Persie...

> John of Capua, Directorium homine vite I: Hervieux V, 93(Schulz)

Inquit Bonus Lombardus de Ferraria phisicus Entia realia sunt...

> Petrus Bonus, pref. Preciosa novella margarita. See 'Entia realia sunt...'

Inquit Diascorides. Accipiatur tubal calibis et mondificetur supra marmor...

> Modus preparationis Yesus: Pansier I(1903), 364-67

Inquit Elehith(Helehie) Astanti. Quero (a te) ut mihi sapientiam...

> De metallis et spiritibus: Ran 1456(V.I.11), 15c, f. 134v; Dist. 4, Allegoriae sapientum: FR 1165, 15c, f. 140v

Inquit enim magnus...

> See 'Inquit magnus...'

Inquit enim sapiens Albumasar in Introductorio maiori superficies...

> John of Glogau, Judgment on comet of 1472: VI 4777, 15c, ff. 17v-27r(TR 378)

Inquit Euthesia. Iam Rosine in doctrinis (doctrina)...

> Rosinus ad Euthesiam(Epistola secunda): T III, 43; DWS 51; FR 1165 (L.III.34), 15c, ff. 148r-154v; FR 923(L.III.28), 15-16c, ff. 11-13v

Inquit filius servus dei israelita...

> Rabbi Moyses, Regimen coadiuvans ad coitum: VE VII.3(XIV,26), 15c, ff. 112-113

Inquit Flaccus Africanus discipulus Beleni Septem sunt herbe...

> Flaccus Africanus, De septem herbarum virtutibus etc.: T II, 233; DWS App.I, K.3, ix; T (1947), 243. See 'Flaccus Africus...'

Inquit Galienus.   Corpora...

> Joh. de Sancto Amando, comm. Galen, De iuvamentis membrorum: Brux 9910, ff. 56va-58rb

Inquit Galienus.   Ego quidem ponam inventionem eius...

> Galen, Lib. Cathagenarum: Dresden Db 92-93, 15c, f. 181v.   See 'Ego quidem ponam...'

Inquit Galienus.   Eos qui ignorant...

> Sifridus, Collatio: VI 4477, 15c, ff. 48r-54v

Inquit Galienus.   Iam retuli alibi virtutes medicinarum simplicium...

> 'Catagenarum partes septem, est autem de medicamentis simplicibus et compositis authore anonymo': BN 6865, ff. 139rb-148rb

Inquit Galienus.   Illi quorum proprium est anothomiam...

> Galen, De motibus liquidis, tr from Greek to Arabic, Johannitius: from Arabic into Latin, Marcus Toletanus: Opera 1515, I, 156r-158v. See 'Galienus inquit Quoniam illi...'

Inquit Galienus.   Intentio in creando caput etc....

> Avicenna, Third Canon, Fen 1, Tract. i

Inquit Galienus.   Ista particula quatuor particularum...

> Galen, Megapulsus *or* De presagitione ex pulsibus liber quartus: BN 6865, 14c, ff. 207r-210va

Inquit Galienus.   Primo de ingenio...

> Petrus de Tussignano, De pestilentia: VA 2482, 15c, ff. 97ra-107vb

Inquit Galienus princeps medicorum...

> Mi D.2 inf., 15c, f. 16r

Inquit Galienus.   Quesivisti a me ut...

> Comm. Galen, De cognitione propriorum defectuum: PAM 51, 15c, f. 227; Dresden Db 92-93, 15c, f. 17v, tr Armengaudus Blasius, from Arabic (Diels 1905, 72-73)

Inquit Galienus quod corpora animalium sunt instrumenta...

> Comm. Galen, De iuvamentis membrorum, libri ix: CUpet 33, 13-14c, ff. 222v-241v; Ea F.249, 13c, f. 259; EU 166(X), 13c, ff. 192v-213r; VA 1099, ff. 11a-37ra; Diels(1905), 68

Inquit Galienus.   Quoniam illi quorum proprium(propositum)...

> Comm. Galen, De motibus liquidis: Mon 18, 13c, ff. 97r-100r; VAu 247, 14c, f. 168v; VAp 1093, ff. 108r-110v; pr Opera, 1490, I, 48v-51v; as tr Marcus of Toledo, ed. Spurii, 1565, f. 66r

Inquit Hercules rex Stephano...
　　De auro: Ran 1456, 15c, ff. 134v-135r; Dist. 5,
　　Allegoriae sapientum: FR 1165, 15c, f. 141r.
　　See 'Hercules rex...'

Inquit Hermes. In tam longa etate...
　　Alchemy: Steinschneider(1906), 26-27, 84. See
　　'Cum in tanta etatis prolixitate...'

Inquit Hippocrates. Potus vini balneatio...
　　VI 5522, 15c, ff. 101vb-110v

Inquit ille Ptolomeus sapiens...
　　John of Glogau, Almanach interpretatio: Gilhofer
　　and Ranschburg, Cat. 257, MS 7, late 15c, ff.
　　80r-106v

Inquit in hoc libro de generabili in communi...
　　Burley, Comm. de generatione: Ea Q.312, 14c,
　　ff. 14-20v

Inquit Iohannitius. Intendit Galienus in hoc
libro...
　　Galen, Experimenta, prol. (of Johannitius) tr
　　Iacobus Albensis 1282 Massilie: VA 4422, ff. 1r-
　　(8)

Inquit Khalid filius Iasidi. Primo necesse...
　　See 'Primo necesse est...'

Inquit magister Abraham quod omnis sapiens
qui se mittit...
　　VI 3124, ff. 129r-137v, 'Explicit tractatus de
　　nativitatibus Abrahe Iudei.'

Inquit magister. Ego volo exponere...
　　See 'Inquam magister...'

Inquit magister. Ego volo exponere virtutes
formarum 12 signorum...
　　Hermes, Liber imaginum signorum cum addi-
　　tionibus Arnaldi de Villanova: VA 4082, 15c,
　　ff. 213ra-215ra(TR 330); anon. Saxl(1953),
　　68

Inquit magister noster Abraham sapiens astutus
quod omnis sapiens...
　　Abraham ibn Ezra, De nativitatibus et revolu-
　　tionibus earum, tr Peter of Abano: T (1944)aa,
　　297; BN 10269, ff. 54ra-71ra-74rb; Opera, 1507,
　　ff. 44v-60v; liber II, 'Indi dixerunt...'

Inquit magister Petrus Padubanensis: Forma in
hoc opere...
　　Jean de Jandun, Comm. Peter of Abano, Ex-
　　positio problematum Aristotelis; T II,921-22;
　　T (1944)ab, 212-15; ascribed to Aegidius
　　Romanus, PU 122, 14c, ff. 1-(181). See 'Iuxta
　　sententiam...'

Inquit magnus ille Albumazar...
　　VI 10584, 15c, ff. 1r-22v. See 'Capitulum
　　primum huius summe...'

Inquit magnus medicus Hamet Averrois...
　　Averroes, De tyriaca: Ea F.249, 13-14c, ff. 292v-
　　294v; F.270, 13c, ff. 71-73v; CLM 3520, 13-
　　14c, ff. 42vb-44vb; PA 707, 14c, ff. 89-92; CLM
　　490, a.1489, ff. 166r-184v; VA 4454, ff. 142vb-
　　145rb; Bernard Gordon, Archiv II(1909), 107;
　　pr with Magninus Mediol., Regimen sanitatis
　　(1500), ff. 98v-104v(Klebs 640.5; IAL M45)

Inquit Manichal. Quoniam quietis terre in
medio est causa duplex...
　　Manical, De ordine universi: BN 6443, 13c, f.
　　185r; AL 583, 952

Inquit medicus Cordubensis filius servi dei...
　　Maimonides, De emorroydibus, tr John of Capua:
　　Giacosa 505

Inquit Messahala constitue ascendens et eius
gradum...
　　Iudicia caristie: CLM 11067, ff. 120ra-122ra

Inquit Moyses Cordubensis filius sui(servi) dei
palam(ex hunain)...
　　Maimonides, De venenis, tr Armengaud Blasius,
　　at command of Clement V, a.1307: CUpet 101,
　　14c, ff. 1r-6r; VI 5306, 15c, ff. 17-23. Pref.
　　'Inquit translator Ubi sunt...'

Inquit Moyses filius...Cordubensis etc....
　　See 'Fuit quidam iuvenis...'; 'Iam divulgatum
　　est...'; 'Mandavit mihi...'; 'Pervenit ad me
　　mandatum...'

Inquit Pitagoras. Qui non coagulat argentum...
　　BLas 1416, 15c, f. 147; Ze V, 71(DWS 5)

Inquit Ptolomeus Phelusiensis primo Quadripartiti...
　　See 'Astronomia est scientia qua...'

Inquit Ptolomeus. Qui scientiam vivificavit
non est mortuus...
　　Thadeus Florentinus, Comm. Hippocrates,
　　Aphorisms: CLM 13014, a.1282, ff. 1-82ra (in-
　　complete); Ea O.63, mid 13c, ff. (1-116v); Cam-
　　brai 895, 14c; anon. BLb 720, 14c, ff. 159ra-
　　209vb, incomplete; pr Florence, 1527, ff. 1-194

Inquit quidam sapiens quod corpus cum candi-
datur...
　　Alchemy: VE fa 324(XVI,1), 14c, f. 2v

Inquit rabi Moyses israelita scitus et insignis...
　　Maimonides, De asmate ad Almansorem: Giacosa
　　504; tr from Arabic by Armengaudus Blasius at
　　Montpellier, 1294(DWS MS); CUg 178(211),
　　14-15c, ff. 130r-169r; CUpet 101 IV, 13-14c,
　　f. 1

Inquit rabi Moyses. Omnes qui sumpserunt venenum...
> Consilium magistri Thome: EU 175, 15c, ff. 148v-149v(DWS MS)

Inquit Rasis. Cum in civitate fuerit multitudo nebule...
> Rasis, De secretis in medicina, tr magister Egidius: BN 17847, 14-15c, f. 29rb; VAp 1298, 15c, ff. 169rb-172va. See 'Congregavi in divisionibus egritudinum...'

Inquit Salomon rex filius Davidis cum sulphurem iactationem narraret...
> BLas 1416, 15c, ff. 113v-114; ZE V, 70-71 (DWS 7)

Inquit sapiens Hermes. Si camelorum...
> See 'Si camelorum...'

Inquit sapiens Socrates. Scito quod vitrum lapis...
> DWS 6; VE fa 324(XVI,1), 14c, ff. 27-30; Ze V, 71-72

Inquit Serapio. Omnes iudices vidi...
> Serapion, De medicinis simplicibus ex dictis... Symonis Ianuensis interprete Abrahamo iudeo Tortuosiensi de Arabico in Latino: BNna 1486, f. 1

Inquit Tholomeus...
> See 'Inquit Ptolomeus...'

Inquit translator Ex tenebrarum devio Iudaice pravitatis...
> I. Avenzoar, prol. Taysir sapientis, tr from Hebrew, John of Capua: Mon 25, 13c, ff. 1-47; VI 2280, 13c, ff. 53r-88r; BN 6948, f. 1ra-102rb (ZB III, (1886), 188-89); BN na 1399, c.1438, ff. 219r-223v; Colin, Avenzoar, 1911, pp. 83-84
> II. Maimonides, De dieta, tr John of Capua: VI 2280, 13c, ff. 89r-99v; Rabi Moyses, De regimine sanitatis ad regem Hyspanie: VAp 1147, ff. 99v-117r

Inquit translator. Manus domini nostri Ihesu Christi sua pia...
> Oalen, Collectorium, tr pref.: VAp 1100, ff. 1r-260v

Inquit translator. Ubi sunt maiora pericula magisque...
> Rabbi Moses, Pref. Contra venenum, tr Armengaud Blasius de Monte Pessulani a.1307: Oc 125, ff. 11-13v

Inquit Willelmus interpres. Iste liber qui inscribitur de...
> Aristotle, De animalibus, tr William of Moerbeke: Beiträge XVII, 5-6(1916), 188

Insignes antiqui medicorum et philosophorum...
> Galen, De complexionibus: VAu 247, 14c, f. 69: Opera, 1490, II 233v-237r; 1515, I, 28r-34v

Insignis peripatetice veritatis interpres doctor...
> Gerard de Monte, Comm. Thomas Aquinas, De ente et essentia: GW 2342, f. 201r(Schulz); Klebs 82.8; IAL A866; anon. VI 5141, 16c, ff. 1r-49v

Insignis quidem et valde animadvertenda constellatio...
> Paul of Middelburg, Prognostica ad viginti annos duratura: pr 1484 (Klebs 727.1-9; IAL P160)

Insignis septem virtutibus esse columba...
> De proprietatibus columbarum: Graz 248, a.1453/54, f. 219

Insolubile est propositio significans...
> Robert Fland, Insolubilia et obligationes: Bruges 497, 14c, ff. 43r-46r(Clagett B-60)

Inspective prospiciatis qualitates lapidis nostri...
> BMh 3528, 15c, ff. 41r-42r(DWS 657)

Inspice in revolutione anni ad a(scendens) et ad angulos et loca planetarum...
> Messahalla, Modus alius de aeribus: BN 7316A, 14c, f. 68ra-b

Inspice planetas inferiores et partes suorum celorum...
> Messahala, In pluviis et ventis epistola, tr Drogo: Bern 483, 15c, ff. 69r-70v; BN 7316A, ff. 69va-71vb; Osiris 8(1949), 51-52; 12(1956), 67-68; Carmody 37 (change CCAG 10 to 12)

Inspiret igitur dominus de lapide isto occulto quia sicut dixit Hermes...
> Alchemy: BMad 10764, 15c, f. 138(DWS 727B)

Instans pars temporis est cuius nulla pars est...
> Algorismus: Ab VIII, 1-27. Prol. 'Quoniam de quatuor...'

Instans vel nunc quod idem est vocatur...
> Richard Lavenham, De natura instantium: BMsl 3899, 14c, f. 65r

Instruit hoc medicus Ypocras...
> CLM 21702, f. 122(Schulz)

Instrumentum ad capiendum(inveniendum) altitudinem solis et stellarum...
> CLM 10662, c.1430, f. 241r-v; VI 5418, 15c, f. 194r-v; etc. (Zi 2998-3004)

Instrumentum ad horas capiendas ab elevatione poli 23 graduum...
> Yale MS with 156, copy 2, pp. 202-215; Zi 7726

Instrumentum ad lineam meridianam...
　　Leip 1469, 14-15c, ff. 199v-200v; VI 5337, 14-
　　15c, f. 170ra-va; VI 5418, 15c, ff. 192r-193r(Zi
　　3007-3012)

Instrumentum de eclipsi habet duas partes...
　　BN 7350, f. 203v(Poulle)

Instrumentum de membrana ad deprehendum
　　pondus globe...
　　KlaB XXX.d.4, 15c, f. 114v-

Instrumentum in quo velud in speculo...
　　Johannes Simon de Zelandia, Speculum planeta-
　　rum: VI 5258, a.1417, ff. 51r-53r; VI 5296, 15c,
　　ff. 146r-148v; MU Q.738, 15c, ff. 89r-91r;
　　anon. Catin. 85, 15c, ff. 203-208; Yale MS with
　　156, copy 2, pp. 429-434

Instrumentum introitus solis...
　　Meiningen Pd 32, a.1479, ff. 13v-16(Zi 3016)

Instrumentum per quod sciuntur hore diei per
　　umbram...
　　Sun-dial: BLd 29, 15c, ff. 118v-119r

Instrumentum perficere quomodo...
　　Pro fabrica speculi ustorii: BLd 71, 14-16c, f.
　　1r-v

Instrumentum quod sexagenarium nuncupatur.
　　Figurabis quartam partem...
　　Cristianus de Proliano, 25 canons: BN 10263, ff.
　　141v-147r; Isis 42(1951), 133, except that the
　　incipit in n.16, is that of the third part (also on
　　the Sexagenarium) of the preceding treatise:
　　'Quoniam nostri antiqui...'

Instrumentum universale ad inveniendas(in-
　　veniendum) horas...
　　Melk 367, 15c, ff. 439-445(Zi 9763). See
　　'Primo in materia...'

Instrumentum verum motum solis...
　　CLM 7633, 15c, ff. 17-18v(Zi 3066)

Insula hec que prius ostendetur Corcyra...
　　Christophorus de Buondelmontibus, Liber in-
　　insularum archipelagi: VAu 459, a.1465, f. 43;
　　FLgr 60; pr De Sinner, Descriptio urbis Con-
　　stantinopolis, 1824; PG 133, 695-708

Intactus erit morborum qui salutaribus utitur
　　preceptis...
　　Caelius Aurelianus ('Liber Sorani'): BMsl 1122,
　　11c, ff. 1r-7v; Beccaria 79.1

Integra quecumque volueris ad minutias physi-
　　cas...
　　Johannes de Lineriis(?), Compendium de minutiis
　　pro tabulis Alphonsi: FLa 132(206-138), 15-16c,
　　f. 10

Integre vestre dilectionis instantiam me...
　　Lilium (alchemical): Palermo 4.Qq.A.10, sect.
　　46, item 38; Lilium floris: FR 119, ff. 37v-39v

Integritati medicine multum derogat...
　　Chirurgia Iameti: London, Royal Coll. of
　　Physicians: BHM 28(1954), 471-488; anon, De
　　medicina libri septem: Leyden 37, 14c, ff. 14v-
　　50. See 'Medicine multum derogat...'

Intellective cuncta ex raritate elementorum
　　creavit deus...
　　Alchemy: Oc 185, 15c, ff. 76v-77(DWS 723)

Intellecto beate pater et domine venerande...
　　Leonardo Pisano, prol. Flos super solutionibus
　　quarumdam questionum ad numerum et ad
　　geometriam. Text, 'Cum coram maiestate...'

Intellectum hominis secundum naturam intel-
　　lectus et substantiam...
　　Albertus Magnus, De quindecim problematibus:
　　ed. Mandonnet, Les philosophes Belges, VI-VII
　　(1911), 29-52

Intellectum sermonum...
　　Hermes: BU 747 (1492), 15c, ff. 83r-84r

Intellectum sive mentem in cerebri sede con-
　　stitutam...
　　BLcm 502, 15c, ff. 113-186

Intellectus(Intellige) climatum poli sepissime
　　requires...
　　Preceptum canonis Ptolemaei, (identified as an
　　abridgment of the Canons of Theon of Alexandria,
　　based on Ptolemy): Osiris I, 687-689; Björnbo
　　(1912), 222; Van de Vyver(1931), 16-17; Pa-
　　strengo(1547), f. 55v; T III, 15

Intellectus dicitur esse in fronte memoria in
　　cerebro...
　　BN 6755, 13c, f. 36vb (a short selection)

Intellectus est in fronte...
　　BMr 8.C.IV, 13-14c, f. 41v

Intellectus meus motus virtute...
　　Godfridue Tockler of Bamberg, Regimen sani-
　　tatis: BMsl 3866, 15c, ff. 79-85

Intellectus non est corpus aut admixtum cum
　　corpore...
　　Averroes, De intellectu: Bru 1877, 15c, f. 94v
　　(Silvestre)

Intellegendum est aut quarta die criscunt...
　　De febribus acutis: MC V.69, 9c, pp. 565b-
　　569a; Beccaria 94.16

Intellexi quod dixisti de figura nominata alcata
　　...
　　Thebit, De figura sectore: Carmody 121-23;
　　BLsa 21, 13c, ff. 151v-153r; Thomson 31

Intellexi quod dixisti super figuram que nominatur cata...
> Thebit ben Corat, De figura sectore: Carmody
> 123-124; Thomson 31; Spec. astron. cap.2;
> ZMP(1871), suppl. 390-91; Carmody (1960),
> 161-62

Intellexi quod queris(scilicet) scribi tibi sermonem brevem...
> Alkindi, De intellectu (et intellecto), tr John of
> Seville: BN 6443, 14c, f. 195r; Graz 482, c.1300,
> f. 234r-v; Averroes: VAu 220, 15c, f. 198; anon.
> CLM 317, 13c, ff. 162ra-169vb; Ea Q.15, 13-
> 14c, ff. 54v-55; AL 394, 395, 572, 583, 865,
> 874, 1301, 1406, 1813; ed. Beiträge II, 5(1897),
> 1-11

Intellexi quod quesivisti de scribendo sermonem
in ratione abbreviatum...
> Alkindi, Verbum de intentione antiquorum in
> ratione, tr Gerard of Cremona: Beiträge II,
> 5(1897), 1-10; AL 175, 583; Baltimore, Walters
> Art 428, 13c, ff. 240v-241v

Intellexi quod tibi queris scribi sermonem...
> See 'Intellexi quod queris...'

Intellexisse te non minus (a nobis) arbitror
Salvinia(Victoria) artis...
> Theodorus Prsicianus, Prol. Gynaecia: Beccaria
> 418; ed. V. Rose, 1894, pp. 224-228

Intelligas me sane quia intelligenti intelligens...
> Liber paritatis (alchemy): BU 139(105), early
> 14c, pp. 84a-105a; VE VI.214(XVI,3), a.1472,
> ff. 208-211

Intellige cum ignis solus solem conculcat et
quasi...
> Liber septuaginta verborum: FNpal 887, 15-16c,
> ff. 99v-101r; FR 119, f. 46r-v

Intellige ergo dictum philosophi quod actus...
> Arnald of Villanova, Novum lumen. See 'Pater
> et domine reverende...'

Intellige(Intelligite) filii sapientum priscorum
philosophorum...
> Hermes, Super lapide philosophico: Corbett II,
> 33

Intellige hec vera et inclina aurem tuam...
> (Bernard of Treves), Correctorium fatuorum, in
> part: CLM 457, ff. 119r-131v. See 'Cum
> omnium rerum emendatio...'

Intellige non corporaliter sed spiritualiter quatuor elementorum scientiam...
> Textus, Summa super septem tractatibus Her-
> metis: Budapest 272, 15c, ff. 110-116v. See
> 'Hermes philosophus de sapientia...'

Intellige quod in infantia corpus humanum...
> Nota: Na VIII.F.12, 14c, f. 385v

Intellige quod non convenit cum lapidibus non
preparatis...
> De praeparatione lapidis: BU 1062(2082), 14c,
> ff. 18v-20r

Intelligendum est primam actionem nature
humane...
> Constantinus Africanus, Liber stomachi: VA
> 2416, ff. 51va-55vb; AL 1863

Intelligendum est quod in cerebro sunt tres
cellule...
> Bernard Gordon, Super Pronostica: Oma 164,
> 15c, ff. 138r-151r

*Intelligendum est quod in universo tria sunt
agentia...
> Walter Burley: BLd 77, 15c, ff. 195-(196r)

Intelligendum est quod iuxta capitulum de
aspectibus...
> De radiationibus vel de proiectionibus radiorum
> cum exemplis: CUg 110(179), 14c, pp. 27-32

Intelligendum est quod Rosa habet duplicem
virtutem...
> Hec est summa et collectio totius fructus anti-
> dotarii secundum mag. Nicolaum: CUg 407
> (413), III, 14c, ff. 37v-55r

Intelligendum quod color creatur a vite via...
> Bernard Gordon, Tract. urinarum: CUg 373
> (593), 14c, ff. 72v-74v

Intelligere debetis quod totum artificium nostrum...
> Expositiones super arte secreta pro expositione
> librorum et epistolarum: BN 7149, 15c, f. 12r
> (Corbett I,65)

*Intelligere potest dicere...
> Henry Renham, Physica: Tanner

Intelligo vel intellexi quod queris scribi...
> Alexander, De intellectu: Delisle, III, 83b. See
> 'Intellexi quod queris...'

Intemperatura inequalis totum corpus animalis
...
> Galen, De inequali intemperatura: Opera, N.
> Leoniceno interprete, Paris, 1514, ff. (27-32);
> Venice, 1524, II, 177-180

Intende ergo ad ea(hoc)...
> Messahala, De mercibus: Osiris 12(1956), 68-69.
> See 'Attende...'

Intendens venerabilis amice Bernarde componere...

　Lanfranc, prol. Cyrurgia parva: Ea Q.15, 13-14c, ff. 12-34; Q.174, 14c, ff. 95-101; CUg 407(413), 14c, III, ff. 8v-23r; CUt 913(R.XIV.41), 14c, ff. 87-100v; BNna 693, 14c, ff. 139ra-149va; etc.; pr with Guy de Chauliac, Venice, 1498, ff. 161r-166r; 1499, ff. 171r-175v(AFML 227-228; Klebs 494.1-2; IAL G510-513)

Intendentes de accessione et recessione maris...

　Grosseteste, De accessu et recessu maris(De fluxu maris): Thomson 89; 'Boecius,' De fluxu maris: VAb 165, late 13c, ff. 402v-403r(TR 328); AL 1717

Intendentes de virtutibus anime secundum ordinem primo dicemus de vegetativa...

　CUpet 157(2), 15c, ff. 10va-12vb

Intendentes quamdam philosophie naturalis partem exponere...

　See 'Iste liber cuius...'

Intendimus autem in hoc tractatu perscrutari...

　Averroes, De substantia orbis (not its usual incipit): VAr 1906, 14-15c, ff. 48ra-51va

Intendimus commentare librum utilem Galeni de materia febrium...

　Thomas de Garbo, Expositio in libros differentiarum febrium Galeni: pr Venice, 1521, ff. 2r-98v

*Intendimus componere rem admirabilem tactam ...

　Raymond Lull, De conservatione vitae humanae: T IV, 634; *or* Arnald of Villanova, Liber lapidis vitae philosophorum: T III, 661. See 'Intendo componere...'

Intendimus edere sermonem exponentem illud quod clausum est...

　Haly ibn Rodhan, prol. Comm. Galen Tegni *or* Ars parva, tr Gerard of Cremona(?): VA 2392, ff. 73ra-97vb; Bern 429, 13c, ff. 2ra-33v(incomplete); Laon 413, 13c, item 3; 416, 13c, item 7; BNna 1480, 13c, ff. 58r-144r; 1481, 13c, ff. 101r-159r; Worcester Cath. Q.49, 13c, ff. 1r-111(DWS MS); etc.; pr Articella, 1487, ff. 155r-210r; with Turisanus, Plusquam comm., Venice, 1557, ff. 175r-217v. Text, 'Tres sunt omnes doctrine...'

Intendimus hic de operationibus quarundam simplicium medicinarum...

　De medicinis simplicibus magis famosis: VI 5504, ff. 267r-276v

Intendimus hic dicere causas longitudinis et brevitatis vite...

　Averroes, Comm. De longitudine et brevitate vite: BN 16222, f. 115 (AL pp. 107, n.1, 224)

Intendimus venerabile amice Bernharde componere librum...

　Lanfranc, Compendium cyrurgie: CLM 8808, a.1426, ff. 1-7v; VAp 1165, f. 131-. See 'Intendens venerabilis...'

Intendit algorismus in hoc opere primum docere procedere...

　Tract. Algorismi et de septem eius speciebus: Isis III(1921), 403-412

Intendit Galienus in hoc tractatu ostendere...

　Arnald of Villanova, Comm. super libello de mala complexione diversa cum textu Galieni: Opera, 1504, ff. 351v-371v; HL 28, 53; Glorieux I, 427

Intendit Galienus in libro ne memorari quidem(?)...

　Galen, De simplicibus medicamentis occultis, tr from Arabic, Abraham Iudeus Tortuosensis and Jacobus Albensis Lombardus, Marsilie...a.1282: VAp 1234, 13-14c, ff. 253ra-256rb. See 'Prima earum inquit Galenus est planta...'

Intendit hoc apostema...

　Petrus de Tussignano, De flegmone: VAp 1251, ff. 160r-191r

Intendit in hoc tractatu facere rememorationem ...

　Averroes on Metaphysics of Aristotle: BN 14385, 14c, ff. 211ra-238rb

*Intendit per subtilitatem confirmationem...

　Averroes, Comm. De anima, tr Michael Scot(?): CUpet 56, 13c, f. 1-; CUg 486(482), 14c, ff. 385r-470v; Ea F.318, 14c, ff. 52-91v; PM 3473 (506), 14c, ff. 104-(123); VE VI.52(Val X.54), 14c, ff. 189-295va; Haskins 278-79; pr Padua, 1472 (GW 2349; Klebs 84.1; IAL A867); Aristotle, Opera, 1560, VII, 5-141; AL pp. 106, 218

Intenditur flebotomia(?) in hieme et facit...

　CUg 178(211), 14-15c, ff. 182r-187v

Intendo componere libellum rei admirabilis Ypocratis Galieni...

　VAp 1251, 15c, ff. 66r-68v, incomplete

Intendo componere librum in quo traderam omnes...

　Lanfranc, Cyrurgia minor cum antidotario: CLM 323, 15c, ff. 74ra-122

Intendo componere rem(compositionem)admirabilem(rei admirabilis) Ypocratis, Galieni, Haly et Avicenne...

　Arnald of Villanova, Liber lapidis vitae philosophorum: T III, 661; HL 28, 102-103; DWS 236; VAr 198, 14c, ff. 181-189v; Bordeaux 531, 15c, ff. 41-49(Corbett II,21); Glorieux I, 427

*Intendo componere sermonem rei admirabilis...
　　Roger Bacon, De conservatione iuventutis: OHI
　　IX(1928), 120-43; anon. BMad 27582, 15-16c,
　　ff. 259r-265r(?)

Intendo hic de operationi(bu)s quarundam
simplicium medicinarum...
　　VI 5504, a.1464, ff. 267r-276v et 176

Intendo mediocriter docere medicos quam
brevius potero...
　　Petrus de Abano(?), De balneis: BMh 3747, ff.
　　230-231; BNna 211, a.1469, ff. 86-87(Delisle
　　230); Mi P.21 sup., 15c, ff. 29r-33r

Intendo modernos docere(edocere) medicos quam
brevius potero...
　　Gentile da Foligno, De balneis: T III, 236, n.12;
　　CLM 23912, a.1394; ff. 122va-123rb; Basel
　　D.III.1, 15c, ff. 122ra-123va; CLM 363, 15c,
　　ff. 83r-85r; VI 5269, 15c, ff. 80ra-81ra; VAp
　　1175, ff. 247v-249r; pr 1473, ff. 2r-6v(Klebs
　　444.1; AFML 202; IAL G121; Klebs 266.2;
　　IAL C363)

Intendum(?) quod color causatur a luce...
　　'Expliciunt urine': BMsl 334, 15c, ff. 287va-
　　290rb

Intensa color rubeus...
　　Walter Agilon, De urinis: BLe 219, 13c, ff. 114r-
　　116v

Intensio mixti habentis qualitates contrarias...
　　De mixti intentione: BLcm 177, 14c, f. 66v

Intentio algorismi est in hoc opere doctrinam
prestare...
　　Algorismus: Isis III(1921), 403-412

Intentio auctoris huius est determinare de modis
animalium...
　　Comm. de historia animalium: FL Plut.83,
　　cod.24, 14c, 85 ff.; VE VI.234(XIII,7), 15c,
　　303 ff.

Intentio Avicenne in hoc libro est docere...
　　Albert of Bologna, Recollectiones super prima fen
　　primi canonis Avicenne recollectae sub magistro
　　Antonio de Parma: CLM 13020, 14c, ff. 226r-
　　267rb; VA 4452, 14-15c, ff. 1ra-47vb

Intentio circa solem et lunam est practica huius
artis...
　　Alchemy: Palermo 4 Qq.A.10, 46-64. See
　　'Practica huius artis...'

Intentio correctionis accidentium...
　　Intentiones et curationes morborum infrascrip-
　　torum extracte ex quadam bona practica carente
　　nomine compositoris: FLa 143(217-149), 15c,
　　ff. 108v-113

Intentio est in hac doctrina sicut dicit commentator super hunc...
　　(Petrus de Alvernia?), Comm. De longitudine et
　　brevitate vite: VI 2330, 14c, ff. 48ra-49vb

Intentio est in hoc libro de anima alia...
　　Thomas Aquinas, Comm. de anima: Ea F.318,
　　14c, ff. 173-223

Intentio est in hoc libro de anima circa quam in
principio est...
　　Adam von Bockingfeld, Comm. De anima: Grab-
　　mann (1936), 161, 163; Pelster, Scholastik XI
　　(1936), 204

Intentio est in hoc libro de corpore mobili contracto...
　　Adam de Bocfeld, Comm. Meteor.: Grabmann
　　(1936), 174; anon. BLlm 527, 14c, ff. 115ra-
　　123rb

Intentio est in hoc libro de sompno et vigilia et
quibusdam...
　　Marginal gloss on Aristotle, De somno: CUg
　　506(384), 14c, f. 270r-

Intentio Galieni in isto libro est...
　　Johannes de Sancto Amando, Comm. Galen, De
　　interioribus: Brux 9906, 14c, ff. 13ra-23rb. Cf.
　　Diels(1905), 85, De locis affectis

Intentio Hippocratis in libro presenti est nobis
tradere notitiam...
　　Marsilius, Expositio super Hipp. librum regiminis
　　acutorum: BN 6860, 15c, ff. 39r-70v

Intentio Hippocratis in libro presenti est nobis
pronostica(?) in morbis acutis notitiam tradere
...
　　Marsilius de Sancta Sophia, Comm. Hippocrates,
　　Regimen acutorum: VAp 1316, 15c, ff. 228r-
　　257rb

Intentio Hippocratis in libro presenti est prenosticare...
　　Marsilius, Expositio super libro Hipp. pronos-
　　ticorum: BN 6860, 15c, ff. 1r-38v; BN 6933,
　　15c, ff. 246ra-270va; anon. VI 5357, 15c, ff.
　　1r-37v

Intentio Hippocratis in libro regimenti...
　　See 'Nota quod quinque sunt considerationes libri
　　...'

Intentio huius artis est sanitatem conservare...
　　BLau F.6.3, 13-14c, ff. 82-92

Intentio huius auctoris est tractare de septem
discriminibus...
　　Comm. in Guidonem de arte musica: Os 188,
　　13c, ff. 54-(57)

Intentio huius libri diffinire omnem morbum. . .
  CLM 5, 14c, f. 21ra.   See 'In initio. . .'

Intentio huius presentis tractatus est. . .
  De artetica sive podagrica passione: EU 175
  (Db.b.VI.3), 15c, ff. 150v-171v(DWS MS)

Intentio in hoc libro est. . .
  Comm. de Generatione et Corruptione: Brux
  1197, a.1417, ff. 34ra-45rb(Silvestre)

Intentio in hoc libro est de corpore mobili. . .
  Adam de Bocfeld, Notulae, Aristotle, Meteororum
  lib.I-IV: VAu 206, a.1253, ff. 219r-256v
  (Scholastik XI, 204, item 3)

*Intentio in hoc tractatu est describere. . .
  Walter Burley, De longitudine et brevitate vitae:
  Oo 12, 15c, ff. 109-(115); Tanner

Intentio in hoc tractatu est describere figuram
machine mundane. . .
  Robert Grosseteste, Sphera: BN 7292, ff. 276va-
  280; CLM 14448, ff. 50r-54r(Schulz)

Intentio in omni egritudine prima est. . .
  Hieronymus Hannibaldus Paduanus, De cura
  egritudinum: Wo 988, 15c, ff. 92v-96

Intentio mea est in hoc opere glossare librum
Aristotelis. . .
  Averroes, Comm. Aristotle Physics: VE VI.246
  (XII,34), 14c

Intentio mea est recolligere diversos. . .
  John of Rupescissa, Liber lucis: VAb 273, f.
  291v(T III,369, n.68); FR 923(L.III.29), 16c,
  ff. 174(171)r-180v

*Intentio mea est secundum verba. . .
  John Baconthorpe, In Arist. de anima: Tanner

*Intentio mea in hoc libro est compilare sen-
tentias astrologorum. . .
  John of Eschenden, prol. Summa iudicialis: T III,
  718-19; BNna 3034; Mi A.inf.201; UP 598:
  VI 4146, ff. 1r-199v(not 207v); pr Venice,
  1489(Hain *6685; Klebs 381.1; IAL E84)

Intentio mea in hoc (libro) est glossare. . .
  Averroes, comm. Aristotle, Physics: Ea F.352,
  14c, 104 ff.; BMr 12.F.XIX, 14c, f. 76 only

*Intentio mea in hoc opusculo fuit iuxta triplex
regimen. . .
  Simon Bredon, Opus medicum Trifolium dictum:
  BLd 160, 15c, ff. 102-223, incomplete (T III,
  521, n.24)

Intentio mea in hoc sermone est glossare. . .
  Averroes, prol. Comm. in VIII libros physicorum:
  CUg 485(481), 14c, 176 ff.; 486(482), 14c,
  ff. 1-234; etc.; pr Aristotle, Opera, (Hain *1660;
  GW 2337, I.2; 2339, I; 2340, I; Klebs 82.2-4;
  93.4; Yale 28; IAL A861-64); 1560, IV, 1r-
  347v; probably added by Theodorus for scholars
  at Padua to text tr by Michael Scot: AL p. 213;
  cod.654, 1188, 1207

Intentio mea in hoc tractatu est describere
figuram. . .
  See 'Intentio nostra. . .'

Intentio mea in hoc tractatu est tractare in arte
medicina summas. . .
  St. Quentin 105, 14-15c, 58 ff., badly mutilated

Intentio mea in hoc tractatu est tradere in arte
medicine summas. . .
  Averroes, Colliget: Oa 72, 14c, ff. 99r-176v; pr
  Ferrara, 1482; etc.(Klebs 128.1; 127.1-3; IAL
  A1253-1256; AFML 70-72).   Prol. 'Quando
  ventilata. . .'

Intentio mea in hoc tractatu nobilissimo est
declarare. . .
  Averroes, De perfectione naturali intellectus
  secundum mentem philosophi: BLd 236, 14c, ff.
  185r-(189v); anon. Comm. De anima: VE fa
  520, early 15c, f. 99r-v; pr Alexander Achillini,
  Bologna, 1501; Lyons 1528(Schulz); as Tractatus de animae beatitudine, in Aristotle, Opera,
  Venice, Junta, 1550, IX, f. 64

Intentio mea in hoc volumine. . .
  See 'Virtus medicine est potentia. . .'

Intentio nature. . .
  See 'Ut dicit venerabilis. . .'

Intentio nostra de hac actione est quod perhi-
bemus. . .
  Avicenna, Epistola de intellectu: VE VI.53
  (X,176), 15c, ff. 58-59

Intentio nostra de hac distinctione. . .
  BN 14385, f. 171.   See 'Intentio nostra in hac
  . . .'

Intentio nostra est in hoc tractatu describere. . .
  Robert Grosseteste, De sphaera: Yale MS ff. 101r-
  106r.   See 'Intentio nostra in hoc tractatu. . .'

Intentio nostra in hac dictione(distinctione) est
quod. . .
  Avicenna, De intellectu: AL 588, 862, 1610,
  1611, 1847

Intentio nostra in hoc libro est quod oportet determinare...

> Averroes, Comm. de generatione et corruptione: Steinschneider (1905), 56(b); Basel F.III.18, ff. 32r-42v; CLM 8001, 14c, ff. 11-13; CUg 486 (482), 14c, ff. 471-482; Oma 112, early 15c, ff. 233ra-240va; pr Aristotle: Padua, 1474; Opera, Venice, 1483; etc.(GW 2388, 2337, II.1; 2340, I; Klebs 88.1; 82.2, 4; IAL A891, 861, 864); Aristotle, Opera, 1560, V, 275r-313r; AL pp. 106, 216; cod.1207; Delisle III, 83b; ed. Fobes and Kurland, Cambridge, Mass., 1956

Intentio nostra in hoc opusculo est artem ostendere...

> Ars Kalendarii per iuncturas digitorum *or* Computus manualis: BLd 28, 14c, ff. 9r-10v

Intentio nostra in hoc tractatu est describere figuram...

> Robert Grosseteste, De sphera: Thomson 115-16, but Utrecht 772 should be 722; Beiträge IX (1912), 10-32; Björnbo(1912), 129

Intentio nostra in hoc tractatu est remediari (rememorare) vias leves et faciles ad memorie recommendationem...

> Maimonides (Rabi Moysus Abenmaimon), De regimine sanitatis *or* Tractatus quem domino Soldano Babylonie transmisit: pr Florence, (c.1481); AFML 298; Yale 141(Klebs 643.1); Venice, 1497; AFML 71(Klebs 127.3; IAL A1255)

*Intentio nostra in scientia naturali est satisfacere...

> Albertus Magnus, Comm. super libris octo phisicorum: Ea 355, 14c, 64 ff.; AL 385, 1409; Borgnet III,1-632; Glorieux I, 64 etc.; pr Venice, 1488, 1494(GW 716-717; Klebs 24.1-2; IAL A270-71)

Intentio nostra quidem in hoc libro est quod oportet...

> Averroes, Comm. super librum de generatione: CUpet 126, III, 14c, ff. 1ra-13rb

Intentio Philareti est in hoc opere pulsuum...

> Comm. Philaretus, De pulsibus: Chartres 171, 12c, ff. 59-61; BLb 514(2184), II, 13c, ff. 46v-54; Ea F.276, 14c, ff. 3v-4

*Intentio philosophi in hoc libro qui intitulatur ...

> Walter Burley, Comm. De somno et vigilia: LP 74, 14c, f. 158-; Oma 146, 14c, ff. 83-(95); Oo 12, 15c, ff. 69v-(86)

*Intentio philosophi in hoc primo...

> Henry Parker, In Arist. Meteora: Tanner

Intentio philosophi in hoc tractatu est determinare...

> Walter Burley, De longitudine et brevitate vite: LP 74, 14c, f. 152

Intentio presens vertitur circa sanitatem...

> Danzig Mar. Q.47, 14-15c, ff. 151-156

Intentio Rasis in decimo libro...

> Silanus de Nigris, Expositio super decimum librum Almansoris de febribus: Vendôme 245, a.1440, ff. 1-69.

Intentio vera nostra est manifestare in hoc libro de venatione...

> Frederick II, De arte venandi cum avibus: VAp 1071, 13c, f. iv. Text, 'Cum autem ars venandi...'

Intentio Ypocratis...

> See 'Intentio Hippocratis...'

Intentionem habemus ea que videntur astrologis...

> Alexander Cosmas, Summa astrologiae: Limoges 9(28), 15c, ff. 44v-51v; Phares 171

Intentionem habemus in presenti conscriptione (scriptura, occupatione)...

> Philaretus, pref. Liber de pulsibus: VA 10281, 12c, ff. 31-32; CUt 1083(O.I.59), 12-13c, ff. 26v-28v; BN 7102, 13c, f. 204r-v; Ea F.238, 13-14c, ff. 19-21; etc.: Diels(1906), 83-84; pr Articella, (Padua, 1476); Venice, 1483; 1487, ff. 4v-5r; etc. Klebs 116.1-6; IAL 1011-15. Text, 'Pulsus est motio cordis...'

Intentionem in hoc opusculo...

> Johannes de Pulchro Rivo, Computus: Ea Q.345, ff. 38-41; anon. Yale astron. MS, ff. 139r-142va

*Intentionem tractatus Aristotelis de coelo Alexander ait...

> Simplicius, Comm. de coelo et mundo, tr William of Moerbeke at Viterbo, 1271: Glorieux I, 121; AL pp. 98, 203; cod. 1890; VE fa 246 (XII,58), 15c, ff. 1-145; Ob 99; pr 1540, 1543, 1548, etc.

Intentionem volentis tibi facere questionem...

> Leopold, Intentiones interrogantis: Argentré, I, ii, 327b; CLM 27001, ff. 143r-144ra, closing section of Leopold of Austria, Compilatio de astrorum scientia. See 'Gloriosus deus et sublimis qui...'

Intentiones habemus in presenti conscriptione ...

> Philaretus, De pulsibus: VA 2370, 13-14c, ff. 11r-14v; 2461, 14c, ff. 29v-(32); 2460, 14c, f. 56v, fragment; BMsl 1610, 14c, ff. 34ra-35rb. See 'Intentionem habemus in...'

Intentiones habende in febribus excerpte...
Annotationes super febribus: Graz 1385, 14c, ff. 44v-48; VAp 1081, f. 159. This is titulus of Christophorus de Barzizzii's work. See 'In colerica...'

Intentiones habentes in presenti (con)scriptione de pulsuum negotiatione compendiosa...
De pulsibus: CLM 265, a.1439, f. 167v-

Intentionis est in hoc opusculo artem ostendere ...
I. Hermannus Contractus, Computus manualis: Basel F.III.25, 13-14c, ff. 41v-44r; anon. Utrecht 722, 14c, ff. 47r-49v; BMr 8.D.XIV, 14c, ff. 3-5
II. Joh. de Pulcro Rivo?, Computus manualis: Graz 1385, 14c, ff. 44v-48; BLas 342, I, 5. See 'Intentionem in hoc opusculo...'

Intentionis medicine duplex causa agnoscitur...
Mag. Benedictus, Glosule Super Johannitium: CUg 111(180), 13c, pp. 17a-48b. Prol. 'Non solum huius artis...'

Intentionis nostre in hoc opusculo...
J. de Pulcro Rivo, Compotus manualis: BN 15121, 14c, ff. 8-12v; anon. Cambrai 931, 13c, ff. 45v-49

Inter agens infinitum et passum finitum nulla est proportio...
BN 16621, 14c, ff. 286r-295v

Inter alias diffinitiones que musice arti competenter...
De musica: Ea O.94, 14c, ff. 52-55v

Inter Arabum astrologos Abuali quidam peritissimus...
Alkindus, alias Dorochius, De imbribus: Basel F.III.8, f. 79va; BN 18504, 14c, f. 191v-; VI 2436, 14c, f. 142; Carmody 111

Inter arithmeticam artem et geometriam...
Oc 283, f. 3

Inter astrologos est ardua questio...
De efficacia medicinarum secundum potentiam planetarum: Ob 285, 13c, ff. 42vb-43rb

Inter celum et terram certis discreta spatiis...
Part of Hyginus, Astron.: Mon 234, 9c, f. 44v; De planetis: VA 643, 9c, ff. 65r-76v; Bern 347, 10c, ff. 22-25(Schulz); BN 5239, 10c, f. 38r-v; BLcl auct.class. 279, 11c, ff. 32v-(35); BLb 614, 12c, f. 22r-v; BLd 83, ff. 32r-33v; CLM 210, f. 121r-(from Pliny II, 32-41, 83, 59-70); Bern 265, 10-11c, ff. 56r-59; VI 12600, 13c, ff. 26v-30v

Inter cetera animalia que ad dignitatis solacium ...
Laurentius Rusius, Hippiatria *or* Marescalia: VAu 252, 14-15c, 64 ff.; pr (Speyer, 1489)(Klebs 869; IAL R346); Paris, 1531; E. Narducci, Rendiconti Accad. Lincei, Cl. di sci. morali, I(1892), 432-34

Inter cetera domini Alberti Magni aquarum experimenta...
Albertus Magnus, De aqua vitae: Basel D.III.23, 15c, f. 59r-v; VI 5315, 15c, ff. 128r-133r(T II, 798, n.5); Kibre (1942), 245

Inter cetera domini Alberti Magni experimenta hec aqua describitur...
VA 4847, 15c, f. 256r(Speculum XXXIV, 245)

Inter cetera que ad usum medicine competunt ...
Gö Hist. nat. 30, 13c, ff. 8-13v

Inter cetera que dant animali esse...
Mi A.3.sup., 12c, f. 21r-v

Inter cetera que scripta sunt nichil tam...
Galen, De urinis: VAb 160, 11c, ff. 136r-138v (Beccaria 108.13); ed. H. Leisinger, Die lateinischen Handscriften Pseudo-Galens, 1925; Pohlmann, Kyklos, III(1930), 408

Inter cetera usum medicinalium aquarum...
De aquis medicinalibus: BMr 12.B.XII, 13c, ff. 202v-204v

Inter cetera veritatis philosophice(phisice) documenta...
I. Johannes de Sicilia, Expositio super canones tabularum Arzachelis sive Toletanarum: BN 7266, 14c, ff. 137va-220vb; anon. Ea Q.366, 14c, ff. 74-79v; BB XII(1879), 347; FLa 163 (238-170), 15c, 69 ff.; Björnbo(1912), 115. See 'Cum inter cetera phisice...'
II. Johannes de Saxonia, Canones super tabulas regis Alfonsii: FN II.ii. 316, 15c (T III,257, n.10)

Inter cetera volumina Hippocratis libros pronosticorum...
Petrus Hispanus, Expositio in pronostica Hippocratis: BN 6956, 14c, ff. 41r-56r

Inter ceteras artes est illa quam te non oportet ignorare...
BMad 22636, f. 37rb-. See 'Inter ceteras res ...'

Inter ceteras cognitiones (scientias)...
BMr 12.G.IV, 14c, ff. 138v-(139r); CUe 70, ff. 134v-137. See 'Inter ceteras res...'

Inter ceteras est illa quam te...
 VA 3180, ff. 36r-37.   See 'Inter ceteras res...'

Inter ceteras questiones que agitari solent in artis parve Galeni expositione...
 Nicolaus Leonicenus, De tribus doctrinis ordinatis secundum Galeni sententiam: pr Venice, II, 1524, ff. 1-29; with Turisanus, Plusquam commentum, Venice, 1557, ff. 241r-253v

Inter ceteras res est illa quam te non oportet...
 Ps. Aristotle, Secreta secretorum, section on Physiognomy: CLM 14383, 13c, ff. 11ra-va; OHI V(1920), 164; R. Foerster, ZB VI(1889), 10; Scriptores physiognomonici, II(1893), 183; AL 1380

Inter Ciciliam...
 See 'Inter Siciliam...'

Inter disciplinas mathematicas quibus neglectis ...
 Jacobus Faber, Epitome in duos libros arithmeticos divi Severini Boetii: pr with Jordanus Nemorarius et alia, Paris, 1496, f. 64r (Polain 2323; Klebs 563.1; IAL J425)

Inter diversos(omnes) res inferiores lapis...
 Petrus Peregrinus de Maricourt, On the magnet: BMe 2852, 14c, f. 126r; said to differ from text pr Augsburg, 1558. Other copies: BLd 75, f. 65; 193, f. 13

Inter duodecim signa...
 See 'Propositio prima.   Inter duodecim...'

Inter grata soles studii...
 Marcus Antonius Sabellicus, De rerum artiumque inventoribus: Trithemius f. 130v

Inter gravissimos ac flagitiosissimos errores...
 John Michael Albert of Carrara, De constitutione mundi: T (1929), 196, 222

Inter herbas absinthium virtutes fertur habere ...
 List of herbs (Absinthium-Zizannia): CUg 230 (116), 15c, ff. 158v-163r (pp. 284-303)

Inter humanas quas sollers...
 De utilitate et commendatione phisionomie: CLM 22300, 13c, ff. 34-(49r)

Inter maximas philosophorum(physicorum) ac mathematicorum difficultates...
 Johannes Marlianus, Questio de proportione motuum in velocitate: Clagett(1941), 29-30, 125-44; Pavia, 1482(Klebs 665.1; CR C-5). Text, 'Utrum proportio motuum...'

Inter maximos quondam habitus medicos Hierophilus...
 I. Cornelius Celsus, Epistula ad G. Julium Calistum: Laon 420, 9c; BN 6880, 9c, ff. 9r-11r; BMar 166(III), early 10c, ff. 6r-9r; Beccaria p. 418; pr Medici antiqui, Venice, 1547, ff. 85-87v (DWS MS); CML V(1916), 18-21
 II. Scribonius Largus, (introd.), Compositiones: CML V(1916)

Inter montana oppida que Mutinensi in agros...
 Franciscus Ariostus to Borso d'Este (December 1462) on oils etc.: pr Copenhagen, 1690, 79 pp.

Inter multa alia(autem) bona que antiqui patres sapientissimi...
 Hermes, De quindecim stellis: T II, 220, n.7; Diels(1906), 47; T (1947), 224-27; ed. L. Delatte(1942), 240-75; Carmody 56

Inter omnes antique(antiquos) auctoritatis viros ...
 Georgius Zothorus Zaparus Fendulus, Liber astrologie: T (1957), 139-40

Inter omnes impressiones...
 Cited by Oresme, Du ciel et du monde, BN fr 1082, f. 202c

Inter omnes libros astronomie non invenitur utilior...
 Messahala, De nativitatibus: BN 7324, 15c, ff. 73r-76v(TR 352d only to 76r); Carmody 36; Osiris 12(1956), 70

*Inter omnes philosophorum codices nullus eorum melior...
 Alterquinus(Alfraganus *or* Farabi?), Alchemy: BLcm 81, 15c, ff. 122-211(DWS 109)

Inter omnes priscae auctoritatis viros...
 Boethius, Arithmetic: ed. Friedlein, Opera, 1867, 1-173, from 4 Bamberg and 4 CLM MSS; Cambrai 928, 9c, ff. 4-55; BN 10251, ff. 3r-68rb; CUc 352, 9c, f. 3r-; CUpet 248, 11c, f. 2r-; Breslau R. 54, 11-12c, ff. 1-85; etc. pr Augsburg, 1488; etc.(Klebs 191.1; 192.1-2; IAL B743, 683-84); DES 25, 28; PL 63, 1079

Inter omnes res inferiores lapis qui...
 See 'Amicorum intime...'

*Inter omnes stellarum errantium...
 R. Wallingford(?), De eclipsi: Tanner

Inter omnes stellas sol emicat radios fortiores...
 Extractiones de libris fratris Alberti Teotonici naturalibus: BN 6524, f. 1r-

Inter omnia mundi huius labentis expetibilia...
 Alchemy: Delisle, III, 90a

Inter omnia omnium studia maxime. . .
Alchemy: BLd 164, 15c, ff. 53v-56v(DWS 719)

Inter omnia que de febribus scripta sunt nihil tam. . .
Ps. Galen, De urinis: ed. Leisinger, 1925; Diels (1905), 128; Puhlmann, Kyklos III(1930), 408

Inter omnia salia sunt autem salia meliora. . .
BLas 1448, 15c, pp. 166-168(DWS 576)

Inter opes operum deus est. . .
Alcadinus poeta Siculus, De balneis Puteolanis ad Henricum Imp.: pr De balneis 203r-208r

Inter opes rerum(partes operum) deus est. . .
Pietro da Eboli, De balneis Puteolanis: Ran 1474 (V.2.11), 14c, 21 ff.; VA 1528, 14c, f. 63; BLd 129, 15c, ff. 29v-(32v); Giacosa 397; Huillard-Bréholles, 'Notice sur le veritable auteur du poème, "De Balneis Puteolanis. . ."' Paris s.d., Extrait du XXIe vol. des Mém. de la Soc. des Antiquaires de France

Inter philosophos. . .
Ortholanus, De lapidis philosophice compositione: BU 169(181), 15c, item 5

Inter phisice considerationis studia lux iocundius. . .
John Peckham, Perspectiva communis: AFH 45(1952), 451-56; BN 7368, ff. 69r-108v; Ea F.395, a.1373, ff. 239-245; Q.385, 14c, ff. 172r-191v; 387, 14c, ff. 29v-41v; FLa 1467, 14c, ff. 1ra-26ra; etc. pr (Milan, 1482/3)(Klebs 738.1; IAL J355; AFML 343); anon. Prag cap.1272 14c, ff. 21-32; 1284, 14c, ff. 65-94; Wo 2458, 14c, ff. 209-228; VI 2432, 14c, ff. 1-21; Kingsford, Brit. Soc. of Franciscan Studies, II(1901), 1(Schulz)

Inter Platonis et Ciceronis libros quos de re publica. . .
Macrobius, Comm. in Somnium Scipionis: ed. F. Eyssenhardt, 1893; T I, 544; Klebs 638.1-5; IAL M4-9; AFML 291

Inter plura capitula. . .
Engelbert, Comm. Ps. Aristotelis de mundo: Pez I, i, 433; ZB IV(1889), 510; Fowler 184

Inter quatuor mathematicas disciplinas. . .
Comm. Alexander de Villa Dei, Algorismus: BN 14070, 15c, ff. 81ra-92va

Inter scientias omnium nobilissimas. . .
al-Battani, De scientia astrorum: Nallino's modern Latin tr 1904.   See 'Inter universa. . .'

Inter septem planetas per zodiacum. . .
Petrus Alphonsi, De dracone, tr Walcher of Malverne: T II, 68; Haskins 116

Inter Siciliam autem et Calabriam. . .
Jordanus Catalanus, Mirabilia descripta: HL 35, 271-77

Inter terram et lunam tonum esse pronuntiant . . .
BLll 118, c.1100, f. 90r

Inter theologos Christiane secte et philsophos. . .
Galeotto Marzio, De incognitis vulgo: BN 6563, ff. 1r-80r(T IV,401)

Inter universa liberalium artium studia. . .
Plato of Tivoli, pref. tr Albategni(al-Battani), Liber de scientia astrorum: ed. Nallino(1904) (Haskins 11, n.31); Spec. astron. cap.2; BLd 40, 13c, ff. 116-(145v); Carmody 130; Mi H.109, sup., ff. 311-112v (or 114v?).   Text, 'Machometus Tinen filius. . .'

Inter universas geometrice speculationis figuras . . .
Thebit, De figura sectore, different tr from Gerard of Cremona: BMh 1, 14c, ff. 22r-23v; Carmody 123; Carmody (1960), 151, 163-64

Inter utiliores vias. . .
Tabula quadripartiti Ptolomei: FLa 128(202-134), 15-16c, ff. 2-68

Inter vegetabilia. . .
De vegetabilibus et sensibilibus: CU Kk.VI.30, ff. 106r-108r

Interdum hoc apostema tendit ad resolutionem . . .
Petrus de Tussignano, De apostematibus vulneribus et ulceribus: VAp 1251, 15c, ff. 160r-191r

Interea moneo te medice sicut et ego monitus sum a magistro meo. . .
Hippocrates(?), Epistola: Beccaria p. 418; Osiris X(1952), 204; BHM 26(1952), 23, n.36

Interiorum membrorum corporis. . .
Directorium anathomie: Ea Q.185, 13-14c, f. 243.   See 'Galieno testante in Tegni. . .'

Interiorum membrorum omnium positiones. . .
Treatise on human anatomy: BMr 12.E.VIII, 13c, ff. 52r-(53v)

Interpretatio ponderum et mensurarum secundum Dioscoridem. . .
Laon 418, 14-15c

Interpretaturi in presentiarum has descriptiones divi Iohannis Mesue. . .
Johannes Jacobus Manlius de Bosco, Luminare maius super Mesue Antidotarium et Practica: pr Pavia, 1494; Venice, 1496; etc.(Klebs 662.1-4; AFML 304, 305; IAL M179-182); Venice, 1566

Interrogandum est de concurrentibus septimane diebus...
  CLM 10270, 11c, ff. 11r-12r; BNna 229, 12c, ff. 14v-16v

Interrogasti a quibusdam(quodam) Socrates...
  Bernard Gordon: VI 2338, a.1322; 2864, 14c, ff. 2-363. See 'Interrogatus a quibusdam...'

Interrogasti me de differentia spiritus et anime
...
  Costa ben Luca, De differentia spiritus et animae, tr Joh. Hispalensis: AL pp. 94, 197, cod. 590, ff. 1r-3r; VA 817A, 13-14c, ff. (62v)-64v; VE VI. 33, 13c, f. 278v-; CUg 452, c.1300, f. 298v; CU Ii.II.10, 14c, f. 229-

*Interrogasti me honoret te deus de differentia...
  Costa ben Luca, prol. De differentia animae et spiritus, anon. tr: AL pp. 94, 197, cod. 523; Beiträge XVII, 5-6 (1916), 249; C. S. Barach, Innsbruck, 1878, pp. 120-39; T I, 657; CUg 109, 13c; CUg 506, 14c, f. 261(Atk); Graz 1385, 14c, ff. 26v-32r; Yale Aristotle MS, 13c, ff. 200r-206ra. Text, 'Spiritus est quoddam...'

*Interrogasti me honoret te deus illustrissime fili Philippe de Melduno...
  Alexander de Alexandria, dedic. Comm. De anima: Oma 80, ff. 68ra-160rb; VE fa 260 (X.70), 14c; Alexander (of Hales): pr Oxford, 1481: GW 869(Schulz); Klebs 46.1; IAL A347

Interrogatio an inter demones impugnationis ordo...
  De eo quod non singuli daemones universas hominibus ingerant passiones: Subiaco 162, 10c, f. 76

Interrogatio de infirmo...
  Gö theol. 124, 14c, f. 137(Zi 4041)

Interrogatio in qua feria...
  CLM 14070, 10c, ff. 17v-19v(Zi 12115)

Interrogatio nobilis viri domini Uberti marchionis...
  Iudicia Girardi de Sabloneta Cremonensis: VA 4083, ff. 3r-37r

Interrogatio quare si venter inferior reumatizat
...
  Problemata vetustissima: Brux 2419-2431, 12c, ff. 86r-87r

Interrogatio quomodo crescunt...
  Zeitrechnung: CLM 14569, 11c, f. 32v(Zi 12116)

Interrogationi tue de secretis nature amice dilectissime prout brevius possum...
  Raymundus, Epistola: Oc 185, 15c, ff. 72-77v

Interrogationi vestre de secretis nature...
  Roger Bacon, Liber de secretis nature: DWS 200; CU 1255(Ff.IV.12), a.1528-29, ff. 320r-328r; Epistola Clementis ad Petrum: Palermo 4.Qq. A.10.46-66; anon. Expositio epistole Clementis: CU 1338(Ff.VI.50), 15c, ff. 46v-47r; anon. BMsl 1754, 15c, ff. 193v-197r; BU 474(830), 15c, ff. 81r-82v

*Interrogatus a quibusdam(quodam) Socrates quomodo posset...
  Bernard Gordon, prol. Lilium medicinae: HL 25, 325-28; BN 6964, a.1303-1305, at Montpellier; CUsj 180(G.12), a.1312, ff. 1r-204v; CLM 13019, a.1313, ff. 1ra-110vb; VI 2338, a.1322, 99 ff.; BMr 12.D.XIII, 14c, ff. 17-(106); Vendôme 238, 14c; PA 979(16.B.L), 14c, ff. 25-(112); AFML 497, a.1349, 147 ff.; 498, a.1419: pr Naples, 1477, etc.(GW 4080-84; Klebs 177.1-5; AFML 111a-115; IAL B386-89); Venice, 1521; etc.

Interrogatus fueris de latrocinio...
  Astrology: BMsl 636, 15c, ff. 112-121

Interrogatus Sorvales(*sic*)...
  Tract. medicinalis, written 1304 at Montpellier: Serapeum 26(1865), 73

Intervalla eorum a terra multi indagari temptarunt...
  Distance of planets: BN 2236, 10-11c, f. 2v

Intervalla eorum que ad terra(m) multi...
  BLll 118, c.1100, f. 90r

Intervallum a terra ad lunam musica ratione...
  Saxl(1953), 315

Intra cum centro equato cuiusvis trium...
  Tabula latitudinum trium superiorum planetarum cum canone: BLlm 594, 14c, ff. 82-84; BN 7316a, 14c, ff. 164ra-b, 171v-172r; T (1957), 136

Intra datum circulum date recte linee...
  CLM 23511, f. 1(Schulz)

Intra datum cubum corpus quatuor bases...
  Afsicolaus, Pars secunda que dicitur esse XV Euclidis: BN 7216, 15c, ff. 106r-107v

Intra in hanc tabulam cum gradibus distantie inter solem et lunam...
  (Note on) Tabula astronomica: CUg 388(608), c.1400, f. (12)r, lower mg

Intra in tabulam lunaris...
  See 'Modus operandi pro eclipsi lune...'

Intra tabulam eclipsis lune...
  See 'Postquam novas tabulas eclipsium...'

Intravi die quadam domum Senioris...
  Zosimus, Alchemical tract: Artis auriferae,
  I(1593), 246-77; Steinschneider(1906), 57

Intravi ego et Oboel(Ebeel) charissima barba
in...
  Senior, Tabula chimica: VI 5477, 15c, ff. 17r-
  37v; Ze V, 193-239

Intrinsecorum cause principiorum diversos motus...
  B. Subronus, Lucidarius: VAp 1208, 15c, ff. 1r-
  72r(ColR 181)

Introducendis ad practicam de medicinis...
  BLd 79, 13c, ff. 82r-(105v); BN 579, f. 31; Gö
  A.N 30, 13c, ff. 14-17v

Introducendis in practicam ex nullo libro...
  Aegidius of Corbeil, prol. Libri de laudibus et
  virtutibus compositorum medicaminum. Text,
  'Que secreta diu noctis...'

Introducendis practicam(medicine) primo...
  Bartholomaeus (Salernitanus), Practica: Mon
  318, 12-13c, ff. 14-38, incomplete; Archiv
  II(1909), 10; anon. BNna 733, ff. 1r-40v; BEC
  62(1901), 576

Introductiones appellantur indebite que prima
...
  Arnald of Villanova, Introd. Medicinalium *or*
  Speculum. Text, 'Medicina est scientia cog-
  noscendi...'

Introductiones in arte musice. Primo viden-
dum...
  Johannes de Garlandia, Introductio musice:
  Coussemaker I, 157-75

Introitum lune in quodlibet duodecim signorum
...
  Prosdocimo de'Beldomandi, Canon ad inveniendum introitum lunae in quodlibet duodecim signorum in zodiaco: BB XII(1879), 214-15

Introitus huius libri 28 iudicum talis est...
  Liber parcarum sive fatorum: BMsl 3281, 13-14c,
  ff. 27ra-36vb

Inveni enim extractum de libro suo in interrogationibus...
  Messahala, De interrogationibus, extract: CUcl
  15, a.1280, f.67v(Atk); Metz 287, 14-15c, f.
  151ra

Inveni in pluribus locis...
  Girgit, De mansionibus lunae: Oma 182, f. 122v;
  Steinschneider(1906), 23-24. Actually these
  words occur at f. 82(122)vb in the middle of the
  text, which begins at f. 82(122)va. See 'Nunc
  incipiam...'

Inveni inquam pluribus libris algorismi nuncu-
patis...
  Prosdocimo de'Beldomandi, Algorithmus: BB
  XII(1879), 41-59; GW 3799; Klebs 167.1;
  IAL B262

Inveni martem infortunatum et infectorem
existentem...
  Giov. Bianchini, De modo operandi per tabulas
  de aspectibus et proiectionibus radiorum: BLcm
  517, 15c, ff. 111rb-115vb

Inveni quod volebam et fuit lapis...
  Johannes de Mor' Mortuo, comm. Roger Bacon,
  Clavetus: CUt 1363, 15c, f. 93r-v(DWS 214)

Inveni superficiem planam latam atque rectis-
simam...
  Giovanni da Fontana, De trigono balistario:
  BLcm 47, 223 fols. (T IV, 155); Isis XIV(1930),
  221-22

Invenias primo gradum ascendentem et altitudinem...
  Lewis Caerlyon(?), De compositione tabularum
  diversitatis aspectus: CU 1017(Ee.III.61), 15c,
  f. 143v; Kibre(1952), 105(5)

Invenias primo medium motum solis ad tempus
...
  VA 4425, f. 302ra

Invenienda igitur subtilissime inventionis...
  Hermannus Contractus: BLb 625, 13c, ff. 120-
  (127). See 'In metienda...'

Invenies mediam coniunctionem solis et lunae
...
  FNcs I.V.9, 14c, ff. 38r-39r Björnbo(1912), 125

Invenimus(quod) visum quando inspexerit luces
fortes...
  Alhazen, Optica: BMr 12.G.VII, 14c, ff. 1r-
  (102r); BB IV(1871), 7; CUt 1311, 13c, ff. 1-
  165r; Bruges 512, 13c, ff. 1-113; Carmody 140;
  AL 123; ed. Risner, 1572

*Invenit quidam ex sapientibus...
  Nicholas of Lynn, De planetarum domibus:
  Tanner

Invenit quidam vir ex sapientibus...
  Messahala, Liber coniunctionis et receptionis *or*
  De receptionibus, etc. tr John of Seville: Osiris XII
  (1956), 50-53; CUcl 15, c.1280, ff. 50-55v;
  BMsl 2030, 13c, ff. 31v-40v; Carmody 27; pr
  with Ptolemy, Quadripartitum, Venice, 1484;
  1493, ff. 143r-148r(Klebs 814.1-2; IAL P994-
  95)

Inventa coniunctione luminarium. . .
    Doctrina ad inveniendum eclypsim solis et lune:
    VAp 1414, ff. 140v-141r; Delisle III, 89b

Inventatoris metallorum transmutatione secundum naturam primo. . .
    Hermes, Liber secretorum: FR 940, 15c, ff. 24v-
    27r. See 'Inventor transformationis. . .'

Inventio dierum in annis Christi collectis. . .
    Tables of Toledo: Björnbo(1912), 116,123

Inventis centris et argumentis mediis alicuius
planete. . .
    BMar 66, c.1490, ff. 264r-266v; Saxl(1953), 91

Inventor autem primus istius artis vel scientie
mechanice alkimie. . .
    Primi inventores huius artis: BU 168(180), 15c,
    ff. 13v-14v

Inventor transformationis secundum naturam
metallorum fuit magnus Hermes. . .
    Hermes, Secreta: Brux 4275, 14c, ff. 119-122v
    (Silvestre); FR 847 (L.II.XIII), 15c, ff. 72(49)v-
    73(50)v; in both MSS the text incipit 'Sciendum
    est quod septem sunt planete. . .' follows

Inventorem utique scientie huius divine simul
cum huius. . .
    Alchemy: BMh 5040, 15c, ff. 49v-50(DWS 663)

Inventum Ptolomei. . .
    Canon Ptolomei et Pictagore: Budapest 59, 14c,
    ff. 19v-20

Investigantes(?) chilindri horologii s. viatorum
sumatur lignum maxime solidum. . .
    VI 5239 et 5239*, 14-15c, ff. 8*r-10*v

Investigantibus astronomiam primo sciendum
occurrit. . .
    Canones astronomie: BLb 625, 13c, ff. 86-119;
    BN 16656, 13c, ff. 3r-35v

*Investigantibus astronomie rationes ponendum
est. . .
    Robert Grosseteste(?), Astronomia *or* Theorica:
    Thomson 235, des '. . . est dimidium momen-
    tum!'; Beiträge IX(1912), 61*, n.1; anon. Ea
    Q.357, 13c, ff. 114v-120 (Zi 7813), des '. . .
    promovendus cetera ut superius'

Investigantibus autem astronomie homines(*sic*)
primo ponendum est. . .
    Theorica planetarum: BN 7298, ff. 107va-111vb;
    Duhem III(1915), 316, des '. . . vel meridiem
    per ea que hic dicta sunt'

*Investigantibus (nature) chilindri compositionem
(dispositionem) quod dicitur horologium. . .
    De compositione chilindri *or* Horologium via-
    torum: T III, 211, n.34; Thomson 246; BLlm
    171, 13c, ff. 145-148; CU 1705 (Ii.I.13), 14c,
    ff. 94v-95v; Yale astron. MS, ff. 137r-139ra;
    Saxl(1953), 392; Zi 3841-52. See 'Sumendum
    est lignum. . .'

Investigantibus nobis practicam. . .
    Practica astrolabii: Ea Q.316, 13-14c, ff. 36-38

Investigantibus quadrantis compositionem primo
accipiatur quarta pars. . .
    CUsj 162, 13-14c, ff. 73v-74; Os 188, f. 99vb
    (first 8 lines only; 100r is blank; TR 365)

Investigatione(m) huius nobilis(sime) scientie ex
continua. . .
    Geber, introd. De investigatione magisterii: BU
    138(104), 15c, ff. 287r-291v; FR 1164
    (L.III.32), 15c, ff. 50r-59v; FR 1165, 15c, ff.
    37v-39v; UP 1, 15c, f. 2r-; Mon 493, 15c, ff.
    254v-258r(Corbett II,132); CLM 2848, a.1531,
    ff. 90v-97r; Steinschneider (1906), 20; pr Trac-
    tatus de alchemia(1541), 1-19; (1545), 1-15;
    Verae alchemiae, I, 112-18; Manget I, 558

Investigationis gradus ascendentis nativitatis est
duplex modus. . .
    John of Saxony(?), Nativity of 1333: T III, 267;
    VI 5296, 15c, ff. 23-24v(Zi 3325)

Investigatis questionibus ascendentis in nativitate humana. . .
    Astrol.: CUt 1418(O.IX.6), 15c, ff. 122r-124r

Invisibilia dei per ea que facta sunt a. . .
    Gundissalinus, De processione mundi: Beiträge
    XXIV, 3(1925), 1-59; CUg 504(271), 13c, ff.
    169-178v; VA 2186, ff. 1-8rb(TR 277b), 20r-
    23v; AL 34, 72 etc.

Invisibilia dei si enim mirabiliter. . .
    Variant for the foregoing

Invocato Christi nomine porrite intentionem
vestram. . .
    Alchemy: BMh 2558, f. 151r-

Involutio sphere. . .
    Aratus, De sphaera. See 'Hic est stellarum ordo
    . . .'

Iohannes Damascenus Atheniensis theologus
velut alter. . .
    Salomon, pref. De lapide minerali. Text, 'Ars
    nostra non. . .'

Iohannes Damascenus tradens quosdam canones
. . .
　　Isidorus, Comm. in Aphorismos Joh. Damasceni:
　　CUpet 140, 13-14c, II; CUg 59(153), 14c, ff.
　　1-56v; Mon 182, 14c, ff. 223r-244v; anon. VAp
　　1144, ff. 1r-36v

Iohannes de Burgundia doctor phisicus dixit de
ipodemia(*sic*). . .
　　CUt 1144(O.II.40), 15c, f. 110v-

Iohannes in libro de celo et mundo ad Alexandrum scribens. . .
　　Chiromantia: Nuremberg Oct. 339, 15c, f.
　　1(Schulz)

Iohannes Salicetus dictus mechinger. . .
　　Pest tract: Archiv XVI, 3-5

Iohanni Marliano mathematico et in toto. . .
　　George Valla, dedic. tr Alexander of Aphrodisias,
　　Problemata. Text, 'Problematum quedam. . .'

Iohannitius artis medicinalis principia. . .
　　Bartholomaeus de Brugis, Comm. Johannitius,
　　Isagoge to Galen, Liber Tegni. Prol. 'Rectus
　　ordo doctrine. . .'

Iohannitius in libro de animalibus apud antiquos. . .
　　Diascorides, De physicis ligaturis: BMsl 3848,
　　17c, ff. 36-40; CUad 4087, 14c, f. 245v, in
　　midst of the work which begins at 244v. See
　　'Nemo equius. . .'

Iohannitius medicinalis artis. . .
　　See 'Iohannitius artis medicinalis. . .'

Iovis imago fit exeunte eo in cancro qui est
exaltatio. . .
　　De imaginibus VII planetarum: BN 7337, pp.
　　53b-56b

Ipsa visibilia dei per ea que facta. . .
　　See 'Invisibilia dei. . .'

Ipsius igitur auxilio devotius invocato. . .
　　Johannes Malverne, De remediis spiritualibus et
　　corporalibus contra pestilentiam: BLd 147, 14c,
　　ff. 53v-(56v); BMsl 59, 15c, ff. 186-189, without
　　the introduction. Introd. 'Nuper fuit quedam
　　cedula. . .'

Iris est impressio generata ex nube. . .
　　De iride rore pruina: Ea F.346, early 14c, ff. 17-
　　18v

Isaac filius Salomonis Israelita segregavit sibi. . .
　　Isaac, Liber de elementis: Ea F.335, 13c, ff. 50-
　　61; AL 123

Isagoge magistri Abrahe ducis seu principis
notati. . .
　　Abraham ibn Ezra, Liber introductorius ad
　　iudicia astrologiae, tr Henri Bate: G. Wallerand,
　　Les philosophes Belges, XI(1931), 17; Glorieux
　　I, 410; Leip 1466, ff. 37r-49v(T 1944aa, 296)

Isocrates in exhortationibus suis. . .
　　Plato, Timaeus, tr Chalcidius with his Comm.: ed.
　　Joh. Wrobel, Leipsig, 1876(Schulz)

Isope ist gut ob dir geburt. . .
　　De virtutibus quorundarum herbarum vel radi-
　　cum: VI 1118, 14c, ff. 80v-82r

Isoperimetra sunt quorum latera. . .
　　Jordanus, De isoperimetris propositiones septem:
　　VI 5203, 15c, ff. 142r-146r; Björnbo(1903),
　　243; Zi(1938), 221, says '8 Lehrsätze'

Isoperimetrorum isopleurorum rectilineorum et
circulis contentorum. . .
　　De ysoperimetris (comm. septem propositiones
　　Archimedis?): BLd 174, 12c, ff. 178v; Ma
　　10053, 13c, ff. 40rb-43vb(Millás 1942, 187-88);
　　Basel F.II.33, 14c, ff. 107r-108r(TR 293b);
　　Björnbo(1909), 393; (1912), 219; CU
　　Mm.III.11, 15c, ff. 195-(197); ZB 16(1899),
　　265

*Ista ars hac intentione est compilata ut medicus
. . .
　　Raymond Lull, Ars compendiosa medicinae:
　　Salzinger I(1721), 7

Ista ars sive scientia dicitur ciromantia a ciros. . .
　　Liber ciromancie: VI 3059, 15-16c, ff. 123r-
　　126v

Ista ars vocatur compotus i.e. computatio vel
numerus. . .
　　Gerlandus, Prol. Computus: Troyes 1558, 12c,
　　f. 2r-; HL XII, 278. Text, 'Sepe volumina. . .'

Ista convertuntur proprie(?) videlicet esse et. . .
　　Thomas Hispanus, Questiones entis: VA 2190,
　　14-15c, ff. 1r-62v

Ista dictio sequens pertinet ad mundanam
musicam. . .
　　BLb 515, 15c, f. 1-

Ista differentia dividitur in 16 partes. . .
　　John of Saxony, comm. Alcabitius, Glosa super
　　quartam differentiam: BN 7324, 14c, ff. 59r-67v
　　(TR 352c has only f. 59r)

Ista domina patitur cancrum ulceratum. . .
　　Brux 3212, a.1470, ff. 201rb-vb; 229ra-va

Ista duo regnantur longo tempore ad sui digestionem pro tanto...
Magister Remedius, Glose super versus Egidii Casinensis monaci: VA 4439, 14c, ff. 21r-24vb

Ista enim clarior est quam aqua rosacea...
De virtutibus aquae vitae: Ea Q.223, 14c, ff. 154-156

Ista est nona pars libri Almansoris in qua determinatur de omnibus egritudinibus...
Silanus de Nigris, Comm. Nono Almansoris: pr Venice, 1483(Klebs 946.2; IAL R176)

Ista est practica totius magisterii...
Raymond Lull, Tract. scrutationis seu investigationis secretorum: VI 5485, 15c, ff. 111r-116v (HL 29, 378; T IV,639)

Ista est prima pars istius libri...
Franciscus de Mayronis, Super octo libros Physicorum Aristotelis: pr with Antonius Andreae, Tria principia etc., Ferrara, 1490(Klebs 66.2; IAL A527); Venice, 1517, 1542(HL 36, 328, knows no MSS of it)

Ista est quarta fen primi canonis Avicenne...
Hugh of Siena, Super quarta primi Avicennae cum annotationibus quibusdam Iacobi de Partibus et aliorum: pr Pavia(1478); Venice, 1485; etc. (Klebs 997.1-4; IAL H475); Hugo, 1517; Avicenna, Canon, 1523, II; Lockwood(1951), 215

Ista est quinta et ultima pars principalis huius totius...
Johannes Matthaeus de Gradibus, Expositio super XXII fen tertii canonis Avicenne: pr Venice, 1523, V. Dedic. 'Cum sepe mecum animo cogitarem...'

Ista est ratio vel computus novilunii per tabulam Salomonis...
BL can. ital. 38 (20090), a.1456, f. 1v-

Ista est secunda pars...
Raymond Lull, Investigatio secreti: BU 270 (457), V, 1,127(T IV,640); Budapest 202, 15c, ff. 69b-72; DWS 254

Ista est tertia pars que est de practica huius secreti...
Raymond Lull, Practica secreti occulti: T IV, 54, 639-40; DWS 252

Ista est via vera...
Practica(alchemy); VAb 273, f. 258r

Ista fen secundum quosdam ita continuatur ad precedentem...
Gentile da Foligno, Expositio super fen secunda libri primi Canonis: pr Venice, 1523, Vol. I

Ista figura demonstrat creationem rerum omnium tam superiorum quam inferiorum...
CLM 11067, f. 198v-199r: Figure lacking, text in German; 'Eine höchst wundersame Schrift' (Curtze, 1897); Isis 19(1933), 495

Ista figura docet in qua hora singulis diebus quilibet planetarum...
Calendar: CLM 13076, a.1356, ff. 2r-10v

Ista fuerunt determinata a lectore...
Raymundus de Biterres, comm. De longitudine: Cesena sinis. VI, 5, ff. 161v-163r(AL 1293)

Ista igitur summa eorum que dicta sunt...
Averroes, Compendium De memoria: AL p. 221

Ista minutiarum presens ars dicitur in qua...
Algorismus fractionum sive minutiarum: CU 2327(Mm.III.11), 15c, f. 18v

Ista nobilis domina iam sunt duo anni incepit...
Hugh of Siena, Consilia medicinalia: Brux 3211, a.1470, ff. 202vb-205va(Silvestre); anon. VAp 1115, ff. 210r-227v

Ista nobilis domina patitur dolores circa pectem ...
Hugh of Siena, Consilia: Brux 3211, a.1470, ff. 199ra-201rb

Ista nobilis domina Vicentina iam tribus vicibus passa est...
Hugh of Siena, Consilium contra quedam accidentia evenientia propter retentionem menstruorum: CLM 339, 15c, ff. 41r-44v; Lockwood 202, ed. 298-300

Ista nocent capiti lac caseus et omnia...
Arnald of Villanova, De nocentibus et conferentibus membris: VAp 1177, 15c, ff. 182v-184v; opens second paragraph, edition of 1504. See 'Est sciendum breviter...'

Ista notabilia extracta sunt a libro Metheororum ...
See 'Dicit ergo Aristoteles...'

Ista propositio colligitur ex dictis Albuguefit...
Gentile da Foligno, Super 2° Canon. Avicenne. Prol. 'Cognitione virtutum...'

Ista propositio licet de se sit nota...
Comm. Albertus, De secretis mulierum: VA 4456, ff. 1-25r

Ista propositio scribitur...
Expositio in Aristotelis locum: VI 5371*, 15c, f. 19ra. See 'Homo generat hominem...'

Ista propositio scripta est a Platone...
See 'Humana natura est grandis...'

Ista propositio scripta est a vernerabili magistro Egidio...
> Lectura super versus Egidii de pulsibus: CUpet 140, 13-14c, III, f. 127

Ista propositio scripta est ab Isaac...
> Johannes de Burgundio, comm. (Isaac), De urinis: Os 172, 15c, ff. 270v-(303)

Ista que secuntur pertinent ad viam Alberti...
> BMh 3542, 14c, f. 35v-

Ista questio difficilis est multum propter diversitatem...
> Nicoletus Theatinus, Quaestio est an caelum sit animatum: VE VI.149(XI,23), 15c, ff. 83-84

Ista questio disputata fuit a magistro Iohanne de Parma...
> VA 4451, membr. (Af">o II,48 NS), ff. 1r-8rb

Ista questio unum supponit et alterum querit...
> Nicolaus Bennet de Smalkaldia, De anima: Bern 507, a.1455, ff. 1r-86v

Ista quinque capitula que sequuntur sunt fructus et virtus libri Alboali...
> Dabessi Alboali, De divisione quatuor elementorum: Brux 4271, 14c, ff. 99v-103(Silvestre)

Ista regula infrascripta datur de lineis que oriuntur...
> Raymond Lull, De cura individuorum: VA 5847, c.1500, ff. 30r-58r (T IV,634); Art ancien 14, 15c, f. 18-

Ista rota dicitur spera id est dispositio totius mundi...
> BN 7349, 15c, f. 5r

Ista scientia de motibus speris et circulis planetarum...
> Comm. Gerard of Cremona, Theorica planetarum: BN 7333, ff. 54v-63r

Ista scientia dicitur ciromantia a ciros quod est manus...
> Chiromantia: BN 15125, 14c, ff. 57v-59r; BE 909, 15c, ff. 237v-238r(Schulz)

Ista sequens rotula docet inventionem quis planetarum regnat qualibet hora diei...
> Tabula planetarum: Graz 275, a.1440, ff. 10v-11

Ista spera docet de quacunque re scire...
> Sphaera fortunae: CUt 1109(O.II.5), 14c, ff. 392-393

Ista stella duo sine fallacia(?) significare perhibetur...
> Henry Sutton, Prognostication for 1472: BMh 220, ff. 74v-75r(T IV,428)

*Ista subscripta sequerentur post cap. de hiis que expellunt...
> Roger Bacon(?), De expulsione veneni: Grey Friars

Ista sunt duodecim experimenta de corio serpentis...
> Johannes Paulinus, Experimenta. See 'Cum ego Iohannes Paulinus...'

Ista sunt que nocent oculis super omnia...
> Budapest 342, 15c, ff. 42v-49

Ista tabula docet de eclipsi lune quo...
> Tabula eclipsium: CUt 1109(O.II.5), 14c, f. 42v(Atk)

Ista tabula docet qualiter (et quotiens) omnis planeta dominatur...
> Tabula de horis septem planetarum ad medicos: CUt 1109(O.II.5), 14c, ff. 387-388; BLlm 497, 15c, f. 122r

Ista tertiana est puto propter anticipationem...
> Sulko von Hosslka, Regimen in febribus: Leip 1182(ed. Archiv II,48)

Ista verba possunt dupliciter considerari. Primo possunt...
> Comm. Anianus, Computus: pr (Lyons, c.1492); AFML 41; Klebs 71.07; IAL A649

Istam propositionem scribit Ptolomeus in sapientiis Almagesti...
> John of Saxony, Expositio in Alchabitii de iudiciis astrorum: VA 2880, 15c, ff. 32ra-51vb

Istam veram scientiam quam ex libris...
> Geber, Summa perfecti magisterii: CUc 99, 15c, pp. 35-36 (ColR 117b). See 'Totam nostram scientiam...'

Istarum autem figurarum octo sunt paris numeri...
> Geomancy: VAb 335, a.1459, ff. 12-61v, acephalous? (Silverstein)

Istas triplicitates (in accompanying Table) diversi astrologi diversimodo...
> BMsl 636, 15c, f. 93v

Iste aforismus habet expositionem confusam in qua omnes...
> Gentile da Foligno, Expositio super Aforismo (Hippocratis): pr Venice, 1520, ff. 103va-104va

Iste autem Hermes a nostris antecessoribus dictus...
> Ex libro Dabessi de secretis Hermetis: BU 303 (500), 15c, ff. 217v-218v

Iste canon docet declinationem stellarum fixarum et planetarum...
> John of Glogau: VAr 1115, ff. 115-205r

Iste canon extractus a canonibus...
> Abu Jafar Ahmed ben Yusuf ibn Kummed, Astronomia, tr John de Dumpno, Palermo, 1260: Ma 10023, 14c; Millás(1942), 231-247

Iste characteres omnis qui secum portaverit...
> FLa 130(204-136), 14c, f. 26v

Iste computus est...
> Kremsmünster 69, 14-15c, f. 99v(Zi 12117)

Iste ergo liber dividitur in theoricam et practicam...
> Arnald of Villanova, introd. Rosarius: DWS 233

Iste est libellus editus a doctoribus...
> Arnald of Villanova, comm. Regimen Salernitanum: pr (Turin *or* Piedmont, 1474): Polain 3321; Klebs 99.1; IAL A959; with Aristotle, Sec. Secretorum: Klebs 96.5; IAL R53-57; Opera, 1504, f. 143v; Lyons, 1520, ff. 130v-150r; HL 28, 60-61; with Regimen sanitatis Salernitanum: Klebs 829.1; IAL R53; Yale 151, copy 1-2

Iste est liber Aforismorum Ypocratis in quo intendit...
> Hugh of Siena, Expositio super aphorismis Hippocratis: pr Venice, 1517. Pref. 'Precedentis anni lucubrationum...'

Iste est liber Aristotelis De celo et mundo intitulatus tenens...
> De celo (new tr?) with comm. ad libros I, II, IV: AL 1928, 1930

*Iste est liber Aristotelis intitulatus de celo et mundo in quo determinat de toto...
> Comm. De coelo et mundo: BLe 230, ff. 65v-88r; Tanner; Thomson 258

Iste est liber Aristotelis phisicorum id est de phisico...
> (Christophorus de Reganato?), comm. In Aristotelis libros de physico auditu: BLcm 279, 15c, ff. 128-(215)

Iste (est) liber arithmetice qui receptus est...
> Thomas Bradwardine, Comm. de arithmetica: VI 4953, 15c, ff. 36r-61v; VI 4951, a.1501, ff. 273r-305v

Iste est liber de anima Aristotelis...
> Comm. De anima: Hain 13642, f. 149v(Klebs 317.1; IAL Q6)

Iste est liber de celo (et) mundo Aristotelis...
> Eberhard de Amorsfordia et Joh. de Nurtingen, Comm. De caelo et mundo: GW 9184; Klebs 384.1 (not in IAL)

Iste est liber de generatione et corruptione Aristotelis intitulatus...
> De generatione (new tr?) cum commentario: AL 1929, 1930

Iste est liber de generatione et corruptione in quo...
> (Grosseteste), comm.: Thomson 258; anon. Questiones de generatione et corruptione: Bruges 489, 13-14c, ff. 1-5r

Iste est liber de generatione quem inter alios...
> VAu 1489, 14-15c, f. 104-

Iste est liber de memoria et reminiscentia qui prima sui...
> Johannes de Mechlinia, Comm. Aristotle, De memoria et reminiscentia: pr Cologne, 1491 (Parva naturalia, Klebs 92.2; IAL A910)

Iste est liber de sensu et sensato qui primus est inter...
> Johannes de Mechlinia, Comm. De sensu et sensato: Cologne, 1491 (Klebs 92.2; IAL A910); anon. AL 1927, 1930

Iste est liber de sompno et vigilia in quo agitur de animali...
> De sompno (new tr?) cum comm.: AL 1927, 1930

Iste est liber de vita et morte Aristotelis qui prima...
> Comm. De vita et morte Aristotelis: pr with Problemata: (Cologne, 1493) (Klebs 95.23; AFML 50; IAL A929)

Iste est liber de quo multos sensus adiunxi...
> Albohazen Haly filius Abenragel, prol. In iudiciis astrorum: CLM 228, 14c, ff. 99r-120v: See 'Duodecim sunt signa in celo similia...

Iste est liber in quo exposui omnes significationes...
> Albohali, De nativitatibus, tr John of Toledo, a.1153: BMr 12.C.XVIII, 14c, ff. 2-9v (incomplete); BLlm 594, 14-15c, ff. 94rb-105vb; Speculum 34(1959), 32; Carmody 50-51, tr John of Seville: but no tr named in most MSS nor in Spec. astron. (Borgnet X,638)

Iste est liber metheororum in quo intentio Aristotelis...
> Jacobus de Sicilia, Super Aristotelis Metheororum libros duo: BLcm 424, 15c, ff. 84-(152)

Iste est liber perigeneos de generatione...
  See 'Utrum in corruptione substantiali...'

Iste est liber phisici qui continet octo libros partiales...
  Comm. Aristotle, Physics: BN 6749C, 15c, ff. 1r-93r

Iste est liber phisicorum Aristotelis...
  George of Brussels, Comm. Physics, a Thoma Bricot emendata: Polain 1572; Klebs 455.1-4; IAL G135

Iste est liber phisicorum primus cuius...
  Comm. Physics, tr Henr. de Oyta: AL 1003

Iste est liber quartus cuius intentionem et divisionem optime...
  Hugh of Siena, Expositio super prima Fen Quarti Canonis Avicenne seu de febribus: Lockwood (1951), 215-16; pr Pavia, 1498(AFML 108; Klebs 999.1; IAL H473); 1517

Iste est liber qui vocatur Rosarius eo quod ex libris...
  Arnald of Villanova, Rosarius s. Thesaurus thesaurorum: Marburg B 18, 15c, ff. 94-131; Wo 3586, 15c, ff. 47-78(Schulz)

Iste est liber scientie iudiciorum (stellarum) in quo exposui...
  Albohaly Alfahat, De nativitatibus: BN 7413, II, 14c, ff. 1r-9v; 7303, ff. 117ra-123vb; CLM 2841, ff. 121r-131r; VI 5337, a.1395, ff. 171r-174v. See 'Iste est liber in quo exposui...'

Iste est modus absconditus a sapientibus...
  Raymond Lull(?), Alchemy: T IV, 63; DWS 263, ii(ColR 149)

Iste est modus de lapide minerali qui secundum Aristotelis...
  Raymond Lull, Alchemy: T IV, 62-63; ColR 112; DWS 263

Iste est modus iudicandi urinas et ea que dicam in uno corpore...
  Uroscopy: BMsl 284, early 15c, ff. 61v-64r(63-66); FLa 1419(1342), ff. 33v-39r

Iste est modus iudicandi urinas unde sic (et est) procedendum primo de colore...
  BLcm 116, 15c, ff. 84v-86v; Mi C.115, inf., 15c, ff. 31vb-33ra; pr with Aegidius of Corbeil, De urinis, Padua, 1483, ff. (64r)-(66v) (NYAM 2; Klebs 464.1; IAL A84). See 'Iste modus est ...'

Iste est primus liber de anima qui prima sua divisione...
  Comm. De anima: Thomson 258

Iste est primus tractatus huius primi libri de anima...
  Blasius of Parma, Questiones super tribus libris de anima: VAu 1489, 14-15c, f. 74-

Iste est quartus liber Metheororum in quo philosophus determinat de alterationibus...
  Buridan(?), Comm. lib. IV Meteor.: Ea Q.342, a.1342(?), ff. 56ra-65vb

Iste est quartus liber parvorum naturalium intitulatus...
  Johannes de Mechlinia, Comm. Aristotle, De longitudine et brevitate vite: Cologne, 1491 (Parva naturalia, Klebs 92.2; IAL A910)

Iste est quintus liber inter libros...
  Comm. De anima: Univ. Ingolstadt F.555, 15c, ff. 2v-48v; AL 1926, 1930

Iste est quintus liber naturalis philosophie...
  Johannes de Mechlinia, Comm. De anima: Troyes 776, a.1455, ff. 33ra-73rb

Iste est quintus liber parvorum naturalium Aristotelis...
  Johannes de Mechlinia, Comm. Aristotle, De iuventute et senectute: Cologne, 1491(Parva naturalia, Klebs 92.2; IAL A910)

Iste est sextus liber naturalis philosophie in quo...
  Gerhard von Hardewick, Comm. Aristotle, De anima: pr Cologne, 1491 etc.(LC; Hain 17013; Klebs 84.2; IAL A868); Epitomata: (Hain *8362; Klebs 457.1; IAL G153)

Iste est tertius liber naturalium Aristotelis in quo ipse determinat de motu...
  See 'Humanarum divinarumque...'

Iste est tertius liber parvorum naturalium qui prima...
  Johannes de Mechlinia, Comm. Aristotle, De somno et vigilia: Cologne, 1491(Parva naturalia, Klebs 92.2; IAL A910)

Iste est tractatus de causa longitudinis et brevitatis vite...
  De longitudine (new tr?) cum comm.: AL 1927, 1930

Iste est tractatus de sphera mundi...
  Petrus Cirvellus, Comm. Sacrobosco, Sphere: pr Paris, 1498-99(Klebs 874.25-25 var.; IAL J375)

Iste est tractatus tertius in quo ostendit...
  Comm. Albertus Magnus, De secretis mulierum, last part: BN 7106, 15c, ff. 31r-59r

Iste figure scribuntur retrograde...
  On computation with abacus: VI 5166, 15c, ff. 1r-5r

Iste libellus de hymaginibus Virgilii...
  BN 17178, 15c, f. 33r-v

Iste libellus qui est de corpore humano...
  Comm.(?) on Aristotle, Sec. sec.: Ea Q.78,
  a.1346, ff. 151-156

Iste liber...
  See also 'Liber iste...'

Iste liber arismetrice qui receptus est...
  See 'Iste est liber arithmetrice...'

Iste liber celi et mundi est secundus...
  See 'In naturali enim...'

Iste liber continet duo tractatus. Primus
ostendit...
  Buridan(?), Expositio textus physonomie Aristotelis (a different text from Buridan's Questiones
  on the same work): Ea Q.342, 14c, ff. 24r-29v
  (TR 345); anon. Ghent 72(355), ff. 366ra-373v

Iste liber cuius expositionem intendimus...
  Bartholomeus de Brugis, Comm. Aristotle, De
  inundatione Nili: ed. V. Rose, Pseudoepigraphus,
  1863, pp. 639-40

Iste liber cuius subiectum...
  Comm. Alcabitius, Isagoge: Ea F.383, c.1363,
  ff. 80-113v; CLM 488, 14c, ff. 20-34(Zi 7814);
  Admont 550, 15c, ff. 20v-54v(Zi 10374)

Iste liber cuius subiectum anima...
  Comm. De anima, nova tr.: AL 966, 970

Iste liber cuius subiectum est (contractum quod)
ens mobile...
  Comm. Albertus, Secreta mulierum: eds. Klebs
  26.4, 11; 26.13; 26.15; 26.18; 26.34; 26.39;
  IAL A273, 280, 281, 282

Iste liber cuius subiectum est corpus mobile non
accidentium dividitur...
  Wilhelmus de Clifford, Compilationes super
  librum physicorum Arist.: CUpet 157, 14c, ff.
  43r-105v

Iste liber cuius subiectum est motus cordis...
  Basel F.II.6, a.1473, ff. 192ra-194va

Iste liber cuius subiectum est numerus...
  Comm. Ioh. de Muris, Arismetica generalis:
  CLM 26639, f. 43r

Iste liber cuius subiectum est signum pronosticum...
  (Gerard of Cremona), Questiones et scripta super
  librum Pronosticorum Hippocratis: BN 6859,
  14c, ff. 1-18r

Iste liber cuius subiectum est totum universum
...
  Comm. Sacrobosco, Sphera: VA 3097, 14-15c,
  ff. 82r-102r; VI 5154, 15c, ff. 12r-28r

Iste liber cuius titulus est, Incipit liber de celo...
  Christophorus de Reganato(Recaneto?), In Aristotelis de caelo et mundo libros commentarii: BLcm
  279, 15c, ff. 1-(128)

Iste liber de anima dividitur in duas partes...
  Alexander, Super librum de anima: Flcs
  G.IV.853, ff. 193-222; Beiträge, Suppl. II,
  1923, 224(Schulz)

Iste liber de anima totalis dividitur...
  Expositio de anima: Bruges 477, 14c, ff. 238v-
  263v

Iste liber de cuius subiecto dictum est...
  Comm. Computus Norembergensis: CLM
  26791, ff. 2r-18v

Iste liber de physiognomia Aristotelis in quo
docet...
  John Buridan, Comm. super physiognomiam
  Aristotelis: Ea Q.299, 14c, ff. 158r-165v(TR
  344)

Iste liber de sensu et sensato dividitur...
  Jean Buridan, Dicta super librum de sensu et
  sensato: FLa 1348, ff. 115ra-121vb

Iste liber de simplicibus...
  De natura rerum: CLM 810, 14c, ff. 91r-106r
  (Fowler)

Iste liber de sompno et vigilia habet duos
tractatus primus est...
  FLa 1348, 15c, ff. 124va-129vb

Iste liber dicitur de anima qui est sextus...
  Jean Buridan, Quaestiones in Aristotelis libros de
  anima: Vendôme 169, 15c, ff. 1-(115v)

Iste liber dicitur metheororum vel de impressionibus...
  Benevenutus de Massa, comm. Meteor.: FR 745,
  14c, ff. 1ra-22va; Isis 45(1954), 47

Iste liber dicitur rota fortune...
  Pronostica Socratis Basilei: BN 14068, 15c, ff.
  50v-58v

Iste liber dividi(dividitur) in duas partes s. in
prohemium et executionem...
  Joh. de S. Amando, Super antidotarium Nicholai:
  CLM 3520, 14c, ff. 1ra-42vb; VA 2459, 15c, ff.
  1ra-30r

Iste liber dividitur in duas partes...
  Expositio Egidii, De urinis: Bern 556, 15c, VA
  ff. 41v-96r

Iste liber dividitur in duas partes principales. . .
> Expositio prooemii physicorum ex Waltero Burlaeo, Johanne Canonico, etc.: Oma 16, 15c, ff. 6-(13)

Iste liber dividitur in duas partes prima divisione in prohemium. . .
> Adam (de Bouchermefort), Comm. Physics: Grabmann(1928), 51. See 'Iste liber totus. . .'

Iste liber dividitur in duas partes, scilicet prohemium et tractatum. . .
> Ugo Benzi, Expositio super Tegni Galieni. See Pref. 'Etsi videam illustrissime princeps. . .'

Iste liber dividitur in proemium et tractatum . . .
> I. Gloss on Hippocrates, Aphorisms: CUsj D.24, 13c, f. 103(Atk)
> II. Gloss on Philaretus, De negotio pulsuum: Mon 182, 14c, f. 8r

Iste liber dividitur in quatuor capitula. Primum de cognitione. . .
> See 'Debes considerare dominum ascendentis. . .'

Iste liber dividitur in tres partes. In prima agit de problematibus circa medicinam. . .
> CLM 8742, ff. 200r-243v

Iste liber est de anima in quo in presenti nunc sunt. . .
> Questiones de anima: Bruges 489, 13c, ff. 11-20

Iste liber est de impressionibus meteorologicis. . .
> Comm. Aristotle, Meteor.: Es l.II.1, 13-14c, f. 130r: Grabmann (1928), 80-81; assigned to Henri de Gand: Glorieux I, 390

Iste liber est Hermetis (qui fuit) caput omnium sapientum. . .
> Hermes, De stellis fixis, tr Salio: Lyons 329, 15c, ff. 267v-268; VI 3124, 15c, ff. 161r-162v (T II, 221); BN 7325, 15c, ff. 105r-108v; BLd 123, 15c, ff. 63-65; Steinschneider(1896), 190

Iste liber est liber nove institutionis. . .
> Comm. Aegidius de urinis: Ran 1338, 14c, ff. 2r-19v

Iste liber est pars librorum naturalium. . .
> Buridan, Expositio Physicorum lecta Parisius a.d. 1350: VAu 1489, 14-15c, ff. 1-73v

Iste liber ex diversis auctoribus scilicet Paulo et Alexandro. . .
> Gariopontus, Passionarius: BLr A.391, 12c, ff. 1-134r; CUpet 231, 12c, 95 ff.; PA 867, 13c, ff. 73-171; pr Basel 1531, etc. Cap.1, 'Cephalea est dolor capitis. . .'

Iste liber habet duas partes. . .
> Walter Burley, Super viii libros Phisicorum: CUg 448(409), 14-15c, pp. 172-543b. See 'Aristoteles determinaturus. . .'

Iste liber in prima sui divisione. . .
> Comm. Joh. de Garlandia (or Alex. de Villa Dei), Compotus: CUg 137(77), 13-14c, ff. 71-81, 81-89

Iste liber in quatuor partes dividitur. . .
> Glose super compotum ecclesiasticum: Graz 1385, 14c, ff. 49v-68v

Iste liber intitulatur de motibus. . .
> Buridan, Comm. Aristoteles, De motibus animalium: Ea Q.325, 14c, ff. 132-137

Iste liber intitulatur Mineralium Avicenne. . .
> Comm. Avicenna, De mineralibus: Leip 1348, a.1471, ff. 328r-373r (AL 968)

Iste liber metheor. est quartus in ordine librorum naturalium. . .
> Buridan(?), Comm. super Meteor.: Ea Q.342, a.1342, ff. 30r-65vb (TR 345)

Iste liber nominatur compositor alchimie Rosarium. . .
> Arnald of Villanova, Rosarius: T III, 670. See 'Iste namque liber. . .'

Iste liber nove institutionis studiose compositionis. . .
> Comm. Aegidius, De urinis: Mi C.115.inf., 15c, ff. 3ra-31vb; Prose introd. Aegidius of Corbeil, De urinis: Padua, 1483(NYAM 2; AFML 213; Klebs 464.1; IAL A84); Venice, 1494/5(AFML 214; Klebs 466.1; IAL A85)

Iste liber phisicorum quem pre manibus habemus . . .
> Aegidius Romanus, Expositio in libros I-VIII Physicorum: VA 830, 14c, ff. 3r-194r; Venice, 1502, ff. 2-195v. Prol. 'Naturalis scientia est . . .'

Iste liber positus est rememoratio(*sic*) horarum anni. . .
> Harib ibn Zeid, Liber Anoe(Calendar): Bibl. math. III(1902), 73; Libri I(1838), 393-458

Iste liber potest sic continuari. . .
> Jacobus de Duaco, Comm. De sompno et vigilia: Ea Q.188, 13-14c, ff. 72-79

Iste liber primo dividitur in prohemium et tractatum. . .
> Comm. Galen, De accidenti et morbo: VA 4454, ff. 33ra-82ra

Iste liber principali sua divisione...
  Comm. Avicenna, De mineralibus: BN 14005,
  14-15c, f. 146v

Iste liber quem(quod) ad instantiam mei magistri
Petri Philomena...
  See 'Scito quod omne...'

Iste liber quem in presenti...
  Antidotarius: Boulogne 198, 14c

Iste liber quem(quod) legendum proponimus
liber est nove institutionis...
  Comm. (Egidius), De urinis: VAp 1226, ff. 127r-
  157r

Iste liber quem pre manibus habemus dividitur
  ...
  Comm. Alexander of Villa Dei, Carmen de
  algorismo: CUg 141(191), 14c, ff. 1-28; BLd
  48, 15c, ff. 31-(46v); Halliwell, Rara math.
  (1841), 73

Iste liber quem pre manibus habemus nominatur
(vocatur) secretum...
  Secretum philosophorum: T II, 788-791; 811-
  12; DWS 1078; ascribed to George Ripley: Lincoln Cath. 226, 15c, f. 77

Iste liber qui intitulatur...
  Blasius of Parma, Comm. in Aristotelis de generatione et corruptione: VI 2402, a.1451, ff. 99r-
  123v

Iste liber qui intitulatur algorismus...
  Comm. Sacrobosco, Algorismus; Basel F.VIII.16,
  ff. 14r-28v; VI 5166, 15c, ff. 22v-28r

Iste liber qui intitulatur de substantia orbis
dicta...
  Comm. Averroes, De substantia orbis: BU 520
  (921), 15c, ff. 49r-(83r)

Iste liber qui intitulatur liber de celo et mundo
qui est de corpore mobili...
  CUg 367(589), 13c, ff. 112ra-119vb

Iste liber qui intitulatur liber de regimine
principum qui secundum aliquos ascribitur
Aristoteli...
  VAp 1451, 15c, ff. 152r-167r

Iste liber qui intitulatur regimen principum...
  Comm. in librum cui de regimine sanitatis inscribitur: Ea F. 338, 15c, ff. 139v-141v

Iste liber qui intitulatur Isagoga Iohannitii...
  Comm. Johannitius: VAp 1264, 15c, ff. 23v-44r

Iste liber qui vocatur auditus naturalis...
  Jean Buridan, Comm. Physics: Sorbonne 1805(H)

Iste liber qui vocatur Rosarius...
  CLM 2848, a.1531, ff. 114v-143r.   See 'Iste
  namque liber...'

Iste liber qui vocatur tractatus de spera prima
sui divisione dicitur...
  Comm. Sacrobosco, Sphere: VI 4778, a.1440, ff.
  284r-330r

Iste liber Rudiani liber est divinitatis...
  DWS 44; T III,44

Iste liber sive perspectiva quod continet tres
tractatus...
  Introd. (John of Peckham), Perspectiva communis: VI 4775, a.1455, ff. 132r-173r

Iste liber Tegni vocatur scientia medicina...
  Johannes de Sancto Amando, Abbreviationes
  Tegni Galeni: HL 21, 257; Brux 9912, 14c, ff.
  64vb-74ra; Wu M.ch.Q.1, 15c, ff. 11v-17r;
  Schwarz(1907), 31

Iste liber tertius...
  Jean Buridan, Lectura tertii de anima: BN 16130,
  14c, ff. 25ra-35vb

Iste liber totalis cuius subiectum...
  Jean Buridan, comm. Aristotle, De anima: Ea
  F.298, 14c, ff. 109-121; AL 945

Iste liber totus(totalis) prima divisione...
  Adam de Bouchermefort, Comm. Physics: Grabmann (1936), 161, 176; Pelster, Scholastik XI
  (1936), 204, item 1

Iste liber vocatur de memoria et reminiscentia et
habet...
  FLa 1348, 15c, ff. 121v-124v

Iste liber vocatur Semita recta.   Cum ergo ego
frater Albertus...
  Prol. Semita recta: Kibre(1942), 514

Iste magister non fuit mendax sed verax.   Medi-
cine vero iste...
  Guillelmus falconerius, De falconibus: Yale,
  Codex Fritz Paneth, 14c, ff. 1325-1328

Iste modus est iudicandi urinas et qui dictus est
in uno colore...
  Gualterus Agilon, Contenta urinarum: Oe 35,
  14c, ff. 245rb-248rb; Wo 4504, a.1326, ff.
  145rb-146vb; Wickersheimer 171a

Iste modus operationis plus trahitur ex usu et
experimento...
  Tract. ad subtiliandum cutem: VA 1043(II),
  15c, ff. 375r-377r

Iste namque liber nominatur (vocatur) Rosarius
...
    Arnald of Villanova, prol. Rosarius: HL 28, 79;
    T III, 55, 57-59, 669-70; 677; DWS 233; Cor-
    bett I, 155; II, 37; Glorieux I, 423; Opera,
    Lyons, 1504, ff. 387r-393r

Iste quedam sunt herbe contra frigidam discrasiam capitis...
    PM 3599, f. 69rb-va

Iste quidem...
    See next word after quidem...

Iste servus dei laborat egritudine renum...
    Bartholomaeus de Montagnana, Consilium: VAu
    1416, 15c, f. 69-

Iste sunt errores condempnati—a fratre Roberto
(Kilwardby) archiepiscopo Cantuariensi...
    Errores Parisius et in Anglia condempnati: Ea
    Q.151, 14c, ff. 2-9v (GW 2710-12; IAL A1016-
    17)

Iste sunt in suprema brevitate bone...
    Sortes: VAu 262, 14-15c, f. 3v

Iste sunt lunaciones quas Adam primus homo...
    Moon book: BLas 361, 14c, ff. 156v-158v(T I,
    682, n.1)

Iste sunt medicine composite de quibus determinatur in hoc libro...
    VI 2300, 15c, f. 31rb-va

Iste sunt pillule non solum admirabiles quin
sine dubio...
    Medicines, a.1374; VI 5486, 15c, ff. 43r-44r

Iste sunt quatuor coniuraciones...
    FL 89 sup., 38, 15c, f. 230

Iste sunt sinonime Hali Habbas...
    VA 4425, f. 220r

Iste sunt tres partes mundi...
    BLb 648, 15c, ff. 47-(50)

Iste tabule fundate sunt super tabulas et radices
Alfonsi...
    Profatius Judaeus, Tabulae sive Almanach: Ou
    41, 14c, ff. 52-77

Iste tabule sunt composite secundum Albumasar...
    Astronomical Tables: FNcs J.V.5, c.1300, ff.
    75r-86r

Iste titulus est quomodo debes in primis laborare
...
    Ptolemy(?), Horologium: Steinschneider(1906),
    45; Bubnov lix; Van de Vyver(1931), 277;
    Osiris 8(1949), 45; ed. Millás(1931), 280-88.
    Cap. 1, 'Quomodo scias altitudinem...'

Iste tractatulus vocatur arismetrica et arismetrica dicitur ab arte...
    Arismetrica de arte mensurandi: CLM 11067,
    ff. 201va-204vb.   See 'Iste tractatus vocatur...'

*Iste tractatus de magnete duas partes continet...
    Prol. Petrus Peregrinus de Maricourt: BLd 28,
    early 14c, f. 18v-; 'Expl. cap 3 partis ii.' See
    'Amicorum intime...'

Iste tractatus est multum utilis...
    De algorismo in fractionibus phisicis: BLd 17,
    15c, ff. 12v-15r

Iste tractatus in quatuor partes dividitur...
    John of Bordeaux, Pest tract: BMsl 433, end
    14c, f. 47v; BMsl 405, 15c, ff. 41v-43

Iste tractatus incipit perscrutari de rememora-
tione...
    Averroes, Comm. de memoria et reminiscentia:
    BLau F.5.28, late 13c, ff. 220va-221va; CUpet
    126, 14c, IV, ff. 3vb-4va; AL 1267; CUg 486
    (483), 15c, ff. 490ra-491ra; VE VI.17(X,68),
    15c, ff. 101-102; VI 2438, 15c, ff. 137r-142v

Iste tractatus qui est de dispositione universi...
    Comm. Sacrobosco, Sphere: Mi M.28 sup., 14c,
    ff. 31v-53v; VA 4082, 15c, ff. 66ra-82va(TR
    276); T(1949), 476-80

Iste tractatus qui est tractus ex proportionibus
...
    Thomas Bradwardine, Liber de proportionibus
    epitomatus: VI 4951, a.1501, ff. 260r-271v; VI
    4953, 15c, ff. 19r-35v

Iste tractatus qui liber Metheororum inscribitur
...
    Questiones super primum Metheororum cum ex-
    positione textus: CUpet 157, 14c, ff. 149-156

Iste tractatus vocatur tractatus arsmetrice...
    Opus geometricum: BMe 2622, 15c (with dia-
    grams), ff. 89r-98v; CUt 1081(O.I.57), 15c, ff.
    85r-90v; CU 1572 (Gg.VI.3), 14c, ff. 317vb-
    321vb; 'Usages géométriques du quadrant': BN
    7445, ff. 89-92v

Iste venerandus pater in Christo sine dubio
egrotat egritudine complexionali...
    Bartholomaeus de Montagnana, Consilium: VAu
    1416, 15c, f. 73-

Isti fuerunt inventores musice prophane...
    Ghent 70(421), f. 143va

Isti morbi pestilentiales qui iam hactenus...
    Johannes de Tornamira, De pestilentia: VAp
    1229, 15c, ff. 77ra-79rb

Isti sunt casus Heresberi...
    See 'Item ponatur...'

Isti sunt dies...
    Dies Egyptiaci: Budapest 1, 12c, f.1v

Isti sunt dies infelices propter magna pericula
malorum...
    VAu 1398, 15c, ff. 9v-10r

Isti sunt dies infelices secundum auctores...
    Ea Q.348, 14c, ff. 136-142v

Isti sunt dies infelicissimi quos periculosos
vocaverunt...
    VI 4985, 15c, ff. 157v-159v

Isti sunt dies periculosi qui debent observari...
    BLas 361, ff. 158v-159

Isti sunt dies quos autores et sapientes...
    Critical days: FNpal 998, 14-16c, ff. 78v-79r

Isti sunt lapides quorum virtutes misit Aristotiles...Alexandro...
    Rubric: VI 2401, 81ra, top mg. See 'Ligurius
    ...'

Isti sunt tres dies pre aliis observandi...
    Egyptian days: Beccaria 55.22

Isti tres dies periculosissimi sunt...
    Egyptian days: Beccaria 67.3

Istis effectibus...
    Pest tract: Lille 863, 15c, ff. 140-149

Istis quadrupedem cognosce signis valentem...
    VI 5315, 15c, f. 219r

Istis iudiciis transactis restat videre de natura
stellarum...
    Astrological medicine: Oa 81, ff. 163v-183v

Istius libri quatuor sunt cause sicut cuiuslibet
alterius...
    Circa Mineralia Avicenne: CLM 276, 14c, ff.
    160ra-161rb (incomplete)

Istud almanach Profatii iudei ordinatum...
    Canones super tabulas almanach Profatii: BN
    7408A, ff. 74r-77v (T III,697, n.5); Brux 283,
    ff. 77-96; ed. Boffito e Melzi d'Eril(1908), 2-7

Istud alm(anach) super meridiano Erfurtensi
calculavi...
    Ea Q.358, 15c, f. 12v

Istud capitulum dividitur in tres partes. In
prima parte...
    De IX musis et VII planetis: CLM 14504, 15c,
    ff. 199r-201r

Istud capitulum est prohemium ad totum librum
Canonis...
    Hugh of Siena, Expositio super I et II Fen Primi
    Canonis Avicenne. See 'Liber primus canonis
    Avicenne...'

Istud est iudicium de cometa...
    VI 4777, 15c, ff. 39r-40v; TR 378

Istud in libris nostris ex hiis que experti sumus
...
    Johannes Damascenus, Antidotarium: AFML
    MS 504, a.1426, f. 146r

Istud kalendarium factum est ad meridiem
Mediolani...
    Frater Fucus de Ferrara, Kalendarium (a.1311-
    85): BU 154(132), 14c, ff. 142r-148rb; BN
    13014, ff. 1v-8r

Istud kalendarium fuit factum anno domini
1406 et durat per quatuor...
    Canon super kalendarium propositum: CLM
    8950, 15c, f. 27v

Istud memoriale medicaminum...
    See 'Uberibus floret...'

Istud nota valde bene. Recipe tuthiam cal-
cinatam...
    (Collectanea alchemica): Oc 136, 15c, ff. 39-79
    (DWS 722)

Istud opus dicitur Mare latum quia vix infra
duos annos...
    Alchemy: Geneva 82, 16c, ff. 62r-67v

Istud quod sequitur inveni in quodam libro ante
tractatum Ypocratis de planetis...
    Notae de planetis: Ea F.267, 14c, 189 ff. See
    'Lune impedimenta sunt...'

Istum librum de regimine santitatis compilavit
...
    See 'Scribitur ab Isaac in libro Viatici...'

Istum librum feci in anima et nominavi eum
librum de anima...
    Avicenna, De anima (alchemical): BN 6514, 13-
    14c, ff. 144r-171v (Corbett I,34); analyzed,
    Berthelot I, 253-68; Cues 299, 14c, ff. 1-49v
    (T IV,18); SG Stadt 300, 13-14c, ff. 1ra-37ra,
    is acephalous; DWS 123; pr 1572, is faulty

Ita dicitur quod tota anima est corpus...
    De anima: BN 15652, f. 11

Ita digitorum flexibus servatur per primum...
    Romana computatio: ed. Jones 106-108

Ita infit Binjamin filius Ionae faustae memoriae . . .

> Benjamin of Tudela, Itinerarium cum notis Constantini imperatoris: pr Leyden, 1633

Italica amphora habet sextaria xlviii . . .

> De mensuris liquidis: Durham Hunter 100, early 12c, f. 8r; Saxl(1953), 446

Italici in lingua latina vocant arborem . . .

> Moyses Egyptius, De plantis: AL 1181

Itaque ad inveniendum cyclum . . .

> Computus: Zi 12118

Itaque me videar aliquid ex me . . .

> Johannes de Thermis, De tempore celebrationis paschalis premissa epistola nuncupatoria ad Innocentum VI papam: VI 5273, 16c, ff. 122v-138v

Itaque si quod est in me quo possim vestre . . .

> See 'Reverendissime pater illustris . . .'

Itaque stella Veneris . . .

> Melk 370, 9c, ff. 26-32(Zi 8278); Köln Dom. 103, 9c, ff. 43v-45; 102, 11c, ff. 94-99(Zi 10375-76)

Itaque stella Veneris et Mercurii hoc a superioribus . . .

> BMh 3091, 10c, f. 16v

Itaque sunt ista fugienda . . .

> Robert Holcoth, Enigmata: BU 987(1910), 15c, ff. 23r-25r

Item carnes asinorum comeste pessimum generant . . .

> Subtilitates de naturis quadrupedum: KlaS 167, 15c, ff. 165r-167r

Item causa materialis sive subiectum . . .

> Comm. Alexander de Villa Dei, Massa Computi: Basel F.VIII.16, a.1436, ff. 108r-142v

Item ciclus decemnovenalis . . .

> Melk 552, 11c, ff. 50-51v(Zi 12119)

Item de linea . . .

> Instrument (astron.): CLM 14583, 15c, ff. 352, 383v-386v(Zi 3040)

Item de quattuordecim divisionibus . . .

> Köln Dom. 83.II, a.805, ff. 37-44(Zi 12120)

Item duodecim sunt signa et duodecim partes in firmamenti . . .

> CUt 1351(O.VII.23), 15c, ff. 41v-43v

Item est sciendum quod magister . . .

> Avicenna, De apostematibus: Wilhering 71, 15c, ff. 284-291(Xenia Bernardina II,2, p. 34)

Item experimenta. Ut non sentias laborem itineris . . .

> Formulae medicinarum: VI 2532, 12c, ff. 117r-130v

Item fac circulum secundum tuam voluntatem . . .

> Astron. with tables and canons: CLM 14504, 15c, ff. 220r-229r

Item fiat primo dissolutio . . .

> Practica glose Thestheneum(?) in aquis: Wo 3282, f. 182r

Item in tartaria sunt due aque . . .

> CLM 14504, 15c, f. 105v

Item in theoria lune . . .

> Astrolabe: CLM 14622, 15c, ff. 139v-141v(Zi 906)

Item in undecim conditionibus non competit . . .

> Tract. de flebotomia: VI 5155, 15c, f. 1r-v

Item malus planeta . . .

> Leip 1484, 15c, f. 5r-v(Zi 8279)

Item medius motus . . .

> Leip 1484, 15c, ff. 4v-5(Zi 7815)

Item mense Ianuario bibe tres gluppos vini cottidie ieiunus . . .

> BMsl 2839, 11-12c, ff. 109v, 108r; Beccaria 81.9

Item milii nutritio et alimentatio . . .

> Questiones de libro amphorismorum: Ea Q.174, 14c, ff. 130-133

Item nota fleubotomia sic dicitur . . .

> BMh 3843, ff. 4r-10v

Item nota primum . . .

> Liber astron. vel astrol.: Wo 3683, a.1495, ff. 1-30v(Zi 12121)

Item nota quod quilibet planeta . . .

> De planetis, de annis: Argentré, I, ii, 326b

Item nota quod si quis aristologiam secum portaverit . . .

> BMar 251, 14c, f. 21r

Item nota quod subiectum in presenti libello . . .

> Comm. Sacrobosco, Algorismus: Basel F.VIII.16, ff. 1v-12v

Item nota regimen contra pestilentiam missum imperatori . . .

> Pest tract: Archiv III, 149-53

Item nota speciali . . .

> Constellations: Salzburg V, 1.H.149, 15c, ff. 39-52 (Zi 3327)

Item notandum primo quod signa omnium humorum habundantium...
> De signis omnium humorum: CLM 18782, ff. 125v-126r

Item notandum quod notularum species quantum...
> De minimis notulis: Coussemaker III, 413-15

Item notandum quod numeros seu fractiones vulgares...
> VAp 1413, 15c, f. 139r-v

Item notandum quod septem sunt reformationes in manu...
> De musica figurata et de contrapuncto: Coussemaker IV, 434-69

Item notandus modus...
> Sun-dial: VI 5296, 15c, f. 140r-v(Zi 9766)

Item oportet quod sit prima urina...
> 'Circa urinas quas M. Matheus collegit': VI 5511, 15c, ff. 61r-65v

Item pater Hermes philosophorum nominaverit cathenas quem clauderit magisterium...
> FLa 1166(1095), ff. 2r-13r

Item ponatur talis casus quod heri viderim sortem...
> 'Herisberus' (William Heytesbury), Quinque casus: VA 3038, 14c, ff. 37v-39v

Item premisi libros in quibus tractavi de impressionibus...
> Haly ibn Ridwan, Comm. Ptolemy, Centiloquium (last part, De cometis): Ea F.379, 14c, ff. 93-99; Carmody 17; Mélanges Halphen(1951), 698

Item primo si subito...
> See 'Incipit regimen bonum et utile...'

Item primus liber vocatur De sensu et sensato...
> Comm. Aristotle, Parvorum naturalium: VI 4777, 15c, ff. 89r-(122v)

Item pulvis de serpente valet...
> Experimentum Nicholai de Bodbys: BMsl 964, f. 83r

Item qualibet mane hora prima hora tertia...
> Pancratius, Pest tract, a.1414; Archiv VI, 374-75

Item quanti sunt aspectus planetarum...
> VI 3528, 15-16c, f. 175r (TR 317); M-H 13(1960), 88

Item quidem pervenimus ad expositionem rerum omnium...
> Rasis, Antidotarius: VI 5155, 15c, ff. 225r-252r. See 'Iam quidem...'

Item recipe unam libram mercurii et unam...
> Alchemy: VE fa 323(XVI.5), 15c, ff. 107-114

Item scias quod anima est...
> Alchemy: VAp 1328, ff. 39v-40r

Item scias quod in omnibus corporibus metallicis...
> (Hermes?) Liber rerum mineralium: VAp 1329, 15c, ff. 6r-9r

Item scias quod triplex est aqua vite...
> (Theoderic of Cervia), De aqua vite: BMr 17.A.III, 14c, ff. 81v-89(DWS 1068,iv)

Item sciendum est quod in isto alphabeto...
> Lunarium: BLcm 125, 15c, ff. 117-(136)

Item sciendum est quot sunt species biscanti...
> Regule contrapuncti: VAb 307, 15c, ff. 30r-31v; ed. Casimiri, pp. 94-98(Silverstein)

Item si ementur sex ova pro quinque obolis...
> Exempla arithmetica: VI 5003, 15c, f. 69r

Item.   Si intenditur luna...
> See 'In Ianuario de optimo...'

Item si per calendarium presens...
> Calendar for 1406-1407: CLM 6017, 15c, ff. 22-31(Zi 5001)

Item si scire desideras quocumque die anni in quo signo sit luna...
> CLM 5439, 15-16c, ff. 20r-22r

Item si vis accomodare horas...
> Quadrant: Zi 8855

Item si vis aliquid incipere in Ariete...
> BMad 15107, 15c, f. 217r; Saxl(1953), 22

Item si vis scire coniunctionem...
> Instrument (astron.): Maihingen II.1.Q.73, 15c, f. 1r-v(Zi 3017)

Item spheram proiciendo in planum Azimut...
> Stephanus Rosinus, De astronomia (notae in studio Cracoviensi): KlaB XXX.d.4, 15c, f. 35r-v

Item stella Tarenuncula vocatur albadem (Gilbardami?)...
> Glossary of terms relating to alchemy: VI 5510, 15-16c, ff. 233r-(240v)

Item sunt tres lapides principales in arte...
> Alchemy: FNpal 758, 15c, f. 84r; Ambix V(1956), 104

Item ut scias legem furis item dominum hore...
> Argentré, I,ii,327a

Item utrum illa que sunt longeva sicut magis debilia...
> Johannes Cronisbenus, De causa longitudinis et brevitatis vitae: VE VI.99(XII,26), 15c, ff. 105-106

Item wen du has dy erst...
> Modus faciendi virgam visoriam: VAp 1354, 15c, f. 2ra-b

Item vina mediocres colores habentia...
> De vino: CLM 4394, ff. 132r-133r

Iter suum accipiat vir iste circa ortum solis aut parum ante...
> Matheus de Verona, Consilium: CLM 363, 15c, ff. 72r-73r

Iubet rex Ptolomeus bene politam fieri tabulam...
> Compositio astrolapsus: Avranches 235, 12c, ff. 68-69; ed. Millás(1931), 322-24

Iudex primus de vita...
> Geomancy: VI 5327, 15c, ff. 134r-137r; Saxl (1927), 144

Iudicatores omnes audiant circumstantes...
> Benevenutus Graphaeus, Ars probata de oculorum affectibus (mutil.): BMsl 284, early 15c, ff. 79-83

Iudiciis desiderii...
> Arnald of Villanova, Epistola de reprobatione negromanticae fictionis *or* De improbatione maleficiorum. See 'Reverendissimo patri et non ficte ...'

Iudicium de urina tali modo sumitur...
> Arnald of Villanova, De iudicio urinae: VE fa 538(XIV,23), 14c, f. 10

Iudicium particulare de mutationibus...
> Bartholomeus de Parma, Tractatus de electionibus: BB XVII(1845), 25

Iuiube sunt temperate sed declinant ad...
> Albumasar(Albucasis?), De medicinis simplicibus, tr Arnald of Villanova: Ea Q.395, 14c, ff. 136v-137v; PGe 3102, 14c, ff. 137-154; ascribed to Albucazele, Ea F.237, 14c, ff. 63-66; CLM 205, 15c, ff. 207-218v; to Albuzale, BMsl 213, 15c, ff. 51v-63, 20 caps. HL 28, 107

Iulio Caesare et Marco Antoni consulibus omnis orbis...
> Cosmographia Iulii Caesaris: Riese, Geogr. Minores(1870), 21

*Iulius Caesar divinis humanisque rebus...
> De orbis divisione, de paradiso, de formatione Adae, etc.: Oma 147, 15c, ff. 317-324v. In Little as Rog. Cestrensis, Policratica (Hardy, 633)

Iulius Caesar quinque...
> Zeitrechnung; Melk 552, 15c, ff. 39-44(Zi 12122)

Iulius Silvius(Solinus) dicit quod aquila que (tam) acuti luminis dicitur...
> De natura rerum avium scilicet bestiarum, lapidum pretiosorum etc. ordine alphabetico: Ome 68, 15c, ff. 6-(17)

Iuniperus est siccus in tertio...
> (Platearius?), Tract. medicus de plantis: Bern 525, 15c, ff. 28r-133v

Iupiter atque Venus boni, Saturnus Marsque maligni...
> Versus: BMsl 433, end 14c, ff. 102v-104; Danzig Mar.F.238, f. 175r(Schulz)

Iupiter in Ariete siccitas modica et pluvia pauca...
> Iudicia planetarum: Basel O.IV.4, a.1429, ff. 1r-9r; Zi 8281

Iupiter in parvo cum cerneretur ethero...
> Claudius Claudianus, In spheram Archimedis: CUt O.III.22, 12c, f. 100v(Atk); CUc 228, 13c, f. 114r

Iussit autem ut Eximidrius prius loqueretur...
> Turba Philosophorum: DWS 1

Iussum et preceptum cuius deus nobilitatem augeat...
> Maimonides, De regimine sanitatis: Giacosa 505

Iustitia prima que singula sua bonitate...
> William of Varignana, De febribus et accidentibus febrium: BLcm 480, 15c, ff. 83-(90). It is Tract. I, Sermo 2 of his Practica, pr Lyons, 1533

Iustum principium mihi donet Christus ut unum...
> Metrical alchemy: Palermo 4 Qq.A. 10, 46-49

Iuvamen tyriace multiplex est propter diversarum naturas medicinarum...
> De theriaca: CUg 400(729), 13c, f. 93r-v

Iuvat me diu versatum in tenebris rimari celum quo nihil...
> Dominicus de Aretio, De celo (lib. VIII, Fons memorabilium universi): VA 3121, ff. 1-23r (T III,760)

Iuvat te divina potentia ad proficiendum propositum et celandum...
> Albertus(*sic*) ad Alexandrum: FR 940, 15-16c, ff. 106(105)r-112v. See 'Recipe lapidem animalem vegetabilem...'

Iuvenis etatis viginti duo annorum qui iam
dudum mundana neglexit...
> Christophorus de Honestis, De imaginationibus
> et phantasiis: Mi H.107.sup., a.1429, ff. 183r-
> 187r

Iuvenis visum cum inspexerit luces...
> Alhazen, De aspectibus: VI 2438, 15c, ff. 144r-
> 147r

Iuventus vero est prime temperancie partis
augmentum...
> De morte, cap. v: FLc XIII sin.4, 13c, ff. 163v-
> 164v; AL 1365

Iuxta antiquam consuetudinem aliqua declaraturus...
> Leonard of Bertipaglia, Iudicium revolutionis
> anni 1427 incompleti: VE VII.28(XIV.28), 15c,
> ff. 123-125

Iuxta assertionem magisterii secretorum...
> Prol. Duodecim aquae.   See 'Libelli huius series
> aquarum...'

*Iuxta consuetudinem in hoc libro primo pre-
mittit...
> Duns Scotus, Expositio in duodecim libros Meta-
> physicorum Aristotelis: Opera V(1891), 442

Iuxta dictas propositiones movetur...
> See 'Utrum lux multiplicetur...'

Iuxta hunc testimonium Zeno ratiocinatur...
> De motu locali augmentationis alterationisque:
> BLcm 177, 14c, ff. 159-(172)

Iuxta librum regimenti acutorum sunt aliqua
notanda...
> VAp 1180, 15c, ff. 114r-115r (with a group of
> works by Arnald of Villanova)

Iuxta philosophum in omni scientia oportet
presupponere...
> Principia philosophiae naturalis: VI 4777, 15c,
> ff. 41r-84v

Iuxta providam philosophorum assertionem...
> Ptolemy, Quadripartitum: Haskins 111; Spec.
> astron. cap.6; Steinschneider(1896), 210; Millás
> (1942), 197; ZfM 16(1871), 382; Carmody 18-
> 19

Iuxta prudentiam philosophorum...
> Ptolemaeus, Quadripartitum: Pastrengo(1547),
> f. 55v

Iuxta Romam sunt aque que vocantur albule...
> De aquis: VAr 258, ff. 3v-4r

Iuxta sententiam Aristotelis in prohemio (sui)
libri de anima...
> Jean de Jandun, Prol. Comm. Peter of Abano,
> Expositio problematum Aristotelis: AL 1860; HL
> 33, 554-56.   See next item and 'Inquit magister
> Petrus Padubanensis...'

Iuxta sententiam Aristotelis secundo Celi et
Mundi promptitudinem...
> Peter of Abano, Prol. Expositio probleumatum
> Aristotelis: T II, 921-22; T (1944) ab, 212-15;
> Cesena VI sin. 2-3, 14c; AL 1291-92; pr (Ven-
> ice), 1482(Polain 3073; Klebs 776.1-2; IAL
> P393); Repertorium per magistrum Petrum de
> Tossignano (BM 520.1.8)

Iuxta vota tua magister Baptista...
> De fluxu ventris: Wo 2794, a.1432-1433, ff.
> 273r-279v

Ixia(?) est acutus morbus qui aut cito transit...
> De diversis nominibus infirmitatum: BLd 69, f.
> 72va-

Kal. Ian...
> See also under the next words of the incipit

Kal. Ian. Iam prima dies et septima fine timetur...
> Verses on unlucky days: CUt R.XV.32, 11c, p. 37(f. 20r)

Kal. Ianuarii si fuerit in prima feria hyems bonus...
> Esdras: BMsl 122, 15c, f. 125r

Kalendarii dispositio solis et lune motum exsequitur...
> CU Ff.VI.13, 13-14c, f. 38r-

Kalendarii nostri dispositio prout dictum est solis...
> Nota de Kalendario: CUsj F.25, 13c, f. 40v(Atk)

Kalendarium istud dividitur in duas partes...
> Canon super kalendarium curiosum: CU 1719 (Ii.I.27), a.1424, ff. 39r-41v; tables, 42r-54r, 'Explicit totum Kalendarium curiosum.'

Kalendarium istud extractum est a tabulis Toleti anno domini 1289...
> Kalendarium astronomicale: CUg 512 (543), 14c, ff. 179vb-182v

Kalendarum nonarum iduum dierum...
> Amadeus Derthonensis, Ratio dierum et mensium: pr (Milan, 1475); GW 1594(Schulz); Klebs 62.1; IAL A487

Kalende Ian. si fuerint die dominico erit hiemps calidus...
> Signa que ostendit deus Esdrae prophetae: BMh 3017, 9c(Fleury), ff. 63r-64v; T I, 678

Kalende Ian. si fuerint dominico die hiems bona erit...
> Supputatio Esdrae: CLM 6382, 11c, f. 42v

Kalende Ianuarii si fuerint die dominico...
> Nicolaus de Recaneto Brocardus, De temporis cognitione: Rosenthal 1.7 1.I.III.382(Schulz)

Kalende Ianuarii si fuerint dominico die...
> Divination by first day of month: T I, 677; Mon 384, 10-11c, ff. 109r-110

Kalende Ianuarii. Si fuerint in die dominico ver bonum yems calida...
> VA 4439, 14c, f. 9v

Kalid dixit. Moriene quero primo que est qualis sit...
> Interrogationes regis Kalid et responsiones Moreni (*sic*): BN 6514, 13-14c, ff. 135v-137v(Corbett I,32). See 'Moriene (mihi) primum querere...'

Kardaga(Kardaia) est portio circuli constans ex 15 gradibus...
> Astronomical instrument: CU 1935(Kk.I.1), 13c, f. 127; BLlm 644, c.1300, ff. 102ra-115vb; Ea F.394, 14c, ff. 142-144v(Zi 8857); CLM 234, 15c, ff. 83ra-127v(Zi 10360); ZB XVI (1899), 265; Isis XIV(1930), 420-21; Saxl (1953), 389

Karissime...
> See 'Carissime...'

Kastrense iugerum quadratas habet perticas...
> NE 35(1896), ii, 511-523-550. See 'Castrensis ...'

Kirath vel Kirathes secundum Avicennam et Serapionem...
> Arnald of Villanova, Distinctio ponderum et mensurarum: CUpet 95, 14c, ff. iii-iv

Kirieleison...Tres boni fratres per viam ambulabant...
> Benedictio vulnerum secundum Imperatorem Fridericum: BMar 295, 14c, f. 116v; BMad 22636, f. 59; BMr 1.A.XVII, f. 415

La figure et la disposicion du monde. . .
De spera en françois que translata maistre Nicole
Oresme: BN fr 1350, ff. 1r-38v

La gratia de lo omnipotente. . .
Evax on gems: Padua I.24, 15c

La lectura del xaxante que lo moro Alffaqui. . .
Sexagenarium, in Spanish: BN 7416A, 15c, ff.
3r-8r; Isis 42(1951), 130

La science du firmament et du mouvement des
estoiles. . .
Pelerinus de Prussia, prol. De usu astrolabii:
T III, 587. Text, 'Devant les proffis devant. . .'

La valuta del moggo in 24 che gia disopra. . .
Commercial arithmetic: FR 2253, ff. 11r-75r

Labiarum grossitiem subtiliatur cum inunctione
mellis. . .
Medical: BMsl 434, 13c, ff. 11r-17r

Laborans laboravi ad inveniendum dominatori
meo. . .
Achmet, Oneirocriticon, tr Leo Tuscus: T II,
292-93; Haskins 216-17; Mi T.81.sup., 14c,
pp. 47-146

Laborantibus in hac gloriosa arte. . .
Liber separationis: Rc 1477, 15c, ff. 150v-159r

Laborantibus seu cupientibus inanam(sic) gloriam. . .
De febribus: Zurich A.161(B.94; 148), 15c, ff.
189v-190r

Laboraverunt philosophi rem invenire. . .
John of Rupescissa, De consideratione quintae
essentiae: VI 5491, 15c, ff. 37v-49v(T III,729)

Laborum et doloris. Cum. . .
De causa doloris: Ea Q.185, 13-14c, f. 240v

Lac asininum est temperatum et nutritivum. . .
De qualitate et differentiis lactis et ovorum
animalium: Ea Q.195, 13-14c, ff. 79-84

Lac virginis optimum valet ad album et ad
decoctionem. . .
Alchemy: VI 5286, f. 155r

Laici loquuntur de omnibus. . .
Bartholomaeus de Brugis, Questio de sensu
agente: HL 37, 248

Lamentabatur Ypocrates eo quod. . .
Arnald of Villanova, Antidotarium: HL 28, 73;
†Metz 173, 14c, item 2; VAp 1180, 14c, ff.
274r-330r; Wi 61, a.1418, ff. 5-50; Wickersheimer 48; Glorieux I, 422; pr Valenica, 1495
(GW 2519; Klebs 105.1; IAL A951); Opera,
1504, ff. 310vb-335ra

Laminas ferri pluries in aceto. . .
Liber contumacionum: MU F.673, 15c, ff. 87v-
117v

Lamine cupree suspendatur supra vaporem
aceti. . .
Viride es sic fit: BMsl 3457, ff. 342v-343r;
T (1938), n.72

Lana nemus navis miles rus medicina. . .
Septem artes mechanice: CUg 230(116), 15c,
p. 52(f. 23v)

Lapide ponito in cucurbita distilla. . .
Medulla de libro trium verborum: Cambrai 918,
a.1426, f. 228(Corbett II,31)

Lapidem benedictum philosophicum. . .
Josephus, Expositio statue: DWS 138. Introd.
'Omnis sapientia a domino. . .'

Lapidem nostrum benedictum deanimata. . .
See 'Verum sine mendacio. . .'

Lapidem signatum breviter probatum negli-
gentibus. . .
De lapide signato ad O et C: Wo 2076(16.6), ff.
151v-152r; BMsl 976, 15c, ff. 25v-26(DWS
679)

Lapides pretiosi generantur ex vaporibus in
virtutibus. . .
De lapidibus pretiosis per alphabetum: VAp
1144, ff. 154r-161v. This is Thomas of Cantimpré, Bk.14

Lapides pretiosi qui elliciuntur a lapide philosophali. . .
Ad faciendum lapides pretiosos: Mon 493, 15c,
ff. 155-156(Corbett II,127)

Lapides quos vocant terrobolem. Masculus
femina. . .
VAr 258, 13c, f. 44v; Ambix 8(1960), 13

Lapides sunt duo similes albus et rubeus.
Anima. . .
Summa extracta de novo testamento cuiusdam
philosophi ad Philippum regem Francorum: BU
138(104), 15c, f. 309r; T III,663

Lapidicine quedam molles quedam dure...
>De proprietatibus lapidum: CUt O.IX.26, 14c, f. 128(Atk); Vincent of Beauvais, Speculum naturale, Lib. VIII, cap.1(DWS II,692)

Lapidis humidi philosophi femini quantum vis accipias...
>Lapis philosophicus: BN 7156, 14c, ff. 153-154; 7158, 15c, ff. 75-77(Corbett I,79, 86)

Lapidis ignoti quem condidit ipse creator...
>(Alchemy): Cambrai 920, 15c, ff. 223v-224(Corbett II,50)

Lapidum pretiosorum diversa sunt genera...
>Liber preciosorum lapidum secundum Salomonem regem: FLa 1520(1443), pp. 55a-58b; BMh 80, 14c, ff. 103ra-104ra

Lapis a terra tamquam densior...
>CLM 22292, f. 159

Lapis adamas cuius color assimilatur...
>De lapidibus pretiosis: VI 5512, a. 1436, ff. 350r-351v

Lapis adamas sicut superius dictum est durior est ferro...
>Liber lapidum: BMar 342, 14c, ff. 83va-85vb

Lapis aquile cum (sit) natura preciosissimus (nature pretiosissime)...
>Rosarius or John of Cripplegate: VE fa 324, 14c, ff. 14r-20v(T III,56); BMh 3528, 15c, ff. 107v-119v(DWS 363); CU 220(Dd.IV.45), 15c, ff. 26r-34v

Lapis autem pretiosus...
>Liber auctoritatum (alchemy): Palermo 4 Qq.A.10, 46-11. See 'Lapis preciosus...'

Lapis begaar latine vel lapis liberans a venenis Arabi hager...
>De lapide bezoar ex pandectis: NYAM 4, 15c, f. (292)r; GW 2521; 2522, 2524

Lapis benedictus fit(sicut) ex una sola re...
>Liber magiae generalis: FNpal 945, 13-16c, ff. 102r-135r; Ambix V(1956), 105; VI 5509, 15c, ff. 47r-60r; ascribed to Jean de Meun, Lib.ii: BMsl 976, 15c, ff. 85v-108v(DWS 301); Lib. iii, 'Textus alkymie,' Corbett I, 67; II, 44; Ze III(1613), appendix pp. 3-28

Lapis benedictus philosophicus non potest fieri nec esse sine spiritu...
>Secundus tractatus de lapide vegetabili: BN 14008, a.1449, ff. 113v-117; Corbett I, 193

Lapis breviter...
>Florentinus, Liber tertius...de compositione magni lapidis: BU 270(457), 15-16c, x, 2

Lapis est corpus compositum...
>Alchemy: BMsl 692, 15c, ff. 111-113v(DWS 570)

Lapis est res una et medicina una cui non addimus...
>Compendium Turbe philosophorum: Cambrai 920(819), 15c, ff. 161-165v(Corbett II,48)

Lapis iste de quo dei gratia tractare volo...
>Senior Sait philosophus: Lyons 317, 16c, ff. 14v-19v(Corbett II,70)

Lapis iste de quo fit(sit) hoc opus...
>Khalid ibn Jazid, Liber trium verborum: Steinschneider(1906), 29-30; DWS 43; Corbett I, 31, 182; Artis auriferae, I, 352-61; Geber: CLM 2848, 16c, ff. 82r-85r(Schulz)

Lapis iste est albus albissimus...
>Rudianus, Liber divinitatis: BU 139(105), early 14c, pp. 67a-83b; Ambix V(1956), 90

Lapis iudaicus est parve quantitatis...
>De virtutibus lapidum: BMsl 3132, 15c, ff. 47v-52

Lapis magnes gignitur atque invenitur circa litus...
>Tract on stones: CUsj 79, 12c, ff. 147v-148

Lapis noster benedictus...
>Wo 676, 15c, ff. 139v-146

Lapis noster benedictus de animata re est...
>De lapide philosophorum: Lehigh MS, ff. 26v-27v or 30v; VI 2528, 15c, ff. 18r-39r; Mi Trivulz 245(E.27), 15c, ff. 124r-126v

Lapis noster est de re animata et componitur ex quatuor...
>Helias, Libellus de lapide philosophorum. See 'Omnis substantia...'

Lapis noster philosophicus non habet proprium nomen...
>CUsj 182, 15c, ff. 2-5v(DWS 621)

Lapis noster quem omnes philosophi querunt...
>Winandus de Rupheo Clipeo, Gloria mundi: T III, 68, n.57; DWS 232; anon. Corbett I, 100

Lapis noster t(am) naturaliter compositus ex sulphur et argento vivo...
>Lumen luminum: BU 303(500), 15c, f. 227v

Lapis philosophicus quem omnes querunt et non inveniunt...
>Mon 479, 16c, ff. 54-56(Corbett II,101), cites Albertus etc. See 'Lapis philosophorum quem...' 'Lapis noster quem...'

Lapis philosophorum de terra scaturiens...
>Arnald of Villanova, Testamentum: T III, 675; HL 28, 88; Corbett I, 59, 65; Glorieux I, 424; anon. BLas 1471, 15c, ff. 98v-100(DWS 255, xv)

Lapis philosophorum dicitur(vocatur) mineralis quia de terra...
> Johannes Pauper, Breviloquium: DWS 217. Prol. 'Testatur Geber...'

Lapis philosophorum est medicina convertens in verum solem vel lunam...
> Mon 493, 15c, f. 89v(Corbett II,124)

Lapis philosophorum est quedam sublimis...
> Raymond Gaufridy, Thesaurus alchymie: Lyons 317(253), 16c, ff. 24-26v(Corbett II,70)

Lapis philosophorum quem omnes querunt...
> In semita recta(Alberti): BN 7161, 15c, f. 68r- (Kibre, 1942, 515)

Lapis philosophorum qui de terra scaturiens...
> CLM 26059, ff. 11v-12v. See 'Lapis philoso- phorum de terra...'

Lapis philosophorum vocatur mineralis...
> CUt 916, 15c, ff. 29r-33r(DWS 217,i). See 'Lapis philosophorum dicitur...'

Lapis preciosus ad recipiendum spiritum mer- curii...
> Processus alchemici: DWS 614

*Lapis quandoque generatur...
> Nicholas Horsham, Contra dolorem renum: Tan- ner

Lapis qui queritur unus est medicina unica...
> Canones seu regulae decem de lapide philoso- phico: Ze IV, 414-16

Lapis rubicundus nigram duxit...
> Prol. Lilium inter spinas: VI 5230, ff. 389v-392v (T III,64, n.43)

Lapis unus est qui noster est qui a deo creatus est...
> Hermes, Liber secretorum. Prol. 'Omnis sapien- tia a suprema...'

Largifluus et gloriosus deus infudit potentiam...
> Tract. utilissimus pro aromat. ad conficiendum varia: CLM 339, ff. 86r-90r

Largius Designatianus filiis salutem dicit suis...
> Epistole medicine: BN 6880, 9c, f. 4v. See 'Legi ante hanc...'

Largus amans hilaris ridens rubeique coloris...
> Versus hexametri de quatuor complexionibus: Cornell B.60(A.7393), early 14c, f. lv('TR 334), ed. Traditio XI(1955), 179; Isis 49(1958), 399, n.3; CLM 692, f. 226v; VI 5486, 15c, f. 44r; Proceedings Modern Lang. Assoc., 16(1901), 503-25

Latera numerorum dicuntur quorum multitu- dine numeri proveniunt...
> Jordanus de Nemore, Elementarium arismetice: BN 16198, 14c, ff. 123r-(150), Bks. VI-X, with comm.

Latini namque tempus...
> De divisione temporis apud Latinos et Arabes: VI 5371*, 15c, f. 16v(Zi 12123)

Latitudinem regionis et altitudinem capitis Arietis...
> Sun-dial: Melk 51, 15c, ff. 33v-36; Leip 1475, 15c, ff. 231-237v(Zi 9246-47)

Latitudinem(Latitudines) trium planetarum superiorum per alias tabulas invenire...
> Astronomical tables: VI 5151, 15c, ff. 114v-117; 5226, a.1473, ff. 5-8v; 2332, 15c, 186v-189v(Zi 11186-88)

Latitudo planetarum sumitur...
> Astronomical tables: BE F.192, 15c, f. 7(Zi 11189)

Latria fit domino...
> (Computus): CLM 6038, 15c, ff. 1-3(Zi 12124); Graz 665, f. 114v (8 verses; Schulz)

*Laudamus inquid(itaque quod) vinum de bona vite...
> Arnald of Villanova, De confectionibus vinorum: DWS 1002; Ea F.251, 14c, ff. 201v-205; CLM 14245, a.1474, ff. 11-13r; Opera(1504), ff. 303v- 308r; (1509), ff. 262-265v. Prol. 'Sacre ac sem- per victoriose...'

Laudamus vinum de vite bona ad conficiendum vina medicinalia...
> Arnaldus de Villanova, Tractatus de 50 vinis: BLcm 480, 15c, f. 92r-(TR 348, ff. 92r-93r, in- complete); pr (1500); Klebs 102.2; IAL A963

Laudatus sit deus dominus virtutis regni...
> Haly Abenragel, De iudiciis astrorum: VI 5442, 15c, ff. 11-120v, 121, index; VAp 1435, 15c, ff. 64ra-98ra

Laudatus sit deus et regratiatus...
> See 'Gratias uni deo...'

Laudemus in principio deum qui est inspector omnium...
> Artefius or Alfidius, Clavis sapientiae: DWS 145; Ze V, 766-86; FR 923, 16c, ff. 132r-147v. Dedic. 'Quia semper honoratissimus...'

*Laudes deo...
> Raymond Lull, Liber divinitatis (alchemical). See 'Laus deo sit...'

Laudes sint(sunt) deo habenti gratiam...
Geber, Liber deitatis sive divinitatis: DWS 74;
BMad 41486, ff. 21-26b; Berthelot I(1893),
328; T III, 653; Corbett I, 73, 98; Geber, Liber
septuaginta, tr Gerard of Cremona: J. Ruska,
Lippmann Festschrift(1927), pp. 39-47; ed.
from BN 7156, Berthelot, Archéol. et Hist. des
sciences, (1906), 310-363; anon. VA 4091, ff.
94r-106r

Laus deo creatori...
See 'Dixit Mahomet...'

Laus deo glorioso sublimi qui in omnibus
manifestat...
Gentile da Foligno, De venenis et morsu venenosi
surdi: Questiones et tractatus extravagantes,
Venice, 1520, f. 95rb-vb

Laus deo qui creavit celum et terram...
Albumasar, Introductorium magnum in astro-
logiam, tr Johannes Hispalensis: T I, 649-50;
Steinschneider(1905), 47; Carmody 89; CU
Kk.1.1, 13c, f. 2(Atk); Oc 248, 13c, 75 ff.; BN
7316, ff. 1r-76v

Laus deo qui gratiam nobis contulit...
John Dastin *or* Johannes Damascenus, Donum
dei: T III, 101; IV, 635

Laus deo sit gratie bonitatis pietatis et miseri-
cordie...
Raymond Lull, Liber divinitatis: HL 29, 374

Laus divina quo ad cantum ante incarnationem
...
See 'Sonet vox tua...'

Laus honor virtus et gloria (sit) tibi...Ego
dictus Ortolanus...
Ortulanus, Comm. Hermes, Emerald Tablet:
DWS 32; Corbett I, 146, 149; II, 41, 144;
FNpal 887, 15c, ff. 17r-23r; FR 1165(L.III.28),
15c, ff. 47r-49v; pr Geber, Nuremberg, 1541,
pp. 364-373(Schulz); ascribed to Albertus: BLas
1448, 15c, ff. 259-62(DWS 32,xiii); anon. CLM
26059, a.1507-8, ff. 165r-176r

Laus omnipotenti deo thesaurus sue sapientie...
Auriga chemicus sive Theosophia palmarum: pr
N. Bernard 1601; Ze III, 834-49. See 'Ab
omnipotenti deo thesauro...'

Laus sit deo domino excellentissimo glorioso et
sublimi...
Alchemy: VAp 1328, ff. 13r-22v

Laus sit deo patri...
See 'Desiderabile desiderium...'

Laus sit deo qui dat sapientiam sapientibus...
Arisleus *or* Hermes, Emerald table: VI 5491, 15c,
4to, ff. 26v-31r; BN 6514, 14c, f. 86r(Corbett
I,24); VAp 1329, 15c, f. 50v

Laus sit uni deo glorioso...
See 'In primo libro membrorum...'

Lavate post cibum in estate extremitates corporis...
Bartholomeus de Vagana(Varignana?), Medical,
ad postulationem imperatoris Henrici: CLM
23912, a.1394, ff. 253ra-254va

Laxativa dare convenit dum luna est in Cancro
...
De laxativis: CUg 98, 14c, ff. 4-6(DWS MS)

Laxativa solent nimium laxando nocere...
Ricardus Anglicus, prol. De medicinis repressivis:
CUpet 178, 13c, ff. 129v-134v, unfinished; VI
1634, 13c, ff. 15r-18r; CU 938(Ee.II.20), 14c,
ff. 25rb-28vb; CUg 95(47), 15c, ff. 34-39; etc.
Wickersheimer 696. Text, 'Aloe quia a litera
...'

Lazurium fit multis modis...
Albertus Magnus(?), Notae de coloribus: Ea
Q.189, 13-14c, ff. 67-68

Lectio certa prodest varia delectat...
Giraldus Cambrensis, Topographia Hiberniae:
BMar 14, 13c, ff. 1-27

*Lectionum pervigili cura comperimus senatum
populumque...
Ps.Aethicus (i.e. Julius Honorius), Cosmographia:
VA 1, 9c, ff. 1-14r; St. Omer 717, 11c, item 2;
CUt 1264(O.IV.34), 12c, ff. 100v-283, etc.;
GS I, 495; pr with Pomponius Mela, De situ
orbis, 1696, pp. 25-67; 1722, pp. 703-733; Riese,
Geogr. minores(1878), 71-103; Nood, Tidschr.
25(1938), 165 seq. (Schulz)

Lectis duobus libris compositionum grecis...
C. Celsus, Epistola secunda (to Pullius Natalis):
BN 6880, 9c, ff. 9r-11v; Laon 420, 9c, ff. 10v-
11r; BMar 166, 10c, f. 9r-v; pr Medici antiqui,
Venice, 1547, ff. 85-87v(DWS MS); CML
V(1916), 21-22; Beccaria, p. 418

Lectura sexagenarii quod Sarracenus Alfachi...
Sexagenarium, first 3 caps. only: BN 7416A, ff.
57v-59; Isis 42(1951), 132. See 'La lectura del
xaxante'

Lege istos Psalmos primo Exaudiat te Domine
...
Daniel, Experimenta(divination by the Psalter
and from dreams): BN 7349, 15c, ff. 45v-51r

Lege meum Helpericum...
  Computus: CLM 22307, 10-11c, f. 191(Zi 12125)

Lege regnante dei nox continuata diei...
  Compotus: BMar 339, 14c, ff. 34v-(36v)

Legi ante hanc Hippocratis Coi epistolam medicine...
  Largius Designatianus filiis suis: BN 6880, 9c, f. 4v; Laon 420, 9c, f. 1r; CML V(1916), 10; Beccaria, p. 419

Legi patres colendissimi in Arabum monumentis...
  De humanae naturae praestantia: FNpal 885, 14-16c, ff. 143r-153v

Legimus antiquis si certo creditur annis...
  Jacobus Locher, De monstruoso puero nato in oppido Rhayn, 1499, 15 Dec.: pr (Basel), 1500; Polain 2507; Klebs 613.1: AFML 284; IAL L230

Legimus in historiis veterum divinorum tres fuisse...
  Robert of Chester(?), pref. De tribus Mercuriis: Ruska, Archiv für Naturwiss., XI, 28-37, argues that this preface does not belong with Morienus, De compositione alchemiae; DWS 45; Manget I, 509; Corbett I, 110; Diels(1906), 48. See 'Legimus in veteribus...'

Legimus in verbis divinorum...
  See 'Legimus in veteribus...'

Legimus in veteribus divinorum historiis tres fuisse philosophos...
  Hermes, De sex rerum principiis, Prol. de tribus Mercuriis: AHDL 22(1955), 247. Text, 'Tria sunt que intellectum...'

Legimus quod(quia) antiquitus maioribus nostris...
  Vindicianus, Anatomia *or* De schemate humano: Archiv VIII, 417-23

Legimus (scriptum) in Proverbiis. Melius...
  Rabanus Maurus, prol. Liber de computo: Neues Archiv, XIII, 308. Text, 'Quia te venerande...'

Legitur ab Isaac in libro Viatici quod quicumque...
  Summa de regimine sanitatis: Ea Q.193, 13-14c, ff. 49v-54v

Legitur in historiis veterum...
  See 'Legimus in historiis...'

Legitur in Iob dicente domino numquid coniungere valebis...
  De stellis: BNna 455, f. 1(H)

Legitur in Megatechni quod tres erant secte medicorum...
  Benedictus, Prol. Comm. Hippocrates, Aphorisms: CUg 111(180), 13c, pp. 81-120; anon. BMr 12.D.XIII, 14c, ff. 244r-(259v)

Leo ex greco vocabulo inflexum est in latino leo...
  Historia animalium: BMst 1067, 12c, 16 ff.; Bestiarium: CU Mm.VI.15, 13c, ff. 186v-197v, identified by James as portion of Hugh of St. Victor, De bestiis: Lib. II, caps.1-22, 31; PL 177, 55-69, 77-78

Leo fortis significat deus fortis...
  Bestiarium: Chartres 63, 10-11c, ff. 67v-70

Leo fortissimus bestiarum ad nullius pavebit occursum...
  Epiphanius(?), De natura animalium: Douai 711, 13c, 60 ff.; anon. BN 11207, 13c, ff. 1r-39r; Os 178, 13c, ff. 157r-204v(TR 312c; M-H 13 (1960), 86-87); in these two MSS it seems to form one work with texts which follow on trees (see 'Arborum nomen...'); man ('Natura dicta ...'); and birds ('Aquila ponit...'); The Bestiary, ed. M. R. James, 1927

Leo habet tres naturas...
  Brux 2438, 15c, ff. 82-92v. Prol. 'Homo sapiens...'

Leo quinque naturas...
  De naturis animalium: James 463

Leo Sagittarius Aries arescunt(*sic*)...
  Versus I-VIII de constellationum natura: VAu 505, a.1421, f. 220v; BN 6584, I, 13c, f. 34(H)v, where it may be part of work beginning at f. 32vb, 'Saturnus qui superior est...'

Leo tres naturas habet quarum prima est...
  De trinoda leonis natura: CUc 448, 11c, f. 88 (Atk)

Lepra est egritudo mala proveniens ut plurimum ex colera...
  De morbis cutaneis: BMar 333, 13-15c, ff. 15v-17r(DWS MS)

Lepra est egritudo turpis...
  BLb 464(2063), 15c, f. 175

Lepra est infirmitas mala proveniens ex sparsione colere nigre...
  Avicenna, IV Canon, Fen 3, Tract iii, De lepra: VA 4439, ff. 91ra-94v, incomplete; pr Venice, 1490/91(Klebs 131.12; IAL A1272)

Lepra est ultima corruptio membrorum...
  De lepra: VI 3207, 15c, f. 61r, part of collection of 'Nota de diversis generibus infectionum'

Lepra est universalis membrorum lesio...
    Bern A.38, 15c, ff. 22ra-23va

Lepra huius triplex est.   Una...
    Capitulum(Consilium?) de lepra: VAp 1240, ff.
    101v-102r

Leptomeres est omnia que membra mollare
possunt...
    Nomenclatura medica: Beccaria p. 419

Leva manus totum...
    Compotus carmine compositus: BN 8429A, f. 1-

(L)evate in excelsum oculos vestros et videte...
    Bonetus de Latis, prol. Prognostication for 1498-
    99. Text, 'Per annulum nostrum...'

Libelli huius series aquarum duodecim splendit
...
    Liber duodecim aquarum: T II, 798; Stein-
    schneider(1906), 47; DWS 1063; ed. Osiris VII
    (1939), 68-72; CUad 4087, 14c, ff. 130v, 156r-
    159r; FNpal 887, 15-16c, XVI, ff. 91-93, 93r-
    94v; FL 30.29, f. 77ra-va; BU 105(139), p. 235;
    474(830), ff. 16r-19v(Schulz); 942(1813), 15c;
    VI 2528, 15c, ff. 39r-57r. See 'Ovorum...'

Libellum alterum de nature gremio compilaturi
annectimus...
    Gerlandus, Compotus: BN 15170, 12c, f. 146v,
    only first 10 lines

Libellum hunc Messehale de nativitatibus...
    Messahalla, prol. De nativitatibus, tr Hugo Sanc-
    tallensis: Haskins 76

Libellum is qui sic tussem abent...
    Hippocrates, Liber medicinalis: SG Stift 751, 9c,
    pp. 368-369; Beccaria 133.26

Libellum quem ordinavi roganti tibi...
    Galen, Dinamid.: BN 15456, f. 163vb-

Libellum quem roganti tibi promisi...
    Hippocrates, Epistola ad Maecenatem: ten MSS,
    9-11c, Beccaria p. 419; BMh 1585, 12c, ff. 10-
    12; BMsl 1975, 12c, ff. 8rb-10ra; CML V,
    13-17; Kibre(1945), 403

Libellum tibi rogitanti promissum...
    De dieta humane vite: AL 735

Libellus aureus testificatur ad credendum meditationum experimentum...
    De practica: Oc 185, 15c, ff. 118-(124)

Libellus brevis de notitia orbis et superficialiter
...
    Ioh. (de Galonifontibus): Graz 1221, 15c, ff. 41-
    127; AFH 31(1938), 540-50; AFP 8(1938), 82-
    123

Libellus de epidemia in nomine domini...
    Petrus Paulus de Sancta Cruce, De epidemia:
    BLcm 1, a.1457, ff. 79r-94r

Libellus iste ex Indicha translatione in Latinum
...
    De pulsibus: Ea Q. 320, ff. 187v-189v

Libellus quem rogasti...
    Metz †1261, 13c; Archiv II(1909), 43. See
    'Libellum quem...'

Libenter accepi litteras tue benignitatis...
    Bede, De paschae celebratione: PL 90, 599-606;
    Epistola ad Wicthedum: ed. Chas. W. Jones,
    Bedae Opera de Temporibus, 1943, 317-25

Libenter te deus fili amantissime...
    Johannes Damascenus, Aphorismi: Prag 839, 15c,
    ff. 91r-94r. See 'Liberet te...'

*Liber abbreviatus (et) approbatus(comprobatus)
verissimus...
    Arnald of Villanova, prol. Rosarius: FLa 1451
    (1374), 15c, ff. 20r-40v; anon. VAp 978, 15c,
    ff. 66r-76v. See 'Iste namque liber...'

Liber afforismorum Ypocratis dividitur in
septem...
    Prol. Comm. Hippocrates, Aphorisms: BMr
    12.D.XIII, 14c, ff. 145v-(163r)

Liber Almagesti ex precepto Maymonis regis
Arabum...
    BLd 57, ff. 142(146)r-143(147)r

Liber Diascoridis quem misit avunculo suo...
    Quid pro quo: VI 5371, 15c, ff. 121vb-123ra

Liber Dinamidii id est farmaceuticon diversis
auctoribus...
    Vendôme 109, 11c, ff. 98-134r; Isis 24(1936),
    402

Liber divinitatis et est liber trinitatis id est
trium verborum...
    Rudianus: 139(105), 14c, pp. 67-83(T III,44)

Liber divinitatis qui est primus de septuaginta...
    Liber de septuaginta, tr Magister Renaldus de
    Cremona: BN 7156, 14c, ff. 67va-83va(Corbett
    I,73); Gö H.nat.75, 14-15c, ff. 3-(10)

Liber epidimiarum a multis multotiens vobis
approbatus...
    Tr pref.(Hippocrates), Liber epidimiarum: CUsj
    78(D.3), 13c, ff. 68-70(TR 207); DWS in
    ICHM III(1923), 50-53; Dresden Db 92-93,
    15c, f. 458; Kibre(1945), 396

Liber ergo iste...
    See 'Liber iste...'

Liber floris florum...
　　Flos florum: VAb 273, f. 278v. See 'Vidi senem nimia...'

Liber formarum duodecim signorum ideoque magister (idest Pet. de Abano?) inquit. Ego volo...
　　BN 7337, 14c, pp. 138a-140b. See 'Ego volo exponere...'

Liber hic noster qui Secretum secretorum intitulatur dividitur in tres partes...
　　See 'Liber iste dividitur in tres...'

Liber igitur iste...
　　See 'Liber iste...'

Liber hic quatuor continet capitula...
　　Abraham Avenezra, Tractatus particulares, tr Peter of Abano: BLd 212, 14c, ff. 53ra-56rb; T (1944)aa, 300b; Opera, Venice, 1507, ff. 85-87v

Liber imaginum lune qui dicitur liber lune cuius circulus...
　　Hermes, Liber lune: T (1947), 238-39; Saxl (1927), 102; (Zi 8225); Cop Gl kgl S 3499, 15c, ff. 92v-95v(TR 259b)

Liber in quo discipulorum suorum prudentiores Arisleus congregavit...
　　See 'Arisleus genitus...'

*Liber incipit de generatione...
　　T. Walden, In Aristotelem: Tanner

Liber iste...
　　See also 'Iste liber...'

Liber iste a Grecis Genesis vocatur...
　　Clarenbaldus(?), Tractatulus, supplementary to the Hexaemeron of Thierry of Chartres: ed. AHDL(1955), 181, 200-216

Liber iste cuius expositioni intendimus dividitur in duas partes...
　　Alexander, Comm. Aristotle, De anima, dedicated to Philip 'de Melduno': Oma 80, late 14c, ff. 68rb-160rb; Oo 58, 15c, 201 ff.

Liber iste de antiquis collectus et excerptus...
　　Isaac, pref. Liber urinarum, tr Constantinus Africanus: CUsj E.29, 13c, f. 34; Mi I.128 inf., ff. 12r-58v; pr Lyons 1519, ff. 156-203, with comm. of Petrus Hispanus

Liber iste deinceps vocabitur pamchathmatis...
　　Zacharias, Sysalarac de passionibus oculorum: BN 18081, ff. 231vb-232va

Liber iste dividitur in duas partes in partem proemialem et...
　　Comm. Marbod: BMh 3969, 12c(?), ff. 106r-123r

Liber iste dividitur in duas partes scilicet...
　　I. (Rasis), Liber secretorum de voce Bubacaris magnum: BN 6514, 13-14c, ff. 101v-112v(Corbett I,26)
　　II. Gloss super Hipp. pronostica: CUg 86, 13c, pp. 93-158

Liber iste dividitur in quinque partes et unaquaque pars...
　　Avicenna, Sextus naturalium, tr Joh. Hispaliensis: CUpet 157(II), 15c, ff. 13ra-49ra. Pref. 'Reverendissimo Toletane...

Liber iste dividitur in quinque partes. Prima est de essentia...
　　Isaac, Prol. Liber febrium, tr Constantinus Africanus: Padua Univ. 892, 11c, f. 1r-; Vendôme 174, 12c, ff. 46-69; CUg 411(415), 13c, ff. 121v-168r; Reims 1006, 13c, ff. 1-52. Prol. 'Quoniam (te) karissime fili...'

Liber iste dividitur in tres partes quarum prima manifestat...
　　Rasis(Bubacar), Liber secretorum (alchemical): DWS 116; Steinschneider(1906), 48; Gö H.nat. 75, 14-15c, ff. 10-(12); VAp 1339, 14c, f. 114r-131; Corbett I, 74; BU 164(153), 14-15c, ff. 147v-159r (incomplete); Ruska, Uebersetzung und Bearbeitungen von al-Razis Buch Geheimnis der Geheimnisse, 1935

Liber iste est Aristotelis in scientia...
　　See 'Signorum alia sunt...'

Liber iste est in secretorum philosophorum opere...
　　Haly filius Jesid (i.e. Khalid ibn Yazid), De secreto philosophorum: Brux 4270, 14c, ff. 86-99v; CU 1256(Ff.IV.13), a.1528-29, ff. 6v-22v

Liber iste (est) nove institutionis...
　　Aegidius of Corbeil, prol. or comm. De urinis: BLlm 237, 13-14c, ff. 173-(186); BMad 25031, 13c, f. 68ra; Mon 317, 13-14c, ff. 15-44; Pansier II, 14; BMr 12.D.XIII, 14c, ff. 192r-(204); CUt 938 (Ee.II.20), 14c, ff. 77ra-90vb; BMsl 773, 14c, ff. 1r-33v; Admont 802, 13c, ff. 30r-43v(Schulz); BLcm 116, 15c, ff. 35-84v; etc.; GW 271(Klebs 466.2; IAL A86)

Liber iste est (secretum) secretorum philosophorum in opere alchimico...
　　Calith filius Iasich (i.e. Khalid ibn Yazid), Alchemia: FR 1165, 15c, ff. 155r-161r

Liber iste ex multis antidotis est compilatus...
　　Platearius, Summa super antidotarium: CUt 912 (R.XIV.40), 12-13c, 229 ff.

Liber iste in quinque...
　　See 'Liber iste dividitur in quinque...' and 'Quoniam te karissime fili...'

Liber iste incipit de hora nativitatis. . .
　　Alchandrinus: FR 905, ff. 1r-37r

Liber iste liber est nove institutionis studiose. . .
　　Gilbertus, comm. Versus Egidii de urinis: CUsj
　　99(D.24), 13c, ff. 11r-22v

Liber iste liber virtutum. . .
　　See 'Perfecte (igitur) temperate. . .'

Liber iste merito Passionarius vocatur quia de. . .
　　See 'Iste liber ex diversis. . .'

Liber iste per mediam pertinet ad philosophiam. . .
　　Comm. Egidius de pulsibus: Basel D.III.9, 13-
　　14c, f. 1vb-. See 'Auctor more recte. . .'

Liber iste planetarum atque draconum statum
continet. . .
　　Glosule d'Ezith: CUpem 227, 14-15c, f. 291.
　　See 'Liber iste septem planetarum. . .'

Liber iste prima sui divisione dividitur in partes
duas. . .
　　Johannes de Marchanova, Expositio commen-
　　tariorum Averrois in libros octo physicorum
　　Aristotelis: VE VI.103-104(XII,36-37), 15c

*Liber iste quem in presentia(rum) legendum
assumpsimus(suscipimus) ex multis antidotis. . .
　　Platearius, In antidotarium Nicolai: CU 1405
　　(Gg.I.10), 12c, ff. 53-96; BLd 197, 13c, ff. 34r-
　　(56v); BMr 12.E.XXIII, 13c, ff. 68r-(111r);
　　BMsl 1933, 13c, ff. 115r-137; Ea F.288, 13-14c,
　　ff. 66-79; BMsl 3012, 14c, ff. 69r-104v; James
　　482, 483; etc. pr Venice, 1495, ff. 250r-271v
　　(Hain *11111; Klebs 680.14; IAL M445);
　　Suppl.(1581) f. 159; GS II, 240-41

Liber iste quem legendum proponimus est
novelle institutionis. . .
　　Comm. Aegidius of Corbeil, Carmen de urinis:
　　BLll 106, 13c, ff. 209v-229; BMsl 282, 14-15c,
　　ff. 19v-46v

Liber iste quem legendum proposimus nove
institutionis et studiose. . .
　　Basel D.III.9, 13-14c, 19va

Liber iste quem rogasti. . .
　　Liber dinamidiarum: CUg 379(V), 12-13c, ff.
　　55r-57r

Liber iste qui est de differentia spiritus et
anime. . .
　　William of Northfield, Notule super (Costa ben
　　Lucca) librum de differentia spiritus et anime:
　　CUpet 157, II, 14c, ff. 1r-10rb

Liber iste qui in presentia nobis legendus. . .
　　Antidotarium Platearii: Reims 1002, 13c, ff. 201-
　　216v

Liber iste qui in presentibus vobis legendus
occurrit. . .
　　Platearius, Glose in Antidotarium Nicolai: Car-
　　pentras 318, 13c, ff. 81-119

Liber iste qui intitulatur de substantia orbis
dividitur in prohemium et executionem. . .
　　Jean de Jandun, Expositio super libro de sub-
　　stantia orbis: pr Venice, 1481, pp. 181-215;
　　1493, ff. 85v-101ra(Klebs 425.2-4; IAL G24-
　　26; AFML 195); Venice, 1552, f. 33r; 1564, ff.
　　38v-58v; HL 22, 543

Liber iste qui merito (liber) utilitatis inscribitur
. . .
　　(Rasis), Liber utilitatis nature secretorum: BLd
　　119, 14c, ff. 157r-167(DWS 545); BN 7156, 13-
　　14c, ff. 1r-8v(T III,652); Corbett I, 70, 87;
　　BU 670(1259), 14c, ff. 1r-21v, 'Explicit liber
　　utilitatis Rasis'; 138(104), 15c, ff. 184r-196v; VI
　　5307, 15c, ff. 1r-9r. Frater Helias: Jos. Martini,
　　Cat.28, MS 4, 15c, ff. 1r-33v; Hoepli A.29 Nov.
　　1937, n.52, 14c(Schulz)

Liber iste scilicet canones tabularum Archa-
zelis. . .
　　(William of England?), Scripta Marsiliensis super
　　canones Azarchelis: Ea F.394, early 14c, ff. 111v-
　　119; ed. in part, Bibl. math. I(1900), 347-53

Liber iste septem planetarum atque draconis. . .
　　Mohammed ben Musa al-Khwarizmi, introd.
　　Astronomical tables (Ezich), tr Adelard of Bath.
　　Text, 'Annus igitur Arabum. . .'

Liber iste sicut liber fortunorum et infortu-
norum omnium. . .
　　Liber Albandini　See 'Hic est liber similitudinum
　　. . .'

Liber iste tractat de demonibus egregiisque
dictis et sententiis moralibus. . .
　　CLM 26781, a.1441, ff. 22r-345v, including Ex-
　　cerpta ex libro Zoroastris de demonibus at ff. 30r-
　　38r

Liber iste verborum. . .
　　De partibus microcosmi: James, 484

Liber iste vocatur algorismus et dicitur algorismus ab algore. . .
　　BLd 97, 15c, ff. 54r-64r

Liber maiorum operum. . .
　　See 'Primus modus operandi. . .'

Liber medicinarum Placidi actoris ex animalibus. . .
　　Sextus Papirius Placidus, Liber de medicina ex
　　animalibus: Soissons 50, 15c, ff. 50-61; T I, 599-
　　600; GS I, 375

Liber missus Salamonis regi Alexandro...
Prol. Magnum opus: BN 11202, 15c, ff. 58-59v
(Corbett I,151)

Liber nature et creaturarum de scientia hominis
...
Raymond of Sebonde, Theologia naturalis: Auch
6, a.1434-1437, ff. 1-241

Liber phisicalium virtutum...
Prol. 2, Kiranides; Ghent 5(416), ff. 185r-212r.
See 'Eruditissimo domino...'

Liber Phisicorum quem pre manibus habemus
...
See 'Iste liber Phisicorum...'

Liber presens qui Rosa medicine appellatur...
John of Gaddesden, prefaced to table of contents:
CLM 17, f. iii ra

Liber primus canonis Avicenne continet generalia documenta...
Hugh of Siena, Pref. Expositio super prima et
secunda Fen primi Canonis Avicenne: Lockwood
214-15

Liber quem proponimus legendum est ex antiquorum scriptis...
Comm. Aegidius, De urinis: BLd 29, 15c, f. 76v-

Liber quem scripsit Alquazir Albuale Zor
filius Abhumelech...
Abimeron Avenzoar, De curatione lapidis: VI
2296, 13c, f. 99r-v

Liber revolutionum. Aries in...
See 'Aries in tota...'

Liber secretorum alkimie ab Haly filio. Salith
...
(Khalid ibn Yazid), Liber secretorum: DWS 111;
Plessner, OLZ 33, 10, p. 726

Liber Servitoris tres habet distinctiones principales...
Serapion, Servitor: Ea F.273, 14c, ff. 65v-74

Liber trium verborum dicitur liber deitatis...
Rudianus, Liber trium verborum: VE VI.214
(XVI,3), 15c, ff. 156v-164v; Ze V, 218; with
Geber, 1682; the latter part in Gynaeceo
Chemico, Venice, 1679, I, 573

Liber veritatis ab Ypocrate editus...
Secreta Yypocratis: Ea F.236, 14c, f. 199r. See
'Hic est liber de veritate...'

Liberet dominus te deus fili amantissime...
Ioannis filii Mesue Aphorismi: VAu 246, 14c, ff.
187r-188r

Liberet te deus fili amantissime a via errorum
(devio erroris)...
Johannes Damascenus, Aphorismi: VA 10281,
12c, f. 45r, incomplete; Avranches 232, 13c, ff.
138v-140; 246, 13c, ff. 138-141; CLM 31,
a.1320, ff. 132va-133vb; CLM 683, ff. 73r-
81r; VA 2460, 14c, ff. 39r-42r; 2428, 14-15c,
ff. 170ra-171vb; Vendôme 246, 14c, ff. 124v-
128; BN 7377B, 15c, ff. 122r-125v; etc.; James
482; AL 378, 408; Opera Rasis, 1481, f. 200r;
(Venice), 1497, ff. 149v-151r; with Maimonides,
Aphorismi: Bologna, 1489, ff. 135-39; etc.
(Klebs 826.1-2; AFML 399-400; IAL R169-
171; Klebs 644.1-2; AFML 297; IAL M63-65)

Libra est noszlin apud nos sextarium...
De mensuris in liquidis: Ea F.166, 15c, f. 321r-v

Libra quidem est...
VI 507, 13c, f. 42v(Zi 10271)

Libra recipit uncias duodecim...
Dardanius, De ponderibus et mensuris: Mon 185,
11c, f. 136r-v; (Beccaria p. 419)

Libra una et semis emi nam facit...
De mensuris: Wo 579, 9c, f. 94

Libra vel as ex uncia(uncialis) vel constat
duodenis...
Versus de minutiis: KlaB XXIX.d.3, 11-13c,
f. 35v; De mensuris et ponderibus: Avranches
235, 12c, f. 52; VA 278, 12-13c, f. 40v

Libri huius duodecim splendet capitulis...
Alchemy: FLgr 175, 15c, f. 25r. See 'Libelli
huius series...'

Libro physicorum...
Sententia summata totius libri physicorum: VE
VI, 236, 14c, ff. 1ra-31vb

Librorum Aristotelis de auscultatione physica...
Themistius, In (libros) Physicorum Aristotelis, tr
Hermolaus Barbarus: NaO Membr. 46(Pil.XV,
12), a.1480, 293 ff.; pr Trevisa, 1481(Polain
3677; Klebs 955.1-4; IAL T111-13); Venice,
1502, ff. 17v-66v

Libros naturalis historie novitium...
Hermolaus Barbarus, ed. Pliny, Natural History:
Yale 3; Klebs 786.14

Librum autem istum dividam in octo capitula...
Albertus Magnus, De lapide philosophorum: Ze
IV, 841-62. Text, 'Argentum vivum est
frigidum...'

Librum Claudii Ptolemei mihi Alphonse rex
inclyte...
Georgius Trapezuntius, pref. tr Ptolemy, Centiloquium: VI 4782, 15c, ff. 1r-2v. Text, 'Iam
pridem perutiles...'

Librum de chiromantia princeps undequaque...
See 'Artem chiromanticam...'

Librum de sanitatis ingenio a te et a multis...
Galen, De ingenio sanitatis, tr Gerard of Cremona: BN 6865B, 14c, ff. 84ra-137vb; BN 6883, 14c, f. 41r-; CLM 11, f. 16; 13026, 14c, ff. 11-65; PM 3598, 14c, 7 and 233 ff.; VAp 1095, 14-15c, ff. 3v-33r; Opera 1490, II, 383r-437r; 1515, II, 187v-240r

Librum de sanitatis ingenio iam diu Neroni...
Galen, De ingenio sanitatis: PU 125, 13c, ff. 99v-(121v); Chartres 293, 14c, ff. 59-79; BN 6883, 14c, ff. 77ra-111va

Librum de sphera quatuor libellis distinguimus dicturi...
Jacobus Faber Stapulensis, In astronomicum introductorium Joannis de Sacrobosco commentarius: pr Paris, 1494; 1500(Klebs 874.18, 29; Polain 2307)

Librum Galieni qui Microtegni intitulatur id est ars parva...
Turisanus de Turisanis, Plusquam commentum: Chartres 287, 14c, 78 ff.; CLM 13147, 14c; VAu 244, 15c; pr Bologna, 1489; etc.(Polain 3878; Klebs 983.1-3; IAL T453); T (1929), 118

Librum hunc prognosticorum multiplici laude...
Prol. Glose pronosticorum Ypocratis: BMr 12.D.XIII, 14c, ff. 163v-(169v). See 'Omnis qui desiderat. Gloria...'

Librum igitur de re militari et instrumentis bellicis...
Hero of Byzantium, Poliorcetica, tr John Sophianos, c.1458; FL 45, 18, ff. 76-100; VE fa 339, ff. 1-48; A. Dain, La tradition du texte d'Heron de Byzance, 1933, pp. 35-40

Librum istum in tres principales tractatus...
Liber viginti quatuor experimentorum: Mi D. 130.inf., f. 228r

Librum prudentis honorabilis ac fidelissimi...
Marco Polo, prol. De mirabilibus orientalium regionum, tr Francesco Pipino of Bologna, c.1320; Ghent 13, pp. 165a-226a; BMr 14.C. XIII, 14c, ff. 236r-(268v)

Librum quem rogasti mihi tibi...
Practica medicine: Wo 3101, 14c, ff. 65-94 (Schulz). See 'Libellum quem roganti...'

Librum qui de flatibus et ab Hippocrate...
Francescus Philephus, pref. Hippocrates, De passionibus: BN 7023, a.1444, ff. 22r-71r; CU 1497(Gg.III.32), 15c, ff. 214r-226r; Kibre (1945), 408

Librum secretorum philosophorum in opere alkimico per Hali filium Sasicet...
Haly, filius Sasicet(Khalid ibn Jazid), De secretis secretorum: SG Stadt 300, 13-14c, ff. 93vb-97va

Librum secretorum scribere vel enodare et in lucem educere...
Alchemy: Mi P.265 sup., ff. 29r-32r

Licet astrologorum superstitiosa vanitas...
Johannes de Burgis(Brugis), De astrologie veritate: CLM 51, a.1503, ff. 89ra-98va; T V, 182, n.11; 311, n.11. For MSS of original in French, T IV, 146-47; incunabulum, anon. Klebs 551.1. See 'Universis Christi fidelibus...'

Licet autem superius dicta theorice...
Gentile da Foligno, De proportionibus graduum medicinarum simplicium et compositarum: Ea Q.215, 14c, ff. 78-79v

Licet Costabenluce in suo tractatu de spera...
Spherical astrolabe, uses: BN 10266, ff. 45-89v

Licet cuiuslibet partium denominatio numeri possit fieri...
Johannes de Persorio, Astronomical calendar, a.1256-1332; BMad 17368, 15c, ff. 36r-51v

Licet de hac questione...
Rubertus Putanus, Utrum per scientiam astrorum possit aliquid pronosticari: Budapest 59, 13-14c, ff. 21v-23v

Licet diversi auctores medicine curam...
Johannes de Parma, De fractura cranei: Giacosa 490

Licet eclipsis lune in Ianuario significet...
Prediction for 1469: VI 4756, ff. 76r-77r(TR 366f)

Licet enim in nostris curis generaliter...
Arnald of Villanova, introd. Practica summaria: CLM 456, ff. 21r-24v. Text, 'In dolore capitis si...'

Licet humana natura multis modis aliis entibus preferatur...
Jean de Jandun, Sophisma de sensu agente... a.1310: BN 16089, ff. 160ra-166r; HL 33, 545

*Licet in fine modo temporum...
I. Alexander de Villa Dei, prol. Massa compoti: BMr 2.F.X, f. 56v; 8.C.IV, ff. 38r-(41r); CUad 3168, 13c, ff. 1r-6v. See 'Licet modo...'
II. Johannes de Garlandia, prol. Compotus: CUg 136(76), late 13c, ff. 94-106

Licet in ista materia videntur philosophi...
Albertus Magnus(?), De concordantia philosophorum in lapide: Ze IV, 809-24; Kibre (1942), 507; ascribed to Antonius: Condeesyanus, Frankfort, 1625, II, 144-74; anon. I, 228-60

Licet in manu domini sit sanitatis(sanitas?) omnium...
Pest tract: Archiv XIV, 5-7

Licet in nostris curis generaliter...
See 'Licet enim in...'

Licet in petitionibus...
See 'Licet petitionibus...'

Licet in questione qua queritur utrum in materia...
Roger Bacon, De subiecto transmutationis: BN 2598, 15c, ff. 138r-139v; Little 414

Licet infirmitates ratione et dieta curare possimus...
Tract on surgery: BLh 112(4044), 13c, ff. 3-(23)

Licet liberalium existam scientiarum ignarus...
Liber experti iuvenis qui dicitur Novum lumen: CLM 2848, a.1531, f. 143v(Schulz)

Licet medicus altissimus ineffabilis et semper gloriosus...
Prol. Regimen sanitatis nuper compilatum: BMsl 3171, 15c, ff. 1-15; BMad 18752, 15c, ff. 124r-128r; CUt 901(R.XIV.28), 15c, ff. 78r-95r; Oc 226, 15c, ff. 123-132. Text, 'Mala accidentia...'

*Licet mihi inter meditandum...
Alfredus Anglicus, De musica: Tanner; Bale, p. 28

Licet mihi ipsi in omni scientia...
Alfred presbyter *or* Anglicus, Practica artis musice: Russell 18

*Licet modo in fine temporum plures constat...
Alexander de Villa Dei, prol. Massa compoti: Alençon 25, 13c, ff. 131-169, with gloss; BN 7420A, 13c, ff. 3ra-21ra; Toledo cap. 94.10 (AL 1234), 13c, ff. 147r-157r; Darmstadt 76, 14c; Rc 545, 14c, ff. 12v-32v; Saxl(1915), 1; BN 14070. f. 28r(Speculum 29(1954), 230; TR 313); ed. OHI VI, 268-289. Text, 'Aureus in Iano...'

*Licet multa et varia de ritibus et conditionibus...
Odoricus de Portu Naonis, Itinerarium de mirabilibus orientalium Tartarorum: BMr 14.C.XIII, 14c, ff. 216r-(225v); pr Hakluyt, Principal Navigations, 1599; IV(1904), 371

Licet multa sint instrumenta practice astronomice deservientia...
Profatius Judaeus, Prol. Quadrans novus: VI 5418, a.1434, ff. 4r-24v; CLM 10662, 15c, ff. 175r-184v; 14504, a. 1445, ff. 173r-191v; Gö Philos. 42m, 15c, f. 29v; VI 5303, 15-16c, ff. 130r-198v; anon. MU Q.738, 15c, ff. 56r-(76v)

Licet multi libri sint conscripti...
Henricus Selder, Canones tabularum Alphonsinarum: Zi 9599-9604; Brux 930, 15c, ff. 125ra-151vb

Licet multiplicis incommoditatis discrimen humana propago subiacet...
Hermannus Schedel, Consilium de podagra: CLM 339, a.1468, ff. 38-40r

Licet omnes homines ex naturali desiderio...
De computo Norimbergensi: BMad 15107, 15c, ff. 205ra-213va; CLM 3131, 15c, ff. 126-(151); 26791, 15c, ff. 1r-18v(Schulz)

Licet per dei gratiam de regimine sanitatis...
BMsl 3468, 14c, ff. 27r-31r

Licet per Prophatium Iudeum quadrans modernis temporibus...
G. Marchio, Tractatus quadrantis planitorbii, at Paris, a.1434: VI 5418, 15c, ff. 80r-110r(TR 309); M-H 13(1960), 86; VI 5303, 15-16c, ff. 199r-223r

Licet petitionibus tuis continuis...
Constantinus Africanus, dedic. tr Aphorismi Hippocratis: CUpet 14, 13c, f. 1; CUpem 228, 13-14c, ff. 114r-171v; Saint Quentin 104, 13c; BN 6860A, 14c, ff. 27r-69v; Mon 182, 14c, ff. 17r-71v; Giacosa 390; T I, 750; pr Articella(1487), ff. 9r-45v; etc.; Venice, 1508, ff. 2r-120r

Licet planetas propriis nominibus insignitas...
Astronomy in prose and metre: BMc Claudius B.VII, ff. 236r-239r

Licet pluribus et diversis modis...
De saporibus iuxta Constantinum: Oma 173, 14c, ff. 256v-258; BN 6891, ff. 86rb-88va

Licet presentis pestilentie pravitas...
Johannes de Penna, Pest tract: ed. Archiv V(1912), 341-48 from Leip 1178, 15c, ff. 54r-57r(239r-242r)

Licet pretiosi lapides in se virtutes...
Secunda pars, Lapidary and Physiognomy addressed to Wenzel II of Bohemia. See 'Attendite a falsis...'

Licet quecumque in hoc sublunari mundo...
Joan. Ant. Sfortia, De intrinsecis naturalium principiis: BN 6553, 16c, ff. 2r-67v

Licet sciam, scire *or* scirem...
See also 'Licet te scire...'

Licet sciam te carissime nepos graecis litteris...
Vindicianus, Epistola ad Pentadium nepotem, De IV humoribus corporis: ed. V. Rose, Theodorus Priscianus, Leipzig(1894), 484-492

Licet sufficienter superius dictum sit de his que
generaliter...
> Guido Bonatti, Liber introductorius, Tract. de
> his que ad electiones particulares: pr Venice,
> 1506, ff. (Q.4)rb-(S.5)rb

Licet te fili karissime Grecis litteris...
> I. Epistola Galeni de humano corpore: CUg
> 97(49), 15c, f. 137; Diels (1905), 135, 139
> II. Pref. to a medical collection: BMr 12.D.XIII,
> 14c, f. 220v

Licet te sciam karissime nepos grecis litteris...
> (Vindicianus), De natura et ordine uniuscuiusque
> corporis: CLM 465, 15c, ff. 175v-182r; pr
> Galen, Opera, 1515, I, 41v-42r

Licet te scire karissime nepos(fili) litteris
grecis (et latinis)...
> Vindicianus, Pentadio nepoti suo salutem: 18
> MSS, 9-11c, Beccaria p. 419; BN 6837, 14c, ff.
> 40v-42r; anon. BMsl 634, 15c, ff. 7v-9v

Lignum Brasilii subtilissime rasum...
> Recipes for colors: BMad 41486, f. 216r-v

Ligurius est lapis optimus et generatur ex eo
quod...
> BLr A.273, 14c, ff. 64v-68v; VI 407, 14c, ff.
> 145v-147vb; 2301, 81ra-vb; Ambix 8(1960),
> 14-16, n.16

Limax fuit ab hirundine vocatus ad prandium...
> Propositiones ad acuendos iuvenes: ascribed to
> Alcuin: PL 101, 1145-60; ascribed to Bede,
> CLM 14272, 10-11c, ff. 181-(182r); Jones 51-
> 52; anon. BMsl 513, 15c, ff. 43-56v, incomplete

Limax fuit invitatus ab hirundine ad prandium
...
> Alcuin(?), Arithmeticae propositiones ad acuendos
> iuvenes: VAr 208, 11c, ff. 57v-61v

Limpiare lapidem purga contunde simul...
> Raymond Lull, Part of Testamentum maius:
> CUc 112, 14c, p. 350a(DWS 805b)

Linea Christe tuos prima est que continet
annos...
> Versus cycli anni solaris: Rouen A292(26), 9c, f.
> 361; SG Stift 251, 9c, p. 31; 450, 9c, p. 39

Linea in numeris appellatur numerus...
> Arithmetic: BN 7416, ff. 120-123

Linea que Jani prima est pariterque Decembris
...
> Wandalbert de Prüm: Horologium secundum:
> Bull.Du Cange 17(1943),68; De horarum metis:
> ed. Dümmler, MGH, Poetae latini II(1884),
> 576-78

Linea vite vel cordis inter...
> De chiromantia: VA 3121, c.1400, ff. 54r-55r.
> See 'Si linea vite sit...'

Lineam orbiculariter ductam bina diametro in
quatuor...
> See 'Aristoteles in eo qui...'

Linearum alie sunt communicantes...
> Ars de binomiis: VA 9410, 15c, ff. 67v-72v;
> cap.12 (of Euclid?), Divisiones linearum: BN
> 7216, 15c, f. 148r-

Linee itaque in manu quidam...
> Chiromantia: BLr D.1362, 14c, f. 8v

Linee naturales in planitie cuiuslibet...
> Chiromancy: BMsl 323, 14-15c, ff. 189v-191v

Linee naturales tres sunt in planitie omnis ciros
...
> Chiromancy, tr Adelard(?): T V, 675; BN 11867,
> 13-14c, f. 241ra-rb; BNna 693, 14c, ff. 96v-97r;
> Ea Q.381, 13-14c, ff. 96r-100v; CUt 1109, 14c,
> ff. 25-26; Plagens 144, 15c, ff. 46-47; James 490;
> ascribed to Aristotle, BMsl 2030, ff. 125-126

Linee recte in plano iacentis longitudinem scire
...
> Demonstrationes geometrice ex libro 9 partium:
> Basel F.IV.30, ff. 98r-116v

Linguam nigram aut liquidam vel sanguinilenta
significat...
> BN 11218, 8-9c, f. 26r; Beccaria 34.3b

Litargia est oppressio cerebri...
> De morbis variis: BMsl 297, 15c, ff. 24r-47r(24-
> 45)

Litargia non vera est passio cerebri proveniens
ex humoribus...
> BMsl 418, late 15c, ff. 318r-321v

Litargiris sumatur et inhibatur...
> Aqua resurgens: BMsl 323, 14c, ff. 158v-161v
> (DWS 1095)

Litargium est spuma argenti et almarcath idem
sunt...
> Interpretatio vocabulorum(alchem.): Mon 493,
> 15c, ff. 172-179v(Corbett II,127)

Literarum mearum pater et domine venerabilis
...
> Aribo scholasticus, Musica: PL 150, 1307-46

Litteras dilectionis vestre desideratas...
> Bede, De tonitruis libellus: PL 90, 609-14; T I,
> 636; Jones 45-47; Archiv, X(1917), 311

Litteras vestras paterna devotione suscepi...
> See 'Clementissime pater...'

Litteris vestris perlectis in eis inveni...
  Aquinas, Responsio ad...articulos: VAr 743,
  15c, ff. 116r-120v

Lo primier regimen de la nostra peyra es...
  Rosarius alkimicus Montispessulani: BNna fr
  4141, 14-15c, ff. 1v-25r; TIII, 56; Corbett I, 277

Loca autem nominant particulas corporis non
iuniores solum...
  Galen, De interioribus, 'secundum novam translationem Burgundii': VAb 179, 14c, ff. 15-36v
  (Silverstein)

Loca nominant particulas corporis non iuniores
solum...
  Galen, De locis affectis, tr Peter of Abano(?): VE
  VII.11(XIV,7), 14c, ff. 41-43; De interioribus
  secundum novam tr: Ea F.278, 14c, ff. 84-117;
  Diels(1905), 85-86

Loca solstitiorum et equinoctium...
  VI 5511, 15c, f. 2r-v

Loca stellarum fixarum et latitudines earum et
distantia ab equinoctiali...
  BN 7336, f. 292; 16211, f. 93; Rev. d'hist. d.
  Sciences(1956), p. 310, n.4

Loca stellarum fixarum secundum suum ordinem sunt...
  De galaxia: VI 5415, 15c, ff. 260ra-263r; Saxl
  (1927), 154; Salzburg St Peter X.VI.20(Schulz)

Loch est prope electuarium...
  Medicinalia varia: Ran 1283(T.2.9), 15c, ff. 75v-
  83

Locorum quidam qui speculatoribus et dignioribus magis aptus est...
  Super Almansorem: Halberstadt 22, 14c, imper-
  fect(Schulz)

Locum augium cuiuslibet planete...
  Astronomical tables: Ea Q.382, 14c, ff. 15-16(Zi
  11190)

Locum solis verum in dorso per diem...
  Regiomontanus, Problemata XXIX saphaeae
  nobilis instrumenti astronomici: pr 1534; BB 17
  (1884), 78; Zi(1938), 228, and Index, 'Safea'

Locum stelle scire(secundum) longitudinem et
latitudinem...
  Compositio armillarii: CLM 24105, 15-16c, ff.
  52v-53v; VI 5418, 15c, ff. 187r-189v

Locum verum sol...
  Mag. Henricus, Canones: Cues 212, early 15c,
  f. 64v

Locus admonet ut dicamus...
  De novem candariis: Spec. astron., Borgnet X,
  641

Locus balnei de Aquaria est in territorio Regii
...
  Regula balnei de Aquaria: BNna 211, a.1469, ff.
  89v-90; Delisle 230

Locus humiditatis secundum motum lune...
  John of Glogau, Iudicium anni 1476: CLM 647,
  ff. 211r-43v(T IV, 449, n.42)

Locus itaque draconis a loco lune...
  Astronomy: BLas 361, 14c, ff. 13-27

Locus lune in nativitate est ipse gradus ascendens...
  Trutina Hermetis: BMar 88, 15c, f. 55r

Locus qui movet...
  Caudas astrologus, Lib. novem annulorum: Pa-
  strengo(1547), 17r

Locus qui speculatoribus dignior est locus altus
...
  Gerardus de Solo, Super nono libro Rasis qui
  dicitur Almansor: Archiv II(1909), 21; Janus
  IX(1904), 544-45; pr Lyons, 1504, ff. 2r-140v;
  Venice, 1505, ff. 13r-88v

Locus quidem qui speculatoribus melior est et
convenientior...
  Rasis, Almansor libri X(sic): Wi 56, a.1403, ff.
  152-253; comm. IX Almansor: BN 6910, ff.
  1ra-86vb

Locutusque est pro urinas et dixit Multa sunt
genera orinarum...
  Hermogenes: MC V.69, 9c, pp. 545a-550a;
  Beccaria 94.12

Longe optimi succi est lac recens...
  Michael Psellus, De victus ratione, to Emperor
  Constantine, tr George Valla: pr Venice, 1498
  (Yale 90; Klebs 1012.1); Basel, 1529

Longe quidem ante sapientes vel philosophos...
  Ptolemy, Ad sciendum horas diei ac noctis: VAp
  1417, f. 1

Longitudo est illud quod extenditur...
  Verba filiorum Moysi: Thorn R. 4°.2, 14c, ff.
  73-79; ZMP, XIII(1868), suppl. 61-64; Carmody 48-49

Longitudo latitudo quarta pars dividitur...
  Modus mensurandi terram: CU Hh.III.11, 14c,
  f. 106v(Atk)

Loquamur nunc in speciali de cometis...
  Conrad Heingarter, Comm. Ps. Ptolemy de
  cometis: BN 7432, 15c, ff. 146v-151r

Loquitur declaratio solaris que et quod istorum
effectus...
  VAp 1451, a.1370, ff. 1r-12v

Lucas Christi servus et medicus...
> Lucas, De ordinatione corporis humani: BN 4883, 9-10c, ff. 3rb-5va; CLM 5257, 11c, f. 26; VAp 1098, 15c, f. 57v; Diels(1906), 58; pr V. Rose, Theodorus Priscianus, Leipzig, 1894, p. 463-(Schulz)

Lucem creatoris...
> See 'Lucis creatorem...'

Lucem operari in (aliquid) visum (impressive) contra se...
> John Peckham, Perspectiva communis. See 'Inter phisice considerationis studia...'

Lucem solarem et sideralem in perspicuo...
> Generationem yridis cathaclismum excludere: VAr 1253, early 14c, f. 61-; ZMP 13(1868), 49

Lucis creatorem obsecro ut veritatis lucem...
> Alkindi, De creticis diebus: BLd 47, 14c, ff. 78-(83v); Björnbo(1905), 236; Carmody 85

Ludis qui plano tabulis de stipite sectis...
> Acbrhannus(sic), Versus de ludo tabularum secundum numer.: Bern 299, 10-11c, ff. 29v-30r; Bubnov xxii; ed. Hagen, Carmina, 1877, pp. 142-45

Lufi(Lusi) serpentaria planta est que dicitur collum draconis...
> Mesue, De simplicibus medicinis: Metz 381, 14c

Lumbrici ex solo fleumate generantur...
> De lumbricis: BMsl 783b, 15c, f. 127r

Lumen incomprehensibilis...
> See 'Lux incomprehensibilis...'

Lumen luminum dicitur ex libris medicorum et experimentis...
> BMad 41486, ff. 125r-138v

Lumen ubi detur orbi lunare feretur...
> Rolandus, De cyclo: Ea Q.345, 14c, f. 9r-v; Walther, Kl. Dicht., Erfurt, p. 307, n.20(Schulz)

Luminaria celi sunt multa...
> Cues 207, 14c, f. 115r-v(Zi 8282)

Luminaria duo vis maioris sunt...
> Abraham ibn Ezra, Liber luminarium: BLcm 109, 16c, ff. 144-(160)

Luminaria firmamenti sunt multa intra que...
> Constellations: Ea F.394, 14c, ff. 87-90; Prag 433(III.C.2), ff. 167ra-168vb; VI 3162, 15c, ff. 187-196; Saxl(1927), 87, 100, 128; T (1947), 266-67, n.78; BMad 41600, c.1455, ff. 54r-56v; Saxl(1953), 85

Luna autem manet in uno quoque signo...
> De significationibus lune in signis: BN 6584, I, 13c, f. 33r

Luna coniunctione solis versus...
> VI 5414, 15c, f. 165rb-va

Luna cotidie quatuor punctus sive crescens a sole...
> Beda, De cursu lunae: CUg 151(201), 13c, f. 150r (not in Jones)

Luna crescente experimentum verum et probatum...
> Ad thesaurum inveniendum: VI 5327, 15c, ff. 179r-180v; Saxl(1927), 149

Luna crescente semper minuas mailente...
> CLM 14687, 15c, f. 320v(Schulz)

Luna cum fuerit cursu vacua...
> Zael, Capitulum de significatione lune: BLcm 517, 15c, f. 27va

Luna cum fuerit in Ariete...
> Cues 212, a.1418, ff. 310-322v; Leip 1484, 15c, ff. 4-7; BE Q.577, 15c, ff. 135-136(Zi 8055-56a)

Luna cum fuerit in prima domo significat principatum...
> Haly, De proprietatibus lune: FL Plut.30, cod.24, f. 124ra-va. See 'Luna si fuerit...'

Luna cum Saturno idem...
> De quolibet aspectu lune: Ea Q.372, 14c, ff. 54v-56r

Luna cum separata fuerit a malo...
> Astrology: BN 7282, ff. 34vb-35va

Luna ergo existente in Ariete cave ab incisione...
> BLd 88, 15c, ff. 30v-31r

Luna est bona...
> On the xii signs of the zodiac: CUg 117(186), 13c, p. 233

Luna est frigide nature et argentei...
> Alchandrus or Alhandreus: T I, 710-18; ColR 12, 19, 23; CLM 560, 11c, ff. 61-87; Cues 214, 14c, ff. 20-27v(Zi 8058-59); VAp 1416, 15c, ff. 118r-122r; Osiris I(1936), 667-73

Luna est planeta...
> CLM 26666, 15c, ff. 120v-121(Zi 8283)

Luna est prima(primus) planetarum et infima stellarum...
> Gö Theol. 196, 12-13c, ff. 17-78(Zi 8284)

Luna est prima planetarum (et minima) stellarum...
> CU 1705(Ii.I.13), 14c, ff. 4r-(60); CUg 117,
> 14c, p. 234; CUad 6860, 14c, f. 7v; CUt
> O.II.40, 15c, ff. 130r-132r

Luna existente in Ariete sanguinem minuere...
> Moon-book: Os 178, 13c, f. 144r-v

Luna existente in domo sua in principio sui
diei...
> De mansionibus solis et lune: Ea Q.361, 14c, f.
> 130r-v(Zi 8210)

Luna existente in signo membri patientis nullum
medicamen...
> BN 6995, 15c, f. 170v

Luna frigide est nature...
> See 'Luna est frigide...'

Luna habet de terra magis aquam minus...
> De complexione metallorum: Oc 185, 15c, ff.
> 114r-116

Luna habet octo et viginti mansiones...
> Boston Medical 20, 14c, f. 187v

Luna I. prima mane.   Sanguinem minuere...
> Calendar *or* Table: CLM 14506, 12c, ff. 2r-3r

Luna Ianuarii ascendit media nocte...
> Daniel, Dream and Moon Book: BMsl 3281, 13-
> 14c, ff. 39r-40r

Luna in Ariete...
> Aristotle(?), De lunari significatione in singulis
> signis: Ea Q.372, 14c, ff. 134v-135v

Luna in Ariete aliquam prebet causam...
> (Auguria): BN 7337, pp. 201-202

Luna in Ariete gaudium et letitum significat.
In Tauro malum...
> Tabule Salemonis secundum loca lune: BN 7337,
> pp. 207-(213)

Luna in Ariete sanguinem de brachiis minuere
bonum est...
> 'Sequitur ulterius de signis': Oa 81, a.1474, ff.
> 183v-188r

Luna in Ariete signo orientali calido et sicco...
> Moon in the signs: BMad 15107, 15c, ff. 233v-
> 235v; Saxl(1953), 24

Luna in Ariete sive questio procedat sive potius
fiat electio...
> Ea Q.200, 14c, f. 36v; VE fa 344, 14c, ff. 59ra-
> 64

Luna in omnibus rebus utilis...
> Metz †221, 11c, no.3(Zi 8060)

Luna in unaquaque lunatione 12 signa per-
transit...
> Basel O.IV.4, ff. 12r-20r

Luna infima planetarum unumquodque signum...
> De cursu planetarum per duodecim signa: CUsj
> 221, 12c, ff. 401-402

Luna item circuli sui sex centesimam...
> Felix Capella, extract from: CLM 13084, 9-10c,
> f. 69r-v; TR 362

Luna iuncta cum Saturno aut ipsam aspectu
vel oppositione...
> De coniunctione planetarum cum luna: BN 7324,
> ff. 88r-89r

Luna iuncta Saturno nihil in omni opere...
> Capitulum coniunctionis lune cum planetis:
> BLcm 517, 15c, f. 26rb

Luna licet sit indignior sole maxime tamen
potestatem...
> CLM 7755, f. 237v-

Luna manente sive questio procedat...
> Extractum de opere philosophorum de luna in
> signis: VE fa 344(XI.104), 14c, ff. 59-64

Luna movetur in signo in hora 32 minutis et...
> De septem motione planetarum: CUt 1102
> (O.I.77), 15c, ff. 103r-104v

Luna nihil habet in se luciditatis sed corporum
rotundum est...
> De eclipsi solis et lune: CLM 4394, f. 46r

Luna non habet nisi latitudinem unam...
> Theorica latitudinis trium superiorum plane-
> tarum: FN II.ii.457, f. 38ra-vb; AFP XXV
> (1955), 418

Luna non in unaquaque...
> SG Stadt 322, d, 14c (Zi 7816)

Luna preest Cancro species rerum moderando
...
> CLM 18580, 12c, f. 88r

Luna prima ab omni opere bonum est...
> VI 5307, ff. 66v-67r

Luna prima Adam creatus est...
> Moon book: Ea Q.330, 13-14c, f. 24(Zi 8061)

Luna prima Adam factus est (natus fuit) illa die
propter...
> (Giovanni de Graziano?), Moon book: FLa 130,
> 13-15c, ff. 25-26(T I,682, n.3); VE VIII.33
> (XI,106), 15c, ff. 7vb-8vb. Giovannino di
> Graziano, mentioned in the Ashburnham MS
> at Florence (michi zohanino grāni, michi Iohan-
> ino) was perhaps its owner rather than author.
> The text is anonymous in the MS at Venice.

Luna prima Adam factus fuit.　Dies bona...
　　BE 968, n.8; Zi 8067(Schulz)

Luna prima Adam fuit creatus...
　　BMsl 282, 14-15c, ff. 82v-85v

Luna prima dies bona est omnino ad faciendum
　...
　　BMsl 783b, 15c, f. 220r-

Luna prima est planetarum...
　　Wo 3749, 15c, ff. 68v-82(Zi 10377)

Luna prima et secunda bona est...
　　Phlebotomy: Cop.Gl.kgl.S.1653, 11c, f. 76v;
　　Beccaria 8.10

Luna prima factus est Adam...
　　BMsl 2461, 13c, ff. 62-64; BMad 15236, 13-
　　14c, ff. 169v-171v; BN 4147, f. 112(H)

Luna prima hec dies ad omnia agendo utilis
est...
　　Bern 441, 9c, ff. 15r-16r; BMsl 2030, 13c, ff.
　　134r-136r.　See 'Luna prima hic dies...'

Luna prima hec dies omnibus egritantibus utilis
est...
　　VI 2532, 12c, ff. 55r-59r(T I,681, n.1); BNna
　　356, 12c, ff. lv-(14); Basel D.I.10, 14c, f. 32r-v

Luna prima hec dies omnibus rebus faciendis...
　　Esdras(?): BMsl 122, 15c, ff. 125v-129r

Luna prima hec est utilis omnibus augmentis...
　　BMh 978, ff. 16r-18r

Luna prima hic dies omnibus rebus agendis
utilis...
　　BMh 2558, 14c, ff. 191rb-192vb.　See 'Luna
　　prima hec dies ad...'

Luna prima hic est vitalis(utilis?) omnibus
agentibus...
　　Mi T.81.sup., 14c, pp. 153-56; T I, 680;
　　CUpem 103, c.1200, f. 77v(Atk)

Luna prima leviter egrotat...
　　Beccaria p. 419

Luna prima omnibus rebus agendis utilis est...
　　Björnbo(1912), 207; T I, 680, n.1; CLM
　　16521, a.1462, f. 6r; CUt O.VII.23, 15c, f.
　　68v(Atk); James 480

Luna prima omnibus rebus utilis...
　　Cues 203, 13c, ff. 86v-88(Zi 8064)

Luna prima puer natus erit studiosus vitalis...
　　Daniel, Moon-book: SG Stift 751, 9c, p. 376;
　　Beccaria 133.29

Luna prima qui ceciderit in infirmitatem...
　　Ad sanguinem minuendum: VAp 485, 9c, f. 15v
　　(T I,680, n.1)

Luna prima qui decubuerit si tertia die se
adlevaverit...
　　Beccaria p. 420

Luna prima qui fuerit (in ea) natus...
　　Lunarium Sancti Danielis: BMh 3017, a.920(?),
　　f. 58v; (T I,680, n.3); Beccaria 50.8

Luna prima qui incenditur...
　　BNna 1616, 9c(T I,681, n.1)

Luna prima quicquid per sompnium (in somniis)
videris...
　　Interpretationes sompniorum: CUc 391, 12c,
　　p. 718(Atk); VA 642, 12c, f. 91; CUc 481, 13c,
　　ff. 404-419; Ma 10063, 13c, f. 25ra; James 489

Luna prima quicquid somnus tuus viderit ad
gaudium erit...
　　Lucca 296, 9c, f. 109r; Beccaria 91.13

Luna prima quicquid videris in gaudium con-
vertitur...
　　Dream Book: Beccaria 50.14; Eins 321, 10c, p.
　　21; CLM 6382, 11c, f. 42

Luna prima quicquid vides non dubites bonum
est...
　　Daniel, Dream-book: CLM 26639, f. 42ra-vb

Luna prima.　Quicunque sompniaverit...
　　Dream Book: Budapest 59, 13-14c, ff. 43v-44

Luna prima quin(qui?) ceciderit difficilis evadit
　...
　　BN 6882A, f. 18v (Beccaria 26.9)

Luna prima si aliquis decubuerit et tertia die...
　　Astrol. medicine: CLM 658, 15c, ff. 17v-19r

Luna prima si decubuerit eger...
　　FLs 70, 14c, f. 100

Luna prima si infans natus fuerit...
　　Budapest 405, 14c, ff. 122v-124; VI 575, 14c,
　　ff. 122v-124(Zi 8065)

Luna prima tota die bona luna secunda...
　　Regula ad sanguinem minuendum: BMsl 2030,
　　13c, ff. 134r-135; BMsl 3285, 15c, f. 87r; CUt
　　O.VII.23, 15c, f. 70v(Atk)

Luna prima tota die bonum est...
　　Phlebotomy: 4 MSS, 9-11c, Beccaria p. 420; VA
　　687, f. 120; 3101, ff. 26r-28r

Luna quatuor habet circulos et quinque...
　　Theorica de motibus lune et planetarum: CU
　　1705(Ii.I.13), 14c, ff. 180v-181r

Luna que prima qui decubuerit si tertiam alle-
vatur sanus erit...
    Prenostica Merlini: Ghent 5(416), 15c, ff. 157v-
    158v. See 'Luna prima qui decubuerit...'

Luna quia columpna stellarum...
    Messahala *or* Albenahait(Ibn Haythim?), De
    testimoniis lune: Ea Q.372, 14c, ff. 127v-134v;
    Carmody 37

Luna quibus diebus bona...
    Moon book: CUsj 17, a.1110, f. 4(T I,680, n.1)

Luna quidem et sol et ascendentis dominus...
    Alkindus, De egrotantibus: CLM 11067, f. 66rb-
    vb, 'Expliciunt quedam regule de pronosticatione
    egritudinum seu morborum'

Luna quinque habet motus revolubiles de
 quibus...
    Yale MS (astron.), ff. 153vb-155rb

Luna quotidie transit...
    Karlsruhe 167, 9c, f. 1v

Luna rubens ventum radians...
    FLs 88, f. 157

Luna si fuerit in prima domo significat...
    Haly, De proprietatibus lunae: Ea F.386, 14c, f.
    52rb-vb; ColR 72, 8; VAr 1330, 15c, ff. 59r-
    60v; Carmody 156 ascribes to Haly ibn Ridwan

Luna terre vicinior est omnibus planetis...
    'Explicit liber quem edidit Micael Scotus de sig-
    nis et ymaginibus celi apud 1320(!)': VA 4087,
    ff. 38r-50v (88-99v); Haskins 287, n.95

Luna una unoquoque mense suo ut...
    Hermannus Suevus, Prognostica: Fulda 497;
    Christ(1933), 241-42

Luna ut notum est unoquoque mense vel...
    Hermannus Contractus, Prognostica de defectu
    solis et lunae, necnon de aequali lunae per
    zodiacum discursione: BMar 356, 11c, ff. 38-
    41v; Hermannus Suevus: VA 3101, a.1077, ff.
    14v-16v; Bubnov lxxvi

Luna verbi gratia xv kal. April. hora...
    Alcuin, De cursu et saltu lunae: PL 101, 981-93;
    Bull. Du Cange 17(1942), 53

Lunam a sole lumen admittere terram...
    Aristarchus of Samos, De magnitudinibus et dis-
    tantiis solis et lune, tr Geo. Valla: pr Venice,
    1498, f. 31v(Polain 2800; Klebs 1012.1; IAL
    N33)

Lunam claram videre...
    Interpretationes sompniorum Danielis prophetae:
    Vendôme 245, 15c, f. 210

Lunam et solem ceterosque planetas...
    Lilium de spinis evulsum: Corbett II, 112-113.
    See 'Naturam circa solem et lunam...'

Lunam per alios ortus et occasus...
    De lunae cursu: BMh 3017, 9c(Fleury), f. 157v

Lune distantia centri deferentis...
    Meiningen Pd 82, 15c, ff. 66-73v(Zi 3070)

Lune impedimenta sunt quinque...
    De interrogationibus: Ea F.267, 14c, 189 ff.; Ea
    Q.368, 14c, ff. 113-119(Zi 8226-27). See
    'Istud quod sequitur...'

Lune nota quod eodem modo de marte...
    Tract. super verba Mer fugi dum bibit: Ze IV,
    974-84

Lune prima...
    See also 'Luna prima...'

Lune prima et secunda sunt Arietis...
    Ratio lune sive tacuinum Iudeorum: CLM 192,
    ff. 139r-141v

Lupinos in aqua coque...
    De albificatione vasorum: Corbett I, 300; BMad
    41486, ff. 27v, 138v

Lusi serpentaria planta...
    See 'Lufi serpentaria...'

Lustravi plures imaginum scientias...
    Hermes, Liber solis (*or* De imaginibus et horis):
    T II, 223, n.1; 225, n.1; T (1947), 244-46; Car-
    mody 61-63; Basel F.II.10, 15c, ff. 180va-181vb

Lutum sapientie sic fit. Accipe partes tres
terre pure...
    BU 270(457), XV, 3, 15-16c, f. 21v

Lutum sapientie sic fit. Recipe terram...
    BMsl 2135, 14c, ff. 77-81v(DWS 555A)

*Lux incomprehensibilis ac maiestatis...
    George Ripley, Castellum xii portarum sive de
    calcinatione: Bale

Lux nature deus quanta universis...
    Leonardus Qualea, Astronomia medicinalis: T
    IV, 446-48; VA 6867, 115 ff.

Lux orta est iusto. psalmista...
    Anianus, prol. Computus: pr Strasburg, 1488;
    etc. (GW 1951 seq.; Klebs 71.3; IAL A644);
    ed. D. E. Smith, Paris, 1928. See 'Computus
    est talis...'

Lycurgum lacedemonium qui leges...
    Theodore Gaza, dedic. to Sixtus IV, tr Aristotle,
    De historia animalium: Venice, 1476 (Klebs 85.1;
    IAL A870)

Macer id ex herbis siccis loquitur...
> Macer, De viribus herbarum: Zurich Car.C.III, a.1445-49, ff. 72r-138v; Choulant, I, 2(1841), 239-44

Machometus Tinen filius Acharrani qui et Albategni dicitur...
> Albategni, De motu stellarum. See 'Inter universa liberalium...'

Macrobius super somnium Scipionis ubi loquitur de magnitudine celi...
> Adelbold, Sententia ad Gerbertum, De crassitudine spere: Brux 4500, 10c; BN 7377c, ff. 10v (old 32v)-12r(34r); Bubnov xxiii; PL 140, 1103-1110

Magice artis quinque sunt species...
> VAp 841, 13c, f. 139r; T II, 13, n.2

Magister Alexander describit in hoc opusculo proprietates mensium...
> VAp 1115, ff. 167vb-168vb

Magister Alexander phisicus egregius in hoc tractaculo describit...
> Alexander, De proprietatibus mensium: CLM 321, 15c, ff. 47v-49v; 7755, ff. 148r-151v

Magister Angele quid vobis est gratum et mihi etiam...
> Gentile da Foligno, De numeratione dierum creticorum: pr Questiones et tractatus extravagantes, Venice, 1520, ff. 96rb-97ra

Magister Angelus de Aretio scribit magistro Gentili...
> Gentile da Foligno, Consilium de sputo sanguinis: CLM 77, late 14c, ff. 18ra-b

Magister Bene etiam dilecte frater...
> Rabanus Maurus, De computo. See 'Quia te venerande...'

Magister Campanus inter cetera opera sua astronomie...
> Tabula: CU 1572(Gg.VI.3), 14c, ff. 132va-133rb

Magister expertivus Grecie et Marochie episcopus...
> See 'Cum humana scientia...'

Magister H(enricus) in primo suo quolibet querit...
> Hervaeus Nedellec, De quatuor materiis (1362-67): Glorieux I, 200

Magister Hippocrates noster sciens latitudinem medicinae ipsius...
> Eulogy of Hippocrates: Rouen O.55, 11c, ff. 201v-202r; Beccaria 44.4

*Magister Iacobe amice(mi) carissime dudum me rogastis...
> Arnald of Villanova, Epistola de sanguine humano ad magistrum Iacobum de Toleto: T III, 671; HL 28, 70, 92; DWS 230; AFML MS, 15c, ff. 157v-159r; BU 169(181), 15c, ff. 101-102; etc.

Magister mi reverende et dilecte multum...
> Reginald Lambourne, Epistola de significatione eclipsium lunae: BLd 176, 14c, ff. 50r-53v(T III, 345)

Magister Petrus Iulianus dicit quod in omni tempore...
> Phlebotomy etc.: BMsl 405, 15c, ff. 28v-31v (33v-35)

Magister Petrus Wercodus dicit quod succus cicoree...
> De libro magistri Hugonis de Placentia: BN 7056, 13c, ff. 95r-97r

Magister. Postquam ex bonitate nature et studio scientie...
> Avencebrol(Ibn Gebirol), Fons vitae, tr Johannes Hispanus and Dominicus Gundissalinus: Beiträge I, 2-4(1895), 1-339; Speculum 34(1959), 29-30

Magister reverende spero vos omnino ab egritudine...
> On food and drink: Basel D.II.13, ff. 293r-309r; BHM 8(1940), 355-64

Magister venerande mihi propos(ita) questio difficilis...
> Questiones de causis variis naturalibus: Oma 38, 15c, ff. 16v-(22)

Magister Willelmus de Gandavo dixit quod ipse curavit omnem fistulam...
> BMsl 1754, 14c, ff. 3v-4r

Magister Yppocratis...
> See 'Magister Hippocrates...'

Magisteria ad faciendum diversos colores...
> Graz 1609, 15c, ff. 172-(184?)

Magisterium iudiciorum astrorum duas partes comprehendit...
> Nicolaus de Dacia, Liber anaglypharum astronomiae: T IV, 247-50, 679-81. See 'Florentis quondam vetustatis...'

Magisterium operis quod ego vidi a duobus artificibus...
Alchemy: CLM 405, f. 170r(1r)

Magna est sapientie divinitas...
Sacrobosco, Sphera cum commentario: Prag 1144(VI.F.7), ff. 1-52

Magna pulsus est externa diversione augmentatis...
VI 3011, 15c, ff. 173r-178v. See 'Magnus pulsus pervenit...'

Magna utilitas atque laus medico in veris pronosticis...
De pronosticis et componendis atque ministrandis medicinis: BN 7432, 15c, ff. 266r-268v

Magnam esse admodum ac(et) fuisse semper in edendis libris...
I. Regiomontanus, pref. Tabulae directionum: CLM 51, a.1485, ff. 1r-16vb; pr Augsburg, 1490(Klebs 834.1; IAL R107). Canon i, 'Declinationem planete...'
II. Pref. Zacutus, Tabule tabularum celestium motuum: pr 1496, Hain 16267 (LC) (IAL Z14)

Magne aures stultitie et impudentie parve aures...
De physionomia: CUt 37(B.1.39), 13c, ff. 96va-97vb

Magne discretionis et sapientie viris magistris...
Nicolaus de Paganica, dedic. Compendium medicinalis astrologie: VI 5307, f. 48vb. Text, 'Totius orbis dispositio...'

Magne nobilitatis et potentie viro domino Simoni...
Barnabas da Reggio, dedic. Libellus de conservanda sanitate. Text, 'Quia sanitas conservatur ...'

Magne sanctitatis et scientie religioso viro fratri...
Campanus, Responsiva de motu octavae sphaerae: Björnbo(1912), 202; HL XXI, 253

Magnes est lapis Indicus ab inventore vocatus...
Nomina lapidum pretiosorum aut alia bona et similitudines: Graz 742, 15c, ff. 176r-180v

Magnes lapis indicus gravis...
De virtutibus lapidum (ex libro Damigeronis et Isidori): BN 7028, 11c, ff. 140r-143v; Beccaria 29.7

Magnesia est terra spiritualis...
Tractatus secretus de magnesia: CLM 26059, ff. 102v-108r

Magnifica dona tua accepi...
Evax to Tiberius, prefixed to Damigeron, De lapidibus: BLh 76, early 12c, f. 139ra

Magnifice domine ex michi littera missa consulere habeo...
Marsilius de Sancta Sophia et al., Consilia: BN 6910, 15c, ff. 117ra-144v, very legible but partly eaten by mice

Magnifice domine, si quod vestra iussit mihi nobilitas...
Frater Nicolaus Guarentinus(?), Iudicium for 1352: VAb 343, 14c, ff. 55r-58v(Silverstein)

Magnifice mi domine singularissime...
Epistola pulchra ad lunam: EU 131, 15c, ff. 74-75(DWS 594)

Magnifice pretor doleo vices tuas...
Bernard Tornius, Relatio anatomica: ed. T (1929), 290-94; ColR 5

Magnifici et illustres domini patres mei observandissimi...
Johannes Barbus, Iudicium de anno 1483: T IV, 455; GW 3389; Klebs 144.1

Magnifico et egregio viro domino Iohanni de Laya...
Andalò di Negro, prol. De iudiciis infirmitatum. Text, 'Primo et ante omnia quere...'

Magnifico et generoso domino Ladislao...
See 'Notandum primo quod ea nomina...'

Magnifico et potenti domino Malatesta...
Johannes Baldus de Faventia, On science and faith: T (1929), 26; FL Plut.19, cod.30, 15c, ff. 1r-30v(ColR 18)

Magnifico militi et potenti domino suo...
Marchetus de Padua dedic. Lucidarium in arte musice, to Rainerius, de Urbe Veteri: Mi I.20.inf., ff. 36v-39r. Text, 'Qualiter Pythagoras...'

Magnifico principi ac illustrissimo domino suo Roberto...
Thomas capellanus, dedic. De essentiis essentiarum: DWS 184; T III, 136-139; 684-86; BNna 1715, a.1500, ff. 154-(194)r(Corbett I, 159); Thomas Aquinas: BLd 71, 14-16c, ff. 60r-65v; CUad 4087, c.1370, f. 1(Atk); Cambrai 919 (818), 15c, ff. 1-31v(Corbett II,32-33)

Magnificus et generosus vir dominus Iustus Alemanus ex nobilibus de Nuremberga...
Gerardus Bolderius of Verona, Consilium: CLM 441, a.1483, ff. 96-100r

Magnitudo operis Saturni ut dicit Ptolomeus in Almagesti...
VAp 1413, 15c, f. 140r-v

Magno ac summo cum desiderio...
Antonio Guainerio, prol. De egritudinibus capitis: Opera, (Padua), 1473-74; etc.(Klebs 480.1, 3, 5, 6, 7; IAL G475-478); anon. VE VII.47(XIV,27), a.1468, ff. 82-131

Magnum in genere humano Solli Sydoni fratris amantissime...
Claudianus Mamertus, De statu anime: Mon 145, 13c, ff. 105r, 107v-149r; VA 989, 15c, ff. 1r-4r-56; Fabricius I, 1074-75

*Magnus deus in semetipso ad semetipsum hominem...
Robert Grosseteste, Quod homo sit minor mundus: Beiträge IX(1912), 59; Thomson 102-103

*Magnus mundus in semetipso...
Robert Grosseteste, De statu causarum: Tanner; apparently same as preceding, Thomson 103, n*

Magnus pulsus pervenit externa divisione augmentata...
VI 5522, 15c, ff. 53r-54r. See 'Magna pulsus est externa diversione...'

Mai perche sia sacia la divina bonta...
Christopher of Paris, Practica a la via vegetabile: McGill Univ., Osler 7529, late 15c, ff. 40r-42r

Maiora quamvis elementaris huius mundi accidentia...
Augustinus Moravus, prognostication for Padua, 1492: GW 3059; Klebs 124.1

Maiores laudes potius ille...
Albedatus: BN 7486, f. 46r; FL Plut.89.sup., cod.34, f. 21r

Maiores nostri et sapientiae amatores...
Pelagius on alchemy: pr 1573, ff. 18v-23r

Maiores nostros aurea dum illa...
Cirvelo, dedic. Comm. Sphere. See 'Iste est tractatus...'

Maioribus nostris in Alexandria medicinam agentibus...
Vindicianus, Anatomia, Leipzig text: Archiv, VIII, 417-23

Maius omnibus corporibus mundi est sol...
De magnitudine et de distantia signorum: CLM 228, 14c, f. 268r-v

Mala accidentia anime. Et sunt ista...
See 'Licet medicus...'

Mala complexio diversa est qualitas; quelibet qualitas...
Hugh of Siena, Questio de malitia complexionis diverse: Lockwood 236

Mala mors non est putanda quam bona...
Aristotle, Liber triginta verborum: Mi E.51.sup., 16c, ff. 91r-95v; AL 1441

Malagoge(?) dicuntur que coleram rubeam expurgant...
Galen(?), De purgantibus coleram rubeam: CLM 465, a.1502, ff. 189r-260v

Mali cum significaverint fortunam...
Notae de virtutibus planetarum: Ea Q.352, 13-14c, ff. 18v-19

Mali significant difficultatem et pressuram et tristitiam...
Capitulum Zaelis de malis planetis: BLcm 517, 15c, f. 28v

Malitia complexionis diverse quandoque in toto corpore...
Galen, De malicia complexionis: BN 15455, 13c, ff. 94rb-96rb; Mon 18, 13c, ff. 22-(24); CUpet 33, 13-14c, ff. 23v-24; Cambrai 907, 14c, ff. 164-166; Chartres 293, 14c, ff. 56v-58; VE fa 317(XIV,5), 14c, ff. 49-51; CLM 11, 15c, ff. 94vb-96va; Diels(1905), 84; T (1946), 226; AL 1811, 1863; anon. BN 6865, ff. 152va-154v; Dresden Db. 91, 15c, ff. 15va-18; Opera, 1490, II, 237r-38v

Malitia inspirationis tremor cordis actionis in eo...
Signa egritudinis cordis: CUsj E. 29, 13c(Atk)

Malitia quoque complexionis diverse quandoque in toto...
De malitia complexionis capita I-IX cum scholiis excerptis e Galeno et aliis: VAu 209, 14-15c, f. 119

Malorum genera sunt multa tamen duo sapores...
Gargilius Martialis, De pomis: VA 4418, 11c, ff. 169v-171r; ed. Mai, Classici auctores, III, 416-26

Malus planeta cum fuerit orientalis...
Capitulum Zaelis: BLcm 517, 15c, f. 45ra-va

Malva est temperate calida...
Magister G., Summa de dandis catharticis: Ea Q.204, 12-13c, ff. 47-52

Mamilla est membrum creatum ad generandum lac...
De mamillis: Basel D.II.21, 13-14c, ff. 96ra-97vb, incomplete; Mi C.59.sup., ff. 82rb-84ra

Mamillas cum tensione tumentes vel dolentes...
Theodorus Priscianus, Gynaecia: Euporiston liber III: ed. V. Rose, 1894, p. 225; ascribed to Octavius Oracianus, Brux 1343, 12c, ff. 34va, 34rb-37va(Silvestre)

Mamille autem cum tensione tumentis...
Theodorus Priscianus, Gynaecia: Beccaria p. 420

Mandavit mihi dominus meus rex magnificus...
Moses filius Servi dei (Maimonides), De coitu, tr John of Capua: VI 2280, 13c, ff. 99v-100v; VAp 1205, 15c, ff. 24v-28v

Mando.   Hic est lapis non lapis...
Rosinus, Liber definitionum: J. D. Mylius, Philosophia reformata, (1622), 510

Mane cum surgis de lecto...
BMsl 20(7), 14c, f. 106r; probably an extract from the medical advice to Alexander in Ps. Aristotle, Secreta secretorum

Mane surgens nobiles an volatum in flumen...
Matheolus *or* Petrus, de Corvolio, Conservatio leporarii et falconis: Philipps 2334(?); Rosenthal Fol. 43304, ff. 25r-30r(Schulz)

Mania est infectio anterioris partis cerebri...
BMh 5228, 13-14c, ff. 58v-60v

Manifesto quod multe preclare radices...
Roger Bacon, Pars quarta compendii studii theologie: Opus Maius IV, Little 380

Manifestum est ergo operationem...
Arnald of Villanova, Rosarius maior sive Practica, II, i: DWS 233; 286; Corbett I, 65; II, 37; Opera(1504), 389va-393rb

Manifestum est quod in operationibus anime rationalis...
Qualiter secundum cursum coeli sit operandum in alchimia: VI 3505, 15c, ff. 2r-4r(TR 304); M-H 13(1960), 83

Manifestum est quod lapis noster resolvitur in ar. vi....
Arnald of Villanova, Practica de lapide philosophorum: CU 2110(Kk.VI.30), ff. 118r-127v

Manifestum est quod Ypocrates non utitur...
Galen, Comm. Hippocrates, Pronostica: Tours 791, 13-14c, ff. 35-60; †Metz 174, 14c

Manifestum est quod unum oppositorum cognoscitur per alterum...
Raymond Lull, Liber facilis scientie: Opera IV, 1929, n.13

Manifestum sit omnibus vobis quod existente...
Dante(?), Questio de natura duorum elementorum aquae et terrae: ed. G. Boffito, Florence, 1905

Manifestum videtur quod causa terribilis mortis...
Gentile da Foligno, Consilium aliud ad pestilentiam: VA 1043, part II, 14-15c, f. 374r-v; VAp 1264, a.1455, f. 301v; in both MSS and Consilia, (Pavia, 1488?) Klebs 453.1, it immediately follows the Genoa Consilium, of which it forms the second paragraph in Venice, c.1497: (Klebs 266.2; IAL C363); MH 3(1959), 14, n.45

Manuale kalendarium una cum manuali compotu scire volentibus...
Prol.: BMc Claudius A.IV, 13c, f. 22ra-.   See 'Nonnullis arbitrantibus...'

Manus est brevis et utilis doctrina ostendens...
Johannes Tinctor, Tract. de musica: ed. Coussemaker IV, 1-200

Manus in quinque digitos divisa est...
Chiromancy: VI 3276, 14c, ff. 78-89.   See 'Philosophus in libro de celo et mundo...'

Manus musica(sic) est organum distinctum clavibus et vocibus...
Tract. de musica cum glossis: VI 4774, 15c, ff. 37r-91r

Marasmodus est corruptio viventis corporis in siccitate...
BMsl 3096, 13-14c, f. 335

Marasmus est corruptio viventis corporis in siccitate...
Galen, Liber de marasmo, tr Nicholas of Reggio: T (1946), 226; BN 6865, ff. 121rb-124ra; CLM 490, ff. 55r-69r; VAp 1095, ff. 1-3v; VAp 1234, 14c, f. 126r-; Diels(1905), 83

Marasmus est viventis corporis in siccitate corruptio...
Metz 178, 14c, ff. 10va-12rb

Marcegon...
See 'Martagon...'

Marcha est limitata ponderis quantitas...
Examples in arithmetic: VI 4770, 14c, ff. 328r-337r, in fine mutilus: 'Ars monetarie', preceded and followed by works of John de Muris: BN 14736, 15c, ff. 49r-83r

Marchalcia est curatio equorum...
Practica equorum: CUad 3120, 14c, ff. 113r-117; Graz 594, 15c, ff. 109v-119r

Marciani Minei Felicis Capelle de nuptiis Philologie et Mercurii fabula incipit...
Alexander Neckam, Comm. Martianus Capella: BLd 221, ff. 34v-88ra

Marcus Tullius qui ut quidam referunt...
  Gregorius Castellanus tr Timaeus, prol.: Lucca
  1396, 15c, 190 ff.

Mare enim(?) stratum equaliter dicitur equor
  ...
    Ad naturalem philosophiam: CUt 1109 (O.II.5),
    14c, ff. 286-288

Maria mira sonat breviterque talia donat...
  Alchemical verses: SG Stadt 300, 13-14c, f.
  98rb-va; FNpal 758, 15c, 79v; Ambix V(1956),
  104

Maris et femine commixtio causa est genera-
tionis naturalis...
  Arnald of Villanova, Compilatio de conceptione:
  HL 28, 67; Opera, 1504, ff. 253va-254rb;
  Glorieux I, 421; Fritzlar 99, ff. 129v-131v
  (Schulz)

Mars anni dominium habere censetur...
  'Magistri Ioannis de Monteregio Practica de
  propria manu conscripta', Prediction for 1455:
  VI 4756, ff. 70r-74v(TR 366e)

Martagon est herba dicta a Marte...
  BMsl 1091, 15c, f. 73v

Martii signum sunt pisces...
  De iudiciis mensium: Ea Q.385, 14c, ff. 145-146

Martius appellatur propter martem Romane
gentis auctorem...
  Ethimologia de singulis mensibus vel a quibus
  vocitantur talibus nominibus: BLcm 560, 11c,
  ff. 24v-25

Martius humores reserat generat dolores...
  Versus de virtutibus mensium: Ea F.395, a.1373,
  f. 33v

Martius nil capiti noceas Aries dum luna
infulget...
  Versus de singulis(signis?) zodiacis et virtutibus
  eorum: VI 3067, 15c, ff. 73v-74r; Saxl(1927),
  115

Martius.   Qui natus fuerit sub signo Arietis...
  Pronosticationes et fortuna cuiuscunque persone
  secundum signa zodiaci: CUt 1422, 15c, ff. 67-72

Martius. v. Aprl. i. Mai iii. Iun. vi...
  Quaedam ad kalendarium spectantia: BLcm 353,
  9c, item a

Masculi sunt plurium dentium quam femellarum
  ...
    Ea Q.15, 13-14c, f. 84

Mastix calida est et sicca in secundo gradu...
  De mastice: Basel D.III.2, a.1420, f. 139r mg

Materia autem lapidis...
  See 'Materia lapidis...'

Materia cometarum...
  VI 1747, 14c, ff. 104r-105r

Materia confusa...
  Alchemy: BLb 465, 15c, f. 421(DWS 572)

Materia est id quod ponitur sub forma...
  Raymond Lull, De secretis secretorum BU 270
  (457), II, 15-16c, p. 131

Materia est res una vilis pretii...
  Lilium philosophorum editum per Paulum
  Romanum de Ursinis(Vesinis) qui declarat enig-
  mata magistri Arnaldi de Villanova: T III, 63;
  Corbett I, 215.   See 'Est enim materia...'

Materia (etiam) ex qua generatur dolor iuncturarum est...
  Rasis, De egritudinibus iuncturarum, cap.i: BN
  6893, 13c, ff. 217r-219vb, 280ra-283rb(BHM
  32(1958), 55); BN 14024, early 14c, ff. 114ra-
  121va; BMsl 1933, 13c, ff. 105v-114v; Codex
  Fritz Paneth, pp. 639-64; pr Venice, 1497, ff.
  60v-86v; 1500, ff. 84r-88r(Klebs 826.2-3; IAL
  R170-71)

Materia G(alieni) in hoc opere est ars ista...
  Glossulae Tegni Galeni: Borghesi 196, 14c, ff.
  17r-29v

Materia Hippocratis in hoc opere sunt signa...
  Glose super pronostica Ypocratis: Chartres 171,
  12c, ff. 41-49; BMr 8.C.IV, 13-14c, ff. 157v-
  (162v)

Materia huius libelli est virtus et efficacia lune
  ...
    Bernard Silvester, Experimentarius: CUma Pepys
    911, 2nd half 13c, f. 2r-; Saxl(1953), 423-25

Materia huius libri est theorica et practica.
Intentio sua...
  Gariopontus, pref. Passionarius: BN 6951, 13c, ff.
  1r-105r; BMh 1685, 13c, ff. 1-143v(DWS MS);
  Mi C.70 sup., 13c, ff. 1r-114r.   Cap.1, 'Cephalea
  est dolor capitis...'

Materia huius libri sunt duodecimi menses...
  BMad 40744, 12c, ff. 12v-13r

Materia huius libri sunt nomina utensilium et
intentio auctoris...
  Expositio Alexander Neckham, De nominibus
  utensilium (only to rusticus): Mi I.246, inf., 13c,
  ff. 25r-32v

Materia huius libri sunt utensilia...
  Adam de Parvo Ponte, Epistola: Rose(1907),
  xviii, xx

Materia lapidis est aqua grossa habens multum
  ...
    Thomas capellanus, De essentiis essentiarum:
    T III, 685; DWS 184, Tract. VI

Materia lapidis est (una) res vilis pretii...
John of Rupescissa, Liber lucis: DWS 293; T III, 63; IV, 645

Materia lapidis nostri sulphuris est humor...
Libellus alchemicus: Oc 175, 16c, ff. 27-29. See 'Materia siquidem nostri...'

Materia Platonis est in hoc opere sensibilis mundus...
Comm. Plato, Timaeus: Avranches 226, 12-13c, item 11

Materia pura lapis non fit...
See 'Aristotelis in Metauris quarto libro...'

Materia siquidem nostri lapidis vel sulfuris est...
Raymond Lull, Quid sit materia lapidis?: FNpal 792, 15c, ff. 34r-57v(T IV,647)

Materia una(prima?) est quatuor elementorum...
De latone et doctrina theorica: BMad 41486, ff. 53r-54r

Materia vero principalis omnium metallorum...
Albertus Magnus(?), Compendium de ortu et metallorum materia supra quam Spagyricus radicalia principia fundet: Ze II, 123-26; 1613 ed., pp. 130-132(?); part of De mineralibus(DWS 176, XIV)

Materia Ypocratis...
See 'Materia Hippocratis...'

Materias(?) terram circa centrum et ipsum fert centrum...
BN 5787, f. 255v

Mathematica dicitur latine doctrinalis scientia...
Alcuin, Arithmetic: VI 2269, 13c, f. 7r-v

Mathematica est ars mensurandi, mensura autem est duplex...
'Mathematica Philipi Elephantis': Salamanca 2085, ff. 1r-26r; Med.-Ren. Studies V (1961), 263

Mathematica est de quantitate...
I. John de Muris, Theorica numerorum: BN 14736, ff. 1r-48v
II. Wigandus Durnheimer, De elementis mathematicis: VI 5257, 14c, ff. 89v-118v

Mathematica est que circa quantitates et pondera...
Comm. Physics: St Omer 611, 16c, item 1

Mathematica scientia quatuor partes habet...
Leonardo da Pistoia, prol. Mathematica: Björnbo (1912), 223-24

*Mathematica utitur tantum parte...
Roger Bacon, Mathematica: Little 404

Matheseos disciplina quatuor...
Comm. Martianus Capella: CU 2279(Mm.I.18), 13c, ff. 1-28; BB XV(1882), 529-30

Matheseos scripturi libros eos quidem qui eandem discere volunt...
Anon. Soest St. Bibl. (Vorwerk) 24, 13c, no.2 (Zi 9975); opening words of Liber II, Iulii Firmici Materni Matheseos libri VIII, ed. Kroll et Skutsch, I(1897), 40; Soest MS not noted in their Praefatio in II(1913)

Matrem puram accipias et in lecto...
Arnald of Villanova, Epistola ad proprium filium de vegetabili (alchemy): Na XV.F.54, a.1462, ff. 92v-95r(T III,658)

Matrici et ventri lignum mirte incensum...
Cleopatra, Gynecia (capitula selecta, ut videtur): Borghesi 86, 12c, ff. 71r-73v

Matrix ad humanam generationem membrum maxime multis subiacens passionibus...
CUad 6865, c.1200, ff. 103va-106vb

Matrix aliquando est lesa in figura vel situ...
Petrus de Argellata, De constrictione oris matricis: BNna 1536, 13c(?), f. 122r-v

Matrix constat ex quatuor tunicis. Una vero est...
BMe 2852, 14c, ff. 112-114

Matrix est membrum a natura pro conceptione deputatum...
Antonius Guaynerius, De egritudinibus propriis mulierum *or* De matricibus: T IV, 672-73; VAp 1098, 14c, ff. 234r-275rb; VE VII.47 (XIV, 27), a.1468, ff. 187-210; Giacosa 494; Schwarz (1907), 28; Opera medica(Klebs 480.1; 480.3-7; AFML 221-223; IAL G475-78); separately: AFML 225; IAL G481; as section of the Practica: Lyons 1517, ff. 133-164

Matrix est sicut olla decoquens...
Phisonomia Aristotelis abbreviata: BMad 15236, 13-14c, ff. 160r-161v

Matrix in forma est sicut vesica...
CUsj D.4, 11-12c, ff. 181r-v; Beccaria 71.8

Matrix sicca venus sompno retentio fluxus...
CLM 5964, 15c, f. 30v

*Maxima cognitio nature et scientia demonstrans ipsam...
Aristotle, De celo et mundo, with comm. of Averroes, tr Michael Scot: AL pp. 53, 104-105, 215, cod.1610; CUpet 126, 14c, I, ff. 1r-146ra; GW 2357(Klebs 87.1; IAL A874)

Maxima fere scientie pars que de natura...
    Aristotle, De caelo et mundo, tr Geo. Trapezuntius: VAu 211, 15c, f. 137; CLM 177, ff. 86r-122r(Schulz)

Maxima mortalium suspicio...
    Petrus Bonus Advogarius, On the comet of 1472:
    FLa 197(273-205), 15c, ff. 51-53v; T IV, 465

Maximam(Maximum) esse medicinam ut primum cognoscas causam...
    Galen, Epistola ad Glauconem: MC 225, 11c,
    pp. 34-35; Diels(1905), 141; Beccaria 96.9

Maximam profecto et diligentissimam curam in pasche observatione...
    Paul of Middelburg: VI 3684, 15c, ff. 9r-12r

Maxime considerabis si signior(*sic*) sexta domus
    ...
        Caciaguera, medicus de Faventia, Aphorismi:
        BLcm 46, 15c, ff. 79r-80r(T IV,146)

Maxime cuperem insignes atque ornatissimi viri...
    Gaietanus de Thienis, Expositio Arist. de celo et
    mundo: BN 6546, 15c (de Marinis II,69); pr
    Padua, n.d., ff. 88r-174r; Venice, 1484; 1498
    (Klebs 428.1-3; IAL G27-28; AFML 196-97)

Maxime in alkimia invenitur ad convertendum
    ...
        Michael Scot, Alchemy: Palermo 4.Qq.A.10,
        f. 360r; Isis X(1928), 356; Osiris V(1938), 547

Maxime intelligendum est antiquiores philosophos scientie...
    St. Dunstan, De lapide philosophorum: Oc 128,
    15c, ff. 1-29(DWS III, p. 1179)

Maxime necessarium quidem est medico scire aspectum...
    Astrological medicine: PM 3599, ff. 95vb-96r

Maxime optassem reverendissime pater et domine...
    Laurentius Bonincontrius, Prognostication for
    1485: (GW 4907-4908; Klebs 201.1; IAL
    B906; LC); T IV, 408

Me legat annales...
    Zi 12126-12130

Me legat annales cupiat qui noscere menses...
    Bede, Versus de temporibus anni duodecim:
    Karlsruhe 167, 9c, f. 13v; Os 17, c.1110, f. 14;
    Bern 148, n.19; 250, n.7

Me legat annales qui vult...
    Bede, Verses preceding Computus Helperici:
    Eins 29, 10-11c, f. 174; anon. CLM 14569, 11c,
    f. 16r; PL 90, 806D(Schulz; Jones 66)

Me legat annales vult qui cognoscere causas...
    Jones 66

Me pluries amice requiristi...
    Aquinas, Alchemy, prol. BNna 1293, 15c, ff. 9r-13r(Corbett I,212).   Text, 'Sublimavi...'

Me pudet audire Iudeum (talia scire)...
    Computus iudaicus, with and without comm.:
    CLM 24514, 14c, f. 166; Brux 969, a.1444, ff.
    200-208v; (Silvestre); BMh 3843, 15c, ff. 26r-
    39v; BMad 15107, 15c, ff. 47r-57v, cum glossa;
    Saxl(1953), 19; CLM 19685, f. 21; 20174, f. 86;
    Prag cap 1291, 15c, ff. 118-28; Wo 4048, 15c,
    ff. 25-35(Schulz); etc.

Medelam morborum duplicem habere diversitatem...
    Ricardus Anglicus, Flebotomia: Cambrai 916,
    13c, ff. 112-115; ed. Seyfert, Leipzig, 1924;
    Wickersheimer 697; CUg 190, 15c, II(Atk);
    anon. VI 5305, a.1459, f. 27r-.   See 'Medicina
    morborum...'

Mediam coniunctionem et mediam...
    Petrus de Teyn, Tabulae minutorum proportionabilium pro diebus intermediis in Almanach
    faciendis cum canonibus adiectis: VI 5240, 15c,
    ff. 36v-48v

Medicamen contra rupturam sive carnes ruptas
    ...
        CU 1884(Ii.VI.5), 13c, ff. 89r-95va (apparently
        a collection of recipes)

Medicamen expertum quo curabat febres antiquas...
    Secreta experta principis Galieni: CLM 733, 15c,
    f. 239ra-vb

Medicamen magnum Archellai magni phisici quod fecit imperatrici...
    VI 5315, ff. 105v-(108v)

Medicamen simplex antimonio usto et cum veteri oleo...
    Nicolaus 'qui composuit Antidotarium' (tr Galen,
    Dinamidia?): FLa 1448, 15c, ff. 57r-87r

Medicamenta huius libri Botanici his capitulis requirenda...
    BN 6862, 10c, f. 10r

Medicamentorum quedam sunt simplices et quedam composite...
    FLa 1419(1343), ff. 12r-29r

Medicamentum ad carnes et plagas subito solidandas...
    BMsl 1615, 13c, f. 44rb

Medicamentum leniens duritiem...
    VA 8177, 13c, f. 62r

Medicamentum oculorum...
　　Ran 1456(V.I.11), 15c, ff. 119v-120r

Medicari volens omnem morbum...
　　Constantinus Africanus, De melancholia, Bk. 2.

Medice cum ad egrotum vocaberis adiutorium sit in nomine domini...
　　De modo tenendi quem(*sic*) usus est magister Arnaldus de Villanova cum visitavit infirmos: CLM 456, 15c, ff. 3r-6v

Medici dicunt quod sanguis puerorum sanat a lepra(sanat lepram)...
　　Naturalia moralisata: CLM 3068, 15c, ff. 66-(144); 8841, 15c, ff. 133-(234); 27410, 15c (Schulz); Stift. Wilhering 45, Pp. 15c, ff. 215v-317v(Xenia Bernardina II, 2)

Medici nominaverunt ea quibus curant...
　　Galen, De tiriaca et metridato(*sic*): Dresden Db 92-93, 15c, f. 192; Diels(1905), 122; T (1946), 222

Medicina abstersiva adiustiva apertiva corrosiva...
　　Joh. de S. Amando, Areole(Tabula): BN 7063, ff. 2-117v; CUg 178(211), 15c, f. 129v

Medicina abstinensia(absubtilia) habet proprie (proprietatem)...
　　Joh. de S. Amando, Areolae: VI 5337, a.1395, ff. 1r-18r; VI 5312, 15c, ff. 6ra-41vb

Medicina artium nobilissima...
　　Hippocrates, Liber de lege: Laon 414, 13c, item 6

Medicina artium preclarissima et excellentissima ...
　　Hippocrates, Liber de lege qui introductorius dicitur, tr Arnald of Villanova: BN 6845, a.1384, f. 56va-b; VAp 1068, 14c, f. 84r (AL 1794); Cop Gl. kgl. S. 3479, 8vo, 15c, ff. 166v-167v; pr Articella, Venice, 1487, f. 211r; etc. HL 28, 76; Kibre(1945), 401

Medicina artium preclarissima. Hec verba...
　　Nicolaus Bertrucius, Collectorium artis medicinae: BMar 164, 14c, ff. 84r-94v, 95r-107v; KLaS Pap. 95, a.1457, ff. 2-258r; PA 709, 15c, ff. 10-151; pr Lyons, 1509

Medicina artium preclarissima propter indisciplinam utentium...
　　Lex Hippocratis: BLas 1471, 14c, f. 186cd; BN 6865, 14c, f. 75v; CLM 31, a.1320, f. 79ra-b; PAM 51, 15c, f. 69v

Medicina autem que abstergit intus...
　　Parvae areolae medicinarum: Ea Q.185, 13-14c, ff. 1-2v

Medicina bene dicit et nota phisica...
　　Marginal gloss to Johannitius, Introductio: BN 7102, 13c, f. 1r

Medicina communiter datur in tribus modis...
　　Gualterus (Agilon), Regimen potionatorum: Art ancien 17, 15c, ff. 127v-128r; Fritzler 99, ff. 127v-128r(Schulz)

Medicina contra lapidem.　Acetose radix...
　　Medicinalia varia: Ran 1283(T.2.9), 15c, ff. 1-32

Medicina decem causis constat...
　　BN 6882A, 10c, f. 6r; Beccaria 26.4b

Medicina dicitur a modo ut non nimis...
　　Propr. artis medic. (Extract from Isidore of Seville): BMr 12.E.XX(VIII), 12c, ff. 151v-154r(DWS MS)

Medicina dividitur in duas partes idest theoricam et practicam...
　　Johannitius, Introductio ad artem parvam Galeni: Beccaria 42 and 96.13 are in Beneventan script of late 11c, but later MSS sometimes represent the text as tr Mark, canon of Toledo; Millás (1942), 120, 124-25; pr Articella, 1487, ff. 2r-4v; etc. (Klebs 116.1-6; IAL A1011-15); Leipzig, 1497 (Klebs 534.1; IAL J424); Venice, 1557, ff. 218r-221v

Medicina equivocatur (ad duo)duobus modis...
　　Roland of Parma, pref. *or* Comm. Cyrurgia (Rogeri): Avignon 997, 13c, ff. 1-28; Cambrai 916, 13c, ff. 80v-106v; CLM 161, 13c, ff. 57ra-65r; 13057, 13c, ff. 62ra-104vb; CUg 105, 14c, p. 3(Atk); Ea Q.185, 13-14c, ff. 204-237; Q.209, ff. 1-50; PM 3599, ff. 97ra-115vb; Codex Fritz Paneth, 14c, pp. 943-1018; Renzi II, 497-724; Giacosa 489; Studien(1918), 242; pr Venice, 1498, ff. 147-160; 1499, ff. 135r-146v (Klebs 494.1-2; IAL G510-13)

Medicina est ad conservationem sanitatis et curationem...
　　Introitus Tegni: Borghesi 86, 12c, ff. 14v-15r, imperfect

Medicina est additio et subtractio scilicet a corpore...
　　I. Mondino de' Luzzi, comm. Mesue, Consolatio (Canones universales): pr Mesue, Opera, Venice, 1489-91; 1495; 1497(Klebs 680.13-15; IAL M444-46); Lyons, 1535; Isis, 22(1934), 10

　　II. 'Dini super canones Mesue' in Hain *11110, f. a2, seems an error, since Hain *11111 and *11112 have 'Mesue cum expositione Mondini'

Medicina est ars que corporis tuetur vel restaurat salutem...
　　CLM 22300, 13c, ff. (1)-(25)

Medicina est artium preclarissima...
> Hippocrates, Lex: Ran 1338(T.4.3), 14c, f. 22r; Opera, Geneva, 1657, p. 1. See 'Medicina artium preclarissima...'

Medicina est bonum dei et res venerabilis...
> Bern 227, 15c, f. 158ra(96)

Medicina est conservatio sanitatis et curatio egritudinis...
> Avicenna, Cantica, tr Armengaudus Blasius of Montpellier, a. 1283(1284): CUpet 101(II), c.1300, f. 1; CU 1738(Ii.II.5), 14c, ff. 35ra-43; Oa 72, 14c, ff. 177r-219r; Ome 281, 14c, ff. 38r-40r; On 164, 14c, ff. 86r-93r; VA 1115, 14c, ff. 11a-76ra; 2446, ff. 49ra-79vb; pr Venice, 1483; 1484(GW 3128-29; Klebs 133.1-2; IAL A1274-75); Avicenna, Canon(Klebs 131.8, 12); Venice, 1523, II; Basel, 1556, p. 1059

Medicina est egrorum sanorum et neutrorum...
> VI 5154, 14-15c, ff. 128r-131v. See 'Medicina scientia sanorum...'

Medicina est philosophia corporis...
> Lectura super Galen, De interioribus: VA 4452, 14c, ff. 83r-102rb

Medicina est que corporis vel tuetur vel restaurat salutem...
> Isidore of Seville, Etymologiae, Bk. 4: Beccaria p. 420 for 9 MSS, 9-11c; Durham Cath. 100, mid 11c; Prag cap.1358, 12c, ff. 44-49; CLM 22300, 13c, ff. 1r-23r(Schulz); VI 5388, a.1444, ff. 38ra-42va; Janus III(1848), 54-90

Medicina est quedam celistis(*sic*) scientia...
> CUg 84(166), 13-14c, f. 308

Medicina est quedam scientia medicinalis et celestis...
> Op 21, 14c, f. 195

Medicina est scientia apponendi...
> See 'Duplici me causa cogente...'

Medicina est scientia cognoscendi dispositiones ...
> Arnald of Villanova, Introductorium medicinalium *or* Speculum: HL 28, 51-52; VAp 1284, 14-15c, ff. 67r-120v; 1175, a.1485, ff. 1-72r; pr (Leipzig, 1495) GW 2534, f. 3r; Klebs 106.1; IAL A961; Opera, 1504, ff. 1-45r; Basel, 1585, ff. 1-238(Schulz)

Medicina est scientia id est ars hominem sanum servans...
> VAp 1165, ff. 115v-120r

Medicina est scientia ponendi...
> See 'Duplici me causa cogente...'

Medicina est scientia qua humani corporis dispositiones...
> Avicenna, tr Gerard of Cremona: Cambrai 917, 14c, 301 ff.; Excerpta ex prima Fen primi Canonis: CLM 4395, 15c, ff. 1r-20v; anon. Bern 471, 13-14c, ff. 1r-10v; VI 4788, a.1478, ff. 135r-156v; 5207, 15c, ff. 149v-168. See 'In primis deo...'

Medicina est scientia sanorum et egrorum et neutrorum...
> Galen, cap.1, Microtegni: CUt 1083(O.I.59), 12-13c, ff. 42r-59v; CUsj 99(D.24), 13c, ff. 29r-44; 132, 13c, ff. 84v-110; BMsl 3468, 14c, ff. 142ra-144v; BN 6868, 14c, ff. 19r-47v; without introd.: BN 6846, 14c, ff. 102r-150r; pr Articella, 1487(Klebs 116.1-6; IAL A1011-15). Prol. 'Tres sunt omnes doctrine...'

Medicina Hippocratis quam sibi faciebat...
> Basel D.III.6, f. 102v. See 'Medicina quam...'

Medicina humane salutis gubernatrix qua nulla alia disciplina...
> Bartholomaeus de Montagnana, pref. Consilia: CLM 25, 15c, ff. 1-(341)

Medicina in duas partes...
> See 'Medicina dividitur in duas partes...'

Medicina in duo dividitur...
> BLd 29, 15c, ff. 201v-(204v)

Medicina in prima divisione...
> Compendium de custodienda sanitate: CLM 373, 13c, ff. 3-7

Medicina morborum duplicem habere divisionem testatur...
> Haly Stephanon, Phlebotomia: BN 6964, ff. 138r-139r. See 'Medelam morborum...'

Medicina morborum duplicem habet diversitatem...
> Stephanus, Flebotomia: VI 1634, 13c, ff. 94vb-97va

Medicina partitur secundum minorem partitionem(portionem)...
> Pref. Comm. Hippocrates, Aphorisms: 7 MSS, 9-11c, Beccaria p. 420; Archiv II(1909), 23; Renzi I, 87-88; Heeg(1913), 5-7; Kibre(1945), 380-81, n.64

Medicina pro corpore humano finaliter...
> CUj 43(Q.D.1), 15c, ff. 155v-157v

Medicina quam faciebat sibi Ypocras...
> BMsl 1754, 14c, ff. 1v-2r

Medicina que corporis vel tuetur vel restaurat salutem...

> Hippocrates, Epistola: Mon 185, 11c, ff. 105, 113. See 'Medicina est que...'

Medicina scientia sanorum egrorum et neutrorum...

> Prologus de causis sanis, egris, et neutris: Moulins 49, 13-14c, ff. 142-161. See 'Medicina est egrorum sanorum...'

Medicina secundum aliquem modum operandi erit bis...

> Alchemy: BMsl 1416, 15c, ff. 143r-144v(DWS 711)

Medicina simplex est que non est aliqua medicina per manum artificis coniuncta...

> Henry of Hesse, De medicinis simplicibus et de gradibus earundem et divisione earundem et est particula secunda: CLM 3073, 15c, ff. 247ra-282ra

Medicina simplex est que non est per manum artificis...

> VAp 1279, 15c, ff. 109ra-119rb

Medicina vera ad album per carmina scripta...

> Ad lunam faciendum de venere per metrum scribitur: BU 138(104), 15c, ff. 265r-267v

Medicinalis artis intentio que(quidem) est sanitas. Finis vero...

> Galen, De sectis, tr Burgundio of Pisa, a.1185, for Henry II: Mon 18, 13c, ff. 95-96; CLM 5, 14c, ff. 14v-20v; VAu 247, 14c, f. 52v; PAM 51, 15c, ff. 2-(13); Diels(1905), 60; (1907), 30; Opera, 1490, I, 1-8r; 1515, I, 6r-12v

Medicinalis libra habet uncias xii...

> De ponderibus: Reims 1002, 13c, f. 273v

Medicinalis scientie cito...

> Tabula Salernitana de virtutibus et operationibus medicinarum: Rouen 981, 13c, ff. 138v-143r; Mon 161, 13c, ff. 72-73; PA 1025, 14c, ff. 83-88; prol. Tabularum magistri Salerni: BN 6964, ff. 90r-92v. See 'Primo pabulo scientie medicinalis...'

Medicinalis scientie rudimentis et physice inspectionis...

> Tabulae pretiosi operis magistri Salerni: ed. Renzi V, 233-53 from Basel D.I.8; Chartres 393, 13-14c, ff. 141v-143; Ea Q.185, 13-14c, ff. 74-79

Medicinalis tractatus specialiter secundum philosophorum auctorum Ypocratis et Galieni...

> Petrocellus, Practica: Renzi IV, 185-314; T I, 733-36; VI 5276, 15c, ff. 111r-117v; J. Heeg (1913), 16-17

Medicinam Aristoteles in libro questionum naturalium...

> George Valla, De inventa medicina et in quot partes distributa sit: pr Henricus Sybold, Strasburg, n.d.

Medicinam quidem invenit Apollo amplificavit Esculapius...

> Soranus, Questiones medicinales, prol.: Beccaria 10.1; 35.10; ed. V. Rose, Anecd. gr.lat.II, 243-74

Medicinam si quis vult recte discere(querere)...

> Hippocrates, De aere aquis et locis: Beccaria 28.3; 92.3; BN 7028, 11c, ff. 13v-32v; Hermes 40 (1905), 254-274; Diels(1905), 4; Kibre(1945), 394, n.138

Medicinarum quas probavimus et recepimus a sapientibus...

> CLM 19901, f. 235r-

Medicinarum quedam ab animalibus accipiuntur...

> De collectione medicinarum: Bern 556, 15c, f. 12r-v; AMH 8(1936), 429

Medicinarum quedam sunt simplices quedam (alie) composite...

> Walter Agilon, De dosibus medicinarum: Pansier, Janus IX(1904), n.21, lists 6 French MSS; Ea F. 275, 13-14c, ff. 81v-86; BLcm 455, 15c, ff. 213-(223); CUpet 95, 15c, ff. iv-vii; VA 2459, ff. 46va-50rb; VAp 1225, ff. 354r-358v; etc. HL 21, 412; James 483

Medicinarum simplicium...

> James 456

Medicine artis intentio quidem sanitas...

> Comm. Galen, De sectis: Mi G.108 inf., 9c, f. 30r(Beccaria 92.4). See 'Bonum aliquid divitiarum...'

Medicine (autem) artis auctor et inventor (repertor) apud Grecos...

> BN 7028, 10-11c, ff. 1r-4r(Beccaria 29.1); VI 2532, 12c, ff. 2v-55r; ed. C. Vitelli, Studi italiani VIII(1900). 451-55

*Medicine calefacientes capi...

> John Gatesdene(Gaddesden), De medicinis, etc.: Tanner

Medicine composite evacuantes a renibus...

> CUg 84(166), 15c, ff. 333-343

Medicine conferentes cordi—menstrua post quatuor dies...

> Avicenna, Quedam de canone de medicinis simplicibus: Ea F.237, 14c, ff. 66-67

Medicine creatio spernenda non est...
De medicaminibus: BLd 69, f. 75va

Medicine digestive colere simplices sunt (hec) viola rosa...
John of Parma, Practica (de medicinis simplicibus): Ran 1506(V.3.13), 13c, ff. 65-70; VAp 1229, 15c, ff. 62ra-68rb; VI 5488, 15c, ff. 18r-23v; anon.: BN 6941, ff. 61va-62vb; BMsl 405, 15c, ff. 201v-206v; VI 2426, 14c, ff. 124r-127v; 5358, 15c, ff. 139r-141vb; pr with Petrus de Tossignano (BM 546, a.23)

Medicine digestive in partibus superioribus...
Arnald of Villanova, De medicinis digestivis, evacuativis et confortativis et earum dosibus: Ea F.271, 13-14c, ff. 58-59

Medicine divisio multiplex est secundum medicos...
Ea Q.395, 13-14c, f. 162; †Metz 175, 14c

Medicine ergo(igitur) digestive...
See 'Medicine digestive...'

Medicine in omnibus diversificantur et principaliter in paralisi...
Albicus, De regimine (sanitatis) hominis, sive Vetularius: CLM 321, f. 1v; Prag I.g.31(307), ff. 1-66r(Schulz); GW 804; Klebs 34.1; IAL A321. See 'Sciatis quod medicine in omnibus ...'

Medicine laxative lenitive purgant intestina...
De laxativis simplicibus: BMh 2375, 15c, ff. 36v-44v

Medicine letificantes cor letificant...
Avicenna, De viribus cordis: Ea F.303, 14c, ff. 84v-86v

Medicine multum derogat qui cyrurgiam contempnens philosophiam...
Johannes Iamatus(Iamarius?), Cyrurgia: CLM 567, 14c, 87 ff.; Studien(1918), 391-94; BHM 28(1954), 471-488

Medicine quedam sunt simplices quedam composite...
See 'Medicinarum quedam sunt...'

Medicine simplices a(ex) diversis doctoribus collecte secundum...
Wilhelmus Holme, De simplicibus medicinis: CUpet 168, 15c, 322 ff.

Medicine simplices de proprietate educentes...
Catalogue of simple and compound medicines: BMr 12.B.XXV, 15c, ff. 68-(75v)

Medicine simplices digestive...
John of Parma, Medicinae simplices atque compositae. See 'Medicine digestive colere...'

Medicine simplices digestive colere(colendi) sunt iste...
Oc 129, 14c, ff. 13-(21); 226, 15c, ff. 122r-124v; CLM 205, 15c, ff. 155v-157; BMad 27582, 15-16c, ff. 246v-253v. See 'Medicine digestive colere...'

Medicine simplices digestive—de modo preparationis...
Notae medicae: Ea F.199, 14c, ff. 58-59

Medicine simplices provocantes coleram...
Inc. tract. filii Johannis Hameth: VAp 1165, f. 123r

Medicine simplices temprate(sic) sunt aurum margarita...
Petrus de Tussignano, De modo dosandi: Mazzini, Vita e opera di maestro Pietro da Tossignano, 1929, p. 158. See 'Medicine temperate...'

Medicine subtilis substantie habent naturam simplicem...
Serapion, Liber aggregationum: VAp 1234, 14c, ff. 224va-234ra; CUpet 95, II, 15c, ff. 1r-76r; Delisle, III, 91a; BNna 1486, f. 1-. Prol. 'Postquam vidi...'

Medicine temperate sunt iste. Aurum margarite...
Zaccarias de Feltris, Opuscula: CUt 1239 (O.IV.8), 15c, ff. 48r-56r

Medicine tres hereses exorte sunt. Horum priorem methodicam...
William of Varignana, Extracta: CLM 635, 15c, ff. 3v-111v

Medicine vero purgantes...
Walter of Montpellier, Dicta de dosi medicinarum: FLa 1419(1343), ff. 29v-33r

Medicine vero simplices ad hos ex quibus fit linimentum...
Flos medicine: Basel D.II.21, 13-14c, ff. 25ra-56v

Medicorum anatomicos(anotomiam) necesse est ...
(Galen), Anatomia vivorum: Diels(1905), 116; (1907), 40; PU 125, 13c, ff. 136v-(150v); CUpet 222, IX, 14c, 12 ff.(Atk); Opera 1515, I, 43v-50r; 'Liber Anatomie que dicitur Aristotilis': BMsl 59, 15c, ff. 36-98; incorrectly ascribed to Ricardus Anglicus in ed. by R. V. Töply 1902); I. Schwarz(1907); and Corner 44(Eng. tr, 86-110); Wickersheimer 695

Medicorum non solum moderni verum etiam antiqui...

Galen, De interioribus, tr Burgundio of Pisa: Mon 18, 13c, ff. 162ra-193vb; tr anon.: BMr 12.C.XV, 13c, ff. 86-(117); BN 15455, 13c, ff. 23ra-54vb; CUpet 33, 13-14c, ff. 94v-119v; Ea F.249, c.1300, ff. 25v-52; Ome 218, 14c, f. 172; VAp 1093, ff. 1-32; Vendôme 234, 14c, ff. 43-53; VI 5219, 15c, ff. 1r-9v; Opera, 1490, II, 330r-54v; 1515, II, 24r-47r; De locis affectis: PU 125, 13c, ff. 207-(247); CUg 98(50), 14c, ff. 133r-214; Diels(1905), 85-86

Medicorum scientia mortalibus vel utilissima est...

Beccaria p. 421

Medicum existimo perfectum esse prescientiam affectantem...

Hippocrates, Prognostica: Mi G.108.inf., 9c, ff. 1r-3v, 15r-19v; Beccaria 92.1; Hermes 25(1890), 123-137; Kibre(1945), 388; CLM 11343, 13c, ff. 5r-6v

Medicum videtur mihi optimum esse...

Hippocrates, Prenostica: Beccaria 129.9; Archiv 23(1930), 88-90; Kibre(1945), 388, n.101

Medicus autem velit nolit supponendo aut quoquo modo fit...

De natura signorum et septem planetarum: CUt 1122(O.II.18), 15c, ff. 159v-160r

Medicus debet esse in cognoscendo studiosus...

Marginal gloss, Hippocrates, Aphorisms: BN 6845, a.1384, ff. 1r-48v

Medicus est artifex sensitivus et per signa...

Zacharias Feltrinus, De urinis: BLcm 524, ff. 53r-74(?)

Medicus in dietando et maxime in cibo et potu
...

Bernard Garzoni(?), De dieta acutorum: BMh 3747, 15c, ff. 228-230(231-233)

Medicus rationalis plures debet...

Comm. Hippocrates, Aphorisms: VI 4788, a.1478, ff. 49r-95v

Medicus videlicet medicina est duplex videlicet spiritualis et corporalis...

VAp 1207, 15c, f. 17r-v

Medietas terre depicta sub plano...

VAu 268(511), 15c, f. 35v

Medios motus et argumenta media planetarum
...

William Reade, Canones tabularum: BMr 12.D.VI, 15c, ff. 85r-(90r)

Meditante me...

De exemplis contra curiosos: QE I, 733

Medium cursus solis...

Tables of mean course of planets, Verona, 1232: BNna 1404, early 14c, f. 5r

Medium cursus solis ad meridiem Toleti...

Astronomical tables: PA 879, 13c, ff. 1-38

Medium motum Saturni...

Astronomical tables: Heiligenkreuz Stift. 302, 15c, ff. 98v-101v (Zi 11191)

Medius motus accessus et recessus octave spere
...

John of Gmunden, Tabulae astronomicae cum canonibus: VI 2332, 15c, ff. 76r-140r

Medius motus lune...

Almanach medii motus lune cum canone: CUg 110(179), 14c, ff. 41-101

Medius motus solis...

De epiciclis et eccentricis: Ea Q.357, 14c, ff. 93-95v(Zi 7817, 11192)

Medius motus solis dicitur arcus zodiaci...

Cap.1, Theorica planetarum: Yale astron MS, ff. 143r-153vb. Pref. 'Circulus eccentricus vel egresse...'

Medius motus solis in annis Christi solaribus ad civitatem Tolose...

Tabulae: in library of Nicholas of Cusa, Serapeum, XXVI (1865), 88; not indicated in the Cues Catalogue by Marx, 1905

Mel est succus celestis mel malos humores...

De medicamentis: VI 2442, 13c, ff. 5v-7r

Melancholia aliis corporis morbis animum magis conturbat...

Constantinus Africanus, De melancholia libri duo: Opera, Basel, 1536, pp. 280-98; T I, 751. Pref. 'Etsi ego Constantinus...'

Melilotum embrocatum confert soda...

De medicinis simplicibus appropriatis variis aegritudinibus: VE fa 536(XIV.44), 14c, ff. 1-28

Melior electio pro hoc ut sit luna in Libra...

Elections (in tondendis capillis, etc.): VA 3126, ff. 55r-73v; Isis 47(1956), 394

Melius est scire(scientie) modicum de rebus necessariis...

Comm. John of Paris, De complexionibus: Basel A.V.14, 15c, ff. 101rb-108vb; F.II.6, ff. 195ra-207rb; BMh 3843, 15c, ff. 100v-115v; Isis 49(1958), 399-401; VI 3217, f. 39, incomplete (Schulz)

Membra corporea i. corporis alia sunt...

De libro introductorii (astrol.): BN 7337, pp. 214-215

Membra prius morbos que sunt curasque videbo...
>   Verses as to its contents preceding Thomas of Cantimpré, De natura rerum: BMsl 405, 15c, f. 65

Membrorum ordiemur ordine...
>   Anatomical treatise: Brux 15483, 14c, ff. 153v-157v(Silvestre)

Membrorum series certo deducta tenore...
>   Prol. Quintus Serenus, Liber medicus: Beccaria p. 421 for 10 MSS, 9-11c; VI 4772, 15c, ff. 113r-141r; pr Venice, 1488(Klebs 137.1; IAL A1277)

Membrum animalis vocatur illud in quod dividitur...
>   (Gerard of Hardewick), Epitoma anatomie: pr Cologne, 1497 (with Comm. De anima, Hain 1711; LC)

Membrum sic dividitur(diffinitur?) Est solida et firma...
>   Anathomia: Bern 80, 15c, ff. 167r-181v

Memento cavere ad herbas colligendas...
>   Epistola Ypocratis ad Alexandrum de tempore colligendi herbas: Mon 277, 15c, ff. 117-118(Corbett II,83); Archiv II(1909), 25; ed. Janus 41(1937), 145-152

Memini beatissime pater quando sanctitati tue obtuli...
>   George of Trebizond, Epilogue to Nicholas V against Iacobum Cremonensem: BLll 111, 15c, ff. 152v-153r

(M)emini in christo dilecte nepos...
>   Arnaudus de Arnaudis, Contra alchimistas: Lyon, 1500(GW 2508; Klebs 109.1; not in IAL)

*Memini me ad suadelas...
>   Jo. Godard, De triplici computandi modo: Tanner

Meministi nepos quod septennio...
>   See 'Cum in Angliam...'

Memor ero operum domini et que vidi annunciabo...
>   Conradus de Halberstat, Prol. Liber similitudinum naturalium: BE 502, 14c, ff. 2-121

Memorandum est quod interdum quosdam vinorum confectiones...
>   Arnald of Villanova, prol. De vinis artificiatis: BMsl 345, 15c, ff. 16v-20r(DWS 1002,v)

Memorandum quod le sother plumbi continet 24 pedes...
>   Richard Dove(?), De ponderibus: BMsl 513, 15c, ff. 24v-(25)

Memorandum quod quando virtutes que dicuntur in primo libro...
>   Medical: BLb 608(2059), 15c, ff. 407v-412

*Memorandum quod stelle fixe alium...
>   Gault. Odington *or* Walter Evesham, Declaratio motus octave spere, c.1316: Tanner. See 'Notandum quod stelle...'

Memoratio hystoriarum...
>   Toz Grecus, De stationibus ad cultum veneris: cited Thadeus of Parma, Theorica planetarum: FLa 131(205-237), 14c, f. 3v

Memoratio quorundam medicinarum que sunt ...
>   Dinus de Florentia, Medicamenta: VE VII.33, 14c, ff. 112r-147vb

Memoratus sum in hoc libro quod Luna Plena dicitur...
>   Luna Plena: CLM 26059, a.1507, ff. 289v-296v

Memoria fecunda deus pater eternus...
>   Ars memorandi: VI 4444, 15c, ff. 313r-335r

Memoria inter divina humane nature commoda ...
>   John Michael Albert of Carrara, De omnibus ingeniis augendae memoriae: T (1929), 197, n.8; GW 570(Klebs 252.1; IAL A190.. AFML 4.1)

Memoria nec est presentium nec futurorum...
>   See 'De memoria dicendum...'

Memorie thesauris efficaciter reconditis premissis...
>   De mensura volvelli: Bubnov xxxiv; Van de Vyver 13(276)

Mens celer armatur doctrinis philosophorum...
>   Milo(?), prol. De mundi philosophia (about 400 hexameters): Tours 789, 12c, ff. 37-43; Douai 749, 13c, ff. 94-(98); BEC 30(1869), 323-24; BMad 35112, 12-13c, ff. 112-115r

Mens tua que addiscere(?) quod multum discere cupit...
>   Epistola (on India and the Brahmans): Oc 82, 12c, ff. 85va-91rb(?)

Mens tua que semper amat discere...
>   Commonitorium Palladii: Bamberg E.III.14, 11c, ff. 219v-223v; ed. Romanische Forschungen, VI(1891), 210-216

Mens. Ian. dies habet xxxi...
>   CLM 210, ff. 8v-15v

Mense Aprili Ianuarii puella nata proba suavis artibus plena...
>   VI 4985, 15c, ff. 133r-137v

Mense Aprili venam medianam de brachio incidere...
> Conservatio flebotomiae et dierum canicularum: Beccaria p. 421 lists 7 MSS, 9-11c

Mense Ianuarii bonum est abstinere...
> Modus flebotomie secundum antiquos: BMr 17.A.III, 14c, ff. 185r-(186v)

Mense Ianuarii bonum est ieiunus album vinum bibere...
> Galen, De minutione sanguinis per duodecim menses: BMsl 634, 15c, ff. 2v-4r

Mense Ianuarii emi gluppi optimum vinum...
> BLr D.251, 14-15c, f. 34r-

Mense Ianuarii non multum minuas...
> Regimen sanitatis singulis mensibus proprium: VI 4978, 15c, ff. 104v-108r

Mense Ianuarii sanguinem non minuas propter nimium frigus...
> CU 1396(Gg.I.1), 14c, f. 394ra-va; BMsl 783b, 15c, f. 207r

Mense Ianuarii si tonitrus sonuerit ventos...
> De tonitruo experimenta: CU 1396(Gg.I.1), 14c, f. 394va-b

Mense Ianuarii si venerint tonitrua ventos validos...
> Qualitates temporum secundum tonitrua in singulis mensibus: VAp 1226, ff. 228v-229r

Mense Ianuarii signum Aquarii...
> CLM 615, 13-14c, ff. 83r-87r; VAp 1248, 15c, ff. 67r-90r

Mense Ianuarii signum Aquarii pro eo quod...
> VI 4985, 15c, f. 137v

Mense Ianuarii sol in Aquario medio...
> Collectio quamplurimorum secretorum: BU 135 (101), 14c, ff. 32v-51v

Mense Ianuarii tres guttos vini...
> BN 7280, f. 9

Mense Ianuarii vinum album ieiunus bibe...
> De dieta: CUc 335, 15c, f. 139r-v

Mense Ianuario...
> Lunaris informatio: James, 490

Mense Ianuario ieiunus bibe mediam libram vini...
> BMsl 2839, 11-12c, f. 108r-v; Beccaria 81.10

Mense Ianuario intrante die i et exeunte die vii...
> Conscriptio de diebus egyptiacis: Beccaria p. 421 for 5 MSS, 9-11c

Mense Ianuario mane ieiunus...
> Beccaria p. 421

Mense Ianuario non minuare sanguinem...
> BMh 3271, 10c, ff. 122v-123v; Beccaria 76.5

Mense Ianuario non multum minuas...
> De minuatione et medicina secundum variationes lunarum: BN 10448, 14c, ff. 122-123; pr Archiv II, 136-139

Mense Ianuario nullo modo sanguinem minuat...
> Herten 192, 11-12c, f. 87vb; Beccaria 55.21; VI 2532, 12c, f. 66v; CLM 17212, 13c, f. 3(Schulz)

Mense Ianuario reopontico...
> Beccaria p. 421

Mense Ianuario sanguinem non minuas...
> BMsl 2030, 14c, f. 129

Mense Ianuario zinziber et rheuponticum...
> Dieta Hippocratis per singulos menses anni observanda: Beccaria p. 421, for 15 MSS, 9-11c; CUpet 247, I, 13c, f. 22v(Atk); pr Experimentarius medicinae, 1545, II, 247

Mense Iulio papaveris folia viridis tritis...
> Opium sic facies: BMsl 430, 14c, f. 31v(28)

Mense Maio gamendraea...
> Laon 426bis, 9c, f. 119r-v; Beccaria 15.7

Mense Martii dulce manduca dulce bibe...
> Arnald of Villanova(?), Modus vivendi: BN 4147, f. 115; HL 28, 106

Mense Martii masculus natus...
> Danzig Stadtbibl. (Marienkirche) F.229, 15c, ff. 10v-11(Zi 4044)

Mense Martio bibat dulce...
> Tempus propter sanitatem corporis et cordis quod observare debent: Laon 426bis, 9c; Archiv II(1909), 42

Mense Martio bibat dulce usitet agriamen...
> Beccaria p. 421, 6 MSS

Mense Martio dulcia ieiunus comede et...
> VAp 1256, f. 1ra-va

Mense Martio dulciamen ieiunus comedat...
> Beccaria pp. 421-22, 7 MSS

Mense Martio dulcius oportet utere...
> MC 69, 9c, pp. 569a-570a; Beccaria 94.17

Mense Martio puledio et agrimonia et livestia bibat...
> BN 2849A, 9c, f. 23v; Beccaria 19.2

Mense Martio pulegium bibe dulce usita...
> VI 2532, 12c, ff. 64v-66v

Mense Martio sanguinem ne minuas. . .
    BE Philipps 1870, 11-12c, f. 3v; Beccaria 51.2

Mense primo signo. . .
    Theodoxius, De terre motu et tonitruo: Budapest 59, 13-14c, ff. 29-30

Menses dicuntur a mensura unde dicantur menses. . .
    Marianus Scotus, Computus: CUt 1369(O.VII. 41), 11c, f. 24r

Menses dies etc. . . .
    Alius liber tabularum: ZB 4(1889), 528

Menses embrionis attribuuntur domibus et planetis hoc modo. . .
    Andalò di Negro, Ratio diversitatis partus: VA 4085, 14c, f. 28v (T III,194); BB VII(1874), 368

Mensi luna datur tibi sine quo sociatur. . .
    Verses for a Calendar: CLM 16447, a.1386 and 1404, ff. 2r-7v

Mensis coniunctionis est 29 dierum et plus. . .
    VAu 1398, 15c, f. 17v-

Mensis est luminis lunaris circuitus. . .
    Lectio de mensibus secundum antiquos: Eins 321, 10c, pp. 134-135; Os XVII, c.1100, ff. 36r-37r; cf. Isid Etymol. V, 33; ed. PL 82, 219

Mensis Ianuarii est(habet) signum in Aquario . . .
    Signa in quibus creaturae nascuntur et mensibus: FLgr 175, 15c, ff. 34r-35r; VE VIII.33(XI, 106), 15c, ff. 134-137

Mensis Ianuarius quod facit dies tres. . .
    Egyptian days: Beccaria p. 422

Mensium autem lunarium quatuor sunt species . . .
    Melk 367, 15c, ff. 133-134(Zi 12131); Yale 156, copy 2

Menstrua adducere ex aromatibus. . .
    Cleopatra, Fisicum de gunicia(*sic*): Vendôme 175, 11c, ff. 104r-106v; Archiv II(1909), 12; Beccaria 47.10

Menstrua provocat ventrem emundat lumbricos necat. . .
    De herbarum virtutibus: BLt 439, 14c, ff. 45-52

Menstruam autem provocare omnia diuretica certum est. . .
    Aliqua parva de genicia: BN 7028, ff. 158r-160r; Beccaria 29.10

Menstruis mulieri deficientibus. . .
    VAp 1321, 15c, ff. 138vb-139ra

Mensura est iuxta Isidorum quicquid pondere capacitate longitudine. . .
    CLM 210, 9c, II, f. 127r; 14836, 11c, ff. 139r-144; Ea.Q. 361, 14c, f. 87

Mensura est quidquid pondere capacitate longitudine. . .
    Boethius tr Euclid, Geometry, following the dedic.: BN 7377C, ff. 40v(18v)-45r(23r); Bern 299(Schulz); CLM 13021, ff. 194ra-211ra; Isidore of Seville, De mensura (Etymol. *or* Originum lib. xv, cap.15): Eins 298, 10c, pp. 18-19; 358, 10c, pp. 32-33; CUt 939 (R.XV.14), 10c, ff. 63v-67r; BMr 15.B.IX, late 12c, ff. 71v-(72r); Chartres 498, 12c, f. 141; Mon 384, 12c, f. 62-; VAb 92, 12c, f. 41v-

Mensura proprie dicitur eo quod mensurantur . . .
    Apuleius, De mensuris: Suppl.(1581), 268v

Mensura proprie ea est que a membris hominis sumpta est. . .
    Bartholomeus Fontius, De mensuris: pr Florence, 1477(Klebs 418.1; IAL F217)

Mensura ut dicitur est quidquid ponderis. . .
    Questiones naturales mathematice astronomice *or* Reprobationes Rogeri Bacon: BN 16089, 13-14c, ff. 91v-93v; Little 377

Mensura vero est quidquid. . .
    See 'Mensura est quidquid. . .'

Mensurabilis musica est cantus longis. . .
    Johannes Hanboys, Super musicam continuam et discretam: ed. Coussemaker I, 403-48

Mensurarum appellationes quibus utimur sunt hec. Digitus. Uncia. . .
    De mensuris: Mon 491, 11c, f. 79v (part of Bernelinus?); CUt 78 (B.II.34), 12c, f. 180r-v; CLM 14836, f. 45r

Mensurarum appellationes sunt hec. Digitus . . .
    CLM 14836, ff. 133r-136r

Mensurarum genera sunt tria rectum. . .
    Practica geometriae: Björnbo(1912), 219; AL 282; CUt 939(R.XV.14), 10c, ff. 46r-63v; Valenciennes 325, 10c, ff. 32-36; VAb 92, 12c, f. 23r-v

Mensurarum in liquidis cochlear est pars minima. . .
    De mensuris et ponderibus: Eins 321, 10c, ff. 71-73; BMr 13.A.XI, 11-12c, ff. 141v-(143r); CLM 210, ff. 128v-129r

Mensurarum sunt tria genera rectum planum solidum...
De mensuratione superficierum: Chartres 498, 12c, ff. 143-148.   See 'Mensurarum genera...'

Mensuras quoque ipsas graecorum de medicinalibus...
BN 6880, 9c, ff. 3r-4r (with Marcellus, De medicamentis); Beccaria 25

Mensure aguntur generibus tribus...
Opusculum mathematicum: Brux 4499, 11c, ff. 1-6ra(Silvestre)

Mentam viridem...
See 'Ad capitis dolorem mentam...'

Mentio decem capitulorum atque annulorum Veneris...
Spec. astron., cap.xi; Borgnet X, 641b; T (1947), 244

Meo dispar proposito nimisque minor...
See 'Inquirentes primum...'

Mer fugi dum bibit...
Ps. Thomas Aquinas, Liber lilii benedicti: Ze IV, 959-74; anon. VAp 1329, 15c, ff. 117-122r; Excerptum Lilii inter spinas: VI 5510, 15-16c, ff. 264r-269r

Mercurii crudi partes sex altera(septima) lune...
Cited Frater Johannes de Grenborough: BMr 12 G.IV, 15c, f. 160(DWS 361, 827); CUt O.VII.35, 15c, ff. 215v(211)-216v(212); Orléans 290(244), 15-16c, ff. 123v-124(Corbett II, 142)

Mercurii preparatio philosophica est ut eius...
Bernard à Portu S. Mariae Aquitani, Quaestiones et responsiones philosophicae: Ze II, 129-32

Mercurium retinens exstat lapis...
Arnald of Villanova, Carmina: pr Manget I, 698a; HL 28, 92; anon. Boston Medic. 18, 15c, ff. 168v-169r

Mercurius argentum vivum albot azoc...
Incipiunt abbreviationes vocabulorum et primo de mercurio: VAp 1335, 15c, f. 187v

Mercurius aurum dealbat diligit eum et coniungit...
Properties of metals and alchemical recipes: Cambrai 919(818), 15c, ff. 90-91(Corbett II,36)

Mercurius est aqua viscosa...
Notabilia Alberti Magni: BMsl 3744, 15c, ff. 117v-124(DWS 177, viii); part of Semita recta

Mercurius est argentum vivum et talis materia dicitur esse spiritus...
Compostella, De quattuor spiritibus: VI 5286, 15c, ff. 54r-57r

Mercurius est unus planetarum...
Aristotle, De vii planetarum et eorum proprietatibus: BLas 1448, f. 182bis

Mercurius in ariete...
Alkindi, De combustionibus planetarum: Cues 212, c.1430, f. 350r-v.   See 'Saturnus in ariete...'

Mercurius multiplex est cum aceto citrorum...
Compendium lucidius collectum, de dictis Aristotelis et aliorum philosophorum, (De natura et virtute lapidum): FNpal 981, 15c, ff. (1)r-21r; and ff. 281r-285v(incomplete)

Mercurius sublimatur ex alumine...
Archelaus: BLas 1451, 15c, ff. 43v-45v(DWS 27, iv)

Mercurius verissima luna fit (cum) alacritate...
Lehigh MS, f. 106v

Meri quidem est porro ex carne...
Gentile da Foligno, Super 13 de Avicenna fen (III,13,i) expositio: Giacosa 499

Meri quidem expedivit Avicenna hucusque determinationem...
Gentile da Foligno: Pellechet 5024, f. 431v (Schulz); In III Can. Avic.(III,13,i): Klebs 447.1

Meritissimum omnium rerum est et domestica...
Ps. Hippocrates, De signis mortalibus: BMr 12.B.XII, 13c, ff. 67v-69r

Merito enim solstitium hiemale nativitate domini...
Marcus medicus, Dicta: Bern 109, 9c, f. 136v; Beccaria 121.1

Meritur iuste omnipotentis celsitudo...
Iudicium astrologicum ad annum 1451: Cracow 764(AA.V.15), 15c, ff. 3-12, 17-26

Mesereon est planta psas(*sic*) pesis capiens vitam a quibusdam...
De plantis earumque virtutibus medicinalibus: VI 5371, 15c, ff. 174v-184r

Metalla septem numero s. aurum argentum...
De metallis: MU Q.761, ff. 33v-35va

Meteororum.   Hoc nomen meteororum...
See 'Hoc nomen meteororum...'

Metrica non metricis que scripta tenemus...
Aegidius, Super Hipp. Prognostica: EU 169, a.1481, ff. 97v-106v (DWS MS)

Metrorum peritiam in scrinio pectoris...
Proprietates metrorum Ympnarii: BLd 147, 14c, ff. 28v-29v

Metrus id est mensura media...
 See 'A ad pondera...'

Metrus idest media mensura...
 Beccaria p. 422

Mi frater laudans deum intellige...
 Opus regale: CUt 1407, 15c, ff. 97v-108(DWS 632)

Mi Geralde meum tibi consecro rite libellum...
 Reginaldus, Versus de phlebotomia (Aphorismorum compendiolum): BMar 215, 14c, ff. 169-(171v)

Mi rex petivisti ut tuis satisfaciam votis...
 Capitula Almansoris: pr Venice, 1493, ff. 120v-122r(Klebs 814.2; IAL P995)

Michi...
 See 'Mihi...'

Microcosmus dicit Linco. in tractatu suo de microcosmo...
 A brief tract extracted from Robertus Lincolniensis and Maimonides: Basel A.VIII.17, a.1391, at Vienna, f. 79r-v

Micros grece brevis logos sermo.   Inde micrologos...
 Guido de Aretio, Micrologos: VI 2502, 12c, ff. 1r-19r

Mihi autem diligentius...
 Petrus de Alliaco: Oo 69, f. 48v.   See 'Mihi diligentius...'

Mihi competit qui senili defectione in memoria
 ...
 Thomas de Sarepta: Archiv für Naturwiss., I(1896-97), 372-77

Mihi diligentius perscrutanti astronomorum dicta...
 Pierre d'Ailly, Elucidarium astronomice concordie cum theologica et historica veritate: Cambrai 929, 15c, ff. 55v-88; Salembier xxiv; VI 5318, 15c, ff. 66v-85v; Saxl(1927)140; BMad 29969, ff. 36r-57v; BMh 637, ff. 92vb-111vb; BMh 3742, ff. 181v-203v; Hain *834, ff. e1v-g7v; IAL A426, ff. dd(8)r-gg(6)r(Photostat ed. of 1927, ff. 121r-143r)

*Mihi diu cogitanti consulentique...
 Dominicus Bandinus, prol. Fons memorabilium: T III, 759-60; VAr 1140, ff. 1r-557v

*Mihi dudum mandatum daretis...
 Roland, Reductorium physiognomiae: Tanner. See 'Cum agendi modus...'

Mihi ipsi cogitanti...
 See 'Cogitanti mihi ipsi...'

Mihi totiens divina...
 See 'Multotiens mihi divina...'

Mihi videtur dicere quod amussadir id est sal armoniacum...
 Alchemy: BLse sup.76, 13c, ff. 116-125 (DWS 504)

Miliarium resolvitur in partes suas...
 Mensuration: BMr 8.F.XII, 14c, ff. 40v-(42)

Mille fuit bis centum sexaginta duoque...
 Blasius, Circius: CUg 137, p. 51b; BN 14070, 13c, f. 99vb; Isis 37(1947), 46; Speculum 29 (1954), 230-31

Mille iii. lxxiiii. die dominico si fuerit...
 Prognostications for 1374-1380: FNpal 998, 14-16c, ff. 77v-78v

Mille quadrigenos ab anno deme salutis...
 Computus Cracoviensis: VI 4058, a.1509, ff. 124r-140v(Zi 12132)

Minera balnei huius putealis...
 Consideratio balneorum Sancti Pancratii vallis Trescurii ad illustrissimum Bartholomaeum Coleonem, 1470: De balneis 190v-191v

Minimum pondus est que latine scrupulus et idem...
 De ponderibus ex Angelo Poliziano: VI 4772, 15c, f. 181r-v

Minis medicine...
 Isaac, Dietarium: James, 487

Minium sic fit.   Recipe pley weyst...
 De coloribus: VI 5512, a.1436, ff. 175r-176v; ed. Ambix 8(1960), 66-70

Minor debet esse dosis ingredientis compositionem...
 Bartholomaeus Montagnana, De compositione et dosi medicamentorum: pr Padua, 1556, ff. 27r-39r

Minue venam in extremitate nasi...
 Modus de fleobotomia: BMr 12.G.IV, 14c, f. 200r

Minuendi sanguinis triplex(duplex) est causa...
 BN 13578, f. 21; BN 1751A, f. 23(H); CUcl 10(Kk.III.10), 13c, f. 186v

Minus bibas et comedas...
 Consilium contra morbum pestilentialem secundum magistrum Maino (de' Maineri): FLa 1448, ff. 140v-141r

Minus est pars calcum...
 Medicinal weights and measures: SG Stift 751, 9c, pp. 429-30; Beccaria 133.34

Minus quod medico necessarium est comprehendit Avicenna in prohemio. . .
    Sermo pro quodam doctorando: CLM 490, 14-15c, ff. 205v-210v

Minutia sive fractio est quantitas. . .
    Algorismus de fractionibus: Ea Q.352, 14c, ff. 92v-93

Minutiarum tractatum inchoantes dicimus nichil aliud. . .
    Jordanus Nemorarius, On fractions: ed. G. Eneström, Bibl. math., XIV(1914), 41-45

Minutiarum vulgarium scribe superius numeratorem. . .
    Ricardus Anglicus, Tract. minutiarum vulgarium: BN 16655, late 13c, ff. 18v-20v, incomplete; BMh 3735, 14c, ff. 59ra-63rb; BMr 12.C.XVII, 14c, ff. 83r-(88r); anon. FNpal 639, 13c; BLt 192, 14c, ff. 18-22v; Ea Q.369, 14c, ff. 28-30v; ascribed to Sacrobosco: Prosdocimo de Beldomandis, comm. Sphere, pr 1531, f. 1v

Minutie(*sic*) est alicuius integri pars. . .
    Algorismus minutiarum: Ea F.38, 13c, ff. 10v-12v

Minutie phisice sunt que ad sua integra per divisionem sexagenariam. . .
    Algorismus novus de minutiis phisicalibus: Wi 79, 15-16c, ff. 172r-173r; pr (Leipzig, 1495) (Hain 827; LC; Klebs 57.1; IAL A418)

Minutio alia est. . .
    Flebotomia: Wilhering 68, 13-14c, ff. 122-125 (Xenia Bernardina II, 2, 29)

Minutio alia fit per metathesim alia (fit) per. . .
    Phlebotomy: BMh 3542, 14c, ff. 111v-(113)r; CUg 413(630), 15c, IV, ff. 34v-36v; CUt 500, 15c, ff. 4-6v; Tract II, Ketham, Fasc. medic,. Venice, 1491, etc.(Klebs 573.1-4; IAL K11-14)

Minutio aliqua fit per methathesim aliqua fit per. . .
    FL 73, 1, 9-10c, ff. 140-142; CUt 1081(O.I.57), 14c, ff. 15v-16r; both noted R. Czarnacki, Ein Aderlasstraktat angeblich des Roger von Salerno samt einem lateinischen und einem griechischen Text zur Phlebotomia Hippocratis (Diss. 1919)

Minutio est evacuatio humoribus equaliter. . .
    Capitulum de phlebotomia: VI 1634, 13c, ff. 104r-119rb

Minutio sanguinis in corpore hominis debet fieri sic. . .
    CLM 4374, 15c, ff. 224v-236v; Wu M.ch., F.292, 15c, ff. 289v-305v(Schulz)

Mira sunt presagia lune que observat egiptus. . .
    CLM 4394, 15c, f. 46v

Mira sunt presagia philosophorum. . .
    CLM 4394, 15c, f. 2r

Miraberis scio reverendissime presul. . .
    Augustinus Moravus, Prognostication for Padua, 1494: T IV, 463, n.112; GW 3060; Klebs 124.2

Mirabilis in altis dominus mirabilia sua tam in terris. . .
    Cruciferus Gaerparus, Canones tabularum ad meridianum Wratislaviensem et ad meridianum Pragensem: BLcm 499, a.1471, ff. 112-116

Mirabilium omnium que mundo congenita sunt . . .
    Giovanni da Fontana, Protheus: T IV, 179. Introd. 'Studiosum ut video. . .'

Mirabilium rerum ac eventuum. . .
    Arnold of Liége, Compendium mirabilium: Glorieux, I, 195

Mirabitur forte amplitudo tua. . .presentis anni 1486 astrologorum audaciam. . .
    Lorenzo Bonincontri, Vaticinium: pr (Rome), 1486 (GW 4909; Klebs 201.3; IAL B907; AFML)

Mirabuntur fortasses O Antoni sublimes virtutes tue. . .
    Carolus Drusianus, Odoardus Farniensis, and Americus Polonus to Arquato on his De eversione Europae: pr (Bologna, c. 1493) GW 9061 (Accurti II,26)

Mirant natura humana sotsmesa. . .
    Luis Alcañiz, Regiment Preservatiu e curatiu de la pestilencia: GW 841; Klebs 40.1; IAL A328

Mirari pater sancti non desino exactionis. . .
    Bernelinus Junior, Pref. Abaci (quem Iunior Bernolinus edidit Parisius): Mon 491, 11-12c, ff. 6v-48v; BNna 229, 12c, f. 40v-

Mirnefindus(Mirvesindus) (igitur) interrogans ait Iuste magister. . .
    (Alchemical dialogue) Tractatus Micreris suo discipulo: Steinschneider (1906), 25; VE fa 324, 14c, ff. 30v-34v; FR 119, ff. 33r-35v; Palermo 4 Qq. A.10, 46, 17; Wo 3284, 14-15c, ff. 1-8v; Ruska 320-23; Ze V, 90-101

Mirobolani sunt quedam fructus. . .
    BMh 3388, 15c, f. 19v

Miror nonnullos nostri ordinis viros prudentes numerorum scientiam. . .
    William of Alba Ripa, Prol. De sacramento numerorum: Troyes 969, 13c, ff. 177ra-191va; BN 2583, 14c, ff. 1r-9

Miror quare quidam vobis prohibeant usum opii
. . .
    Medical: CLM 570, 15c, ff. 69v-71r

Miror viros nostri temporis doctos atque peritos
. . .
    Johannes Gallicus, Ritus canendi vetustissimus et
    novus: ed. Coussemaker, IV, 298-421

Mirum tibi fortasse in debitum. . .
    Paul of Middelburg, Exhortatio pro calendarii
    emendatione ad Iunocentum VIII: VA 3684,
    15c, ff. 2r-8v

Misericordias domini in eternum cantabo. . .
    Christopher of Paris, Lucidario sive summa mag-
    giore: VAb 273(T IV,350); McGill, Osler
    7529, 15c, ff. 48r-94r

Mistice preponi leo vis est multa leoni. . .
    Physiologus: Kraus-Wien Kat. 3, n.6; Gilh.
    Rauch 4/33(Schulz)

Mittam te ad amicum et dicet tibi verum. . .
    Prognostica: CUma Pepys 911, 13c, ff. 49r-58v;
    Saxl(1953), 426

Mittit ad virginem non quemvis. . .
    Paradigmata musica neumata: VI 2502, 12c, ff.
    39r-40v

Mitto tibi scribens in hoc libro. . .
    Archimedes, De conoydalibus et speroydalibus, tr
    William of Moerbeke: VAo 1850, ff. 45r-52v:
    CR B-65(I)

Mixta ad vulnera sananda i. sine aliquo alio
adiutorio. . .
    Potio ad omnia vulnera sananda: BMsl 521, 14c,
    f. 123r-

Mixtum autem estimo fieri non ex pluribus
elementis. . .
    Epistola de ratione mixti: BN 7413, II, 14c, ff.
    11ra-13ra

Moderitus dicit Luna duabus diebus et vi horas
. . .
    On the course of the moon and length of a lunar
    month: Os 178, 13c, ff. 143v-144r; one of several
    chapters in TR 312b

Moderni pronosticum ex luna totius anni
mathematici subtiliter. . .
    VI 3124, f. 30r-v

Modi autem plani cantus sunt octo qui ante
tempora Guidonis solum erant quatuor. . .
    De distinctione tonorum: Ghent 70(421), ff.
    149rb-155va

Modi insertionis sunt plures quorum primus. . .
    Galfridus de Vino Silvo(Salvo?), comm. Pal-
    ladius, De agricultura: DWS 998. See 'Modus
    incisionis. . .'

Modi numerandi secundum diversos diversi
sunt. Unus est modus theoricus. . .
    BMsl 3281, late 13c, ff. 6va-13va

*Modo ad materiam propositionis categorie. . .
    Jo. Chilmark, De quantitate etc.: Tanner

Modo dicam modum generationis metallorum
. . .
    John Dastin, Speculum philosophiae (really
    Arnald of Villanova, Rosarius): T III, 85, n.2;
    DWS 286; ColR 129e

Modo dicam tibi de preparatione et separatione
quatuor. . .
    Alchemical miscellany: BN 7156, ff. 192v-196r
    (T III,654; Corbett I, 81)

Modo dicendum est de coloribus in corporibus
metallicis. . .
    De coloribus fixis et aquis dissolutivis: Cambrai
    920(819), 15c, ff. 32v-33v(Corbett II,43)

Modo est videndum generaliter de nativitatibus
. . .
    De significationibus natorum: Argentré I, ii, 326b

Modo videndum est qualiter fit rosa id est color
roseus. . .
    De diversitate colorum; parts hitherto unedited:
    Ambix VII(1959), 22-24

Modum inveniendum partem proportionalem
subiungere. Notandum quod omnis arcus. . .
    Addition to John of Saxony, Canons on Alfonsine
    Tables: pr (Venice), 1483(Klebs 50.1; IAL 473;
    LC)

Modum minutiarum vulgarium. . .
    See 'Modum representationis minutiarum. . .'

Modum procedendi ostendens in tempore electo
. . .
    Astrology: VAp 1439, 15c, ff. 155r-165r

Modum representationis. . .
    Albert of Saxony(?), Tractatus proportionum(?):
    Cues 212, a.1418, ff. 297-309

Modum representationis minutiarum vulgarium
et phisicarum proponere. . .
    Johannes de Lineriis, Algorismus de minutiis vul-
    garibus et phisicis: T III, 262, n.24; BLd 97, ff.
    73r-80r; BN 7378A, 14c, ff. 52rb-55va; BN
    15171, 14c, ff. 167r-169v; CLM 14684 a.1356,
    ff. 22r-29v; VAp 1212, 15c, ff. 148r-151r; CU
    1017(Ee.III.61), 15c, ff. 23v-26, etc.; pr Padua,
    1483, ff. 19-28(Klebs 167.1; IAL B262);
    Venice, 1540

Modus agendi colores et distemperandi. De synopide. . .
> BN 7400A, 13c, ff. 27ra-30ra, 40va-46rb: Ambix VII(1959), 2-5; Corbett I, 138

Modus(*sic*) aque regiminis sunt quatuor principalia. . .
> Alchemy: CUt 916(R.XIV.45), 15c, p. 153 (DWS 604)

Modus autem brevis. . .
> Glosa super Theophilum de urinis: CUpet 251, 13c, f. 81

Modus autem confectionis excorporationis rerum . . .
> Arnald('Reynaldus de') of Villanova, De vinis: CUt 1102(O.I.77), 15c, ff. 137r-171r. Prol. 'Quoniam vinum album. . .'

Modus autem designandi talis est. Primo adiscere. . .
> See 'O tu quisquis. . .'

Modus distillationis in sales in tali alembico. . .
> BMs 2325, 15c, ff. 19v-21v(DWS 612)

Modus est iste. Recipe rem putrefactam. . .
> BLd 164, 15c, f. 107r(DWS 571). See 'Recipe rem putrefactam. . .'

Modus et pondus in omnibus distillationibus in una qualibet. . .
> Archilaus, Liber modorum ignis et ponderis: BLd 119, 15c, f. 194 (DWS 57)

Modus faciendi aquam ardentem. Accipe ollam semiplanam. . .
> CUt 1351(O.VII.23), 15c, f. 71r. See 'Accipe ollam semiplenam. . .'

Modus incisionis(insertionis, insectionis) arborum. . .
> Galfridus (de Vino Salvo), Super Palladium de plantationibus et insertionibus arborum: CLM 615, 13-14c, ff. 88v-101r; DWS 998; Saxl (1927), 90; Studi ital. 14,69; Albertus de Colonia: Oc 125, 13-15c, ff. 16-28; 'Alberti de plantationibus arborum et de conservatione vini': CUad 4087, 14c, ff. 61r-71r; CLM 444, 15c, ff. 202ra-208ra; anon. Eins 299, 14c, ff. 350-51; BMar 251, 14c, ff. 1r-25r; Tours 797, 14-15c, ff. 61-62; CLM 7755, ff. 274v-275v, etc.

*Modus operandi pro eclipsi lune per tabulas novas. . .
> Lud. Kaerleon, Canones eclipsium solis secundum easdem tabulas: Tanner; CUsj 41, 15c, ff. 10v-15v; Kibre(1952), 101, n.12; 106(21)

Modus preparandi arsenicum. . .
> See 'Preparatio arsenici. . .'

Modus preservandi se ab incursu epidemie. . .
> Jacobus de Stockstal, Pest tract: Archiv VI, 373-74

Modus qui(quo?) debes prospicere iudicia duodecim domorum. . .
> Albohali, 'Pars Alboali' tr Johannes Hispalensis(?): FNcs J.IV.20, 15c, ff. 150r-151v; Björnbo (1912), 112-13; Speculum 34(1959), 32; pr Nürnberg, 1546, 1549

Modus quis pes est. . .
> Augustine, De musica libri sex: Brux 58, 14c, ff. 115-146v(Silvestre); PL 32, 1081-93; Delisle III, 90b

Modus sive forma qualiter hoc opus est fiendum. Primo surge in die Iovis. . .
> Albertus Magnus, Secreta secretorum que tractant de invisibilitate: FNm XVI.75, ff. 42r-43v

Moliendum in vere minorativum. . .
> Antonio Cermisone, Consilia: pr Frankfurt, 1604, 1652

Molles carne aptos mente dicimus duros vero ineptos. . .
> Otto Erfordensis(Erfurtensis), De libro complexionum: Ea F.337, a.1397, ff. 53v-62v

Mollifac de gumma arabica clara et munda. . .
> Practica auri potabilis: BU 138(104), 15c, ff. 254r-255v

Momentum grecum est quod latini. . .
> VAr 141, 9c, f. 154r-v

Momentum ipsum o generosissime Petre commune gravitatis. . .
> Eutocius Ascalonita, Comm. in duos de aequiponderantibus seu de planorum aequilibriis sive eorundem gravitate Archimedis, tr Jacobus Cremonensis: VE fa 327(XI,1), 15c, ff. 53-63; Isis 43(1952), 241

Mon entencion a laide de dieu est monstrer. . .
> Oresme, prol. Liber de divinationibus. Text, 'Plusieurs ars. . .'

Mon tres honnoré seigneur et debonnaire. . .
> Jehan Adam, dedic. to Nicolle Tilhart. See 'Arismetique est une. . .'

Monochordum divisurus tres primum magadas . . .
> CLM 19489, p. 56; 23577, f. 75(Schulz)

Monstravimus iamdudum. . .
> Eiusdem (i.e. Ptolemy, Centiloquium, which precedes) significationes: BN 7306, f. 15v

Monstrum quodam Namuci. . .
> Joachim abbas, Prediction: Phares 182

Montes vero quandoque ex accidentali. . .
  Avicenna, Sermo de generatione montium: VA
  4428, f. 114vb

Montibus ut celer hosti passus leo delet. . .
  De natura leonis et proprietate eius: BN 3718, I,
  13c, f. 16r

Moram nati in utero matris. . .
  Comm. super tabulis de mora nati: Catin.85, 15c,
  ff. 265-268v

Morbi causam diligenter perquirere. . .
  Quatuor que medico congruent: BLcm 408, 15c,
  f. 127vb

Morbi otii meo languente animo ne ipsius
torpor. . .
  Anathomia: ed. Archiv XX, 40-50

Morbi sanus hebei bessi cum fratribus suis. . .
  CLM 5141, f. 125; 26793, 15c, f. 238(Schulz)

Morbis universalibus propositi nostri intentio. . .
  Gilbert of England, Lilium vel Compendium
  medicine: T II, 479-85; HL 21, 393-400; Cambrai 906, 14c, 247 ff.; CUpet 52(I), 13-14c, ff.
  1r-92v; Delisle III, 91b; VI 2279, ff. 1-239v;
  FR 731, 14c, ff. 1ra-231va; pr Lyons, 1510, 362
  ff.   See 'A morbis. . .'

Morbus caducus est egritudo spasmosa. . .
  Arnald of Villanova, De epilepsia: HL 28, 86;
  Opera, 1520, ff. 311rb-317rb; 1527, ff. 350ra-
  356vb; Glorieux I, 424

Morbus est res inferens sensibile nocumentum
. . .
  BLr C 814(IX), 14c, ff. 12r-16v; BLr D.1210
  (II.9), 15c, ff. 120r-124r(DWS MS); BN 6957,
  15c, ff. 110r-112v

Morbus est sensibile nocumentum actioni
membrorum inferens. . .
  Romualdus Salernitanus, De pulsibus: VI 5305,
  a.1459, f. 26r-v; Renzi IV, 413-14

Morbus ipse qui ardor urine dicitur. . .
  Johannes Roris(d.1482-3), Consilium contra passiones in virga virili: Alençon 31, 16c, ff. 122-
  149; Wickersheimer 474

Morbus quem pestilentiam vocant nondum. . .
  Hippocrates, Epistole, I-V, XI-XVIII; XX; tr
  Renutius: VAb 64, 15c, ff. 167-183v

More recte scribentium sequens. . .
  Glose super afforismos Ypocratis: BMr 8.C.IV,
  13-14c, ff. 186-(210)

Mores animalium licet minus. . .
  Tract. de Alberti Magni libro octavo rerum
  naturalium: VI 5479, 15c, 87 ff.

Moribus optimis ac plerisque ingenuis artibus. . .
  Johannes Tinctor, prol. Tract. de musica.   Text,
  'Manus est brevis. . .'

Moriene manifesta mihi magisterium lapidis
philosophorum. . .
  Khalid Rex et Morienus Romanus, Questiones et
  responsiones: DWS 67; Palermo 4.Qq.A.10, 46-
  19

Moriene (mihi) primum querere libet que. . .
  Khalid rex et Morienus Romanus: DWS 66;
  VAp 1339, 14c, f. 69r; BN 7161, 15c, ff. 19r-
  23v(Corbett I,165); Cop Gl.kgl.Fol.S.236, 15c,
  ff. 91v-96; VAp 978, 15c, f. 58; Manget I, 513-
  19

Morienus de lapide testitudinis dicit quod tota
. . .
  Martinus Ortolanus, Super lapidem que dicitur
  philosophorum: BN 11201, 15c, ff. 76r-83r (T
  III,179; ColR 100b)

Morienus de opere capillorum loquens. . .
  BN 7156, 14c, ff. 146rb-v and 148ra; T III, 179,
  654

Morienus.   Dispositio sapientum. . .
  See 'Dispositio sapientum. . .'

Moris valde laudabilis et decoris ut deo soli pro
beneficiis nobis. . .
  Johannes, Summa alchymica: VI 5510, 15-16c,
  ff. 86r-88v

Mortifera sunt que sua violentia mortem
inferunt. . .
  BMsl 420, 14c, ff. 68v-72r

Mortificatio mercurii secundum Hermetem sic
fit. . .
  Secunda operatio quae est sublimatio spirituum:
  FNpal 758, 15c, ff. 36v-42r; Ambix V(1956),
  102

Mortuo leone iusticie surget albus rex. . .
  Merlin, Tres aliae prophetiae: BLd 28, 14c, f.
  168

Mos erat antiquis medicinas nocte sub una. . .
  Theodorus Ulsenius, Pharmacandi substantia, pr
  with Hippocrates, Aphorismi s. sententiae(Nürnberg, 1496), ff. 18r-24r; AFML 241; Klebs
  520.2; IAL H250; anon. De modo pharmacandi
  carmine elegiaco: VI 4772, 15c, ff. 169v-176v,
  364r-371r

Moses vir disciplinarum peritus arche figuram
. . .
  Dimensions of Noah's ark: FR 885, 15c, ff. 346r-
  348v; Isis 50(1959), 40, n.61

Mosso da una licita consideratione et avanti. . .
    Practica di alchimia in volgare: FNpal 758, 15c,
    ff. 151v-183v; Ambix V(1956), 104

Mostardyer. . .
    Medicinale Fulberti, Practica Alexandri Nicholai,
    etc.: James 480

Motor immobilis (simpliciter) primus, cum de
numero studentium. . .
    Nicolaus Bonetus, Prol. Theologia naturalis; Ea
    F.314, 14c, ff. 109-179.   Text, 'Primum autem
    in hac. . .'

*Motore primo primitus invocato. . .
    Rogerius(Richard?) Swynshede, De motibus
    naturalibus et annexis: Ea F.135, a.1337, ff.
    25v-47r(ColR 123; T III,375, n.15)

*Motum accessionis et recessionis. . .
    Guihelmus Anglus(Grisaunt), De motu capitis:
    Bale (1902), 114; Tanner

Motus autem solis quia in theorica planetarum
    . . .
    Andalò di Negro, Theorica planetarum: BB VII
    (1874), 354

Motus celi est quedam via omnibus natura
subsistentibus. . .
    Comm. De celo et mundo: BN 7378A, 14c, ff.
    128va-139va

Motus fortune variatur imagine lune. . .
    BN 18522, f. 156a(H)

Motus localis est communior aliis motibus. . .
    Na V.H.190, ff. 81ra-87ra

Motus lune. . .
    Ptolemeus, Lib. verborum: Pastrengo(1547), f.
    55v

Motus medii planetarum. . .
    Astronomical instrument: Leip 1469, 15c, ff. 237-
    240(Zi 3072)

Motus sic quod non habet esse fixum et permanens. . .
    In tertium Physicorum: BN 16297, f. 77(H)

Motus solis.   Differentia tabularum motuum
lune. . .
    Tabulae astronomicae: VI 2406, 15c, ff. 1r-5v

Motus stellarum an sit scibilis nescio. . .
    Andreas de Sommaria, Quod astrologia non possit
    sciri *or* De stellis et motu earum: VA 989, ff. 57r-
    69v(ColR 13; T III,597-598)

Motus timor dei preveniat. . .
    Silanus de Nigris de Papia, Comm. Nonus liber
    Almansoris.   See 'Totus timor dei. . .'

Motuum localium quidam est uniformis. . .
    John of Holland, De motu: BLcm 177, 14c, f.
    100v; VA 1108, 14-15c, ff. 144r-162r; VE
    VIII.19(XI,19), 15c, ff. 1-44

Moventes guerram habere debent sive patientes
guerram. . .
    Paulus Sanctinus Ducensis, pref., Marianus
    Jacobus Taccola, De re militari et machinis bel-
    licis: BN 7239, 15c, ff. 3-112; AIHS 8(1955),
    7-26

Movetur sol sub circulo signorum qui dicitur
zodiacus. . .
    Theorica planetarum: VE fa 344(XI,104), 14c,
    ff. 224-233; VA 4082, a.1405, ff. 61ra-65v(TR
    276); T (1949), 476

Moyses in disciplinarum peritus arche. . .
    See 'Moses vir. . .'

Mulier concipere volens videat ne matrix. . .
    Galen, De conceptu: Basel D.III.6, 13c, f. 125r-
    v; Arnald of Villanova, De causa sterilitatis: Ea
    F.236, 14c, f. 65r; differs from text, Opera, 1504,
    f. 250r

Mulier cum appropinquat ad partum debet ire
    . . .
    Bernard Gordon, De regimine sanitatis, text:
    BMsl 513, 14c, ff. 293va-296ra-345rb; CUg
    373(593), 15c, ff. 30ra-56ra

Mulier granda cum appropinquat tempus pari-
endi. . .
    Mon 490, 15c, f. 64r-v

Mulier volens concipere videat. . .
    Johannes Ketham, De matrice mulierum: BMsl
    345, 15c, ff. 128r-130v

Mulieres macilente quoniam sepe minuunt. . .
    De fleubothomia: CLM 363, 15c, f. 77v

Mulieribus post partum solet dolere. . .
    Theodorus Priscianus, Capitula de gunicis(*sic*):
    Vendôme 175, 11c, ff. 97-99; Archiv II(1909),
    41; Beccaria 47.7

Mulomedicine apud grecos latinosque. . .
    Theodoric of Cervia, Liber de medela equorum:
    VI 2414, 14c, ff. 1r-32v; Rhein. Museum, 46
    (1891), 376; ed. G. Klütz, Berlin, 1936, from
    Vienna and Vatic. MSS; VE VII.24(XV.I),
    13c, ff. 1ra-51va; BNna 548, 14c, ff. 1r-21v; Mi
    B.91.sup., ff. 79ra-107vb; P. Vegetius Renatus,
    Mulomedicina, ed. E. Lommatzsch, Leipzig,
    1903

Mulsum ex aqua et melle mixtum. . .
    Nomenclatura medica: Bern A.92, XXVII, 11-
    12c, f. 3v; Beccaria 120.4

Multa ardua varia et diversa secundum opinionem...
> Arnald of Villanova, Liber deflorationis: Glorieux I, 425

Multa autem animalia que quidem...
> De spiritu: Brux 1204, a.1417, ff. 234v-248rb (Silvestre). See 'Multa sunt animalia...'

Multa genera febrium nascuntur in hominibus...
> Galen, Epistola de febribus: Bern 611, 8-9c, ff. 82v-85; five other MSS, 9-11c, Beccaria p. 422

Multa me hortantur magnifice domine ut aliqua de contingentibus...
> Marcus Scribanarius, Prediction for 1479: CLM 648, ff. 19r-32v; T IV, 451, 480

Multa oratione de artis architectorie peritia Vitruvius...
> De architectura: Laon 403, 12c, ff. 161-164v (Corbett II,66); CUt 1214, late 12c, ff. 70v-81; VAb 12, 14c, ff. 98-110v(Silverstein)

Multa quidem in hoc meo rosario notata sunt ad operis cognitionem...
> Testamentum Rosarii Angli: BU 138(104), 15c, 15c, ff. 308r-309r

Multa reprehensione estimo dignum se ignorato ad alia cognoscenda...
> De anima: BN 16585, 14c, ff. 2ra-38

*Multa sunt animalia que quidem secundum locum moventur...
> Albertus Magnus, De spiritu et respiratione: Mi H.129.inf., ff. 60va-68vb; N.9 sup., 14c, ff. 98rb-115r; VE VI.20(XII,11), 14c, ff. 83-85; CUg 507(385), 15c, ff. 180v-192; CLM 8001, f. 75r (Schulz); Borgnet IX, 213-55

Multa sunt serenissime rex que divinos homines efficiunt...
> Antonius Arquatus *or* Torquatus, De eversione Europae pronosticum, a.1480: T IV, 469; Mi Q.123.sup., ff. 117r-122v; VAu 526, 16c, ff. 14-25; VI 7306, 16c, ff. 1r-16v; a late and inferior version; for earlier form see 'Ponderosiorum...'

Multas compilationes compilaverunt multi sapientum...
> Rabbi Moses(Maimonides), prol. Aphorismi: VAp 1298, 15c, ff. 109-164ra. Cap.1, 'Nervus qui...'

Multas et varias artes que ad vitam bene...
> Leo Battista Alberti, De re aedificatoria: GW 579; Klebs 32.1; IAL A193

Multe possunt elici conclusiones seu regule...
> Suiseth, De motu: CUg 499(268), 14c, ff. 213-215r, perhaps connected with the preceding work in the MS beginning, 'Cum omnis effectus...'

Multe recepte contra diversas egritudines...
> Ea F.236, 14c, ff. 214-220

Multi asserunt minorem astronomiam impossibilem...
> Speculum alkimie Arnaldi(Alberti) Magni: BN fr 2020, 16c, ff. 45r-46v(Corbett I,244)

Multi astrologorum superstitiosorum virorum superba curiositate...
> Joh. Virdung von Hasfurt(?), Invectiva contra astrologos: VAp 1391, a.1500, ff. 294r-299r; T IV, 456-57

*Multi circa animam erraverunt. Quidam posuerunt...
> Robert Grosseteste, De anima: Beiträge IX(1912), 242-74; unique MS: BLd 104, c.1215, ff. 1v-19d; Thomson 89-90

Multi conqueruntur homines...
> Joh. Sperinek, De soda influentiali (4 caps.): Engelberg 307, 15-16c, ff. 272-275. See 'Multi reperiuntur...'

Multi dicti eis accidentibus aeri ut alteratus...
> De febre pestilentiali: CUg 178(211), 14c, ff. 224-226v

Multi diffinierunt animam diversis modis...
> BN 7328, f. 72va

Multi ex auctoribus et prestantissimis doctoribus nostris...
> Johannes Mayr, De thermis oppidi Calb: Wu M.ch.f.59, ff. 109v-111v; CLM 339, 15c, ff. 218r-222r; 21707, ff. 66-69(Schulz)

Multi ex auctoribus nostris de aquis termaticis in Italia...
> Petrus de Tussignano, Consilium pro balneis de Aquis: BNna 221, a.1469, ff. 79-(81v)

Multi experimentatores diversi modi operantur...
> Petrus de Albano(*sic*), Elucidarius magice: VAr 1115, ff. 97r-114r; Elucidarium necromanticum: T II, 926; Trith. Antipalus malef., p. 298, 'Petri de Apono Elucidarium nicromantiae'(Schulz)

Multi ignorantes mundi rationem...
> Astronomical caps. 27-34 from a collection of extracts: CLM 13084, 9-10c, ff. 65v-69v; TR 362; M-H 13(1960), 94

Multi medicorum copiam librorum non habentes
. . .

> Henricus David(Daniel?), Dosis medicinarum:
> Goldschmidt, Cat.56, MS 5, early 15c, ff. 9-24.

Multi mirati fuerunt de apparitione comete. . .
> Jacobus Engelhart *or* Angelus, Tract. novus de
> cometis: Ea Q.353, 15c, ff. 178-193; pr (Mem-
> mingen, c.1490) (Klebs 69.1; AFML 39; IAL
> A622) (T IV,80-81). Aug. Collard, IIe Con-
> grès national des sciences, Brussels, 1935, pp. 82-
> 88, rather dates the edition at Ulm in 1480, and
> says that Jacobus studied at Paris in 1382, and at
> Vienna in 1391

Multi nobis voluerunt auctores antiqui. . .
> Dioscorides Longobardus: CLM 337, 8c, 157 ff.;
> ed. Rom. Forsch., I(1883), 49-105; X(1899),
> 181-247; 369-446; XI(1901), 1-121

Multi opinantur artem alchemie non esse artem
. . .

> Laurentius Ventura Venetus, De ratione con-
> ficiendi lapidis philosophici: pr Basel 1571; Ze
> II, 215-312

Multi philosophorum de secreto meo(?) componunt elixir de quatuor. . .
> Speculum Rogerii: VI 5509, ff. 329v-331v

Multi principes et magnates noxia curiositate. . .
> Nicole Oresme, Contra astrologos: T III, 400,
> n.8; ColR 27, 31b, 41c; VI 4613, ff. 147r-151v

Multi reperiuntur homines iuvenes et senes. . .
> Joh. Spirin, De soda influentiali, in 4 caps.: BMh
> 3747, 15c, ff. 206vb-208va.

Multi reverendissime pater dubitant medicina
. . .

> Constantinus Africanus, De communibus medico
> cognitu necessariis locis: PL 150, 1563-66;
> Basel, 1539, f. a2(Schulz)

Multi sacro igne. . .
> Jacques de Boulogne, Prediction of pestilence in
> western Lorraine: Phares 177

Multi sapientes doctissimique viri ante complura. . .
> De lapide philosophorum: Ze IV, 420-43

Multi solis ortum et occasum comprehendere
qui. . .
> (Hyginus?), De geometria: CUt R.XV.14, 10c,
> ff. 90r-96r

Multi splendoris antimonii melioris est lau-
danda. . .
> BLad A.7(Aii), 14c, ff. 38-46(DWS MS)

Multi sunt erratici qui deviant a veritate. . .
> Raymond Lull, Ars intellectiva: BU 524, 15c, ff.
> 70r-116r. See 'Sunt multi errantes. . .'

Multi sunt presbiteri qui ignorant quare. . .
> De gallo et basilisco: Ea Q.75, 13c, ff. 87v

Multi sunt quos ipsa natura. . .
> Hugh of St. Victor, pref. Didascalicon. Text,
> 'Omnium expetendorum prima est sapientia. . .'

Multi vero scientias astrologie (et) geomantie
abhominantur. . .
> Roland Scriptoris, Geomancy, text. See 'Artem
> geomantie. . .'

Multi veterum medicorum. . .
> Petrus Hispanus, Diete super cyrurgia (di Rug-
> gero): Giacosa 400; Studien (1918), 395-98

Multi voluerunt auctores antiqui de virtutibus
herbarum. . .
> Dioscorides, prol. De materia medica: BN 12995,
> 9c, f. 1r; CLM 337, 10c, f. 2ra(Beccaria 37.60);
> BU 378, 12c, f. 22; BN 6819, 13c, ff. 1r-70va;
> Ea F.41, 14c, ff. 1-62; PA 979, 14c, ff. 112-146;
> etc. T II, 923; anon. On 168, 14c, ff. 159ra-
> 160vb; pr Colle, 1478, with Peter of Abano
> Comm. (Hain *6528; Klebs 342.1; IAL D217;
> LC); Lyons, 1512

Multifariam loquuti sunt philosophi sub enig-
mate. . .
> Arnald of Villanova, De lapide philosophico in vii
> capitula: FNpal 887, 15-16c, ff. 34r-41v

*Multifariam(Multipharie) multisque modis lo-
quebantur olim. . .
> Roger Bacon, pref. Speculum alchimiae: Little
> 411-12; DWS 194; Cues 201, 15c, ff. 44-49;
> Corbett I, 133; Simon de Colonia: BU164(153),
> 15c, ff. 67v-70v; anon. Corbett I, 213; II, 45-46;
> Marburg B 20b, 14c(?), ff. 37v-41v(Schulz)

Multifarie multisque modis creaturarum conditiones. . .
> Multifarium (compiled at Bologna in 1326): Wo
> 4504, ff. 1r-194v (incomplete); T III, 546

Multifarie multisque modis nativitatis huius
stellarum. . .
> Compendium iudiciale in accidentibus nati pro-
> speris et adversis: BN 5055, ff. 185r-195r

Multiplex est annus scilicet solaris et lunaris. . .
> Grosseteste(?), Computus: BLb 679, 13c, ff.
> 65r-75r; Thomson 94-95

Multiplex est modus scribendi huius artis. . .
> De fractionibus vulgaribus: VAb 165, 13-14c, ff.
> 405vb-406va; AL 1717

Multiplex est rerum varietas. . .
> Prol. comm. Galen, Tegni: BMr 12.D.XIII,
> 14c, ff. 123r-(145r)

Multiplex genus est quum maior numerus comparatus...
> De genere multiplici et eius speciebus: CUt O.III.38, 15c, ff. 1r-26

Multiplicatio in omnem logon in trigono...
> Hyginus, De munitionibus astrorum: CLM 4024, ff. 8-16(Schulz)

Multiplicatio per se vel per alium alicuius numeri...
> BLas 191, 15v, f. 38r-v

Multiplicatio singularium quorum multiplicatores in sua sede...
> Herigerus, Regulae de numerorum abaci rationibus: Bubnov 205-25

Multiplicem computandi scientiam perscrutatus...
> Bede(?), prol. Computus: VAu 102, 15c, f. 189

Multiplices colorum sunt quecumque elementa
...
> De coloribus: CU Mm.III.2, 15c, f. 64r-v (DWS 913)

Multiplici me causa...
> See 'Duplici de causa...'

Multiplicis philosophie variis radiis illustrato domino Roberto Lombardo...
> Johannes de Lineriis, Canones super tabulas magnas compilati ex tabulis Alfonsii: BN 7281, f. 201v; CUg 110(179), 14c, pp. 7-18; T III, 254; BN 10263, 15c, ff. 70r-78r

*Multipliciter philosophi loquebantur...
> George Ripley, Dictata aegri: Bale

Multis de causis conceptio denegatur mulieribus...
> Prag cap. 1354, ff. 105-106(Schulz)

Multis demum latius...
> See 'Multis quidem magis...'

*Multis et mirabilibus in hiis meis libris...
> Prol. Mappae clavicula. See 'Si vis facere vermiculum...'

Multis et mirabilis(sic) trahunt mei libri...
> Geomantia cunctorum et De congregationibus solis: Girolla 67

Multis excressit desideria ardua aggrediendi...
> Nicholas Trevet, Canons on conjunctions, oppositions and eclipses of sun and moon: Dublin Trinity 329, a.1500, ff. 22-29

Multis quidem magis ample de typorum speculatione...
> Galen, De typo, tr Nicholas of Reggio: VAp 1211, f. 36; BN 6865, ff. 10v-15; Opera 1490, I, 126v-127r; 1515, II, 47r-48r; T (1946), 231

Multis quidem meriti sarcina et bene (mihi) laboranti...
> Hierocles ad Bassum de cura equorum: Pisa Conv.S.Cath. 146, 14c, ff. 24v-62r; tr Bartholomaeus de Messana, VAu 1344, 15c

Multitudo ciborum in eadem mensa...
> Ermengaud Blasius, Amphorismi: PA 972, 15c, ff. 92-96; Archiv II(1909), 15

Multitudo pilorum in ventrem luxuriosum...
> Physiognomy: Bern 353, 14c, f. 5r-v

Multociens...
> See 'Multotiens...'

Multorum cantorum scripturas varias...
> Breviarium regulare musice: BLb 842, early 15c, f. 62v

Multorum considerans errorem coactus sum...
> Guido of Arezzo, Tract. correctorius multorum errorum qui fiunt in cantu Gregoriano in multis locis: PL 141, 431-36; Gerbert II, 50-55(Vivell)

Multorum diversorum auctorum artis pratice cantus...
> Prosdocimo de' Beldomandi, Tract. planae musicae: BB XII(1879), 241; XVIII(1885), 415; Lucca 359(B.257), 15c, ff. 49-71

Multorum est opinio astra nullam super effectibus futuris...
> Venus anni domina 1487: Hain *13392; BM IA.1156; Klebs 808.11

Multorum est opinio cometes nullam...
> Effectus comete: Graz 966, 15c, f. 331r-v

Multorum vocibus inclinatus ut super...
> Albertus Dyernus(Bernard Alberti), Introductorium iuvenum supra primam fen quarti canonis Avicennae: Oa 80, 15c, ff. 55r-74v

Multos esse cognovi princeps illustris Ioannes Sfortia...
> Laurentius Bonincontrius, De revolutionibus nativitatum: T IV, 409, n.80

Multos esse cognovi qui existiment non inspectis...
> Laurentius Bonincontrius, De revolutionibus annorum: BMar 274, a.1497, ff. 1r-67r(T IV,409, n.81); BLd 210, 15c, ff. 1-(33r); BN 7417, ff. 176r-221r

Multos libros in hac arte conscripsi. . .
  Geber, De compositione lapidis: Na V.H.134,
  15-16c, ff. 1r-7v

Multotiens accidit aeri ut alteretur in qualitatibus suis. . .
  De alteratione aeris: VI 5154, 14-15c, ff. 132r-134v

Multotiens accidit ut scindatur craneum et non scindatur. . .
  Avicenna, Canon IV, Fen 5, tract. III, De fractura cranei cap.1 (Klebs 131.12; AFML 79); anon. De fracturis: FLa 143 (217-149), 15c, ff. 87-91

*Multotiens mihi divina quedam ac mirabilis. . .
  Ps. Aristotle, De mundo, tr Nicolaus Siculus: VE VI.33 (X,57), 13c, ff. 324-333; Björnbo (1912), 196; Beiträge XVII, 5-6 (1916), 203; CUpet 90, 13c, f. 134; Budapest 64, 14c, ff. 1-9v; anon. Toulouse 733, 13c, f. 240-; AL pp. 89, 188; ed. W. L. Lorimer, 1924 on odd pp. 41-95

Multotiens mihi O Alexander vere philosophia visa. . .
  Ps. Aristotle, De mundo, tr anon.: AL pp. 89, 188; ed. W. L. Lorimer, 1924, even pp. 40-94; Basel F.II.6, a.1473, ff. 188va-191vb

*Multum coangustat mentes indissertas et corporalium. . .
  Robert Grosseteste, De ordine emanandi causatorum a Deo: Beiträge IX (1912), 147-50; Thomson 111

Multum conferre dinoscitur non solum astronomis. . .
  William Batecombe *or* John Killingworth, Tabulae astronomicae: BMr 12.G.X, 15c, f. 1; Oma 182, 15c, ff. 69ra-70ra; BLsa 38, 15c, ff. 4v-5v; anon. BMar 66, 15c, ff. 1v-(3)

Multum prodest scire in quo signo. . .
  De loco lunae: BLas 191, 15c, f. 7r-v, again at 63r

Multum proficit homini. . .
  Notae de cursu lunae: Ea Q.345, 14c, f. 58 (Zi 8067)

Mundanorum ad hoc et (vel) ad illud. . .
  Centiloquium Ptolomei, usually with Comm.: BMh 13, 13c, ff. 142r-165v; BN 16204, 13c, pp. 543-48; BNna 625, 14c, ff. 34rb-46v; BE 964, no.11; BMr 12.F.VII, early 14c, ff. 242v-(251v); CLM 228, a. 1366, ff. 83r-93v; Ea F.379, 14c, ff. 93-99; Ea Q.363, 13-14c, ff. 89v-94; BN 7282, 15c, ff. 5ra-13vb; Ghent 5 (416), 15c, ff. 4r-21r; VAp 1340, 15c, f. 244ra; Spec. astron. cap.x; T (1957), 118; Björnbo (1912), 103; Pelzer AFH XII (1919), 60; Carmody 16

Mundanorum mutatio. . .
  See 'Mundanorum ad hoc. . .'

Mundanorum mutationes variationes atque alterationes de sano. . .
  Conrad Heingarter, Medical advice to John, duke of Bourbon: BN 11232, 15c, 55 ff. (T IV,361-62)

Mundanorum translationem aggressuri. . .
  See 'Si tu inveneris. . .'

Mundatur enim sal commune. . .
  Geber, De investigatione magisterii: DWS 73 (p. 70). See 'Investigationem huius nobilis. . .'

Mundi essentia est infinita. . .
  CUe 70, 15c, ff. 22v-23r

Mundi essentiam atque originem proferre. . .
  Dominicus Bandinus, Liber de mundo (part of Fons memorabilium universi): T III, 760

Mundi extera indagare. . .
  Robert of Cricklade, Pliny abridged: BMr 15.C.XIV, 13c, 78 ff.

Mundi factura quinque modis describitur. Dicitur enim primo. . .
  Vincent of Beauvais, Lib. I, Speculum naturale: pr (Nuremberg, 1486); Klebs 1036.2; AFML 483; Yale 14

Mundi forma sic omnia ornata est. . .
  Hippocrates, De septimanis: BN 7027, 9c, ff. 32v-55r; Mi G.108.inf., 9c, ff. 4r-15r, 3v; Beccaria 28.4; 92.2; Kibre (1945), 402, n.193

Mundi formam omnes fere. . .
  Pius II, Cosmographia: VAu 406, 15c, f. 125; anon. Geography: Rome Rossi ch. fol., 15c; Archiv, XII, 411

Mundi nomine plerumque hominem appellari tam philosophus. . .
  Geoffrey of St. Victor, De microcosmo: BN Fonds St. Victor 738, f. 18v; PL 196, 1418-22; HL XV, 78-79. Prol. 'Arbitratus sum tam. . .'

Mundi parens primus dum sublunaria. . .
  Petrus de Monte Alcino, Iudicia astrologica ad annum 1448: BLas 357, 15c, ff. 206r-216 (T IV,92)

Mundificabam mulierem ante menstrua cum aqua. . .
  William of Saliceto, Consilium: CLM 205, ff. 246vb-247rb; ed. Studien II (1918), 408-410

Mundificantia sanguinem. . .
  On various diseases: Oc 132, 15c, ff. 142r-(145)

Mundo senescente senescunt homines non propter...
> Roger Bacon, De retardandis senectutis accidentibus: Little 399-400; ed. OHI IX(1928), 1-83; pr as Arnald of Villanova, with Magninus, (1500): Klebs 640.5-6; IAL M45-46; anon. CLM 3875, 15c, ff. 173-186

Mundum et hoc quod nomine alio caelum...
> Hermolaus Barbarus, ed. Pliny, Natural history: pr Venice 1498; Yale 3; Klebs 786.14; IAL P728

Mundum et homo quocunque...
> De mundo: James, 480

Mundum sive coelum sub quo...
> Ludovicus de Guastis, Epitome Plinii hist. nat.: VAu 475, 15c, f. 19

Mundus appellatur is qui constat ex sole et luna et terra...
> Hyginus, Astronomicon: CUt R.XV.32, 11c, pp. 42-135(f. 70r); Chartres 498, 12c, ff. 170v-174; Mon 334, f. 2r-; VAr 1324, ff. 1r-21v; VI 3394, 15c, ff. 211r-244v; Saxl(1927), 131; pr Vet. Poet. astron., p. 172(Klebs 527.2; AFML 246). Prol. 'Etsi te studio...'

Mundus appellatur locus comprehensivus...
> De astrologia mundi: CUcl 15(Kk.4.2), c.1280, f. 29. Prol. 'Non cessaverunt multi...'

*Mundus dicitur quasi(qui, quia) undique motus...
> Imago mundi: ascribed to Honorius of Autun: IAL H291; PL 172, 115-188; Saxl(1927), 127; Speculum 23(1948), 420; Mon 442, 13c, ff. 1v-23v; CUad 6860, 14c, ff. 1r-19r; to Gregory of Huntingdon: BLb 625, 13c, ff. 127-139; BLd 108, 13c, f. 1v-; and by Tanner; to Henry of Huntingdon: BMc Vesp.E.X, 13c, ff. 86r-119r; to Anselm: VI 113, 13c, ff. 80r-90v; anon. Brux 1327, 12c, ff. 76ra-84vb; 10863, 12c, f. 97v-137v(Silvestre 155); James 453; Mi A.147 sup., ff. 170r-174va. See 'Septiformi spiritu...'

Mundus duplex est sensibilis scilicet et architipus...
> Johannes Tolhopf, De motibus celestium orbium, cap.1. See 'Universitatis totius...'

Mundus est celum terra mare et que in eis...
> BMh 3017, 9c(Fleury), f. 94v-

Mundus est ex celo et terro ac ex illis que in his continentur...
> De mundo sive cosmographia ad Alexandrum: VA 305, 15c, ff. 122r-131r

Mundus est figure sperice seu rotunde...
> Pierre d'Ailly, Imago mundi: Salembier(1886), xxiii; Cambrai 927, 15c, ff. 1-59; IAL A426

Mundus est nomen impositum dictum de universalitate...
> Carmody 141 regards as different tr from 'Mundus est nomen positum...'

Mundus est nomen positum et dicitur super totum ens...
> Al-Hazen, Astronomy, anon. tr: Millás(1942), 285-312; BB XIV(1881), 721-; a different and briefer text or arrangement from that of 'Mundus nomen proprium...'

*Mundus est qui alio nomine...
> See 'Mundus et hoc...'

Mundus est O Adriane constitutio celi et terre...
> Questiones inter Hadrianum imperatorem et Secundum philosophum: BMsl 1610, 14c, f. 187va-c

Mundus est universitas rerum visibilium...
> Andalò di Negro or Thebit(?), Alius tractatus de spera, liber secundus: BN 7272, ff. 60r-67v (ColR 89); Duhem III(1915), 231-38; Carmody 129

Mundus et hoc quod nomine alio celum appellari...
> Joh. Freas(Free) of Bristol, Cosmographia (excerpts from Pliny): CUpet 249, IV, 15c, f. 71 (Atk); Ob 124, 15c, ff. 1-(138)

Mundus et in eo terre gentes maria insignia in sole...
> Selections from Pliny: CUc 66, 12c, pp. 59-62

Mundus habet denominationem a motu et a munditia...
> Cosmographia sive de sphaera: Ran 1035(R.7.16), 15c, 56 ff.

Mundus hic a deo conditus...
> Epitome geographica: VI 9705, 16c, 113 ff.

Mundus igitur (constat) ex quatuor elementis...
> Martianus Capella, Astronomical section (lib. VIII): Haskins 89; CUmc 165, 12c, ff. 38-44; anon. Bern A.92-25, 12c, ff. 1r-9v; BMsl 2030, f. 79r-; etc. ed. Journal Theological Studies, London, XXIV(1923), 326-30; A. Dick, 1925, p. 430

Mundus igitur dicitur quatuor elementa...
> Cosmographia: CUt R.XV.21, II, a.1408, ff. 1r-77ra

Mundus igitur inferior est corpus(natura) eorum et cinis combustus...
> Senior, Super Secreta secretorum: FR 1165 (L.III.34), 15c, ff. 86v-88r; anon. FNpal 887, 15-16c, ff. 85v-88v

Mundus iste sensibilis constat ex quatuor elementis. . .
> Ps. Bede, De mundi coelestis terrestrisque constitutione: PL 90, 881-910; Jones 83-85; Duhem III(1915), 76-87; VAp 1357, 14c, ff. 41ra-53ra; Honorius, De ymagine mundi: CLM 18918, 12c, ff. 50r-80v

Mundus nomen proprium est et quod significatur per ipsum. . .
> Al-Hazen, De mundo, Spanish tr Abraham Hebreus, Latin tr, anon.: Carmody 142; cap. 2 in BLcm 47, f. 2r(TR 209). See 'Ptolomeus et multi alii . . .'

Mundus quasi undique motus dicitur. . .
> See 'Mundus dicitur. . .'

Mundus qui inferior est corpus eorum et cinis
. . .
> See 'Mundus igitur inferior. . .'

Mundus rotatur ab oriente in occidentem super polos. . .
> BLd 97, f. 145v, perhaps part of preceding tract

Mundus sicut dicit Isidorus universitas omnis. . .
> FL 76, 56, 14c, f. 91

Mundus ut dicit Mercurius tribus modis. . .
> Thomas of Cantimpré, De natura rerum, lib.1 (usually 17, on the heavens): Ol 57, 13c, 198 ff.

Murena ut dicit Isidorus. . .
> CLM 14525, f. 43(Schulz)

Murus civitatis habet trecentas sexaginta et unam turres. . .
> Solinus, De mirabilibus Rome: pr Venice, 1491 (Klebs 922.7; IAL S555; LC); anon. Bourges 367, 13c, ff. 30-32

Musarum voces sunt novem.   Prima facit d . . .
> De compositione clavicordi: Yale MS(42), f. 127r-v

Musce et aranee non semper. . .
> Libellus sententiarum de generatione animalium, etc.: BLas 1388, X, ff. 299-303

Musculi dicuntur carnes inter capitis cutem. . .
> Anatomia brevis: VI 5511, 15c, ff. 39v-43r

Musica a quo est inventa?   A Pictagora. . .
> Guido de Arezzo: CUt 1441, 15c, ff. 78-83v

Musica ars modulativa in qua animorum. . .
> Michael Keinspeck, Lilium musicae planae: pr Basel 1496; etc. (Hain *9760-62; Klebs 571.1-4; IAL K7-8)

Musica autem docet. . .
> See 'Musica docet. . .'

Musica deum desectato proprium. . .
> John Tinctor, Music: Ghent 70(421), ff. 74ra-77vb

Musica dicitur(dicatur) cantandi iure sophia. . .
> Poema de arte musica: CLM 14523, 13c, ff. 134v-(159r)

Musica dicitur esse inventa a quodam de stirpe
. . .
> BMar 299, late 15c, ff. 32r-39r

Musica disciplina est que de numeris loquitur. . .
> Graz 1201, 14c, ff. 61v-63v

Musica docet de numero sonororum primi. . .
> De musica: Ea Q.351, 12-14c, f. 99r-v; CUma Pepys 1236, 15c, f. 109(Atk)

Musica est ars recte canendi sono cantuque. . .
> Coussemaker II, 484-98; Vivell

Musica est ars sive scientia bene. . .
> Petrus dictus Palma otiosa, Compendium de discantu mensurabili: Ea O.94, a.1336, ff. 59v-68

Musica est divisio unius vocis. . .
> CLM 8951, 15c, ff. 124-125

Musica est enim scientia regularem docens. . .
> John de Olomans, Palma Choralis de rationibus cantus ecclesiastici: Mi I.20 inf., a.1405, ff. 1r-24v

Musica est motus vocum congrua. . .
> Jeronimus de Moravia, Tract. de musica: Coussemaker I, 1-94; anon. Micrologus: BU 7369, ff. 60r-65v; Vivell

*Musica est peritia modulationis sono cantuque
. . .
> Regino, De plana musica: Brux 2753, 10c, ff. 63rb-67v; Isidore: VI 2503, 13c, ff. 32-37r; anon. BLb 515, 15c, f. 78-; Delisle III, 90b; Vivell; pr as Isidori Hispalensis, Sententiae de musica: Gerbert I, 19-25; La Fage, Diphtérographie musicale, 1864, p. 365; Rabanus Maurus, PL 111, 495-500

Musica est scientia docens voces formare. . .
> De musica: Prag cap. 1575, a.1500, ff. 207v-216r(Schulz)

Musica est secundum cuiusdam. . .
> Conradus Hirsaug.: Trithemius 384

Musica generaliter sumenda est. . .
> Engelbert, De musica: Fowler 197.   Prol. 'Propter amicorum. . .'

Musica per flores subscriptos prestat(reddit) odores...
> Jacobus Diel, Flosculus musicae: Basel F.VIII.16, a.1439, ff. 144r-154r, incomplete; ascribed to Hugo von Reutlingen, Flores musicae(Vivell); Ghent 70(421),a.1503-4, ff. 1-33v; Beck, Literar. Verein in Stuttgart, 1868, p. 13; Bibliofilia X(1908-9), 6

Musica quid est.   Bene modulandi scientia...
> Enchiridion de musica: Chartres 130(148), 9-10c, ff. 9v-(29); CUc 260, 10c, ff. 18-51v; Brux 10089, 11c, ff. 56, 55v-76; pr Gerbert I, 173 ff.; Vivell

Musica secundum Boetium est scientia recte canendi...
> Tract. singularis super musicam planam: Rosenthal 130(1909), 15c, n.143(Schulz)

Musicalis scientia que sonorum scientia et de proportione...
> Johannes Boen, Musica: VE VIII.24(XX,6), 15c, ff. 44-89

Musicam disciplinam non esse contempnendam...
> Aurelianus monachus, Musicae disciplina: Brux 10093, 11c, ff. 93v, 93-96v; Gerbert I, 28–

Musicam naturaliter nobis esse coniunctam...
> Boethius, De musica libri v: Avranches 236, 11c, ff. 1-82r; Saxl(1927), 70.   Heading of proemium *or* first chapter: Opera(1867), 177-78

Musicam non esse contemnendam...
> Berno, De instrumentis musicae: Trithemius 311; anon. Ob 173a, 12-13c, ff. 74-(82)

Musicam triphariam doctores quidam esse dixerunt scilicet armonicam...
> Egidius Carlerius, De laude et utilitate musice: Ghent 70(421), 15c, ff. 71ra-73va

Musice artis disciplina summo studio appetenda est...
> S. Odo, De musica: PL 133, 773-96; Gerbert I, 265

Musice studium inter cetera artium studia non fore negligendum...
> Henricus Helena, Summula musicae: VE VIII.24(XX,6), 15c, ff. 10-44

Musice tria sunt genera mundanum humanum et instrumentale...
> Philippus de Vitriaco, Ars nova: Coussemaker III, 13-22; Vivell

Musicorum et cantorum magna est distantia...
> Guido of Arezzo, Regule rithmice: CLM 13021, 13c, ff. 157vb-160va

Mutatio tam corporum humanorum quam animalium...
> Medical: Mi T.91 sup., 14c, ff. 114va-116rb

Mutationes temporum maxime generant morbos...
> Hippocrates, Liber Aphorismi, tr Constantinus Africanus, Liber II: CLM 11322, 14c, ff. 21-(26); Particula III: BMsl 1124, f. 38v; BU 1536, (2859), 15c, f. 39r; pr Articella, Venice, 1487, f. 20r; etc.(Klebs 116.1-6); Lyons 1525, f. 23v

Nadir est investigatio ascendentis...
Expositio quorundam terminorum difficilium in astronomia: BMr 12.D.VI, c. 1400-1410, ff. 104v-(105r)

Nam...
See also 'Iam...'

Nam ibi ex umbra hominis poteris discernere...
CLM 10714, f. 70r

Nam luna cum fuerit in Ariete...
VE VII.28(XIV,28), 15c, ff. 9-11

*Nam primo transiens mare maius me transtuli ...
Odoricus de Portu Naonis, Iter in Orient. See 'Licet multa et...'

Nam si fuerit capitis dolor et tumor in facie...
Democritus, Prognostica: Heeg(1913), 10; Beccaria 56.12; 127.1; Prognostica Hippocratis: Archiv IX, 81; Diels(1906), 27; Kibre (1945), 391, n.124

Narrabo tibi karissime Tutire in hoc libro...
Galen, De tactu pulsus. See 'Cum iam in arte ...'

Narraverunt quod in terra Romanorum...
Ps. Plato, Liber de xiii clavibus sapientie maioris, tr de Arabico...a.d. 1301: T II, 783; VE fa 324, 14c, ff. 20r-26r(T III,47)

Narremus itaque secundum vestigia eorum qui precesserunt...
De ortu et occasu signorum: FL Plut.30, cod.24, 14-15c, f. 11r-v

Narro tibi fili quod...
Alphidius: Alchemy: Brux 4205, 14c, ff. 50v, 49-59v

Nascentis pueri debent hec fata videri...
BL Auct.F.5.28, 13c, f. 186v, 32 hexameters; CUg 225(240), 13c, ff. 142-143

Nascentium et egrotantium secundum influentiam corporum supercelestium...
Rupertus, De iudiciis infirmitatum: VAp 1340, 15c, f. 85va-; AMH 8(1936), 156-57

Nascitur in montuosis et lapidosis locis et arenosis...
Liber Dioscoridis ex herbis feminis: BLas 1431, late 11c, ff. 31v-43r. Is second sentence of cap.i in Kästner's ed., Hermes 31(1896), 590

Nativitas quedam cuius ascensus...
De nativitatibus quorundam: BMar 88, late 15c, ff. 98-(106)

Nato igitur infante mox ab initio est nutrix eligenda...
Oribasius, In tres Euporiston libros ad Eunapium: Leip Rep. I, F.24, 9c, ff. 3ra-29vb(Beccaria 59.1); CLM 23535, 12c, 107r-111v, Explicit liber primus; pr with Aurelianus, Basel, 1529, pp. 243-82; Bussemaker et Daremberg, VI(1876), 404

Natum quem genuit sol...
BE F.88, 15c, ff. 1v-2; Zi 7926-29; MU Q.808, 15c, ff. 177v-179v; BMad 15107, 15c, f. 278r; Saxl(1953), 26

Natura a nascor -ris dicitur idest nativitas...
Comm. Alanus de Insulis, De planctu naturae: VAr 218, 15c, ff. 48v-49v

Natura autem prout cognovimus in metallorum quacumque procreatione...
Anon. alchemy at Paris, 1331: EU 20, 8.1, 14c, ff. 6r-40v(T III,133-35; DWS 290; ColR 126)

Natura causa rerum rector sine pausa...
De vita et morte Aristotelis: pr with Problemata (Cologne, 1493) (Klebs 95.23; IAL A929; AFML 50). See 'Nature causa...'

Natura circa solem et lunam ceterosque planetas ...
Liber lilium: BU 164(153), 14c, pp. 341-388; William of Tunis: Cues 201, 15c, ff. 71v-83. See 'Naturam circa solem...'

Natura circulariter operatur quia natura se ipsam...
Alchemy: CUg 181, 15c, p. 307 (DWS 520)

Natura demonum non est absque corpore...
Ex Michael Psello, De demonibus, tr Ficino: Venice, 1497(Klebs 529.1; AFML 248)

Natura dicta est ab eo quod nasci aliquid faciat ...
Isidore, Etymol. Lib.XI: BN 11207, 13c, ff. 42r-54r; anon, De homine et partibus eius: Os 178, 13c, ff. 208r-219v(TR 312c); BLb 533, early 14c, f. 29v-

Natura dicta(est) eo quod (aliquid) nasci . . .
  De derivatione nominum partium humani corporis: BMb 327, 12-13c, ff. 78-(84); BLd 69,
  c.1300, ff. 202r-(208v); Brux 8342, 14c; Ran
  508(D.8.12), ff. 10v-11r; Os 61, 14c, ff. 86-108;
  pr Hugh of St. Victor, Opera, 1588, II, 204v;
  Beiträge XXV, 194-214

Natura enim constantium hec quidem sunt cor-
pora sicut elementa . . .
  Johannes Cronisbenus, De coelo et mundo: VE
  VI.99(XII,26), 15c, ff. 73-92

*Natura est duplex s. natura naturans et natura
naturata . . .
  Thomas Walsingham, Introductorium naturalium: BLb 676, 15c, ff. 149r-162r

*Natura est primus motus et quies eius in quo
est . . .
  Compendium physicum de generatione et de
  anima ex Aristotele et Averroi confectum: BLcm
  404, 15c, ff. 113r-126r

Natura est principium alicuius rei . . .
  De complexionibus: Gilhofer and Ranschburg
  Cat.257, MS, 7, late 15c, ff. 70r-72r

Natura est principium et causa motus et quietis
  . . .
  (Blasius of Parma?), De terminis naturalibus:
  BLom 393, 15c, ff. 78-83(T IV,661); anon. De
  natura: AL 67, 967

Natura est principium et causa movendi et
quiescendi . . .
  Parvulus philosophie naturalis: VAp 1050, 15c,
  ff. 168v-173v; VI 5178, 15c, ff. 129r-160r; VI
  5185, 15c, ff. 3r-27v; with comm. Graz 966,
  15c, ff. 125-136; VAp 1055, 15c, ff. 97r-106r;
  De natura humana: VI 4066, 15c, ff. 10r-36v;
  (ascribed to Albert of Orlamunde, Beiträge XX,
  ii(1918), 29, but reclaimed for Albertus Magnus,
  RNS 36(1934), 230-62); called an extract from
  his Philosophia pauperum and different from the
  work by Bartholomew of Usingen with the same
  title, and ascribed to Peter of Dresden in 2 MSS:
  Beiträge XX(1922), 29; AL 67, 967

Natura est principium motus et quietis . . .
  Joh. Garisdale, Termini naturales: On 289, 15c,
  ff. 38-52; anon. FL Plut.83, cod.28, 14c; VI
  4698, 14c, ff. 114v-120v(TR 318); Es g.IV.31,
  14c, ff. 86r-102r; CR B.64(1); Prag cap.1419,
  ff. 63-68(Schulz); Termini phisicales editi per
  magistrum Albertum: BNna 566, 15c, ff. 49r-
  58r; CLM 8950, a.1418, ff. 310r-315v, 'Explicit expositio terminorum naturalium magistri
  Wilhelmi Zesbini'

Natura est principium motus per se.   Phisica
dividitur . . .
  GU 435(IV), 12-13c, (DWS MS)

Natura.   Hic incipit liber de . . .
  Nicolaus de Orbellis, In lib. de caelo et mundo:
  Trithemius 116r

Natura matre omnium moventium . . .
  Rythmus et laus musicae: FL Plut.29, cod.48,
  15c

Natura multis modis dicitur nam aliquando
sumitur . . .
  (De natura libellus): FLc Plut. 15. sin., cod.9,
  ff. 30v-32v; AL 1377

Natura naturans deus altissimus et eternus
naturarum omnium . . .
  Johannes Egidius Zamorensis, De historia
  naturali: BE 934, 14c, 242 ff. (T II,95)

Natura occulte operatur in his . . .
  Ps. Aristotle, Physiognomia: BLas 1471, 14c, ff.
  74-81v; CUg 487(483), 14c, ff. 3r-7r; CUg 506
  (384), 13c, ff. 249v-252v(AL 237); BLb 607,
  early 15c, ff. 3-(16)

Natura omnium rerum antiquissima . . .
  Rudolf(Frutolf) von St. Trond(1096-1138),
  Questiones in musica: ed. R. Steglich, 1911(Sil-
  vestre 155b).   See 'O natura omnium . . .'

Natura pingues isti sunt atque iocantes . . .
  Verses on humors and complexions: BMr
  12.E.VII, early 15c, ff. 20-(26); most of the lines
  are included in the Schola Salerni, pr Renzi V

Natura seu materia lapidis (est) res vilis . . .
  John of Rupescissa, Liber lucis: T III, 737

Natura solis ad quo(dlibet) solis sic fit . . .
  Frater Celaminius, Alchemy: VAp 1332, 15c, f.
  50v

Natura summa et provida a qua cuncta . . .
  De diebus creticis: BLd 161, 14c, ff. 84r-(93r)

Naturalem evacuationem corporum a suis
spiritibus . . .
  Raymond Lull, Experimenta: T IV, 636

Naturalem philosophiam esse illam preclaram . . .
  Paulus Nicolettus Venetus, Comm. Physics: pr
  Venice, 1499(Polain 3016; Klebs 735.1)

Naturalem scientiam esse speculativam dicit . . .
  Jean de Jandun, pref. Quaestiones super Averrois
  sermonem de substantia orbis.   Text, 'Sicut dicit
  philosophus secundo Metaphysice . . .'

Naturales philosophi qui de natura rerum . . .
  Pico della Mirandola, Heptaplus, cap.1: Opera,
  I(1572), 11-62

Naturales que ut dicit Isaac primo theorice...
Johannitius, Libellus familiarium introductionum
in artem parvam Galeni: pr The Hague, 1533

Naturali philosophia...
Paulus Venetus, Super Physicorum libros viii:
Trithemius f. 99v. See 'Naturalem philosophiam
...'

*Naturalibus et doctrinalibus iam quantum
licuit...
Albertus Magnus, Metaphysicorum libri xiii:
Borgnet VI(1890), 798 pp.; Padua XXIII.660,
13c, f. 1r-; GW 683; Klebs 19.1

Naturalibus scientiis elucidatis iam ad veram
philosophie sapientiam...
Albertus, Metaphysica: CUpet 152, V, 14c, ff.
104ra-116vb

Naturalis considerat corpora et magnitudinem
...
Auctoritates libri de celo et mundo: KlaS 113,
ff. 67va-71rb

Naturalis philosophia dividitur primo in tres
partes...
Comm. Sphere: Prag Lobk. 522, 14c, ff. 9r-43r

Naturalis philosophia est de sanitate...
See 'Huius libri de sensu...'

Naturalis philosophie completa cognitio absque
motu...
Roger Thomas, De proportionibus motuum: VE
VIII.19(XI,19), 15c, ff. 144-164; CR B-8;
VE VI.132, ff. 70r-72v; CR ML

Naturalis philosophie partem secretam scientiam
videlicet...
Liber de magni lapidis compositione et operatione:
Verae alchemiae, II(1561), 1-34; Ze III(1659),
5-52

*Naturalis philosophie principales partes sunt
octo...
Comm. Physics: usually anon. in MSS of which
oldest seems to be BLd 150, late 13c, ff. 42r-100
(Little p. 376, n.1); VI 2319, 14c, ff. 73r-82v;
but also ascribed to Johannes (Quidort?, Glorieux
I,193); and to Roger Bacon, Scotus, and Walter
Burley; Xenia Bernardina I, 398; AL 1259

Naturalis philosophie subiectum est corpus
mobile...
Adam Bocfeld, Sententia in Physica: M-H XII,
29; Glosse in lib. physicorum: VE fa 252
(XII,40), 15c, ff. 68-163

Naturalis ratio duodecim signorum...
Hanover IV, 394, 13c, ff. 1-4(Zi 11896)

Naturalis scientia est aliqua(ntum) scientiarum
speculativarum...
Aegidius Romanus, prol. Comm. super octo libris
phisicorum: Ob 118, late 13c, ff. 5-200; Bruges
513, 13-14c, ff. 168-323r; Ea F.357a, 14c, 184
ff.; Graz 1363, 14c, 90 ff.; HL XXX, 455;
Bruni, Bibliofilia 35(1933), 300, n.9; pr Padua,
1493(Klebs 364.1; Hain *128; LC). Text,
'Iste liber phisicorum...'

Naturaliter scire desiderant ut scribit Aristoteles
princeps philosophorum...
Aristotle, Problemata: pr (Cologne, 1495): Klebs
95.25; Hain 1723; LC; IAL A931

Naturalium pars ultima difficultates meta-
phisicas...
Paulus Venetus, Pars VI, Summa naturalium
(Arist., Metap.): Venice, Milan, 1476(LC;
Klebs 732.1-2; IAL P181-182)

Naturam circa solem ceterosque planetas...
Extracta 'Ex Libro qui intitulatur Lilium ex
spinis': Mon 479, 16c, ff. 74v-76v(Corbett II,
103)

Naturam circa solem et lunam ceterosque
planetas...
Lilium Paridis, ascribed to William of Tunis or to
Sarne *or* Lilium de spinis evulsum: T III, 63, 65,
654; DWS 335; ColR 116, 117d; VAp 1332,
15c, ff. 86v-92v; Art ancien 3, 15c, ff. 1r-37r;
Lehigh MS, ff. 204r-213r; Corbett I, 78; II, 146;
Cues 201, 14-15c, ff. 71-83; CLM 25115, 15-
16c, ff. 158v-169r; CLM 26057, 16c, f. 128
(Schulz)

Naturam dare cuique suam voluit deus...
Oc 95, 12-13c, ff. 56va-57va

Naturam hominis considerare pertinet...
De natura animae: BMar 357, 14c, ff. 139v-(144)

Naturam intellectui fore subiectam...
Paulus de Tarento, introd. Theorica et practica in
arte alkimica: DWS 338; BU 261(442), 15c, ff.
1r-31r; BN 7159, 15-16c, ff. 1-55 (Corbett I,
90-91). Practica: 'Iam siquidem in...'

Naturam rerum in diversis auctorum scriptis...
Thomas of Cantimpré, prol. De natura rerum:
HL 30, 365-84; T II, 397-98; DWS 1058, x;
Bruges 410, 13c, 222 ff.; Brux 3591, 15c;
Glorieux I, 74. Text, 'Partes humani corporis
...'

Naturarum parvulis consistit...omnibus inquisitio...
De saporibus: BN 6891, ff. 84va-88va

Naturas animalium que scriptura sacra...
BN 15971, f. 33

Naturas brutis de ternis carpoque denis...
　　Theobaldus, De natura animalium compendiose
　　(abbreviatio Physiologi): CLM 19039, f. 151v;
　　Voigt, Das erste Lesebuch...Mitt. d. Gesch. f.
　　Erg. I(1891), 48(Schulz)

Naturas rerum...
　　See 'Naturam rerum...'

Naturas rerum varias labentis et aevi...
　　Bede, pref. De naturis rerum liber: Lyons pa 45,
　　12c, ff. 149-157; VA 643, 12c, ff. 1r-15v; CLM
　　210, ff. 129v-145r. Text, 'Operatio divina...'

Nature causa rerum rector sine pausa...
　　Aristotle, De vita et morte: pr with the Prob-
　　lemata: (GW 2468-77; 2498; Klebs 95.19-28;
　　97.1; IAL A928-32; A940); Grabmann(1936),
　　97. See 'Natura causa...'

Nature funestat opus culmenque nitoris...
　　Versus de nigro sedimine cum explicatione: CLM
　　8742, 14-15c, f. 51r-v

Nature genitor qui mundum continet omnem
...
　　Priscian, Descriptio orbis terrarum, tr Dionysius
　　Periegetes: Brux 14792, 10c, ff. 1-18v; BMc
　　Tiberius B.V., c.1000, ff. 57r-73r; Saxl(1953),
　　127; GW 8430; pr with Pomponius Mela,
　　Venice, 1482 (Polain 2663); etc.: Klebs 341.1-5;
　　806.1; IAL D214-15; P877); Müller in Geogr.
　　Graeci min. 1882, II, 103-176, 190-199; A.
　　Bährens, Poet. lat. min. 1883, V, 275-312
　　(Schulz)

Naturis variis animalia sunt redimita...
　　Extract, Isidorus, Etymol. libro XI, de naturis
　　animalium, versibus conscriptus: Bern 462, 12-
　　13c, ff. (1)-(38); anon. CLM 14062, ff. 111-116

Natus est Samuel propheta...
　　Moon book: BMe 821, 12c, f. 12r(T I,681, n.2)

Natus in ariete decrepitus erit...
　　De nativitatibus puerorum: Brux 10816, 15c,
　　f. 232v

Natus sub ariete a medio Martis usque ad
medium Aprilis...
　　cap.1 of 'Ad inveniendum signum nativitatis...'

Natus sub ariete naturaliter colericus agilis
stature...
　　CLM 27001, ff. 38v-64rb; Dijon 449, 15c, f. 1

Natus sub ariete vir...
　　Leip 1473, 15c, ff. 220v-222r; VI 3009, 15c, f.
　　20v(Zi 3330-32)

Natus sub hoc signo veriter(?) non periet...
　　De capite Arietis *to* Pisces: VI 5307, ff. 90v-97r

Navis gerens in pertica prominente...
　　Marianus Jacobus cognomento Taccolae, De
　　machinis libri decem quos scripsit a.1449; VE
　　VIII.40(XIX,5), 15c, 116 ff.; 'evidently the
　　legend for the first picture': AIHS 30(1955), 7

Navis tecta in cuius prora prominet aries...
　　Marianus Jacobus, De machinis libri decem: Nani
　　34, 15c

Ne agnoscendas febres omnes superius...
　　Epistula de pulsibus et urinis: Mon 185, 11c, ff.
　　116v-117v (Beccaria 16.14); BHM X(1941),
　　36-37. See 'De agnoscendas...'

Ne frustra mortalium deficiat genus...
　　Dieta Theodori: Brux 1342-1350, 11-12c, ff.
　　107va-112va; Beccaria 5.10

Ne frustra mortalium genus laboret...
　　Theodorus, prol. Dietarium: Sigerist, BHM XIV
　　(1943), 104; anon. Oc 189, f. 5v. Text, 'Or-
　　deum natura frigidum...'

Ne ignorans quispiam medicus rationem organi
. . .
　　Liber pros Clauconi (Galieni) secundum
　　Aurelianum de positione membrorum omnium
　　interaneorum: Beccaria 47.13, but Epistola
　　de ratione ventris vel viscerum in 9 other MSS
　　9-11c, Beccaria p. 423, BHM II(1934), 582;
　　Delisle III, 88

*Ne ignorantie vel(immo) potius invidie...
　　William of England, De urina non visa: T II,
　　485, n.5; Zi 2578-94; Isis 13(1929), 92;
　　Wickersheimer 224-25

Ne in colligendis unciarum vel minutiarum
summulis...
　　Herman Contractus, Fraction Tables: Speculum
　　III(1928), 244

Ne in vobis fratres imo filii carissimi...
　　De memoria artificiali adipiscenda: VE VI.238
　　(X,225), 15c, ff. 1-29

Ne ingratitudinis cuius proh dolor apparitio...
　　De mutationibus aeris: Dresden N.100, 15c, ff.
　　174-185

Ne medendi doctrine in que etatem meam...
　　Johannes Matthaeus de Ferrariis de Gradibus,
　　prol. Part I, dedic. to Gal. Maria Sforza: Comm.
　　in nonum Rasis ad Almansorem: pr (Milan *or*
　　Pavia, 1472); etc.(Klebs 392.1-3; IAL F95);
　　Venice, 1502

Ne medicus inficiatur a morbis...
　　BMar 295, 14c, f. 119r

Ne memoratio quarundarum medicinarum que
sunt apte cyrugie...
　　VAp 1225, early 15c, ff. 457ra-463vb

Ne mens mea otiosa fortassis ut credo delitiis...
    Bartholomaeus de Montagnana, Consilium: Ven-
    dôme 228, 15c, f. 1-; VA 4440, ff. 19va-32rb;
    pr 1514, ff. 19vb-25vb; JHM 8(1953), 277,
    n.100

Ne mirandum est...
    See 'Nec mirandum est...'

Ne noceat colera potenter frigida lympha...
    Medical rules in verse: Stift Heiligenkreuz 309,
    14c(Xenia Bernardina I,196)

*Ne sit tediosum legentibus(studentibus)...
    R. Lavenham, Speculum naturale *or* Comm.
    Physics: Tanner; VI 4878, 15c, ff. 2r-29r

Ne subesse possit similitudo falsitatis in auctore
tria requiruntur...
    Comm. Boethius, Arithmetica: Melk C.13, 11c,
    ff. 38v-44v; ZB 16(1899), 281

Ne te in astrorum iudiciis decipi pertimescas...
    Guido (Bonatti?), De dispositione aeris: Prag
    1144, ff. 103v-112r; Cracow 573(Dd.iii.37), 15c,
    ff. 360-71; anon. Gilhofer and Ranschburg Cat.
    257, MS 7, ff. 148v-158v

Ne tibi displiceat $\left\{ \begin{matrix} \text{quod ego} \\ \text{quia sic} \end{matrix} \right\}$ sum corpore parvus...
    I. Macer, prol. De viribus herbarum: Douai 217,
    13c, ff. 126-144r. Text 'Herbarum quasdam...'
    II. Asclepius, prol. Opus quod dicitur Speculum
    medicorum: Ome 324, 15c, ff. 3-94v. Text
    'Quia de egritudinibus...'
    III. Ps. Ovid, De medicamine aurium: Budapest
    Mus. Nat. 285, 15c, f. 90r; ed. C. Pascal, Poesie
    Lat. mediev., Catania, 1907, pp. 101-102;
    Lehmann, Ps. Antike Lit.(1927), p. 115
    IV. Anon. verse, prol. Speculum medicorum:
    Bruges 471, 13c, ff. 53r-70v; BMsl 420, 13-14c,
    ff. 269ra-276rb; Prag 2673, 13c, ff. 27r-50r.
    Text, 'Cum animadverterem quamplurimos...'

Ne tibi displiceat quod sic sine corpore parvus...
    Collectio formularum medicinalium cum intro-
    ductione poetice: VI 2505, 14c, ff. 77r-117r

Ne vel ignorantie...
    See 'Ne ignorantie vel...'

Neapolis secundum quosdam...
    Index quidam geographicus: VI 3505, 15c, f. 1

Nec medici nec moralis philosophi sola est
cognitio...
    Johannes Jovianus Pontanus, Comm. Ptolemy,
    Centiloquium: VE VIII.67(XI,65), 15c, 150 ff.

Nec mirandum est quod in diversis scientiis
multa...
    De utilitate mathematice (lecture notes from
    Roger Bacon): ed. Isis XX(1933), 60-71

Nec rota per gyrum quem tradit machina...
    Versus 19 de anno solari: FLs 46, 14c, f. 1

Nec tibi displiceat quia sim de corpore...
    Ps. Ovid, Carmen de medicamine aurium: Buda-
    pest 285, 15c, f. 90; anon. FLg Plut.91 sup.,
    cod.28, f. 99v; ed. C. Pascal, Poesie lat. mediev.,
    1907, pp. 101-102; Lehmann (1927), 90

Necessarium esse(est?) existimavimus...
    Mulsa Alexandri: Vendôme 109, 11c, f. 1ra-b;
    172, 11c, f. 1r; 175, f. 2r-v; Beccaria 45.1a; 46.1;
    47.1a

Necessarium est chirurgico secatori scire anathomiam...
    De anatomia: Metz 280, 15c, ff. 24bis, ra-43rb

Necessarium et valde utile est sepissime medicis
...
    Surgical: VAp 1265, 15c, ff. 127v-141r

Necessarium quod lapis philosophorum est de
natura...
    Arnald of Villanova, Alchemy(extract?): BU
    303(500), 15c, f. 228r

Necesse est aliquid condensari si aliquid rarefiat
...
    William Heytesbury, Sophismata: Wilson(1956),
    p. 163; BN 16134, ff. 131ra-146ra

Necesse est autem unum esse principium...
    Thomas Bricot, tract I, Super Physica Arist.
    See 'Tunc enim cognoscere...'

Necesse est considerare quid essentia quid...
    Albertus Magnus(*sic*), De quidditate et esse: VA
    806, 15c, ff. 13r-15v; VAu 472, 15c, f. 302;
    Laurent 159 (14)

Necesse est dominum multotiens...
    De conservatione vini: Oc 221, 14c, ff. 64v-66v
    (DWS 1016)

Necesse est enim qui diversitates rerum...
    Copho, Theorica: BMsl 2426, 14c, ff. 1-97

Necesse est hunc mundum inferiorem contiguum
esse superioribus...
    De corpore celesti et iis que ad ipsum pertinent:
    FN I.iii.6, 14c, f. 87r; Grabmann (1936), 242-43

Necesse est hunc mundum inferiorem esse...
    Paulus Venetus, Pars IV Summa naturalium
    (Meteor.): pr Venice, Milan, 1476(Klebs
    732.1-2; IAL P181-182)

Necesse est igitur. Hic incipit tractatus in quo agitur de corpore mobili. . .
> Comm. Physics: Salamanca 2322, ff. 132v-157v

Necesse est illi qui artem vel scientiam aliquam ad actum. . .
> Hector, M.D., Collectanea medica, a.1488: BN 7124, 15c, ff. 10r-95v

*Necesse est illi qui vult componere medicinas. . .
> Roger Bacon, Canones practici de medicinis compositis: Little 401

Necesse est illi qui vult componere medicinas secundum quod oportet. . .
> Serapion, tr Gerard of Cremona: Breviarium, Tract. VII, Antidotarium: CLM 13033, 13-14c, ff. 47va-69vb

Necesse est in apprehensionibus anime sive in sompno. . .
> De sompniis: BN 16089, ff. 142v-145v

Necesse est mundum hunc inferiorem esse. . .
> Paulus Venetus, prol. Methaurorum: VE VI.127 (XII,21), a.1451, ff. 84-116. See 'Necesse est hunc. . .'

Necesse est potestates signorum et naturas. . .
> De prognosticatione aeris: VAp 1340, 15c, ff. 207ra-209rb

Necesse est scire omnem studentem in hoc tractatu. . .
> Maimonides, De asmate: CLM 77, late 14c, ff. 71rb-76vb

Necesse est universorum ferramentorum nomina dicere. . .
> BN 11219, 9c, f. 36va-b(Beccaria 35.21)

Necessitas compositionis medicinarum ex quatuor principiis. . .
> Antonius Guaynerius, De compositione basibus ac graduatione medicinarum: VE VII.47(XIV,27), ff. 233-236; Matheus de Verona, De dosationibus: CLM 339, 15c, ff. 200r-208

Necessitatem et utilitatem tabul(arum)(tabule) . . .
> Paulus de Gherisheym, Expositio practicae tabulae tabularum et proportionum Ptolomaei: Brux 1038, a.1443, ff. 184v-197v(Silvestre 155b)

Nedum propter predicta motiva. . .
> Thomas de Haselpach, Summa super adiustione epilepticorum ab igne ex radiis solis generato: Melk 59, 15c, f. 56v

Negotiationum(*sic*) erit hoc modo Infra xii horas. . .
> See 'Delio regi Persarum. . .'

Nel celindro sono discripte. . .
> Paolo del'Abbaco, Operazione del cilindro: FNpal 798, 15c, ff. 102r-104r

Nel primo processo mi mostrò. . .
> Piero di ser Bonaccorso, Tractato di substantie et di certe gentilezze et altre verità della natura, secrete et manifeste in diversi corpi: FNpal 704, 15c, ff. 2r-30v

Neminem futurum arbitror Paulo litterarum atque. . .
> Nicolaus Leonicenus, pref. tr Galen, De arte curativa. Text, 'Quod quidem non communem . . .'

Neminem revera preterit. . .
> Christophorus de Glotz(Glatz), Prognostic for 1491: GW 6659-60; Klebs 273.1-2

Neminem vestrum admirari vellem. . .
> Oratio de laudibus medicinae: Ran 627(Q.1.14), 15c, f. 173

Nemini dixisse illustrissime princeps Ludovice Sforza. . .
> Astrological prediction: BMar 88, 15c, ff. 28r-29v

Nemini mirum videri oportet. . .
> Andreas Brentius, pref., to Zacharius Barbarus, tr Hippocrates, De somniis: pr with Rasis, 1497, f. 156v(Klebs 826.3; IAL R171)

Nemo alieno peccato punitur. . .
> Galen, Dioxe: Ea O.28, 13-14c, f. 45; Diels (1905), 140

Nemo equius inter stolidos reputari debet. . .
> 'Liber Diascoridis de phisicis ligaturis' in De secretis nature secundum diversos doctores: CUad 4087, 14c, ff. 244v-254v

Nemo hanc scientiam plene laudare potest. . .
> De astronomia: Cues 212, 15c, ff. 205-213

Nemo integre sapit qui nuper sapit. . .
> Canones for Alfonsine Tables: Leip 1482, 15c, ff. 2-9(Zi 540); VAp 1409, ff. 52v-59v

Neque medicorum quisquam repertus etc. In precendendi locutione ostendit. . .
> (John of St. Amand?), Notule in Hipp., Regimen morborum acutorum: CUg 86(168), 13c, pp. 385-427r, only a section, apparently, of the comm.

Nero karissime a te et a multis. . .
> Galen, De ingenio sanitatis, tr Gerard of Cremona: Mon 18, 13c, ff. 224r-273v; Cues 297, 13-14c, ff. 45v-109v; BN 11860, ff. 165ra-216va

Nervus qui lacerto coniungitur propter vim sensus...
> Rabbi Moses (Maimonides), Aphorismi: VAp 1298, 15c, ff. 109-164ra; pr Bologna, 1489; Bergamo, 1497, ff. 1va-2ra-38ra; Venice, 1497, ff. 113v-149v(Klebs 644.1; 826.2-3; IAL M63; R170-171)

Nescio excelse princeps si in laudem...
> Franciscus de Corneclano(Cornegliano), Profissmata: Basel A.VI.6, 15c, ff. 22ra-141vb; AHR 61(1956), 273, n.18

Nescis tu qui hanc queris doctrinam...
> Liber de 30 verbis Aristotelis: BN 7161, 15c, ff. 55r-56v(Corbett I,98). See 'Iam tu scis...'

Nescit humanum genus quantam virtutem...
> Liber vulturis: BN 9332, 8-9c, f. 251va-b(Beccaria 31.4); Mon 277, 14-15c, f. 81r; ed. Speculum XVIII(1943), 494(Corbett II,81)

Nestor Capuanus episcopus...
> Saxl(1927), 162

Neutrum istorum sufficit agere...
> De resistentia et proportione velocitatis motus: Ea Q.325, 14c, ff. 177-178v

Neutrum oculum habendo tu potes videre...
> William Heytesbury, Sophismata: Wilson(1956), p. 156

Nichat circuli signorum dividitur in xii partes equales...
> Alcabitius, Liber introductorius: BN 7432, 15c, ff. 160r-207 (not in Carmody). See 'Nitach...'

Nichil...
> See 'Nihil...', 'Nil...'

Nicolaus Florentinus scribit capitulum satis prolixum...
> Nicolaus Falcutius, Pest tract (abbreviated): Archiv VI, 337-41

Nicolaus Leonicenus quo ego in arte medicinae usus sum praeceptore...
> Antonio Scanaroli, Disputatio de morbo gallico: pr Bologna, 1498(Klebs 887.1; CPh)

Nigra sum sed formosa etc. scribitur in Cantico Canticorum...
> Comm. Sacrobosco, Sphera: BN 7396, ff. 4v-88v

Nihil ab oculo sed potius ad oculum...
> Henry of Southwark(?), De visu et speculis: BMr 7.F.VII, 13c, ff. 64-67r; Little 382, n.1

Nihil aliud dicam nisi quod oculis meis vidi...
> See 'Lapis noster quem omnes...'

Nihil erat(est) in omni literaria re...
> Leonardus de Portis, prol. De sestersio pecuniis ponderibus et mensuris antiquis libri duo. Text, 'Commercia rerum...'

Nihil est illustrissime princeps mortalibus nobis...
> Antonius Chiapucini, Horoscope of John II, duke of Bourbon: Lyons 233(165), 15c, 24 ff.(T IV, 362, n.30)

Nihil est princeps magnanime ut rem statim aggrediar...
> Antonius Guaynerius, dedic. De egritudinibus propriis mulierum. Text, 'Matrix est membrum...'

Nihil est quod libentius accipiam quam...
> Nicolaus Leonicenus, De dipsade: pr Bologna, 1518; Basel, 1529, pp. 245-308

Nihil magis ut dicit Ptolomeus in Centiloquio propositione 93...
> BMar 88, 15c, f. 17r

Nihil perinde reges ac principes decet Bartholomaee...
> Ludovicus Zimalia, De balneis Sancti Pancratii agri Bergomatis (dated at close, 'Bergamo die penultimo Decembris 1470'):pr De balneis 190r-v

Nihil prestantius in humano regimine...
> Proscodimo de' Beldomandi, De electionibus: BB XII(1879), 210; T IV, 79

*Nihil totum quantum est continuum vel discretum...
> Magister Grene Oxon., De quantitate: BLb 676, 15c, ff. 78r-227v

Nil capiti facies aries dum luna refulget...
> Astrological verses (from Regimen Salernitanum): Zi 8068-78; CUc 388, 14c, ff. 49v-50; CLM 4119, 14c, f. 18r-v; Ea Q.377, 14c, f. 1v; Ea O.80, 14c, f. 16r-v; Graz 612, 14c, f. 58r; VAr 155, c.1387, f. 18; AFML MS 491, a.1459, ff. 28r-29r; BMsl 568, 15c, f. 15r; CLM 1222, a.1446, f. 14v; 4395, 15c, f. 46v; Osler McGill 7599, 15c, f. 208v; CLM 7755, ff. 236v-237r; 13076, f. 24v; VI 5239, f. 1v; Renzi I, 486; V, 53(Schulz)

Nil capiti quoque hora...
> CLM 24514, 14c, f. 137r-v(Zi 8079)

Nil capiti tribuat aries cum luna refulget...
> Carpentras 318, 13c, f. 162v. See 'Nil capiti facias...'

Nilus non tantum hominum sed terrarum...
> Solinus(?), De mirabilibus mundi: BMsl 2030, 13c, f. 118v-124v

Nimia favente misericordia dei...
>   Comm. in libros Physicorum et Metaphysicorum
>   Aristotelis: VI 3995, 15c, 94 ff.

Nimis sumit precipue volucres sparvarius...
>   De ancipitribus et falconibus et curis eorum: Oc
>   287, 15c, ff. 78v-84(Haskins 354)

Nisam primus...
>   De mensium nominibus: CLM 14746, 9c, f.
>   90(Schulz)

Nisi granum frumenti cadens in terra mortuum
fuerit...
>   Parabole expositio: BN 7147, 16c, ff. 44r-45r
>   (Corbett I,59)

Nisi primitias lectionum facturo mihi...
>   Regiomontanus, Oratio introductoria in omnes
>   scientias mathematicas Patavii habita cum Alfra-
>   ganum publice praelegeret: Alfraganus, Rudi-
>   menta astronomica, Nürnberg, 1537

Nitach circuli signorum dividitur in 12 partes
equales...
>   Alcabitius, Liber introductorius, tr John of
>   Seville: BNna 625, 14c, ff. 20ra-34ra; BNna
>   1893, 14c, ff. 91rb-109rb

Nitach id est cingulus circuli signorum dividitur
. . .
>   Alcabitius, tr John of Seville: Carmody 144-49
>   lists a dozen eds. and many MSS

Nitach id est circulus signorum dividitur in 12
partes...
>   Alcabitius, tr John of Seville, Diff. Ia: pr Venice,
>   1482; etc.(Klebs 41.2; IAL A329; AFML; etc.);
>   anon.(Zi 9976). See 'Postulata a domino...'

Nitro aspergens et linteo aspero et magis laneo
extergens...
>   Paul of Aegina, Epitome medica: MC 351, 11c,
>   pp. 1-110; Beccaria 97

Nobilis domina Pollicerra de Tunis egritudine
laborat...
>   Bartholomaeus Montagnana, Consilium: CUt
>   1239 (O.IV.9), 15c, ff. 132ra-133vb

Nobilis et strenui militis domini Ugolotti de
Brancardis...
>   Consilia medica: Na VIII.D.35, ff. 1-51

Nobilis imperator vir gratiose(gratiosus) quasi
omnium gratiarum...
>   Michael Scot, Physionomia *or* De secretis naturae:
>   Querfeld, Michael Scottus und seine Schrift De
>   secretis naturae, Leipzig, 1919; T II, 308, 328-
>   32; Haskins 286-87; pr s.d. Polain 2702-2705;
>   Venice(1477) (Klebs 899.1; IAL M480; Yale);
>   Venice, 1507(AFML); with Albertus Magnus,
>   De secretis mulierum, Amst. 1648, pp. 219-358;
>   Amst. 1740, pp. 204-328. See 'O nobilis...'

Nobilissima etiam via de operatione lune labora-
vimus...
>   BLr A.273, 14c, ff. 77v-78(DWS 515)

Nobilissime monadis speciosa forma...
>   Liber Laureatus (Alchemy): RC 1477, 15c, ff.
>   18-27v; VI 4503, 15c, ff. 151r-158v

Nobilissimo et excellentissimo principi...
>   Arnald of Villanova, Testamentum: T III, 674;
>   DWS 249

Nobilitate generis urbanitatum titulis...
>   Petrus de Abano, Liber physionomiae, dedic. to
>   Bardelonus de Bocosis of Mantua, a.1295: T
>   II, 917; T(1944)ab, 204-5; AFML MS 491,
>   a.1459, ff. 43r-80r; VI 5307, 15c, ff. 23r-32r;
>   AL 1025; pr Padua 1474(Klebs 775.1; IAL
>   P394; LC)

Nobis cum domini auxilio...
>   Astrology: Leip 1476, 15c, ff. 14v-30v(Zi 3334)

Nobis sufficit verba tantum Galeni afferre
libro...
>   Ant. Fumanelli, De balneorum aque Ferratae
>   facultatibus et presertim Calderianae: De balneis
>   f. 183v

*Nocet cerebrum argento...
>   Bernard Gordon(?), De conferentibus et nocivis:
>   Oo 4, 14c, f. 226-(229)

Nocte rubens celum cras indicat esse serenum...
>   Weather signs: CLM 5595, a.1482, f. 36; CLM
>   13582, f. 126(S)

Nomen aut cognomen cuiusque hominis inauditum...
>   Breviarium Alhandrei: Van de Vyver, Osiris
>   I(1936), 667, 680; CUt O.II.40, 15c, f. 143v
>   (Atk); Carmody 76

Nomen autem autoris ut scribitur in titulo est
Ioh. filius Mesue...
>   Comm. Joh. Mesue, Antidotarium: VI 5511,15c,
>   ff. 153r-176v

Nomen autem proprium epis patefacit...
>   Johannes Sautre, De lapide philosophorum:
>   BLcm 457,15-17c,ff. 147-(170). See 'Omnium
>   igitur corporum...'

Nomen erba vitonica. Nascitur in asperis
locis...
>   SG Stift 217, 9c, ff. 309-322, 293-308, 275-288;
>   ed. Kyklos I, 114-120-145

Nomen herbe Africe...
>   'Dioscoridis ex herbis femininis numero lxxi per
>   singula nomina': BMh 5294, 12c, ff. 43v-58r;
>   Diels(1906), 31

Nomen herbe Arnoglossa...
Apuleius, Herbarium: CUg 345(620), 14c, ff. 94-98

Nomen herbe Betonica omoeos cestros...
Antonius Musa, De herba betonica: BMad 8928, 10c, ff. 26v-28r (Beccaria 84-20); BLcm 388, ff. 40-(41); said to differ from text printed with Pliny, Basel, 1528; also differs from text ed. CML IV(1927), 3. See 'Herba vettonica contusa...'

Nomen herbe briotrie quam latini vitem albam vocant...
CLM 17403, 13c, ff. 239r-242vc

Nomen herbe echinum quam afri sefriam vocant ...
Dioscorides, De herbis femininis, cap.i: 4 MSS, 9-11c, Beccaria p. 423; ed. Hermes 31(1896), 590-636

Nomen herbe licanis stefanotice...
Curae herbarum: Lucca 296, 9c, ff. 27v-46v (Beccaria 91.6); Leyden 1283, 15c, ff. 36v-50v. See 'Folia habet oblonga...'

Nomen herbe pinponilla vires eius mirabiles...
Chartres 62(115), 10c, f. 37; Beccaria 10.3

Nomen herbe sephram. Nascitur in montuosis...
Liber Dioscoridis ex herbis feminis: BLas 1431, late 11c, ff. 31v-43r

Nomen herbe vettonica. Amyos dicunt...
BMsl 1775, 12c, f. 11v (list of cap. headings)

Nomen herbe vettonice dicitur a grecis prionites...
Apuleius, Herbarium: ed. P. Hunger, (1935), p. 5

Nomen herbe Vettonica Omoeos Cestros...
Platonis Herbarius: BMh 5294, 12c, ff. 7r-43v

Nomen intellectus dicitur multis modis...
Alfarabi, De intellectu: ed. Gilson, AHDL, IV(1929-1930), 115-26; Delisle III, 83b

Nomen istius herbe sequentis viola purpurea...
Seven herbs added to Dioscorides, De herbis femineis: BMsl 1975, 12c, ff.71va-73rb(Hermes 31(1896), 634-36)

Nomen nature est nomen equivocum...
Nicolaus Falcutius, Sermones medicinales VII: pr Venice, 1490-91(Klebs 389.2; Polain 1464; IAL F35)

Nomen primi celi vocatur Samayn et...
Rasiel, Liber secretorum: FL Plut.44, cod.33, a.1550, 80 ff.; Bk VI, without the prologue; T (1947), 254

Nomen ptisis cadat super quatuor res primo super omni consumptione...
Gentile da Foligno, De ptisi: VA 2418, f. 200ra

Nomina earum rerum que ad astrolabium requiruntur sunt...
VAp 1212, 15c, f. 105v-

Nomina instrumentorum astrolabii hec sunt...
Canones atrolabii: CUad 6860, 14c, ff. 71v-77v

Nomina instrumentorum astrolabii primum armilla suspensoria...
Practica astrolabii: CUt 567, 15c, ff. 26-32

Nomina instrumentorum (astrolabii) sunt hec. Primum est armilla suspensoria...
Messahala, Practica astrolabii: Björnbo(1912), 199; ed. Gunther V (1929), 217-31; Ea Q.355, 14c, ff. 57-62; BN 7272, 14c, ff. 45r-59v (ColR 89); BN 7336, ff. 320r-327v; Carmody 24-25 lists these and other MSS but not VAp 1414, 13c, f. 179va-; Mon 323, 13-14c, ff. 90v-98v; CUad 6860, 14c, ff. 71v-77v; BU 154 (132), 14c, ff. 113r-119v; BMe 2622, 15c, f. 169v-; Plagens 126, 15c, ff. 157-172; CU 1684 (Hh.VI.8), c.1300, ff. 193r-196v; VI 5145, ff. 5v-10v; James 479

Nomina instrumentorum astrolabii sunt hec. Primum est annulus sive armilla suspensoria...
Andalò di Negro, Practica astrolabii: ed. BB VII (1874), 349; Ferrara, 1475(Klebs 63.1; IAL A511; NYP)

Nomina instrumentorum istius computistice figure sunt hec...
'Incipiunt regule seu proprie canones que dicuntur Pheffer Kuchel': VAp 1367, 15c, ff. 152va-154rb(ColR 185); ed. Speculum 29(1954), 234-38

Nomina instrumentorum sive rememoratio partium astrolabii sunt hec...
Practica astrolabii: BNna 1893, 14c, ff. 60v-65r

Nomina instrumentorum sunt ix...
Utilitates astrolabii: BB 17(1884), 784

Nomina partium astrolabii prima est armilla suspensoria...
CUpet 250, 15c, f. 206v

Nomina paucarum sunt his socianda ferarum...
Hexameters on names of beasts, birds and trees, with glosses in Old High German: Prag Lobk. 489, 12c, ff. 56v-57r

Nomina quadrantis sunt hec. Primitus(primum)...
Andalò di Negro, Tract. quadrantis: BB VII (1874), 368

Nomina syruporum primo. . .
De medicinis compositis: Ea F.236, 14c, ff. 208-218

Nomina syruporum sunt hec. . .
Ermengard Blasius, Compendium super Antidotarium Nicolai: VAp 1165, ff. 123v-131r

Nomina terrarum parvarum dit margaritarum . . .
John of Rupecissa(?), Metra de arte alchimia: VAp 1330, 15c, ff. 125v-126v

Nominatur enim in primis cum adhuc in sua forma. . .
Allegories of second book of the Turba: Prag 1765(IX.E.9), 14-15c, f. 14r-v

Nomine igitur fascinationis solet significari. . .
Engelbert of Admont, De fascinatione: T III, 433; Klo 306, 14c, ff. 164vb-179ra(ColR 144); Fowler 191-92

Nomine Matheus dedit hoc carmen medicine. . .
De regimine sanitatis: VA 822, 14c, f. 58vb-

Nominemus ergo particulares egritudines. . .
De egritudinibus puerorum: CLM 4119, 14c, f. 744

Nominibus mensium que sit rationis origo. . .
Wandalbert de Prüm, De mensium XII nominibus: CU Dd.XII, 54, 10c, f. 41v(Atk); Brux 10683, 12c, ff. 83va-84vb; Bull. Du Cange, XVII(1943), 67; ed. Dümmler MGH Poetae Latini II, 604-16

Non arbitror infructuosum sequentia(seriem) huic operi inserere. . .
Leonard of Bertipalia, Capitulum de iudiciis vulnerum significantium mortem, per singula membra habentia aspectum secundum duodecim signa coelestia: VE VII.28(XIV,28), 15c, ff. 115-122; anon. FLa 143(217-149), 15c, ff. 106v-108; T (1929), 273-74

Non arbitror infructuosum seriem temporum huic operi inserere. . .
I. Series et computatio temporum ab initio mundi, in aetates sex distincta et usque ad Henricum VI imperatorem a.1190 deducta: BMar 270, 12c, ff. 23v-32v
II. Honorius Augustodunensis, De imagine mundi lib.iii: Saxl(1927), 84; CU Kk.IV.25, 13c, f. 11v; CUad 6860, 14c, ff. 16r-19r

Non cessaverunt multi sapientes in quadrivio studere. . .
Prol. De astrologia mundi.   Text, 'Mundus appellatur locus. . .'

16

Non cito crescat ad ignem cum applicavit ad hospitium. . .
Antonius Cermisonus, Contra frigus ex itinere: CLM 205, F., 15c, ff. 176-(179r)

Non decet medicum in processu medendi. . .
Arnald of Villanova, Tabula: VE fa 538(XIV, 23), 14c, f. 4

Non doctius patet scientie qualitas tres principales partes. . .
Constantinus Africanus, Libri X pantechni (sive theorice, est liber regalis Ali Abbas): CLM 256, 14c, ff. 1-75va

Non dubitatur. . .
Questiones medicinales: VAp 1203, f. 1

Non è dubio che per instinto naturale gli homini. . .
Gaudentio Trivisano, Opera dela anticha et honorata scientia di Nomandia: FL Plut.89.sup., cod.41, 15c, ff. 92-(105).   Listed in Index expurgatorius of 1559

Non esse ad impossibilia eligendum et in scientie disciplina. . .
Laurentius Bonincontri Miniatensis, Tract. electionum, finished at Rome, 1489: VAr 1115, 16c, ff. 336r-343v

Non est dignus dulcoris acumine. . .
'Prologus compilatoris', Medical: BMr 12.B. XXV, 15c, f. 57; BMsl 282, 14-15c, ff. 189v-190r

Non est dubitandum hanc artem. . .
Correctorium fatuorum: Artis auriferae, I(1593), 545-75.   Prol. 'Cum omnium rerum emendatio . . .'

Non est facile cognoscere(dignoscere) quando oportet. . .
Galen, De vindemiis, tr Burgundio of Pisa: Mi C. 10 sup., a.1340, f. 100r; VI 2272, 14c, f. 92r-v; Delisle III, 86b

Non est gloria sicut gloria notitiam habentis dei. . .
Bonetus de Latis, prol. Anulus astronomicus. Text, 'Nota quod anulus. . .'

Non est in potestate nostra celos sursum adire. . .
Comm. Sphere: pr 1488, 1490, 1498(Klebs 874.11, 14, 26; IAL J366, 368, 376)

Non est intentio nostra librum componere. . .
De ingenio sanitatis: CUg 111(180), 13-14c, ff. 407-(432)

Non est leve imo difficillimum estimo plene posse intelligi...
Antonius Cermisonus, Consilia medica: Wu M.ch.f.123, 15c, ff. 1r-26r

Non est medicus qui astronomiam ignoret...
William of Moerbeke, tr Ps. Hippocrates, Astrological medicine: T (1944)ab, 218; anon. VI 5216, 15c, ff. 47v-50v; VI 5239, ff. 32r-35r; Janus 49(1960), 105-

Non est medicus sapiens in pronosticis signis...
Hermes, De iudiciis urine: Carmody 67

Non est mihi necesse hic ostendere summam utilitatis cognitionis...
Galen, De simplicibus medicine, tr Constantinus Africanus(?): PU 125, 13c, ff. 28v-(74v); BN 15456, 13c, ff. 18va-60vb; Mon 18, 13c, ff. 122-162; CUpet 33, 13-14c, ff. 131-167v; Cambrai 907, 14c, ff. 37-86; Archiv II(1909), 16; Opera 1490, II, 238v-300v; 1515, II, 89v; Diels(1905), 97

Non est opus prudentis...
Galen, Comm. Hippocrates, De reg. acutorum: Ea Q.178, 14c, ff. 99-117

Non est parvi pendenda digitorum ratio quorum oportet...
De calculatione per digitos: CUg 100(52), 13c, f. 30v(Atk)

Non est possibile substantiam anime...
Theophilus de Ferrariis, Propositiones ex libro de iuventute et senectute Aristotelis: pr Venice, 1493, ff. (115r-116v) (Klebs 395.1; IAL F93; LC)

Non est pretermittendum cum dixit...
Comm. Bede, De natura rerum et temporum ratione: ed Jones 95-102; VA 643, 12c, ff. 71v-75v

Non est via ad certitudinem cognitionis...
Aristotle, Physics, abbreviatio: Toledo cap. 47-15, 13c, ff. 92r-95v

Non fimum ex fulgore sed potius ex fimo convenit fulgorem elici...
Gerardus in Iohannitium: VAr 1450, ff. 25ra-124vb, incomplete. See 'Non fumum...'

Non frustra mortalium genus ad regendum nostrorum...
Theodorus, Dieta: 3 MSS, 9-11c, Beccaria p. 424. See 'Ne frustra...'

Non fuit mortuus qui scientiam vivificavit...
John of Saxony, Canones cum exemplis: T III, 255-56; ColR 72, 3

Non fumum ex fulgore sed potius ex fumo convenit fulgorem...
PA 753, 15c, f. 66; Archiv II(1909), 44

Non idem sunt homines memorativi et reminiscitivi...
Theophilus de Ferrariis, Propositiones ex libro de memoria et reminiscentia: pr Venice, 1493, ff. (110r-111v); Klebs 395.1; IAL F93

Non ieiunabitis nec famem sustineatis...
Pest tract: Archiv XI, 72-73

Non ignorare debet medicus tempus collectionis et modum...
De collectione herbarum florum et radicum per diversa anni tempora: BMar 369, 13c, f. 48; Ea Q.174, 14c, f. 123v

Non ignorare volumus presentium seu futurorum sagacitatem...
Johannes Gregorii filius, Balnea puteolana: Ran 1502, 13c, ff. 32v-33v; T III, 239; Giacosa 333-40

Non immerito vellem serenissime comes ad operis...
Raphael de Vicomercato, Horoscope of Galeazzo Maria Sforza: Mi Trivulz. 1329, a.1461, beautifully illuminated, ff. 2r-63r

Non in anatomia musculi ventris...
Gentile da Foligno, Additio et reprobatio aliquorum dictorum Mundini in sua anatomia: VE VII.30(XIV,43), 15c, ff. 92-93

Non intellecti nulla est curatio morbi...
Thadeus, Glose versuum urinarum Egidii: PU 131, 13c, ff. 88-96v

Non intentio...
See 'Quoniam intentio...'

Non interraro(*sic*) et paucum mi patre...
Nicolaus Peyer, Pest tract: Archiv XVI, 182-83

Non inveni aliquem de antiquis aut modernis...
Abicrasar etc., De speciebus et herbis *or* Liber fiducie: VAp 1278, 15c, ff. 142va-254rb(?)

Non invenientes sed doctrinam tradita(m)...
John Norfolk, In artem progressionis sumenda: ed. Halliwell, Rara mathematica(1841), 94-106, from BMh 3742

Non legitur a divina munificentia maius emanasse...
Consilium conjugii seu de massa solis et lunae: Orléans 290(244), 15-16c, ff. 125-164(Corbett II,142); VI 5477, 15c, ff. 80r-127v; 5510, 15-16c, ff. 240v-(253r); Ze V, 429-507

Non leve immo difficillimum existimo per leve posse. . .
> Bartholomaeus de Montagnana, Consilium ad fluxum: CLM 205, 15c, ff. 141v-154v; VAp 1262, f. 1; not the same as 'Non est leve. . .'

Non me fugit beatissime pater cumque summo . . .
> Nicolaus de Donis, Pref. to Paul II, Opus in cosmographiam Ptolomaei cum picturis et novis tabulis: pr Ulm, 1482, fol.(Klebs 812.5; IAL P990)

Non me latet doctores excellentissimi. . .
> Antonius Gazius, Ars clinica: BU 27, 16c, ff. 1-15v

Non mihi est. . .
> See 'Non est mihi. . .'

Non mihi necesse est. . .
> See 'Non est mihi necesse. . .'

Non mireris super me (virorum optime). . .
> Aegidius de Vadis, Epistola, preceding Dialogus inter naturam et filium philosophiae: Ze II, 85-86

Non modica diligentie cura. . .
> Pierre d'Ailly, De correctione kalendarii: CUt 1418, 15c, ff. 49-55

Non modo studiosum sed etiam. . .
> Sextus Placitus Papyriensis, De medicamentis ex animalibus, fragment; Leyden 1283, 15c, ff. 53-57

Non negligas homo ergo nobilissime hoc arcanum. . .
> Arnald of Villanova, Rosa novella: T III, 668-69; HL 28, 111; DWS 237; Corbett I, 50; Glorieux I, 425

Non novum est illustrissime princeps ut qui disciplinarum. . .
> Matheolus Perusinus: CLM 350, f. 79r. See 'Explanaturus hoc anno. . .'

Non obstante quod hec ars sit (pars) philosophie naturalis. . .
> Bernard of Treves, De probatione vere et perfecte transmutationis *or* Raymond Lull, De intentione alchimistarum: T III, 626; IV, 49, 638; HL 29, 278-79

Non omnem infirmum uniter visites. . .
> Quomodo visitare debes infirmum: 5 MSS, 9-11c, Beccaria p. 424; BMsl 282, ff. 52r-58r

Non omnes infirmi uniter egrotant. . .
> Hippocrates, Epistola ad Filominum de visitatione infirmi: BLd 69, c.1300, f. 124r-v

Non omnes quidem nec equaliter purgantur. . .
> FLs 88, ff. 117-(124). See 'Non omnis quidem nec. . .'

Non omnia que de epidemia sunt scripta. . .
> Pest tract: Archiv XVI, 104-12

Non omnis quidem nec equaliter. . .
> Moschion, De aegritudinibus mulierum, in excerptis: VI 2504, 13c, ff. 43r-47v. See 'Non omnes quidem. . .'

Non omnis transmutationis naturalis secundum philosophos. . .
> Conclusiones aliquot de motu, etc.: Na V.H.190, 15c, f. 5ra-

Non possunt plura contingere. . .
> CLM 244, 14c, f. 119v

Non reperientes codices ex quibus. . .
> Oribasius, Epistola ad Eunap., de medicina: Brux 3708, 9c, ff. 7v-8(Beccaria 6.17)

Non satis vexantur in pigmenta vel antidota. . .
> Epistula: 3 MSS, early 10-11c, Beccaria p. 124

Non sit inquit medicus fastidiosus. . .
> Gloss, Hippocrates, Aphorisms: BMr 12.E.VIII, 13c, ff. 1r-(28r)

Non solum cum scripserunt rememoratores. . .
> Galen, Comm. Hippocrates, De regimine acutarum, tr Gerard of Cremona: Tours 791, 13-14c, ff. 61-103; †Metz 174, 14c, no.3; BN 6890, 14c, ff. 217v-267v; Mon 182, 14c, ff. 110r-150r; pr Articella, 1487(Klebs 116.1-6; IAL A1011-15)

Non solum huius artis prolixitas. . .
> Prol. Glosa Benedicti super Isagogen Johannitii: CUg 111(180), 13c, pp. 16a-17a

Non solum moderni verum etiam antiqui. . .
> See 'Medicorum non solum. . .'

Non solum(tam) scripserunt. . .
> See 'Non solum cum scripserunt. . .'

Non sublimantur corpora sublimatione vulgari . . .
> Arnald of Villanova, Questiones tam essentiales quam accidentales, de arte transmutationis: VE VI, 215(Val.XVI,4), a.1475, ff. 146r-155r (T III,666)

Non sum nescius beatissime pater. . .
> J. Ph. de Lignamine, dedic. Benedictus de Nursia, De conservatione sanitatis: Brux 8553, 15c, ff. 1-91v

Non sum nescius mi Francisce in hoc temporum
   cursu...
   Antonio Benivieni, De peste: FNpal 929, 15-
   17c, ff. 1v-22r; ed. Atti e Mem. Accad. di Storia
   dell' Arte sanitaria, XVIII, ser.2, IV(no.8),
   (1938)

Non sum qui fueram...
   Questiones de spera: Ea F.263, 14c, ff. 76-82

Non sunt dies lune toti equales sed sunt...
   Excerptio de Dialogo quem habuit Nemroth Chal-
   deus cum Ioanton discipulo suo: Archiv X, 309;
   Haskins 339, n.13

Non te latere arbitror reverendissime pater...
   Matheus Moretus Brixiensis, dedic. to Franciscus
   Gonzaga, Mattheus Silvaticus, Liber pandec-
   tarum medicinae: Venice, 1480(Klebs 919.5;
   IAL S462)

Non veni solvere legem sed illuminare...
   Johannes Blanchinus, De primo mobili: BN 7270,
   ff. 143r-167ra; 7271, ff. 147ra-168v; Bol B.1601,
   ff. 1-17; Scripta Math. XVI(1950), 7-8; XIX
   (1953), 13; BLcm 517, f. 82-; FLa 142(216-
   148), ff. 1-22; Mogrini, Deput. Ferrar. Atti e
   Mem.(1917), 23-29; Bibliofilia IX(1908), 457-
   60

Non visites nimis curias et aulas...
   De febribus: Wi 61, 15c, ff. 195r-220r

Non visites nimis curias et aulas principium...
   John of Gaddesden, pref. Rosa medicinae. Text,
   'Quia ergo tres...'

Nonaginta unum tollas milleque trecenta...
   Hexametri memoriales de computo cum commentario: VI 3502, 15c, ff. 180r-190r

Nonan dicitur a greco Nus id est sensus...
   Otto, Tonarius: Saxl(1927), 73

Nonnulli sapientes astronomie eruditi de...
   Cato, pref. Astrological geomancy. Text, 'In
   prima operis parte...'

Nonnullis arbitrantibus multiplicandi dividendique...
   Gerlandus, De abaco: †BMar 343, 12c, ff. 1-(5),
   this MS was burned at the binder's in 1867; ed.
   BB X(1877), 595-647; Bubnov xlv; Haskins 85;
   ZB XVI(1899), 280; Hereford Cath. O.I.VI,
   12c, ff. 70v-78r(Hope Hannyngton, Transactions of the Woolhope Club, XXXV(1955), 61-
   64); anon. VA 3101, 11c, ff. 8r-(10r)

Nonnunquam apparuerunt plures stelle comete
   ...
   De meteoris notabilibus: VI 2303, 14c, ff. 43r-
   47ra

Nos appellamus hoc opus nostrum Claviculam
   quia...
   Raymond Lull, pref. Clavicula: HL 29, 284; BN
   7165, a.1542, ff. 24r-30(T IV,632; Corbett I,
   123); Mon 474, 16c, ff. 1-8v(Corbett II,96-97)

*Nos autem ad eorum que dicenda sunt intelli-
   gentiam...
   Albertus Magnus, De morte et vita (caps. 6-7):
   BLd 150, 13c, f. 34v

Nos autem non intendimus loqui hic de anima
   ...
   See 'Liber iste qui est de differentia...'

Nos cupientes mittere et addere aliquid exposi-
   tionis...
   Liber de mysteriis trinitatis et de natura rerum:
   VI 1050, 12c, ff. 114ra-173v

Nos dicemus in hac fen dispositiones crisis...
   Comm. Avicenna, Canon IV, 1, with much mg
   comm.: VAp 1232, ff. 178r-238r

Nos diximus supra quod supra quatuor elementa
   ...
   De vii planetis secundum magistrum Asaph
   Hebreum: BN 6556, 13-14c, ff. 2vb-6; BEC 54
   (1893), 406-11, 587-88.   See 'In Egipto...'

Nos enim speculari debemus species rerum...
   Comm. Albertus Magnus, Summa naturalium:
   Ea Q.48, 15c, ff. 46-121; VI 5157, 16c, ff. 1r-
   115v

Nos frustra mortalium genus ad regendum...
   Dieta Theodori: Vendôme 175, 11c, ff. 94r-97v;
   Upsala C.664, 11c, pp. 339-340(Beccaria 47.6;
   117.28); pr Venice, 1502

Nos intelligemus in dicto instrumento...
   Wo 2816, a.1461, ff. 143v-144(Zi 3118)

Nos iuxta rectam imaginationem diversorum
   inchoantes...
   Thebit ben Corat, De recta imaginatione spere:
   Carmody 118-21, fails to note its occurrence at
   ff. 93-94r in CU Ii.III.3 and puts it at f. 71v instead of 77ra-va in BNna 1893; other MSS are
   Mon 323, 13-14c, ff. 117r-118v; VAp 1340,
   14c, ff. 59r-60r; CLM 14684, 14c, ff. 79v-81r;
   VAp 1376, a.1447, ff. 189vb-190va; FL Plut.30,
   cod.24, ff. 128va-129ra

Nos iuxta veram imaginem astrologiam...
   Cosmographiae libellus: VAu 507, 14c, f. 210v

Nos philosophos plurimos sapiente titulo decor-
   atos...
   William of Ockham, pref. Comm. super libros
   physicorum: Bruges 557; Assisi 294; BIAC(1928-
   29), 198

Nos qui mistice...
  Daniel of Morley, Extracts, De philosophia: Oo 7,
  14c, ff. 194v-196v(T II,172)

Nos secundum nostram imaginationem...
  Thebit ben Corat, De imaginatione sphaerae et
  circulorum: VI 5145, 15c, ff. 52r-54r. See 'Nos
  iuxta rectam imaginationem...'

Nos tamen adhuc sub alterius libri...
  Albertus Magnus, De compositione hominum et
  de natura animalium: Eins 299, 14c, pp. 290-
  338; pr Jammy VI, 575-661

Nos videmus experimento probabili...
  Probatio quod ars alchymie est vera et certa et
  possibilis: Wo 3076, 15c, ff. 4v-11

Noscant operationes(?) huius artis quod aliud
  sint...
  De aquis: BMsl 323, 14c, ff. 151v-155v(DWS
  465)

Noscas quod scientia...
  De 28 mansionibus lune: BLb 463, 14c, f. 27-

Nosse cupiens diversitates hominum et lin-
  guarum...
  Epistola Alkindi(Alkandi) Achalitis *or* Alcalitis
  (Achalif *or* Alcalif) de Baldach, De futurorum
  scientia (really on eastern marvels): BN 6978,
  14c, ff. 62v-64r; OHI IX(1928), xiv; Carmody
  77 attributes it to Al-Qalander(Arcandam);
  Epistola missa Theodoro philosopho imperatoris
  Friderici: Marburg 9, f. 87v; VI 512, ff. 13v-
  15r; Archiv IX, 8-9

Nosse oportet peritum cantorem...
  On music: BL Lyell bequest 57, f. 5v

Noster lapis est lapis et non lapis...
  Dicta philosophorum (Ps. Avicenna): BMsl 3744,
  15c, ff. 41-43(DWS 24)

Nostis enim quod neque hoc neque aliud aliquod
  opus...
  Thadeus Florentinus, comm. Hippocrates, Regimen acutorum: AFML 492, ff. 25r-61v, incomplete; pr 1527, ff. 247r-342

Nostra in hoc libro est intentio de corpore nobili
  (mobili?) contracto...
  Adam of Bockingfeld, Comm. Meteorologica:
  Grabmann (1936), 148. See 'Intentio in hoc
  libro est de corpore...'

Nostra in hoc (libro) intentio est famosas
  scientias...
  Alfarabi, De scientiis, tr Gerard of Cremona:
  Graz 482, c.1300, ff. 222v-229r; BN 9335, 14c,
  ff. 143v-151v; Bruges 486, 14c, ff. 94ra-100va;
  T II, 79; Bibliothèque thomiste, XX, 47

Nostra practica dividitur in duo scilicet...
  De medicine practica: VI 5207, 15c, ff. 169r-
  174v

Nostra presens intentio artem dicere qua...
  Petrus Peregrinus, Nova compositio astrolabii:
  VAp 1392, 15c, ff. 14ra-36b(ColR 183); Boffito
  e Melzi d'Eril, Il Trattato dell'Astrolabio di
  Pietro Peregrino, 1927; Millás(1942), 212-15

Nostra presens intentio est artem dicere...
  John of London, Quart de l'astrolabe: Phares 188;
  anon., VI 5311, ff. 22rb-33ra

Nostre institutionis ordo exposcebat per...
  Laurentius Bonincontri Miniatensis, Aphorisms
  on interrogations: VE VIII.76(Val.XI,108), 15c,
  ff. 79-100(T IV,409)

Nostre significationis dispositionem urine non
  oportet credere...
  De urinis secundum Avicennam: BN 6957, ff.
  198r-204r

Nostri autem antiquissimi longo tempore...
  Physician of king Amalricus, On divination:
  T II,115-16

Nota... See also 'Notandum...'

Nota ad faciendum aquam gloriosam benedictam
  et laudabilem...
  Aqua balsami: CLM 259, f. 181ra-vb

Nota ad tertianam est hec in modico pane...
  VAp 1229, ff. 79va-80vb

Nota aliqua de pestilentia qua...
  Siena pest tract: VAp 1264, 15c, ff. 231r-232r

Nota aliqua de Trotula mulierum et utiliora
  excerpta...
  Wi 56, 15c, ff. 56rb-59rb

Nota aliqua subtilia collecta ex dictis Avicenne
  Galieni Ypocratis...
  Ulricus Eberhardus de Constantia, Contra pesti-
  lentiam: CLM 259, f. 180ra (Archiv VII, 62-63)

Nota aliquas bonas regulas unde secreta
  mulierum...
  De quattuor temperamentis seu complexionibus:
  VI 5001, 15c, ff. 225r-226va

Nota aqua yrundinum fit sic. Recipe iuvenes
  yrundines...
  BLcm 524, f. 18r

Nota autem quod matrix est pellis tenuis...
  Utrecht 725, ff. 77v-78r, after Comm. De secretis
  mulierum

Nota bene hoc est capitulum cuiusdam maxime secreti...
  Nicolaus de ordine hospitaliorum Sancti Johannis, Alchemy: VA 4092, ff. 94v-103v

Nota bene octo sunt operationes artis alchimie ...
  FLa 1451(1374), f. 62r

Nota bene quod calor fimi(furni) est calor in primo gradu...
  Raymond Lull(?): CUc 396, 15c, pp. 67-69; DWS 267

Nota bene si libros Raymondi intelligere volueris ...
  Comm. Raymond Lull: CUc 396, 15c, pp. 50-53; DWS 274

Nota Boetius secundo articulo tractatu secundo capitulo primo dicit Integrorum enim...
  BN 7197, 15c, ff. 81r-82r

Nota bonitatem et malitiam...
  VA 4439, 14c, f. 9r.   See 'In primo die mensis si sanguinem minues...'

Nota calcina corpus quodcumque volueris solvas...
  Vademecum chymicum: Wo 3076(16.5.Aug. 4to), ff. 168r-174v

Nota Cesarius quid sit dictus faber in terra sarracenorum existens...
  Aliqua recepta et experimenta de arte alchimica: VAp 1330, 15c, f. 135r

Nota circa flebotomiam quod flebotomia est...
  VI 3011, 15c, ff. 5r-6v

Nota circulus a. f. b. e. est zodiacus...
  Pierre d'Ailly, Apologetica defensio astronomie veritatis: VI 5318, 15c, ff. 86r-89r; Saxl(1927), 140.   See 'Petierunt aliqui...'

Nota colericus est pallidus in facie et continue...
  VI 5001, 15c, f. 227rb-vb

Nota commentator vero...
  On the planets: CLM 24514, 14c, ff. 132-134 (Zi 8289)

Nota croci quatuor sunt species...
  De coloribus BMsl 1698, 15c, ff. 7-8(DWS 922)

Nota crocus ferri quomodo potest fieri...
  Theophilus: BMsl 3457, f. 272v; T (1938), n.28

Nota de aquis secundum Arnaldum de Villanova...
  Giacosa 491

Nota de coniunctione corporis et anime sic procedendum est...
  De coniunctione corporis et animae: KLaB XXX.d.6, 15c, ff. 73v-82v

Nota de coniunctionibus planetarum...
  Catin. 85, 15c, ff. 271-273v

Nota de domino anni sunt due opiniones...
  BMsl 702, c.1482, f. 20r

Nota de eclipsi lune anno 1471 Novembris...
  VI 4777, 15c, ff. 36v-37r

Nota de efficacia...
  On the planets: Ea Q.325, 14c, f. 199(Zi 8290)

Nota de epactis...
  Wo 3749, 15c, ff. 53-64v(Zi 12135)

Nota de equatione dierum...
  CU Gg.VI.3, 14c, f. 371v

Nota de futuris annis quid contingi...
  Theobertus Anglicus, Prediction for 1471-1478: CLM 18770, f. 189r

Nota de generatione aceti utrum generetur a calido...
  CUg 95, 15c, pp. 43-44(DWS 1032)

Nota de hiis que accidunt ex parte eclipsis...
  VI 5166, 15c, f. 142r

Nota de lapide nostro nichil aliud...
  Alique auctoritates alchimie: BU 303(500), 15c, ff. 177v-182r

Nota de passionibus puerorum adhuc in cunis...
  VI 2426, 14c, f. 142v

Nota de proportionibus irrationalibus quod omnium duarum...
  VI 5258, 15c, ff. 129r-133r; tables and figures, 133r-v

Nota de secretis alchimie artis. Scire te facio...
  Albertus Magnus, Trifolium: Lyons 317(Delandine 253), 16c, ff. 2-9; corrected by Corbett II, 69

Nota de signis et eorum naturis et de Aquario...
  BMr 12.E.XVI, 15c, ff. 42v-(51r)

Nota de tractatu qui incipit sicut ille qui sagittat arcu...
  Tractatus pulcher(Alchemy): Mon 479, 16c, ff. 17-18(Corbett II,99)

Nota decem precepta naturalia Sybille Tyburtine...
  See 'Primum noli habere...'

Nota diffinitiones lune.   Luna est solis...
     Computus judaeus: CLM 14504, 15c, ff. 256v-263r

Nota diligenter semper in anno sequente bisextum...
     Comm. Petrus de Rosenheim, Computus: CLM 14622, ff. 145r-150v

Nota doctrinam lapidis philosophorum...
     Aqua operationis divine: Prag 1765, 14-15c, ff. 65v-66v

Nota duodecim sunt signa...
     VI 395, 12c, ff. 1-6(Zi 12134)

Nota electuarium (preservativum)...
     Contra pestilentiam: VAp 1205, f. 43

Nota etiam in orbicularia...
     Planets: Melk 421, 15c, ff. 395-399(Zi 8291)

Nota etiam quod planeta...
     CLM 8950, 15c, ff. 147v-149(Zi 8292)

Nota ex tractatu quodam...
     Astrological medicine: Cues 209, 14c, f. 104v(Zi 4045)

Nota fili quasdam mansiones esse in zodiaco...
     De fortitudine et debilitate et aspectibus: Prag 629, ff. 25va-26ra

Nota fleubothomia debet cum cautela fieri...
     Janus XXXI(1927), 305-314

Nota hec sunt concedenda.   Omnis potentia activa...
     De potentia activa et passiva: Ea Q.325, 14c, ff. 178v-182v

Nota hic aliqua secreta astronomie...
     VAp 1416, f.79r

Nota hic expositionem somniorum quam sanctus Iohannes...
     Alphabetical dream-book: CLM 25005, 15c, f. 80v

Nota igitur quod ad perfectum medicum requiritur...
     Arnaldus(Raynaldus) de Villa Nova, Parva et generalis introductio ad iudicia astronomie ad medicum introducendum: BLcm 517, ff. 16rb-17vb; last part of Astronomia, Opera, 1504, ff. 383va-386va, opening at f. 385vb

Nota in illo memoriali sunt primo quatuor determinande...
     De urina: Wi 57, 15c, ff. 338ra-351va

Nota in qua parte corporis fuerit dolor in parte eius opposita...
     De phlebotomia: Art ancien 7, 15c, ff. 57r-59r

Nota inveniendo diametrum terre duo sunt modi...
     BN 7197, 15c, f. 50r-v

Nota Ipocras dixit fili volo comedere ut vivam non vivere ut comedam...
     BN 6755, 13c, f. 10va

Nota iste due figure sunt figure eclipsis solis...
     VAp 1413, 15c, ff. 127v-128r

Nota iste superabundantie sive excessus consistunt circa sex res...
     Comm. Aristotle, Problems, part marginal and interlinear: Metz 280, 15c, ff. 1-22rb, incomplete reaching only Particula 2, De sudoribus

Nota istum casum: Cognata ducis Venetorum fuit gravida...
     Johannes de Janua, Consilia aliqua: CLM 205, 15c, ff. 103r-104v

Nota kalenda dicitur a calcas quod est idem quod...
     CUt 1351(O.VII.23), 15c, f. 41r-v

Nota liber ille intitulatur liber de regimine...
     Gloss on Hippocrates, De regimine acutorum: VAp 1316, 15c, f. 187v

Nota lunam debilitari seu infirmari (abdicare seu infortunari)...
     De effectibus lune: Ea F. 386, Paris, a.1359, ff. 53v-55v; Zi 8228; ColR 72, 10

Nota magister in dyalogo dicit Transmutatio argenti vivi in solem...
     FR 1165(L.III.34), 14-15c, f. 86r-86v

Nota materia compoti versatur precipue...
     Mi M.38.sup., 14c, ff. 119r-123r

Nota medica de infirmo...
     Astrological medicine: Leip 1473, 15c, ff. 127v-132v(Zi 4046)

Nota medicinarum laxativarum quedam sunt calida...
     Wi 56, 15c, ff. 48rb-49rb

Nota medicus debet esse in cognoscendo studiosus...
     Arnald of Villanova(?): CLM 363, 15c, ff. 95r-96v

Nota modum inveniendi...
     Canons for Alfonsine Tables: Zi 546

Nota musica est scientia quadrivii et est extracta de musica Boetii...
     Circa initium musice Muris: VI 4784, 15c, ff. 241r-244r

Nota nomina extranea...
> Interpretatio latina nominum aliorumque voca-
> bulorum Arabicorum, quibus uti solent astrologi
> et astronomi: VI 5438, 15c, ff. 168r-171r

Nota novem aquas philosophorum Prima Recipe
...
> See 'Prima Recipe...'

Nota nullam istarum medicinarum confecere...
> VAp 1251, 15c, ff. 214r-216v

Nota omne vinum in medio sui vasis melius
est...
> De vinis: Bern 556, ff. 153r-158r; AMH
> 8(1936), 430

Nota omnia que sunt in mundo sunt ex quatuor
elementis...
> CLM 26059, ff. 239r-241r

Nota omnis circulus eccentricus vel egresse...
> VAp 1380, ff. 31v-40v. See 'Circulus eccen-
> tricus...'

Nota oppositionem aliquorum...
> Alchemy: Mon 490, 15c, f. 69r

Nota partes officiales in operibus alchimicis
multe sunt...
> Bonaventura, De principiis alchimie: VI 5286,
> ff. 57v-58r

Nota per istas duas tabellas possimus facile
vertere horas et eorum fractiones in ascensiones...
> Ghent 5(416), 15c, f. 141r, followed by tables

Nota pingendi ratio tribus partibus integratur...
> Petrus Pictor Burgensis; De prospectiva pingendi:
> BMad 10366, 15c, 107 large pp. See 'Tota
> pingendi...'

Nota primo quod habemus novem figuras...
> Algorismus: Millás(1942), 220

Nota primo quod medicus in sensu...
> See 'Ars medici sensus...'

Nota primo quod virtus corporis humani ex
tribus...
> Geraldus de Solo, Recepte super primam fen
> quarti canonis Avicenne de febribus: VAp 1331,
> 15c, ff. 140ra-144vb; VAp 1175, ff. 283v-290v

Nota pro initio capituli de iride...
> De meteoris: VI 5210, 15c, ff. 77v-87r

Nota pro kalendario quod si fiat questio de viri
nativitate...
> Tabula astronomica: CUg 336, 15c, f. 129(Atk)

*Nota pro motu octave spere quod Ptolomeus
posuit...
> Thomas Werkworth, De motu octavae sphaerae
> a.1396: BLd 97, 15c, f. 143r-v(TR 272)

Nota proprietates semper cuius urina est...
> Aegidius, Compendium de urinis cum signis:
> CLM 8742, ff. 189r-195r; 8951, 15c, ff. 108r-
> 115r

Nota pulchras rationes ad probandum quod
illuminatio...
> Adversaria naturalia a.1382 scripta: Ran 592
> (F.6.4), 14c, f. 74r

Nota quamvis liber iste agat de phisica tamen
supponitur...
> Gloss, Plato, Timaeus: Avranches 226, 12-13c,
> item 10

Nota quandoque(?) est maximus dolor in radice(?)
et in virga...
> Ioannes de la Turre, Additio circa ardorem urine:
> VAu 1416, 15c, f. 96

Nota quatuor genera pestilentiarum...
> De pestilentia: CLM 5964, f. 293r-v

Nota quatuor grana tritici faciunt digitum...
> De mensura terre: Catin. 85, 15c, ff. 291v-292v

Nota quatuor sunt cause...
> (Comm.?) Sacrobosco, Arithmetica communis:
> Plagens 126, 15c, ff. 101-129ra; T (1949), 4

Nota que corpora densa reflectunt omnes
radios et que non...
> Magister Wilhelmus, Super Arist. Meteor.,
> a.1424: Cassel H. Nat. et Phys. F.12, 15c

Nota que medicine quantitatem(?) simplices...
> Materia medica: VI 2306, 14c, ff. 39v-40v

Nota quia dixit adiuvabit hinc scilicet roboratus
...
> Notger, De super particulari (Boethius, Arith-
> metic): CLM 18764, 10c, ff. 78va-79ra

Nota quidam sunt canones seu regule...
> Pest tract: Archiv VIII, 180

Nota quinque sunt aut plura signa in pestilentia
consideranda...
> Archiv VII(1914), 75(Schulz)

Nota quod A rubeum servit 1470 et sic aliis
literis rubeis...
> Mi Trivulz. 720(C.63), (f. 54r)

*Nota quod ad augmentationem...
> John Chilmark: Tanner. See 'In materia aug-
> mentationis est notandum...'

Nota quod ad hoc quod aliud sit de mirabili quatuor requiruntur...
Marvels discussed: VAp 1144, f. 316v

Nota quod anima est quidam spiritus corpori commixtus...
De anima: Graz 247, a.1416-17, ff. 170-171

Nota quod anno 1306 imperfecto 21 die Aprilis fuit...
Coniunctiones quedam calculate: CUc 37, 14c, ff. 22v-24r

Nota quod antiqui dicti sunt circulum quodlibet celestem ymaginabiliter...
CU 1684(Hh.V.8), c.1300, f. 211r

Nota quod antiqui in pluribus locis quam moderni...
De cauteriis: BMsl 342, f. 103rb-vb

Nota quod anulus debet fieri de auro vel argento
...
Bonetus de Latis, Anulus astronomicus: CLM 24105, 15-16c, ff. 59r-65r; (Rome, 1493); GW 4841; Paris, 1499, with Sacrobosco et alia: (Polain 2307, f. 26r; Klebs 197.1; 874.29; IAL L62; J380); Paris, 1507, 1527, ff. 27v-32r

Nota quod aqua nostra benedicta mundificat terram suam...
Morienus, Rosarius(Extracts): CUt 1363, 15c, ff. 92-93(DWS 68,ii)

Nota quod aqua vite extrahet rubedinem ab antimonio...
BMsl 3457, 15c, f. 198r; T (1938), n.56

Nota quod aqua vite supernatat omnes liquores
...
PA 707, 15c, ff. 87-89

Nota quod aries dicitur primum...
De nativitatibus: BMsl 3124, 15c, ff. 25r-34v

Nota quod aries leo et sagittarius sculpti...
Figure sive imagines triplicitatum signorum: BN 7337, 15c, p. 47v; T (1947), 259

Nota quod asclitis a causa calida absque...
Gentile da Foligno, Consilium de cura asclitis(?): VI 5269, 15c, ff. 81vb-82rb

Nota quod auree littere scribuntur sic cum ista aqua...
Experimenta de coloribus: ed. Merrifield, I, 47-71

Nota quod aureum numerum epactas et claves
...
Mon 322, 12c, f. 1v

Nota quod calidum in primo gradu...
Medicine: CUc 177, 15c, ff. 259rb-261rb; BMr 8.B.VI, 16c, f. 32r-v

Nota quod Campanus cap. 5 compoti sui...
BLas 345, later 14c, ff. 13v-14r (Benjamin)

Nota quod circuli positionem regionis habere...
Stephanus Rosinus, 'In perspectiva'(?): KlaB XXX.d.4, f. 35bis recto

Nota quod circulus a.f.b.e. cuius punctus...
Petrus de Alliaco, Elucidatio capitis Arietis mobilis: BMh 637, ff. 111vb-112va; BMh 3742, ff. 203v-204v; Lincoln Cath. Chap. 232, 15c, f. 85v

Nota quod compositionem azimuth non docet
...
De constructione azimuth in tabulis: CUad 6860, 14c, f. 70r

Nota quod(?) corpora densa reflectunt omnes radios...
Questiones libri metheoris: Cassel Hist. Nat. et Phys. F.12, 15c

Nota quod cum (sublimaveris) corpora candidaveris...
Astenus *or* Astanus, De fermento lapidis philosophorum: Cambrai 919, 14-15c, ff. 110-114 (Corbett II,37-38); BN 11202, ff. 154r-162v (Corbett I,158); BU 138(104), a.1476, ff. 163r-167r; 270(457), 15-16c, vol. XXV.3

Nota quod curatio veneni fit aliquo istorum quatuor modorum...
Addition to Arnald of Villanova, De arte cognoscendi venena: GW 2521-25 (Klebs 98.1-5; IAL A952,54); anon. Mi P.21.sup., f. 38r-v

Nota quod de hac coniunctione Henricus de Mechlinia...
Petrus de Alliaco, Elucidarium: Oo 69, f. 49v-

Nota quod de hac coniunctione signante diluvium...
Petrus de Alliaco, Elucidarium, text: BMh 3742, 15c, ff. 181v-182v-203v

Nota quod decem componunt oculum...
De anatomia oculi: Archiv VIII, 5

Nota quod decem sunt in compositione oculi...
De anatomia oculi: ed. Archiv VIII, 1-2; BMsl 420, f. 84v

Nota quod diversimode fit acetum et cum eo...
Ad acetum faciendum: CLM 18782, f. 172r

Nota quod diversis diversimodi capiunt...
De revolutionibus annorum mundi: BLb 790,
14c, f. 84r-v

Nota quod divisio omnium circulorum per
tabulas est uniformis...
Canon to Tabula veri motus orbis Saturni: BMh
625, 14c, f. 157r

Nota quod domus non potest esse minor 20
gradibus...
De sedibus planetarum: Catin. 85, 15c, ff. 36v-37

Nota quod duodecim sunt signa poli s. Aries,
Taurus...
Astron. medic. 'secundum Alkabitium': CLM
658, 15c, ff. 13r-17r

Nota quod duplex est coniunctio planetarum...
De coniunctionibus planetarum cum luna: BMsl
332, 15c, f. 10

Nota quod duplex est prolatio scilicet maior et
minor...
William the monk, De praeceptis artis musicae et
practicae: Coussemaker III, 273-307

Nota quod eccentricus...
Quedam experimenta theoricae planetarum: CU
1572(Gg.VI.3), 14c, ff. 223r-228v; tables follow

Nota quod elixir duobus modis potest augeri...
Alchemy: VA 4092, ff. 213v-220r

Nota quod est lapis...
See 'Nota quod lapis...'

Nota quod ex predictis potest colligi et haberi
tempus...
Phlebotomy: CLM 5964, f. 157(bis)r-v

Nota quod folia flores et radices debent colligi...
Comm. Antidotarium Nicholai: CUg 111(180),
13-14c, ff. 338-400

Nota quod Geber ponit quomodo mercurius
debeat lavari...
De doctrina Geberis circa quedam dubia: Mon
453, ff. 181v-183r

Nota quod habemus novem figuras...
Algorismus: Millás(1942), 220

Nota quod hec tabula alphabeti quam ante te
vides...
Tabula lunae: VE VII.28(XIV,28), 15c, f. 1

Nota quod in anulo compoti sunt 5 coste...
Canon annuli perpetui: BMh 321, 14-15c, f. 23r-

Nota quod in egritudine splenis et epatis...
Experimenta from Gualterus, Bartholomeus,
Bernardus de Melgorio, etc.: Wi 61, 15c, ff.
173ra-184va

Nota quod in his que pertinent ad animam
retrogradatio...
Astrology: BN 7328, f. 74rb

Nota quod in homine sunt quinque sensus...
Walter Burley, De sensibus: VA 2146, ff. 250v-
251v

Nota quod in lapide philosophorum quem
plurimi querunt...
Geber, Testamentum: Cop Gl.kgl.S.3498, 8vo,
15c, ff. 91-93v

Nota quod in libro Physicorum determinatur
specialiter...
Oc 230, 15c, f. 83

Nota quod in manu hominis quatuor sunt digiti
...
De quatuor digitis et eorum iuncturiis: Oma 60,
15c, f. 178

Nota quod in M.CC.lxxviiii luna currit...
Calendar: BNna 1401, a.1279, f. 3r-

Nota quod in omni gradu medicina ponenda est
...
BMsl 323, 14c, ff. 165v-166v(DWS 505)

Nota quod in pleuresi et periplumonia semper...
De descriptione flebotomie secundum Avicennam: VI 1634, 13c, f. 94va

Nota quod in prima domo semper consideratur
...
Considerationes geomantie: Ea Q.365, 14c, f. 83

Nota quod in quocumque tonitru erit que-
cumque signa...
Alfraganus, De signis tonitruum: CUt 1081
(O.1.57), 15c, f. 70r-v

Nota quod in sebel et etiam in maculis...
Medical recipes: Danzig 2312, 15c, f. 1-

Nota quod lapis est unus et medicina una...
Nicholas, Summa Rosarii: CU 1255(Ff.IV.12),
a.1528, ff. 51r-60r

Nota quod lapis humidus philosophicus(phisicus)
qui effunditur...
Albertus, De separatione et praeparatione elementorum: FNpal 887, 15-16c, XXII, ff. 115r-
128r; VE VI.214(XVI,3), a.1472, ff. 39-52;
Regnum operis: FR 119, ff. 177r-180vb; Kibre
(1942), 511(22)

Nota quod liber iste tres habet titulos...
Pref. Comm. Hippocrates, De regimine acutorum
morborum: ed. Articella, Venice, 1487, ff. 75va-
119vb(Klebs 116.5; IAL A1014; AFML etc.);
Kibre(1945), 389-90

Nota quod luna dicitur a Phebe. . .
Secreta nature (medical): BMr 8.F.VII, 15c, ff. 51v-(52v)

Nota quod luna disposita et dissoluta et. . .
Ortolanus, Comm. Hermes, Tabula smaragdina: BLas 1451, 15c, ff. 39v-40(DWS 32,xvi)

Nota quod luna stat in coniunctione. . .
BN 7349, f. 71v(Poulle)

Nota quod medium proportionale in quadratis . . .
CU Ee.III.61, 15c, f. 125r-v

Nota quod metalla inter se differunt accidentali forma. . .
BMsl 2135, 14c, ff. 19v-21v; DWS Corr. 177 ii a

Nota quod motus Saturni. . .
Maihungen II.1. Q.61, 15c, f. 41r-v(Zi 7930)

Nota quod natura et humiditas semper fient aque. . .
Documenta Pictagore: CU 1385(Ff.VI.50), 15c, ff. 148v-165r

Nota quod natura seu materia lapidis. . .
See 'Materia lapidis est una res vilis. . .'

Nota quod non est puerile regere alios et curare infirmos. . .
Arnald of Villanova, Liber secretorum de virtutibus aquarum: Cop Gl.kgl.S.1713, 4to, 15c, ff. 1v-6(TR 258)

Nota quod nullum augmentum potest fieri nisi . . .
De dracone sive mercurio nostro (alchemy): VI 5286, ff. 112v-113v

Nota quod oleum tartari sive aqua tartari. . .
Collectanea alchemica (in Latin and English): BMsl 2135, 14c, ff. 38-47(DWS 555)

Nota quod omne bonum aut desideratur aut per se. . .
Hic est ordo questionum Joh. de Jandun: Padua XVII, 378, 15c, ff. 83r-138r

Nota quod omnes beiberne que reperiuntur in libro Hermetis de beibeniis. . .
Positions of stars in 1189: VE VI.108, 15c, f. 110r

Nota quod omnes doctrine ordinarie sunt tres. . .
Notabilia et questiones super Galieni Microtegni: CUg 111, 14c, p. 286(Atk)

Nota quod omnes vene capitis sunt post comestionem. . .
Phlebotomy: Studien(1914), 175

Nota quod omnes voces totius organi. . .
Ars et modus pulsandi organa: VAb 307, 15c, ff. 29v-30r; ed. Casimiri, pp. 100-1(Silverstein)

Nota quod omnia hic inferius. . .
Notabilia super Aristotelem in libro Metheororum: BLr D.248, f. 6r-(TR 301)

Nota quod omnia que dicimus in nativitate alicuius. . .
Ps. Aristotle, De iudiciis: CLM 2841, ff. 15r-30r; 25010, 15-16c, ff. 1r-11v

Nota quod omnis figura primo loco posita. . .
De figuris arabicis: CUt B.XIV.40, II, 15c, f. 158v

Nota quod omnis linea recta cadens super. . .
Borghesi 37, 14c, f. 316r-v

Nota quod omnis oculus componitur ex tribus humoribus. . .
De oculis eorumque cura: VI 5206, 15c, ff. 42r-43r

Nota quod opinio iudicio meo recte sententium est quantitatem esse idem realiter quam substantia. . .
Antonius filiolus Sulmonensis, Sex conclusiones: Na V.H.190, a. 1473, ff. 115r-116vb: APS 104 (1960), 201b

Nota quod per I representatur unitas, per V quinque, per X decem. . .
De numeris: St Florian XI, 350, 11c, f. 205; ZB 16(1899), 284, 303

Nota quod primus motus secundum quosdam dividitur in primo. . .
BN 16499, f. 225(H)

Nota quod quadrans. . .
CLM 10661, 15-16c, ff. 32v, 33, 35r-v(Zi 8859)

Nota quod quando luna est in signo Arietis capud. . .
VE VIII.33(XI,106), 15c, ff. 6rb-7va

Nota quod quando luna est in signo retrogrado . . .
De virtutibus signorum: BMsl 3124, 15c, ff. 20r-21v

Nota quod quando luna movetur ad augem sui . . .
De mansionibus lunae: Ea F.383, c.1363, ff. 54-55v(Zi 8212)

Nota quod quando quarta dies lune erit. . .
BLcm 517, 15c, f. 52rb, only 5 lines

Nota quod quando vis aliquid de futuris scire. . .
BN 7337, p. 176

Nota quod quando vis coniunctionem vel preventionem...
>Canones de cognitione eclypsis solis et lune: VE fa 344 (Val XI.104), ff. 218vb-223va

Nota quod quatuor sunt digestiones in homine...
>VAp 1226, ff. 169r

Nota quod quatuor sunt partes corporis humani...
>Epistola Hippocrates: CLM 615, ff. 50vb-51va

Nota quod quatuor sunt prohibentia sanitatem...
>VAu 236, 14c, f. 96va-b

Nota quod quatuor sunt spiritus corporum metallorum...
>FLa 1451(1374), ff. 69-70r

Nota quod quedam...
>See 'Nota quod quoddam...'

Nota quod quelibet latitudo sanitatis scilicet...
>In questiones Jacobi Forliviensis: 520(921), 15c, f. 154v-

Nota(Notandum) quod quinque sunt considerationes libri regimenti...
>Arnald of Villanova, Compendium regimenti acutorum: HL 28, 66; Opera, 1504, ff. 246va-247ra; Glorieux I, 421; anon. Ea F.264, a.1288, ff. 8v-9ra

Nota quod quinta essentia(elementi) aque celidonie...
>Raymundus de Lastras, De celidonia: BU 138 (104), 15c, f. 256; (T IV,334); 270(457), 15-16c, X, 2, pp. 73-(77)

Nota(Notandum) quod quoddam potest esse licet...
>Thomas Aquinas, De causis rerum naturalium *or* De principiis nature ad Fr. Silvestrem: Brux 884, 13c, ff. 157va-160; Toulouse 872, 13c, ff. 59-91; CUc 35, 14c, ff. 144v-147; pr (Leipzig, 1488) (Klebs 966.1; IAL T292; LC)

Nota quod raritas se habet privative et densitas positive...
>Oma 92, 15c, f. 96

Nota quod requiruntur hic ad habendum archum primum...
>Lewis of Caerleon, Canones componendi tabulas angulorum pro eclipsibus: CU 1017(Ee.III.61), 15c, f. 106r-v; Kibre(1952), 105(12)

Nota quod rerum que constant ex partibus...
>VAp 1085, f. 165v

Nota quod sal petrus est minera terre...
>Oc 125, f. 38r; Ambix VII(1959), 6

Nota quod Saturnus est frigidus et siccus...
>BNna 693, 13-14c, ff. 153va-155rb

Nota quod scientia presentis libri subordinatur philosophie...
>Comm. Gerard of Cremona, Theorica planetarum: VI 4784, 15c, ff. 244v-258r(TR 307)

Nota quod scire debetis primo etatem lune...
>BMsl 636, 15c, f. 172r

*Nota quod secundum astronomos...
>R. Lavenham, De distantia planetarum: Tanner

Nota quod secundum Baconem in naturali philosophia libro primo...
>VI 5300, 15c, 105vb-108r

Nota quod secundum magistrum Gualterum Agilon...
>Comm. Agilon, De urinis: Oe 35, 14c, ff. 243rb-245rb

Nota quod semper ab una...
>Computus: Hanover IV.339, 14-15c, ff. 326v-327v(Zi 12136)

Nota quod septem sunt climata...
>De septem climatibus et septem planetis: CUt 1109(O.II.5), 14c, ff. 146-148

Nota quod septem sunt dies in septimana...
>CUad 6860, 14c, f. 99r

Nota quod septem sunt herbe tyriacales quarum prima...
>VI 5155, 15c, ff. 74v-76r

Nota quod septem sunt necessaria omni astrologo...
>BN 7328, f. 73ra

Nota quod sequens ablutio cum urina propria...
>Pro oculis secundum R.G.: BMsl 1091, 15c, f. 73

Nota quod sex sunt dicere positiones videlicet sursum...
>Tydemarus(?), Termini naturales: CUpet 188, 15c, ff. 128-130r

Nota quod sex sunt species motus...
>Thomas Bradwardine, prol. Proportiones. Text, 'Proportio vel est dicta...' See 'Omnis proportio vel est dicta communiter...'

Nota quod si aliquis luna prima in infirmitate...
>BMsl 3124, 15c, f. 22r-v

Nota quod si cor...
>Notabilia (medical): CUg 111(180), 13c pp. 302-400

Nota quod si die dominica fuerint kalen.
Ianuarii...
VAu 1398, 15c, ff. 20r-21r

Nota quod si luna fuerit in ariete...
AFML 491, a.1459, ff. 80v-82r

Nota quod si quis velit scire locum lune...
BLd 29, 15c, f. 292r

Nota quod si tempore pestilentie aliquod apostema oritur super...
Breslau III.F.3, f. 171r; ed. Archiv VII (1914), 61-62

Nota quod signa pestilentie sunt...secundum Avicennam...
VAp 1229, 15c, f. 73ra

Nota quod sumptio sisileos quocumque modo semper partum accelerat...
De sterilitate: VI 5371, 15c, ff. 126r-127r

Nota quod sunt et alie fortitudines...
Astrology: CLM 267, 14c, f. 101r-v(Zi 3333)

Nota quod sunt in unoquoque signo gradus...
PM 1651(863), f. 211r

Nota quod sunt novem orbes Primus orbis est firmamentum...
Maino de'Maineri, Theorica planetarum (dated Jan. 12, 1358): Mi E.114.sup., 15c, ff. 45r-64v; Osiris 8(1949), 50

Nota quod sunt quatuor animalia que pascuntur ex quatuor elementis...
CUad 6865, 13c, f. 12v

Nota quod sunt septem metalla in usum hominum...
Excerpta e libris Thomas Cantipratensis, De natura rerum: Graz 209, 13c, ff. 77-89

Nota quod tam aux media...
CLM 27, f. 50r

Nota quod testimonia planetarum combustorum et retrogradorum sunt...
Ea Q.356, a.1400, f. 177(Zi 8293)

Nota quod thraco habuit quamdam sedem...
Natural questions: Basel O.IV.35, 13c, ff. 76v-77r

Nota quod tonitrus accidit...anno Christi 1340...
BLd 97, f. 129v, perhaps part of preceding tract in the MS

Nota quod tres grana ordei in longitudinem...
(R. Dove?), De mensuris: BMsl 513, 15c, ff. 25v-(26)

Nota quod tres sunt doctrine ordinarie...
Hermann Zurke de Greifswald, Questiones super Galeni librum Tegni: Ome 268, a.1458-59, ff. 110r-219v

Nota quod tresdecim sunt species cantus...
Musice compilatio: Mi M.28.sup., 14c, ff. 114r-119r

Nota quod undecim sunt unguenta...
BMsl 420, 13c, f. 57va-b

Nota quod unumquodque signum alicuius mensi...
Tabula de signis: CUt R.XIV.29, 14c, f. 138r-v

Nota quod vene capitis sunt post prandium minuende...
Phlebotomy: BLd 43, 14c, ff. 31v-32r

Nota quod ventositates generantur...
Notabile de colica passione de gargarismo etc.: VI 5511, 15c, ff. 183v-188v

Nota quod venus habet duas infirmitates prima occultam...
CUt 1120(O.II.16), I, 15c, f. 65v(Atk), a short selection(alchemy)

Nota quod verus cursus solis et in quolibet planeta...
Canones in tabulas medii motus solis et planetarum: Salamanca 111, ff. 25r-90v

Nota quoddam dubium circa multiplicationem...
Tabula astronomica: CUt 1404(O.VIII.29), IV, 15c, (Atk)

Nota quomodo se habet potentia anime...
Notabile de potentia animae: VI 2303, 14c, ff. 51v-52ra

Nota quot requiruntur hic ad habendum arcum...
CU Ee.III.61, 15c, f. 106r

Nota quotiens sol ingredit...
Breslau Diözesanbibl. 105, 15c, ff. 200-203v(Zi 9977)

Nota regimen tempore pestilentie a magistro...
John Aygel, Pest tract: Archiv VI, 370-73

Nota regulam generalem que deservit pro divisione...
Tabula astron.: CUt 1404(O.VIII.29), IV, 15c, (Atk)

Nota regulam que secundum aliquos dicitur regula de tre...
On math. problems: CLM 5963, 14-15c, ff. 165v-167v

Nota regulas de significatione pulsus...
> Aegidius Corboliensis, De significatione pulsus: Wi 56, 15c, ff. 60vb-61rb

Nota remedium compilatum ex multis libris medicorum...
> De curis apostematis pestilentialis: Ea Q.213, 15c, f. 94v

Nota renominatio(?) philosophorum fit ideo ut terra sicca...
> Notabilia vera et utilia: VAp 1329, f. 41r-

Nota romulus primo...
> Computus: VI 5182, 15c, ff. 74-80v(Zi 12137)

Nota Saturnus assimilatur spleni...
> Ea Q.356, 14c, ff. 176-177(Zi 8294)

Nota secretum in operando a deo datum...
> Raymond Lull, De rectitudine aque in mercurio: CUc 396, 15c, pp. 33-39(DWS 260); anon. BNfr 2019, 15c, ff. 244-46(Corbett I,242)

Nota secundum Alfidium quod lapis philosophorum...
> BMsl 976, 15c, ff. 142v-143(DWS 143)

Nota secundum astrologos quod sunt duodecim...
> De xii signis zodiaci: Prag 433(III.C.2), f. 43r-v

Nota secundum astronomos iudicantium et per astronomie institutiones...
> VI 5239, f. 145v

Nota secundum Constantinum ver incipit a xviii° die Marcii...
> VAp 1226, f. 229r

Nota secundum Egidium quod urina sanguinei est spissa...
> Alpheus, De iudicio urinarum: Ea Q.193, 13-14c, f. 85

Nota secundum Gordonium in libro suo regimentis acutorum...
> BN 7124, a.1489, ff. 223r-258r

Nota secundum magistrum Gualterium Agilon in urina alba...
> Iudicia urinarum: BMsl 3550, ff. 85v-89v; Oe 35, ff. 243rb-245ra

Nota secundum opinionem meam quod Geberis intentio...
> De operatione lapidis philosophici: Mon 493, 15c, f. 191v(Corbett II,128-129)

Nota secundum Perscrutatorem quod qui in elementis siccis coniunguntur...
> Astrology: Boston Medical 20(Ballard 7), late 14c, ff. 126r-134v

Nota secundum sententiam Aristotelis...
> Iudicium de cometa anni 1472: VI 4756, 15-16c, ff. 113r-115r. Cap. 1, 'Dicit Lincolniens. in tractatu suo...'

Nota septem vitia mortalia comparantur septem bestiis...
> VAp 1409, f. 78ra-

Nota si acquisitio erit in prima nullo modo...
> Notae, on Geomancy, tr Gerard of Cremona: Ea Q.373, 14c, ff. 32-37

Nota si aliquid sompniaris...
> De somniorum interpretatione litteris alphabeti facienda: Ea Q.375, 15c, ff. 32v, 33r

Nota si distillare volueris aquam sive oleum...
> VI 5489, 15c, f. 49r-

Nota si quis cristallinum spericum...
> Burning-glass: Princeton, Robert Garrett 95, early 15c, f. 121r

Nota si vis scire compositionem astrolabii accipe primo...
> Ars ad componendum astrolabium: VE VIII.33 (XI,106), 15c, ff. 132-133

Nota si volueris equare dies intra tabulam equationis...
> Canon tabulae aequationis dierum: VE VIII.86 (XI,95), 15c, ff. 44-48

Nota signum aquarum et ventorum et tempestatum...
> Oc 233, 13-14c, ff. 116r-117r

Nota sol dicitur...
> BE Q.374, 15c, f. 149v(Zi 8295)

Nota sol movetur inequaliter in orbe signorum ut patet...
> Astron. instrument: VAp 1380, ff. 14r-24r

Nota stellarum fixarum secundum suum ordinem...
> Johannes de Muris, Patefit: Ea Q.360, a.1360, ff. 33v-34v. See 'Patefit...'

Nota sub anno domino 1362 in die cathedra sancti...
> Tilmannus de Syburg(?), De aegrotantibus inde ab a.1362 in Syburg opido, Argentinae, in Haselovico, Coloniae examinatis et curatis: Ea Q.193, 13-14c, ff. 91-98v; ed. BSFHM 33, 2(1939), 1-24

Nota subiectum huius tractatuli artis musice...
> Musica et eius utilitas: VI 4774, 15c, f. 36r

Nota supra punctum Alberti quod acetum debet septies distillari...
> MU F.673, 15c, f. 81r-v

Nota tabula radicum octave spere...
> Regulae quaedam astronomicae: Catin. 85, 15c, ff. 173-175v

Nota tamen quod prime due res medicationis ad medicos pertinent...
> Jacobus de Partibus, Annotationes, On Avicenna, IVa Fen I Canonis: Venice, 1498(Klebs 998.2; AFML 109)

Nota tempore coniunctionis et oppositionis...
> Johannes Danco (of Saxony), Practica de inveniendo tempore verae coniunctionis solis et lunae: VI 5145, 15c, ff. 34-41r. See 'Primo notandum quod in qualibet...'

Nota theorica apud...
> Instrument (astron.): CLM 26639, 15c, ff. 107-118(Zi 3073)

Nota titulus huius libri est latitudo formarum...
> Comm. De latitudinibus formarum: VI 4784, 15c, ff. 237r-240v

Nota tractatum canonis...
> Sun-dial: Dresden C 79m, 14-15c, ff. 8-10(Zi 9248)

Nota tres cause generationis calculi...
> Excerptum de calculo: Danzig Stadbibl. 2314, f. 167v

Nota urina hominis est salsa et similiter...
> De putrefactione: Bern 556, ff. 77r-80r

Nota ursa minor quandoque...
> De constellationibus: Catin. 85, 15c, ff. 7-19v

Nota vena in medio frontis percussa valet contra apostemata oculorum...
> Wi 61, 15c, f. 112ra-va

Notabilis vir Dinus de Rapundis ut intimavit magister meus...
> Iacobus Sacquespee, Consilium: BN 4120, a.1415, ff. 89r-109v; Wickersheimer 337

Notandum... See also 'Nota...'

Notandum astrologi stellas fixas quarum probatio fuit...
> VAp 1345, 15c, ff. 241va-242va

Notandum autem in huiusmodi absolutione...
> Dorochius(Dorotheus?), De pestilentia, guerra, submersione atque terre motu: VI 2436, f. 141; Aomar: Basel F.III.8, f. 78va; Carmody 111 (487). See 'De pestilentia guerra...'

Notandum autem quod aspectus...
> Albumasar, Flores de electionibus: Carmody 97, except that in Basel D.I.10, 14c, the fols. are 31va-32ra

Notandum circa textum magister in littera manifeste...
> Comm. Algorismus: VI 5003, 15c, ff. 70r-75r

Notandum coniunctionem lune usque ad oppositionem lune...
> Astrological medicine: VAb 186, 15c, ff. 7-39v (Silverstein)

Notandum de scala altimetra...
> Astrolabe: Zi 913

Notandum diligentissime quod istorum duorum corporum...
> Alchemy(Fundamentum): VAp 1329, 15c, f. 91r-v

Notandum enim est quod luna est propinquior planeta...
> Miscellaneous astronomy and astrology: Oa 81, 15c, ff. 39r-47v; Ambix 7(1959), 37-38

Notandum est circa materiam...
> De tonitruis et significationibus earum: Argentré, I, ii, 326b

Notandum est circa primam putrefactionem...
> Albertus de Mellimonte *or* Montemelli, Alchemy: Gilhofer and Ranschburg, Cat. 257, MS 7, late 15c, ff. 299v-233v

Notandum est de mense qui Ianuarius...
> Regulae diateticae in singulos menses: Graz 1609, 15c, ff. 143-148v

Notandum est et sciendum quod septem signa que sunt in dextra parte...
> CLM 24940, 15c, f. 197v

Notandum est etiam quod duplex est coniunctio planetarum...
> BN 7349, 15c, f. 8r-

Notandum est hoc circa speram quod tota mundi machina...
> De sphaera: Oc 41, 14c, ff. 150vb-154rb

Notandum est igitur quod nomina et ordinatio signorum in imagine prescripta...
> Text following picture of sign-man at f. 46r: BMar 251, 14c, ff. 46v-47r

Notandum est primum cum queritur utrum de impressionibus...
> Circa libros metheororum: Brux 963, a.1439, ff. 111-132v. See 'Utrum de impressionibus...'

Notandum est propositio quam scribit Hugo in Didascalicon...
> Comm. Albertus Magnus, Summa naturalium: Basel F.II.6, 15c, ff. 2ra-126va

Notandum est prout dicitur in tractatu de spera
. . .
>   BN 11252, ff. 154-156

Notandum est quod annus. . .
>   Astrology: BLb 648, c.1465, ff. 7-(13r)

Notandum est quod capillus nascitur. . .
>   Comm. Viaticum: BN 6891, 14c, ff. 1r-80r

Notandum est quod corporum regimen est calcinatio et dissolutio. . .
>   Alchemy: VA 4092, ff. 110r-120r

Notandum est quod duodecim sunt. . .
>   De contrapuncto exemplis additis: VE VIII.85
>   (XX,7), 15c, ff. 48-56

Notandum est quod duodecim sunt signa s.
aries. . .
>   CUt 1055(O.I.31), a.1419, ff. 20r-21

Notandum est quod duplex est lazurium. . .
>   De coloribus: BN 6749B, ff. 61r-62r. See
>   'Tractatus qualiter. . .'

Notandum est quod in tractatu de concordia. . .
>   Petrus de Alliaco concerning his astrological
>   works: BMad 29969, f. 16v, 35v; IAL A426, ff.
>   bb(6)r, dd(8)r

Notandum est quod meliores aves viventes de
rapina. . .
>   Liber curarum avium: Modena Estense 15(Has-
>   kins 349); cap. 1, Gatrip: VE VII.24(XV.1),
>   13c, ff. 72ra-80rb.   (Prol.) 'Dixit Gatrip. . .'

Notandum est quod nisi lapis iste reducatur ad
primam materiam. . .
>   Morienus, In scientia philosophorum: FN Magl.
>   CL XVI 75, 15c, ff. 39v-40v

Notandum est quod non utaris oleo nec cera. . .
>   Notule valde necessarie in arte alkemie: BMsl
>   1754, 14c, ff. 82v-83v; CUc 125, 14c, ff. 81-82
>   (DWS 535)

Notandum est quod omnia inferiora reguntur. . .
>   Regimen sanitatis: VI 4978, 15c, ff. 95r-98v

Notandum est quod omnis ars in ratione. . .
>   Ps. Bede, Musica theorica: PL 90, 909-20; Jones
>   85

Notandum est quod quinque. . .
>   Arnald of Villanova, Regimen acutorum: VAp
>   1211.   See 'Nota quod quinque. . .'

Notandum est quod stellarum lumen bipartitum
est. . .
>   Text below 'Figura aspectuum': BLr D.238, f.
>   14r

Notandum est quod talis datur regula algorismi
. . .
>   De algorismo: BMsl 282, 14-15c, f. 167r-

Notandum est secundum ea ad que tendimus. . .
>   Solomon, Annuli: BN 7349, 15c, ff. 99r-101r

Notandum est secundum Eusebium Cesarien-
sem in cronicis. . .
>   Pronosticon: BLas 192(5), ff. 17r-19r; 393, f. 80

Notandum etiam quod non in omnibus. . .
>   De stellis horarum: BN 11248, ff. 21-22v; ed.
>   Millás(1931) 292-93

Notandum etiam quod sol habet. . .
>   CLM 4394, 15c, ff. 39r-48r

Notandum igitur quod ad perfectum iudicium
oportet scire. . .
>   Astrological medicine: VI 5154, 14-15c, ff. 135r-
>   136r; 5309, a.1437, ff. 62v-63v; 5522, 15c, ff.
>   54v-56r; VAp 1340, 15c, ff. 274r-275r

Notandum igitur quod hic ponatur modus. . .
>   Nota de fortuna planetarum: CLM 8950, 15c, ff.
>   141-142(Zi 8296)

Notandum ille superabundantie consistunt esse
. . .
>   Comm. Aristotle, Problemata: CLM 12021, 14c,
>   ff. 118rb-179rb

Notandum in principio quod urina in principio
egritudinis. . .
>   Maurus, De symptomatibus urinarum: Ea Q.182,
>   13c, ff. 170r-v; 200v, 201v, 269-270v

Notandum per regulam infallibilem. . .
>   Notes on proportional numbers and planetary dis-
>   tances: BMl 20(7), 14c, ff. 97r-98r

Notandum primo quod ad perfectum. . .
>   See 'Notandum igitur quod. . .'

Notandum primo quod ea(illa) nomina significant. . .
>   Bartholomaeus Marien. Slesita, Comm. Regio-
>   montanus, Ephemerides: BN 10271, f. 162v; VI
>   4775, 15c, ff. 72r-97r

Notandum primo quod quatuor sunt que requiruntur. . .
>   Comm. in computum manualem: Ea D.13a,
>   a.1330, ff. 109-143

Notandum pro faciendis. . .
>   Sun-dial: Heiligenkreuz 302, 15c, ff. 66-68; Inns-
>   bruck 750, 15c, ff. 60r-v, 112v-114v(Zi 9777-
>   77a)

Notandum pro horalogiis in trunco(?) faciendis
. . .
    BN 7295A, 15c, ff. 41r-42r

Notandum pro inquaerenda eclipse. . .
    Cracow 549, 15c, ff. 61-65(Zi 12499)

Notandum pro instrumento quodam. . .
    Plimpton 175, 15c, f. 94r-v; Zi 3074-75

Notandum pro intellectu nobilis(notabilis) primi
Campani. . .
    Leonardus de Cremona, Scholia, Euclid(a.1404):
    Björnbo(1912), 216; Bibl. math. 5(1904), 335;
    BN 7192, ff. 65r-70r

Notandum quidem pro regula generali. . .
    Alchemy: CLM 405, 14-15c, f. 225r-

Notandum quod ab Anglia in Romam sunt mille
miliaria. . .
    Notes of distances: BMr 8.C.VII, 15c, f. 22

Notandum quod abbreviationes dierum penes
ortum solis noscuntur. . .
    Astron. tables and text: CUt 1404 (O.VIII.29),
    III, 14-16c, (item 4), ff. not numbered

Notandum quod ad perfectum iudicium. . .
    Houses (astrol.): Ea Q.223, 14c, ff. 1-12(Zi
    3922)

Notandum quod aliqui operantes in geomantia
veriori modo. . .
    CLM 458, 15c, f. 37r-v

Notandum quod Almanach magistri Profatii. . .
    Practica tabularum magnarum: VAp 1438, ff.
    155r-157r

Notandum quod anno domini 1425 erunt tres
magne et horribiles. . .
    On three conjunctions of the superior planets:
    VAp 1438, f. 98r-v (T IV,93)

Notandum quod anno domini 1460 coniunctio
solis et lune. . .
    Regula pro coniunctione solis et lune: CUt 1102
    (O.I.77), 15c, f. 200r

Notandum quod anno domini 1471 in mense
Augusti. . .
    Iudicium de cometa qui apparuit a.1472 in mense
    Ianuario, Materia Wyennensium: CLM 3586,
    ff. 256r-258v; ATHS XI (1958), 237, n.43

Notandum quod cause livoris in urina. . .
    Ea Q.204, 12-13c, ff. 61v-63

Notandum quod circa canonem. . .
    CLM 16067, 15c, f. 176(Zi 11193)

Notandum quod colores urine non variantur. . .
    BMsl 3468, 14c, ff. 149v-151r

Notandum quod corpus humanum est ordinan-
dum. . .
    De proprietatibus signorum et planetarum: Ea
    F.395, a.1373, ff. 31v-32v; Prag 629(IV.C.2),
    f. 100vb

Notandum quod cum ceperimus curare egrotantes oportet quod luna. . .
    Notabilia medicandi: BN 7337, pp. 84b-87b

Notandum quod cum omnis ars. . .
    Gloss to Boethius, De institutione musica: BMr
    15.B.IX, 12c, ff. 3r-(50v)

Notandum quod decem sunt effectus quos
universaliter significat. . .
    A brief note: BMsl 2030, 13c, f. 31r

Notandum quod diverse sunt distinctiones
temporum scilicet etas. . .
    CUt 1109(O.I.77), 15c, ff. 101v-102v

Notandum quod duodecim domus in zodiaco. . .
    CLM 267, f. 1v

Notandum quod duodecim sunt signa. . .
    Astronomia secundum Iudeos: BMc App. VI, ff.
    31vb-45rb; Isis 29(1938), 69-71

Notandum quod duodecim sunt tabule. . .
    Comm. Tabulae magistri Salerni: Bern 429, 13-
    14c, ff. 34ra-43rb; BMsl 3484, 14c, ff. 3rb-11vb

Notandum quod duplex est coniunctio lune cum
sole. . .
    BN 7292, f. 28r-v

Notandum quod duplex est coniunctio planetarum. . .
    Ea Q.368, 14c, f. 149

Notandum quod duplex est cyclus. . .
    Computus manualis: Ea Q.368, 14c, f. 149;
    Q.385, 14c, f. 59; Gö Luneb. 68, 14c, ff. 29v-
    31v; Prag cap. 671, 14c, ff. 15-18(Schulz);
    Computus eccles.: CLM 5963, 14-15c, ff. 49r-
    57r; 5964, 15c, ff. 53r-56r; 9624, ff. 115-119;
    Basel A.VI.37, 15c, ff. 110r-113v; Ea Q.347,
    c.1411, ff. 23-28; Ea O.8, ff. 29-36; O.62b, f.
    178

Notandum quod flebotomia cum magná cautela
. . .
    VI scot. 257, ff. 339-341

Notandum quod generatio lapidis fit quatuor
modis. . .
    Danzig Stadtbibl. 2314, f. 157v(Schulz)

Notandum quod hore diei et noctis sunt xxiv et humores naturales. . .
CUg 84(166), 13-14c, ff. 307r-308v

Notandum quod Hugo de Sancto Victore in quodam suo libro. . .
Thadeus of Parma, Expositio theorice planetarum: Col MS X.510.H.74, a.1476, ff. 46r-114r (T III,649)

Notandum quod in anno sunt 34 pericula. . .
Masters at Paris and astrologers: VAb 186, 15c, ff. 55-56(Silverstein)

Notandum quod in India est mantichora bestia. . .
Klo 323, 14c, ff. 1-7v

*Notandum quod in omni iudicio quatuor sunt inquirenda. . .
Roger Bacon, De inventione cogitationis: BLd 72, 14-15c, ff. 49v, 50; Little 393

Notandum quod in omni medicamine. . .
Arnald of Villanova, Tabulae de modo graduandi seu calculandi medicinas: Brux 4864, 14c, ff. 46v-54v; BLd 29, 15c, ff. 172v-(174)

Notandum quod in ordine Carmelitarum. . .
Geometria naturalis pro exorcistis: Brux 11087, 14c, ff. 163-185v

Notandum quod in prima generatione(?) mundi dicitur solem fuisse in leone. . .
BMh 1612, 14-15c, f. 12r

Notandum quod in quolibet anno sunt 32 dies periculosi. . .
CLM 22049, 14c, f. 16ra

Notandum quod in quolibet mense dicitur sol. . .
CLM 4394, f. 108r

Notandum quod Iohannes de Burgundia precipit in tempore. . .
Nota medicinam optimam pro pestilentia: CUt O.VII.35, 15c, ff. 216v-217v

Notandum quod iste liber exponit ea que subponuntur. . .
Thadeus of Parma, Super theorica planetarum Girardi Cremonensis: VE VIII.69(XI,86), 15c, ff. 217-245; Grabmann (1936), 246; Isis 50 (1959), 48, n.115

Notandum quod iudicia astronomie sunt quatuor . . .
VAp 1367, 15c, ff. 127rb-145vb

Notandum quod libri Diascorides dicti duplex reperitur ordinatio. . .
Petrus de Abano, Comm. Dioscorides: BN 6820, 14-15c, ff. 1r-74r; T (1944)ab, 216; pr Colle, 1478; GW 8436(Klebs 342.1; IAL D217; LC)

*Notandum quod materia prima. . .
Walter Burley, De sensibus: Tanner

Notandum quod medicina aut ordinari ad humoris sive male complexionis alterationem . . .
VI 5289, 15c, f. 20r-v

Notandum quod minutio quandoque fit per. . .
Flebothomia Salerni: Wi 61, 15c, ff. 109va-112ra

Notandum quod omnia celestia et maxime luna . . .
Phlebotomy: BMsl 634, 15c, f. 1

Notandum quod pars fortune accipitur in die a sole. . .
CLM 27001, 15c, f. 120

Notandum quod parvi iuvenes colerici. . .
Regimen contra epidimiam secundum Avicennam et Rasim: Archiv XVI, 57-58

Notandum quod principatus planetarum in conceptione. . .
VAp 1414, 14c, ff. 211r-215v

Notandum quod pro regula infallibili. . .
Boston Medical 20(Ballard 7), 14c, f. 97r; T (1949), 67, n.72

Notandum quod quando luna est in ariete. . .
Legend with picture of sign-man: CUt O.IX.10, f. 76r; Studien (1914), 211

Notandum quod quatuor ordines figurarum. . .
'Haec sunt figure de Arabicis': Basel O.IV.35, 13c, f. 55v; Isis 32(1940-1949), 301-3

Notandum quod quatuor sunt spiritus scilicet mercurius. . .
VI 5491, 15c, ff. 22v-24v

Notandum quod quecumque sunt. . .
Astrological medicine: Salzburg St. Peter-Stiftsbibl. a.VI.17, 15c, ff. 69-79v(Zi 4048)

Notandum quod quelibet rotunditas sive circulus . . .
Littere dominicales: CLM 13076, ff. 11v-12v

Notandum quod quindecim anno. . .
Computus: CLM 4563, 11c, ff. 4-13v; SG Stift 381, 11c, ff. 166-169(Zi 12138-39)

*Notandum quod quinque sunt essonia(?). . .
Ran. Hengham, Parva: Tanner

Notandum quod scientia huius libri est. . .
Jean Buridan, Questiones super de generatione et corruptione: Ea F.357, 14c, ff. 96-129v

Notandum quod scire debitis primo etatem lune . . .

>CUt 1055(O.I.31), a.1419, f. 20r

Notandum quod secundum Ptolomei in suo Centilogio. . .

>Regule de dandis medicinis: VAp 1264, 15c, ff. 229v-231r

Notandum quod septem sunt metalla sicut et septem sunt planete. . .

>Liber qui dicitur Lumen luminum: Speculum 34(1959), 242, n.31

Notandum quod septem sunt puncta que maxime attenduntur. . .

>CU 1935(Kk.I.1), 13c, ff. 139v-141r

Notandum quod sic debet primo medicus procedere. . .

>Cure of wounds etc.: BMsl 3532, 15c, ff. 11v-32v

Notandum quod sicut aries est. . .

>De astronomia medicorum: CU 1705(Ii.I.13), 14c, ff. 126-128r

Notandum quod signorum celestium aliqua sunt domus naturales. . .

>Pro brevi expositione terminorum: SG Stadt 412, 15c, (fols. unnumbered) (f. 96r(?)-); at (f. 100r), Nunc consequenter pro 3ª parte huius speculi sumatim tractabimus, with text ending *or* breaking off at bottom of page; at (f. 102v)a opens, Nunc ultimo de gradibus dicendum est. . .; figures and blank leaves follow

Notandum quod stelle fixe alium habent motum . . .

>Walter Evesham, Declaratio motus octave sphere: BLlm 674, 15c, ff. 75r-76v; T III, 127, n.37

Notandum quod sunt quidam qui ad preservationem. . .

>Phlebotomy: Bern 429, 13-14c, f. 44rb-va

Notandum quod tempore Comarohe regis quidam philosophus. . .

>'Experimentum pro lapide': BLlm 674, 15c, ff. 29v-30r

Notandum quod tota ars novem speciebus perficitur quarum prima est numeratio. . .

>BE 960, item 4(Schulz)

Notandum quod unicum difforme. . .

>De intensione formarum: Ran 1017(R.6.32), 14c, ff. 6v-7v

Notandum quod unum est opus. . .

>De calculatione eclipsium: BLd 68, 14c, ff. 78v-(82v); CUg 141(191), 14c, ff. 257-263; CU Gg.VI.3, 14c, ff. 360va-365vb

Notandum quod urina est aquositas. . .

>De urinis secundum Aegidium Corboliensem: VI 5511, 15c, ff. 45r-60v

Notandum quod virtus corporis humani ex tribus. . .

>Gerard de Solo, Recepte super quarto Canone prime fen Avicenne: CLM 251, 14c, ff. 5ra-12vb; Ea F.240, 14c, ff. 241-249; BNna 1391, a.1371, ff. 67r-68v (tract on fevers)

*Notandum secundum physicos aqua et vinum. . .

>Jo. Stanbery, De quatuor minimis: Tanner

Notandum secundum sententiam Aristotelis primo Metheorum. . .

>Materia Erffordensis de generatione comete in mense Ianuario a.1472: CLM 3586, ff. 258v-260r; AIHS XI(1958), 238, n.45

Notandum sicut dicunt philosophi quod celi sunt novem. . .

>Liber de celis et signis: Girolla 67

Notandum spere celestes ratione situs. . .

>Notae de sphaeris celestibus: Ea Q.361, 14c, f. 141v(Zi 10379)

Notandum ut similitudo melius intelligatur. . .

>De ventis: CUt 1109, 14c, ff. 385-387

Notato cum(quoniam) ignis solus aurum. . .

>Liber de naturis colorum iuxta Aristotilem: BU 474(830), 15c, ff. 61v-62r; CU Ii.III.17, 15c, f. 144(Atk); BMad 41486, ff. 61r-62v

Note de urinis. Urina secundum Isaac. . .

>See 'Urina secundum Isaac. . .'

Notificabo vobis quod philosophi plura posuerunt in scriptis. . .

>Anthonius Patavinus, De transmutatione metallorum: Orléans 291, 16c, ff. 7-10v(Corbett II, 148)

Notitia complexionum singulorum ubi comprehenduntur. . .

>De complexionibus: BMsl 431, 13-14c, f. 69rb-vb

Notitia rerum in homine triplici virtute perficitur. . .

>Johannes de Sancto Geminiano, prol. iii, Summa de exemplis ac similitudinibus rerum. Text, 'Abstinentia discreta ciborum. . .'

Notum sit omnibus exorcizantibus. . .

>Solomon, De quatuor annulis, (*or* Tract. discipulorum): FN II.iii.24, 15c, ff. 26v-29v; T (1947), 250

Notum sit omnibus hominibus ut quicumque...
  To find Advent etc.: Bern 441, 9c, ff. 14v-15r;
  BMh 3199, 11c, ff. 71r-74r

Nous commençerons une oeuvre soi le pratike
de géométrie...
  PGe R.I.17, 13c, ff. 151-163; BB XV(1882),
  55-70

Nova compositio horalegi quod ex pulverum
casu consistit...
  Iohannes Fontana, Hour-glass: BU 1426, 15c,
  ff. 1-50; T IV, 156, n.23

Novam Platonis interpretationem auspiciis...
  Ficino, prol. De sole et lumine: Florence, 1493
  (Klebs 398.1; IAL F140; Yale etc.)

Novem horis...
  Zeitrechnung: SG Stift 250, 9c, ff. 445-46; 174,
  9c, ff. 190-94 (Zi 12140-41)

Novem horis in luna pro quinque diebus...
  BMh 2506, 10c, f. 51r-

Novem sunt lapides qui sunt in hostio...
  Virtutes lapidum: BLlm 203, 13-15c, f. 107r;
  Ea Q.222, 14c, ff. 82v-83v; Ambix 8(1960), 11

Novem sunt species saporis...
  BMh 2558, f. 12vb

Noverint me universi Guillelmum qui possum
dici...
  Guillelmus de Hercignies, Latin verses on medicine: St Quentin 107, 14-15c, ff. 211-(222)

Noverint preterita universi presentes et futuri
quod ego Io. de Muris...
  De introitu solis in Arietem: BN 7281, ff. 159v-
  160r (T III,294,n.3)

Noverit tua discretio...
  The above incipit is preceded by 'Galieno summo
  medico humilis Lucas Evang. Christi Salutem,':
  BN 10630, f. 25r-v

Noveritis excellentissime rex...
  Duns Scotus, Tract. ad regem Angliae (alchemy):
  BU 271(458), 16c, I, 8

Novis neget ex solo dimissos sidere...
  Publius Faustus Andrelinus, De influentia
  syderum et querela Parisiensis pavimenti: GW
  1871-72; Klebs 67.1-3; IAL A612; T IV, 560

Novis supervenientibus vetera reicitis...
  Conradus Stoll Alamannus, Prediction for 1377:
  CLM 7662, ff. 216r-220v(Zi 10668)

Novissime et profundissime dabo vobis experimentum verum...
  BMsl 323, 14c, ff. 164-165; CUt 1120(O.II.16),
  15c, ff. 19-20v (DWS 532)

Novissime omnium creaturarum deus et pater
fecit Adam...
  BN 14070, 15c, ff. 117r-118v, after extracts from
  Michael Scot, Liber introductorius

Novissime vero componamus oleum rectifica-
tum...
  Ex Theophilo: BMsl 3457, f. 273v; T (1938),
  n.28

Novitiis adolescentibus ad astronomicarum rem-
publicam...
  Comm. Sacrobosco, Sphera: VA 5906, a.1543,
  f.31-

Novo et insolito siderum ortu infausta...
  VAp 487, 9c, f. 40(T I,673)

Novos Italiae advenisse morbos prioribus...
  Nicolaus Leonicenus, De morbo gallico: Venice,
  1497, f. 3r(Polain 2816; Klebs 599.1-3; IAL
  L143-145). Pref. to Jo. Fr. Pico della Mirandola, 'Habitam nuper Ferrariae...'

Novum morbi genus anno salutis nonagesimo
sexto...
  Antonio Benivieni, De abditis nonnullis ac miran-
  dis morborum et sanationum causis: T IV, 586

Novum quid pando omnibus...
  Gerlandus, Compotus (imperfect): Brux 4677,
  13c. ff. 168r-179va(Silvestre 155b)

Nox erat et sompnis lapsus submisit ocellus...
  Ps.Ovid, De sompno: P. Lehmann, Pseudoantike
  Lit. des Mittelalters, (1927), 90; VAr 786, 15c,
  f. 133r-

Nulla cosa è tanto all' uomo acerba...
  Michael Savonarola, De preservatione a peste et
  eius cura: T IV, 187

Nulla enim de virtutibus tuis generosior...
  Remedium a mal de punta, Ex epistola Demos-
  tenis ad Alexandrum: VAu 510, a.1476, f. 204v

Nulla est affirmatio in qua universale sumptum
...
  William Heytesbury, Consequentie: Oc 293, f.
  337-; Wilson(1956), p. 207

Nulla est curatio morbi proprie et...
  Nova reportata super Egidium de urinis: PA
  1024, 14c, ff. 1-12; Archiv II(1909), 14

Nulla linea nisi tantum una residuo coniungi...
  Bachon Alardus (Adelard of Bath?), Comm.
  Euclid X: Björnbo(1912), 98

Nulla pars eius quod augetur augetur ergo non quelibet...
> Hugh of Siena, Questio de modo augmentationis: Lockwood 236. See 'Utrum in vero augmento ...'

Nulla primarum qualitatum est complexio nec aliqua secunda...
> Hugh of Siena, Questio de complexionibus: Lockwood 235

Nulla videtur precessisse temporibus memorabilibus...
> Gentile da Foligno, Consilium de pestilentia: VAp 1264, f. 302r

Nullam rem inveni in artem sic illuminare posse nisi...
> Hermes et Argelaus, Liber alterationum de purgationibus corporum: FR 940, 16c, ff. 27v-28r

Nullum mixtum perfectissimarum operationum ...
> Hugh of Siena, De secundo modo equalitatis: Lockwood 235

Nullum querunt autorem medicine cum hec signa viderint...
> Ps. Hippocrates (Democritus *or* Soranus), Secreta *or* Prognostica: Archiv IX, 82, 86; Kibre(1945), 390-91; Beccaria 133.5a; Epistula pronosticys (*sic*): Heeg 19

Nullum visorum semel videtur totum...
> Euclid, Optica cum Aimari (de Roussillon?) glossulis: Oc 283, 11-13c, ff. 162-165

Nullus antiquorum auctorum de ruptura sifac et intestinorum...
> Gentile da Foligno, De ruptura sifac: Na VIII.D.35, 15c, ff. 206rb-207rb(T III,236)

Nullus debet sumere cibum nisi stomachus sit vacuus...
> Metz 178, 14c, f. 12rb-vb

Nullus enim sensus est pretiosius...
> De curatione oculorum: Ran 1497(V.3.4), 15c, ff. 96-103

Nullus vero astrologorum quorum libros ego vidi...
> Ad cognoscendum etatem mundi: BMr 12.C.VI, 15c, f. 100r

Num aegre iterum feras pater sanctissime...
> Theodore Gaza, pref. tr Alexander of Aphrodisias, Problems: Lucca 1392, 15c, f. 139; CTC 128-2 to 129-2

Numerari ex qualibet multiplicatione infra denarii...
> Arithmetic: CUt 1369(O.VII.41), 11c, ff. 63-75r

Numeratio prima species est numeri cuiuslibet ...
> Cgm 821, f. 76r(Schulz)

Numeratur super annos domini 1340 quotquot annos...
> VAp 446, f. 219v

Numeri propositi representationem cognoscere. Numerum mathematica...
> George Peurbach, Algorismus: Cgm 821, f. 68r; Hain *13599(Schulz); Klebs 753.1

Numeri quos per singulos menses...
> Horologium viatorum: CLM 11336, 12-13c, f. 43v

Numeri rubri denotant...
> De kata coniuncta et disiuncta: CUg 141(191), 14c, ff. 198-(201)

Numero de'pianeti et nomi loro con le figure...
> Christoforo Bucii, Vero tesoro di geomancia: FL Plut.89.sup., cod.41, 15c, ff. 105-(140)

Numerorum alii sunt digiti...
> Arithmetic: BMr 12.E.XXV, c.1300, ff. 147v-(148r)

Numerorum alius simplex alius compositus...
> Jordanus, Demonstratio in algorismum: Bruges 530, 14c, ff. 15v-24v; Björnbo(1912), 220

Numerorum significationes quatuor modis credimus distinguendos...
> Theobaldus Lingonensis, De sacramentis numerorum: BN 2583, 14c, ff. 25r-35v

Numerorum significationes quatuor modis distinguntur...
> De misteriis numerorum: Delisle II, 88a

Numerorum significationes septem differentiis credimus distinguendos...
> Gaufridus de Alta Cumba, De sacramentis numerorum: BN 2583, 14c, ff. 20r-23v

Numerum annorum mensium et dierum a principio alicuius ere...
> Hermann Stilus de Norchem, a.1355, Practica tabularum Alfonsi: Ea F.386, c.1359, ff. 38rb-48ra(T III,256, n.8); Zi 537-538; BN 7316A 14c, ff. 141v-163v; VAp 1354, 15c, f. 97ra; anon. Cod. Rosenthal 161, f. 81r; CU Mm.3.11, 15c, f. 44(Atk); 2nd paragraph of John of Saxony, Canones: pr (Venice), 1483(Klebs 50.1; IAL A473; LC)

Numerum—propositarum ac minutorum hore
. . .
> Canones de tabulis Alphonsinis: Ea F.395,
> a.1373, ff. 2-5v(Zi 538)

Numerus ad aliquod sive ad alium . . .
> Plimpton 180, ff. 15r-28v

Numerus annorum cicli lunaris cum aurei . . .
> Computus: BLd 28, ff. 10v-14r; probably a
> continuation of 'Intentio nostra in hoc opusculo
> . . .' at ff. 9r-10v

Numerus annorum. In ista propositione docetur modus reducendi . . .
> Canones tabularum Alfonsi: Ea Q.366, 14c, ff.
> 70v-73v(Zi 536)

Numerus annorum mensium et dierum inci-
pientium . . .
> Canones Alphonsi regis: CLM 14504, 15c, ff.
> 110r-124r

Numerus datus est cuius quantitas nota est . . .
> Jordanus Nemorarius, De numeris datis: ed.
> Treutlein, Ab III, 135-166; MSS numerous; Ab
> (1912), 128, n.1; Björnbo(1912), 220

*Numerus dierum medius motus . . .
> Jo. Chillingworth, Tab. astron.: Tanner

Numerus digitus est omnis numerus denario
minor . . .
> Arithmetica practica: Wi 79, 15-16c, ff. 179r-
> 189r

Numerus digitus ut infra decem . . .
> De numero pondere et mensura: BLr A.273, 14c,
> ff. 83v-84v

Numerus est duplex mathematicus qui . . .
> I. Boethius, Arithmetica: Ea F.395, a.1373, ff.
> 214v-219v; Prag cap. 1272, 14c, ff. 71-74
> (Schulz); Dresden C. 99a, 15c, ff. 17-26v
> II. Johannes de Muris, Arithmeticae speculativae
> libri duo: CUmc 295, 14c, f. 1(Atk); Brux 1045,
> a.1440, ff. 223v-226v; Basel F.II.8, 15c, ff. 2r-
> 12v; 223v-226v(AL 1137); CLM 26639, ff.
> 43r-46v; anon. VAp 1451, 15c, ff. 64r-78v; pr
> Venice, 1513; Mayence, 1538

Numerus est multitudo ex unitatibus aggregata
. . .
> Iacobus Faber Stapulensis, In libros arithmeticos
> . . .Boethii Introductio *or* Compendium: pr
> Paris, 1553. See 'Inter disciplinas mathematicas
> . . .'

Numerus est multitudo ex unitatibus(unitate)
constitua . . .
> Ps. Bede, De arithmeticis numeris: PL 90, 641-
> 48; anon. CUc 37, 14c, f. 36r(Atk); Jones 48,
> knew of no extant MS

Numerus et sufficientia dierum cret(ic)orum
habetur . . .
> Gordonius, De pronostico de Monte Pessulano:
> Prag 243(I.F.11), ff. 176r-182r

Numerus mensium anni Arabum et aliorum . . .
> Alfraganus, Liber de aggregationibus scientie
> stellarum, tr Gerard of Cremona: BN 7413-II,
> 13c, ff. 50vb-75va; CU Ii.III.3, c.1276, ff. 96r-
> 116v; Carmody 115; ed. Campani, 1910

Numerus mensium Arabum et Latinorum est
. . .
> Alfraganus, Rudimenta astronomica *or* Dif-
> ferentiae triginta, tr of John of Seville: Spec.
> astron. cap.2; Carmody 114; GW 1268(Klebs
> 51.1; IAL A414; LC); ed. Carmody(1943)

*Numerus quem pro presenti . . .
> Simon Bredon, Arithmetic; Tanner

Numerus qui dicitur algorismus quasdam signas
(figuras) habet necessarias que figure sunt
Indorum caracteres . . .
> BMsl 513, 15c, f. 58r-v

Numerus ternarius virtutem omnis rei signat
. . .
> Propositiones naturales omnium librorum Aristo-
> telis: VE VI.56(XII,4), 14c, ff. 49-56

Nunquam inveni meliorem medicinam ad stringendum ventrem . . .
> Magister Gillibertus (Gilbert, Chancellor of
> Montpellier), Experimenta: ed. Janus VIII
> (1903), 140-47; T II, 478

Numquam nisi in fine Aprilis colligas radices . . .
> (Hippocrates), De herbis colligendis: BMsl 962,
> 15c, ff. 85v-89v (Diels, 1905, 54)

Numquid coniungere valebis micantes stellas
pliades . . .
> De coniunctione planetarum: Graz 209, 13c, f.
> 111v

Numquid nosti ordinem celi . . .
> I. Bernard de Trilia, Comm. Sphere: Glorieux,
> I, 155
> II. Johannes Wallensis, pref. Dietarium (for
> monks): BLb 867(2746), 15c, ff. 132r-165v

Numquid per animam intellectivam homo ponitur . . .
> Optima questio Egidii: CUg 507(385), 15c, ff.
> 209-211; HL 30, 562

Numquid vinum competat in febre . . .
> Petrus Bononiensis, Questio: VAp 1225, f. 453ra-
> vb

Nunc ad intelligendum qualiter iudicia. . .
De reprobatione iudiciorum astrologie: VA 3097, ff. 23ra-50va(ColR 187); Isis 31(1939), 68-78

Nunc(Tunc) ad regulas secundi libri de potestate. . .
Aristotle *or* Ptolemy, Iudicia: BMad 10362, ff. 60r-70v(1-11); Millás(1942), 176; Osiris I(1936), 678, n.103. For the preceding text see 'Signorum alia. . .'

Nunc ad secretiora et nobiliora huius scientie. . .
Michael de Kepfira, De nativitatibus: CLM 125, a.1486, ff. 1ra-19vb (in 24 caps); anon., KlaB XXX.d.4, ff. 187r-233v

Nunc aperiturus rationem quare temporibus nostris. . .
Georgius Trapezuntius, Libellus cur astrologorum iudicia ut plurimum sint falsa: T IV, 395, n.20; pr Marstallerus, Artis divinatricis, Paris, 1549, part II, pp. 148-165

Nunc autem considerandum est de primo principio omnium motuum. . .
Johannes Cronisbenus, De motu animalium: VE VI.99(XII,26), 15c, ff. 110-111

Nunc autem de celestium diversitate restat tractandum. . .
John de Lineriis, Canon primi mobilis super tabulas: VAp 1412, a.1454, ff. 30r-35r; anon. Maihingen II, 1.F.110, 15c, ff. 129v-134v(Zi 11194)

Nunc autem de his que lapidibus. . .
CLM 16129, 14c, f. 49va-. See 'Quoniam autem de his. . .'

Nunc autem de septem planetarum naturis aliqua breviter scribo vobis. . .
De naturis planetarum: CUad 6860, 14c, ff. 80r-82v

Nunc autem in signis sunt quedam fortitudines . . .
Canones kalendarii planetarum: BMsl 513, 15c, ff. 20-21

Nunc autem ponam descriptionem aque multarum virtutum. . .
De aquis corrosivis: VAp 1205, ff. 125r-129v

Nunc autem propter eventus mirabiles. . .
See 'Tacui et silui. . .'

Nunc autem qualiter ad tanti operis (laboris). . .
Albertus Magnus, Libellus de alchimia. Pref. 'Omnis sapienta a domino deo est. . .'

Nunc autem secundum philosophos partes anime. . .
De anima: BN 16195, 13c, f. 26r-

Nunc autem secundum quosdam philosophos. . .
Budapest 269, 15c, ff. 128v-137v; Grabmann, Beiträge XXII, 1-2(1931), 348-

Nunc balnearum usus explicandus est. . .
Herten 192, 11-12c, ff. 38vb-39ra; Beccaria 55.11

Nunc breviter dicam de pulsus cognitione. . .
De pulsus cognitione versus: CLM 683, 15c, ff. 48v-51r

Nunc cerne ut media mundi corpora id est aqua et aer. . .
De quatuor elementis: Bern 234, 9-10c, ff. 44v-45v(tops of pp. destroyed by fire)

Nunc de accidentalibus effectibus est agendum qui dicuntur. . .
Urso, De qualitatum effectibus accidentalibus: Archiv XII, 139-43

Nunc de artibus planetarum eorum videamus. . .
VI 5239*, 14-15c, ff. 11*r-12*v(Zi 8297)

Nunc de cefalefonia hoc est capitis dolor. . .
Liber Esculapii: Chartres 62, 10c, ff. 74r-109r; Beccaria 10.7

Nunc de corporibus inferioribus est tractandum . . .
Thomas capellanus, De essentiis essentiarum, Tract VI: BNna 1293, 15c, ff. 3v-8v(Corbett I, 211); DWS 184; VAp 1329, 15c, ff. 144r-154v (T III,685); anon. VI 5509, ff. 331v-336r

Nunc de forma terre disseramus. . .
See 'Mundus iste (sensibilis) constat. . .'

Nunc de geometria videamus in his que sunt que ad septem. . .
Astronomy: VI 12600, 12-13c, f. 18r-v(Zi 10380); Saxl(1927), 160

Nunc de hospitiis videamus. . .
Ps. Aristoteles, De iudiciis astrorum: Ea Q.377, 14c, ff. 25-36 (T II,256, n.6)

Nunc de memoria quid sit meminisse et quas ob causas. . .
Themistius, Comm. De memoria et reminiscentia, tr Hermolaus Barbarus: pr Venice, 1502, ff. 102v-107r

Nunc de planetis magis in speciali est videndum . . .
Electiones de horis planetarum: CLM 22049, 14c, ff. 12ra-13vb(Zi 8298)

Nunc de signis nubium ventorum tempestatum
...
    De presagiis pluviarum: BN 16089, 14c, ff. 269v-270r

Nunc de theologia quam naturalem vocant...
    Dialogus quartus de theologia naturali inter Platonem Varronem et Iamblichum, ex una parte, et Augustinum ex altera: BLr A.368, 15c, ff. 91-111v

Nunc demonstrandum qua ratione cuiuslibet planete...
    Canones tabularum supradictarum, tr Petrus Alphonsus: Oc 283, ff. 141v-142v(Haskins 117)

Nunc demonstratis horariis ad superficiem planam...
    De horologii compositione orientalis vel occidentalis: Yale MS with (156, copy 2), ff. 260-262

Nunc dicam de iudiciis particularibus...
    De iudiciis ad medicinam pertinentibus: BN 7468, ff. 117v-119v

Nunc dicemus compositionem aque potabilis...
    Raymond Lull, Practica medicinalis secunde partis testamenti: BMsl 419, 15c, ff. 40-42(anon.) (DWS 247); near end of Liber de mercurialibus ad rubeum: FNpal 792

*Nunc dicemus creationem mercuriorum...
    Raymond Lull, De creatione mercuriorum ad faciendum tincturam rubeam: CLM 10600, 17c, ff. 10r-29r; HL 29, 382

Nunc dicemus de compositione aque potabilis...
    Bern B.44, 15c, ff. 80r-84r. See 'Nunc dicemus compositionem...'

Nunc dicemus per viam practice aliquos ramos
...
    Raymond Lull, Liber brancharum testamenti: FN II.iii.27, 15c, ff. 82v-90v(T IV,632)

Nunc dicendum de descriptionibus receptarum
...
    Berchtold, Practica: Strasburg 20, 15c, ff. 52-66; Archiv 37(1953), 428

Nunc dicendum est de sale armoniaco quid sit et unde fiat...
    BMad 41486, f. 8

Nunc dicendum est de sulphure. Sulphur est pinguedo terre...
    BN 7161, 15c, ff. 67r, 68v-69(Corbett I, 99)

Nunc dico tibi fili aliquid de archano philosophorum...
    Avicenna, Declaratio lapidis: DWS 128

Nunc diligentius et valde consideremus...
    Liber passionarii Galeni de sintomatibus: VA 5368, 13c, f. 139v; Diels(1905), 127; the last book of Gariopontus, Passionarius, pr Lyons, 1526; Basel, 1531, etc.

Nunc distinguit duas species quantitatis ut multitudo et magnitudo...
    Arithmetica: CUg 668*(645), 15c, ff. 135v-136v

Nunc ergo fili carissime cum nutriares...
    De modo perficiendi rotam imperfectam: CU Kk.VI.30, 15c, ff. 71-74, 74-80r, 80v-86v(DWS 605)

Nunc ergo qualiter ad tanti laboris opus...
    Albertus Magnus, pref. Semita recta: Mon 493, 15c, ff. 23-28(Corbett II,120)

Nunc est principium corporum ex quibus...
    Theophilus de Ferrariis, Propositiones ex primo libro meteorum Aristotelis et lectiones notatae sunt secundum expositionem Petri de Alvernia: pr Venice, 1493, ff. 71r-82r(Klebs 395.1; IAL F93; LC)

Nunc etiam compleatur tractando de propositionibus...
    Buridan, Sophismata: Vienna Dominican-Convent 401/364, 14c, ff. 56vb-60rb

Nunc genitum Carolo volo dilectare loquendo
...
    Dicuil, Computus: ed. Proceedings of Royal Irish Academy 26, C(1906-7), 378-445

Nunc igitur in dei nomine et benedictione...
    Rudianus, Alchemy: VAb 273, ff. 1r-38(T III, 44, n.9)

Nunc igitur(ut) ipsam practicam aggrediamur
...
    George Ripley, Pupilla oculi, with Prefatiuncula canonici: BLas 1406, I, pp. 85-89; 91-102. Pref. 'In primis intellige...'

Nunc igitur quantum ad presens lecturus summam naturalium...
    Laurentius Dressen, Comm. in opera Alberti Magni: Wu M.ch. Q.30, a.1455, 332 ff.; Schwarz(1907), 25

Nunc igitur qui habet aures audiendi...
    Lilii liber: VAb 273, f. 298r(T III,65)

Nunc igitur ut ait Tullius due memorie sunt...
    De arte memorandi: CLM 7721, f. 1; Aretin, Mnemonik, Sulzbach 1810, p. 132 seq.(Schulz)

Nunc illud sciendum scito quod maxime iam dixi...
    Epistula de pulsibus et urinis: VAp 1088, 9c, f.26r-v; Beccaria 103.2

Nunc in dei benedictione practicam reserabo et modum...

> Vera via universalis (Alchemy): Univ. of Penn. 1, 15c, ff. 47r-62r(?); Roger Benett 35, Kenilworth, Ill., 15c, ff. 11r-40v. See 'Nunc igitur in dei nomine et benedictione...'

Nunc in hac(hanc) epistula exponere ex libris grecis...

> 'Incipit epistula Accii Iusti' (Vindicianus, Gynaecia): BN 11218, 8-9c, ff. 16r-21r; ed. V. Rose, Theodorus Priscianus, 1894, p. 428-; Beccaria 34.5

Nunc inchoabo librum de consuetudinibus in iudiciis stellarum...

> Abraham Avenezra, De consuetudinibus *or* Centiloquium Bethen, tr Peter of Abano: T (1944)aa, p. 299; pr with Ptolemy, 1484; 1493, ff. 119r-120r; Hain 13544; Klebs 814.1-2; Abraham ibn Ezra, Opera, 1507; Firmicus Maternus, 1551, pp. 89-93; Astrological aphoristica, Ulm, 1641, pp. 77-92; G. Wallerand, Les philosophes Belges, XI(1931), 21

Nunc incipiam rationes librorum philosophorum...

> Girgit, De mansionibus lune: Oma 182, 15c, ff. 122vb-123vb

Nunc incipiet liber ignium a Marcho Greco compositus...

> Ea Q.361, 14c, ff. 24-26. See 'Recipe sandarace pure libr....'

Nunc me convenit dicere quod morbos...

> De quatuor elementis corporis: Beccaria pp. 424-25

Nunc narrabo librum de consuetudinibus...

> Bethen, Centiliquium: BN 10269, ff. 99v-102. See 'Nunc inchoabo...'

Nunc pater et(ac) domine reverende audiatis et intelligatis...

> Arnald of Villanova(?), prol. Semita semite: T III, 673-74

Nunc pater venerande audi et intellige et deus tuum...

> (Arnald of Villanova), Practica(alchemy): DWS 226. See 'O venerande pater gratias deo (ago)...'

Nunc plenius...imagines de spheris seu orbibus VII planetarum...

> Theorica abbreviata a magistro D. Ret.(?) super signis: CU 1577(Gg.VI.3), 14c, ff. 221r-(222v)

Nunc queritur utrum ad perfectam rei cognitionem...

> Questions on Physics: Mon 293, 13-14c

Nunc quoniam rationem antisciorum quam maxime licet...

> Georgius Trapezuntius, De antisciis tractatus et cur his temporibus astrologorum iudicia fallunt: VAr 1098, ff. 1r-15v(ColR 139), 3v-4v ed. T IV, 697-98; other MSS and eds.: Ibid., 395, n.20, change 'Paris, 1547' to 1549

Nunc rex serenissime est tempus...

> Raymond Lull, Investigatio secreti occulti: FN II.iii.28, 16c, ff. 34r-35r(T IV,640)

Nunc sciendum est de nominibus ponderum...

> BMsl 3550, f. 37va-b

Nunc sequitur ordo vivendi philosophice secundum Aristotelem...

> Introd. by someone else to John of Seville's medical extract from Secretum secretorum: Basel F.III.8, ff. 223ra-224rb

Nunc sumus in orbe 14 ab coniunctione magna que significavit diluvium...

> Matheus Meroti *or* Moreti, Prediction for 1479: pr BU AV.KK.VIII.29, ff. 141r-143v (T IV,454)

Nunc superest de cauteriis aliqua particularia...

> De cauteriis: VAp 1083, a.1447, ff. 222r-223r

Nunc superest ostendere quanta sit maxima declinatio...

> Simon Bredon, Comm. super aliquas demonstrationes Almagesti: BLd 178, 15c, ff. 42r-65; CU 1017(Ee.III.61), 15c, ff. 40-44 (old 43r-45r)

Nunc usque dilecto semperque dilecto(diligendo)...

> Gerbert, Epistola ad Adelboldum: Bubnov lvi; Mon 491, 11c, ff. 112r-117; BN 7377C, ff. 12r (34)-13(35)v. See 'In his geometricis...'

Nunc vero dicendum est de egritudinibus particularibus...

> VAp 1134, ff. 39r-112v

Nunc vero incipiamus dicere de acutis febribus...

> De acutis febribus et periculis synochis: Mon 185, ff. 124v-136r, may be part of preceding tract on fevers in the MS

Nunc vero primus tradere volo doctrinam medicinalem...

> Prol. Epistola Aristotelis ad Alexandrum: CUt 1125(O.II.21), 14c, ff. 134r-138r

Nunc vero prius tradere volo doctrinam medicinalem...

> Aristotle, Secreta secretorum, pars secunda de regimine sanitatis: OHI V, 64-113

Nunc vero sciendum est quod sal armoniacus. . .
    BMad 41486, ff. 9v-10r

Nunc vero totam intentionem sublimationis. . .
    Geber, Summa perfectionis magisterii: Cop
    Gl.kgl.S.236, F, 15c, ff. 99-107; ed. Manget I,
    533. See 'Totam nostram scientiam. . .'

Nunc videamus de vacuatione que fit per
fleubotomiam. . .
    Arnald of Villanova, De flebotomia: CLM
    14245, a.1474, ff. 38v-40v

Nunc videamus naturam omnium signorum. . .
    Hippocrates, De infirmitatibus ex aspectibus
    planetarum versus lunam provenientibus: CLM
    2841, ff. 58r-65v; anon. De differentia stellarum:
    ZB Beiheft IV(1889), 528; cap.1, Peter of
    Abano's tr, pr Venice, 1485, ff. 46r-49r (Klebs
    406.1; IAL P920). See 'Cum legerem libros. . .'

Nunc videndum de hiis que circa eclipsim solis
. . .
    Jordanus(?), Compositio astrolabii: VAp 1212,
    15c, ff. 82r-102r; Osiris 8(1949), 41-42

Nunc videndum est de flebotomia et primo
videndum est qui sunt. . .
    VAp 1229, ff. 279ra-283va

Nunc videndum est de nocumentis que eveniunt
corpori. . .
    VAp 1229, ff. 273vb-275r

Nunc volo. . .
    De rerum naturalium generatione: Delisle, III,
    85b

Nunc vos potentes omnes herbas deprecor. . .
    Precatio herbarum: FL 73, 41, early 9c, ff. 11v-
    12r; Breslau III.F.19, early 9c, ff. 21v-22r; Bec-
    caria 89.4; 116.3; BMh 1585, 12c, f. 13va; FLgr
    81, 14c, 71 ff.; FL Plut.73, cod.16, 13c, f. 19;
    Mon 277, 14c, f. 1vb

Nunciatum signo futurorum aut significat. . .
    Arnald of Villanova, Abbreviatio libri pronosti-
    corum: VE fa 538 (XIV,23), 14c, ff. 8-10

Nunquam. . . See 'Numquam. . .'

Nuper beatissime pater antequam vestra aposto-
lica. . .
    Pierre d'Ailly, dedic. Exhortatio ad consilium
    generale super kalendarii correctione. Text,
    'Quanta diligentie cura. . .'

Nuper fuit quedam cedula publice conspectui. . .
    Johannes Malverne, introd. De remediis spirituali-
    bus et corporalibus contra pestilentiam: BLd 147,
    14c, ff. 53v-56r(TR 251); DWS Plague Tracts,
    no.9. Text, 'Ipsius igitur auxilio. . .'

Nuper inauditam scabiem mutabile vulgus. . .
    Dietrich Ulsen, Vaticinium in epidemicam
    scabiem: pr Nürnberg, 1496; Klebs 1004.1; Er
    640, c.1500, ff. 90v-93; ed. H. Fuchs, Göttingen,
    1850(Benjamin)

Nuper inter lapides. . .
    CUg 117(186), 13c, pp. 1-2 (rest is illegible)

Nuper me. . .
    See 'Nuperrime. . .'

Nuper mihi oblata est dispositio. . .
    Consilium in dispositione epilentice: CLM 456,
    ff. 28r-31v

Nuper theorica planetarum aliquas demonstrationes. . .
    Blasius of Parma, VE VIII.69(XI,86), 15c, ff.
    175-216(T IV,662). See 'Super theorica. . .'

Nuperrime college Olimpii exhortatione provo-
catum. . .
    Theodorus Priscianus, Prol. Euporiston: Bec-
    caria 5-1, 108-19; CU 1497(Gg.III.32), ff. 95v-
    146v; ed. V. Rose, 1894; pr as Octavius Horati-
    anus, Strasburg, 1532

Nuptiale carmen finxit Martianus. . .
    Comm. Martianus Capella: Laurent 43(177)

Nutrimentum et nutrimenti species unum et
multa. . .
    Ps. Galen, De nutrimento, tr Nicholas of Reggio:
    Ran 1338(T.4.3), 14c, ff. 39v-40; BN 6865, f.
    118; VA 265, 14c, f. 146; Lo Parco 289; T
    (1946), 227

Nutrix eius est terra. Ut dicit philosophus
quia sicut infans. . .
    Glosa secundum quosdam philosophos et super
    infantem dictum(?), Alchemy: BU 168(180),
    15c, ff. 59r-60r

Nutrix que puerum lactat debet esse sana per
totum corpus. . .
    Gotefridus medicus Germanicus: BMar 295,
    14c, f. 119v

O Alexander cum corpus sit corruptibile. . .
Aristotle, Regimen principum (part of Secreta secretorum): Basel A.V.14, a.1459, ff. 119va-129va

O Alexander! cum sit hoc corpus. . .
Ps. Aristotle, Medical extract from Secreta secretorum, tr Ioh. Hispanensis: Brux 916, 14c, ff. 233va-234va

O Alexander cum sit homo corpus. . .
Medical portion of the Secreta Secretorum, tr Ioh. Hispanensis: BLau F.5.31, early 13c, ff. 61-62

O Alexander fili karissime. . .
Ps. Aristotle, Secretum secretorum: BMr 9.B.II, 14c, ff. 137-(146)

O Alexander iam scivisti illus quod antea tractavi. . .
De ydoneis et formis (part of Secreta secretorum): BLr A.273, 14c, f. 24v

O Alexander in hoc opere. . .
Ps. Aristotle, Secreta secretorum: CLM 455, 15c, f. 123r-; Cambrai 920(819), 15c, f. 238r-v(Corbett II,52)

O Alexander rector hominum et totius machine mundi custos. . .
Ps. Aristotle, Epistola ad Alexandrum: BLas 1450, 15c, f. 8(T II,253)

O Alexander scire debes quod sicut in plantis diverse. . .
Aristotle, De lapide philosophorum ad Alexandrum: BU 164(153), 15c, ff. 104v-108r

O bone Germane si poscis vivere sane. . .
Claretus de Solentio, Complexionarius: Prag cap. 1468, 14c, ff. 33-44; 1296, 15c, ff. 157v-168v; ed. Flajšhans in Corp. glossur. Bohem., I, 1, 1926, 203-240(Schulz)

O Caesar venerabilis multis. . .
Thessalus on herbs: Cumont, Revue de philologie, 42(1918), 89, n.1. See 'Thessalus philosophus Germano. . .'

O doctor egregie rector iustitie. . .
Alexander, Epistola ad Aristotelem: FL plut.73, cod.11, 14c, f. 145

O clara cleri. . .
See 'Antiqui dicunt hii. . .'

O dolor in nomine patris. . .
Formules superstitieuses, recettes de medicine et explication de termes medicaux: Tours 789, 12c, ff. 102v-137

O domina scias quod aurum est vita hominis. . .
See 'Medicamen magnum Archellai. . .'

O domine deus omnipotens pater et filius. . .
Dialogus inter naturam et filium philosophiae: Ze II, 87

O eterna dei patris omnipotentis. O eterna dei. . .
Invocation preceding metrical alchemy of Johannes Teschinensis: BN 14006, 15c, ff. 96v-97r(Corbett I,182); FR 1165(L.II.34), 15c, f. 93r-; anon. FN Palat. 887, ff. 28r-31r

O felicissime decet nobilitati vestre. . .
Alchemy: DWS 710

O fili gloriosissime imperator iustissime. . .
Ps. Aristotle, Secreta secretorum, text: DWS 29; OHI V(1920), 40

O fili Iohannes. . .
Constantinus Africanus, tr Galen, Megategni: CUpet 33, 13-14c, f. 1. See 'Quamvis carissime . . .'

O fili mi felicius ut vivas atque citius. . .
De terminis astrologicis: Ea Q.361, 14c, ff. 114-116v; Wash. LC Vollbehr: Hain 5239, fly leaf (De Ricci I, 248, n.183) (Schulz)

O fili mi infans carissime ob metum. . .
Alchemy: CUt 915(R.XIV.44), 15c, ff. 187r-189r(DWS 622)

O fons solutionum amborum luminariorum recipe solem foliatum. . .
Opus verum ad medicinam mercurii congelativum: Cambrai 920(819), 15c, ff. 226-229v(Corbett II,51)

O Frederice constat. . .
See 'Sciant omnes artifices alchimie. . .'

O gloriose Adonay. . .
Experimentum cristalli pro puero: BLr D.252, 15c, f. 6r-

O gloriosum rerum principium quod est principium. . .sine principio. . .
Oliver Brito, Philosophia: Oc 283, 13c, ff. 150-155; 243, 15c, ff. 2rb-11va

O honorande rex et virtuosissime miles...
 George Ripley, Epistola ad regem Edwardum:
 BN 14012, 16c, ff. 58-64(Corbett I, 203); BU
 142(109), II, 16c, ff. 122r-126v; Opera, 1649,
 p. 427

O imperator inter cetera que te oportet...
 Michael Scot, Phisonomia: Mi L.92.sup., 13-
 14c, ff. 89ra-135ra

O lumen incomprehensibile gloriosum in maiestate...
 George Ripley, Duodecim portarum: T IV, 352;
 Corbett I, 161, 203; Ze II, 109-23; III, 797-
 821; English: DWS 810; Opera(1649), 7-100

O magister Iohannes Salernus quod...
 See 'Quomodo aurum vivum creatur...'

O medice accedens ad infirmum(patientem)
quem nunquam vidisti...
 Nicolaus *or* magister cardinalis: CUg 379, c.1300,
 f. 134; Oe 35, 14c, f. 263; CU 671(Dd.XI.45),
 15c, ff. 82r-84v(TR 223); CUt 1406, 15c, ff.
 165v-168r

O medice attendens ad patientem quem nunquam vidisti...
 De administratione medicinarum et de modo
 agendi: CUg 407(413), 14c, ff. 23v-37v

O medice quando ad patientem quem numquam...
 See 'O medice accedens...'

O medice qui ad egrotum vocaberis...
 Ea Q.379, 13-14c, f. 59. See 'Cum O
 medice ad egrum...'

O mi frater karissime...
 Ademar of Paris, Dialogus: BMh 5403, 15c, f.
 36r-v(DWS 364; T III, 135)

O mi karissime cui deus adaugeat mentem...
 Liber philosophie: FLa 204, 13c, ff. 50-76

O Moriene primum querere libet...
 CUad 4087, 14c, ff. 255r-264r; BN 7161, 15c,
 ff. 19r-22r; BU 168(180), 15c, ff. 61r-69r. See
 'Moriene (mihi) primum...'

O motor verus qui moves omnia mundi...
 Nota de pestilentia: CLM 77, 15c, ff. 165r-166r;
 Archiv XVI, 119; CLM 264, f. 84r

O natura omnium rerum antiquissima...
 Questiones in musica: Brux 10165, 15c, ff. 67ra-
 91v; ed. R. Steglich, Die questiones in musica,
 Leipzig, 1911. See 'Natura omnium...'

O nobilis imperator Henricus...
 Libellus seu tractatus de secretis mulierum a.1474
 (said to differ from tract attributed to Albertus
 Magnus): Cat. de la Bibl. de S. E. D. Paolo Bor-
 ghese, Part I, Rome, 1892, n.4576(Schulz)

O nobilis imperator vir generosus in...
 Michael Scot, Physiognomia: BLcm 555, 14c,
 ff. 59-(97)

O Philippe tuo michi qui tua vota iubere...
 John de Muris, Quadripartitum numerorum: BN
 14736, 15c, ff. 87r-105r

O prophetessa audivi siquid multos dicere...
 De interrogationibus Aaron et responsibus Marie
 (Alchemy): VI 5477, 15c, ff. 61v-62v

O quam carus erat mihi quamque optabilis ille...
 Ovid, (Book I) De vetula: Mon 366, 13c, ff. 1v-
 41r; Angers 541(506), 14c, 43 ff.; Budapest
 285, 15c, ff. 114-130v; Hain 12254; Lehmann,
 Ps. Ant. Lit. d. M.A., p. 13 seq.; Bezold, Aus
 M.A. u. Renais, p. 181 seq.(Schulz)

O quam gloriosissima margarita tanta prestola-
tur...
 Arnald of Villanova, Alia epistola que dicitur
 gloriosissima margarita: BU 303(500), 15c, f.
 129r(T III,659)

O quam labilis...
 Feribrich Anglicus, prol. Calculationes de motu.
 Text, 'Quia unitas vel difforme...'

O quantum gaudium nos oves dominum celebrare debemus...
 Firminus de Bellavalle and Johannes de Muris,
 dedic. Treatise on calendar reform: T III, 269.
 Text, 'In hoc opusculo quatuor...'

O qui stelligeri cursus moderaris Olimpi...
 Raymond of Marseilles, Liber cursuum planetarum: Oc 243, 15c, ff. 23-62(Haskins 96)

O reverende pater...
 See 'O venerande...'

O rex et domine deus et pater unice trine...
 Nicolaus de Polonia, Antipocras: BE 166, 14c
 (Schulz); ed. Archiv IX, 40-51

O rex regum in eternum vives(?)...
 Johannes de Berle, Aurum potabile: VAb 273, f.
 248v

O sedes clavis...
 Computus: Admont 800, a.1385, ff. 7-17v(Zi
 12142)

O stulte peregrine patrie profugus...
 De ovo philosophorum: CUt 1122, 14c, f. 38r,
 (DWS 518; ColR 118b) etc.

O Thoma salve...
 Angelus Decembris, De cognitione ac curatione
 pestis: VAp 1123, ff. 112r-115v

O tu corporis curam gerens per omnia auxiliari
ne differas...
 Johannes Behemens, prol. De institutione medici:
 BMsl 345, 15c, f. 7r-v; anon., VA 2418, f. 209rb

O tu deus alpha et omega qui es principium et
finis...
 De lapide universali: VE VI.214(XVI,3),
 a.1472, ff. 195-208

O tu quisquis es ad cuius manus hec mea pagina
 ...
 Liber diversarum artium: Mon 277, 15c, ff. 81v-
 100v; ed. Cat. gen. des MSS des Depts., I(1849),
 739-811

O tu rex scias...
 See 'Scias O tu rex...'

O venerande pater gratias deo ago qui...
 Arnald of Villanova, dedic. Semita semite: T III,
 61, 71, 660; DWS 226; Lehigh MS, ff. 154r-
 158r

O vos artifices qui sculpere vultis honeste...
 Extracts from Heraclius, Theophilus, etc.: EU
 123, 12c, ff. 154v-155(DWS 871); BN 7161,
 15c, f. 100(Corbett I,105)

O vos homines qui sensibilia...
 Alkindi, De radiis stellatis: Vienna, Dominican
 Cloister(G.53): Mittelalt. Bibl. Kat. I(1915),
 340. See 'Omnes homines qui...'

O vos philosophiam inquirentes...
 See 'Presentium ordinator et declarator...'

O vos Vratislavienses nulla pestilentia tam
admirabilis...
 Henricus Reczekow de Rybbenicz, Pest tract:
 Archiv IV, 209-22

Ob rogatum quorundam scolarium deo favente
 ...
 Albert of Saxony, Sophismata: BN 16134, ff. 1ra-
 56rb

Obiecit autem aliquis si omne corpus...
 De memoria et reminiscentia: CLM 13056, 14c,
 ff. 51ra-52rb

Oblata est mihi dispositio que multum...
 Bartholomaeus de Montagnana, De dispositione
 hypochondriaci: Consilia, (Padua), 1476; etc.
 (Klebs 689.1-4; IAL M700-704); Frankfurt,
 1652, pp. 1278-83; etc.

Oblata est mihi Petro de Holandia...
 Peter of Holland, Nativity of 1408: VI 5002, ff.
 1r-41r

Oblivio quidam est corruptio memorie secundum
(Plinium?)
 On Memory: CLM 694, 14c, f. 13r

*Oblivioni raro traduntur que certo...
 John Chillingworth, prol. Algorismus. Text,
 'Brevis sermo de quatuor...'

Obmissis... Obmisso...
 See 'Omissis...' 'Omisso...'

Obolus habet siliquas tres...
 Medicinal weights and measures: Beccaria p. 425

Obolus siliquas...
 Index ponderum: VAu 650, 15c, f. 172v

Obsequiis mihi possibilibus premissis egregie
doctor...
 Bernard of Treves, Responsio ad Thomam de
 Bononia (a.1387): DWS 317; BN 11201, f. 43r
 (T III,620); BN 7149, ff. 24r-31v; (Corbett I,
 65, 144, 246); BU 138(104), a.1476, 23 Aug.,
 ff. 49r-59v; CU 1255(Ff.IV.12), a.1528, ff. 5r-
 28v; pr Paris, 1564; Manget II, 399

Obsequiis mihi possibilibus premissis ergo terra
aqua...
 Rogerius, De secretis nature: FR 1165(L.III.28),
 15c, ff. 44v-47; Roger of Parma: Lami p. 343;
 HL XXI, 523; ascribed to Roger Bacon, FNpal
 887, 15-16c, ff. 1or-16r; Little 395

Obsequiis mihi possibilibus premissis etc. Nam
aqua ut natura...
 See the preceding item

Observa Venerem cum intraverit...
 Toz Grecus, De imagine Veneris: Ea Q.386, 14c,
 f. 172r-v(Schulz)

Observa Venerem cum pervenit(erit) ad Pleiades
 ...
 Toz Grecus, De quatuor speculis: cited by
 Thadeus of Parma, Expositio theorice planetarum; FLa 131(205-137), 14c, f. 3v; Pastrengo
 (1547), 32r; Spec. astron., T II, 226, n.2; T
 (1947), 248-49

Observabis Venerem cum intrabit Taurum...
 Toz Grecus, De imaginibus Veneris: cited as a
 work distinct from 'Observa Venerem...' by
 the same authors as in preceding item; T (1947),
 248

Observandum est lunam v et x et xv et xx...
 Phlebotomy: VA 4418, 11c, f. 149v; Beccaria
 101.14

Observationes mensium. Ianuarius si...
 Versus astrologici de initio anni: VI 2532, 12c,
 ff. 130v-132v(Zi 4050)

Observationes temporum et cursus lune...
 Werner, Beiträge II, 143, n.375(Schulz)

Obsessio(?) planete dicitur quando planeta est...
 BLd 97, ff. 117r-118r

Obstans in veste veneris confer manifeste...
 CLM 22381, f. 310; 23449, f. 326(Schulz)

Obtalmia est apostema...
 De morbis et remediis oculorum: VI 4985, 15c,
 ff. 19r-31v

Obulus est scrupulus dimidius silique iii...
 Pondera medicinalia: VAp 1225, f. 9r

Obulus una gramma est...
 Medical weights and measures: VAr 106, 9c, f.
 81r; Beccaria 106.2a

Obviando dispositioni qua interdum reveren-
dissimus...
 Hieronymus Vallensis, De cura lapidis, ad card.
 Bessarionem: VAu 1416, 15c, ff. 61-(67)

Occasione comete que nuper apparuit...
 Robert Grosseteste, De cometis: Thomson 94;
 ed. Beiträge IX, 36-41; Isis 19 (1933), 21-26;
 50(1959), p. 39, n.44; M-H (1957), 36-37;
 anon. VAr 1261, 14c, ff. 58-59(Zi 6207)

*Occasione quorundam librorum apud quos...
 Albertus Magnus, prol. Speculum astronomiae:
 T (1947), 217-221; Speculum 30(1955), 423-
 27; Boston Medical 22, c.1370, ff. 1-8(TR 249);
 Ea Q.223, late 14c, ff. 105v-116v(TR 342);
 BLd 228, ff. 76r-79v(TR 263); T II, 692, 714-
 17; BN 7440, 14c, ff. 1-75; Glorieux I, 75, 392;
 pr (Nuremberg, 1493-4) (Klebs 25.1; GW 718;
 IAL A220; LC) etc.; AL 379; Borgnet X(1891),
 629-50

Occidens vero ab habitato distat per 17° 30'...
 De long. et lat.: VAo 1826, 15c, f. 135ra

Occidentalis oceanus habet gentes...
 Aethicus, Geographia, BN 4806, f. 1

Occulta est a deo pestiferi morbi essentia...
 Franciscus de Camerino: Archiv XVI, 175

Occultas artes inquirentes...
 See 'Occultum artis...'

Occultorum vocibus inclinatus ut super quartum
canonem...
 Dyernus Albertus, Supra prima fen quarti Canonis
 Avicenne: Oa 80, 15c, ff. 55r-76r

Occultum artis inquirentes sint inprimis sic
dicentes...
 Johannes Recenensis, Alchemy (metrical): T III,
 643; FNpal 887, 15-16c, ff. 28r-33v

Occultum artis inquirentes sint(sunt) prima sic
dicentes...
 Johannes Tecenensis (of Teschen), Alchemy: FR
 1165(L.III.34), 15c, ff. 93r-95r; VAp 1329,
 15c, ff. 170v-174r; Misc. Astrol. et alchym.
 Gilh. u. Ransch.(1936), ff. 65r-67r(Schulz)

Occurrit (itaque primum) discutere utrum sit
necesse...
 Petrus Berchorius, Libellus naturalium exem-
 plorum de fide contra vanos et curiosos philosophos: CU 1753(Ii.II.20), 15c, ff. 1-76; Rouen
 936(I.31), 15c, ff. 119v-(202); Miscellanea
 Ehrle I, 156 seq.; anon. Carpentras 127(I.143),
 14c, 159 ff. Prol. 'Cum solus in cella...'

Oceanus quoque incremento suo hunc numerum
septimum tenet...
 Quomodo partus formatur in utero: Beccaria
 115.6

Octo kal. martias vernus oritur...
 SG Stift 759, 9c, p. 46; Beccaria 135.1c

Octo sunt beatitudines et similiter octo sunt...
 Liber de vasorum formis: BMsl 1091, 15c, ff.
 64v-66(DWS 496)

Octo sunt figure mensurabilis cantus...
 Johannes Hothbus, De cantu figurato: Coussemaker III, 330-32(Vivell)

Octo sunt operationes artis alchimie...
 FLa 1451(1374), f. 62r

Octo tenet idus mensis generaliter omnis...
 De idibus: Hortulus anime (Nuremberg, Kober-
 ger, 1519, f. 17v)Schulz

Octo tonos in musica consistere musicus scire
debet...
 Musica Albini: VI 2269, 13c, f. 7v; ed. as Flacci
 Alcuini seu Albini Musica: Gerbert I, 26-27

Octonas Martis cepit lex quinque librorum...
 Walafrid Strabo, De quattuor divisionibus
 zodiaci: Bull. Du Cange XVII(1943), 67; Versus
 de terminis quadragesimale: CLM 14523, 10c,
 f. 1v; Bede: Mon 491, 11c, f. 124r-v

Oculi duo organa duo sunt quibus perficitur...
 VA 4425, 14c, ff. 207ra-220rb

Oculi patiuntur quandoque ex simplici materia
...
 Petrus Hispanus, Secretum: Basel D.III.10, 15c,
 ff. 33v-40v; VI 5305, a.1459, f. 42r-

Oculi sunt tertia pars corporis...
Rc 860, 14c, f. 46r-v

Oculorum albugo sine macula taliter deletur...
CLM 372, 13c, ff. 23r-25r

Oculorum calidae passiones flebotomia egentur
...
'Practica fratris Alberti': VA 4425, 14-15c, ff.
277vb-278r

Oculorum cura varia fere est et multiplex...
George Valla, De natura oculorum, item Aristo-
telis problemata quae ad oculos pertinent: pr
Strasburg, n.d.

Oculorum dolor...
See 'Desideranti tibi filia...'

Oculorum tunice sunt septem prima dicitur
retina...
De oculis: VI 5522, 15c, ff. 89v-93v

Oculorum tunice sunt septem tres interiores et
quatuor exteriores...
De oculis: VI 4768, 15c, f. 136r

Oculorum volentes infirmitatem curare sanorum
decet naturam cognoscere...
Constantinus Africanus, Liber oculorum: CLM
23535, 12c, ff. 28v-43v

Oculum alk(imie) tali scripta...
Gemma salutaris (Speculum alkimie): BU 1062
(2082), 14c, ff. 36v-43. See 'Vere bene...'

Oculus est calidus et concavus planus...
Benevenutus Grapheus, Ars oculorum. See
'Auditores audiant...'

Oculus est corpus cuius complexio est humida
forma...
Quedam dubia circa dicta oculorum: ed. Pansier
(1904), 151-54

Oculus est membrum rotundum ex tribus
humoribus...
De oculis: Wo 2584, 14-15c, f. 43v-59

Oculus est membrum rotundum humidum
radiosum...
De hiis qui oculis et visui conservent: VAp 1251,
ff. 93v-98r

Oculus est membrum rotundum nobile radiosum ex septem tunicis et tribus humoribus
contextum...
Petrus Hispanus. See 'In nomine summi pontificis vel opificis...'

Oculus est numero geminus compari suo similis
colore diversus...
Instructio moralis secundum septem proprietates
oculi corporalis: Wo 1056, ff. 274-318

Oculus ex septem tunicis et tribus humoribus...
De egritudinibus oculorum ex dictis sapientum
veterum: ed. Pansier(1904), 125-50

Oculus magnus et rotundus et albus...
Regulae de physiognomia: BLd 75, 15c, ff. 67r-
(68r)

Odit obervantes vanitates supervacue...
Henry of Hesse, Contra coniunctionistas: FLa
210(142), c.1401, ff. 71r-84va (T III,744);
ColR 39c, 41b; Roth(1888), 1; VI 4613, ff.
151v-167r; Wo 2839, ff. 74-94(Schulz); ed. H.
Pruckner, Studien zu den astrologischen Schriften
des Heinrich von Langenstein, 1933, pp. 9-20,
139-206

Odit stupiditatem verbosam professionis...
Ps. Apuleius, Herbarium, prol.: FL 73, 1, 9-10c,
ff. 143va-149vb; Beccaria 88.5

Odorem vero musci habet perfecti...
Liber divitiarum de virtutibus borisse seu
luminarie aut lucernarie: Harvard 24226.230.5

Odoriferum ad confortandum cerebrum. Recipe vini optimi...
Gentile da Foligno, Recepte: CLM 23912, a.
1394, ff. 1ra-43ra

Offendent pedes nostri(vestri) ad montes...
Michael Scot, Prophetiae: Brux 11963, 13c, ff.
92vb-98rb

Offensio capitis multipliciter fit. Aliquando...
Pancracius Sommer, Cyrologia: Studien XI,
508-514 (Schulz)

Olei laurini confectio...
BMr 12.E.XX, 12c, f. 112r

*Oleis ut...que casa...
John of Gaddesden: Tanner

Oleis utimur quandoque...
De oleis: BMr 12.D.XII, 14c, ff. 84v-(90v)

*Oleum benedictum philosophorum unum ex
secretis...
Raymond Lull, De quinta essentia: BLcm 195,
15c, ff. 91v-(98)

Oleum benedictum sic fit...
CLM 4395, ff. 212v-215v; Ea Q.185, 13-14c,
f. 250r-v; CUt R.XIV.29, 14c, f. 120(Atk)

Oleum benedictum(est) unum ex secretis philosophorum...
> BMar 251, 14c, f. 14v-; FLa 118(191-123), a.1471, ff. 32v-34v; VI 5511, 15c, ff. 34v-35v. See 'Oleum benedictum philosophorum...'

Oleum de nucibus est resolutivum grossarum...
> Dinus de Garbo, Olea: BLcm 293, 15c, ff. 49-(51); section, De oleis, Compilatio de emplastris et unguentis

Oleum de ovis sic fit...
> Ea F.236, 14c, f. 11v

Oleum fixans et dans ingressum in omnibus spiritibus...
> De libro fratris Iohannis de Matiscone: BU 138 (104), 15c, f. 232r-

Oleum in quo cocta est primaveris (primula veris?) facit cutem extensam...
> CUt 903(R.XIV.30), 13-14c, ff. 299r-234v

Oleum incombustibile sic fit...
> Lucas de Mallyng, Experimenta: Oc 125, 15c, ff. 144r-146r(DWS 362)

Oleum mirtivum frigidum et stipticum est...
> Supplementum oleorum: VAp 1176, ff. 130rb-133rb

Oleum onfatium fit de olivis immaturis...
> Renzi II, 32

Oleum optimum ad lumbricos...
> Michael Scot: VA 4440, 15c, f. 71va

Oleum philosophorum est oleum in quo concordati sunt antiqui...
> De oleis: VI 5371, ff. 127r-134r-136v; in part from Mesue, Grabadin

Oleum pretiosissimum(?) contra omnia contraria nature humane...
> 'Albertus Magnus Theutonicus': VA 2482, a.1445, f. 166ra-b

Oleum quod vehementer capillos denigrat...
> Collecta experimentalia ex Willelmo de Varignano: CLM 635, 15c, ff. 5r-(111v)

Oleum rosaceum sic fit. In duobus libris...
> Recipes for oils, syrups and ointments: BMr 12.B.XII, 13c, ff. 204v-206v; 12.B.XXV, 15c, ff. 268-279; James 482

Oleum savininum cum facere volueris mittis savinam antepridie electam...
> BN 6400B, ff. 86v-87r (BHM XVI, 276-88)

Oleum violatum calorem et fervorem...
> VAr 222, 12-13c, ff. 103-109. See 'Quoniam simplicis...'

Olibanum est calidum et siccum...
> BMh 2375, 15c, f. 83v

Olim tibi hos libellos Mavorti decus nostrum...
> Julius Firmicis Maternus, prol. Matheseos libri viii: ed. W. Kroll and F. Skutsch, Leipzig, 1897-1913, 2 vols.; T I, 525; pr Venice, 1499, ff. 7r-184 (Hain 14559; Klebs 405.1; IAL F169)

Omar Belnalfargdiani Tiberiadis dixit...
> See 'Scito quod diffinitiones...'

Omaumar philosophus dixit quedam iudicia universalia...
> Omar, Iudicia lune: VAp 1363, 15c, f. 101rb-vb; Osiris 8(1949), 45

Omissis aliis que solent inquiri...
> Blasius of Parma, Comm. Arist. Meteor.: VI 2402, 15c, ff. 64r-99r

Omissis autem omnibus(ceteris) partibus philosophie...
> Jean de Jandun, Questiones de anima: CUad 6190, 15c, f. 1v(Atk); VE VI.101(X,73), a.1431, 219 ff.; pr Venice, 1473; 1480(Klebs 552.1-4; IAL J312-15; Polain 2293); 1501, ff. 2r-96r; 1562

*Omissis causis aliis que consueverunt inquiri...
> Blasius of Parma, Comm. De celo et mundo: BLcm 422, 15c, ff. 1-52 (T III,600; IV,653); VI 2402, a.1451, ff. 1r-63v(H)

Omissis multis consuetis declarari in...
> Comm. Alcabitius, De iudiciis astrorum: VE VIII.30(XI,109), a.1393 (T III,600, n.64)

Omissis multis que in principio expositionis huius libri...
> Apollinaris Offredi of Cremona, Comm. De anima: VE VI.32(Val.X.81), 15c, ff. 1rb-268ra; pr Venice, 1496(Polain 2915; Klebs 707.2; IAL O53, LC)

Omissis multis que spectant ad philosophiam naturalem...
> Hugolinus de Faventia, Abbrev. Guido Bonafors (Bonatus?), Judicial astrology: BN 7316, 15c, ff. 190r-199v

Omissis post(?) necessariis...
> (John of Saxony?): Wo 2401, 15c, f. 280r-v(Zi 12146). See 'Omissis preternecessariis...'

Omissis preambulis necessariis in theorica...
> Raymond Lull, Lapidarius: T IV, 640-42

Omissis preternecessariis cum intentionis sit in hoc epilogo...
> John of Saxony, Novus computus: FL Plut.30, cod.24, 14-15c, ff. 76ra-85ra; T III, 253-54, n.

Omissis puerilibus. . .
>   See 'Dimissis puerilibus. . .'

Omissis superfluis narrationibus a quibusdam in huius libri exordio. . .
>   Jacobus de Forlivio, Expositio in primum librum canonis Avicennae: VAp 1133, 14c, ff. 1r-127ra; Volaterra 6231(L.VI.7,19), 15c, f. 163; pr (Padua? 1475?); Venice, 1479, etc.(Klebs 548.1-5; IAL J45-50); Venice, 1518, etc.

Omisso longo themate causa brevitatis. . .
>   Glosse, Computus Iudaicus: BMad 15107, 15c, ff. 47r-57v

Omisso prolixitate promittuntur hic 9 conclusiones pro tabulis precedentibus. . .
>   Astronomy: BMad 10236, f. 32r-

Omne animal quod duos aut quatuor. . .
>   Pier Candido Decembrio, De omnium animalium naturis: VAu 276, f. 2 (T IV, 397)

Omne aurum purum cuiuslibet ponderis. . .
>   Fragment from Heraclius: Corbett II, 11, 67, 89; VA 645, 9c, f. 77v; CLM 14836, ff. 137-138r; eds. in Corbett

Omne aut cognomen hominis cuiusdam inauditum vel rei. . .
>   Regulae de responsis astrologicis per literas alphabeti Hebraici calculandis: BLd 228, 14c, f. 73v

Omne autem autoris. . .
>   See 'Nomen autem autoris. . .'

Omne bonum si fuerit in communi deductum multiplicatur. . .
>   Arnulfus de Quinquenpoit, prol. tr Abraham Avenezra, Liber questionum: Ghent 5, a.1479, f. 84v(AL 176); T (1944)aa, 298-99

Omne celum est circulare. . .
>   De motu celi: Graz 482, c.1300, f. 180v; AL 57

Omne coloratum est.   Probatur: aliquod coloratum. . .
>   William Heytesbury, Sophismata: pr Venice, 1494, ff. 82vb-84vb (Wilson, 1956, p. 154)

Omne compositum resolubile. . .
>   Johannes de Sancto Amando, Disputationes in Johannitium excerptae: VI 5511, 15c, ff. 249r-277v

Omne compositum respectu suarum partium dicitur integrum. . .
>   Algorismus de fractionibus(minutiis): BN 14070, ff. 74ra-76ra; Seitenstetten 78, 14c, ff. 116v-122v; Cantor, Vorlesungen II, 2(1900), 127 (Schulz)

17

Omne corpus animale terra formatum est. . .
>   William of St. Thierry, De natura corporis et animae: PL 180, 695-726

Omne corpus hominum. . .
>   See 'Omne itaque corpus hominum. . .'

Omne corpus visibile videtur sub quodam. . .
>   Notes on optics: BMr 12.B.XIX, 15c, f. 45v

Omne datum optimum et omne donum perfectum. . .
>   Guillelmus Sedacerius, De alchimia: T III, 628-29; anon. DWS 381; BU 1062(2082), 14c, ff. 6v-10v; John Dastin: PA 2890, 16-17c, ff. 359-75(Corbett I,282)

Omne donum optimum sic querit.   Dic mihi. . .
>   Merlin(?), De expositione lapidis philosophici: T III, 629, n.9; DWS 373

Omne enim corpus humanum. . .
>   Manipulum medicine de digestivis et laxativis: BMsl 3566, 15c, ff. 1r-33; Boston Medical 23, 15c, ff. 1r-13v; CUg 336(725), 15c, ff. 132v-136r; CUt 1102 (O.I.77), 15c, ff. 1-20v

Omne esse vel est purum per se existens. . .
>   Aegidius Romanus, Theoremata de esse et essentia, with commentary: MSS numerous; IAL A71; GW 7211-12

Omne exercitium quo corpus totum leviter. . .
>   Remedia contra pestilentiam: Archiv XL(1956), 336-339

Omne inquit Tullius in suis rethoricis dictis. . .
>   Bernardi Provincialis, Comm. Tabula Salerni: CUt 1377(O.VIII.2), 14-15c, ff. 21r-27v

*Omne instrumentum musice. . .
>   Johannes de Muris: Tanner

Omne itaque corpus hominum. . .
>   Ps. Galen *or* Gariopontus, Dynamidios: Ran 1481(V.2.18), 13c, ff. 64-127v; Giacosa 382. Prol. 'Libellum quem roganti. . .'

Omne itaque corpus hominum (et) peccudum. . .
>   Epistola Hippocratis ad Maecenatem: BN 6880, 9c, ff. 6r-8v; BMsl 1975, 12c, f. 8r-; Budapest 26, 12c, ff. 59-61

Omne mane comedenda est una pecia acimi. . .
>   Regimen tempore pestilentiae: Archiv VII, 75-77

Omne medium impedit motum.   Esto quod duo. . .
>   Liber quartus Iordani de ponderibus: BN 7378A, 14c, f. 41r-; ed. Moody and Clagett, 212-27

Omne metallum est aurum vel argentum...
BLas 1485, 15-16c, p. 130

*Omne mobile potest...
De motu: On 289, ff. 137-(157)

Omne opus dei altissimi...
Jean Gerson, Adversus doctrinam Jacobi Angeli medici: Brux 2258, 15c, ff. 34v-36v; 1472, 15c, ff. 167, 166v-168; SG Stift 784, pp. 211-216 (ColR 160); Opera omnia, (1706), I, 208

Omne opus medicine quod in hoc volumine...
Vindicianus, Gynaecia: J. Schipper, Ein neuer Text der...aus einer Münchener HS des 12 Jhts, 1921

Omne paralellogranum rectangulum sub duabus lineis...
Euclid, Books 2-13: BLd 174, 13c, ff. 146r-173v

Omne purum et mundum extractum a sua minera...
Propositiones artis alchimiae (est de Alberto Magno): Kibre(1942), 510(20)

*Omne quantum nullum...
De quantitate: On 289, 15c, ff. 119-(132)

Omne quod attribuitur...
Averroes, De longitudine(?): AL 1097

Omne quod augmentabitur aliqualiter maiorabitur...
BLb 676, 15c, ff. 169v-171v

*Omne quod est aut est ens actu aut ens potentia...
Robert Grosseteste, De potentia et actu: Beiträge IX(1912), 126-29; Thomson 112

Omne quod in hoc corruptibili mundo accidit...
Wenceslaus Faber of Budweis, Iudicium Lipczense, 1486: GW 9585; Klebs 387.5; BM IA.11589

Omne quod investigare volumus...
Lanfrancus maior, Tract I, Chirurgia: CLM 323, a.1330, ff. 13-69

Omne quod naturaliter...
Bernard, De spiritu et anima: CLM 9642, 14c, ff. 41-(63)

Omne quod volumus investigare uno trium modorum...
Lanfranc of Milan, Chirurgia maior *or* Practica: CUg 159(209), a.1296, ff. 111-443; Oa 76, 15c, f. 217r; BMr 12.C.XIV, 14c, 80 ff.; Ea Q.174, 14c, ff. 42-95; pr with Guy de Chauliac, Venice, 1498, ff. 166v-210v; 1499, ff. 176ra-216vb (Klebs 494.1-2; IAL G510-513)

Omne tempus breve est operandi et opus revolutionis...
Albumasar, De revolutione annorum in revolutione nativitatum: BN 16204, 13c, pp. 353-369 (T, I,651, n.1); Delisle III, 88b; Carmody 94

Omne tulit punctum qui videtur utile dulci...
I. Liber urine a physico N. episcopi Ratisbon.: CLM 22300, 13-14c, ff. 49r-54r
II. Pref. Comm. Johannitius, Isagoge ad Galeni artem parvam: Oc 293B, 13-15c, ff. 124ra-137v (mutilated)

Omnem asparatilem piscem lupum corbii...
De cibis accipiendis: SG Stift 878, 9c, pp. 372-73; Beccaria 139.2b

Omnem doctrinam et omnem disciplinam...
Johannes de Muris, Musica: VE VIII.24(XX,6), 15c, ff. 90-108

Omnem elementum in prima est particula(eius)...
Galen, Liber de elementis secundum Ypocratem: Ome 218, 14c, ff. 2r-7v

*Omnem motum successivum alteri in velocitate proportionari contingit...
Thomas Bradwardine, prol. De proportionibus: ed. H. L. Crosby, 1955; pr Quaestiones de modalibus Bassani Politi, Venice, 1505, ff. 10-15v(Col microfilm); anon. de motu disput. Parisius: Prag 1601, 14c, ff. 4v-46v; De proportione: Bern 446, 14c, ff. 68r-75v

Omnem scientiam omnemque philosophiam credimus...
Christianus Sadze de Flandria, Tract. modi temporis et prolationis: Coussemaker III, 264-73 (Vivell)

Omnem tincturam rubeam proba...
De coloribus: CU Ii.III.17, 15c, ff. 42v-43 (DWS 916)

Omnes anime sequuntur corpora...
Ps. Aristotle, Phisionomia: VE VI.33(X,57), 13c, ff. 317-323. See 'Quoniam et anime...'

Omnes autores concordant cum...
See 'Regula certa...'

Omnes autem planete duplici moventur...
William Umfra: Aberdeen Univ. 256, ff. 224v-226v

Omnes calidos cibos...
Differentie ciborum et potuum per menses: CLM 7999, 13c, f. 143

Omnes colores sive oleo sive gummi ponendi sunt...
BMar 251, 14c, f. 23v

Omnes concordati sunt (philosophi) quod electiones sint debiles. . .

Zael, De electionibus: Zi 9293-9300; BMsl 2030, 13c, ff. 66v-73r; CU 1572(Gg.VI.3), 14c, ff. 182v-192v; VAp 1369, a.1444, f. 132rb; Mi I.65 inf., ff. 68r-81r; Spec. astron. cap.10; Delisle III, 89a; Millás(1942), 179; pr Venice, 1493, ff. 138va-141va(Hain 13544; Klebs 814.2; IAL P995); Carmody 41-43

Omnes distillationes debent fieri. . .

Liber determinationis omnium distillationum: KlaB XXIX.d.24, a.1421-1423, ff. 335v-347v; FNpal 981, 15c, f. 55r; 887, 15-16c, ff. 113r-114r; VAp 1339, f. 4r-v; BM 41486, f. 195; Osiris VI(1939), 453-55

Omnes distinctiones temporum. . .

Cracow 1838, 15c, ff. 1-117(Zi 12144)

Omnes gemme durioris nature videlicet iacynthus saphirrus. . .

Quomodo gemmae lustrantur: BLcm 285, 15c, ff. 34-(36v)

Omnes geometre diffiniunt arcus similes. . .

Ahmad ibn Yusuf, De arcubus similibus: Carmody 131

Omnes herbe et radices que debent prius coqui obluantur. . .

Magister Thadeus, Experimenta: VA 4422, ff. 58r-88v; Puccinotti II, i, XXXV; JHM 8(1953), 276, n.89

*Omnes homines immo omnes nature intellectuales. . .

Nicolaus Bonetus, Metaphysica: BLcm 327, a.1431, 134 ff.; Padua XXII, 504; Ea F.314, 14c, ff. 1-77v; GW 4846; Klebs 199.1; IAL B903

Omnes homines natura appetunt scire signum cuius est. . .

Aristotle, Metaphysica, libri XII, tr Joh. Argyropulus: VAu 184, 15c, f. 82; pr Venice, 1496, ff. 63r-118v(GW 2341; Klebs 82.7;IAL 865)

Omnes homines natura cognoscere(scire) desiderant. . .

Aristotle, Metaphysica, tr Bessarion: Opera, Lyons 1590, III, 483-580(Schulz)

Omnes homines natura scire. . .

Astrology: Pommersfelden 129, 14c, ff. 15-58v; Ea D.19, 14c, ff. 41-52v(Zi 9980-81)

Omnes homines natura scire desiderant. Est autem scire rem. . .

Pest tract: Archiv XVI, 161-62

Omnes homines natura(naturaliter) scire desiderant. Sensus visus. . .

Auctoritates Aristotelis et aliorum philosophorum: Graz 506, 15c, ff. 180-207; GW 2806(Klebs 120.1)

*Omnes homines natura scire desiderant. Signum autem. . .

Aristotle, Metaphysica, tr William of Moerbeke: Toulouse 733, 13c, f.1; BMad 17345, end 13c, ff. 2r-103v; VE V.33, 13c, ff. 1r-75v; AL pp. 62-65, 149-50; CLM 13042, 13-14c, ff. 1r-52r; Yale Arist. MS, 13c, ff. 251vb-331vb; Beiträge XVII, 5-6(1916), 106

Omnes homines naturaliter scientie(sic) desiderant. . .

Nicolaus de Odenburg, Auctoritates Aristotelis ex variis eiusdem libris comportatae: VI 5465, 15c, ff. 93r-119r

Omnes homines naturaliter scire desiderant ut scribit Aristoteles philosophorum princeps. . .

Problemata ab Aristotele et aliis: CUpet 126(IV), 14c, f. 5(Atk); Ea F.334, c.1421, ff. 196r-205r; Graz 884, 15c, ff. 260-289; VA 9018, late 15c, ff. 76r-111v; pr (Leipzig, c.1489/90) etc. (GW 2454-2461; 2468-2477; Klebs 95.5; 23-26; IAL A923-32)

*Omnes homines qui sensibilia sensu percipiunt . . .

Alkindi, De radiis stellarum: T I, 643, n.2; Bruges 486, 14c, ff. 174r-179v; Steinschneider (1906), 32; BN 16097, 14c, ff. 200ra-203rb; anon. CUg 342(538), 13c, f. 200r, only one paragraph; AL 560; Carmody 82; Saxl(1953), 401

Omnes homines scire desiderant natura. . .

Aristotle, Metaphysica, vetus tr: AL p. 149

Omnes homines tradebant sompnia que. . .

Prol. Somnia Danielis: T II, 294; BMsl 3281, 15c, ff. 39r-47r; GW 7938; Klebs 319.10

Omnes huius scientie investigatores audite. . .

Geber, Secreta secretorum abbrev.: DWS 104; CU 1256(Ff.IV.13), a.1528-29, ff. 278-83v; Plessner, OLZ, XXXIII, 10, 726

Omnes imagines numero 48 totum celum componunt. . .

Michael Scot. Liber de signis et imaginibus celi: Saxl(1927), 91; T (1947), 266-67; Haskins 287, n.95. See 'Philosophi quidam multis. . .'

Omnes infirmitates quas nos patimur quibusdam apparent. . .
> Galen, Divisiones omnium infirmitatum corporis
> humani: Wi 56, 15c, ff. 35vb-40va

Omnes iste questiones subsequentes. . .
> Raymond Lull, Quaestiones quae tantummodo
> solvuntur per figuras: Bourges 82, 15c, ff. 95v-140

Omnes limites maritini aut gallici. . .
> CLM 14836, ff. 83v-(90)

Omnes medici qui colunt empiriam sicut. . .
> Galen, Liber qui dicitur subfiguratio empirica, tr
> Nicholas de Reggio, May 1341: ed. Max Bonnet,
> 1872, pp. 35-68; CLM 465, 15-16c, ff. 80v-96v;
> Diels(1905), 147; pr 1515, I, 4r-6r; T (1946),
> 230(44)

Omnes namque geometre diffiniunt eos. . .
> See 'Geometre eos esse. . .'

Omnes nostre voces. . .
> Michael Scot, Liber translative theologie de decem
> kathegoriis: Ea F.179, 14c, ff. 98-99

Omnes orientales operabantur per has ymagines
. . .
> Ps. Ptolemy on images: T (1947), 256-57

Omnes partes rectanguli nominibus certis nuncu-
pantur. . .
> Simon Tunsted *or* Richard of Wallingford, Ars
> componendi instrumentum Rectanguli: CU
> Ee.III.61, 15c, f. 10(Atk)

Omnes philosophi concordati sunt quod locus
lune in nativitate. . .
> Astrology: Dijon 1045, 15c, ff. 107r-119r. See
> 'Omnes concordati. . .'

Omnes philosophie partes mens Hermetis divina
. . .
> Morienus, De compositione alchimiae, tr Robert
> of Chester: Steinschneider(1905), 69; T II, 83,
> 215-17; Haskins 122; Corbett I, 165

Omnes prophete. . .
> See 'Omnes homines tradebant. . .'

Omnes proportiones equalitatis sunt. . .
> Nicole Oresme, Proportiones. Prol. 'Omnis
> rationalis opinio. . .'

Omnes quidem desiderantes audire novam
scientiam. . .
> Benevenutus Grapheus, De morbis oculorum:
> Casey A. Wood, Benevenutus Grassus, 1929, pp.
> 87-97; Isis XIII(1929), 65; FLa 151(225-157),
> 15c, ff. 4-24

Omnes sapientes astrorum dicunt quod signa
aerea. . .
> Super rerum caristia: BMsl 702, 15c, f. 10v, only
> 6 lines

Omnes sapientes concordati sunt. . .
> Liber electionum secundum Zehelem: Dijon 449,
> 15c, ff. 47v-50. See 'Omnes concordati sunt. . .'

Omnes sinus recti incipiunt a dyametro. . .
> Johannes de Muris, Method of finding certain
> sines: CU Mm.IV.43, 14c, f. 308(Atk): Basel
> F.II.7, 15c, ff. 83v-84r; BMr 12.D.VI, 15c, ff.
> 69v-(71r); ed. Curtze, Bibl. math., I(1900),
> 414-16

Omnes species mortiferorum partiuntur in duo
genera. . .
> Averroes, De venenis: Mi C.115.inf., a.1451, ff.
> 2ra-3ra; BLcm 116, a.1463, ff. 272r-274r; pr
> (Bologna, 1497) (GW 3109; Klebs 130.1); with
> Magninus, Regimen sanitatis, (Lyon, 1500)
> (Klebs 640.5; IAL M45); Steinschneider(1906),
> 10

Omni desiderio desideravi nunc videre. . .
> Isidore of Seville, Book I, Etymol.: CLM 14334,
> a.1442, ff. 270vb-271vb

Omni enim tempore sive in die sive in nocte. . .
> Phlebotomy: CU Gg.V.35, 11c, ff. 425v-426r
> (Beccaria 70.3). See 'Omni tempore die. . .'

Omni mane comedas nuces magnas duas. . .
> Albicus, Regimen tempore pestilentiae: Archiv
> VII, 92-94; 98; pr Leipzig, 1484(GW 804;
> Klebs 34.1; IAL A321)

Omni quarta feria et omni sabbato debetis. . .
> Regimen magistri Nicolai Wendel contra pesti-
> lentiam: Archiv XI, 69-70

Omni spiritui ad rubedinem preparato decet
dari. . .
> Liber Tabesser (Dabessi?): Breslau R.454, f. 153r

Omni tempore die ac nocte si necessitas. . .
> Ps. Bede, De minutione sanguinis: PL 90, 959-
> 62; Jones 88-89

Omni tempore si necessitas urget phlebotomia
est adhibendum. . .
> Arnald of Villanova(?), De phlebotomia: HL 28,
> 57-58; AFML 493, 15c, f. 3r-v; pr Studien
> (1914), 168-69; Opera, 1504, f. 104ra

Omnia animalia que sentiunt vocem sunt multe
. . .
> Quedam propositiones de animalibus: CU 103
> (Dd.III.16), ff. 73r-76v. Text, 'Quedam partes
> corporum animalium. . .'

Omnia bona appetunt...
    Comm. John of Paris, De complexionibus: VAp 1316, ff. 194r-196v; Isis 49(1958), 399, n.4,5

Omnia bonum appetunt et Ethus(?) secundum quod advertere possumus...
    Questiones on Aristotle, Metaphysica: BN 16634, ff. 2r-63vb

Omnia corpora ex quatuor elementis...
    Quaestiones naturales: BLe 219, 13c, ff. 141r-145; Ome 324, 15c, ff. 144-150v

Omnia corpora humana in continua sunt dissolutione...
    Ps. Hippocrates, De nutrimento *or* Galen, De cibis: VA 265, 14c, f. 146; Diels(1905), 28, 77

Omnia corpora que a globo lunari...
    I. Archelaus, De arte alchimie: FR 119(L.III.13)
    II. Rasis, Lumen luminum, pars ii: Budapest 272, 15c, ff. 138v-143. See 'Cum studii solertis...' and 'Perfecta corporum...'

Omnia corpora que a summo opifice sub globo lunari...
    BMsl 2377, 14-15c, ff. 19v-(21v); DWS 114, ix

Omnia cum inferiora motibus corporum superiorum gubernantur...
    Computus Nurembergensis: Maria Saal 15, 14-15c, ff. 74r-84v; VI 2976, 15c, ff. 68r-74r; BMh 3843, 15c, ff. 82va-84v; Graz 900, 15c, ff. 277-305v; VI 5232 et 5233, 15c, ff. 1r-12v; GW 7277-79; Klebs 296.1-3; Zi 12028; BE 959, no.1 (Schulz); ascribed to Martin of Nürnberg, Zi 7513-46

Omnia cum superiorum motibus corpora inferiorum gubernantur...
    (Reinhard of Prag), Astronomia (with marginal comm.): CLM 4382, 14-15c, ff. 129r-139v

Omnia domine Iesu recte...
    Prol. De numeris: FLc 17 sinis. 8, 13c, ff. 1-7. See 'Tractan(te)s quidem...'

Omnia domine Ihesu Christe in sapientia numero...
    John Peckham, De numeris: Borghesi 361, 13c, ff. 212r-218v

Omnia domine Ihesu teste sapientia in numero pondere et mensura...
    Compendium numerorum: BNna 625, 14c, ff. 76rb-81ra

Omnia dulcia naturaliter nociva sunt stomacho...
    De stomacho: BLd 69, 13-14c, f. 79va

Omnia duo extrema inter que existit medium...
    Averroes, Cap. de extremis in loco et medio: Basel F.II.7, 15c, ff. 83v-84r; BN 14385, f. 170va; AL 952, pp. 105, 216

Omnia ea que sunt utilia...
    Medical: Oe 35, 14c, ff. 41-(46)

Omnia ex deo precesserunt videlicet quinta essentia celum...
    De secretis secretorum philosophiae: BLr A 273, 14c, f. 76(DWS 509)

Omnia facito secundum exemplar quod tibi...
    Johannes de Sancto Geminiano, prol. Summa de exemplis ac similitudinibus rerum. Text, 'Abstinentia discreta ciborum...'

*Omnia in eo finem faciunt...
    John Dastin, Liber mixtionum: Tanner

Omnia in mensura et numero et pondere disposuisti...
    Joh. Keck Tegernensis, Algorismus minutiarum: Cgm 839, ff. 46r-53v(Schulz)

Omnia instrumentorum nomina astrolabii primum armilla suspensoria...
    Practica sive operatio astrolabii: CUt 567(R.II.86), 15c, ff. 26r-32r; VI 3105, ff. 73-76(Schulz). See 'Nomina instrumentorum...'

Omnia inter damnabilia...
    Tract. astronomicus: VI 4539, 15c, ff. 1r-6v(Zi 3337)

Omnia iudicia que secundum astronomiam feruntur(?)...
    BN 7443, 15c, ff. 148r-158v, without titulus and apparently unfinished

Omnia liquabilia sunt ex ar. vi. et sui sulphuris substantia naturaliter operata...
    Totum continens: BN 14008, a.1450, ff. 124r-138v(T IV, 336); Corbett I, 194, 64-65, 117-18; II, 40-41; BU 270(457), III, 15-16c, pp. 1-73

Omnia musarum doctrinarumque suarum...
    De ix musis et vii planetis: CLM 14504, 15c, ff. 199-201r, followed by a comm.

Omnia que a primaria rerum processerunt origine...
    Algorismus: CUad 6860, 14c, ff. 118rb-123ra

Omnia que a primeva etc. Quoniam quamlibet...
    See 'Quoniam quamlibet...'

*Omnia que a primeva rerum origine...
I. Sacrobosco, Algorismus: CU Ii.III.3, 13c, ff. 20r-25r(TR 237); CUt 1149(O.II.45), 13c, p. 20; BMh 4350, 13c, ff. 15v-25v; Mi H.75.sup., II, 13c, f. 1ra-; Princeton, Garrett 99, c.1300, ff. 117ra-124ra(TR 247); Yale Aristotle MS, 13c, ff. 70v-74r; FNpal 639, 13c, ff. 1r-6r; BU 154 (132), 14c, ff. 128r-133r, quite legible; Björnbo Ab(1912), 135; DES 32-35, 450-451; GS II, 618. This incipit and others following seem derived from Boethius, Arithmetic I, 2, 'Omnia quecumque a primeva rerum natura...'
II. Gualt. Britte, Theoremata planetarum: Bale

Omnia que a primitia seu origine...
Arithmetic: Budapest 29, 13c, f. 31v; CUt 1149 (O.II.45), ff. 20v-(21); Prag 2436(XIV.B.3), ff. 9vb-11vb; anon. comm. Alexander de Villa Dei, Algorismus: CUsj 155(F.18), 15c, ff. 28r-(32)r

Omnia que de epidemia sunt scripta ab aliis...
Pest Regimen: Salzburg St. Peter b.IX.1, 15c, f. 247(?)(Schulz)

Omnia que in hoc libro continentur selecta sunt...
Geoponica: VAp Graec. 109, 15c, 167 ff.; T I, 604-605; GS I, 370

Omnia que processerunt a primeva rerum origine...
Arithmetic: PGe 3141, 14c, f. 7-

Omnia que sensu volvuntur vota diurno...
Versus duodecim de somno: BMar 14, 13c, ff. 31v-32

Omnia que sequuntur videntur esse miraculosa...
Alchemy, apparently an abridged copy of John of Rupescissa, Liber lucis: BN 7147, a.1535-37, ff. 51v-54v(Corbett I,60)

Omnia quecumque a primeva rerum natura constructa...
Boethius, De arithmetica (I,2): CUc 352, 9c, f. 2; CUpet 248, 11c, f. 1; CU Kk.V.32, 11c, f. 3v

Omnia quidem corpora...
See 'Omnia corpora...'

Omnia quidem quibus aliquis possit coaptare...
Ptolemy, Optica, tr Eugene of Sicily: ed. A. Lejeune, Louvain, 1956; G. Govi, Turin, 1885

Omnia tempus habent et suis spatiis transeunt universa...
I. Roger Bacon, Compotus: ed. OHI VI(1926), 1-198
II. Aegidius de Lessinis, O.P., De temporibus, lib. tertius: BU 957 (1845), 14c, f. 37r-; T (1950), 88. See 'Cum in lectione...'

*Omnia ut dicit Boethius que a primeva...
Sacrobosco, De algorismo: Ou 26, 15c, ff. 4-(26)

Omnibus ad quos presens scriptum pervenitur...
Johannes David Toletanus, Prophetia a.d.1229: BMad 16606, 13c, f. 112r

Omnibus ad quos presentes littere perveniunt...
Johannes David Toletanus, Epistola magistrorum Toletanorum de coniunctione planetarum a.1371: Ea Q 371, f. 1; T II, 76

Omnibus animantibus Adam primum vocabula...
The Bestiary, ed. M. R. James, Oxford, 1928, pp. 15-24; Isidorus, Etymol. XII: CUc 469, 13c, f. 17, (Atk); CUg 1574(Gg.VI.5), 15c, ff. 3r-99v; Laurent 40(167); etc.

Omnibus Christi fidelibus unum verum...
See 'Dicit enim Parisiensis...'

Omnibus convenit platonicis animam a lacteo circulo ad zodiacum...
Tract on astrology: Mon 145, 13c, ff. 90v-93v

Omnibus dominicis diebus rebus incipiendis bonum...
Ea Q.330, 13-14c, f. 24(Zi 8080)

Omnibus ecce modis descripta relatio...
Guido d'Arezzo, De sex motibus vocum ad se invicem et dimensione earum: Coussemaker II, 115-16; CUt R.XV.22, 12c, f. 102(Atk)

Omnibus effectibus quorum causa lateat...
Pest tract: VAp 1316, 15c, ff. 213v-218

Omnibus febrientibus in principio utilis est abstinentia...
VAp 1088, 9c, ff. 62v-63r; Beccaria 103.5a

Omnibus fixis et Leo magis fixus...
Tract. astrologiae: Rouen 1000, 13c, ff. 1-9

Omnibus hominibus egritudines generantur ex quatuor humoribus...
Oxiapate (with desinit, '...extollentia circa supra dicta loca'): SG Stift 759, early 9c, pp. 9-11; BN 11219, mid 9c, ff. 20va-24vb; Beccaria 135.3; 35.11; Galen, De humoribus: Diels (1905), 136

Omnibus hominibus generantur egritudines ex quatuor humoribus...
Oxiapate (with desinit, '...hec plagella sive pannus lineus'): BMsl 475, early 12c, ff. 31v-34r

Omnibus hominibus generantur egritudines ex quatuor humoribus...
> Liber Aurelii(Caelius Aurelianus) with desinit, ...sicut in omnibus vulneribus(ratio) execerit: 9 MSS, 9-11c, Beccaria p. 425; Silvestre 156a; ed. Daremberg, Janus II(1847), 468-499; 690-731; P. Schmid, Contributions à la critique du texte de Caelius Aurelianus (Thèse, Neuchâtel, 1942); as Galen, De humoribus; Diels (1905), 136

Omnibus horis quibus connubit homo omni muliere...
> BMh 2558, f. 166r

Omnibus in factis peragendis sive peractis...
> De geomantia: VI 5327, 15c, ff. 2r-13v(177r-178v); Saxl(1927), 142

Omnibus in stellarum scientia studentibus...
> Gaufredus de Meldis, De stellis comatis (on comet of 1315): T III, 715; ColR 45b; BLd 228, 14c, f. 14ra-va(TR 239); ed. T (1950), 208-14

Omnibus philosophuris demonstratur...
> Alchemy: BLas 1451, 15c, ff. 64v-66v(DWS 618)

Omnibus planetis erraticis que feruntur...
> Zael, Liber introductorius: Ma 10009, 13c, ff. 118ra-(Millás, 1942, p. 177); BN 16208, 12-13c, f. 26va-; BLd 47, 14c, ff. 19-(29r); Basel F.II.10, 15c, ff. 143ra-149rb; Zurich B.244, a.1490, ff. 45r-50v; Carmody 43

Omnibus que de certo motu et de motu secundum locum...
> Albertus Magnus, Comm. Aristotle, De anima: CLM 317, 13c, ff. 1ra-82rb(Schulz)

*Omnibus que de corpore mobili et de mobili (inmobili) secundum locum...
> Albertus Magnus, De anima libri tres: Oma 174, c.1300, ff. 181ra-212ra; BN 16944, 14-15c, f. 106va; anon. BN 6530, 15c, ff. 192ra-211rb; pr Venice, 1481; 1494(GW 585-86; Klebs 13.1-2; IAL A199-200); Borgnet V, 117-443

Omnibus que incipiuntur in rebus et...
> Haly filius Abbas, Regalis dispositio, tr Stephen of Antioch: VAu 234, 14c. See 'Usque ad canos...'

Omnibus siquidem in sensibus quedam innata est...
> Ortus et occasus signorum...intra et extra zodiacum: BN 6149, 15c, ff. 199r-210v

Omnibus studentibus in stellarum scientia...
> CUc 404, 14c, ff. 106-107. See 'Omnibus in stellarum scientia...'

Omnipotens Christus qui existens immobilis...
> Liber quartus de decoratione, pref.: BLlm 617, 15c, f. 202

Omnipotens deus concedat nobis utiliora...
> De curis oculorum: Ran 1497(V.3.4), 15c, ff. 1-33

Omnipotens deus misericordia...
> De portentis: VI 2352, 14c, ff. 101v-102r

Omnipotens deus posuit naturas creaturarum...
> Gergis, De astronomiae disciplinae peritia: ed. Bull. de l'Acad. des sciences de l'URSS, Classe des humanités, Leningrad, 1930, pp. 145-58

Omnipotens deus sit nobis auxiliator...
> Arnald of Villanova, pref. Lucidarium. Text, 'Quoniam rogasti me...'

Omnipotens et misericors deus universa nobis...
> Johannes Snell de Wigmore, Alchemy: DWS 365

Omnipotens immortalis deus(dominus) ipsum creavit...
> Petrus Paulus de Sancta Cruce, introd. De epidemia. Text, 'Libellus de epidemia...'

Omnipotens opifex presens ab origine...
> Ps. Ovid, De mirabilibus mundi: BMh 3353, 13-14c, ff. 54v-57v

*Omnipotens sempiterne deus...
> I. William of Moerbeke, Liber geomantie: T II, 120
> II. Raymond Lull, De modo sublimandi vivum argentum: HL 29, 380
> III. Quedam notabilia concernentia textum Macri: VI scot. 257, 15c, ff. 329r-338v

Omnipotens sempiterne deus qui tue immense potentie...
> Diascorides, Liber herbarum propriarum lapidibus preciosis: Mon 490, 15c, f. 210r-v

Omnipotentem deum et dominum...
> Regimen sanitatis: VI 4507, 15c, ff. 1r-6r

Omnipotentis Alexandri hec conscripta tenentur...
> Alexander, Epistola ad Aristotelem doctorem suum scripta de mirabilibus Indie: CU 2040 (Kk.IV.25), late 13c, ff. 18va-25rb

Omnipotentis eternique dei totius nature...
> Prol. Hortus sanitatis: pr Mainz, 1491, etc. (Klebs 509.1-4; IAL H 416-19). Text, 'Aaron grece...'

Omnique tempore et die et nocte asorgit fleutumus...
> Medical Epistola: Laon 426bis, 9c, f. 118r-v; Beccaria 15.3

Omnique tempore et die et nocte si necessitas urgit...
> Medical Epistulae: Beccaria p. 425

Omnis alteratio ad perfectionem minerarum stat in gradu...
> Alchemy: BMh 2407, 15c, ff. 51v-52(DWS 654)

Omnis anima nobilis tres habet operationes...
> Johannes Anglicus *or* de Gallicantu, Glose super Isagogas Johannitii: Ea Q.181, 13-14c, ff. 1-22; CLM 13071, 14c, ff. 1ra-23vb; BLas 1475, 15c, pp. 1-76

Omnis anima omni corpore...
> De anima: CLM 24855, 15c, ff. 26-50(Schulz)

Omnis aqua permanens facit mercurium congellari...
> Dicta philosophorum: DWS 18. Introd. 'Verba et recitationes...'

Omnis ars et omnis scientia aut est de rebus...
> Petrus Bonus Lombardus de Ferraria, introd. Preciosa novella margarita: T III, 147-62. See 'Entia realia...'

Omnis ars et omnis virtus...
> Tables for Leipzig: Zi 10856-58

Omnis ars musica proportionibus constat...
> Remigius, Musica: PL 131, 931-64; Gerbert I, 63; Vivell

Omnis ars sive doctrina honorabiliorem habet rationem...
> Theodoricus de Campo, De musica mensurabili: Coussemaker III, 177-193

Omnis aspectus bonus ad solem sanitatem...
> CLM 667, 15c, ff. 83-85v(Zi 8299)

Omnis autem loci longitudo qui in superficie terre...
> Astronomical definitiones (only 4 of 21 caps.): BMr 12.D.VI, 15c, ff. 96r-100

Omnis autem planeta in parte sui deferentis inferioris debilior est...
> CU 1572(Gg.VI.3), 14c, ff. 136r-139

Omnis autem ratio...
> Aristotle, Physionomia: Marburg B 3, 15c, f. 84 (Hermann I, 6 seq.; Schulz)

Omnis autem volens...
> Regimen contra infectionem pestilentivam: Wilhering 101, 15c, f. 212 (Xenia Bernardina II,2, p. 44)

Omnis calculositatis sive generationis lapidis...
> EU 175(V)(D.6.VI.3), 15c, ff. 139r-147v (DWS MS)

*Omnis causa primaria(primitiva) plus est influens...
> I. Ps. Aristotle, Liber de causis, tr Gerard of Cremona: Beiträge XVII, 5-6(1916), 251; AL pp. 94, 196, cod.176, 1593; Yale Aristotle MS, 13c, ff. 332ra-335vb; Yale Cushing MS, 13c, ff. 56r-61v, incomplete; tr anon. pr Venice, 1496, ff. 380r-85v(Klebs 82.7; IAL A865); with comm. Thomas Aquinas, Padua, 1493(Klebs 92.3; IAL A912)
> II. Incipit Auctoritates extracte ex libro de causis: KlaS 113, ff. 85vb-86va; (Klebs 395.1; IAL F93)
> III. (Hermes) 'Tremegistrus', Liber de causis rerum cum commentario: BLd 67, 14c, ff. 85-89

Omnis circulus est equalis trigono rectangulo...
> Archimedes, Circuli dimensio, tr William of Moerbeke: Björnbo(1909), 388-89; ed. Heiberg Ab V(1890), 41-; Clagett, Osiris X(1952), 587-610

Omnis circulus triangulo orthogonio est equalis...
> Archimedes, De mensura circuli: BLse Arch.B.13, late 13c, f. 2; BN 9335, 14c, ff. 28v-30r; 7378A, ff. 19-22v; VI 5303, 15-16c, ff. 19r-21r; Osiris X(1952), 587-618

Omnis cognitio intelligibilium ortum habet...
> Albertus Magnus, Summa de creaturis. Secunda pars que est de homine: pr Venice, 1498/99 (Klebs 27.1; IAL A304); Borgnet 35, 1-704

Omnis complexio que est extra naturam et temperamentum...
> Notula de corruptione pestilentiali: BLd 176, f. 54

Omnis compoti ratio...
> Compotus, cited in Eschenden's Summa: T III, 330

Omnis creatura et universa que sunt in mundo...
> Electiones de horis planetarum: Bern 524A, 15c, ff. 1-9v, 19; Osiris 8(1949), 52-53; Zi 7931-33, 3924

Omnis creatura in peccato primi hominis corrupta est...
> (Thetel), De virtutibus gemmarum: VI 5311, 15c, ff. 35vb-37rb; T (1947), 261

Omnis creatura in principali natura qua condita fuit...
> De consecratione gemmarum: BLcm 285, 15c, ff. 36v-(38); T (1947), 261, n.73

Omnis creatura in propria natura in qua a deo condita est...
> Confectio lapidum: VI 1365, 14c, ff. 81ra-83rb

Omnis crepatura.　Hoc capitulum est de herniosis...
> Ea Q.185, 13-14c, f. 239

Omnis curatio debet fieri...
> BMar 334, 15c, ff. 70v-(89v)

Omnis dispositio scientie et certitudinis...
> Averroes, In primum librum Physicorum: PM 3473(506), 14c, ff. 15-68v

Omnis domus regimen...
> Galen, Oeconomica, tr from Arabic, Armengaudus Blasius: Dresden Db 92.93, 15c, f. 16v; Diels(1905), 144.　See 'Domus regimen...'

Omnis egritudo de qua curatur homo quatuor habet tempora...
> Roger Bacon(?), De creticis diebus: OHI IX (1928), 200-208.　See 'Ad evidentiam dierum creticorum...'

Omnis egritudo habet quatuor tempora...
> De creticis diebus: CLM 19428, 13-14c, ff. 54r-56r; CUk 21, 13c, p. 39(Atk); Ea Q.215, 14c, · ff. 83v-85v(Schulz); CLM 18444, 15c, f. 195va; FLa 217, 15c, ff. 38ra-40ra

Omnis egritudo in evasuris...
> Wo 1014, 15c, ff. 8-9

Omnis enim medicina aut est alterativa aut...
> Joh. Genesius de Parma, De medicinis, 113 caps., cap.i: BLcm 564, 15c, ff. 1ra-2ra-23rb

Omnis figura primo loco posita se ipsam significat...
> Aphorismi xi arithmetici: BLas 361, 14c, ff. 88-89

*Omnis forma inherens recipit intensionem...
> Roger Bacon, De graduatione medicinarum compositarum: OHI IX(1928), 144-49

Omnis hec trutinatio est una non tamen...
> Emalissus, Alchemy: BLas 1416, 15c, f. 148r-v (DWS 374)

Omnis homo duodecim participat signis...
> FL Plut.30, cod.29, ff. 26ra-32ra

Omnis homo est animal et econverso...
> William Heytesbury, Sophismata: Wilson, 1956, p. 158

*Omnis homo est omnis homo...
> William Heytesbury, Sophismata XXXII: Tanner; Wilson, 1956, p. 154

Omnis homo est totum in quantitate...
> William Heytesbury, Sophismata: Wilson, 1956, p. 154

Omnis homo est unus solus homo...
> William Heytesbury, Sophismata: Wilson, 1956, p. 155

Omnis homo et duo homines sunt tres...
> William Heytesbury, Sophismata: Wilson, 1956, p. 158

Omnis homo qui est albus currit...
> William Heytesbury, Sophismata: Wilson, 1956, p. 155

Omnis homo qui medicine artis studio...
> (Hippocrates), Liber prognosticorum: CLM 11322, 14c, ff. 26-(30)

Omnis igitur intensio est rectus appetitus...
> Averroes, Super Aristotelem de anima.　See 'Et omnis actio...'

Omnis igitur regularis monocordi...
> Berno or Bernard, Tonarium: VI 2502, 12c, ff. 37v-38v; Ob 173a, 12-13c, ff. 106-(119); Brux 10164, 15c, ff. 56v-61v; ed. Gerbert II, 63-77 (Vivell)

Omnis inequalitas ex equalitate procedit ut Boetius...
> Rithmomachia Wirceburgensis: BN 7377C, 11-12c, ff. 16r-17r; Bubnov lvii

Omnis intendens circa scientiam iudiciorum...
> Abraham ibn Ezra, De nativitatibus, tr Ludovicus de Angulo, a.1448: Lyons 329, 15c, ff. 214-226; BN 7321, ff. 87r-116r; T (1944)aa, 297

Omnis iudicanda res ut primum necessariam habet...
> I. Hali ibn Ahmad al-Imrani, De inveniendo ducem: BLlm 594, 14-15c, f. 146v (a bit from his work on elections): ZMP XII(1867), 23
> II. 'Modus iudicandi secundum Messahala' from Liber novem iudicum: Carmody 107

Omnis lapis ignem et humiditatem in se habet...
> Naturarum compilatio, in 8 parts: Hiersemann Kat. 591(1929), n.1, 15c, ff. 1-80(Schulz)

Omnis linea continens circulum addit...
> On squaring the circle: BN 11247, ff. 51-62 (Poulle)

Omnis luna que accensa fuerit a vi idus Ianuarii usque nonas Februarii...
> CLM 13067, 11-12c, ff. 5v-(9)

Omnis medela a summo bono procedit...
    Arnald of Villanova, Parabolae aphorismi sive
    canones vel regulae curationis morborum: BMsl
    420, 13-14c ff. 255r-259r; BN 17847, 14c, ff.
    45ra-56ra; BN 6971, f. 103; CLM 205, 15c, ff.
    201r-206v; CLM 692, ff. 226v-227r; 8742, ff.
    113r-129v; NYAM 3, 15c, 12 ff.; VAp 1180,
    15c, ff. 104r-113v; 1298, ff. 178ra-179rb; VI
    5337, a.1395, ff. 90r-97va; Glorieux I, 427; HL
    28, 58; Opera, 1504, ff. 104rb-128ra; etc.

Omnis medicina...
    Balduinus de Rombertis, Practica lapidis philo-
    sophici a.1432, 20 Sept.: BU 270(457), 15-16c,
    Vol. VI.3(T IV,341)

Omnis medicine opiate duplex est effectus...
    Petrus de Mussandal, Summa de opiatis: BMh
    3719, 14c, ff. 14vb-(18); anon; BLau F.6.3, 13c,
    f. 135v-

Omnis medicine rectio est...
    See 'Cum non sit medicus...'

*Omnis morbus naturaliter venit in hominem...
    Prol. Tract. de morbis variis et eorum curatione:
    BE F.60, 15c, ff. 47-73; BLd 123, 15c, ff. 1-
    (53v)

Omnis mortalium cura quam multiplicium...
    Oliverius Senensis, De deo et rerum naturalium
    principiis et summa beatitudine: FL Plut.82.
    cod.21, 15c, 30 ff.; T (1929), 191

Omnis motus super quantum fundatur...
    De numeris: CUpet 87, 14c, f. 221(Atk)

Omnis mutatio aeris fit aut ex natura signorum
    ...
    Catin. 85, 15c, ff. 327-328v; VI 5309, 15c, f. 62r
    (Hellmann)

Omnis namque ordinata generatio...
    See 'Guidonis duodecimo...'

Omnis nota in cantu mensurato maxima...
    Nicasius Weyts, Regulae musicae: Coussemaker
    III, 262-64; Vivell

Omnis numerus aut est digitus aut articulus aut
    compositus...
    De arte numerandi: Os 178, 13c, f. 265r-v
    (TR 312d)

Omnis numerus habet tot partes quot sub se...
    I. Johannes Hothbus, Regulae super propor-
    tionem: Coussemaker III, 328-30
    II. Preambulae in proportionibus: BN 7369, f.
    26v. See 'Proportio est duplex...'

Omnis numerus maiori cuilibet comparatur...
    De aequandis numeris: Brux 10081, 11c, f. 311r-
    v(Silvestre)

Omnis numerus naturali...
    Algorism: BLse sup. 26, late 12c, f. 96-

Omnis numerus preter binarium excedit unita-
    tem...
    Sophismata: Oo 33, 14c, f. 282- (in fine mutil.)

Omnis numerus quadratus totus est...
    Simon Bredon, Conclusiones quinque de numero
    quadrato: BLd 178, 14c, ff. 11v-13r

Omnis orbis terre qui hanc universam concludit
    ambitu sui...
    Liber Aristotelis de situ mundi et constellationibus:
    Fulda 479

Omnis perscrutatio anime aut est de natura...
    Comm. De animalibus: Grabmann(1928), 109,
    n.2; FNcs G.IV.853, 13-14c, ff. 79r-191v;
    Glorieux II, 88; Beiträge, Suppl. Bd. II(1923),
    224

Omnis philosophia sive sapientia a superna
    paternitate...
    Introd. Secretum secretorum lapidis benedicti.
    Text, 'Philosophus dicit lapis...'

Omnis philosophie naturalis consultissimi viri...
    Johannes Trithemius, Tract. chemicus: Ze IV,
    585-86

Omnis philosophie principium et origo est
    admiratio...
    See 'De scientia que...'

Omnis planeta dum tegitur radiis solis...
    De combustione planetarum: BMsl 702, c.1482,
    f. 30r

Omnis planeta sub luce solis virtute caret...
    Hermes Trismegistus, Flores: Prag 1144
    (VI.F.7), ff. 125r-132r

Omnis ponderosi ad medium esse...
    Jordanus, De ponderibus: Wo 3301, 15c, ff. 37-
    42

Omnis ponderosi motum esse ad medium...
    Jordanus, Elementa super demonstrationem pon-
    derum; ed. Moody and Clagett, MSS at p. 126,
    text and tr, 128-42

Omnis ponderosi motum esse ad medium virtu-
    temque ipsius...
    Jordanus, De ratione ponderis: ed. Moody and
    Clagett, pp. 173-227; Basel F.III.33, 14c, ff.
    132r-137r; Utrecht 725, late 15c, ff. 98r-105v;
    VAp 1377, 15c, ff. 19rb-20va

Omnis practicus est theoricus sed non. . .
Bernardus Provincialis, Comm. Tabule Salernitane: Ea F.303, 14c, ff. 167-179; Renzi V, 269-
328; Mag. Richard (of Wendover?): CUpet
178, 13c, ff. 9v-37v; Lincoln Cath. Chap. 211,
13c, f. 33(DWS MS); anon.: On 171, 13c, ff.
68r-71r; James 483

Omnis profectus ad divinitatis munera. . .
Johannes Baldus de Faventia, De temporibus
partus: T (1929), 25-26

Omnis proportio aut est communiter dicta. . .
Thomas Bradwardine, Propositiones breves: VI
4784, 15c, ff. 231r-236v

Omnis proportio aut est equalitatis aut inequalitatis. . .
Recollectio omnium proportionum numeralium:
at f. 20v of 1495 ed. of Bradwardine, Geometria
speculativa: Klebs 208.1; IAL B954

*Omnis proportio vel est dicta communiter vel
proprie est accepta. . .
Thomas Bradwardine, Tractatus de proportionibus, cap.i. ed. H. L. Crosby, 1955

Omnis propositio affirmativa vel negativa. . .
Richard Lavenham, De incipit et desinit: BMsl
3899, 14c, ff. 30r-40v; PAS 104(1960), 196

Omnis propositio est vera vel falsa; quod sophisma sit falsum. . .
William Heytesbury, De veritate et falsitate propositionis: pr Venice, 1494, ff. 183va-188rb
(Wilson, 1956, p. 206)

Omnis propositio vel eius contradictoria est
vera. . .
William Heytesbury; Sophismata: Wilson, 1956,
p. 156

Omnis pura res et munda a lapidibus. . .
Albertus, O.P., Propositiones (alchemy): BN
14006, 15c, ff. 52r-53r(Corbett I, 180-81);
Kibre(1942), 510(20)

Omnis questio difficilis a duobus consurgit. . .
Hurbo(Urso?), Aphorisms: Oc 223, 15c, ff. 52-
56

Omnis questio phisicalis a duobus consurgit a
causa et ab effectu. . .
De viribus moventibus, de natura corporum, etc.:
VI 253, 14c, ff. 47ra-48vb

Omnis qui artis medicine studio. . .
Hippocrates, Pronostica. See 'Omnis qui medicine artis studio. . .'

Omnis qui desiderat.   Gloria est frequens fama
. . .
Glose pronosticorum Ypocratis: BMr 12.D.XIII,
14c, ff. 163v-(169v); BN 9359 gives as Expositio
Marsilii in Progn. Hippoc.

Omnis qui medicine artis studio seu gloriam. . .
Hippocrates, Pronostica, cum commento Galieni,
tr Constantinus Africanus: Reims 1001, 13c, ff.
6v-(10); 1002, 13c, ff. 40-(50); BMad 22668,
13-14c, ff. 11r-17r; CLM 31, a.1320, ff. 47ra-
78va; pr Articella, 1487, ff. 47r-75r; Diels(1905),
107-108; Kibre(1945), 387-88; etc.(Klebs
116.1-6; IAL A1011-15)

Omnis qui medicine artis ut dicit Galienus. . .
Super Pronostica: CUg 111(180), 13-14c, ff.
230r-232

Omnis qui medicine studio. . .
See 'Omnis qui medicine artis. . .'

Omnis ratio computi. . .
VI 1180, 14c, ff. 220-223v(Zi 12147)

Omnis rationabilis opinio de velocitate. . .
Nicole Oresme, prol. De proportionibus proportionum; Ea Q.385, 14c, ff. 67-82v; CUpet 277,
a.1407, ff. 93v-110v; pr Venice, 1505, ff. 17r-
25v; anon. De velocitate motuum, VA 4275, 14-
15c, f. 102; VE VI.133(XI,10), 14c, ff. 50-72.
Text, 'Omnes proportiones. . .'

Omnis res mensurabilis exceptis numeris ymagi-
natur admodum continue. . .
Oresme, De configurationibus qualitatum. Text:
Björnbo(1912), 98

Omnis res mensurabilis extra numeros ymagi-
natur ad modum quantitatis continue. . .
Oresme, De configuratione qualitatum. Text:
Bibl. math. XIV(1914), 200; for MSS see 'Cum
imaginationem meam. . .'

Omnis sapientia a domino deo data est et. . .
Josephus, Introd. Expositio statue. Text, 'Lapidem benedictum philosophicum. . .'

Omnis sapientia a domino deo est et cum. . .
Ps. Albertus Magnus, introd. Semita recta: Cop
Gl.kgl.S.236, 15c, ff. 154-162; Prag 1765, 14-
15c, ff. 58v-63v; VAp 1330, ff. 56r-92r; Wo
3721, 15c, ff. 221-252v; DWS 177; Kibre
(1942), 511-15; (1959), 238-247; pr Borgnet 37,
545-73

Omnis sapientia a suprema paternitate ad
infirmitatem mundi. . .
Hermes, prol. Liber secretorum (alchemy): CU
1256(Ff.IV.13), a. 1528-29, ff. 78v-105v

Omnis sapientia et gratia a deo est. . .
  Expositio imaginum Josephi: BMsl 2327, 14-
  15c, ff. 6-9(DWS 138.iv)

Omnis scientia a deo est et est cum eo sine
fine. . .
  CLM 27105, 15c, ff. 48r-58r, '. . .so ist es rabo
  luna alba.' See 'Omnis sapientia a domino deo
  est. . .'

Omnis scientia aut communis aut specialis. . .
  Notule de scientia: Mi M.96 sup., 13c, f. 192r-v

Omnis scientia est de aliquo ente. . .
  BN 16297, f. 140(H)

Omnis scientia est de genere bonorum. . .
  See 'Sicut dicit(vult) philosophus in multis(pluribus) locis. . .'

*Omnis scientia et omnis sapientia materiam
habet. . .
  Grosseteste, Hexaemeron: Thomson 100-101;
  CUc 34, 13c, p. 547; Ob 285, 13c, f. 38v; RNS
  36(1934), 172-179

Omnis scientia per instrumentum operative. . .
  Sacrobosco, Tract, super compositione quadrantis
  simplicis et compositi et utilitatibus utruiusque:
  NYP 69, 13c, ff. 70r-79v; Tournai Ville 87, 13c,
  ff. 112ra-116rb; BN 7196, 14c, ff. 25-27v; VA
  3099, a.1472, ff. 25ra-38va; T (1949), 3-4, 69;
  NE 35(1897), 583; Prag Cap. 1463, ff. 58-66;
  Goldschmidt Cat. XVII, n.1(9), 'Quadrans
  Henrici' (Schulz)

Omnis scientia vel ars determinati generis tria
. . .
  Gerard (of Cremona), Super dietas universales
  Ysaac: BN 6859, 14c, ff. 19r-59v

Omnis scriptura a summis usque ad ima. . .
  Apuleius, De ponderibus et mensuris: Suppl.
  (1581), 268r; Ob 289, 15c, ff. 80v-83r

Omnis solis luneque motus. . .
  Computus vulgaris: Lincoln Cath. Chap. 238,
  14c, f. 34v

Omnis species mortiferorum partitur in duo. . .
  Averroes, De venenis: VA 4454, f. 115rb-vb

Omnis spere superficies. . .
  Propositiones (sex) Archimedis: BLd 168, 14c,
  f.121r

Omnis spiritus sublimatus sicut mercurius vel
eius quinta essentia. . .
  CLM 653, early 16c, f. 21v, apparently one of
  several excerpts ending, f. 26v

Omnis stella radiationes suas extendit orbiculariter et piramidaliter. . .
  Latitudines stellarum: CLM 51, a.1487, ff. 17ra-
  18rb(Zi 11195)

Omnis substantia habet suum agens internum. . .
  Helias, De lapide philosophorum: pr with Artephius, Liber secretus, Frankfort, 1685, pp. 60-
  101

Omnis tractatus conditor suo premittit operi. . .
  Comm. Computus ecclesiasticus: Ea Q.349, 14c,
  ff. 78-90

Omnis triangulis cuius latera sunt nota. . .
  De triangulis orthogoniis: Ea F.375, 14c, f. 137v

Omnis trigonus unus latus in se multiplicat. . .
  Ratio inveniendi latera in triangulis: Brux 4502,
  11c, ff. 12ra-13vb(Silvestre)

Omnis tuthia confert oculis et colliriis. . .
  De hiis que conservunt oculos: VAp 1180, ff.
  194r-197r 'Explicit de conferentibus nocentibus
  membrorum principalibus Arnoldi'

Omnis urina est colamentum sanguinis. . .
  De urinis: BMsl 2995, 15c, ff. 6ra-10vb(?); CUt
  1422, 15c, ff. 85-87

Omnis utriusque sexus harmoniam. . .
  Iohannes (de Muris?) et Firminus (de Bellavalle?), Canones tabularum permanentium: Metz
  287, 14-15c, ff. 78va-79ra; Zi 11196-98; anon.
  VAp 1354, 15c, f. 60ra-vb; VAp 1376, f. 392ra-b

Omnis velocis planete velox est significatio. . .
  De quibusdam proprietatibus planetarum: BN
  7328, ff. 73vb-74ra

Omnium aquarum nonnullus est usus in medi-
cinis. . .
  De aquis medicinalibus et earum differentiis:
  Renzi II, 31

Omnium causarum dum esset difficilis ratio. . .
  Alexander of Tralles, De agnoscendis febribus et
  (ex) pulsibus et urinis: ed. Bernhard Nosske, Leipzig, 1919, pp. 7-25; 'aux dem Breslauer Codex
  Salernitanus'; for earlier MSS, Beccaria 425;
  ascribed to Galen, MC 97, 10c, pp. 26b-33a
  (Beccaria 95.19); Diels(1905), 128, 131-132;
  anon. VAp 1226, 15c, ff. 165v-169r

Omnium causarum quam sit difficilis ratio. . .
  Alexander, De pulsibus et urinis: ed. E. Farge,
  Alexandre de Tralles (1891), 15-32, from oldest
  MS, Angers 457, end 9c, ff. 140ra-142va; Bec-
  caria 9.2

Omnium corpora constantium. . .
  See 'Omnium igitur corporum. . .'

Omnium corporis...
See 'Omnium signorum...'

Omnium dimensionum tria genera sunt longitudo altitudo latitudo...
Practica geometrie. See 'Practicam geometrie nostris tradere...'

Omnium diversarum scientiarum diverse sunt conclusiones...
Gerard of Cremona, tr Euclid: Isis 44(1953), 28

Omnium duorum spatiorum que duo mota secant...
Thebit ben Corat, Liber karastonis: ed. Moody-Clagett, pp. 88-116, MSS at pp. 86, 323

Omnium duorum triangulorum...
Geometria cum commento: Delisle, III, 90b

Omnium eadem principia idem origo...
Maino de' Maineri, Compendium regiminis sanitatis: PA 873, 15c, ff. 1-34; Archiv II(1909), 30; Speculum IX(1934), 183-84

Omnium expetendorum prima est sapientia...
Hugh of St. Victor, Didascalicon: ed. C. H. Buttimer, 1939

Omnium honorum optimum prima causa...
Nicolaus Monetarius, Leipzig Pest tract: Archiv XVI, 184-185

Omnium igitur corporum in natura constantium tam perfecta...
Johannes Sawtre, Radix mundi *or* De occulta philosophia: DWS 217, vi-xiv

Omnium igitur scientiarum scientia lingue...
Alfarabi, De ortu scientiarum: T II, 79; ed. Sitzb. Erlangen XXXIX(1907), 74; GS I, 628-29

Omnium motum successivum altera...
See 'Omnem motum...'

Omnium natura in nos venientium donorum...
Petrus Kess, prol. De materia coeli. Text, 'Quoniam autem nunc aliquis...'

Omnium numerorum armonicorum quilibet duo...
Levi ben Gerson, De numeris harmonicis: Ab (1912), 128

Omnium philosophorum discretissimi intimique perpetue...
Thomas de Novo Mercato, Comm. Dionysius Exiguus, metrice scriptum de compoto ecclesiastico: BLd 81, 11-15c, ff. 35r-(62v); CUpet 184, 15c, ff. 195va-218rb

Omnium quatuor quantitatum quarum prime ...
Ahmad ibn Yusuf, De proportione et proportionalitate: Björnbo(1912), 221-22

Omnium que sunt alia ex artificio hominis alia non...
Arithmetic: BN 7377A, 14c, ff. 99r-203r; 15461, 13c, ff. 26ra-50rb

Omnium que tempore...
Epistola of prescriptions, March to February: Laon 426bis, 9c, item 5

Omnium quidem artium etsi varia sit...
Johannes Gallicus, pref. Ritus canendi vetustissimus et novus: Coussemaker IV, 298-421. Text, 'Miror viros nostri...'

Omnium quidem perceptio sensuum ita sponte ac naturaliter...
Boethius, De musica libri quinque: BMh 2688, item 9; BN 16201, end 12c, ff. 83r-124v; Brux 5445, 11-12c, ff. 41v-98v; CLM 18478, 11-12c, ff. 61r-115r; CU 1776(Ii.III.12), 11c, f. 62-; CUt 944(R.XV.22), 12c, ff. 1r(5)-101v; CLM 367, 13c, ff. 63r-123v; 13021, 13c, ff. 97-150r; Oj 4, 59; ed. Friedlein, 1867, pp. 175-371; PL 63, 1167-1300

Omnium recte philosophantium eadem est opinio...
Marsilius Ficinus(?), De arte chimica: Artis auriferae I, 575-631; Manget II, 172-183(T IV, 573)

Omnium recte philosophantium non solum verisimilibus coniecturis...
Almagesti abbreviatum per mag. Thomam de Aquino: CLM 56, a.1434-36, ff. 3r-120(T II, 529, n.4); Albertus Magnus, Epitome Almagesti: VI 5292, 15c, ff. 1r-65v; 5266, a.1434, ff. 176r-228v

Omnium recte philosophantium verisimilibus coniecturis...
Geber, Almagesti minoris libri VI: Basel F.II.33, 14c, ff. 221r-244r; BMh 625, 14c, ff. 84r-(123); Ea F.383, c.1363, ff. 1-51v; FR 885, 14c, ff. 109r-123v; Isis 50(1959), 39; Utrecht 725, 15c, ff. 4r-8r; VI 5266, 15c, ff. 176r-228v; Millás (1942), 203-205; Nu Cent. VI 12, ff. 1r-66v; with many notes by Regiomontanus: Zi(1938), 55, 226; Carmody 164

Omnium rerum domesticarum esse sapientiam iusserat Ypo...
Epistola Ypocratis de signis pronosticis: VAp 1363, ff. 148va-149va(TR 277h); Kibre(1945), 390-93

Omnium rerum initium esse...
See 'Eximidius ait. Omnium...'

Omnium scientiarum duplex est effectus...
Glosa super tegni Galieni secundum mag. Benedictum: CUg 111(180), 13c, ff. 49-72v

Omnium significationum dispositionem interiorem humani corporis declarantium...
Ob 285, 13c, ff. 63ra-66rb; Admont 802, 13c, ff. 44r-47v; BMar 295, f. 205(Schulz)

Omnium signorum interiorem corporis dispositionem declarantium...
Pref. Compendium De pulsu, urinis, fleumate etc., from Galen and Alfanus: BMr 12.D.IX, 13c, ff. 96v-(97v); CUt R.XIV.54, 15c, f. 58r-; VAp 1256, ff. 82r-89v; Janus XXXIV, 276; Atti d. VIII Congresso internaz. 1930, pp. 109-111; ed. Creutz, Archiv XXIX(1937), 57-74 from PA 1024 and VAp 1143

Omnium siquidem perceptio sensuum ita sponte...
De musica: CUma 31, 14c, ff. 98-103

Omnium triangulorum maior angulis maiori lateri...
CLM 13021, ff. 186vb-187r, may be part of preceding work in the MS

Omnium veterum philosophorum propositum...
Guido de Monte, De Adrop philosophico: Ze VI, 543-65

Omoeos cestros alii cyroae...
Antonius Musa, De herba vetonica(betonica): Beccaria 24.3, 84.20; BLd 69, c.1300, ff. 29r-30r

Onothirsus herba est Ortux avis Orphos piscis...
These are the opening words of a paragraph from Kiranides (Delatte 70-71) but then Trifolium, Foca, Savina, etc. are treated: CLM 19701, 14-15c, ff. 2r-21r

Opera astrorum iudiciorum...
See 'Opera iudiciorum astrorum...'

Opera dei perfecta sunt quoniam circularia...
Summa practice Platonis (alchemy): BU 303 (500), 15c, ff. 308r-338v

Opera iudiciorum astrorum certa esse a Ptolemeo...
Haly Imbrani, Liber electionum: CUcl 15, c.1280, f. 31v(Atk); VAu 267, 14c, f. 23, tr Abraam Iudeo Hispano; BN 7440, ff. 17r-36r; VAp 1340, ff. 403r-422v; VE VIII.74(XI,107), 15c, ff. 81-107; Carmody 138-9. Prol. 'Rogasti me carissime ut...'

Operantibus autem in hac arte octo prescienda...
Mesue(?), Cyrurgia, tr Ferrarius Judaeus: bks. 1-3 ed. J. Pagel, Berlin, 1893, pp. 14-137, from BN 7131; bk.4 ed. F. A. Sternberg and W. Schnelle, 1895; bk.5, H. Brockelmann, 1895

Operatio algorismi dividitur in novem tractatus...
Algorismus: FNcs J.V.41, a.1438, ff. 1r-2v; Björnbo(1912), 118

Operatio divina que secula creavit et gubernat...
I. Bede, De natura rerum: Jones, Isis XXVII (1937), 430-440, lists 66 MSS; others are: Vercelli 138(143), 9c, ff. 71r-98v(AL 1653); VA 645, 9c, ff. 81v-92v; 643, 12c, ff. 1v-15v; VAp 1401, 11c, ff. 20v-26r; BMsl 2030, 12-13c, ff. 3r-9r; Ol 96, 12c, ff. 123v-128; Stift Zwettl 296, Pg., 12-13c, ff. 3v-12v(Xenia Bernardina I); Valencia 93, 14c, ff. 1-6; etc.; pr Giles, 1843, VI, 100-122; PL 90, 187-278. Pref. 'Naturas rerum varias...'
II. Isidore, De astronomia: Spicilegium rom. V(1841), 222

Operatio medicine in tribus consistit secundum Ioh....
Metz 178, 14c, f. 76ra-

Operatio medicine secundum Iohannitium consistit in tribus...
Johannes de Sancto Amando, Super antidotarium (Nicolai): Reims 1004, 13c, ff. 68-(106); Ea F.271, 13-14c, ff. 77-113; Ea F.303, a.1341, ff. 113v-136; VA 2418, 14c, ff. 51ra-78va; 2459, 14c, ff. 1ra-30r; 4450, 14c, ff. 21va-55va; BNna 1485, ff. 85r-128v; CLM 3520, 14c, ff. 1ra-42vb; 13124, ff. 240r-303r; 8238, a.1471, ff. 1r-121v; VI 5312, 15c, ff. 45r-112r; T II, 510; GS II, 1090; AL 123; Delisle III, 91; pr Venice, 1495, 1497(Klebs 680.14-15; IAL M445-46); Supp.(1581), 192r; etc.

Operationes omnes...
Winandus de Ruffo Clypeo, Alchemy: BU 747 (1492), 15c, ff. 89v-97v(T IV, 338, n.33)

Opere pretium est mi magister eorum omnium que sint...
Alexander to Aristotle: VAp 1357, 14c, ff. 131rb-134rb

Operis huius progressio dicitur ludus puerorum...
Opus mulierum et ludus puerorum (alchemy): BU 303(500), 15c, f. 224r-v; (Scotus doctor subtilis), De operis progressione: Cambrai 920(819), 15c, f. 141v(Corbett II, 47)

*Operis iniuncti novitatem pater meritis...
  Robert of Leicester, prol. De compoto Hebreorum
  aptato ad kalendarium, a.1294: BLd 212, 14c, ff.
  2-(7r)

Opiata ergo...
  De opiatis: PA 1024, 14c, f. 162; Archiv II
  (1909), 43

Opifex omnium rerum deus...
  Ludovicus de Angulo, Comm. Alcabitius, a.1448:
  BN 7321, 15c, ff. 1-78va

Opifex rerum deus ex nulla precedenti materia
mundum creavit...
  Liber angelicus qui dicitur Summa secretorum:
  VE VI.214(XVI,3), a.1472, ff.279-282

*Opinio est (quod) quantum continuum componi-
tur...
  De quantitatum compositione: On 289, 15c, ff.
  3r-18r; VI 4002, 15c, ff. 54v-80v

Opinio est quod quantum continuum compositum est ex non quantis...
  Compositio continui: Salamanca 2358, ff. 101-
  121

Opinio Iaffredi quod lapis philosophorum componitur ex sole aut luna...
  Jaffredus, De compositione lapidis philosophorum: listed in the table of contents, Lehigh
  MS

Opinio quorundam est quod sit in solo...
  Utrum visio fiat in christallina an in cruciatione:
  BLcm 177, 14c, ff. 39v-(42)

Opium sic facis.   Mense Iulio...
  See 'Mense Iulio...'

Oportet a pestilentia volentem...
  Nota de pestilentia: Archiv XI, 140-41

Oportet accipere esse animal humidum et calidum...
  De animalibus: Oc 41, 14c, f. 155ra-vb

Oportet admirari de sapientia creatoris...
  Gentile da Foligno, Super prima et secunda tertii
  canonis Avicenne expositio: CLM 244, 14c, ff.
  1va-111rb; Pellechet 5024. Cap.1, 'Expeditis
  igitur de duobus...'

Oportet antequam Ypocratium praecepit iura-
mento...
  Initia medicinae: SG Stift 751, 9c, pp. 355-356;
  ed. (in parte), Hirschfeld, Deontologische Texte
  des frühen Mittelalters, 364-69; Beccaria 133.21

Oportet arbitrandum naturalem principia naturalia primitus investigare...
  Robertus, De principiis rerum: Ghent 5(416),
  15c, ff. 212r-214r

Oportet aspicere dispositionem...
  Notabilia super coniunctiones: Argentré, I, ii,
  327a

Oportet astrologum qui hoc anno recte...
  Hieronymus Manfredus, Prognostica anni 1479:
  Polain 2586(Klebs 654.5)

Oportet autem illum qui vult medicari...
  BN 17847, 14c, ff. 1ra-28ra.   See 'Gloria Iesu
  filii Haly...'

Oportet autem inquirere utrum habeant animam
et virtutem...
  Johannes Cronisbenus, De vegetabilibus et plantis:
  VE VI.99(XII,26), 15c, ff. 95-100

Oportet autem intellectus discipline amatorem
prudentissime...
  Petrus de Alvernia, De vegetabilibus et plantis:
  BN 16097, 13-14c, ff. 204ra-225vb(Sorbonne
  954); Glorieux I, 414; AL 668

Oportet cognoscere per quos humores accessio
advenit...
  De febribus dicta Galieni: BN 5240, 11c, f. 116r;
  Beccaria 22

Oportet compositorem receptarum cognoscere
(gradus) genus egritudinis...
  Bartholomaeus de Montagnana, De modo componendi medicinas: VAp 1175, 15c, ff. 237r-
  238v; BMsl 259, 15c, f. 69rb-; CLM 339, 15c,
  ff. 178r-182r; Osler 7600, ff. 50r-52r; pr Consilia, etc., (Padua), 1476; etc.(Klebs 689.1-4;
  IAL M700-703); Venice, 1514; Frankfort,
  1652, pp. 1293-1309; Opuscula de dosibus,
  Venice, 1584

Oportet de moribus hominis...
  Albertus Magnus(?), Physionomia: Dôle 173-
  180, 15c, ff. 4-17. See 'Oportet etiam de
  moribus...'

Oportet diu permanente capitis dolore...
  Beccaria p. 426

Oportet eos qui aliquid volunt investigare...
  Isaac, cap.1, Liber febrium, tr Constantinus
  Africanus: CUsj D. 24, 13c, f. 275v(Atk)

Oportet eos qui falcones acciptres austuros...
  Liber de universis passionibus falconum accipi-
  trum austurum spervariorum et qualiter eos
  curare poteris et qualiter eos nutrire et mundare
  poteris: CU 1351(Ff.VI.13), 13-14c, ff. 69-73r;
  Romania XV(1886), 277; Haskins 354

Oportet ergo nec parvulos nec decrepitos flebotomari...
  Constantinus Africanus(?), Phlebotomy: Reims
  1004, 13c, ff. 66-(67)

Oportet ergo operator huius scientie...
> Bernard of Treves, Super lapide philosophorum:
> BN 12969, f. 34v; Corbett I, 161

Oportet (ergo) te sollicitum circa acutas egritudines...
> Hippocrates, Particula I, Pronostica: VAp 1215,
> 12c, f. 45r; BN 7102, 13c, ff. 97r-140v; BMr
> 12.B.XII, 13c, f. 216v-; CUpet 247, 13c; 251,
> 13c, f. 1(Atk); Mon 182(bis), 14c, ff. 22r-25r;
> Kibre (1945), 387-89.   Pref. 'Omnis qui medicine artis studio...'

Oportet etiam de moribus hominum mentionem facere...
> Physiognomia: CLM 8742, 14-15c, ff. 80r-98r.
> See 'Oportet de moribus...'

Oportet eum qui...
> Bartholomaeus Brixiensis, Aggregator: VAp
> 1191, f. 14

Oportet (eum) qui medicine vult obtinere...
> Constantinus Africanus, Theorica, Liber Pantegni: BMr 12.C.XV, 13c, ff. 2r-(81); BN 6886,
> 13c, ff. 1va-87va; BNna 1485, ff. 1-84v; pr Isaac,
> Opera, 1515; Basel, 1539

Oportet eum qui vult esse magister et artifex...
> William of Brescia, pref. Practica.   Text, 'De
> alopicia et tixia...'

Oportet igitur intelligere...
> See 'Philosophantes antiquos...'

Oportet igitur medicum sollicitum esse ut praecedentia signa...
> Oribasius, De praevidendis passionibus: BN
> 10233, 7c, ff. 276v-277r

Oportet ipsum qui vult esse longevum(longevus)...
> Bartholomaeus (de Ferraria), De regimine sanitatis: BLd 29, 15c, ff. 153-(161v); CUg 140,
> 15c, f. 135(Atk); anon. CUc 177, 15c, ff. 254-
> 259rb.   See 'Ut autem dicit Galienus...'

Oportet itaque artificem naturam inspicere...
> Anon. Alchemy at Paris, a.1331: Edinburgh
> National 20, 8.1, 14c, ff. 6r-40v(T III, 133;
> ColR 126).   See 'Natura autem...'

Oportet me loqui secundum vias communes...
> Abraham Additor, Liber de nativitatibus: Ea
> O.89, 14c, ff. 52v-68; VI 5442, 15c, ff. 203va-
> 217vb; Saxl(1927), 158; T (1944)aa, 298

Oportet medicum diem principii non ignorare...
> Ps. Hippocrates, De eventibus infirmitatum propter motum lunae: VI 2467, 15c, f. 97r-v

Oportet medicum aquarum virtutes cognoscere...
> MC 225, 11c, pp. 35-36; Beccaria 96.10

Oportet medicum de neccessitate scire ac considerarare...
> Cecco d'Ascoli, prol. Comm. Sacrobosco, Sphera.
> See 'Supra mundi...'

Oportet medicum investigare chimorum putredines...
> Constantinus Africanus, De elephantia: BN 6988,
> 14c, f. 50vb; anon. Brux 14323, 12c, ff. 39v-40

Oportet medicum oculorum curam habere volentem...
> Liber oculorum compositus a C(onstantinus
> Africanus?): Bern 216, 13c, ff. 42v-52v; ascribed
> to Galen: Ome 219, ff. 239r-(252v); PAM 51,
> 15c, f. 91; Pansier fasc. vii

Oportet medicum providere et attentum esse...
> Circa examen leprosorum: VI 5511, 15c, ff. 65v-
> 67r.   See 'Circa examen...'

Oportet medicum scire volentem curam...
> See 'Oportet medicum oculorum...'

*Oportet nos determinare de esse generationis et corruptionis...
> Aristotle, De generatione et corruptione, tr Gerard of Cremona; Beiträge, XVII, 5-6(1916), 96,
> 177; AL pp. 55, 132

Oportet nos igitur secundum quod scribit Avicenna capitulo...
> Regimen de balneo: CLM 13076, ff. 19vb-20va

Oportet nos inspicere pulsus utilitatem...
> Galen, De utilitate pulsus: PU 125, 13c, ff. 126-
> (129v); VE fa 531 (XIV,6), a.1305, ff. 54-56;
> VAu 247, 14c, f. 117v; Dresden Db 92-93, 15c,
> f. 39r; Diels(1905), 73-74; Opera, 1490, I, 65-
> 67; 1515, I, 163r-65r, tr Marcus Toletanus de
> Arabico in Latino; Johannes filius Isaach de
> Greco in Arabicum

Oportet nos intelligere quia(quod) prima actio nature...
> Constantinus Africanus, De stomacho: Ea Q.204,
> 12-13c, ff. 68-76; CLM 22300, 13c, ff. 117r-
> 175v; 4622, ff. 112r-167v; CUg 411(415), 13c,
> ff. 77v-(98v); Brux 15485, 14c, ff. 160-173;
> CUg 345(620), 14c, ff. 57r-77v; Ome 255, 14c,
> ff. 73r-88r; Isaac, Opera, 1515, ff. 178r-186v;
> Opera, Basel, 1536, pp. 215-274; anon. James
> 480

Oportet occultum manifestatum in calidum et siccum...
> VI 5477, 15c, f. 129r-v

Oportet omnes generationes habere annos notos
. . .
> Ahmad ibn Yusuf, Tabule astronomie, tr
> Iohannes de Dumpno, 1260: Ma 10023, 14c,
> ff. 1r-18v(Millás 1942, 231-38); Carmody 165.
> Prol. 'Post laudem vero dei...'

Oportet pondus vel pondera medicinalia nosse
. . .
> De ponderibus: BN 6862, 9-10c, f. 3r; Leyden
> Q.13, 11c, f. 4r; Beccaria 24.1; 113.3; BMsl
> 1975, 12c, f. 10va; BMh 1585, 12c, f. 14rb

Oportet postquam optamus complere artes
doctrinales...
> Jacobus Alkindi, Optics *or* De aspectibus, tr
> Gerard of Cremona: ed. Ab(1912), 4-70; Car-
> mody 79

Oportet primum scire...
> See 'Oportet te primum scire...'

Oportet querentem hanc artem...
> Hermes, On seals: T (1947), 244

Oportet qui curare naturam ut continuam cavet
corpus...
> Barth. de Varignana, Questiones supra Galenum
> de complexionibus: VA 4451, 15c, ff. 57ra-87va

Oportet si per singularem decenum ac cen-
tenum...
> De simplici divisione: Bern B.56, 11c, ff. 2rb-3ra

Oportet singulariter de cibo unoquoque tractare. Initium huius libri...
> CLM 2626, f. 142(Schulz)

Oportet somnia cum diligentia interpretari sicut
referas illi...
> De luna eiusque influxu: VI 5154, 14-15c, ff.
> 25v-29ra

Oportet te (O Alexander) cum a somno surgas
(surrexeris)...
> Aristoteles ad Alexandrum, a fragment from the
> medical section of Secreta secretorum, tr John of
> Seville but without his letter to the queen: OHI
> XX(1920), 68, line 28; Suchier 475, line 11;
> Foerster, ZB VI(1889), 72-75; CUt 1083, 12-
> 13c, f. 60r-v; FL 89 sup., 75, 13c, f. 22ra-b; Brux
> 15484, 14c, ff. 157v-159; CUt R.XIV.45(II),
> 14c, ff. 22r-24r; BMsl 282, 14-15c, ff. 123r-
> 124r; VAb 165, 14c, f. 402ra-vb(TR 328); etc.

Oportet te primum scire dominum anni...
> Albumasar, Flores tr John of Seville: Spec.
> astron. cap.7; AL 320; GW 837-39; Klebs 37.1-
> 3; IAL A323-25; other eds. and 39 MSS, Car-
> mody 92-94; yet others are CUpet 250, 14c, ff.
> 31r-44v(Atk); FL 30.29, ff. 42va-50rb

Oportet tibi rex omnium...
> Hippocrates, Epistola ad Antiochum: GU
> 96(T.4.13), 9-10c, ff. 105-106; Diels(1905), 51.
> See 'Eam te in hoc...'

Oportet ut incipiamus a custodia...
> Constantinus Africanus, tr Isaac, Practica, Liber
> Pantegni. See 'Quia in prima parte...'

Oportet ut qui pulsus scientia instructus esse
desiderat...
> De pulsibus: VI 5300, 15c, f. 65v. See 'In
> urina attenditur color...'

Oppilationem significat extensio in qua non
sunt signa repletionis...
> Practica ex auctoritatibus: BMsl 568, end 14c, ff.
> 127ra-192

Oppositio lune cum Saturno...
> Haly, comm. Tract. Ptolemaei, metrice verso, de
> aspectibus lunae ad planetas: BLcm 517, 15c, ff.
> 49v-(52v)

Oppositiones sic inveniende sunt. Adde...
> Astronomical: BMar 299, late 15c, f. 1r-

Optabam ego equidem maximi imperatores
Severe et Antonine...
> Alexander of Aphrodisias, De fato: pr 1541, pp.
> 89-111

Optabam vir magnifice ac illustrissime...
> Gerardus de Berneriis de Alexandria, Consilia: ed.
> Giov. Carbonelli, 1916, pp. 45-77

Optabat Galienus discere et docere posse res sine
nominibus...
> Simon of Genoa, Synonyma medicinae s. Clavis
> sanationis: BU 515(913), 15c, 236 ff.; VE VII,
> 12 (XIV, 57), a. 1456, 25 ff.; pr Milan, 1473
> (Klebs 920.2; IAL S475)

Optarem reverendissime in christo pater...
> Hermann Schedel, dedic. Pest tract. See 'Cum
> hec avidissima...'

Optarem utique et discere et docere posse...
> Galen, Megapulsus, tr Burgundio Pisanus: BN
> 6865, ff. 124v-130b; PAM 51, 15c, f. 122v;
> VAp 1099, 15c, ff. 37v-60r; Opera 1490, I, 60v-
> 65r

Optasti sepenumero ut in librum de anima...
> Gaietanus de Thienis, prol. Expositio de anima.
> Text, 'Hic libellus(liber) qui de anima...'

Optica est scientia que demonstrat...
> Optica Euclidis nova: Lucca 2479, 17c, 43 ff.

Optima urina est cum eius alba fuerit...
> George Valla, De urinae significatione, ex Hippo-
> crate, Paulo Aeginata, ac Theophilo: pr De natura
> simplicium, Strasburg, 1528

Optimam aquam aptissimam esse congruit non
secundum gustum solum...
> Galen, De bonitate aque: BN 6865, 14c, f. 198r;
> VAp 1098, 15c, f. 114v; Diels(1905), 132;
> Opera, 1490, I, 139r-v; 1515, I, 209v-210r.
> See 'Aptissimam aquam...'

Optimum argumentum ad initium...
> Leo of Spain, Letter on calculation of Easter, ad-
> dressed to magister Agnardus: Bull. Du Cange
> XVII(1942), 69(?); anon. Eins 321, 8-10c, ff.
> 145-156(Zi 12148)

Optimum est octave umbra hore...
> BN 11246, ff. 40v-41(Poulle)

Optimum instrumentorum ad inveniendum
gradum...
> Abraham ibn Ezra, De nativitatibus: BLd 212,
> 14c, ff. 30-33; BLd 48, 15c, ff. 116-(143v); BE
> 964, 15c, ff. 182-193rb; BN 10269, 15c, ff.
> 136rb-150vb; VI 5143, 15c, 31 ff.; Mi N.64
> sup., 16c, ff. 1r-36v; anon. Ghent 2(417), 15c,
> ff. 34r-45v; pr Venice, 1485(Klebs 4.1; IAL A6);
> T (1944)aa, 298

Optimus astrologus multum malum prohibere
potest...
> Conrad of Megenberg, Questiones in spheram
> Ioannis de Sacrobosco: CLM 14687, a.1346, ff.
> 71ra-95vb; T (1949), 37

Optimus medicus est iste antecedens cum iudicio
...
> Thadeus Florentinus, Recollectiones super primo
> G. de crisi: VA 4451, 14-15c, ff. 89rb-101rb;
> liber tertius, 101r-102vb; Puccinotti, II, 1(1855),
> Appendix, p. xxxiv

Opus astrolabii...
> Messahala: Spec. astron. cap.2

Opus de vero balsamo artificialiter facto...
> Ea F.267, 14-15c, ff. 199-200v

Opus imaginum Ptolomei...
> See 'Opus Ptolomei...'

Opus imaginum secundum consilium Ptolomei
est...
> BLd 57, 14-15c, ff. 176v-(177v); BLas 346, 15c,
> ff. 118-119; T (1947), 257-58; VAr 1452, ff.
> 78va-79va

Opus istud quadrifarie dividitur primo...
> De secretis medicine: CLM 251, 14c, ff. 76r-
> 77rb

Opus magistri Cardinalis de aqua penetrativa
que soluit omnia metalla...
> Cardinal Gilbertus, Practica: VI 5286, ff. 147r-
> (155)

Opus namque margaritarum sic condies. Primo
(quod) tu accipias...
> Raymond Lull, Compendium super lapidarium:
> BN 7150, 16c, f. 3r-(HL 29, 283); is part of
> Anima artis: Bern A.78, 15c, ff. 61r-71r(T IV,
> 626); BN 7164, 15c, f. 115(Corbett I, 121);
> DWS 253, ii (ColR 111b)

Opus nobilissimum et breve ad elixir seu lapidem
philosophicum...
> I. George Ripley, Consolatio pauperum: BU
> 138(104), a.1476, f. 60r-v; T IV, 352, n.85
> II. John Garland, De praeparatione elixir: pr
> Laurentius Ventura, De ratione conficiendi
> lapidis philosophorum; Basel, 1571, pp. 51-66
> III. Practica vera magistri Oswaldi de Monte
> Paleonum, Ad album et ad rubeum: CLM 352,
> 15c, ff. 297r-321v

Opus nostrum non efficitur manibus sed natura
...
> Compendium Rasis (alchemy): CUt 1363
> (O.VII.35), 15c, ff. 210(206)-213(209), 'Ex-
> plicit Compendium et textus Rasis cum Solar.';
> DWS 629, indicates as anon. Collectanea Al-
> chemica

Opus numeri omnino quinque partibus...
> Algorismus minutiarum: BMsl 3281, 13-14c, ff.
> 2-6rb. Prol. 'Cum multos de numeris...'

Opus optimum pro cunctis melior...
> Dicta philosophorum: BNna 1293, 15c, ff. 67v-
> 68(Corbett I,216)

Opus primum ad rubeum in opere simplici...
> See 'Recipe in dei nomine omnipotentis...'

Opus Ptolomei (imaginum) et est omnibus
modis...
> Ptolomeus, De imaginibus super facies signorum:
> T (1947), 256-59; TR 259b, 260c

Opus quod fecit pro domina de Pompeiaco
Bernarda in Tholosa...
> Judeus, De venere: BLf 22, 14c, f. 18r-v(DWS
> 147)

Opus Raymundi humane generationis secundum
modum. Sperma viri...
> Raymond Lull, De consideratione lapidis philo-
> sophorum: CUc 396, 15c, pp. 69-86(DWS 256)

Opus sapientis est non mentiri de hiis que
novit...
> Reportata super speram(Sacrobosco), a.1421:
> CLM 4382, a.1421, ff. 21ra-44vb

Opus secretum nobile et virtuosum...
> Alchemy: BMsl 3124, 15c, ff. 146v-148r

Opus sive receptum beati Thome de Aquino. Amice carissime...
> Declaratio cuiusdam operis B. Thomae de Aquino(alchemy): BU 138(104), 15c, ff. 259r-261v

Opus supra vires aggredior...
> Petrus Hispanus, Thesaurus pauperum: BMr 12.B.III, 14c, ff. 11-(66v); anon. BMsl 147, c.1400, ff. 1r-37r; pr Antwerp 1497(Klebs 749.1; IAL J212); these words follow the long invocation which opens, 'In nomine sancte et individue...'

Opus utile prosiliendo adgrediar hiis...
> Gorgus de Florentia, Declaratio antidotarii Mesue et antidotarii Nicolai: Wo 2841(83.7 Aug. fol.), a. 1432, ff. 1-67v, 83-98

Opusculum iamdudum a vobis...
> Simon of Genoa, Letter to Campanus of Novara, *or* dedic. Synonima medicinae: Tours 796, 13c, ff. 1-100; FL Plut.73, cod.31, 14c, f. 6; VE VII.12(XIV,57), a.1456, 25 ff.; pr Venice, 1486 (Klebs 920.4; IAL S477)

*Opusculum istud est de pronosticatione aeris...
> William Merle, De pronosticatione aeris: T III, 143; Boston Medical 20(7), 14c, ff. 136r-150v

Opusculum istud propter amorem domini nostri...
> (Galen), Liber medicinarum fortiorum: Oa 69, 13c, ff. 113v-(129). Text, 'Fortior medicinarum ad allopiciam...'

Opusculum Ptolomei et est omnibus modis prior et veracior...
> Ptolomeus, De imaginibus: BN 7337, pp. 41b-45a; T(1947), 258-59. See 'Opus Ptolomei...'

Orbes deferentes quinque stellarum erraticarum declinant...
> De latitudinibus quinque planetarum: BLlm 644, later 13c, ff. 119vb-120v; Saxl.(1953), 389

Orbis autem ut dicit Isidorus libro XV tripharie est divisus...
> Bartholomaeus Anglicus, De proprietatibus rerum, liber XV De provinciis: T II, 424-29; Bern 260, 13-14c, ff. 129r-152v; BMar 123, 14c, n.1; Reims 1322, early 15c, ff. 1-114; Toledo Art Museum 35, 15c, 5 ff.; Hain *2506(Schulz); Klebs 149.9; IAL B123

Orbis dividitur tribus nominibus Europa, Asia, Libya vel Africa...
> Divisio orbis terrarum: ed. Riese(1878), 15-19

Orbis est prescitus spericus...
> See 'Incipiam et dicam...'

Orbis magnus presens seu currens scilicet anno domini 1425...
> Calculations for 1425: Yale MS bound with 42, a.1433, f. 73r

Orbis terrarum spatia breviter...
> Pier Candido Decembrio, Cosmographia: VA 3416, a.1472, ff. 1v-12r

Orbis trifarie divisus est prima eius pars est africa...
> (Isidorus), De divisione orbis terre: VI 413, 13c, ff. 196va-197rb

Ordei natura est frigida et humecta...
> Diaeta Theodori: BMh 4986, 11-12c, ff. 64r-65v; Beccaria 77.9

Ordei virtus frigida et humida est purgatorium...
> Ps. Hippocrates, Dinamidia: BMsl 84(670), 12c, ff. 34v-40r

Ordeum natura frigidum est et humectum...
> Theodorus, Dietae: Brux 1350, 12c, ff. 107va-112vb; pr Experimentarius medicine, Venice, 1502; Strasburg, 1544; Archiv VIII, 381-403

Ordimur namque tibi fili quod necesse...
> Raymond Lull, Liber secretorum naturae: BN 7177, 15c, f. 4v(Corbett I,136); DWS 255. Prol. 'Deus cum tue sublimis...'

Ordina significatores(*not* significationes) fortiorem et debiliorem quia ceteri participant cum hiis duobus...
> Hermes, De accidentibus (rescriptus ab Haly): BMh 3731, ff. 170v-172v(T II,222, n.1); VAo 1552, ff. 99v-101v; Carmody 56

Ordinantur animalia non solum ad corporis nutrimentum...
> CLM 26875, f. 65v, 150(Schulz)

Ordinata ac debita herbarum florumque...
> CLM 456, f. 55r, following (Arnald of Villanova, Parabolae), 'Omnis medela...', may be comm. on that tract

Ordinatio diete. Videtur in Ianua(rio) claris calidisque cibis potiaris...
> VI 5522, 15c, ff. 63rb-(66)

Ordinaturus ac deo duce scripturus consilia clarissimi...
> Ant. Cermisonus, Consilia ordinata secundum omnes viginti duas fen egritudines Avicennae: CLM 9, 15c, ff. 1-248; after table of contents at ff. 2ra-8rb, blank till illuminated 11ra, this opening by Hartman Schedel; 11rb prol. inc; 12ra, text

Ordine primigeno(primo getio) iam nomen possidet...
De caracteribus abaci: Avranches 235, 12c, ff. 52v-54; CLM 18580, 12c, f. 86va

Ordinemus primum martyrologium in manu sinistra...
Compotus chirometralis: Troyes 1558, 12c, ff. 24r-(28v?)

Ordines igitur numeronum sive limites a primis numeris...
N. Ocreatus in Helceph ad Adelardum Batensem magistrum suum, On multiplication and division: Haskins 35, n.78; ed. M. Charles Henry, Ab III, 132-39; ZMP XXV, suppl.129-139

Orditur hunc librum a definitione sphere qua definit corpus...
Comm. John de Sacro Bosco, Sphera: VAp 1395, ff. 74r-80v

Ordo dietandi et sumendi cibos est talis...
BMsl 783b, 15c, ff. 209r-210r

Ordo doctrine per singulas artes rerum...
Magister B., prol. *or* Comm. Johannitius on Galen, Liber Tegni: BMr 12.B.XII, 13c, ff. 98-(102)

Ordo est bonum universi...
Reportata super librum de motibus animalium: Basel F.V.10, ff. 90va-96rb

Ordo est si liquido constabit nec ab hoc...
Glosa in Boethium, De arithmetica: CUc 352, c.1000, f. 2(Atk)

Ordo in confectione diastases...
Medicine: VAp 1304, ff. 52r-56r

Ordo mensium...
De astrologia: Spicilegium Romanum, V(1841), 222

Ordo planetarum non iuxta positiones sed iuxta naturam...
VAr 1324, 15c, ff. 56r-57

Ordo planetarum non ordine fit feriarum...
De planetarum domiciliis: CLM 18580, 12c, f. 86rb; Bamberg Ed.III.23, 12c, f. 21v; PL 90, 369(Schulz)

Ordo rerum exigit sequentium ut de urinis...
De urinis et earundem significationibus: Renzi II, 15, 413-18

Ordo situationis corporum istorum inferiorum notandum est...
De celis: CUg 184, 15c, f. 487(Atk). This is the 2nd paragraph of a series on the heavens. See 'De ordinatione mundi...' for the first

Ore deo laudes canimus loquimur reseramur...
Carmen in fen 6, libri III Canonis Avicenne: Hain *2214, III(Schulz)

Organum Ptolemei ad multas provincias...
Melk 367 (now at Yale), 15c, ff. 268-272; 446-448; etc.(Zi 9782-84)

Organum Ptolemei cuius adminiculo...
See 'Fit armilla...'

Organum Ptolemei est instrumentum utile...
Canones super instrumentum utile quod organum Ptolemaei vocant: CLM 24105, 15-16c, ff. 85r-88r

Organum Ptolemei ita fit.   Fiat in laminam...
Modus construendi horologium in muris: VI 5303, 15-16c, ff. 253v-255r; 5418, 15c, ff. 180r-186r, etc.(Zi 9778-81); CLM 24105, 15-16c, ff. 67v-68vb; Yale 42, ff. 92r-93v; Compositio et usus organi Ptolemei: Salzburg St. Peter X.VI.20 (Schulz)

Organon Ptolemei, reverendissime domine...
Regiomontanus to Bessarion, De compositione metheoroscopii: Zi(1938), 224-26; AGNT I(1909), 397-399; pr close of Joh. Werner, Opera geographica, Nuremburg 1514

Organum vite et vegetabilitatis idem...
Alfred of Sareshel(Alfredus Anglicus), De motu cordis: Beiträge XXIII(1923), 1-114; T II, 187; Haskins 128; Baltimore, Walters 428, 13c, ff. 193r-199r; CUpet 157(2), 15c, ff. 49ra-55v, incomplete. Prol. 'Anima eo solo phisice...'

Orientis domus pariter et faciei femine...
Astrology: BMh 637, 15c, f. 151r

Origo igitur ortusque rerum ac primordia creaturarum...
Martianus Capella, Section on arithmetic from De nuptiis philologiae et mercurii: ed. BB XV(1882), 566-71

Orimur gradus scale sapientum.   Ad talem...
See 'Ad talem...'

Orites alius niger alius viridis...
Lapidary: BLd 13, 12c, ff. 17r-19v; ed. Joan Evans, Magical Jewels (1922), pp. 220-223

Orites habet tres species quarum una niger et rotunda alia viridis...
Anon. VAp 978, 13c, ff. 1r-25r; Albertus Magnus, Liber II mineraiium, tract II, cap.13(Borgnet V,42, col.2)

Oritur autem questio concernens omnia que dicta sunt in trilogio astrologie...
Joh. Gerson, De libris astrologicis non tollerandis: Epilogus Trilogium astrol. theol.: Opera I(1494), xx, c-s; IAL G168

Orizon...
  See 'Horizon...'

Ornatu vario mundus depingitur artis...
  Suplectio defectuum operis magistri Alexandri (following Alexander Neckham, De commendatione vini): BN 11867, 13-14c, ff. 218va-(241)

Oro deos deasque omnes dirigi meum intellectum...
  Proclus, Comm. Plato, Parmenides, tr. William of Moerbeke: Grabmann(1936), 417

Oropum vocatur quoddam lignum perlongum ...
  De oropo nostro: BLd 69, 13-14c, f. 80rb

Ortus medicine est positionis naturalis...
  De simplicibus: CLM 23912, 15c, ff. 258rb-263ra

Ortus stelle dicitur cum aliqua stella...
  BMsl 636, 15c, ff. 86r-87r

Ossa dentium sunt triginta duo...
  Jacobus de Partibus, Summula per alphabetum super plurimis remediis ex ipsius Mesue libris excerptis: pr Avicenna, 1523, Vol. II. Above inc. precedes main work

Ossa duodena sunt atque quater duodena...
  Secreta Alberti super libros naturales compilata a mag. Paulo de Limogis: VAp 1170, ff. 72-75, 66-67, 78r; Isis XIII(1929), 57

Ossa humana absque cura sunt si ibidem morbus ...
  Beccaria p. 426

Ossa in humano corpore absque curatione...
  BN 7099, 11-12c, ff. 23v-24v

Ossibus extruitur elephas dorsoque camelus...
  Bernardus Silvestris, De proprietatibus bestiarum: CUg 593(453), 13c, f. 117ra; De generibus animalium: BLll 86, f. 51r(cf. De mundi universitate, ed. Barach and Wrobel, 1876, p. 21, line 205 et seq.)

Ostendam quid sit crepusculum...
  Ibn al Haitam (Alhazen), De crepusculis: VA 2975, 16c, ff. 202r-208v (Ab 26, 144); BN 10260, 16c, ff. 194r-199r

Ostendamus igitur quomodo debeant confici medicine in quibus...
  BMad 18752, 15c, ff. 122v-(123v)

Ostendendum in questione omni...
  See 'Sciendum in questione...'

Ostendens moram nati in utero...
  Trutina Hermetis: CU 1017(Ee.III.61), f. 74r-v

Ostendente autem in primo locato deinceps quoque ascendentis...
  Alkyndus, De annorum peste et salute: BMsl 636, 15c, f. 82r

Ostendente Boecio in primo arsmetrice sue omnia que a primeva...
  Comm. Alexander de Villa Dei, Algorismus: CU 1705(Ii.I.13), 14c, ff. 11v-13r

Ostendere autem volo in hoc tractatu quid sit crepusculum...
  Alhazen, Liber de crepusculis, tr Gerard of Cremona: Carmody 140-41; BLas 341, 13c, ff. 76v-81; FR 885, 13-14c, ff. 124r-131v; Isis 50 (1959), 39, n.50

Ostendere quid sit crepusculum et que causa...
  Alhazen : Basel F.II.33, 14c, ff. 110v-112r (Ab 12, 126, n.7); Cracow 569, early 14c, ff. 99-102; BMr 12.G.VII, 14c, ff. 102v-103v; BLd 104, 14c, f. 8r-v; anon. BN 16648, 13-14c, ff. 96r-102r; BLd 215, ff. 96v-(98); CU 1705(Ii.I.13), 14c, ff. 77v-79v; CUpet 209, 14c, ff. 112ra-114ra; St. Omer 605, 14c, item 2; VI 5303, 15-16c, ff. 101r-106v; John Chillingworth, De ascensionibus nubium: Tanner

Ostenso qualiter rerum nature comprehenduntur per sapores...
  De odoribus: FLa 143(217-149), 15c, ff. 37v-38. See 'Rerum nature cognitio...'

Otium si essem...
  See 'Si otium essem...'

Otium sine litteris mors est contra hominis vivi sepultura...
  Johannes de Sicca Villa, pref. De principiis nature *or* Compilationes intitulate Mihi Cordi: BN 6552, ff. 3ra-25vb. Text, 'Principia esse contraria...'

Ovem relicto pastor ducens grege...
  Johannes(Augurellus?), Vellus aureum: VAb 273, f. 291r

Ovidius de commendatione (astro)nomie...
  Prol. De usu astrolabii: Lyons pa 45, 12c, ff. 118-147v

Ovidius Naso Peligni ruris alumpnus...
  Ovid (Richard of Fournival?), pref. De vetula: Ea Q.1, 14c, ff. 115-159; Ea Q.2, 14c, ff. 1-37; CUj Qq.22, 15c, f. 121v(Atk); pref. *or* arg. by Leo Prothonotarius of Sacred Palace of Bizantium under Vatachio(Vatatzes *or* John III): Mon 366, 13c, f. 1r-; Budapest 285, 15c, ff. 114-130v; Wo 333, 15c, ff. 48-81; Paul Lehmann(1927), 90; FR 119, ff. 45v-46r; Hain *12254

Ovidius qui philosophus fuit atque poeta...
  Thomas Bradwardine, Liber metricus rithmi-
  machie, id est de pugna numerorum: Ea Q.2,
  14c, ff. 38-63; anon. VAp 1380, ff. 189-230v

Ovorum vitella(vitellos) equaliter(taliter) teres
  ...
  Liber duodecim aquarum: T II, 569; DWS
  1063; Corbett I, 20, 78, 88, 278; Kibre(1942),
  504-505; Osiris VI(1939), 444, 485; CLM 405,
  14-15c, ff. 65r-67v. See 'Libelli huius series...'

Oxea ex acutis morbis...
  Sabbadini, Scoperte I, 118(Schulz)

Oximel simplex fit ex aceto et melle...
  Pharmacopaea: BMsl 282, 14-15c, ff. 192r-
  193v; Goldschmidt Cat. 56, MS 5, early 15c,
  ff. 1-6

Oximel squillaticum sic facies...
  Medical recipes: BMr 12.B.XXV, 15c, ff. 85-
  (104)

Pagina gentilis nec firma nec undique...
> Helpericus, De computo: CLM 10270, 11c, ff. (1)-(8); PL 137, 17-48

Pagina magniflui que dicitur Area cycli...
> Extract from a Computus table: Bede, Opera, Pars I, sect. ii: PL 90, 743-744(Schulz)

Paladii librum breviatum per Godefridum. Accipe...
> Galfridus de Vinsauf(?), prol. Liber plantationum: VI 4560, a.1479, ff. 175r-208v; CLM 10510, f. 121(Schulz)

Pallida lune pluit rubicunda flat alba...
> De luna que est temporum mutationis significata: CLM 27, f. 48v; Hortulus anime, Nuremberg, Koberger, 1519, f. 19v(Schulz)

Pandere propositum sit de curis mulierum...
> De secretis mulierum, de chirurgia et de modo medendi, libri septem: ed. Renzi IV, 1-176. Prol. 'Principio rerum...'

Panis qui fit ex tritico convenientior est et melior...
> Magister Chunradus medicus, De qualitatibus ciborum: CLM 16521, a.1462, ff. 21v-34v

Panis triticeus bene artificiatus est temperate caliditatis...
> Avenzoar, Summa dietarum: VAp 1229, 15c, ff. 206ra-208vb

Panormitanus est lapis quasi calcineus...
> BMad 41486, f. 122r-v

Paradisus locus in orientibus partibus constitutus ...
> Bern 466, 11c, f. 117r-v

Paralisis est lesio partis nec tamen...
> Cambrai 916, 13-14c, ff. 212-214; Archiv II (1909), 43

Paralisis est morbus nervorum...
> Danzig Mar. F. 200, 15c, ff. 19v-22v (Benjamin)

Paretur lamina lapidea aut cuprea vel cuiuslibet materie que non...
> Instrumentum ad meridianum construere: BN 10266, ff. 75v-76(Poulle); VAp 1340, 14c, ff. 34v-35v

Parisius fuit magna contrarietas inter Raymundum...
> Raymond Lull, Disputatio Raymundi et Averroistae: HL 29, 307, n.166(Schulz)

Parisius quidam Raymundista et Averroista disputabant...
> Raymond Lull, De efficiente et effectu: Salzinger I(1721), 12; HL 29, 247, n.67(Schulz)

Paroxismos (vero) et consistentias declarant egritudines...
> Comm. quorundam Hippocratis aphorismorum: Ea F.284, 14c, ff. 79-171. These opening words quote Aphorism I, 12. Puccinotti II, i, xc-cvi, ed. part of a Comm. by Dino del Garbo on this aphorism from VA 4454, ff. 50-52v

Pars asserentis(ascendentis?) que parti...
> Cues 207, 14c, ff. 150-151(Zi 3919)

Pars est prima prudentie ipsam cui precepturus es...
> Palladius, De agricultura (Libri xiii): DWS 997; CLM 10714, 14c, ff. 1r-69v; Ea Q.15, 13-14c, ff. 92-166v; Mi B.91.sup., ff. 1r-39rb; VA 993, f. 51; pr Venice, 1472, etc.(Klebs 902.1-5; IAL S318-322); Leipzig, 1898

Pars fortune et eius dominus...
> Ea Q.374, 14c, ff. 162v-168v(Zi 3925)

Pars imaginum est multiplex...
> Ptolemy(?), De imaginibus: Steinschneider (1906), 45. See 'Opus imaginum...'

Pars lune accipitur in die...
> BE F.192, 15c, f. 210(Zi 3926)

Partem proportionalem alicuius numeri...
> John de Lineriis, Canones super tabulas latitudinum planetarum: Basel F.II.7, a.1432, ff. 46r-57v

Partes corporis humani create sunt ut Aristoteles dicit...
> Albertus(sic), De proprietatibus rerum: BN 6556, 13-14c, ff. 11ra-75vb

Partes humani corporis principaliter create sunt ...
> Thomas of Cantimpré, De natura rerum, Bk.I: BMr 12.E.XVII, 13c, 188 ff.; T II, 372-77, 396-98; anon. BMe 1984, 13c, ff. 143r-146r; Brux 3591, a.1410, ff. 3vb, 1ra-169rb; VA 10064, 15c, ff. 161-263v; VI 5512, 15c, ff. 125r-146r

Partes humani corporis ut dicit Aristoteles. . .
Summa naturalium: CLM 26700, f. 135

Partes instrumenti circulosque et lineas. . .
Johannes Schindel, Canones pro eclipsibus solis et
lune per instrumentum: VI 5415, 15c, ff. 133r-
141r; Saxl(1927), 151

Partes mundi quatuor scilicet ignis aer aqua
terra. . .
BMh 3017, 9c(Fleury), f. 91r

Partes prolationis quot sunt 4. . .
Ars musica mensurabilis: BN 7378A, ff. 58vb-
59rb

Partes unde nature rerum compleantur. . .
Soliloquium philosophie(Alchemy): VAp 1329,
15c, ff. 20r-21r(37v?)

Parthorum leges. . .
Antonius Arquatus, Prognostica for 1494: GW
2556(Schulz): Klebs 110.5

Particula quinta et ultima dicit libri. . .
Dinus de Garbo, Memoratio quarundam medicinarum que sunt a parte cirurgie secundum sententiam Galieni in libro de simplicibus medicinis: Ran 1489, ff. 178-221r

Particularium pessimum a principalibus pro-
cedentium. . .
De decoratione capillorum: Op 13, 14c, ff. 195-
200v

Partitio ut ait Cicero. . .
Marianus Sozinus Senensis, De sortibus: T IV,
296, n.110

Partium in humano corpore multiplicitas. . .
De effectibus farmacorum: BLb 361, 15c, p. 331-

Parvorum precibus puerorum iuvenumque non
minus. . .
Compendium de libris philosophie naturalis
ac logice Parisius: Ea Q.273, ff. 50-58; VI 5402,
ff. 1-81(Schulz)

Parvus error in principio maximus erit in fine
. . .
Wo 23.27.Aug. 4to, 15c, f. 130(Schulz). See
'Quia parvus. . .'

Parvus tractatus cum dei adiutorio. . .
Alchemy: BU 1062, 14c, ff. 80r-82r

Paschalis festi rationem quam multorum diu
frequenter. . .
Dionysius Exiguus, ed. Krusch II(1938), 61-74;
Bull. Du Cange 17 (1942), 61; anon. Computus:
Bern 610, 10c, ff. 78v-80v(Zi 12149)

Pasiphile ornatus fidei cui iure fatemur. . .
Palladius, De institutione arborum, Carmen ad
Pasiphilum: VI 4772, 15c, f. 194v-

Passio Beltrammi prout concipere potui. . .
Consilium: BLcm 156, a.1499, ff. 60r-64r

Passio que dicitur sincope et ypocondriacis et
cardiacis latine. . .
Alexander (Aphrodisiensis): Vendôme 109, 11c,
ff. 58-65

Passio que dicitur favositus(?) mulierum est
species sahaphati. . .
Antonius Guaynerius, De propriis mulierum tractatulus egritudinibus: VI 5269, 15c, ff. 82vb-
83rb

Passio sciatica plurimum fit ex humoribus. . .
CUad 6865, c.1200, f. 106vb

Passiones aeris que a philosophis impressiones
vaporum. . .
Albertus Magnus, Pref. De impressionibus aeris,
really lib. iv, Philosophia pauperum: CLM 8001,
13c, f. 138r; FNm XI.121, 14c, ff. 217r-221v;
VAp 1144, ff. 297r-303v; VAb 165, 13-14c, ff.
411va-414vb; VI 5371, 15c, ff. 40ra-45vb;
Philos. Jahrbuch 36(1923), 157-61; 37(1924),
271-72; Borgnet IX, 659-86

Passiones capitis que nomine accidentis appellantur. . .
Joh. Jacobi, Secretarius practicae: VAp 1240,
15c, ff. 41r-73r

Passiones cutis capitis sunt: passio vulpis, passio
serpentis. . .
(Reyszer Leonhardius de Kirchen), De signis
accidentibus in singulis membris corporis: VAp
1233, a.1450, ff. 1-(272r)

Passiones (et morbos) puerorum adhuc in cunabulis. . .
De morbis(Practica) puerorum: CUg 379(599),
12-13c, ff. 17r-18r; 157v-167rb; Chartres 393,
13-14c, f. 1; Reims 1004, 13c, f. 161-; PGe
3102, 14c, ff. 20-33; Ome 230, 14c, ff. 20r-21v
(DWS MS); VA 2416, ff. 47vb-47Ava; VAp
1229, 15c, ff. 50ra-53ra; etc.; ed. Janus 14
(1909), 476-80; ed. Sudhoff, Erstlinge(Munich,
1925), xli; Bernard Gordon: VA 10213, p.
541a-b

Passiones oculorum (multe) sunt (et) diverse. . .
Sententia Bruni de egritudinibus oculorum: VI
5306, 15c, ff. 84r-91r; bk. II, Bruno Longob.,
Cyrurgia

Passiones puerorum adhuc in cunabulis. . .
See 'Passiones (et morbos) puerorum. . .'

Passiones vel morbos puerorum adhuc...
    BMsl 3531, 15c, ff. 18v-20v

Passionis podagrice ex flegmate subtili...
    (Petrus de Tussignano), De podagra: Na
    VIII.D.35, f. 84vb

Pateat(Pateant) universis philosophis ingeniis
sana ratione...
    I. Bernard of Treves, Tract. brevis super trans-
    mutationem metallorum: BU 270(457), 15-16c,
    XXVI, 4(T III,620, n.35)
    II. Johannes Dumbelerius(?), Alchemy: VE
    VI.214(XVI,3), a.1472, ff. 12-20(T III,635)

Patefaciam tibi—sublimet te deus!—revolutionem annorum mundi...
    Albumasar, Liber experimentaris(?): BN 7282,
    ff. 38va-39va; Carmody 26, identifies with Messa-
    hala, In revolutionibus annorum mundi. See
    'Custodiat te deus...'

Patefit ex Ptholomei disciplinis in libro suo qui
dicitur Almagestis...
    Johannes de Muris, De sole et luna et eorum
    coniunctionibus: T III, 300; Ea Q.360, a.1360,
    ff. 33v-55r; Q.371, 14c, ff. 8r-42v (ColR 142,
    143); Metz †285, 15c

Pater et domine reverende licet liberalium
artium...
    Arnald of Villanova, prol. Novum lumen: T III,
    67-69, 662; HL 28, 49; Glorieux I, 423; Mat-
    thaeus de Sicilia, Liber claritatis *or* Practica
    (DWS 326); anon. BU 138(104), 15c, ff. 167r-
    170r; 303(500), ff. 107r-115v; CLM 2848,
    a.1531, ff. 143v-150r

Pater iacet in senectute et dicit filio suo...
    Walter of Henley, Carmen quod vocatur Ycono-
    mia sive Housbundria: BLd 147, 14c, ff. 2r-7v;
    ed. London, 1890; GS II, 647

Pater mi clementissime dixi ergo tibi...
    Raymond Lull, Ad amicum suum (alchemy):
    T IV, 625

Paterna siquidem substantia...
    Johannes Scotus, Periphision: Avranches 230,
    12c; pr Oxford, 1681

Paterne enim autoritatis...
    Computus: CLM 14456, a.817-824, ff. 78-79v
    (Zi 12150)

Patiens pro quo tam sollicite quesivistis...
    Arnald of Villanova, Consilium sive cura febris
    ethicae: HL 28, 66; Glorieux I, 421; Opera,
    1504, ff. 248va-249va; 1520, ff. 209vb-210rb

Patronus dicit si videris lunam in ariete...
    Zael, De prognosticis accidentibus partibus mundi
    in anno secundum diversitatem xii signorum per
    cursum lune in mense Julii: Es e.III.4, 14c, ff.
    1-5(Carmody 45)

Pauca potens compilare aliorum facta...
    P., Generalis introductio in practicam geometrie
    in qua de triangulo Pictagorico: BLd 166, 13c, ff.
    6v-8r

Paucas premittam suppositiones...
    Lewis Caerleon, Astronomical tract: BMr
    12.G.I., a.1485, ff. 9r-(14v); Kibre(1952),
    105(11)

Paucis me digne...
    Jacobus Faber, dedic. comm. Jordanus Nemor-
    rarius, Elementa arithmetica. Text, 'Unitas est
    rei...'

Paucis verbis paupertatis libellus est...
    P., Canones in triangulum Pictagoricum de men-
    suris practice geometrie: BLd 166, 13c, ff. 8v-12v

Paule optime pauca quedam complementa de
arithmeticis...
    Nicholas of Cusa, De arithmeticis complementis:
    Opera, 1514, II, ff. 54r-58v; 1565, pp. 991-1003

Paulisper equidem evagari si liceat...
    Qualiter artificialiter lapides preciosi conficiuntur
    etc.: BN 7156, 14c, ff. 187rb-192rb(Corbett I,
    81); as Lib. V of Ps. Albertus de lapidibus, CUc
    243, 13-14c, ff. 44-58v(T II,567, n.2)

Pausus autem fit cum resiccate venule...
    De febribus: FL Plut.73, cod.28, 13c, ff. 81-(89)

Pavit quippe animus meus beatissime pater...
    Ioh. Anthonius Alatus de Asculo, doctor phisicus,
    Oratio ad summum pontificem papam Innocen-
    tium(VIII): BN 3660A, a.1484, ff. 149r-153v.
    The printed catalogue of 1744 represents him as
    also author of the following text, Liber sec-
    retorum mulierum, which is really Michael Scot,
    Physiognomia *or* De secretis nature. See 'O
    nobilis imperator...'

Pen tam gui crede rota...
    Computus metricus: VI 4987, 14c, ff. 127r-137v

Penes quid attendi habent tres narrantur positiones...
    De intensione et remissione formarum: Padua
    XVI, 362, 15c; XX, 430

*Penes quid habeant intensio et remissio...
    Richard Suiseth, Calculationes: T III, 372, 376;
    Ea O.78, c.1346, ff. 1-36v; BN 6558, c.1400,
    ff. 1r-70va; pr 1485(ColR 28); (Klebs 943.1-2;
    IAL S736)

Pentaphilon folia quinque videtur habere. . .
Cambrai 916, 13c; Archiv II(1909), 45

Pentaviginti tre de iota de. . .
Computus cyrometralis: Ea Q.347, ff. 3-19
(Schulz). Prol. 'Cognitio veritatis de pausis
temporum. . .'

Peonia betonica rutha puticaria utraque. . .
Tabula de herbis medicinis de electuariis con-
venientibus membris corporis: Hain *13893, ff.
106v-107v(Schulz)

Per anfractus multos deiectus. . .
Guido of Arezzo, Opus musicum: Ob 173(a),
13c, f. 96; Os 188, 13c, f. 79

Per annulum nostrum super astrologia com-
positum. . .
Bonetus de Latis, Prognostication for 1498-1499:
GW 4844; (Klebs 197.1; IAL L62); T IV, 466

Per appositionem membra. . .
Antidotarium mutilum: VI 4985, 15c, ff. 1r-18v

Per artificium enim fit transmutatio metallorum
. . .
CLM 26059, ff. 200v-202

Per artificium (vero) fit etiam transmutatio. . .
Ps. Thomas Aquinas, Alchemy (from Epistola de
essentiis essentiarum): DWS 184, iv, x; Geneva
82(151), 16c, 2 ff.

Per aspectus et radios planetarum stellarum. . .
Matthaeus de Guarimbertis, pref. De directionibus et de aspectibus et de radiis: T III, 768-69;
BN 7292, 14-15c, ff. 53r-68r; BN 10283, a.1487,
ff. 140r-168r

Per casamentum operis intelligitur id edificium
. . .
Johannes de Dondis, Planetarium in tres partes
distinctum: T III, 389, 740-41; Archeion
18(1936), 308-17; Cracow 589(DD.IV.4),
a.1494, ff. 445-496, and 577(DD.III.28), 16c

Per experientiam visum est multoties. . .
De virtute balneorum Calderianorum secundum
magistrum Aleardum Pedemontium physicum
Veronensem: De balneis(1553), 189v-190r

Per gratiam dei de regimine sanitatis longiorem
tractatum intendamus. . .
BMsl 420, 14c, ff. 99v-104

Per hanc definitionem datur intelligi quod cor
. . .
Gloss in Tractatum de pulsibus: CUg 111, 13c,
p. 2(Atk)

Per hoc opus possunt cognosci ex qua parte. . .
Geomancy (Archanum magni dei): BN 7457, ff.
83r-96r

Per hoc opus presens possunt cognosci. . .
CUma 27, 14c, ff. 166-173, incomplete. See
'Per hoc presens. . .'

Per hoc presens (opus) possunt cognosci. . .
Ps. Ptolemy, Archanum de reductione geomantie
ad orbem: FL Plut.89.sup., cod.34, ff. 11r-20v;
BN 15353, 13-14c, ff. 87ra-92vb; BN 7349, 15c,
ff. 138v-141r; tr Bernard Gordon, a.1295,
Meyer, Romania 26, 251; BMh 2404, p. 59-

Per hoc vero ad influentias planetarum. . .
Alkindi, Dispositio de planetis: Ea Q.377, 14c,
ff. 5v-6v(Carmody 82)

Per iam predicta patet. . .
Comm. John de Probavilla, De signis pronosticis:
VI 2520, 14c, ff. 37ra-50vb; BN 7292, ff. 53r-
68r; 10253, a.1487, ff. 140r-168r

Per istam tabulam scitur latitudo lune. . .
VAo 1826, f. 150ra

Per motum siderum semper. . .
Versus 13 de eclipsi solis a.1344: CLM 4391,
a.1344, f. 87v(S); Reun 22, 14c, f. 149(item 6);
Xenia Bernardina, Part II, I, 1891

Per multas vices nuntiatum est nobis. . .
Alexander ad Dindimum: Bamberg E.III.14,
11c, ff. 223v-228r; ed. Romanische Forschungen,
VI(1891), 216-224

Per omnes curas adhibenda sunt dei medicamenta. . .
Epistola: BN 11219, 9c, f. 12ra-va; Brux 3701-
15, 9c, f. 7r; Beccaria 6.14; 35.3

Per patris ingeniti gratiam qui balbutientibus
eloquentiam. . .
William Batecombe, De sphera concava: Tanner;
anon. BNna 625, ff. 85vb-89rb

Per primum numerum parem demonstratur. . .
Astrological medicine(?): BLd 29, 15c, ff. 174r-
(178v); 181v-(184); BNna 625, ff. 93va-96vb;
tabula at 97r-v

Per probas multo facilius poterit examinari opus
calculantis. . .
(Thomas Thorlety), Novus modus computandi:
BMe 2622, 15c, ff. 80v-83r

Per quadratum horarium huic libello insertum
horas dierum. . .
De notitia horarum equinoctialium: Yale MS
(Codex Mellicensis 367), with item 152, copy 2,
p. 55r

Per quadratum horologii...
Gö Philos. 42m, 15c, f. 56v

Per quam viam spargitur lux dividitur...
Dietrich of Freiberg, De luce et eius origine:
Beiträge V, 5-6(1906), 18*-22*

Per quamdam silvam quidam homo ibat...
Raymond Lull, De memoria: HL 29, 298

Per quanta ossa continetur humanu corpus...
MC 97, 10c, pp. 12b-13b; Beccaria 95.11

Per quinquennia(quiquennia) iam...
Prudentius, Liber de fabrica mundi: Fulda 329

Per radios et aspectus...
See 'Per aspectus et radios...'

Per signa que a vobis distincte accipere potui...
Johannes Calderia, Consilium medic.: VAp 1115,
ff. 204vb-206ra

Per singulas aetatis valitudinis fiunt...
BN 11218, 8-9c, f. 23r-v; Beccaria 34.7

Per spiramen est quod in rore humorem...
Hildegard of Bingen. Subtilitates diversarum
naturarum creaturarum: pr Experimentarius
medicinae, Strasburg, 1544, II, 1-121

Per supradictas dictiones et per ea que addentur
...
Blasius, Circius, Prooemium: CUg 137, p. 51b;
BN 14070, f. 99vb

Per totum annum hec potio observata...
BMsl 475, early 12c, ff. 35r-36r; Beccaria 78.12

Per varios orbem rerum natura...
Wandalbert de Prüm: ed. Dümmler. MG, Poetae
Latini II(1884), 576-78; 604-

Per veterum sagacitatem compositus fuit kalen-
dar...
CU 1528(Gg.IV.29), 14c, ff. 86r-88; CUt
1109(O.II.5), 14c, ff. 43-51; VI 5239, 14-15c,
f. 53

Per veterum sagacitatem qui mira subtilitate...
John of Garland. Alium compotum metricum:
Ea Q.346, 13c, ff. 26-28; anon. VI 5239, ff. 53r-
56v

Perchè come dice il fiore dei filosofi...
Johannes Tecenensis, Alchemy: VAb 273, f.
290r(T III,643, n.63)

Percipe altitudinem stelle vocate planete...
Astrolabe: BLd 29, 15c, f. 274v

Perdita quaque re si queratur a te facies hominis
...
Astrological interrogation: BMar 88, 15c, f. 27r

Peregrinantium speciali peregrinatione...
Bertrandus, prol. Almagestum. Text, 'Sicut
irreverberata...'

Perfecta corporum et spirituum preparatio est
superflua removere...
Rasis, De preparatione corporum et spirituum
(part of Rasis or Ps. Aristotle, Lumen luminum):
Mon 493, 15c, ff. 193r-224v (Corbett II,129);
Perfecti magisterii: FNpal 981, 15c, f. 22v.
Part II, 'Omnia corpora...'

Perfecta electio rei incipiende est aptatio ascendentis...
Astrology: BN 7443, 15c, ff. 17v-22v

Perfecta expositio cuiuslibet aphorismi...
Arnald of Villanova, Comm. super Canonem Vita
Brevis (i.e. Hippocrates, Aphorisms): HL 28, 75-
76; Opera, 1504, ff. 336r-343; Glorieux I, 420

Perfecte igitur temperate sunt medicine que
nullius...
De virtutibus simplicium medicinarum: Brux
15479, 14c, f. 9v, 9-18v; (Silvestre)

Perfecte temperata dicuntur que nullius...
I. Copho(?), De virtutibus medicine: CUt 904
(R.XIV.31), 12c, ff. 18v-37v; BLau F.6.3(II),
13-14c, ff. 41-43. BMad 22668, 13-14c, ff. 95-
97, 106r-108r. Prol. 'Virtus medicine est...'
II. Constantinus Africanus, De virtutibus simplicium medicinarum: BMsl 3468, 14c, ff. 125-
136r, 'Explicit tractatus de perfecte temperatis';
Isaac, Opera, 1515, f. 186v

Perfectio anime est munditia et ornatus...
Thadei expositiones: PU 131, 13c, ff. 61-88.
'Explicit glose Iohannis' (Damasceni)

Perfectissima aqua vite est illa que sic...
BLd 71, 15c, ff. 81v-84v(DWS 1020)

Perfectos numeros creat impartibilium aggregatio...
Gaufridus de Alta Cumba: BN 2583, 14c, f. 23v

Perfectum medici regimen in actu eius operativo
...
Gabriel Zerbus, prol. De cautelis medicorum: pr
(1495 or later?) BM IA.23481(Klebs 1058.1;
IAL Z25). Text 'Expedit ei qui sapiens...'

Perfectum omniquaque sive modis omnibus inter
creaturas...
Ugo de Castello, Comm. Sacrobosco, Sphera:
AFP XI(1941), 95-108; T(1949), 36

Peri fleobotomia id est de vene recta incisione...
BMsl 430, early 14c, ff. 47v-49r

Peri phlebotomia id est vene recte scisio...
Hippocrates, Epistula de phlebotomia: Morgenstern, Das Aderlassgedicht des Johannes von Aquila, 1917, pp. 64-73

Periflevothomia id est vena recta incisio...
Hippocrates, Epistola de phlebotomia (des. ...et placet fel): 3 MSS, 9-11c, Beccaria p. 426; Kibre (1945), 402

Peripleomonia est reomatismus breve temporis pulmonum...
BN 11218, 8-9c, ff. 10v-11r; Beccaria 34.3a

Perisimetra sunt quorum latera coniunctim sunt
...
FNcs J.V.18, 14c, ff. 11r-12v; Björnbo(1912), 219

Peristomia id est recta vene incisio...
BLau F.6.3, 13c, f. 143-

Peritissimum omnium rerum esse et domestica(m) sapientia(m)...
Hippocrates, Prognostica: 5 MSS, 9-11c, Beccaria p. 426: Kibre(1945), 392, n.129

Peritissimus omnium cum esset Ipocras...
Hippocrates, Epistola: Giacosa 491

Peritissimus omnium domestica sapientia...
Analogium Hippocratis: BMh 334, 11-12c, f. 72r(DWS MS).   See preceding items

Peritissimus omnium rerum domesticam sapientiam in omnibus corporibus iusserat Hippocrates...
(Capsula eburnea) In sepulcro Hippocratis repertus: BMsl 634, 15c, ff. 6r-9v

Perlege queso rudis monumenta...
Hieronymus Guarinus ad quendam Guizardum de ventis: VAb 42, a.1466, f. 322v(Silverstein)

Permissis puerilibus consueti queri circa principia librorum...
Christophorus de Barziziis, Comm. Rasis, Lib.IX, Almansoris: pr 1494(BHI XI, 396-97)

Pernitiosa dies et in cura plena omni labore...
Haly. metrical comm. Ptolemy, De aspectibus lunae: BLcm 517, 15c, ff. 49v-(52)

Pernitiosa dies et inani plena labore...
De diebus bonis et malis: FL Plut.30, cod.24, 14-15c, ff. 125v-126v

Peroptime mihi videtur O Syre qui bene...
Ptolemy, Almagest, tr Georgius Trapezuntius: FL Plut.30, cod.6, 15c, 194 ff.; pr Opera, Basel, 1541; T IV, 395, n.19

Perpetuo mansura venus sic luna fit usque mercurio mediante...
Item aliud experimentum Constantini magni philosophi: BMad 41486, 13c, f. 3

Perpetuo tibi...
Petrus de Rosenheim, prior of Melk, Computus dictus radicalis: CLM 14622, ff. 145r-150v; anon., St. Florian Stiftsbibl. XI.619, 15c, ff. 29-33v(Zi 12152)

Perpleumonia est apostema nascens circa pulmonem...
De pleumonia: CUad 6865, c.1200, ff. 108rb-115vb

Persepe mihi divina res quedam rex Alexander
...
Aristotle, De mundo ad Alexandrum, tr Jo. Argyropulo: Philos. 6/37, ff. 219r-234r(Schulz)

Persepius(Persepe) animadvertens hoc mortale hominum genus...
Antonius de Guayneriis, dedic. De peste et de venenis: Vendôme 107, 15c, ff. 53-152; (T IV, 674); CLM 184, a.1440, ff. 162r-190v; pr (Rome, 1476) (Klebs 467.1; AFML Reel 11-1). Text, 'Cum aliquem pestis...'

Perspectiva cum sit una de scientiis...
Jo. Peckham, Perspectiva particularis: Wadding; AL 350, anon. CUg 506(384), 13c, ff. 246-249 margins

Perspectiva est scientia doctrinalis...
VAp 1380, ff. 261r-279r

Pertinentia vocum sunt quatuor scilicet...
Johannes Octobus(Hothbus) Anglicus, Tract. quarundam regularum artis musicae: FNpal 472, 15c, ff. 9r-15r

Pertractantur autem ista inter me...
See 'Pertractata sunt...'

Pertractata significatione eclipsium iam...
CUt 1418, 15c, ff. 30-49

Pertractata sunt inter me et Hasen (de) eo...
Ps. Avicenna, Ad Hasen regem, Epistola de re recta(alchemy): DWS 126, ii(ColR 178b), Art ancien 15, 14c, pp. 12-20; CUad 4087, 14c, ff. 46v-54r; FR 119(L.III.13), ff. 7-10v; VAp 1339, 14c, ff. 133v-138v; BN 14006, 15c, ff. 103v-111r; VAp 1328, 15c, f. 28; Palermo 4. Qq. A. 10, 46-14; Ze IV, 863-74

Pertranseuntes in ante hoc coordinatis O Syre
...
Ptolemy, Almagest (in part) 'capitula vii libri': VAo 1826, 14c, ff. 65r-72v; Isis 49(1958), 36, n.74

Pervenerunt ad servum littere...
Moses Maimonides, Consilium de praeservatione a melancholica passione: VI 5306, 15c, ff. 11v-17r; part I, De regimine sanitatis

Pervenerunt ad servum parvum littere continentes...
Maimonides, De causis accidentium apparentium ... Soldano: pr with Io. Matth. de Gradi, Consilia, Lyons, 1535, ff. 92va-93rb: BM 7306.k.12(2)

Pervenit ad me carta tua mi frater...
Ihesus filius Haly, Epistola: VE VII.33, 14c, ff. 1r-43ra. See 'Iam pervenit ad me...'

Pervenit ad me iuvenis quidam de servis dei qui habitabat...
Gentile da Foligno, Consilium ad morsum serpentis: CLM 77, a.1385; ff. 79va-80ra; ed. MH 4(1960), 90-95

Pervenit ad me mandatum regis domini nostri ut scribam...
Maimonides, De regimine sanitatis: CLM 77, late 14c, ff. 60ra-66vb

Pervenit ad nos cum Ypocrates iam morte...
Praescientia Hippocratis (Capsula eburnea): CLM 182, 15c, f. 298r; VI 2303, 14c, f. 65rb-va

Pervenit ad nos epistola tua manifestans...
Liber de oblivione a Constantino Africano editus: BLlm 567, late 12c, f. 51; CUg 411(415), 12-13c, ff. 98v-100; etc.; Isaac, Opera, 1515, ff. 209v-210r

Pervenit ad nos esse...
Hippocrates, Liber veritatis: Brux 8487, 13c, ff. 15rb-16ra

Pervenit ad nos quod cum Ypocras morti...
Ps. Hippocrates, Capsula eburnea: BN 7046, 13c, ff. 178vb-179rb; tr(Gerard) of Cremona: CUg 117(165), 13c, p. 220a-b; Ea F.250, 13-15c, f. 212r-v; VA 2392, 14c, f. 34v; for other MSS, Kibre(1945), 391-93, n.127-132; Opera, Bergamo, 1497, f. 41v; Giacosa 420; Archiv für Naturwiss., XII(1929), 9

Pervenit enim ad me iuvenis...
Mundinus(?), Consilium de morsu serpentis: Ea Q.222, 13-15c, f. 227. See 'Pervenit ad me iuvenis...' of which it is a truncated version

Pervigil in studio nocturno tempore quodam...
George Ripley, Visio a.1473: BLas 1459, II(3), a.1590, p. 34(vv.24); T IV, 352

Pessima est enim digestio febrium...
Liber Galieni(47 caps.): CLM 23535, 12c, ff. 54v-61r

Pestilentia ergo ut ab Aliabate quinto sue theologie scribitur...
Johannes Itrensis, De peste: Archana medicine, (1495), ff. 66r-71v; Hain 9404; (Klebs 78.1; IAL A846; Klebs 467.1); Archiv XVI, 167; XVII, 250; ColR 73, 6

Pestilentia est mutatio aeris in putredine...
Albicus, Regimen pestilentie: GU 414, 15c, ff. 71-73v; Archiv VII(1914), 98

Pestilentia sive contra operantia membrorum...
Gentile da Foligno, De resistentiis seu de contra operantiis: pr Consilium contra pestilentiam, n.d.; Klebs 445.3; IAL G124

Pestilentia vel pestis a pascendo dicitur...
Joh. Salicetus, De pestilentia, cap.1: Sheiff, Tübingen 14(Schulz)

Pestilentiam pluribus a causis provenire...
Johannes Calora, of Modena, Pest tract: BMe 1650, 15c, ff. 1-33v

Pestilentie causas duas posuerunt...
See 'Non sum nescius mi...'

Pestis est in preposito spiritus et humor corruptus...
VA 10213, pp. 563a-567b

Pestis est morbus contagiosus et mortalis...
Robert Geopretti, Tract de peste: pr with Petrus de Tossignano, De regimine sanitatis, Paris, 1536, pp. 34-37

Petesion id est demonstratio quot annis...
Liber medicinalis Ypocratis et Galieni: Renzi IV, 185. See 'Medicinalis tractatus specialiter...'

Petierunt aliqui de nativitate Christi vel...
Pierre d'Ailly, Apologetica defensio astronomicae veritatis: Salembier(1886), xxv; T IV, 106

Petiit ne cuius pleniorem huius materie...
Epistola alia de eadem materia que fuit missa immo per Gentilem (da Foligno), De temporibus partus: CLM 7609, ff. 146va-147rb

Petimus equales gravitates equalibus...
Archimedes, De planis equipendentibus, tr William of Moerbeke: Björnbo(1909), 388; Isis 43 (1952), 240

Petimus gravia equalia equali distantia...
Archimedes, Planorum equiponderantium inventa vel centra gravitatis planorum vel de his que equali pondere aptantur tr Jacobus Cremonensis: VE fa 327(XI,1), 15c, ff. 169-183; VAu 261, 15c, f. 102; Isis 43(1952), 240

Petis a me Eunapi carissime ut...
Oribasius, pref. In tres Euporiston libros ad Eunapium. Text 'Nato igitur infante...'

Petisti a me Francisce sanctissime. . .
  Oliverius medicus, Questio de sudore sanguinis
  Christi: Ran 1032(R.7.13), 15c, 40 ff.; Hain
  *12007; Klebs 708, 1

Petisti a me Kosma carissima. . .
  Alexander, De febribus: BN 6881, 13c, ff. 113v-
  121r; Orléans, 283, 14c, pp. 75-(110).   This is
  Bk. III (or Bk. XII) of Alexander of Tralles

Petisti a me mi venerande Augustine Spica
  Cortonensis. . .
  Jordanus de Bergamo, Quaestio de strigis: BN
  3446, 15c, ff. 2-7; extract, Hansen, Quellen,
  (1901), 195-200

Petitionibus licet. . .
  See 'Licet petitionibus. . .'

Petitionibus vestris de curis febrium. . .
  Johannes de Concoregio, De curis febrium (Pavia,
  1437): Brux 3205, a.1469, ff. 51ra-104va

Petosiris Nechepso regi salutem.   De his que a
  me. . .
  Epistola Petorsiris de sphera vite et mortis: BN
  17868, 10c, f. 13r-v; BMr 13.A.XI, 11-12c, ff.
  28r-(30v); MSS numerous; ed. Wickersheimer,
  Janus XIX(1914), 166-67; E. Riess, Philologus,
  Suppl. VI(1891-1893), 382; T I, 683; Jones
  90

Petrus autem iacebat. . .
  BMsl 122, f. 163r. See, Sanctus Petrus super . . .'

Petrus stabat ante portos Ierusalem supervenit
  dominus. . .
  Pro febribus: BMh 2558, 14c, f. 195ra-vb

Petrus Yspanus concordat cum philosophis
  antiquis. . .
  Verba secreta in arte alchimiae: Man 65, 15c, ff.
  31-39v(DWS 154)

Phalerata gravibus musa magistrorum. . .
  Arbor numeralis sive de compoto carmen breve:
  BLd 81, 11-15c, ff. 63r-(65r)

Phebe. . .   See 'Phoebe. . .'

Phenix. . .   See 'Phoenix. . .'

Philaretus dicit in libro pulsuum quod arterie. . .
  Liber medicamentorum: BMsl 430, early 14c,
  ff. 4-28

Philippus qui transtulit. . .
  Ps. Aristotle, prol. Secreta secretorum: BMr
  9.B.II, 14c, ff. 137-(146)

Philosophantes antiquos oro. . .
  Laurentius Mandelkern, Chiromancy, 1464:
  CLM 916, ff. 16r-24r

Philosophantes antiquos sive(seu) Indos. . .
  William of Aragon, prol. De somniis et visionum
  prognosticationibus: T II, 300-2; HL 28, 76-77;
  Er 434, 13-14c, ff. 10v-14v; BLb 581, late 14c,
  ff. 6-8; Arnald of Villanova: VI 5315, 15c, ff.
  245v-252v; anon. Ghent 5, a.1479, ff. 125r-
  132r (AL 176); Prag cap. 1502, ff. 43-57
  (Schulz); pr as Arnald of Villanova, Toulouse,
  1485(?) (GW 2530-2531; Klebs 104.1-2);
  Lyons, 1504, etc.; Glorieux I, 77

Philosophantes famosi primi fuerunt Caldai. . .
  Robert Grosseteste(?), Summa Philosophiae:
  Beiträge IX(1912), 275-643, Thomson 265-66;
  Valencia Cabildo 192, c.1400(Schulz); T II,
  448-53

Philosophi capitula plura fecerunt de qualibet
  operatione. . .
  Geber, In septimo libro de diversis operationum
  nominibus: Cambrai 920(819), 15c, f. 166r-v
  (Corbett II,49)

Philosophi compositis tabulis verum locum
  planetarum. . .
  Notae astronomicae: Ea F.386, c.1359, ff. 48-49v
  (ColR 72,5; Zi 11199)

Philosophi concordaverunt ad hoc quod. . .
  Alkindi, De mutatione aeris *or* De pluviis, imbribus, et ventis: Carmody 80.   See 'Rogatus fui
  quod. . .'

Philosophi de lapide philosophorum loquentes
  . . .
  Anthonius, Tractatus concordiarum: Univ. Penn.
  Lea 1, late 15c, ff. 64r-75v.   See 'Licet in ista
  . . .'

Philosophi dicunt solem esse regem. . .
  Astronomi experimenta alchemica: Oc 125, 14c,
  ff. 101-108(DWS 509c); BN 7161, 15c, ff. 117r-
  120v(Corbett I,106); VI 5489, 15c, ff. 73v-84v

Philosophi Indorum. . .
  Regiomontanus, Measurement of a regular poly-
  gon: ed. Curtze, ZfMP 42(1897), 150; VI,
  5203, f. 128v

Philosophi namque priores in celebratione. . .
  See 'Cum ego peragrassem Germaniam. . .'

Philosophi naturales Avicenna Hermes. . .
  Dicta philosophorum(Alchemy): CUc 99, 15c,
  ff. 255-256(DWS 15)

Philosophi naturales dixerunt vas vacuum non
  esse. . .
  Tract. ad deducendam aquam diversimode: CUt
  1081(60.1.57), 15c, ff. 81-84v; BMeg 2622,
  15c, ff. 85r-88v; BMad 23002, 15c, f. 50

Philosophi naturales scilicet Plato...
> Raymond Lull, Opus ad album et ad rubeum:
> FNpal 867, 15-16c, ff. 738-745v

Philosophi naturarum rerum inscii et secretorum
...
> Alchemy: VAp 1328, 15c, ff. 56r-67r

Philosophi omnes dixerunt aquam mercurialem
esse clavem...
> Raymond Lull, Liber trium verborum: BU
> 290(457), II, no. 1, ff. 1r-121

Philosophi primi hi dicunt solem esse regem
omnium...
> Liber astronomi philosophi(de alkimia): Oc 125,
> ff. 101r-108. See 'Philosophi dicunt solem...'

Philosophi qui sapienter motus secundum cuncta
firmamenti officia...
> Astronomy: Salzburg S. Petri a.V.7, 12c, ff. 107r-
> 109r (Zi 10382); apparently the same work as
> the next item

Philosophi qui sua sapientia motus siderum
cunctaque firmamenti officia...
> On the construction of the astrolabe: Avranches
> 235, 12c, ff. 69v-71v; Cop Gl.kgl.S.277, 13c, f.
> 183ra-b(TR 255) incomplete; ed. Millás(1931),
> 293-95, from several other MSS

Philosophi quidam multis experimentis...
> De notitia ordinum stellarum fixarum coeli seu
> imaginum 48: Saxl(1927), 86-87, 99-100, 128;
> Zi 9465-67; T (1947), 266-67; ascribed to
> Macrobius: VI 3162, 15c, ff. 145r-196r. See
> 'Omnes imagines...'

Philosophi quondam multis experimentis...
> De stellis fixis et imaginibus coeli: BN 7328, f.
> 58ra-vb(?); Cues 207, 14c, ff. 108-114v;
> T (1947), 267: Durand 44-45

Philosophi quorum sagaci studio visibilium perceptio...
> De mensura astrolabii: Haskins 9; Van de Vyver
> (1931), 276; ed. Millás(1931), 296-302; Isis
> 41(1950), 286-87

Philosophi tria dixerunt principia rerum...
> Verses: Bourges 81, 12c, f. 197v

Philosophia a capite dividitur in principalem...
> Buridan, Questiones tertii operis super 8 libris
> Phisicorum: Bull. Int. de l'Acad. des Sciences de
> Cracovie, Cl. de Philol., Cl. d'hist. et de philos.,
> (1927-28), 114

Philosophia aliter describitur secundum nominis
ethimologiam...
> BN 6570, f. 57va-

Philosophia dividitur in logicam ethicam et
phisicam...
> Rasis, Liber nonus ad Almansorem de curandis
> aegritudinibus: VI 5484, 15c, ff. 1r-52r; pr
> (cum expositione Joannis Arculani), Padua, 1480;
> etc.(Klebs 79.1-3; IAL R173-175)

Philosophia dividitur in organicam seu...
> VI 4217, a.1407, f. 175r

Philosophia dividitur in scientiam de signis et
scientiam de signatis...
> VA 2186, 15c, ff. 58r-59r; ed. AHDL 12-13
> (1937-1938), 156-66

Philosophia dividitur in theoricam ethicam et
logicam...
> De generatione rerum: Ea Q.204, 12-13c, ff. 63-
> 67v

Philosophia dividitur in theoricam practicam
mechanicam...
> 'Extra Didascalicon Hugonis': CLM 5964, 15c,
> ff. 97r-133r

*Philosophia dividitur in tres partes videlicet
logicam...
> Albertus Magnus, Compendium de negotio
> naturali *or* Philosophia pauperum: MSS numer-
> ous; of 13c BMar 344, 392, BN 16222, ff. 22-67,
> etc.; Ot 3, ff. 253-294v, and Innsbruck 225, ff.
> 1r-47r, add a personal sixth book not in eds.
> Two versions of Bk. V in early and late eds.:
> Klebs 23.1-8; IAL A267-269; 1502, 1505, etc.;
> Borgnet V, 445-553; Beiträge 20, 2(1918);
> (1922); 35, 1(1938); Scholastik 8(1933), 233-
> 37; RNS 36(1934), 230-62

Philosophia est amor et studium sapientie...
> Johannitius, Aphorisms: Steinschneider(1906),
> 27; EU 167, 13c, ff. 1-11v(DWS MS); anon.
> Bern 322, 14c, ff. 87r-90r; Ea f. 185, 13-14c, ff.
> 241-242v, 244v

Philosophia est eorum que sunt et non videntur
...
> William of Conches, Philosophia: T II, 63-65;
> Speculum XX(1945), 85-87. Prol. 'Quoniam
> ut ait Tullius in prologo Rhetoricorum...'

Philosophia est multum mirabilis digna scientia.
Appollonius in quodam libro...
> Comm. Avicenna, Liber de congelatis: Lambach
> M. Cart 28(Kyriss 7, ff. 13r-33v)(Schulz)

Philosophia est secretorum nature vera comprehensio...
> Conradus Turicensis, De septem artibus liberali-
> bus: CLM 4393, 15c, ff. 44r-50r; anon. CLM
> 4388, 15c, f. 115v

Philosophia est summum animorum lapsorum solamen...
> Comm. Aristotle, Physica: Angers 418(405), 15c, ff. 1-160

Philosophia naturalis docet de ente naturali...
> Johannes Cronisbenus, Physicorum libri octo: VE VI.99(XII,26), 15c, ff. 1-18

Philosophia quid est?   Grecum nomen est...
> CLM 6404, 10c, f. 29(Schulz)

Philosophia realis dividitur in tres partes...
> John Wyclif, Questiones et dubia super tres primos libros physicorum Aristotelis: VE VI.173 (XII,19), 15c, ff. 1-58

Philosophia secundum diffinitionem vocis sic diffinitur...
> Burley, Notule super libris phisicorum: Ea Q.312, 14c, ff. 1-14

Philosophia singulari excellentissimo...
> Isis 50(1959), 47-48, n.113. See 'In philosophia singulari...'

Philosophia speculationis sublimis intuitus perspicacis investigationis...
> Petrus Hispanus, De anima: Ma 3314, 13-14c, ff. 3r-67v; Grabmann (1928), 99-101; SFG I(1928), 166-173; extracts ed. AHDL 12-13 (1937-1938), 182-208

Philosophia tripharie dividitur idest in theoricam practicam et loyicam...
> Alcuin ad Karolum, De divisione philosophie: BN 7418, f. 217va-b

Philosophia tripharie dividitur.   Primo in theoricam...
> 'Liber mappa mundi': CLM 331, f. 38v; 8439, f. 144; VI 2511, 14c, ff. 86v-94v

Philosophia triphario primo dividitur id est in theoreticam...
> FL S. Marci 113, 12c, ff. 20v-25v; AL 1383

Philosophia videtur admirabiles habere delectationes...
> Super Aristotelis libro III de anima: VA 845, 14c, ff. 309v-311r

Philosophica disciplina tribus deviis est apponenda...
> BN 16089, 13-14c, f. 86

Philosophie flores in hoc opusculo sub compendio colligere proponens...
> Io. de Mechlinia(?): Troyes 776, a.1455, ff. 1ra-32ra; anon. Plagens 92, 15c, ff. 1-64v

Philosophie principales partes tres esse...
> Dicta Lochmair de ente mobili, etc.: CLM 2839, a.1499, ff. 1r-97r

Philosophie singulari excellentissimo doctori magistro Iohanni de Gandino...
> Petrus de Gluchina, Dedic. Comm. Gerard of Cremona, Theorica planetarum *or* De theorica motus longitudinum septem planetarum: CLM 56, 15c, ff. 161r-181v; Isis 46(1955), 54. Comm. 'Sit zodiacus...'

Philosophie vocabulum quod Pitagoras...
> Mauritius Centinus, Manuale philosophicum: VAb 343, after 1500, ff. 66-80; desinit, '...Certus est igitur coelorum in haec inferiora corpora influxus.'

Philosophis astronomiam sic diffinitam accepimus...
> John of Seville, Astrology: BN 16208, 13c, ff. 13ra-26rb; Ma 10009, 13c, ff. 133ra-143ra; JWI XX(1957), 153; Millás(1942), 177-78. See 'A philosophis...'

Philosophorum cedulas sagaci indagatione investigans...
> Aethicus Istricus, prol. Cosmographia: T I, 600-604; GS I, 495-96; Mon 374, 11c, ff. 1r-54r

Philosophorum doctissimus Aristoteles cupiens de moribus...
> Petrus de Monte Alcino, Iudicium in a.1419: BLas 357, 15c, ff. 179r-184v(T IV,90)

Philosophorum nonnulli ab oculo radios...
> Perspectiva: FNcs J X 19, c.1400, ff. 3r-29r; Björnbo(1912), 203; Delisle III, 90b

Philosophorum quorum...
> Astronomy: CLM 14836, 11c, ff. 156v-159(Zi 10383)

Philosophorum sententia est quod...
> De anima: Eins 357, 13c, pp. 110-111

Philosophos et paganos de anima hominis et elementorum...
> Disputatio Platonis et Aristotelis: BN 4883, 9-10c, ff. 6vb-7va; Beccaria 21.3

Philosophos plurimos sapientie titulo...
> William of Ockam, Expositio naturalis Aristotelis Physice: Bruges 557, 14c, ff. 104-185r

Philosophus Aristoteles in primo sue Metaphysice...
> Salzburg S. Petr. L.III, 15, 15c, ff. 2r-18v

Philosophus de naturalibus libro sexto...
> Lumen animae: VI 4609, 15c, ff. 121r-174v; T III, 547

Philosophus decimo ph'orum capitulo de tempore...
Occam, De tempore: Basel F.II.24, f. 8vb

Philosophus. Dicas mihi tu...
See 'Dicas mihi tu...'

Philosophus dicit lapis noster lapis unus...
Secretum secretorum lapidis benedicti: BMsl 976, 15c, ff. 124-141v (DWS 680); VAp 1328, f. 1; Diels (1906), 47

Philosophus(Phisiologus?) dicit tres habere naturas leonem...
Naturalia animalium: Graz 742, 15c, ff. 157r-174v

Philosophus dicitur qui divinarum rerum scientiam habet...
CLM 18375, 9c, f. 3

Philosophus diffinit in plerisque libris suis...
Isaac Israelita, De elementis, tr Gerard of Cremona: Ea F.286, 13-14c, ff. 1-17v; Budapest 91, a.1483, ff. 117r-135v

Philosophus hic suam de celo...
John Baconthorpe, De celo et mundo: Tanner

Philosophus in libro de celo et mundo ad Alexandrum scribens...
Chiromancy, Exordium: GW 6633-42; Klebs 272.1-10; IAL C417-21. Cap.1, 'Manus in quinque...'

Philosophus in libro sexto animalium sic inquit
..
Lumen anime: Wo 3929, ff. 5-69. See 'Philosophus in sexto libro animalium...'

Philosophus in octavo phisicorum ponit aliquas
..
Johannes de Hollandia, De primo et ultimo instanti: BLcm 177, 14c, ff. 48v-(62); VI 5222, 14c, ff. 71r-89r; VE VI. 155 (XI.18), 15c, ff. 43-64; anon. BN 16401, late 14c, ff. 128r-149v; PAS 104(1960), 196

Philosophus in plerisque suis libris diffinivit elementum...
Isaac, Liber elementorum, tr Constantinus Africanus: PA 874, 13c, ff. 104-121; CLM 13066, 13c, ff. 82va-84vb; PGe 2236, 14c, ff. 116-125; etc.; AL 394, 640; Opera, 1515, ff. 4v-10v

Philosophus in primo(principio) metaphysice. Postquam dixerat metaphysicam...
Aegidius Romanus, prol. Expositio in librum de causis. See 'Auctor huic libro...'

18

Philosophus in primo metaphysice. Secundum quod patet ex...
(Hervaeus Natalis?), De unitate formarum: VA 806, 15c, ff. 62r-(66r); anon. BU 520(921), 15c, ff. 83r-(104r); A. Bringmann, Paris, 1894, pp. 523-32

Philosophus in primo physicorum proponit innata ex certioribus...
Petrus de Alvernia, Sententia super Aristotelis librum meteororum: FLc Plut.30, cod.12, 14c, ff. 57-(121); Ob 312, 14c, ff. 240v-(325); Ome 274, 14c, ff. 122-(222); VI 2310, 14c, ff. 1r-48r; VI 2335, 15c, ff. 1r-55v; Glorieux I, 413; AL 105; pr Salamanca 1497(Klebs 771.1)

Philosophus in proemio metaphysice scribit scire et intelligere...
Cues 55, 14c; Grabmann(1936), p. 139; Lehmann, Mitt. a.HSS VIII, 19

Philosophus in proemio ostendit...
Jo. de S. Fide, De coelo et mundo: Tanner

Philosophus in quadam epistola que habetur ex libro secreto secretorum...
De sphaera: CLM 488, 14c, ff. 1-19v(Zi 10384)

Philosophus in secundo phisicorum volens...
Aegidius Romanus, Comm. in Aristotelis librum de anima: Ea F. 330, 14c, ff. 1-89. Pref. 'Ex Romanorum spectabili...'

Philosophus in sexto libro animalium dicit in cunctis quidem...
Lumen animae minus *or* Speculum animae: Art ancien 7, 15c, ff. 64r-178v; CLM 5393, ff. 102-137; 26694, f. 58; Danzig Mar. F. 253, ff. 1-38; Graz 247, a.1416-17, ff. 137-170; Salburg S. Pet.B.IX.1, 15c, ff. 120-157(Schulz); VI scot. 265, 15c, ff. 174v-215r

Philosophus in sexto naturalium libro In cunctis...
Naturalia bona et utilia: VI 4603, 15c, ff. 270r-295r

Philosophus libro secundo physicorum...
Johannes Dymsdale (de Didneshen, vel Didneshale), Quaestiones super libros de anima: Oo 33, 14c, ff. 161-180; Ob 311, 14c, ff. 148-182

Philosophus medicus vates in plebe vocatus...
(Theodoricus Ulsenius), Presumpte philosophorum insipientes, with Hippocrates, De insania Democriti: (Augsburg,1500) (Klebs 522.1; IAL H252; Polain 1963)

Philosophus octavo phisicorum...
See 'Philosophus in octavo...'

Philosophus primo physicorum...
> See 'Philosophus in primo physicorum...'

Philosophus quia dyalecticam fecit dixit quod scientia...
> Alkindi, De quinque essentiis: VA 2186, 15c, ff. 17r-18r

Philosophus scribit primo rhetoricorum...
> Comm. Computus: VI 3816, 15c, ff. 1r-51r

Philosophus sexto animalium. In cunctis quidam mortuis...
> Oculus theologie *or* Lumen anime abbreviatum: CLM 3041, ff. 133r-179(Schulz)

Philozophantes antiquos sive modernos sive Persas...
> VI 2448, 14c, ff. 1r-26r: "Expliciunt interpretationes sompniorum rev. d. Magni Alberti Parisiis conscripte." But see 'Philosophantes antiquo sive Indos...'

Phisica dicitur a physis quod est natura...
> De creatione quatuor elementorum: Gö Hist. nat. 40, 15c, ff. 35-37

Phisica singulari...
> See 'In philosophia singulari...'

Phisici qui in arte medicinali usi sunt...
> Bolderinus(Patavinus): Lamacher MS 15c, with Joh. de S. Paul, Practica('Assiduis petitionibus...')(Schulz)

Phisiognomonicen disciplinam artem ex Aristotele sumptum...
> Adamantius, Physiognomia: VA 3122, 15c, ff. 28-42v; Förster, I, cxix

Phisiologus dicit est lapis quidem(qui dicitur) adamas...
> De virtutibus lapidum: Giacosa 456; CU Kk.XIV.25, late 13c, ff. 102rb-105va

Phisiologus dicit quinque naturas habere leonem...
> De bestiis: VAr 258, 13c, ff. 8r-42v

Phisiologus dicit(quod) est lapis qui dicitur adamas...
> Phisiologus de generibus lapidum: CUsj E.4, 13c, f.42v; CU Kk.IV.25, 13c, ff. 56rb-59va

Phisis grece natura dicitur latine...
> Hildebert, Prol. Physiologus: Douai 825, 12-13c, ff. 161-(167)

Phlebotomia...
> See 'Flebotomia...'

Phoebe fave medicas summis in montibus herbas...
> Johannes Derrames, Ad Phoebum invocatio, Carmina de conditionibus medicinarum solutivarum. Prol. 'Hunc te me pigeat...'

Phoebe salutiferum quod pangimus adsere carmen...
> Quintus Serenus, prol. Liber medicinalis: CML II(1916), 5-52; 15 MSS. 9-11c, Beccaria p. 427; (Rome, c. 1487), ff. 2r-25v(Klebs 914.2; IAL S424; AFML 447); above inc. is line 4 in ed. with Avienus, Venice, 1488(Klebs 137.1; IAL A1277), f. 150r

Phoebe splendente pluvia pariterque cadente...
> Wo 2684, f. 33v(Schulz)

Phoenix Arcturus maior habet autem in capite...
> Constellations: BN 5239, 11-12c, ff. 215r-224v. See 'Felix arcturus...'

Phoenix doctorum...
> Epitaphium Alberti Magni: CLM 19608, f. 219 (Schulz)

Phoenix vocor ego moriens...
> Phoenix ad Martinum Aragonum regem a.1399: VAb 273, f. 209r(T III,637); BU 270(457), 15-16c, III, p. 131

Phy-...   See 'Phi-...'

Piceni apud nostros...
> Aegidius Romanus, Comm. Arist. Physiognomia: Elssius(H)

Piglia d'oltimo A. de vino negro...
> Christopher of Paris, Alffabeto Apertoriale: VAb 273, f. 262r

Pignora cara dee quas ante creata creavit...
> Bernard Sylvester, Carmen de cosmographia: BLll 86, 11-13c, ff. 53v-(58). This line occurs at p. 55 of Barach and Wrobel, Bernardi Silvestris De mundi universitate,1876

Piissimus et fidelissimus imperator noster Marcianus...
> Proterius, Ep. de Quest. Paschali: ed. Krusch I(1850), 266-78; MSS. Bull. Du Cange 17 (1942), 65

Pillole...
> See 'Pillule...'

Pillule alefangine quarum(et eius) interpretatio est pillule de aromatibus...
> Bordeaux 117-118, 15c, ff. 31-48; Archiv II (1909), 38; this is Mesue, Grabadin, Distinctio decima de pillulis: Opera, Pavia, 1478, f. (56r)

Pillule ante cibum. . .
> Prol. illust. gloris. regis Sicilie: CUad 3120, 14c,
> ff. 117v-120r. See 'Pillule gloriosi regis. . .'

Pillule expertes(*sic*) contra dolorem stomachi. . .
> Recepta medica: Ea F.261, 14c, ff. 178-207v

Pillule gloriosi regis Sicilie quibus utebatur
qualibet die. . .
> De antidotario parum: Ea F.288, 13-14c, ff. 45-
> 46v; BMr 12.D.XII, 14c, f. 52; Additiones super
> Antidotarium: Basel D.I.11, ff. 63vb-66r; BN
> 6988, 14c, ff. 24vb-31vb; VA 2459, ff. 30v-32vb

Pillule magistri Iacobi. Recipe scicandum
(scicaminum?) arabum. . .
> Collection of medicines *or* Antidotarium: VI
> 5155, 15c, ff. 79r-90r

Pillule magistri Micaelis Scoti que primus composuit omnibus. . .
> BMad 24068, 13c(?), f. 97v; T II, 331

Pillule pro dolore capitis. . .
> CUt 1422, 15c, ff. 114-119

Pillule purgantes caput et stomachum. . .
> VI 2524, 14c, ff. 1r-7r

Pillule regis francie. . .
> Prescriptions: Wilhering 71, 15c, ff. 605-638v
> (Xenia Bernardina II,2,34)

Pisces quidam in sicco manent quod preter
naturam. . .
> (Theophrastus), De piscibus, tr Gregory Tifer-
> nas: VAu 208, 15c, f. 123; ed. Wimmer 3, frag-
> ment 171(Schulz)

Piscis agilis qui per centum aliquando miliaria
navem. . .
> Mirabiles proprietates quorundam animalium:
> VAp 1205, 15c, ff. 147r-150r

Pitagoras. . .
> See 'Pythagoras. . .'

Placet nunc quidem exponere. . .
> Hippocrates De augmento humorum: Ran 1338
> (T.4.3), 14c, ff. 38r-39v; Diels(1905), 54; Kibre
> (1945), 398, n.167

Placet Pitagoreis ignem utpote materiarum
omnium principem. . .
> Comm. Timaeus (in part): BMar 339, 14c, ff.
> 69va-71rb

Placuit auctoribus et maxime Galieno quod per
brutorum animalium. . .
> Anatomia brevis: Danzig 2312, 15c, ff. 12v-15r
> (Schulz)(Benjamin)

Placuit beatissime pater adhuc aliquantulum. . .
> De cometa, 1468: BN 7336, ff. 373r-379v(T IV,
> 418, n.26); AIHS XI(1958), p. 232, n.27

Placuit excellentie vestre. . .
> Giraldus Cambrensis, prol. Topographia Hiber-
> nica. Text, 'Hibernia post. . .'

Placuit mihi inter cetera volumina. . .
> Albumasar, Additiones sive supplementum ad
> librum eius de electionibus lunae: BLd 72, 14-
> 15c, ff. 62r-(78); BN 7435, ff. 1-32; Cues 211,
> 14c, ff. 35v-40v; HL 35, 632; BMsl 636, 15c,
> ff. 46-66; Carmody 96

Plaga capitis facta ex ense separes pellem ab
osse. . .
> Surgery: BMsl 430, 14c, ff. 54v-56v

Planeta dicitur esse directus quando. . .
> CLM 28229, ff. 59r-66r

Planetarum alii boni alii mali. . .
> De planetis et signis: BLd 38, 14c, ff. 82v-(83v);
> Ea Q.374, 14c, ff. 72-85v(Zi 3339); BMsl 702,
> late 15c, f. 25v

Planetarum fortitudo considera si locus. . .
> Abraham Avenezra, De fortitudine planetarum,
> tr Henri Bate, 1272: VAp 1377, 14-15c, ff. 37v-
> 42v; Björnbo Ab(1912), 135

Planetarum quidam sunt diurni quidam noc-
turni. . .
> See 'Dixit Apollo. . .'

Planetarum vero speculum taliter perficies. In
lamiam rotundam. . .
> VI 5258, 15c, ff. 77r-80r; Zi 3077-77a-78;
> Catin. 85, 15c, ff. 304-305v

Planete dicuntur coniuncti. . .
> Basel F.III.34, 13c, f. 90(Zi 8300)

Planete qui plures habent dignitates in angulis
. . .
> Astrology: VI 5307, f. 60rb

Planete stelle sunt que non sunt fixe in celo. . .
> De stellis que planete vocantur: Padua I, 27, 9-
> 10c, f. 93r

Planetis deputantur. . .
> Admont 481, 14c, ff. 54v-55v(Zi 8301)

Planicelium vero componitur ex eis que sunt. . .
> Johannes Vimundus, De compositione astrolabii:
> Ea F.377, 14-15c, ff. 21-22

Planta arborem et edifica tibi(sibi) domum
rotundam. . .
> De occulto lapide philosophorum: DWS 529;
> CU 1256(Ff.IV.13), a.1528, ff. 261r-269r

Planta tres habet vires(virtutes)...
    Ps. Aristotle: Brux 825, 14c, ff. 95va-99ra;
    Morbio(Milan) 243, 14c, no.9(Schulz)

Plantago a Grecis dicitur Arnoglossa...
    Apuleius, Herbarium: BLcm 388, ff. 41-(56)

Plantago est herba que non...
    Virtutes herbarum: VI 2962, 15c, ff. 60v-96r

Plantago maior a Romanis dicitur...
    Extract from Herbarium of Apuleius: BN 13955,
    9c, ff. 138r-145r; Beccaria 39.2

Plantarum complures esse generationes quot et
que sint...
    Theophrastus, De causis plantarum, tr Theodorus
    Gaza: VAu 250, 15c, f. 109, Lib.I-VI; VE fa
    265(XIII,9), 15c, ff. 143-279; Budapest Cor-
    vinianus Weinberger 24, ff. 128r-250r(Törobe,
    p. 7); Hain 15491, ff. 83r-156r(Schulz);
    Klebs 958.1; IAL T132

Plantarum differentias reliquamque naturam...
    Theophrastus, De plantis(Hist. plantarum), tr
    Theodorus Gaza: Cesena sinis. Plut.24, cod.3,
    15c; VAu 250, 15c, f. 6; pr Treviso, 1483, ff. 1-
    68(Klebs 958.1; IAL T132)

Plante que in altum...
    BMad 18752, ff. 155r-157r

Plato ad ostendendum mundum esse factum ad
exemplar divine sapientie...
    CUt O.VII.7, 13c, ff. 26-27v

Plato contra quartanam et cotidianam detur
balsamus...
    Experimenta contra febres (from Petrus Hispanus,
    Thesaurus pauperum?): VAp 1256, ff. 128r-136r

Plato Hermes Geber et quamplures modernorum...
    On longevity (Alchemy): BN 7162, 15c, ff. 78v-
    79 (Corbett I,111)

Plato igitur(ut ab eorum principe initium faciam)
cum animum...
    Marsilio Ficino, De partibus animae: Opera,
    1576, pp. 987-1012

Plato in Thimeo volens reddere causam propter
quam visus inest...
    (Perspective with figures): Bruges 530, 14c, ff.
    31r-40v(Zi 10385); FNcs J.X.19, c.1400, ff.
    31r-42r; Björnbo(1912), 203

Plato inter philosophos peritissimus librum de
rei publice...
    Expositio commentariorum Macrobii in Som-
    nium Scipionis: CLM 14708, 13c, f. 24(Schulz)

Plato omnem rerum naturam quod esse ad
omnia animalia pertinebat...
    Platonic science from Apuleius: BMh 3969,
    12c(?), ff. 124r-139r

Plato philosophorum exellentissimus...
    De elementorum indissolubili vinculo et de mundi
    anima: CLM 14689, 12c, f. 88(Schulz)

Plato philosophorum (optimus et) doctissimus
decem volumina...
    Comm. Macrobii in Ciceronis Somnium Sci-
    pionis: Bern 266, 12c, ff. 1-14v. Stift Zwettl
    363, 13c, ff. 132-135(Xenia Bernardina I,427)

Plato philosophus eximius Atheniensis tempore
Darii...
    De lapide philosophorum: Cod.I.Ros.160, ff.
    26r-27r(Schulz)

Plato philosophus magnus sit(ait?) in libro suo
dicto.   De rebus contrariis...
    Arnald of Villanova, De aquis compositis philo-
    sophicis: Cambrai 919(818), 15c, ff. 145-161v
    (Corbett II,40)

Plato quidem magnus...
    Proclus, De dubiis circa providentiam contingenti-
    bus, tr 1280, William of Moerbeke: Grabmann
    (1936), 416

Plato scribit primo Thimei quod de anima fecit
nobiliorem...
    Abbreviata bona super De anima: VI 5402,
    a.1410, ff. 87ra-96v

Plato tria arbitratur esse rerum initia...
    Lorenzo Bonincontri di San Miniato, Comm. in
    suos libros rerum divinarum et naturalium ad
    Laurentium Medicem: VA 2845, 142 ff.; T
    (1929), 178-79

Platonem et scripsisse scimus et dicere solitum
...
    Georgii Trapezuntii in Theodorum Gazam
    malum Aristotelis problematum interpretem: Mi
    G.66, inf., ff. 89r-150v; In perversionem pro-
    blematum: VI 218, 15c, 86 ff.(Schulz)

Platonica miratione quo pacto quadratus dupli-
cari...
    De quadratura circuli: Plimpton 250, ff. 156r-
    158r; VA 3123, 12c, ff. 108v-110r; BB XV
    (1882), 118

Platonici philosophorum doctissimi...
    De intervallis planetarum: Tours 789, 12c, f. 44

Platonis liber qui Timeus vel de natura...
    Comm. Timaeus: FL Plut.83, cod.25, 15c, ff.
    1-33

Plenum dolii contra vacuum comparare...
VA 9410, 14-15c, f. 77v

Plerique eorum qui hanc exercent artem...
Rasis, Liber Almansoris, tract. VII, Chirurgia
(Klebs 826.1-3; IAL R169-71, NYAM); anon.:
Basel D.III.16, 15c, ff. 16r-29v

Plerique philosophorum dum studiis litterarum
vacant...
(De septem mirabilibus orbis): VAu 67, 12c, f.
120v; Bern 22, f. 6r(Schulz)

Plerique sunt insolentes maledici multique...
Hieronymus Salius Faventinus, De nobilitate
astrologie: pr Ptolemy, Liber Quadripartiti:
Venice, 1493(Klebs 814.2; IAL P995)

Plerumque(?) eorum qui hanc exercent artem...
Chirurgia Almansoris: BLe 19, 14c, ff. 64ra-68rb.
See 'Plerique eorum...'

Plerumque iumenta morbos concipiunt ex lassi-
tudine...
De morbis iumentorum: VAb 12, 14c, ff. 88-94
(Silverstein)

Pleumonia est apostema nascens circa pulmonem...
De pleumonia, following Nicholas on other
diseases: CUad 6865, c.1200, ff. 115vb-116ra

Pleurisis apud Arabes vocatur soscita vel sosciti
...
Pleurisis: CLM 363, 15c, ff. 101v-103v

Pleurisis est egritudo quedam que secundum...
Antonius Guainerius, Comm. de pleurisi: CLM
174, 15c, ff. 226ra-239va; VE VII.47(XIV,27),
a.1468, ff. 133-142; anon. VAp 1098, ff. 276r-
289ra; pr Opera medica, Paderborn, (1473);
Pavia, 1481, etc.(Klebs 480.1,3; IAL G475)

Pleurisis est vera cum spirandi gravitate...
Aegidius Corboliensis, De cognitione infirmitatum
et earum remediis per metrum: Ran 1506
(V.3.13), 13c, ff. 53r-56v; anon. Leip 1215
(Archiv X,91-99)

Plinius libro de mirabilibus mundi.   Hoc etiam
inquit...
Lumen animae, ed. Farinator: T III, 546, n.1;
pr Augsburg, 1477, etc.(Polain 1466-68; Klebs
631.1; IAL F38-41); T (1929), 14. Berengarius Compostellanus, tit.I: *Hain 10329
(Schulz).   Author's prol. 'Summi mihi pontificis
...'

Plinius secundus novem menses...
Retinaldus, Plinii Historia naturalis in epitomem
redacta: Ob 146(A), 15c, ff. 31-106; Isis 26
(1936), p. 39

Plumbum aurum ferrum electrum cuprum
argentum...
Planetae et metalla: CUpem 112, 12c, f. 15
(DWS 415)

Plumbum autem eodem modo fit quo et cetera
metalla...
CLM 12026, 15c, ff. 1r-32r

Plumbum est in altitudine sua...
Ps. Aristotle, De altitudinibus profundis lateri-
busque metallorum: BLas 1448, 15c, pp. 200-209
(T II,251, n.4; DWS 114,x)

Plumbum saturnum arabice alazarap vel userep
...
Aristotle, Expositio vocabularum: BMsl 323, 14c,
ff. 108v-109(DWS 52)

Plumbum sic convertetur in vitrum ut ex ipso
conficiantur...
De sophisticatione lapidum preciosorum: BMsl
3744, 15c, ff. 87v-88v(DWS 965)

Plura quam digna de musice speculatione...
Walter of Odington, De musica: CUc 410, 15c,
ff. 1-36; Coussemaker I, 182-250

Plures artes seu scientie sunt per quas...
Nicole Oresme, De divinationibus, tr from
French: BLcm 248, ff. 28r-33v(ColR 32); Basel
F.V.6, f. 48r(T III,402)

Plures eorum qui antiquorum libros inspexerunt
...
Isaac, De diffinitionibus, tr Gerard of Cremona:
BLd 217, 14c, ff. 111r-(115r); PA 750, 14c, V,
ff. 92-99; BN 6871, 14c, ff. 211r-220r; Opera,
1515, ff. 2ra-4rb; AL 583, 640; ed. from 3 other
MSS, J. T. Muckle, AHDL XII-XIII(1938-39),
pp. 299-328

Plures eorum qui libros inspexerunt et eorum
diversitatem...
Comm. De generatione et corruptione: VE VI.
165(X,179), 14c, ff. 53-57(AL 1623)

Plures quoque hominum accipiunt experimenta
absque significatione stellarum...
De signis conceptionis: BMsl 284, early 15c, ff.
76r-77r

Plures tempore epidemiali et pestifero...
Johannes de Speyer *or* Spierinck, Regimen preservativum a peste: BMad 4897, 15c, ff. 262-
264v

Pluresis...
See 'Pleurisis...'

Pluribus autem modis fiunt sol et luna...
Incipit liber qui vocatur solaris: BMad 15549,
15c, ff. 133v-141v(DWS 652)

Plurima sint que ad urine iudicium exiguntur...
De urinis: CUc 511, c.1300, f. 147r-v

Plurima tranquille cum sint insignia vite...
Walafrid Strabo, pref. Hortulus: Herten 192,
11c, ff. 83vb-86va; Beccaria 55.17. Text
'Bruma senectutis...'

Plurimi interpretes huius libri maxime...
Galen, comm. Hippocrates, Aphorisms, tr Constantinus Africanus: St. Quentin 104, 13c; Tours
791, 13-14c, ff. 1-5; 792, 14c, ff. 143-180; etc.
pr Articella(Klebs 116.1-6; IAL A1011)

Plurimi philosophie magistri...
See 'Primus philosophie magister...'

Plurimi quidem scientie astronomie...
Petrus de Juliaco(Alliaco?), prol. Opus astronomicum. See 'Distantiam igitur centri...'

Plurimis auctoribus ante Galieni tempus...
Oribasius, Comm. Galen, Tegni: Ea Q.175, 13c,
ff. 97-118v; Diels(1906)73

Plurimis exemplis experti sumus virtutes tuas...
De taxone, A text: 2 MSS in Beccaria, p. 427; ed.
CML IV(1927), 229-232

Plurimis exemplis expertus sum victoriam tuam
...
Sextus Placitus, De taxone, B text; 5 MSS in
Beccaria p. 427; ed. Archiv X, 270-73 CML
IV(1927), 232

Plurimorum adstrictus precibus quorum...
I. Duns Scotus, prol. Comm. super 2 et 3 Arist.
de anima: Ran 1034 (R.7.15), 15c, ff. 1-33.
Text, 'Utrum sensus tactus sit unus...'
II. Paulus Venetus, prol. Summa naturalium:
(Lib. Physic.): FLa 121 (196-128), 14c, 198 ff.;
CLM 768, a.1492, 176 ff.; MSS numerous;
anon. FL Plut.29, cod.27, ff. 27-43; AL 1262;
Hain *12515-12516; Klebs 732.1-3; IAL P181-
82; Lyons, 1525; (Schulz)

Plurimorum rogationibus impulsus optimorum
denique virorum...
John of Glogau, Computus chirometralis: pr
(Cracow?), 1511; T IV, 449, n.43

*Plurimorum scribentium grati laborum(laboris)
...
John Dumbleton, pref. Summa philosophiae
naturalis: CUg 499(268), 14c, ff. 1r-163va; Oma
195, 14c; Ome 306, 14c, ff. 9-118; VA 954, 15c;
VAp 1056, ff. 1-144; LP 79, 14-15c, 212 ff.;
CUpet 272, a.1400, ff. 1ra-111vb, incomplete;
ascribed to William of Ockham, Duhem, III
(1913), 460-63

Plurimorum virtus ad unum dumtaxat anno
Christi 1464...
Joh. de Bosnia(Bonia, Bosma), Sexagenarius: BN
7416A, ff. 10v-97r (T II,94); T IV, 440; Isis
42(1951), 130-133

Plurimum quidem relgats(?) scrutari a clero
solent...
De impressionibus meteoricis: KlaS 113, ff. 40va-
47va

Plusieurs ars ou sciences sont par...
Nicole Oresme, De divinationibus: BN 19951,
15c, ff. 1r-31r (T III,401, n.9)

Pluviarum diverse sunt esse aliquando...
BMar 339, 14c, f. 151va-b

Pluviarum itaque dux atque minister...
Dorotheus, De hora pluviae: VI 2436, 14c, f.
141r; Carmody 111 gives as part of Liber novem
iudicum

Pocula ianuar amat et febrius algea clamat...
Kremsmünster Stiftsbibl. CCLXX, 14c, f. 159
(Zi 4051); CLM 5439, f. 5; 15-16c, ff. 5r-19v,
heading for a calendar; CLM 16447, f. 2; BMsl
345, 15c, f. 142r; Officia XII mensium: Hortulus
anime, Hain 8936; (Nuremberg, 1519), f. 17r
(Schulz)

Pocula leta pius amat convivia Ianus...
Calendarium cum versibus: CLM 5555, a.1520,
ff. 5v-19r

Podagre passionis scire...
Philonus, De podagra: Vendôme 109, 11c, ff.
75v-87

Podagricorum causas scire oportet...
Galen(?). De podagra: 4 MSS, 9-11c, Beccaria
p. 427; Diels(1905), 130. Part of Galen, De
febribus ad Glauconem

Podismi mensurarum genera sunt tria: rectum
planum solidum...
Practica geometriae: CUt 939(R.XV.14), 10c,
ff. 46r-63v. See 'Mensurarum genera...'

Poetarum olim carmina cum recitarent in
theatro...
De coloribus: DWS 880

Poetice agricultura volentibus...
CLM 14809, 12c(Schulz)

Policletus ex Ferrariis Mantuanus artium doctor
insignis hec infrascripta argumenta...
Introduction: for the arguments see 'Cum argueret
rector...'

Pollicis in capite scribe vult gamma ut apte. . .
> Hugo von Reutlingen, Flores musice, cap. 1: Hain
> 7173(Schulz); Klebs 525, 3

Polvere contra pestem. . .
> Archiv XVI, 176-77

Poma pira cerisia et pruna. . .
> De naturis fructuum: BLd 69, 13-14c, f. 80rb

Pomum ambre est duplicatum. . .
> Antidotarium: BLb 786, 13c, ff. 169v-178v; BN
> 7056, 13c, ff. 100ra-106rb; Brux 14329, 13c, ff.
> 75ra-83rb; CUg 379(599), 12-13c, ff. (5v)-
> (13v); CUsj 79, 13-14c, ff. 1-(82); CUt 903
> (R.14.30), 14c, ff. 163-186v; Ea F.289, 14c, ff.
> 82v-84; 50v-51; Graz 594, 15c, ff. 83-85
> (Schulz); VAp 1321, f. 154; James 483

Pomum ambre sumptum videlicet ad rem. . .
> Platearius (Johannes de S. Paulo?), Antidotarius:
> CLM 251, ff. 83ra-90ra

Pomum patris mei ad confortationem cerebri et
cordis. . .
> Ioh. de Sancta Sophia(?): CLM 12021, f. 79vb

Ponam ergo meam considerationem. . .
> Johannes de Polonia (copyist or author?), Prac-
> tica brevis sanitatis conservandae: Ea Q.222, 14c,
> ff. 91-100v

Ponam ergo practicam per quam tempore quo
eram Parisius. . .
> Thomas of Bologna, Experimentum naturale ad
> expellendum inimicum de regno: BN 7337,
> pp. 45-46(T II,801-2)

Ponantur in panno nitido et mundissimo in
altari. . .
> Modus quo naturales pretiosi lapides debent con-
> servari: BN 7156, 14c, f. 174v(Corbett I,80)

Ponantur species. . .
> Blasius of Parma, Questiones perspectivae: VA
> 2161, ff. 1-40, which contains only the first two
> parts. See 'Utrum pro visione. . .'

Ponas in vino antequam distillaveris per diem et
noctem. . .
> De virtutibus aque ardentis secundum magistrum
> Arnaldum de Villanova; Mi Trivulz. N.758
> (H.100), 14-15c, ff. 44r-45v; Mon 260, 14c, ff.
> 83v-85r

Ponatur ab oculo (eductas) rectas lineas. . .
> Euclid, Catoptrica(De visu): Ab(1912), 130;
> Björnbo(1912), 209-214; CUg 504(271), 13c,
> ff. 86v-93v; Ea Q.387, ff. 47-52; Millás(1942),
> 206; Clagett(1953), 375-376 lists 6 MSS; an-
> other is BN 7378A, 14c, ff. 22v-27v

Ponatur circulus quadraturus(quadrandus) cuius
semicirculus. . .
> Quadratura circuli per lunulas: Ea Q.234, 14c,
> ff. 113-114v; FNcs J.V.18, 14c, f. 33ra; Björnbo
> (1912), 220

Ponatur ergo primo quod A aqua agat in B
ignem. . .
> De actione elementorum abstractum de quarta
> parte Dumbleton secundum magistrum J. Chyl-
> mark: BLd 77, 15c, ff. 153v-(166)

Ponatur iste casus quod a. sit unus ignis summus
. . .
> BLlm 706, 15c, ff. 178v-181r

Ponatur lineas rectas ab oculo. . .
> See 'Ponatur ab oculo. . .'

Ponatur quod a. sit una potentia ut 6. . .
> Septem conclusiones proportionum secundum
> magistrum Edwardum Upton: BLb 676, 15c, ff.
> 38r-49v

Ponatur quod b. aqua incipiat agere in a. ignem
. . .
> John of Chilmark, De actione elementorum ex
> Johannis Dumbleton opere majori: BLlm 706,
> 15c, ff. 172-179v

Pondera actica habet genari novem. . .
> MC 69, 9c, pp. 542b-543a; Beccaria 94.9

Pondera duodecim et quodlibet corpus. . .
> Practica secreta(alchemy): BMsl 3457, 15c, ff.
> 222v-228v; T (1938), n.83

Pondera et mensure que in arte medicinali. . .
> Carmina de ponderibus et mensuris: On 169.
> 14c, f. 1r-v

Pondera igitur vel mensure que in arte medicinali reperiuntur. . .
> Nicolaus (following his De modo dispensationis):
> CUad 6865, 13c, f. 79v

Pondera medicinalia conati sumus dicere(narrare). . .
> Constantinus Africanus, Liber de ponderibus:
> Vendôme 174, 12c, f. 1r-v; Bern 80, 15c, ff.
> 188r-191r; anon. VI 2523, 13c, ff. 58v-59v; PA
> 1024, 14c, f. 122v; Diels(1906), 31-32; Isidore,
> Etymol. XVI, cap.25-26, BHM 14(1943), 91

Pondera medicinalia et signa conati. . .
> Beccaria p. 427; BLau F.5.31, 13c, f. 58

Pondera medicinalia proposuimus enarrare. .
> Codex Fritz Paneth, 14c, ff. 268-70

Pondera medicinalia singula(signa, signorum) conati sumus narrare...
> De ponderibus Almansoris et Serapionis: VI 5358, 15c, f. 191ra-va

Pondera mercurii bis sex ad corpora centri...
> Alchemy: DWS 828

Pondera Paeoniis veterum memorata libellis...
> Remus Favinus(Rhemnius Fannius?), De ponderibus: ed. F. Hultsch, Metrologicorum scriptorum reliquiae, II(1886), 25-26, 88-98; Beccaria 78.8; Bern 357, 10c, ff. 41v-43r; CU Kk.V.34, 10c, f. 16; CUt R.XV.14, 10c, ff. 104r-108r; Mon 491, 11c, f. 117v; BN 12117, 11c, ff. 1r-2v; VI 4772, 15c, ff. 177r-180v; ed. Teubner, Poete lat. min., V, 71-163

Pondera pars minima calculus est...
> CUt R.XV.14, 10c, ff. 108r-111v

Pondera postremis veterum memorata...
> De ponderibus libellus metricus: Dresden C.80, 15c, ff. 142v-144. See 'Pondera Paeoniis...'

Pondera quinque Iovis vivi sint iunctus(?) duobus...
> Alchemy: DWS 829

Pondera vel mensure que in arte medica recipiuntur...
> BLcl auct. class. 272, 14c, ff. 55v-56v

Pondere mensura numero sapientia fecit...
> Versus circiter centum septuaginta: BMb 305, 13c, ff. 15-(19)

Ponderis signa plerisque ignota...
> BN 11219, 9c, f. 192r-v; Mon 384, 12c, f. 62r-; CUpet 178, 13c, f. 201v; Isidore of Seville, Etymol. XVI, cap.27

. Ponderosiorum conventus importunarumque copula et minorum superiorum coniunctio...
> Antonius Arquatus *or* Torquatus, Pronosticum eversionis Europae circa annum 1507 Matthiae Ungariae regis directum circa annum 1480: VAb 904, 16c, f. 229v; Ferrara I, 71, c.1512; and other MSS, T. IV, 467-72; GW 9061

Ponderum ac mensurarum cognoscere modum ...
> Extract from Isidore of Seville, Etymologiae, XVI; caps.25-27: BN 6882A, 9c, ff. 15r-18r; Beccaria 26.8

Ponderum et(ac) mensurarum iuvat...
> De ponderibus et mensuris: Mon 384, 13c, f. 60v; CU 584(Dd.X.25), 13-14c, ff. 152-155; BMar 248, 14c, ff. 72v-(75); Bede: Ome 175, 15c, ff. 255-56; James 38, 499

Ponderum naturalium signa conati...
> Rouen 979, 13-14c, ff. 110-111. See 'Pondera medicinalia...'

Ponderum pars minima calculus est...
> Eins 321, 10c, pp. 70-71; VAb 92, 12c, f. 46v; CLM 210, f. 128r. See 'Pondera pars minima ...'

Ponderum signa plerisque ignota sunt...
> VAb 92, 12c, f. 48v. See 'Ponderis signa...'

Pondus apud ebreus primus Moyses istituit...
> VAp 1088, 9c, f. 115r; Beccaria 103.8

Pondus dictum est eo quod in statera libra pendeat...
> Utrecht 694, 15c, pp. 276-278

Pondus dictum est eo quod pendet...
> De ponderibus medicinarum: Ea Q.185, 13-14c, f. 3v

Pondus est xlii et pondere xlii faciunt libras...
> BMh 3017, 9c(Fleury), f. 181r

Pondus et mensura que in arte medicinali hec sunt...
> BMar 313, 14c, f. 2r

Pondus medicinale sic cognoscitur...
> BMsl 345, late 15c, f. 118r

Pone focum mensi dicitur de nomine iani...
> De imaginibus mensium: CLM 14743, 9c, f. 165r; Bull. Du Cange 17(1943), 56; ed. MG Poetae Latini II(1884), 644-646

Pone in vino antequam distilleraveris per diem et noctem...
> De virtutibus aque vite vel ardentis secundum Arnaldum de Villa Nova: Mon 490, 15c, ff. 60v-62v

Pone in vino de quo debet...
> De proprietatibus aquae vitae. See 'Hec sunt virtutes...'

Pone mercurium bene purgatum in testa...
> (Collectanea alchemica): BMsl 3457, 15c, ff. 149v-150v(DWS 687A)

Pone signum estimatum...
> De anymodar: Ea Q.223, 14c, ff. 161v-162

Pone super ignem corpus vel spiritum...
> Roger Bacon, Proiccio(*sic*) elixir: BLd 119, 14c, f. 97(DWS 202)

Pone super oz. 1 plumbi fusi...et preparati...
> Liber multiplicationis de transformatione metallorum: London R. College of Physicians 33, 14c, ff. 69-71(DWS 538C); FNpal 887, 15-16r, ff. 110v-113r; BMad 41486, ff. 204-205

Pone super substantiam corporum...
Extraction of oil: BN 14007, 15-16c, f. 13

Pone tabulam...
Sun-dial: Zi 9787

Pone vas in fimum equorum...
Incipit liber contumacionum: MU F.673, 15c, ff. 87v-117v

Ponendum principium orationi cum...
Guido Aretinus, pref. Liber mitis: FLs 88, ff. 85-(111)

*Ponit duas causas longitudinis...
Hen. Renham, De morte et vita: Tanner

Ponitur causa que auctorem compulit...
Dominicus de Bandinis, Fons memorabilium, text, lib.I: LP 35, 15c, f. 15

Ponitur hec ut addat in virtute cinamoni ad faciendum...
Nomina herbarum et virtutes illarum: CUg 407 (416?), 14c, III, f. 55r-

Populus ad lunam...
Registrum pulchrum motuum planetarum et algorismi: Ea Q.361, 14c, ff. 85-87

Populus romanus a rege Romulo...
Solinus, De divisione orbis: Girolla 64

Porro autem gloriosissima margarita...
Gloss on Arnald of Villanova, Epistola qui dicitur gloriosissima margarita: BU 303(500), 15c, ff. 129v-133v; Cambrai 918, a.1426, ff. 204-207v (Corbett II,30-31)

*Porro materia alterationis...
Jo. Chilmark, De alteratione: Tanner. See 'Pro materia alterationis...'

Porro si libeat inquirere...
CLM 24865, 15c, ff. 10-11v(Zi 3341)

Posita tabula de defectu visus...
Tadeus, Consilia: Atti del R. Istituto Veneto, 75, ii(1915-16), 578

*Positis fundamentalibus primis...
Roger Bacon, Ars experimentalis: Wadding

*Positis radicibus sapiente latinorum...
Roger Bacon, De arte experimentali: Little 384-385; Opus maius, pars vi; OHI IX(1928), xvi

Positus fuit primo patiens in balneum sive aque frigide...
Experimentum quoddam in cura calculi renum: VAp 1175, f. 279r-v

Possidet A. numero quingentes ordine recto. A. ccccc....
Graz 38, 12c, flyleaf; BLcm 71, 13-14c, f. 19r; CLM 251, f. 90r; 641, f. 37; VI 1251, 13c, f. 46r; 3217, f. 80; etc. pr Mommsen, Bec. über d. Verh. d. Gesch. d. Wiss. Ph. 5(1853), 94 seq. (Schulz)

Post antiquarum...
See 'Post etiam antiquarum...'

Post antiquorum studia nimis approbanda...
De extravagantibus novis experimentis: BN 7400A, 13c, ff. 35ra-36vb (Corbett I,138)

Post autem facilius previa distinctione...
Ps. Albertus de lapidibus, II, ubi inveniuntur: CUc 243, 13-14c, ff. 21v-27r

Post chilindri compositionem...
De compositione quadrantis: BMar 292, 13c, ff. 109v-112r; Ome 35, early 14c, ff. 234v-236; BMsl 514, early 14c, ff. 42v-46; BLf 22, 15c, ff. 17r-18v

*Post completum universalis scientie medicationis ...
Roger Bacon, Antidotarium: OHI IX(1928), 103-19

Post compositionem chylindri nunc cuiusdam instrumenti horologici...
BLd 98, early 15c, ff. 148v-(152)

Post congregatam epistolam de questionibus...
Dicuil, prol., De mensura orbis terrae, written c.825: CLM 10291, f. 47(De cosmographia, pars II): Ma Q.129, 14c, f. 48-; BLcm 378, 15c, ff. 47-66; Farsetti 30, 15c; anon. VE X.88(XXII, 113), 15c, ff. 37-50; ed. Letronne(1814); Parthey(1870)

Post declarationem premissorum considerare convenit...
De sole et luna et eorum motibus, 10 caps.: BLd 178, 14-15c, f. 65

Post diluvium per annos mille quigentos iacuit medicina...
Epistola peri hereseon: BMsl 2839, 11-12c, ff. 7r-8r(ColR 53); Beccaria 81.3; here prefixed to text, 'Capillorum defluxio...'

Post diuturnam operis fatigationem tum laboris ...
Phoenix missus regi Aragonum Martino: T III, 637

Post dominum anni divisor habet significationem...
Albumasar, Tract. ii de ascendente revolutionis anni in nativitatibus: BLd 210, 15c, ff. 63v-68r (Carmody 99)

Post (etiam) antiquarum Kirannidarum volumina...
> Alexius Affricus *or* Flaccus Africanus, On seven herbs: Ea Q.217, ff. 51r-54v (T II,233); ed. Delatte (1942), 214

*Post executionem particularium...
> I. Nic. Horsham, De febribus: Tanner
> II. Tract. III, Roger de Baron: Op 15, 14c, ff. 23-62(DWS MS)

Post fabricam mundi eiusque decorem...
> See 'Post mundi...'

Post hanc predictorum observationem qualiter futura...
> De eclipsibus: BN 7329, ff. 60r-63r(Carmody 20, 109)

*Post hanc scientiam experimentalem mathematica...
> Roger Bacon, De laudibus mathematice: Little 393, Opus maius iv

Post hec accipies tabulam aliam...
> De almocantarat: CU Ii.III.3, 14c, ff. 66v-68v, following Messahala, De astrolabio; CUad 6860, 14c, ff. 69r-70v, 'finit opus astrolabii secundum Marcellaniam'; VA 3099, a.1472, ff. 32r-38v

Post hec autem de sompnis querendum...
> Aristotelis de sompno et vigilia liber secundus, vetus translatio: ed. Drossaart Lulofs, 1947, II, 2-30

Post hec autem dicendum est de sompno et vigilia...
> Averroes, Compendium de somno: BN 16222, f. 114; AL pp. 107, n.1, 223

Post hec autem querendum de sompnio...
> Aristotelis de sompno et vigilia liber secundus, nova translatio: ed. Drossaart Lulofs, 1947, II, 3-31

Post hec autem querendum de somno...
> Aristotle, De somniis, tr from Greek: VA 718, f. 236v

Post hec capitula que secuntur possunt sciri cordetenus omnes festivitates...
> Comm. Palma(Computus): BN 14070, f. 103ra-va(TR 313); Speculum 29(1954), 231-32

Post hec Hippocras moriens iussit eos qui eum...
> Epistola (On death signs): CLM 11343, 13c, f. 1r-v

Post hoc autem de perfectione anime...
> De perfectione naturali intellectus: VE VI.20 (XII,11), 14c, ff. 99-100; Mi N.9.sup., 14c, ff. 38vb-46vb

Post hoc autem visum est esse conveniens...
> Albertus Magnus(?), Liber lapidum, Lib. II, de inventione lapidum: VAr 1106, f. 22(Pelzer); anon. BN 7156, 13-14c, ff. 181rb-183ra (not a distinct work)

Post hoc considerandum est sicut vita ab anima...
> De somno et vigilia: BN 16149, f. 71(H)

Post hoc sequitur operatio mathematica ad rem...
> Roger Bacon, Part of Opus tertium: ed. Little, 1912, pp. 1-89

Post laudem vero dei qui dedit nobis...
> See 'Oportet omnes generationes...'

Post librum Aristotelis...
> Engelbert of Admont, Super librum de inundatione Nili: cited Pez, Thesaurus I, i, 433; ZB 4(1889), 510; Fowler 184

Post librum phisicorum qui considerat...
> (Buridan), Expositio totius libri de celo et mundo: Bruges 477, 14c, ff. 210v-238v; VI 5312, 15c, ff. 1-59; AL 136

*Post locorum descriptionem deberent sequi alia...
> Roger Bacon, De corporibus celestibus: Little 379, 389, Opus maius iv

Post modos medendi agendum est de modo conficiendi...
> De modo conficiendi: CLM 19901, f. 243r

Post motuum superioris circuli notitiam...
> Movement of planets: BN 7363, ff. 40r-45r (Poulle); PA 1128, 14c, ff. 51-64; VE fa 344 (Val XI.104), ff. 199ra-218va; Book II: CLM 13021, ff. 33va-68va

Post mundi fabricam eiusque decorem...
> Roger, prol. Chirurgia: Admont 669, 13c, ff. 1r-25r; BMsl 1615, 13c, ff. 70-83; CUt 1365 (O.VII.37), 13c, ff. 74v-113v; Ea O.62a, 13c, ff. 84-104; Mon 89bis, 13c, ff. 1-28; Ea F.284, 14c, ff. 1-24; VI 2505, 14c, ff. 1-40(Schulz); Tournai Ville 97, 15c, ff. 38ra-48vb; anon. CLM 161, 13c, ff. 57ra-65r; pr Renzi II, 426-96; Studien 12(1918), 148-236; GS II, 435; Text, 'Caput vulnerari...'

Post mundi fabricationem...
> Roger of Salerno: Yale Medic. MS, 12c

Post mundificativa clisteria sequitur de consolidativis...
> Ricardus Anglicus, De clisteribus mundificativis: VI 1634, 13c, f. 18va-b

Post naturam corpoream et incorpoream...
> De anima: Graz 1385, 14c, ff. 32-37v; VI 636, 14c, ff. 58r-60v; VAr 431, 15c, ff. 59-62 (imperfect)

Post obitum bone memorie magistri Joannis Casamide(Calamide)...
> Arnald of Villanova, prol. Breviarium practicae: CLM 3074, 15c, ff. 1ra-126v; 18444, 15c, ff. 4ra-193rb; GW 2526-2529; Klebs 103.1-4; IAL A955-58

Post octavam quintam si note tendunt in altum
...
> Phillipotus Andrea, De contrapuncto: Coussemaker III, 116-18

Post omnes admonitiones quas tibi commendavi
...
> Iunior Philosophus, Descriptio *or* Expositio totius mundi: BN 7418, f. 264rb-; Riese(1878), 104-126; Mai, Classicorum auctores III, 387-409

Post opiatarum tractatum...
> De oleis: James 482

Post opiatarum tractatum usum et modum conficiendi...
> De oleis: BMr 12.B.XXV, 15c, ff. 234-(237)

Post opiatarum traditum usum et modum...
> Boston Medical 15, 13c, f. 113v

Post planetarum tractatum de capite et cauda draconis...
> CLM 458, 15c, ff. 137v-139v

Post premissa sciendum quod ordo postulat...
> G. Marchio, De utilitatibus quadrantis (34 caps): VI 5418, ff. 90r-110r

Post prescriptas quasque scientias ad scientiam magnam...
> Ex libro sapientiae Rogerii Bachonis: BU 303 (500), 15c, f. 215r-v

Post principalem affectionem quam utraque naturalis inclinatio...
> (Alchemy): CLM 653, ff. 63r-67v

Post problemata naturalia circa odorem agitur
...
> Expositiones super problemata(12–26) Aristotelis: VE fa 263(XII.85), 14c, ff. 6-155

Post pullorum canta post una calicem colligas...
> Uroscopy: BE Phillip. 1790, 9c, f. 50v; Beccaria 50.18

Post supradictas...
> See 'Per supradictas...'

Post tractatum de imagine mundi ut res ipsa velut in speculo...
> Petrus de Alliaco, Epilogus mappe mundi: BMh 637, ff. 41ra-44vb; Cambrai 927, ff. 59-67; Oo 65, ff. 120r-126v; Salembier xxiii; IAL A426, ff. e2r-e(6)v

*Post tractatum de predestinatione et prescientia
...
> Aegidius Romanus, De formatione corporis humani in utero: VI 368, 14c, ff. 89r-116r; VAp 1086, ff. 121v-191v; BN 14568, ff. 186r-229r; HL 30, 463; Bruni, Bibliofilia 35(1933), 306, n.14(Schulz); pr with Gariopontus, Passionarius Galeni, Lyons, 1526; Rimini, 1626

Post tractatum febrium simplicium...
> (Maurus), De febribus compositis: BMsl 342, 13-14c, ff. 139v-145r

Post tractatum oleorum breviter expediamus...
> De sirupis: VI 1634, 13c, f. 100ra-vb

Post tractatum simplicium febrium...
> Ea F.303, 14c, ff. 61v-62r

Past ysagogas de partibus huius artis...
> John of Seville, transitional sentence from Introduction to four main parts, Epitome totius astrologie: VA 4082, f. 124va; 4087, f. 55

Postea est inflammatio seu tumor preter naturam
...
> Bernard Gordon, Lilium, Extract: CUg 487 (483), 14c, f. 10ra-

Postea formabis dorsum...
> Quadrant: Wo 3749, 15c, ff. 144v-152v(Zi 8860)

Posteaquam legendi...
> Johannes Marlianus, introd. Questio de caliditate corporum humanorum. Text, 'Utrum corpora humana...'

*Posteaquam per valde longum tempus nostram vitam...
> Raymond Lull, De intentione alchimistarum: T IV, 49, 638; HL 29, 278

Postquam accidentia generalia in his que ex nostra observatione...
> De nativitatibus et iudiciis: Ma 10053, 13c, ff. 119ra-130vb; Millás(1942), 199-200

Postquam ad computationem esse consideravi necessarium...
> Machumeti de algebra et almuchabala idest recuperationis et oppositionis: VAu 1329, a.1458, f. 43-

Postquam ad manus minimi servitoris Moysi Israhelitici Cordub....

Maimonides, De regimine sanitatis (to Soldanus of Babylon): pr Florence, (c.1481); Klebs 643.1; IAL M66; with Io. Matth. de Gradi, Consilia, Lyons, 1535, ff. 89ra-92va. Tract. I, 'Intentio nostra in hoc tractatu...'

Postquam Alexander Philippi filius universam orbem...

Epistola de itinere Alexandri ad paradisum: Oc 82, 12c, ff. 92va-93vb

Postquam alias illustrissime princeps...

De cometis et eorum apparitionibus: Brux 1108, 15c, ff. 129-133v(Silvestre)

Postquam antiquorum huius sanctissimi magisterii...

Pandofalus, Figure libro sexto (Turba?): CUt 1368, 15c, ff. 86-92(DWS 341)

Postquam antiquos philosophie dominos...

Comm. super veritatem (Alchemy): VE VI.215 (XVI,4), a.1475, ff. 224-228

Postquam Aristoteles determinavit de his que dicenda erant de rebus naturalibus in communi
. . .

(Duns Scotus), Cursus optimarum quaestionum cum textualibus expositionibus...Aristotelis (Parva naturalia): pr c.1492, f. 127rb-(Klebs 317.1; IAL Q6)

Postquam Aristoteles in libro physicorum determinavit de corpore mobili...

Gaietanus de Thienis, proh. Comm. De celo et mundo. See 'Maxime cuperem...'

*Postquam Aristotelis posuit opinionem aliorum de anima...

Thomas Aquinas, In Arist. de anima ii: Opera XXIV(1874), 56

Postquam autor posuit digestiva...

Petrus de Tussignano, De signis humorum: Brux 3209, a.1469, ff. 175ra-177va

Postquam auxiliante deo scripsimus...

Accursius de Parma, Astrolabium sphaericum, Pars II: FL Plut.29, cod.46, 14c; anon. Gö Hist. Nat. 86, 15-16c, ff. 1-23(Zi 8303); CLM 10662, 15c, f. 111r(Schulz). See 'Totius astrologice...'

Postquam auxilio dei eo usque deduxi...

William of Auvergne, De demonibus: VE III.21(VII.34), a.1417-1423, ff. 188-238; anon. VA 4867, f. 1. It is De universo, II, iii, prol.: Opera II(1591), 957

Postquam auxilio dei explevimus...

Avicenna, Metaphysics, tr Gundissalinus: Basel F.I.4, ff. 285ra-409vb; Cues 205, 13-14c, ff. 49-80v; Ea F.331, ff. 30-61; GW 3130(Schulz); Klebs 135.1; AL 371, 482, 583, 668, 1302, 1887; RNS 41(1933), 399; Delisle III, 83a; pr Venice, 1508, ff. 70-109v

Postquam Avicenna determinavit de rebus (regiminibus)...

De partu: CUpet 146, 15c, II, ff. 1r-200r

Postquam Avicenna in precedenti capitulo...

Thomas de Garbo, Expositio super capitulo de generatione embrionis tertii canonis fen 25e Avicenne: pr Venice, 1502, ff. 33r-45r

Postquam Avicenna in superiori fen determinavit de solutione continuitatis...

Gentile da Foligno, Expositio super primum et secundum tractatum fen quinte quarti canonis Avicenne s. de dislocationibus et fracturis: pr Venice, 1499, ff. 122r-151v; Klebs 336.1 (with Dino del Garbo); IAL D152-53; Avicenna, Canon, 1523, vol.V

Postquam capitula singulatim computavimus ad unumquodque explanandum...

Cosmology (25 of 40 caps.): BN 15015, early 13c, ff. 200-223v(Haskins 95)

Postquam certificatus fueris ad unguem de tempore...

Guido Bonatti, Liber introductorius, tract. de revolutionibus annorum mundi cap.i: pr Venice, 1506, f. (S.5)v

Postquam coepi narrare...

Galen, De simplicibus pharmaciis: Diels(1905), 142

Postquam cogitavi in magnitudine super populum...

Alfadhol, In auguriis stellicis: CUcl 15(Kk.4.2), 13c, ff. 145-169v; Speculum II(1927), 326-31; IV(1929), 90; XX(1945), 88-90

Postquam collegi librum hunc magnum in meis compositis...

Serapion, Liber Servitoris sive de preparatione medicinarum: CLM 8951, 15c, ff. 1r-43va. See 'Postquam ego collegi...'

Postquam completus est primus...

Henri de Mondeville, tract. II, Chirurgia

Postquam complevi vobis O filii librum hunc que est...

Albucasis, Chirurgia, tr Gerard of Cremona: NaO XVI.18, 13c, ff. 1r-81v; PM 3599, 13c, ff. 70-95vb; Mon 89ter, 13-14c, ff. 96-179; Ea Q.211, 14c, 68 ff.; pr with Guy de Chauliac, Chirurgia parva, Venice, 1500, ff. 6r-42v(Klebs 497.1; IAL G512); Strasburg, 1532 etc.; ascribed to Rasis: Mi D.120.inf., 14c, ff. 1-44r; BMh 5286, ff. 1ra-2ra-54vb

Postquam complevimus auxiliante deo tractatum de illorum proprietatibus...
> De infirmitatibus et venenis: CUj 43(Q.D.1), 15c, ff. 12v-44v

Postquam complevimus sermonem nostram in simplicibus...
> VA 4454, ff. 111r-112

Postquam consideravi et perspexi hec...
> Hippocrates, Physiognomia *or* De contemptu mundi: BMe 843, 13c, ff. 35v-38; CUt 1149, 13c, ff. 35v-37v; BM Cotton Cleop. B.IX, 14c, ff. 21v-25v; Diels(1905), 51; Kibre(1945), 402, n.199

Postquam consummavit Aristoteles in libro suo ...
> Alexander of Aphrodisias, De sensu: CUg 497 (266), 13-14c, f. 53; Graz 482, c.1300, ff. 132va-133rb; Delisle III, 83b; AL 699, 1267; ed. Bibl. Thomiste 7(1920), 86-91

Postquam conticuit id est siluit...
> Remigius of Auxerre, Comm. Martianus Capella, Arithmetic: BB XV(1882), 572-80

Postquam conticuit prudens permensio terre...
> Martianus Capella, De nuptiis Mercurii et Philologie: lib. vii de arithmetica: Chartres 498, 12c, ff. 114v-122; ed. A. Dick, 1925, p. 363

Postquam de effectibus qualitatum tractavimus ...
> Urso, De effectibus medicinarum: Art ancien 22, 13c, ff. 6r-7v, different from text ed. Curt Matthaes, 1918, p. 38; Admont 496, II, 13c, ff. 6r-7v(Schulz)

Postquam de libro de accidenti et morbo determinavit...
> Dino del Garbo, Recollectio de differentiis febrium: VA 4450, 14c, ff. 1ra-21va

Postquam de montibus et eorum ornatu sylvis...
> Boccaccio, De fontibus: in De montibus, silvis, etc., Venice, 1473(Klebs 189.1; IAL B675; LC)

Postquam de motibus celestibus aliquam certitudinem...
> Tabula motus astrorum: †Metz 286, 14c(Zi 11200)

Postquam de operatione huius instrumenti...
> Jacob's Rod: Salzburg St. Pet.-Stift Inc. 800, 15c, ff. 82v-84r(Zi 5069); Yale MS (with no.42), ff. 82v-84r

*Postquam de principiis sermo habitus est...
> Thomas Aquinas, De natura materiae et dimensionibus interminatis: Beiträge, XXII, 1-2(1931), 303-4; Budapest 269, 15c, ff. 30v-39v; CU Dd.XII.46, ff. 211r-30; VA 806, f. 34v; VAu 215, 15c, f. 184v; VI 4007, a.1449, ff. 299v-301v; ed. Mandonnet, Opuscula, 1927, V, 197-220

Postquam dei dona taliter qualiter...
> Thomas Ebendorfer de Haselbach, De quinque sensibus: Graz 610, ff. 265v-283; VI 4745, 15c, ff. 139r-162r; VI scot. 235, 15c, ff. 233r-274

Postquam deo gratias egi largienti vitam...
> Averroes, Comm. Avicenna, Cantica: CU 1738 (Ii.II.5), 14c, ff. 35r-43v

Postquam determinatum est de anima et qualibet virtute ipsius...
> (Duns Scotus), Questiones Aristotelis de sensato: pr Cursus optimarum questionum cum textualibus expositionibus...Aristotelis, c.1492(Klebs 317.1; IAL Q6), ff. 127rbis-142v

Postquam determinatum est de illis que necessaria sunt in iudiciis...
> Extractus a libro novem iudicum: CLM 588, 14c, ff. 100va-108va

Postquam determinatum est de sompno et vigilia determinat de longitudine et brevitate vite...
> (Duns Scotus), Questiones Aristotelis de longitudine et brevitate vite: pr Cursus optimarum quest., c.1492, ff. 147rb-148rb(Klebs 317.1; IAL Q6)

Postquam determinavit Aristoteles...
> Scripta super omnibus libris de partibus animalium Aristotelis: Ea F.339, 14c, ff. 33-46

Postquam determinavit philosophus de naturis animalium...
> Gerard du Breuil, canon of Clermont, Comm. Aristotle, De partibus animalium: PM 3517 (507), 14c, f. 58-

Postquam dictum est de curis...
> De certis experimentis: BMr 12.G.XII, 15c, ending at f. 189v, as pars vi (incomplete) of 'Introductorius medicinalis Arnald ide Villa Nova', ff. 103r-189v, but not found in his pr Opera

Postquam dictum est de syrupis consequenter adiungimus de oleis...
> De oleis: CUad 6865, 13c, ff. 120r-123v

Postquam dictum est supra in pleno introductorio...
> Arnald of Villanova, Sexta particula in qua capitula tredecim: Oa 81, ff. 55r-73v(Ambix VII(1959), 39-40)

Postquam divisum est quod principia elementorum que sunt...
> Comm. Liber quartus metheororum Aristotelis:
> VA 2416, 14-15c, ff. 48va-51va; VE VI.53
> (X,176), 15c, ff. 44-52; AL pp. 106, 217; cod.
> 1207; GW 2423, f. 22r; 2337(Schulz); Klebs
> 82.2; 91.1; IAL A861; A900

Postquam divisum est quod principia et elementa
elementorum...
> Arabic-Latin version of book iv of Aristotle's
> Meteorology: VE VI.52(Val.X.54), 14c, ff. 307-
> 315; F. H. Fobes, Classical Philology, X(1915),
> 297, 308-9; AL p. 217

Postquam diximus de dominis mundanis...
> Asaph Hebraeus(*sic*), De natura quatuor elemen-
> torum: BN 6556, 13-14c, ff. 1ra-2va; BEC
> 54(1893), 406-11, 587-88

Postquam diximus sufficienter de materiis
equalibus...
> Excerpt, Raymond Lull, Vade Mecum: VI 5509,
> ff. 35r-46r

Postquam diximus virtutem simplicis medicine
...
> De medicinis dissolutivis: Ome 219, ff. 230r-232v

Postquam domino deo nostro vero sublimi
glorioso...
> Giovanni da Fontana, pref. De trigono balistario:
> BLcm 47, 223 ff. (TR 296); T IV, 155; M-H,
> 13(1960), 81

Postquam donante deo petitionibus meis...
> William of Hirsau, prol. Musica: PL 150, 1147-
> 48

Postquam egit auctor de ipso compoto...
> Comm. Versus de tabulis kalendarii: CUt
> R.XIV.29, 13c, f. 122r, mg. See 'Alphabeta
> duo que...'

Postquam ego Alfodhol de Merengi fui multa
...
> Alfodhol de Merengi, Liber iudiciorum et con-
> siliorum: Speculum II(1927), 326-31; IV(1929),
> 90

Postquam ego collegi librum hunc...
> Serapion *or* Albucasis, Liber Servitoris, tr Simon a
> Cordo of Genoa, and Abraham Judaeus: Ea F.245,
> ff. 94v-107; F.267, both early 14c; Lyons pa 46,
> 14-15c, ff. 1-21v; VAp 1331, ff. 313ra-325rb;
> etc.; Giacosa 470; frequently pr: Klebs 5.1-2;
> 680.8, 10-15; 703.1, 4, 6; IAL M441-46; N
> 140, 142; Mesue, Opera, 1535, ff. 307, etc.

Postquam ego Georgius (Riplaeus) natione
Anglus...
> George Ripley, Philorcium alchimistarum: BU
> 142(109), 15c, II, ff. 175r-179r; BN 14012, 16c,
> ff. 75-88v(Corbett I,204); Opera, 1649, pp. 179-
> 221; T IV, 352

Postquam ego Nicholas...
> See 'Actus curativus dicitur...'

Postquam emisimus indicem operum que libra-
riis nostris...
> Regiomontanus, pref. Disputationes super delira-
> menta theoricarum Gerardi Cremonensis: VA
> 5906, ff. 48r-56v. Text, 'Si quis forte...'

Postquam ergo diximus unde est lapis et quis...
> Geber, Liber radicum qui est secundus (De lib.
> LXX): DWS 75; Plessner, OLZ 33, 10, 726

Postquam ex bonitate nature et studio scientie
...
> Avicebron, De universo: PM 3472(510), 14c, ff.
> 33-(79v); Fons vitae: Beiträge I, 2-4(1895);
> Millás(1942), 79

Postquam expediti sumus in libris quatuor...
> Avicenna, Canon, Liber V: Basel D.I.3, f. 403ra;
> VA 2416, 14c, ff. 1ra-18rb; CLM 16, ff. 124r-
> 147vb

Postquam expedivimus nos auxilio dei ab eo
quod opus...
> Avicenna, Physica (Collectio secunda libri suffi-
> cientiae Avicenne *or* Liber de substantia natura-
> lium): Cues 205, 13-14c, ff. 81-98v; Graz 482,
> c.1300, ff. 111r-131v; Ob 284, 14c, ff. 1-20;
> VA 4428, ff. 9r-20r; AL 394, 482, 583, 1846;
> pr Venice, 1500; 'a Iohanne Gunsalvo de Burgis
> et a Salomone ex arabico': VAu 186, 15c, f. 1;
> RNS 41(1938), 380. Prol. 'Dixit princeps
> philosophorum...'

Postquam facta fuit mihi questio...
> De ingenio bone nativitatis ad Iacobum primo-
> genitum Iacobi Aragonie regis: BN 16133, 14c,
> ff. 74ra-83ra(TR 268)

Postquam G. in libro de accidenti et morbo...
> Dino del Garbo, Recollectio de differentiis
> febrium: VA 4450, 14c, ff. 1ra-21va; T (1953),
> 269, n.43

Postquam Galienus primo tractatu de corporibus
...
> Marsilius de Sancta Sophia, De techna Galieni:
> Ea F.261, 14c, ff. 97-163

Postquam gratias egero deo largienti vitam...
> Averroes, Gloss on Avicenna, Cantica, tr Armen-
> gaud Blasius, a.1283: CUpet 101, 13-14c;
> GU 249(III), 13-14c; Oo 61, 14c, ff. 81r-108v;
> AL 378

Postquam habes equum apud te fac dicere unam missam...
  Jacobus Auria, Practica equorum: VE VII.25 (XV,2), 14c, ff. 31-34

Postquam habitum est de principiis...
  Roger Bacon, prol. De multiplicatione specierum. Text, 'Primum igitur capitulum...'

Postquam illud quod ad computationem...
  See 'Hic post laudem...'

Postquam in eis que premissa sunt...
  George Anselm of Parma, De magica disciplina: FL Plut.45, cod.35, ff. 1r-231v(T IV,243); ColR 154

Postquam in firmamento inter aquas...
  Vincent of Beauvais, Speculum naturale, Pars II: Dijon 48, 13c, 371 ff.

Postquam in libro physicorum determinatum est...
  Simon of Faversham, Recollectiones super librum Metheororum: BLt 116, 13-14c, ff. 68ra-82rb

Postquam in precedenti libro sumus loquentes de imaginibus...
  Magic, liber iii in 12 caps.: BLcm 500, 15-16c, ff. 136r-164v(TR 273). For liber iv, see 'Sapientes vero antiqui...'

Postquam in precedenti tractatu determinatum est de infrigidatione...
  Joh. de Mechlinia, comm. Aristotle, De morte et vita: Cologne, 1491 (Parva naturalia: Klebs 92.2; IAL A910)

Postquam in principio...
  Petrus Candidus, De hominis genitura: VA 3416, f. 12; VAu 297, 15c, f. 101

Postquam incepi narrare medicinas simplices...
  Galen, Lib. VI de virtute medic. simplic., tr Hunain filius Ysaac: VAp 1094, 14c, f. 549; Diels(1905), 142; Opera, 1490, II, 272v; 1515, II, 121v-136v

Postquam Iohannes Mesue...
  See 'Medicina est additio...'

*Postquam manifesta est necessitas mathematice...
  Roger Bacon, Utilitas mathematicae in divinis: Little 380, Opus maius iv, b

*Postquam manifestavi mathematice potestatem...
  Roger Bacon(?), De rerum naturalium generatione: Little 392; ed. Duhem, Un fragment inédit de l'Opus tertium de Roger Bacon(1909), pp. 95-193; Little(1912), 20-89

Postquam materias plures in mente revolvi...
  Simon de Covino, De iudicio solis in convivio Saturni: ed. from BN 8369, E. Littré, BEC II (1840-41), 201-208

Postquam narravit Aristoteles in tractatibus quatuor...
  Alfarabi, Comm. Physics, tr Gerard of Cremona: Graz 482, c.1300, ff. 133-134; Birkenmajer, Beiträge, Suppl. III, 1 (1935), 472-81; 'Albumazar super 5m 6m 7m 8m phisicorum': CLM 9559, 14c, ff. 14v-15r; AL 57, 966, 1267; ed. Grabmann(1936)

Postquam naturalium rerum omnes cause...
  Johannes Calderia, Liber canonum astrologie ac totius orbis descriptio: VE VIII.72(XI,93), ff. 41-129, incomplete (ColR 52; T IV, 163-66, 667-69; shelfmark XX, 95 at pp. 163, 165, is wrong)

Postquam novas tabulas eclipsium composuerim...
  Lewis Caerleon, Canones to astronomical tables: BMr 12.G.I, c.1485, ff. 5v-(7r); CUsj 41, 15c, ff. 5v-8v; Kibre(1952), 105(4)

Postquam novisti introductorium ad astrorum iudicia...
  Johannes Paulus de Fundis(?), Astrology: BN 7273, ff. 109r-163va(T IV,240); VA 4082, ff. 223-246

Postquam optavit ei bona...
  See 'Hic postquam optavit...'

Postquam per valde longum tempus nostram vitam...
  Raymond Lull, De intentione alchimistarum: HL 29, 278

Postquam perventum est ad perfectionem...
  Guido Bonatti, Liber introductorius, Pars I, Tract. iii, de naturis septem planetarum: pr Venice, 1506, f. (d.4)v-

Postquam philosophice provisum est...
  Martin Dehlus Bononiensis, De cura apostematum: Ea Q.230, a. 1395, ff. 51-61

Postquam philosphis certificatum est quod...
  Astrologia necnon varia experimenta medica partim ex Alberto Magno: Wo 3683, 15-16c, ff. 37-48v

Postquam philosophus complevit considerationem...
  Robertus, Sententia super III et IV libros de celo: FL S. Crucis Plut. XXIX dext. cod.12, 14c, ff. 39v-57; On 312, 16c, ff. 13-(36)

Postquam philosophus declarabit qualiter fiat. . .
    Peter of Auvergne, Comm. De respiratione: VA
    846, ff. 45-52r; Ome 274, 14c, ff. 269-(280);
    Glorieux I, 415; Thomas Aquinas: pr Padua,
    1493(Klebs 92.3; IAL A912); Venice 1551, ff.
    60v-69v

Postquam philosophus determinavit de generatione. . .
    Comm. De proprietatibus animalium: Mi H.107
    sup., ff. 118va-133ra

*Postquam philosophus determinavit de infrigi-
datione. . .
    P(etrus) de Alvernia, Comm. De morte et vita:
    BN 14714, f. 200; Ob 104; Oma 146; Ome
    274, 14c, ff. 280-284v; VA 846, 14c, ff. (52r)-
    54v; Glorieux I, 415; pr Venice, 1551, ff.
    69v-72v

Postquam philosophus determinavit de motu et
causis motus ventorum. . .
    Peter of Auvergne, Continuation of Aquinas,
    Comm. Meteor.: Glorieux, I, 415-416

Postquam philosophus determinavit de naturis
animalium. . .
    Comm. De partibus animalium: Mi H.107.sup.,
    ff. 60rb-91rb

Postquam philosophus determinavit de partibus
animalium. . .
    Comm. De generatione: Mi H.107.sup., ff. 91rb-
    118va

Postquam philosophus determinavit de tactu in
parte ista determinat de agere et pati. . .
    BMh 4870, 14c, ff. 90ra-108vb

Postquam philosophus dixit de anima secundum
opiniones aliorum. . .
    Alexander, Expositio in II et III, De anima: LP
    100, 15c, ff. 1-61

Postquam philosophus in libro precedenti determinavit de anima. . .
    Comm. De sensu et sensato: BMsl 748, a.1486,
    ff. 65-69

Postquam philosophus ostendit infrigidationis
causam in animalibus. . .
    Joh. de Mechlinia, comm. De motu cordis
    (Parva naturalia: Klebs 92.2; IAL A910)

Postquam philosophus reprobavit opiniones aliorum de respiratione. . .
    Thomas Aquinas, Super lib. de morte et vita: pr
    Padua, 1493(Klebs 92.3; IAL A912)

Postquam posuimus amice sufficienter. . .
    Bruno Longoburgensis, Cyrurgia magna, Padua,
    1252: Cambrai 916, 13c, ff. 2-40; Mon 89, 13c,
    ff. 37-92; Mi Trivulz. N.836(A.18), 14c, ff.
    29r-57v; pr with Guy de Chauliac, Venice, 1498,
    ff. 83-102v; 1499, ff. 75ra-93vb(Klebs 494.1-2;
    IAL G510-13)

*Postquam precessit rememoratio nostra. . .
    Aristotle, Meteorologica, Bks. I-III, tr Gerard of
    Cremona: Beiträge XVII, 5-6(1916), 179; F. H.
    Fobes, Classical Philology, X(1915), 297-98; Mi
    E.71.sup., 13-14c, ff. 97va-116va; CLM 2604,
    ff. 174v-204r; Yale Arist. MS, 13c, ff. 218rb-
    251va; AL pp. 56, 133; ed. Beiträge, Suppl. 3,
    1(1935), 468

Postquam precessit rememoratio Titulus talis
    . . .
    Alvredus de Sareshel in Meteora: Durham C. III.
    15, 14c, ff. 11v-18r; AL p. 15, cod. 273

*Postquam precessit scil. in libris naturalibus. . .
    Hen. Renham, Meteora: Tanner

*Postquam premissus est sermo a nobis in celo et
mundo. . .
    Ps. Aristotle, De proprietatibus elementorum, tr
    Gerard of Cremona: Beiträge XVII, 5-6(1916),
    249; VE VI.33, 13c, ff. 293v-300v; VI 234, 13c,
    ff. 86-92; BLau F.5.28, late 13c, ff. 216-218vb;
    Graz 93, c.1300, ff. 225v-231v; CLM 162, ff.
    236rb-242vb; 527, ff. 17r-22v; 2604, ff. 217r-
    225r; AL pp. 91-92, a.1286(193); pr Venice,
    1476, ff. 364v-370r; GW 2341(Klebs 82.7; IAL
    A865); VAb 165, 13-14c, ff. 391vb-392rb

*Postquam prius gratias egero deo largienti. . .
    I. Guy de Chauliac, prol. Chirurgia, a.1363: VAp
    1316, 15c, ff. 1r-101r; ed. Studien II, 472-.
    Text, 'Quoniam secundum Galienum. . .'
    II. Averroes, Comm. Avicenna, Cantica: BN
    6930, 15c, ff. 1ra-67rb; tr Armengaud Blasius:
    VA 2418, ff. 1ra-50vb; pr Avicenna, Canon:
    Venice, 1523, Vol. II(GW 3124; 3128-3129;
    Klebs 131.12; 138.1-2; IAL A1272; 1274-75)

Postquam prius gratias egero dicam quod quedam ex amicis meis. . .
    Averroes, De theriaca: CLM 3520, ff. 43ra-44vb

Postquam pro declaratione rudium dei dono
pauca. . .
    Thomas Ebendorfer de Haselpach, De quinque
    sensibus: Graz 978, a.1464, ff. 253-273v, breaks
    off De tactu

Postquam processit commemoratio. . .
    See 'Postquam precessit rememoratio. . .'

Postquam sapientissimus Galenus totius...
> Johannitius, pref. Introd. in artem parvam Galeni.
> Text, 'Naturales que ut dicit Isaac...'

Postquam scivimus quod opus sapientis est facere cessare mirabilia...
> Albertus Magnus, De mirabilibus mundi: T, II,
> 721, 723; Glorieux I, 75; BN 7287, 15c, ff.
> 145r-158r(TR 266b); GW 619-660, 690-694;
> Klebs 18.3-53; 22.1-5; IAL A226-239, A254-
> 256

Postquam sermo noster premissus est...
> Albertus Magnus, Secreta mulierum. Prol.
> 'Dilectissimo in Christo socio...'

Postquam suprema sapientia ea que in ipso erant...
> De reparatione hominis: CLM 18137, 15c, f.
> 132; 19520, 15c, f. 1; SG Stadt 714, 15c, p. 1;
> Brunswick 148, no.6(Schulz)

Postquam tractatum de ymagine mundi...
> Petrus de Alliaco, Epilogus: BMh 3742, 15c, ff.
> 233v-238r

*Postquam tradidi grammaticam secundum linguas diversas...
> Roger Bacon, Communia naturalium: BMr
> 7.F.VII, 13c, ff. 84-(112v); Little 405; OHI
> II, III

Postquam vidi librum Diascoridis et librum Galeni in medicinis...
> Serapion, pref. Libri aggregationum in medicinis
> simplicibus, tr Simon Cordo and Abraham
> Judaeus Tortuosiensis: BLcm 250, 14c, ff. 5ra-
> 79vb; BNna 1481, ff. 1r-58v; Chartres 417, 14c,
> 144 ff.; CUpet 140, 13-14c, I; Ea F.239, 14c,
> ff. 25-97; PM 3599, 14c, ff. 1ra-46vb; Vendôme
> 239, 14c, 85ff.; etc.; Diels(1906), 34; pr Milan,
> 1473; Venice, 1479, ff. 1r-131v; etc.(Klebs
> 911.1-2; 913.1-2; IAL S420-423); Venice, 1530,
> ff. 92r-168r; T I, 611, n.1; GS I, 608

Postquam vidimus igitur quosdam inquirentes...
> Singulare generationis: Rc 1477, 15c, ff. 134r-
> 150r

Postquam vidissem antiquorum dicta phisicorum...
> Ioh. de Weselia, Pest tract: VAr 1450, 15c, ff.
> 1r-24v

Postquam visum est (mihi) quod principia elementorum(elementaria)...
> Averroes, Comm. super librum metheororum:
> BN 14385, ff. 171rb-174va; CUg 486(482), 14c,
> ff. 483ra-487va

Postquam vulgaribus et indoctis iam satis...
> Girolamo Manfredi, De peste, tr from vernacular,
> a.1479: Klebs 656.1; IAL M169; AFML 302

Postulasti a me Asclepiadum...
> See 'Febrem igitur...'

Postulata a domino artis signorum veritate...
> Campanus, Astrology: VAp 1363, 15c, ff. 66r-
> 88r; anon. VI 5327, 15c, ff. 14-51r; Zi 3342;
> Saxl(1927), 142; Osiris 8(1949), 44-45

*Postulata a domino prolixitate vite...
> Alcabitius, prol. Liber introductorius tr John of
> Seville: GW 842-845; Klebs 41.1-4; 874.10;
> IAL A329-31; J365; Carmody 144-49 lists
> other eds. and many MSS.   Text, 'Nitach...'

Postulato dei suffragio necnon eius genetricis...
> Mesinus, Questiones super questione Joh. de
> Casali: BU 1227(2410), 15c, ff. 101ra-163va;
> Es. f. II.8, 15c, ff. 1-49r (CR B-54:2)

*Postulavit a me vestra dilectio ut quid...
> Thomas Aquinas, De sortibus: Beiträge XXII,
> 1-2(1931), 300-301; CUc 35, 14c, ff. 110v-114;
> Opera, 1871-1880, XXVII, 439-48; T II, 606-
> 607; ed. Mandonnet, Opuscula(Paris, 1927),
> III, 144-162(Schulz)

Postulavit a me vestra dominatio...
> Raphael de Pornaxio, Defensio Gulgerica: Wies-
> baden 18, 15c, ff. 293v-297r; T IV, 310, n.7

Potentia est vis facilis aliquem motum operari...
> BN 16084, 13c, ff. 197v-198r; CUmc 169, 15c,
> f. 82v(Atk)

Potentiarum anime nobilissima esse...
> Ugolinus Urbevetanus, De arte musica: BLcm
> 42, 15c, 188 ff.; VAu 258, 15c, 362 ff.

Potentiarum anime sive virium alie sunt apprehensive...
> De potentiis animae: Ot 3, 15c, ff. 294v-305

Potentie sensitive ipsius anime...
> Jean Buridan, Questions on Parva Naturalia: Ea
> F.357, 14c, ff. 131-170v; Super De sensu et sen-
> sato: Basel F.V.10, ff. 1r-9v (at end of MS); pr
> with Questions of Albert of Saxony, 1516, 1518

Poteram ego pulcherrime inter summos philosophos...
> Gregorius Tiphernas, De astrologia oratio: VI
> 3190, 15c, ff. 42r-50r; pr Müllner, Reden u.
> Briefe ital. Humanisten, 1899, pp. 174-182

Potes etiam facere opus in quo uno visu apparebunt multe...
> Ad faciendum speculum: BMe 2852, 14c, f. 19r

Potest dici etiam liber occultationis secretorum antiquorum...
  Arnald(Rainaldus) of Villanova, Defloratio philo-sophorum: T III, 657; Corbett I, 50-51; HL 28, 112, n.106; Palermo 4 Qq.A.10, 66

Potio ad calculum experimentata que potio liberavit regem Teodoricum...
  BNna 356, 13c, f. 69

Potio ad capitis dolorem...
  Medicinale de multarum herbarum virtutibus: VI 1760, 14c, ff. 156r-195r

Potio ad plagas sive vulnera...
  Notae et versus de potionibus: Ea Q.185, 13-14c, f. 240

Potio enim non valet aut aliquid medicine cauterio...
  Tract on cauterization: Studien X, 82-; 98-

Potio greca dirivatione vocata...
  Isidore of Seville, Etymologiae, XX, 3: BN 11219, 9c, ff. 191r-192r; Beccaria 35.34

Potio medicinarum ad allopiciam est euforbium ...
  Aegidius Portugalensis(?): VAp 1229, 15c, ff. 137ra-202rb.   See 'Fortior medicinarum...'

Potio plurimum valens.   Hec clara potio quam plurimum valet...
  VI 2532, 12c, ff. 87v-(99v)

Potio quam rex Aristolabius utebatur...
  BLd 69, c.1300, f. 125r

Potio utilis valde ad universas causas mulierum ...
  De mulierum morbis: BMsl 475, 11c, ff. 166-209v(Beccaria 78.27)

Potissimum omnium expetendorum est sapientia ...
  Bartholomaeus de Parma(?), Liber philosophie Boetii: Grabmann(1935), 40; VE VI.67 (X,140), 14c, ff. 1-61; BB 17(1884), 41-42

Potissimum universorum expetendorum est sa-pientia...
  William of Conches, Tertia philosophia *or* Summa philosophie: Mi N.59.sup., 12-13c, ff. 1r-22r; as Hugh of St. Victor, Compendium philosophie: CLM 23529, 14c, ff. 1r-12r; 18215, 15c, ff. 161v-191v; Speculum XX(1945), 87; Tullio Gregory, Anima mundi: La filosofia di Guglielmo di Conches e la scuole di Chartres, 1955, p. 28

Potius astronomie iudicialis...
  See 'Totius astronomice...'

Pour ce que plusieurs personnes...
  Nicolas Monvel, Geomancy: BMsl 3810, 16c, ff. 1-79; Wickersheimer 574a

Pour chou que al innorant les principes...
  Bernard of Verdun, Le Trésor de philosophie: BLd 164, 15c, ff. 122v-134r(DWS 220).   See 'Quia ignorante...'

Pour le mal de chief qui dure longuement...
  Medical recipes: BMr 12.B.III, 14c, ff. 6 (8)

Practica dividitur in duas partes in scientiam conservativam...
  Practica medica: BLcm 234, 15c, ff. 79r-115v

*Practica dividitur in duo in scientiam conserva-tivam sanitatis...
  Bartholomaeus Salernitanus, Practica: BMr 12.E. VIII, 13c, ff. 126r-(159v); BMsl 1615, 13c, ff. 46-68; CUcl 15(Kk.4.2), c.1280, ff. 63-103v; CUg 159(209), 13-14c, pp. 1-43; VE VII.17 (XIV,4), 14c, ff. 50-122; BLb 361, 15c, p. 113; Barthol. Bituriensis, Toledo cap. 98-3, 13c, ff. 70ra-87va; anon., BMad 22668, 13-14c, ff. 40ra-81vb; pr Renzi IV, 321-406; Puccinotti, II, i, pp. lxv-lxxix

Practica Hermetis philosophi pulcrissima in principio medio fine...
  De lapide philosophorum: FR 390, 16c, ff. 154v-165v; Ambix V(1956), 109

Practica huius artis dividitur in duas partes scilicet in maius et minus...
  Tankardus *or* Tancredus, Intentio ad solem et lunam: DWS 165; corr. 164A

Practica huius artis in sex partes dividitur...
  Arnald of Villanova, Elucidarium: BN 7162, 15c, ff. 146-148; 12969, a.1501, ff. 30v-33r; T III, 657(Corbett I,116, 160)

Practica inter me...
  Regis Abolax(Avicenna), Epistola ad Hasem: BN 6749B, 15c, ff. 63r-66v(Corbett I,51).   See 'Pertractata sunt inter me...'

Practicam geometrie nostris tradere conatus sum...
  Hugh of St. Victor, Practica geometrie: ed. R. Baron, Osiris XII(1956), 176-186-224

Practicam geometrie veteris tradere conatus sum...
  BMar 339, 14c, ff. 59-69r, a MS not mentioned by Baron, Osiris XII(1956), and ending at p. 220 of his text

Praeco veritatis et sine mendacio didasculus...
Hippocrates, prol. Epistola ad Maecenatem: BN
11219, 9c, ff. 212ra-221rb(Beccaria, 35.37).
Text, 'Provocas me...'

Prandia lauta modis intrubant plerumque diete
...
Versus: Chartres 111, 9c, f. 92

Prandia lauta modum...
VAr 278, 12-13c, f. 42(Schulz)

Pratica...
See 'Practica...'

Precantatio omnium herbarum ad singulas
curas...
Incantation of herbs prefixed to Apuleius, Herbarium: BLas 1431, 11c, f. 3r; CUg 345(620),
14c, f. 93va-b; CUt 1152(O.II.48), 14c, ff. 1-
250v. See 'Veniens ad herbam...'

Precasti...
See 'Optasti...'

Precatio terre quam antiqui pagani observabant
volentes...
Orationes: Mon 227, 14-15c, f. 1r

Precedens tabula docet...
VI 12673, 15c, ff. 1-10v(Zi 8081)

Precedentis anni lucubrationum munus...
Hugh of Siena, pref. Expositio Aphorismorum
Hippocratis: Lockwood (1951), 212-13; McGill
Univ., Osler 170, a.1428-1429

Precepit Messahala ut constituas ascendens per
gradum suum...
Messahala, De cogitatione (and other forms of
title): Carmody 28-29; BMh 13, 13c, f. 174ra-
vb; Spec. astron. cap.9; Björnbo (1905), 236;
Osiris XII(1956), 53-54

Precepta insequens...
Gentile da Foligno, Expositio super tertiam fen
tertii canonis Avicennae: Chartres 381(459), 15c,
195 ff.

Precepta inven(ien)di per singulos versus...
VAr 1324, f. 64r-v. See 'Impleat ipse...'

Precepta insequentes Iohannis Mesue in...
Gentile da Foligno, Super primo canonis Avicenne
et super prima fen quarti eiusdem: Ea F.268, 14c,
121 ff.

Preceptum est mihi a domino Karolo rege
francorum qui...
Johannes Jacobi, Secretarius practicae: BN 6957,
a.1429, ff. 64v-95v; Prag 696, 14-15c, ff. 142r-
241r; Isis 13(1929), 77-78; A. Bloedner, Leipzig
Diss. 1926

Precipis ut respondeam que in rebus humanis...
Claudianus, Que visibilia et invisibilia sint: VA
989, ff. 1r-3r. Text, 'Magnum in genere...'

Precipuit Galienus in corpore humano quod
signa sunt mortifera...
Galen, Prognostica: Beccaria p. 428 lists 4 MSS

Precipuum deum meum oro quamdiu est in
medicina mea...
On the moon and crises: BN 7337, pp. 19b-25b

Preclara Christiane fidei forma...
See 'Omnis igitur regularis...'

Preclare fecerunt qui corrigentes scientiam
philosophie...
Ptolemy, prol. Almagest, anon. tr from Greek:
Haskins 109-10; Björnbo (1909), 392

*Precor te omnipotens eterne deus clemens et
misericors...
Raymond Lull, Comm. super lapidem philosophorum: HL 29, 372

Precordialissimis suis fratribus Ruperto et
Iohanni...
Wigandus Durnheimer, Optica et catoptrica: VI
5257, 14c, ff. 120r-199r

Precordialissimo sibi in Christo socio et amico
...
Albertus Magnus, De secretis mulierum: BN
7148, 15c, ff. 1r-16r; Speculum 30(1955), 428-
29, n.30. See 'Dilectissimo sibi in Christo...'

Predicta ratione ventorum ne sepius...
Plinius, De temporibus sive praesagia: BLd 176,
14c, f. 60v

Predictis difficultatibus transire convenit...
De pronosticationibus futurorum: BLlm 594, 14-
15c, ff. 115-116v (Excerpt from Pliny, Nat.
Hist.). See 'Purus oriens atque non fervens...'

Prefandum illud Heracliti dictum...
Theodorus Gaza, pref. tr Theophrastus, De plan-
tis: VE fa 265(XIII,9), 15c, ff. 1-141. See
'Plantarum differentias...'

Prefocatione matricis sequitur subitus casus...
BN 11218, 8-9c, ff. 108r-109r; Beccaria 34.3e

Pregnantes purgare sic convenit...
Part IV, Hippocrates, Aphorisms: BMsl 1124,
12c, f. 39v, perhaps same tr as 'Pregnantes si...'

Pregnantes si convenit purgare...
CUg 86, 13c, p. 429; part IV, Hippocrates,
Aphorisms, tr Constantinus Africanus: BU 1536
(2859), 15c, f. 33v

Prelia magnatum video cum sanguinis undis. . .
 Arnulfus de Palude, Verses on the conjunctions of
 1365: CUt B.XV.24, 15c, f. 42(Atk); anon.
 Bourges 191(174), 14c, first flyleaf, 32 verses

Prelibandum est quum (quoniam) ysoperimetrorum ysopleurorum rectilineorum. . .
 De ysoperimetris CU 2327(Mm.III.11), 15c,
 ff. 195-(197); Björnbo (1909), 393-94

Prelibandum primo quadratum ysoperimetrorum
ysopleurorum. . .
 Comm. in propositiones septem Archimedis sive
 cuiuscunque de figuris isoperimetris: BLd 174,
 12c, f. 178v

Prelibandum (vero primum qui) quoniam ysoperimetrorum. . .
 De ysoperimetris, tr from Greek: Basel F.II.33,
 14c, ff. 107r-108r(TR 293b); Björnbo(1909),
 293; (1912), 219; Ab(1912), 126; ZB 16(1899),
 265

Premeditans procellam humani generis. . .
 Valescus de Taranta, prol. De epidimia et peste.
 Text, 'Quod vidimus testamur. . .'

Premissa tabula quam ponit autor ad invenien-
dum annos Arabum. . .
 Magister Campanus, Expositio tabule de annis
 Arabum: Yale Astron. MS, ff. 126r-(127r)

Premissis consonantiis et dissonantiis. . .
 Franco de Colonia, Compendium discantus:
 Coussemaker I, 154-56

Premissis his que ad intentionem. . .
 HL 31, 632.   See 'Hec ait Leo de Balneolis. . .'

Premissis quatuor tractatibus de spheris. . .
 De annorum revolutione: BMsl 312, 15c, ff. 162-
 168

*Premissis superius quibusdam inquisitionibus. . .
 Comm. in Hippocratis Aphorismos: BLcm 241,
 15c, ff. 39r-221v; Giacosa 457.   See 'Pretermissis quibusdam superfluis. . .'

Premisso (ergo) prohemio incipit(incipiens) a
passionibus capillorum. . .
 Gerardus, Comm. Isaac Judaeus, Viaticum:
 BMsl 342, 13c, ff. 1ra-vb-84; CUad 3120, 14c,
 f. 4(Atk); CUpet 106, 14c, ff. 2-143v; Oe 35,
 14c, ff. 135v-206

Premisso prologo. . .
 Comm. in Theophilum sive Isaac de urinis:
 CUpet 251, 13c, f. 81(Atk)

Premittens quasi fundamentum. . .
 Haly Abenrudianus (Heben Rodan), Comm.
 Centiloquium: BMr 12.F.VII, early 14c, ff.
 101rb-107v; Dijon 1045(116), 15c, ff. 119v-148

Prenotandum est quod sex sunt res. . .
 De regimine sanitatis: BMar 334, 15c, ff. 53v-
 (70v)

Preparatio aluminis quod ter. . .
 Flores alkimie: Palermo 4 Qq.A.10, 46, item 8;
 BMsl 276, 15c, ff. 10v-17r(DWS 670)

Preparatio arsenici cum axungia. . .
 CU 1781(Ii.III.17), 15c, f. 43r-v(DWS 635)

Preparatio eris et tene cum tenaculis in furno. . .
 BN 7156, f. 113v; 7158, f. 6(Corbett I,74, 85)

Preparatio lune ad solem convertendum. . .
 Mag. Arnoldus, Tinctura: VAp 1335, 15c, f.
 163v

Preparatio medicine a tribus procedit (in tribus
consistit). . .
 Joh. de Sancto Amando, Super Antidotarium:
 Bern 227, 15c, ff. 7r-20rb; Metz 280, 15c, ff.
 72ra-140rb

Preparatio speculi in quo videas alterius imaginem. . .
 Ps. Euclid, De speculis: ed. Ab(1912), 97-106;
 MSS 123-147; anon. CU 1705(Ii.I.12), 14c, ff.
 43r-(44r)

Preparatoria principia quibus indigetur. . .
 Raby Moses Ebreus, Quod non est corpus nec
 virtus in corpore: VE VI.52, 14c, ff. 321r-324v

Prepositis iudicibus sapientie. . .
 Roger Bacon, Perspectiva: CUt 1418, 15c, ff. 66-
 96.   See 'Propositis radicibus. . .'

*Prepositum presentis negotii. . .
 John of Gaddesden, De phlebotomia: Tanner

Presagia tempestatis cum fulgur aut candor
stelle. . .
 Weather prediction: FNcs J.X.20, c.1400, ff.
 38r-40v; Björnbo(1912), 104

Presbiter Iohannes potentia (et virtute). . .
 Prester John, Epistola: T II, 240-45; VI 413,
 13c, ff. 190r-196r; BMr 13.A.XIV, 13-14c, ff.
 272v-276v; CUc 59, 14c, ff. 25-28; etc. pr
 c.1500, ff. 11r-20v(Klebs 558.5; IAL H133)

Prescriptis celerum passionum libris. . .
 C. Aurelianus, pref. De diuturnis.   Text, 'A
 parte corporis. . .'

Presens figura representat universum. . .
 Johannes Gmunden, Tabula de universo: KLaB
 XXXI.a.17, 15c, f. 233v; anon. CUad 5358,
 15c, ff. 119r-120r

Presens huic operi sit gratia neumatis. . .
Henry of Hesse, Questiones communis perspective: PA 522, c.1395-1398, f. 66(T III,747); Wo 212, ff. 85v-92(Schulz). See 'Utrum lux multiplicetur. . .'

Presens ingeniun directivum vocitavi. . .
William of St. Cloud(?), Utilitas instrumenti quod directorium appellatur (text in French): PA 1037, 13-14c, f. 8

Presens itaque negotium decem libris. . .
Witelo, Perspectiva: Dijon 441, 14c, ff. 154-203

Presens opus aggredi nos induxit et instans. . .
Frederick II, prol. De arte venandi cum avibus: Haskins 312

Presens opus bipartitum esse volui. . .
Prol. Lapidarium: Cop.3492(Dolet, no.129, c.1512)(Schulz). See 'A nonnullis. . .'

Presens opusculum in quatuor partes. . .
G. Marchio, Explanatio novi instrumenti a se nuper inventi quod vocat planitorbium: VI 5266, 15c, ff. 236r-267v

Presenti dispositione circulorum patet quod angulus. . .
Leonard of Cremona, Demonstratio: BN 7192, f. 56r

Presentis auctor negotii in compendioso prologo . . .
Simon Bredon(?), Comm. Alexander of Villa Dei, Computus: CU 2327 (Mm.III.ii), 15c, ff. 65v-74

Presentis dispositionis editio. . .
William of Moerbeke, tr Geomantia: FLg Plut. 89 sup., cod. 34, p. 27

Presentis igitur negotii. . .
See 'Presentis negotii propositum. . .'

Presentis igitur ratio tabule hec est. . .
Gerlandus, Computus, cap.i: Troyes 1558, 12c, f. 3r

Presentis libelli sunt duo tractatus. . .
Barnabas de Regio, De conservanda oculorum sanitate: BLlm 627, ff. 89-(92v); ed. Albertotti, Modena, 1895, pp. 9-21

Presentis negotii est breviter. . .
See 'Presentis negotii propositum. . .'

*Presentis negotii est medicinales. . .
I. Henry of Winchester, Quaest. medic. super Joh. Isagogii: On 171, 13c, ff. 1r-8v
II. Summa librorum Ricardi: VI 1634, 13c, ff. 1r-2vb

Presentis negotii est pertractare. . .
See 'Presentis negotii propositum. . .'

Presentis negotii propositum (est) breviter pertractare(tractare). . .
De flebotomia, variously ascribed: Galienus Salernitanus: BN 8654B, 14c, ff. 26ra-28va; Gualterus: MU Q.692, ff. 158(156)r-162(160)r; Maurus, ed. from Brux 14324-43; Dresden Db 91; Rudolf Buerschaper, Ein bisherunbekannter Aderlasstraktat des Salernitaner Arztes Maurus (Diss. Leipzig, 1919); CUg 373, 14c, ff. 79-81; Ricardus Anglicus: BMr 12.E.XV, 13c, ff. 3r-(5r); anon. CUsj 78, 13c, ff. 30-31; Ea F.289, 14c, ff. 44v-45v; VI 2426, 14c, ff. 139r-140r

Presentis negotii propositum est tractare de speciebus. . .
Prol. Dictionary of materia medica: BMr 12.B.III, ff. 93-(104v); 12.D.XV, ff. 1-(43v), both 14c. Text, 'Alphita farina ordei. . .'

Presentis operis triplex est materia vulgaris. . .
See 'Artis extrinsece notitiam. . .'

Presentium corporis dispositionum. . .
Ricardus Anglicus, De urinis: CU 1708(Ii.I.16), 14c, ff. 179v-183v

Presentium ordinator et declarator. . .
Yrbo et Jalsinus, Alchemical allegory: BN 11202, 15c, ff. 71-90v(Corbett I,152-54)

Preservativa a peste virtutibus omnibus familiaria . . .
Capitulum de preservatione a pestilentia: BMh 3747, ff. 229va-230rb

Preservatur autem a lepra. . .
Gilbert, Quedam de lepra: Ea Q.230, a.1395, ff. 156v-158; an extract from Gilbert of England, Compendium

Presuppono quod tota philosophia naturalis. . .
John of Picardy, Subsidium: Plimpton 201, ff. 41v-74r

Presuppositis in casu isto quibusdam membrorum dispositionibus. . .
Giovanni Matteo Ferrari da Grado, Consilium pro. . .Iohanne de Calabria(Simonetta): McGill Univ. Osler 7555, c.1470, 11 ff.

Presuppositis principiis astrologie inter que. . .
Controversy between Rolandus Scriptoris and Laurentius Musce a.1437. See 'Super controversia mota. . .'

Presupposito quod nativitas fuerit sub astro. . .
Petrus de Lemovicis(?), De nativitatibus: Oh 4, f. 159r-(T III,60-61)

Preter ea que dicta sunt prius de genere...
  Questiones de Aristotelis tractatu de genere et specie: Ea F.178, 14c, ff. 79v-80v

Preter meam in te summam observantiam...
  Laurentius Maiolus, dedic. to Ludovicus Maria Sfortia, De gradibus medicinarum. Text, 'Cum sermo de inventione...'

Preter omnes perfectiones aut fortunas planetarum...
  Capitulum de aspectibus: Prag 629(IV.C.2), ff. 41vb-45rb

Preterea de his videndum locum lune in hora questionis...
  De diebus creticis: VI 5307, f. 151r

Preterea dicit igitur Avicenna in capitulo isto sic primo...
  Thomas, son of Dinus de Florentia, Comm. Avicenna, Lib.III, fen 21, tract 1, on generation of the fetus, a.1343: VA 2487, 15c

Preterea fili versus sequentes intellige...
  Raymond Lull, introd. Testamentum maius: Oc 244, 15c, f. 82v; CUc 112, 15c, pp. 366-367 (DWS 805A)

Preterea intellige qualiter corpus preparat spiritum...
  BN 7149, f. 23r

Pretermissis quibusdam superfluis inquisitionibus
  ...
  Jacobus Forliviensis, Expositio in Hippocratis Aphorismos: CLM 265, 15c, ff. 1-77v; Vendôme 231, 15c, ff. 1-(105); VI 5260, a.1461, ff. 1r-80v; Douai 716, a.1480, 159 ff.; pr (Venice), 1473; etc.(Klebs 546.1-6; IAL J41-44); 1508, ff. 2r-120r

Pretermisso casu in terminis per ea que alias visa...
  Gerard of Verona, Consilium contra visus debilitatem: VAu 1416, 15c, f. 114

Pretermisso prologo duas ponimus summas in quarum prima de causis huius pestilentie...
  Compendium epidemie: Danzig 2312, ff. 40-44; pr Archiv XI(1919), 165-176(Schulz)

Pretiosa et nobilis, pretiosior et nobilior...
  Medicina: BN 6891, 14c, f. 122ra-b

Pretiosa sunt interdum parvi corporis quod lapilli...
  Leonardo Aretino, De lapidibus: FLa 1405 (1329), 15c; GW 2367, f. 190r

Pretiosissimus liber sigillorum que filii Israel post exitum...
  (Thetel), De sigillis lapidum: BLcm 285, 15c, f. 40; T II, 400

Prima abbreviationum parte minus male...
  Abbreviatura physicorum sive quaestiones variorum abbreviatae et in systema quoddam redactae, utique Marsilii ab Inghen, Henrici de Hassia aliorumque: VI 5437, 15c, ff. 1r-41ov. See 'Divina favente misericordia...'

Prima abestes vel abesto est lapis ferrei coloris...
  Lapidarius: Mi P.21.sup., 15c, ff. 191r-202r; Ambix 8(1960), 17

Prima aerarum...
  See 'Prima erarum...'

Prima aliarum omnium causa ianua mundi origine...
  Petrus de Montis, De dinoscendis hominibus, tr G. Ayora Cordubensi: pr Milan, 1492: IAL M736; AFML

Prima animalia que emitunt vocem...
  See 'In principio de animalibus...'

Prima aqua dicta est aqua balsami sic fit...
  Liber aquarum: BN 6749B, ff. 66v-70v(Corbett I,52)

Prima aqua que vocatur mater balsami sic fit...
  Nine medical waters: BMsl 2995, 15c, ff. 18va-20va

Prima aqua sic fit. Accipe...
  Twelve waters: VAp 1328, 15c, ff. 48v-49v

Prima aqua sic. Recipe reutham agrimoniam
  ...
  See 'Recipe reutham...'

Prima autem herba est Saturni que affodillus...
  Alexius Africus(?), De septem herbis septem planetis appropriatis: DWS III, 766; anon. BLlm 676, 13-15c, ff. 42v-(44r)

Prima autem phisionomie divisio atque discretio...
  Oa 74, late 13c, ff. 251-257r

Prima causa quamvis de se uniformiter agat...
  Albertus, De virtute et natura celi et de efficatiis planetarum: VI 5504, a.1464, ff. 253r-(267)

Prima clavis est quod lapis...
  Alchemy: CUt 1151(O.II.47), ff. 7v-8(DWS 625)

Prima columbe natura est quod pro canitu...
  Ex libro de naturis avium. De columba: Mon 499, 13-14c, ff. 6r-10r

*Prima consideratio est de substantia anime...
　　Johannes de Rupella, De anima: BLcm 338, 13-
　　14c, ff. 57-86; GS II, 589. In BLcm 402,
　　a.1442, ff. 90-105vb, these words are included
　　in the preface (See 'Si ignoras te...'), and the
　　text opens with the next sentence (See 'In primis
　　ergo...')

Prima consideratio est quod planete quando sunt
retrogradi...
　　Centiloquium Bethunii: Argentré I, ii(1755),
　　327a

Prima consideratio sanitatis conservande...
　　Arnald of Villanova, Regimen sanitatis: CLM
　　4374, 15c, ff. 213r-224v(Schulz). See 'Prima
　　pars vel consideratio sanitatis...'

Prima decoctio cibi fit in stomacho secunda in
epate...
　　Ex libro de medicina anime. De tribus diges-
　　tionibus: Mon 499, 13-14c, ff. 1r-6r

Prima dicitur Alnatha...
　　Mansions of the moon: VI 4773, 15c, ff. 74-89v;
　　Wo 3336, a.1447, ff. 1-24v(Zi 8213-14)

Prima die mensis nullus debet facere flebotomiam...
　　BN 6957, 15c, f. 130r

Prima die vene tibi sit moderatio cene...
　　Johannes de Mediolano, De phlebotomia: BLcm
　　455, 15c, ff. 263v-264; anon., CLM 7755, f.
　　234v. See 'Prima dies vene...'

Prima die videlicet lune creatus est Adam...
　　Daniel, Somnia: Hain 5930-5931; Addition to
　　Hain 85-87; GW 7920 seq.(Schulz)(Klebs
　　319.8; IAL D11)

Prima dies Iani septenaque inani...
　　De diebus fatalibus: CLM 5005, f. 1(Schulz)

Prima dies Iani timor est et septima vani...
　　Verses on Egyptian days, found with calendars:
　　BMad 38688, early 14c, ff. 42-46v; 24 verses,
　　from BE Theol. Fol. 319, pr Rose II, 3, 1338;
　　also ed. Valentinelli I, 277-78

Prima dies lux est terris mors una...
　　Dracontius, Hexaemeron: ed. Sirmond, Opera
　　varia, XI, 891; PL 60; BN 2832, 9c, item 2;
　　8093, item 5; 8321, 15c, item 6

Prima dies mensis...
　　Almanach: CU 346(Dd.VI.29), 15c, f. 2v

Prima dies mensis et septima...
　　Egyptian days: Brux 914, 14c, ff. 227ra-228vb;
　　VAu 603, 14c, f. 7

Prima dies mensis sic septima truncat ut ensis...
　　Egyptian days: CLM 12515, 13c, f. 78v; 17212,
　　f.23v(Schulz)

Prima dies nona fit(sit) Iani scorpius hora...
　　De diebus Egyptiacis: Univ. Rochester Acc.
　　149667, 11c, p. 232; BL Hatton 112(4044), 12-
　　13c, f. 2; BMad 18325, 13c, f. 121

Prima dies nona nocet hora septima quinta...
　　Versus de mensibus: CUsj A.22, 12c, f. 119;
　　E.31, 13c, f. 107v(Atk)

Prima dies paucas tibi sumere precipit estas...
　　Eight verses 'De minutione': Halle Kat. 75,
　　n.118, 15c, f. 78v; 93r(Schulz)

Prima dies Phoebi sacrato numine fulget...
　　Versus de nominibus dierum hebdomadis: BLcm
　　560, 11c, f. 28v; BMad 40744, 12c, 13v; ed.
　　Riese(1906), no.488

Prima dies seculi creditur fuisse dominica...
　　VAr 209, 9c, ff. 64v-65r

Prima dies solis est altera dictaque lune...
　　Danzig Mar F.238, f. 175r(Schulz)

Prima dies vene gaudet moderamine cene...
　　Versus hexametri leonini de vitae regimine post
　　phlebotomiam incipientes: CLM 17703, 13c,
　　f. 89v; Budapest 339, 15c, f. 339; CLM 363,
　　15c, f. 85v; VI 5511, 15c, f. 227v; Hortulus
　　anime: Hain 8936; (Nuremberg, Koburger,
　　1519), f. 18v(Schulz). See 'Prima die vene...'

Prima differentia de magnis celi configurationibus...
　　Astrology (in 26 Differentiae): CLM 51, c.1503,
　　ff. 99ra-109rb(Zi 9982)

Prima differentia in esse circuli signorum...
　　Liber introductorius Alkabis Rabdilaziz ad totam
　　artem astronomie: VAr 1452, 14c, ff. 2ra-13va

Prima domus cuius initium est...
　　Guido Bonatti, Liber astron.: PA 1129, 15c, ff.
　　207-(275v)

Prima domus cuius initium oritur vel ascendit...
　　BMad 21173, f. 109r-

Prima domus est...
　　Zi 3927

Prima domus est cuius...
　　CUt O.II.40, 15c, f. 140v

Prima domus est esse vite anime corporis...
　　De dominibus planetarum: BLcl Auct. Classici
　　50, 10c, f. 1

Prima domus est nativitatis et vite hominis seu . . .
> Ea F.267, early 14c, ff. 186v-187v; etc.; Zi 3927-30

Prima domus est pars vite . . .
> Alchabitius, Diff. V: Hain *618

Prima domus est vite intentionis interrogationis . . .
> Astrological geomancy: FR 905, ff. 58v-76v

Prima domus habet signif. voluntatem . . .
> Geomancy: Ea Q.361, 14c, ff. 70v-74r

Prima domus significat vitam nati . . .
> De significationibus 12 domorum: VAp 1416, 15c, ff. 86v-87v

Prima earum inquit Galenus est planta que nominatur halrelgenga(?) . . .
> Galen, De plantis, tr Jacobus Albensis Lombardus, a.1282: VA 4422, 14c, ff. 1r-7r; T (1953), 274; VAp 1234, 13-14c, ff. 253ra-256rb

Prima egritudo infantium seu puerorum . . .
> Cornelius Roelants, De aegritudinibus puerorum: Polain, 3360; Klebs 86.1; IAL R235(Yale 159, but only fragments); Janus 14(1909), 467-485; Sudhoff, Erstlinge, Munich, 1925

Prima enim domus . . .
> See 'Prima domus . . .'

Prima enim egritudo est dolor capitis . . .
> Iohannes Berner, Regimen for Caspar, abbot of Tegernsee, 1427: CLM 19701, 15c, ff. 54r-61v

*Prima erarum est a creatione mundi . . .
> Robert of Leicester, Compotus Hebreorum purus: BLd 212, 14c, ff. 7v-(8r); Scriptum cuiusdam Hebrei de eris seu intervallis regnorum . . . : pr Joach. Heller, 1549, f. K4v(Schulz)

Prima ergo operatio est quod sublimes . . .
> George Ripley, Alchemy: BU 138(104), 15c, f. 60r-v

Prima ergo questio fuit talis . . .
> See 'Felix qui poterit rerum etc.   Hinc est . . .'

Prima erit conclusio ars ista constat ex locis et imaginibus loca sunt . . .
> Petrus Thomasius Ravennas, Phoenix s. artificiosa memoria: Venice, 1491(Klebs 977.1; IAL P486-87; CPh)

Prima est aquositas superflua in venis epatis . . .
> Michael Savonarola, De urinis: CLM 265, ff. 117r-138v(Schulz)

Prima est contemplatio flebothomiae . . .
> Beccaria p. 428 lists 3 MSS

Prima est de substantia istius artis . . .
> See 'In primo tractatu istius libri continentur decem summe . . .'

Prima est preparatio aeris . . .
> See 'Tacuinum sanitatis de sex . . .'

Prima est simplex.   Simplex que sit in alicuius admistione . . .
> Incipit aqua vite: FNpal 981, 15c, f. 139r

Prima et communis regula est non sinere approximare . . .
> Johannes de Penna, De peste: Wi 61, 15c, ff. 51-52r

Prima etas ducitur per septem annos que dicitur infancia . . .
> Johannes Gallensis, De sex aetatibus hominis: (Nürnberg, 1478)(Klebs 434.1-2; IAL J290)

Prima etas est ab infantia . . .
> BLr D.251, 14-15c, f. 31v

Prima etas infantia septem annis . . .
> De etate hominis: CU 1396(Gg.I.1), 14c, f. 393vb

Prima facies Arietis in homine sive in masculo . . .
> Alchandrinus, Nativities: BN 10271, ff. 9r-52v (T I,715, n.4)

Prima fistula in octo divisa octava pars . . .
> De mensura fistularum: Univ. Rochester Acc. 149667, 11c, pp. 180-83; CLM 18937, f. 295v (Schulz)

Prima gerat in animo sollicite . . .
> Geomancy: BN 7457, ff. 1r-22

Prima herba apud Chaldeos vocatur Ireos . . .
> Section on herbs of Albertus Magnus, Experimenta, Secreta *or* Liber aggregationis: FLa 1448, 15c, ff. 87v-88v; VAp 1205, 15c, ff. 38v-39v. For the full text see, 'Sicut dicit philosophus in multis . . .'

Prima herba dicitur(vocatur) (h)elitropia . . .
> Albertus, De virtutibus herbarum: Zurich C.150, 15c, ff. 66r-67v; DWS 1069, ix

Prima hora diei dominice est hora solis . . .
> VAu 1398, 15c, f. 25r-v; BE O.44, 14c, ff. 2v-3v(Zi 7934)

Prima hora est sicut radix . . .
> Abraham dit de Seculo, Liber horarum omnium a creatione mundi: Phares, 48

Prima hora noctis post sabbatum est Mercurii . . .
> De qualitate horarum per dies singulos septimanae: Ea Q.386, 14c, ff. 22v-24(Zi 7935)

Prima huius operis et non minima parte...
  Haly ben Abbas, Liber medicine sive Regalis dis-
  positio, Pars II, Practica: Ea F.250, 13-14c, ff.
  1-207; tr ex Arabico in Latino, a.1127: Worcest,
  Cath. F.40, 13c(DWS MS).   Pars I(Theorica).
  'Usque ad canos...'

Prima.   Humidum radicale restauratur...
  Johannes de Sancta Sophia, Propositiones: VI
  5312, 15c, ff. 241r-243v

Prima igitur etate seculi nascentis prima...
  Bede, Chronicon sive de sex huius seculi aetatibus:
  Fulda 341; CUsj A.22, 12c(Atk); pr Venice,
  1515; Basel, 1529; PL 90, 521-78; Jones 6, 21

*Prima igitur veritas circa corpora mundi...
  Roger Bacon, Compendium philosophie(Vol.III,
  Lib.ii, De coelestibus): Little 405; Communia
  naturalium, liber II, ed. OHI, IV(1913), 309-
  456

Prima itaque causa qua ratione hominem...
  See 'Apud latinos...'

Prima itaque consideratio est de duodecim
principiis artis alkimie...
  See 'Alchimia est ars regendi...'

Prima linea kalendarii ostendit ascendens medie
noctis...
  Canon minoris kalendarii fratris Iohannis Somer:
  BMh 321, 14-15c, ff. 17r-18r

Prima linea que ascribitur xii Kal. Iunii...
  Inventio pendentis orologii: VA 3101, 11c, f. 7v
  (short note of 6 lines)

Prima mansio lune ab antiquis philosophis
vocatur Alnach...
  De 28 mansionibus lune: BLd 228, 14c, f. 14v
  (TR 239); CU Gg.VI.3, 14c, f. 118v(Atk);
  Ea Q.351, 14c, ff. 85v-88(Zi 8216); Carmody 65

Prima mansio lune caput arietis...
  Forme et nomina mansionum lune: VAp 1369,
  a.1444, f. 119rb-vb; Carmody 65

Prima mansio lune dicitur Alnach...
  Mi M.28.sup., f. 92r

Prima medicina in qua accepi ab Ascaron...
  Flos medicinarum (from Experimenta of Galen
  or Rasis): BMsl 282, 14-15c, ff. 213r-217v.
  Prol. 'Ignis qui descendit...'

Prima medicina per me Bistichium expertissima
est...
  Bisticius, Medical recipes: VE VI.282(XIV,39),
  ff. 77v-80v; ColR 16; T (1929), 265-68

Prima medicine...
  See 'Primam medicinam...'

Prima namque domus est...
  See 'Prima domus est nativitatis...'

Prima namque virtutum est quod primo stomacho...
  Virtutes aque vite: VI 5486, 15c, f. 106v

Prima nostra speculatio erit de corpore mobili...
  Albertus Magnus, Summa naturalium or Philosophia pauperum: BMar 344, 13-14c, ff. 40r-
  46r.   This is the end of cap.1, pr Brescia, 1490;
  etc.(Klebs 23.4-6; IAL A267-68).   See 'Philosophia dividitur in tres...'

Prima operatio est ut corpora abluantur...
  Alchemy: Mon 493, 15c, ff. 88-89v(Corbett II,
  124)

Prima opinio philosophorum de doloris caliditate...
  Angelus Decembris, De cognititione ac curatione
  pestis: VAp 1123, 16c, ff. 112r-115v

Prima pars continet descriptionem et numerum
...
  On the sphere: CU 2327(Mm.III.11), 15c, ff.
  75-79

Prima pars.   De conservatione sanitatis...
  Arnald of Villanova, De conservatione corporis
  seu de regimine sanitatis: PA 792, 15c, ff. 1-45.
  See 'Prima pars vel consideratio sanitatis...'

Prima pars de figura...
  Rasis, Liber Almansoris, tr Gerard of Cremona:
  Ea F.260, 13-14c, ff. 186-289; F.265, 14c, ff. 1-
  78; the more usual text incipit is 'Creator
  omnium deus...'

Prima pars est de speciebus venenorum...
  Pollex('Poli medici'), De venenis: FR 868, 15c,
  ff. 114ra-118va

Prima pars est que introductoria...
  Abraham Ibn Ezra, Opus scientie astrologice:
  VI 2436, 14c, ff. 229rb-238ra

Prima pars huius libri principalis tabulas pro
quolibet climate duas...
  Johannes Angeli, Astrolabium: CLM 22048,
  15c, ff. 11r-69v; T (1944) ab, 209-10

Prima pars tractat...
  John of Bordeaux, Burgundy or Mandeville,
  Tract. contra pestilentiam: ed. David Murray,
  The Black Book of Paisley, 1885; J. Bennett, Sir
  John Mandeville, 1954, 159

*Prima pars vel consideratio sanitatis conservande(preservande) pertinet aeris electioni...

> I. Arnald of Villanova, Regimen sanitatis: CLM 570, 14c, ff. 43r-57r; CPh 10.a.210, 14c, ff. 1ra-26r; Metz 178, 14c, ff. 48rb-52ra; MSS numerous: HL 28, 55; Glorieux I, 426; pr (Turin *or* Piedmont, 1474) (Klebs 99.1; IAL A959); with Regimen sanitatis Salernitanum, (Cologne c.1480), f. 139r; etc.(Polain 3321-26; Klebs 829.1-6; IAL R53-57); with Aristotle, Secret of Secrets: (Antwerp, 1491) (Klebs 96.5; GW 2485); Opera, 1504, ff. 79-84v

> II. 'Liber G. de cibariis et cibis qui est translatus de Arabico in Latinum per M. Accursium Pistoriensem': Valencia 123, 14c, ff. 54-60

Prima propositio. Cor movetur primo propter se...

> De pulsu regula...extracta de motu cordis: VAp 1177, 15c, ff. 10v-12v

Prima propositio. Omne opus dei altissimi...

> Gerson, De observatione temporum: SG Stift 784, 15c, pp. 211-212; IAL A426, ff. (kk8)r-(kk9)r

Prima questio circa primi libri de celo et mundo exordium...

> VAp 1040, 15c, ff. 120r-173v

Prima questio de bono aere. Primo igitur queritur utrum aer...

> See 'Utrum aer est magis...'

Prima questio est an deus moveat aliquod corpus...

> Robert Kilwardby: Bordeaux 131, 14c, f. 249v; Grabmann, Die Werke des hl Thomas (1931), 154

Prima questio est de substantia lapidis...

> Liber duodecim questionum (alchemy): Palermo 4 Qq.A.10, 46-71

Prima questio est ista. Cuiuslibet latitudinis...

> See 'Cuiuslibet latitudinis...'

Prima questio est super hoc quod dicit Aristoteles...

> W. Burley, Quedam questiones naturales: Ea Q.290, 14c, ff. 57-62

Prima quidem domus oriens...

> Sententie septem iudicum (astrology from Liber novem iudicum): BLd 47, 14c, ff. 128-(153v)

Prima quidem mansio lune dicitur Alnach...

> De mansionibus lune: BN 18504, 14c, ff. 173v-178r

Prima ratio est entia phisica seu naturalia non vere...

> Joh. Versor, Questiones super octo libros physicorum. See 'Utrum de rebus naturalibus et physicis...'

Prima. Recipe ysopi pulegii...

> Novem aquae philosophorum: VI 5336, 15c, f. 29

Prima regula. Membra que sunt in proportione naturali...

> Iodocus, Regule phisonomie (a.1474): CLM 589, a.1478, ff. 1r-12r; 916, 15c, ff. 1r-11r

Prima regula. Omnis nota quadrata non habens...

> On musical notes: CLM 4382, ff. 198v-199v

Prima regula talis est...

> Eustachius de Eldris, De directionibus: BN 7279, 15c, ff. 1ra-4va

Prima rota...

> Celestial sphere: CLM 8950, 15c, f. 93r-v(Zi 4501)

Prima rota seu aquila medicine est ista...

> Opus rotarum: BN 7147, 16c, ff. 47r-48(Corbett I,59)

Prima rubens unde rane tabesque secunda...

> Petrus Pictor, De decem plagis; Saxl(1953), 442

Prima sanitatis cura est preparatio aeris...

> Elluchasem Elimithar, Tacuinum sanitatis: Ea Q.228, 13c, ff. 1-41v; Ran 1082(S.1.6), 13c, 42 ff.; pr Strasburg, 1531, pp. 5-118; T II, 757; Giacosa 396. Pref. 'Tacuinum sanitatis de sex...'

Prima scalda de legna et metila in uno ordegno de legno...

> Tract. tinctorie: BLcm 128, 15c, ff. 141-148 (DWS 950)

Prima stella tempore Hermetis fuit 0° 25' 37"...

> Hermes, De xv lapidibus et stellis: Boston Medical 20, late 14c, f. 135r-v; TR 248c; T (1947), 226

Prima stella vocatur Algol et est...

> Thebit ben Corat, De proprietatibus quarundam stellarum et convenientia earundem cum quibusdam lapidibus et herbis: T (1947), 223-24; Carmody 56; Steinschneider(1906), usually ascribed to Enoch *or* Hermes

Prima suppositio. Omnis ponderosi motum esse...

> Comm. Jordanus, De ponderibus: VAp 1377, 15c, ff. 19rb-20va; Osiris 8(1949), 42. See 'Omnis ponderosi motum...'

Prima tabula docet differentiam...
> Johannes de Muris, Canones tabularum Alphonsi compositi Parisiis in Sorbona, a.1339: Oh 4, ff. 140r-147r(ColR 101); T III, 302, Ea Q.366, ff. 52-57v

Prima tabula Gerlandi dicitur tabula cuius longitudo...
> BLlm 644, late 13c, f. 14r; Saxl (1953), 388

Prima tibi facies occurrat prima notetur...
> Signa in acutis: BMsl 783b, 15c, f. 156v

Prima trahit sompnum illic ubi...
> Verses on pharmacology: Archiv IX, 243

Prima triplicitas...
> Astrology with astronomical tables: VA 6849, 15c, 57 ff.

Prima urina colorata ut aurum significat...
> 'Nature urinarum sub compendio': BLd 29, 15c, f. 75v

Prima vero pars ipsius t in v triangulos divisa est...
> Declaratio figurae t secundum R. L. (Raymundum Lullium): BLcm 312, 15c, ff. 38-39v(DWS 255,xvii)

Prima vocatur aqua mercurii incerativa ad album...
> De aquis in arte necessariis: BMad 10764, 15c, ff. 92-93v(DWS 478)

Primam fistulam quam longam et latam libuerit facias...
> De fistulis: BN 7377C, 11-12c, ff. 44r-47(Bubnov lvii)

Primam medicinam adinvenit sinceritatem...
> Epistola Apollinis de incisione: BN 11219, 9c, ff. 35vb-36vb; Brux 3713, 9c, f. 14v; Beccaria 6.32; 35.20; BN 6837, 14c, ff. 39v-40v

Primas harmonias in plano scribere vere...
> Johannes de Muris, De monocordi divisione: Mi C.241.inf., a.1401, ff. 130va-132vb

Prime nomen herbe echinum nascitur in locis montuosis...
> Apuleius *or* Dioscorides, De herbis femininis 'quem Simon Januensis vocat librum antiquum istoriatum': Mon 277, 15c, ff. 101v-111(Corbett II,82-83)

Prime nomen herbe hecynum.   Hec...
> Herbal (partly from Dioscorides): BMr App.3, 14c, ff. 18r-(21v)

Prime nomen herbe plantago sive septem...
> See 'Ex pluribus paucas...'

Prime omnium bonorum cause soli...
> Geomancy, for Richard II: BMr 12.C.V, 229 ff.; BLb 581, ff. 9-(92)

Prime partis principalis duo sunt tractatus...
> Johannes Martinus ex Ferrariis de Parma, De evitandis venenis et eorum remediis: BLcm 127, a.1455, 67 ff. (T III,541, n.61)

Primi climatis dominus est aquarii et capricorni gubernator...
> De septem climatibus mundi(Geographia): CLM 10665, 15c, ff. 6r-14v

Primi interpretes huius libri in hec...
> Comm. Hippocrates, Aphorisms: CUpem 228, 13-14c, ff. 114r-171v

Primi sapientes Egypti sancti genere...
> De ortu Alexandri: BMr 13.A.V., 14c, ff. 2r-(15v).   See 'Egiptii sapientes...'

Primis mensibus...
> Quaestiones physicae; BN 7412, 12c; Haskins (1927), xii

Primitus in mense martis mittis herbae salvie...
> Beccaria p. 428 lists six MSS

Primo accipe libram unam de argento de copello fino...
> Petrus de Monte Albo, Quod opus de argento secundum alchimistas fieri potest: Mon 493, 15c, ff. 249r-254r(Corbett II,131)

Primo accipe mercurium sublimatum bis...
> Averroes, Operatio lapidis: CUc 395, 15c, pp. 249-251(DWS 151)

Primo accipe tenorem alicuius antiphone vel responsorii...
> Aegidius de Murino, Tract. cantus mensurabilis: Coussemaker III, 124-128

Primo ad conficiendum unguenta et emplastra ...
> Johannes Beris, Practica cyrurgie: Metz 176, 14-15c; Archiv II(1909), 26

Primo ad indecum(?) sume de succo ebuborum pondera...
> Liber de tincturis telarum et coriorum: CU Ii.III.17, 15c, f. 37r-v(DWS 969)

*Primo ad inveniendum...
> Raymond Lull, Liber de declaratione scientie inventive

Primo ad locum lune habendum vides quota...
> Petrus de Dacia, Canon super tabulam: CLM 5538, 14c, f. 56rb

Primo alumina et sales preparantur et modum operationibus...
> Petrus Neapolitanus, Alchemy: BMsl 3457, 15c, ff. 169-170(DWS 316)

Primo aspice dominum ascendentis si fuerit planeta infortunatus...
> An infirmus sit curabilis: BN 7337, p. 88a-

Primo cavendum est ab aere corrupto fetido...
> Michael Guy, Pest tract: BMsl 3124, 15c, ff. 66v-70

Primo circa effimeram prenotatis et cognitis signis...
> Dominicus de Raygosa, Introd. ad curandas febres: BMh 4087, 15c, ff. 11r-22v(43v-54v, old numbers)

Primo circa generationem et corruptionem secundo...
> Albert of Saxony, Questiones de generatione et corruptione: pr Venice, 1520, ff. 121r-143r

Primo circa mathematicalia queritur utrum ipsa sint...
> Questiones mathematicales: BMh 1, 14c, ff. 156ra-166vb (incomplete)

Primo communicat in animo sollicite...
> Methodus archani(geomancy): CLM 458, 15c, ff. 38r-96v

Primo composui duas figuras(rigas) equalis longitudinis...
> Johannes Blanchinus, Compositio instrumenti pro altitudinibus stellarum inveniendis: BLcm 501, 15c, ff. 1-15; BN 7271, f. 1r-v; Scripta mathematica XVI(1950), 7, 171-72; XXI(1955), 136-37

Primo considerandum est qualiter sal fit...
> Maria et Petronilla, Experimenta cum sole (sale?): Oc 277, 15c, f. 28v(DWS 141)

Primo considerandum est si urina sit hominis...
> Antonius de Janua, Cautelae de urinis: CLM 363, 15c, ff. 93r-94r; VI 5289, 15c, f. 12v

*Primo considerandum est tempus...
> Jo. Chillingworth, De iudiciis astron.: Tanner

Primo considerare utrum ille...
> Introductorium ad iudicia astrorum: Brux 1463, 15c, ff. 57-60v(Silvestre); Guido Bonatti, pr Basel, 1550, col.215-224, Tract VI

Primo consideravi futura tempora...
> John of Rupescissa, Liber lucis: Mon 493, 15c, ff. 236v-242v(Corbett II,131); Ze III, 284 (T III,737, n.10)

Primo cum fueris bene confessus ieiuniabis...
> Precationes ad angelum custodem: BMc Julius D.VIII, 14c, ff. 83r-85r

Primo cum isto digestivo...
> VI 4779, 15c, ff. 1r-108r

Primo de aere dicamus. Aer vobis conveniens est...
> Pest tract: Bordeaux 117-118, 15c, ff. 105-142

Prima de aqua penetrativa separativa solutiva...
> Cardinal Gilbertus, Opus magnum et admirabile (alchemy): VI 5224, ff. 84r-86r

Primo de calibe ad rubeum. Primo fiant lamine de calibe...
> Thomas Aquinas, Practica: VI 5509, 15c, ff. 272r-273v

Primo de cerebro et eius ventriculis...
> William of Saliceto, Anathomia: ed. Schaarschmidt, 1919; first paragraph of Tract IV, Chirurgia(Klebs 487.3; IAL S32)

Primo de coniugio matrimoniali inter masculum...
> Soliloquium philosophie maius (alchemical): VAp 1329, 15c, ff. 21v-37v(T IV,335, n.24)

Primo de epydimia secundo de preservatione eius...
> John of Eschenden, Pest tract: Archiv V(1912), 42-46; T III, 332-33

Primo de herbis respicientibus caput...
> Bernabus, Materia medicinae: BLd 95, 14c, ff. 142v-143v

Primo de his que attenduntur in urina...
> Richard of England, Regule urinarum: Cambrai 916, late 13c, ff. 185-189

Primo de plantationibus...
> Godefridus, abbrev. Palladius (Table of subjects), De plantatione arborum: Brux 2969, 16c, ff. 170v, 169-176v(Silvestre)

Primo de plantationibus pomorum et...
> De plantationibus arborum: VAp 1240, a.1464, ff. 102v-111r

Primo de separatione salis communis...
> Ps. Aristotle, Alchemy: CLM 12026, 15c, ff. 78-(89) (T II, 251-52)

Primo de sirupis...
> Modus generalis faciendi illa que intrant in antidotario Nicolai: Laon 94, 15c, ff. 48-63; Archiv II(1909), 33

Primo de stupore quod in cura ponit. . .
  Collecta ex secretis secretorum Galieni: Wi 61,
  15c, ff. 185r-190r

Primo de usu capillorum. . .
  Extractiones a Thesauro pauperum: BLd 150,
  13c, ff. 106r-(113v)

Primo debes scire etatem lune. . .
  Canon lune: BN 14070, f. 142

Primo dicam centinarium piperis venditur. . .
  Arithmetica: Laurent 121(113)

Primo dicam de dispositionibus nominum sive
specierum ipsarum. . .
  Incipit libellus alkymie extractus de semita recta:
  Mi Trivulz. 245(E.27), 15c, ff. 91v-103r

Primo dicam quid sit cyromantia. . .
  CUe 70, 15c, ff. 129r-131v

Primo dicantur ista deus in adiutorium. . .
  Sortes sanctorum apostolorum: BMad 21173, 12-
  14c, ff. 107r-108v

Primo dicemus de vino quod ex eo fit. . .
  De proprietatibus et virtutibus rosmarini: VA
  674, 14c, f. 1v

Primo dicendum est de compositione siruporum
. . .
  BMr 12.B.XXV, 15c, f. 101; BMsl 282, 14-15c,
  ff. 190v-192r

Primo dicendum est quod septem sunt planete
. . .
  Jacobus, Secreta secundum Hermetem: VAp
  1335, 15c, ff. 96r-117v(ColR 184); ed. in part
  Isis 27(1937), 58-62

Primo dicit hoc quod intendis ulterius. . .
  Alchemy: BMsl 3744, 15c, f. 23(DWS 700)

Primo dico quod urina est quidam calor humorum. . .
  De urinis: pr Nicolaus, Antidotarium, (Pavia,
  1478-1479)(Klebs 703.4; IAL M140)

Primo die lune Adam ad lucem pervenit. . .
  Bezogar, Moon-book: BN 3660A, 15-16c, ff.
  53r-57r

Primo die mensi Septembri Sirius(?) apparet
cum solis ortu. . .
  FL Plut.73, cod.41, 10c, ff. 120r-121r; Beccaria
  89.9b

Primo dissolvitur cum aqua pluviali que aqua. . .
  Causae diversarum operationum circa salem: CUt
  1120(O.II.16), 15c, f. 73r-v(DWS 573)

Primo dividantur spiritus omnia(*sic*) et corpus. . .
  De spiritu et corpore: BMh 3528, 15c, f. 62r-v
  (DWS 563)

Primo dixit Hermes Sol et luna post deum. . .
  Hermes, Centiloquium, tr Stephen of Messina for
  Manfred: VAp 1445, 15c, ff. 157v-161r

Primo elementa alterata debent dari. . .
  Regulae observandae in administratione medicinarum: VI 5522, 15c, f. 15

Primo enim ponitur aureus numerus deserviens
illis annis. . .
  Nota tabule eclipsium solis et lune: CLM 8950,
  15c, f. 27v

Primo enim queritur utrum. . .
  See 'Utrum. . .'

Primo enim sciendum quod septem sunt planete
. . .
  See 'Primo sciendum. . .'

Primo equa diametrum solis et lune. . .
  Opus figure describende eclipsis solaris: CU
  Gg.VI.3, 14c, ff. 364va-365v

Primo ergo contra tineam. . .
  De passionibus capillorum: Basel D.II.21, 13-14c,
  f. 3rb-

Primo ergo docet ut pauci fractus. . .
  Pupil of Johannes de Tornamira, Pest tract:
  BLcm 524, 15c, ff. 102v-106

Primo ergo in prohemio suo sunt plura . . .
  Comm. Geber, prol. Summa perfecti magisterii:
  Mon 493, 15c, ff. 182v-183(Corbett II, 128)

Primo ergo ponatur regimen sex rerum. . .
  Cardo de Spango of Milan, Pest tract: BLcm 408,
  15c, ff. 124-127v; Archiv VI, 318; XVI, 117

Primo est sciendum secundum. . .
  Albertus, Super quedam dicta M. Henrici de
  Mondevilla de anathomia: CUj 72, 15c, ff. 115v-
  139v

Primo est transeundum per septem periochas. . .
  Dunchat *or* Duncan, Comm. Capella: BM
  15.A.XXXIII, 9c, ff. 3r-239r; BB XV(1882),
  553-554

Primo et ante omnia accipias. . .
  See 'Et primo incipit ad. . .'

Primo et ante omnia quere et considera gradum
. . .
  Andalò di Negro, Liber iudiciorum infirmitatum:
  BB VII(1874), 367; VA 4082, 15c, ff. 196r-
  209r(T III, 692-93; ColR 88a)

Primo et principaliter circa librum Phisicorum
. . .
> Albert of Saxony, Comm. Physics: BN 6527, ff.
> 1-130

Primo et principaliter dices sic. Sancti...
> Secreta secretorum experta per mag. Philigoram
> heredem de Szabo: FLg Plut.89.sup., cod.38, 15c,
> ff. 212-227

Primo et principaliter in hac arte...
> Peter of Abano, Annulorum experimenta: BN
> 7337, 15c, pp. 131-38(T II,926); Ferrari(1918),
> 664

Primo et principaliter in omnibus factis...
> Alchemy: Univ. Penn. Lea 1, late 15c, ff. 14v-
> 22v

Primo et principaliter laudo quod ab aere...
> Johannes de Noctho de Sicilia, Consilium de peste:
> Archiv V(1912), 385-90

Primo et principaliter scire debes quod omnes...
> George Ripley, Accurtationes et practicae Ray-
> mundinae: Opera, 1649, pp. 366-421

Primo et principaliter sedeat magister in circulo
. . .
> Iohannes de Beltone, Experimentum (magical):
> BMsl 314, 15c, f. 106v

**Primo evacuare materiam impedientem vel
alterare...**
> De bonitate memorie secundum Arnoldum de
> Villa Nova: VAp 1180, 15c, ff. 165v-166r

Primo fac aquam separationis de vitriolo et sale
. . .
> Gratiadei, Practica: VE fa 323(XVI,5), 15c, ff.
> 206v-215r(T IV,340, n.46)

Primo fac circulum capricorni...
> Pro astrolabio faciendo: BLt 192, 14c, ff. 22v-24

Primo fac tabulam illius magnitudinis quam vis
. . .
> Astrolabium: CLM 27, ff. 79r-93v

Primo facias apportare urinale coopertum...
> Pest tract: Archiv IV, 405-406; XVII, 245

Primo facta die duo celum terra leguntur...
> Petrus Riga, Aurora; Admont 128(Buberl 73),
> 13c, f. 15r; Vorau 18(XLVIII), 14c, f. 2v-

Primo facta forma de ligno...
> Scientia corei et de carta: BLcm 128, 15c, ff. 139-
> 140v(DWS 972)

Primo fiat aqua in qua sedeat de mane...
> Caesarius Coppula, Consilia medica: Renzi IV,
> 566-67

**Primo fiat circulus(ocultus) a b c d duabus
diametris...**
> See 'Organum Ptholemei ad multas...'

Primo fiat fleubothomia infra spatium...
> Stephanus, Pest Consilium: CLM 13, 15c, ff.
> 214-(215)

Primo fiat una riga seu pertica ferrea...
> Ioh. Blanchinus, Instrumentum: Bibliofilia IX
> (1908), 449; Scripta mathematica 21(1955),
> 136-37

**Primo fili dicimus tibi illam rem que est neces-
saria ad sciendum...**
> Raymond Lull, Lapidarii abbreviata secunda pars,
> addressed to king Edward: VI 5509, ff. 64r-74v

Primo fit amalgama de sole foliato...
> I. Jo. Trynchibalk, Opus ad solem perfectum
> quod donavit regi Francie: Prag 1984(X.H.6),
> ff. 24v-26v
> II. Anon. Opus ad solem perfectum sine defectu
> datum regi Anglie: VI 5286, 15c, ff. 57v-58r

**Primo generalis de septem regionibus. Et
primo dicendum...**
> Thomas of Cantimpré, Bk.16: CLM 5177, 15c,
> ff. 210-(221)

Primo generaliter anathomia dicitur ab ana...
> Bartholomaeus *or* Giraldus, Anathomia: Ea
> Q.193, 13-14c, ff. 56v-82v

Primo generaliter dicendum est de metallis...
> Durham Cath. Hunter 30, 15c, p. 180(DWS
> 581)

Primo habitet in aere temperato...
> Hugh of Siena, Consilium pro quodam tisico:
> Lockwood 320

**Primo homo non debet egredi cameram suam
de mane usque ad ortum...**
> Consilium tempore pestilentie: VI 5312, f. 244v,
> 'et sic est finis consilii dati duci Alberto Padue.'

Primo igitur anno preparationis bissexti...
> Computus: BMh 3017, 9c(Fleury), ff. 121r-
> 124v; Bern 417, 9c, ff. 44r-46v(Schulz); BE
> 138(Phil. 1833), 10c, ff. 21v-22r(Zi 12153)

Primo igitur ante cetera omnia hoc...
> Messahala, De xiv proprietatibus stellarum: BLd
> 47, 14c, ff. 84r-99v; Osiris 12(1956), 70-72;
> Carmody 104-5

**Primo igitur ante tempora secularia universitas
mundi...**
> CUt O.II.45, 13c, pp. 289-307

Primo igitur aromatarius examinandus a medico . . .

Saladinus de Asculo, Compendium aromatariorum: pr Bologna and Ferrara, 1488; etc. (Klebs 680.14; 876.1-2; IAL M445; S18-19); Mesue, Opera, 1535, f. 317; by L. Zimmermann, Leipzig, 1919, 142 pp.

Primo igitur colligenda sunt nomina. . .
See 'Cogitanti mihi de simplicium medicinarum virtutibus. . .'

Primo igitur considerandum est quod. . .
Thomas Aquinas, De sortibus: Bordeaux 131, 14c, ff. 48-52

Primo igitur dicamus de transpositionibus omnium metallorum. . .
Quedam alchimica: Ea Q.355, 13-14c, ff. 62v-64v

Primo igitur dicendum quod sit huius operis. . .
See 'Quoniam quidem huius artis. . .'

Primo igitur habitet in bona camera. . .
Hugh of Siena, On hygiene: Giacosa 486; said to be a section of De regimine sanitatis(Consilia ad diversas egritudines), pr (Bologna), 1482(Klebs 1001.1; IAL H466)

Primo igitur medicus sit sollicitus ut infirmum . . .

Cardinal Philip de Alenzelo(Alençon?), Cura apostematis pestilentialis: CLM 13, 15c, f. 221va-vb

Primo igitur queritur utrum. . .
See 'Utrum. . .'

Primo igitur videndum est de tempore et hora comestionis. . .
Michael Scot (?), Mensa philosophica. See prol. 'Sicut dicit Macrobius tertio. . .'

Primo in hoc libro sunt quedam communia. . .
Walter Burley, Comm. De celo et mundo: LP 74, late 14c, f. 110-

Primo in materia aut metalli aut ligni solidi. . .
Instrument to find the time in any clime: VI 5203, 15c, ff. 80v-86r; Zi(1938), 220

Primo in utile dicentur digestiva. . .
Petrus de Tussignano, Ordinationes receptarum super nono Almansoris Rasis: VI 5484, 15c, ff. 53r-147r; 147r-149r, table of contents

Primo incipiendum ab aere et merito quia secundum Galienum. . .
Regimen ordinatum pro duce Saxoniae transeunti ad regem Ungariae, 14c: Studien(1909), 205-7

Primo inspiciendus est introitus. . .
Petrus de Aretio, Ordo et regula iudicandi super nativitatibus hominum: VI 5503, 15c, ff. 116r-117r(TR 333)

Primo interrogastis ut vobis libellum conservationis sanitatis. . .
Basel D.III.2, 15c, 4-5 unnumbered pp.

Primo invenias in almanak anni mensis ac diei tui. . .
Canon for Tabulae equationis domorum ad meridiem Oxoniae: BLlm 594, 14-15c, f. 84

Primo itaque dicimus quod lapidis primum regimen est distillatio. . .
Expositio libri triginta verborum pro separatione quatuor elementorum: Mon 300, 16c, ff. 75r-84r (Corbett II,88)

Primo linea recta que est in medio regule. . .
Johannes de Lineriis, Equatorium planetarum: VAu 1399, ff. 16ra-21rb(T III, 261, n.22)

Primo magister non interdixit(notanter dicit) naturaliter loquentes. . .
(Giovanni Marliani?), Comm. Petrus de Mantua, De instanti: VA 2225, late 15c, ff. 37vb-52rb; VE VI.105(X,218), 15c, ff. 163-178; Clagett (1941), 27

Primo masculinus movit post sex menses femella post quatuor. . .
Signa conceptionis masculi vel fem.: CLM 655, f. 179r

Primo mense fit. . .
Medicinale Gilberti: James, 483

Primo Metaphysice Omnes homines. . .
Algorismus cum commentario: VI 3502, 15c, ff. 174v-177v

Primo minus bibatur. . .
Modus vivendi tempore epidimie: BLcl Auct. classici 232, 15c, ff. 55v-56

Primo modo quid ad determinandum. . .
De regenda sanitate: VAp 1180, 15c, ff. 175r-179r

Primo monstrabimus quid est res que perfici debet. . .
Helias, Liber Saturni (alchemy): Frankfort, 1685, pp. 102-19

Primo mundatur sal commune in hunc modum . . .

Geber, Testamentum: Mon 493, 15c, ff. 69-74 (Corbett II,122-123); pr Manget I, 558-60; cf. DWS 73 (p. 70)

Primo mundetur ab omni terreitate...
> Operatio talci: Mon 493, 15c, ff. 90-94v(Corbett II, 124-25)

Primo namque de his ad ortum sermo...
> Liber monstrorum: BMr 15.B.XIX, 10c, ff. 103v-(106r), incomplete at the end; Wo 4452, 10c, ff. 109-116v; ed. Jules Berger de Xivrey, Traditions tératologiques, Paris, 1836, p. 4

Primo narrabo de quibusdam herbis...
> See 'Prima herba apud Chaldeos...'

Primo necesse est in hac arte nos ignem...
> Khalid ibn Jazid, Alchemy: DWS 71; VE fa 324 (XVI,1), 14c, ff. 6-7; Steinschneider(1906), 31

Primo necesse est in hac via physicorum...
> Khalid ibn Jazid, prol. Alchemy: Brux 4268, 14c, ff. 67-69v; Palermo 4 Qq.A.10, 46-10

Primo nominabo nomina quadrantis...
> (Andalò di Negro), De operatione quadrantis: FLa 1339(1263), ff. 43v-46r; VA 5906, ff. 23v-30v

Primo nota de vindemiis quod vina que ante...
> (Arnald of Villanova), De vino et eius proprietate: Klebs 1038.1, 4; LC(Cop.5862); etc.; BHM XV(1944), 189-200. Pref. 'Genus hominum...'

Primo nota primum fundamentum dosium medicinarum est...
> Gentile da Foligno, De dosibus: CUpet 87, a.1400, (ff. 39v-40r)

Primo nota quod ducatus celestis in rebus humanis est luna...
> De 50 principalibus iudiciis: Ea Q.377, 14c, f. 61; CLM 588, 14c, ff. 233-237v(Zi 3344-45)

Primo nota quod multa nomina sunt...
> Valescus de Taranta, Practica or Philonium: pr Lyons, 1490(Polain 3889; Klebs 1010.1-4; IAL V8-10); Venice, 1502, ff. 1r-208r. Pref. 'Incipere ab eo...'

Primo nota quod numerus est multitudo unitate aggregata...
> Bassanus Politus, Tract. proportionum introductorius ad calculationes Suiset: pr Venice, 1505, ff. 4v-8v

Primo nota ut quidam dicunt quod licet tam signa sumpta ab urina...
> Jacopo da Forlì, Super secundam Fen Primi Canonis Avicenne: LC(Panzer III,223)

Primo notabile quod cuiuslibet casus existentis rei...
> Extracta a questionibus super primum librum Phisicorum: CUj 72(Q. G.25), 15c, ff. 55r-74r

Primo notandum est quod in traditione...
> Dominicus de Carpanis, De nutrienda memoria. See 'Cum a nobis...'

Primo notandum est quod zodiacus...
> Joh. de Lineriis, Canons: BN 10263, ff. 71v-78. Dedic. 'Multiplicis philosophie variis...'

Primo notandum quod ad perfectum iudicium oportet scire...
> De iudiciis particularibus ad medicinam pertinentibus: Prag 243 (I.F.77), 15c, ff. 193r-202r

Primo notandum quod duplex est dies...
> Canons for astronomical tables: BMr 12.C.XI, 14c, ff. 61r-(62v)

Primo notandum quod illa que in antidotario determinantur...
> Comm. Antidotarium Nicholai: BN 7061, ff. 89r-117v

Primo notandum quod in qualibet coniunctione...
> Practica exemplaris circa canonem magistri Ioh. Danco, De coniunctionibus et oppositionibus veris: VAp 1354, 15c, ff. 104va-108va

Primo notate quod ex sole et mercurio fit lapis...
> Arnaldus, Flos floris abbreviatus: Mon 474, 16c, ff. 54v-67v(Corbett II,98)

Primo oportet lavare mercurium idest argentum vivum...
> Alchemy: FNpal 758, 15c, ff. 148v-151r; Ambix V(1956), 104

Primo oportet premittere quedam utilia...
> Canones super tabulas altitudinum horarum: BLd 38, 14c, ff. 93v-(96r)

Primo oportet scire quantitatem manus...
> Aristotle (cited internally), Ars ciromancie: BMad 15236, c. 1300, ff. 154r-160r

Primo oportet scire quod in principio istarum tabularum...
> Abraham Zacutus, Almanach perpetuum: GW 115-116a(Klebs 1054.1; IAL Z14)

Primo ostendendum est unde urina oritur...
> Ps. Galen, De urinis: Kyklos, 3(1930), 408; Diels(1905), 128

Primo ostenditur quod humidum non solum restauratur...
> Thomas de Garbo, De restauratione humidi radicalis. Pref. 'Tractatum intendimus edere...'

Primo pabulo scientie(salis) medicinalis...
Tabula salernitana sive compendium magistri
Salerni: CUg 84(166), 13-14c, ff. 33-71; CUt
1402, (2), 13c, ff. 1-34; FLg 162, 13c, ff. 27v-
(30); Reims 1002, 13c, ff. 273v-(277); BMad
28555, early 14c, f. 48v-; Evreux 114, 14c, ff.
4-10; Mon 472, 14c, ff. 51-81; VAp 1144, ff.
86r-127v; VI 3959, 15c, ff. 156r-174r

Primo pestilenticus debet minuere sanguinem...
Michael Schrik, Pest tract: VI scot. 174, 15c,
f. 163r

Primo pete semper cuius est.   Si dicit...
Bernard Gordon, De cautelis necessariis medico
ad urinas: BLcm 455, 15c, ff. 237-239

Primo ponam quomodo vinum...
De vino eiusque proprietatibus cum versione pro
parte germanica: VI 4995, 15c, ff. 171r-190v

Primo ponamus de dissolutione mercurii...
Archelaus, Secretum ad solem et lunam: BN
7162, f. 102r-v(Corbett I,113)

Primo ponentur questiones et exponentur ubi
indigebunt...
Questiones de phisonomia: Bruges 489, 13c, ff.
51-55

Primo ponitur talis casus quod heri viderim
Sortem...
William Heytesbury, Casus obligationis: Wilson
(1956), p. 206

Primo precaveatur ab aere corrupto et infecto et
eligatur domus munda...
In pestilentia: VI 3011, 15c, ff. 125r-126v

Primo prerequisitur radix...
Astronomical tables: CLM 8950, 15c, f. 93(Zi
11201)

Primo principales virtutes istius balnei...
Consilium pro episcopo Papie: Bern A.38, 15c,
f. 72va

Primo principaliter notandum quod dierum
quidam est naturalis...
CLM *23787, ff. 2r-8v

Primo punctus quadratus...
Ars motetorum: Ea O.94, 14c, ff. 68v-70

Primo qualiter generantur lapides...
Tract on the stone: BMr 12.G.IV, 14c, f. 171v

Primo quantum ad regimen universale egri...
Christophorus de Barziziis, Consilium contra
pestem: CLM 339, 15c, ff. 94r-97r

19

Primo quantum potestis abstineatis a carnibus
bovinis...
Galeazzo di Santa Sofia, Consilium cuidam
domino ituro per mare: VI 5312, f. 244r-v; ed.
Senfelder, Wiener Klinische Rundschau, 1898,
pp. 674-75

Primo quare dicantur astrologi et quot nominibus appellantur...
Compendium praeclarissimum adversus astrologiam et eius fautores: Modena(Mutinae), 1490,
ff. 1r-19v(Io. Pico libro disputationum contra
astrologos et est epilogus primi libri): (Klebs 290.
1; IAL P586; CPh)

Primo que sunt corpora mineralia que non
generant...
Johannes, Summa alchimica: VI 5510, 15-16c,
ff. 86r-88v

Primo queritur an inferiores nature...
Budapest 247, 15c, ff. 1-4

Primo queritur an operatio lapidis...
See 'An operatio lapidis...'; 'Primo queritur si
operatio lapidis...'

Primo queritur de diffinitione digestionis...
Questiones de antidotario: Ea Q.212, 14c, ff. 165-
180v

Primo queritur motus...
Astronomical tables: VI 5318, 15c, f. 166(Zi
11202)

Primo queritur per signa corporis...
Questiones de phisonomia Aristotelis: Ea Q.342,
14c, ff. 16-23

Primo queritur quare risus magis sequitur...
'Liber vacce' (fragment): Ea Q.188, a.1267-
1319, ff. 103-104(T II,810)

Primo queritur quid sit abstrahere et respondetur
Quest. super phisica: CUg 509(386), 14c, ff.
124ra-206vb

Primo queritur quid sit eclipsis.   Eclipsis solis
est cum inter nos...
CUt R.XV.18, V, 14-15c, pp. 19-24

Primo queritur si compositio lapidis potest fieri
...
Arnald of Villanova, Questiones: Cop GL
kgl.S.3498, 15c, ff. 95-102v (T III,666); BN fr
14797, 16c, ff. 178-193(Corbett I,251); FR 390,
15-16c, ff. 34r-40v; Ambix V(1956), 107-8

Primo queritur si operatio lapidis...
Arnald of Villanova, Questiones (ad Bonifacium
VIII) tam essentiales quam accidentales super
compositione lapidis: T III, 666; HL 28, 91;
BMad 10764, 15c, ff. 66-71(DWS 235)

Primo queritur utrum...
    See also 'Utrum...'

Primo queritur utrum cor moveatur...
    Philaretus, De pulsibus: CUg 111(180), 13-14c,
    ff. 1-13

Primo queritur utrum de anima...
    Comm. in Arist. libros de anima: VI 2319, 14c,
    ff. 83r-106v

Primo queritur utrum medicina sit necessaria
homini...
    Berengarius de Thumba, Questiones super Am-
    phorismos, Montpellier, May 18, 1332; Basel
    D.I.11, c.1400, ff. 165r-195v

Primo queritur utrum operatio potest fieri ex
solis...
    (Arnald of Villanova, Questiones ad Bonifacium):
    Lehigh MS, copied a.1489, by Arnald of Brussels,
    ff. 158r-160v

Primo queritur utrum secundum artem...
    Alchimia: KlaB XXX.d.6, 15c, paper, ff. 54r-
    61v. See 'Utrum artificialiter...'

Primo quid sit alkimia et quare...
    See 'Multifariam(Multipharie) multisque modis
    ...'

Primo quid sit color videamus et quot sint
species...
    De coloribus: BMsl 1933, 13c, ff. 137va-138ra.
    See 'Tractaturi de coloribus primo...'

Primo quidem dicere oportet quid egritudinem...
    Galen, De accidenti et morbo ('De egritudine et
    sinthomate'): Ea F.278, 14c, ff. 55-78v; Diels
    (1905),136

Primo quidem omnium id recte...
    Ps. Aristotle, Generale commentum in astrolo-
    giam, tr Hugo Sanctallensis. See Prol. 'Ex
    multiplici questionum...'

Primo quidem pertinet quod facere debemus...
    Albubather, Alkasibi or Alkabisi, De nativitatibus:
    BN 7336, 15c, ff. 117r-184r; CLM 125, a.1486,
    ff. 187ra-220va

Primo quod pertinet quod facere debeamus...
    Liber Albubather, De nativitatibus ('explicit
    liber Alkissibi de nativitatibus'), tr Salio 1218:
    VI 3124, ff. 96r-125v; VE VI, 108(XI,110),
    15c, ff. 40-111; Speculum 32(1957), 116-17,
    n.2 and 3

Primo quum ad causam universalem egri...
    Christophorus Pergamensis, Cura febris pesti-
    lentialis: BMsl 259, 15c, ff. 49-50

Primo recapitulat libellus...
    Virgilius, Aquae duodecim: VI 5230, 15-16c, ff.
    293-95(T II,798, n.3)

Primo recipe floris eius et fac bulliri in aqua...
    Arnald of Villanova, Proprietates roris marini:
    BU 977(1885), 15c, ff. 135v-136r

Primo recipe mercurii sex et iovis...
    Opus pulcrum(alchemy): FNpal 758, 15c, ff.
    77v-78v; Ambix V(1956), p. 103, n.104

Primo recipe salis armoniaci et salis communis
    ...
    Arnald of Villanova, Practica: VAp 1335, 15c,
    ff. 53r-(86v)

Primo regiminis acutorum scribitur a medicorum principe...
    Consilium regis Ungarie: CLM 12021, ff. 102ra-
    108ra

Primo require flores eius...
    De virtutibus roris marini: Oc 132, 15c, f. 116r-v.
    See 'Primo recipe floris eius...'

Primo requiritur scire et invenire figuram...
    Modus visorandi: CLM 5964, 15c, ff. 49r-52v

Primo scias significationes planetarum...
    VI 3002, 15c, ff. 98-103(Zi 8302)

Primo sciendum est quod causa podagre et artetice passionis...
    VE fa 262(X.103), 14c, ff. 394-398

Primo sciendum est quod in toto decenio...
    Saltus lune: VA 643, 12c, f. 71r-v

Primo sciendum est quod quelibet acra terre
debit mensurari...
    Modus mensurandi terram: CUc 37, 14c, f. 99r-v

Primo sciendum est quod septem sunt planete...
    Hermes, Secreta or De salibus et corporibus:
    DWS 37; Steinschneider(1906), 25; T II, 218,
    n.3; Isis XIV(1930), 187-88; Lucca 1939, 14c,
    f. 78-; VAp 1339, 14c, ff. 72r-74v; FR 921
    (L.III.16), ff. 113r-115v; Palermo 4 Qq.A.10,
    46-16; Diels (1906), 47; AFML MS, 15c, ff.
    31r-34r

Primo sciendum est quod sol de se non eclipsatur
    ...
    See 'In libro Florum Almagesti...' and 'Primum
    sciendum...'

Primo sciendum quatuor esse modos...
    Zosimus, De divinis interpretationibus (al-
    chemical): Steinschneider(1906), 57; Artis auri-
    ferae I, 291-99; Rosinus: Mylius, Philosophia
    reformata(1622), 501

Primo sciendum quod aries in quarta. . .
    Astrology: Ea Q.353, 14c, ff. 170-177v(Zi 9983)

Primo sciendum quod particulares virtutes istius balnei. . .
    Franciscus de Senis, De balneo Petrioli: VAp 1175, ff. 249v-251v; pr 1473, ff. 6v-7v(Klebs 444.1; IAL G121); De balneis, ff. 182v-183r

Primo sciendum quod septem sunt. . .
    See 'Primo sciendum est quod septem. . .'

Primo scire debes quod oportet te. . .
    On finding position of planets in the zodiac: BU 153(132), 14c, f. 28r; Isis 50(1959), 43-44

Primo si aliquid apostema erexerit sub ascellis. . .
    Ulricus Eberhardus de Constantia, Compendium de pestilentia: Archiv VII, 62,63,70. Cf. 'Nota quod si tempore pestilentie. . .'

Primo si fiat commotio in sanguine. . .
    Johannes de Dondis, Pest tract: FR 1219 (L.III.24), 14c, ff. 1-3; Archiv V(1912), 351-54

Primo significatore existente inter ascendens et medium celi. . .
    Astrology: CLM 125, a.1486, ff. 293ra-294rb

Primo sirupus conveniens mulieri cerebro. . .
    Gentile da Foligno, Consilia: VAp 1264, 15c, ff. 247r-306v

Primo stude certos in memoria. . .
    De arte mnemonica: VI 3011, 15c, ff. 53v-62v

Primo sumantur anni collecti. . .
    Doctrina equationis omnium planetarum: BLse sup.76, 13c, ff. 31-(41)

Primo sunt necessaria ista. Evacuare materiam. .
    Arnald of Villanova, De bonitate memoriae: HL 28, 67; AFML MS 494, 15c, f. 2r-v; 1504, ff. 254vb-255ra. See 'Primo evacuare. . .'

Primo suppono istud michi evidens quorumcumque siderum radios. . .
    Iudicium revolutionis anni 1405, 11 Mar. cum horis et fractionibus secundum magistrum Blasium de Parma: BN 7443, 15c, ff. 11v-17r (T IV, 76-78)

Primo tange cum digito circumquaque plagam antiquam. . .
    Studien XI (1918), 581

Primo tractandum est de algorismo qui de integris. . .
    Algorismus: CLM 26639, ff. 8r-26r

Primo tres impone. . .
    See 'Ludis qui plano. . .'

Primo tria recipiuntur in ipsa dispensatione. . .
    Antidotarium: BNna 693, 13-14c, f. 152ra-b

Primo tu(tamen) debes considerare. . .
    Si volueris scire annis preteritis vel futuris dies: VI 3160, 15c, ff. 249r-250v(Zi 12154) (No longer at Vienna; given to Naples in 1919)

Primo ut homo magis soteretur. . .
    Regimen epidimie magistri N. pape Martini: VAp 1134, ff. 126v-129v

Primo vero scire oportet quis est lapis philosophorum. . .
    Alchemical epistle to a king: VE VI.214(XVI,3), a.1472, ff. 96-102

Primo videamus de transmutationibus metallorum sive spirituum ipsorum. . .
    Alius tractatus de transmutationibus metallorum: VAp 1330, 15c, f. 175

Primo videamus quid sit color. . .
    VI 5207, 15c, ff. 112-116. See 'Tractaturi de coloribus primo. . .'

Primo videamus quid sit directio. . .
    Matthaeus de Guarimbertis, De directione et proiectione radiorum: T III, 760-70; VAu 1491, a.1452, ff. 31-72v

Primo videlicet aqua vite ad omnem dolorem capitis et ipsius cerebri. . .
    Virtutes aquarum: Bern 556, ff. 165r-167r; AMH 8(1936), 430

Primo videndum est a quo mense aureus numerus . . .
    Computus ecclesiasticus: Zurich Car.C.172, 13-14c, ff. 23-37v

Primo videndum est et occurrit qui morbi. . .
    Ad preservandum a morbis contagiosis: BMsl 568, 14c, ff. 217v-218

Primo videndum est quid sit urina et unde dicatur. . .
    Circa tractatum de urinis seu de inspectione urine: VI 14892, 15c, ff. 119r-124r

Primo videndum est quid sit visus. . .
    J. de Grimesbi, Questio de compositione oculi: CUg 593(553), 15c, ff. 127v-128

Primo videndum (est) utrum lac (de) quo nutritur(utitur). . .
    De regimine lactantium vel infantium: BMad 28555, early 14c, f. 44rb; VAu 246, 14c, f. 189v; VI 5511, 15c, ff. 146v-148r

Primo vitandum est summo opere consortium . . .

> Iohannes Lepus, Regimen contra epidimiam: BN 7101, ff. 71v-72v

Primum apud Hebreos dei nomen . . .

> Rabanus Maurus, De universo: Arras 506, 11c, 117 ff.; BMr 12.G.XIV, 12c, 283 ff.; CUc 11, 12c, 223 ff.; PL 111, 9; (Strasburg, 1474?) (Klebs 524.1; IAL R3)

*Primum argumentum quod ponit Aristoteles ad probandum . . .

> Robert Grosseteste, De finitate motus et temporis: Beiträge IX (1912), 101-106; ('really the concluding section', slightly abridged, of his, Comm. in Physica Arist.): Thomson 98

Primum autem in hac natura theologia naturali . . .

> Nicolaus Bonetus, Theologia naturalis: Ome 199, 15c, 123 ff.; pr Venice, 1505. Prol. 'Motor immobilis . . .'

Primum capitulum . . .

> Geber astrologus: Pastrengo(1547), 38r

Primum capitulum aquarum valde acutarum que accipiuntur . . .

> Tractatus XII aquarum: VI 5489, 15c, ff. 84r-85r

Primum capitulum astrolabii in inventione nominum . . .

> On the astrolabe: CUsj 162, 12-14c, ff. 61v-69v. Text, 'Primum horum est armilla . . .'

Primum capitulum continet epistolam ad dominum papam . . .

> Leo de Balneolis, Tract. instrumenti astronomie: KlaB XXX.b.7, 15-16c, ff. 23r-33v; Curtze, Bibl. math. XII, 97-112

Primum capitulum de divisione morbi ex qua modus . . .

> Gilbertus Anglicus, Compendium medicine: Bruges 469, a.1271, 244 ff.; Rouen 984, 14c, 225 ff.

Primum capitulum de generalis diluvii presignatione . . .

> See 'Mihi diligentius . . .'

Primum capitulum de ratione circuli stellarum . . .

> Messahalla, Epistola de eclipsibus et coniunctionibus, tr a Iohanne Hispano: Ea O.82, 13c, ff. 186-189; FLa 208(140), a.1465, pp. 32a-37a

Primum capitulum de triplici sompno . . .

> Liber Zachelis in solutione sompniorum: Danzig 2224, 15c, ff. 70-109 (Benjamin)

Primum capitulum est de ratione circuli et stellarum . . .

> Messahala in radicibus revolutionum capitula xii: Delisle, III, 89a; BN 16089, f. 145v, lower mg.; De significatione planetarum: CUpet 250, 14c, ff. 44v-46v; CU 1693(Ii.I.1), 14c, ff. 108ra-110vb. See 'Quia dominus altissimus fecit terram . . .'

Primum capitulum est de tabulis motuum planetarum . . .

> Tract. revolutionum: VA 4082, f. 252

Primum capitulum in inventionibus . . .

> John of Seville, Astrolabe(?): Spec. astron., cap.2

Primum capitulum in mentione astrolabii . . .

> Maslama of Cordova, Astrolabe, tr John of Seville: Millás(1942), 198, but at p. 261 inventione instead of mentione. See 'Primum horum . . .'

Primum capitulum quatuor habet partes. Primo ostendit . . .

> Practica qui dicitur Algorismus. See 'Quia universis bonarum . . .'

Primum celi quedam . . .

> VI 5203, 15c, ff. 117v-118v(Zi 3346)

Primum clima ab Indie parte . . .

> De positione vii climatum: Zurich Car.C.172, 11-12c, ff. 69v-70r; CLM 4394, f. 130r-v

Primum clima dicitur Diamoreos a dias . . .

> De septem climatibus mundi: CLM 10665, 15c, ff. 6r-14v; Farsetti 68, 16c, item II; VE VIII.21 (XI,101), 16c, ff. 32-35

Primum considerandum est minutum gradus signi ascendentis . . .

> Johannes Hispalensis, Liber nativitatum: Ea Q.379, 14c, ff. 26-37; anon., Ma 10009, 13c, ff. 39ra-44va; Millás, 1942, 172; Carmody 170

Primum consilium est ut utatur isto medicamine . . .

> Jordanus de Turre, De mulierum impregnatione: BN 7066, a.1441, ff. 6r-11r; Janus X(1905), 3; Wickersheimer 514, 677-78; Archiv VI, 384, lists with MSS of Arnald of Villanova, De sterilitate, which has the different incipit, 'Sapientis verbum . . .'

Primum contra fistulam et cancrum et noli me tangere et lepram . . .

> Duodecim secreta Aristotelis contra cancrum et alias plagas: Mon 490, a.1473, ff. 245r-248

Primum de sene facit iuvenem . . .

> Nota nobilissime medicine ad omnem egritudinem cuiuslibet generis expellandum: Edinburgh National 20.8.1, 14c, ff. 40v-42(DWS 1097)

Primum de septem mirabilibus mundi...
CU 2040(Kk.IV.25), 13c, f. 94

Primum de sole. Sol est ampla facies...
De planetis: VAr 1324, 15c, f. 57v

Primum dicere oportet quid morbum...
Galen, De differentiis morborum: Opera N. Leoniceno interprete, Paris, 1514, ff. (2-26)

Primum dubium. Quid est subiectum...
See 'Incipit liber de motibus animalium...'

Primum ergo capitulum...
See 'Primum igitur capitulum...'

Primum ergo genus pulsuum attenditur penes
...
De pulsibus: VI 5488, 15c, ff. 73r-87v. See 'Secundum quod vult Avicenna...'; cf. 'Primum genus pulsuum attenditur...'

Primum est ad debilitatem cerebri...
Gentile da Foligno, Consilia: T III, 248

Primum est armilla suspensoria...
See 'Nomina instrumentorum (astrolabii)...'

Primum est considerandum(considerare)...
John of Seville, Secunda pars artis: Spec. astron. cap.8; Pastrengo(1547), f. 38r. See 'Primum considerandum...'

Primum est cur est quod oculus...
Problemata communiter legi solita circa Parva naturalia: VI 5247, 15c, ff. 91r-109v

Primum est de debilitate cerebri cum habundanti humorum...
Gentile da Foligno, Consilia: VAp 1264, 15c, ff. 247r-306v; MH III (1959), 13-14

Primum est oriens rerum primordiis ducatum prebens...
Ptolemy, Liber iudicialis (questions for each astrological house): CLM 588, 14c, ff. 220ra-233rb

Primum est quod corpus est perfectius...
Collectiones expositionum ab antiquis grecis in libro Aristotelis de celo et mundo: CUg 504(271), 13c, ff. 133-146v; Avicenna, De celo: BN 6443, 14c, ff. 90v-96v; AL 517

Primum est tale quare aqua de nocte apparet lucida...
126 quolibeta naturalis philosophie: BN 2831, a.1396, ff. 93r-102v

Primum est ut homo sit impiger et agilis...
CLM 2764, f. 87(Schulz)

Primum et secundum necesse est esse omnino...
Alchemy: Durham Cath.C.IV, 22, 15c, ff. 211-226v(imperf.) (DWS 727)

Primum et tutissimum est in presenti pestilentia fugere...
VAp 1354, 15c, ff. 125ra-126rb

Primum ex eis itaque est capitulum de alopitia
...
Rasis, Liber divisionum, tr Gerard of Cremona. See 'Ventilata fuit...'

Primum experimentum est ad faciendum de cupra...
Hermes, Experimenta in alchimia: VAp 1330, 15c, ff. 201v-206v; Diels(1906), 48

Primum fundamentum in dosibus medicinarum attendendum est...
Johannes Cermisonus, De dosibus: CLM 363, 15c, f. 74r-v

Primum fundamentum sternendum est de iaspide...
Tract. de XII lapidibus pretiosis: Seitenstetter 252, 15c, item 6

Primum genus pulsuum attenditur penes quantitatem motionis arterie...
Bartholomaeus Pictaviensis, De pulsibus: VAp 1256, ff. 90r-94v

Primum genus pulsuum consideratur secundum longitudinem latitudinem...
Philaretus, Practica de pulsibus: VI 5488, 15c, ff. 88r-96r

Primum hoc illi qui se ad musice disciplinam...
Johannes Affligemensis: De musica: Saxl(1927), 73; PL 150, 1392-1430; Gerbert II, 230-65 (Vivell); J. Smits van Waesberghe, Johannis Affligemensis De musica, Rome, 1950; BMc Vesp. A.II. ff. 131r-138v, incomplete. Prol. 'Domino et patri suo venerabili Anglorum...'

Primum horum armilla per quam suspenditur
...
Maslama al-mayriti of Cordova, De astrolabio, tr John of Seville: ed. Millás(1942), 261-84; Carmody 142-143; CUsj 162(F.25), ff. 61v-69v

Primum huius libri O Theophile constat eulogium...
Alphidius, Liber methaurorum: BN 6514, 13-14c, ff. 133rb-135rb(T III, 651); Corbett I, 32; Palermo 4 Qq.A.10, 46-9; De lapide philosophico: BLd 164, 15c, ff. 56v-62(DWS 144,v); Steinschneider (1906), 4; AFH XII(1919), 65(Schulz)

Primum huius libri videlicet Omnes homines. . .
  Comm.(?) Metaphysica nova: Laurent 120(104)

*Primum igitur capitulum circa influentiam
agentis. . .
  Roger Bacon, De multiplicatione specierum:
  Little 387; T II, 667; Lincolniensis, De fractionibus et reflexionibus radiorum: FL Plut.29,
  cod.41, ff. 29-(56)

Primum igitur experimentum est de vino. . .
  Experimentum Salomonis missa Sibille sapienti:
  BN 7105, 15c, ff. 155-161v(Corbett I,55)

Primum igitur huius instrumenti est. . .
  I. Cap. 1, Rudolf of Bruges.   See 'Cum celestium
  sperarum. . .'
  II. Expositio signorum: CUt O.II.40, 15c, ff.
  126r-(130r)

Primum illud statim in prohemio adversarii
notandum. . .
  Antonio Scanaroli, Disputatio de morbo gallico:
  pr Bologna, 1498(Klebs 887.1; IAL S279)

Primum in plano describere est singula puncta
. . .
  (Jordanus Nemorarius), Planispherium cum expositione anonymi: VE VIII.32(XI.90), 14c, ff.
  84-90

Primum itaque adinvenit unam medicinam. . .
  Nicolaus de Polonia, Experimenta: BMsl 2268,
  14c, ff. 59va-61ra(TR 291)

Primum itaque de moribus hominum. . .
  Firmicus Maternus, Matheseos, I, 2.

Primum itaque ex eis capitulum de allopicia. . .
  Rasis, Liber divisionum: BN 6906, 13-14c, ff.
  113ra-151va.

Primum itaque que causa qua ratione. . .
  Albumasar, Introductorium.   See 'Apud Latinos
  . . .'

Primum libri huius O Theophile. . .
  See 'Primum huius libri O Theophile. . .'

Primum membrum est armilla suspensoria. . .
  Messahala, Practica astrolabii: BMsl 513, 15c, f.
  15v-

Primum metallum ex quo aurum terre. . .
  De speciebus metallorum expositio (frag. Mappae
  Claviculae): Cambrai 919, 14-15c, f. 38(Corbett
  II,34); DWS 867, vi

Primum ne venena cibis et potibus claviculum
abscondantur. . .
  Ex quodam consilio magistri Petri de Thomasiis
  phisici Veneti pro Eugenio pontifice quarto de. . .
  preservatione contra venena: CLM 339, 15c, ff.
  208v-217v

Primum noli habere societatem. . .
  Sybilla Tyburtina, Decem precepta naturalia: VI
  3820, 15c, f. 148r

Primum observandum est in sphera. . .
  BMr 15.B.IX, late 12c, ff. 68v-(69r); Zi 4521

Primum mensem scilicet Ianuarium.   Ianuarius
est dictus a Ianua. . .
  Proprietatas et virtutes singulorum mensium: VI
  3011, 15c, ff. 6v-15v

Primum omnium initium mirabilium. . .
  Aethicus, Cosmographia.   Prol. 'Philosophorum
  cedulas. . .'

Primum omnium necessarium est prescire. . .
  Albohali, Liber nativitatum, cap.1.   See 'Iste est
  liber in quo exposui. . .'

Primum quare in una duarum civitatum. . .
  Marcus Jo. Senensis, Dubia de peste: VAp 1147,
  ff. 121r-123r

Primum quemadmodum pessaria fiunt. . .
  Cleopatra, De pessariis: 3 MSS, 9-11c, Beccaria
  p. 428; Diels(1906), 23; BHM 14(1943), 105

Primum querere libet que et qualis. . .
  Morienus: VAp 1339, 14c, f. 69r.   See 'Moriene
  mihi primum. . .'

Primum querite regnum Dei. . .
  Regino Prumensis, Tonarius: Coussemaker, II,
  1-73

Primum quidem sacratum sacravit me et in
terra. . .
  Liber Bileth (Almandel Salomon): FN II.iii.24,
  15c, ff. 78-84; Speculum II(1927), 326-31

Primum quod corpus perfectius est. . .
  Avicenna, De celo: VA 4428, 13-14c, ff. 20v-
  27r; AL 583, 1207, 1887.   See 'Primum est
  quod corpus. . .'

Primum quod facere oportet in nativitate est. . .
  Albubather, De nativitatibus, tr mag. Salio Padue
  de Arabico, a.1218: BN 7325, 15c, ff. 1r-105r;
  7336, 15c, ff. 117r-184r; Steinschneider(1905),
  75-76; GW 835(Klebs 36.1; IAL A322); Carmody 136-37; Speculum 32(1957), 116-17

Primum quod in eo explicatur est sal armoniacus
. . .
  (Comm.) Lumen luminum: BU 139(104), 15c,
  ff. 310v-315v; FR 119, ff. 166rb-177rb

Primum quod necessarium est aspicere in hoc
libro. . .
  Sa'id, Algebra, tr Gerard of Cremona: Stein-
  schneider(1905), 27-28, 31; BN 7377A, 14c, ff.
  71v-97r; Boncompagni GdC 440

Primum quomodo homo perfectissimum animalium...
> Abbreviatio de secretis mulierum: Ea Q.342, 14c,
> ff. 14-15v

Primum regimen operis.   Prima ergo operare
...
> See 'Opus nobilissimum et breve...'

*Primum rerum principium mihi ea credere
sapere...
> Duns Scotus, De primo rerum omnium principio:
> VA 869, 14c, ff. 1r-(11r); Hain 6432, ff.
> 55v-62r; Opera IV(1891), 721-99

Primum sciendum est quod sol de se non eclipsatur...
> Giovanni Bianchini, Canones tabularum de
> eclipsibus: BN 7270, ff. 167ra-181ra; VA 2228,
> ff. 1-16r; Bol. B.1601, ff. 17v-30r; Scripta
> mathematica, XVI(1950), p. 7, n.14; XIX
> (1953), 5, 14, n.58

Primum signum duodecim signorum dicitur
illud quod forte...
> Michael Scot, Capitulum (from) Liber Introduc-
> torius: VI 3124, 15c, ff. 206r-210r; Haskins 287

Primum signum est aries constans ex pluribus
stellis...
> Astrological geomancy: CLM 458, 15c, ff. 142r-
> 152r

Primum signum est aries.   Divisio itaque...
> Novus modus geomantie: CLM 458, 15c, ff. 97v-
> 116r.   See 'Hic est liber similtudinum...'

Primum signum lepre est pulvis plumbi...
> VI 4753, 14c, f. 141r

Primum signum quidditatum...
> Franciscus de Mayronis, De quatuor signis nature
> sive creature: Ea F.94, 13-14c, ff. 236v-238v;
> HL 36, 336.   See 'Utrum signa et modi...'

Primum sphere circulos continet ut sunt...
> Opus astronomicum quo 'Usus annuli demon-
> stratur in xxviii capitibus': VI 10538*, 15c, 12
> ff.(Zi 9016)

Primum vel primum ergo(?) regimen lapidis...
> Raymond Lull, Testamentum abbreviatum (or
> Rosarius, from explicit): BNna 1293, 15c, ff.
> 13v-29(Corbett I,212); Provençal text: anon.
> BNna fr 4141, 14c, ff. 4-25(Corbett I,277; T III,
> 56, n.15)

Primum verbum est corporis in argentum vivum
resolutio...
> Extractio mercurii: BN 14006, 15c, ff. 45v-48r
> (Corbett I, 180)

Primus adest aries obscuro lumine lambens...
> Versus xii signorum (really Cicero, Aratea, lines
> 320-331): BMad 40744, 12c, f. 12r; PL 94,
> 637; Zi 12224, 12226, 12227, 12229

Primus adest aries taurusque in signibus...
> Vergilius, De signis celestibus: Copinger 6166
> seq.(Schulz)

Primus anulus fit de lapidibus Veneris, dixit
Toz Grecus...
> De xii anulis: BMc Julius D.VIII, 14c, f. 125r-v;
> T (1947), 248-49

Primus canon.   Hoc est in quo...
> See 'Hoc est in quo laborant (laboraverunt)...'

Primus canon seu regula que omnibus occurrit
vulneribus...
> Bruno Longoburgensis, Chirurgia minor: AFML
> MS 15c, ff. 255v-265v; pr Venice, 1499, ff. 94r-
> 96v(Klebs 494.2; IAL G511)

Primus ciclus...
> Nicolaus de Marienwerder, Calendarium cicli-
> cum pro annis 1439-1803: VI 4007, a.1449, ff.
> 77v-90v; 122v-129v

Primus circulus limbi...
> See 'In limbo prime faciei...'

Primus circa principium librorum de anima...
> Bartholomaeus (Arnoldi) de Usingen, Exercitium
> de anima in studio Erphurdiensi collectum: pr
> Erfurt, 1507

Primus color albus est et ut aqua clarus...
> Viginti colores urinarum: BLd 29, 15c, f. 73r

Primus dicatur in quo sensus dominatur...
> Verses de arte medica: BMsl 521, 14-15c, f. 25

Primus dies mensis et septimus truncat ut ensis
...
> Unlucky days: BLd 88, 15c, f. 91r-v

Primus dies septimane est dies lune...
> BN 6957, 15c, ff. 161v-162r.   See 'Prima dies
> ...'

Primus dum bibat mel ab eius gutture manat...
> Flos florum alchimiae: BN 7161, 15c, f. 98(Cor-
> bett I,104)

Primus effectus est quod si facies cum ea...
> De aqua vitis(sic): Wi 56, 15c, f. 61v

Primus embolismus id est supercrescens mensis
...
> Computus: Eins 263, 10c, ff. 165-166(Zi
> 12155); Art ancien 18, 11c, ff. 20r-22v; Bede,
> De ratione anni: pr PL 90, 799 seq.(Schulz).
> See 'Ianuarius Augustus et December...'

Primus enim septem planetarum descendendo inferius...
> Planets: BMad 15107, 15c, ff. 235v-237r; Saxl (1953), 24

Primus filosofia...
> Millás(1942), 18

Primus gradus albus in qualibet inbibitione...
> Alchemy: FR 1165(L.III.34), 14-15c, ff. 75v-78v

Primus gradus huius operis est facere calcem...
> BMad 10764, 15c, ff. 152-153(DWS 646)

Primus homo de terra terrenus...
> Leuwis de Rickel(Dionysius the Carthusian), De passionibus animae: Trithemius(1494), 117v

Primus igitur ante tempora secularia universitas mundi...
> CUt 1149(O.II.45), 13c, pp. 289-307

Primus in orbe dies lucis primordia sumpsit...
> Verses on creation: BMad 40744, 12c, f. 13v; 35112, f. 119; BMr 8.A.XVIII, f. 1v; PL 87, 365, 380; Eugenius Toletanus, De septem diebus; Saxl(1953), 442

Primus lapis est iaspis...
> De xii lapidibus preciosis: Brux 12133, 13c, ff. 24c-27; Douai 8, 13c, ff. 325-329; St Omer 39, 14c

Primus liber de consideratione quinte essentie...
> See 'Dixit Salomon Sapientie capitulo...'

Primus liber electionem edocet iuniorum...
> Flavius Vegetius Renatus, Epytoma rei militaris libri IV: Tours 815, 13c, 46 ff.

Primus liber Euclidis institutionis...
> Adelard of Bath, tr Euclid: Ob 257, 12c, 98 ff.; Haskins 24-25; Isis 44(1953), 376

Primus liber tractat de anatomia...
> Averroes, Colliget. See 'Quando ventilata fuit ...'

Primus modus operandi de basilico...
> Magister Saphirus, Liber maiorum operum: DWS 149

Primus modus sic est ad rubeum...
> Modes of congelation: VAp 1328, ff. 49v-52r

Primus nocturnus cantatur...
> De computo: Zurich Car.C.180, 12c, ff. 89r-90v

Primus omnium quos noverimus poeta Homerus ...
> Aelian, De instruendis aciebus. Pref. 'Scientiam grecis...'

*Primus philosophie magister(primum) ipsius negotium...
> Campanus of Novara, Theorica planetarum: CUc 37, 14c, ff. 2-22v; FR 885, 14c, ff. 58r-104r; BLd 215, 15c, ff. 16v-46r; Brux 1029, a.1415; Mi C.241.inf., a.1401, ff. 162va-186vb; VA 2225, 15c, ff. 71vb-83ra; Isis 50(1959), 39, n.46; Ab(1912), 128; BMad 22772, 22773; BN 7298; 7401(Duhem III,323); FLa 208(140), a.1465, pp. 53-175b; ed. Francis S. Benjamin, Jr., Col diss.

Primus planeta est Saturnus cuius inimicus est sol...
> FLb 13, ff. 71v-72v; VAu 1398, 15c, ff. 21r-22v; VE VII.28(XIV,28), 15c, ff. 8-9

Primus quare luna in coniunctione sit...
> De 50 preceptis in omni coniunctione et negotio necessariis secundum autorem novem iudicum: VI 5414, 15c, ff. 163va-165ra

Primus quidem decanus arietis habet...
> Hermes, Astrology: BMh 3731, ff. 1r-50r; ed. W. Gundel, 1936

Primus Romanas ordinis Iane kalendas...
> Versus de singulis mensibus: BLcm 560, 11c, f. 29r; Scherrer, St Gall p. 540; Karlsruhe, 442, f. 38v; Zi 12224, 12226(Schulz)

Primus Saturnus qui est frigidus et siccus atque malivolus...
> Properties of the planets: VI 5438, f. 151r-(Carmody 96)

Primus syrupus ad reumationem et debilitatem cerebri et nervorum...
> Ioh. de Sancta Sophia, Recepte ordinate per rev. patrem meum Nicolaum de S. Sophia: CLM 12021, a.1447, ff. 63vb-74ra

Primus tonus facit suam regulam...
> Regulae tonorum; Bern 702, ff. 46r-50v

Primus tonus sic incipit et sic mediatur et sic finitur...
> Mi I.20, inf., ff. 41r-43r

Primus totus impar equalibus omnino et individuis tribus...
> William of Alba Ripa, De numeris: Bruges 527, 12c, ff. 121r-134v; Troyes 969, 13c, ff. 177ra-191va; HL XII, 610, 613; XIV, 200

Primus tractatus huius summe iudicialis...
> John of Eschenden, Summa Iudicialis: CU Ii.I.27, a.1424, f. 134(Atk)

Princeps in hoc capitulo primo ponit diffinitionem. . .
> Jacobus de Partibus, Comm. Avicenna, Canon
> Bk.I, Fen I: Klebs 131.3 (1); Yale 9; IAL
> A1262; pr 1523

*Princeps philosophorum Aristoteles. . .
> Joh. de Muris, Sufficientia musice organice: BLb
> 300, early 15c, ff. 115-118; CUt 899(R.XIV.26),
> 15c, ff. 107v-118v; Tanner

Principaliorem particulam totius organi. . .
> Michael de Orto, Liber oculorum: Ran 1489
> (V.2.26), 14c, ff. 138r-159

Principalis compoti questio ad quam cetere
spectant. . .
> Notker, Computus: BNna 229, 12c, ff. 10v-14v;
> CLM 22307, f. 188(Schulz); ed. Piper, Nach-
> träge(1898), 312-18

Principalium corporum mundanorum. . .
> See 'Corporum principalium mundanorum. . .'

Principia domorum possunt esse. . .
> Abraham, De iudiciis signorum: Ea O.89, 14c,
> ff. 5-19v; T (1944)aa, 301

Principia esse contraria(communia) testantur. . .
> Johannes de Sicca Villa, Compilationes intitulate
> Mihi cordi. . .De principiis nature: BMr 12.E.
> XXV, c.1330, ff. 32-(60); BN 6552, ff. 3ra-
> 25vb(AL 589); Ome 292, imperf.

Principia naturalia primordialia. . .
> Raymond Lull, Part of the Testamentum: VI
> 12834, 16c, ff. 71r-178v (T IV,651)

Principia oculorum essentialia. . .
> De conservanda oculorum sanitate: Ran 1497
> (V.3.4), 15c, ff. 85-95

Principio iam fit. . .
> Calendar verses: VI 3121, 15c, f. 41r(Schulz)

Principio iani debetur trinio poni. . .
> Verses: CLM 17212, 13c, f. 2(Schulz)

Principio rerum cum conditor orbis adiret. . .
> Renzi IV, 1-176. See 'Pandere propositum sit
> . . .'

Principio satis constat inter philosophos. . .
> Pontano, De rebus celestibus; Liber I: VA 2839,
> f. 3v, 26r

Principio supponendum nobis est id quod facile
a physicis mathematicisque probatur. . .
> Ant. Nebrissensis (de Lebrija), Introd. in Cosmo-
> graphiam Pomponii Melae: GW 2236; Klebs
> 73.1; 675.9; IAL A812, M392, LC

Principiorum notitia quantum sit efficax et
necessaria. . .
> Petrus Aureoli, De principiis naturae: Padua
> XIII.293, 14c; Avignon 1082, 14c, ff. 4-46(HL
> 33, 508); Glorieux II, 244; Laurent 109(12)

Principiorum principium sublime. . .
> Petrus de Signa, Secretarius de signis egritudinum:
> Prag 839, 13-14c, ff. 1r-7v

Principium alkemie consistit in materie elemen-
tatione. . .
> Albertus Magnus, Fundamenta alchemiae: BMsl
> 513, 15c, f. 154r-v(DWS 650,ii); Kibre(1942),
> 508

Principium autem huius operis est cum sol. . .
> Liber de tribus verbis: BN 7156, 13-14c, ff. 49v-
> 52v(T III,653); BN 7158, 14-15c, ff. 113-117v;
> Corbett I, 72, 88; Delisle III, 88. See 'Prin-
> cipium huius operis. . .'

Principium deus est sine quo nichil extat. . .
> Hexaemeron, sive De principiis rerum naturalium,
> a poem: BMh 3433, paper, 382 ff., mutil. begin.
> and end, poorly written

Principium ergo erit omnibus ab Europae freto
. . .
> Dicuil, De mensura orbis terrae. See 'Post
> congregatam. . .'

Principium est illud generalis primaria. . .
> Principium rerum: CUt 1120(III), ff. 70v-72
> (DWS 624)

Principium huius operis est cum fuerit sol. . .
> Rasis, De tribus verbis: DWS 122. See 'Prin-
> cipium autem huius operis. . .'

Principium iani sancit tropicus Capricornus. . .
> Verses on the months and signs (from Ausonius):
> Eins 321, 10c, pp. 4-16; BMsl 263, 11c, f. 21v;
> CLM 10270, 11c, ff. 9r-10v; BMad 40744, 12c,
> f. 12r; MG Poetae IV, 693-95

Principium igitur de musica disserenti. . .
> Boethius, De musica. See 'Omnium quidem
> perceptio. . .'

Principium mensure punctum vocatur cum
medium tenet figure. . .
> Euclid, Elementa: Björnbo(1909), 389-90;
> CLM 13021, 13c, ff. 164ra-186vb; Bk.II: Eins
> 358, 10c, pp. 16-32; Bk.III, Boethius, tr Euclid
> Geometria

Principium ponderis quidam ab obulo sumendum iudicaverunt. . .
> Weights and Measures: BN 7056, 13c, f. 108rb-
> vb

Principium principiorum gloriosus deus et excelsus cuius entitas...
De causis primis et secundis: ed. Bibl. thomiste, XX(1934), 88-140; in Avicenna, Opera, Venice, 1508, ff. 64va-67vb; AL 590

Principium rerum generatio finis earum...
Herbal in verse, Prol. in prose: BMsl 3468, 14c, ff. 31r-105

Principium (rerum) sine tempore formans...
Laurentius Dunelmensis, Yponosticon: CUt 1164, 12-13c, ff. 1-62v; CUc 470, 13c, f. 36 (Atk); Leyser 430(Schulz)

Principium veris erit siccum et frigidum...
Doctor of Siena, Prediction for 1430: VAp 1438, f. 99r(T IV,93)

*Principium vite in omni vivente est anima...
Comm. in libro de longitudine et brevitate vitae: BLd 55, 13c, ff. 25v-27v

Priores astrologi(astronomi) motus corporum celestium...
Johannes de Lineriis, Third book of the Canons of 1322: T III, 255; Catin. 85, 15c, ff. 154-173; Cues 212, 15c, ff. 94-108; VAp 1412, ff. 46v-71v

Priori (enim) libello globum totius mundi oculis corporeis representavimus...
De divisionibus temporis libellus alter: BMc Cleop.B.IX, 14c, ff. 49r-54r; CUad 6860, 14c, f. 10v; Imago mundi, Secunda pars; CUc 66a, ff. 208rb-221vb; CUt 1149(O.II.45), 13c, pp. 223-234, incomplete

Prisca philosophorum dogmata de metallorum transmutatione...
Bernard of Treves, De lapide philosophorum: Padua XXIII, 609, 17c, 24 ff.(T III,619)

Prisce igitur prudencie viri Pytagoreum dogma secuti...
De ratione abaci: VA 3123, 12c, ff. 73r-83r; BB XV(1882), 117

Prisce philosophie inventores universa ad...
Turckil, Super abacum: BB XV(1882), 135-54. Prol. 'Socio suo Simoni...'

Prisci stellarum observatores qui ex stellarum in genitura homini...
John of Glogau: VAr 1115, a.1569, ff. 327r-333v

Prismatis circularis mensuram comprehendere...
VA 9410, 14-15c, f. 77r

Priscorum equidem virorum mores posteris non modo suadent...
Benedictus Rinius, Liber de simplicibus: VE VI.59(XIII,10), 15c, 458 ff.; Ettore de Toni, Il libro dei semplici di Benedetto Rinio, Mem. d. pontif. accad. romana dei nuovi lincei, V(1919), 171-279, VII(1924), 275-398, VIII(1925), 123-264

Prius quidem ad te misi que a nobis inspecta essent...
Archimedes, De sphera et cylindro, tr Jacobus Cremonensis: VE fa 327(XI.1), 15c, ff. 63-106; Isis 43(1952), 241

Prius quidem misi tibi ex hiis...
Archimedes, De sphera et cylindro, tr William of Moerbeke: Björnbo(1909), 389; Isis 43(1952), 241

Priusquam ad vaticinium perveniamus...
Astrol.: Mi Trivulz. 758, 15c, f. 57v

Priusquam incipiamus de simplici medicina cuius virtus...
De natura saporum: BN 7029, 13c, ff. 72r-89v

Priusquam loquar de electionibus...
Abraham ibn Ezra, Liber electionum: BLcm 109, 16c, ff. 160-(181). See 'Sapientes legis...'

Pro abrotano absinthium vel origanum...
Quid pro quo: BMsl 783b, 15c, f. 119-

Pro absintio abrotanum pro abrotano...
Quid pro quo: Rouen 979, 13-14c, ff. 50-54; Archiv II(1909), 36

Pro acanti sperma...
Hippocrates and Galen, Antibal.: GU T.IV.13, 9-10c, f. 15v; Diels(1905), 114

Pro acchanti semine lignis...
Galen, De succedaneis: Cop kgl.S.1653, 11c, ff. 148r-149r; Beccaria 8.13

Pro achati semen mittis lichnis...
Galen, Antiballomenon: BLau F.5.31, 13c

Pro aganta idest linia...
Galen, De succedaneis: VAr 1260, 9c, f. 174rb-vc, 'Expliciunt antebolumina Galieni' (Beccaria, 107.3)

Pro agantis aegyptias lignia sive licinia...
2 MSS: Beccaria p. 428

Pro aggressu huius operis postulandum est...
Ars memorativa: CLM 18941, f. 43(Schulz)

Pro aliquali brevi facilique artis musice cognitione...
CLM 26639, 15-16c, ff. 57r-58v

Pro aliquali introductione in ludum philosophorum...
>   Expositio arithmomachiae: BLcm 334, 15c, ff.
>   95-(128v)

Pro aliquali notitia de musica habenda...
>   BMc Tiberius B.IX. 4 (MS in bad condition)

Pro aloe ponimus licium vel succum...
>   Quid pro quo: BE 908, f. 244, cf. 'Pro aristologia
>   rotunda...'

Pro aloen mittis licium aut centaurie...
>   Galen, De succedaneis: Brux 1349, 12c, ff.
>   106va-107va; MC V.69, 9c, pp. 524a-527b;
>   Beccaria 5.9; 94.6; Diels(1905), 114

Pro aloes licium vel succus centauree...
>   Quid pro quo: Gö Hist. nat.41, 15c, f. 5

Pro ameos. Anisum. Pro abrotano. Absinthium...
>   (Quid pro quo): BMsl 345, 15c, ff. 100rb-102

Pro ameos anisum vel carvi...
>   Quid pro quo: BMsl 2995, 15c, ff. 21vb-23vb

Pro aristolochia...
>   See 'Pro aristologia...'

Pro aristologia longa ruta domestica in duplo...
>   Quid pro quo: CU 938(Ee.II.20), 14c, f. 75ra-v;
>   BN 16193, f. 118

Pro aristologia longa vel pondus equale...
>   Quid pro quo: pr with Magninus Mediolanensis,
>   (Paris, 1500); (Lyon, 1500), ff. 94v-96v; Mesue,
>   Venice, 1484, f. 273r(Polain 2678); Opera,
>   1495, ff. 304v-309; 1497, ff. 334r-338v(Klebs
>   640.4, 6; 680.8, 10, 11, 13-15; IAL M44, 46;
>   M442-46)

Pro aristologia longa vel rotunda ruta dupla...
>   Diascorides, Quid pro quo: VI 5371, ff. 121vb-
>   123ra

Pro aristologia rotunda ruta domestica duplex
(dupliciter)...
>   Quid pro quo: Bruges 470, 13c, ff. 38va-39va;
>   BMr 12.E.VII, 15c, ff. 26rb-27rb; CLM 3512,
>   ff. 167vb-168rd

Pro aristologia rotunda ruta dupla...
>   Quid pro quo: VAp 1143, f. 47rb-vc

Pro aristologia ruta domestica...
>   Quid pro quo: Bern 295, 13c, ff. 82v-83r; BMsl
>   3018, 14c, f. 9v-

Pro aristologia ruta dupla domestica...
>   Quid pro quo: BMsl 3550, ff. 36va-37va

Pro aromatica fragnus vel calamus aromaticus
...
>   2 MSS: Beccaria p. 428

Pro asmanto folia bete pro absintio pontico...
>   Galen, Antibal.: CUg 97(49), 15c, f. 137v;
>   Diels(1905), 114

Pro aspalto ericis carpo aut picola piavicorum...
>   Bamberg cod. med. 1, 9c, f. 8v; Beccaria 48.8

Pro aspalto pix virginea...
>   Bonn 218, 11c, ff. 48v-49r; Beccaria 52.1

Pro brevi ac utili fundamento...
>   Musica plana: Gö Luneb. I, c.1500, ff. 155-160

Pro brevi expositione terminorum...
>   SG Stadt 412, 15c, ff. 99-110(Zi 8304). See
>   'Notandum quod signorum...'

Pro cognitione geometrie nota quod geometria
docet...
>   CUsj 155, 15c, ff. 59v-61r

Pro cognitione steriometre nota quod sterio-
metra docet mensuratum...
>   BMe 2622, 15c, f. 135v

Pro commendatione totius scientie...
>   Thomas Aquinas, De generibus scientiarum: VI
>   4007, a.1449, ff. 281v-284v

Pro compositione astrolabii accipe primo laminam solidam...
>   VI 5258, 15c, ff. 82r-84r(Zi 915)

Pro compositione chilindri quod est horologium.
Accipe lignum...
>   Sun-dial: VAp 1340, 14c, ff. 15v-16v; Leip
>   1469, 14-15c, ff. 193v-196v(Zi 9249)

Pro compositione corporis spherici...
>   Zwickau Ratssch. XXII, VIII, 10, 15c, ff. 131-
>   132(Zi 4522)

Pro compositione horologiorum(horologii)...
>   Sun-dial: Melk 417, 15c, ff. 149-192; etc.(Zi
>   9793-97)

Pro compositione huius instrumenti...
>   CLM 24897, 15c, ff. 28-35(Zi 9800)

Pro compositione instrumenti per quod...
>   Sun-dial: VAp 1439, 15c, ff. 68r-75; Zi 9798-99

Pro confectione astrolabii recipe...
>   Mainz Stadtbibl. 530a, 15c, ff. 28-34(Zi 916)

Pro confectione astrolabii recipe tabulam planam
aptam...
>   BN 7282, ff. 53ra-55rb

Pro confectione cuiusdam instrumenti...
Zurich C.364, a.1500, ff. 18-20(Zi 3018)

Pro confectione instrumenti ad fleubotomiam
...
Zodiacal calendar: BN 10266, ff. 3v-4(Poulle)

Pro confectione quadrantis accipe...
Zi 8861-62

Pro continuatione temporum vere radicis ac
motus...
John Chillingworth, Tract. docens continuare
radices tabularum Kylynworth: BMr 12.G.X,
15c, f. 1r; Oma 182, 15c, f. 70ra-b

Pro corporis sanitate conservanda hec compendiose duxi scribenda...
Albicus, Regimen corporis humani (a collection
of recipes): CLM 321, 15c, ff. 1v-47r; 7755, ff.
55v-140v; VI scot 257, 15c, ff. 13v-121r

Pro correctione huius dispositionis...
Johannes Matthaeus de Gradibus, Consilia cum
tabula: pr (Pavia), 1480, 1482(Klebs 393.1-2);
Venice, 1514, ff. 1-104; 1521, ff. 3r-101v

Pro cuius dubii decisione tria institui...
Utrum anima intellectiva humano corpori unita
tanquam vera forma substantialis: VE VI.105
(X,218), 15c, ff. 156-160

Pro cura tertiane continue sive interpolate...
Blasius de Astariis, Collecta super primam quarti
(Canonis Avicenne): Engelberg 307, 16c, ff. 249-
271

Pro cura tertiane pure interpolate et continue...
Blasius de Astariis Papiensis, De curandis febribus:
Venice, 1521, ff. 1r-39r; other eds., LR 132

Pro decisione illius questionis. Notandum
quod illa questio...
Prol. Questiones in Euclidem: VAp 1352, 15c,
f. 1-

Pro declaratione autem punctorum...
See 'Pro declaratione punctorum...'

Pro declaratione precedentis tabule...
John of Gmunden, Tabule ostendentes distantiam
vere coniunctionis et oppositionis a media cum
textu illustrante: VI 5151, 15c, ff. 119v-130v

Pro declaratione presentis operis astralabii realis
...
VA 3126, 15c, ff. 1r-6v; Isis 47(1956), 393

Pro declaratione punctorum in principio huius
kalendarii...
Nicholas of Lynn, Canones super Kalendarium:
BLd 41, 14c, ff. 83v-90; BLlm 662, 14c, ff. 37v-
42r; BMsl 1110, 14c, f. 37v-; BMad 15209, 15c,
f. 40va; BMar 207, 15c, ff. 32v-34; T III, 524

Pro dei gratia de regimine sanitatis...
BMsl 420, 15c, ff. 99v-(106)

Pro diversitate aspectus lune in...
Lud. Kaerleon: CUsj 41, 15c, ff. 9-10; BMr
12G.I, ff. 9r-10v; Kibre(1952), 105, (11)

Pro dolore capitis absinthium...
BMh 2558, ff. 10ra-11va

Pro dolore capitis ex caliditate...
Robert Spode, Compendium de curis egritudinum: BMsl 620, 15c, ff. 58r-65r, in fine mutil.

Pro dolore dentium vinum et piper...
BMh 2558, f. 188r

Pro enuntiatione accidentium per hanc coniunc-
tionem...
Thomas Broun, Iudicium coniunctionis Saturni et
Iovis a.1425: BLd 194, ff. 96v-98r; ColR 57b;
T IV, 96, n.36

Pro expeditione omnium specierum algoristi-
carum per denarios proiectiles...
Basel F.VI.16, 8 pp.

Pro faciliori modo habendo et multiplici labore
evitando...
On two astronomical instruments derived from
that called 'Albion': VAp 1340, 15c, ff. 60va-
73va; CLM 367, 15c, ff. 32r-47r; Osiris 8
(1949), 42-43

Pro festis anni sunt versus bis duodeni...
Compotus manualis cum comm.: Reichling 884
(Schulz)

Pro figura exigenda primo quere signum...
Tabula astronomica: CUg 336, 15c, f. 158

Pro figure celi declaratione et prognosticatione
vera habenda...
Dijon 447, 15c, ff. 28v-32v; pr with Ganivet,
Amicus medicorum (1614), 574-81

Pro formatione quadrantis fiet primo quadratum
rectissimum...
Plimpton 175, 15c, f. 153r

Pro fundamento huius operis signo crucis...
Arnald of Villanova(?), Thesaurus pauperum:
HL 28, 97; Glorieux I, 427

Pro fundamento philosophie naturalis sunt
alique...
Henricus Plattenberger, Fundamentum philosophiae naturalis: CLM 2839, a.1499, ff. 99r-
123r; Vorau 162, 15c, ff. 1r-24v

Pro generali in tabulas...
Astronomical tables (Explanation): Cracow 1916,
15c, ff. 1-48 etc.(Zi 10842-10848)

Pro horologii compositione primo requiritur...
BN 7414, ff. 64r-72v

Pro intellectu habendo circulorum et polorum
...
Jehan Colleman, Super primum mobile: Phares
259

Pro intellectu maiori tabularum...
Tables for Erfurt: CGM 739, 15c, ff. 142v-147v;
Zi 10802

Pro intellectu materie de compositione horalo-
giorum...
Gö Philos. 42m, 15c, f. 21; VI 5228, 16c, ff.
95r-97r

Pro introductione generali eorum que in astrolabio...
Canones astrolabii practici (collecti a quodam
mag. Cracoviensi): Prag 742, 15c, ff. 1r-19r

Pro introductione generali in libros de anima.
Queritur primo...
John Versor, Questiones librorum de anima: pr
Cracovie, 1514, ff. 1r-185v

Pro introductione generali in scientiam nativitatum...
Liber nativitatum (26 caps): VAp 1451, 15c, ff.
100r-131r

Pro introductione generali in tabulas planetarum...
VAp 1439, 15c, ff. 165r-200r

Pro introductione materie libri de complexionibus...
Comm. John of Paris, De complexionibus: VAp
1451, 15c, ff. 167v-186v

Pro inventione vere coniunctionis...
Bonn S.497, 15c, ff. 108v-109(Zi 12500)

Pro iudiciis particularibus secundum quod
pertinet ad medicinam...
(Arnald of Villanova): BLcm 517, ff. 16r-17vb

Pro iudiciorum notitiis scienda est primo hora
ingressus...
'Liber perscrutatoris fratris': BMh 531, ff. 163r-
172v; 'Exafenon': Boston Medical 20, late 14c,
ff. 151r-153v. The work makes use of both
Perscrutator and Exafrenon, concerning whom
and which see T III, 103-27

Pro lignario mittes agante egiptia...
Galen, De succedaneis: VA 4417, 11-12c, ff. 96-
98(Beccaria 100.9); Diels(1905), 144

Pro maiori fundamento et certitudine eorum...
John of Gmunden(?), De modis componendi et
corrigendi tabulas: Seitenstetter Cod. LXII, Q.
15c, (3) (Fowler)

Pro maiori intelligentia notandum quod antiqui
philosophi...
Astrology: CLM 125, a.1486, f. 278ra-va

Pro materia alterationis in qualitate...
John Chilmark: BMr 12.B.XIX, 15c, ff. 2-13;
anon. Oc 103, 15c, ff. 41-60

Pro materia divisionis primitus est notandum...
BLb 676, 15c, ff. 171v-177v

Pro materia scilicet(simul) et pro materiali
principio...
Paulus de Tarento, Theorica et practica in arte
alkimica: DWS 338; BN 7159, 15-16c, f. 5-;
Corbett I, 90. Introd. 'Naturam intellectui
fore...'

Pro medicina ad allopiciam est euforbiis sinapis
...
Egidius Portugalensis: VAp 1229, 15c, ff. 137ra-
200rb

Pro minuendo melius quod esse potest...
Phlebotomy: BMsl 702, 15c, f. 28v

Pro motu octave spere...
Jean Fusoris, Compositio revolutionum spere
solide: BN 7295, ff. 48-52v

Pro notitia fractionum sciendum est...
Leonard of Cremona, Algorismus minutiarum:
BN 7192, ff. 25v-28r

Pro omni dictorum complemento...
De custodia sensuum: CLM 11723, f. 216
(Schulz)

Pro presente materia est sciendum primo...
Michael *or* Nicoletus Theatinus, Tract. de perfectione specierum: BLcm 177, 14c, ff. 232-(235)

Pro primo signorum aliud dominium Alnat...
Almansor, Aphorisms, tr Plato of Tivoli: VAp
1445, 15c, ff. 151v-157r

Pro probatione istius propositionis supponitur...
Comm. Ptolemy, Almagest (Due dictiones): Ea
F.375, 14c, ff. 113-126; F.393, 14c, ff. 63-80

Pro pueris contra inflationem testiculorum
iuvenum et seniorum...
Hippocrates, Secreta: BN 6988A, ff. 77ra-79

Pro quo primitus ista sunt requirenda...
Lewis of Caerlyon, Canones eclipsium solis:
Kibre(1952), 106 (20, 21)

Pro recommendatione modica egregie musicalis scientie...
> BMar 299, late 15c, f. 88r

Pro responsione ad argumentum quod probare videbatur...
> Johannes Marlianus, Argumentationes contra responsiones Johannis de Arculis: VE VI.105 (X,218), 15c, ff. 13-17(ColR 26); Clagett (1941), 69-74

Pro sanitate corporis conservanda...
> CLM 7755, 15c, ff. 55v-140v. See 'Pro corporis sanitate...'

Pro significatione istius coniunctionis magne...
> John of Eschenden, On conjunction of Oct. 30, 1365: T III, 720-21; BMh 637, 15c, ff. 138vb-143vb

Pro suo exordio aggreditur dictus Orrem...
> Joh. (Paulus) Lauratius de Fundis, De reprobatione eorum que scripsit Nicolaus Orrem... contra astrologos et sacram astrorum scientiam: BN 10271, a.1481, ff. 63r-153v(T IV,235)

Pro utilitate honore ac bone fame curialitateque principum...
> Instrumentum de distantiis: CLM 11067, f. 174r-v; ed. Durand 343-45

Pro venialium qualitate discernenda hora coniunctionis solis et lune...
> Dorotheus, De gravitate vel levitate pretii venalium per singulos menses: CLM 11067, ff. 118va-119r

Pro vero loco solis inveniendo...
> Canones for solar tables: BLas 340, f. 64v

Probare spiritus si ex deo sunt iubet ille discipulus...
> Jean Gerson, De discretione spirituum: Grand Séminaire de Malines 33, 15c, ff. 105v-107v

Probatio mei Petri de Villanova...
> See 'Recipe marchasitam...'

Probatio quantitatis anni solaris. Primo deduc zodiacum...
> Probationes de astronomia practica: BMar 332, 13c, ff. 52v-(55)

*Probatum est in fine primi coeli et mundi...
> Albertus Magnus, comm. Aristotle, De vita et morte: Clermont-Ferrand 171, 13c, ff. 24v-29v; VE VI.20(XII.11), 14c, ff. 71-72; Brux 1207, a. 1417, ff. 268ra-277rb; CUpet 161, 15c, ff. 147-157v; CLM 8001, f. 84r(Schulz); Borgnet IX, 345-71

Probatur a philosophis totam terram esse rotundam...
> BLd 167, 14c, ff. 78v-79v

Probatur quod non sit possibilis in nobis aliqua ...
> Na V.H.190, a.1473, f. 107ra-va

Probatur quod species animalis accipiat perfectionem in corde...
> Quedam notabilia: CLM 244, f. 132v

Probaverunt antiqui...
> See 'Hoc est quoddam bonum...'

Probaverunt quidem sapientes signa non esse...
> Abraham ibn Ezra, Sermo I, De rationibus. See 'Volo enim nunc ponere...'

Probavi alias contra dicta cuiusdam...
> Walter Burley, Responsio altera, de activitate, unitate et augmento formarum activarum: VA 817, 14c, f. 214v

Probavi omnes(tres *or* universos) libros...
> Hermes, Liber lune: Oc 125, 14c, ff. 62r-68r; VI 2378, c.1400, ff. 43r-44rb; T (1947), 238-239; Carmody 64

Problematum quedam per se sunt fidem facientia...
> Alexander of Aphrodisias, Problems, tr Geo. Valla: FL LXXXIV, 16, 15c, ff. 1-56; GW 860-861; Klebs 44.1-2; IAL A352-353; with Problemata Aristotelis, Paris, 1520, ff.261r-274v

Procedamus ad compositionem medicine seu elixiris...
> Arnald of Villanova(?), Practica: DWS 228, 700; T III, 71-72; anon. KlaB XXIX.d.24, a.1421, 1423, ff. 158r-177r; Liber Hermetis: VAp 1330, 15c, ff. 102r-112r

Procedendo in canonibus instrumentorum...
> Canones quadrantis horologii diei: GW 5988; Klebs 243.1

Procedit Avicenna in capitulo...
> Dinus de Garbo, Expositio supra capitulum de generatione embrionis: pr Venice, 1502, ff. 17v-32v

Processus singularis secundum monarcham...
> Bartholomeus de Montagnana, Consilium de fluxu(1450): VA 4440, ff. 5va-7vb

Procreatione quia si multum bone figure...
> Geomancy: Girolla 67

Professa officia nostra nam in expon(en)tibus...
> (Vindicianus), Gynaecia: SG Stift 751, 9c, pp. 311-317; ed. Rose, Th. Prisciani Euporiston, 428-62; Beccaria 133.14a

Professioni alkimie artis vacantes librum hunc
legant. . .
> Philo philosophus: FNpal 758, 15c, ff. 15-16;
> Ambix V(1956), 101

Proficere phisionomia ex qualitate corporis. . .
> Commentator Averroys de phisionomia: Ea
> Q.316, 13-14c, ff. 38v-42

Proficiscor quempiam non delectat nisi amor
invitet. . .
> Galvanus de Levanto, Paleofilon curationis lan-
> goris articulorum, in 47 caps.: VA 2463, 14c, ff.
> 78v-109; Wickersheimer 164b

Profunditatem putei mensurare. . .
> Johannes de Lineriis, De mensurationibus: Ea
> F.394, 14c, ff. 140v-141

Progressio est numerorum secundum equales
excessus. . .
> Mathematical extracts: CUt 567(R.II.86), 15c,
> ff. 15r-19v

*Prohemium huius libri continet duas. . .
> W. Burley, Comm. Averroes, De substantia orbis:
> Oo 12, 15c, ff. 99-(109); VA 2151, ff. 219v-232r

Prohemium in nomine patris dei omnipotentis
. . .
> Albertus, Super alkimia qui vocatur semita iustitie:
> VAp 1330, 15c, f. 56r; Kibre(1942), 514

Prohemium in quo divisio mathematice. . .
> Prosdocimo de' Beldomandi, De arte numerandi:
> BB XII(1879), 155; BLcm 554, 15c, ff. 94r-
> 153v

Proles succedit semper. . .
> Raymond of Marseilles, prol. tr Theorica occul-
> torum: Cues 299, 14c, ff. 85r-96v(T IV,17-18).
> Text, 'Cum de sublimi. . .'

Prolixitatem que etiam plurimos in proiectione
. . .
> Petrus Dacus, Eclipsorium: FN II.iii.24, 14c, ff.
> 208rb-214ra; Isis 50(1959), 37, n.33

Prolixitatis exosa latinitatis artium principia. . .
> Ptolemy, prol. Quadripartitum, tr from Arabic,
> 29 August, 1206: Haskins 110-11; Björnbo
> (1909), 392; (1912), 197; Carmody 18

*Prolocuta inter me. . .
> See 'Pertractata sunt . . .'

Prologum premittit in quo sectam. . .
> Comm. Hippocrates, Aphorismi: BMr App. 6,
> 13-14c, ff. 60r-(69v)

Prologus inter me. . .
> See 'Pertractata sunt. . .'

Prologus prolixitatem prolixitas fastidium. . .
> Tract. physicus: CLM 13046, 14c, ff. 1ra-14ra

Prolonget tibi deus statum tuum in honore. . .
> Alpetragi (Al-Biṭrûjî), De motibus celorum, tr
> Michael Scot, a.1217: ed. Carmody 1952, from
> 10 MSS

Promiseram enim amicitie tue de noctium(?)
furtivis operibus. . .
> De arithritide: BMad 27482, 15c, ff. 223r-230v

Promittit quasi quemdam prologum. . .
> Comm. Marbod, De lapidibus: BN 8817, 14c,
> ff. 24ra-33rb

*Promptus(Propter?) mirari ceperunt philoso-
phari sed cum inter omnia visibilia yris. . .
> Duns Scotus(?), In Arist. de Iride: Oma 21, 15c,
> ff. 108vb-116rb

Pronostica ex diversis libris vel auctoribus. . .
> Karlsruhe 162, 9c, f. 76r-v; Beccaria 57.4

Pronosticatio mortis nascentium laudem. . .
> BLd 210, 15c, ff. 35v-(39r)

Pronosticatio per astronomiam fienda. . .
> Ptolemy, prol. Quadripartitum, tr Simon
> Bredon(?): BLd 179, 14c, ff. 1-(170v); Björnbo
> (1909), 392; Haskins 111

Pronosticatio per revolutiones annorum mundi
. . .
> Extract from John of Eschenden?; Avignon
> 1022, 15c, ff. 8v-11v(T III,334)

Pronosticatio Phytagore summi philosophi secundum operam presentem. . .
> CUmc 17, 15c, p. 152(Atk)

Pronosticis Socratis basilei. . .
> BN 7420A, 14c, f. 126r-(T II,117, n.1)

Prognosticorum Ypocratis.   Fulgor inextrica-
bilis arcam mentis. . .
> Maurus of Salerno, Comm. Hippocrates, Pro-
> gnostica: BN 18449, 13c, ff. 123ra-144vb (ed. in
> preparation M. H. Saffron)

*Prooemium. . .
> See 'Prohemium. . .'

Propellitur vitium et virtus elicitur. . .
> De gradibus: Art ancien 16, 13c, f. 70; Admont
> 762, 13c, f. 70r-v(Schulz)

*Proponimus (namque) tibi in presenti libello
revelare. . .
> Raymond Lull(?), De magna medicina: T IV, 56,
> 643; HL 29, 260

Proponimus profecto tibi in presenti libro revelare...

> Mi D.130.inf., ff. 216-219ra, 220r-227v. See 'Proponimus (namque)...'

Proponimus verum elixir seu lapidem philosophicum...

> Alchemy: BMh 5403, 15c, ff. 9v-13, 13-14 (DWS 667)

Proponitur quoddam maioris(?) negotii...

> De flebotomia: VAp 1363, 15c, ff. 157va-158v

Propono capitulum de iuncturarum doloribus facere speciale...

> Lanfrancus, De doloribus iuncturarum: BN 7065, 15c, ff. 21r-31r

*Proportio communiter accepta(dicta) est duorum ...

> I. Albert of Saxony, De proportionibus: BN 2831, a.1396, ff. 116r-122v; 7768, ff. 14r-(26v); Plimpton 177, a.1395, ff. 1ra-4rb; 187, ff. 132-150, not 132-154 as in Census; BLcm 393, 15c, ff. 88-92v; Ran 480 (D.VII.6), early 15c, ff. 1-5 (Schulz); VAp 1207, 15c, ff. 131r(139)-143v; GW 786a-794; 5780; Klebs 29.1-9; 233.1; IAL A311-15; B1162
> II. Paul of Venice, De motu: BN 6433; Univ. of Chicago 3; St. Omer 317, late 14c, no.2

Proportio est duarum quantitatum eiusdem generis...

> Thebit ben Corat, De proportionibus, tr Robertus Anglicus(?): Steinschneider(1905), 66-67; Björnbo(1912), 220; ascribed to Alkindi, Mi A.203.inf., ff. 1r-4r; Campanus, Björnbo(1903), 240; Ametus filius Josephi: BN 7377B, 14-15c, ff. 94v-98r; anon. Oc 41, ff. 180r-183v; Carmody 127-28

Proportio est duplex scilicet equalitatis et inequalitatis...

> Hothbi Anglicus, Proportiones: BN 7369, ff. 26v-28r

Proportio est habitudo penes excessum vel equalitatem...

> De proportionibus(10 caps): CLM 26639, ff. 52r-56r

Proportio est latitudo penes excessum...

> Michael de Insulis, O.M., Algorismus proportionum: VAp 1380, ff. 279r-281v

Proportio est rei ad rem determinata secundum quantitatem habitudo...

> Jordanus Nemorarius, De proportionibus: Björnbo(1903), 243; (1912), 210; CU 1935 (Kk.I.1), 13c, ff. 120-121r; Millás(1942), 203; Thebit: Ea Q.376, ff. 117v-119; BLsa 21, 13c, ff. 150v-151r; Carmody 128

Proportio irrationalis est que non denominatur ...

> Ea Q.351, f. 102v

Proportio multiplex dicitur quando maior continet minus...

> Notae de proportionibus: Plimpton 171, a.1396, f. 16r-v

*Proportio quedam est communiter dicta...

> Ric. Billingham, Proportiones: Tanner

Proportio secundo elementorum Euclidis et primo ab Aristotele...

> De proportione: VA 1108, 14-15c, ff. 126r-131r

Proportio ut notat(?) Euclides quinto elementorum...

> Algorismus de proportionibus: Prag 1144 (VI.F.7), f. 149r-v

Proportio vel est dicta communiter vel proprie ...

> Thomas Bradwardine, Proportiones: pr Venice, 1505, ff. 9r-16v

Proportionem maioris inequalitatis dividere est ...

> Bern A.50, early 15c, ff. 192v-193v

Proposita questione de thesauro...

> Zittau Stabtbibl. B. Q.2, 15c, ff. 234-236(Zi 3348)

Proposite intentionis est considerare de tempore ...

> Dietrich of Freiberg, De tempore: Beiträge, XX, V, 75

Propositio est duorum terminorum adinvicem habitudo...

> Joh. Tinctor, Music: Ghent 70(421), ff. 187r-206rb

Propositio prima. Inter duodecim signa...

> Iudicia de pluviis et de qualitatibus anni: VI 5296, 15c, ff. 125r-129v

Propositio prima. Omne purum et mundum ...

> Albertus Magnus, Propositiones artis alchemiae: VAb 273, f. 210r. See 'Omnis pura res...'

Propositio prima. Tempus oppositionis vel coniunctionis...

> Canones de temporibus coniunctionum et oppositionum cum tabulis subiunctis: VI 5412, 15c, ff. 174r-236r

Propositio 51 Ptolomei in Centiloquio. Locus lune...

> Alfonsine tables: VAp 1412, f. 72

Propositio 58 mensuris geometricis preambula
quedam accomodare...
  De geometria: de mensurationibus rerum: Budapest 197, 15c, ff. 1-15

Propositio universalis est propositio singularis...
  William of Heytesbury, Primus tract. de eventu
  futurorum: VE fa 300(X,207), 14c, ff. 78-79
  (ColR 51a); Wilson(1956), p. 207

*Propositis radicibus sapientie tam divine...
  Roger Bacon, Perspectiva(Opus maius V): Little
  382-84; VAb 350, 14c, ff. 2-17; FL Plut.29,
  cod.40, 15c, ff. (1)-(68v); anon. Prag 1552, 14c,
  ff. 4-36(Schulz)

Propositis tibi a me aliquando quibusdam
questionibus...
  See 'Cum multos mente...'

Proposito circulo quadratum equale describere
...
  De quadratura circuli: CU 1017(Ee.III.61), 15c,
  f. 176r

Propositum erat expedire illud quod a principio
...
  Perleone, Recollectiones de febribus: CUt 1398
  (O.VIII.23), I, 15c, ff. 1-13v; VAu 1353, 15c,
  f. 78-

Propositum est amice Monthee tibi edere
librum de operatione manuali...
  William of Saliceto, Chirurgiae tractatus quinque:
  VE VII.32(XIV,58), 14c, ff. 41-93(T II, 760,
  n.3)

Propositum est Bone tibi edere librum de
operatione manuali...
  William of Saliceto, prol. Chirurgia: Ea F.270,
  late 13c, ff. 36-70; BLe 19, f. 32v-; Os 76, 14c,
  108 ff.; VI 5154, ff. 104r-127v; pr with Summa,
  Piacenza, 1476; Venice, 1490, f. 143v; etc.
  (Polain 1836; Klebs 487.1-3; IAL S30-32);
  F. O. Schaarschmidt, 1919

Propositum est breviter pertractare in quibus
egritudinibus...
  Ricardus Anglicus, De phlebotomia: BMsl 4, 15c,
  ff. 31-34

Propositum est circa instans negotium quid de
medicina et qualiter...
  De naturis rerum(medical): BMr 12.F.XV, early
  14c, ff. 5ra-18va

Propositum est medicinarum curantium...
  Perleone, Opus medicarum curationum: CUt
  1398, 15c, ff. 14-25

Propositum est medicinarum evacuantium brevem...
  (Petrus Leonus?): VAu 1363, 15c, f. 58-

Propositum est nobis tractare breviter...
  Henry of Winchester, De phlebotomia: On 171,
  13c, f. 74; CUg 176, ff. 1-11(?); Russell 48

Propositum est quidem presenti negotio breviter
...
  Galen, Flebotomia: PA 1027, 14c, ff. 83-86;
  Diels(1905), 135

Propositum est quidem presentis negotii breviter tractare...
  Roger, De flebotomia: Bern 429, 13-14c, ff.
  43rb-44rb

Propositum est tibi Bone...
  See 'Propositum est Bone...'

Propositum et intentio universe speculationis
medicine...
  Comm. Alexander of Tralles, Practica: Borghesi
  196, 14c, ff. 102v-111r

Propositum (quidem est) presentis negotii (est)
breviter...
  Ricardus Anglicus *or* Constantinus Africanus, De
  fleubothomia: Ea F.288, 13-14c, ff. 25-26; VAp
  1165, ff. 94vb-96ra; VI 5155, 15c, ff. 113v-120r;
  anon. James 483; CU 938(Ee.II.20), 13c, ff.
  207ra-210vb; BN 7121, 14c, ff. 28v-40v; BLr
  D.251, 14-15c, ff. 27r-29v; CU 671(Dd.XI.45),
  15c, ff. 121r-126r

Proposui determinare de opere difficili...
  De febribus: CUc 516, 15c, ff. 152v-153

Propria sensibilia visu sequuntur(?) colores...
  Averroes, comm. De sensu et sensato(?): VI 5163,
  15c, ff. 87vb-90ra

Proprietates celestium signorum autem planetarum sunt efficacia...
  George Peurbach, De septem planetis: Yale 156,
  copy 2, pp. 144-154; Zi 7760

Proprietates divine essentie (convenientes tangit
Io. Damascenus)...
  Abbreviatio Barth. Anglici, De proprietatibus
  rerum libri xx: Basel D.III.2, a.1420, ff. unnumbered, after tables of contents etc. cap. i inc. f. 7v;
  anon. libri x: CLM 4148, 15c, ff. 1-(61)

Proprium igitur presentis negotii...
  Prol. Doctrina de quatuor lineis ordinandis
  secundum artem, translatio Endidii regis. See
  'Delio regi...'

Propsiletrum ad noxios quosque humores extrinsecus desiccandos. . .
    Medical: VAu 1362, 14c, f. 85

Propter admirari antiqui. . .
    See 'Propter amirari. . .'

Propter admirari greci et egyptii inceperunt. . .
    Pedro Pintor, De morbo gallico, cap.1

*Propter admirari inceperunt antiquitus homines
    . . .
    Henry of Hesse, De reductione effectuum in
    causas universales (in virtutes communes): T III,
    743-48; ColR 37b, 39a, 41d

Propter amicorum et familiarum dilectionem. . .
    Engelbert, prol. De musica: Fowler 196-97;
    Osiris XI, 478; pr Gerbert Scriptores, II(1784),
    287-369(Schulz)

Propter amicorum instantiam. . .
    Engelbert of Admont, In musica: cited Pez
    Thesaurus, I, i, 433; ZB IV(1889), 511

Propter amirari antiqui inceperunt philosophari.
Hec propositio. . .
    Albertus de Orlamunde, Glosa in IV Meteor.:
    CLM 5640, a.1374, ff. 1ra-52rb; Beiträge XX.2
    (1918), 47

Propter defectum boni regiminis et dietationis
    . . .
    John of Bordeaux *or* Burgundy, Pest tract: BLr
    C.677, 14c, ff. 10-11; BMsl 433, 14c, ff. 47v-51

Propter doctrinam plurimorum vagorum. . .
    De virtutibus dierum singulorum cuiuscunque
    anni: Ea Q.330, 14c, f. 24

Propter evidentiam primi quid nominis pestilentia. . .
    Ambrosius Jung, Pest tract: Augsburg, Schöns-
    perger, 1494(Klebs 568.1; IAL J447)

Propter maiorem evidentiam musice artis. . .
    Basel F.VIII.16, 15c, f. 191r-

Propter mirari ceperunt philosophari. . .
    See 'Promptus mirari ceperunt. . .'

*Propter multa in hoc libro contenta. . .
    Roger Bacon, comm. Ps. Aristotle, Secreta sec-
    retorum: OHI V(1920), 2-24; DWS 30

Propter multas rationes(causas) homines simulant se egrotare. . .
    Galen, De simulantia(?) egritudinum; tr Nicholas
    of Reggio: Cues 296, 14c, f. 143; CLM 490, 15c,
    ff. 28r-30r; VAp 1335, 15c, f. 96r; T (1946),
    229

Propter multiplicis laboris aleviationem. . .
    Johannes de Sacrobosco, Algorismus de integris et
    minutiis: CUt 567 (R.II.86), 15c, ff. 1-14v

Propter nostrum admirari inventum est philosophari. . .
    Pierre d'Ailly, In libros Meteororum Aristotelis:
    BN 2831, a.1396, ff. 63r-83r; CLM 26929, 15c,
    ff. 264ra-274rb; 27105, 15c, ff. 1-33r; pr Stras-
    burg, 1504; Salembier xxii

Propter quandam rationem. . .
    Siger de Brabant, De eternitate mundi: BN
    16222, 13c, ff. 74v-75v; AL 688

Propter quedam difficilia in hoc libro de astronomicis. . .
    Astronomia: BMr 12.E.XV, 14c, f. 35r

Propter quid. . .
    Alexander of Aphrodisias, Liber problematum, tr
    George Valla.   See 'Problematum quedam. . .'

Propter quid aliis fluminibus in hieme. . .
    Ps. Aristotle, De inundatione Nili: Beiträge,
    XVII, 5-6(1916), 203; Ma 10053, 13c, f. 38ra-
    vb; pr Venice, 1496, ff. 363v-364v; etc.; (GW
    2336, 2341, 2450, ff. 35v-38r; Klebs 82.7; IAL
    A865); V. Rose, Pseudoepigraphus(1863), 633-
    639; (1886), 191-197; AL pp. 90, 191, 479

Propter quid est quod magne.   Respondetur. . .
    Problemata, abbrev.: BN 14728, 15c, ff. 277r-
    313r; AL 647

Propter quid est quod venenum ex toto. . .
    Christopher de Honestis, cap.1, De venenis:
    anon. Gö Hist. nat. 39, late 15c, 44 ff.

Propter quid homines Homerus temporicanos
vocavit. . .
    Alexander of Aphrodisias, Liber problematum, tr
    Peter of Abano a.1302: Es f.I.11, 14c, ff. 31-32
    (T II,918); VAr 747, 15c, ff. 62r-104r

Propter quid magne habundantie. . .
    Aristotle, Problemata: CU 1968(Kk.II.5), 14c,
    ff. 207-268

Propter quid magne superabundantie egritudi-
nales. . .
    Aristotle, Problemata; tr Bartholomaeus de Mes-
    sana: Beiträge XVII, 5-6(1916), 201; Angers 450
    (435), 13c, ff. 62-110; with 2 other trs: BMad
    21978, a.1477, ff. 2ra-110ra; AL pp. 86, 182,
    cod., 1674; CLM 12021, ff. 118rb-179rb; pr
    (Venice), 1482(Polain 3073; Klebs 776.1; IAL
    P392-93); ed. in part, Rudolph Seligsohn, Berlin
    diss., 1934

Propter quid thimiamata...
> Aristotle, Problemata cum comm. Petri de Abano a particula xii ad finem: Cesena VI.sin.3, 14c, ff. 1r-191v(AL 1292)

Propter quod est cum maior caliditas requiratur ad generationem...
> Questiones medicinales: BLcm 156, 15c, ff. 261r-266v

Propter sceleratorum hominum nequitiam et familiarium...
> De curationibus venenorum: BLcm 236, 15c, ff. 1r-59r

Propter triplicitates et distinctionem planetarum...
> Astronomia secundum Iudeos: BMc App. VI, 13c, ff. 31vb-45rb; Isis 29(1938), 69-71

Propterea quia vidimus quod conveniens est...
> Ahmad ibn Musa, Liber trium fratrum de geometria, tr Gerard of Cremona: ed. Curtze, Thorn, 1884; Ab(1912), 127; GS II, 341; Carmody 48-49

Propterea quod in libro pantegni...
> Constantinus Africanus, De oculis: Graz 311, 15c, ff. 66rb-80ra

Prosecutis illis que ad utilitatem...
> Opiates: BN 7035, f. 81

Protector in ipso Christo sperantium(operantium) deus...
> Lanfranc of Milan, prol. Chirurgia maior *or* Practica: CUg 159, a.1296, ff. 111-443; CLM 323, 14c, ff. 13-69; Oa 76, 15c, ff. 213-229, incomplete; etc. Text, 'Omne quod volumus...'

Protector in se omnium sperantium deus...
> Lanfranc, pref. Practica que dicitur completa totius cyrurgia: pr with Guy de Chauliac, Venice, 1498; 1499, ff. 176r-216v(Klebs 494.1-2; IAL G510-11)

Protinus quod corpus perfectus est omni quantitate...
> Avicenna, De celo et mundo: VA 4428, ff. 20va-27rb

Protinus ut ars et scientia transmutatoria...
> Raymond Lull, Tract. septem rotarum quarum sex sunt volubiles: Bern B.44, 15c, ff. 5r-62r; Speculum XII(1937), 370-71; Canterbury Cath. 50,a.1465, ff. 1-7v(DWS I,246-47); HL 29, 376

Protracta sunt inter me et hahabesen(Hasen)...
> See 'Pertractata sunt inter me...'

Protrahe lineam rectam...
> De figuratione eclipsis: BN 7404, f. 24r-v(Poulle)

Prout dicit Salomon in libro Sapientie. Omnis sapientia...
> Raziel, De virtutibus et secretis: VAr 1300, 15-16c, ff. 1r-202v; T (1947), 254

Providens vates dubiis in astris...
> 'Epitaphium mag. Arnaldi quondam regis Karoli VI peritissimi astrologi': Tours 570, 15c, front matter; Wickersheimer 52 errs in identifying him with an Arnoul de la Palu who died 6 Sept. 1459

Provido et discreto viro magistro...
> Consilium de diritie derelicta in mamilla etc.: VAp 1240, 15c, ff. 144v-148r

Provincie Babilone Alexandro...salutem. Nescit humanum genus...
> See 'Nescit humanum genus...'

Provincie huius mundi...
> De propria significatione duodecim signorum: Cues 209, 14c, f. 68

Provocantia vomitum aliqua levia aliqua gravia...
> BMsl 342, 13c, ff. 97va-102ra

Provocas me studio(studiare sole) artis medicine...
> Hippocrates, Epistola ad Mecenatem: BN 7027, 9c, ff. 2v-13v; 11219, 9c, ff. 212ra-221rb; Beccaria 28.2; 35.37

Provocat urinas obstantia queque repellens...
> Aemilius Macer, Poema de herbarum virtutibus (incomplete): Rouen 979, 13-14c, ff. 10-49

Provocatus sum ut consulam quibuscum accidentibus...
> Hieronymus Vallensis, Consilium: VAp 1251, f. 329r-v

Proximis diebus cum plus otii aliquanto...
> Leonardus Nogarolus, dedic. De rerum quidditatibus. Text, 'Utrum dentur...'

Prudenti physico semper providendum est que signa...
> Astrological medicine: Ea Q.324, a.1407, ff. 162-163v

Prudenti viro amico suo karissimo Theodoro...
> See 'Nosse cupiens diversitates...'

Prudentissimo domino magistro...
> See 'Eruditissimo...'

Prudentissimus ille et excellentis ingenii...
> Baptista Massa de Argenta, Opusculum de fructibus viscendis, to Ercole, duke of Ferrara: CPh 10.a.189, ff. 8r-76v

Psilotrum ad noxios quosque humores extrinsecus...
> Receptaria: Avranches 235, 12c, f. 51; Laon 403, 12c, f. 166r-v(Corbett II, 12, 67)

Ptholomeus...
> See 'Ptolomeus...'

Ptisana vero ordeacea...
> P. de Capite-Stangno, Questiones super librum Hippocratis de regiminibus acutorum: BLlm 558, a.1459, pp. 398-524. This is cap.18, Lib. I, Regimen acut.(Articella, Venice, 1487, f. 78vb)

Ptisis nomen cadit super quattuor res...
> Gentile da Foligno, Questio de ptisi: pr with Avicenna, Canon, Venice, 1523, vol. II

Ptolomeus dixit quod stelle cum caudis sunt novem...
> De cometis: Björnbo(1912), 103; Cues 208, a.1311, ff. 150-151; CU 1705(Ii.l.13), 14c, f. 200v; BN 7316, f. 145r; Ghent 5(416), 15c, f. 21r-v; VI 5239, 14-15c, ff. 128rb-145r; 5414, 15c, ff. 136v-137va; for frequent medieval citation of this text, T (1950), Index, Ptolemy, Cometis

Ptolomeus et alii sapientes posuerunt corpus terre...
> Thebit ben Corat, De quantitate stellarum: Carmody 119-21; FN II.iii.24, 14c, ff. 222va-223va; BLcm 517, 15c, ff. 2va-3va; VI 5145, ff. 54r-56v; ed. Carmody 1941

Ptolomeus et multi alii sapientes qui fuerunt ante ipsum...
> Abulhazen(Alhazen), Astronomy, Spanish tr by Abraham Hebreus by order of Alfonso X, Latin tr anon. cap.i, 'de, prologo huius libri verba Alfonsi regis Yspanie': BLcm 45, 15c, 56 ff. (TR 209) in 30 and 18 caps. Isis 40(1949), 34-35: pr BB 14(1881), 730-31

Ptolomeus et multi sapientum annum solarem metiuntur...
> Liber astron. (12c): CUmc 165, 14c, ff. 67-80v (TR 278); Isis 40(1949), 35

Ptolomeus in Centilogio dicit sic Stelle cum caudis sunt novem...
> On comets: CLM 14684, 14c, f. 70v

Ptolomeus in Centiloquio suo scribit hanc propositionem. Imagines huius mundi imaginibus celestibus...
> CLM 19668, 15c, ff. 3r-21r (Fowler)

Ptolomeus in hoc libro tricarum nomina posuit...
> FL Plut.30. cod.29, 13c, f. 62ra-b; same as next item

Ptolomeus in hoc loco seu libro tricas et tricarum nomina...
> Grosseteste, Ptolomeus de novem cometis: Thomson 112

Ptolomeus in libro quidem centiloquium tricas...
> See 'Ptolomeus in hoc loco...'

Ptolomeus in libro centum verborum...
> John of Stendal, Scriptum super Alkabicium: Cues 212, a.1416-1430, ff. 170-204(T III,223); anon. De iudiciis astrorum: CLM 228, 14c, ff. 71r-80ra

Ptolomeus in loco isto dicit...
> De cometis: FLa 129(203-135), 16c, ff. 46-47v

Ptolomeus in Mercurii incedens vestigiis...
> Ptolemy, De compositione astrolabii universalis, tr from Arabic in 1147 at London: BLd 40, 13c, ff. 1r-8r; Haskins 122; Carmody 19

Ptolomeus in omnibus scientiis et precipue in quadrivialibus...
> De vita Ptolomei: BN 7432, 15c, f. 1r

Ptolomeus in prima propositione Centilogii dicit...
> Comm. Isagoge Alcabitius: VAp 1354, a.1464, ff. 126va-160rb; change desinit in Osiris 8(1949), 44, to '...nives permanserunt usque in ieiunium.'

Ptolomeus in suo Centiloquio docet nos causas dierum determinabilium...
> Mi M.28.sup., 14c, f. 79r

Ptolomeus inquit. Locus lune hora casus spermatis...
> Jacobus de Dondis, Canones duo pro rectificando themate nativitatis: VI 5208, 16c, f. 43r, Tables at ff. 43v-44v(TR 350f); T III, 389, n.12

Ptolomeus inquit quod zodiacus...
> On signs of zodiac: BN 11249, f. 89r-v, incomplete(Poulle)

Ptolomeus inspexit in omnibus...
> Haly Abenrudianus(ibn Ridwan), Gloss to Ptolemy, Liber quadripartitus: BMr 12.F.VII, early 14c, ff. 1r-(218v), tr Aegidius de Tebaldis; CU Kk.IV.7, 14c, f. 5(Atk); pr Venice, 1493, f. 3ra (line 2 of Haly's comm.): Klebs 814.2; IAL P995

Ptolomeus namque in tertio libro sui Quadripartiti...
> De presagiis temporum ex lune proprietatibus: BN 16089, ff. 269va-270ra

Ptolomeus. Orbis terre descriptor egregius refert...
> CLM 5896, 14c, f. 17r(Schulz)

Ptolomeus. Quando Iupiter fuit in signo aquatico...
> De caristia et fame vel habundantia et utilitate: VAo 1826, 15c, f. 64r; Isis 49(1958), 35-36

Ptolomeus qui in suo libro Almagesti tabulas composuit...
> Johannes Blanchinus, Canones: VE fa 341 (XI,76), 15c, ff. 2-18, followed by tables, ff. 23-141

Ptolomeus qui merito illuminator divine artis astrologie vocari potest...
> Johannes Blanchinus, Canon I, Tabulae celestium motuum earumque canones: Scripta math. 16 (1950), 6-7; 19(1953), 6-8; BLcm 454, 15c, 149 ff.; Bibliofilia IX(1908), 451; GW 4410; Klebs 188.1; IAL B627

Ptolomeus rex et philosophus...
> Tabula mirabilis: BMad 10362, 14c, f. 107v

Ptolomeus scribit in principio Centiloquii sic...
> Jean de Jandum, Prol. Questiones super libros Aristotelis de celo et mundo: HL 33, 541-42; Ea F.178, mid 14c, ff. 88-91v. Text, 'Consequenter circa istum...'

Ptolomeus summus philosophus et excellentissimus egyptiorum rex...
> 'Expositio ad litteram' of Ps. Aristotle *or* Ptolemy, Astrology: BMc App. VI, 13-14c, ff. 23vb-29rb

Puderet me mei vir optime Petre Soderine in hac mea competitione...
> Bartholomaeus of Pisa, Epitoma medicinae: pr (Venice?, 1500?)(Klebs 157.1; IAL B154)

Puelle virgines faciunt urinas lucidas...
> De urinis: BMsl 431, early 13c, f. 42ra-b

Puer natus erit inlustris astutus sapiens literatus...
> Moon book: BMsl 475, 10-11c, ff. 211r-212r

Puer natus in signo Arietis...
> Nativities in the 12 signs: VAu 1398, 15c, ff. 25v-29r

Puer vero quacumque hora diei natus...
> De virtutibus planetarum: BMsl 3443, 15c, ff. 2r-3v

Pueri multis subiacent infirmitatibus...
> Millás(1942), 123; Toledo cap 97-23, c.1400, f. 87

Pueritia est frigida et humida et durat ad 14 annos...
> BMh 2375, 15c, f. 36r

Puerorum adhuc in cunabulis...
> Practica puerorum: VA 2416, 14c, ff. 47v-47Av; AL 1863

Puis que cy dessus a esté suffisamente traitté...
> Arithmetic with counters(jetons) in 9 parts like Jehan Adam(which has only 7 parts): FL 29, 34, 15c, ff. 33r-46v

Pulcherrima in principio medio fine...
> Hermes, Practicha: FR 390, 15-16c, ff. 154v-165v

Pulmonem eius signa sunt febris continua...
> Fragment: Orléans 286, 13c, ff. 1-32

Pulsus bonus et maior oritur de cerebri arteriis...
> VI 10, 11-12c, ff. 328v-329ra; Beccaria 2.3

Pulsus dividitur in duas partes...
> Summa quedam pulsuum: James 481; BN 16944, 12c, ff. 71ra-72rb; CLM 363, 15c, ff. 91r-92r

Pulsus est motio cordis et arteriarum secundum diastolem et sistolem...
> Philaretus: Brux 14302, 14c, ff. 6ra-52; CUsj 78, ff. 127vb-128rb(TR 349); VI 2296, 13c, f. 108rb-va

Pulsus est motus cordis et arteriarum facta secundum dyastolem et...
> Ricardus Anglicus, De pulsibus: On 167, 13c, ff. 2-6; Wickersheimer 697. Prol. 'Quatuor canones...'

Pulsus est motus etc. In precedentibus...
> See 'In precedentibus Avicenna...'

Pulsus est motus receptaculorum...
> De pulsu (apparently part of a larger work): VA 4439, 14c, ff. 96ra-98vb

*Pulsus est nuntius qui non mentitur...
> Bernard Gordon, De pulsibus: Part 3 of his De conservatione vite humane: VAp 1174, 14c, f. 51rb-; CLM 3073, 15c, ff. 123vb-126ra; PA 708, 14c, f. 149; Oo 4, 14c, f. 224; VAp 1083, 15c, ff. 244v-245v; anon. VAp 1226, 15c, ff. 163r-165v; pr with De urinis: Ferrara, 1487, also at Venice, 1498, with Lilium(GW 4087; Klebs 180.1; 177.5; IAL B392; B389); Venice, 1523, ff. 123va-124rb; Frankfurt, 1617, pp. 1139-45

Pulsus est operatio virtutis spiritualis. . .
Ricardus (Anglicus?), De pulsibus: CUpet 178,
13c, ff. 194-201v; Wickersheimer 697

Pulsus fit ex infricatione naturalis caloris. . .
Bern A.92.26, 11-12c, f. 9r-v

Pulsus igitur (est) dyastole. . .
Galen, De compendiositate pulsus, tr Burgundio
of Pisa: CLM 490, a.1490, ff. 129r-133r. Prol.
'Hoc idem opus. . .'

Pulsus ut corpus multis. . .
De pulsibus, tr ex lingua Indica: Ea Q.320, 13c,
ff. 187v-189v

Pulsus ut dicit Philaretus est motio cordis. . .
Matthaeus Salernus(?), Tract. pulsuum: BMr
12.D.IX, late 13c, ff. 95r-(96r), anon. CUt 1377
(O.VIII.2), 15c, ff. 78-80. Pref. 'Corporis
humani machina licet ex variis. . .'

Pulsus ut multas ac diversas passiones habet
corpus. . .
BLh 112, 13c, f. 23v

Pulverizatur et teritur subtilissime. . .
Joh. Alcherius, Recipe for azure: BN 6741, 15c,
ff. 39v-41v(Corbett I,43)

Pulvis ad ignem grecum iactandum ita fiat. . .
DWS 978

Pulvis altissimus modi pro visu. Recipe folia
. . .
Pulvis pro visu: Mon 490, a.1460, f. 64v

Pulvis qui dicitur tragia. . .
Recepte varie medicinales: BLcm 344, 14c, ff.
48v-(52)

Pulvis Rasis optimus contra ventositatem.
Recipe gariofilum. . .
Yale Fritz Paneth, 14c, pp. 671-675

Pulvis solvens delicatos cum facilitate. . .
Gentile (da Foligno?), Antidotarius brevis: Wo
3175, 15c, ff. 102v-109r

Punctum equali motu dicitur moveri. . .
Autolycus, De motu sphaerae, tr Gerard of Cre-
mona, Björnbo(1903), 240; Ab(1912), 126;
Steinschneider(1905), 17; ed. from 4 MSS:
AIHS II(1948), 139-64; Carmody 22

Punctum perficiunt duo talia plena minuta. . .
Divisions of time: BMad 41744, 12c, f. 16v

Punctus centrum cuspis sunt sinonima. . .
Andalò di Negro, Theorica distantiarum omnium
sperarum: BB VII(1874), 362; anon. BN 7272,
ff. 85r-99v(ColR 89)

Punctus est cui non est pars. . .
BN 14068, 15c, ff. 5r-8v

Punctus est cui(cuius) pars non est. Linea
est. . .
Euclid, Elements, tr Adelard of Bath, Versio II;
Clagett, Isis 44(1953), 22-23, 30; pr Venice,
1482, 1491(Polain 1425; Klebs 383.1-2; IAL
E86-87)

Punctus est id quod nullam habet dimensionem
. . .
Leonardo Pisano, Introd. Practica geometriae.
See 'Rogasti (me) amice dominice et. . .'

Punctus est illud cui(cuius) pars non est.
Linea. . .
Euclid, Elements, tr Adelard of Bath, Versio I:
Clagett, Isis 44 (1953), 18, 20; Bruges 529, 13c,
ff. 1-48v

Punctus est illud cuius non est pars. . .
Euclides de geometria: Darmstadt 739, 10(?)-
14c, ff. 1-39

Punctus est punctus duodecim. . .
Geomantia: VI 5508, 14-15c, ff. 137r-141r

Punctus motus describit lineam. Cum enim
habet situm. . .
Campanus of Novara, De sphera: VE VIII.69
(XI,86), 15c, ff. 27-64; pr with Sacrobosco,
Sphera cum commentis, Venice, 1518, ff. 153ra-
158vb; 1531, ff. 195r-202r(TR 236b); with
Alphonsus a Vera Cruce, Phisica speculatio,
Mexico, 1554, ff. 1r-12v; T (1949), 26-28

Punctus sic describitur ab Euclide in primo
geometrie sue. . .
Admont 442, 14c, ff. 1-8, possible tract on Euclid
by Albertus Magnus: Grabmann (1936), 342
(Schulz)

Purgatio capitis peretro tribula et inde pulverem
fac. . .
Cambridge Antidotarium: CU Gg.V.35, 11c, ff.
427v-431v(Beccaria 70.7a); Sigerist(1923), 160-
167

Purgatio mercurii post teratur mercurium. . .
Guido de Montaynor, De operationibus cola-
teralibus: BMsl 3744, 15c, ff. 27-31, 31v-34v
(DWS 296). This inc. is of paragraph 2

Puritas mercurii cognoscitur per hoc quod
pelles. . .
BMad 10764, 15c, f. 163r-v(DWS 455A)

Purpureus color ac violatius est ametisto. . .
Marbod, Liber lapidum in 29 caps.: CLM
23479, 11-12c, ff. 4v-10r; Beccaria 62.7

Purus aer prodest menti...
  Regule conservande sanitatis: Basel D.II.13, f. 283r

Purus oriens atque non fervens serenum...
  De tempestatum presagiis: T III, 273, 708-14; ColR 87, 88; CUpem 227, 14-15c, ff. 180-182v; anon. BMsl 2030, 13c, ff. 108v-110r. This is Pliny, NH, lib.XVIII, cap.78, par. 2, to lib. XVIII, cap.90. See 'De tempestatum presagiis ...'

Pusca frigida bibatur...
  Cura oculorum: Brux 2428, f. 114v. Part of Passionarius Galieni. See 'Cephalea est dolor ...'

Pustule capitis quandoque habent unctua(?) foramina...
  Ricardus (Anglicus), Compendium de re medica, text: BMsl 351, end 13c, ff. 95r-156v

Putabunt nonnulli cum primum libelli huius...
  Petrus Leone, De urinis: FR 868, 15c, ff. 84ra-107vb

Putant nonnulli vir magnifice ac eruditissime...
  Prognostication: pr BU AV.KK.VIII.29, Tract. 17, ff. 81r-84v

Putredo accidit. Hic tractatus secundus...
  Sermo de febribus (Comm. Avicenna, Canon, IV, 1, ii): Brux 3217, a.1470, ff. 269ra-314vb; Silvestre 157-58

Putrefacias in fimo equino calido et post putre-factionem...
  CUt 1120(III), 15c, ff. 20v-21(DWS 561)

Pyonia betonica...
  Medicine simplices: Danzig Mar. F. 200, 15c, ff. 78v-87 (Benjamin)

Pythagoras artem nobis tradidisse sonorum...
  Comm.(?) Joh. de Muris, Musica: VI 5203, 15c, f. 128v

Pythagoras dixit Sunt 360 gradus et quilibet habet fortunam suam...
  Tract on lucky and unlucky planets and signs: BMr 12.C.XVIII, 14c, ff. 36v-37v, imperfect, ending in Leo

Pythagoras philosophus primus apud Grecos musice...
  Theogerus Metensis episcopus, Musica: PL 163, 778-92; Gerbert II, 183

Pythagoras Telaucio filio salutem...
  BMar 295, 12c, f. 265r

Pythagoreorum Platonicorumque sententia in cunctis...
  George Valla, Introd. tr Cleomedes, Musica: pr Venice, 1498, f. 41r(Klebs 1012.1; IAL N33)

Pythagorici vero hoc opus composuerunt...
  Adelard of Bath, Regule abaci. See 'Adelardus philosophorum assecla...'

Pythagoricum preceptum est magnanime Petre perfecto divinum...
  M. Ficino, De sole et lumine: pr Florence, 1493 (Klebs 398.1; IAL F140; AFML 185)

Qua protenta iacent vaste divortia terre...
  Rufus Festus Avienus, Descriptio orbis terrae: pr
  Venice, 1488(Klebs 137.1; IAL A1277), ff.
  29v-48r

Qua ratione herbe sine...
  Adelard of Bath, Questiones naturales: James 466.
  These words open the caption of cap.1, which
  continues, 'preiacenti nascantur semine'

Qua te devotione teneam mi Iohannes...
  Prol. in librum de pulsibus: Ome 324 f. 134r

Quadraginta et sex annis edificatum est templum
  ...
  Honorius Augustodunensis, pref. Hexaemeron.
  Text 'Quia multi multa...'

Quadrans c.k.l. qui est quarta pars circuli...
  CLM 11067, 15c, ff. 193vb-194va

Quadrans c.k.l. qui ex sexta parte circuli...
  Boffito e Melzi d'Eril, Il quadrante d'Israele di
  Jacob ben Machir ben Tibbon(Profacio), Flor-
  ence, 1922, pp. 40-41; Isis 50(1959), p.36, n.27

Quadrans describitur in...
  VI scot 138, 15c, f. 265r-v(Zi 8863)

Quadrans e.k.l. constans ex quarta parte...
  Compositio quadrantis: BMr 12.C.XVII, 14c,
  ff. 81r-(82v)

Quadrans est k.l.(c.k.l.) qui ex sexta parte circuli
  ...
  Profatius Judaeus, Tract. quadrantis novi, suppl.
  cap.: BLt 192, 14c, ff. 108-109v

Quadrans est quarta pars diei naturalis...
  Sacrobosco, De anni ratione (Computus): Sphaera
  emendata, 1564, ff. 2r-49v; T (1949), 4. n.
  Pref. 'Computus est scientia considerans...'

Quadrans est spere plane quadra...
  New York, Voynich Estate, 10, 14c, ff. 16v-18r;
  Seitenstetter O.77, 14c, ff. 15v-38r

Quadrans illo modo fiat...
  Zi 8865

Quadrans instrumentum...
  Leip 1469, 14-15c, ff. 252-263v(Zi 8866)

Quadrans sequens fit hoc modo...
  FL Plut. 29, cod.43, 15c, f. 58r; Isis 50(1959),
  36, n.18

Quadrantem horologiorum horizontalium artificiose componere...
  Cgm *4545, c.1500, f. 78r(Schulz)

Quadrantis artitiam habere...
  Zi 8867-71.   See 'Quadrantis notitiam...'

Quadrantis compositionem investigantibus primo
accipiatur quarta pars tabule...
  De quadrante: CU 1684(Hh.VI.8), c.1300, ff.
  197v-198r

Quadrantis descriptionem ac eius officium...
  (Thomas of Newmarket?): CUpet 184, 15c, ff.
  223vb-225rb

Quadrantis in astrolabio constituti duo sunt
latera...
  De gnomonis officio (Part of Practica astrolabii?):
  BMh 3647, 13c, ff. 80ra-81ra

Quadrantis notitiam habere...
  Zi 8867-71(Schulz)

Quadrantis notitiam habere affectantes...
  Basel F.VIII.16, 15c, ff. 204r-205r; BN 7197,
  15c, ff. 37v-38r; 10266, ff. 1-3(Poulle); CLM
  11067, 15c, ff. 194vb-196va; BMad 15107, 15c,
  ff. 203r-204r; Saxl(1953), 22; Zi 8886

Quadratum corde arcus minoris...
  Paulus, Extracta ex tractatu magistri Leonis
  Judaei de Balneolis (Levi ben Gerson), De baculo
  Jacobi: Brux 2972, 15c, ff. 194-210(Silvestre)

Quadratum horarium pro multis regionibus
diversorum latitudinum facies...
  Organum Ptolomei: VI 5258, 15c, ff. 80r-81v

Quadratura circuli inter occultas rerum...
  Franco of Liége, De quadratura circuli: ed. Ab
  IV(1882), 142-90; parts only, PL 143, 1373-76;
  VA 3123, 12c, ff. 84v-108v; BB XV(1882), 117-
  118

Quadratura circuli nihil est nisi inventio...
  Fredericus, Quadratura circuli: Basel F.II.33,
  mid 14c, f. 137r (unique MS): Ab(1912),
  127

Quadratura circuli per lunulas hoc modo est:
ponatur...
  Grosseteste, De quadratura circuli: Thomson 113

Quadratus hic equilaterus qui dicitur tetragonus
. . .
> (Abbo de Fleury), Computus vulgaris qui dicitur
> Ephemeris: Revue Bénédictine 147(1931), 150;
> PL 90, 727-88; BE 138(Phill. 1833), 10c, f. 33v;
> Zi 12159-61; Saxl(1927), 162; Bull. Du Cange
> 17(1942), 52; Jones 60

Quadripartita est secundum Galienum. . .
> Bartholomaeus (de Brugis), Comm. Theophili
> librum de urina: Ea Q. 175, 13c, ff. 58v-64v;
> Borghesi 196, 14c, ff. 82r-90r; Brux 6119, 14c,
> ff. 3ra-19ra

Quadrupedes et aves generent dum bella. . .
> (Alex. Neckam, Fabulae sex), De vespertilione et
> avibus: BN 2904, p. 153(H)

Quadruplex invenitur ab Aristotle tractatus. . .
> Comm. De sensu et sensato: VAu 206, a. 1253,
> f. 318

Quae. . .
> See 'Que. . .'

Quale a tribus est que sunt etates. . .
> Galen, De temporibus paroxismorum seu periodo-
> rum, tr Nicholas of Reggio: VAp 1211, ff. 36vb-
> 39va; Opera, 1515, II, 53r-55r; T (1946), 231

Quale est de animalibus que sunt etates. . .
> Chartres 293, 14c, ff. 127-129

Quale naturalibus est que secundum etates. . .
> BN 6865, ff. 69-70.   See 'Quale a tribus. . .'

Quale quid, quid in hoc, quantum, quotiens, ubi,
quando. . .
> Verses: BMsl 521, 14-15c, f. 25

Quali positione figurata est matrix. . .
> Moscio, Gynaecia: 2 MSS, Beccaria p. 429

Quali tempore aperienda sit vena. . .
> BMh 3271, 10c, f. 124r; Beccaria 76.7

Qualia feria et luna. . .
> Köln Dom LXXXIII.II., 9-10c, f. 69v(Zi
> 12162)

Qualis sit intentio et qualis voluntas Galeni. . .
> Comm. Galen, Ars parva: Mi G. 108.inf., 9c,
> f. 48v; Beccaria 92.5

Qualis sit intentio et voluntas Galieni. . .
> Joh. Alexandrinus, Comm. Galen, De sectis: VAu
> 247, 14c, f. 52v

Qualitas aeris et temporum ex coniunctione et
oppositione. . .
> Basel F.III.8, 15c, f. 77va

Qualitas est conditio certa locis. . .
> Jacobus Publicius, Ars memorativa: Klebs 815.5,
> ff. 2r-12r; CPh; IAL P999

Qualitates morborum et accidentia infirmitatum
. . .
> Andalò di Negro, Liber iudiciorum infirmitatum:
> BB VII(1874), 367; VA 4085, 14c, ff. 11-27
> (T III,692-94)

Qualiter autem Pythagoras. . .
> See 'Qualiter Pythagoras. . .'

Qualiter due linee mediales. . .
> BN 11247, ff. 78-91v(Poulle)

Qualiter homo ad recordandum de pluribus
rebus. . .
> Ars memorativa: Salzburg St. Peter b.IX.14, 15c,
> ff. 235r-236v(Schulz)

Qualiter in arte pratica mensurabilis. . .
> Antonius de Luca, Ars cantus figurati: Cousse-
> maker IV, 421-33

Qualiter infirmum visitare debes. . .
> BMsl 634, 15c, f. 4r-

Qualiter liber totalis prima divisione. . .
> Adam Bouchermefort, Comm. super libris octo
> physicorum: VE VI.1(X,61), 14c, ff. 53-130

Qualiter omnes cibi comedantur ut bene digeran-
tur. . .
> Anthimus, De observatione ciborum: CML,
> VIII, i(1928), 1-33; SG Stift 878, 9c, pp. 352-
> 365(Beccaria 139.3); BNna 229, 12c, p. 233

Qualiter omnia corpora calcinantur. . .
> Alchemy: Univ. Penn. Lea 1, late 15c, ff. 80r-
> 82r

Qualiter Pythagoras adinvenit musicam monstrat Macrobius. . .
> Marchetus de Padua, Lucidarium: VE VII.85
> (XX.7), a.1464, ff. 1-56; St. Dié 42, 15c, no.1;
> Mi I.20.inf., ff. 36v-39r; pr Gerbert II(1784),
> 64-121

Qualiter quilibet color artificialiter fieri possit
. . .
> De colorum diversitate: VAp 1339, 14c, ff. 141r-
> 143v; TR 377; Ambix VII(1959), 21-24

Qualiter sales metallorum tingunt. . .
> BMsl 3457, f. 291v; T (1938), n.65

Quam alta et profunda sunt verba Ypocratis. . .
> Hippocrates, Opera varia medicinalia: Brux
> 3702, 9-10c; BN 11219, 9c, f. 18v; Beccaria
> 6.3; 35.7; Diels(1905), 33

Quam autem cessanti motu...
> Tables for Heidelberg: Zi 10809

Quam karissime...
> See 'Quamvis carissime...'

Quam duo planete...
> Heiligenkreuz Stiftsbibl. 302, 15c, ff. 102v-109v (Zi 8305)

Quam magna exultare leticia possint homines...
> Theodorus Gaza, pref. tr Theophrastus, De plantarum differentia: Budapest Univ. 1, 15c, ff. 1v-250r; pr Treviso, 1483(Hain *15491; Klebs 958.1; IAL T132)

Quam magna industria olim viri philosophie doctrinis...
> Paradigma memorativum omnium dicendorum (Meteor. et Mineral. Alberti Magni): VAp 1055, ff. 71r-92r

Quam ob causam cum corpus assidue fluat...
> Aristotle, Problems, tr Geo. Valla: pr Strasburg, 1529

Quam omnes quocumque philosophico nectare potatos...
> Petrus Alphonsus, Epistola de studio artium liberalium precipue astronomie: BMar 270, late 12c, ff. 40v-(45); T II, 70-71

Quam plures in libris philosophorum invenientes diversas...
> Isaac, Definitiones: CUe 17, 13c, f. 178(Atk); Brux 14306, 14c, ff. 1ra-12vb; Oc 83, 14c, ff. 219v-(224); Oma 175, ff. 145ra-150va; AL 82

Quam plures invenientes in libris philosophorum diversas...
> Isaac, De definitionibus: ed. from Mon.B.R.Lat. 8001., ff. 151v-154v by J. T. Muckle, AHDL XII-XIII(1937-1938), 299-300, 328-340

Quam plures sanorum hominum vidimus...
> Antonius Gazius, Evacuandi ratio: pp. with Regulae universales curationis morborum, Basel, 1540; 1541; 1565, pp. 104-123

Quam plurimum ob nimiam...
> De astrolabio: Gö Hist. Nat.86, 15-16c, f. 24(S)

Quam plurimum solet esse a quibusdam hesitandum...
> Questiones super Tegni Galieni: BLas 1475, 15c, pp. 337-341

Quam primum qui se sentit peste percussum...
> Remedia contra pestem: FR 1246(L.III.19), 15c, ff. 48r-59r

Quam rex huius negotii...
> Constellation Admont Stiftsbibl. F. 481, 14c, ff. 13v-20(Zi 3350)

Quamcumque medicinam non dixi in hoc nostro (libro) queratur in antidotario...
> Rasis, Antidotarium, tr Gerard of Cremona: CUsj D.3, 13c, f. 18v(Atk); VA 4425, ff. 114v-126r

Quamcunque varia...
> Astrolabe: MU Q.746, 15c, ff. 190-192v(Zi 917)

Quamdiu omnium fere disciplinarum iterum...
> Galeotto Marzio, prol. De incognitis vulgo. Text, 'Inter theologos...'

Quamdudum illustrissime princeps Federice...
> Galeotto Marzio, dedic. Refutatio. Text, 'Diu mecum ipse...'

Quamobrem magni excessus inductivi egrotationum sunt...
> George of Trebizond, tr Aristotle, Problems: BMad 21978, a.1477, ff. 2ra-110ra; with two other trs: VAu 1322, 15-16c

Quamquam ad aliquam disciplinam fit prefatione accedere...
> Prol. comm. Boethius, De musica: BLb 77, 15c; Oa 90, 15c

Quamquam alias infrascriptam questionem...
> Johannes Paulus de Fundis, Questio de fine seu durabilitate mundi, revision of 1445: BN 10271, a.1481, ff. 204r-227v(T IV,235)

Quamquam apud omnes rationales homines...
> Alcabitius, Isagoge: Lucca 2114, 15c, 59 ff.

Quamquam arduum et difficilimum existat...
> Prognostication for John, duke of Bourbon, in his 50th year: BN 7447, 15c, ff. 1-19v

Quamquam autem ipsa quam certi philosophantium non immerito...
> Regula falsi: (Leipzig, 1495)(Klebs 843.1; Yale 100)

Quamquam beatissime pater pro te...
> See 'In preservatione universali...'

Quamquam constitutum habebam hunc librum cum...
> Sententia aut compositio litis spiritus et iudicis mercurii: Ze VI, 519-20

Quamquam de celo preclarum hoc opus inscribitur...
> Antonius Maioragius, Paraphrasis in IV Aristotelis libros de celo: Mi C.244.inf., 15c, ff. 1r-97v

Quamquam de iure ac proprietate huius vocabuli
s. cyrurgia...
> Tract de chirurgia: BLd 79, 13c, ff. 194r-(212);
> CUg 400(729), 13c, ff. 84-90v; BMr 12.D.XII,
> 14c, ff. 99r-(103v); Constantini chirurgia: Leyden
> 37, 14c, ff. 1r-13v; ed. Studien XI(1918), 108-47

Quamquam de minutiarum vulgarium consideratione...
> Algorithmus minutiarum physicarum: GW 1275;
> Klebs 57.1; IAL A418; Yale 100; LC

Quamquam elapsis diebus illustrissime dux...
> Gaspar Torrella, dedic. Dialogus de dolore.
> Text, 'Superioribus annis quando Rome...'

Quamquam equationis dierum speculatio...
> Bartholomaeus Berp de Valencia, De diebus
> naturalibus: ed. Birkenmajer, Bulletin Int. de
> l'Acad. des sciences de Cracovie, Cl. des sciences
> math. et natur., sér. A. Sciences math., 1912, Part
> I, 342-54(T IV,444)

Quamquam gloriosus peripateticorum dux philo-
sophorumque...
> Comm. Philosophia pauperum: VAp 1055, 15c,
> ff. 37r-70

Quamquam hoc opus difficile atque indignum
mihi esse...
> Helias del Medigo, tr Averroes in Meteorologica
> Aristotelis: pr Venice, 1488 (GW 3108; Klebs
> 129.1; IAL A1258; LC)

Quamquam id de quo paulo post dicturus sum
...
> Petrus de Monte Alcino, prol. Iudicium astro-
> logicum de anno 1430. Text, 'Anno igitur
> millesimo...'

Quamquam in libris pantegni et...
> Ps. Galen, De oculis, tr Constantinus Africanus:
> Wo 2584, 14-15c, ff. 2-17; Steinschneider(1905),
> 9; (1906), 76

Quamquam in tractatu quem alias edidi posuerim
...
> Johannes Marlianus, In defensionem dictorum in
> materia de reactione: Clagett(1941), 24; VE
> VI.105(X,218), 15c, ff. 1ra-7vb(ColR 26)

Quamquam karissime...
> See 'Quamvis carissime...'

Quamquam liberalium artium precipua astrorum scientia...
> Aegidius de Wissekerke, Super caelestium
> motuum indagatione: GW 263-64; (Klebs
> 1050.1-2; IAL A51-52; LC); T IV, 558

Quamquam medicine scientia vetutissima...
> Antonio Benivieni, dedic. De abditis morborum
> causis: added from cod. autog. 15c, and caps
> cxii-ccviii by Puccinotti, II, i, pp. ccxxxv-cccv, to
> the cxi caps of previous eds. for which see 'Novum
> morbi genus...'

Quamquam multi homines volunt astrologie
scientiam...
> Profatius Judaeus, Almanach (Old *or* literal ver-
> sion): BB IX(1876), 607; HL 27, 619; T III,
> 201, n.39, 695-96; BN 10263, ff. 92r-120r

Quamquam notum sit quod separatio iuncture
...
> (Rasis), Continens, VII, i: BLe 19, f. 71vb

Quamquam O sapientissime rex...
> See 'Propositio est duorum terminorum...'

Quamquam omnes homines natura scire desiderant...
> Soloneus, De temporum annotatione: Bern 157,
> 15c, ff. 1r-24v; VAp 1709, 15c, ff. 1r-38v(ColR
> 186); CLM 13182, ff. 68r-86v(ColR 190); Zi
> 9685-87; Saxl(1915), 32

Quamquam optime preceptor invictum imperatorem Manuel...
> Ahmed ibn Sirin *or* Achmet, pref. Oneirocriticoni
> tr Leo Tuscus: Haskins 217; T II, 291-93; M.
> T.81.sup., 14c, ff. 47-50 et seq.; FR 859
> (L.III.IV), early 15c, ff. 2r-51v; Carpentras 333,
> 15c

*Quamquam plurimos libros diversarum opera-
tionum...
> Raymond Lull, Elucidatio testamenti *or* Luci-
> darium: HL 29, 277; Manget I, 823; T IV, 24,
> n. 69

*Quamquam post Euclidem Theodosii cosmo-
metrie...
> Alkindi, De iudiciis, prol. tr Robert of Chester:
> Haskins 121; T I, 648; Carmody 78

Quamquam preclari excellentesque ex recenti-
oribus...
> Raggius Florentinus, Astronomy: FL 30, 22,
> early 16c, ff. 1-20; T IV, 453

Quamquam quidem ut viderim quamplures antiquorum magistros...
> Computus: Wo 592, ff. 24-42

Quamquam solus deus in sua potestate...
> (Johannes) Lichtenberger, pref. Prognosticatio,
> 1488: T IV, 473-74; Strasburg, 1499 (in BMh
> 218); Polain 2495; Klebs 606.1, 6, 9, 10; IAL
> L178-181

Quamquam veremur ne nostrum hunc de stomachi alvique...
> Medical: Gray 6, a.1465, ff. 85-87; Archiv II(1909), 44

Quamquam vir egregie et amice precipue...
> Johannes de Dondis, dedic. De fontibus. Text, 'Apud Euganeos colles...'

Quamvis altimetrie tres sint partes...
> Geometry: BN 10266, ff. 80-89v

Quamvis Ambrosii(Theodosii Macrobii)...
> Hermannus Contractus, De utilitatibus astrolabii, II, 2 (Benjamin): anon. De mode inveniendi ambitum terrae: BLd 51, 13c, ff. 37v-(38r); VAb 92, 12c, f. 37v; Isis 49 (1958), 34-35; PL 143, 408b

Quamvis ars numerandi in minutiis tam vulgaribus...
> John of Gmunden, Algorismus de minutiis: Catin. 85, 15c, ff. 276v-288; VI 5151, 15c, ff. 149r-155v; anon. VAp 1411, ff. 104r-115r

Quamvis artis astronomice iudicandi...
> Astrolabe: CLM 588, 14c, f. 137r-v(Zi 918)

Quamvis athenarum grecorumque multiplicate . . .
> Farinator, prol. Lumen anime. See 'Plinius libro...'

Quamvis carissime fili Iohannes ingenium...
> Constantinus Africanus, pref. tr Galen, Megategni: Boulogne 197, 13c; CUsj 78(D.3), 13-14c, ff. 32r-61r; EU 166(III), late 13c, ff. 48r-75v (DWS MS); Ea F.249, 13-14c, ff. 1-25; CUg 98(50), 14c, ff. 1-80v; Ome 218, 14c, ff. 99r-129r; Dresden Db 92-93, 15c, f. 467r-; pr Opera Isaaci, Lyons, 1515, II, 189v-209v

Quamvis causa primaria plus est influens...
> De causis cum commento: CLM 162, ff. 244va-251rb

*Quamvis celi terreque conditor et siderum rector...
> (Richard Maidstone), On the computus ring of John of Northampton: BMr 12.E.XVIII, 15c, 40 ff.; BLb 68, c.1400, ff. 1-(13)

Quamvis ceteri philosophantes mi Ieronime...
> Johannes Calderia, Liber aphorismorum: CLM 339, 15c, ff. 11r-37r; VAp 1086, ff. 1-35v; St. Florian XI.638, ff. 8-40(Schulz)

Quamvis cirurgico et medico necessaria sit...
> Henri de Mondeville, De anatomia humani corporis: BLd 147, 14c, ff. 140r-(151r)

Quamvis de astrolabii compositione tam modernorum...
> Prosdocimo de' Beldomandi, Compositio astrolabii et operatio secundum novam et veterem compositionem: FLa 134(208-140), a.1419, pp. 256-83; Prag 433(III.C.2), item 6; BB XVIII (1885), 413; Yale MS 836, copy 2(Melk), pp. 371-391; Plimpton 175, f. 156r-; Klebs 850.1; IAL R197; Perugia(1477), ff. 27v-42r(LC)

Quamvis de motibus mediis...
> Planetary movements and tables: Zi 7821-25, 11203-7; VAp 1376, ff. 138ra-179ra

Quamvis fili Iohannes karissime...
> See 'Quamvis carissime...'

Quamvis fuga in dei nomine securior sit via preservativa...
> Pest regimen for Erfurt, a.1405: pr Archiv XI(1949), 75-92 (Schulz). See 'Zelantissimi domini...'

Quamvis hosce triangulorum libellos...
> Regiomontanus, pref. De triangulis. Text, 'Cognita vocabitur quantitas...'

Quamvis iam dudum a studio geometrico nos altior...
> Nicholas of Cusa, Quadratura circuli: Yale MS(156, copy 2) formerly Melk 367, pp. 449-453; Opera, 1565, pp. 1091-1101

Quamvis in Albumazar et Alkabizi et...
> Compendium de virtutibus planetarum cognoscendis: Ea O.82, 13c, ff. 174-179v; Cracow 573, 15c, ff. 333-339(Zi 9984)

Quamvis in alkimia immensa sit profunditas...
> Geber, Compendium: BN 6514, 14c, ff. 53v-55v(Corbett I,21); Cop. Gl.kgl.S.236, F., 15c, ff. 107-109v

Quamvis in arte alchimie inmensa sit profunditas...
> Practica alchimica de preparatione quatuor spirituum: VI 5510, 15-16c, ff. 27r-32v; 70r-73r

Quamvis in habena sexta et aliis locis sermonis nostri...
> Philippus, Sermo de conservatione sanitatis oculi: BLcm 192, 15c, ff. 45-(56)

Quamvis in libro pantegni et in viatico de oculis . . .
> Constantinus Africanus, Liber oculorum: VAp 1202, f. 102; Ea Q.395, 13-14c, ff. 113v-120; Wo 2584, 14c, ff. 2-17

Quamvis in omnibus scientie disciplinis...
  Bernelinus, Liber abaci, lib.iv: Leyden, Scaliger 38(olim 31), 11c, ff. 61r-66; BNna 229, 12c, f.57v; Bubnov xxxv, lxxxi

Quamvis in precedenti epistola vobis multa diximus...
  Antonius ab Abbatia, De opere rubeo: VAb 273, f. 243r(T IV,356); FR 923(L.III.28), 16c, ff. 239(233)r-245(239)r

Quamvis librum istum ex ordine a libro...
  Messahalla, De nativitatibus, tr Hugo Sanctallensis: BLsa 15, f. 177v(Haskins 76); Osiris 12(1956), 69-70

Quamvis materia maneat in corruptione tamen ...
  Alchemy: Lyon 317(253), 16c, ff. 26v-27(Corbett II,70)

Quamvis medicina de se scientia sit perfecta...
  Hieronymus Manfredi, Centiloquium de medicis et infirmis: T IV, 460; Klebs 657.1

Quamvis modo in fine temporum...
  Alexander de Villadei, Computus ecclesiasticus: BN 14927, 13c, ff. 165-175: ed. L.R. Lind, 1958

Quamvis multi ad manus meas curandi venerunt ...
  Nicholas of Florence, Consilia super de febribus abbreviata: BMh 3747, 15c, ff. 209ra-229rb (212-232); table of the 30 Consilia at f. 4v

Quamvis multorum memorant...
  'Zeitrechnung': Prag 790, 14c, ff. 46-47(Zi 12163)

Quamvis non sit tanta vis in electione aeris...
  Guillelmus de Saliceto, De salute corporis. See 'Salus corporis (potissime) consistit...'

Quamvis multorum vigeant documenta meorum (virorum)...
  Computus manualis: CLM 8219(Metten.19), 14c, ff. 204-205; Computus versificatus: Prag cap 130(Podlaha 1491), 14c, ff. 1r-8v(Schulz)

Quamvis philosophantes...
  See 'Quamvis ceteri philosophantes...'

Quamvis plures de arte mensurandi inveniantur tractatus...
  Joh. de Muris, De mensurandi ratione: CR B-96, B-71 (12); Isis 43(1952), 236-42; Practica geometrice demonstrata: VA 9410, 14-15c, ff. 1r-67ra; Isis 47(1956), 401-2; De arte mensurandi: BN 7216, 15c, ff. 109r-148r; Ars binomialis, which follows as a separate text in these two MSS, is added as cap.12 in Utrecht 725, 15c, ff. 12-98(Zi 7297)

Quamvis plures et...
  See 'Cum plures et...'

Quamvis preclare multa tam a philosophantibus ...
  Johannes Calderia, dedic. Liber canonum astrologiae ac totius orbis descriptio. Text, 'Postquam naturalium rerum...'

Quamvis pro labore et compositione forme lapidis...
  Raymond Lull, Pro compositione lapidis philosophici: BMad 10764, 15c, ff. 207v-211v(DWS 261)

Quamvis promissum est determinare de anathomia...
  Liber anatomie (Montpellier): Halberstadt 22, 14c(Schulz)

Quamvis scolasticis occupationibus...
  Thesaurus philosophicus seu via ad bonarum artium introitum: Prag 2603, 15c, ff. 13r-21v

Quamvis secundum Galienum VI de ingenio sanitatis cap. xv...
  Consilia Mundini: CLM 77, late 14c, ff. 46rb-59va; Consilia of Mundinus and William of Brescia: CLM 23912, a.1384, ff. 208ra-247va

Quamvis sirugico(*sic*)...
  See 'Quamvis cirurgico...'

Quamvis species sive consonantie discantus infinite...
  Johannes Hothbus, Regulae super contrapunctum: Coussemaker, III, 333-34

Quamvis tuam petentiam igitur prudentiam atque victoriam...
  Epistola regis Egyptiorum(medical): BN 16195, ff. 3vb-4ra

Quando accedit aeri corruptio in sua qualitate ...
  Regimen pestis (de febribus pestilentibus): CLM 372, ff. 1v-2v

Quando acceperis altitudinem solis in die...
  Leyden Scaliger 38(olim 31), 11c, f. 45v; Bubnov xxxiv

Quando accidit eis albumen in oculis...
  De apparentibus egritudinibus animalium: VAu 1014, 15c, f. 62-

Quando accidunt in velaminibus qui sunt...
  CLM 161, 13c, ff. 65va-78v, 'explicit libellus istorum auctorum de cirurgia'

Quando aliquid extranei est. . .
Guy de Chauliac, Antidotarium breve: CLM 323, ff. 86v-94ra

Quando aliquis venerit et dicit nova. . .
Collectio iudiciorum: Ea Q.386, 14c, ff. 21-22 (Zi 3351)

Quando annorum ad hoc et ad aliud. . .
Tables: VI 5417, 15c, ff. 113-138v(Zi 11208)

Quando apparet in septima(?) apostema nigrum . . .
Rasis (Hippocrates?), Pronostica signa mortis: BN 7046, 13c, f. 178rb-vb

Quando autem contigerit vos habere apostema quod absit. . .
Pest tract: Archiv VII(1914), 74-75

Quando autem fit ab anteriori quam ab epate. . .
Rogerina Minor (Roger de Baron), Tract. medicinalis: BLh 83(4028), 15c, ff. 1-22v(DWS MS)

Quando cassia invenitur per se. . .
Materia medica: BMsl 282, 14-15c, ff. 188v-189r; BMr 12.B.XXV, 15c, ff. 53v-(54v)

Quando cometa apparuit in ariete experientia. . .
Haly Abenragel(Albohazen), De cometarum significationibus: pr Frytschius, De meteoris, Nürnberg, 1536

Quando coniungitur venus cum marte in anni revolutione. . .
De coniunctionibus planetarum: CU 1705 (Ii.I.13), 14c, ff. 136r-159v

Quando cum istis (af)fuerit rubedo et tensio et gravedo. . .
Rasis, Nonus Almansoris: CUg 46, 12-13c, ff. 2r-46v(DWS MS); BN 6902, 13c, f. 73vb; BN 6903, 13-14c, ff. 50ra; BHM 32(1958), 57. See 'Quando rubedo et tensio. . .'

Quando dicitur inter agens infinitum et patiens finitum. . .
Aliqua auctoritatis Aristotelis, quomodo debent intelligi: CLM 9027, ff. 366r-367(?)v; cf. Scholastik VI(1931), 404

Quando domina corpus. . .
See 'Quando vult domina. . .'

Quando duo numeri partem habent communem quotiens. . .
Series of math. problems: BNna 625, ff. 81ra-86va

Quando factus est mundus in initio. . .
Computus: Vorau 85, 14-15c, ff. 269v-273r

Quando fuerit ascendens Aries. . .
See 'Dicit Noffil. . .'

Quando fuerit distillata duodecim vicibus non faciet ignem. . .
Modo sequitur figura huius aquae quomodo cognoscitur: BU 270(457), XV, 3, f. 17r

Quando fuerit in facie. . .
See 'Quando in facie. . .'

Quando fuerunt planete in extraneis domibus fortune. . .
De significationibus planetarum: VE fa 344 (XI,104), 14c, ff. 69-76

Quando habes aquam ex aere et aerem ex igne . . .
Alchemy: Lyon 317(253), 16c, ff. 27v-29v(Corbett II,71)

Quando habes oleum antimonii tunc preparabis mercurium. . .
BMsl 3457, 15c, f. 228v; T (1938), n.58

Quando habes undecim partitas in longitudine tunc. . .
Tabula mensurarum terre: CU 890(Ee.I.1), 13-14c, ff. 236r; 254r

Quando homo est infectus. . .
Pest tract c.1440: Archiv XI, 164-65

Quando iam apparuerit apostema. . .
Hippocrates, De morte subita (*or* Secreta): Ran 1338(T.4.3), 14c, ff. 36v-37r; Diels(1905), 45

Quando igitur aliquis venit. . .
Sententiae astrologorum: BLd 51, 13c, ff. 43-(46v)

Quando in corpore fuit dominium colere. . .
Medical: CLM 77, late 14c, ff. 1ra-10ra

Quando in die sexta(septima) (acute egritudinis) apparuerit. . .
Hippocrates, Secreta: CLM 640, ff. 12r-14r; pr with Magninus Mediolanensis, Regimen sanitatis, 1500, f. 105r-v(Klebs 640.5; IAL M45; AFML 294.II); Archiv IX, 104-106

Quando in facie infirmi fuerit apostema. . .
Hippocrates, Secreta: Archiv IX, 90; Diels (1905), 38; VA 8177, 13c, f. 61r; Ea O.79, 14c, ff. 12v and 13; Kibre(1945), 391 and notes

Quando in matrice humores multi sunt oculi. . .
De morbis mulierum: CLM 19429, 12-13c, f. 47v

Quando in revolutione anni mundi. . .
Pronosticationes: Argentré, I, ii, 326b

Quando in septima die apparuerit apostema nigrum...
>   Hippocrates, De experimentis (Secreta or Death signs): CLM 31, a.1320, f. 46va-b

Quando in stomaco...
>   Liber medicaminum avium: BU 1462(2764), 14c, ff. 1-12r

Quando incipio in tenuitate nimia dabo tibi...
>   (Senior), Epistola solis ad lunam crescentem(alchemy): CUt 1122 (O.II.18), 14c, ff. 40r-54r (DWS 136, 1)

Quando ingreditur sol primum minutum...
>   See 'Custodiat te deus...'

Quando inveneris annos dies et menses...
>   Canons to Tables of Petrus III of Aragon: BN 10263, ff. 54v-63v. See 'Dixit dominus Petrus tertius...'

Quando invenitur lapis...
>   Thetel, De sculpturis lapidum: FLa 115(188-120), 15c, ff. 47-48v; MU Q.761, ff. 31rb-33va

Quando iturus est aliquis considerandum quod stella...
>   Nota de itinere: CUt 1144(O.II.40), 15c, f. 109v(Atk)

Quando Iupiter applicuitur...
>   Cues 212, 15c, ff. 367-368(Zi 12505)

Quando Iupiter Venus et Mercurius ac luna coniuncti fuerint...
>   Coniunctiones planetarum per signa: BMh 531, f. 162v

Quando leprosus cum aliqua mundabatur...
>   Oma 93, 15c, ff. 191r-192r(DWS MS)

Quando lumen stelle in domo decima...
>   Alvarus, prol. tr Haly Abenragel, De iudiciis astrologiae: Carmody 152. Text, 'Gratias deo univictori...'

Quando luna est in ariete...
>   BLas 191, 15c, ff. 7v-8v

Quando luna est in ariete bonum est facere...
>   Signa lune per annum: BLr A.273, 14c, ff. 68v-69v

Quando luna est in combustione vide si...
>   De pluviis: BLcm 517, 15c, f. 10rb

Quando luna fuerit cum sole in eodem minuto...
>   BMh 531, 15c, f. 135v

Quando luna ianuarii est prima die...
>   BN 11252, ff. (A)-(B)

Quando luna in nativitate estimativa fuerit supra terram...
>   Johannes Blanchinus, Tabulae morae infantis in utero: VI 5503, a.1506, ff. 110v-114v; TR 310

Quando materia laxativa superfluit et restringi non potest...
>   Iacobus Lumbardus, Experimenta: BMsl 342, f. 132v

Quando mulier dolet ubera. Recipe plantaginem...
>   De matrice mulierum et de impregnatione: pr Ketham, Fasc. medic., Venice, 1495; 1500, ff. 7va-8rb(Polain 2411-12; Klebs 573.2, 4; IAL K12,14)

Quando numerus digitus multiplicat numerum digitum...
>   Tabula de multiplicatione (Regula): CUc 37, 14c, f. 36v

Quando oportet vindemiare...
>   Vine culture: Pisa Conv. S. Cath. 146, 14c, ff. 171r-179v

Quando pars leger fuerit in Capricorno...
>   Haly Abenragel(?), De nativitatibus (fragment): Ea D.18, 14c, ff. 171r-172v(Carmody 153-54)

Quando planeta bonus est impeditus et debilis...
>   Capitulum Zaelis de iudiciis: BLcm 517, 15c, f. 28ra

Quando planeta elevatur unus super alium...
>   VAp 1416, 15c, ff. 124v-135v

Quando puer nascitur...
>   BE F.192, 15c, f. 104v(Zi 3353)

Quando queris altitudinem et profunditatem alicuius...
>   Astron.: BN 11248, ff. 27-30v(Poulle)

Quando queris scire horas diei ponebis gradum solis...
>   De horologio secundum Alkoram: Bubnov; lx; ed. Millás(1931), 288-90

Quando queris scire si est ante meridiem aut post...
>   Canon on astrolabe: Bubnov 146-47

Quando rubedo et tensio et gravedo in facie...
>   Rasis, Nonus Almansoris: Bern A.38, 15c, ff. 1r-20r; FLa 143(217-149), 15c, ff. 1-22v; VI 5155, 15c, ff. 138r-224v; pr Liber Almansoris(tract.9), Milan, 1481 etc.(Klebs 826.1-3; IAL R169-171); La Hague, 1533; Venice, 1560, ff. 1r-407v; BHM 9(1942), 396, n.38; Carmody 135

Quando saturnus est in signo igneo. . .
Argentré I, ii, 326b; T (1947), 247, n.42

Quando saturnus intrat arietem. . .
See 'Hunc librum intellexerunt. . .'

Quando saturnus iungitur iovi. . .
Hermes, De quibusdam medicinis in coniunctionibus planetarum: T (1947), 247; Pastrengo (1547), 36v; ZMP 16(1871), 373

Quando scire queris de horis diei pone gradum solis subter circulum. . .
CLM 560, 11c, f. 14v(Schulz)

Quando senescunt homines non propter mundi senectutem. . .
FR 868, 15c, ff. 120ra-127rb

Quando sol est in illis duobus punctis. . .
Tract. astrologicus dictus, 'Cavete medici': BMar 11, 15c, ff. 205-(207); CUg 230(116), 15c, ff. 116v-127r(pp. 202-221)

Quando ventilata fuit super me voluntas. . .
Averroes, prol. Colliget: VA 9412, 13c, 86ff.; tr Armengaud Blasius of Montpellier, 1294?: Durham Cath. C.1.19, (IV), 13c(?), ff. 234-295v; CUpet 140(II.IV), 13-14c, ff. 117r-127v; Oa 72, 14c, ff. 99r-176v; Arras 597, 14c, f. 35; PU 128, 14-15c, ff. 49-106; AL 378, 655; VI 2280, 13c, ff. 1r-52v; GW 3107; Klebs 128.1; IAL A1256; Aristoteles, Opera, Venice, IX(1560), 7r-141r; GS II, 360

Quando vero sapientes antiqui voluerunt facere . . .
De generationibus proportionibus et compositionibus celi ad faciendum imagines: FL Plut.89, cod.38, 15c, f. 18; T (1947), 263

Quando vides quod habet furtinum accipe mumiam. . .
William the falconer, De avibus et eorum medicamine: Haskins 349

Quando vis facere apes fac domum et pone. . .
Oc 132, 15c, f. 158r

Quando vis scire ascendens. . .
Astrology: VAu 1398, 15c, f. 31r

Quando vis scire de horis diei. . .
De horologio secundum Alchoram: BLau F.I.9, 12c, ff. 79-81

Quando vis scire in quo signo est Saturnus. . .
Canon supra Almanach (Profatii) Judaei: Ea Q.370, f. 59

Quando vis scire locum trium superiorum. . .
Profatius Judaeus, Almanach, praemissis canonibus: T III, 694-98; HL 27, 620-21

Quando vis scire profunditatem alicuius pelagi . . .
Geometria incerti auctoris: ed. Millás(1931), 303-4; Bubnov xxxiv

Quando vis scire verum locum mercurii. . .
Regulae quaedam astronomicae: BLd 38, 14c, f. 1

Quando volueris iudicare augmentum et decrementum rerum. . .
BMh 531, 15c, f. 138r

Quando volueris imagines celi depingere fac. . .
Tabulae 1002 stellarum fixarum: VI 5415, 15c, ff. 216v-241r; Instruction for making a celestial globe(sphera): Yale Medic. MS (no.42), f. 64r; CLM 10662, f. 147v; Salzburg St. Pet. X.V.20 (Inc.800), f. 64r(Schulz)

Quando volueris scire fertilitatem anni. . .
BLb 790, 14c, ff. 84v-85

Quando volueris ut qui sunt in palatio videantur nigri. . .
Os 178, f. 145r(TR 312b)

Quando vult domina corpus suum depurare ab omni. . .
Arnald of Villanova, De ornatu mulierum: HL 28, 74-75; Opera, 1504, ff. 280rb-285va; anon. VAp. 1331, ff. 126r-(130v); BN 7066, ff. 43ra-52v; Glorieux I, 422

Quandocunque accipienda est pars proportionalis. . .
Ea Q.369, 14c, ff. 3v-4v

Quandocunque fuerit aliquid divisum in duas partes equales. . .
Johannes Marlianus, Algorismus de minutiis: Mi A.203.inf., 15c, ff. 5r-9v; BNna 761, pp. 1-14; Clagett(1941), 29, 151-67

Quandocunque minutia multiplicat minutiam . . .
VAp 1414, 13c, f. 140ra-b

Quandocunque punctus quadratus vel nota quadratus. . .
Johannes dictus Balloce, Abbreviatio M. Franconis. See 'Gaudent brevitate. . .'

Quandocunque Saturnus fuerit in directo. . .
De significatione Saturni et Mercurii in triplicitatibus: Ea Q.374, ff. 169-171, 'Ex 8ᵃ differencia 2ⁱ tractatus Albumazar de magnis coniunctionibus'

Quandocunque volueris. . .
Constellation: Maihingen II, 1, F.100, 15c, ff. 1-62v(Zi 3352)

Quandoque accidit aeri quod docuimus te. . .
Pest tract: PFM 273, 15c, ff. 1-28

Quandoque accidit aeris corruptio in suis qualitatibus...
> Albertus, De febre pestilentiali super primam fen
> quarti Canonis Avicenne: BN 7031, 15c, ff. 25r-
> 36v

Quandoque accidit corruptio aeris in sui qualitate tantum...
> Gentile da Foligno, Super primam Fen quarti
> Avicenne, super tractatu quarto: MH 3(1959),
> 14; pr with Ant. Cermisone, Consilia, Venice,
> c.1497(Klebs 266.2; IAL C363), ff. 84vb-86rb

Quandoque accidit in velaminibus tunicis(tumi-
tis) et lacertis...
> Medical: BMsl 1933, 13c, ff. 184r-211v, un-
> finished

Quandoque in dies vetera solent ab...
> Daniel, Somnia: GW 7936-7937(Klebs 319.25,
> 39; IAL D13

Quandoque raucedo vocis est a natura...
> VAp 1225, f. 376v

Quandoque sanguis discurrit ad aliqua...
> Roger of Parma, Chirurgiae compendium: VAu
> 236, 14c, ff. 81ra-84vb

Quandoque venit corruptio aeris propter respec-
tum...
> Godfridus Tockler, Pest tract: BMsl 3866, 15c,
> f. 86

Quanta admiratione quantoque mentis stupore
...
> John Duns(Deus?), Super lapide(m) philoso-
> phorum: BN 14008, 16c, ff. 156r-181v(Corbett
> I,195); BU 271(458), 16c, item 6; 'cuiusdam
> fratris Franciscani ad pontificem': BU 270(457),
> vol.XXI, 4, 15-16c, (T IV, 333, n.6)

Quanta apud priscos homines inoleverit vanitas
...
> On auguries: VA 6280, ff. 136r-144r

Quanta diligentie cura olim fuerit...
> Petrus Cracoviensis, Computus: GW 7274-76;
> s.d. Polain 3096; Klebs 295.4

Quanta diligentie cura olim fuerit ecclesie
christiane...
> Pierre d'Ailly, Exhortatio ad consilium generalem
> super kalendarii correctione: Salembier(1886),
> xxiv; BMh 637, ff. 44vb-49rb; BMh 3742, ff.
> 204v-210r; BMad 29969, ff. 81r-85r; VI 3162,
> 15c, ff. 202r-214v; 5266, 15c, ff. 68va-72rb;
> Saxl(1927), 129; IAL A426, ff. g(5)r-h2r
> (photostat ed. Boston, 1927, ff. 57v-63v); pr
> Leipzig, 1504

Quanta mala incurrant qui exteriores...
> Thomas Ebendorfer of Haselbach, De quinque
> sensibus: CLM 23786, 15c, ff. 52r-116v; anon.
> CLM 17591, 15c; Graz 578, ff. 289-325
> (Schulz)

Quanta sit illustrissime Iohanne...
> Hieronymus Manfredi, dedic. Centiloquium.
> Text, 'Quamvis medicina...'

Quanta sit virtutum vis admirabilisque potentia
...
> Paul of Middelburg, dedic. Prognostication.
> Text, 'Insignis quidem et valde...'

Quanta sui parte aurum sit densius argento...
> Avranches 235, 12c, f. 49v(Corbett II,11)

Quante sint urbis Christi pater et princeps
nobilissime...
> Francis of Siena, De venenis: BN 6979, ff. 19v-
> 100v(T III,535)

Quantis sit laudibus preferenda...
> Expositio Galieni de utilitate partium: Cesena
> sinis. Plut.27, cod. 5, item 1

Quantitas diametri circuli sic poterit...
> De sinibus: Ea Q.366, 14c, f. 80r-v

Quantitas diametri lune et quantitas semidiametri umbre...
> Excerpta ex Ptolomeo: BLd 57, ff. 127(131)r-
> 129(133)v (TR 337a)

Quantitas diei a festo Lucie usque ad festum
Viti...
> CLM 2841, f. 34r-v

Quantitas motuum verorum locorumque planetarum...
> Utrecht 725, c.1500, f. 213r(TR 324)

Quantitas unius miliaris secundum Tholomeum
Almeonem et Campanum...
> Robertus de Marnheym(?) de Estdrayton:
> Boston Medical 20(Ballard 7), late 14c, ff. 124r-
> 125r

Quantitas vero secundum quid aliud dicitur
equale vel inequale...
> Reprobationes Rogeri Baconis: Isis XX(1933),
> 53-60

Quantitate(?) quesitum fuerit...
> Alfadal, De fortuna(astrological): FNcs J.III.28,
> 14c, f. 76r; Speculum XX(1945), 88-91, espe-
> cially n.8

Quantitatem aliquam mensurare est invenire quotiens...

> Dominicus de Clavasio, Practica geometriae: BN 7378A, a.1362, ff. 1r-14r; Ea Q.356, a.1368, ff. 118-134; Ea F.393, ff. 52-62; F.395, a.1373, ff. 250-261; F.37, ff. 37-49; Lyons PA45(Delandine 933), 14c, ff. 92-106; VAr 477, 14c, ff. 1-8; BN 7216, 15c, ff. 157r-168r; Bibl. math.(1895), 107-10; Björnbo(1912), 218; Ab(1912), 128; T III, 588; ZB 16(1899), 270

Quantitatem hore cuiuslibet gradus sic inveniemus...

> Tabula ad inveniendum quantitatem hore: CUpem 278,15c, f. 88v(Atk)

Quantitatem mensurare...

> See 'Quantitatem aliquam...'

Quantitates proportionales sunt quarum prima ad secundum...

> VE fa 332(Xi,6), 13c, ff. 235-236

Quantitates sperarum elementorum metiri...

> VA 9410, 14-15c, ff. 78r-79v; Isis 47(1956), 402

Quantitatum alia continua que magnitudo dicitur alia...

> Simon Bredon, Arithmetic *or* Expositio super arith. Boetii: BLd 147, 14c, ff. 92r-(103v); Oc 118, 14c; CU 1017(Ee.III.61), 15c, ff. 92v-101; BLd 98, early 15c, ff. 109-117(T III,523, n.20); as Ioh. de Muris: BLb 465, c.1400, f.1-; anon. CUad 4087, 14c, ff. 172v-190v; pr Cirvelo, as Thomas Bradwardine, Paris, 1495(GW 5003); (Klebs 209.1; LC); 1503, ff. 1-11v

Quantitatum alia magnitudo dicitur alia discreta...

> Thomas Bradwardine, Arismetica: Bern A.50, c.1412, ff. 180r-190r

Quanto charissime dilectionis affectu...

> Arnald of Villanova, De amore qui heroicus nominatur: HL 28, 68; Opera, 1504, ff. 255rb-256rb

Quanto ingenio ac studio fili carissime...

> See 'A Achelous...'

Quanto quidem magnum bonum sint ad sanitatem...

> Galen, De exercitio pile: CLM 490, ff. 78v-83r; Opera, 1490, I, 139v-140v; 1515, I, 211r-v

Quantum ad primum capitulum...

> Conradus Vendl de Weyden, De pestilentia et venenis: VI 2304, 15c, 37 ff.

Quantum ad primum est notandum quod urina sic describitur ab Ysaac...

> See 'Circa tractatum de urinis...'

Quantum ad secundum partem huius...

> Antonius de Gradis, De febribus: pr 1514; Venice, 1560, etc. See 'De egritudinibus communibus...'

Quantum ad signa pronostica notentur infrascripta...

> Ioh. Blakeney, Libellus pronosticorum: BMsl 2391, 15c, ff. 35r-41v

Quantum de furto recuperari debeat...

> Astrology: BMsl 3277, 15c, ff. 1-16

Quantum domui tue illustrissime princeps debeam...

> Paulus Bagellardus, De infantium aegritudinibus: dedic. to Nicolaus Tronus, doge of Venice: BN 7159, ff. 1r-21v; VAu 1353, 15c, f. 19-; pr (Padua), 1472; etc.(GW 3166-67; Klebs 139.1-3; IAL B10-11); T IV, 591, n.27

Quantum enim sunt difficilia ad sanandam ultra venum...

> Gentile da Foligno, Consilium(?): VI 5269, 15c, f. 82rb-va

Quantum fatali dispositioni prisci sapientes...

> Paul of Middelburg, pref. In iudicium pronosticum. Text, 'Annus futurus...'

Quantum huic arti...

> ZMP XVI(1871), 374. See 'Quoniam huic arti...'

Quantum igitur ad primum premitto illud Aristotelis...

> Causa reflexus maris: Ran 1371, 15c, ff. 1-43

Quantum igitur ad secundum principale intentum...

> Arithmetical problems: Dijon 447, 15c, ff. 112r-137r

Quantum in administrandis negotiis...

> Ascelinus Teutonicus, De astrolabio: Chartres 214(olim 173), 12c, f. 38; Bubnov(1899), xxvi. See 'Componas circulum equinoctialem...'

Quantum inter se terrarum spatio separentur...

> Pier Candido Decembrio, Cosmographia: VAu 297, 15c, ff. 91v-(101); BMh 741, ff. 72r-79v; anon. BLcm 33, a.1465, ff. 99-(107)

Quantum luna ceteris stellis est lucidior...

> See 'Domino suo excellentissimo in cultu...'

Quantum opinionis...

> Ambrose, Hexaemeron: Catedral de Burgo de Osma 150, 15c, ff. 1v-175v. See 'Tantumne opinionis...'

Quantum pluma in avibus...
> Notes from Aristotle's zoological works: BMr 12.G.IV, c.1300, ff. 129v-131v; VAp 1097, ff. 119r-121r. See 'Quemadmodum pluma...'

Quantum spatium ire vel redire debet...
> Vegetius, Epitoma rei militaris: Mi B.91.sup., ff. 41r-69ra

Quantumcumque che supra sia ditto a...
> De stellis fixis ponendis in astrolabio duobus modis(Ital.): VE VIII.86(XI,95), 15c, ff. 37-41

Quantumcumque diligens et attentus vivat...
> Alfonsus Boni Hominis, pref. In malos medicos. Text, 'Galienus excellentissimus medicorum...'

Quantumcumque scientia medicine quis...
> Galvanus de Levanto, Thesaurus corporalis: Isis 13(1929), 72-73, n.3

Quantumcumque sis solicitus et attentus ut...
> Alfonsus Boni Hominis Hispanus, tr from Arabic, a.1342, Tract. contra malos medicos: Mi I.218. inf., ff. 146r-148v (incomplete)

Quare animalia coeant. Respondetur secundum Aristotelem...
> Problemata magni Alberti excerpta de secretis mulierum: Cop Gl.kgl. S.1658, 15c, ff. 18v-24v; Nu kgl.S.84b, 15-16c, f. 2; Wilhering 71, 15c, ff. 252-271v; Ketham, Fasc. medic.(Klebs 573.2, 4; IAL K12, 14)

Quare badamus aut quis nos facit badan...
> De interrogatione medicinali: BN 11219, 9c, f. 39ra-vb(Beccaria 35.24)

Quare egritudines generantur per superabundantiam et defectum...
> Anon. Comm. *or* Summary of Aristotle, Problems: BHM(1955), 517-23

Quare fit quod urina quando tangitur...
> Johannitius tr Rufinus Alexandrinus in Murcia: Danzig Mar. F.238, 15c, ff. 160v-163v (Benjamin)

Quare habent quedam animalia unctum...
> Questions on natural philosophy: BMr 8.F.VII, 15c, ff. 53v-(54v)

Quare homo volens studere...
> Questiones quodlibeticae variae medicales: VI 4751, a.1424, ff. 237r-243v

Quare in tempore epidemiali iuvenes...
> Pest-Quaestiones in Lübeck: Archiv XI, 55-56

Quare labor et abstinentia sunt salubres...
> Walter Burley, Aristotle, Problems, abbrev. et in ord. alphabeticum. See 'Abstinentia. Quare labor...'

Quare magne superhabundantie graves...
> Aristotle, Problemata: Ea Q.16, a.1393, ff. 1-43v

Quare mulieres patiuntur menstrua...
> De secretis mulierum: Wo 698, 14c, ff. 12-13

Quare musica studetur? Respondetur quod...
> De musica plana et mensurabili: Coussemaker III, 416-75

Quare nitimur invetitum...
> Alanus ab Insulis, Quest. de naturis quorundam animalium: Manitius III, 804

Quare omne animal sit gressibile...
> De problematibus seu naturalibus questionibus: †Metz 296, a.1458, item 9

Quare omnes homines non sunt eiusdem qualitatis et quantitatis...
> Oa 81, f. 54v; Ambix VII(1959), 39

Quare Paulina congelat veriter...
> Questiones Pauline et Olimpiadis: Canterbury Cath.(Christ Church) 59, 15c, ff. 25v-28(DWS 60)

Quare plus minuti diligunt coire quam non...
> Borghesi 86, 13-14c, ff. 18r-19v

Quare scamonea in oppiatis non apponimus...
> Quodlibet unum disputatum Parisiis: VI 2306, 14c, ff. 78r-79rb

Quare sciendum est quod in horoscopo circulus qui est...
> Directorium: Prag 2436(XIV.B.3), f. 9v

Quare sciendum quod in corpore humano quatuor sunt...
> Regimen breve tempore pestilentie: VI 5003, 15c, ff. 49r-57r

Quare scientia presentis libri vocatur naturalis...
> Joh. de Dunkelspuhl: VI 4950, a.1439, 391 ff.

Quare si venter inferior reumatizat...
> Aristotle, Problemata vetustissima: ed. V. Rose (1863), 654-676; AL pp. 86, 180, cod.169, 820; 4 MSS, 9-11c, Beccaria p. 429; Diels(1906), 19; Brux 2419, 12c, ff. 46r-87r; Questiones inter discipulum et magistrum: BMsl 634, 15c, ff. 9v-10v

Quare ut ait Galenus septimo therapeutice...
> Mundinus, Anatomia: VAu 246, 14c, f. 240. See 'Quia ut ait...'

Quarta luna luna quarta decima luna...
> De sanguinis minutione: CU 1396(Gg.I.1), 14c, ff. 393vb-394ra

Quarta ultima distinctio totius huius congregationis est...
> Johannes Mesue, De oleis: VI 5371, 15c, ff. 128r-134r (part of Mesue, Grabadin)

Quarto die dixit deus Fiant luminaria in firmamento. . .
Compotus: CUpet 278, 14c, ff. 69v-87v

Quarum causa quare lux. . .
Aegidius Beweis(de Baisiu), Improbatio cuiusdam cause que solet assignari quare radius solis transiens per foramen quadrangulare facit figuram rotundam in pariete: Cracow 569, 14c, pp. 245-46; Ab (1912), 133

Quasdam excepte(?) auctoritatis ponimus regulas . . .
Medical miscellany: Wo 3650, f. 32v-

Quasdam representationes de inveniendo numerum ignotum per notum. . .
Johannes de Lineriis, De minutiis vulgaribus. See 'Modum representationis. . .'

Quasi stella matutina in medio nebule et quasi luna plena. . .
CLM 7246, 15c, ff. 199v-201r

Quatuor a quadris venti flant partibus orbis. . .
63 hexameters on winds: BLau F.I.13, 15c, f. 122. See 'Quatuor ex. . .'

Quatuor autem sunt spiritus et non plures neque pauciores. . .
Textus alchimie abbreviatus: Mon 479, 16c, ff. 84-89v(Corbett II,104)

Quatuor canones universales et signa. . .
Ricardus Anglicus, Prol. de pulsibus: On 167, 13c, ff. 2-(6v); Renzi II, 9; ed. A. Hesse, Ein Pulstraktat. . . Diss. Leipzig, 1922(Schulz). Text, 'Pulsus est motus cordis. . .'

Quatuor complexionibus constat homo. . .
BLd 69, 13-14c, f. 79rb

Quatuor dicuntur generalia et principalia. . .
On urines: CU 938(Ee.II.20), 14c, ff. 124v-127

Quatuor e quadro consurgunt limite venti. . .
Verses on the winds: VA 3123, 12c, f. 112r

Quatuor ex quadris venti flant partibus orbis. . .
(Tranquilus physicus), Versus de duodecim ventis: CU Ee.VI.38, 15c, f. 74r-v

Quatuor genera veteres instituerunt quibus hanc. . .
Physionomia: FL Plut.40, cod.52, 14c, pp. 78-(84); ed. Giornale storico d. lett. ital., Suppl. VI(1903), 65-73

Quatuor hee qualitates caliditas frigiditas. . .
On the qualities of the elements: BMr 12.F.XV, 14c, ff. 18va-22vb

Quatuor humores statuit natura priores est elementorum communis lex. . .
CLM 13071, f. 36rb-vb

Quatuor humores sunt corporis scilicet colera rubra. . .
Nicholas of Horsham, Liber medicinalis: GU414, 14-15c, ff. 121r-125r(DWS MS)

Quatuor humores sunt in corpore humano idest sanguis. . .
Epistola Ipocratis et Galieni: BN 11219, 9c, f. 103r; Kibre(1945), 398, n.167-168; BMh 1585*, 12c, f. 6v; BMsl 1975, 12c, ff. 7va-8rb; Diels(1905), 54; FLs 73, 13c, f. 1; Soissons 50, 15c, ff. 1-4; Renzi II, 411-12.

Quatuor humores totidem quoque sunt elementa. . .
CLM 13066, 13c, f. 82(Schulz).

Quatuor igitur elementa etenim inter ceteras. . .
CUg 428, 12c, f. 3(Atk)

Quatuor in partes debes opus hoc distinguere. . .
Johannes de Costa, Comm. Anianus, Computus: BN 7420A, ff. 26rb-28rb

Quatuor intentiones aggregabimus. . .
See 'Dicimus quod medicina. . .'

Quatuor lunares sunt microcosmi. . .
De differentia lunaris computi: BN 7418, 14c, ff. 81rb-84v

Quatuor sunt colores principales s(cilicet) niger albus. . .
Lumen luminum de coloribus: BN 6749B, f. 62v (Corbett I,51)

Quatuor sunt complexiones hominum videlicet colera. . .
Richard Lavenham, De causis naturalibus: VE fa 300(X,207), 14c, ff. 58-63

Quatuor sunt consideranda circa sapientiam que volo. . .
Roger Bacon, Compendium studii philosophiae: RS XV(1859), 393-519; Little 403

Quatuor sunt elementa et quedam sunt graviora aliis. . .
Theophilus de Ferrariis, Propositiones ex libro de proprietatibus elementorum: pr Venice, 1493, ff. 83r-84v(Klebs 395.1; IAL F93)

Quatuor sunt elementa et unumquidque. . .
Alchemy: CU Ii.III.17, 15c, ff. 102v-110v(DWS 567)

Quatuor sunt elementa ex quibus quatuor creantur humores...

> De egritudinum curatione: Renzi II, 81-385; Mon 318, 12-13c, ff. 8-9

Quatuor sunt elementa ignis aer aqua terra...

> CUc 441, 13c, p. 148

Quatuor sunt elementa mundi...

> De quatuor partibus anni qualiter cavende sunt infirmitates: BMsl 2030, 14c, ff. 128r-129r

Quatuor sunt genera...

> De anima: James, 454

Quatuor sunt genera adamantis...

> (Marbod?), Nomina lapidum preciosorum que sit virtus singulorum, quis color, unde habeant originem: Angers 312(303), 13c, ff. 36v-38v

Quatuor sunt humani corporis partes...

> Hippocrates, Epistola de humoribus: BMsl 2030, 12c, ff. 132-134; Ea Q.185, 13-14c, f. 3; occurs in middle of Ps. Hippocrates, Epistola ad regem Antiochum: CML 5(1916), xx

Quatuor sunt humores...

> VI 5300, 15c, ff. 9r-16v

Quatuor sunt partes corporis humani a quibus ...

> VI 3011, 15c, f. 148r-v

Quatuor sunt membra principalia quibus humani corporis machina...

> I. Aegidius Corboliensis, introd., De pulsu: BLll 106, 13c, ff. 229-250; St Omer 624, 13c; Basel D.III.9, 13-14c, ff. unnumbered; BN 6988, 14c, ff. 145ra-159va; etc. pr Padua, 1484; etc.(GW 268 seq.; Klebs 465.1; 466.1; IAL A83, 85); Choulant(1826), 21; Rose(1907), v, n.1
>
> II. Gentile da Foligno, Comm. Aegidius: BMsl 773, 14c, ff. 34r-35r-63

Quatuor sunt preciosorum lapidum genera...

> BMr 6.A.XI, 12c, f. 146v

Quatuor sunt regiones in urina circulus superficies...

> BMsl 967, 15c, ff. 269-271

Quatuor sunt regule...

> 'Zeitrechnung': SG Stift 250, 9c, ff. 426-436(Zi 12166)

Quatuor sunt signa...

> Khalid ibn Jazid, (Calid philosophus), On alchemy: Brux 4268, 14c, ff. 67v, 67-69v. Prol. 'Primo necesse est...'

Quatuor sunt sine quibus nullus laudabiliter artis finem...

> Arnald of Villanova, De circumspectione medici: CLM 18444, 15c, ff. 294r-306v

Quatuor sunt species cantuum...

> De practica musice: Princeton, Robert Garrett 95, early 15c, ff. 80-86

Quatuor sunt species que ad opus elixerii pertinent...

> Johannes Dombelay, Practica per magistrum Ortholanum: T III, 635, 692; DWS 169. Dedic. 'Raritas et gratia...'

Quatuor sunt tempora...egritudinis principium...

> CUg 407(413), 14c, III, f. 81v

Quatuor sunt venti quatuor anguli celi...

> Epistola Ypogratis: SG Stift.751, 9c, pp. 446-47, 452-55; GU V.3.2, 10c, ff. 1-3r (Beccaria 133.36; 73.1); Kibre(1945); n.204; Epistola Ysidori Spaniensi: VA 4418, 11c, ff. 107v-109r (Beccaria 101.6); BHM XIV(1943), 87-88; anon. (Sapientia artis medicinae): Beccaria 35.25; 41.4; 45.15; 84.1; 108.25; 129.2; ed. Kyklos I(1928), 104-10

Quatuor sunt venti quatuor sunt anguli celi...

> Sapientia artis medicine: BN 7418, 14c, ff. 93v-94ra

Quatuor sunt venti quatuor tempora anni...

> Epistola Ypocratis et aliorum: MC 225, 11c, pp. 1-3; Diels(1905), 53; Beccaria 96.1

Quatuor temporum quid in his utandum vel quid vitandum sit...

> Epistola medicinalis, followed by Ippocrates Mecenati suo salutem: BN 6862, 10c, f. 3v

Que autem et quot sint partes anime et virtutes ...

> Johannes Cronisbenus, De iuventute et senectute: VE VI.99(XII,26), 15c, ff. 106-107

Que complexio humana sit longioris vite...

> Iacobus de Prato, Questio: FNpal 811, 14c, f. 27r-v

Que corpora magis ledantur ex indebito sompno ...

> Albertus Bononiensis, Questio: VA 2418, ff. 171vb-172va

Que de natura est scientia fere plurima...

> Aristotle, De caelo, tr George Valla: pr Venice, 1498, f. 73r(Klebs 1012.1; IAL N33)

Que divinatio est prohibita dic quod regulariter
. . .
    De sortilegiis: CU Trinity Hall 16, 15c, f.
    89(Atk)

Que dum geruntur et deorum sacer senatus. . .
    Martianus Capella, De astronomia: CUt
    R.XV.32, 11c, pp. 136(ff. 70v-85r)-165; Saxl
    (1927), 75; Zi 1948; De nuptiis Philologiae et
    Mercurii (lib. VIII), ed. A. Dick, 1925, p. 422

Que est causa quod magni excessus sive recedant
. . .
    Peter of Abano, Comm. Aristotle, Problems:
    Klebs 776.1; Yale; anon. Metz 280, 15c, ff. 1ra-
    22rb, incompl. Comm. 'Nota iste superabun-
    dantie...'

Que est equa divisio?   Ubi duo numeri. . .
    CLM 14436, f. 34, fragment

Que est optima constructio corporis nostri. . .
    Galen, De optima constructione, tr Nicholas of
    Reggio: T (1946), 227; CLM 490, 15c, ff.
    21v-25v

Que est prima propositio huius libri de memoria
. . .
    Comm. De memoria et reminiscentia: BMsl 748,
    a.1486, ff. 70-73

Que est propria(?) propositio libri de longitudine
. . .
    Comm. De longitudine et brevitate vitae: BMsl
    748, a.1486, ff. 81-82

Que est utilitas et virtus spermatis utrum
quidem. . .
    Galen, De spermate (De semine), tr Nicholas of
    Reggio: T (1946), 230

Que est utilitas respirationis quoniam quidem. . .
    Galen, De respirationis usu, tr Nicholas of Reg-
    gio(?): T (1946), 233; anon. Chartres 293, 14c,
    ff. 116-118

Que et quante sint. . .
    See 'Que vel quante. . .'

Que facit hominem letum. . .
    Virtutes vini: Oe 35, 14c, ff. 239-40(DWS 1017)

Que iam apparent in diversis regionibus. . .
    Conradus Schellig, Consilium in morbum gal-
    licum: pr (Heidelberg, c.1488) (Polain 3472;
    Klebs 891.1; IAL S287)

Que in decimo capitulo secundi libri musice
institutionis. . .
    Gerbert, Schol. ad Boethii Mus. Inst. II, cap.10;
    IV.cap.2: ed. Bubnov(1899),29

Que in gloriosissimis libris antiquorum. . .
    Pref. to Robert de Beaumont, Earl of Leicester,
    Astrology: BLd 57, ff. 137v-142; BMr
    12.E.XXV, c.1300, ff. 172v-(176v)

Que magis recedunt a centro vel axe immobili
. . .
    Gerard of Brussels, De motu: ed. Clagett, Osiris
    XII(1956), 112-48

Que magis removentur a centro magis. . .
    Gerard of Brussels, De proportionalitate motuum
    et magnitudinum: Duhem III, 292; BN 8680A,
    late 13c, ff. 6r-7r; VI 5303, 15-16c, ff. 1r-10v;
    Archivio di Storia della Scienza, II(1921), 133-
    36; Delisle II(1874), 526

Que mala venerios subsequuntur usus scias. . .
    Constantinus Africanus, Liber minor de coitu:
    CUg 411(415), 13c, ff. 100r-103v; Ea F.286,
    13-14c, ff. 241v-244v

Que medicine pro quibus morbis donande sunt
. . .
    Ed. G. H. Kroemer, Leipzig, 1920, pp. 64-70

Que medicine quibus prime valeant egritudinibus. . .
    BLr C.328, 15c, f. 125v

Que mihi videntur utilitati persone maxime
convalere. . .
    Pest Consilium: BMad 26784, 15c, f. 78r-v

Que nam optima nostri. . .
    See 'Quod commune aut simpliciter. . .'

Que necessitas fuerit antiquis. . .
    Isaac, Liber dietarum universalium, tr Constanti-
    nus Africanus: Cambrai 914, 13-14c, ff. 3-44;
    Budapest Univ. 91, a.1483, ff. 1r-57v

Que nos lascivia valet comfortare. . .
    Versus de estate et hieme: CUt O.IX.38, 15c, f.
    45 (Atk)

Que oportet ducere undecumque reperit. . .
    Arnald of Villanova(?), De simplicibus et com-
    positis digestivis: Ea Q.368, 14c, ff. 74v-80v

Que per quietem ante diem ab hinc tertium mihi
visa. . .
    De somniis et insomniis: VI 3364, 15c, ff. 56r-
    57r

Que petit egrotans quamvis contraria dentur. . .
    Regula medicinalis: BLcm 156, 15c, ff. 290v-
    292r

Que preter naturam crasse concipere. . .
    Hippocrates, Sententiae cum Galieni comm., tr
    Laurentius Laurentianus: pr Florence, 1494
    (Polain 1962; Klebs 520.1; IAL H249)

Que quidem a prioribus.   Premittit quasdam. . .
Iacobus de Alexandria, Epitome Aristotelis libri
II de anima: VA 901, f. 105v

Que quidem a prioribus tradita de anima sunt et
cetera. . .
Myngodus abbas, Reportata tertii et ultimi libri de
anima completa Erfordie: VAp 980, ff. 63r-79r;
BN 9359, f. 124

Que quidem a prioribus tradita sunt. . .
Jean de Jandun, Comm. De anima, Liber II:
Tournai Ville 75, 15c, ff. 23ra-71

Que quidem compendiosius quam expediat. . .
Arnaldus de Villanova, Defensorium vite: Ea
F.259, a.1408, ff. 97r-145v; anon. VAp 1331,
15c, ff. 148ra-181vb

Que secreta diu noctis latuere sub umbra. . .
Aegidius Corboliensis, Libri de laudibus et virtutibus compositorum medicaminum metrice
compositi: BMad 22399, 13c, ff. 45r-113r; ed.
Choulant(1826), 47-198.   Prol. 'Introducendis
in practicam. . .'

Que signa determinationis febris appareant. . .
See 'Pessima est. . .'

Que singule partes et cognoscantur et facillime
. . .
Soranus, Gynaeciorum vetus translatio: CUsj
D.4, 12c, f. 153(Atk)

Que sit nata vegetans. . .
Novus phisiologus: Darmstadt 2780, 15c, ff. 156-
185

Que sit Platonis sententia de rerum naturalium
principiis. . .
Franciscus a Vicomercato, De placitis naturalibus
et de consensione inter Platonem et Aristotelem:
BN 6330, 15c, ff. 1v-21v

Que sunt cause entium intellectus et nature. . .
Aegidius Romanus, De partibus philosophie essen-
tialibus ac aliarum scientiarum differentia: pr
(Leipzig, 1490)(Klebs 367.1; IAL A73)

Que sunt membra viri que partes sunt. . .
Versus de partibus corporis: CU Ll.I.14, c.1300,
f.54v(Atk)

Que sunt simplicia in usu quod apla vocant. . .
Oribasius, prol. Epistola de herbarum virtutibus
ab antiquis: BMsl 670(84), 12-13c, ff. 19-40

Que sunt species que conveniunt in compositione
elixiris. . .
Arnald of Villanova, In commentarios Hortulani
expositio: pr with Laurentius Ventura, De
ratione conficiendi lapidis philosophici: Basel,
1571, pp. 23-35

Que tenet undenas Aprilis luna kalendas. . .
Versus: CUsj 1.15, 13c, p. 3(Atk)

Que vel dimissa sunt in alio tractatu compoti. . .
Grosseteste, Computus minor: Dublin Trinity
441(D.4.27), c.1325, ff. 104v-111r; Thomson 97

Que vel quante sunt febrium diversitates. . .
Galen, Ad Glauconem de medendi methodo,
Liber I: GU V.3.2, 10c, ff. 27v-28v; Vendôme
109, 11c, f. 1v; VA 4417, 11-12c, f. 1r; Beccaria
45.2; 73.16a; 100.1

Quecumque ducere oportet undecumque repit
(rapit?) natura. . .
De medicamentis: BMsl 58, late 15c, ff. 44-75.
See 'Que oportet. . .'

Quecumque hiis qui introducuntur dilectissime(?)
Teucre necessaria sciri. . .
Galen, De pulsibus ad tirones, tr Burgundio of
Pisa: BN 15455, 13c, ff. 158vb-162rb; CUpet
33, c.1300, ff. 173-176v; Ea F.249, 13-14c, ff.
284-287v; VE fa 531(XIV,6), a.1305, ff. 56-59;
VAu 247, 14c, f. 318; Diels(1905), 86; Opera,
1490, I, 58r-60v; 1515, I, 165r-167r; De dig-
notione pulsuum: VAp 1099, ff. 61vb-67va

Quecumque in pubertate. . .
Hippocrates, De incumbationibus: Liége 77, 12c,
f. 62r-v; AL 177

Quecumque mortales agunt sive privatim sive
publice. . .
Pius II, Asiatica descriptio: VI 3394, 15c, ff. 1r-
210v; Saxl(1927), 131; Historia, Pars I, pr
Venice, 1477(Polain 3175; Klebs 372.1; Yale
73); Opera(1571), p. 281

Quecumque movent. . .
Comm. De somno et vigilia: Basel F.V.10, ff.
74ra-90rb

Quecumque rationabiliter metienda proponuntur geometricali. . .
BN 7377C, 11c, ff. 35(57)r-43(65)v

*Quedam animalia sunt simplices divisibiles in
partes similes. . .
De proprietatibus animalium: Oe 35, 14c, ff. 2-
12.   See 'Quedam partes animalium sunt. . .'

Quedam artes sunt que laborem artificibus
utilitatem iis. . .
Hippocrates, De flatibus: BN 7065, 15c, ff. 118r-
133r

Quedam autem(de) loca hostilia agredientes et
baculos. . .
Roger Bacon *or* Johannes Cokkes, Diversitates
ignium: BLe 155, 15c, pp. 535-536, 561; DWS
209A; OHI IX(1928), xii.   Cokkes may have
merely copied the work: *autem* seems preferable
to *de*

Quedam autem medicine laxant ventrem...
    Danzig Mar. F.238, 15c, f. 123-(Benjamin)

Quedam de sensibus interioribus in presenti
opusculo agere...
    Dominicus de Dominicis: VAb 1227, a.1436,
    ff. 1-8v; anon., BLcm 517, a.1443 Veneto, ff.
    73ra-81rb

Quedam est planta que dicitur larthii(?) in
Latino...
    De virtutibus lunariis: CUc 395, 15c, p. 98
    (Atk)

Quedam explanare volo que inveni iuxta verba
quorundam sapientium...
    Prol. Hermes: BN 7440, ff. 13va-16vb. See
    'Inter multa alia bona...'

Quedam facta revelabo que transmutatio in
tribus...
    BMsl 3457, 15c, ff. 373v-375v (DWS 565)

Quedam geruntur et deorum sacer senatus...
    De astrologia lib. VIII: BMh 2506, 10c, ff. 77ra-
    86vb; of Martianus Capella, De nuptiis. See
    'Que dum...'

Quedam magnitudo finita dividitur in 12 partes
equales...
    Tractatus cilindri accurtatus: Yale 156, copy 2,
    pp. 230-235

Quedam medicine sunt que evacuant fleuma
principaliter...
    BMsl 783b, 15c, f. 213r-v

Quedam nativitas accidit 290 diebus 12 horis
41 minutiis...
    Residuum Trutine Hermetis: CU Ee.III.61,
    15c, f. 74v

Quedam notabilia ad practicam tabularum deservientia...
    (Johannes de Gamundia), Canones seu proble-
    mata astronomica: VAp 1411, 15c, ff. 1r-97;
    5151, 15c, ff. 62r-109r; 2332, a.1423, ff. 142r-
    143r

Quedam obscura dicta a philosophis...
    Bonfinus, Collectanea super Geberum et Ar-
    naldum: VAb 273

Quedam partes animalium sunt simplices divisibiles in partes similes...
    De libro animalium. Divisio partium animalium:
    CUsj 99(D.24), 13c, ff. 67r-71r

Quedam partes corporum(corporis) animalium
dicuntur non composite...
    Aristotle, De historiis animalium libri xix, tr
    Michael Scot: FLc XIII, 9, a.1266, f. 1; AFML
    493, 13c, 164 ff.; BMr 12.C.XV, 13c, ff. 150r-
    235r; Graz 213, 13-14c, ff. 172r-183v; AL pp.
    80, 174; Ran 242(C.4.10), 14c, ff. 9-18r; Beiträge
    XVII, 5-6(1916), 186; Haskins 277-78; Grab-
    mann(1928), 37-38; anon. CUsj 99, 13c, ff.
    67-71r

Quedam sunt communia quedam febribus
propria...
    Signa pestilentiae: BMsl 783B, 15c, f. 206v

Quedam sunt debilitates et fortitudines planetarum...
    VAp 1416, 15c, f. 70v

Quedam sunt genera egritudinis...
    BMsl 109, 14c, ff. 13r-72r, in fine mutilus

Quedam sunt natura ut materia et forma rerum
naturalium...
    Distinctiones communes de diversis: BN 6552,
    14c, ff. 32va-35va; AL 589

Quedam sunt que significant longitudinem sive
durationem...
    Unde cognoscitur egritudo longa vel brevis: BN
    7337, pp. 87b-88a

Quedam triplicitas ex his duodecim signis et
prima...
    VE VIII.33(XI,106), 15c, ff. 4va-5rb; VAp
    1409, f. 64v-

Quelibet ars suum habet artificem...
    Robert of Chester, On the astrolabe: BLas 361,
    14c, ff. 35-41; Haskins 122; Steinschneider
    (1905), 73

Quelibet circumferentia circuli secundum astrologos...
    Dijon 441, 14c, ff. 212-218r, 220r-224r(218v-
    219v are blank)

Quelibet figura primo loco posita significat se
ipsam...
    Informatio ad computandum algorismum: CUj
    Q.B.25, 15c, f. 168v; Explanation of Arabic
    numerals: CUj Q.G.13, 15c, f. 103

Quelibet in arte plattica mensurabilis...
    Johannes de Muris, Contrapunctus: VAp 1377,
    15c, ff. 82r-94v

Quelibet latitudo terminata...
    Henricus de Heptono, Disputationes: Ran 1017
    (R.6.32), 14c, ff. 7v-14r

Quelibet media proportionalia earundem extremitatum...
> De quadratura circuli: VE fa 332(XI,6), ff. 289-292

Quelibet pars aliquota totius fractio eiusdem dicitur...
> Frater Roger de Cotum, I-II, Canones: CU 1705 (Ii.I.13), 14c, ff. 80r-84v; anon. de fractionibus astronomicis: BLlm 644, ff. 213rb-216vb; Saxl (1953), 392

Quem(*sic*) quatuor virtutum cardinalium corona ...
> Barnabas de Regio, prol. De conservanda sanitate oculorum. Text, 'Presentis libelli...'

Quem roganti(rogavis) tibi libellum promisi omni cura adhibita...
> Hippocrates, prol. Epistola ad Maecenatem: CML V(1916), 13-17; BMar 166(I), early 10c, ff. 3r-5v; Kibre(1945), 403-4, n.209. See 'Libellum quem...'

Quem veritas virtus et scientia ubique...
> Barnabas de Riatinis, pref. De naturis et qualitatibus alimentorum: VA 3714, ff. 1r-67r; Isis VIII (1926), 285-86

Quemadmodum ait Aristoteles in prologo Physicorum...
> Franciscus de Manfredonia, prol. Expositio in Peurbach, Theoricae novae planetarum: pr with Sacrobosco, Sphaera, Venice, 1499, f. 87(Polain 2306; Klebs 874.26; IAL J376; Yale 83); Venice, 1508, ff. 1r-65r

Quemadmodum animal quodvis unum esse dicitur...
> Galen, De usu partium, tr Nicholas of Reggio: T (1946), 232

Quemadmodum Aristoteles loqui solet sonorantem...
> Raymond Lull, introd. Reformatorium magnum lapidis: DWS 173. Text, 'Quoniam omnis res ...'

Quemadmodum corporum nostrorum habitus spectat...
> Bartholomaeus de Brugis, prol. Quaestiones in libros physicorum: VA 845, 14c, ff. 37v-155r; HL 37, 240, n.2; anon. Ea F.337, 14c, ff. 1-35; RNS 36(1934), 472

Quemadmodum enim videmus ens sive substantia corrumpi...
> Johannes Cronisbenus, De generatione et corruptione: VE VI.99(XII,26), 15c, ff. 18-23

Quemadmodum intellectus scientiis...
> De arte memorativa: Hain *1822, ff. 15r-16v (Schulz)

Quemadmodum inter moralis philosophie partes ...
> George Trapezuntius, pref. tr Aristotle, De anima: CLM 177, ff. 59v-60r(Schulz); VAu 211, 15c, f. 92

*Quemadmodum inter triticum et zizannia...
> Simon de Tunstede(?), pref. Quatuor principia musice: BLd 90, 14c, ff. 1-63; CUt O.IX.29, 15c, f. 53(Atk); Coussemaker IV, 200-298. Text, 'Quoniam circa musicam...'

Quemadmodum manu curantur abscessus fistule ...
> Liber chirurgicus: BLlm 724, 15c, ff. 202vb-203rb-218

Quemadmodum nostrorum corporum habitus ...
> See 'Quemadmodum corporum...'

Quemadmodum per calorem resolvuntur vapores...
> Quedam questiones naturales edite sive facte ab Aristotele cum comm.: BLd 67, 14c, ff. 96v-(97r). Prol. 'Cum essem in Grecia...'

Quemadmodum pessaria fiant...
> De pessariis Cleopatrae: FL Plut.73, cod.1, 12c, pp. 219-(220)

Quemadmodum plantarum quedam quidem humoris indigentia...
> Paul of Aegina, Epitomae medicae liber III: MC V 351, 11c, pp. 1-110(Beccaria 97); VA 4461, 13c(?), ff. 1-46; Diels(1906), 78; anon. CUj Q.D.2, 13c, f. 2v(Atk)

Quemadmodum pluma (est) in avibus ita squama est in piscibus...
> Vocabularium latino-germanicum (De variis rebus naturalibus): CLM 3710, 15c, ff. 42-(46); BN 11248, ff. 199-213(Poulle). Seems part of Aristotle, Problems. See 'Quantum pluma...'

Quemadmodum pluma in avibus sic squama in piscibus...
> Auctoritates de Aristotele de animalibus: KlaS 113, a.1431, ff. 80rb-85rb

Quemadmodum Ptolemeus et ante eum nonnulli...
> 'Secunda editio Tholomei': BLau F.5.28, 13c, ff. 88-(95); 'Rodulphi Brughensis ad Theodorichum Platonicum in traductionem Planisphaerii Claudii Ptolemaii Prefatio,' (tr dated a.1144): pr in collection, Sphaerae atque astrorum coelestium ratio, 1536, pp. 227-274; anon. Lyons 328, 14c, ff. 47-59. Text, 'Cum sit possibile...'

Quemadmodum sanguis animalium...
>Fr. Johannes Aegidius Zamorensis, De praeconiis Hispaniae libri xii: Es q.II.17, 15c, 102 ff.

Quenam est optima nostri corporis compositio...
>Galen, De optima corporis nostri compositione et bona habitudine, tr Peter of Abano: CLM 5, a.1304, ff. 181-183; Isis 33(1942), 649, n.5

Queratur nunc circa tres questiones quas enumerat...
>Questiones de generibus et speciebus (logic): CUg 367(589), 13c, ff. 261r-263vb, incomplete

Queratur utrum forma intelligibilis...
>AL 672. See 'Utrum forma intelligibilis...'

Quercus est arbor multum annosa sicut legitur...
>CLM 4394, 15c, f. 165v

Quercus secundum quod dicit Albertus...
>Arnaldus de Villanova, De quercu, cap.1: VI 5512, ff. 238r-240r

Quere dei regnum prius et tibi...
>Mappae clavicula, tr Robert of Chester: Steinschneider(1906), 72; Palermo 4 Qq.A.10, 46-50

Quere (ergo) inter numeros in superiori parte istius tabule...
>Text accompanying astronomical tables: CLM 5640, 14c, ff. 72r-83v; CUad 6860, 14c, ff. 88r-90v; CUc 347, c.1300, p. 160

Quere inter numeros in superiori capite(parte)(istius) tabule positos...
>Canon on Calendar of Petrus de Dacia: BMr 12.C.XVII, 14c, f. 7v; CLM 19414, 181va; Mi N.55.sup., 14c, ff. 1rb-2ra; Basel F.I.23, f. 4ra; anon. CUad 6860, 14c, f. 38v, 88r; CLM 3512, ff. 289ra-296rb; BLr C.117, c.1400, f. 140v; Saxl(1953) 400

Querebantur quedam circa Christum(deum) et quedam circa creaturas...
>Godefridus de Fontanis, Quodlibetum 9: CUpem 170, 14c, ff. 1, 13v, 58, etc.(Atk); Valencia Univ. 1051, 14c, 179 ff.

Querebat ille Saladinus solennis doctor que et quot...
>'Dispensarium magistri Nicolai prepositi ad aromatarios': BSFHM X(1911), 388-97; Pavia, 1492; Lyons, c.1495, etc.(Klebs 805.1-3; IAL P871-873)

Querenda est nativitas...
>Jones 83

Querente de quo est intentio hic...
>Petrus de Alvernia, Comm. Meteor.: BMad 9830, 14c, ff. 1-67v (incomplete)

Querenti coniunctionem seu oppositionem solis et lune...
>De coniunctione et motu solis et lunae, cum tabulis medii cursus solis ad longitudinem Londoniarum: BMar 377, 13c, ff. 7-(16)

Querenti mihi sepenumero quibus temporibus per quos...
>Pref. De temporibus: CUmc 178, c.1490, f. 1 (Atk)

Querimus primo circa quasdam suppositiones...
>De iuventute et senectute et inspiratione ac respiratione questiones duodecim: VE VI.82 (XII, 9), 15c, ff. 76-81

Queris delitias et pinguis fercula mense...
>Baptista Fiera, Coena seu de herbarum virtutibus: (Rome, c.1484); Hain 7084; LC

Queris O venerande...
>See 'Queris venerande...'

Queris si venter inferius...
>See 'Quare si venter...'

Queris utrum per artem...
>Michael Scot, Questio: VAb 273, f. 301r. See 'Utrum artificialiter...'

*Queris venerande dux normannorum et andegavensium...
>William of Conches, prol. Dragmaticon: T II, 63, 65; Wilmart, Analecta Reginensia, 1933, pp. 263-65; Speculum XX(1945), 84-87; Budapest 26, 12c, ff. 1-58; Os 178, 13c, ff. 266r-359v(TR 312e)

Queritis me et non invenietis Ioannis nono capitulo...
>Helias, De compositione lapidis *or* Vade mecum: VAb 273, ff. 115r-121r(T III, 347)

Queritur...
>See also the words following

Queritur a me utrum de aere vobis naturali...
>Ant. Cermisonus: CLM 339, 15c, ff. 59v-60v

Queritur a quibusdam quare inter ceteras liberales disciplinas...
>Commendatio artis medicine: BLd 69, 13-14c, f. 76va-(77)

Queritur circa amphorismum ad ultimas egritudines...
>Questiones optime circa quosdam amphorismos Ypocratis: Ea Q.212, 14c, ff. 181-191

Queritur circa Euclidem de hac questione utrum geometria sit scientia mathematica...
> Questiones super Euclidem: Ea Q.344, 14c, ff. 68-87

Queritur circa illum amphorismum 23m Acute egritudines...
> De crisi et criticis diebus: Ea Q.174, 14c, ff. 109-118

Queritur circa librum de anima primo et principaliter...
> Peter of Auvergne: Glorieux I, 414; anon. BN 16170, f. 42(H); Cambrai 480, f. 2, incomplete

Queritur circa librum de anima utrum de anima ...
> See 'Utrum de anima sit scientia...'

Queritur circa librum de celo et mundo utrum unius corporis...
> Basel F.V.10, ff. 88ra-97va

Queritur circa librum de sompno...
> Ran 549, 15c, ff. 99v-112

Queritur circa quartam fen primi canonis utrum...
> Bern 227, f. 100ra

*Queritur circa quartum utrum putrefactio...
> Scotulus(?), Quest. in librum iv meteor.: Oma 80. See 'Utrum putrefactio...'

*Queritur circa secundum librum de anima utrum sensus tactus...
> Duns Scotus, Quest. 23 in lib. de anima: BLd 44, 15c, ff. 134v-188

Queritur circa speram utrum scientie mathematice...
> Dominicus de Clavasio: Ea Q.299, 14c, ff. 104-112

Queritur circa tertiam particularem Isaac...
> Quaestiones super eisdem dietis: Ea F.172, 14c, ff. 150-180

*Queritur circa tractatum proportionum...
> Blasius of Parma, Quaestiones super tractatum de proportionibus (Bradwardini): T IV, 660. See 'Utrum contingat omnem...'

Queritur circa universalia Ebemesue utrum significat...
> Quaestiones optime super primo canonis (Avicenne): Ea Q.212, 14c, ff. 194-228

Queritur consequenter si materia sit sua potentia substantialiter...
> Siger de Brabant, Questiones in Physicorum I-II: Borghesi 114, 13-14c, ff. 15r-18v; ed. in part, RNS 44(1946), 497-513

Queritur cui competit medicina altioris gradus ...
> Materia bona de gradibus: Ea Q.212, 14c, f. 229

Queritur cum in oculo sint tres tunice et tres humores...
> Questio de oculis: MC 8.VV., 14c, pp. 183-184 (AL 1308)

Queritur de anima et primo utrum anima...
> Questiones de anima: CUg 460, 14c, f. 13(Atk)

Queritur de carne elixata cur per decoctione(m) remolliatur...
> Questiones de experimentis variis: VAb 12, 14c, ff. 116v-118(Silverstein)

Queritur de creaturis et primo de creatione...
> Albertus Magnus, Summa de creaturis: VE fa 295(XII,66), 15c; Borgnet 34, 308

Queritur de cura artetice...
> McGill Univ., Osler 7627, 13-14c, ff. 77v-78v

*Queritur de fato an sit et quid sit utrum necessitatem...
> Albertus Magnus or Thomas Aquinas(?), De fato: Beiträge XX, 1-2(1913), 348; T II, 612-15; Pelster, Philos. Jahrbuch 36(1933), 150-54; Thomas Aquinas, Opuscula omnia (ed. Mandonnet, 1927), V, 399-415. See 'Questio est de fato...'

*Queritur de forma resultante in speculo...
> Albertus Praedicator, Katoptric: Ab 26(1912), 139; T II, 529; Little 419; anon. Bruges 485, 13c, ff. 161rb-163vb; BNna 1242, f. 35; VI 2303, 14c, ff. 53va-54rb; Birkenmajer, Philos. Jahrbuch, 37 (1924), 270-71, showed it to be an extract from the Summa de creaturis, Borgnet 35, 198-203

*Queritur de intellectu nostro librum...
> Simon of Faversham, Questiones super tertium de anima: Ome 292, 14c, ff. 364-389; AHDL IX(1939), 309-68

Queritur de long. et brev. vite primo an de eis possit...
> Questiones de longitudine et brevitate vitae: CUpet 192, 14c, II, f. 27

Queritur de necessitate huius scientie...
> Comm. De memoria et reminiscentia: On 285, 14c, ff. 189rb-193vb

Queritur de positione Parmenidis et Melissi qui posuerunt...
> Questiones in libros Physicorum: BMb 358, 14c, pp. 161-(208)

Queritur de quo determinatur in hoc libro. . .
    Comm. de longitudine et brevitate vite: pr
    Epitomata, Cologne, 1496; BM IA 4646(Klebs
    457.1; IAL G153)

Queritur de quo tractat philosophus in libro de
memoria. . .
    Comm. de memoria et reminiscentia: pr Epito-
    mata, Cologne, 1496(Klebs 457.1; IAL G153)

Queritur de sensu communi et primo queritur
utrum (que) sit necessitas. . .
    Thomas Aquinas *or* Albertus Magnus, De sensu
    communi: Brux 881, a.1288; NYAM MS 6,
    14c, ff. 28r-31r; Kibre (1941), 266-67, n.24-25;
    Beiträge XXII(1931), 348-51; Glorieux I, 72

*Queritur de subiecto(?) quid sit. . .
    Willelmus Bonkis, Questiones metheororum:
    BLd 204, 14c, ff. 126r-151va

*Queritur de unitate scientie naturalis et quod
non sit una probatio. . .
    Galfridus de Haspyl, Comm. in Physicorum
    libros quatuor priores: Ome 272, 13c, ff. 88-(113);
    anon. On 285, 14c, ff. 114ra-162r, mutil.

Queritur et primo circa quasdam suppositiones
. . .
    Jean de Jandun, Questiones de iuventute et
    senectute: HL 33, 552

Queritur in longitudine equali et tereti. . .
    Fragment on Roman balance attributed to Euclid:
    ed. and tr Moody-Clagett 281-83

Queritur in quo corrumpatur ultima pars motus
. . .
    BLcm 226, 15c, f. 77va

Queritur numquid quantitas sit substantia
quanta. . .
    Questio de quantitate substantie: FLa 1348, 15c,
    f. 12v-

Queritur preterita universi presentis et futuri. . .
    See 'Noverint preterita. . .'

Queritur primo. . .
    See also 'Utrum. . .'

Queritur primo. . .
    Dominicus de Clavasio, Questiones super per-
    spectivam. See 'Utrum tota perspectiva. . .'

Queritur primo circa Iohannitium utrum medicus. . .
    St. Florian XI.629, ff. 238-249(Schulz)

Queritur primo circa primum de celo et mundo
. . .
    Questiones, from Blasius of Parma and Albert
    of Saxony: T IV,652-53. See 'Utrum omnis
    quantitas. . .'

Queritur primo circa primum librum de celo et
mundo. . .
    Versor Parisiensis, Lectura super librum de celo
    et mundo: Giacosa 499. See 'Utrum scientia
    naturalis sit circa corpora. . .'

Queritur primo circa primum librum Galeni
Tegni. . .
    Oma 219, 15c, ff. 1-(164)

Queritur primo de hoc cui videtur auctor. . .
    Determinatio de forma visa (in speculo); Ea
    F.335, 13c, ff. 91v-93

Queritur primo de libro meteor. . . .
    Oresme, Quest. on the Meteorologica: Ea Q.299,
    end 14c, ff. 51r-103v(TR 343); Isis 45(1954),
    148

Queritur primo de subiecto libri sed hec est
disputata in lectura. . .
    Antonius de Parma, Questiones super librum de
    accidenti et morbo: VA 4450, 14c, ff. 73ra-93vb;
    T (1953), 269, n.45

Queritur primo quare isti libri dicuntur libri
parvorum naturalium. . .
    Comm. Aristotle, De sensu et sensato: pr Epito-
    mata, Cologne 1496(Klebs 457.1; IAL G153)

Queritur primo que sint egritudines nunc
currentes. . .
    Questio de epidemia a.1348: Ea Q.217, 14c, ff.
    9v-10v; Archiv XI, 52-55

Queritur primo quid est subiectum libri metheororum. . .
    Comm. Aristotle, Meteorology: pr Epitomata,
    Cologne, 1496(Klebs 457.1; IAL G153)

Queritur primo si operatio lapidis. . .
    See 'Queritur si. . .'

Queritur quare a Iove ceperit. . .
    Scholium to Aratea: BMad 15819, c.1470, f.
    5r; Saxl(1953), 52

Queritur quare equus redorsatus. . .
    Questions on natural science: BMr 12.G.IV,
    c.1300, ff. 127r-(129r)

Queritur quare frondes sunt longe acute. . .
    VI 5207, 15c, f. 117r-(Ambix VII, 1959, 16,
    n.280)

Queritur quare gallus facit(*sic*) in senectute et
non. . .
    Questiones Salernitane: CUpet 178, II, 13c, f. 1r-
    39ra

Queritur quare inter omnia animalia homo habet faciem versus celum...
　　Problemata Aristotelis: Ghent 13(356), 15c, pp. 53a(f. 27r)-(85); pr (Cologne, c.1495) etc. (Klebs 95.19-28; IAL A928-32)

Queritur quare melancolia purgetur per oculos...
　　Quaestiones singulares 125 de causis quorundam phenomenorum ex triplici naturae regno: VE fa 534(XIV,59), 14c, ff. 26-31

Queritur quare mulieres non sunt barbate...
　　Questiones: VAp 310, 14c, ff. 149rb-150ra

Queritur quare mundus et cetera corpora...
　　(Theophilus?), De urinis: Orléans 285, 15c, f. 44; Diels(1906), 103

Queritur quare omne animal volatibile sit gressibile...
　　Petrus Hispanus, Problemata: FNcs J.IX.26, c.1500, ff. 1r-12r; Björnbo(1912), 97; anon. Mi N.9.sup., 14c, ff. 115r-128r

Queritur quare pavones habeant tam magnam caudam...
　　VI 5207, 15c, ff. 116r-117r; Ambix VII(1959), 16, n.279

Queritur que est prima propositio libri de sompno...
　　Comm. De somno et vigilia: BMsl 748, a.1486, ff. 73-81

Queritur que sint diversa Ipse non est...
　　Guilielmus Bonkis, Quest. super librum Aristotelis De celo et mundo: CUg 344(540), 14c, ff. 103r-105va

Queritur que utilitas sit medico in sciendo...
　　Liber coniunctionis solis et lune et de aspectibus planetarum: BMsl 3124, ff. 45v-51v

Queritur questio difficilis in qua multi dubitaverunt...
　　Helias del Medigo, De primo motore utrum immediate primum mobile moveat, a.1480, Venice: pr with Jean de Jandun, Questions on the Physics, Venice, 1488, ff. 147r-162v(Klebs 553.5; AFML 260); Venice, 1561, ff. 130r-161v

Queritur quid est(sit) suppositum in hac scientia...
　　Quaestiones de vi libris prioribus physicorum: Ea 349, 14c, ff. 75-119v; Grabmann(1928), 88-89

Queritur quid sit sors...
　　De divinationibus: Schlestadt 82, a.1478, item 10

Queritur quod omne...
　　Thomas Aquinas(?), De motu cordis: Brux 883, 13c, ff. 156va-157va

Queritur quomodo fiunt lapides in ventribus terre...
　　De lapidibus: VI 2442, 13c, ff. 1r-4v

Queritur quot modis potest generari apostema...
　　Maphaeus de Laude, Problemata medica: Bern A.43, 15c, ff. 251r-256v; CLM 7, 15c, ff. 240ra-251rb; Studien(1918), 425

Queritur quot sint scientie mathematice. Videtur quod quatuor...
　　BN 16390, f. 201(H)

Queritur quotus sit iste liber in ordine librorum naturalis philosophie...
　　De celo et mundo: pr with Epitomata: Klebs 457.1; IAL G153

Queritur secundo utrum in renum passionibus...
　　Paulus de Caloris, Questio medicinalis, April 26, 1449; Giacosa 494. See 'Utrum in renum passionibus...'

Queritur si operatio lapidis...
　　Arnald of Villanova, Questiones: T III, 52

Queritur super hoc quod dicit Aristoteles...
　　Quest. de materia, forma et privatione: Assisi 664, 13c, ff. 134r-143v(AL 1268)

Queritur supra primum de generatione utrum augmentatio...
　　See 'Utrum augmentatio...'

Queritur unde contingere...
　　Questiones de fisica: James 481

Queritur utrum...
　　See 'Utrum...'

*Queritur venerande dux circa...
　　Gul. Woodford, Comm. Arist. Physic.: Wadding. See 'Queris venerande dux...'

Querunt aliqui de nativitate Christi vel Marie...
　　Pierre d'Ailly, Apologetica defensio astronomice veritatis, a.1414: Salembier, p. 182; T IV, 106, n.19; Lincoln Cath. Chap. 232, 15c, f. 87; Oo 69, f. 83v; BMad 29969, ff. 58v-61r; BMh 637, ff. 112va-114vb; BMh 3742, ff. 222v-224r; IAL A426, ff. gg(6)r-(8)v (Photostat ed. 1927, ff. 143-145v)

Queruntur primo(primum) due armille convenientis mensure...
　　Ptolemy, Opus armillarum: PU 595, 14c, ff. 62-64; anon. BLcm 61, 15c, f. 9; Zi 4502-4503; Mi H.75.sup., f. 67ra-va

Queruntur quedam communia supra totam logicam...
>Et super mathematicas scientias: BN 7392, 14c, ff. 74va-79rb

Quesisti fili charissime...
>See 'Quesivisti fili...'

Quesita fuerunt novem in isto quolibet...
>Julian of Bologna, Quodlibet medicinale: VA 2418, ff. 222va-223vb

Quesitum est de febribus pestilentialibus...
>Borghesi 86, 13-14c, ff. 1r-14r, 15r-v

Quesitum est de paralisi...
>Archiv II(1909), 43

Quesitum fuit a lectore utrum scientia de sompno et vigilia sit una...
>Cesena VI sin. 5, 14c, ff. 163r-164r; AL 1293

Quesitum fuit in questione generali...
>Angelo of Siena, On heart and arteries: CLM 7609, a.1382, ff. 1ra-6rb

Quesitum fuit utrum per interrogationes astronomicas...
>Defense of astrological interrogations against a recent attack upon them by Robert de Bardis, chancellor of Paris (in 1336): VA 4275, 14-15c, ff. 29r-34v; T (1947), 220; Brux 937, a.1418, ff. 215ra-221vb(Silvestre)

Quesiturus itaque cometarum naturam...
>Magister R., De stellis comatis: FL 30.24, 14c, f. 9ra-vb

Quesivisti a me fili karissime adiuratio vel ad collum suspensio...
>BLd 69, f. 151v-. See 'Quesivisti fili carissime ...'

Quesivisti a me qualiter incedere oportet in thesauro scientie acquirendo...
>Thomas Aquinas, Epistola de modo studendi: BN 16089, 14c, f. 153v

Quesivisti a me ut copularem...
>Galen, De cognitione propriorum defectuum, tr Armengaudus Blasius, from Arabic: Dresden Db 92-93, 15c, f. 17v; PAM 51, 15c, f. 227; Diels (1905), 72-73

Quesivisti a nobis amice carissime domine Mathia...
>Questio supra philosophorum lapide: Mon 479, 16c, ff. 89v-92 (Corbett II, 144)

Quesivisti fili carissime de incantatione adiuratione...
>Costa ben Luca, De phisicis ligaturis: T I, 653; Glorieux I, 419; VAp 1240, ff. 82v-83v; VA 9941, 15c, f. 74; tr Arnald of Villanova: VI 5315, 15c, ff. 74r-75r; pr Arnald of Villanova, Opera, 1504, etc. HL 28, 78-79; ascribed to Galen, CLM 465, a.1503, ff. 263r-267v; Opera, 1515, II, 88v; Diels(1905), 141; Johannitius: FN II, iii, 214, ff. 73r-74v; Rasis: Mon 277, 15c, ff. 146r-147v(Corbett II, 85); pr Constantinus Africanus Opera, Basel, 1536, ff. 317-320

Quesivisti naturas(naturam) nocumentorum destruentium...
>Admetus, De basilisco et de aquis necessariis huic arti convenientibus: DWS 150; Steinschneider (1906), 1

Quesivisti quis trium lapidum nobilior brevior et...
>Raymond Lull, Anima artis transmutationis super Testamentum, Versio secunda: CUt O.VIII.14, 15c, f. 128v(Atk); DWS 253, xvii

Quesivit a me vestra dilectio de hypostasi urine ...
>Turisanus de Turisanis, prol. De hypostasi. Text, 'Dico ergo quod...'

Quesivit ergo in primo loco...
>Arnald of Villanova, Questiones tam essentiales quam accidentales: Manget I, 698; Ze IV, 544; Glorieux I, 429; HL XXVIII, 91

Queso mi pater et domine ut ad interrogata...
>Medical and magical recipes etc.: VAp 1256, ff. 261va-262rb; VI 5315, f. 105r

Queso te (O) lector huius opusculi...
>Libellus de semine scripturarum et computo: Brux 230, 12c, ff. 155ra-162vb(Silvestre, p. 158, shows it is not science)

Questi sono altre medicine trovate...
>William of Flanders, Veterinary medicine: Mi A.43.inf., ff. 53-85v

Questio Bononie disputata compendioseque...
>Hugh of Siena, De modo generationis mixtorum ex elementis: T IV, 341-42. See 'De modo...'

*Questio circa primum physicorum est hec...
>Jo. Sharpe, Questiones in Aristotelis Physicorum libros octo: Oa 85, a.1428, ff. 1-88

Questio de complexione mellis...
>Registrum capitulorum operis cuiusdam medici: VI 2300, 15c, f. 31v

*Questio de duratione huius etatis mundi est talis...
> Johannes Paulus de Fundis: BMr 8.E.VII, 15c, ff. 73r-77v(T IV, 234)

Questio de substantia demonum difficilis est...
> VA 9969, ff. 33v-40r

Questio disputanda sub tali titulo proponatur...
> Jacobus Capellutus: Giacosa 490. See 'Utrum in antrace vel carbunculo...'

Questio est an...
> See 'An...'

Questio est cum in via essendi fit in via nature...
> W. Burley, Quedam questiones naturales: Ea Q.312, 14c, ff. 92v-93v

Questio est de fato circa quod quesita sunt sex...
> Thomas Aquinas(?), De fato: BU 1158, 14c, f. 45r; ascribed to Alexander of Hales: Glorieux II, 18; (T II,613, n.) ed. Franziskan. Studien(1932), 23-39. See 'Queritur de fato...'

Questio est de motoribus corporum celestium et videtur...
> Thomas Aquinas: Opera XXXII(1879), 658-62

Questio est de motu ferri ad adamantem utrum sit naturalis...
> VA 772, 14c, f. 108r-v

Questio est de numero principiorum per se rerum naturalium...
> VAr 1906, ff. 51vb-53vb

Questio est de unitate anime...
> Comm. De anima: BLh 99, early 13c, ff. 168-173

Questio est de unitate anime vegetative sensitive et intellective...
> Questiones super I et II De anima: BLau F.5.25, ff. 168r-172v

Questio est difficilis in materia de modalibus...
> Bassanus Politus, Questio de numero modorum facientium sensum compositum et divisum: Venice, 1505, ff. 1r-4r

*Questio est quid sit abstrahere? Dicendum...
> Brainham, Comm. Arist. Phys.: Bale

Questio est Quid sit medium...
> Questio fratris Egidii: VA 4426, ff. 15ra-18rb

Questio est quomodo hoc fiat quod denarii percussi...
> Aliqua problemata: BMsl 345, 15c, ff. 138r-141r

Questio est quomodo iste questiones sint...
> Questiones due de cibo potatione et sanguinis elementis: VI 2306, 14c, f. 80va-b

Questio est utrum...
> See 'Utrum...'

Questio fuit proposita generaliter utrum calor...
> See 'Utrum calor in iuvene...'

Questio ista non est difficilis propter occultationem...
> Utrum medicina nutriat? one of Bartolomeus de Varignana, Questiones super libro Galeni de complexionibus: VA 4454, ff. 107-115, acephalous, at f. 112; pr Puccinotti II, i, pp. cxiii-cxxix

Questio mihi multum dubitata et non inmerito...
> Albertinus de Placentia, Utrum duo corpora dura possint se tangere: BLcm 177, a.1391, ff. 62-(66v)

Questio potest formari in hunc modum...
> Arithmetical problems, a.1292: BMsl 3281, f. 26ra-b

Questio pridie disputata fuit que corpora magis ledantur...
> See 'Que corpora magis...'

Questio pridie disputata fuit utrum corpus colericum...
> See 'Utrum corpus colericum...'

Questio pridie disputata fuit utrum mala complexio...
> See 'Utrum mala complexio diversa que est febris...'

Questio (prima) primi libri de anima est utrum anima...
> Nicole Oresme, Questiones super librum de anima: Bruges 514, 13-14c, ff. 71-111r

Questio quam nunquam ab aliquo determinatam vidi...
> Disputatio inter iurisconsultum et medicum: Wu M.ch.F.60, 15c, ff. 96r-109r

Questio quare nitimur in vetitum...
> Alanus, Questiones: BN 18081, 13-14c, ff. 210va-227rb; Manitius III, 804; ed. Isis 51(1960), 181-85

Questio quare Paulina...
> See 'Quare Paulina...'

Questio queritur de determinatione actionis...
> Declarationes de actione et tempore reportatae Erfordiae a mag. Theodorico regenti apud Scotos a. 1343: CLM 4382, 14-15c, ff. 75-87

Questio vertitur utrum medicina...
See 'Utrum medicina sit...'

Questione proposita de infirmo vide in quam
mansionem cadit...
Argentré I, ii(1755), 327a

Questionem difficilem et prolixam admodum...
Engelbert of Admont, De causis longevitatis
hominum ante diluvium: Pez, Thesaurus, I, i,
437-501; ZB 4(1889), 511; Fowler 186-87;
Osiris XI, 479

Questiones circa librum de celo et mundo...
Albert of Saxony, Comm. Arist. de caelo et
mundo: Ran 592(F.6.4), 14c, ff. 76-110

Questiones que sequuntur fuerunt proposite in
capitulo...
Thomas Aquinas, Questio de secreto: CU
Mm.II.7, 15c, f. 50(Atk)

Questiones sunt equales...
Lupoldus(Leopold of Austria?), De iudiciis cum
septem particulis: CLM 588, 14c, ff. 142ra-
181ra (apparently a collection of excerpts)

Questionibus tuis duxi bonum respondendum...
De motu octave spere: VAp 1340, ff. 84rb-85rb

Questionum naturalium ratio partim tecta...
Theodore Gaza, tr Alexander of Aphrodisias,
Problems: Lucca 1392, 13c, ff. 140-189

Questionum Tusculanarum liber primus-
Peripateticus...
Dialogus de salubritate aeris Romani: VAb 343,
ff. 60-64, is 17c, not medieval

Qui...
See also 'Quicumque...'

Qui abscidunt sanguinem menstruorum et
hemoroidarum...
Confectio trociscorum de carabe, de libro
Ameti filii Isaac: CUpem 137, 13c(Atk); VE
VII.1(XIV, 16), 14c, ff. 267-268

Qui accesserit ad regem et luna in aquario...
Astrol.: BN 7443, 15c, ff. 248-253v

Qui ad artem apotecariatum...
See 'Querebat ille Saladinus...'

Qui ad astronomie scientiam desiderat pervenire...
John of Seville, Dubitationes circa regulas equationum planetarum: ed. Osiris I(1936), 460-475;
anon. Os 188, 13c, ff. 97-(99v)

Qui amoris gratia mi Anthoni Magliane...
Guaineri, prol. Summarium de febribus. Text,
'Cum mee sit intentionis hoc...'

Qui astronomiam studeat...
Regiomontanus, Canones Torqueti: VI 5292,
15c, ff. 95r-103v

Qui astronomicis student exercitiis...
Regiomontanus De torqueto: ed. Schöner, 1544,
ff. 1r-13v(Schulz); T V, 365, n.148

Qui aurum dedisti aurum accipe dum enim...
Artephius, Opus solis: BMsl 1118, 15c, f. 18r-v
(DWS 146)

Qui autem asserunt...
De anima humana: Eins. 357, 13c, pp. 111-116

Qui autem in naturis rerum instructi sunt...
Glosa in Guilelmi de Conchis Philosophiam
Secundam: CUc 385, 14c, p. 116

Qui autem nominum virtutis sunt ignari et
ipsi disputantes...
Hentisberus, De propositionum multiplicium
significatione: VE VI.160(X,220), a.1443, ff.
252-53; Wilson(1956), 207

Qui bene ingerit digerit egerit est bene sanus...
De arte medica: BLas 1468, 15c, ff. 183-247

*Qui bene vult disponere familie sue et...
Alexander Neckam, De nominibus utensilium: ed.
T. Wright, A Volume of Vocabularies, 1857,
pp. 96-119, from BMc Titus D.XX, 13c, and
BN 7679, 15c; from Bruges 536, by A. Scheler,
Jahrbuch f. rom. u. eng. Lit. VII(1866), 58-74,
155-73; BMad 8092, 13c; CUt 1337(O.VII.9),
13c, ff. 122r-135r; Mi T.246. inf., early 13c, ff.
10r-24v; St. Claude 6, 13c, ff. 123-(146);
Lincoln Cath. Cap. 132, 13-14c, f. 37-; anon.
Os 178, 13c, ff. 402r-411r(TR 312 f); VI 2453,
12c, 7 ff.; Besançon 534, 14c, ff. 35v-53; James
489, 490, 495; Haskins 360-62

Qui caducum morbum patitur debet ieiunare...
ed. Archiv X(1917), 301-2

Qui circulum lune recte scire voluerit sciat...
BLcm 517, 15c, ff. 5rb-8va. See 'Qui cursum
lune...'

Qui communium utilitati prosunt...
Cornelius Roelants, pref. De egritudinibus puerorum. See 'Prima egritudo...'

Qui computi regulas ipsarumque regularum
causas...
Hermannus Suevus or Contractus, Compotus:
BMar 356, 11c, f. 27v; Univ. Rochester Acc.
149667, 11c, pp. 56-91; VA 3101, a.1077, ff.
10r-14v; VI 2453, 11c(Schulz); Brux 10564(3),
14c; Fulda 498; Manitius II, 765 seq.

Qui corporum curam gerens per omnia...
Johannes Behemens, De institutione medici:
BMsl 345, 15c, ff. 7r-8r

Qui corporum curam geris auxiliari non differas
...
De venenis et curis eorundem: CUg 178(211),
15c, ff. 170-180

Qui creavit omnia simul altissimus eternus
omnipotens deus...
Opus Peregrini(Alchemy): BU 164(153), 15c,
ff. 80r-82v

Qui culpat a. centum d. centum quintupla...
BLcm 71, 13-14c, f. 19r

Qui cum habuerit totaliter preparatus...
Plinius, Secretum secretorum: DWS 157

Qui cupit ethereos stellarum noscere motus...
Lorenzo Bonincontri, Astrological prediction:
(Rome), 1491 (Klebs 201.6; GW 4912; Schulz)

Qui cupit urinas mea per compendia scire...
Richard Anglicus, verse preceding, Regule de
urinis: Wickersheimer 695; BLe 219, 13c, ff.
117r-122v; BLr D.238, 14c, ff. 47r-48v; CUg
(57), 14c, ff. 38-42

Qui cursum lune recte scire voluerit (desiderat)
...
Introduction to astrology: BMr 12.C.XVIII,
14c, f. 36v; BU 154(132), 14c, ff. 74v-80r; Ea
O.80, a.1340, f. 15r-v; VE fa 538(XIV,23), 14c,
ff. 11-12; CLM 3512, ff. 296va-297vb; BMad
18346, 14-15c, ff. 128v-143; PA 3599, ff. 95vb-
96va; Toledo cap.96-32, 15c, ff. 54rb-66va(Carmody 66); VI 4985, 15c, ff. 145v-156v; VAp
1367, f. 172rb

Qui cursum(cursus) lune scire desiderat...
Prag 629(IV.C.2), ff. 45r-51r; VI 4978, a.1359,
ff. 109r-123v; Zi 8082-87; BN 14068, 15c, ff.
46r-50

Qui cursus planetarum per tabulas investigare
voluerit...
Utrecht 722, 14c, ff. 105-136r; f. 105r in TR
363

Qui de egrotantium accidentibus in singulis
egritudinibus...
Hippocrates, De regimine acutorum: CLM
23535, 12c, ff. 127r-131r; BLll 65, 13c, ff. 102-
109; Brux 11459, 13c, ff. 38-48v; CUsj 78, 13c,
ff. 61-64v; Reims 1002, 13c, ff. 50v-(60); Vendôme 206, 13c, ff. 43-49; St. Quentin 104, 13c;
Tours 790, 14c, ff. 158-196; 792, 14c, ff. 1-47;
Kibre(1945), 389; Diels(1905), 102-103; AL
123; anon. CUcl 15(Kk.IV.2), c. 1280, ff. 213v-
221r; pr Articella(1487), 75v-119v; etc.

Qui de futuris in anno iudicare cupit...
De planetarum complexionibus: BMsl 312, 15c,
ff. 169-183

Qui de generibus calculationum...
See 'Inveni inquam...'

Qui de naturis animalium scripserunt...
Engelbert of Admont, De naturis animalium.
See 'De naturis animalium...'

Qui desiderant artis philosophice scientie...
Rosarius philosophorum *or* Donum dei: Wo 3772,
15c, ff. 1-14r(ColR 148); T III, 55-56; IV, 635;
DWS 322; Corbett I, 63; II, 113-114

Qui desiderant nostre philosophie...
(Raymond Lull?), Donum dei: T IV, 635

Qui desiderat artes philosophicas scientie maioris
cognitionem verissimam habere...
Donum dei: Bern B 44, 15c, ff. 89r-99v

Qui desiderat artis alchimie cognitionem verissimam habere...
Donum dei: Bern 630, early 16c, ff. 4v-19r

Qui desiderat artis philosophice scientie maioris
cognitionem verissimam habere...
'Maior scientia': BMsl 2560, 14-15c, ff. 1-18;
DWS 322 requires correction; Ioh. Andreae is an
interlinear citation in a different ink and hand,
and there is no *n* in desiderat

Qui desiderat scire certas horas noctium et
dierum...
Sententie astrolabii: Bubnov xxxv, lix; Zi 921;
Van de Vyver (1931), 277; Chartres 214(173);
Millás(1931), 275. See 'Quicumque vult scire
...'

Qui dicitur liber lune cuius circulus...
See 'Liber imaginum...'

Qui dies...
Zeitrechnung: Danzig Stadtbibl. Q.30, 15c, f.
169r-v(Zi 12167)

Qui dividitur in quatuor libros primus continet
...
Questiones metheororum: Bruges 489, 13c, ff.
5-10v

Qui dividitur in quatuor partes tamen prima...
Theosophia palmarum(alchemy): BU 303(500),
15c, ff. 271r-283v

Qui et quilibet homini ex celesti presignatur...
Joh. de Glogovia, In scientia nativitatum mortalium hominum introductorium: VAr 1115,
a.1495, ff. 208r-(223v)

Qui eam disciplinam qua corporum celestium ratio. . .
VA 6280, f. 158r

Qui enim sit mortificare et post mortem revivificare. . .
Optima via in via universali (alchemy): BMad 10764, 15c, f. 241v(DWS 648)

Qui etiam necessarie adiungimus. . .
(Mesue?), Grabadin: VAp 1304, 14c, ff. 90r-136v

Qui facultatem computandi eligunt. . .
Walcher, prior of Malvern, Lunar tables calculated from eclipse of Oct. 18, 1092: BLau F.I.9, 12c, ff. 86-95; Haskins 114; anon. CUt 1369 (O.VII.41), 12c, ff. 54v-(56)-58r

Qui fecit magna maximus est. . .
De motu planetarum: CLM 14504, 15c, ff. 125-(163)

Qui fidem catholicam impugnent gaudent. . .
Rectificatio compoti secundum Albertum: Admont 442, 14c, f. 38; Prag 2346, 13-14c, ff. 105r-127r; ascribed to Reinher von Paderborn, Zi 7629-31; Hanover IV, 373, 12c, ff. 3v-10v (Schulz); Grabmann (1936) 342; ed. W. E. Van Wijk(1951). See 'Computus est scientia inveniendi. . .'

Qui fructus ossa qui cortices. . .
De natura arborum: BN 7029, f. 70r

Qui fuerit medicus et optimus magister. . .
Hippocrates, Astrological medicine: BMh 2375, 15c, ff. 89-93v, incomplete

Qui geometrie aut philosophie peritus expers astronomie fuerit. . .
Hermes, De imaginibus qui praestigiorum dicitur: Spec. astron. cap xi; T (1947), 227-29. See 'Quicumque geometria. . .'

Qui habet verticem acutam(*sic*) mobilis(nobilis) est. . .
Alexander Yspanus, De dispositione hominis: CLM 4784, 15c, f. 149r-v; VI 5509, ff. 11r-12r; anon.: BLcm 480, 15c, f. 90(89)v-91(90)r; Isis 49(1958), 404

Qui habuerit carnes leonis fantasma non patietur . . .
Addition to Bestiary: BMh 4986, 11-12c, ff. 67r-68v; Beccaria 77.11

Qui huius artis peritiam composuerunt. . .
Hippocrates, Epistola ad Filominum de conversatione medici: BLd 69, c.1300, f. 124r

Qui hunc librum edidit inquit Scias bene sollicite . . .
De secretis secretorum: FR 905, ff. 40r-46v

Qui hunc librum legit intelligat Ethicum philosophum. . .
Pref. Cosmographia: CU Mm.II.18, 15c, ff. 103v-115vb. See 'Philosophorum cedulas. . .'

Qui in legendo libros doses extiterit(?) in preparandis rebus. . .
Breviarium Rosarii (de prohemio): VI 5509, ff. 319r-324v

Qui in septem nascitur mensibus si sit masculus . . .
Bede, De nativitate infantium: PL 90, 959-60; Jones 88

Qui incomincia larte de la chiromantia. . .
Andrea Corvo, Chiromantia, ed. Marzaria, 1530

Qui inspexerit luces valde fortes fortiter dolebit . . .
Al-Hazen, Libri vii de aspectibus: Oc 150, 13c, 114 ff.

Qui inter gradus. . .
See 'Quoniam inter gradus. . .'

Qui interpretationem alicuius sompni inquirit sic faciat. . .
Dream book: BMh 2558, 14c, f. 193ra-vb

Qui iustissimas defensiones iniquissimis calumniis. . .
Pandulphus Collenucius, Pliniana defensio: T IV, 594, n.2; pr Ferrara, (1493): Klebs 282.1; IAL C687

Qui laboratis et generationibus meis adimplebo vos. . .
Johannes Canonicus, Super libros Physicorum: CUpet 240, 15c, ff. 26v-200

Qui lapidum vires et nomina scire requiris. . .
Ambix 8(1960), 10

Qui legerit ea que in variis scripsi libellis. . .
Nicholas of Cusa, De beryllo: Hain *5893 (Klebs 700.1; IAL N80); Opera, 1565, pp. 267-84

Qui lucubrationes suas regibus inscribunt Alexander Sexte Pontifex maxime. . .
Hermolaus Barbarus, dedic. Castigationes Plinianae. Text, 'Sed antequam. . .'

Qui magisterio attribuit quod ei pertinet ab errore. . .
Geber, Liber faciei qui est XXVIII^us de LXX: DWS 90

Qui me et te ligaret tum fuerit. . .
  Dicta cuiusdam philosophi in epistola sua de argento vivo philsophorum: BU 303(500), 15c, ff. 220r-224r

Qui minimum comedit moritur dum vivere credit. . .
  Versus quinque medici: VI 4788, a.1478, f. 156v

Qui mutationis aeris et temporum. . .
  Engelbert, De causis et signis mutationis aeris et temporum: ZB 4, Beiheft 1(1889), 511; Admont 392, a.1380, ff. 13ra-15vb; 589, a.1370

Qui natus fuerit in Ianuario. . .
  Astrology in 31 caps.: BLb 32, ff. 125-(174)

Qui natus fuerit in signo Aquarii erit honoratus . . .
  De nativitatibus: BLd 95, 14c, ff. 1-6; BMsl 3564, 14c, ff. 1-34; Ea Q.351, 14c, ff. 95-98(Zi 8307); CUt 1330(O.VII.2ᵈ), 15c, ff. 1r-15r (James 1493); PA 873, 15c, ff. 198v-(212r); Liber destinationum secundum Aristotelem: Boston Medical 20, late 14c, ff. 34v-40r

Qui natus fuerit sub signo Arietis qui. . .
  Tract. fortuitorum: CUt 1422(O.IX.10), 15c, ff. 67r-71v

Qui navigia mari credunt et maritimum aliquod . . .
  Campanus Oudreanus, Epistola ad Rodericum Sancium de Arevalo, de somniis et effectibus eorum: CUc 166, 15c, ff. 143r-144v

Qui non multum expertus es tin talibus operibus artium. . .
  Questio pulcra de virtutibus et operationibus (artis magice): FNpan 132, 15c, ff. 53r-54r

Qui nonnullorum de compoto dicta sollicitus attendit. . .
  Prol. Liber de solari lunari et paschali ciclo: BMar 25, 13c, ff. 83-(104v)

Qui numerus primus fuit in exordio mundi. . .
  Computus of 737: BE Meerman 128, 9c, ff. 138-142

Qui omnes mensurandi dividendique modos recte nosse. . .
  Savasorda, Liber embadorum, tr Plato Tiburtinus: Haskins 11; Björnbo(1912), 213; BN 11246, 14c, ff. 1r-37v; ed. Curtze, Ab XII (1902), 10-183

Qui omnis pestilentie verissime perfecta comprehensio. . .
  Gloss on Sphere of Pythagoras: CLM 2841, ff. 223r-224v

Qui operationis et virtutis genere mirabiliter. . .
  Clangor Buccinae: Artis auriferae, I, 448-544

Qui per calumniam astrologiam iudiciariam. . .
  Lucius Bellantius(?), On astrological method: VAp 1258, 15c, ff. 125r-132r

Qui peritus arithmetice huius inventi. . .
  Hermannus Contractus, Rithmomachia: Bubnov lxxxi, xlvi; CLM 14836, 11c, ff. 3r-4v; Mon 366, 12c, f. 112r-; PA 830, 15c, ff. 103v, 98v (misarranged)

Qui philosophiam et geometriam. . .
  See 'Dixit Aristoteles.   Qui. . .'

Qui planetas voluerit equare seu eclipses. . .
  BLlm 644, ff. 216vb-218vb

Qui precepit cognosce te ipsum. . .
  Ficino, dedic. tr and comm. Priscianus Lydus in Theophrastum de sensu et phantasia: Wo 2994, 15c, 145 ff. from library of Matthias Corvinus

Qui prima die cuiuslibet mensis egrotaverit. . .
  Basel D.I.11, f. 130rb

Qui pro antebalumina verbo et sensu curalis fuit una cum Dioscoride. . .
  Antebalumina Galieni: BN 6882A, 9c, ff. 11v-15r; BN 11219, 9c, ff. 230r-233v; Beccaria 26.7; 35.39

Qui querit in merdis secreta philosophorum. . .
  Arnald of Villanova, Practica: DWS 228, 823; 523; T III, 71-72

Qui quidem observaverit indubitanter a morbo contagioso. . .
  Cardo de Spango, Regimen in pestilentia: Archiv VI, 318-28

Qui quidem ut. . .
  See 'Quoniam quidem ut in rhetoricis. . .'

Qui recipit a fructibus arboris olive. . .
  Arnaldus de Villanova, Aque stillate in capsula sua secrete post mortem invente: Gö Stadt 2, 14-15c, pp. 24-25

Qui recreandi causa ludo in Pythagoreo se exercere volunt. . .
  Ludus Pythagore: pr (Padua), 1482(Klebs 820.1; Hain *13625; Schulz)

Qui res futuras scire desiderat dominici via. . .
  Liber Haly: CUad 6860, 14c, ff. 43v-47v

Qui sanguinem in his diebus minuerit hoc accidit quod hec littera habet. . .
  CLM 17212, 13c, f. 2(Schulz)

Qui sani sunt corpore in purgantibus. . .
> Galen, De catharticis: Bern A.91, 11c, f. 4; Diels (1905), 95

Qui scientiam de anima aliis scientiis annumerant. . .
> William of Paris, De anima: PM 3477(431), 14c, ff. 37-(136); Opera II(1674), 65

Qui scit laudatur.   Scire est bonum. . .
> De utilitate scientie: BMad 38787, 15c, ff. 216-(219)

Qui scit mortificare et post mortem vivificare. . .
> Alchemy: VI 5509, 15c, ff. 270r-272v

Qui sese in scientiis preclarum aliquid posteritati. . .
> Laurentius Maiolus, prol. De gradibus medicinarum.   Text, 'Cum sermo de inventione. . .'

Qui studium agricolationi dederit. . .
> Columella, De re rustica: DWS 996; ed. Scriptores rei rusticae: (Polain 3478; Klebs 902.1; IAL S318)

Qui subtilitatem et utilitatem tabularum infrascriptarum. . .
> De usu tabulae Dionysii: BLas 191, 15c, f. 6r-

Qui summas illas. . .
> Comm. de egritudinibus acutarum: VAp 1101, f. 103

Qui suscitavit scientiam non est mortuus. . .
> BMar 333, 13-15c, ff. 40r-50r (text is in Irish)

Qui te venerit interrogare super septem astra scias certe que hora est. . .
> Capitula horarum: VA 4087, ff. 31v-32r

Qui tempestatum serenitatisve presagia investigare. . .
> De praesagiis tempestatum: Saxl(1927), 160; Pliny, NH, XVIII, 35(78-90). See 'Purus oriens. . .'

Qui teneris iuvenis prius epigramata scripsi. . .
> Herbal in verse: BMsl 3468, ff. 32r-105v

Qui timet quod in potu sumat venenum. . .
> Avicenna, De venenis, Canon IV, a fen vi ad finem libri: VAu 236, 14c, ff. 97ra-118va; CLM 13034, 14c, ff. 174vb-195vb; anon. McGill Univ. Osler 7579, early 15c, ff. 200-208; AFML 79(Klebs 131.12)etc.

Qui tue valitudinis consulunt princeps optime . . .
> Filelfo, pref. Hippocrates De flatibus ad Philippum Mariam Anglum Mediolanensium ducem. Text, 'Sunt artes quedam. . .'

Qui veult savoir l'art de deschant. . .
> De musica mensurabili et de discantu: Coussemaker III, 496-98

Qui virtutes naturasque herbarum scire desiderat scire debet. . .
> Herbarius ex diversis libris collectus: VI 5512, a.1436, ff. 253r-302r

Qui vitare cupis morbos et vivere sanus. . .
> Alcobaça 238(H)

Qui vocem claram supervult semper habere. . .
> BLd 53(XXI), 12c, f. 17v

*Qui voluerit planetas equare seu eclipses. . .
> Roger de Cotum, Secundus tractatus or Pars canonum: BLd 168, 14c, f. 66

*Qui voluerit scire differentiam que est inter duas res. . .
> Costa ben Luca, De animae et spiritus discrimine: Constantinus Africanus, Opera, 1536, pp. 308-317; T I, 657

Qui vult esse perfectus sive philosophus. . .
> De scientia alchemiae ex magistro Viennensi (Johanne Viennensi): Oc 185, 15c, ff. 128v-131v (DWS 306)

Qui vult facere viridem colorem ad usum scribendi. . .
> De coloribus: BMc Julius D.V, 13c, f. 158(DWS 881)

Qui vult invenire dominum anni videat. . .
> BMsl 702, 15c, f. 23r

Qui vult potionem solutionis accipere hoc modo. . .
> CU 1567(Gg.V.35), 11c, ff. 425v-532; FLs 88, 13c, f. 124

Qui vult scire. . .
> See 'Qui desiderat scire. . .'

Quia. . .
> See also 'Cum. . .' 'Quoniam. . .'

Quia a me petisti. . .
> See 'Quia petisti. . .'

Quia a melioribus amicis quos habere video rogatus. . .
> Marsilio de Sancto Sophia de Padua, Medicinalia: FLa 206, 15c, ff. 45va-49rb.   See 'Quidam de melioribus. . .'

Quia a superioribus(?) dictum est de numeris quadratis et cubitis. . .
> Incipit algorismus in novis numeris: CU 1572 (Gg.VI.3), 14c, ff. 309r-310vb

Quia ad cuiuslibet boni operis initium est nomen
. . .
> Arnald of Villanova, prol. Theorica et practica:
> BMh 3703, 14c, ff. 25-30(DWS 226(1))

Quia ad inveniendum loca planetarum per
tabulas. . .
> Johannes de Lineriis, Canones tabularum Alfonsii:
> BN 7281, f. 175 (T II, 254-55); BLd 168, 14c,
> ff. 145-146; Bruges 466, 14c, ff. 129r-131r; CU
> Ii.I.27, a.1424, ff. 54v-56v; Björnbo(1912), 125;
> Duhem IV, 64-66; BB XII(1879), 346; Zi
> 11209

Quia ad notitiam celestis motus secundum
doctrinam magistri Arzachel. . .
> Canons for calculating eclipses: CU 1572
> (Gg.VI.3), 14c, ff. 91r-107r

Quia almanac argumenti equati lune ponit. . .
> Table to find augment of moon: BLr E.117,
> c.1400

Quia amoris gratia mi Antoni Maglane ad
hunc. . .
> Antonius de Guayneriis, De febribus: VAp 1221,
> f. 81; FR 2153, ff. 105ra-135vb, 'Explicit An-
> tonii Guainerii, sumarium Papienssis'

Quia Anglicana mos est quod quilibet compu-
tans. . .
> Kalendarium de scaccario: CUc 37, 14c, f. 26

Quia Apollonius descripsit de quacunque re
scire volueris. . .
> Ratio sphaerae Pitagorae: Charleville 190, 12c,
> item 4

Quia apud nonnullos eorum qui philosophiam
profitentur. . .
> Albertus Magnus, Questio de separatione anime
> a corpore; Ob 99, 14c, ff. 174-182v; De unitate
> intellectus contra Averroem: Borgnet IX(1890),
> 437-74; anon. Mi N.9 sup., 14c, ff. 46vb-63ra

*Quia ars computistica diversorum auctorum
libris multis. . .
> CLM 21107, 15c, ff. 13r-40r; Wi 79, 16c, ff. 4-
> 23; Computus metricus cum glossa: Wo 592, ff.
> 2-20(Schulz)

Quia ars ista pater reverende. . .
> Christopher of Paris, Particulare: VAb 273, f.
> 263v

Quia astrorum dominia et imperia de pluviis. . .
> Weather prediction: CLM 25013, ff. 1r-19r
> (T IV,456)

Quia autem dictum est superius de algorismo. . .
> De cautelis algorismi: CUg 141(191), 14c, pp.
> 35-37

Quia autem iam de anima secundum ipsam
consideratam. . .
> Aristotle, De sensu et sensato: Brux 1201, a.1417,
> ff. 149ra-189vb(Silvestre)

Quia autem superius dictum est de numeris. . .
> Comm. Algorismus in novis numeris: CUg 141
> (191), 14c, ff. 29-34; CU Gg.VI.3, 14c, ff.
> 304ra-311vb

Quia bona corporis dispositio non potest perfecte cognosci. . .
> Bernard Gordon, pref. De urinis: pr Ferrara,
> 1487 (Klebs 180.1; IAL B392); with Lilium,
> Venice, 1498, ff. 19va-32ra (Klebs 177.5; IAL
> B389); Venice, 1521, ff. 111r-123v; Frankfort,
> 1617, pp. 1015-29

Quia calculus frequenter accidit personis nobilibus. . .
> Johannes Jacobi, De calculo: ed. Archiv III
> (1910), 44-51; VAp 1205, 15c, ff. 29r-31v;
> Diels(1906), 53

*Quia canones non perfecte tradunt notitiam
sinus. . .
> Richard of Wallingford, Quadripartitum de
> sinibus demonstratis: Isis IV(1922), 461; Prince-
> ton RG 95, ff. 99v-110; Tabule magistri
> Iohannis Holbrook cum canone precedente:
> BMe 889, 15c, ff. 121r-133v(Tables at ff. 134v-
> 151r); anon. CU 1705(Ii.I.13), 14c, ff. 64r-77r;
> ed. Isis V(1923), 99-115

Quia caro vipere cum in usu habetur conservat
virtutem. . .
> William of Brescia, Questiones de tyriaca: CLM
> 77, late 14c, ff. 43vb-46ra; 23912, a.1394, ff.
> 247va-253ra

Quia causa sterilitatis accidit ideo ab ipsa. . .
> Tractatulus de sterilitate et eius cura: VAp 1083,
> a.1458, ff. 320r-321v

Quia Christus Ihesus mediator dei. . .
> Nicholas of Lynn, Calendar, 1387-1463, pref.:
> BMad 15209, 15c, f. 2r; BLlm 662, end 14c, ff.
> 1r-42r; BMsl 1110, f. 2r; T III, 524, n.38

Quia circa animam erraverunt quidam posuerunt
animam. . .
> BLd 104, 15c, f. 1r-; D. A. Callus, 'Philip the
> Chancellor and the De anima ascribed to Robert
> Grosseteste,' Medieval and Renaissance Studies
> I(1941), 105-127

Quia circa infirmos. . .
> CLM 23944, f. 42(Schulz)

Quia cognitio festorum mobilium horas canoni-
cas legere...
　　Computus Bursfelder brevis: GW 5178, I, 1, ff.
　　9r-12r; 5179, I, 1, ff. 9r-12r(Schulz); IAL
　　B1001; 1002

Quia communis opinio est quod motus...
　　William of Ockham, De rebus successivis: Ea
　　O.76, 14c, ff. 157-174; De motu, Basel F.II.24,
　　f. 2r

Quia communiter dici solet quod in apostemate
aggregantur...
　　De apostemate: BLcm 236, 15c, ff. 67v-110r

Quia constitui prelegere...
　　Astronomy: Gö 27, 15-16c, ff. 1-6(Zi 10395)

Quia consuevit apud inquisitiones veritatis...
　　Margarita novella: Kremsmünster Codex Cremi-
　　fanensis 50, 14c, f. 67-

Quia corpora animalium sunt instrumenta...
　　BN 6443, 13c, f. 185r-v; AL 518.　See 'Corpora
　　animalium...'

Quia corpora hominum sunt in continua dissolutione...
　　See 'Corpora hominum...'

Quia corpora que...
　　Ortolanus: BMh 3528, 15c, ff. 101v-103r; Part
　　II. Rasis, Lumen luminum(DWS 114,vii)

Quia corrigit vitia anime...
　　Comm. Computus manualis: BMh 1, 14c, ff.
　　86va-91ra

Quia cuiuslibet quantitatis notitia ex numeri
relatione...
　　De cognitione quantitatis linearis superficialis et
　　solidaris: BLd 104, 13c, ff. 78r-(79v); CU 1705
　　(Ii.I.13), 14c, ff. 27r-29v; CU 1572(Gg.VI.3),
　　14c, ff. 310vb-315vb

Quia cum inferiora motibus corporum superiorum gubernantur...
　　CLM 14504, 15c, ff. 403v-404r

Quia cura febrium dependet ex earum cognitione
...
　　Antonius de Scarpariis, pref. De signis febrium.
　　Text, 'Signa generalia febrium...'

Quia de egritudinibus singularium partium
corporis tractaturi...
　　Asclepius, Speculum medicorum: Ome 324, 15c,
　　ff. 3-94; anon. CUc 466, 13c, pp. 233-293

Quia de egrotantium accidentibus in singulis
egritudinibus...
　　Hippocrates, De regimine acutorum: Codex
　　Fritz Paneth, 14c, ff. 141-152.　See 'Qui de
　　egrotantium...'

Quia de iudiciis sive questionibus...
　　Astrol. interrogations: FR 868, 15c, ff. 67va-73vb

Quia de modernis sum...
　　Liber de impressionibus, extractus ex Alberto
　　Magno: Cues 207, a.1334, ff. 151-155v

Quia de omni parti geometrum exercitatissime
...
　　Boethius, In Euclidis geometriam libri II: CLM
　　13021, ff. 194ra-211ra

Quia de relatione plurima vane referuntur...
　　Occam, De relatione: Basel F.II.24, f. 11vb

Quia de venerando preceptore sepius audivi de
numeris...
　　CUt 1149(O.II.45), 13c, pp. 19-20

Quia deo dante paucis elapsis diebus...
　　Leonardus Cremonensis, De equatione dierum:
　　BN 7192, a.1510, f. 71

Quia deus altissimus fecit terram...
　　See 'Quia dominus altissimus...'

*Quia deus cotidie magnalia fecit in Egypto
mirabilia...
　　(Pierre Bersuire?), De mirabilibus mundi morali-
　　satus (or Cosmographia?): BLd 206, 14c, ff. 2-
　　(95v); Solinus: Toulouse 167, 14c, ff. 1-139; L.
　　Pannier, BEC 33, 326-64; PA 731, a.1425;
　　ascribed to Gervase of Tilbury: Ma R 79, 15-16c,
　　ff. 25-95

Quia deus fecit...
　　Epistola Messahalach in rebus eclipsis, tr Joh. of
　　Seville: Oc 132, 15c, ff. 55r-59r

Quia dictum est prius quod corpora...
　　Alchimia: BU 474(830), 15c, ff. 82v-83v

Quia dictum est quod iste liber supponitur...
　　Questiones super spera materiali (Johannis de
　　Sacrobosco): Ea F.376, 14c, ff. 14-20v; T
　　(1949), 34

Quia dictum fuit quod iteratio...
　　Questions on Meteor. IV: Ea Q.348, 14c, ff.
　　142r-158r

Quia dispositiones huius reverendissime domine
non sunt...
　　Johannes Calderia, Consilium: VAp 1251, ff.
　　331r-333r

Quia disputatio custodia de sanitatis...
　　Galen, Dynamidia: CUg 411(415), 13c, ff. 169r-
　　201v; Isis 24(1936), 408-14; Diels(1905), 140

Quia diversare(?) genus medicinarum. . .
Quid pro quo: VAp 1363, 15c, f. 167r-v

Quia diversorum quos de speculis et ad datorum distantiam. . .
Roger Bacon(?), Speculi almukesi compositio: Little 409; Giovanni da Fontana(?) T IV, 178

Quia divina scriptura utitur altitudine. . .
De altitudine magnitudine et spissitudine celi: Ea Q.361, 14c, ff. 132v-133(Zi 7900)

Quia diximus in speculo secretorum quod corone tripliciter reducuntur. . .
Cedula speculi magistri Rogeri Baconis: CU 1255 (Ff.IV.12), 16c, ff. 313r-315v; Little p. 413

Quia dixit Galienus septimo terapeutice Methodi . . .
Mundinus, Anathomia: pr Fasciculus medicinae, Venice, 1495, f. 27r; 1500, f. 22r(Polain 2411-12; Klebs 573.2, 4; IAL K12, 14); 1507. See 'Quia ut ait Galienus. . .'

Quia doctrinam de temperatura celestium. . .
Porphyry, Introd. Ptolemy, Quadripartitum: Basel, 1559, pp. 181-204

Quia dominus altissimus fecit terram ad similitudinem spere. . .
Messahala, Epistola (in 12 caps.) de rebus eclypsium et coniunctionibus: Carmody 31-32; Osiris XII(1956), 63-66; Ghent 5(416), ff. 56r-58r; CLM 27, ff. 56r-58r; CLM 125, a.1486, ff. 294va-295vb

Quia dubitari posset non inmerito a quibusdam . . .
Comm. Jordanus on planisphere and astrolabe: VAp 1212, 15c, ff. 102r-105r

Quia ea que de motibus planetarum in theorica . . .
Petrus de Guclina (Mutina?), Theorica planetarum: Björnbo Ab(1912), 129; Thorn R 4°2, 14c, ff. 94-105; Isis 50(1959), 47-48, n.113; Petrus de Guttina: CLM 26667, a.1390, ff. 82ra-86ra

Quia enim multa de urinis a multis. . .
Dominicus de Ragusia, De urinis: BHM VII (1939), 993

Quia enim nostra proficiendi cupiditas. . .
Comm. Aquinas, De quiditate sive ente et essentia Aristotelis: VE VI.159(X,220), a.1443, ff. 1-21

Quia enim sol et luna omnium viventium sunt astra notissima. . .
Weather prediction: VI 3528, 15c, ff. 176v-180v(TR 317); M-H 13(1960), 88

Quia enim sunt nonnulli dubitantes quomodo . . .
Aegidius Romanus, De intellectus possibilis pluralitate contra Averroistas: CLM 8001, f. 114v; Grabmann, Thomas Aquinas, II, 212 (Schulz); GW 7213 (Klebs 363.1; IAL A72). See 'Quia nonnulli dubitant. . .'

Quia enim ut ait Empedocles. . .
See 'Tria sunt ut ait Empedocles. . .'

Quia ergo de eternis et eternitate mundi aliqua . . .
Albertus Magnus?: NYAM 6, ff. 24v-26r; Kibre (1941), 265-266

Quia ergo iam diximus in hoc quarto intendit Arist. . . .
Quest. super quartum Meteor.: Siena L.III.21, 13c, ff. 225r-234v; AL 1568

Quia ergo tres primi libri erant(erunt). . .
John of Gaddesden, Rosa medicinae: Bern 71, 15c, ff. 1-191. This opens last paragraph of introd.

Quia est in mentibus hominum. . .
BN 16621, 14c, f. 214r-

Quia ex cognitione principiorum. . .
Aegidius Romanus, cap.I, De formatione corporis humani: pr 1626

Quia ex constitutione habitudine et etate et regimine. . .
Mundinus, Consilium ad retentionem menstruorum: VI 2300, 15c, ff. 84v-85ra

Quia ex scientiis fructu dignioribus et ex loco. . .
Bernard de Verdun, Speculum celeste *or* Tract. super totam astrologiam: HL 21, 318-20; Isis XIII(1929), 65-66; Ea F.386, c.1359, ff. 1-25 (ColR 72.1); BN 7333, c.1300, ff. 1ra-48ra; anon. VA 3097, 15c, ff. 51r-71r

Quia ferventi desiderio dudum aput me. . .
Mathias Fibulator, Prediction for 1480: CLM 648, ff. 76r-97r; T IV, 451

Quia formarum latitudines multipliciter variantur. . .
Jacobus de Sancto Martino (Florentia, Napoli), De latitudinibus formarum (according to the doctrine of Oresme): ed. Tom Smith, Wisconsin diss. from most of the extant MSS; Bibl. Math. 13 (1913), 115-45; pr as by Oresme, Padua, 1482, 1486(Klebs 713.1-2; IAL O87); CR b-33(5), B-1(3), etc. (Isis 44(1953), 377, 379)

Quia fuga a pestilentia a peritis medicis. . .
Nicholas of Udine, Regimen contra pestilentiam: Archiv VI, 361-68

Quia Galienus medicorum eximius in principio simplicium. . .
> Guido, De gradibus medicinarum: Basel D.II.13, ff. 25va-28rb; BN 6957, 15c, ff. 125v-129v; VAp 1229, 15c, ff. 264rb-269rb

Quia G(alienus) 7 terapeutice methodi. . .
> Mundinus de Lentiis, Anatomia: VI 2317, a.1377, ff. 38r-48r. See 'Quia dixit Galienus . . .'

Quia Gal(i)enus vult circa primum libri pronosticorum. . .
> VAp 1246, 15c, ff. 97v-112v

Quia generantur ex corruptione sanguinis. . .
> Modus medicandi in omnibus febribus: BN fr 2020, 16c, ff. 225r-226v(Corbett I,247)

Quia generatio et corruptio sint actus et omnis actus sit. . .
> Joh. de Sampis: Ob 313, 13c, f. 163v

Quia hec febris quantum est ex sui natura. . .
> Bernardus Alberti or Gentile da Foligno, Recepte super primam fen quarti Avicenne ordinate. See 'Inclinatus multorum. . .'

Quia hic tractatus de spera astronomie subicitur . . .
> Comm. Sphere: ed. T (1949), pp. 412-44

*Quia homo est magis nobile animal de mundo . . .
> Raymond Lull, prol. De investigatione secreti occulti (Vade mecum or Clausula): HL 29, 377; T IV, 54, 638. Text, 'Alchimia est ars artificialis. . .'

Quia homo naturaliter semper querit certitudinem. . .
> Raymond of Sebonde, Theologia naturalis: (Klebs 824.1-2; IAL R31-33)

Quia humanum corpus ex quatuor constat humoribus. . .
> (Roger of Salerno?), Liber melancolie: CUt 1365 (O.VII.37), 12c, ff. 147-155

Quia iam auxiliante deo exposuimus. . .
> De differentia spiritus et anime: Ea F.335, 13c, ff. 73-75. See 'Interrogasti me honoret te deus . . .'

Quia igitur cantum contra cantum sumere duobus modis. . .
> Prosdocimo de' Beldomandi, De contrapuncto: Coussemaker III, 193-99. Prol. 'Scribit Aristoteles secundo. . .'

Quia igitur in hoc libro primo incipit applicare . . .
> Thomas Aquinas, Comm. Aristotle, De celo et mundo: Opera XXIII(1875), 4-266; pr (Pavia), 1486(Klebs 964.1; IAL T217). Prol. 'Sicut dicit philosophus in primo. . .'

Quia ignorante nostre artis principia tamen fere. . .
> Bernard de Verdun, Thesaurus philosophie: Cambrai 920, 15c, f. 137bis-137bis verso(Corbett II,46-47)

Quia in antiquis voluminibus. . .
> See 'Quia in multis. . .'

Quia in arte astronomica modus equandi planetas. . .
> Andalò di Negro, Canones super almanach Profatii: BB VII(1874), 365; T III, 696; BN 7272, ff. 68r-84v(ColR 89)

Quia in caritate scripsisti quod supra iam proposita questione. . .
> R. Coloniensis Rudolfo Leodiensi, on Math. (follows an incomplete text of De quadratura circuli): BN 7377C, 14c, ff. 4v(old 26v)- 6r(28r)

Quia in fractionibus sunt duo numeri. . .
> John de Lineriis: BLd 190, 14c, ff. 72v-(75); BN 7378A, ff. 52-55; Ea Q.365, f. 85(Schulz); VAu 1399, f. 22r. See 'Modum representationis minutiarum. . .'

Quia in huius operis initio antequam tractaremus. . .
> Ad inveniendum cuiusque arcus sinum: Basel F.II.7, ff. 58r-60v; CU Hh.VI.8, c.1300, f. 92; Ii.I.17, 14c, f. 104(Atk)

Quia in inceptione librorum. . .
> Gentile da Foligno, De divisione librorum Galeni et comm. in primum tegni Galeni: VI 5391, 15c, ff. 155r-166r

Quia in meis serenissime imperator. . .
> Burgundio of Pisa, tr dedic. Nemesius Emesenus, De natura hominis. Text, 'Hominem ex anima . . .'

Quia in multis voluminibus sapientes antiqui de mutationibus aeris. . .
> Firminus de Bellavalle, prol. De mutatione aeris (dictus Colliget astrologie): T III, 271, n.6; of MSS there listed ColR 69 is of BN 7482, ff. 34r-35r; 69v-71r; 156; ColR 78, of full text in VAp 1340, ff. 209v-242r. Yet other MSS are: VAp 1416, a.1444, ff. 1r-48r; CUpem 227, 14-15c, ff. 5-107; CLM 59, 15c, ff. 282-308

Quia in mundi spera est motus...
John of London, tr Saphea, from Hebrew: Phares 187-188

Quia in omni arte oportet aliquid supponere...
De pulsibus questiones: Ea Q.212, 14c, ff. 250v-251

Quia in opere alkimie...
Wo 676(627 Helmst.), a.1444, ff. 73-82v

Quia in paucis verbis huius doctrine docetur verum...
Elucidatio secreti (Alchemy): Gilhofer and Ranschburg Cat. 257, MS. 7, late 15c, ff. 62r-64v

Quia in prima parte nostri libri Pantegni quam theoricam...
Isaac, Practica tr Constantinus Africanus: Giacosa, 388; Basel D.III.3, 13c, ff. 35va-49ra; BN 6886, 13c, ff. 88ra-217vb; CLM 9561, 13c, ff. 74ra-89rb; anon. Durham Cath. C.IV (Q.), 4(v), 13c, ff. 75r-93r(DWS MS); Opera, 1515, II, 58r-144r

Quia in principio cuiuslibet libri quatuor sunt ...
Comm. Hippocrates, Prognostica: VA 4466, ff. 1ra-36vb

Quia in quolibet gradu sunt multe stelle...
FR 868, 15c, ff. 74ra-75vb

Quia in quolibet opere sunt querende quatuor ...
(Guilelmus Gredonensis), Comm. frater Blazius, Palma(Computus): CUg 137(77), 13-14c, pp. 55b-64; Isis 37(1947), 46-47

Quia in renibus segregatur a sanguine...
Comm. Egidius of Corbeil, Versus de urinis: CUt 912(R.XIV.40), 12-13c, pp. 297-310va

Quia in rerum natura nihil est cuius causa...
Joh. Suevus de Monte Leonum, Comm. in Hippocratis aphorismos: Prag 915(V.E.21), 14c, ff. 1r-73r

Quia in superioribus omnes potentie et vegetative et sensitive...
Joh. Peiligk, Compendiosa capitis physici declaratio: pr with Philosophiae naturalis compendium, Leipzig, 1499, f. 92r(Polain 3024; Klebs 754.1; IAL P493)

Quia in theorica planetarum motus solis est...
Andalò di Negro, Theorica planetarum: BB VII (1874), 351-58; T III, 196, n.24; CLM 26667, ff. 116ra-118vb; VAp 1380, ff. 1r-12v; anon. Zi 7826-29

Quia in tribus tractatibus de concordia astronomice...
Petrus de Alliaco, De figura inceptionis mundi et coniunctionibus mediis sequentibus: BMad 29969, 15c, ff. 66v-(68); BMh 637, 15c, ff. 118rb-120rb

Quia innotescit quod virorum plurium piorum ...
Humbert de Costa, Tract. super facto genechiarum et sortilegarum: Metz 482, a.1470, ff. 229r-288v

Quia intentio mea non est nisi generaliter ponere ...
Vade mecum, with superscription 'Sequitur de indiciis planetarum in annis suis': Argentré I, ii(1755), 326b

Quia intentio medicorum quedam est ad cognoscendum...
Bractinus de Pistorio et Rainerius de Barga, Liber rationum super chirurgiam Galieni: BN 6877, 14c, ff. 1-41v

Quia intentio nostra est edere tractatum...
Dino del Garbo, De malitia complexionis diverse (Siena, a.1327): VA 2484, 14c, ff. 198va-210ra

Quia intentionem habet Galienus...
Comm. Galen, De pulsibus ad tirones: Mi G.108.inf., 9c, ff. 92r-114r; Beccaria 92.6

Quia inter operationes secundas chirurgicales...
Excerpt from Guy de Chauliac, VII, 5-: Ea Q.205, ff. 95-108; anon. CLM 4119, ff. 567r-581r

Quia ista scientia perscrutatur simpliciter ens incepit...
Averroes, Comm. Aristotle, Metaphysica: CUg 506, 14c, f. 302; CUma Pepys 132, 15c, f. 1(Atk); BN 14385, 14c, ff. 174vb-210vb; AL 12

Quia iste est liber primus in quo loquitur...
See 'Quia iste liber primus...'

Quia iste liber primus in quo loquitur de rebus sensibilibus...
Averroes, Super libros de celo et mundo: BN 16155, 13c; CUg 485(481), 14c, ff. 235r-384r; CUpet 126, 14c, I, ff. 1-146ra; VE VI.52(Val. X.54), 14c, ff. 1-186; GW 2337

Quia iuvenum disputatio ex argumentis...
De intentionibus et remissionibus motuum et mutationum: Ea Q.348, 14c, ff. 25-28

Quia iuxta auctoritatem prophete...
Comm. Computus Iudaicus: Prag cap.1296, 15c, ff. 118-125(Schulz)

Quia iuxta sapientissimum Salomonem...
  Joh. Wylde, Musica Guidonis Aretini: BLb 77, 15c, f. 106-

Quia lapis noster positus est in vase nostro et sentit calorem solis...
  Practica verissima(alchemy): Gilhofer and Ranschburg Cat. 1/36, ff. 245v-246v(Schulz)

Quia latitudines formarum...
  See 'Quia formarum latitudines...'

*Quia libenter scire vellem modum naturalis...
  Henry of Hesse, De habitudine causarum et influxu nature communis respectu inferiorum: Roth (1888), 1; T III, 743-48; VA 3088, ff. 14r-28v; VI 4217, ff. 1r-9v; BMsl 2156, ff. 194v-209v (ColR 36a, 37a, 39b)

Quia liber Galieni de utilitate particularium...
  Nicholas of Reggio, prol. tr Galen, De usu partium. Text, 'Quemadmodum animal...' and 'Sicut animalium...'

*Quia liber physicorum cuius expositioni intendimus...
  Thomas Aquinas, In octo libros physicorum expositio: Beiträge 22(1920), 203; (1931), 262; Opera XXII(1875), 292-709; Glorieux I, 91; Klebs 961.3; IAL T225

Quia lucidus cubiculus et calidus nimis relaxat corpus...
  On the sick room: 3 MSS, Beccaria p. 430

Quia magister dicit in litera...
  Ugolinus de Urbe Veteri, De perfectione specierum: CLM 26838, a.1412, ff. 105r-117v

Quia magne prudentie existit iudicium...
  Argentré I, ii(1755), 326b

Quia me diu carissime (Brisciamne?)(Brissianine carissime)...
  Gentile da Foligno, De hernia or ruptura: Bern A.38, ff. 157v-160r; VAp 1225, ff. 453v-455va; VAp 1251, 15c, f. 69r; T III, 236, n.16, 250, n.47; pr Venice(1497), with Cermisone, ff. 76ra-78va(Klebs 266.2; IAL C363); with Consilia: Klebs 453.1; IAL G122

Quia me rogasti ut tibi consulerem patienti splenetica infirmitate...
  Johannitius, Epistola de proprietate arborum fraxini et thamarici: BMsl 3124, 15c, f. 191r-v

Quia medicinarum collectiones quedam ex foliis...
  Pauca de tertio libro Passionarii: BMsl 3535, a.1469?, f. 11r

Quia medietas scribit sic 1/2...
  Algorismus proportionum: Bruges 530, 14c, ff. 25r-30v

Quia mel est materia compositarum medicinarum...
  Joh. de Sancto Amando, Questiones super Antidotarium Nicolai: Bern 227, 15c, ff. 20va-35v

Quia miserum nimis esse videtur...
  Nicolaus de Aquila, Compendium medicinalis astrologie. Text, 'Totius orbis dispositio...'

Quia multi ad sciendum practicam eclipsium solis et lune...
  John of Gmunden, Practica eclipsium: Seitenstetter Cod.LXII, Q. 15c

Quia multi homines libenter de raris et curiosis
  ...
  Conrad of Halberstadt (Dominican, 14c), Responsorium curiosorum sive Mensa philosophica: GW 7423, IAL C770

Quia multi multa de primis sex diebus...
  Honorius Augustodunensis, Hexaemeron: Pez, Thesaurus, II, i(1721), 71-88

Quia multitudo hominum utriusque sexus...
  Cristannus magister (de Prachaticz), Collecta de sanguinis minutione: Plagens 102, 15c, ff. 157-170v; anon. VI scot 257, 15c, ff. 20r-38r

Quia multotiens petisti potentissime Pamphiline methodum...
  Galen ad Pamphilinum de tyriaca, tr Nicholas of Reggio: VAp 1211, ff. 29rb-30rb; Cesena sinis. Plut.27, cod.2; pr 1490, I, 108v-109v; Diels (1905), 99; T (1946), 232

Quia necesse est semper in omnibus codicibus...
  Comm. Hippocrates Aphorisms: 9 MSS, 9-11c, Beccaria p. 430; Kibre (1945), 381, n.64

Quia nimis longum et tediosum esset omni die rosarium finaliter perlegere feci...
  Comm. John Dastin, Rosarius philos.; CUg 181 (214), c.1500, pp. 437-442, incomplete, ending with 'de 8° cap.' (DWS 620, but with different fol. and inc. 'Quia vivum...')

Quia nimius sermo intellectum involvit...
  Alchemy: BMh 3528, 15c, ff. 10v-11(DWS 656)

Quia nobilissima scientia astronomie non potest
  ...
  Johannes de Lineriis, Abbreviatio equatorii (planetarum) Joh. Campani: BLd 57, 14-15c, ff. 130-(132v); CU 1572(Gg.VI.3), 14c, ff. 217v-220v; VAp 1375, a.1488, ff. 8va-10va; BLd 168, 14c, ff. 64v-66(T III,261); ed. from Brux 10124, ff. 142v-146r, by D. J. Price, The Equatorie of the Planets (1955), 188-196

Quia nonnulli astronomorum in tabularum eclipsium canonibus...
> Magister Joh. Swab de Wutzbeich, Practica eclipsium solis et luna a.1412: CLM 14504, 15c, ff. 266r-286vb; anon. VAp 1413, 15c, ff. 123r-127v

Quia nonnulli dubitant quomodo intellectus...
> Aegidius Romanus, Questio de unitate intellectus humani: VA 806, 15c, ff. (51v)-56r; De intellectus possibilis pluralitate contra Averroistas: CLM 317, 13c, ff. 162r-169vb; CUpet 184, c.1400, f. 149v(Atk): AL 1211, 1228; HL 30, 482; pr Venice, 1500(Hain *114, f. 4r; Klebs 362.3; IAL A62); 1552, ff. 55v-58v

Quia nonnulli dubitant quomodo intellectus numeratur...
> 'Egidii de numeratione intellectus possibilis': VA 4426, ff. 6va-13va; AL 1766

Quia nonnulli ob nimiam accurtationem...
> Practica astrolabii Pragensium: CLM 27, ff. 100r-110r

Quia nonnulli viri doctrissimi balneorum quorundam in Italia...
> Antonius Guainerius, De balneis Aquae civitatis: T IV, 216; BNna 211, a.1469, ff. 81v-86r (Delisle 230); AFML 221, ff. 222-223; 508, 15c, ff. 1r-4r; Klebs 480.5-7; IAL G475-78

Quia nonnullos(nonnullo) nec inmerito te conturbat...
> See 'Ad ingressum cuiuslibet...'

Quia nonnumquam unius climatis aut plurium...
> Conrad Monopp, Pest tract from his Compendium, III, ii, 1: Zurich Car.C.111, 15c, ff. 15ra-18vb

Quia notifico vobis quod philosophi plura scripserunt...
> Anthonius Marini de Delfinatu, Epistola de transmutatione metallorum: BMad 10764, 15c, ff. 215v-216(DWS 331)

Quia notorium est et manifestum quod homines...
> See 'Dixit dominus Petrus...'

Quia numerus ternarius non solum est perfectus...
> Johannes Almanus, Virtus arismetice practice: Es o.II.9, 15c, f. 29

Quia ob nominum controversiam litigium...
> Matthaeus Silvaticus, Medicinalis pandecta: FLa 150(224-156), 15c, ff. 1-4; Oma 133, 15c, ff. 1r-26r; Vendôme 217, 15c, 246 ff.; anon. GU 35, 14c

Quia omne quod est aut est deus aut creatura aut operatio...
> Raymundus, Tract. super planetas: Zurich C.53(687), 14-15c, ff. 22r-27r(ColR 191); Osiris 8(1949), 64-65

*Quia omne quod movetur necesse est habere motorem...
> Thomas Aquinas, De motu cordis: CLM 317, 13c, ff. 182ra-183va; Toulouse 872, 13c, ff. 58-59; Graz 137, 14c, f. 122ra-vb; Beiträge XXII, 1-2 (1931), 306; Glorieux I, 96; pr Leipzig, 1499 (Klebs 967.1; IAL T284); Opera XVII(1570), 214r-215r; Opuscula omnia (ed. Mandonnet, 1927), I, 28-32

Quia omne quod movetur necesse est movere...
> Comm. Aristotle, Metaphysica: CUpet 152, 14c, f. 290(Atk)

Quia omnes homines naturaliter scire desiderant...
> Profatius Judaeus, Almanach *or* Canons to the Almanach (Paraphrastic version): T III, 201, n.39; 695; CUc 347, 14c, pp. 5-13; CUg 141 (191), 14c, pp. 247a-256b; ed. Boffito e Melzi d'Eril, 1908, pp. 1-8; BB IX(1876), 611; HL 27, 617

Quia omnes moderni...
> 'Extracta de musica Boicii': BMh 625, 14c, f. 175r-v

Quia omnes verissime prescire soli deo...
> VE VI.108(Val XI.110), 15c, ff. 111r-112v

Quia omnia verissime scire perfecta apprehensione soli deo...
> Divinatio: Saxl(1927), 88

Quia omnis prescientie verissime perfecta comprehensio...
> De sortibus cum tabulis: BMar 292, 13c, ff. 112v-(113v); CLM 16447, 15c, f. 1v; 27001, ff. 121vb-122v; Glossa super spheram Pytagori, CLM 2841, 16c, ff. 223r-224v

Quia operantibus circa artem calculatoriam et maxime...
> Prosdocimo de' Beldomandi, Ars calculatoria et tabula: BB 12(1879), 140-44; 18(1885), 408; FLa 132(206-138), 15-16c, ff. 54v-55v; FLa 134(308-140), 15c, pp. 184-92

Quia oportet secundum amorem scientie et utilitatem artis...
> Galen, De anathomia oculorum, tr Nicholas of Reggio: VAp 1211, ff. 61vb-62vb; pr 1490, I, 161r-v; 1515, I, 50v; Diels(1905), 129; T (1946), 220

Quia pars non accipitur nisi per diffinitionem totius...
Quodlibeta physica: Oc 119, 13c, ff. 1-11

*Quia parvus error in principio magnus est in fine...
Thomas Aquinas, De ente(esse) et essentia: Brux 878, 13c; Beiträge 22(1920), 222; BN 6552, 14c, ff. 36ra-39va; CU Mm.II.7, 15c, ff. 1r-7ra; NYAM 6, ff. 2r-15ra; Kibre(1941), 264; Glorieux I, 87; ed. Kappeli(1939), pp. 111-117; Opuscula omnia (ed. Mandonnet, 1927), I, 145-164; pr Padua, 1475; with Antonius Andreae, Tria principia, 1490(GW 1667-68; Klebs 66.1-2; IAL A526-27); ascribed to Aristotle, VI 195, 13c, ff. 134r-139v

Quia passione contraria...
De minutiis: Bubnov lxxvii. See 'Cum passione ...'

Quia per(secundum) philosophum quarto phisicorum tempus et motus...
Canones tabularum illustrissimi principis regis Alfonsi: CU Mm.III.11, 15c, f. 44r

Quia pertractavimus huius magisterii...
Geber, Summa: VI 5477, 15c, ff. 62v-63v; CLM 26059, a.1507-8, ff. 214v(215); cf. Alchemiae Geberis Arabis lib., Nuremberg, 1545, pp. 63-164, cap.99-100, 'Recapitulatio totius operis'

Quia pestilentia frequenter invadit...
See 'Primo ergo docet ut pauci...'

*Quia petisti (a me) ut tibi scriberem an liceret (liceat)...
Thomas Aquinas, De iudiciis astrorum: T II, 609, n.6; CLM 8001, f. 145; Beiträge 22, 1-2 (1931), 301; Opera, (1871-80), 27,449; Opuscula omnia (ed. Mandonnet, 1927), III, 142-143 (Schulz); pr (1487), item 3(Klebs p. 320; Hain *1510; LC)

Quia petisti ut de facile acquisibilibus tibi scriberem...
Galen, Liber de facile acquisibilibus, tr Nicholas of Reggio: T (1946), 224; PAM 51, 15c, ff. 13-31

Quia petivistis a me ut aliquid de regimine sanitatis...
Arnoldus praepositus S. Jacobi, Regimen sanitatis: Bern 897, a.1319, ff. 118-(123v); CLM 7755, ff. 267r-274r; Graz 1609, 15c, ff. 416v-423v; VI scot 257, 14c, ff. 96-111(Cat. p. 285); BE German Oct. 138, 14c, f. 39v(Schulz); VAp 1205, 15c, ff. 1r-13r; VI 3820, 15c, ff. 1r-67; Zeitsch. f. deutsches Altert., II(1842), 8

Quia philosophi plura scripserunt et dixerunt...
Antonius ab Abbatia, Epistola prima de lapide philosophorum: VAb 273, f. 242v(T IV,356); FR 923(L.III.28), 16c, ff. 236(230)-239 (233)r; Italian tr, Chantilly 419(919), 16c, ff. 49-53 (Corbett II, 64)

*Quia philosophus dicit hoc in principio...
Simon Faversham, De iuventute etc.: Tanner

Quia plures astrologorum diversos libros fecerunt...
Johannes de Saxonia, Expositiones canonum primi mobilis Johannis de Lineriis: T III, 255-56; CU 1017(Ee.III.61), 15c, f. 178r-v; Ea F.386, a.1359, ff. 26-32(ColR 72,2); ZB 16 (1899), 267, 302

Quia plures philosophi scripserunt lapidem ex una re...
Arnald of Villanova, Compositio lapidis ex solo mercurio: BMsl 3457, 15c, ff. 105v-109(DWS 240)

Quia plurimi ob nimiam quandoque...
Canones astrolabii: BN 7282, 15c, ff. 55va-62ra; Geneva 80(Petau 53), 15-16c, ff. 1-15; Prag 897, a.1479, ff. 70r-85r; VI 5210, 15c, ff. 108r-132r. See 'Cum plurimi...'

Quia plurimi obmissi quandoque a accurtatione ...
Christannus de Prachaticz, De compositione astrolabii, 1407: VI 5145, ff. 58ra-71rb

Quia potius est divinum quam humanum omnia memorie commendare...
Alchemy ('ex libro qui incipit,' as above): BMh 1747, 14c, ff. 37r-38v(DWS 526)

Quia presens scientia est introductoria ad astronomiam...
De sphaera: VI 5145, 15c, ff. 72r-94v(Zi 10396)

Quia prima causa fecit terram perpetuam...
Messahala, De rebus et eclipsibus lunae et solis: Argentré I, ii(1755), 327a; Carmody 32, suggests that it may represent another tr of the Epistola de rebus eclipsium et coniunctionibus

Quia primos veteres ut de virtutibus...
Alkindi, De gradibus medicinae(compositarum medicinarum): BMr 12.C.XV, 13c, ff. 146r-(148v); BN 9335, 14c, ff. 135r-139v; Ea F.286, 13-14c, ff. 180-187v; pr with Elluchasem Elimithar, Strasburg, 1531, pp. 140-63; Opuscula de dosibus, 1584, pp. 232-83

Quia primum oportet inquerere circa quod...
Theodoricus, Questiones in libros phisicorum Aristotelis: CLM 8405, 14c, 102 ff. See 'Utrum ens mobile sit huius subjectum...'

Quia primus error in principiis...
> See 'Quia parvus...'

Quia priores dissentiunt(dissenserunt) in anno solis...
> Thebit, De anno solis: BMh 1, ff. 19r-22r; Carmody 124; ed. Carmody (1960), 63-79

Quia prohibitum est ab ecclesia facere anathomiam in corpore...
> Guido de Vigevano, Anathomia: VAp 1151, 15c, ff. 85r-87r; ed. Archiv VII, 5-12; E. Wickersheimer, Anatomies de Mondino dei Luzzi et de Guido de Vigevano, 1926, p. 72

Quia quando stella est prope...
> Fragmentum tractatus de luce stellarum Parisiis compositi: Ea Q.385, 14c, ff. 169-171v

Quia quidam de amicis meis...
> De coniunctione solis et lunae: Prag 2292 (XIII.C.17), ff. 144r-145r

Quia quod nomini...
> Motion of planets: Zi 7830-31

Quia radix scientie que dicitur alkimia in solutione...
> Nicolaus Faber, De operatione metallorum: BU 138(104), 15c, ff. 197r-206v(T IV,334, n.19)

Quia regimen confortationis...
> William of Brescia, De visu et oculo: Ea Q.230, a.1395, ff. 128-140

Quia res qua utuntur in arte sua est duarum specierum...
> Albert of Bologna, Quodlibeta: VA 4452, 14c, ff. 61v-66v(?); 64rb and 65rb are partly blank, 65v-66r entirely, but there are 12 questions on 66v

Quia rogasti me amice karissime ut scriberem tibi...
> Maimonides, De podagra: CLM 77, late 14c, f. 79ra-va

Quia sacris angelorum solemniis interesse non possumus...
> Thomas Aquinas, De substantiis separatis: Beiträge XXII, 1-2(1931), 292; CUc 35, 14c, f. 131(Atk); VAu 127, 15c, f. 55v

Quia sancta evangelia dicunt factas tenebras a vi hora usque ix...
> De eclipsi: VAr 252, 13c, ff. 45v-46r

Quia sanitas conservatur in corpore sano per aerem...
> Barnabas of Reggio, De conservanda sanitate: VE VI.34(XIV,53), 14c, ff. 1-20; Isis VIII(1926), 285-86; BNna 1430, a.1331, at Mantua, ff. 1-10v. Dedic. 'Magne nobilitatis...'

Quia sanitas corporis saluti anime deservit...
> De passionibus: PGe 3102, 14c, ff. 5-(20)

Quia satis timendum est de peste...
> See 'Primo et principaliter laudo...'

*Quia scientia astronomie sine debitis instrumentis...
> Jo. Manduith, Tract. super quatuor tabulis mirabiliter inventis: CU 1572(Gg.VI.3), 14c, ff. 45-48r; Melk 51, ff. 193-194; Tanner

Quia scientia medicine est multum difficilis...
> Raymundus de Insula, Physica: BLas 1471, a.1403, ff. 105-113v(DWS MS)

Quia scire vellem...
> Henry of Hesse, De habitudine causarum et influxu nature communis: T III, 747-748

*Quia secundum apostolum invisibilia dei...
> Moralizations on Aristotle's zoological works: BMr 7.C.I, 14c, ff. 251v-(280v); BLlm 402, 14-15c; CUj Q.g.6, 15c, f. 94v(Atk)

Quia secundum Averrois sententiam...
> De sanitate septem capitula: VAp 1709, 15c, ff. 40r-44r

Quia secundum philosophos indigemus igne naturali...
> De tribus ignibus: BU 142(109), I, 16c, ff. 169r-174r; Ambix V(1956), 93-94

Quia secundum philosophum in principio metaphysice...
> Profatius Judaeus, prol. Almanach or Canons: BN 7272, ff. 68r-69r (T III, 695; ColR 89)

Quia secundum philosophum omne verum omni vero consonat...
> Pierre d'Ailly, Vigintiloquium, Verbum primum: BMad 29969, 15c, ff. 1r-2r-16v

Quia secundum philosophum primo physicorum cognitio confusa et generalis...
> J. Peyligk Czitzensis, Philosophie naturalis compendium: pr Leipzig 1499(Polain 3024; Klebs 754.1; IAL P493)

*Quia secundum philosophum quarto physicorum tempus et motus mutuo se mensurant...
> Canones ad tabulas Alphonsinas: BLd 168, 14-15c, ff. 131-136v; CU 2327(Mm.III.11), 15c, ff. 44-51r; FLa 131(205-137), 14-15c, ff. 147r-166v

Quia secundum Ptolomeum in secunda parte quadripartiti...
> Gloss, Ptolemy, Quadripartitum: CU Kk.IV.7 15c, ff. 88rb-91ra

Quia secundum sententiam Ptolomei in suo centilogio...
> Nicholas of Lynn, Canon pro minutionibus et purgationibus recipiendis: BLas 391, V, 14c, ff. 4-5(T III,524, n.39); BMsl 1110, f. 40r; anon. BMsl 1124, 13c, f. 70v-; BMsl 3285, 15c, ff. 70v-71r; CLM 161; 10661, a.1470, ff. 71ra-72ra; CU 1569(Gg.V.37), 15c, ff. 160v-161

Quia semper honoratissimus et fortunatissimus rex dominus...
> Artephius *or* Alphidius, prol. Clavis sapientiae: DWS 145. See 'Laudemus in principio...'

Quia semper honorificatissimus...
> 'Astrologia' Alfonsi X Castellae regis: Bamberg 1237, 15c, 15 ff.

Quia sentire quidem...
> Galen, De virtutibus naturalibus: Ob 23, early 14c, f. 10-

Quia sicut in his qui in lege credebant...
> Boethius de Dacia, De mundi eternitate: ed. Geza Sajo, Budapest, 1954, pp. 81-119

Quia sicut Ptolomeus in centiloquio...
> John of Legnano, De cometa: T III, 592-97; ColR 13, 92; FL 90 sup.5, ff. 97r-104v(TR 298); ed. T (1950), 234-59

*Quia sicut scribitur Sap. xiii. 11. vani sunt omnes...
> Prol. Liber septiformis. Text, 'Celum empyreum...'

Quia sicut testatur philosophus nos sumus...
> Medical tract: VAp 2251, 15c, ff. 88r-90r

*Quia sicut vult philosophus in pluribus locis...
> Albertus Magnus(?), Secreta: T II, 746-48. See 'Sicut dicit philosophus in multis...'

Quia solet aromatariorum ignorantia eorumque imperitia...
> Saladinus de Asculo, introd. Compendium aromatariorum. See 'Primo igitur aromatarius ...'

*Quia speculatio intellectus discernit...
> Jo. Driton (de Sicca Villa), De principiis naturae, etc.: Tanner

Quia sufficienter de dispensatione omnium confectionum...
> Nicolaus, prol. De dosibus medicinarum: BMr 12.D.XII, 14c, ff. 36r-(43v); Carpentras 323, 14c, f. 3r; Ea F.289, 14c, ff. 8v-9; anon. VI 96, 14c, ff. 9r-10r; BN 6964, ff. 92v-93r

Quia superius in tractatu de medicinis simplicibus...
> Pref. Tabula experimentorum (medical): BMar 313, 14c, ff. 53r-(63r); On 169, 14c, ff. 52-(62)

Quia tabule Arzachelis quas fecit ad meridiem Tholeti minus sunt...
> Tabule Arzachelis: CUad 6860, 14c, ff. 84v-85v

Quia te fili charissime Maure pene ab ipsis cunabulis...
> Benedictus Crispus, pref. Poema medicum. Text, 'Si caput innumeris...'

Quia te venerande preceptor sepe audivi...
> Rabanus Maurus, De computo vel numeris: CLM 14523, 10c, ff. 2-48; Padua I, 27, 10c, ff. 1r-40v; BMc Vitellius A.XII, 11c, ff. 10v-11ra-vb-40v, 99 *or* 96 caps.; CLM 17145, 12c, ff. 41-56; FR 885, ff. 312r-346r(Isis 50(1959), 40, n.56); Bull. Du Cange 17(1942), 65-66; PL 107, 669-728; CUt O.II.45, 13c, ff. 19r-20, without prol.

Quia tecum amice...
> Aristotle, De conductibus aquarum: VAp 1377, f. 5. See 'Quia tuum amice...'

Quia tempus eundi(respondendi) ad practicam et vos scolares...
> Guillelmus(Gasbert *or* Gualterius?) de Biterris, Isagoge ad practicam medicine *or* Informatio quam fecit scolaribus suis: BN 7061, 15c, ff. 125r-126r; VAp 1229, 15c, ff. 68rb-73ra; Wickersheimer 244; Studien(1918), 408

Quia testante Aristotele primo metheorice ex admirari...
> Masters of Paris, Pest tract: Archiv V, 83; HL 37, 338

Quia teste Aristotele primo metaphisice...
> Declaratio collegi facultatis medicorum Parisiensis de pestilentia ab anno 1345 grassante: CLM 8151, a.1347(?), ff. 106v-107v

Quia textus Aristotelis nimia prolixitate verborumque difficultate...
> Pref. Treatise on metaphysics and natural philosophy in six books: BN 6752, ff. 4r-136r(T III, 568-84)

Quia totius nostre artis...
> William of Saliceto, Practica: VAp 1284, ff. 1r-12r

Quia tria corpora...
> Joh. Schindil, De quantitate trium solidorum: CLM 56, c.1436, ff. 197-206; VAp 1376, f. 181

Quia tuum amice mi...
> Philo of Byzantium, Pneumatica: Ab(1912), 134, 144; Björnbo(1912), 99; pr Rose, Anecdota II, 299-313(Schulz); ascribed to Aristotle, BMsl 2030, 13c, ff. 110r-114r; anon. BLd 40, ff. 9r-15v

Quia una res cum reducta fuerit ad simplicem...
> Aqua vite: VA 5377, f. 88r

Quia unitas vel difforme...
> Feribrich Anglicus, Calculationes de motu: Ran 1017(R.6.32), 14c, ff. 37-48

Quia universis bonarum artium et philosophie...
> Petrus Cirvelus, Algorismus: pr Paris, 1495(GW 7052-53; Klebs 277.1); Paris, 1514

*Quia universorum quos de speculis...
> Roger Bacon, Spec. Abnukefi: Little, Grey Friars. See 'Quia diversorum...'

Quia ut ait Gal(i)enus septimo (capitulo) terepentice...
> Mundinus, Anatomia: CLM 13020, a.1319, ff. 82ra-88vb; Ea F.236, 14c, ff. 142-153; F.251, 14c, ff. 181v-196; VAu 246, 14c, f. 240; Bern A 43, 15c, ff. 265v-282v; Brux 3210, a.1470; CLM 363, a.1464, ff. 147r-185v; PA 1026, 15c, ff. 83-96; VAp 1298, ff. 1ra-15vb; Giacosa 499; pr Pavia, 1478; Venice, 1494(5)(Polain 2794; Klebs 688.2, 6; IAL M747-750); facsimile, Wickersheimer, 1926; ed. L. Sighinolfi, 1930

Quia ut ait philosophus tertio Rhetoricorum...
> Vade mecum de numero astrologorum: Argentré, I, ii(1755), 326b

Quia ut dicit Raymundus...
> George Ripley, Quaestiones Raymundi Lulli: BU 270(457), 15-16c, XXIII, 3

Quia ut Ga(lienus) asseruit primo de ingenio sanitatis...
> William of Brescia, De pestilentia: Opera, Venice, 1508, ff. 157v-161r

Quia ut vult Plato que compendiosius...
> Summa de nativitatibus et aliis: VAb 227, 15c, ff. 115r-258r; Pars 2 on the revolutions of nativities opens at f. 212v, a Capitulum de inveniendis revolutionibus tam mundi quam nativitatem, at f. 256r (not noted in Silverstein 68, except the desinit of the last), leaving Pars 3 on revolutions of the world incomplete and not reaching Pars 4 on great conjunctions.

Quia utilitates astrolabii sine...
> Zi 919-20

Quia venenum oppositum est cibo nostri corporis...
> Peter of Abano, De venenis: T II, 922-23; T (1944)ab, 206-209; Ferrari(1900), 139-142; (1918), 673-77; GW 2521-23(Polain 3074-75; Klebs 773.1; 774.1-10; IAL P387; P395-401); Arcana medicinae, ff. 43r-56v(Klebs 78.1; IAL A846; ColR 73,3); Venice, 1565, ff. 263rb-267va

Quia vero curiosis lectoribus varietas tollit...
> Johannes de Sancto Geminiano, prol. 2, Summa de exemplis ac similitudinibus rerum. Text, 'Abstinentia discreta...'

Quia vero mi Patrici geometrarum exercitatissime...
> Boethius, Geometry (simplification of Euclid): Opera, 1867, pp. 372-428, from 9 MSS; Paris, 1499, f. 29v(Polain 2307; Klebs 874.29, Paris, 1500; IAL J380); with Sacrobosco, Paris, 1527, ff. 32v-35v; PL 63, 1307-64; Bibl. math. 3 Folge, I(1900), 39-50

Quia vero nunc dictum est quod naturalis philosophia...
> Gratiadei Aesculanus, Questiones litterales super libros Aristotelis de physico auditu secundum ordinem lectionum divi Thome Aquinatis: pr Venice, 1517, ff. 1r-77v

Quia vero perutile est scire annos...
> Campanus of Novara, Conversion of Arabic and Christian chronology: BMh 13, 13c, f. 28ra-vb; Basel F.II.10, f. 197rb-; BMr 12.C.IX, 14c, ff. 60r-(61v); pr 1518, f. 168rb; FN II.iii.24, 14c, ff. 258va-; Isis 50(1959), 38, n.42

Quia videris mihi O Pamphile divinam quamdam...
> Galen, Ad Pamphilum de constitutione artis medicative, tr Nicholas of Reggio: T (1946), 222

Quia vidi practicum magisterium commensurationis curvi...
> Nicholas of Cusa, De una recti curvique mensura: Opera, 1565, pp. 1101-1106

Quia vivum...
> See 'Quia nimis...'

Quia volo breviter veritatem...
> Arnald of Villanova, Testamentum: T III, 675

Quia vult Aristoteles in littera quod somnus...
> Comm. De somno et vigilia: Ome 272, 13c, ff. 274v-(282)

Quibus articulis quibus commisuris quibus ossibus. . .
>　Vindicianus, Epitome altera: 2 MSS, Beccaria
>　p. 430; ed. V. Rose, Leipzig, 1894, pp. 467-83

Quibus cibis paralytici se abstinere debent vel. . .
>　De dieta paralyticorum: CUk 21, 14c, p. 84(Atk)

Quibus conditionibus ex tertia. . .
>　Gentile da Foligno, Comm. in tertium Avicenne
>　canonem: VI 5391, 15c, ff. 168r-218r

Quibus convenit sanguinem detragere venis. . .
>　BN 11218, 8-9c, f. 37r; Beccaria 34.12

Quibus ossibus vel quibus compaginibus. . .
>　Vindicianus, Gynaecia: FL Plut.73, cod.1, 9-10c,
>　ff. 190ra-191rv; Beccaria 88.10; ed. V. Rose,
>　1894, pp. 428-66

Quibuscunque ex(in) dissolutione circa matricem
. . .
>　Hippocrates, Liber sextus epidimarum: CUsj
>　D.3, 13c, ff. 68rb-70va; CLM 31, a.1320, ff.
>　130rb-132rb; Ea Q.201, 14c, 55 ff.; Ran 1338,
>　14c, ff. 32r-36r; BU 1536(2859), 15c, f. 104r-;
>　CLM 640, ff. 19r-35v; Diels(1905), 10; 104;
>　Giacosa 420; Kibre(1954), 396-97; pr Articella,
>　Venice, 1483; 1487, f. 120r etc.(Klebs 116.2-6;
>　IAL A1011-1015)

Quibuscunque iuvenibus. . .
>　Gentile da Foligno, Rationes contra Galienum
>　principem medicorum in quinto afforismo secunde
>　particule: VA 4456, ff. 136vb-137ra; anon. Wo
>　3650, 14-15c, f. 59r

Quibusdam naturalis philosophie doctoribus. . .
>　Comm. De memoria et reminiscentia: Ome 272,
>　13c, f. 22; VAu 206, 13c, ff. 299r-304 mg(AL
>　1810)

Quibusdam prolixitatibus in principiis librorum
communiter. . .
>　Prosdocimo de' Beldomandi, Comm. Sacrobosco,
>　Sphera: BB XII(1879), 174-75

Quicquid lingua sapit. . .
>　De saporibus: VAu 746, 12c, f. 36v

Quicumque. . .
>　See also 'Qui. . .'

Quicumque alicuius discipline instituta. . .
>　Abdalaben Zeleman, De spatula, tr Hugo Sanc-
>　tallensis: BLas 342, early 14c, ff. 40v-46

Quicumque aliquod sibi artificium inchoat. . .
>　Berno, De mensurando monochordo: VI 51, 12c,
>　ff. 52v-55r; Saxl(1927), 72

Quicumque artem medicam integre assequi. . .
>　Galen in Hippocratis de aere aquis et locis:
>　Diels(1905), 141

Quicumque astronomice discipline peritiam. . .
>　Hermannus Contractus *or* Gerbert, De astrolabio
>　*or* De utilitatibus astrolabii: T I, 698-99; Bubnov
>　114-47; Gunther II(1932), 409-22; PL 143,
>　389-412; BMad 17808, 11c, ff. 73v-85r; Zurich
>　Car. C. 172, 11-12c, ff. 44v-59r; BLau F.I.9, 12c,
>　ff. 75-(79); BNna 229, 12c, ff. 29-40v; CLM
>　13021, ff. 72rb-79va; ZB 16(1899), 271

Quicumque autem consuevit. . .
>　See 'Quicumque consuevit. . .'

Quicumque bene vult addiscere istam artem
debet multa. . .
>　Bartholomaeus de Parma, Introductio artis geo-
>　mantiae: BB XVII(1884), 21-22

Quicumque coequare planetas desiderat. . .
>　Liber coequationis planetarum, tr Gerard of Cre-
>　mona: BLd 47, 14c, ff. 61-67; Steinschneider
>　(1905), 31

Quicumque consuevit audire dicentes de natura
humana. . .
>　Hippocrates, De humana natura: BN 6865, 14-
>　15c, f. 75vb; CLM 640, ff. 1r-6r; Ran 1338
>　(T.4.3), 14c, ff. 22r-23v; VE VII.11(XIV,7),
>　14c, f. 38; Giacosa 420; pr with Rasis, Opera,
>　Milan, 1481, f. 203r; etc.(Klebs 826.1-3; IAL
>　R169-171)

Quicumque cupit organicas fistulas metiri. . .
>　VA 3101, f. 72v

Quicumque cupit se plene a(de) pestilentia tam
corporis. . .
>　De pestilentia: BLd 95, 14c, ff. 136-139v

Quicumque cursum lune recte scire voluerit. . .
>　Astrology: BU 154(132), 14c, ff. 74v-78r; Isis
>　50(1959), 44; CUad 6860, 14c, ff. 77v-82v;
>　BMr 12.C.XVIII, 14c, ff. 36v-(37v)

Quicumque cursum lune scire desiderat sciat
primo quomodo sol per signa. . .
>　'Hec Lincol.'(?): CUt 1102(O.I.77), 15c, ff.
>　104v-122r

Quicumque desiderat scire certas horas noctium
. . .
>　Tract. astron. ex Arabica lingua versus: Bern
>　196, 9-10c, ff. 1r-8v; BLau F.I.9, 12c, ff. 81v-
>　(86).　See 'Qui desiderat scire certas. . .'

Quicumque desiderat vivere incolumis memoriter et diligenter. . .
>　Introd. Epistola Aristotelis: Oc 283, 13c. f.
>　146r-v

Quicumque egrotare incipit. . .
>　St. Donatus, Sphera: BMe 821, 12c, f. 15r
>　(T I,684, n.3)

Quicumque es in lunam(argentum) transmutare cupit...
> Rasis, Liber qui dicitur compta(? alchemy): BU 138(104), 15c, ff. 316r-(327v); BMad 41486, ff. 28v-29

Quicumque geometria atque philosophia peritus ...
> Thebit ben Corat (*or* Hermes), Liber prestigiorum, tr Adelard of Bath: T I, 664; Haskins 30; T (1947), 227-29; VA 10803, ff. 62v-66v; Carmody 129

Quicumque hoc sacratissimum (sanctissimum *or* secretissimum)...
> De capite Saturni (necromantic images): T (1947), 254-255

Quicumque in aliquo dierum subsequentium nascetur non...
> Tabula dierum faustorum et infaustorum: CUt 1422(O.IX.10), 15c, f. 144v(Atk)

Quicumque infirmabitur cum luna est in principio Arietis...
> Edris: BLcm 517, 15c, f. 38ra-va

Quicumque iter illud asperum arduumque et longum...
> Marsilio Ficino, De triplici vita (Lib.I, De vita sana): pr Florence, 1489 (Klebs 397.1; IAL F142-145)

Quicumque mundane spere rationem et astrorum legem...
> Opusculum de ratione spere: BLd 83, 12c, 76 ff.; T I, 707-9, 717; Ea Q.23, ff. 98-125, etc. Zi 10387-89; Osiris I(1936), 689-91

Quicumque nascitur(nascuntur) in capite arietis ...
> De nativitatibus: Ea O.89, 14c, ff. 76v-77; VI 5442, 15c, ff. 223va-224va(Zi 3354-55); Saxl (1927), 158

Quicumque nititur mercurium fieri(*sic*) absque sole...
> Septem dispositiones: DWS 505. Prol. 'Nota quod in omni...'

Quicumque nosse desiderat legem astrorum...
> Astronomia(?): Bubnov lxvii, 125, n.; T I, 707, 717; Van de Vyver, Osiris, I(1936), 676

Quicumque per scientiam astrorum in diversis terre partibus...
> Iudicium astronomorum factum Bononie a.d. 1456: See 'Duo tractatus sequentes...'

21

Quicumque philosophie scientiam altiorem studio ...
> Albumasar, Ysagoga minor (astrological), tr from Arabic, Adelard of Bath: BMsl 2030, 13c, ff. 83r-87r; BLd 68, 14c, ff. 116-124 (TR 279); Haskins 30; T I, 652, n.4; II, 22; Carmody 98

Quicumque prima die cuiuscumque mensis in infirmitatem ceciderit...
> BLd 88, 15c, f. 47r-

Quicumque scire voluerit in sua manu sinistra totum kalendarium...
> Computus manualis: BLb 790, late 14c, ff. 154-(159)

Quicumque scire voluerit vel consulere...
> Ratio spere Pitagore quam Apuleius descripsit: VAu 290, 11-13c, f. 2v; Ea Q.386, 14c, f. 160

Quicumque vero desiderat noscere paupertatem aut copiam...
> Astrology: VA 4082, f. 153ra-vb

Quicumque vero huius rei prout predicitur fuerit assecutus...
> Alchemy: BMh 5040, 15c, ff. 48v-49v(DWS 662)

Quicumque voluerit facere Almanac sciendum est...
> BLlm 644, early 14c, ff. 125ra-127rb; Saxl (1953), 390

Quicumque voluerit opus renovationis in se vel in alio...
> Elixir vite: FLa 217, 15c, f. 114ra-va

Quicumque voluerit quinque planetas retrogrados equare...
> Oma 182, 15c, f. 37vb

Quicumque voluerit quantitatem et durationem ...
> Lewis Kaerleon, De modo calculandi eclipses: BMr 12.G.I, c.1485, ff. 7v-(8v); Kibre(1952), 105

Quicumque voluerit scire artis latentis originem(?)...
> Tabula Aristobuli (divination): VAp 1367, 15c, ff. 149vb-152va; 1392, 15c, ff. 133r-142v

Quicumque voluerit scire ascendens...
> Hanover Offentl. Bibl. IV.339, 14-15c, ff. 304-15(Zi 3356)

Quicumque voluerit scire infirmitatem suam...
> De iudicio urinae: Brux 2977, 15c, ff. 245-248v (Silvestre)

Quicumque voluerit se ipsum sanum et incolumen...
> De dieta observanda: CUt 1401(O.VIII.26), 14c, ff. 93r-99v

Quicumque vult bene...
> See 'Quicumque bene vult...'

Quicumque vult cognoscere infirmitates singulorum...
> Practica de urinis Ypocratis Galieni et Constantini: CLM 505, 15c, f. 122r; ed. Leisinger, 1925; Kyklos 3(1930), 408

Quicumque vult continuam custodire sanitatem...
> John Bray(Braize), Practica medicine: BMsl 521, 14c, ff. 128r-159v

Quicumque vult equare...
> See 'Quicumque vult planetas equare...'

*Quicumque vult esse bonus astrologus...
> Michael Scot, Liber introductorius, Prol.: T II, 307-8; 316-27; Haskins 280, 285, 287-90

Quicumque vult esse huius scientie filius convenit ut semper...
> Arnald de Villanova, Opus per capitula 13: BNna 1293, 15c, ff. 38-51(Corbett I,214)

Quicumque vult facere cymbala ad cantandum (recte sonantia)...
> (Bernelinus Junior), De cymbalis musicis: BNna 229, f. 66r; CUt 945(R.XV.22), 12c, f. 131 (Atk)

Quicumque vult habere artem de geomantia...
> Geomancy: CLM 24940, 15c, ff. 155r-165r

Quicumque vult (hoc nostrum) opus abbreviare album...
> Alchemy: CLM 455, 15c, ff. 96r-(98); FR 1165 (L.III.34), 14-15c, ff. 78v-80r

Quicumque vult planetas equare oportet eum...
> Canones de equatione planetarum et eclipsium solis et lune etc.: CU 1684(Hh.VI.8), 13c, ff. 80r-95r, 97-127v; tables, 125-144v; 1935 (Kk.I.1), 13c, ff. 129r-(137v); CUg 141(191), 14c, pp. 207a-246

Quicumque vult salvus esse...
> VAp 1074, ff. 24v-27r

Quicumque vult sanari de apostematibus epidimie...
> BN 7106, 15c, ff. 69v-71r

Quicumque vult scire certas horas noctium...
> Astrolabii sententie: ed. Millás(1931), 275-93, who suggests Llobet de Barcelona as tr. See 'Qui desiderat scire...'

Quicumque vult scire dominum dispositorem anni...
> VI 3162, 15c, ff. 226v-227r

Quicumque vult scire recte horas diei quando sol non apparet...
> Si vis recte scire horas diei: BN 7337, p. 197

Quicumque vult subtiliter equare debet semper bis...
> Astrological miscellany: BLd 92, ff. 16r-(79)

Quicunque...
> See 'Quicumque...'

Quid amici inquisierunt...
> Cassiodorus, De anima: Namur Sum. 38, 14-15c, ff. 116r-125v

Quid autem nobilius quam celi noscere veritatem...
> Cecco d'Ascoli, Comm. Alcabitius, De principiis astrologie: ed. Boffito, Firenze, 1905; T II, 950; Romanic Review (1946), 301-4

Quid cetera et universa...
> Planets: Kremsmünster Stiftsbibl. LXIX. 14-15c, ff. 74-77v(Zi 8308)

Quid de quo quantum quando cur...
> BMsl 513, 15c, f. 3r-

Quid est aforismum? Sermo brevis integrum sensum...
> Comm. Hippocrates, Aphorisms: MC 97, 10c, p. 201v; Beccaria 95.25

Quid est causa quod magni excessus sive recedant...
> See 'Que est causa...'

Quid est enim sanitas?...
> (Caelius Aurelianus, De salutaribus praeceptis): Beccaria 56.6

Quid est flebothomia (idest) vene recte incisio et sanguinis emissio...
> Epistola de flebothomia: 'Explicit epistula Eliodori digitorum manus operatio': BN 11218, 9c, ff. 34v-37r(Beccaria 34.12); other MSS anon.: Beccaria 35.14-15; 106.4,III; 117.2; 131.1. See 'Quid est per id...'

Quid est flebothomia. Vene recta incisio. Quomodo fleotomo operamur...
> Epistola de fleutomia: FL Plut.73, cod.1, 9-10c, ff. 140ra-141va (Beccaria 88.2); ed. R. Czarnecki (Diss. 1919), pp. 25-30. See 'Flebotomia est recta incisio...'

Quid est homo? animal rationalis...
> Europhilus, Epistola de medicina ad regem Anthyochum: Brux 3709, 9c, f. 8r-v(Beccaria 6.18)

Quid est horus?...
> Soranus, Quaestiones medicinales: Beccaria 10.1

Quid est incephalus...
> Medical: Lincoln Cath. Chap. 220, III, 12c, ff. 22-44r

Quid est materia prima? Dico quod duplex habetur materia...
> Guido Montaynor, Notabilia: BMsl 3744, 15c, ff. 27-34v(DWS 296); T IV, 333

Quid est medicina...
> BLd 85, 15c, ff. 148r-(151r)

Quid est medicina? Ars sanativa corporis humani...
> Liber interrogationis Ypocratis medici: BN 11219, 9c, ff. 26ra-32va(Beccaria 35.13)

Quid est medicina? Medicina est ars operativa in qua...
> Canones generales practice: AFML MS, 15c, ff. 111v-112r

Quid est medicina. Volo intelligere quid significat...
> Questio de medicina: BLd 85, 15c, ff. 148r-(150v)

Quid est musica? Musica est species in motu ...
> Guido d'Arezzo, Liber specierum de musica: CUt 1441(O.IX.29), 15c, ff. 83v-85v

Quid est musica? Veraciter canendi scientia ...
> Odo, Musica: Bubnov, lxxxix: Ob 173(a), 12-13c, ff. 100-(106); CUt 1441, 15c, ff. 85v-95r; Gerbert I, 252; BN 7369, ff. 47r-59v; ZB 4 (1889), 528; anon. Ea O.94, 14c, ff. 30-35v; Ghent 70(421), a.1503-4, f. 50vb

Quid est obstetrix? Femina omnium mulierum ...
> Muscio, Gynaecia: Beccaria p. 430, 2 MSS

Quid est passio. Passio est invalidus(?)(irrationalis) anime motus(motio)...
> Andronicus, De passionibus anime: A. Pelzer (1921), 322, suggests tr by Grosseteste; Thomson 233; NYAM 6, ff. 44v-45r; Kibre(1941), 264, 270, n.36; ed. B. Roesener, 1893, Pt. IV, 13-16; AL 47. 252, 1442

Quid est per id flebotomia Ypocratis? Id est vena recta...
> Ps. Hippocrates, Epistula de phlebotomia: Morgenstern, Das Aderlassgedicht des Johannes von Aquila, 1917, pp. 64-72; ed. from Brux 3711, 9c, ff. 10v-11. See 'Quid est flebothomia...'

Quid est tonus. Regula que de omni canta...
> Music: Mon 384, 10-11c, f. 113r-

Quid ignorantia sit multi ignorant...
> De ignorantia: CU 1824(I.IV.27), 13c, ff. 177-187

Quid illud Nabuchodonosor somnium iuxta litteram...
> Richard of St. Victor, De eruditione hominis interioris libri tres, occasione accepta ex somnio Nabuchodonosor apud Danielem: PL 196, 1229-1366; Auxerre 45, 13c, ff. 58-(99); BN 17469, f. 2

Quid languore peris tu qui medicamina queris ...
> Versus medicales: CUsj E.29, 13c, flyleaf

Quid lapis est noster et de quo vel quibus extat ...
> Alchemy: BLf 22, 14c, f. 9(DWS 826)

Quid lapis est scitis flos eris et aurea vitis...
> 'Quid est lapis philosophorum': Orléans 290 (244), 15-16c, ff. 186v-189v(Corbett II,144)

Quid mihi adversarii de catarticis vos inculpantes opponitis...
> Epistola Ypocratis de catarticis: BLd 69, 14c, f. 187ra

Quid mihi ingenii est Christophore Maure inclite Venetiarum...
> Matheolus Perusinus, Expositio in microtegni Galeni: CLM 350, 15c, ff. 74r-78r; Wu M.ch.Q.1, 15c, ff. 42r-59r

Quid morbus epidemialis secundum diversa mundi climata...
> Introd. Libellus de peste. Text, 'Unde in primis...'

Quid per singulos menses fleuotomiam expedit ...
> BN 11219, 9c, f. 35rb-vb(Beccaria 35.18)

Quid populo ignotus latitans vir tempore...
> Joh. Virdung de Hasfurt, Pronostica, 1493: VAp 1879, 15c, ff. 78r-95r; Hain 8372(Klebs 1039.10); Saxl(1915), 40. Pref. 'Clementissime princeps...'

Quid primo de computo...
  Maihingen Ott. Bibl., I, 2, Q.14, 11c, ff. 24-35v
  (Zi 12168)

Quid singule littere in superscriptione...
  See 'Sciendum itaque quod in cantu...'

Quid sit alchimia...
  Millás(1942), 16

Quid sit alchimia et quare fuit inventa...
  CU 1255(Ff.IV.12), a.1528, ff. 43r-50v. See
  'Multifarie multisque modis...'

Quid sit alchimia. Quomodo fit...
  CU 1255(Ff.IV.12), a. 1528, ff. 199r-200. See
  'Alchimia est ars ministralis...'

Quid sit celum et utrum celum empyreum sit
corpus...
  Quodlibeta quedam: VA 782, f. 1

Quid sit cometa et que constellationes celeste...
  Martinus plebanus Budensis, On comet of 1472:
  Strasburg 111, ff. 1r-6v; T IV, 424; VI 4777,
  15c, ff. 7r-17r; AIHS XI(1958), 235-236, 248

Quid sit mundus. Mundus dicitur...
  Honorius Augustodunensis, De imagine mundi:
  Zurich Car.C.137, 13c, ff. 1-8v

Quid sit nostre intentionis ex plurimis doctorum
libris...
  Nicolaus dictus Auritus de Buccellanito, Introductiones artis musicae ad pueros introducendos
  in simplices euphonias: VE VIII.85(XX,7), 15c,
  ff. 61-67

Quid sit philosophia quid anima mundi quid sit
yle...
  (Bartholomaeus Anglicus?), De proprietatibus
  rerum: CLM 326, 14c, 95 ff.

Quid sit pulsus et que causa eius ad presens
pretermittans...
  De pulsibus secundum Richardum: VI 5155, 15c,
  ff. 76r-77v

Quid sit sors, quid sit divinatio, queritur...
  Troyes 1326, 15c, item 30

Quid sit sulphur sapientum? Est ovum solis...
  Ex tractatu Hermetis: BMsl 3457, 15c, ff. 318v-
  319v; T (1938), n.26

Quid utique significet comatis nomen ab Ypo-
crate...
  Galen, De comate, tr Nicholas of Reggio: pr
  Opera 1490, I, 125v-126v; 1515, II, 55r-56r;
  Venice, 1541, ff. 48v-50v; T (1946), 222

Quidam accepit unam unciam et dimidiam
unciam de kibrit...
  Alchemy: CUad 4087, 14c, ff. 159r-169r

Quidam ad solitarium...
  Honorius of Autun, De imagine mundi: Brux
  10863, 12c

Quidam Anglicus dixit seriose quod in hac arte
  ...
  Alchemical recipe: BMsl 3457, 14c, f. 129v; Isis
  29(1938), 381

Quidam asserunt aerem hunc esse omnem et
unum alius autem ignem...
  Hippocrates, De natura humana: VAp 1115, 15c,
  ff. 76v-77r

Quidam breviter dicunt quod ars derivata est ex
creatione...
  Epistola Alexandri imperatoris (alchemy): CLM
  2848, a.1531, ff. 85r-89r. See 'Quidam heremita...'

Quidam continuant primum librum...
  Scholia, De somno et vigilia: VAu 206, a.1253, f.
  306

Quidam de melioribus amicis...
  Udalricus Ellenbog de Velkirch, De balneis ex
  auct. artis medic., extractus anno 1460: VI 5505,
  ff. 1-52(Schulz)

Quidam de melioribus amicis quos habere
videor...
  These words are taken from the second sentence
  in Avicenna, Canon, pref. tr Gerard of Cremona.
  Johannes de Parma *or* Marsilius de Sancta Sophia,
  Practica: Na VIII.D.35, ff. 207rb-209rb; anon.
  VAp 1177, 15c, ff. 180r-182v; FLa 132(206-
  138), 15-16c, ff. 45v-49; Recepte magistri de
  Varignana: Wi 61, 15c, ff. 167rb-169rb. See
  'Quoniam quidam de amicis ...'

Quidam de presentibus somnium...
  Somniale quod dicitur persicum et aegyptiacum:
  VI 3058, 15-16c, ff. 176r-182r

Quidam dicunt quod ex solo mercurio sine
admixtione sulfuris...
  Apollonius, Practica: FR 923, a.1580, ff. 247
  (241r)-259(253)r

Quidam dividunt quodlibet signum in 12 partes
quarum...
  VI 5414, 15c, ff. 139va-(148ra)

Quidam est cancer recens quidam inveteratus...
  Medical: BLd 69, c.1300, ff. 1r-2v

Quidam ex melioribus...
  See 'Quidam de melioribus...'

Quidam heremita dicit quod ars derivata est ex creatione...
> Epistola Alexandri (alchemy): VE fa 324 (XVI,1), 14c, ff. 7-9. See 'Quidam breviter...'

Quidam homines multum affectunt(?) scientiam astronomie...
> Walterus de Elvedene, Kalendarium cum tabulis: BMsl 286, 14c, ff. 15r-24; BLf 27, 14c, f. 88v

Quidam homo conduxit operarium decem...
> Arithmetic problems: FNpal 639, 13c, ff. 76v-77

Quidam homo multum considerans mirabatur ...
> Raymond Lull, De intellectu: HL 29, 297

Quidam homo vidit equos in campo pascentes...
> Propositiones ad acuendos iuvenes: VAr 309, 9c, ff. 16r-v, 3v

Quidam in febre amisit memoriam litterarum ...
> Questiones mag. Lorentii: CUpet 178, II, 13c, ff. 43-51v

Quidam libri et quasi omnes huius artis tractant ...
> Pulchrum compendium (alchem.): Mon 479, 16c, ff. 30-37(Corbett II,100)

Quidam ligneum vel ferreum vel eneum...
> Astronomical instrument: BN 7290A, f. 64 (Poulle). See 'Quoddam ligneum...'

Quidam Lumbardus sociis concessit...
> BMsl 342, 14c, f. 132r top mg. See 'Si vis facere vermiculum...'

Quidam Maurus in terra Maurorum accessit ad quendam...
> Historiola antiqua de argento in aurum verso: Verae alchemiae, II(1561), 252-53

Quidam morsus fuit ab aliquo serpente...
> Exorcismus contra morsus serpentum: Ran 15(A.3.6), 15c, f. 162r

Quidam nomine Conradus de Stollo...
> Conradus de Stollo, Processus in iudiciis annorum revolutionum: VI 5258, 15c, f. 85r-v

Quidam numeri habent radices...
> Arithmetic: BN 7367, 15c, f. 1

Quidam princeps nomine Albuguasis(Albu-guafe) in libro suo...
> Ptolemy, prol. Almagest, tr Gerard of Cremona: Haskins 105; Björnbo(1912), 104, 112; BLlm 644, f. 210; Boncompagni GdC 400-2; AL 379; Millás(1942), 148; pr Venice, 1515(Schulz). Text, 'Bonum scire fuit...'

Quidam probantes animam formam accidentalem...
> De gradibus: Ea Q.15, 13-14c, f. 48r-v

Quidam qui volunt hunc libellum esse...
> De scientiis occultis (apparently a Comm. on preceding Martianus Capella): BMh 2510, 14c, ff. 146rb-148va(TR 288)

Quidam rex thebanus(thebarum) nomine Laius responsum a diis...
> Alchemy: VE fa 324(XVI,1), 14c, ff. 1-2; 326 (XVI,2), 14c, ff. 48-49

Quidam rex volens alios superare potentes...
> Parabola super lapide philosophorum: VE fa 326, 14c, ff. 48r-49r; BN 14005, ff. 100v-101r; CLM 2848, a. 1531, ff. 89r-90r; Lehigh MS, 15c, ff. 172v-173v; BN 11202, 15c, f. 30r-v(Corbett I, 150, ascribes to Merlin). See 'Erat quidam rex ...'

Quidam sapientes diviserunt terram...
> Ludovicus de Angulo, Quedam notabilia super Alkabicium: Lyons 329(262), 15c, ff. 287-291; T IV, 554-55

Quidam sapientissimus philosophus ait. Quis medicus est qui astronomiam nesciat...
> Hippocrates, De iudiciis infirmorum: Brux 4863, 14c, ff. 42-46(Silvestre)

Quidam senex salutat puerum...
> Questiones varie arithmetice: BLd 98, early 15c, ff. 34-40

Quidam septigenum describunt esse metallum ...
> (Hildebert and Marbod?), Versus de metallis: Durham Cath. B.II.11, 15c, f. 106(DWS 830); Ma 91, 13c, f. 115(Schulz)

Quidam tamen multa dicunt et alii aliter...
> De signis caeli: VA 643, 12c, ff. 82v-95r; Saxl (1915), 70

Quidam venerabilis sacerdos valde timidus existens...
> Medical consilium: VE VI.149(Val XI.23), 15c, f. 28rb-va

Quidam vero fatui non intendentes nec intelligentes...
> John Dastin(?), De erroribus: BMsl 2476, 15c, f. 10v(DWS 371)

Quiditatem anime umbratice oppinantes...
> Pierre d'Ailly, De anima: Prol. 'Veterum tradit auctoritas...'

Quidlibet intellectum respectu partis aut partium . . .

> Jordanus Nemorarius, De minutiis: ed. Eneström, Bibl. math. XIV(1914), 45-54

Quidquid agit varios humana in mente(gente) labores . . .

> Alchimus Avitus, De creatione mundi: Fulda 228; SG Stift 197, 9c, ff. 124-280; 198, 10c, f. 4; FL Plut.33, cod.20, 10c, ff. 1-8; PL 59, 323-82

Quilibet affectans scire contrapunctum . . .

> Johannes de Muris, Ars contrapuncti: FL Plut. 29, cod.48, 15c, f. 83; VA 5321, f. 24; Coussemaker III, 59-68

Quilibet circulus triangulo rectangulo equalis est . . .

> Archimedes, Circuli dimensio tr Jacobus Cremonensis: VE fa 327 (XI,1), 15c, ff. 106-108; VAu 261, 15c, f. 42; Isis 43(1952), 24

Quilibet elevata intellectui rerum . . .

> Marci Trivisani Veneti de Macrocosmo, prol.: APS 98(1954), 51

Quilibet in arte practica mensurabilis cantus . . .

> De musica summarie compilata secundum magistrum Johannem de Muris: Mi I.20.inf., ff. 31r-36v; VE VIII.85(XX,7), 15c, ff. 11-23; ed. La Fage, Diphtérographie musicale, 1894, p. 160; Coussemaker III, 46-58

Quilibet volens aliquid medicinale auribus imponere . . .

> Giacosa 491

Quincuplat a centum d centum quincuplat in quod . . .

> Quaedam de ponderibus, partim versibus expressa: BLcm 71, 13-14c, ff. 14v-(15)

Quinque attenduntur(dicuntur) generalia et principalia . . .

> Richardus Salernitanus, Libellus de urinis et febribus: BLe 219, 13c, ff. 117r-122v; CU 938 (Ee.II.20), 13c, ff. 113va-116vb; Ome 324, 15c, ff. 123v-129v, etc.

Quinque circa urinam attenduntur . . .

> Ricardus Anglicus, Regule urinarum: H. H. Beusing, Leben und Werke des Richardus Anglicus, Leipzig, 1922, p. 25

Quinque enim sunt sensus corporis de quibus . . .

> De quinque sensibus: CU Trinity Hall 16, 15c, f.88(Atk)

Quinque genera inequalitatis ex equalitate procedere . . .

> Ludus rithmomachie: BN 7368, ff. 65r-67v; CLM 14836, 11c, ff. 4v-6

Quinque genera inequalitatis regulariter ex equalitate procedere . . .

> Rithmomachia Wirceburgensis: Bubnov xix, xlvi, li, lxxvi; BLau F.I.9, 12c, ff. 1-2; VI 5216, 15c, ff. 59r-62r; ascribed to Hermannus Contractus: PA 830, 15c, ff. 99-103

Quinque grana ordei faciunt polium unum . . .

> De mensura: SG Stift 877, 9c, pp. 58-59

Quinque pedes passum faciunt passus quoque certum . . .

> Versus de mensuris: CUt R.V.33, 14c, fly leaf (Atk); CUad 6860, 15c, f. 19v

Quinque primo fiunt . . .

> Scientia edita a philosopho et medico: BN 7416, f. 48. See 'Quisquis primo . . .'

Quinque solent stelle simili ratione notari . . .

> Ciceronis Aratea: CUt R.XV.32, 11c, p. 213

Quinque sunt consonantie musice . . .

> (Sigebertus?), De musica: Brux 10090, 12c, ff. 76v-80v; CLM 19488, f. 1; PL 151, 681-86; Gerbert I, 338

Quinque sunt genera colorum. Primum genus citrinitatis . . .

> Colores urine secundum Averroem: VAp 1229, ff. 269va-270r

Quinque sunt genera signorum . . .

> De signis medicationis: Ea Q.203, 13-14c, ff. 191v-194v

Quinque sunt in arithmetica inequalitatis genera . . .

> (Guido Aretinus?), Quomodo de arithmetica procedit musica: PL 141, 435-44

Quinque sunt partes prolationis . . .

> Johannes de Muris, Libellus practice cantus mensurabilis: BN 7369, ff. 1r-8v; CUc 410, 15c, II, ff. 1-10v

Quinquegenam in equalitatum regulam ex equalitate procedere . . .

> Univ. Rochester Acc.149667, 11c, pp. 31-40; BN 14065, 13c, ff. 5v-6v

Quinta essentia est corpus per se differens ab omnibus . . .

> KlaB XXX.d.6, f. 75v

Quippe Egiptii scientes mensuram terre . . .

> Historia de preliis Alexandri Magni Recension I³: Bern 247, 15c, ff. 132r-170; Speculum IX(1934), 85-86

Quis color et que sit substantia quanta sit et quid...
Versus de urinis: CUsj E.XXIV, 13c, f. 1v(Atk)

Quis cordis et oculi non sentit in se iurgia...
Dialogus inter cor et oculum: BMsl 1933, 13c, ff. 96v-98

Quis medicus est qui astronomiam nesciat...
See 'Quidam sapientissimus...'

Quis neget ex solo demissos sidere fluxus...
P. F. Andrelinus, De influentia siderum: GW 1871-1873(Klebs 67.1-3; IAL A612)

Quis non natus mortuus est...
Philosophi questio triplex cum responsione Theodoro tributa: BMsl 281, 15c, ff. 1-(2r)

Quis numerus primus...
Compotus Dionysii a.737; Bull. Du Cange 17 (1942), 59; BE Phil. 1801, a.737, ff. 138-142 (Zi 12169)

Quis primus invenit menses apud latinos...
Wichram de St. Gall, De compoto Bedae: CLM 9560, 12-14c, ff. 24r-31v; Bull. Du Cange 17 (1942), 68; ed. Braumüller, 1883; anon. Dialogus de arte calculatoria: VA 3101, ff. 66r-71v

Quis sit ordo dicendorum. Ut tradatur notitia in universali...
Aegidius Romanus, De gradibus formarum: BN 14568, ff. 82ra-108v

Quis titulus huius artis? Quis in ea doceatur...
Algorismus: Hanover IV, 373, 12c, ff. 1-2 (Schulz)

Quisquis (ad) medicine studium(statum) accedere...
Hippocrates, Liber de aere aqua et regionibus: ed. H. Diller, Philologus, Suppl. 23(1932), 83-104; Codex Fritz Paneth, 14c, ff. 161-72; Ran 1338 (T.4.3),14c,ff.28r-32r;Kibre(1945),394,n.141; Danzig Mar. F.238, ff. 167v-170v; Ea F.271, ff. 25-28; pr Milan, 1481, etc.; (Klebs 644.2; 826.1-3; Hain 13893, ff. 154r-156v(Schulz); IAL M64; R169-171); GS I, 98; anon. Haskins 94

Quisquis curam habere cupit de geomantia...
Bartholomeus de Parma, Geomancy: BMad 10362, ff. 71va-98v

Quisquis in infirmitatem deciderit sequens dies...
(Hippocrates), Prognostics of disease: BMeg 843, 13c, f. 31r-v

Quisquis in quatuor matheseos disciplinis efficacius...
Iohannis Hispalensis liber algorismi de practica arismetrice, prol.: BN 7359, ff. 85r-111v; 15461, 13c, ff. 1ra-14ra; pr Boncompagni, 1857, 25-136; tr a Gyraldo Cremonensi: Ea Q.355, early 14c, ff. 85-115, des. '...necessario 4 remanent' (Boncompagni, 127, line 12); anon. FNcs J.V.18, 14c, ff. 53v-70r; Björnbo(1912), 220-21; Carmody 47 seems in error in connecting it with Gerard of Cremona's tr Al-Khowarizmi, Algebra

Quisquis naturas urine noscere curas...
Auxerre 42, 12c, f. 116; BMsl 1124, 13c, f. 1v

Quisquis normales agnoscere vis feriales...
Computus: BMc Julius D.VII, f. 6ra-b

Quisquis nostra petens penetralia vilia scandis...
Greco-Latin glossary: Leningrad F.V.VI.3, 9c, f. 38r; Beccaria 145.8

Quisquis peritus arithmetice huius artis(inventi)...
De arte arithmetica: VA 3101, ff. 71v-72v; etc. Ab III(1880), 216. See 'Qui peritus...'

Quisquis prima die uniuscuiusque(cuiuscumque) mensis in infirmitatem...
Galen, De signis mortis et vitae: CLM 10270, 11c, f. 8r; Ea F.236, 14c, f. 199v; Diels(1905), 130; Salbanus(Salkanus?): BMsl 513, 15c, ff. 96v-97v; anon. List of unlucky days: Rouen 979, 13-14c, ff. 8v-9

Quisquis primo fuerit infirmus...
Scientia edita a philosopho astrologo et medico: BN 7416, f. 48v

Quisquis scientiam quadrantis habere desideras...
De quadrante: McGill Univ., 134, 14c, ff. 21r-24r

Quisquis studiosus omnium cantuum...
Johannes, Tonarius: Ea O.93, 14c, ff. 27v-35v

Quisquis studiosus regulam tonorum cupit dinoscere...
De arte musica: CLM 14745, 13c, ff. 59-(74)

Quivis herbarum vires breviter velit cognoscere...
Christian of Prachaticz, Herbularium: BN 11231, ff. 12r-70r

Quo perfecti calculatores...
CLM 4612, 13c, f. 104r-v(Zi 12170)

Quo scribendo sim brevis atque dilucidus has proposuisse...
Leo Baptista Alberti, Elementa picturae ad Theodorum: BLcm 121, 15c, ff. 47-54(DWS 912)

Quo sunt extremi vertices mundi...
See 'Duo sunt extremi...'

Quo veros inquisitores huius artis a communibus erroribus...
Bernard of Treves, De chymico miraculo: pr Basel, 1583, 198 pp. (T III,619)

Quoad primum quorum hec grata scientia...
Scientia cognoscendi: Maria Saal 27, a.1420, ff. 262v-263r

Quod ab omnium bonorum datore immortali deo...
Petrus Tomasius (of Ravenna), dedic. Phoenix s. artificiosa memoria: pr Venice, 1491(2)(Hain *13697; Klebs 977.1; IAL P486)

Quod aer sit corpus sic probatur.   Si aliqua...
Philo Hebraeus(?), De quibusdam naturalibus ingeniis: Prag 1832, ff. 130r-133r; Beiträge XX, 5(1922), 31

Quod antimonium non finget...
BMsl 3457, f. 238v; T (1938), 387

Quod autem nec medicamento...
De dinamidiis: BN 7028, 11c, ff. 144r-146r

Quod autem non sit sensus...
De anima liber III secundum Grecos: FL 84.10, 14c, f. 158v; AL 1323

Quod coegit in primis...
See 'Quod in primis coegit...'

Quod comeditur et bibitur in corpore humano...
Thadeus, Cap. de iis que proveniunt ex cibo et potu: VAp 1246, f. 73

Quod commune aut simpliciter bonus...
Galen, De bono corporis habitu, tr Geo. Valla: pr Venice, 1498, f. 130v(Polain 2800; Klebs 1012.1; IAL N33)

Quod contemperantia quidem calidi et frigidi...
Galen, Libri de regimine sanitatis duo, tr Burgundio of Pisa: Ea F.249, a.1279, ff. 109-126; Isis, 33(1942), 652; Mon 18, 13c, ff. 209-222; VAp 1093, ff. 112r-125r; VAp 1095, ff. 54r-69v; etc. Diels (1905), 75 (De sanitate tuenda); pr 1490, II, 369v-382v; 1515, I, 214v-226r. See 'Quod temperantia...'

Quod crisis diei sit laudabilior ea questio noster...
Petrus Padubanensis, Conciliator (Questiones a.1310): VAp 1173, 15c, ff. 1r-(270vb). This corresponds to Diff. ciii (ed. Venice, 1496, f. 148rb): 'Quod dei crisis sit laudabilior ea que noctis...'

Quod cum aliquid invenire volueris...
De inveniendis signis stellarum: FR 905, ff. 47r-50v

Quod de figura que nominatur sector dixisti...
Thebit ben Corat, De figura sectore tr Gerard of Cremona: Carmody 122-23; ed. Ab(1924), 6-23; Carmody (1960), 159-61

Quod dixit Ptolomeus.   Ex te et illis significat...
Haly ibn Ridwan, Comm. Ptolemy, Centiloquium: CU Ii.III.3, 13c, ff. 220r-239v; Mm.IV.43, 14c, f. 225(Atk); CUpet 250; Mi H.44.inf., 14c, ff. 124rb-143ra; pr Venice, 1484, 1493 etc.(Klebs 814.1-2; IAL P994-995); Mélanges Halphen(1951), 697; anon.: BMsl 2030, 13c, ff. 11rb-29v

Quod est mirabile est delectabile...
Mengothus, Reportata super librum de differentia spiritus et animae: VI 5500, 15c, ff. 65r-83r

Quod expuunt mittis in carbones...
Hippocrates, Prognostica de signis tysicorum et pleureticorum: VA 4418, 11c, f. 110v; Beccaria 101.9

Quod Febus docuit quod Chiron Achillem...
Marcellus, De medicamentis, closing verses: BMsl 475, 12c, ff. 8r-10r; Beccaria 78.7.   See 'Quod natum Phebus...'

Quod generare secundum suam...
Articuli revocati a.1348, 12 die Octobris per fr. Iohannem Gyon O.M. in domo Predicatorum: Ea Q.151, end 14c, f. 11r-v

Quod generat(ori)orum membrorum...
Cap. de operatione spermatis: BN 14385, 14c, ff. 168ra-(170)

Quod imprimis coegit...
See 'Quod in primis...'

Quod in binas litteras sanctitati tue diversifice...
Cosimo de'Medici(?), Donum dei (alchemy): VE V,215(XVI.4), a.1475, ff. 258v-261r (T IV,346)

Quod in iudicio novem sunt consideranda...
De significatione uniuscuiusque figurae in planetarum domibus: Oa 96, 14c, ff. 1-16

Quod in libro Pantegni...
Constantinus Africanus, prol. De oculis: Ome 219, early 14c, f. 239

Quod in primis coegit antiquos medicos disputare de naturis...
Isaac, De dietis universalibus, tr Constantinus Africanus: CUsj 99, 13c, ff. 187-234v; Lucca 1452, 13c; CLM 13066, 13c, ff. 1ra-42va; Ea F.238, 13-14c, ff. 200v-235v; Mon 324, 13c, II, ff. 55-56; tr Gerard of Cremona: Ea F.286, 13-14c, ff. 18-61; Q.182, 13c, ff. 64-121v; etc. Opera, 1515, ff. 11r-103r

Quod magni excessus sive recedant...
See 'Que est causa...'

Quod medicina solutiva alicui corpori exibita non soluerit...
Albertus de Zanchariis Bonon., Questio disputata: PU 128, 14-15c, f. 126v

Quod mihi defuerat celesti sede recepto...
Christophorus Barzizius, dedic. Introductorium ad opus practicum medicinae. Text, 'Circa ergo opus...'

Quod mihi gratia laboris evitandi...
Comm. in Nonum Almansoris (Rasis): VI 5259, ff. 1-63, in fine mutilus

Quod motus simpliciter sit a forma ut efficiente
...
Robert Grosseteste, De motu corporali et luce: Beiträge IX(1912), 90; Thomson 109

Quod multa sit apponenda diligentia...
Galen, Ad Caesarem de commoditatibus tyriace, tr Nicolaus de Regio: Diels(1905), 122; Opera, 1490, I, 109v-111r; 1515, II, 159v-160v; T (1946), 222

Quod mundus tantum unus sit corporalis...
CLM 297, 15c, ff. 66r-87r

Quod natum Phebus docuit, quod Chiron Achillem...
Alphabetical Dioscorides, 12c: BHM II(1934), 44; BMar 166(VI), early 10c, f. 12r-v; pr Medici Antiqui, Venice, 1547, f. 141, 78 hexameter verses in praise of Marcellus, De medicamentis (DWS MS); Mon 491, 11c, ff. 122r-124r; Carmen de speciebus: CML V(1916), 282

Quod naturam loci scire oportet in scientia naturali...
Alfarabi, Liber de natura loci ex latitudine et longitudine: Bruges 486, 14c, ff. 100vb-113ra

Quod necessarium non sit medico ceteras speculationis scientias...
Peter of Abano, Conciliator, Diff.i: T II, 919-20; VAp 1172, 15c, ff. 1ra-333va; Ferrari(1900), 135-39; (1918), 665-73. Prol. 'Unum in ternario...'

Quod necessarium sit cyrurgico...
Henri de Mondeville, Anathomia cyrurgie: Ea Q.178, 14c, ff. 169v-173

Quod neutron probo de subiecto scientie oportet
...
Duns Scotus, Questiones super libros metaphysicorum Aristotelis: Opera VII(1893), 11

Quod non arguitur quia si sic sequeretur quod aliquid agens...
Questio determinata per Johannem de Casali. See 'Utrum in mobilibus...'

Quod non est maximum quod Sortes sufficit portare...
William of Heytesbury, De maximo et minimo: VE VIII.38(XI,14), a.1391, ff. 45-49

Quod non invida philosophorum largitio contulit...
Ps. Albertus, De sculpturis lapidum: VA 1043, II, ff. 397r-401v (TR 327); BN 7156, ff. 183ra-187ra(Corbett I,80); CUc 243, 13-14c, ff. 271-40r; Liber III of Ps. Albertus, De lapidibus (T II,567, n.2)

Quod non sit dare maximum quod Sortes sufficit portare...
Quaestiones de maximo et minimo: FNcs J.X.19, c.1400, ff. 88r-95v; Björnbo(1912), 204

Quod notat in vita philosophorum largitio contulit...
De sculpturis lapidum per observationem astronomicam: BN 7337, 15c, pp. 121a-129a; T (1947), 266. See 'Quod non invida...'

Quod omnis ars ex suo fine...
Gerard of Cremona, Summa de modo medendi et purgandi: BN 6897, f. 95

Quod ornas litteras...
See 'Quod in binas litteras...'

Quod per connicionem(*sic*) principiorum sciuntur omnia...
Quedam auctoritates de libro phisicorum et de celo et aliis: Ea F.335, 13c, ff. 75v-89

Quod plurime ex egritudinibus que accidunt...
Averroes, Pars de tyriaca: Ea F.237, 14c, ff. 61, 75

Quod prius de hac scientia sciendum est premittendum...
Portion of a comm. Almagest (with heads for caps. 8, 9, 10, 19, 11, 12, 13): BN 7292, 15c, ff. 334r-345v; T (1957), 125

Quod pro horologio...
BE Q.90, 15-16c, ff. 43-46(Zi 9805)

Quod queris eveniet tibi. Bene soluet quia potens est...
Rota fortune: CUt 1109(O.II.5), 14c, pp. 63a-64b

Quod(Quia) quesisti a me videlicet quomodo oporteat...
Thomas Aquinas(?), pref. Tract. de natura generis. See 'Quoniam omnis creatura...'

Quod quidem non communem tantum hominum naturam. . .
> Galen, De arte curativa ad Glauconem tr Nicolaus Leonicenus: Opera, Paris, 1514, ff. (33-76); Venice, 1524, II, 53-82

Quod raro contingit vicissim admiramus. . .
> Udalric Binder on comet of 1472: CLM 18770, ff. 177r-183r; AIHS XI(1958), 235

Quod regalis generis nobilitas artium liberalium studio. . .
> Adelard of Bath, pref. On the astrolabe: Haskins 28

Quod regimen sanitatis sit necessarium duplici via. . .
> Magninus Mediolanensis(Maino de' Maineri), Regimen sanitatis: HL 28, 54-55; pr Louvain, 1482; etc.(Klebs 640.1-6; IAL M41-46); Arnald of Villanova, Opera, 1504, ff. 54v-79v; etc.

Quod regulis generis. . .
> Astrolabe: Salzburg St. Peter-Stiftsbibl. A.V.2, 15c, ff. 82-101 (Zi 922). See 'Quod regalis generis. . .'

Quod rogasti dulcissime per gratiam breviter executus. . .
> Recipes: CUt 1365(O.VII.37), 13c, ff. 115-127v

Quod si aliquis se diligenter secundum terminum rexerit. . .
> Arnald of Villanova, Regimen sive consilium quartanae: HL 28,66; Opera, 1504, ff. 247r-248r

Quod si capitis dolor ex nimio aeris calore. . .
> Oribasius, Euporiston liber IV: Cop kgl.S.1653, 11c, f. 78r(Beccaria 8.11); CLM 23535, 12c, ff. 90va-107r

Quod si quis signorum fuerit nescius. . .
> 'Quid sol et luna inter se distant in zodiaco?': BMad 40744, 12c, f. 16r

Quod si interrogatus fueris de infirmo. . .
> Leip 1471, 15c, ff. 170-180(Zi 3357)

Quod si Iupiter. . .
> Abraham Ibn Ezra, Liber interrogationum, tr Peter of Abano, latter part: BLcm 190, 15c, ff. 50-(53); Venice, 1507, f. lxiivb, line 23-

Quod si solis habes veros cognoscere cursus. . .
> De cursu solis et lune: CUt R.XV.32, 11c, pp. 214(fol. 109v)-216(110v)

Quod sic patet auctoritate Ptholomei qui dicit in centum verbis. . .
> Regiomontanus, Utrum ex planetarum coniunctionibus et aspectu possit astrologus veraciter futurum praedicere: VI 4756, 15c, ff. 1r-9r, 25r-35v (TR 366a, c)

Quod suspicati sumus illud nimirum. . .
> Hippocrates, Epistola ad Damagetum De insania Democriti: Univ. Liége 110, 15c, ff. 111-118; BN 8729, 15c, ff. 48r-55v; Polain, 1963; Klebs 522.1; IAL H252

Quod temperantia quod calidi et frigidi sicci et humidi. . .
> Galen, De regimine sanitatis, tr Burgundio of Pisa: VE fa 317 (XIV,5), 14c, ff. 1-13; T(1942), 652. See 'Quod contemperantia. . .'

Quod ut ait Tullius. . .
> See 'Quoniam ut ait Tullius. . .'

Quod venenum oppositum est cibo. . .
> See 'Quia venenum. . .'

Quod vidimus testamur et quod (testamur) verum est. . .
> Valescus de Taranta, cap.1 De epidimia et peste: pr (Mantua, 1473), f. 31v; etc. (Polain 3075; GW 2521-25; Klebs 98.1-5; IAL A953-54); Klebs 78.1; IAL A846; Klebs 1007.1-3; IAL V4-6; Klebs 1010.3; IAL V9; Archana medicine(1495), ff. 59r-66r; ColR 73, 5

Quod vidit et disposuit in babilonia in diebus. . .
> Somniarium Danielis: BMe 82, 12-13c, ff. 12-(14v)

Quod vis erit erit et bonum tibi. . .
> Rota fortuna: CUma Pepys 911, c.1300(Atk)

Quod vult Avicenna. Practica dividitur in conservationem sanitatis. . .
> De divisione practice secundum Avicennam: CU 1708(Ii.I.16), 14c, ff. 183v-195v

Quodcumque est est substantia vel accidens. . .
> Albertus Magnus, Summa de creaturis, part I: pr Borgnet XXXIV, 308-761; XXXV; GW 779; Klebs 27.1; IAL A304

Quoddam ligneum vel ferreum vel eneum quod prevalet quadrantium. . .
> Johannes Gisoris: VAp 1340, 15c, ff. 35vb-36ra; anon. Instrumentum ad capiendum altitudinem solis et stellarum: VI 5337, a.1395, f. 170v

Quom. . .
> See 'Cum. . .' 'Quoniam. . .'

Quomodo adprehendimus aput veteres nostros . . .
> On epilepsy: Karlsruhe cod. Reichenau CXX, 9c, ff. 111v-113r; Beccaria 56.7

Quomodo aliqua consideratio celi. . .
> VI 4782, ff. 217v-221r

Quomodo apparatum in generali habet...
BMsl 420, f. 254v

Quomodo ars imitetur naturam...
Richardus Anglicus, pref. Correctorium alchymiae: pr Tract. de alchemia, Nürnberg, 1541, pp. 272-308; Bern, 1545, pp. 220-49; Ze, II, 418

Quomodo aurum vivum creatur artificialiter...
Johannes Salerni, Alchemy: CUt 1363 (O.VII.35), 15c, ff. 167-170(DWS 163)

Quomodo debes infirmum visitare non...
Precepta Ypocratis: VAp 1298, 15c, f. 232ra-va

Quomodo determinare oportet et qualiter speculator...
Ps. Aristotle, De principiis, tr Bartholomaeus de Messana: Beiträge XVII, 5-6(1916), 202; AL pp. 88, 185

Quomodo divinandum sit qua feria...
VAr 309, 9c, f. 16r

Quomodo elementa subtiliantur...
Catena aurea: Wo 3076, 15c, f. 53r-v

Quomodo extrahitur ignis Alkibrid. Recipe sal...
Collectanea alchemica: BMsl 692, 15c, ff. 98-100(DWS 677)

Quomodo factus est homo interrogo te...
BE Phillipp. 1790, 9c, ff. 39v-40r; Beccaria 50.7

Quomodo fit aqua acuta. Recipe unam libram ...
Quedam experimenta in scientia alchimie iuxta scientiam Alberti Magni: BNna 1293, 15c, ff. 118-122v(Corbett I,218)

Quomodo futura determinatio cognoscenda in febribus...
Galen, De febribus: SG Stift 761, 8-9c, ff. 29-31; Diels(1905), 131

Quomodo generatur homo qualiter concipit mulier...
Petrus Candidus Decembrius, De hominis genitura: pr (Rome, c.1475); etc.(Hain *4314 seq.; Klebs 327.3-; IAL C79-)

Quomodo homo et cetera inferiora...
See 'Simile est opus...'

Quomodo huius tractatus de radicum extractione...
VI 5166, 15c, ff. 6r-9r

Quomodo in utero materno...
Iustus (i.e. Vindicianus), Gynaecia: BN 11219, 9-10c, ff. 210ra-211vb(Beccaria 35.36); Diels (1906), 56; pr V. Rose, Theod. Priscianus, Leipzig, pp. 464-466(Schulz)

Quomodo inter gradus sapientie...
Roger Bacon, Optics: BN 10260, 16c, ff. 64v-137r. See 'Quoniam inter gradus...'

Quomodo inventa est...
Boethius, De geometria: CUt R.XV.14, 10c, f. 14(Atk); Bern 87, a.1004, f. 3v; this is Euclid, prol. Book II. See 'Geometria est disciplina...'

Quomodo numerus a quolibet animo conceptus quis sit...
Ps. Bede, De arithmeticis propositionibus: VAr 309, 9c, f. 1v; PL 90, 665-76; Jones 51-52, separates into two tracts: the De arith. prop., at col 665-68; and 'Aliae propositiones ad acuendos Iuvenes,' also attrib. to Alcuin: PL 90, 667-676

Quomodo occultaverunt philosophi primi...
Mappa Archilai: Cop S.236, f. 38vb; FR 119, ff. 185vb-190ra

Quomodo scias altitudinem solis...
Ptolemy, Cap.1, Liber horologii: Ripoll 225, 10c, f. 30v(Haskins 9); VAp 1377, 12-13c, ff. 95r-110v; Björnbo Ab(1912), p. 136; Oc 283, 13c, f. 99v-

Quomodo seculum significant. Seculum significare volentes...
Horapollo, Hieroglyphica: VA 3898, 15c, ff. 11-16r; Saxl(1915), 95

Quomodo terra sperica...
See 'Quoniam terra sperica...'

Quomodo vivet diu infans meus vel puer cuius desideram vitam...
Artefius, (Primus questio): BNna 3033, 15c, ff. 1r-10r

Quonam vero pacto quispiam...
Alexander of Aphrodisias, De mixtione: Univ. of Padua 682, 16c, f. 96

Quondam omnem durationem imitatur...
Thomas Aquinas, De instantibus: VA 806, f. 25r. See 'Quoniam omnem durationem...'

Quoniam...
See also 'Cum...' 'Quia...'

Quoniam a cerebro omnes nervi originem ducunt...
Arnald of Villanova, Breviarium practicae a capite usque ad plantam pedis or Praxis medicinalis: HL 28, 61-65; BMad 27, 582, 15c, ff. 122r-196; CLM 3074, 15c, ff. 11a-126v; 18444, 15c, ff. 4ra-193ra-b; Hain 1802; GW 2526-39; Klebs 103.1-4; IAL A955-58; Opera, 1504, ff. 169vb-242rb; 1586, pp. 1-170 etc.

Quoniam a me nuper terminata licet ex igne fuerat...
> Erhard Knab, VAp 1264, 15c, f. 1r-. The first of several medical questions of which that at f. 4r is dated 1453. Other texts presently follow, but at f. 147v the book is said to have been made for Knab in 1453

Quoniam a multis philosophis et magistris...
> Liber florum...artis alchimie: Goldschmidt Catalog 100, 6, 15c, ff. 2-14

Quoniam ab antiquis quorum opera ad nostram notitiam...
> Leo de Balneolis, De astronomia: VA 3098, 14c, ff. 1ra-108ra, incomplete; above text incipit at f. 2vb; Isis 47(1956), 391-92. Introd. 'Hec ait Leo...'

Quoniam ac passibilis ac mutabilis existit...
> Thadeus of Florence, De sanitate: Leyden 2011, 15c, ff. 218-219v

Quoniam accidentia universalia auctore Ptolomeo...
> Iohannes Basilius Augustonus, Prognostication for 1491: GW 3068; Klebs 125.1; IAL A1226; T IV, 462

Quoniam ad faciendum tabulas opus est scire algorismum...
> Algorismus minutiarum: CLM 11067, 15c, ff. 159rb-160rb

Quoniam ad habendum intellectum adque notitiam spere...
> Andalò di Negro, Novus spere tractatus: FLa 205, Fasc. C, 14c, ff. 65r-72v(T III,196)

Quoniam ad imaginandam et intelligendam speram et circulos...
> Andalò di Negro, Sphera: BB VII(1874), 363-64; autograph MS of Boccaccio, O. Hecker, Boccaccio-Funda, 1902, p. 86, n.1; ZB IV, 147; ed. La Bibliofilia 8(1907), 72-85, 164-168, from FL Plut.29, cod.8, 14c, pp. 1-13; T (1949), 35n

Quoniam ad imaginandum circulos spere...
> Andalò di Negro, Tractatus spere materialis: BN 7272, ff. 1r-10r; T (1949), 35n

Quoniam ad quamlibet speciem matheseos pertinet...
> Tract. de proportionibus: BLd 174, 13c, ff. 189r-194v

Quoniam ad rationes quasdam presentis libelli...
> De limitibus et...de abacis: Dresden C.80, 15c, ff. 154-157; Karpinski(1915), 54

Quoniam ad scientiam astrorum maxime...
> CUpet 250, 15c, ff. 50v-59r

Quoniam agnoscere et scire circa methodos omnes accidet...
> Aristotle, De physico auditu: Beiträge XVII, 5-6 (1916), 173, 264; VAr 1855, 13c, sole MS of this oldest tr of the Physics from Greek(Haskins 224); AL pp. 51, 125

*Quoniam aliqui homines seculares desiderant acquirere...
> Raymond Lull, De ascensu et descensu intellectus: VE VI.232(X,193), 15c, ff. 1-62; many other MSS: HL 29, 245

Quoniam aliqui optant scire de presentibus...
> Comm. Albertus, Ars ciromancie: BN 7420A, 14-15c, ff. 131va-132rb

Quoniam amor praxis me a sequire(?) excitavit
. . .
> Albumasar, Astronomia de diebus creticis: CLM 13124, 14c, ff. 177r-182r; CLM 275, 15c, ff. 139v-144r

Quoniam Anaxagoras filius Anchalis(Michalis) qui fuit unus...
> Galen, De rigore tremore iectigatione et spasmo, tr 1280 *or* 1282 by Peter of Abano *or* Arnald of Villanova: HL 28, 105; Isis 33(1942), 653; BN 15456, 13c, ff. 151rb-157ra; CUpet 33, 13-14c, ff. 169-173; Ob 231, early 14c, ff. 256v-(263); etc.; Diels(1905), 82; pr 1490, I, 155r-159r; 1515, II, 48r-52r

*Quoniam anima rationalis est substantia invisibilis...
> Raymond Lull, De anima rationali: Ome 89, 15c, f. 180; BN 15450, f. 427(H); pr Mayence, 1721, VI; HL 29, 211(Schulz)

Quoniam anime sequuntur corpora et ipse secundum se ipsas...
> Ps. Aristotle, De phisionomia: VI 4753, 14c, ff. 157r-163r; pr Venice, 1496, ff. 342r-347v(Klebs 82.7; IAL A865; Yale 261)

Quoniam annuente deo fit in his que...
> Guido Bonatti, Liber introd., de proiectione partium et earum significatis: pr Augsburg, 1491, f. 303r(Tract 10, part 2) (Klebs 195.1; IAL B757); Venice, 1506, f. (Z.5)v-

Quoniam Antibalomenon librum et Dioscorides noscitur fecisse...
> Galen, De succedaneis: Cop kgl.S.1653, 11c, ff. 148r-149r(Beccaria 8.13); Epistola in Antiballomenon: BL Auct. F.V.31(3637), early 13c, ff. 44-59; BN 7056, late 13c, ff. 121r-122v; CLM 7653, 14c, f. 6v(Schulz); Oma 164, 15c, ff. 43r-44r; Quid pro quo, Reims 1010, 14c, ff. 49-50

Quoniam antique nullum eorum...
See 'Aphorismorum...'

Quoniam aqua nostra ex plumbo ut dicunt...
Questiones lapidis benedicti: DWS 525

Quoniam ar. et anime dicuntur corpora...
Ps. Aristotle, Liber phisionomie, de nova translatione: Angers 450(435), 13c, ff. 114-120

Quoniam arithmetica in quadrivio tenet principium necnon eius practica...
(Algorismus Ratisbonensis): CLM 5964, 15c, ff. 82v-85v; 14504, 15c, ff. 394r-402r; 14544, a.1470-73, ff. 146r-151r

Quoniam ars computistica in domo dei...
Prag 1966, a.1452, ff. 141-151v

Quoniam ars imitatur naturam in quantum potest...
Jacobus Theotonicus, Practica alkimie: BN 7156, ff. 138r-142v(T III,653); BN 7158, 14-15c, ff. 12-22v(Corbett I,77, 85)

Quoniam ars ut non dividitur...
Heymericus de Campo, De sigillo eternitatis omnium artium et scientiarum exemplari: Cues 106, 14c, ff. 77-85

Quoniam astra non errantia ex eodem oriri loco...
Euclid, Phenomena, tr Bartholomeus Zamberti of Venice; CLM 6, 15c, ff. 448r-459

Quoniam astrologia tanto est excellentior quanto
...
VAp 446, 15c, ff. 166-168r(Zi 7832)

Quoniam astrologice considerationis ambiguitates...
Peter of Abano, Lucidator: BN 2598, ff. 99r-125v(T II,921); Ferrara(1900), 165; (1918), 695-710; VAp 1171, ff. 320r-327r(TR 277e); T (1944)ab, 210-211

*Quoniam astrologie(astronomie) specul(ati)o prima...
William of England and Marseilles, Speculum astrologiae: Ea F.394, 14c, ff. 136-140v; Q.357, 13-14c, ff. 1-21; VI 5311, 14-15c, ff. 42r-51v; Duhem III(1915), 289; Delisle III, 90a

Quoniam auctores medicine aliquando describunt medicinas...
Bartholomaeus de Varignana, Tract. parvus dosium: BLcm 156, a.1499, ff. 32v-(39v)

Quoniam auctorum diversitatis...
(Hippocrates), De morbis mulierum: BN 7036, ff. 137r-153r

Quoniam aut secundum ordinem subiectorum
...
See 'Quoniam autem secundum ordinem...'

Quoniam autem anime sequuntur corpora...
Comm. Aristotle, Physiognomia: Mi G.70.sup., 14c, ff. 13rb-16ra; Isis 50(1959), 40, n.63

*Quoniam autem complevimus iam communiter ea que...
Albertus Magnus, De causis et proprietatibus elementorum: VE VI.20(XII.11), 14c, ff. 91-96; pr Borgnet IX, 585-657; anon. BN 6510, 14c, ff. 109v-129r. See 'Quoniam autem iam complevimus...'

Quoniam autem contingit intelligere et scire circa omnes scientias...
Aristotle, Physica (vetus tr): CLM 2604, 14c, ff. 1r-74r

*Quoniam autem de aliis partibus dictum est...
Aristotle, De generatione animalium, tr William of Moerbeke: Beiträge XVII, 5-6(1916), 190; AL pp. 82, 178

Quoniam autem de anima quadruplex invenitur
...
De sensu et sensato: BN 16635, f. 86(H)

Quoniam autem de anima que secundum se...
AL p. 200

Quoniam autem de anima secundum ipsam determinata aut est et de virtute...
(Aristotle), De sensu et sensato: CLM 527, 13-14c, ff. 5r-10r

Quoniam autem de anima secundum ipsam determinatum est et de virtute ex parte ipsius...
Aristotle, De sensu, nova tr: AL pp. 60, 137; CLM 162, ff. 209rb-217ra; Yale Aristotle MS, 13c, ff. 186rb-189rb

Quoniam autem de anima secundum (se) ipsam considerata iam...
Albertus Magnus, De sensu et sensato: Clermont-Ferrand 171, 13c, ff. 1-24v; Ea F.328, 13-14c, ff. 100-122; VAu 194, 15c, f. 204; pr Borgnet IX, 1-96

Quoniam autem de anima secundum se ipsam determinatum est et de virtute qualibet secundum partem suam...
Aristotle, De sensu, vetus tr: AL pp. 59, 137; CLM 13056, 14c, ff. 48va-51ra; Graz 93, c.1300, ff. 195v-202v; VI 169, 14c, ff. 150-164; GW 2341, ff. 317r-322v; 2425-30; 2337, II, 2, f. 63r(Schulz); Klebs 82.7, 92.1-6; IAL A865, A909-910, 912, 908, 911

Quoniam autem de anima secundum se ipsam in precedenti . . .
> See 'In precedenti . . .'

Quoniam autem de duabus partibus . . .
> Mesue, introd. Cyrurgia. Text 'Operantibus autem . . .'

Quoniam autem de his que lapidibus per se accidunt . . .
> Albertus Magnus, Lapidarius: CLM 353, 13c, ff. 55ra-69rb

Quoniam autem de quibusdam communibus naturalibus . . .
> Constantinus Africanus(?), De coitu: CLM 444, 15c, ff. 193r-197r

Quoniam autem dictum est prius quod vivere est anime habitus . . .
> Aristotle, De morte et vita: Greek-latin tr: Ea Q.15, ff. 36r-39v; Graz 93, c.1300, ff. 215v-219r; Beiträge XVII, 5-6(1916), 200; pr with Thomas Aquinas, Comm., Padua, 1493(Klebs 92.3; IAL A912)

Quoniam autem et anime liber dividitur . . .
> Petrus Hispanus, Expositio et questiones in Aristotelis physonomiam: Vau 1392, a.1441, Papie, ff. 47-(66)

Quoniam autem et anime sequuntur corpora . . .
> Aegidius Romanus, Comm. Physiognomia: La Bibliofila 35(1933), 305

Quoniam autem iam complevimus communiter ea que . . .
> Albertus Magnus, De causis et proprietatibus elementorum: Ea F.328, 13-14c, ff. 126-145; Oma 174, end 13c, ff. 76va-86vb; VA 718, 13-14c, ff. 19r-38v; VAu 195, f. 27-

Quoniam autem. In hoc libro qui intitulatur . . .

> See 'In hoc libro qui intitulatur . . .'

*Quoniam autem in omnibus causis auctoritas . . .
> Roger Bacon, Compendium studii theologiae: Little 407

*Quoniam autem in tribus libris prioribus . . .
> De corpore mixto *or* Duns Scotus, Comm. IV Meteor.: Oma 21, 15c, ff. 116rb-119va

*Quoniam autem intelligere et scire . . .
> Aristotle, Physicorum libri octo: Bol. A.127, 13c, ff. 1-(73v); Ea F.31a, 13c, ff. 1-64

Quoniam autem isti humores compositi sunt . . .
> Compendium Salerni: Bern 556, 15c, f. 8r; the concluding portion but different from Renzi III, 52-65; V, 201-32; AMH 8(1936), 429

Quoniam autem maximam profundissimam que eam esse disciplinam . . .
> Tract. proportionum plusquam aureus: pr Leipzig (1495); Yale Medic. 100; Klebs 988.1; IAL T379

Quoniam autem natura principium est motus . . .
> Roger Bacon, Questiones in III Physicorum: ed. Delorme, OHI VIII (1928), 136-68

Quoniam autem nunc aliquis recte iudicat in aliqua materia . . .
> Petrus Kess, De materia coeli: pr (Leipzig 1494, Hain *9771; Klebs 572.1; IAL K10). Prol. 'Omnium natura . . .'

Quoniam autem omnes . . .
> Errores Averoys: Ea Q.151, end 14c, ff. 13v-14v. See 'Quoniam ex uno . . .'

Quoniam autem quatuor cause determinate . . .
> Aristotle, Meteor.Lib.IV, nova tr: Classical Philology, X(1915), 297, 311; Ea F. 348, 14c, f. 142; Q.342, f. 56ra; pr Padua, 1474 (GW 2423, f. 21v; Klebs 91.1; IAL 900)

Quoniam autem sapientes astronomi . . .
> Zi 3359

Quoniam autem sciendi et intelligendi naturali desiderium . . .
> Nicolaus Bonetus, Philosophia naturalis: BN 16132, f. 79: PA XXII, N.504; pr Venice, 1505, f. 45

Quoniam autem scientia que tradita est in libro . . .
> Petrus de Alvernia(?), Sententia super Arist. De sompno et vigilia: VI 2330, 14c, ff. 50ra-57vb

Quoniam autem scientia tradita . . .
> (Adam de Bocfelde), Comm. De somno et vigilia: BN 14714, f. 217(H)

Quoniam autem secundum ipsam determinatum . . .
> Thomas Aquinas, Comm. De sensu et sensato: Ea F.318, early 14c, ff. 150-161

Quoniam autem secundum ordinem subiectorum est ordo passionum . . .
> Nicolaus Bonetus, Comm. Physics: Dominican library, Dubrovnik-Ragusa 12, ff. 58-107r: Comm. in X libros priore Praedicamentorum: Ea F.314, mid 14c, ff. 78-108; Beiträge, Suppl. III, 1(1935), 6

Quoniam autem ut Campanus dicit super secunda diffinitione . . .
> Algorithmus minutiarum vulgarium: GW 1274; Klebs 56.1; IAL A419; Yale Medic. 100

Quoniam autem ut dicit Aristoteles hinc opinamur unumquodque. . .
> Grosseteste(?), Comm. in Physica: BLb 230, ff. 11r-19v; Thomson 258

*Quoniam brevis intentio amabilis est. . .
> Raymond Lull, Geometria nova: HL 29,309; CLM 10544, 15c, ff. 214r-263v; ZB 16(1899), 268

Quoniam brevitatem semper obscuritas comitatur. . .
> Abbo of Fleury, Computus: Rev. Bénéd.(1935), 152; Bern 250, 10c, ff. 12r-20r; CUsj 1.15, 12c, f. 140(Atk); Saxl(1953), 443

Quoniam Calculator in probando latitudinem motus. . .
> Johannes Marlianus, Probatio cuiusdam sententiae Calculatoris de motu locali: VE VI.105 (X,218), 15c, ff. 8ra-12ra(ColR 26); Clagett (1941), 28; Klebs 666.1, ff. 19r-25r

Quoniam canones tabularum. . .
> Nicolaus de Aquaeductu, Canones super tabulam Alphonsi regis: Ea Q.366, 14c, ff. 26-27v; Brux 1028, a.1410, ff. 43va-47vb(Silvestre)

Quoniam carissime. . .
> See 'Quoniam karissime. . .'

Quoniam causa finali nihil dignius reperitur. . .
> Comm. Sacrobosco, Compotus: FNpal 639, 13c, ff. 18r-46r; anon. CUt 1149(O.II.45), 13c, ff. 125r-179r; BLcm 161, 13-14c, f. 21r mg

*Quoniam celestium motuum calculus annorum supputatione. . .
> Jo. Holbroke, Canones et Tabulae astron.: Tanner; Bale; CU 1017 (Ee.III.61), 15c, ff. 54(56)r-57r; Kibre(1952), 107(29,iv); BLb 300, early 15c, f. 132v; BMe 889, ff. 133v-151r

Quoniam celos. . .
> Dominicus Bandinus, De stellis errantibus: VA 3121, ff. 23v-53v; T III, 563. See 'Hic docet astrorum. . .'

Quoniam centrum oculi quidem consideratoris distat. . .
> Regiomontanus, De cometae magnitudine longitudineque ac de eius loco vero Problemata XVI: pr 1531, 1544, 1548, 1618, ff. 55r-67

Quoniam circa artem musicam necessaria quedam. . .
> Ps. Aristotle *or* Bede, Musica quadrata seu mensurata: PL 90, 919-38; BN 6755, 15c, ff. 71-(78); Jones 85; Coussemaker I, 251-81

Quoniam circa artem musice figurative. . .
> CLM 26812, f. 344(Schulz)

Quoniam circa conservationem corporis humani . . .
> Petrus Hispanus, Comm. super dietis universalibus Isaaci: Ea. F.172, 14c, ff. 44-107v; anon. Q.195, 13-14c, ff. 41-69; Isaac, Opera, 1515, ff. 111r-103r; T II, 502-10

Quoniam circa geometriam multi propter caritatem et brevitatem. . .
> VI 4775, 15c, ff. 173v-182v

Quoniam circa initium primi phisicorum. . .
> See 'Quare scientia presentis libri vocatus naturalis. . .'

Quoniam circa introductiones Iohannitii multa . . .
> Petrus Hispanus, Glossae super tegni Galeni: Cues 306, 13-14c, ff. 59-144v; VE VII.11 (XIV,7), 14c, ff. 1-34; anon. BLas 1475, 15c, pp. 343-89, 393-423(DWS MS)

*Quoniam circa musicam deo auxiliante conscientia ductus. . .
> (Simon de Tunstede?), Quatuor principia musicae: BLd 90, 14c, ff. 1-63; by a Franciscan, 1351: BLb 515, 15c, ff. 4-(77); anon. CUt 1441 (O.IX.29), 15c, ff. 1-53; ed. Coussemaker IV (1876), 200-298. Pref. 'Quemadmodum inter . . .'

Quoniam circa naturam cerebri intellectus sine quo. . .
> Thomas Aquinas(?) De via verbi ab intellectu: VI 4007, ff. 290r-294r

Quoniam circa tres sit omnis. . .
> BLd 58, 14c, ff. 33r-35v

Quoniam circa tria fit(sit) omnis astronomica consideratio. . .
> Roger of Hereford, prol. De tribus generalibus iudiciis astronomie: T II, 185, n.4; Haskins 126; Delisle III, 90a; BLd 38, 14c, ff. 96v-100(TR 214)

Quoniam cognoscere ac scire circa omnes scientias. . .
> Aristotle, Physics, tr Geo. Trapezuntius: VAu 211, 15c, ff. 1; CLM 177, 16c, ff. 1r-59r (Schulz)

Quoniam cognovimus qualiter Hippocrates. . .
> Galen, De catharticis: Diels(1905), 138; tr Nicholas of Reggio(?): Grimani libr. Cat.

Quoniam cognovimus te peritissimum omnium rerum. . .
> Hippocrates, Epistola: BMad 8928, 10c, ff. 11v-13r; Diels(1905), 53; Beccaria 84.13; anon. BMsl 634, 15c, ff. 10v-12r

Quoniam color sepius deludit...
> De urinis: BMsl 280, 15c, ff. 266v-269

Quoniam compendiosa et lucida brevitate audientium...
> Thadeus Florentinus, comm. Joannitius, Isagoge: VA 2366, 14c, ff. 48-93; AFML 492.I, 14c, ff. 57r-96vb; pr 1527, ff. 343r-400r

Quoniam compendiosa et lucida brevitate legentis animus...
> Conraducius de Asculo, Comm. Aristotle, Meteorology: Bol. A.207, 14c, ff. 39ra-49rb; Isis 45(1954), 149

Quoniam completam cuiuslibet rei scientiam...
> Expositio numerorum, sc. Sacrobosco de algorismo: BLd 193, 14c, f. 26; AFML 492, f. 57r

Quoniam conceditur opus istius(huius) instrumenti...
> Petrus de Sancto Audomaro, revision of Profatius Judaeus, Quadrans novus, c.1293: Isis 51(1960), 204; BN 7416B, ff. 1-15v; CUpem 278, 15c (Atk); Yale astron. MS, 14c, ff. 167vb-171rb; CUg 141, 14c, f. 552

Quoniam concentris mediis et mediis argumentis...
> Canones et Tabulae Tolosanae: BLlm 594, f. 154-. See 'Quoniam cum centris...'

Quoniam consuetum est non solum apud antiquos speculatores...
> De principiis artis Hermeticae: Ze VI, 474-77

Quoniam contingit nobis et curare morbum...
> De lepra: VI 2300, 15c, ff. 83vb-84va

Quoniam convenit nobis cognoscere et curare...
> Constantinus Africanus, tr Isaac Judaeus, De elephantia: CUg 411(II.7), 13c, f. 109v-; Ea F.286, 13-14c, ff. 195v-198; Isaac, Opera II (1515), xcii; Renzi V, 120

Quoniam convenit te peritissimum omnium rerum esse...
> Mon 185, ff. 113r-115v

Quoniam convenit te regem omnium potentissimum...
> Hippocrates, Epistola ad regem Antiochum: CML V(1916), xx; Beccaria 34.6; 133.4; etc.

Quoniam convenit te regem sapientissimum esse et in vita longam etatem ducere...
> Hippocrates to Antiochus: BMh 912, f. 393r-v

Quoniam corpora hominum sunt in continua dissolutione...
> See 'Corpora hominum...'

Quoniam corporis complexionem sequuntur potentie anime...
> Galen, De sequela potentiarum anime, tr Nicholas of Reggio: Dresden Db 92-93, 15c, f. 304r; Opera, 1490, I, 117v-120v; 1515, I, 143v-156r; T (1946), 229

Quoniam corpus cum sit compositum per ingressionem...
> Arnald of Villanova, De aqua vite: Glorieux I, 424

Quoniam corpus humanum diversis...
> Opus secretum medicine: BMsl 3124, f. 114-. See 'Cum corpus humanum corrumpatur...'

*Quoniam cuiuscunque actionis...
> Arzachel; CU 1017(Ee.III.61), f. 16r-; CUg 110(179), 15c, pp. 345-362. See 'Quoniam cuiusque actionis...'

Quoniam cuiuslibet actionis quantitatem...
> Pt. II(Arzachel), Canones in motibus planetarum: CU Ii.III.3, a.1276, ff. 117r-140vb, tables 141r-; BLd 193, 14c, ff. 10r-(12v)

Quoniam cuiuslibet egritudinis cura...
> Thadeus Florentinus, Consilia: Wo 2794, f. 239vb; Basel D.I.18, 14c, ff. 11rb-14va; Mi Trivulz. 712(E.51), 14c, ff. 1r-72v; GS II, 1086-87

Quoniam cuiuslibet quantitatis notitia ex sui relatione ad aliam...
> Algorismus in minutiis: CU 1705(Ii.I.13), 14c, ff. 14r-17r; CUg 141(191), 14c, ff. 37-53; Ea Q.361, 14c, ff. 147-151v; BMsl 3887, 15c, ff. 1-11

*Quoniam cuiusque actionis quantitatem...
> Arzachel, Canones ad tabulas Tholetanas, tr Gerard of Cremona: BB XX, 5; Björnbo(1912), 120; BN 16655, end 13c, ff. 1ra-(20); 7406, 14c, ff. 1ra-30ra; Millás(1943-50), 37; Haskins, 24, note 24; Zi 10943-67; Osiris I(1936), 747-74; BLlm 644, late 13c, ff. 16r-101v; Saxl(1953), 389; Mon 323, 13-14c, ff. 119r-156r; etc.; Boncompagni GdC 441, sections on trigonometry ed. Curtze, Bibl. math. I(1900), 338-47

Quoniam cuiusque artis ut operis...
> Astronomy: CLM 28229, 14c, f. 88r-v(Zi 10400)

Quoniam cuiusque operis quantitatem...
> BN 7267, 14c, ff. 7va-15ra; T (1957), 114. See 'Quoniam cuiusque actionis...'

Quoniam cultus ruris propter continuos eius labores...
> Petrus de Crescentiis, Libri XII ruralium commodorum: BN 6830H, a.1383, ff. 1r-129r; at 129v-130r are added 5 caps. omitted from liber V; A. Röding, Studier till Petrus de Crescentiis, Göteborg, 1927, pp. 6-23; GW 7820-7825 (Klebs 310.1-6; IAL C858-61)

Quoniam cum centris mediis et mediis argumentis inveniuntur equationes...
> (Petrus de Sancto Adomaro?), De veris locis planetarum(1293): Basel F.III.25, 13-14c, ff. 3ra-7vb(TR 294); Cues 214, 14c, ff. 5-9(Zi 7833): Delisle III, 88b. See 'Quoniam non conceditur...' which it seems to continue in both the above MSS

Quoniam cum medicus practicans non semper potest...
> Arnaldus de Villanova, Introductorium astrologie pro medicis practicantibus: CLM 456, 15c, ff. 12r-13v

Quoniam cum motu...
> Astronomical: BN 7333, f. 5

Quoniam cum sit elementum minor pars eius...
> Galen, De elementis: BN 15456, 13c, ff. 133ra-142va; Mon 18, 13c, ff. 2-6; PU 125, 13c, ff. 1-(9v); Yale, Cushing Galen MS, 13c, ff. (1-11r); Oma 175, 14c, ff. 172ra-191ra; VA 2378, 13-14c, ff. 43r-48v; VAu 235, 14c, f. 143; 249, 14c, f. 109; Vendôme 234, 14c, ff. 54-63; Cues 297, ff. 137-146; 298, ff. 46-53; Opera 1490, II, 217r-235v; 1515, I, 22r-28r; ascribed to Hippocrates: Dresden Db.91, 15c, ff. 1ra-(10); anon. CUpet 33, 13-14c, ff. 124-131

Quoniam cum venisset...
> See 'Quam alta et profunda...'

Quoniam de aliis partibus dictum est...
> Aristotle, De generatione animalium, tr William of Moerbeke: Bruges 476, 13-14c, ff. 67r-91v

Quoniam de animalibus absolute et universaliter...
> De qualibet membrorum proprietate: BN 6823, 14c, ff. 173ra-174

Quoniam de arte mensurabili tractare proponimus...
> Philippus de Vitriaco, Liber musicalium: Coussemaker III, 35-46

Quoniam de canendi scientia doctrinam sumus facturi...
> In musicam planam: Pisa Univ. 11c, 15c, pp. 51-57; VE VIII.85 (XX,7), 15c, ff. 24-47; ed. La Fage, Diphtérographie musicale, 1841, p. 388

Quoniam de cirurgia tractaturi sumus...
> Boston Medical 21, 15c, ff. 45r-60r

Quoniam de egritudinibus singularum partium corporis...
> Practica. Et primo de apoplexia: CUc 466(III), 12c, ff. 233-293; VI 2477, 13c, ff. 53r-80r; Metz 1261, 14c, f. 59v-

*Quoniam de filii bonitate sicut...
> Hugo de Evesham, Super opere febrium Isaac: Tanner; Russell 49

Quoniam de magnis inter magnos scribimus...
> Liber de novem scientiis: University of Chicago 654, ff. 9r-72v

Quoniam de melioribus amicis quos habere videor...
> I. Antonius de Parma, Compendium medicinae: Ran 562, 15c, ff. 68-69; Affò II, 39
> II. (Bernard Gordon), Compendium compositionum: CUg 373(593), 14c, ff. 101r-102v
> III. 'Bernardus de Villanova', Practica: CUj 60(Q.G.12), 15c, ff. 277r-281r; CUt 1377 (O.VIII.2), 15c, ff. 14r-15v

Quoniam de monstruosis hominibus orientis liber...
> Thomas of Cantimpré, De naturis rerum, liber III: ed. A. Hilka, Breslau, 1911; incorrectly ascribed to Avicenna: Ea Q. 193, 13-14c, ff. 55-56v; Bruges 411, 15-16c, ff. 3-19 (incomplete)

Quoniam de musica presens est pertractatio...
> Walter of Odington, De speculatione musice. Prol. 'Plura quam digna...'

Quoniam de oleo tartari in ea...
> Practica alchemiae: Darmstaedter-Geber HS, n.14 (Schulz)

Quoniam de opere alchimie quo philosophi doctissimi in insula Cecilie insudaverunt...
> Prol. Liber de triginta verbis: Bern B.44, 15c, ff. 227r-230v (ColR 192); Speculum XII(1937), 371-72; FL Plut.30, cod.29, ff. 75vb-77ra

Quoniam de opere (in quo) philosophorum doctissimi...
> Prol. (of Latin translator?) accompanying Hermes, Tabula smaragdina (see 'Verum sine mendacio...'): BN 6514, 13-14c, ff. 39r, 86r (Corbett I,19,24); DWS 26; incorrectly represented as a text incipit by Steinschneider(1906), 25-26, following VE VI.215(XVI,4), a.1475, ff. 267-275; as Theorica Galieni: FR 1165, 15c, ff. 101r-105r; Speculum XI(1936), 372

Quoniam de operibus sex dierum impendimus librum. . .
 Aegidius Romanus, Hexaemeron: HL 30, 504-507; Graz 191, c.1300, 177 ff.

Quoniam de quatuor introducendis matheseos . . .
 Liber ysagogarum Alchorismi, tr A(delard of Bath): Haskins 24; Ab 8, 1-27

Quoniam de quibusdam questionibus quelibet prius est iu capitulo. . .
 Quaestiones naturales: VI 5371*, 15c, ff. 36r-39v

*Quoniam de rebus honorabilibus. . .
 Hen. Renham de anima(Tanner)

*Quoniam de rebus(omnibus) honorabilibus est scire aliquid. . .
 Aristotle, De anima, tr Michael Scot ex Arabico cum comm. Averrois: Beiträge XVII, 5-6(1916), 97, 190, 197-198; CUpet 56, 13c, f. 1; BN 14385, 14c, ff. 132r-160va; CUg 486, 14c, f. 385; AL pp. 106, 218; Ea F.318, 14c, ff. 52-91v; PM 3473(506), 14c, ff. 104-(123); GW 2349(Klebs 84.1; IAL A867); Opera, Venice, 1560, VII, 5-141

*Quoniam de rebus honorabilibus sicut de rebus anime. . .
 Aristotle, De anima, tr from Arabic, Michael Scot: Beiträge XVII, 5-6(1916), 264

Quoniam de rerum inventoribus. . .
 Richard Lavenham, de inventoribus rerum lib. i: Tanner

Quoniam de simplicibus medicinis contra diversa genera. . .
 BMsl 418, 15c, ff. 165r-182v

Quoniam de urinarum scientia(differentia) dicturi(tractaturi) sumus. . .
 Maurus, De urinis: Brux 8486, 13c, ff. 1-15rb (Silvestre); CUt R.XIV.40, 13c, p. 163(Atk); BN 6964, ff. 130r-134v; CLM 13124, f. 195; VAp 1165, ff. 96rb-103vb; Ea Q.207, 14c, ff. 75v-91; VI 2519, 14c, ff. 1v-54v; 5300, 15c, ff. 71v-103v; anon. BMr 12.E.VIII, 13c, ff. 221v-(231v); VI 2523, 13c, ff. 1r-15v; BMsl 342, 13-14c, ff. 136r-139v; Mon 472, 14c, ff. 83-99; Renzi III, 2-51

Quoniam de urinis agere debemus. . .
 BLau F.6.3, 13c, f. 146

Quoniam de urinis tractaturi sumus qualiter fiat urine generatio. . .
 CLM 19428, 13c, ff. 26v-28r; ascribed to John Platearius: Metz †1261, 14c, f. 73v-

Quoniam denique scientiam tractaturi sumus. . .
 Maurus, Practica: Stift Neukloster B.3.Pg., 15c, ff. 47-(55) (Xenia Bernardina II,1,278)

Quoniam determinavit Ypocrates de acutis. . .
 Johannes Alexandrinus, tr(?) Galen, Comm. in librum VI Epid. Ypocratis: Ea Q.201, 14c, 55 ff.; Diels(1906), 51, 104; pr Articella, Venice 1483; 1487, ff. 120r-152v; etc.(Klebs 116.2-6; IAL A1011-15)

Quoniam deus ex preiacenti nulla materia. . .
 De humano sanguine(Alchemy): Dresden N.101, 15c, ff. 133v-137v

Quoniam deus in prima mundi constitutione. . .
 Trotula, De passionibus mulierum: BN 6964, ff. 96v-99vb; 135r-137v

Quoniam dicit philosophus a communibus et prioribus. . .
 Albert of Saxony, Questiones super octo libris phisicorum: Ea F.345, a.1360, ff. 1-65v; cf. Klebs 31.1

Quoniam dicitur a Boecio in principio. . .
 Comm. Boethius, Arithmetic: BLlm 644, 14-15c, ff. 127va-131ra; Saxl(1953), 390

*Quoniam dictum est mihi ut me ipsum cognoscam. . .
 I. Pref. De spiritu et anima, variously ascribed. Text, 'Anima est substantia. . .'
 II. De homine, ascribed to Grosseteste: Gray's Inn 13, 13c, ff. 1r-16v; Thomson 237

Quoniam dicuntur elementa superiora in his inferioribus dominari. . .
 BMh 5228, 14c, ff. 132r-138v

Quoniam dierum criticorum notitia valde est necessaria. . .
 Wi 57, a.1404, ff. 300rb-306

Quoniam dieta et medicina humano corpori magis conveniant. . .
 John Damascenus, Aphorismi: Durham, Bishop Cosius V.IV.1, 15c, ff. 30r-37r(DWS MS)

Quoniam dimi(nu)te sunt veritates a filiis hominum. . .
 Secretum meum mihi: CUg 233, 14c, ff. 1r-79v (DWS 528)

*Quoniam dispositio scientie et certitudinis in omnibus. . .
 Aristotle, Physics: tr Michael Scot(?): Beiträge XVII, 5-6(1916), 170; CUg 485(481), 14c, ff. 1v-175v; 486, 15c, f. 2(Atk); VAu 120, 14-15c, f. 2v; AL pp. 52, 104, 214, cod.1346; Klebs 93(4); with Averroes Comm.: Yale 23, 28

*Quoniam dispositio scientie et veritatis...
  Aristotle, Physics, tr Gerard of Cremona(?):
  Beiträge XVII, 5-6(1916), 171, 264; AL pp. 51-
  52, 125

Quoniam disputationem simplicis medicine universaliter...
  I. (Isaac Judaeus?), prol. Liber de gradibus simplicium, tr Constantinus Africanus. See 'Absinthium calidum...'
  II. Liber graduum Galieni: James 484, 363
  III. Synonyma herbarum: VA 2418, ff. 265va-
  272rb; anon. CLM 267, ff. 118ra-131ra

Quoniam disputatis simpl^i...
  Distinctio medicinarum simplicium: James 480

Quoniam diversi diversa sentiunt et quandoque
diversas...
  Petrus Hispanus, Flores ex thesauro pauperum:
  VI 2300, 15c, ff. 78vb-83rb

Quoniam diversitas membrorum corporis quam
tam veteres...
  Galen, De interioribus *or* De locis affectis: Diels
  (1905), 85; CLM 3520, 14c, ff. 57va-61va (des.
  '...vel propter materiam flegmaticam coaduna-
  tam in essentia cerebri'); Ome 230, 14c, f. 79;
  anon. VE fa 364(XIV,22), 14c, ff. 72-89

*Quoniam divina potentia est infinita...
  Thomas capellanus, De essentiis essentiarum: T
  III, 136-39, 684-86; Corbett I,159

Quoniam duo(due) sunt potentie cognoscitive in
homine...
  Thomas Aquinas, De principio individuationis:
  VA 806, 15c, ff. 16v-17v; VA 961, f. 57; Budapest 269, 15c, ff. 39v-41; Beiträge XXII(1931),
  301; Opuscula omnia (ed. Mandonnet, 1927), V,
  193-196; pr (1487), item 2(Hain *1510; LC;
  not in IAL); Opera, XVII, (1570), 206v-207r

Quoniam ea fine memorie commendantur...
  Adam de Radinges, De electione specierum: VAp
  1363, 15c, ff. 164r-166v

Quoniam ea que incepturi sumus a fonte...
  Saturnus, Alchemy: EU 131, 15c, ff. 34-49v
  (DWS 372)

Quoniam ea que laudabili devotione...
  Giraldus Cambrensis, pref. II, Itinerarium Cam-
  briae: BMr 13.B.VIII, 12-13c, ff. 74v-(100r).
  Text, 'Anno igitur ab incarnatione...'

Quoniam ea que magister atque ceteri...
  Comm. Hermes, Tabula smaragdina: Brux 5274,
  14c, ff. 111-112; VAp 1339, 14c, ff. 68v-69r;
  DWS 26 (p. 20)

Quoniam ea que sunt utilia in curationibus
egritudinum...
  (Nicholas?), Quid pro quo: Admont 254, 13c,
  f. 99v(Schulz); CLM 615, 13c, ff. 72-(73);
  Rouen 981, 13c, f. 143v; Basel D.I.11, f. 74r-v;
  D.III.2; BMr 12.B.III, 14c, f. 63-; BN 6964,
  ff. 89r-90r; 6988, f. 90ra-vb; 16193, f. 118; Pan-
  sier(1907), 62; James 481; etc.

Quoniam egritudinibus singularium partium
corporis...
  †Metz 1261, 13c

Quoniam egritudinum causa querenti multo-
tiens...
  Mundinus of Bologna, Compendium cirurgie:
  Basel D.I.18, 14c, f. 102ra-vb

Quoniam electiones laudabiles sunt salubres...
  Sermo de electionibus curationis morborum secundum astronomos: Ea Q.371, 14c, ff. 43v-44v;
  etc.(T III,218; ColR 143); †Metz 285, 15c,
  item 2(Zi 4052)

Quoniam elementum minima est particula...
  Galen, De elementis secundum Ypocratem:
  Avranches 232, 13c, ff. 126-138r; CLM 35, 13-
  14c, f. 55v; Diels(1905), 64; AL 408, 1589;
  Kibre(1945), 398

Quoniam equationem eclipsis...
  Delisle, III, 89a

Quoniam esse tua...
  Roger de Herefordia, De quatuor partibus
  iudiciorum astronomie: Limoges 9(28), 15c, ff.
  124v-129v

Quoniam est circa plurimas intentiones...
  Alanus, Rotatio elementorum: T III, 140

Quoniam est necessarium colligere...
  Liber physicorum: Wo 3008, a.1323, ff. 54-108

Quoniam et anime sequuntur corpora et...
  Ps. Aristotle, Liber physiognomiae, tr Bartholo-
  maeus de Messana: ed. R. Foerster, Scriptores
  physiognomici I(1893), 5-91; lii-lv, lists 62 MSS;
  AL pp. 87, 183; Beiträge XVII, 5-6(1916), 202;
  Opera, Venice, 1496(GW 2341, ff. 342r-347;
  Klebs 82.7; IAL A865); Comm. Henricus de
  Gorrichem: Brux 962, a.1439, ff. 99-110

Quoniam et Macrobii et Platonis auctoritate...
  Ralph of Laon(?), On semitones: BN 15120, f. 41
  (Haskins 90, n.43)

Quoniam etate nostra paucos...
  Petrus Tomasius(of Ravenna), Phoenix de arti-
  ficiali memoria: from CLM 4381, ff. 46r-67v
  (Schulz). See 'Quod ab...'

Quoniam ex anime actione determinatur corpora...
Buridan, comm. Aristotle, Physiognomia: Ea Q.299, 14c, ff. 158r-165v(TR 344); Speculum 18(1943), 99-103

Quoniam ex astroloye quotatione inbecillumque ruditate...
Computus Brandenburgensis: Graz 966, 15c, ff. 367-371

Quoniam ex diversitate cursuum solis et kalendarii...
De correctione calendarii: FR 885, early 14c, ff. 215r-217v; Isis 50(1959), 40, n.59

Quoniam ex uno inconvenienti dato multa sequuntur...
(Aegidius Romanus?), De erroribus philosophorum Aristotelis, Averrois, Avicennae, Algazelis, Alkindi et Rabbi Moysis: HL 30, 483; 34, 83; Beiträge Suppl. III,2(1935), 862-77; ed. Les philosophes Belges, VI-VII(1911), 3-25; Hain 118; GW 7210; Klebs 361.1; IAL A70

Quoniam experientia teste...
De musica: CLM 5963, 14-15c, ff. 131-146v

Quoniam experimentum sermonum...
De quantitatibus eccentricitatum: Ea F.394, 14c, f. 119

Quoniam experimentum sermonum verorum est...
Georgius Peurbach, Speculum planetarum: VI 5203, 15c, ff. 88r-92r(Zi 7722)

Quoniam femine non habent tantum calorem in corpore...
De egritudinibus mulierum: BN 7056, late 13c, ff. 97rb-100ra; BMsl 783b, 15c, ff. 165r-167r

Quoniam fere omnium questionum solutiones a qualitatum effectibus...
De effectibus qualitatum: CUsj 99, 13c, ff. 344v-349; Ob 285, 13c, ff. 216ra-219rb; ascribed to Arnald of Villanova, Gö Stadtarchivs 2, ff. 19-24

Quoniam festa mobilia littere dominicales intervallum...
De ciclo solari: Wi 79, early 16c, f. 24

Quoniam firmius memorie commendantur...
Otho Cremonensis, De electione et viribus medicamentorum: ed. Choulant, Macer Floridus, 1832, pp. 158-177 (from Leip N.1213, 14c) (Schulz); anon. Prol. Verses on materia medica. Text, 'Res aloes...'

Quoniam flebotomia in diversis partibus corporis habet utilitatem...
Phlebotomy: BLr D.251, 14-15c, f. 41r

Quoniam frequenter plerique scientes(nescientes)...
Ps. Soranus, Perisfigmon or Morus Ysago (De pulsibus): Chartres 62, 10c, ff. 1-16; Beccaria 10.1; 56.10; Heeg(1913), 7; ed. V. Rose, Anecdota, II, 275-80; Puhlmann, Kyklos 3(1930), 409; Diels(1906), 93

Quoniam fuit declaratum antiquitus per experientias...
Leo Hebreus, De coniunctione Saturni et Iovis anni Christi 1345: T III, 310

Quoniam Galienus inter copiosam suorum voluminum...
Glossae ad Iohannitii isagogas in Galieni Tegni: Ea F.276, early 14c, ff. 4-5

Quoniam gemme quedam dure nature...
Doctrina Pollodi(poliendi?) planandi secandi sculpendi et perforandi pretiosos lapides: BMad 41486, ff. 44r-46v

Quoniam generis limitibus continetur...
Thomas Aquinas(?), De natura generis: VA 807, f. 1

Quoniam gloriosissimis libris antiquorum...
Astrology: Ea Q.351, 14c, ff. 89v-93v(Zi 9985)

Quoniam gloriosus et excelsus deus de largitate sua medicinam produxit...
Gentile da Foligno, Contra pestilentiam consilium: FL plut.90 sup., cod.90, a.1478, ff. 63r-94r(T III,241-46); Archiv V(1912), 336-37; MH 3 (1959), 14; Klebs-Sudhoff Pestschriften (1926), 31, facsimile xvii; VAp 1147, after 1486, ff. 124r-136v; Klebs 445.2-3; IAL G123; AFML 203, 203a

Quoniam grave est circa philosophicas(plurimas)...
Alanus, Rotatio elementorum: BN 14006, 15c, ff. 41r-44r(Corbett I, 179); Budapest 202, 15c, ff. 76-81; anon., Turba philosophorum: Manget I, 465-67; Ze V, 1-52; T III.140

Quoniam hactenus alii animi ratione alii livore...
Nicholas of Poland, prol. Antipocras: ed. Archiv IX, 40-51

Quoniam hereticorum una est maneries multiformis...
Galen, De heresibus modernorum medicorum: CLM 5, 14c, f. 11(S); CLM 490, a.1490, ff. 156r-163r; Diels(1907), 40

Quoniam homines multum affectant scientiam astronomie...
Walter of Elvedene, Calendar with figures of eclipses, a. 1330-1386: BMsl 286, 17c, ff. 15r-21r

Quoniam honorande domine dispositio vestra est diuturna ulceratio vesice...
Iohannes de S. Sophia, Consilia: CLM 12021, 15c, ff. 89rb-(112)

Quoniam huic arti ysagogas prestituimus...
Johannes Hispalensis, Quadripartita (i.e. four books of judgments of his Epitome totius astrologiae, following its Isagoge): VA 4080, f. 10; BN 7306, 15c, ff. 70-87r; Spec. astron., Borgnet X, 637; De revolutionibus annorum: Ea Q.223, 14c, ff. 57-85v

Quoniam humana corpora assidue interius exteriusque...
Petrus Musandina, Glossae in Hippocratis Prognostica: BLd 108, 12c, ff. 91r-(106r); Bern A.52, 12c, ff. 68v-84v; BMr 8.C.IV, 13-14c, ff. 168v-(177); CUpet 251, 13c, ff. 1-6v; Diels(1906), 73; anon. BLb 514(2184), 13c, ff. (37)-46v

Quoniam humana iocunditas...
Practica equorum et aliorum animalium: BLe 219(3541), 13c, f. 184-

Quoniam humani corporis interiorum membrorum...
Anathomia: Basel D.III.19, last tract, 6 pp. See 'Quoniam interiorum...'

Quoniam humani corporis notitia ex partium cognitione...
Maurus, Anatomia: ed. Ploss, 1920; Corner 29-30; 44; Archiv XX, 57-62; Archiv für Naturwiss. XII(1929), 27-32

Quoniam humanum corpus ex quatuor humoribus constituitur...
Alfanus, De quattuor humoribus: ed. Capparoni, 1928; Experimenta Cophi de febribus: BLe 219, 13c, ff. 132r-133r; Oma 324, ff. 136-141; anon. VAp 1304, 14c, ff. 56r-59v; Metz 1261, 14c, ff. 48-59v

Quoniam humanus intellectus est valde fatigatus...
Armingaudus Pinetus, De secretis nature: T IV, 344

Quoniam iam ex virtutis divine auxilio circa positionem...
Petrus Hispanus, Glose super Philaretum: Ma 1877, ff. 251-255r; Grabmann(1928), 103; anon. CLM 8951, ff. 151r-169ra

Quoniam igitur de illusionibus...
Nicolaus Jacquerius, De calcatione daemonii: Joseph Hansen, Quellen und Untersuchungen, Bonn, 1901, p. 134

Quoniam igitur innata est nobis via...
Henri Bate, Speculum divinorum et quorundam naturalium, Pars I. See 'Honorabilium bonorum preclariorem...'

Quoniam ignis huius artis necessarius...
BMh 1747, 14c, ff. 28v-30v(DWS 491)

Quoniam ignorantia mater cunctorum errorum...
Brunswick 55, ff. 196-197(Schulz)

Quoniam ignorantia mentis multi fuerant execati...
Albertus, Alchemy: BU 139(105), 14c, pp. 107-21(T II,569-70, n.5)

Quoniam ignorantie nubilo mirabiliter quidam in arte cyrurgie...
Leip 1143, 14c(?), ff. 169r-183; introd. pr Studien(1918), 428-30

Quoniam ignoratis principiis necesse est et ea quorum...
Dietrich von Freiberg, De elementis: Beiträge V, 5-6(1906), 51*-55*; XX, 5(1922), 73

Quoniam illa per que entia in esse...
Aristotle, De physica auscultatione: Ea Q.240, a.1404-5, ff. 140v-170

Quoniam illustrium astrologorum in excogitandis vaticiniis...
Johannes Basilius Augustonus, Prognostic for 1494: T IV, 462-63; GW 3071; Klebs 125.4

Quoniam in antibalamenon librum Diascorides...
Prag 2349, 13-14c, f. 189v

Quoniam in arte...
Galen, De tactu pulsus: Ob 231, 14c, f. 45

Quoniam in breviloquio historialis nostri...
Frater Benedictus de Deo, Tract. sperae totius: Brux 3595, 15c, ff. 216ra-225vb(Silvestre)

Quoniam in canonem astronomie quas proposueramus...
Liber Mamonis in astronomia, tr Stephanus: Cambrai 930(829), 12c, 49 ff.(Haskins 99-103)

Quoniam in causis disserendis rerum animus...
Adelard of Bath, On falconry: Haskins 28; anon VI 2504, ff. 49rb-51rb

Quoniam in constructione studium cupientes introduci...
> Tractatus alius sphere inconsuetus nuper repertus in quodam vetusto codice: VA 5906, ff. 70r-77r

Quoniam in hoc capitulo nostre intentionis...
> De intelligentiis: AL 201, 824. See 'Summa in hoc...'

Quoniam in hoc compendio longitudini parcere destinavi...
> Johannes Laurentius de Wetslaria, Pest tract a.1412: Art ancien 17, 15c, f. 218r; Fritzlar 99, ff. 216r-233v(Schulz)

Quoniam in lectura libri anforismorum gloriosissimi Ypocratis...
> De quantitatibus et proportionibus humorum *or* De bona habitudine: Ma 3366, ff. 39-69

Quoniam in mulieribus non tantus...
> Antidotarium glossatum: CUsj D.IV, 14c, f. 31(Atk)

Quoniam in mundi spera motus perfectus...
> Ptolemy, De compositione astrolabii, tr Robert of Chester: Steinschneider(1905), 73; Haskins 122; CUg 35(141), 15c, ff. 137va-139ra; not the usual incipit but part of a later sentence in the preface

Quoniam in opere in quo philosophorum docti...
> Dabessus, Liber solis et lunae: Brux 4273, 13c, ff. 106-107; Hermes, Liber solis: CU 1255 (Ff.IV.12), a.1528, ff. 120v-125v

Quoniam in opere speculorum...
> De speculis urentibus et sectione mikesi: Delisle, III, 90b

Quoniam in precedentibus frequenter contingit...
> De diversitate fractionum: Dresden C.80, 15c, ff. 157v-166; VAp 1212, 14c, ff. 83v-89

Quoniam in primo libro(principio libri) metheororum promisit Aristoteles...
> Adam Bocfeld(?), Comm. De plantis: FN B.5.256, 13c, item xi; Medievalia et Humanistica, XII, 26; Scholastik XI, 209

Quoniam in primo libro partium terminos et loca posuimus...
> De iudiciis partium Ptolomei: VAp 1892, ff. 99r-103v; Osiris 8(1949), 47; Ma 10063, 13c, ff. 22v-23v (Millás (1942), 159); FN II.iii.214, ff. 49v-50r

Quoniam in primo libro universalem significationem...
> Isaac, De dietis particularibus, tr Constantinus Africanus: Ea F. 238, 13-14c, ff. 200v-235v

Quoniam in prioribus divino nobis assistente auxilio...
> Hortus sanitatis, De animalibus: Hain *8941, f. 204r(Klebs 509.3; IAL H417)

Quoniam in prologo rhetoricorum ut ait Tullius...
> De philosophia: CU 1352(Ff.VI.13), 13-14c, ff. 46r-63v. See 'Quoniam ut ait Tullius in prologo...'

Quoniam in qualibet scientia necesse est supponere...
> Conradus, O.P., De intentionibus: VI 2350, ff. 75v-79v; Grabmann(1936), 426-

Quoniam in questione de unitate forme in uno ente...
> Gilles de Lessines: Glorieux I, 127; ed. De Wulf, Louvain, 1901, pp. 1-95

*Quoniam in quibusdam naturalibus corporibus quedam actiones naturales...
> Thomas Aquinas, De occultis operibus: Toulouse 872, 13c, ff. 92-93; Bordeaux 130, 14c, f. 130; T II, 606-7; Glorieux I, 95; Beiträge XXII, 1-2 (1931), 2nd ed., p. 306; Opuscula omnia (ed. Mandonnet, 1927), I, 1-7; J. B. McAllister, 1939; pr Leipzig, 1499(Klebs 967.1; IAL T284; LC)

Quoniam in quo philosophorum doctissimi insudaverunt...
> Expositio Galieni super Hermetem: Oc 125, 13-15c, ff. 78r-(80r); DWS 26, vii; Diels(1905),145

Quoniam in quolibet corpore elementato complexionum...
> (Urso), On degrees, qualities, etc.: Archiv XII, 135-38; anon. Renzi II, 9

Quoniam in scientia naturali...
> Comm. De anima: Pelster, Scholastik VI(1931), 128(Schulz)

Quoniam in superiori tractatu de effectibus qualitatum...
> Urso, De effectibus medicinarum: ed. Curt Matthaes, 1918, pp. 39-53; Admont 762, 13c, ff. 72v-74r(Schulz)

Quoniam in superioribus libris seriatim inseruimus...
> Compilatio Aristotelis (liber nonus et ultimus): FLa 1251 (1177), 14c, ff. 127v-137v

Quoniam in trino rerum ordine...
> De subcelestibus rebus: Bordeaux 270, 14-15c, ff. 42-120

Quoniam indescripte in cedula per...Nicolaum Tervisium...
> Marsilius de Sancta Sophia, Contra album fluxum menstruorum: AFML 518, 15c, ff. 124v-126r

Quoniam indumentum tibi durabit tempore longo...
　　Altradanus, Divination: Ea Q.21, 14c, ff. 82-99. See 'Tuum indumentum durabit...'

*Quoniam infinitum est discernere...
　　Roger Bacon, De locis stellarum: Wadding

Quoniam innatum est nobis obsequium veritatem percipiendi...
　　Joh. Abiosus, Dialogus in astrologie defensionem cum vaticinio a diluvio usque ad Christi annos 1702; GW 6; Klebs 1.1; IAL A7; T (1929), 144; T V, Index

Quoniam innumerabiles et varie sunt sententie ...
　　Notule de arithmetica: BN 15119, 12c, ff. 15r-27; Bubnov lxv

Quoniam insignes antiqui...
　　Galen, De complexionibus: PU 125, 13c, ff. 9v-(26)

Quoniam insistens epidemia vastos operatur effectus...
　　Nicolaus de Burgo, Pest tract, dated 1382: BU 978(1887), 15c, ff. 87r-93v; ed. Archiv V(1912), 354-65

Quoniam inspexi quamplurimos homines...
　　Abdalla ibn Ali ibn Masuphi, Geomancy: Steinschneider(1906), 1. See 'Dixit famulus Abdalla ...'

*Quoniam intellectus est valde fatigatus...
　　Raymond Lull, De lumine sive de ente reali: Cues 88, ff. 37-59; HL 29, 248

Quoniam intellectus humanus est valde gravatus ...
　　Raymond Lull, prol. De fallaciis novis: Lyon 258 (192), 14-15c, ff. 58-98(HL 29, 301); BLcm 365, 15c, ff. 2-(43)

*Quoniam intellectus multiplicat species...
　　Raymond Lull, De lumine: Cues 83, 15c, ff. 315-323v; 86, ff. 69v-76v; HL 29, 259-60

Quoniam intelligere et scire. Antequam philosophus...
　　Comm. Aristotle, Physics. See 'Antequam philosophus accedat...'

*Quoniam intelligere et scire contingit...
　　I. Aristotle, Physics: BMr 12.G.II, late 13c, ff. 2r-(115v); CLM 162, 14c, ff. 69r-115vb; 13056, 14c, ff. 1ra-29rb
　　II. Jo. Baconthorpe, In Physica Arist.: Tanner
　　III. anon. Comm.: CUg 367(589), 13c, f. 126

Quoniam intentio gloriosissimi Galieni in hoc libro...
　　Constantinus Africanus, prol. Megategni: Bern 897, 14c, ff. 155-(157v); Cambrai 907, 14c, ff. 1-37; Ob 231, 14c, f. 107v; etc.; Diels (1905), 91-93

Quoniam intentio principalis est innuere vobis vicia studii theologici...
　　Roger Bacon, 'Metaphysica': Little 407

Quoniam intentionis natura et scientia...
　　De motu: Plagens 15, 15c, ff. 248r-249v; AL 73

Quoniam inter cetera animalia humani generis usui deputata...
　　Laurentius Rusius, De arte marescalcie or Liber cyrurgie equorum compositus ex diversis libris: BU 164(153), 15c, ff. 4r-32v; VAu 1014, 15c, ff. 69-168; VI 5407, 14c, ff. 130r-178vb; ed. Barbieri, Bologna, 1867

Quoniam inter cetera corpora...
　　Medicinale Roberti: James 480

Quoniam inter ceteras tabulas quas de motibus astrorum...
　　Canones tabularum (regis Alphonsi?): FL S. Marco 193, 14c, ff. 3r-12v; Björnbo(1905), 231

Quoniam inter gradus...
　　Roger Bacon, Optics: Little 384

Quoniam inter omnia curationum genera medendi modus...
　　Mon 318, 12-13c, ff. 1-8

Quoniam interiorum membrorum certis non subiacet...
　　De vinis: CUt 37(B.I.39), 12c, f. 101r-v(DWS 1012)

Quoniam interiorum membrorum corporis humani compositiones(passiones)...
　　Anatomia parva sive Anatomia porci, sometimes ascribed to Galen but now identified as Copho, Anatomia: Corner(1927), 19-21, 27-29, 48-50; Diels(1905), 137; BMr 12.E.XV, 13c, f. 16; 12.E.XXIII, late 13c, ff. 111v-(112v); Brux 4868, 14c, ff. 70v-74v (Silvestre); CLM 13034, 14c, f. 48v; CLM 465, 15-16c, ff. 106v-(110r); pr Galen Opera, 1515, I, 50r-v; Anatomia simie: VA 2378, 14c, f. 62va-b; Pagel-Sudhoff, Handbuch, 1922, p. 180; Renzi II, 388-90; Schwarz, 1907, 71-76; GS II, 237-38

Quoniam interiorum partium per urinas datur cognitio...
　　John Platearius, Regule de urinis: CLM 267, ff. 131ra-(136); Renzi IV, 409-(13)

Quoniam interpretationes...
　　See 'Suo serenissimo...'

*Quoniam investigare loca vera planetarum per tabulas...
> Campanus of Novara: BLd 28, 14c, ff. 128v-133r (TR 215); SG Stadt 412, 15c, ff. 45r-56v

Quoniam invisibilia dei...
> Thomas of Cantimpré, prol. De natura rerum: T II, 397; Ol 57, 13c, 189 ff.

Quoniam Ioanni de Monteregio placuit instrumenta quedam...
> Rodericus Vasurtus, Additamentum ad calendarium Io. de Monteregio: (Salamanca, c.1497); Klebs 1018.1; LC

Quoniam ista per que entia...
> Abbreviatio physicorum: Ea F.338, 15c, ff. 85-102v; AL 883

Quoniam iste medicine pauperum possunt appellari...
> De regimine contra venenum datum imperatori Karolo per mag. Ioh.: VI scot. 257, 15c, ff. 226v-237r

Quoniam iuxta dictum philosophicum ignoratis principiis...
> Modus studendi (Alchemy, 23 precepts): CLM 27105, 15c, ff. 60r-66v

Quoniam iuxta philosophorum principis dictum ...
> Jacobus Soldus, Opus de epidemia: pr Bologna, 1478; (Anvers), 1490; Polain 3558-59; Klebs 921.1-2; IAL S548. Prol. 'Cum presenti anno aut siderum...'

Quoniam iuxta Ptholomeum rerum quippe (nature) causas...
> Peter of Abano, De motu octave spere: T II, 920-21; T (1944)ab, 211-12; VAp 1171, 14c, ff. 317r-320r(TR 277e); Utrecht 725, 15c, ff. 204v-206r, incomplete and with additions from Oresme and John of Eschenden (TR 324)

Quoniam iuxta sententiam Platonis philosophi ...
> Johannes de Concoregio, De curis febrium: pr Pavia, 1485 (GW 7291; Hain *5615; Klebs 299.1; IAL C726); Venice, 1501(NYAM), 1509, 1515, 1521, 1587

Quoniam karissime fili Iohannes...
> See 'Quamvis carissime fili...'

Quoniam karissime fili Iohannes lacrimas mesto ...
> Isaac, De febribus: Ea Q.182, mid 13c, ff. 202-268v

Quoniam karissime in corpore...
> Matheus de Verona, Opusculum de digestivis: CLM 363, f. 36r-

Quoniam latinorum studio diutissime elaborans ...
> Albucasis, Antidotarium, tr a.1198, Johannes Ludoycus Tetrapharmacus: VE fa 322, 14c, 160 ff.; Cop Gl kgl.S.226, 15c, ff. 1-268v; VI 5434, 15c, ff. 1-282v; Giacosa 424-26

Quoniam libri philosophorum de maiori opere ...
> Lilium: BN 7161, 15c, ff. 34r-44v(Corbett I,96)

Quoniam libros Ptolomei de motibus celestium ...
> George of Trebizond, introd. Ptolemy, Almagest. Comm. 'Codicis huius...'

Quoniam locuti sumus in libro primo...
> See 'Iam locuti sumus...'

Quoniam longitudini in hoc opere parcere destinavimus...
> Johannes de Sancto Paulo, Practica, *or* Breviarium: FL Plut.73, cod.33, 13c, ff. 17-50; Osler 7627, 13-14c, ff. 1-70; CU Ee.II.20, 14c, f. 219; CU 1133(Ee.VI.41), 14c, ff. 5-123r; CUad 6865, 14c, ff. 14ra-60rb; Ea Q.207, early 14c, ff. 118-179; VAu 236, 14c, f. 85ra-90vb; G. H. Kroemer, Johanns von Sancto Paulo, 1920, p. 59; GS II, 439. Prol. 'Assiduis petitionibus...'

Quoniam lumbi mei impleti sunt illusionibus...
> Nicolaus Gawir, De superstitionibus: A. Franz, Der Magister Nikolaus Magni de Jawor, 1898, pp. 255-64, lists 55 MSS; T IV, 279

Quoniam materia de proportionibus agentium ...
> Franciscus de Ferraria, Questio de proportionibus motuum; Dec. 10, 1352: BLcm 226, 15c, ff. 58-63r; ColR 166

Quoniam maxime utile est...
> Galen, De cibis et potu, tr William of Moerbeke: Cues 298, 14c, ff. 59v-76

Quoniam me diu brisianine monit...
> Gentile da Foligno, De ruptura: VAp 1251, ff. 69r-71v, incomplete

Quoniam medicina est scientia humani corporis ...
> Peter of Abano, Conciliator, text: pr Mantua, 1472, etc.(Klebs 773.1-6; Yale Medic. 5, 19; IAL P387-391)

Quoniam medicine que in **antidotariis** sunt reperte diverse...
> VI 5155, 15c, ff. 96v-97v

Quoniam medicine trahuntur...
　　Opusculum de lapidibus pretiosis et famosis:
　　CLM 18444, 15c, ff. 202ra-203ra. See 'Adamas
　　est lapis...'

Quoniam medicus est artifex sensitivus et per
signa...
　　Bartholomaeus de Montagnana *or* Zacharias de
　　Feltris, De urinarum iudiciis: VAp 1228, ff. 27v-
　　39v; Wo 988, 15c, ff. 16v-38; pr Padua,
　　1487, 26 ff.; Polain 2783; Klebs 690.1; IAL
　　M704; AFML 330; Hortus sanitatis, (Section,
　　De urinis): Polain 2001-2003; Klebs 509.1-3;
　　IAL H416-18

Quoniam medicus non semper finem intentum
attingit...
　　'Signa distinctiva Egidii de urinis': BN 6988A,
　　15c, ff. 121vb-124v

Quoniam medicus peritissimus debet esse...
　　Liber Anathegore(Athenagoras) de pulsis et
　　urinis: BN 7028, 11c, ff. 161r-168v(Beccaria
　　29.12)

Quoniam medicus practicans non semper potest
habere...
　　Arnald of Villanova, De electione situs lune in
　　exibendis farmacis: Fla 1448, ff. 128r-129r;
　　anon. CUc 424, 14c, ff. 9v-10r

Quoniam medicus qui absente...
　　Ad quartanam consilium: VI 2317, 14c, ff. 35vb-
　　36ra

Quoniam membrorum humani corporis...
　　See 'Quoniam interiorum...'

Quoniam membrorum primo curationum...
　　(Petrus Hispanus?), Thesaurus pauperum: Gö
　　Hist. nat.41, 15c, f. 1

Quoniam memoria labilis est ut memoriter...
　　Clementius Clementinus Amerinus, De re medica
　　lucubrationes: pr Basel, 1535

Quoniam mihi dictum est...
　　Ps. Augustine, De spiritu et anima: CUg 100(52),
　　13c, f. 31r. See 'Quoniam dictum est mihi...'

Quoniam mihi melius ad veritatis indagationem
...
　　Thadeus, Practica (disputata Parisius, a.1295):
　　BN 6964, ff. 117r-129v. See 'Quoniam nihil ad
　　...'

Quoniam mihi necesse est hic ostendere...
　　Galen, De simplici medicina *or* De virtutibus
　　simplicium medicinarum: Ome 218, 14c, ff. 27v-
　　77r; Ome 219, 14c, ff. 39-92

*Quoniam motus simplex aut est circularis...
　　Robert Grosseteste, De motu supercelestium:
　　Beiträge IX(1912), 92-101; Thomson 109

Quoniam multe cronicarum egritudinum...
　　Galen, De subtiliante dieta, tr Nicholas of Reggio:
　　VAp 1211, ff. 41va-44rb; BN 6865, ff. 191rb-
　　194ra; Dresden Db 92-93, 15c, f. 309r; pr 1490,
　　I, 141v-143v; 1515, I, 204v-206r; T (1946),
　　230(46)

Quoniam multi et specialiter nobiles...
　　(Maino de' Maineri?), De ordine ciborum: Metz
　　277, 14c, ff. 105rb-109rb

Quoniam multi sunt congelantes mercurii variis
modis...
　　Congelationes mercurii: Mon 493, 15c, ff. 78-
　　79v(Corbett II, 123)

Quoniam multis iam ante diebus instantia tue
sollicitudinis...
　　Bartholomaeus de Montagnana, De aspectu situ
　　minera virtutibus et operationibus balneorum in
　　comitatu Patavino repertorum: pr with Consilia,
　　1497; Polain 2782; Klebs 689.3-4; IAL M702-
　　703; De balneis Patavinis, 1514; De balneis, ff.
　　37r-43r; Opera, Frankfort, 1652, pp. 1285-93

Quoniam multitudo librorum et temporis brevitas memorie...
　　Vincent of Beauvais, Speculum naturale: DWS
　　1057; BMr 13.D.VIII, 14c, 314 ff.; BN 6428A;
　　Bruges 504, 14c, ff. 1-(158r); 305, 15c, ff. 1r-
　　308r; Klebs 1036.1-3; IAL V263-65. The
　　above incipit opens the preface to all three
　　Specula of Vincent of Beauvais. See 'Mundi
　　factura...'

Quoniam multitudo scripture lectoris animo
sepius...
　　Prosdocimo de' Beldomandi, Practica cantus men-
　　surabilis: FLa 132 (206-138), 15-16c, ff. 49v-50;
　　BB XII(1879), 231-34; Cousemaker III, 200-28

Quoniam multorum animos audivi stupefactos
...
　　Aegidius of Lessines, De essentia motu et signi-
　　ficatione cometarum: ed. T (1950), 87-103-184

Quoniam multos in scientia predicendi propter
ignorantiam...
　　Capitulum de via puncti ex libro Indorum (geo-
　　mancy): CLM 588, 14c, ff. 78ra-80

Quoniam multotiens fortuna(futura) nobis multas approbationis occasiones...
　　Albertus de Zanchariis *or* Albericus Bononiensis,
　　O.P., De cautelis medicorum: BN 7030A, 14c,
　　ff. 203va-204vb; VAb 216, 14c, ff. 3-5; Basel
　　D.III.1, 15c, ff. 125ra-126vb; VI 5313, 15c, ff.
　　1r-2r; ed. M. Morris, 1914

*Quoniam multum est...
    Raymond Lull, Geometria nova: HL 29, 309

*Quoniam multum est difficilis scientia...
    Raymond Lull, De regionibus infirmitatis et sanitatis. See 'Quoniam scientia medicine...'

*Quoniam musica est de sono(numero) relato ad numeros(sonos)...
    Johannes de Muris, Liber de musica cum figuris *or* Speculativa musica: VI 2433, 14c, ff. 43r-46v; BLb 300, early 15c, f. 110-; BLcm 339, 15c, ff. 15-30; BN 7369, ff. 29v-45r; Pisa Univ. 10, 15c; VAp 1377, 15c, ff. 60r-81r; Musica Boethii abbrev. per Joh. de Muris: Bern A.50, 15c, ff. 205r-213v; ed. Gerbert III, 256

Quoniam musica non solum...
    Delisle, III, 90b

Quoniam musicorum de hiis cantibus...
    Theinredus of Dover, De legitimis ordinibus pentachordorum et tetrachordorum (in 3 books): BLb 842, early 15c, ff. 1-48

Quoniam natura humana multipliciter est subiecta varietati...
    Arnald of Villanova, Libellus de sex rebus non naturalibus: VAp 1180, 15c, ff. 174v-179r

Quoniam natura multipliciter subiecta est varietatibus...
    Arnald of Villanova, Libellus regiminis de confortatione visus secundum sex res non naturales: †Metz 173, 14c, item 3; ed. Pansier I(1903), 13-25; HL 28, 103; Glorieux I, 425

Quoniam natura non minus indiget aquis phisicalibus medicinis...
    De aquis phisicalibus: VI 1634, 13c, ff. 97va-98vb

Quoniam natura non minus indiget oleis ad sui conservationem...
    De oleis dicendum est: VI 1634, 13c, ff. 98vb-100ra

Quoniam natura percipit cuncta commoda operibus...
    VAp 1175, ff. 72r-74v

Quoniam natura ut ait philosophus in libro de proprietatibus elementorum...
    Astrology in 11 caps.: BMar 88, 15c, ff. 1r-14v(?); not by John of Eschenden, as the catalogue suggests, since it cites Pierre d'Ailly and looks back on a conjunction of 1425

Quoniam naturalis scientia ceteris elegantior...
    Urso, De commixtionibus elementorum: BLd 161, 14c, ff. 35v-(83r)

Quoniam necessarium est deficientibus quibusdam rebus...
    Quid pro quo: BMsl 1067, 15c, ff. 288ra-289rb

Quoniam necesse est semper in omni libro...
    Oribasius(?), pref. Comm. Hippocrates Aphorisms: Vendôme 172, 11c, ff. 11-72; BMr 12.E.XX, 12c, ff. 114-117r; Diels(1906), 73; BHM 14(1943), 90-91; Kibre(1945), 385-86, n.85

Quoniam necesse est vel utile medicum scire causas...
    Tract. de epidemia anni 1424 cuiusdam doctoris Papiensis (scriptus anno 1431): ed. Janus XXVII, 15-27; Archiv XVI, 153

Quoniam nihil ad veritatis indagationem...
    Gentile *or* Ferrarius, De febribus: Ea F.282, 14c, ff. 51-63v. See 'Quoniam nihil melius...'

Quoniam nihil carius et amabilius...
    Mundinus de Foro Julio, Sinonima (of Simon of Genoa) abbreviata cum additionibus quibusdam, a.1321: PA 979, 14c, ff. 1-25; VI 5337, a.1395, ff. 28r-82vb; VAu 246, a.1400, f. 194; BMsl 252, 15c, ff. 5r-136v; Cgm 664, 15c, ff. 1r-72r; Ea F.235, ff. 55-96; Magdeburg, Dom. Gym 5, 15c, ff. 112r-160r; VAp 1100, 15c, ff. 285r-306v; VAp 1131, ff. 169r-216v; Giacosa 503; Hain *14747-14749(Schulz); Klebs 920.4; IAL S477

Quoniam nihil carius et utilius extitit...
    Thomas de Garbo, De reductione medicinarum ad actum: VA 2484, 14c, ff. 189ra-193rb; T (1953), 464, n.9-10; pr Venice, 1506, 1531; Lyons, 1529, etc.

Quoniam nihil melius ad veritatis indagationem
...
    Thadeus Florentinus, Practica de febribus: VI 2300, 15c, ff. 41r-51r; BN 6964, ff. 117-129; CLM 13020, f. 73; anon. VAp 1363, 15c, ff. 172ra-179vb

Quoniam non conceditur nobis philosophie studium...
    Petrus de S. Audomaro, Compositio instrumenti: Basel F.III.25, 13-14c, ff. 1ra-12va; BNna 1893, 14c, ff. 79va-91rb; CU Gg.VI.3, 14c, f. 322; Cues 215, 14c, ff. 1-4v; Tractatus semisse: Ea Q.366, 14c, ff. 58-68; FN II.iii.24, 14c, ff. 225ra-228ra; Goldschmidt Cat.56, MS 7, 14c, ff. 51-58; Isis 50(1959), 38, n.40; 51(1960), n.6; Glorieux I, 404; anon. BMar 88, 15-16c, ff. 87-(89)

Quoniam non confert purgatio...
    De digestionibus: BMsl 3468, 14c, ff. 136r-139v

Quoniam non omnes introducendi in hac arte
. . .
>Henri de Mondeville, Anathomia: Ea Q.197, 14c, ff. 63-78v; tract I of his Chirurgia: ed. Pagel, 1892

Quoniam non semper omne contrarium suo contrario curatur. . .
>(Johannes de Capitaneis), De regimine ulceris vesicae et renum: BLcm 111, c.1400, ff. 1-(38)

Quoniam non solum communem universorum
. . .
>Galen, Ad Glauconem de medendi methodo: Chartres 293, 14c, ff. 79-86v

Quoniam non sunt impassibiles a motibus. . .
>Physiognomia: CUg 487(483), 14c, ff. 7-9v

Quoniam nonnulli maxime novi auditores compendiosa. . .
>Petrus Picardus, Musica mensurabilis: Coussemaker I, 136-154

Quoniam nonnulli moderni contraria dicunt his que philosophi patres nostri Albertus et Thoma sentire videntur. . .
>Durandus iunior, O.P., De esse intentionali: CLM 12256, 15c, ff. 210-230

Quoniam nonnullos res novas cupientes videre
. . .
>On the comet of 1472: FNm XI, 121, f. 235r-v (T IV, 430)

Quoniam nostri antiqui auctores opus novi quadrantis. . .
>Cristianus de Proliano, Sexagenarium: BN 10263, 15c, ff. 137r-139r; Isis 42(1951), 132-133

Quoniam nostris temporibus sive secundum determinatos. . .
>Pest tract of 1468; VAp 1086, ff. 43-115v; 1246, 15c, ff. 1r-70r

Quoniam nulli vestrum opinor dubium. . .
>Medical: BMh 5228, 14c, f. 109v

Quoniam nullus labor sic in animo delectationem. . .
>Johannes de Casso, De conservatione sanitatis oculorum (a.1346): ed. Pansier(1903), 31-35; FNpal 811, 14c, ff. 32r-34r

Quoniam omne bonum desursum est a patre fluens. . .
>Taddeo Alderotti (Florentinus), Expositiones super librum Tegni Galeni: AFML 492, ff. 1r-56v, incomplete; pr Galen, Microtech. Comm. (Naples, 1522)

Quoniam omne(omnem) motum successivum alteri in velocitate. . .
>Thomas Bradwardine, De proportionibus: VA 1108, f. 69

Quoniam omne quod motum est (movetur necesse est). . .
>Thomas Aquinas, De motu cordis: NYAM 6, 14c, ff. 67-70; Kibre (1941), 271; VA 725, f. 21; anon. Basel F.IV.18, 14c, ff. 58v-59v; T (1949), 62.   See 'Quia omne quod movetur. . .'

*Quoniam omnem durationem concomitatur instans. . .
>Thomas Aquinas, De instantibus: Beiträge XXII, 1-2(1931), 143, 239, 307

Quoniam omnes quos de speculis comburentibus ad certam distantiam. . .
>De speculis comburentibus: VI 5258, 15c, ff. 27r-38v

*Quoniam omnes sumus in opinionibus. . .
>Raymond Lull, De medio naturali: HL 29, 303

Quoniam omni negotio est tempus. . .
>See 'Numquid nosti ordinem. . .'

Quoniam omnia fere(ferme) horologia. . .
>Modus solaria construendi: VI 5258, 15c, ff. 175v-176v(Zi 9808); CLM 27, ff. 129r-130v (Schulz)

Quoniam omnia inferiora a superioribus reguntur. . .
>John of Burgundy, De epidemiis: Ea Q.192, 14c, ff. 146r-148v

Quoniam omnia inferiora tam elementa quam elementata. . .
>John of Burgundy, prol. Pest tract: Archiv XVII, 125; ed. Archiv V(1912), 60; BN 6988A, 15c, ff. 88rb-90vb; attributed to Gandolfus de Padua: BMsl 3124, ff. 51v-61r; to Albicus: AFML 491, a.1459, ff. 14v-19v

Quoniam omnia quecumque a primeva rerum natura. . .
>Algorithmus integrorum cum probis annexis: GW 1272-73; Klebs 55.1-2; IAL A415

Quoniam omnia tam elementa quam elementata
. . .
>BLd 123, 15c, ff. 54-62.   See 'Quoniam omnia inferiora tam. . .'

Quoniam omnia vitia a capite procedunt ex quibus oculi. . .
>Medical: CUt O.V.32, II, 15c, ff. 1r-12v

Quoniam omnibus hominibus...
  Raymond Lull(?), De auditu cabbalistico: HL
  29(1885), 255; Glorieux, II, 183

Quoniam omnis acceptio...
  Astrol. medicine: Gö Luneb. 87, 15c, ff. 242-247
  (Zi 4053)

*Quoniam omnis ars habet sua principia in deo
  ...
  Raymond Lull, Liber principiorum medicinae:
  HL 29, 87-90; anon. BLd 85, 15c, ff. 152r-
  (186v)

Quoniam omnis cantus mensuratus dicitur eo
quod...
  Marchetus de Padua, Brevis compilatio in arte
  musicae mensuratae: Coussemaker III, 1-12

Quoniam omnis cognitio humana (nostra cognitio) a sensu...
  Thomas Aquinas, De natura accidentis: VA 806,
  15c, ff. 15v-16v; Budapest 269, 15c, ff. 24v-26;
  CU Mm.II.7, 15c, f. 33v(Atk); Beiträge XXII,
  1-2(1931), 307; Opera XXVIII(1875), 1-4;
  Opuscula omnia (ed. Mandonnet, 1927), V, 265-
  269(Schulz)

Quoniam omnis creatura generis...
  Thomas Aquinas, De natura generis: VA 806,
  15c, ff. 3r-11r; Budapest 269, 15c, ff. 4-23;
  Beiträge XXII, 1-2(1931), 307-311; Opera
  XXVIII(1875), 5-30; Opuscula omnia(1927),
  V, 221-264(Schulz)

Quoniam omnis operatio medicinarum...
  Jordanus de Turre, Viginti signa lepre: Basel
  D.I.11, f. 103va

Quoniam omnis res tam naturalis quam artificialis...
  Raymond Lull, Reformatorium magnum lapidis
  philosophorum: DWS 273

Quoniam omnium regum doctissimum et in
grandeva...
  Diocles, Epistola de bona valetudine tuenda:
  printed with George Valla, De natura simplicium,
  Strasburg, 1528

Quoniam operantibus circa artem calculatoriam
  ...
  Prosdocimo de Beldomandis: CLM 14796,
  a.1409, ff. 1v-6v; Fla 208(140), a.1465, pp.
  184a-192a; anon. VI 5206, a.1446, ff. 36r-40r.
  See 'Quia operantibus...'

Quoniam opere in quo philosophorum doctissimi
desudavere...
  Prol. Galienus, Theorica (de secretis nature): FR
  1165(L.III.34), 15c, ff. 101r-105r

Quoniam opus tabularum sive scientia physicarum minuciarum elaborari non potest...
  Algorismus de minutiis physiciis: BN 7197, 15c,
  ff. 30r-31r

Quoniam ordo in rebus scibilibus est causa
facilioris apprehensionis...
  Master Julian of Bologna, Quolibet disputatum in
  universitate: VA 4452, early 14c, ff. 146ra-
  148ra; T (1953), 269, n.42

Quoniam ordo in scibilibus est causa facilis
eorum memorie teste Aristotele...
  Albertus de Zanchariis Bononensis, Aphorismi
  Ypocratis per ordinem collecti: Archiv, XIII,
  159-165(Schulz)

Quoniam otium ad multorum genera...
  Zacharias Putheus Feltrensis, Questiones tres de
  naturali philosophia: BN 6562, a.1515

Quoniam otium mors hominis est...
  Paul of Venice, libri duo de dubiis (logic): BN
  6433A, 15c, ff. 1ra-62va(incomplete)

Quoniam parvus error in principio magnus est
in fine...
  Thomas Aquinas, De esse et essentia: CUDd
  XII.46, 14c, ff. 61r-72v. See 'Quia parvus...'

Quoniam passibilis ac(et) mutabilis existit(extat)
humani corporis conditio...
  Thadeus Florentinus, De conservanda sanitate:
  FR 1246, 15c, ff. 19v-27v; Puccinotti, II, i,
  Appendix, p. v; Giorn. stor. della lett. Ital. XLII,
  19-22; pr with Benedictus R. de Nursia, Bologna,
  1477; GW 3819, f. 133r; Klebs 174.2; IAL
  B276

Quoniam patiuntur anime et mutantur ex
passionibus...
  Aristotle, Physionomia, recensio Panormitana:
  Palermo Qq.G.31, 15c, ff. 187r-195v; AL 1497

Quoniam pauci sunt qui maiorum et difficilio-
rum memoriam...
  Music: Mon 159, 10-11c, item 1; Metz 494,
  11c, item 6

Quoniam per acquisitionem prime philosophie
invenitur homo...
  Johannes de Gandavo(?), Questio super epicyclis
  et eccentricis: BMh 1, 14c, ff. 146ra-148va(old
  numbering 152-154) TR 287; HL 33, 559, holds
  that it is not by Jean de Jandun

Quoniam per annos a principio mundi...
  De supputatione annorum: BLd 67, 12c, ff. 50-
  55r

Quoniam per ignorantiam artis musice multi. . .
   Compendiolum artis veteris ac novae: Coussemaker III, 370-75

Quoniam per magis noti notitiam ad ignoti
facilius. . .
   Compendium cantus figurati: Coussemaker III,
   475-96

Quoniam per plures modos venati sumus. . .
   Raymond Lull, Liber de accidentia et substantia:
   HL 29, 247

Quoniam per quam. . .
   Clavis paradisi(alchemy): BU 270(457), 15-16c,
   XXXIII, 6

Quoniam perfecti calculatores lunam a sole. . .
   Calculatio de luna: CLM 4612, 13c, f. 104r-v

Quoniam peritissimum esse et perite rerum
omnium. . .
   Hippocrates, Epistola ad Antiochum regem: VAr
   1143, 9c, ff. 135r-140r; Beccaria 106.7

Quoniam permissione immensi plasmatoris. . .
   Hieronymus Hispanicus, Pest tract: VI 3160,
   15c, ff. 245r-247r

Quoniam pes naturaliter prior est. . .
   De metris: BLd 147, 15c, ff. 40r-44r

Quoniam petenti tibi corporis sani et. . .
   CLM 465, 15c, ff. 186r-189r

Quoniam philosopho teste quinque sensus
exteriores. . .
   Ranaldus or Rainaldus, Floriger sapientium: PA
   1029, 14c, ff. 119-142; Danzig Mar. F.144, f.
   47v(Schulz)

Quoniam phisicalis scientie inventores. . .
   Urso, Comm. Liber aphorismorum: ed. as text 2,
   Creutz, Quellen u. Studien der Gesch. der
   Naturwiss. u. der Mediz., V(1936), 18-130

Quoniam plerique nostri temporis phisici. . .
   Bianchini(?), Use of tables: Mi C.Inf. 278.2,
   a.1497, ff. 65r-79v(at f. 1r-64r, Tabule mediorum
   motuum planetarum); Scripta mathematica,
   XIX(1953), 9-10

Quoniam plurisque picture studium sequentes
prospective. . .
   See 'Tota pingendi ratio. . .'

Quoniam positiones humani corporis intrinsecus
penitus ignote erant. . .
   Anatomia: BN 6976, 14c, ff. 11ra-13rb

Quoniam post Euclidem Theodosii. . .
   See 'Quamquam post. . .'

Quoniam post tractatum de electionibus. . .
   See 'Postquam certificatus fueris. . .'

Quoniam practica artis astronomie scientie non
bene perfecta. . .
   Alie utilitates quadrantis Prophatii Iudei: VI
   5418, 15c, ff. 59r-78v

Quoniam practica astronomie absque instrumentis. . .
   Joh. de Gamundia, De compositione et usu
   astrolabii: VI 5296, 15c, ff. 1r-22v; anon. Catin.
   85, 15c, ff. 224-253; CLM 25005, 15c, ff. 1ra-
   28v

Quoniam precipue delectatio nostra est in visu
. . .
   Roger Bacon, Tractatus perspectiva (part of Opus
   maius): Little 383; Lincolniensis Perspectiva: FL
   Plut.29, cod.41, 13c, ff. 1-(29); Glorieux I, 74;
   Perspectiva Alberti Magni: CLM 453, 15c, ff.
   87r-190r

Quoniam primos veteres ut de virtutibus. . .
   See 'Quia primos. . .'

Quoniam primum disputabile quod incidit. . .
   Johannes de Wasia, Questiones de sphera: Ea
   Q.298, 14c, ff. 31-59; T (1949), 38

Quoniam primum est. . .
   Sun-dial: Melk 728, 15c, f. 94(Zi 9809)

*Quoniam princeps hucusque seriem textus. . .
   Simon Bredon, In Almagest: Tanner

*Quoniam princeps nomine Albugicafe in libro
suo. . .
   Simon Bredon, Comm. in tres libros priores
   Almagesti Ptolomaei: BLd 168, 14c, ff. 21r-(39v),
   autograph

Quoniam principium huic arti dignum duximus
. . .
   Roger of Hereford, Liber de divisione astronomie:
   BN 10271, a.1476, a.1481, ff. 179-201v(Haskins
   126; T II,182-84)

Quoniam prodolor multi pseudo-prophete sexus
utriusque. . .
   Movements of Venus and Jupiter, a.1430-
   1432: VAp 1438, ff. 88r-90r(T IV,93)

Quoniam promissum est alibi scribentibus nobis
. . .
   Philippus (son of Bandini of Arezzo), Sermo de
   conservatione sanitatis: BLcm 192, 15c, ff. 2-
   (45); 411, 14-15c, ff. 187-209ra; CLM 28, 15c,
   ff. 2ra-20vb; 18783, 14-15c, ff. 3r-4r-64v; anon.
   VAp 1251, 15c, ff. 34r-65v

Quoniam propono pro posse cum dei auxilio in
hoc secundo tractatu. . .
   Henri de Mondeville, Cyrurgia, tract. ii: Ea
   Q.197, 14c, ff. 78v-138v; ed. Pagel(1892), p. 59

Quoniam propter irregularem quorundam corporum compositionem...
  Liber Archimedis, De insidentibus in humidum (*or* De ponderibus): pr 1518(Isis 45(1954), 98); ed. M. Curtze, Bibl. math. (1895), 43-49; Moody-Clagett (with tr) 35-53, 317-21, 352-58; Björnbo (1909), 393

Quoniam propter multiplicem regularum positionem alterius aritmetrice...
  Algorithmus linealis: Dresden Math. 291, f. 1v; Hain 828-830; Klebs 54.3-4; IAL A417

Quoniam prosam artis musice mensurabilis ab excellentibus...
  Comm. Poema de arte musica: CLM 14523, 10c, f. 134r

Quoniam quamlibet scientiam in se completam...
  Comm. Sacrobosco, Algorismus: BMsl 3281, 49ra-54rb; Super algorismum glosule: Mon 323, 13-14c, f. 233r-

Quoniam quamplurimos predecessorum nostrorum...
  Liber theorice et practice in geomancia: Girolla 68; dated 1425 on basis of Fr. tr at Dresden: PdT(1934), 168

Quoniam que ab Isaac et aliis...
  Compendium de urinis: Danzig Mar. F.238, 15c, ff. 32-39v, incomplete (Benjamin)

Quoniam que sunt utilia in curationibus...
  Quid pro quo: Basel D.III.2

Quoniam quedam impatientibus...
  Solinus, De mirabilibus mundi: Darmstadt 737, 12c

Quoniam quibusdam iuvenibus scientia calculandi...
  Novus algorismus: Basel A.VI.37, 15c, ff. 97v-101r

Quoniam quidam de amicis melioribus quos habere videor...
  John of Parma, Practicella ex dictis Mesue abbreviata: ed. M. A. Mehner, 1918, listing 19 MSS, all in German libraries; Affò, II, 47-48, for 13 MSS from BN, VAp etc.; Ran 1506(V.3.13), 13c, ff. 65-70; BN 16189, a.1313-1314, f. 188-; BLd 43, late 14c, ff. 1r-7r; CLM 23912, a.1426, ff. 255va-258rb; BMsl 284, 14-15c, ff. 73v-75v; BMh 4087, 15c, ff. 1-11r; VI 5371, 15c, ff. 108v-113r; 5388, a.1444, ff. 63va-67va; ascribed to John of Montpellier: BMsl 1080a, 15c, ff. 1-5v; anon. BLcm 226, 15c, ff. 21va-24ra. See 'Quidam de melioribus...'

Quoniam quidam impatientius potius...
  Solinus, Polinistor(*sic*): VAb 63, 15c, ff. 1-99 (Silverstein)

Quoniam quidam iuvenum amici mei...
  De arte musica: BMh 281, f. 35r; Vivell 247 (Schulz)

Quoniam quidem autem dictum est...
  See 'Dictum est...'

Quoniam quidem contingit intelligere et scire...
  Franciscus de Mayronis, Super octo libros Physicorum: HL 36, 328; pr Ferrara, 1490 (Klebs 66.2; GW 1668; IAL A527); etc.

Quoniam quidem de cyrurgia tractaturi sumus...
  Prol. Elucidatio artis cyrurgie: CUt 904 (R.XIV.31), 12c, ff. 1-18v

Quoniam quidem de thorax(*sic*) movere...
  Galen, De dispensantibus corporis virtutibus: VAp 1098, 15c, f. 10; Diels(1905), 143. See 'Quoniam quidem thorax...'

Quoniam quidem disnia(?) nocumentum quod...
  Galen, De disnia sive de malitia hanelitus, tr Nicholas of Reggio: BN 6865, ff. 200v-207r; Dresden Db 92-93, 15c, f. 451r; 1490, I, 54r-58r; 1515, I, 177-188; T (1946), 223(15)

Quoniam quidem ex calido et frigido et sicco...
  Galen, Liber peri craseos: Boulogne 197, 13c; De complexionibus: CLM 35, 13-14c, f. 114v (mutil.); tr Burgundio of Pisa: VAb 179, 14c, ff. 1-14v(Silverstein)

Quoniam quidem ex rethoricis...
  See 'Quoniam quidem ut in rhetoricis...'

Quoniam quidem hic sermo sive unius affectus...
  Comm. Hippocrates, Aphorismorum particulae septem: BLcl auct. class. 272, 14c, ff. 1-53

Quoniam quidem huius artis scientia ab ignorantibus...
  Fortolf, Rythmimachia id est Pugna numerorum: ed. R. Peiper, Ab I-III(1880), 169-227

Quoniam quidem igitur de principiis corporis mobilis...
  Physics (old tr) cum comm. Alberti Magni: FNcs I.V.44, 14c, ff. 1r-163v; AL 1409

*Quoniam quidem (igitur) intelligere et scire contingit...
  Aristotle, Physics, tr William of Moerbeke: Beiträge XVII, 5-6(1916), 170; AL pp. 52, 126, 127; Hain *1682; GW 2336, f. a2r; Klebs 82.6; IAL A860

Quoniam quidem in rethoricis...
> See 'Quoniam quidem ut in rethoricis...'

Quoniam quidem intelligere et scire est circa omnes scientias...
> Aristotle, Physics: Yale Aristotle MS 13c, ff. (3)r-(74r)

Quoniam quidem non solum communem omnium hominum...
> Galen, Ad Glauconem de medendi methodo, prol.: 8 MSS, 9-11c, Beccaria p. 431; many later MSS; pr 1490, II, 445r-458v; 1515, II, 172v-185r; Diels(1905), 94; T (1946), 225(20)

Quoniam quidem non solum esse universorum hominum...
> Galen, Pref. De febribus, tr Constantinus Africanus: Cues 296, 14c, ff. 6-9

Quoniam quidem non solum que curatur passio...
> Galen, prol. Liber Myamir sive decem tractatuum (De passionibus), tr Nicholas de Reggio; pr 1515, II, 240r-272r; preceded by proh. of tr, 'Ecce gloriosissime Hierusalemi...'; 1490, I, 183r-216r(Klebs 432.1; IAL G36). Cap.1: 'Accidunt igitur ei plurime...'

Quoniam quidem O karissime omnium passionum enigmata tibi explicui...
> On herbs: BN 7028, 11c, ff. 138r-140r(Beccaria 29.6)

Quoniam quidem omnes quatuor determinate sunt...
> Quartus lib. Meteor.: VA 4439, ff. 28ra-32rb

Quoniam quidem omnibus hominibus naturalis...
> See 'Quoniam omnibus hominibus...'

Quoniam quidem operatio medicine tribus modis constat...
> Constantinus Africanus, Liber de chirurgia: Ea F.286, 13-14c, ff. 251v-258v; Ea Q.179, 13c, ff. 69v-70v; VAp 1304, 14c, ff. 6v-17v; Opera, 1536, pp. 324-342; T I, 748; Isaac Judaeus, Practica liber IX, Opera, 1515, II, 119r(Schulz); anon. Phlebotomia: CUg 400(729), ff. 90va-93ra

Quoniam quidem oportet secundum opus tabularum...
> (William Reade), pref. Conclusiones xvi super Tabulas Alphonsi: FL Plut.29, cod.7, 15c, ff. 94-99. Text, 'Medios motus...'

Quoniam quidem perceptio sensuum...
> Boethius, Musica: LP 68, 12c, f. 96-. See 'Omnium quidem perceptio...'

Quoniam quidem quatuor cause determinate...
> Aristotle, Meteorologica, Bk. IV, tr Henricus Aristippus: Beiträge XVII, 5-6(1916) 264; Fobes in Classical Philology X(1915), 297, 310

Quoniam quidem scire et intelligere contingit...
> Comm. in libros de rebus naturalibus: Namur 19, 15-16c, ff. 237r-284v

Quoniam quidem soluta unitas in eis que animata...
> Bongianus de Orto, pref. Rosea spina cyrurgie: Studien, 1918, 417-19. Text, 'Ex his que dicta...'

Quoniam quidem thorax movetur manifestum...
> Galen, De motu thoracis et pulmonis: BN 6865, 14c, f. 198v; Dresden Db 92-93, 15c, f. 19v; Diels(1905), 65-66, 143; pr 1490, I, 140v; 1515, I, 159r-159v

Quoniam quidem ut ait archiphilosophus Aristoteles...
> Arnoldus de Palude, Astrologia: BN 7416, 15c, ff. 66r-130r(T IV,436, n.92)

Quoniam quidem ut ait Tullius...
> 'Incipit liber Constantini Montis Cassini monachi': Laon 415, 13c, i.e. the Viaticum in 7 books

Quoniam quidem ut ait Tullius in rethoricis...
> Petrus Hispanus, Glose et questiones super libro Viatici Constantini: CUsj 99(D.2.4), 13c, ff. 113r-186v; Ea Q.212, 14c, ff. 1-107. Prol. 'Constantinus iste Affricanus...'

Quoniam quidem ut in rhetoricis (ait) Tullius...
> Isaac Judaeus: Oc 189(V), 11c, ff. 8r-70v; BMe 2900, 12c, f. 2v-; BMr D.IX, 13c, ff. 4r-61r; Basel D.III.3, 13c, ff. 1ra-35va; CUg 95(47), 13c, pp. 45-178; etc.; Constantinus Africanus, prol. Viaticum: Rouen 982, 13c, ff. 1-97; T I, 749; pr Venice, 1505; Lyons, 1511, etc. Text, 'Capillus ex fumo...'

*Quoniam quoddam potest esse licet non sit...
> Thomas Aquinas, De principiis naturae: Ea Q.15, 13-14c, ff. 50-52v; VA 807, 14c, ff. (107r)-112r; 806, 15c, ff. (19r)-22r; Beiträge XXII (1931), 303; Glorieux I, 87; Opuscula omnia (ed. Mandonnet, 1927), I, 8-18; Opera, 1870, XVII, 207r-209v

Quoniam rarissime in corpore peccant humores simplices...
> Matheus de Verona, De digestivis et evacuativis: CLM 363, c.1464, ff. 36r-63r

*Quoniam regulas artis astronomie iudicandi non nisi. . .
    Roger of Hereford, De iudiciis astronomie: T II, 184-186; Haskins 126; CLM 588, 14c, ff. 137ra-141rb; CU 1572(Gg.VI.3), 14c, ff. 139r-153r; Saxl(1953), 393

Quoniam regulas astronomice iudicandi non nisi. . .
    BLlm 644, ff. 221ra-224ra

Quoniam regulas iudicandi non nisi per diversa opera. . .
    Work is dated 1266: VAp 1414, 14c, ff. 220-224r

Quoniam regulatio astronomica iudicandi. . .
    BLau F.3.13, 13c, f. 148-

Quoniam rerum viventium esse et conversatio . . .
    Anon. de longitudine et brevitate vite: Seville col. 5.6.14, 13-14c, ff. 4r-13r; AL 1181

Quoniam respublica. . .
    See 'Et quoniam respublica. . .'

Quoniam revelante domino in cuius pectore sunt omnes. . .
    Johannes, Summa chiromantiae: Oa 81, 15-16c, ff. 240-258v(ColR 171); T V, 676

Quoniam rogasti me frater charissime. . .
    Arnald of Villanova, Lucidarium: VAb 273, 16-17c, ff. 165r-172r(T III,661)

Quoniam rogatus a pluribus compendium artis numerandi. . .
    Ars numerandi: GW 2664; Klebs 112.2; IAL A1005; DES(1908), 63-64. See 'Dictionum numeros. . .'

Quoniam rogaverunt nos sepius et quamplurimum amici. . .
    Georgius de Hungaria, Arithmetice summa tripartita, completed 1499: ed. K. Szily, Magyar Tudomanyos Akademia, I(1894), 1-34; Pellechet 5051(Klebs 456.1)

Quoniam sanabile corpus humanum in medicina pro subiecto. . .
    Comm. Tegni of Galen: Toulouse 762, a.1442, 132 ff.

Quoniam sanctitas vestra. . .
    See 'Cum sapientis astronomie verba. . .'

Quoniam sanctum est prehonorare(honorare) veritatem pre ceteris. . .
    Ps. Thomas Aquinas (i.e. Thomas de Sutton, Anglicus), De unitate(pluralitate) formarum: Beiträge 22(1920), 110; Opuscula omnia (ed. Mandonnet, 1927), I, 308-346(Schulz)

Quoniam sapiens ita adiuvabit opus stellarum. . .
    Recommendatio astronomiae: Ea Q.365, 12-14c, f. 84r-v

Quoniam sapientes scientiam astrologie latam nimium. . .
    Geomancy: BN 7348, ff. 3ra-6vb

Quoniam scientia artis astrologice non completur absque debitis instrumentis. . .
    (Profatius on the new quadrant): VAp 446, 15c, ff. 96r-101v

Quoniam scientia artis astronomie non completur absque instrumentis. . .
    Profatius Judaeus, Quadrans novus, tr 1290 Ermengaud Blasius: Mi N.9 sup., 14c, ff. 129r-139r; Isis 26(1937), 306-309; Ea F.394, early 14c, ff. 130v-135r; Ea Q.361, early 14c, ff. 56r-58v; Yale astron. MS, 14c, ff. 162va-168v; Pisa conv. S. Cath. 69, 14c, ff. 406r-413r; anon. VAp 1340, 14c, ff. 1r-15v

Quoniam scientia astronomie non completur absque instrumentis. . .
    'Profatii Iudei de Montispessulano tractatus quadrantis': VE VIII, 63, 15c, ff. 42-57(Valentinelli XI, 96, "Hic tractatus ineditus differt a tractatibus aeque ineditis quadrantis novi occurrentibus codic. 79, 94.")'

Quoniam scientia astronomie non completur nisi debitis instrumentis. . .
    Profatius Judaeus, 'Compositio novi quadrantis in Monte Pessulano editi': CU Ii.I.15, 14c, ff. 3r-7r(TR 225); PG 1043, end 13c, f. 51

Quoniam scientia astronomie non completur sine debitis instrumentis. . .
    (Profatius Judaeus), Compositio et utilitates quadrantis novi: BNna 625, 14c, ff. 16ra-17rb. Cap.1, 'Describemus circulum abcd super centrum. . .'

Quoniam scientia de anima est de numero bonorum. . .
    Paulus Venetus, Part V, Summa naturalis, De anima: BU 835(1611), 15c; pr Venice, 1476 (Klebs 732.1-2; IAL P181-82)

Quoniam scientia humani generis est corruptibilis. . .
    Prag Cap. 1390, ff. 93-94

*Quoniam scientia medicine est multum(valde) difficilis. . .
    Raymond Lull, Liber de medicina et astronomia: BLd 85, 15c, ff. 131-147r(T II,871, n.1); HL 29, 258; BLas 1471, 15c, ff. 105-113v; Oc 247, 15c, ff. 96-(118)

Quoniam scientia tradita in libro de sensu et sensato...
>   Adam de Bocfelde, Comm. De somno et vigilia: Ob 313, 14c, ff. 143-157v; Russell, 2

Quoniam scire et intelligere contingit...
>   Robert Grosseteste(?), comm. Physics: Ran 127, a.1470, ff. 7r-19r; Thomson 82-83

Quoniam secundum Avicennam viginti...
>   Magister Petrus, Uroscopy: Gö Hist. nat. 40, 15c, ff. 11-14

Quoniam secundum doctrinam Galieni tertio de ingenio sanitatis...
>   Guido (de Chauliac?), Tract. super antidotario, sive Formularium part I, Short Surgery: Os 197, 15-16c, ff. 2-9; Poitiers 185(325), 15c, ff. 13-(20)

*Quoniam secundum Galienum medicorum lucernam...
>   Guido de Chauliac, Chirurgia, a.1363: BLd 160, 15c, ff. 2r-(17v); Ea F.283, a.1417, ff. 1-92v; Oma 74, 15c; VAp 1316, 15c, ff. 9v-101r; pr Venice, 1498, f. 5r-; 1499, ff. 2r-81v; Klebs 494.1-2; IAL G510-13

Quoniam secundum philosophi sententiam primo Posteriorum...
>   Augustinus de Ancona, prol. De cognitione animae et de eius potentiis. Text, 'In quolibet opere...'

Quoniam secundum physicarum leges...
>   Jacobus de Clusa, Quodlibetum fallaciarum humanarum: Beiträge 37, 5(1955), 19

Quoniam secundum Platonem nihil est ortum
...
>   (Comm.?), Theobaldus, Physiologus: pr (Cologne, 1490) etc.(Klebs 956.6-8; IAL T119, 118; Yale); reprinted A. W. Rendell, London, 1928

Quoniam secundum sapientes constat inferioris
...
>   Reductio scientie astronomie ad medicinalem facultatem: CUt 1406 (O.VIII.31), 15c, ff. 132v-133v, 155, 162-165v

Quoniam secundum sapientes vultus inferiorum vultui superiorum...
>   Virtues of signs and planets: BLd 29, 15c, ff. 179r-181

Quoniam secundum sententiam Galieni nono libro methodi...
>   Francesco da Collignano, Pest tract, 1382: FR 1219, ff. 15r-27v; ed. Archiv V, 367-84

Quoniam secundum situm terre ad lineam...
>   Petrus Gallego, Comm. *or* abbreviated tr and paraphrase, De animalibus: A. Pelzer, Miscellanea Francesco Ehrle, 1924, I, 407-56; AL p. 226

Quoniam sentire quidem et moveri secundum electionem...
>   Galen, De virtutibus naturalibus: BN 15456, 13c, ff. 3ra-18va; Mon 18, 13c, ff. 24-37; CUpet 33, 13-14c, ff. 69v-81r; Ea F.249, 13-14c, ff. 195v-213; Chartres 293, 14c, ff. 105-116; VAp 1095, ff. 69vb-85va; VAu 247, 14c, f. 37v; VE fa 317, 14c, ff. 13-25; Diels(1905), 65-66; pr 1490, I, 34r-45v; 1515, I, 142r-143r; tr Nicolaus Leonicenus: pr Venice, 1524, II, 83-121

Quoniam sepenumero de domino anni inter astrologos...
>   Georgius Drohobicz, Prognostic for 1483: pr Rome, 1483: GW 9060; Klebs 351.1

Quoniam sepenumero sublimis et gloriosi...
>   Phebus de Pergula, Pest tract: Archiv XVI, 131-32

Quoniam sepius nos te fuisse allocutos recolimus
...
>   Raymond Lull, Anima artis transmutationis: DWS 253. Prol. 'Fulgeat regis diadema...'

Quoniam sicut ait beatus Augustinus sacerdotes compotum scire tenentur...
>   Compotus kalendarii secundum Rationale divinorum (of Durandus), Lib. VIII: BLcm 561, 15c, ff. 62-(74); CUma 23, 15c, ff. 13-(23r); BMad 41600, c.1455, ff. 1r-18r (Saxl(1953), 82); Ars computi: Codices Casinenses, Spicilegium romanum, V(1841), 222

Quoniam sicut dicit philsophus X° moralium felicitas hominis...
>   Lambertus de Monte, Copulata super octo libris Physicorum: Klebs 583.3(AFML); same, except for beginning, as Klebs 583.1(IAL M716)

Quoniam sicut domino placuit scientiam musice in corde...
>   Philippus de Caserta, De diversis figuris: Coussemaker III, 177-93

Quoniam sicut scribitur Sapientie 33 vani sunt
...
>   Proprietates rerum naturalium moralizatae, libri VII: Ran 750, late 13c, 164 ff. (fully analyzed in Narducci's catalogue); CLM 8809, a.1426, 241 ff. An amplification of books VIII, IV, XII, XIII, XVIII, XVII, XVI of Bartholomaeus Anglicus, De proprietatibus rerum: HL 30, 334-53; J. Th. Welter, L'Exemplum. 1927, 339

Quoniam sicut tempore retroacto ita et nunc nonnulli...

> Augustinus Triumphus de Ancona, Contra divinatores et somniatores: T III,9; VI 4151, 15c, ff. 231r-243r; ed. R. Scholz(1914), II, 481-90, excerpts

Quoniam sicut testatur Isidorus in libro de summo bono...

> Nicolaus Pergamenus, prol. Dialogus creaturarum moralisatus: IAL N131-136; pr John Nider, Formicarius, Cologne, 1481; J. G. T. Grässe, Bibl. des litt. Vereins in Stuttgart, 148(1880), 125-280

Quoniam signa sunt duodecim...

> VI 5414, f. 99. See 'Scito quod signa sunt duodecim...'

Quoniam signatum est...

> See 'Dominus illuminatio mea...'

Quoniam simplicis medicine disputationem...

> De gradibus simplicium medicinarum: VAr 222, 12-13c, ff. 103-109; 1756, ff. 9v-32; CLM 467, f. 118(Schulz); CU 938(Ee.II.20), 14c, ff. 65ra-74vb; pr as Constantinus (Africanus), De gradibus medicinarum secundum ordinem alphabeti, Isaac, Opera omnia, 1515, ff. 78r-86r; in Constantini Opera, 1536, p. 342-

Quoniam solis indagine universarum rerum artificia...

> Rasis, Lumen luminum perfecti magisterii. See 'Cum studii solertis...'

Quoniam solutiones fere omnium questionum ab effectibus qualitatum...

> Quoted as Galen, De quatuor qualitatibus, by Rufinus: FLa 116(189-121), 14c, ff. 91vb-92vb (T 1945, 262) is work of Urso; see 'Cum questionum (naturalium) fere omnium solutiones...'

Quoniam species humorum quatuor sunt et in sanguine...

> Varia remedia: VI 5371, 15c, ff. 115v-118r

Quoniam stelle non errantes eodem semper ex loco nasci...

> Ptolemeus de iis que in celo aspiciuntur: VAu 1329, a.1458, f. 19-

Quoniam studii sollertis indagine universarum rerum...

> Liber perfecti magisterii *or* De inferiori astronomia: VAp 1328, ff. 35r-39r

Quoniam sublimis deus omnium naturalium...

> Thomas de Garbo, Summa medicinalis: Wi 57, 15c, ff. 8-273; pr Venice, 1506; 1531, ff. 1-115vb; Lyons, 1529, ff. 2ra-97va

Quoniam subtilis et ingeniosa ministratio...

> Hermes, Liber verborum secretorum: Man 65, 15c, ff. 79-85v(DWS 47)

Quoniam superior liber de capitis vitia usque cervices...

> Liber Esculapii (46 caps) prol. Chartres 62, 10c, ff. 74r-109r(Beccaria 10.7)

Quoniam superiore anno princeps illustris...

> Johannes Martinus, De evitandis venenis, dedic. to Lodovico di Gonzaga. Text, 'Prime partis principalis...'

Quoniam superiori libro de acutis passionibus...

> Liber Esculapii: 2 MSS, Beccaria p. 431

Quoniam superius dictum est de potestatibus et dignitatibus...

> Astrology: VAp 1212, 14c, ff. 9v-13r

Quoniam suppositum est ab omnibus...

> Comm. Aristotle, Meteorology: Ea Q.292, 13c, ff. 1-54v

Quoniam suscepte provincie rem perfectam me consecutum...

> Columbus, Epistola de insulis nuper repertis: CLM 14053, ff. 42-44; Hain 5489; Klebs 284.2; IAL C691

Quoniam tabularum Alfonsi laboriosi difficultas
...

> Tabulae aliae astronomicae 'ad meridianum Salamantinum,' with expositio (of Jacobus Bonae diei?): BLcm 27, 15c, ff. 122v-(153)

Quoniam tabularum minutionum generalium compositio...

> Joh. Neumann, Instructio modica minutionum: Heitz, Kalender-Inkunabeln (1905), no. 90

Quoniam tamen...

> Klo 685, 13c, ff. 70v-88(Zi 10272)

Quoniam tamen(?) omnis prolixitas...

> Bernard Gordon, Regimen acutorum (short version): Basel D.I.11, ff. 128va-129va

Quoniam te convenit regum omnium peritissime
...

> Hippocrates, Epistola ad Antiochum regem: 6 MSS, Beccaria pp. 431-32

Quoniam (te) karissime fili Iohannes lacrimas...

> Constantinus Africanus, prol. tr Isaac, Liber febrium: CU 938(Ee.II.20), 13c, ff. 117r-159ra; CUsj 99(D.24), 13c, ff. 276r-343r; Cambrai 914, 13-14c, ff. 106-163; Ea F.238, 13-14c, ff. 118-162v; Ea Q.182, 13c, ff. 202-268v; Bern 373, ff. 34-100; CLM 13086, 14c, ff. 57r-91r; Mon 182bis, 14c, ff. 105v-108v; Prag cap. 1366, ff. 73-263; VI 2354, 14c, ff. 1ra-46vb; etc. pr Isaac, Opera, 1515, ff. 203v-226v

Quoniam tempus mensurat motum...
Alphonsus de Corduba, Lumen coeli: GW 1573;
Klebs 48.1

Quoniam terra est sperica...
Alexandri passionarius: Lincoln Cath. Chap. 113,
14c, ff. 146-(155)

*Quoniam terra sperica est vapor ascendens in
terra...
(Questiones Nicolai Peripathetici, Liber Alpha-
rabii?): Laon 412, 13-14c, ff. 9v-19v (not in Corbett); BN 7156, 14c, ff. 42va-48va; 7158, 15c,
ff. 118r-128v; Corbett I, 71-72, 88; Graz 482,
c.1300, ff. 173r-179v; anon. BLd 153, 14c, ff.
168r-(174r); BMr 12.C.XIV, 13c, f. 254r; AL
309, 482, 1181; Lincoln Cath. (A.5.3.113), ff.
146ra-151rb

Quoniam teste Galieno in actionibus corporum
cognitio ex signis...
De signis egritudinis: Op 13, 14c, f. 201r-v

Quoniam teste Isidoro Etymologiarum...
Matthaeus Silvaticus, Opus pandectarum: pr
1534. See 'Quia ob nominum...'

Quoniam teste Ptholomeo et Halo commen-
tatore...
Roger, Practica: CLM 13124, ff. 182v-195v

Quoniam tibi diffidis de minoribus agendo...
Adelard of Bath, Questiones naturales, cap.1,
Mon 145, 13c, f. 63

Quoniam(Quando) timet quod in potu sumat
venenum...
Constantinus: VAu 236, 14c, ff. 97ra-118va

Quoniam tota doctrina data in quadrante de
mensurationibus...
Demonstrationes quadrantis: Ab(1912), 127; Zi
7287-89; 8872; CUt 1109(O.II.5), 14c, ff. 277-
286

Quoniam totius astronomie fructus circa rerum
proventus...
Astrologiae iudiciariae methodus (perhaps by
Bellantius): VAp 1258, 15c, ff. 133r-234v; Ab-
homarbenab Fragani (Omar b. el-Farruchan?),
Liber de iudiciis astrorum: Dijon 449, 15c, ff.
25-33

Quoniam tuum amice mi Antoniane iamdudum
novi desiderium...
Filonius(Philo), De subtilibus ingeniis: Geneva
80(Petau 53), 15-16c, ff. 28-32

Quoniam uniuscuiusque actionis quantitatem
temporis...
I. Arzachel, Canones in tabulas Tholetanas: BN
16656, 13c, ff. 36v-48r; Björnbo(1912), 198;
BLcm 556, 14c, 99 ff. See 'Quoniam cuiusque
...'
II. Engelbert of Admont, Tabulae astronomicae
cum canonibus et perspectiva: VI 2323, 14c, 100
ff.; ZB 4(1889), 528; Fowler 212-13; Osiris XI,
480-81

Quoniam uno inconvenienti dato multa sequuntur...
See 'Quoniam ex uno...'

Quoniam unumquodque signum proprium habet
...
De complexione xii signorum et super que membra habent aspectum: BLd 147, 14c, f. 69r

Quoniam unusquisque...
Planets: Leip 1494, 15c, ff. 221-225v(Zi 8309)

Quoniam ut ait Augustinus...
Nicolaus de Donis, Opus mirandum in Cosmo-
graphiam Ptolomaei cum picturis et novis tabulis
ad Paulum II(1464-1471) papam libri VII: pr
Ulm, 1482; Hain *13539; Klebs 812.5.7; IAL
P992; anon. Chicago Art Institute 15334, 15c;
ZB 12(1895), 151, 513

Quoniam ut ait beatus Ioannes. Deus est A...
Bartholomaeus Anglicus, De proprietatibus
rerum: Soissons 26(28), 14c, 112 ff.

Quoniam ut ait (Galienus) medicorum princeps
...
Nicolaus Bertrucius, prol. Collectorium artis
medicinae: Graz 476, 15c, ff. 2-242; pr Lyons,
1518(Schulz). Text, 'Medicina artium preclarissima. Hec verba...'

Quoniam ut ait Galienus septimo(primo) tera-
peutici...
Mundinus, Anatomia: CLM 265, a.1439,
ff. 140r-159r; Graz 476, 15c, ff. 384-396v;
Lucca 421, 15c, f. 151-; VAp 1234, ff. 106r-
134v; VI 5312, 15c, ff. 210r-227r. See 'Quia
ut ait Galienus...'

Quoniam ut ait Galvanus de Levanto Ianuensis
...
Prol. to a collection of four treatises (the Herbarium of Apuleius, Dioscorides on herbs, Placidus, and De avibus): PA 1031, a.1333, f. 1

Quoniam ut ait Guido electio est...
De domibus signorum et planetarum et etiam de
impedimentis: Argentré I, ii(1755), 327b; BN
7435, a. 1476, f. 38-

Quoniam ut ait medicorum princeps in **De** sanitate...
> See 'Quoniam ut ait Galienus medicorum...'

Quoniam ut ait philosophus in libro analyticorum Omnes...
> Petrus Hispanus, comm. Hippocrates, De regimine acutorum: CLM 8951, f. 169ra; Grabmann (1928), 101-102

Quoniam ut ait philosophus in libro de natura...
> Johannes Archenden, De coniunctionibus: BMar 88, c.1484, ff. 1r-15r(T III,721, n.1)

Quoniam ut ait philosophus in libro de natura et proprietatibus elementorum...
> I. Jean de Bruges, De veritate astronomie, cap.1
> II. Judicium cum tractatibus planetariis: Hain *9469(Schulz); Klebs 566.1

Quoniam ut ait philosophus omnia memorie commendare...
> Excerptum de II canonis Avicenne de simplicibus medicinis: Ea Q.207, ff. 92-117

Quoniam ut ait philosophus philosophorum Aristoteles...
> Johannes Tetynensis *or* Tecenensis, Alchemy: BU 303(500), 15c, ff. 291r-304v(T III, 643, n.63)

Quoniam ut ait Platearius in principio sue practice...
> (John Arderne?), pref. Radix medicinarum. Text, 'Alopicia est infirmitas...'

Quoniam ut ait sapiens...
> Tract. artis musice: CLM 18751, 15c, f. 152

*Quoniam ut ait Tullius in prologo rhetoricorum...
> William of Conches, prol. Philosophia: T II, 63-65; A. Wilmart, Analecta Reginensia, 1933, p. 263; Speculum XX(1945), 84-87

Quoniam ut ait Tullius in rhetoricis suis Omne...
> Constantinus Africanus, prol. Viaticum. Text, 'Capillus ex fumo grosso...'

Quoniam ut ait Tullius (physicorum) Amicitia res plurimas continet...
> I. Doctrinale compendium de regimine sanitatis domino Alberto duci austrie de monte pessulano (per quendam medicum) directum: ed. Archiv XI, 5-20; VI 5247, 15c, ff. 113r-117r; CLM 3073, 15c, ff. 284ra-288vb, 'Explicit tractatus de regimine vite'
> II. Master Georgius(Gredorus?), Physicus ducis Austrie, Dicta: VA 4439, 14c, ff. 12r-18r
> III. De minutione: CLM 27006, a. 1409, f. 166v, where it occurs towards the close of Thomas of Cantimpré, De naturis rerum

Quoniam ut Avicenna in primo canonis...
> Cardinalis, Scripta supra regimentum acutorum: Cues 222, 15c, ff. 167-181

Quoniam ut dicit Aristoteles circa omnes scientias...
> Summa libri phisicorum quasi ex prima parte naturalium Avicenne extracta: Ea F.335, 13c, ff. 93v-108

*Quoniam ut dicit Aristoteles in primo Physicorum...
> R. de Stanington, Excerpta e libro Physicorum: BLd 204, early 14c, ff. 101r-(107v); anon. ZB 10(1893), 162

Quoniam ut dicit beatus Augustinus li. de vera religione...
> Bernard de Verdun, Astronomy (for theologians?): BMad 17368, ff. 1r-19r, incomplete; VAp 1380, ff. 139r-(153r)

Quoniam ut dicit Boetius in prohemio super musicam...
> Jeronimus de Moravia, prol. Tract de musica: QE I, 159; ed. J. M. Cserba, Regensburg, 1935 (Freiburger studien zur Musikwissenschaft II) (Schulz). Text, 'Musica est motus...'

Quoniam ut dicit Galenus...
> Johannes de Sancto Amando, Areolae: VI 5337, a.1395, ff. 1r-18r. See 'Sicut dicit Galienus...'

Quoniam ut dicit sanctus Augustinus, In domo dei...
> On music: Basel F.VIII.16, a.1442, ff. 156r-184r

Quoniam ut dictum est et similiter attestatur...
> Johannes de Sancto Amando, De basibus medicinarum compositarum: BLd 160, 15c, ff. 18r-(22r)

Quoniam ut diximus in areolis nostris et testatur Iohannes Damascenus...
> (Johannes de Sancto Amando), De modo compositionis medicinarum ordine alphabetico: Oe 35, 14c, ff. 264-272

Quoniam ut ex latitudine scripture colligere possumus...
> De orbis terrarum notitia et de sectis: Basel A.V.25, 15c, ff. 120r-157. It refers to the fall of Constantinople

Quoniam ut experientia probat et astrologorum concordia...
> CLM 27001, 15c, ff. 22va-31va(Zi 3360)

Quoniam ut in prima parte...
> See 'Quia in prima...'

Quoniam ut innuit philosophus in paucioribus ...
> Computus: FL Plut.29, cod.15, a.1302

Quoniam ut mihi scripsistis in tumore(curatione)
mamille...
> William of Brescia, Consilium super cancro in
> mamilla: with other Consilia, CLM 77, late 14c,
> ff. 19va-43vb; 23912, a.1426, ff. 278-290; etc.
> E. W. G. Schmidt, Die Bedeutung Wilhelms von
> Brescia als Verfasser von Konsilien (Diss., Leip-
> zig, 1922), p. 12; FLa 143(217-149), 15c, ff.
> 126-132; Na VIII.D.35, f. 213r; anon. VAp
> 1240, a.1404, ff. 120r-144v

Quoniam ut Platonis sonat sententia non solis
...
> Prol. Computus: Mon 322, 12c, f. (3r)-; VE
> VIII.22(XI,73), 15c, ff. 37-41. Text, 'Com-
> putus est computatio temporum...'

Quoniam ut preclare...
> Dieta s. passus peregrinationis: VI 4058, ff. 77-87
> (Schulz)

Quoniam ut supradictum est...
> De necessitate compositionis medicinarum: BN
> 7061, f. 51v

Quoniam ut testatur Aristoteles in principio de
anima...
> Comm. de sphaera: VI 5239, 15c, ff. 64r-70r

Quoniam ut testatur beatus Iohannes...
> (Bartholomaeus Anglicus), Liber de proprietati-
> bus rerum: Ran 1038 (R.7.1), 14c, 164 ff.; Pisa
> 30, 14c, ff. 4v-176v; Mi R.147 sup., 14c,
> (ff. 1r-109)

Quoniam ut testatur Iohannes Damascenus in
principio...
> Joh. de S. Amando, Areolae; (De compositione
> simplicium inedicinarum): Danzig Mar. F.144,
> ff. 240r-241; Pagel pp. 113-122(Schulz)

Quoniam ut testatur philosophus Politicorum
tertio...
> Henri Bate, Nativitas: BN 7324, 15c, ff. 24va-
> 49va(TR 352b, of ff. 24va-25rb); BN 10270,15c,
> ff. 139v-183v; HL 26, 561-62; T II,929; G.
> Wallerand, Les philosophes Belges, XI(1931),
> 20-21; Glorieux I, 410

Quoniam valde esset cuilibet cirurgico sumptuosum librum...
> Henri de Mondeville, Anatomia: Oa 80, 15c, ff.
> 3r-22r

Quoniam valde sumptuosum est...
> Comecius, De anatomia: Utrecht 680, 15c, ff.
> 103-110

Quoniam valde sumptuosum et grave est cuilibet
cyrurgico librum...
> Henri de Mondeville, Chirurgia: ed. L. Pagel,
> 1892

Quoniam vero isti duodecim lapides...
> VAp 1237, 16c(?), f. 1r-v

Quoniam vero non expressi...
> Roger Bacon, Expositio enigmatum alchemiae:
> DWS 189; BN 10264, 15c, ff. 222-225(Opus
> tertium, fragment; Corbett I,143)

Quoniam vero phlebotomia utilior est pharmacia...
> Speculum phlebotomiae: VI 5522, 15c, ff. 25r-
> 26r; Wi 61, 15c, ff. 105va-109ra

Quoniam vero sunt aliqui qui non possunt
recipere medicinam...
> De clareto laxativo: BN 6957, 15c, f. 35r-

Quoniam vestra dominatio pro vestre sanitatis
conservatione...
> Johannes Meurer von Grossen, Consilium: ed.
> Studien(1909), 200-203

Quoniam vidimus et experimento cognovimus
...
> Aegidius de Aquino, Liber avium viventium de
> rapina et morbis et curis et generationibus earum:
> Oc 287, 15c, ff. 74v-78v(Haskins 353)

Quoniam vinum album inter cetera(alia) est...
> Arnald of Villanova, De vinis: DWS 1002, iii;
> VAp 1265, 15c, ff. 116ra-121vb; VI 5300, 15c,
> ff. 133r-140v; Wi 61, 15c, ff. 169vb-172ra

Quoniam vir insignis humanis in rebus...
> Ioh. Daniel, Medical: Na VIII.D.51, ff. 26r-34v

Quoniam vita brevis ac incerta...
> Johannes de Ferrariis, Practica: St. Omer 501, 15c

Quoniam vita nostra quam a longis...
> Ioannes Aegidius Zamorensis, Prol. Contra
> venena et animalia venenosa: VAu 1404, 14c, ff.
> 1-99

Quorum ductibus corpora...
> Comm. Arist. de celo et mundo: VAp 980, ff. 88r-
> 117ra. See 'Utrum cuilibet corpori...'

Quorum primus hic est.   Recipe sandarace...
See 'Recipe sandarace...'

Quos cursu solis iungant sua tempora...
> I. Wandalbert de Prüm, Horologium: Brux
> 10684-85, 12c, ff. 84vb-85ra(Silvestre 158-9);
> CU 771(Dd. XII.45), 13c, ff. 1-6; Bull. Du
> Cange 17(1943), 68; d'Achery, Spicilegium II
> (1723), 61-64
> II. Bede, Versus ad componendum orologium:
> Eins 302, 10c, pp. 17-21; Mon 491, 11c, f.
> 120v-; De cursu lunae: CUg 151(201), 13c, f.
> 155r-v; PL 121, 631-34

Quos vides inter scholasticos et prestanti ingenio viros...
> Fernandus Cordubensis, De artificio investigandi et inveniendi natura scibiles: VA 3177, 62 ff. (T IV,487)

Quosdam mihi proponere mercatores soleo princeps illustris...
> Bianchini to Lionello d'Este: Bibliofilia IX(1908), 448

Quot annos ab incarnatione...
> Computus: Brux 9590, 10c, ff. 55v-56v(Zi 12172; Silvestre)

*Quot et quantos fructus scientiarum notitiam...
> Johannes Canonicus, prol. Questiones super octo libros Physicorum: Angers 417(404), 15c. Text, 'Utrum substantia finita...'

Quot et quibus modis medemus(medetur) et de primo modo...
> Copho: BMsl 3012, ff. 168r-174v; anon. CUt 904(R.XIII.31), 12c, ff. 37v-60v. See 'In medendis corporibus...'

Quot modis caput vulneratur...
> Roger, Chirurgia: BMh 3388, 15c, ff. 5r-19r

Quot modis soleat...
> BE Phil. 1831, 8-9c, ff. 117-125v(Zi 12173)

Quot sunt virtutes oculorum...
> Recepte: BN 10234, 13c, f. 67r

Quota luna est in hac nocte...
> CLM 19456, f. 174v(Schulz)

Quota sit aut indictio...
> VAr 567, 12c, f. 19r mg

Quotidiana...
> See also 'Cotidiana...'

Quotidiana febris quatuor modis...
> De febribus: CLM 265, a.1439, f. 164r-v

Quotidianum esse videmus...
> Coluccio Salutati, De fato et fortuna: FL Plut.53, cod.18, 14c, 65 ff.; FLg Plut.90 supra, cod.42, 15c, ff. 1-45; (T III,516)

Quotiens in lenga...
> Sun-dial: Breslau Stadtbibl. R.55, 15c, ff. 72v-73 (Zi 9810)

Quotiens itaque luna eundem cum sole punctum occupet...
> Basel F.III.8, 15c, f. 78rb; Carmody 111

Quotiens mecum cognito repetoque animo diversum gentium statum...
> Marcus Antonius Sabellicus, De situ urbis Venetae: pr (Venice, 1494), (Klebs 871.1; IAL S9; LC)

Quotiens quadratum certe quantitatis seu continentie...
> Ratio inveniendi quadratum certe quantitatis: FL Plut.29, cod.43, 15c, f. 65

Quotienscumque luna fuerit in imagine bone significationis...
> BN 7328, f. 70rb

Quotus est iste liber de celo et mundo inter libros...
> Comm. De celo: BMsl 748, a.1486, ff. 1-60

Quotus est liber de anima inter libros naturalis philosophie...
> Comm. De anima: BLsl 748, a.1486, ff. 83-145

Quum...
> See 'Cum...' 'Quoniam...'

Rabi Moyses maximus philosophus refert quod quilibet circulus sive celum...
CLM 5964, 15c, f. 1r

Radicem alicuius numeri extrahere est...
VAp 1376, 15c, f. 190va

Radicem extrahere pars ultima dicitur esse...
Algorismus: BN 14809, f. 155(H)

Radicem fidei non enervat(?) corpora plane-tarum...
Tract. phisice astronomice: Wo 3549(51.9 Aug. 40), Perg., 13-15c, ff. 123r-133r(T IV,145)

*Radices motuum locumque intro...
Jo. Chillingworth, De crepusculis: Tanner

Radicis apii radicis asparagi...
Medical recipes: Jöriman, Frühmittelalt. Rezep-tarien, I(1925), 10-37

Radii ex septem planetis emissi multiplicantur...
Medicinae cum mathematica coniunctio: BN 13008, a.1489, ff. 2r-18r; pr as Hermes Tris-megistus, Iatromathematica: Paris, 1535; Cologne 1536; T V, 303; VI, 158; Ran 315, 17c, 153-158; Diels(1906), 44

Radius egreditur ab oculto super lineas...
Euclid, Optics *or* De aspectibus et speculis, tr Gerard of Cremona: Ab(1912), 124, 136; Mi P.21. sup., 15c, ff. 119r-133r

Radix anni christiani nil aliud est...
Canones pro usu tabularum: VI 10460, 15c, 9 ff.

Radix lilii cum oleo communi...
Medicinalia: BLcm 366, 12-15c, ff. 126-(143) imperf.

Radix omnium electionum est aptare funda-menta...
Astrological elections: CUpet 86, 15c, ff. 253rb-277r; PA 1129, 15c, ff. 323-334

Radix omnium planetarum invenire pone pro primo...
BMad 34603, c. 1500, ff. 4v-20r; Saxl(1953), 74

Radix urtice magne...
Medical recipes: Brux 2932, 15c, ff. 1-32

Rafanum graeci nos radicem dicimus...
VAb 160, 11c, f. 276rb; Beccaria 108.34

Raffanus calidissimam in se habet virtutem...
Herbal: Bern A.92-24, 10-12c, ff. 1v-5v

Raphano calidam inesse virtutem omnium medi-corum opinione...
Gargilius Martialis, De nutrimentis olerum: 3 MSS, 9-11c, Beccaria p. 432; CUpet 222(III), 13c, item 2(f. 32v); ed. V. Rose, 1875, pp. 129-212

Raphanus est humidus necnon et omnibus horis siccus...
Versus de herbis: CUg 200(106), 15c, p. 169

Raritas et gratia domini nostri Iesu Christi...
John Dumbleton, dedic. Hortulanus, Practica vera alchimica: BMsl 3457, 15c, f. 17r(DWS corr.169). Text, 'Quatuor sunt species...'

Raritonantis nomine Ihesu Christi...
Iudicium de cometa anni 1472: VI 4756, 15-16c, ff. 118r-125r(TR 366g); AIHS XI(1958), 241-43

Rasis curat difficultatem anhelitus ex humoribus ...
Asma: VAp 1302, f. 76r

Raties astrolabii est una tabula...
CLM 27, 15c, f. 84v

Raties astrolabii sic fit. Primo et ante omnia fac tabulam...
Tractatus de compositione astrolabii: CLM 27, ff. 82r-84v

Ratio huius tabule talis est quod si luna...
Calendar: BMsl 568, 15c, ff. 8v-13r

Ratio in animalibus et spiritibus mineralibus et in arsenicis...
John Garland *or* Ortolanus, De mineralibus: pr Basel, 1571, pp. 67-119

Ratio observationis vestre pietatis secundum precepta...
Antimus, De observatione ciborum epistola: 5 MSS, 9-11c, Beccaria p. 432

Ratio Pasce facta usque ad annos CV...
Easter Table for 1279-1373 (really for 1280-1374): BNna 1401, a.1279, ff. 9-10

Ratio precipit naturalis que magistros nostros...
I. Arnald of Villanova(?), Liber efficax de arte nostra dignissima (Alchemy): BU 270(457), 15-16c, XIV, ff. 155-212(T III,661)
II. Johannes Conditor, Alchemy: BU 168(180), 15c, ff. 26r-44v

Ratio quare facimus istam investigationem . . .
> Raymond Lull, Investigatio generalium mixtionum: HL 29, 302

Ratio quare facimus istam artem brevem . . .
> Raymond (Lull), Ars brevis a.1307: CLM 10506, 14c, ff. 1r-12v; 10552, a.1472, ff. 30-51v; BN 14007, 15c, ff. 50r-53v; Danzig 2224, 15c, ff. 128-135v

Ratio sive forma est id quod supervenit compositio . . .
> Hermolaus Barbarus ex G. Porretano de sex principiis: pr Venice, 1496, ff. (250v)-(254v)

Ratio sphere Pitagorice (philosophi) quam Apuleius descripsit . . .
> BMh 3017, 10c, f. 58r; Bld 46, 12c, ff. 106v-(109r); CUt 1369(O.VIII.41), 11c, f. 1r; CLM 17403, 13c, f. 1r; Graz 68, 12c(Schulz); VI 2532, 12c, f. 2r-v

Ratio sphere Pithagor philosophi quod Apuleius . . .
> Sphere (divining) of Democritus: Janus XIX (1914), 168-69

Ratio talis Omnis scientia est honorabilior . . .
> Simon of Faversham(?), Comm. De anima: BLt 116, 13c, ff. 91-98; On 285, 14c, ff. 22ra-27rb

Ratiocinatio est in hoc libro de anima . . .
> Adam Bouchermefort, Comm. De anima: VE VI.1(X,61), 14c, ff. 130-161

Rationabile contemplanti ea que scripta sunt de dispositione . . .
> Bartholomaeus de Montagnana, Consilium contra sterilitatem: CLM 205, 15c, ff. 154ra-155v

Rationalis creatura divine voluntatis dispensatione . . .
> Thesaurus occultus de lapide philosophorum: VI 5224, 15c, ff. 17r-25r

Ratione circuli probatur quotiens rota plaustri in leuga rotetur . . .
> Geometrical note: BMr 15.B.IX, late 12c, f. 68v; BLd 191, 13-14c, ff. 77-78

Rationem observationis vestre pietati . . .
> See 'Qualiter omnes cibi . . .'

Rationem quidem puto medicinam esse debere . . .
> Diagnosticon Galieni: CUsj 78, 13c, ff. 63-67v; Diels(1905), 139

Rationes abaci numeri videntur ratione formari . . .
> BMh 2506, 10c, ff. 87vb-88vb

Rationes numerationis abaci et subtiliter . . .
> BLau F.1.9, 12c, ff. 41v-(66)

Rationes numerorum abaci et subtiliter . . .
> Comm. in Gerberti regulas: Bubnov 245-84

Rationes quod dicentium se habent dubitationem . . .
> Albertus(?): FNm XI.121, 14c, ff. 207r-215rb

Raucedo multis de calidis(causis?) habet fieri . . .
> John of Toledo, De raucedine: BMr 12.B.XXV, 14c, f. 90v

Raymundus in libro Vade mecum fili . . .
> Raymond Lull, Liber intelligentiarum: CLM 25115, 15c, f. 183r-v

Raymundus existens Parisiis ut posset facere magnum bonum . . .
> Raymond Lull, Arbor philosophica amoris: Opera VI, 1727, n.2(Schulz)

*Raymundus loquens de lapidis fermento dicit . . .
> G. Ripley, Concordantia Guidonis et Raymundi: Opera, 1649, pp. 323-37

*Raymundus volens se contristari . . .
> Raymond Lull, De viginti quatuor experimentis totius naturae creatae: HL 29, 384; CLM 10590, 17c, ff. 311-330(T IV,636); Salzinger 33

Re sublimiori quod geometri adinvenerunt . . .
> De speculis comburentibus: FLa 957(888), 16c, ff. 115r-122v

Rebar post arbores de aratoriis agris dicere . . .
> Dominicus Bandinus, Liber de herbis: T III, 760

Rebus ab hiis centum quintum stellas elementum . . .
> Raymond Lull(?), pref. De consideratione quintae essentiae: Os 172, 15c, ff. 212v-259

Rebus in obscuris dubitantes septimo pluris . . .
> Joh. Hautwillensis, De rebus occultis: Leyser 761; BMar 201, 13c, item 2(Schulz)

Recapitulabo aliqua bona dimissa . . .
> Barthol. de Montagnana, Additiones antidotarii: CLM 8, 15c, ff. 138-158(S)

Receptaculum flegmatis sunt vene totius corporis . . .
> Signa abundantie humorum: VAp 1177, 15c, ff. 36r-38r

Receptio planetarum dicitur cum planeta iungitur planete . . .
> BLd 97, ff. 109r-117r

Receptum mirabile ad curandos omnes ptisicos
...
> Receptarium: Bordeaux 117-118, 15c, ff. 27-36

Recinum canis nigri...
> Signs of life or death: BN 11218, 8-9c, f. 101v; Beccaria 34.24

Recipe accare maretri lauendule isopi policarie
...
> Recipe contra paralisim et frigidos humores: CUt R.XIV.39, 15c, f. 206v

Recipe acetum contere et farinam et albumen
...
> Sigillum Hermetis: BMsl 3457, 15c, ff. 294-95 (DWS 958)

Recipe acetum fortissimum in bona(magna) quantitate...
> Roger Bacon, Alchemy: VAb 273, f. 225v; T IV, 16, n.46; DWS 193, vii; BNfr 19070, 16c, f. 49 (Corbett I,263); pr San. med. pp. 264-285

Recipe acetum plantage betonice...
> Exemplum novum magistri B. de Mondavilla: Oc 125, f. 146r

Recipe ad capud purgandum. Tolle picem mondissimam...
> Liber diversarum passionum avium: VE VII.24 (XIV,13), ff. 80-81; cf. Werth, Altfranzö. Jagdlehrbücher(Schulz)

Recipe aloe epatico sive sucatrino...
> Farinacum regale sublime: Mi D.2.inf., 11c, f. 8r

Recipe aloes...
> Pulvis Gentilis: Basel A.VI.6, 15c, f. 298ra; ascribed to Rasis and Avicenna, BLcm 156, f. 57v (TR 252)

Recipe aloes epatici dragmas quinque mirre electe dragmas duas...
> Petrus de Palude, Recepta pillularum: ed. from BN 3528, f. 114v, Wickersheimer BSFHM XVI (1922), 139-141

Recipe aloes secultrim...
> Pillule ad idem: FLgr 175, 15c, f. 4r; Ambix V(1956), 99-100

Recipe aloes succoterni electi...
> Magister Michael, Dicta contra pestilentiam: CLM 18444, 15c, f. 219va-b

Recipe aloes succoterni vel epatici...
> Magister Aygel, Pillule contra pestilentiam: CLM 18444, 15c, f. 201ra

Recipe alum...
> Opus domini Galliciti cardinalis: VAp 1332, 15c, f. 49v

Recipe aluminis de rocha rubicundi coloris...
> Henry, physician of king of Bohemia, Fictio mercurii: BLd 43, 14c, ff. 120v(DWS 311; ColR 125)

Recipe aluminis ii lib. sal nitri i lib....
> Lapis qui dicitur Scorpius (Tinctura auri aut argenti super mercurium): BMsl 3457, 15c, ff. 124v-125r; T(1938), n.43; DWS 687

Recipe aluminis partes duas nitri partem unam
...
> Aqua Hermetis potentissima: BMsl 3457, 15c, f. 124r; T(1938), n.46

Recipe aluminis partes tres salis petre partes...
> Opus mirabile ad lunam: BMsl 976, 15c, f. 81; 1118, 15c, f. 32r-v(DWS 593)

Recipe aluminis plume(pluvie) lb. i vitriolli salis petre ana lb. i...
> Gilbertus Cardinalis, De aqua penetrativa (6 caps.): BMsl 3457, 15c, ff. 165r-167r; DWS 159; CUt 1120(III), 15c, f. 19r-v; MU F.673, 15c, f. 82r

Recipe aluminis roche ad libitum et ipsum cum ferro...
> Ad faciendum preparationem boracis aurificum (Ad album et rubeum secundum magistrum Guilielmum): FNm XVI.15(D.15), 15c, f. 13v

Recipe amoniaci anisi...
> Arnald of Villanova, Pillule imperiales: CLM 3074, f. 128va-b

Recipe angeli silvestris...
> Frater Helias, Alchemy: BMsl 3457, f. 380 (DWS Corr. 173A)

Recipe antimonii unam partem et unam partem tartari calcinati...
> Oleum ex antimonio: BMsl 3457, 15c, f. 229r; T(1938), n.58

Recipes antimonium et divide in parvas portiones
...
> Johannes Scriptor, Practica: BMsl 3457, 15c, f. 426v(DWS 164)

Recipe aquam de serpilli idest ergon...
> For eye complaints: BMsl 783b, 15c, f. 93r

Recipe aquam distillationis buglosse...
> Gentile (da Foligno), Consilium ad tremorem cordis: VAp 1260, 15c, ff. 27va-29ra

Recipe aquam mirabilem...
> Ad visum clarificandum: VAp 1264, f. 178r-v

Recipe aquam quam scis que undique invenitur
...
> 'De aqua vite': Cambrai 920(819), 15c, f. 29r-v (Corbett II,42)

Recipe aquam vite sepius rectificatam et imponere...
> Aurum potabile: Wo 3076(16.5 Aug. 4to), ff. 43v-44r

Recipe aque dulcis libre duodecim mellis optimi...
> Domino Benedicto Segredo, Ad faciendum de aqua vinum: BLcm 480, 15c, f. 98r-v(DWS 1007)

Recipe aque solis 3 libr. mercurii...
> Alia utriusque elixiris compositio: BN 7147, 16c, f. 45v

Recipe argenti sublimati optimi...
> Tract. de ligis (in Latin and Italian): BLcm 128, 15c, ff. 102-106 (DWS 786)

Recipe argenti vivi libram i exprime ipsum...
> Opus valde bonum: Mon 493, 15c, ff. 154r-155r (Corbett II, 126-127)

Recipe argenti vivi quantum vis...
> Liber duodecim aquarum: Rc 1477, ff. 189v-192r; Steinschneider (1906), 47

Recipe argentum sublimatum sicut tibi diximus ad album...
> Rubrificatio magisterii sublimati in suomet igne ad faciendum elixir rubeum: BU 303(500), 15c, ff. 173r-177r

Recipe argentum vivum et mortifica ipsum...
> Arnald of Villanova, De duodecim aquis: VAp 1339, 14c, f. 99v

Recipe arsenici albi quo talenta et pulverisa...
> Collectanea alchemica: BMsl 3457, 15c, ff. 447v-462v(DWS 697)

Recipe arsenici sublimati et mercurii sublimati...
> T. Ward, Conclusio: BMsl 692, 15c, f. 102v (DWS 325)

Recipe arsenicum cristalinum libram unam...
> Dealbatio mirabilis: CUt 1122, 15c, ff. 79-80v (DWS 595)

Recipe arsenicum quantum vis et subtiliter pulverisa...
> Ad lunam opus: FR 940, 15c, ff. 12v-13r

Recipe artemisiam et coque in vino...
> Ad provocandum menstrua: CLM (19701), 15c, ff. 40r-42v

Recipe auri puri bene mundati...
> Leonardus Vagus: Gilhofer and Ranschburg, Cat. 257, MS 7, late 15c, ff. 233v-234r

Recipe auri purissimi quantitatem...
> Arnald of Villanova, Sigilla: BN 7468, ff. 39-40v

Recipe aurum et lava ipsum bene et recipe crucibulum...
> Modus calcinandi aurum et argentum secundum magistrum Johannem de Rupecissa: Mon 493, 15c, ff. 267r-270v(Corbett II,132-133)

Recipe aurum finatum et lunam finatam...
> Arbor solis(alchemy): BMsl 3457, f. 381r-v (DWS 692 H)

Recipe bursam pastoris maturam cum suo fece...
> Cura mira crepature: BMsl 3457, f. 123r(DWS 686A)

Recipe calcem cuiuscumque corporis volueris et pone...
> Alchemy: FNm CL.XVI.110, 16c, ff. 17v-19v

Recipe calcem et urinam puerorum et acetum forte...
> Experimentum Hermetis: BMsl 2135, 14c, f. 22r-v(DWS 378A, corr.)

Recipe calcem ferri vel crocum ferri...
> Alchemy: BLa 1471, 15c, f. 20r-v(DWS 716)

Recipe calcem lapidis...
> Duo capitula glosata(gloriosa) de regimine lune: Ea Q.355, 14c, ff. 62v-64v; cf. BMad 41486, ff. 2vb-3

Recipe calcem plumbi et ignitum proice in acetum...
> Plumbum facere album: BMsl 3457, 15c, f. 388r; T(1938), n.78

Recipe calcem vivam et albumen ovi...
> Ad faciendum bitumen optimum: BMar 251, 14c, f. 14r

Recipe calces ovorum sal armoniacum...
> Torquena(?) perfecta probata per m. Rogerium de Brandellis ad album: VA 4092, ff. 120r-123v

Recipe calcis solis...
> Opus cuiusdam Mauri: VAp 1330, f. 135v

Recipe calcis unam partem et de ydrogiros tres partes...
> Theodoricus: CU Ii.III.17, 15c, ff. 44-46v (DWS 156)

Recipe calcis vive libram unam salis armoniac...
> BMsl 2459, 15c, ff. 3-9(DWS 682)

Recipe capillos capitis rubeys(sic) vel nigros...
> Rubificationes: BLas 1451, 15c, ff. 13-18(DWS 926)

Recipe cardamoni...
Tadeus, Optimum electuarium ad fluxum ventris: VI 5269, 15c, ff. 83v-84v

Recipe centauree m. i radicum et foliorum plantaginis...
Potio ducis Herculis, for wounds and ulcers: BMar 88, 15c, f. 107r

Recipe centauree minoris absinthii lupinorum ana...
Mi P.21.sup., f. 117v

Recipe centum mirabolanos citrinos et...
De aptatione medicinarum: Hain 13892, f. 98v (Schulz)

Recipe cinamoni gariophilorum...
Raymond Lull, Nonnulla parva secreta: BU 142 (109), 16c, I, ff. 121r-127r

Recipe communem aquam fortem...
Solutio antimonii: BMsl 3457, 15c, f. 198r; T(1938), n.57

Recipe corpus neutrum quod est corpus de monticulis...
Panacea: BMsl 3747, 15c, ff. 50v-51(DWS 1100)

Recipe cortices de ligno...
Ad pendulum et turbidum vinum: VI 5512, 15c, ff. 163v-164

Recipe cortices stercoris abluantur...
Opus mirabile: BMh 3542, 15c, ff. 59v-60v (DWS 660)

Recipe crocum ferri vel eius limaturam...
De vitris. Et primo de vitro ferri secundum Rasim: Mon 493, ff. 202r-205r

Recipe crocum martis...
Opus magistri Acharii ad rubeum: VAp 1330, 15c, f. 140

Recipe cuiuscunque volueris corporis...
Johannes Viennensis, Extract(?) from Speculum elementorum: CUt 1363, 15c, ff. 40-41v(DWS 305)

Recipe cum dei adiutorio de cortice quorum recentium...
Incipit Secretum secretorum de Aquin.: Mon 448, 15-16c, ff. 6v-8v(Corbett II,91). See 'Accipe cum dei adiutorio...'

Recipe cuperose unam libram salis nitri unam...
Dealbatio antimonii: BMsl 3457, 15c, f. 196v; T(1938), n.54

Recipe cupri unam libram bene limati lava...
Anthonius de Florentia, Alchemy: VE fa 323 (XVI,5), 15c, f. 166r(T IV, 340, n.45)

Recipe cupri viridis sive vitrioli salis armoniaci...
Arnald of Villanova, Opus quod dedit magistro Hospitalis: VAp 1330, 15c, f. 140v(T III,662)

Recipe cymini terrestri et in aceto...
Octodecem consilia: Basel D.III.1, ff. 129ra-133va

Recipe de bono vitriolo viridi et...
Johannes Gallicus, Aqua fortis: VAb 273, f. 187r

Recipe de calce viva et de cinere cerrii...
Ad faciendum argentum: FNpal 758, 15c, f. 80r; Ambix V(1956), 104

Recipe de eo unam libram et tritura...
Hermes, Opus minerale: BMsl 2327, 15c, ff. 15v-16v(DWS 46)

Recipe de fructibus arborum olive recentibus antequam maturentur...
Arnald of Villanova, Tractatus aque olive: VAp 1180, 15c, ff. 166r-167r

Recipe de mercurio ad libitum tuum et sublime ipsum...
Lapis philosophicus ex quibus fit et de eius regimine: Mon 493, a.1459, f. 192r-v(Corbett II,129)

Recipe de minio satis et accipe acetum...
Antonius de Forlivio, Alchemy: VAp 1335, 15c, ff. 47r-(53r)

Recipe de nostro mercurio pondi(*sic*) florenorum sex...
Antonius Parisiensis, Via universalis: VE fa 323 (XVI,5), 15c, ff. 170r-177v

Recipe de quocumque eorum vis lib ii vel i...
De fixione mercurii et aliorum spirituum: CLM 405, 14-15c, f. 43(26)r, first of a collection of short recipes extending to f. 50

Recipe de sale armoniaco quantum vis...
Preparatio salis armoniaci: BMh 5403, 15c, ff. 36v-37v(DWS 578)

Recipe de sale arsenico quantum volueris et tantum...
Frater Osbertus de Publeto, Aqua ad dissolvendum arsenicum: BLc 125, 14c, ff. 42-44(DWS 333)

Recipe de sanguine hominis per se quantum vis...
Oleum sanguinis: BMsl 3457, 15c, ff. 134v-136r; T(1938), n.45

Recipe de sole puro foliato et minutatim inciso
. . .
 Johannes Gallicus, Opus ad solem: VAb 273, ff.
 183r-187v, 295

Recipe de sulphure quantumvis et iunge cum
mercurio. . .
 Magister Durant, Opus quod multotiens in aula
 regis Castelle faciebat: BMsl 3457, 15c, f. 206
 (DWS 344)

Recipe de sulphure quantumvis et tere ipsum
subtiliter. . .
 Opus solis et lune completum: BLd 164, 15c, ff.
 67-68(DWS 600)

Recipe de tartaro quantum vis. . .
 See 'Quoniam de oleo tartari. . .'

Recipe de urina puerorum de decem annis. . .
 Aqua vite: BMsl 3457, f. 235r-v; T(1938), n. 66

Recipe de urina puerorum distillata cocta. . .
 Aqua ad album in ere: BMsl 3457, 15c, f. 235v;
 T(1938), n.66

Recipe de vitrioli lb. l et de aere. . .
 See 'Compendium abstractum. . .'

Recipe diptani albi sandalorum rubeorum bolli
armeniaci. . .
 Contra pestem remedium: FLgr 175, 15c, f. 3v;
 Ambix V(1956), 99

Recipe duas partes de sanguine porcino. . .
 De venere: BMsl 2135, 14c, f. 10r-v(DWS 513)

Recipe duas partes mercurii sublimati et reso-
luti et intus. . .
 Roger Bacon, Bonae operationes: London, Public
 Record Office S.P. Misc. Bundle 37, IIIa, ff. 3-4v
 (DWS 206)

Recipe duas partes optimi D et unam partem
de C. . .
 Raymond Lull, Practica abbreviata: HL 29, 385

Recipe duas partes vitrioli salis petre partem
unam. . .
 Collectanea alchemica: BMsl 276, 15c, ff. 17-18
 (DWS 671)

Recipe duodecim uncias vitrioli sex uncias salis
. . .
 Johannes de Leoduno: BMsl 276, 15c, ff. 19r-22r
 (DWS 294)

Recipe eneadis ut supra per omnia fratris Helie
. . .
 Alchemical recipe: BMsl 3457, 15c, f. 378v. See
 'Recipe lacerti viridis eneadis. . .'

Recipe ergo corpus quod tibi demonstravi et
istud in laminas. . .
 Alchemy: BMsl 3457, 15c, ff. 60-66v(DWS 684)

Recipe ergo cum dei adiutorio lapidem. . .
 Raymundus de Terminis, Tertia epistola. See
 'Amicum induit qui iustis. . .'

Recipe ergo de vino albo vel rubeo. . .
 John of Rupescissa, De aqua vite rectificata: Wo
 3721, 15c, ff. 253r-257(T III,369, n.71)

Recipe ergo in nomine domini dei omnipotentis
in opere. . .
 (Arnald of Villanova), Liber de practica roris
 madii datus Bonifacio papae VIII: T III, 665-66

Recipe ergo in nomine Ihesu lunariam. . .
 Bern B.44, 15c, f. 100r

Recipe ergo mercurium viva et lava ipsum
quousque. . .
 See 'Sequitur capitulum alchimisticum quod est
 elixir. . .'

Recipe ergo vitrioli. . .
 See 'Recipe vitrioli romani. . .'

Recipe ex luto magisterii. . .
 Aliud magisterium furni philosophici secundum
 Arnaldum de Villanova: BNna 1293, ff. 66r-68r

Recipe feniculi ruthe verbene euffragie endive
. . .
 Petrus Hispanus, Tractatus mirabilium aquarum
 (De preciosa aqua ad oculos): Mon 490, f. 239v

Recipe ficum cum ruta et duabus avellanis. . .
 Johannes Hake(Griese) of Westerholt *or* John of
 Göttingen, Pest tract: Archiv V(1912), 36-39

Recipe fidam(?) bene et optime finitam. . .
 Sequitur de ffunda: BMsl 3457, 15c, ff. 412v-
 414r; not distinguished in DWS 694A

Recipe flores boragis buglossis. . .
 Practica contra pustulas rubeas in facie: CLM
 19901, ff. 270v-271r

Recipe flores gaudii(?), et pone in pelvi cum
lixivio communi. . .
 Ad faciendum finissimum azurium: Oa 81, f. 98v

Recipe flores Martis flores emathitis flores
vitrioli. . .
 VI 5286, 15c, f. 142v

Recipe flores verucarie maioris tempore quo
incipiunt cadere. . .
 Pro tornasolio faciendo: BMsl 1754, f. 235v; Isis
 22(1935), 458

Recipe flos anthos(?)...
> Electuaria: VAp 1268, f. 225v

Recipe galanga gariof. ...
> Aqua mirabilis et preciosa: BMsl 130, 15c, f. 49v; cf. CUg 336, 15c, f. 139v(Atk)

Recipe galbani oz. i armoniaci oz. ii...
> Emplastrum mag. Galfridi de Meldis: FLgr 175, 15c, ff. 2v-3v; Ambix V(1956), 99

Recipe gall' rosarum rubearum...
> See 'Confectio tincture denigrantis...'

Recipe garofili nucis muscate zinziberis...
> Aqua: FLgr 175, 15c, ff. 1r-2r

Recipe gummi de arabia et gallis et coprose et tere ea...
> Modus ad faciendum incaustum: BMar 507, 15c, f. 100v(DWS 933)

Recipe herbam celidoniam cum suis radicibus...
> Elixir vitae: FLa 143(217-149), 15c, f. 114v

Recipe herbam celidoniam et extrahe clam ut scias...
> De celidonia: BLd 164, 15c, ff. 24v-25(DWS 1106)

Recipe igitur in nomine domini nostri Iesu Christi...
> Compositio perfecti lapidis: Geneva 82, 16c, ff. 18r-30r

Recipe igitur in nomine Iesu Christi septem pondera aque que solvit solem...
> Arnald of Villanova, Aqua puri solis: BMsl 3457, 15c, ff. 177-178v(DWS 239)

Recipe igitur libram unam nostri spermatis...
> Helias, De compositione lapidis: VAb 273, f. 284r

Recipe igitur mercurium minerale et terram...
> Thomas Aquinas(?), Tract. quem Reynaldo fratri suo compilavit: T III, 42, n.4

Recipe in dei(domini) nomine omnipotentis solis foliati...
> Walterus commorans Parisius, Ars completa ad rubeum data domino cardinali Prenestrium: BLd 164, 15c, ff. 101-106v(DWS 354; T III, 132); anon. Cambrai 920(819), 15c, ff. 224-229(Corbett II,50)

Recipe in dei nomine vinum album odoriferum ...
> Raymond Lull, De lapide vegetabili: Mi R.94. sup., 16c, ff. 23r-26v

Recipe in locis albi vel rubei...
> Alchemy: VAp 1329, 15c, f. 127r

Recipe in nomine dei unam partem aque mercurii albi...
> Practica Alberti (from Semita recta): BNfr 14797, 16c, pp. 157-177(Corbett I,251)

Recipe in nomine domini cuiuscumque corporis imperfecti volueris...
> (Alchemy): CUt R.XIV.45, 14c, ff. 60v-63r

Recipe in nomine domini ipsum corpus...
> Winandus, Gloria mundi: VE fa 323, 15c, ff. 156v-162v; etc.(T IV, 691)

Recipe in nomine domini nostri Ihesu Christi unam partem...
> Practica socii mei fidelis: BMsl 3457, 15c, ff. 262r-263r; T(1938), n.39

Recipe in nomine domini solis purissimi...
> Solitarius de Nova Foresta, Conclusio: CUt 1122, 15c, ff. 176v-177v(DWS 379)

Recipe in nomine Iesu Christi libram unam...
> Opus ad faciendum medicinam: Boston Medical 18, 15c, ff. 174v-176r

Recipe in nomine Ihesu libram unam de sulphure viridi fixo...
> Opus ad faciendum medicinam penetrativam et fixam: BMsl 3457, 15c, ff. 292v-294(DWS 598)

*Recipe in nomine individue trinitatis...
> Gul. Botoner, Collect. medicin.: Bale

Recipe Iovem calcinatum et pone in cucurbita vitrea...
> George Ripley, Viaticum: Opera, 1659, pp. 337-66

Recipe Iribric(sic) electi crassi et bene lucidi...
> Opus Iribric(sic): Orléans 291, 16c, ff. 14-19 (Corbett II,149)

Recipe isopi gladioli sanien(?) abrotani...
> De aquis mirabilibus: VAp 1205, ff. 130r-143r

Recipe isopi pulegii gariofilate citorie...
> Novem aque philosophorum: CLM 405, 14-15c, ff. 94r-95v. The fifth water opens, 'Recipe isopi gladiole savine et abrotani...'

Recipe istius aque libram et distille...
> Aurum potabile: BMsl 3457, 15c, f. 260r; T (1938), n.70

Recipe lacerti viridis eneadis vel cupri...
> Ad solem perfectum: BMsl 3457, 15c, ff. 377r-378v

Recipe laminas auri seu tabulas quas habere solent pictores...
> Aurum potabile: BMsl 3457, 15c, f. 259r; T (1938), n.68

Recipe laminas cupri ad quantitatem palme...
> Viride grecum: BMsl 3457, 15c, f. 343v; T (1938), n.74

Recipe laminas eris et madefac eas...
> Ad faciendum bonum zynimar: BMsl 3457, 15c, f. 345r; T (1938), n.75

Recipe laminas lune tenuissimas...
> Fixatio lune: Chantilly 327(642), 14-15c, ff. 211-213(Corbett II,60)

Recipe laminas martis (de marte) in spissitudine unguis...
> Rupertus de Constantinopoli, Alchemy: VAp 1330, f. 140r; BMsl 3457, 15c, f. 281r-v(DWS III,1167, corr. 385d); T (1938), n.15

Recipe lanciolam tartarum album pistum item parum boracis...
> Fixatio congelationis mercurii: FNpal 758, 15c, f. 101r; Ambix V(1956), 104

Recipe lapdani...
> Pomum ambre: Salins 45, 15c

Recipe lapidem album animalem...
> Aristotle, Alchem. letter: Mon 490, 15c, ff. 68v-69v(Corbett II,118)

Recipe lapidem album et ipsum totum in aquam ...
> Operatio et immisio lapidis albi trium substantiarum: FR 390(N.III.XI), ff. 73r-74r; Ambix V(1956), 108

Recipe lapidem animalem vegetabilem et mineralem...
> Aristotle, Epistola ad Alexandrum (Alchemy): VAp 1335, 15c, f. 119v; Speculum XI, 376; FR 940 (L.I.15), 15c, ff. 105-112v

Recipe lapidem benedictum qui non est lapis...
> Alchemy: Cop G.kgl. S.1712, Q., 15c, ff. 1-4v. See 'Accipe lapidem benedictum...'

Recipe lapidem rubeum et scinde in peciis...
> Vergilius, De lapide philosophico: BLd 164, 15c, ff. 25v-26v(DWS 330.iii)

Recipe lapidis preciosi quod est corpus aereum ...
> Hermes, Liber III verborum: FR 390, ff. 133r-136r; Ambix V(1956), 109

Recipe lathrtg b.(*sic*) hoc est carcuga (for tortuga?)...
> Ordinatio Alchid Bechil Sarraceni philosophi: BN 7156, 13-14c, f. 143r-v(Corbett I,77)

Recipe leonis viridis foliati et non...
> Raymundus Gaufredus, Opus: BNna 1293, 15c, ff. 70-73r(Corbett I,216)

Recipe leucopiperis grana cc iusquiami...
> Experimenta quedam secreta a magistro Nicolao extracta ab Avicenna et aliis: Basel D.III.6, 13c, f. 124r-v

Recipe libram simile frumenti de meliori quod sit...
> Ars vera et experta ad suffisticandum omnes lapides: VE VI.215(XVI,4), a.1475, ff. 293-297

Recipe libram unam armoniaci rubei vel auri pigmenti...
> Recipes for oleum tartari et sol et luna: Mon 490, 15c, ff. 67-69v(Corbett II, 117)

Recipe libram unam vitrioli romani unam libram salnitri...
> Practica verissima: BMsl 3457, 15c, f. 176v; T (1938), n.29

Recipe libram unam vitrioli romani libram sem. salis nitri...
> Aqua fortis: BMsl 2135, 14c, ff. 28v-30; DWS 465A

Recipe libram unam vitrioli romani mediam libram salis nitri...
> Practica verissima: BMsl 3457, 15c, ff. 417v-418v; T (1938), n.29; DWS 696

Recipe ligni aloes rosarum...
> Confectio dexilo aloes vel ligno aloes secundum Mesue: Padua univ. 1325, 16c, ff. 1-10

Recipe lignum...
> See 'Cilindrum quod horologium viatorum dicitur ...'

Recipe limaturam argenti et ferri et eris et plumbi auri...
> Aqua mirabilis quam composuit magister Petrus Hispanus: Mi Trivulz. N.758, (H.100), 14-15c, ff. 43v-44r; Mon 490, 15c, f. 57v

Recipe limaturam argenti...ferri plumbi...
> Aqua mirabilis: CLM 259, f. 104ra-v

Recipe limaturam auri et tere cum tanto de arsenico...
> Alchemy: BMsl 521, 14c, ff. 75-76(DWS 534)

Recipe limaturam eius pone in olla...
> Plumbum facere album: BMsl 3457, 15c, f. 388r; T (1938), n.78

Recipe limaturam lotam in aqua tepida...
> Nota de croco: BMsl 3457, 15c, ff. 376v-377r; T (1938), n.77

Recipe limaturam martis ℈.100 bene ablute...
> Opus Hermetis: FR 940, 15c, ff. 103v-(106r)

Recipe limaturam sive laminas argenti vivi...
FNpal 758, f. 148r

Recipe limature eris bene lote et mundo(munde) cum aceto salito...
Arnald of Villanova, Recepte: VAp 1330, a.1463, ff. 114v-115v(T III, 667)

Recipe lunam bonam et fac limaturam...
Ad multiplicandum lunam: BMh 3542, 15c, f. 85r(DWS 1111,lvii)

Recipe magnesie nostre oz. 14 aluminis de roch oz. 14...
Johannes de Apulia, De sublimatione: BMsl 3457, 15c, ff. 420v-426(DWS 279)

Recipe marchasitam albam et tritura eam bene subtiliter...
Petrus de Villanova, Opus lunare: Cambrai 919(818), 15c, ff. 126-127(T III,663; Corbett II,39)

Recipe margaritarum oz. ii, oz. aphicorum...
Descriptiones quarundam medicinarum Mesue et aliorum cum correctione dosi: CLM 8, 15c, ff. 118va-119vb

Recipe margaritarum splendidarum corallorum...
Magister Thomas phisicus, Pillule contra pestem: BMh 1628, f. 2r

Recipe masticis dragmas iiii mirre aloes...
Ad memoriam inenarrabilem: BLd 43, 14c, f. 32v

Recipe masticis mirabolanorum citrinorum ana...
Anthonius Cermisonus, Pillule assaiarech: BMsl 636, 15c, f. 78v

Recipe medulle cassie...
Matheus Veronensis, Consilium pro quodam epileptico, a.1463: VAp 1251, ff. 108v-112r

Recipe menstruum vegetabile factum de vino...
Alchemy: BMad 10764, 15c, ff. 211v-212 (DWS 609)

Recipe mercurii oz(?) septem...
Experimentum fratris Helie de mercurio: MU F.673, 15c, f. 140r

Recipe mercurii et arsenici limature ferri...
BN 6552, early 14c, f. 28(Corbett I, 37)

Recipe mercurii partem unam aluminis de rocha partem...
Liber infantie: BMsl 1091, 15c, ff. 61-62v(DWS 681)

Recipe mercurii quantum vis et primo lava ipsum...
Archanum maximum: Cambrai 920(819), 15c, ff. 29v-32v(Corbett II, 42-43)

Recipe mercurii sublimati et mercurii vivi...
Thomas Aquinas, Recepta ad lunam: DWS 185; anon. Aqua mercurii: VAp 1339, 14c, ff. 144r-145v

Recipe mercurium crudum libram unam vitrioli...
Practica Pragensis: VE fa 323(XVI,5), 15c, f. 106; Testamentum Gebri: Gilhofer and Ranschburg, Cat. 257, MS 7, late 15c, ff. 159r-163r

Recipe mercurium et lava ipsum cum sale et aceto...
Fr. Johannes de Castello, Opus ad solem: FR 940(L.l.15), 15c, f. 10r-v

Recipe mercurium et mortifica ipsum cum rebus ardentibus...
Collectanea alchemica (in Latin and English): BMsl 1698, 15c, ff. 38-40v(DWS 733)

Recipe mercurium extractum artificialiter a(de) Iove...
Vemaldus, De operationibus et preparationibus veris: T III, 641; DWS 340; ColR 9c

Recipe mercurium minerale...
See 'Recipe igitur mercurium...'

Recipe mercurium mundatum per totum...
Iohannes Castellanus de Valentia, Fixatio et congelatio mercurii: BMsl 3457, 15c, ff. 125v-126r; T (1938), n.8

Recipe mercurium sublimatum...
Album ex mercurio sublimato: VI 5286, 15c, f. 87

Recipe mercurium sublimatum bis vel ter...
Aqua mercurii ex primo libro novi testamenti Arnaldi de Villanovi: BLd 164, 15c, ff. 98-101 (DWS 238)

Recipe mercurium sublimatum et arsenicum et pulveriza...
Opus lune: CUt 1151, 15c, ff. 45v-51v(DWS 596)

Recipe mercurium sublimatum et salem armoniacum ana...
VA 4439, 14c, ff. 19r-(21r)

Recipe mirobilanorum(?) nigrorum oz. ii...
Gentile (da Foligno), Ad melancoliam: VI 5269, 15c, f. 82va

Recipe nigrum nigrius nigro...
> Raymond Lull, Ars magica: FLa 190, 15c, ff. 54r-57r(T IV,630); BU 169(181), 15c, pp. 147-150; BNna 7180, 16c, f. 1; Orléans 291, 16c, ff. 4v-7(Corbett I, 137; II, 148); Epistola accurtationis lapidis benedicti: FR 390(N.III.XI), 41(40)r-44(43)v; anon. Wo 3107(17117 Aug. 4to), f. 17v-; VA 6846, a.1496-1500, f. 95r; VA 5847, f. 95r

Recipe nobiliorem...
> Opus lapidis animalis: BU 142(109), 15c, vol. I, ff. 218r-220v

Recipe nucis muscate gariofoliorum gardamom grana paradisi...
> Aqua (like balsam): FLgr 175, 15c, f. 24r; Ambix V(1956), 99

Recipe olei de mastice lb 1...
> Bartholomeus de Montagnano, Antidotarium (primus de unguentis): CLM 7, 15c, f. 251va-

Recipe oleum olyve ceram liquefactam in patella...
> Secuntur medicine cyrologie et primo de unguento quod dicitur apostolicon: BMsl 2995, 15c, f. 198ra

Recipe ollam habentem fundum latum...
> Practica Mauri: BMsl 3457, f. 370r(DWS corr. 334A)

Recipe ollam novam fortem bene et ignias...
> How to recover the gold from cloth of gold: BMsl 3457, 15c, ff. 390v-391r; ed. T (1938), n.52

Recipe ollam novam rudem...
> Extractum de libro Jo. Arderne in practica sua: CU 292(Dd.V.53), 15c, f. 90ra-

Recipe ollam quasi plenam acceto fortissimo...
> De balneis(Balneum Marie): Mi Trivul. 245, 15c, f. 37r-

Recipe omni mane novem pillulas pestilentiales...
> Magister Gallus, Pest regimen: pr Archiv VII (1914), 72-73

Recipe omnium philosophorum lapidem mineralem qui non est lapis...
> Magnum opus(alchemy): BN 11202, 15c, ff. 58-59v(Corbett I,151)

Recipe optime lune per cineritium...
> Secretissima ellixiris seu medicine compositio iuxta mentem Arnaldi de Villanova: BNna 7169, a.1542, ff. 12-15(Corbett I,129)

Recipe ova formicarum pondus 4 denariorum...
> De doloribus aurium: BMsl 783b, 15c, f. 90r

Recipe oz. martis et oz. ii salis armoniaci...
> Conrad, archbp. Prag, Practica: BMsl 3457, 15c, ff. 168v-169(DWS 308)

Recipe picis navalis uncias 2 cere albe...
> Excerpta ex operibus Gentilis de Fulgineo: VAu 643, a.1461, f. 137

Recipe piperis albi quod reperitur...
> Benedictus Catharius, Confectio electuarii quod datum fuit Bonifacio VIII: BU 977(1885), 15-16c, f. 95r

Recipe pomum bene coctum cortex auferatur...
> De dietis in acutis secundum B.: BMsl 282, 15c, ff. 189v-202

Recipe primo...
> Opus ad album: BU 142(109), 16c, I, ff. 175r-179v

Recipe primo de aceto purissimo vini...
> Roger Bacon *or* Raymundus Gaufredi, Verbum abbreviatum: BN 14006, ff. 100-103r(Corbett I, 183). See 'Verbum abbreviatum verissimum...'

Recipe primo folia nucum et pista bene...
> Ad curandum guttur grossum: Mon 490, 15c, f. 6or

Recipe primo igitur de mineralibus...
> BLas 1451, 15c, ff. 6v-7v(DWS 367)

Recipe primo limature pure lune...
> Johannes de Matiscone, Practica ad lapidem: BU 138(104), 15c, ff. 227r-232r(T IV,334)

Recipe primo mercurium et munda sic...
> BMad 10764, 15c, ff. 101-109(DWS 642)

Recipe primo tabulas de auricalco vel alio metallo...
> Astrolabe: VI 3528, 15c, ff. 184v-185r(TR 317)

Recipe pulveris...
> Contra impregnationem mulierum: BN 6988A, 15c, f. 149va

Recipe pulveris solis per...
> Guilbertus, Experimenta (ad solem faciendum): VAp 1339, 14c, ff. 23v-24r

Recipe quatuor libras de vitriolo...
> Laurentius, De operatione ad album secretum: BMsl 3457, 15c, ff. 351v-54(DWS corr. 307A)

Recipe radicem altee foliorum malve...
> Matthaeus de Verona, Consilium: VAp 1251, a.1463, ff. 105v-108v

Recipe radicem feni petrosilli brusci sparagi...
> Ad lapidem renum et denegatam urinam: VAu 1416, 15c, f. 106v

Recipe radices brusci. . .
> Digestive: BMsl 783b, 15c, f. 101r

Recipe radices pedis corvini. . .
> Petrus de Abano, Cura epidimiae: VI 5289, 15c, f. 15r

Recipe radices yreos rubee maioris. . .
> Remedia ad provocanda et restringenda menstrua: VI 5522, 15c, ff. 21r-24v

Recipe radicis(radices) feniculi petrosilii. . .
> I. Aqua vite: BN 7121, 14c, f. 96v-; Archiv VII (1914), 384
> II. Aqua pro oculis: Mon 490, 15c, f. 240r
> III. Recipe ad menstrua provocanda: CUt R.XIV.39, 15c, f. 203r

Recipe radicis lingue bovis radicum valeriane. . .
> Frater Robertus, Recepta tradita ad memoriam profundam: Illinois, Kenilworth 36, 15c, ff. 68r-69r

Recipe radicis petrosilli brusci sparagi. . .
> Aque medicine: VAp 1225, ff. 381v-395v

Recipe rebis qui nascitur in duobus montibus. . .
> Liber rebis: VA 4091, f. 124r(recipe in 38 lines)

Recipe rem putrefactam et in aquam reductam quamcunque volueris. . .
> Modus extrahendi quintam essentiam: BLd 164, 15c, f. 107r(DWS 571); BNna 11202, 15c, f. 60r-v (Corbett I,151)

Recipe reutham agrimoniam. . .
> Raymundus, Aquae (prima aqua): VAp 1251, ff. 217r-(223?)

Recipe roris madii collecti de mundissimis herbis. . .
> Arnald of Villanova, Recepta electuarii mirabilis: HL 28, no.53; CUg 213, 15c, f. 59v; Opera, 1504, f. 397r-v; T III, 72

Recipe roris marini salvie. . .
> Medical: VAu 1415, 15c, fly leaf

Recipe rutam et celidoniam et collige in. . .
> Benevenutus, Practica oculorum: CLM 259, f. 112ra-va

Recipe sal armoniaci optimi pulverizati. . .
> Aqua dissoluta: VI 5491, 15c, f. 15

Recipe sal armoniaci partes ii salnitri. . .
> BMsl 3457, 15c, f. 338v; T (1938), n.40

Recipe sal armoniaci sal petre vitrioli. . .
> Johannes Galacius, Ars magna *or* Aqua solis: DWS 342

Recipe sal armoniacum bene latum. . .
> Liber separationum: FR 940(L.I.15), 15c, ff. 10v-12v

Recipe sal armoniacum preparatum et fixum et sit medium. . .
> Richardus de Salopia, De proportione elementorum: BMh 3703, 14c, ff. 74v-95(DWS 222)

Recipe sal commune. . .
> Joh. Aygel, Regimen pestilentie: Kropff, Bibl. Mellic. p. 75(Schulz); Archiv VI, 370-73

Recipe sal commune et assa in furno quousque non crepitet. . .
> BLd 119, 14c, ff. 22-23v(DWS 544)

Recipe sal vitri vitreoli romani. . .
> Aque multe virtutis: VI 5307, 15c, ff. 9r-16v

Recipe salem armoniacum salem vitri. . .
> Preciossima aqua mundi secundum Aristotelem et Rogerum Baconem: BMsl 2135, 14c, f. 22(DWS III,1120, 30A)

Recipe salis armoniaci salpetre vitrioli. . .
> Johannes Galacius, Ars magna *or* Aqua solis: DWS 342 i, iii

Recipe salis armoniaci unam libram salis petre . . .
> Liber de preparationibus: BMsl 976, 15c, ff. 1-15 (DWS 611)

Recipe salis calcinati ut scis et salis armoniaci. . .
> Arnald of Villanova, Recipe for Hospitaler: DWS 225

Recipe salpetrum et vitrioli romani. . .
> John of Rupescissa, Liber lucis(abbreviated): VE fa 323(XVI,5), ff. 185v-186v(T III,735); Mon 493, 15c, ff. 233r-236r(with fig.); BU 303(500), 15c, ff. 218v-224r

Recipe sandaleum rubeum rosarum. . .
> Rasis, Medicines: VA 4425, ff. 271r-(275)

Recipe sandalorum amborum rosarum. . .
> Ant. Cermisonus, Pillulae ad preservandem sanitatem: VAu 683, 15-16c, f. 1v

Recipe sandarace pure id est auripigmentum libram unam. . .
> Marcus Grecus, Liber ignium: DWS 979; BN 7156, 13-14c, ff. 65-66v; Mon 277, 15c, ff. 79r-80(Corbett I,73; II, 81); VA 5397, f. 127; Diels (1906), 61; ed. Berthelot, I, 100-120

Recipe sandarace pure lib. i ammoniaci liquidissimi lib. i. . .
> Marcus Grecus, Liber ignium: CLM 367, f. 88v-(incomplete); anon. VAp 1176, f. 196vb

Recipe sanguinem draconis. . .
Liber septem experimentorum: Gö Hist. nat. 75, 14-15c, f. 16v, 32 ('Explicit alkimia Peregrini philosophi'); FR 940, 15c, ff. 18v-24v

Recipe sanguinis asini congelati pinguedinis lupi. . .
Suffumigatio ad videndum in somno: FNpal 945, 15-16c, ff. 177r-184r; Ambix V(1956), 105, n.113

Recipe scabiose radicis cicorie cinamoni. . .
Preservativa regis Edwardi Quarti: CUpet 95, late 15c, f. 108vb

Recipe serpentem vivum et interfice. . .
BLcm 524, 15c, f. 171r-v; T II, 796

Recipe serpentinam tormentillam rutam salviam . . .
Remedium aliud contra pestilentiam: ed. Archiv XL(1956), 336-339

Recipe sextarium vini nigri. . .
Aqua ardens: PA 1080, 14c, f. 131v

Recipe solis foliati partem unam mercurii. . .
Arnald of Villanova, Opus simplex: VAp 1330, a.1463, ff. 112v-114v(T III,663)

Recipe solis puri vel lune pure quantum volueris . . .
Egbertus: BLd 164, 15c, f. 97v(DWS 353)

Recipe solis purissimi partem unam mercurii optimi sublimati. . .
BMsl 3457, 15c, ff. 69v-72, 72-78v(DWS 686)

Recipe stagni duas partes mercurii partem unam tunc funde. . .
Fredericus Bononiae, Opus quod nullum iudicium timet: BMad 15549, 15c, f. 92r-v; BLas 1423, V, 16c, pp. 10-18(DWS 348)

Recipe stagni partem unam. . .
Aqua mercurii secundum Ungarum: Mon 479, 16c, ff. 102-106(Corbett II, 107)

Recipe stagni partem unam mercurii purificati . . .
Philip, Practica ad album: FLgr 175, 15c, f. 10v; Ambix V(1956), 99

Recipe stagni partes 2. . .
See 'Recipe stagni duas. . .'

Recipe storacis calamite florum buglosse. . .
I. Marsilius, Pomum ambre tempore pestilentiali optimum: Archiv XVI, 132
II. Francinus de Bononia: Archiv VI, 328-33

Recipe succi venene ubi ponatur modicum de sanguine. . .
Contra epilepsiam experimentum probatum a quodam: VAp 1229, f. 49rb

Recipe succum absinthii et lac. . .
Contra dolorem oculorum: VI 3011, 15c, f. 155r

Recipe succum rute et misce cum sanguine. . .
Remedies for various ills: BMsl 345, 15c, f. 102r-v

Recipe succum sambuci sive celidonie et mitte . . .
Magister Albicus, Collecta et recepte: CLM 238, 15c, f. 1r-

Recipe sulfur. . .
See 'Recipe sulphur. . .'

Recipe sulphur mundum minutissime tritum. . .
Opus probatum in sole ex quatuor spiritibus: CU Kk.VI.30, ff. 103v-104v; DWS 191, iii varies

Recipe sulphur vivum et bulliatur. . .
Joh. Gallicus: BN 7159, 15-16c, f. 91r-v(Corbett I,91)

Recipe sulphur(is) commune quantum vis. . .
Sulphuris preparatio et fixio: BMsl 3457, ff. 285v-286r; T (1938), n.51

Recipe sulphuris pulverizati. . .
Albertus Magnus, Practica ad lunam: Boston Medical 18, a.1464-1468, ff. 153v-155r

Recipe sulphuris rubei. . .
Nicolaus de Barth, Augmentum solis marchionis Ioannis piae recordationis datum in civitate cubitensi: VE fa 323(XVI,5), 15c, ff. 183-185

Recipe sulphuris vivi item salis gemme item tartari. . .
Collectanea alchemica: CUt 9, 15c, ff. 1-13v (DWS 774)

Recipe sulphuris vivi lucidi clari libram. . .
Thomas Aquinas, Alchemy: BN 7161, 15c, f. 102v

Recipe sulphuris vivi mundi rubei et claris. . .
Patriarcha Constantinoplitanus, Recipe for gold: BN 7162, 15c, ff. 103v-104(Corbett I,114)

Recipe sulphuris vivi ocrei coloris optime triti. . .
On colors: BNna 18515, 16c, ff. 1-16v(Corbett I, 209-10)

Recipe tabulam et describe circulum unum. . .
Georgius Peurbach, Canones astrolabii: VI 4782, 15c, ff. 225r-270v

Recipe tabulam ligneam pergameno correctam . . .
    Compositio equatorii: VAp 1416, 15c, ff. 168r-169v

Recipe tabulam planam et rotundam competentis magnitudinis . . .
    Equatorium planetarum: BN 7443, 15c, ff. 243v-247v(unfinished)

Recipe tabulam planam super cuius extremitatem . . .
    Tract. directorii significatoris: Ea Q.349, 14c, ff. 147-150

Recipe tartarum et calcina fortiter donec albificetur . . .
    Petrus de Armenia, De tartaro: BMsl 976, 15c, f. 19r-v(DWS 152)

Recipe tegulas ab ove . . .
    De oleo philosophico composito: VI 5371, f. 135r

Recipe tegulas novas de fornace quas aqua non tetigit . . .
    De oleis: BMar 251, 14c, ff. 12r-(14), (DWS 470); De oleo laterino sive benedicto: BMsl 981, 15c, f. 86r(DWS 1000,xvii); VI 5371, f. 135r

Recipe tegulas rubeas antiquiores vel recentiores . . .
    Oleum benedictum: BMar 251, 14c, f. 14v

Recipe terbentine (bene) lote lb.1. mellis dispumati . . .
    Secundum Philippum de Tauro de Neapoli: BU 977(1885), 15-16c, f. 105r; Petrus Hispanus, De duabus aquis mirabilibus mundi: Mon 490, 15c, f. 58

Recipe terbentine lb. 1 olei veteris . . .
    Oleum preciosissimum: BMsl 416, 15c, f. 160r-v

Recipe terbentine lb. 2 lote et clare . . .
    Consilium ad faciendum balsamum leviter: CLM 205, 15c, f. 297r-v

Recipe terbentine lb. 1 mellis lb. semi . . .
    De aqua balsami mirabili: Basel D.III.19, 4 pp.; Aqua vivificans sive balsamum artificiale: BU 169(181), 15c, pp. 151-152

Recipe terbentine uncias 3 olibani uncias 2 aloes . . .
    Alia mater Balsami: Mi Trivul. 758(H.100), f. 47v

Recipe tiriace pondus XII ducatorum . . .
    Remedia prestantissima contra pestem: Archiv XL(1956), 176r

Recipe tormentille viridis si haberi possit . . .
    Aurum potabile: BMsl 3457, 15c, ff. 189r-190v; T (1938), n.68

Recipe tres mar.(?) parve argenti et liquefac et granula . . .
    Augmentum cum vermilione: VI 5491, 15c, ff. 17v-18v

Recipe tres partes urine antiquate . . .
    Chapters on salts; BMad 41486, ff. 8r-9r

Recipe tutie Alexandrine libram unam et . . .
    See 'Ego Accannamosali . . .'

Recipe tutie et pone in igne donec rubescat . . .
    Johannes de Picardia, Tinctura (ad rubeum) probata super es: Mon 493, 15c, ff. 230v-231r; Corbett II, 130

Recipe una parte de gama de lion . . .
    Compositio . . . minerali: FNpal 758, 15c, f. 196r; Ambix V(1956), 104

Recipe unam libram aluminis . . .
    Albertus Magnus, Experimenta (quomodo fit aqua acuta): BNna 1293, 15-16c, ff. 118r-122v

Recipe unam partem antimonii sublimati fixi et imbibe . . .
    Ex libro divinitatis verum sulphur sapientum: BMsl 3457, 15c, ff. 208v-209r; T (1938), n.25

Recipe unam partem sulphuris et modicum tere . . .
    Compositio auri musici: Graz 1609, f. 172r; Ambix 8(1960), 54, n.3

Recipe unciam eris sulphuris vivi . . .
    Augmentatum solis (alchemy): VI 5224, 15c, f. 38r

Recipe unciam unam vitriolli electi sal nitri fixi . . .
    Hortulanus, Opus septem dierum: BMsl 3457, 15c, ff. 220v-222v(DWS 167); T (1938), 390

Recipe unum lb. salis . . .
    Petrus Purgen., Rubeum: VI 5286, f. 132r

Recipe unum lotis albi vel rubei . . .
    VAp 1329, 15c, f. 127r

Recipe unum pinculum vini factis et pone . . .
    Experimentum Alberti Magni: VAp 1316, 15c, ff. 101v-102v

Recipe unum pondus aque ensis . . .
    BN 7162, 15c, f. 17r-v(Corbett I,108)

Recipe unum pondus de cinobrio . . .
    Practica una in cinobrio: BMsl 3457, ff. 324v-325v (part of DWS 779c)

Recipe urinam duodecim puerorum virginum . . .
> BN 7163, f. 67(H)

Recipe urinam (a word in cipher comes next) in magna quantitate. . .
> Urine ignotus modus conficiendi et tincture ex lapide eiusdem: BMsl 3457, 15c, f. 236r; T (1938), n.66

Recipe usufur partem limate lune subtilissime . . .
> Domytton(Dumbleton?), Lib. 4: CUt 1363, 15c, ff. 83-85(DWS 171)

Recipe utriusque salvie utriusque. . .
> De passionibus capitis usque ad pedes: Basel D.III.1, 15c, ff. 110ra-116ra

Recipe uvarum passarum libras ii. . .
> Tusculanus, Electuarium: Ea Q.222, 13-15c, f. 82r-v

Recipe veneris bene purgati lune bone. . .
> Recepta alchemica: CUt 1151, 15c, ff. 18v-19v (DWS 626A)

Recipe veru galline et assa quanto melius potest . . .
> Contra lacrimas oculorum: BMad 22668, 13-14c, f. 89v

Recipe vini nigri pontici. . .
> Petrus de Abano: Unguentum ad craneum fractum: CLM 12021, f. 99ra

Recipe vini rubei solempni et bene maturi. . .
> De virtutibus aque vite: BMsl 3124, 15c, ff. 142v-146v

Recipe viride es libram unam mercurii. . .
> Opus de Lapillis verum et probatum: BN 7161, c.1407, ff. 69v-70(Corbett I,100)

Recipe vitella ovorum duriter. . .
> Ad faciendum solem: BLd 119, 14c, ff. 96-97v (DWS 28,ii); CUt R.XV.44, c.1500, f. 167(Atk)

Recipe vitellum ovi. . .
> BLas 361, 15c, p. 3

Recipe vitellum unius ovi. . .
> Liber experimentorum: VA 4462, f. 55

Recipe vitrioli bene sicci. . .
> Christopher of Paris, Particulare repertum in scripturis quondam domini Andree Ogniben eius discipuli: VAb 273, f. 263v(T IV,350)

Recipe vitrioli boni libram unam. . .
> Boniface IV, De dissolutione et congelatione et fixione eiusdem: Brux 2970, 16c, ff. 177-181(Silvestre)

Recipe vitrioli calcinati. . .
> De aquis metallicis: BMsl 3457, 15c, ff. 306-307v (DWS 480B); Ze IV, 984-85

Recipe vitrioli citrini vel cuperose. . .
> Ad album et ad rubeum: BLd 164, 15c, ff. 108v-110v(DWS 601)

Recipe vitrioli partem unam. . .
> Capitulum perfectum ad aurum: Oc 125, f. 39r

Recipe vitrioli puri Romani. . .
> Roger Bacon(?): BLas 1423, V, pp. 1-5, a copy made in 1593 from a late 15c MS

Recipe vitrioli romani electi de Egipto coloris viridis. . .
> Opus magistri Hospitalis transmarini correctum per magistrum Arnaldum de Villa Nova: BMsl 3457, 15c, ff. 409r-410r(DWS 224); VAp 1332, f. 49r

Recipe vitrioli romani et salis communis. . .
> Jacobus Gallicanus, Liber thesauri: BMad 10764, 15c, ff. 88-91(DWS 349)

Recipe vitrioli romani libram unam. . .
> I. Laurentius Luti, Alchemy: EU 131, 15c, ff. 75-82(DWS 307). Introd. 'Hec. est scripta...' II. Aqua fortis de libro Hugueti Cardinalis: BN 7158, 14-15c, f. 78v(Corbett I,87)

Recipe vitrioli romani libram unam aluminis plumbi. . .
> (Rasis, Lumen luminum): Blcm 81, 15c, f. 225r-v(DWS 114, xii)

Recipe vitrioli romani libram unam salis nitri lb. v. . .
> Frater Galvanus della Flamma, Epistola imperatori Henrico missa: T III, 132, n.50; DWS 291, anon. 477, 1082; Mon 493, 15c, f. 51v

Recipe vitrioli romani partes ii. salis nitri partem i. . .
> Ramusculus lapidis philosophorum: Mon 493, 15c, ff. 243r-247v(Corbett II,131)

Recipe vitrioli romani salis nitri. . .
> Aqua multe virtutis: VI 5491, 15c, f. 10v

Recipe vitrioli romani vel cipriani(cupri vel cuperose). . .
> Helias, Opus ad conficiendum bonum solem super saturnum: BMsl 3457, 15c, ff. 136-138(DWS 172,iii); BNna 1293, 15c, ff. 93v-99v(Corbett I,217); anon. Mon 493, f. 113v

Recipe vitrioli salis. . .
> Johannes Gallicus, Tinctura. Aqua que dissolvit solem: VAp 1335, 15c, f. 162r; T IV, 333

Recipe vitrioli salis petre...
  Cuno, archbp. Treves, Practica: BMh5 403, 15c,
  ff. 73-74v(DWS 170)

Recipe vitrioli uncias tres...
  Qualiter fit aqua fortis et virtutes eius: Lehigh
  MS, ff. 74v-76r

Recipe vitrioli ungarici aut romani duo lb. sal
nitri i lb...
  Aqua mercurii: BMsl 3457, ff. 329v-332v; T
  (1938), n.33

Recipe vitrioli viride eris salis armoniaci et
sulphuris...
  Aqua vitrioli: BMsl 3457, 15c, f. 401r-v(DWS
  481)

Recipe vitrioli viridi et distilla donec currat...
  Via vera mercurii: Cambrai 920(819), 15c, f. 33v
  (Corbett II,43)

Recipe vitriolum Romanum salis nitri alumini
...
  Opus magistri Hospitalis Hierusal. in subsidium
  terre sancte: VI 5224, 15c, ff. 82r-83v

Recipe vitriolum Romanum salpetrum...
  Fac aquam fortem taliter: VI 5491, 15c, ff. 20r-
  21v

Recipe vitriolum separatum et preparatum...
  De lapide occulto vel aqua ad dissolvendum mercurium: MU F.673, 15c, f. 124r-

Recipe vol acetosi...
  Joh. Jacobi, Recepte de febribus (de tertia prima):
  VAp 1177, ff. 184v-185v

Recipe ysopi...
  See 'Recipe isopi...'

Recipe zodiacum sexti orbis cui frigidum...
  Lapis philosophorum in lapide marmoreo sculptus
  et Rome inventus tempore Innocentii pape VIII:
  Lehigh MS, f. 201r

Recipiantur ergo ut dicit Hermes lapidis per-
mixiones...
  BLas 759, 15c, ff. 64v-68v(DWS 706A)

Recipiatur cum adiutorio dei de argento vivo...
  Chantilly 327(642), 14-15c, pp. 203-206(Corbett II,60)

Recipit autem species haec...
  St. Gall Antidotarium: Sigerist(1923), 78-99

Recitat Avicenna quod quidam medicorum...
  De capillis et eorum cura: VA 5377, f. 89v, perhaps part of work beginning 'Aries (est) calidus et
  siccus...'

Recognoscuntur autem leprosi a quinque signis
...
  Examen leprosorum: AFML 518, 15c, ff. 122v-
  124r; CLM 660, 15c, ff. 46r-47r

Recolitis ut estimo quod scribendi mihi nuper...
  Defense of the astrology of Geoffrey of Meaux:
  T III, 282-83; Wo 2839, 15c, ff. 94-101

Recolligo ergo quod dictum est de ratione sive
intellectu...
  Albertus Magnus, De virtute intellectiva: GW
  711-713; Klebs 23.4-6

Recordare mi fili Roboan...
  Liber negromancie: Girolla 68; Clavicula Salo-
  monis: Trith. Antipalus malef. p. 292; Er 853
  (Lutze, p. 121)(Schulz)

*Rectangulum in remedium tediosi et difficilis...
  Richard of Wallingford, prol. Rectangulum,
  a.1336: Isis IV(1922), 461; ed. Gunther, II,
  337-48; Ea Q.361, 14c, ff. 154-156v; BMh 80,
  14c, ff. 54v-57r, dated 1326(*sic*)

Rectas ductas lineas ferri spatio...
  Euclid, Optics: Ab(1912), 147

Recte facis Saxette charissime qui ita diligenter
...
  Bartholomeus Fontius, dedic. to Franciscus
  Saxettus, De mensuris. See 'Mensura proprie ea
  ...'

Recte profecto meo iudicio nobiliores philosophi
...
  Peurbach and Regiomontanus, Epitome almagesti: VE fa 328(XI,63), 15c, ff. 1-117; BN
  5787, ff. 82r-213r; pr Venice, 1496 (Polain
  2793bis; Klebs 841.1; IAL R106); Basel, 1543,
  Nürnberg, 1550

Rector amplissime doctores gravissimi...
  Thomas Rodericus à Vega, De fascinatione: BN
  7048, a.1561, ff. 284r-291v (once 17-27)

Rectum visum esse cuius media terminos...
  Euclid, De speculis: BLau F.5.28, 13c, ff. 24-29
  (not by Jordanus Nemorarius, as stated in Summary Catalogue of Western MSS). See 'Visum
  rectum cuius...'

Rectus ordo doctrine per singulas artes...
  Bartholomaeus (de Brugis?), Comm. in Isagogas
  Johannitii: Ea Q.175, 13c, ff. 1-27; Borghesi 196,
  14c, ff. 30r-53v; anon. Ea Q.204, ff. 59-61v;
  BMr App.6, 13c, ff. 42r-(59v); VI 2447, 13c,
  ff. 1r-22r; Oc 293, 13-15c, ff. 207r-235r

Recumbens olim...
  Jacobus de Tueterbock, De vii etatibus mundi:
  Dresden P 42, ff. 111-119(Schulz)

Reddite sunt mihi littere tue quas inter carceris
. . .
>Rodericus Sancius de Arevalo, Epistola ad Campanum: CUc 166, 15c, f. 149v

· Redeamus ad dispositionem supradictarum rerum et prius de sale communi . . .
>Comm. Archilaus: VAp 1330, 15c, ff. 8v-(23r)

Reducamus primo corpora in non corporea donec . . .
>Rasis, Practica: DWS 121

Reductio vel introductio medicine . . .
>Johannes de Mehun(Clopinel), Prose extracts (alchemical): BLas 1451, 15c, ff. 38v-39(DWS 302)

Refert Ablaudius Babilonicus inter antiquissima Grecorum volumina . . .
>Hugo Sanctallensis, prol. Spatulomancy: Haskins 79

Refert dominus Albertus Magnus in scripto super Almagesti . . .
>De inventoribus astronomie: VAp 1451, f. 25r

Refert enim Rabi Moyses maximus philosophus quod quemlibet celum . . .
>Ome 219, f. 160va

Refert Fulgentius de ornatu orbis . . .
>Fulgentius Metaforalis (Johannes Ridevallus?), Imagines: Graz 836, 14c, ff. 20v-34r; Studien d. Bibl. Warburg, IV, 31, 40, 47

Regalis thesaurus non solum debet esse in auro
. . .
>Epistola magistri Bartholomei (of Salerno) ad regem Francorum: ed. from Tours 290, ff. 90v-91r; E. H. Talbot, BHM XXX(1956), 321-328

Reges pluribus delectationibus gaudent aliis . . .
>Moamyn, prol. De scientia venandi per aves: Haskins 318-19; cf. Werth, Altfranzos. Jagdlehrbucher, p. 30. Text, 'Genera autem volucrum . . .'

Regi egiptiorum octaviano augusto . . .
>Aesculapius, Asclepius *or* Constantinus Africanus, De animalibus: T I, 600, n.2; Giacosa 359; Ea F.286, 13-14c, ff. 250-251v; Bern 295, 13-14c, ff. 81rb-82v; anon. CLM 19820, f. 264; pr as Aesculapius with Albucasis, Basel, 1541; as Constantinus in Parabilium medicamentorum scriptores, 1788. See 'Rex egiptiorum . . .'

Regi Macedonum Alexandro astrologo . . .
>Argafalaus, Epistola: T I, 713; Osiris I(1936), 667, 674; Millás(1942), 178; VA 4084, f. 7v; VAr 1324, ff. 62v-64r

Regi Ptolomeo rex Acatengi(Azareus) de lapidibus sanctificatis scripsit . . .
>Ptolemy, De lapidibus preciosis et sigillis eorum: T (1947), 260-61; BLas 1471, ff. 64v-65v(TR 261); VI 5311, 14c, f. 35rb-vb

*Regimen acutarum egritudinum consistit in tribus . . .
>Bernard Gordon, Regimen acutorum: Chartres 393, 13-14c, ff. 1v-4; CUg 373(593), 14c, ff. 97-99r; Cues 308, ff. 103-106; anon. Ea F.236, 14c, ff. 221-223; CU 1708(IV.1.16), 14c, ff. 54-60v; VI 5306, 15c, ff. 132r-134v; pr Venice, 1521, ff. 95r-97r; Frankfurt, 1617, pp. 58-79; with Practica seu Lilium medicinae, Ferrara, 1486, ff. 2va-5ra (Klebs 177.2; AFML 112; IAL B386)

Regimen autem preservativum in duobus consistit . . .
>Pest tract: Archiv VIII, 264-69

Regimen calculi renalis una conservativa . . .
>Gentilis, De cura dolorum renum calculi lepre et plurium talium: Ea F.282, 14c, ff. 64-73v

Regimen conservans salutem secundum quod possibile est . . .
>Claretus de Solentia, Dieta: Prag cap 1468, 14c, ff. 70r-71v

Regimen contra febrem pestilentie simplicem vel . . .
>De epidemia: Ea Q.192, 14c, ff. 139-143

Regimen corporis humani est quintuplex . . .
>Gerard de Solo, Directorium *or* Introductorium iuvenum: Janus IX(1904), 544-45; CLM 265, f. 100r; Danzig 2312, ff. 24-39; Ea Q.225, ff. 106-120(Schulz); Halberstadt 22, 14c; VAp 1229, 15c, ff. 17rb-49rb; pr Lyons, 1504; Venice, 1505, with note questioning Gerard's authorship. Prol. 'Carissimis filiis (*or* suis) . . .'

Regimen eius consistit per sex res non naturales
. . .
>Thadeus Florentinus, Consilia: VA 2418, 13c, ff. 93ra-144vb; Janus VI(1901), 1-7; 61-67, 117-22, 173-78; Puccinotti, II, p. xiii

Regimen iter agentium ordinetur sic . . .
>Regimen iterantium et mare transfretantium: VI 5504, a.1464, f. 4

Regimen lapidis est dissolvere siccum grossum
. . .
>Raymond Lull, Testamentum abbreviatum: BNna 1293, 15c, ff. 13v-29r, 'Explicit Rosarius.'

Regimen pestilentie dividitur . . .
>See 'Ad preces quorundam . . .'

Regimen preservativum ab egritudine ad quam iste...
> Consilium ad ptisim: VAp 1240, 15c, ff. 149v-156v

Regimen preservativum contra pestilentiam presentem...
> Heidenricus, Pest tract: Archiv XVI, 54-56

Regimen quod subvenit sterilitati quoddam est...
> Dinus de Florentia, Consilium: CLM 205, 15c, f. 246r-v

Regimen sanitatis conswete poterit deo propitio hiis regulis conservari...
> Albicus, Regimen sanitatis de infirmitatibus evacuationibus vel laxativis: CLM 321, ff. 92r-94v, following his letter to Sigismund at ff. 89v-92r; 92r in TR 361

Regimen sanitatis cuiuslibet hominis consistit in debita administratione...
> Albicus; AFML 491, a.1459, ff. 3r-14r; CLM 19839, f. 120

Regimen sanitatis in quo consistat rerum naturalium...
> VA 822, 14c, f. 58vb

Regimen sit tale.   Primo cavebitis a comestione...
> Arnald of Villanova, Consilium sive regimen podagrae: HL 28, 67; Glorieux I, 421; Opera, 1504, ff. 249-250; Lyons, 1520, ff. 210rb-211ra

Regimen vestrum sit tale: principio...
> Arnald of Villanova, De podagra: Ea Q.320, 13-15c, ff. 199v-204v

Regimen vite.   Primo habitet in aere...
> Hugo, Consilium pro quodam tisico: Bern A.38, 15c, ff. 74ra-75ra; Lockwood p. 320

Regimentum acutorum consistit...
> See 'Regimen acutorum...'

Regio in qua viget antrax et mortalitas...
> Pest tract: Archiv XI, 60-69

Regionem primam celi...
> Signs of the zodiac: BMr 13.A.XI, 11-12c, ff. 115v-(117v)

Regiones atque unicuius positionem(possessionum) et natura...
> Dynamidiorum libri duo: 3 MSS, 9-11c, Beccaria p. 432; ed. Mai, Classici auctores, VII (1835), 399-458; Isis, XXIV(1936), 406-7

Regiones urine sunt quatuor.   Prima regio est...
> BMh 1612, f. 4v-

Regionum sive civitatum distantie primo in globum et de globo...
> Cosmographia: VI 3505, 15c, ff. 5r-11r

*Regnum Cathay est maximum quod in orbe valeat inveniri...
> Hayton the Armenian, Historia orientalis: pr Helmstadt, 1585, ff. 1-53v

Regula certa datur qua non medicus medeatur...
> Prol. De causis et remediis morborum: Oc 135, ff. 28-(56)

Regula dominorum domorum et exaltationis...
> Astronomia inferior: Ze VI(1661), 507-10

Regula generalis quod quicumque vult se transferre...
> BMsl 297, 15c, f. 79

Regula.   Urina alba in colore tenuis in substantia...
> Regulae de urina: CLM 8742, ff. 181r-186v

Regulares ad (feriam inveniendum)...
> Computus: CLM 27305, 10c, ff. 31-32(Zi 12174); BN 1067, 13c, ff. 6-7, 13v-15r (Benjamin)

Regulares ad inveniendam feriam in kalendario...
> De minutione sanguinis: CLM 9921, 12c, f. 7r

Regule generales de febre continua tam acuta...
> Arnald of Villanova, Regulae generales de febribus: HL 28, 76; Opera, 1504, ff. 376r-380r

Relictis multis ambagibus in huius et aliorum librorum exordiis...
> Jacobus Forliviensis, Interpretatio in tres libros Tegni Galeni: pr Venice, 1491, 1495; (Accurti 82; Klebs 547.5-6; IAL J51); 1508, II, ff. 2r-187r; ascribed to Michael de Allodio, BLcm 446, 15c, ff. 1-(41), and followed by Jacobus Forliv., Quaestiones

Relictis opinionibus de natura tricarum...
> Robert Grosseteste, De cometis: Beiträge IX (1912), 36-41; Thomson 94

Religioso in Christo patri ac domino...
> See 'Quia petivistis...'

*Reliquorum autem primum considerandum est de memoria...

Aristotle, De memoria et reminiscentia: Beiträge XVII, 5-6(1916), 101, 199; tr vetus: AL pp. 59, 139; Padua Scaff. 428, 13c, ff. 90r-92r; Yale Aristotle MS 13c, ff. 63r-66v; pr Epitomata, Cologne, 1497 (BM IA 4646; Klebs 457.1; IAL G153)

Reliquorum theorematum demonstrationes quas in his...

Archimedes, De conoidalibus et speriodibus figuris inventa: VAu 261, 15c, f. 44v; VE fa 327(XI,1), 15c, ff. 109-145

Reliquum autem considerandum est de memoria cum agamus...

Albertus Magnus, comm. Aristotle, De memoria et reminiscentia: VE VI.24(XII,16), a.1443-1444, ff. 341-347, pr Borgnet IX, 97-118

Reliquum autem est nunc considerare de iis que generantur...

Johannes Cronisbenus, Meteororum libri quatuor: VE VI.99(XII,26), 15c, ff. 39-63

Rem gratam medicis et egrotantibus utilem facturum me...

Gentile da Foligno, De balneis tractatus primus: pr De balneis, ff. 181r-182v; T (1944) ab, 204

Rem novam serenissime princeps ac regum maxime...

Johannes Tolhopf, pref. Stellarium to Matthias Corvinus: Wo 84.1.Aug., 32 ff. fol. 1 reproduced in Pl. xlvi, A. de Hevesy, La bibliothèque du roi Matthias Corvin, 1923

*Rem que partim est vel fuit et partim futura est...

Robert Grosseteste, De veritate propositionis (De veritate futurorum contingentium): Beiträge IX (1912), 143-45; Thomson 120

Rem quesitu arduam et parvitati nostre onerosam...

Sun-dial: CLM 6362, 11c, f. 85r-v(Zi 9811)

Remedia saluberrima contra pestem quibus multi...

FR 1246, 14-15c, ff. 48r-59r, ending in a larger hand and smaller written page

Remedium primum qualiter impedimenta...

John of Rupescissa, De consideratione quinte essentie, liber II: anon. BMsl 1080A, 15c, ff. 24-31

Rememoratio quarundam medicinarum que sunt apte(de arte) cyrurgie...

I. Dinus de Garbo, Compilatio emplastrorum et unguentorum or Receptarium in cyrurgia: AFML 501, 14c, ff. 1r-12rb; CLM 323, 14c, ff. 98ra-118vb; BLcm 226, 15c, ff. 1ra-21rb; 293, 15c, ff. 1-42; BE 908, item 15; Graz 594, ff. 8-36 (Schulz); VI 5306, ff. 93-104; pr Venice, 1499, ff. 153r-162r; etc.(Klebs 336.1-3; IAL D152-155); 1544, ff. 148v-157v

II. Mondino of Bologna: Basel D.I.18, 14c, ff. 102vb-104rb(AMH 1940, pp. 283, 289, n.44)

III. Anon. BLcm 427, 15c, ff. 81-(101); FL Plut. 73, cod.37, ff. 42-(86); VA 4425, ff. 204v-206rb

Reminiscentia vero revocatio intentionis illius ad memoriam...

Joh. Cronisbenus, Compendium libri de memoria et reminiscentia: VE VI.99(Val.IV.26), ff. 70rb-72vb(Schulz)

Remunda luna quarta...

Opus italicus de navigatione, oceanographica, et geographia, continens duas partes: Budapest 34, 15c, ff. 1r-100v

Renes (et) reuma caput lapis et algida matrix...

Versus hexametri antidotarii: CLM 13071, 14c, ff. 34r-35va; CUt 1377(O.VIII.2), 15c, ff. 11r-13r, 'Explicit tractatus electuariorum, sirruporum et unguentorum.' See 'Quoniam firmius memorie commendantur...'

Renes reuma lapis caput torax algida matrix...

(Nicolaus Salernitanus?), Versus hexametri antidotarii: Ran 1506(V.3.13), 13c, ff. 58v-62r; BMr 12.D.XIII, 14c, ff. 211v-(214v); Ea F.41, 14c, f. 152r-v; VI 5522, 15c, f. 65; variously ascribed in these MSS

Renes reuma lapis latus et capud algida matrix...

Versus: BN 7121, 14c, ff. 59r-63v

Renibus una dicitur quia (ibi) formaliter generatur...

Gloss to Aegidius of Corbeil, De urinis: Auxerre 241, 14c, ff. 90-102; BMr 12.D.XIII, 14c, ff. 192r-(204v); BMad 25031, f. 68ra

Reor quod medicina...

See 'Serenissimo in Christo...'

Reor quod tremor cordis sequitur...

Arnald of Villanova, De tremore cordis: HL 28, 86; Opera, 1520, ff. 309r-311r; Glorieux I, 424

Reperit in excelsum graduali tramite surgens...

Versus de signis morborum: Oma 173, 14c, ff. 236v-239

Reperitur de coniunctionibus. . .
> Wilhelmus Scotus, De coniunctionibus planeta-
> rum transitis et futuris: Cues 209, 14c, f. 76v

Reperitur quod prima materia non est mercurius vulgi. . .
> Alchemy: Fla 1166(1095), f. 13

Repleri solet gaudio. . .
> Cyrurgia equorum: pref.: Lincoln Cath. Chap.
> 211, 13c, f. 27. Text, 'Sanguis quidem
> (quando?). . .'

Repletio capitis. . .
> Gerardus (of Montpellier, *or* Bourges?), De modo
> et ordine medendi: Ea F.288, 13-14c, ff. 46v-52

Representationis minutiarum vulgarium et
physicarum. . .
> Johannes de Liveriis(Lineriis?), De minutiis:
> GW 3799(Klebs 167.1; IAL B262); BB XII
> (1879), 41-59. See 'Modum representationis
> . . .'

Requirendum est nobis breviter in quibus
egritudinibus flebotomia. . .
> (Richard), Flebotomia: CUpet 178, 13c, ff. 40-
> 42v; Wickersheimer 697

Requisisti me dilecte fili ut verbum secretum. . .
> Alchemy: Art ancien 14, 15c, ff. 17-20

Requisisti quomodo triangulus cum constet
tribus angulis. . .
> Ralph of Liége, to Ragimbaldus of Cologne: ed.
> Tannery, pp. 264-293

Rerum absconditarum. . .
> Messahala, Liber absconditorum: Admont 481,
> f. 7r(Gilhofer u. Ranschburg 7-1937)(Schulz),
> probably a fragment from one of his works

Rerum accidentium occultos eventus. . .
> Zebel: BE 965, a.1524, ff. 1-63; Trithemius,
> Antip. malef. p. 307; pr Henr. Kuhnraht,
> M.D., Prag, 1592

Rerum corruptibilium effectus ut ad nutum. . .
> William of England, Summa super quarto libro
> metheorum, a.1230: BN 6552, 13c, ff. 39vb-41v
> (Corbett I,37); AL 589

Rerum Iesure in quibus est prognosticabilis
scientie. . .
> Ptolemy, prol. Quadripartitum, tr Plato of Tivoli:
> CU Ii.III.3, a.1276, ff. 240r-276v; 1935
> (Kk.I.1), 13c, ff. 62ra-96ra; VAu 267, 14c, ff. 4-
> (23); Arras 844, 15c; Björnbo(1909), 391;
> (1912), 107-108; Carmody 18; pr Venice, 1484;
> 1493, ff. 2ra-106vb(Klebs 814.1-2; IAL P994-
> 995); Basel, 1551, etc.

Rerum mixtarum coitus notat et genituram. . .
> Merlin, Alchemy: DWS 794

Rerum natura omnia liquibilia. . .
> See 'Utrum natura. . .'

Rerum nature cognitio duobus modis habetur
experimento. . .
> De saporibus: BLb 679, late 13c, ff. 104r-106v;
> FLa 143(217-149), 15c, ff. 34v-37v; Wu
> M.p.med.q.2, 13c, ff. 81v-84r

Rerum necessariam sagacitatem qui in ipsa
subtilitate planetarum. . .
> De tempore et eius divisionibus: BMad 8167, 13c,
> ff. 166r-168r

Rerum omnium domestice. . .
> Pronostica Ypocratis. Brevissima epistola Ypo-
> cratis: Hain *8675; Klebs 521.1

Rerum omnium prima et efficiens causa. . .
> Ptolemy, Liber introductorius iudiciorum apo-
> telesmaticon: Cambrai 955, 14c, ff. 1-41

Rerum omnium que sub lunari circulo esse
habent. . .
> Liber novem iudicum a clarissimis astrorum
> cultoribus tr 'Johanne Hispano': CLM 228, 14c,
> ff. 47ra-(70va); Zi 9986-90; Björnbo(1912),
> 108; Carmody 107-8; Basel 1571, pp. 411-586

Rerum omnium quiditativam essentiam minime
. . .
> Leonard of Cremona, Practica minutiarum: BN
> 7192, early 16c, ff. 11-21v

Rerum opifex deus et fabricator. . .
> Isaac, Alchemy: VAp 1339, 14c, f. 10v

Rerum opifex deus qui sine exemplo nova condidit universa. . .
> Hugo Sanctallensis, prol. Super artem geomantie:
> ed. Haskins 78-79; T II, 86; Saxl(1927), 143;
> Girolla 67. Text, 'Arenam limpidissimam. . .'

Rerum opifex deus virtutes creaturarum in
summas. . .
> Almadel, Liber intelligentiarum: VI 3400, 15c,
> ff. 192r-202r; T (1947), 252

Rerum opifex et siderum universorum conditor
. . .
> (Nicolaus de Dacia), Theorica planetarum:
> CLM 10661, 15-16c, ff. 64ra-70vb. Prol:
> 'Floridas olim legere. . .'

Rerum quedam sunt natura ut materia. . .
> See 'Quedam sunt natura. . .'

Rerum secretarum alie sunt minerales alie sunt
vegetabiles. . .
> Rasis, tr Canonicus Antiocensis: BMsl 1754, 14c,
> ff. 114-134(DWS I, p. 107)

Rerum securi...
  See 'Rerum Iesure...'

Res aloes lignum preciosa sit hoc tibi signum...
  Aegidius Corboliensis *or* Otto of Cremona, Versus
  de simplicibus aromaticis: Admont 762, 13c, ff.
  44v-45r; Ea Q.182, 13c, ff. 290-92; Q.178, 14c,
  ff. 156v-57; BMr 12.D.XIII, 14c, ff. 210r-
  (211r); ed. Choulant, 1832; Archiv IX, 235-42;
  anon. Giacosa 407; BMr 12.E.XXIII, late 13c,
  ff. 2v-(3v); Ol 57(h), 13c, ff. 97v-98v; etc. See
  'Est aloes lignum...'

Res complexionalis his quatuor elementorum
qualitatibus...
  Thomas Aquinas, Secretum: Mon 479, 16c, ff.
  61-64v(Corbett II,102)

*Res eiusdem nature eiusdem operationis...
  Robert Grosseteste, De generatione stellarum:
  Beiträge IX(1912), 32-36; Thomson 100

Res est certissima cuilibet idemque recte philoso-
phanti...
  Wenceslaus Faber of Budweis, Prediction for
  1481: CLM 648, ff. 135r-158; T IV, 451, 457

Res insipida medicina est...
  Tabulae de virtutibus therapeuticis simplicium:
  VI 3011, 15c, ff. 185r-186r

Res militaris in tres dividitur partes...
  Modestus, De re militari ad Theodosium: Hain
  11443; Klebs 685.2var.; 903.1 (both LC)

Res Mizori quibus perficiuntur prognostica-
tiones...
  Ptolemy, Liber quadripartitus, tr Aegidius de
  Tebaldis: BMr 12.F.VII, 14c, ff. 1r-(218v).
  See 'Res O Mizor...'

Res naturales sunt corpora...
  Comm. De celo: Ma Palat. 255, 15c, ff. 35v-86v,
  mg; AL 1210

Res naturales et he presertim que vegetantur...
  Gabriel Zerbus, prol. Liber anathomie corporis
  humani. Text, 'Utilitas et necessitas...'

Res naturales sunt septem...
  See 'Res vero naturales...'

Res nostra non emitur pretio...
  Alferquanus (Alfraganus?): BLll 108, 15c, f.
  136(DWS 108)

Res O Mizor quibus pronosticationes accepte de
astronomia...
  Ptolemy, Quadripartitum, tr anon.: Haskins 111,
  n.163; Carmody 19, ascribes tr to Aegidius de
  Tebaldis, notes but does not list 55 MSS, and says
  that the text is based on the Arabic of Haly ibn
  Ridwan

(R)es omniformes ex quibus scientia perficitur
sunt due...
  Comm. super sphera materiali (Johannis de Sacrobosco): Ea F.380, 14c, ff. 93-121

Res probata et vera ad omnem iudicium album
...
  Recepta Arnauldi de Villanova: BNfr 5734, 15c,
  f. 72v(Corbett I,248)

Res que accidit ad Kalid...
  Corbett I, 81. See 'Moriene (mihi) primum...'

Res que accidit filio...
  Pref. Morienus (Interrogationes regis Kalith et
  responsiones Morieni): VI 5477, 15c, ff. 63v-
  73v; CLM 26059, ff. 216r-234r; CUt 1122
  (O.II.18), 15c, ff. 145r-151(DWS Corr. 66.iv);
  VA 978, 14-15c, f. 58r-v(incomplete)

Res quibus perficiuntur prenosticationes accepte
de astronomia...
  Ptolemy, Quadripartitum(?): Steinschneider
  (1896), 210; Hain *13544(Schulz); Klebs
  814.2; IAL P995; anon. VI 4782, a.1460, ff.
  14r-221r(Zi 9991)

Res quidem que a primis principalibus causis...
  De causis pulsuum liber G. tertius: BN 15455,
  13-14c, ff. 169ra-173va

Res rerum natura parens iam concipit omnes...
  (Reinerus Alemannicus), Fagifacetus (verse):
  Darmstadt 82, 14c; etc.; ed. F. Jacob, 1838

Res socianda bonis pretio vel laude draconis...
  140 medical verses: BMsl 341, 13-14c, f. 114ra-
  vb

Res vero naturales sunt septem scilicet...
  Johannitius, cap.1, Isagoge ad Tegni Galeni: BN
  7102, 13c, ff. 1-29r; 6869, 14c, ff. 2r-10v; 6870,
  14c, ff. 1r-9v; Mon 182bis, 14c, ff. 1r-5r; etc. pr
  Leipzig, 1497(Klebs 534.1; IAL J424)

Reserat nobis eius salutare cuius sunt omnia...
  Thesaurus philosophiae: Verae alchemiae,
  II(1561), 237-47; Ze III, 151-65

Reservata divina potentia que cuncta creavit...
  Burnettus de Viella, Geomancy: FR 905, ff. 51r-
  58r

Resistentia sive contra operantia membrorum...
  Gentile da Foligno, De resistentia membrorum,
  a.1341: Wi 60, 15c, ff. 24-30r(T III,235); Ea
  F.251, 14c, ff. 196v-201; CLM 7609, a.1385,
  ff. 70ra-74va; pr Questiones extravagantes, 1520,
  ff. 88rb-92vb

Resolutio ergo humidi subtilis fumosi successiva
...
  Geber: BMsl 3744, 15c, ff. 53-54(DWS 106);
  OLZ 33, 10, p. 726

Respice aurum potabile quod est maximum
secretum...
>   Raymond Lull, Aurum potabile: DWS 265; T
>   IV, 58; ColR 117c

Respicis Apriles Aries...
>   Zi 12224-29, 12231; Scherrer, St Gallen p. 541
>   (Schulz)

Respirationis causas preiacens sermo ostendere
...
>   Galen, De causis respirationis, tr Nicholas of
>   Reggio: BN 6865, f. 124r; Chartres 293, 14c,
>   f. 118; VAp 1211, f. 35rb-va; Opera, 1490,
>   I, 53v-54r; 1515, I, 164; Diels(1905), 70;
>   T (1946), 221-222(8)

Restat agere de passionibus universalibus que ab
epate...
>   VI 5371, ff. 124va-126r

Restat autem ut ostendamus que medicine quibus
proprie...
>   CLM 19901, ff. 246r-249.   See 'Aurea proprie
>   facit...'

*Restat de compositione tabularum revolutionum
planetarum...
>   John Chillingworth, Canons to his astronomical
>   tables: BMr 12.G.X, 15c, f. 2r-v; BLsa 38, 15c,
>   ff. 2v-4r

Restat de signis phisonomie...
>   Tertia pars...de ipsamet phisonomia, written for
>   Wenzel II(1266-1305): Bern 513, 15c, ff. 47r-
>   58r; pr Merseburg, 1473(Klebs 89.1; IAL A892)

Restat dicere quomodo conveniens sit ponere...
>   Thomas Aquinas, De dimensionibus: VI 4007,
>   a.1449, ff. 286v-288v

Restat eum salutare cuius sunt omnia celum...
>   Thesaurus philosophye: Orléans 290(244), 15-
>   16c, ff. 209-217(Corbett II,146)

Restat modo ostendere qualiter ponantur in
nostro instrumento...
>   De fabrica instrumenti Campani (extract?): CLM
>   10662, 15c, ff. 227r-229, 232-233r

Restat nunc dicere de...
>   Planets: Zittau Stadtbibl. B 2, 15c, ff. 48-62(Zi
>   8310)

Restat theorice de planetarum motibus et
terminorum noticiis pauca...
>   Theorica planetarum: CU 1719(Ii.I.27), a.1424,
>   'de manu fratris Thome de Wyndele', ff. 171r-
>   178v; cf. Thomson 239

Restat videre de apostematibus...
>   Archiv VII, 102-3

Resumamus secundum quod magister Iacobus
de Neapoli...
>   Thadeus (Florentinus?), Anatomia: Ea F.282,
>   14c, ff. 50v-51

Rethorice vestitia diu mea musa colore...
>   Arnald of Villanova(?), Tract. metricus de iudiciis
>   urinarum: Ea Q.178, 14c, ff. 95-96v

Retinaldus ego servus Christi Plinii libros
revolvens...
>   Retinaldus, prol. Plinii Historia Naturalis in
>   epitomen redacta.   Text, 'Plinius secundus...'

Reuma est fluxus humorum ad partes subiectas
...
>   De rheumate: Gö Luneb. 57, 15c, f. 31(S)

Reumatizat flegma ad nares frequentius...
>   De secretis mulierum: CUt 903(R.XIV.30), 14c,
>   ff. 221r-228v, following Trotula

Reumatizat quippe venter...
>   (Alexander Trallianus), De rheuma ventris (ex-
>   cerpts): Vendôme 109, 11c, ff. 68va-70va; Diels
>   (1906), 12; Beccaria 45.1c

Revelabo tibi secretum pectoris...
>   Alpetragi, Sphera, T III, 572

Reverende domine balnea Petrioli civitatis
Senarum...
>   Consilium pro fratre Marqualdo: Bern A.38, 14-
>   15c, f. 72ra-b

Reverende domine domus in quo habitatur...
>   Gerardus de Solo, Regimen sanitatis: VI 5486,
>   15c, ff. 34r-36v

Reverende domine marquarde(Marqualde?) re-
colo quemdam sapientem...
>   De dieta secundum anni tempora: VI 5154, 14-
>   15c, ff. 95r-101r

Reverende domine quia accidentia anime...
>   Joh. de Tornamira, dedic. Remedia contra
>   epydimiam: VI 4459, 15c, ff. 133v-143r.   Text,
>   'Cum morbi...'

Reverende domine, si occurrit memorie...
>   De quadam coniunctione: CUc 404, 14c, f. 104

Reverende inclite pater verba tua in hac propositione...
>   Alchemy: VAp 1329, 15c, f. 40r

Reverende karissime mi domine consideratis
signis vestre...
>   Jacobus de Arquata, De dietis: Ea Q.230, a.1395,
>   ff. 144-46.   See 'Reverende mi...'

Reverende magister Francisce. Impulsus ex forma statutorum...
> Jacobus de Prato, Quae complexio humana sit longioris vitae: FNpal 811, 14c, f. 27r-v

Reverende mi domine consideratis signis vestre dispositionis...
> Jacobus de Arquata, Duo consilia: ed. M. Schreiber, 1923

Reverende pater aures (hic) inclina et intellige...
> Arnald of Villanova, Semita semitae: HL 28, 90; T III, 674; Prag 1984(X.H.6), ff. 17v-20r; Manget I, 702-704

Reverende pater aures vestras ergo inclinate...
> (Arnald of Villanova), Epistola ad apostolicum Innocentium: VI 5509, ff. 326-329v(T III,73, n.78)

Reverende pater gratias ago deo qui istam scientiam...
> Arnald of Villanova, Practica pulcherrima addressed to Boniface VIII: Cassel, Chem. O.20, 15c, ff. 162r-163v(T III,658); FNpal 758, 15c, ff. 100v-110r

Reverende pater pias aures inclina...
> See 'Reverende pater aures...'

Reverende pater satis difficile adhuc non intelligentem...
> De lapide philosophico dialogus: VE VI.215 (XVI,4), a.1475, ff. 187-192; ('Lilium intelligentiae magistri artis generalis de Florentia'); Budapest 202, a.1467, ff. 28-35v

Reverendi domini magistri et patres carissimi...
> Pierre d'Ailly, De fine philosophiae naturalis: BN 14580, f. 1(H)

Reverendi domini mei ac magistri presentem Philomenam inspecturi...
> Philomena, medical, in 7 books: BMsl 2272, 14c, ff. 14v-375

Reverendis in Christo dilectis fratribus...
> See 'De principiis...'

Reverendis in Christo patribus(fratribus) et amicis fidelibus(perdilectis) Helye et Gwaldo...
> Henricus de Sinrenberg, Comm. Sacrobosco, Sphera, a.1346: T (1949), 37; Bruges 524, 14c, ff. 1-27; Henricus de Nuremberga: Eins 314, 15c, pp. 1-88

Reverendissime domine mi medici intentio in cura lapidis...
> Iacobus de Zocollis, Consilium: VAu 1416, 15c, f. 67

Reverendissime domine ut recentius nunc perficiam...
> Reginald Lambourne, Epistola de coniunctionibus Saturni Jovis et Martis cum prognosticatione malorum: BLd 176, 14c, ff. 40r-41v(ColR 81; T III,346)

Reverendissime frater illustris...
> See 'Reverendissime pater illustris...'

Reverendissime mi pater dum cupio vestre...
> De cura lapidis, to Bessarion: VAu 1416, 15c, ff. 1-(61)

Reverendissime necnon prestantissime pater et domine...
> Johannes Antonius Matthaeus de Sancto Stephano (author or copyist?), Dicta ex sola celorum virtute: FLa 214(146), a.1467, ff. 11-11v(T IV,443)

Reverendissime pater et domine mi singularissime...
> Johannes de Tornamira, Regimen sanitatis ad cardinalem quemdam a.1373: VI 5486, 15c, ff. 36v-39r

Reverendissime pater et illustrissime princeps...
> Johannes Dumbeleius(Dombelay), Hortus amoris (alchemical): Condeesyanus II, 3-79; T III, 188-89; Mon 485, 16c, ff. 89r-119r(Corbett II,113); portion ed. ZB 9(1892), 257-262 (from Trier MS)

Reverendissime pater illustris et precolende domine...
> Hugh of Siena, Epistolary preamble to Consilia: Lockwood(1951), 241; Brux 3214, a.1470, ff. 242ra-245ra; pr (Bologna), 1482; Pavia, (1498) (Klebs 1001.1-2; IAL H466-67); Venice, 1503; 1517, f. 1r

Reverendissime pater mi dum cupio vestre satisfacere...
> Hugh of Siena, Curatio lapidis(renum): VAp 1240, a.1463, ff. 16r-40v; Lockwood(1951), 344

Reverendissimi patri et domini mei etc. et quia satis timendum est...
> Johannes de Noctho(Aurispa), dedic. Consilium de peste. See 'Primo et principaliter laudo...'

Reverendissimo ac sanctissimo fratri Wicthedo presbytero...
> Bede, Epistola ad Wicthedum de Aequinoctio Vernali: ed. Chas. W. Jones, Bedae Opera de Temporibus, 1943, 317-25; Evreux 60, 12c, f. 136v; PL 90, 599-606; Bull. Du Cange 17 (1942), 54; Jones 41-44

Reverendissimo atque illustrissimo domino Don. Iohannes de Arrogonia...
 Angelo Cato, De cometa (of 1472): GW 6385; T IV, 425-28

Reverendissimo domino et dei servo abbati Savigniensi Gaufrido...
 Johannes Constantiensis, De computo eccles.: PL 163, 1479-82

Reverendissimo domino Salernitane ecclesie archipresuli...
 Constantinus Africanus, pref. De stomacho: CLM 4622, ff. 112r-167; Ea F.286, 13-14c, ff. 216-237; Ome 219, ff. 210v-. Text, 'Oportet nos intelligere...'

Reverendissimo domino Toletane sedis archiepiscopo...
 Avendeuth Israelita, Epistola: AL 1446, 1476, 1549. See 'Reverendissimo Toletane...'

Reverendissimo in Christo patri...
 See 'Propter evidentiam...'

Reverendissimo in Christo patri ac domino David de Burgondia...
 Raynerus, prol. Compendium medicinale. See 'Summum creatorem deum in omnibus...'

Reverendissimo in Christo patri ac domino domino Iohanni archiepiscopo Strigoniensi...
 Regiomontanus, Canones in librum directionum: CLM 51, a.1485, ff. 1r-16vb

Reverendissimo in Christo patri domino domino Iohanni...
 Peter of Abano, pref. De venenis: T II, 922-23; T (1944)ab, 206-208; GW 2521-23; ColR 73.3; Klebs 773.1. Text, 'Quia venenum oppositum ...'

Reverendissimo in Christo patri et domino domino Stephano de Nardis...
 Julianus de Blanchis, Iudicium a.1481: CLM 648, ff. 175r-196v; T IV, 451, 455; pr Rome, 1481(Hain *3234; GW 4411; Klebs 187.1)

Reverendissimo patri domino Desyderio abbati Montis Cassinensis...
 Constantinus Africanus, dedic. (Gariopontus, Pantegni): A. Geyl, Janus XIV(1909), 161-163

Reverendissimo patri et non ficte bonitatis exemplo Ioanni...
 Arnald of Villanova, De improbatione maleficiorum: HL 28, 104; T II, 848; Glorieux I, 429; Ome 230, ff. 60r-61v(ColR 163); VAp 1180, 15c, ff. 185r-187v; ed. Diepgen, Archiv f. Kulturgesch. IX(1911), 400

Reverendissimo Toletane sedis archiepiscopo et Yspaniarum primati Iohanni...
 Dedication, by Avendeuth(Avendehut) Israelita, of Avicenna, De anima or Sextus naturalium, 'me singula verba vulgariter proferente et Dominico archidiacono singula in latinum convertente' (yet some MSS have tr Gerard of Cremona): ed. from BN 8802, Millás(1954), 32-34; Speculum 34 (1959), 21-22; CUpet 157(2), ff. 13ra-49ra. Text, 'Iam explevimus in primo...'

Reverendissimus dominus Camariensis etate annorum xlii...
 Consilium contra tonitum auris: FR 2153, ff. 164ra-166va

Reverendissimus dominus Franciscus Rubeus ecclesie...
 Michael Savonarola, Contra dolorem renalem: FR 2153, ff. 166va-171va

Reverendo...
 See also 'Reverendissimo...'

Reverendo B.(patri) salutem et pacem iuxta ritum Salvatoris...
 Raymond Lull, Ars conversionis mercurii et saturni in aurum et conservationis humani corporis: HL 29, 372; T IV, 629

Reverendo domino domino Hynkony Conradus professor sacre theologie...
 Conradus, Epistola de lapidibus pretiosis: VI 4401, 15c, ff. 205v-216v(TR 305); M-H 13 (1960), 83-84

Reverendo et in cultu Christiane religionis...
 William de Leus or de Levibus, In librum de causis expositio, prol.: Borghesi 352, early 14c; Beiträge suppl. bd. III(1935), 1065-79

Reverendo in Christo...
 Eymeric, Epistola contra alchimistas: BN 3171, ff. 51v-52r(T III,513-14)

Reverendo in Christo patri ac domino domino Richardo...
 Arnald of Villanova, De virtute quercus: BLas 1437, 15c, ff. 1-2; VAb 186, ff. 45v-49v; CLM 27105, 15c, ff. 69r-70v; VI 5315, 15c, ff. 91r-92r; Wo 3808, a.1413, ff. 159r-164r

Reverendo in Christo patri ac domino suo domino Nicolao episcopo...
 Augustine of Trent, Prediction for 1340: T III, 699-707; CLM 276, f. 87ra; 647, f. 1r(ColR 3, 49a)

Reverendo in Christo patri Aymerico magistro ordinis...
 Dietrich von Freiberg, prol. De iride et radialibus impressionibus. Text, 'Impressionum que fiunt ...'

Reverendo in Christo patri domino et amico suo...
  See 'Quia petivistis a me...'

Reverendo in Christo patri et domino suo clementissimo...
  Johannes Conditor, pref. alchemy: BU 168(180), 15c, ff. 25r-44v. Cap.1, 'Ratio precipit...'

Reverendo(Venerando) in Christo patri fratri Hu(m)berto...
  Thomas of Cantimpré, dedic. Bonum universale de apibus: BU 864, 13c, 116 ff.; Dijon 236, 14-15c, 184 ff.; pr (Cologne, c.1473)(Klebs 969.1-2; Polain 3767-68; IAL T316-317)

Reverendo patri salutem et pacem iuxta ritum ...
  Raymond Lull, Ars conversionis *or* Liber quatuor aquarum: BN 12969, a.1501, ff. 27r-30r(T IV, 629; Corbett I,159)

Reverendo viro amico suo ac domino domino Helie de Wethelay...
  William Wheatley, De signis future sterilitatis: On 264, 14c, ff. 253ra-259vb

Reverentiae paschalis regulam diu sancte...
  Dionysius Exiguus, De pascha: Bern 610, 10c, ff. 75v-78v

Reverentiam et salutem amice dilectissime iam thalamum cordis...
  Johannes Pauper, Epistola (alchemical): DWS 218

Reverentissimo...
  See 'Reverendissimo...'

Revolutio anni mundi est introitus solis in capud Arietis...
  Leopold of Austria, Astrology: BN 14070, 15c, ff. 120-129(Benjamin); anon. Prag 433(III.C.2), ff. 210vb-(217); VE VIII.33(XI106), 15c, ff. 1-2; Salzburg, St. Pet. Stiftbibl. a. VI.17, 15c, ff. 83v-86v(Zi 3362)

Revolutio Egiptiorum dicitur quando luna venit...
  VI 5275, ff. 163ra-169ra

Revolutionem annorum mundi vel nativitatis alicuius...
  Astrology: Mi D.28.inf., 15c, f. 37r

Revolutionem mensium per tabulam ad hoc factam invenire...
  BN 7292, 15c, f. 26r-v

Revolventi mihi nuper libros patris mei...
  Georgius Trapezuntius, tr Ptolemy, Almagest, pref.: FL Plut.30, cod.6, 15c, 194 ff. Text, 'Peroptime mihi videtur...'

Revolvi lapidem et sedebam super eum...
  Roger Bacon, Clavetus: DWS 212, ii. See 'Volvi lapidem et revolvi et sedebam...'

Rex aqua nostra physica tribus naturis componitur...
  Raymond Lull, Repertorium: FN II.iii.28, 16c, ff. 13r-16r(T IV,647)

Rex astrorum Ptholomeus prudens in scientiis ...
  Ptolemy, Ars componendi astrolabium: BNna 625, 14c, ff. 57ra-59va (17 caps.); Trithemius (1494), f. 88v, ascribes to Johannes Eligerus de Gondersleuen; Rev. d'hist. d. Sciences (1956), p. 308, n.1

Rex egiptiorum octaviano augusto salutem. Plurimis exemplis...
  BLd 69, 13-14c, f. 151r-v; CUt 1152 (O.II.48), 14c, f. 250v-; Mon 277, f. 30r. See 'Plurimis exemplis...'

Rex et fili oportet ut habeas mercurium...
  Raymond Lull, Clavicula: FN II.iii.28, 16c, ff. 54r-63r; and other MSS(T IV,633)

Rex fuit elatus eculum claudendo bachatus...
  Versus in Gerlandi tabula: Mon 323, 13-14c, f. 14v; Computus: PM 774(495), 13c, f. 141v

*Rex illustrissime et serenissime...
  Raymond Lull, De secreto occulto salis urinae: HL 29, 372

Rex illustrissime vinum igitur ex quo aqua nostra...
  Raymond Lull, Praxis quintae essentiae: BN 17829, f. 53(HL 29, 384)

Rex Kalid interrogans Morigenum philosophum dixit O Morigene...
  Liber Morigeni philosophi (Alchemy): FLa 1451 (1374), ff. 51r-57v

Rex leo quadrupedum gallum si viderit album ...
  BE Th. Lat. fol. 725, 11-12c; pr Mitt. II.4 (Schulz)

Rex numquam sapientes denuntiaverunt opus ...
  Arnald of Villanova, Epistola ad regem Neapolitanum: BU 138(104), a.1476-77, ff. 124r-125v (T III,659)

Rex quidam alios cupiens superare potentes se contra eos...
  Maumet philosophus: Steinschneider(1906), 42; Artis auriferae, I(1593), 392-96; Ginaeceum chimicum, Lyons, 1679, pp. 569-72

Rex quidam ingeniosus et peritus in astrologia...
  Chronica Alexandri Magni: CLM 12260, f. 160(Schulz)

Rex regum magnus Artaxerxes peto salutem. Morbus qui...

　　Hippocrates, Epistolae, tr from Greek, Renutius: pr Florence, 1487(Klebs 337.1-2; IAL D173-174); Hain 10500, s.d.(LC); Kibre(1945), 409

Rex scias quod spiritus domini ferebatur super aquas...

　　Raymond Lull, Liber naturae et lumen nostri lapidis: FN II.iii.28, 16c, ff. 84r-88r(T IV,12)

*Res serenissime ac illustrissime pluries...

　　Raymond Lull, Compendium de secretis medicinis: HL 29, 375

*Rex serenissime et amantissime fili...

　　Raymond Lull, De intentione alchymistarum: FN II.iii.28, 16c, ff. 129r-133r(T IV,638); CLM 10493(HL 29, 375)

*Rex serenissime et amantissime fili divina potentia omnia ordinavit...

　　Raymond Lull, Liber Secreti secretorum or Practica testamenti: pr Cologne, 1592(HL 29, 292)

Rex serenissime et amantissime fili pluries...

　　Raymond Lull, Lucidarius super ultimo Testamento: HL 29, 380; FN II.iii.28, 16c, ff. 72r-76v(T IV, 13-14)

*Rex serenissime et fili carissime volo tibi declarare...

　　Raymond Lull, Clavicula secreta seu Clavis aurea: HL 29, 373

Rex serenissime et illustrissime...

　　Raymond Lull, Compendium de secretis medicinis: Salzinger 20

Rex serenissime sunt due aque extracte...

　　Raymond Lull, Aquae: FN II.iii.27, 16c, ff. 46r-47r(T IV,629)

Ricardo Baiocensi episcopo...

　　Adelard of Bath, prol. Questiones naturales: Prag 1650, 12-13c, ff. 54r-69r

Ric(ardus) G. testatur in libro...

　　Tract. urinarum: James 483

Rimans nexa poli culmina rectrix...

　　De musica: H. Hagen, Carmina medii aevi, Bern, 1877, pp. 31-34

Rimatus sum meo tempore fere omnia armaria Latinorum...

　　Summaria expositio epistole (i.e. of Roger Bacon, De retardatione accidentium senectutis): OHI IX(1928), 84-89

Ritadib dixit cum suis philosophis regi persidiorum...

　　Dicta (alchemy): FR 119(L.III.13), ff. 10v-16r

Rithmimachia grece numerorum pugna exponitur...

　　Odo(?), Rithmomachia: BN 14065, 13c, ff. 1-5v; Bubnov lxiii; ed. Gerbert I, 291-95; PL 133, 801-808, from Vienna 2503

Ritmus cuiusdam sapientis calculi anni vertentis...

　　Dionysius de annis: MG Poetae IV, 674-82; Jones 93; BMsl 263, 11c, f. 18v-

Rogamus vos(fratres) ne terreamini per spiritum...

　　Jacobus de Clusa, De apparitionibus animarum post exitum earum a corporibus: 64 MSS, Beiträge 37, 5(1955), 58-59; pr Esslingen, 1475; etc. (IAL J17-24); T IV, 288

Roganti tibi dilectissime mi hoc opusculum...

　　Johannes Damascenus(?), Treatise on digestives and purgatives: BMsl 282, 14-15c, ff. 186vb-188ra; BMr 12.B.XXV, 15c, ff. 21-(23v)

Rogarunt me socii mei ut secundum...

　　See 'Rogaverunt me socii...'

Rogas(Cogis) me frater charissime ut ea que de medicina anime...

　　Hugo de Folietis(?) or Huguitius, prol. De medicina animae: Pisa 55, 14c, ff. 13r-18r; PL 176, 1183-1202. Text, 'Homo microcosmus...'

Rogasti carissime quatinus ea que...

　　See 'Generaliter causa...'

Rogasti me amantissime frater ut secretiora...

　　Roger Bacon, prol. Clavetus. See 'Volvi lapidem et revolvi...'

Rogasti me, amice Anselme...

　　See 'Suus suo...'

Rogasti me amice dilecte ut in arte musicali...

　　Prosdocimo de' Beldomandi, Expositiones tractatus practicae cantus mensurabilis magistri Johannis de Muris: BB XII(1879), 238

Rogasti (me) amice dominice et reverende magister...

　　Leonardo Pisano, Practica geometriae: ed. Boncompagni, Scritti di Leonardo Pisano, II(1862), 1-224

Rogasti me amice M. ut tibi opusculum quantum possem...

　　Epistola cuiusdam ad amicum in arte alkemica: BMsl 1754, 14c, ff. 168-172v(DWS 536)

Rogasti me amice Marce ut describerem tibi librum...

　　Sumptio medicinae: VE fa 535(XIV,13), 14c, ff. 45-51

Rogasti me amice Montee(Montane) ut describerem (scriberem) tibi...
> Galen, Secreta, tr Gerard of Cremona: T II, 775-76, 759, n.2; Isis, XIII(1929), 71; T(1953), 275, n.85-86; Ea F.249, 13-14c, ff. 246-253; CLM 276, a.1350, ff. 75ra-80vb; CLM 640, 15c, ff. 78r-113r; Diels(1905), 146; pr 1490, I, 172r-177r; 1515, II, 290r-294r; Venice, 1528, 2, f. 198; Charterius X, 549-60

Rogasti me amicorum optime ut tui amore...
> Johannes de Vitadono Papiensis, prol. De digestivis. Text, 'Humores autem humani...'

Rogasti me carissime ut tibi librum de horis...
> Haly Imrani, prol. De electionibus, tr Plato of Tivoli and Savasorda: BMsl 312, 15c, ff. 252-255, 215-251; BN 7413, I, 13c, ff. 45ra-57rb; Cambrai 168, 14c, ff. 2-21v; Ea F.394, 14c, ff. 79-85; BLcm 396, 14c, ff. 55-(75); VAu 267, 14c, f. 23; VAp 1340, ff. 403r-422v; VE fa 343 (XI,102), 14c, ff. 96-106; Haskins 11, n.30; Suter, Ab(1900), 103-4; Björnbo(1912), 103-4; Carmody 138-39

Rogasti me carissime ut tue in crucifixi latere...
> Petrus de Candia, Obligationes: VA 3038, 14c, ff. 22v-37v

Rogasti me iam est diu Andrea Vicentine...
> Bruno Longoburgensis, prol. Cyrurgia magna: CLM 13057, 13c, ff. 1ra-60va; Mi C.59.sup., 13c, ff. 1ra-80va; Yale, Fritz Paneth, 14c, pp. 813-924a; Chirurgia ex dictis sapientium veterum compilata per Ulr. Eberhardum de Constantia: CLM 259, 14c, ff. 113ra-153ra. Text, 'Postquam posuimus...'

Rogasti me plerumque mi princeps humanissime imo mihi...
> Johannes Basilius Augustonus, Pronosticon de cometa qui anno 1500 apparuit: GW 3075; T IV, 463

Rogasti me pluries...
> Johannes Anglicus, Compendium trinum indagatione trinitatis principium: VAb 273, f. 290

Rogasti me tuis literis, Alde, amicorum optime ...
> Consilium ad remedium lapidis in vesica etc.: BLcm 236, 15c, ff. 59r-67v(DWS MS)

Rogasti me ut scriberem qualiter...
> Franciscus de Sancto Stephano de Bononia, Epistola de lapide nostro: VAb 273

Rogasti me venerabile in Christo pater...
> Medical: Basel D.I.19, 15c, ff. 378r-381r

Rogatu fratrum tractatulum ad utilitatem...
> De plantatione arborum: Wo 3650(60.15 Aug. 4to), 14c, ff. 202r-206r; VAp 1257, f. 144

Rogatu plurimorum inopum numerorum egentium appotecas...
> Introd. Aggregator or Herbarius: pr (Speier), 1484; Passau(1485) etc.(Klebs 506.1-11; IAL H56-63). Text, 'Absinthium-wermut...'; or without synonyms: 'Absinthium (est) calidum...'

Rogatus a pluribus quam sepe pro captu ingenioli...
> Bernelinus, Commensuralitas fistularum et monochordi: Bubnov, c

Rogatus a quibusdam amicis meis ut de causa...
> Geoffrey of Meaux, On causes of the Black Death: T III, 289, 716; Archiv V(1912), 42

Rogatus a quibusdam mei amantissimis...
> Barthol. Stäber, A morbo Gallorum praeservatio: pr (Vienna, 1497-8); Klebs 931.1; IAL S679

Rogatus a quibusdam ut de ratione minutionis...
> De fleubothomia bona quedam: Ea O.62b, 14c, ff. 185v-187v

Rogatus a quibusdam ut de tempore minutionis ...
> De temporibus aptis pro flebotomia, in 4 caps.: Basel F.VIII.16, ff. 103v-106r; CLM 7755, ff. 231r-234v; Graz 216, c.1400, ff. 57-60; VI 5166, 15c, ff. 150r-153v(Zi 8088); AL 707; a part of Compendium de occultis nature magistri Iohannis de Protsschida: CLM 27006, ff. 224ra-226rb(ColR 38)

Rogatus a quodam mihi...
> Astron.: Leip 1476, 15c, ff. 111-122(Zi 3364)

Rogatus a quodam ut de tempore minutionis...
> Seneca, De minutione: VAp 1367, 15c, ff. 154vb-159ra; AMH 8(1936) 301-2

Rogatus fui quod(ut) manifestarem consilia...
> Alkindi, pref. De mutatione temporis, tr Agozoni (Carmody 80), Azogo or Drogo(Haskins 77): T I, 647; Hellmann II(1917), 196; Zi 2446-57; BN 7316A, 14c, ff. 58rb-67vb; BN 7440, 14c, ff. 8v-13v; VAp 1340, 15c, ff. 192r-203r; T(1957), 134

Rogatus instantissime a quibusdam...
> Thomas of Cantimpré, Bonum universale de apibus, prol.: Antwerp 5, a.1462, ff. 174r-256v

Rogatus magnifice et generose domine in lucem tibi...
> Bartholomaeus Mariensuesz Slesita, Expositio in Ephemerides vel in Almanach sive in Tacuinum (in 9 caps): BN 10271, ff. 162r-174v; CLM 25005, 15c, ff. 68v-79r; comm. Regiomontanus, Ephemerides: VI 4775, a.1480, ff. 72r-(73r)

Rogatus sum(sim) nominem(nomen?) cuiusdam nobilis militis alamani...
> Third of 3 Consilia prepared in Italy for prince Frederic of the Palatinate: CLM 456, 15c, ff. 163r-165r; VAp 1175, ff. 263r-265v

Rogaverunt me socii mei ut secundum quod legerem...
> Petrus de Argellata, Chirurgia: Bern A.43, 15c, ff. 1r-246r; Lyons 315, 15c, 112 ff.; CLM 7, 15c, ff. 10ra-237rb; Budapest 117, a.1459, ff. 9-238; Lucca 421, f. 73; pr Venice, 1480, etc. (GW 2321-24; Klebs 777.1-4; IAL A850-53)

Rogavisti me amice ut describerem...
> See 'Rogasti me amice Montee...'

*Rogavit amicus ut de forma...
> Robert Grosseteste, De formis: Tanner; not in Thomson

*Rogavit me dulciflua dilectio tua quatenus...
> Robert Grosseteste, De unica forma omnium: Beiträge IX(1912), 106-11; Thomson 98-99

Rogavit me unus ex hiis quibus contradicere nequeo...
> Campanus of Novara, Computus: BLd 215, 15c, ff. 68v-(92v?); BMr 13.A.XI, f. 145; BMad 38688, early 14c, f. 1-; Brux 1032, 15c, ff. 101-147v; CUmc 2329, c.1407, f. 188v(Atk); FR 885, ff. 252r-307v; pr with Sacrobosco, Sphera, Venice, 1518, ff. 153r-158v; HL 21, 253

Rogerus Bacon Johanni Parisiensi salutem...
> See 'Cum ego Rogerus...'

Rogerus.   Nec mirandus est...
> See 'Nec mirandum...'

Rogo eternum deum qui cuncta ex nihilo creavit...
> Johannes Pauper, Abbreviatio de secretis secretorum: T III, 369

Romana computatio de(ita) digitorum flexibus...
> Computus chirometralis: VAr 141, 9c, ff. 156v-157r; VI 1063, 12c, ff. 149r-150r

Romani auctore Romuli...
> De mensibus Romanorum: BMh 3017, 9c (Fleury), f. 170r

Romani ob pestilentiam responso movente ad Esculapium...
> De serpente Esculapii: CU 1947(Ee.II.29), 15c, f. 218(Atk)r, one paragraph

Ropen i.e. repentionem O generosissione Petre...
> Eutochii Ascalonite remoracio in primum librum de (planis) eque repentibus, tr William of Moerbeke: Isis 43(1952), 241

Ros marinus calidus est et siccus cuius gradus non est...
> (Arnald of Villanova?), De virtutibus roris marini: Mon 490, 15c, ff. 62v-64r; Basel D.III. 2, a. 1420, ff. 139v-140r

Ros marinus habet viginti quinque virtutes...
> Bern 594, 14c, membr., ff. 2r-3v

Rosa est frigida in primo gradu...
> Tabula graduum medicinarum: Ea O.62a, 12c, f. 24v and 12

Rosa est frigida in primo gradu sicca in fine secundi...
> Johannes de Sancto Amando, Recepte: BMsl 259, 15c, f. 1r-; Excerpta super Antidotario Nicolai: CLM 18444, 15c, ff. 203rb-219rb; pr Constantinus Africanus, Opera, 1536, pp. 342-87

Rosa frigida est...
> See 'Rosa est frigida...'

Rosa marina arbor et herba calida et sicca...
> 'Virtutes quedam de rosa marina collecte per quendam clericum de Salernia comitisse de Holland, quem ipsa misit filie sue Philippe desponsate regi Angli': BLd 29, 15c, f. 295v-

Rosa semen eius anthera floribus utimur...
> Nota de catalogo herbarum: CUt B.I.39, 13c, f. 103v

Rosa ut dicit Plinius est arbor...
> De floribus et herbis: Ea F.346, 14c, ff. 15v-16

Rubino è uno pietro rossa...
> Gems and their properties: VA 10682, 15c, ff. 99-115r

Rubrica (generalis) istius libri noni et est talis...
> Gerard of Solo, Expositio super Nono Almansoris: BNna 1391, 14c, ff. 7r-65v; VI 5358, 15c, ff. 1r-121rb

Ruditati mee ego Iohannes compatiens artem...
> Johannes de Probavilla, pref. Comm. Versus de signis pronosticis: HL 36, 604-5; Auxerre 241 (204), 14c, ff. 59-67; VI 2520, 14c, ff. 37r-50v (ColR 42a); Johannes de Sancto Amando, Chartres 223, 14c, ff. 102-109.   Text, 'Tempora bis duo...'

Rufa gravis clara sic cassia fistula cara...
> Versus medicinales: CUsj E.29, 13c, flyleaf

Rufus subrufus significant perfectam digestionem...
> Notes on urines: BMr 17.C.XXIV, 16c, f. 17

Rursus in eodem opere doctor idem ita testatur...
> De quantitate solis et lune: BMh 3017, 9c (Fleury), ff. 154r-155v

Ruta trita cum oleo rosato frontem ungue...
> Ps. Apuleius, Herbarium, medical arrangement, De capitis dolore: VAp 1215, 12c, ff. 2r-19r

Ry-...
> See 'Ri-...'

Saaphati accidit pueris. . .
Rasis, Practica puerorum: Yale Medic. MS 14c,
f. 151

Sacerdotes computum scire tenentur. . .
Comm. Computus manualis: Ea D.13a, a.1411,
ff. 145v-182v

Sacerdotibus Iovis magnifico regi alkimie famu-
lantibus. . .
Hermes Trismegistus, Liber sacerdotum: FNpal
758, 15c, ff. 16v-17v; Ambix V(1956), 101

Sacra regia maiestas cum reverentia aspices
regios. . .
Secreta secretorum de secretis sapientium philosophorum: CLM 455, 15c, ff. 108v-109v

Sacre ac(et) semper victoriose regie maiestati. . .
Arnald of Villanova, prol. De vinis: HL 28, 73-
74; Ea F.236, a.1361, ff. 201-206; CLM 8808,
14-15c, ff. 93r-101rb; 14245, 15c, ff. 1r-13r;
FLa 1448, a.1434, f. 142r; VAp 1205, ff. 84r-
113v; 1240, ff. 84r-97r; Opera, 1504, ff. 303v-
308r; 1520, ff. 262r-265v. Text, 'Laudamus
inquid. . .'

Sacre theologie egregio professori magne hones-
tatis. . .
Nicholas Eymeric, Contra astrologos imperitos
atque necromanticos de occultis perperam iudi-
cantes: T III, 514-15

Sacrificemur ne forte. . .
Petrus Andreas de Pulchro situ, De peste: BN
6992, f. 1

Sacrosancta generalis Sinodus Basiliensis. . .
Forma decreti super correctionem kalendarii?
Er 572, 15c, ff. 207v-208v (Benjamin)

Saepe. . .
See also 'Sepe. . .'

Saepe ac diu illustris Guido Urbini. . .
Geo. Valla tr Ps. Alexander of Aphrodisias, De
febribus: CTC I, 125-6

Saf-. . .
See 'Saph-. . .'

Sahafati accidit pueris et forte accidit in. . .
Rasis, Practica puerorum: BN 6893, 13c, ff.
283va-285rb; BHM 32(1958), 55; Caen 92,
14c, ff. 131-133; Borghesi 13, 14c, ff. 12r-15v;
Yale Fritz Paneth 14c, pp. 664-671; pr Opera,
Milan, 1481, f. 172r; etc.; (Polain 3347; Klebs
826.1-3; IAL R169-171); Ketham, Fasciculus
medicinae, 1500, ff. 33v-34v(Polain 2412; Klebs
573.4; IAL K14); Opera parva, Lyons, 1511, ff.
234v-239r; ascribed to Galen: Dresden Db 92-
93, 15c, f. 268v

Sal albaroth album est et sal acrum. . .
De salibus: CLM 405, 14-15c, f. 156r-v

Sal armoniacum artificiale sic fit. . .
BMar 251, 14c, f. 13v

Sal armoniacum sic fit.   Recipe de calce ovorum
. . .
VAp 1335, 15c, f. 22r

Sal armoniacum sic preparatur. . .
KlaB XXX.d.6, ff. 76r-82r

Sal autem metallinum hoc modo conficitur. . .
BMad 41486, f. 26

Sal commune dissolvitur in aquam claram fontis
. . .
Geber(?), Pars I, De perfectionis investigatione:
DWS 73

Sal contra venenum. . .
Albicus, Receptae variae contra morbos: VAp
1257, f. 84(?); Archiv VII(1914), 90, n.4

Sal est aqua quam coagulavit siccitas. . .
De sale armoniaco: BMsl 692, 15c, ff. 104v-105
(DWS 579)

Sal quo usi sunt sacerdotes Egipti. . .
BLd 29, 15c, f. 120v

Sal sacerdotale quo utebantur sacerdotes. . .
Medical: Bern AA 90, 12c, ff. 1r-9v

Salamon. . .
See 'Salomon. . .'

Salbanus(Salkanus?) in libro decimo(divino?)
dixit. . .
See 'Quisquis prima die. . .'

Salernus(Salerne) Salernitane civitatis equivocus archana quedam...
> Bernardus Provincialis, In tabulam Salerni: Oma 164, 15c, f. 26; anon. VI 2418, 14c, ff.86v-106r; Wickersheimer 78

Sales sunt aut artificiales aut naturales...
> De salibus secundum Gibel de libro secretorum: Mon 493, 15c, ff. 79bis-85(Corbett II,124). See 'Salium autem sunt genera...'

Sales sunt diversarum specierum...
> De salibus: GU 110, 14c, ff. 35v-39v(DWS 553)

Salis metallini vel salis gemme...
> Liber quintus de extravagantibus novis experimentis auri: BN 7400A, 13c, ff. 35-49v(Corbett I,138); BMad 41486, ff. 155v-162. Prol. 'Antiquorum studiis nimium approbandis...'

Salium autem sunt genera multa...
> Extract, Rasis, De salibus et aluminibus: CUt 1400(III), 15c, ff. 75v-81(DWS 117,iii)

Salix dicta quod celeriter saliat...
> Medicinal herbs (extract): Beccaria 117, 9c

Salomon ait, Qui observat ventos non seminat
...
> De spera: CU Ff.VI.13, ff. 21r-26r(TR 241); T (1949), 65-66

Salomon dicit.   Honora medicum...
> Salomon, Epistola de medicina: Brux 3707, 9c, f. 7r(Silvestre; Beccaria 6.15)

Salomon philosophorum minimus unico dilecto amico...
> Prol. Salomon amico Saphiro.   Text, 'Cum de latinis...'

Salomon rex Hebreorum sermone hebraico librum composuit...
> De inventione medicinarum: BMsl 783b, 15c, ff. 78v-79v

Salomon rex Iherusalem inquit...
> De sulphuris virtutibus: BLas 1416, 15c, f. 113v

Salomon rex Israel in cuius pectore dominus benignissimam...
> Apollonius, De arte notoria Salomonis: T II, 281-82; Ea O.84, 14c, ff. 95-106; Graz 1016, 14c, ff. 47v-71v

Salomon sapientissimus rex Iherusalem librum de natura lapidum...
> Liber consecrationum lapidum: Fla 1520 (1443), 14c, pp 58b-62b, "Expliciunt exorcismi lviii preciosorum lapidum partim a Salomone rege partim a Sarracenum argutis partim a Grecis"

Saltus lunaris crescit singulis...
> Bede(?): Jones 83

Saltus lune crescit...
> SG Stift 397, 9c, ff. 111-114(Zi 12175)

Saltus quidem igitur fit cum constringitur calor cordis...
> Johannes Cronisbenus, De motu cordis: VE VI.99(XII,26), 15c, ff. 108-109

Salus corporis (potissime) consistit in conservatione sanitatis...
> William of Saliceto, De salute corporis: BN 16246, a.1481 (pr), ff. 192r-200r; St. Mihiel 50, 15c, (8); pr (Utrecht, between 1465 and 1474) (Polain 1837-39; Klebs 484.1-5; IAL S27-29)

Salus pauperum et infirmorum vel adiutorium salutis...
> CUt 1153, a.1450, ff. 89-99

Salus tibi contingat...
> Hippocrates, Epistola ad Antiochum regem: Ran 1338(T.4.3), 14c, ff. 37v-38r

Salutationis sincerissimo premisso affectu...
> Pest tract: Archiv XI, 163-64

Salute gaudere et gratia ditandi ad ulteriora transire...
> Epistola Joh. Presbyteri domini dominantium scripta E. Romano gubernatore: Bern 458, 11c, ff. 103v-104v

Salute previa.   Scripsi vobis qualiter ista pestilentia sit...
> Johannes de Tornamira, Pest tract: Art ancien 17, 15c, ff. 66v-67r(Fritzlar 99)(Schulz)

Salutem mentis et corporis donet nobis...
> CLM 15312, f. 77r(Schulz).

Salutem (quam) tibi(sibi) amice karissime...
> Roger Bacon, Speculum alchemiae: Little 413; DWS 196

Salutem tibi contingit studiosum omnium regum
...
> Hippocrates, Epistola ad Antigonum: Upsala C 664, 9c, pp. 10-14; SG Stift 44, 9c, pp. 197-201; Beccaria 117.5; 129.5

Salutes et me amir almiranato videt epistolam eius...
> Aristotle, Physiognomia: BMsl 3281, ff. 23r-25va

Salvator excelsus et gloriosus prodire fecit...
> Rasis, Liber introductorius parvus in medicinam:
> Yale Cushing MS f. 143r; Baltimore, Walters
> Art 428, 13c, ff. 241v-243v; Naples VIII.F.35,
> 13c, ff. 7v-8v; AL 1487; CLM 13114, 14c, ff.
> 1va-3rb; Opera, Venice, 1497, 1500, ff. 98v-99v
> (Klebs 826.2-3; Hain 13893, f. 102r-v; IAL
> R170-171); Opera parva, Lyons, 1511, ff. 279v-
> 282r

Salvatoris domini...
> Nicolaus de Florentia, Sermo de membris genitali-
> bus: Utrecht 692, 15c, f. 2r-

Salve preclara celorum regina advocata...
> Calendar: CLM 4394, 15c, f. 57r-(60r); CLM
> 5595, f. 47v(Schulz)

Salve stella maris nautis rextrix via vite...
> Si sunt tres homines quorum unus habet aurum
> alius argentum et alius cuprum vel alias tres res
> quaecumque fuerint dummodo tu illas res cogno-
> veris et volueris scire quam quilibet eorum habet:
> BMh 2369, ff. 44-48

Salve virgo mater trinitatis...
> De arte notoria: BMsl 3008, 15c, ff. 66r-68r

Salvea castoreum lavendula primula veris...
> Carmen de virtutibus herbarum: Ea Q. 75, 13c,
> f. 87; Admont 254, 13c, f. 119r

Salveris sospes dum mundi vixeris hospes...
> Legend with Tabula: Liége 77, 12c, f. 74r; AL
> p. 177

Salvet te deus fili mi Iohannes in veritate...
> Jordanus de Turre, De adinventione graduum in
> medicinis simplicibus et compositis: VA 2225, ff.
> 53ra-66vb

Sanat solus languores deus et de frugalitatis solo
...
> Mesue, Grabadin: BNna 1536, 13c, ff. 61r-115v,
> incomplete; Borghesi 353, 14c, ff. 1r-50; CLM
> 3512, a.1300, ff. 1ra-6ova; 4119, ff. 168v-419v;
> Ea F.77b, 14c, ff. 110-145; FLa 144(218-150),
> 14c, ff. 60v-105v; CLM 733, 15c, ff. 1ra-30vb;
> Nîmes 79, 15c; pr Naples, Pavia, 1478; Venice,
> 1495, ff. 76r-249v; 1497, f. 88(92r); etc.(Klebs
> 680.1-15; IAL M437-46); 1535; Lyons, 1551

Sanbelichius. Ideo sunt tantum tres dimensiones...
> De expositione libri Euclidis de geometria secun-
> dum Avarizum: BLd 168, 14c, ff. 124r-(125r)

Sancta virgo Yldegardis...
> Gebenon, prior in Eberbach, Prophetia sancte
> Hildegardis: Bourges 367, 13c, ff. 24-28r; T II,
> 127

Sancte ecclesie munusculum aliquod...
> Bede(?), prol. De substantiis liber. Text, 'Sub-
> stantia igitur que per se...'

Sancti Cassiani multa sunt ideo ut medicus...
> De balneis Sancti Cassiani: NYAM 4, 15c, f.
> 275r-v

Sanctificat deus sinceritatem eiusque sapientiam
...
> See 'Sanctificetur...'

Sanctificetur deus sinceritatem eiusque sapientiam...
> Alexander philosophus, Alchemy: Brux 4267,
> 13c, ff. 64, 63v-67(Silvestre); anon. VE fa 324
> (XVI,1), 14c, ff. 26r-27r; Liber simplicium: BU
> 747(1492), 15c, ff. 81v-83r; Liber cuiusdam
> philosophi: Palermo 4 Qq.A.10, 46-61

Sanctissime pater ac domine pro regimine sanitatis observande...
> Regimen sanitatis ad Romanum pontificem: VI
> 5486, 15c, ff. 21v-24r

Sanctissimo ac reverendissimo in Christo...
> Peter of Abano, dedic. De venenis; BMad 37079,
> 15c, ff. 83r-131v

Sanctissimo domino nostro pape ac sacrosancto
generali concilio...
> On correction of the calendar: VI 3162, 15c, ff.
> 208v-209v; Saxl(1927), 129

Sanctissimo domino pape Iohanni vicesimo
tertio...
> Petrus de Alliaco, On correction of the calendar:
> BMh 637, ff. 44vb-49rb; Oo 65, ff. 107v-115r;
> IAL A426, f. g.4.v-

Sanctissimo et reverendissimo patri et domino suo
...
> Johannes de Muris, Epistola ad Clementem VI
> (on conjunctions of 1365 and 1357): BN 7443,
> 15c, ff. 33r-34v(T III,319, n.81; ColR 67)

Sanctissimo etc. Guilhelmus dictus de Mirica
artistarum...
> William of Mirica, Dedic. comm. Physiognomia
> Aristotelis: BLcm 350, 15c, 217 ff.(T III,527,
> n.9)

Sanctissimo in Christo patri...
> Alemanus de Bohemia, De lapide ad Bonifacium
> octavum pontificem: T III, 53, n.5

Sanctissimo in Christo patri ac domino domino
Benedicto...
> Pref. De mutationibus et multiplicationibus
> metallorum: VI 5477, 15c, ff. 38r-61r. Text,
> 'In primis et ante omnia...'

Sanctissimo in Christo patri ac domino nostro domino Clementi sexto...

Johannes de Muris et Firminus de Bellavalle, De correctione kalendarii: BLcm 248, 15-16c, ff. 23ra-27r; BNfr 15014, ff. 208v-216r(ColR 76c); T III, 269; Saxl(1927), 129

Sanctissimo in Christo patri et domino... devotissima pedum oscula...

Arnald of Villanova, Epistola ad papam Bonifacium VIII: HL 28, 90; T III, 658

Sanctissimo in Christo patri et domino domino Iohanni...

Peter of Abano, prol. De venenis: VA 2482, 15c, f. 85; T (1944) ab, 208. Text, 'Quia venenum oppositum...'

*Sanctissimo patri ac domino domino Clementi ...

Roger Bacon, Opus tertium: ed. J. S. Brewer, RS 15; Little 391

Sanctissimo patri ac domino suo...Bonifacio...

Aegidius Romanus, Hexameron: Graz 191, c.1300, 177 ff.

Sanctissimo patri et domino domino dilecto...

Leo de Balneolis or Levi ben Gerson, dedic. De sinibus chordis et arcubus. Text, 'Cum sapientis ...'

Sanctissimo patri in Christo...

See 'Quod in binas litteras...'

Sanctus Brindanus filius Finlothe...

Brindanus, Navigatio ad diversas insulas: Brux 1160, 15c, ff. 1-28(Silvestre)

Sanctus Iohannes Baptista dedit discipulis suis hanc doctrinam...

Johannis Baptistae doctrina de phlebotomia: CLM 8951, 15c, f. 119r-v

Sanctus Iohannes Baptista docuit discipulos suos ...

Medica quaedam: VA 822, 14c, f. 58v

Sanctus Iohannes Batista scripsit istam rationem de omnibus diebus...

Good or bad days for phlebotomy: BN 6830H, a.1383, f. 130v

Sanctus Leo papa scripsit ista nomina ad regem Karolum...

Incantation: BMsl 122, 15c, ff. 163v-164r

Sanctus Petrus super marmoream petram sedebat ...

Medical incantation: BMsl 1580, 13-14c, ff. 44v-45r; Janus 48(1959), 146-47

Sanguisuge valent...

VAp 1083, 15c, f. 222r(only a paragraph)

Sanguinei pulsus est plenus humidus equalis...

Soranus, De pulsibus: Puhlmann, Kyklos 3(1930), 409

Sanguinem reicientibus reiciunt obscuris locis...

Karlsruhe, cod. Reichenau cxx, 9c, ff. 115r-120r; Beccaria 56.8

Sanguineus largus amans ridens rubrique coloris ...

De quatuor temperamentis(complexionibus): Vendôme 206, 13c, fly leaf; CLM 10157, 13c, f. 95r; Budapest 339, 15c, f. 93v; VA(III) 1583, f. 132v. See 'Largus amans...'

Sanguineus veluti Richardus de Florentino(sic) dicit in sequente largus amans...

De quatuor temperamentis: VAb 186, 15c, ff. 40-41v(Silverstein)

Sanguinis egritudinis aureus ut...

VAp 1251, f. 224r

Sanguinis exeuntis cum urina duplex est causa ...

Nota medicinalis: CUg 379(599), c.1200, f. 56v(Atk)

Sanguinis in epate colera nigra in splene...

De humoribus: VI 5511, 15c, f. 226r

Sanguinis inspectio in fleobotomia triplex est...

Phlebotomy: BMsl 783b, 15c, f. 88v

Sanguinis universalis repletionis signa...

De signis quatuor qualitatum seu humorum: VI 5511, 15c, ff. 189r-199r

Sanguis alius est naturalis alius non naturalis...

De flebotomia: BLe 219, 13c, ff. 110v-113v; Ome 324, 15c, ff. 118-121; James 482

Sanguis augmentatus calore suo fumum ascendentem emittit...

John of Toledo, De pleurisi: BMsl 282, ff. 223r-225r; BMr 12.B.XXV, f. 98

Sanguis crescit verno tempore et Martii...

De quatuor qualitatibus hominum: BMsl 282, 14-15c, ff. 81r-82v

Sanguis elefanti omnis reumatismos et fluctuationes curat...

Curae ex animalibus: Lucca 296, 9c, ff. 50v-81r; Beccaria 91.9

Sanguis est auripigmentum et terra fetida est sulphur...

Introd. Liber de preparationibus. Text, 'Recipe salis armoniaci unam libram...'

Sanguis etiam ex se generatus est spiritum(*sic*) et constat per...
    Walter Burley, comm. Aristotle, Physics: FLa 125(199-131), 15c, ff. 1-150v

Sanguis hirci et anseris cum anica et aceto...
    Alchemy: BMc Julius D.V., 14c, ff. 164-165v (DWS 524)

Sanguis in cura...
    Phlebotomy: Mi A.3.sup., 12c, f. 40v

Sanguis quando(que) superhabundat in equo...
    Practica equorum: CUcl 15(Kk.4.2), c.1280, ff. 187-189; Brux 14338, 13c, ff. 221ra-228rb; Lincoln Cath. Chap. 211, 13c, f. 27; CUad 3120, 14c, ff. 113rb-(117rb), has the above in midst of the tract beginning, 'Marchalcia est...'

Sanguis vero calidus fervens humidus et dulcis...
    Galienus, prol. De sanguine et flegmate: Brux 3703, 9c, f. 2v-(Silvestre); BN 11219, 9c, ff. 17vb- 18rb; Beccaria 6.4; 35.8

Sanitas conservatur bonitate mensurationis...
    Rasis, Liber Almansoris, tract IV: Klebs 826.1-3; IAL R169-171

Sanitas est bona dispositio corporis...
    Cap.1, De arte medica. See 'Virtus non est aliud nisi potentia...'

Sanitas est integritas corporis et temperantia nature...
    Isidorus, De quatuor humoribus (Etymologiae, IV,5): Beccaria 78.22; 106.9; Arras 798, 13c; BLd 69, c.1300, f. 72ra

Sanitas omnibus in cibis congruis constat...
    De ratione ciborum: SG Stift 44, 9c, pp. 298-301; Beccaria 129.21

Sanitas pro tanto finis dicitur medicine...
    Arnald of Villanova, De parte operativa: HL 28, 68; Opera, 1504, ff. 133v-143r; Glorieux I, 420

Sanitas quatuor modis...
    Nicolaus Bertrucius, Regimen sanitatis generale: VI 5504, a.1464, ff. 90r-95v

Sanitas totius corporis conservat cottidie sex rebus...
    VI 5511, 15c, f. 10r

Sanitas utique dicitur...
    See 'Sanitas pro tanto...'

Sanitatem custodire est qui motu...
    Summa Floridie(?): CUg 379(599), ff. 13v-17r

Sanitatis(Sanitas) autem scientia custoditiva apud veteres medicos...
    Bartholomaeus Salernitanus, Practica: Bern 897, 14c, ff. 113r-(118); anon. Ran 1481(V.2.18), 13c, ff. 19-45

Sanitatis (igitur) conservator debet uti motu temperato...
    Chunradus Eistetensis, De regimine sanitatis, cap.1: CLM 5964, 15c, ff. 26r-30v; 7744, 15c, ff. 27r-41r; 16521, a.1462, ff. 11r-21r

Santo Tomas de Aquino in libro...
    Alchemy: BNna 1293, 15c, ff. 3v-8v

Sanum (est) simpliciter corpus eucraton...
    Galen, Tegni *or* Ars Parva: Ran 1338(T.4.3), 14c, ff. 41-46; Pars I, Microtegni, pr Opera, 1515, II, App.(sig. AAA). Prol. 'Tres sunt omnes...'

Sanus homo qui et bene valet...
    Celsus, De medicina: Beccaria p. 433

Sanus (igitur) homo qui et bene valet et...
    Galen, Liber Diagnosticon. See 'Rationem quidem puto medicinam...'

Saphati accidit pueris et forte...
    (Rasis), De aegritudinibus puerorum: VI 5484, 15c, ff. 149v-156b; VAp 1248, 15c, ff. 51r-55v; anon. BMsl 259, 14c, ff. 50v-57v

Saphea est proiectio sphere...
    Celestial sphere: Zi 4557-59

Saphea est spera proiecta in plano cuius circuli ...
    Fabrica saphee: VI 5255, 15c, ff. 55v-61r

Saphea iam pridem vocata creditur sive quasi sphera...
    Regiomontanus, Problemata XXIX Sphere nobilis instrumenti astronomici: BB 17(1884), 786; pr 1524; 1534

Saphirus de lapide saphyro...
    See 'De lapide saphiro...'

Saphirus est flavei coloris sicut celum...
    On 12 stones: CLM 5964, 15c, f. 298r-v; Ambix 8(1960), 11-12

Sapiens Aristoteles ubi dialecticam incepit...
    Alkindi, De quinque essentiis, tr Gerard of Cremona: Beiträge II, 5(1897), 28-40; Carmody 83; AL 73, 82, 640, 658, 812; Algazel: Delisle III, 83b

Sapiens id est Aristoteles ubi...
    Algazel(Alkindi), De quinque essentiis: BN 16082, 13c, ff. 323v-326r(AL p. 554); anon. FL Plut. XI sin.5, 13c, ff. 164v-166v(AL 1358)

Sapiens omnino existit prohemium particulare ...
    Abraham ibn Ezra, Liber introductionis. See 'Cum initium sapientie...'

Sapiens promovet opus stellarum...
  Comm. (perhaps by K. v. Megenberg) Sacrobosco, Sphera: CLM 14687, 14c, ff. 1-57 (Zi
  4877; Schulz)

Sapiens Ptholomeus(!) omnium med. perit....
  Astronomia Hippocratis: Ea Q.386, 14c, ff. 163-
  167. See Sapientissimus Hippocrates omnium
  ...'

Sapiens ubi dialecticam...
  See 'Sapiens Aristoteles ubi...'

Sapiens verba si sua intelligit...
  Flores arismetrice: Plimpton 188, 15c, ff. 1-70

Sapienter data est virtus generativa...
  Raymundus de Moleriis, De sterilitate mulierum:
  Wi 56, 15c, ff. 51va-56ra. See 'Sapientis ver-
  bum...'

Sapientes antiqui Ptolomeus et qui posuerunt
post ipsum...
  CLM 125, a.1486, f. 285ra-va(Zi 10273)

Sapientes asserunt quod...
  See 'Sapientes dicunt...'

Sapientes astronomie motus...
  Astrolabe: Frankfurt a. Main, Q.134, 14c, ff.
  124-129(Zi 923)

Sapientes astrorum sunt discordes in accipiendo
medicinam laxativam...
  VAr 1452, f. 81vb

Sapientes dicunt(dixerunt) quod non est nisi...
  Raymond Lull, Apertorium abbreviatum: T IV,
  51, 627-28; BU 169(181), 15c, pp. 165-178;
  BMsl 1091, 15c, ff. 108v-117v(DWS 258)

Sapientes dicunt terram in modum spongiam...
  De terre motu: BMh 3017, 9c(Fleury), f. 164v

Sapientes dixerunt taliter posse...
  De re absconsa: NaO XV.xi, f. 173va

Sapientes Egyptii predixerunt signa que...
  Johannes Toletanus, Astrological letter: H.
  Grauert, Meister Johann von Toledo, München,
  1901, p. 179; T II, 75, n.3

Sapientes in lege concordati sunt quod homo...
  Abraham Ibn Ezra, De electionibus, tr Arnulphus
  de Quinquempoix: Ghent 5(416), 15c, ff. 91v-
  96r; GS III, 453

Sapientes Indi de pluviis iudicant secundum
lunam...
  Iafar(Albumasar?), De pluviis et ventis: T I, 652;
  Steinschneider (1905), 36-37; Hellmann II
  (1917), 201; anon. VAp 1369, a.1444, ff. 84v-
  87v; Carmody 87-88; VE fa 343, 14c, ff. 153-
  157; Libri, Hist. des sciences math., I(1865),
  369-74

Sapientes legis concesserunt hominem plene
(perfecte) habere potestatem...
  Abraham ibn Ezra, De electionibus, tr Peter of
  Abano: T (1944) aa, 299; Opera(1507), 67r-71r

Sapientes legis examinaverunt quod homo de
libro arbitrio...
  Abraham ibn Ezra, De electionibus, a different
  translation from those by Peter of Abano and
  Arnoul de Quinquempoix: BMr 12.C.XVIII,
  14c, ff. 26-30v

Sapientes legis sententiaverunt quod homo de
libero arbitrio...
  Probably the same translation as the foregoing:
  BLd 212, 14c, ff. 64v-66r

Sapientes legis sustinent quod homo habet posse
faciendi...
  Translator not specified: Ea O.89, 14c, ff. 46v-
  52v; VI 5442, 15c, ff. 198va-203v; Saxl(1927),
  158

Sapientes mundi...
  See 'Sapientes Indi...'

*Sapientes nostri asserunt quod...
  See 'Sapientes dicunt...'

Sapientes philosophi dixerunt quod est unus
lapis...
  Extracta ex libro angelico: BU 303(500), 15c, ff.
  264v-271r

Sapientes vero antiqui in hoc sunt concordati...
  Liber quartus de proprietatibus spirituum: ZMP
  XVI(1871), 372, n.; BLcm 500, 15-16c, ff.
  167r-168r, contents, ff. 168v-183v, text (TR
  273)

Sapientia edificavit sibi domum...
  Conradus, Comm. computi ecclesiastici: Graz
  209, 13c, ff. 90-112; VI 3816, 15c, ff. 51v-109v

Sapientia est multorum et mirabilium scientia...
  Joh. de Sacrobosco(?), De sphera materiali: CLM
  5640, 14c, ff. 133r-149

Sapientiam omnes naturaliter appetunt...
  Hemanuel de Soncino, Practicha alkimie sub com-
  pendio: FNpal 758, 15c, ff. 42r-62r; Ambix
  V(1956), 102-3

Sapientiam que a domino deo est que et de se
predicat...
  Jean Gerson, Trilogium astrologie theologisate,
  Lyons, a.1419: CLM 3102, a.1482, ff. 182ra-
  186rb; Pellechet 548; Klebs 766.1; IAL A426,
  ff. ii 4v-kk 4v (Photostat ed. 1927)

Sapientie alumno abdita diligenter scrutanti in scientia...
> Reply of author of Imago mundi. See 'Septiformi spiritu...'

*Sapientie perfecta consideratio consistit...
> Roger Bacon, Opus maius: Little 379-80; Antwerp 8, a.1411, ff. 5r-204v(table of contents, ff. 1r-4r, by Pierre d'Ailly)

Sapientis verbum (est istud).   Data est particularibus...
> Arnaldus de Villanova, De sterilitate: Archiv VI, 380-91; HL 28, 67; VAp 1265, 15c, ff. 159r-165v; anon. CPh 10.a.135, c.1350, (incomplete); Opera, 1504, ff. 250r-253r; ed. as by Raymundus de Moleriis, Arlt, 1902; Janus IX(1903), 530-37; Glorieux I, 421

Sapientissimi Egyptii scientes mensuram terre...
> Leo tr Historia de preliis Alexandri Magni: Univ. of Texas 2 (Census II, 2156); CUc 129, 13c, ff. 15ra-31ra; Graz 105, 12c, ff. 348-374; 310, 15c, ff. 37-68v; T I, 557; Speculum IX (1934), 84-86 lists other MSS without giving incipits; Hain *779; ed. Zeitschrift für deutsche Philologie, 17(1885), 99; A. Hilka, Halle, 1920

Sapientissimi igitur (namque *or* quippe)...
> See 'Sapientissimi Egyptii...'

Sapientissimus deus qui est fons et origo scientiarum...
> Bartholomaeus de Parma, Epistola astrologica: VI 3124, 15c, ff. 199vb-200ra; BB XVII(1884), 24

Sapientissimus et omnium...
> See 'Sapientissimus Hippocrates omnium...'

Sapientissimus Hippocrates omnium medicorum peritissimus...
> Ps. Hippocrates, De pronosticationibus egritudinum secundum motum lune, tr William of Moerbeke: T (1944)ab, 218; Ea F.386, c.1359, ff. 52v-53v(ColR 72.9); CU 1705(Ii.I.13), 14c, f. 129r-v; HL 21, 146; Archiv XVI, 95-102; Diels (1905), 50; Kibre(1945), 399-400; BN 7292, ff. 287va-292va; T (1957), 124; Janus 49(1960), 105-11

Sapientissimus Hippocrates medicus Indie fecit librum istum...
> Hippocrates, De infirmitatibus equorum, tr Moses of Palermo: ed. P. Delprato, Coll. di opere inedite, XII(1865), 101

Sapientum corona que vivita dicitur esse...
> Textus libri Corone sapientum: (Alchemy): BU 303(500), 15c, 254v-264r

Sapientum verbum est quod causas rerum inquirere...
> Iudicium anni 1470; FLa 140(214-146), 15c, ff. 24r-35r; T IV, 443-44

Sapir e re grande...
> De attractione planetarum: FL 89 sup., 38, 15c, f. 29-

Saporum delectamenta propter voluptatem magis quam...
> Maino de' Maineri, De saporibus: Na.VIII.D.35, 14-15c, ff. 52r-53v(ColR 155); ed. Speculum IX(1934), 186-89; Wo 2156, ff. 280r-281v; 2207, ff. 243r-261

Sappiate che il corpo dell' uomo si e composto...
> Perimbel Grecus et Fred. II, Libro di medicina di Fisica e di cerusica...: Venice, Nani cod. volg. 52, 15c

Saracenorum hebreorum grecorum latinorum similitudo...
> Synonyma alchemica: BMad 27582, 15c, f. 267 (DWS 406)

Sarcocolla calet...
> Carmina de herbis: VAp 1080, f. 70

Sardius est quasi terra rubens...
> CLM 9604, 14c, f. ult.

Sarminum id est cerfolium...
> Nomina herbarum: Os 17, c.1110, f. 2v

Sata nomen est mensure habens medius et semis ...
> De ponderibus et mensuris: FL Plut.29, cod.39, 13c, ff. 1-(19)

Satis constat hominem generari ex semine viri et menstruo...
> Petrus Candidus, De genitura hominis: pr (Rome, 1474); etc.; and in Archana medicinae, (Geneva, 1500) ff. 2r-6v; ColR 73, 1; Klebs 327.1-9; 78.1; IAL C79-84, A846

Satis diu penes(pene) te atque adeo plane...
> De vi numerorum sive arithmetica progressione: BMsl 1102a, 12c, 21 ff.; Augustinus, De musica, Lib. VI: CUpet 193, 15c, f. 207(Atk)

Satisfactio maiorem habet virtutem sed tardam comprehensibilitatem...
> Comm. Galen, De pulsibus ad tirones: Mi G.108.inf., 9c, ff. 92r-114r; Beccaria 92.6

Saturni ars est laborare ortus vineas terram...
> Richard Dove(?), De artibus planetarum: BMsl 513, 15c, ff. 23v-24r

Saturni coniunctio cum luna...
> Leip 1476, 15c, ff. 134-139(Zi 3365)

Saturni die qui in lectum ceciderit. . .
> Pronosticum Ypocratis que dies mortis vel salutis ostendit: CUpem 204, 15c, ff. 68v-69; VI 5512, a.1436, f. 163r-v

Saturni dies horaque. . .
> SG Stift 878, 11c, f. 240(Zi 7983)

Saturni domus est. . .
> CLM 23651, 14c, f. 103r-v(Zi 8318)

Saturni Iovis et Martis loca sic reperito. . .
> Versus quatuor et viginti de locis trium planetarum: BMar 377, 13c, f. 74

Saturni sunt viles homines. . .
> Cues 209, 14c, ff. 79-80(Zi 8319)

Saturni.   Tabula medii motus Saturni et eius argumenti. . .
> Johannes de Lineriis, Tabulae motuum verorum et mediorum planetarum: Ea F.388, 15c, ff. 1-35

Saturni triduo prope nonam. . .
> Clementius Clementinus, Prognostic for the year 1500: GW 7120; Klebs 279.2

Saturnus cum fuerit in ascendente significat mortem. . .
> Berdradus(?), *or* Gerdirdus, De significatione planetarum: VAp 1369, 15c, ff. 83va-84vb; Saxl(1915), 17; CLM 3857, 13c, ff. 5-(6); Carmody 30, as cap. v of Messahala, De septem planetis; Iergis: CLM 228, 14c, ff. 1r-3r; CUe 70, 15c, ff. 69-70v; Joh. de Lineriis: Basel F.II.10, ff. 163rb-164vb; anon. Catin. 85, 15c, ff. 139-141v; BLcm 517, 15c, ff. 45va-48va

Saturnus cum sit malus et masculinus similiter et diurnus. . .
> Messahala(?), Liber iudiciorum astrorum: CLM 51, c.1487, ff. 61ra-69rb; TR 360c

Saturnus cum sit masculinus malus atque diurnus. . .
> Properties of planets: BMad 15236, 13-14c, f. 171v (incomplete, breaking off with sol)

Saturnus dicitur ab antiquis deus terre. . .
> Bartholomaeus de Parma, Significationes naturales planetarum: VI 3124, 15c, ff. 202r-203v(T II, 836, n.5); BB XVII(1884), 24

Saturnus dies que in lector(!) acciditur. . .
> Hippocrates, Epitomum de infirmis: Cop kgl.S. 1653, 11c, f. 183v; Beccaria 8.17

Saturnus est a saturando. . .
> Ea F.346, 14c, ff. 8-10v(Zi 8338)

Saturnus est dominus planetarum ideo ab ipso est potius incipiendum. . .
> Hippocrates, Epytomia: CLM 615, 13c, ff. 49vb-50vb; VI 3011, 15c, f.147r-v

Saturnus est frigidus et siccus. . .
> Carmody 65.   Prol. 'Gloriosus deus et sublimis creator. . .'

Saturnus est homo fuscus et paucos pilos habet in barba. . .
> Planets: BLcm 71, 13-14c, f. 46ra-b

Saturnus est in auge sui. . .
> Ea Q.368, 14c, ff. 157v-162(Zi 8399)

Saturnus est masculinus septimo celo positus frigidus. . .
> De septem planetis: CUt 918(R.XIV.48), 15c, f. lxr-v

Saturnus est nobis remotissimus.   Frigidus est et siccus. . .
> BMsl 702, 15c, f. 25r

Saturnus est planeta. . .
> De qualitatibus planetarum: Cues 209, 14c, ff. 67-68

Saturnus est planeta et non stella qui quando fuerit. . .
> Bartholomaeus de Parma, Significationes planetarum: VI 3124, 15c, ff. 204r-205v; BB XVII (1884), 24; BMad 41600, c.1455, ff. 56r-58v (Saxl(1953), 85)

Saturnus est planeta masculinus diurnus. . .
> De septem planetis: Oc 190, 15c, ff. 52v-(55)

Saturnus est planeta prima(*sic*). . .
> CLM 24514, 14c, f. 203v(Zi 8341)

Saturnus est planeta senex magnus. . .
> Significata planetarum: Gö Luneb. 87, 15c, ff. 138-154(Zi 8340)

Saturnus est primus quia supremus. . .
> BMh 531, 14-15c, f. 133r-(134r)

Saturnus est stella avara(aliquantulum) obscura frigida et malivola. . .
> BMsl 521, 14c, ff. 269r-271v; BMr 12.E.XIII, 15c, ff. 40r-(42r)

Saturnus est supremus planeta et percurrit duodecim signa. . .
> De regimine planetarum: CLM 4394, f. 65r; Zi 8343-45

Saturnus fertur explere circulum suum annis triginta. . .
> De septem planetis: CU Kk.V.32, 11-12c, f. 48r(Atk)

Saturnus frigidus siccus. . .
> Maihingen II.1.Q.61, 15c, ff. 41v-42(Zi 8346)

Saturnus habet aurem dextram splenem vesicam
. . .

>   Ea Q.377, 14c, ff. 6v-7; etc.(Zi 8347-49)

Saturnus habet primam horam. . .
>   CLM 5595, a.1432, ff. 51-52(Zi 8350)

Saturnus in ariete facit pluvias. . .
>   Alkindi, De pluviis: Ghent 5(416), 15c, ff. 105v-107r

Saturnus in ariete pro lege populi. . .
>   Basel O.IV.4, ff. 20r-25r

Saturnus in ariete sub radiis solis facit. . .
>   Alkindi, De pluviis: CU Mm.IV.43, 14c, ff. 272v-273r(Cat. calls it an extract from his De temporum mutationibus)

Saturnus in ariete sub radiis (solis) pluvias facit
. . .

>   Alkindi *or* Haly: BLd 147, 14c, ff. 117v-(118v); CLM 588, 14c, ff. 113va-115ra; CU Mm.IV.43, 14c, ff. 272v-273r; Douai 715, 14c, ff. 73-78; Ea Q.343, 14c, ff. 183-184; T (1947), 267; BMad 15107, 15c, ff. 60v-61r; CLM 125, a.1486, f. 292rb-vb; VI 3162, 15c, ff. 225r-226v; Saxl(1927), 130; Prag 433(III.C.2), f. 63ra-vb; Hellmann, Beiträge z. Gesch. d. Meteorologie, II(1917), 198; AL 176; Carmody 81-82, ascribes it to Alkindi; anon. BN 7413-II, 13c, ff. 28va-30rb; CLM 27, ff. 209r-210r; VAp 1401, f. 102v

Saturnus in ascendente. . .
>   Astrology: VA 3126, 15c, ff. 24-29r; Isis 47 (1956), 393

Saturnus in ascendente infortunat questionem
. . .

>   BLcm 517, 15c, f. 27ra

Saturnus in libro de motibus planetarum. . .
>   BMad 41600, c, 1455, ff. 59v-60r (Saxl (1953), 85)

Saturnus in oriente pro lege. . .
>   Jirgis, De significatione planetarum in domibus: Ea Q.372, 14c, ff. 50v-54v; Carmody 72

Saturnus in peragratione 30 annos. . .
>   Andalò di Negro, Canones in Almanach Profatii: ed. Boffito e Melzi d'Eril, Florence, 1908, pp. 123-28, from FNm II, ii.67

Saturnus in subradiis pluvias facit. . .
>   Haly, De virtute saturni: Steinschneider(1906), 3

Saturnus in unoquoque signo. . .
>   Admont 782, 8vo. 13c, f. 63v(Zi 8351-52)

Saturnus infortunatus quoniam. . .
>   Ea Q.372, 14c, ff. 107v-115(Zi 8353)

Saturnus inter planetas est nobis remotissimus. . .
>   On the seven planets: BMh 3843, 15c, ff. 68v-70v

Saturnus. Iupiter etc. Cupientes multiplicem planetarum. . .
>   See 'Cupientes multiplicem. . .'

Saturnus niger Iupiter viridis Mars rubeus est. . .
>   Grand Calendrier des bergiers: Geneva, 1497, p. 11(Schulz)

Saturnus omnium planetarum superius signiferum 30 annorum spacio. . .
>   Johannes de Sacrobosco: CLM 692, a.1463, f. 19r

Saturnus planeta frigidus et siccus falcifer et inimicus. . .
>   BMc Julius D.VII, f. 1v-

Saturnus planeta malivolus nocturnus ponderosus. . .
>   BMsl 702, 15c, f. 30v

Saturnus plumbum Arabice alazarat vel usures
. . .

>   Interpret. vocab. Arabicorum (alchemy): CUt 1120(O.II.16), III, 15c, ff. 61(63)r-65(67)r (DWS 405)

Saturnus primo mense materiam spermaticam infrigidat mediocriter. . .
>   De opere et domino planetarum in membris animalium perfectorum: BMad 15107, a. 1422, f. 62r

Saturnus quando ingreditur in signum alterius
. . .

>   De operatione saturni in diversis signis: CLM 267, ff. 100ra-101vb

Saturnus quantum est in se est corpus simplex. . .
>   Reynhardus, Recollectiones et proprietates planetarum: BN 7328, ff. 60ra-67rb

Saturnus qui est frigidus et siccus atque malivolus. . .
>   Nota de planetis: CLM 2841, 15-16c, ff. 108r-109r

Saturnus qui et Feton minor. . .
>   On five planets: Durban Hunter 100, early 12c, f. 64v; Saxl(1953), 445

Saturnus qui superior (est) omnibus planetis manet in unoquoque. . .
>   BN 6584, I, 13c, ff. 32vb-33ra; CLM 615, 13c, ff. 39r-40v; VA 4425, ff. 128va-130rb; VI 407, 14c, f. 145rb-vb; Zi 8384-88; Rc 860, 14c, ff. 39r-40v; Rve 301, 14c, f. 76v; AL 1547, 1555

Saturnus secundum Mysa est planeta malivolus frigidus...
CLM 667, 15c, ff. 38r-40v(Zi 8389)

Saturnus stat in altiori...
De circulis et dominationibus planetarum: FNpal 763, 15c, f. 5r

Saturnus stationarius statione secunda...
Experimenta astrologica: Gilhofer and Ranschburg, Cat.(1936), 257, MS 7, late 15c, ff. 116r-129r

Saturnus sub radiis in ariete facit pluvias...
Alkindi *or* Hippocrates, De pluviis *or* impressionibus: Ea Q.174, 14c, ff. 87-88; BLcm 517, 15c, ff. 20rb-21va; FLa 132(206-138), 15-16c, ff. 67v-69; apparently same as 'Saturnus in ariete sub radiis...'

Saturnus subscripsit diversiones...
Leip 1473, 15c, ff. 216-19v(Zi 8390)

Scamonia a grado 5 usque ad 12...
De dosis(*sic*) secundum diversos auctores: BMsl 282, 14-15c, f. 190r

Sciant artifices alchemie species (metallorum)...
BMsl 2325, 15c, ff. 17v-18v(DWS 130); (Tract. ii Rosarii abbreviati); Ze III, 653-55

Sciant artifices huius artis quod operatio...
Elias, Alchemy: VAr 1242, ff. 1r-11v(T III,347)

Sciant omnes artifices alchimie quod species metallorum...
VI 5224, 15c, ff. 1r-12v

Scias autem quod es nostrum sicut homo habet corpus...
Alchemy: VI 5477, 15c, ff. 73v-74r

Scias carissime amice omnia que sub celo creata...
Belinghieri, Alchemy: VAb 273

Scias carissime fili nature cursum esse reformatum...
Raymond Lull, Ars magica *or* Compendium artis alchimiae: HL 29, 288; Artis auriferae III(1610), 83-91; T IV, 47, 630-31

Scias carissime (fili) quod in omni re...
Arnald of Villanova, Perfectum magisterium: T III, 664-65; HL 28, 82

Scias carissime fili quod ista scientia nihil...
Vetus quedam expositio in Geberum: BN 7147, a.1537, ff. 87v-88v(Corbett I,63)

Scias carissime fili quod septem sunt planete...
Albertus Magnus: Mon 479, 16c, ff. 117v-121v (Corbett II,108)

Scias centrum equatum...
See 'Utrum planeta sit stationarius directus...'

Scias enim quod omni mane recipi debet...
Pest tract: Archiv IX, 159-62

Scias equidem quod illud quod videt homo...
See 'Scias quod illud...'

Scias ergo carissime fili in hoc opere totam artis operationem...
Capitula in lib. Gebri: CLM 2848, a.1531, ff. 1r-82r

Scias ergo carissime quod omnes (per mundum) operantes...
Progressus veritatis (alchemy): BMsl 3457, ff. 301r-302v; DWS 692C; BN 14005, 14-15c, ff. 65v, 104v-107(Corbett I, 168, 171)

Scias fili carissime quod hec quod opus tuum confirmat...
Liber qui pars textus alkimie nuncupatur: BU 168(180), 15c, ff. 147r-171r; T III, 691

Scias fili mi carissime priusquam fueris aliquantulum plus...
Alchemy: Breslau R 454, f. 10v

Scias fili quod lapis philosophorum ad naturam
...
Alchemy: BU 1062(2082), 14c, ff. 54v-57r

Scias fili quod omnes sapientie que in mundo...
Collectum ex nobili libro Margarite Novelle conditum per egregium doctorem Bon. de Ferraria: BN 14006, 15c, ff. 44v-45v(Corbett I,180)

Scias hoc ex utrisque planetis superioribus...
Capitulum de Floribus Albumazar in scientia gravitatis et levitatis annone: CLM 51, a. 1487, ff. 34ra-36va; TR 360b

Scias hoc immediocriter in introitu solis in primo gradu...
De pluviis tonitruis choruscationibus et ventis: CUt 1144(O.II.40), 15c, ff. 7v-8v

Scias hoc quomodo circulus signorum dividit...
Guido Bonatti, Liber introductorius, Pars I, tract. ii: Venice, 1506, f. (a6)r

Scias igitur quod quamvis lapis noster...
Hortulanus, Tertia pars de compositione lapidis: VAb 273, f. 288v(T III,688)

Scias immoderate veneris...
De coitu: Ran 1456(V.l.11), 15c, ff. 111r-114v

Scias immoderatis veneris usibus nature calorem extingui...
Liber coitus: BMsl 430, early 14c, f. 35v-

Scias itaque quod ipsum mercurium viventem...
Opus mirabile super mercurio ad eius fixationem:
BN 7147, a.1535-37, ff. 18-20v(Corbett I, 57)

Scias itaque quod omnis intentio et operatio...
Albertus Magnus, Alchemy: DWS 180. Introd.
'Calistenus unus...'

Scias naturam rei esse nature orientis signi...
BLau F.5.29, early 14c, f. 31r-v

Scias nihil esse nisi substantiam et accidens...
Alpharabius, De ortu scientiarum: Beiträge, XIX
(1916), 17-24; T II, 80; BN 6443, 14c, ff. 185v-
186v; AL 82, 349, 454, 583, 640, 1185, 1234,
1476, 1611; anon. Bruges 424, 14c, ff. 307r-
308v; De divisione scientiarum: CLM 527, ff.
13r-14v

Scias O tu rex quod prolongatio philosophorum
in hoc opere...
Alphidius, De magno lapide minerali: CLM
26059, ff. 144v-155v

Scias O tu rex quod sapientes posuerunt...
Arnald of Villanova, Epistola super alchemia ad
regem Neapolitanum or Flos regis: Opera, 1504,
f. 398r; HL 28, 52; T III, 659; VAp 1332, 15c,
ff. 25v-26r; Corbett I, 157, 234; CLM 2848,
a.1531, ff. 159r-161v

Scias preterea quod propter longitudines...
Rasis or Ps. Aristotle, Alchemy: BLas 1448, 15c,
pp. 239-244(DWS 114, xi; T II, 251, n.4).

Scias primo medium motum solis...
Reynerius Bachi, Tabula astronomica: CUt
1404(O.VIII.29), III, 15c, ff. unnumbered

Scias primo quando ingreditur sol in primum
minutum signi Arietis...
De constitutione domini anni ('ex dictis Messe-
halam de revolutionibus annorum'): Basel F.III.8,
15c, f. 49r-v

Scias quia hic incipit liber...
Johannes de Ferraria, introd. Candelabris. Text,
'Verum quia sal est...'

Scias quod alumen iameni solvitur...
De oleis sapientis: BLd 119, 15c, ff. 134v-135v
(DWS 472)

Scias quod annus lunaris...
Questions on Arzachel: BLb 613, 13c, ff. 88-103

Scias quod aree cuiusque quadrati orthogonii...
Ademea, Aderamati or Aderameti (Abd-el-
Rahman?), De mensuratione: Steinschneider
(1906), 1, 83; BN 9335, 14c, f. 126r-v; Bibl.
math. III(1902), 73; CU 2312(Mm.II.18), 14c,
f. 77

Scias quod ars alchemie est donum spiritus
sancti...
Johannes Andrea, early 14c canonist, is merely
quoted, not the author: DWS 322. See 'Qui
desiderant artis philosophice...'

Scias quod ascendens est in primo domo...
Astrology: CLM 192, ff. 156r-161r

Scias quod ascendens est significator rei furate...
BLas 191, 15c, f. 123

Scias quod astronomus poterit quatuor modis
errare...
BMh 637, 14-15c, f. 148r. See 'Scito quod
astrologus...'

Scias quod atramenti genera sunt multa...
Rasis, De aluminibus et salibus, tr Gerard of Cre-
mona: DWS 117; ed. Isis XII(1929), 14-42;
Palermo 4. Qq.A.10, 46-13; Osiris VII, 39-40;
BU 474(830), 15c, ff. 35r-48v; Ruska ascribes
to a Spanish alchemist of 11-12c

Scias quod atramenta sunt genera multa...
Rasis, De aluminibus et salibus: BN 6514, 13-14c,
f. 125r-v(Corbett I,30)

Scias quod communis usus aromatariorum...
VA 10213, pp. 575a-577a

Scias quod cum luna coniungitur soli...
De qualitate lune et eius effectibus: Mi I.65.inf.,
f. 96r-v

Scias quod dentes quandoque dolent...
Secundum Avicennam de dolore dentium: Basel
D.II.21, ff. 75ra-77ra

Scias quod famosior erarum...
De eris (26 caps.), tr Gerard of Cremona: Carmody 173

Scias quod illud quod videt homo in speculo...
Tideus, De speculis: Ab(1912), 73-82, 123; VA
2975, ff. 157r-159v(ColR 30); AL 1181; Graz
482, c.1300, ff. 198v-200r

Scias quod in hoc conveniunt omnes philosophi
...
In vocabulis philosophorum (alchemy): Budapest 272, 15c, ff. 116v-117, 145v-146

Scias quod in istis septem figuris...
Figurae septem planetarum: Oc 125, f. 76; VI
5239, ff. 147va-149ra

Scias quod inmundum corpus est plumbum...
De compositione lapidis philosophorum: Lehigh
MS, ff. 25v-26r

Scias quod intellectus apud Aristotelem est tribus modis...
> Alexander of Aphrodisias, De intellectu: CLM 317, ff. 172ra-173vb; ed. Bibl. Thomiste VII (1926), 74-82; Graz 482, c.1300, ff. 232vb-234ra

Scias quod intentio in (eo) canone est febres...
> Comm. Avicenna, Canon, De febribus: VAp 1229, ff. 318ra-325ra

Scias quod intentio in medicando has febres...
> Ad curationes febrium putridarum: FLgr 14, 13c, f. 126; BN 6872, f. 127v

Scias quod istud est principium infirmitatum...
> Cap. 1, Medical tract: VE VII.33, 14c, f. 47r

Scias quod luna non obscurabitur nisi cum fuerit in opposito...
> Ars inveniendi eclipsim solis et lune: BLsa 21, 13c, ff. 156v-158r(copied by Robert Grosseteste, Thomson 31); CU 1935(Kk.I.1), 13c, f. 137v

Scias quod matrix embrio(ni) est sicut olla...
> Physiognomy to Alexander (from Secretum secretorum): OHI, V, 166, line 6-172, line 8; BLd 95, 14c, ff. 7r-8r

Scias quod mercurius philosophorum facit de duobus plumbis...
> (De mercurio philosophico): London, Royal College of Physicians 33, 14c, ff. 68v-69(DWS 453); Ze III, 697-98

Scias quod non est egritudo in aliquo...
> Lanfrancus, De curis oculorum: Ea F.288, 13-14c, ff. 80-81

Scias quod oportet omnem...
> Glossula super (Hermetis) librum imaginum lunae: Oc 125, 13-15c, ff. 108-(110)

Scias quod optalmia est...
> Joh. Damascenus: VA 4425, f. 226v; Avicenna, (Part II, De obtalmia): VA 4439, ff. 76va-81rb, incomplete

Scias quod planete quando sunt retrogradi...
> Centiloquium Bethen: CLM 275, 15c, ff. 193r-195r; Ghent 5(416), 15c, ff. 46r-48r; Oc 101, late 15c, ff. 197-(200); FLa 129(203-135), 16c, ff. 67-72v; Björnbo(1912), 110; De consuetudinibus in iudiciis: Zurich B 244, f. 77rb

Scias quod planete signant proprietates suas secundum proprietates...
> Divisio domorum (astrol.): VI 10536, 15c, f. 4r

Scias quod quando planete sunt retrogradi...
> Same as foregoing: BN 7316A, 14c; T (1957), 133

Scias quod res dividitur in duo in inventum...
> Geber, Liber misericordiae: Archiv XVII, 183-97. Prol. 'Dixit qui compilavit...'

Scias quod sal armoniacus est melior salium et...
> Alchemy: FL Plut.30, cod. 29, 13c, ff. 63ra-70vb, incomplete

Scias quod scientia figurarum superficialium...
> Liber Saydi Abuothim, De mensuratione figurarum superficialium et corporearum, tr Gerard of Cremona: BN 9355, 14c, ff. 125v-126r; CU 2313(Mm.II.18), 14c, ff. 76v-77r; Bibl. math., II(1901), 46; Steinschneider(1905), 25-26; GS I, 631

Scias quod si pondus duorum denariorum...
> Collectanea alchemica: BLas 1448, 15c, ff. 78-81 (DWS 712)

Scias quod societas...
> See 'Quod contemperantia...'

Scias quod spiritus domini dei ferebatur super aquas...
> Spiculare sive Lilium intelligentiae Magistri artis generalis de Florentia: BU 142(109), II, 16c, ff. 116r-117v

Scias quod tabule more sunt edite...
> Astrology: BN 7316A, 14c, f. 180ra-b

Scias quod videmus apud Aristotelem est tribus modis...
> Alexander(Alkindi), De intellectu: VA 4426, ff. 4ra-6va

Scias reverendissime ac serenissime princeps quod pauci ad hanc...
> Epistola de lapide philosophico ad R. D. D. Hermannum (archbp. Cologne, 1515); Ze V, 799-804

Scias tamen quod vinum quod debet sumi...
> CLM 16521, a.1462, ff. 11r-21r

Scias tempus medie coniunctionis si volueris...
> (Nicolaus de Heybech?), De tempore vere coniunctionis: Bern 454, 14c, ff. 145r-146v.

Scias tres mutationes...
> Veridicus de lapide magno: BU 270, XII, 8 (T IV,336)

Scias tu rex...
> See 'Scias O tu rex...'

Sciat quantum annus pro quo querit...
> Canon for solar tables for Oxford, 1381-1509: BLas 789, 15c, ff. 368-69

Sciatis carissimi et notetur diligenter...
 De causis epidemie: BN 11227, f. 215ra-vb; HL
 37, 364-66

Sciatis domini quod lapis noster...
 See 'Et primo dicit Hermes...'

Sciatis omnes igitur filii philosophorum quod...
 Comm. super lapidem philosophorum: FR 923
 (L.III.28), 16c, ff. 14r-23v; 24r-45r

Sciatis operatur(?) quod liber meus comparatur...
 Liber magistri Galli compilatum a magistro
 Godefrido de Hohenloch (alchemy): MU
 F.673, 15c, ff. 148r-154v

Sciatis quod medicine in omnibus morbis
diversificantur...
 Albicus, De regimine sanitatis (de paralisi et
 pestilentia): CLM 321, ff. 170r-205, 271-273

Sciendum autem est...
 Astronomy: CLM 14689, 12c, f. 72v(Zi 10402)

Sciendum autem quod cedrus et pinus...
 Moyses Egyptius, De plantis: Laon 412, 13-14c,
 ff. 3r-5r; Graz 482, c.1300, ff. 169v-172v; AL
 482; anon. BMr 12.C.XV, 13c, ff. 238r-244

Sciendum autem quod oculorum tunice...
 See 'Apud paleon...'

Sciendum autem quod preter has conclusiones...
 Campanus, Comm. Euclid, Geometry: Plimpton
 156, 13c; Ea F.37, 14c, ff. 1-36; CU 1413
 (Gg.1.18), 14c, ff. 1v-123r

Sciendum autem quod vult Avicenna in primo
libro quasi in principio...
 Medical: BMar 164, 14c, ff. 59r-83v

Sciendum de mensurationibus rerum secundum
quadrantem...
 Mi M.28 sup., 14c, ff. 112r-114r

Sciendum enim est quod lapis philosophorum ad
eorum intentionem...
 Alchemy: CUc 396, 15c, pp. 86-101(DWS corr.
 283,i)

Sciendum ergo...
 John Huss, De sortilegio: Prag 1157, 15c, ff. 73v-
 79r

Sciendum ergo quod divina pagina sepissime
loquitur de serpente...
 Allegoricus de quibusdam animalium naturis: VI
 4578, 14c, ff. 188v-195r

Sciendum ergo quod virtutum medicinarum...
 Prol. De virtutibus simplicium medicinarum.
 See 'Virtus medicine est potentia...'

Sciendum est autem quisquis has communes...
 Comm. Euclid: CLM 28209, 13c, ff. 1-89

Sciendum est autem in primis...
 De potentiis animae: BLd 161, 14c, f. 93v

Sciendum est autem quod lapis philosophorum
ad veram lunam...
 Paul Romanus de Vesinis, Lilium philosophorum
 de spinis: VAb 273, f. 297(T III,65)

Sciendum est autem quod preter has animi con-
ceptiones...
 Joh. Campanus, Comm. Euclid, Elementa,
 Lib.I: Hain *6693 (Klebs 383.1;IAL E86)

Sciendum est de mensuris communibus et primo
de altimetria...
 BMsl 513, 15c, ff. 11r-15r. A work with this inc.
 is attributed by Bale, Tanner, and Wood to
 Robert Grosseteste: Thomson 271, found no
 trace of it

Sciendum est duos esse numerandi modos...
 Practica Algorismi: Prag 2436(XIV.B.3),
 a.1454, f. 11vb

Sciendum est ergo quod sicut in quinto metaphysice...
 Thomas Aquinas, De ente et essentia: VA 772,
 f. 1

Sciendum est igitur quod aries est signum
orientale mobile masculinum...
 De natura signorum: AFML 491, a.1459, ff. 23r-
 28r. See 'Aries est signum orientale...'

Sciendum est igitur quod omnes urine inter venas
sunt...
 Epistola Ypocratis de signis urinarum: VAp
 1098, ff. 63r-64r

Sciendum est in omni questione principaliter(?)
tria esse necessaria...
 Astrological Interrogations (last of Tractatus particulares of Abraham Avenezra, tr Peter of Abano):
 BLcm 517, 15c, ff. 34va-35ra. See 'Sciendum in
 questione omni...'

Sciendum est in omnibus magnis passionibus...
 Receptarium: Vendôme 127, 12c, f. 168r-v

Sciendum est in primis quod medicina nostra...
 Alia medicine seu elixiris compositio ad album:
 BN 7169, a.1542, ff. 16-21(Corbett I,129)

Sciendum est in urinis duo esse consideranda...
 Copho, De urinis: Ome 219, f. 253r-v

Sciendum est mi fili quod vox alchymia...
 Philosophus Gallus, Instructio patris ad filium de
 arbore solari: Ze VI, 163-94

Sciendum est namque quod lapis philosophorum ad naturam...
> Secreta philosophorum: BN 12993, 16c, ff. 43-44 (Corbett I,162)

Sciendum est omne elixir post sui confectionem ...
> BMh 3528, 15c, f. 31v

Sciendum est omnibus indagatoribus...
> Winandus, Expositiones omnium rerum mineralium: Wo 3168, 15c, ff. 7r-11v(T IV,338)

Sciendum est primo quod aliquod potest esse...
> 'Item phisonomiam Aristotelis': CLM 655, ff. 36r-42r

Sciendum est primo quod quelibet...
> Astronomical instrument: BN 10263, ff. 166ra-168vb

Sciendum est quia philosophi per quatuor verba hoc opus...
> Roger Bacon(?), Speculum alchemiae: CUc 99, 15c, pp. 189-195(DWS 195)

Sciendum est quid sit philosophia...
> On natural philosophy (mainly the four elements): BMc Galba E.IV, 14c, ff. 187-189v; Haskins 93

Sciendum est quod a quampluribus scolaribus meis...
> Ugolino da Monte Catini, De balneis: BNna 211, ff. 54r-70r

Sciendum est quod antiqui in pluribus locis plusquam...
> Rasis, De sectionibus et cauteriis et ventosis: Opera, Milan, 1481, f. 209r; etc.(Polain 3347; Klebs 826.1-3; IAL R169-171); Opera parva, Lyons, 1511, ff. 282r-288v

Sciendum est quod corpora sunt septem spiritus quatuor...
> De septem corporibus et quatuor spiritibus: MU F.673, 15c, ff. (84r)-(87v)

Sciendum est quod de ratione eius...
> See 'Sciendum quod de ratione...'

Sciendum est(etenim) quod dies septima in egritudine infortuna...
> VI 5307, ff. 20ra-22v

Sciendum est quod ex ista littera habetur talis conclusio...
> Comm. Parva naturalia: Ea Q.317, 15c, ff. 78-99v

Sciendum est quod ex nimia ciborum comestione et diversitate...
> Experimenta parvi Alberti de febribus: BLe 219, 13c, ff. 133r-135r; ascribed to Parisius abbas: Ome 324, 15c, ff. 137v-142; anon. VA 4422, 14c, ff. 42rb-57v; T (1953), 275, n.88

Sciendum est quod Humenuz summus Egyptiorum...
> BLlm 644, c.1277, ff. 175r-176v, text preceding Tabulae Humenuz at ff. 177r-190r

Sciendum est quod humores dominantur in corpore...
> De ebrietate: BMsl 783b, 15c, f. 122v

Sciendum est quod humores quidam sunt in capite...
> De limphis oculorum qui dicitur parelymenon: VA 4475, 13-14c, ff. 53v-64v; Pansier(1904), 68

Sciendum est quod in anno domini 1273 fuimus ...
> Notes on a calendar: CUsj 162, 13-14c, ff. 34-39v

Sciendum est quod in capite omnes...
> Nicolaus, De doctrina humorum purgabilium: BMsl 3171, 15c, ff. 116v-134

Sciendum est quod in lapide philosophorum sunt...
> Rodianus, Opus maior qui dicitur trium verborum: VAo 31, ff. 117r-128v(T III,44); Modianus, BU 1062(2082), 14c, f. 16v-. See Index, Rudianus

Sciendum est quod in tabulis istis...
> Geber, Tabule astronomie, tr Iohannes de Dumpno: Ma 10023, 14c, ff. 18v-23r (ed. in part, Millás, 1942, 238-41); Carmody 165

Sciendum est quod in urina duarum rerum propria sunt signa...
> BLr D.251, 14-15c, f. 41v-

Sciendum est quod mathematica est...
> VI 5003, 15c, f. 69v

Sciendum est quod mundi machina prima divisione...
> Sphera secundum fratrem Iohannem de Pecham archiepiscopum: BMar 83, early 14c, f. 214v (an illuminated figure of the spheres occupies half the page)

Sciendum est quod nomina duodecim mensium patent in isto...
> Simon of Faversham, De computo ecclesiastico per versus quosdam technicos, cum commentario: BLt 116, 13c, ff. 82-87

Sciendum est quod omnis urina duarum rerum proprie est significativa...
> BMar 295, 14c, ff. 201r-202r; BMh 5228, 14c, ff. 111v-113v. See 'Sciendum est quod urina...' 'Sciendum quod omnis urina...'

Sciendum est quod prima intentio...
> Compilatio de libro Mesue: Oma 164, 15c, ff. 78r-90r

Sciendum est quod quando eclipsis lune est in signo frigido...
> Lunar eclipse: BMsl 635, 15c, ff. 95-96r

Sciendum est quod quanto plus solvitur...
> De virtutibus medicinarum: BLas 1448, 15c, pp. 164-165(DWS 715)

Sciendum est quod quicumque de constitutione mundi...
> Eins 337, 13-14c, pp. 121-122

Sciendum est quod quilibet planeta operatur in utero...
> Medical recipes: Art ancien 22, f. 15r-v

Sciendum est quod quilibet planeta preter solem ...
> CU Mm.III.11, 15c, ff. 38ra-39ra

Sciendum est quod septem sunt corpora metallina...
> Alchemy and the seven planets: BLd 164, ff. 1-7v (DWS 729)

Sciendum (est) quod septem sunt planete...
> Secreta Hermetis(alchemy): Bern B.44, 15c, ff. 232-234v(ColR 192); ed. Isis 27(1937), 54-58. See 'Primo sciendum est...'

Sciendum est quod si aliquis nascatur...
> BLb 607, 15c, f. v

Sciendum est quod si numerus...
> 'Liber fatorum' sive sortiarium hexametris compositus: VI 3276, 14-16c, ff. 26or-274v

Sciendum est quod si quis nascetur...
> Astrology: BLd 104, 14c, ff. 75v-77; Bernard 2783a (now part of BL 4° D.21 Jur.), early 16c, f. 8v

Sciendum est quod urina dividitur in quatuor partes...
> BMsl 783b, 15c, ff. 192r-195v

Sciendum est quod urina duarum rerum...
> Johannes Salernitanus, Regula urinarum: VI 2532, 12c, ff. 59r-63r; Bartholomaeus: CUg 159 (209), 13-14c, pp. 43-44b; Ysaac: CUg 373 (593), 14c, ff. 93-95; Renzi, II, 12; Karl Wentzlau, Diss. Leipzig, 1923, pp. 25-27(Schulz); anon. CU 938(Ee.II.20), 14c, f. 76ra-vb

Sciendum est quod vitriolum in se habet sulphur album...
> Notabilia alchymica ex Alberti Magni, Avicennae, Democriti aliorumque operibus: VI 5509, ff. 249r-251r

*Sciendum est rex serenissime...
> Raymond Lull, Prima et secunda magia naturalis: HL 29, 383

Sciendum igitur duo esse genera clarearum...
> De arte pingendi: Bern A.91, 17, 11-12c, ff. 1v-5v; Ambix 8(1960), 54,n.4

Sciendum igitur quod sicut potest elici ex sententia Constantini...
> De oculo morali: BLlm 527, 14c, ff. 220-(256)

Sciendum igitur vaporem omnem esse ab aqua vel a terra...
> Albertus Magnus, De passionibus aeris sive de vaporum impressionibus. See 'Passiones aeris ...'

Sciendum in questione omni tria esse...
> Abraham Avenezra, Dogma universale in iudiciis (4th and last of Tractatus particulares, tr Petrus de Apono(Abano): Basel F.II.10, 15c, f. 125ra-va; BLd 212, f. 56ra-b

Sciendum itaque quod in cantu tonorum...
> B. Notkerus Balbulus, De musica: PL 131, 1171-78; Gerbert I, 96

Sciendum itaque quod lapis philosophorum...
> John Dastin, Rosarius: DWS 283; T III, 93; ColR 132, 134

Sciendum namque quod metalla in se differunt solum per accidens...
> Probatio quod alkimia sit ars licita recta operando et vere possit fieri: FNpal 758, 15c, ff. 35v-36v; Ambix V(1956), 101-2

Sciendum naturam planetarum...
> Salzburg Studienbibl. V.2.G.81, 15c, f. 208(Zi 8391)

Sciendum primo quod horam vere coniunctionis possimus invenire precise...
> Canones: BN 7316A, f. 186va-; T (1957), 137

Sciendum quare 28 sunt...
> Astrol.: Zwickau 11 VII.30, 15c, ff. 86-87(Zi 8217)

Sciendum quid urinalia dicere renum significat ...
> De visceribus *or* Uroscopy: CU 938(Ee.II.20), 14c, f. 77

Sciendum quod Avicenne in prima parte Sexti Naturalium...
> Augustine of Ancona, De potentiis animae: CLM 26838, ff. 86v-104r

Sciendum quod circulus solis habet duas...
> Campanus, On the Quadrant: Phares 167-68; GS II, 986. See 'Scire debes quod...'

Sciendum quod cotidie fiunt sicuti quod granum . . .

> Comm. in Ursonis librum aphorismorum: CUt R.XIV.40, 13c, p. 286(Atk)

*Sciendum quod de ratione eius quod est intelligere. . .

> Thomas Aquinas, De intellectu et intelligibili: Beiträge XXII, 1-2 (1931), 357; Opera XXVIII (1875), 170-172; Opuscula omnia (ed. Mandonnet, Paris, 1927), V, 376-380

Sciendum quod dicit Aristoteles tertio Meth'ce . . .

> William of Colyngham, Questio: BN 6559, ff. 133ra-153rb

Sciendum quod duodecim signa cum stellis fixis . . .

> De computo ecclesiastico (in fine mutilus): VI 3872, 15c, ff. 167r-181v

Sciendum quod duodecim sunt signa. . .

> Galen, De XII signis: Ob 231, 14c, f. 37; Diels (1905), 147; anon. De quattuor complexionibus: VI 5509, 15c, ff. 7v-10r

Sciendum quod duplex est potentia . . .

> Walter Burley, De potentia activa et passiva: BLd 77, 15c, f. 196v

Sciendum quod hoc kalendarium cepit initium a.d. 1311 . . .

> Ea Q.362, 14c, ff. 63-72

Sciendum quod Humenus philosophus summus Egyptiorum. . .

> Prol. Canones super tabulas Humenix, tr John of Pavia: VAp 1410, 13c, ff. 1ra-3vb; 1414, 14c, ff. 205ra-208ra(TR 277i); ZMP XVI (1871), 366; ed. Millás(1943-1950), 379-93; BMh 3528, 15c, ff. 171r-175r; anon. Darmst. 765, 14c, item 2

Sciendum quod in De causis proprietatum elementorum. . .

> Comm. Meteor.: Brux 964, a.1439, ff. 131v-132v(Silvestre)

Sciendum quod in isto libro doceantur. . .

> Comm. Albertus Magnus, De secretis mulierum: BLb 484, 15c, ff. 1-33r

Sciendum quod in octava sphera sunt 48 imagines. . .

> CLM 125, a.1486, f. 300va-b(Zi 10274)

Sciendum quod in omni egritudine et precipue in egritudine acuta. . .

> De diebus creticis secundum locum lune: CLM 2841, 15-16c, f. 106r-v

Sciendum quod in prima genitura mundi. . .

> Ea Q.361, 14c, ff. 50-51v

Sciendum quod Iudei habent 19 pro ciclo lunari. . .

> BMad 15107, 15c, ff. 253v-255v

Sciendum quod licet omni tempore sponsalia. . .

> Astrological: BMd 88, 15c, f. 83r-v

Sciendum quod luna non patitur eclipsim nisi. . .

> BMh 2506, 10c, ff. 70vb-71ra

Sciendum quod omnia corpora metallorum. . .

> Secretum secretorum alchimie: Ea Q.355, 14c, ff. 62v-64v(c); BMad 41486, f. 1r-v(Skeat); VAp 1339, f. 15v

Sciendum quod omnis urina duarum rerum est significativa. . .

> CLM 444, 15c, ff. 224va-226vb

Sciendum quod omnis urina duarum rerum (species) proprie est. . .

> W. Agilon, Summa de urinis: BMsl 420, 13-14c, ff. 122r-124r; 3550, 14c, ff. 22v-28r

Sciendum quod pestilentia secundum doctores . . .

> Pest tract, Cap.I: Archiv IV, 423-24

Sciendum quod planetarum quidam sunt benevoli. . .

> Profatius Judaeus, De aspectibus lune: BNna 625, 14c, ff. 13v-15va(T III,204); anon. Bruges 523, 14c, ff. 26vb-28va

Sciendum quod pulsus grossus est. . .

> Bernard Gordon, De pulsibus: VAp 1098, ff. 224r-227v

Sciendum quod quando aliquis nascitur in aliqua . . .

> De planetis: CUt 1422(O.IX.10), 15c, ff. 72-73

Sciendum quod quanto plures(*sic*) solvitur medicina. . .

> CU Kk.VI.30, ff. 108r-(111r)

Sciendum quod quarte anni proportionantur quatuor elementis. . .

> Weather and the stars: BLd 167, 14c, f. 78r-v

Sciendum quod quatuor sunt species. . .

> De qualitatibus, etc.: LP 70, 14c, f. 118v-

Sciendum quod quecumque venena humane nature. . .

> Ad evitandum nocumenta venenorum: Bern A 38, 15c, f. 72vb

Sciendum quod quedam sunt scientie sine quibus...
> Comm. Computus Norembergensis: Plimpton 175, a.1431, ff. 29r-65r

Sciendum quod questio debet fieri...
> Rota fortunae: VI 3276, 16c, f 246v

Sciendum quod sales minerales multi sunt qui...
> De diversitate salis et de qua materia fit: BN 7156, 14c, f. 49rb-49va; 7158, 15c, ff. 5v-9r(Corbett I, 72, 85)

Sciendum quod sanitas non est nisi...
> Compendium medicinae: Gö Hist. nat.13, 15c, f. 27

Sciendum quod secundum astronomos quodlibet 12 signorum...
> Basel A.IX.27, 15c, f. 331v

Sciendum quod secundum Tholomeum et quasi omnes astrologos...
> Theorica planetarum: Ea Q.351, 14c, ff. 39-42

Sciendum quod sensus est causa illustrationis vite...
> BMh 3528, 15c, f. 126r-v(DWS 658)

Sciendum quod septem sunt planete...
> Secreta Hermetis (alchemy): Bern B.44, 15c, ff. 232-234v(ColR 192); ed. Isis 27(1937), 54-58

Sciendum quod si quis nascitur in aliqua hora diei...
> De dispositione hominis: BLd 29, 15c, ff. 194v-(195v); BMsl 513, 15c, ff. 75v-77v

Sciendum quod sol sicut ceteri planete...
> Joh. Holkot, De xii signis celestibus: Wo 2745, ff. 122-124r

Sciendum quod triplicitas aquea generaliter...
> Tempus farmacandi eligere: BN 7337, pp. 18(b)-19(b)

Sciendum quod unum quidque...
> Signs of the zodiac: Hannover Öffentl. IV.339, 14-15c, f. 316v(Zi 11897)

Sciendum quod urina duarum rerum est significativa...
> Gualterus(Agilon), De urinis: Ea F.199, 14c, ff. 57v-58v; BMsl 783b, 15c, ff. 197-203; Maurus: Ea Q.368, 14c, ff. 80v-81v; Karl Wentzlau, Diss. Leipzig, 1923, pp. 22-24(Schulz); anon.(?), CU Ii.VI.18, 13c, ff. 130v-133v. See 'Sciendum est quod urina...'

Sciendum quod urina proprie est significatio passionis epatis...
> BN 16944, 12c, ff. 72rb-73va

Sciendum quod viginti octo sunt mansiones lune ...
> BMsl 702, 15c, f. 27r (table of them on 27v)

Sciendum quod vult Avicenna (in) primo canonis quasi...
> Optima etiam collecta de gradibus: Ea Q.217, 14c, ff. 134-139; Super antidotario magistri Nicolai: CLM 19901, 15c, ff. 11v-40v

Sciendum quod zodiacus in duodecim partes equales...
> De zodiaci signis: BLcm 71, 13-14c, ff. 41ra-44vb

Sciendum si quis nascatur in aliqua hora...
> Walter Burley(?), De planetis et eorum virtute: LP 70, 14c, f. 147v; 74, late 14c, f. 8v

Sciendum ut habetur ex spera materiali...
> Sun-dial : VI 5258, 15c, ff. 2r-7v (Zi 9812); Darmstadt 780, 15c, f. 238r-; Canones ad horologia facienda: Graz 966, 15c, ff. 371-373v

Sciendum vero est quod iste sunt species cum quibus...
> Albertus Magnus, Ars experimentorum (ex Floridis): BU 270(457), 15c, XV, 3, ff. 1r-21v; Kibre(1942), 508; Glorieux I, 76

Sciendum zodiacus est animalium circulus...
> Arnald of Villanova, De iudiciis infirmitatum secundum motum planetarum: VAp 1354, ff. 160va-166ra; Osiris VIII(1949), 44; not in Opera (1504)

Sciens igitur...
> Raymond Lull, Magnus lapidarius: BU 270 (457), V, 3(T IV,642)

Scientia a philosophis recte disposita...
> Canones tabularum secundum filium Mofornht(?) in 53 sermones: BLas 361, 14c, ff. 67-88

Scientia ad extrahendam quintam essentiam ab auro...
> De secretis alchemiae: VE fa 323(XVI,5), 15c, ff. 40-98

Scientia astrologie multum utilum(*sic*) est ad perfectionem...
> Johannes de Rubeis, Iudicium for 1421: Oh 4, 15c, ff. 184r-191r(T IV,94). See 'Cum scientia astrologie...'

Scientia astrorum dividitur in duo...
> Aggregationes abbreviatae super libros astrorum iudiciorum, sive flores auctorum: BLd 194, 15c, ff. 111v-(113v); BN 7316, f. 145v; VI 5414, 15c, f. 137vb; as Alkindi, De militia seculi, Limoges 9(28), 15c, ff. 129v-135v; as Ptolemy, Centiloquium, VAp 1122, f. 124; Carmody 84, accepts the ascription to Alkindi

Scientia astrorum est ex te et ex illis. . .
>Haly (ibn Ridwan), comm.(additio), Ptolemy, Centiloquium: VAp 1340, 15c, f. 245r; pr 1484, 1493, f. 107rb(Klebs 814.1.2; IAL P994.995). See 'Scientia stellarum ex. . .'

Scientia astrorum ex te et ex illis. . .
>Ptolemy, Centiloquium, third anonymous tr and comm.: Carmody 16; BMsl 2030, 13c, ff. 11-30; AFH XII(1919), 60

Scientia autem de anima in tres partes. . .
>Walter Burley, Comm. De sensu et sensato: LP 74, 14c, f. 175-

Scientia autem de anima propter utrumque istorum primitus. . .
>Johannes Cronisbenus, comm. Aristotle, De anima: VE VI.99(XII,26), ff. 23vb-39rb

Scientia corrigit vitia anime. . .
>Joh. de Brunswick, Scriptum super compotum manualem: BN 7422, 13c, ff. 7-16(Poulle). See 'Sicut dicit Algazel. . .'

*Scientia de anima in tres partes. . .
>Walter Burnley, Comm. De sensu et sensato: Oma 146, 14c, ff. 95-(99); Oo 12, 15c, ff. 86v-(97v); Tanner

Scientia de animalibus habet eam quam. . .
>Albertus Magnus, De animalibus I, 1: GW 587. See 'Scientiam de animalibus. . .'

Scientia de animalibus secundum eam quam. . .
>Albertus Magnus, De animalibus I, 1: GW 588-89

Scientia de materia et forma dividitur. . .
>Hermex Trisgmegistus, Liber fontis vite: Perugia fa 39(A.39), ff. 144-175

*Scientia de numero ac virtute numeri. . .
>I. Simon Bredon, Arithmetica: Blb 465, c. 1400, f. 18-
>
>II. Rolandus Ulysbonensis, Compendium artis arismetice: Plimpton 173, a.1424, 168ff.; Census p.1784; Speculum 17(1942),41

Scientia de ponderibus philosophie vere naturali dicitur subalternari. . .
>Blasius of Parma, De ponderibus: Björnbo(1912), 213; T IV, 659; ed. Moody-Clagett 229-79

Scientia de universo dicitur secundum duas intentiones. . .
>William of Auvergne, De universo corporali et spirituali: T II, 338; Borghesi 330, 13c, 272 ff.; Brux 116, 15c, ff. 9ra-275va(Silvestre); VE fa 305(X.182-3), a.1407, 241 ff.; VI 2308, a.1413, 166 ff.; VI 5389-5390, 15c; pr (Nürnberg, not after 1497): LC; 1496: Panzer II, 222, item 271; IV, 137

Scientia dividitur in formationem absolutam sicut formantur sol et luna. . .
>I. De formatione scientiarum: CUt O.II.11, ff. 1r-16v(CR B-62)
>
>II. Flos Alfarabi secundum sententiam Aristotelis: Ran 242, early 14c, f. 33r; ed. from VA 2186, 15c, f. 46r-v, AHDL, XII-XIII(1937-1938), 154-55

Scientia dividitur in theoricam et practicam. . .
>De figuris geomantie: VAb 165B, late 13c, ff. 406va-407rb; AL 1717; Silverstein p. 40

Scientia est habitus conclusionis. . .
>De modo acquirendi scientiam: BN 8805, f. 3

Scientia est nobilis positio anime rationalis. . .
>Axiomata medica: BMar 333, 13-14c, ff. 50r-56r(DWS MS)

Scientia est rerum comprehensibilium cognitio . . .
>Divisio scientie: VAp 988, 13c, ff. 236r-237r; AL 1774

Scientia est vera perceptio mentis infinita. . .
>Radulfus Ardens, Speculum universale: PM 709 (1080), 15c, 380 ff.; Grabmann, Die Gesch. d. schol. Methode I(1909), 248; Glorieux 234

Scientia hec a Grecis translata. . .
>Compotus: BMc Vitellius A.XII, 12-13c, ff. 101ra-103vb

Scientia individuorum significationum circularium super effectus inferiores. . .
>Albumasar, De magnis coniunctionibus annorum revolutionibus ac eorum prefectionibus tr John of Seville, Diff. 1: GW 836(Hain 611; Klebs 39.1; IAL A327); Venice, 1515; Carmody 91-92

Scientia ipsa me ostendente nativitatum est que ex. . .
>De scientia nativitatum: CLM 2841, ff. 132r-176r(Zi 3366); Osiris VIII(1949), 64; in 22 caps like 'Scientia nativitatum. . .' and has same desinit

Scientia ista dicitur metheorologica a metheor. . . .
>Johannes, Questiones super Metheor. Arist.: Ea Q.293, 13-14c, ff. 1-33

Scientia ista non dicitur a deo nisi bene. . .
>Alchemy; CUt 1384(O.VIII.9), 15c, f. 37v

Scientia ista ut habetur in principio libri de anima excellit alias. . .
>De anima: Mi N.9.sup., 14c, ff. 63ra-98rb

Scientia medicine manualis aggregatur ex regulis quibus. . .
>Jacobus de Prato, De operatione manuali: FNpal 811, 14c, ff. 1r-25v; Studien, 1918, pp. 426-28

Scientia namque astrorum...
    See 'Scientia astrorum est...'

Scientia nativitatum est que ex figuris...
    Martin of Ilkusz: BN 7443C, a.1490, ff. 260r-309r. See 'Scientia ipsa...'

Scientia naturalis fere plurima circa corpora...
    Aristotle, De caelo et mundo, tr Argyropulos: VAu 184, 15c, ff. 296; pr Venice, 1496, ff. 119v-148v(Hain 1659; GW 2341; Klebs 82.7; IAL A865; Yale 261); with Aquinas, 1660, II, ii

Scientia numerationis et divisionis...
    See 'Computus est scientia numerationis...'

Scientia opponitur ut genus...
    Sacrobosco(?), Compotus: Toulouse 827, 14c, item 26

Scientia significationum individuorum circularium...
    Albumasar, Liber magnarum coniunctionum (tract I): VI 2436, 14c, ff. 144r-198ra. See 'Scientia individuorum...'

Scientia species habet quarum melior post scientiam fidei...
    Geber, Flores ex Almagesto, in 9 books, tr Gerard of Cremona: Mi G.70.sup., 14c, ff. 65r-121r; Isis 50(1959), 40-42; BMh 625, 14c, f. 84-; VA 3096, 14c, ff. 14v-140r; Ea F.382, a.1413, 110 ff.; Millás(1942), 151; Carmody 163-164

Scientia stellarum ex illis et ex te est...
    Ptolemy, Centiloquium with comm. of Hali ibn Ridwan, tr John of Seville: Seville col. 7.6.2, 13c, ff. 63v-120r(AL 1185); Mi H. inf.44, 14c, ff. 124r-143r; BLd 228, 14c, ff. 8r-(12r); Ghent 5 (416), 15c, ff. 27r-41v; pr with Quadripartitum, Venice, 1484; 1493(Klebs 814.1-2; IAL P994-95); Carmody 16

Scientia stellarum fixarum et quod evenit...
    De stellis fixis et de potestatibus earum: BLd 114, 14c, ff. 105r-107v

*Scientiam de animalibus secundum eam quam ...
    Albertus Magnus, De animalibus: ed. Stadler, Beiträge XV-XVI; Borgnet XI-XII; Klebs 14.1-3; IAL A201–203

Scientiam esse perpetuam oportet ac de rebus eternis...
    Niccolò da Foligno, Opusculum de ideis: FLa Plut.82, cod.22, ff. 1r-47r(ColR 17); ed. T (1929), 332-63; this incipit of text at f. 4v, p. 334. Introd. 'Etsi cuique vel docto...'

Scientiam grecis acierum...
    Aelian, pref. De instruendis aciebus, tr Theodorus Gaza: VA 881, 15c, f. 44v; Klebs 11.1; 903.1; LC

Scientiam honorabilem elementorum...
    John of Spain, Speculum elementorum or De perfecta et infallibili medicina arte alkimie: CU 1255 (Ff.IV.12), a.1528, ff. 204r-218r

Scientiam honorabilem omnium quatuor elementorum sapientes plurimi...
    Johannes Viennensis, Speculum elementorum: BLf 22, ff. 13r-17v(ColR 114); DWS 304

*Scientiam opinamur honorabiliorum ex eo quod ceteris...
    Jean Buridan, prol. Comm. in Aristotelis Meteororum libros: BLcm 462, a.1420, ff. 69-(133)

*Scientiarum alia est divina alia humana...
    Robert Kilwardby, Divisio scientiarum or De ortu scientiarum: Beiträge IV, 2-3(1903), 368-75; T II, 81-82; BLd 204, early 14c, ff. 6r-(47v); Laurent 85(337)

Scientiarum quamvis multi sunt rami due tamen...
    Algazel, Summa theorice philosophie, tr Johannes et Dominicus: Assisi 663, 13c, ff. 146r-153r(AL 1267)

Scientiarum quedam divina est...
    Robert (Kilwardby), De ortu scientiarum, abbreviated version: NYAM 6, 14c, ff. 26r-27v; Kibre(1941), 262, 266

Scientiarum quedam sunt sine opere...
    Conrad Heingarter, Comm. Ptolemy, Quadripartitum: BN 7432, ff. 3v-125v(T IV,364)

Scientie due sunt species sapientia scilicet et eloquentia...
    De sapientiae et eloquentiae divisionibus: FNpal 639, 13c, f. 77v; Oc 41, early 14c, f. 154rb-vb

Scientie naturalis duplex est exitus ad...
    Alchemy: Prag 1984(X.H.6), 14c, ff. 1-12v

Scientie physiognomie (summa) in oculi signis ...
    Polemon de physiognomia arabice et latine: Scriptores Physiognomonici, I(1893), 106-292

Scientie secantur quemadmodum et res de...
    (Regiomontanus, sive Montroy?) Johannes, Libellus de chiromantia: On 162, 15c, ff. 48-57; VI 5307, 15c, ff. 153-164. See 'Secantur scientie ...'

Scientie tabularum non inconsequenter pre-
mittitur cognitio annorum Arabum...
> Expositio super canones astronomie: Ma 10112,
> 14c, ff. 86r-99r; Millás(1942), 216

Scies hec ex utrisque particulis superioribus...
> Albumasar de 12 capitulis, cap. i, De gravitate et
> levitate annone: BLb 790, late 14c, ff. 46-52v

Scilicet qui usus...
> Celestial sphere: Zi 4505, 15c

Scimus quod quecumque venena humane nature
...
> Tract. parvulus ad evitandum nocumenta quae
> possunt accidere propter venena: BLcm 293, 15c,
> ff. 42v-(49)

Scimus triangulum tres interiores...
> Geometrical note: BMr 15.B.IX, late 12c, f.
> 68v

Scio quam arduum quamque grave sit...
> Coluccio Salutati, De nobilitate legum et medi-
> cinae: T (1929), 24

Scio quod si intendero ad exponendum...
> Themistius in Posteriora: AL 99

Scire debes karissime lector...
> See 'Scire oportet vos...'

Scire debes O Alexander quod sicut in plantis...
> Dicta Aristotelis ad Alexandrum (Alchemy): FR
> 119(L.III.13), 15c, ff. 2v-3r; from Secretum se-
> cretorum, OHI V(1920), p. 114, line 11-

Scire debes quod apoplexia duplex est...
> Practica fratris de modo curationis apoplexie com-
> pilate a quodam Cardinali: CLM 267, ff. 102ra-
> 116rb

Scire debes quod circulus solis duas habet
medietates...
> Campanus on the quadrant: BMeg 843, 13c, ff.
> 40r-43r; Lincoln Cath. Chap.148, 13c, f. 102v;
> Ob 285, 13c, f. 42; Tournai 87, 13c, ff. 116va-
> 121ra; BLcm 340, 14c, ff. 63vb-69va; BN 7196,
> 14c, ff. 27v-30v; NE 35(1897), 583; Ea Q.355,
> 14c, ff. 46-48v; VAp 1414, 14c, ff. 208r-211r;
> BLb 790, ff. 113v-(118); T (1949), 3-4, 62-73

Scire directionem alicuius loci vel planete ad
alterum...
> John Morey(Johannes de Muris?), Aphorismi
> isti conveniunt Ptholomeo in suis iudiciis: BLas
> 393, 15c, f. 43v(T III,323)

Scire ergo te oportet quod tripliciter reducuntur
...
> Alchemy: CUt O.II.16, 15c, f. 26v(Atk)

Scire est rem per causam cognoscere ut non est
...
> Contra interpretantes detrahentes et in mathe-
> maticos sive astronomos: VAr 1330, 15c, ff. 75r-
> 83v

Scire et intelligere contigit...
> Extracts from Aristotle with commentary: BMr 8
> A.XVIII, 15c, ff. 12-(48v).   Prol. 'Cum omne
> movens nostrum...'

Scire et intelligere contingit omnes scientias...
> Theophilus de Ferrariis, Propositiones ex lib.
> Phys.: pr with Propositiones...ex omnibus
> Aristotelis libris collectae, Venice, 1493, ff. 28r-
> 52r(Klebs 395.1; IAL F93; LC)

Scire et intelligere gloriosum est quia omnis...
> I. Prol. tr Aegidius de Tebaldis, Haly ibn Ridwan,
> Comm. Ptolemy Quadripartitum: BLd 179, 14c,
> ff. 1-(170v); Ea F.299, 14c, ff. 1-91v; F.394,
> early 14c, ff. 2-58; F.379, ff. 1-89v; VI 2271,
> 14c; 2311, 14c, ff. 1-95(Schulz); Farsetti I,130-
> 1, MS 77, a.1449; pr Venice, 1493, f. 2ra(Klebs
> 814.2; IAL P995).   Text, 'Verba que dixit...'
> II. Iohannes Laet de Horchloen, Prediction for
> 1479: CLM 648, ff. 1r-18v; T IV, 445, 451

Scire etiam debet medicus quattuor esse tempora
omnium causarum...
> VAp 1088, 9c, f. 4r; Beccaria 103.1

Scire facit mathesis et divinare mathesis...
> De differentiis vocabulorum: CLM 19488, 12c,
> pp. 17-23(T II,12)

Scire igitur oportet te lector in principio...
> Roger Bacon, Speculum secretorum, cap.1.
> Prol. 'Ad instructionem (et doctrinam) multorum
> ...'

*Scire multis modis dicitur sed sive dicatur...
> Gulielmus Hentisberus, De scire et dubitare:
> Cap.ii of Regule solvendi sophismata: Wilson
> (1956), 206-7; pr 1491, ff. 6v-10r; 1494, ff. 12v-
> 20r(Klebs 514.1-2; IAL H50-51); VA 3038,
> 14c, ff. 15r-22v, in midst of his De sensu com-
> posito et sensu diviso

Scire oportet vos karissimi lectores qui debetis
aliquos...
> John of Seville, Scientia annorum Arabum et de
> annis domini: Os 188, late 13c, f. 99va-b(TR
> 365); T II, 76, n.3; Haskins 13, n.39

Scire quia duodecim sunt signa et ex eis sex
masculina...
> Ptolemy, Liber iudicialis: CLM 588, ff. 189r-
> 233r. See 'Scito quod signa sunt...'

Scis tamen charissime quod inextimabilis...
> Arnald of Villanova, De intentione medicorum.
> See 'Eterne sapientie...'

Scissa Geno. sec. epi. retinet Janus...
> Versus memoriales docentes quo mense quaevis
> festa per totum annum contingunt, series binae:
> BLd 190, 14c, f. 72(?). See 'Cisio Janus epi...'

Scita prius relego munus et hoc tibi trado...
> 'Palladii librum abreviatum per Gotfrid': VI
> 2357, ff. 46rb-51va

Scite quod sapientes in miraculo lapidis posuerunt
...
> Raymond Lull, De investigatione lapidis: HL 29,
> 376

Scitis karissime quod in omni re...
> See 'Scias carissime (fili) quod...'

Scito aspiciens quod astrologus poterit errare
quatuor modis...
> Messahala, De occultis: cited BLd 149, 13c, ff.
> 201-(202v). See 'Scito quod aspiciens...'

Scito de compositione quadrantis dicendum est
...
> BU 154(132), 14c, ff. 123r-126v; Probably 2nd
> part of John of London *or* Montpellier, Quadrans
> modernus(?). See 'Geometrie due sunt species
> ...'

Scito deum excelsum, benedicatur nomen eius,
ordinasse solem...
> Guillelmus Raymundus de Moncata tr Ali ibn
> Ilhaytim, De imaginibus celestibus: VAu 1384,
> 15c, ff. 3v-26r(Arabic text and Latin tr in oppo-
> site columns) TR 375, ff. 26va-27ra, explanation
> of Arabic terms

*Scito enim quod omne corpus aut elementum...
> 'Errores secundum Bacon' (alchemy): BMsl
> 3744, 15c, ff. 35-37; Little 401; DWS 231, xvii

Scito fili quod argentum est mediocre...
> Ricardus, Alchemy: Budapest 202, a.1467, ff.
> 35v-41v

Scito fili quod hunc librum tibi scripsi...
> Alphidius: T III,43; FR 1165, 14-15c, ff. 163r-
> 166v; CUt 1400, 15c, (v), ff. 141v-147v(as
> Mirer, Documenta, DWS 144, iii; 135); anon.
> Prag 1984(X.H.6), ff. 55r-60v

Scito fili quod in hoc libro loquimur(loquar,
loquitur)...
> Arnald of Villanova, De secretis naturae: T III,
> 672-73; HL 28, 85; DWS 229; Corbett I, 50,
> 112; II, 60; Glorieux I, 424; AL 462; VAp
> 1332, 15c, ff. 21v-23v; FR 923, 16c, ff. 228r
> (224)-233(229)

Scito fili quod lapis noster est de animata re...
> Cap.1, of preceding text (Corbett I,50, 112)

Scito fili quod lapis noster ut dixit Hermes est
in animata re...
> Arnaldus de Nova Villa: CUt 916(R.XIV.45),
> 15c, ff. 34v-42r, not 40 as in DWS 229, ii.
> Pref. 'In isto opusculo...'

Scito fili quod qui albificaverit animam et
exaltaverit eam...
> Democritus, Secretum super corpus spiritum et
> animam (from Allegoriarum sapientium super
> librum Turbae): DWS 8

Scito fili quod sapientes in hoc opere...
> Rasis, Flores secretorum: DWS 115; CU 1256
> (Ff.IV.13), a.1528-29, ff. 287v-291r

Scito horam introitus solis...
> Albumasar, Experimenta: T I, 650, n.3; BN
> 7307, 13c, pp. 302-333; CUpem 227, 15c, ff.
> 183r-220v(Atk); Liber experimentorum super
> revolutionibus annorum: Dijon 1045, 15c, ff.
> 81bis-(119v); Carmody 94

Scito igitur mi domine quod hec scientia...
> John Dastin, Liber philosophie (alchemy): DWS
> 281; T III, 85, 95. Introd. 'Summe venera-
> tionis...'

Scito mi fili quod hoc libro loquar...
> Raynaldus de Villanova: Girolla, 67

Scito quod annus lunaris seu annus arabus sit ex
cccliiii diebus...
> CU 1684(Hh.VI.8), c.1300, f. 208r-v

Scito quod annus lunaris sit ex cccliiii diebus...
> Arzachel, Lectiones *or* Canones tabularum: CU
> 1935(Kk.I.1), 13c, ff. 125ra-129r; Laon 412,
> 13-14c, ff. 94r-101v(AL 482); CUg 141(191),
> 14c, pp. 204a-207a; T III,15; Zi 10969-70;
> ascribed to Stantonus mathematicus Anglicus(?):
> BLd 168, 14c, ff. 84r-(93r); anon. BLau F.3.13,
> 13c, f. 148; CUg 504(271), 13c, ff. 111v-126;
> cited Spec. astron. cap.2; by Thadeus, FLa 131
> (205-137), f. 2va; by Pastrengo(1547), f. 5r;
> Millás (1943-1950), 59; Carmody 161

Scito quod annus solaris habet...
> Ar(z)achel: Phares 48

Scito quod aspiciens id est astrologus poterit
errare quatuor modis...
> Messahala, Libellus interpretationum *or* De in-
> ventione occultorum: Carmody 33-35; Osiris
> XII(1956), 54-56; Mon 323, 13-14c, f. 74r-;
> CUg 174, 14c, p. 24; FL 30.29, ff. 50rb-51va

Scito quod astrolabium est cuius interpretatio
est...
    BN 7413, 13-14c, f. 1r-

Scito quod astrolabium est(sit) nomen Grecum
...
    Messahala, On the astrolabe, tr John of Seville:
    Carmody 24-25; Mi H.75, sup., II, 13c, ff. 34ra-
    51vb; Mon 323, 13-14c, ff. 74r-90r; VAp 1414,
    13c, ff. 183va-189vb; CLM 14684, 14c, ff. 82v-
    98r; anon. CU 1684(Hh.VI.8), late 13c, ff.
    185r-190v; 1935(Kk.I.1), 13c, ff. 105rb-(109va);
    1705(Ii.I.13), 15c, f. 84v-; ed. Gunther V, 195-
    231, in two parts, De compositione astrolabii,
    and De utilitate astrolabii (*or*, Practica astrolabii)

Scito quod astrologus potest errare quatuor
modis...
    De interrogationibus secundum Messahalem
    (Messahala libri III): pr Joach. Heller, Nurem-
    berg, 1549, f. L3v(Schulz). See 'Scias quod
    astronomus...'

Scito quod diffinitiones(divisiones) nativitatum
...
    Omar, De nativitatibus, tr Johannes Hispalensis:
    FNcs J.II.10, 13c, ff. 119r-140v; FL 194, 14c,
    ff. 125r-135v; pr Venice, 1503, f. 2r; 1551 with
    Firmicus Maternus, pp. 118-141; Björnbo
    (1905), 238; (1912), 197; Saxl(1927), 159;
    Steinschneider(1905), 40; T II, 74; Suter(1900),
    17; BN 7413-I, 13c, ff. 26r-44v; Millás(1942),
    200; Carmody 38-39(Dijon 1045 should be ff.
    50r-71v); cited Pastrengo(1947), f. 36

Scito quod distinctiones nativitatum in nutri-
tione...
    Omar, De nativitatibus: VE fa 343, 14c, ff. 131-
    148

Scito quod dominus altissimus...
    See 'Quia dominus altissimus...'

Scito quod duodecim sunt signa...
    Chelelbenbis(Zael?), In scientia iudiciorum et
    astrorum: Ea Q.361, 14c, ff. 96-113. See 'Scito
    quod signa...'

Scito quod eclipsis solis non poterit esse...
    Messahala: VAp 1376, 15c, f. 192ra

Scito quod ex revolutione anni mundi...
    VA 3097, 15c, ff. 73ra-78ra

Scito quod figura planetarum levium...
    Liber de cognitione temporis: FNcs J.II.10,
    13c, ff. 236r-240v; Björnbo(1912), 201

Scito quod fit ex planetis opus diversum secundum diversitatem climatum...
    BMsl 636, 15c, f. 96v-

Scito quod hec herbe lapidibus pretiosis appropriate sunt...
    Diascorides: Mon 490, a.1464, f. 210r-v

Scito quod hora introitus...
    Albumasar, De revolutionibus annorum mundi:
    Dijon 449, 15c, ff. 113v-122, tr Stephen of Mes-
    sina, a.1262. See 'Scito horam...'

Scito quod hunc librum tibi scripsi...
    Alphidius, prol.: Rc 1477, ff. 31r-43r

Scito quod in capite arietis...
    Er 917, 15c, ff. 172-176v(Zi 8218)

Scito quod mensis distinguitur quadrupliciter...
    Bern 429, 13-14c, f. 57r-v

Scito quod mutatio...
    Zehel Benbris, Liber temporum, tr John of
    Seville: Dijon 449, 15c, ff. 51-53; pr Venice,
    1493, f. 141va, paragraph 2(Klebs 814.2; IAL
    P995)

Scito quod omen...
    See 'Scito quod omnes...'

Scito quod omne corpus aut est elementum...
    Arnald of Villanova, Errores medicorum:
    Glorieux I, 425

Scito quod omne quod stelle significant...
    Magister Romanus, De xvi impedimentis in
    astronomia: Ea Q.368, mid 14c, ff. 63r-70v;
    CLM 25005, 15c, ff. 50v-68r(T III,647; ColR
    49c, 60); Basel F.II.15, ff. 97r-107v; BMad
    23770, f. 41va, De effectu et detrimento planeta-
    rum in modis 16, appears to be an extract

Scito quod omnes(omen) figurant stelle...
    De ominibus stellarum: Ea Q.361, 14c, ff. 123v-
    124v(Zi 3367)

Scito quod orbis luminaris(?) solis est 30°...
    BNna 693, 13-14c, f. 97v-

Scito quod prima hora omnium dierum...
    Hermes(?), De 24 horis: BMar 342, 14c, f. 78v-
    (Carmody 62)

Scito quod receptio fit de exaltationibus et
domibus...
    Messahala, De receptione planetarum. This is
    part of De interrogationibus. See 'Invenit qui-
    dam vir...'

*Scito quod sapientes in miraculo lapidis...
    Raymond Lull, Apertorium experimentorum: FR
    984, 16c, ff. 8v-16v

Scito quod signa planetarum levium...
    De cognitione temporum: BN 7282, 15c, ff.
    43vb-45rb

Scito quod signa sunt duodecim et ex eis sex sunt masculina...

> Zael Benbrit, Introductorium ad astrologiam: Carmody 40-43; Cues 208, a.1310, ff. 11r-18v; CU Mm.IV.43, a.1298, f. 248v(Atk); CUsj 162, 13-14c, ff. 74-85v; CU 1572(Gg.VI.3), 14c, ff. 154v-182v; CLM 13021, ff. 81va-96rb; Mi I.65.inf., 13c, ff. 11r-11v; Millás(1942), 162; ascribed in some MSS to Messahala, Arzachel, and Thebit: pr Venice, 1493, ff. 122va-138rb (Hain *13544; Klebs 814.2; IAL P995)

Scito quod significatrix id est luna cuius circulus

> Zael, 50 precepta, 40 aphorismi, etc.: Carmody 41-42; VAp 1445, 15c, ff. 161v-164v; Mi I.65.inf. a.1236, ff. 11v-17r; cited Spec. astron. cap.x; Pastrengo f. 77r; pr Venice, 1493, as part of Zael, Introductorium; IAL P995, ff. 126r-127r(Schulz)

Scito quod spiritus naturales et minerales...

> Regula doctrinalis: Breslau R 454m f. 151v

Scito quod tempora contingunt ex motibus...

> Zael, Liber temporum: Carmody 41-43; VAp 1369, a.1444, ff. 129v-132r; Pastrengo f. 49r; pr IAL P995, ff. 129v-132r

Scito quod tempora excitant motus. Sit igitur initium motus...

> Zael, De temporibus: Mi I.65.inf., ff. 61v-67v; Liber iudiciorum astrorum, tr per magistrum Iohannem: CLM 2841, 15c, ff. 53r-58r; Osiris 8(1949), 63

Scito quod terra excitat motus. Fit igitur initium...

> Zael, De significatione temporis ad iudicia: pr Venice, 1493, IAL P995, ff. 141va-142va; Carmody 44, but no 1547 ed. This incipit is obviously incorrect; no astrologer would make the immobile earth the cause of motion

Scitote causas(?) permanentes quoniam nulla sit tinctura vera nisi...

> Lilium ex spinis evulsum: CLM 26059, ff. 128v-140v

Scitote omnes doctrine filii...

> Opens group of alchemical extracts (Tractatuli alii alchemici): Oc 185, 15c, ff. 158v-(160v) (DWS 177, xix)

Scitote omnes filii huius artis quod nemo...

> Lapidarius: Wo 3786 (80.4.Aug.8vo), 14c, ff. 2-43

Scitum est ex hoc quod secundum philosophos...

> De mercurio: BMh 3703, 15c, ff. 23-24(DWS 452)

Scopus huius artis quam algebram dicunt...

> VE VIII. 34(XI.80), 16c, ff. 132-151

Scorpius est primus et fit aqua dissolutiva ex argento...

> Quatuor lapides philosophorum: VE fa 323(XVI, 5), 15c, ff. 163-166

Scothomia est infectio anterioris partis capitis...

> Collectio definitionum medicarum: VI 5300, 15c, ff. 17r-22r

Scribenti mihi de fisica scientia qua te maxime...

> Theodorus Priscianus, Physica: Brux 1342-50, 11-12c, ff. 37va-38vb(Beccaria 5.2); ed. Rose, 1894, pp. 249-55

Scribere clericulis paro per nova metra novellis...

> 1202 verses de computo, with comm.: Eins 320, a. 1436, pp. 2-334(Benjamin)

Scribit Aristoteles primo posteriorum an omni scientia...

> Canones novi astrolabii: VI 4987, a.1359, ff. 78r-84r

Scribit Aristoteles secundo Elencorum...

> Prosdocimo de' Beldomandi, prol. Contrapunctus: VA 5321, f. 8; Lucca 359(B.257), ff. 28-33; BB XII(1879), 227. Text, 'Quia igitur cantum contra...'

Scribit enim philosophorum princeps primo Metho....

> Problemata ab Aristotle et aliis: Graz 884, 15c, ff. 260r-289

Scribit Honorius papa in Mappa mundi miserum est...

> Zurich Car.C.111, a.1445-1449, ff. 208v-211r

Scribit Honorius solitarius christiano suo amico...

> De imagine mundi, excerpta: Graz 290, 14c, ff. 1-6v

Scribit Iohannes oris aureati...

> Johannes Hartmann, Previsivum regimen contra pestem: Archiv XVI, 46-53

Scribit philosophus decimo(tertio *or* quarto) Ethicorum. Homo est...

> Comm. Albertus Magnus, De secretis mulierum: Utrecht 723, a.1353, ff. 46r-78r; Speculum 30 (1955), 427-30; VI 5500, 15c, ff. 1r-37v; pr (Cologne, c.1490) (Polain 1498); Klebs 26.49; IAL A288

Scribit philosophus in primo libro Metaphysice quod...
> Bartholomaeus de Parma, prol. Breviloquium de fructu totius astronomie: ed. Narducci, BB XVII (1884), 32-36. Text, 'Gloriosus et excelsus deus...'

Scribit philosophus philosophorum princeps (quarto Ethicorum). Homo est optimum...
> Pref. comm. Albertus Magnus, De secretis mulierum: E. Wickersheimer, Henri de Saxe et le 'De Secretis Mulierum,' 1923, p. 6; Klebs 26.4. 34; IAL A273. 278

Scribit prefato(?) In omni...
> Planets: CLM 25010, 15c, ff. 12-18v(Zi 8392)

Scribitur ab Aristotele in tertio de anima...
> Prag cap 1321, f. 45v; P. Lehmann, Mitt. aus HSS VIII, 26(Schulz)

Scribitur a philosopho in libro de motibus animalium...
> De motu cordis: Unedited fragment preceding usual Aquinas text, G. Morin, Basler Zeitschrift für Gesch. und Alterumskunde, 26(1927), 216-17; Beiträge XXII, 1-2(1931), 306

Scribitur ab Isaac (in libro) Viatici quod quicumque...
> I. John of Toledo, Dietarium: Chartres 1036, 12c, ff. 54-60; BN 16222, 13c, ff. 76r-79v(AL 688); BLr D.238, 14c, ff. 49-58; BMsl 418, ff. 334r-342v; Ea F.288, 13-14c; CUg 95(47), 14c, ff. 283-290; Besançon 209, 15c, ff. 120-123; BMar 334, 15c, ff. 24-(49); FR 1246 (L.III.19), 15c, ff. 28r-30v or 42v; VA 939, 15c, ff. 277r-278r; anon. BMsl 405, 15c, f. 25v-; etc.
> II. Thadeus of Paris, Physica vel recepta: Perugia 288(E.35), 15c, 36 ff.
> III. (Guido Paratus), De conservanda sanitate: Namur 50, 15c, ff. 180r-188v

Scribitur Genesis primo capitulo quod deus fecit duo luminaria...
> Comm. Alexander of Villadei, Massa computi: CLM 5963, ff. 60r-127va; Prag cap.1296, 15c, ff. 77-116(Schulz); VI 5166, 15c, ff. 112r-136r

Scribitur in libro perfecti magisterii...
> Arnald of Villanova, Rosarius: Cop 236 F., 15c, ff. 144-153(T III,670)

Scribitur in libro qui Textus alchimie dicitur de separatione...
> De elementorum separatione nota: Mon 479, 16c, ff. 94v-95(Corbett II,105)

Scribitur in libro Viatici Constantini...
> John of Toledo, Medical: Op 21, 14c, ff. 61r-75

Scribitur in libro Viatici quod quicumque voluerit custodire...
> Medical: BMsl 3149, 15c, ff. 26-28

Scribitur in viatico ab Ysaac quod quicumque voluerit custodire...
> VAp 1321, 15c, ff. 135rb-138va

Scribitur primo posteriorum in omni scientia..
> Messahala, Canones de astrolabio conficiendo: VI 5337, a.1395, ff. 116v-120rb; VAp 1435, ff. 268r(254r)-271ra; anon. CLM 372, ff. 227r-235v

Scribo naturas planetarum et virtutes eorum...
> Nota de septem planetis: VAp 1370, 15c, f. 59r-va

Scribo sed ut merear per te scribenda doceri...
> Philomena, Poema philosophicum forma dialogi de quatuor elementis angelis planetis aliisque rebus: variously ascribed to John of Hoveden, Peckham, and Bonaventura (pr with his Opera); BLd 41, early 13c, ff. 93ra-100rb; BLd 28, early 14c, f. 24

Scripseram proxime de mathematica...
> On application of mathematics to theology: BNna 1422, 15c, ff. 1-7

*Scripsi dudum rogatus a sociis...
> John Peckham, Mathematica rudimenta sive Perspectiva: BLd 218, ff. 1-24

Scripsi temporum descriptiones ut scias...
> Epistola Hippocratis ad Antiochum regem de iiii temporibus anni: BMad 21173, f. 113r-v

Scripsimus amicis nostris (de Ianua) ubi prius manifestata fuit hec pestilentia...
> Gentile da Foligno, Consilium ad pestilentiam: CLM 77, late 14c, ff. 117ra-118ra; other Consilia by him follow to 140bis ra; MH 3(1959), 14, n.51; VAp 1260, ff. 96v-99r

Scripsimus in (aliis, duobus precedentibus) libris(libro) explanationum...
> Mesue, Grabadin or Antidotarium; BNna 1536, 13c, f. 367-; Laon 414, 13c; Marseilles 915, 13-14c, ff. 110-170; Basel D.I.10, 14c, f. 20r-; VAr 1260, 15c, ff. 232r-253ra; Pansier II(1909), 31; Giacosa 486; Danzig Mar F.240, ff. 147-184; Wo 2841, f. 108r; Speculum VIII(1933), 178; Opera(Klebs 680.1; IAL M437), ff. 55v-96v; Klebs 680.10, LC.Cap.i, 'Electuarium de aromatibus...'

Scripsistis mihi domine mi magister Michael Scotte...
> Leonard Pisano, dedic. Liber abaci, revised 1228: Boncompagni, Atti(1852), 25; ed. Boncompagni, Scritti de Leonardo Pisano, I (1857), 459 pp. Text, 'Cum his itaque novem figuris...'

Scripsit auctor peritissimus Haly Abbas. . .
Ambrosius Jung, dedic. De pestilentia: Hain
*9472, ff. 1v-8v. See 'Propter evidentiam. . .'

Scripta sunt hec de lapidibus. . .
Prol. Anon. Lapidary: ed. Joan Evans, Magical
Jewels, 1922, pp. 214-220. Text, 'Precepit
deus Moysi. . .'

Scripta venerationis vestrae multum habentis. . .
De pascha: Bern 610, 10c, ff. 71v-73v

Scriptor sententiam canonis. . .
De compositione et usu astrolabii: VI 5206, 15c,
ff. 9r-36r(Zi 924)

Scriptum est difficile estimamus ea que in terra
. . .
Dietrich von Freiberg, De cognitione entium
separatorum: Beiträge V, 5-6(1906), 86*-98*;
XX, 5(1922), 81 seq.(Schulz)

Scriptum est in ecclesiastico. . .
William of Rubruk, Itinerarium. See 'Excellentissimo domino et. . .'

Scriptura tale nomen dignoscitur habere per
quatuor. . .
Speculum alchemie (Version in verse of Pope
Boniface IV, or Arnaldus Grecus, De quatuor
verbis): BLe 63, 15c, ff. 71v-74v(DWS 797,x)

Scripturus ad te vir maxime atque doctissime. . .
Benedictus Maffeus, Compendium rei rusticae, to
Lorenzo de' Medici: BN 7483, 15c, ff. 1r-28v
(T IV,435)

Scripturus de homine immo potius de membris
. . .
Georgius Merula, In librum de homine Martii
Galeotii opus: pr (Venice, c.1474)(Polain 2674;
Hain *11097; Klebs 678.1; IAL M433); T IV,
399

Scripturus ego quantam mortalibus. . .
Ant. Arquatus, Prognosticon for 1495: GW
2558; Klebs 110.7

Scripturus Italicum motum. . .
VI 3193, ff. 1-6(Schulz)

Scripturus tractatum de proprietatibus rerum
naturalium. . .
Albertus, De naturis rerum: Budapest 154, 15c,
ff. 117-158; MU Q.808, 15c, ff. 35r-81r

Scrupulus. Dimidia sextula. . .
De ratione unciarum: Mon 334, ff. 49v-50r

Scrupulus sex silique. . .
De ratione unciarum: VA 645, 9c, ff. 76v-77r

Scrutator in scientia radicali cum pervenerit. . .
On comets: BMh 4350, 13c, ff. 25v-29v

Scrutatur astrologus corporum figuras. . .
Versus: CUsj 155(F.18), 15c, f. 57v-

Scrutatus sum meo tempore. . .
Contra senectutem: Basel D.II.13, ff. 265r-266v.
See 'Rimatus sum. . .'

Se l'excelso et glorioso dio benigno. . .
Christopher of Paris, Cithara: T IV, 350; Pavia
341, ff. 22r-23v(ColR 110)

Secantur scientie inter se quemadmodum et res
. . .
Chiromantia: T V, 676; Ea D.19, 13c, ff. 53-62v

Secondo la universale sententia. . .
Christopher of Paris, De arbore philosophico:
VAb 273, f. 262r(T IV,350)

Secreta cordis sunt hec. . .
VAp 1409, f. 77v

Secreta iudicia huius artis sunt valde dispersa. . .
BMad 41600, c. 1455, ff. 58v-59v(Saxl(1953),
85)

Secreta operatio philosophorum que diversis et
variis est celata. . .
Nicolaus de Tauro: BU 138(104), 15c, ff. 209r-
215r

Secreta scientia philosophorum est apud doctos
astrologos. . .
Bartholomaeus de Parma, De occultis: VI 3124,
ff. 198rb-199v(T II,836, n.5); BB XVII(1884),
16-17

Secretissimum regis Cateni Persarum de virtute
aquile. . .
Ome 324, f. 142r-v. See 'Est enim aquila. . .'

Secretorum philosophorum in opere alkimie
(alkimico). . .
Haly filius Sauzut(Sasicet) (Khalid ibn Jazid):
SG Stadt 300, 14c, ff. 93vb-97va; Secretum
alkimie: BN 14008, 15c, ff. 62v-68v(Corbett
191). See 'Liber secretorum. . .'

Secretum divisionem punctorum totius questionis
. . .
Geomancy: CLM 24940, ff. 107r-109r

Secretum primum est quod per virtutem quam
. . .
John of Rupescissa, De quinta essentia, Canon I:
Oa 81, ff. 100r-132v; BU 977(1885), 15c, ff.
56r-72r; etc.; (T III,726-730)

Secretum quod apud sapientissimos valde abscon-
ditum. . .
Albertus Magnus, Practica or Secretum secretorum: BMsl 323, 15c, ff. 2-61v(T II,570;
DWS 179); Kibre(1942), 509

*Secretum secretorum nature audiant secreti que loquor. . .
> Roger Bacon(?), Alchemy: DWS 199; Little 413; Glorieux I, 74.   See 'Audiant secreti . . .'

Secta autem medicorum triplex est una dicitur . . .
> Galen, Megategni, tr Constantinus Africanus: BMr 12.C.XV, 13c, ff. 118r-(145v); CUpet 33, 13-14c, f. 1r-; pr Isaac, Opera, 1515, ff. 189v-209v.   Prol. 'Quoniam intentio gloriosissimi . . .'

Secta medicorum fuit triplex heresum libro. Quidam enim fuerunt methodici. . .
> 'Conciliator in libro diascoridiarum medicinalium, Diff. prima:' CLM 137, 15c, f. 14r-

Sector est figura in superficie sphere ex arcubus . . .
> De sectore, pref.: CU Gg.VI.3, 14c, ff. 54v-80

Seculum significare volentes. . .
> See 'Quomodo seculum . . .'

Secundum Albumazar in libro secundo introductorii . . .
> FNcs J.X.20, c.1400, f. 19r; Björnbo(1912), 103

Secundum Algazelis sententiam in principio sue methaphisice.   Omnium de quibus. . .
> Questiones phisicorum Aristotelis: CUg 367 (589), 13c, ff. 120ra-125vb

Secundum Alvredum sic intitulatur liber iste. . .
> Gloss on Arist. Meteor.: FLc XII sin.5, 13c, ff. 174r-203v

Secundum Alvredum titulus talis est.   Incipit liber. . .
> Gloss on Arist. Meteorologica: CUg 506, 14c, f. 215(Atk)

Secundum Aristotelem in De secretis non est via. . .
> Rules for diet and regimen: BMr 12.C.VI, late 13c, f. 42v

Secundum Aristotelem primo Ethicorum vita humana est triplex. . .
> Bernard Gordon, De regimine sanitatis: BMsl 334, 15c, ff. 218ra-251rb; BMsl 512, 14c, ff. 293va-345rb.   See 'Secundum intentionem Aristotelis. . .'

Secundum Aristotelem primo metheororum unumquodque elementum. . .
> Jacobus de Dondis, De fluxu et refluxu maris: Mi N.334.sup., 15c, ff. 1r-12r

Secundum Aristotelis sententiam in problematibus suis. . .
> I. Bonjohannes of Messina, O.P., Quadripartitus figurarum moralium: VA 4462, ff. 65r-91v; Isis 13(1929), 67
> II. Ps. Cyrillus, prol. Speculum sapientiae: pr J. G. T. Grässe, Bibl. des litt. Vereins in Stuttgart, 148(1880), 3-124; Hain *5903(Schulz)
> III. Anon. pref. Speculum sapientie: CUc 392, 15c, ff. 85r-114r; CU Ll.V.21, 15c, f. 3(Atk)

Secundum astrologos XII sunt signa quorum. . .
> CLM 26875, 15c, f. 150(Schulz); VAp 1321, 15c, f. 143r

Secundum astrologos zodiacus. . .
> Bamberg Mat.4, 15c, ff. 134-137(Zi 11898)

Secundum astronomos et sapientes. . .
> Rostock Math. Phys. Q.1, 15c, ff. 199-206(Zi 11899)

Secundum auctoritatem Augustini. . .
> Computus: Göttweig 161, 14c, ff. 5v-23v(Zi 12177)

Secundum Augustinum quatuor sunt scientie. . .
> Comm. Blasius, Palma (manual compotus): BN 14070, 15c, ff. 25va-27r(TR 313); Isis 37 (1947), 46-47; Speculum 29(1954), 229-30

Secundum autem quod vult auctor. . .
> Expositio in librum quemdam medicum: BMar 164, 15c, ff. 59-(84)

Secundum autem quod vult Avicenna in primo libro. . .
> Roger of Parma, Practica: Rouen 981, 13c, ff. 57v-124v

Secundum Avicennam Elixir est medicina transmutans. . .
> Icocedron philosophie: BMad 15549, 15c, ff. 4r-22v(DWS 650; T III, 682; ColR 128)

Secundum Avicennam II° Canone fen prima. . .
> BN 6941, ff. 67vb-68rb

*Secundum Boethium et ceteros auctores Musices . . .
> Roger Bacon, De valore musices: Little 418, n., 'probably an extract from the Opus Tert., ed. Brewer, p. 296'

Secundum Boetium mundus est unitatum collectio. . .
> Arithmetica: Goldschmidt, Cat. 56, MS 8, 14c, ff. 1-16

Secundum concordationem et doctrinam medicine...

Magister Fridericus, Pest tract: VI 5300, 15c, ff. 127v-129v

Secundum considerationem et sententiam philosophorum...

Astrological geomancy: FR 993, 13c, ff. 2ra-24

Secundum doctrinam sapientium in arte medicine...

De regimine sanitatis: CUpet 95, 14c, ff. 78r-79v

Secundum dubium principaliter declarandum est
...

Utrum omnia futura de necessitate eveniant: Extractum a logica magna... Pauli de Venetia: VE VI, 30, before 1407, ff. 44-61

Secundum eandem causam videntur antiquissimi medicorum...

(Galen), Liber pharmacorum, tr Stephen of Messina: VAp 1211, ff. 44rb-46ra; tr not named: BN 6865, f. 178; VAu 247, 14c, f. 67; CLM 490, ff. 93r-(101r); Diels(1905), 95; pr 1490, II, 311r-312r; 1515, II, 156r-157r

Secundum et verum locum solis invenire...

Johannes de Muris(?), Canones de coniunctionibus et eclipsibus: Ea F.384, 14c, f. 76r-v

Secundum etiam predictum Guidonem sapientissimum...

Philippus de Vitriaco, Ars contrapuncti: Coussemaker III, 23-27. Prol. 'Volentibus introduci ...'

Secundum Galienum in Megategni flebotomia confert...

De phlebotomia: VI 2426, 14c, ff. 144v-145r

Secundum Galienum secundo tegni capitulo de cognoscendis...

Lectura bona super primo canonis Avicenne: Ea Q.205, 14-15c, ff. 61-74

Secundum Galienum super primo pronosticorum (et) super primo amphorismorum...

De sompno: CLM 206, 15c, ff. 6va-7rb

Secundum Haly quia Iupiter habet dominium in loco coniunctionis...

De fertilitate et habundantia: BN 7443, 15c, ff. 9r-11r

Secundum (H)ermetem in libro suo Aqua fortis...

Miscellaneous recipes and secrets in Latin and Italian: FNpal 934, 15-16c

*Secundum intentionem Aristotelis primo Ethicorum vita humana est triplex...

Bernard Gordon, De conservatione vitae humanae, Part IV, Regimen sanitatis: BM MSS in Proceedings of XVIIth Internat. Congr. of Medicine, Sect. XXIII, pp. 325-337; CUg 373 (593), 14c, ff. 30r-56r; PA 708, 14c, ff. 107-(155v); VAp 1174, 14c, ff. 52vb-73va; 1083, 15c, ff. 245r-273r; CLM 3073, 15c, ff. 127ra-179va; Ome 47, 15c, ff. 1-(49); VI 5315, 15c, ff. 1r-70v; pr Leipzig, 1570

Secundum intentionem Galieni in (libro) de morbo et accidenti...

BLas 1435, 15c, pp. 284-302

Secundum intentionem Hermetis Haly Abenragel Albumazar et multorum...

Astrol.: VI 4782, ff. 42r-47r(?)

Secundum loquentes naturaliter intentio in hoc libro...

Sententia in Aristotelis Physica: CUg 367(589), 13c, ff. 126-163v; Scholastik XI, 206, n.24

Secundum Mercurium practica astronomie facta
...

De usu astrolabii: BMar 384, 14-15c, ff. 240v-(242v)

Secundum modernos clysterium quamdiu...

BN 6988A, f. 80va

Secundum omnes astronomos predicta coniunctio saturni...

John of Eschenden, On the conjunction of 1365: BN 7443, 15c, ff. 221r-227v(T III,721)

Secundum philosophos patet quod res non afferunt...

Arnald of Villanova, Rosa aurea: T III, 668

Secundum philosophum in decimo Ethicorum vita vacans...

Gulielmus de Chelvestun, Iste sunt questiones libri phisicorum: CUpet 192, 14c, ff. 1-123

Secundum philosophum (in) decimo Metaphisice in quolibet genere...

(Thomas Aquinas?), De mensura et numero: CU Dd.XII.46, 15c, ff. 136v-138v; Mm.II.7, 15c, ff. 43ra-44rb

Secundum philosophum in octavo physicorum Nihil eorum...

Comm. De motu cordis: Admont Stiftsbibl. 367, ff. 54v-60r

Secundum philosophum in primo physicorum...

P. Lehmann, Mitt. aus HSS: VIII, 26

Secundum philosophum in primo Posteriorum
...

    Comm. Blasius, Palma (Computus): CUg 137,
    ff. 65-(68); Speculum 29(1954), 65

Secundum philosophum in tertio Phisicorum...
    Questions on Aristotle's Physics: BN 16634, ff.
    66ra-140rb

Secundum philosophum primo Elenchorum qui
non sunt prompti...
    Comm. Algorismus fractionum sive minutiarum:
    CU 2327(Mm.III.11), 15c, ff. 16r-25r

Secundum philosophum Posteriorum tunc...
    Comm. Computus Norimbergensis: Graz 900,
    15c, ff. 277-305v

Secundum philosophum secundo de anima.
Anima unitur...
    Petrus Hispanus, Glose super libris de febribus
    Ysaac: Ea Q.212, 14c, ff. 109-164v

*Secundum philosophum secundo physicorum
quecumque movent mota sunt...
    Petrus de Alvernia, De somno et vigilia: Ob 104,
    13-14c, ff. 162-(176); PM 3485(363), 14c, ff.
    204v-(264); CLM 3852, f. 17(Schulz)

*Secundum philosophum tertio physicorum...
    John Baconthorpe, De motu animalium: Tanner

*Secundum philosophum tertio physicorum (con-
siderari) volentem...
    Walter Burley, comm. De motu animalium: Tan-
    ner; Oo 12, 15c, ff. 115-(119); Ea Q.312, 14c,
    ff. 78-81; Oma 80, ff. 177va-180va; LP 74, 14c,
    f. 30-(incomplete)

Secundum Ptolomeum in Quadripartito pars
secunda capitulo octavo...
    Johannes Jacobi, Pest tract: ed. from BNna 1391,
    14c, ff. 83-84v, E. Wickersheimer, Archeion,
    VI(1925), 105-122; anon. Ea F.274, a.1434, f.
    12r-v

Secundum Ptolomeum septimo Almagesti capitulo primo...
    (Considerationes stellarum): VAp 1368, a.1473,
    f. 48r

Secundum que dicit Algazel...
    Questiones de VIII libris physicorum: Ea F.349,
    early 14c, ff. 1-72. See 'Secundum quod dicit
    Algazel...'

Secundum quod Avicenna vult cum signo qui
attenditur in pulsu...
    De pulsibus: VI 5488, 15c, ff. 73r-87v

Secundum quod...
    See also 'Sciendum quod...'

Secundum quod credimus corpus conservatur...
    Enanzoar(Avenzoar?), Regimen sanitatis: VI
    5501, 15c, ff. 24r-37v

Secundum quod dicit Algazel in principio metaphisice sue Cognitio...
    Comm. Physics: Grabmann(1928), 88-89

Secundum quod dicit Aristoteles in primo
Posteriorum...
    Comm. Blasius, Circius: CUg 137, 13-14c, pp.
    51b-55b(TR 238a); Isis 37(1947), 46-47

Secundum quod dicit Aristoteles 3° Metaphisice
veritatem investigare...
    Thadeus de Parma, Questio de augmento: VA
    4454; Puccinotti, II, i(1855), p. xxxiii

Secundum quod dicit Avicenna primo canone
Practica dividitur...
    Chartres 223, 14c, ff. 109-160; Archiv II(1909),
    43

Secundum quod dicit ille doctor inclitus princeps medicorum...
    Johannes de Tornamira, De febribus: pr with his
    Clarificatorium: Venice, 1507, f. 109v-(Schulz).
    See 'Secundum quod testatur ille doctor...'

Secundum quod dicit philosophus decimo Moralium inconveniens est...
    Jacobus Lombardus et Thomas de Aquino supra
    librum De anima: BN 16125, 14c, ff. 5ra-36vb

Secundum quod in diversis...
    Michael Scot, De arte alchimie: Gö Hist. Nat.
    75, 14-15c, f. 18v; Isis X(1928), 351, lines 17-18,
    '...secundum quem in diversis provinciis'

*Secundum quod scribit philosophus in XI de
animalibus...
    Comm. De anima: Oo 33, 14c, ff. 120ra-162va,
    164ra-183va

Secundum quod scribitur a philosopho in libro
de plantis.   Tria sunt...
    Comm. in librum cuiusdam medici Graecorum:
    VI 2354, 14c, ff. 49r-64r

Secundum quod testatur ille doctor inclitus...
    Johannes de Tornamira, De febribus: Bern 579,
    15c, ff. 42r-109v; pr Lyons, J. Bachelier, 1501

Secundum quod testatur Isaac in libro de diffinitionibus...
    Definitiones philosophie et divisiones scientiarum
    particularium et objectiones earumdem: Bruges
    496, 13-14c, ff. 79-80v

Secundum quod vult Avicenna consideratio...
    Bernardus Pictaviensis, De pulsibus: BN 6957,
    15c, ff. 26-34v; Wickersheimer 78

*Secmun duquod vult Avicenna (in) primo libro
. . .

    Johannes de Sancto Amando, Expositio super
antidotarium Nicolai: VI 5488, 15c, ff. 25r-70v;
anon. Oe 35, 14c, ff. 121v-(135); BMsl 2268,
14c, ff. 18-40

Secundum quod vult Avicenna Practica dividitur in conservativam. . .

    Glossule Antidotarii(Nicholai): CUpet 247, 13c,
II, ff. 48r-75v; Basel D.III.6, 13c, ff. 211r-226v;
PA 967, 13c, ff. 98-146; CUsj D.4, 14c, f. 60
(Atk); Summa super antidotarii(Nicholai): BMsl
420, 14c, ff. 44ra-57va

Secundum quosdam nihil prohibet langorosos
longe vite. . .

    Theophilus de Ferrariis, Propositiones ex libro de
causa longitudinis et brevitatis vitae: pr Venice,
1493, f. 118r(Klebs 395.1; IAL F93)

Secundum radios et aspectus planetarum et
stellarum. . .

    Matthaeus de Guarimbertis: Wo 2816, f. 182r-v,
186r; Speculum VIII(1933), 178-79

Secundum rectum ordinem iste. . .

    Comm. De caelo et mundo: CUg 367(589), 13c,
ff. 112-120; Ome 272, 13c, ff. 71v-(88)

Secundum scientiam Platonis in Timeo nihil. . .

    Comm. (at Toulouse, 1332) John de Pulcro Rivo,
Computus: BN 7420A, 14c, ff. 38ra-46v

Secundum sententiam. . .

    See 'Iuxta sententiam. . .'

Secundum substantiam suam celum et non
mutat locum. . .

    Robertus de Clothale, Reportationes quaestionum
in Phys. libros a Simone de Faversham dis-
putatarum: Ome 292, 14c, ff. 185-(290)
(Initium forsan mutil.)

Secundum theologos si mulier concepit masculum. . .

    BN 7148, ff. 15r-16r

Secundum vero Abracham qui precessit Ptolomeum. . .

    (Astronomy): VAp 1368, a.1473, f. 48r

Secundus fuit philosophus hic philosophatus est
omni. . .

    Vita Secundi, tr 'de Greco a magistro Willelmo
medico natione Provinciali': T II, 487, n.3-4;
Hilka, Leben u. Sentenzen des Philosoph.
Secundus, Breslau, 1910, p.6, 30 MSS listed,
8-23, text; Haskins 146-47; Wickersheimer
243

Secundus ordo circuli. . .

    De indictionibus: BMh 3017, 9c(Fleury), f. 165r

Secundus philosophus qui omni tempore silentium. . .

    Dialogue with Hadrian: Basel O.IV.35, 13c, f.
26r-v

Secundus philosophus semper studuit silentium
servans. . .

    Secundus, De diversis questionibus: BN 2831,
a.1396, ff. 83v-85v(92v)

Secundus post conditorem orbis moderator sol
. . .

    Zael, Fatidica *or* Fastitica, Pronostica, tr Her-
mann of Carinthia: Haskins 44; Carmody 44-45

Secundus tractatus (autem) incipit perscrutari. . .

    Averroes, Super librum Aristotelis de memoria et
reminiscentia: BLd 104, 14c, ff. 119v-(121r);
BMr 12.E.XXV, c.1300, ff. 113r-(114v); Padua
XVII, 378, 15c, ff. 144v-145v

Secuntur. . .

    See 'Sequuntur. . .'

Secutus opera studiosorum virorum qui. . .

    Marcellus, De medicamentis: CML V(1916), p.
3; Beccaria 25

Sed ad instantiam et ob amorem nostri domini
Francisci volo. . .

    Raymundus de Terminis, Epistola secunda (al-
chemy): T IV, 17, n.51; FR 923(L.III.28), 16c,
ff. 198(195)r-201(198)r

Sed antequam ad instituti operis errata venio. . .

    Hermolaus Barbarus, Castigationes Plinianae: pr
Rome, 1492, etc.(GW 3340-42; Klebs 143.1-3;
IAL B88-90); T IV, 601, n. 25

Sed cum in nativitate data nec Venus. . .

    Hec sunt equationes Annimodat(animodar) Her-
metis quas posuit Avenesre et magister suus princeps Abraam: BLd 210, 15c, ff. 88-91

Sed cum omnia facta sint ex predictis. . .

    Pref. Liber medicine in practica. Text, 'Aer est
unus. . .'

Sed ex quibus maxime hec argenti vivi substantia. . .

    Geber, Verba formalia: Cambrai 920(819), 15c,
ff. 236-237v(Corbett II,51-52)

Sed hec(hoc) hactenus nunc vero inferam secundum. . .

    Roger Bacon, Correctio calendarii: part of Opus
maius: Bridges I, 269-85; Little 382, De regionibus ad papam Clementum: Wo 4125, 15c, ff. 91-
120v

Sed iam tempus est ad geometricalis mense traditionem...
  CLM 23511, f. 30(Schulz)

Sed in ipso pectus plurimas lisiones sentimus...
  Hippocrates, Epistula de pectus: SG Stift 751, 9c, pp. 317-318; Beccaria 133.15

Sed incipio dicere artificium quod vocant...
  See 'Secretorum philosophorum...'

Sed licet nos transgressionem facere...
  Thomas de Garbo, Digressiones, a. 1345: pr with De diff. febrium a Galeno, Pavia, 1519, ff. 126va-224rb(NYAM); JHM 8(1953), 265, n.21

Sed O Socrates hoc profecto omnes quicumque...
  De commento Procli super Timaeum Platonis... excerpta, tr William of Moerbeke: ed. RNS 51 (1953), 358-73

Sed ob amorem vestri domine Francisce volo vobis...
  Raymundus de Terminis, Secunda epistola... super lapidem: BU 164(153), 14-15c, ff. 130v-132r(T IV,17)

Sed omne membrum habet virtutem nutritivam...
  Rome, Conv. Minervae, 13c, f. 323rb(AL 1553)

Sed perspectivi et physici speculatio de iride...
  De iride: Grabmann(1928), 64. See 'Et perspectivi et philosophi est...'

Sed pro questionibus et aliis...
  Extracta e tractatu Rogeri Herefordensis de iudiciis astrorum: BLd 57, 14-15c, ff. 145v-(151r); T II, 186

Sed quia alii determinaverunt de composita medicina multum confuse...
  Comm. Antidotarium Nicolai: Metz 280, 15c, f. 72va-

Sed quia aquarum nonnullis est usus...
  See 'Sed quoniam aquarum...'

Sed quia domus diversa figura in geomantia...
  CLM 24940, 15c, ff. 198r-203v

Sed quia sufficienter de dispensatione...
  Extract from a pharmacopoeia: BMr 12.B.III, 14c, ff. 9-(10v). See 'Quia sufficienter...'

Sed quoniam aquarum nonnullus est usus in medicina...
  Arnald of Villanova, De aquis laxativis: T III, 656; HL 28, 74; Glorieux I, 422; Opera, 1504, ff. 308v-310v; 1586, I, 292a-296b

Sed quoniam de his satis diximus transire tempus...
  Galenus, De morbo secundum numerum: pr with George Valla, Strasburg, Henry Sybold, n.d., only 1 page

Sed quoniam diverse forme agrorum...
  Definitiones geometriae: Chartres 498, 12c, f. 142

Sed tibi(?) effusionem...
  Comet: CLM 18770, 15c, f. 188r-v(Zi 6215)

Sedechias primus fuit per quem nutu dei lex recepta fuit...
  Liber philosophorum moralium, tr Johannes de Procida: BN 6069, a.1410(Renzi III,69-150); Dicta et castigationes sapientium: Arras 769, 14c; VE VI.144(Val.IV,105); VAp 398, f. 1; Prag 863, ff. 1-39(Schulz)

Sedens cum fiducia ad tronum gratie eius...
  Petrus Vidal, prol. Novum kalendarium, a.1318, to John XXII: HL 35, 624-26

Sedente (itaque) Vortigerno rege Britonum super ripam...
  Incipit Merlini prophetia: BLd 28, f. 162r; FNm VII. 1387, 14c, ff. 80-82; Laurent 84(332)

Sedes magistri Cratonis habuit tres circulos...
  Tract. physicus: CLM 6905, 13-14c, ff. 43-(47); 5595, f. 60; 18800, f. 137(Schulz)

Semen cecidit in terram bonam...
  Henry of Vrimaria, De instinctibus: Hartwig (1857), II, 22; Gerbert II, 216; anon. Wo 3237, ff. 122-133; 3287, ff. 269-280; Cues 99, ff. 188-200; pr Venice, 1498 (Cop 5125)

Semen conceptum sex primis pene diebus...
  Carmen medicum attrib. Hildeberto Cenomanensi: CUg 234, 14c, p. 366; CUt B.XVI, 36, 14c, flyleaf; CU Gg.I.5, 14c, f. 20(Atk). See 'Susceptum semen sex primis...'

Semicirculum pro horizonte...
  Sun-dial: CLM 24103, 15-16c, ff. 118-134v(Zi 9814)

Semicirculus horarius ita constructi potest. Primo in regione...
  Notabile de semicirculo horario: VI 5258, 15c, f. 53r-v(Zi 9815)

Seminis amomi spice nardi malaba trifilo...
  Praecepta medica: Bern A91,11, 12c, f. 1r

Seminis lini et terebentine an. lib. ii misce simul...
  Greek fire: BLd 164, 15c, ff. 73v-75(DWS 983)

Semita sum vie fontis cito nata...
  Alchemy: BU 168(180), 15c, f. 1r

Semper in epialia(?) cales...
De morbis: BMar 333, 13-15c, ff. 87r-98r(DWS MS)

Semper memor (sum) tui etiam inter dubia...
Epistola Alexandri Magni ad Aristotelem de situ Indiae: T I, 555-56; Eins 323, 10-11c, pp. 1-40; Verdun 30, 12c, item 12; CUt 1335, 13c, ff. 69-76; CUc 59, 14c, ff. 28v-40; Graz 298, 14c, ff. 77-82; VAp 1357, 14c, ff. 125r-131rb; P. Lehmann, Mitt. aus HSS, VII, (1942), 24, n.9(Schulz)

Semper quo Balduinus princeps sceptrum Constantinopolitani...
See 'Tempore quo Balduinus...'

Semper tui memor...
See 'Semper memor...'

Semper ut ex aliqua felices parte querantur...
Bernard Silvester, Mathematicus: ed. Paris, 1895; PL 171, 1365-80; T II, 101

Semper ut omnes felices partes querantur leges...
Bernard Silvester: BN 6415, 14c, ff. 86v-91r

Sempiterno deo gratias agamus sicut sui ordinis celsitudo...
Avicenna, Canon, tr Gerard of Cremona: Mi C.297.inf., 13c, ff. 1r-308ra

Sempre cum la usata fede recorro...
Andrea Ogniben to Christopher of Paris, Alchemy (Feb. 7, 1478): McGill Univ., Osler 7529, late 15c, ff. 43r-46r

Semuncia est denarius argenti...
Medicinal weights and measures: Beccaria p. 433

Seneca dicit in epistola quadragesima nona...
Dicta summe naturalis Alberti: Cues 192, 14c, ff. 1-18v

Seneca dicit in quadam epistola...
Comm. Philosophia pauperum: Cassel Philos. 2°.28, 14c, ff. 65r-85r(AL 832)

Seneca dicit in quadam epistola ad Lucillum Proice omnia...
Scriptum super sphera: BLcm 105, 14c, ff. 38r-61r(TR 240); ed. in part, T (1949), 451-55; VI 5371*, 14c, ff. 66rb-84va (super Sphera Sacrobosco, according to the Catalogue, but Sacrobosco's name does not appear in the MS)

Seneca in naturalibus questionibus libro septimo dicit Sicut in...
De lapidibus preciosis: Hain *8944, ff. 365v-408v

Seneca in quadam epistola dicit ad Lucillum...
Comm. Arist. De generatione et corruptione: CLM 202, 14c, 39 ff.

Seneca in sexagesima prima epistola ad Lucillum dicit sic: Aliorum remediorum...
Comm. Averroes, De substantia orbis: CLM 14246, 13-14c, f. 16r-v(Grabmann, Mitteilungen in Festschrift f. Georg Leidinger, (1930), 73,75 (Schulz)

Senectus domina oblivionis...
Bernard Gordon, prol. Pronostica: Ea F.267, a.1294, ff. 1-25; F.237, 14c, ff. 76-84 Wi 56, 15c, ff. 62r-83va.   Text, 'In morbis pronosticare...'

Senectus est mater (et domina) oblivionis. Nunc autem cum scientia...
Bernard Gordon, prol. Compendium pronosticorum de crisi et criticis diebus: VAp 1331, 15c, ff. 198r-216v; BMsl 334, 15c, ff. 189ra-213

Senectus quam Galienus semitam ad mortem appellat...
Gabriel Zerbus, Gerontocomia: pr Rome 1489 (Klebs 1057.1; IAL Z26)

*Senes sunt balneandi in aqua dulci temperati caloris...
Roger Bacon, De balneis senum et seniorum: OHI IX(1928), 96-97; Little 400

*Senescente mundo senescunt homines...
See 'Mundo senescente...'

Senior dixit in eius libro quem composuit...
Alchemy: VAb 273, f. 228r(T III,44)

Seniores nostri iuniores quoque duo medicamina vocavere...
Franciscus Caballus, De animali pastillos theriacos et theriacam ingrediente: pr Cermisone, Consilia, Venice, (1497); Bartholomaeus Montagnana, Consilia, Venice, 1490(Klebs 266.2; 689.4; IAL C362; M703); 1514, ff. 407r-413v; T IV, 597

Senon dicit quod eadem res que dealbat et rubicundet...
Turba Senonis: Prag 1984(X.H.6), ff. 20v-22r. See 'Zenon...'

Sensim per partes discuntur quelibet artes...
I. Verses opening Mappae clavicula *or* De arte pingendi: DWS 867; Speculum XII(1937), 84-92; ed. Archaeologia XXXII(1847), 187

II. Proh. metricum, Theophilus, Schedula diversarum artium (frag. bk.I): BN 6741, 15c, ff. 43-51(Corbett I,43)

Sensuale est illud ens quod sensibus percipitur...
Ramon Lull, Sensuale: Plimpton 187, 15c, ff. 26(I,434)r-29(4, 437)v

Sensualitas autem est quedam vis anime inferior
...
    De sensualitate: CUe l.IV.4, 12c, f. 181v(Atk)

Sensum in homine simile est...
    Auctoritates (on Aristotle?), De motu cordis: KlaS 113, a.1431, f. 79rb

Sensus huius littere est quod vita...
    Excerpta astrologica ex quodam commentario: BLd 57, 14-15c, ff. 165r-(170v)

Sensus in penuria...
    John Peckham, Summa de esse et essentia: Ran 560, 15c, ff. 114-115

Sensus visus multas (nobis) rerum differentias...
    Auctoritates Aristotelis et aliorum philosophorum: Graz 506, 15c, ff. 180-207; GW 2806(Klebs 120.1)

Sententia autem Maakin ad Flandion habitam...
    Expositio Maakim ad Flandion: BN 6514, 13-14c, f. 87r(Corbett I,25)

Sententia in hoc libro tradita de femella cum suis secretis...
    Comm. de secretis mulierum: Ea Q.157, 15c, ff. 227-268

Sententia littere quod scientia musice artis...
    Comm. Jacob Diel, Flosculum musice: Basel F.VIII.16, a.1439, ff. 144r-154r, incomplete

Sententie sunt sapientum collecte in...
    Turba philosophorum, aliud exemplar: Manget I, 480-94

Sepe ac multum ipse mecum...
    George Trapezuntius, Comparationes philosophorum Arist. et Plat. libri XVI: Perugia Bibl. Comm. fa 133, 15c, 236 ff.; pr Venice, 1523

Sepe ac multum me hortatus es Nicolae Tyburtine...
    Simon Geminius de Perusia, prol. De virtute quantitiva: VA 2225, a.1470, ff. 1r-8v; APS, 104(1960), 195-200

Sepe animadverti insignes ac litteratissimi viri ex veteri...
    Gaietanus de Thienis, prol. Recollecte super octo libro physicorum. See 'Dubitatur utrum corpus ...'

Sepe atque multum Sixte Pont. Max...
    Andreas Brentius, An veram aliquam futurarum rerum praesensionem nobis somnia afferre possunt: (Rome?, 1483?), BM IA. 19257, ff. 2r-15; at f. 1v a letter to Zacharias Barbatus; at 5v his tr Hippocrates, De insomniis, opens; at 10v, another letter

24

Sepe auctorum volumina que de compoto...
    Computus: BMc Vit. A. XII, ff. 87-97v (Haskins 87)

Sepe et diu mecum cogitavi quanta sit artis medicine utilitas...
    Ioh. Garzoni, Practica medicinae secundum modum Avicenna in 22 Fen distincta: BMh 3747, a. 1477, ff. 2ra-206vb

Sepe et multum hoc mecum cogitavi cur magni doctores...
    Petrus de Alliaco, Secunda apologetica defensio astronomice veritatis: Salembier xxv; Ab(1912), 146; BMad 29969, ff. 62r-64r; BMh 637, ff. 115ra-117ra; BMh 3742, ff. 224r-226v; IAL A426, ff. gg(8)v-hh3r (Photostat ed. 1927, ff. 145v-148r)

Sepe in hoc mecum multum cogitavi...
    Oo 69, ff. 83v-87r. See 'Sepe et multum...'

Sepe malum hoc nobis fremens(*sic*) non leva fuisset...
    Astronomical lines from Vergil: BMar 268, 13-14c, ff. 92v-95v

Sepe metum post illum tremebundum et periculo plenum...
    Matthaeus de Aquila, De causis atque natura comete et terremotus: VAb 268, ff. 1r-33r (T IV,416)

Sepe mihi cogitanti diligentiusque quantum vires suppetunt...
    John Scotus Erigena, De divisione naturae: Reims 875, 10c, 358 ff.; CUt 1301, 12c, f. 1; etc.; anon. Periphision: Bern 469, 12c, ff. 1r-52v; PL 122, 441-1022

Sepe mihi dubiam trahit(?) sententia mentem...
    Versus: BMsl 1610, 14c, ff. 43va-45ra

Sepe multumque fatigatus sum precibus eorum
...
    Nicolaus Myrepsus, pref. Liber de compositione medicamentorum. Text, 'Aurea Alexandrina conducibilis...'

Sepe nativitatis tempore in aliquo loco existente
...
    De revolutionibus nativitatum: Delisle, III, 89b

Sepe volumina domini Bedae de scientia computandi...
    Gerland, prol. Computus: Haskins 85; BLau F.I.9, 12c, ff. 12v-(27); Brux 4563, 12c, ff. 1-21; CUsj 221(l.15), 12c, f. 18(Atk) (353, Cat.); Mon 322, 12c, ff. 1-21; anon. Pisa Conv. S. Cath. 27, 13c, f. 29r-v

Sepenumero admirari soles nepos laboriosi itineris...
> Adelard of Bath, De eodem et diverso: Beiträge IV(1906), 4-34; T II, 45

Sepenumero civitatis nostre principes audio culpantes...
> Columella, pref. De re rustica (Libri XIII). Text, 'Qui studium agricolationi...'

Sepenumero confabulari soleo Leonarde vir excellens...
> John of Arezzo, Dialogus de legum et medicinae prestantia: T (1929), 30

Sepenumero me hortatus es Marcelle mi...
> Johannes Itrensis, dedic. Tractatulus de peste. Text, 'Pestilentia ergo ut...'

Sepius ad aures meas fando pervenit rationem vite nostre...
> Alexander, Ad Dindimum regem Bracmanorum de philosophia: †Metz 297, 12c, item 5; Oc 82, 12c, f. 83rb; Mon 384, 13c, ff. 42v-43r; BN 2695A, 6186, 6365, 6385, 6811, 6831, 8501A; T I, 556; 6 CU MSS(Atk); Graz 298, 14c, ff. 73-77(Schulz)

Sepius philosophia visa est esse res divina...
> Aristotle(?), De pomo: Padua cap. B.62, 15c, f. 100r(AL 1513)

Septem columnis intus eminet domus...
> De arithmetica: H. Hagen, Carmina medii aevi, 1877, pp. 23-31

Septem planetarum opera et impressiones...
> BLas 1416, 15c, f. 114r-v(DWS 432B)

Septem sunt aeris regiones...
> (Thomas of Cantimpré), De proprietatibus rerum, here attributed to Albertus Magnus, 'editus a fratre Alberto quondam Ratisbonensi episcopo': Stift Heiligenkreuz 484, 15c, ff. 23-153(Xenia Bernardina II, part I, 222 seq.). See 'Septem sunt regiones aeris...'

Septem sunt capitula editionem novam rithmo-machie continentia...
> BMh 3353, 14c, ff. 148r-157r

Septem sunt claves artis musice...
> Ea O.94, 14c, ff. 75-86

Septem sunt climata mundi et septem sunt planete...
> Astrological tract: BMr App.6, 13-14c, f. 75v

Septem sunt colores duo extremi unus medius bini...
> Nomina colorum: BLb 487, 15c, ff. 67-68(DWS 914)

Septem sunt corpora quorum sex oportet ut laventur...
> Nicolaus, Alchemy: BU 474(830), 15c, f. 55r-v

Septem sunt corpora (scilicet) Saturnus Iupiter Mars...
> Nicolaus, Ad Gulielmum de arte alchimica: (shorter version): Oc 125, 14c, ff. 90r-91v; De experimentis chemicis (20 caps.); BLa 1448, 15c, pp. 119-128; DWS 303; T II, 796-97; CUad 4087, 14c, ff. 156r-159r, 'Explicit tractatus Ricardi'

Septem sunt genera metalli. Primum argentum vivum...
> BLd 121, 15c, ff. 1-90v(DWS 582)

Septem sunt metalla: aurum argentum...
> List of metals and minerals: NYAM 6, 14c, f. 24v: Kibre (1941), 265

Septem sunt herbe...
> See 'Inquit Flaccus...'

Septem sunt omnis discipline fundamenta...
> Euclid, Geometry, bks 1-12, tr Hermann of Carinthia: BN 16646, 13c(Haskins 50); Isis 44 (1953), 26-27

Septem sunt opera mentis...
> Brux 2442, 15c

Septem sunt operationes lapidis quarum prima...
> Extracta ex speculo Nicholai Comitis: BU 303 (500), 15c, ff. 196r-200v

Septem sunt partes non plures istius artis...
> Versus de speciebus algorissme(arithmetic): CUg 176(97), 15c, p. 13(Atk)

Septem sunt planetarum circuli quorum primus...
> Hermes, Liber lune: FN II.iii.24, f. 15r-20r, rubric, Liber planetarum ex scientia Abel iusti filii Ade; T (1947), 241

Septem sunt planete. Primus Saturnus qui est frigidus...
> Significationes or Proprietates planetarum: VI 5438, 15c, ff. 151r-156v; Carmody 96; BLas 191, 15c, f. 9r-v

Septem sunt planete qui reguntur in die et nocte...
> BLcm 517, ff. 48ra-49rb

Septem sunt planete quos sol singulo die circuit
. . .
> VAu 1398, 15c, f. 8v

Septem sunt planete scilicet Saturnus Mars. . .
> De motibus planetarum et eorum affectibus:
> BMsl 513, 15c, ff. 22r-(23)

Septem sunt planete secundum cursum. . .
> Michael Scot. De transmutatione metallorum:
> VAb 273, f. 201r; anon. VI 5487, 4to, 15c, ff. 1r-
> 13r(?)

Septem sunt planete secundum quorum influxum
omnia. . .
> Alchemy: Condeesyanus I, 49-61

Septem sunt planete septem metalla. . .
> Hermes, Secreta: Lehigh MS, ff. 72v-73r. See
> 'Primo sciendum est quod septem. . .'

Septem sunt que vocantur erratice. . .
> Zi 7896-99, 10403-04; Saxl(1927), 131

Septem sunt regiones aeris ut dicunt philosophi
. . .
> Thomas of Cantimpré, De natura rerum (Inc. of
> Book XVI on the Seven regions of the Air which
> in many MSS comes first): T II, 396-98; also Cop
> Ny.kgl.S.322b, 4to, 13c, ff. 6-124; Graz 1249,
> 13c, 114ff.; yet other MSS where it is ascribed in-
> correctly to Albertus Magnus are Melk 109, 13-
> 14c, ff. 2-89r; VI 2511, 13-14c; St. Florian
> Stift. XI, 633, a.1324; CLM 3206, f. 1(Schulz);
> Göttweig Stift. 133, Beiträge XX, 2(1918), cor-
> rectly identifies the last only

Septem sunt species consonantiarum in discantu
. . .
> Philippus de Vitriaco, Ars perfecta: Coussemaker
> III, 28-35

Septem tractatus Hermetis. . .
> Alchemy: Cues 201, 14-15c, ff. 88v-93

Septemdecim sunt cause inpedientes evacua-
torum. . .
> Avicenna, Liber de causis: CUg 407(413), 13c,
> ff. 59r-70v

Septennodiam dicimus herbam cuius radices in
septem nodis. . .
> Scholia to Quintus Serenus, Liber medicinalis:
> Zurich c.78, 9c, ff. 114v-116r; Beccaria 141

Septentrio ventus contrarius est austro a
septem. . .
> Ratio ventorum: CUt 920(R.XIV.50), 12c, f.
> 112r

*Septiformi spiritu in trina fide illustrato. . .
> Letter preceding Imago mundi (De naturis rerum,
> and history to 1110) variously ascribed to Greg-
> ory of Huntingdon, Henry of Huntingdon,
> Henry, canon of Mainz, Honorius of Autun,
> Anselm of Canterbury, etc. The letter too is
> variously headed: 'Christianus ad solitarium quen-
> dam': VI 507, 13c, ff. 16v-39v; 'Epistola Henrici
> ad Henricum', BMc Vesp. E.X, 13c, ff. 86r-
> 119r; CUc 66, 13c, ff. 5-58; again 116-127;
> Epistola cuiusdam ad Honorium Solitarium: VA
> 822, ff. 1ra-21vb; VI 2357, ff. 51va-64; or un-
> designated: BLd 166, 14c, f. 75r-; BMr 8.F.XIV,
> 13-14c, f. 184r-, etc.; pr PL 172, 119-. Text,
> 'Mundus dicitur quasi. . .'

Sequantur scientie. . .
> Chiromancy: BN 7420A, ff. 139ra-142vb. See
> 'Scientie secantur. . .'

Sequens tractatus de concordia theologie. . .
> Pierre d'Ailly, Registrum, Vigintiloquium:
> Cracow Univ. 575, (CC.I.30), 15c, ff. 105-145.
> Text, 'De concordia theologie. . .'

Sequentium notitia sive cognitio terminorum est
premittenda. . .
> Canones astrolabii: Salzburg St. Pet. X.VI.20
> (Inc.800), f. 109r(Schulz)

*Sequitur ad radicum extractionem. . .
> Walter Britte, Tractatus algorismalis: Bale

Sequitur alius modus operandi. . .
> Raymond Lull, Practica sermocinalis (but, 'Expl.
> anima artis transmutatorie'): CUc 396, 15c, pp.
> 54-67; DWS 255, ix

Sequitur canon de mediis et veris motibus
omnium planetarum. . .
> VAp 1413, 15c, ff. 154v-156v

Sequitur capitulum alchimisticum quod est
elixir. . .
> VI 5510, 14-15c, ff. 77r-79v; a.1487, 115r-118v

Sequitur de clisteriis. . .
> De clisteriis et pessariis: James p. 456

Sequitur de compositione furni philosophorum
. . .
> Bernard, Epistola de opere philosophico: DWS
> 319

Sequitur de graduatione medicinarum et primo
quot sunt gradus. . .
> VI 5155, ff. 4r-5v

Sequitur de kalendario. . .
> See 'Patefit ex Ptholomei. . .'

Sequitur de lepra et prima de interpretatione...
Basel D.III.10, 15c, ff. 6r-18r

Sequitur de officio quadrantis prout pertinet ad astronomiam...
De usu quadrantis: VI 5239*, 14-15c, ff. 16r*-18v*, ending '...de declinatione solis.' (Tables 18v-19r)

Sequitur de officio quadrantis prout spectatur ad geometriam per ipsum operari...
VI 5239*, ff. 19v*-23v*; Thomson 261, item 52, lists under Spuria of Grosseteste

Sequitur de ortu et occasu signorum prout summunt ea astronomi...
CLM 4394, 15c, ff. 38r-40v

Sequitur de passionibus capillorum...
See 'Primo ergo contra tineam...'

Sequitur de quadrato geometrico componendo. Disponatur quadratum eneum vel ligneum...
VI 5418, ff. 213r-216v; CLM 10662, 15c, f. 225r(Schulz)

Sequitur de quatuor temporibus anni...
CLM 125, a.1486, ff. 297-298v(Zi 4054)

Sequitur de radicum extractione et primo in numeris quadratis...
VI 5003, 15c, ff. 83r-85r; VAp 1451, 15c, f. 98r-v

Sequitur de radicum extractione in numeris cubicis...
Algus philosophus, De radicibus (Latin verse): Brux 2912, 14c, ff. 24v-27v(Silvestre); anon. VI 5239, ff. 3r-4r. See 'Sequitur ad radicum...'

Sequitur de radicum extractione tam in numeris quadratis quam cubitis...
Algorismus de integris et ratione sperarum: BN 7197, 15c, ff. 7r-8r

Sequitur de significatione figurarum in serie positarum...
De figuris Arabicis: CUt B.XIV.40, II, 15c, f. 158v(Atk)

Sequitur de signis sumptis a pulicibus...
Gualterus, De cognitione et prognosticatione pulsuum: VAp 1192, f. 61ra-vb

Sequitur dicere qualiter motus sequi proportionem...
De motu locali: BN 16621, f. 114v

Sequitur eclipsis lune practica secundum canones precedentes...
CLM 51, a.1487, ff. 26vb-29va. For the Canones see 'Ut ea que de mediis...'

Sequitur elixir vite quod utentem...
Basel D.III.19, 3 pp. unnumbered

Sequitur expositio Nicolai quod medicinas usitatas...
Comm. Antidotarium Nicolai: Lyons pa 46, 14-15c, ff. 147-148v

Sequitur inquirere qualiter qualitates intenduntur et remittuntur...
De intentionibus formarum: CLM 4377, ff. 161r-171v

Sequitur gargarismus contra squinantiam...
BN 6988A, 15c, f. 105va

Sequitur hic practica trutine Hermetis et hoc exemplificando nativitate...
Ghent 5(416), 15c, ff. 214v-215v

Sequitur libellus cuiusdam physici(philosophi) Iudeorum Techel(Thetel)...
Thetel, De sculpturis: KlaS 167, 15c, ff. 163r-164r; VAp 1144, ff. 162v-163v; MU Q.761, ff. 32r-33va; Graz 976, 15c, ff. 84-106. See Index, Thetel and Zael, for variant incipits

Sequitur modus componendi instrumenta ad equandum...
See 'Astrologorum priscorum quamplurimi...'

Sequitur modus et ordo...
Astronomy: VA 3126, 15c, ff. 35r-53r; Isis 47 (1956), 394

Sequitur nunc de inventione musicalis scientie...
See 'Musica dicitur esse inventa...'

Sequitur pro muliere macra provecta in lecto mortis...
Consilia et experimenta doctorum Carnificis et Dansonis (Guillaume Boucher and his colleagues, c.1400: Wo 12.2 Aug. ff. 256r-279v: BSFHM VIII(1909), 199-305

*Sequitur que species sint sub ipso Aristotele...
De motu et speciebus eius: BLd 190, 14c, ff. 105v-(127v)

Sequitur regimen preservativum in hac pestifera infectione epidimali...
VI 5300, 15c, ff. 124r-127. See 'In hoc contagioso morbido cursu...'

Sequitur regimen proscripti doctoris qui erat infectus...
Consilium contra epidimialem pestem celeberrimi doctoris Stephani de Doctoribus per ipsum et contra choleram(?) suam probatum: CLM 13, 15c, f. 214va

Sequitur significatio eclipsis universalis lune...
CUe 70, 15c, ff. 1v-3v

Sequitur tractare utiliter de vegetabilibus...
Avicenna, De vegetabilibus: Delisle, III, 83a;
RNS 41(1938), 398

Sequitur videre quod planete operentur in conceptione puerorum...
Cues 212, 15c, f. 238r-v(Zi 8398)

Sequitur videre quomodo urina sit...
Jordanus de Turre, Compendium de urinis:
Wickersheimer 514

Sequuntur aliqua utilia et bene notanda...
Praecepta de moribus et de sanitate servanda:
Namur Sem. 51, 15c, ff. 187r-189v

Sequuntur hic aliqui canones curationem servandi...
Antonius Cermisonus(?), Canones ex Avicenna,
Mesue et al.: BLlm 617, 15c, f. 190v-

Sequuntur ibi virtutes aliquarum herbarum et primo de arthinizia(artemisia?)...
BN 6957, ff. 113r-120r

Sequuntur propositiones breves Bradwardini.
Dubitatur cui parti phisice subordinatur illa scientia...
Comm. Bradwardine: VI 4704, 15c, ff. 231r-236v

Sequuntur quedam mirabiles aque contra infirmitates corporales...
Mon 490, ff. 238r-239v

Sequuntur quedam secreta pretiosissima a Secretis Secretorum extracta...
Twelve in number: BLas 1451, pp. 71-86

Sequuntur regule artificiales quibus fere totum...
De rerum ac numerorum proportionibus: BN 7295A, ff. 42v-45r

Sequuntur septem conclusiones...
Jean Gerson, Adversus doctrinam cuiusdem medici. See 'Omne opus dei altissimi...'

Sequuntur sirupi ad omnes humores...
Jacobus de Partibus, Tabula: BN 7281, 15c, ff. 277r-279vc

Sequuntur stelle fixe aerem turbantes...
Gilhofer and Ranschburg, Cat.257, MS 7, late 15c, ff. 146v-148r

Sequutus...
See 'Secutus...'

Serenissime domine rex regum gratiotissime...
Albicus to Sigismund, Medical letter, a.1436:
BMsl 2995, 15c, ff. 125va-128vb; Janus 48(1959), 192

Serenissime princeps mundi rex Roberte...
Dinus de Garbo, dedic. De virtutibus medicamentorum: Chartres 403(417), 14c, ff. 1-74v; dated a.1320, Oct. 27: BN 6860, 15c, ff. 91r-189r; Super 2° Canonis Avicenne, dated a.1325, 26 Oct.: BN 6935, 15c, ff. 146ra-199va; pr Avicenne, 1523, II; as Comm. super secundo canonis Avicenne, Venice, 1544. Text, 'Horum librorum quos de medicina...'

Serenissime rex cum ego divina voluntate...
Arnald of Villanova, dedic. Perfectum magisterium: Corbett I,56; Glorieux I, 423. Text, 'Scias carissime (fili) quod...'

Serenissime rex scias quod in omnibus libris nostris...
Raymond Lull, Semita recta or Codicil: FN II.iii.28, 16c, ff. 48r-53r(T IV,12, n.31)

*Serenissimi reges amantissimi et catholici...
Raymond Lull, Fons scientiae divinae philosophiae: HL 29, 378; Graz 42, ff. 9-15(Schulz)

Serenissimo ac sapientissimo principi inclito domino Roberto...
Arnald of Villanova, dedic. De conservanda iuventute et retardanda senectute: HL 28, 56; T III, 668; Opera, 1504, ff. 85r-90r; Leipzig 1511; Lyons 1520, ff. 86r-90va; etc.

Serenissimo atque religiosissimo viro A... M...
Medical: Toledo cap. 97-14, 14c, ff. 90v-96v; Millás(1942), 120

Serenissimo et invictissimo...
Conradus Vendl de Weyden, dedic. to Frederick III, De pestilentia et venenis. Text, 'Quantum ad primum capitulum...'

Serenissimo in Christo domino domino B. dei gratia...
Arnald of Villanova, dedic. Tractatus contra calculum: HL 28, 85-86; Glorieux I, 431; Opera, 1520

Serenissimo patri piissimo domino unico... Urbano quarto...
Campanus of Novara, dedic. Theorica planetarum: BU 154(132), 14c, ff. 41r-42r-74r (very legible)

Serenissimo principi metuendissimo domino domino Humfrido...
Gilbert Kymer, Dietarium, dedic. to Humphrey, duke of Gloucester: BMsl 4, 15c, ff. 63r-98v

Serenitati vestre. . .
> Julianus Laodicensis, Mathematica: VAp 1416, f. 159

Sermo de eo quod est in speculo et in eo. . .
> See 'Scias quod illud. . .'

Sermo generalis de septem regionibus. Et primo dicendum. . .
> Thomas de Cantimpré, De naturis rerum: T II, 396-98. See 'Et primo dicendum est de septem . . .' and 'Septem sunt regiones. . .'

Sermo noster erit deinceps de curis oculorum egritudinum. . .
> Sermo de medicinis egrit. oculorum: VI 5522, 15c, ff. 93v-101v

Sermo noster erit deinceps de egritudinibus oculorum. . .
> (Mesue), De infirmitatibus oculorum (de curis egritudinum): VI 5306, 15c, ff. 84r-91r; Summa 5a Grabadin: Opera, Pavia, 1478, f. (85v); Klebs 680.7; IAL M441; NYAM

Sermo sum degens non debes spernere me gens . . .
> Carmen de nominibus piscium et avium: Ea Q.287, 14c, ff. 55v-56

Sermo tertius secunde partis libri completi artis medicine. . .
> Haly, Liber practice: Cambrai 911, 14c, ff. 17-169

Sermocinalis scientia non tradit primo. . .
> Comm. Boethius, De divisione: Grabmann (1936), p. 227

Serpentina cum succo trifolii in humiditate posita. . .
> Experimenta de virtutibus herbarum lapidum et animalium: VAp 1144, ff. 79r-85v, where they follow the Experimenta Alberti

Servando igitur ordinem quem nunc servare. . .
> Paulus Nicolettus de Venetiis, Summa philosophiae naturalis: Ran 503(D.8.7), 15c, 148 ff.; pr Milan, Venice, 1476(Polain 3015; Klebs 732.2; IAL P182). Prol. 'Plurimorum adstrictus. . .'

Servitus non paucis sed pluribus ignorans. . .
> Comm. super lapide magno: VE VI.215 (XVI,3), a.1472, ff. 21-26

Servum bis liga, ter incarcera, semel pone in lintheaminibus albissimis. . .
> Alchemical allegory and commentary thereon: BMsl 3457, ff. 300r-301r; DWS 692B, adds words after 'liga' which occur later; BN 14005, f. 65, and again at f. 104, where an annotator calls it, 'Processus et Testamentum Gebri'; Corbett I, 168, 171

Servum nostrum fugitativum tere cum sale. . .
> Summa Rosarii (alchemy): KlaB XXIX.d.24, ff. 197v-202r

Servus rubeus lunam candidam duxit in uxorem . . .
> Libellus enigmaticus de lapide philosophorum in theorica et practica: Lehigh MS, f. 98, now missing

Sesquialtera proportio est quando numerus. . .
> Odo, Regulae de rhythmimachia: PL 133, 795-808; Gerbert I, 285; Ab III(1880), 216; VI 2503, 13c, ff. 49r-57v

Set. . .
> See 'Sed. . .'

Sex diebus in genesi consummavit deus omnia opera sua. . .
> De VI etatibus mundi: Wo 1304, 12c, ff. 73-155

Sex gradibus hominum tota distinguitur etas. . .
> 17 verses de VI etatibus hominis: CLM 14641, f. 32; Wo 4642, 11c, f. 40(Schulz)

Sex nonas Maius October Iulius et Mars. . .
> Six verses: Hain *5990(in fine); GW 5339-40

Sex requiruntur in principio (huius libri). . .
> I. Prol. Glose super Theophilum de urinis: BMr 8.C.IV, 13-14c, ff. 163-(165v). Text, 'Theophilus tractaturus. . .'
> II. Comm. in aphorismos Ypocratis: Chartres 171, 12c, ff. 12-41

Sex sunt mercuria ac septimum concordat in illis. . .
> BMsl 1091, 15c, f. 217(DWS 457)

Sex sunt species principales. . .
> Philippe de Vitry, De musica: BN 7378A, ff. 61r-62(Poulle)

Sex triginta gradus. . .
> VI 3359, 15c, f. 163v(Schulz)

Si a puncto a extrahantur due linee. . .
> De cathis coniunctis: CU 1572(Gg.VI.3), 14c, ff. 64v-66v

Si ab aliquo puncto (signato) quod tantum distat a circumferentia. . .
> Demonstratio bona: CLM 14684, 14c, ff. 81r-82r; CLM 56, 15c, ff. 187r-188r

Si acceperis cucumeris silvestris. . .
> CLM 12021, f. 74ra

Si accipiter fastidit. . .
> Grimaldus, Falconry: Poitiers 184, 10-11c, ff. 70-73v; Haskins(1927),xvi

Si ad philosophum alia pertineat ulla. . .
Strabo, De situ orbis, tr Guarino of Verona and Greg. Tifernas: VAu 280, 15c

Si aliqua amphora vel phiol non perforata. . .
Philo Hebreus (*sic*), De mirabilibus ingeniis: Cracow 568, ff. 207-208; Beiträge XX, 5(1922), 30-31; is presumably another version or extract of the work of Philo of Byzantium

Si aliqua causa vel defectum operationis metallum. . .
Compleccio elixiris: BMsl 692, 15c, f. 97r-v (DWS 676)

Si aliqua medicina datur et non operatur sive per secessum. . .
Antidotarium: VE VII.3 (XIV,26), 15c, ff. 77-97

Si aliqui somniaverint. . .
Joseph, Somnia: GW 7938, f. 7v(Klebs 319.10)

Si aliquis cupit se minuere et colericus fuerit. . .
De observatione minutionis: ed. Hartmann 58

Si aliquis efficitur vulneratus et primo ad caput . . .
CLM 4394, 15c, ff. 144r-150v

Si aliquis inveniatur ad quem quis vadit. . .
De interrogationibus (Astrology): Ea F.383, 14c, ff. 153-158(Zi 3369)

Si aliquis patitur febrem continuam. . .
Diversa remedia: Ran 1497(V.3.4), 15c, ff. 136v-141

Si aliquis pro defectu boni regiminis cadat. . .
Johannes de Burgundia, De pestilentia: BMsl 134, 15c, ff. 31-38v

Si aliquis velit. . .
Tables: Danzig Stadtbibl. Marienkirche Q.27, 15c, ff. 159v-161v(Zi 11210)

Si aliquis vult scire sequitur oportet se scire sex rationes. . .
Mi I.20.inf., ff. 25r-29r

Si altitudinem alicuius rei accessibilis. . .
De astrolabio: Darmstadt 780, 15c, f. 302

Si amissum recuperetur an non. . .
Geomantia: CUma 27, 14c, ff. 112-(117)

Si animadverto viri hoc nostrum iudicium inspecturi. . .
Petrus de Monte Alcino, Iudicium anno domini 1421 incompleto: T IV, 91

Si aque ardentis modicum sumatur per os. . .
BLe 155, 15c, p. 496(DWS 1037)

Si aspectus transmutant si conglobosi sint. . .
Probatio smaragdi: BNna 625, 13-14c, f. 3va; Ambix 8(1960), 8-9

Si aspexeris virum qui te interrogavit. . .
Astrological interrogations: BN 7282, 15c, f. 43vb

Si aspexerit significator ascendens erit genus rei occulte. . .
Ptolemeus, De occultis (also found as a chapter of Messahala, De intentionibus): BLd 149, 14c, f. 202r; BN 16204, 13c, pp. 427-428; Ma 10053, 13c, f. 85vb; BN 7282, ff. 42vb-43rb; BN 7316, ff. 83v-84r; CLM 588, 14c, f. 186rb-va; BMh 637, 15c, f. 150r; Carmody 34-35; Osiris 12 (1956), 61-62

Si astrolabi peritiam tenere volueris ipsam hoc modo. . .
Nicephorus Gregoras, De astrolabio, tr George Valla: pr Venice, 1498, f. 26v(Polain 2800; Hain *11748; Klebs 1012.1; IAL N33); Paris, 1546

Si astrolabium facere volueris primo et ante omnia fac tabulam. . .
Andalò di Negro, Tractatus astrolabii: T III, 196

Si aureum numerum quolibet anno. . .
Kalendarium, with notes on Phlebotomy and verses on the months: Wilhering 43, 15c, ff. 2-11 (Xenia Bernardina II,2(1891), 3 seq.)

Si autem aliquis narrare voluit quot denarias. . .
VI 4987, a.1359, ff. 93v-96v. See 'Circa algorismum est primum enigma. . .'

Si autem de imbrium cognitione per singulos menses. . .
Alkindi *or* Dorotheus, De imbrium cognitione per singulos menses: VI 2436, 14c, ff. 142vb-143vb; Carmody p. 111, No. 492, as part of Liber novem iudicum

Si autem de pluviis aerisque mutationibus et de imbribus. . .
Part of Guido Bonatti: CUpem 227, 15c, f. 121r; anon. Bern 483, 15c, ff. 112r-116v; BN 7443, 15c, ff. 214v-219v

Si autem de temporis mutatione particulare nosce. . .
CU 1705(Ii.I.13), 14c, f. 79v

Si autem fuerit in eo humore mordicans cum precedenti. . .
Peter of Abano, In librum Johannis Mesue additio: T II, 923; T (1944) ab, 204; Borghesi 363, 14c, ff. 51r-66v; pr Mesue Opera, Pavia, 1478; Naples, 1478(Klebs 680.5, 7, etc.; IAL M440 etc.); Venice, 1508, ff. 1r-134v, 144v; 1535; 1551; 1581, ff. 1r-111r; 1589; etc.

Si autem longius opus cupis tunc loco ar. vi. pone cinobrium...
Roger Bacon, Alchemy: VI 5509, f. 251v

Si autem materia fuerit grossa aut subtilis utatur...
De regimine sanitatis: CU 602(Dd.X.44), 15c, ff. 123r-132r

Si autem tempus vere coniunctionis...
Basel F.III.25, 13-14c, ff. 9ra-16rb

Si autem vis mensurare planum in longum et latum...
Geometry: ed. M. Curtze, Bibl. math.(1894), 109-114; Tannery NE XXXV,2,88(628)

Si autem vis potionem isto modo facere...
Mon 185, 11c, ff. 161v-162r; Beccaria 16.20b

Si autem vis scire qualiter omnis inequalitas ad equalitatem reducatur...
Secundus liber arismetice Iohannis de Muris: CLM 26639, f. 47r-

Si autem volueris minuere fractiones...
De minuendi scientia: BLse supra 26, late 12c, f. 106v-

Si autem volueris scire latitudinem alicuius ville...
CUad 6860, 14c, f. 96r-v

Si camelorum tuorum tertiam partem consumas...
Hermes, Allegorie sapientum (alchemy): FR 1165, 15c, ff. 136v-145v; DWS 2; Corbett II, 111; Condeesyanus II, 324-27; Ze V, 57-62; Manget, I, 467-79

Si cantus equalis fuerit potes organum incipere...
Ea O.93, 14c, ff. 45-47v

Si capilli cadant, fac lixiviam de cinere...
Petrus Hispanus, Thesaurus pauperum, cap.i

Si capilli capitis cadunt, fac lixivium de cinere...
Flos florum experimentorum thesauri pauperum: Bern 428, 13c, ff. 14r-21r; Ran 1497(V.3.4), 15c, ff. 106-136v; VA 4425, ff. 280r-298rb; CUad 4087, 14c, ff. 269r-275v, 'Expliciunt experimenta preparata a magistro Petro Hispano'

Si capilli in radicibus frequenter ungantur conservantur...
Mon 790, ff. 241v-243v (perhaps part of tract on Aqua vite). See 'Si caput lavetur...'

Si capitis ex nimio aeris calore dolor obvenerit...
Oribasius, Practica: CU 1497(Gg.III.32), 15c, ff. 1r-57r; De curationibus: pr Basel, 1529, pp. 300-337

Si capitis fuerit dolor...
Democritus, Prognostica: VAu 246(437), 14c, f. 190v

Si caput habentis febrem acutam cum aqua sanguinis humani abluatur...
Aqua sanguinis distillata: BMsl 981, 15c, f. 86v (other Aque follow to f. 90v); cf. DWS 1000, xvii

Si caput innumeris agitatur pulsibus...
Benedictus Crispus, Comm. medicinale metricum: VI 4772, 15c, ff. 141v-147v; PL 89, 369-76

Si caput kalendarum Ianuarii fuerit in die dominica hyemps...
Esdras, Prenostica de qualitate annorum: CLM 677, 13c, 18v-19r

Si caput lavetur cum aqua predicta et succo...
Aqua vite: BMsl 297, 15c, ff. 102-103v(DWS Corr. 1034B)

Si caput lavetur vel ungatur cum dicta aqua...
De cura capitis: VA 5377, f. 89r (probably part of Arnald of Villanova, tract on Aqua vite)

Si caput vulneretur aliquando predicto modo...
Milo, Chirurgia (a collection of recipes): BLlm 682, 15c, ff. 1r-70v

Si causam sanguinis adflictionis sive(sibi) languoris...
Uroscopy: BN 11218, ff. 28r-30r; Beccaria p. 433

Si circulo inscribatur quadratum et eidem...
Archimedes, with demonstration of John de Chinimue *or* de Thinis: VI 5303, ff. 18v-21v (Clagett); anon. BLd 174, 12c, ff. 136v-(137v?)

Si citius queris scire nadir solis...
On uses of the astrolabe: BN 11248, f. 26r-v

Si color luminarium hora eclipsis vel apparens circa luminaria...
(Firminus de Bellavalle), Repertorium de mutatione aeris, pars VII: Venice, 1485, p. 42(Klebs 406.1; IAL P920); GW 2530-2531

Si comedatur venenum a nobis transire facit nostrum corpus...
De venenis eorumque antidotis: VE VI.149 (XI,23), 15c, f. 27

Si componatur in superiori parte...
Tabula Bede minor: CLM 5538, 14c, ff. 51r-52r; with tabula magna Bede at fol. 54v

Si componas paratis...
Quadrant: CLM 10691, 15c, ff. 103-104v(Zi 8873)

Si conceptus hominum noverimus...
> Haly, Flores in libro de electionibus: BN 7316, f. 148r-

Si conceptus impediatur ex lubricitate matricis...
> Cap. de preparatione mulierum ad conceptum: BN 7066, ff. 11v-12v

*Si consequentia sit necessaria et antecedens sit necessarium...
> De individuatione et divisione et unione animalium et plantarum: On 285, 14c, ff. 29ra-34vb

Si concurrentes invenire cupis sume annos ab origine mundi...
> CLM 210, f. 7r

Si corpus calcinaveris sine humore...
> Collectanea ex libro Raymund Lullii Vade mecum: VAb 273, f. 263

Si cui delicias iocosque nostros...
> Baptista Fiera, Coena seu de cibariorum(herbarum) virtutibus: (Rome, c.1484) etc.(Hain 7084: LC; Klebs 400.1-2; IAL F149-150)

Si cui ratio numeri nimis difficilis et implicita...
> (Albricus?), Ars arithmetica: Evreux 60, 12c, f. 5-(13)

Si cupis alchemicos athleta subire labores...
> (Rasis?), Alchemical poem: FR 119, ff. 42v-45v; Steinschneider(1905), 29-30; as Rasis, Liber luminum, Condeesyanus, I, 69-92; Osiris VII, 88-89

Si cupis habere aurum numerum considera numerum annorum...
> John Keck, Canon primus (for calendar that precedes for 1440): CLM 18782, f. 123

Si cupis O lector medicorum noscere mores...
> De practica medicorum dialogus: VE XIV.234, 14c, ff. 52v-57r; CLM 265, a.1439, ff. 165v-167r; Archiv XXXIX(1955), 289-315

Si cutis capitis integra non fuerit de dolore capitis...
> Constantinus, De medicina physicae artis: GU 323, a.1432, ff. 14v-24r

Si de epate caput dolet cibum virtutis frigide accipe...
> Liber dietarum diversorum medicorum: Beccaria p. 433

Si de imbrium agnitione per singulas menses...
> Dorochius, De imbribus: BMh 531, f. 134v-

Si de statu corporis alicuius apponatur utrum debet meliorari an non...
> Geomantia nova: Questiones 137: CLM 24940, 15c, ff. 31r-91r

Si de statu corporis questio proponatur utrum meliorari...
> Gerard of Cremona(?), Geomantia: BLb 625, 14c, ff. 14-(54); CLM 24940, ff. 110r-154v, cf 31r; VI 3059, ff. 73r-92r; FNpal 945, 15-16c, ff. 259r-262v, incomplete

Si debeat fieri vera impregnatio...
> Guilelmus de Voragine, De iuvamentis impregnationum: VAp 1177, ff. 187r-188r

Si desideras cenobrium(sic) facere vel componere...
> De coloribus: BMar 251, 15c, ff. 22-25(DWS 918)

Si diametrum terre vis invenire primo scias...
> Practica de inventione diametri terrae: VI 5145, 15c, f. 28v

Si diei horas scire desideras...
> To find the hour with the quadrant: BMr 15.B.IX, late 12c, f. 70v; BLd 191, ff. 77-78

Si dies natalis die dominica evenerit, hyems bona...
> Borghesi 200, 13c, ff. 8v-9r

Si dies natalis domini in die dominica...
> BMsl 282, 14-15c, ff. 86v-87r

Si dies natalis domini sit in dominica...
> Prognostica: CU Ff.V.48, 15c, f. 66v(Atk)

Si digitus digitum multiplicat...
> Carmen de arte multiplicandi: BLd 22, 14c, ff. 8-(9r)

Si diligenter voluerimus in lege domini meditare...
> Peter of Limoges, De oculo morali: Glorieux I, 364-65, listing about 100 MSS

Si discordare quempiam velis, diriga ymaginem...
> (Ptolemy?), De imaginibus: FL Plut.89.sup., cod.38, 15c, f. 3; T (1947), 263-64

Si dispositionem ad aliquem certum terminum pronosticare...
> De prognosticatione tempestatis: Ea Q.386, 14c, ff. 160v-162v

Si dolor capitis tumorem habet in facie sine dolore...
> Hippocrates, Epistola (on death signs): CLM 11343, 13c, f. 1r-v. See 'Si fuerit capitis dolor...'

Si dolor capitis (est vel) sit(fit) ex causa in essentia...

Johannes Afflacius, Liber aureus: CUc 466(II.4), 12c, ff. 133-213; CLM 921, 13c, 37 ff.; etc.; Archeion XII(1930), 272-81; Giacosa 364, 369; T I, 758; pr Constantinus Africanus, Opera, 1536, pp. 168-207; Pagel-Sudhoff, Handbuch (1922), 177-178

Si dolor capitis fit ex caliditate...

BMsl 783b, 15c, ff. 86r-88v

Si dolor sursum ad partem...

Pleuresis: VAp 1302, ff. 67r-72v

Si dolorem capitis habens et tumore in faciem...

Democritus, Prognostica: Beccaria p. 433

Si dormitatis inter medios cleros penne columbe . . .

I. De bestiis et aliis rebus *or* Columba deaurata: T II, 17-18; BMr 10.A.VIII, 13c, ff. 150-(167); PL 177, 14-164. Pref. 'Desiderii tui karissime ...'

II. De commendatione cleri: VAp 1252, ff. 99r-109v; ed. Lynn Thorndike, University Records and Life, 1944, pp. 409-33

Si duo homines procedunt iuxta viam unam...

Cautele algorismales: Boston Medical 20, late 14c, ff. 174r-178v

Si duorum hominum per...

Arith. problems: CLM 5963, 14-16c, ff. 47v-48v

Si eclipsim lune quesieris vide quando luna...

Tabula astronomica: CUg 388, c.1400(Atk)

Si eclipsim solis scire desideras...

BLr C.117, c. 1400, f. 170r; Saxl(1953), 401

Si ecliptica intercipiatur inter stellam et equinoxialem...

De declinatione stelle: CU 1572(Gg.VI.3), 14c, ff. 153v-154r

Si epidemia veniat in partibus vestris fugiantur hec loca...

Bartholomaeus de Brugis, Pest tract: Archiv V(1912), 40-41; HL 37, 250

Si equationis domorum celi per has tabulas...

BN 7316A, 14c, ff. 138v-139v; T (1957), 135

Si ergo velis scire quantitatem semidiametri solis per tabulas...

Louis Caerlyon, Tabula eclipsium: CUsj 4(B.19), 15c, f. 4r; BMsl 1697, 15c, ff. 25r-27r; Kibre (1952), 106(17)

Si ergo veram anni quantitatem scire cupis accipe quantitatem aliquam...

Johannes Holbroke, Opus secundum: CU 1017 (Ee.III.61), 15c, ff. 64r-70r; etc.; Kibre(1952), 107(29.v)

Si esset centrum solaris circuli in medio celi essent solstitia...

On the obliquity of the ecliptic: CU 1935 (Kk.I.1), 13c, f. 105r-v; Os 188, 13c, f. 39

Si ex frigiditate advenienti capiti cura eius est evaporatio...

De obtalmia et eius accidentibus: ed. Pansier (1904), 49-50

Si febricitanti tumore...

Lincoln Cath. 220, 12c, f. 20

Si fiat questio de nativitate et sint planete in gradibus...

Astrological table and text: Ea Q.361, 14c, ff. 125-126(Zi 3370)

Si fiat questio de nativitate viri et sint planete...

Declarationes abbatis sancti Albani super kal. regine: BMh 321, 14-15c, ff. 18r-23r; without title: BMsl 513, 15c, f. 20r; BLas 191, 15c, f. 7r

Si fiat questio de vita respice dominum prime domus...

Tract. questionum incidentium circa duodecim domos celi: BNna 625, 14c, ff. 46vb-49vb

Si fiat questio vel nativitas...

Haly, Liber ad introductionem iudiciorum: VAp 1435, ff. 181ra-212(169-200)

Si fiat questio vel nativitas et sit luna...

Tractatus 12 signorum zodiaci et lune: BLd 147, 14c, ff. 113v-117v; Boston Medical 20, ff. 159v-163r

Si fistule equaliter grossitudinis...

De fistulis Gerlandi: VI 2503, 13c, f. 42v

Si fluat ad pectus catarrus reuma vomatur...

Versus hexametri dietetici: VI 5486, 15c, ff. 33v-34r

Si fluxum pateris si non caveas morieris...

De fluxu ventris: Hortulus anime, Nuremberg, 1519, f. 17v; Hain 8936(Schulz)

Si frons fricetur cum urtica cessabit sanguis de naribus...

Basel A.VI.37, 15c, f. 87v

Si fuerint quatuor numeri proportionales...

De proportionibus de fractionibus: BLlm 644, early 14c, ff. 120va-123vb; Saxl(1953), 389

Si fuerint quotlibet quantitates quarum numeratio...

Asculeus *or* Esculeius (Hypsicles), De ascensioni-
bus signorum, tr Gerard of Cremona: T III, 15,
n.33; Ab(1912), 125; VA 3096, 13c, ff. 1r-3r;
Bibl. math., III(1902), 67; ed. C. Manitius,
Osterpr. des Gymnasiums z. heil. Kreuz, Dres-
den, 1888; BN 9335, ff. 22ra-23rb; ed. G.
Boffito, Giornale storico d. lett. ital., Suppl.
VI(1903), 60-65; Carmody 22

Si fuerit aliquod corpus ex duobus mistum
(mixtum ex duobus)...

Ea F.37, 13-14c, f. 58r-v; Utrecht 725, late 15c,
f. 106r

Si fuerit altitudo in equalitate...

Gerbert, On the astrolabe (Geometria, caps. 16-
94): BMr 15.B.IX, late 12c, ff. 61r-(68r);
Olleris, Oeuvres de Gerbert, 1867, pp. 429-70;
PL 139, 117-52; Bubnov 317-64, as Geometria
incerti auctoris

Si fuerit canonium symmetrum magnitudine...

Liber de canonico: ed. Moody and Clagett, 64-74

Si fuerit capitis dolor et tumor in facie subito...

Democritus, 94 caps., cap.i De prognosticis:
CLM 23535, 12c, ff. 44ra-b, 44v-54r, des. 'et
omnia que acram vim habent': BLh 112, 13c, f.
85r-v *or* -87r (Incipiunt pronostici Democriti)

Si fuerit capitis dolor et tumor subito natus
fuerit sine ullo dolore...

(Galen): Eins 356, 10c, f. 65; Diels(1905), 130;
Archiv IX, 88

Si fuerit colera rubea et estivuum tempus erit...

BN 7029, 14c, ff. 65v-68v

Si fuerit dominus anni Saturnus...

BN 7328, ff. 94-95(Poulle)

Si fuerit in ortu Aries Leo vel Sagittarius...

Bethen, De ortu triplicitatum: Nallino, Al-
Battani, 1903, xxviii-xxix; Carmody 75

Si fuerit in Sagittario significet pestilentiam...

Canones ad calculandum de aeris serenitate: CU
1572(Gg.VI.3), 14c, f. 112r-

Si fuerit kal. Ianuarii dominicus dies hiems
bonus erit et ver ventosum...

CLM 22059, 9c, f. 21(Schulz)

Si fuerit kalendas Ianuarii die dominico yems
bona...

CLM 26666, 15c, f. 159r-

Si fuerit nobis propositum invenire quando vel
quelibet stellarum...

Astrolabe: Millás(1931), 324-27

Si fuerit tibi facta questio de aliquo infirmo...

Astrol. Medic.: BMad 34603, c.1500, ff. 73v-
90v(DWS MS)

Si fuerit ventus in natali domini illo anno reges
et pontifices...

BN 6560, 12c, f. 84va

Si fuerunt quotlibet quantitates...

See 'Si fuerint quotlibet...'

Si fuit in eo humor cum precedente adequatione
...

Petrus de Abano, Additiones libri Mesue et primo
de aegritudinibus: CLM 36, 15c, f. 81(T II,
923). See 'Si autem fuerit...'

*Si gradum solis in singulis diebus anni per astro-
labium...

Robert of Chester, De astrolabio, 35 caps.: BLcm
61, 15c, ff. 12r-22v; Haskins 122; Carmody 19

Si habuerit dolorem vel tumorem in facie...

Hippocrates, Prognostica *or* Secreta: Beccaria
95.2; 108.29; Archiv IX, 90-104

Si hec ars est quomodo est...

Albertus Magnus, Liber alchimiae: Girolla 67;
Part of Semita recta: Borgnet XXXVII, pref.
paragraph 4, p. 546

Si horologium...

CLM 25024, ff. 20r-28v(Zi 9817)

Si igitur aliquod amissum vis scire an...

Questiones geomantice: CUma 27, 14c, f. 112
(Atk)

Si igitur deficiunt menstrua et mulier sit...

Trotula, De passionibus mulierum. See 'Cum
auctor universitatis...'

Si igitur quadrantem componere intendis accipe
primo...

De compositione novi quadrantis: CUad 6860,
14c, ff. 86v-87v

Si igitur quadrantem istum componere intendes
accipe tabulam eream...

BLd 28, early 14c, Sect. ii, ending at f. 128r

Si igitur quadrantem istum componere volueris
accipe...

Profatius Judaeus, Canones super novum quadrantem: CUg 141, 14c, p. 552(Atk)

Si igitur velis scire altitudinem solis...

See 'Si vis scire altitudinem solis...'

Si igitur vis scire latitudinem regionis vel
civitatis...

Yale 152, copy 2, pp. 252-254; Zi 11086

Si ignis(quis?) fuerit incarceratus et fuerit luna in Ariete...
De signis captivitatis: VA 687, f. 120v

*Si ignoras te O pulcherrima mulierum...
Jo. de Rupella, prol. Summa de anima rationali: CU Hh.IV.13, 13c, ff. 2r-37r; Basel F.IV.28, 13-14c, ff. 2ra-58vb; anon. Questiones de anima: CUg 509(386), 14c, ff. 252ra-275vb. Text, 'In primis ergo adiuvante...'

Si ignoras te O pulchra mulierum...
Comm. Aristotle, De pomo: Ea O.80, a.1340, ff. 31-40

Si in Arietem tonuerit sicut Egiptii scripserunt...
De tonitruorum effectibus: VAr 567, f. 18rb

Si in autumno boves iacent super latus dextrum...
Martinus rex(?), Experimenta astrologica (really meteorology): CLM 2841, 15c, ff. 220v-222v (at fol. 221r, author refers to himself as: 'ego Martinus rex'); CLM 25013, a.1487, ff. 20r-21v

Si in die dominico fuerit Kal. Ianuarii...
Esdras propheta: BMsl 1620, 13c, ff. 45-55

Si in die dominico nativitas domini evenerit yemps bona erit...
Dijon 447, a.1480, f. 99r

Si in die natalis domini sol videatur letabuntur servi dei...
BLd 88, 15c, f. 40r

Si in illa qualitate permanserit...
De signis urine (Fragment): VAu 1415, 12c, f. 1r

Si in prima feria fuerint Kl. Ianuarii hiemps bona erit...
Esdras, Subputatio: VAp 235, 10-11c, f. 39; T I, 678

Si in principio egritudinis homo...
Translatio nova de infirmitatibus et diebus criticis: Ea Q.320, 13c, ff. 189-192v

Si in principio egritudinis in qua se ponit homo...
Ea Q.374, 14c, ff. 171-172v

Si in principio (enim) urina fuerit rubea...
Matthaeus de Arep or Archiepiscopo, De urinis: VI 5305, a.1459, ff. 23r-25v; ed. from VI 95, Renzi, IV, 506-512

Si in quacunque preventione volueris scire si erit eclipsis...
Ea Q.355, 13c, f. 130v

Si in quolibet anno que res care aut viles...
Alcabitius, De coniunctionibus et revolutionibus, tr Johannes Hispalensis: Carmody 145-49; BLcm 517, ff. 23rb-24rb. Prol. 'Zodiacus circulus...'

Si in urina: principio enim urina fuerit rubea vel subrubea...
Compendiosa compilatio de urinis: VI 5305, a.1459, ff. 23r-25v

Si infans natus fuerit in die dominica si luna sit bona...
BLd 88, 15c, f. 91v

Si inferius patet capitis dolorem habuerit tumorem vel dolorem...
Pronosticatio de libris Hippocratis: BMsl 420, ff. 73v-74r

Si infestivi catarrhi molestia vos non incitat...
Arnald of Villanova, Regimen contra catarrhum: HL 28, 86; Glorieux I, 424; ed. S. Champier, 1520, f. 307vb; Opera, 1527, f. 345vb

Si interrogatus fueris de latrocinio...
BLas 191, 15c, ff. 150v-159r. See 'Cum interrogatus fueris...'

Si interrogatus fueris de thesauro...
Dorochius: BMh 637, 15c, f. 150r

Si inveneris gemmam vel lapidem in quo sit sigilium...
De sculpturis gemmarum: Ea Q.368, 14c, ff. 81-83; T (1947), 265

Si inveneris in iaspide...
Thetel, De virtutibus sigillorum: BU 135(101), 14c, f. 23r-v; Ambix V(1956), n.6; CUt O.II.18, 15c, f. 173v-

Si inveneris in lapide sculptum...
See 'Si inveneris sigillum...'

Si inveneris lapidem in quo sit equus alatus...
De sculpturis lapidum: BMar 342, 14c, ff. 69ra-71ra; BMc Julius D.VIII, 14c, ff. 121v-123r; BLr A.273, 14c, f. 67v

Si inveneris sigillum in lapide sculptum...
Zael?(Cehel, Ethel, Techel, Thetel), On seals or engraved gems: T II, 390, 399-400; ed. Joan Evans, Magical Jewels, 1922, pp. 235-238

Si invenire volueris per quam feriam...
Regulae de compoto: Brux 2194, 12c, ff. 8v-48v (Haskins 87)

Si ipsum aurum molere nescimus...
De coloribus: BMe 840A, 13c, ff. 14v-16v (DWS 874)

Si Kal. Ianuarii in dominica...
 Esdras propheta: BMsl 3469, 14c, f. 37r; 282,
 14-15c, f. 86r-v

Si kalende Ianuarii fuerint die dominica iems
erit calida...
 BN 6584, 13c, ff. 35va-36ra

Si kalende Ianuarii fuerint in prima feria hyemps
commixta...
 CLM 21412, 15c, f. 1

Si kalende Ianuarii venerint in die dominico
hyems bona et calida erit...
 Qualitates temporum secundum Esdram prophetam pro Sarde: VAp 1226, ff. 227v-228v

Si latitudinem trium superiorum invenire vis...
 VAb 350, 15c, ff. 77-89(Silverstein)

Si latitudines trium superiorum...
 De latitudinibus planetarum: Ea Q.374, 14c, f.
 135v(Zi 11211)

Si licet indoctis quia non sero propria risus...
 Radulphus de Longo Campo, Summa philosophiae: Ea O.28, 13c, ff. 11r-16r; Grabmann
 (1935), 33

Si linea de iunctura pollicis de iuxta unguem sit
totaliter circularis...
 Chiromancy: BN 6957, 15c, ff. 140v-143v

Si linea iuncture pollicis de prope unguem fuerit
totaliter circularis...
 CLM 589, a.1478, ff. 13r-15v; 916, 15c, ff. 12r-
 14v

Si linea vite erecta fuerit et continua...
 Chiromantia: BLr C.677, 14c, f. 1-3

Si linea vite sit grossa et inflata inter pollicem...
 Chiromancy: VAp 1892, 15c, ff. 123r-126v;
 CLM 125, a.1486, ff. 307va-308rb; CLM 657,
 15c, ff. 179r-184v; BE F.60, 15c, ff. 230r-232r
 (Schulz); FR 921(L.III.16), 15c, ff. 17r-19r;
 Paris, Bibl. de l'Institut 791, 15-16c, ff. 60r-62v.
 See 'Linea vite...'

Si linea vite sit inflexa inter pollicem et digitum
...
 Delineatio manus: VAp 1264, f. 244r-v

Si locatis aliquibus volueris scire in circulo...
 Liber Baconis de computo: Ea F.294, 14c, ff.
 145r-147v(Little 378)

Si luna aspexerit Saturnum sextili aspectu...
 Albumasar, Tabula: Ea Q.377, 14c, f. 1r-v(Carmody 100)

Si luna decima octava die Iulii scilicet...
 Canon Alphonsii illustrii regis: CLM 14504, 15c,
 f. 109r-v

Si luna fuerit in ariete...
 Phlebotomy: VAb 216, 14c, ff. 378v-379r(Silverstein)

Si luna fuerit in ascendente...
 BNna 625, 14c, f. 19va-b

Si luna moratur in ariete...
 Effecta lune in duodecim signis: CUt 1109
 (O.II.5), 14c, f. 423

Si magus ariolus vates vel Thuscus aruspex...
 Sebastian Brant, De monstroso ansere: GW 5037

Si medicina datur cuidem prius inspica(n)tur
sexus proprietas...
 CLM 13086, 14c, f. 159v(Schulz)

Si medicina(m) minus eruditi ac rustici homines
...
 Theodorus Priscianus, Euporiston libri tres: Bec-
 caria 5.1; 108.19; ed. V. Rose, Leipzig, 1894;
 CU 1497(Gg.III.32), 15c, ff. 95v-146v. Prol.
 'Nuperrime college...'

Si mihi altitonans benedictus centum linguas
ferreas...
 Flos artis alkimie: FR 1243(S.III.18), 15c, ff.
 49r-51r

Si mihi turpe putas medico componere versus...
 Hain *16089(Schulz)

Si modo alicuius rei accesibilis...
 Astrolabe: Zi 926

Si mulier non potest parere scribe in caseo...
 Charms: BMsl 431, 13-14c, f. 44rb-vb

Si multiplicaveris singularem numerum per
decenum...
 Gerbert, Regulae de numerorum abaci rationibus;
 Bubnov 1-5, 9-22; Corbett II, 12

Si multiplicaveris singularem numerum per
singularem dabis unicuique...
 Gerbert, Regulae, text interpolatus: Bubnov
 2, 9-22

Si nativitas domini in dominica evenerit hiemps
bona (et calida) erit...
 BMad 15236, 13-14c, ff. 126v-128r; VAp 1226,
 f. 227r-v

Si naturales numeros id est I. II. III. IV. V et
ceteros...
 'De aggregatione naturalium numerorum cuius
 libelli auctor se Wirceburgensem vocat': CLM
 14836, 11c, ff. 42r-44v

Si natus fuerit homo die dominica securus et speciosus erit...
> CU 1396(Gg.I.1), 14c, f. 393va-b; ASNS (1912), 301-303

Si necessitas fuerit in omni tempore...
> De flebotomia: 'secundum m. Petrum (Julianum) Hyspanum': CUg 413(630), III, 13c, f. 1r-v; BMad 15236, 13-14c, f. 25v; BN 6988, 14c, ff. 87rb-90ra(84-87); Pansier(1907), 62; VI 5305, a.1459, ff.31r-32v; Graz 594, f. 83(Schulz)

Si nervis qui sunt inter costas...
> Galienus, De voce et anhelitu: Mon 18, 13c, ff. 37-38; PU 125, 13c, ff. 134v-136r; CUpet 33, 13-14c, ff. 167v-169; VE fa 531 (XIV,6), a.1305, ff. 66-67; VAp 1097, ff. 116v-118v; VI 2272, 14c, ff. 88r-90r; CLM 5, 14c, f. 251; 276, 14c, 81ra-82ra; etc. Diels(1905), 147; pr 1490, I, 47r-48v; 1515, I, 158v-159r

Si nobilissimam nostri partem iure sibi coelum . . .
> Pontano, prol. De rebus coelestibus: VA 2839, 385 ff.

Si non esset luna et lumen aliarum stellarum multa animalia...
> Philosophia magistri Wilhelmi de naturalibus: Fulda 452

Si nosse vis qua hora vel quo puncto lune...
> BMh 3017, 9c(Fleury), f. 67r

Si nosse vis quot libre quot marcas...
> Turchill compotista: VA 3123, 12c, ff. 63v-64v; Plimpton 250, 15c, ff. 94v-96v; BB XV(1882), 116, 127-28

Si nosse vis quotus annus est ab...
> Cassiodorus, Computus: Padua I, 27, 9-10c, ff. 14v-15r; PL 69, 1249-50; Philologus 71(1912), 278-89; Bull. Du Cange 17(1942), 51, 57, 59

Si nosse vis quotus sit annus secundum Graecos . . .
> Ps. Bede, Canones lunarium decemnovennalium circulorum: PL 90, 877-82; Jones 82-83

Si notitiam de numero bonorum...
> Confectio virge visorie: BMad 15107, 15c, ff. 75v-76v

Si numerus numerum numerat et eius aliquam partem...
> (Jordanus Nemorarius), De datis numeris: BLau F.5.28, 13c, ff. 74-87

Si offocatio contingat de matrice subito...
> Hippocrates, Liber ad Mecenatem: Beccaria 35.37

Si oppositionem solis...
> Basel O.IV.4, a.1429, item 9(Zi 12507)

Si otium essem consecutus...
> Varro, De re rustica prohemium: Lyons 331, 15c, ff. 1-54; Opera, 1573, pp. 3-151; Leipzig, 1889

Si patiens abhorreat medicinas...
> Cura curialis in frenesi mania et melancolia: Ea Q.222, 13-15c, f. 177v

Si per astrolabium volueris scire in quo gradu zodiaci sit sol...
> Christianus de Prachatitz: Cgm 739, ff. 80r-100v. Prol. 'Ad intelligendum canonum...'

Si per diem dominicam nativitas domini evenerit . . .
> Divination from Christmas day: PA 873, 15c, ff. 194v-(196v)

Si per hanc tabulam locum lune...
> Canon for a lunar table: BLas 360, 14c, f. 152

Si per hoc kalendarium scire volueris qua die...
> Danzig Mar F. 245, 14c, ff. 1-5(Schulz)

Si per horam in nativitate alicuius...
> Ad inveniendum diem conceptionis: VAp 1401, f. 110r

Si per horam nativitatis...
> Ea Q.355, 14c, f. 36(Zi 3371)

Si per istud kalendarium...
> Pref. for a calendar: BLas 360, 14c, f. 151

Si per kalendarium precedens scire volueris qua die quotta hora...
> John of Gmunden: CLM 4382, f. 160r-. See 'Si vis scire qua die...'

Si per quadrantem accipere volueris...
> VAp 1212, 15c, ff. 113v-116r

Si per quot horas luna de nocte luceat scire volueris...
> Yale MS with 156, copy 2, p. 154

Si per speculum aut per concham plenam aquae . . .
> Ed. Bubnov p. 333, l.3-

Si per tabulam precedentem declinationis...
> Johannes de Gamundia, Tabulae demonstrantes veram latitudinem planetarum cum canone adiecto et textu illustrante: VI 5151, 15c, ff. 131v-148v

Si planetam alicuius hominis volueris invenire . . .
> BN 6957, 15c, f. 161v

Si pluat in imprimatione lune in Martio...
    Presagium pluvie: BN 7349, 15c, f. 14r

Si precise dies et horas...
    Tables for Ferrara: CLM 214, 15c, ff. 6-17v(Zi 10808)

Si prima feria fuerit Kalend. Ianuarii hiems bona erit...
    Bede(?), Pronostica temporum: PL 90, 951-52; Eins 321, 10c, p. 26 (Zi 12180); Jones 87

Si prima feria kal. Ianuarii fuerit frugifer annus erit...
    Prognostica: CUg 225(240), 13c, ff. 164-165, apparently same as preceding

Si prima hora prime noctis Ianuarii est hora solis...
    Planets ruling first night of Januuary: BMad 15107, 15c, f. 61v; Saxl(1953), 20

Si primos aditus elementaque cosmographorum scire cupis...
    Aelius Antonius Nebrissensis, introd. Pomponius Mela, Cosmographia: pr Salamanca c.1498 (Klebs 675.9; IAL M392; LC)

Si pro inveniendis locis planetarum...
    Ioh. Blanchinus, Canons of Tables to Lionello, cap.i: Mi C.207.inf., a. 1461, ff. 1ra-20rb

Si proponantur tibi due regule constituentes angulum rectum...
    Practica extractionis radicum pro geometris: Geneva 80(Petau 53), 15-16c, item 9

Si puer vivet vade ad columbam si...
    Questiones astrologie: CUma Pepys 911, c.1300 (Atk)

Si purgandus aliquis...
    VAp 1265, 15c, ff. 143rb-146rb

Si purus peccet in multitudine sanguis...
    Signa sanguinis peccantis (60 verses): BMsl 75, 15c, f. 147r-v; 2948, 15c, f. 34

Si qua me umquam tenuit admiratio...
    Argyropylos tr Physics: FL 84, 7

Si qua mulier non continet fetum scribe hunc psalmum...
    De virtutibus psalmorum tr Constantinopoli a.d. 1151 de greco: FNpal 998, late 14c, ff. 75r-77v

Si quadraturam geometricam componere velis...
    BN 10266, ff. 69v-73(Poulle)

Si qualis sit luna per singulas queris dies...
    Computus: CLM 10270, 11c, f. 16r-

Si quantitas diametri umbre in loco transitur lune...
    Eclipses: Boston Medical 20, late 14c, ff. 65v-67; CU 1572(Gg.VI.3), 14c, ff. 271ra-272v

Si que tibi debeo: respicias clarissime...
    Joh. Mich. Alberti of Carrara, dedic. to Alouisius Manentis, De omnibus ingeniis augendae memoriae: pr Bologna 1491 (GW 570; Klebs 251.1; IAL A190)

Si quem delectat horologium componere sive metallinum...
    Bede(?), De mensura horologii: PL 90, 951-56; Jones 87

Si queris scire latitudinem fluvii...
    Ed. Bubnov 333-34, 365

Si qui vero et vera(iam?) calculandi minus idoneus lunaris...
    Ratio de lune discursu per signa: CLM 210, f. 16r-v; BMh 3017, 9c(Fleury), f. 133v-. See 'Si quis vero...'

Si quid agam pariter solitum veniam...
    Micrologus(Summa magistri Richardi): EU 174(D.b.VI.2), 14c, ff. 82-108v(DWS MS). Text, 'Acutarum egritudinum...'

Si quid occultum et locum in quo est cognoscere desideras...
    BMh 2404, p. 33

Si quis a me querit...
    See 'Frater Vincentius...'

Si quis a te quesivit de aliquo...
    Astrological interrogations: NaO XV.vi, f. 173rb

Si quis accipiat...
    Albertus, De plantis: VAp 1170, f. 74

Si quis adhuc artem signandi...
    VI 4287, 15c, ff. 42v-45v(Zi 9994); CLM 7246, 15c, ff. 203v-204v (Method by which monks speak with their hands)

Si quis aliquam viam pergere incipit primum aspice in quo signo luna videatur...
    Prol. Tabula astronomica: CU Mm.IV.43, 14c, f. 272r

Si quis aquam vite facere voluerit...
    BMsl 351, 15c, f. 34rb

Si quis artem musice mensurabilis tam veterem...
    Compendium artis mensurabilis tam veteris quam novae: Coussemaker III, 376-79

Si quis astronomice discipline perrimari desiderat archisteria...
  Astronomia: Boncompagni 168, 12c, ff. 87r-90r (Bubnov lxxv)

Si quis attente(intente) desiderat cognoscere...
  Gariopontus, prol. Passionarius Galeni: Ran 1496, 12c palimpsest (Beccaria 98); Metz 509, 12c; and later MSS; pr Lyons, 1526. Text, 'Cephalea est dolor capitis...'

Si quis autem quesierit a te de infirmo...
  BLcm 517, 15c, f. 52rb-va

Si quis causa recuperationis perdite rei...
  Astrology: BN 7282, 15c, f. 43vb

Si quis cephaleam pariter et in brachiis...
  Receptarium: Vendôme 206, 13c, ff. 38-43

Si quis concordiam organorum scire voluerit...
  Qualiter debeant fieri organa: BN 7400A, 13-14c, ff. 24vb-25va

Si quis conficere vult bonum unguentum et probatum...
  Remedies: CLM 13076, ff. 23va-24rb

Si quis cordis et oculi non sentit in se iurgia...
  BLd 166, 13-14c, f. 109r; pr with poems of Walter Mapes

Si quis culturis aerisque...
  Wandalbert, De mensium duodecim nominibus. See 'Nominibus mensium que sit...'

Si quis cupit geomantiam que propter astronomie prolixitatem...
  Geomantia cum figuris: Ea D.17, ff. 27v-35

Si quis dicat alicui. Si vixeris quantum vixisti...
  BMad 25031, 13c, ff. 12v-13r

Si quis diversas res habuerit ita quod in una manu unam...
  (Ars divinandi): CLM 10273, f. 169v

Si quis eam facere voluerit non dicetur cum medicum sit...
  Recipe for 'Aqua mirabilis': CUt 915(R.XIV.44), c.1500, p. 189(Atk)

Si quis forte roget quamobrem potissimum...
  Regiomontanus, Contra Cremonensia *or* Disputationes super deliramenta theoricarum Gerardi Cremonensis: Trithemius(1494), f. 122r; pr n.d.; (Nürnberg, 1475); with Sacrobosco: Venice, 1491, f. 22r; etc.(Klebs 840.1; 874.9-11; 14-15; Polain 2304; IAL R100; J364-66; 368-69; Yale 42, ff. 152r-153v); Venice, 1513, ff. 22r-30r; Basel, 1573, pp. 153-213

Si quis fuerit in carcere positus et fuerit...
  Prognostica: BMe 82, 12-13c, ff. 7-12(formerly CUt 1364)

Si quis geomanticam de preteritis et futuris questionem...
  Geomantia: VI 5237, 15c, ff. 181r-185r; Saxl (1927), 149

Si quis habeat vel habuerit oculos limpidos vel rubeos...
  De oculorum vitiis: VA 10213, 15c, pp. 5-12

Si quis habet dolorem vel tumorem in capite...
  Hippocrates, Prognostica, that is Death signs: Klebs, 521.1

Si quis herbarum vires(virtutes) breviter velit cognoscere...
  Prag 2052, 15c, ff. 1r-18v; CLM 7755, 15c, ff. 1-48v, ending with Sumac, but ff. 37-41v are from Sulphur to Zinziber

Si quis huic operi alchemico insistere voluerit...
  Liber sacerdotum: BLd 119, 14c, ff. 106v-107 (DWS 499, iii)

Si quis igitur (aeris) mutationes prescire voluerit...
  William Wamyndus(?): CUt 1144(O.II.40), 15c, ff. 61v-62v; Hellmann(1917), 193

Si quis igitur lunaris ascensionis horam et hore punctum...
  Tabula astronomica: CUg 456(394), III, 13c, p. 136

Si quis in prima die accubuerit et tertia die alleviatus...
  De vi lunae et ventorum et egritudinibus consideranda: Ea F.276, 14c, f. 70r-v

Si quis in quatuor mathematicis...
  Arithmetic: Davis and Orioli sales catalogue 78, 5, 14c

Si quis in sompnis cum avibus ludat...
  Dream book: Ea Q.387, 14c, ff. 8-(9)

Si quis indubitanter voluerit scire veritatem de unoquoque...
  CLM 27001, 15c, ff. 11r-21r(Zi 11900)

Si quis infirmatur de peste cito et sine mora...
  Pest tract: BLcm 524, 15c, ff. 115-119

Si quis intente cognoscere...
  Prol. Passionarius (in seven books): Ome 250(1), 12-14c, ff. 1r-156r; BMr 12.B.IX, 13c, 129 ff.; Mi D.2.inf., ff. 16v-86v. See 'Si quis attente ...'

Si quis invenire voluerit in quo signo et in quo
gradu...

> Regula signorum: CUt 1102(O.I.77), 15c, ff.
> 98r-99r, tables at ff. 99r-101r; CLM 1222,
> a.1446, f. (31r)

Si quis narrare voluerit quot denarios habet...

> Enigmata algoristica Erfordiae proposita: Ea
> Q.343, 14c, ff. 92-94

Si quis nascatur dum(cum) Saturnus dominatur
audax...

> De dominio planetarum in nativitatibus puero-
> rum: CLM 658, 15c, ff. 11r-12v; BN 7197, 15c,
> f. 38r; Zi 7941-7954 etc.

Si quis natus fuerit in die et hora Saturni dux
erit...

> Xenocrates, De influentia et impressionibus sep-
> tem planetarum 'liber secundus': VI 3124, 15c,
> ff. 53r-57v; Graz 976, 15c, ff. 110-119v

Si quis natus fuerit in die Saturni et hora
Saturni...

> De nativitatibus: Ea Q.386, 14c, ff. 121v-123v

Si quis notitiam abaci habere desiderat necesse
est...

> Odo, Regulae super abacum: PL 133, 807-814;
> VI 2503, 13c, ff. 43r-48v(Bubnov lxxxix)

Si quis pellem corpore superponat epileptico...

> Extract from Kyranides: BMsl 75, 15c, ff. 147-
> 154

Si quis per artem astronomie geomantiam de
preteritis...

> Bruges 524, 14c, ff. 47-74rb

Si quis per artem geomanticam de preteritis
presentibus seu futuris...

> Gerard of Cremona, tr? Geomancy: T II, 119,
> n.6; CLM 677, 13c, ff. 19v-97v; VE VIII.44
> (XI.105), 14c, ff. 103-157; Boncompagni GdC,
> 484-90. A geomancy is included in the list of
> Gerard's trs drawn up by his associates, and in
> some MSS this text is said to be 'ex Arabico
> translata,' but in more it is attributed to Gerard
> himself, 'ab auctoribus via astronomica com-
> posita'

Si quis per artem geometricam(*sic*)...

> BMsl 310, 15c, ff. 1r-66r

Si quis per hanc tabulam tabularum propor-
tionis...

> Johannes de Muris, Canones de tabula propor-
> tionum sive tabula tabularum: T III, 298, n.20;
> Dresden C.80, 15c, ff. 167-72

Si quis per hoc calendarium scire voluerit...

> Note following an astrol. calendar: CLM 671,
> a.1429, f. 91v; VAp 1451, f. 19r

Si quis prima die cuiuscumque mensis (in)
infirmitate...

> De morbis: CUmc 17, 15c, p. 67(Atk); Oc 132,
> 15c, ff. 134v-139r

Si quis per illud instrumentum horas noctis...

> Cap. i of a table of contents of 10 caps.; 'Sequitur
> de dorso instrumenti' 14 caps.: VI 3528, ff. 183r-
> 184r; TR 317

Si quis quesierit de infirmo...

> Astrological medicine: CLM 588, 14c, f. 121v
> (Zi 4055)

Si quis quesierit utrum moriatur eger...

> Martinus Hispanus, Observationes ex libro geo-
> mantiae: BLas 4, c.1600, f. 47v

Si quis scire desideret de arte bersandi in hoc
tractatu...

> Guicennas(Avicenna?), De arte bersandi (on
> hunting): Haskins 256

Si quis scire voluerit quid sit in quolibet mense
...

> De mutationibus aeris secundum astrologiam: Ea
> F.37, 13-14c, ff. 51-52; VI 2296, 13c, f. 99v

Si quis se regere vult secundum veram artem...

> Albert of Basel, In arte pyromantie: Ea Q.373,
> ff. 37va-38va; T III, 16

Si quis velit artificiose...

> Jacob's Rod: Leip 1469, 14-15c, ff. 111v-112(Zi
> 5071)

Si quis velit artificiose per tabulas extractas ab
Alfonso medios motus...

> CUt 1404(O.VIII.29), IV, 14-15c, unnum-
> bered

Si quis velit ex arte ubicumque terrarum fuerit
virgam visoriam conficere...

> De arte visoria: CLM 27001, ff. 167r-171r;
> 11067, ff. 207rb-208ra

Si quis venit ad te causa postulandi...

> Secreta astronomie: VAp 1416, 15c, f. 79r

Si quis vero etiam calculandi minus idoneus...

> Bede, De temp. ratione cap. xix: Eins 321, 10c,
> pp. 125-135(anon. Zi 12181); Jones 68; anon.
> VAb 92, 12c, f. 1v; at f. 2r, Bede, Tabula; Bub-
> nov lxxi

Si quis verum locum solis habere voluerit...

> BMsl 636, 15c, ff. 92r-93

Si quis voluerit componere turquetum accipiat laminam...
> CLM 27, 15c, ff. 132r-136r. See 'Si quis vult componere...'

Si quis voluerit habere coniunctionem...
> Canones et tabulae Alfonsinae: Ea Q.372, 14c, ff. 60v-64

Si quis voluerit pullos diversis figuris figurare...
> De variis secretis: VI 2303, 14c, ff. 64v-65r

Si quis voluerit scire quiddam in quolibet mense ex pluviis...
> BLd 97, ff. 118v-122r

Si quis vult ad plenum scire de sternutamentis...
> Libellus de auguriis sternutamentorum: BN 7337, pp. 165a-170a

Si quis vult componere torquetum accipiat laminam de quacumque...
> (Franco de Polonia), Compositio et usus torqueti: anon. MS bound with ed. Regiomontanus(Yale 42), a.1433, ff. 56r-61v(cf. Zi 2787-2800); Zi 11342-49; Isis 36 (1945), 6-7

Si quis vult in hoc magisterium indurare mercurium...
> Sublimatio mercurii secundum Avicennam: BLas 1451, 15c, f. 4r-v (DWS 131,ii)

Si quis vult servire...
> Rupert of Constantinople, Practica: Breslau R 454, f. 331r

Si quod agam solitum pariter(propter) veniam date cuncti...
> Summa magistri Ricardi: CUpet 178, 13c, ff. 150v-193; Russell 123. Prol. 'Si venerande vetustati...'

Si quodlibet die anni...
> Zi 8089-90

Si quodlibet die anni scire volueris...
> Melk 711, 15c (Zi 11212)

Si quotus mensis est ab Aprili argumentando intelligere volueris...
> Dicuil, De astron. et computo(814-816): Bull. Du Cange 17(1942), 61

Si res preclare viris insignibus probitate sunt...
> John Argyropylus, pref (to Jo. Panonus archiepiscopus Strigoniensis), tr De celo: FL 84,1, 15c, f. 214; pr Venice, 1496, f. 119r-(Hain 1659; Klebs 82.7; IAL A865)

Si sanguis dominetur et corpore...
> Uroscopy: McGill Univ. Osler 7590, 14c, ff. 102-104

Si sanguis sit in causa(?) quod cognoscitur per urinam...
> Phlebotomy for migraine: BMsl 783b, 15c, f. 89r

Si Saturnus et Iupiter...
> Aben Eyzar (Abraham ibn Ezra?), De planetarum coniunctione: Chartres 213, 12c, ff. 63-141

Si Saturnus fuerit dominus anni et haberet...
> De dominio planetarum: BLb 790, late 14c, ff. 80r-82r

Si Saturnus fuerit in Ariete sub radiis solis facit pluvias...
> Weather prediction: BLb 790, late 14c, ff. 66r-67v

Si scientiam opinamur honorabiliorem ex eo ceteris...
> Questiones in libros III priores Meteororum: CLM 17226, a.1413, 140 ff.; VI 3976, 15c, 126 ff., in fine mutilis. See 'Scientiam opinamur...'

Si scientiam scientia opinamur honorabiliorem ...
> Jean Buridan, Questiones super tres libros Metheororum: FR 745, a. 1383, ff. 23ra-96ra; Isis(1954), 147

Si scire cupio(cupis?) annos ab initio mundi...
> Eins 321, 10c, pp. 73-82(a.809, p. 75); CLM 9560, 12c, ff. 31v-33 (Zi 12182-83); CLM 210, f. 7r

Si scire cupis in quo gradu sit luna...
> VI 5307, f. 214r

Si scire cupis que imaginum celi de 36 imaginibus tangat ascendentem...
> CLM 10662, a.1436, f. 151v(Zi 10405); VI 5415, f. 255v(Saxl 1927, 154); Yale MS with 42, a.1433, f. 71r; Salzburg St. Pet.X.VI.20 (Inc. 800), f. 71r(Schulz). Cf. Zi 10307

Si scire desideras quot...
> Astrolabe: Zürich C 364, 15c, f. 10v(Zi 928)

Si scire desideras singulis temporibus in quo signo...
> CLM 27, f. 88r

Si scire velis in quo signo luna...
> Cursus solis per xii signa: Eins 356, 10-11c, f. 26

Si scire volueris si uno nomine...
> Ratio sphere Pictagore: BMsl 521, 14c, f. 45r-v

Si scis gradum astri in hora nativitatis...
> Petrus de Lemovicis, Opus super nativitate: Oh 4, 15c, f. 160v (T III, 601)

Si secunda domus que significat lationem...
> De forma et figura furis: Argentré, I, ii, 327

Si sint tres sorores et xii dolia...
    Arithmetical problem: BLb 676, 15c, f. 253r

Si sit aer vehemens et siccus et calidus...
    De tempore fleotomiae: Beccaria p. 434

Si societatem alicuius volueris aspice cursum
lune...
    Prol. Tabula Fortune: CU Mm.IV.43, a.1298,
    f. 271v

Si sol fuerit in emisperio australi et Venus sub
radiis...
    Praesagia pluviarum: BLd 176, 14c, ff. 67r-
    (70v); BMh 531, ff. 135v-138

Si sol in ascendente fuerit principatum et sub-
limitatem...
    Thebit ben Chorat, De significatione omnium
    planetarum in singulis domibus: BLcm 569, 15c,
    ff. 15r-17v

Si somni sunt prophete et que in somniis videntur
. . .
    Synesius, Vaticinium eorum quibus homines stu-
    dent, optimum esse: pr Lyons, 1549, pp. 112-202

Si sonitus in auribus...
    Ps. Democritus, Prognostica: VI 5512, a.1436,
    ff. 166v-169; Ps. Hippocrates, Prognostica:
    Archiv IX, 81

Si sperma ab utrisque permanserit in matrice...
    Hippocrates, De natura puerorum *or* De natura
    fetus, tr Bartholomew of Messina: CLM 640, ff.
    53r-73r; VE VII.11(XIV,7), 14c, ff. 39-40;
    etc. Diels(1905), 29; Giacosa 420; Kibre (1945),
    394-95; pr Articella, Venice, 1487, ff. 152v-
    (154v) (Klebs 116.6); Venice, 1502, ff. 45v-90,
    as by Dinus de Florentia

Si substantiae omnes sunt corruptibiles...
    Alexander of Aphrodisias, Quaestiones naturales,
    tr Hier. et Io. Bapt. Bagolino: pr 1541

Si subtilius scire voluerit...
    Guido, Descriptio totius maris. See 'Cum inter
    omnes homines...'

Si super lineam...
    Sun-dial: Zi 9818-19

*Si te ignoras...
    See 'Si ignoras te...'

Si te summe princeps dive Nicolae fessum interdum...
    Theodore Gaza, pref. tr Aristotle, Problems:
    Lucca 1392, 15c, ff. 1-3

*Si temporis moderni superstites antiquorum
philosophorum...
    Aegidius Beneventanus, Hortus copiosus: Ob 281,
    14c, 194 ff.

Si tempus bonum flebotomandi solum ad motum
lune...
    Phlebotomy: FLa 1448, ff. 137v-139v

Si tempus medie coniunctionis vel oppositionis
. . .
    Melchion de Friquento, Canones super tabulas:
    BN 10263, ff. 46r-50r; T (1957), 146

Si tenebre egyptos greco sermone vocantur...
    Verses on Egyptian days: Beccaria 78.29; 84.17;
    also BE Phil. 1869, 9c, f. 12(Zi 12184); Bern
    584, 10c, f. 147; and other MSS; ed. Riese, Anth.
    lat. p. 736

Si terminus ad quem generandus sit res permanens...
    (Roger Bacon?): Grabmann(1928), 64; ed. S. H.
    Thomson, Isis, 17(1937), 221

Si tibi deficiant medici medici sint hec tibi tria
. . .
    BN 7443, 15c, f. 107-

Si tinnitum aurium fuerit vel sonitum...
    Hippocrates, Indicia valitudinum: five MSS,
    Beccaria p. 4

Si tonat in Ianuario in illo anno erunt validi
venti...
    Ea O.62b, 14c, f. 182v; ed. ASNS(1903), 351

Si tonitruaverit hora vespertina significat nativitatem cuiusdam magni...
    BMc Tiberius A.III, 11c, f. 37r-v; ed. ASNS
    (1908), 50-51

Si tonitrus audiatur in Ianuario significat
ventum...
    Prognosticon tonitrus: CUsj E.IX, 14c, f. 401
    (Atk)

Si tonitrus sit in mense Ianuario secundum
antiquos ventos validos...
    BMsl 282, 14-15c, f. 87r-v

Si tonitrus sonuerit die dominica...
    BMr 12.C.XII, early 15c, f. 86v; ed. ASNS
    (1908), 46

Si tonitrus sonuerit mense Ianuarii ventos
validos significat...
    De tonitru: CUt O.II.45, 13c, p. 347(Atk)

Si tonitruum mensis Ianuarii ventos validos...
    BLd 88, 15c, ff. 37v-38v

Si tonuerit prima die lune significat saturitatem
. . .
    Presagium tonitruorum per etatem lune: BN
    7349, 15c, ff. 13v-14r

Si tractatum habeat a parte dextra...
Robertus de Handlo, Regulae cum maximis magistri Franconis: Coussemaker I, 383-403

Si tu divinare velis quot denarios socius tuus habet...
Cautele algorismi: CU 1705(Ii.I.13), 14c, f. 17r-v; BMr 12.F.XIX, 14c, f. 184r

Si tu inveneris librum Albumasaris de coniunctionibus...
Abraham ibn Ezra, De mundo vel de seculo, tr Henri Bate, a.1281: T (1944)aa, 294-95; pr Venice, 1507, ff. a, v-y, r

Si tu medice...
Astrological medicine: Cues 208, a.1311, f. 152r-v(Zi 4056)

Si tu sciris...
Pitagoras in secretis: VAp 1367, ff. 113ra-114ra

Si tu vis conducere illud quod est in ampollina ...
Raymond de Terminis, Practica: BU 164(153), 14-15c, ff. 134r-135r (T IV,17)

Si tu vis operare de geomantia debes facere quatuor lineas...
BN 7420A, 14c, f. 121v-

Si urina est alba et tenuis...
De urinis: CLM 8951, 15c, ff. 117r-119r

Si urina fuerit rubea et spissa (in) febricitantem significat...
Flores urinarum: VI 2467, 15c, f. 107r-v; 3162, 15c, ff. 142r-143r

Si urina habet circulum spissum...
Uroscopy: Basel D.II.13, f. 6ora-b

Si vales pater optime in Christo Iesu est ut opto...
Aleardus de Indemontibus, dedic. to Hermolaus Barbarus, Venice, Nov. 3, 1459, De balneis Calderii. Text, 'Cum inter cetera elementa ...'

Si vales quidem bene est ego valeo...
Poggio, De balneis Bridensibus: CLM 418, a.1463, f. 23r-

Si velis altitudinem...
Measurement: Basel B.X.35, 14c, ff. 38v-39(Zi 7290); VAp 1340, 14c, ff. 27r-29r; VE VIII, 33 (XI,106)

Si velis esse securus coram...
Pest tract: Archiv IV, 398-99

Si velis radicem alicuius numeri quadrati(quadrantis) extrahere...
De radicum extractione: CUpem 278, 14c, ff. 117-199v

Si velis scire altitudinem solis...
De practica quadrantis: Lincoln Cath. Chap.148, 13c, f. 107v; is the second part of Campanus on the quadrant which begins at f. 102v; as in BN 7196, ff. 27va-28vb, 6ra-7rb; T (1957), 112

Si velis scire in quo gradu signi...
Tannery, NE XXXV, 2, 51(611)

Si velis scire quot horas luna debeat lucere singulis noctibus...
De cursu lune: CUt 1149(O.II.45), 13c, f. 79r

Si venerande vetustati sicut moderne novitati...
Ricardus Anglicus, prol. Micrologus: Janus 28, 397-407

Si venter huius domine non est multum...
Ad corruptionem matricis provenientem ex aborsu: CUt O.IV.8, 15c, f. 116v(Atk)

Si vero creticum diem futurum senseris...
De diebus creticis: Mon 185, 11c, ff. 136-154

Si vero dicta coniunctio dictorum...
Nicolaus de Comitibus, On weather prediction: BLll 535, ff. 1-67; T IV, 681. Pref. 'Astrorum sapientes de pluviis...'

Si vero pro invenienda loca planetarum seu alio modo...
Joh. Blanchinus, Canones tabularum: GW 4410 (Schulz); Klebs 188.1; IAL B627

Si vero verum locum lune...
Tables for Erfurt: Memmingen Stadtbibl. F.34, 15c, ff. 1-94v(Zi 10801)

Si verum locum lune volueris invenire...
(John of Saxony?): VAp 1354, 15c, ff. 77va-78vb; Osiris 8(1949), 43; VAp 1376, ff. 393va-394rb, with tables, 394v-409v

Si verum motum lune in aliqua hora post meridiem...
Oma 182, 15c, f. 51va-b

Si veteres medicine principes et speculatores...
Bartholomaeus de Montagnana, De lepra et aliis cutis defoedacionibus: Ea F.269, ff. 1-9; CLM 205, ff. 157v-167v, both a.1431

Si videris lunam in Ariete in 18 die Iulii...
Zael, De prognosticis: Es e.III.4, 14c, ff. 1-5 (Carmody 45)

Si videtur autem in quinque tractatus primus est de hiis...
> Avicebron, Fons vitae: Seville col. 5-6-14, f. 109-

Si virum quenpiam summa veneratione dignissimum...
> Hieronymus Torella, De imaginibus astrologicis, Dec. 1, 1496: pr Valencia, c.1500(Klebs 981.1; IAL T357); T IV, 574-85

Si vis...
> See also 'Si velis...' and 'Si volueris...'

Si vis agnoscere quota luna...
> CLM 14725, 9c, f. 22(Zi 12185)

Si vis alicuius arboris aut columne aut turris...
> Ad inveniendum cum quadrato astrolabii altitudinem per umbram: BMna 229, 12c, ff. 28r-29v; Bubnov lxx; Geometria incerti auctoris, III, 6; Bubnov 321

Si vis aliquid vinum turbidum clarificare...
> Experimenta: BMar 251, 15c, ff. 17-22(DWS 1083); T II, 793

Si vis altitudinem scire...
> Zi 7300-7303. See 'Si vis scire altitudinem...'

Si vis aquis istis addere colores pictorum...
> De coloribus: BLd 153, 14c, f. 127v(DWS 887)

Si vis artificiose baculum Iacob conficere...
> BN 7717, f. 112v

Si vis baculum Iacob artificialem conficere...
> BN 7293, ff. 1-17; 10266, unnumbered ff. 157-160

Si vis conficere quadrantem. Recipe lignum aptum ad hoc cum duabus...
> VAp 1340, 14c, f. 17v; Plimpton 175, 15c, f. 179r-v

Si vis coniunctionem et oppositionem reducere ad meridianum florentinum...
> VAo 1826, 15c, f. 141r

Si vis copulum omnium rerum cognoscere quando sit prosperum vel...
> BLcm 517, 15c, f. 38ra

Si vis corrigere vel facere tabulam de ascensionibus signorum...
> VAo 1826, 15c, f. 133r

Si vis cum quadra astrolabii...
> CLM 14763, 12c, ff. 203v-214(Zi 929)

Si vis dentes extrahere celidoniam tere...
> Alberti de ordine predicatorum, Experimenta: BMsl 342, 13c, f. 130v, preceded at 130rb by the usual preface of Secreta Alberti and followed to 131v by 13 herbs and 10 animals

Si vis dividere unum numerum per alium...
> Arithmetica: Mi M.28.sup., 14c, ff. 98v-104r

Si vis divinare in mente tua in qua manu...
> Incipiunt subtilitates enigmatum Sadai(sic): ed. M. Curtze, Bibl. math.(1895), 77-85

Si vis equum tuum ceteris equis precurrere die veneris ante ortum solis...
> CLM 9563, 12c, f. 18r

Si vis ergo scire altitudinem alicuius rei accessibilis...
> Ars mensurandi: BLlm 674, 15c, ff. 2r-6r; Tannery NE XXXV, 2, 57(617)

Si vis ex aqua et spiritu facere lapidem philosophicum...
> Practica Hermetis et Ortulani discipuli Rasis de separatione aquae cum spiritu: KlaB XXX.d.6, 15c, ff. 97r-99r(T III,182)

Si vis facere aquam ad deaurandum ferrum...
> BMsl 351, 15c, f. 35rb

*Si vis facere aquam vite seu elixir ad vitam hominis conservandam...
> Raymond Lull, De lapide et oleo philosophorum: HL 29, 286; Toledo cap. 96-39, 16c, pp. 196-202; Artis auriferae III(1610), 92-97; anon. FR 390(N.III.II), ff. 70v-72v; Ambix V(1956), 108

Si vis facere azurium, accipe lapidem lazuli...
> BMsl 342, f. 132v; Isis 22(1935), 458

Si vis facere bonam dealbationem supra cuprum...
> Collectanea alchemica: BMsl 3457, 15c, ff. 295-299v; 300-301(DWS 692B)

Si vis facere hominem dormire...
> Oa 81, f. 54v

Si vis facere horologium...
> Melk 417, 15c, ff. 201-203(Zi 9820)

Si vis facere litteras de aura lima...
> BN 18515, 16c, ff. 18-28(Corbett I,210)

Si vis facere quadrantem...
> BE F.192, 15c, ff. 1-2v(Zi 8874)

Si vis facere vermiculum accipe ampullam vitream...
> Mappae clavicula: Speculum X(1935), 72-81; XII(1937), 84-91; Berthelot I(1893), 23-65; Steinschneider(1906), 81; DWS 867; ed. Archaeologia XXXII(1847), 183-244

*Si vis figere virtutes cuiuslibet syrupi in celo...
    John of Rupescissa, Enumeratio specierum quibus
    potest iungi coelum nostrum physicum, sive aqua
    ardens: HL 29, 378. Apparently an extract
    from his De consideratione quintae essentiae

Si vis habere uvas multas...
    Henricus, Liber secundus...de componendis
    vino et malvasia: BLcm 128, 14c, ff. 86-92v
    (DWS 1006)

Si vis horalogium ad umbram solis facere...
    Gö Philos. 42m, 15c, ff. 39v-(44)

Si vis (in) intente cognoscere intentionem totius
libri...
    Gariopontus, Passionarius: BMh 1685, 13c, ff.
    1-143v; BN 6951, 13c, ff. 1r-105r

Si vis incolumen si te vis vivere sanum...
    Nine verses: Oma 173, 14c, f. 140v

Si vis incolumen, si vis te reddere sanum...
    I. Usually follows the 'Anglorum regi scripsit...'
    of the Regimen Salternitanum necnon et magistri
    Arnoldi de Novi Villa: VI 5512, 15c, ff. 153r-
    161r; etc.
    II. Albert, Custodia vitae: CLM 372, 15c, f.
    143a-b
    III. De electionibus: BN 7443, ff. 107r-110r

Si vis inde facere lapidem philosophicum...
    Operatio elixir de separatione cum spiritu quinte
    essentie: BN 11201, f. 84v(T III, 182). See 'Si
    vis ex aqua...'

Si vis invenire concurrentes, sume annos domini
...
    Computus: Plimpton 250, 15c, ff. 57r-78r

Si vis invenire eclipsim lune que sit in tertio
anno domini...
    BLas 361, 15c, ff. 126-127

Si vis invenire in quo signo...
    Stuttgart Q.33, 13c, f. 86(Zi 8091)

Si vis invenire incensionem lunarem que est
radix...
    Canon for Tabula medie oppositionis solis et lune
    ...super meridianum Parisius: Melk 51, 15c, f.
    30r

Si vis invenire longitudinem inter duas regiones
per turchetum...
    MU Q.738, 15c, f. 88r-v; Yale(Melk 367) with
    156, copy 2, pp. 426-428; VI 5258, 15c, ff. 22r-
    23r

Si vis invenire motum capitis draconis...
    Canones abbreviati super tabulas Alphonsi: BLcm
    432, 15c, ff. 1v-(6)

Si vis invenire planetam alicuius hominis...
    BN 7337, 15c, pp. 119b-(121a); VA 3121,
    c.1400, f. (57)r

Si vis invenire radicem temporis...
    Ad inveniendum veras auges planetarum (Canons
    and Tables): VAp 1368, a.1473, ff. 11r-33v(Zi
    11213)

Si vis invenire unde principalitatis originem
sumant...
    Calendar and Tables: Boulogne 188, 11c

Si vis invenire veram coniunctionem solis et...
    Tabula astronomica: CUt O.VIII.29, IV, 15c,
    not foliated

Si vis investigare quot nummos libras solidas
uncias...
    CLM 14798, f. 46r-v(Schulz)

Si vis memoriam habere...
    Speculum medicinale excerptum: VI 5512,
    a.1436, ff. 177r-185r; only f. 177r in TR 386

Si vis ossum aut cornum lingnum tinguere...
    BN 7418, ff. 276rb-278vb

Si vis per scalam altimetram...
    Leip 1469, 14-15c, ff. 114v-118(Zi 7294)

Si vis pingere litteras aureas in metallis...
    BLf 22, 14c, f. 7r-v(DWS 891)

Si vis ponere recto modo has stellas in astrolabio
...
    Tabula stellarum fixarum: CUad 6860, 14c, f.
    71r

Si vis quadrantem facere, fac lineam rectam...
    New quadrant, composition: BN 7437, ff. 152-
    55

Si vis(wis) sanus fieri...
    Admont 466, 15c, ff. 17v-19r

Si vis scire altimeter(?) vide summitatem eius per
utrumque foramen...
    BNna 625, 14c, ff. 19rb-v

Si vis scire altitudinem...
    Zurich C 364, 15c, f. 17r-v(Zi 7305). See 'Si
    vis altitudinem...'

Si vis scire altitudinem alicuius rei accessibilis...
    CLM 10662, f. 212v(Schulz)

Si vis scire altitudinem solis...
    Joh. de Gmunden, Secunda pars (on the
    quadrant): VI 5418, ff. 139r-144v

Si vis scire altitudinem solis in omni. . .
Astrolabii usus: Lyons pa 45, 12c, ff. 118-147v;
CUt O.II.5, 14c, p. 282(Atk); Utilitates quad-
rantis: CLM 5538, 14c, ff. 42r-43r

Si vis scire altitudinem solis per cylindrum. . .
CLM 10662, f. 240r(cf. f. 170v); Zi 7305
(Schulz)

Si vis scire altitudinem solis vel alicuius stelle. . .
CLM 10662, 15c, f. 170v

Si vis scire annum ab initio. . .
Zi 12186-88

Si vis scire artem musicam hoc est. . .
Boston Medical 20, 14c, ff. 54v-56

Si vis scire aureum numerum. . .
Computus: CLM 23454, 15c, ff. 44v-46v(Zi
12189); 5964, 15c, f. 14v; Budapest 158, 15c,
ff. 1-19; (De phlebotomia), ff. 10-14

Si vis scire capacitatem. . .
Wo 3112, 15c, ff. 106v-108v(Schulz)

Si vis scire certam lunaris incensionis horam. . .
VI 387, 15c, ff. 145v-147r; Saxl(1927), 81;
CLM 210, f. 145r

Si vis scire compotum manualem. . .
Ea Q.345, 14c, ff. 41v-43

Si vis scire concurrentis. . .
CLM 14792, 11c, ff. 132-133(Zi 12190); VAu
102, 15c, f. 193v. See 'Si vis invenire concurrentes. . .'

Si vis scire de aliqua muliere quando peperit. . .
BN 6957, 15c, f. 162r

Si vis scire cuiusmodi faciem habet ille qui
furatus est. . .
Mi M.28.sup., 14c, ff. 72v-74r

Si vis scire de homine qui te interrogat. . .
BLcm 517, f. 49rb-va

Si vis scire dominum. . .
CLM 501, 15c, f. 192v(Zi 7955)

Si vis scire eclipsem solis. . .
Ea Q.366, 14c, ff. 38-39v(Zi 11214)

Si vis scire eclipsem solis aut lune. . .
Nota: CUg 456, 14c, p. 138(Atk)

Si vis scire horas per planetas et stellas fixas. . .
VE fa 344(Val.XI.104), f. 234ra

Si vis scire in quibus annis merces erunt care. . .
BLcm 517, f. 10rb

Si vis scire in quo gradu. . .
Melk 712, 15c, f. 113r-v(Zi 12191)

Si vis scire in quo luna est. . .
AFML 491, a.1459, ff. 41v-42v

Si vis scire in quo signo sit luna. . .
Astronomical rule: BMr 12.E.XXV, c.1300, f.
156r; CUt R.XIV.48, 15c, f. viii verso(Atk)

Si vis scire in quo (signo) sit Mars. . .
Canon ad inveniendum planetas in signis zodiaci:
Budapest 59, 13-14c, ff. 23v-28, 'Explicit canon
de cometis quid sit et quibus modis appareat et
quid significet'

Si vis scire infirmus si victurus est aut mori-
turus. . .
Herten 192, 11-12c, f. 91ra; Beccaria 55.24

Si vis scire locum quo luna meat vel meabit. . .
BMr 12.B.XXV, 15c, ff. 260-(264)

Si vis scire mediam coniunctionem. . .
Prag 279, a.1425-27, ff. 99-107, 114(Zi 12508)

Si vis scire mensurare planam. . .
De planimetria: BNna 625, 14c, f. 19va-b

Si vis scire motum celi imaginare unum pomum
. . .
Paris, Bibl. de l'Institut, 791, 15-16c, f. 59r-v

Si vis scire omnes species arismetricas per
denarios proiectilos. . .
Reckoning by counters *or* jetons: BMe 2622, 15c,
ff. 166r-169v

Si vis scire partem fortune. . .
VI 5239, ff. 120v-126r

Si vis scire planetam. . .
Danzig Stadtbibl.(Marienkirche) F.248, 15c, f.
16(Zi 7984)

Si vis scire primam tabulam. . .
Tabula ad inveniendum festa mobilia, a.1399:
CLM 8849, ff. 10r-13va

Si vis scire qua die quotta hora. . .
Johannes de Gmunden, Practica *or* Calendar:
CLM 7650, 15c, ff. 1r-8r (ColR 135a), text be-
ginning at f. 5r; Isis 34(1943), 204

Si vis scire qua hora quelibet planeta dominatur
. . .
Budapest 134, 15c, f. 23

Si vis scire quando luna. . .
VI 2976, 15c, f. 1r-v(Zi 8092)

Si vis scire quanta summa numerorum. . .
BMr 15.B.IX, late 12c, f. 72v

Si vis scire quantam habeat vultur medicinam...
BNna 229, 11-12c, ff. 3v-4r; Beccaria 41.7

Si vis scire quantitatem id est naturam horarum
...
John of Gmunden, Kalendarium: VI scot. 255, 15c, ff. 15r-17v, 19r-25v, 34r, 35r-38v, 195r, 196v

Si vis scire quanto...
Planets (movement of): SG Stift 250, 9c, f. 642 (Zi 7834)

Si vis scire quacumque die anni in quo signo sit luna...
Canones ad tabulam signorum lune et aliorum planetarum: VI 2467, 15c, ff. 12v-75r

Si vis scire que merces in quibus annis prevaleant
...
De mercemoniis: BMad 15107, a. 1422, ff. 61v-62r; Saxl(1953), 20

Si vis scire questionem querentis...
Astrological interrogations: BMad 10362, 14c, ff. 105v-107v

Si vis scire quid somnium significet aperi psalterium...
Hain 5925, *5927, in fine

Si vis scire quot horis lucet luna...
Zi 12192-95

Si vis scire quot sint anni ab incarnatione...
BMr 13.A.XI, 11-12c, ff. 132v-(139r)

Si vis scire quota feria sit...
VAr 141, 9c, ff. 152v-153v

Si vis scire representationem figurarum...
De numeris fractis: FNcs J.V.18, 14c, ff. 72v-80r; Björnbo(1912), 221

Si vis scire si eger convalescet computa numerum nominis illius...
Danzig Mar F.41, f. 251(Schulz)

Si vis scire signum alicuius computa nomen et patris et matris...
VI 3124, 15c, f. 192r-v

Si vis scire sub quo signo aliquis...
CLM 8059, a.1488, f. 194v(Zi 3373)

Si vis scire tempus medie...
Canones et tabulae de motibus planetarum: VI 5226, 15c, 134 ff.

Si vis scire terminum...
SG Stift 450, 11c, f. 36(Zi 12196)

Si vis scire ubi est sol id est in quo signo...
William Batecombe, Tabulae astronomicae: Oma 182, a.1459, ff. 1-(36)

Si vis scire unde concurrentes sumpsere exordium...
Regule computi: BMsl 263, 11c, ff. 22-24

Si vis scire unde saltus lune adcrescat...
BMh 3017, 9c(Fleury), f. 124v; Zi 12197-98

Si vis scire ut(rum) homo plagatus...
Experimenta vite vel mortis hominis plagati: BLe 219, 13c, f. 81r

Si vis scire utrum homo debet mori...
BMh 2558, f. 172v

Si vis scire vel invenire...
Zeitrechnung: Cracow 1860, 15c, ff. 373-381 (Zi 12199)

Si vis separare solem a luna funde solem...
Experimentum: Valenciennes 320, 15c, f. 198v (Corbett II,167)

Si vis signum aut stellam cuiuslibet nominis...
Constellation: Ea Q.351, 14c, ff. 62-64(Zi 3372)

Si vis te regere tempore pestilentie...
Archiv IV, 396

Si vis ut aliquis ploret...
Experimenta varia: BMh 2369, f. 50v

Si vis uti bonis veni et audi medicinam...
Comm. in Hippocratis librum aphorismorum: Ea Q.186, 14c, ff. 1-32

Si vis verum motum solis invenire...
CLM 26666, 15c, ff. 44va-47rb

Si vis virgam visoriam artificiose conficere accipe virgam...
Salzburg St. Pet. (Inc 800), f. 53r(Schulz)

Si vocatus fuerit medicus ad infirmum considerabit utrum...
Glettio(?) Guidonis: De accessu medici ad infirmum: BMsl 130, 15c, f. 53r-v

Si volueris componere tabulas eclipsium pro...
Lewis of Caerleon, De arte componendi tabulas eclipsium: CU 1017(Ee.III.61), 15c, ff. 142r-146r; Kibre(1952), 104(1)

Si volueris componere Turchetum accipe laminam...
(Franco de Polonia), De compositione et usu Torqueti: MU Q.738, 15c, ff. 84r-(87v); VI 5258, 15c, ff. 16r-21v; Yale(Melk 367, with 156, copy 2), pp. 417-426; cf. Zi 11342-49

Si volueris fabricare astrolabium rectilineum...
Eins 773, 15c, ff. 17-25(Zi 930)

Si volueris facere aliquid quod non sit durabile
. . .
    Ptolomeus cum commento Hali de aspectibus lune (prose and hexameters): BLcm 517, 15c, ff. 49va-52rb

Si volueris facere capillos venire aut. . .
    BMsl 1933, 13c, f. 137r

Si volueris facere horologium. . .
    Zi 9821-23

Si volueris habere cordam rectam alicuius altitudinis. . .
    Canones super tabulas chordarum et umbrarum: BMe 889, 15c, f. 30r-

Si volueris hora ingressus cuiuslibet planete. . .
    Canons for accompanying tables: BLd 97, ff. 41rb-42r

Si volueris invenire ascendens revolutionis anni
. . .
    Johannes (Hispalensis?), Canon super tabula ad inveniendam revolutionem anni adiecta tabula: VI 3124, 15c, f. 146

Si volueris invenire sinum. . .
    Ea Q.379, 14c, ff. 60-62(Zi 11215)

Si volueris lunam optimam facere de mercurio
. . .
    Alchemy: VAp 1329, 15c, ff. 114r-116v

Si volueris metiri campum quadrilaterum. . .
    Leonardo Pisano, Dist. Prima, Practica geometriae: ed. Boncompagni, Scritti di Leonardo Pisano, II(1862), 1-224

Si volueris per demones habere scientiam. . .
    Michael Scot, Nigromantic experiment: FL Plut.89.sup., cod.38, 15c, ff. 409v-413r(T II, 310, n.3)

Si volueris per spiritum habere. . .
    Michael Scot: Trith. Antipalus malef. p. 298 (Schulz)

Si volueris querere tempus eclipsis solis scito. . .
    Canones eclipsis solis: CU 1572(Gg.VI.3), 14c, ff. 48v-54v

Si volueris scire annis preteritis vel futuris. . .
    VI 3160, ff. 249-250(Schulz)

Si volueris scire aream trianguli equilateri aliter quam in quadrante. . .
    VI 5418, 15c, ff. 124v-126v

Si volueris scire gradum solis pone regulam. . .
    De usu astrolabii(?): CUsj 155, 15c, ff. 50-55v

Si volueris scire horam diei. . .
    Quadrant: Wo 2637, 15c, f. 232(Zi 8875)

Si volueris scire in quo signo. . .
    BMh 3017, 9c(Fleury), f. 68r

Si volueris scire nomen alicuius quove et. . .
    Ptolomaeus, Arcanum de reductione geomantie ad orbem: CUma 27, 14c, f. 168v(Atk)

Si volueris scire qua hora homo perdiderit vel infirmatus fuerit. . .
    VI 3124, 15c, f. 192

Si volueris scire quota est indictio. Annus enim. . .
    Compotus de indictionibus et epactis: CUad 6860, 14c, f. 144v

Si volueris scire si effugit animal vel equus per se. . .
    Secrets of astrology: FNpal 705-III, 14c, ff. 1r-18r

Si volueris scire vitam. . .
    De proiectione radiorum: Ea Q.223, 14c, ff. 162-163(Zi 8399)

Si volueris tempus vere coniunctionis. . .
    Nicolaus de Heybech: Cues 211, 14c, ff. 16-26; Zi 4458-61: Isis 39(1948), 59-60; anon. VAp 1376, a.1448, f. 350va-

Si vulnus sordidum intestino malor. . .
    BN 11218, 8-9c, f. 56r-v; Beccaria 34.19

Si vultis scire quot sunt infirmitates oculorum. . .
    David Armenicus, tr Accanomosali, De oculis, cap. i. See 'Ego Accanamosali. . .'

Sibille dicuntur generaliter. . .
    BLau F. 2. 20, early 12c, f. 62

Sic. . .
    See also 'Sicut. . .'

Sic ait divina Scriptura omnia. . .
    De proportione numerorum et figurarum geometricarum: BLd 51, 13c, ff. 38v-(42v)

Sic ait sanctus Ambrosius tempora sunt vices mutationum. . .
    De temporibus: BMh 3017, 9c(Fleury), f. 88v-

Sic dicit philosophus in VII de historiis animalium. . .
    Thomas Aquinas, Glossae super librum de memoria et reminiscentia: VE fa 253(X.67), 15c, ff. 48-53

Sic etiam dicturi sumus. . .
    Hippocrates, De aere, aquis et locis: Laon 414, 13c, no.4; Diels(1905), 4; Kibre(1945), 393-94

Sic facies instrumentum ad modum turqueti...
> De torqueto: CLM 10662, 15c, f. 224r-v; VI 5258, 15c, f. 135r-v

Sic incipiunt flores alchimie...
> Palermo 4 Qq.A.10, 46-8

Sic post laudem dei et ipsius exaltationem inquit, Postquam ad...
> See 'Postquam ad computationem...'

Sic preservare corpus tuum potes per gratiam dei...
> Pest tract: CU 2147(Ll.I.18), 15c, ff. 63-64v

Sic procedendum est in cura vulneris in prima die...
> Gloss on the Surgery of Roger: CLM 614, 12c, ff. 2r-9r; ed. Studien, 1918, 96, 268-94

Sic queratur primo utrum spere celestes sint novem...
> BLcm 105, 13-15c, ff. 11-(14)(TR 240)

Sic tenebre egypti greco sermone vocantur...
> De diebus aegyptiacis: CLM 658, 15c, f. 19v

Sic tibi festa patent sanctorum limite recto...
> Cisio Ianus(28 verses): VAu 1428, 14c, f. 17v

Siclus et stater et denarius idem unum sunt...
> De ponderibus: CUc 481, 13c, pp. 668-672

Sicut(?) a multis philosophis describitur quod per urinas...
> De urinis secundum magistrum Alexandrum: BLe 219, 13c, ff. 122v-124r

Sicut a paradisi fonte deliciarium...
> Fons paradisi: CLM 10552, a.1472, ff. 63v-78r

*Sicut a principio istius(huius) operis diximus scientia de anima...
> Albertus Magnus, De intellectu et intelligibili: CLM 317, ff. 209-223; Oma 174, c.1300, ff. 89vb-93ra; VE VI.20(XII,11), 14c, ff. 88-89; CUg 507(385), 15c, ff. 152-163; AL 82, 1301, 1472, 1541; anon. CLM 8001, 13c, f. 124v (Schulz); GW 614-615(Klebs 17.1-2; with De anima, 13.1-2; IAL A223; A199-200); Borgnet IX(1890), 477-525

Sicut ab antiquis habemus auctoribus et eorundem ratio...
> Roger Baron, Practica(Rogerina maior): Bern 295, 13c, ff. 25ra-51ra; BMsl 342, 13c, ff. 148r-185; Bruges 470, 13c, ff. 41ra-94ra; CU 938 (Ee.II.20), 13c, ff. 181v-207ra; CUg 117(186), 13c, pp. 136a-190a; Millás(1942), 143; Wickersheimer 720; VAp 1085, ff. 9r-42v, etc.; pr Venice, 1498, 1499, ff. 147ra-170v(Klebs 494.1-2; IAL G510-511)

Sicut ait...
> See also 'Ut ait...'

Sicut ait Ambrosius tempora sunt vices...
> De temporibus: Chartres 70, 9c, f. 82

Sicut ait Galienus in libro de interioribus circa curam(curationem) egritudinis...
> Gualterus Agilon, prol. Summa medicinalis: Ran 1339, 13c, ff. 1-45; HL 21, 412-15; BN 6976, 14c, ff. 22ra-(68); BLlm 728, 14c, ff. 81-(126); VAp 1192, ff. 14v-61r; Vendôme 246, 14c, ff. 46-89(Pansier II,18); ed. P. Diepgen, 1911, pp. 84-228. Text, 'Incipiamus ergo primo...'

Sicut ait Hippocrates in pronosticis...
> VAp 1165, 14c, ff. 39rb-40vb

Sicut animalium singulum unum esse dicitur...
> Galen, De utilitate particularum, libri I-XVII, tr Nicolaus de Regio: VA 2380, 14c, ff. 1-109; CLM 26, 15c, 97 ff.; Lo Parco p. 287; pr 1515, I, 67r-131r; T (1946), 232

Sicut antiquorum nos monet auctoritas...
> Cajetan de Thienis, comm. De anima: Cesena sinis. Plut.9, cod.5

Sicut apparet ex dictis Averrois in sua aggregatione...
> Bartholomaeus de Varignana, Comm. De accidenti et morbo: VA 4452, ff. 67ra-82vb; T (1953), 271

Sicut aqua pure coloris...
> CUc 511, c.1500, f. 80v-

Sicut aque pure color est qui dicitur albus...
> Aegidius, Versus de urinis: CLM 4395, 15c, ff. 21r-22r

Sicut asserit(attestatur) Galienus duplex est anathomia...
> De anathomia: BLd 197, 13c, f. 83ra-vb; BLd 56, 14c, ff. 59v-(64r); BMh 5228, 14c, ff. 37r-38v; Pagel-Sudhoff, Handbuch (1922), 180 (Schulz)

Sicut attestat G. in Tegni...
> BMh 2558, ff. 185r-187v. See 'Sicut testatur Galienus...'

Sicut autem astrologi qui in ea veritate omnes planete...
> Luna et Saturnus a.1466: CLM 27001, f. 85r-va

Sicut autem dicit Constantinus humores temperamentum...
> Glosulae quatuor magistrorum super Chirurgiam Rogerii et Rolandi: Renzi II,502; PM 3599, ff. 97va-115vb

Sicut autem secundum quosdam...
　　See 'Sunt autem secundum quosdam...'

Sicut autem subservit theologice distinctione ars numerandi...
　　De musica: Ea Q.195, late 13c, f. 93r-v

Sicut Averroes ponit iu prima...
　　Quest. in Aristotelis physica: BN 6872, 15c, ff. 58ra-62vb

Sicut corporale exercitium conveniens...
　　De diabetica passione: VAu 1353, a.1492, f. 44-

Sicut de antiquis habemus auctoribus et eorundem rationes...
　　Medical (with table of contents): BMsl 2995, 15c, ff. 24ra-25rb-113ra (incomplete)

Sicut de coelestibus...
　　Caudas astrologus, Liber de tribus figuris spirituum: Pastrengo(1547), f. 17r; Spec. astron., Borgnet X, 641; T (1947), 251

Sicut de rebus naturalibus nihil est perfectum...
　　Thomas Aquinas, Comm. Meteor.: VA 846, 14c, ff. 69r-86r; Opera, III(1886), 326-412

Sicut dicebatur superius: significationes principales...
　　Gentile da Foligno, Summa de urinis: Ea F.351, late 14c, ff. 151-181

Sicut dicit...
　　See also 'Sicut dixit...'

Sicut dicit Algazel in metaphysica sua Scientia corrigit...
　　Mi Trivulz. 753(H.67), 13c, ff. 4r-17(20)va

Sicut dicit Aomar in fine libri sui de nativitatibus ...
　　CUe 70, 15c, ff. 150v-151r

Sicut dicit Apuleius et philosophus in libro de mundo...
　　In Meteora: BN 14698(H); AL 543

Sicut dicit Aristoteles in principio de anima...
　　Comm. Sacrobosco, Sphere: Ea F.376, 14c, ff. 1-13v; T (1949), 34

Sicut dicit Aristoteles in principio huius quem pre manibus habemus exponendum...
　　Petrus de Alvernia, Questiones super De coelo et mundo: PM 3493(364), 14c, ff. 95-(136)

Sicut dicit Aristoteles philosophus...
　　Thomas Aquinas, In librum de causis: Delisle III, 85b

Sicut dicit Aristoteles secundo(septimo) Ethicorum...
　　John de Oxonia(i.e. Eschenden), Summa de accidentibus mundi: BNna 3034, 15c, 366 ff.; VA 2880, ff. 90ra-114vb, incomplete

Sicut dicit Averrois supra primum phisicorum consideratio...
　　Simon of Faversham, Questiones de VIII libris physicorum: Ea F.348, 14c, ff. 1-69; Grabmann (1933), 6(Schulz)

Sicut dicit Avicebron in libro fontis vite tertio tractatu...
　　Comm. Aristotle, De anima: Ea F.308, 14c, ff. 44v, 85; BN 16609, c.1300, ff. 41ra-61rb

Sicut dicit Avicenna in sua methaphisica quanto virtus...
　　Questiones de octo libris physicorum Aristotelis: Ea F.348, 14c, ff. 69v-115v; Grabmann (1933), 7(Schulz)

Sicut dicit Avicenna quicumque vult scire oportet quod...
　　Recepte: BN 16195, 13c, ff. 1r-4ra

Sicut dicit Boetius in arismetica sua omnia que...
　　Johannes de Muris, Geomancy: VE VIII, 44 (XI,105), 14c, ff. 64r-99r; T III, 323-4

Sicut dicit Chalcidius in Thimeo et aliorum...
　　BLas 1475, 15c, pp. 297-336

Sicut dicit C(h)alcidius in Thimeo quod etiam auctoritate aliorum...
　　Petrus Hispanus, Comm. Ysagoge Johannitii ad Tegni: Ma 1877, ff. 24r-48r, Grabmann(1928), 101; anon.: Soissons 48, 13c, ff. 1-61; Ea Q.221, 14c, ff. 67-106v; BLas 1435, 15c, ff. 105-272; Glose super Ioh. compilate a mag. Stephano de Chaveto (Claveto?): CUg 86, 13c, pp. 1-92a

Sicut dicit commentator prologo octavi phisicorum homo dicitur equivoce...
　　Radulphus Brito, Quaestiones super librum de anima: HL 36, 173; Raoul de Hotot: Glorieux I, 455; anon. BMar 4, 13-14c, ff. 1-(17)

Sicut dicit commentator super 60 verbo Centiloquii...
　　Hugo de Civitate Castellis, De diebus criticis, Perugia.a.1358: VAb 178, 14c, ff. 105-106(T III,217-18)

Sicut dicit Constantinus humane res...
　　Guido Arenensis, Glossae de Rogeri chirurgia: Ea F.284, 14c, ff. 25-75; probably an erroneous reading for the following incipit

Sicut dicit Constantinus humores temperamentum exeuntes...

Glosule quatuor magistrorum scilicet Archimathei, Petronselli, Platearii, et Ferrarii super cyrurgiam Rogerii et Rolandi: Cambrai 916, 13c, ff. 40-80v; CUt 902(R.XIV.29), 14c, ff. 139-197r; CUpet 106, 14c, ff. 144-174; Oa 76, 15c, ff. 1-93; BMsl 3018, 14c, ff. 33-63; CLM 13057, 13c, ff. 62ra-104vb; Renzi II, 502-724; III, 205-254; Studien(1918), 243, 247

Sicut dicit Constantinus in Pantegni et hoc idem testatur...

Gilbertus Anglicus, comm. Versus Aegidii Corboliensis de urinis: Ea F.276, 14c, ff. 42-66; PA 1080, 14c, ff. 255-277; Moulins 30, 14c, ff. 1-44; VI 5312, 15c, ff. 6r-41v; Wi 56, 15c, ff. 122-149; Rose(1907), v, n.1; anon. Admont 496, 13c, ff. 1-24; CLM 267, ff. 2ra-46ra; 276, 14c, ff. 2-45; 11322, 14c, f. 38; 3875, 15c, f. 52

*Sicut dicit Damascenus impossibile est substantiam esse expertem...

Albertus Magnus, De potentiis anime, really lib. V, Philosophia pauperum: Philos. Jahrbuch, 36(1923), 155, 161-168; 37(1924), 271-2; Glorieux I, 75; AL 589; Kibre(1941), 262, n.8; BN 6552, ff. 28va-32va; BLd 67, 14c, ff. 92v-(96r); BMr 8.A.XVIII, 15c, ff. 49-(56); anon. Avignon 1093(Anc.85 Suppl.), 15c, ff. 106-120; Klebs 23.4-6

Sicut dicit Eustratius Physica in duas...
AL 671

Sicut dicit Eustratius super primum...

Quest. in Physicam: BN 14698, 13-14c, ff. 83r-129bis, r(AL 543)

Sicut dicit Galienus in libro interiorum...

Petrus Hispanus, comm. Isaac, Liber urinarum; Isaac, Opera, 1515, ff. 156ra-203rb

Sicut dicit Galienus in libro de interioribus...

Gualterus (de Agilis, i.e. Agilon), Practica: CLM 13124, f. 3v; Summa: EU 174(Db.VI.2), 14c, ff. 31-98v(DWS MS); Pansier II, 19

Sicut dicit Galienus in tegni supra dispositiones
...

Cardinalis, Glosule supra pulsum Philareti: Cues 222, 15c, ff. 90-106v; anon. CUg 86, 13c, pp. 236-265

Sicut dicit Galienus primo de ingenio sanitatis non visites nimis curias...

John of Gaddesden, introd. Rosa medicinae. Text 'Febris nihil aliud...'

Sicut dicit Galienus primo de simplici...

Johannes de Sancto Amando, Areolae: Ea F.77b, 14c, ff. 49-69v; CLM 8808, 14-15c, ff. 50ra-92vb; VI 5312, 15c, ff. 6ra-41vb

Sicut dicit Galienus primo simplicis medicine capitulo quarto...

Johannes de Sancto Amando, Areolae de conferentibus et nocentibus: CUpet 95, II, 14c, ff. 102r-108v; Evreux 114, 14c, ff. 19-39; PA 1080, 14c, ff. 176, 205; etc., ed. J. L. Pagel, Berlin, 1893; AL 123

Sicut dicit Galienus quarto simplicis medicine
...

Johannes de Sancto Amando, Areolae: Ea F.245, early 14c, ff. 80-94; F.271, c.1300, ff. 30r-56v

Sicut dicit Galienus sexto de ingenio sanitatis...

Henri de Mondeville, Anathomia (1304): ed. J. L. Pagel, Berlin, 1889, pp. 16-78; text agrees, in part, with the Chirurgia(1306), tract I, ed. Pagel, 1892

Sicut dicit Haly secundo quadripartiti...

John of Eschenden, Prognostication for an eclipse and conjunction of 1349: BLd 176, 14c, ff. 20r-33r(T III, 335, 720); CUe I.3.18, 15c, f. 1v (Atk)

Sicut dicit Hermes in libro de natura dierum. Homo est...

Comm. Canons of Arzachel: FLa 137(211-143), 15c, ff. 63-160v

Sicut dicit Hermes in libro de 15 stellis...

Jacobus de Sancto Amando, Summa de locis probationum, a.1312: CLM 14246, 14c, ff. 133r-140r; Grabmann(1936), 233

Sicut dicit Hermes omne corruptibile metallum cum destruitur...

Rasis, De exordio seminum *or* Ovum philosophorum (from Explicit): Prag 1765(IX.9), 14-15c, ff. 14v-21r

Sicut dicit Hippocrates Qualis medicus est ille qui astronomiam nescit...

Ps. Hippocrates, Astrologia: Basel F.II.10, 15c, ff. 169va-172vb; Janus 49(1960), 112-13

Sicut dicit Hippocrates qui fuit medicus et magister optimus...

Astronomia Hippocratis: BN 6891, ff. 90ra-91va; T (1944)ab, 219; Janus 49(1960), 112-13

Sicut dicit Iohannes Damascenus magnus theologus medicus et phisicus...

J. de Rupella, De anima: Brux 12049, 15c, ff. 224-285v; CU Ii.I.29, 15c, f. 71(Atk); Glorieux II, 25; AFH 6(1913), 607

Sicut dicit Isaac...
> Comm. Substantia orbis: ZB X(1893), 162

Sicut dicit Linconiensis in commento Aristotelis...
> Petrus de Mutina, Questio de quidditate substantiarum sensibilium: Ea F.178, middle 14c, ff. 139-145

Sicut dicit Macrobius tertio libro Saturnalium . . .
> (Michael Scot?), pref. Mensa philosophica: T II, 308; Polain, 2668-72 Klebs 676.1-9; IAL M421-26; Paris, 1509

Sicut dicit philosophus decimo Ethicorum perfecte inest...
> (Henricus de Gandavo?), prol. Comm. De caelo et mundo: Grabmann(1928), 76-80; BN 16609, 13-14c, ff. 3ra-29ra, Explicit a.1299; Grabmann (1933), 6; Glorieux I, 390. Text, 'Utrum totum corporeum...'

Sicut dicit philosophus decimo metaphysice...
> Petrus de Alvernia, Questiones, Arist. Metaphysice: CUpet 152, 14c, ff. 117r-127ra; 129ra-224v

Sicut dicit philosophus in Centilogio...
> See 'Sicut dicit Ptolomeus...'

Sicut dicit philosophus in compluribus locis...
> Herbarius Alberti: Prag cap 1361, ff. 135-137 (Schulz). See 'Sicut dicit philosophus in pluribus locis...'

Sicut dicit philosophus in decimo Phisicorum motus reperitur...
> Simon of Faversham, Questiones super Parva naturalia: Ome 292, 14c, ff. 393v-401; Grabmann(1933), 7(Schulz)

Sicut dicit philosophus in decimo sue Metaphysice in omne genere...
> Petrus de Alvernia, Supra librum Metaphysice: VI 2330, 14c, ff. 60ra-106vb; SBM III(1933), 6(Schulz)

Sicut dicit philosophus in fine primi Phisicorum . . .
> Petrus Thomas Hispanus, Questiones de formis: VI 2190, 14-15c, ff. 145v-155v

Sicut dicit philosophus in libro phisicorum due sunt cause...
> William de Leus *or* de Levibus, In librum De causis expositio: Borghesi 352, early 14c; Beiträge, Suppl. Bd. III(1935), 1065-79

*Sicut dicit(vult) philosophus in multis(pluribus) locis...
> Albertus Magnus, Experimenta seu Secreta: T II, 726, n.1, 746-7; Speculum XXX(1955), 413-23; BN 6567A(AL 590), c.1290, ff. 4r-5v; DWS 1069; VA 4864, ff. 11-17r(ColR 164); as Liber aggregationis in many eds., listed T II, 721; GW 617-665; Klebs 18.1-53; IAL A226-239

Sicut dicit philosophus in politicis suis...
> Thomas Aquinas, comm. Aristotle, Metaphysics: Padua XVIII.N.387, 13c, 153 ff.; VAu 216, 14-15c, f. 1

*Sicut dicit philosophus in primo Phisicorum Tunc opinamur...
> Thomas Aquinas and Petrus de Alvernia, comm. Aristotle, De coelo et mundo: VA 846, 14c, ff. 55r-68v; Bruges 498, 13-14c, ff. 87-125v; CLM 14246, ff. 94r-114v; CUpet 137, c.1300, f. 188 (Atk); Ea F.354, 14c, ff. 1-62; CLM 14246, ff. 94r-114v; GW 2355; (Klebs 964.1-2; IAL T217; LC); Grabmann(1936), 230; Beiträge XXII, (1920), 204; Aquinas, Opera 23(1875). See 'Sicut philosophus dicit in primo...'

Sicut dicit philosophus in primo Physicorum Innata...
> Petrus de Alvernia, comm. Aristotle, De iuventute et senectute: CUpet 143, c.1400, f. 79(Atk)

*Sicut dicit philosophus in principio libri de anima...
> Michael Scot, Comm. Sacrobosco, Sphera cum questionibus diligenter emendatis: ed. T (1949), 247-342, cf. Preface; pr Bologna, 1495; (Klebs 900.1; IAL M479); Venice, 1518, ff. 104v-115v; 1531, ff. 180v-194v(TR 236a)

Sicut dicit philosophus in quarto metaphisice...
> Thomas Aquinas, Super librum de sompno et vigilia: CUpet 143, 14-15c, ff. 11v-20; anon. f. 89v(Atk)

Sicut dicit philosophus in rethorica Nobilitas agenti...
> See 'Sicut dicit philosophus primo Rethoricorum ...'

Sicut dicit philosophus in secundo de celo et mundo...
> Dietrich von Freiberg, De intellectu et intelligibili: Beiträge V, 5-6(1906), 119*-206*; XX, 5(1922), 76, 82

Sicut dicit philosophus in septimo de historiis animalium...
> Thomas Aquinas, Comm. de memoria et reminiscentia: Bruges 513, 13-14c, ff. 97r-100v; VA 825, f. 85; 846, f. 27; CUpet 143(I), c.1400, f. 58(Atk); Beiträge XXII, 1-2(1931), 266; Opera 24(1875), 270-92

Sicut dicit philosophus in sexto metaphysice Si nulla esset substantia...

> Gerardus de Brolio, In Aristotelis libros de animalibus: BN 16166, 14c, ff. 1r-192v (T IV, 397); PM 3517(507), 14c, ff. 1-106; Mi C.202. inf., 14c, ff. 1ra-103vb; Mi H.107.sup., ff. 1ra-60rb; Grabmann (1928), 109

Sicut dicit philosophus in sexto metaphysice Tres sunt partes...

> Gratiadei Aesculanus, prol. Questiones litterales super libros Aristotelis de physico auditu

Sicut dicit philosophus in sexto metaphysice Tres sunt scientie...

> Petrus de Alvernia, Comm. De sensu et sensato: Ome 275, 14c, ff. 205-(214)

Sicut dicit philosophus in tertio de Anima Sicut separabiles sunt...

> Thomas Aquinas, comm. Liber de sensu et sensato: Bruges 513, 13-14c, ff. 86-97r; VA 825, f. 67; VAu 217, 15c, f. 244v; Beiträge XXII, 1-2 (1931), 266; Opera 24(1875), 198-267

Sicut dicit philosophus in tertio Physicorum Consideratio de natura...

> CLM *317, 13c, f. 199r(Schulz)

Sicut dicit philosophus in tertio physicorum Considerantem de hoc...

> Magister Paulus, Sententia de motibus animalium seu expositio in librum Aristotelis de animalium motione: VE VI.105(X,218), 15c, ff. 187-195

Sicut dicit philosophus in ultimo capitulo in libro de partibus animalium...

> Expositiones textuales...in Arist. De longitudine et brevitate vite: pr Cologne, 1497, ff. 43rb-48ra (Klebs 82.8; IAL A866)

Sicut dicit philosophus in ultimo capitulo primi libri de partibus animalium...

> Jacobus de Duaco, Comm. super de causa longitudinis et brevitatis vite: HL 27, 159; Ea Q.188, 13-14c, ff. 81v-86; Bruges 513, 13-14c, ff. 143r-149r

Sicut dicit philosophus libro de generatione...

> Petrus de Alvernia, Sententia super quartum librum meteororum Aristotelis: VI 2330, 14c, ff. 20r-39rb

Sicut dicit philosophus octo metaphysicorum...

> John Gratiadei, Comm. Physics: Es e.II.8, ff. 1r-100v

Sicut dicit philosophus Omnis scientia est de genere bonorum...

> Albertus, Experimenta *or* Secreta: CUad 4087, 14c, ff. 196r-207v; CUt 1351(O.VII.23), 15c, ff. 33r-39r, incomplete; BMe 2852, ff. 67r-73v. See 'Sicut dicit philosophus in multis...'

Sicut dicit philosophus primo Moralium Omnis ars...

> Comm. Galen, De complexionibus ('Insignes antiqui...'): Wi 24, 14c, ff. 159va-164rb(?)

Sicut dicit philosophus primo Phys. cap. 3° primum est...

> Petrus Thomas, Quest. de ente: VA 2190, ff. 2-62

*Sicut dicit philosophus primo phisicorum Innata (Innota)...

> Petrus de Alvernia, Comm. super de iuventute et senectute: Ea Q.188, 13-14c, ff. 86-88; VA 846, 14c, ff. 41r-45r; Ome 274, 14c, ff. 263-(269r); etc.; Glorieux I, 414; pr Venice, 1551, ff. 55r-60r; ascribed to Aegidius: Delisle III, 85a; pr as Thomas Aquinas, Comm.: Padua, 1493(Hain 1719, ff. L6r-K5r; Klebs 92.3; IAL A912)

Sicut dicit philosophus primo Rethoricorum(sue Rhetorice) Nobilitas est...

> William of Spain, Super librum de phisionomia: CUpet 143, 14-15c, ff. 25v-(36); BN 16089, 14c, ff. 244ra-257v; AL 1806; ascribed to Aquinas, Ea Q.306, 13c, ff. 47-61; attributed to Aegidius Romanus: HL 30, 465; CLM 11322, 14c, ff. 49r-56v; anon. VI 4753, 14c, ff. 163r-189v; Comm. Aristotle, Physics: PM 3485(363), 14c, ff. 299-311; AL 938

Sicut dicit philosophus quarto metaphisice...

> Questiones super libros Aristotelis de generatione et corruptione: BMar 4, 13-14c, ff. 17-(26)

Sicut dicit philosophus secundo de Anima...

> Walter Burley, De potentiis anime: BLd 172, c.1325, ff. 1r-6v; cited Thomson 90; Grabmann (1933), 6, n.4, n.7

Sicut dicit philosophus secundo metaphisice Philosophiam veritatis...

> Jean de Jandun, Quaestiones super Averrois sermonem de substantia orbis: pr 1481, 1493, ff. 102r-113r(Klebs 425.2; 4; IAL G24-26); Venice, 1552, 1564

Sicut dicit philosophus sexto...

> See also 'Sicut dicit philosophus in sexto...'

Sicut dicit philosophus sexto de historiis animalium. Natura...

> Petrus de Alvernia, Comm. De memoria et reminiscentia: Ome 275, 14c, ff. 214-(217)

Sicut dicit philosophus sexto metaphisice...

> Scripta bona et magistralia super omnibus libris de historiis animalium(Aristotelis): Ea F.339, 14c, ff. 9-32v (Expl. liber X et ultimus de hyst. anim.

Sicut dicit philosophus sexto metaphisice Theorica sine scientia...
> Nicolaus de Orbellis, Compendium considerationis mathematicae: Ran 127, a.1473, ff. 21-92; Trithemius, f. 116r; Plimpton 200, ff. 133-135; pr Bologna, 1485; with Cursus philos. naturalis: Basel 1494(Klebs 711.1; 712.1; IAL O66-67); Basel, 1503

Sicut dicit philosophus tertio de anima Sicut res sunt...
> Quaestiones de generatione et corruptione: Ea F.348, 14c, ff. 158v-174v; Glorieux I, 462; Grabmann(1933), 7(Schulz)

Sicut dicit philosophus tertio physicorum Volentem considerare...
> Petrus de Alvernia, Sententia de causis motus animalium: VI 2330, 14c, ff. 12va-19rb

Sicut dicit Plato in Timeo Nihil est cuius ortum ...
> Gloss, De generatione et corruptione: Ea Q.310, 13-14c, ff. 1-17

Sicut dicit Ptolomeus in Almagesti Disciplina ...
> John of Saxony, Comm. super novum computum: T III, 253-54, n.2; Ea Q.365, ff. 132-139; FL XXX.24, a.1297, n.15(Schulz)

Sicut dicit Ptolomeus in Almagesti Disciplina...
> John of Eschenden, De significatione coniunctionis Saturni et Martis in Cancro...anno Christi 1357: T III, 720; CUe 70, 15c, ff. 4v-14v; BMh 637, 15c, ff. 129va-138vb

Sicut dicit Ptolomeus in proverbiis Almagesti...
> William of Aragon, Comm. Centiloquium: BMh 1, ff. 76va-85va; Basel F.III.8, 14c, ff. 1ra-16vb; BEC 106(1945-46); Carmody 17

Sicut dicit quedam glosa...
> Guilielmus Occam, Questio de quantitate: Ran 1017(R.6.32), 14c, ff. 64-72

Sicut dicit Seneca 4 epistola ad Lucillum...
> 'Questiones...a Britone date': BN 16609, ff. 30ra-40ra(TR 283); HL 36, 179-80, incorrectly has *in* for *4* and calls the work anon., though adding, 'il se trouve dans les deux MSS qui l'ont conservé à côté d'oeuvres authentiques du maître parisien' (Raoul Renard dit le Breton), Raoul de Hotot, Quest. super Algorismum et compotum: Glorieux I, 455-56

Sicut dicit Seneca, Vivere sine litteris...
> Questiones super 4 libros Meteor: Delisle, III, 86a

Sicut dicit tenuissimus super ista verba Philosophi...
> Comm. Johannes Parisiensis, De complexionibus: Ea Q.35, a.1421, ff. 142-158; Isis 49(1958), p. 399, n.4

*Sicut dicit Themistius in opere...
> Walter Burley, De anima: Tanner; VA 2151, ff. 1r-88r

Sicut dicit Themistius super librum de anima...
> Walter Burley, Comm. De anima: LP 74, 14c, f. 33-; VAo 2165, 14c, ff. 48v-63v(AL 1766)

Sicut dicit Thomas Aquinas quod sanitas...
> Medicina sub compendio: Graz 216, c.1400, ff. 64v-65v

Sicut dicitur decimo Ethicorum Oportet nos...
> Ioh. Vath. (Jean Gautier d'Agiles) Questiones de generatione animalium 'disputate per magistrum Iohannem Vath. et recollecte per magistrum Gentilem de Cingulo': VA 4454, ff. 117ra-129vb; HL 21, 411-

Sicut dicitur in principio physicorum Illa que sunt communia...
> Jacobus de Duaco, comm. De anima: HL 27, 157; AL 639

Sicut dicunt experimentatores tonitruum...
> Tract. meteorologicus de mensibus: CLM 9559, 14c, f. 15v; VI 5522, 15c, ff. 61v-63r; Misc. Ehrle I(1924), 112-113

Sicut difficultas sermonum illorum(aliorum) qui a nobis...
> Alexander of Aphrodisias, De tempore, tr Gerard of Cremona: SBM, 1924, p. 11; BN 6325, f. 49(H); BN 6443, 13c, ff. 194r-195r; AL 57, 572, 583, 966, 1267; Delisle III, 83; Graz 482, c.1300, f. 132ra-va; ed. Bibl. Thomiste, VII (1926), 92-97; CUg 497, 13-14c, ff. 53r-54r (CR B-57(11); ascribed to Alfarabi, BMr 12.C.XV, 13c, f. 149r

Sicut dixit...
> See also 'Sicut dicit...'

Sicut dixit Galienus. Quia corpora hominum ...
> De virtutibus cibariorum: Ea F.336, 14c, f. 7v; Diels(1905), 76

Sicut dixit Tacuinus quod sanitas...
> De sex rebus non naturalibus: VI 5511, 15c, ff. 148v-149r

Sicut docet philosophus in decimo ethicorum...
> Thomas Aquinas, Expositio in librum de causis: VAu 215, 15c, f. 148

*Sicut docet philosophus in Politicis suis quando . . .

  Thomas Aquinas, comm. Aristotle's Metaphysics: Angers 450(435), 13c, ff. 120-(198); etc. Beiträge XXII, 1-2(1931), 267; Opera, 24 (1875), 333

*Sicut docet philosophus in undecimo de animalibus. . .

  Thomas Aquinas, In libros de anima: Bruges 493, 14c, ff. 61-119r; Ea F.308, 14c, ff. 45-84v; etc.; Beiträge XXII, (1920), 206; Opera, 24(1875), 2-195; Glorieux I, 92; AL 1405, 1529, 1578. See 'Sicut philosophus docet. . .'

Sicut duodecim menses sunt in anno sic sunt xii signa. . .

  De indiciis vitae: VAb 92, 12c, ff. 36v-37v

Sicut et in aliis imprimis videre debemus que sit materia huius operis. . .

  Comm. Boethius, Arithmetic: FL Plut.51, cod.14, 11c, ff. 78-(87)

Sicut ex philosophorum sententia est videre omnium naturam. . .

  Petrus Bernhardus de Monte Ultimo, Astronomy: CLM 14504, 15c, ff. 236r-237

Sicut ex pluribus autoribus colligitur querens antequam querat. . .

  Astrological interrogations: CLM 588, 14c, f. 238ra-vb(Zi 3374)

Sicut expressum est ab antiquis auctoribus. . .

  See 'Sicut ab antiquis. . .'

*Sicut fructus est ultimum quod ab arbore exspectatur. . .

  Aegidius de Columna, De principiis naturae: BLd 172, 14c, ff. 6v-(11v?); ascribed to Walter Burley: CLM 3548, a.1439, ff. 93ra-96vb; Ob 93, 15c, ff. 7-11v

Sicut Galienus ait. . .

  See 'Sicut ait Galienus. . .'

Sicut Galienus primo de ingenio sanitatis circa . . .

  Petrus de Tussignano, De peste: Na VIII.D.35, f. 74rb; VAp 1260, 15c, ff. 99v-104vb; VAp 1265, 15c, ff. 147r-158v; Giacosa 486

Sicut habemus a divino. . .

  Dietrich von Freiberg, De intellectu: Ea F.72, 13-14c, ff. 88-107

Sicut habemus ab antiquis. . .

  See 'Sicut ab antiquis. . .'

Sicut habetur a philosopho quarto Ethicorum tractatu. . .

  Helias Hebraeus Cretensis, pref. De primo motore utrum immediate primum mobile moveat. See 'Queritur questio difficilis. . .'

Sicut habetur in secundo phisicorum. . .

  Comm. De anima (old tr): Rve 838, 14c, ff. 20r-51v(AL 1557)

Sicut habetur in libro de pura bonitate. . .

  Petrus de Hibernia, prol. Comm. Aristotle, De longitudine et brevitate vitae: VA 825, 14c, ff. 92r-102r; Grabmann(1936), 264(Schulz)

Sicut habetur sexto Metaphysice tres sunt partes theorice vel speculative. . .

  Comm. Physic.: Greifwald, Nikolai Kirche D.IX, ff. 166-266(Schulz)

Sicut Haly testatur tertio tegni capitulo 144 Oportet. . .

  Petrus de Sancto Floro, Colliget florum medicinae: Wickersheimer 634; ed. J. L. Pagel, Berlin, 1896

Sicut(Dicit?) Hippocras medicorum optimus cuiusmodi medicus. . .

  Ps Hippocrates, Astrological medicine, third tr: CUt O.II.40, 15c, ff. 122r-126r; T (1944)ab, 219; Janus 49(1960), 112-13

Sicut homine natura nihil prestantius gignit. . .

  Bartholomaeus de Montagnana, Consilia medica: Polain, 2781(Klebs 689.2; IAL M701)

Sicut igitur in negotio nostro de anima. . .

  Petrus Hispanus, Liber de morte et vita et De longitudine et brevitate vitae, in 3 tractates: Oc 243, a.1423, ff. 15v-28v(T II,501)

Sicut ille qui sagittat arcu. . .

  See 'Nota de tractatu qui incipit. . .'

Sicut in Almagesti primi libri capitulo primo Ptholomeus testatur. . .

  Horologium Achani: VAp 1376, 15c, ff. 185vb-189va

Sicut in conservatione sanitatis non conveniunt nutrimenta medicinalia. . .

  Nicolaus Mückeinbergeris(?), Liber de tota scientia medicina astronomicis mixtus multisque opusculis refertus: VAp 1188, 15c, ff. 1r-140r

Sicut in humano corpore non simpliciter. . .

  Pref. Glosae super Theophilum de urinis: Bern A 52, 12c, ff. 84v-100r; BLd 108, 12c, ff. 91r-(106r); BMr 8.C.IV, 13-14c, ff. 177-(185v); CUpet 251, 13c, ff. 61r-

Sicut in integris septem sunt. . .

  De numeris fractis: VI 5498, 15c, ff. 31r-46v

Sicut in libris medicinarum qui experti sumus. . .
John Damascenus: Lincoln Cath. Chap. 333, ff. 32vb-53va

Sicut in libris nostris (urinarum) ex hiis que experti sumus. . .
Mesue, Antidotarium: CLM 3512, ff. 85vb-103ra; CUg 84, f. 134(Atk); Ea F.77b, ff. 97-110; Ea F.281, ff. 26-44; Tours 795, ff. 85-113; all 14c; Danzig Mar 238, ff. 92v-114(Schulz)

Sicut in libro intitulato Lumen luminum habemus. . .
Extract, Roger Bacon, Speculum secretorum alkimie: Cambrai 919(818), 15c, ff. 44v-46(Corbett II,35)

Sicut in omni scriptura viginti tres litteras ita. . .
Guido Aretinus, Dicta de Musica: CUt 945 (R.XV.22), 12c, ff. 131v-140r. (Apparently part of his Micrologus)

Sicut in philosophia motus et operationes. . .
Henry of Hesse, De discretione spirituum: T III, 747; VA 9369, 14c, ff. 1r-15r(ColR 43a); Basel A.VIII.17, 15c, ff. 41r-57r; CLM 18544b, a.1409, ff. 30r-42v; etc.; ascribed to Thomas (Ebendorfer) of Haselpach: Mittelalterliche Bibl. Kat. I(1915), 340

Sicut in principio istius operis diximus. . .
Albertus Magnus, De intellectu et intelligibili: Sorb 255(H); BN 16170, 13c, ff. 24ra-25rb(TR 364). See 'Sicut a principio. . .'

Sicut in principio metaphisice philosophus dicit . . .
Gratiadei Esculanus, prol. Questiones in libros Aristotelis de anima. Text, 'Hic primo queri posset. . .'

Sicut in rebus est triplex unitas. . .
Comm. Liber de sex principiis: CLM 14460, ff. 174r-188r; Grabmann (1936), 229 (Schulz)

*Sicut in rebus naturalibus(universalibus) nihil est perfectum. . .
Thomas Aquinas and Petrus de Alvernia, In libros meteorologicorum expositio: BLcm 175, 13-14c, 73 ff.; Opera 23(1875), 388-571; Beiträge XXII (1920), 205; Glorieux I, 94; AL 668, 1192; ascribed to Aegidius Romanus: Bruges 496, 13-14c, ff. 1-30v; pr Salamanca, 1497 (Polain 3076; Klebs 771.1)

*Sicut innuit philosophus in tertio Physicorum Volentem. . .
Petrus de Alvernia, De motibus animalium: Ob 104; VA 846, 14c, ff. 32v-40v; pr Venice, 1551, ff. 40r-50r; Glorieux I, 413; Thomas Aquinas(?): Hain *1719, ff. g3 recto-i verso(Schulz)

25

Sicut innuit philosophus super de motibus animalium. . .
Albertus de Saxonia, Summa naturalis philosophie: Mittelalt. Bibl. Kat. I(1915), 406

Sicut inter membrorum superfluitates. . .
Bartholomaeus de Brugis(?), Comm. in Philareti librum de pulsibus: Bern A 52, 12c, ff. 100r-109r; Ea Q.175, 13c, ff. 55v-58v; Brux 6120, 14c, ff. 19ra-25vb(Silvestre); anon. VI 2392, f. 161(Schulz)

Sicut inter superfluitates membrorum precipuam doctrinam. . .
Bartholomaeus de Brugis, Comm. Philaretus, De pulsibus: Borghesi 196, 14c, ff. 99r-102r

Sicut irreverberata utriusque luminis acie solem aquila intuetur. . .
Bertrandus, Lucidarius vel Almagest (medical): BLd 79, 13c, ff. 176r-(178v); CUsj 78, 13c, ff. 70-116v; VI 2296, 13c, ff. 108v-115v; VAp 1208, 15c, ff. 75r-147r(ff. 75r-76r, ColR 182)

Sicut medicorum illustri Galieno placuit. . .
De urina: VAp 1232, f. 1

Sicut narrat Gallorum doctor. . .
Pierre d'Ailly, De legibus et sectis contra superstitiosos astronomos. See 'Contemplatio conditoris. . .'

Sicut nobis locuples testis Cicero. . .
Albert Cranaz, Comm. De anima: Leip 1455, 15c, ff. 337r-346r

Sicut nobis philosophorum divinarum scripturarum sententiis. . .
De iudiciis urinarum: Ea Q.204, 12c, ff. 40v-46v

Sicut notitia conpoti ecclesiastici. . .
Comm. Alexander of Villa Dei, Massa computi: BN 14070, 15c, ff. 28ra-72

*Sicut omnes homines naturaliter scire desiderant . . .
Thomas Aquinas, prol. De unitate intellectus contra Averroistas: CUc 35, 14c, ff. 114-122v; Budapest 104, 14c, ff. 19v-26; BN 6443, 14c, ff. 167r-172r; AL 583, 1766; NYAM MS 6, 14c, ff. 45r-67v; Kibre(1941), 271, n.37-38; Beiträge XXII, 1-2(1931), 293; pr Treviso, 1476; Opuscula, 1498, (16)(IAL T305; 232); Bruno Nardi, Tommaso d'Aquino, Opuscoli e testi filosofice, Bari, (1916), 9-72; Opuscula ed. Mandonnet, 1927, I, 33-69(Schulz)

Sicut omnes universaliter scire desiderant. . .
Thomas Aquinas(?), De intellectu et intelligibili: Oc 225, 14c, V, pp. 107-(126); cf. IAL T232, 53; T272

Sicut operandi significationem Nero karissime . . .

> 'Cirurgia Galieni' (Extracts from Galen, De ingenio sanitatis): BLe 19, 14c, ff. 68va-86rb; BN 6883, f. 53r

Sicut philosophus dicit. . .
> See also 'Sicut dicit philosophus. . .'

Sicut philosophus dicit in decimo Ethicorum Ultima felicitas. . .
> Thomas Aquinas, In librum de causis expositio: Beiträge XXII(1920), 207; VA 846, 14c, ff. 55r-68v; AL 1192, 1623; Opera, XXVI(1875), 514-70; Klebs 92.3; IAL A912; Opuscula omnia, ed. Mandonnet, 1927, I, 193-311(Schulz)

Sicut philosophus dicit in primo physicorum. Tunc opinamur. . .
> Thomas Aquinas, Comm. Aristotle, De celo et mundo, completed by Petrus de Alvernia: QE I, 283; pr Venice, 1495(GW 2355-56; Klebs 964.2-3; LC). See 'Sicut dicit philosophus in primo. . .'

Sicut philosophus dicit in principio metheorologicorum Sapientum. . .
> Comm. Aristotle: Stift Neukloster C.6.Pg., 13c, 125 ff.(Xenia Bernardina II, i, 282)

*Sicut philosophus dicit in septimo de historiis animalium Natura. . .
> Thomas Aquinas, comm. De memoria et reminiscentia: VAu 217, 15c, f. 266; Beiträge XXII(1920), 207; pr Padua, 1493(*Hain 1719; Klebs 92.3; IAL 912); Opera XXIV(1875), 270-292

*Sicut philosophus dicit in tertio de anima Sicut separabiles. . .
> Thomas Aquinas, comm. De sensu et sensato: Beiträge XXII(1920), 206; Opera XXIV (1875), 198-267

Sicut philosophus docet in secundo de animalibus in quolibet. . .
> Thomas Aquinas, Quaestiones in libros tres Aristotelis de anima: VE VI.198(X,66), 14c, 40 ff.; VA 762, f. 67; comm. De anima: pr Venice, 1485 etc.(Klebs 963.1-4; IAL T214-216)

Sicut philosophus docet in undecimo de animalibus. . .
> Thomas Aquinas, Comm. Aristotle, De anima. See 'Sicut docet philosophus. . .'

Sicut ponit Averroes primo sui Colliget capitulo de diffinitione medicine. Omnis ars operativa . . .
> Mundinus, Reportationes a. 1317, Hippocrates, De regimine acutorum: VA 4466, ff. 37ra-55va

Sicut potest apparere per philosophum multis locis. . .
> Quaestiones de coelo et mundo: Ea F.348, 14c, ff. 116-141v

Sicut primo Methaurorum testatur Aristoteles . . .
> Astronomy: VAu 1398, ff. 7v-8r

Sicut proverbialiter dicitur in viis tritis et usitatis. . .
> Dietrich von Freiberg, De coloribus: Beiträge V, 5-6(1906), 23*-25*

Sicut quedam loca destinata sunt. . .
> Gratian, Summa de urinis: Oc 226, 15c, ff. 84-93

Sicut quod(quoniam) animam habemus sciunt omnes homines. . .
> Galen, De substantia virtutum naturalium: BN 6865, f. 117v; Opera, 1490, I, 45v-46r; 1515, I, 142r-; tr Niccolò da Reggio: CLM 490, 15c, ff. 171-19v; T (1946), 230

Sicut ratio numeri nimis difficilis et implicata. . .
> Tabula et ratio numerandi: CUc 291, 12c, f. 137(Atk)

Sicut rubeum draconem albus expellet sic. . .
> Merlin, Prophetia silvestris: CUc 313, 13c, f. 73(Atk); BLd 28, 14c, f. 168r; BMc Claudius B.VII, f. 234ra-vb

Sicut Ruth paupercula non habens messem propriam. . .
> Stephanus Arlandi, prol. Viridarium expositio Antidotarii: Prag 862, 15c, ff. 1r-139r; VAp 1234, ff. 151ra-223rb; Isis XIII(1929), 89

Sicut scribit Alexander tractatu suo. . .
> De versibus Egidii de urinis: VAp 1363, 15c, ff. 162vb-163vb

Sicut scribit Aristoteles quarto Ethicorum Oportet nos secundum. . .
> Fernandus, comm. Aristotle, Methaphysica: Ome 281, 14c, ff. 40-150v

Sicut scribit Avicenna 3a fen primo Canone. . .
> Regimen sanitatis: Basel D.III.1, ff. 105r-127r

Sicut scribit commentator super primo phisicorum Omnis scientia est de formis. . .
> Jean de Jandun, comm. Meteor.: PA XVII 380, f. 69va

Sicut scribit philosophus De generatione et corruptione. . .
> De secretis mulierum: CLM 3875, a.1476-79, ff. 206-(216)

Sicut scribit philosophus in principio. . .
> Bart. Culeius, De generatione: Tanner

Sicut scribit philosophus quarto Metaphisice Omnium...

> Johannes de Corpo, prol. Quaestiones super Hippocrates, Prognostica: BLlm 558, a.1460, pp. 228-398

Sicut scribit philosophus secundo de generatione et corruptione...

> Albertus, Secreta mulierum: VI 5315, 15c, ff. 147r-206r; anon. De generatione hominis: VI 3287, 15c, ff. 89r-102v

Sicut scribit philosophus secundo metaphisice Vocari philosophiam...

> I. Fernandus, Comm. super libro Averroys de substantia orbis: Ea F.346, 14c, ff. 89-112; Laurent 42(174)
>
> II. Jean de Jandun, Idem: VE VI.173(XII,19), 15c, ff. 61-96

Sicut scribit Ptolomeus in Centiloquio...

> Dominicus Maria de Novaria, Prognosticon for 1496: GW 8668

Sicut scribitur a Galieno in septimo de ingenio sanitatis capitulo primo...

> Considerationes xxii de conditionibus quas medicus tenetur scire de iure: VI 5154, 14-15c, ff. 11r-25v

Sicut scribitur a philosopho in principio quarti polliticorum...

> Dino de Florentia, Comm. Hippocrates, De natura foetus: VA 4464, 14c, ff. 88ra-123ra

Sicut scribitur ab Algazele...

> Arnulphus Provincialis *or* Robert Kilwardby, De divisione scientiarum: Ome 261, 13c, ff. 13ra-18va. See 'Cum plures essent...'

Sicut scribitur ab Avicenna Galienus naturalium ...

> Ambrosius de Bussagiis, Expositio super I et II Galieni de crisi: Reims 1014, 14c, ff. 1-65; Wickersheimer 21; see Er 669(Benjamin)

Sicut scribitur ab Avicenna primi canonis capitulo de causis sanitatis...

> Regimen sanitatis: Basel D.III.2, 15c, 15 pp.

Sicut scribitur ab(in) Avicenna tertia primi canonis...

> Chunrad, medicus Eistetensis, Regimen sanitatis: CLM 12389, 14-15c, f. 256(S); anon. BMar 142, 15c, ff. 94-(106); VI 4444, 15c, ff. 304v-312v. Cap.1, 'Sanitatis (igitur) conservator debet uti motu...'

Sicut scribitur in libro ethicorum...

> Cardinalis, Glosule supra prognostica: Cues 222, 15c, ff. 144-166v

Sicut scribitur in sacris eloquiis Interdum infirmitas...

> De conservatione sanitatis: Na VIII.D.35, ff. 107r-174r

Sicut scribitur in Thimeo Platonis...

> Adam de Bouchermefort, Comm. Liber de causis: Grabmann (1936), 176-177

Sicut scribitur primo metheor. ab Aristotele Necessarie est hunc...

> Regule in quo signo est luna et etiam sol: FLa 1448, f. 159r-v

Sicut scribitur quarto et sexto metaphisice Eiusdem scientie...

> Thomas Aquinas, Comm. de causis longitudinis et brevitatis vitae: Ea Q.188, 13-14c, ff. 31-35r; pr Padua, 1493(Hain *1719) Klebs 92.3; IAL A912); Petrus de Alvernia, VI 2330, 14c, ff. 9v-12v; Egidius de Roma: Bruges 496, 13c, ff. 1r-30v

Sicut scribitur secundo de generatione et corruptione...

> I. De generatione hominis astrorum viribus subiecta: Ea Q.30, 14c, ff. 150-154
>
> II. Petrus de Ravenna, Comm. De secretis mulierum: VI scot. 138, 15c, ff. 270r-276v; cap.2, pr 1499(Klebs 26.05; IAL A291)

Sicut sunt quatuor tempora anni...

> Experimenta Ypocratis: BLe 219, 13c, ff. 124r-127r; CLM 31, a.1302, f. 46; BMsl 3550, 14c, ff. 230-241; Diels (1905),53; Kibre(1945), 403, n.204

Sicut tempestas imminens signa premittet ita et langor...

> Astrol. medicine: KlaS Perg. Hs. 11, 13c, ff. 1r-40v

Sicut testantur singule medicorum intentiones circa humani corporis conservationem...

> Erhard Knab, Comm. Isaac, liber dietarum: VAp 1140, a.1472, ff. 1v-225v

Sicut testatur...

> See also 'Ut testatur...'

Sicut testatur Averroys elementa sunt prope mixtum...

> Johannes de S. Amando, Comm. in Hippocratem de regimine acutorum: CUg 86(168), 13c, pp. 309-427

Sicut testatur Averroys in perhenni...

> Petrus de Monte Alcino, Judgment for 1418, prol.: VAb 343, 15c, ff. 51-54(Silverstein)

Sicut testatur Galienus si quis dispositionem membrorum...
>Anatomia Nicolai: ed. F. A. Redeker, 1917; Corner, pp. 30-34, 44; Pagel-Sudhoff, Handbuch (1922), 181

Sicut testatur Philosophus. Nos sumus quotidiane...
>VAp 1251, ff. 88r-90v

Sicut testatur Plato in Timeo Omnia composita...
>Petrus Hispanus, Comm. Isaac, Dietae particulares: Isaac, Opera, 1515, ff. 103r-156r

Sicut tota speculatio (partis theoricae huius artifici)...
>Practica lapidis: BU 270(457), VI, 4, 15-16c; BMsl 3120, 17c, f. 2r-

*Sicut tradit philosophus in tertio de anima Scientie secantur...
>Thomas Aquinas and Thomas Sutton, prol. In libros de generatione et corruptione expositio: Opera 23(1875), 267-386; Beiträge XXII, (1920), 204-5; Klebs 965.1-3 IAL T220-21; Aristotle, Opera, with Expositiones textuales dubiorum: Cologne, 1497, ff. 1-39r(Klebs 82.8; IAL A866)

Sicut triplex est philosophia...
>Albertus Magnus, Super Euclidem: Dom. Lib., Mittelat. Bibl. Kat. I(1915), 404

Sicut urina est generalis superfluitas...
>De significationibus egestionis: VI 5511, 15c, ff. 149v-151v

Sicut ut Galienus in libro de interioribus...
>Gualterus Agulum(Agilon?), Summula: VAp 1304, ff. 137ra-181rb. See 'Sicut ait Galienus...'

Sicut variis rerum motibus...
>Giraldus Cambrensis, pref. I, Itinerarium Cambriae: BMr 13.B.XII, 16c, ff. 1r-(93v). Text, 'Anno igitur ab incarnatione...'

Sicut vita sine tristitia eligibilis ita ratio sensata...
>Jean de Jandun, prol. Quest. on Physics: pr Venice, 1488(Klebs 553.5); HL 33, 536-37. Text, 'Circa istam primam...'

Sicut vocis articulate elementarie atque individue...
>I. Oddo abbas, Enchiridion de musica: CLM 14272, 10c, f. 155r(Schulz); Brux 10115, 12c, ff. 76-86; Cesena Sinis. Plut.26, cod. no.4; ed. Gerbert I, 152; Codices Casinensis, Spicilegium V(1841), 222
>
>II. Otgerus abbas, De musicis notis et consonantiarum modis: Brux 10088, 11c, ff. 46-55(Silvestre 159)

Sicut vult Algazel in sua Metaphysica...
>De anima: Delisle, III, 84b

Sicut vult Algazel in sua Metaphysica anima est quasi cartula...
>Thomas Aquinas, Summa de anima: Barcelona, Archivio de la Corona S. Cugat 58, ff. 13-21; BN 16160, f. 129(Schulz)

Sicut vult Aristoteles in principio tertii Metaphysice voluntas...
>Avicenna, Questiones super libro de causis: VI 2330, 14c, ff. 111ra-119va

Sicut vult Aristoteles in principio (primo) tertii Metaphysicorum...
>Comm. Liber de causis: PM 498, 14c; HL 30, 560, no.116(Schulz)

Sicut vult philosophus decimo moralium...
>Super librum metheororum (quartum): Bruges 513, 13-14c, ff. 76-84v

Sicut vult philosophus in multis(pluribus) locis...
>See 'Sicut dicit philosophus in multis...'

Sicut vult philosophus in principio sui libri de anima...
>Franciscus Capuanus de Manfredonia, comm. Sacrobosco, Sphere: pr Venice, 1499, f. 27 (Polain 2306; Klebs 874.26; IAL J376); Venice, 1508, ff. 1r-70v; T (1949), 16, n.87, 40

*Sicut vult philosophus secundo metaphsicorum difficultas in cognoscendo veritatem...
>Thomas Aquinas(?), De tempore: Beiträge XXII, 1-2(1931), 346; Opera 28(1875), 42-49; Opuscula omnia, ed. Mandonnet, Paris, 1927, V, 270-283

Siderei motus et effectus motuum speculator...
>William of England, tr a.1231, Saphea of Arzachel: BN 7195, ff. 74rb-77vb(T III,201); Ma 10053, 13c, f. 1vb, tr Iuda filius Mosse Alchoen(Millás 1942, pp. 181-82); BB 17(1884), 771; ed. Gunther I(1932), 259-262; Sédillot's text (1844), was completed from BN 16652, 13c, by Tannery, NE 35(1897), 635-40; anon. BN 7437, ff. 183v-187r; BLd 167, 14c, ff. 67v-71v

Sidereos celi motus...
>P. Franciscus niger Venetus lectori felicitatem: Hain *14108, end of vol.

Sifac...
>See 'Siphax...'

Signa aquarum et ventorum et tempestatum et serenitatum...
> Ps. Aristotle, De signis *or* Astronomia navalis, tr Bartholomaeus de Messana: Beiträge XVII, 5-6 (1916), 203; Ea Q.189, 13-14c, ff. 79v-84v; D.17, 13-14c, ff. 71-78v; AL 176, 360, 542, 895, 1717, pp. 88, 186. For a variant tr with similar incipit: VAb 165, f. 407r-v; 303, 13c(?), ff. 88-89v(Silverstein); Oc 243, ff. 52-53

Signa autem diarree pestilentialis vel ratione...
> VI 5155, 15c, ff. 71v-74r

Signa autem sunt hec Aries Taurus...
> Astrol. misc.: Prag 433(III.C.2), ff. 98ra-118va; Osiris 8(1949), 56

Signa brevia ex febre et albo sufficiantur...
> Richardus, Summa de urinis: CU 1708(Ii.I.16), 13c, ff. 179v-183v

Signa circuli zodiaci sunt duodecim et ex eis sex sunt masculina...
> Zael, Introductorium: VI 3124, ff. 21r-30r

Signa complexionis matricis sunt duodecim...
> Nicolaus, De passionibus mulierum: Lille 334, ff. 1-221

Signa discrasie immaterialis in genere et proprie capitis...
> Matthaeus de Verona: CLM 363, a.1464, ff. 65r-71r; VAp 1251, ff. 136r-144r

Signa diversificantur ad invicem...
> Zael, De signis: BN 7349, 15c, f. 5v-

Signa duodecim(?) a causis...
> CLM 14569, 11c, ff. 28-32v(Zi 11901)

Signa duodecim vel a casibus annualibus...
> Prol. Versus de singulis mensibus sive signis: CLM 10270, 11c, ff. 9r-10v. Text, 'De Aprile et Ariete...'

Signa duodecim vel a causis annalibus(animalibus?) vel gentium fabulis...
> De XII signis ex quibus causis nomina acceperunt: ed. from BN 2341, f. 5v, Jones 102; CLM 14567, 11c, ff. 28r-32v(Schulz)

Signa generalia febrium putridarum...
> Antonius de Scarpariis(Scarparia), De signis febrium: BLcm 455, 15c, ff. 266v-(270); VAp 1265, 15c, ff. 13r-21v; AMH 8(1936), 146; FR 2153, a.1492, ff. 61ra-101rb. Pref. 'Quia cura febrium...'

Signa humorose matricis calor dolor...
> Ascari, Epistola de signis egritudinum mulierum, tr 'Enricus Constantinopolus familaris Manuelis imperatoris et scripsit ad reginam Anglie;' CUt 903, ff. 211r-214r

Signa humorose matricis. Oculorum dolor...
> Cleopatra, Gynecea: Ran 1481(V.2.18), 13c, ff. 14r-17v. See 'Signum humorose...'

Signa humorum...
> Extractum a libro quodam qui intitulatur Introductorium juvenum Gerardi de Solo: Caen 94, 15c, ff. 53-57

Signa humorum superfluentium...
> De IV temperamentis: Wo 992, ff. 228-250 (Schulz)

Signa ignea lune: Aries Leo et Sagittarius...
> Mesalata(Messahala?), Epistola de rebus eclipsis solis et lune: VA 2487, 14c, ff. 226va-227rb

Signa iudicandi per causas et rationes...
> Chiromancy (fragment): Ea Q.365, f. 99r-v

Signa lepre ex Avicenna Gordonio Gerardo Viatico et Gilberto...
> De cautela preservandi a contagio leprosorum: VAp 1207, 15c, ff. 15r-16v

Signa oculorum superfusiones humoris. Necessitas compellit oculorum causa...
> GU 96(IX), 9c, ff. 106v-136v(DWS MS)

Signa pestilentie pronostica septem ad presens assignantur...
> John Jacobi(Benedictus Canutus), cap.1, De pestilentia: CUmc 261, 15c, f. 1; Klebs 245.1-11; IAL J1-5

Signa pronostica duorum sunt modorum. Quedam enim prognosticant sanitatem...
> De signis pronosticis et de diebus creticis: CLM 265, a.1441, ff. 81r-100r

Signa que Ypocras fecit ad cognoscendum si infirmus...
> BLd 29, 15c, f. 74v- (partim anglice)

Signa quoque humida sunt Cancer Leo Scorpio et Aquarius...
> Menopoldus: Phares 184; BN 7443, 15c, f. 160r; T (1957), 144

Signa reumatis calidi acuti secundum Avic. tertio Canonis...
> Excerpta de tract. Gordonis de rheumate: VI 2426, 14c, ff. 143v-144r

Signa sanguinis sunt...
> Comm. Rasis, Liber nonus Almansoris: CLM 26624, 15c, f. 296

Signa sanitatis sunt hec gravitas in origine...
> Secreta Ypocratis et multa his similia: Ea Q.193, 13-14c, ff. 129v-130v; Diels(1905), 55

Signa tropica sunt quatuor...
> Signs and planets: BLcm 517, ff. 8rb-9ra

Signa urina qua cognoscitur cum nocte in calice miseris et ad lucem videris...
> BMad 22398, 10c, f. 104va-b; Janus 48(1959), 183

Signa verificantia super pregnationem et super masculinitatem et femineitatem...
> Graz 311, 15c, f. 85ra-va

Signa vero febrium pestilentialium tam...
> Albicus, Collectorium maius: Archiv IX, 138-56

Signa vero uniuscuiuscunque humoris in corpore habundantis...
> Magister Ioh. Parmensis, 1394: CLM 23912, 15c, ff. 254va-255va

Signalem autem circulum ita appellaverunt...
> Zodiac: VA 643, 12c, ff. 96r-97v

Signator infirmi est sicut diximus...
> De infirmis si morientur aut vivent, cap.i (14 caps.): BLd 29, 15c, ff. 184v-185r-193r. See 'Significator...'

Signatum est super nos lumen vultis tue domine dedisti...
> Doctrina imaginum secundum modernos: BN 7337, pp. 50b-53a; T (1947), 259

Signifer ethereus mundus quo iungitur omnis...
> Verses De vii planetis et cursu eorum: BLcm 517, 15c, f. 52rb

Significatio eclipsis lune universalis iuxta sententiam...
> John of Eschenden, Pronosticationes de eclipsi universali lune et de coniunctione trium planetarum superiorum a.d. 1345: BLd 176, 14c, ff. 9r-16r(T III,717); CUe 70, 15c, f. 144v

Significatio planetarum in signis...
> De dominio planetarum super membra hominis: BN 7328, f. 72rb

Significationes principales quibus significamus ...
> Giovanni Garzoni, Summa tertia doctrine tertie fen secunda de urina: Giacosa 509

Significationum corporis interiorem dispositionem...
> De urinis (et de pulsibus): Prag cap 1356, ff. 277-282; BE 825, ff. 202-205, Ob 285, 13c, ff. 63-66(Schulz). See 'Omnium signorum interiorem ...'

Significator status infirmi...
> BE F.192, 15c, ff. 201v-204v(Zi 3375)

Significavit ergo nobis Albumasar...
> Alchemy(?): Delisle, III, 90a

Signo arietis si tonaverit sicut Egiptius scribitur ...
> De significatione tonitruum: BMsl 3124, 15c, ff. 23-25

Signo arietis si tonuerit luna crescente...
> BN 7337, p. 216

Signorum alia sunt masculina alia feminina...
> Ps. Aristoteles *or* Ps. Ptolemeus, Liber iudicorum: BMc App.VI, ff. 8rb-20va(T II,255-56); Ea Q.374, ff. 133-135; 395, ff. 201-203; etc. (Schulz); VE VIII.44(XI,105), 14c, ff. 31-45; Millás (1942), 175-176. This and the next two appear to be variant incipits of the same work

Signorum alia sunt masculini generis alia feminini...
> I. Aristoteles, Liber ad Alconem regem: BMad 10362, ff. 41r-70v
>
> II. Ptolomei doctrina data filio suo: VE VIII, 44(XI.105), 14c, ff. 31-45. Valentinelli says: 'a libro iudiciorum Zahelis toto caelo differt'
>
> III. Alkandrinus: BMh 5402, 14c, ff. 1r-15r

Signorum alia sunt masculini generis ut Aries ...
> Iudicia Ptolomei ad Aristonem filium suum: VI 3124, 15c, ff. 1r-11r (17-27); Björnbo(1905), 235, n.1; Osiris I(1936), p. 678, n.103

Signorum aliud diurnum aliud nocturnum...
> Amphorismi Almansoris, tr Plato of Tivoli, corrected by Abraham of Toledo: VAp 1368, a.1473, ff. 35r-36r; Saxl(1915), 12. See two following incipits

Signorum dispositio est ut dicam: Ab Ariete sit initium...
> Capitula (Aphorismi, Centum verba, Iudicia seu Propositiones) Almansoris, tr Plato of Tivoli, Albumasar ad Almansorem: CLM 228, 14c, ff. 27r-29v; VE VIII.74, ff. 42r-48r etc.; frequently anon. but ascribed to Rasis by Carmody 133-34 (14 eds. 40 MSS); also BN 7287, ff. 122r-125r; Oma 182, ff. 79rb-82rb (164 caps.); ColR 72.7 is of Ea F.386, a.1359, ff. 50v-52; Spec. astron. cap.10; ascribed to Ptolemy, Prag 433, ff. 201r-203v(150 propositiones); pr Venice, (1492) (Hain *8464, ff. 5r-6v); 1493(Hain *13544, ff. 120v-122r)(Schulz; Klebs 511.1; 814.2; IAL P995)

Signorum dispositio est ut dicam. Verba Almansoris astrologi. Unum scilicet diurnum...
> Capitula stellarum...ab Almansore, tr Plato of Tivoli: Ghent 5(416), ff. 42r-45v, 'Expliciunt propositiones Almansoris que sunt 150 numero filii Abrahe Iudei.'

Signorum duodecim alternus est ordo...
> Ptolomeus(?), Liber iudiciorum: Ea Q.377, 14c, ff. 51-60

Signorum duodecim primum est Aries, secundum Thaurus...
> VI 5442, 15c, ff. 122r-126ra

Signorum numerum sapientia est duodenum...
> Liber introductorius metrice compilatus de signis directis et tortuosis: BLd 47, 14c, ff. 57r-60v

Signorum princeps Aries et Taurus...
> Six verses, De XII signis: Grand Calendrier des bergiers: pr Geneva, 1497, p.31(Schulz)

Signorum quedam sana quedam egra quedam neutra...
> Petrus Hispanus, Questiones super libro de urina (incomplete): Grabmann(1928), 102-3

Signum admirabile experimentorum dixit Messayaat et incipit...
> De angelis annulis karecteribus et imaginibus planetarum: CU 671 (Dd.XI.45), 15c, ff. 134v-139v, copied or comm. on by Bokenhamus

Signum Aquarii si quis aegrotare coeperit...
> BE Phillipp. 1790, 9c, ff. 41v-42r; Beccaria 50.13

Signum aquarum quare...
> Adnotatio de inveniendis quatuor temporibus: Budapest 1, 12c, f. 1v

Signum Arietis dicitur pro eo quod Abram pro bonum est...
> De themologia duodecim signorum: VA 687, f. 121r

Signum Arietis sua forma erit recta...
> FNcs J.X.20, c.1400, ff. 36r-38r; Björnbo(1912), 104; Ghent 5(416), 15c, ff. 107r-108r. See 'Figura Arietis...'

Signum Arietis tropicum est viam proficisci...
> De virtutibus signorum: VAp 1248, 15c, ff. 63v-66v

Signum ascendens dicitur prima domus...
> De duodecim domibus: Argentré, I, ii(1755), 327a

Signum ergo primum a quo incipiendum est in phisonomia...
> Aristotle, Phisonomia: BLas 1471, f. 74; BMe 2852, 14c, ff. 115v-126r

Signum humorose matricis Oculorum dolor...
> Cleopatra, Gynaecia: CUsj D.4, 11-12c, ff. 171r-173r; Beccaria 71.4. See 'Signa humorose...'

Signum mote matricis Dolor sintoma forte...
> De passionibus mulierum: CUsj D.4, 11-12c, ff. 173r-175r; Beccaria 71.5

Signum Piscis est signum Ione prophete qui fuit in ventre...
> Signs and Prophets: BLd 196, f. 91v

Signum potissimum humiditatis matricis...
> Johannes Jacobi, De sterilitate: Wo 2841, ff. 81vb-82ra

Signum primum a quo incipiendum...
> Fisionomia secundum Aristotilem: Boston Medical 20, ff. 57r-65r

Signum quod ostendit dominus Hesdre prophete...
> Signs of weather attributed to the Prophet Ezra: CU 1687(Hh.VI.11), f. 67r

Signum sue figure Arietis sua forma...
> Puncta de arte sigillandi: BN 7457, ff. 98v-101r; CLM 458, 15c, ff. 118r-121v. See 'Figura Arietis...'

Silicus est minima pars podarum consistens ex...
> De ponderibus: VAp 1134, f. 30v

Siliqua habet grana ordei quatuor...
> On medical measures: BMr 12.E.XX, 12c, f. 113v; Durham Hunter 100, early 12c, f. 81r; Saxl(1953), 446

Siliqua habet granas hordei tres...
> Medical weights and measures: 3 MSS, 9c, Beccaria p. 434

Siliqua sexta pars est...
> De mensuris: BN 11218, 9c, 42r-v(Beccaria 34.15); BMr 12.E.XX, 12c, f. 113r

Simile est opus stellarum in hoc mundo...
> Maino de' Maineri, De preservatione ab epidemia: Metz 277, 14c, ff. 109va-113ra; Ran 627 (Q.1.14), 15c, ff. 117v-121r; VI 5486, 15c, ff. 24v-33v; Archiv XVI, 115; BN 7292, 15c, f. 273

Similiter autem est necesse et de loco dicere...
> Roger Bacon, Quest. in IV Physicorum: ed. OHI VIII, 1928(Schulz)

Similiter etiam res dulcis...
> Gentile da Foligno, Lectura super primo tractatu fen xiii tertii canonis: Ea F.235, 14c, ff. 1-15

Simphoniace folia tritacum...
> De viribus herbarum: VI 2532, 12c, f. 73v-

Simplex divisio dicitur ubi unus divisor est unus...
> De divisione: CLM 14836, 11c, ff. 6v-10v

Simplex est macula incitata ex corruptione nutrimenti...
> De morphea: CUg 401(623), 12c, p. 224

Simplex et naturalis permutatio est elementorum operatio...
> Notabilia extracta a libro mag. Santriman a Carsto Ornay (Sautriman a Teusto Orney i.e. John Sawtree, monk of Thorney): BMsl 3744, 14c, ff. 68-71v, DWS 217, xi

Simplex purus et unus eterni pater atque...
> Wandalbertus, De creatione mundi: CU Dd.XII.54, 10c, f. 3v; Eins 302, 10c, pp. 21-26; Brux 10686, 12c, f. 85ra-vb; PL 121, 635-640

Simplex qui sit in alicuius admistione aqua vite...
> Aqua vite: FNpal 981, 15c, f. 139r-

*Simplices colores(colorum) sunt quicumque elementis...
> Aristotle, De coloribus: Beiträge XVII, 5-6 (1916), 204; T II, 250, 800, n.; Rennes 149, 13c, f. 154 (incomplete); VAb 165, end 13c, ff. 389vb-391vb; VE VI.38(X.55), 14c, ff. 1-4; Graz 93, c.1300, ff. 245v-250r(Schulz); anon.: BN 6552, ff. 26ra-28rb; CUmc 154, 13c, f. 248v (DWS 876); AL pp. 90, 189; pr Venice, 1496, ff. 349v-351r (GW 2341; Klebs 82.7; IAL A865)

Simplices medicine coleram eligerantes sunt...
> Paulus Venetus de Comitibus, Practica medicine, cap.1. See 'Auxiliante divina clementia...'

Simplices medicine veraces ex parte secundum Galenum...
> Galen, Tabula medicinarum simplicium: Oma 164, 14c, f. 11; Diels(1905), 133

Simplicia colorum sunt quecumque...
> Ps. Aristotle, De coloribus, tr vetus: AL pp. 90, 189

Simplicia usualia et domestica digestiva colere...
> Matthaeus de Verona, De digestivis et(curativis?) simplicibus et compositis: CLM 363, 15c, ff. 35r-36r; anon. Antidotarius: VI 5289, 15c, ff. 211r-230v; VAp 1251, f. 113r-

Simplicium farmacorum virtutes certe scire quantum...
> Galen, De notitia virtutum simplicium pharmacorum, tr Nicholas of Reggio(?): T (1946), 227; Ea F.278, 14c, ff. 1-28 incomplete; Diels(1905), 96-97; VAu 248, 14-15c, ff. 1-407v; Lo Parco (1913), 288; pr Venice, 1528, I. ff. 152v-216v

Simplicium naturam intueamur a prestantissimis proditam...
> George Valla, De natura simplicium: pr Strasburg, 1528

Simul rectum esse...
> Perspectiva: Millás(1942), 19

Singularem per decenum si multiplicaveris...
> See 'Multiplicatio singularium...'

Singularis quemcunque multiplicat in eodem...
> Herigerus, Ratio numerorum abaci: Bubnov 221-24

Singularis simplex cum differentia cuiusque divisor...
> Gerbert, Regulae de divisionibus: Bubnov 291-93

Singuli autem menses sua signa in quibus solem recipiant...
> De signis XII mensium: CLM 210, ff. 91v-112v

Singulorum membrorum assignatis complexionibus...
> De signis complexionis: CUsj 78, 13c, ff. 125v-128; Isis 49(1958), 402-3

Sinigonis due tabule subscripte sic formantur...
> FLc XVIII, 6, 14c, f. 17v-

Sinocha febris ex multitudine sanguinis oritur...
> Johannes Afflacius discipulus Constantini: Curae de febribus et urinis: ed. from Breslau Codex II, 12c, ff. 121-129; Renzi II, 41; 737-68

Sinonima mercurii mercurius abati...
> Archilaus, (Synonyms): VAp 1330, 15c, f. 7v

Sinonima vocabulorum alchimie album id est argentum...
> Vocabularium occulte philosophie ordine alphabetico constructum: VI 5286, 15c, ff. 132v-142r

Sinopidem hoc modo conficies...
> Modus agendi colores et distemperandi: BN 7400A, 13-14c, ff. 27ra-32va(Corbett I,138)

Sint hic milites pedites et puelle...
> Cautele algorismi: Tournai Ville 87, 13c, ff. 122ra-124rb; Mon 323, 13-14c, f. 235v-; Verdun 25, 13-15c; CLM 534, 14c, ff. 36rb-47vb; Graz 1385, 14c, ff. 68v-72r

Sint tres homines quorum unus...
> Experimenta algorismi: Rc 545, 14c, ff. 37r-39r

Sintne aliqui nobiles forenses vel doctores...
> Alchemy: Budapest 202, a.1467, ff. 84-87

Sinum rectum per versum invenire subtrahere...
> Regule trigonometrie: CU Ii.I.13, 14c, f. 63v (Atk)

Sinum totum ad sinum arcus ecliptice...
    De fabrica instrumenti universalis ad inveniendas
    horas in quocunque climate: VI 5203, 15c, ff.
    79r-86r(Zi 3121); Zi(1938), 220, calls it
    spherical trigonometry and has it extend only to
    80r; Yale(Melk MS), with 156, copy 2, pp. 437-
    445

Sinus circuli cuiuslibet portionis circuli est
dimidium...
    VAp 1375, late 15c, f. 274v

Sinus rectus est medietas corde portionis arcus
duplicate...
    Johannes de Lineriis, Canones tabularum primi
    mobilis: FLa 131(205-137) B, 14c, ff. 41-50v;
    Mi D.28.inf., a.1470, ff. 39r-60r; anon. CLM
    234, 15c, ff. 83ra-125v. See 'Cuiuslibet arcus
    propositi...'

Sinuum chordarum et arcuum noticia ad celestium motuum cognitionem...
    George Peurbach, Tract. super propositiones
    Ptolomaei de sinibus et chordis: VI 5203, 15c, ff.
    124r-128r; pr with Regiomontanus, De triangulis
    planis, Basel, 1561, pp. 131-39

Siphax est panniculus qui viscera tangit...
    Jacobus de Zanetinis de Padua, Experimenta:
    BLcm 156, a.1499, ff. 49v-(54v)

Sirupi quibus medici utuntur...
    Lyons pa 46, 14-15c, f. 156r-v

Sirupus compositus ex Isaac. valet in...
    Medical: CLM 238, 15c, ff. 21r-24v(Schulz)

Siruporum confectio varia est(et multiplex) nam
. . .
    VA 2416, 14-15c, ff. 41r-45v; AL 1683; CUg
    84, 15c, p. 372(Atk)

Sirupus contra febrem...
    Johannes de Sancto Egidio, O.P., Experimenta
    (medical): BLb 786, ff. 170r-171v; CUpet 222,
    f. 10

Sirupus contra quartanam noctivam(?) et ad
mundificationem sanguinis...
    (Pomum ambre): BMad 22668, 14c, ff. 82ra-
    84ra

Sirupus contra tercianam de colera rubea...
    CUpet 247, f. 171r

Sirupus conveniens sanis et conservat sanitatem
cum adiutorio dei...
    Antidotarium, following Avenzoar, Liber Teisir:
    AFML 70, 71(Klebs 127.1-2; IAL A1253-55);
    Avenzoar, Antidotarium: CUg 178(211), 14-
    15c, ff. 120-127v. See 'Hec est particula...'

Sirupus de fumo terre conveniens omni specie
lepre tinee...
    De sirupis: BN 6957, ff. 186r-189v; CLM
    18782, 15c, ff. 124r-125r

Sirupus de fumo terre generaliter conveniens est
omnium impetigini...
    Graz 594, 15c, ff. 89r-91v

Sirupus ex rosis in febre...
    Aegidius Corboliensis, Versus super Anti-
    dotarium: Os 197, ff. 269-(284)

Sirupus Iulet conferens adustioni febrium...
    De medicinis compositis et simplicibus: Basel
    D.III.1, 15c, ff. 46ra-50va

Sirupus pro fratre Angelo de Quatruellis(Qua-
teralis) melancolico...
    Gentile da Foligno, Consilia: Bruges 473, 15c,
    ff. 244r-285r(T III, 244, 248); MH 3(1959),
    8-19; BN 6941, ff. 71ra-102vb; pr with Cer-
    misonus; and separately: Klebs 266.2; 453.1;
    IAL C363; G122; with Avicenna, Venice, 1523,
    II

Sirupus rosaceus sic fit...
    VA 8177, 13c, f. 62v

Sit a-b paries supra superficiem b-g ortho-
gonaliter erecta...
    Ps. Euclid, De speculis: ed. Ab 26(1912), 97-
    106, etc.

Sit circulus A et circulus signorum...
    Theorica planetarum nova, cum figuris: BLd 168,
    14c, ff. 99r-(107v?); CUg 141(191), 14c, ff.
    171-198

Sit circulus abcd divisus in 360 partes...
    On the construction of the astrolabe: BN 10266,
    ff. 141v-143(Poulle)

Sit d a res erecta...
    Astrolabe: VI 5418, 15c, ff. 54v-56(Zi 931)

Sit deus exaltatus qui est rex verax laudabilis...
    Dinus de Garbo, Expositio supra capitulum de
    generatione embrionis: Venice, 1502, ff. 17v-32v

Sit igitur mater tabula astrolabii videlicet
generalis...
    Ptolomeus, De compositione astrolabii universalis
    (tr London,1147) text: BLd 40, 13c, ff. 1r-1v-8r

Sit in aere claro et vitet aerem fetidum...
    Petrus de Capite Stagno, Cura contra disposi-
    tionem ad paralisim: Leip 1183, 15c, ff. 82v-83;
    Wickersheimer, BSFHM XVIII(1924), 103-6

Sit instrumentum rectangulum abc...
> De quadrato geometrico cum tabula: VI 5203, 15c, ff. 42r-44v; Curtze, ZB XVI(1899), 304; Peurbach(?): Zi(1938), 220

Sit notum unicuique intelligenti qualiter ego Iacobus...
> Iacobus Yspanus, Iudicium de anno 1479: FL Plut.30, cod.22, ff. 21r-47v; T IV, 453-54

Sit planeta in bono loco ab ascendente...
> De fortitudine planetarum: VE VIII.44(XI, 105), 14c, ff. 47-53

Sit porcina recens caro prestita flegbotomato...
> Phisica Urbani (in verse): CUsj 79, 13-14c, ff. 82-83; anon.: BN 3718, II, 13c, f. 80r

Sit prima questio utrum calidum et humidum...
> See 'Utrum calidum et humidum...'

Sit spatium quodlibet quod Sortes...
> De motibus in spatio: FNCs J.IX.26, c.1500, ff. 59r-66v; Björnbo(1912), 98

Sit turris a.b. tunc homo cum quadrante...
> Practica magistri Goswini custodis de Brug(is) de altimetria (et de planimetria): Er 665, 15c ff. 1-4v(Benjamin)

Sit unus mercator habens tres filios volens eos...
> Problemata arithmetica: CLM 8951, 15c, ff. 44v-47v

Sit vas vitreum largum rotundum...
> BMsl 2325, 15c, f. 17(DWS 957)

Sit zodiacus...
> Petrus de Gluchina(Mutina?), Comm. Gerard of Cremona, Theorica Planetarum: CLM 56, 15c, ff. 161r-181v; Isis 46(1955), 54. See 'In philosophia singulari...'

Situato itaque corpore vel homine mortuo...
> Mundinus, cap. 1, Anatomia: pr Ketham, Fasc. medic.

Situm regionis an sit(scilicet) in valle vel in monte...
> Galen, De situ regionum, extract: Ma 1978, 14c, f. 95; BLlm 617, 15c, f. 289; Diels(1905), 146; Hippocrates: CLM 640, 15c, f. 139r-v

Sive repentinam in egritudine i.e. ad melius transmutationem...
> Galen, De crisi, tr Burgundio: CLM 35, 13-14c, ff. 82-(99)

Sive subitam in morbo mutationem sive solum...
> Galen, De crisibus: Opera N. Leoniceno interprete, Paris, 1514, ff. (77-137); Venice, 1524, II, 137-176

Smaragdus fortis est et contra omnes debilitates...
> Liber lapidum: BMar 342, 14c, ff. 57ra-69ra

Socio suo Simoni de Rotol' Turchillus compotista...
> Thurkil, prol. Reguncule super abacum: VA 3123, 12c, ff. 55-63v(Haskins 327-28); Plimpton 250, f. 78r; ed. E. Narducci, BB XV(1882), 135-154. Text, 'Prisce philosophie...'

Socrates de re publica decem libris disputavit. Ad quem tractatum...
> Comm. Plato, Timaeus: CLM 540B, ff. 1-43; Grabmann(1935), 20(Schulz)

Socrates in (suis) exhortationibus virtutem laudans...
> Chalcidius, pref. tr Timaeus: Avranches 226, 12-13c, item 10; BLau F. 3.15, 12c, f. 1; Bonilla 424; CLM 13021, 13c, ff. 212va-218vb; anon. VAp 978, ff. 59r-62v

Soda est dolor seu lesio in membris capitis...
> Iohannes de Pergula, Practica: AFML 507, a.1434, ff. 2r-(79r)

Sodyacus...
> See 'Zodiacus...'

Sol calidus et siccus aurei coloris...
> BMr 17.A.III, late 14c, f. 76r

Sol calidus et siccus mediocris...
> Qualitates planetarum: CU 1705(Ii.1.13), 14c, f. 4r

Sol ceterorum metallorum princeps per decoctionem...
> Quadrigae auriferae: pr N. Bernaud, 1599; Ze III(1659), 791-96

Sol cum fuerit in Ariete...
> BMh 2506, 10c, f. 57va-

Sol cum fuerit(fuit) in ascendente significat principatum...
> Gergis *or* Iergis(Messahala?): Bibl. math. 6(1905), 237; T II, 718-19, III, 16; Carmody 29-30; Spec. astron. cap. 9; BMh 267, f. 223va-(226); anon. Ghent 5(416), 15c, ff. 103v-105v; BN 7337, pp. 76-77

Sol cum in ascendente fuerit principatum...
> (Leopold of Austria?), De virtute planetarum per xii signa migrantium: Ea Q.377, 14c, ff. 14-16v; Ea Q.386, 14c, ff. 27r-29v; VAp 1368, a.1473, ff. 42v-43v

Sol diversis utitur nominibus et pro variis significationibus accipitur...
> CUt R.XV.14, 10c, ff. 87v-89v; CLM 628, f. 39(Schulz)

Sol dum ignee nature sit pre nimio motu...
    BLb 614, late 12c, ff. 17-(20)

Sol est causa totius generationis...
    On the planets: BN 6957, 15c, f. 162v

Sol est mundi oculus firmamenti pulchritudo...
    De planetis: BLd 228, 14c, f. 3r; CUg 137(77),
    13-14c, ff. 89-92; CUt 1109, 14c, ff. 105-108;
    BMar 249, 15c, f. 85r

Sol est princeps planetarum quod...
    Astrol. medicine: VA 2487, ff. 232ra-233v

Sol est secundum philosophum(Plinium) oculus
mundi...
    Nicolaus Pergamenus, Dialogus creaturarum
    moralizatus: CLM 1222, 15c, ff. 235ra-302va;
    Laurent 106(445); anon. BN 16246, f. 298r-

Sol et luna et alii planete quosdam suo motu...
    Elucidatio theorice planetarum. CLM 588, ff.
    115rb-120ra(Zi 7835)

Sol et luna post deum omnium viventium vita
sunt...
    Hermes, Centiloquium, tr Stephen of Messina:
    Ea F. 386, 14c, f. 50r-v(ColR 72-6); Carmody
    53-55; Darmstadt 780, 15c, f. 252r; pr Venice,
    1493, ff. 117ra-118ra (Klebs 814.2; IAL P995;
    LC); Ulm, 1641, pp. 17-32

Sol habet de signis Arietem i.e. ventrem...
    Planets: Ea Q.351, 14c, ff. 88v-89v(Zi 8393)

Sol habet dominium prima hora sui diei...
    De dominatione planetarum: BMsl 634, 15c, ff.
    2r-4r

Sol habet hospitium...
    On the planets in the signs and houses: Pisa Conv.
    S. Cath., 63, 14c, ff. 76r-77v

Sol habet tres orbes a se invicem omniquaque...
    Georgius Peurbachius, Theoricae novae planeta-
    rum: VI 5203, a.1454, ff. 1r-24r; CLM 51, late
    15c, ff. 72r-88v; pr Regiomontanus c.1473/74
    (Hain 13595, i.e. CLM 27, 15c, ff. 17r-36v;
    Schulz; Klebs 752.1; IAL P1029); (Venice),
    1485; Klebs 874.10; IAL J365; with comm.
    Franciscus Capuanus, Venice, 1499, ff. 87-146
    (Polain 2306; Klebs 874.26; IAL J376); etc.;
    Venice, 1513, ff. 30v-47v; Trithemius f. 121r;
    T (1949), 476, n.1

Sol habet unum circulum super cuius circumferentiam...
    Equatoria de veris motibus septem planetarum
    (from Campanus): VAp 1416, 15c, f. 198r

Sol igitur quotiens ingreditur signum tropicum
...
    Jergis, De pluviis: G. Hellmann, Beiträge z.
    Gesch. d. Meteorologie, II(1917), 201; VI
    2436, 14c, f. 143v; Carmody 112

Sol igitur Scorpionis 20 gradu(m) et eiusdem
primum punctum ingrediens...
    Aomar, De pluvia fulgore tonitruo et vento:
    BMsl 636, 15c, ff. 79v-80r; Carmody 111

Sol igitur vicesimum gradum...
    De pluvia fulgure tonitruis et vento: VI 2436,
    14c, f. 140; Basel F.III.3, f. 77va

Sol in Aquario dicitur quia Ihesus...
    Astrological notes: BMr App.6, 13-14c, f. 75r

Sol in Ariete quindecim kal. Aprilis...
    CLM 27001, 15c, ff. 21va-22ra. Michael Scot
    so dated creation in Liber introductorius, CLM
    10268, f. 2ra

Sol in ascendente significat principatum...
    Gergis, De significationibus planetarum ac capitis
    et caude in 12 domibus: BLas 393, I, ff. 68v-69v

Sol in domo prima(ista) significat potestatem...
    Abraham ibn Ezra, Significationes planetarum per
    domos (third of four Tractatus particulares tr
    Peter of Abano): BLd 212, 14c, f. 55rb; BLcm
    517, 15c, ff. 33ra-34va; BN 10269, f. 105ra-; pr
    Venice, 1507, ff. 89v-91v; T II, 927; T
    (1944)aa, 300-1

Sol in hemispherio australi et Venus sub radiis
...
    De imbribus: BE 963, f. 96r

Sol in martio dicitur esse in Ariete...
    De duodecim signis planetarum: CUpet 219,
    c.1400, f. 161v(Atk)

Sol in nativitatis tempore in loco aliquo...
    Albumasar, De revolutionibus nativitatum: BLd
    210, 15c, ff. 42-63r. See 'Sole nativitatis tem-
    pore...'

Sol in omnibus partibus Arietis...
    Haly ibn Ridwan: Ea Q.223, 14c, ff. 267v-270v

Sol in ortu suo maculosus vel sub nubiis latens...
    CUt O.II.40, 15c, f. 135v

Sol in prima...
    Leip 1473, 15c, ff. 216-219v(Zi 8394)

Sol in prima domo significat potestatem...
    Abraham ibn Ezra, De significationibus septem
    planetarum et capitis et caude per 12 domos:
    Ghent 5(416), ff. 101r-102r. See 'Sol in domo
    prima...'

Sol itaque primum Libre...
    Alkindi, De pluviis per quartas anni: VI 2436, 14c, f. 142v

Sol luna celum sidera...
    See 'Operatio divina...'

Sol luna mars mercurius...
    Regimen dierum(Calendar): CLM 692, a.1463, f. 21v

Sol masculus leo...
    Synonyma corporum(alchemy): Univ. Penn. Lea 1, late 15c, ff. 92v-95r

Sol nullam habet latitudinem...
    Theorica latitudinum planetarum: VI 5203, 15c, ff. 119r-120r(Zi 7836)

Sol oriens sed non fervens serenum diem nuntiat...
    (Pliny), De presagiis tempestatum: Prag 433 (III,C.2), 15c, ff. 57v-58v. See 'Purus oriens atque...'

Sol purus oriens nec fervens...
    De prognosticis tempestatum: Ea Q.355, 13-14c, f. 15

Sol qui dicitur iuxta Hebreos hama prima est planetarum...
    Ps. Bede, Ordo planetarum secundum Hebraeos: PL 90, 943-46; Jones 86-87

Sol quidem tropicum ingrediens significat...
    De pluviis: BMsl 636, 15c, f. 76v

Sol quotienscumque vel luna fit obruta nube...
    CLM 9501, f. 293r; 22239, 13c, f. 3v(Schulz)

Sol sic appellatur eo quod solus appareat...
    BMad 41600, c.1455, ff. 61v-63r; Saxl(1953), 85

Sol signat nobis...
    VI 2372, 14c, f. 66r-v(Zi 8395)

Sol sub nube latuit...
    St. Omer 33(Schulz)

Sol unum habet circulum super cuius circumferentiam...
    See 'In hoc opusculo declarabitur...'

Solaris ciclus annotent...
    'Zeitrechnung': Zi 12200-01

Solaris circulus septemque quater tenet annos...
    VI 3820, 15c, ff. 211-220(Zi 12202)

Sole et luna in predicta ecliptica...
    Doctrina et eclipsis lune: Girolla 68

Sole existente in Ariete...
    Texilus(Thessalus), Liber secretorum de virtutibus 12 herbarum: VI 3124, 15c, ff. 49v-53r; T II, 234, n.1

Sole existente in equinoxiali circulo reperire circumferentiam...
    Propositiones quatuor: VE VIII.34(XI.80), 16c, ff. 110-114

Sole in Ariete existente...
    Carmody 60

Sole in primum punctum Libre et Capricorni...
    Dorochius, De pluviis in quartis anni: Basel F.III.8, 15c, f. 79vb

Sole ingrediente in primum punctum Arietis...
    Scientia inveniendi dominum anni et iudicia de eodem: Basel O.IV.4, a.1429, ff. 9r-10r(Zi 7985)

Sole intrante in Arietem. Si Saturnus est in humido signo...
    Weather prediction: VAp 1376, 15c, ff. 286v-293rb

Sole lucente quecumque res illa fuerit...
    Ad existimandam cuiusque rei altitudinem: CLM 14689, 12c, f. 22r

Sole nativitatis tempore in loco aliquo...
    Albumasar, De revolutionibus nativitatum: tr from Greek: Haskins 221-22, n.176; Carmody 95; BN 7439, a.1411, ff. 44v-107r, 10270, ff. 87r-139r; Dijon 1045, ff. 1r-49v; ascribed to Messahala, BN 7324, ff. 1ra-24va(TR 352a); Osiris 12(1956), 70; Lyons 329, ff. 174-202; anon. VI 2436, 14c, ff. 101ra-133rb; pr as Hermes, Basel, 1559, 211-79

Solem in suo eccentrico equaliter motum...
    Petrus de Mutina(Guclina), Theorica motus longitudinum septem planetarum (a.1342 dedic. 'magistro Johanni de Ganduno'): Basel F.II.33, 14c, ff. 194v-196v; Ab(1912), 129; La bibliofilia 8(1907), 372-83; Isis 50(1959), 48.n.113; as Petrus de Gurckina, Demonstrationes de theoria planetarum Gerardi cum prooemio: VI 4987, a.1359, ff. 110r-118v

Solem quippe dixerunt in se caliditate...
    Angelus Decembris, De peste: VAp 1123, 15c, ff. 112-115v

Solem sapientes dicunt altius currere...
    De eclipsin(sic) solis: BMh 3017, 9c(Fleury), f. 158r

Solent ab artificibus et ingeniosis viris...
    Giovanni da Fontana, Metrologum de pisce cane et volucre: BU 2705, 15c, ff. 85r-105v(T IV, 665; ColR 138)

*Solent ante preambula indagare sapientes...
> William of Occham, Summulae in libros physicorum: Grey Friars; Bologna, 1494, ff. 294r-338v; Hain *11951(Klebs 706.1; IAL O19); 1506. Prol. 'Studiosissime sepiusque...'

Solent magnifice vir adeo virtutes homines allicere...
> Johannes Calori, introd. Pest tract, to Lorenzo de'Medici. Text, 'Pestilentiam pluribus...'

Solent omnes qui aliquid excogitarunt...
> Georgius Trapezuntius, dedic. tr Ptolemy, Almagest(ad Mahumetam II): VA 971, 15c, ff. 2r-4v

Solent plerique per interrogationem factam consulere...
> Laurentius Bonincontri Miniatensis, Liber electionum: T IV, 409-410

Solent plerunque homines post quaestionem factam consulere...
> Tractatus electionum Laurentii Bonincontrii... Epistola autoris ad cardinalem quendam, pr Nürnberg, 1539, with Schoner, Opusculum astrologicum, ff. M 2 r-(N 4)v

Solent pluresque homines post questionem factam...
> Bonincontri, De electionibus: BMar 274, a.1489, ff. 73r-86r; VAr 1115, ff. 336r-343v

Solent poetarum expositores primo...
> See 'Cogitanti mihi e multis...'

Solet esse dubium apud multos quomodo elementa...
> Ps. Thomas Aquinas, De mixtione elementorum: T III, 686; Budapest 104, 14c, f. 7r-v; Bordeaux 131, 14c, ff. 139v-140(Corbett II,19); Bruges 491, 15c, f. 98rb-vb. See 'Dubium (autem) apud...'

Solidus argenti constat ex duodecim denariis...
> De pondere et mensuris: CUc 37, 14c, ff. 98v-99r

Solis die in lecto qui ceciderit...
> Pronostica Galieni: VAr 1324, f. 66r; Epitomia Ypocratis: FR 905, ff. 38v-39r

Solis duo sunt orbes...
> Leyden B.P.L. 1916, 14c, ff. 177v-178v(Zi 7837)

Solis hora mala et dura(?) ad omnia...
> BN 7477, ff. 80v-81r

Solis imago est homo equitans...
> Hermes, Images or Rings of the planets: VAp 1375, 15c, f. 270v; T (1947), 247; Carmody 63

Solis instrumentum sic faciemus...
> Profacius, De armillis: BN 7295A, ff. 35r-40v; written in Montpellier at the request of Bernard Gordon

Soliti sudoris ablatio...
> See 'Sopiti sudoris...'

Sollicita est nobilis(nobis) mens vestra...
> Nicholas of Cusa, De mathematica perfectione: Cues 219, 15c, ff. 194-198v; Opera, 1565, pp. 1120-54; Trithemius f. 114r

Sollicitudo nature gubernans...
> Moamyn, prol. De scientia venandi per aves, tr Theodore: VAr 1446, c.1300, ff. 31-70(Haskins 319)

Solomon...
> See 'Salomon...'

Solsequium herba est omnibus nota...
> De septem herbis et septem planetis or Kiranides: ed. Delatte(1942), 207-33; Harvard 24226, 230.5, 14c, ff. 36r-39r. See 'Flaccus Africus...' 'Alexius Africus...'

Solstitium cum sol restat et aut dies...
> Bern 224, 10c, ff. 181va-182ra

Solus Deus cui omnia nature secreta nota sunt...
> Roland Capellutus Crysopolitanus, Pest tract: Giacosa 491

Solutionem de topazio...
> Henry of Southwark, On optical problems: BMr 7.F.VII, 13c, ff. 67-(68)

Solve aurum in aqua ardenti...
> Secretum auri potabilis: Canterbury Cath. (Christchurch) 50, 15c, ff. 116v-118(DWS 475)

Solve unum lotionem lune in duobus lotionibus aque fortis...
> Paulus Eck de Sultzbach (a.1489), De lapide clavis philosophorum: ed. Joachim Tanckius, Francof., 1604, pp. 24-39; Ze IV, 1007-1014

Solvere apoplexiam fortem impossibile...
> Questiones circa librum Aphorismorum(Hippocratis): Ea Q.212, 14c, ff. 232-242v

Solvere non est ignorantis vinculum...
> Richard Kilmington (provost of Oriel, 1333), Sophismata: BMr 12.F.XIX, 14c, ff. 149-174

Somnia ne cures dictum vulgare tenentur...
> George Ripley, Somnium: BLas 1459, II(3), pp. 33-34

Somniorum quinque sunt species prima vocatur
fantasma...
> De somniorum speciebus: BMc Titus D.XX, ff.
> 133v-134r(131-132)

Somnium est passio somniantis. Passiones diffi-
niuntur...
> Ex Alberto Magno, De somniis: VI 3364, 15c,
> ff. 57v-60r

Somnium itaque est figura quam...
> Paschal Romanus, Liber thesaurus occultus: Has-
> kins 218. See 'Thesaurus occultus...'

Somnus corporis...
> Galen, De somno: VAp 1089, f. 7

*Somnus ergo(igitur) et vigilia describuntur
multis modis...
> Averrois Compendium libri de somno: AL 1267,
> 1480; BLau F.5.28, late 13c, 221va-223vb;
> Little 408; VAu 221, 15c, f. 160v

Somnus est privatio quedam vigilie habitus et
privatio...
> Theophilus de Ferrariis, Propositiones ex libro de
> somno et vigilia: Venice, 1493, ff. (111v)-115r
> (Klebs 395.1; IAL F93)

*Somnus et vigilia non sunt passiones nisi...
> Albertus Magnus, De somno et vigilia: Ea Q.296,
> a.1258, ff. 1-23; VA 718, 13-14c, ff. 228r-248r;
> CUg 507(385), 15c, ff. 127-150; CUpet 161,
> 15c, f. 96v(Atk); Oma 174, ff. 93ra-104va; VAu
> 194, 15c, f. 245; VE VI.82(XII,9), 15c, ff. 154-
> 177; Borgnet IX, 121-212; ascribed to Simon de
> Faversham: Ome 292, 14c, ff. 324-(342v)

Somnus quieti vehementur similis existat in
vigilie motui valde...
> Avicenna, De sompno et vigiliis: CLM 8742, 14-
> 15c, ff. 52ra-53rb

Sonet vox tua in auribus meis...
> (Hugo v. Reutlingen), prol. Flores musicae omnis
> cantus Gregoriani: Ghent 70(421), a.1503-
> 1504, ff. 1r-33v; pr Strasburg, 1488(Polain
> 2036; Klebs 525.1-3; IAL F193-94); ed. Beck,
> Litt. Verein in Stuttgart(1868), p. 11(Vivell)

Sonitrum tintinnabulorum si quis rationabiliter
iuxta modum...
> Guido Aretinus, Micrologus: CUt R.XV.22,
> 12c, f. 131v(Atk)

Sopiti sudoris ablatio in sanis...
> Arnald of Villanova, Aphorismi dispersi: Ea
> Q.222, 13-15c, ff. 126-128; Opera, 1504, f. 132r;
> Glorieux I, 419; part of the Amphorismi de in-
> geniis nocivis, doct.3a, pr 1509, f. 122ra

Soranus filio karissimo salutem. Medicinam
...
> Galen(?), De spermate: VAu 246, 14c, f. 192v;
> Diels(1906), 93-94; pr Venice, 1528, 1, ff. 38v-
> 39v; ps. Soranus, Quest. medicinales, ed. Stadler,
> Archiv f. latein Lexikographie, XIV, 361-68.
> See 'Medicinam quidem invenit Apollo...'

Sortices celsis replicant an fractibus orbes...
> Versus de septem planetis: BLcm 560, 11c, f.
> 28v. See 'Sortitos celsis...'

Sortilegium est ars...
> Wo 2401, 15c, ff. 335v-336v(Zi 3378)

Sortitos celsis replicant a fractibus orbes...
> Versus de ordinibus planetarum attrib. Alex-
> andro: CUt O.II.24, 12c, f. 90(Atk). See
> 'Sortices celsis...'

Souverain est celluy qui est creatur de tout le
monde...
> Bernardus Petri(?) Treverensis, Somma super
> parte philosophie secreta...completa anno 1366;
> BN 11201, f. 44r(T III,620-21, n.39)

Spasmum enim adque conductione efficitur...
> Aurelian, De secundo libro de trumbis id est
> tremor membrorum: Vendôme 109, 11c, ff.
> 66rb-68va; Beccaria 45.5

Specialia uniuscuiusque humoris signa sunt hec.
Signa sanguinis...
> CUg 407(413), 14c, III, ff. 80r-81v

Species febrium prime sunt tres. Alie enim
sunt...
> Tractatus febrium ex libro Rasis: BN 7046, 13c,
> ff. 179va-182ra; CLM 4119, f. 419r-

*Species multiplicata ad medium (in medio
aliunde) vocatur similitudo...
> John Baconthorpe, De multiplicatione specierum:
> Tanner; Roger Bacon: CUma Pepys 1207, 15c,
> f. 61v(Atk), Little 387; VI 5300, ff. 101r-105vb;
> anon. Quedam de perspectiva: Ea Q.234, 14c, ff.
> 115-122v

Species que conveniunt in elixiris compositione
...
> Expositio Ortulani secundum Arnoldum de Nova
> Villa: VAp 1332, ff. 40r-42v(62r-64v)

Species rerum sunt distincte...
> Thebit ben Corat, Notule contra alchimiam: Ea
> Q.312, before 1323, f. 29(T I,663-64)

Spectabiles et precolendi doctores ex litteris
varia...
> Consilia, especially of Marsilius of S. Sophia: BN
> 6910, ff. 124v-144v

Spectabilis et generosus vir dominus Iohannes
. . .
> Bartholomaeus de Montagnana, Consilia: CUt 1239(O.IV.8), II, a.1434, f. 146-

Spectabilis vir dominus Franciscus Barbo dico pluribus. . .
> Bartholomaeus de Montagnana, Consilia: CUt 1239(O.IV.8), 15c, ff. 58r-60v

Spectabilis vir dominus Franciscus Marcellus. . .
> Matheolus Perusinus, Consilium de nocumento odoratus: CLM 339, 15c, ff. 69v-73v

Specula instrumentum est quo loca quecumque
. . .
> FL 29, 43, 15c, f. 77r

Speculari de urinarum significationibus. . .
> VI 5317*, 15c, ff. 234r-236v

Speculum alchimie quod in corde meo figuravi
. . .
> Roger Bacon, Speculum alchimiae: Little 412, item 50; DWS 196; BU 1062(2082), 14c, ff. 34r-36r; BU 270(457), 15-16c, vol. IV, pp. 1-19

Speculum alchimie tali scriptura. . .
> Vetus testamentum, Gemma salutaris: BU 1062 (2082), 14c, ff. 36v-43r; 270(457), 15-16c, vol.IV, pp. 21-74; DWS 797, iv

Speculum quatuor verborum alkamie scriptura tali. . .
> BMsl 212, 15c, ff. 25v-31(DWS 797, vi)

Spera. . .
> See 'Sphera. . .'

Sperans in divina essentia quod adolescentulus natus. . .
> Sigismundus de Polcastris, De corporum reductione: VA 2225, 15c, ff. 115v-121rb

Sperma hominis descendit de omni corporis humore (*or* ex humore totius corporis). . .
> Galen, De semine, early tr: BMc Galba E.IV, 13c, ff. 233vb-238va; PU 125, 13c, ff. 299-(304v); Chartres 293, 14c, ff. 123-124; CUpet 33, 13-14c, ff. 119v-124; VAu 246, 14c, ff. 192v-193; tr ascribed to Constantinus, VAp 1234, 14-15c, f. 268ra-b; CLM 4622, f. 79 (fragment); Copho: James 483; Arnald of Villanova; Ea Q.178, 14c, f. 173r-v; as Liber de spermate seu de xii portis: BN 15456, 13c, ff. 187rb-192vb; Basel D.III.6, 13c, f. 142r-; Bourges 299, 14c, f. 91v; CUg 345(620), 14c, ff. 46-56v; Ome 219, early 14c, f. 232v-; Diels(1905), 146; T (1946), 230; pr Venice, 1508, I, 38v-39v

Sperma igitur hominis semen ex puriori substantia. . .
> Zurich Car.C.172, 13-14c, ff. 3v-6v

Sperma lapidis est frigidum et humidum. . .
> Rachaidibi, Veradiani, Rhodiani (for Rodhwani?), De materia philosoph. lapidis: Artis auriferae, I, 297-404; Ginaeceum chimicum (1679), pp. 573-78; Steinschneider(1906), 30-31. See 'Hic est liber Racaidibi. . .'

Sperma metallorum. . .
> BU 270(457), 15-16c, XXXVI, 3, pp. 122-54

Sperma quod conveniens est generationi. . .
> Albertus Magnus, De secretis mulierum (perhaps an extract): CLM 9727, f. 459(S)

Sperma viri miscetur spermate mulieris et contra. . .
> Opus Raymundi secundum humani generationis modum: CUc 396, 15c, pp. 69-86; DWS 256

Spero alchimie prosperos exitus. . .
> Dialogus in miseros et stolidos alchimistas: Univ. Penn. Lea 1, late 15c, ff. 119v-120v

Sphaera. . .
> See 'Sphera. . .'

Sphera ab Euclide sic describitur. . .
> Astronomy and cosmography, in part from the Sphere of Sacrobosco: BLb 676, 15c, ff. 241v-255v

Sphera ad celestes circulos. . .
> Wo 2637, 15c, ff. 95v-96(Zi 4506)

Sphera ad celestes circulos vel signa ostendenda
. . .
> In a collection of recipes for colors and metals: Laon 403, 12c, f. 165v(Corbett II, 67)

Sphera Apulei et Platonici de morte et vita. . .
> Beccaria 115.3, 134.4, both 9c; CLM 4643, 13c, f. 99v; CUpet 222(III), 13c, f. 32; CUt 1109 (O.II.5), 14c, ff. 15-16; CUsj B.15, 15c, f. 53v (Atk)

Sphera celi est quedam species in rotunda. . .
> De spera et de circulis celorum (Astrol.): BLd 58, 14c, ff. 10r-27v

Sphera celi est species quedam in rotundum formata. . .
> Isidore of Seville, Etymol. Bk. III, cap.9

Sphera celi in rotundum formata est. . .
> (Thomas of Cantimpré?), De planetis et elementis: FLa 1172(1101), 14c; perhaps Bk. XVIII, De natura rerum, T II, 376

Sphera celi quater senis horis dum revolvitur...

I. Nimrod, prol. Astronomia: VE VIII, 32(XI, 73), 13c, ff. 1-36; Haskins 338; T III, 14-15; Osiris I(1936), 684-87. Text, 'Celum igitur inclinatum...'

II. Anon. Excerpt on astrology: BN 12117, 11c, ff. 129v-130. See 'Duo sunt extremi vertices...'

Sphera celi ut dicit Isidorus est species quedam...

De spera celi: BLsa 17, c.1300, f. 22v

Sphera concentrica vel circulus dicitur...

Johannes de Lineriis, Theorica planetarum, a.1335: BN 7281, 15c, ff. 165r-172r(T III,258)

Sphera ecentrica vel egresse cuspidis vel egredientis...

See 'Circulus eccentricus vel...'

Sphera ergo est stellata de multis stellis fixis quarum...

VI 10536, 15c, 79 ff. (Zi 3379)

Sphera est circumferentia d(imidii) circuli. Et notato...

See 'Et notato quod hic agitur de motu...'

Sphera est corpus rotundum...

(Costa ben Luca?), Practica spere solide cum utilitatibus suis, tr 1301, by Stephanus Arnaldi (Arlandi?) from Hebrew tr of Profatius Judeus: Wo 2816, a.1461, ff. 116r-121; Argentré I, ii, 327b. Pref. tr 'Huic operi...'; anon. BNna 625, a.1350 Erfordie, ff. 50ra-51vb. See also 'Sphera est rotundum...'

Sphera est corpus solidum una tantum superficie contentum...

Leupoldus, tract. I, De astrorum scientia: pr Augsburg, Ratdolt, 1489(Klebs 601; IAL L161); anon. Zi 4526, 10407

Sphera est figura corporea una quidem superficie...

I. Theodosius, De spheris, tr Gerard of Cremona: VA 1548, 12c, ff. 25r-50v; BLau F.5.28, 13c, ff. 29v-(51); BLd 178, 15c, ff. 108v-111r(112); Millás(1942), 208; Venice, 1518, ff. 91-104r; ff. 133v-139v; Bibl. math., III (1902), 67; Björnbo XII(1912), 210; Heiberg (1927), viii

II. A different text according to Valentinelli: VE fa 332(XI,6), 13c, ff. 261-289

Sphera est figura solida una tantum superficie (i. convexa)...

Theodosius, De sphera I-III, tr Gerard of Cremona: Ab(1912), 128, 133; CUad 6866, 14c, ff. 95-112r, Delisle III, 88; Heiberg(1927), x

Sphera est rotundum et globosum corpus cuius...

Profatius Judaeus, Practica sphere solide cum utilitatibus suis, tr e versione Hebraica tract. Arabici a Stephano Arlandi: CUj Qq.29, 12c, f. 181v(Atk). See 'Sphera est corpus rotundum...'

Sphera est species quidem in rotundo conformata...

Bede, De circulis sphaerae et polo: PL 90, 937-44; Jones 86; 2nd paragraph, Hyginus, Poeticon astron., Venice, 1482. See 'Etsi te...'

Sphera est vas quoddam optime (con)solidatum...

Costa ben Luca, Sphera volubilis, tr Stephanus Arlandi c. 1319: Carmody 132; CLM 10662, 15c, ff. 118r-127v(65 caps.)

Sphera fiat omni parte equalis...

BMr 13.A.XI, 11-12c, ff. 118r-(119v)

Sphera igitur ab Euclide sic describitur...

Johannes de Sacrobosco, De sphera, cap. i: ed. T (1949), MSS 57-74, text, 76-117, (Eng. tr 118-42); FNpal 639, 13c, ff. 6r-17v; BU 154(132), 14c, ff. 133r-141v; CUc 66, 14c, ff. 130v-139; Yale Astron. and Math. MS, early 14c, ff. 74r-82v; etc.; Klebs 874.1-30; IAL J359-81; NYP has a large collection of the many subsequent editions

Sphera in quolibet polorum(punctorum) planum contingente...

Jordanus Nemorarius, Planisphaerium: Björnbo (1912), 201; CUg 504(271), 13c, ff. 109v-111v; CUsj F.25, 13c, f. 58(Atk); Ma 10053, 13c, ff. 3rb-4ra; VA 3096, 13c, ff. 140v-143r; BN 7413, II, 14c, ff. 13rb-17vb

Sphera in uno polorum planum contingente...

Jordanus, De planisphaeriis propositiones quinque: VI 5203, 15c, ff. 137v-141v

Sphera inferioris astronomie premonstrata et theoricalis...

BMsl 3747, 15c, ff. 80v-83v(DWS 571A)

Sphera mi frater de qua queris ad celestes circulos...

Gerbert, Epistola ad Constantinum *or* De sphaerae constructione: ed. Bubnov 24-28

Sphera Ptolomei quam astrolabium vel astrolapsum...

Liber de Wazalchora, scilicet de plana sphaera Ptolomaei: BMar 339, 14c, ff. 89-(97)

Sphera Pythagore Platonis et Apulei philosophorum...
> CLM 22308, 10-11c, f. 194; Wo 3721, a.1468,
> ff. 221-252; VI 5489, 15c, ff. 1-48(Schulz)

Sphera secundum Isidorum est species quedam
in rotundum...
> Introductorium astronomicum (astrol.): VE
> VIII.69(XI,86), 15c, ff. 1-10; Isis 50(1959), 46

Sphera secundum Theodosium...
> Astronomy: CLM 18985, 15c, f. 56r-v(Zi
> 10408)

*Sphera sic diffinitur ab Euclide in primo libro...
> John of Sacrobosco, De sphaera: Brux 912, 14c,
> ff. 216ra-220ra; anon. VI 5309, a.1437, ff. 177r-
> 184v

Sphera solida que et astrolabium sphericum
appellatur...
> BLcm 340, 15c, ff. 69r-107v; GW 2759(Klebs
> 119; IAL A1038)

Spheram equinoctii et tres circulos in ea signatos
...
> Sphera celi *or* Doctrina motus accessionis et re-
> cessionis: BLas 361, 14c, ff. 89-91

Spheram in plano describere est in plano quolibet
...
> Delisle III, 90b; Björnbo(1912), 201, n.2

Spheram in plano describere est singula puncta
...
> Jordanus Nemorarius, De planisphaerii figura-
> tione: Basel F.II.33, 14c, ff. 108r-109v(Ab(1912),
> 126); VE VIII, 32, 14c, ff. 84v-90r; pr in Coll.
> Sphaerae atque coelestium ratio, (Basel?), 1536,
> pp. 275-294; Venice, 1558

Spheram Ptolemei quam astrolabium vel astrolapsum...
> CLM 15957, 12c, ff. 11-32(Zi 932). See
> 'Sphera Ptolomei...'

Spheram solidam sic complebis...
> Prag 970, 14c, ff. 24v-25v(Zi 4528)

Sphere figurationes circulorumque que in ea
sunt...
> Hyginus, Astronomicum, recapitulatio: CUt
> R.XV.32, 11c, p. 39(f. 21r)

Sphere tractatus in hoc nostro opere triplex est
...
> Bartholomaeus de Parma: BB XVII(1884), 43-
> 120, 165-218

Spiraculo ineffabili dum forent large afflati...
> Brithferth, Proemium super Bedam de tempori-
> bus: Os 17, c.1110, f. 12v

Spiritum volantem capite...
> 32 alchemical verses: BN 14007, 15-16c, f. 1v
> (Corbett I, 184)

Spiritus effimeram solidum tenet ethica membrum...
> Versus medicinales: CUsj E.29, 13c, flyleaf(Atk)

*Spiritus est quoddam corpus subtile...
> Costa ben Luca, De differentia spiritus et animae,
> tr John of Seville: BMr 12.G.II, late 13c, ff.
> 358v-(367r); BMsl 2454, end 13c, ff. 82-84; Na
> VIII.F.35, 13c, ff. 3v-4r(AL 1487); CLM 9676,
> f. 56.   Prol. 'Interrogasti me honoret te...'

Spiritus inspirans deus in quo vult rota girans...
> Aurea massa (hexameters): DWS 831; VI 5477,
> 15c, ff. 74v-79r; as Senior, Massa aurea: Orléans
> 244(290), 15-16c, ff. 185v-189v(Corbett II,
> 144). A. Septier, MSS de la Bibl. d'Orléans,
> 1820, noted that the author of 'Coniugium de
> massa solis et lune' refers to his composing such a
> poem of 300 verses

Spiritus sancti adsit nobis gratia amen...
> Magister Paritales, Liber novus (alchemy): VAb
> 273, f. 210r

Spiritus sancti gratia assit nobis...
> Theodorus, Chirurgia equorum: Giacosa 436.
> See 'Cum inter cetera animalia...'

Spiritus sanctus per organum suum...
> Jacobus de Clusa, De cognitione causarum et
> effectuum secretorum: VI 4225, a.1456, ff. 89r-
> 97v; Gö Theol. 131, f. 106v; De cognitione
> eventuum futurorum: Beiträge 37, 5(1955), 79
> lists 11 MSS

Spirituum quidam sunt principales quidam
secundarii...
> Rasis, Libri duo spirituum: CUt 1400
> (O.VIII.25), III, 15c, ff. 85r-93v(DWS 118)

Spondent quas non exhibent divitias pauperes...
> John XXII, Decretal against alchemy: BMr
> 7.E.X, 14c, f. 47v(T III, 31; ColR 47b)

Spuma apri iniuncta facit capillos nasci...
> De allopicia et pilis renascendis: BMsl 3281, 14c,
> ff. 68va-78ra

Spuma argenti sem. I cimoliae sem. I...
> Theodore Priscian, Euporiston: VAb 160, 11c,
> ff. 236r-265v; Beccaria 108.19

Sputum sanguinis huius iuvenis Iohannis...
> Anon. Consilium: VA 2418, f. 222rb

Squamactie(?) scilicet scabiei tenuis...
> VI 5154, 14c, f. 32r-

Squimantia(Squinantia?) est tumor...
> VI 4769, 15c, f. 24r

*Stabat quidam homo in terra extranea. . .
> Raymond Lull, Liber felix seu de mirabilibus mundi: Salzinger I(1721), 13

Stans in plano respice per ambo foramina. . .
> BN 7443, 15c, f. 220r-v

Staphisargia talis est et sic in tertio gradu. . .
> Text following the letter of Albicus to Sigismund: BMsl 2995, 15c, ff. 128vb-130vb, 187va-188rb (TR 372)

Stateram ne transilias. . .
> Enigmata que Aristoteles posuit: Liége 77, 12c, ff. 3r-5v

Statim vero in quolibet supradictorum fiat operatio. . .
> Alchemy: BMsl 692, 15c, ff. 117-118v(DWS 438A)

Statueram sane reverende pater in fine operis. . .
> Zacharias Lilius Vicentinus, introd. Math. Bossus, De generibus ventorum. Text, 'Ventorum discretas. . .'

Statuis et collossis faciundis quales facere veteres . . .
> De igne ignisque natura: VAo 1870, ff. 158r-165r(TR 277c)

Status operis sunt hii liquefactio solutio. . .
> Alchemy: Mon 493, 15c, ff. 88-89v(Corbett II, 124)

Stella in vertice Arietis. . .
> Leip 1482, 15c, f. 16(Zi 10275)

Stellam que cometa sive crinita dicitur quidam . . .
> Aegidius of Lessines, De essentia motu et significatione cometarum, cap.i: ed. T (1950), 87-103-184

Stellarum conditor summus et omnipotens deus in ipso mundi principio. . .
> De stellis: FLg Plut.89.sup., cod.38, 15c, ff. 150-(167)

Stellarum fixarum existentium in celo maiores sunt. . .
> Admont Stiftsbibl, 481, 14c, f. 56r-v(Zi 10277)

Stellarum fixarum verificatarum ad annum 1450. . .
> CLM 10661, f. 149r-v

Stellarum in celo fabulose schemata quidam. . .
> De figuris stellarum: CLM 14743, 9c, f. 182r

Stellarum iudicium (quam astrologiam) vocant est scientia. . .
> Conrad Heingarter, comm. Ptolemy, Quadripartitum: BN 7305, f. 6r(T IV,362-64)

Stellas non habere proprium lumen sed a sole. . .
> De lumine stellarum(Isidorus): BMh 3017, 9c (Fleury), f. 159v; CLM 4394, f. 92v

Stelle a stando dicte. . .
> Comm. Hyginus: Siena 28(L.VI.25), a.1485, ff. 63v-65v

Stelle autem fixe sunt frigide vel calide. . .
> Abraham Ibn Ezra, Opus scientie astrologice: VI 2436, 14c, ff. 229rb-238r

Stelle cum caudis secundum Ptolomeum. . .
> Pietro Bono Avogaro, On the comet of 1456: T IV, 464, n.118

Stelle cum caudis sunt novem. . .
> AFH XII(1919), 59, n.1(Schulz)

Stelle dicuntur esse in gradibus. . .
> Abraham Iudeus, De seculo: VAp 1435, 15c, ff. 98rb-110ra

Stelle fixe alium habent motum. . .
> Radices stellarum fixarum: CU 1705(Ii.I.13), 14c, f. 180r-v

Stelle fixe que sunt de natura saturni et martis . . .
> Hermes, De quindecim stellis fixis: BN 7443, 15c, ff. 113r-115v; T (1947), 226

Stelle fixe verificate completis annis Christi 1251 et mensibus. . .
> Prosdocimo de' Beldomandi(?), Stellae fixae verificatae tempore Alphonsi: BB XII(1879), 208-210; Björnbo(1912), 105, n.2

*Stelle mundum ordinant. Corporibus rotundis mobilibus. . .
> Comm. Aristotle, Meteor.: On 285, 14c, ff. 102-(111)

Stelle non habent proprium lumen. . .
> CLM 23623, 13c, f. 103(Zi 10276)

Stelle ordinant mundum in situali dispositione . . .
> Burley, Comm. Meteor.: Ea Q.312, a.1323, ff. 33-42v

Stelle que in capite Arietis formantur Saturni et Martis naturam obtinent. . .
> De naturis stellarum fixarum in signis existentium: BN 7439, a.1411, ff. 129v-131v

Stelle sunt in celo xxvii. . .
> Dispositio stellarum (those that raise storms in each month): BN 3660A, ff. 51r-52r

Stelle urse minoris. Prima id est illa que est super extremitatem caude...

> Geber, De locis stellarum fixarum cum imaginibus suis: VI 5318, 15c, ff. 2r-16r; Saxl(1927), 133; Girolla 69; Catin.85, 15c, ff. 21-35; tract dated 'a. Arabum 325'

Sterilitas mulierum provenit ex multis causis...

> Maurus Salernitanus, On sterility and impediments to conception: BMsl 3124, 15c, ff. 331v-354

Sterlingus debet ponderare triginta duo grana sumpta de medio...

> De ponderibus: CU Ee.I.1, 14c, f. 254(Atk)

Stoicos philosophos novi primos contentivam causam que...

> Galen, De causis contentivis, tr Nicholas of Reggio: ed. C. Kalbfleisch, 1904

Stomachus est frigidus et siccus...

> BMar 333, 13-15c, ff. 13r-15v(DWS MS)

Stomatici sic per haec signa habent...

> Prognostica signorum maiorum infirmitatum: VI 9-10, 11-12c, ff. 331ra-335va; Beccaria 2.7

Stren(u)issime domine rex regum gratiosissime ...

> Albicus to Sigismund: CLM 321, 15c, ff. 89v-92r; TR 361; Janus 48(1959), 192-93. See 'Serenissime domine...'

Strignus hoc est una lupina quod salutaris vocatur...

> Incipit De herbis Galieni, Apulei(Apollonii), et Ciceronis: BN 11219, 9c, ff. 207r-209vb; SG Stift 762, 9c, pp. 72-137; Beccaria 35.35; 137.2; BLr C.328, 15c, ff. 113v-120v; T I, 597

Studentibus in naturali philosophia primo videndum est...

> De naturali philosophia: CUpet 178, II, 13c, ff. 51v-86v (incomplete)

Studio namque florenti philosophico(phisico) quamdam philosophie...

> John of Florence, Vemaldus *or* Honorius Philadelphus, prol. De magni lapidis compositione: DWS 339; Corbett I, 66, 125, 193, 197; II, 43, 143; T III, 182; anon. Ran 314(C.7.15), 15c, 58 ff. Text, 'Cum enim uniuscuiusque rei...'

Studio namque florenti quamdam philosophie partem secretam...

> Textus alkimistarum: BU 138(104), a.1477, Jan. 30, ff. 61r-104r

Studiosam animam nostram...

> Avicenna, Liber sufficientiae, tr Avendauth Israelita, pref.: RN XXXVI(1934), 314; d'Alverny in Millás(1954), 32; Speculum 34 (1959), 30

Studiosis astrologie primo sciendum est per geometricam...

> Abbo of Fleury, Astronomy: Osiris, I(1936), 667, 677; BMh 2506, 10c, ff. 31v-(34); Revue Bened. (1935), 140; Bubnov lii; BMc Vitellius A.XII, ff. 8r-10v; CUt R.XV.32, 11c, pp. 3-(7)

Studiosis et precipue claustralibus et scolasticis...

> Robert of Cricklade, prol. Defloratio Plinii. Text, 'Mundi extera indagare...'

Studiosissime sepiusque rogatus a litteratis (superioribus) quampluribus...

> William of Occham, prol. Summulae in libros Physicorum: Bruges 496, 14c, ff. 268-296r; BN 15880, ff. 161r-198v; Reims 888, 14c, ff. 147-80; Lincoln Cath. Chap. 180, 14-15c, ff. 71-88v; Thomson 247; PA 830, 15c, ff. 4-(99); VAp 1202, ff. 325r-372v; Bologna, 1494(Polain 2908; Klebs 706.1; IAL O19). Text, 'Solent ante preambula...'

Studiosum ut video me putatis optime...

> Giovanni da Fontana, Protheus: FLa 957(888), ff. 71r-94v(T IV, 179)

Stulta femina super fontem sedebat...

> Formula magica ad sanguinem siccandum: Bern A.92, 24, 10c, f. 1r

Stupha humida hoc modo fit...

> BMh 2375, 15c, f. 55r

Sub brevitate sermonis totum huius operis complementum narremus...

> Rosarium philosophorum: BMsl 3744, 15c, ff. 22-23(DWS 699)

Sub capite ipsius analogium positum est...

> (Hippocrates), De signis mortalibus: BMr 12 B.XII, 13c, ff. 67v-69r

Sub dei qui militant imperio eius legem observare...

> Ravennatis Anonymi Geographiae libri V: pr Paris, 1688, 1696; Lugd. Batav. 1722, pp. 737-811; Berlin, 1860

Sub devio istorum planetarum qui sunt in domibus...

> VI 5315, 15c, ff. 94v-95r

Sub facie vita fiet diuturna...

> Iudices astrologici: CUma Pepys 911, c.1300 (Atk)

Sub initium sermonis nostri mi fili...
  Christopher of Paris, Elucidarius: T IV, 351; Ze VI, 195-288

Sub linea vite iuxta recepta crux...
  Ciromantia ars brevis: CLM 658, 15c, ff. 20r-23r; MU Oct. 339, 15c, f. 21v(Schulz)

Sub umbra illius sedi fructus eius dulcis. Ista sunt verba...
  Circa philosophiam Alberti: VAp 980, 15c, ff.1 r-50v; Comm. Albertus, Philosophia pauperum: CLM 27018, f. 205; Prag cap.1326, a.1362, f. 1 (Schulz)

Subiectum cuiuslibet scientie genus est circa quod scientia...
  Liber de anima: BLcm 502, 15c, ff. 1-112

Subiectum huius libri est complexio sive corpus...
  Comm. Johannes Parisiensis, De complexionibus: KlaS Pap.Hs.21, a.1462, ff. 198v-201v; 47, a.1464, ff. 303r-316v; Isis 49(1958), 401, n.19

Subiectum huius libri est corpus humanum sanabile operabile...
  Thadeus Florentinus, Super libro Tegni: VA 4464, 14c, ff. 1r-71rb; Puccinotti, II, I, p. xxxiii

Subiectum huius scientie est totum universum...
  Comm. Sacrobosco, Sphera: VI 5275, ff. 44r-58v mg

Subiectum illius libri est temporis usui...
  Comm. Computus naturalis: VI 3816, 15c, ff. 127vb-131rb

Subiectum in isto libro est corpus...
  Bartholomaeus de Varignana, Super tegni Galieni: Ea F.172, 14c, ff. 30v-38v

Subiectum istius libri est illud quod est subiectum in tota astronomia iudiciali...
  John of Saxony, comm. Alcabitius, Isagoge: VAp 1451, 15c, ff. 27v-59v

Subiectum totius naturalis philosophie...
  Comm. Aristotle, Physics: BLd 55, 13c, ff. 50-(71)

Sublimamus corpus cum spiritu ut sit spiritus...
  Alchemy: BMsl 3747, 15c, f. 80(DWS 566)

Sublimatio argenti vivi est ut accipias...
  Liber regiminum corporum: BU 474(830), 15c, ff. 49r-52r

Sublimatio est res sive per ignem elevatio...
  Opus naturale de sublimatione (alchemy); FR 940(N.III.xi), 15c, f. 13r-v

Sublimatur autem ipse mercurius rubeus...
  Geber, Liber fornacum: BU 270(457), 15-16c, V, f. 18r; anon. BMad 10764, 15c, ff. 85-88 (DWS 72.i)

Sublimavi argentum vivum multotiens ita ut esset fixe...
  Extractum ex libro De esse et essentia Thome de Aquino: Boston Medical 18, c.1467, ff. 119v-120r

Sublimavi multotiens mercurium ita ut esset (eficeretur) fixe dispositionis...
  Thomas Aquinas, Ad album et rubeum: BNna 1293, 15c, ff. 9r-13r(Corbett I,212); FNpal 758, 15c, f. 9r-v. Prol. 'Me pluries amice...'

Sublimetur lapis quousque deveniet lapis albus...
  Geber(?) Tres ordines: DWS 107; Plessner, OLZ, 33, 10, p. 726. Introd. 'Hic Geber aperte...'

Sublimis creator deus ex quatuor elementis...
  Liber medicinalis qui dicitur Copiosa (of its six parts only the first on surgery): McGill Univ. Osler 7579, early 15c, ff. 1-194

Sublimis omnium conditor deus cuius sapientia tota mundi...
  Petrus Bonus Advogarius, Prognostication for 1493: GW 239; Klebs 138.9. See 'Stellarum conditor...'

Sublimis rerum omnium conditor deus...
  Iudicium eclipsis: KlaB XXX.d.4, f. 168r-

Substantia est primum nomen naturalium...
  CU 1824(Ii.IV.27), 14c, ff. 1-128

Substantia igitur alia est...
  Roger Bacon, De principiis naturae: BLd 190, 14c, ff. 29r-(37v)(Little 405)

Substantia igitur que per se sine ullius adminiculo subsistere...
  Bede(?), De substantiis liber: PL 90, 1113-26

Substantia interior que una...
  M. Achardus, De divisione spiritus et anime: CUc 451, 13c, f. 131r-

Substantia tenuis significat debilitatem splenis...
  De substantia urinarum: BMsl 783b, 15c, f. 217v-

Substantia urine aut est tenuis...
  De urinis: Ea Q.205, 14-15c, ff. 74-93v

Substantie que radices coequant sunt si dicas...
  Al-Khowarizmi, Liber algebrae et Almucabola, cap.i, tr Robert of Chester: ed. L. C. Karpinski, New York, 1915

Subtili indagatione reperierunt perspectivi geometre...
> De sectione Mukesi: Dijon 441, late 14c, ff. 204-
> 207v

Subtilietur sol per cimentum et lunam...
> Opus perfecte medicine (alchemy): VAp 1332,
> 15c, ff. 48v-49r

Subtrahe ab annis Christi 1340 annos...
> John de Lineriis, Canon super almanach: Free
> Library Philadelphia, J. F. Lewis 3, late 14c

Subtrahe igitur ab annis domini imperfectis
1306...
> Almanach perpetuum tr de arabico 1307: BN
> 7403, 14c, ff. 1r-39v

Subtrahe sexaginta ab annis Christi 1390 et
cum residuo intra...
> Canon tabularum Almanachi perpetui(tr de
> arabico a.1391): BLd 167, late 14c, ff. 12r-13r

Succincti sermonis eloquio corporum mineralium
explicatis...
> Galienus, Practica: FR 1165, 15c, ff. 96v-101r;
> Diels(1905), 122; this is Rasis, Liber perfecti
> magisterii, pars ii: BU 524(928), 15c, f. 27

Succus arthemisie copiose bibitur ita quod...
> De virtutibus diversarum herbarum et animalium:
> CLM 259, f. 185ra-

Succus cinoglosse...
> Experimenta Bartolomei: James 455

Succus lingue canis loquelam mire restaurat...
> Arnald of Villanova, Experimenta: BLcm 388,
> ff. 56-(60)

Sudor est vapor humidus ab interioribus resolutus
...
> De sudore: VI 4769, 15c, f. 102r

Sudores calidis si cretica procreat hora...
> Versus medicinales: CUsj E.29, 13c, fly leaf(Atk)

Sudoris multae frigidi aut calidi semper currentes
...
> De sudoribus: BN 11218, 8-9c, f. 26r; Beccaria
> 34.3b

Sufficienter hiis itaque pertractatis de augmentatione...
> De raritate et densitate: Ea Q.385, 14c, ff.
> 106-116

Sufficienter in premissis modus...
> George Anselm of Parma, Quarta pars quarti
> tractatus De modis specialibus imaginum octavi
> orbis: VA 5333, a.1542, ff. 1r-38v(ColR 50)

Sufficientia et numerus dierum creticorum
habetur per hunc modum...
> De diebus creticorum: Prag 433(III.C.2), ff.
> 38r-39r

Suffocatio contingat de matrice subito...
> See 'Si offocatio...'

Sulfur auripimentum atramentum fimum albe
columbe...
> Ad ficum qui paret: VAr 291, 11c, f. 163v

Sulfur est elementum compositum cum terra
subtili et aqua forti...
> Mi D.130.inf., ff. 318r-320v

Sulphur concoctum et argentum vivum equaliter
appone...
> CU Ii.III. 17, 15c, ff. 146r-152(DWS 602)

Sulphur est pinguedo terre...
> Geber, Alchemy, extracts beginning at Pars I,
> cap. 28: Budapest 272, a.1487, ff. 3v-76; pr
> Leyden, 1668

Sum igitur ego frater Albertus teutonicus...
> Albertus Magnus, prol.II, Semita recta: BLcm
> 81, 15c, ff. 25-85v(DWS 178)

Sum mirus et novus fero cum medicamine virus
...
> Michael Scot, Documentum cuiusdam spiritus
> traditum magistro Scoto de virtute bufonis seu
> philosophici lapidis sive avis phoenicis: DWS 800

Sumantur cibi et potus laudabiles...
> Johannes Piscis, Pest tract: Archiv XVII, 51-53;
> Wickersheimer 464

Sumantur tres regule recte et planissime...
> Compositio instrumenti per quod reperitur
> diversitas aspectus lune in latitudine: Mi
> H.75.sup., 13c, ff. 67vb-68ra; Opus instrumenti
> quo latitudo lune et distantia centri lune a terra
> deprehenditur, cum figura: BLcm 61, 15c, ff.
> 10-(11)

Sumas aurum dei et non artificiale...
> BMad 10764, 15c, f. 109r-v(DWS 644)

Sumas vas vitreum solidum...
> Recipe for unbreakable glass: BMad 41486, f.
> 51v

Sumatur de argento vivo abluto cum oleo...
> Sublimatio mercurii secundum Platonem: VAp
> 1339, 14c, ff. 94r-(95v)

Sumatur de eo cum oleo abluto libram unam...
> DWS 102B

Sumatur ex eo libra una...
  Geber, Sublimatio argenti vivi secundum Socratem: CUt 1400.II, 13c, f. 49r-v(DWS 102A)

Sumatur panis calidus et mel calidum et applicetur collo...
  Contra squinanciam in gutture: BMsl 783b, 15c, f. 91r

Sume alumen yameni plumosum...
  De mollificatione auricalci: BMad 41486, f. 28r-v

Sume aquam distillatam de albumine ovorum partes septem...
  Geber, Duodecim verborum: Lehigh MS, c.1473, ff. 71v-72v

Sume argenti vivi oz. viii limature auri oz. iiii...
  Mappae clavicula: DWS 867; BMad 41486, ff. 63b-109. See 'Si vis facere vermiculum...'

Sume capillos humanos...
  To turn iron into steel: BMad 41486, f. 11v; BN 6514, 13-14c, f. 51v(Corbett I,299)

Sume capram lactantem...
  De mollificatione cristalli: BMad 41486, ff. 12v, 46v, 73v

Sume cibum modice modico natura fovetur...
  Flos medicine abbreviatus: CUc 177, 15c, f. 269v(Atk); BMr 8.B.VI, 16c, f. 33

Sume de arsenico albo...
  De libro pietatis Aristotelis: Budapest 272, 15c, ff. 132v-134v

Sume de kibrit oleo coctum...
  Bonum opus(Alchemy): CUad 4087, 14c, ff. 191r-193v

Sume ergo argenti vivi puri et clara in lenta quattuor...
  Opus(alchem.): CLM 352, 15c, f. 322. Prol. 'In artificis servii id est operis...'

Sume ex auripigmento unciam unam...
  De luna: BMad 41486, f. 26v; CU Ii.III.17, f. 92r

Sume ex lapide ubique reperto qui vocabitur rebis...
  De lapide vocato Rebis: 'Explicit hoc attribuit Sancto Alberto' sed ego invenio hoc in libro de LXX Aristotilis et ibi est': Budapest 272, 15c, ff. 143-144

Sume fumum album et viridem leonem...
  CU 1781(I.III.17), f. 67r

Sume igitur numerum prescriptum attributum...
  Divination: BMad 15236, 13-14c, f. 129r

Sume igitur pondus quatuor denariorum de materia...
  Franciscus de Perusia, De conservatione et multiplicatione predicte medicine: BMad 15549, 15c, ff. 31-42v(DWS 298)

Sume laterem ligneum vel lapideum vel eneum quadratum...
  Opus instrumenti declinationis solis cum figura: Mi H.75 sup., 13c, ff. 67va-68rb; BLcm 61, 15c, ff. 9v-10

Sume libram unam de medulla ossium...
  De aquis albis et rubeis: CU 1388(Ff.VI.50), 15c, ff. 140r-145v(DWS 473)

Sume ranam et finde eam per medium dorsum...
  Pe(trus) Lucrator (Montpellier, 1240), Item expertum valde: BMad 25000, f. 79r; 32622; BMsl 2479, f. 14v

Sume sal commune scilicet quod adheret patelle...
  De cristallo et lapidibus preciosis. Pro saphiro: BLd 164, 15c, ff. 29v-32v(DWS 963)

Sume sanctissime papa...
  Nicholas of Cusa, Reparatio Calendarii: Trithemius f. 114r

Sume stagni dragmas decem...
  De philosophorum archano: BMad 41486, f. 29r-v

Sume sulfuris citrini a lapidibus mundi minam...
  From Lib. LXX of Geber?: CUt 1400.II, 13c, ff. 52v-53(DWS 102C)

Sume unam libram cepe et proprium tantumdem...
  De regimine aquarum: BMsl 323, 14c, ff. 143v-145(DWS 464)

Sumendum est lignum maxime solidum...
  De compositione chilindri qui dicitur orologium viatorum: BMar 292, 13c, ff. 106r-(109v) (T III,211); BMe 843, 13c, ff. 27r-29v; CUad 6860, 14c, ff. 91r-93r

Summa cognitionis Aristotelis libro de celo et mundo...
  Summa IV libri de celo et mundo: VE VI.23b (3462), a.1334, ff. 39va-60ra

Summa cognitionis mei omnis nature et scientie
. . .
> De celo et mundo: Yale Aristotle MS, 13c, ff.
> 74r-131vb

Summa cognitionis et nature ipsam secundum
rectum ordinem. . .
> Comm. De celo et mundo: CUg 367(589) 13c,
> ff. 112-120

Summa cognitionis humane. . .
> Incipit of translatio communis(as opposed to
> vetus and nova) of De celo et mundo: Oc 138,
> 14c, f. 114v, line 14

*Summa cognitionis nature et scientie ipsam
significantis(demonstrantis). . .
> Aristotle, De caelo et mundo, tr Gerard of
> Cremona: Clermont-Ferrand 168(148), 13c, ff.
> 73-(104); Basel F.IV.23, 13c, ff. 57r-101v;
> etc.; AL pp. 53, 128; called Michael Scot's tr by
> Grabmann (1936), 147-48; Beiträge XVII,
> 5-6(1916),96,175

Summa cognitionis rerum naturalium consistit
in cognitione. . .
> Axiomata ad res naturales spectantia cum exposi-
> tione: On 285, 14c, ff. 80-84

Summa cognitionis secundum rectum ordinem
. . .
> See 'Secundum rectum ordinem. . .'

*Summa huius operis est breviter hic tangere. . .
> Quaestiones in Physica: On 285, 14c, ff. 1-12v

*Summa id est complementum. . .
> Hen. Renham, De coelo et mundo: Tanner

Summa in hoc capitulo nostre intentionis. . .
> Adam Pulchre-Mulieris, Rerum naturalium diffi-
> ciliora or De intelligentiis: Glorieux, I,288;
> AL 566,589,824,1249; Delisle III,85b

Summa intentionis. . .
> Aristotle, De celo, abbrev.: Toledo cap. 47.15,
> 13c, ff. 96v-97(AL 1234)

Summa principiorum et eorum que oportent
presciri. . .
> Astronomy: Basel O.IV.4, a.1429, ff. 26r-
> 32v(Zi 12509)

Summa que sunt in sermone. . .
> Ob 231, 14c, f. 263. See 'Summe que sunt in
> . . .'

*Summa regiminis senum universalis ut dicit
Avicenna. . .
> Roger Bacon, De universali regimine senum:
> Little 400

Summa rorante nobis. . .
> Johannes Eligerus de Gondersleuen, De astro-
> geometro: Trithemius, f. 88v

Summa totius libri mineralis operis et maioris. . .
> Archelaus, De corporibus et spiritibus. See
> 'Brevis expositio summe totius libri. . .'

Summa totius operis ut sumatur lapis in capitulis
. . .
> BMh 5403, 15c, ff. 33-36(DWS 668)

Summarium de febribus editum per me Antonium de Gayneriis. . .
> Vendôme 107, 15c, ff. 1-(53); T IV 673-74

Summe bonitatis triplex est effluxio scilicet per
generationem. . .
> De rerum creatione etc.: CLM 5964, 15c, ff.
> 135r-147v

Summe et aggregationes medicandi venena. . .
> Rasis, Lib. Almansoris, tract. 8: Klebs 826.1-3

Summe que sunt in sermone primo primi libri
Galieni. . .
> Galen, prol. Libri III de complexionibus, tr
> Gerard of Cremona: BN 15435, f. 55ra-;
> CLM 11, f. 96; CUpet 33, 13-14c, ff. 81v-94v;
> Ea F.249, 13-14c, ff. 213v-234; Ome 218, 14c,
> ff. 7v-25r; VAp 1095, ff. 34ra-51va; pr 1490,
> II, 223v-237r; anon. CLM5, f. 127; Excerpta,
> Subiaco 59, 13c, f. 22; Diels (1905), 149.
> Text, 'Insignes antiqui medicorum. . .'

Summe scientie et continentie virum. . .
> Joh. Cassianus, Collatio Sereni(Medic.): CUt
> 4(V), 12c, ff. 76v-103r(DWS MS)

Summe venerationis dignissimo patri. . .Ad-
riani. . .
> John Dastin, Sapientum aurinum or Liber
> Philosophie: BMsl 2476, 15c, ff. 4-6(ColR
> 129c; DWS 281,ii)

Summe venerationis excellentissimo patri domino
Neapoleoni. . .
> John Dastin, introd. Liber Philosophie or
> Sapientum Aurinum: BMsl 2476, ff. 40-48
> (ColR 129d); DWS 281, iii; T III, 85,95

Summi medicorum principes Rasis et Avicenna. . .
> Pest tract: Archiv XI, 133-40

Summi mihi pontificis favente gratia eius. . .
> Prol. Lumen animae: KlaS Pap. Hs.139, a.1419,
> ff. 1r-181r; ascribed to Godefridus Voraviensis:
> Vorau 130, a.1332, ff. 1r-162v; Klebs 631.1-4;
> Yale 62; IAL F38-41. See 'Plinius libro de
> mirabilibus. . .'

Summo cum studio decet emergentes morborum insidias deprimi...
>Benedictus Reguardatus de Nursia, De conservanda sanitate: BLas 1475, 15c, pp. 461-504; Isis XIII(1929), 63-64; CU 1497(Gg.III.32), 15c, ff. 148r-208r; Brux 8553, 15c, ff. 1-91v; pr Rome, 1475, etc. (GW 3818-24; Klebs 174.1-7; IAL B275-81); Arcana medicinae (Geneva c.1500), ff. 7r-42v(ColR 73.2; Klebs 78.1; IAL A846)

Summum argumentum et evidens quedam est ratio...
>Bernardus de Cracovia, Practica ad annum 1489; T IV, 456; GW 4078; Klebs 181.1

Summum creatorem deum in omnibus agendis . . .
>Raynerus Osterhusen Daventriensis, Compendium medicinale: BMsl 345, 15c, ff. 1r-6r

Summum talentum cxx librae...
>De ponderibus unciis et minutiis: KlaB XXIX.d.3, 11-13c, ff. 35v-36r

Summus ac gloriosus omnium princeps deus fabricator...
>Petrus Bonus Advogarius, Prognostication for 1499: GW 255; T IV, 466

Summus opifex deus qui postquam hominem ad imaginem suam...
>Opus de somniis: Os 172, 15c, ff. 153-(212v); T II, 302, n.3

Summus orbis opifex fabricator celorum...
>Iacobus Randersacker Cracoviensis, Practica: Hain *13693(Schulz)

Summus planetarum saturnus...
>De planetis (et) de impressionibus metheoricis: Ea F.346, 14c, ff. 18v-19(Zi 8396)

Sumpsimus in libro explanation umnostrarum...
>(Mesue), Grabadin: PA 1024, 14c, ff. 84-122

Sumpto astrolabio quo sol primum gradum...
>BMr 15.B.IX, late 12c, f. 76r

Sunt aliqui dicentes quod mercurius noster...
>Aqua philosophica atque occulta: Univ. of Penn. 1, f. 1r

Sunt altre particule temporis...
>(Calendar): BMc Cleopatra.B.IX, 14c, ff. 45v-46v

Sunt artes quedam que possidentibus quidem...
>Hippocrates, De flatibus tr Franciscus Philelphus ad Phil. Mariam Anglum: BN 7023, a.1444, ff. 3v-20v; CU Gg. III. 32, a.1444, ff. 209v-214r; Kibre(1945), 408, n.231

Sunt autem due colores principales scilicet albedo...
>De coloribus etc. ad scribendum: BMsl 962, 15c, ff. 181-183v(DWS 892A and 915A)

Sunt autem in figura zodiaci quedam fortitudines...
>In parva quaterna Ioh. Somercotes invenitur sic: BLas 191, 15c, ff. 46v-47v

Sunt autem in signis quedam fortitudines...
>Dignitates planetarum: BLas 191, 15c, f. 9v

Sunt autem ista remedia posita et ordinata...
>Vitalis de Furno: Basel D.II.13, ff. 119r-238r

Sunt autem quatuor tempora cuiuslibet egritudinis...
>Ricardus de Montepessulano, Liber de signis et prognosticis de digestione et anatomia: VAp 1143, ff. 79ra-86vb

Sunt autem quedam in numerandi...
>Cautele algorisimi: BLd 147, 14c, ff. 86r-(88v)

Sunt autem quedam subtilia universis numerandi questionibus...
>De regulis generalibus algorismi: BLf 27, 14c, ff. 67-(69); CU 1572(Gg.VI.3), 14c, ff. 315vb-317va; CU 1705(Ii.I.13), 14c, f. 26r-v; CUg 141(191), 14c, ff. 53-57

Sunt autem secundum quosdam philosophos partes anime sensibilis...
>Albertus Magnus *or* Thomas Aquinas, De quinque potentiis anime: Brux 882, 13c, ff. 152ra-156rb; NYAM 6, 14c, ff. 31v-39v; Kibre(1941), 261-62, n.8; 267-69, n.26-31; CLM 453, a.1494, ff. 195-205v. See 'Ut adiutorium homini collatum...'

Sunt autem septem planete qui dicuntur sidera erratica...
>De planetarum naturis secundum astrologiam: FNcs J.V.7, 15c, ff. 108v-109v; Björnbo(1912), 223

Sunt autem sex regule multiplicationis quarum prima...
>Regula multiplicationis: CUc 37, 14c, f. 35v(Atk)

Sunt autem talia que sunt convenientia anime et corpori...
>Johannes Cronisbenus, De sensu et sensato: VE VI.99(XII,26), 15c, ff. 63-70

Sunt autem trice quedam celestia corpora...
>See 'Ptolomeus in hoc...'

Sunt digiti numeri qui citra denarium sunt...
>Comm. Alexander de Villa Dei, Algorismum: CUsj F.18, 15c, f. 28(Atk)

Sunt elementorum gravitate carentia quedam...
  De contrarietate elementorum: BN 3761, f.
  65(H); Karlsruhe 405, 13c, f. 138

Sunt enim decepti putantes intelligere dicta...
  Petrus Helias, De lapide maiori: BMsl 1091, 15c,
  f. 84v(DWS 173)

Sunt ergo impedimenta...
  Geber, cap. 1, Summa perfectionis magisterii.
  See 'Totam nostram scientiam...'

Sunt errantes multi...
  See 'Sunt multi errantes...'

Sunt et alie continue que habent provenire ex
  apostemate...
  On diseases: Oma 173, 14c, ff. 122v-(125)

Sunt etenim quinque proportionum...
  Johannes de Muris, Liber proportionum musicalium: Tours 820, end 15c, 26 ff.

Sunt etiam alie coniunctiones...
  VI 3002, 15c, ff. 103v-107v(Zi 12510)

Sunt Iano lepores perdix et signa probantes...
  Carmina de mensibus: Tours 789, 12c, f. 36v;
  CU 1130(Ee.VI.38), 15c, f. 69r(67)

Sunt igitur metrorum...
  De arte metrica: BN 13955, late 10c, ff. 148-
  165v(Bubnov lxii)

Sunt in aliis artibus...
  Compotus Petri, a.1171: Haskins 86

Sunt in Ianuario nives et (maximi) algores...
  Petrus de Vineis, Carmen de mensibus: VI 4347,
  15c, f. 337r; ed. Neues Archiv, XVII(1892),
  502-3

Sunt in universa urbe Romana mille et centum
  et...
  De urbe Romana et eius mirabilibus: Dresden
  F.93, 15c, ff. 422v-433

Sunt inesse corporibus ut convertentur...
  Thomas capellanus, De essentiis essentiarum:
  DWS 184

Sunt itaque septem planete qui dicuntur sydera
  eminentia...
  BMsl 3124, 15c, ff. 17-20

Sunt lapides igniferi in quodam monte orientis
  qui grece dicuntur terrobolem...
  De lapidibus: BMb 327, 12-13c, f. 84; BN
  11207, 13c, f. 76r; VAr 258, 13c, f. 44v;
  Ambix 8(1960),13

Sunt multe id est in flexo brachio tres...
  Inquisitiones venarum: BLb 591, 15c, ff. 34v-
  (37)

Sunt multi(plures nimis) errantes in hoc mundo
  (per universum)...
  Raymond Lull, Ars intellectiva: HL 29, 286;
  Mi G.66. inf., ff. 2r-8v; T IV, 46, 629; Corbett
  I, 190.　See 'Multi sunt erratici...'

Sunt(Sint) ne aliqui nobiles forenses vel doctores
  cives...
  Conversatio philosophorum(alchemical): VE
  VI.215(XVI,4), a.1475, ff. 155-158; BN 14006,
  15c, ff. 50r-52r(Corbett I,180)

Sunt phisici qui temporum...
  Danzig Stadtbibl.(Marienkirche) F.229, 15c,
  ff. 8-10(Zi 8095)

Sunt portes planetarum septem...
  Iudicia Herfordensis: BMr 12.F.XVII, 15c,
  fly leaf; BMsl 1713, 16c, ff. 15-18v

Sunt principales vene tres...
  De venis: CLM 23479, 11-12c, f. 1r; Beccaria
  62.3

Sunt quedam egritudines que semper procedunt
  ...
  Dinus de Garbo, comm. in duos Hippocratis
  Aphorismos: VA 4454, ff. 50-52; Puccinotti,
  II, i(1855), xc-cvi

Sunt qui omissis magnis his planetarum coniunctionibus...
  Augustinus Moravus, Prognostication for Padua,
  1492: GW 3059; T IV, 463; Klebs 124.1

Sunt qui videri volunt(velint) Rome vocabulum
  ab Evandro...
  Solinus, De situ orbis et mirabilibus mundi:
  S. Michael de Muriano 51, 15c, p. 158, 191;
  Fulda 328; etc.　Prol. 'Cum et aurium...'

Sunt quidam qui maleficiis diabolicis(impediti)
  cum uxoribus...
  Arnald of Villanova(Constantinus Africanus or
  Petrus Hispanus), De hiis qui maleficiis impediti
  cum uxoribus suis coire non possunt: HL 28,68;
  T II, 497,850; Revue des bibliothèques, 34
  (1924-1925),290-92; CLM 321, 15c, f. 256r-v;
  Mon 277, 15c, f. 60r-v; VA 2403, f. 85; VI
  5315, 15c, ff. 76v-78r; Opera 1504, f. 256r-v

Sunt quidam qui operantur cum uno spiritu...
  Thomas Aquinas(alchemy): BLas 1423, V,
  a.1593, pp. 8-9

Sunt quidem qui se de secretis alkimie intro-
  mittunt...
  George Ripley, Excerpta ex opere intitulato
  Philorcium alkimistarum: CUt 1400. V, 15c,
  ff. 163v-165(DWS 323; T IV, 352, n.85)

Sunt quoque planete in signis termini vel fines
...
    CUt O.II.40, 15c, f. 139r

Sunt quoque tres modi...
    Constellations: CLM 25004, 15c, f. 95r-v(Zi 3380)

Sunt septem dies in septimana. Sic sunt vii herbe...
    CUt 1351(O.VII.23), 15c, f. 50r

Sunt sub Solano socii Vulturnus...
    Matth. Paris(?), Diagramma ventorum: CUc 16, 13c, f. iv; 26, 13c, f. vv(Atk)

Sunt tibi Saturne domus egocentricis...
    Versus de signis zodiaci: CUt O.VII.7, 13c, f. 27v(Atk)

Sunt tres homines S. et P. et C....
    Quaestiones arithmeticae cum solutionibus: BLd 104, 14c, ff. 73v-(75r)

Sunt tria apostemata venenosa et mortifera scilicet...
    Apostematum distinctio: BLcm 524, 15c, f. 120

Sunt vene tres per quas omnes humores...
    Phlebotomy: BMsl 2839, 11-12c, ff. 109r-v, 110r-v; Beccaria 81.7

Suo Cyno de Pistorio suus Gentilis...
    Gentile da Foligno, De partu hominis: T III,237; CLM 7609, ff. 146va-147rb

Suo dilectissimo nimiumque reverendo...
    Mercuriadis Utilitates astrolabii: Cues 208, a.1310, ff. 125v-127(Zi 7275)

Suo domino pre cunctis mortalibus metuendo Friderico...
    Epistola M.P. Hyspani missa ad imperatorem Frider. super regimen sanitatis: BMh 5218, ff. 1r-3r; dedic. Thesaurus pauperum?

Suo genito Fabriano quamplurimum diligendo
...
    Albertus de Zanchariis, Glo(sse) super tractatu Avic. de cura lepre: BN 7148, ff. 24r-44v

Suo patri et domino magistro Winoaldo...
    Ioh. de S. Paulo, De carnibus: Boston Medical 15, 13c, ff. 115r-120r

Suo precipuo domino generosissimo atque reverendissimo... Petro Donato...
    See 'Cupiens canones...'

Suo serenissimo amico Iohanni David...
    Plato of Tivoli, tr Albucasis De opere astrolabii: BLd 51, 13c, ff. 28-35; Carmody 143

Super aliquo plano...
    Instrument: Meiningen Landesbibl. Pd 32, 15c, ff. 27-37(Zi 2993)

Super capitulo de cura febrium putridarum...
    Marsilius de Sancta Sophia, Recepta ex 1 fen IV libri canonis Avicenne collecta: Ea F.253, 13-14c, ff. 159-186; Vendôme 244, 15c; Giacosa 494; pr Venice, 1514

Super capitulum effimere ex vigilia...
    De febribus: Ran 562, 15c, ff. 28v-32. Prol. 'Inclinatus multorum vocibus...'

Super capitulum febrium...
    See 'Super capitulo de cura...'

Super controversia mota inter venerabiles...
    Paris controversy of 1437 as to days for bleeding between Rolandus Scriptor and Laurentius Musce: BN 7443, 15c, ff. 184r-208v(T IV,139)

Super datam rectam lineam terminatam triangulum equilaterale...
    Schemata: CUt R.XV.14, 10c, ff. 96r-103r(Atk)

Super dispositione filii magnifici et generosi militis...
    Matheolus Perusinus, Consilium de commictu in lecto: CLM 339, 15c, ff. 74r-75v

Super exceptivis quibusdam naturalibus...
    Engelbert of Admont, De quibusdam naturalibus: Pez, Thesaurus, I,i,433; ZB 4(1889),510; Fowler 204; Osiris XI, 483

Super fixam et certam radicem temporis locum solis...
    Utrecht 725, late 15c, f. 10r

Super illa duo super que consilium petitus...
    G. de Brissa, Consilium ad removendam carnem superfluam: Salzburg St. Pet. M.II,189, a.1433, f. 172rb

Super illud dicit commentator quod dispositio scientie...
    Comm. Aristotle, Physics: Oo 33, 14c, ff. 8ra-79vb

Super illum locum Aristoteles in secundo de celo...
    Ma 10053, 13c, f. 36ra; FNcs J.V.18, 14c, ff. 2r-4r; Björnbo(1912),219

Super lapide occulto philosophorum versatur intentio...
    Speculum secretorum: Rc 1477, 15c, ff. 176r-186v

Super me college olempi...
    Theodore Priscian, prol. Fenomeni. See 'Si medicinam minus...'

Super quibus infirmitatibus seu defectibus quelibet...
Phlebotomy: Giacosa 506

Super regulam equationis solis...
BLd 57, 14-15c, ff. 1-(8v)

Super theorica planetarum aliquas demonstrationes et dubia...
Blasius de Pelacanis de Parma, Theorica planetarum: VA 4082, a.1405, ff. 47ra-60va(TR 276);
Demonstrationes theorice, VE VIII, 69, 15c,
ff. 175r-216v; FL Plut.29, cod. 27, 15c, ff.
8-(14); Isis 47(1956), 398-400; 50(1959), 47;
VA 4087, ff. 19v-24v; Bibliofilia 8(1907),
372-83

*Superest iam scrutari de fato...
Jo. Stanbery, De fato et fortuito: Tanner

Superficies et anguli et immediate secundum
magnitudinem...
Euclid, Liber datorum: cited Thadeus of Parma:
FLa 131(205-137), 14c, f. 1v(T III,14)

Superficies famosa...
'Liber quidam secundus de quantitatibus men-
surandis' (Part 2 of Dominicus de Clavasio,
Practica geometriae): Zi(1938), p. 262, item 219

Superficies famosa est quadrata...
De planimetria: BN 7378A, ff. 10-12v(Poulle)

Superfluitatum quidem... Verba proposita scribit Avicenna...
Albert of Bologna, Expositiones super libro de
farmaciis: VA 4452, ff. 59ra-61va; T (1953),
271. See 'Verba proposita...'

Superiora discurrere ea contemplando zelo et
sapientie...
(John Nannius of Viterbo?), Astrological prediction, 1464: BN 7336, ff. 366r-v, 371r(T IV,
439, n.4)

Superioribus annis prope studiorum nostrorum
...
Joh. Argyropulus, dedic. to Piero de' Medici, tr
Aristotle, Physics: GW 2341, f. 3v(Schulz)

Superioribus annis quando Rome essem humano
generi...
Gaspar Torrella, De dolore cum tractatu de
ulceribus in pudendagra: pr Rome, 1500(T IV,
574; Klebs 980.1; IAL T356)

Superioribus his diebus Sebalde Clamose super
cometa...
Joh. Werner, Cometa ortus v.a.1500: VI 4756,
a.1500, ff. 143r-146v; AIHS 44(1958),249-50

Superioris discipline inconcussam veritatem...
Iafar(Albumasar?) prol. Liber imbrium, tr Hugo
Sanctallensis: Haskins 77; Carmody 85-87; BLr
D.1227, 14c, ff. 102ra-106ra; BN 7440, ff.
44r-46v; 7292, ff. 44ra-47vb; CU Ii.I.13, 15c,
ff. 61v-63r; Millás(1942),163; VAr 1452, 14c,
ff. 29rb-32va; pr with Alkindi, 1507; and 1540;
Hellmann II(1917),200. Text, 'Universa
astronomie iudicia...'

Superioris voluminis tractatus...
Carmody 101. See 'Hic liber maioris...'

Superioris igitur pagine ratio hec est...
Johannes de Garlandia, Compotus: BLau F.I.9,
12c, ff. 12v-(27); CUsj l.15, 12c, f. 186(Atk)

Superiorum trium planetarum saturni scilicet...
De locis quinque planetarum... et de eclipsibus
eorundem cum tabulis medii cursus planetarum:
BMar 377, 13c, ff. 16-(35v)

Superiorum voluminum series a prima causa
rerum...
De animalibus et praecipue de homine: Ou 99,
15c, pp. 210-238

Superius auctor determinavit de gravis. Hic
autem de fructibus...
Petrus Iulianus Hispanus, Comm. Particula IIa,
Isaac, Diete particulares: pr Opera Isaac, Lyons,
1515, f. 113r(Schulz)

Superius Avicenna determinavit de fractura
cranei...
Gentile da Foligno, Super ea parte tractatus
tertii Avicenne Fen quarte 'De fracturis' quam
Dinus(de Garbo) non exposuit: pr Ferrara,
1489, ff. 147v-151v; Venice, 1496, ff. 143ra-
147rb(AFML; Klebs 336.1-2; IAL D152-53)

Superius determinavit auctor de nutrimento...
Petrus Hispanus, comm. Isaac; Diete particulares, Particula V: Opera Isaac, 1515, I, f. 136v

Superius determinavit Avicenna de rebus que
spectant ad partem theorice...
Dino del Garbo, Questions on Fen 4, Lib.I,
Canon, of Avicenna: VA 2484, 14c, ff. 1-182vb;
T (1953),263-64; BN 6935, 15c, ff. 1ra-145va

Superius determinavit de apostematibus hic de
solutione continui...
(Gentile da Foligno?), comm. Avicenna IV
Canonis Fen 4, tract. i: AFML 79(Klebs
131.12; IAL A1272)

Superius diximus de universali evacuatione...
De clisteriis: Ea F.288, 13-14c, f. 92r-v

Superius in generali determinavit de fractura hic in speciali...
> (Gentile da Foligno?), comm. Avicenna, IV Canonis, Fen 5, Tract. iii (De fractura cranei, cap.1): AFML 79(Klebs 131.12; IAL A1272)

Superius prout potuimus promissorum...
> Alius liber de nativitatibus, following an astronomical and astrological work ascribed to Aristotle: BMc App.VI, ff. 11v-12v; T II, 255, n.6

Superius quidem dictum est de astronomia...
> Roger Bacon, De utilitate astronomie: BMsl 2629, 17c, ff. 17-53; Bridges I, 377-403(Little 381)

*Superius quidem dictum est quid...
> Roger Bacon, De occultis operibus naturae: Wadding

Superius viso primo tractatu de forma et figura oculi...
> Alcoatim, Tertius tractatus de egritudinibus oculorum: Metz 176, 14c, ff. 1-90; GS II, 430

Supplicant vestre sanctitati plures viri...
> Letter to pope and General Council to heed d'Ailly's Exhortatio super kalendarii correctione: BMad 29969, f. 85r; IAL A426, f. h(6)r

Supplicationi vestre magister carissime libentius...
> Breve breviarium alkimie: Rc 1477, ff. 96r-120v

Supponamus autem nomina...
> Liége 77, 14c, ff. 140v-146r; AL 177. See next incipit

Supponamus nomina precipuorum lapidum...
> Albertus, De virtute lapidum: VAp 1363, f. 104, De mineralibus, Lib. II, Tract. ii(Borgnet V,30)

Supponatur ab oculo...
> Vitalonis(Witelo), Perspectiva: VA 3102, 14c, ff. 37v-50r; FR 885, f. 132r-

Supponatur ab oculo rectas ductas(eductas) lineas...
> Euclid, Catoptrica *or* De visu: Björnbo(1909), 390; Ab(1912),193; Thorn R.4to.2, ff. 3-30

Supponatur(sic) aspectus qui ab oculo proveniunt...
> Euclidis Optica: VAu 1329, a.1458, f. 1-

Supponatur humidum habens talem...
> Archimedes, De insidentibus aquae 1-2, tr William of Moerbeke 10 Dec., 1269: Björnbo(1909), 389; Isis 43(1952), 241

Supponentes autem nomina precipuorum lapidum...
> Albertus, De lapidibus(Part of De mineralibus): CU 103(Dd.III.16), c.1300, ff. 7v-15v. See 'Supponamus nomina...'

Supponitur secundum fidem catholicam quod mundus dicitur...
> 'De eternitate mundi secundum Dom. Alberti Coloniensis': VI 2303, 14c, f. 54rb-vb. Cf. Thomas Aquinas, Opera XVII, 202

Suppono igitur principia demonstrationis et voco principia...
> Thomas Bradwardine, Geometria speculativa: pr Paris, 1495(Klebs 208.1; IAL B954)

Supposita divisione liberalis philosophie consequenti...
> De sensu et sensato: BN 16160, f. 109(H)

Suppositis igitur preambulis communibus que...
> Peter of Abano, text, De motu octave sphere: BLcm 190, 15c, ff. 78r-83v. Prol. 'Quoniam iuxta Ptholomeum...'

Supposito ex informatione veridica sapientum...
> Alchemy: Geneva 82, 16c, ff. 40v-49r

Supposito quod astrologia primo et principaliter sit de quantitate mobili...
> Comm. Sphere of Sacrobosco: CUg 137(77), 13-14c, pp. 25a-51b(TR 238a); ed. in part; T (1949), 456-62

Supposito quod Sor infinitas propositiones sciret...
> De motu augmentationis: FLa 102(171-103), 15c, ff. 23v-29

Supposito quod subiectum naturalis philosophie...
> mg comm. De celo et mundo, first pp. of BN 6319, ff. 62r-111v(AL 566)

Supposito secundum fidem catholicam...
> Thomas Aquinas, De eternitate mundi: NYAM 6, 14c, ff. 15r-21r; Kibre(1941), 261, 265, n.20; Opusculum 27 in Opera; 'De duracione mundi Boecius': VAb 165, 13c, ff. 404rb-405ra(AL 1717 ascribes to Aquinas); anon. Graz 137, 14c, f. 126r-v; ascribed to Albertus Magnus: VI 2303, 14c, f. 54rb-vb

Supposito ut vult Avicenna et etiam Algazel quod subiectum...
> Adam de Bocfelde, comm. Metaphysics: Grabmann(1936), 174; 148, 153; Ob 313, 14c, ff. 241-279v(Russell,2); anon. Padua XIX.IV. 416, 13c, ff. 1r-51r; CUg 367, 14c, ff. 164r-258vb

Supputa radices medie coniunctionis medii motus solis...
   VAp 446, a.1518, f. 84r; Zi 12511

Supra Avicenna determinavit de febribus et de crisi hic determinat de apostemate...
   Gentile da Foligno, comm. Avicenna, Fen 3, Canon. IV: AFML 79(Klebs 131.12; IAL A1272)

Supra Avicenna determinavit de rebus que spectant ad partem...
   Dinus de Garbo, Super quarta fen primi cum tabula: pr Bologna 1519; Venice, 1544, ff. 4r-150r

Supra capitulum (de cura febrium) putridarum in generali innuit Avicenna...
   Marsilius de Sancta Sophia, Recepte supra 1 Fen, IV Canonis Avicenne: Bern A 38, 14-15c, ff. 79r-157; Vendôme 244, 15c, 111 ff.; Giacosa 494

Supra hos menses scribuntur quantitates notantes quot horas...
   In spera noctis est quedam tabula rotunda que est divisa in XII partes equales in quibus scribuntur XII menses: VAp 1340, 15c, ff. 52v-56v

Supra istam rubricam sunt duo...
   See 'Circa istam rubricam...'

Supra librum de generatione primo queritur utrum de corpore...
   Siena L.III.21, 13c, ff. 247v-267v.   See 'Utrum de corpore...'

Supra mundi gloriam est post mortem vivere in mentibus...
   Cecco d'Ascoli, Comm. Sacrobosco, Sphaera: BN 7337, 15c, pp. 32b-41rb; ed. T (1949), 343-411

Supra punctum datum arcus circuli...
   See 'Declarare volo...'

Supra secundum amphorismum mulieris...
   De conceptione mulierum: Ea F.274, a.1434, ff. 12v-13v

Surge mane in novilunio...
   Thomas of Toledo, Ars notoria, text; VAp 957, ff. 92v-95r

Surrexeram equidem fessus a labore quoddam egregio...
   Boccacio, De montibus, silvis, fontibus, etc.: Venice, 1473, etc. (GW 4482; Klebs 189.1; IAL B675)

Suscepimus qualitates agrorum...
   'Aggeni Urbici': Na V.A.13, 11c, ff. 25v-27v

Susceptum(Conceptum) semen sex primis credo diebus...
   Hildebert(?), Carmen medicum: Hauréau, Mélanges poétiques d'Hildebert de Lavardin, p. 180; anon. VI 313, 14c, ff. 145-147v(Schulz); VI 5371, 15c, ff. 113v-115v. See 'Semen conceptum sex...'

Suscipe(suscipias) itaque antidotarium medicinarum...
   Lanfrancus Mediolanensis, Antidotarium: Ea F.288, 13-14c, ff. 79-80; Chartres 393, 13-14c, ff. 1-43; CLM 8808, a.1426, ff. 7r-9v, 'Explicit Alfrancus minor'; VI scot.138, 15c, ff. 282r-283v; anon. BMsl 284, 16c, ff. 82r-87v

Suscipiat igitur presens opusculum gratiosa...
   De preservatione a pestilentia: Lyons pa 46, 14-15c, ff. 177-183v

Suscipiat vestra grata reverentia...
   Claretus de Solentia, De astronomia: Prag cap. 1468, 14c, ff. 44-55; 1296, 15c, ff. 137-149; ed. Flajshaus, Corp. gloss. Bohem., I,ii,93-152 (Schulz)

Suus suo amicus amico Anselmo Ferrarius...
   Rasis, Experimenta naturalia, tr Ferrarius pref.: T II, 784-85; DWS 1066; anon. CUad 4087, c.1370, ff. 30r-33r.   Text, 'De serpentibus ad circulum...'

Sy...   See 'Si...'

Tabellas mediorum motuum planetarum...
BN 7378, ff. 75v-77r(Poulle)

Tabes est corruptio viventis corporis...
Galen, De tabe sive marasmo: CLM 5, 14c,
f. 248; Opera 1490, I, 128r-130r; 1515, II,
185r-187r

Tabula abaci que pytagorea mensa vocatur...
Abacus: ed. from VA 5327, ff. 14-27, Narducci,
BB XV(1882), 154-62

Tabula ad inveniendum annos Arabum per annos
Christi...
Campanus, Expositio tabule de annis Arabum:
Yale Astron. MS, f. 126r; anon. FNcs J.V.6,
c.1300, ff. 15r-120v; Björnbo(1912), 120;
VAp 1413, f. 1, Alfonsine Tables. See 'Pre-
missa tabula...'

Tabula ad sciendum motum solis et lune...
Johannes de Monteforti: Ea Q.364, 14c, ff.
130-134; Budapest 62, a.1332, ff. 45-46

Tabula annorum Arabum collectorum...
Tables for the years 1232-1523: FNcs J.II.10,
late 13c, f. 215r; Björnbo(1912), 199

Tabula ascensionum spere directe per rotam
medii celi...
Tabula ascensionum signorum in civitate Toletana: VI 2488, 14c, ff. 73v-83r

Tabula bipartialis numeri ad latitudinem planetarum...
Astronomical Tables: BNna 1404, early 14c,
f. 1r-

Tabula communis ad inveniendum omnes eras
...
Astron. tables: FNcs J.VIII.28, 15c, ff. 1r-45r;
Björnbo(1912), 130

Tabula continuationis motus solis annorum
1340-84...
Johannes Dambois(Danco?): VAp 1409, 15c,
f. 1r-(a rubric for Tables, without any text);
anon. Ea F.389, 14c, ff. 1-55, with canons of
Joh. Danko. See 'Cum scientia astrorum...'

Tabula continuationibus motus solis 1385-1469
...
BLas 191, 15c, f. 11r

Tabula de augibus omnium planetarum...
CUg 110(179), 14c, pp. 7-18

Tabula differentiarum unius regni ad aliud(ab
altero) et nomina regum...
Alphonsine Tables: FNcs J.V.4, 14c, ff. 43v-
68v; Björnbo(1912), 126; Ea F.384, 14c, ff.
1-24; (Isaak ben Said) iussu Alfonsi X Tabula:
Budapest 62, a.1332, ff. 1-43v; pr (Venice),
1483(Hain 868; GW 1257; Klebs 50.1; LC;
IAL A473-74)

Tabula equationum latitudinis lune...
For Cremona: Björnbo(1912), 119

Tabula equationis solis inventa in anno Christi
1220...
CU Ee.III.61, f. 70r-v

Tabula Ianuarii...
Alius liber tabularum: ZB IV(1889), 528

Tabula inventionis temporis domini nostri...
Tabule Toletane: Zi 10919-10942(Schulz)

Tabula ista alphabeti precedentis cum 12
tabulis...
Astronomical tables: VA 687, f. 115r-v; VAu
1398, 15c, f. 1ra-

Tabula mansionum lune facta...anno...1466
ad meridianum Patavii...
CLM 25005, f. 79r-v

Tabula medii motus lune in elongatione sui a
sole...
Johannes de Lineriis, Ea F.384, mid 14c, ff.
26-45v

Tabula medii motus solis in annis Arabum ad
meridiem civitatis...
Tables of Toledo: Nu 105, 64, 13c, ff. 117r-
163v; Ab(1912), 146

Tabula medii motus solis in annis domini nostri
Christi collectis...
Campanus: FNcs J.V.4, 14c, ff. 1r-34v; Björnbo
(1912), 125

Tabula mediorum motuum in annis Christi
collectis...
Prosdocimo de' Beldomandi: FNcs J.III.23,
a.1438, ff. 1r-34v; Björnbo(1912), 105 and n.1

Tabula ostendens directiones stationes et retro-
gradationes...
Tabule anglicane in Oxonia constitute: FNcs
J.I.6, a.1278, ff. 118r-148v; Björnbo(1912),
117; Girolla 69

Tabula ostendens distantias regionum ab occidente medii mundi...
Liber astronomie: PM 1651(863), f. 210r

Tabula prima de emagogis. Cassia fistula...
Tabula Salerni: BMsl 418, ff. 328v-332v

Tabula prima dicitur tabula terminorum...
'Fugonis tabula terminorum': CLM 10273, 14c, ff. 68va-70v

Tabula prima que dicitur tabula lune...
Tabule tres cicli solaris cum explanationibus: VAu 507, 14c, f. 200v

Tabula prima que hic post kalendarium ponitur tabula terminorum dicitur...
Doctrina tabularum compoti: CUsj 162(F.25), 13c, ff. 44v-46r

Tabula revolutionis solis et lune...
CU 1684(Hh.VI.8), c.1300, f. 1r-; 209r-v, 210v(Vols. I-II, all tables)

Tabula Saturni prima...
Alexander, Canones planetarum: Brux 926, a.1420, ff. 4-97v

Tabula sinus...
Johannes de Lineriis, Astron. Tables: Prag 1826(X.A.23), 14c, ff. 22v-40v

Tabula sive Ala prima coniunctionum mediarum
...
Immanuel ben Jacob(Bonfils): FNcs J.IV.20, ff. 160r-182r; Björnbo(1912), 113 and n.2

Tabula unius regni differentiarum ad aliud...
PM 1651, f. 213r-. See 'Tabula differentiarum...'

Tabulam annorum collectorum...
Zi 541-544

Tabulas compositurus hoc ordine procedas...
BLse supra 26, late 12c, f. 122

Tabule arcus et corde et umbre sunt invariabiles...
VAp 446, ff. 158-165v

Tabule continentes dispositiones intentionis...
Abdalla, Geomantia: Ea F.389, 14c, ff. 56-99

Tabule diverse. Ianuarius...
Calendar. Cyclus magnus paschalis: Brux 914, 14c, ff. 227ra-228rb

Tabule huius compositio...
Perpetual calendar, 1235-1462: BMr 12.C.IX, early 14c, ff. 18r-(19r)

Tabule illustris principis...
Alfonsine Tables: VAp 1367, ff. 1v-84v

Tabule iste verificate fuerunt tempore Alfonsi regis...a.d. 1251...
Tabulae Alfonsinae stellarum fixarum: VA 3099, a.1472, ff. 11v-24v

Tabule quatuor que sequuntur non sunt de compoto meo...
Campanus Novariensis, Tabulae ad cyclos decemnovennales: BLd 215, 15c, ff. 93r-(94r)

Tacui et silui. Nunc autem propter eventus mirabiles...
Johannes de Bassigniaco, Prognostications for 1352-1382: BN 7352, 15c, ff. 2r-4v(T III,312-13)

Tacui semper...
Bamberg Staatsbibl. Mat. 4, 15c, f. 157r-v(Zi 12512)

Tacuinum corporum cum ipsorum curis morborum...
Ibn Jazla, pref. Tacuinum egritudinum: BN 15362, 13c, ff. 70ra-119va, with additions of Dudo; pr Strasburg, 1532, pp. 1-89. See 'De eo quod multiplicatur...'

Tacuinum sanitatis de sex rebus quae sunt necessarie...
Elluchasem(Albuchasem) Elimithar. pref. Tacuinum sanitatis: BU 389(654), 14c; CU 1738 (Ii.II.5), 14c, ff. 63r-98v(incomplete); FLc 18, cod.7, early 14c; Codex Fritz Paneth, 14c, pp. 685-768. Text, 'Prima sanitatis cura...'

Tacuinum sanitatis sex rebus...
Vendôme 233, 15c, ff. 81-(128)

Tale erit regimen preservativum...
Pest tract: Archiv III, 392, 408; IV, 203

Tale regimen erit vestrum preservativum quod omne mane comedatis unam peciam panis tosti...
Pest regime (a.1416): Archiv VII(1914), 73, 77

Tale tibi medice speculum componere poteris...
Giovanni da Fontana, Speculum medicinale: BLcm 47, f. 162r, cited in his De trigono balistario

Talem oportit esse medicum ut sit abundantius
...
SG Stift 751, 9c, pp. 358-359; Beccaria 133.32

Talentum mihi traditum negotiationis domini non abscondam...
> Albertus Magnus, Compositum de compositis: Kibre(1942), 506-507

Talentum pondo est xlii...
> BMsl 475, early 12c, ff. 82v-83r; Beccaria 78.20

Talentus habet pondus lxii et semis...
> Beccaria p. 435

Tales Milesies the wyche was the fyrste phylosophyr...
> John Meteham, Treatise on chiromancy from the Latin of Aurelian: Oa 81, 15-16c, ff. 202-213v(T IV,440); Princeton, Robert Garrett 141, 15c; Craig EETS(1912)

Talibus Indorum fruimur bis quinque figuris...
> Sacrobosco, Algorismus: Toulouse 827, 14c, item 25

Tam nihil est in aquis nihil est mirabile celo...
> Versus de homine et camelo: CLM 17212, 13c, f. 26r(Schulz)

Tamen bonum et utile est demonstrare...
> Ps. Galen, De urinis: Kyklos, III(1930), 408

Tametsi compertum habemus...
> See 'Iam et si compertum...'

Tametsi humane vite imbecilitas...
> Franciscus Capuanus, dedic. to Laurentius Donatus, Comm. on Sacrobosco, Sphere. See 'Sicut vult philosophus in principio...'

Tametsi plurimos et esse et futuros intelligam...
> Iudicium super cometem qui anno domini 1456 per totum mensem Iunium apparuit in alma universitate Wiennensi: T IV,413; AIHS 44 (1958), 226-28; VI 4756, 15c, ff. 20r-25r(TR 366)

Tametsi publicarum rerum administratio...
> Johannes Pontanus, dedic. Libri duo commentationum in centum sententias Ptolemaei: VAu 1393, a.1477, ff. 1-90r; VE VIII,67(XI,65), 15c, 150 ff.; pr Naples, 1512(BM 8610, f. 9); Aldine, 1519, III,1-48; Florence, 1520; Basel, 1531; 1540, III, 1-(Schulz). Text, 'Nec medici nec moralis...'

Tandem exspectatus admodum hic preclarus...
> Joh. Argyropulus, In libris tribus primis physicorum, Nov. 3, 1458: Müllner, Reden u. Briefe, Vienna, 1899, pp. 31-43(Schulz)

Tangit causam compositionis libri...
> Jacobus Foroliviensis, In primum Canonis Avicenne expositiones: pr Venice, 1479(Klebs 548.2; IAL J46)

Tanta est potestas summi tui pontificatus Nicolae...
> Nicolaus Cusanus, De mathematicis complementis: VAb 350, a.1474, ff. 43r-60r(Silverstein 108); Cues 219, 15c, ff. 51-66; †Metz 355, 15c, item 6; pr Opuscula, (Strasburg, 1500); Hain *5893; Klebs 700.1; IAL N80; Opera, 1565, pp. 1004-1090

Tanta litterarum scientie est amplissima gloria ut sempiterna...
> Paulus Venetus, Comm. De anima: Trithemius, f. 99v; Hain *12519(Klebs 733.1; IAL P205)

Tantum aliquod eorum...
> See 'Utrum aliquid eorum...'

Tantum volat luna in una lunatione quantum ...
> De cursu solis et lune: CUsj 221, 12c, f. 395

Tantumne opinionis assumpsisse homines ut aliqui...
> Ambrose, Hexaemeron: ed. C. Schenkl, 1896 (CSEL 32,1); PL 14, 133-288

Tartar est res nobilis...
> Collectanea alchemica: BLas 759, 15c, ff. 146v-151(DWS 708A)

Taurus habet stellas multas inter quas...
> VI 2359, ff. 117r-119ra

Te servire me cogit...
> Petrus de Castrovol, comm. De generatione et corruptione: pr s. l.1488(Hain 4648)

Temperamentum complexionis est causa fecunditatis...
> Bernard Gordon, De sterilitate mulierum: CUpet 101, III, 13-14c, f. 5; BN 7066, ff. 28r-32r; Metz 282, 15c

Temperata sunt aurum cathimia cave(?) radix ...
> Liber graduum: VI 4769, 15c, ff. 123r-130r

Temperatio ferri seu induratio. Recipe sal armoniaci...
> Collectanea alchemica: BMsl 1118, 15c, ff. 4-13v(DWS 728)

*Temperierum autem quedam sibi invicem sunt compossibiles...
> William Merle, De prognosticis aeris: T III,143, n.7; Boston Medical 20(Ballard 7), late 14c, ff. 136r-150v; Zi 7276-77

Temperies aeris quidem sibi invicem sunt impossibiles...
> (William Merle), De prognosticis aeris: Oc 293, 13-15c, ff. 88-93; incipit now too faint to read, text breaks off in cap. 7

Temperies causas pluviarum et aeris mutationem...
 Weather prediction: BMsl 702, 15c, ff. 31v-32r

Tempestiva itaque imbrium ventorum caloris frigoris...
 Dorochius(Dorotheus?), De hora pluviae et ventorum caloris et frigoris: VI 2436, 14c, ff. 140v-141r; Carmody p. 111, item 484, as part of Liber novem iudicum

Tempora anni quatuor sunt ver aestas autumnus...
 (Bede?), De temporibus anni, argumenta lunae: BLcm 560, 11c, ff. 36-(50v); Opera, I, 143

Tempora anni quot sunt quatuor que sunt ver...
 Mon 384, 10-11c, ff. 100v-102v

Tempora bis duo sunt cunctis surgentibus egris...
 Johannes de Probavilla, De signis pronosticis: HL 36, 604-605. Pref. 'Ruditati mee...'

*Tempora dante deo mea scribere curat arundo...
 (Alexander de Villa Dei?), Massa compoti: BLcm 71, ff. 47r-54r; VI scot. 138, 15c, ff. 268v-270r; Zi 12203-04

Tempora dicuntur a temperamento...
 Gloss on Bede, De temporibus: PL 90, 278

Tempora diei et noctis in quibus humores...
 Summa de dandis medicinis: BMh 3719, 14-15c, ff. 218ra-221ra

Tempora digestum crisis et bona signa(que) vite...
 Versus de pronosticis, comm. Johannes de Sancto Amando: Chartres 223, 14c, ff. 102-109; Pansier II(1909), 27

Tempora distinguit equat partesque minutat...
 Comm. Sacrobosco, Compotus: FNpal 639, 13c, ff. 18r-46r

*Tempora divideret cum conditor urbis in anno...
 Alexander of Villa Dei, Massa compoti: BL Douce 257

Tempora egritudinis sunt quatuor s. principium...
 VAp 1229, f. 333ra-

Tempora electa farmaciarum accipiuntur per modum...
 Canones pro farmaciis dandis: VI 4775, a.1480, ff. 61v-64v

Tempora igitur a temperamento nomen...
 De computo, a.834: BMh 3199, 11c, ff. 2r-21v

Tempora momentis horis diebus mensibus annis...
 Bede, De temporibus: ed. C. W. Jones, 1943, 295-303; Jones 20; Bull. Du Cange, 17(1942), 55; CU Gg.II.21, c.1150, f. 92(Atk); BN 14088, ff. 59r-61v; PL 90, 278-92

Tempora morborum sunt quatuor...
 BMh 5228, 14c, ff. 73r-75v

Tempora sunt vices mutationum quibus sol...
 De temporibus: BMh 3017, 9c('Fleury'), f. 170v

Tempora unde dicta sunt...
 CUg 151(201), 12-13c, f. 147r

Tempore Archimedis ut ipsemet refert...
 Compendium libri Archimedis de arenae numero: VE VIII. 34 (XI, 80), 16c, ff. 98-99; pr Oxford, 1792

Tempore magne pestis ante adventum Christi...
 Guilelmus de Saxonia, Remedium contra pestem: VI 3121, 15c, f. 95r; Archiv XVI, 1

Tempore magne pestis quidam magnus medicus...
 Pest tract: BLcm 427, f. 80ra-b; Archiv XVI, 1

Tempore pestifero regimine utere isto...
 Regimen pestilentie: CLM 5594, f. 231(Schulz)

Tempore pestilenti corpora hominum debent diligenter mondari...
 Johannes Castellani, Regimen contra epidimiam: BN 11229, c.1400, ff. 48-49, ed. Wickersheimer, BSFHM XIX(1925), 91-93

Tempore pestilentiali vitentur loca et infirmi...
 Pest tract: Archiv V(1912), 54-55

Tempore pestilentie ex aeris corruptione vel contagione...
 (Petrus de Tossignano, De peste): BM IA.24840

Tempore pestilentie unde notandum...
 VI 5003, 15c, f. 59r

Tempore pestis utere pillulis istis...
 Pest tract: Archiv XVI, 177

Tempore quo Balduinus princeps sceptrum Constantinopolitani...
 Marco Polo, De mirabilibus orientalium regionum, tr Francesco Pipino: BMr 14.C.XIII, 14c, ff. 236r-(268v); pr (Antwerp, 1485) (Klebs 799.1; IAL P822)

Tempore quo campi linum solet herba vocari...
Hermann Contractus, Carmen de conflictu ovis et lini: PL 143, 415-58; Zeitsch. f. Deutsches Altertum, XI(1859), 215-37; XII(1867), 434

Tempore quo ferventius in hac arte philosophi ...
Rosinus ad Eustesiam(alchemy): Na XV.F.54, a.1462, ff. 99v-106r(T III,43)

Tempore quo regnat (iste) morbus pestilentialis ...
Pest tract: BLas 1435, 15c, pp. 60-64; Archiv XVII, 136-38

*Tempore serenissimi Roberti Anglorum regis ...
Raymond Lull, Lumen claritatis et Flos florum: HL 29, 373

Tempore vernali in maio luna existente...
Liber Hermetis: CLM 671, a.1429, f. 162r-

Temporibus Hippocratis doctissimi viri pro multiplici...
(Oribasius), Glossae in septem libros Aphorismorum Hippocratis: BLd 108, 12c, ff. 76r-(90v); Bern A 52, 12c, ff. 21r-68v; VI 2439, 13c, ff. 81r-88v; BMr 8.C.IV, 13-14c, ff. 186v-210v. Prol. 'Aphorismorum Ypocratis huius nove editionis...'

Temporibus nostris super omnes homines fatui sunt cantores...
Guido, Prol. Alie regule de ignoto cantu: CLM 14523, 10c, ff. 128v-129r; BMh 3199, 11c, ff. 56v-70v; Saxl(1927), 71; CUt R.XV.22, 12c, f. 121v(Atk); 1441(O.IX.29), 15c, ff. 72-73v; ed. Gerbert, Scriptores, II,34-37; PL 141, 413-22. Text, 'Vox est aer...'

Temporibus veris modice prandere iuberis...
Praecepta diaetetica metrica: CLM 8742, 14-15c, f. 53r-v

Temporibus Ypocratis...
See 'Temporibus Hippocratis...'

Temporum quoque ipsorum signorum...
De differentia temporum ortus signorum: Saxl (1915), 89, 106

Temptabo colligere expositionem tractatus...
Johannes de Genduno, Comm. de anima: Ea F.336, a.1327, ff. 100-114

Tempus autem est nunc consequenter de metallorum naturis...
Albertus, De metallis: CLM 353, 13c, ff. 69v-84v; VAp 1169, f. 227; Lib. III, 1, De mineralibus: Corbett I, 17; II, 53; Borgnet V, 49

Tempus autem fleobothomie est duplex...
Flebotomy and planets: Art ancien 7, 15c, ff. 59v-61v.   See 'Tempus flebotomie...'

Tempus autem iuxta hebreos unus annus est. Iuxta latinos...
De tempore anni: BN 11219, 9c, f. 18v-

Tempus coniunctionis Iovis et Saturni...
John of Saxony(?), Canons on Alfonsine Tables: BN 7316A, ff. 117v-128r

Tempus coniunctionis medie solis et lune in diebus Ianuarii...
Wenceslaus Faber of Budweis, Opusculum tabularum: pr Leipzig, 1499; Tabule solis et lunae coniunctionum: (Leipzig 1494); (LC; Klebs 388.1-2; Hain 6860)

Tempus coniunctionis vel oppositionis medie luminarium...
Georgius Peurbach, Tabulae eclypsis solis et lunae: VE fa 342(XI,89), a.1460, text, ff. 1-8, tables, 10-59; CLM 24105, 15-16c, f. (bbr); pr George Tannstetter, Vienna, 1514

Tempus coniunctionis vere vel oppositionis faciliter invenire...
Canones: CLM 27, 14c, f. 201ra-b(perhaps part of John of Saxony Canons that precede)

Tempus correspondens an. 1392 completus ultimo die...
Simon Bredon(?), De equationibus planetarum: CUpet 75, 14c, ff. 1-50

Tempus eclipsis lune invenire Quere primum tempus verissime oppositionis...
Canon for tables for Erfurt: Melk 51, ff. 184-188

Tempus eclipsis solis et eius quantitatem...
Prag 1832, 15c, ff. 30r-33v(Zi 12513)

Tempus enim est iam de...
Guy de Chauliac, De antidotis particularibus: BN 7132; De chirurgia, Tract VII, Doct. 2

Tempus est mensura motus et quietis...
CLM 5640, 14c, ff. 153-(158)

Tempus est mensura motus primi mobilis per prius et posterius...
Canones de motibus planetarum: CLM 2841, ff. 177r-189v

Tempus est mensura motus ut dicit Aristoteles ...
John of Saxony, Canones circa tabulas astronomicas: Ea F.384, mid 14c, ff. 46-53v; autograph MS of 1331 at Bologna, Bibl. S. Dominici

Tempus est mensura motus ut vult Aristoteles quarto phisicorum...
> John of Saxony, Canones on Alfonsine Tables: CLM 27, 14c, ff. 194r-201ra; 5640, 14c, ff. 153r-155r(Schulz); 26667, ff. 102va-109rb; T III, 253, 257; Saxl(1927), 88; Björnbo(1903), 239; Plimpton, 175, 15c, f. 1342; etc. pr (Venice), 1483(GW 1257; Klebs 50.1; IAL A473). Tables, 'Tabula differentiarum...'

Tempus est mensura primi mobilis ut scribit Aristoteles...
> Canones magistri Johannis de Saxonia manu Prosdocimi de Beldomandis: BB XVIII(1885), 407

Tempus est mora...
> De planetis: James 479

Tempus est mora et motus mutationis rerum mutabilium...
> Hugo, Compotus: Troyes 1959, 13-14c, fols. 129r(cxlvi)-131v. Prol. 'Circa scientiam que compotus...'

Tempus est mora motus vere(?) mutabilium...
> De tempore: BMc Cleopatra B.IX, 14c, ff. 46v-48v

Tempus est nunc consequenter de metallorum naturis...
> Ea F.395, a.1373, ff. 186-192v. See 'Tempus autem est nunc consequenter...'

*Tempus et ordo expostulant(postulant) quod(et) de animalium motibus...
> Albertus Magnus, De motibus animalium: CLM 8001, 13c, ff. 37r-46r(Schulz); Mi H.129.inf., 14c, ff. 1ra-20rb; VE VI.20(XII,11), 14c, ff. 85-87; CUpet 161, 15c, f. 157v(Atk); FL Plut.83, cod.1, 15c, ff. 36-(45v); VAu 195, 15c, f. 1; VA 718, f. 119v; Borgnet IX, 257-303

Tempus flebotomie est duplex scilicet necessitatis et electionis...
> Guillelmus, De flebotomia: Leip 1179, ff. 129r-130v; Studien II(1918), 407-8

Tempus medie coniunctionis et oppositionis Saturni et Iovis per tabulas...
> Canon inventionis mediae coniunctionis Saturni et Jovis: VI 5266, 15c, ff. 57v-58r(Zi 12514)

Tempus medie coniunctionis et oppositionis solis et lune...
> BN 7443, 15c, ff. 232-236v

Tempus nativitatis cuiusdam geniti doctoris phisici...
> Hartmanni Schedelii horoscopus: CLM 667, 15c, f. 69

Tempus nativitatis tibi propositum pro tempore in diebus equatis...
> Dominicus Maria Novara, De mora infantis in matris utero: VI 5503, a.1519, ff. 196r-199v (TR 350g)

Tempus novum renovat omnia...renovata sunt naturalia...
> BN 11412, f. 1(H)

Tempus oppositionis vel coniunctionis medie luminarium...
> Canones (17): CLM 51, c.1487, ff. 37ra-41va (45vb); BN 7288, ff. 1-11(Poulle)

Tempus prime coniunctionis anni cuiuscumque medie...
> Cgm 739, f. 117v(Schulz)

Tempus quarti aspectus solis et lune invenire...
> Johannes de Lineriis, De aspectibus: Ea F.395, a.1373, ff. 40-43v

Tempus quid est?...
> CLM 14456, 9c, f. 8(Schulz)

Tempus quod est continuum dupliciter ab astrologo...
> Quedam de computo: BN 14883, f. 27(H)

Tempus quodlibet et eram quamlibet ex tabulis ...
> Alfonso X, Tabulae astronomicae: ed. Santritter, Venice, 1492(GW 1258; Klebs 50.2; IAL A474)

Tempus reductum ad a. Christi 1364 completum 9 menses...
> Certa deservientia tabulis Alfoncii: Ea Q.387, 14c, ff. 86-88v

Tempus vera a luminarium...
> See 'Circa calculationem eclipsis...'

Tempus vere coniunctionis...
> Cues 212, 15c, ff. 71v-73

Tempus vere coniunctionis diebus non equatum post meridiem...
> Lewis of Caerleon, Calculatio eclipsis solis contingentis a.1481, per diversas vias: CU 1017 (Ee.III.61), f. 12v; Kibre(1952), 105

Tempus vere coniunctionis et oppositionis solis et lune...
> Nicholas de Heybech, Canon and Tables: BN 7287, ff. 86va-87ra(TR 266a); Basel F.II.7, ff. 36r-37v; Dijon 47, a.1480, f. 62r-v; Isis 39(1948), 59-60

Tempus vere coniunctionis solis et lune...
> BN 7285, f. 84(Poulle)

Tenasmon patientibus considerandum si citrine fuerint egestiones...
> BMsl 783b, 15c, ff. 135r-137v; 418, ff. 325v-326v

Tenebre Egyptus Greco sermone vocantur...
> Versus de significatione dierum mensis: BMsl 475, 10-11c, f. 216v(T I,695)

Tenditur ratio temporum trimoda...
> pr from VAp 1448, C. F. Fordyce, A rhythmical version of Bede's De ratione temporum, Archivum latinitatis med. aevi, III (1927), 59 seq.; 129 seq.

Tenebrositas visus plerumque...
> CU 671(Dd.XI.45), 15c, ff. 119r-121r

Teoricha espheculativa e detta scienzia...
> Giovanni da Fondi, Trattato della Teorica de' Pianeti: FNpal 795, 15c, ff. 36r-49v

Ter binos deciesque novem super extat in annos
...
> Versus de etate hominis: VI 546, 12c, f. 51; CLM 17212, 13c, f. 51; Wo 1014, f. 102 (Schulz)

Ter quinos domini...
> Ars kalendarii glosata: James 492

Ter sex et unum tollas quadringenta que mille
...
> Arith. problems: CLM 14504, 15c, ff. 404v-411v

*Ter trinis annis eclipsis fabarum...
> Gul. Whetley, De signis sterilitatis: Tanner

Terapeuticam methodum Eugeniane amicissime olim quod inceperam...
> Galen, De ingenio sanitatis, lib. vii-xiv, tr Burgundio of Pisa; completed by Peter of Abano: Isis 33(1942), 651-52; CLM 35, 14c, ff. 116-(145); BN 6865B, 14c, ff. 32ra-81rb; VAu 247, 14c, f. 205; Dresden Db 92-93, 15c, f. 565v; VAp 1093, ff. 71r-107v; Opera, 1490, II, 405r

Terapeuticam methodum Eugeniane amicissime qualiter quidem inceperam scribere...
> See 'Incipit liber de ingenio de nova translatione...'

Tere ergo(igitur) mercurium cum sale et alumine...
> Duodecim aque: BMad 41486, f. 9r-v; CLM 405, 14-15c, f. 160r

Tere semen alcoti...
> De compositione margarite: BMad 41486, ff. 30, 136

Tere vitrum et ablue cum aceto...
> CUad 4087, 14c, f. 239r

Terme in medicina sunt balnea naturaliter calida et habent aliquid de sulfureo...
> De termis et balneis diversis: VA 4425, 14c, f. 218rb-v

Terme secundum medicos sunt balnea hydropisis...
> Paulus de Lunesana, De proprietatibus balneorum: VI 5336, 15c, ff. 23v-34r

Terme secundum medicos sunt balnea naturaliter calida...
> Gentile da Foligno, Alter tractatus de balneis: Bern A.38, 15c, f. 69ra-va; BMh 3747, 15c, f. 231(234); BNna 211, a.1469, f. 87; VI 5269, 15c, f. 81rb-; pr (Padua), 1473, f. 4v(Klebs 444.1; IAL G121); Tract II: De balneis f. 132ra-va

Terminata parte prohemiali in qua assignaverit
...
> Petrus Hispanus, Super dietis Isaac: VA 4455, 14c, ff. 65ra-96ra

Terminato medicationis opere quod ad restituendam sanitatem...
> Arnald of Villanova, Liber flebotomie: VAp 1229, ff. 127vb-136va

Terminorum tractatum utilissimum existentem
...
> Ps. Galen, De diffinitionibus nominum medicinalium: BMr 12.F.III, 16c, 28 ff.; Diels (1905), 111

Terminus est in quem resolvitur (et dividitur) propositio...
> Richard Billingham, De expositionibus propositionum: Ea Q.30, 14c, ff. 144v-149v; VA 3038, 14c, ff. 11-13r; 3065; anon. De sensu composito et diviso: VE fa 276(XI,13), 14c, ff. 2-16

Terra autem erat inanis...
> Directions on calendar(?): CU Mm.IV.41, 14c, ff. 105v-108r

Terra centron est spere celestis...
> De circulis planetarum: VA 3110, 13c, ff. 90r-91v; VAu 1358, 15c, f. 161-; Martianus Capella, De nupt. Philol., VIII, 316-31; Saxl (1915), 89

Terra est in media mundi regione posita...
> Isidorus Iunior, De terra: VAp 1357, 14c, ff. 138ra-148va

Terra et ignis minores ayer maior aqua minor...
> Rasis: BLa 1451, 14c, pp. 39-41(DWS 119)

Terra fundata est super stabilitatem suam...
 Liber Iparci (cosmological, text identical, in part, with Martianus Capella VIII): Haskins 89, n.37

Terra Ierosolimitana in centro mundi posita est...
 De situ (*or* statu) terre sancti: BMr 14.C.X., 13c, ff. 1r-(3v); CUc 315, 13c, f. 141(Atk); CUma 22, 13c, f. 1(Atk); Wo 3752, 14c, ff. 1-25; Breslau I F 4, 15c, ff. 294-303(Schulz)

Terra media omnium rerum est forma globosa ...
 Ex libro Censorini de geometria: CUt R.XV,14, 10c, ff. 79r-81r

Terra omnis cum ab oceano tanquam...
 Dionysius Periegetes, Orbis descriptio, tr Antonio Beccaria: VAu 984, 15c, f. 137; GW 4826-8429; Klebs 340.1-5; IAL D209-13

Terra pura lapis non fit(fuit) quia...
 Avicenna, De congelatione *or* De mineralibus, tr Alfredus Anglicus: DWS 129; Isis XIII (1929), 61, n.41, 42; Corbett I, 176; 12 BN MSS; Yale Arist. MS 13c, f. 249rb; NYAM 6, 14c, ff. 211-24v; Kibre(1941), 262-263, 265; Artis auriferae I(1593), 374-82; Ze IV(1659), 883-87; Ginaeceum chimicum, Lyons, 1679, 554-60; ed. E. J. Holmyard, 1927, 45-55

Terra pura lapis non fit quia continuationem non facit...
 Theophilus de Ferrariis, Propositiones ex primo libro de mineralibus Aristotelis licet apocryphus videatur: pr Venice, 1493, ff. 82r-83r(Klebs 395.1; LC; IAL F93)

Terra pura non fit lapis...
 Aristoteles, De mineralibus: AL pp. 92, 193, cod. 770, 1350, 1472; Avicenna: Chantilly 327 (642), 14-15c, pp. 195-198(Corbett II,59); VA 4428, f. 114va-

Terra respectu celi est...
 CLM 26860, f. 78(Schulz)

Terra stat et est frigida et sicca...
 I. Boniface IV *or* Arnaldus Grecus, De quatuor verbis: DWS 797; T III, 70
 II. Speculum albi vel gemma salutaris: CU 1255(Ff.IV.12), a.1529, ff. 225r-233v

Terram nostram habitabit terra videlicet illa quam autor nature...
 Geography: CUg 230(116), 15c, ff. 26-29v

Terrarum orbis dividitur...
 Eins 357, 13c, pp. 104-110

Terrarum orbis universus in quinque distinguitur partes...
 Zacharias Lilius, pref. De situ orbis: pr Florence, 1493; Naples 1496(Klebs 607.1-3; IAL L190-192)

Terre igitur magnitudo sic potest inveniri...
 BMh 941, 15c, f. 61v

Terre totius ambitus omnisque plenus circuitus iuxta...
 Mensura circuli terre: CUc 66, 12c, pp. 62b-(66)

Terrena felicitas non salvat hominem...
 Tract. dieteticus qui dispensatio domus intitulatur: VI 5317*, 15c, ff. 224v-233v

Terreni situs habitabilis partes describentium Ptholomeus...
 Leonard of Cremona, Descriptio Cosmographiae in plano: BN 7192, ff. 28v, 72r-81v; Parma 984(HH.3.17), 15c, f. 134v; Bibl. Math., V(1904), 328

Terribili atque tremendo bello quod inter...
 Dominicus Bandinus de Arezzo, De mundo: FLg 126, 15c, 24 ff.

Terrico veris scientiarum titulis doctori. Aliquamdiu fateor sensu...
 Bernard Silvester, prol. Megacosmus et Microcosmus. Text, 'Congeries informis...'

Tertia differentia in qua fiunt imagines magne ...
 Belenus: VA 4275; T (1947), 242, n.31

Tertia intentio vertitur circa apostemata...
 Petrus de Tussignano, In cyrurgia tract. super antrace: Na VIII.D.35, f. 231v

Tertia pars huius summe prenosticationis stellarum...
 Johannes de Glogavia, Astrologia apostelesmatica seu doctrina de nativitatibus: VI 5216, 15c, ff. 1r-44v

Tertia questio mota fuit utrum appetitus causetur a calido...
 Questiones Alberti Bonon.: VA 4452, 14c, ff. 143ra-146ra

Tertia tabula que hic est Garlandi...
 Henry C. Taylor MS, ff. 42v-43r; T (1949), 73

Tertianam febrem efficantem ab angustia. Aliqui faciunt...
 Bernardus Alberti, Super primam Fen IV Canonis: BNna 1391, 14c, ff. 71r-82r

Tertiane pure cura artificio se habetur...
Gentile da Foligno, De curis febrium: BMsl 336, 15c, f. 101r(136)-

Tesalus...
See 'Thessalus...'

Tesaurus...
See 'Thesaurus...'

Testante Aristotele in libro de anima secantur ...
Nicolaus Parisiensis, comm. Liber sex principiorum: Grabmann(1936) 231

Testante Aristotele in principio posteriorum cognitio...
Questiones super tres libros de anima cum expositione textus: CUpet 157, 14c, ff. 106r-131v

Testante Constantino humana corpora...
Hugh of Milneburne, Summa super antidotarium parvum: BMad 8092, fols. 25v-30v; Russell 53

Testante magistro Ypocrate et magistro Galieno unguentum optimum ad colendum...
CUt 1109(O.II.5), 14c, p. 184

Testante Nichomaco in secundo prohemio...
Comm. on Boethius, De institutione arithmetica: Eins 358, 10c (Geyer reprint) ff. 94r-99ra; BLlm 644, late 13c, ff. 131r-132v; Saxl(1953), 390; Delisle, III, 88a

Testante philosopho in libro Posteriorum in unoquoque rerum genere...
Comm. in Computum metricum: PM 634(870), 13c, ff. 92-(117); BN 7420A, 13c, ff. 2ra-21ra; Glose super computum ecclesiasticum: Graz 1385, 14c, ff. 48v-68v

Testante philosopho scientia multiplex fit per transitum...
Cerniensis (Theodoric of Cervia?), De aquis medicinalibus et de ablationibus corporum: Ea Q.174, 14c, ff. 102r-105v; Basel D.II.13, c.1402, ff. 239r-250v; AMH(1940), 280-81; Rev. des Bibl., 1928, p. 58

Testante philosopho XI° Methafisice et primo Posteriorum...
Comm. Blasius, Circius: BN 14070, ff. 102va-104va(TR 313); Speculum 29(1954), 231

Testante propheta scientia...
Thadeus de Bononia, De aquis et oleis medicinalibus: BLb 587, late 15c, f. 95-

Testante Ptolemaeo in suo centilogio...
Instrument (astron.): Zi 3082, 7838

Testante sancto Augustino quatuor sunt quibus ...
Computus: Archiv des missions, 1867, p. 160 (H); James 452; L'Abbey de Bec, CVII, 124.8(Petit-Radel, p. 89)

Testante scriptura scientia multiplex...
Dominicus Bonifacius, prol. De aquis. Text, 'Incipiamus ergo ab aqua...'

Testante Tullio amicitia res plurimas continet ...
Gregorius, De custodia sanitatis: VI 2531, 14c, ff. 11-12v. See 'Quoniam ut ait Tullius Amicitia ...'

Testante Vegetio in libro suo de re militari antiquis temporibus...
William of St. Cloud, Kalendarium regine: BN 7281, ff. 145r-148r; 15171, ff. 88-101; HL 25, 63-74; Duhem IV, 10-19; anon. PA 534(585), 13c, ff. 97-121; James 479; FL Plut.30, cod.24, a.1409, ff. 97rb-117

Testatur ad credendum meditationum...
See 'Testificatur ad credendum...'

Testatur Constantinus in Pantegni hic...
Opus medicinale: BN 8161A, f. 45(H)

Testatur Galienus in commentariis supra dicta Hippocratis...
Gentile da Foligno, Libellus de divisione librorum Galieni: Articella, Venice, 1487, f. 210rb-vb(Klebs 116.3; IAL A1012)

Testatur Galienus in libro suo Quicumque...
Ps. Galen, Anatomy: Basel O.IV.35, ff. 27r-31r. See 'Sicut testatur Galienus...'

Testatur Galienus quinto de simplicibus medicinis...
Arnald of Villanova, De dosibus tyriacalibus: HL 28, 71; Glorieux I, 422; VAp 1180, 15c, ff. 146v-149r; Opera, 1504, ff. 265r-266v

Testatur Geber in libro suo quod tres sunt ordines medicinarum...
Johannes Pauper, Breviloquium (short version): BMh 3542, 14c, ff. 57v-59v(DWS 217,ii)

Testatur Geber(Reverende) libro quinto capitulo 12 quod tres sunt ordines medicinarum...
Johannes Pauper, prol. Breviloquium: Oc 226, 15c, ff. 34r-36v(DWS 217,v); CU 1255 (Ff.IV.12), a.1528, ff. 68r-69r. Text, 'Lapis philosophorum dicitur...'

Testatur Hippocrates in Afforismis Pueris noviter natis...
Gentile da Foligno(?). De cura morborum infantium: CLM 363, 15c, ff. 105v-106v

Testatur Ptolomeus in Almagesti quod disciplina hominis...
> Questiones super Tegni Galeni secundum Parisiensem cancellarium Montispessulani: BLd 155, late 14c, ff. 1-129

Testatur sapiens deus a quo quodlibet est ens...
> Medicarius: CLM 4382, ff. 146r-151r

Testatur sapiens quod deus omnipotens fundavit phisicam...
> De dietis: Archiv XII, 169-170, 173; Renzi I, 145

Teste Galeno in fine pronosticorum et Haly super tegni...
> Lectura seu glossae super libro (Galeni) regiminis acutorum: VE fa 532(XIV,8), 13-14c, ff. 44ra-53rb

Teste Galieno cerebrum est quasi ventosa...
> BLr D.251, 14-15c, ff. 45v-47r

Teste philosopho nichil est in intellectu...
> Gregory of Vienna, Summula de remediis contra caliginem: Danzig Mar. F238, 15c, ff. 133-134v (Benjamin)

Testificatur ad credendum meditationum experimentum...
> John Dastin, Libellus Aureus: DWS 285; T III, 87-88; ColR 115; 118; Brux 4276, 14c, ff. 123-127v

Testimonio Zenonis eadem sunt res que dealbunt et rubicant...
> CU 1255(Ff.IV.12), a.1528, ff. 112v-117v. See 'Zenon philosophus dicit...'

Testimonia planetarum...
> BN 7328, f. 74

Testis est mihi deus cui non mentior(melior)...
> John Dastin, Rosarius: T III, 94

Testor Apollinem et Esculapium higienaque et panaciam...
> Hippocratic oath, tr Petrus Paulus Vergerius: Articella, Venice, 1487, f. 211r(Klebs 116.3; etc. IAL A1012); Leonardus Aretinus 'de greco in Latinum traduxit, a.d.1476, 17 die Junii susceptus sum': VAp 1248, 15c, ff. 91r-92: Kibre(1945), 401, n.184-85

Testor Apollinem medicum et Esculapium hygieanque...
> Hippocratic Oath, tr Nicolaus Perotti: (Verona, 1483)(Klebs 743.1; LC; IAL P263-64)

Testus(*sic*) alkimie dicit quod lapis est. Et quare dicitur...
> Textus alkimie: BMad 10764, 15c, ff. 182v-187; 238r-v(DWS 647)

Textus alkimie operis de compositione magni lapidis philosophalis...Studio namque...
> Cambrai 920, 15c, ff. 35-114v(Corbett II,43-44). See 'Studio namque florenti...'

Textus quem exponere intendimus est textus Aristotelis...
> William de Colonigam(Colyngham), Comm. Physics: BN 6559, ff. 153rb-190va

Thales...
> See 'Tales...'

Thebit ben Corat radiosa mentis speculatione...
> Thebit ben Corat, Super Almagestum: Mi A.183.inf., 14c, ff. 76rb-77vb

Theobaldus fuit peritus clericus in arte divina...
> Physiologus: Wo 4516, 15c, ff. 1r-13v

Theodotae pante medica reginarum Cleopatrae et Tarsenoe...
> Cleopatra, Liber Geneciae: FL Plut.73, cod.1, 9-10c, ff. 155ra-177ra(Beccaria 88.7); ed. Gaspar Wolphius, 1566, differs

Theodoricon cum nucibus muscatis...
> Collection of recipes: CUcl 12(Kk.1.13), 13c, ff. 125v-130v

Theodoricon id est a deo datum dicitur anacardimum...
> Arnald of Villanova, Confectio anacardi: VI 5315, 15c, f. 96rb

Theodosio magnifico imperatori...
> De avibus: BU 1452(2764), 14c, ff. 50v-52v

Theophilus (humilis presbyter) servus servorum dei...
> Theophilus, pref. Schedula diversarum artium. Text, 'Color qui dicitur membrana...'

Theophilus in breviloquio diversarum artium. Offensa matre...
> Lumen animae: BMad 22668, 14c, ff. 85v-89r

Theophilus in practica cirurgie inquit quod medicus debet...
> CLM 363, f. 34v

Theophilus tractaturus de urina...
> Glose super Theophilum de urinis: BMr 8.C.IV, 13-14c, ff. 163-(165v). Prol. 'Sex requiruntur...'

Theorematum ad Cononem missorum...
> Archimedes, Theoremata, tr William of Moerbeke a.1269: Björnbo(1909), 388; ed. Heiberg Ab V(1890), 11-41

Theoria...
> See 'Theorica...'

Theoriam de febribus quam nuper vos edo-
cueram succincta serie...
> BN 16195, late 13c, ff. 7-22, in 20 caps.

Theorica est perfecta notitia rerum...
> Medical: McGill Univ., Osler 7627, 13c, ff.
> 71ra-77rb

Theorica est perfecta notitia rerum...Volo
invenire sinum rectum...
> Bruges 523, 14c, ff. 18va-20vb

Theorica est scientia sanitatis egritudinis et
neutralitatis in contemplatione...
> Definitiones physico-medicae: CLM 15953,
> 10-11c, f. 1v(S); ed. ZB II(1875), 230-32

Theorica motus planetarum...
> Regiomontanus: VI 5203, ff. 119r-120r(Zi
> 7842); Zi(1938), 220

Theorica motuum latitudinis planetarum...
> Ea Q.349, 14c, ff. 7v-8; Zi 7839-7842. See
> 'Theoricam motuum...'

*Theorica omnium planetarum...
> Gerard of Cremona *or* Robert Grosseteste: BLlm
> 644, 14c, ff. 115v-(119)v

Theorica orbium sphere solis et primi...
> Art Ancien XIX,21, early 16c

Theorica planetarum est scientia utilis omni
astrologo...
> Collectio floris theorice planetarum secundum
> opinionem Michaelis Scoti: VAp 1363, 15c, ff.
> 90ra-94rb, incomplete; Osiris 8(1949), 44

Theorica que est de vero ente secundum
Aristotilem...
> De diversis scientiis mathematicis: VAo 2165,
> 14c, ff. 63v-64v; AL 1766

Theorica speculativa dicitur scientia motiva
planetarum...
> Johannes Lauratius de Fundis, Nova theorica
> planetarum: T IV, 232-33; Utrecht 724,
> a.1456(?), ff. 56r-63r(ColR 145a)

Theoricam motus planetarum cognitio conveniens perscrutari...
> De latitudinibus planetarum: Ea Q.386, 14c,
> ff. 49-51; Ea Q.349, 15c(Zi 7840)

Theoricam motus planetarum quoad latitudinem
conveniens...
> SG Stadt 412, 15c, f. 41v-

Theoricam motuum latitudinis planetarum iam
conveniens est perscrutari...
> Petrus de Sancto Audomaro, De latitudinibus
> planetarum: BU 154(132), 14c, ff. 27r-28r;
> Isis 50(1959), 43-44

Theorice finis est veritas et pratice opus...
> Ugo O.P. Bp. Phila., Comm. Gerard of Cre-
> mona, Theorica planetarum: FN II,ii, 1457, ff.
> 27ra-37va; AFP 25(1955), 418

Theorice introductiones appellantur...
> Medical: BN 7003, f. 1-

Therapeuticam methodum...
> See 'Terapeuticam...'

Theriaca...
> See 'Tiriaca...'

Therme...
> See 'Terme...'

Thesalus...
> See 'Thessalus...'

Thesaurus occultus requiescit in corde sapientis
...
> Pascalis Romanus, Liber Thesauri occulti:
> Haskins 218; T II, 297, n.1; PdT (1961), 84

Thesaurus philosophie et eius salutare est in
ipso solo deo...
> Alchemy: VI 5491, 15c, ff. 2r-10v

Thesaurus philosophie restat vel reserat nobis...
> Alchemy: Wo 3786, ff. 85r-96v; BU 747(1492),
> 15c, ff. 120r-127r. See 'Restat eum salutare...'

Thessalus philosophus Germano Claudio regi et
deo eterno...
> Thessalus, De virtutibus herbarum: T II, 234;
> Mon 277, 15c, ff. 31-35(Corbett II,78);
> Diels(1906), 107

Thurisianus Florentinus dictus Plusquam Commentator...
> Gentile da Foligno, De motu cordis contra
> Plusquam Commentatorem: CLM 7609, a.1383,
> ff. 8va-13va; JHM X(1955), 392-93, n.2, 16

Tibi amoris gratia mi Antoni Magl(i)ane...
> Antonius Guaynerius, De pleuresi: VAp 1194,
> f. 75r-(T IV,673). See 'Tui amoris...'

Tibi dilecte frater tuus Prosdocimus de Beldomandis...
> Prosdocimo de' Beldomandi, Tract. propor-
> tionum: FLa 132(206-138), 15-16c, ff. 53-54;
> BB XII(1879), 237; ed. Coussemaker III,
> 258-62

Tibi illustrissime rex Anglorum Henrice ego
tuus famulus...
> Robert of Cricklade, dedic. Defloratio Nat. Hist.
> Plinii. Text, 'Mundi extera indagare...'

*Tibi Stephane de Provino hoc opus quod ego Michael Scotus dedi latinitati...
> Michael Scot, dedic. tr Aristotle, De caelo et mundo: PU 601, 13c, ff. 104-(150); PM 3473(506), 14c, ff. 69-(100); with Averroes, Comm.: Toledo cap. 98-22, 14c, ff. 2ra-65vb, Millás(1942), 202 with facsimile; BN 17155, 13c, ff. 225r-344v(AL 708); VE VI.52 (Val.X.54), 14c, f. 1 mg

Tictio omnium...
> See 'Tinctio omnium...'

Timaeus Locrensis hec inquit...
> Plato, Timaeus, tr Gregorius Castellanus: Lucca 1392, 15c, ff. 190-198r

Timaeus Locrus hec profatus est Cunctorum duas esse causas...
> Plato, Timaeus, tr George Valla: pr 1498, f. 37v(Klebs 1012.1; IAL N33)

Timens de venenis caveat sibi de manu ministrantis...
> Arnald of Villanova, De arte cognoscendi venena: HL 28, 70-71; Glorieux I, 422; FR 868, 15c, ff. 118va-119va; VI 5315, 15c, ff. 82r-83v; NYAM 4, 15c, ff. 272v-294v; GW 2521-25; Klebs 98.1-5; IAL A953-54; Archana medicine (GW 2315; IAL A846; ColR 73,4); Opera, 1504, ff. 264v-265r

Timore oblivionis et necessitate communi (proprii fratris) compulsus...
> Guido de Cauliaco, Cirurgia parva: Os 197, 15c, ff. 9-33; Poitiers 185(325), 15c, f. 20v; pr Venice, 1500, ff. 2r-5v(Polain 1771; Klebs 497.1; IAL G512)

Tinctio omnium musivorum tinctio prasini vitri...
> Compositiones ad tingenda: Berthelot I, 7-22; ed. Muratori, Antiquitates Italicae, IV(1774), 674-722; in part, John M. Burnam, A Classical Technology, from Cod. Lucensis 490, Boston, 1920

Tinctio vitri prasini. Tere vitrum bene...
> De vitris, de coloribus: BLr D.893, 15c, ff. 135v-136v(DWS 961)

*Tinctura ignis est melior omnibus...
> Raymond Lull, Liber artis compendiosae qui Vade mecum nuncupatur: HL 29, 280; T IV, 61; Salzinger(1721), Pars IV

Tinea sic curatur...
> William de Sumere, Experimenta: BMr 12.E. XXIII, late 13c, ff. 113r-(119v)

Tingtio...
> See 'Tinctio...'

Tiriaca est confectio magna curans omnem egritudinem...
> Bernard Gordon, De theriaca: BMsl 3096, 13-14c, ff. 337ra-338vb; Ea F.270, 13c, ff. 73v-76; Cues 308, 14c, ff. 113-116; VAp 1083, ff. 322v-326v

Tiriaca est sublimior medicinarum compositarum et melior...
> De virtutibus et exhibitione tiriace: CUg 178 (211), 14-15c, ff. 180-182r

Titulus algorismi. Incipit tractatus magistri Algi de arte numerandi...
> VI 5371*, 15c, ff. 56vb-60rb. Text, 'Omnia que a primeva rerum origine processerunt...'

*Titulus autem istius libri secundum auctores...
> (Roger Bacon?), Fragmentum commentarii super Euclidem: BLd 76, 13c, ff. 77r-(78v)

Titulus iste demonstrat quis sit auctor...
> Alexander Neckam, Comm. Capella, I-II: BLd 221, ff. 34v-88r

Titulus iste quatuor nomina dat auctori suo...
> Remigius of Auxerre, comm. Martianus Capella, De nuptiis Philologiae et Mercurii: Auxerre 71, 15c, 63 ff.; anon.: BMh 2506, 10c, ff. 89ra-97vb

Titulus istius libelli est iste: Incipit liber urinarum Egidii...
> Comm. Egidius of Corbeil, De urinis: VI 5407, 14c, ff. 1r-33v

Titulus talis liber Aristotelis philosophi sapientis...
> Alfredus Anglicus, comm. Meteor.: pref. *or* Comm. tr Aristotle, Meteor.: ed. Lacombe, Beiträge, Suppl. III, 1(1935), 466-

Titulus vero talis est experimentarius Bernardi Silvestris...
> Comm. in Bernardi Silvestris Experimentarium: CUma Pepys 911, c.1300, f. 1v(Atk)

To the ende that all true searchers...
> Bernard of Treves, Book of the philosophers' stone: BLas 1487, II, ff. 182-196(T III,618)

Tobazion duodecim colores...
> De gemmis: Zurich Car. C.176, 10-11c, f. 151

Tollantur stipites et folia rubi cuius fructus habet...
> Arnald of Villanova, De egritudinibus a capite usque ad pedes: FLa 146(220-152), 15c, 83 ff.; anon. BU 977(1885), 15c, ff. 2r-53v, incomplete in Sermo. VII, Tract VIII

Tolle folia libistici...
> Ratio potionum: CLM 7999, 13c, f. 145

Tonitrua autem ex fragore nubium generantur ...
> 'Excerptio de astrologia': VAr 1324, 15c, f. 41r

Tonitruum dictum quod sonus eius terreat...
> BMh 3017, 9c(Fleury), f. 98r

Tonitruum in die dominica mortem regis...
> CU Gg.I.1, c.1400, f. 394v; ed. ASNS(1908), 47

Tonus dualem significationem habet...
> De tonis: BMh 3199, 11c, ff. 74r-79r

Tophimoto Polimitanus ego peripateticus...
> Ricardus(?), Signa mortis et vite: BLr C.543, 14-15c, f. 15r-v(DWS MS; Wickersheimer 696)

Torcular sic construitur. Accipe...
> Modus componendi instrumentum quod torcular vocatur: Zi 4507-4508

Tornato atque equaliter disposito atque cavato ligno...
> De cylindro cum figura: FL Plut.29, cod.43, 15c, p. 63

Tot vivas annis quot vivus labitur amnis...
> Legend with Tabula: Liége 77, 12c, f. 1v; AL p. 177

Tota die bonum est sanguinem minuere...
> De observatione lune: VA 3101, 11c, ff. 26r-28r

Tota perfectio artis in uno solo puncto stat...
> Alchemy: BMad 10764, 15c, ff. 242v-243(DWS 648A)

Tota pingendi ratio tribus partibus...
> Petrus Pictor Burgensis, De perspectiva pingendi: Mi C.307,inf., 15c, leaves unnumbered

Tota regularis monochordi structura constat...
> William of Hirschau, Musica: PL 150, 1147-78; Gerbert II, 155

Tota scientia naturalis est de corpore mobili...
> Comm. Aristotle, Libri I-VIII Phisicorum: VA 817A, 13-14c, ff. 1r-44r; ascribed to Robert: Delisle III, 85a

Tota utilitas istarum quatuor tabularum...
> Cues 210, a.1340, ff. 138-140

Totam nostram metallorum transmutandorum scientiam...
> Geber, Summa perfectionis magisterii: Ginaeceum chimicum(1679), 1-163

Totam nostram scientiam(intentionem) quam ex libris...
> Geber, Summa perfectionis magisterii: Corbett I, 22, 35, 38, 74; II, 75, 159; DWS 105; Plessner in OLZ, 33, 10, p. 726; Steinschneider (1906), pp. 20, 22, No.152(b.k); CLM 353, 13c, ff. 85r-116v; 276, 14c, ff. 117-125; Cues 299, 14c, ff. 50v-75v(T IV,18); FR 1165 (L.VI.34), 14c, ff. 11r-37r; SG Stadt 300, 13-14c, ff. 37ra-56va; Wo 4504, 14c, ff. 195r-231r; CLM 455, 15c, ff. 23r-90v; anon. CLM 12026, 15c, ff. 15v-(31); Verae alchemiae, 1561, I, 118-84; Manget I(1702), 512

Totius astrologice(astronomie) speculationis radix et fundamentum...
> Sphera solida *or* Astrolabium sphericum, sometimes ascribed to Accursius of Parma *or* Johannes de Harlebeke: Isis 47(1956), 393; 50(1959), 37; Osiris 8(1949), 54; Saxl(1915), 16, 81; (1927), 152; Zi 4530-37, 4540-42; another ed. with Campanus (1531), ff. 202v-206r. Text, 'Cum igitur favente...'

Totius astronomie iudicialis compendium ex omnibus libris...
> Gaufredus de Meldis, Astronomiae iudicialis compendium: BMsl 1680, ff. 42rb-45va; Avignon 1022, ff. 203v-206r(T III,716; ColR 45a, 56)

Totius egritudinis intelligimus tempora proportionaliter...
> Galen, De temporibus, tr Nicholas of Reggio: BN 6865, ff. 76r-78v; Chartres 293, 14c, ff. 126v-127v; VAp 1211, ff. 39v-41v; T (1946), 231; Diels(1905), 81; Opera, 1490, I, 133r-134r; 1515, II, 52r-53r

Totius orbis dispositio sive forma...
> Nicolaus de Aquila *or* Paganica, Compendium medicinalis astrologiae: T III,213-14

Totum autem secretum et operandi modus...
> Raymond Lull, Alchemy(Codicillus, cap.71): Bern A 78, 15c, ff. 196v-198r(T IV,633-634)

Totum igitur beneficium huius artis in mercurio ...
> Alchemy: BLas 1448, 15c, pp. 84-105(DWS 713)

Totum magisterium huius nostri lapidis preciosissimi...
> Epistola *or* Fundamentum alkimie: DWS 381. Introd. 'Omne datum optimum...'

Totum osseum ut esset in tantis mobilium membrorum...
> Anatomia: VAp 1302, 15c, ff. 1r-12v, possibly a section of a larger work

Totus arcus ab U secundum successionem signorum...
    Theorica lune: CUmc 377, 15c, f. 4(Atk)

Totus timor dei preveniat et principiat opera...
    Silanus de Nigris, pref. Expositio, Nonus Almansoris. Text, 'In principio huius libri quatuor...'

Tractans de consilio et consiliariis amicis...
    De physionomia hominis: Salzburg St. Pet. b.I.13, 15c, ff. 147-156(Schulz)

Tractant quidem de numeris mundi sapientes...
    John Peckham, Arithmetica mistica: VA 5963, 13c, ff. 69r-93r(49 caps); AFH 45(1952), 3, 9-10

Tractan(te)s quidem mundi sapientes de numeris ...
    De numeris: FLc XVII sinis., 8, 13c, ff. 1-7. Probably identical with the foregoing

Tractata sunt inter me (et) Hasin(Halkalsen) de eo quod...
    Avicenna, Summa *or* Epistola ad Hasim: BU 139(105), 14c, pp. 313-38; VAp 978, 14-15c, ff. 52v-58r. See 'Pertractata sunt...'

Tractatulus ex intentione sapientum in arte astrorum...
    De flewbotomia: CLM 125, ff. 278vb-279vb

Tractatulus in partibus planetarum in duodecim signis...
    Tractatulus revolutionum in tribus superioribus: Prag 433, ff. 208rb-210vb

Tractatum autem, etc. Auctor huius...
    Comm. Sacrobosco, De sphaera: BMr 12.F.XIX, 14c, ff. 175r-(177r); T (1949), 34. See 'Auctor huius operis principali...'

Tractatum de regimine sanitatis (quo pretermisso multi pereunt)...
    Petrus de Tussignano, De regimine sanitatis: pr Paris, 1533(BM 1039.e.4)

Tractatum de reumate quatuor capitulis...
    Basel D.III.23, 15c, ff. 1r-23v

*Tractatum de sphera (in) quatuor...
    Sacrobosco, prol. De sphaera: CLM 353, 13c, ff. 27r-33r; CUc 66a, a.1293; ff. 130v-138vb; Mi H.75.sup., 13c, ff. 6ra-15vb, etc. Text, 'Sphera igitur ab Euclide...'

Tractatum hoc in quatuor dividitur. Iste liber primus...
    Reportata super speram (Sacrobosco): CLM 4382, a.1421, ff. 21va-44vb

Tractatum intendimus edere utilem...
    Thomas de Garbo, introd. De restauratione humidi radicalis: VA 2484, 14c, ff. 193rb-195va; T (1953), 275; pr Lyons, 1529, ff. 97va-99ra; Venice, 1531, ff. 116ra-117va

Tractatum nostrum de eclipsi tribus capitulis distinxi...
    Hugo de Castello, De eclipsibus: FNcs J.V.4, 14c, ff. 40r-42r; Björnbo(1912), 126; AFP 25(1955), 417-19

Tractatum quem vobis rogantibus promisi...
    De confectione siruporum: CUt 904(R.XIV.31), 12c, ff. 93-104v

Tractatum Thome Bradwardini expositurus in quo de proportionibus...
    VE VI.30, 15c, ff. 77r-111v(CR C-6)

Tractaturi de coloribus primo quid sit color...
    Urso(?), De coloribus: ed. Ambix VII(1959), 7-15; CUpet 178, 13c, ff. 31-42(DWS 877)

Tractaturi de creticis diebus primo videndum...
    Metz 1261, 14c, f. 3-

Tractaturi de distinctione partium terre premittimus...
    Petrus de Alliaco, De imagine mundi: BMh 637, ff. 1ra-22vb

Tractaturi de febre videndum est Gal. super aphoris....
    Arnald of Villanova, De febre: DF ff. 240v-254r; HL 28, 107

Tractaturi de figuris planetarum...
    Geomancy: VAp 1435, 15c, ff. 217ra-252vb(?)

Tractaturi de lapide philosophorum videndum ...
    Exercitationes in Turbam: Steinschneider(1906), 71-72; Artis auriferae, I, 154-82

Tractaturi de naturali philosophia oportet primo ...
    Epitome by anon. Franciscan of Nicolaus Bonetus, Philosophia naturalis: VA 946, 14c, ff. 23r-29v

Tractaturi de pestilentia quatuor faciemus (faciendo)...
    Antonius Guaynerius, De pestilentia: CLM 205, a.1469, ff. 95v-103r; anon. Wo 2794, ff. 291rb-295vb; Archiv XVI, 113

Tractaturi de spera quatuor...
    See 'Tractatum de sphera...'

Tractaturi de vulneribus et cyrurgie scientiam...
  Theodoric of Cervia, Practica cyrurgiae: VAb
  312, 15c, 77 ff.; BSFHM 23(1939), 140

Tractaturi in arte cyrurgia...
  William of Brescia: CLM 273, a.1453, ff. 1ra-
  113rb; T (1929), 85

Tractaturus autem de ipsis notarum musicalium
imperfectionibus...
  John Tinctor: Ghent 70(421), 15c, ff. 177v-
  186rb

Tractaturus breviter in generali de ulceribus et
vistulis...
  CLM 252, 15c, ff. 121r-147v

Tractatu(ru)s de compositione mundi est...
  Paulus Venetus, De compositione mundi: pr
  s.d.(BM 536.E.3); Venice, 1498, ff. 103r-
  117v(Hain *12518; Klebs 734.1; IAL P180);
  T (1929), 199, n.18. See 'Et primo videndum...'

*Tractaturus de generatione et corruptione
elementorum...
  Jo. Baconthorpe, De generatione et corruptione:
  Tanner

Tractaturus de generatione et corruptione per
actionem...
  Paul of Venice, prol. De generatione et corrup-
  tione(pars III, Summa naturalis): VE VI.127
  (XII,21), a.1451, ff. 60-84; Hain *12515
  (Klebs 732.1-3; IAL P181-82); Hain *12518
  (Klebs 734.1; IAL P180)

Tractaturus de magnete...
  Johannes Eligerus de Gondersleuen: Trithemius,
  f. 88v

Tractaturus de proportionibus. Primo premittam aliquas descriptiones...
  Johannes de Wasia: Ea Q.325, 14c, ff. 47-51v

Tractaturus(Tractatus) de sphera ad evidentiam
eorum...
  See 'Ad evidentiam...'

Tractaturus de vero ciclo lunari secundum
Arabum doctrinam...
  Pierre d'Ailly, De vero ciclo lunari: Cambrai 927,
  15c, ff. 100v-105; Salembier xxiv; IAL A426,
  f. h2v

Tractaturus in presenti libro Salvatoris nostri
Domini...
  Sante Ardoini, De venenis(composed a.1424-
  1426): T IV, 181; Venice, 1492(Klebs 81.1;
  IAL A849); GW 2318; Basel, 1562, 514 pp.

*Tractaturus philosophus de anima et de partibus
anime...
  (Aegidius de Columna), comm. Aristotelis de
  anima: BLd 150, late 13c, ff. 146r-(149v)

Tractatus Abrahe(Avenesre) de planetarum
coniunctionibus et annorum revolutionibus
mundanorum...
  Henri Bate, prol. tr from Hebrew, Abraham
  Avenezra, De mundo sive seculo: Isis 35(1944),
  294-95; Glorieux I, 410; Opera, Venice, 1507

Tractatus cylindri duas habet partes...
  Johannes de Gamundia, De compositione cylindri: CLM 10662, 15c, f. 233v; 11067, 15c, ff.
  200r-201r; 17543, f. 187(S); VI 5303, 15-16c,
  ff. 228r-242r; VI 5418, 15c, ff. 146r-164v;
  anon. CLM 14504, 15c, ff. 192r-196va; MU
  Q.738, 15c, ff. 47v-52v; VAp 1411, ff. 120r-
  129r

Tractatus de aqua que easdem virtutes habet in
calidis causis...
  De oleis et aquis: Wi 57, 15c, ff. 323va-325vb

Tractatus de compositione mundi...
  See 'Tractatu(ru)s de compositione...'

Tractatus de dosibus quem denotat Mesue in
modis et proportionibus...
  Gentile da Foligno, De ratione dosandi: CUpet
  87, c.1400, leaves unnumbered

Tractatus de planetarum coniunctionibus...
  See 'Tractatus Abrahe...'

Tractatus de vero ciclo lunari...
  Oo 69, ff. 116r-119r. See 'Tractaturus de
  vero...'

Tractatus ex intentione...
  Astrology: Zi 9996-97

Tractatus huius artis dividitur in duos modos...
  Liber intentionum alkimiae: VE VI.214(XVI.3),
  a.1472, f. 214

Tractatus huius intentio est doctrinam dare...
  Guaynerius, De passionibus matricis: Brux 3206,
  a.1469, ff. 105ra-139va; T IV, 673, 671; anon.
  VAp 1098, ff. 234r-275rb; VI 5260, a.1461,
  ff. 191r-212v

Tractatus ille qui intitulatur De intellectu et
intelligibili...
  Dietrich von Freiberg, De intellectu et intelligibili: VA 2188, f. 1(H)

Tractatus in quo dicetur de simpli(cibus) et
comp(ositis)...
  De simplicibus et compositis medicinis: Ea
  F.269, a.1357, ff. 279-285v

Tractatus iste de corde duas continet partes...
Gentile da Foligno, De corde: BN 5055, 14-15c,
ff. 111r-135v; Vendôme 108, 15c, ff. 111-123;
pr Questiones extravagantes, 1520, ff. 98rb-
103va

Tractatus iste dicitur ars metrica...
Measurement of heights etc.: Princeton, Robert
Garrett 95, early 15c, ff. 69-75

Tractatus iste dividitur in duas partes...
De tiriacis contra venena sumpta: Giacosa 504

Tractatus iste dividitur in duas partes. Pars
prima...
Jacobus Bonae-Diei, Tabulae astronomicae cum
explicatione praemissa: BLcm 27, 15c, ff. 1-122r

Tractatus iste qui intitulatur de intellectu...
See 'Sicut dicit Philosophus in secundo de
celo...' and 'Tractatus ille...'

Tractatus iudiciorum scientie...
Maihingen II, I, F.110, a.1472, ff. 66-88(Zi
3381)

Tractatus lumen luminum in distinctione ubi
tabescat...
Nicolaus Ordinis S. Joh. Hierosol., Lumen
luminum: KlaB XXIX.d.24, a.1421-23, ff.
188v-190v

Tractatus magistri Floriani philosophi magni
post Aristotelem...
Florianus, Alchimia: Bern B 44, 15c, ff. 235r-
240v; T IV, 339, n.42; Speculum 12(1937),
372-73

Tractatus perspective habens tres partes...
Roger Bacon, Perspectiva: Little, 382-84

Tractatus primus de aqua et est summa...
Magninus Mediolanensis (Maino de' Maineri),
Liber octo tractatum: HL 28, 103-104; Metz
277, 14c, ff. 2r-3v, table of contents, 7ra-104va,
text. 'Aqua est corpus...'

Tractatus primus de origine spiritus et generibus
eius...
Libellus Avicennae de viribus cordis, tr Arnaldo
de Villanova Barchinone: Budapest 76, a.1483,
ff. 1-18v

Tractatus primus de plantationibus arborum in
primo de plantationibus pomorum...
See 'Ut poma crescant...'

Tractatus primus qualiter aspicitur ex parte...
Albumasar, De magnis coniunctionibus annorum
revolutionibus ac eorum profectionibus: Cues
208, a.1310, ff. 75-118v; FLa 127(201-133),
14c, 114 ff.; VI 5478, 13-14c, ff. 103r-178r;
2436, 14c, ff. 144r-198r; Delisle III, 88b. See
'Scientia individuorum...'

Tractatus quadrantis de horis (diei) equalibus...
John of Gmunden: CLM 10662, 15c, ff. 166r-
174v; Gö Philos.42m, 15c, ff. 24v-29; VI
5418, 15c, ff. 128r-145r; anon. VI 5184, 16c,
ff. 631-66r

Tractatus qualiter quilibet artificialis color
fieri possit...
BN 6749B, f. 61r-v; ed. D. V. Thompson, Isis
22(1935), 459-68

Tractatus sequens de concordantia theologie et
astronomie vigintiloquium dici potest...
Pierre d'Ailly, Vigintiloquium or Concordantia
theologiae et astronomiae, I-III, compiled Sept.
24, 1414 at Cologne: Nu cent. V, 64, 15c, ff.
13r-84r; Björnbo(1912), 145-146; Salembier
xxiv

Tractatus sequens viginti duo continet capitula
...
Petrus de Alliaco, Compendium cosmographie
Ptolomei, a.1409: BMh 637, ff. 23ra-40v;
IAL A426, ff. h(7)v-k(5)r

Tractibus aeriis insultavere volucres...
Genus aerivagum: BLll 86, ff. 53v-54v, verses
from Bernard Silvester, De mundi universitate,
1876, pp. 28-29

Tradit Ptholomeus Pheludianus astrologorum
princeps...
De iudiciis: VAp 1439, ff. 314r-323r

Tradidit Averroes. Est enim humiditas facta
propria...
CUt 1120(O.II.16), I, 15c, ff. 52v-55r

Traditur autem secundum quosdam argumentum...
Quot horis luna luceat: Bern 250, 10c, f. 11v

Tradunt quoque veteres argumentum quo luna
...
De luna: Os 17, c.1110, f. 36r

Tragea solutiva Serapionis que fit cum...
Series medicamentorum: VI 2300, 15c, ff. 67r-
70r

Transacto sub compendio de medicinis simplicibus communiter...
Compendium de medicinis compositis, ordine
alphabetico: On 169, 14c, ff. 1r-52

Transitus horarum solis seu lune sic invenies...
BMh 2506, 10c, f. 68ra

Translatio Iacobi...
Galenus, De simplicibus medicamentis occultis
quae non fuerunt manifestata in libris suis interprete Joannitio, tr Jacobus Albens. de arabico in
latinum interprete Abraham Iudeo Tortuosensi,
1282: VAp 1234, ff. 253ra-256rb

Translatio luminis est quasi planeta...
CUt 1144(O.II.40), 15c, f. 112r

Translatio Platonis Tiburtini de opere...
Albucasis, prol. De usu astrolabii, tr Plato of Tivoli: BLd 51, 13c, ff. 28-35r. See 'Cum inter universa...'

Translationem aggressuri...
See 'Si tu inveneris librum Albumasaris...'

Translationem musices Ptolomei cum reliquis libris...
Nicolaus Leonicenus, a.1498, prol. tr Ptolemy, Harmonica: BMh 3306, f. 2v

Transmutatio argenti vivi in solem...
See 'Nota magister...'

Tredecim consonantiae sunt quibus omnis...
De musica: Brux 10162, 15c, ff. 13r-15va; ed. Coussemaker I, 296-302

Tredecim sunt syrupi qui sciuntur per hos versus...
Numerus syruporum: BN 6957, 15c, ff. 96r-100r

Tres boni fratres per viam ambulabant...
BMsl 3550, f. 89v. See 'Kirieleison...'

Tres circulos (in) astrolapsu descriptos duos scilicet...
Campanus, Astrolabium demonstratum: FNcs J.V.30, 14c, ff. 52v-53v; Björnbo(1903), 244; anon. Ea F.375, 14c, f. 135r-v; VE fa 332 (XI,6), 13c, ff. 293-295; BLau F.5.28, 13c, ff. 54-(55); BN 16198, 14c, ff. 162v-163v; CUpet 277, a.1407, ff. 131r-132v

Tres concipit luces decoquitur luce (terrena)...
Lilium inter spinas benedictum: T III, 64-65; DWS 840

Tres dies et noctes sunt in quibus si vir generatus fuerit...
VI 12600, 12-13c, 137v; Saxl(1927), 163; Zi 4057

Tres dies in anno maledicta dicuntur...
MU Q.761, f. 55ra(9 lines)

Tres dies pre aliis sunt observandi...
Prognostica de diebus fastis et nefastis: VI 2245, 12c, ff. 59-69v(Zi 8097)

Tres digiti in sinistra manu...
Finger reckoning: Jones 54

Tres esse speras supra speras...
Nicolaus de Comitibus, De triplici motu octave spere, 1450: T IV, 251, 682

Tres exigit intentiones prima ordinat debtium
...
Johannes Arculanus, Consilium contra cancrum ulceratum: ed. Capparoni, Rivista stor. sc. med. e nat., 3(1918), 492-497

Tres fratres sunt habentes sororem nubilem...
Cautele algorismi: BMsl 3281, 14c, ff. 54rb-56va

Tres fuerunt fratres quorum unusquisque duplicavit...
Exempla algorismi: VE VIII,1(XI,81), 13c, ff. 118-119

Tres histriones cum tribus uxoribus...
Cautele algorismi: BLd 75, 15c, ff. 132r-(136v)

Tres infelicitates sunt...
Sententie sapientum: Liége 77, 12c, ff. 1v-3r; AL 177

Tres lapillos invenies in nido purpe(upupe?)...
De lapidibus qui inveniuntur in nido purpe (upupe?): Mon 490, f. 206v

Tres leo naturas et tres habet inde figuras...
Theobaldus *or* Hildebertus Cenomanensis, Physiologus (in verse): T I, 498-500; Budapest 27, 13c, 8 ff.; BMad 30935, 15c, ff. 332r-343r; CUg 203, 15c, p. 157(Atk); CLM 3131; 4413, 7678, etc.; Klebs 956.1-12; IAL T115-121; PL 171, 1217-23

Tres mundo figurat antiquitas...
Pico della Mirandola, Heptaplus, pref.: Opera, I(1572), 5-9. Text, 'Naturales philosophi...'

Tres nature ignis sunt...
Hugo de S. Victor, De natura ignis: CLM 9639, f. 237(S); part of Elucidationes variae in Scripturam moraliter: PL 177, 567

Tres orbes mundo eccentricos et difformes per applicationem speram solis concentricam fabricare...
Blasius of Parma, Theory of the Planets, first proposition. See 'Super theorica planetarum...'

Tres orbes mutuo eccentricos et difformes...
Petrus de Mutina, Super theorica Campani: J. Rosenthal, Katalog 90(1929), MS 177, ff. 1r-41v; La bibliofilia 8(1907), 372-83

Tres ordines medicinarum sunt...
See 'Sublimetur lapis...'

*Tres principes de(ex) militia superiorum...
Firminus de Bellavalla *or* Johannes de Muris, Pronosticatio super magna coniunctione anno 1345: T III, 304, 306; ColR 72,13; 76a

Tres regulas planas...
> Regiomontanus, Regule Ptolomei (enlarged): BLas 499, ff. 217r-221v; Jena El.f.73, ff. 183r-185r

Tres sunt dies ut ait beatus(sanctus) Beda...
> De flebotomia: BMad 32622, 14c, f. 115r-v; CUt 1109(O.II.5), 14c, ff. 51-52

Tres sunt doctrine omnes...
> See 'Tres sunt omnes...'

Tres sunt Indie scilicet que mittit nos in Ethiopiam...
> De gemmis ordine alphabetico: BLcm 285, ff. 2-(34)

Tres sunt medicine a proprietate valentes contra pestem...
> Graz 1609, a.1488, ff. 250-252

Tres sunt motus admovendi ad interrogandum...
> Sequuntur 150 considerationes Guidonis Bonati abbreviate per magistrum Johannem de Wachenheym: VAp 1368, a.1473, ff. 38r-41r; Saxl (1915), 13. The text breaks off with Consideratio 122

Tres sunt motus ad movendum hominem...
> 121 considerationes Guidonis Bonatti de Forlivio abbreviate per magistrum Iohannem: VAp 1445, 14c, ff. 165r-(175)

Tres sunt naturales linee omnis chiros...
> Chiromancy: VI 2525, 13c, ff. 58-59. See 'Linee naturales...'

Tres sunt omnes doctrine ordinem habentes...
> Ars (parva) Galeni: Mi G.108.inf., 9c, f. 49v (Beccaria 92.5)

Tres sunt omnes doctrine que ordine habentur...
> I. Galen, prol. Micro-Tegni cum commento Hali Rodhan: Auxerre 240, 12c, ff. 49-63; EU 163(II), 12c, ff. 24r-71r; CUpet 247 (VI), 12-13c, ff. 1r-34v; CUt 1083(O.I.59), 12-13c, ff. 42r-59v; BLas 1285, 13c, ff. 118-126, tr Constantinus Africanus; CLM 4395, 15c, ff. 129r-183v; 13034, f. 12; 13111, f. 30; 11322, f. 6; etc. Diels(1905), 61-63; pr Articella, Venice, 1487, ff. 155ra-210ra; Opera, 1490, I, 10r-15v; 1515, II, Appendix (sig.AAA). Text, 'Medicina est scientia sanorum...'
> II. Galen, Ars medicinalis, tr Nicholas Leonicenus: pr Venice, 1524, II, 30-52; 1609, I, 61v-72r

Tres sunt ordines medicinarum secundum Geberem...
> Roger Bacon, Super Geberem: Little 414

Tres sunt partes...
> Johannes de Dondis, Planetarium: T III, 740

Tres sunt partes mundi...
> De tribus partibus mundi: BMr 13.D.I, c.1385, ff. 245r-246r; Imago mundi: BN 7400A, 13c, ff. 18ra-21rb; Budapest univ. 59, 15c, ff. 266r-269v

Tres sunt venae in brachio hominis...
> De venis: BNna 229, 11-12c, f. 2r-v; Beccaria 41.3

Tres sunt viri uxorati...
> See 'Questio potest formari...'

Tria aut(?) tibi declarat presens tractatus...
> Gentilis de Fulgineo, De temporibus partus: pr Questiones et tractatus extravagantes, Venice, 1520, ff. 95vb-96rb

Tria autem accidentia circa cor que videntur...
> Johannes de Mechlinia, comm. De motu cordis: pr Parva naturalia, Cologne, 1491(Hain 1717; LC; Klebs 92.2; IAL A910); cap. ult. VA Borghesi 309, 13-14c, f. 88r(AL 1743)

Tria autem nobis declarat presens tractatus primum non est...
> In Gentilis a Fulgineo tractatum de partu et temporibus partus: VE VI.218(XII,18), 14c, ff. 177-178

Tria enim ut ait...
> See 'Tria ut ait Empedocles...'

Tria esse circa que corporis...
> Pref. comm. Stephanus, De urinarum differentia. Text, 'De differentia etc. Differentiam appellat...'

Tria genera musice studiosis comprehensa esse...
> Musica: CLM 14836, f. 76r; Gerbert I, 32

Tria genera sunt visionum. Siquidem primum genus visionum est corporale...
> De tribus generibus visionum: BMar 270, 12c, ff. 47v-62v

Tria in considerationem veniunt in kalendarii correctione...
> De emendatione kalendarii: VI 5266, ff. 283v-284rb

Tria nobis naturaliter sunt data incommoda...
> De scientie partibus: BLll 67, early 13c, f. 2ra-b

Tria sunt calida et sicca. Aries est calidus in secundo...
> Naturae signorum: VA 687, ff. 123v-124r

Tria sunt entium genera circa que humana versatur speculatio...
> Hieronymus Manfredus, Prediction for 1481: CLM 648, ff. 159r-174v; T IV, Index

Tria sunt genera catarticorum...
>MC V.225, end llc, pp. 33-34; Beccaria 96.8

Tria sunt in anima sensus ymaginatio desiderium...
>David of Dinant, Tractatus naturalis: BN 15453, 13c, ff. 214r-216v(AL 654)

Tria sunt in quibus humana ceteris animantibus...
>Ps. Boethius, Philosophia: BB XVII(1884), 41-42. See 'Potissimum omnium...'

Tria sunt medicine subiecta...
>Bartholomaeus (de Brugis?), Comm. in prognostica Hippocratis: Ea Q.175, 13c, ff. 49-55v; Basel D.III.3, 13c, ff. 77ra-85vb; Borghesi 196, 14c, ff. 90v-99r

Tria sunt omnium medicinarum iuvamenta...
>'Andromacus de tyriaca' i.e. John Andronicus: VA 2416, ff. 61ra-71ra; VA 2459, ff. 65ra-74rb

*Tria sunt predicamenta vel genera in quibus...
>Gulielmus Hentisberus, De motu locali: Wilson (1956), 117-28, 207; VI 4987, a.1359, ff. 119r-123r(TR 308); M-H 13(1960), 85-86; (Klebs 514.1-2; IAL H50-51)

Tria sunt que intellectum hominis perfectius formant...
>Hermes, De sex rerum principiis: ed. AHDL (1955), 217-48-302; TR 355, 356a, 357, 363

Tria sunt sapientia virtus necessitas. Sapientia est...
>I. Comm. Boethius, Arithmetic: CLM 4643, 13c, ff. 100r-110r
>II. Hugo de S. Victore, cap. 1, Didascalicon: CUc 294, 12c, ff. 47r-89ra

Tria sunt ut ait...
>See 'Tria ut ait...'

Tria tanquam fundamenta in isto processu...
>Questiones de generatione et corruptione: Ea Q.325, 14c, ff. 193-194v

Tria ut ait Empedocles in tanta(tota) rerum varietate...
>Alfred of Sareshel, dedic. prol. tr Ps. Aristotle, De vegetabilibus (dedic. to Roger of Hereford, a.1178): Beiträge XVII, 5-6(1916), 184; T II, 187; Haskins 128; AL pp. 91, 192; Yale Aristotle MS, 13c, ff. 206ra-218rb; OHI XI(1932), 173-252; Venice, 1496, ff. 353v-360(Klebs 82.7; Yale 261; GW 2341; IAL A865). De vegetabilibus has been identified as work of Nicolaus Damascenus by E. H. F. Meyer, Nicolaus Damascenus de plantis (Leipzig, 1841)

Trianguli equilateri ex tribus quartis arcus circuli magni...
>John de Lineriis, Instrumentum armillare: VAu 1399, ff. 2ra-15rb

Triangulum equilaterum super datam lineam...
>See 'Primus liber Euclidis...'

Trias ter medicine subiacet...
>Glossae super aphorismos Hippocratis: VI 2447, 13c, ff. 54v-67v

Tribus modis locuntur autores de superioribus...
>Astrologia: Cop. Q.277, f. 146r

Tribus modis medemur dissolvendo constringendo restaurendo...
>De modo medendi: BMsl 342, 13-14c, ff. 92ra-97rb

Tribus modis notificia urinam per suam denominationem...
>Gilbertus, Comm. Aegidius, Versus de urinis: VA 2459, ff. 51ra-63vb

Tribus modis res subsistere habent...
>Hugh of St Victor, Didascalicon, unpublished Introd.: Grabmann, ZB(1932), 33; Prag Univ. Lobk. 500, 12c, ff. 24-25r; ed. from other MSS, C. H. Buttimer(1939), 134

Tribus modis res subsistere habent in actu sive in seipsis...
>Grosseteste, De subsistencia rei: Assisi Communale 138, c.1225, f. 262b-c; Thomson 117

Tricelogium astrologie theologisate a vobis frater carissime...
>Pierre d'Ailly, Apologia defensiva astronomiae ad Joh. Gersonium: BN 2692, ff. 145r-147v (Salembier xxv; T IV, 111; ColR 108)

Trifera magna saracenica a Mesue data commendabilis erit et apud Petrum de Abano vel Appono...
>VI 5269, 15c, f. 136v-

Trifera mirabilis et expertissima a multis modernis...
>Contra diversas egritudines: BMar 295, early 14c, f. 117(120)v

Trifera saracenica prope...
>Antidota diversa ad varias egritudines: CLM 267, ff. 143vb-144r

Triginta sex autem decani duodecim signorum...
>Hermes Trismegistus: BMh 3731, 15c, ff. 11-50r(T II,221, n.3); ed. 1936 by W. Gundel

Trigoni ortogonii linearum nomina hec sunt. . .
Tannery 55-74

Trigoni ysopleri embadum investigare. . .
Problemata geometrica cum solutionibus: VI
4775, a.1455, ff. 183r-195r

*Trinitatem adorantes omnia super tria ponimus
. . .
John Dastin, Speculum philosophiae: BMsl
1854, 15c, ff. 1-119; BLas 1507, ff. 6-33v-81.
Apparently not the same as DWS 286

Trinus bonus quartus non nisi. . .
De aspectibus planetarum: Catin. 85, 15c, ff
253v-258

Triplex est. . .
Summa de elementalibus et animalibus: ZB IV,
147

Triplex est digestio prima secunda tertia. . .
CUg 117(186), 13c, pp. 232b-233

Triplex est epydimia maior minor et media. . .
Johannes de Saxonia, Compendium de epydemia:
Archiv XVI, 20-29; anon.: Basel D.III.16, 15c,
ff. 4r-13v

Triplex est esse(essentia) rerum.   Quedam enim
res sunt composite. . .
John Folsham, Carmelite, De natura rerum vel
moralitates rerum: Tanner; CUt 938, 14c, 316
ff.(633 pp.); Oc 221, 14c, f. 2-(53); VAu 1378,
15c, in 9 parts, ff. 1-157v-159v

Triplex est morbus consimilis officialis et communis. . .
Questiones super Antidotarium Nicolai: CUg 86,
13c, pp. 267-309

Triplex heresis medicorum. . .
Pref. comm. Hippocrates, Aphorismi: BMr
App.6, 13c, ff. 60r-(69v); VI 2447, 13c, ff.
24r-54v; Borghesi 196, 14c, ff. 54r-82r

Triplices sunt spiritus animales vitales et
naturales. . .
Albert, Summa medicinalis: Ran 1456, 15c, ff.
50-88

Triplicitas prima aries leo et sagittarius. . .
Tabula virtutem triplicem xii signorum demonstrans: Ea Q.363, 13-14c, ff. 36v-37

Tristitia est figura saturni et in scorpione con-
tinetur figura terrea. . .
Significationes XVI figurarum per domos XII:
FLg Plut.89.sup., cod.34, 15-16c, f. 47

Triticum calidum est et plenus fructus. . .
St. Hildegard, Diversarum naturarum creaturarum: PL 197, 1125-1352

Trocisci de melli(?) purgantes coleram rubeam
. . .
De confectione pillularum: VI 5155, 15c, ff.
252r-267r

Trocisci Marci Apuli quos neminem docere
voluit. . .
BMar 295, early 14c, f. 118(121)r

Trociscorum squilliticorum. . .
(Galen, De commoditatibus tyriace): FLg 93,
13c, f. 118; Diels(1905), 122; T (1946), 222.
See 'Quod multa sit apponenda. . .'

Trociscos id est forma rotunda. . .
Vocabulary of medical terms: BMr 12.E.VIII,
13c, ff. 124r-126r

Tu accipies de liquore lunarie vel menstrualis. . .
Raymond Lull, De mercuriis: BMsl 419, 15c,
ff. 33-40(DWS 246)

Tu cui deus occultorum veritates patefaciat. . .
Alkindi, De somno et visione, tr Gerard of Cremona: Beiträge II, 5(1897), 12-27; Carmody
83-84; Angers 450, 13c, ff. 53-56v; Baltimore,
Walters Art 428, 14c, ff. 235r-240v; AL 1302;
Ysaac de sompno et visione: Oma 175, ff. 143ra-
145ra

Tu fili in virtute sancte trinitatis accipias de
aqua mercurii. . .
Raymond Lull, Lapidarius: Bern A.78, 15c, f.
4v, pars ii(T IV,640)

Tu habes 12 panes et 12 personas. . .
Cautele algorismi: BU 164(153), 15c, ff. 56v-
57v

Tu igitur in virtute de A accipe B clarum. . .
Raymond Lull, Lux mercuriorum: VA 5847,
a.1500, ff. 103r-104v(T IV, 642)

Tu in virtute de A accipe aurum. . .
Raymond Lull, Anima artis transmutatorie super
Testamentum: CUt 1407(O.VIII.32), 15c,
f. 108(Atk)

Tu in virtute de A accipe partem extractam de
D et partem mediam. . .
De informatione margaritarum: Mi R.94.sup.,
14c, ff. 25r-26v

Tu in virtute de A accipe solem et proiice ipsum
in aquam vegetabilem. . .
Raymond Lull, Elucidatio testamenti. . .ad regem
Anglie: Mon 493, 15c, ff. 147r-150v; 474, 16c,
ff. 50-53v(Corbett II,125, 97)

Tu in virtute de A princeps serenissime...
> Raymond Lull, Elucidatio testamenti: T IV, 636; HL 29, 284

Tu in virtute de A recipe solem et proiice...
> Raymond Lull, Practica qui dicitur secunda pars appertorii: BU 169(181), 15c, pp. 137-143

Tu in virtute Dei(ipsius A) recipe solem...
> Raymond Lull, Lucidarium ad regem Edoardum: T IV, 636; HL 29, 380; Artis auriferae III, 139-50; BLas 1490, 16c, f. 3r-

Tu prevideas de liquore lunari...
> Raymond Lull, Practica testamenti: Art ancien 14, 15c, ff. 9-15; HL 29, 285

Tu quem psallentem thalamis quem matre Camena...
> Martianus Capella, De nuptiis Philologiae et Mercurii: ed. A. Dick, 1925; Hain *4370; Klebs 668.1

Tu qui deus...
> Jacob Anselmi de causis sompni et vigilie: Delisle, III, 85b

Tu qui hanc regulam scire desideras diligenter
...
> Rules of chronology: FLa 132, 15-16c, ff. 56v-57v

Tu qui legis istum librum noveris quod in exemplari...
> Prol. Clavis sapientiae: Corbett II, 154. Text, 'Laudemus in principio...'

Tu qui vis perfectus(profectus) esse geometricus
...
> Boethius, pref. De geometria: CUt R.XV.14, 10c, f. 13v(Atk); anon.: VAb 92, 12c, f. 38v

Tu rex scias quod sapientes posuerunt in opere multas res...
> Arnald of Villanova, Flos regis: Budapest 202, a.1467, ff. 81-84. See 'Scias O tu rex...'

Tu scis quod sanitas non est nisi equatio humorum...
> Thadeus, Introductorium ad practicam: VAp 1284, ff. 143r-153v

Tua me commovit celsitudo illustrissime princeps...
> Jehan de Bosma(Bosnia?): Phares 260(T IV, 440)

Tua me diu in arte...
> Gentile da Foligno, De hernia vel ruptura. See 'Quia me diu...'

Tua me diu Marce Valleriane movit oratio...
> Secretum mirabile de ramicis cura: FNpal 811, 14c, ff. 68r-69r

Tuarum plerumque rerum contemplatione adductus...
> Strabo, dedic. II, De situ orbis: BLcl auct. classici 301, 276 ff.

Tuba tuba ingens harmoniceque...
> Joh. Mercurius Corrigiensis, Pest tract: Transactions College of Physicians, Philadelphia, IX(1941),98

Tue excellenti dominationi...
> George Ripley, Medulla alchimiae a.1476: BU 270(457), 15-16c, vol. XXIII.3, f. 144r-; T IV, 351-52

Tue sanctitatis altitudini dilectissime...
> Constantinus Africanus, Epistola dedic., De stomacho: Opera, Basel, 1536, p. 215(Schulz)

Tue sanctitatis epistole me in urbe Toletana...
> Isidore, Etymologie, Epistola prefatoria: CUpem 106, c.1200, f. 3v(Atk)

Tui amoris gratia mi Antonii Magliane...
> Antonius de Guayneriis, prol. Summarium de febribus. Text, 'Cum mee sit intentionis...'

Tui amoris gratia Vitalis Lando miles splendissime...
> Petrus Cararius, Questio de venenis: pr with Petrus de Abano, Conciliator, Venice, 1496, f. 261v-(Klebs 773.6; IAL P391): Venice, 1504, (Schulz); 1565, ff. 268r-271r

Tuis rogationibus assiduis carissime frater brevem tractatum...
> Thomas Aquinas, Liber super transmutatoria arte: T III, 137, n.54; Corbett I, 49; II, 69-70; FR 923(L.III.28), 16c, ff. 111-117v

Tunc cave ab incisione...
> Effecta lune in duodecim signis: CUt O.II.5, 14c, p. 423(Atk)

Tunc enim cognoscere arbitramur unumquodque cum primas...
> Thomas Bricot, Textus abbreviatus Aristotelis super octo libris Phisicorum: pr Lyons, 1486; Paris, 1494, etc.(GW 5542-46; Klebs 222.1-4; IAL B1069-70)

Tunc librum intellexerunt Romani...
> De narratione Saturni et quid accidit ex mutatione sua a signo in signum: Argentré, I, ii, 327

Tunc opinamur cognoscere...
 Quaestiones sive dubia in libros de physico
 auditu: BLd 55, 13c, f. 102

Tunc unumquodque scientie arbitramur cum
causas eius cognoscimus...
 Comm. Albertus Magnus, Summa naturalium:
 VAb 480, 15c, ff. 1-236v, incomplete(Silverstein)

Turba Senonis...
 Senon(Zenon?), Nucleus philosophorum: Prag
 1984, 14c, ff. 20v-22r

Turchill compotista Gisleberto salutem; Si
nosse...
 See 'Si nosse vis quot...'

Turpe est ignorare quod omnibus contigit
scire...
 Comm. Computus cirometralis: Plimpton 175,
 15c, ff. 1ra-27v

Turpiter erratur de quando fastus dominatur...
 Versus de fastu mundi: BLd 166, late 13c, f. 27r

Tutela exiens in prima significat regem...
 Geomancy: Ea Q.361, 14c, ff. 69-70v

Tutela intrans in prima domo significat casti-
tatem...
 De aspectibus planetarum (Geomancy?): Ea
 Q.377, 14c, ff. 76v-77v(Zi 3382)

Tutia eligatur et frangatur in partes parvas...
 Preparatio medicinarum (oculorum): VA 4425,
 ff. 221rb-226rb. At close, 'Iste sunt confectiones
 medicinarum oculorum composite a quodam
 sapienti nomine Musayas de Baldach quas transtulit quidam grecus nomine David.'

Tuum indumentum durabit tempore longo...
 I. Bernard Silvester, Versio I, Experimentarius:
 T II, 114; Versio II: 'Hoc ornamentum...'
 II. Alkardianus *or* Alchandianus: T I, 717;
 II, 115. See 'Cum omne quod...'

Tymeus Platonis et(?) a veteribus difficilis
habitus...
 Chalcidius, comm. Plato, Timaeus: BN 6570,
 12-13c, ff. 1r-57r

Tyriaca...
 See 'Tiriaca...'

Uberibus floret tellus inculta racemis...
> Versus: BN 7058, ff. 47-96; Bordeaux 117-118, 15c, ff. 316-366

Ubi cogitaverunt de vita et corporis humani confectione...
> Hippocrates, Dinamidia: BMh 5792, 7c, f. 273; BN 11218, 9c, ff. 42v-; Diels(1906), 94

Ubi Galienus et Ypocras concordunt veritas est...
> Amphorismi Iohannis Damasceni et Ypocratis: BMsl 2391, 15c, f. 130r

Ubi in rebus plurima accidit...
> Hieronymus Manfredus, prol. Prognosticon 1479. Text, 'Oportet astrologum qui...'

Ubi non est scientia anime...
> Alexander, introd. Comm. De anima. See 'Liber iste cuius expositioni...'

Ulcus decimo(quarto) terapeutice est solutio continuitatis in carne...
> De ulceribus: VAp 1225, ff. 367r-376v

Ulterius est dinoscendum quod in tempore sive in hora nativitatis...
> De natura planetarum: AFML 491, a.1459, ff. 29v-33r

Ulmus acer cornus corilus carpenus et ornus...
> Nomina lignorum avium piscium herbarum, with German glosses: ed. Weigand, Zeitsch. f. deutsches Altertum, IX(1853), 390-98, from a Frankfort MS. See 'Hic volucres celi...'

Ultimo ad complendum speculationem astrologie dicemus...
> De coniunctionibus planetarum: Basel F.II.10, 15c, ff. 198ra-204rb

Umbra directa sive stans sive plana est...
> De mensuratione umbrae: BMar 377, 13c, ff. 75v-(77)

Umbram antiqui trifariam diviserunt has primas...
> De umbris: Ma 10053, 13c, f. 35ra; FNcs J.V.18, 14c, ff. 1r-2r; Björnbo(1912), 218

Umbram rectam seu extensam...
> CU 1017(Ee.III.61), 15c, ff. 179r-181r; Kibre (1952), 106, (24)

Umbras quoque corporibus maiores videmus...
> Alkindi, De aspectibus, tr Gerard of Cremona: Oc 254, early 14c, ff. 191-196; Steinschneider (1905), 23

Una communis opinio in materia insolubilium (insolubilis)...
> Angelus de Forosempronii, Insolubilia: VE VI.30(Val.X,219), 15c, ff. 63ra-71va; VI. 155 (XI.18) 15c, ff. 18-31

Una diagridii sic apta solutio fiet...
> Macer, Herbarium: Arras 417, 13c; Archiv II(1909), 29

Una die antequam eam accipiat...
> Qui vult potionem solutionis accipere: Beccaria p. 435

Una media(medietas) debet sic scribi 1/2 et una tertia sic 1/3...
> Nicole Oresme, Algorismus proportionum: Björnbo(1912), 98; Ab(1912), 126; Bruges 530, 14c, ff. 25r-30v; Brux 1043, 15c, ff. 217-222v; anon. BN 7197, 15c, ff. 74r-79r; 7368, ff. 1r-4v; Mu Q.738, 15c, ff. 108r-110v; ZB 16 (1899), 288, 304, n.69; ed. M. Curtze, Copernikus-Verein zu Thorn, 1868. Dedic.'Algorismum proportionum...'

Una propositio que non est plures propositiones est quelibet propositio...
> De velocitate motus: VE fa 277(XI,13), 14c, ff. 43-46; William Heytesbury, De incipit et desinit 18 conclusiones: VE VIII, 38(XI,14), a.1391, ff. 43-45. See 'Incipere dupliciter...'

Una scientia dicitur melior altera dupliciter...
> D. Andree(?), comm. Sacrobosco, Sphera: BN 7420A, early 14c, f. 87; T (1949), 75. See next item

Una scientia est alia nobilior vel melior alia duabus de causis...
> Robertus Anglicus, Comm. Sacrobosco, Sphaera: ed. T (1949), 143-98, Eng. tr 199-246; BN 7392, 13-14c, ff. 1r-43r(TR 267); 7280, 14c, ff. 46ra-57vb(TR 265); Basel F.I.18, 14c, ff. 2r-17v(TR 242); BLd 228, 14c, ff. 66r-73v (TR 231b); 48, 15c, ff. 48r-88r(TR 220); Univ. Chicago 3, 15c, ff. 7r-18v(TR 208); and other MSS

Una scientia est nobilior vel melior duabus de causis...
> De sphera celesti: CUpet 250, 15c, ff. 107v-130r

Una scientia nobilior est alia duabus causis...
Comm. Sacrobosco Sphere: CLM 4382, a.1402,
ff. 45r-58ra

Unam materiam contrariis est supponendum...
Theophilus de Ferrariis, Propositiones ex primo
libro de generatione et corruptione Aristotelis et
lectionum annotatio est secundum expositionem
Sancti Thomae: ed. Propositiones ex omnibus
Arist. libris collectae, Venice, 1493, ff. 64r-71
(Klebs 395.1; LC)

Uncia ablata de asse remanet...
De minutiis abaci: Bern A 91-20, 12-13c, f. 4r

Uncia habet dragmas numero VIII (scrupula)
...
De mensuris et ponderibus medicinalibus ex
greco translatis iuxta Hypocratem: BN 6880,
9c, f. 2v-3r(Beccaria 25); CML V(1916), 7

Uncia in unciam fit dimidia sextula...
De minutiis: CLM 14836(Emmer.K.6), 11c,
ff. 112r-118r; Bubnov xlvii

Uncia sit sextans augendo quadransque triensque
...
Tabula astronomica, cum explicatione: BLcl
auct. classici 37, 13c, f. 59v

Uncia viginti scrupulos et quatuor ambit...
Fulbert, Verses: BN 14167, ff. 39, 63; PL 141,
354, incomplete

Unciarum (quoque) divisionem nosse que non
minus temporibus...
Bede(?), De ratione unciarum: Jones 55; VA
645, 9c, ff. 76v-77r; CUg 151(201), 12-13c, f.
146r; Venice, 1525, ff. 57r-58r; PL 90, 699-702

Uncie vel minutie earum in se ducte quid
faciant...
Abbo, Regulae de minutiis: VI 2269, 13c, f.
140r; Bubnov lxxxix

Unctolenta dicitur erba cito sanans vulnera...
Trier 40, 10c, ff. 34r-36v; Beccaria 67.5b

Unda lavat stellas lenique liquore fabarum...
PGe 3102, 14c, f. 126v; Pansier II(1909), 45

Unde altissimus masculum et femellam...
Arnald of Villanova(?), Contra impedimentum
conceptionis: VAp 1205, 15c, ff. 18v-24r

Unde Avicenna fen prima quarti tractatu
quarto canonis...
Pest tract: VI 4956, 15c, ff. 141r-152v

Unde causa sterilitatis aliquando est in spermate
viri...
BN 6957, 15c, f. 55r-v

Unde constellationibus Egyptios imitantes...
See 'Cum de constellationibus...'

Unde Democritus philosophus ait...
See 'Scito fili quod qui...'

Unde dicta sunt tempora...
Bede, De ratione computi: PL 90, 579-600:
Jones 38-39

Unde est factus corpus Adam...
BN 4627, 9c, f. 1

Unde est quod altissimus masculum et feminam
ad producendum...
Joh. Jacobi, Secretus secretorum: BN 6988A,
15c, ff. 145r-149va.   See 'Unde altissimus...'

Unde febricula dicta est...
See 'Omnibus hominibus generantur...'

Unde fleubotomia est recta vene incisio...
CLM 4387, 15c, f. 33r-

Unde humor ad vulva respondit...
Genecia ad Soteris obstetrix: FL Plut.73, cod.1,
9-10c, ff. 155ra-177ra; Beccaria 88.7

Unde in primis ut quid ab hac peste...
Pest tract: BMad 27329, 15c, ff. 236v-238v

Unde in productione capitur prima illa...
Comm. Aristotle, Physiognomia: Ea Q.186, 14c,
ff. 117-125

Unde Saturnus est...
CLM 5595, 15c, ff. 45-47(Zi 8397)

Unde scias quibusque aegritudinem sine quae
tum...
Epistola in signa mortifera iuxta Ippocratis
sententiam: BN 11219, 9c, f. 38va-b(Beccaria
35.23)

Unde secundum constitutionem ante XIIII...
De generalibus terminis diversarum infirmitatum:
CLM 683, ff. 127v-144v

Unde venit eclipsis solis...
BMr 8.C.IV, 13-14c, f. 41v

Unde venit quod quibusdam studiis ita...
Medical: CLM 27105, 15c, ff. 66v-(68r)

Undecimo ex operatione docti auctoris est
indicare...
Alexander of Hales(?), Compilatio libri Aristotelis de animalibus: CUsj D.IV, 14c, f. 22v(Atk)

Undis raucisonis vela tumentia...
De navigio et agricultura: H. Hagen, Carmina
medii aevi, 1877, pp. 16-18

Unguenta autem quedam dicuntur a locis...
De unguentis: BLd 69, 13-14c, f. 77rb

Unguentum ad consolidandum omnia vulnera
...
De diversis medicamentis: VI 2317, 14c, f.
36r-v

Unguentum ad fuonosos(*sic*) podagricorum
dolores...
Diversa consilia: VI 2300, 15c, f. 83r-vb

Unguentum ad malum gambe et ad omnes
malagas...
Constantinus Africanus, Opuscula medica(Receptarium): Vendôme 174, 12c, ff. 16v-18; ed.
BHM XIV(1943), 505-516

Unguentum ad omnes dolores vel frigores...
Recipes: Rouen 1407(O.55), end 11c, ff. 129v-
195r; Beccaria 44.1

Unguentum ad scabiem probatum. Ego...
Bartolomeus de Montagnana, Experimentum:
CLM 7, 15c, f. 263va-b

Unguentum contra dolores stomachi conveniens...
Antidotarium: VE VII.3(XIV,26), 15c, ff.
113-126

Unguentum cutis ad apostemata rupta...
De unguentis: Ea F.240, 14c, ff. 233v-239

Unguentum de corticibus castanearum sic fit
Recipe olei...
Bartholomaeus de Montagnana, Antidotarium:
CLM 7, 15c, ff. 251v-(265); Metz 282; VA
2482, 15c, ff. 109ra-126va; VI Scot. 273, ff.
192r-229v; Antonius Cermisonus and Bartholomeus de Montagnana: Oa 75, 15c, ff. 1r-
281v; pr Consilia, (Venice), 1497, ff. 376v-387v;
Venice, 1499, ff. 344v-354 (Klebs 689.3-4; IAL
M702-3); 1514, ff. 344-354

Unguentum giros laudabile...
BMr 12.E.XX, 12c, f. 112v

Unguentum marciaton facit ad fracturam et
dolorem capitis...
Gerard of Cremona, Modus medendi: CUt
1377(O.VIII.2), 14-15c, ff. 71r-72v

Unguentum mirabile et summum ad plagas
hominum...
Emplastrum magistri Anselmi: Mi Trivulz.
758(H.100), f. 46v; Mon 260, 14c, ff. 85r-86r

Unguentum nervale valet contra frigiditatem
nervorum...
BMr 12.B.XXV, 15c, ff. 264-(268)

Unguentum optimum ad colendum salsum
phlegma...
De unguentis: CUt 1109(O.II.5), 14c, ff. 184-
186

Unguentum populeon...
A soporific: BMr 12.B.XXV, 15c, f. 92v

Unguentum preciosissimum cum quo fuerit
curatus rex Anglie...
CLM 259, f. 104r-v

Unguentum rubeum contra oculorum dolorem
et ruborem...
Collectura de unguentis oculorum: Basel D.III.6,
15c, ff. 40v-44r; VI 5305, a.1459, ff. 46v-49v

Unguentum rubeum contra ruborem oculorum
...
Aldobrandinus Senensis, Practica oculorum:
Ran 1497(V.3.4), 15c, ff. 73-84

Unguentum rumpere apostema sine ferro...
Recipes: BMe 2340, 14c, ff. 113v-116v

Unguentum sive cerotum Hippocratis atque G.
optimi medici...
Mi D.2.inf., f. 1r

Unguis nigre digitorum...
Signa mortalia: BN 11218, 8-9c, f. 100r-v;
Beccaria **34.22**

Unicornis est animal...
Maria Saal 1, 15c, ff. 145v, 207v-209v, 283r

Unicuique virtuti propius et cum naturale...
Comm. Petrus Hispanus (on logic): CLM 9676,
14c, pp. 97-152

Unicum capud Christum in unitate ecclesie
fideles...
Thomas of Cantimpré, Bonum universale de
apibus: Antwerp 5, a.1462, ff. 174r-256v.
See 'Unum caput...'

Uniformiter continue variabitur alteratio uniformis...
De variatione alterationis uniformis: VE VIII.19
(XI,19), 15c, ff. 193-211; BN 16621, f. 124r;
FNcs J.IX.26, f. 193r-(CR B-66(5))

Unio anime ad corpus est per dependentiam...
BN 16195, f. 36va

Unitas est esse rei per se discretio...
Jordanus Nemorarius, Arithmetic: VE fa 332
(XI,6), 13c, ff. 40-85; Ab(1912), 125; BN
16644, f. 1(H); CU 1876(Ii.V.41), II, 14c, f.
344(Atk); CUma Pepys 2329, a.1407, f. 1(Atk);
VA 4455, ff. 105r-137va; pr Paris, 1496(Klebs
563.1; IAL J425); and 1514

Unitas (est) illa unde omnis multitudo (numerorum)...
See 'Unitas illa unde...'

Unitas est origo et prima pars numeri...
Iohannes Hispalensis, Liber algorismi de practica arismetrice: BN 7359, ff. 85ra-111vb(ed. Boncompagni, Trattati d'arithmetica, 1857, II,25-136); Björnbo(1905), 241. Prol. 'Quisquis in quatuor...'

Unitas est principium numeri et non est numerus...
Al Khorwarizmi(?), Algebra, tr Gerard of Cremona: Steinschneider(1905), 31; Isis XIII (1929), 81; text ed. Boncompagni GdC 412-435

Unitas est principium numeri qui sic describitur ab Euclide...
(Comm.?, Joh. de Sacrobosco): Yale MS, 15c, ff. 70v-71r

Unitas est principium omnium numerorum...
Iohannes Ros, Artificium arismetre: Plimpton 187, a.1479, f. 49(24, 457)v; CLM 10544, a.1450, ff. 197r-213v

Unitas est qua unaqueque res una dicitur esse...
I. Boethius, De unitate et uno: CUg 497(266), 13-14c, ff. 46-47v; VI 195, 13c, ff. 139-140v; FL Plut.84, cod.12, 14c, ff. 10-11; PL 63, 1075-78; VI 5508, 14-15c, ff. 204rb-205ra
II. Dominicus Gundisalvi, De unitate: Beiträge I,1(1891), 3-11, 22(1920), 166; CUg 497(266), 13-14c, ff. 46-47v; CU Dd.XII,46, 14c, ff. 125v-128v; VA 725, f. 48v; AL pp. 518, 544; Graz 482, c.1300, f. 242r-v; Alonso in Pensiamento, 12(1956), 65-77, 179-202, 431-72; 13 (1957), 159-202
III. Alexander: BN 6443, 14c, ff. 193r-194r; 6325, f. 48.
IV. Aristotle: CLM 527, 13-14c, ff. 10v-11r
V. Anon. VI 4007, a.1449, ff. 296v-299v; Avranches 232; BN 8247; etc.

Unitas est radix et origo...
Algorismus quidam: Ea Q.386, 14c, ff. 25-27

Unitas est rei per se discretio numerus...
See 'Unitas est esse rei...'

Unitas est secundum philosophos primum cuiuscumque...
Arnald of Villanova, Compilationes philosophorum: T III, 657; Mon 479, 16c, ff. 44r-53v (Corbett II,100)

Unitas illa unde omnis multitudo numerorum procedit...
Victorius of Aquitaine, Calculus, incomplete: Jones 53; Bubnov xx; BB IV(1871), 443-46; PL 90, 677-80

Unitas qua unaqueque...
See 'Unitas est qua...'

Unitas secundum...
See 'Unitas est secundum...'

Universa astronomie iudicia prout Indorum asseverat antiquitas...
Gaphar *or* Iafar (Albumasar?), Liber imbrium, tr Hugo Sanctallensis: Haskins 77; Ab(1912), 131; T I, 652; Carmody 85-87; T (1949), 58. See 'Superioris discipline...'

Universa que didici vel que ab aliis vidi...
De furnellis et vasis; with pictures of apparatus: CLM 405, 14-15c, f. 171v

Universale esse satis planum est Aristotelis...
Thomas Aquinas(?), De universali(?): CU Dd.XII.46, 14c, ff. 73r-86v

Universales querimus sermones et singularibus...
Theophilus de Ferrariis, Propositiones ex libro de motibus animalium: pr Venice, 1493, ff. 119v-121r(incorrectly numbered 81v-83r); Klebs 395.1; IAL F93

Universalibus morbis...
See 'Morbis universalibus...'

*Universalibus principiis...
Albertus Magnus, De vegetabilibus: Ob 101, 15c, 202 ff.; AL p. 252. See 'In universalibus principiis...'

Universalis ambitus totius terre ad totum celum...
Joh. Regiomontanus, Epitoma in Almagestum Ptolemei: Hain *13806(Schulz); Klebs 841.1; IAL R106

Universalis dispositio bifaria ratione debet intelligi...
De ordine creaturarum: CUt B.XIV.40, II, 15c, ff. 1r-19r

Universalis mundi machina in duas...
Hieronymus de Sancto Marcho, De universali mundi machina: T IV, 703-707; pr (London), 1505

Universalis mundi machina in duo dividitur in etheriam...
Sacrobosco, Sphere, extracts: T (1949), 65, 78; BMe 843, 13c, ff. 22r-26v

Universalis mundi machina prima divisione dividitur...
'Albertus Magnus super spheram': VA 3379, ff. 42r-51v

Universaliter autem catharticis utendis...
De medicinis: CUc 466, 12c, ff. 1r-7r

Universaliter itaque de generatione etc.   Hic ad evidentiam textus. . .

    Aegidius Romanus, Questiones super primo de generatione: Venice, 1520, ff. 47r-58v; anon. Wiesbaden 24, 14c, ff. 132r-159r; CUc 234, 15c, ff. 1r-109v.   See 'Anima ut testatur. . .'

Universalium entium studiosus amator. . .
    Witelo, Epistola ad Willelmum de Morbeka. See 'Veritatis amatori. . .'

Universe ergo stelle que sunt in parte meridiana . . .

    BLlm 674, 15c, ff. 77r-78v

Universe(Diverse?) sunt in oculis passiones ut picta dolor. . .
    De oculorum passionibus: Oc 132, 15c, ff. 132-(139)(H)

Universi astrologi. . .
    See 'Diversi astrologi. . .'

Universi philosophi et etiam Ptolomeus. . .
    Astrology: BMc App. VI, f. 29va-b

Universi viri validi secreta artium. . .
    Cyprian, Vita demonum *or* Secretum sigillum: CU 210(Dd.iv.35), 15c, ff. 27r-40v; Secreta: BLd 30, 15c, ff. 1-28v, followed by the genuine Confessio sancti Cipriani martiris

Universis ad quos presentes perveniunt. . .
    Hieronymus Aleph *or* Philippus of Erfurt, Hereford or Hertford, Astrological prediction for 1472: T IV, 93-94, 428; CLM 18770, a.1471, f. 189r-v; VI 4764, f. 186r; Brux 11969

Universis anglicane nationis philosophantibus occidentalis orbis. . .
    Return of planets to present positions: BNna 693, 13-14c, f. 23r,mg

Universis bonarum artium studiosis.   Postquam emisimus indicem. . .
    Joh. de Monteregio, Dialogus: CLM 27, 14-15c, ff. 7r-15v

Universis Christi cultoribus ubique terrarum. . .
    Milo Toletanus, Prognosticon de coniunctione a.d. 1357: T III, 322-23

Universis Christi fidelibus presentes litteras. . .
    Jean de Bruges, De veritate astronomiae, a.1444: (Polain 3028; Klebs 551.1)

Universis et singulis in arte philosophorum studentibus(studentium). . .
    Raymundus de Terminis, miles : Epistola prima (alchemy): T IV, 17; FR 923(L.III.28), 16c, ff. 195-(192)r-198(195); Mon 479, 16c, ff. 97-99v(Corbett II,106)

Universis et singulis presentes litteras inspecturis. . .
    Dante(?), Quaestio de natura duorum elementorum aquae et terrae. See 'Manifestum sit omnibus. . .'

Universis medicine tractatum(tractaturi?) accidentibus. . .
    Admont 635, 14c, ff. 38v-46v

Universis sancte matris ecclesie omnibus. . .
    Petrus Anidefunfus(Alfonsus), Epistola de studio artium liberalium praecipue astronomiae: BMar 270, late 12c, ff. 40v-44v(T II,70)

Universis scolaribus in medicinali scientia Bononie. . .
    Albertus de Zanchariis, Anforismi Ypocratis per ordinem collecti: ed. Archiv XIII(1921), 159-65

Universitas machina in duo divisa est in elementalem et etheram. . .
    CUt O.II.45, 13c, pp. 289-307

Universitates febrium oportet medicos cognoscere ne per ignorantiam. . .
    De febribus: BN 6957, 15c, ff. 89r-100v

Universitatis alteritas in duobus consistit. . .
    De motibus planetarum: Ea Q.365, 12c, ff. 40v-43

Universitatis machina in duo divisa est. . .
    Robert Grosseteste, De universitatis machina: Thomson 118-19; CU Ff.VI.13, 13c, ff. 17v-26r; 37v-43v(Beiträge IX 151*)

Universitatis totius haut partem modicam. . .
    Johannes Tolhopf, De motibus celestium mobilium: VA 3103, ff. 1r-32(ColR 25); T (1929), 298; Isis 24(1936), 419-21

Universorum computorum scientia operosus est labor. . .
    William Hofer, Astronomy: Zurich C.107 (App.20), a.1471, ff. 2r-11r; Zi 11708-18

Universorum conditor deus. . .donis suis. . .
    Conradus Monopp de Rüdlingen, prol. Compendium de regimine sanitatis. Text, 'Infans cum primo nascitur. . .'

Universorum deus sine exemplo singularis conditor. . .
    Geber, Flores naturarum: Mon 277, 15c, ff. 61-63 (Corbett II,80), 490, 15c, ff. 72r-73v, incomplete; Hain 7504; Klebs 440.1; Archiv XVI(1925), 214-17

Universorum entium radix et origo deus qui nobiliora. . .
    Henri Bate, prol. Magistralis compositio astrolabii: Glorieux I, 409.   Text, 'Accepi ergo cum dei adiutorio. . .'

Unum aliquid. . .
>   See 'Utrum aliquid. . .'

Unum autem genus avium sed genus diversum
. . .
>   De naturis avium: Rouen 1468, 13c, f. 135v-

Unum caput Christum in unitate ecclesie
fideles. . .
>   Thomas of Cantimpré, Bonum universale de
>   apibus: Brux 2144, 14c; CU Kk.III.29, 15c,
>   f. 2(Atk)

Unum esse principium rerum tam philosophi
quam theologi. . .
>   Ricardus Anglicus *or* Cardinalis, Glossulae in
>   Johannitium: Wu M.p. med.Q.1, 13c, ff. 14r-
>   60v; Ea Q.181, 13-14c, ff. 49-69

Unum est nostrum principium tam philosophi
. . .
>   Cardinalis, Glosa super Iohannitium: Cues 222,
>   15c, ff. 1-48v

Unum est principium corporum ex quibus
constat natura corporum circulariter. . .
>   Theophilus de Ferrariis, Propositiones ex Arist.
>   Metheor, et lectiones secundum expositionem
>   Petri de Alvernia: pr Venice, 1493, ff. 71r-82r
>   (Klebs 395.1; LC; IAL F93)

Unum in ternario(trinario) ac omne quod ipsius
pretendens. . .
>   Peter of Abano, prol. Conciliator: T (1944)ab,
>   202-3; pr Mantua, 1472; Venice, 1476; 1483;
>   etc. (Polain 3072; Klebs 773.1-6; IAL P387-91).
>   Text, 'Quod necessarium non sit medico. . .'

Unum inquantum unum unum solum efficiens
est. . .
>   Robert Grosseteste, De motu corporali et luce:
>   Baur, Beiträge IX(1912), 90-92; Thomson 109

Unum si sumas cum solo corpore ponas. . .
>   Verses (alchemy): FLa 1166(1095), 14c, f. 24r

Unumquodque arbitramur scire cum causas et
principia usque. . .
>   Notabilia Physicorum: CUpet 208, 15c, ff. 2r-
>   5v, 'Explicit notabilis recapitulatio super 8 libros
>   phisicorum Aristotelis secundum Lyncholniensis'

Unumquodque medicinalium theorematum et
universaliter. . .
>   Galen, De optima heresi ad Thrasybulum tr
>   Niccolò da Reggio: Opera, 1490, I, 120v-121r;
>   1515, I, 12v-13v; T (1946), 227; Cesena dextr.
>   XXV.2, 13c, is Burgundio of Pisa's tr

Unumquodque perfectum cum potest generare
sibi simile ex hoc. . .
>   Medicine: CUt O.II.40, 15c, ff. 158r-163r

Unumquodque opus tanto laudabilius est necnon
utilius. . .
>   Johannes de Muris, Speculum musicae, sextus
>   liber et septimus: Coussemaker II, 193-433

Unumquodque signum circuli orbicularis. . .
>   Signs of zodiac and human body: Os 178, 13c,
>   ff. 142r-143r; TR 312b (one of several chapters)

Unumquodque tempus ab altero temperatur. . .
>   Byrhtferth de Ramsey(?), Comm. Bede, De tem-
>   porum ratione: Bull. Du Cange 17(1943), 56;
>   PL 90, col.297-518, 685-702; Jones 21-22

Unus deus in essentia unum sua liberalitate. . .
>   Guglielmus, Liber de monade (alchemy): VAb
>   273, f. 281v

Unus duo ita incipit numerator. . .
>   St. Omer 283, 15c, item 3

Unus duo tres quartum e numero Tymes vestro
requiro qui esterni. . .
>   Plato, Timaeus, tr Chalcidius: Avranches 226,
>   12-13c, item 10; BLau F.3.15, 12c, ff. 1-(20)

Unus est altissimus. . .
>   Dionysius Rikel, alias de Leeuwis, De venustate
>   mundi: Trithemius, f. 117v

Unus est lapis una natura una enim dispositio
. . .
>   Alfidius, De spiritu occultato: BMsl 2327, 15c,
>   f. 10r-v(DWS 143,ii)

Unus est processus multiplicationis secundum
quosdam. . .
>   De multiplicatione lapidis philosophorum: BMsl
>   692, 15c, ff. 10-13v(DWS 673)

Unusquisque mensium habet diem venenosum
. . .
>   BMc Julius D.VII, f. 7r

Unusquisque planetarum habet amicum et
inimicum. . .
>   Boston Medical 20, 14c, f. 186r

Unusquisque sicut secundum rationem appre-
hendit. . .
>   Alchemy: Budapest 202, a.1467, ff. 106-117

Urina alba et tenuis summam et ultimam. . .
>   Urso, Compendium de urinis: Ran 1481(V.2.18),
>   13c, ff. 5v-7v; ed. Giacosa 283-89; Curt Matthaes
>   (1918), 12

Urina alba in colore. . .
>   Notae de urinis: Ea Q.203, 13-14c, ff. 194v-
>   196v

Urina alba in colore tenuis in substantia...
     Walter Agilon, De urina: BLe 219, 13c, f. 87d;
     BMsl 3531, 15c, ff. 14-18; VA 2482, 15c, ff.
     107vb-108va; anon. VA 2426, 14c, ff. 135v-
     137r; Bern 252, 15c, ff. 126r-129r; apparently
     part of compilation or Comm. on Egidius De
     urinis: VI 5522, 15c, ff. 47r-51rb

Urina alba sine febre in viris...
     Uroscopy: BMsl 420, 14c, f. 72v(only a para-
     graph)

Urina alba ut aqua aut significat...
     Prose tract on urines: BLb 682, 15c, f. 31

Urina alba vel glauca vel pallida vel...
     De urinis: CUt O.VIII.2, 13c, f. 80r-v

Urina aliquando sine febre in viris sive feminis
...
     Uroscopy: BMsl 420, 15c, ff. 72v-(77)

Urina calida intensa color rubeus...
     Walter Agilon, De urinis: Ome 324, 15c, ff.
     121-123v

Urina citrina dominium colere rubee significat
...
     CLM 363, 15c, ff. 97r-98v

Urina clara si in rubeam se mutaverit et nebulam
albam...
     Art ancien 16, 13c, ff. 1r-2v; VAu 246, 14c, f.
     188v

Urina cum sit general'...
     James 481

Urina cum sit universalis superfluitas digestionis
...
     William of Saliceto, De urinis: Studien (1918)
     p. 405

Urina de cotidianis febribus est...
     VI 2505, 14c, ff. 62r-63v

Urina ergo est colamentum sanguinis...
     Theophilus, Liber urinarum: Articella, Venice,
     1487, ff. 5r-7v. Prol. 'De urinarum differentia
     negotium...'

Urina est aquositas sanguinis a sanguine...
     Constantinus Africanus, De urinis: CUc 466,
     12c, pp. 201-212; Opera, 1536, pp. 208-214;
     ascribed to Johannes Cassinensis: BMar 295, 14c,
     ff. 202v-204r; to John Afflacius; Art ancien 16,
     13c, ff. 2v-5v

Urina est aquositas superflua in venis epatis...
     Michael Savonarola, De urinis: T IV, 187, n.22;
     CLM 265, a.1438, ff. 117r-138v; Klebs 885.3;
     886.1-2; IAL S274, 270

Urina est colamentum humorum ex actione
caloris naturalis...
     CLM 13, a.1466, ff. 215ra-221ra

Urina est colamentum non tantum sanguinis
sed quatuor humorum...
     Liber urinarum secundum Theophilum et Ysaac:
     Gö Hist. nat.13, 15c, ff. 11-(18)

Urina est colamentum sanguinis...
     I. Isaac Judaeus, Liber urinarum, tr Constantinus
     Africanus: numerous MSS, J. Peine, Die Harn-
     schrift des Isaac Iudaeus, Leipzig diss., 1919;
     pr with comm. of Petrus Hispanus, 1515, ff.
     156r-203r. Pref. 'In Latinis quidem libris
     nullum...'
     II. Bernard Gordon: PA 708, 14c, ff. 134-149;
     VAp 1265, 15c, ff. 25r-55r; 1083, 15c, ff. 223v-
     244v; Giacosa 471. See 'Quia bona corporis
     ...'
     III. Tract I, pr Ketham Fasc. medic., Venice,
     1495 etc.(Klebs 573.1-4; IAL K11-14)
     IV. Theophilus: BN 6871A, 14c, ff. 15r-20r;
     Mon 182bis, 14c, ff. 30v-31v. See 'De urina-
     rum differentia...'
     V. Comm. Egidius, De urinis: BMsl 1521, 14c,
     ff. 25r-45r

Urina est colamentum sanguinis ut dicit Ysaac
...
     Uroscopy: BMr 12.B.XII, 13c, ff. 83r-(87)

Urina est liquamentum(colamentum) sanguinis
et aliorum humorum colamentum...
     Aristotle, De urinis: CLM 18783, 15c, ff. 76r-
     79r; anon. VAp 1177, f. 1r(Schulz)

Urina est mordicantia quia ut dicit Egidius...
     Ad quid valet urina: Gö Hist. nat.40, 15c, f. 14

Urina ex vino alba coloratur...
     Galen, De urinis: VAb 160, 11c, ff. 136r-138v;
     Beccaria 108.13

Urina ex vino albo colorantur...
     Galen, De urinis: Puhlmann, Kyklos 3(1930),
     409; Beccaria p. 435

Urina ex vino albo coloratur nam ex constrictione...
     pr K. Wentzlav, Frühmittel. u. Salernit. Harn-
     traktate, Diss. Leipzig, 1923, pp. 8-13(Schulz)

Urina extra solitum candida...
     Galen, De urinis: SG Stift 751, 9c, pp. 333-337
     (Beccaria 13t317); pr Wentzlav, Frühmittel. u.
     Salernit. Harn.raktate, 1923, pp. 14-17(Schulz);
     Kyklos 3(1930) 408

Urina habens croceum colorem abundantiam sanguinis...
 Diagnoses urinae: VI 1118, 14c, f. 80v

Urina hominis apparet magis spissa de prope...
 De urinis dignoscendis: VAp 1228, ff. 1r-26v

Urina igitur nascitur in ramosa vena...
 Mi Trivulz. 720(C.63), possibly not the beginning of the tract; deals with colors of urines

Urina in colore pallida vel subpallida...
 De urinis: Ran 1481(V.2.18), 13c, ff. 1-5v; CUg 84, 15c, f. 357(Atk). See 'Urina pallida ...'

Urina in febribus acutis similis oleo...
 Alexander of Tralles, De pulsibus et urinis: Angers 457, 9c, ff. 140ra-142va(Beccaria 9.2); Diels(1906), 13

Urina in quatuor...
 James 480

Urina mediocris in colore inter colorem igneum ...
 Danzig Stadt. 2315, f. 116v(Schulz)

Urina mulieris cumcubite subturbida est...
 CUsj D.4, 11-12c, f. 170v; Beccaria 71.3

Urina nigra in colore grossa in substantia...
 Gentile da Foligno(?), Comm. Aegidius, De urinis: BMsl 568, end 14c, ff. 201-214rb

Urina nigra materie pessima est...
 Signum generale de urina: VI 4985, 15c, ff. 125r-132v

Urina nigra quartanam nunciat...
 VA 4417, 11-12c, ff. 109v-110r; Beccaria 100.11

Urina pallida vel subpallida...
 Maurus(?), Urinae abbreviatae: BMr 12.B.XXV, 15c, ff. 9-(16); anon.: BMsl 568, end 14c, f. 215va; Wo 3101, 14c, ff. 126-128(Schulz)

Urina puelle virginis lucida est...
 VI scot. 257, ff. 81-83(Schulz)

Urina puerorum pubertatem non habentium decocta...
 Curae: 3 MSS, Beccaria p. 435

Urina pura et super nebulam natantem quasi...
 Signa urine: 3 MSS, 9-12c, Beccaria p. 436; Renzi II, 12: CUsj B.15, 15c, f. 19v(Atk)

Urina quinquies distinguitur scilicet ratione...
 Bernard Gordon, Opusculum de authenticis urinarum compositum: BLcm 455, 15c, ff. 239-249; CUt 500, 15c, ff. 1v-3

Urina retinet habitudinem...
 Signa urinae: BMh 2488, 14c, item 5

Urina rubea et spissa et turbata...
 VI 2532, 12c, ff. 63r-64v; pr Karl Wentzlav, Frühmittel. u. Salernit. Harntraktate, Diss. Leipzig, 1923, p. 27(Schulz)

Urina rufa significat salutem et bonam dispositionem...
 Note on urines: BMe 2852, 14c, ff. 16v-18v; BLb 648, c.1465, ff. 5-6; CLM 8742, ff. 198r-199v; CU Ii.VI.17, 15c, ff. 42r-47r; CUg 413(630), 15c, IV, ff. 32-34v; Ran 1456 (V.I.11), 15c, ff. 120r-121r; BMr 17.C.XXIV, 16c, ff. 1v-13r; Joh. Ketham, paragraph 2, Fasc. Medic.: Klebs 573.2

Urina sanum hominem in fundus habens ypotasin id est...
 De intellectu urine vel signa dicta Ypocratis: BE 165, 9-10c, f. 50; Beccaria 50.17

Urina secundum Isaac...
 Nota de urinis: VI 5289, 15c, ff. 6r-12r

Urina si est nigra patefacta...
 BMsl 475, end 11c, ff. 160v-165v; Beccaria 78.26

Urina si extra solitum candida...
 Hippocrates, De urinis: Eins 313(4 nr.86), 10c, ff. 213-217(Beccaria 126.2). See 'Urina extra ...'

Urina tenebrosa cum manens tenebrosa indignationem significat...
 De coloribus urinarum: CUsj D.III, 13c, f. 130(Atk)

Urina t(urbida?) et r(ufa?) circa superficiem aliquantulum obscura...
 William of Poitiers, Liber urinarum: BMh 5228, 14c, ff. 62r-67v

Urina turbulenta vel mixta si nebula...
 Galen: Kyklos, 3(1930), 409; VI 2532, 12c, ff. 99v-101r; pr Karl Wentzlav, Frühmittel. u. Salernit. Harntraktate, Diss. Leipzig, 1923, p. 19(Schulz)

Urina universaliter hoc modo cognoscitur...
 VI 545, 14c, f. 106v

Urina viri sani est pura et aurei coloris...
 De urinis secundum magnos: CUc 388, 14c, f. 1rb

Urinam cum ante lucem...
 Prognostica de urinis: VI 2425, 13c, ff. 148v-151r

Urinarum differentie sunt multe in partibus et in mutationibus...
 Athenagoras, De urinis: BN 7028, 11c, ff. 162r-168v; CLM 11343, 13c, f. 3; Diels(1906), 21; VAp 1304, 14c, ff. 19ra-24va

Urinarum scientiam tractaturi earundem scientiam sub compendio dicamus...
BMr 12.D.XIII, 14c, ff. 215ra-221va

Urine autem significationes.   In precedentibus enim...
Marsilius de S. Sophia, De urinis: VAp 1240, ff. 236r-296v

Urine magistri Bertoldi de Swevia...
See 'In tractatu isto de urinis...'

Urine vim da mihi stringere virgo Maria...
Joh. de Sundis, De urinis versus; Danzig Mar. F. 240, 15c, ff. 192v-194 (Benjamin)

Urneum(angurem?) anguem poetharum fabule...
De serpentibus (liber monstrorum de diversis generibus): Wo 4452, 10c, ff. 121v-124v

Ursa maior figura prima habet stellas septem...
Constellations: VAu 1399, 14c, ff. 35-(41)

Ursa minor...
Zwickau 11, VII, 30, 15c, f. 92v(Zi 10278)

Ursa minor quandoque dicitur arctos quandoque arcturus...
De constellationibus: Catin. 81, 15c, ff. 7-19v

Usque ad canos discendam esse sapientiam...
Stephanus, prol. Haly filius abbas, Liber medicine sive (Theorica) Regalis dispositio, tr Jan.26, 1127: pr Venice, 1492(Klebs 498.1; IAL H2)

Usque in sempiternum quod numquam desinit esse...
Alchemy: VAp 1329, 15c, f. 40r

Usum Ephemeridis cuiuslibet breviter exponemus...
Regiomontanus, Ephemerides: Zi(1938), 213-17; BLcm 341, 15c, 114 ff.; BN 10271, ff. 160r-161v; FR 868, 15c, ff. 82vb-83rb; Prag 742, 15c, ff. 19v-20r; VAp 1418, f. 9v; VI 4775, 15c, ff. 69r-72r; On 312, 16c, ff. 6va-13rb; pr (Nürnberg), 1474; Venice, 1484; etc. (Hain *13790-91; Polain 2791; Klebs 839.1-14; IAL R101-104)

Usus fuit apud philosophos preponere naturalem scientiam...
Algazel, Methaphisica, tr Dominicus archdeacon of Segovia: Basel D.III.7, 12-13c, ff. 95ra-166v; Admont 318, 14c, f. 1ra-; BN 6443, 14c, ff. 143r-157v(AL 425); BN 6552, 14c, ff. 43r-62r(AL 522); Graz 482, c.1300, ff. 141v-169v; ed. J. T. Muckle, 1933

Usus fuit ut cum hec quinque distinguerentur...
'Liber Avendauth de universalibus asumptus ex quinto Methaphysice Avicenne': BLd 217, 14c, ff. 95-(96)

Ut...
See also 'Et...', 'Sicut...', 'Ut autem...'

Ut a nobis de curatione mulierum...
Trotula Minor: BN 16222, 13c, ff. 83v-87v

Ut ad perfectam scientiam (per)venire possimus...
Nicolaus de Comitibus(?), Speculum alchemiae: HL 28, 89; ColR 102, 103, 117a; Corbett II, 112, 145; DWS 355; T III, 83, 163-166; RC 20(A.V.28), ff. 1r-28b; Palermo 4 Qq.A.10, 46-51

Ut ad rerum nos omnium perfectam scientiam pervenire possimus...
Speculum artis naturalis, Liber Saturni: BU 143 (110), 16c, ff. 1r-64r; Ambix V(1956), 94

Ut ad te quidquam tibi gratissimum...
Michael Savonarola, Prol. Practica: T IV, 185-86

Ut adiutorium homini collatum et progressum...
Thomas Aquinas, De potentiis animae: Opera 28(1875), 31-41

Ut ait Alquindus hec scientia (disciplina) quibusdam...
Alkindi, prol. Liber administrationum (alchemy): VAp 1339, 14c, f. 2r; DWS 639; BMad 41486, ff. 56-60v; BU 474(830), 15c, ff. 24r-25r. Text, 'Aurum itaque aureum...'

Ut ait Aristotelis in libro de anima.   Omnis substantia...
VA 4439, 14c, ff. 33-38v

Ut ait Boetius...
William of Conches, Philosophia, additional prol. preceding that opening, 'Quoniam ut ait Tullius...': Melk 116, 14c

Ut ait Galienus(Gulielmus?) sapientissimus Ypocras omnium medicorum...
Ps. Hippocrates, Astrologia tr William of Moerbeke: BLas 345, late 14c, ff. 31v-37; T (1944) ab, 218; Janus 49(1960), 105

Ut ait Hippocrates de curis mulierum.   Compendiosa...
Trot(ul)a, De curis mulierum: CUcl 15 (Kk.IV.2), c.1280, ff. 221v-227v

Ut ait Hippocrates in libro quem de pronosticorum scientia...
> De ornatu mulierum (Trotula minor?): BMh
> 3542, ff. 89v-(103?); BN 7056, end 13c, ff.
> 84v-86v; BN 16089, 13-14c, ff. 113ra-115rb;
> Oma 173, 14c, ff. 253-(256); CLM 444, 15c,
> ff. 208rb-210rb; Prag cap. 1355, ff. 214-216;
> 1373, ff. 49-51(Schulz)

Ut ait Hippocrates in prologo(principio) pronosticorum...
> De ornatu mulierum: BN 6964, a.1305, f. 141;
> CLM 570, ff. 62v-66r

Ut ait Hippocrates in pronosticis. Omnis qui
medicine...
> De ornatu mulierum: Ea Q.204, 12-13c, ff.
> 78v-79v

Ut ait Plato in Thimeo, Mundus iste sensibilis
...
> Part of Michael Scot, Comm. Sacrobosco, Sphera:
> BLd 166, late 13c, ff. 1-6v(TR 230): T (1949),
> 34, 49, 248-342

Ut aiunt periti artis musice...
> Guido Aretinus, Micrologus: CUt R.XV.22,
> 12c, f. 139(Atk)

Ut alimenta sanis corporibus agricultura...
> Cornelius Celsus, De medicina: Beccaria p. 436;
> ed. CML I, 1915; BN 6864, 14c, ff. 13r-181r;
> CLM 157, 204 ff.; 10261, 15c(?); London,
> Royal College Phys. a.1451(DWS MS); VA
> 2371, 2372, 2373, 2374; Vendôme 247, 15c,
> 128 ff.; pr Florence, 1478, etc.; GW 6456-59;
> Klebs 260.1-4; IAL C325-28; Loeb, 1938,
> 3 vols.

Ut amabo de curatione mulierum compendiosa
fiat traditio...
> Trotula minor: Reims 1004, 13c, f. 156

Ut animalium quidam...
> Michael Scot. Abbreviatio Avicenne libri anima-
> lium: VAb 305, 13c, 49 ff.

Ut annos arabum et menses prosequentes
etatem...
> De eclipsibus: Mon 323, 13-14c, f. 157r-;
> VI 5371*, 15c, ff. 10r-13r(Zi 12516)

Ut annos menses et dies arabum...
> De mediis et veris coniunctionibus et eclipsibus
> etc.: Ea Q.369, 14c, ff. 191-203

Ut antiquorum scientia philosophorum percipitur...
> Liber sacerdotum (alchemy): FR 119(L.III.13),
> 15c, ff. 3r-4r

Ut appareat aliquibus quod flumen sit in
domibus...
> Experimenta: BLd 86, 13c, f. 34(DWS 1076)

Ut asserit Tullius Cicero...
> Clarenbaldi Epistula: ed. AHDL(1955), 183.
> See 'De septem diebus...'

Ut autem aliqualiter pacificentur animi...
> Nicole Oresme, Quotlibeta annexa questioni
> premisse: T III, 424, 440-71, 741-3; FLa 210,
> ff. 21v-70v(ColR 55)

Ut autem annos Arabum et menses...
> BMr 12.C.IX, early 14c, f. 172v; BMad 17368,
> 15c, f. 20r-

Ut autem annos Arabum per hanc sequentem
tabulam...
> Profatius Judaeus, De utraque eclipsi: BLd 114,
> 13-14c, ff. 17r-37; T III, 694-95

Ut autem consumatur...
> De imaginibus et prestigiis: VA 4867, f. 67(cap.
> 56)

*Ut autem dicit Galienus mirabilis...
> Bartholomaeus, De regimine sanitatis: BLb 58,
> c.1400, ff. 129-(147); BLd 31, 15c, ff. 73-
> (86v); anon. BMad 29582, 15-16c, ff. 255r-
> 258v

Ut autem Galienus dicit mirabilis est scientia...
> BMsl 3149, 15-16c, ff. 19-25

Ut autem intelligas...
> Bernardus de Avernio, De ablutione laboris:
> VAb 273, f. 258r

Ut autem plenius intelligantur imaginationes de
7 speris...
> Sensualis expositio theorice planetarum: VI
> 3162, 15c, ff. 227r-230v; Saxl(1927), 130;
> Zi 7843

Ut avis in nostri exilii solitudines O phylo-
sophya dilapsa...
> Comm. De sensu et sensato: Basel F.V.10, c.1343,
> ff. 57ra-67ra

Ut balatus ovis sic est rugire leonis...
> Versus(13) de spiritibus ovum vel quorundam
> animalium: CLM 17212, 12-13c, f. 51; 18580,
> 12c, f. 86v; Dresden A 167a, 13c, f. 70v; VI
> 848, 13c, f. 19v; etc.(Schulz)

Ut canes pulcherrimos habeas et (mire) audacie
...
> Simon de Herbrad, Practica canum: VI 2414,
> 14c, ff. 44rb-49rb; anon. CUcl 15(Kk.4.2),
> c.1280, f. 187; BU 1462(2764), 14c, ff. 53-54v;
> Graz 594, 15c, ff. 119v-120r; KlaB XXX.d.1,
> a.1419, ff. 29v-35v

Ut capilli nascantur recipe lis ortos...
Benjamin Judaeus, Experimenta: VAp 1211,
14c, ff. 1r-2v

Ut capilli sint aurei coloris...
Ricardo de Burgo, Medical compilation: BLr
A.395, 15c, ff. 155-219v(DWS App.I, K.1, n.)

Ut capilli tui non cadant...
Experimenta: VAp 1174, ff. 3r-9va

Ut carnes fiant decocte...
Collectio experimentorum: Ea Q.381, 14c, ff.
46-49

Ut celum signis prefulgens est duodenis...
Zi 8400-8401; CLM 7755, f. 236v; VAu 1398,
15c, f. 19v; pr Grand calendrier des bergiers,
1497, p. 11; Pellechet 2996; GW 5542(Schulz)

Ut certius operemus in qualibet spera algorismi
...
Algorithmus abbreviatus: VI 5311, 14-15c, ff.
72v-73va

Ut chelidonius lapis est quem gignit yrundo...
De lapidibus preciosis (Latin verse): Brux 11941,
15c, ff. 1-10

Ut circa ardua asperaque fantasmata ex difformi-
bus...
Nicole Oresme, De proportionibus velocitatum
in motibus: PA 522, a.1395-98, ff. 126-(158)
(T III,747)

Ut compendiosius ea et succinctius que de
numeratione...
Algorismus proportionum: CLM 26639, ff.
22r-23r

Ut constituas ascendens per gradum suum atque
minutum...
Messahala, De cogitatione: BN 16208, 13c, ff.
51vb-52rb; CLM 228, 14c, ff. 267va-268r

Ut de cupro argentum facias...
BU 670(1259), 14c, f. 22r

Ut de cura(curis) mulierum nobis(vobis) compendiosa fiat...
De morbis mulierum: BLd 79, 13c, ff. 106r-
(119r); BMsl 1124, 12-13c, ff. 172r-178v;
excerpts from Trotula: BMsl 783b, 15c, ff.
169r-174r

Ut de manuali operatione librum componerem
breviorem...
Bruno, prol. Cyrurgia minor. Text, 'Primus
canon seu regula...'

Ut Democritus...
Solinus, De mirabilibus: James 489

Ut dicit...
See also 'Ut ait...'

Ut dicit Aristoteles in de sensu et sensato...
Urine Theophili: CUg 86, 13c, pp. 159-200

Ut dicit Aristoteles in principii veteris metaphisice...
Comm. Aristotle, Metaphysica: Beiträge 17,
5-6(1916), 113; Questions on the Physics: Siena
L.III.21, 13c, ff. 1r-92r(AL 1568)

*Ut dicit Aristoteles in secundo de anima poten-
tiarum anime...
Walter Burley, De potentiis animae: Michalski
(1927-28), 100; BLd 104, 14c, ff. 102r-(107);
Oma 146, 14c, ff. 107-(112v); Oc 293A, 15c,
ff. 110r-124v; Oa 87, 15c, f. 222-

Ut dicit Avicenna scientiarum diffusa tradito...
Joh. Damascenus, tract. medicine: CUg 111
(180), a.1307, pp. 401a-407b; Oc 85, f. 88

Ut dicit Boetius in commento super Porphyrio
...
Divisio scientiarum: BMsl 2030, 13c, f. 9v-10

Ut dicit Boetius inspicere ad terrena...
Notabilia de vegetabilibus et plantis: CUpet 208,
15c, f. 6r-v

Ut dicit commentator supra prologum octavi
phisicorum...
Arithmetica: Lyons pa 45, 13c, ff. 108-118

Ut dicit Constantinus dolor capitis...
Rogerina maior. See 'Sicut ab antiquis auctoribus
habemus...'

Ut dicit Constantinus in Pantegni et hoc...
Gilbertus Anglicus, Comm. Egidius Corbol., De
urinis: CUk 21, 13c, p. 99(Atk)

Ut dicit Constantinus in Viatico qui vult continuam...
Johannes de Toleto, De regimine sanitatis: T II,
75-76, n.; Oe 35, 14c, ff. 240-243

Ut dicit Galienus et Avicenna quod solutio
continuitatis...
Tract. quidem chirurgicus: VAp 1321, ff. 1r-
32v, incomplete

Ut dicit Galienus in principio. Medicina est
scientia sanorum...
(Comm. Galen. Microtegni): EU 174(III)
(D.b.V.2), 14c, ff. 19-27v

Ut dicit Galienus in tertio de creticis(cronicis)
diebus luna facit...
De creticis diebus: BLas 345, 14c, ff. 12v-13v;
CUpem 204, 15c, ff. 69r-70v

Ut dicit Hippocrates in libro quem de scientia pronosticorum edidit...
> De ornatu mulierum: Oe 35, early 14c, ff. 227v-230

Ut dicit philosophus Ea que sunt in arte et ratione...
> Nicolaus, Syncathegoreumata: BN 11412, f. 25(H)

Ut dicit philosophus in tertio de anima...
> Thomas Aquinas, De sensu et sensato: Ob 247, 13c, ff. 38v-(39)

*Ut dicit philosophus secundo de anima...
> Walter Burley, De potentiis animae: BLd 172, 14c, ff. 1-(6r); CU Dd.XII.46, 14c, ff. 149r-168r; BMr 12.B.XIX, 15c, ff. 46-55v; CUg 668*(645), 15c, ff. 13va-18vb; wrongly ascribed to Grosseteste: Baur. Beiträge IX, 101-2; Thomson 259

Ut dicit Plinius Albategni Matheolus et omnes antiqui...
> Geography: BMh 941, 15c, ff. 62v-71r

Ut dicit venerabilis philosophus Raymundus Lulii Intentio nature...
> Guido de Montaynor, Scala sapientiae: Manget, II, 134-47; T IV, 333; CUt 1384(O.VIII.9), 15c, ff. 5r-37r; anon. Bern 630, 16c, ff. 20v-25r; ascribed to Lull; BU 270(457), 15-16c, V.7, XIX.2, XXXI.2; FR 923, 16c, ff. 25r-46r

Ut domus accendatur a pluvia...
> Experimenta naturalia: Basel D.III.23, 15c, ff. 70r-79v

Ut ea que a nobis sunt in temporibus...
> Johannes de Sancto Amando, Divisiones et summarie sententie librorum Ypocratis et Galieni: Ea F.245, early 14c, ff. 52-79

Ut ea que de mediis verisque motibus planetarum...
> Canones eclipsium mag. Danconis: CLM 51, a.1487, ff. 18va-26vb

Ut egritudinum que non paulatim(paulo) minuuntur...
> Galen, De criticis diebus libri III: Ea F.249, 13c; Mon 18, 13c, ff. 79-94v; PU 125, 13c, ff. 247-(266); Cambrai 907, 14c, ff. 142v-163v; Chartres 293, 14c, ff. 94-105; CLM 5, 14c, ff. 168-181; CUpet 33, 13-14c, ff. 59-69v; Ome 218, 14c, ff. 154r-171v; VA 247, 14c, f. 174; VI 2272, 14c, ff. 49ra-58vb; Diels(1905), 90-91; Opera 1490, I, 96r-108v; 1515, II, 73r-85r

Ut enucliatius intelligas me loquentem volo...
> Alfidius, Liber ad filium suum: DWS 144; Steinschneider(1906), 4; Delisle III, 88

Ut epidemia vos non tangat...
> Pest tract: Archiv IV, 204, 395

Ut errores atque pericula que in depositione catheratarum...
> Antonius Guaynerius, De catherata: VE VII.47 (XIV,27), a. 1468, ff. 132-133

Ut etiam hic narremus mansiones lune nominibus suis quibus Arabes...
> Alfraganus, De mansionibus lune: Yale MS (bound with 42), a.1433, ff. 65r-67; probably excerpt from GW 1268; Salzburg St. Pet. X.VI. 20, ff. 75v-79v(Zi 2443)Schulz

Ut evitaret carus mihi genitor prolixitatem...
> Lorenzo Bandini, introd. Dominicus Bandinus, Fons memorabilium: VAp 923, f. 1r

Ut ex antiquorum libris perpenditur et philosophorum scientia...
> Alchemy: CLM 405, 14-15c, ff. 76v-78r

Ut ex antiquorum scientia philosophorum percipitur...
> I. Liber sacerdotum: T III, 650; Corbett I, 20; VE fa 324, 14c, ff. 48r-49; ed. Berthelot I, 187-228
> II. Liber coniunctionum: BU 474(830), 14-15c, ff. 59v-61v. Cap.1, 'Sumatur ergo aurum purum...'
> III. Alkindi, Liber secretorum: VAp 1328, 15c, ff. 45v-48v

Ut facilius fiant corpora quinque regularia de quibus tractat Euclides...
> FLa 957(888), a.1523 or 1533, ff. 111r-114v

Ut facillimus(facilius) modus habeatur in iudicio urine...
> Albertus de Monte Pessulano, De urinis: FLa 143(217-149), 15c, ff. 25ra-28ra; anon. VI 5358, 15c, ff. 142r-146v

Ut ferrum ferro acuitur sic ignorantia quorundam...
> Cecco d'Ascoli, De excentricis et epiciclis: Parma palat. 984, 15c, ff. 82r-84v; ed. La Bibliofilia VII(1905-6), 161-167

Ut finis per omnia suo correspondeat principio...
> Quaestio curiosa de natura solis et lunae ex Michaele Scoto: Ze V, 713-22; T II, 334

Ut geomantie notitiam breviter attingamus...
> FLg Plut.89.sup., cod.36, 16c, ff. 134r-161v

Ut habeatur aliqua notitia de longitudine et
brevitate vite...
    See 'Utrum calidum et humidum sint causa
    longitudinis...'

Ut habeatur aliqua notitia libri de memoria...
    See 'Utrum iuvenes...'

Ut habeatur in prohemio de anima constat...
    Jean Buridan, Questiones de libris meteorologi-
    corum Aristotelis: Ea F.334, 15c, ff. 64ra-
    167rb(TR 341)

Ut habeatur recta cognitio vel imaginatio...
    De intellectu: Oc 243, a.1423, ff. 77v-(84)

Ut habetur ab Aristotele in primo de anima.
Multe et diverse erant opiniones...
    Comm. De differentia spiritus et anime: CU
    Ii.I.26, 14c, ff. 130v-132vb(257v-262v)

Ut habetur ab Aristotele. Omnis scientia est
ab anima...
    Joh. Blondus, De anima: CUsj 120(E.17), 13c,
    f. 123(Russell 56); anon. VA 833, 14c, ff. 89r-
    102v

Ut has(hec) valitudines nullum habeant remedium...
    Democritus, Prognostica: VAp 1088, 9c, ff.
    19v-20r(Beccaria 103.1); Basel D.I.18, 15c, f.
    140va-b

Ut Hippocrates ait. Quatuor humores sunt in
corpore...
    BN 11219, 9c, f. 18v. See 'Quatuor humores
    sunt in corpore...'

Ut huius tractatus facilis notitia comprehenditur
...
    Antonius Guaynerius, pref. De peste. Text,
    'Cum aliquem pestis...'

Ut iam me mee debito permissionis stilus
absolvat...
    William abbot of Auberive, Tractatus duode-
    narii: BN 2583, 14c, ff. 9-17v

Ut igitur habeas...
    Campanus, Equatorium: Phares 168

Ut in compositione nostri instrumenti...
    Leip 1475, 15c, ff. 160-166(Zi 3083)

Ut in secundo de causis proprietatum elementorum...
    Petrus Bonus Advogarius, Prognosticon for
    1494: GW 241(Klebs 138.10)

Ut in singulis valitudinibus egritudinibus...
    Petrus Musandina, prol. Glose in Hippocratis
    Pronostica: CUpet 251, 13c, ff. 1-6vb; anon.
    BMr 8.C.IV, 13-14c, ff. 168v-(177)

Ut intelligas processum in libro isto...
    Scholion de numeris: VA 818, f. 35

Ut intres duplici introitu...
    Canon tabule equacionis domorum: BLas 340,
    f. 64

Ut Iohannitius ait Tres sunt qualitates corporis
...
    Prol. De morborum curationibus. Text, 'Epi-
    lemsia est exuberatio...'

Ut liber hic trine docet iudicio rationis...
    Bestiarium metrificatum: CU 103(Dd.III.16),
    14c, f. 44va-b

Ut luna sit prima sic Domini dividas annos...
    Versus de prima luna inveniendo: VA 924, f. 11

Ut manieribus 13 exponam significationem
cuiuslibet 7 planetarum...
    Abraham Avenezra, Tractatus particulares, ii De
    tredecim manieribus planetarum, tr Petrus de
    Abano: BLd 212, 14c, ff. 54ra-55ra; T (1944)
    aa, 300

Ut medenti obediat...
    Quatuor que per egrum servari expediunt:
    BLcm 408, 15c, at end

Ut melius intelligantur ea quae dicere volo...
    Alphonsus de Corduba, Lumen caeli expositio
    instrumenti astronomici a se cogitati: GW 1573
    (Klebs 48.1)

Ut monocordum 3(tertium?) dividitur in 21
notas...
    Simon Bredon, Notae breves mathematicae atque
    astronomicae (de scala musica): BLd 178, 14c,
    ff. 13-14

Ut mos est philosophorum in nativitate...
    Exemplum de universali interrogatione: BN 7282,
    f. 43rb-va

Ut mulier gravida mortuum infantem sine
dolore...
    BMsl 431, 13-14c, f. 42rb

Ut mulier non concipiat carbonem vivum
extingue...
    Formulae medicamentorum: VI 2532, 12c, ff.
    137r-142v

Ut mulier ornatissima et planissima videatur...
    BMsl 3550, 14c, ff. 29r-32v

Ut mulier planissima et suavissima videatur...
    BLd 79, 13c, ff. 142-144v

Ut mulier suavissima et planissima et sine pilis
...
  Depilatorium: Oc 221(VIII), 12-14c, f. 63r-v;
  BMsl 3848, 17c, f. 6-

Ut non sentias laborem itineris artemesiam
monoglossam secum...
  Experimenta: VI 2532, 12c, f. 117r

Ut noscas te infectum pestilentia.   Primo scias
quod...
  Johannes de Merliano, Pest tract: VAb 186, ff.
  49v-52(Silverstein)

Ut noscat lector...Nu mercht alle dye...
  Observationes latino-germanicae de tempestate
  et ubertate totius anni ex die in quem incidunt
  prognosticatae: VI 5295, 15c, ff. 14v-15v

Ut omnes flores rubeos et rosas statim possis
dealbare...
  Conclusiones(Recipes): CUsj 155(F.18), 15c,
  ff. 61v-62r

Ut omnia corpora mollificentur...
  BMad 41486, f. 12v, 42

Ut opus durum dulce fiat...
  Alchemy: BN 7156, f. 143(T III,654); BN
  7158, 14-15c, f. 23(Corbett I,77,85)

Ut ordinatius possint inveniri et per consequens
...
  Hervaeus Natalis, Tractatus de formis: VAb
  340, 14c, ff. 1r-21v(Silverstein)

Ut parvuli facilius capiant intellectum com-
potorum...
  Christianus de Prachaticz, Computus chirometralis: Prag 300, 15c, ff. 18v-54; anon. VI
  4774, 15c, ff. 1r-11v

Ut pateant parvis...
  Micrologus de musica: James 488

Ut(?) per instrumentum inter alia instrumenta
nobilissimum...
  Equatorium planetarum: CLM 367, 15c, ff.
  60r-62r

Ut per species urinarum propriam et futuram...
  BMsl 475, end 11c, ff. 160v-165v; Beccaria
  78.26

Ut perfecte operetur medicus oportet eum
cognoscere complexiones...
  Precepta medicinae (Ex dictis Magistri B.):
  Tours 789, 12c, ff. 9-27

Ut plenius intelligentur imagines de operibus
seu...
  Roger Bacon(?), Physica: CUma Pepys 1207,
  15c, f. 74(Atk)

27

Ut poma crescant sine nucleis...
  Galfridus de Vino Salvo, Comm. Palladius
  Rutilius, De agricultura: BMad 18752, 15c, ff.
  164r-173r(DWS 998,ii); anon. Tractatus primus
  de plantationibus (pomorum) arborum: KlaB
  XXX.d.1, a.1419, ff. 9r-26r

Ut potui levius varios tibi frater ad usus...
  Heraclius, De coloribus et artibus Romanorum:
  DWS 872; Corbett I, 44; II, 166; ed. Ilg(1873);
  Merrifield, I, 181-257; Raspe(1781), 101-119;
  A. Pellizzari(1915), 503-15

Ut primo dicamus de solutione lune et congelatione mercurii...
  Bonifacius Papa, Opus cum sequentibus lapidibus
  albedinis: BMsl 2327, 15c, ff. 23v-25(DWS 158)

Ut Ptolemeus et alii sapientes posuerunt
centrum...
  Liber de quantitatibus stellarum et planetarum et
  primo terre: FLa 134(208-140), 15c, pp. 284a-
  289a

Ut pulcherrimos...
  See 'Ut canes pulcherrimos...'

Ut quacunque scire volueris vel consulere...
  Ratio spere Pithagore philosophi quam Apuleius
  descripsit: BMh 3017, 10c, f. 58r; BLd 46, 12c,
  ff. 106v-(109r)

Ut removeatur lac a mamillis...
  Medicinalia varia: Ran 1283(T.2.9), 15c, ff.
  63v-68

Ut reor urinis calor extat causa ruboris...
  De urinarum significationibus: Brux 2429, 12c,
  f. 117; CUsj E.29, 13c, flyleaf; summary of
  Isaac, De urinis: Baltimore, Harry Friedenswald
  I, Census p. 859

Ut roris gur forte...
  Joannes (Augurellus), Carmina: VAb 273, f.
  291r

Ut salus tibi contingat omnium rerum...
  De morbis quatuor regionum corporis: ed. Hartmann 53-55

Ut sapiens ait primum quod agere debemus in
omnibus...
  Picatrix: BMsl 1305, 17c, 153 ff.

Ut sciamus annum distinguere...
  Basel F.IV.25, 14c, ff. 19v-24v(Zi 12206)

Ut scias etatem hominum per urinam primo
videas fundum...
  Secreta secretorum 'per fratrum B. Fryess,
  a.1439': CLM 8951, 15c, ff. 115v-116v

Ut scias intentionem querentis.   Puncta omnia . . .
> Geomantia: VI 5508, 14-15c, ff. 123v-126r

Ut scias quid aliquis gerat in manu sua. . .
> Astrological interrogation: BMsl 332, 15c, f. 89r

Ut scias quid sit illud quod aliquis. . .
> Astrological interrogation: BMc App.VI, f. 30rb

Ut sciatur quod sit medius. . .
> Wo 3112, 15c, ff. 58v-59(Zi 12207)

Ut scire valeas quarum unaqueque. . .
> Calendarium quod vulgo dicitur aeternum: VI 5175, 15c, ff. 1r-22r

Ut scribit Aristoteles in principio veteris methaphisice.   Omnes. . .
> Questiones super quinque libros phisicorum Aristotelis et aliquid sexti: CUg 509(386), 13c, ff. 1r-51r; Beiträge XVII, 5-6(1916), 112-13

Ut secundum cursum naturam et potestatem vii planetarum. . .
> Geomancy: BMh 3814, 14c, ff. 119r-140v

Ut sermo propositus robur et fundamentum. . .
> Astrological elections: Bern 157, 15c, ff. 25r-27

Ut si bestialium voluptatum per quas gustus. . .
> De arte musice: CUmc 295, 14c, f. 10v(Atk)

Ut solis et lune motus. . .
> Computus: Prag 1298, 15c, ff. 223-230v; Prag 1920, 15c, ff. 169-181v; VI scot. 228, a.1420, ff. 24r-34v

Ut somnium quidem nobis indicat dispositiones . . .
> Galen, De dignotione qui habetur in somniis: Opera 1515, II, 88v-

Ut sompnum quod indicat nobis dispositiones corporis. . .
> Galen, De sompniis, tr Nicholas of Reggio: VAp 1211, f. 32r; BN 6865, f. 124rb; Diels(1905), 77-78; T (1946), 230

Ut subnominate passiones ad maiorem discendorum. . .
> Signa passionis oculorum: Wu M.p., ed.q.2, 13c, ff. 44v-46r

Ut tandem intelligere possis quantum in secunda astronomie parte. . .
> Augustinus Beganus, Prognostic for Treviso, 1499: GW 3764(Klebs 165.1)

Ut testantur omnes auctores tria sunt instrumenta. . .
> Marginalia to Surgery of Roger: Studien(1918), 249-63; CUt R.XIV.29, 13c, flyleaf(Atk)

Ut testantur sapientes quatuor sunt in ecclesia . . .
> Introductio ut videtur in commentarium super quodam tractatu (forsan Rob. Grosseteste) de computo kalendarii: BLd 191, 13c, ff. 70v-(71r)

Ut testatur Aristoteles (in) libro de naturis animalium. . .
> Oc 283, 13c, ff. 153r-(156r)

Ut testatur Augustinus Quatuor sunt. . .
> Gordianus, De computo: VI 5239, 14-15c, ff. 35r-52v; anon. Basel F.IV.18, 14c, ff. 23r-24r; T (1949), 61

Ut testatur Averroys (ita) elementa sunt propter mixtum. . .
> Johannes de Sancto Amando (*or* Tadeus?), Comm. Hippocrates, De regimine morborum acutorum: Ea F.282, 14c, ff. 76-131v; Brux 14320, 14c, ff. 48ra-91vb; anon. Soissons 48, 13c, ff. 61-109; Bruges 474, 13c, ff. 60ra-115vb

Ut testatur Constanti(n)us. . .
> Comm. Cirurgia: James 483

Ut testatur Ergaphalau Absoluta non potest haberi. . .
> Prol. De astronomia: CUj Q.q.29, 12c, f. 179(Atk)

Ut testatur G. in tegni Valentibus accedere. . .
> I. Richard of Wendover(?), Anatomy: BMr 12.B.XII, 13c, ff. 81-(83)
> II. Petrus Hispanus, Comm. Philaretus, De pulsibus: BN 6956, 14c, ff. 57r-62ra

Ut testatur Galienus volentibus ad practicam primo. . .
> Anathomia membrorum abbreviata: BN 7030A, ff. 199r-203rb

Ut testatur Hali in tegni Galieni. . .
> Anatomia Rogeri: VAp 1363, 15c, ff. 159r-162v

Ut testatur Hippocrates. . .
> I. Rogerinus minor, De aquis: James 483
> II. Anon. de farmaciis dandis: James 456

Ut testatur Hippocrates in afforismis pueris noviter genitis. . .
> Ps. Galen, De passionibus puerorum: Janus XX(1915), 443-458; anon. BN 6941, ff. 65vb-67va; anon. CLM 8742, ff. 149v-150r; Diels (1905), 145

*Ut testatur Iacobus in canonica sua Omne datum...
> Robert Grosseteste, De impressionibus elementorum: Beiträge IX(1912), 89*, 87-90; Thomson 104

Ut testatur philosophus in principio secundi de methaphysica...
> Johannes Anglicus, Glose super tegni Galieni: Ea Q.181, 13-14c, ff. 23-48v

Ut testimonio Galieni in libro...
> De regimine sanitatis: VI 4173, 14c, ff. 229r-233v

Ut tue rei ampliorem notitiam...
> Antonio Cermisone, Consilium contra debilitatem renum: VAu 1353, 15c, f. 3-

Ut vera loca cuiuslibet planete scias per tabulas...
> Astronomical canons, a.1343: CLM 588, 14c, ff. 87vb-93ra; Ea Q.361, 14c, ff. 60-61v

Ut veraciter et breviter habeatur compositio navicule...
> Instrument called Navicula: BMe 2622, 15c, ff. 72r-73r

Ut vero faciamus exemplum(?) per speram corporalem...
> Astronomy: BN 7281, 15c, ff. 247r-252v

Ut veterum medicorum communis edocet assertio...
> Urso, De commixtione elementorum: Ran 242 (C.4.10), 14c, ff. 54-77; Curt Matthaes, p. 13

Ut videamus aliqualiter necessitatem eorum que in libro...
> Dino del Garbo, Comm. Galen, De malitia complexionis diverse: VA 4452, 14c, ff. 133ra-142rb; VA 4464, ff. 74ra-86va; JHM 8(1953), 268

Ut videatis que sit intentio Galieni in hoc tertio tractatu...
> Nicholas of Bologna, Expositio super libro tertio de simplici medicina: CLM 13054, 14c, ff. 154va-164ra

Ut videatis que sit intentio specialis Galieni in hoc libro...
> Nicholas of Bologna, Expositio in librum de complexionibus: CLM 13054, 14c, ff. 174ra-177rb

Ut vivas sane a potibus incipe mane...
> CLM 414, 15c, f. 205v; 4408, 15c, ff. 144-145 (Schulz)

Ut vobis appareat quid sit intentio Galieni generalis...
> Nicholas of Bologna, Comm. III de naturalibus virtutibus: CLM 13054, 14c, ff. 177vb-182vb

Utatur igitur prefata domina in sex rebus non naturalibus...
> Regimen illustrissime domine Margarete Marchionisse de Brandenburgh pro generatione prolis: ed. Archiv IX, 357-59

Utatur rebus acetosis ut...
> Consilium contra pestem editum a magistro Antonio Cermisone: FLa 1448, f. 140r

Utatur urina singulo mane et est optima medicina...
> Antonio Cermisone, Pest tract: BLcm 524, 15c, ff. 124v-126v

Utensilium quedam sunt lignea quedam sunt fixa...
> Liber de vasis et fornacibus: CUt 1400(III), ff. 93v-98v(DWS 494A)

Uti proprium est vere et solide amicitie qua vicissim...
> Michael Savonarola, dedic. De vermibus: pr Venice, 1498(Klebs 885.3; IAL S270). Text, 'Vermis est animal ex putrefactione...'

Utile est quemvis studentem...
> Instrument (astron.): Zwickau XXII.VIII, 10, 15c, ff. 123-129v(Zi 3019)

Utile est regi corpus ab anima...
> Comm. Ps. Aristotle, De secretis secretorum: Ea Q.310, 13-14c, ff. 56-62v

Utile previdi vobis scribere...
> Galen, De passionibus mulierum: Ma 4234, 13c, f. 12v; Diels(1905), 118; Lo Parco 297; T (1946), 228; BN 7029, 14c, ff. 59v-65v

Utilia quedam experta excerpta de libris philosophorum...
> Alchemy: BU 1062(2082), 14c, ff. 73r-79v

Utilis est cunctis nostri doctrina libelli...
> Michael Scot, prol. Liber introductorius. Text, 'Quicumque vult esse bonus...'

Utilis est etiam hoc nosse...
> Galen, Liber secundus (Prognostica?): Chartres 62, 10c, f. 38r; Beccaria 10.2; 44.2

*Utilitas angulorum et figurarum...
> See 'Utilitas considerationis linearum (et) angulorum...'

Utilitas autem huius libelli est futura et...
> Bernardus Silvester(?), Pref. Astronomia: CUma Pepys 911, c.1300, f. 1(Atk)

Utilitas considerationis linearum...
> Geomantia: VI 5508, 14-15c, ff. 158r-161r (MS practically illegible)

*Utilitas considerationis linearum (et) angulorum et figurarum...
> Robert Grosseteste, De lineis angulis et figuris seu de fractionibus et reflexionibus radiorum: Beiträge IX(1912), 59-65; Thomson 107-8; FLa 957, f. 130r; Delisle III, 88a

Utilitas et necessitas anathomie...
> Gabriel Zerbus, Liber anathomie humani et singulorum membrorum illius: pr Venice, 1502

Utilitas membrorum animalium ab Esculapio satis experta. Bestiola est...
> De utilitate membrorum animalium: Oc 125, 13-15c, ff. 68v-(70). See 'Bestiola est quadrupes...'

Utilitas pillularum. Pillule purgantes caput et stomachum...
> Formulae medicamentorum: VI 2524, 14c, ff. 1r-7r

Utilitas sphere est scire...
> Astronomy: CLM 234, 15c, ff. 66-78(Zi 10412)

Utilitates novi quadrantis breviter et lucide...
> Johannes Eligerus de Gondersleuen, De utilitate quadrantis: Trithemius f. 88v; anon. BNna 625, 14c, ff. 17r-19rb; Ea Q.386, 14c, ff. 115v-121; Gö Theol. 124, 14c, ff. 133v-135v; Catin. 85, 15c, ff. 187v-191v; VI 4987, ff. 88r-93r; VI 5337, ff. 122va-125ra; 5509, 15c, ff. 22r-24r

Utilitates tractatus astrolabii Mosalle(*sic*)...
> Comm.(?) Messahala, Astrolabe: Douai 715, 14c, ff. 9-32

Utitur vere...
> Dinus de Garbo, De virtutibus medicamentorum. See 'Serenissime princeps mundi...'

Utra mihi sententia plus placeat...
> Franchinus Gafurius(Gafori), prol. Theorica musica. See 'Diuturni studii...'

Utra sit verior opinio Galeni ne an Aristotelis...
> Nicolaus Leonicenus, De formativa virtute: pr Venice, 1524, II, 124-36

Utraque spica thimus pionia mirrha savina...
> Versus ad menstrua educenda: Oma 173, 14c, f. 78vb

Utrum ab ente sumatur nomen...
> Comm. (Thomas Aquinas) de esse et essentia: BLcm 486, a.1442, ff. 170-(181)

Utrum ablata una parte...
> Lanfrancus of Paris: BLcm 226, 15c, ff. 46ra-48vb

Utrum actionis quod est dictio de genere dictionis sit...
> Declarationes de actione et de tempore reperiata Erfordie a magistro Theodorico regenti apud Scotos, a.1343: CLM 4382, ff. 75r-87r

Utrum actualis separatio accidentis a substantia
...
> BMh 531, ff. 179va-184vb

Utrum ad eiciendum ab hominibus...
> Henry of Gorichem, De demonibus eiciendis: T IV, 306; Osler 7564, ff. 40r-49r

Utrum ad medicinam spectet determinare de urina...
> Comm. Egidius, De urina: VI 5155, 15c, ff. 7r-61v

Utrum ad perfectam rei cognitionem...
> Quest. in Physica: Mon 293, 13-14c

Utrum ad philosophie naturalis complementum requirantur...
> Johannes de Mechlinia, Questio circa textum expositum Aristotelis, liber de sensu et sensato: Cologne, 1491(GW 2428; Klebs 92.2; IAL A910)

Utrum ad saluncidum...
> St. Florian Stiftsbibl. XI.619, 15c, ff. 128v-132v (Zi 12517)

Utrum ad visionem causandam...
> Blasius of Parma, Questiones in perspectiva: VI 5447, ff. 24v-131r(ColR 141, of ff. 24v-25r, 115v, 131r, only)

Utrum aer est magis necessarius ad vitam quam cibus...
> Questiones naturales philosophorum: BMad 18752, 15c, ff. 175v-183v(incomplete); pr with Liber aggregationis, (Antwerp, 1491); and separately, (Cologne, c.1500) (Klebs 18.47; 821.1-2; IAL A233; Q9-10)

Utrum aer sit calidus et humidus...
> First of a series of questions: VA 4447, ff. 258va-266vb

Utrum aer tractus ad cor infrigidum...
    CLM 7609, ff. 147rb-148va

Utrum agentia patiantur a passis...
    Johannes de Marliano, De reactione. See
    'Cum multa et varia apud philosophos...'

Utrum alchimia sit licita ita quod eam exer-
centes non faciant furtum nec fraudem...
    CLM 27105, 15c, f. 47r-v

Utrum alchquimista peccet vel utrum alchimia
sit ars prohibita...
    Bruges 374, 15c, f. 124r-v

Utrum alicui forme...
    See 'Utrum cuiuslibet forme...'

Utrum aliqua(aliquando) mors sit naturalis...
    John Buridan, Questiones de morte et vita: FLa
    1348, 15c, ff. 64vb-66va

Utrum aliqua mulier et virgo possit generare
absque...
    Questiones disputate a venerabili magistro Berch-
    toldo, Circa tract. Avicenne de generatione
    embrionis, a.1347: CLM 527, ff. 50r-64v

Utrum aliqua res. tam permanens quam successiva...
    Andrea de Podio, Questio: Ea Q.231, 14c., ff.
    161v-169v

Utrum aliqua res videatur...
    Nicole Oresme, Questio: Ea Q.231, 14c, ff.
    146-150

Utrum aliqua res videatur tanta quanta est...
    De rei apparentia: VE VIII, 19(XI,19), 15c, ff.
    234-242

*Utrum aliqua speculatio sit in...
    Walter Burley, Meteor.: Tanner

Utrum aliqua substantia creata ab aliquo agente
sit eterna...
    Na V.H.190, f. 109r-

Utrum aliqua virtus activa sit in natura corporali...
    Hervaeus Natalis(Nedelec), Questiones de celo:
    HL 34, 330-31; Mi H.44.inf., 14c, ff. 89ra-
    115ra; VAb 340, 14c, ff. 22-42; VA 772, f.
    43v; BLb 468, a.1455, ff. 140-165; Glorieux
    I, 202; pr Venice, 1513, f. 33

Utrum aliquid eorum que accidunt corporibus
...
    Galen, De tumoribus preter naturam tr Nicholas
    of Reggio: BN 6865, ff. 54v-57r; VAp 1211,
    ff. 55r-57v; VA 2378, 14c, ff. 225v-227; Lo
    Parco(1913), 286; Diels(1905), 83; T (1946),
    231

Utrum aliquis conceptus simpliciter simplex...
    Quaestiones duae de conceptu simpliciter sim-
    plici: VA 869, 14c, ff. 29r-44r

Utrum aliquis in causa possit obligari...
    Rosetus(Suiseth?), De maximo et minimo: BLcm
    177, end 14c, f. 171(184); VE VI.155(XI,18),
    15c, ff. 1-17. See 'Circa primum articulum...'

Utrum aliquis morbus qui esset in patre posset
hereditari in filio...
    Dinus de Florentia: PU 128, 14-15c, f. 113v;
    anon.: VA 4454, ff. 129vb-131rb

Utrum aliquis revertatur...
    Astrological interrogations: Cues 209, 14c, ff.
    72v-75

Utrum aliquis vomitus sit naturalis...
    Jo. Sermoneta, Questiones super Hippocratis
    Aphorismos: pr Venice, 1498, ff. 2r-30v, incom-
    plete(Klebs 915.2; IAL S429)

Utrum aliquod...
    See 'Utrum aliquid...'

Utrum angeli moveant corpora superiora...
    Aegidius Romanus: HL 30, 504

*Utrum anima...
    Raymond Lull, Quaestio de anima rationali:
    HL 29, 211-15

Utrum anima coniuncta corpori intelligit (veritatem) naturaliter cognoscibilem per...
    Bernard de Trilia, 18 questiones (1284-87):
    Glorieux I, 155; 16 in Borghesi 156, 14c, ff.
    1r-76r

Utrum anima coniuncta corpori possit in vigilia
intelligendo falli...
    Bernardus de Trilia, Quest. de anima: QE I, 433

Utrum anima coniuncta corpori possit per
artem magicam...
    VAp 1445, 16-17c, ff. 189r-197r(TR 277j)

Utrum anima humana possit esse forma...
    Thomas Aquinas, Questio disputata de anima:
    Beiträge XXII, 1-2(1931), 281; Opera, 14
    (1875), 61-160; Venice, 1472; (Klebs 960.1;
    IAL T152)

*Utrum anima intellectiva(interna) sit quodam-
modo...
    John Scharpe, De anima: Oa 85, a.1428, ff. 96-
    133; Ob 93, 15c, ff. 14-(35v); Ome 251, 15c,
    ff. 2-(50); On 238, 15c, ff. 210-(258)

Utrum anima possit esse forma...
    Questiones viginti due de anima: Oc 225, 14c,
    pp. 1-(80). See 'Utrum anima humana...'

Utrum anima rationalis sit...
　　John Peckham, De anima: Ran 744, 13c;
　　Beiträge XIX, 5-6(1916), 1-224; Glorieux II,
　　90

Utrum anima rationalis sit perfectio...
　　Thomas Aquinas, De gradibus in formis: VI
　　2303, 14c, ff. 52ra-53rb

Utrum anima separata remaneat...
　　CLM 317, 13c, ff. 82va-84rb

Utrum anima sit corpus vel materia...
　　Siger de Brabant, Quest. de iuventute et senec-
　　tute, vita et morte: ed. Les philosophes Belges,
　　XII(1931), 263-67

Utrum anima sit subiectum in isto libro...
　　Oresme, Questiones super librum De anima:
　　Bruges 514, 14c, ff. 71ra-111rb

Utrum anima sit subiectum proprium et adequatum...
　　Jean Buridan, Questiones super librum Aristotelis
　　de anima: CUc 503, 15c, ff. 136r-151vb; Ea
　　F.298, 14c, ff. 89-108; Ea F.344, a.1399, ff.
　　72-119v; pr Paris, 1516; 1518

Utrum anima sit subiectum proprium huius
libri sive scientie...
　　Questiones de anima: VI 5402, a.1410, ff. 98r-
　　106va

Utrum anima sit subiectum proprium in scientia
huius libri...
　　(Jean Buridan), Questiones de anima: CLM
　　4376, f. 105r(Schulz)

Utrum animalia generata per putrefactionem...
　　Walter Agilon, Quest. de generatione: ed. P.
　　Diepgen, 1911, p. 6

Utrum ante eruptionem menstruorum mulier
possit impregnari...
　　Gentile da Foligno: CLM 17609, a.1386, f.
　　144ra-vb; VAp 1225, f. 452rb-vb

Utrum ante omnem restaurationem precedat...
　　I. Jacobus Forliviensis, Questiones de genera-
　　tione embrionis: pr Pavia, 1479; etc.(Klebs
　　550.1-3; IAL J39-40); Venice, 1502, ff. 2r-17v
　　II. Joh. Buridan, Quest. De animalibus (De
　　spermate): FLa 1348, 15c, ff. 108ra-115ra

Utrum apes fiant per generationem...
　　VI 1493, 14c, f. 112(Schulz)

Utrum apostema possit in corpore generari...
　　Maphaeus de Fabariis, Quaestiones viginti super
　　totam chirurgiam: VE fa 534(XIV,59), a.1392,
　　ff. 1-19

Utrum apostema sit morbus simplex aut compositus...
　　Matthaeus de la Porta: VE fa 534(XIV,59),
　　14c, ff. 20-21

Utrum apparatur anime aut corpori aut...
　　See 'Dicendum est de sompno...'

Utrum appetitus causetur a calido...
　　Albertus Bononiensis, Questiones: VA 4452, ff.
　　143ra-146ra

Utrum appetitus et fantasia sunt cause...
　　VI 5374, 14-15c, f. 92ra

Utrum aqua Porrete debite administrata per se...
　　Menghus Blanchellus, De aqua Porretae: pr
　　(Florence 1485/90); GW 4403. Prol. 'Cum
　　mecum ipse considerarem...'

Utrum ars sanativa per dietem sit...
　　Questions on Isaac, Diets: VAp 1261, 15c, ff.
　　109ra-126va

Utrum artificialiter possit fieri verum aurum...
　　Disputatio Scoti super arte alkimie: BU 164
　　(153), 14-15c, ff. 121r-124r

Utrum astrologi vel quicunque calculatores
possint probare...
　　Henry of Harclay, Questions: Worcester Cath.
　　F.3, 14c, ff. 181v-215v

Utrum astrologia sit ars an non queritur.　Sunt
enim qui hoc dicant...
　　BN 18171, f. 76(H)

Utrum astronomia est scientia...
　　Bamberg Staatsbibl. mat.4, 15c, ff. 99-133(Zi
　　9998)

Utrum auctores iubent dare tonachum(?) in potu
...
　　BN 7124, a.1489, ff. 206r-213r

Utrum augmentatio sit motus...
　　Questiones: CUpet 195, 14c, ff. 48r-59vb; BN
　　6559, 14c, ff. 61ra-88rb

Utrum augmentatio sit possibilis...
　　Jean de Jandun, Comm. De generatione(?): VA
　　845, 14c, ff. 355r-359r; VE VI.71(X,221), ff.
　　193-200; HL 33, 544

Utrum autem factum sit.　Queritur primo an
sit motus...
　　Questiones in octav. libr. Physicorum: Ome 272,
　　end 13c, ff. 113-(118).

Utrum bene distribuatur(describatur?) hic titulus latitudo uniformiter difformis...
> Messinus, Super quaestione Joannis de Casali, de latitudine formarum: VE VI.225(XI,21), 15c, 76 ff.(CR B-5)

*Utrum calidum et humidum sint cause longe vite...
> Comm. De longitudine et brevitate vitae: BLd 44, 15c, ff. 104v-(115); VA 2880, ff. 83v-86vb; Jean Buridan, Quest.: FLa 1348, 15c, ff. 54vb-57vb; Joh. Versor, Quest.; pr (Cologne,1488) (Klebs 1030.2; IAL V227)

Utrum calidum et humidum sint causa longitudinis vite...
> Ioh. de Magistris, Comm. De longitudine et brevitate vite: pr Parma 1481(Klebs 639.1; IAL M17); 1490(?): BM IA.37145, ff. 197vb-200va

Utrum calidum et humidum sint causa totius vite...
> Circa librum de longitudine et brevitate vite: VI 4784, ff. 221r-225v

Utrum calidum naturale agat in humidum naturale...
> CLM 7609, a.1385, ff. 46vb-48ra; JHM X(1955), 294, n.22

Utrum calor in iuvene et in puero...
> Gentile da Foligno, Questio: CLM 7609, a.1385, ff. 79rb-86ra; JHM X(1955), 396, n.34

Utrum calor naturalis et preter naturam...
> Gentile da Foligno, Questio (de febribus): VA 2484, ff. 210ra-211ra

Utrum castrum obsessum vel civitas subiciatur ...
> Geomancy: CLM 24940, ff. 102v-107v

Utrum causa naturalis et innaturalis sint idem per essentiam...
> CUg 86(168), 13c, p. 435b

Utrum celi circum sole(m?)...
> Antonius Andreas, Super Arist. Metaphysica: CUg 335(724), 15c, ff. 1ra-112vb

Utrum celum componatur ex materia et forma ut videtur...
> Jean de Jandun, Quest. Averroes, De substantia orbis: pr Venice, 1481; 1493, ff. 101r-113r (Klebs 425.2-4; IAL G24, 26). See 'Utrum celum sit compositum...'

*Utrum celum sit alterabile...
> Willelmus Bonkys, Quaestiones libri caeli et mundi: BLd 204, 14c, ff. 151v-154

Utrum celum sit compositum ex duabus...
> Jean de Jandun, Questiones in librum Averrois de substantia orbis: VA 845, 14c, f. 272v; anon. Ea F.346, 14c, ff. 78-86

Utrum celum sit ex materia et forma...
> Averroes, Comm. Aristotle Metaphysica: GW 2337, III, 1(Schulz)

Utrum celum ultimum sit in loco...
> VE VI.149(XI.23), 15c, f. 71r

Utrum cibus obviantis(?) membris reducitur...
> Expositio cum questionibus super textu Rasis Novem Almansoris: EU 169(I), a.1481, ff. 3-39v(DWS MS)

Utrum circa corpus humanum possit fieri aliqua...
> Questio de corpore humano ex sola imaginatione immutando: VA 1121, 15c, f. 212r-v(TR 277a)

Utrum circa entia naturalia generabilia et corruptibilia...
> (Lambertus de Monte); pr (Cologne, 1493); Klebs 583.1-3; LC; Magistri Coloniae, Positiones circa libros Physicorum et De anima: (Cologne), 1494(Polain, 3246; Klebs 804.1)

Utrum cognitione naturali possimus habere aliquam notitiam de deo...
> Hervaeus Natalis, Quest. disputate de cognitione naturali principii: QE I, 536(Schulz)

Utrum coitus moderatus sit causa prolongande vite...
> St Florian XI.629, f. 245v(Schulz)

Utrum cometa apparens habeat mortem regum ...
> Petrus de Monte Alcino, Questio de significationibus cometarum: BN 7292, 15c, ff. 46r-48r; Mi S.58.sup., 15c, ff. 147r-150r; T IV, 90; Isis 40(1949), 350-51

Utrum cometa sit de natura celi vel elementi...
> Graz 884, 15c, ff. 289v-293r

Utrum cometa sit exaltatio calida et sicca...
> BMsl 702, 15c, ff. 17r-18

Utrum complexio humana vel homo...
> Gentile da Foligno, Questio: VA 2418, f. 223

Utrum complexio in humano corpore et sanitas sint due forme...
> Angelus de Aretio, Questio disputata: PU 128, 14-15c, f. 123

Utrum complexio lapsa ut colerica aut fleumatica debeat regi...
> Metz 280, 15c, ff. 45va-47rb

Utrum complexio naturalis et etativa durant. . .
Gentile da Foligno: CLM 7609, 1385, f. 46
(44)rb-vb(JHM X(1955), 394, n.21)

Utrum complexio qualitas tangibilis intensibilis
. . .
Martin Polich von Mellerstadt, De complexione:
Bauch, Leipziger Frühhumanismus, p. 10(Schulz);
T IV, 455, 457, 543, 607

Utrum complexio sit qualitas una. . .
Hugo de Siena, De complexionibus: Opera, 1517,
ff. 77r-79r

Utrum conceptus entis sit cognoscibilis ex aliis
. . .
Nicolaus, List of utrum's: VA 2190, ff. 157r-158v

Utrum contingat nos intelligere sine fantasmate
. . .
Guido Terrenus sive de Perpiniano, Questiones
de anima: VA 901, 14c, ff. 159r-162v(HL 36,
449)

Utrum contingat(conveniat) omnem motum. . .
Blasius of Parma, Comm. Bradwardine, De proportionibus; VE VIII.38(XI,14), a.1391, ff.
8-37; anon. FL Plut.71, cod.26, 15c, ff. 26-69;
Ran 480(D.7.6), 15c, ff. 79-91

*Utrum continuum componatur ex indivisibili-
bus. . .
Gerard Odo: BLcm 177, 14c, ff. 228v-(243)

Utrum continuum sit divisibile in infinitum. . .
BN 6559, 14c, ff. 89r-97vb

Utrum continuum successivum et pars. . .
Expositio in Arist. Physica: CUg 512(543), 14c,
ff. 220(223)ra-238vb

Utrum cor moveatur et arguitur quod non. . .
First of series of questions on Philaretus, De
pulsibus: CUg 111(180), 13c, pp. 1-13b

Utrum cor sit primum principium sanguinis et
. . .
Questiones circa librum De morte et vita: VA
2880, ff. 75vb-83va

Utrum corpora celestia. . .
Henricus de Oyta, Questiones circa lib. De
substantia orbis: Ea F.297, 14c, ff. 149-158

Utrum corpora dura possint se. . .
VA 4455, ff. 99va-102va

Utrum corpora humana sint calidiora in estate
quam in hieme. . .
Johannes Marlianus, Questio de caliditate: pr
(Milan), 1474, 61 ff.(Klebs 664.1; IAL M237;
CR C-2); Venice, 1501; Clagett(1941), 31,
79-100

Utrum corpora ultime repleta debeant posse
appetere cibum. . .
VA 2418, ff. 172ra-173va

Utrum corporalia individuentur per. . .
Toulouse 739, 14c, f. 188v

Utrum corporeus spiritus in corde epate. . .
VAp 1144, f. 203r

Utrum corpus animatum sit. . .
Questiones de parvis naturalibus: Angers 324
(315), 15c, ff. 94-106; BLcm 211, 15c, ff. 233-
(245), In lib. de sensu et sensato; VAp 1050,
15c, ff. 296r-394v

Utrum corpus animatum sit subiectum in libro
parvorum. . .
Joh. Versor, Glosule super philosophia: pr
Lyons, 1489 etc.(Klebs 1029.1-3; IAL V222)

Utrum corpus animatum sub ratione animati sit
adequatum. . .
Ioh. de Magistris, Comm. De anima: pr Parma,
1481; etc.(Klebs 639.1-5; IAL M17-18);
1490(?), BM IA.37145, f. 145vb-

Utrum corpus colericum vel flematicum. . .
Questio M. Alberti, 1332: VA 2418, ff. 165ra-
171vb

Utrum corpus hominis corruptibile possit induere
incorruptionem. . .
Joh. Peckham, Questiones disputate: Brit. Soc. of
Franciscan Studies, II, 1910, 2(Schulz)

Utrum corpus humanum sanabile sit. . .
I. Apollinaris, Recollecte super primum Avicenne: Vendôme 170, 15c, ff. 31-80
II. Alexander Sermoneta, Questiones: VE VI.
149(XI,23), 15c, ff. 66-83

Utrum corpus humanum sit secundum huius
libros. . .
Simon de Cravene, Questiones super Tegni:
CUg 111(180), 13-14c, pp. 233a-302b

Utrum corpus humanum sit subiectum. . .
Quest. lib. regiminis acutarum: Bern A.227, 15c,
ff. 76r-97r

Utrum corpus mobile. . .
De subiecto scientie naturalis: Ea F.346, 14c,
ff. 67v-69

Utrum corpus mobile ad formam mixti im-
perfecti sit subiectum. . .
Quest. in Meth.: Salamanca 2463, ff. 198-215v;
BE 989, f. 10

Utrum corpus mobile ad formam sit subiectum
(substantivum). . .
Comm. *or* Quest., De generatione et corruptione:
Amiens 402, 15c, ff. 156-(188); Graz 853,
a.1467, f. 238ra; Salamanca 2463, ff. 180v-197v

Utrum corpus mobile ad ubi sit subiectum...
Quest. de celo: Salamanca 2463, ff. 153v-180

Utrum corpus mobile debeat poni subiectum libri phisicorum...
Na V.H.190, c.1474, ff. 13ra-15ra

Utrum corpus mobile sit subiectum in libro Phisicorum...
Walter of Uxbridge, Questiones super librum Phisicorum: Salamanca 2019, ff. 1-51

Utrum corpus mobile sit subiectum in scientia naturali...
Jean de Jandun, Comm. on Physics: Padua XVII, N380, ff. 1ra-(69v)

Utrum corpus mobile sub ratione transmutabilitatis...
Ioh. de Magistris, Comm. De generatione et corruptione: pr Parma, 1487, 1490(?); BM IA.37145, f. 101va-; Hain *10447(Klebs 639.1-5; IAL M17-18)

Utrum corpus mobile vel ens mobile vel ens naturale...
Comm. Parvulus philosophie: VAp 1050, 15c, ff. 96r-168r

Utrum corpus propter(?) sanum sanum possit esse...
(Mag. Mundinus), Questio disput.: CLM 244, f. 135r-v

Utrum corpus quod est quantitas sit res distincta...
William of Ockham, De quantitate: Dominican library, Dubrovnik-Ragusa, 12, ff. 109r-111r

Utrum corpus sanum ut nec hanc sanitatem...
Mag. Mundinus, Questio: CLM 244, ff. 135v-138v

Utrum corpus sensibile sit subiectum libri phisicorum...
Walter Burley, Expositio omnium librorum physicorum: CUg 448(409), 14c, pp. 172a-543b

Utrum corpus sensitivum sit adequatum libri de sensu...
Ioh. de Magistris, Comm. De sensu et sensato: pr Parma, 1481; 1490(?); BM IA.37145, f. 182ra-; etc. Klebs 639.1; IAL M17

Utrum corpus sensitivum sit subiectum scientie...
Joh. Versor, Quaestiones super libros parvorum naturalium Aristotelis (De sensu et sensato): (Polain, 3930-3931; Klebs 1030.1-4; IAL V226-29)

*Utrum corpus simplex mobile(mortale) ad...
Joh. Versor, Questiones super lib. Metheororum: anon. Amiens 402, 15c, ff. 189-(223); BLcm 211, 15c, ff. 164-193; (Klebs 1030.1-4; IAL V226-29)

Utrum corpus simplex sub ratione mobilitatis...
Joh. de Magistris, Quest. de celo et mundo: pr Parma, 1481(Klebs 639.1; IAL M17); anon. Cursus questionum, (Cologne,1492), ff. 106v-120r(Klebs 317.1; IAL Q6, under Duns Scotus, Boston Public Library)

Utrum corpus simpliciter sub ratione mobilitatis...
Ioh. de Magistris, Comm. De celo et mundo: pr 1490(?); BM IA.37145, ff. 83rb-101va

Utrum corpus sub ratione naturalitatis sit subiectum adequatum...
Ioh. de Magistris, Quest. Physics: pr Parma, 1481; Venice, 1487, f. 2ra; 1490(?); BM IA.37145, ff. 1ra-83rb(Klebs 639.1-5; IAL M17-18)

Utrum corrupta re remaneat eius scientia...
VA 2190, 14-15c, ff. 66v-67v

*Utrum crassities ventris sit in...
Ricardus Anglicus, De urinis: Tanner

Utrum crisis laudabilis potest fieri in vi die...
Comm. on Fevers: VA 4439, ff. 33-38v

Utrum cuilibet corpori simplici insit naturaliter tantum unus motus...
Albert of Saxony, Questiones super De celo et mundo: CLM 26838, ff. 158v-172r; pr Paris, 1516(Schulz); anon.: VAp 980, ff. 88ra-117ra

Utrum cuiuslibet forme latitudo sit uniformis vel difformis...
Blasius of Parma, Questiones super tract. de latitudinibus formarum: T IV, 656-57; FLa 1348(1272), a.1410, ff. 17ra-19vb; Mi F.145. sup., 15c, ff. 1ra-5ra; pr with Nicole Oresme, De lat. form., Padua, 1486(Klebs 713.2; IAL O87)

Utrum cuiuslibet motus localis velocitas...
Responsiones quindecim et ad opposita sexdecim: VE VIII.19(XI,19), 15c, ff. 219-230

Utrum dabilis sit etas consistendi certo tempore mensurabilis...
Jacobus Forliviensis, Quest. extravag. with Comm. on Galen, Tegni: pr Venice, 1495; Pavia, 1500(Accurti 82; Klebs 548.5; IAL J50); 1518, ff. 235v-238v

Utrum de anima in communi considerata sit aliqua scientia...
> Lambertus de Monte, Circa initium sexti libri philosophie naturalis: pr Cologne, 1498 (Klebs 582.6; AFML)

Utrum de anima possit esse scientia...
> Jean de Jandun, Questiones super librum de anima: BLcm 242, ff. 1ra-149ra; Padua XVII, N.381, 15c; CUad 6190, 15c, ff. 1r-110v (mutil. in initio); anon. VA 845, 14c, ff. 317r-354r; VI 2319, ff. 83ra-106v

Utrum de anima prosit esse scilicet...
> Comm. De anima: CUpet 192, 14c, II, ff. 1-27

Utrum de anima sit scientia. Dicendum quod sic...
> Lambertus de Monte, Comm. De anima: pr (Cologne, 1485; c.1492; etc.); Polain, 2430-2432; Klebs 582.1-5; IAL M718-20

Utrum de anima sit scientia. Pro istius questionis declaratione...
> Quest. Arist. De anima: Lambach Mar 29; Karl u. Faber, 1952, 15c, ff. 234-328(Schulz)

Utrum de anima sit scientia tamquam...
> Londorius *or* Laurentius de Londoriis, Quaestiones circa Arist. libros de anima (et physicorum): Wu M.ch. f. 235, a.1408, 187 ff.; Ea F.343, a.1436, ff. 182-267; Q.317, early 15c, ff. 161-290; anon. VAp 1050, a.1465, ff. 1-91r

Utrum de anima sit vel esse possit scientia...
> Apollinaris Offredi, Questiones in libros De anima: pr Milan, 1474; Venice, 1496, ff. 1-117r; Klebs 707.1-2(LC); Polain 2916, with Comm. De anima: IAL O52-53

Utrum de communibus passionibus anime et corporis possit...
> Jean de Jandun, Questiones super lib. De sensu et sensato: HL 33, 552; VE fa 259(X,76), 15c, ff. 217-266; anon. VE VI.82(XII,9), ff. 1-35

Utrum de corpore in quantum mobile ad qualitates naturales...
> Questiones super Meteor.: Oo 33, 14c, ff. 2ra-va, 80ra-92rb, 94ra-97va

*Utrum de corpore mobili ad formam...
> Joh. Versor, Questiones super lib. de generatione et corruptione: VA 1040, ff. 149v-173v; anon. BLcm 211, 15c, ff. 135-163; pr Cologne, 1485; 1488; 1493(Klebs 1030.1-4; Polain 3928, 3933bis; IAL V226-29); Lyons 1489 etc.(Klebs 1029.1-3; IAL V222)

Utrum de ente separato possit esse scientia...
> Roger Bacon, Questiones supra undecimum prime philosophie Arist.(Metaphysica XII): ed. OHI VII(1926)

Utrum de ente vel corpore mobili possit esse...
> Bartholomaeus de Brugis, Questiones in libros I-V, VII-VIII Physicorum: VA 845, 14c, ff. 37r-155r

Utrum de futuris possit esse scientia...
> Jean de Jandun, Questiones super librum De memoria et reminiscentia: HL 33, 552; Oo 33, 14c, ff. 181-(189); VE VI.82(XII,9), 15c, ff. 35-47

Utrum de generabilibus et corruptibilibus possit esse scientia...
> Siger de Brabant, Questiones: Les philosophes Belges, XII(1931), 268-91; Comm. De gen. et corrupt.: Basel F.V.10, ff. 79ra-88ra; anon. VA 4452, 15c, ff. 49ra-58va

Utrum de generabilibus et corruptibilibus sit scientia...
> Comm. De generatione et corruptione: pr Gerardus de Harderwyck, Epitomata que et reparationes appellantur in libros de generatione: Cologne, 1496(BM IA.4646; Klebs 457.1; IAL G153)

Utrum de genere sit leprosorum. Et quanto tempore...
> Examen leprosorum per signa aliqua: CLM 13, 15c, f. 222va-b

Utrum de impressionibus meteoricis sit scientia tamquam de subiecto...
> Duns Scotus, Comm. Meteor.: Isis 45(1954), 146; Ea Q.342, 14c, ff. 69ra-130ra(TR 345); Oma 21, 15c, ff. 1ra-108vb, etc.; Quaestiones meteorologicae: Opera IV (1891), 3-263; Glorieux II, 211; incorrectly ascribed to Buridan: BLcm 462, 15c, ff. 69-(133)

Utrum de impressionibus meteorologicis possit esse scientia distincta...
> Quest. Aristotle, Meteor.: Ea Q.343, 14c, ff. 95-134

*Utrum de impressionibus meteorologicis(meteoricis) sit scientia...
> I. Any collection of Questiones on Meteor. is apt to open like this. For example: Duns Scotus as above
>
> II. Siger de Brabant, Comm. Meteor. Arist.: Les philosophes Belges, XII(1931), 233-63; Grabmann(1924), 11
>
> III. Thimo *or* Themon, Questiones super quatuor libros Metheororum: T III, 587; pr (Pavia, 1480); (Venice, 1496); Klebs 959.1; 91.3; IAL T137; Venice, 1507, ff. 1r-54r
>
> IV. Oresme: Ea Q.299, 14c, ff. 51-103v; Isis 45(1954), 148. See 'Utrum possible...'

Utrum de longitudine et brevitate vite...
> Jean de Jandun, Comm. De long. et brev. vitae: HL 33, 552

Utrum de medicinarum consolatione sit scientia
...
> Mag. Johannes: CLM 244, ff. 132r-135r

Utrum de mobili inquam tale possit esse scientia
...
> Guilelmus de Chelveston, Questiones super Aristotelis Physica: CUpet 192, 14c, ff. 2ra-123vb

Utrum de motibus animalium...
> Jean de Jandun, In librum de motibus animalium: HL 33, 552

Utrum de motibus stellarum possit esse...
> VAp 1413, 15c, ff. 136v-137v

Utrum de mundo debet esse scientia distincta a scientia libri Physicorum...
> Jean Buridan, Questiones super quatuor libros celi et mundi: ed. Ernest A. Moody, 1942

Utrum de naturalibus possit esse scientia...
> Aegidius, Quest. super lib. Physicorum: CUg 513(544), 13c, f. 1

Utrum de naturalibus sit scientia...
> Siger de Brabant, Quaestiones super libris physicorum (I-IV, VIII): ed. Delhaye, Les philosophes belges, XV(1941)

Utrum de omnibus animalibus possit esse scientia...
> Questiones de animalibus: FLa 1348, 15c, ff. 69ra-108ra

Utrum de operationibus et passionibus...
> Joh. Spengen, Quest. de sensu et sensato: BLd 44, 15c, ff. 34v-(87)

Utrum de passionibus et operationibus animatorum...
> Questiones Parvorum Naturalium: BLcm 422, 15c, ff. 53-(110); VI 4784, 15c, ff. 178r-201v

*Utrum de rebus naturalibus et physicis sit scientia...
> Joh. Versor, Quest. super Physica Arist.: Cologne, 1489(Klebs 1031.1; IAL V234); anon. BLcm 211, 15c, ff. 1-92; Graz 853, a.1467, ff. 1-149va

Utrum de rebus naturalibus possit esse...
> I. Scholae a magistro de Stadis: Ea Q.318, 15c, ff. 3-100
> II. Franciscus Sanson, Quest. super Physicam Arist.: Venice, 1496 (Polain, 3451: Klebs 879.1-2; IAL S154-155)

Utrum de rebus naturalibus possit haberi aliqua notitia...
> Albertus Magnus, Quest. in octo libros physic.: Hoepli (Auktion April-May, 1928), a.1408, no. 176(Schulz)

Utrum de rebus naturalibus possumus(*sic*)...
> Registrum in questiones circa libros phisicorum Aristotelis: Cop Thott 583, Q.15c, ff. 2-26

Utrum de rebus naturalibus sit scientia...
> Duns Scotus, Expositio et quaestiones in octo libros Physicorum: Glorieux II, 211; anon., Amiens 402, 15c, ff. 1-117; Ea Q.300, 15c, ff. 1-89; Opera II(1891), 352-677; III(1891), 1-470

Utrum de rebus naturalibus sit scientia realis...
> Quest. in Physicorum libros: Salamanca 2463, ff. 79-153v

Utrum de rebus naturalibus sit scientia. Sciendum pro...
> Johannes de Wesalia, Quest. de libris physicorum Arist.: Ea Q.307, 15c, 178 ff.

Utrum de rebus naturalibus sit scientia speculativa ab aliis scientiis...
> (Duns Scotus), Cursus optimarum quaestionum cum textualibus expositionibus: Quest. in octo libros physicorum: pr c.1492, ff. 1-88(Klebs 317.1; IAL Q6)

Utrum de rebus naturalibus sit scientia. Videtur quod non...
> Siger de Brabant, Questions on the Physics: ed. P. Delhaye Les philosophes Belges, XV(1941), 255 pp.

Utrum de rebus physicis sit scientia et...
> Quaestions on Arist. Physics: VAp 1040, ff. 1-118v; AL 649

Utrum de sensibilibus sit scientia naturalis...
> Walter Burley, Questions on the Physics: Basel F.V.12, late 14c, ff. 108ra-169vb; Mitteil. f. Oesterreichische Geschichtsforschung, LXII (1954), 390-405

*Utrum de sensu et sensato sit scientia sive tractatus distincta...
> Oo 33, 14c, ff. 192ra-197va

Utrum de somno et vigilia possit esse scientia...
> I. Jean de Jandun, Comm. De somno et vigilia: VE fa 259, 15c, ff. 118-217; anon. VE VI.82 (XII,9), 15c, ff. 47-68
> II. Siger de Brabant, Quest. super libris de somno et vigilia: Les philosophes Belges, XII (1931), 223-33; Grabmann(1924), 11

Utrum de somno et vigilia sit scientia. . .
    Petrus de Alvernia: Comm. de Somno et vigilia:
    Ome 275, 14c, f. 217

Utrum de universo possit esse scientia. . .
    Questiones De celo et mundo: Ea F.346, 14c,
    ff. 1-5v

Utrum de urina possit esse. . .
    In librum de urinis Bernardi de Gordonio: Oma
    164, 15c, ff. 127-(138)

Utrum definitio. . .
    See also 'Utrum diffinitio. . .'

Utrum definitio memorie sit bona. . .
    Buridan, comm. De memoria et reminiscentia:
    VA 2880, ff. 71rb-75va

*Utrum definitio nature. . .
    R. Lavenham, De terminis naturalibus: Tanner

Utrum definitio puncti data ab Euclide. . .
    Questiones de geometria et physica: VE VIII.74
    (XI,107), ff. 1-8r

Utrum demon oratione et exorcismo. . .
    De arte compellendi demones: Brux 14056, 15c,
    f. 64rv(Silvestre)

Utrum dentes sentiant dolorem. . .
    Petrus de Mutina Bonon., Questio disputata:
    PU 128, 14-15c, f. 132v

Utrum dentur universalia realia. . .
    Leonardus Nogarolus, De rerum quidditatibus:
    FLa 107(180-112), 15c, ff. 1-180

Utrum detur minima materia de cuius. . .
    Angelus de Fossombruno, De inductione forma-
    rum or De maxima et minima materia: VA 760,
    15c, ff. 78r-83r; VA 3026, ff. 115ra-121ra;
    VE VI.155(XI,18), 15c, ff. 32-42

Utrum deus habeat prescientiam omnium
futurorum contingentium. . .
    Bradwardine, De futuris contingentibus: VA
    813, 14c, ff. 13r-20r

Utrum deus respectu futurorum contingentium
habeat notitiam certam. . .
    William of Ockam, De futuris contingentibus:
    Bruges 496, 14c, ff. 298va-300va

Utrum deus sit causa primaria huius artis. . .
    Raymond Lull, Questionarium: T IV, 646-47,
    and see Index

Utrum diameter alicuius quadrati sit commensurabilis. . .
    Questio de proportione dyametri quadrati ad
    costam eiusdem: ed. ZMP, XXXII(1887), 43-
    54; Bern A 50, c.1412, ff. 172r-176r; Isis 50
    (1959), 130-34

Utrum dies quarta nunciet septimam. . .
    Amicus de Sulmona, On critical days: VA 2469,
    ff. 162ra-170va; T (1953), 272, n.69

Utrum dies sexta. . .
    Medical; Perugia fa 44(A.44), 15c, ff. 1-22

Utrum diffinitio elementorum sit bona. . .
    Marsilius de Sancta Sophia, De elementis: VE
    VI.72, ff. 133r-153v(T IV, 342, n.52)

Utrum diffinitio medicine posita ab Avicenna in
litera. . .
    Jacopo da Forlì, Questiones circa librum primum
    Avic. canonis: Venice, 1479(Klebs 548.2; IAL
    J46); with Ugo Benzi, Venice, 1485(Panzer
    III, 223; LC)

*Utrum diffinitio nature sit vera. . .
    T. Walden, Quaest. natural.: Tanner

Utrum diffinitio sphere quam ponit autor in
libro. . .
    Albert of Saxony, Comm. Sacrobosco, Sphere:
    Beiträge, XX, V(1922), 84-85

Utrum diffinitio sphere sit bona quam dat
auctor in textu. . .
    Pierre d'Ailly, Questions on the Sphere: Venice,
    1508, ff. 71r-87r; Venice, 1518, ff. 116r-131v;
    T (1949), 38, n.73

Utrum digestio et evacuatio que. . .
    Ant. de Scarpariis or Scarparia de Florentia,
    Questio determinata Perusii, a.1387: VA 4447,
    ff. 26ra-32vb

Utrum dimensiones interminate precedant formas substantiales. . .
    Jean de Jandun, Quest. super lib. de substantia
    orbis: pr Vicenza, 1486, pp.217-43; 1493, f.
    101ra(Klebs 425.2-4; IAL G24-26). Ascribed
    to Thadeus of Parma: Grabmann(1936), 243

Utrum directiones latitudinum sanitatis et
egritudinis. . .
    VAp 1144, ff. 190r-191r

Utrum discrasie innaturales. . .
    De pharmacia et phlebotomia: Ea F.288, 13-14c,
    ff. 82-86v

Utrum diversitas partium organicarum sit
necessaria. . .
    Questiones super libris de animalibus: Ea Q.16,
    a.1393, ff. 44v-156v

Utrum divisio signorum in pronostica demonstrativa. . .
    BLcm 446, f. 60r; Hain *14701, f. 45(Schulz)

Utrum dolor possit esse egritudo. . .
Albertus de Zanchariis Bononiensis, Questio disputata: P U128, 14-15c, f. 131vb

Utrum dolor sentiatur.   Quod sic probat. . .
Gentile da Foligno: CLM 7609, a.1385, f. 153va-b

Utrum duo corpora dura vel plana possint se tangere. . .
Blasius of Parma: T IV, 655

Utrum duo habitus possint causare unum effectum. . .
Durandus: Beiträge XXVI(1927), 185

Utrum duo vel plura. . .
See 'Utrum duo corpora dura. . .'

Utrum eadem sint eque nota nobis et simpliciter . . .
FLa 1348, 15c, ff. 10va-11va

Utrum eidem conhabitare sint cause longe vite . . .
'Circha librum de longitudine et brevitate vite sit primus questio': Mi G.70.sup., f. 1ra-; Isis 50 (1959), 40, n.63

Utrum electuaria debent dari ante cibum. . .
BMh 3372, 15c, ff. 60r-78v

Utrum electuarium debet dari ante cibum vel post. . .
Oa 80, ff. 110v-126r

Utrum elementa dum veniunt ad mistum refrangantur in qualitatibus suis. . .
VA 721, 14c, f. 59vb

Utrum elementa sint creata aut generata. . .
See 'In sermone nostro. . .'

Utrum elementa sint in nostro corpore. . .
Quaestiones medicinales: CUc 516, 15c, ff. 2-151

Utrum elementa sub formis propriis maneant in mixto. . .
Thadeus de Parma *or* Jean de Jandun: BN 15805, a.1321, ff. 26v-31; HL 36, 425; Grabmann (1936), 244, 245

Utrum elementa sub suis formis propriis. . .
R. Baconi epistola de mixtione et modo miscendi: Joseph Martini, Sales Catalogue XXVII, MS 3, 15c, ff. 40r-42r

Utrum elleborum solutum possit dari. . .
Questiones octodecim de pharmacis: VE fa 534(XIV,59), 14c, ff. 24-25

Utrum ens mobile. . .
Guido Terrenus, Comm. Aristotle, Physics: HL 36, 448

Utrum ens mobile ad formam sit subiectum. . .
Marsilius ab Inghen, Questiones super libris de generatione et corruptione: Mi G.102.inf., 14-15c, ff. 1ra-87va: VI 5494, 15c, 209 ff.; CLM 26929, a.1407, ff. 88ra-193rb; Ea Q.311, a.1414, ff. 1-74v; BLcm 238, 15c, 101 ff.; VI 4951, a.1501, ff. 164r-223v; GW 7199-7201; Klebs 360.2-4; IAL A62-65; Venice, 1520, ff. 59r-118v; ascribed to Iohannes Merbilt de Varnpach: Boston Medical 25, a.1466, ff. 1r-107r

Utrum ens mobile et non corpus mobile sit subiectum. . .
Gratiadei d'Ascoli, Questiones in Arist. Physic.: pr Venice, 1484(Klebs 473.1; IAL G32); 1517, ff. 78r-106r

Utrum ens mobile generabile et corruptibile. . .
Questiones on Aristotle, De generatione: VAp 980, ff. 80ra-87rb

Utrum ens mobile localiter. . .
Buridan *or* Oresme, Comm. De coelo et mundo: Ea Q.299, 14c, ff. 1-50; Q.325, 14c, ff. 57-90v

Utrum ens mobile sit subiectum in tota. . .
Tours 704, 15c, ff. 87-(91). See 'An ens mobile. . .'

Utrum ens mobile sit huius subiectum. . .
Mag. Theodoricus, Questiones in libros physicorum Aristotelis: CLM 8405, 14c, 102 ff.

Utrum ens naturale sit subiectum attributionis. . .
Anselmus Mejanus de Montemejano, Enchiridion naturale: (Paris), 1500(Polain 2660)

Utrum ens quod est subiectum primi. . .
VE III.64(III,104), 15c, ff. 34-73

Utrum ens simpliciter sit subiectum. . .
Questiones in Arist. Metaphysica: CUje Q.A.17, 15c, f. 1(Atk)

Utrum ens simpliciter sumptum quod est. . .
Antonius Andreas, Comm. Arist. Metaphysica: On 239, 15c, 213 ff.

Utrum ens sit secundum librum metaphysice. . .
Comm. in Arist. Metaphysica, Lib. II-V: CUpet 152, 14c, ff. 322ra-351rb

Utrum entia mathematica sint abstracta a sensibilibus. . .
Questiones magistri Sebastiani de Aragonia cum appositis notabilibus et conclusionibus Hugonis magistri de Tropecto et magistri Simonis de Padua: CLM 14246, 13-14c, ff. 125r-131v

Utrum equales magnitudines equedistantes ab oculo...
> De prospectiva: VAp 1369, a.1444, ff. 143r-144r

Utrum essentia anime sit una...
> Questiones de anima: BLd 150, 13c, f. 144v

Utrum ethica possit fieri incipiendo...
> VA 4455, ff. 98r-99va

Utrum evidens sit aliquid...
> Blasius of Parma, Questio de intensione formarum: BLcm 177, 14c, ff. 24-39 (T IV,655-56)

Utrum ex colera possit fieri sanguis et arguitur...
> Questio: VI 2306, 14c, f. 81ra-b

Utrum ex confidentia de medico...
> Questiones medicae: Wi 56, 15c, ff. 331-341

Utrum ex impressione luminarium celestium causetur in hominibus diversitas morum...
> Excerpt on astrol. from Astesanus Astensis, Summa c.1317: pr with Regiomontanus, Calendarium, (1474)(Klebs 836.1; Yale 156, copy 2), pp. 155-172

Utrum ex luminaribus solis et aqua vite...
> Opus questionum Vincentii(extracte a suo Speculo de transmutatione metallorum): BU 138(104), 15c, ff. 237v-241r

Utrum ex planetarum coniunctionibus et(vel) aspectu...
> Questio disputata in quodlibeto per rev. magistro Geo. de Peurbach: with Regiomontanus, Calendarium, (1474)(Klebs 836.1; Yale 156, copy 2), pp. 173-(200). At p. 174, is date 1456; anon. Questio, as to astrological prediction: VI 4756, c.1456, ff. 1r-9r; 25r-35v(TR 366a,c); M-H 13(1960), 95

*Utrum ex puris naturalibus...
> O. Pickenham, Quodlibeta: Tanner

Utrum ex sanguine manente in propria forma sanguinis possit fieri febris...
> Dinus de Florentia: PU 128, 14-15c, f. 114v

Utrum ex uniformi deperditione intensionis sequatur uniformis acquisitio...
> Questio de intensione et remissione: FLa 1348, 15c, ff. 14vb-17ra

Utrum extra piramidem umbre terre luna poterit eclipsari...
> CU Mm.III.II, 15c, f. 43ra-b

Utrum extrema latitudinis temperantie equaliter distant ab optima temperantia...
> Sigismundus de Polcastris, Questio de extremis temperantiae: VA 2225, ff. 109-115rb; Na VIII.D.51, a.1477, ff. 1r-12v

Utrum febrem pestilentialem fieri sit possibile...
> VI 5222, 14c, ff. 91r-108v

Utrum febris de solo flegmate sit prolixior et tardior...
> Gentile da Foligno, Questio de longitudine (prolongatione) febrium: Ea Q.233, a.1403, ff. 1-16; Wi 60, 15c, ff. 18va-23vb

Utrum febris putrida possit sibi coniungere effectum...
> Gentile da Foligno: CLM 7609, a.1386, ff. 124va-128ra; JHM X(1955), 397, n.42

Utrum febris putrida salubris sit maior fortior vel intensior...
> Gentile da Foligno: Wi 60, 15c, ff. 11vb-18rb

Utrum febris sit calor queritur et videtur quod non...
> Gentile da Foligno, Questio de febre: VAp 1147, ff. 183ra-208vb; pr (Padua), 1477; 1486, (Klebs 448.1-2; IAL G125); Questiones extravagantes, Venice, 1520: with Avicenna, Canon, 1523, II

Utrum febris sit complexio et probatur quod non...
> Antonius Faventinus, De febribus: pr with Hugo Benzi, Ferrara, 1491: Venice, 1498(Klebs 998.1-2; IAL H472-74)

Utrum febris sit passio cordis prima vel alterius membri...
> Pancius de Lucca: VI 2306, 14c, ff. 32r-33vb

Utrum febris sit propria passio cordis...
> VA 2225, f. 189ra-198rb

Utrum felicitas humana consistat in sapientia...
> Jean de Jandun, Comm. Metaphysica: Padua XVII, N.366

Utrum fiant per propagationem vel per putrefactionem...
> De generatione apum: HL 36, 428

Utrum flebotomia in pregnante securius...
> Gentile da Foligno, Questio: VAp 1225, ff. 451va-452ra

Utrum fleo(botomia) precedat farm(aciam)...
> BMr 12.B.XII, 13c, ff. 102v-104v

Utrum fluxus et refluxus maris infra diem et noctem bis...
> Ea Q.369, 14c, f. 219

Utrum forma intelligibilis differat ab actu intelligendi...
> Questio de specie intelligibii determinata a Ferrando de Ispania: BN 16133, 14c, ff. 2r-6r(AL 672)

Utrum forme substantiales sint contrarie...
(Jean de Jandun), Quest. de substantia orbis:
Venice, 1493, ff. 101v-102r(Klebs 425.4; IAL
G26)

Utrum fuerit necessarium ad scientie naturalis
complementum...
Expositiones textuales in Lib. IV Meteorolo-
gorum: pr Cologne, 1497, ff. 1r-55v(GW 2424;
Klebs 91.5)

Utrum fuerit possibile entia successiva ut
tempus et motum...
Iohannes de Ianduno: BLcm 226, 15c, ff. 28ra-
31bis, rb

Utrum galaxia sit impressio elementaris...
Ea Q.170, 14c, ff. 222v-226

Utrum generans tantum tribuat loci quantum
forme...
VA 3026, f. 124ra-vb

Utrum generatio animalium sit perpetua...
Jean Buridan, Questiones de secretis mulierum:
Ea Q.299, 14c, ff. 167-175v(TR 344)

Utrum generatio sit transmutatio distincta ab
alteratione...
Clariton de Anglia(?), Questiones supra librum
de generatione et corruptione: Bruges 503, 14c,
ff. 20v-50v; ascribed to Richard of Chillington,
CUpet 195, 14c, ff. 60r-69r; Ea O.74, 14c, ff.
35-86v; anon. BN 6559, 14c, ff. 131ra-132vb,
incomplete

Utrum generatur semen viri...
VI 5512, 15c, ff. 149v-151r

Utrum gravia et levia moveant se ad sua loca
prima...
BU 520(921), 15c, ff. 104r-106r

Utrum gravia moveantur ex se vel ex alio...
Grabmann(1936), 243

Utrum hec sit vera Homo est animal...
Siger de Brabant: ed. Les philosophes Belges,
VI-VII(1911), 65-70

Utrum homo de secundo modo equalitatis sit
maxime...
Hugh of Siena: Lockwood 235

Utrum homo melancolicus magis...
Marsilius de Sancta Sophia: VE VI.96(XI,17),
15c, ff. 45-57; anon. VA 2225, ff. 132va-140ra

Utrum homo secundum artem sanabilis est et
subiectum medicine...
Alexander Achillinus, Questio de subiecto medicinae: pr Venice, 1545, ff. 156v-157r

Utrum huiusmodi qualitates sint cause elementorum...
Siena L.III.21, 13c, ff. 234v-247r(AL 1568)

Utrum humidum radicale a naturali calore possit
restaurari...
VI 5312, ff. 241v-243v

Utrum humidum radicale deperditum possit
restaurari...
Bertutius *or* Bentucius Bonon., Questio disputata
et dilucidata: PU 128, 14-15c, f. 130

Utrum humidum substantificum in corpore
temperato restauratum sit...
Sigismundus de Polcastris, De restauratione
humidi substantifici: VA 2225, 15c, ff. 121v-
130v; pr Venice, 1490(Klebs 791.2; Yale 75)

Utrum ignorato motu necesse sit ignorare
naturam...
Comm. Walter Burley, Dubitatio: Na V.H.190,
c.1474, ff. 67ra-80vb

Utrum imago in speculo appareat...
Ea Q.325, 14c, ff. 170-176v

Utrum impressio metheorica sub ratione formali
...
Ioh. de Magistris, Comm. Meteorologica: pr
Parma, 1481; 1490(?), BM IA.37145, f. 118rb-
etc.(Klebs 639.1-5; IAL M17-18)

Utrum in anima sensitiva sit aliquis sensus
agens...
Thadeus of Parma, Questio disputata: Grab-
mann(1936), 244

Utrum in antrace competat somnus...
Mundinus Bononiensis: VE fa 534(XIV,59),
14c, ff. 21-22

Utrum in antrace vel carbunculo competat
somnus...
Jacobus de Capellutis: Marini, Archiatri pontifici, 1784, pp. 71-73

Utrum in celo sit materia...
Aegidius Romanus, De materia celi contra
Averroystas: Cambrai 487, 14c, f. 11; Ome 137,
14c, f. 176v; VAp 1059, ff. 49v-53v; Glorieux
II, 301; HL 30, 481; pr Padua, 1493(GW
7213; Klebs 363.1; IAL A72)

Utrum in corruptione substantiali necesse sit
fieri...
Quaest. De generatione et corruptione: pr
Cursus quaestionum... c.1492, ff. 120rb-
127va(Klebs 317.1; IAL Q6)

Utrum in cuiuslibet febris pestilentialis cura
theriaca...
Tract. de peste: VI 5207, 15c, ff. 186r-204r

Utrum in cura febrium putridarum incipiendum sit...
    VAp 1265, ff. 83r-98v

Utrum in elementis et in mixtis inanimatis sint plures forme substantiales...
    Aegidius Romanus: HL 30, 562(Schulz)

Utrum in egritudinibus que fiunt ex...
    Dino del Garbo, Quaestiones medicae: CLM 13020, f. 187

Utrum in evacuatione debemus considerare corpora supracelestia...
    Quaestiones medicae: Ea Q.395, 14c, f. 162v

Utrum in generatione formarum sit certa...
    Tract. sex inconvenientium: BLcm 177, end 14c, f. 182v(212); VA 3026, 14c, f. 17r; Duhem III(1913), 421, used BN 6559, ff. 1-48vb(incomplete); pr Venice, 1505, ff. (32r-57r)

Utrum in homine sit aliqua forma substantialis . . .
    Guido Terrenus sive de Perpiniano sive de Bononia, Questio de gradibus formarum: VA 901, 14c, ff. 136r-145v; HL 36, 451

Utrum in homine vegetativum sensitivum et intellectivum sint tria...
    Aegidius Romanus: HL 30, 562(Schulz)

Utrum in homine vel in aliquo composito sit una forma substantialis...
    De unitate forme: Budapest 269, 15c, ff. 55v-59

Utrum in intellectu possint esse plures intellectiones simul...
    Ps. Durandus: Beiträge XXVI(1927), 185; HL 37, 24

Utrum in latitudine entium sit possibilis species suprema...
    Johannes de Rupa: BN 14580, ff. 124va-151va

Utrum in maiori quantitate sint plures partes in potentia...
    William of England: BLcm 226, 15c, ff. 77vb-81vb

Utrum in misto sit tantum una complexio...
    Bertutius *or* Bentucius Bonon., Questio disputata: PU 128, 14-15c, f. 132

*Utrum in mobilibus(moventibus) ad qualitatem id(illud) semper...
    Johannes de Casali, De actione *or* Questio de velocitate motus alterationis: BLcm 177, end 14c, f. 215(228r); VA 3026, ff. 29-33; VE VI. 62(XI.20), ff. 31-60; VE VI.96(XI.17), a.1458, last item; VE VI.149(XI.23), 15c, ff. 1-19; pr De modalibus Bassani Politi, Venice, 1505, ff. (57r-70v)

Utrum in motoribus celorum sit aliquis motor . . .
    Ea Q.369, c.1325, f. 179

Utrum in omni febre sit necessarium aliquam partem cordis poni...
    Gentile da Foligno: Wi 60, 15c, ff. 5ra-11vb; anon.VA 2225, 15c, ff. 179ra-188vb

Utrum in omni generatione formarum sit certa ponenda velocitas...
    BN 6527, f. 131

Utrum in omni motu potentia motoris...
    Ricardus super lib. physicorum: VE VI.72 (XII,20), 15c, ff. 81-112(CR B-3)

Utrum in omni specie ydropsis sit mala complexio diversa...
    Bernardus de Hangarra, Dubitata super libellum de mala conditione diversa: CLM 534, 14c, f. 43ra-b

Utrum in quolibet composito sit sua forma substantialis...
    Richardus de Mediaville, Questio de gradibus formarum disputata: CLM 8723, 14-15c, ff. 175ra-202rb

Utrum in rebus naturalibus sit dare minimum . . .
    BLcm 226, 15c, f. 64va, incomplete; ColR 166

Utrum in renum passionibus et urinarum vitiis . . .
    Paulus de Caloris de Mutina, Questio medicinalis: Giacosa 494

Utrum in tribus generibus tantum scilicet qualitate...
    Quaestio de motu: VA 1108, 14-15c, ff. 81r-87r

Utrum in vero augmento quelibet pars corporis . . .
    Hugh of Siena, De augmentatione: VE VI, 72 (XII,20), a.1439, ff. 113r-116v(ColR 51b); VE VI.96(XI,17), 15c, ff. 9-12; anon. BU 520 (921), 15c, ff. 107r-(127); pr with Expos. in Iª Fen IV canonis Avicenne: Pavia, 1498(Klebs 999.1; IAL H473); 1517, ff. 75r-77r; Lockwood 236

Utrum incantationes karateres et huius talia valeant...
    Gentile da Foligno: VAp 1225, f. 456ra-vb

Utrum incoloratum sit genus albi...
    Univ. Ingolstadt F.357, 15c, ff. 91v-92r

Utrum indigeamus habitibus; quod non...
    Durandus de S. Porciano, De habitibus: Beiträge XXVI(1927), 131; HL 37, 23-24

Utrum infans complebit annos nutritionis...
     Haly Aben Ragel: VI 3124, 15c, f. 68r-v

Utrum instans sit aliqua res indivisibilis existens in natura...
     BLcm 226, 15c, f. 42ra

Utrum intellectus creatus producat rem...
     Petrus Thomas, De esse intelligibili: CU Ff.III. 23, c.1400, f. 225(Atk)

Utrum intellectus educatur...
     Questiones super librum de anima: Delisle III, 85b

Utrum intellectus humanus sit perpetuus...
     Gaetano da Thiene, Questio de intellectu: pr Venice, 1481; ff. 84vb-85rb; 1493(Klebs 425.2-4; IAL G24-26)

Utrum intellectus noster sit nutritus(?) vel formatus in corpore...
     Quest. de anima: CUg 512(543), 14c, ff. 127ra-134vb

Utrum intellectus per se sit via...
     Walter Burley, Circa tertium de anima: CUg 668*(645), 15c, ff. 158vb-173rb

Utrum intelligentie sint actus pueri...
     Gualterus Scotus of Paris: BLcm 226, 15c, ff. 43ra-46ra

Utrum intelligere sit aliquid additum intellectui...
     Durandus, Quaestio disputata (a.1309): Beiträge XXVI(1927), 185; HL 37, 24

Utrum intensio forme fiat per additionem partis formalis...
     Jacobus Foroliviensis, De intensione et remissione formarum: VAr 1906, 14-15c, ff. 54ra-90va; BN 6850, 15c, ff. 187r-218v; BU 1227(2410), 15c, ff. 173ra-222vb; Padua XX, 430, 15c, 53 ff.; VE VII.7(XI,15), 15c, ff. 1-45; pr (Padua, 1477); and with Walter Burley, Venice, 1496 (Klebs 549.1; 233.1; IAL B1162; GW 5780); CR C-12(4)

Utrum intensio qualitatis attendatur...
     Blasius of Parma, comm. on Bradwardine, De proportionibus: Mi F.145.sup., ff. 5ra-18rb

*Utrum inter partes philosophie naturalis scientia de anima sit melior...
     Joh. Versor, Quest. super lib. de anima: pr Lyons, 1489 etc.(Klebs 1029.1-3; 1032.1; IAL V222, 224); anon. BLcm 211, 15c, ff. 194-(232); Amiens 402, 15c, ff. 223-(270)

Utrum inter substantiam orbis lune et...
     Questio de sphera ignis: VA 829, 14c, ff. 135v-137r; AL 648

Utrum ista scientia que metaphisica dicitur...
     John Versor, Quest. super metaphysicam Arist.: pr Cologne (c.1486); (1489); IAL V232-33

Utrum ista scientia sit practica aut speculativa...
     Questiones super Hippocratis Aphorismos: BLcm 558, a.1460, ff. 4-228

Utrum iste liber convenienter intituletur de somno...
     Comm. De somno et vigilia: Cologne, 1496 (BM IA. 4646; Klebs 457.1; IAL G153)

Utrum iste liber sit de animalibus tamquam de subiecto...
     Alberti Magni Quaestiones de animalibus quas reportavit frater Conradus de Austria: ed. E. Filthaut, Alberti Magni Opera omnia, XII (1955), xxxv-xlvii, 77-321

Utrum iste liber Tegni Galeni contineat in se totam artem...
     Questiones in librum Tegni Galeni: Wi 24, 14c, ff. 179ra-186vb(incomplete)

Utrum iste mundus generabilium et corruptibilium gubernetur a coelo...
     Blasius of Parma, Questiones in librum meteor. Arist.: T IV, 653-54

Utrum iuvenes et senes sint bene memorativi...
     Ioh. de Magistris, Comm. De memoria et reminiscentia: pr 1490(?), BM IA.37145, f. 191rb-(Klebs 639.1-5; IAL M17-18)

Utrum iuventus sit augmentatio...
     Jean Buridan, Questiones super libris particularibus(de iuventute et senectute): FLa 1348, 15c, ff. 66va-68ra

Utrum lac quo pueri nutri(men)tum sit bonum cognoscitur...
     Practica puerorum: VI 5511, 15c, ff. 146v-148r

Utrum lactuca competat in habundancia fumorum crudorum...
     Borghesi 13, 14c, f. 16v

Utrum lapis philosophorum si haberetur...
     Ze III(1659), 181-87

Utrum latitudo intellectus sit uniformiter difformis...
     Alex. Achillini, Quodlibeta de intelligentiis: pr Bologna, 1494(GW 192; Klebs 6.1); Venice, 1545, ff. 1r-22r

Utrum liceat alicui sancto...
     Henry of Hesse, Questio: Schlestadt 85, a.1460, item 8

Utrum linea componatur ex punctis. . .
> BLcm 226, 15c, f. 76ra-vb; Leidinger-Festschrift 1930, p. 78(Schulz)

Utrum lumen augeatur per adventum nove partis. . .
> Questiones variae in Logica et Physica: VA 3066, 14c, item 1; HL 36, 218-19

Utrum lux(lumen) multiplicetur per radios. . .
> Henry of Hesse *or* Nicole Oresme, Questiones super perspectiva: Ea F.380, 14c, ff. 29-40v ('T III,510; ColR 124); FNcs J.X.19, c.1400, ff. 56r-85v; Björnbo(1912), 203-204; VI 4992, 15c, ff. 169v-172v; pr 1503, ff. 47r-59r

Utrum lux per reflexionem sit effectiva calorum . . .
> Ea Q.352, 14c, ff. 102-109v

Utrum lux sit realiter in medio. . .
> Aegidius Romanus, De intentionibus in medio: HL 30, 460

*Utrum magis universalia sint nobis prius nota. . .
> Quaestio in lib. I Physic.: Oma 16, 16c, ff. 1-(6)

Utrum mala complexio diversa que est febris. . .
> Thadeus de Palma(Parma?), Questio pridie disputata: PU 128, 14-15c, ff. 109-111

Utrum mala complexio diversa sit in qualibet parte. . .
> Hugh of Siena, Questio de malitia complexionis diverse, Florence, 1421, Jan. 2: pr Pavia, 1488 etc.(Klebs 548.3-5; IAL J48-50); 1518, ff. 238v-243r; Lockwood 236

*Utrum materia de se aliquem. . .
> R. Lavenham, Physic.: Tanner

Utrum materia et forma distinguantur realiter . . .
> VA 1085, 15c, ff. 231r-249r; VA 4454, f. 109r(Schulz)

Utrum materia in sua essentia. . .
> Ob 104, 13-14c, ff. 191, 195

Utrum materia transmutabilis recipiat omnes formas substantiales. . .
> Aegidius Romanus: HL 30, 562(Schulz)

Utrum materia transmutabilis secundum aliquam vim aliam a potentia passiva. . .
> Aegidius Romanus: HL 30, 563(Schulz)

Utrum mathematica vera scientia inter metaphisicam et phisicam. . .
> Questiones in Euclidem: VAp 1352, a.1470. Prol. 'Pro decisione illius questionis. . .'

Utrum medicina attractiva humoris determinati a forma. . .
> Julianus, Questio disputata: PU 128, 14-16c, f. 121

Utrum medicina composita arte faciat operationem suam. . .
> First of a number of medical questions: Mi H.107.sup., ff. 134r-154r

Utrum medicina(?) in die accessionis. . .
> Metz 178, 14c, f. 1ra-; in Metz 280, 15c, f. 119vb, 'Utrum medicina debeat dari in die assessionis. . .' occurs in the midst of John of St. Amand's Comm. Antidotarium Nicolai

Utrum medicina nobilior atque prestantior sit iure civili. . .
> Nicholetus Vernias Theatinus: Hain *4139, ff. a2v-3v(Schulz)

Utrum medicina nutriat. . .
> Bartholomaeus de Varignana, Questiones: VA 4454, ff. 107-115; pr in part, Puccinotti II,i, cxiii-cxxix

Utrum medicina sit scientia. . .
> Joh. de Dondis, Quest. super lib. regiminis: Giacosa 416; anon. Ea Q.343, 14c, ff. 172-179v; Metz 178, 14c, f. 16va-

Utrum medicamen conveniens verius. . .
> Julian of Bologna, Questio: VA 2418, f. 177

Utrum medicine continens verius. . .
> Julian of Bologna, Questio disputata: VA 4452, 14c, ff. 148ra-149rb

Utrum medicine dicte tales in potentia. . .
> Sigismundus de Polcastris, De actuatione medicinarum: VE VI.96(XI,17), 15c, ff. 57-81. Dedic. 'Cum sepe me exhortatus. . .'

Utrum medicine que dicuntur tales in potentia . . .
> See 'Amice carissime magister Thome. . .'

Utrum medicine recentes debeant ministrari vel antiquate. . .
> Questiones magistrorum Montispessulani: Dresden Db.91, 15c, f. 21rb-

Utrum medicus de iure possit postulare pecunias pro consiliis suis. . .
> CLM 519, 15c, ff. 233r-248r

Utrum medicus per ea que apparent in urina. . .
> Questiones, on Aegidius de Corbeil, De urinis: BMsl 59, 15c, ff. 149r-155v

Utrum mellilotum sit calidum in primis. . .
> Gentile da Foligno: VA 2484, 14c, ff. 237va-238rb

Utrum membrum officiale sit per se proprium
. . .
> Albertus de Zanchariis Bonon., Questio disputata:
> PU 128, 14-15c, f. 121

Utrum memoria sit solum preteritorum. . .
> Buridan, Quaestiones super De memoria et
> reminiscentia: Basel F.V.10, ff. 9va-11va; anon.
> BLd 44, 15c, ff. 87-(104v); VI 4784, 15c, ff.
> 202r-208r; VI 5454, 15c, ff. 73rb-89ra; pr
> (Duns Scotus?), Cursus quaest. c.1492, ff. 143r-
> 144va(Klebs 317.1; IAL Q6)

Utrum memoria sit somnium preteritorum. . .
> Joh. Versor, Quest. super lib. De memoria et
> reminiscentia: pr Lyons, 1489; etc.(Klebs
> 1029.1-3; 1030.1-4; IAL V222, 226-29); anon.
> Amiens 402, 15c, ff. 285-(288)

Utrum metaphysica sit sapientia et omnium
habituum intellectualium perfectissima. . .
> VI 4784, 15c, ff. 73r-172v

Utrum molle sit cuius superficies cedit. . .
> VA 721, 14c, f. 60ra

Utrum mortalitas hominum que fuit hiis annis
. . .
> Konrad von Megenberg, De causis mortalitatis
> generalis: Maria-Saal 15, 14-15c, ff. 106-115
> (Schulz). See 'Utrum mortalitas que fuit. . .'

Utrum mortalitas que fuit hiis annis fit. . .
> Pest tract: Archiv XI, 44-51

Utrum(Verum?) motum solis et lune in una
hora. . .
> John of Genoa, Canon (astronomical): BN 7282,
> f. 129v

Utrum motus cordis sit pulsus. . .
> Borghesi 86, 13-14c, f. 19v

Utrum motus lune in zodiaco sit causa generationis et corruptionis. . .
> VI 5337, ff. 177-179(Schulz)

Utrum motus sequitur proportionem agentium
ad passa. . .
> BLcm 226, f. 66ra-vb; ColR 166

Utrum mundum fuisse de eterno possit ex
principiis. . .
> VI 4987, a.1359, ff. 194r-223v(119r-123r)

Utrum mundus poterit creari ab eterno. . .
> VA 901, 14c, f. 138va

Utrum mundus potuerit esse ab eterno. . .
> Hervaeus Natalis: QE I, 535(Schulz)

Utrum mundus potuerit semper fuisse. . .
> CLM 3754, f. 22(Schulz)

Utrum nativitas fuerit masculina aut femina. . .
> Ptolomeus: CUpem 204, 15c, ff. 68r-69r. See
> 'Huius rei causa maxime proprie. . .'

Utrum natura cometarum sit celestis vel elementalis. . .
> VA 4082, ff. 83va-85va(TR 276); Isis 47(1956),
> 398

Utrum natura in quantum orbata. . .
> Arnald of Villanova, Quest. super lib. Galeni De
> mala complexione diversa: HL 28, 53; Glorieux
> I, 420; Opera, 1504, ff. 371va-376rb; 1505

Utrum natura omnia liquibilia sint naturaliter
ex ar. vi. et sulphuris substantia. . .
> Arnald of Villanova, Rosarius I, i: CLM 2848,
> a.1531, ff. 114v-143r

Utrum natura quinte essentie patiatur esse in
celo ecentricos. . .
> Ea Q.369, 14c, c.f. 180

Utrum natura reparabilis una numero. . .
> Alain Gontier: VA 1086, f. 167v(Glorieux I,
> 457)

Utrum natura specificata. . .
> Comm. De anima: Cues 192, 14c, ff. 18v-38

Utrum naturalis scientia. . .
> Anon. Physicorum liber cum interpretationibus
> in Aristotelem praecipue adversus G. Burlaeum
> et Gaietanum directus: BLcl auct. class. 214, 15c

Utrum necessarium sit supposita veritate. . .
> Themo, Disputatio habita Erfordie a.1350 apud
> Scotos de motu lune: T III, 587-88; Ea F.380,
> 14c, ff. 43-48; ColR 63

Utrum necesse sit hominem habere scientiam. . .
> Lambertus de Monte, comm. Physics: pr
> Copulata super VIII Lib. Physic. Arist.(Cologne,
> c.1485; etc.); Polain, 2433-35; Klebs 583.1-5;
> IAL M716-17

Utrum necesse sit hunc mundum inferiorem esse
continuum. . .
> (Duns Scotus?), Quest. super Metheora: pr
> Cursus optimarum questionum, c.1492, ff. 89r-
> 106r(Klebs 317.1; IAL Q6)

Utrum necessitatem imponat rebus. . .
> Albertus Magnus, De fato: Pelster, Philos.
> Jahrbuch 36(1923), 150-168; Grabmann, Bei-
> träge 22(1931), 348

Utrum nervi oriuntur a corde. . .
> Quaestiones de Galieni Techna: Ea Q.212, 14c,
> ff. 243-250v

Utrum nocumentum proveniens ex somno sit signum mortale...
> Hain *14701, f. 23r(Schulz)

Utrum ob ordinatum scientiarum naturalium...
> Expositiones textuales dubiorum...in libros de Celo et Mundo. See 'Cum veterum traditionibus acceperim...'

Utrum obiectum memorie sit preteritum et...
> Jean Buridan, Questiones super libro de memoria et reminiscentia: FLa 1348, 15c, ff. 39vb-44va

Utrum octava spera moveatur tantum uno motu ...
> BLcm 105, 13-15c, ff. 36v-37v; T (1949), 58

Utrum oculus sit naturaliter complexionis frigide et humide...
> VI 5336, 15c, ff. 27va-28vb

Utrum omne agens in agendo repatiatur...
> Angelus de Fossanbrono, De reactione ad petitionem magistri Benedicti de Salerno: VE VI.160(X,220), a.1443, ff. 248-252; CR B-16

Utrum omne vivens ad salutem vite indigeat...
> Jean Buridan, Questiones super De inspiratione et respiratione: FLa 1348, 15c, ff. 61r-64va

Utrum omnem motum succurret(*sic*) alteri motui...
> Thomas Bradwardine, Quaestiones de velocitate motuum et de proportionibus velocitatum: Ea F.313, 14c, ff. 166-190; VI 5222, 14c, ff. 1r-47v

*Utrum omnes figurae...
> Jo. Tartays, De figuris: Tanner

Utrum omnes impressiones que sunt in parte superiori aeris...
> VA 4082, ff. 82vb-83va(TR 276); Isis 47 (1956), 398

Utrum omnes res extense aut extensive...
> Joh. Buridan, Questiones in Arist. de anima: VI 5454, 15c, f. 1r

Utrum omnes simul eius quod fetatur...
> Galen, Liber in quo inquirit an omnes particulae animalis quod foetatur fiant simul, Nicolao Regio Calabro interprete: Lo Parco(1913), 300; Diels (1905), 144; T (1946), 220; VAp 1211, ff. 64vb-65ra; Opera, 1490, I, 111r; 1515, I, 141v; Opera, Lyons, 1550, p. 124; 1609, I, Pt.2, f. 326r-v

Utrum omni animali sensus...
> Oresme, Comm. Parva naturalia: Ea Q.299, 14c, ff. 128-157v

Utrum omni numero sit numerus maior...
> CLM 18985, 15c, f. 1

Utrum omnia corpora humana equaliter sint...
> Questions on the pest: Archiv XIV, 143-46

Utrum omnia eveniant de necessitate...
> Siger de Brabant, Questio super sexto Metaphysice: ed. Géza Sajó, Budapest, 1954, pp. 123-135

Utrum omnia liquefactibilia naturaliter fiant...
> Arnald of Villanova, liber I, Rosarius: DWS 233

Utrum omnis angulus incidentis sit equalis reflexionis...
> Questiones perspectivales: BN 7378A, 14c, ff. 83ra-85vb

Utrum omnis digestio precedit ingrossando...
> Super 4to libro methaurorum: BN 6933, ff. 196va-197va

Utrum omnis febris sit calor excessivus...
> BU 520(921), 15c, ff. 127-(154v)

Utrum omnis motus uniformiter difformis correspondeat...
> De motu uniformiter difformi: VE VIII.19 (XI,19), 15c, ff. 230-234; BN 16621, f. 85r-

Utrum omnis notitia dicatur esse intensibilis et remissibilis...
> Antonius de Conegliano, De intentione scientie: BLcm 177, end 14c, ff. 18-21vb

Utrum omnis quantitas sit divisibilis...
> Blasius of Parma, Comm. De coelo et mundo: T IV, 652-53; anon. VA 9414, f. 138r

Utrum operari a materia sit operari a forma specifica...
> Gentile da Foligno: CLM 7609, a.1387, ff. 153vb-154ra

Utrum operatio lapidis possit fieri ex solis luminaribus...
> CLM 2848, 16c, f. 100v(Schulz). See 'Utrum ex luminaribus...'

Utrum operationes que a medicis dicuntur fieri a forma specifica...
> (Gentile da Foligno): CLM 7609, a.1386, ff. 128ra-130rb; JHM X(1955), 397, n.44

Utrum oriantur planete in mane ante solem et occidant...
> CLM 27, f. 202ra-va

Utrum passio sit...
> CUg 512(543), 14c, ff. 178va-179va

Utrum per adiuvamentum artis possint fieri...
Alchemy: Univ. Penn. Lea 1, late 15c, ff. 109r-116v

Utrum per artem alchymicam possit fieri verum aurum...
See 'Memini in Christo...'

Utrum per artem possit fieri verum aurum...
Disputatio Scoti: BN 14006, 15c, ff. 90r-96r (Corbett I,182); Scoti philosophi questiones: Lyons 317(293), 16c, f. 32-(Corbett II,71); FR 923, 16c, ff. 116r-123v; anon. VI 5510, 15-16c, ff. 122r-124v

Utrum per durationem et perpetuitatem motuum stellarum...
John Paul de Fundis, Questio de duratione huius etatis mundi, dated 1433: BMr 8.E.VII, ff. 73r-77v(ColR 146); T IV, 232, 234; dated 1434, Os 182, ff. 136r-148r

Utrum per interrogationes astronomicas secundum astronomie principia...
Defense of astrol. interrogations against Robert de Bardis: VA 4275, 14-15c, ff. 29-34v

Utrum per medicinam aliquis possit perpetuare...
Questiones circa amphorismos: Ea Q.212, 14c, ff. 252-262v

Utrum per physionomiam potest haberi...
Jean Buridan, Questiones Arist. Physiognomia: BLcm 422, 15c, ff. 111r-128r; Speculum 18 (1943), 99-103

Utrum per scientiam astrorum possit...
See 'Licet de hac questione...'

*Utrum per se principia naturalia in...
Questio de tribus principiis naturalibus: Oma 16, 15c, ff. 13-(59)

Utrum per signa corporum exteriora potest habere evidens iudicium...
(Buridan?), Comm. Physionomia Aristotelis: Ghent 72(355), 374ra-395vb

Utrum per sompniorum involucra fiant revelationes...
VI 4613, 15c, ff. 1r-12v

Utrum perfecta dei opera possint impediri demonis malitia...
Johannes de Mechlinia, Determinatio quotlibetica in scolis artistarum: BM IB.8917; IAL H19

Utrum pertineat ad aliquam disputationem de quolibet...
Questiones de quolibet et physica: BN 6872, 15c, ff. 63r-70va

*Utrum philosophiam speculativam ratione seu dignitatis...
Walter Burley *or* Jean Buridan, In Arist. de coelo et mundo: Ob 97, 14c, ff. 80v-(135); CUpet 188, 15c, ff. 131-160; HL 38, 521

Utrum philosophica inquisitione lumen nature attingeret speciales articulos fidei...
Henry of Hesse(?): BN 14580, ff. 86ra-100vb

Utrum planeta sit ascendens...
Lübeck Stadtbibl. F.239, 14c(Zi 7844)

Utrum planeta sit ascendens vel descendens...
See 'Cum fuerit centrum planete...'

Utrum planeta sit stationarius directus aut retrogradus...
Joh. de Lineriis, Canones tabularum eclipsium, a.1322: CU 1719(Ii.I.27), a.1424, ff. 56v-61r; FN II.ii.316, 15c, ff. 74ra-75va; anon. Cues 211, 14c, ff. 1-15v; FLa 131(205-137), 14c, fasc. B, ff. 50v-52v

Utrum planeta sit stationarius vel directus...
Laurentius de Laurentiis, Canons to Alfonsine tables. See 'Cum a communioribus inchoanda...'

Utrum plenitudo et indigentia ultra quam oportet sint cause morborum...
Hain *14701, f. 24v(Schulz)

Utrum plures forme substantiales possint esse in eodem...
Aegidius Romanus: HL 30, 563(Schulz)

Utrum possible sit actionem veneni...
Petrus Cararius, Questio de venenis. See 'Tui amoris gratia Vitalis Lando...'

Utrum possibile sit de impressionibus meteorologicis habere simul scientiam et opinionem...
Oresme, Comm. Meteor.: BN 15156, 14c, ff. 226r-288v; Upsala C.596, c.1424, ff. 2-97; SG Stift 839, a.1459, 175 ff.; Isis 45(1954), 145-52; 46(1955), 357-59; John Buridan: CLM 4376, f. 1r(Schulz)

Utrum possibile sit naturam humanam personaliter subsistere in persona alterius nature...
(Duns Scotus): ed. Longpré, Grabmann Festschrift 974 et seq.(Schulz)

Utrum possimus commiscere medicinas...
Gentile da Foligno: CLM 7609, a.1385, ff. 57rb-59ra; JHM X(1955), 395, n.25

Utrum possit aliquid rarefieri...
VE VIII.19(XI,19), 15c, ff. 211-213

Utrum possit esse equale ad pondus...
> Hugh of Siena, De equali ad pondus: VE VI.96 (XI,17), 15c, ff. 12-16; Ugonis Senensis nonnullae quaestiones extravagantes, Venice, 1515; 1517, ff. 97rb-81va; Lockwood 235

Utrum possit probari per rationem...
> William of Ockham, Quotlibeta, text: *Hain 11941, ff. 7r-118vb

Utrum possit probari quod artificialia...
> William of Ockham, Conclusiones super libros physicorum: VI cod. dom.153, ff. 86r-109r

Utrum post medicinam competat balneum...
> Jacobus de Placentia: VA 2418, 14c, ff. 180vb-182ra

Utrum potentia aliqua terminetur per maximum...
> De maximo et minimo: CLM 4377, 15c, ff. 149r-153r

Utrum potentia cognoscitiva que per sui imaginationem...
> VAp 1144, ff. 194r-200v

*Utrum potentie anime realitate...
> Jo. Baconthorpe, De potentiis animae: Tanner

Utrum potentie anime sint de essentia anime...
> Guido Terrenus sive de Perpiniano, Quaestiones de anima (Questio V): VA 901, 14c, ff. 169r-170v; HL 36, 449

Utrum potentie vegetativa sensitiva et...
> Radulphus Brito, Questiones super librum de anima: VAp 1059, ff. 9v-35v

Utrum potentie vegetative et potentie secundum locum motive...
> Circa Parva Naturalia: VA 2880, ff. 87ra-89vb

Utrum potest fieri lapis qui dicitur philosophorum...
> Dialogus inter Hilardum necromanticum et quendam spiritum: T IV, 573, n.55; DWS 1067

Utrum potestas coercendi demones fieri potest per caracteres...
> John of Frankfurt, Disputation of 1406 at Heidelberg: CLM 15320, ff. 150rb-155rb; Beiträge 37, 5(1955), 36; CLM 3417, a.1439, f. 43; 18142, f. 33v; Trier Stadtbibl. 60, no.4(Schulz)

Utrum preferendus sit miles an doctor...
> Christophorus Lanfranchinus: Hain 9878

Utrum preter ea que determinata sunt...
> Comm. De sensu et sensato: Amiens 402, 15c, ff. 271-(284)

Utrum preter radicale(?) cuiuslibet rei...
> Questio disputata per magistrum Iacobum de Placentia quem substinuit M. Thomas magister de Cremona: BLcm 226, 15c, f. 90ra-va

Utrum primum sensitivum sit in corde vel in cerebro...
> Jean Buridan, De organo sensus: BN 15888, f. 69

Utrum principia rerum naturalium...
> Comm. Physics: Cues 192, 14c, ff. 38-76

Utrum principium anime nutritum sit in medio ...
> (Jean Buridan), Questiones de vegetabilibus et plantis: FLa 1348, 15c, ff. 57vb-61rb

Utrum principium individuationis sit materia...
> Thomas Aquinas: Beiträge XXII, 1-2(1931), 302; pr Padua, 1698

Utrum principium motus aut animarum et cordis...
> Albertus de Zanchariis Bonon., Questio disputata: PU 128, 14-15c, f. 125v

Utrum principium nutritivum anime sit in medio...
> 'Circa librum de morte et vita,': VI 4784, 15c, ff. 226r-229v. See 'Utrum principium anime ...'

Utrum prius debeant exhiberi grossa...
> BLd 44, 15c, ff. 115-122

Utrum privatio distinguatur realiter a...
> VE VI.149(XI,23), 15c, f. 86

*Utrum privatio sit aliqua res...
> William of Occham, In lib. Physic: Wadding

Utrum pro assignandis causis...
> Johannes Garzius, Questiones, Bologna, 27 Dec. 1470: BU 520(921), 15c, ff. 178r-184r

Utrum pro sensatione causando oporteat ponere sensum agentem...
> Gaietanus de Thienis, De sensu agente: pr Venice, 1481; Vicenza, 1486, pp. 171-75; Venice, 1493, ff. 81vb-83vb(Klebs 425.2-4; IAL G24-26)

Utrum pro visione causanda...
> Blasius of Parma, Questiones in Perspectiva: T IV, 657-59(VI 5309, ff. 67r, 117r-v, 126v; ColR 141a)

Utrum prognosticatrix astrologie haberi possit ...
> Lucius Bellantius, De astrologica veritate: GW 3802(Schultz)

Utrum proportio motuum in velocitate sit equalis...
See 'Inter maximas philosophorum...'

Utrum proportio velocitatis in motibus sit sicut
...
     VA 2225, 15c, ff. 88ra-90ra(CR B-65(7); APS 104(1960), 197b

Utrum proportio velocitatum...
Questio de proportionibus: Ea F.380, 14c, ff. 67-83v

Utrum proportio velocitatum in motibus sit equalis...
I. Johannes Marlianus, Questio: VA 2225, f. 130vb(APS 104(1960),195a)
II. Alexander Achillinus, De proportionibus motuum quaestio: pr Venice, 1545, ff. 184r-195v

Utrum proprium subiectum libri de anima...
Jean Buridan, Quest. in lib. de anima: BLcl auct. class.278, 14-15c, ff. 1-(38)

Utrum propter speciem rei sensibilis...
Thadeus of Parma: Grabmann(1936), 245

Utrum pueri sint temperatiores iuvenibus...
Jacobus de Placentia: VA 2418, f. 182r

Utrum punctus diffiniatur...
Leidinger-Festschrift 1930, p. 78(Schulz)

Utrum putrefactio causetur a calido intrinseco
...
     Univ. Penn. Lea 1, late 15c, ff. 116v-119r

Utrum putrefactio possit accidere in corpore humana...
Hugh of Siena, Quaestio de putrefactione: VE VI.96(XI,17), 15c, ff. 1-4; Lockwood 236-37

Utrum putrefactio sit possibilis...
Comm. IV Meteor.: Oma 80, 14c, ff. 222v-233; Isis 45(1954), 146

Utrum quadrare circulum sit possibile...
Albert of Saxony, De quadratura circuli: ed. Suter, Zeitsch. f. Gesch. d. Math., 29(1884), 87-94; Bern A 50, 15c, ff. 169r-172r

Utrum qualitas suscipiat magis et minus...
Marsilius d'Inghen: BN 16401, late 14c, ff. 149v-177v; BN 6559, 14c, f. 121r-; Thomas de Anglia: BLcm 226, 15c, ff. 38ra-42ra

Utrum quantitas continua magnitudo...
Bartholomaeus de Usingen, De quidditate quantitatis continuae: GW 3465(Schulz)

Utrum quantitas distinguatur a substantia...
Na V.H.190, c.1474, f. 36va mg

Utrum quatuor membra principalia...
Erhard Knab, Medical disputations at Heidelberg, 1458-1463: VAp 1202, ff. 1r-312; AMH 8 (1936), 153-54

Utrum quatuor sperarum continue...
Ea F.313, 14c, ff. 143-146v

Utrum (que) sit necessitas...
Thomas Aquinas, De sensu communi: Toulouse 872, 13c, ff. 97-102; NYAM 6, 14c, ff. 28r-31r; Kibre(1941), 266

Utrum quelibet activa potentia per maximum quod sic debeat terminari...
BLcm 177, end 14c, ff. 21va-22ra

Utrum quelibet forma substantialis producenda successive...
Menghus Blanchellus, Quest. de primo et ultimo instanti: Ferrara, 1492(GW 4409;IAL B626)

Utrum queri possit per naturalem rationem...
William of Occam, Quodlibeta super lib. Phys.: BN 17841, 15c, ff. 28ra-39vb(incomplete)

Utrum quis possit astrorum vera loca indagare
...
     The first of eight astrological questions: BLcm 191, 15c, ff. 1ra-19vb(unfinished)

Utrum quod celum empyreum non sit corpus...
VA 754, 15c, f. 9vb

Utrum quod circulum(?) in sua prima spera vel loco nature...
Questio: VA 4447, f. 257ra-va

Utrum quod movetur continue per aliquod spatium...
Jean de Jandun, Quaestiones super libris Physicorum Aristotelis: last questio in BLcm 407, not found in eds.; HL 33, 537

Utrum quodlibet corpus durum sit alteri immediate...
Henry of Hesse: BN 16401, ff. 47r-54v(TR 282)

Utrum rarefactio et condensatio sint possibiles...
Andrea de Podio: Ea Q.231, 14c, ff. 170-178

Utrum rectius sit dare maximum tempus...
De maximo et minimo potentiarum: Ea Q.325, 14c, ff. 168-170

Utrum regimen conservatum sit...
Bartolus de Squarcialupis de Plumbino, Colcodei seu Liber de peste: VI 2349, 15c, 54 ff.

Utrum regnante morbo epidimie liceat prosit et expediat suspecta loca...
Gabriel Biel (d.1495), Questio de fuga pestis: Klebs 1049.1; IAL W13; CPh

Utrum res future per astrologiam(astrologos) possint presciri...
   Nicole Oresme, Contra divinatores horoscopios: T III, 402-403; ColR 35, 41a

Utrum sanitas membri consimilis que est sibi propria...
   VA 2484, 14c, ff. 195va-196va

Utrum sanitas possit fieri per artem...
   Gentile da Foligno: CLM 7609, 14c, ff. 119ra-124ra; JHM X(1955), 397, n.40

Utrum sanitas sit causa actionis...
   Quaestiones de locis variis canonis Avicennae: Ea Q.343, 14c, ff. 156-171v

Utrum sanitas sit forma absoluta vel respectiva
...
   Gentile da Foligno: CLM 7609, a.1386, ff. 133va-134rb

Utrum scientia civilis vel canonica sit nobilior medicinali...
   Johannes de Imola, Questio nobilissima: T (1929), 261; ColR 15: VE VI.105(X,218), ff. 79v-82r

Utrum scientia de anima sit...
   Jean de Jandun, Questiones de anima: Ea F.336, a.1327, ff. 30-100; F.298, a.1352, ff. 89-108

Utrum scientia de anima sit de numero bonorum honorabilium...
   Duns Scotus, Quest. super libros Arist. de anima: pr c.1492, and bound with Cursus quaest. super phisica Arist. etc.(Klebs 317.1; IAL Q6)

Utrum scientia de anima sit naturali philsophie subordinata...
   Lambertus de Monte, Positiones primi de anima: pr (Cologne, 1485) (Klebs 583.1; IAL M716)

Utrum scientia de memoria sit distincta...
   Questiones de memoria et reminiscentia: Oo 33, 14c, ff. 184ra-187rb

Utrum scientia de morte et vita sit...
   Jean de Jandum, Questiones duodecim: VE VI.82(XII,9), 15c, ff. 81-89; HL 33, 552

Utrum scientia de operationibus et passionibus anime...
   Super De sensu et sensato: CLM 4376, f. 68r (Schulz)

Utrum scientia debeat esse de generabili...
   Questiones De generatione et corruptione: Grabmann(1928), 48

Utrum scientia huius libri sit de ipsa anima...
   Oresme, Questiones De anima: CLM 761, ff. 11a-40va; Beiträge XXXI, 3(1934), p. 18; AHDL, 23(1956), 246-48

Utrum scientia libri de anima accepta...
   Questiones in Aristotelis, De anima, I-II: VA 869, f. 59

Utrum scientia libri de anima sit pars scientie...
   Quest. Arist. De anima: Ea Q.301, 15c, ff. 43-99v

Utrum scientia naturalis consideret de...
   Albert of Saxony, Questiones de lib. Physicorum: BLcm 508, 14c, 77 ff.; Bruges 477, 14c, ff. 60v-163v; Ea 337b, 14c, ff. 64v-116v, 118-129; FL Plut.84, cod. 21, 14c, 123 ff.; Vendôme 106, 15c; pr (Venice, 1500)(Klebs 31.1); Paris, 1516; 1517

*Utrum scientia naturalis sit circa corpora et magnitudines...
   In Arist. de coelo et mundo: BLcm 211, a.1443, ff. 93-(135); Amiens 402, 15c, ff. 118-(155); Versor Parisiensis: Giacosa 499

Utrum scientia naturalis sit circa magnitudines et corpora...
   Comm. De coelo et mundo: VAp 1040, ff. 120r-148v

Utrum scientia naturalis sit consideratio...
   Joh. Buridan, Quest. VIII libris physic. Arist.: Ea F.344, a.1399, ff. 1-70v

Utrum scientia naturalis sit consideratio de omnibus rebus...
   Londorius, Quest. de VIII libros physicorum Arist. institutae: Ea F.343, a.1436, ff. 1-179; anon. CLM 12282, a.1387, ff. 70ra-121vb (incomplete)

Utrum scientia naturalis sit considerativa de omnibus...
   Quest. Arist. de libris Physic.: Ea Q.305, a.1399, ff. 106-189v

Utrum scientia naturalis sit de omnibus rebus...
   Robertus Lincolniensis, Questiones in libros physicorum Aristotelis: CLM 279, 14c, ff. 1ra-105va(part of last question missing); anon. KlaS 74, 15c, ff. 2r-218r; VI 4951, a.1501, ff. 1r-141v; 5909, 15c, ff. 1r-199r

Utrum scientia naturalis sit de sensibus...
   Quest. super Arist. Physica: CUg 512(543), 14c, ff. 109ra-(126vb): CLM 12282, f. 70

Utrum scientia naturalis sit scientia de omnibus
...
   Joh. de Chymiacho, Questiones de libris Physicorum: Ea Q.304, 14-15c, ff. 1-148v

Utrum scientia naturalis sit scientia de omnibus rebus. . .
> Frederick of Nürnberg, Questions on Physics: VAp 1037, a.1422, ff. 1r-87r, at University of Heidelberg

*Utrum scientia naturalis sit scientia de omnibus rebus mundi. . .
> Jean Buridan, Questiones super octo libros Physicorum: Ob 97, a.1402, ff. 2-80; Graz 957, 15c, ff. 1r-147r; Quest. longe super quatuor primis libris Phisicorum Arist.: Ea F.357, 14c, ff. 1-95v; anon. VI 4951, a.1501, ff. 1r-141v; KlaS 74, 15c, ff. 2r-218r

Utrum scientia naturalis versetur circa corpora et magnitudines. . .
> Joh. Versor, Quest. super libros Arist. de Coelo et Mundo: Graz 853, a.1467, ff. 200ra-237ra; cum textu: (Cologne, c.1493)(Polain 3925; Klebs 1030.4; IAL V229)

Utrum scientia potest advenire. . .
> Guillelmus Anglicus, Questio de scientia: Padua XIII, N.295, 14c, ff. 44r-49v

Utrum scientia(?) sit practica vel speculativa et . . .
> CUg 512(543), 14c, ff. 177rb-178rb

Utrum scientia tradita sit scientia naturalis. . .
> Questiones on Aristotle, Meteorologica: Grabmann(1928), 48

Utrum scientie liberalis de anima anima sit subiectum. . .
> Nicolaus Bennet de Smalkaldia: Bern 507, ff. 1r-86v

Utrum scientie mathematice. . .
> Dominicus de Clavasio, Quest. de spera: Ea Q.299, 14c, ff. 104-112; T(1949), 27, n.63, 64

Utrum secundum artem potest fieri verum aurum. . .
> Disputatio Scoti de opere lapidis philosophorum: BN 11202, 15c, ff. 36v-45v(Corbett I,150); anon. KLaB XXX.d.6, 15c, 54r-61v; De natura solis et lune: CLM 26059, a.1507-8, ff. 109r-119v

Utrum secundum naturalem philosophiam sint alique substantie separate. . .
> Henry of Hesse: T III, 505, n.104; ColR 43b (VA 9369, ff. 26r-30v); BN 17496, 15c, ff. 81v-86

Utrum secundum philosophi et sui comentatoris sententiam corpus mobile. . .
> Gomez of Lisbon, Questio de scientie subiecto: pr (Pavia, 1490)(Klebs 468.1; IAL G292); Hain 5542, with Scotus (LC)

Utrum semper res que videtur in speculo. . .
> VI 5144, 15c, ff. 139v-143r(ColR 319); M-H 13(1960), 88

Utrum senes debeant regi per similia aut per contraria. . .
> Questio medica: Ea Q.174, 14c, ff. 118-119

Utrum seni febricitanti conveniant magis frigida quam iuveni(iuniori). . .
> John of Parma: VA 2418, 14c, f. 180va-b

Utrum sensibilia communia sint sensibilia per se. . .
> Gaetanus de Thienis, Questio de communibus: Venice, 1481; Vicenza, 1486, pp. 176a-177a; Venice, 1493, f. 84r-v(Klebs 425.2-4; IAL G24-26); Laurent 306(170)

Utrum sensus auditus plus conferat ad scientiam quam sensus visus. . .
> Questiones de sensu: pr Cursus questionum. . . c.1492(Klebs 317.1; IAL Q6)

Utrum sensus sit receptivus specierum. . .
> Comm. Parva Naturalia: BLb 844, 15c, f. 157

Utrum sensus tactus sit necessarius omnibus animalibus. . .
> Jean Buridan, Questiones super De sensu et sensato: FLa 1348, a.1410, ff. 19vb-39vb

*Utrum sensus tactus sit unus vel plures. . .
> Duns Scotus, Quaestiones super libros secundum et tertium de anima: BLd 44, 15c, ff. 134v-(188); Oma 80, 14c, ff. 161ra-177rb; Oa 87, 15c, ff. 185-(222); Ob 117, 15c, ff. 169-(189); Oma 16, 15c, ff. 59-(97); Ran 953, 14c, ff. 28r-45v; AL 1543; anon. CUg 335(724), 15c, ff. 115ra-148va; pr with Gomez of Lisbon: Hain 5542, ff. a2r-a5v(LC; Klebs 468.1); Opera, III(1891), 475-642

Utrum sententie tradite in libro de anima. . .
> Circa librum de anima: Tours 746, 14c, ff. 62-80

Utrum separatis a materia sit genus et differentia. . .
> Vericus, Determinatio(of 30 questions, mostly natural): BN 16089, ff. 75va-76va; HL 37, 247-8

*Utrum signa et modi proseitatis sint idem. . .
> Franciscus de Mayronis, De signis: Oc 371, f. 236; BLcm 371, a.1436, ff. 236-(238); HL 36, 336

Utrum significat dare medicinam. . .
> Questiones optime super primo Can. Avicenne: Ea Q.212, 14c, ff. 194-228

Utrum singula mineralia inter terre concavitates ex sulfure et mercurio...
CLM 353, 15c, ff. 118r-(119)

*Utrum sint indivisibiles linee et totaliter in omnibus...
Aristotle(Theophrastus?), De lineis indivisibilibus, tr Robert Grosseteste: Thomson 67-68; AL pp. 88, 187; pr Venice, 1496, ff. 361r-363r (Klebs 82.7; Yale 261; IAL A865)

Utrum sint plures mundi...
'Quest. super tract. de spera in Montepessulano a.d.1267': Ea Q.188, 13-14c, ff. 9v-34(Zi 10394); Grabmann(1935), 30

Utrum sint ponende rationes seminales in materia...
Nicolaus Theatinus: VAu 1491, 15c, ff. 83v-(85)

Utrum sit aliqua etas consistendi...
Hugh of Siena: VE XI.96(XI,17), 15c, ff. 4-9; pr 1517, ff. 82vb-86rb(Lockwood 236)

Utrum sit aliqua scientia necessaria preter...
Questiones super 4 libros phisicorum: Misc. Ehrle, I(1924), 111; CLM 9559, 14c, item 1

Utrum sit dare complexionem humidam(*not*, datum cognitionem humanam)...
BLcm 226, 15c, f. 49r-(50r)

Utrum sit dare plura principia...
(Aegidius Columna), Questiones de esse et essentia: BN 14568, ff. 109r-162r; HL 30, 477(Schulz)

Utrum sit dare primum et ultimum instans...
Walter Burley, De primo et ultimo instanti: BLcm 177, 14c, f. 11; Plimpton 171, a.1396, ff. 7ra-10ra; BN 16401, late 14c, ff. 120r-125v; CLM 26838, a.1406, ff. 197v-202v

Utrum sit dare primum instans rei permamentis in esse...
Walter Burley: VA 3026, 14c, ff. 14r-16v

*Utrum sit dare unum primum principium rerum omnium...
Duns Scotus, Quaestiones disputatae de rerum principio: Opera IV(1891), 267-717; Glorieux II, 212

Utrum sit dare virtutem vitalem distinctam a nutritiva et sensitiva...
Antonius de Palma(Parma?): PU 128, 14-15c, ff. 111v-113

Utrum sit de animalibus quod de subiecto...
Ioh. de Tydenshale, Questiones super librum de animalibus: Oo 33, 14c, ff. 273ra-323vb

Utrum sit eque nota...
FLa 1348(1272), f. 17ra. See 'Utrum cuiuslibet...'

Utrum sit idem modus distinguendi tempora particularia scilicet paroxismorum...
CLM 265, f. 78r(Schulz)

Utrum sit licitum alicui medico dare venenum
...
Questiones Gentilis extracte ex scripto eius super Fen 6 quarti Canonis(Avicenne) de venenis: CLM 264, f. 114va-b

Utrum sit mundus quadratus sive rotundus...
Versus: CUsj E.16, 13c, f. 74v(Atk)

Utrum sit necessarium ponere aliam caliditatem distinctam...
Jacobus Bononiensis, Questio disputata: PU 128, 14-15c, f. 122v

Utrum sit ponenda natura communis...
Destructio naturarum communium contra reales: GW 8256-58; IAL D113

Utrum sit ponere aliquod primum esse quod sit causa...
Matthew of Aquasparta, De productione rerum: Glorieux, II, 105

Utrum sit possibilis(possibile) esse scientiam (scientia) de omnibus animalibus...
Petrus Hispanus, Quaestiones super lib. de animal. Arist.: Ma 1877, ff. 256r-299r; Grabmann(1928), 104-107; ZB, IX(1936), 100 (Schulz)

Utrum sit reperire distemperantiam simplicem
...
Gentile da Foligno: CLM 7609, a.1385, ff. 45rb-46rb; JHM X(1955), 394, n.20

Utrum sit reperire malam complexionem humidam...
Albertus Bonon., Questio disputata Bononiae a.1312; CLM 244, ff. 130r-131v

Utrum sit scientia de animalibus...
Poitiers 151, 14c, f. 8

Utrum sit scientia de generationibus...
Buridan, Quaestiones super De generatione et corruptione: Ea Q.325, 14c, ff. 108-130v

Utrum sit una forma substantialis in homine...
Borghesi 37, 14c, f. 324v, imperfect

Utrum sit vel fuerit possibile mundum semper fuisse...
Bernard de Trilia: Borghesi 156, 14c, ff. 128r-133r; VA 2188, ff. 147r-153v

Utrum sit via possibilis ad terminum...
  Nicholas of Lyra(?), Questiones super lapide philosophico ad Scotum: Cambrai 912, 15c, ff. 136-137(Corbett II,46)

Utrum solutio continui...
  Bertutius Bonon, Questio disputata: PU 128, 14-15c, f. 126vb

Utrum solutio continui sit per se causa doloris...
  Petrus de Roccha(Mutinensis), Questio disputata: PU 128, 14-15c, f. 131v

Utrum somniorum simulacra vapore fluido splendentia diffusa...
  Quaestiones naturales: CUt 1418(O.IX.6), 15c, ff. 1r-29

Utrum solutiva medicina per mederi exhibita operationem...
  Questio terminata a.1453: VAp 1264, 15c, ff. 4r-14r

Utrum somnus et vigilia sint passiones toti...
  Quest. De sompno et vigilia: VAp 1050, ff. 318r-326v

Utrum somnus et vigilia sint passiones convenientes...
  Joh. Versor, Quest. super Arist. De sompno et vigilia: Klebs 1030.1-4; IAL V226-29

Utrum somnus et vigilia sint passiones solis et omnibus...
  Ioh. de Magistris, Comm. De somno et vigilia: pr Parma 1481; etc.; 1490(?), BM IA.37145, f.194-(Klebs 639.1-5; IAL M17-18)

Utrum somnus sit causa sanitatis...
  CLM 4376, f. 100v(Schulz)

Utrum somnus sit privatio vigilie et arguitur...
  Jean Buridan, Quest. super lib. de somno et vigilia: FLa 1348 15c, ff. 44va-54vb; Basel F.V.10, ff. 11va-14ra; VA 2880, ff. 66ra-71ra; anon. Amiens 402, 15c, ff. 289-(295): VI 4784, 15c, ff. 208v-220v

Utrum somnus sit privatio vigilie. Videtur quod non quia...
  Quaestiones super De sompno et vigilia: pr Cursus quaestionum... c.1492, ff. 144vb-147ra(Klebs 317.1; IAL Q6)

Utrum species febris ethice sint tantum quatuor vel plures...
  Mundinus de Lentiis Bonon., Questio disputata: PU 128, 14-15c, f. 128

Utrum species febris ethice sint tres aut plures vel pauciores...
  Albertus de Zanchariis Bonon., Questio disputata: PU 128, 14-15c, f. 127

Utrum species humana esse inceperit...
  Siger de Brabant, De eternitate mundi: ed. Les philosophes Belges, VI-VII(1911), 131-42

Utrum species intelligibilis sit aliud...
  Jean de Jandum, Questiones, Grabmann(1936), 244

Utrum species sensibilis vel intelligibilis habeat virtutem alterandi corpus...
  Gentilis de Cingulo: VA 772, 14c, 180v-182v; 107v-108r

Utrum spera diffinitive sit transitus circumferentie dimidii circuli...
  Questiones super tractatum de spera: BMar 11, 15c, ff. 198-(205); TR 284 has ff. 198ra-199rb

Utrum sphericum tangit planum...
  Blasius of Parma: BLcm 177, end 14c, ff. 153-154(T IV,661)

Utrum spiritus deo servientes possent carnem humanum assumere...
  Questiones in librum aliquem de rebus physicis: BMar 52, 13-14c, ff. 58-(62)

Utrum spiritus sint in arteriis venis et nervis...
  Geraldus de Solo, Determinatio de situ spiritus: Ea F.270, 13c, ff. 76v-78v

Utrum spiritus sit formaliter animatus quod sic quia anima...
  Franciscus de Zanellis Bonon.: CLM 7609, a.1383, ff. 13va-15rb; JHM X(1955), 393-4, n.17

Utrum spiritus sit propinquum subiectum sanitatis et egritudinis...
  Dubia seu questiones medicae: VAp 1133, ff. 127r-160va, incomplete

Utrum stella comata ex elementorum materia sumens originem...
  Radulfus de Ruddesheyn, Questions about comets: VAp 1438, c.1469, ff. 10r-19r

*Utrum stelle sint create ut per motum et lumen sint...
  Robert Holkot, De stellis: Oc 138, 14c, ff. 108v-122r(TR 302); BLe 167, early 15c, ff. 19v-41r; AIHS X(1957), 229-35

Utrum subiectum...
  Jean Buridan, Comm. De anima: Ran 592, 14c, ff. 113-187; Ran 593, 14c, ff. 93-148

Utrum subiectum generationis accuetur per...
(Guil. de Chelveston), Questiones de generatione et corruptione: CUpet 192, 14c, ff. 123r-132vb

Utrum subiectum istius scientie sit anima vel corpus...
Duns Scotus, Questio prima super de anima. See 'Utrum scientia de anima sit de numero...

Utrum subiectum memorie sit preteritum...
CLM 4376, f. 86v(Schulz)

Utrum subiectum proprium et adequatum in scientia libri de anima...
Henricus de Oyta, De anima: VI 5374, a.1393, ff. 35r-91v

Utrum subiectum proprium in scientia libri de anima sit anima...
Jean Buridan, Questiones in Aristotelis de anima: VI 5454, 15c, ff. 1r-56vb

Utrum subiectum proprium libri de anima sit anima vel...
Jean Buridan, Questiones de anima: CLM 742, f. 2v(Schulz)

Utrum subiectum proprium libri de anima sit ipsa anima...
Comm. De anima: Ran 480(D.VII.6), early 15c, ff. 6-75

Utrum subiectum proprium sit anima vel...
Blasius of Parma, Comm. De anima: T IV, 652

Utrum subiectum sit causa efficiens proprie passionis...
Jacobus de Placentia, Questio Bononie disputata: BLcm 226, 15c, ff. 31 bis, va-37vb

Utrum substantia finita in suo conceptu...
Joh. Canonicus, Questiones super Physica: Isis 40(1949), 347-9; pr Padua, 1475, etc.(Klebs 553.1-4; IAL J316, 230-233); Venice, 1520 (Schulz)

Utrum super impregnatio sit possibile...
VA 4455, f. 103ra-vb

Utrum superflua trituratio medicinarum destruat operationem earum...
Gentile da Foligno: CLM 7609, a.1385, f. 59ra-vb; JHM X(1955), 395, n.26

Utrum supposita veritate theoricarum necessarium...
Themo, Questio astronomica a.1350 apud Scotos disputata: T III, 587-88; ColR 62(Ea F.313, ff. 121-142v)

Utrum supposito quod corpus fractum(?)...
Dino del Garbo: VA 2484, 14c, ff. 214rb-217rb

Utrum tantum tres sint doctrine ordinarie, Multipliciter arguitur...
Joh. Sermoneta, Quest. super libros Tegni Galieni: pr Venice, 1498, ff. 31r-72v(Klebs 915.2; IAL S429)

Utrum tantum tres sint omnes doctrine ordinarie...
Jacobus de Forlivio, Quaestiones super tegni Galeni: VI 5394, 15c, 293 ff.; Wi 60, 15c, ff. 55ra-208vb; anon. BLcm 446, 15c, ff. 41-(211); FL Plut.29, cod.27, 15c, ff. 44-(50); pr with his Comm., Venice, 1495, Accurti 82(Klebs 547.6)

Utrum tantum tria principia requirantur ad transmutationem...
Questio de principiis rerum naturalium: FLa 1348, 15c, ff. 11va-14vb

*Utrum tantum tria sint intrinseca rerum...
Joh. Sharpe, Quaest. physic.: Oo 35, 15c, ff. 60-(86); On 238, 15c, ff. 53-(210); Oa 85, a.1428, ff. 1-88. See 'Cum tantum tria...'

Utrum tempus sit aliquid reale extra animam...
Guil. de Alnwick: Scholastik VI(1931), 218 (Schulz)

Utrum teriaca conservat solum modo homini venenerato...
Gentile da Foligno: CLM 7609, a.1386, ff. 136va-137rb

Utrum teriaca nova sit stupefactiva...
Gentile da Foligno: CLM 7609, a.1385, ff. 53ra-57rb: JHM X(1955), 395, n.24

Utrum terra valeat aquis esse undique coperta
...
De proprietatibus elementorum: pr Cologne, H. Quentell, 1496; Klebs 810.1

Utrum tota perspectiva consideret de linea visuali...
Dominicus de Clavasio, Quaestiones super perspectivam: FNcs J.X.19, c.1400, ff. 44r-55v; Björnbo(1912), 203

Utrum totum corporeum sit subiectum in hac scientia...
Comm. De caelo et mundo: Grabmann(1928), 76-80. Prol. 'Sicut dicit philosophus decimo Ethicorum...'

Utrum totus mundus est perfectus continens tamen quinque...
Quest. de celo et mundo: pr Cursus quest. c.1492, ff. 106v-120ra(Klebs 317.1; IAL Q6)

Utrum tres dimensiones scilicet linea superficies et corpus...
Questio de speciebus quantitatis continue: Ea F.345, a.1360, ff. 67r-77r

Utrum tria. . .
 See 'Utrum tantum tria. . .'

Utrum tria sint instrumenta. . .
 On flebotomy: CLM 12033, 15c, f. 121r

Utrum unius corporis simplicis naturalis. . .
 Questiones circa libros I-II De celo et mundo:
 Basel F.V.10, II, ff. 88rb-97va

Utrum universale significat rem aliquam aliam
extra animam. . .
 BLcm 226, 15c, ff. 71-74vb

Utrum unum metallum possit venire in aliud
per artem. . .
 AFML MS, 15c, ff. 34r-38v

Utrum urina sit superfluitas secunde. . .
 Thesaurus urinarum: Art ancien 17, 15c, ff.
 42r-47v

Utrum variole et morbille gener(antur). . .
 VA 2484, f. 217rb-va

Utrum vel in quo tempore fiat melior digestio
. . .
 Albertus(de Zanchariis?): PU 128, 14-15c, ff.
 119-121

Utrum velocitas alterationis habet adtendi penes
maximam latitudinem. . .
 FNcs J.X.19, c.1400, ff. 112v-114v

Utrum velocitas in motibus sit. . .
 VA 674, 14c, f. 138; VE VIII.19(XI,19), 15c,
 ff. 213-219

Utrum venenum aliquando possit nutrire. . .
 Julian of Bologna, Questio: VA 2418, f. 192

Utrum venenum aliquod possit occidere positum
sub pede. . .
 Commentarii super tractatu Mesue de venenis
 qui est Sexta quarti: VA 2418, ff. 209va-211rb

Utrum verba et incantationes et colli suspen-
siones. . .
 Gentile da Foligno, De demonibus: T III, 251;
 ColR 71b(Wo 2794, ff. 290r-91r)

Utrum verum sit quod dicunt quidam Aristote-
lem dixisse. . .
 Albertus Magnus(?); De metallis et alchimia:
 Yale, Fritz Paneth MS pp. 769-77; Archiv f.
 Naturwiss. XII(1929), 33-45

Utrum vinum ardens quod in plerisque locis
huius civitatis. . .
 CLM 441, 15c, ff. 151r-152v

Utrum virtus movens embriana sit extrinseca
vel intrinseca. . .
 VAp 1175, ff. 280ra-283va

Utrum virtus visiva sit in oculo. . .
 Bertutius Bonon., Questio disputata: PU 128,
 14-15c, f. 124v

Utrum virtus vitalis sit virtus tertia distincta. . .
 Wi 24, 14c, ff. 164rb-178v

Utrum visio corporis que fit per radiorum. . .
 Thorn R.4°.2, 14c, ff. 31-33

Utrum visio fiat in christallina. . .
 See 'Opinio quorundam est. . .'

Utrum visio sit naturaliter intensibilis et
remissibilis. . .
 Luca de Parma, Questio de visione: VA 3066,
 f. 52r-v

Utrum vita hominis sit brevis. Arguitur
multipliciter. . .
 Jacobus Foroliviensis, Questiones cum supple-
 mento questionum Marsilii(on Hippocrates,
 Aphorisms): CLM 3, 15c, ff. 81-170; pr before
 1480 etc.(Klebs 546.3,6; IAL J41,44); Venice,
 1508, ff. 121-189r; 1547, ff. 113r-191v

Utrum vita per medicinam. . .
 B. de Angrarra(*sic*), Questiones: Ea F.290, 14c,
 ff. 40-115

Utrum vita sit operatio vel virtus. . .
 Comm. Hippocrates, Aphorisms, 'Vita brevis':
 CLM 534, 14c, ff. 44va-49va(?)

Utrum voluntas sit nobilior potentia. . .
 Guido Terreni, Quest. de anima. VA 901, f.
 160v

Uva ab humeo eo dicitur. . .
 De liquoribus: DWS 1027

Uvula caruncula dependens in palato. . .
 Tractatus medicinae liber primus: Ran 1506
 (V.3.13), 13c, ff. 80v-96r

Uxor Moysi nomine Seffora. . .
 Epistola propter sanitatem corporis qualem
 observationem habere debent podagrici: BN
 14935, 11-12c, ff. 113r-114r(Beccaria 40.6);
 NE IV(1892), 8

Vae vobis qui estis natura bestiarum...
Summa mercurii: Breslau R 454, f. 279r

Valde bene qui proprie philosophati sunt...
Ptolemy, Almagest, tr c.1160 in Sicily: Haskins 157. Pref. 'Eam pingendi...'

Valde considerare debet in quibus vitam suam...
Utilitas librorum medicinae: KlaS Pap.Hs.167, 15c, ff. 88v-89v

Valde mentem meam suis tam garantiis(garrulis) mendaciis...
Hermes, introd. De arte alchimiae: Steinschneider(1906), 25-26; VE VI.215(XVI,4), a.1475, ff. 267-275; DWS 26, i.; Brux 4273, 14c, ff. 106-107. See 'Quoniam de opere in quo...'

Valde peccare est publicis intentum...
See 'Domino Silvestro summo...'

*Valde reprehensibilis videtur qui in sua perfectione...
William of Ockham, pref. Super libros physicorum: Ome 293, ff. 1r-149v

Valent quidem in significatione particularium pronosticationum...
Iudicium aeris: VAp 1438, a.1469, ff. 35v-36r

Valentinus filio suo adoptivo Ioanni...
Ze IV, 941-54. See 'Studio namque florenti...'

Valerius Maximus factorum ac dictorum memorabilium...
Nicolaus Leonicenus, introd. tr Galen, De potentiis naturalibus: pr Venice, 1524, II, 83-121

Variis scientiarum radiis illuminato...
Eustachius de Eldris, De directionibus, dedic. a.1390: BN 7279, 15c, ff. 1ra-4va

Vas substantialiter vitreatum et in aceto compactum...
Scotus, De compositione lapidis philosophorum: Cambrai 920, 15c, ff. 137ter-141v(Corbett II, 47)

Vatitonantis(sic) nomine...
Iudicium de cometa anni 1472: VI 4756, 15-16c, ff. 118r-125r; AIHS(1958), 241-42

Velle adiacet mihi numerorum et rerum significationes...
Odo de Morimond, prol. Analectica numerorum: Bruges 527, 12c, ff. 2r-117r; BN 14880, 13c, ff. 1r-80v; HL 12, 613

Velle dei nosse cadit non est tibi posse...
Iudices astrologici: CUma Pepys 911, a.1300, f. 31(Atk)

Vellem celebrare doctor et mihi...
Bartholomaeus Montagnana, Consilia: CUt O.IV.8, a.1434(Atk)

Vellem nunc dux Bourbonis Iohannes...
Conrad Heingarter, dedic. Medical advice to the duke of Bourbon: T IV, 361. Text 'Mundanorum mutationes...'

Vellem nunc dux optima maxima christianissimorum soboles regum...
Conrad Heingarter, dedic. Medical advice to the duchess of Bourbon: BHM IV(1936), 81-87. Text 'Altercationes varieque...'

Vena capitanea legat crucem...
FL Plut.73, cod.1, 9-10c, ff. 141va-142rb; Beccaria 88.3

Vena cephalica id est capitis que pro passionibus...
Vein man: CUt 1081(O.I.57), 15c, f. 16v; CUad 3303,(3),14c,(Atk); BLd 88, 15c, f. 31r-v

Vena epatica in ambobus brachiis...
De minutione: VI 4762, a.1408, ff. 171r-174r; TR 306; ed. M-H 13(1960), 84-85

Vena frontis prima vena valet...
Descriptio venarum, latine et germanice: VI 5295, 15c, ff. 42v-45v

Vena in fronte valet contra apostemata oculorum...
De venis incidendis: FNpal 763, 15c, ff. 6r-v, 159r, 161r

Vena in medio frontis percussa valet contra apostemata oculorum...
De iudiciis venarum; pr with Ketham, Fasc. medic., Venice, 1491, 1495, 1500(Polain 2411, 2412; Klebs 573.1-4; IAL K11-14)

Vena posita in conspectu corporis...
Anatomia: CUg 190(223), 13c, ff. 1r-10v

Vena que est summitate nasi valet fluxui oculorum...
> De fleobothomia: Brux 5875, 15c, f. 1v

Vena rectae incisionis sanguis aemissio...
> Epistula de phlebotomia: SG Stift 751, 9c, pp. 359-361; Beccaria 133.23a

Venantes quidem sanguisugas...
> Galen, De sanguisugis etc, tr Nicholas of Reggio: VAp 1211, ff. 30vb-31rb; Opera 1490, I, 125r; 1515, II, 164v; T (1946), 228-29

Venarum que flebotomantur quedam sunt vene
. . .
> Jacobus de Partibus, Summula: pr Lyons,(1500), ff. 17r-19v; (Klebs 331.2; IAL P112)

Vene que ex more in fleobotomia incidi solent
. . .
> Rasis, Fleobotomia: BN 7046, 13c, ff. 182rb-183vb; Reims 1004, 13c, f. 65

Vene que incidi solent in minutione...
> Rasis, Extract, De minutione: BMsl 3282, 13c, f. 46r-v

Vene sunt tres quibus per omne tempus...
> De phlebotomia: VI 2525, 13c, ff. 60r-61v

Vene transeunt per omnia membra corporis...
> 'Auctoritates de animalibus'(chiefly human anatomy and disease): BLcm 524, 15c, ff. 19r-44r

Venenorum species due sunt...
> CLM 4119, ff. 557r-566v

Venenum est res que si corpori humano...
> De venenis: VA 6863, 15c, 21 ff.; VI 5511, 15c, ff. 21r-34r

Venenum oppositum est cibo nostri corporis...
> Peter of Abano, Pollex de venenis: VI 5289, 15c, ff. 16r-19v(T II,922-23)

Venenum qui autem oppositum est cibo nostri corporis...
> Peter of Abano, De venenis: (Padua), 1487 (Klebs 774.7; IAL P398). See 'Quia venenum oppositum est cibo...'

Venenum quoddam est calidum quoddam frigidum...
> John of Toledo, De veneno etc.: BMsl 282, ff. 218r-225r; BMr 12.B.XXV, 15c, ff. 85(?)

Venerabili domino Const. episcopo Henr....
> Henry of Southwark, Letter on optical problems. Text 'Solutionem de topazio...'

Venerabili et circumspecto viro...
> Joh. de Sondershusen, dedic., Tabulae cursus omnium planetarum demonstrantes, to Amplonius, a.1420: Ea Q.359, 14 ff.(Zi 5003)

Venerabili fratri Thome frater W. salutem...
> See 'Primus totus...'

Venerabili in Christo patri...
> Albertus Magnus, dedic, De quindecim problematibus. Text, 'Intellectum hominis...'

Venerabili in Christo patri domino...
> John Dastin, introd. Speculum philosophiae: DWS 286. Text, 'Modo dicam modum...'

Venerabili in Christo patri et domino spirituali viro...
> Petrus de Crescentiis, dedic. Ruralium commodorum libri xii. Text, 'Quoniam cultus ruris...'

Venerabili in Christo patri fratri Iohanni Magistro...
> Gerard of Feltre, dedic. Summa de astris: Mi C.Inf.245, 14c, ff. 1ra-45rb

Venerabili patri et amico charissimo egregio...
> Theodoric of Cervia, prol. Cyrurgia: CLM 174, 15c, ff. 10ra-95vb; CUad 3120, 13c, ff. 121r-168v(incomplete). Text, 'Cause solutionis...'

Venerabili patri fratri Iacobo de Capua ordinis minorum...
> Hieronymus de Sancto Marcho, dedic. Opusculum de universali mundi machina. Text, 'Universalis mundi...'

Venerabili viro domino Iohanni de Allendorff
. . .
> See 'Quia ferventi...'

Venerabili viro magistro Simoni Ianuensi domini pape...
> Letter from Campanus of Novara prefixed to Simon's Sinonima: Tours 796, 13c, ff. 1-100; VAb 171, 14c, ff. 1-114v(Silverstein); pr Venice, 1486; Klebs 920.4; IAL S477

Venerabilis domine doctor et magister...
> See 'Venerabili et circumspecto...'

Venerabilis magister videns necessitatem et desiderium practicorum...
> De conversatione medicorum: †Metz 173, 14c, item 6

Venerabilis quidam prelatus cum valde molestatur...
> Philippus Nauta Venetus, Medical Consilium: VAp 1175, ff. 270v-273v; 1251, 15c, ff. 333v-336v

Veneranda est astrologie scientia...
> Hermann of Münster, De calendarii emendatione et reformatione: Basel A.V.25, a.1455, ff. 166r-182r

Venerande domine cum mihi videatur et sine dubio...
Alchemy: CLM 26059, a.1507-8, ff. 297r-320v

Venerande pater aures inclina et intellige dicta mea...
Zosimus(Rosinus) ad Sarratantem episcopum, Alchemy: Steinschneider(1906), 57; ed. Artis auriferae, I, 277-91; Rosinus: Mylius(1622), 494; Alamannus de Bononia ad d. papam: Palermo 4 Qq.A.10, 46-54

Venerande pater gratias (ago) deo qui scientiam ...
Arnald of Villanova, Semita semitae, Practica or Errores alchimiae: BU 169(181), 15c, pp. 153-(164); VAp 1330, 15c, ff. 127r-132r(T III,71, 659-60,664); anon. BMsl 276, 16c, ff. 79v-82v (DWS 226,xiii). See 'O venerande pater, gratias...'

Venerande pater nunc aures tuas...
See 'Venerande pater aures...'

Venerande pater tibi dico quod duplicem...
Arnald of Villanova, pref. Practica or Semita semitae: DWS 226. Text, 'Nunc pater venerande audi...'

Venerandi domini hec pestis tam admirabilis et horrenda...
Johannes de Sancta Sophia, Consilium ad pestilentiam: Archiv VI, 344-48

Venerandissimo magistro patri ac domino domino Iohanni...
Regiomontanus, Canones for archbishop of Gran: VAp 1439, ff. 13r-39r, copied at Cracow, 1487, by Johann Virdung von Hassfurt

Venerando in Christo patri fratri...
See 'Reverendo in Christo patri fratri...'

Veneris ad herbam...
See 'Veniens ad herbam...'

Venerunt in omnia bona...
Thomas Aquinas, Aurora vel liber trinitatis (alchemy): BU 747(1492), 15c, ff. 97v-120r

Venerunt mihi omnia bona pariter cum prima sapientia...
Aurora consurgens, tractatus duo: T IV, 335; BN 14006, 15c, ff. 1r-30r(Corbett I,178); ascribed to Thomas Aquinas; Condeesyanus, II, 175-242

Veniens ad herbam que tibi necessaria...
Precantatio herbe: BLas 1431, 11c, f. 3r, prefixed to the Herbarium of the pseudo-Apuleius. See 'Precatatio...'

Venit aquila cuius volatu dealbabitur...
De signis zodiaci: VI 5175, 15c, ff. 33v-36r

Venit nuper ad manus mea quedam cedula...
Isidorus Hispalensis, Synonyma seu dialogus de homine et ratione: Paris, 1497(Polain 2149); also with Nicolaus de Lira, Praeceptorium et alia, Cologne, 1497, f. 111r(Polain 2841); IAL 1176-80; etc.; PL VI, 825-68

*Venite ad me omnes qui laboratis...
Johannes Canonicus, prol. Super octo libris physicorum. Text, 'Utrum substantia finita...'

Venti autem sunt xii quorum quatuor dicuntur esse cardinales...
De ventis: CLM 5964, f. 299r-v

Ventilata fuit in presentia cuiusdam probi viri(philosophi)...
Rasis, prol. Liber divisionum, tr Gerard of Cremona: BHM 32(1958), 54-67; Avignon 1019, 13c, ff. 100-139; Ran 1400(T.6.14), 13c, ff. 40-62v; CLM 40, 14c, ff. 74-(101); 13114, 14c, ff. 167r-226r; VA 2449, 14c, ff. 70ra-114v; VE fa 320(XIV,14), 14c, ff. 52-81; Yale Fritz Paneth, 14c, ff. 331-469; BMsl 568, 15c, ff. 19r-74; Giacosa 393; anon. VI 2353, 13c, 48 ff.; Opera, Milan, 1481, f. 115r; Opera, 1500, ff. 59v-84r(Polain 3347; Klebs 826.1-3; IAL R169-71); Opera parva, 1511, ff. 2r-67r

Ventorum cognitio(cogitatio) ex pluviarum experientia...
Iudicia ventorum secundum Indorum auctoritatem: Oc 236a, f. 65(?); Steinschneider(1905), 37; CU 2022(Kk.IV.7), 15c, f. 115v; CUpem 227, 15c, ff. 177r-178v

Ventorum discretas esse regiones et nomina maiores...
Zacharias Lilius Vicentinus, De generibus ventorum: pr Florence, 1496; Tract. IV(Klebs 608.1; IAL L193)

Ventorum primus cardinalis septentrio frigidus ...
De nominibus ventorum: BN 5239, 11c, ff. 138v-139r

Ventorum quatuor sunt regiones principales...
Metz 284, 15c

Ventosana fit septem de causis. Prima causa est evacuatio...
VAp 1083, 15c, ff. 221r-222r

Ventose apponuntur in medio mensis et non in principio...
VI 1634, 13c, ff. 119vb-121ra

Ventose enim fiunt propter aliquam intentionem
. . .
   De ventosis: Brux 4866, 14c, ff. 63v-67

Ventose magis partem cutis. . .
   De ventosis: VI 5511, 15c, ff. 8r-9v

Ventrem solvunt extracta. . .
   Hippocrates, Secreta: Ome 262, 14c, ff. 249-
   252; Diels(1905), 35

Ventriculo gravis est nocturno tempore cena. . .
   CLM 9092, f. 426(Schulz)

Ventura est aer commotus et pro diversis parti-
bus celi. . .
   Cosmographia *or* De sphera: Baltimore, Walters
   Art 412, 13c, 9 ff.

Ventus aer commotus et agitatus est. . .
   De duodecim ventis: BMh 3017, 9c(Fleury), f.
   100r; Mon 156, 9-10c, item 2; VAr 141, 9c,
   ff. 159v-160r; Avranches 236, 11c, ff. 95-97v;
   cap.26, De phenomenis naturalibus: BLd 104,
   13c, f. 169r; ascribed to Isidore: BN 2744, 15c,
   f. 9

Ventus de natura sua est frigida et sicca. . .
   BMsl 783b, 15c, f. 225v

Ventus solis qui boreas dicitur orientalis. . .
   Winds of the seven planets: VI 2352, a.1392-93,
   ff. 51v-52v; Saxl(1927), 88

Venus est. . .
   Planets: Leip 1482, 15c, ff. 10-12v(Zi 8402)

Venus habet duas infirmitates primam occultam
. . .
   DWS 513. Text, 'Recipe duas partes de
   sanguine. . .'

Ver estas autumnus hiems sunt quatuor anni
tempora. . .
   Versus: CUg 593(453), 13c, f. (123)r; Oc 95,
   12-13c, ff. 57vb-58rb

Ver estas dextras autumpnus hyempsque sinistras. . .
   Verses about phlebotomy: CLM 9504, 12c, f.
   1(Schulz); CUc 441, 13c, p. 529a; Wi 61, 15c,
   f. 109rb

Ver quia cuncta sibi revirescunt tempore dictus
. . .
   Versus 51 de anni temporibus: FLs 46, 14c, f. 3

Ver tunc incipit. . .
   De quatuor temporibus anni: FR 1207, 15c, ff.
   1r-2v

28

Vera creatrix unitas rerum sub unitate multitu-
dinis condidit universa. . .
   Comm. Alexander de Villa Dei, Algorismus:
   BN 7420A, 14c, ff. 47ra-52vb; CUg 137(77),
   13-14c, ff. 95-96

Vera et alta sententia philosophorum. . .
   De generatione comete anno 1472: VAp 1438,
   f. 40r-41v(TR 354c; T IV,429); AIHS 44
   (1958), 240

Vera haec est dinamis et monstratio omnium
medicamentorum. . .
   Galen, De dinamidiis; 3 MSS, Beccaria p. 436

Vera haec est virtutis demonstratio. . .
   Galenic Dynamidia: Beccaria p. 436 for 3 10c
   MSS; Isis 24(1936), 403, 408-9

Vera hec est virtus et demonstratio omnium
medicamentorum. . .
   Galen, De dinamidiis: BN 7028, 11c, ff. 136v-
   137v; Beccaria 29.8

Vera loca omnium planetarum in longitudine. . .
   Canones tabularum Oxonie anno 1348 ex tabulis
   Alfonsii factarum: BN 7281, f. 210v; KlaB
   XXIX.c.9, a.1444, ff. 1r-75r; VAp 1376,
   a.1348-1444, ff. 381r-383r; Zi 10879-82; CU
   1719(Ii.I.27), a.1424, ff. 17v-18v, tables, 19r-
   38v; BLd 57, f. 100(97)r-; Rc 1673, 15c, ff.
   119v-120rb; VI 2467, 15c, ff. 75v-79r

Vera planetarum loca si cupis arte tenere. . .
   Verses on the planets: FNcs J.V.41, a.1438, f.
   1r; Björnbo(1912), 118

Verba Abenti. . .
   Rasis, Alius liber: Delisle, III, 91a

Verba Abo ali(Albohali) Abinsceni. . .
   See 'In primis deo gratias. . .'

Verba Abubacri filii Zacharie arazi Ventilata. . .
   See 'Ventilata fuit. . .'

Verba Albukasim.   Postquam complevi. . .
   See 'Postquam complevi. . .'

Verba Aristotelis archiphilosophi in libro suo. . .
   Comm. Aristotle, De secretis secretorum: Corbett
   II, 104

Verba(Herba?) Ciceris fugat. . .
   Practica puerorum: James 483

Verba collecta de libro magno geomantie. . .
   Bartholomaeus de Parma, prol. Geomantia.   See
   'Geomantia est ars. . .', 'Quicunque bene vult
   . . .'

Verba eius. Ostendam quid sit crepusculum
. . .
> See 'Ostendere autem. . .'

Verba et recitationes quorundam famosorum
philosophorum. . .
> Introd. Dicta philosophorum(alchemy): DWS
> 18. Text, 'Omnis aqua. . .'

Verba filiorum Moysi filii Sehir. . .
> Geometria trium fratrum: Basel F.II.33, ff.
> 116v-123r. See 'Propterea quia vidimus. . .'

Verba Galieni. Rogasti me amice Montee. . .
> See 'Rogasti me amice Montee. . .'

Verba mea auribus percipe domine. . .
> Sortes apostolorum: Girolla 68: T II, 606, n.4;
> CLM 13067, f. 203r

Verba proposita scribit philosophus primo. . .
> Nicholas of Bologna, Comm. Galen, I, de virtuti-
> bus naturalibus: CLM 13054, 14c, ff. 183ra-
> 212va

Verba philosophorum considerans. . .
> Dinus de Garbo, De virtutibus medicamentorum:
> Chartres 403, 14c, ff. 1-74

Verba que dixit sapientissimus Ptolomeus. . .
> Haly ibn Ridwan, Comm. Ptolemy, Quadri-
> partitum: tr Aegidius de Tebaldis: BLd 179,
> 14c, ff. 1-(170v); BMr 12.F.VII, 14c, ff. 1r-
> (218v); VI 2311, 14c, ff. 1r-95r; BE 961, 14c;
> Björnbo(1909), 391; Steinschneider(1905), 3.
> Prol. tr 'Scire et intelligere gloriosum. . .'

Verba que in libro Pantegni et Viatico de oculis
sufficienter. . .
> Constantinus Africanus, Liber oculorum: Besan-
> çon 475, 15c, ff. 35-59; ed. Pansier(1909),
> 167-208

Verba sunt Galieni in commento 3 Pronosticorum. . .
> Nicolaus Bononiensis, Super libro de creticis:
> CLM 13054, 14c, ff. 143ra-154va

Verba tua cum gaudio suscipiant. . .
> Archimatthaeus, De instructione medici: Renzi
> V, 333-49

Verba viri prudentis et fidelis domini Ruperti
. . .
> Rupertus *or* Rubertus, De termino nascentium et
> egrotantium: VAp 1340, a.1458, ff. 85va-87rb;
> Wi 79, 15c, ff. 50r-51v(a shorter text); BN
> 17178, 15c, f. 34r-. See 'Nascentium et
> egrotantium. . .'

Verbi gratia sic dares erecta perpendiculariter
super superficiem. . .
> On the astrolabe: VI 5418, 15c, ff. 54v-56r

Verbum abbreviatum tamen verissimum et
approbatum. . .
> Raymundus Gaufredi, De leone viridi: CLM
> 26059, a.1507-8, ff. 140v-144v

*Verbum abbreviatum verissimum et appro-
batum(probatissimum). . .
> Raymundus Gaufridi, Verbum abbreviatum de
> leone viridi: Little 397-98; T IV,15; DWS
> 193; CLM 405, 14-15c, ff. 57r-58v; Na
> XII.E.15, ff. 1r-10v; BN 14006, 15c, ff. 100v-
> 103(Corbett I,183); FR 847, 15c, ff. 31v-67v

Verbum Aristotelis et Diascoridis est In collo
leonis. . .
> Rasis, De sexaginta animalibus: T, II, 762; Ea
> F.244, early 14c, ff. 133-143; Prag 839, a.1404,
> ff. 95-103; pr Venice, 1497, 1500, ff. 104vb-
> 109vb(Klebs 826.2-3; IAL R170-171). In-
> correctly ascribed to Galen: VAp 1211, 15c, ff.
> 66ra-71va; as Liber vacce: Prag 1998, 13c, ff.
> 230v-238v; as De signis celestibus: Ea F.273;
> early 14c, ff. 98v-100v

Verbum cecidit inter inquirentes scire quod
(quid). . .
> Mesue, Liber de consolatione medicinarum
> simplicium solutivarum: Nîmes 79, 15c; CLM
> 13510, ff. 167-189. This incipit follows 'In
> nomine dei misericordis. . .' Text, 'Dicimus
> quod medicina laxativa. . .'

Verbum intitulatur ab autore libri sex principiorum in quo. . .
> Comm.(?), Phisionomie Aristotelis: CUg 487
> (483), 14c, ff. 3ra-7rb

Verbum premissum scribit Galienus. . .
> Nicholas of Bologna, Expositio super IV libros
> cyrurgicales Galeni de ingenio sanitatis: CLM
> 13054, 14c, ff. 77ra-110va

Verbum primum. Astrorum scientia de te. . .
> Ptolemy, Centiloquium, tr Hugo Sanctallensis:
> Haskins 69. See 'Astrorum scientia. . .'

Vere bene. . .
> Vetus testamentum Gemma salutaris nuncupa-
> tum(alchemy): BU 270(457), 15 or 16c, pp.
> 33-74. See 'Oculum alk(imie). . .'

Vere sapientie et illius. . .
> Albertus Magnus, De secretis mulierum: Angers
> 448, 14-15c, ff. 1-17

Vergente mundi vespere/Sol oritur de sidere. . .
> St Omer 15(Schulz)

Vergente mundi vespere uti Wicli fiste cecitas
regnabat. . .
> Algorismus de arte computandi: CLM 18460,
> f. 1(Schulz)

Veritas de terra orta est. . .
George Ripley, De terra terrarum: BU 142
(109), 15c, II, ff. 215r-217v; BLas 1485, 15-
16c, II, f. 70r; BN 14012, 16c, ff. 97-99
(Corbett I,205)

Veritas est qua unaquaque res dicitur una. . .
Boethius, De unitate et uno: CLM 9676, pp.
73-75(f. 37r)

Veritatem meditabitur guttur meum et labia
mea. . .
Thomas Aquinas, Expositio super Turba philosophorum: T III,42; VAb 273, f. 233r;
Palermo 4.Qq.A.10, 46-69; Mon 479, 16c, ff.
1-16v(Corbett II,99); FR 923(L.III.28), 16c,
ff. 87r-110v; Condeesyanus II, 243-78

Veritates in luce doctrinarum medicinales. . .
VAp 1165, 14c, ff. 115va-138

Veritatis amatori fratri Wilhelmo de Morbeka
Witelo Universalium entium. . .
Witelo, pref. Perspectiva: T II, 454; BLas 424,
14c, ff. 3-355; CUe 20, 14c, 198 ff.; Dijon
441(266), 14c, ff. 154-203; Ea F.374, 14c,
171 ff.; FL Plut.30, cod.14, 14c; VAu 265,
183 ff.; 296, 15c, f.1-; BN 7248, f. 1; Bern
A.61, 15c, 318 ff.; pr Nürnberg, 1535, 1551;
Basel, 1572

Vermis est animal ex putrefactione in ventre. . .
Michael Savonarola, Tractatus de vermibus: pr
Venice, 1498, ff. 137r-141v(Klebs 885.3; IAL
S270; Yale 84)

Vermisia autem fit mediante olio olivi et. . .
De coloribus: CUt 1091(O.I.57), 15c, ff. 17-19r

Vero in singulis horis. . .
CLM 8950, 15c, ff. 137-139(Zi 8403)

Versibus expressit prudens hoc versificator. . .
Verses on phlebotomy: BMr 15.B.XIX, 10c, f.
126r

Versibus his brevibus presentem pinge figuram
. . .
Verses de figura astronomica: CUg 230(116),
15c, p. 307(f. 165r) incomplete

Vertere de facili(nec falli) poteris genus omne
metalli. . .
BMad 41486, f. 13r; Cambrai 919(818), 15c,
f. 44(Corbett II,34-35)

Vertices extremos circa quos spera coeli. . .
(De polis mundi): Saxl(1915), 5, 7; (Comm.
Aratus): pr Scriptores astronomici veteres,
Venice, 1500(LC Hain *14559; Klebs 405.1;
IAL F169)

Vertigo fit quum aut extrarius(?) spiritus. . .
Theophrastus, De vertigine, tr Greg. Tifernas:
VAu 208, 15c, f. 125v-; ed. Wimmer 3, frag-
ment 8

Verum de fructibus pauca nobis dicenda sunt. . .
Gargilius Martialis, De arboribus pomiferis,
cap.i: ed. Mai, Classici auctores, I, 391-413

Verum est id est certum est. . .
Gloss on Hermes: Orléans 290(244), 15-16c,
f. 190(Corbett II,145)

Verum et si de memoria quod mihi constat. . .
Ars memorativa: pr (Augsburg, c.1477); etc.
GW 2566-68(Klebs 111.1-3; IAL A971)

Verum hec est virtutis demonstratio omnium. . .
Galen, De dinamidiis: Isis 24(1936), 403; 409;
VAr 1004, 13c, f. 42v; Opera, 1490, I, 160r-v;
1515, II, 272r; Diels(1905), 139

Verum id est verum est quod ars est data huius
operis. . .
Ortulanus, Expositio super testamentum Hermetis: Lehigh MS, ff. 183r-185r

Verum introitum solis in primum minutum
cuiuslibet signi. . .
Oma 182, 15c, f. 50va-b

Verum locum augis cuiuslibet planete per
tabulas. . .
BN 7443, 15c, ff. 166r-167v

Verum locum in theoricis lune invenire. . .
Index et canones theoricarum Campani: VAp
1413, 15c, ff. 156v-157v

Verum locum lune per tabulas invenire. . .
VAp 1354, 15c, f. 97v

Verum locum saturni iovis et martii. . .
Tables: Melk 51, 15c, ff. 253v-254v(Zi 11216);
VAp 1354, 15c, f. 97vb; CLM 24104, f. 97v
(Schulz)

Verum locum solis in dorso astrolabii. . .
Georgius de Peurbach, Usus varii super astrolabio: KlaB XXX.d.4, 15c, ff. 23r-31r; ascribed
to Regiomontanus: VI 5292, 15c, ff. 77v-86r

Verum motum lune et solis in una hora. . .
Magister Johannes Chillingworth(?): VAo 1826,
14c, f. 148ra-b

Verum motum solis et lune in una hora. . .
John of Genoa: BN 7282, 15c, f. 129v

Verum(Rerum) natura omnia. . .
See 'Iste namque liber. . .'

Verum quia sal est radix et fundamentum artis ...

> Johannes de Ferraria, Candelabris splendoris et perfectionis sermo in salibus: BMsl 276, 15c, ff. 24v-74r(DWS 310); Palermo 4.Qq.A.10, 46-37

Verum quoniam de aliis animalium partibus...

> Aristotle, de generatione animalium, tr Geo. Trapezuntius: VAu 1320, 15c, f. 163v

Verum sine mendacio certum (et) verissimum (certissimum) quod est superius...

> Hermes, Tabula smaragdina: DWS 26; Corbett I, 19, 59, 98; Islam XVI, 109; Lehigh MS, f. 182v; ed. D. W. Singer and R. Steele, Proceedings Royal Society of Medicine, 21(1928), 41-57; Condeesyanus I, 179-204. Introd. 'Quoniam de opere...'

Verum tempus et locus et quantitas tam solaris quam lunaris...

> De eclipsibus solis et lunae: VI 5258, 15c, ff. 100r-108r

Verum verissimum sine mendacio...

> See 'Verum sine mendacio...'

Verus locus solus(solis?) quantitas diei artificialis est...

> De kalendario: CUg 176(97), 15c, pp. 13-14 (Latin and English)

Verus motus octave spere...

> Calculation for the calendar A.D. 60 to 3980: Brux 1022, 15c, f. 1

Vestre dilectioni egregie pauca scribere cupio. Si...

> Grisofus, Medicamentum volucrum, missum Theodosio imperatori: VE VII.24(XV,1), 13c, ff. 81va-82ra

*Vestre petitioni respondeo diligenter(quemadmodum) nam licet...

> Roger Bacon, Epistola de secretis operibus artis et naturae de nullitate magiae: Little 395-96; ed. RS XV(1859), 523-51; CU 1255(Ff.IV.12), a.1528, ff. 257v-75v

Vestre sanctitati et solicitudini dilectissime pater ...

> Constantinus Africanus, prol. De stomacho. Text, 'Oportet nos intelligere...'

Veterem legimus professorum morem fuisse...

> George Merula, dedic. In librum de homine Martii Galeotti. Text, 'Scripturus de homine ...'

Veteres diviserunt totum mundum in tres partes...

> VI 413, 13c, f. 176r-v; CLM 11481, f. 78ra-vb

Veteres et moderni quatenus phisica documenta de...

> Henry of Hesse, Egregia puncta de anima: Ea F.339, 14c, ff. 73-108; pr 1480, 1494(Polain 3625-26)

Veteres geometrice artis indagatores...

> De minutiis: VA 3123, 12c, ff. 83r-84r; BB XV(1882), 117

Veteres illi quorum auctoritas cum sapientia...

> Guarino of Verona, pref. tr Strabo, De situ orbis: BLcl auct. classici 301, a.1458, 276 ff.; pr (Trevisa), 1480; (Venice), 1494(Polain 3625-26; Klebs 935.1-6; IAL S704-708). Text, 'Si ad philosophum alia...'

Veterum tradit auctoritas divinum(dignum) fuisse...

> Pierre d'Ailly, De anima et eius potentiis: Salembier xxi; Trithemius, f. 103r; Ea Q.205, c.1396, ff. 2-33; Cambrai 531(490), 15c, ff. 1-(26v)

Vetonica cestrius cyroe grece trioponom...

> Diascorides *or* Ps. Apuleius, De nominibus herbarum: Archiv X, 267-69

Vetus mos est maximeque Platonicus sub quodam viliori...

> Synesius, De somniis, tr Marsilio Ficino: pr with Iamblichus, et alia, Venice, 1497(Polain 2236; Klebs 529.1; IAL J193); Lyons, 1549, pp. 112-202; T I, 540

Vetus opinio est ut dicit Cicero...

> Conrad Heingarter, Comm. Ptolemy, Centiloquium: BN 7432, 15c, ff. 135r-146r

Via ad inveniendum loca planetarum...

> Canons on the Alfonsine tables: Bruges 466, 14c, ff. 129-131

Via in prima domo que dicitur domus vite...

> Geomancy: BMad 21173, 12-14c, ff. 99r-107r

Via prima que est diversorum locorum mundi distantia demonstrativa...

> Ghent 13, 15c, pp. 107a-120a

Via prunis(?)...

> De electuariis: James 456

Via vero, mi Patriti, geometer exercitatissime ...

> Ps. Boethius, Geometria Euclidis: Plimpton 250, 15c, ff. 98r-129r

Viam si quis qui hanc queris doctrinam...

> Liber 30 verborum Aristotelis de opere lapidis: KlaB XXIX.d.24, a.1421 *or* 1423, ff. 325r-326r. See 'Iam tu scis...'

Viator quo vadis.   Viator Romam...
> Matheus de Lucha, De diebus criticis dialogus, Rome, 1493(Klebs 673.1; IAL M328)

Vicia...
> See 'Vitia...'

Victoriosissime maiestatis illustrissimo...
> Alvearium ad corrigendam rem publicam Friderico Caesari castro Nurnbergico a.1444 presentatum: CLM 32, 15c, 51 ff.(T IV,433)

Victoriosissimo principique(*sic*) domino...
> Konrad Kyeser, prol. Bellifortis: Gö Philos. 63, 15c, f. 1. Text, 'Capitulum primum Martis...'

Vide foramen sphere Pythagore quam Apollonius descripsit...
> Expositio sphere Pythagore: CUt O.II.45, 13c, p. 1(Atk); BMe 843, 13c, f. 31v

Vide per quot gradus equales distant a se sol et Saturnus...
> Weather prediction: BMsl 636, 15c, f. 78r

Vide primo in quo gradu sit sol...
> Canones super tabulam extractionis arcus equatoris: BMe 889, 15c, f. 30r

Vide quota est dies coniunctionis ab ingressu...
> De coniunctionibus: CUad 6860, 14c, f. 148v

Vide quotus annus computetur ab incarnatione...
> VAu 267, 14c, f. 39v

Videamus operationes planetarum in omnibus...
> BMh 5402, 14c, ff. 71r-80v

Videas igitur quantum est coniunctionis dies...
> Canon super Calendarium Petri de Dacia: Bern 524, 15c, f. 10r-v; Osiris 8(1949), 53

Videas igitur quota est coniunctionis dies ab ingressu solis...
> CLM 22049, 14c, fol. 1r-v, followed by a Calendar, 2r-8v. See 'Vide quota...'

Videas primo si invenias aliquem planetarum...
> Ad inveniendum dominum anni secundum Hermetem: BLb 790, late 14c, ff. 88r-89r

Videatur ergo de ea unde primo sciendum quod quandoque...
> Johannes Jacobi, Pest tract: BMad 4897, 14c, ff. 1-8v

Videatur ergo primo que sunt signa pestilentie...
> Benedictus Canutus, Pest tract: BMad 30935, 15c, ff. 326-329; (perhaps a fictitious author: Wickersheimer 94; Archiv V(1912), 56-58). See 'Volo aliqua de pestilentia...'

Videbatur autem multis philosophis quod tonitruum...
> De tonitruo et fulgore: VAr 1452, f. 79vb

Videmus masculum animum in pluribus...
> Ps. Albertus Magnus, Physiognomia: QE I, 183

Videnda sunt cautele circa urinas quibus possumus...
> Arnald of Villanova, Cautelae medicorum: HL 28, 68-69; Glorieux I, 421; Opera, 1504, ff. 256vb-257rb

Videndum ergo circa lunam...
> Ea Q.352, 14c, ff. 112-114v(Zi 7845)

Videndum est de locis...
> William of Ockham, De successivis: Duhem, Rev. de Philos. 14(1914)

Videndum est igitur quid sit pulsus et unde proveniat...
> De pulsibus (probably connected with preceding Liber urine a physico N. episc. di Ratisb.): CLM 22300, 13-14c, ff. 54v-57v

Videndum est in primis...
> Astrolabe: Stuttgart Mat. Q.33, 13c, ff. 37v-48v(Zi 933)

Videndum est qui sunt auctores huius artis et qui eorum magistri...
> De computo: CUt O.II.45, 13c, ff. 189r-222v

Videndum etiam quid sit philosophia...
> Rc 2052, 13c, ff. 17-18v(Haskins 95-96)

Video te quadam profunda...
> Nicholas of Cusa, De apice theoriae: Trithemius, f. 114r

Vides figuram descriptam gradibus...
> De aspectibus(fragmentum): Ea F.395, a.1373, ff. 203v-206

Videte quoniam non solum mihi laboravi...
> Petrus Berchorius, prol. Reductorium morale. Text, 'Deus quia proprie...'

Videtur ergo tredenarius secundum primam differentiam...
> See 'Numerorum significationes...'

Videtur mihi quod ex melioribus rebus...
> Galen, Comm. Hippocrates, Pronostica, probably tr Gerard of Cremona: Kibre(1945), 388, n.103; Diels(1905), 107-108; CLM 31, a.1320, ff. 47ra-78va; Tours 792, 14c, ff. 108-141; VA 2392, 14c, ff. 58r-72r; BN 6846, 14c, ff. 38v-69v; Mon 182, 14c, ff. 73r-109v; BLcl auct. class. 272, 14c, ff. 57r-80r; pr Venice, 1523, f. 141

Videtur primo quod sicut diameter ad costam est. . .
  Utrum diameter sit commensurabilis costae: BLcm 177, end 14c, ff. 213v-215

Videtur pronosticatricem scientiam astrologiam nullo modo. . .
  Lucius Bellantius, De astrologiae veritate: GW 3802; (Klebs 168.1; IAL B263); Venice, 1502

Videtur quod in uno et eodem supposito necessario sint plures forme. . .
  Hervaeus Natalis, De pluralitate formarum: QE I, 535(Schulz)

Videtur quod non primo Posteriorum. . .
  Quaestio utrum rebus transmutatis vel destructis possibilis sit scientia de illis: Oo 33, 14c, ff. 180-181

Videtur quod principalis dispositio Iohannis sit . . .
  Consilium Iohannis Alphanelli de Viterbio (who is the patient, not the author): VA 2418, f. 221vb

Videtur quod tempus non sit ens extra. . .
  Robert Kilwardby, De tempore: Beiträge Suppl. III, 2(1935), 855-61; BMc Vitellius A.I, ff. 209rb-214va; Bruges 491, f. 87r

Vidi ab aquilone bestias quinque prima bestia. . .
  CLM 14048, 12c, f. 152(Schulz)

Vidi ad aquilonem et ecce ibi quinque bestie. . .
  Gebenon, Prophetia sancte Hildegardis de quinque futuris temporibus. . .XI visio: Bourges 367, 13c, ff. 24-(28)

Vidi cuncta que sunt sub sole et esse. . .
  Thomas Aquinas, Alchemy: Wo 3721, a.1468, ff. 212-217v

Vidi domine litteras vestras in quibus. . .
  Thomas Attrebatensis, Questiones quas misit Raimundo solvendas(?): T IV, 7-8; HL 29, 249; Mi D.inf.248; pr with Lull's Questions on the Sentences, Lyons(Engelhart Schultes), 1491, ff. 109-123, IAL T314

Vidi egrotantium accidentibus. . .
  Hippocrates, De dieta acutarum egritudinum cum commento Galieni: Mon 188, 14c, ff. 79-149; Diels(1905), 102; pr Articella, Lyon, 1525, f. 46ra. See 'Qui de egrotantium. . .'

Vidi enim in secretis astrorum quod. . .
  Nicolaus Bolardus, De cultura arborum et plantarum: Ea Q.21, 14c, ff. 147v-151v(ColR 172); BMe 2622, 15c, ff. 113r-117r; BMc Julius D.VIII, 14c, ff. 74-77r

Vidi hominem qui habebat bene xlv annos. . .
  Medic.: CUg 379(599), ff. 152v-157vb

Vidi hominem xlv habentem os distortum. . .
  Petrus Hispanus, Experimenta: Oa 76, 15c, ff. 197-212

Vidi in dextra sedente in. . .
  Prol. Calendarium Judaicum: VI 3358, 15c, ff. 113v-124v; VAp 370, 15c, f. 40r-v; Saxl(1915), 22

Vidi per somnium. . .
  Brunswick 70, ff. 55-142(Schulz)

Vidi quamplures libros de ista arte qui propter . . .
  Albertus de Colonia, Ars alchymiae: CLM 12026, 15c, ff. 32r-45v; Semita recta without opening sentences: Borgnet 37, 546; Speculum 17, 512

Vidi senem in magna barba. . .
  De lapide philosophorum: VAb 273, f. 297v

Vidi senem nimia(in una) claritate fulgentem. . .
  Arnald of Villanova *or* John of Gascony, Visio mystica: DWS 227; HL 28, 88; T III, 61, 675-76; Corbett I, 157; anon. Visio Marie; Caen 143, 16c, ff. 2-3(Corbett II,23); CU 1255(Ff.IV.12), a.1528, ff. 117v-120v

Vidi senem unum clarificatum. . .
  Arnald of Villanova, Flos florum: BU 138(104), 15c, ff. 207r-208v (T III,675); Corbett II, 105; Catena aurea: pr Tract. vari, p. 46

Vidimus masculum animum in pluribus esse vehementem. . .
  'Incipit phisonomia fratris Alberti Theotonici' (Extracts from Albertus Magnus, De animalibus, I,ii,2-26): BN 6524, 14c, ff. 79v-85. See 'Videmus masculum. . .'

Vidimus nonnullos artium scolares liberalium . . .
  De radiorum proiectionibus et directionibus: Prag 1609(VIII.G.27), 15c, ff. 111r-143v; T III, 769; Osiris 8(1949), 60

Vidimus quasi somniantes in templo. . .
  Ps. Aristotle, Somnium de tota philosophici lapidis perfectione, with commentary: EU 131, 15c, f. 129r-v(DWS 55)

Vidistis utile quod diximus dicamus itaque. . .
  De artibus cuius nativitatem noveris: CUpem 204, 15c, ff. 72v-73v

Viginti septem dies unius circuitionis per ccliiii ducti. . .
  De quodam loco prognosticorum Herimanni; BNna 229, 12c, ff. 64r-65r(Bubnov lxxi)

Vilescit forsitan scientia signorum...
  Astrol.: Goldschmidt Catalogue 100, cod.79,
  ff. 135-137

Vina gipsata accepta...
  De variis confectionibus vini: CUt 904(R.XIV.
  31), 12c, ff. 104v-109

Vindicianus ad Pentadium...
  Vindicianus, Epistola de medicina: Brux 3701,
  10c

Vindicianus Pentadio nepoti suo salutem.   Licet
te scire...
  BN 11218, 9c, ff. 30r-32v; GU 404(III), late
  9c; Giacosa 363.   See 'Licet te scire...'

Vinum amicabile per multis...
  Vinum Boraginatum: VAp 1240, ff. 83v-84r

Vinum aquosum nominant homines...
  Galen, De vinis, tr Nicholas of Reggio: VAp
  1211, f. 31rb-vb; BN 6865, f. 53v; Diels(1905),
  147; T (1946), 233; Opera, I, 1490, 138v-
  139r; 1515, I, 209v; Danzig Mar F 41, ff. 251-
  252(Schulz)

Vinum artificialiter sic fit.   Pone in bona...
  Raynaldus de Villanova, De vinis: BU 977
  (1885), 15c, ff. 85r-93v

Vinum bonum et suave...
  Wattenbach, Neuer Anzeiger II, 189; III, 293;
  XV, 135(Schulz)

Vinum cuius racemus est natus in monte...
  Aristotle, Ad Alexandrum de generibus vini:
  CLM 18444, 15c, f. 315r-v

Vinum de compositione naturali et elementari
...
  VAp 1264, ff. 242r-243v

Vinum expressum ex uvis...
  See 'Cum superioribus annis...'

Vinum extractionis auri: hoc vinum...
  CUt 1102(O.I.77), 15c, ff. 171v-173r

Vinum mirabile contra melancholiam...
  VI 5300, ff. 133r-140v.   See 'Quoniam vinum
  album inter cetera...'

Vinum mirabile pro melancolicis cardiacis fit...
  Maino de' Maineri, De conficiendis vinis et
  earum proprietatibus: PA 873, 15c, ff. 34-51;
  Arnald of Villanova, De vinis(Leipzig, 1500),
  f. (3v); Klebs 102.2; IAL A963

Vinum recens...
  De morbis: BMsl 783b, 15c, ff. 1-18

Vinum roris marini...
  De vinis medicinalibus: BLb 587, late 15c, f.
  121(?)

Vinum vetus nimis nervos nocet...
  De virtute vini: SG Stift 44, 9c, pp. 279-280;
  Beccaria 129.1b

Viola est flos nobilis et utilis cuius odor...
  De virtutibus herbarum et florum: VAp 1248,
  15c, ff. 124r-128v

Viola rosa endivia lactuca...
  Antidotarius: Simplicia usualia et domestica:
  VAp 1175, f. 202; VI 5289, 15c, ff. 211r-
  230vb.   See 'Medicine simplices digestive colere
  sunt iste...'

Violentes principes...
  Adelard of Bath, Extracts from Questiones
  naturales: Oo 7, 14c, f. 189(Haskins 26, n.32)

Vir annorum xl complexionis lapse ac difformis
...
  Conradus Cerdo, Consilia medicinalia: VAp
  1175, ff. 259r-261r; anon. CLM 456, ff. 46r-
  48r

Vir egregie domine Cyne.   Ecce quod...
  Gentile da Foligno, De tempore partus: Archivio
  Stor. Ital., XXXVII(1906), 122-28; CLM 363,
  15c, ff. 88v-90r.   See 'Ecce quod queritis...'

Vir egregius dominus Jacobus...
  Ugo Senensis, Consilia: Vendôme 245, 15c, ff.
  124-135; Lockwood 203, 423

Vir egregius dominus Vincentinus de nobili...
  Bartholomaeus Montagnana, Consilia: CUt 1239
  (O.IV.8), 15c, ff. 87v-91vb

Vir est etate quadragenarius statura magna...
  Petrus Thomasius Venetus, Consilium contra
  ulcus renum et frigus capitis: CLM 339, 15c,
  ff. 45r-53v

Vir humanissimus et eximius legum doctor...
  Bartholomaeus Montagnana, Consilia (pro...
  domina Sforte, a.1436, at Padua): CUt 1239
  (O.IV.8), 15c, ff. 149r-150ra

Vir iste nobilis ex sua complexione discreta
multum...
  Consilium: CLM 456, 15c, ff. 48r-54r

Vir iste nobilis ex sui naturali complexione...
  Gerardus Bolderius of Verona, Aliud consilium:
  CLM 441, f. 79v-; VAp 1175, ff. 261r-262v

Vir nobilis Dardanus Damianus de Foro Iulii
diocesis Aquilegiensis...
  Bartholomaeus Montagnana, Consilia: CUt 1239
  (O.IV.8), 15c, ff. 64ra-66v

Vir peperit natum typica de matre creatum...
> Gozelino, De genitura vocum musicarum: CLM 18580, 12c, ff. 55ra-56ra

Vir prudens et providens nomine...
> Secundus philosophus: BLd 172, 14c, f. 123v. See 'Secundus fuit philosophus...'

Vir quidam spectabilis denuo mihi obtulit dispositionem...
> Contra saphati tiriam et lepram: CLM 339, 15c, ff. 54r-59r

*Vir sapiens dominabitur astris. Dicit Ptholomeus...
> John of Saxony, Comm. Alcabitius, Isagogicus: T III, 263; Zi 80-88; CUe 70, 15c, ff. 24-58v; CUpet 250, 15c, f. 131r(Atk); NYAM 6, f. (36r); GW 844-45; Klebs 41.3-4; 874.10; IAL A330-31; J365

Vires herbarum recipit subito specierum...
> De aqua ardente, 18 verses: CLM 9686, 14c, f. 125; Ea Q.224, f. 117v(Schulz)

Vires herbarum subtilis doctor earum...
> Macer leoninus cum glossis: Prag Lobk. 493, 13c, ff. 2v-48v

Virga alia cubica validior(?) sic fit...
> VAp 1354, 15c, ff. 221ra-224va

Virgam eream sume...
> De sole: BMad 41486, f. 27r-v; 138v

Virgam sive baculum ad capacitates vasorum...
> Problemata varia geometrica physica medica: VI 5207, 15c, ff. 220r-221v; Yale MS with 156, copy 2, pp. 455-459

Virgam visoriam ad vasorum columnarium capacitatem...
> Salzburg St. Pet. X.VI.20(Inc.800), f. 14r (Schulz)

Virgam visoriam cuius usus est factio faciles...
> VAp 1354, 15c, ff. 18va-21vb; Salzburg St. Pet. X.VI.20(Inc.800), f. 32r(Schulz)

Virgam visoriam planam ad vasorum columnarium capacitatem...
> De arte visorandi cubica: Plimpton 188, 15c, ff. 199r-209v; VAp 1354, 15c, ff. 2va-24va; Yale 42, ff. 1r-55v; Isis 40(1949), 106-7; Osiris 8(1949), 43; Salzburg St. Pet. X.VI.20 (Inc.800), f. 1r(Schulz)

Virgilius Yspanus ex civitate Cordubensi...
> Millás(1942), 77

Virginalis flos et virginis aurea dos...
> Versus: Torino, Bibl. naz.; pr Giacosa,(1901), 374 (Schulz)

Virgo armata decens rerum sapientia Pallas...
> Martianus Capella, De geometria: CLM 14070, f. 65

Viribus humorum super excessus aliorum...
> Oc 95, 12-13c, f. 58rb-vb

Viride terrestre molendum est cum aqua...
> De coloribus illuminatorum sive pictorum: BMsl 1754, 14c, ff. 142v-149r; DWS 907; ed. Speculum I(1926), 280-307, 448-50; Oc 125, 13-15c, ff. 34r-37r; Ambix VII(1959), 5

Viridis vitri et usti fulminis pulverem...
> Heraclius, Liber tertius et prosaicus: Corbett I, 45; DWS 872. See 'Ut potui levius...'

Viris prudentibus et discretis taciturnitatis modestia...
> Artephius, Liber secretorum: Mon 277, 14-15c, ff. 38r-40v (Corbett II,78); BNna 3033, 15c, ff. 1r-10r(94r-103r) (more medical than alchemical)

Viro circumspecto et phisicali ac medicinali...
> Galen, De tiriaca ad Pamphil., prol. tr: Opera, 1490, I, 108v-109v; tr Nicholas de Reggio; Lo Parco, 292; T (1946), 232

Viro provido et discreto magistro Rosello de Aretio...
> Dedic. Galen, Liber alimentorum *or* De cibis, tr William of Moerbeke: CLM 5, 14c, f. 183; PU 128, 14-15c, f. 133; Glorieux I, 121. Text, 'De his que in alimenti...'

Virorum optime atque equestri ordinis...
> Medical: BLb 624, 15c, ff. 44-47(DWS MS)

Virtus amicitie inter eos qui eius habitu...
> Prologus N. Ocreati in Helceph ad Adelardum Batensem magistrum suum; Haskins 35. Text, 'Ordines igitur...'

Virtus cognoscitiva animalium anime de necessitate...
> Albertus Magnus, De intellectu et intelligibili: Ea Q.15, 13-14c, ff. 56-58

Virtus herbae bonae quae a multis dicitur seleniacae...
> BN 10233, 7c, f. 269r-v

Virtus medicine est potentia(ponenda)...
> Mundinus de Foroiulio, De accidentibus: VA 10213, 15c, p. 1-; anon. BLcm 116, 15c, ff. 87-(113); On 171, 13c, f. 71; CLM 7653, 14c, f. 1r(Schulz)

Virtus medicine est potentia naturalis...
> See 'Cogitanti mihi (sepe)...'

Virtus mineralis est communis lapidibus...
Raymond Lull, Lapidarius: T IV, 641

Virtus non est aliud nisi potentia...
Compendium medicine(Vetularii) magistri Albici: VI 5512, a.1436, ff. 9r-125r; anon. De arte medica: Prag 918(V.E.24), a.1434, ff. 1r-227r; VI 5305, a.1439, ff. 60r-316r; VI 5512, a.1436, f. 9r; CLM 14568, 15c, ff. 200r-279v

Virtus potentia et veritas lapidis benedicti...
Libellus duodecim tabularum sive portarum: BMsl 692, 15c, ff. 119-126v(DWS 678)

Virtus visibilis et materia spiritus visibilis penetrat...
Rasis, De virtute visibili: Codex Fritz Paneth, 14c, ff. 675-683

Virtus visuum et materia spiritum visibilis...
Avicenna, Cyrurgia de passionibus oculorum, i.e. Canon III, Fen 3: PA 1029, 14c, ff. 103-119; VA 4425, 14-15c, ff. 183r-204r

Virtus visuum et materia spiritus visibilis procedit et penetrat ad oculum...
De anatomia oculi et dispositionibus eius: CLM 259, 14c, ff. 154ra-177va

Virtus visuum. Precepta insequens Johannis Mesue...
Gentile da Foligno, Expositio super tertia fen tertii canonis: Chartres 381(459), 15c, 195 ff.; Pellechet 5024, f. 173r(Schulz); pr Padua, 1477(Klebs 447.1)

Virtutem ordei humida natura est et frigida...
Dynamidia: SG Stift 762, 9c, pp. 25-71; Beccaria 137.1

Virtutem querimonie tue percipientes...
Arnald of Villanova, dedic, De consideratione medicine: Ea F.41, 14c, ff. 71-88; 267, 14c, ff. 201-208v; Liber de fleobothomia: BN 6971, 15c, ff. 1r-53r; Glorieux I, 427. Text, 'Cum artifex medicine...'

Virtutem significationis urine non oportet...
Comm. in fen quartam libri I canonis Avicennae: Ea F.287, a.1468, ff. 45-53

Virtutes adamantis inter reliqua trahit ferrum...
Pasius Lancilotus of Ferrara, Versification(with prose) of Albertus Magnus, De mineralibus: VAo 1957, ff. 3r-84r

Virtutes anime quibus operantur membra...
CLM 7609, late 14c, ff. 112rb-118va; JHM X(1956), 397, n.39

Virtutes aquarum et de aqua vite...
Bern 556, 15c, ff. 165r-171r

Virtutes autem de quibus intenditur quedam sunt...
Jacobus de Dondis, Aggregator or Promptuarium medicinae: pr Venice, 1481; (Strasburg,1481), 284 ff.; GW 9042-43; Klebs 349.1-2; IAL D289-88; Venice 1576, 219 ff.

Virtutes herbe vetonice describere proponens Esculapius...
Apuleius, De simplicibus herbarum masculinarum virtutibus: PA 1031, a.1333, ff. 2-48

Virtutes planetarum nativitatis et revolutionis...
See 'Post dominum...'

Virtutes quidem sensibiles quedam sunt necessarie...
Averroes, comm. Aristotle, De sensu et sensato, tr Gerard of Cremona or Michael Scot: BLau F.5.28, late 13c, ff. 218vb-220va; BMr 12.E.XXV, c.1300, ff. 110r-(112v); FLc Plut.XV. sin., cod.9, 13c, ff. 32v-(36); Laon 412, 13c, item 7; CUg 486(482), 14c, ff. 487vb-489vb; VE VI.52(Val.X.54), 14c, ff. 297-300; BLd 104, 14c, ff. 116r-(119r); Beiträge XVII, 5-6 (1916), 198-99; AL pp. 106, 107, 219; GW 2427(Klebs 92.1; IAL A909); Laurent 43(177)

*Virtutum essentias species ordinem...
De quinque luminibus: Ob 210, 13c, ff. 160-(168)

Virtutum namque prima est appetitiva...
Prol. Alex. Phys.: Brux 4266, 14c, ff. 59v-63v. See 'Dicunt philosophi...'

Virtutum operationibus vita animalium perficitur...
Glose super pulsus Philareti secundum M. B(enedictum): CUg 111(180), a.1307, pp. 73a-80b; anon. CUpet 251, 13c, ff. 86va-91v, incomplete

Virtutum sensitivarum quedam sunt necessarie...
Averroes, Compendium libri De sensu: BN 16222, f. 112; AL pp. 107, n.1, 219

Vis amicitie pene impossibilia redigit ad possibilia...
Gerbert, pref. to Constantine, De numerorum abaci rationibus. Text, 'Si multiplicaveris...'

Vis fragilis rheuma coniunctio materiei...
Versus medicinales: CUc 511, c.1300, f. 74(81)r-v

Vis medicine laudabilis ita duntaxat existit...
Ricardus Anglicus, De signis: CU 1708(Ii.I.16), 14c, ff. 160r-179v

Vis motus et maxime corporum celestium...
  Prol. Comm. Thebit, De motu octave spere:
  VI 5311, 14-15c, ff. 5r-13v(Carmody 118)

Viscera queritur quicquis sub corio est a visco...
  Liber capitis hominis interioris: CUg 219(234),
  15c, ff. 42v-43r

*Visis effectibus illis...
  Roger Bacon(?), De fluxu maris Britan.: Wadding; ascribed to Burley by Tanner

Visis effectibus quorum causa latet etiam...
  I. Compendium de epydimia per collegium
  facultatis medicorum Parisius ordinatum: BN
  11227, 14c, ff. 204r-209r; Ea Q.193, 14c, ff.
  86-90v; ed. J. F. C. Hecker, Wissenschaftliche
  Annalen der gesammtem Heilkunde, XXIX,
  p. 219, Leipzig, 1834; R. Hoeniger, Der
  schwarze Tod in Deutschland, Berlin, 1882,
  pp. 152-56; Archiv XVII, 64-68; D. W.
  Singer, Proceedings of the Royal Society of
  Medicine, II(1916), 159; HL 37, 336-59
  II. De fluxu et refluxu maris: Basel F.II.33,
  14c, ff. 41v-43v(TR 293a); Björnbo Ab(1912)
  125; BN 16089, 14c, ff. 257ra-259va(TR 326);
  FL 30, 24, 14-15c, f. 15v; Delisle III, 82a

Visis et consideratis hiis que in particula precedenti...
  Astrology: BN 7273, f. 113v

Visitandi enim sunt infirmi sed non omnes
equaliter...
  Liber Bizantii (60 caps.): CLM 23535, 12c, ff.
  61v-72v

Viso de planetis in mundo minori nunc autem
quid operentur...
  Algazel(?) Obviously an extract (alchemical?):
  Ea O.79, 14c, ff. 47v-49r(Carmody 162-163)

Viso de prima parte huius Vade mecum...
  Argentré I, ii, 326b. See 'Quia intentio...'

Viso de primis duabus partibus...
  De electionibus: Argentré I, ii, 326b

Viso ergo quod primus motus noster est putrefactio...
  Alchemy: DWS 607

Viso igitur quid sit discantus...
  Jeronimus de Moravia(?), Discantus positio
  vulgaris: Coussemaker I, 94-97

Visualis radius ab oculo super (lineas) procedit
...
  Euclides(?), Liber de fallacia visus: FNcs J.I.32,
  late 13c, ff. 40r-42v; Björnbo(1912), 208;
  KlaB XXX.d.4, 13-14c, ff. 8v-13v

Visum dum erat quod opus sapientis Salomonis
...
  Thomas of Toledo, prol. Ars notoria: VAp
  957, ff. 92v-95r

Visum rectum cuius media omnia terminos...
  De speculis: BN 2831, a.1396, ff. 130r-136r;
  7368, ff. 108v-118v

Visum rectum esse(est) cuius media recte
terminos...
  Euclid, Catoptrica: Björnbo I(1909), 390;
  (1903), 242; Ab(1912), 124; Euclidis de
  speculis: BMh 13, 12-13c, ff. 130ra-134va;
  Oc 283, 13c, f. 166r-; Jordanus: BN 10252,
  15c, ff. 136r-140v(T IV,659); Little 394-95;
  anon. Plimpton 181, 15c, ff. 120r-126r; Millás
  (1942), 205-6; CUg 504, 13c, f. 93v; CU
  Mm.III.11, c.1400, f.190(Atk)

Visus auditus gustus tactus odoratus...
  Ioh. de Erfordia, Versus de quinque sensibus:
  Graz 979, 14c, f. 157v

Visus equi nares...
  Tabula algoristica de sompniis, de iudiciis
  equorum: Ea Q.387, 14c, ff. 8-9

Vita brevis ars...
  Hippocrates, Aphorisms. Where accompanied
  by a comm., see first words of comm.

Vita brevis ars autem prolixa...
  Hippocrates, Aphorisms(early tr): BN 7027,
  10c, ff. 67r-177r; etc. see Beccaria p. 437;
  Kibre(1945), 381, and n.63-64

Vita brevis ars longa...
  Recapitulationes amphorismorum: Metz 177,
  14c, item 4

Vita brevis ars longa. Occasio princeps...
  Hippocrates, Aphorismi, tr from Greek, Theodorus Gaza: Articella, Lyons, 1525, f. 30r

*Vita brevis ars vero longa tempus acutum...
  Hippocratis, Aphorismi: tr Constantinus Afri-
  canus: Kibre(1945), 380-81, n.64; CUt 1083
  (O.I.59), 12-13c, ff. 16v-26r; VA 10281, 12c,
  f.6; etc. GW 2678-83; Klebs 116.1-6; IAL
  A1011-15

Vita brevis ars vero longa tempus autem acutum
...
  Hippocrates, Aphorismi: Vendôme 172, 11c,
  ff. 1-11; BN 7102, 13c, ff. 35v-96v; Mon
  82(bis), 14c, ff. 17r-22ra; Rouen 978, 14c, ff.
  5v-9, incomplete

Vita brevis—extrinsecus sunt...
  Comm. Galieni, Thadei, Cardinalis et Bartholomei, on Hippocrates, Aphorisms: Ea Q.178, 14c,
  ff. 57-84

Vita brevis sensus ebes velleque remissum...
    Medicine and pharmacy: PGe 1030, 14-15c,
    158ff.

Vita est brevis id est multis et variis...
    Glosses on Aphorisms of Hippocrates: VA 4477,
    ff. 1ra-36vb

Vita est in animalibus et plantis...
    De vegetabilibus et plantis libri ii: Baltimore,
    Walters Art 428, 13c, ff. 132r-145r. See 'Vita
    in animalibus...'

Vita huius nati...
    See 'De vita eius...'

*Vita in animalibus et plantis inventa est...
    Ps. Aristotle, De vegetabilibus, tr Alfred of
    Sareshel: Beiträge XVII, 5-6(1916), 185; AL
    p. 192; Yale Aristotle MS 13c, f. 206va; CLM
    2604, ff. 204v-215r. See 'Tria ut ait Empe-
    docles...'

Vita in plantis...
    See 'Vita in animalibus et plantis...'

Vita lucrum fratres patres filii servus...
    Versus memoriales de planetis earumque facul-
    tatibus astrologicis: BLd 48, 15c, f. 188v

Vitabitur motus fortis tam in peditando quam
equitando...
    Arnaldus (Alberti), Cura contra calculum: Leip
    1183, f. 81(Wickersheimer 42)

Vitam brevem artem autem prolixam dixit eo
quod...
    Aptalio, comm. Hippocrates, Aphorisms: Auxerre
    22, 12c, ff. 70-116; BMr 12.E.XX, 12c, ff.
    1-32v

Vitam perpetuam animarum et sanitatem corporum...
    (Guido de Chauliac?), Inventarium chirurgiae:
    BN 6972, ff. 102ra-110va

Vitat ylech sed almuten figurat...
    'Quedam notabilia secundum Haly' (ibn Ridwan)
    in astrologia: Ea Q.368, 14c, ff. 105r-109r
    (Carmody 155)

Vite presentis indutias silentio...
    Raymond of Marseilles, Astrolabe: BN 10266,
    ff. 104-120v

Vitet unusquisque...
    Jo. cum Barba, Pest tract: Darmstadt 2769, 15c,
    item 8; Joh. de Burgundia, 'aliter dicti cum
    barba'. See 'In primis ad preservationem...'

Vitetur aer frigidus...
    Regimen reductivum et conservativum pectoris:
    Ea Q.222, 13-15c, ff. 210v-212v

Vitia lune esse eius malum et cognitio quibus...
    BN 7280, ff. 45rb-46ra

Vitia lune et suum esse malum quibus detri-
menta facta...
    Vitia lune: BNna 693, c.1300, ff. 15r-(16)

Vitreum dicamus quod visui perspicuitate transluceat...
    De vitreis operibus: BN 7161, 15c, ff. 27v-33v;
    Isidore of Seville, Etymologiae. Fragment,
    bk.XVI, ch.XVI(De vitro); PL LXXXII, 582
    (Corbett I,96)

Vitrum efficitur de cineribus id est de folicis...
    BMsl 1091, 15c, ff. 173-174, 174r-v, 174v-177
    (DWS 960)

Vitrum etiam dicitur lapis...
    Notabilia alchemica: VI 5509, f. 257r

Vivite cum cura sine cura vivite queso...
    Verses on Egyptian days: Poitiers 184, 11-12c,
    f. 67r-v; Beccaria 43.6

Vocabularius terminorum artis feliciter...
    Alchemical vocabulary: FR 1165, ff. 1ra-5rb

Vocabulorum significantium numeros quedam
dicuntur cardinales...
    De numeris: CUc 481, 13c, p. 693(Atk)

Vocatur liber iste gloria mundi...
    Wynandus, Alchemy: CLM 455, f. 98-; Osiris
    VII (1939), 65-67

Vocatus fui quod manifestarem consilia philosophorum...
    Alkindi, Epistola de aeribus et pluviis: Ea Q.352,
    13-14c, ff. 6-11v. See 'Rogatus fui...'

Voces adinvicem consonantes...
    De diaphonia sive de contrapuncto: BN 7369,
    f. 46r-v

Voces differentes quidem forma septem sunt...
    (John Hotby?), On qualities of voice and sound:
    FNpal 472, 15c, ff. 21r-22r

*Voces nutorum(*sic*) animalium sic declarantes
efferunt. Aquilas clangere...
    De vocibus animalium: Ou 26, 15c, ff. 143v-
    (146v)

Vocum modus veterum editus volo...
    Guido d'Arezzo, prol. De modorum formulis et
    cantuum qualitatibus. Text, 'Vox est aer...'

Volens aeris scire naturam in annis singulis...
    John of Seville, Tractatus pluviarum et aeris
    mutationis: BN 7316A, ff. 45ra-47rb(close of
    Bk I, Prima pars de revolutionibus mundi, of his
    Epitome); BN 7328, ff. 72v-74; anon. CUt
    1144(O.II.40), 15c, f. 110r-v

Volens artem geomantie practicam...
Bartholomaeus de Parma, prol. Geomantia.
Text, 'Geomantia est ars...'

Volens autem scire naturam aeris singulis annis
. . .
De natura aeris in annis: CLM 27, ff. 211r-213r.
See 'Volens aeris...'

Volens de egritudinibus stomachi in presenti
commentariolo...
Antonius Guainerius, De aegritudinibus(passionibus) stomachi: VE VII.47(XIV,27), a.1468,
ff. 142-170; Klebs 480.1(c); 3-7; IAL G475-78

Volens de intestinorum egritudinibus doctrinam
(curam) ponere...
Antonius Guainerius, De ventris fluxibus: VAp
1214, 15c, ff. 71r-117r(T IV,672); VE VII.47
(XIV,27), a.1468, ff. 179-187; VA 4440,
a.1466, ff. 148ra-179ra; Klebs 480.1(d); 480.3-
7; IAL G480; G475-478

Volens deus propter immensitatem sue bonitatis
. . .
I. Gerard de Solo, Expositio super nonum
Almansoris: Metz †173, a.1390
II. Arnald of Villanova, Allocutio...: HL 28,
118

Volens eligere dies aptos pro fleubotomia primo
eligat...
CLM 24865, ff. 25r-28v

Volens facere clavicordium in hunc modum...
Modus faciendi clavicordia: Geneva 80(Petau
53), ff. 44-45

Volens formare figuram circularem...
Instrument (astron.): Melk 51, 15c, f.27(Zi
3020)

Volens formare instrumentum per quod...
Zwickau XXII, VIII, 10, 15c, ff. 116-119v
(Zi 3042)

Volens horam sanguinis minuendi eligere...
Haly, Regule de electionibus: VI 3124, 15c, ff.
13r-15r; BLcm 517, 15c, ff. 10va-b, 14va-15vb;
Carmody 139, ascribes to Haly Imrani, tr John
of Seville, 1142

Volens igitur reuma diffinere...
De reumate: Basel D.III.23, ff. 1r-23v

Volens in hac summa lacticiniorum...
See 'Cum interdum cogitarem...'

Volens in tabulis operari primo scias anni
transierint...
Abraham, De tabulis planetarum: BMar 377,
13c, ff. 56v-(69)

Volens quidem vera loca...
CLM 125, a.1480, f. 184v(Zi 3084). But
see 'Volentes quidem vera...'

Volens scire naturam aeris in singulis annis...
Weather prediction: BN 7328, f. 72vb

Volens ultra mare...
Abraham, dit de Seculo(Ibn Ezra?), On astrological elections: Phares 48

Volentem scire artem musicalem oportet ut
sciat manicordium...
Musica per manicordium: CLM 26770, 15-16c,
f. 43

Volentes oculorum infirmitates curare...
Constantinus Africanus, prol. Liber de oculis.
Text, 'Est autem crystalloydos...'

Volentes quidem vera loca planetarum coequare
. . .
Henri Bate, Descriptio instrumenti pro equatione
planetarum: G. Wallerand, Les philosophes
Belges, XI(1931), 20; Glorieux I, 409; BLd 48,
15c, ff. 152v-(155v); CLM 125, a.1486, ff.
184vb-186ra; pr with Abraham ben Ezra, De
nativitatibus, Venice, 1485, ff. 28r-30r(Klebs
4.1; IAL A6)

Volentes tractatum de esse componere ne
laboremus in equivoco...
Aegidius Romanus, Theoremata de esse et
existentia: GW 7211-12; IAL A71

Volenti igitur medii cursus tabulas componere
. . .
Astronomical: CUmc 165, 12c, ff. 51-66v

Volenti igitur (mihi) operari per tabulam completam...
John Walter, Tabulae et canones cum prologo:
Oma 182, 15c, ff. 47rb-51rb; BMr 12.D.VI,
c.1400, ff. 81r-(84v); BMe 889, 15c, ff. 69r-
70r; BMlm 674, 15c, ff. 20r-23v

Volentibus ad musice artis notitiam...
BMar 299, late 15c, ff. 80-(89)

Volentibus autem exponere quid cyrurgie...
Ludovicus de Florentia, Expositio in 3-4 Fen
Quarti Avicenne: VAp 1131, ff. 1-168r

Volentibus canones sequentes exponere oportet
primo...
Canones tabularum Arzachelis: CUg 141(191),
14c, pp. 201-209b

Volentibus facilem ad musicam habere aggres-
sum...
KlaB XXIX.e.27, 15c, ff. 97-117v

Volentibus futuros effectus planetarum. . .
William Reade, Canones in tabulas Oxoniensis:
BLd 92, 14c, f. 11r; Oj 46, 14c, 43 ff.; BLas
1796, 14-15c, ff. 90v-94, 94v-111v; 191, 15c,
ff. 59-61v; BLd 48, 15c, ff. 177r-181r; 97, 15c,
ff. 64v-71v; CU 1719(Ii.I.27), a.1424, ff. 7v-
9v; Oma 182, f. 36ra; CUpet 250, 15c, ff. 59r-
62v; BMe 889, 15c, ff. 111r-112v; tables 113r-
119r

Volentibus habere cognitionem in scientia
astronomie. . .
Glosule super tractatum de spera: FNcs J.V.7,
15c, ff. 109v-118r; Björnbo(1912), 223; Mi
E.114.sup., 15c, ff. 65r-74v; T (1949), 34

Volentibus in aliqua annorum mundi revolutiones. . .
Petrus Verruensis, Prenosticationes preiudicate
super naturalibus: BN 7336, ff. 367r-v, 370r-v
(T IV,439)

Volentibus in dei ecclesia planum tantum
modulari. . .
De plana musica: BLb 515, 15c, f. 33r

Volentibus introduci in artem contrapuncti
(contrapunctus). . .
Philippus de Vitriaco *or* Johannes de Garlandia,
prol. Ars contrapuncti: Eins 689, ff. 44-45; ed.
Coussemaker III, 12-13; VA 5321, f. 22.
Text, 'Secundum etiam predictum. . .'

*Volentibus prenosticare (futuros) effectus plane-
tarum. . .
See 'Volentibus futuros. . .'

Volentibus sequentes canones exponere. . .
Canones tabularum et primo de parte pro-
portionali: CUg 141(191), 14c, ff. 201-247

Vollio averardo mio prima che io. . .
Ugolino da Montecatini, Consiglio medico:
Archivio storico Italiano, 38(1906), 140-52

Volo aliqua de pestilentia scribere ex dictis
medicorum. . .
VI 4978, ff. 89r-95r

Volo aliqua de pestilentia scribere que nos
invadit. . .
Johannes Jacobi, Pest tract of 1373 *or* 1376:
Brux 5099, 14c, ff. 33v-36; BMe 2622, 15c,
ff. 74r-80r; BLcm 156, a.1499, ff. 54v-59v
(TR 252) incorrectly ascribed to Gentile da
Foligno in the Catalogue: ed. Archiv, XVII
(1925), 16-32; by A. Barbot, 1923, pp. 3-39

Volo aliquid de scientia mea. . .
Fragmentum tractatus astronomici: Ea F.395,
a.1373, ff. 34-35v

Volo dicere in hoc loco tibi. . .
Ptolemy(?), De tribus nativitatibus: Carmody 21.
See 'Volo in hoc loco. . .'

Volo enim nunc ponere fundamentum libro. . .
Abraham ibn Ezra, Liber de rationibus, tr Peter
of Abano: T (1944)aa, 296; BN 10269, ff.
39ra-52va; pr Venice, 1507, ff. 32r-44r

Volo igitur in primis de simplicibus dicere
medicamentis. . .
De simplicibus: Vendôme 109, 11c, ff. 96va-
97rb(Beccaria 45.11)

Volo in hoc loco (tibi) dare exemplum trium
nativitatum. . .
Tres nativitates: BN 7432, 15c, ff. 125v-134r;
Ea F.299, ff. 91-93(Schulz); pr with Haly
Heben Rodan's Comm. Ptolemy, Quadripartitum, Venice, 1493, ff. 105ra-106vb(Klebs
814.2; IAL P995)

Volo in hoc (meo) capitulo dicere medicinas que
sunt necessarie in doloribus iuncturarum. . .
Rasis, De doloribus iuncturarum *or* Experimenta:
T II, 752, n.6; 771-73; BHM 32(1958), 54-
67; Ran 1400(T.6.14), 13c, ff. 78-89; CUt 101,
13-14c, ff. 98-116; CLM 13045, 14c, ff. 143rb-
160va; Codex Fritz Paneth, 14c, pp. 639-64;
Opera, Milan, 1481, f. 163r(Polain 3347;
Klebs 826.1-3; IAL R169-71); 1508; 1511,
ff. 217r-234v; 1544

Volo in hoc te. . .
Nativities: VAp 1445, f. 10

Volo invenire sinum rectum unius(huius) arcus
qui. . .
Conclusiones astronomicae (and a Table): CUg
110(179), 14c, pp. 21-26

Volo ostendere qualiter inveniam inter duas. . .
Geometrica brevia: BLd 168, 14c, f. 121r

Volo ostendere quod omnium trium linearum
proportionalium. . .
Propositiones de proportione: VE fa 332(XI,6),
13c, ff. 292-293; PA 1035, 14c, f. 104

Volo revelare lapidem maximum philosophorum
. . .
John of Rupescissa, Liber lucis: VE fa 323
(XVI,5), 15c, ff. 114v-119r(T III,735-36)

Volo supponere quod nativitas mea fuerit sub
ascendente. . .
Nativity of Richard of Furnival: VAr 1261, 14c,
ff. 59r-60v; etc. Isis 40(1929), 19-29; anon.
BMsl 3281, ff. 14r-15v

Voluissem illustrissime domine graviori et docta
magis. . .
Baptista Fiera, dedic. Coena, de cibariorum
virtutibus. Text, 'Si cui delicias. . .'

*Voluisti insuper a me scire quid sentiam...
> Robert Grosseteste, De intelligentiis: Beiträge IX(1912), 112-19; Thomson 104-5

Voluisti Sixte mi Alamane ut quibus possum...
> Alexander Sermoneta, Consilium ne mulier abortiat: CLM 441, 15c, ff. 90r-92v(14r-17v)

Volumen septem artium liberalium quod Greci eptatheucon vocant...
> Thierry de Chartres, Eptatheucon: †Chartres 497-498 (destroyed 1944 but preserved in micro-films): Mediaeval Studies 16(1954), 171-75

Volumina domini Bede de scientia computandi ...
> Gerland, Computus: Plimpton 250, 15c, ff. 1r-11v. See 'Sepe volumina...'

Volumus explicare super librum Galeni qui dicitur microtegni...
> Ursus Laudensis, Lectura super microtegni Galeni: VE fa 532(XIV,8), 13c, ff. 1-43

Volvi lapidem et revolvi et sedebam super eum tristis et lugens...
> Roger Bacon(?), Clavetus: DWS 212

Vomitivum nobile...
> Hippocrates, Secretum ad vomitum: VA 2369, f. 59; Diels(1905), 48

Vomitus est purgatio per os medicina nominata ...
> De vomitivis et medicinis vomitum provocantibus: CLM 4119, ff. 601r-602r

Vomitus insolitus dolor capitis intensus...
> Signa pestis: BLcm 523, 15c, f. 182

Vos artifices qui sculpere vultis honeste...
> Univ. Rochester Acc.149667, 11c, pp. 50-55

Vos debetis scire quod sermo quem...
> De harmonia existente inter planetas et membra humani corporis: BLd 193, 14c, f. 36v

Vos iam acquisivistis...
> Tract. iii Comm. G. super librum prognosticorum Hippocratis: Metz 177, 14c, item 8

Vos misistis ad me hanc schedulam...
> John of Rupescissa, introd. Vade mecum: ed. E. Brown, Appendix ad fasciculum rerum, II, 494-96(T III,351)

Vos scire debetis quod tres sunt res que faciunt omnem transmutationem...
> Alchemy: Bern A.78, 14c, ff. 174r-184r(H)

Vox est aer ictus auditu sensibilis...
> Guido d'Arezzo, De modorum formulis et cantuum qualitatibus: Coussemaker II, 78-115

Vox grossa caliditatem designat complexionis...
> Avicenna, Physiognomia: BMsl 2030, 14c, ff. 103r-108r; anon. Reims 865, 13c, ff. 258v-263v (AL 736)

Vox(Lux) orta est...
> Compotus una cum figuris et manibus: Brux 10877, 15c,(imprimé). See 'Computus est talis...'

Vox tonitrui ab oriente mortem regis significat ...
> CU Gg.I.1, c.1400, f. 394v

*Vulgus medicorum non cognoscit suam simplicem medicinam...
> Roger Bacon, De erroribus medicorum: Little 401; ed. OHI IX(1928), 150-79

Vulnera alia recentia sanguinolenta alia vetusta ...
> Teodorico Borgognoni O.P., bishop of Cervia 1270-1298, Surgery: Giacosa 437; BMsl 3018, 14c, ff. 97-117; anon. Graz 594, 15c, ff. 123-162

Vulnera simplicia secundum intentionem...
> Guy de Chauliac, Cyrurgia parva, cap.1: pr Venice, 1500 (Klebs 497.1; IAL G512)

Vulnus est solutio continuitatis sanguinolenta ...
> Aegidius, De vulneribus: VAp 1225, ff. 332v-345r(313v-326r)

Vult Aristoteles quarto phisicorum cum igitur motum scire...
> Canons on Alphonsine Tables: Prag 629(IV.C.2), ff. 105ra-120ra; Osiris 8(1949), 62

Zaaphatim accidit pueris et forte...
> See 'Sahafati...'

Zacharia quia non trahet...
> Prophetia Romae a.1303 facta: VI 3282, 16c, f. 28v

Zaphea...
> See 'Saphea...'

Zelantissimi domini nostri et precipue felicis aristocracie...
> Pest tract: Archiv XI, 74-92

Zelo et amore quorundam cupientium in astris speculari...
> Utilitas sive practica astrolabii: BNna 625, 13c, ff. 59va-61va

Zelo principali intellectuque...
> Johannes Eligerus de Gondersleuen, De utilitate astrolabii: Trithemius, f. 88v

(Z)enon philosophus dicit quedam sunt res que dealbant...
> Alchemy: VE VI.215(XVI,4), a.1475, ff. 165r-168v

Zenonem et Crisippum maiora egisse affirmat Seneca...
> Nicole Oresme, De commensurabilitate motuum celi: VA 4082, ff. 97r-108v(ColR 31a); T III, 405, 747

Zich id est asa fetida Asaytamyn...
> Interpretatio latine vocum arabicarum in scriptis medicis usitatarum: VI 2296, 13c, ff. 122r-123r

Zimia est apostema factum de farina...
> Alphita(Reginaldus), Zinonima: BLas 1470, 13c, ff. 262-275

Zodiacus circulus dividitur in duodecim partes equales...
> CUt O.VII.35, 15c, f. 213v(209)

Zodiacus circulus est circulus signorum...
> I. Alcabitius, Introductorius in astrologia: Ea Q.330, 13-14c, ff. 85-106; BN 7437, 15c, ff. 11r-79r
> II. Andalò di Negro, Introductorius ad iudicia astrologie: BB VII(1874), 364-65; BN 7272, ff. 101r-102r(ColR 89); T III, 191-92

Zodiacus circulus id est...
> De circulo lunario: Darmst. N 756, Fol., 11c, item 4

Zodiacus circulus id est siderius vel sideralis...
> BMh 3017, 9c(Fleury), ff. 71r-73v

Zodiacus circulus signorum...
> Expositio nominum contentorum in theorica planetarum: CUsj 155, 15c, ff. 41-42

Zodiacus dicitur a zodius quod est animal...
> Questiones astronomice et naturales: Budapest 247, 15c, ff. i-iv

Zodiacus dividitur in duodecim signa...
> Johannes Hispalensis, pref. Isagoge in astrologiam: VE fa 344(XI,104), 14c, ff. 1-30; VA 4082, ff. 121-139; Ea O.84, 14c, ff. 1-57; Catin. 85, 15c, ff. 38-71v; pr Nürnberg, 1548, ff. B-F; T II, 75, n.1; Carmody 169. Text, 'Aries est domus martis...'

Zodiacus est cinctura firmamenti...
> (Johannes) Hispalensis, Liber quadripartiti: Ea F.394, early 14c, ff. 68-79. See 'Zodiacus dividitur...'

Zodiacus est circulus obliquus in duodecim partes...
> De signis: BN 6957, ff. 158v-160r

Zodiacus est circulus signorum cuius centrum est extra...
> Expositio nominum contentorum in theorica planetarum: CUsj 155, 15c, ff. 41-42

Zodiacus est circulus signorum cuius circumferentia...
> FR 868, 15c, ff. 38ra-67va

Zodiacus est quidam circulus latus vel zona...
> VAp 1416, 15c, ff. 182r-197r

Zodiacus est quidam magnus circulus...
> Compendium theorice planetarum: BLd 104, 14c, ff. 82r-(84r)

Zodiacus id est essentia circuli...
> See 'Zodiacus circulus...'

Zodiacus sive...conclusa in 12 partes equales...
> John of Seville, Isagoge: BN 7306, ff. 64v-69r. See 'Zodiacus dividitur...'

Zodiacus per longum latumque in XII divisus signis...
    Figurae geographicae et astronomicae: Ea Q.8, 12c, ff. 1, 50-52

Zodiacus vel cinctura firmamenti dividitur...
    See 'Zodiacus dividitur...'

Zucara rosata sic fit...
    VAb 12, 14c, ff. 133v-134(Silverstein)

Zucharo e temperato caldo e humido...
    Liber medicus in quo tractatur de herbis, de cibis, de sanitate tuenda, etc. Italice: BLcm 408, 15c, ff. 116-(124)

ADDENDA ET CORRIGENDA

A principali proposito suo...
    Comm. Sphere: FL Plut. 90 sup., cod. 5, f. 15v-

Ad habendam scientiam Algorismi...
    FL Plut. 90 sup., cod. 5, 14-15c, f. 34v-

De taxo rex Egyptiorum Octaviano salutem...
    FL Plut. 73, cod. 16, 13c, f. 148

Decennovenalis circuli ordinem primus Eusebius...
    Opus excerptum de Libro Computi, Pars II in 23 caps: FL Plut. XVI, cod. 39, 9c, ff. 46-(84). See 'Primo lectorem...'

Distinctio mensurarum et ponderum tribus diversificantur modis...
    Liber Vendimie a Burgundione de Greco tr: FL Plut. 73, cod. 15, 14c, ff. 182v-(283)

Gar. vel algar, idest lapis niger...
    Synonyma Alchimiae: FL Plut. 73, cod. 31, 14c, ff. 1-3r

Grande donum...
    Campanus of Novara to Simon Cordo of Genoa, before Simon's 'Synonyma medicinae': FL Plut. 73, cod. 31, 14c, f. 6

Herba Vettonica quam Scolapius invenit...
    FL Plut. 73, cod. 16, 13c, f. 3r-

Instantissime rogastis me...
    De prescientia et predestinatione cum prol.: FLc 36 dext., cod. 9, 14c, f. 77

Philippus Mediolanensis vir inter medentes...
    Hippocrates, xv epistolae, tr Manutius Florentinus, dedic. to Nicholas V: FL Plut. 54, cod. 17, 15c, f. 51

Primo lectorem admonemus trimoda ratione...
    Opus excerptum ex libro Computi, in 20 caps.: FL Plut. XVI, cod. 39, 9c, ff. 19-(46)

Que sit causa naturalis tonitrui...
    Oa 81, ff. 26r-(31v); Oma 38, 15c, ff. 9-10v

Quecumque pulmonem habent...
    Aristotle, De respiratione nove tr: Assisi 283, 14c, ff. 285r-287v; AL 1259

Quedam partes animalium partes simplices...
    Aristotle, De animalibus: Palermo Qq.G.31, 15c, ff. 153r-185v; AL 1497

Quoniam esse quod movetur necesse est...
    Albertus Magnus (Aquinas?), De motu cordis: FL Plut. 83, cod. 1, 15c, f. 143v

Sensu semper cautus esto, computator optime...
    Astronomy in 21 caps.: FL Plut. XVI, cod. 39, 9c, ff. 84-(99)

Utrum intellectus agens sit substantia separata...
    Guillelmi Amoye Anglici, lectoris Bonon.: FLc 31 dext., cod. 8, 14-15c, ff. 79-(126)

Column 25, item 5: 6th line *for* '11b' *read* '11rb'

Column 68, item 6:
    3rd line *for* 'carturiensis' *read* 'cartusiensis'
    5th line *for* 'Carturiensem' *read* 'Cartusiensem'

Column 98, next to last item:
    VA 3379, 15c, ff. 1r-4r, should have been cited for the 'De triplici motu' form of title rather than FLa 134, where the entire work ends at f. 417v: 'Explicit tractatus de accessu et recessu motus 8e spere.'

Column 137, item 6: 4th line *for* 'FLc XIII, 12' *read* 'FLc XIII, sinis., 12'

Column 197, item 4: last line *for* 'Zachario' *read* 'Zacharie'

Column 346, item 2: *add*
    This item has been printed from this and another MS, where it is addressed to George Valla, by Vittore Branca, ed. *Ermolao Barbaro, Epistolæ, Orationes et Carmina*, Florence, 1943, II, 52-57. The person to whom the letter is addressed in the Vatican MS is identified with Jacopo Antiquario da Perugia (1445-1512), *Ibid.*, II, 133.

Column 371, item 10: *add* ed. H. J. Drossaart Lulofs, Leiden, 1947, II, 32-47

Column 437, item 6: *for* 'BN 7286' *read* 'BN 7286C'

Column 557, item 2: to 'FLa 134' *add* '(208-140)'

Column 625, item 6:
    for 'Jerchel' *read* 'Proemium'
    for 'ff. 126va-128rb' *read* 'f. 124v'

Column 688, item 12:
    3rd line *for* 'Arnaldus Lucus' *read* 'Arnoldus Lucas'

Column 755, item 5:
    2nd line *for* 'Salvinia' *read* 'Salvina'
    3rd line *for* 'Prsicianus' *read* 'Priscianus'

Column 860, item 1: *add* FL Plut. 52, cod. 14, is the Aldine ed., Venice, 1501

Column 1188, item 1: 4th line *for* 'FLc XIII, 9' *read* 'FLc XIII, sinis., 9'

Column 1258, item 8: *add*
    For the true incipit of ff. 1-10 (old 94r-103r) see 'Viris prudentibus et discretis...' The 'Prima questio' begins only at 96r; a '2ª Questio', at 98r; a third at 102r.

Column 1668, item 4: 1st and 5th lines *for* 'consideret' *read* 'tractet' in the FL MS

INDEX

All works ascribed to an author, whether genuine, dubious, or spurious, are listed alphabetically under his name to facilitate reference. In arranging titles and names of authors in alphabetical order, such words as 'Liber,' 'de,' and 'of' are disregarded or omitted entirely. If the opening word or words of the incipit sufficiently indicate the subject of the work, it will not be further indexed, since the reader can find it in alphabetical order in the incipits themselves. Such broad and general subjects as alchemy, astrology, astronomy, medicine, and music are not indexed, since they occur in almost every column. The abbreviation Comm. or comm. is used in the Index not only for a commentary in the strict sense but for such other expressions as Questiones, Reportata, Sententia super, Epitome, Expositio, Gloss, and Scholion. A Comm. is by the author named; a comm. by another on his work.

Crisi, Crisibus, etc., 487, 510, 638
Crisi et criticis diebus, 369, 535, 1193
Crispus, Benedictus, Poema medicum, *or* Commentarium medicinale metricum, 1232, 1444
Cristianus de Proliano, Sexagenarium, 25, 1289; canons, 753
Critical days, 35-36, 70, 107, 158, 195, 204-5, 222, 224, 274-75, 369-70, 487, 492, 578, 669, 795, 833, 841, 902, 997, 1087, 1260, 1272, 1397, 1468, 1482, 1502, 1534, 1578, 1616-1617, 1644, 1693
Croco (de), 1328
Cronisbenus, Johannes
    Causa longitudinis et brevitatis vitae, 801
    Comm. Anima, 1401
        Causis, 335
        Coelo et mundo, 901
        Generatione et corruptione, 1189
        Iuventute et senectute, 1182
        Longitudinis et brevitatis vitae, 801
        Memoria et reminiscentia, 1348
        Meteor., 1347
        Morte et vita, 507
        Motu animalium, 961
        Motu cordis, 1370
        Mundo, 510
        Physics, 1043
        Proprietatibus elementorum, 509
        Respiratione et expiratione, 67
        Sensu et sensato, 1540
        Somno et vigilia, 67
        Vegetabilibus et plantis, 1010
Cruciferus Gaerparus, Canones tabularum, 876
Cruserius, Hermann,
    tr Galen, Differentia pulsuum, 632
Culeius, Bart., Generatione, 1496
Culmacher, Philip, Pest tract, 497
Cuno, archbp. Treves, Alchemy, 1341
Cura capitis, 1444
Cura curialis, 1456
Cura puerorum, 370
Cura tussis calidi, 428
Curae, 707
Curae ad talpas, 737
Curae ex animalibus, 1374
Curae herbarum, 915
Curatus de Ziessele,
    Compendium theologiae naturalis, 632
Custodia sanitatis, 878, 1568
Cutem, Ad subtiliandum, 792
Cycle, 48-49, 63, 258, 362, 833, 1209
    decennovenalis, 224, 396-97, 669, 693, 797
    lunar, 727, 1398, 1579
    magnus paschalis, 1553
    solar, 41, 103, 829, 1275, 1553
Cylinder, 14, 16, 20, 205, 356, 509, 513, 567, 667-668, 726, 1187, 1575, 1580
Cyprian, Vita demonum *or* Secretum sigillum, 1603
Cyril, Pascha, 111

Cyrillus (Ps), Speculum sapientiae, 1418
Cyrothenus de tyriacha, 272,
Cyrurgicus (Cyringinus) de Fur, 569

D. Ret. (?), Theorica planetarum, 965
Dabesi, Lapidis, 20
Dabessi(?), 988
Dabessi (Alboali),
    Elementorum, 781
    Secretis Hermetis, 782
Dabessus, Solis et lune, 1279
Dagomari, Paolo, 129; Operazione del cilindro, 910
Dalling, William, Comm. Generatione et corruptione, 288
Dalmatius, Astronomical Tables, 420
Dalton, Gul., 262
Damascenus, Synonyma, 740; and see John Damascenus *or* of Damascus
Damigeron, 65, 70, 843-44
Danco, and see John Danco *or* of Saxony
    Canones eclipsium, 1617
    Medical, 1436
Dandis catharticis, 327-38; medicinis, 1557
Daniel,
    Dreambook, 7, 69, 113, 124-25, 128, 141, 143, 150, 170, 492, 524, 621, 671, 728, 734-35, 835, 839, 986, 1089, 1173, 1256; comm. 7, 168
    Experimenta, 814
Daniel Amatutes, Alchemy, 494
Daniel frater,
    Quare terra non sit tota cooperata aquis, 325
Daniel, Henricus,
    Dosis medicinarum, 887
    Iudiciis urinarum, 89
    Manipulus florum, 89
    Uricrisiarum, 433
Daniel, John, Medical, 1310
Daniel of Morley, Philosophia, 294, 925
Danson, Danszon, *or* Aussonna (Petrus de), 1436
Dante, Natura aquae et terrae, 847, 1604
Dardanius, Ponderibus et mensuris, 824
Dardanus Damianus, 1698
Dastin, John, 982
    Arte alchemica, 408
    Aureus, 1569
    Donum dei, 813
    Elixir aquarum, 419
    Epistola ad Johannem XXII, 631
    Erroribus, 1246
    Mixtionum, 990
    Philosophiae, 1408, 1538
    Practica, 293
    Rosarius, 403, 1396, 1569; comm. 708, 1224
    Secretum secretorum, 664
    Speculum philosophiae, 404, 878, 1589, 1682
    Verbum abbreviatum, 300
    Visio, 321, 328
Dati, Giuliano, Calculazione delle ecclisse, 713
Daucus, Ysagoge de falconibus, 364